Harte-Bavendamm/Ohly/Kalbfus
Gesetz zum Schutz von Geschäftsgeheimnissen

Gesetz zum Schutz von Geschäftsgeheimnissen

Kommentar

von

Prof. Dr. Henning Harte-Bavendamm
Rechtsanwalt in Hamburg
Honorarprofessor an der Universität Osnabrück

Professor Dr. Ansgar Ohly
o. Professor an der Ludwig-Maximilians-Universität München,
Visiting Professor an der University of Oxford

Dr. Björn Kalbfus
Fachanwalt für gewerblichen Rechtsschutz in München

2. Auflage 2024

C.H.BECK

Zitiervorschlag:
Harte-Bavendamm/Ohly/Kalbfus/Harte-Bavendamm GeschGehG § 1 Rn. 1

beck.de

ISBN 978 3 406 80651 3

Wilhelmstraße 9, 80801 München
Druck: Beltz Grafische Betriebe GmbH
Am Fliegerhorst 8, 99947 Bad Langensalza

Satz: Meta Systems Publishing & Printservices GmbH, Wustermark
Umschlag: Druckerei C.H.Beck Nördlingen

chbeck.de/nachhaltig

Gedruckt auf säurefreiem, alterungsbeständigem Papier
(hergestellt aus chlorfrei gebleichtem Zellstoff)

Vorwort zur 2. Auflage

Als wir die erste Auflage unseres Kommentars vorgelegt haben, mussten wir weitgehend Pionierarbeit leisten. Das neue GeschGehG hatte soeben erst den veralteten und teilweise ineffektiven Geheimnisschutz gem. §§ 17–19 UWG a.F. durch ein völlig neues unionsrechtliches und im Wesentlichen zivilrechtliches System ersetzt. Von den Gerichten waren die neuen Normen noch nicht angewandt worden, auch die Literatur hatte sich mit ihnen erst vereinzelt befasst. Mittlerweile erlebt das Gesetz seine ersten Bewährungsproben in der Praxis. Dabei hat es den Anschein, als würden Ansprüche aus dem GeschGehG vor den Gerichten häufiger geltend gemacht als die zuvor geltenden UWG-Vorschriften. Der Anwendungsbereich der Bestimmungen über den Geheimnisschutz im Prozess (§§ 16 ff. GeschGehG) ist auf Patentstreitsachen erweitert worden (§ 145a PatG). Beides spricht für das neue Schutzregime. Aber nach wie vor bestehen zahlreiche Auslegungsfragen, die noch der höchstrichterlichen Klärung durch den EuGH oder den BGH harren.

Inzwischen sind mehrere neue Kommentare und etliche Aufsätze zum GeschGehG erschienen. Unsere Thesen sind dabei teils Zustimmung, teils aber auch auf Widerspruch gestoßen, und es wurden etliche neue Probleme identifiziert. Wir freuen uns über die lebhafte Diskussion und haben uns bemüht, das mittlerweile vielfältigere Meinungsspektrum einzuarbeiten, darzustellen und kritisch zu bewerten. Redaktionsschluss der Auflage war der 1. Mai 2023, spätere Urteile und Literaturbeiträge konnten nur noch eingeschränkt bei der Korrektur berücksichtigt werden.

Unser Dank gilt den Mitarbeiterinnen und Mitarbeitern, die uns bei der Recherche und Korrektur unterstützt haben. Für Kritik, Anregungen und Fragen aus dem Kreis der Leser sind wir stets dankbar (henning@harte-bavendamm.de; ansgar.ohly@jura.uni-muenchen.de; bjoern.kalbfus@gleisslutz.com).

München und Hamburg im Herbst 2023

Henning Harte-Bavendamm   Ansgar Ohly   Björn Kalbfus

Inhaltsverzeichnis

Bearbeiterverzeichnis

I. Nach Paragrafen

Einleitung A I	Ohly
Einleitung A II	Harte-Bavendamm
Einleitung A III	Kalbfus
Einleitung A IV, V	Harte-Bavendamm
Einleitung A VI	Kalbfus
Einleitung A VII	Ohly
Einleitung A VIII	Harte-Bavendamm
Einleitung B	Kalbfus/Harte-Bavendamm
Einleitung C	Kalbfus
§§ 1, 2	Harte-Bavendamm
§§ 3–6	Ohly
§§ 7, 8	Kalbfus
§ 9	Ohly
§ 10	Kalbfus
§§ 11, 12	Ohly
§§ 13, 14	Harte-Bavendamm
§§ 15–20	Kalbfus
§§ 21–23	Harte-Bavendamm

II. In alphabetischer Ordnung

Harte-Bavendamm	Einleitung A II, A IV, A V, A VIII, B, §§ 1, 2, 13, 14, 21–23
Kalbfus	Einleitung A III, A VI, B, C, §§ 7, 8, 10, 15–20
Ohly	Einleitung A I, A VII, §§ 3–6, 9, 11, 12

Abkürzungsverzeichnis

aA	anderer Ansicht
Abk.	Abkommen
ABl.	Amtsblatt
ABl.	Amtsblatt der Europäischen Union (Band, Jahr, Seite)
abgedr.	abgedruckt
abl.	ablehnend
Abs.	Absatz
Abschn.	Abschnitt
abw.	abweichend
AcP	Archiv für die civilistische Praxis (Band, Jahr, Seite)
aE	am Ende
AEUV	Vertrag über die Arbeitsweise der Europäischen Union
aF	alte Fassung
AfP	Archiv für Presserecht (Jahr, Seite)
AG	Amtsgericht; Aktiengesellschaft; Die Aktiengesellschaft (Jahr, Seite)
AGB	Allgemeine Geschäftsbedingungen
AktG	Aktiengesetz
allg.	allgemein
allgM	allgemeine Meinung
aM	anderer Meinung
AMG	Gesetz über den Verkehr mit Arzneimitteln (Arzneimittelgesetz)
Amtl. Begr.	amtliche Begründung
ÄndG	Änderungsgesetz
Anh.	Anhang
Anl.	Anlage
Anm.	Anmerkung
AP	Arbeitsrechtliche Praxis, Nachschlagewerk des Bundesarbeitsgerichts
ArbG	Arbeitsgericht
ArbGG	Arbeitsgerichtsgesetz
ArbnErfG	Gesetz über Arbeitnehmererfindungen
ArbRAktuell	Arbeitsrecht Aktuell (Jahr, Seite)
Art.	Artikel
Aufl.	Auflage
AÜG	Arbeitnehmerüberlassungsgesetz
ausf.	ausführlich
Az.	Aktenzeichen
BAG	Bundesarbeitsgericht
BAGE	Entscheidungen des BAG (Band, Seite)
BAnz.	Bundesanzeiger
BayObLG	Bayerisches Oberstes Landesgericht
BB	Betriebs-Berater (Jahr, Seite)
Bd.	Band
BDSG	Bundesdatenschutzgesetz
BeckOK	Beck'scher Online-Kommentar
Begr. RegE	Begründung des Regierungsentwurfs
Bek.	Bekanntmachung
Bekl.	Beklagter

Abkürzungsverzeichnis

Beschl.	Beschluss
betr.	betreffend
BetrVG	Betriebsverfassungsgesetz
BGB	Bürgerliches Gesetzbuch
BGBl.	Bundesgesetzblatt
BGH	Bundesgerichtshof
BGHR	Rechtsprechung des BGH in Zivil- und Strafsachen (Entscheidungssammlung)
BGH-Rep.	BGH-Report (Jahr, Seite)
BGHSt	Entscheidungen des Bundesgerichtshofs in Strafsachen (Band, Seite)
BGHZ	Entscheidungen des Bundesgerichtshofs in Zivilsachen (Band, Seite)
BMJV	Bundesministerium der Justiz und für Verbraucherschutz
BKartA	Bundeskartellamt
BNotO	Bundesnotarordnung
BO	Berufsordnung
BPatG	Bundespatentgericht
BPatGE	Entscheidungen des BPatG
BR	Bundesrat
BRAO	Bundesrechtsanwaltsordnung
BR-Drs.	Bundesrats-Drucksache
Brüssel Ia-VO	Verordnung (EU) Nr. 1215/2012 des Europäischen Parlaments und des Rates vom 12. Dezember 2012 über die gerichtliche Zuständigkeit und die Anerkennung und Vollstreckung von Entscheidungen in Zivil- und Handelssachen (auch EuGVVO)
BT	Bundestag
BT-Drs.	Bundestagsdrucksache
BVerfG	Bundesverfassungsgericht
BVerfGE	Entscheidungen des BVerfG (Band, Seite)
BVerwG	Bundesverwaltungsgericht
BVerwGE	Entscheidungen des BVerwG (Band, Seite)
CCZ	Corporate Compliance Zeitschrift (Jahr, Seite)
CC	Code Civil
ChemikalienG	Chemikaliengesetz
CR	Computer und Recht (Jahr, Seite)
DB	Der Betrieb (Jahr, Seite)
diff.	differenzierend
DIS	Deutsche Institution für Schiedsgerichtsbarkeit
Diss.	Dissertation
DJ	Deutsche Justiz (Jahr, Seite)
DJT	Deutscher Juristentag
DJZ	Deutsche Juristenzeitung (Jahr, Seite)
DÖV	Die öffentliche Verwaltung (Jahr, Seite)
DPMA	Deutsches Patent- und Markenamt, München
Drs.	Drucksache
DVO	Durchführungsverordnung
Econ Innov New Techn	Economics of Innovation and New Technology
ECRL	E-Commerce-Richtlinie
EG	Europäische Gemeinschaften; EG-Vertrag
eG	Eingetragene Genossenschaft
EGBGB	Einführungsgesetz zum BGB

EGMR	Europäischer Gerichtshof für Menschenrechte
EGStGB	Einführungsgesetz zum StGB
EGV	Vertrag zur Gründung der Europäischen Gemeinschaften
Einf.	Einführung
Einl.	Einleitung
EIPR	European Intellectual Property Law Review (Jahr, Seite)
EKMR	Europäische Kommission für Menschenrechte
EMRK	Europäische Konvention für Menschenrechte
endg.	endgültig
entspr.	entsprechend
Erg.	Ergebnis
Erl.	Erläuterung
EU	Europäische Union
EuG	Gericht erster Instanz der Europäischen Gemeinschaften
EuGH	Gerichtshof der Europäischen Gemeinschaften
EuGHE	Entscheidungen des EuGH (Band, Seite)
EuGH Slg.	Amtliche Sammlung der Entscheidungen des EuGH (Band, Seite)
EUGRCh	Charta der Grundrechte der Europäischen Union
EuGVÜ	Übereinkommen der Europäisches Gemeinschaften über die gerichtliche Zuständigkeitund die Vollstreckung gerichtlicher Entscheidungen in Zivil- und Handelssachen (jetzt EuGVVO)
EuGVVO	Verordnung (EU) Nr. 1215/2012 des Europäischen Parlaments und des Rates vom 12. Dezember 2012 über die gerichtliche Zuständigkeit und die Anerkennung und Vollstreckung von Entscheidungen in Zivil- und Handelssachen (auch Brüssel Ia-VO)
EUIPO	Amt der Europäischen Union für geistiges Eigentum
EuR	Europarecht (Jahr, Seite)
EuV	Vertrag über die Europäische Union
EuZW	Europäische Zeitschrift für Wirtschaftsrecht (Jahr, Seite)
eV	eingetragener Verein
EWG	Europäische Wirtschaftsgemeinschaft
EWGV	Vertrag zur Gründung der Europäischen Wirtschaftsgemeinschaft
EWiR	Entscheidungen zum Wirtschaftsrecht
EWR	Vertrag über einen einheitlichen Wirtschaftsraum
f., ff.	folgende
FG	Festgabe
Fn.	Fußnote
FS	Festschrift
FSR	Fleet Street Reports (Jahr, Seite)
FuE-GVO	Verordnung (EU) Nr. 1217/2010 der Kommission vom 14. Dezember 2010 über die Anwendung von Artikel 101 Absatz 3 des Vertrags über die Arbeitsweise der Europäischen Union auf bestimmte Gruppen von Vereinbarungen über Forschung und Entwicklung
G	Gesetz
GATT	General Agreement on Tariffs and Trade
GBl.	Gesetzblatt
GbR	Gesellschaft bürgerlichen Rechts
GebrMG	Gebrauchsmustergesetz
gem.	gemäß
GenG	Gesetz betreffend die Erwerbs- und Wirtschaftsgenossenschaften
GeschGehG	Gesetz zum Schutz von Geschäftsgeheimnissen

Abkürzungsverzeichnis

Geschäfts-geheimnis-RL	Richtlinie (EU) 2016/943 des Europäischen Parlaments und des Rates vom 8. Juni 2016 über den Schutz vertraulichen Know-hows und vertraulicher Geschäftsinformationen (Geschäftsgeheimnisse) vor rechtswidrigem Erwerb sowie rechtswidriger Nutzung und Offenlegung
GeschmMG	Geschmacksmustergesetz
GewArch	Gewerbearchiv (Jahr, Seite)
GewO	Gewerbeordnung
GG	Grundgesetz der Bundesrepublik Deutschland
ggf.	gegebenenfalls
GK	Gemeinschaftskommentar
GKG	Gerichtskostengesetz
GroßKomm	Großkommentar
glA	gleicher Ansicht
GmbH	Gesellschaft mit beschränkter Haftung
GmbHG	Gesetz betreffend die Gesellschaften mit beschränkter Haftung
GmbHR	GmbH-Rundschau (Band, Seite)
GmS-OGB	Gemeinsamer Senat der obersten Gerichtshöfe des Bundes
GRCh	Grundrechtecharta
grds.	grundsätzlich
GRUR	Gewerblicher Rechtsschutz und Urheberrecht (Jahr, Seite)
GRUR-Int	Gewerblicher Rechtsschutz und Urheberrecht – Auslands- und internationaler Teil (Jahr, Seite)
GRUR-RR	GRUR-Rechtsprechungs-Report
GS	Großer Senat
GSSt	Großer Senat für Strafsachen des RG oder des BGH
GSZ	Großer Senat für Zivilsachen des RG oder des BGH
GVBl.	Gesetz- und Verordnungsblatt
GVG	Gerichtsverfassungsgesetz
GWB	Gesetz gegen Wettbewerbsbeschränkungen
GWR	Gesellschafts- und Wirtschaftsrecht (Jahr, Seite)
hA	herrschende Ansicht
Hs.	Halbsatz
HdB	Handbuch
HGB	Handelsgesetzbuch
hL	herrschende Lehre
hM	herrschende Meinung
Hrsg.	Herausgeber
hrsg.	herausgegeben
Hs.	Halbsatz
ICC	International Chamber of Commerce
idF	in der Fassung
idR	in der Regel
ieS	im engeren Sinne
IHK	Industrie- und Handelskammer
IIC	International Review of Intellectual Property and Competition Law (Jahr, Seite)
insbes.	insbesondere
InsO	Insolvenzordnung
IP	intellectual property
IPRax	Praxis des Internationalen Privat- und Verfahrensrechts (Jahrgang, Seite)
iSd	im Sinne der/des

iSv	im Sinne von
iVm	in Verbindung mit
JA	Juristische Arbeitsblätter (Jahr, Seite)
Jb.	Jahrbuch
J Econ Persp	Journal of Economic Perspectives
JErmÜVO	Justizermächtigungsübertragungsverordnung
JIPLP	Journal of Intellectual Property Law & Practice
JPTOS	Journal oft he Patent and Trademark Office Society
JR	Juristische Rundschau (Jahr, Seite)
jur.	juris
JuS	Juristische Schulung (Jahr, Seite)
JuZuV	Justizzuständigkeitsverordnung
JW	Juristische Wochenschrift (Jahr, Seite)
JZ	Juristenzeitung (Jahr, Seite)
Kap.	Kapitel
KG	Kammergericht, Kommanditgesellschaft
KGaA	Kommanditgesellschaft auf Aktien
Komm.	Kommentar
K&R	Kommunikation und Recht (Jahr, Seite)
krit.	kritisch
LAG	Landesarbeitsgericht
LautR	Lauterkeitsrecht
LG	Landgericht
lit.	Buchstabe
LM	Lindenmaier/Möhring, Nachschlagewerk des BGH
Ls.	Leitsatz
LugÜ	Lugano-Übereinkommen
MarkenG	Markengesetz
MD	Magazindienst des Verbandes Sozialer Wettbewerb MDR Monatsschrift für Deutsches Recht (Jahr, Seite)
Mitt.	Mitteilungen; Mitteilungen der deutschen Patentanwälte (Jahr, Seite)
MMR	Multimedia und Recht (Jahr, Seite)
MPI	Max-Planck-Institut
MüKoBGB	Münchener Kommentar zum Bürgerlichen Gesetzbuch
MüKoUWG	Münchener Kommentar zum Lauterkeitsrecht
MR	Medien und Recht (Jahr, Seite)
MuW	Markenschutz und Wettbewerb (Band bzw. Jahr, Seite)
mwN	mit weiteren Nachweisen
Nachw.	Nachweis
nF	neue Fassung
NJOZ	Neue Juristische Online-Zeitschrift
NJW	Neue Juristische Wochenschrift (Jahr, Seite)
NJW-RR	NJW-Rechtsprechungs-Report Zivilrecht (Jahr, Seite)
NJW-WettbR	NJW-Entscheidungsdienst Wettbewerbsrecht (Jahr, Seite)
Nr.	Nummer
NStZ	Neue Zeitschrift für Strafrecht
NVwZ	Neue Zeitschrift für Verwaltungsrecht (Jahr, Seite)
NZA	Neue Zeitschrift für Arbeits- und Sozialrecht (Jahr, Seite)
NZA-RR	NZA-Rechtsprechungs-Report (Jahr, Seite)
NZG	Neue Zeitschrift für Gesellschaftsrecht (Jahr, Seite)
NZKart	Neue Zeitschrift für Kartellrecht (Jahr, Seite)

Abkürzungsverzeichnis

ÖBl	Österreichische Blätter für gewerblichen Rechtsschutz und Urheberrecht (Jahr, Seite)
ÖJZ	Österreichische Juristenzeitung
ÖOGH	Österreichischer Oberster Gerichtshof
ÖUWG	Österreichisches Gesetz gegen den unlauteren Wettbewerb
ÖZW	Österreichische Zeitschrift für Wirtschaftsrecht (Jahr, Seite)
OHG	offene Handelsgesellschaft
OLG	Oberlandesgericht
OLGZ	Entscheidungen der Oberlandesgerichte in Zivilsachen
OVG	Oberverwaltungsgericht
OWiG	Gesetz über Ordnungswidrigkeiten
PatG	Patentgesetz
PMZ	Blatt für Patent-, Muster- und Zeichensachen (Jahr, Seite)
PrPG	Gesetz zur Stärkung des Schutzes geistigen Eigentums und zur Bekämpfung der Produktpiraterie (Produktpirateriegesetz)
PublG	Gesetz über die Rechnungslegung von bestimmten Unternehmen und Konzernen
PVÜ	Pariser Verbandsübereinkunft v. 20.3.1883 zum Schutze des gewerblichen Eigentums
RAW	Recht Automobil Wirtschaft (Jahr, Seite)
RdA	Recht der Arbeit (Jahr, Seite)
RefE	Referentenentwurf
RegE	Regierungsentwurf
RiStBV	Richtlinien für das Straf- und Bußgeldverfahren
RL	Richtlinie
Rn.	Randnummer
RG	Reichsgericht
RGBl.	Reichsgesetzblatt
RGRK	Reichsgerichtsrätekommentar, hrsg. von Reichsgerichtsräten und Bundesrichtern
RGSt	Entscheidungen des Reichsgerichts in Strafsachen (Band, Seite)
RGZ	Entscheidungen des Reichsgerichts in Zivilsachen (Band, Seite)
Rs.	Rechtssache
Rspr.	Rechtsprechung
S.	Seite/Satz
s.	siehe
sa	siehe auch
SächsOLG	Sächsiches Oberlandesgericht (Oberlandesgericht Dresden)
SchiedsVZ	Zeitschrift für Schiedsverfahren
SchwUWG	Schweizerisches Bundesgesetz über den unlauteren Wettbewerb
SE	Societas Europaea
SE-AG	Gesetz zur Ausführung der Verordnung (EG) Nr. 2157/2001 des Rates vom 8. Oktober 2001 über das Statut der Europäischen Gesellschaft (SE)
Slg.	Sammlung der Entscheidungen des EuGH
sog.	sogenannt/e
SortSchG	Sortenschutzgesetz
Stan. L. Rev.	Stanford Law Review
StGB	Strafgesetzbuch
StPO	Strafprozessordnung
str.	streitig
stRspr	ständige Rechtsprechung

TMG	Telemediengesetz
TRIPS	Agreement on Trade-Related Aspects of Intellectual Property Rights, Übereinkommen über handelsbezogene Aspekte der Rechte des geistigen Eigentums
TT-GVO	Verordnung (EU) Nr. 316/2014 der Kommission vom 21. März 2014 über die Anwendung von Artikel 101 Absatz 3 des Vertrags über die Arbeitsweise der Europäischen Union auf Gruppen von Technologietransfer-Vereinbarungen
Tz.	Textziffer
ua	unter anderem
Üb	Übersicht, Überblick
UGP-RL	Richtlinie 2005/29/EG des Europäischen Parlaments und des Rates vom 11. Mai 2005 über unlautere Geschäftspraktiken
UKlaG	Unterlassungsklagengesetz
umstr	umstritten
UmwG	Umwandlungsgesetz
unstr.	unstreitig
unzutr.	unzutreffend
UrhG	Gesetz über Urheberschutz und verwandte Schutzrechte (Urheberrechtsgesetz)
Urt.	Urteil
uU	unter Umständen
UWG	Gesetz gegen den unlauteren Wettbewerb
v.	vom
VAG	Gesetz über die Beaufsichtigung der Versicherungsunternehmen
VG	Verwaltungsgericht
VGH	Verwaltungsgerichtshof
vgl.	vergleiche
VO	Verordnung
Werbe-RL	Richtlinie 2006/114/EG über irreführende und vergleichende Werbung
WettbR	Wettbewerbsrecht
1. WiKG	Erstes Gesetz zur Bekämpfung der Wirtschaftskriminalität v. 29.7.1976
2. WiKG	Zweites Gesetz zur Bekämpfung der Wirtschaftskriminalität v. 15.5.1986
WIPO	World Intellectual Property Organization
WiStG	Wirtschaftsstrafgesetz
wistra	Zeitschrift für Wirtschaft – Steuer – Strafrecht
WM	Wertpapier-Mitteilungen (Jahr, Seite)
WRP	Wettbewerb in Recht und Praxis (Jahr, Seite)
WTO	World Trade Organization
WuW	Wirtschaft und Wettbewerb (Jahr, Seite)
WuW/E	WuW-Entscheidungssammlung zum Kartellrecht
zB	zum Beispiel
ZGE	Zeitschrift für Geistiges Eigentum
ZHR	Zeitschrift für das gesamte Handels- und Wirtschaftsrecht (Band, Jahr, Seite)
Ziff.	Ziffer
ZIP	Zeitschrift für Wirtschaftsrecht und Insolvenzpraxis (Jahr, Seite)
ZPO	Zivilprozessordnung
ZRP	Zeitschrift für Rechtspolitik (Jahr, Seite)

ZS .... Zivilsenat
ZStW .... Zeitschrift für die gesamte Strafrechtswissenschaft (Band, Seite)
zT .... zum Teil
ZUM .... Zeitschrift für Urheber- und Medienrecht/Film und Recht (Jahr, Seite)
zust. .... zustimmend
zutr. .... zutreffend
ZZP .... Zeitschrift für Zivilprozess (Jahr, Seite)

Literaturverzeichnis

Achenbach/Ransiek/Rönnau, Handbuch Wirtschaftsstrafrecht, 5. Aufl. 2019

Ahrens, Der Wettbewerbsprozess, 9. Aufl. 2021

Ahrens, Der Beweis im Zivilrecht, 2015

Ahrens/McGuire, Modellgesetz für Geistiges Eigentum, 2012

Alexander, Geschäftsgeheimnisgesetz, in Köhler/Bornkamm/Feddersen, UWG, 41. Aufl. 2023

Ann/Hauck/Maute, Auskunftsanspruch und Geheimnisschutz im Verletzungsprozess, 2011

Ann/Loschelder/Grosch, Praxishandbuch Know-How-Schutz, 2010

Bartenbach, Patentlizenz- und Know-How-Vertrag, 7. Aufl. 2013

Bartenbach/Volz, Arbeitnehmererfindungsgesetz, 6. Aufl. 2019

Bauer/Diller, Wettbewerbsverbote, 9. Aufl. 2022

Beater, Unlauterer Wettbewerb, 2011

Benkard, Patentgesetz, 12. Aufl. 2023

Beyerbach, Die geheime Unternehmensinformation, 2012

Brammsen, Lauterkeitsstrafrecht, Sonderband zum Münchener Kommentar Lauterkeitsrecht (§§ 16–20 UWG), 2020

Brammsen/Apel, GeschGehG, 2022

Busche/Stoll/Wiebe, TRIPs, Kommentar, 2. Aufl. 2013

Büscher, Gesetz gegen den unlauteren Wettbewerb, 2. Aufl. 2021

Busse/Keukenschrijver, Patentgesetz, 9. Aufl. 2020

Cepl/Voß, Prozesskommentar zum Gewerblichen Rechtsschutz, 3. Aufl. 2022

Daub, Die Verletzung von Unternehmensgeheimnissen im deutschen und US-amerikanischen Recht, 1996

Dorner, Know-How-Schutz im Umbruch, Rechtsdogmatische und informationsökonomische Überlegungen, 2013

Dreier/Schulze, UrhG, 7. Aufl. 2022

Drescher, Industrie- und Wirtschaftsspionage in Deutschland, 2019

Dreyfuss/Strandburg, The Law and Theory of Trade Secrecy, Cheltenham UK/Northampton Massachusetts USA, 2011

Erfurter Kommentar zum Arbeitsrecht, hrsg. v. Müller-Glöge/Preis/Schmidt, 23. Aufl. 2022

Fezer/Büscher/Obergfell, UWG, 3. Aufl. 2016

Fischer, Der Schutz von Know-how im deutschen materiellen und internationalen Privatrecht, 2012

Fischer, Strafgesetzbuch, 70. Aufl. 2023

Fuhlrott/Hiéramente, BeckOK GeschGehG, 13. Ed. 2022

Gervais, The TRIPS Agreement, Drafting History and Analysis, 4. Aufl. 2012

Gloy/Loschelder/Danckwerts, Handbuch des Wettbewerbsrechts, 5. Aufl. 2019

Großkommentar UWG, Gesetz gegen den unlauteren Wettbewerb, hrsg. v. Peifer, Bd. 1 Einl.; §§ 1–3; Bd. 2 §§ 3a–7, Bd. 3 §§ 8–20, 3. Aufl. 2019–2021

Graf/Jäger/Wittig, Wirtschafts- und Steuerstrafrecht, 2. Aufl. 2017

Götz, Der Schutz von Betriebs- und Geschäftsgeheimnissen im Zivilverfahren, 2014

Grüneberg, BGB, 82. Aufl. 2023 (vorm. Palandt)

Harte-Bavendamm/Henning-Bodewig, UWG, 5. Aufl. 2021

Henn/Pahlow, Patentvertragsrecht, 6. Aufl. 2017

Hoeren/Münker, GeschGehG, 2021

Hofmarcher, Das Geschäftsgeheimnis, Wien 2020

Hoppe/Oldekop, Geschäftsgeheimnisse, 2. Aufl. 2022

Literaturverzeichnis

Kalbfus, Know-How-Schutz in Deutschland zwischen Strafrecht und Zivilrecht – welcher Reformbedarf besteht?, 2011 (zit. Know-How-Schutz)

Keller/Schönknecht/Glinke, Geschäftsgeheimnisschutzgesetz, 2021

Kochmann, Der Schutz des „Know-How" gegen ausspähende Produktanalysen („Reverse Engineering"), 2009

Köhler/Bornkamm/Feddersen, UWG, 37. Aufl. 2019 (zitiert zu §§ 17–19 UWG aF)

Köhler/Bornkamm/Feddersen, UWG, 41. Aufl. 2023

Kolasa, Trade Secrets and and Employee Mobility, 2019

Kraßer/Ann, Patentrecht, 8. Aufl. 2022

Kuhn, Der verfassungsrechtliche Schutz von Betriebs- und Geschäftsgeheimnissen, 2015

Kurz, Vertraulichkeitsvereinbarungen und andere Vorfeldverträge, 4. Aufl. 2019

Kühnen, Handbuch der Patentverletzung, 15. Aufl. 2023

Loewenheim/Meessen/Riesenkampff/Kersting/Meyer/Lindemann, Kartellrecht, 4. Aufl. 2020

Maass, Information und Geheimnis im Zivilrecht, 1970

Maier, Der Schutz von Betriebs- und Geschäftsgeheimnissen im schwedischen, englischen und deutschen Recht, 1998

Müller, Der Schutz von Know-how nach dem TRIPs-Übereinkommen, 2003

Münchener Anwaltshandbuch Arbeitsrecht, hrsg. v. Moll, 5. Aufl. 2021

Münchener Anwaltshandbuch Gewerblicher Rechtsschutz, hrsg. v. Hasselblatt, 6. Aufl. 2022

Münchener Handbuch zum Arbeitsrecht, hrsg. v. Kiel/Lunk/Oetker, 5. Aufl. 2021

Münchener Kommentar zum Bürgerlichen Gesetzbuch, hrsg. v. Säcker/Rixecker/Oetker/Limperg, 9. Aufl. 2022

Münchener Kommentar zum Lauterkeitsrecht, hrsg. von Heermann/Schlingloff, 3. Aufl. 2020 (Bd. 1) und 2022 (Bd. 2)

Münchener Kommentar zum Strafgesetzbuch, hrsg. von Erb/Schäfer, 4. Aufl. 2023, Bd. 8 (Nebenstrafrecht II)

Münchener Kommentar zum Wettbewerbsrecht, hrsg. von Säcker, Bd. 1 (Europäisches Wettbewerbsrecht), Bd. 2 (Deutsches Wettbewerbsrecht), 4. Aufl. 2022

Münchener Kommentar zur Zivilprozessordnung, hrsg. von Rauscher/Krüger, 6. Aufl. 2020 (Bd. 1, 2) und 2022 (Bd. 3)

Nienaber, Bedeutung und Schutz von Geschäftsgeheimnissen im Mittelstand, 2019

Obergfell/Hauck, Lizenzvertragsrecht, 2. Aufl. 2020

Oehler, Der strafrechtliche Schutz des Geschäfts- und Betriebsgeheimnisses in den Ländern der Europäischen Gemeinschaft sowie in Österreich und der Schweiz, Bd. 1 1978 / Bd. 2 1981

Ohly/Sosnitza, UWG, 8. Aufl. 2023

Pfaff/Osterrieth, Lizenzverträge, 4. Aufl. 2018

Pfister, Das technische Geheimnis „Know how" als Vermögensrecht, 1974

Reger, Der internationale Schutz gegen unlauteren Wettbewerb und das TRIPS-Übereinkommen, 1999

Reinfeld, Das neue Gesetz zum Schutz von Geschäftsgeheimnissen, 2019

Rody, Der Begriff und die Rechtsnatur von Geschäfts- und Betriebsgeheimnissen unter Berücksichtigung der Geheimnisschutz-Richtlinie, 2019

Sassenfeld/Faber, Rechtshandbuch Industrie 4.0 und Internet of Things, 2. Aufl. 2020

Schaub, Arbeitsrechts-Handbuch, 19. Aufl. 2021

Schovsbo/Minssen/Riis, The Harmonization and Protection of Trade Secrets in the EU, 2020

Schricker/Loewenheim, Urheberrecht, 6. Aufl. 2020

Schulte, Patentgesetz mit EPÜ, Kommentar, 11. Aufl. 2021

Schweyer, Die rechtliche Bewertung des Reverse Engineering in Deutschland und in den USA, 2012

Sebulke, Zivilprozessualer Geheimnisschutz im Anschluss an das Gesetz zum Schutz von Geschäftsgeheimnissen, 2021
Stadler, Der Schutz des Unternehmensgeheimnisses im deutschen und US-amerikanischen Zivilprozess und Rechtshilfeverfahren, 1989
Steinmann, Die Verletzung von Geschäftsgeheimnissen durch Arbeitnehmer, 2021
v. Stebut, Geheimnisschutz und Verschwiegenheitspflicht im Aktienrecht, 1972
Strobel, Reverse Engineering im Spannungsfeld der Sonderschutzrechte, 2022
Ströbele/Hacker/Thiering, Markengesetz, 13. Aufl. 2020
Teplitzky, Wettbewerbsrechtliche Ansprüche und Verfahren, hrsg. von Bacher, 12. Aufl. 2019
Wabnitz/Janovsky/Schmitt, Handbuch des Wirtschafts- und Steuerstrafrechts, 5. Aufl. 2020
Westermann, Handbuch Know-how-Schutz, 2007
Winzer, F., Der Schutz von Geschäftsgeheimnissen im Zivilverfahren, 2018
Winzer, W., Der Lizenzvertrag, 2014
Wodtke/Richters, Schutz von Betriebs- und Geschäftsgeheimnissen, 2004
Zöller, Zivilprozessordnung, 34. Aufl. 2022

Gesetz zum Schutz von Geschäftsgeheimnissen (GeschGehG)[1, 2]

Vom 18. April 2019 (BGBl. I S. 466)
FNA 427-1

Abschnitt 1. Allgemeines

§ 1 Anwendungsbereich

(1) Dieses Gesetz dient dem Schutz von Geschäftsgeheimnissen vor unerlaubter Erlangung, Nutzung und Offenlegung.

(2) Öffentlich-rechtliche Vorschriften zur Geheimhaltung, Erlangung, Nutzung oder Offenlegung von Geschäftsgeheimnissen gehen vor.

(3) Es bleiben unberührt:
1. der berufs- und strafrechtliche Schutz von Geschäftsgeheimnissen, deren unbefugte Offenbarung von § 203 des Strafgesetzbuches erfasst wird,
2. die Ausübung des Rechts der freien Meinungsäußerung und der Informationsfreiheit nach der Charta der Grundrechte der Europäischen Union (ABl. C 202 vom 7.6.2016, S. 389), einschließlich der Achtung der Freiheit und der Pluralität der Medien,
3. die Autonomie der Sozialpartner und ihr Recht, Kollektivverträge nach den bestehenden europäischen und nationalen Vorschriften abzuschließen,
4. die Rechte und Pflichten aus dem Arbeitsverhältnis und die Rechte der Arbeitnehmervertretungen.

§ 2 Begriffsbestimmungen

Im Sinne dieses Gesetzes ist
1. Geschäftsgeheimnis
   eine Information
   a) die weder insgesamt noch in der genauen Anordnung und Zusammensetzung ihrer Bestandteile den Personen in den Kreisen, die üblicherweise mit dieser Art von Informationen umgehen, allgemein bekannt oder ohne Weiteres zugänglich ist und daher von wirtschaftlichem Wert ist und

---

[1] Verkündet als Art. 1 G v. 18.4.2019 (BGBl. I S. 466); Inkrafttreten gem. Art. 6 dieses G am 26.4.2019.

[2] **Amtl. Anm. zum Titel des ArtikelG:** Artikel 1 dieses Gesetzes dient der Umsetzung der Richtlinie (EU) 2016/943 des Europäischen Parlaments und des Rates vom 8. Juni 2016 über den Schutz vertraulichen Know-hows und vertraulicher Geschäftsinformationen (Geschäftsgeheimnisse) vor rechtswidrigem Erwerb sowie rechtswidriger Nutzung und Offenlegung (ABl. L 157 vom 15.6.2016, S. 1).

b) die Gegenstand von den Umständen nach angemessenen Geheimhaltungsmaßnahmen durch ihren rechtmäßigen Inhaber ist und
c) bei der ein berechtigtes Interesse an der Geheimhaltung besteht;
2. Inhaber eines Geschäftsgeheimnisses
jede natürliche oder juristische Person, die die rechtmäßige Kontrolle über ein Geschäftsgeheimnis hat;
3. Rechtsverletzer
jede natürliche oder juristische Person, die entgegen § 4 ein Geschäftsgeheimnis rechtswidrig erlangt, nutzt oder offenlegt; Rechtsverletzer ist nicht, wer sich auf eine Ausnahme nach § 5 berufen kann;
4. rechtsverletzendes Produkt
ein Produkt, dessen Konzeption, Merkmale, Funktionsweise, Herstellungsprozess oder Marketing in erheblichem Umfang auf einem rechtswidrig erlangten, genutzten oder offengelegten Geschäftsgeheimnis beruht.

§ 3 Erlaubte Handlungen

(1) Ein Geschäftsgeheimnis darf insbesondere erlangt werden durch
1. eine eigenständige Entdeckung oder Schöpfung;
2. ein Beobachten, Untersuchen, Rückbauen oder Testen eines Produkts oder Gegenstands, das oder der
   a) öffentlich verfügbar gemacht wurde oder
   b) sich im rechtmäßigen Besitz des Beobachtenden, Untersuchenden, Rückbauenden oder Testenden befindet und dieser keiner Pflicht zur Beschränkung der Erlangung des Geschäftsgeheimnisses unterliegt;
3. ein Ausüben von Informations- und Anhörungsrechten der Arbeitnehmer oder Mitwirkungs- und Mitbestimmungsrechte der Arbeitnehmervertretung.

(2) Ein Geschäftsgeheimnis darf erlangt, genutzt oder offengelegt werden, wenn dies durch Gesetz, aufgrund eines Gesetzes oder durch Rechtsgeschäft gestattet ist.

§ 4 Handlungsverbote

(1) Ein Geschäftsgeheimnis darf nicht erlangt werden durch
1. unbefugten Zugang zu, unbefugte Aneignung oder unbefugtes Kopieren von Dokumenten, Gegenständen, Materialien, Stoffen oder elektronischen Dateien, die der rechtmäßigen Kontrolle des Inhabers des Geschäftsgeheimnisses unterliegen und die das Geschäftsgeheimnis enthalten oder aus denen sich das Geschäftsgeheimnis ableiten lässt, oder
2. jedes sonstige Verhalten, das unter den jeweiligen Umständen nicht dem Grundsatz von Treu und Glauben unter Berücksichtigung der anständigen Marktgepflogenheit entspricht.

(2) Ein Geschäftsgeheimnis darf nicht nutzen oder offenlegen, wer
1. das Geschäftsgeheimnis durch eine eigene Handlung nach Absatz 1
   a) Nummer 1 oder
   b) Nummer 2
   erlangt hat,
2. gegen eine Verpflichtung zur Beschränkung der Nutzung des Geschäftsgeheimnisses verstößt oder
3. gegen eine Verpflichtung verstößt, das Geschäftsgeheimnis nicht offenzulegen.

(3) [1]Ein Geschäftsgeheimnis darf nicht erlangen, nutzen oder offenlegen, wer das Geschäftsgeheimnis über eine andere Person erlangt hat und zum Zeitpunkt der Erlangung, Nutzung oder Offenlegung weiß oder wissen müsste, dass diese das Geschäftsgeheimnis entgegen Absatz 2 genutzt oder offengelegt hat. [2]Das gilt insbesondere, wenn die Nutzung in der Herstellung, dem Anbieten, dem Inverkehrbringen oder der Einfuhr, der Ausfuhr oder der Lagerung für diese Zwecke von rechtsverletzenden Produkten besteht.

§ 5 Ausnahmen

Die Erlangung, die Nutzung oder die Offenlegung eines Geschäftsgeheimnisses fällt nicht unter die Verbote des § 4, wenn dies zum Schutz eines berechtigten Interesses erfolgt, insbesondere

1. zur Ausübung des Rechts der freien Meinungsäußerung und der Informationsfreiheit, einschließlich der Achtung der Freiheit und der Pluralität der Medien;
2. zur Aufdeckung einer rechtswidrigen Handlung oder eines beruflichen oder sonstigen Fehlverhaltens, wenn die Erlangung, Nutzung oder Offenlegung geeignet ist, das allgemeine öffentliche Interesse zu schützen;
3. im Rahmen der Offenlegung durch Arbeitnehmer gegenüber der Arbeitnehmervertretung, wenn dies erforderlich ist, damit die Arbeitnehmervertretung ihre Aufgaben erfüllen kann.

Abschnitt 2. Ansprüche bei Rechtsverletzungen

§ 6 Beseitigung und Unterlassung

[1]Der Inhaber des Geschäftsgeheimnisses kann den Rechtsverletzer auf Beseitigung der Beeinträchtigung und bei Wiederholungsgefahr auch auf Unterlassung in Anspruch nehmen. [2]Der Anspruch auf Unterlassung besteht auch dann, wenn eine Rechtsverletzung erstmalig droht.

§ 7 Vernichtung; Herausgabe; Rückruf; Entfernung und Rücknahme vom Markt

Der Inhaber des Geschäftsgeheimnisses kann den Rechtsverletzer auch in Anspruch nehmen auf

1. Vernichtung oder Herausgabe der im Besitz oder Eigentum des Rechtsverletzers stehenden Dokumente, Gegenstände, Materialien, Stoffe oder elektronischen Dateien, die das Geschäftsgeheimnis enthalten oder verkörpern,
2. Rückruf des rechtsverletzenden Produkts,
3. dauerhafte Entfernung der rechtsverletzenden Produkte aus den Vertriebswegen,
4. Vernichtung der rechtsverletzenden Produkte oder
5. Rücknahme der rechtsverletzenden Produkte vom Markt, wenn der Schutz des Geschäftsgeheimnisses hierdurch nicht beeinträchtigt wird.

§ 8 Auskunft über rechtsverletzende Produkte; Schadensersatz bei Verletzung der Auskunftspflicht

(1) Der Inhaber des Geschäftsgeheimnisses kann vom Rechtsverletzer Auskunft über Folgendes verlangen:
1. Name und Anschrift der Hersteller, Lieferanten und anderer Vorbesitzer der rechtsverletzenden Produkte sowie der gewerblichen Abnehmer und Verkaufsstellen, für die sie bestimmt waren,
2. die Menge der hergestellten, bestellten, ausgelieferten oder erhaltenen rechtsverletzenden Produkte sowie über die Kaufpreise,
3. diejenigen im Besitz oder Eigentum des Rechtsverletzers stehenden Dokumente, Gegenstände, Materialien, Stoffe oder elektronischen Dateien, die das Geschäftsgeheimnis enthalten oder verkörpern, und
4. die Person, von der sie das Geschäftsgeheimnis erlangt haben und der gegenüber sie es offenbart haben.

(2) Erteilt der Rechtsverletzer vorsätzlich oder grob fahrlässig die Auskunft nicht, verspätet, falsch oder unvollständig, ist er dem Inhaber des Geschäftsgeheimnisses zum Ersatz des daraus entstehenden Schadens verpflichtet.

§ 9 Anspruchsausschluss bei Unverhältnismäßigkeit

Die Ansprüche nach den §§ 6 bis 8 Absatz 1 sind ausgeschlossen, wenn die Erfüllung im Einzelfall unverhältnismäßig wäre, unter Berücksichtigung insbesondere
1. des Wertes oder eines anderen spezifischen Merkmals des Geschäftsgeheimnisses,
2. der getroffenen Geheimhaltungsmaßnahmen,
3. des Verhaltens des Rechtsverletzers bei Erlangung, Nutzung oder Offenlegung des Geschäftsgeheimnisses,
4. der Folgen der rechtswidrigen Nutzung oder Offenlegung des Geschäftsgeheimnisses,
5. der berechtigten Interessen des Inhabers des Geschäftsgeheimnisses und des Rechtsverletzers sowie der Auswirkungen, die die Erfüllung der Ansprüche für beide haben könnte,
6. der berechtigten Interessen Dritter oder
7. des öffentlichen Interesses.

§ 10 Haftung des Rechtsverletzers

(1) [1]Ein Rechtsverletzer, der vorsätzlich oder fahrlässig handelt, ist dem Inhaber des Geschäftsgeheimnisses zum Ersatz des daraus entstehenden Schadens verpflichtet. [2]§ 619a des Bürgerlichen Gesetzbuchs bleibt unberührt.

(2) [1]Bei der Bemessung des Schadensersatzes kann auch der Gewinn, den der Rechtsverletzer durch die Verletzung des Rechts erzielt hat, berücksichtigt werden. [2]Der Schadensersatzanspruch kann auch auf der Grundlage des Betrages bestimmt werden, den der Rechtsverletzer als angemessene Vergütung hätte entrichten müssen, wenn er die Zustimmung zur Erlangung, Nutzung oder Offenlegung des Geschäftsgeheimnisses eingeholt hätte.

(3) Der Inhaber des Geschäftsgeheimnisses kann auch wegen des Schadens, der nicht Vermögensschaden ist, von dem Rechtsverletzer eine Entschädigung in Geld verlangen, soweit dies der Billigkeit entspricht.

§ 11 Abfindung in Geld

(1) Ein Rechtsverletzer, der weder vorsätzlich noch fahrlässig gehandelt hat, kann zur Abwendung der Ansprüche nach den §§ 6 oder 7 den Inhaber des Geschäftsgeheimnisses in Geld abfinden, wenn dem Rechtsverletzer durch die Erfüllung der Ansprüche ein unverhältnismäßig großer Nachteil entstehen würde und wenn die Abfindung in Geld als angemessen erscheint.

(2) [1]Die Höhe der Abfindung in Geld bemisst sich nach der Vergütung, die im Falle einer vertraglichen Einräumung des Nutzungsrechts angemessen wäre. [2]Sie darf den Betrag nicht übersteigen, der einer Vergütung im Sinne von Satz 1 für die Länge des Zeitraums entspricht, in dem dem Inhaber des Geschäftsgeheimnisses ein Unterlassungsanspruch zusteht.

§ 12 Haftung des Inhabers eines Unternehmens

[1]Ist der Rechtsverletzer Beschäftigter oder Beauftragter eines Unternehmens, so hat der Inhaber des Geschäftsgeheimnisses die Ansprüche nach den §§ 6 bis 8 auch gegen den Inhaber des Unternehmens. [2]Für den Anspruch nach § 8 Absatz 2 gilt dies nur, wenn der Inhaber des Unternehmens vorsätzlich oder grob fahrlässig die Auskunft nicht, verspätet, falsch oder unvollständig erteilt hat.

§ 13 Herausgabeanspruch nach Eintritt der Verjährung

[1]Hat der Rechtsverletzer ein Geschäftsgeheimnis vorsätzlich oder fahrlässig erlangt, offengelegt oder genutzt und durch diese Verletzung eines Geschäftsgeheimnisses auf Kosten des Inhabers des Geschäftsgeheimnisses etwas erlangt, so ist er auch nach Eintritt der Verjährung des Schadensersatzanspruchs nach § 10 zur Herausgabe nach den Vorschriften des Bürgerlichen Gesetzbuchs über die Herausgabe einer ungerechtfertigten Bereicherung verpflichtet. [2]Dieser Anspruch verjährt sechs Jahre nach seiner Entstehung.

§ 14 Missbrauchsverbot

[1]Die Geltendmachung der Ansprüche nach diesem Gesetz ist unzulässig, wenn sie unter Berücksichtigung der gesamten Umstände missbräuchlich ist. [2]Bei missbräuchlicher Geltendmachung kann der Anspruchsgegner Ersatz der für seine Rechtsverteidigung erforderlichen Aufwendungen verlangen. [3]Weitergehende Ersatzansprüche bleiben unberührt.

Abschnitt 3. Verfahren in Geschäftsgeheimnisstreitsachen

§ 15 Sachliche und örtliche Zuständigkeit; Verordnungsermächtigung

(1) Für Klagen vor den ordentlichen Gerichten, durch die Ansprüche nach diesem Gesetz geltend gemacht werden, sind die Landgerichte ohne Rücksicht auf den Streitwert ausschließlich zuständig.

(2) [1]Für Klagen nach Absatz 1 ist das Gericht ausschließlich zuständig, in dessen Bezirk der Beklagte seinen allgemeinen Gerichtsstand hat. [2]Hat der Beklagte im Inland keinen allgemeinen Gerichtsstand, ist nur das Gericht zuständig, in dessen Bezirk die Handlung begangen worden ist.

(3) [1]Die Landesregierungen werden ermächtigt, durch Rechtsverordnung einem Landgericht die Klagen nach Absatz 1 der Bezirke mehrerer Landgerichte zuzuweisen. [2]Die Landesregierungen können diese Ermächtigung durch Rechtsverordnung auf die Landesjustizverwaltungen übertragen. [3]Die Länder können außerdem durch Vereinbarung die den Gerichten eines Landes obliegenden Klagen nach Absatz 1 insgesamt oder teilweise dem zuständigen Gericht eines anderen Landes übertragen.

§ 16 Geheimhaltung

(1) Bei Klagen, durch die Ansprüche nach diesem Gesetz geltend gemacht werden (Geschäftsgeheimnisstreitsachen) kann das Gericht der Hauptsache auf Antrag einer Partei streitgegenständliche Informationen ganz oder teilweise als geheimhaltungsbedürftig einstufen, wenn diese ein Geschäftsgeheimnis sein können.

(2) Die Parteien, ihre Prozessvertreter, Zeugen, Sachverständige, sonstige Vertreter und alle sonstigen Personen, die an Geschäftsgeheimnisstreitsachen beteiligt sind oder die Zugang zu Dokumenten eines solchen Verfahrens haben, müssen als geheimhaltungsbedürftig eingestufte Informationen vertraulich behandeln und dürfen diese außerhalb eines gerichtlichen Verfahrens nicht nutzen oder offenlegen, es sei denn, dass sie von diesen außerhalb des Verfahrens Kenntnis erlangt haben.

(3) Wenn das Gericht eine Entscheidung nach Absatz 1 trifft, darf Dritten, die ein Recht auf Akteneinsicht haben, nur ein Akteninhalt zur Verfügung gestellt werden, in dem die Geschäftsgeheimnisse enthaltenden Ausführungen unkenntlich gemacht wurden.

§ 17 Ordnungsmittel

[1]Das Gericht der Hauptsache kann auf Antrag einer Partei bei Zuwiderhandlungen gegen die Verpflichtungen nach § 16 Absatz 2 ein Ordnungsgeld bis zu 100 000 Euro oder Ordnungshaft bis zu sechs Monaten festsetzen und sofort vollstrecken. [2]Bei der Festsetzung von Ordnungsgeld ist zugleich für den Fall, dass dieses nicht beigetrieben werden kann, zu bestimmen, in welchem Maße Ordnungshaft an seine Stelle tritt. [3]Die Beschwerde gegen ein nach Satz 1 verhängtes Ordnungsmittel entfaltet aufschiebende Wirkung.

§ 18 Geheimhaltung nach Abschluss des Verfahrens

[1]Die Verpflichtungen nach § 16 Absatz 2 bestehen auch nach Abschluss des gerichtlichen Verfahrens fort. [2]Dies gilt nicht, wenn das Gericht der Hauptsache das Vorliegen des streitgegenständlichen Geschäftsgeheimnisses durch rechtskräftiges Urteil verneint hat oder sobald die streitgegenständlichen Informationen für Personen in den Kreisen, die üblicherweise mit solchen Informationen umgehen, bekannt oder ohne Weiteres zugänglich werden.

§ 19 Weitere gerichtliche Beschränkungen

(1) [1]Zusätzlich zu § 16 Absatz 1 beschränkt das Gericht der Hauptsache zur Wahrung von Geschäftsgeheimnissen auf Antrag einer Partei den Zugang ganz oder teilweise auf eine bestimmte Anzahl von zuverlässigen Personen
1. zu von den Parteien oder Dritten eingereichten oder vorgelegten Dokumenten, die Geschäftsgeheimnisse enthalten können, oder
2. zur mündlichen Verhandlung, bei der Geschäftsgeheimnisse offengelegt werden könnten, und zu der Aufzeichnung oder dem Protokoll der mündlichen Verhandlung.

[2]Dies gilt nur, soweit nach Abwägung aller Umstände das Geheimhaltungsinteresse das Recht der Beteiligten auf rechtliches Gehör auch unter Beachtung ihres Rechts auf effektiven Rechtsschutz und ein faires Verfahren übersteigt. [3]Es ist jeweils mindestens einer natürlichen Person jeder Partei und ihren Prozessvertretern oder sonstigen Vertretern Zugang zu gewähren. [4]Im Übrigen bestimmt das Gericht nach freiem Ermessen, welche Anordnungen zur Erreichung des Zwecks erforderlich sind.

(2) Wenn das Gericht Beschränkungen nach Absatz 1 Satz 1 trifft,
1. kann die Öffentlichkeit auf Antrag von der mündlichen Verhandlung ausgeschlossen werden und
2. gilt § 16 Absatz 3 für nicht zugelassene Personen.

(3) Die §§ 16 bis 19 Absatz 1 und 2 gelten entsprechend im Verfahren der Zwangsvollstreckung, wenn das Gericht der Hauptsache Informationen nach § 16 Absatz 1 als geheimhaltungsbedürftig eingestuft oder zusätzliche Beschränkungen nach Absatz 1 Satz 1 getroffen hat.

§ 20 Verfahren bei Maßnahmen nach den §§ 16 bis 19

(1) Das Gericht der Hauptsache kann eine Beschränkung nach § 16 Absatz 1 und § 19 Absatz 1 ab Anhängigkeit des Rechtsstreits anordnen.

(2) [1]Die andere Partei ist spätestens nach Anordnung der Maßnahme vom Gericht zu hören. [2]Das Gericht kann die Maßnahmen nach Anhörung der Parteien aufheben oder abändern.

(3) Die den Antrag nach § 16 Absatz 1 oder § 19 Absatz 1 stellende Partei muss glaubhaft machen, dass es sich bei der streitgegenständlichen Information um ein Geschäftsgeheimnis handelt.

(4) [1]Werden mit dem Antrag oder nach einer Anordnung nach § 16 Absatz 1 oder einer Anordnung nach § 19 Absatz 1 Satz 1 Nummer 1 Schriftstücke und sonstige Unterlagen eingereicht oder vorgelegt, muss die den Antrag stellende Partei diejenigen Ausführungen kennzeichnen, die nach ihrem Vorbringen Geschäftsgeheimnisse enthalten. [2]Im Fall des § 19 Absatz 1 Satz 1 Nummer 1 muss sie zusätzlich eine Fassung ohne Preisgabe von Geschäftsgeheimnissen vorlegen, die eingesehen werden kann. [3]Wird keine solche um die Geschäftsgeheimnisse reduzierte Fassung vorgelegt, kann das Gericht von der Zustimmung zur Einsichtnahme ausgehen, es sei denn, ihm sind besondere Umstände bekannt, die eine solche Vermutung nicht rechtfertigen.

(5) [1]Das Gericht entscheidet über den Antrag durch Beschluss. [2]Gibt es dem Antrag statt, hat es die Beteiligten auf die Wirkung der Anordnung nach § 16

Absatz 2 und § 18 und Folgen der Zuwiderhandlung nach § 17 hinzuweisen. [3]Beabsichtigt das Gericht die Zurückweisung des Antrags, hat es die den Antrag stellende Partei darauf und auf die Gründe hierfür hinzuweisen und ihr binnen einer zu bestimmenden Frist Gelegenheit zur Stellungnahme zu geben. [4]Die Einstufung als geheimhaltungsbedürftig nach § 16 Absatz 1 und die Anordnung der Beschränkung nach § 19 Absatz 1 können nur gemeinsam mit dem Rechtsmittel in der Hauptsache angefochten werden. [5]Im Übrigen findet die sofortige Beschwerde statt.

(6) Gericht der Hauptsache im Sinne dieses Abschnitts ist
1. das Gericht des ersten Rechtszuges oder
2. das Berufungsgericht, wenn die Hauptsache in der Berufungsinstanz anhängig ist.

§ 21 Bekanntmachung des Urteils

(1) [1]Der obsiegenden Partei einer Geschäftsgeheimnisstreitsache kann auf Antrag in der Urteilsformel die Befugnis zugesprochen werden, das Urteil oder Informationen über das Urteil auf Kosten der unterliegenden Partei öffentlich bekannt zu machen, wenn die obsiegende Partei hierfür ein berechtigtes Interesse darlegt. [2]Form und Umfang der öffentlichen Bekanntmachung werden unter Berücksichtigung der berechtigten Interessen der im Urteil genannten Personen in der Urteilsformel bestimmt.

(2) Bei den Entscheidungen über die öffentliche Bekanntmachung nach Absatz 1 Satz 1 ist insbesondere zu berücksichtigen:
1. der Wert des Geschäftsgeheimnisses,
2. das Verhalten des Rechtsverletzers bei Erlangung, Nutzung oder Offenlegung des Geschäftsgeheimnisses,
3. die Folgen der rechtswidrigen Nutzung oder Offenlegung des Geschäftsgeheimnisses und
4. die Wahrscheinlichkeit einer weiteren rechtswidrigen Nutzung oder Offenlegung des Geschäftsgeheimnisses durch den Rechtsverletzer.

(3) Das Urteil darf erst nach Rechtskraft bekannt gemacht werden, es sei denn, das Gericht bestimmt etwas anderes.

§ 22 Streitwertbegünstigung

(1) Macht bei Geschäftsgeheimnisstreitsachen eine Partei glaubhaft, dass die Belastung mit den Prozesskosten nach dem vollen Streitwert ihre wirtschaftliche Lage erheblich gefährden würde, so kann das Gericht auf ihren Antrag anordnen, dass die Verpflichtung dieser Partei zur Zahlung von Gerichtskosten sich nach dem ihrer Wirtschaftslage angepassten Teil des Streitwerts bemisst.

(2) Die Anordnung nach Absatz 1 bewirkt auch, dass
1. die begünstigte Partei die Gebühren ihres Rechtsanwalts ebenfalls nur nach diesem Teil des Streitwerts zu entrichten hat,
2. die begünstigte Partei, soweit ihr Kosten des Rechtsstreits auferlegt werden oder soweit sie diese übernimmt, die von dem Gegner entrichteten Gerichtsgebühren und die Gebühren seines Rechtsanwalts nur nach diesem Teil des Streitwerts zu erstatten hat und

3. der Rechtsanwalt der begünstigten Partei seine Gebühren von dem Gegner nach dem für diesen geltenden Streitwert beitreiben kann, soweit die außergerichtlichen Kosten dem Gegner auferlegt oder von ihm übernommen werden.

(3) [1]Der Antrag nach Absatz 1 ist vor der Verhandlung zur Hauptsache zu stellen. [2]Danach ist er nur zulässig, wenn der angenommene oder festgesetzte Streitwert durch das Gericht heraufgesetzt wird. [3]Der Antrag kann vor der Geschäftsstelle des Gerichts zur Niederschrift erklärt werden. [4]Vor der Entscheidung über den Antrag ist der Gegner zu hören.

Abschnitt 4. Strafvorschriften

§ 23 Verletzung von Geschäftsgeheimnissen

(1) Mit Freiheitsstrafe bis zu drei Jahren oder mit Geldstrafe wird bestraft, wer zur Förderung des eigenen oder fremden Wettbewerbs, aus Eigennutz, zugunsten eines Dritten oder in der Absicht, dem Inhaber eines Unternehmens Schaden zuzufügen,
1. entgegen § 4 Absatz 1 Nummer 1 ein Geschäftsgeheimnis erlangt,
2. entgegen § 4 Absatz 2 Nummer 1 Buchstabe a ein Geschäftsgeheimnis nutzt oder offenlegt oder
3. entgegen § 4 Absatz 2 Nummer 3 als eine bei einem Unternehmen beschäftigte Person ein Geschäftsgeheimnis, das ihr im Rahmen des Beschäftigungsverhältnisses anvertraut worden oder zugänglich geworden ist, während der Geltungsdauer des Beschäftigungsverhältnisses offenlegt.

(2) Ebenso wird bestraft, wer zur Förderung des eigenen oder fremden Wettbewerbs, aus Eigennutz, zugunsten eines Dritten oder in der Absicht, dem Inhaber eines Unternehmens Schaden zuzufügen, ein Geschäftsgeheimnis nutzt oder offenlegt, das er durch eine fremde Handlung nach Absatz 1 Nummer 2 oder Nummer 3 erlangt hat.

(3) Mit Freiheitsstrafe bis zu zwei Jahren oder mit Geldstrafe wird bestraft, wer zur Förderung des eigenen oder fremden Wettbewerbs oder aus Eigennutz entgegen § 4 Absatz 2 Nummer 2 oder Nummer 3 ein Geschäftsgeheimnis, das eine ihm im geschäftlichen Verkehr anvertraute geheime Vorlage oder Vorschrift technischer Art ist, nutzt oder offenlegt.

(4) Mit Freiheitsstrafe bis zu fünf Jahren oder mit Geldstrafe wird bestraft, wer
1. in den Fällen des Absatzes 1 oder des Absatzes 2 gewerbsmäßig handelt,
2. in den Fällen des Absatzes 1 Nummer 2 oder Nummer 3 oder des Absatzes 2 bei der Offenlegung weiß, dass das Geschäftsgeheimnis im Ausland genutzt werden soll, oder
3. in den Fällen des Absatzes 1 Nummer 2 oder des Absatzes 2 das Geschäftsgeheimnis im Ausland nutzt.

(5) Der Versuch ist strafbar.

(6) Beihilfehandlungen einer in § 53 Absatz 1 Satz 1 Nummer 5 der Strafprozessordnung genannten Person sind nicht rechtswidrig, wenn sie sich auf die Entgegennahme, Auswertung oder Veröffentlichung des Geschäftsgeheimnisses beschränken.

(7) [1]§ 5 Nummer 7 des Strafgesetzbuches gilt entsprechend. [2]Die §§ 30 und 31 des Strafgesetzbuches gelten entsprechend, wenn der Täter zur Förderung des eigenen oder fremden Wettbewerbs oder aus Eigennutz handelt.

(8) Die Tat wird nur auf Antrag verfolgt, es sei denn, dass die Strafverfolgungsbehörde wegen des besonderen öffentlichen Interesses an der Strafverfolgung ein Einschreiten von Amts wegen für geboten hält.

Einleitung

A. Grundlagen, Entwicklung und Struktur des Schutzes von Geschäftsgeheimnissen

Übersicht

I. Wirtschaftliche Bedeutung, Zweck und Rechtsnatur des Geheimnisschutzes

1. Wirtschaftliche Bedeutung

Literatur: *Arundel,* The Relative Effectiveness of Patents and Secrecy for Appropriation, 30 Research Policy 611 (2001); *Aschhoff ua,* Schwerpunktbericht zur Innovationserhebung, 2005, abrufbar unter https://www.econstor.eu/bitstream/10419/39164/1/585405697.pdf; *Baker & McKenzie,* Study on Trade Secrets and Confidential Business Information in the Internal Market, 2013, abrufbar unter https://ec.europa.eu/growth/content/study-trade-secrets-and-confidential-business-information-internal-market-0_en; *Bitkom,* Studie Wirtschaftsschutz

2022, abrufbar unter https://www.bitkom.org/Bitkom/Publikationen/Studie-Wirtschaftsschutz; *Cohen/Nelson/Walsh,* Protecting Their Intellectual Assets: Appropriability Conditions and Why U.S. Manufacturing Firms Patent (or Not), 2000, abrufbar unter https://www.nber.org/papers/w7552; *Drescher,* Industrie- und Wirtschaftsspionage in Deutschland, 2019; *European Commission ua,* Study on the legal protection of trade secrets in the context of the data economy, 2022, abrufbar unter https://data.europa.eu/doi/10.2826/021443; *Hofmarcher,* Das Geschäftsgeheimnis, 2020; *KPMG,* Im Spannungsfeld. Wirtschaftskriminalität in Deutschland, 2020, abrufbar unter https://hub.kpmg.de/wirtschaftskriminalitaet-in-deutschland-2020-im-spannungsfeld; *Levine/Sichelman,* Why Do Startups Use Trade Secrets?, 94 Notre Dame Law Review 751 (2018).

1 Geschäftsgeheimnisse haben oft **erheblichen betriebswirtschaftlichen Wert** und sind **von großer volkswirtschaftlicher Bedeutung.** Wie Erwgr. 1 Geschäftsgeheimnis-RL mit fast schon Wagnerscher Alliteration hervorhebt, sind Know-how und Informationen „die Währung der wissensbasierten Wirtschaft, die einen Wettbewerbsvorteil schafft". Empirische Studien zeigen, dass viele Unternehmen den Geheimnisschutz sogar als wichtiger einschätzen als Rechte des geistigen Eigentums (*Aschhoff* Schwerpunktbericht 113; *Baker & McKenzie* Study on Trade Secrets 2, 97 ff.; *Cohen/Nelson/Walsh* Intellectual Assets 24; ebenso zum früheren Recht BGH GRUR 1963, 207 (210) – Kieselsäure). Das gilt vor allem für **kleine und mittlere Unternehmen** (*Arundel* 30 Research Policy 611 (613 f.) (2001); *Baker & McKenzie* Study on Trade Secrets 108; *Hoeren* in Hoeren/Münker GeschGehG Vorb §§ 1–2 Rn. 5) oder Startups (*Levine/Sichelman* 94 Notre Dame Law Review 753 (756 ff., 808 ff.) (2018)). Sie scheuen oft die Kosten des Patentschutzes, der im Fall kleinerer Innovationen oft ohnehin nicht zur Verfügung steht. Der Geheimnisschutz wird in allen Zweigen der Industrie und des Dienstleistungssektors genutzt. Auch wenn empirische Daten nicht in gleichem Maße vorliegen wie in anderen Bereichen des gewerblichen Rechtsschutzes (*Hofmarcher* Geschäftsgeheimnis Rn. 1.70), belegen Statistiken doch die besondere Bedeutung des Geheimnisschutzes in forschungs- und entwicklungsintensiven Industrien, in den Bereichen Fahrzeug- und Maschinenbau, Chemie, Informations- und Telekommunikationstechnologie sowie Werbung und Marketing (*Huber* in Ann/Loschelder/Grosch Kap. 1 Rn. 259 ff.; *Kalbfus* Know-how-Schutz Rn. 16; zur Industrie 4.0 *Müllmann* WRP 2018, 1177). Als dementsprechend gravierend werden die **Folgen der Wirtschafts- und Industriespionage** eingeschätzt (Egrd. 4 Geschäftsgeheimnis-RL; *Bitkom* Studie Wirtschaftsschutz 2022; *Brammsen* in Brammsen/Apel GeschGehG Einl. A Rn. 8 f.; umfassend *Drescher* Industrie- und Wirtschaftsspionage, 2019, insb. S. 54 ff. mit krit. Überblick über die einschlägigen empirischen Studien).

2 Der Geheimnisschutz stellt dort das **einzige Schutzregime** dar, wo Immaterialgüterrechte nicht zur Verfügung stehen oder wo lediglich die schriftliche Ausdrucksform urheberrechtlich gegen Vervielfältigung geschützt ist. Beispiele sind **betriebswirtschaftliche Informationen** wie Ausschreibungs- und Angebotsunterlagen, Verträge, Kunden- und Lieferantenlisten, Finanzinformationen sowie Geschäfts- und Absatzstrategien (*Baker & McKenzie* Study on Trade Secrets 122, 136). Auch der Geheimnisschutz von **Formeln und Rezepturen,** beispielsweise in den Bereichen Lebensmittel und Kosmetika, ist bedeutend, weil auch sie in der Regel immaterialgüterrechtlich nicht schutzfähig sind. Erhebliches Potenzial hat der Geheimnisschutz im Bereich von **Algorithmen** (zum Schutz von Modellierungs-Know how *Reinholz/Kraushaar* K&R 2020, 788 (789)) und **künstlicher**

Intelligenz (z.B. von Machine Learning-Modellen, s. *Apel/Kaulartz* RDi 2020, 24 (29 ff.)). In weitem Umfang genießen **industrielle Daten** Geheimnisschutz (*Leistner/Antoine/Sagstetter* Big Data S. 137 ff.), was in der Diskussion der vergangenen Jahre um die Notwendigkeit eines Schutzrechts an Daten gelegentlich übersehen wurde. Aber auch im Fall **grundsätzlich patentierbarer technischer Informationen** entscheiden sich Unternehmen vor allem beim Schutz von Verfahren oder, allgemeiner, dann häufig für die Geheimhaltung, wenn die Information nicht in einem Produkt verkörpert ist und bei freiem Verkauf nicht durch Reverse Engineering ermittelt werden könnte (*Levine/Sichelman* 94 Notre Dame Law Review 753 (782 ff.) (2018); *Kalbfus* Know-how-Schutz Rn. 1: „lieber in den Panzerschrank"). Gründe sind u.a. die potenziell längere Dauer des Geheimnisschutzes, der fehlende Zwang zur Offenlegung, die geringeren Kosten, kurze Innovationszyklen und mögliche Zweifel über die Erfolgsaussichten einer Patentanmeldung (*Baker & McKenzie,* Study on Trade Secrets 93; *Huber* in Ann/Loschelder/Grosch Kap. 1 Rn. 237 ff.). Allerdings kann der Geheimnisschutz den Patentschutz auch ergänzen (zur Notwendigkeit des Geheimnisschutzes im Vorfeld der Patentanmeldung → Rn. 17) und beispielsweise Begleitinformationen erfassen, die in der Anmeldung nicht offengelegt werden oder die von einem patentierten Verfahren der künstlichen Intelligenz generierte Ergebnisse schützen (*Levine/Sichelman* 94 Notre Dame Law Review 753 (810 f.) (2018)).

2. Zweck

Literatur: *Bone,* A New Look at Trade Secret Law: Doctrine in Search of Justification, 86 California Law Review 241 (1998); *ders.,* The (Still) Shaky Foundations of Trade Secret Law, 92 Texas Law Review 1803 (2014); *Chiappetta,* Myth, Chameleon, or Intellectual Property Olympian? A Normative Framework Supporting Trade Secret Law, 8 George Mason Law Review 69 (1999); *Crass u.a.,* Protecting Innovation through Patents and Trade Secrets: Evidence for Forms with Single Innovation, 26 International Journal of the Economics of Business 117 (2019); *Dorner,* Know-how-Schutz im Umbruch, 2013; *Drescher,* Industrie- und Wirtschaftsspionage in Deutschland, 2019; *European Commission,* Study on the legal protection of trade secrets in the context of the data economy, 2022, abrufbar unter https://data.europa.eu/doi/10.2826/021443; *Hauck,* Schutz von Geschäftsgeheimnissen und Handlungsfreiräume für Medien, AfP 2021, 193; *Hille,* Schadensersatz im Immaterialgüterrecht. Eine ökonomische Analyse unter besonderer Berücksichtigung des Markenrechts, ZGE 10 (2018), 202; *Hofmarcher,* Das Geschäftsgeheimnis, 2020; *Leistner/Antoine/Sagstetter,* Big Data, 2021; *Lemley,* The Surprising Virtues of Treating Trade Secrets as IP Rights, 61 Stanford Law Review 311 (2008); *Oberndörfer,* Die philosophische Grundlage des Urheberrechts, 2005; *Ohly,* Reverse Engineering: Unfair Competition or Catalyst for Innovation?, FS Straus, 2008, 535; *ders.,* Der Geheimnisschutz im deutschen Recht: heutiger Stand und Perspektiven, GRUR 2014, 1; *Peukert,* Güterzuordnung als Rechtsprinzip, 2008; *Pfister,* Das technische Geheimnis Know how als Vermögensrecht, 2014; *Risch,* Why Do We Have Trade Secrets?, 11 Marquette Intellectual Property Law Review 1 (2007); *Sandeen,* The Cinderella of Intellectual Property Law: Trade Secrets, in Yu (Hrsg.), Intellectual Property and Information Wealth, 2007, 399; *Schäfer/Ott,* Lehrbuch zur ökonomischen Analyse des Zivilrechts, 6. Aufl. 2020; *Stallberg,* Urheberrecht und moralische Rechtfertigung, 2006.

a) Überblick. Auch wenn der Geheimnisschutz im deutschen Recht eine **3**
lange Tradition hat, die (mindestens) bis zum ersten UWG von 1896 zurückreicht, wurde über seinen Zweck in Deutschland bis zum Beginn der Harmonisierungsarbeiten wenig nachgedacht. Besonders für die Grundlagen des Geheimnisschutzes galt, dass dieses Rechtsgebiet ein „Stiefkind" oder „Aschenputtel" des Immaterialgüter- und Lauterkeitsrechts darstellte (*Ann* GRUR 2007, 39; *Ohly* GRUR 2014,

1; *Sandeen* Cinderella of Intellectual Property Law: Trade Secrets S. 399). Stärker wurde die Frage nach der **Rechtfertigung des Geheimnisschutzes** in den **USA** gestellt, möglichweise, weil dort die verfassungsrechtliche Kompetenzverteilung zwischen dem Recht des geistigen Eigentums auf Bundesebene und dem Lauterkeitsrecht auf Staatenebene die Aufmerksamkeit auf mögliche Konflikte zwischen beiden Rechtsgebieten lenkte und weil daher auch der Supreme Court Gelegenheit hatte, in mehreren Grundsatzentscheidungen zum Schutzzweck Stellung zu nehmen (*Kewanee v. Bicron* 416 U.S. 470 (1974); *Bonito Boats v. Thunder Craft Boats* 489 U.S. 141 (1989)). Nach wie vor entstammen die **grundlegenden Arbeiten** in diesem Bereich der **US-Literatur.**

4 Dieser Befund überrascht, denn die **Berechtigung des Geheimnisschutzes liegt keineswegs auf der Hand.** Zwar besteht Konsens, dass die Weitergabe von Geheimnissen durch zur Vertraulichkeit verpflichtete Arbeitnehmer oder Vertragspartner ebenso sanktionswürdig ist wie Spionage durch Eindringen in fremde Unternehmen oder Diebstahl von Unterlagen. Diese Handlungen werden allerdings bereits durch das Vertrags- und Deliktsrecht verboten (vgl. *Bone* 86 California Law Review 241 (1998), der deshalb einen über das Vertrags- und allgemeine Deliktsrecht hinausgehenden Geheimnisschutz für überflüssig und unangemessen hält). Darüber hinaus besteht ein **Spannungsverhältnis zwischen dem Informationsbedürfnis einer offenen Gesellschaft und Geheimhaltung,** das zu kontroversen Diskussionen über den Entwurf der Geschäftsgeheimnis-RL im Europäischen Parlament und im Bundestag über die Umsetzung der Richtlinie Anlass gegeben hat (hierzu *Hauck* AfP 2021, 193 f.). Aus immaterialgüterrechtlicher Sicht besteht ein **möglicher Konflikt mit den Grundsätzen des Patentrechts.** Während eine technische Lehre dort nach Anmeldung und Prüfung auf Neuheit und erfinderische Tätigkeit für zwanzig Jahre Zug um Zug gegen Offenbarung der Information geschützt wird, genießen Geschäftsgeheimnisse unabhängig von ihrer Schöpfungshöhe formlosen und potenziell ewigen Schutz.

5 Die Ansätze zur Rechtfertigung des Geheimnisschutzes lassen sich, wie überall im Immaterialgüter- und Lauterkeitsrecht (und darüber hinaus) in **deontologische** und **utilitaristische Theorien** einordnen (vgl. zum Urheberrecht *Stallberg* Urheberrecht und moralische Rechtfertigung S. 47). Deontologische Rechtfertigungen fragen nicht nach den Folgen einer Handlung, sondern beruhen auf Grundprinzipien der Gerechtigkeit. Demgegenüber ist der Utilitarismus eine Folgenethik, der zufolge eine Regel als gut zu beurteilen ist, wenn ihre Folgen für die Gesellschaft vorteilhafter sind als diejenigen anderer Regeln oder als die Situation ohne Regel. Die **ökonomische Analyse des Rechts** ist eine utilitaristische Theorie: Sie bevorzugt diejenige Regel, die zur größten Effizienz führt.

6 **b) Deontologische Begründungen. aa) Geschäftsmoral.** Bis zur Umsetzung der Geschäftsgeheimnis-RL wurde der Geheimnisschutz weitgehend als Teil des Lauterkeitsrechts angesehen. Dem liegt die Ansicht zugrunde, dass die typischen Fälle der Geheimnisverletzung, in den Worten des Art. 10^{bis}PVÜ, gegen die „anständigen Gepflogenheiten in Handel und Gewerbe" verstoßen. Der Geheimnisverrat durch Arbeitnehmer oder Kooperationspartner stellt einen Vertrauensbruch dar (zum Einfluss dieses Gedankens auf die Entwicklung des Geheimnisschutzes *Kalbfus* Know-how-Schutz Rn. 29 ff.), die Betriebsspionage ein Eindringen in eine fremde Sphäre. So verstanden sanktioniert der Geheimnisschutz **Verstöße gegen grundlegende Prinzipien des anständigen geschäftlichen Verhaltens oder der Geschäftsmoral.** In der älteren Rechtsprechung, sowohl in Deutschland

als auch in den USA, wurde dieser Gedanke zur Rechtfertigung des Geheimnisschutzes herangezogen (RG GRUR 1936, 183 (187) – Stiefeleisenpresse; US Supreme Court *Kewanee v. Bicron* 416 U.S. 470 (481 f.) (1974)).

Allerdings gehört seit der praktischen Philosophie *Kants* die **Unterscheidung von Recht und Moral** zu den Grundannahmen der Rechtsphilosophie. Auch im Lauterkeitsrecht darf der Bezug auf „gute Sitten", „anständige Gepflogenheiten" oder „Lauterkeit" nicht zu einer unreflektierten Rezeption von Moralvorstellungen verleiten. Abgesehen von diesem grundsätzlichen Einwand spricht gegen eine Anknüpfung an die Geschäftsmoral, dass sie **nur in Kernbereichen eindeutige Ergebnisse** liefert, die bereits anderweitig hinreichend geregelt sind. Das gilt vor allem für den Vertrauensbruch: Gründet sich das Vertrauen auf einen Vertrag, so bietet das Vertragsrecht ausreichende Rechtsbehelfe. Außerhalb von Verträgen ist ein Vertrauen auf Geheimhaltung aber nicht unbedingt schutzwürdig. Im Verhältnis zu Dritten besteht von vornherein keine Vertrauensbeziehung. Von Dritten kann Respekt vor fremdem Eigentum erwartet werden, aber Vorschriften wie § 4 Abs. 3, der unter bestimmten Voraussetzungen die Haftung von Personen anordnet, die Geheimnisse von Dritten erhalten, ohne sie sich selbst unlauter verschafft zu haben, lassen sich mit Hinweis auf Standards des kommerziellen Anstands kaum erklären (ähnl. *Drescher* Industrie- und Wirtschaftsspionage S. 48 f.). 7

bb) Unlautere Ausnutzung fremder Geschäftswerte. Vom erheblichen wirtschaftlichen Wert der Geschäftsgeheimnisse war oben (→ Rn. 1 f.) bereits die Rede. Vor allem unter Geltung des früheren UWG von 1909 wurde immer wieder angenommen, dass die Ausnutzung fremder Geschäftswerte, das „Pflügen mit fremdem Kalbe" (*Lobe* MuW 1916, 128 (129)), unlauter sei. Dem liegt die Überzeugung zugrunde, dass **jeder wirtschaftliche Wert per se des rechtlichen Schutzes bedarf** und dass es daher die Aufgabe der Rechtsordnung ist, die **Nachahmung oder Ausnutzung fremder Leistungen ohne eigene Anstrengungen zu verbieten.** 8

Allerdings zeigt ein Blick auf das System des geistigen Eigentums, dass **der Satz „if value, then right" zu undifferenziert** ist (*Cohen* 35 Columbia Law Review 809 (815 ff.) (1935); *Dreyfuss,* 65 Notre Dame Law Review 397 (405) (1990); *Kalbfus* Know-how-Schutz Rn. 28; *Peukert* Güterzuordnung als Rechtsprinzip S. 117 ff., 460 f., 733 f.). Eine Marktwirtschaft lebt nicht nur vom Innovations-, sondern auch vom Imitationswettbewerb. Beispielsweise beschränkt ein Patentrecht für eine begrenzte Zeit den Imitationswettbewerb, um damit den Innovationswettbewerb zu fördern. Nach Ablauf der Schutzfrist ist die Nutzung der zuvor geschützten technischen Lehre aber erlaubt. Für das Immaterialgüterrecht ist also die Balance zwischen angemessenem Leistungsschutz und Nachahmungsfreiheit von entscheidender Bedeutung. **Nicht jede Übernahme fremder Leistungen** ist also eine **unlautere „Ausbeutung".** Für die Feinabstimmung zwischen Informationsfreiheit und Geheimnisschutz ist der Verweis auf die Notwendigkeit des Schutzes wirtschaftlicher Werte zu undifferenziert. 9

cc) Arbeitstheorie. Eine verbreitete rechtsphilosophische Grundlage für den Schutz wirtschaftlicher Werte gegen Ausbeutung bildet die auf ***John Locke*** zurückgehende Arbeitstheorie. *Lockes* Anliegen war die naturrechtliche Rechtfertigung des Sacheigentums (näher hierzu *Oberndörfer* Philosophische Grundlage 23 ff.; *Kalbfus* Know-how-Schutz Rn. 33). Dabei ging *Locke* von dem Axiom aus, dass jeder Mensch ein Eigentum an der eigenen Person und damit auch an der eigenen Arbeitskraft hat. Mischt er seine Arbeit mit Gegenständen der äußeren Welt, so 10 erlangt er an diesen Gegenständen originäres Eigentum. Daher gebühren einer Person auch die Früchte ihrer Arbeit, jedenfalls solange für alle anderen hinreichende Ressourcen übrigbleiben. Eine solche Wertung liegt beispielsweise dem Eigentumserwerb durch Verarbeitung gem. § 950 BGB zugrunde. Auch wenn *Locke* seine Theorie nur auf das Sacheigentum bezog und übrigens dem seinerzeit aufkommenden Urheberrecht skeptisch gegenüberstand (*Oberndörfer* Philosophische Grundlage 44 ff.), so hat diese Überlegung doch gerade für geistige Schöpfungen eine intuitive Überzeugungskraft (*Stallberg* Urheberrecht und moralische Rechtfertigung 61 ff.; für den Geheimnisschutz *Pfister* Das technische Geheimnis 47 ff.): **Wer ein Immaterialgut schafft, soll daran auch ein Recht erlangen.**

11 Über die Arbeitstheorie ist viel diskutiert worden. Wie sich seit der Zeit *Lockes* gezeigt hat, bestehen schon gegen die Grundannahme **wesentliche Einwände** (hierzu im Einzelnen *Oberndörfer* Philosophische Grundlage 120 ff.; *Stallberg* Urheberrecht und moralische Rechtfertigung 109 ff.). Im Bereich des geistigen Schaffens gibt es keine herrenlosen Gegenstände. Vielmehr steht, mit einem *Newton* zugeschriebenen Satz formuliert, jeder auf den Schultern seiner Vorgänger. Abgesehen von der grundsätzlichen Kritik an der Arbeitstheorie erweist sie sich **für den Geheimnisschutz als zu unscharf,** weil sie eine viel weitergehende Zuordnung der betreffenden Information rechtfertigen würde (*Kalbfus* Know-how-Schutz Rn. 36 ff.). Vor allem lässt sich nicht begründen, warum die Information überhaupt geheim sein muss, um geschützt zu sein, und warum nicht jede Information, die von einer Person generiert wird, ihr zeitlich und sachlich unbegrenzt zugewiesen wird. Ebenso wie die anderen, oben genannten deontologischen Ansätze hat die Arbeitstheorie also einen gewissen intuitiven Reiz, aber zur Rechtfertigung und Konturierung des Geheimnisschutzes fehlt ihr die Präzision.

12 **c) Utilitaristische, insb. ökonomische Begründungen. aa) Anreiztheorien.** Im **Recht des geistigen Eigentums** haben sich mittlerweile **ökonomische Begründungsansätze weitgehend durchgesetzt.** Während sie im Urheberrecht jedenfalls in kontinentaleuropäischen Rechtsordnungen mit persönlichkeitsrechtlichen Ansätzen kombiniert werden, wird die Notwendigkeit gewerblicher Schutzrechte mittlerweile fast ausschließlich utilitaristisch begründet. Vor allem das **Patentrecht** wird als **Anreizinstrument** verstanden. Forschung und Entwicklung verursachen Kosten. Könnte eine Erfindung unmittelbar von Nachahmern, die selbst keine derartigen Ausgaben zu tätigen brauchten, genutzt werden, so würden sich die Ausgaben des Erfinders nicht lohnen und die Innovation käme zum Erliegen. Das Patentrecht setzt also Anreize dafür, zu erfinden, Erfindungen in der Patentanmeldung zu offenbaren und in die Entwicklung marktreifer Produkte, also den Weg von der „Invention" zur „Innovation" zu investieren (hierzu im Einzelnen *Ann* § 3 Rn. 29 ff.; *Schäfer/Ott* Lehrbuch zur ökonomischen Analyse des Zivilrechts S. 747 ff.; *Stierle* Das nicht-praktizierte Patent, 2018, 187 ff., 240 mwN). Verallgemeinernd bezeichnet es **Art. 7 TRIPS** als Zweck des geistigen Eigentums, zur **Förderung der technologischen Innovation** beizutragen. Dementsprechend bietet es sich an, die ökonomische Analyse auch zur Begründung und Begrenzung des Geheimnisschutzes heranzuziehen (hierzu umfassend *Hille* in Brammsen/Apel GeschGehG Einl. F Rn. 13 ff.; *Kalbfus* Know-how-Schutz Rn. 54 ff.; aus dem US-Schrifttum *Lemley* 61 Stanford Law Review 311 ff. (2008); *Risch* 11 Marquette Intellectual Property Law Review 1 ff. (2007).

13 Auch der **Geheimnisschutz** setzt **Anreize** zur Investition in die Entdeckung, Schöpfung oder Zusammenstellung wirtschaftlich wertvoller Informationen

(Egrd. 4 Geschäftsgeheimnis-RL; US Supreme Court *Kewanee v. Bicron* 416 U.S. 470 (484 f.) (1974); *Hille* in Brammsen/Apel GeschGehG Einl. F Rn. 21 ff.; *Drescher* Industrie- und Wirtschaftsspionage in Deutschland S. 258 ff.; *Hoeren* in Hoeren/Münker GeschGehG Vorb §§ 1–2 Rn. 4; *Lemley* 61 Stanford Law Review 311 (330) (2008); *Kalbfus* Know-how-Schutz Rn. 54 ff.). Zwar ist er schwächer ausgestaltet als der Patentschutz, weil er insbesondere im Fall unabhängiger Schöpfungen, beim Reverse Engineering und bei der Nutzung von Informationen durch gutgläubige Dritte versagt. Doch wird der Geheimnisschutz formlos und potenziell unbefristet gewährt, und er steht in Bereichen zur Verfügung, in denen Rechte des geistigen Eigentums nicht bestehen oder keinen hinreichenden Schutz bieten und in denen vertragliche Vereinbarungen an ihre Grenzen stoßen (*European Commission* Study on the legal protection of trade secrets in the context of the data economy, 2022, S. 67 f.). Allerdings hat der Geheimnisschutz **auch volkswirtschaftliche Kosten.** Vor allem wird die Information im Gegensatz zum Patentsystem nicht allgemein zur Verfügung gestellt (daher gegen eine Übertragung der patentrechtlichen „Belohnungstheorie" auf den Geheimnisschutz *Hoeren* in Hoeren/Münker GeschGehG Vorb §§ 1–2 Rn. 4), was zu volkswirtschaftlich unnötigen Parallelentwicklungen führen kann. Eine gewisse **Schwäche der allgemeinen Anreiztheorie** im Geheimnisschutz ist zudem, dass sie erstens im Bereich kaufmännischer Informationen nicht überzeugt und zweitens nicht hinreichend zwischen rechtlichem Schutz und faktischer Geheimhaltung unterscheidet (*Kalbfus* Know-how-Schutz Rn. 66). Der Investitionsanreiz besteht ganz unabhängig vom rechtlichen Schutz schon dann, wenn faktische Geheimhaltung möglich ist, und er steht und fällt mit dieser faktischen Geheimhaltung. Dennoch ist der Anreiz stärker, wenn rechtlicher Schutz besteht und damit zugleich auch eine Präventionswirkung entfaltet.

Gerade den *rechtlichen* Geheimnisschutz kann eine Form der Anreiztheorie 14
erklären, die stärker auf den **Austausch von Informationen** abstellt. Ohne rechtlichen Geheimnisschutz sind Verhandlungen über Know-how-Verträge kaum möglich: Der potenzielle Vertragspartner wird keine Gegenleistung anbieten, solange er den Wert der Information nicht einschätzen kann, aber der Inhaber der Information wird nicht bereit sein, sie ohne Vertragsschluss offenzulegen. Der rechtliche Schutz von Geheimnissen bietet einen **Ausweg aus diesem Dilemma,** das in der Ökonomik als **„Arrowsches Informationsparadoxon"** bezeichnet wird. Der Inhaber des Geheimnisses kann es dem potenziellen Vertragspartner zumindest teilweise offenbaren, weil diesem die Nutzung ohne vertragliche Gestattung verboten ist (§ 4 Abs. 2 Nr. 2). So setzt der Geheimnisschutz einen **Anreiz zur Weitergabe von Informationen** (*Lemley* 61 Stanford Law Review 311 (332) (2008)).

bb) Senkung der Kosten faktischen Geheimnisschutzes. Führend in der 15
ökonomischen Analyse des Geheimnisschutzes ist aber eine andere Spielart der Anreiztheorie. Sie geht, im Ansatz überzeugend, nicht von einem Vergleich zwischen Geheimhaltung und Offenbarung aus, sondern vergleicht die faktische Geheimhaltung in einem System ohne rechtlichen Schutz mit der Situation bei Gewährung rechtlichen Geheimnisschutzes. Bestünde kein Rechtsschutz, so entstünden dem Geheimnisinhaber höhere Kosten für die faktische Geheimhaltung. Er müsste höhere Mauern um das Unternehmensgrundstück bauen, mehr in IT-Sicherheit investieren und Geheimnisträgern im Betrieb höhere Gehälter zahlen, um sie vom Geheimnisverrat abzuhalten. Dritte, die an der geheimen Information

interessiert sind und sie mangels rechtlichen Schutzes auch erlangen und verwerten dürfen, würden Ausgaben tätigen, um die Information besser ausspähen oder Arbeitnehmer abwerben zu können. Das Ergebnis wäre ein **volkswirtschaftlich ineffizientes „Wettrüsten".** Der **rechtliche Geheimnisschutz** macht **faktischen Schutz** zwar **nicht überflüssig, reduziert ihn** aber doch auf ein vernünftiges Maß (*Risch* 11 Marquette Intellectual Property Law Review 1 (27 f., 42 ff.) (2007); *Lemley* 61 Stanford Law Review 311 (333 ff.) (2008); *Hille* in Brammsen/Apel GeschGehG Einl. F Rn. 33 ff.; *Kalbfus* Know-how-Schutz Rn. 71 ff.; *Drescher* Industrie- und Wirtschaftsspionage in Deutschland S. 262 f.).

16 Die **Stärke dieser Theorie** besteht darin, dass sie gerade den rechtlichen Schutz im Gegensatz zur rein faktischen Geheimhaltung rechtfertigt. Auch kann sie die Grenzen des Geheimnisschutzes, etwa bei unabhängiger Schaffung, erklären. Allerdings ist die **Annahme unbewiesen,** dass sich **Unternehmer praktisch auf den Rechtsschutz verlassen** und weniger für optimalen faktischen Schutz ausgeben. Im Gegenteil kombinieren die meisten Unternehmen beide Schutzformen (*Crass ua,* 26 International Journal of the Economics of Busineess, 117 (2019), 131), zumal das Erfordernis angemessener Geheimhaltungsmaßnahmen **(§ 2 Nr. 1 lit. b)** ohnehin zu Ausgaben für faktischen Schutz zwingt. Das spricht allerdings nicht zwingend gegen die Theorie, sondern begründet umgekehrt **Zweifel am Sinn dieser Voraussetzung** und spricht jedenfalls gegen deren allzu strenge Auslegung (*Lemley* 61 Stanford Law Review 311 (348 ff.) (2008)).

17 **cc) Schutz einer „Laborzone".** Ein weiterer verwandter Begründungsansatz beruht auf einem **Vergleich zwischen der Privatsphäre und der geschäftlichen Innensphäre.** Die räumliche Privatsphäre und persönliche Informationen werden durch das Verfassungsrecht und das einfache Recht geschützt. Dem liegt die Erkenntnis zugrunde, dass der Mensch kein reines Gesellschaftswesen ist, sondern auch einen Rückzugsraum benötigt. Unternehmen haben zwar keine Persönlichkeitssphäre, aber auch sie benötigen eine Geheimsphäre, die weniger Rückzugsraum als **„Laborzone"** ist (*Ohly* FS Straus, 2008, 535 (547)). Die **Möglichkeit, ohne Kenntnis der Konkurrenz Technologie zu entwickeln und Geschäftsstrategien zu planen** ist **Voraussetzung einer auf Wettbewerb basierenden Marktwirtschaft.** Ohne vertrauliche Vorbereitungen ist ein Handeln im Wettbewerb nicht möglich (*Alexander* in Köhler/Bornkamm/Feddersen GeschGehG Vor § 1 Rn. 39). Das bekräftigt die kartellrechtliche Parallelwertung, nach der ein Austausch von Informationen zwischen Konkurrenten eine kartellrechtswidrige abgestimmte Verhaltensweise darstellen kann (*Zimmer* in Immenga/Mestmäcker AEUV Art. 101 Rn. 245 mwN). Im Bereich der Technologie kommt hinzu, dass der Geheimnisschutz **notwendiges Korrelat des Patentrechts** ist. Eine Erfindung kann erst dann zum Patent angemeldet werden, wenn sie fertig ist, insbesondere wenn sie so vollständig offenbart werden kann, dass ein Durchschnittsfachmann sie ausführen kann (§ 34 Abs. 4 PatG, vgl. auch Kommissionsvorschlag Geschäftsgeheimnis-RL, COM(2013) 813 final, 2: „Am Anfang aller Rechte des geistigen Eigentums steht ein Geheimnis."). Die Entwicklung bis zu diesem Punkt muss im Geheimen stattfinden, weil die Information ansonsten Teil des Standes der Technik würde und die Patentanmeldung am Neuheitserfordernis scheitern würde. Der Schutz einer „Laborzone" ist also Voraussetzung eines funktionierenden Wettbewerbs und Patentsystems. Sie ist das funktionelle Gegenstück der persönlichkeitsrechtlich begründeten Privatsphäre.

18 Auch diese Theorie ist dem **Einwand** ausgesetzt, dass sie nicht hinreichend zwischen faktischer Geheimhaltung und rechtlichem Schutz differenziert. Immer-

hin gilt auch hier, dass die Vertraulichkeit einer „Laborzone" bei Bestehen rechtlichen Schutzes stärker garantiert ist als bei dessen Fehlen, zumal der rechtliche Schutz auch eine Präventionswirkung entfaltet. Zudem kann der Gedanke der „Laborzone" gut erklären, warum Produkte, die aus dieser Sphäre entlassen werden, im Wege des Reverse Engineering analysiert werden dürfen.

d) Fazit: Kombination ökonomischer Schutzzwecke. Keine der ökono- 19
mischen Theorien kann sämtliche Aspekte des Geheimnisschutzes vollständig erklären. Der rechtliche Schutz von Geheimnissen erfüllt sämtliche der genannten ökonomischen Funktionen, im einen Fall mehr, im anderen weniger. Er schafft Anreize zur Generierung wertvoller Informationen, er ermöglicht den Austausch von Informationen mit Vertragspartnern, er trägt zur Senkung der Kosten faktischer Geheimhaltungsmaßnahmen bei und er schützt die „Laborzone", die notwendige Voraussetzung von Wettbewerb ist. Die **verschiedenen ökonomischen Erklärungsmodelle** schließen sich also gegenseitig nicht aus, sondern **ergänzen einander.**

Weniger Gewicht haben **deontologische Ansätze.** Zwar kann gerade im 20
Kernbereich des Geheimnisschutzes der Appell an den geschäftlichen Anstand intuitiv überzeugen und so rechtspolitisch die Notwendigkeit des Geheimnisschutzes unterstreichen. Er bleibt aber zu unscharf, um zur Abgrenzung zwischen Informationsfreiheit und Geheimnisschutz beizutragen.

3. Rechtsnatur

Literatur: *Beyerbach,* Die geheime Unternehmensinformation, 2012; *Dorner,* Know-how-Schutz im Umbruch, 2013; *Drescher,* Industrie- und Wirtschaftsspionage in Deutschland, 2019; *Drexl,* Die Verweigerung der Offenlegung von Unternehmensgeheimnissen als Missbrauch der marktbeherrschenden Stellung, FS Loewenheim, 2009, 437; *Ghidini/Falce,* Trade Secrets as Intellectual Property Rights: a Disgraceful Upgrading – Notes on an Italian ‚Reform', in Dreyfus/Strandburg, The Law and Theory of Trade Secrecy, 2011, 141; *Kalbfus,* Zur Rechtsnatur von Geschäftsgeheimnissen: Bringt das Geschäftsgeheimnisgesetz mehr Klarheit?, FS Harte-Bavendamm, 2020, 341; *Kiefer,* Das Geschäftsgeheimnis nach dem Referentenentwurf zum Geschäftsgeheimnisgesetz: Ein Immaterialgüterrecht – Dogmatische Verortung, praktische Konsequenzen und die Frage nach einem zu revidierenden Verständnis des Begriffes „Immaterialgüterrecht", WRP 2018, 910; *Lemley,* The Surprising Virtues of Treating Trade Secrets as IP Rights, 61 Stanford Law Review 311 (2008); *McGuire,* Der Schutz von Know-how im System des Immaterialgüterrechts – Perspektiven für die Umsetzung der Richtlinie über Geschäftsgeheimnisse, GRUR 2016, 1000; *dies.,* Begriff und Rechtsnatur des Geschäftsgeheimnisses – Über ungeschriebene Unterschiede zwischen altem und neuem Recht, FS Harte-Bavendamm, 2020, 367; *dies.,* Das neue Geschäftsgeheimnisrecht: In zehn Schritten zu internationaler Zuständigkeit und anwendbarem Recht, WRP 2023, 1; *Ohly,* Der Geheimnisschutz im deutschen Recht: heutiger Stand und Perspektiven, GRUR 2014, 1; *Peukert,* Güterzuordnung als Rechtsprinzip, 2008; *Rody,* Der Begriff und die Rechtsnatur von Geschäfts- und Betriebsgeheimnissen unter Berücksichtigung der Geheimnisschutz-Richtlinie, 2019; *Schovsbo/Riis,* To Be and Not to Be an IPR – The Protection of Trade Secrets in the EU, [2019] EIPR 401; *Wagner,* Know-how – Einordnung in das Zivilrecht, 2016.

a) Überblick. Bis zum Beginn der Harmonisierungsarbeiten wurde die 21
Frage nach der Rechtsnatur des Geheimnisschutzes ähnlich wenig diskutiert wie diejenige nach seinem Zweck. Der Regelungszusammenhang des UWG und die Ausgestaltung des Schutzes in **§§ 17–19 UWG a.F.** sprachen für eine **Zuordnung zum Lauterkeitsrecht,** auch wenn in der Literatur teilweise auf die enge Ver-

wandtschaft zum Immaterialgüterrecht hingewiesen wurde (*Ann* GRUR 2007, 42 f.; *McGuire* GRUR 2015, 424 (426 f.); *Ohly* GRUR 2014, 1 (3 f.); vgl. auch den Überblick bei *Rody* Begriff und Rechtsnatur 200 ff.). Im Verletzungsfall sollten nicht nur Ansprüche aus § 823 Abs. 2 BGB iVm § 17 ff. UWG a.F., sondern auch aus § 823 Abs. 1 BGB bestehen, wobei umstritten war, ob es sich beim Recht am Geheimnis um ein eigenständiges absolutes Recht oder nur um einen Aspekt des Rechts am eingerichteten und ausgeübten Gewerbebetrieb handelte (offen insoweit BGH GRUR 1955, 388 (390) – Dücko; für Recht am Gewerbebetrieb BGH GRUR 1963, 367 (369) – Industrieböden; für eigenes absolutes Recht *Ohly* GRUR 2014, 1 (8)). Auch ein Anspruch aus Eingriffskondiktion (§ 812 Abs. 1 S. 1, 2. Alt. BGB), der einen Eingriff in ein Recht mit Zuweisungsgehalt voraussetzt, wurde für möglich gehalten (→ § 10 Rn. 94). Aus verfassungsrechtlicher Sicht wurden Geheimnisse vom BVerfG als nicht durch die Eigentumsgarantie, sondern durch Art. 12 GG geschützt angesehen (BVerfGE 105, 205 Rn. 81 ff.; ebenso *Beyerbach* Die geheime Unternehmensinformation 230 ff.; *Dorner* Know-how-Schutz 304 f.) Auch kollisionsrechtlich wurde der Geheimnisschutz allgemein als Teil des Lauterkeitsrechts qualifiziert (→ Rn. 255).

22 **Weder die Geschäftsgeheimnis-RL** (zur Abgrenzung von „Exklusivrechten" in den Erwägungsgründen → Rn. 24, 27) **noch das GeschGehG** (zu Aussagen in der Begründung des RegE → Rn. 27, 29) enthalten eindeutige Äußerungen zur Rechtsnatur des Geheimnisschutzes (ebenso OLG Düsseldorf GRUR-RS 2019, 33225 Rn. 14 ff.). Seit aber die zuvor schon vorhandenen **immaterialgüterrechtlichen Elemente** in der **Geschäftsgeheimnis-RL und im GeschGehG gestärkt** wurden, wird die frühere lauterkeitsrechtliche Qualifikation in der Literatur aber zunehmend angegriffen und bedarf der Überprüfung. Das **Spektrum der Meinungen** reicht von einer Zuordnung zum Lauterkeitsrecht (→ Rn. 23) über die Annahme eines Hybrids zwischen beiden Gebieten (→ Rn. 29) bis zur Einordnung als Immaterialgüterrecht (→ Rn. 26). Einen eigenen Weg beschreitet *Hoeren,* der Geschäftsgeheimnisse im Anschluss an *Seligsohn,* Geheimnisschutz und Erfindungsbesitz, 1921, als eine besondere Ausprägung des Sachbesitzes ansieht (*Hoeren* in Hoeren/Münker GeschGehG Vorb §§ 1–2 Rn. 103). Selbst wenn es sich sowohl beim Besitz als auch beim Geheimnisschutz um eine faktische Inhaberschaft handelt, die rechtlich teilweise, aber nicht umfassend geschützt ist, spricht gegen diese Qualifizierung doch der kategoriale Unterschied zwischen Sachen (§ 90 BGB) und Immaterialgütern (hierzu grundlegend *Zech* AcP 2019 (2019) 488 ff.), zu denen auch Geschäftsgeheimnisse gehören. Insbesondere ist die Inhaberschaft des Geheimnisses (§ 2 Nr. 2) strikt vom Besitz (§ 854 BGB) an möglichen Verkörperungen, etwa von Aufzeichnungen oder Datenträgern, zu trennen.

23 **b) Geheimnisschutz als Teil des Lauterkeitsrechts.** Vertreter eines **lauterkeitsrechtlichen Verständnisses** verweisen auf die **Unterschiede zwischen dem Geheimnisschutz und dem Patentrecht.** Das Geschäftsgeheimnis wird dem Inhaber **nicht im Sinne eines Ausschließlichkeitsrechts zugewiesen,** sondern nur gegen unlautere Angriffsweisen geschützt (*Berger/Tunze* ZIP 2020, 52 (56); *Dorner* Know-how-Schutz 418 f.; *Drexl* FS Loewenheim, 2009, 437 (449); *Hauck* AfP 2021, 193 (194); *Peukert* Güterzuordnung 821; *Rody* Begriff und Rechtsnatur 259 f.; für das englische Recht *Aplin* et al., Gurry on Breach of Confidence, 2. Aufl. 2012, Rn. 8.03). Die **Umschreibung der Verletzungstatbestände** durch unbestimmte Rechtsbegriffe in § 4 erinnert an das Lauterkeitsrecht (*Kalbfus* FS Harte-Bavendamm, 2020, 341 (347)). Vor allem verweist § 4

Abs. 1 S. 2 auf die „anständigen Marktgepflogenheiten" und lehnt sich so terminologisch an die Definition des unlauteren Wettbewerbs in Art. 10bis PVÜ an. Damit reflektiert das europäische und deutsche Recht die Wertung des Art. 39 TRIPS, der sich ausdrücklich auf Art. 10bis PVÜ bezieht. Sowohl die Schranken des Schutzes als auch die Rechtsfolgen der Verletzung sind flexibler ausgestaltet als im Recht des geistigen Eigentums. Die **Nicht-Offenkundigkeit** einer Information ist, anders als im Bereich des Patent-, Urheber- und Markenrechts, **zunächst ein Faktum,** das rechtlich nur in gewisser Hinsicht abgesichert wird (Begr. RegE, BT-Drs. 19/4724, 20; *Hauck* NJW 2016, 2218 (2221)).

Auch die **Erwägungsgründe zur Geschäftsgeheimnis-RL** betonen den Unterschied zwischen Geheimnisschutz und geistigem Eigentum. Die Richtlinie will „**keine Exklusivrechte** an als Geschäftsgeheimnis geschütztem Know-how oder als solchen geschützten Informationen begründen" (Erwgr. 16). Auch Erwgr. 1 (Geheimnisschutz als „weiteres Mittel" des Investitionsschutzes neben dem geistigen Eigentum), Erwgr. 2 (Geschäftsgeheimnisse genauso wichtig wie Patente und andere Formen des geistigen Eigentums), und Erwgr. 39 (sonstige Rechtsvorschriften einschließlich der Rechte des geistigen Eigentums bleiben unberührt) differenzieren zwischen dem Geheimnisschutz und dem geistigen Eigentum. Schließlich zeigt die Entstehungsgeschichte der Geschäftsgeheimnis-RL, dass auch die Kommission den Geheimnisschutz nicht als Teil des Immaterialgüterrechts ansah (s. die Erklärung der Kommission zu Art. 2 der Richtlinie 2004/48/EG, ABl. 2005 L 94, 37 und *Kalbfus* FS Harte-Bavendamm, 2020, 341 (350)); zur Nennung des Geheimnisschutzes als Beispiel für eine bilaterale unlautere Handlung in der Begründung zu Art. 6 Abs. 2 Rom II-VO → Rn. 257). **24**

Rechtspolitisch steht hinter der Kritik an der „Verdinglichung" von Geschäftsgeheimnissen (*Dorner* Know-how-Schutz 117 ff., 302 ff.) die **Befürchtung,** ein **eigentumsartiger Schutz** von Geschäftsgeheimnissen müsse sich am patentrechtlichen Paradigma orientieren, daher **zu stark** ausfallen und letztlich auf eine Monopolisierung von Wissen hinauslaufen (deutlich *Ghidini/Falce* in Dreyfuss/Strandburg 141 (148 ff.)). De lege ferenda bestehe die Gefahr eines Schutzes auch gegen die unabhängige Schöpfung von Informationen oder gegen das Reverse Engineering, de lege lata drohe bei eigentumsrechtlicher Einordnung eine enge Schrankenauslegung. **25**

c) Das Recht am Geheimnis als geistiges Eigentum. Trotz der flexiblen Formulierung der Verletzungstatbestände weist der Geheimnisschutz in seiner Ausgestaltung durch das GeschGehG erhebliche strukturelle Ähnlichkeiten mit dem geistigen Eigentum auf. Geschäftsgeheimnisse sind Immaterialgüter, also unkörperliche Gegenstände von wirtschaftlichem Wert. Sie können **veräußert** und zum **Gegenstand von Lizenzverträgen** gemacht werden (vgl. § 11 Abs. 2 S. 2). Die §§ 2–5 GeschGehG definieren ebenso wie die Gesetze des Immaterialgüterrechts Schutzvoraussetzungen, einen Schutzbereich und Schranken (*McGuire* GRUR 2006, 1000 (1006) und WRP 2023, 1 (8)). Weil der Inhaber unbefugte Eingriffe durch Dritte abwehren kann, liegt mit dem **negativen Verbotsrecht** das erste Element eigentumsartiger Rechte sicherlich vor (*Alexander* in Köhler/Bornkamm/Feddersen § 1 Rn. 13; *Kalbfus* FS Harte-Bavendamm, 2020, 341 (351); *Kiefer* WRP 2018, 910 (913)). Zwar weisen die in §§ 6 ff. geregelten Ansprüche mehr Flexibilität auf als diejenigen bei Verletzung des geistigen Eigentums, sind ansonsten aber weitgehend parallel ausgestaltet. Der Geheimnisschutz weist aber auch insofern einen **positiven Zuweisungsgehalt** auf, als der Inhaber **26**

einen Ausgleich für unbefugte Nutzungen verlangen kann (§§ 10 Abs. 2, 11; *Alexander* in Köhler/Bornkamm/Feddersen § 1 Rn. 13; *Glinke* in Keller/Schönknecht/Glinke GeschGehG Einl. B Rn. 116; *Hofmarcher* Geschäftsgeheimnis Rn. 1.55; *Kiefer* WRP 2018, 910 (911)). In § 10 Abs. 2 ist bei der Definition des Verletzergewinns sogar ausdrücklich von der „Verletzung des Rechts" die Rede. Bei dem verbreiteten Hinweis auf die Unterschiede zwischen Geheimnisschutz und Patentrecht wird übersehen, dass die anderen Rechte des geistigen Eigentums eine weniger intensive Zuweisungswirkung entfalten (ebenso *McGuire* WRP 2023, 1 (8)). Schon das Urheberrecht schützt nicht gegen die unabhängige Eigenschöpfung, und gerade das Recht der öffentlichen Wiedergabe ist in der Interpretation des EuGH von generalklauselartiger Flexibilität (vgl. EuGH GRUR 2016, 1152 – GS Media/Sanoma mAnm *Ohly*; *v. Ungern-Sternberg* in Schricker/Loewenheim UrhG § 15 Rn. 75 ff.). Die Tatbestände des Markenrechts umschreiben, ähnlich wie diejenigen des § 4, bestimmte unlautere Angriffsformen. Auch wenn **Art. 39 TRIPS** auf Art. 10bis PVÜ verweist, ist gem. Art. 1 Abs. 2 TRIPS doch der Schutz nicht offenbarter Informationen unter den Begriff des „geistigen Eigentums" zu subsumieren.

27 Auch die **Aussagen der Erwägungsgründe** zur Geschäftsgeheimnis-RL sind **nicht eindeutig.** Gem. Erwgr. 39 geht die Richtlinie als lex specialis der Enforcement-RL vor. Spezialität kann aber nur vorliegen, wenn es sich auch beim Recht am Geschäftsgeheimnis um ein Recht des geistigen Eigentums handelt (*Kiefer* WRP 2018, 910 (914)). Zudem dienen die Erwägungsgründe zwar dazu, die Unterschiede zum strengen und starken Patentrecht und die Offenheit des Geheimnisschutzes für Abwägungen hervorzuheben, würden aber als grundsätzliche rechtssystematische Aussagen wohl überinterpretiert. Nach der Begründung zum RegE soll es sich bei Geschäftsgeheimnissen „in gewisser Weise um Immaterialgüterrechte" handeln, doch wenig später heißt es in derselben Begründung, dass es sich bei Geschäftsgeheimnissen „nicht um Immaterialgüterrechte handelt" (BT-Drs. 19/4724, 26 (zu § 4) einerseits, 31 (zu § 8) andererseits).

28 **Rechtspolitisch** spricht eine immaterialgüterrechtliche Einordnung des Geheimnisschutzes nicht gegen eine Akzeptanz seiner Grenzen (ebenso *McGuire* GRUR 2016, 1000 (1004)). Weder die Rechte des geistigen Eigentums noch das Eigentum insgesamt sind unbeschränkt (Art. 17 Abs. 1 S. 3 EUGRCh, Art. 14 Abs. 1 S. 2, Abs. 2 GG). Für die EU bestimmt die Geschäftsgeheimnis-RL den **Inhalt und die Schranken des Geheimnisschutzes.** Sie werden **nicht dadurch in Frage gestellt,** dass das Recht an Geschäftsgeheimnissen als **Immaterialgüterrecht** verstanden wird. Im Gegenteil kann das immaterialgüterrechtliche Verständnis den **Blick für den Zusammenhang von Schutzbereich und Grenzen schärfen,** die im Lauterkeitsrecht weniger deutlich unterschieden werden (*Lemley* 61 Stanford Law Review 311 (352) (2008)).

29 **d) Stellungnahme und praktische Bedeutung.** Der Geheimnisschutz **entzieht sich einer klaren Zuordnung.** Er steht als **Hybrid** zwischen dem geistigen Eigentum und dem Lauterkeitsrecht (ähnl. Begr. RegE, BT-Drs. 19/4724, 20: „kann weder den Marktverhaltensregelungen des UWG noch den vollständigen Immaterialgüterrechten (…) zugeordnet werden"; ebenso *Alexander* in Köhler/Bornkamm/Feddersen GeschGehG § 1 Rn. 14; *Drescher* Industrie- und Wirtschaftsspionage S. 275; *Glinke* in Keller/Schönknecht/Glinke GeschGehG Einl. B Rn. 119; *Hofmarcher* Geschäftsgeheimnis Rn. 1.55). Der Geheimnisschutz ist nicht das einzige Hybrid dieser Art. Er ist in dieser Hinsicht **verwandt** mit dem

Schutz bekannter Marken (§ 14 Abs. 2 S. 1 Nr. 3 MarkenG), mit dem **UWG-Nachahmungsschutz (§ 4 Nr. 3 UWG)** und, wenn auch bezogen auf die Grauzone zwischen Immaterialgüter- und Persönlichkeitsrecht, mit dem **Schutz kommerziell nutzbarer Persönlichkeitsmerkmale** (vgl. hierzu BGH GRUR 2000, 709 – Marlene Dietrich).

Ebenso wie das Immaterialgüterrecht schützt das GeschGehG **vermögens-** 30 **werte und handelbare Immaterialgüter,** unterscheidet systematisch zwischen Schutzvoraussetzungen, Schutzbereich und Schranken, weist einen, wenn auch im Vergleich zum Patent beschränkteren, Zuweisungsgehalt und eine negative Ausschlussbefugnis auf und sieht im Verletzungsfall Ansprüche vor, die trotz ihrer größeren Flexibilität denjenigen bei Schutzrechtsverletzungen stark ähneln. Das Recht steht einem Inhaber zu. Es ist insofern absolut, als es nicht nur gegen die andere Vertragspartei, sondern gegen jeden Verletzer geltend gemacht werden kann. Rechte des geistigen Eigentums gewähren **Bündel ausschließlicher Handlungsbefugnisse.** Der Umstand, dass das Bündel im Fall des Geheimnisschutzes dünner ist als das vom Patentrecht geschnürte, spricht nicht gegen den immaterialgüterrechtlichen Charakter. Insofern kann man das Recht am Geheimnis als **unvollkommenes Immaterialgüterrecht** und damit als **absolutes subjektives Recht** ansehen (ebenso *Alexander* in Köhler/Bornkamm/Feddersen § 1 Rn. 14; *Hoeren/Münker* WRP 2018, 150 (152); *Kiefer* WRP 2018, 910 (913); aA *Hauck* NJW 2016, 2218 (2221)). Die Aussagen in den Erwägungsgründen der Geschäftsgeheimnis-RL betonen zwar die Grenzen des Geheimnisschutzes, würden aber als Ausdruck einer dogmatischen Einordnung überinterpretiert. **Gegen eine reine Zuordnung zum Lauterkeitsrecht** spricht auch, dass § 4 keine geschäftliche Handlung voraussetzt. Der Eingriff kann auch zu nicht-wirtschaftlichen Zwecken erfolgen, wie die Schranken des § 5 zeigen. **Andererseits steht und fällt der Geheimnisschutz,** anders als die Immaterialgüterrechte, mit der Geheimhaltung als **tatsächlicher Grundlage,** und die Verletzungstatbestände knüpfen eher an die Unlauterkeit als an den Eingriff in einen zuvor definierten Schutzbereich an.

Wegen der Hybridnatur des Geheimnisschutzes ist **jeder Einordnungsver-** 31 **such von geringem Erkenntniswert** (ebenso *Schovsbo/Riis* [2019] EIPR 401 (403)).

Für die **einfach-rechtliche Ausgestaltung** des Geheimnisschutzes **kommt** 32 **es auf die Rechtsnatur nicht an,** weil das GeschGehG Voraussetzungen, Reichweite und Rechtsfolgen weitgehend abschließend regelt (ebenso *Alexander* WRP 2019, 673 (675); *Kalbfus* FS Harte-Bavendamm, 2020, 341 (353)). Seit die zivilrechtlichen Ansprüche bei Rechtsverletzung speziell in §§ 6 ff. GeschGehG vorgesehen sind, bedarf es eines Rückgriffs auf § 823 Abs. 1 BGB oder auf die Vorschriften über die angemaßte Eigengeschäftsführung (§§ 687 Abs. 2, 681, 667 BGB, s. aber zum Anspruch auf Ersatz der Abmahnkosten aus §§ 677, 683 S. 1, 670 BGB → § 6 Rn. 53) nicht mehr. Allenfalls die Frage nach dem Bestehen eines Anspruchs aus Eingriffskondiktion (§ 812 Abs. 1 S. 1, 2. Alt. BGB) mag sich in Ausnahmefällen stellen (→ § 10 Rn. 94 ff.). Auch vom **Insolvenzbeschlag** ist das Geschäftsgeheimnis als Unternehmenswert unabhängig davon erfasst, ob man es als Immaterialgüterrecht qualifiziert (BGH GRUR 1955, 388 (390) – Dücko; *Berger/Tunze* ZIP 2020, 52 (56)).

Im **Verfassungsrecht** (näher hierzu → Rn. 168 ff.) steht meist die Abwägung 33 zwischen dem Geheimnisschutz und anderen Grundrechten, die gegenläufige Interessen schützen, im Vordergrund. Die Kriterien und Ergebnisse dieser Abwägung dürfen nicht davon abhängen, ob der Schutzbereich der Eigentumsgarantie oder derjenige der Berufsfreiheit eröffnet ist. Wendet man Art. 17 Abs. 2 EUGRCh, 14 Abs. 1 GG an, so kommt den Schranken des Geheimnisschutzes besondere Bedeutung zu. Sieht man hingegen Art. 16 EUGRCh, 12 Abs. 1 GG als einschlägig an, so ist zu beachten, dass die typische Form des Eingriffs nicht, wie im Regelfall der Berufsfreiheit, im Verbot einer Tätigkeit, sondern in der Beschränkung eines Rechts bzw. einem Eingriff in ein solches besteht.

34 Im **Kollisionsrecht** besteht de lege ferenda Bedarf nach einer eigenen Kollisionsnorm, weil weder eine immaterialgüterrechtliche noch eine lauterkeitsrechtliche Qualifikation vollends zu befriedigenden Ergebnissen führen, zumindest aber nach einer Klärung durch den EuGH. De lege lata ermöglicht die Auffangnorm des Art. 4 Rom II-VO die größtmögliche Flexibilität (→ Rn. 268 ff.).

II. Entwicklung des Geheimnisschutzes in Deutschland

Schrifttum: s. **Allgemeines Literaturverzeichnis sowie:** *Alexander,* Grundstrukturen des Schutzes von Geschäftsgeheimnissen durch das neue GeschGehG, WRP 2019, 673; *Ann,* Know-how – Stiefkind des geistigen Eigentums?, GRUR 2007, 39; *Ann,* Geheimnisschutz – Kernaufgabe des Informationsmanagements im Unternehmen, GRUR 2014, 12; *Callmann,* in Wassermann, Werkspionage und Vorschläge zu ihrer Bekämpfung, 1931, 70, = MuW 1931, 310; *Deichfuß,* Rechtsdurchsetzung unter Wahrung der Vertraulichkeit von Geschäftsgeheimnissen, GRUR 2015, 436; *Deutsche Vereinigung für gewerblichen Rechtsschutz und Urheberrecht e.V. (GRUR),* Stellungnahme zum Vorschlag für eine Richtlinie über den Schutz vertraulichen Know-hows und vertraulicher Geschäftsinformationen (Geschäftsgeheimnisse) vor rechtswidrigem Erwerb sowie rechtswidriger Nutzung und Offenlegung COM (2013) final, zit. „GRUR-Stellungnahme zum Richtlinienvorschlag", abrufbar unter https://www.grur.org; *Harte-Bavendamm* FS Köhler, 2014, S. 235; *Doepner,* Anmerkungen zum wettbewerbsrechtlichen Geheimnisschutz im Zivilprozess; FS Tilmann, 2003, 105; *Dorner,* Know-how-Schutz im Umbruch, 2013; *Drescher,* Industrie- und Wirtschaftsspionage in Deutschland, 2019; *Druschel/Jauch,* Der Schutz von Know-how im deutschen Zivilprozess: Der Status quo und die zu erwartenden Änderungen, Teil I BB 2018, 1218, Teil II BB 2018, 1794; *Enders,* Know-how-Schutz als Teil des geistigen Eigentums, GRUR 2012, 25; *Falce,* Trade Secrets – Looking for (Full) Harmonization in the Innovation Union, IIC 2015, 940; *Fezer,* Der zivilrechtliche Geheimnisschutz im Wettbewerbsrecht, FS Traub, 1994, 81; *Finger,* Das Reichsgesetz gegen den unlauteren Wettbewerb vom 7. Juni 1909 nebst dem Rechte am Namen, 4. Aufl. 1911; Gaugenrieder/*Unger-Hellmich,* Know-how-Schutz – Gehen mit dem Mitarbeiter auch die Unternehmensgeheimnisse?, WRP 2011, 1364; *Gennen,* Die EU-Richtlinie zum Schutz von Know-how und Geschäftsgeheimnissen, Teil 1: Anwendungsbereich und Auswirkungen auf Vereinbarungen über technisches Wissen, IPRB 2016, 115; *Gennen,* Die EU-Richtlinie zum Schutz von Know-how und Geschäftsgeheimnissen, Teil 2: Schutzmaßnahmen und rechtliche Durchsetzung, IPBR 2016, 133; *Harte-Bavendamm,* Reform des Geheimnisschutzes: Naht Rettung aus Brüssel? Zum Richtlinienvorschlag zum Schutz von Geschäftsgeheimnissen, FS Köhler, 2014, 235; *Harte-Bavendamm,* Der Begriff des Geschäftsgeheimnisses nach harmonisiertem Recht, FS Büscher, 2018, 311; *Kalbfus,* Rechtsdurchsetzung bei Geheimnisverletzungen – Welchen prozessualen Schutz gewährt das Geschäftsgeheimnisgesetz dem Kläger?, WRP 2019, 692; *Kalbfus,* Zur Rechtsnatur von Geschäftsgeheimnissen – Bringt das Geschäftsgeheimnisgesetz mehr Klarheit?, FS Harte-Bavendamm, 2020, 341; *Kiethe/Groeschke,* Die Durchsetzung von Schadensersatzansprüchen in Fällen der Betriebs- und Wirtschaftsspionage, WRP 2005, 1358; *Kiethe/Hohmann,* Der strafrechtliche Schutz von Geschäfts- und Betriebsgeheimnissen, NStZ 2006, 185; *Kohler,* Der unlautere Wettbewerb, 1914; *Kraßer,* Der Schutz des Know-how nach deutschem Recht,

GRUR 1970, 587; *Kraßer,*Grundlagen des zivilrechtlichen Schutzes von Geschäfts- und Betriebsgeheinissen sowie von Know-how, GRUR 1977, 177; *Mayer,* Geschäfts- und Betriebsgeheimnis oder Geheimniskrämerei?, GRUR 2011, 884; *Max-Planck-Institut für Innovation und Wettbewerb (Desaunettes/Hilty/Knaack/Kur),* Stellungnahme zum Referentenentwurf eines Gesetzes zur Umsetzung der Richtlinie (EU) 2016/943 zum Schutz von Geschäftsgeheimnissen vor rechtswidrigem Erwerb sowie rechtswidriger Nutzung und Offenlegung, zit. „Max-Planck-Stellungnahme zum RefE GeschGehG", abrufbar unter https://www.ip.mpg.de/fileadmin/ipmpg/content/stellungnahmen/Stellungnahme_zum_Referentenentwurf_eines_Gesetzes_zur_Umsetzung_der_Richtlinie_EU_2016_943.pdf; *McGuire,* Know-how: Stiefkind, Störenfried oder Sorgenkind?, GRUR 2015, 424; *McGuire,* Der Schutz von Know-how im System des Immaterialgüterrechts, GRUR 2016, 1000; *McGuire,* Begriff und Rechtsnatur des Geschäftsgeheimnisses – Über ungeschriebene Unterschiede zwischen altem und neuem Recht, FS Harte-Bavendamm, 2020, 367; *McGuire/Joachim/Künzel/Weber,* Der Schutz von Geschäftsgeheinissen nach dem Recht des geistigen Eigentums und durch das Recht des unlauteren Wettbewerbs (Q215), GRUR Int. 2010, 829; *Meincke,* Geheimhaltungspflichten im Wirtschaftsrecht, WM 1998, 741; *Mes,* Arbeitsplatzwechsel und Geheimnisschutz, GRUR 1979, 584 (587); *Nastelski,* Der Schutz des Betriebsgeheimnisses, GRUR 1957, 1; *Ohly,* Reverse Engineering: Unfair Competition or Catalyst for Innovation? in FS Straus, 2008, 535; *Ohly,* Der Geheimnisschutz im deutschen Recht: heutiger Stand und Perspektiven, GRUR 2014, 1; *Ohly.,* Das neue Geschäftsgeheimnisgesetz im Überblick, GRUR 2019, 441; *Reimann,* Einige Überlegungen zur Offenkundigkeit im Rahmen von §§ 17 ff. UWG und von § 3 PatG, GRUR 1998, 298; *Reuling,* Der unlautere Wettbewerb nach dem Zweiten Entwurf eines Gesetzes zur Bekämpfung des unlauteren Wettbewerbs und über den Rechtsschutz von Fabrikations- und Geschäftsgeheimnissen, 1895; *Richters/Wodtke,* Schutz von Betriebsgeheimnissen aus Unternehmenssicht – Verhinderung von Know-how-Abfluss durch eigene Mitarbeiter, NZA-RR 2003, 281; *Rojahn,* Das geheime Know-how: Wie geheim darf/muss das Zivilverfahren sein?, FS Loewenheim, 2009, 251; *Schilling,* Der Schutz von Geschäfts- und Betriebsgeheimnissen – Prozessuale Schwierigkeiten und Reformbedarf, FS Büscher, 2018, 383; *Schlingloff,* Geheimnisschutz im Zivilprozess aufgrund der „Know-how-Schutz-Richtlinie" – Was muss sich im deutschen Prozessrecht ändern?, WRP 2018, 666; *Eberhard* Schmidt, Verhandlungen des 36. Deutschen Juristentages Bd. 1, 1931, 101; *Schramm,* Betriebsspionage und Geheimnisverrat, 1930; *Slawik,* Die Entstehung des deutschen Modells zum Schutz von Unternehmenskennzeichen, 2017; *Steinmann,* Die Geschäftsgeheimnis-Richtlinie: Vorwirkung und unmittelbare Anwendbarkeit, WRP 2019, 703; *von Stechow,* Das Gesetz zur Bekämpfung des unlauteren Wettbewerbs vom 27.5.1896, 2002; *Többens,* Wirtschaftsspionage und Konkurrenzausspähung in Deutschland, NStZ 2000, 506; *Wassermann,* Der unlautere Wettbewerb nach deutschem Recht, 1911; *ders.* (Hrsg.), Werkspionage und Vorschläge zu ihrer Bekämpfung, 1931; *Witz,* Grenzen des Geheimnisschutzes, in FS Bornkamm, 2014, 513; *Witz,* Know-how-Schutz vs. Reverse Engineering, FS Harte-Bavendamm, 2020, 441.

1. Strafrechtliche Wurzeln

Im **Gegensatz zur Geschäftsgeheimnis-RL,** die entgegen den ursprünglichen Überlegungen der Kommission strafrechtliche Aspekte vollkommen ausklammert (mangels Rechtssetzungskompetenz der Union wohl auch ausklammern musste, *Brammsen* wistra 2018, 449, 450; → § 23 Rn. 2) und sich auf die Rechtsangleichung im Sinne eines kohärenten zivilrechtlichen Schutzregimes beschränkt, liegen die bis 1896 (→ Rn. 36) zurückreichenden **Wurzeln des herkömmlichen deutschen Schutzes von Betriebs- und Geschäftsgeheimnissen im Strafrecht.** Dies beruhte auf der Erkenntnis, dass ein sehr erheblicher Teil der als unlauter betrachteten Verrats- und Verwertungshandlun- 35 gen von Mitarbeitern der Geheimnisinhaber begangen wurde (und wird, vgl. etwa den Hinweis des Bundeamts für Verfassungsschutz im Faltblatt „Sicherheitslücke Mensch", wonach die „Innentäter" 70 % der Fälle des Informationsdiebstahls ausmachen sollen, *Redeker/Pres/Gittinger* WRP 2015, 681, 685; ausführlich zum Täterkreis *Drescher* S. 123 ff.), sei es noch während des Beschäftigungsverhältnisses, sei es bei oder nach dessen Beendigung. Der oft **hohe unternehmerische Wert von Geschäfts- und Betriebsgeheimnissen** einerseits und deren **besondere Verletzlichkeit** anderseits erforderten eine **wirksame Abschreckung,** wie man sie seinerzeit in allererster Linie durch strafrechtliche Sanktionen zu erreichen meinte. Demgegenüber setzt die Geschäftsgeheimnis-RL vom 8.6.2016 wie schon die Durchsetzungs-RL darauf, dass auch zivilrechtliche Maßnahmen, Verfahren und Rechtsbehelfe „wirksam und abschreckend" sein müssen. Der Konzentration auf das Strafrecht lag auch die Einschätzung zugrunde, dass bloße Schadensersatzansprüche oft schon wegen Vermögenslosigkeit der für den Verrat allein oder neben anderen Beteiligten verantwortlichen Arbeitnehmer nur höchst unvollkommen Abhilfe schaffen könnten.

36 So wurden mit dem **Gesetz zur Bekämpfung des unlauteren Wettbewerbs vom 27.5.1896** Strafvorschriften eingeführt, die trotz verschiedener späterer Ergänzungen (→ Rn. 37 ff.) und Erweiterungsvorschläge noch bis zur Aufhebung der §§ 17–19 UWG aF zum 26.4.2019 die Grundzüge der strafrechtlichen Regelung bestimmt haben. Zuvor hatte es nur verstreute Geheimnisschutzvorschriften in Partikulargesetzen einiger Territorialstaaten gegeben (*Keller* in Keller/Schönknecht/Glinke Einl. A. Rn. 1; → Beispiel in Rn. 37; eingehend zur Entwicklung des Geheimnisschutzes bis Ende des 19. Jhdt. *Drescher* S. 27 ff. und *Brammsen* in Brammsen/Apel, Einl. A Rn. 1 ff., sowie *Slawik* in Brammsen/Apel, Einl. B Rn. 1 ff.). Das Gesetz von 1896 sah in § 9 vor, dass der von Angestellten, Arbeitern oder Lehrlingen **während der Dauer des Dienstverhältnisses** begangene Geheimnisverrat mit Geld- oder Freiheitsstrafe geahndet werden konnte, sofern der Verrat zu Zwecken des Wettbewerbs oder in der Absicht erfolgte, dem Inhaber des Geschäftsbetriebs Schaden zuzufügen. Die gleiche Strafe traf denjenigen, der fremde Geschäfts- oder Betriebsgeheimnisse, die er durch eine der eben genannten Verratshandlungen oder **durch eine gegen die guten Sitten verstoßende eigene Handlung erlangt** hatte, zu Zwecken des Wettbewerbs **unbefugt verwertete oder anderen mitteilte.** Durch diese Strafvorschriften sollte „eine klaffende Lücke in unserer Rechtsordnung" geschlossen werden (*Reuling* S. 72).

37 Das Gesetz von 1896 wurde im Jahr 1909 durch das wesentlich, insbesondere um eine Generalklausel erweiterte Zweite Gesetz gegen den unlauteren Wettbewerb **(UWG 1909)** abgelöst. Der Inhalt des früheren § 9 fand sich ohne sachliche Änderung in **§ 17 UWG 1909** wieder. Hinzu kam mit **§ 18 UWG 1909** eine Strafvorschrift, die sich gegen den **Missbrauch und den Verrat von Vorlagen oder Vorschriften technischer Art** richtete, welche dem Täter im geschäftlichen Verkehr anvertraut worden waren. Sie ging zurück auf Klagen aus den Kreisen der Stickerei- und Spitzenindustrie, die mit der Lohnherstellung betrauten Auftragnehmer missbrauchten die ihnen überlassenen Schablonen für Wettbewerbszwecke (*Wassermann* § 18 Anm. 1) – ein allerdings schon weit früher beklagter Missstand: So hatte schon eine Sächsische Verordnung von 1721 die Bestrafung ungetreuer Klöppelmägde vorgesehen, welche „die inventierten und ihnen anvertrauten Spitzenmuster an andere brächten, mithin den ersten Inhabern davon hierdurch den verhofften Nutzen entzögen" (*Kohler* S. 248). Dieser in das UWG 1909 aufgenommene Tatbestand der sogenannten **„Vorlagenfreibeuterei"**

prägte den Wortlaut des § 18 UWG aF bis zu dessen Aufhebung und wurde ohne wesentliche Änderungen in § 23 Abs. 3 GeschGehG übernommen (zur Kritik → § 23 Rn. 51). Die für die Tatobjekte gewählten Begriffe – Vorlagen und Vorschriften technischer Art – werden seit Langem weiter ausgelegt, als es dem ursprünglichen Anlass für die Einführung dieser Verbote entsprach. Bedeutung hat § 18 UWG 1909 vor allem für den Schutz technischen Wissens erlangt, das anderen Unternehmen im Rahmen von Know-how-Lizenzverträgen oder von – später gescheiterten – Vertragsverhandlungen zugänglich gemacht wird (*Ohly* in Ohly/Sosnitza, 7. Aufl. 2016, § 18 Rn. 1; *Harte-Bavendamm* in Harte/Henning, 4. Aufl. 2016, § 18 Rn. 1).

Durch eine **Notverordnung vom 9.3.1932** wurde die Strafbarkeit **eigennütziger Geheimnisverletzungen** geregelt und der Strafrahmen für eine **Geheimnisverwertung im Ausland** verschärft (näher *Slawik* S. 712 ff. und *Brammsen,* Lauterkeitsstrafrecht, § 17 Rn. 1 und § 18 Rn. 3). 37a

Mit dem **Zweiten Gesetz zur Bekämpfung der Wirtschaftskriminalität** (2. WiKG) vom 15.5.1986 wurde der Geheimnisschutz auf das **Ausspähen von Geschäftsgeheimnissen durch Dritte** und auf verschiedene **Vorbereitungshandlungen** vorverlagert (§ 17 Abs. 2 Ziff. 1 UWG 1909). 38

Die **UWG-Novelle vom 3.7.2004** führte zwar zu einer ersten grundlegenden Erneuerung seit dem Inkrafttreten des UWG 1909. Im Bereich des **Geheimnisschutzes** gab es jedoch **keine wesentlichen Änderungen.** Der Gesetzgeber beschränkte sich auf eine **äußere Neuordnung,** eine leicht (inhaltlich aber nicht nennenswert) **modifizierte Begriffswahl,** die Streichung der überflüssigen Schadensersatzvorschrift des § 19 UWG a.F. sowie – in Einzelaspekten – eine **Angleichung an andere strafrechtliche Normen.** Letzteres betraf die neu eingefügte Fallgruppe des gewerbsmäßigen Handelns als weiteres Regelbeispiel für besonders schwere Fälle des Geheimnisverrats gemäß § 17 Abs. 4 UWG, die Strafbarkeit des Versuchs in § 18 Abs. 2 UWG und die Neuformulierung des § 19 Abs. 3 UWG in stärkerer Anlehnung an § 30 StGB. 39

Ganz ohne Auswirkungen auf die §§ 17–19 UWG 2004 blieben das **Erste Gesetz zur Änderung des Gesetzes gegen den unlauteren Wettbewerb vom 28.12.2008** (BGBI 2008, 2949) und die weitere **UWG-Reform vom 2.12.2015** (BGBl I 2015, 2158). Wie schon alle früheren Gesetzesfassungen seit 1896, enthielten die einschlägigen deutschen Normen damit vor Umsetzung der Geschäftsgeheimnis-RL **keine Definition der Begriffe „Geschäfts- oder Betriebsgeheimnisse".** Die Voraussetzungen und Grenzen dieser Begriffe herauszuarbeiten, blieb – wie so mancher weitere Aspekt des Geheimnisschutzes (etwa das Merkmal „unbefugt") – der Rechtsprechung überlassen. Dies führte hinsichtlich des Tatobjekts „Geschäfts- und Betriebsgeheimnisses" zu **einem sehr weiten, aber durchweg anerkannten Begriffsverständnisses** (jede im Zusammenhang mit einem Betrieb stehende Tatsache, die nicht offenkundig, sondern nur einem eng begrenzten Personenkreis bekannt ist und nach dem Willen des Betriebsinhabers aufgrund eines berechtigten wirtschaftlichen Interesses geheim gehalten werden soll, vgl. nur RGZ 149, 329 (333); BGH GRUR 1955, 424 – Möbelpaste; *Harte-Bavendamm* in Harte/Henning, ‚UWG, 4. Aufl. 2016, § 17 Rn. 1 ff. mwN). Diese Definition wurde auch beibehalten, nachdem Deutschland dem TRIPS-Abkommen von 1994 mit dessen in Art. 39 Abs. 2 enthaltenen, nicht völlig deckungsgleichen Definition beigetreten war (BGBl II 1730; *Peter/Wiebe* in Busche/Stoll/Wiebe Art 39 Rn. 7 ff.; *Harte-Bavendamm* FS Büscher, 2018, 311). Für die Europäische Kommission – und ihr folgend das Europäische Parla- 40 ment und den Rat – bildete das Fehlen gesetzlicher Definitionen so zentraler Begriffe wie „Geschäftsgeheimnis", „rechtswidriger Erwerb", „rechtswidrige Nutzung" oder „rechtswidrige Offenlegung eines Geschäftsgeheimnisses" jedoch einen der wesentlichen Gründe, sich der Harmonisierung dieses Rechtsbereichs anzunehmen. Nicht alle Mitgliedstaaten hätten gesetzliche Definitionen dieser Tatbestände eingeführt, so dass sich der Umfang des Schutzes nicht ohne weiteres erschließe und von einem Mitgliedstaat zum anderen variiere. Auch fehle es an Kohärenz hinsichtlich der zivilrechtlichen Rechtsbehelfe.

41 Ausführliche Darstellungen der **Entwicklung des deutschen Lauterkeitsrechts im Allgemeinen** finden sich bei *Ohly* in Ohly/Sosnitza, UWG, 8. Aufl. 2022 (Einf. A Rn. 24 ff.), *Keller* in Harte/Henning Einl. A. Rn. 1 ff.) und *Köhler* in Köhler/Bornkamm/Feddersen (Einl. UWG Rn. 2.1 ff.).

42 Der **strafrechtliche Geheimnisschutz** scheint **nie besonders effektiv** gewesen zu sein (vgl. schon *Schramm,* 1930, Vorwort: „Die Betriebsspionage greift immer mehr um sich… Wer tiefer in die Materie eindringt, wird auch erkennen, dass die gesetzlichen Bestimmungen unklar sind und meist nicht ausreichen"). In jüngerer Zeit spielte er jedenfalls eine eher untergeordnete Rolle (*Bukow* in Ann/Loschelder/Grosch Kap. 6 Rn. 221; *Ohly* in Ohly/Sosnitza, 7. Aufl. 2016, § 17 Rn. 9) Die vom Bundeskriminalamt (www.bka.de) veröffentlichte Polizeiliche Kriminalstatistik wies für 2020 eine gegenüber den Vorjahren zurückgegangene Zahl von 249 Fällen der Verletzung von Geschäftsgeheimnissen aus – bemerkenswert ist allerdings die dort angegebene Aufklärungsquote von ca. 95 % (hierzu auch *Brammsen* in Brammsen/Apel Einl. A Rn. 7 ff.). Sofern es – was in der Praxis schwierig und schwer prognostizierbar ist – gelingt, die Staatsanwaltschaft zur Aufnahme von Ermittlungen, zur **Durchsuchung** und zur **Beschlagnahme relevanter Unterlagen und Dateien** zu bewegen, kann die **Akteneinsicht** durch den Geschädigten immerhin zur **Sicherung von Beweismitteln** und zu zusätzlichen Erkenntnissen führen, die auf rein zivilrechtlichem Wege kaum erlangt werden konnten und können (*Kiethe/Groeschke* WRP 2005, 1358 (1366); *Kalbfus,* Know-how-Schutz, Rn. 264; *Altenburg* in Hoppe/Oldekop Kap. 4 Rn. 1; vgl. auch OLG Hamm WRP 2021, 223 Rn. 20 ff. – Stopfaggregate).

2. Strafrecht als Hemmschuh für ein kohärentes zivilrechtliches Schutzsystem

43 Vor allem aber hat sich die **Konzentration** des Gesetzgebers **auf den strafrechtlichen Geheimnisschutz** in Bezug auf die Schaffung eines effektiven zivilrechtlichen Schutzes eher als **Hemmnis** erwiesen. Die 1930 getroffene Feststellung, man könne nicht behaupten, dass die mannigfaltigen Bestrebungen, die mit dem Schutz des Betriebsgeheimnisses verbundenen Probleme zu lösen, von Erfolg gekrönt seien (*Eberhardt Schmidt,* Bd. 1, 1931 (S. 101 ff.)), ist in späteren Jahrzehnten zu Recht wiederholt worden (vgl. nur *Nastelski* GRUR 1957, 1; *Mes* GRUR 1979, 584 (588, 593); *Doepner* FS Tilmann, 2003, 105 f.; *Ohly* GRUR 2014, 1; umfassende Bestandsaufnahme bei *Kalbfus,* Know-how-Schutz in Deutschland zwischen strafrecht und Zivilrecht – welcher Reformbedarf besteht?, 2011). So ist das deutsche Recht zum Schutz von Geschäftsgeheimnissen aus guten Gründen als „Aschenputtel", „Stiefkind", „Störenfried" oder „Sorgenkind" des geistigen Eigentums und des Lauterkeitsrechts bezeichnet worden (*Ann* GRUR 2007, 39; *Ohly* GRUR 2014, 1; *McGuire* GRUR 2015, 424).

Die **dogmatischen Defizite der traditionellen Regelungstechnik** (*McGuire* GRUR 2016, 1000, 1001 f.) erklären sich nicht zuletzt durch die Anknüpfung an die teils sehr kleinteiligen Tatbestände der §§ 17–19 UWG aF als Vorschriften des Nebenstrafrechts. Im Hinblick auf die hohen Anforderungen an die **Bestimmtheit strafrechtlicher Normen** und des hiermit einhergehenden **Analogieverbots** erwies sich eine Lückenfüllung innerhalb des strafrechtlich gesteckten Rahmens als unmöglich (vgl. BGH GRUR 1983, 179 (180) – Stapelautomat; *Alexander* in Köhler/Bornkamm/Feddersen, GeschGehG Vor § 1 Rn. 44). Zwar waren die §§ 17–19 UWG aF als **Schutzgesetze iSd § 823 Abs. 2 BGB** anerkannt. Dies änderte aber nichts daran, dass Handlungen mit vergleichbarem Unrechtsgehalt auch zivilrechtlich nicht sanktioniert werden konnten, wenn sie nicht sämtliche Merkmale der „en detail" formulierten strafrechtlichen Tatbestände erfüllten, so ggf. auch deren subjektive Elemente wie Eigennutz, Schädigungsabsicht oder Begünstigung eines Dritten. 44

Die Schutzlücken, die mit dieser **zivilrechtlichen Akzessorietät** (*McGuire* GRUR 2016, 1000, 1001) einhergingen, führten zu verschiedenen Vorschlägen, Unterlassungs-, Beseitigungs- und Schadensersatzansprüche nicht nur **im Rahmen des Lauterkeitsrechts** (insbesondere über § 3a iVm § 3 Abs. 1 UWG, in Sondersituationen aber auch über § 4 Nr. 3 oder § 4 Nr. 4 UWG bzw. die entsprechenden Vorläufervorschriften in den Gesetzesfassungen vor der UWG-Novelle von Ende 2015) zu gewähren, sondern auch auf das **allgemeine Deliktsrecht** (insbesondere § 826 BGB, nach vielfach vertretener, aber strittiger Meinung auch auf § 823 Abs. 1 BGB) zu stützen (Übersichten bei *Ohly* in Ohly/Sosnitza, UWG, 7. Aufl. 2016, § 17 Rn. 10, 48 ff.; *Harte-Bavendamm* in Harte/Henning, 4. Aufl. 2016, § 17 Rn. 45 ff., 50; *Köhler* in Köhler/Bornkamm/Feddersen, UWG, 37. Aufl. 2019, § 17 Rn. 53 ff.; *Harte-Bavendamm* in Gloy/Loschelder/Danckwaerts Kap. 77 Rn. 38 f., 67 f.). 45

In der **höchstrichterlichen Rechtsprechung** ist der aus § 823 Abs. 2 BGB in Verbindung mit den Strafvorschriften des UWG folgende **Zivilrechtschutz vorsichtig erweitert** worden, dies im Ergebnis jedoch nur in wenigen Ausnahmefällen (RG GRUR 1936, 573 (578) – Albertus Stehfix; BGH GRUR 1963, 367 (369) – Industrieböden: GRUR 1983, 179 (181) – Stapel-Automat; *Mes,* GRUR 1979, 584 (587); *Harte-Bavendamm* in Harte/Henning, UWG, 4. Aufl. 2016, § 17 Rn. 44 ff. mwN). 46

3. Interessengegensatz zwischen Unternehmen und früheren Arbeitnehmern

Ein Sonderproblem – von allerdings größter rechtlicher und praktischer Bedeutung – betrifft den **Interessengegensatz** zwischen den **Geheimhaltungsbelangen der Unternehmen** und dem Bedürfnis der **Arbeitnehmer,** nach Wechsel ihres Arbeitsplatzes die zuvor erworbenen technischen und kommerziellen **Kenntnisse und Fähigkeiten möglichst ungehindert nutzen** und ggf. weitergeben zu dürfen. Dieser Konflikt zieht sich von Beginn an wie ein roter Faden sowohl durch die rechtspolitische Diskussion (*Callmann,* in Wassermann, S. 70 f., = MuW 1931, 310; *von Stechow* S. 117 ff.; *Eberhard Schmidt,* Bd. 1, 1931, 101 ff.; *Nastelski* GRUR 1957, 1 ff.; *Kraßer* GRUR 1977, 177 (186)) als auch durch zahlreiche für den heutigen Rechtszustand maßgebliche höchstrichterliche Entscheidungen. Er wird im Rahmen der Geschäftsgeheimnis-RL zwar angesprochen (Erwägungsgründe 13, 14 und 21, Art. 1 Abs. 3), aber nicht gelöst (*Ohly* GRUR 47

2019, 441 (446)). So heißt es in der nicht ausdrücklich in das GeschGehG übernommenen Vorschrift des **Art. 1 Abs. 3 GechäftsgeheimnisRL,** keine Bestimmung der RL dürfe so ausgelegt werden, dass sie eine Grundlage dafür biete, die **Mobilität der Arbeitnehmer** zu beschränken. Eine allgemeingültige Abgrenzung zwischen frei verwertbarem Erfahrungswissen der Arbeitnehmer und geschützten Geschäftsgeheimnissen der Unternehmen ist allerdings kaum möglich (→ Einl. C. Rn. 37 ff.; vgl. auch *Hoppe* in Hoppe/Oldekop Kap. 1 Rn. 59).

48 Die Rücksicht auf das **berufliche Fortkommen** der Arbeitnehmer spiegelt sich vor allem in dem seit jeher betonten Grundsatz wider, dass redlich erlangte Informationen nach dem Ende des Arbeitsverhältnisses in der Regel frei verwertet werden dürfen (aufgegriffen auch in Art. 1 Abs. 3 lit. b GeschäftsgeheimnisRL). Dies gilt in strafrechtlicher Hinsicht uneingeschränkt, nach überwiegender Meinung im Grundsatz auch zivilrechtlich. Ein formelhafter Umgang mit den einander gegenüberstehenden Belangen ist schon deshalb nicht angebracht, weil ihnen auf beiden Seiten Verfassungsrang zukommt (zur Verankerung des Geheimnisschutzes im Unionsrecht → Rn. 165 ff.). Eine **einzelfallbezogene Interessenabwägung** erscheint deshalb unvermeidlich (vgl. etwa BGH GRUR 1955, 404 (405) – Anreißgerät; GRUR 1963, 369 (376) – Industrieböden; GRUR 1964, 215 – Milchfahrer; GRUR 1983, 179 (181) – Stapel-Automat; GRUR 2002, 91 – Spritzgießwerkzeuge; *Wunner* WRP 2019, 710 (714); → Einl. C. Rn. 40 f.). So werden unter dem gemeinsamen Nenner der Geschäfts- und Betriebsgeheimnisse sehr heterogene Informationen von durchaus unterschiedlichem Gewicht zusammengefasst (*Nastelski* GRUR 1957, 1; *Harte-Bavendamm* in Harte/Henning, 4. Aufl. 2016, § 17 Rn. 1; *Kalbfus,* Know-how-Schutz, S. 69 ff.; vgl. auch Erwägungsgründe 1, 2, 14 Geschäftsgeheimnis-RL). Auch kann schwerlich jede Geheimnisverwertung oder gar -weitergabe nach dem Ende des Dienstverhältnisses wirklich durch den Wunsch oder die objektive Notwendigkeit nach ungehindertem beruflichem Fortkommen erklärt und gerechtfertigt werden. Weiter ist zu berücksichtigen, dass der Verrat zentraler Geschäftsgeheimnisse nicht nur das Unternehmen selbst, sondern zugleich eine große Zahl von Arbeitsplätzen, mithin **wesentliche Interessen anderer Arbeitnehmer bedrohen** kann. Man denke nur an die Formeln chemischer Spezialprodukte, die an einen Mitbewerber weitergegeben werden, dies womöglich noch mit einer Liste aller Namen und Anschriften sowie des Bestellverhaltens der weltweiten Abnehmer (näher hierzu und zu weiteren möglichen Elementen einer Interessenabwägung → Einl. C. Rn. 41; *Ohly* in Ohly/Sosnitza, 7. Aufl. 2016, § 17 Rn. 38 f.; *Köhler* in Köhler/Bornkamm/Feddersen, 37. Aufl. 2019, § 17 Rn. 59; *Harte-Bavendamm* in Harte/Henning, 4. Aufl. 2016, § 17 Rn. 45 ff., 52 ff. mwN; *Glinke* in Keller/Schönknecht/Glinke § 1 Rn. 62).

49 Der BGH hat interessengerechte Lösungen nicht nur mittels solcher einzelfallbezogenen Abwägungen gesucht. Vielmehr hat er den Grundsatz, **nach ihrem Ausscheiden** müssten **Arbeitnehmer** das erlangte Wissen frei verwerten dürfen, generell auf solche vertraulichen Informationen beschränkt, die die ausgeschiedenen Arbeitnehmer noch **im Gedächtnis haben** und die **nicht durch unredliche Vorbereitungs- und Begleithandlungen erlangt** wurden (BGH GRUR 2006, 1044 (1046) – Kundendatenprogramm; GRUR 2009, 603 Rn. 13 – Versicherungsuntervertreter). Hierbei dürfen die Anforderungen an den Nachweis unredlichen Erwerbs nicht überspannt werden (BGH GRUR 1963, 367 (369) – Industrieböden; GRUR 2006, 1044 (1046) – Kundendatenprogramm; *Harte-Bavendamm* in Harte/Henning, 4. Aufl. 2016, § 17 Rn. 32 ff., 52 ff. mwN; näher zu diesen

Fragen im Lichte der Geschäftsgeheimnis-RL und des Rechtsstands in Deutschland → Einl. C. Rn. 37 ff., und *Wunner* WRP 2019, 710 (712 ff.)).

4. Verfahrensrechtliche Probleme

Erhebliche **Schwierigkeiten** hat der Geheimnisschutz auch in **verfahrensrechtlicher Hinsicht** bereitet (vgl. nur *McGuire* GRUR 2015, 424 ff.; *Hauck* NJW 2016, 2218; *Schlingloff* WRP 2018, 666; *Druschel/Jauch* BB 2018, 1218). Unter Geltung der §§ 17–19 UWG aF fehlte eine den Vorgaben aus Art. 9 der Geschäftsgeheimnis-RL entsprechende Spezialregelung. Zwar bestand (und besteht) nach § 172 Nr. 2 GVG die Möglichkeit, die **Öffentlichkeit** von der mündlichen Verhandlung **auszuschließen,** wenn in dieser vertrauliche Informationen offengelegt werden sollen. Nach § 174 Abs. 3 GVG kann das Gericht die **Geheimhaltung anordnen,** um zu verhindern, dass die in der Verhandlung anwesenden Personen die dort aufgedeckten geheimen Informationen anschließend anderen mitteilen (*McGuire* GRUR 2015, 424 (428); BGH BeckRS 2020, 27306 Rn. 20 f.; BGH GRUR-RS 2021, 43800 Rn. 10 – Geschäftsgeheimnis bei Hohlfasermembranspinnanlagen) – eine wegen der Schwierigkeit, Verletzungen dieses Gebots zu beweisen, nicht allzu verlässliche Schutzmaßnahme. Ferner können Geheimnisse Dritter **Zeugnisverweigerungsrechte** nach §§ 384 Nr. 3 oder 383 Nr. 6 ZPO auslösen. 50

Diese recht unvollkommenen Abhilfemöglichkeiten änderten nichts an dem in allgemeinen Verfahrensgrundsätzen angelegten Problem, dass der Kläger grundsätzlich verpflichtet ist, **konkret darzulegen und zu beweisen, worin sein Geschäftsgeheimnis besteht** – und dessen Fortbestand damit zu gefährden. Der Kläger hat jedoch einen verfassungsrechtlich abgesicherten Anspruch auf wirksamen Rechtsschutz (Art. 19 Abs. 4 GG). Der Beklagte als mutmaßlicher Verletzer wiederum muss sich **angemessen verteidigen können.** Für diesen **Konflikt** zwischen den Geboten, einen **effektiven Rechtsschutz** und gleichzeitig ein **faires Verfahren** zu gewährleisten (vgl. die in Verwaltungsverfahren ergangenen Entscheidungen BverfG NJW 2000, 1175 und MMR 2006, 375: Herbeiführung praktischer Konkordanz erforderlich, allerdings auf gesetzlicher Grundlage; OLG Stuttgart GRUR-RS 2020, 35613 Rn. 76 ff. – Schaumstoffsysteme: Lösung des Konflikts über § 16 GeschGehG;), hatte das deutsche Recht bis zum Inkrafttreten des GeschGehG keine befriedigende Lösung gefunden (eingehend und überzeugend zu den aufeinandertreffenden verfassungs- und verfahrensrechtlichen Grundsätzen *McGuire* GRUR 2015, 424 (427 ff.); *Hauck* NJW 2016, 2218 (2222)). Resignierend hatte *Rojahn* (FS Loewenheim, 2009, 251, 255) die Konfliktlage dahingehend zugespitzt, dass der Geheimnisträger nur die Wahl habe, „sein Geheimnis offenzulegen oder den Prozess zu verlieren". Noch weiter gehend sah *McGuire* (GRUR 2015, 424 (428)) die Gefahr, dass beides eintritt, also sowohl der Geheimnis- als auch der Prozessverlust (zum Geheimnisschutz im Prozess näher die Kommentierung zu § 16 ff. GeschGehG sowie BGH GRUR 2008, 727 Rn. 17 – Schweißmodulgenerator; BGH GRUR-RS 2021, 43800 Rn. 10 – Geschäftsgeheimnis bei Hohlfasermembranspinnanlagen; *Ann* in Ann/Loschelder/Grosch Kap. 7; *McGuire/Joachim/Künzel/Weber* GRUR Int. 2010, 829 (835); *Redeker/Pres/Gittinger* WRP 2015, 812 ff.; zur Neuregelung durch §§ 15 ff. GeschGehG *Schlingloff* WRP 2018, 666; *Druschel/Jauch* BB 2018, 1218. 51

Immerhin hat der BGH die Anforderungen an eine dem **Bestimmtheitsgrundsatz** entsprechende **Formulierung der Klageanträge** (*Doepner* FS Til- 52 mann, 2003, 105 ff.; *Deichfuß* GRUR 2015, 436) im Vergleich zu den sonst geltenden Maßstäben in einer Reihe von Entscheidungen gelockert – eben um die paradoxe Situation zu vermeiden oder zumindest abzumildern, dass der Geheimnischarakter ausgerechnet dadurch verloren zu gehen droht, dass der Berechtigte Schutz gegen eine rechtswidrige Verrats- oder Verwertungshandlung begehrt. So müssen die in Rede stehenden vertraulichen Informationen in den Klageanträgen und in der Urteilsformel nur so weit beschrieben werden, wie dies für die Zwangsvollstreckung unbedingt erforderlich ist. Auch kann im Tenor unter Umständen auf Darstellungen Bezug genommen werden, die sich nur in begleitendem Aktenmaterial finden (zum Ganzen BGH GRUR 1961, 40 (41) – Wurftaubenpresse; GRUR 1963, 367 – Industrieböden; GRUR 1985, 295 – Füllanlage; GRUR 2008, 727 – Schweißmodulgenerator; grundlegend *Doepner* in FS Tilmann, 2003, 105 (112 ff.); *Ohly* in Ohly/Sosnitza, UWG, 7. Aufl. 2016, § 17 Rn. 56 ff.; *Harte-Bavendamm* in Harte/Henning, 4. Aufl. 2016, § 17 Rn. 60 f; *Ann,* in Ann/Loschelder/Grosch Kap. 7 Rn. 36 ff.; aus der neuen Rechtspr. OLG Stuttgart GRUR-RS 2020, 35613 Rn. 76 ff. – Schaumstoffsysteme; großzügig LAG Düsseldorf GRUR-RS 2020, 23408 Rn. 56 ff., 62 – PU-Schaum, hierzu die Anm. von *Apel/Stolz* GRUR-Prax. 2021, 1; OLG Brandenburg GRUR-RS 2021, 35904 Rn. 30 f. und OLG Schleswig WRP 2022, 906, Rn. 21 ff. – Teil-Kostenrechnung). **Eingehend zur Antragsfassung → § 6 Rn. 59 ff.**

5. Reformbedarf aus deutscher Sicht

53 Das historisch gewachsene **Normen- und Entscheidungsgeflecht** zu den Voraussetzungen, Folgen und Grenzen des Schutzes vertraulicher Informationen wurde zunehmend als **ebenso lückenhaft wie unsystematisch** empfunden. Es erschien schon **aus deutscher Perspektive** erforderlich, einen frischen Blick auf das in seinen überkommenen Strukturen gefangene Geheimnisschutzregime zu werfen und den **Reformbedarf vor allem in zivilrechtlicher Hinsicht** auszuloten. Die von der Europäischen Kommission eingeleiteten Vorarbeiten zur Erkundung des Harmonisierungsbedarfs auf Unionsebene (so eine von Hogan Lovells erstellte, im Januar 2012 vorgelegte *Study on Trade Secrets and Parasitic Copying (Look-alikes),* MARKT/2010/20/D, und eine *Study on Trade Secrets and Confidential Business Information in the Internal Market* von Baker & McKenzie, MARKT/2011/128/D; zum Verlauf des Gesetzgebungsverfahrens und zu seinen Vorstufen näher → Rn. 78 ff.) fielen in eine Zeit, als in Deutschland die wissenschaftliche Diskussion über einen **angemessenen, zeitgemäßen Schutz** von Geschäftsgeheimnissen wieder aufgeflammt war. So hieß es im Vorwort des Praxishandbuchs Know-how-Schutz (Ann/Loschelder/Grosch, 2010), ungeachtet seiner erheblichen Praxisrelevanz führe dieses Rechtsgebiet in Deutschland ein **Schattendasein.** Dies sei sachlich nicht gerechtfertigt; neben dem Patentschutz sei die Geheimhaltung die **zweite wichtige Schutzstrategie für Technologie** (grundlegend *Kalbfus,* Know-how-Schutz, 2011; *Ann* GRUR 2007, 39; *Ahrens/McGuire,* Modellgesetz für geistiges Eigentum, Buch 1 §§ 86–90; *Ohly* GRUR 2014, 1; *McGuire* GRUR 2015, 424; *Beyerbach*; *Dorner*; *Kochmann; F. Schweyer*; *Keller* in Keller/Schönknecht/Glinke Einl.A. Rn. 9 ff.; speziell zur Rückwärtsanalyse komplexer Produkte: *Ohly,* Reverse Engineering, FS Straus, 2008, 535; *Witz,* FS Harte-Bavendamm, 2020, 441;).

54 Diese Diskussion wurde im Laufe des legislativen Prozesses der Europäischen Union lebhaft fortgesetzt (vgl. nur *Ohly* GRUR 2014, 1; *Ann* GRUR 2014, 12;

Gennen IPRB 2016, 115 und 133; GRUR-Stellungnahme zum Richtlinienvorschlag, abrufbar unter https://www.grur.org; *Harte-Bavendamm* FS Köhler, 2014, S. 235; *Harte-Bavendamm* FS Köhler, 2014, 235; *Harte-Bavendamm* in Harte/Henning, 4. Aufl. 2016, § 17 Vor §§ 17–19 Rn. 10 ff., und in der Kommentierung zu § 17 UWG aF; *Keller,* Protokoll der GRUR-Fachausschusssitzung zum RefE GeschGehG, GRUR 2018, 706; Max-Planck-Stellungnahme zum RefE GeschGehG; McGuire GRUR 2015, 424; *dies.* GRUR 2016, 1000; *Redeker/Pres/Gittinger* WRP 2015, 681 und 812; *Falce* IIC 2015, 940; *Kalbfus* GRUR 2016, 1009; *Alexander* WRP 2017, 1034; *Harte-Bavendamm* FS Büscher, 2018, 311). **Zur Entstehung und Verabschiedung der Geschäftsgeheimnis-RL** im Einzelnen → **Rn. 58 ff.,** zur **Umsetzung in Deutschland** → **Rn. 78 ff.**).

6. Geheimnisschutz durch Spezialnormen anderer Rechtsbereiche (Beispiele)

Unabhängig von den im Nebenstrafrecht der §§ 17–19 UWG aF und mittlerweile in §§ 6 ff., 21 und 23 GeschGehG geregelten Sanktionen sind im Laufe der Zeit zahlreiche weitere **Geheimhaltungspflichten** in die verschiedensten Gesetze **anderer Rechtsbereiche** aufgenommen worden. Der Begriff des Geschäfts- und Betriebsgeheimnisses soll sich in weit über hundertBundesnormen finden (*Kalbfus* GRUR 2016, 1009 (1011) Fn. 32). Im Folgenden kann nur eine **sehr beschränkte Auswahl** angesprochen werden. **55**

Beispiele aus dem **öffentlichen Recht** finden sich etwa in **§ 99 Abs. 1 S. 2. Alt. 3 VwGO** (Schutz von Betriebs- und Geschäftsgeheimnissen als Grund für die Verweigerung der Aktenvorlage, hierzu BVerwG, Beschluss vom 5.3.2020 – 20 F 3.19, [ECLI:DE:BVerwG:2020:050320B20F3.19.0]) und in **§ 6 IFG** (keine Auskunftspflicht über amtliche Informationen, soweit diese Betriebs- oder Geschäftsgeheimnisse eines Dritten darstellen und dieser nicht eingewilligt hat, hierzu BVerWG PharmR 2020, 699 =BeckRS 2020, 18641 – Kein Informationszugangsanspruch zu Rabattvereinbarungen). In diesen Beispielen und weiteren Fällen hat der Schutz von Geschäftsgeheimnissen die Funktion eines „auskunftbegrenzenden Interesses" (*Alexander* in Köhler/Bornkamm/Feddersen Vor § 1 GeschGehG Rn. 83 f.). Zu weiteren Beispielen sowie zum **Verhältnis zwischen öffentlich-rechtlichen Vorschriften und dem GeschGehG → § 1 Rn. 7 ff.** Zum **öffentlich-rechtlichen Begriff des Betriebs- und Geschäftsgeheimnisses** und zu dessen Anlehnung an des Geheimnisbegriff der §§ 17–19 UWG aF und des § 2 Nr. 1 GeschGehG → **§ 1 Rn. 10 mwN.** Zu den Vorschriften des öffentlichen Rechts zählen **sowohl nationale als auch unionsrechtliche Normen.** So heißt es in **Art. 1 Abs. 2 lit. c** Geschäftsgeheimnis-RL, es blieben unberührt *„die Anwendung von Vorschriften der Union und der Mitgliedstaaten, nach denen es Organen und Einrichtungen der Union oder den nationalen Behörden vorgeschrieben oder gestattet ist, von Unternehmen vorgelegte Informationen offenzulegen, die diese Organe, Einrichtungen oder Behörden in Einhaltung der Pflichten und gemäß den Rechten, die im Unionsrecht oder im nationalen Recht niedergelegt sind, besitzen.*" Konkretere Hinweise auf einzelne Normen des Unionsrechts finden sich in **ErwGr 11.** **55a**

Von den Bestimmungen des GeschGehG unberührt bleiben auch **berufsbezogene Verschwiegenheitspflichten** der Ärzte, Apotheker, Rechtsanwälte, Wirtschaftsprüfer, Steuerberater, Ehe- und Familienberater und weiterer in **§ 203 StGB** aufgenommenen Amts- und Berufsträger, die eine besondere **Vertrauensstellung** einnehmen. § 203 StGB bedroht den Bruch der betreffenden Geheim- **55b** haltungspflichten mit Freiheitsstrafe bis zu einem Jahr (oder, wenn der Vertrauensbruch gegen Entgelt oder in Bereicherungsabsicht erfolgt, bis zu zwei Jahren) oder mit Geldstrafe. Die gleichen Strafandrohungen gelten gem. **§ 404 AktG** für die Verletzung ihrer gesetzlichen Geheimhaltungspflichten durch **Vorstands- oder Aufsichtsratsmitglieder (§ 93 Abs. 1 S. 3** bzw. **§ 116 Abs. 1 S. 2 AktG**). Geheimhaltungspflichten für **Betriebsratsmitglieder** und ähnliche Funktionsträger, die ihrer Stellung halber mit vertraulichen Informationen in Berührung kommen, ergeben sich aus **§ 79 BetrVerfG;** auch diese Verschwiegenheitsverpflichtungen werden durch Strafandrohungen untermauert (§ 120 BetrVerfG). **§ 24 ArbnErfG** regelt die einstweiligen Geheimhaltungspflichten von Arbeitgebern und Arbeitnehmern in Bezug auf **Diensterfindungen.** Nach **§ 90 HGB** darf ein **Handelsvertreter** Geschäftsgeheimnisse, die ihm anvertraut oder durch seine Tätigkeit für den Unternehmer bekanntgeworden sind, auch nach Beendigung des Handelsvertretervertrages weder verwerten noch Dritten mitteilen, soweit dies nach den gesamten Umständen der Berufsauffassung eines ordentlichen Kaufmanns widersprechen würde.

55c Auf **strafrechtlicher** Ebene sind neben den bereits angesprochenen Fällen etwa **§ 96 StGB** (landesverräterisches Ausspähen von Staatsgeheimnissen), **§ 99 StGB** (geheimdienstliche Agententätigkeit) **§ 202a StGB** (Ausspähen von Daten) und **§ 204 StGB** (Verletzung und Verwertung von Privatgeheimnissen) zu nennen.

56 **Vereinzelt** existieren **umgekehrt auch Handlungsgebote,** die im überwiegenden öffentlichen Interesse zur **Aufdeckung nicht offenkundiger Informationen** zwingen. Dies gilt etwa für die Pflicht, eine drohende besonders schwere Straftat eines Dritten anzuzeigen (§ 138 StGB) oder für das an die Emittenten von Finanzinstrumenten gerichtete Gebot, die Marktteilnehmer durch Ad-Hoc-Meldungen über Insiderinformationen zu unterrichten, die den Börsenkurs erheblich beeinflussen können (Art 17 VO (EU) 596/14 – MarktmissbrauchsVO).

7. Umsetzung der Geschäftsgeheimnis-RL durch das GeschGehG

57 Vor diesem Hintergrund war es zu begrüßen, dass die Europäische Union mit Verabschiedung der Richtlinie (EU) des Europäischen Parlaments und des Rates vom 8. Juni 2016 über den Schutz vertraulichen Know-hows und vertraulicher Geschäftsinformationen (Geschäftsgeheimnisse) vor rechtswidrigem Erwerb sowie vor rechtswidriger Nutzung und Offenlegung (ABl. L 157 vom 15.6.2016, S. 1) **(Geschäftsgeheimnis-RL)** die Initiative ergriffen und einen entscheidenden Impuls zur Neuordnung des Geschäftsgeheimnisschutzes auch in Deutschland gegeben hat. Ob und wann der deutsche Gesetzgeber den Gestaltungswillen gehabt hätte und auf hinreichende rechtspolitische Akzeptanz gestoßen wäre, stand in den Sternen (vgl. den Titel „Reform des Geheimnisschutzes: naht Rettung aus Brüssel? Zum Richtlinienvorschlag zum Schutz von Geschäftsgeheimnissen", *Harte-Bavendamm* FS Köhler, 2014, 235). Zur **Genese der Geschäftsgeheimnis-RL wird auf → Einl. A.III. Rn. 13 ff.,** zum **Umsetzungsverfahren in Deutschland auf → Einl. A.IV.** und zu den **wichtigsten Unterschieden** zwischen dem herkömmlichen deutschen Recht und dem im Lichte der Geschäftsgeheimnis-RL zu interpretierenden GeschGehG auf **→ Einl. A.V.** verwiesen.

III. Grundzüge und Entstehung der Richtlinie (EU) 2016/943 (Geschäftsgeheimnis-Richtlinie)

Schrifttum: *Alexander,* Gegenstand, Inhalt und Umfang des Schutzes von Geschäftsgeheimnissen nach der Richtlinie (EU) 2016/943, WRP 2017, 1034; *Ann,* EU-Richtlinie zum Schutz vertraulichen Know-hows – Wann kommt das neue deutsche Recht, wie sieht es aus, was ist noch offen?, GRUR-Prax 2016, 465; *Bronckers/McNelis,* Is the EU obliged to improve the protection of trade secrets? An inquiry into TRIPS, the European Convention on Human Rights and the EU Charter of Fundamental Rights, [2012] EIPR 673; *Deutsche Vereinigung für gewerblichen Rechtsschutz und Urheberrecht e.V. (GRUR),* Stellungnahme zum Vorschlag für eine Richtlinie über den Schutz vertraulichen Know-hows und vertraulicher Geschäftsinformationen (Geschäftsgeheimnisse) vor rechtswidrigem Erwerb sowie rechtswidriger Nutzung und Offenlegung, COM (2013) 813 final, abrufbar unter http://www.grur.org/uploads/tx_gstatement/2014-03-19_GRUR_Stellungnahme_zum_Know-how-Schutz.pdf (Abruf 2.8.2019, zitiert als: GRUR-Stellungnahme); *Eufinger,* EU-Geheimnisschutzrichtlinie und Schutz von Whistleblowern, ZRP 2016, 229; *Gennen,* Die EU-Richtlinie zum Schutz von Know-how und Geschäftsgeheimnissen, Teil 1: Anwendungsbereich und Auswirkungen auf Vereinbarungen über technisches Wissen, IPRB 2016, 115; *ders.,* Die EU-Richtlinie zum Schutz von Know-how und Geschäftsgeheimnissen, Teil 2: Schutzmaßnahmen und rechtliche Durchsetzung, IPRB 2016, 133; *Grassie,* Trade secrets: the new EU enforcement regime, [2014] JIPLP 677; *Harte-Bavendamm,* Der Begriff des Geschäftsgeheimnisses nach harmonisiertem Recht, FS Büscher, 2018, 311; *ders.,* Reform des Geheimnisschutzes: naht Rettung aus Brüssel? Zum Richtlinienvorschlag zum Schutz von Geschäftsgeheimnissen, FS Köhler, 2014, 235; *Kalbfus,* Die EU-Geschäftsgeheimnis-Richtlinie – Welcher Umsetzungsbedarf besteht in Deutschland?, GRUR 2016, 1009; *Kalbfus/Harte-Bavendamm,* Protokoll der Sitzung des Fachausschusses für Wettbewerbs- und Markenrecht zum Richtlinienvorschlag über den Schutz von Geschäftsgeheimnissen, GRUR 2014, 453; *Koós,* Die europäische Geschäftsgeheimnis-Richtlinie – ein gelungener Wurf?, MMR 2016, 224; *Lejeune,* Die neue EU Richtlinie zum Schutz von Know-How und Geschäftsgeheimnissen, Wesentliche Inhalte und Anpassungsbedarf im deutschen Recht sowie ein Vergleich zur Rechtslage in den USA, CR 2016, 330; *Max-Planck-Institut für Innovation und Wettbewerb,* Stellungnahme vom 12.5.2014 zum Vorschlag der Europäischen Kommission für eine Richtlinie über den Schutz vertraulichen Know-hows und vertraulicher Geschäftsinformationen (Geschäftsgeheimnisse) vor rechtswidrigem Erwerb sowie rechtswidriger Nutzung und Offenlegung vom 28.11.2013, COM (2013) 813 final, GRUR Int 2014, 554 (zitiert als: MPI-Stellungnahme); *McGuire,* Know-how: Stiefkind, Störenfried oder Sorgenkind? Lücken und Regelungsalternativen vor dem Hintergrund des RL-Vorschlags, GRUR 2015, 424; *dies.,* Der Schutz von Know-how im System des Immaterialgüterrechts, Perspektiven für die Umsetzung der Richtlinie über Geschäftsgeheimnisse, GRUR 2016, 1000; *McGuire/Winzer,* Der Schutz von Geschäftsgeheimnissen im Binnenmarkt, IPRB 2015, 7; *Ohly,* Der Geheimnisschutz im deutschen Recht: heutiger Stand und Perspektiven, GRUR 2014, 1; *Redeker/Pres/Gittinger,* Einheitlicher Geheimnisschutz in Europa, WRP 2015, 681 u. 811; *Witt/Freudenberg,* Der Entwurf der Richtlinie über den Schutz von Geschäftsgeheimnissen im Spiegel zentraler deutscher Verbotstatbestände, WRP 2014, 375;

1. Allgemeine Charakteristika der Richtlinie (EU) 2016/943

Die Geschäftsgeheimnis-RL (**Richtlinie (EU) 2016/943 vom 8. Juni 2016 über den Schutz vertraulichen Know-hows und vertraulicher Geschäftsinformationen (Geschäftsgeheimnisse) vor rechtswidrigem Erwerb, sowie rechtswidriger Nutzung und Offenlegung,** ABl. (EU) Nr. L 157 v. 15.6.2016, S. 1) gewährleistet den Schutz von Geschäftsgeheimnissen auf Unionsebene. 58

Sie legt gemäß Art. 1 Abs. 1 UAbs. 1 Vorschriften für den Schutz von Geschäftsgeheimnissen vor rechtswidrigem Erwerb, rechtswidriger Nutzung und rechtswidriger Offenlegung fest. Der **Anwendungsbereich** der Richtlinie beschränkt sich auf das **Zivilrecht** (vgl. Art. 6 Abs. 1 u. Erwägungsgrund 10). Die Ausgestaltung eines strafrechtlichen Schutzes bleibt den Mitgliedstaaten überlassen. Bei der Ausarbeitung ihres Richtlinienvorschlages zum Schutz von Geschäftsgeheimnissen (dazu näher im Anschluss, → Rn. 74) hatte die Kommission mehrere Optionen einer Rechtsangleichung gemäß Art. 114 AEUV erwogen und dabei auch eine Konvergenz strafrechtlicher Vorschriften in Betracht gezogen, sich dann aber im Rahmen einer Folgenabschätzung aus Gründen der Verhältnismäßigkeit gegen eine solche Lösung entschieden (COM (2013) 813 final, S. 7). Bezweifelt wird in der Literatur auch, ob die EU überhaupt eine Kompetenz zur Harmonisierung strafrechtlicher Vorschriften gehabt hätte (→ Rn. 215).

59 Als **Schutzzwecke** stellt die Geschäftsgeheimnis-RL insbesondere die **Innovationsförderung** und den **Technologietransfer** in den Vordergrund. Durch den Schutz von Geschäftsgeheimnissen sollen Anreize für die Forschung und Entwicklung gesetzt werden (vgl. ErwGr. 1, 2, vgl. dazu allgemein *Friedman/Landes/Posner* 5 J. Econ. Persp. (1991) 61, 64). Zudem soll der Austausch von Informationen innerhalb des Binnenmarktes gefördert werden (ErwGr. 3, vgl. *Lemley* 61 Stan. L. Rev. (2008) 311, 334 ff.; *McGuire* GRUR 2016, 1000, 1004). Daneben ist es Zielsetzung, **ineffizient hohe Ausgaben für tatsächliche Schutzvorkehrungen** zu vermeiden (ErwGr. 9, vgl. *Risch* 11 Marq. Intell. Prop. L. Rev. (2007), 1, 42 ff.; *Kalbfus* Know-how-Schutz Rn. 71 ff.; *Siems* WRP 2007, 1146, 1149 f.). Siehe allgemein zur Zwecksetzung des Schutzes von Geschäftsgeheimnissen → Einl. A Rn. 3 ff.

60 Der **Harmonisierungsgrad** ist näher geregelt in Art. 1 Abs. 1 UAbs. 2 Geschäftsgeheimnis-RL. Danach gibt die Richtlinie grundsätzlich nur ein **Mindestschutzniveau** vor und lässt es ausdrücklich zu, dass die Mitgliedsstaaten – unter Beachtung der Bestimmungen des AEUV – Geschäftsgeheimnissen weitergehenden Schutz gewähren. Gleichzeitig enthält Art. 1 Abs. 1 UAbs. 2 eine **enumerative Aufzählung einzelner Richtlinienbestimmungen,** die vom nationalen Gesetzgeber „eingehalten" werden müssen. Insoweit wird neben dem Mindestschutz auch ein Bereich der **Vollharmonisierung** geschaffen. Die zwingend einzuhaltenden Bestimmungen tragen typischerweise Interessen der Allgemeinheit Rechnung, die dem geschützten Geheimhaltungsinteresse entgegenstehen, etwa der Freiheit des Wettbewerbs (Art. 3), der Meinungsäußerungs-, Presse- und Medienfreiheit und dem Schutz von Hinweisgebern, die im öffentlichen Interesse handeln (Art. 5). Im Bereich der Rechtsfolgenbestimmungen sind insbesondere solche Vorschriften zwingend ausgestaltet, die Verhältnismäßigkeitsgesichtspunkten Rechnung tragen (Art. 6, 7 Abs. 1, 8, 10 Ab. 2, 11, 13, 15 Abs. 3). Im Bereich des prozessualen Geheimnisschutzes betrifft dies vor allem Bestimmungen, die das Recht auf effektiven Rechtsschutz mit dem Recht auf ein faires Verfahren in Einklang bringen (Art. 9 Abs. 1 UAbs. 2, Abs. 3 u. 4). Nicht zu den enumerativ aufgezählten Bestimmungen zählt die **Definition des Geschäftsgeheimnisses** in Art. 2 Nr. 1 Geschäftsgeheimnis-RL. ErwGr. 14 betont aber, dass es wichtig sei, eine homogene Definition dieses Begriffes festzulegen. Angesichts der zentralen Bedeutung, die dieser Kernbegriff für die unionsweite Rechtsangleichung hat, wird daraus zu Recht gefolgert, dass die Definition – anders als Art. 39 Abs. 2 TRIPs – nicht lediglich einen reinen Mindestschutzcharakter aufweise, sondern insgesamt weitgehend verbindlich ist (→ § 2 Rn. 2, 6, ergänzt um das

Petitum, auch die drei weiteren Definitionen aus Art. 2 als harmonisiert zu behandeln).

Art. 1 Abs. 2 und 3 schränken den **sachlichen Anwendungsbereich** der Richtlinie ein. Die Vorschriften nennen Interessen und Rechtsgrundsätze, die durch die Richtlinie **nicht berührt** werden. Der Sache nach handelt es sich ebenfalls um eine (gebietsbezogene) Begrenzung des durch die Richtlinie vorgegebenen Geheimnisschutzes. Neben dem Recht der **freien Meinungsäußerung,** der **Informations- und Medienfreiheit** gemäß der EU-Grundrechtecharta (Art. 1 Abs. 2 lit. a) bleiben insbesondere **Vorschriften des öffentlichen Rechts** unberührt, und zwar sowohl Vorschriften, die den Geheimnisinhaber aus Gründen des öffentlichen Interesses zur Offenlegung von Geschäftsgeheimnissen verpflichten (Art. 1 Abs. 2 lit. b), als auch Vorschriften, die es öffentlichen Stellen vorschreiben oder gestatten, Geschäftsgeheimnisse Dritter offenzulegen (Art. 1 Abs. 2 lit. c). Letztere Fallgruppe umfasst insbesondere die **Informationsfreiheitsgesetze.** Unberührt bleiben darüber hinaus bestimmte Bereiche des Arbeitsrechts. Hierzu zählt einerseits die **Autonomie der Sozialpartner** und ihr Recht Kollektivverträge abzuschließen (Art. 1 Abs. 2 lit. d). Andererseits adressiert Art. 1 Abs. 3 eigens das konfliktträchtige Feld der **Arbeitnehmermobilität,** mit dem der Schutz von Geschäftsgeheimnissen typischerweise in einem Spannungsfeld steht (siehe näher → Einl. C Rn. 37 ff.). **61**

In **dogmatischer Hinsicht** nimmt die Geschäftsgeheimnis-RL weder eine eindeutige Einordnung von Geschäftsgeheimnissen als Immaterialgüterrechte vor (a.A. *McGuire* in Büscher UWG Vor § 17–19 Rn. 83), noch verfolgt sie einen rein lauterkeitsrechtlichen Schutzansatz (hierzu Kalbfus in FS Harte-Bavendamm, 2020, 341 (349)). Der inhaltliche Schwerpunkt der Geschäftsgeheimnis-RL liegt ersichtlich auf der **Abwehr von Verhaltensunrecht** (vgl. Art. 4 u. 6 ff.), d.h. in der Regelung von Tatbestand und Rechtsfolgen von Geheimnisverletzungen. Typische immaterialgüterrechtliche Fragestellungen des Erwerbs, der Übertragung und Lizenzierung von Geschäftsgeheimnissen sind dagegen eher rudimentär geregelt. Zwar lässt sich der Begriff des **Inhabers eines Geschäftsgeheimnisses** (Art. 2 Nr. 2) im Ansatz als Rechtszuweisung verstehen. Die Norm greift allerdings nur die in der (lauterkeitsrechtlichen) Bestimmung des Art. 39 Abs. 2 TRIPs enthaltene Formulierung der „rechtmäßigen Kontrolle" über ein Geschäftsgeheimnis auf und ist inhaltlich ausfüllungsbedürftig. Systematisch kommt Art. 2 Nr. 2 vor allem die Funktion zu, die Aktivlegitimation bei Abwehrrechten festzulegen. Art. 3 Abs. 1 benennt immerhin Formen des **rechtmäßigen Erwerbs** von Geschäftsgeheimnissen und geht damit über die bloße Regelung von Abwehransprüchen hinaus. Weitergehende Vorschriften zur **Übertragung und Lizenzierung** von Geschäftsgeheimnissen enthält die Geschäftsgeheimnis-RL aber **nicht.** Auch die Erwägungsgründe 1 und 2 ordnen Geschäftsgeheimnisse nicht als Rechte des geistigen Eigentums ein, sondern kontrastieren sie gerade mit solchen Rechten (→ Einl. A Rn. 24; *Köhler* in: Köhler/Bornkamm/Feddersen, 37. Aufl., Vor §§ 17–19 Rn. 2; aA *Kiefer* WRP 2018, 910 Rn. 27 f.). Dies stimmt überein mit den im Laufe des Gesetzgebungsverfahrens gewonnenen empirischen Erkenntnissen, dass Geschäftsgeheimnisse bislang **in den meisten Mitgliedsstaaten nicht als Erscheinungsform geistigen Eigentums** eingeordnet wurden (*Report on Trade Secrets for the European Commission* MARKT/2010/20/D Rn. 259; *Bronckers/McNelis* [2012] EIPR 673, 682). Nimmt man allerdings die von der Richtlinie verfolgten **Schutzzwecke** (→ Rn. 59) in den Blick, so handelt es sich bei der intendierten Schaffung von Innovationsanreizen und der Förderung des **62**

Technologietransfers um klassische Motive immaterialgüterrechtlicher Gesetzgebung. Die weitere Zielsetzung, Geheimnisinhaber vor ineffizient hohen Ausgaben für tatsächliche Schutzvorkehrungen zu bewahren, spricht indessen wiederum für einen eher lauterkeitsrechtlichen Ansatz. Im Gesamtbild bleibt die Geschäftsgeheimnis-RL daher **in dogmatischer Hinsicht indifferent.** Erst recht lässt sich nicht sagen, dass sie eine den nationalen Gesetzgeber bindende Vorentscheidung über die Rechtsnatur von Geschäftsgeheimnissen treffe. Da die Richtlinie als Regelungsinstrument hinsichtlich des Ziels, nicht aber hinsichtlich der Mittel verbindlich ist (Art. 288 Abs. 3 AEUV), steht es **dem nationalen Gesetzgeber frei,** einen lauterkeitsrechtlichen oder immaterialgüterrechtlichen Schutzansatz zu wählen, solange die Harmonisierungsvorgaben des Art. 1 Abs. 1 UAbs. 2 der Richtlinie hinreichend beachtet werden (vgl. eingehend zur Rechtsnatur und dogmatischen Einordung von Geschäftsgeheimnissen: → Einl. A Rn. 21 ff.).

2. Wesentliche Regelungsinhalte

63 Inhaltlich gliedert sich die Richtlinie in vier wesentliche Regelungskomplexe: **(1)** Begriffsbestimmungen, Art. 2, **(2)** Regelungen über zulässige und unzulässige Formen des Erwerbs, der Nutzung und Offenlegung von Geschäftsgeheimnissen, Art. 3–5, **(3)** Rechtsbehelfe, Art. 6 ff. und **(4)** Schutz von Geschäftsgeheimnissen innerhalb von Gerichtsverfahren, Art. 9.

64 **Art. 2** enthält zunächst **Begriffsbestimmungen.** Besondere Bedeutung kommt hier der Definition des **Geschäftsgeheimnisses** (Art. 2 Nr. 1) zu. Diese ist zusammen mit dem Begriff des **„Inhabers eines Geschäftsgeheimnisses"** (Art. 2 Nr. 2) nahezu wörtlich aus Art. 39 Abs. 2 TRIPs übernommen. Die Geschäftsgeheimnis-RL fügt außerdem die Begriffe des **„Rechtsverletzers"** und der **„rechtsverletzenden Produkte"** (Art. 2 Nr. 3, 4) hinzu. Die Richtlinie hat mithin nicht nur den Schutz geheimer technischer und kaufmännischer Informationen *als solcher* im Blick, sondern enthält auch ein Instrumentarium, um ein unlauteres Herstellen, Anbieten oder Inverkehrbringen von Erzeugnissen, die in erheblichem Umfang auf rechtswidrig erlangten Geschäftsgeheimnissen beruhen, zu bekämpfen. Da der deutsche Gesetzgeber die Begrifflichkeiten der Richtlinie nahezu wortlautgetreu übernommen hat, kann auf die **Kommentierung zu § 2 GeschGehG** verwiesen werden.

65 **Art. 3** normiert **rechtmäßige Formen des Erwerbs, der Nutzung und Offenlegung** von Geschäftsgeheimnissen. Erwerbsseitig zulässig sind insbesondere die unabhängige Schöpfung und Entdeckung von Informationen (Art. 3 Abs. 1 lit. a). Dies bringt den nicht-ausschließlichen Charakter des Geheimnisschutzes zum Ausdruck. Ebenfalls eine rechtmäßige Form des Erwerbs ist grundsätzlich das sog. Reverse Engineering (Art. 3 Abs. 2 lit. b; s. dazu *Harte-Bavendamm* FS Köhler, 2014, 235, 245; *Ohly* FS Straus, 2009, 535).

66 Spiegelbildlich normiert **Art. 4 rechtswidrige Verhaltensweisen** (→ § 4 Rn. 5, 7). Es handelt sich um den zentralen Haftungstatbestand der Richtlinie. Dieser ist mehrstufig aufgebaut: **Art. 4 Abs. 2** normiert rechtswidrige Formen des Erwerbs von Geschäftsgeheimnissen, **Art. 4 Abs. 3** regelt rechtswidrige Formen der Nutzung und Offenlegung. **Art. 4 Abs. 4** adressiert sog. mittelbare Verletzungshandlungen, die für sich genommen kein rechtswidriges Verhalten darstellen würden, die sich aber auf Informationen beziehen, von denen der Handelnde wusste oder hätte wissen müssen, dass sie durch vorgelagertes rechtswidriges Verhalten eines Dritten erlangt wurden. **Art. 4 Abs. 5** betrifft schließlich Handlun-

gen in Bezug auf rechtsverletzende Produkte iSv Art. 2 Nr. 4 (vgl. näher zur Systematik des Art. 4: *Kalbfus* GRUR 2016, 1009, 1012 ff.; zur im Detail abweichenden Systematik der Umsetzung im GeschGehG: → § 4 Rn. 3). Herauszustellen sind insbesondere drei Charakteristika des Art. 4: **(1)** Die Haftungstatbestände finden grundsätzlich **auf alle denkbaren Personen- und Verletzergruppen in gleicher Weise** Anwendung. Anders als im bisherigen deutschen Recht gibt es zB weder spezielle Tatbestände für die Haftung von Arbeitnehmern, noch für im geschäftlichen Verkehr handelnde Marktteilnehmer; eine Geheimnisverletzung setzt keine geschäftliche Handlung voraus. **(2)** Die Tatbestände des Art. 4 Abs. 2 und 3 weisen keine **subjektiven Erfordernisse** auf, Art. 4 Abs. 4 und 5 greifen bereits bei einfach fahrlässigem Handeln ein. Darin liegt ein wesentlicher Unterschied zu den §§ 17 ff. UWG a.F., die als Straftatbestände Vorsatz (§ 15 StGB iVm Art. 1 Abs. 1 EGStGB) und sogar weitere subjektive Merkmale erforderten. **(3)** Insbesondere die Formen des rechtswidrigen Erwerbs von Geschäftsgeheimnissen (und mittelbar auch die daran anknüpfende Nutzung und Offenlegung) sind durch die Richtlinie nicht abschließend festgelegt, sondern aufgrund einer **generalklauselartigen Bestimmung** (Art. 4 Abs. 2 lit. b) wertend zu ermitteln. Dies gibt den Gerichten erheblichen Freiraum in der Handhabung von Geheimnisverletzungen.

Die Verletzungstatbestände des Art. 4 sind in Zusammenhang zu lesen mit den **67** **Ausnahmevorschriften des Art. 5** (→ § 5 Rn. 6, 10). Hier handelt es sich um (verbindliche) Schutzschranken zugunsten gegenläufiger, als legitim erachteter Interessen. Geschützt sind namentlich die Meinungsäußerungs-, die Informations- und Medienfreiheit (Art. 11 EUGRCh) und damit die Grundlagen des investigativen Journalismus (Art. 5 lit. a, vgl. zum Spannungsfeld zwischen Geheimnisschutz und investigativem Journalismus: *Alexander* AfP 2017, 469, 472), außerdem die legitimen Interessen von Hinweisgebern (Whistleblowern) (Art. 5 lit. b, vgl. *Eufinger* ZRP 2016, 229), aber auch die Informationsrechte von Arbeitnehmervertretungen (Art. 5 lit. c) und sonstige legitime Interessen (Art. 5 lit. d).

Die **Rechtsfolgenbestimmungen (Art. 6 ff.)** erinnern im Ausgangspunkt **68** stark an die Bestimmungen der Durchsetzungs-RL (Richtlinie 2004/48/EG zur Durchsetzung der Rechte des geistigen Eigentums). Unionsrechtlichen Regelungstechniken folgend sind sie als **„Maßnahmen, Verfahren und Rechtsbehelfe“,** also gerichtliche Befugnisse und nicht als materiellrechtliche Ansprüche ausgestaltet. Ähnlich wie die Durchsetzungs-RL unterscheidet auch die Geschäftsgeheimnis-RL zwischen **vorläufigen und vorbeugenden Maßnahmen** (Art. 10 ff.) einerseits sowie **Maßnahmen aufgrund einer Sachentscheidung** (Art. 12 ff.) andererseits. Auch inhaltlich sind die Rechtsfolgenbestimmungen der Durchsetzungs-RL angenähert. Dies betrifft zahlreiche Sanktionen, etwa **Unterlassungsanordnungen** (Art. 12 Abs. 1 lit. a, b), **Abhilfemaßnahmen,** namentlich Rückruf, Marktrücknahme (Entfernen aus den Vertriebswegen) und Vernichtung (Art. 12 Abs. 1 lit. c, Abs. 2), **Schadensersatz** (Art. 14) und die **Veröffentlichung von Gerichtsentscheidungen** (Art. 15). Besonders deutlich wird die Parallele zu den von der Durchsetzungs-RL erfassten Rechten des geistigen Eigentums etwa durch die Möglichkeit der Schadensberechnung anhand des Verletzergewinns und der Lizenzanalogie (Art. 14 Abs. 2 UAbs. 1, 2; vgl. für das deutsche Recht bereits BGH GRUR 1977, 539 (542) – Prozessrechner, s. auch *Kiefer* WRP 2018, 910 Rn. 22 ff.). Auf der anderen Seite bleibt die Schutzintensität der Geschäftsgeheimnis-RL in einigen Aspekten hinter der Durchsetzungs-RL zurück. **Nicht vorgesehen** sind insbesondere **präparatori-**

sche Rechte (zB Maßnahmen zur Beweissicherung, Recht auf Auskunft, vgl. Art. 7, 8 Durchsetzungs-RL). Stärker betont werden außerdem Aspekte des fairen Verfahrens und der Angemessenheit bzw. **Verhältnismäßigkeit** der Maßnahmen (vgl. insbesondere Art. 6, 7 Abs. 1, 13, s. ferner *Hofmann* WRP 2018, 1 Rn. 13, 26 ff.). Das mag einerseits darauf zurückzuführen sein, dass die Geschäftsgeheimnis-RL Geschäftsgeheimnisse nicht mit Rechten des geistigen Eigentums gleichsetzt, sondern diese ausdrücklich als Ergänzung von oder Alternative zu den Immaterialgüterrechten einordnet (vgl. Erwägungsgründe 1, 2). Andererseits fiel der Entwurf der Geschäftsgeheimnis-RL aus rechtspolitischer Sicht in eine Phase, in der sich nach kontinuierlichem Ausbau des Schutzes von Immaterialgütern ein gewisses Umdenken abzeichnete, das etwa in der Ablehnung des *Anti-Counterfeiting Trade Agreement* (ACTA) im EU-Parlament Ausdruck fand (vgl. MMR-Aktuell 2012, 334165; *Stieper* GRUR Int. 2011, 124; s. auch den Beitrag von *Ohly* in Kalbfus/Harte-Bavendamm GRUR 2014, 453).

69 Einen letzten wichtigen Baustein bietet der **prozessuale Schutz von Geschäftsgeheimnissen (Art. 9).** Die Richtlinie verpflichtet die Mitgliedsstaaten insoweit, Maßnahmen zum Schutz von Geschäftsgeheimnissen innerhalb von Gerichtsverfahren vorzusehen. Derartige Maßnahmen, die auch und gerade Schutz im Verhältnis zum Prozessgegner vermitteln müssen, sollen den materiellrechtlichen Schutz flankieren und verhindern, dass Geheimnisinhaber wegen der damit für das Geheimnis verbundenen Risiken vor der Durchsetzung ihrer Rechte zurückschrecken (vgl. ErwGr. 24). Zu den wesentlichen Charakteristika des prozessualen Geheimnisschutzes wird auf die Vorbemerkung zu der entsprechenden Kommentierung verwiesen (→ Vor §§ 16–20 Rn. 2 ff.).

3. Entstehungsgeschichte der Richtlinie

70 **Bis zum Inkrafttreten der Geschäftsgeheimnis-RL** im Jahr 2016 handelte es sich bei dem Schutz von Geschäftsgeheimnissen trotz hoher praktischer Bedeutung um einen der wenigen Bereiche, die **keinerlei Harmonisierung auf der Ebene des EU-Sekundärrechts** erfahren hatten (*Ohly* GRUR 2014, 1, 2; *Kalbfus* GRUR 2016, 1009). Dies verlieh ihm eine Sonderstellung sowohl im Verhältnis zu dem vielfältig unionsrechtlich geprägten Lauterkeitsrecht (vgl. *Glöckner* in Harte/Henning UWG Einl. B Rn. 1 ff.; *Köhler* in Köhler/Bornkamm/Feddersen 37. Aufl. Einl. UWG Rn. 3.37 ff.; *Ohly* in Ohly/Sosnitza UWG Einf A Rn. 40 ff.), als auch im Verhältnis zu den Immaterialgüterrechten (vgl. *Tattay* GRUR Int 2013, 1012; *Pila/Torremans* European Intellectual Property Law, 2016, passim).

71 Den Anstoß für die Harmonisierung des Schutzes von Geschäftsgeheimnissen bildete – in einem weiten Sinne – die Anfang 2010 von der Europäischen Kommission veröffentlichte Agenda **„Europa 2020 – Eine Strategie für intelligentes, nachhaltiges und integratives Wachstum“** (KOM (2010) 2020 endg.). Teil dieser Gesamtstrategie war die Leitinitiative der **„Innovationsunion“** mit dem Ziel einer Verbesserung der Rahmenbedingungen für unternehmerische Innovationen (KOM (2010) 2020 endg., S. 15). Insbesondere beleuchtete die Kommission etwaigen Handlungsbedarf im Bereich der Immaterialgüterrechte und befasste sich dabei auch mit dem Aspekt eines „ergänzenden Schutzes immaterieller Vermögenswerte“ (Mitteilung der Kommission **„Ein Binnenmarkt für Rechte des geistigen Eigentums“** vom 24.5.2011, KOM (2011) 287). Als mögliche Felder eines solchen ergänzenden Schutzes wurden vor allem der Schutz

von Geschäftsgeheimnissen und die Bekämpfung sklavischer Nachahmungen (sog. Look-alikes) identifiziert (KOM (2011) 287, S. 19 f.).

Eine detaillierte Aufarbeitung erfolgte im ersten Schritt durch die Anfang 2012 veröffentlichte ***Study on Trade Secrets and Parasitic Copying (Look-alikes),*** MARKT/2010/20/D. Ziel der Studie war es, den Rechtsrahmen des Schutzes von Geschäftsgeheimnissen in den damaligen 27 Mitgliedsstaaten näher zu beleuchten und eine rechtsvergleichende Einschätzung zu formulieren. Zu diesem Zweck erfolgte eine Datenerhebung durch standardisierte Fragebögen, die von Rechtspraktikern in sämtlichen Jurisdiktionen bearbeitet wurden, sowie eine zweite Erhebung von höherem Detaillierungsgrad in sechs ausgewählten Mitgliedsstaaten. Die Studie bestätigte das im Wesentlichen bereits bekannte Bild einer **starken Rechtszersplitterung** (vgl. Report on Trade Secrets for the European Commission, MARKT/2010/20/D, nachfolgend „Trade Secrets Report"). Schon die **dogmatische Einordnung** von Geschäftsgeheimnissen war uneinheitlich. Wenngleich Gemeinsamkeiten insofern bestanden, als Geschäftsgeheimnisse in den meisten Mitgliedsstaaten nicht als Rechte des geistigen Eigentums qualifiziert wurden (Trade Secrets Report, Rn. 259), variierten die **rechtlichen Grundlagen,** die zu ihrem Schutz herangezogen wurden, stark. Die Bandbreite reichte von vereinzelten spezialgesetzlichen Regelungen (v.a. in Schweden, vgl. dazu *Maier,* Der Schutz von Betriebs- und Geschäftsgeheimnissen im schwedischen, englischen und deutschen Recht, 1996, S. 17 ff.) über Regelungen des Deliktsrechts, des Lauterkeitsrechts, des Strafrechts, des Arbeitsrechts und des allgemeinen Vertragsrechts (Trade Secrets Report, Rn. 248 ff.). Ungeachtet der Vorgabe des Art. 39 Abs. 2 TRIPs existierte auch **kein einheitliches Verständnis des Geheimnisbegriffs** in den Mitgliedsstaaten (Trade Secrets Report, Rn. 6, 7). In zahlreichen europäischen Jurisdiktionen wurde zudem das System der **Rechtsdurchsetzung** im Falle einer Geheimnisverletzung als ineffektiv bewertet. Die Defizite bestanden ua in Schwierigkeiten bei der Wahrung des Geheimnisses in Gerichtsverfahren und in einer Beweisnot ua beim Nachweis der Verletzungshandlung und eines Schadens (vgl. Trade Secrets Report, Rn. 13). 72

Im weiteren Verlauf konzentrierte die Kommission ihre Reformbestrebungen auf den Schutz von Geschäftsgeheimnissen, während die Thematik der sklavischen Nachahmungen zunächst nicht weiterverfolgt wurde. Um die ökonomischen und die tatsächlichen Aspekte des Schutzes von Geschäftsgeheimnissen näher zu beleuchten, wurde eine zweite Studie beauftragt (***Study on Trade Secrets and Confidential Business Information in the Internal Market,*** MARKT/2011/128/D), in die auch die Ergebnisse einer empirischen Erhebung einflossen. Ziel war es, die praktische Bedeutung von Geschäftsgeheimnissen näher zu beleuchten und bestehende Schutzdefizite zu präzisieren. 73

Auf Grundlage der genannten Vorarbeiten veröffentlichte die Kommission am 28.11.2013 einen **Vorschlag für eine Richtlinie über den Schutz vertraulichen Know-hows und vertraulicher Geschäftsinformationen (Geschäftsgeheimnisse) vor rechtswidrigem Erwerb sowie rechtswidriger Nutzung und Offenlegung** (COM (2013) 813 final). Der auf Art. 114 AEUV gestützte **Kommissionsentwurf** nahm die Struktur der Richtlinie in ihrer Endfassung bereits in wesentlichen Zügen vorweg. Er enthielt neben Begriffsbestimmungen (Art. 2, in enger Anlehnung an Art. 39 TRIPs) jeweils Vorschriften über rechtmäßige und rechtswidrige Formen des Erwerbs, der Nutzung und Offenlegung von Geschäftsgeheimnissen (Art. 3–4) sowie über Rechtsbehelfe (Art. 5 ff.) und über den Schutz von Geschäftsgeheimnissen in Gerichtsverfahren (Art. 8). In der Fach- 74 öffentlichkeit wurde das Ziel einer Rechtsharmonisierung im Bereich der Geschäftsgeheimnisse ganz **überwiegend begrüßt** (vgl. *GRUR-Stellungnahme,* S. 1; *MPI-Stellungnahme* GRUR Int. 2014, 554 Rn. 1) und der Kommissionsentwurf als im Großen und Ganzen inhaltlich ausgewogen bezeichnet (*MPI-Stellungnahme* GRUR Int. 2014, 554 Rn. 7). Auf Kritik stießen dennoch eine Reihe regelungstechnischer Defizite: **(1)** Ein Manko bestand darin, dass der Kommissionsentwurf den angestrebten **Harmonisierungsgrad** offen ließ (*GRUR-Stellungnahme,* S. 2; *Kalbfus/Harte-Bavendamm* GRUR 2014, 453). **(2)** Der Umstand, dass der Kommissionsentwurf das **Reverse Engineering** als zulässige Form des Geheimniserwerbs einstufte, wurde vielfach begrüßt (*MPI-Stellungnahme* GRUR Int. 2014, 554 Rn. 35). Bedenken bestanden aber dagegen, dass das Reverse Engineering (nahezu) schrankenlos zugelassen werden sollte (*GRUR-Stellungnahme,* S. 8; *MPI-Stellungnahme* GRUR Int. 2014, 554 Rn. 37). **(3)** In der Kritik stand außerdem der Umstand, dass die Verletzungstatbestände durchweg an **Verschuldenserfordernisse** anknüpften, die teilweise unnötig streng und zudem untereinander inkonsistent waren (*GRUR-Stellungnahme,* S. 6; *MPI-Stellungnahme* GRUR Int. 2014, 554 Rn. 27; *Harte-Bavendamm* FS Köhler, 2014, 235, 242;). **(4)** Als problematisch erkannt wurde ferner, dass die **Verletzungstatbestände** an durch nationales Strafrecht vorgeprägte Rechtsbegriffe (zB „Diebstahl", „Bestechung", „Betrug") anknüpften (*MPI-Stellungnahme* GRUR Int. 2014, 554 Rn. 28). **(5)** Auf Rechtsfolgenseite gab das Fehlen präparatorischer Maßnahmen bzw. Ansprüche (Auskunft, Besichtigung) Anlass zur Kritik *GRUR-Stellungnahme,* S. 12; *MPI-Stellungnahme* GRUR Int. 2014, 554 Rn. 56 f.). **(6)** Als verfehlt wurde ferner eine rigide „Befristungsregelung" empfunden. Der Sache nach handelte es sich um eine **Verjährungsvorschrift,** die einen unangemessen kurzen Zeitraum von höchstens zwei Jahren vorsah und überdies bereits bei Bestehen einer bloßen Verletzungsvermutung eingreifen sollte (*GRUR-Stellungnahme,* S. 9 f.; *MPI-Stellungnahme* GRUR Int. 2014, 554 Rn. 45 f.). **(7)** Schließlich ging der Kommissionsentwurf vollständig über das hochproblematische Konfliktfeld zwischen Geheimnisschutz und **Arbeitnehmermobilität** hinweg (*Harte-Bavendamm* FS Köhler, 2014, 235, 243). Die Kommission hatte insoweit noch die (praxisferne) Ansicht vertreten, dass persönliches Erfahrungswissen des Arbeitnehmers nicht zugleich ein Geschäftsgeheimnis des Arbeitgebers sein könne und somit keinen Bedarf gesehen, hier einen Interessenausgleich herbeizuführen. **(8)** Mit Interesse aufgenommen und kontrovers diskutiert wurde die Verpflichtung zur Schaffung eines **in-camera-Verfahrens** zum Schutz von Geschäftsgeheimnissen im Prozess (vgl. grds befürwortend: *GRUR-Stellungnahme,* S. 10; zurückhaltender: *MPI-Stellungnahme,* GRUR Int. 2014, 554 Rn. 47; kritisch der Standpunkt des BMJ, vgl. *Timm-Wagner* in Kalbfus/Harte-Bavendamm GRUR 2014, 453, 456, siehe dazu auch den Beschluss des Bundesrates gemäß §§ 3, 5 EUZBLG vom 14.2.2014, BR-Drs. 786/13 (B), S. 5). Danach wäre es möglich gewesen, in Gerichtsverfahren den Zugang einer Partei zu Dokumenten, die Geschäftsgeheimnisse enthalten und im Ausnahmefall sogar zur mündlichen Verhandlung auszuschließen.

75 Am 19.5.2014 folgte die Veröffentlichung eines gemeinsamen **Standpunkts des Rates** (Ratsdok. 9870/14), der Abhilfe in Bezug auf zahlreiche Kritikpunkte an dem Kommissionsentwurf brachte. Erstmals stellte die Ratsfassung das Prinzip der Mindestharmonisierung klar und führte gleichzeitig die (später im Detail allerdings noch abgeänderte) Enumeration verbindlicher Bestimmungen ein. **Reverse Engineering** blieb eine grundsätzlich zulässige Form des Geheimniserwerbs. Die Ratsfassung erkannte aber erstmals die Möglichkeit einer „rechtsgültigen Beschränkung" des Reverse Engineering an und stellte somit klar, dass abweichende vertragliche Vereinbarungen nicht generell unzulässig sind. Die Verknüpfung von Verletzungstatbeständen und **Verschuldenserfordernissen** wurde bis auf einzelne Konstellationen abgeschafft und die Problematik der Verjährungsfrist entschärft. Abgesenkt wurde andererseits das Niveau eines möglichen prozessualen Geheimnisschutzes: Die Ratsfassung **relativierte** (entsprechend den von deutscher Seite geäußerten Bedenken, vgl. BR-Drs. 786/13 (Beschluss), S. 5) die im Kommissionsentwurf vorgesehene Möglichkeit eines **in-camera-Verfahrens** und nahm das in der Endfassung der Richtlinie vorgesehene Erfordernis vorweg, dass mindestens eine natürliche Person jeder Partei in einem Gerichtsverfahren Zugang zu vertraulichen Dokumenten und zu Anhörungen erhalten muss (*Redeker/Pres/Gittinger* WRP 2015, 811 Rn. 4). Schließlich enthielt die Ratsfassung erstmals eine Öffnungsklausel, die es ermöglichte, die Haftung von Arbeitnehmern für nicht-vorsätzliche Geheimnisverletzungen einzuschränken. Auf diese Grundlage sind zB in Deutschland die Grundsätze über den **innerbetrieblichen Schadensausgleich** anwendbar. Keine Abhilfe brachte die Ratsfassung hinsichtlich des Problemkreises der **Arbeitnehmermobilität.**

Am 22.6.2015 legte das **Europäische Parlament** einen ausführlichen Bericht **76** des Rechtsausschusses vor, der erneut zahlreiche textliche Änderungsvorschläge enthielt (Dok. A8-0199/2015). In dieser Phase des Gesetzgebungsverfahrens traten insbesondere Aspekte des Arbeitnehmerschutzes in den Vordergrund. Zum einen geriet die geplante Regelung zum Schutz von **Whistleblowern** (erstmals) verstärkt in die Diskussion. Daneben wurde der Problemkreis der **Arbeitnehmermobilität** breiter debattiert. Nach dem Textvorschlag des Parlaments sollte die Geheimnisdefinition um den Zusatz *„Erfahrungen und Fähigkeiten, die Beschäftigte im Zuge der Ausübung ihrer üblichen Tätigkeiten auf ehrliche Weise erworben haben, gelten nicht als Geschäftsgeheimnisse"* erweitert werden (Art. 2 Abs. 1 S. 2). Eine flankierende Regelung hätte auf Ebene der Verletzungshandlungen aufgenommen werden sollen (Art. 3 Abs. 3a). Letztlich gelang es dem europäischen Gesetzgeber jedoch nicht, das Spannungsverhältnis zwischen Geschäftsgeheimnissen und beruflichem Erfahrungswissen zufriedenstellend aufzulösen. Er nahm daher in der endgültigen Richtlinienfassung von konkreten Regelungen Abstand und ergänzte in Art. 1 Abs. 3 lediglich klarstellende Leitsätze von programmatischem Charakter. Eine abschließende Konfliktlösung im Einzelfall bleibt damit dem Rechtsanwender vorbehalten.

Die durch Fragen der Transparenz und des Arbeitnehmerschutzes zunehmend **77** aufgeladene politische Diskussion bildete schließlich den Rahmen zur Aufnahme (inoffizieller) **Trilog-Verhandlungen,** die im Dezember 2015 in einen konsensfähigen Kompromissvorschlag mündeten. Diesem stimmte im April 2016 das Parlament und im Mai 2016 der Rat zu, so dass die Richtlinie am 15.6.2016 im Amtsblatt veröffentlicht werden konnte und gemäß Art. 20 am **5.7.2016 in Kraft trat.** Die **Frist zur Umsetzung** in nationales Recht lief am **9.6.2018** ab (Art. 19 Abs. 1 Geschäftsgeheimnis-RL). Bislang erfolgte die Umsetzung in allen Mitgliedsstaaten, allerdings z.T. mit mehr als einem Jahr Verspätung (vgl. https://eur-lex.europa.eu/legal-content/DE/NIM/?uri=CELEX:32016L0943, Abruf: 23.9.2023).

IV. Das Umsetzungsverfahren in Deutschland

Literatur: *Alexander,* Grundstrukturen des Schutzes von Geschäftsgeheimnissen durch das neue GeschGehG, WRP 2019, 673; *Desaunettes/Hilty/Knaak/Kur* (Max-Planck-Institut für

Innovation und Wettbewerb), Stellungnahme vom 18.5.2018 zum Referentenentwurf eines Gesetzes zur Umsetzung der Richtlinie (EU) 2016/943 zum Schutz von Geschäftsgeheimnissen vor rechtswidrigem Erwerb sowie rechtswidriger Nutzung und Offenlegung vom 17. April 2018 (zit. MPI-Stellungnahme), abrufbar unter https://www.ip.mpg.de/fileadmin/ipmpg/content/stellungnahmen/Stellungnahme_zum_Referentenentwurf_eines_Gesetzes_zur_Umsetzung_der_Richtlinie__EU__2016_943.pdf; *Deutsche Vereinigung für gewerblichen Rechtsschutz und Urheberrecht e.V. (GRUR),* Protokoll der Sitzung des Fachausschusses für Wettbewerbs- und Markenrecht zum Richtlinienvorchlag über den Schutz von Geschäftsgeheimnissen, GRUR 2014, 453; *GRUR,* Stellungnahme zum Referentenentwurf des Bundesministeriums der Justiz und für Verbraucherschutz – Entwurf eines Gesetzes zur Umsetzung der Richtlinie (EU) 2016/943 zum Schutz von Geschäftsgeheimnissen vor rechtwidrigem Erwerb sowie rechtswidriger Nutzung und Offenlegung, GRUR 2018, 708 (zit. GRUR-Stellungnahme; dazu auch das Protokoll der Fachausschusssitzung vom 25.4.2018, GRUR 2018, 706); *Hauck,* Stellungnahme zum Referentenentwurf, abrufbar von der Homepage des BMJV („GeschGehG"); *Max-Planck-Institut für Innovation und Wettbewerb* (s.o. Desaunettes/Hilty/Knaak/Kur); *Kalbfus,* Die EU-Geschäftsgeheimnis-Richtlinie – Welcher Umsetzungsbedarf besteht in Deutschland?, GRUR 2016, 1009; *Möhrenschlager,* Referentenentwurf zum Schutz von Geschäftsgeheimnissen in Umsetzung von Richtlinie 2016/943, wistra 6/2018, IX ff.; *Ohly,* Das neue Geschäftsgeheimnisgesetz im Überblick, GRUR 2019, 441; *Schlingloff,* Geheimnisschutz im Zivilprozess aufgrund der „Know-how-Schutz"-Richtlinie – Was muss sich im deutschen Prozessrecht ändern?, WRP 2018, 666.

1. Referentenentwurf

78 Nach Verabschiedung der Richtlinie (EU) 2016/943 des Europäischen Parlaments und des Rates vom 8. Juni 2016 über den Schutz vertraulichen Know-hows und vertraulicher Geschäftsinformationen (Geschäftsgeheimnisse) vor rechtswidrigem Erwerb sowie rechtswidriger Nutzung und Offenlegung (ABl. L 157 vom 15.6.2016, 1) bereitete das Bundesministerium der Justiz und für Verbraucherschutz (BMJV) deren Umsetzung in deutsches Recht vor (zu den Grundzügen und der Entstehungsgeschichte der Geschäftsgeheimnis-RL → Rn. 58 ff.). Wegen der stark verzögerten Regierungsbildung der 19. Wahlperiode des Deutschen Bundestages konnte der **Entwurf eines Gesetzes zur Umsetzung der Richtlinie (EU) 2016/943 zum Schutz von Geschäftsgeheimnissen vor rechtswidrigem Erwerb sowie rechtswidriger Nutzung und Offenlegung (RefE-GeschGehG)** in seiner endgültigen Fassung erst am 18.4.2018, also wenige Wochen vor Ablauf der Umsetzungsfrist (9.6.2018), veröffentlicht werden. In einer im Wesentlichen mit der Endfassung übereinstimmenden Gestalt hatte der Entwurf allerdings bereits einige Zeit vorher den Weg in die Öffentlichkeit gefunden. Die Ironie der Geschichte hatte es gewollt, dass selbst ein der vertraulichen Behandlung sensibler Informationen dienender Gesetzesentwurf nicht bis zum gewünschten Zeitpunkt geheimgehalten werden konnte. Die zahlreichen Stellungnahmen interessierter Kreise (→ Rn. 82 ff.) konnten deshalb schon zwischen dem 24.4.2018 und dem 14.6.2018 abgegeben werden. Der RefE-GeschGehG (im Folgenden auch nur RefE) und sämtliche Stellungnahmen sowie der darauf aufbauende Regierungsentwurf (RegE GeschGehG) vom 4.10.2018 (BT-Drs. 19/4724) sind auf der Website des BMJV veröffentlicht.

79 Wie der RegE GeschGehG (im Folgenden auch nur RegE) und schließlich das GeschGehG selbst sah schon der RefE vor, die Geschäftsgeheimnis-RL durch ein neues **Stammgesetz** umzusetzen. Hierdurch werde ein in sich stimmiger Schutz vor rechtswidriger Erlangung, rechtswidriger Nutzung und rechtswidriger Offenlegung von Geschäftsgeheimnissen erreicht. Der Schutz von Geschäftsgeheimnissen wurde also aus seinem im Nebenstrafrecht der §§ 17 bis 19 UWG geführten Schattendasein in ein eigenständiges, sowohl die zivil- als auch die strafrechtlichen Bestimmungen umfassendes Gesetz überführt. Wie schon im Modellgesetz für Geistiges Eigentum von *Ahrens/McGuire* (2010) oder gemäß Vorschlag von *Kalbfus* (Know-how-Schutz, S. 344) kehrte der RefE-GeschGehG die Vorzeichen um, indem er das **Zivilrecht in den Vordergrund** stellte, während die **Strafvorschriften** (§ 22 des RefE, § 23 des RegE und des GeschGehG) ganz überwiegend **an bestimmte zivilrechtliche Handlungsverbote anknüpften.**

Da es an sich nicht mehr der heutigen deutschen Gesetzgebungspraxis ent- 80
spricht, zu Beginn eines Gesetzes ausdrücklich dessen **Zweck zu beschreiben (und dadurch womöglich die künftige Auslegung der Gesetzesbestimmungen** unnötig einzuengen), enthielt der RefE noch **keinen Programmsatz in der Art des Art. 1 Abs. 1 S. 1 Geschäftsgeheimnis-RL.** Aber auch der Inhalt von Art. 1 Abs. 2 (ausdrücklich als unberührt bezeichnete Vorschriften und Rechte wie die Meinungs- und Informationsfreiheit, die Autonomie der Sozialpartner oder bestimmte Zugangs- und Offenlegungsrechte öffentlich-rechtlicher Institutionen) fand im RefE nur sehr begrenzten Niederschlag (→ § 1 Abs. 2: Vorrang öffentlich-rechtlicher Vorschriften zur Erlangung, Nutzung oder Offenlegung von Geschäftsgeheimnissen). Art. 1 Abs. 3 (Auslegungsvorgaben zur Erhaltung der Mobilität der Arbeitnehmer) blieb (wie später auch im RegE) vollständig unerwähnt. Der mit dem RefE vorgeschlagene Gesetzestext begann deshalb in § 1 sogleich mit den in Art. 2 Geschäftsgeheimnis-RL enthaltenen Definitionen des Begriffs „Geschäftsgeheimnis" und weiterer zentraler Begriffe des Harmonisierungsgegenstands. Hierdurch verschob sich durchgehend die Nummerierung der deutschen Vorschriften gegenüber den Bestimmungen der Geschäftsgeheimnis-RL. Diese Abweichung wurde mit dem **RegE** beseitigt, der in einem **neuen § 1** nun doch den **Anwendungsbereich des GeschGehG umriss** und einen numerischen Gleichlauf der grundlegenden Vorschriften der §§ 2 bis 5 mit den entsprechenden Vorgaben der RL herstellte.

Insgesamt lehnte sich der RefE **strukturell und inhaltlich eng an die** 81
Geschäftsgeheimnis-RL an. Er wurde weitgehend als sehr gelungen betrachtet (vgl. nur die GRUR-Stellungnahme vom 22.5.2018, GRUR 2018, 708). Ungeachtet dessen waren aus rechtswissenschaftlicher Sicht einige Gesichtspunkte anzusprechen, die in erster Linie sprachliche Abweichungen vom Wortlaut der Richtlinienbestimmungen, einige mögliche inhaltliche Divergenzen zwischen der RL und dem RefE und schließlich den einen oder anderen Vorschlag zur Ergänzung des GeschGehG innerhalb des den Mitgliedstaaten zur Verfügung stehenden Gestaltungsspielraums betrafen. Darüber hinaus löste die **Veröffentlichung des RefE** eine **breite öffentliche Diskussion** aus, die in zahllose Stellungnahmen der unterschiedlichsten Verbände und Interessengruppen mündete (→ Rn. 82 ff.). Etliche **Anregungen aus der Rechtswissenschaft** (so insbesondere die auf der Homepage des BMJV öffentlich zugänglich gemachten Stellungnahmen der GRUR, des MPI und von *Hauck*) und verschiedene **Forderungen der Verbände und Interessengruppen** wurden vom BMJV in der einen oder anderen Form aufgegriffen und in den RegE vom 4.10.2018 (BT-Drs. 19/4724) übernommen (→ Rn. 92 ff.). Einige im RegE noch nicht berücksichtigte Vorschläge fanden anschließend Eingang in die Beschlussempfehlung des Ausschusses für Recht und Verbraucherschutz vom 13.3.2019 (BT-Drs. 19/8300, → Rn. 119 ff.).

2. Stellungnahmen interessierter Kreise

82 **a) GRUR-Stellungnahme.** Die Stellungnahme der Deutschen Vereinigung für gewerblichen Rechtsschutz und Urheberrecht (GRUR) vom 22.5.2018 (GRUR 2018, 708; hierzu auch *Keller* in Keller/Schönknecht/Glinke Einl. A. Rn. 65 ff.) begrüßte die Umsetzung in einem eigenen Stammgesetz und die enge systematische Anlehnung des RefE an die Geschäftsgeheimnis-RL. Sie sprach sich jedoch für eine **stärkere Anbindung auch an den Wortlaut der RL** aus; andernfalls könnten hilfreiche Differenzierungen verloren gehen und bisweilen der Eindruck inhaltlicher Abweichungen von zwingenden Richtlinienbestimmungen entstehen.

83 Anregungen im Detail betrafen zunächst zwei **Abweichungen von der Definition des Begriffs „Geschäftsgeheimnis"**. Zum einen ging es um die im RefE enthaltene Bezugnahme auf Informationen, die den Fachkreisen „weder insgesamt noch in ihren Einzelteilen" bekannt oder ohne weiteres zugänglich sind. Diese Wendung unterschied sich sprachlich und wohl auch inhaltlich von der entsprechenden Richtlinienbestimmung (Art. 2 Nr. 1 lit. a), die auf Informationen abstellt, welche dem relevanten Personenkreis „weder in ihrer Gesamtheit noch in der genauen Anordnung und Zusammensetzung ihrer Bestandteile" bekannt sind. Zum anderen wurde angeregt, bei der Umsetzung des dritten Schutzkriteriums („angemessene Geheimhaltungsmaßnahmen") nicht auf den Passus zu verzichten, demzufolge solche Schutzvorkehrungen „den Umständen entsprechend" angemessen sein müssen. Erst dieser Zusatz lässt zweifelsfrei erkennen, dass es um eine flexibel zu interpretierende Voraussetzung geht, die stark an die Gegebenheiten des Einzelfalls anknüpft. Auch hinsichtlich der Definition des Begriffs „Inhaber eines Geschäftsgeheimnisses" wurde eine wortgleiche Übernahme der Richtlinienvorschrift (Art. 2 Nr. 2) befürwortet (jede Person, „die die rechtmäßige Kontrolle über ein Geschäftsgeheimnis besitzt").

84 Ebenfalls kritisiert wurde die **nicht zweifelsfreie Umsetzung des Art. 3 Abs. 1 lit. d,** wonach jede Vorgehensweise bei der Erlangung eines Geschäftsgeheimnisses rechtmäßig ist, die „mit einer seriösen Geschäftspraxis vereinbar" ist. Als problematisch betrachtet wurde auch die **Nichterwähnung der Auslegungsregel des Art. 1 Abs. 3 lit. b.** In sehr allgemeiner und für die Einzelfallentscheidung wenig aussagekräftiger Form geht es in der Richtlinienbestimmung um das Postulat, dass Arbeitnehmer in der Nutzung von Erfahrungen und Fähigkeiten frei bleiben sollen, die sie „im normalen Verlauf ihrer Tätigkeit ehrlich erworben haben".

85 Auf der Ebene der Rechtsfolgen regte die GRUR-Stellungnahme an, die in **§ 7 RefE** aufgenommenen **Auskunftsansprüche zu erweitern** und die in Art. 6 und 7 der Durchsetzungs-RL vorgesehenen Beweissicherungsmaßnahmen auch in das GeschGehG zu übernehmen. Letzteres wurde auch in der (ebenfalls auf der Homepage des BMJV zugänglich gemachten) Stellungnahme von *Hauck* vom 15. Mai 2018 befürwortet.

86 Unter den **Verfahrensvorschriften** wurde das **Fehlen des „fliegenden Gerichtsstands" bemängelt,** also die Abschaffung des für die Verletzung von Immaterialgüterrechten geltenden Gerichtsstands der unerlaubten Handlung (§ 32 ZPO), der gemäß § 14 Abs. 1 S. 1 UWG bislang auch für den Missbrauch von Geschäftsgeheimnissen galt. Zum einen erfordere die meist sehr komplexe Materie eine hinreichende gerichtliche Spezialisierung. Zum anderen gehe die Geheimnisverletzung häufig mit Eingriffen in Sonderschutzrechte einher; die gerichtliche

Zuständigkeit dürfe hier nicht auseinanderfallen. Einzelne Defizite wurden ferner bei den Umsetzungsvorschriften zum Schutz von Geschäftsgeheimnissen in gerichtlichen Verfahren (RefE §§ 15 bis 19) gesehen.

Mehrere Änderungsvorschläge aus der GRUR-Stellungnahme wurden später **im RegE GeschGehG aufgegriffen** (→ Rn. 109 ff.). 87

b) MPI-Stellungnahme. Die Stellungnahme des Max-Planck-Instituts für Innovation und Wettbewerb vom 18.5.2018 deckt sich in vielen Punkten mit den Kommentaren aus der GRUR-Stellungnahme. Dies gilt etwa für die Befürwortung eines eigenständigen Gesetzes, die **Bedenken gegen** gewisse **Abweichungen bei den Begriffsdefinitionen „Geschäftsgeheimnis" und „Inhaber eines Geschäftsgeheimnisses"**, die Kritik an den noch nicht als ausreichend betrachteten Vorschriften über den **Schutz von Geschäftsgeheimnissen in gerichtlichen Verfahren** (unter anderem hinsichtlich der viel zu niedrigen Obergrenze für die bei Zuwiderhandlungen zu verhängenden Ordnungsmittel) und an der Abschaffung des Gerichtsstands der unerlaubten Handlung (§ 32 ZPO). Was die Definition der „rechtsverletzenden Produkte" betrifft, wurde eine ausdrückliche Ausdehnung auf Dienstleistungen angeregt. 88

Verständnis zeigte die MPI-Stellungnahme für den **Verzicht** auf eine **dem Art. 3 Abs. 1 lit. d Geschäftsgeheimnis-RL entsprechende Generalklausel** zu den als rechtmäßig geltenden Handlungen. Eine einzige Generalklausel, nämlich die in Art. 4 Abs. 2 lit. b der RL enthaltene allgemeine Vorschrift in Bezug auf rechtswidrige Handlungen, gewährleiste hinreichende Flexibilität. Stünden sich wie in der RL zwei spiegelbildliche Generalklauseln zu rechtmäßigen bzw. rechtswidrigen Handlungen gegenüber, so könne dies zu einer nicht komplementären Auslegung und damit zu einer Grauzone führen. Im gleichen Zuge wurde allerdings kritisiert, dass § 3 Abs. 1 Nr. 2 RefE-GeschGehG sprachlich und möglicherweise auch inhaltlich von Art. 4 Abs. 2 lit. b abweiche. 89

Bedenken äußerten die Verfasser der MPI-Stellungnahme dagegen, dass die als „**Ausnahmen**" bezeichneten Fälle des Art. 5 Geschäftsgeheimnis-RL in § 4 RefE-GeschGehG als „**Rechtfertigungsgründe**" tituliert wurden (was später aufgrund der Beschlussempfehlung des Ausschusses für Recht und Verbraucherschutz „zurückgedreht" wurde, → Rn. 119 ff.). 90

Bedauert wurde der Umstand, dass der RefE **nicht** die Gelegenheit genutzt hatte, den **Geschäftsgeheimnisschutz im Arbeitsverhältnis** zu regeln, dies vor allem in Bezug auf nachvertragliche Geheimhaltungsverpflichtungen ehemaliger Mitarbeiter. 91

c) Medienpolitische Stellungnahmen. Eine lebhafte, auf wenige Themen konzentrierte Reaktion löste der RefE-GeschGehG unter Journalisten, Verlegern und Sendeanstalten sowie bei Transparency International Deutschland e.V. und dem Whistleblower-Netzwerk e.V. aus. 92

Eine **gemeinsame Stellungnahme** reichten der **BDVZ** Bundesverband Deutscher Zeitungsverleger e.V., die **dju** Deutsche Journalisten- und Journalistinnen-Union, der **DJV** Deutscher Journalisten-Verband, der **Deutsche Presserat** und der **VDZ** Verband Deutscher Zeitschriftenverleger e.V. ein. Bemängelt wurde, durch § 4 RefE-GeschGehG werde die **Pressefreiheit beschnitten,** indem der Schutz der Berichterstattung über Geschäftsgeheimnisse im Vergleich zur Geschäftsgeheimnis-RL gleich zweifach verengt werde. So solle laut § 4 Nr. 1 nur die „rechtmäßige Ausübung" des Rechtes der freien Meinungsäußerung privilegiert werden, dies auch nur dann, wenn die Offenlegung des Geschäftsgeheim- 93 nisses für die verfolgten Zwecke „erforderlich" sei. Damit drohe der Schutz der Meinungs-, Presse- und Informationsfreiheit hinter das vom BVerG und vom BGH geschaffene Niveau zurückzufallen. Überdies müsse im Gleichklang mit Art. 5 Geschäftsgeheimnis-RL klargestellt werden, dass es in **§ 4 nicht** um **Rechtfertigungsgründe** gehe, sondern um bereits den jeweiligen **Tatbestand ausschließende Ausnahmen** (später umgesetzt in der Beschlussempfehlung, BT-Drs. 19/8300, 4, 14; → § 5 Rn. 3 f.). Auch müsse parallel zu Art. 1 Abs. 2 lit. a Geschäftsgeheimnis-RL in einem neuen § 1 Abs. 3 GeschGehG ausdrücklich betont werden, dass die Vorschriften des GeschGehG nicht die Ausübung des Rechts der **freien Meinungsäußerung,** der **Informationsfreiheit** und der **Presse- und Rundfunkfreiheit** gemäß Art. 5 GG und Art. 11 der Grundrechte-Charta berührten (später umgesetzt in § 1 Abs. 3 Nr. 2 RegE GeschGehG).

94 Ebenfalls **gemeinschaftlich** nahmen die **Sendeanstalten ARD, ZDF und Deutschlandradio** Stellung. Sie forderten, den RefE unter besonderer Würdigung der Meinungs-, Informations- und Medienfreiheiten zu überarbeiten. Um einen „Paradigmenwechsel im Bereich der investigativen Berichterstattung" zu vermeiden, müssten die vom Schutzbereich der genannten Freiheiten gedeckten Tätigkeiten von vornherein aus dem Anwendungsbereich des GeschGehG ausgenommen werden. Bliebe es dabei, dass die Fälle des Art. 5 Geschäftsgeheimnis-RL – wie im RefE fälschlich vorgesehen – als Rechtfertigungsgründe behandelt würden, so könne dies **zulasten der freien Berichterstattung** gehen. Eine ähnliche Gefahr gehe auch davon aus, dass mit §§ 9 und 10 RefE neue, teilweise weitreichende Schadenersatz- und Entschädigungsansprüche generiert würden. Wegen § 9 Abs. 3 RefE schwebe über den Medien hinsichtlich unternehmerischer Interessen das „Damoklesschwert der Geldentschädigung".

95 **Transparency International Deutschland e.V.** beschränkte sich auf einen Kommentar zur Reichweite der Strafvorschriften (§ 22 RefE). Diese drohten sich (gemeint war wohl: mittelbar, nämlich wegen des Wortlauts von § 4 Nr. 2 RefE) auch zugunsten des Schutzes sittenwidriger bzw. strafrechtlich verbotener Geschäfte auszuwirken. Diesbezügliche Geschäftsgeheimnisse verdienten aber keinen strafrechtlichen Schutz. Die Aufdeckung von Straftaten liege stets im allgemeinen öffentlichen Interesse. Auf die Motivation des Hinweisgebers komme es hierbei nicht an. Darüber hinaus forderte Transparency Deutschland ein gesondertes Gesetz zum Hinweisgeberschutz, das bestehende Lücken im deutschen Recht schließen solle. Die Initiative für einen verbesserten unionsweiten Hinweisgeberschutz sei zu unterstützen.

96 Auch die Eingabe des **Wistleblower-Netzwerk e.V.** rügte in erster Linie, dass der RefE „**sogenannte illegale Geschäftsgeheimnisse**" nicht ausdrücklich vom Geschäftsgeheimnisschutz ausnehme. Hinsichtlich des subjektiven Merkmals der „Absicht, das allgemeine öffentliche Interesse zu schützen" (§ 4 Nr. 2 RefE), sollte nach Ansicht der Verfasser differenziert werden: Im Falle strafbarer Handlungen dürfe die Aufdeckung gegenüber der zuständigen Stelle im Sinne des Petitionsrechts gemäß Art. 17 GG auf keinen Fall an das Vorliegen der guten Absicht geknüpft werden. Gleiches müsse für nicht strafbare, aber rechtswidrige Handlungen gelten. Bezüglich „anderen Fehlverhaltens" solle nicht auf eine ohnehin schwer feststellbare Intention, sondern auf den objektiv verfolgten Zweck abgestellt werden. Ferner solle in § 22 RefE (Strafvorschriften) die Anwendbarkeit des § 4 RefE ausdrücklich erwähnt werden.

97 **d) DGB-Stellungnahme.** Die schärfste und umfangreichste Kritik am RefE-GeschGehG fand sich in der Stellungnahme des Deutschen Gewerkschaftsbundes

vom 18.5.2018. Den Grundtenor dieser Stellungnahme bildete die Auffassung, der **RefE-GeschGehG greife massiv** und weit über das in der Geschäftsgeheimnis-RL vorgegebene Maß **in bestehende Rechte der betrieblichen Arbeitnehmervertretungen** und der auf Unternehmensebene existierenden **Mitbestimmungsorgane** ein. Hierdurch werde ohne Not das vorhandene System betriebsverfassungsrechtlicher und gesellschaftsrechtlicher Regelungen beeinträchtigt, das bislang für einen angemessenen Ausgleich der Interessen der Beschäftigten und ihrer Vertretungen einerseits und der Geheimhaltungsbelange des Informationsinhabers andererseits gesorgt habe. Für den Umgang mit vertraulichen Informationen im Arbeitsleben biete der RefE deshalb keine brauchbare Grundlage. Dies gelte sowohl auf kollektiver als auch auf individueller Ebene (zur gewerkschaftlichen Bewertung des RefE und des endgültigen Gesetzestextes eingehend *Böning* in Hoeren/Münker § 1 Abs. 3 Nr. 3 und 4, Rn. 35 ff. (Nr. 3) und 50 ff. (Nr. 4)).

Festgemacht wurde dieses in der Formulierung „**Gesetz auf Kosten der** 98 **Beschäftigten und ihrer Interessenvertretungen**" mündende Verdikt unter anderem an dem Umstand, dass der RefE anders als Art. 1 Abs. 2 und Abs. 3 Geschäftsgeheimnis-RL keine Vorgaben zur Autonomie der Sozialpartner und keine Auslegungsregeln zugunsten der Mobilität der Arbeitnehmer enthalte. Diese Kritik wurde während des Gesetzgebungsverfahrens überwiegend berücksichtigt, teils schon im RegE GeschGehG (BT-Drs. 19/4724, 8, 23), teils in der Beschlussempfehlung des Ausschusses für Recht und Verbraucherschutz (BT-Drs. 19/8300, 4 (13)).

Beanstandet wurde weiter die nach Meinung des DGB **nicht hinreichend** 99 **objektivierte Definition des Begriffs „Geschäftsgeheimnis".** Als Geschäftsgeheimnis könne nur eine Information gelten, an deren Geheimhaltung ein **objektives Geheimhaltungsinteresse** bestehe. Insbesondere verdienten Informationen über rechtswidrige Handlungen keinerlei rechtlichen Schutz. Ein **legitimes Interesse** an der Geheimhaltung werde zwar in Art. 2 Nr. 1 Geschäftsgeheimnis-RL nicht ausdrücklich erwähnt, schlage sich aber in Erwägungsgrund 14 nieder und müsse in den deutschen Gesetzestext ausdrücklich aufgenommen werden. Auch diesem Petitum wurde später entsprochen (zur Kritik → § 2 Rn. 66; *Ohly* GRUR 2019, 441 (444)). Ebenfalls in Zweifel gezogen wurde die **Definition des Begriffs „Inhaber eines Geschäftsgeheimnisses";** insbesondere dürfe das in Art. 2 Nr. 2 Geschäftsgeheimnis-RL enthaltene Begriffsmerkmal der „rechtmäßigen Kontrolle" nicht fallengelassen werden. Dieser auch in den Stellungnahmen der GRUR und des MPI angesprochene Kritikpunkt wurde im RegE (BT-Drs. 19/4724, 2 (25)) berücksichtigt.

e) Stellungnahmen von Verbänden. Zahlreiche Eingaben zum RefE- 100 GeschGehG stammten aus dem Kreis der Verbände. Unter den Einsendern waren – um nur einige zu nennen – der Deutsche Industrie- und Handelskammertag e.V. (**DIHK**), der Bundesverband der Deutschen Industrie e.V. (**BDI**), der Bundesverband mittelständische Wirtschaft Unternehmerverband Deutschlands e.V. (**BVMW**), der Bundesverband Informationswirtschaft, Telekommunikation und Neue Medien e.V. (**bitcom**), der **ICC Germany** e.V. und der Zentralverband Elektrotechnik- und Elektronikindustrie e.V. (**ZVEI**). Der RefE wurde in weiten Teilen begrüßt (etwa seitens des BVMW: „äußerst positiv für den Mittelstand"), der Schutz von Geschäftsgeheimnissen als „einer der wichtigsten Pfeiler für den Erfolg eines Unternehmens" bezeichnet (so der Bundesverband Allianz für Sicherheit in der Wirtschaft e.V.). Die Kritik konzentrierte sich in der Mehrzahl der Eingaben auf die folgenden Punkte.

101 Mehrere Verbände wandten sich dagegen, dass die **Definitionen der Begriffe „Geschäftsgeheimnis" und „Inhaber eines Geschäftsgeheimnisses"** von den Formulierungen in der Geschäftsgeheimnis-RL abwichen. Mehrere Kommentatoren äußerten mit Blick auf das Erfordernis der „**angemessenen Geheimhaltungsmaßnahmen**" die Sorge, die Unternehmen werde künftig eine deutlich höhere Darlegungs- und Beweislast treffen und es drohe zu **erheblichen Kostensteigerungen** zu kommen. Vereinzelt wurde angeregt, in der Gesetzesbegründung nähere Hinweise auf die Anforderungen an Art und Ausmaß der Geheimhaltungsmaßnahmen zu geben (erst in § 2 Abs. 1 lit. b RegE GeschGehG wurde richtliniengemäß klargestellt, dass die Schutzvorkehrungen „den Umständen nach" angemessen sein müssen, das Kriterium also einen starken Einzelfallbezug aufweist).

102 Bedenken wurden so gut wie ausnahmslos gegen die **Ausgestaltung des Hinweisgeberschutzes** in § 4 Nr. 2 RefE-GeschGehG vorgebracht. Die Einwände betrafen vor allem die Unbestimmtheit des Merkmals „anderes Fehlverhalten" und des in der Entwurfsbegründung verwendeten Begriffs „unethisches Verhalten". Verschiedentlich wurden ein abgestuftes Schutzkonzept (bitcom) und eine „Kanalisierung" der Hinweise (ICC) vorgeschlagen, um zu verhindern, dass der Hinweisgeber sich sogleich an die Öffentlichkeit wendet, ohne zuvor unternehmensintern eingerichtete Meldestellen anzusprechen. Befürchtet wurde hier und da auch, die „Whistleblower"-Vorschrift des RefE gewährleiste nicht ausreichend, dass Hinweisgeber wirklich im allgemeinen öffentlichen Interesse und nicht zur Durchsetzung persönlicher Ziele handelten.

103 In einigen Stellungnahmen wurde ferner die **Freigabe des Reverse Engineering** (§ 2 Abs. 2 Nr. 2 RefE) angesprochen und im Grundsatz begrüßt. Ein vertraglicher Ausschluss müsse allerdings zulässig bleiben (so die bitcom). Der DIHK befürwortete eine angemessene Übergangsfrist, damit Verträge (insbesondere Lieferverträge) an die neue Situation angepasst werden könnten.

104 Mehrere Eingaben behandelten die Vorschriften zum **Schutz von Geschäftsgeheimnissen in gerichtlichen Verfahren.** Soweit dies der Fall war, wurde eine stärkere Annäherung an das „Düsseldorfer Verfahren" (→ Vor §§ 16–20 Rn. 25) oder die Schaffung eines echten „in camera" Verfahrens (→ Vor §§ 16–20 Rn. 7 ff.) angeregt. Als Ausdruck eines „zahnlosen Geheimnisschutzes" wurde die ausgesprochen niedrige (im RegE GeschGehG später auf 100.000 € angehobene) Obergrenze eines gerichtlich zu verhängenden Ordnungsgeldes (1.000 €) wegen Missachtung von Geheimhaltungsauflage betrachtet.

105 **f) Berufsständische Stellungnahmen.** Unter berufsständischen Spezialaspekten äußerten sich die Bundesrechtsanwaltskammer und die Wirtschaftsprüferkammer. Eine Stellungnahme reichte auch der Bundesverband Deutscher Patentanwälte ein, wenn auch nicht unter berufsständischen oder berufspolitischen Gesichtspunkten.

106 Die **Bundesrechtsanwaltskammer** äußerte die Befürchtung, die (auf Art. 5 lit. b der RL beruhende) Regelung in § 4 Nr. 2 RefE-GeschGehG könne mit der **anwaltlichen Verschwiegenheitspflicht** in Konflikt geraten. Diese dürfe durch die Neuregelung unter keinen Umständen aufgeweicht werden.

Um dies sicherzustellen, müsse eine Ausnahme hinsichtlich solcher Geschäftsgeheimnisse geschaffen werden, deren unbefugtes Offenbaren nach **§ 203 Abs. 1**

StGB strafbar sei. Im RegE GeschGehG wurde diesem Einwand durch § 1 Abs. 3 Nr. 1 Rechnung getragen. Ein möglicher Pflichtenkonflikt anwaltlicher Prozessvertreter wurde ferner im Rahmen der Vorschriften über den Schutz von Geschäftsgeheimnissen in gerichtlichen Verfahren befürchtet. Widersprochen wurde schließlich auch der Streitwertbegünstigung (§ 21 RefE-GeschGehG), soweit diese auch auf die Anwaltsgebühren durchschlage und der Anwaltschaft damit ein zusätzliches Sonderopfer abverlange.

Auch die **Wirtschaftsprüferkammer** problematisierte den **Konflikt zwischen den Offenlegungsrechten** des § 4 RefE-GeschGehG und der elementaren Berufspflicht der Wirtschaftsprüfer und vereidigten Buchprüfer, **Mandanteninformationen** gegenüber Dritten **strikt geheimzuhalten.** Wie die Bundesrechtsanwaltskammer forderte sie deshalb eine ausdrückliche Ausnahme zugunsten der durch § 203 StGB geschützten Berufs- und Geschäftsgeheimnisse. Weiter wurde angeregt, für den Hinweisgeberschutz nicht allein die (subjektive) Absicht ausreichen zu lassen, das öffentliche Interesse zu schützen. Zu fordern sei vielmehr eine nachweisbare und ausschließliche Absicht dieser Art. 107

Der **Bundesverband Deutscher Patentanwälte** äußerte die Befürchtung, ein Patentinhaber könne § 3 Abs. 3 RefE-GeschGehG als Grundlage für ein gegen Dritte gerichtetes Verbot instrumentalisieren, technische Informationen, deren Veröffentlichung mehr als sechs Monate vor Einreichung einer Patentanmeldung zurückliege, gegen das betreffende Patent als Stand der Technik geltend zu machen. 108

3. Regierungsentwurf

Der Gesetzentwurf der Bundesregierung – **Entwurf eines Gesetzes zur Umsetzung der Richtlinie (EU) 2016/943 zum Schutz von Geschäftsgeheimnissen vor rechtswidrigem Erwerb sowie rechtswidriger Nutzung und Offenlegung** – wurde am 4.10.2018 veröffentlicht (BT-Drs. 19/4724). Gegenüber dem RefE brachte er eine ganze Reihe von Verbesserungen mit sich. Daneben enthielt er die eine oder andere Ergänzung, die auf die Intervention verschiedener Verbände und Interessengruppen zurückzuführen war, ohne durchgehend mit wesentlichen inhaltlichen Änderungen verbunden zu sein. 109

Zu den **Neuerungen** gegenüber dem RefE gehörten die schon angesprochene Vorschaltung eines § 1 zum **Anwendungsbereich des Gesetzes** (→ Einl. A. Rn. 80) und eine weitergehende **Anpassung des Wortlauts** verschiedener Bestimmungen **an den Text der Geschäftsgeheimnis-RL.** Diese Änderungen hatten teilweise eher klarstellenden Charakter und dienten damit vor allem einer leichteren Vergleichbarkeit aus europäischer Perspektive (etwa im Falle einer Überprüfung einzelner Bestimmungen durch den EuGH). In wichtigen anderen Fällen führten sie jedoch auch zu einer **inhaltlichen Angleichung** an den erkennbaren Gehalt der betreffenden Richtlinienvorschriften, sei es auch nur im Sinne einer Vermeidung möglicher Fehldeutungen im Rahmen der künftigen Gesetzesanwendung. Zu dieser Gruppe gehörten vor allem die der RL **besser angepasste Definition des Begriffs „Geschäftsgeheimnis"** sowohl in § 2 Nr. 1 lit. a („weder insgesamt noch in der genauen Anordnung und Zusammensetzung ihrer Bestandteile") als auch in § 2 Nr. 1 lit. b („den Umständen nach" angemessene Geheimhaltungsmaßnahmen) und die **korrigierte Definition des Begriffs „Inhaber eines Geschäftsgeheimnisses"** („rechtmäßige Kontrolle über ein Geschäftsgeheimnis"). Ein weiteres Beispiel bildet die Ersetzung der 110 sprachlich unglücklichen Formulierung in § 2 Abs. 1 des RefE durch die Neufassung in § 3 Abs. 2 RegE („Ein Geschäftsgeheimnis darf erlangt, genutzt oder offengelegt werden, wenn dies durch Gesetz, aufgrund eines Gesetzes oder durch Rechtsgeschäft gestattet ist"); hier stellt sich allerdings immer noch die Frage, ob damit der gesamte Anwendungsbereich der allgemeiner gefassten Regelung in Art. 3 Abs. 1 lit. d der RL („jede andere Vorgehensweise, die unter den gegebenen Umständen mit einer seriösen Geschäftspraxis vereinbar ist") abgedeckt wird (was nach Art. 1 Abs. 1 S. 2 zwingend wäre).

111 Außerhalb des von der RL determinierten Bereichs wurde der Umfang der nach § 8 RegE (§ 7 RefE) zu erteilenden **Auskunft über rechtsverletzende Produkte** erweitert: Hinzu kam die Auskunftserteilung über die im Besitz oder Eigentum des Rechtsverletzers stehenden Dokumente, Gegenstände und Dateien, die das Geschäftsgeheimnis enthalten oder verkörpern, und über die Person, von welcher der Rechtsverletzer das Geschäftsgeheimnis erlangt oder der gegenüber er dieses offenbart hat. Die erste dieser beiden Erweiterungen (§ 8 Abs. 3) bewegte sich ein wenig in Richtung der in den Stellungnahmen der GRUR und des MPI geforderten Beweissicherungsmaßnahmen, blieb aber hinter dem Vorbild der §§ 19a MarkenG und 140c PatentG (→ Einl. A. Rn. 36) doch um einiges zurück.

112 Neu waren ferner die in § 16 Abs. 3 des RegE aufgenommene **Begrenzung der Akteneinsicht im Rahmen von Geschäftsgeheimnisstreitsachen** (vgl. aber § 16 Abs. 2 RefE) und die vielfach geforderte drastische **Erhöhung der Obergrenze für Ordnungsmittel** wegen Verstoßes gegen Geheimhaltungspflichten im Zusammenhang mit Verfahren in Geschäftsgeheimnisstreitsachen (§ 16 Abs. 3 RegE: 100.000 € statt wie im RefE 1.000 €). Weiter wurde in § 19 Abs. 2 RegE der auf Antrag einer Partei mögliche **Ausschluss der Öffentlichkeit** geregelt; anders als nach § 172 Nr. 2 GVG muss es nicht um ein wichtiges Geschäftsgeheimnis gehen (BT-Drs. 19/4724, 37).

113 **Nicht oder nicht in vollem Umfang erfüllt** wurden beispielsweise das Petitum der Deutschen Vereinigung für gewerblichen Rechtsschutz und Urheberrecht (GRUR), in Bezug auf den **Zugang zu Beweismitteln und die Sicherung von Beweisen** die auf die Durchsetzungs-RL (Richtlinie 2004/48/EC, ABl. L 157 vom 30.4.2004, S. 1, korrigiert gemäß ABl. L 195 vom 2.6.2004, S. 16) zurückgehenden Regelungen in §§ 140c PatentG und 19a MarkenG sinngemäß auch in das GeschGehG zu integrieren (Ziffer V.2. der GRUR-Stellungnahme, GRUR 2018, 708 (710 f.)), ebenso wenig der Vorschlag des Max-Planck-Instituts für Innovation und Wettbewerb, über die Vorgaben der Geschäftsgeheimnis-RL hinaus auch den **Schutz von Geschäftsgeheimnissen im Arbeitsverhältnis** – insbesondere hinsichtlich nachvertraglicher Geheimhaltungspflichten ehemaliger Mitarbeiter – zu regeln. Gleiches gilt für die Nichtberücksichtigung der nachhaltigen Kritik beider wissenschaftlichen Institutionen an der **Abschaffung des Gerichtsstands der unerlaubten Handlung** (§ 32 ZPO).

4. Stellungnahme des Bundesrates

114 Der Bundesrat beschloss in seiner Sitzung vom 21.9.2018, zum RegE GeschGehG gemäß Art. 76 Abs. 2 GG Stellung zu nehmen, indem er verschiedene Bitten und Anregungen äußerte (BR-Drs. 382/18). In der Sache folgte das Plenum des Bundesrates einer Empfehlung seines (federführenden) Rechtsausschusses, des Ausschusses für Kulturfragen und des Wirtschaftsausschusses vom 10.9.2018 (Druck. 382/1/18).

Der **Deutsche Bundestag folgte** den Bitten und Anregungen des Bundesrates **in sehr begrenztem Umfang,** wie sich der **Beschlussempfehlung des Ausschusses für Recht und Verbraucherschutz vom 13.3.2019** (BT-Drs. 19/ 8300, 15) entnehmen lässt (→ Rn. 119ff.). Aufgegriffen wurden nur zwei Aspekte: Zum einen wurde **in § 17 ein neuer Satz 3 angefügt,** um klarzustellen, dass die Beschwerde gegen ein nach Festsetzung sofort vollstreckbares Ordnungsmittel aufschiebende Wirkung hat. Zum anderen wurde in **§ 19 Abs. 1 S. 1 ergänzt,** dass das Gericht zur Wahrung von Geschäftsgeheimnissen im Prozess auf Antrag einer Partei den Zugang ganz oder teilweise auf eine bestimmte Anzahl von „zuverlässigen" Personen beschränken kann, wenn die weiteren in § 19 Abs. 1 geregelten Voraussetzungen vorliegen. Der Bundesrat hatte die Befürchtung geäußert, die im RegE GeschGehG enthaltene Bezugnahme auf eine „bestimmte Anzahl von Personen" könne als quantitatives Merkmal missverstanden werden; es erscheine deshalb vorzugswürdig, im Sinne eines qualitativen Elements von einem „bestimmten Personenkreis" zu sprechen. Diese Wortwahl übernahm der Ausschuss für Recht und Verbraucherschutz zwar nicht. Mittelbar trug er den Bedenken des Bundesrats aber durch die besagte Einfügung des qualitativen Merkmals der Zuverlässigkeit Rechnung. 115

Alle übrigen Anregungen des Bundesrats blieben **folgenlos.** Sie betrafen zunächst den Wunsch, in § 1 Abs. 2 weiter zu präzisieren, welche öffentlich-rechtlichen Vorschriften zur Geheimhaltung, Erlangung, Nutzung oder Offenlegung von Geschäftsgeheimnissen den Regelungen des GeschGehG vorgehen, so auch im Bereich der Landesgesetze und speziell der schulrechtlichen Bestimmungen; dies wäre allerdings eine so gut wie unlösbare Aufgabe gewesen und hätte zur Klarheit und Interpretation des GeschGehG auch kaum etwas beitragen können. Zu Recht als überflüssig hat es der Deutsche Bundestag auch betrachtet, in § 1 Abs. 3 ausdrücklich zu erwähnen, dass der Schutz durch Spezialgesetze unberührt bleibt; gemeint war vom Bundesrat offenbar die Klarstellung, dass Gegenstand eines Geschäftsgeheimnisses auch Informationen sein können, die zugleich urheberrechtlichen Schutz genießen oder für Patentschutz infrage kommen. 116

Nicht erhört wurde der Bundesrat auch mit dem Petitum, im Text des § 12 S. 1 die **Haftung des Unternehmens für Rechtsverletzungen,** die von seinen Beschäftigten oder Beauftragten begangen werden (§ 12 S. 1), auf Verletzungshandlungen zu beschränken, die in unmittelbar mit der Funktion des Rechtsverletzers in dem oder für das Unternehmen zusammenhängen. In der Sache fand sich diese Zielsetzung des § 12 S. 1 bereits im RegE GeschGehG (BT-Drs. 19/ 4724, 33). Da der von der Geschäftsgeheimnis-RL nicht vorgegebene § 12 S. 1 dem Vorbild bewährter Vorschriften wie § 8 Abs. 2 UWG oder § 14 Abs. 7 MarkenG folgt und diese in ständiger Rechtsprechung ohnehin in diesem einschränkenden Sinne interpretiert werden, erschien dem BT-Ausschuss für Recht und Verbraucherschutz eine ausdrückliche Aufnahme in den Wortlaut des § 12 S. 1 offenbar nicht erforderlich. 117

Im Zusammenhang mit der in **§ 18** enthaltenen Regelung, nach der die vom Gericht **als geheimhaltungsbedürftig eingestuften Informationen** von den in § 16 Abs. 2 genannten Verfahrensbeteiligten auch nach Abschluss des Verfahrens geheimgehalten werden müssen, regte der Bundesrat – wiederum vergeblich – an, über eine **zeitliche Begrenzung** nachzudenken. Auf zwei weitere, vom Deutschen Bundestag ebenfalls nicht aufgegriffene Marginalien (§ 23 Abs. 1, 2 und 3: Ersetzung des Wortes „Wettbewerb" durch den Begriff „Wettbewerbsvor- 118 teil"; § 18: Verhängung von Ordnungsmitteln auch nach Abschluss des Verfahrens?) soll hier nicht näher eingegangen werden (→ BR-Drs. 382/18, 3 f.).

5. Beratungen im Ausschuss für Recht und Verbraucherschutz

119 Nach der ersten **Beratung des RegE GeschGehG am 11. Oktober 2018** (Plenarprotokoll 19/55, S. 6070 ff.) überwies das Plenum des Deutschen Bundestages den Entwurf an die Ausschüsse für Recht und Verbraucherschutz, für Arbeit und Soziales, für Inneres und Heimat und für Wirtschaft und Energie. Der **federführende Ausschuss für Recht und Verbraucherschutz** beschloss, eine **öffentliche Anhörung** durchzuführen, die am 12.12.2018 stattfand und zu der acht Sachverständige aus verschiedenen Verbänden sowie aus Wissenschaft und Anwaltschaft geladen wurden (zu einzelnen Aspekten der von Sachverständigen geäußerten Kritik *Böning* in Hoeren/Münker § 1 Abs. 3 Nr. 3 und 4 Rn. 55). Das Ergebnis wurde vom Deutschen Bundestag für die Öffentlichkeit unter der Überschrift „Ablehnung bis vorsichtige Zustimmung zum Geheimnisschutzgesetz" zusammengefasst (https://www.bundestag.de/dokumente/textarchiv/2018/kw41-de-schutz-geschaeftsgeheimnisse/572342). Eine Reihe von Beiträgen hatte allerdings eine mangelnde Kenntnis der bisherigen deutschen Rechtslage (die in mancherlei Hinsicht – wie etwa in Bezug auf das Reverse Engineering, den Schutz von Hinweisgebern oder die weniger flexible Berücksichtigung sonstiger Interessen Dritter – in Wahrheit durchaus strenger war als das Schutzregime der Geschäftsgeheimnis-RL), eine Überschätzung des von der Geschäftsgeheimnis-RL offengelassenen Gestaltungsspielraums der Mitgliedstaaten und/oder Missverständnisse hinsichtlich einzelner Vorschriften des RegE GeschGehG erkennen lassen. Kritische Diskussionsbeiträge betrafen vor allem die Definition des Begriffs „Geschäftsgeheimnis", die Wahrung der Pressefreiheit, insbesondere den Schutz des investigativen Journalismus, das benachbarte Thema des Hinweisgeberschutzes („Whistleblowing") und das Verhältnis zum Arbeitsrecht.

120 Was die Definition des Begriffs „Geschäftsgeheimnis" betrifft, wurde etwa von der Open Knowledge Foundation Deutschland eine „schwerwiegende Regelungslücke" des Entwurfs darin gesehen, dass die Unternehmen **erweiterte Möglichkeiten** erhielten, **illegitim gegen die Aufdeckung von rechtswidrigen Vorgängen** vorzugehen. Anders als bisher könnten auch rechtswidrige Praktiken Geschäftsgeheimnisse darstellen (richtig ist demgegenüber, dass § 17 UWG nach überwiegender Auffassung auch rechtswidrige unternehmensinterne Vorgänge in aller Regel nicht vom Geheimnisschutz ausgeschlossen hatte, → § 2 Rn. 39). Diese Auffassung beruht wohl im Wesentlichen darauf, dass das „Geheimhaltungsinteresse" – anders als nach der traditionellen deutschen Formel – kein ausdrückliches Begriffselement des „Geschäftsgeheimnisses" (Art. 2 Nr. 1 Geschäftsgeheimnis-RL) mehr darstellt. Diese und ähnliche Debattenbeiträge haben dazu beigetragen, dass in die Beschlussempfehlung des Ausschusses vom 13.3.2019 (BT-Drucks. 19/8300, 4 (13 f.); → Rn. 124) und später auch in § 2 Nr. 1 GeschGehG als weiteres – sehr fragwürdiges – Definitionselement ein „**berechtigtes Interesse an der Geheimhaltung**" eingefügt wurde (→ § 2 Rn. 66; *Ohly* GRUR 2019, 441 (444)).

121 Unter dem Gesichtspunkt der **Pressefreiheit** wurde zum einen gerügt, dass die in **§ 5 RegE** GeschGehG aufgeführten Fälle als **Rechtfertigungsgründe** deklariert waren, während Art. 5 Geschäftsgeheimnis-RL von „**Ausnahmen**" gesprochen hatte. Die Bedenken gingen dahin, **Journalisten** könnten über

Gebühr **von investigativen Untersuchungen abgehalten** werden, wenn ihr Verhalten zunächst einmal einen Verbotstatbestand erfülle, statt von einer den Tatbestand von vornherein ausschließenden „Bereichsausnahme“ zu profitieren. Gegen die in die Beschlussempfehlung vom 13.3.2019 übernommene Angleichung an den Wortlaut der RL (BT-Drucks. 19/8300, S. 4 (14)) und die (wenn auch überflüssige) Klarstellung in § 2 Nr. 3 („Rechtsverletzer ist nicht, wer sich auf eine Ausnahme nach § 5 berufen kann“) ist wenig einzuwenden. Die praktischen Folgen dürften allerdings relativ gering sein (→ § 5 Rn. 4) und sich im Wesentlichen auf Irrtumsfragen (Tatbestands- vs. Verbotsirrtum) beschränken. Ein weiterer Kritikpunkt von Medienvertretern betraf die Befürchtung, **investigative Journalisten** könnten **neuen Auskunftspflichten unterworfen** werden, die den **Schutz der Informanden auszuhöhlen** drohte. Dem lag allerdings ein Missverständnis zugrunde: § 8 GeschGehG (wie schon des RegE GeschGehG) betrifft die aus den Spezialgesetzen des geistigen Eigentums bekannte Auskunft über die Vertriebswege rechtsverletzender Produkte, hat also mit journalistischer Recherchetätigkeit nichts zu tun.

Wie schon in der öffentlichen Debatte spielte auch in der Anhörung und 122
weiteren Beratung im Ausschuss für Recht und Verbraucherschutz der **Schutz von Hinweisgebern** eine zentrale Rolle. Dieses gesellschafts- und rechtspolitisch schwierige Thema war in Art. 5 Geschäftsgeheimnis-RL für den Bereich des Schutzes von Geschäftsgeheimnissen nach langwierigen, kontroversen Debatten in einer für „Whistleblower“ weit günstigeren Weise geregelt worden als es der herkömmlichen deutschen Rechtslage entsprach. Die Forderungen von Organisationen wie Transparency International, im Rahmen der Richtlinienumsetzung die Gewichte noch weiter zugunsten künftiger Hinweisgeber zu verschieben, verkannten die unionsrechtlich bindende Vorgabe in Art. 1 S. 1 Geschäftsgeheimnis-RL, den Schutz von Geschäftsgeheimnissen im Vergleich zu dem von der RL geschaffenen Niveau nicht zu senken (sondern allenfalls – unter Beachtung der Ausnahmen des Art. 5 – zu erweitern). Eine anderweitige Interessenabwägung konnte deshalb nur auf Unionsebene erreicht werden. So war zum damaligen Zeitpunkt der Erlass einer allgemeineren „Whistleblowing“-RL auch schon absehbar. Die **Richtlinie (EU) 2019/1937 zum Schutz von Personen, die Verstöße gegen das Unionsrecht melden** (ABl. 2019 L 305, 17) trat im **April 2019 in Kraft** (zum Verhältnis dieser neuen RL zu Art. 5 lit. d Geschäftsgeheimnis-RL und § 5 Nr. 2 GeschGehG sowie zur Umsetzung dieser Richtlinie in Deutschland → § 5 Rn. 33 f.). Unabhängig von diesen unionsrechtlichen Gegebenheiten wurde der Wortlaut des § 5 Nr. 2 gegenüber dem RegE GeschGehG in der Beschlussempfehlung vom 3.3.2019 (BT-Drs. 19/8300, 4 (14)) objektiver gefasst: Maßgeblich sollte nicht mehr die Absicht des Hinweisgebers sein, sondern die Eignung seiner Handlungen, das allgemeine öffentliche Interesse zu schützen. Ob der Hinweisgeberschutz gemäß § 5 Nr. 2 hierdurch zusätzlich abgesichert statt versehentlich womöglich gar eingeschränkt wurde, muss sich noch erweisen.

Bedenken gegen den RegE GeschGehG wurden schließlich auch seitens des 123
Deutschen Gewerkschaftsbunds vorgebracht (zur Kritik aus gewerkschaftlicher Sicht auch *Böning* in Hoeren/Münker § 1 Abs. 3 Nr. 3 und 4 Rn. 55 ff.). Den Beschäftigten und ihren Interessenvertretungen werde ein Maulkorb verpasst, eine ausufernde, missbräuchliche Geheimhaltungspraxis vieler Unternehmen legalisiert. Erforderlich sei eine **ausdrückliche Vorrangregelung zugunsten der geltenden arbeitsrechtlichen Regeln.** Infolge dieser Kritik wurde in der Beschlussempfehlung vom 3.3.2019 (BT-Drs. 19/8300, 4 (13)) und damit auch

in dem kurz darauf verabschiedeten GeschGehG dessen § 1 Abs. 3 durch eine neue Nr. 4 ergänzt: Hiernach bleiben die Rechte und Pflichten aus dem Arbeitsverhältnis und die Rechte der Arbeitnehmervertretungen unberührt. Dies dürfte eher den Charakter einer Klarstellung haben, denn es ist nicht erkennbar, dass die Geschäftsgeheimnis-RL oder der RegE GeschGehG etwas anderes im Auge hatten.

124 Unter Teilberücksichtigung verschiedener Stellungnahmen aus der Anhörung vom 12.12.2018 erarbeitete der Ausschuss für Recht und Verbraucherschutz die schon verschiedentlich angesprochene **Beschlussempfehlung vom 13.3.2019** (BT-Drucks. 19/8300). Sie enthielt einen Bericht über die Stellungnahmen der mitberatenden Ausschüsse, den Beratungsverlauf im Ausschuss für Recht und Verbraucherschutz einschließlich der Anhörung von Sachverständigen, die Beratungsergebnisse und einen mehrheitlich abgelehnten Änderungsantrag der AfD. Die **vorgeschlagenen Änderungen gegenüber dem RegE** GeschGehG (S. 4f.) wurden **in knapper Form begründet** (S. 13–15). Sie beschränkten sich auf die überwiegend bereits kurz angesprochenen und in der Kommentierung der entsprechenden Vorschriften des GeschGehG aufgegriffenen Änderungen von § 1 Abs. 3, § 2 Nr. 1, § 2 Nr. 3, § 5 (Ausnahmen), § 17, § 19 Abs. 1 und § 23 Abs. 6 bis 8.

6. Verabschiedung, Inkrafttreten

125 Am **21.3.2019** verabschiedete das Plenum des Deutschen Bundestages das Gesetz in der Fassung des RegE GeschGehG mit den vom Ausschuss für Recht und Verbraucherschutz empfohlenen Änderungen.

126 Nachdem der Bundesrat am 12.4.2019 beschlossen hatte, keinen Antrag gemäß Art. 77 Abs. 2 GG (Anrufung des Vermittlungsausschusses) zu stellen (Drucks. 129/19), konnte das Gesetz zur Umsetzung der Richtlinie (EU) 2016/943 zum Schutz von Geschäftsgeheimnissen vor rechtswidrigem Erwerb sowie rechtswidriger Nutzung und Offenlegung **am 25.4.2019 verkündet** werden (BGBl. I, S. 466) und damit **am 26.4.2019 in Kraft treten** (Art. 6). Gemäß Art. 5 wurden gleichzeitig die §§ 17 bis 19 UWG aufgehoben (zur Anwendbarkeit auf Altfälle → Rn. 272ff. – Intertemporales Recht).

V. Wichtigste Änderungen gegenüber dem bisherigen deutschen Recht

Schrifttum: *Alexander,* Gegenstand, Inhalt und Umfang des Schutzes von Geschäftsgeheimnissen nach der Richtlinie (EU) 2016/943, WRP 2017, 1034; *Alexander,* Grundstrukturen des Schutzes von Geschäftsgeheimnissen durch das neue GeschGehG, WRP 2019, 673; *Ann,* Know-how – Stiefkind des geistigen Eigentums?, GRUR 2007, 39; *Ann,* Geheimnisschutz – Kernaufgabe des Informationsmanagements im Unternehmen, GRUR 2014, 12; *Ann,* EU-Richtlinie zum Schutz vertraulichen Know-hows – Wann kommt das neue deutsche Recht, wie sieht es aus, was ist noch offen?, GRUR-Prax 2016, 465; *Apel/Walling,* Das neue Geschäftsgeheimnisgesetz: Überblick und erste Praxishinweise, DB 2019, 891; Baranowski/*Glaßl,* Anforderungen an den Geheimnisschutz nach der neuen EU-Richtlinie, BB 2016, 2563; *Brammsen,* Die EU-Know-how-Richtlinie 943/2016, §§ 17ff. UWG und das geplante Geschäftsgeheimnisstrafrecht, wistra 2018, 449; *Busche/Stoll/Wiebe,* TRIPS – Internationales und europäisches Recht des geistigen Eigentums, 2. Aufl. 2013; *Dann/Markgraf,* Das neue Gesetz zum Schutz von Geschäftsgeheimnissen, NJW 2019, 1774; *Deichfuß,* Rechtsdurchsetzung unter Wahrung der Vertraulichkeit von Geschäftsgeheimnissen, GRUR 2015, 436; *Deutsche Vereinigung für gewerblichen Rechtsschutz und Urheberrecht e.V.* → *GRUR*; *Doepner,* Anmerkungen zum wettbewerbsrechtlichen Geheimnisschutz im Zivilprozess; FS Tilmann, 2003, 105; *Druschel/Jauch,* Der Schutz von Know-how im deutschen Zivilprozess: Der Status quo und die zu erwartenden Änderungen, Teil I BB 2018, 1218, Teil II BB 2018, 1794; *GRUR,*Stellungnahme zum Vorschlag für eine Richtlinie über den Schutz vertraulichen Know-hows und vertraulicher Geschäftsinformationen (Geschäftsgeheimnisse) vor rechtswidrigem Erwerb sowie rechtswidriger Nutzung und Offenlegung, COM(2013) 813 final, 19.3.2014, abrufbar unter http://www.grur.org/de/stellungnahmen.html; *GRUR* Fachausschusssitzung (Protokoll) vom 25.4.2018 zum RefE-GeschGehG, GRUR 2018, 706; *GRUR*: Stellungnahme (22.5.2018) zum Referentenentwurf des Bundesministeriums für Justiz und Verbraucherschutz zur Umsetzung der Richtlinie (EU) 2016/943, GRUR 2018, 708, auch abrufbar unter http://www.grur.org/de/stellungnahmen.html; *Harte-Bavendamm,* Reform des Geheimnisschutzes – naht Rettung aus Brüssel?, FS Helmut Köhler, 2014, 235; *Harte-Bavendamm,* Der Geheimnisbegriff nach harmonisiertem Recht, FS Büscher, 2018, 311; *Hauck,* Geheimnisschutz im Zivilprozess – was bringt die neue EU-Richtlinie für das deutsche Recht? NJW 2016, 2218; *ders.,* Grenzen des Geheimnisschutzes, WRP 2018, 1032; *Heinzke,* Richtlinie zum Schutz von Geschäftsgeheimnissen, CCZ 2016, 179; *Hoeren/Münker,* Die EU-Richtlinie für den Schutz von Geschäftsgeheimnissen und ihre Umsetzung – unter besonderer Berücksichtigung der Produzentenhaftung, WRP 2018, 150; *Hofmann,* „Equity" im deutschen Lauterkeitsrecht? Der „Unterlassungsanspruch" nach der Geschäftsgeheimnis-RL, WRP 2018, 1; *Kalbfus,* Die EU-Geschäftsgeheimnis-Richtlinie: Welcher Umsetzungsbedarf besteht in Deutschland?, GRUR 2016, 1009; *ders.,* Rechtsdurchsetzung bei Geheimnisverletzungen – Welchen prozessualen Schutz gewährt das Geschäftsgeheimnisgesetz dem Kläger?, WRP 2019, 692; *Kalbfus/Harte-Bavendamm,* Protokoll der Sitzung des GRUR-Fachausschusses für Wettbewerbs- und Markenrecht vom 14.2.2014, GRUR 2014, 453; *Kiefer,* Das Geschäftsgeheimnis nach dem Referentenentwurf zum Geschäftsgeheimnisgesetz: Ein Immaterialgüterrecht, WRP 2018, 910; *Kraßer,* Der Schutz des Know-how nach deutschem Recht, GRUR 1977, 177; *McGuire;* Know-how-Schutz: Stiefkind, Störenfried oder Sorgenkind?, GRUR 2015, 424; *McGuire,* Der Schutz von Know-how im System der gewerblichen Schutzrechte, GRUR 2016, 1000; *McGuire,* Neue Anforderungen an Geheimhaltungsvereinbarungen?, WRP 2019, 679; *McGuire,* FS Harte-Bavendamm, 2020, 367; *Maaßen,* „Angemessene Geheimhaltungsmaßnahmen" für Geschäftsgeheimnisse, GRUR 2019, 352; *McGuire/Joachim/Künzel/Weber,* Der Schutz von Geschäftsgeheimnissen durch Rechte des Geistigen Eigentums und durch das Recht des unlauteren Wettbewerbs (Q 215), GRUR Int. 2010, 829; *Max-Planck-Institut für Innovation und* Wettbewerb, Stellungnahme zum Vorschlag der Europäischen Kommission für eine Richtlinie über den Schutz von vertraulichen Know-hows und vertraulicher Geschäftsinformationen, GRUR Int. 2014, 554; *Nastelski,* Der Schutz des Betriebsgeheimnisses, GRUR 1957, 1; *Ohly,* Reverse Engineering: Unfair Competition or Catalyst for Innovation? FS Straus, 2009, 535; *Ohly,* Der Geheimnisschutz im deutschen Recht: heutiger Stand und Perspektiven, GRUR 2014, 1; *Ohly,* Das neue Geschäftsgeheimnisgesetz im Überblick, GRUR 2019, 441; *Redeker/Pres/Gittinger,* Einheitlicher Geheimnisschutz in Europa, WRP 2015, 681 und 812; *Rojahn,* Das geheime Know-how: Wie geheim darf/muss das Zivilverfahren sein?, FS Loewenheim, 2009, 251; *Schlingloff,* Geheimnisschutz im Zivilprozess auf Grund der „Know-how-Schutz"-Richtlinie – Was muss sich im deutschen Prozessrecht ändern?, WRP 2018, 666; *Steinmann,* Die Geschäftsgeheimnis-Richtlinie: Vorwirkung und unmittelbare Anwendbarkeit, WRP 2019, 703; *Thiel,* Das neue Geschäftsgeheimnisgesetz (GeschGehG) – Risiken und Chancen für Geheimnisinhaber, WRP 2019, 700; *Weigert,* Angemessene Geheimhaltungsmaßnahmen ad absurdum?, NZA 2020, 209.

1. Allgemeines

In vielerlei Hinsicht werden sich die unter Geltung der Geschäftsgeheimnis-RL und des GeschGehG zu erwartenden Anwendungsergebnisse nicht allzu sehr **127** von denjenigen unterscheiden, zu denen die deutsche Rechtsprechung im Verlauf einer über hundertjährigen Entwicklungsgeschichte (→ Überblick Einl. A. Rn. 35 ff.) auf der Grundlage der fragmentarischen gesetzlichen Regelung im **Nebenstrafrecht (§§ 17–19 UWG)** gelangt war. Dies ist unter anderem deshalb nicht verwunderlich, weil sowohl die Europäische Union als auch die Mitgliedstaaten bereits an die TRIPS-Übereinkunft von 1994 (→ Rn. 154 ff.) gebunden waren, dessen Art. 39 Mindestvorgaben für den Schutz „nicht offenbarter Informationen" enthält. Auf der anderen Seite weist die **Geschäftsgeheimnis-RL** aber eine **grundlegend andere Struktur** auf und bringt in wesentlichen Regelungsbereichen auch **inhaltliche Neuerungen** mit sich (zu den Grundzügen und zur Entstehung der Geschäftsgeheimnis-RL → Einl. A. Rn. 58 ff.). Einige besonders signifikante Unterschiede sollen im Folgenden überblickartig hervorgehoben werden. Hier geht es um den anders akzentuierten Schutzzweck (1.), die Konzentration auf das Zivilrecht und die damit verbundene Umkehrung der Vorzeichen zwischen Straf- und Zivilrecht (2.), die im Gesetz selbst vorgenommene Definition zentraler Begriffe (3.), die trotz einer Gemengelage zwischen Mindest- und Vollharmonisierung zu verzeichnende weitreichende Kohärenz der Gesamtregelung (4.), die gesteigerte Flexibilität im Umgang mit den Voraussetzungen und Grenzen des Schutzes von Geschäftsgeheimnissen (5.) und schließlich um detaillierte Vorgaben zu Maßnahmen, Verfahren und Rechtsbehelfen (6.) einschließlich neuartiger Regeln für die Wahrung der Vertraulichkeit in Gerichtsverfahren (7.). Weiter ist auch dort eine gewisse **Vorsicht geboten,** wo **Begriffe** wiederkehren, die vollständig oder weitgehend mit der vertrauten deutschen Terminologie übereinstimmen: Sie sind künftig **autonom nach unionsrechtlichen Maßstäben auszulegen** (hierzu näher *Alexander* in Köhler/Bornkamm/Feddersen, GeschGehG Vor § 1 Rn. 54 ff.).

2. Schutzzweck

128 Der hinter der Neuregelung stehende Normzweck setzt **andere Akzente** als der bisherige deutsche Ansatz. So knüpften die §§ 17 und 18 UWG und deren Vorläufer historisch an den Geheimnisbruch durch **bestimmte Personenkreise** – Mitarbeiter (§ 17 UWG) und Vertrags- oder Verhandlungspartner (§ 18 UWG) – an (*McGuire* GRUR 2016, 1000 (1005)). Erst seit 1986 wurden im Rahmen des 2. WiKG auch gewisse Formen der **Betriebsspionage** und der **unbefugten Verwertung und Offenlegung fremder Geschäfts- und Betriebsgeheimnisse durch beliebige Dritte** sowie bestimmte **Vorbereitungshandlungen** erfasst (§ 17 Abs. 2 UWG). Die primär strafrechtliche Anknüpfung mit ihren subjektiven Tatbestandsvoraussetzungen wurde hierdurch nicht entscheidend verändert.

129 Die Geschäftsgeheimnis-RL hat demgegenüber ganz generell den – in seinen Voraussetzungen und Grenzen näher herauszuarbeitenden – **Schutz der Geheimnissphäre,** der innerbetrieblichen „Laborzone" (vgl. *Ohly* FS Straus 535, 547, und → Rn. 17 f.) im Auge, beruhend auf der Erkenntnis, dass ein produktives Umfeld für kreative Leistungen gewährleistet und innovative Produkte und Konzepte unterstützt werden müssen. Schon in den ersten drei Erwägungsgründen der RL wird hervorgehoben, dass die Investition in die Schaffung und Anwendung intellektuellen Kapitals ein bestimmender Faktor für die **Wettbewerbsfähigkeit und den Markterfolg** der Unternehmen und für die Flankierung und den Erwerb von gesetzlichen Schutzrechten (insbesondere von Patenten) ist. Das auf diese Weise geschaffene

Umfeld, das **geistige Schöpfungen und Innovationen** begünstigt, wird **als wesentliche Voraussetzung für das Beschäftigungswachstum** und für die **Steigerung der Wettbewerbsfähigkeit der Wirtschaft** in der Union, für den **Wissensaustausch** zwischen Unternehmen und Forschungseinrichtungen sowohl innerhalb des Binnenmarktes als auch über dessen Grenzen hinaus erkannt. Im Kern geht es also weniger um die Unterbindung einzelner Formen unlauteren Verhaltens *bestimmter* Personenkreise als um einen **funktionierenden Wettbewerb** und um den **effektiven** (wenn auch am Grundsatz der Verhältnismäßigkeit und an den legitimen Interessen anderer Akteure sowie der Allgemeinheit zu messenden) **Schutz innovativer Geschäftsmodelle** (eingehend zur Zwecksetzung des Geheimnisschutzes → Einl. A. Rn. 3 ff.; zum Zweck des GeschGehG auch → § 1 Rn. 3 ff). Weitere Zielsetzung ist es, **ineffizient hohe Ausgaben für tatsächliche Schutzvorkehrungen zu vermeiden** (→ Einl. A. Rn. 59 mwN).

3. Primat des Zivilrechts

Wie in der deutschen Diskussion seit Langem gefordert (vgl. nur *Nastelski* GRUR 1957, 1 (8); *Ann* GRUR 2007, 39; *Ohly* GRUR 2014, 1 (5 f.); *Kalbfus,* Know-how-Schutz, 165 ff., 339 ff.; *ders.* GRUR 2016, 2009 (2013)) hat die **Geschäftsgeheimnis-RL** (→ **Anhang 1**) das Schutzregime endlich vom Kopf auf die Füße gestellt. Dementsprechend hat auch das GeschGehG einen **konzeptionellen Wechsel** (*McGuire* GRUR 2016, 1008) vollzogen, wie ihn schon das im Jahr 2012 vorgelegte Modellgesetz für Geistiges Eigentum von *Ahrens/McGuire* vorgeschlagen hatte (dort Buch 1 § 10 einerseits und §§ 86–90 andererseits; vgl. auch den zivilrechtlich orientierten Vorschlag für ein Gesetz zum Schutz von Unternehmensgeheimnissen, *Kalbfus,* Know-how-Schutz, S. 344 ff.). Wie in den bereits bestehenden Gesetzen zum Schutz des geistigen Eigentums hat sich damit auch der nunmehr umfassend geregelte Zivilrechtsschutz von Geschäftsgeheimnissen **von den Fesseln des strafrechtlichen Regelungsmodells befreit** und die erforderliche **Flexibilität zur Gewährung eines angemessenen zivilrechtlichen Schutzes** geschaffen (→ Einl. A. Rn. 141 ff.; *Keller* in Keller/Schönknecht/Glinke Einl. A. Rn. 11). Entfallen sind auf der zivilrechtlichen Seite insbesondere die in §§ 17 und 18 UWG aF enthaltenen subjektiven Tatbestandsmerkmale, nämlich Vorsatz sowie eine in den jeweiligen Tatbeständen näher definierte Absicht. Das strenge Bestimmtheitsgebot und das Analogieverbot des Strafrechts strahlen nicht mehr auf die zivilrechtliche Auslegung der einschlägigen Vorschriften aus. Zwar enthalten auch die Geschäftsgeheimnis-RL und das GeschGehG eine Reihe unbestimmter Rechtsbegriffe, so schon die auf Art. 39 Abs. 2 TRIPS beruhende Definition des Geschäftsgeheimnisses, und Generalklauseln wie etwa Art. 3 I lit. d (dem § 3 Abs. 2 GeschGehG annähernd entspricht) oder Art. 4 II lit. b (ebenso § 4 Abs. 1 Nr. 2 GeschGehG). Zum einen bildet dies im Zivilrecht im Allgemeinen und im Lauterkeitsrecht im Besonderen aber keine grundlegenden Schwierigkeiten. Zum anderen enthält die RL im Vergleich zu §§ 17–19 UWG aF eine Vielzahl zusätzlicher Anhaltspunkte für die Interpretation des Gesetzeszwecks und einzelner zentraler Vorschriften. Dies gilt schon für die umfangreichen Erläuterungen in den Erwägungsgründen, aber etwa auch für die konkreten Beispiele, die den Öffnungsklauseln in Art 3 I lit. d und Art 4 II lit. b vorangestellt sind. **130**

131 Eine **Konvergenz der strafrechtlichen Sanktionen** hatte die **Europäische Kommission** zwar erwogen, aus Gründen der Verhältnismäßigkeit aber **nicht weiterverfolgt** (→ Einl. A. Rn. 58). Die im ersten Kommissionsvorschlag (COM(2013)813) noch vorgesehenen strafrechtlichen Begriffe zur Beschreibung des rechtswidrigen Erwerbs (wie „Diebstahl", „Bestechung" oder „Betrug") wurden durch objektivere Begriffe zur Beschreibung des rechtswidrigen Verhaltens ersetzt (MüKoUWG/*Namyslowska,* Geheimnisschutz-RL Art. 1 Rn. 4). Ob die Europäische Union überhaupt eine strafrechtliche Rechtsetzungskompetenz besessen hätte, ist ohnehin zweifelhaft (*Brammsen* wistra 2018, 449 (450) mwN). Die **Strafvorschriften** finden sich jetzt in **§ 23 GeschGehG** als **Annex zu den zivilrechtlichen Bestimmungen.** Zu einem guten Teil knüpfen sie ausdrücklich an die Handlungsverbote des § 4 an; dies hat zur Folge hat, dass gegenläufig auch die gemäß § 3 stets erlaubten Handlungen und die Verbotsausnahmen des § 5 zu berücksichtigen sind. Durch diese Regelungstechnik wird sichergestellt, dass nur solche Handlungen strafrechtlich sanktioniert werden, die auch zivilrechtswidrig sind (→ BT-Drs. 19/4724, 40). Sie führt ferner dazu, dass die Geschäftsgeheimnis-RL mit ihren nun unionsrechtlich determinierten zivilrechtlichen Begriffen mittelbar auch auf das nationale Strafrechtsregime ausstrahlt (kritisch zur strafrechtlich „unbedachten" Verweisung der Strafvorschriften auf „vermeintliche zivilistische ‚Primärnormen'" *Brammsen* wistra 2018, 449 (457)). Auf der anderen Seite wurden einige überkommene deutsche Regelungen und Begriffe (allzu) unverändert in den Katalog der strafbaren Handlungen übernommen, so die aus heutiger Sicht eher fragwürdige Begrifflichkeit und das unangemessen geringe Strafmaß des bisherigen § 18 UWG (→ § 23 Rn. 47 ff.).

4. Ausdrückliche Definitionen und Auslegungsregeln

132 Im Gegensatz zu den §§ 17–19 UWG aF werden in § 2 GeschGehG (entsprechend Art. 2 Geschäftsgeheimnis-RL) immerhin **vier Begriffe definiert,** denen hinsichtlich der Voraussetzungen des durch dieses Gesetz gewährten Geheimnisschutzes **zentrale Bedeutung** zukommt. Dies gilt vor allem für den Begriff **„Geschäftsgeheimnis"** selbst. Zwar entspricht diese Definition fast wörtlich derjenigen des **Art. 39 Abs. 2 TRIPS,** die streng genommen schon seit über 20 Jahren sowohl für die Mitgliedstaaten als auch für die Europäische Union galt (zu der Frage, ob und in welchem Maß diese Definition bereits verbindlich war, obwohl das TRIPS-Abkommen nur einen **völkerrechtlichen Mindeststandard** herbeiführen wollte, → § 2 Rn. 6; zu Art. 39 Abs. 2 → Einl. A. Rn. 154 ff. und *Keller* in Keller/Schönknecht/Glinke Einl. A Rn. 19 f.). In Deutschland war auch nach dem Beitritt zum TRIPS-Abkommen de facto das **in jahrzehntelanger höchstrichterlicher Rechtsprechung entwickelte Begriffsverständnis beibehalten** worden. Hiernach erfasste der **Begriff des Geschäfts- oder Betriebsgeheimnisses** jede im Zusammenhang mit einem Unternehmen stehende Information, die nicht offenkundig, sondern nur einem eng begrenzten Personenkreis bekannt war und nach dem bekundeten, auf einem ausreichenden wirtschaftlichen Interesse beruhenden Willen des Geschäftsinhabers geheim gehalten werden sollte (vgl. nur BGH GRUR 1955, 424 (425) – Möbelpaste; GRUR 2006, 1044 Rn. 19 – Kundendatenprogramm; ohne Erwähnung des TRIPS-Übereinkommens und der Geschäftsgeheimnis-RL bestätigt in der kurz vor Ablauf der Umsetzungsfrist ergangenen Entscheidung BGH GRUR 2018, 1161, Rn. 28 – Hohlfasermembranspinnanlage II).

Mögen sich auch die Anwendungsergebnisse der künftigen Rechtspraxis von denen der Vergangenheit in diesem Punkt nicht allzu sehr unterscheiden, so ist doch nicht zu verkennen, dass die **begrifflichen Merkmale nicht deckungsgleich** sind (siehe ferner den „Warnhinweis" zur autonomen unionsrechtlichen Auslegung → Einl. A. Rn. 127). Vor allem gilt dies für die Rolle der in § 2 Nr. 1 lit. b (wie in Art 39 Abs. 2 lit. c TRIPS und Art. 2 I lit. c Geschäftsgeheimnis-RL) erwähnten Voraussetzung, die in Rede stehenden Informationen müssten **„Gegenstand von den Umständen entsprechenden angemessenen Geheimhaltungsmaßnahmen"** (→ § 2 Rn. 40 ff.) sein. Schon vor Erlass des GeschGehG war eine lebhafte Diskussion darüber entstanden, in welchem Umfang welche Maßnahmen ergriffen und im Konfliktfall nachgewiesen werden müssten (GRUR-Stellungnahme v. 19.3.2014, III. 1. (a) (ee); *Redeker/Pres/Gittinger* WRP 2015, 681 und 812 ff.; *Kalbfus* GRUR 2016, 1009 (1011), und GRUR-Prax 2017, 391; *Alexander* WRP 2017, 1034 (1039); *Harte-Bavendamm* FS Büscher, 2018, 311 (314 ff.); *Maaßen* GRUR 2019, 352 (355)). In der letzten Phase des Umsetzungsverfahrens wurde auf Grund einer Empfehlung des Ausschusses für Recht und Verbraucherschutz (BT-Drucks. 19/8300, S. 13 f.) in § 2 Nr. 1 ein weiteres Kriterium für die Anerkennung geheimer, wirtschaftlich werthaltiger Informationen als Geschäftsgeheimnisse aufgenommen, nämlich ein **berechtigtes Interesse an der Geheimhaltung.** Dieses Addendum ist entweder überflüssig (wenn man davon ausgeht, dass diese Schutzvoraussetzung in den drei übrigen Kriterien implizit enthalten ist) oder richtlinienwidrig (wenn es sich um eine echte zusätzliche Prüfungsstufe handeln sollte, wie sie in Art. 2 Geschäftsgeheimnis-RL nicht vorgesehen ist). Im Ergebnis kommt § 2 Nr. 1 lit. c deshalb keine greifbare rechtliche Bedeutung zu (→ § 2 Rn. 68 f.; *Ohly* GRUR 2019, 441 (444); skeptisch hinsichtlich der Vereinbarkeit mit der Geschäftsgeheimnis-RL auch *Alexander* WRP 2019, 673 (674), und *Glinke* in Keller/Schönknecht/Glinke § 2 Nr. 1 Rn. 91). **132a**

Der Begriff **„Inhaber eines Geschäftsgeheimnisses"** (§ 2 Nr. 2) bezeichnet „jede natürliche oder juristische Person, die die rechtmäßige Kontrolle über ein Geschäftsgeheimnis hat" (so auch Art. 39 Abs. 2 TRIPS, hierzu *Peter/Wiebe* in Busche/Stoll/Wiebe, 122 ff.; → § 2 Rn. 72 ff.). Die Definition des **„Rechtsverletzers"** (→ § 2 Rn. 86 ff.) knüpft gemäß § 2 Nr. 3 (entsprechend Art. 2 Nr. 2 Geschäftsgeheimnis-RL) unmittelbar an die in § 4 (entsprechend Art. 4) enthaltene Umschreibung der Rechtswidrigkeit des Erwerbs, der Nutzung und der Offenlegung von Geschäftsgeheimnissen an (wobei auch hier stets zu prüfen bleibt, ob nicht im Einzelfall § 3 oder § 5 eingreift und aus dem Verbot herausführt). Diese Umschreibung hat sich **von subjektiven Tatbestandsmerkmalen fast vollständig gelöst** (Ausnahme: § 4 Abs. 3), während der ursprüngliche Richtlinienentwurf der Kommission die Definition der Rechtswidrigkeit noch in sachwidriger Weise mit Verschuldensmaßstäben verquickt hatte (hierzu die kritische Stellungnahme der GRUR v. 19.3.2014, und *Harte-Bavendamm* FS Helmut Köhler, 2014, 235 (242 f.)). Das in § 17 UWG aF verwendete, ganz allgemein gehaltene und überwiegend nur als Öffnung für klassische strafrechtliche Rechtfertigungsgründe betrachte Merkmal „unbefugten" Handelns ist nunmehr dank der Regelungen in §§ 3 bis 5 (entsprechend Art. 3 bis 5 Geschäftsgeheimnis-RL) und damit auch im Rahmen der Definition des „Rechtsverletzers" in ungleich deutlicherer Weise ausgefüllt worden. **133**

Entsprechendes gilt für die Definition der **„rechtsverletzenden Produkte"** **134**
(im englischen Text von Art 2 Nr. 4 Geschäftsgeheimnis-RL: „infringing goods")

in § 2 Nr. 4 (→ § 2 Rn. 103 ff.). Dieser Begriff erscheint schon rein sprachlich etwas unglücklich, wurde allerdings bereits in der Durchsetzungsrichtlinie verwendet. Auch in der Sache sind seine Konturen teilweise unscharf. Während die meisten in der neuen Vorschrift genannten **Charakteristika (Konzeption, Merkmale, Funktionsweise, Herstellungsprozess)** mehr oder weniger nachvollziehbar sind, gibt der aus Art. 2 Nr. 4 Geschäftsgeheimnis-RL stammende Begriff **„Marketing"** in diesem Zusammenhang Rätsel auf (→ § 2 Rn. 112; *Ohly* GRUR 2019, 441 (445)). Ebenfalls nicht sehr eindeutig, aber aus der deutschen Rechtsprechung in ähnlicher Form bekannt, ist das weitere Definitionselement, nach dem die Übernahme solcher Merkmale „in erheblichem Umfang" auf rechtswidrig erworbenen, genutzten oder offengelegten Geschäftsgeheimnissen beruhen muss. Hierdurch wird erneut die Verbindung zu den näheren Regelungen in § 4 (unter Berücksichtigung der §§ 3 und 5, entsprechend Art. 3 bis 5 Geschäftsgeheimnis-RL) hergestellt.

135 Insgesamt ist das maßgebliche **Verständnis grundlegender Begriffe des Geheimnisschutzes** hiernach schon auf gesetzlicher Ebene (und nicht erst aufgrund richterlicher Anwendungsergebnisse, die überdies von Mitgliedstaat zu Mitgliedstaat sowie in mehr oder weniger großem Umfang auch innerhalb nationaler Jurisdiktionen schwanken) **transparenter** geworden. Zur Definition dieser Begriffe im Einzelnen wird auf die Kommentierung zu § 2 verwiesen, zur Verbindlichkeit aller vier Definitionen auf § 2 Rn. 2.

5. Kohärente Regelung mit Ausnahmen

136 Der rein zivilrechtliche Ansatz des Harmonisierungsvorhabens hat es erlaubt, eine **weitaus umfassendere** und zu einem guten Teil geschlossene **Regelung** zu treffen, als es dem lückenhaften Bild des herkömmlichen deutschen Schutzes für Geschäfts- und Betriebsgeheimnisse entsprach. Das Maß der Kohärenz hängt primär davon ab, in welchen Regelungsbereichen die Geschäftsgeheimnis-RL nur eine **Mindestharmonisierung** herbeigeführt hat und welche Aspekte demgegenüber einer **Vollharmonisierung** unterliegen und damit jeden Gestaltungsspielraum der Mitgliedstaaten ausschließen (Art. 1 Satz 2 Geschäftsgeheimnis-RL; → § 2 Rn. 6). Die für jedes Schutzsystem zentralen Punkte – Zweck (→ Einl. A. Rn. 3 ff.), Gegenstand (Art. 1 und 2), Voraussetzungen (Art. 3 und 4) und Grenzen (Art. 5) des Schutzes (vgl. *McGuire* GRUR 2016, 1000 (1005)) – werden in den Erwägungsgründen und in den grundlegenden materiell-rechtlichen Bestimmungen der Art. 1 bis 5 Geschäftsgeheimnis-RL beschrieben, gefolgt von dem von Art. 6 bis 15 erfassten **Rechtsfolgensystem** mit seiner schon aus der **Durchsetzungs-RL** (RL (EU) 2004/48/EG, Abl. L 157 S. 45) bekannten **Verbindung materiell-rechtlicher Ansprüche mit verfahrensrechtlichen Vorgaben.** Was Letztere betrifft, geht die Geschäftsgeheimnis-RL über die Durchsetzungs-RL insoweit hinaus, als sie mit Art. 9 spezifischen Problemen Rechnung zu tragen versucht, die bei der Verfolgung mutmaßlicher Geheimnisverletzungen in gerichtlichen Verfahren auftreten (→ Rn. 149 sowie die Kommentierung zu §§ 16 ff.). Es gibt allerdings auch Bereiche, in denen die Geschäftsgeheimnis-RL hinter den Mindestvorgaben zurückbleibt, die die Durchsetzungs-RL für die Rechte des geistigen Eigentums im engeren Sinne enthält; dies betrifft etwa den in der RL fehlenden Anspruch auf Auskunft über die Vertriebswege und die nicht in die Geschäftsgeheimnis-RL aufgenommenen Vorlage- und Beweissicherungsbestimmungen (Art. 6 und 7 der Durchsetzungs-RL). Bei der Umsetzung in deutsches Recht wurde der vorhandene Spielraum zur Einführung zusätzlicher, von der RL nicht vorgegebener Rechtsbehelfe bedauerlicherweise (vgl. die GRUR-Stellungnahme vom 22.5.2018, B. V.2., GRUR 2018, 708) nur hinsichtlich der **Auskunft über die Vertriebswege der rechtsverletzenden Produkte** genutzt (§ 8).

Die mit der Geschäftsgeheimnis-RL angestrebte Angleichung des Schutzes von Geschäftsgeheimnissen unterliegt **verschiedenen Einschränkungen.** Eine vollständige unionsweite Harmonisierung des Geheimnisschutzes ist deshalb nicht zu erwarten. So haben Kommission, Parlament und Rat bei Verabschiedung der RL 2016/943 aus guten Gründen darauf **verzichtet,** den Geheimnisschutz – an sich eine **Querschnittsmaterie** – auch **in wichtigen anderen Bereichen wie dem Strafrecht, dem Arbeitsrecht oder dem Vertragsrecht anzugleichen** (der Begriff des Geschäfts- und Betriebsgeheimnisses soll sich in weit über hundert deutschen Bundesnormen finden, darunter in einer Vielzahl öffentlich-rechtlicher Vorschriften, die außerhalb des Anwendungsbereichs der RL liegen, *Kalbfus* GRUR 2016, 1009 (1011) Fn. 32; Übersichten über weitere unmittelbar oder mittelbar relevante Vorschriften finden sich ua bei *Loschelder* in Ann/Loschelder/Grosch Kap. 1 Rn. 152ff. und bei *Harte-Bavendamm* in Gloy/Loschelder/Danckwerts, HdbWettbR, Kap. 77 Rn. 6f.). Das **Strafrecht** wurde in der Geschäftsgeheimnis-RL entgegen ursprünglichen Überlegungen der Kommission (→ Rn. 58) **ausgeklammert,** was allerdings wohl schon wegen fehlender Zuständigkeit unvermeidlich war (*Brammsen* wistra 2018, 449 (450)). Es dürfte in vielen Mitgliedstaaten aber unter Berücksichtigung des neuen zivilrechtlichen Sockels ebenfalls überprüft und – wie auch in § 23 GeschGehG – unter dem einen oder anderen Aspekt angepasst werden (zu den mittelbaren Auswirkungen der Geschäftsgeheimnis-RL auf das Strafrecht → Rn. 132; § 23 Rn. 2; *Brammsen* wistra 2018, 449ff.). In **arbeitsrechtlicher** Hinsicht enthält die Geschäftsgeheimnis-RL lediglich gewisse **Grundsätze zur Sicherung der Mobilität der Arbeitnehmer** (Art. 1 Abs. 3) und des Informationsflusses zwischen Arbeitnehmern und ihren nach dem jeweiligen kollektiven Arbeitsrecht zuständigen Vertretern (Art. 5 lit. c). Eine trennscharfe, über die eben genannten Programmsätze hinausgehende Abgrenzung zwischen den legitimen Geheimhaltungsbelangen der (früheren) Arbeitgeber und dem nicht weniger gewichtigen Interesse der Arbeitnehmer, ihre redlich erworbenen Kenntnisse und Erfahrungen auch im Rahmen ihres weiteren beruflichen Fortkommens verwerten zu können, konnte die Geschäftsgeheimnis-RL nicht leisten. Eine zweifelsfreie Grenzziehung war und ist in dieser Frage bisher auch im nationalen Recht nicht gelungen und dürfte auch kaum zu erreichen sein (zu diesem „*Kardinalproblem*" des gesamten Geheimnisschutzes – so *Schmidt* in 36. DJT 101, 140 – → Einl. C. Rn. 37ff. mwN; zur Schwierigkeit der Abgrenzung auch BeckOK/*Hiéramente* GeschGehG § 4 Rn. 62). Zu ausgewählten Aspekten des **Vertragsrechts** → Einl. B.I. **137**

In der Geschäftsgeheimnis-RL finden sich verschiedene **Öffnungsklauseln.** **138**
Zu nennen sind hier in erster Linie Art. 3 Abs. 1 lit. d (Rechtmäßigkeit jeder „Vorgehensweise, die unter den gegebenen Umständen mit einer seriösen Geschäftspraxis vereinbar ist"; nicht ganz deckungsgleich umgesetzt in § 3 Abs. 2 GeschGehG) und die Ausnahmen des Art. 5 (§ 5 GeschGehG), darunter die in Art. 5 lit. d enthaltene Bezugnahme auf den Schutz eines **durch das nationale Recht anerkannten legitimen Interesses.** Auch außerhalb ihrer unmittelbar der Richtlinienumsetzung dienenden Gesetze behalten die Mitgliedstaaten hiernach die Freiheit, die in Art. 5 genannten Ausnahmen auf bestimmte weitere

Sachverhalte auszudehnen, in denen sie die Interessen der Öffentlichkeit oder der Marktteilnehmer als vorrangig bewerten (hierzu – wie auch zu den Grenzen dieser Gestaltungsfreiheit – wird im Einzelnen auf die Kommentierung zu § 5 verwiesen).

139 Drittens – und in besonderem Maße – hängt die mittels der RL 2016/943 herbeizuführende Kohärenz der zivilrechtlichen Geheimnisschutzvorschriften davon ab, welchen **Harmonisierungsgrad** der europäische Gesetzgeber angestrebt und angeordnet hat. Während der Richtlinienentwurf der Kommission in diesem Punkt noch recht unklar war (vgl. Einl. A.III. Rn. 3, 17 ff.; *Harte-Bavendamm* FS Köhler, 2014, 235 (240 f), und die von *Kalbfus/Harte-Bavendamm* wiedergegebene GRUR-Debatte, GRUR 2014, 453), scheint diese Frage in der Endfassung der RL aufgrund der genauen Auflistung in Art. 1 Abs. 1 Absatz 2 zu einem guten Teil geklärt. Hiernach dürfen die Mitgliedstaaten einen **weitergehenden** (nicht jedoch einen das Richtlinienniveau unterschreitenden) **Schutz von Geschäftsgeheimnissen** gegen rechtswidrigen Erwerb, rechtswidrige Nutzung oder Offenlegung vorsehen. Ausgangspunkt ist deshalb eine **Mindestharmonisierung.** Diese wird allerdings in etlichen wichtigen Kernfragen auch „nach oben" begrenzt. Insofern lässt sich auch von einer „**gezielten Harmonisierung**" sprechen (MüKoUWG/*Namyslowska,* Geheimnisschutz-RL, Art. 1 Rn. 6). Voraussetzung bleibt nämlich, dass die Mitgliedstaaten bei der im Grundsatz möglichen Schutzerweiterung bestimmte als strikt verbindlich erkennbare Vorgaben beachten, die den Belangen anderer Parteien Rechnung tragen (vgl. hierzu auch Erwägungsgrund 10 der RL). Der den Mitgliedstaaten unter dem Strich gewährte **Spielraum** ist deshalb doch um einiges **enger,** als es dem ersten Anschein entspricht (*Harte-Bavendamm* FS Büscher, 2018, 311 (312 f.)).

140 Dies beginnt schon damit, dass Art. 2 (Begriffsbestimmungen) in Art. 1 Abs. 2 UAbs. 1 Geschäftsgeheimnis-RL (verbindliche, d.h. vollharmonisierte Vorschriften) zwar nicht erwähnt wird, das Harmonisierungsziel aber offenkundig verfehlt würde, könnten die Mitgliedstaaten die Definition des „Geschäftsgeheimnisses" nach eigenem Gutdünken modifizieren (ebenso *McGuire* GRUR 2016, 1000 (1006); aA *Lejeune* CR 2016, 330 (331 f.)). So wird in Erwägungsgrund 14 denn auch die Wichtigkeit betont, eine **homogene Definition des Begriffs „Geschäftsgeheimnis"** festzulegen, ohne den vor widerrechtlicher Aneignung zu schützenden Bereich einzuengen. Aber auch hinsichtlich der **drei weiteren Definitionen** (Inhaber eines Geschäftsgeheimnisses, Rechtsverletzer, rechtsverletzende Produkte) spricht viel für ein **unionsweit einheitliches Verständnis** (→ § 2 Rn. 2; *Alexander* in Köhler/Bornkamm/Feddersen, GeschGehG § 2 Rn. 5; *McGuire* in Büscher, GeschGehG § 2 Rn. 3). Ferner dürfte auch eine Ausdehnung der in Art. 4 beschriebenen rechtswidrigen Handlungen auf weitere Sachverhalte ungeachtet der grundsätzlichen Freigabe durch Erwägungsgrund 10 und der Nichterwähnung in Art. 1 Abs. 1 UAbs. 2 recht bald an ihre Grenzen stoßen. Dies liegt daran, dass das Zusammenspiel der Art. 3 bis 5 den Versuch einer insgesamt ausgewogenen, die legitimen Interessen aller Beteiligten berücksichtigenden Regelung enthält. Diese „**checks and balances**" drohten bei allzu ehrgeiziger Erweiterung des Katalogs rechtswidriger Handlungen relativ schnell in eine Schieflage geraten. Dies gilt umso mehr, als die in Art. 3 Abs. 1 lit. c enthaltene Generalklausel unantastbar ist, also sämtliche Handlungen als rechtmäßig gelten, die unter den gegebenen Umständen nicht unlauter erscheinen („mit einer seriösen Geschäftspraxis vereinbar sind"). Im Ergebnis lässt sich sagen, dass die Geschäftsgeheimnis-RL eine vollständige Kohärenz des zivilrechtlichen

Schutzregimes weder erreicht noch auch nur angestrebt hat. Obwohl sie einen **differenzierenden Harmonisierungsansatz** verfolgt (*Harte-Bavendamm* FS Köhler, 2014, 235 (241); *Alexander* WRP 2017, 1034 (1036); *Alexander* in Köhler/Bornkamm/Feddersen, GeschGehG Vor § 1 Rn. 19 ff.) und teilweise nur einen Mindeststandard festschreibt, legt sie die Mitgliedstaaten in weit größerem Umfang fest, als dies etwa mit der Durchsetzungs-RL geschehen ist.

6. Erhöhte Flexibilität

Das deutsche Recht wies hinsichtlich der Voraussetzungen und Grenzen des Geheimnisschutzes nur einen recht begrenzten Grad an Flexibilität auf. Nur in bestimmten Zusammenhängen hat die höchstrichterliche Rechtsprechung eine umfassende Interessenabwägung vorgenommen. Dies gilt in erster Linie für die vom BGH in Ausnahmefällen befürwortete Nachwirkung der Verschwiegenheitspflicht nach Beendigung des Dienstverhältnisses (BGH GRUR 1963, 367 (369) – Industrieböden; *Ohly* in Ohly/Sosnitza, 7. Aufl. 2016, § 17 Rn. 49; *Harte-Bavendamm* in Gloy/Loschelder/Danckwerts § 77 Rn. 35 ff.; → Einl. C. Rn. 37 ff. mwN) und aufseiten der Rechtsfolgen für die Zuerkennung und Reichweite eines auf § 242 BGB gestützten Auskunftsanspruchs. 141

Demgegenüber enthält die Geschäftsgeheimnis-RL in Art. 3 Abs. 1 lit. d und in Art. 4 Abs. 2 lit. b sowohl hinsichtlich der erlaubten als auch der verbotenen Handlungen **Generalklauseln,** die auf nach den jeweiligen Umständen seriöse Geschäftspraktiken (Art. 39 Abs. 2 TRIPS: anständige Marktgepflogenheiten/honest commercial practices) abstellen. Sie finden sich in teils etwas abweichenden Formulierungen in § 3 Abs. 2 und § 4 Abs. 1 Nr. 2 GeschGehG wieder. Ob ein rechtswidriger Gesetzesverstoß vorliegt, ist also in einer **nach beiden Seiten offenen Weise** unter **Berücksichtigung des Einzelfalls** zu beurteilen. Es ist noch zu klären, ob die genannten Generalklauseln eine generelle Öffnung herbeiführen, den Gerichten also eine umfassende, in jedem Konfliktfall vorzunehmende Einzelfallprüfung auferlegen, oder ob sie eher Ausnahmecharakter haben und nur dann näher zu untersuchen sind, wenn greifbare Anhaltspunkte für Handlungen vorliegen, die mindestens den gleichen „Unwertgehalt" wie die ihnen vorangestellten konkreten Fälle besitzen (hierzu näher die Kommentierung zu §§ 3 und 4). 142

Der **flexiblere Ansatz der Geschäftsgeheimnis-RL** setzt sich auf der Ebene der **Rechtsfolgen** fort, indem als Gegengewicht zur Effektivität der anzuordnenden Maßnahmen (Art. 6 Abs. 2) das Gebot hervorgehoben wird, die Verhältnismäßigkeit zu wahren (hierzu eingehend *Tochtermann* WRP 2019, 688 ff.). Diese Notwendigkeit wird in der Geschäftsgeheimnis-RL (Art. 7 Abs. 1 lit. a) nicht nur im Sinne eines allgemeinen Programmsatzes erwähnt. Vielmehr dient die **Wahrung der Verhältnismäßigkeit** nach Art. 13 Abs. 1 auch als konkreter Anknüpfungspunkt für die den Gerichten zugewiesene Aufgabe, bei ihren **Anordnungen stets den besonderen Umständen des Einzelfalls Rechnung zu tragen.** Diese Vorgabe wird durch die Aufzählung einer ganzen Reihe von Faktoren ergänzt, die „gegebenenfalls" in die Abwägung einzubeziehen sind. In dieser konkreten Form, Ausführlichkeit und Verbindlichkeit kennt das herkömmliche deutsche Recht solche Maßstäbe nicht, auch wenn die Beachtung der Verhältnismäßigkeit auch hier zu den allgemeinen Grundsätzen des materiellen wie des Verfahrensrechts gehört und die in Art 11 Abs. 1 Geschäftsgeheimnis-RL genannten Faktoren im Einzelnen nicht unvertraut klingen. Aus deutscher Sicht wird 143 besonders gewöhnungsbedürftig sein, dass auch der **Unterlassungsanspruch unter den Verhältnismäßigkeitsvorbehalt gestellt** wird und nicht mehr durchgehend von jedem Verschuldenselement unabhängig bleibt (*Hofmann* WRP 2018, 1; *Ohly* GRUR 2019, 441 (449); *Keller* in Keller/Schönknecht/Glinke § 9 Rn. 20). Unionsrechtlich nicht unproblematisch ist es, dass die gemäß Art. 11 Abs. 1 Geschäftsgeheimnis-RL (auch) für jede Unterlassungsverfügung vorgesehene **Verhältnismäßigkeitsprüfung in § 9 zu einer Einwendung umgestaltet** wird (*Ohly* GRUR 2019, 441 (449); vgl. auch *Tochtermann* WRP 2019, 688 (691): § 9 als „Ausnahmeregelung"; *McGuire* WRP 2019, 679 (685): großzügige Anwendung dieser Ausnahme durch die deutschen Gerichte nicht zu erwarten; ähnlich *Keller* in Keller/Schönknecht/Glinke § 9 Rn. 20: Zuerkennung der Ansprüche als gesetzliche Regelfolge).

7. Detaillierte Vorgaben zu Maßnahmen, Verfahren und Rechtsbehelfen

144 Auch über die eben (→ Rn. 143) angesprochenen Rechtsfolgenbestimmungen hinaus enthält die Geschäftsgeheimnis-RL in Kap. III eine Reihe von Vorgaben zu verschiedenen Maßnahmen, Verfahren und Rechtsbehelfen, die dem Geschädigten an die Hand zu geben sind. Dies beginnt in Art. 6 bis 9 mit einigen **allgemeinen Grundsätzen.** Hier wie in weiteren Zusammenhängen des Kap. III findet sich ein Gemisch aus eindeutig verfahrensrechtlichen Vorgaben (etwa Art. 9: „Wahrung der Vertraulichkeit von Geschäftsgeheimnissen im Verlauf von Gerichtsverfahren", → Rn. 149 ff., sowie die Kommentierung zu §§ 15 ff. GeschGehG) und anderen Regelungen, die – jedenfalls aus deutscher Sicht – eher materiell-rechtlichen Charakter haben (Beispiel: „Verjährungsfristen" gemäß Art. 8). Art. 6 postuliert die allgemeine Verpflichtung der Mitgliedstaaten, **Maßnahmen, Verfahren und Rechtsbehelfe** zu gewährleisten, die **fair und gerecht, nicht unnötig kompliziert oder kostspielig sowie wirksam und abschreckend** sind. Dem stellt Art. 7 das Gebot gegenüber, nicht nur die – eben schon erwähnte – Verhältnismäßigkeit der zu treffenden Maßnahmen zu beachten, sondern auch **Schranken** sowohl gegen die **Behinderung rechtmäßigen Handels im Binnenmarkt** sowie **gegen missbräuchliches Verhalten** zu errichten.

145 Die **Dichotomie materiell-rechtlicher und verfahrensrechtlicher Regelungen** ist bereits aus der **Durchsetzungsrichtlinie** 2004/48/EG (ABl. L 157 S. 45) bekannt (wobei die Regelungen der Geschäftsgeheimnis-RL gemäß Erwägungsgrund 39 Vorrang genießen). Die Durchsetzung-RL war auf den Schutz von Geschäftsgeheimnissen nach überwiegender Ansicht nicht unmittelbar anwendbar. Nur punktuell, nämlich in Bezug auf die sogenannte dreifache Schadensberechnung des deutschen Immaterialgüterrechts, waren Geschäftsgeheimnisse den Rechten des geistigen Eigentums im engeren Sinne bereits gleichgestellt worden (BGH GRUR 1977, 539 (541 f.) – Prozessrechner; WRP 2008, 938 f., – Entwendete Datensätze; *Ohly* in Ohly/Sosnitza § 17 Rn. 51; *Harte-Bavendamm* in Gloy/Loschelder/Danckwerts Kap. 77 Rn. 75). Der von der Geschäftsgeheimnis-RL nun herbeigeführte weitgehende, wenn auch nicht vollständige Gleichlauf mit dem Rechtsfolgensystem der Durchsetzungs-RL stützt die Schlussfolgerung, dass die Geschäftsgeheimnis-RL (wie schon Art. 39 Abs. 2 TRIPS) in vieler Hinsicht einen „schutzrechtsähnlichen Ansatz" verfolgt (*McGuire* GRUR 2016, 1000 (1005); *Alexander* WRP 2017,1035 (1036), spricht von einer „verfestigten Rechtsposition", einem „dem Unternehmen anhaftenden Rechtsgut"; eingehend zum

Verhältnis des Geheimnisschutzes zu den Sonderschutzrechten → Rn. 173 ff.; *Alexander* WRP 2019, 673 (674 ff.); *Keller* in Keller/Schönknecht/Glinke Einl. B. Rn. 108 ff., 119).

Auf die allgemeinen Bestimmungen folgen in Art. 10 und 11 zwingende Vorgaben hinsichtlich der **vorläufigen und vorbeugenden Maßnahmen,** welche die Mitgliedstaaten den zuständigen Gerichten ermöglichen müssen. Die Gemengelage zwischen eher verfahrensrechtlichen und eher materiell-rechtlichen Vorschriften setzt sich schließlich im dritten Teil des Kap. III fort. Er bezieht sich auf **„Maßnahmen aufgrund einer Sachentscheidung“.** Hierzu rechnet die Geschäftsgeheimnis-RL gemäß Art 12 insbesondere „gerichtliche Anordnungen und Abhilfemaßnahmen“, darunter Unterlassungsansprüche und entsprechende gerichtliche Verbote, die Vernichtung oder Herausgabe von rechtsverletzenden Produkten und von Gegenständen, in denen sich die fremden Geschäftsgeheimnisse verkörpern, sowie den Rückruf der rechtsverletzenden Produkte vom Markt (umgesetzt in §§ 6 und 7 GeschGehG). Art. 14 (§ 10 GeschGehG) regelt den Schadensersatz, Art 15 (§ 21 GeschGehG) die Veröffentlichung von Gerichtsentscheidungen. Zu der von Art. 13 Abs. 1 Geschäftsgeheimnis-RL vorgesehenen Prüfung der Verhältnismäßigkeit gerichtlicher Anordnungen → Rn. 143 f. und die Kommentierung zu § 9. **146**

Ohne nähere Diskussion und wenig bemerkt von der Fachöffentlichkeit wurde im Umsetzungsverfahren die Gelegenheit beim Schopfe gepackt, den **„fliegenden Gerichtsstand“** – neutraler: **Tatortgerichtsstand** – für diesen Rechtsbereich **weitgehend abzuschaffen** (§ 15 Abs. 2). Dies entsprach einer seit Jahren verfolgten, wenn auch nicht sachgerechten rechtspolitischen Forderung, die das UWG insgesamt betrafund auf die Sonderschutzrechte ausgeweitet zu werden droht (vgl. die Neufassung des § 14 Abs. 2 UWG durch das Gesetz zur Stärkung des fairen Wettbewerbs; dazu die GRUR-Stellungnahme in GRUR 2019, 59 ff.; *Fritzsche* WRP 2018, 1277 (1282); *Tolkmitt* in Harte/Henning § 14 Rn. 61 f.). Laut § 15 Abs. 1 und 2 GeschGehG sind die Tatortgerichte nur dann zuständig, wenn der Beklagte im Inland keinen allgemeinen Gerichtsstand hat. Ansonsten aber ist für Geschäftsgeheimnisstreitsachen das Gericht ausschließlich zuständig, in dessen Bezirk der **Beklagte** seinen **allgemeinen Gerichtsstand** hat. Angesichts der Komplexität dieser Spezialmaterie (*Ohly* GRUR 2019, 441 (450)) ist zu hoffen, dass wenigstens von der in § 15 Abs. 3 vorgesehenen Möglichkeit umfangreich Gebrauch gemacht wird, bestimmten Landgerichten – wie für **Hessen** dem **LG Frankfurt a.M** – (§ 42a der Hessischen Justizzuständigkeitsverordnung in der Fassung vom 5.9.2019, GVBl. S. 235) und für **Nordrhein-Westfalen** den **LG Düsseldorf** und **Köln** hinsichtlich ihrer jeweiligen OLG-Bezirke sowie dem **LG Bochum** für den OLG-Bezirk Hamm (§ 1 Konzentrations-VO Geschäftsgeheimnisstreitsachen) eine bezirks- oder gar die Grenzen einzelner Bundesländer übergreifende Zuständigkeit zu verleihen. **147**

Im Bereich der **Immaterialgüterrechte im engeren Sinn** entsprachen die vergleichbaren Vorgaben, die mittels der Durchsetzungslinie zu einer unionsweiten Mindestharmonisierung geführt haben, sehr weitgehend den im deutschen Recht ohnehin schon anerkannten Ansprüchen. Soweit die richtlinienkonforme Umsetzung einzelne Erweiterungen erforderlich machte, wurde dies in den einzelnen Schutzgesetzen alsbald berücksichtigt. Die Geschäftsgeheimnis-RL hat nun endgültig klargestellt, dass für den **Schutz von Geschäftsgeheimnissen in vieler Hinsicht** (aber etwa nicht für die Beweissicherungsmaßnahmen gemäß Art. 7) **die gleichen Maßstäbe wie für die Durchsetzung der Rechte des geistigen** **148**

Eigentums gelten sollen. Dies geht deutlich über das Instrumentarium der Rechtsbehelfe hinaus, die dem (mutmaßlich) geschädigten Geheimnisinhaber nach deutschem Recht zur Verfügung standen. Dem steht allerdings die Flexibilisierung der im Einzelfall anzuordnenden Maßnahmen gemäß Art. 11 (dem § 9 GeschGehG in etwa entspricht) gegenüber, die hier und da zu einer gewissen **„Aufweichung"** auch des **Unterlassungsanspruchs** führen kann (→ Rn. 143).

8. Wahrung der Vertraulichkeit in Gerichtsverfahren

149 Zu einer **gewissen,** aber vielfach als noch nicht ausreichend betrachteten (→ *Schlingloff* WRP 2018, 666; GRUR-Stellungnahme zum RefE-GeschGehG, GRUR 2018, 708 (711 f.)) **Verbesserung der Rechtslage** haben aus Sicht der Inhaber von Geschäftsgeheimnissen die von Art. 9 Geschäftsgeheimnis-RL verlangten und in §§ 16 ff. GeschGehG in deutsches Recht umgesetzten Änderungen des Verfahrensrechts geführt (→ Übersicht Vor §§ 16–20, Rn. 4 ff.). Sie sind „nicht revolutionär" (*Ohly* GRUR 2019, 441 (450)) und sehen insbesondere kein „in camera"-Verfahren (→ Vor §§ 16–20, Rn. 7 ff.) vor. Die starken **Defizite der herkömmlichen deutschen Vorschriften** waren seit geraumer Zeit weithin beklagt worden. Verfügbar waren lediglich vereinzelte Behelfe des allgemeinen Zivilprozessrechts (§ 172 Nr. 2 GVG: Ausschluss der Öffentlichkeit; § 174 Abs. 3 S. 1 GVG: Geheimhaltungsanordnung gegenüber Personen, die an der Verhandlung unter Ausschluss der Öffentlichkeit durchgeführten Verhandlung teilnehmen), die ein insgesamt unzureichendes, sehr lückenhaftes Bild ergaben (*McGuire* GRUR 2015, 424 (427 ff.); *Deichfuß* GRUR 2015, 436; *Redeker/Pres/Gittinger* WRP 2015, 812 ff.; *Gärtner/Goßler* Mitt. 2018, 204 ff.). Der Geheimnisinhaber, der eine mutmaßliche Verletzung seiner Rechte gerichtlich verfolgen wollte, stand – plakativ gesagt – vor dem Dilemma, entweder sein Geheimnis oder den Prozess, womöglich auch beides zu verlieren (*Rojahn* FS Loewenheim, 2009, 251; *Stürner* JZ 1985, 453 (457); *Stadler* NJW 1989, 1202; *Hauck* NJW 2016, 2218 (2222); *Ann* GRUR-Prax. 2016, 465 (467): Wahl zwischen „Pest […] und Cholera"). Demgegenüber hat der europäische Gesetzgeber mit Art. 9 Geschäftsgeheimnis-RL den Versuch unternommen, für die **„Wahrung der Vertraulichkeit von Geschäftsgeheimnissen im Verlauf von Gerichtsverfahren"** einen **umfassenden Ansatz** zu finden. Dieser kann in **drei Stufen** unterteilt werden:

150 Auf der **ersten Stufe** wird **kategorisch angeordnet,** die Mitgliedstaaten müssten **bestimmte Schutzvorkehrungen sicherstellen.** Dies gilt vornehmlich für das in Art. 9 Abs. 1 S. 1 Geschäftsgeheimnis-RL (vgl. § 16–18, 20 GeschGehG) beschriebene, an alle Verfahrensbeteiligten gerichtete Verbot, die ihnen im Zuge des Prozesses bekanntwerdenden fremden Geschäftsgeheimnisse zu nutzen oder offenzulegen. Voraussetzung ist, dass das Gericht das betreffende (angebliche) Geschäftsgeheimnis aufgrund eines begründeten Parteiantrags **als vertraulich eingestuft** hat. Ferner haben die Mitgliedstaaten gemäß Art. 9 Abs. 2 sicherzustellen, dass die Gerichte auf Antrag **„spezifische Maßnahmen"** treffen können, die zur Wahrung der Vertraulichkeit erforderlich sind. Welche Maßnahmen hier infrage kommen, bleibt offen und soll allem Anschein nach eine Konkretisierung seitens des nationalen Gesetzgebers sowie eine stark auf den Einzelfall bezogene gerichtliche Entscheidung ermöglichen (vgl. § 19 GeschGehG). Gleichzeitig zieht Art. 9 Abs. 2 aber in weiteren Unterabsätzen eine Untergrenze in Form bestimmter Maßnahmen, die den Gerichten auf jeden Fall zur Verfügung gestellt werden müssen.

Auf der **zweiten Stufe** geht es um **fakultative Ergänzungen,** zu denen die Mitgliedstaaten die zuständigen Gerichte ebenfalls ermächtigen können. Dies betrifft die Autorisierung der Gerichte, die eben erwähnten Schutzmaßnahmen auch **von Amts wegen,** also nicht nur aufgrund eines begründeten **Parteiantrags** anzuordnen. Von dieser Möglichkeit wurde im GeschGehG kein Gebrauch gemacht. **151**

Als **dritte Stufe** kann das in Art. 9 Abs. 3 formulierte, **unmittelbar an die nationalen Gerichte gerichtete Gebot** verstanden werden, bei ihren Entscheidungen über die durch Art. 9 Abs. 2 ermöglichten Maßnahmen die aus dem Grundsatz der Verhältnismäßigkeit abzuleitende Notwendigkeit zu berücksichtigen, die **anerkennenswerten Interessen der Beteiligten in einem fairen Verfahren zu einem angemessenen Ausgleich zu bringen.** Konkret geht es um das Recht des Geheimnisinhabers, wirksame Rechtsbehelfe an die Hand zu bekommen, ebenso wie um die legitimen Interessen der Parteien und Dritter im Allgemeinen, darüber hinaus um den möglichen Schaden, der einer Partei oder Dritten durch die Gewährung oder Ablehnung der betreffenden Maßnahmen entstehen kann. Eine **an den Besonderheiten des Einzelfalls ausgerichtete Interessenabwägung** wird den zuständigen Gerichten demnach nicht nur zugestanden, sondern **vorgeschrieben.** In § 19 Abs. 1 GeschGehG klingt dieses Gebot in abweichenden Formulierungen und inhaltlich nicht ganz deckungsgleich an (→ § 19 Rn. 3 ff.). Bei abstrakter Betrachtung mag die Auflösung des schon in den Art. 6 und 7 angelegten Interessengegensatzes einer Quadratur des Kreises nahekommen. In der Praxis wird der Umgang mit diesen Vorschriften den deutschen Gerichten wohl keine unüberwindlichen Schwierigkeiten bereiten, sind einzelfallabhängige Interessenabwägungen doch seit jeher Bestandteil des Lauterkeitsrechts im Allgemeinen und verschiedener Aspekte des traditionellen Schutzes von Geschäftsgeheimnissen im Besonderen. Ferner ist speziell in verfahrensrechtlichem Zusammenhang an die Entscheidung „Faxkarte" (BGH GRUR 2002, 1173) und an die für den Patentverletzungsprozess entwickelten „checks and balances" der **„Düsseldorfer Praxis"** (→ Vor §§ 16–20, Rn. 25; *Deichfuß* GRUR 2015, 436; *Redeker/Pres/Gittinger* WRP 2015, 812 (814 f.); *McGuire* GRUR 2015, 424 (430 ff.); *Kalbfus* GRUR 2016, 1009 (1015)) zu erinnern. **152**

Insgesamt aber dürfte die Beachtung der in Art. 9 enthaltenen Vorgaben, insbesondere die **Verzahnung dieser Spezialregelungen mit dem jeweiligen nationalen Zivilprozessrecht,** zu den anspruchsvollsten Themen der richtlinienkonformen Umsetzung durch die Mitgliedstaaten gehört haben und auch in Zukunft gehören (hierzu schon die Überlegungen von *McGuire* in GRUR 2015, 424 (427 ff.); die Begründung des RegE GeschGehG, BT-Drs. 19/4724, 35 ff., und im Einzelnen die Kommentierung zu §§ 16 bis 20). Als rundum gelungen kann sie noch nicht gelten (→ Rn. 149). **153**

VI. Stellung des GeschGehG im Rechtssystem

1. Völkerrechtliche Vorgaben

Schrifttum: *Bronckers/McNelis,* Is the EU obliged to improve the protection of trade secrets? An inquiry into TRIPS, the European Convention on Human Rights and the EU Charter of Fundamental Rights, [2012] EIPR 673; *Busche/Stoll/Wiebe,* TRIPs, Internationales und europäisches Recht des geistigen Eigentums, 2. Aufl. 2013; *Fromm-Russenschuck/Dugall,* WTO und TRIPs, 2004; *Gervais,* The TRIPS Agreement, Drafting History and Analysis,

4th Ed. 2012; *Kraßer,* The protection of Trade Secrets in the TRIPs Agreement in Beier/Schricker, From GATT to TRIPs – The Agreement on Trade-Related Aspects of Intellectual Property Rights, 1996, 216; *Meili,* Der Schutz von Know-how nach schweizerischem und internationalem Recht – Anpassungsbedarf aufgrund des TRIPS-Abkommens?, 2000; *Müller,* Der Schutz von Know-how nach dem TRIPs-Übereinkommen, 2003; *Reger,* Der internationale Schutz gegen unlauteren Wettbewerb und das TRIPS-Übereinkommen, 1999; *Şehirali,* Schutz des Know-how nach türkischem, deutschem und europäischem Recht, 2004; *Surblytė,* Enhancing TRIPS: Trade Secrets and Reverse Engineering in Ullrich/Hilty/Lamping/Drexl, TRIPS plus 20, 2016, 725; *Ulrich,* Technologieschutz nach TRIPS: Prinzipien und Probleme, GRUR Int 1995, 623.

154 **a) Allgemeines.** Völkerrechtlich vorgegeben ist ein Schutz von Geschäftsgeheimnissen durch Art. 39 TRIPS (BGBl. II v. 9.9.1994, 1730, 1740). Das am 1.1.1995 in Kraft getretene Übereinkommen **bindet** sowohl die **Europäische Union** als Ganzes (vgl. Geschäftsgeheimnis-RL, ErwGr. 5 und Beschluss 94/800/EG des Rates v. 22.12.1994 über den Abschluss der Übereinkünfte im Rahmen der multilateralen Verhandlungen der Uruguay-Runde (1986–1994) im Namen der Europäischen Gemeinschaft in Bezug auf die in ihre Zuständigkeiten fallenden Bereiche, ABl. (EG) Nr. L 336 v. 23.12.1994, S. 1) als auch unmittelbar die **Bundesrepublik Deutschland** (vgl. *Peter/Wiebe* in Busche/Stoll/Wiebe TRIPS Art. 39 Rn. 3; *Müller* TRIPS 5; RegE Gesetz zu dem Übereinkommen vom 15.4.1994 zur Errichtung der Welthandelsorganisation, BT-Drs. 12/7655 (neu), 344). Der Konzeption des Übereinkommens folgend formuliert Art. 39 TRIPS einen **Mindestschutzstandard,** der von den Signatarstaaten nicht unter-, sehr wohl aber überschritten werden darf (Art. 1 Abs. 1 S. 2 TRIPS). Art. 39 TRIPS einschließlich der amtlichen Fußnote 10 lautet:

Artikel 39

(1) Bei der Sicherung eines wirksamen Schutzes gegen unlauteren Wettbewerb, wie er in Artikel 10bis der Pariser Verbandsübereinkunft (1967) vorgesehen ist, schützen die Mitglieder nicht offenbarte Informationen nach Maßgabe des Absatzes 2 und Regierungen oder Regierungsstellen vorgelegte Daten nach Maßgabe des Absatzes 3.

(2) Natürliche und juristische Personen haben die Möglichkeit, zu verhindern, dass Informationen, die rechtmäßig unter ihrer Kontrolle stehen, ohne ihre Zustimmung auf eine Weise, die den anständigen Gepflogenheiten in Gewerbe und Handel zuwiderläuft,[1] Dritten offenbart, von diesen erworben oder benutzt werden, solange diese Informationen

(a) in dem Sinne geheim sind, dass sie entweder in ihrer Gesamtheit oder in der genauen Anordnung und Zusammenstellung ihrer Bestandteile Personen in den Kreisen, die üblicherweise mit den fraglichen Informationen zu tun haben, nicht allgemein bekannt oder leicht zugänglich sind,
(b) wirtschaftlichen Wert haben, weil sie geheim sind, und
(c) Gegenstand von den Umständen nach angemessenen Geheimhaltungsmaßnahmen seitens der Person waren, unter deren Kontrolle sie rechtmäßig stehen.

---

[1] Im Sinne dieser Bestimmung bedeutet „eine Weise, die den anständigen Gepflogenheiten in Gewerbe und Handel zuwiderläuft" zumindest Handlungen wie Vertragsbruch, Vertrauensbruch und Verleitung dazu und schließt den Erwerb nicht offenbarter Informationen durch Dritte ein, die wussten oder grob fahrlässig nicht wussten, dass solche Handlungen beim Erwerb eine Rolle spielten.

(3) Mitglieder, in denen die Vorlage nicht offenbarter Test- oder sonstiger Daten, deren Erstellung beträchtlichen Aufwand verursacht, Voraussetzung für die Marktzulassung pharmazeutischer oder agrochemischer Erzeugnisse ist, in denen neue chemische Stoffe verwendet werden, schützen diese Daten vor unlauterem gewerblichen Gebrauch. Darüber hinaus schützen die Mitglieder solche Daten vor Offenbarung, es sei denn, dass diese zum Schutz der Öffentlichkeit notwendig ist oder dass Maßnahmen ergriffen werden, um sicherzustellen, dass die Daten vor unlauterem gewerblichen Gebrauch geschützt werden.

Bereits vor Umsetzung der Geschäftsgeheimnis-RL durch das GeschGehG vertrat die Bundesregierung die Auffassung, dass das deutsche Recht allgemein – und somit auch hinsichtlich des Schutzes von Geschäftsgeheimnissen – **TRIPS-konform** sei (BT-Drs. 12/7655, 345). Zu diesem Ergebnis gelangten auch verschiedentliche rechtswissenschaftliche Untersuchungen (*Müller* TRIPS 178 f.; *Reger* TRIPS 285). Dieses Ergebnis war allerdings nur richtig, wenn man auch die zur Verfügung stehenden Generalklauseln der §§ 3 Abs. 1 UWG und 826 BGB zum Schutz von Geschäftsgeheimnissen mit heranzog. Eine isolierte Anwendung der §§ 17 ff. UWG a.F. hätte keine Konformität mit Art. 39 TRIPS sichergestellt (vgl. *Kalbfus* Know-how-Schutz Rn. 239, 253 u. 267). Die **Geschäftsgeheimnis-RL** und deren Umsetzung durch das **GeschGehG** genügen den Anforderungen dagegen grundsätzlich sowohl hinsichtlich des Schutzgegenstandes, als auch hinsichtlich des Schutzumfangs. Hinsichtlich des Schutzgegenstandes gilt dies für das GeschGehG aber nur, wenn man dem Merkmal des „berechtigten Interesses" (§ 2 Nr. 1 lit. c) keine eigenständige Bedeutung beimisst (→ § 2 Rn. 69). **155**

b) Unmittelbare Anwendbarkeit des Art. 39 TRIPS. Umstritten ist, ob die Bestimmungen des Art. 39 Abs. 1, 2 TRIPS unmittelbar anwendbar sind, also ob **einzelne Rechtssubjekte** sich auf die Norm berufen und aus ihr unmittelbar Rechte ableiten können. Während einige Stimmen im Schrifttum hiervon mit Verweis auf eine hinreichend exakte Definition des Schutzgegenstandes und der Verletzungshandlungen ausgehen (*Müller* TRIPS 119 f.; *Reger* TRIPS 282 f.), entnimmt die Gegenansicht der Dachkonstruktion des Art. 39 Abs. 1 TRIPS, dass unmittelbare Adressaten der Norm lediglich die Signatarstaaten seien und es noch eines Umsetzungsaktes bedürfe (*Peter/Wiebe* in Busche/Stoll/Wiebe TRIPS Art. 39 Rn. 11 u. 13 f.). Mangels näherer Definition von Sanktionen für den Verletzungsfall wird man indes eine unmittelbare Anwendbarkeit – wenn überhaupt – jedenfalls nur bei Heranziehung einer Ausführungsnorm (wie etwa § 823 Abs. 2 BGB) annehmen können. Der Streit dürfte sich allerdings wesentlich dadurch entschärft haben, dass in der Europäischen Union und in Deutschland mit der Geschäftsgeheimnis-RL und dem GeschGehG inzwischen entsprechende Umsetzungsakte bestehen, die den Vorgaben des TRIPS gerecht werden. **156**

c) Einzelne Regelungsinhalte. aa) Verhältnis zur PVÜ, Art. 39 Abs. 1 TRIPS. Art. 39 Abs. 1 TRIPS zieht eine **Referenz auf Art. 10bis PVÜ** vor die Klammer und stellt damit klar, dass es sich bei der Verpflichtung der Signatarstaaten zur Gewährleistung eines Mindestschutzniveaus für Geschäftsgeheimnisse der Natur nach um eine lauterkeitsrechtliche Verpflichtung handeln soll. Hintergrund der Regelung ist, dass im Rahmen der TRIPS-Verhandlungen kein Konsens darüber erzielt wurde, ob und inwieweit Geschäftsgeheimnisse als Form des geistigen Eigentums anzusehen sind (*Peter/Wiebe* in Busche/Stoll/Wiebe TRIPS Art. 39 **157**

Rn. 3; *Müller* TRIPS 105; *Reger* TRIPS 248). Die **lauterkeitsrechtliche Einordnung** stellte letztlich einen Kompromiss dar, der es ermöglichte, den Schutz in das TRIPS-Übereinkommen aufzunehmen (*Gervais* TRIPS Art. 39 Rn. 2.486), obgleich es sich dabei im Übrigen um ein Übereinkommen zum Schutz geistigen Eigentums handelt (vgl. Art. 1 Abs. 2 TRIPS).

158 **bb) Schutzgegenstand und -voraussetzungen, Art. 39 Abs. 2 TRIPS.** Art. 39 Abs. 2 TRIPS definiert den **Schutzgegenstand.** Anstelle des Begriffs „Geschäftsgeheimnis" wird allerdings der Terminus **„nicht offenbarte Informationen"** (*undisclosed information*) verwendet. Durch die Wahl dieser neutralen Bezeichnung, sollte eine Vorprägung durch in den nationalen Rechtsordnungen etablierte Begrifflichkeiten vermieden werden (*Peter/Wiebe* in Busche/Stoll/Wiebe TRIPS Art. 39 Rn. 7; *Gervais* TRIPS Art. 39 Rn. 2.486; *Müller* TRIPS 123). Inhaltlich sind die nicht offenbarten Informationen durch folgende Merkmale näher bestimmt: (1) Sie müssen geheim sein in dem Sinne, dass sie entweder in ihrer Gesamtheit oder in der genauen Anordnung oder Zusammenstellung ihrer Bestandteile Personen in den Kreisen, die üblicherweise mit der fraglichen Information zu tun haben, nicht allgemein bekannt oder leicht zugänglich sind. (2) Sie müssen wirtschaftlichen Wert haben, weil sie geheim sind. (3) Sie müssen Gegenstand von den Umständen nach angemessenen Geheimhaltungsmaßnahmen seitens der Person sein, unter deren Kontrolle sie stehen.

159 Der EU-Gesetzgeber hat die Definition des TRIPS nahezu wortgleich in **Art. 2 Abs. 1 Geschäftsgeheimnis-RL** übernommen, und auch der deutsche Gesetzgeber beabsichtigte jedenfalls ursprünglich eine inhaltlich kongruente Umsetzung in **§ 2 Nr. 1 GeschGehG,** wenngleich er die Merkmale gemäß Art. 39 Abs. 2 lit. (a) und (b) TRIPS sprachlich in § 2 Nr. 1 lit. a GeschGehG zusammengezogen hat (*Ohly* GRUR 2019, 441, 442; zum Ganzen näher → § 2 Rn. 3 ff.). Im Verlauf des Gesetzgebungsverfahrens fügte der deutsche Gesetzgeber dann freilich das zusätzliche Merkmal eines „berechtigten Interesses an der Geheimhaltung" ein (§ 2 Nr. 1 lit. c GeschGehG, vgl. BT-Drs. 19/8300, 4 u. 13 f.; → § 2 Rn. 66 ff.). Abgesehen von letzterem ist das Begriffsverständnis von TRIPS-Übereinkommen, Geschäftsgeheimnis-RL und GeschGehG im Ergebnis deckungsgleich (→ § 2 Rn. 8).

160 Hinsichtlich des **Schutzumfangs** verpflichtet Art. 39 Abs. 1, 2 TRIPS die Signatarstaaten, zu gewährleisten, dass natürliche und juristische Personen die Möglichkeit haben, zu verhindern, dass nicht offenbarte Informationen, die rechtmäßig unter ihrer Kontrolle stehen, ohne ihre Zustimmung auf eine Weise, die den anständigen Gepflogenheiten in Gewerbe und Handel zuwiderläuft, Dritten offenbart, von diesen erworben oder benutzt werden. Damit wird sowohl der persönliche, als auch der sachliche Schutzbereich vorgegeben. Den persönlichen Schutzbereich bilden die Geschäftsgeheimnis-RL und das nationale GeschGehG jeweils durch entsprechende Definition des **„Inhabers eines Geschäftsgeheimnisses"** (Art. 2 Abs. 2 bzw. § 2 Abs. 2) ab.

161 Der sachliche Schutzumfang wird durch die aus Art. 10bis Abs. 2 PVÜ übernommene generalklauselartige Formulierung der ***„anständigen Gepflogenheiten in Gewerbe und Handel"*** umschrieben. Ergänzend erfolgt eine nähere Eingrenzung durch die (amtliche) Fußnote 10. Danach fallen unter diesen Begriff zumindest Handlungen wie Vertragsbruch, Vertrauensbruch und Verleitung dazu. Erfasst sein soll außerdem der Erwerb nicht offenbarter Informationen durch Dritte, die wussten oder infolge grober Fahrlässigkeit nicht wussten, dass solche Handlungen

bei dem (Vor-) Erwerb der Informationen eine Rolle spielten. Die konkretisierend aufgezählten Verhaltensweisen sind allerdings nicht abschließend. Ebenfalls erfasst sein sollen etwa Formen der Betriebsspionage (*Peter/Wiebe* in Busche/Stoll/Wiebe TRIPS Art. 39 Rn. 28; *Reger* TRIPS 268 f.; *Müller* TRIPS 143), die sich freilich ihrerseits nicht klar eingrenzen lassen.

Die **Geschäftsgeheimnis-RL** und das **GeschGehG** setzen die Vorgaben insbesondere durch Art. 4 bzw. § 4 um, wobei die generalklauselartige Bestimmung des Art. 4 Abs. 2 lit. b Geschäftsgeheimnis-RL (entsprechend: § 4 Abs. 1 Nr. 2 GeschGehG) dem nicht abschließenden Charakter der TRIPS-Vorgaben Rechnung trägt. Der in Fußnote 10 explizit genannte Tatbestand des Vertragsbruchs findet in Art. 4 Abs. 3 lit. b und c Geschäftsgeheimnis-RL sowie in § 4 Abs. 2 Nr. 2 und 3 GeschGehG seine Entsprechung. Die Fälle der mittelbaren Geheimnisverletzung adressieren Art. 4 Abs. 4 Geschäftsgeheimnis-RL und § 4 Abs. 3 S. 1 GeschGehG. **162**

Soweit die europäischen und nationalen Regelungen zwingende **Schutzschranken** vorsehen (Art. 5 Geschäftsgeheimnis-RL, § 5 GeschGehG), ist davon auszugehen, dass diese Schranken keine Handlungen ermöglichen, die *„anständigen Gepflogenheiten in Gewerbe und Handel"* iSv Art. 39 Abs. 2 TRIPS zuwider laufen und somit nicht in Konflikt mit den TRIPS-Vorgaben stehen. **163**

cc) Schutz von Testdaten, Art. 39 Abs. 3 TRIPS. Art. 39 Abs. 3 TRIPS betrifft den **Schutz geheimer Test- oder sonstiger Daten,** die im Rahmen eines Zulassungsverfahrens für pharmazeutische oder agrochemischer Erzeugnisse aufgrund regulatorischer Erfordernisse bei der zuständigen Stelle eingereicht werden müssen. Weder die Geschäftsgeheimnis-RL noch das GeschGehG adressieren diese Thematik. Sie wird in der EU und in Deutschland einerseits durch öffentlich-rechtliche Sondergesetze (zB §§ 24a ff. AMG; zum europäischen Arzneimittelrecht: *Gassner* GRUR Int 2004, 983) adressiert. Andererseits gewährleisten verwaltungsverfahrensrechtliche Vorschriften (zB §§ 6 S. 2 IFG, 29 Abs. 2 VwVfG) und ergänzende strafrechtliche Sanktionen (§§ 203 Abs. 2 Nr. 1, 204 StGB) die Wahrung der Geheimnisqualität solcher Daten (vgl. → § 2 Rn. 25 und *Kalbfus* WRP 2013, 584 Rn. 11). Die genannten Vorschriften bleiben durch das GeschGehG gemäß §§ 1 Abs. 2, Abs. 3 Nr. 1 unberührt. **164**

2. Unionsrechtlicher Rahmen

a) Primärrecht. Geschäftsgeheimnisse genießen Schutz auf der Ebene des EU-Primärrechts. Die genaue Rechtsgrundlage sowie Art und Umfang des Schutzes werden jedoch nicht immer konsistent bestimmt. Zunächst ausgehend von den heute in Art. 339 AEUV normierten Geheimhaltungspflichten der EU-Organe hat der EuGH den Schutz von Geschäftsgeheimnissen in ständiger Rechtsprechung als **allgemeinen Rechtsgrundsatz des Unionsrechts** anerkannt (EuGH EuZW 2018, 697 Rn. 53 – BaFin/Baumeister; EuGH NVwZ 2012, 615 Rn. 43 – Interseroh/SAM; EuGH EuZW 2008, 209 Rn. 49 – Varec/Belgien; EuGH C-36/92 P, Slg 1992, I-1911 Rn. 36 f. – SEP/Kommission; EuGH 53/85, Slg. 1986, 1965 Rn. 28 – AKZO Chemie/Kommission; *Steinle* in Streinz AEUV Art. 339 Rn. 3). Gelegentlich wurde daneben das in Art. 8 EMRK verankerte Recht auf Achtung des Privatlebens als Rechtsgrundlage herangezogen (EuGH EuZW 2008, 209 Rn. 48 – Varec/Belgien). Anerkannt ist zudem, dass Geschäftsgeheimnisse Schutz nach Art. 6 Abs. 1 EUV iVm der **EU-Grundrechtecharta** genießen, wobei allerdings – ähnlich wie im nationalen Verfassungs- **165**

recht – die exakte Verortung des Schutzes nicht abschließend geklärt ist. Teils wird der Schutz von Geschäftsgeheimnissen hier als Bestandteil der **unternehmerischen Freiheit** gemäß **Art. 16 EUGRCh** gesehen (*Jarass* GrCh Art. 16 Rn. 10; *Schoch* IFG § 6 Rn. 14; vgl. auch EuGH EuZW 2004, 764 Rn. 49 – Axel Springer), teilweise als Ausschnitt des **Eigentumsgrundrechts** gemäß **Art. 17 EUGRCh** (*Jarass* GrCh Art. 17 Rn. 10; *Schoch,* IFG, § 6 Rn. 14; *Bronckers/McNelis* [2012] EIPR 673, 682; vgl. auch EuGH C-368/96, Slg. 1998, I-7967 Rn. 85 – Generics). Mitunter wird auch **Art. 6 Abs. 2 EUV iVm Art. 1 Abs. 1 des Zusatzprotokolls zur EMRK** zum Schutz von Geschäftsgeheimnissen herangezogen (*Bronckers/McNelis* [2012] EIPR 673, 680).

166 **b) Richtlinie (EU) 2016/943 (Geschäftsgeheimnis-Richtlinie).** Auf der Ebene des Sekundärrechts wird der Schutz von Geschäftsgeheimnissen zentral durch die Geschäftsgeheimnis-RL (**Richtlinie (EU) 2016/943 vom 8. Juni 2016 über den Schutz vertraulichen Know-hows und vertraulicher Geschäftsinformationen (Geschäftsgeheimnisse) vor rechtswidrigem Erwerb, sowie rechtswidriger Nutzung und Offenlegung,** ABl. (EU) Nr. L 157 v. 15.6.2016, S. 1) gewährleistet. Die Richtlinie trat am 5.7.2016 in Kraft (Art. 20 Geschäftsgeheimnis-RL) und war bis zum 9.6.2018 in nationales Recht umzusetzen (Art. 19 Abs. 1 Geschäftsgeheimnis-RL). Die Grundzüge der Geschäftsgeheimnis-RL und ihre Entstehungsgeschichte sind kommentiert in → Einl. Rn. 58 ff.

167 **c) Weiteres Sekundärrecht.** Insbesondere vor Inkrafttreten der Geschäftsgeheimnis-RL diskutiert wurde gelegentlich die Anwendbarkeit der Durchsetzungs-RL **(Richtlinie 2004/48/EG zur Durchsetzung der Rechte des geistigen Eigentums)** auf Geschäftsgeheimnisse. Inzwischen hat die Frage an Gewicht verloren, da die Geschäftsgeheimnis-RL ein eigenes, vergleichbares Rechtsfolgenregime vorsieht, das der Durchsetzungs-RL gemäß **Erwgr. 39** Geschäftsgeheimnis-RL im Falle von Überschneidungen des Anwendungsbereichs als **speziellere Regelung** vorgeht. Bedeutung hätte eine Anwendbarkeit der Durchsetzungs-RL deshalb allenfalls noch, soweit es um bestimmte Rechtsfolgen geht, die von der Geschäftsgeheimnis-RL nicht vorgegeben sind. Beispielhaft zu nennen wären Maßnahmen zur Beweissicherung (Art. 7 Durchsetzungs-RL) oder das Recht auf Auskunft (Art. 8 Durchsetzungs-RL). Wegen ihres grundsätzlichen Mindestschutzcharakters (Art. 1 Abs. 1 UAbs. 2) hindert die Geschäftsgeheimnis-RL den nationalen Gesetzgeber nicht, solche weitergehenden Rechtsfolgen für den Fall einer Verletzung von Geschäftsgeheimnissen vorzusehen. Eine entsprechende Verpflichtung lässt sich aus der Durchsetzungs-RL aber nicht ableiten. Bereits vor Inkrafttreten der Geschäftsgeheimnis-RL wurde die Durchsetzungs-RL nach überwiegender Ansicht als auf den Schutz von Geschäftsgeheimnissen nicht anwendbar erachtet (*Kalbfus/Harte-Bavendamm* GRUR 2014, 453). Dies entsprach der Sichtweise in den meisten Mitgliedsstaaten der EU (*Report on Trade Secrets for the European Commission* MARKT/2010/20/D, Rn. 264). Zwar definiert die Durchsetzungs-RL selbst in Art. 1 S. 2 den für ihren Anwendungsbereich entscheidenden Begriff des „Rechts des geistigen Eigentums“ nur sehr vage dahingehend, dass auch die gewerblichen Schutzrechte erfasst sein sollen. Den Rechtstraditionen der meisten EU-Mitgliedsstaaten entspricht es aber, Geschäftsgeheimnisse nicht als Rechte des geistigen Eigentums einzuordnen (*Bronckers/McNelis* [2012] EIPR 673, 682). Auch die EU-Kommission nannte Geschäftsgeheimnisse in einer – zwar nicht abschließenden, aber

doch umfangreichen – Aufzählung der unter die Durchsetzungs-RL fallenden Rechte (ABl. (EU) Nr. L 94 vom 13.4.2005, S. 37) gerade nicht.

3. Verfassungsrechtlicher Rahmen

Schrifttum: *Berg,* Der Schutz von Betriebs- und Geschäftsgeheimnissen im öffentlichen Recht unter besonderer Berücksichtigung des Umweltinformationsgesetzes, GewArch 1996, 177; *Brammsen,* Wirtschaftsgeheimnisse als Verfassungseigentum, Der Schutz der Betriebs- und Geschäftsgeheimnisse gem. Art. 14 GG, DÖV 2007, 10; *Cha,* Der verfassungsrechtliche Schutz der Betriebs- und Geschäftsgeheimnisse, 2016; *Gajeck,* Das Wirtschaftsgeheimnis in der Verfassung, Betriebs- und Geschäftsgeheimnisse im Lichte der Art. 12 Abs. 1, 14 GG, 2018; *Kuhn,* Der verfassungsrechtliche Schutz von Betriebs- und Geschäftsgeheimnissen, 2015; *v. Lilienfeld-Toal,* Das allgemeine Persönlichkeitsrecht juristischer Personen des Zivilrechts, Frankfurt am Main 2003; *Pfister,* Das technische Geheimnis „Know how" als Vermögensrecht, 1974; *Wolf,* Der Schutz des Betriebs- und Geschäftsgeheimnisses, Verfassungsrechtliche Grundlagen und Ausgestaltung in den modernen Informationsfreiheitsgesetzen, 2015; *Wolff,* Der verfassungsrechtliche Schutz der Betriebs- und Geschäftsgeheimnisse, NJW 1997, 98.

Trotz der weitgehenden Determinierung des GeschGehG durch die Geschäfts- **168**
geheimnis-RL bleibt der durch das **Grundgesetz** gewährleistete Schutz von Geschäftsgeheimnissen relevant. Aufgrund ihres Mindestschutzcharakters verbleiben dem nationalen Gesetzgeber Spielräume bei der Richtlinienumsetzung. Bei der Ausgestaltung der gesetzlichen Regelungen hat er die nationalen Grundrechte ebenso zu berücksichtigen wie der Rechtsanwender bei der Auslegung von Generalklauseln und unbestimmten Rechtsbegriffen. Zu erfolgen hat dabei auch jeweils eine Abwägung mit gegenläufigen Grundrechtspositionen Dritter.

Als vermögenswertes Gut genießen Geschäftsgeheimnisse verfassungsrechtli- **169**
chen Schutz, der zum Teil als Ausschnitt der **Berufsausübungsfreiheit** bei **Art. 12 Abs. 1 GG** verortet wird (BVerfGE 115, 205 (229) – Geschäftsgeheimnis; BVerfG NJW 2014, 1581 Rn. 21 – Ermittlungsakten; BVerwG NVwZ 2020, 715 Rn. 11; *Wolff* NJW 1997, 98, 101; *Schoch* IFG § 6 Rn. 8; differenzierend: *Wolf* Betriebsgeheimnis 120 ff.). Andere Stimmen sehen Geschäftsgeheimnisse (zusätzlich oder ausschließlich) durch die **Eigentumsgarantie (Art. 14 Abs. 1 GG)** geschützt (BGH GRUR 2002, 91 (93) – Spritzgießwerkzeuge: Art. 2 Abs. 1, 14 GG; BAG NZA 1994, 502 (505); BVerwG NVwZ 2020, 715 Rn. 11; BVerwG NVwZ 2009, 1114 Rn. 16; *Brammsen,* DÖV 2007, 10, 12 ff.; *Pfister* Know-how 42 ff.; *Schoch* IFG § 6 Rn. 8; *Gajeck* Wirtschaftsgeheimnis 233 ff.; differenzierend: *Wolf* Betriebsgeheimnis 73 ff.). Das BVerfG hat bislang offengelassen, ob der Schutz auch durch Art. 14 Abs. 1 GG gewährleistet wird und ausgeführt, dass ein solcher Schutz jedenfalls nicht weiterginge als der durch die Berufsfreiheit gewährleistete (BVerfGE 115, 205 (248) – Geschäftsgeheimnis). Für einen Schutz durch Art. 14 Abs. 1 GG spricht jedenfalls Vieles, soweit Geschäftsgeheimnisse vertraglich – etwa durch **Vertraulichkeitsvereinbarungen** – abgesichert sind, da auch schuldrechtliche Ansprüche (Forderungen) dem verfassungsrechtlichen Eigentumsbegriff unterfallen (BVerfGE 115, 97 (111) – Halbteilungsgrundsatz; BVerfGE 95, 267 (300) – Altschulden). Ebenso bilden etliche Gegenstände von Geschäftsgeheimnissen rechtlich verselbständigte Positionen, die ohne weiteres Schutz als Verfassungseigentum genießen. Das trifft beispielsweise auf **Erfindungen** zu, an denen bereits vor Anmeldung eines Patents geschützte und übertragbare Rechtspositionen (Recht an der Erfindung/auf das Patent) bestehen (vgl.

Ann Patentrecht § 19 Rn. 2; *Wolf* Betriebsgeheimnis 96). Allerdings ergibt sich der Schutz als Verfassungseigentum in diesen Fällen nicht schon aus dem Charakter einer Information als Geschäftsgeheimnis, sondern aus anderen rechtlichen Wertungen (zB Vertrags- oder Patentrecht). Ob im Übrigen von einem so verdichteten Schutz ausgegangen werden kann, dass bereits von „Erworbenem" im Sinne des Art. 14 Abs. 1 GG gesprochen werden kann, ist nicht abschließend geklärt. Zu berücksichtigen ist, dass Art. 14 GG grundsätzlich nur vermögenswerte Rechte, nicht aber das Vermögen als solches schützt (BVerfGE 95, 267 (300) – Altschulden; BVerfGE 4, 7 (17) – Investitionshilfe). Erforderlich wäre deshalb eine **Zuordnung des Geschäftsgeheimnisses,** die es dem Berechtigten gestattet, die damit verbundenen Befugnisse in eigenverantwortlicher Entscheidung zu seinem privaten Nutzen auszuüben (BVerfGE 115, 97 (110 f.) – Halbteilungsgrundsatz; BVerfGE 89, 1 (6) – Besitzrecht des Mieters; BVerfGE 83, 201 (209) – Bundesberggesetz). Vor Erlass des GeschGehG ließ sich eine solche Zuordnung den lediglich punktuell wirkenden Strafnormen (insb. §§ 17 ff. UWG a.F.), bei denen es sich um allgemeine Vermögensdelikte handelte (*Brammsen* in MüKoUWG, 2. Aufl. 2014, § 17 Rn. 6) und die daneben allenfalls die Lauterkeit des Wettbewerbs schützten (*Rengier* in Fezer/Büscher/Obergfell UWG § 17 Rn. 4), nicht ohne weiteres entnehmen. Demgegenüber spricht § 2 Nr. 2 GeschGehG nun immerhin von einem **Inhaber des Geschäftsgeheimnisses** und nicht lediglich von einem Anspruchsberechtigten. Die Wahl dieser Terminologie deutet ebenso auf eine gesetzgeberisch gewollte Zuordnung zu einem Rechtssubjekt hin wie die zumindest in der Gesetzesbegründung zum Ausdruck kommende Anerkennung des Lizenznehmers (BT-Drs. 19/4724, 24 f.). Einzelheiten zu den verfassungsrechtlichen Auswirkungen des GeschGehG sind aber bislang offen.

170 Sehr vereinzelt werden Geschäftsgeheimnisse schließlich als Ausprägung des allgemeinen Persönlichkeitsrechts gesehen (*v. Lilienfeld-Toal* Das allgemeine Persönlichkeitsrecht juristischer Personen des Zivilrechts, 2003, 58, 77f; krit.: *Klippel* JZ 1988, 625, 632; *Wolf* Betriebsgeheimnis 120). Der Umstand, dass es bei dem Schutz von Geschäftsgeheimnissen primär um eine Sicherung wirtschaftlicher, **vermögenswerter Positionen** geht (*Berg* GewArch 1996, 177, 178; *Pfister* Know-how 20 f.) und diese regelmäßig keinen personalen Gehalt aufweisen, spricht allerdings dafür, den Schutz bei Art. 12 Abs. 1 GG oder Art. 14 Abs. 1 GG anzusiedeln und nicht als Ausfluss des Persönlichkeitsrechts. Die Definition des Geheimnisbegriffs in § 2 Nr. 1 GeschGehG bringt dies nochmals deutlicher zum Ausdruck als das überkommene nationale Begriffsverständnis in Deutschland. Klargestellt wird erstens, dass sich die Inhaberschaft aus der Möglichkeit zur Kontrolle einer Information ergibt und nicht aufgrund eines persönlichkeitsrechtlichen Bezugs der Information zu einem Rechtssubjekt. Zweitens lässt das Definitionselement des Vermögenswertes erkennen, dass wirtschaftliche Aspekte im Vordergrund stehen.

171 Von der Frage, welches Grundrecht sich seinem Schutzbereich nach auf Geschäftsgeheimnisse erstreckt, zu trennen ist die Frage nach **Reichweite und Schranken des Schutzes,** also die Frage, inwieweit sich daraus konkrete Vorgaben für die einfachrechtliche Ausgestaltung des Schutzes ableiten lassen. Nicht nur die Berufsausübungsfreiheit steht unter einem Gesetzesvorbehalt (Art. 12 Abs. 1 S. 2 GG), auch Art. 14 GG enthält vor allem eine Institutsgarantie (BVerfGE 112, 1 (20) – Bodenreform III). Im Übrigen handelt es sich aber um ein normgeprägtes Grundrecht (*Axer* in Epping/Hillgruber BeckOK GG Art. 14 Rn. 7), das die Ausgestaltung von Inhalt und Schranken des Eigentums an den einfachen Gesetzgeber delegiert. Auch soweit der Schutz von Geschäftsgeheimnissen durch Art. 12 Abs. 1 und/oder Art. 14 Abs. 1 GG gewährleistet wird, ist er also nicht schrankenlos verbürgt, sondern mit **anderen grundrechtlich geschützten Positionen** im Wege praktischer Konkordanz in Ausgleich zu bringen. Der Gesetzgeber hat diese Ausgestaltung – in enger Anlehnung an die Vorgaben der Geschäftsgeheimnis-RL – zum Teil bereits vorgenommen und den Schutz insbesondere durch Erlaubnistatbestände wie die §§ 3 und 5 GeschGehG entsprechenden Schranken unterworfen. Durch den Rechtsanwender besonders zu berücksichtigen und in einen angemessenen Ausgleich zu bringen sind sowohl der verfassungsrechtlich gewährleistete Schutz von Geschäftsgeheimnissen als auch widerstreitende Positionen von Verfassungsrang im Rahmen der Auslegung von Generalklauseln (zB § 4 Abs. 1 Nr. 2 GeschGehG). In diesem Rahmen kann der Grundrechtsschutz mittelbare Drittwirkung gegenüber anderen Privatrechtssubjekten entfalten (vgl. BVerfGE 7, 198 (205 ff.) – Lüth).

Besonders hingewiesen sei auf folgende konkurrierende Positionen: Auch **172** **Wettbewerber** des Geheimnisinhabers können sich ihrerseits auf die Berufsfreiheit gem. Art. 12 Abs. 1 GG sowie die unternehmerische Freiheit gem. Art. 16 EUGRCh berufen. Das Geheimhaltungsinteresse eines Unternehmens kann außerdem mit dem ebenfalls durch Art. 12 GG und Art. 15 Abs. 1 EUGRCh geschützten Interesse eines ehemaligen Arbeitnehmers an **beruflichem Fortkommen** in Konflikt geraten. Insoweit gibt bereits Art. 1 Abs. 3 Geschäftsgeheimnis-RL vor, dass die Geschäftsgeheimnis-RL nicht zur Beschränkung der **Arbeitnehmermobilität** herangezogen werden darf. Auf nationaler Ebene wird dies durch § 1 Abs. 3 Nr. 4 GeschGehG aufgenommen. Ein angemessener Ausgleich zwischen Geheimhaltungsinteresse und Arbeitnehmermobilität ist insbesondere im Rahmen des § 4 Abs. 2 herzustellen (→ Einl. C Rn. 37 ff. und § 4 Rn. 36 ff.). Soweit sonstige Interessen Dritter von Verfassungsrang, etwa das Recht auf **freie Meinungsäußerung** (Art. 5 Abs. 1 S. 1 Alt. 1 GG, Art. 11 Abs. 1 S. 1 EUGRCh), die **Informationsfreiheit** (Art. 5 Abs. 1 S. 1 Alt. 2 GG, Art. 11 Abs. 1 S. 2 EUGRCh), die **Presse- und Medienfreiheit** (Art. 5 Abs. 1 S. 2 GG, Art. 11 Abs. 2 EUGRCh) sowie die **Freiheit von Wissenschaft, Forschung und Lehre** (Art. 5 Abs. 3 GG, Art. 13 EUGRCh), mit dem Schutz von Geschäftsgeheimnissen in Konflikt geraten können, trägt dem insbesondere § 5 GeschGehG Rechnung. Die genannten Grundrechtspositionen sind bei Auslegung der Norm als „berechtigte Interessen" zu berücksichtigen. Soweit das Geheimhaltungsinteresse im Rahmen von Gerichtsverfahren geschützt wird, besteht ein Spannungsfeld mit Verfahrensgrundrechten, namentlich dem **Anspruch auf rechtliches Gehör** (Art. 103 Abs. 1 GG, Art. 47 Abs. 2 EUGRCh) und dem **Rechtsstaatsprinzip.** Das GeschGehG stellt insoweit einen Ausgleich namentlich durch § 19 Abs. 1 S. 2 bis 4 her.

4. Verhältnis zu den Immaterialgüterrechten

a) Verhältnis zum Patentrecht.

Schrifttum: *Ann,* Patentrecht, 8. Aufl. 2022; *ders.,* Produktpiraterie – Bloße Verletzung individueller Rechte oder Bedrohung des Systems gewerblicher Schutzrechte insgesamt?, FS Schilling, 2007, S. 1; *Beckerman-Rodau,* The choice between patent protection and trade secret protection: A legal and business decision, 84 JPTOS (2002), 371; *EUIPO* (Hrsg.), Protecting innovation through trade secrets and patents: Determinants for European Union firms, 2017; *Finger,* Die Offenkundigkeit des mitgeteilten Fachwissens bei Know-how-Verträgen, GRUR

1970, 3; *Friedman/Landes/Posner,* Some economics of trade secret law, 5 J. Econ. Persp. (1991), 61; *Hollenberg,* Die Arbeitnehmererfindung als Geschäftsgeheimnis?, Mitt. 2021, 18; *Hussinger,* Is silence golden? Patents versus secrecy at the firm level, 15 (8) Econ. Innov. New. Techn. (2006), 735; *Nieder,* Offenkundigkeit durch Geheimnisverrat, FS Preu, 1988, 29; *Reimann,* Einige Überlegungen zur Offenkundigkeit im Rahmen von §§ 17 ff. UWG und von § 3 PatG, GRUR 1998, 298; *Tönnies,* Erfindungen – ein Kollektivgut oder die Gedanken sind frei, GRUR 2013, 796; *Wilkof,* The cost of trade secrets: Don't overlook the psychological price being paid, [2017] JIPLP 715.

173 Zwischen dem gesetzlichen Schutz **technischer Geheimnisse** und dem Patentrecht bestehen traditionell zahlreiche Berührungspunkte. Das Verhältnis zwischen beiden Gebieten ist ambivalent. Einerseits stellen Patente und Geschäftsgeheimnisse im Bereich technischer Entwicklungen regelmäßig Schutzalternativen dar. Andererseits lassen sich Wechselwirkungen von teils symbiotischem Charakter feststellen.

174 **aa) Ökonomischer Hintergrund.** Zwischen der theoretischen Rechtfertigung des Schutzes von Geschäftsgeheimnissen und den Patenttheorien besteht in Teilbereichen Einklang, in anderer Hinsicht ist ein Spannungsverhältnis zu verzeichnen. Die Schutzrichtungen von Patentrecht und Geschäftsgeheimnissen ähneln sich zunächst insoweit, als es der vorherrschenden ökonomischen Rechtfertigung des Patentsystems entspricht, durch die Aussicht auf vorübergehende Monopolrenten Anreize für Forschung und Entwicklung und somit letztlich für die Schaffung von Innovationen zu setzen (sog. **Anspornungstheorie,** vgl. *Ann* Patentecht § 3 Rn. 10; *Machlup* GRUR Int 1961, 373, 377). Von ähnlichen Überlegungen ließ sich die Europäische Kommission bei der Harmonisierung des Geheimnisschutzes durch die Geschäftsgeheimnis-RL leiten (vgl. ErwGr. 2 a.E.).

175 Gegenläufige Effekte entfalten Patent- und Geheimnisschutz insofern, als ein wesentliches Ziel des Patentschutzes darin besteht, die Offenlegung neuer Technologien zu fördern und das entsprechende Wissen so der Allgemeinheit zugänglich zu machen. Auf diese Weise wird aus einem dauerhaften Wissensmonopol ein auf die Dauer des Patentschutzes begrenztes temporäres Verwertungsmonopol, nach dessen Ende die Erfindung der Allgemeinheit frei nutzbar zur Verfügung steht (**Offenbarungs- oder Vertragstheorie,** vgl. *Ann* Patentrecht § 3 Rn. 11; *Machlup* GRUR Int 1961, 373, 377). Zugleich werden durch die Möglichkeit allgemeiner Kenntnisnahme und ggf. der Lizenzierung ineffiziente Doppelentwicklungen vermieden, so dass Ressourcen nicht mehrfach zur Erreichung des gleichen technologischen Ziels gebunden werden (*Tönnies* GRUR 2013, 796, 797). Ein zu attraktiv ausgestalteter Geheimnisschutz mag dem Patentsystem technische Entwicklungen entziehen und die erstrebten Effekte insoweit konterkarieren (vgl. *McGuire* GRUR 2016, 1000, 1004). Die „Bekämpfung des Fabrikgeheimnisses" zählt daher zu den klassischen Zielen der Patentgesetzgebung (*Ehmann* AcP 188 (1988), 230, 238 f.).

176 **bb) Interaktion zwischen Geheimnis- und Patentschutz.** Trotz des skizzierten partiellen Spannungsverhältnisses wäre es zu kurz gegriffen, Patentschutz und Geheimhaltung primär als Gegenpole zu verstehen. Tatsächlich ist das **Verhältnis beider Institute** weit **vielschichtiger.** Mit Blick auf deren Wechselwirkungen lassen sich im wesentlichen drei verschiedene Stadien technischer Entwicklungen unterscheiden, nämlich **(1)** die Forschungs- und Entwicklungsphase

bis zur Fertigstellung einer patentfähigen Erfindung, **(2)** die Phase zwischen Fertigstellung der Erfindung und Offenbarung der Patentanmeldung und **(3)** die Phase nach Veröffentlichung bis hin zur Schutzrechtserteilung.

Der Geheimnisschutz ist zunächst notwendiges **Vorstadium eines Patentschutzes,** ohne das ein funktionsfähiges Patentsystem kaum denkbar wäre. Dabei greift der Geheimnisschutz bereits zu einem Zeitpunkt, zu dem Patentschutz noch nicht zu erlangen wäre, da die zugrundeliegende Erfindung noch nicht fertiggestellt ist (zu diesem Erfordernis: BGH GRUR 1971, 210 (212) – Wildverbissverhinderung). Der Geheimnisschutz gewährleistet insoweit die für Forschungs- und Entwicklungszwecke notwendige „Laborzone" (→ Einl. A Rn. 17) eines Unternehmens. Gleichzeitig ist er in diesem Stadium das einzige Instrument, um einen Wettbewerbsvorsprung zu sichern. Insoweit erstreckt sich der Geheimnisschutz auch auf Negativinformationen wie zB die Information, dass eine bestimmte technische Lösung oder ein Entwicklungsansatz gerade nicht oder nicht wie erwünscht funktioniert (vgl. die Erläuterungen zu Section 1 Uniform Trade Secrets Act 1985: *„The definition includes information that has commercial value from a negative viewpoint, for example the results of lengthy and expensive research which proves that a certain process will not work could be of great value to a competitor."*). 177

Ist die **Erfindung fertiggestellt,** überlagern und ergänzen sich patentrechtliches Schutzregime und der Schutz von Geschäftsgeheimnissen. Der patentrechtliche Schutz sichert die Entwicklung namentlich durch das **Recht an der Erfindung** (näher: *Ann* Patentrecht §§ 19, 20) einschließlich des daraus folgenden **Rechts auf das Patent** (§ 6 PatG, Art. 60 EPÜ). Wird die Erfindung in diesem Stadium widerrechtlich entnommen bzw. durch einen Nichtberechtigten zum Patent angemeldet, sieht das Patentrecht eine Vindikation des Anspruchs auf Patenterteilung bzw. des bereits erteilten Schutzrechts vor (§ 8 PatG, Art. II § 5 IntPatÜG). Im deutschen Recht bildet die widerrechtliche Entnahme ferner einen Widerrufsgrund (§ 21 Abs. 1 Nr. 3 PatG). Da das Recht an der Erfindung ein sonstiges Recht iSv § 823 Abs. 1 BGB ist, kommen bei Verletzung (auch in Form der unberechtigten Patentanmeldung) Schadensersatzansprüche in Betracht (BGH GRUR 2020, 986 Rn. 19 – Penetrometer; BGH GRUR 2017, 890 Rn. 34 – Sektionaltor II; BGH GRUR 2016, 1257 Rn. 24 – Beschichtungsverfahren; OLG Düsseldorf GRUR-RS 2022, 2267 Rn. 84 – Schienentransportsystem). Denkbar ist auch ein Bereicherungsausgleich (BGH GRUR 2010, 817 Rn. 24 ff. – Steuervorrichtung). Unabhängig davon leistet der **Geheimnisschutz** – nach wie vor – einen wichtigen Beitrag bei der Sicherung der Erfindung gegen unberechtigten Zugriff, insbesondere, indem er die Rechtsfolgen der §§ 6 ff. GeschGehG bei unberechtigter Nutzung schon vor Patenterteilung bereitstellt. Er wird deshalb ua durch Normen des Arbeitnehmererfinderrechts verstärkt und erweitert (§ 24 Abs. 2, Abs. 3 ArbnErfG). 178

Das **Recht auf das Patent** (§ 6 PatG, Art. 60 EPÜ) setzt voraus, dass eine Erfindung schutzfähig ist (BGH GRUR 2010, 817 Rn. 28 – Steuervorrichtung; BGH NJW NJW-RR 1995, 696 (697) – Gummielastische Masse I; anders das Recht an der Erfindung als solches: BGH GRUR 2010, 817 Rn. 30 – Steuervorrichtung), während das GeschGehG bei Vorliegen eines **Geschäftsgeheimnisses** iSv § 2 Nr. 1 eingreift. Sachliche Berührungspunkte ergeben sich insbesondere zwischen Geheimnisschutz und **Neuheit** iSv § 3 PatG, Art. 54 EPÜ (vgl. *Ohly* in FS Straus, 2009, 535, 547). Für die Neuheit von zentraler Bedeutung ist die fehlende öffentliche Zugänglichkeit (§ 3 Abs. 1 S. 2 PatG, Art. 54 Abs. 2 EPÜ), für das Vorliegen eines Geschäftsgeheimnisses die Nichtoffenkundigkeit (§ 2 Nr. 1 178a lit. a GeschGehG). Beide Kriterien überschneiden sich, sind aber nicht deckungsgleich: Während es an einer Geheimnisqualität nur dann fehlt, wenn eine Information allgemein bekannt oder ohne weiteres zugänglich ist, zählen zum neuheitsschädlichen Stand der Technik (§ 3 Abs. 1 S. 2 PatG, Art. 54 Abs. 2 EPÜ) auch schwer zugängliche Informationen (BGH GRUR 2008, 727 Rn. 19 – Schweißmodulgenerator; vgl. auch BAG 41, 21 – Thrombosol; BGH GRUR 1986, 372 – Thrombozyten-Zählung; *Reimann* GRUR 1998, 298). Eine Information kann deshalb zum **Stand der Technik** zählen und dennoch **Schutz als Geschäftsgeheimnis** genießen (BGH GRUR 2018, 1161 Rn. 39 – Hohlfasermembranspinnanlage II; OLG Düsseldorf WRP 2021, 1080 Rn. 22 = GRUR-RS 2021, 17483 Rn. 26 – CAD-Konstruktionszeichnung; → § 2 Rn. 32). Allerdings führt auch eine **rechtswidrige Offenbarung** unter Missachtung des GeschGehG dazu, dass die betreffende Information Bestandteil des Standes der Technik wird (vgl. BGH GRUR 1966, 484 (487) – Pfennigabsatz; BGH GRUR 1962, 518 (521) – Blitzlichtgerät; *Nieder* in FS Preu, 1988, 29). Eine sechsmonatige Neuheitsschonfrist sehen § 3 Abs. 5 Nr. 1 PatG und Art. 55 Abs. 1 lit. a EPÜ jedoch im Falle einer Offenbarung vor, die auf einen offensichtlichen Missbrauch zum Nachteil des Anmelders oder seines Rechtsvorgängers zurückgeht. Die Neuheit im patentrechtlichen Sinn und das Vorliegen eines Geschäftsgeheimnisses sind auch insofern nicht deckungsgleich, als es für die Neuheit grundsätzlich nur auf das Fehlen öffentlicher Zugänglichkeit iSv § 3 Abs. 1 S. 2 PatG, Art. 54 Abs. 2 EPÜ ankommt. Die **weiteren Voraussetzungen des Geheimnisbegriffs** gemäß § 2 Nr. 1 lit. a–c, insbesondere ein wirtschaftlicher Wert und angemessene Geheimhaltungsmaßnahmen sind dagegen grundsätzlich nicht maßgeblich (BGH GRUR 2022, 1294 Rn. 124 – Oberflächenbeschichtung, vgl. dazu *Kalbfus* GRUR-Prax 2022, 473). Umgekehrt haben die **Modifikationen des Neuheitsbegriffs** gemäß § 3 Abs. 2–5 PatG und Art. 54 Abs. 3–5, 55 EPÜ keine Bedeutung für die Frage, ob ein Geschäftsgeheimnis vorliegt. Trotz dieser Abweichungen können bei der Beurteilung der öffentlichen Zugänglichkeit gemäß § 3 Abs. 1 S. 2 PatG durchaus ähnliche Kriterien eine Rolle spielen wie für das Vorliegen eines Geschäftsgeheimnisses. Beispielsweise hindern Vertraulichkeitsvereinbarungen regelmäßig die öffentliche Zugänglichkeit im patentrechtlichen Sinn (→ Einl. B Rn. 20). Zugleich bilden sie eine Geheimhaltungsmaßnahme iSv § 2 Nr. 1 lit. b (→ § 2 Rn. 63 f.; Einl. B Rn. 20).

179 Ab **Veröffentlichung der Patentanmeldung** (§§ 32 Abs. 1, 31 Abs. 2 PatG) endet der Geheimnisschutz in Bezug auf den Gegenstand der Patentanmeldung; aus patentrechtlicher Perspektive gehört dieser dann grundsätzlich zum Stand der Technik (vgl. BGH GRUR 2023, 325 Rn. 36 – Gesperre; BGH GRUR 1976, 140 (142) – Polyurethan; BGH GRUR 1975, 206 (207) – Kunststoffschaum-Bahnen und → § 2 Rn. 24). Gegen eine Benutzung des Gegenstandes durch Dritte sichert ab diesem Zeitpunkt der Entschädigungsanspruch gemäß § 33 PatG und Art. II § 1 IntPatÜG, ab Erteilung des Patents besteht dann die volle Ausschlusswirkung gegenüber Dritten gemäß §§ 9 S. 2, 139 ff. PatG.

180 Der Umstand, dass der Geheimnisschutz in Bezug auf den Gegenstand der Patentanmeldung mit deren Veröffentlichung endet, darf jedoch nicht den Blick dafür verstellen, dass weiterhin – auch nach Erteilung des Patents – eine gewisse Symbiose zwischen Patentschutz und Geheimhaltung besteht. Häufig existiert mit dem Patent **korrelierendes „Know-how“**, das etwa für die effiziente wirtschaftliche Anwendung einer Erfindung entscheidend sein kann (*Kraßer* GRUR 1970, 587). Derartiges patentbegleitendes Know-how wird regelmäßig in typengemischten Verträgen lizenziert (→ Einl. B Rn. 106). Sehr häufig implementiert auch ein konkretes Erzeugnis sowohl patentgeschützte Lösungen als auch nicht offenbarte technische Aspekte, die Geheimnisschutz genießen.

cc) Wahlmöglichkeit zwischen Patentschutz und Geheimhaltung. Der mit einer Patentanmeldung bzw. deren (unumgänglicher) Veröffentlichung verbundene Entfall der Geheimnisqualität führt dazu, dass der Inhaber einer patentfähigen Erfindung eine **Wahlmöglichkeit** hat, ob er diese – falls möglich – dauerhaft geheimhält oder zum Patent anmeldet. Diese Wahlmöglichkeit erkennt das Gesetz zB in § 17 Abs. 1 ArbnErfG ausdrücklich an, indem es dem Arbeitgeber als Rechtsnachfolger des Erfinders bei Bestehen eines berechtigten Interesses ein Absehen von der Patentanmeldung zugunsten der Geheimhaltung zubilligt. **181**

Die Entscheidung zwischen Patentanmeldung und Geheimhaltung hängt regelmäßig von einer Vielzahl verschiedener Faktoren ab. Eine Geheimhaltung scheidet naturgemäß dort aus, wo eine Verbreitung von Informationen unumgänglich ist, etwa im Fall von Konstruktionsmerkmalen, die in einem Produkt offen zutage liegen oder jedenfalls durch **Reverse Engineering** (§ 3 Abs. 1 Nr. 2 GeschGehG) relativ einfach erschließbar sind. Demgegenüber sind intern genutzte Informationen – etwa Herstellungsverfahren – prädestiniert für eine Geheimhaltung (*Westermann* Hdb Know-how-Schutz Kap. 2 Rn. 19; *EUIPO* Protecting innovation through trade secrets and patents 39, 48). **182**

Ein Faktor, der regelmäßig für die Anmeldung eines Patents spricht, ist dessen Charakter als **Ausschließlichkeitsrecht,** das exklusiven Schutz gegenüber jedermann vermittelt (vgl. § 9 S. 2 PatG), während die Geheimhaltung Dritte nicht davon abhalten kann, sich inhaltsgleiches Wissen anzueignen und zu verwerten (vgl. § 3 Abs. 1 Nr. 1 GeschGehG; vgl. auch *Ann* GRUR 2007, 39, 40; *Beckerman-Rodau* 84 JPTOS (2002), 371, 387 f.). Patente sind außerdem in der Regel **gerichtlich effektiver durchsetzbar** als Geschäftsgeheimnisse. Die Exklusivität des Patentschutzes ermöglicht zugleich eine **strategische Verwendung** etwa durch Vorrats- oder Sperrpatente auch ohne Eigennutzung. Überlegen ist der Patentschutz der Geheimhaltung ferner mit Blick auf die **Verkehrsfähigkeit** der geschützten Gegenstände. Patente eignen sich gut zur Lizenzierung, weil Lizenzgegenstand und Inhaber einfach bestimmbar sind. Demgegenüber ist der Gegenstand einer Know-how-Lizenz schwieriger eingrenzbar. Bei Weitergabe geheimer Informationen steigt zudem mit jedem Informationsempfänger das Risiko eines Kontrollverlustes. Bereits die Anbahnungsphase gestaltet sich bei der Lizenzierung von geheimem Know-how schwieriger, die Lizenzgebühren, die für Patente gewährt werden, sind regelmäßig höher. Patente sind einfacher zu bewerten und eignen sich besser zur **Unternehmensfinanzierung** (*Ann* GRUR 2007, 39, 40); sie werden von Investoren im Allgemeinen bevorzugt, da sie als risikoärmer eingeschätzt werden (vgl. *Beckerman-Rodau* 84 JPTOS (2002), 371, 384 u. 405 f.). Weil Patente als **Indikator für die Innovationstätigkeit** eines Unternehmens gelten, geht von ihnen auch eine Signalwirkung aus, die die Investitionsbereitschaft Dritter in ein Unternehmen erhöhen kann (vgl. *Hussinger* 15 (8) Econ Innov New Techn (2006), 735, 737). **183**

Ein potentieller **Vorzug der Geheimhaltung** besteht in der erzielbaren **Schutzdauer.** Während diese im Falle des Patents auf 20 Jahre begrenzt ist (§ 16 PatG), vermittelt die Geheimhaltung theoretisch unbefristet Schutz (*Ann* GRUR 2007, 39, 40; *Beckerman-Rodau* 84 JPTOS (2002), 371, 383; *Friedman/Landes/Posner* 5 J Econ Persp (1991), 61, 63). Allerdings kann der Schutz auch nach **184** kürzester Zeit verlorengehen, wenn dem Geheimnisinhaber Fehler bei der Geheimhaltung unterlaufen (*Ann* GRUR 2007, 39, 40 f.) oder Wettbewerber sich in großer Zahl inhaltsgleiches Wissen unabhängig verschaffen (*Beckerman-Rodau* 84 JPTOS (2002), 371, 383 f.). Andererseits entsteht Geheimnisschutz *ad-hoc* und ist deshalb gerade bei eher kurzlebigen Entwicklungen sachgerecht, bei denen das Durchlaufen eines mehrjährigen Anmeldeverfahrens nicht in Betracht kommt (*Beckerman-Rodau* 84 JPTOS (2002), 371, 389; *Ann* GRUR 2007, 39, 40). Unterschiede in der **Kostenstruktur** bestehen zwischen Patent und Geheimhaltung insofern, als der Patentschutz in der Regel hohe (Fix-)Kosten in Form von Anmelde- und Aufrechterhaltungsgebühren mit sich bringt (*Hussinger* 15 (8) Econ Innov New Techn (2006), 735, 736; *Ann* GRUR 2007, 39, 40; *Friedman/Landes/Posner* 5 J Econ Persp (1991), 61, 63). Die Kosten des Geheimnisschutzes, namentlich die nun auch gesetzlich geforderten angemessenen Geheimhaltungsmaßnahmen (§ 2 Nr. 1 lit. b GeschGehG), sind dagegen variabler. Die mit einer Patentanmeldung zwangsläufige Offenbarung der Erfindung kann – ungeachtet des im Gegenzug erreichbaren rechtlichen Schutzes – mit erheblichen Nachteilen verbunden sein. Während die Offenbarung die Lehre unmittelbar weltweit verfügbar macht, reicht der staatlich vermittelte Schutz immer nur so weit wie die ihn gewährende Staatsgewalt (vgl. *Ann* in: FS Schilling, 2007, 1, 9). Er unterliegt mithin dem **Territorialitätsprinzip** und ist nicht in allen relevanten Staaten adäquat durchsetzbar (*Ann* in: FS Schilling, 2007, 1, 10). Die Geheimhaltung als im Kern rein faktische Maßnahme ist dagegen staatenübergreifend möglich.

185 Da der Schutz von Geschäftsgeheimnissen **kein Ausschließlichkeitsrecht** ist, steht er einer unabhängigen Erschließung inhaltsgleicher Entwicklungen durch Dritte nicht entgegen (§ 3 Abs. 1 Nr. 1 GeschGehG). Zwar lässt eine unabhängige Parallelentwicklung den Schutz des Geschäftsgeheimnisses nicht unmittelbar entfallen, weil der Parallelentwickler seinerseits ein gleichgelagertes Geheimhaltungsinteresse haben wird (*Westermann* Hdb Know-how-Schutz, Kap. 2 Rn. 16). Der Geheimnisinhaber kann es aber nicht verhindern, dass die Parallelentwicklung zum Gegenstand einer (redlichen) Patentanmeldung von dritter Seite wird. Eine gewisse Absicherung, die dem Geheimnisinhaber in diesem Fall eine Weiternutzung ermöglicht, bildet lediglich das **Vorbenutzungsrecht (§ 12 PatG).** Dieses entsteht aber nicht durch die bloße Geheimhaltung, sondern setzt neben Erfindungsbesitz (zu den Anforderungen: BGH GRUR 2012, 895 – Desmopressin; OLG Düsseldorf GRUR-RR 2012, 319 (321) – Einstiegshilfe für Kanalöffnungen) voraus, dass die Erfindung in Benutzung genommen wurde oder zumindest die dazu notwendigen Veranstaltungen getroffen worden sind (§ 12 Abs. 1 PatG). Die Absicherung durch das Vorbenutzungsrecht ist zudem sachlich begrenzt. Weiterentwicklungen des Geschäftsgeheimnisses sind jedenfalls dann nicht erfasst, wenn sie in den Schutzbereich des Patents fallen (BGH GRUR 2002, 231 – Biegevorrichtung). Das Vorbenutzungsrecht kann auch nicht separat übertragen oder lizenziert werden (§ 12 Abs. 1 S. 3 PatG). Die Beweislast für das Bestehen eines Vorbenutzungsrechts liegt bei demjenigen, der sich darauf beruft (BGH GRUR 1964, 673 – Kasten für Fußabtrittsroste), wobei die Anforderungen an den Nachweis hoch sind (BGH GRUR 1963, 311 – Stapelpresse). Zudem führt die **Offenbarung der Patentanmeldung** eines Dritten zum Entfall der Geheimnisqualität und damit auch zum Entfall der Vorzugsstellung des (dann ehemaligen) Geheimnisinhabers.

186 **dd) Praktische Bedeutung von Patent und Geheimhaltung.** Wie eine jüngere vom Amt der EU für geistiges Eigentum (EUIPO) veröffentlichte Studie

erneut bestätigt hat, kommt der **Geheimhaltung** als Instrument zum Schutz von Innovationen **sehr hohe praktische Bedeutung** zu – auch im Vergleich zum Patent. Während 43,8% der befragten deutschen Unternehmen angaben, Patente zum Schutz ihrer Innovationen einzusetzen, nutzen 67,6% die Möglichkeit der Geheimhaltung (*EUIPO* Protecting innovation through trade secrets and patents 28); EU-weit kommt die Geheimhaltung zahlenmäßig ebenfalls häufiger vor als der Patentschutz (52,3% ggü. 31,7%, *EUIPO* aaO 28). Besondere Bedeutung hat die Geheimhaltung bei **kleineren und mittelständischen Unternehmen** (EU-weit: 51,2% Nutzung Geheimhaltung ggü. 30,4% Nutzung Patentschutz, *EUIPO* aaO 30). Bei **Großunternehmen** (≥ 250 Mitarbeiter) verschiebt sich das Verhältnis etwas zugunsten des Patentschutzes (EU-weit: 69,1% Nutzung Geheimhaltung ggü. 52,8% Nutzung Patentschutz, *EUIPO* aaO 30). Die zahlenmäßig höhere Bedeutung der Geheimhaltung zieht sich durch sämtliche **Wirtschaftszweige,** allerdings weicht das Verhältnis der Häufigkeit von Geheimhaltung und Patentschutz stark ab. So wird der Patentschutz im Pharmasektor beinahe so häufig genutzt wie die Geheimhaltung (66% Nutzung Geheimhaltung ggü. 61,3% Nutzung Patentschutz, *EUIPO* aaO 35). In anderen Wirtschaftszweigen, in denen Innovationen einem Patentschutz weniger zugänglich sind, spielt die Geheimhaltung eine im Verhältnis signifikant größere Rolle, so zB in der Telekommunikationsbranche (57,2% Nutzung Geheimhaltung ggü. 31% Nutzung Patentschutz, *EUIPO* aaO 35). Neben dem breiteren Anwendungsbereich der Geheimhaltung mag bei der zumindest zahlenmäßig höheren Bedeutung des Geheimnisschutzes auch eine Rolle spielen, dass Patente ohne das Vorstadium einer Geheimhaltung nicht möglich sind.

b) Verhältnis zu anderen Immaterialgüterrechten. Die Berührungspunkte zwischen Geschäftsgeheimnissen und anderen gewerblichen Schutzrechten als dem Patent- und dem Gebrauchsmusterschutz sind naturgemäß weniger ausgeprägt. Insbesondere **Kennzeichenrechte** und **Designs** sind von Haus aus auf kommunikativen Gebrauch ausgerichtet und typischerweise nicht Gegenstand einer Geheimhaltung. Zudem führt die Anmeldung zur Veröffentlichung (vgl. § 33 Abs. 3, 42 Abs. 2 MarkenG, §§ 20, 22 DesignG). Auch soweit derartige Rechte ohne Eintragung entstehen, setzt dies in der Regel eine Benutzung des Zeichens (vgl. §§ 4 Nr. 2, 3 u. 5 Abs. 2, 3 MarkenG) oder die Zugänglichmachung des Musters an die Öffentlichkeit voraus (Art. 11 GGVO). Ein Schutz als Geschäftsgeheimnis kommt allerdings in der **Entwurfsphase** vor Veröffentlichung des Zeichens oder Designs in Betracht. Hohe Bedeutung hat dies zB bzgl. künftiger Formgebungen in der Automobilindustrie oder bei der Gestaltung von Modeerzeugnissen. **187**

Ein Zusammentreffen zwischen Geheimnisschutz und **Urheberrecht** sowie den verwandten Leistungsschutzrechten ist möglich, da urheberrechtlicher Schutz *ipso iure* entsteht und weder ein Anmeldeverfahren noch eine Veröffentlichung in sonstiger Form erfordert. Praktische Relevanz erlangt dies vor allem bei **Quellcode von Computerprogrammen,** der gemäß §§ 69a ff. UrhG geschützt ist (zum Schutz von Quellcode als Geschäftsgeheimnis: *Harte-Bavendamm* GRUR 1990, 657, 660; *Habel* CR 1991, 257; *Taeger* CR 1991, 449, 450; *Wiebe* CR 1991, 134, 135, vgl. BGH BeckRS 2016, 17444 Rn. 36; BGH NJW 1995, 669 (670); OLG Stuttgart BeckRS 2016, 12357 Rn. 11; BayObLG GRUR 1991, 694 – Geldspielautomat) und bei Datenbanken, die Schutz nach den §§ 87a ff. UrhG genießen (vgl. LG Düsseldorf K&R 2002, 101 – Kundendatei auf CD- **188**

ROM). Eigenständige Bedeutung hat der Geheimnisschutz neben diesem immaterialgüterrechtlichen Schutz vor allem deshalb, weil er in mancher Hinsicht weitergeht. So stellt es beispielsweise in aller Regel keine Urheberrechtsverletzung dar, wenn der Quellcode eines fremden Computerprogrammes nicht vervielfältigt (§ 69c Nr. 1 UrhG), sondern lediglich als Vorlage zur Erstellung eines funktional vergleichbaren Quellcodes herangezogen wird. Bei einer Kundendatenbank, die **Datenbankschutz** gemäß §§ 87a ff. UrhG genießt, ist zwar die Vervielfältigung, die Verbreitung und die öffentliche Wiedergabe ohne Zustimmung des Rechtsinhabers rechtswidrig (vgl. § 87b Abs. 1 S. 1 UrhG), die bloße Nutzung einzelner Datensätze fällt dagegen nicht in den Schutzbereich des Immaterialgüterrechts (vgl. § 87b Abs. 1 S. 2 UrhG: „normale Auswertung“, vgl. LG Düsseldorf K & R 2002, 101 (103) – Kundendatei auf CD-ROM). Beides kann aber als unzulässige Nutzung fremder Geschäftsgeheimnisse anzusehen sein, sofern der Quellcode oder die Datenbank unrechtmäßig erlangt wurde (§ 4 Abs. 2 Nr. 1 GeschGehG) oder sofern die Überlassung zweckgebunden erfolgte und die Nutzung sich außerhalb dieses Zwecks bewegt (§ 4 Abs. 2 Nr. 2 GeschGehG).

188a In jüngerer Zeit wurden auf Grundlage des Urheberrechts verschiedentlich Abwehransprüche u.a. gegen eine Veröffentlichung (§ 12 UrhG) und/oder öffentliche Zugänglichmachung (§ 19a UrhG) von Unterlagen vertraulichen Inhalts geltend gemacht. Dabei ging es typischerweise aber nicht um den Schutz von Geschäftsgeheimnissen, sondern um **Vertraulichkeitsinteressen der öffentlichen Hand.** Zudem standen einem Schutz letztlich richtlinien- und grundrechtskonform auszulegende Schrankenbestimmungen entgegen (vgl. zu dieser Fallgruppe BGH GRUR 2020, 853 – Afghanistan-Papiere II; OLG Köln GRUR 2021, 1078 – Glyphosat-Bericht; näher: *Hoeren* in: Hoeren/Münker GeschGehG Vorb §§ 1–2 Rn. 14 ff.).

5. Verhältnis zum Lauterkeitsrecht

189 **a) Grundlagen. Vor Inkrafttreten des GeschGehG** wurde der Schutz von Geschäftsgeheimnissen schwerpunktmäßig unmittelbar durch das Lauterkeitsrecht und dort durch die Strafnormen der §§ 17–19 UWG gewährleistet. Der zivilrechtliche Schutz setzte sich aus zwei Komponenten zusammen (vgl. dazu *Ohly* GRUR 2014, 1; *Kalbfus* Know-how-Schutz Rn. 309): Einerseits bestand über § 3a UWG ein **strafrechtsakzessorischer Schutz,** der den §§ 17 ff. UWG nachfolgte (→ Einl. A Rn. 44 ff.). Andererseits war anerkannt, dass die Strafvorschriften den Schutz von Geschäftsgeheimnissen nicht abschließend regelten und eine Ergänzung über die **zivilrechtliche Generalklausel** (§ 3 Abs. 1 UWG) erfolgen konnte (BGH GRUR 1983, 179 (181) – Stapel-Automat). Ergänzend herangezogen wurden insbesondere die Beispielstatbestände des wettbewerbsrechtlichen Nachahmungsschutzes (§ 4 Nr. 3 lit. c UWG) und der gezielten Behinderung (§ 4 Nr. 4 UWG).

190 Das GeschGehG substituiert jedenfalls die frühere strafrechtsakzessorische Komponente des Schutzes vollständig. Mit Inkrafttreten des GeschGehG wurden die §§ 17 ff. UWG aufgehoben. Unabhängig davon ist ein Rückgriff auf lauterkeitsrechtliche Anspruchsnormen (§§ 8 ff. UWG) über **§ 3a UWG** (jetzt iVm § 4 oder § 23 GeschGehG) **weder notwendig noch statthaft.** Wenig überzeugend ist zwar der Ansatz der Gesetzesbegründung, den Normen zum Schutz von Geschäftsgeheimnissen ihren Charakter als Marktverhaltensregelungen abzusprechen (so aber BT-Drs. 19/4724, 18 und 49). Insbesondere die zivilrechtlichen

Handlungsverbote gemäß § 4 und die Strafvorschriften des § 23 bilden systematische Äquivalente zu den §§ 17 ff. UWG a.F., deren Charakter als Marktverhaltensregelungen im Sinne von § 3a UWG allgemein anerkannt war (BGH GRUR 2018, 1161 Rn. 27 – Hohlfasermembranspinnanlage II; BGH GRUR 2009, 603 Rn. 22 – Versicherungsuntervertreter; BGH GRUR 2006, 1044 Rn. 17 – Kundendatenprogramm; BT- Drs. 15/1487, 26). Allerdings genießen die **Bestimmungen des GeschGehG** als ***leges speciales*** Vorrang. Der Gesetzgeber hat den Schutz von Geschäftsgeheimnissen durch das GeschGehG speziell und abschließend geregelt (so auch *Alexander* WRP 2019, 673 Rn. 24 f.). Bewusste Abweichungen von den Bestimmungen des UWG im Bereich der Rechtsfolgenregelungen (§§ 6 ff. GeschGehG ggü. §§ 8 ff. UWG) sowie im prozessrechtlichen Bereich (§§ 15 ff. GeschGehG ggü. §§ 12 ff. UWG) dürfen nicht durch Anwendung von § 3a UWG ausgehebelt werden. Weitere Abweichungen ergeben sich zB bei Fragen der Aktivlegitimation und der Verjährung.

Eine ergänzende Anwendung der **lauterkeitsrechtlichen Generalklausel** (§ 3 **191**
Abs. 1 UWG iVm § 4 Nr. 3 und 4 UWG) auf Sachverhalte mit Bezug zum Geheimnisschutz kann dagegen nicht kategorisch verneint werden (vgl. *Alexander* WRP 2019, 673 Rn. 19 ff.: Nebeneinander von GeschGehG und UWG). Auch insoweit ermöglicht das GeschGehG selbst aber bereits eine weitaus flexiblere Handhabung solcher Sachverhalte als dies nach den Vorgängervorschriften der §§ 17 ff. UWG a.F. der Fall war. Für eine ergänzende Anwendung des Lauterkeitsrechts wird daher vielfach kein Bedarf mehr bestehen. Durch Auslegung ist außerdem zu ermitteln, inwieweit das GeschGehG eine abschließende Regelung trifft. Ein besonderes Augenmerk ist darauf zu legen, dass die Grenzen des Schutzes (insbesondere gemäß § 5 GeschGehG und Art. 5 Geschäftsgeheimnis-RL, aber auch auf der Ebene der Rechtsfolgenbestimmungen) nicht unterlaufen werden.

b) Einzelfälle. Hiervon ausgehend lässt sich die bestehende Kasuistik zum **192**
Lauterkeitsrecht wie folgt einordnen:

aa) Geheimnisschutz gegenüber ausgeschiedenen Mitarbeitern. In Fäl- **193**
len redlich erlangter Kenntnis von Geschäftsgeheimnissen bot § 17 Abs. 1 UWG a.F. keine Möglichkeit, ausgeschiedenen Mitarbeitern die Offenlegung oder Verwertung dieses Wissens zulasten des Geheimnisinhabers zu untersagen. Möglich wäre dies allerdings über die lauterkeitsrechtliche Generalklausel gewesen. Gleichwohl hat sich die Rechtsprechung hier stets in großer Zurückhaltung geübt und entgegen immer wieder im Schrifttum erhobenen Forderungen (vgl. *Nastelski* GRUR 1957, 1, 5; *Mes* GRUR 1979, 584, 587) keinen nennenswerten Rechtsschutz gegen ausgeschiedene Mitarbeiter gewährt, solange die in Rede stehende Information nicht schon unlauter erlangt war (grundlegend: RGZ 65, 333, 337 – Pomril; BGH GRUR 1955, 402 (404) – Anreißgerät; BGH GRUR 1955, 424 (425) – Möbelpaste; BGH GRUR 2002, 91 (92) – Spritzgießwerkzeuge). Lediglich in besonders gelagerten Ausnahmefällen wurde eine abweichende Bewertung in Betracht gezogen (BGH GRUR 1963, 367 – Industrieböden). Nach Inkrafttreten des GeschGehG dürften derartige Fallgestaltungen zum Großteil von **§ 4 Abs. 2 Nr. 2 und 3** erfasst sein, so dass sich ein **Rückgriff auf das Lauterkeitsrecht erübrigt.** Angesichts der in Art. 1 Abs. 3 Geschäftsgeheimnis-RL und § 1 Abs. 3 Nr. 4 GeschGehG niedergelegten Grundsätze zur **Arbeitnehmermobilität** ist allerdings nicht zu erwarten, dass der Rechtschutz gegenüber ausgeschiedenen Mitarbeitern bei redlich erworbenen Kenntnissen signifikant ausgeweitet werden wird (vgl. im Einzelnen → Einl. C Rn. 50).

194 **bb) Missbräuchliche Geheimnisverwertung durch Mitarbeiter bei bestehendem Arbeitsverhältnis.** Da die Strafnorm des § 17 Abs. 1 UWG a.F. eine unbefugte Geheimnisverwertung durch Mitarbeiter bei bestehendem Arbeitsverhältnis nicht sanktionierte, solange nicht gleichzeitig eine unbefugte Mitteilung des Geheimnisses vorlag, gewährte die Rechtsprechung in derartigen Fällen auf Grundlage der lauterkeitsrechtlichen Generalklausel gelegentlich ergänzenden Rechtsschutz (BGH GRUR 1983, 179 (180) – Stapel-Automat; BGH GRUR 2004, 704 – Verabschiedungsschreiben). Derartige Fälle dürften jetzt weitgehend durch **§ 4 Abs. 2 Nr. 2** abgedeckt sein.

195 **cc) Ausforschen von Mitarbeitern eines Unternehmens.** Nach altem Recht stellte ein Täuschen, Ausforschen oder Ausfragen auch gutgläubiger Mitarbeiter eine „sonst unbefugte"-Verschaffungshandlung gemäß § 17 Abs. 2 Nr. 2 UWG a.F. und ein unlauteres Verhalten gemäß § 3 Abs. 1 UWG dar (vgl. RG GRUR 1938, 906 (909 f.) – Faltenrohrmaschine sowie im konkreten Fall ablehnend: OLG Hamburg OLGR 2008, 788 (790) – Vorspiegelung von Kaufabsichten; OLG München GRUR-RR 2004, 145 (147) – Themenplacement). Nach Inkrafttreten des GeschGehG wird derartiges Verhalten meist von **§ 4 Abs. 1 Nr. 2** erfasst sein. So wird man es als unzulässiges Verhalten einordnen können, wenn **Mitarbeiter gezielt getäuscht** oder **ausgehorcht** werden. Fußnote 10 zu Art. 39 Abs. 2 TRIPS nennt außerdem den Fall des Verleitens zum Vertragsbruch (*inducement to breach*) als Form des Geheimniserwerbs, die den anständigen Gepflogenheiten in Gewerbe und Handel zuwiderläuft. Konform mit dieser Bestimmung wird man auch § 4 Abs. 1 Nr. 2 GeschGehG auslegen müssen. Hinsichtlich eines auf solche Weise unbefugt erlangten Geschäftsgeheimnisses folgt ein Offenlegungs- und Nutzungsverbot aus § 4 Abs. 2 Nr. 1 GeschGehG.

196 **dd) Abwerben von Mitarbeitern eines Unternehmens.** Einen weiteren denkbaren Anwendungsbereich der lauterkeitsrechtlichen Generalklausel bildete bislang das Abwerben von Arbeitskräften. Dieses **im Grundsatz zulässige Verhalten** kann bei **Hinzutreten besonderer Umstände unlauter** sein, insbesondere bei Einsatz unlauterer Mittel oder Verfolgung unlauterer Zwecke (BGH GRUR 2007, 800 Rn. 14 – Außendienstmitarbeiter; BGH GRUR 2006, 426 (427) – Direktansprache am Arbeitsplatz II). Derartige unlautere Begleitumstände wurden gelegentlich dann erwogen, wenn das **Abwerben ausschließlich dazu diente, Geschäftsgeheimnisse eines Konkurrenten in Erfahrung zu bringen** (BGH GRUR 1966, 263 (264) – Bau-Chemie; OLG Koblenz WRP 1991, 671 (674) – Weinhandel; OLG Karlsruhe GRUR 1963, 80 (81) – Verzahnmaschinen; OLG Düsseldorf GRUR 1961, 92 (93) – Glasbläser; OLG Celle WRP 1960, 109 (110) – Druckfarbenfabrikangestellte I). Gerade die jüngere Rechtsprechung und Teile der Literatur übten sich insoweit aber zunehmend in Zurückhaltung (OLG Brandenburg GRUR-RR 2008, 14 (16) – Q-Team; *Köhler* in Köhler/Bornkamm/Feddersen UWG § 4 Rn. 4.106; *Ohly* in Ohly/Sosnitza UWG § 4 Rn. 4/27). Nach Inkrafttreten des GeschGehG dürfte ein Anwendungsbereich des UWG (§§ 3 Abs. 1, 4 Nr. 4 UWG) verbleiben, soweit die Zielrichtung des Ausspähens von Geschäftsgeheimnissen lediglich einen von mehreren Unlauterkeitsfaktoren bildet und der unlautere Gesamtcharakter des Verhaltens durch § 4 GeschGehG nicht erschöpfend erfasst werden kann. Auch insoweit sind bei Anwendung des UWG aber die Wertungen des GeschGehG und der Geschäftsgeheimnis-RL zu berücksichtigen (*Ohly* in Ohly/Sosnitza UWG § 4 Rn. 4/27),

insbesondere diejenigen zur **Arbeitnehmermobilität** (Art. 1 Abs. 3 Geschäftsgeheimnis-RL).

ee) Wettbewerbsrechtlicher Nachahmungsschutz. Berührungspunkte weist der Schutz von Geschäftsgeheimnissen außerdem mit dem wettbewerbsrechtlichen Nachahmungsschutz, insbesondere in der Variante der **unredlichen Kenntniserlangung (§ 4 Nr. 3 lit. c UWG)** auf. Nach dieser Vorschrift handelt unlauter, wer Waren oder Dienstleistungen anbietet, die eine Nachahmung von Waren oder Dienstleistungen eines Mitbewerbers sind, wenn er die für die Nachahmung erforderlichen Kenntnisse oder Unterlagen unredlich erlangt hat. Umstritten ist, ob es im Falle einer unredlichen Kenntniserlangung ebenso wie in anderen Fällen des wettbewerbsrechtlichen Nachahmungsschutzes erforderlich ist, dass die nachgeahmten Waren oder Dienstleistungen **wettbewerbliche Eigenart** aufweisen (bejahend: BGH GRUR 2003, 356 (357) – Präzisionsmessgeräte; BGH GRUR 1992, 523 (525) – Betonsteinelemente; BGH GRUR 1983, 377 (379) – Brombeer-Muster; OLG Jena WRP 2013, 833 – Wettbewerbliche Eigenart; *Wiebe* in MüKoUWG § 4 Nr. 3 Rn. 205; aA BGH GRUR 1961, 40 (42) – Wurftaubenpresse; *Sambuc* in Harte/Henning UWG § 4 Nr. 3 Rn. 250). 197

§ 4 Nr. 3 lit. c UWG findet entgegen seinem zu engen Wortlaut in zwei Fallgestaltungen Anwendung: In Betracht kommt einerseits ein **Erschleichen** im Sinne einer von vorneherein unlauteren Kenntniserlangung sowie andererseits ein **Vertrauensbruch,** also eine missbräuchliche Kenntnisverwendung nach zunächst redlicher Erlangung (BGH GRUR 2003, 356 (357) – Präzisionsmessgeräte; BGH GRUR 1983, 377 (379) – Brombeer-Muster; OLG Köln MD 2008, 303 (312) – Modulgerüst II). In der Variante des Erschleichens weist der Tatbestand eine Nähe insbesondere zu **§ 4 Abs. 2 Nr. 1** auf, während die Variante des Vertrauensbruchs sich in vielen Fällen mit **§ 4 Abs. 2 Nr. 2 und 3** überschneiden wird. Soweit einer dieser Tatbestände des GeschGehG einschlägig ist, ist der wettbewerbsrechtliche Nachahmungsschutz gemäß § 4 Nr. 3 lit. c UWG funktionslos. Soweit man ihn dennoch anwenden will, ist jedenfalls darauf zu achten, dass die (im Falle einer Produktnachahmung meist nicht einschlägigen) **Ausnahmebestimmungen des § 5** und sonstige durch die Geschäftsgeheimnis-RL vorgegebenen zwingenden Beschränkungen nicht unterlaufen werden (*Ohly* in Ohly/Sosnitza UWG § 4 Rn. 3/11a u. 3/71). Beispielsweise kann ein **Reverse Engineering,** das nach Maßgabe von § 3 Abs. 1 Nr. 2 GeschGehG zulässig ist, im Rahmen des § 4 Nr. 3 UWG nicht als unlautere Form der Kenntniserlangung gewertet werden (*Alexander* WRP 2019, 673 Rn. 22). 198

Ein verbleibender Anwendungsbereich von § 4 Nr. 3 lit. c UWG besteht insofern, als nach dem Wortlaut der Vorschrift nicht unbedingt das Vorliegen eines Geschäftsgeheimnisses vorausgesetzt wird. Ausreichend mag dort also auch eine Form der unredlichen Kenntniserlangung sein, die sich nicht auf ein Geschäftsgeheimnis bezieht (*Sambuc* in Harte/Henning UWG § 4 Nr. 3 Rn. 252; aA *Wiebe* in MüKoUWG § 4 Nr. 3 Rn. 209; offenlassend: *Ohly* in Ohly/Sosnitza UWG § 4 Rn. 3/72), sondern auch schlicht **vertragswidriges** oder **gegen andere Rechtsnormen verstoßendes Verhalten.** Abweichungen gegenüber dem GeschGehG können sich auch hinsichtlich der Rechtsfolgen, etwa der **Dauer des Schutzes,** ergeben. Während beispielsweise der Unterlassungsanspruch gemäß § 6 nur so lange fortbestehen kann, wie der Geheimnischarakter einer Information erhalten bleibt, kommen Ansprüche nach §§ 3 Abs. 1, 4 Nr. 3 lit. c, 8 Abs. 1 UWG in Betracht, solange die wettbewerbliche Eigenart des nachgeahmten 199

Gegenstandes fortbesteht und weiterhin unlauter ausgenutzt wird (BGH GRUR 2017, 79 Rn. 92 – Segmentstruktur; BGH GRUR 2003, 356 (358) – Präzisionsmessgeräte; vgl. auch BGH GRUR 1983, 377 (379) – Brombeer-Muster; krit. *Ohly* GRUR 2014, 1, 8 Fn. 84).

200 **ff) Abwerben von Kunden.** Namentlich in der älteren Rechtsprechung wurde das Abwerben von Kunden durch ausgeschiedene Mitarbeiter gelegentlich als unlauter erachtet, sei es, weil der gesamte Kundenkreis eines Unternehmens auf einen Schlag abgeworben wurde (BGH GRUR 1964, 215 – Milchfahrer), sei es weil der ausgeschiedene Mitarbeiter Kunden weiterbeliefert hatte, ohne darauf hinzuweisen, dass er nunmehr für eigene Rechnung tätig ist (BGH GRUR 1970, 182 – Bierfahrer). Unabhängig von der Frage, ob die den genannten Entscheidungen zugrundeliegenden Wertungen heute noch immer zur Annahme eines unlauteren Handelns ausreichen würden, besteht in derartigen Fällen **kein unmittelbarer Konflikt mit dem GeschGehG.** Beide Fälle betreffen nicht die rechtswidrige Nutzung geheimer Kundeninformationen, sondern unmittelbar ein Verhalten gegenüber diesen Kunden. Das GeschGehG erfasst daher diese Fälle nicht, so dass eine Anwendung des UWG unverändert möglich bleibt.

201 **gg) Betriebsstörung.** Unter dem Gesichtspunkt der Betriebsstörung können Einwirkungen auf den Betrieb eines Mitbewerbers als **gezielte Behinderung** unlauter gemäß § 4 Nr. 4 UWG sein (*Köhler* in Köhler/Bornkamm/Feddersen UWG § 4 Rn. 4.160 ff.; *Ohly* in Ohly/Sosnitza UWG § 4 Rn. 4/19 ff.). Die Rechtsprechung nahm dies beispielsweise an, wenn ein **Spion** in den Betrieb eines Mitbewerbers eingeschleust wird (BGH GRUR 1973, 483 (485) – Betriebsspionage), nicht dagegen, wenn ein fremder Betrieb lediglich von außen beobachtet wird (BGH WRP 2009, 1377 Rn. 20 – Betriebsbeobachtung). Derartige Fälle weisen zwar eine faktische Nähe zum Schutz von Geschäftsgeheimnissen auf. Allerdings steht hier eher die **Störung von Betriebsabläufen** und weniger das Auskundschaften bestimmter Informationen als solcher im Vordergrund. Insoweit verbleibt deshalb ein Anwendungsbereich des UWG, ohne dass es zu direkten Konflikten mit dem GeschGehG kommt.

202 **hh) Rechtswidriger Vorerwerb eines Geschäftsgeheimnisses/Mittelbare Geheimnisverletzung.** Nach bisherigem Recht bestand ein Anwendungsbereich des § 3 Abs. 1 UWG (ggf. iVm § 4 Nr. 4 UWG), wenn der Handelnde ein mittelbar aus rechtswidriger Quelle erlangtes Geheimnis offenbart oder verwertet hatte, eine Anwendung der Strafvorschriften aber an den subjektiven Erfordernissen scheiterte (*Kalbfus* Know-how-Schutz Rn. 362 ff.). Befand sich der Handelnde bei Erwerb des Geheimnisses in grob fahrlässiger Unkenntnis über den unlauteren Vorerwerb, so ergab sich schon aus Art. 39 Abs. 2 TRIPS iVm Fn. 10 ein Gebot der Sanktionierung durch nationales Recht, dem auf Grundlage zivilrechtlicher Generalklauseln nachzukommen war. Derartige Fälle lassen sich jetzt **durch § 4 Abs. 3 S. 1 und 2 hinreichend erfassen.** Für eine ergänzende Anwendung des UWG besteht daher kein Bedarf mehr.

203 **c) Prozessuale Aspekte.** Soweit Ansprüche aus GeschGehG und UWG nebeneinander bestehen und geltend gemacht werden, wird man idR davon auszugehen haben, dass es sich um zwei unterschiedliche **Streitgegenstände** handelt (*Alexander* WRP 2019, 673 Rn. 26).

6. Verhältnis zum allgemeinen Deliktsrecht

a) Allgemeines. Vor Inkrafttreten des GeschGehG war es anerkannt, dass für eine Verletzung von Geschäftsgeheimnissen auch eine Haftung nach bürgerlichem Deliktsrecht in Betracht kam, und zwar auf Grundlage von **§ 823 Abs. 2 BGB** und **§ 826 BGB** sowie **§ 831 BGB.** Nach überwiegender Ansicht konnte ergänzend auch **§ 823 Abs. 1 BGB** als Anspruchsgrundlage herangezogen werden, wenngleich die Einzelheiten insoweit umstritten waren. Rechtsfolgen einer deliktischen Haftung nach den genannten Vorschriften sind insbesondere **Schadensersatz** und – in analoger Anwendung des § 1004 BGB – auch **Unterlassungsansprüche** (BGH GRUR 2008, 996 Rn. 13 – Clone-CD; BGH GRUR 1966, 152 (153) – Nitrolingual; OLG München GRUR-RR 2004, 145 (147) – Themenplacement). 204

Durch das **GeschGehG** hat der Schutz von Geschäftsgeheimnissen allerdings eine **ausdifferenzierte** und **im Anwendungsbereich des Gesetzes auch abschließende Regelung** erfahren, so dass ein Rückgriff auf das allgemeine Deliktsrecht in aller Regel nicht mehr erforderlich ist (so auch *Alexander* WRP 2019, 673 Rn. 6). Ein solcher Rückgriff darf zudem nicht dazu führen, dass das spezialgesetzlich austarierte Gefüge umgangen wird. Wiederum sind die durch die Geschäftsgeheimnis-RL verbindlich vorgesehenen **Schutzschranken** zu berücksichtigen; es gilt also das Gebot richtlinienkonformer Auslegung. Im Anwendungsbereich des GeschGehG dürfte daher für eine ergänzende Anwendung jedenfalls des § 823 BGB grundsätzlich kein Raum verbleiben (ähnlich zum Verhältnis des BGB-Deliktsrechts zu den Immaterialgüterrechten: BGH GRUR 2009, 871 Rn. 37 – Ohrclips; BGH GRUR 2002, 622 (623) – shell.de; BGH GRUR 1999, 161 (162) – MAC Dog; *Förster* in BeckOKBGB § 823 Rn. 161; *Wagner* in MüKoBGB § 823 Rn. 318; *Sprau* in Grüneberg BGB Einf v § 823 Rn. 14). 205

b) Einzelne Anspruchsgrundlagen. Für den Bereich des **§ 823 Abs. 1 BGB** bedeutet dies im Einzelnen folgendes: Vor Inkrafttreten des GeschGehG entsprach es überwiegender Ansicht, dass Geschäftsgeheimnisse Schutz als Ausschnitt des Rechts am eingerichteten und ausgeübten Gewerbebetrieb genossen (BGH GRUR 1955, 388 (390) – Dücko; BGH GRUR 1963, 367 (369) – Industrieböden; BGH GRUR 1955, 468 (472) – Schwermetall-Kokillenguss; *Harte-Bavendamm* in Harte/Henning, 4. Aufl. 2016, UWG § 17 Rn. 50; *Kraßer* GRUR 1977, 177, 188 f.). Nach aA war sogar ein eigenständiges „sonstiges Recht" iSv § 823 Abs. 1 BGB an Geschäftsgeheimnissen anerkannt (*Köhler* in Köhler/Bornkamm/Feddersen, 37. Aufl., UWG § 17 Rn. 53; *Ohly* in Ohly/Sosnitza UWG, 7. Aufl. 2016, § 17 Rn. 49; *Pfister* Know-how 93 u. passim; *Forkel* in FS Schnorr v. Carolsfeld, 1973, 105, 109 ff.), allerdings sollte es sich auch hierbei lediglich um ein Rahmenrecht handeln, so dass die Rechtswidrigkeit eines Eingriffs nicht schon indiziert, sondern positiv festzustellen war (BGHZ 166, 84 Rn. 97 – Kirch; *Köhler* in Köhler/Bornkamm/Feddersen 37. Aufl., UWG § 17 Rn. 53; *Ohly* in Ohly/Sosnitza UWG, 7. Aufl. 2016, § 17 Rn. 49). Gelegentlich wurde eine Haftung für Geheimnisverletzungen nach § 823 Abs. 1 BGB insgesamt kritisch gesehen (*Pfaff* BB 1974, 565, 567; *Maass* Information und Geheimnis im Zivilrecht 108 ff.; *Brammsen* in MüKoUWG, 2. Aufl. 2014, § 17 Rn. 7). Seit Inkrafttreten des GeschGehG wird eine Haftung nach § 823 Abs. 1 BGB **in aller Regel ausscheiden,** da sowohl das Recht am Gewerbebetrieb als auch ein etwaiges Recht am Geschäftsgeheimnis **subsidiäre Haftungstatbestände** sind (zum Recht am 206

Gewerbebetrieb: BGHZ 69, 128 (138 f.) – Fluglotsenstreik; BGHZ 43, 359 (361) – Warnschild; BGHZ 36, 252 (256 f.) – Gründerbildnis), mit deren Hilfe bestehende Schutzlücken geschlossen werden konnten. Derartige Schutzlücken sind aufgrund des GeschGehG nicht mehr ersichtlich (iE ebenso: *Apel/Dilbaz* in Brammsen/Apel GeschGehG § 10 Rn. 132; *Glinke* in Keller/Schönknecht/Glinke GeschGehG Einl. B. Rn. 139 u. § 10 Rn. 17).

207 Eine Haftung nach **§ 823 Abs. 2 BGB** setzt einen Verstoß gegen ein Schutzgesetz voraus, wobei die §§ 17 ff. UWG a.F. als Schutzgesetze anerkannt waren (BGHZ 166, 84 Rn. 82 f. – Kirch; BGH GRUR 1966, 152 (153) – Nitrolingual; BGH GRUR 1958, 297 (299) – Petromax). Neben dem zivilrechtlichen Rechtsfolgenregime der **§§ 6 ff. GeschGehG** besteht im Anwendungsbereich des GeschGehG allerdings kein Bedarf mehr zur Heranziehung von § 823 Abs. 2 BGB als Anspruchsgrundlage (ebenso: *Apel/Dilbaz* in Brammsen/Apel GeschGehG § 10 Rn. 133; *Glinke* in Keller/Schönknecht/Glinke GeschGehG Einl. B Rn. 140 u. § 10 Rn. 18). Anders kann dies sein bei einer Verletzung von **geheimnisschützenden Normen außerhalb des GeschGehG.** Als Schutzgesetze iSv § 823 Abs. 2 BGB anerkannt sind etwa: §§ 85 GmbHG, 404 AktG (OLG Koblenz NJW-RR 1987, 809), §§ 79, 120 BetrVG (*Westermann* Hdb Know-how-Schutz Kap. 7 Rn. 2; *Wochner* BB 1975, 1541), §§ 203, 204 StGB (*Kraßer* GRUR 1977, 177, 178); § 202a StGB (OLG Celle MMR 2011, 208), § 24 ArbnErfG (*Bartenbach/Volz* ArbnErfG § 24 Rn. 44), § 90 HGB (*Bartenbach* Patentlizenz- und Know-how-Vertrag Rn. 2584). Soweit eine Anwendung des § 823 Abs. 2 BGB in diesen Fällen zu sachlichen Überschneidungen mit dem GeschGehG und insbesondere mit der Geschäftsgeheimnis-RL führt, ist aber wiederum zu beachten, dass keine zwingenden Schutzschranken umgangen werden dürfen und dem Gebot richtlinienkonformer Auslegung Rechnung zu tragen ist.

208 Bei vorsätzlichem sittenwidrigen Handeln kommt außerdem eine Haftung gemäß **§ 826 BGB** in Betracht. War ein Verstoß gegen die §§ 17 ff. UWG a.F. aus zivilrechtlicher Sicht stets als sittenwidrig im Sinne von § 826 BGB zu qualifizieren (vgl. BGH GRUR 2003, 356 (358) – Präzisionsmessgeräte; BGH GRUR 1999, 934 (935) – Weinberater; BGH GRUR 1985, 294 (298) – Füllanlage; BGH GRUR 1977, 539 (541) – Prozessrechner; *Kraßer* GRUR 1970, 587, 593; *ders.* GRUR 1977, 177, 178), wird man dies nun zumindest in Fällen eines gemäß § 23 strafbaren Verhaltens annehmen können, nicht aber ohne weiteres bei jedem Verstoß gegen § 4. Ein Gleichlauf besteht schon insofern nicht, als fahrlässige oder gar unverschuldete Verstöße gegen § 4 möglich sind, während § 826 BGB vorsätzliches Verhalten voraussetzt. Eine Haftung gemäß § 826 BGB erscheint **neben dem GeschGehG möglich** (zust. *Apel/Dilbaz* in Brammsen/Apel GeschGehG § 10 Rn. 134; *Glinke* in Keller/Schönknecht/Glinke GeschGehG Einl. B Rn. 141 u. § 10 Rn. 19; aA LAG Köln BeckRS 2019, 44850 Rn. 11). Im Einzelfall kann der Anwendungsbereich des § 826 BGB auch **über das GeschGehG hinausgehen,** zB wenn Informationen auf verwerfliche Weise ausgespäht wurden, die nicht alle Merkmale eines Geschäftsgeheimnis iSv § 2 Nr. 1 GeschGehG erfüllen. Nicht mehr zu Vorteilen für den Anspruchssteller führt eine Anwendung des § 826 BGB hinsichtlich der **Verjährung** von Ansprüchen. Zwar richtet sich diese stets nach den allgemeinen Vorschriften der §§ 195, 199 Abs. 1 BGB (BGH GRUR 1977, 539 (543) – Prozessrechner). Ansprüche nach dem GeschGehG unterliegen jedoch ebenfalls der Regelverjährung.

209 **c) Prozessuale Aspekte.** Soweit Ansprüche aus GeschGehG und bürgerlichem Deliktsrecht nebeneinander bestehen und geltend gemacht werden, handelt es sich nach Ansicht des BGH offenbar um unterschiedliche **Streitgegenstände** (BGH GRUR 2018, 1161 Rn. 24 – Hohlfasermembranspinnanlage II, aber unklar, vgl. auch Rn. 23).

7. Verhältnis zum Vertragsrecht

Hinsichtlich des Verhältnisses zum Vertragsrecht wird auf die Kommentierung zu Verträgen über Geschäftsgeheimnisse verwiesen. Zur Wechselwirkung zwischen dem GeschGehG und Vertraulichkeitsvereinbarungen siehe insb. → Einl. B Rn. 21. **210**

8. Verhältnis zu anderen zivilrechtlichen Instituten

Ein Bereich, in dem ein Rückgriff auf das allgemeine Zivilrecht nach wie vor zulässig und geboten ist, bilden **Besichtigungsansprüche** gemäß **§§ 809, 810 BGB.** Weder die Geschäftsgeheimnis-RL noch das GeschGehG ist insoweit abschließend. Die Geschäftsgeheimnis-RL lässt es aufgrund ihres im Kern bestehenden Mindestschutzcharakters (Art. 1 Abs. 1 UAbs. 2) ohne weiteres zu, auf nationaler Ebene Rechtsfolgen vorzusehen, die nicht schon von der Geschäftsgeheimnis-RL vorgegeben sind. Dass Besichtigungsansprüche im GeschGehG nicht explizit vorgesehen wurden, ist eher auf ein Versäumnis des Gesetzgebers als auf einen Willen zur Abschaffung der zuvor anerkannten Ansprüche (vgl. BGH GRUR 2002, 1046 (1047) – Faxkarte; OLG Hamm GRUR-RR 2013, 306 – Vorbereitender Besichtigungsanspruch) zurückzuführen. Einzelheiten sind in Zusammenhang mit den Auskunftsansprüchen kommentiert (→ § 8 Rn. 64 ff.). **211**

Berührungspunkte des Schutzes von Geschäftsgeheimnissen bestehen außerdem zum **Bereicherungsrecht,** namentlich zum Recht der Eingriffskondiktion **(§ 812 Abs. 1 S. 1 Alt. 2 BGB).** Die Kommentierung erfolgt in Zusammenhang mit dem Schadensersatzanspruch gemäß § 10 (→ § 10 Rn. 94 ff.). **212**

Die vorsätzliche Verletzung eines Geschäftsgeheimnisses kann außerdem Ansprüche aus angemaßter **Eigengeschäftsführung (§ 687 Abs. 2 BGB)** begründen. Diese sind ebenfalls in Zusammenhang mit dem Schadensersatzanspruch gemäß § 10 kommentiert (→ § 10 Rn. 99). **213**

9. Verhältnis zum Arbeitsrecht

Auf die separate Kommentierung zum Schutz von Geschäftsgeheimnissen im Arbeitsrecht wird verwiesen (→ Einl. C Rn. 1 ff.). **214**

10. Verhältnis zum Strafrecht

Schrifttum: *Ackermann/Rindell,* Should Trade Secrets be Protected by Private and/or Criminal Law: A Comparison Between Finnish and German Law, GRUR Int. 2017, 486; *Arians,* Der strafrechtliche Schutz des Geschäfts- und Betriebsgeheimnisses in der Bundesrepublik Deutschland, in Oehler, Der strafrechtliche Schutz des Geschäfts- und Betriebsgeheimnisses in den Ländern der Europäischen Gemeinschaft sowie in Österreich und der Schweiz, Bd. I, 1978, 307; *Cornelius,* Das Non-Legal-Outsourcing für Berufsgeheimnisträger, Straf- und berufsrechtliche sowie strafprozessuale Konsequenzen der neuesten Gesetzesnovelle, NJW 2017, 3751; *Fechtner/Haßdenteufel,* Die Novelle des § 203 StGB und weiterer berufsrechtlicher Normen, Hoffnungsschimmer oder neue Ungewissheiten für Berufsgeheimnisträger, CR 2017, 355; *Grosskopf/Momsen,* Outsourcing bei Berufsgeheimnisträgern – strafrechtliche Verpflichtung zur Compliance?, CCZ 2018, 98; *Härting/Dimov,* Die Neuregelungen des strafrechtlichen Geheimnisschutzes für Rechtsanwälte, Reform des § 203 StGB – Outsourcing für Anwaltskanzleien leicht gemacht?, MDR 2018, 1; *Hoeren,* Betriebsgeheimnisse im digitalen Zeitalter, Die Neuregelung von StGB und StPO, MMR 2018, 12; *Jäger,* Informationsschutz im Wirtschaftsstrafrecht, JZ 2003, 1048; *Otto,* Aktienstrafrecht, Erläuterungen zu den §§ 399–404 AktG, 1997; *Quick,* Geheimhaltungspflicht des Abschlussprüfers: Strafrechtliche Konsequenzen bei Verletzung, BB 2004, 1490; *Ramírez,* Der strafrechtliche Schutz von Geschäfts- und Betriebsgeheimnissen, 2009; *Rogall,* Die Verletzung von Privatgeheimnissen (§ 203 StGB), Aktuelle Probleme und ungelöste Fragen, NStZ 1983, 1; *Schmitz,* Verletzung von (Privat)geheimnissen – Der Tatbestand des § 203 StGB, JA 1996, 772; *Van Venrooy,* Das strafrechtliche Risiko des Geschäftsführers bei Verletzung von Geheimhaltungspflichten, GmbHR 1993, 609.

215 Dem strafrechtlichen Schutz von Geschäftsgeheimnissen kommt in Deutschland ein hoher Stellenwert zu. Von Beginn an wurde eine Verletzung von Geschäftsgeheimnissen primär strafrechtlich sanktioniert – zunächst durch die §§ 9, 10 UWG 1896 und von 1909 bis zum Inkrafttreten des GeschGehG durch die mehrmals im Detail reformierten **§§ 17 ff. UWG** (siehe zu Einzelheiten der Rechtsentwicklung, → Einl. A Rn. 35 ff.). Daran anknüpfend hat sich der deutsche Gesetzgeber dafür entschieden, ergänzend zur Umsetzung der Geschäftsgeheimnis-RL in **§ 23 GeschGehG** mehrere Straftatbestände vorzusehen, die nunmehr zwar zivilrechtsakzessorisch ausgestaltet sind, aber die wesentlichen Regelungsbereiche der §§ 17 ff. UWG nach wie vor abdecken. Zu Einzelheiten wird auf die **Kommentierung zu § 23** verwiesen. Die Geschäftsgeheimnis-RL beschränkt sich dagegen ausschließlich auf den Bereich des Zivilrechts. Die Kommission hatte in ihrem 2013 vorgelegten Richtlinienvorschlag mehrere Modelle des Geheimnisschutzes auch unter Berücksichtigung strafrechtlicher Aspekte erwogen, dann aber eine rein zivilrechtliche Ausgestaltung weiterverfolgt (COM (2013) 813 final (DE), 6 f.). Allerdings wäre ohnehin zweifelhaft gewesen, ob die Europäische Union überhaupt eine Kompetenz zur Harmonisierung strafrechtlicher Vorschriften gehabt hätte (*Brammsen* wistra 2018, 449, 450; *Hoeren/Münker* WRP 2018, 150 Rn. 4). Dementsprechend ist die **Geschäftsgeheimnis-RL** auf den Bereich des Strafrechts **nicht anwendbar,** d.h. aus ihr ergeben sich keine (Mindest-)Vorgaben für einen strafrechtlichen Schutz. Umgekehrt ist allerdings zu beachten, dass zwingende Schranken der Richtlinie auch nicht mit Mitteln des Strafrechts unterlaufen werden dürfen.

216 **Außerhalb des GeschGehG** werden Geschäftsgeheimnisse (bzw. in alter Terminologie Geschäfts- und Betriebsgeheimnisse) nach wie vor durch eine Fülle spezialgesetzlicher Straftatbestände geschützt. Für § 203 StGB (→ Rn. 220) stellt **§ 1 Abs. 3 Nr. 1** klar, dass der durch diese Norm gewährleistete strafrechtliche Schutz unberührt bleibt. Entsprechendes gilt aber auch für andere Straftatbestände (→ § 1 Rn. 12). Unabhängig davon ist auch bei Anwendung von Straftatbeständen außerhalb des GeschGehG zu berücksichtigen, dass auf diesem Wege keine zwingenden Schranken der Geschäftsgeheimnis-RL unterlaufen werden dürfen.

217 Vorschriften zum Schutz von Geschäftsgeheimnissen finden sich zunächst im **Handels- und Gesellschaftsrecht,** und zwar als Sonderdelikte für **Organe** von Kapitalgesellschaften: **§ 404 AktG** (Aktiengesellschaft), **§ 85 GmbHG** (GmbH), **§ 151 GenG** (eG), **§§ 404, 408 AktG** (KGaA), **§§ 53 Abs. 1 SE-AG, 404 AktG** (SE), **§ 315 Nr. 1 UmwG, § 138 Abs. 1 Nr. 2 VAG.** Modellcharakter hatte die 1965 eingeführte Vorschrift des § 404 AktG (dazu: *v. Stebut* Geheimnisschutz und

Verschwiegenheitspflicht im Aktienrecht, S. 81 ff.; *Meyer* AG 1966, 109, 115). Die Vorschriften sind tatbestandlich ähnlich aufgebaut und stellen zunächst die unbefugte **Geheimnisoffenbarung** unter Strafe (zB § 404 Abs. 1 AktG). Ein erhöhter Strafrahmen ist idR bei Hinzutreten bestimmter **Qualifikationsmerkmale** vorgesehen (zB § 404 Abs. 2 S. 1 AktG: Entgeltlichkeit, Bereicherungs- oder Schädigungsabsicht). Sanktioniert ist außerdem die **unbefugte Verwertung** von Geheimnissen (zB § 404 Abs. 2 S. 2 AktG).

Eine weitere Normgruppe bilden die Sonderdelikte für **Prüfer,** die mit gesetz- **218**
lich vorgesehenen Prüfungspflichten korrelieren und sicherstellen sollen, dass Unternehmensinterna nicht durch die damit betrauten Prüfer offenbart oder zweckwidrig verwertet werden (dazu insgesamt: *Quick* BB 2004, 1490): **§ 333 HGB** (Abschlussprüfer), **§ 404 Abs. 1 Nr. 2 AktG, § 151 Abs. 1 Nr. 2 GenG** (Prüfer iSd AktG, GenG, insb. Gründungs- oder Sonderprüfer), **§ 19 PublG, § 315 Abs. 1 Nr. 2 UmwG** (Verschmelzungs-, Spaltungs- oder Übertragungsprüfer), **§ 138 VAG** (Prüfer gem. §§ 341k, 319 HGB).

Im **kollektiven Arbeitsrecht** findet sich ein Straftatbestand für Mitglieder **219**
zahlreicher Gremien der Arbeitnehmermitbestimmung **(§ 120 BetrVG).** Verwiesen sei hierzu auf die Kommentierung im arbeitsrechtlichen Teil (→ Einl. C, Rn. 124 ff.).

Das **Kernstrafrecht** enthält in den **§§ 203, 204 StGB** Tatbestände zum Schutz **220**
von Privatgeheimnissen, die neben Geheimnissen des persönlichen Lebensbereichs auch Geschäftsgeheimnisse erfassen. Sie bleiben gemäß **§ 1 Abs. 3 Nr. 1** durch das GeschGehG ausdrücklich unberührt. Die durch das EGStGB 1975 eingeführten bzw. neugefassten Vorschriften lösten seinerzeit eine Vielzahl von Einzelregelungen ab und harmonisierten diese inhaltlich (*Arians* in Oehler Der strafrechtliche Schutz des Geschäfts- und Betriebsgeheimnisses 383 ff.). Als mögliche Täter kommen insbesondere die in Abs. 1 genannten **Berufsträger** (zB Rechtsanwälte, Notare, Patentanwälte, Wirtschaftsprüfer, vereidigte Buchprüfer, Steuerberater) und die in Abs. 2 genannten **Amtsträger** bzw. amtsnahen Personen in Betracht (zB Amtsträger iSv § 11 Nr. 2 StGB, ua Beamte und Richter, öffentlich bestellte und vereidigte Sachverständige). Die Vorschriften wurden zuletzt 2017 umfangreich mit dem Ziel reformiert, die Einbindung **beruflicher Gehilfen** oder sonstiger **bei der Berufsausübung mitwirkender Personen** besser abzubilden (dazu: *Härting/Dimov* MDR 2018, 1; *Hoeren* MMR 2018, 12). § 203 Abs. 1, 2 und 4 sanktionieren das unbefugte **Offenbaren** von Geheimnissen, § 203 Abs. 6 enthält einen **Qualifikationstatbestand** bei Hinzutreten von Entgeltlichkeit, Bereicherungs- oder Schädigungsabsicht. § 204 StGB stellt die unbefugte **Geheimnisverwertung** unter Strafe.

Neben die genannten Delikte zum Schutz von Geschäfts- und Betriebsgeheim- **221**
nissen tritt der sog. **„formelle Geheimnisschutz"** (*Meier* JZ 1992, 647, 661) der **§§ 202a ff. StGB.** Tatobjekt ist hier nicht notwendig ein Geschäftsgeheimnis, vielmehr erstreckt sich der Schutz auf Daten, die gemäß der Legaldefinition in § 202a Abs. 2 StGB elektronisch, magnetisch oder sonst nicht unmittelbar wahrnehmbar gespeichert sein oder übermittelt werden müssen. Deliktsprägendes Rechtsgut ist die formelle Verfügungsbefugnis des an den Daten Verfügungsberechtigten (*Heger* in Lackner/Kühl StGB § 202a Rn. 1; *Eisele* in Schönke/Schröder StGB § 202a Rn. 1a), zuweilen auch als „Sachherrschaft über eine Information" bezeichnet (OLG Stuttgart GRUR 2019, 422 Rn. 40 – Verbandspreise). Bei den Daten muss es sich nicht um geheime Informationen handeln (*Fischer* StGB § 202a Rn. 3; BT-Drs. 10/5058, 29). Sie müssen aber – wie sich aus dem Wortlaut des

§ 202a Abs. 1 StGB ergibt – gegen unberechtigten Zugang besonders gesichert sein. Der Begriff der Zugangssicherung iSv § 202a Abs. 1 StGB ist nicht kongruent mit dem Merkmal angemessener Geheimhaltungsmaßnahmen iSv § 2 Nr. 1 lit. b StGB. Erforderlich ist ganz allgemein, dass die Sicherung darauf angelegt ist, den Zugriff Dritter auf die Daten auszuschließen oder wenigstens nicht unerheblich zu erschweren (BGH NJW 2015, 3463 Rn. 9 – Bitcoin-Generierung; BT-Drs. 16/3656, 10; *Fischer* StGB § 202a Rn. 8). Der Verfügungsberechtigte muss sein Interesse an einer Geheimhaltung erkennbar dokumentieren (*Eisele* in Schönke/Schröder StGB § 202a Rn. 14). Die so gesicherten Daten genießen Schutz gegen **Ausspähen,** d.h. gegen eine unbefugte Verschaffung unter Überwindung der Zugangssicherung **(§ 202a Abs. 1 StGB),** gegen **Abfangen** aus einer nichtöffentlichen Datenübermittlung **(§ 202b StGB).** Strafbar sind gemäß **§ 202c StGB** bereits bestimmte **Vorbereitungshandlungen,** etwa das Herstellen, Verschaffen, Verkaufen, Überlassen, Verbreiten oder ein sonstiges Zugänglichmachen von Passwörtern oder Zugangscodes oder Computerprogrammen zum Zweck eines Ausspähens oder Abfangens von Daten. Strafbar ist seit 2015 zusätzlich die sog. **Datenhehlerei (§ 202d StGB),** also das Verschaffen, Überlassen, oder sonstige Zugänglichmachen von Daten, die ein anderer rechtswidrig erlangt hat, soweit dies in Bereicherungs- oder Schädigungsabsicht erfolgt. Mögliche Vortat ist jede gegen die formelle Verfügungsbefugnis gerichtete Straftat, also zB auch der Diebstahl eines Datenträgers (OLG Stuttgart GRUR 2019, 422 Rn. 42 – Verbandspreise).

222 Im Übrigen können Geschäftsgeheimnisse reflexartig durch eine Reihe weiterer Straftatbestände geschützt sein. Da Geschäftsgeheimnisse vermögenswerte Güter sind, kann eine Verletzung bei Vorliegen einer entsprechenden Vermögensbetreuungspflicht insbesondere als **Untreue (§ 266 StGB)** strafbar sein (BayObLG NJW 1996, 268 (271) – Bieterlisten; OLG Stuttgart JZ 1973,739; *Kiethe/Groeschke* WRP 2005, 1358, 1365 f.; *Kiethe/Hohmann* NStZ 2006, 185, 190 f.). Je nach Fallgestaltung kommen darüber hinaus **weitere Eigentums- und Vermögensdelikte** in Betracht, zB Diebstahl (§ 242 StGB), Unterschlagung (§ 246 StGB), sachliche Begünstigung (§ 257 StGB), (Sach-)Hehlerei (§§ 259 ff. StGB), Erpressung (§ 253 StGB) oder Betrug (§ 263 StGB).

11. Verhältnis zum Verwaltungsrecht

Schrifttum: *Berg,* Der Schutz von Betriebs- und Geschäftsgeheimnissen im öffentlichen Recht unter besonderer Berücksichtigung des Umweltinformationsgesetzes, GewArch 1996, 177; *v. Czettritz,* Freier Zugang zu Information versus Schutz von Geschäfts- und Betriebsgeheimnissen, PharmR 2014, 11; *Fischer/Fluck,* Informationsfreiheit versus Betriebs- und Geschäftsgeheimnisse, NVwZ 2013, 337; *Goldhammer,* Geschäftsgeheimnis-Richtlinie und Informationsfreiheit, NVwZ 2017, 1809; *Kiethe/Groeschke,* Informationsfreiheitsgesetz: Informationsfreiheit contra Betriebsgeheimnis? – Notwendige Vorkehrungen für den Schutz von Betriebs- und Geschäftsgeheimnissen, WRP 2006, 303; *Kloepfer/Greve,* Das Informationsfreiheitsgesetz und der Schutz von Betriebs- und Geschäftsgeheimnissen, NVwZ 2011, 577; *Römling,* Der Geschäftsgeheimnisbegriff zwischen öffentlichem und privatem Recht, NVwZ 2022, 463; *Schnabel,* Auskunftsansprüche für Journalisten nach Landespressegesetzen und Informationsfreiheitsgesetz, NVwZ 2012, 854; *Schoch,* Informationsfreiheitsgesetz, Kommentar, 2. Aufl. 2016; *ders.,* Die Ausnahmetatbestände des IFG in der Rechtsprechung des BVerwG, ZGI 2021, 3; *Wiebe,* Der Geschäftsgeheimnisschutz im Informationsfreiheitsrecht, NVwZ 2019, 1705; *Wolf,* Der Schutz des Betriebs- und Geschäftsgeheimnisses, Verfassungsrechtliche Grundlagen und Ausgestaltung in den modernen Informationszugangsgesetzen, 2015.

Eine wichtige Rolle spielt der Schutz von Geschäftsgeheimnissen auch im Verwaltungsrecht. Dies hängt nicht zuletzt damit zusammen, dass aufgrund verschiedenster **regulatorischer Vorschriften** in zahlreichen Zulassungs- und Genehmigungsverfahren (zB im Arzneimittelrecht, im Pflanzenschutzmittelrecht etc.) Informationen gegenüber Behörden offengelegt werden müssen, bei denen es sich um Geschäftsgeheimnisse handelt. Die Einreichung führt in der Regel nicht zum Entfall des Geheimnischarakters (→ § 2 Rn. 25, und BGH GRUR 2012, 1048 – MOVICOL-Zulassungsantrag; *Kalbfus* WRP 2013, 584, 585 f.). Sie kann aber faktisch zu einer erhöhten Gefährdungslage führen. Insbesondere ergibt sich in der Folge ein Spannungsfeld zu den **Informationsfreiheitsgesetzen** und einer Fülle sachlich einschlägiger Spezialvorschriften (zB § 9 Abs. 1 S. 1 Nr. 3 UIG). **223**

Weder die **Geschäftsgeheimnis-RL** noch das **GeschGehG** greifen in diese Konfliktlage ein. Nach **Art. 1 Abs. 2 lit. b** lässt die Geschäftsgeheimnis-RL Rechtspflichten unberührt, nach denen Geheimnisinhaber zur Offenlegung ihrer Geheimnisse gegenüber Verwaltungsbehörden oder der Öffentlichkeit verpflichtet sind. Ebenso wenig berührt die Richtlinie nach **Art. 1 Abs. 2 lit. c** die Anwendung von Vorschriften der Union oder der Mitgliedstaaten, nach denen es den Organen und Einrichtungen der Union oder den nationalen Behörden vorgeschrieben oder gestattet ist, von Unternehmen vorgelegte Informationen offenzulegen, die sich in ihrem rechtmäßigen Besitz befinden (vgl. auch ErwGr. 11 und 18). Im nationalen Recht ergibt sich aus **§ 1 Abs. 2 GeschGehG** ausdrücklich, dass öffentliche-rechtliche Vorschriften über zur Erlangung, Nutzung oder Offenlegung von Geschäftsgeheimnissen dem GeschGehG vorgehen (der Gesetzgeber hatte insoweit namentlich umweltinformationsrechtliche Vorschriften im Blick, vgl. näher: BT-Drs. 19/4724, 23). **224**

Im Übrigen weisen verwaltungsrechtliche Vorschriften, soweit sie als potentielle Rechtsgrundlage für die Offenlegung von Geschäftsgeheimnissen in Betracht kommen, regelmäßig spezialgesetzliche Mechanismen zum Schutz von Geschäftsgeheimnissen auf. Im Bereich der **Informationsfreiheitsgesetze** gewähren namentlich das Bundes-IFG sowie einige Landes-IFGe **absoluten Geheimnisschutz** und schließen den Anspruch auf Informationszugang schon bei bloßem Vorliegen von Geschäftsgeheimnissen aus, wenn der Betroffene nicht eingewilligt hat (§ 6 S. 2 Bundes-IFG; § 8 IFG Mecklenburg-Vorpommern, § 11 IFG Rheinland-Pfalz, § 1 SaarlIFG iVm. § 6 S. 2 Bundes-IFG, § 6 IZG Sachsen-Anhalt, § 1 Abs. 1 ThürIFG iVm. § 6 S. 2 Bundes-IFG, vgl. *Schoch,* IFG, § 6 Rn. 120). Dagegen findet sich in anderen Landes-IFGe lediglich ein **relativer Geheimnisschutz.** Hier ist der Informationszugangsanspruch nur ausgeschlossen, wenn das Geheimhaltungsinteresse *überwiegt* (§ 7 S. 1 BerlIFG, § 6 S. 2 BremIFG, § 5 Abs. 1 Nr. 3 AIG Brandenburg, § 7 Abs. 2 Hamburgisches TransparenzG, § 8 S. 1 u. 3. IFG NRW, § 11 Abs. 1 IFG Schleswig-Holstein). **225**

Trotz des Vorrangs öffentlich-rechtlicher Vorschriften ist eine gewisse Rückkopplung mit der Geschäftsgeheimnis-RL bzw. das GeschGehG nicht ausgeschlossen. Insbesondere entfaltet das Verständnis des **Geheimnisbegriffes** iSv Art. 2 Abs. 1 und Geschäftsgeheimnis-RL und § 2 Nr. 1 GeschGehG **Ausstrahlungswirkung** auf das öffentliche Recht und kann zur Auslegung herangezogen werden (BVerwG BeckRS 2021, 7813 Rn. 19; BVerwG NVwZ 2020, 715 Rn. 11 f.; VGH München BeckRS 2020, 140 Rn. 22; *Goldhammer* NVwZ 2017, 1809 (1813 f.); *Wiebe* NVwZ 2019, 1705 (1706); *Schoch* ZGI 2021, 3 (9 f.); kritisch: *Römling* NVwZ 2022, 463). Denn zwar gilt der Vorrang öffentlich-rechtlicher **226**

Vorschriften gemäß § 1 Abs. 2 nach der Gesetzesbegründung zum GeschGehG auch für eine abweichende Definition des Geschäftsgeheimnisses (BT-Drs. 19/4724, 23). Vereinzelt bestehende Legaldefinitionen des öffentlichen Rechts (vgl. § 7 Abs. 1 Hamburgisches TransparenzG) bleiben daher maßgeblich, und auch soweit keine Legaldefinition existiert, ist der Geheimnisbegriff im öffentlichen Recht eigenständig auszulegen. Wie das BVerwG aber betont, hat sich das öffentliche Recht bereits vor Inkrafttreten des GeschGehG an dem gewachsenen wettbewerbsrechtlichen Begriffsverständnis orientiert (BVerwG NVwZ 2020, 1368 Rn. 24; BVerwG PharmR 2020, 699 (701)). Soweit dieses nun seinerseits durch das GeschGehG geprägt werde, könne das auch auf das öffentliche Recht nicht ohne Einfluss bleiben (BVerwG PharmR 2020, 699 (701)). Zu § 6 S. 2 IFG hat das BVerwG daher entschieden, dass der Schutz von Geschäftsgeheimnissen iSd § 2 Nr. 1 GeschGehG jedenfalls einen **Mindeststandard** bilde (BVerwG PharmR 2020, 699 (701); offenlassend: OVG Berlin-Brandenburg BeckRS 2021, 36137 Rn. 44).

VII. Internationale Aspekte

1. Internationale Zuständigkeit

Literatur: *European Max Planck Group on Conflict of Laws in Intellectual Property,* Conflict of Laws in Intellectual Property, 2013; *Glöckner/Kur,* Geschäftliche Handlungen im Internet, GRUR-Beil. 2014, 29; *Hau,* Klagemöglichkeiten juristischer Personen nach Persönlichkeitsrechtsverletzungen im Internet, GRUR 2018, 163; *Kindler,* Der europäische Deliktsgerichtsstand und die gewerblichen Schutzrechte, GRUR 2018, 1107; *McGuire,* Das neue Geschäftsgeheimnisrecht: In zehn Schritten zu internationaler Zuständigkeit und anwendbarem Recht, WRP 2023, 1; *Ohly,* Jurisdiction and choice of law in trade secret cases: The EU perspective, in Sandeen/Rademacher/Ohly (Hrsg.), Research Handbook on Information Law and Governance, 2021, S. 234, abrufbar unter https://papers.ssrn.com/sol3/papers.cfm?abstract_id=4020416; *Picht,* Von eDate zu Wintersteiger – Die Ausformung des Art. 5 Nr. 3 EuGVVO für Internetdelikte durch die Rechtsprechung des EuGH GRUR-Int 2013, 19; *Sack,* Internationales Lauterkeitsrecht, 2019; *Wadlow,* Bugs, Spies and Paparazzi: Jurisdiction over Actions for Breach of Confidence in Private International Law, [2008] EIPR 269.

227 **a) Anwendbare Vorschriften.** Die **internationale Zuständigkeit** betrifft die Frage, die Gerichte welchen Staates befugt sind, über Sachverhalte mit Auslandsberührung zu entscheiden. Das **GeschGehG** und die **Geschäftsgeheimnis-RL** enthalten **keine speziellen Regelungen** der internationalen Zuständigkeit.

227a Hat der Beklagte seinen **Wohn- oder Geschäftssitz** in einem **EU-Mitgliedstaat,** so richtet sich die internationale Zuständigkeit nach der **EuGVVO** (auch als **Brüssel Ia-VO** bezeichnet), die gegenüber den Vorschriften des nationalen Rechts vorrangig ist (*Thode* in BeckOK ZPO Brüssel Ia-VO Art. 4 Rn. 5a). Im Verhältnis zu Dänemark gilt die EuGVVO zwar nicht unmittelbar, sie ist aber aufgrund eines zwischen der EU und Dänemark abgeschlossenen Abkommens anwendbar. Im Verhältnis zu den EFTA-Staaten Schweiz, Norwegen und Island (nicht jedoch Liechtenstein) gilt das **Übereinkommen von Lugano (LugÜ),** das im Wesentlichen der EuGVVO entspricht. Im **Vereinigten Königreich** ist die EuGVVO seit Ablauf der Übergangszeit nach dem Brexit nicht mehr anwendbar (Statutory Instrument 2019 No. 479 Regulation 89). Einem Antrag des Vereinigten Königreichs auf Beitritt zum LugÜ hat die EU bisher nicht zugestimmt. Damit ist das Vereinigte Königreich vorerst wie ein Drittstaat zu behandeln (→ Rn. 228).

228 Hat der Beklagte seinen **Wohn- oder Geschäftssitz außerhalb der EU und der EFTA,** so bestimmt sich die internationale Zuständigkeit der deutschen Gerichte (vorbehaltlich einiger für Geschäftsgeheimnisse nicht einschlägigen Ausnahmen nach **deutschem Zivilprozessrecht** (Art. 6 Abs. 1 EuGVVO). Nach den Grundsätzen der ZPO sind die **Vorschriften über die örtliche Zuständigkeit doppelfunktional.** Daher regelt **§ 15** in diesem Fall auch die internationale Zuständigkeit. Auf die Kommentierung der Vorschrift wird verwiesen.

229 **b) Allgemeiner Gerichtsstand (Art. 4 EuGVVO).** Der **allgemeine Gerichtsstand** ist gem. **Art. 4 Abs. 1 EuGVVO** der **Wohnsitz des Beklagten,** im Fall von Gesellschaften oder juristischen Personen der Ort **ihres satzungsmäßigen Sitzes, ihrer Hauptverwaltung oder ihrer Hauptniederlassung (Art. 63 Abs. 1 EuGVVO).** Vorbehaltlich der in Geschäftsgeheimnisstreitsachen nicht einschlägigen ausschließlichen Gerichtsstände des Art. 24 EuGVVO (s. aber für eingetragene Rechte des geistigen Eigentums Art. 24 Nr. 4 EuGVVO) haben die Gerichte am allgemeinen Gerichtsstand **umfassende Kognitionsbefugnis,** können also über sämtliche gegen den Beklagten geltend gemachte Ansprüche entscheiden.

230 **c) Besondere Gerichtsstände. aa) Überblick.** Neben dem allgemeinen Gerichtsstand können die **besonderen Gerichtsstände der Art. 7 ff. EuGVVO** eröffnet sein. Vorbehaltlich besonderer Konkurrenzregeln hat in diesem Fall der Kläger die Wahl, ob er Klage an einem besonderen oder dem allgemeinen Gerichtsstand erhebt.

231 Von besonderer Bedeutung für Geheimnisschutzstreitsachen ist der **Gerichtsstand der unerlaubten Handlung (Art. 7 Nr. 2 EuGVVO,** dazu → Rn. 241 ff.). Allerdings wirft die Rechtsprechung des EuGH die Frage auf, ob der **Gerichtsstand des Erfüllungsorts (Art. 7 Nr. 1 EuGVVO)** vorrangig ist, wenn sich die Rechtswidrigkeit der Erlangung, Offenlegung oder Nutzung eines Geheimnisses aus einem zwischen den Parteien geschlossenen Vertrag ergibt (→ Rn. 234 ff.). Auch das Verhältnis zu den besonderen Gerichtsständen wegen **Ansprüchen aus Arbeitsverhältnissen (Art. 20 ff. EuGVVO)** ist bisher nicht abschließend geklärt (→ Rn. 248 ff.).

232 Neben den im Folgenden dargestellten Gerichtsständen können je nach Einzelfall auch der **Gerichtsstand der Zweigniederlassung (§ 7 Nr. 5 EuGVVO)** und der **Gerichtsstand des Sachzusammenhangs (Art. 8 EuGVVO)** eröffnet sein. Weil insoweit aber keine Besonderheiten für Geheimnisschutzstreitsachen bestehen, wird auf die allgemeinen Kommentierungen dieser Vorschriften verwiesen.

233 Die Parteien können im **Rahmen des Art. 25 EuGVVO** (für Verbrauchersachen eingeschränkt durch Art. 19 EuGVVO) **Gerichtsstandsvereinbarungen** treffen. Ein an sich unzuständiges Gericht kann zuständig werden, wenn sich der Beklagte **rügelos einlässt (Art. 26 EuGVVO).**

234 **bb) Gerichtsstand des Erfüllungsorts (Art. 7 Nr. 1 EuGVVO).** Wenn ein **Vertrag** oder **Ansprüche aus einem Vertrag** den Gegenstand des Verfahrens bilden, ist ein Gerichtsstand an dem Ort, an dem die Verpflichtung erfüllt worden ist oder zu erfüllen wäre, eröffnet. Dieser besondere Gerichtsstand des **Erfüllungsorts** besteht jedenfalls dann, wenn der Inhaber eines Geheimnisses vertragliche Ansprüche wegen unerlaubter Offenlegung oder Nutzung geltend macht. Aller-

dings ist ein **möglicher Vorrang** der **Sondervorschriften für Ansprüche aus Arbeitsverhältnissen (Art. 20 ff. EuGVVO,** dazu → Rn. 248 f.) zu beachten.

235 Der **Erfüllungsort** kann von den Parteien innerhalb gewisser Grenzen vertraglich **vereinbart** werden (Art. 7 Nr. 1 lit. b EuGVVO; *Geimer* in Zöller ZPO Art. 7 EuGVVO Rn. 11 f.; *Stadler* in Musielak/Voit ZPO Rn. 15). Ansonsten bestimmt Art. 7 Nr. 1 lit. b EuGVVO, dass der Erfüllungsort bei Kaufverträgen der Lieferort und bei Dienstverträgen der Ort ist, an dem die Dienstleistung erbracht worden ist oder hätte erbracht werden müssen. Im Übrigen ist auf die **vertragliche Primärverpflichtung,** die den **Gegenstand der Klage** bildet, abzustellen (Art. 7 Abs. 1 lit. a EuGVVO, EuGH NJW 1987, 1131 – Shenavai/Kreischer). Hat beispielsweise ein Vertrag zwischen einem deutschen Auftraggeber und einem französischen Hersteller die Entwicklung und Herstellung eines Produkts zum Gegenstand, so liegt der Erfüllungsort in dem Land, in dem die Entwicklung und die Herstellung stattfinden, also in Frankreich (vgl. EuGH NJW 2014, 1648 – Brogsitter, hierzu näher → Rn. 238; *Aplin et al.,* Gurry on Breach of Confidence, 2. Aufl. 2012, Rn. 23.17).

236 Ansprüche aus dem **GeschGehG** scheinen **auf den ersten Blick nicht in den Anwendungsbereich des Art. 7 Nr. 1 EuGVVO** zu fallen, weil es sich nach der Systematik des deutschen Rechts wie auch der Geschäftsgeheimnis-RL um **außervertragliche Ansprüche** handelt, die keine Sonderverbindung zwischen den Parteien voraussetzen. Klagen aus Vertrag und Klagen wegen unerlaubter Handlungen sind voneinander zu unterscheiden und schließen sich gegenseitig aus (EuGH NJW 1988, 3088 Rn. 14, 19 – Kalfelis/Schröder; EuGH NJW 2014, 1648 Rn. 20 – Brogsitter).

237 Ob die geltend gemachten Ansprüche vertraglicher oder außervertraglicher Natur sind, ist allerdings **autonom** und unabhängig von der Qualifikation durch das nationale Recht zu entscheiden. Nach Ansicht des EuGH ist ein Anspruch **dann als vertraglich** anzusehen, wenn das vorgeworfene Verhalten als Verstoß gegen die vertraglichen Verpflichtungen angesehen werden kann, wie sie sich anhand des Vertragsgegenstands ermitteln lassen. Das kann auch dann der Fall sein, wenn **sich der Kläger nicht auf vertragliche,** sondern auf **parallel bestehende deliktsrechtliche Anspruchsgrundlagen beruft,** sofern eine Auslegung des Vertrags zwischen beiden Parteien unerlässlich erscheint, um zu klären, ob das dem Beklagten vom Kläger vorgeworfene Verhalten rechtswidrig ist (EuGH NJW 2014, 1648 Rn. 25 – Brogsitter/Fabrication de Montres Normandes; EuGH EuZW 2015, 922 Rn. 70 f. – Holtermann Ferho Exploitatie/Spies von Büllesheim).

238 Das dieser Rechtsprechung zugrunde liegende **Brogsitter-Urteil** (EuGH NJW 2014, 1648) betraf die **Verletzung eines Geschäftsgeheimnisses.** Ein deutscher Besteller hatte mit einem französischen Uhrmacher einen Entwicklungsvertrag über die Sonderanfertigung von Uhrwerken abgeschlossen. In dem Vertrag hatten beide Parteien vereinbart, dass der Hersteller die Uhrwerke nicht anderweitig vertreiben durfte. Aber er verstieß gegen diese Verpflichtung. Der Besteller erhob vor einem deutschen Gericht Klage, gestützt auf §§ 8 I, 3 I, 3a UWG und § 823 Abs. 2 BGB, jeweils iVm § 18 UWG a.F. **(Vorlagenfreibeuterei).** Dem würde mittlerweile ein **Anspruch aus §§ 6 ff., 4 Abs. 2 Nr. 2 GeschGehG** entsprechen. Nach Ansicht des EuGH handelte es sich **dennoch um eine Klage aus Vertrag,** so dass **nur der Gerichtsstand des** (französischen) **Erfüllungsortes** (Art. 7 Nr. 1 EuGVVO, der dem seinerzeit geltenden Art. 5 Nr. 1 entspricht), nicht jedoch derjenige der möglicherweise in Deutschland zu

lokalisierenden unerlaubten Handlung (Art. 7 Nr. 2 EuGVVO, früher Art. 5 Nr. 3 EuGVVO) eröffnet war. Die Reichweite dieses Urteils ist bisher nicht völlig geklärt. Mittlerweile hat der EuGH jedoch auf Vorlage des BGH entschieden, dass der Gerichtsstand der unerlaubten Handlung (Art. 7 Nr. 2 EuGVVO) in einem kartellrechtlichen Streit um den Missbrauch einer marktbeherrschenden Stellung eröffnet ist, wenn die Auslegung eines Vertrages zwar erforderlich ist, um das Vorliegen der beanstandeten Praktiken festzustellen, nicht jedoch, um deren Rechtswidrigkeit zu beurteilen. Ein deutsches Hotel konnte daher die Buchungsplattform Booking.com vor einem deutschen Gericht auf Unterlassung in Anspruch nehmen, obwohl im Vertrag zwischen beiden Parteien Amsterdam als Gerichtsstand für Ansprüche aus dem Vertrag vereinbart war (EuGH GRUR 2021, 116 – Wikingerhof/Booking.com).

Auf den ersten Blick spricht das Brogsitter-Urteil für einen **Vorrang des Gerichtsstands des Erfüllungsorts,** wenn **zwischen den Parteien ein Vertrag besteht,** der regelt, wann die beanstandete Erlangung, Nutzung oder Offenlegung erlaubt oder unbefugt ist. In diesem Fall laufen Ansprüche aus Vertrag und wegen Geheimnisverletzung parallel, und der Verstoß gegen § 4 Abs. 1 oder 2 kann nur aufgrund einer vorherigen Prüfung der vertraglichen Verpflichtungen festgestellt werden. Dafür sprechen die Möglichkeit, parallele Ansprüche in einem Forum zu beurteilen, und der meist vorliegende Gleichlauf mit dem anwendbaren Recht, weil auch Art. 4 Abs. 3 Rom II-VO im Fall unerlaubter Handlungen eine engere Verbindung mit dem Recht annimmt, das auf einen zwischen den Parteien vor der Verletzung abgeschlossenen Vertrag anwendbar ist (*Wendenburg/Schneider* NJW 2014, 1633 (1635)). 239

Die **besseren Argumente** sprechen aber dafür, den **Gerichtsstand der unerlaubten Handlung** auch bei **Geheimnisverletzungen zuzulassen, denen eine vertragliche Regelung zugrunde liegt.** Erstens wird das Brogsitter-Urteil des EuGH, bei dem es sich um eine Kammerentscheidung ohne Schlussanträge des Generalanwalts handelte, in der Literatur zu Recht kritisiert, weil es erhebliche Rechtsunsicherheit schafft und zu einer Beurteilung des materiellen Rechts im Rahmen der Zulässigkeitsprüfung zwingt (*Mankowski* EuZA 2017, 126 (130); *Pfeiffer* IPRax 2016, 111 (114); *Sujecki* EuZW 2014, 384 (385)). Zweitens verlangt Art. 6 Geschäftsgeheimnis-RL wirksame Verfahren zur Durchsetzung des Geheimnisschutzes. Ein Ausschluss des Deliktsgerichtsstands würde dem Inhaber aber die Möglichkeit nehmen, gerade in dem Staat zu klagen, in dem sich die Verletzung auf den Markt auswirkt und den meisten Schaden anrichtet, beispielsweise im Fall des Vertriebs verletzender Produkte. Drittens ist Ausgangspunkt des Urteils die **autonome Qualifikation vertraglicher Ansprüche.** Der Umstand, dass das deutsche Recht die vom Kläger geltend gemachten Ansprüche aus §§ 18 UWG a.F., 8 Abs. 1, 3 Abs. 1, 3a UWG bzw. § 823 Abs. 2 BGB als deliktsrechtlich qualifiziert, sah der EuGH als unerheblich an. Das Urteil ist aber vor Erlass der Geschäftsgeheimnis-RL ergangen. Mittlerweile gewährt auch die **Geschäftsgeheimnis-RL außervertragliche Ansprüche.** Viertens entscheidet auch im Fall des § 4 Abs. 2 die Vertragsauslegung nicht abschließend über die Rechtswidrigkeit, so dass das Urteil des EuGH im Fall Wikingerhof/Booking.com (EuGH GRUR 2021, 116, dazu → Rn. 238) gegen einen Vorrang des Art. 7 Nr. 1 EuGVVO spricht. Daher sind Geheimnisverletzungen insgesamt **autonom-unionsrechtlich als deliktisch** zu qualifizieren (ebenso *McGuire* WRP 2023, 1 (3)). Allerdings muss die Frage der EuGH entscheiden. Sollte der Ausgang eines Gerichtsverfahrens von der Antwort abhängen, so wäre dem Gerichtshof die Frage vorzulegen, 240 ob die Grundsätze des Brogsitter-Urteils auch nach Inkrafttreten der Geschäftsgeheimnis-RL den Gerichtsstand der unerlaubten Handlung bei einer Erlangung, Offenlegung oder Nutzung eines Geheimnisses ausschließen, die sich erst wegen der Verletzung eines zwischen den Parteien bestehenden Vertrags als rechtswidrig erweist.

241 **cc) Gerichtsstand der unerlaubten Handlung (Art. 7 Nr. 2 EuGVVO).** Für Klagen wegen unerlaubter Handlung ist neben dem allgemeinen Gerichtsstand des Beklagten das **Gericht des Ortes** zuständig, an dem das **schädigende Ereignis eingetreten ist oder einzutreten droht (Art. 7 Nr. 2 EuGVVO).** Der Begriff „unerlaubte Handlung" ist **autonom unionsrechtlich** auszulegen. Er bezieht sich auf alle Klagen, mit denen eine Schadenshaftung des Beklagten geltend gemacht wird und die nicht an einen „Vertrag" iSv Art. 7 Nr. 1 EuGVVO anknüpfen (EuGH NJW 1988, 3088 Rn. 18 – Kalfelis/Schröder). Der EuGH legt den Begriff **weit** aus, auch wenn insgesamt der Gerichtsstand des Art. 7 Nr. 2 EuGVVO als besonderer Gerichtsstand nicht überdehnt werden darf (*Sack* Internationales Lauterkeitsrecht Kap. 19 Rn. 35, 37 mwN). Er ist ua anwendbar auf Verletzungen von Rechten des geistigen Eigentums (zum Markenrecht EuGH GRUR 2012, 654 – Wintersteiger/Products4U; zu urheberrechtlichen Verwertungsrechten EuGH GRUR 2014, 100 – Pinckney/Mediatech; EuGH GRUR 2015, 296 – Pez Hejduk/EnergieAgentur NRW), unlautere geschäftliche Handlungen (EuGH GRUR 2014, 806 Rn. 42 – Coty/First Note; BGH GRUR 2014, 601 Rn. 14 – englischsprachige Pressemitteilung), Kartellrechtsverstöße (EuGH GRUR-Int. 2015, 1176 – CDC Hydrogen Peroxide; EuGH EuZW 2019, 792 – Tibor-Trans/DAF Trucks) und Persönlichkeitsrechtsverletzungen (EuGH GRUR 2012, 300 eDate Advertising; EuGH GRUR 2018, 108 – Bolagsupplysningen/Svensk Handel). Sofern nicht wegen einer engen Verbindung mit einem zugrunde liegenden Vertrag ein Vorrang des Art. 7 Nr. 1 oder der Art. 20 ff. EuGVVO besteht (→ Rn. 239 f.), sind **Geheimnisverletzungen unerlaubte Handlungen** und fallen daher unter **Art. 7 Nr. 2 EuGVVO** (→ § 15 Rn. 25 ff.; *Alexander* in Köhler/Bornkamm/Feddersen GeschGehG § 15 Rn. 25 f.; *Schönknecht* in Keller/Schönknecht/Glinke Einl. C Rn. 147; *Kalbfus* in BeckOK UWG § 17 Rn. 247 f.; *McGuire* WRP 2023 1, (4); ebenso auf der Grundlage der systematischen Einordnung als Teil der Equity im englischen Recht *Wadlow* [2008] EIPR 269 (273 ff.)).

242 **„Ort, an dem das schädigende Ereignis eingetreten ist oder einzutreten droht"** ist nach ständiger Rechtsprechung des EuGH sowohl der **Ort des ursächlichen Geschehens (Handlungsort)** als auch der **Ort der Verwirklichung des Schadenserfolgs (Erfolgsort).** Liegen diese Orte in unterschiedlichen Staaten, so kann der Kläger zwischen beiden Gerichtsbarkeiten wählen (EuGH GRUR 2018, 108 Rn. 29 – Bolagsupplysningen/Svensk Handel; EuGH EuZW 2019, 792 Rn. 25 – Tibor-Trans/DAF Trucks; BGH GRUR 2015, 689 Rn. 27 – Parfumflakon III; *Sack* Internationales Lauterkeitsrecht Kap. 19 Rn. 27 ff.). Werden beispielsweise von einem französischen Unternehmen schädliche Salze in den Rhein geleitet und dadurch niederländische Gärtnereibetriebe geschädigt, so können diese in Frankreich oder den Niederlanden klagen (EuGH NJW 1977, 493 f. – Bier/Mines de Potasse d'Alsace). Allerdings kann am Ort des Schadenseintritts nur der in diesem Land erlittene Schaden geltend gemacht werden („Mosaikbetrachtung"), während die Gerichte am Ort des ursächlichen Geschehens für die Beurteilung des gesamten Schadens zuständig sind (EuGH

NJW 1995, 1881 Rn. 33 – Shevill/Presse Alliance; krit. *Hau* GRUR 2018, 163 (165) mwN). Unteilbare Rechtsbehelfe wie Ansprüche auf Beseitigung einer im Internet verbreiteten Information können nur am allgemeinen Gerichtsstand, vor den Gerichten des Handlungsorts oder, im Fall von Persönlichkeitsrechtsverletzungen, in dem Land geltend gemacht werden, in dem sich der Interessenmittelpunkt des Verletzten befindet (EuGH GRUR 2018, 108 Rn. 48 – Bolagsupplysningen/Svensk Handel).

Der **Ort des ursächlichen Geschehens** liegt dort, wo die Handlung ganz oder teilweise ausgeführt wurde oder deren Ausführung unmittelbar bevorsteht. Beispiele sind der Ort, an dem sich der Verletzer unbefugten Zugriff auf Geheimnisse verschafft (§ 4 Abs. 1 Nr. 1), wo er Geheimnisse an einen Dritten weitergibt (§ 4 Abs. 2 Nr. 3) oder wo er verletzende Produkte herstellt oder anbietet (§ 4 Abs. 3 S. 2; hierzu Court of Appeal of England and Wales, *Kitechnology v. Unicor* [1995] FSR 765 (779 f.)). Bei Rechtsverletzungen im Internet ist nicht der Standort des Servers, sondern der Ort maßgeblich, an dem der technische Vorgang ausgelöst wurde. Wird die Verletzung in einem Unternehmen begangen, wird es sich oft um dessen Ort der Niederlassung handeln (EuGH GRUR 2012, 656 Rn. 37 – Wintersteiger/Products4U). **243**

Schwerer fällt die Lokalisierung des **Erfolgsorts.** Der EuGH unterscheidet **nach der Art des verletzten Rechts.** Bei der Verletzung von **Immaterialgütern** liegt der **Erfolgsort im Schutzland,** also in dem Staat, in dem Registerrechte eingetragen sind (EuGH GRUR 2012, 654 – Wintersteiger/Products4U) oder in dem nicht registrierte Rechte Schutz entfalten (EuGH GRUR 2014, 100 – Pinckney/Mediatech; EuGH GRUR 2015, 296 Pez Hejduk/EnergieAgentur NRW). Erfolgsort im Fall **marktbezogener unlauterer Handlungen** ist der **Marktort,** also der Staat, in dem potenzielle Abnehmer erreicht werden (EuGH GRUR 2014, 806 Rn. 56 – Coty/First Note; BGH GRUR 2014, 601 Rn. 24 – englischsprachige Pressemitteilung). Bei **Persönlichkeitsrechten** liegt der Erfolgsort nicht nur dort, wo eine schädigende Veröffentlichung verbreitet wurde, sondern auch dort, wo die **betroffene Person den Mittelpunkt ihres Lebens oder ihrer Tätigkeit** hat. Das kann bei Unternehmen der Sitzstaat, aber auch ein anderer Staat sein, wenn das Unternehmen dort schwerpunktmäßig tätig ist (EuGH GRUR 2018, 108 Rn. 41 f. – Bolagsupplysningen/Svensk Handel, dazu *Hau* GRUR 2018, 163). **244**

Bisher hatte der EuGH keine Gelegenheit, sich zum **Erfolgsort bei Geheimnisverletzungen** zu äußern. Hier besteht die Schwierigkeit darin, dass sich je nach Fallgestaltung unterschiedliche der oben genannten Rechtsgebiete als Vorbilder anbieten. Der Verkauf verletzender Produkte ähnelt der Verletzung von Rechten des geistigen Eigentums oder dem unlauteren Vertrieb nachgeahmter Produkte (§ 4 Nr. 3 UWG), was für einen Erfolgsort im Schutzland oder am Marktort spricht. Beide Orte befinden sich gleichermaßen dort, wo die Produkte potenziellen Käufern angeboten werden. Hingegen ähneln die unberechtigte (vgl. § 5) Veröffentlichung interner Informationen über mögliches Fehlverhalten oder allgemein die Ausspähung von Interna eher einer Persönlichkeitsrechtsverletzung. Das spricht zumindest auf den ersten Blick dafür, den Erfolgsort am Sitz des Unternehmens oder jedenfalls in dem Land zu verorten, in dem es seinen Tätigkeitsschwerpunkt hat. **245**

Solange der EuGH noch keine Leitlinien formulieren konnte, muss sich die Entscheidung am **Regelungszweck des Art. 7 Nr. 2 EuGVVO** und an den **Zuständigkeitsinteressen der Parteien** orientieren. Grund für die Eröffnung **246** eines besonderen Gerichtsstands ist, dass das Gericht am Ort des Schadeneintritts wegen der Nähe zum Streitgegenstand und der leichteren Beweisaufnahme oft am besten dazu in der Lage ist, den Rechtsstreit zu entscheiden (EuGH GRUR 2018, 108 Rn. 27 – Bolagsupplysningen/Svensk Handel). Das spricht jedenfalls bei Handlungen, die sich an Dritte richten, für die Lokalisierung im Schutzland oder am Marktort. Dort ist die **Beweisnähe** hinsichtlich des Vertriebs verletzender Produkte, der Kenntnis des Verletzers (§ 4 Abs. 3 S. 1) oder der öffentlichen Verfügbarkeit beim Reverse Engineering (§ 3 Abs. 1 Nr. 2 lit. a) am größten. Auch sind dort die Gerichte am besten in der Lage, über anständige Marktgepflogenheiten (§ 4 Abs. 1 Nr. 2) zu entscheiden oder nationale Arbeitnehmerrechte zu beurteilen (§§ 3 Abs. 1 Nr. 3, 5 Nr. 3). Die **Zuständigkeitsinteressen beider Parteien** unterscheiden sich naturgemäß. Der Inhaber bevorzugt eine Klagemöglichkeit im Land seiner Niederlassung, zumal er sich bei der Entscheidung über angemessene Geheimhaltungsmaßnahmen (§ 2 Nr. 1 lit. b) an den dort geltenden Gepflogenheiten orientiert hat, während der Verletzer daran interessiert ist, sich nicht in dem möglicherweise weit entfernten Land der Niederlassung des Verletzten verteidigen zu müssen. Dabei ist zu berücksichtigen, dass die Rechtsprechung des EuGH zu Persönlichkeitsrechtsverletzungen nicht ohne weiteres auf andere Bereiche übertragbar ist. Sie verschafft dem Verletzten im Ergebnis einen Klägergerichtsstand, also das Gegenteil des allgemeinen Gerichtsstands, was nur angesichts der besonderen Schutzwürdigkeit persönlichkeitsrechtlicher Interessen als vertretbar erscheint (ähnl. Court of Appeal of England and Wales *Kitechnology v. Unicor Plastmaschinen* [1995] Fleet Street Reports 765 Rn. 48).

247 Daher sollte der **Erfolgsort dort** lokalisiert werden, wo im Fall **von drittbezogenen Handlungen potenzielle Verbraucher, Abnehmer der Information oder die Allgemeinheit** erreicht wird. Bei **bilateralen Handlungen** liegt der Erfolgsort dort, wo die **Marktverhältnisse beeinflusst** werden, wo also beispielsweise der Inhaber einem Wettbewerb ausgesetzt ist, der ohne die Verletzungshandlung nicht stattgefunden hätte. Diese Grundsätze orientieren sich an der Rechtsprechung des EuGH zum Lauterkeitsrecht, Kartellrecht und Immaterialgüterrecht, nicht hingegen an denjenigen zu Persönlichkeitsrechtsverletzungen.

248 **dd) Arbeitsrechtliche Streitigkeiten (Art. 20 ff. EuGVVO).** Besondere Regelungen bestehen für **Streitigkeiten aus Individualarbeitsverträgen (Art. 20 EuGVVO).** Insbesondere werden Arbeitnehmer dadurch geschützt, dass sie nur im Staat ihres Wohnsitzes verklagt werden können (Art. 22 EuGVVO).

249 Diese Regelungen betreffen zunächst nur arbeitsvertragliche Ansprüche. Nicht abschließend geklärt ist bisher, **inwieweit Art. 22 EuGVVO den Rückgriff auf Art. 7 Nr. 2 EuGVVO sperrt,** wenn ein Arbeitnehmer durch die Erlangung, Offenlegung oder Nutzung eines Geheimnisses sowohl gegen seine arbeitsvertraglichen Pflichten als auch gegen § 4 Abs. 1, 2 verstoßen hat. Die wohl h.M. unterscheidet strikt zwischen arbeitsvertraglichen und deliktsrechtlichen Ansprüchen. Sie will die Geltendmachung Letzterer am Gerichtsstand der unerlaubten Handlung zulassen, weil dem Geschädigten dieser Gerichtsstand nicht entzogen werden dürfe (*Junker* FS Schlosser, 2005, 299 (315); *Gottwald* in MüKo ZPO Brüssel Ia-VO Art. 20 Rn. 7). Nach der Gegenansicht (*Däubler* NZA 2003, 1297 (1301); *Spohnheimer* in BeckOK ZPO Brüssel Ia-VO Art. 20 Rn. 29 ff.) gebieten Sinn und Zweck des Art. 22 EuGVVO eine Erstreckung auf parallele Ansprüche aus unerlaubter Handlung, weil ansonsten dessen Schutzzweck unterlaufen werden

könnte. Hält man Art. 7 Nr. 1 EuGVVO beim Zusammentreffen vertraglicher und deliktischer Ansprüche gegenüber Art. 7 Nr. 2 EuGVVO für vorrangig, so spricht das auch für einen Vorrang der Art. 20 ff. EuGVVO gegenüber Art. 7 Abs. 2 EuGVVO (so LAG Niedersachsen NZA-RR 2016, 611 Rn. 29). In der Konsequenz der hier vertretenen Ansicht zum Verhältnis zwischen Art. 7 Nr. 1 und 2 EuGVVO (→ Rn. 240) liegt es aber, eine Klage des Arbeitgebers am Gerichtsstand der unerlaubten Handlung zuzulassen.

2. Anwendbares Recht

Literatur: *Dreyfuss/Silberman,* Misappropropriation on a Global Scale: Extraterritoriality and Applicable Law in Transborder Trade Secrecy Cases, abrufbar unter https://papers.ssrn.com/sol3/papers.cfm?abstract_id=3086819; *van Eechoud/Dreyfuss,* Choice of Law in EU Trade Secrecy Cases, in Schovsbo/Minssen/Riis, The harmonization and protection of trade secrets in the EU – An Appraisal of the EU Directive, 2020, 173; *Kiefer,* Das Geschäftsgeheimnis nach dem Referentenentwurf zum Geschäftsgeheimnisgesetz: Ein Immaterialgüterrecht, WRP 2018, 910; *Klinkert,* Wettbewerbsrechtliche Ansprüche mit Auslandsbezug vor inländischen Gerichten, WRP 2018, 1038; *Köhler,* Wettbewerbsstatut oder Deliktsstatut? – Zur Auslegung des Art. 6 Rom-II-VO, FS Coester-Waltjen, 2015, 501; *McGuire,* Das neue Geschäftsgeheimnisrecht: In zehn Schritten zu internationaler Zuständigkeit und anwendbarem Recht, WRP 2023, 1; *Ohly,* Das auf die Verletzung von Geschäftsgeheimnissen anwendbare Recht, FS Harte-Bavendamm, 2020, 385; *ders.,* Jurisdiction and choice of law in trade secret cases: The EU perspective, in Sandeen/Rademacher/Ohly (Hrsg.), Research Handbook on Information Law and Governance, 2021, S. 234, abrufbar unter https://papers.ssrn.com/sol3/papers.cfm?abstract_id=4020416; *Rieländer,* Der Schutz von Geschäftsgeheimnissen im Europäischen Kollisionsrecht, ZVglRWiss 119 (2020) 339; *Sack,* Art. 6 Abs. 2 Rom II-VO und „bilaterales“ unlauteres Wettbewerbsverhalten, GRUR-Int 2012, 601; *ders.,* Internationales Lauterkeitsrecht, 2019; *Vollmöller,* Die kollisionsrechtliche Behandlung von Geheimnisverletzungen im Vertragsverhältnissen, IPRax 2021, 417; *Wadlow,* Trade Secrets and the Rome II Regulation on the Law Applicable to Non-Contractual Obligations, [2008] EIPR 309.

a) Überblick. Im Fall grenzüberschreitender Streitigkeiten bestimmen die Vorschriften des **Internationalen Privatrechts (IPR)** darüber, welches Recht anwendbar ist. Innerhalb der EU wurde das IPR weitgehend im Verordnungswege harmonisiert, insbesondere durch die **Verordnung (EG) Nr. 864/2007 über das auf außervertragliche Schuldverhältnisse anzuwendende Recht (Rom II)** und die Verordnung (EG) Nr. 593/2008 über das auf vertragliche Schuldverhältnisse anzuwendende Recht (Rom I), (vgl. den Überblick in Art. 3 EGBGB). Die **unionsrechtlichen Bestimmungen** haben **Vorrang vor dem deutschen Kollisionsrecht** (Art. 3 EGBGB). Weil der Anwendungsbereich aller für das GeschGehG relevanten Verordnungen universell ist, also auch im Verhältnis zu Drittstaaten außerhalb der EU eröffnet ist (Art. 3 Rom II-VO, 2 Rom I-VO), sind die Art. 3 ff. EGBGB nur für Bereiche außerhalb des Geheimnisschutzes und für Handlungen relevant, die vor dem 11.1.2009 vorgenommen wurden (näher hierzu *Glöckner* IPRax 2009, 121). Daher kann hier auf eine Erläuterung des EGBGB verzichtet werden. 250

Die Bestimmung des anwendbaren Rechts ist vor allem dann **von erheblicher Bedeutung,** wenn die betreffenden Rechtsnormen oder ihre praktische Anwendung voneinander abweichen (Beispiel: die Entscheidung zwischen englischem und chinesischem Recht in Court of Appeal of England and Wales, *Shenzhen Senior Technology Material v. Celgard* [2020] EWCA Civ. 1293; vgl. auch *McGuire* WRP 2023, 1 mit Hinweis auf die ausländischen Parallelverfahren im Fall BGH 250a

GRUR 2018, 535 – Knochenzement I). Handelt es sich bei allen möglicherweise anwendbaren Rechtsordnungen dagegen um solche von **EU-Mitgliedstaaten,** so kann die Frage nach dem anwendbaren Rechts zumindest im Verfahren des einstweiligen Rechtsschutzes offenbleiben, wenn in beiden Rechtsordnungen die Geschäftsgeheimnis-RL umgesetzt wurde, sich die betreffenden nationalen Bestimmungen inhaltlich nicht unterscheiden und es keine voneinander abweichende Auslegung durch die Gerichte beider Länder gibt (so für § 4 Abs. 2, 3 und Art. 5 Abs. 2, 4 der irischen European Union (Protection of Trade Secrets) Regulations 2018, S.I. No. 188/2018, OLG Düsseldorf GRUR-RS 2019, 33225 Rn. 17 – Spritzgießwerkzeug für Spritzen; krit. *McGuire* WRP 2023, 1 (5)). Bestehen solche Abweichungen jedoch, so können sie Anlass für eine Vorlage an den EuGH geben.

251 Geheimnisverletzungen sind **unerlaubte Handlungen,** fallen also in den **Anwendungsbereich der Rom II-VO** (Art. 2 Abs. 1 Rom II-VO). Hingegen ist auf **Verträge über Geschäftsgeheimnisse** die **Rom I-VO** anwendbar (→ Rn. 271). Wenn die Verletzung gem. § 4 mit einer Vertragsverletzung, beispielsweise der Verletzung eines NDA oder eines vertraglichen Nutzungsverbots, zusammenfällt, stellt sich die Frage, ob nach den Grundsätzen der Brogsitter-Entscheidung des EuGH (EuGH NJW 2014, 1648, näher hierzu → Rn. 238) die vertragliche Anknüpfung Vorrang haben sollte. Zwar betrifft das Urteil unmittelbar nur die internationale Zuständigkeit, doch sind die Systembegriffe der Brüssel Ia-VO und der Rom I und II-Verordnungen möglichst übereinstimmend auszulegen (Erwgrd. 7 Rom I-VO, Erwgrd. 7 Rom II-VO). Weil aber nach hier vertretener Ansicht das Brogsitter-Urteil schon die Tatortzuständigkeit nicht ausschließt (→ Rn. 240), kann die Geheimnisverletzung in diesen Fällen sowohl als vertragliches als auch als außervertragliches Schuldverhältnis qualifiziert werden (*Vollmöller* IPRax 2021, 417 (419)). Allerdings spricht die in diesem Fall bestehende Parallelität zwischen vertraglichen und deliktischen Ansprüchen dafür, grundsätzlich eine vertragsakzessorische Anknüpfung der Geheimnisverletzung zuzulassen (Art. 4 Abs. 3 S. 2 Rom II-VO, näher → Rn. 268).

252 Die Rom II-VO enthält spezielle Regelungen für bestimmte Arten unerlaubter Handlungen, insbesondere für **unlautere Wettbewerbshandlungen (Art. 6 Abs. 1, 2 Rom II-VO)** und für Verletzungen von **Rechten des geistigen Eigentums (Art. 8 Rom II-VO).** Wenn keine der speziellen Vorschriften eingreift oder kraft Verweisung ist die **allgemeine Kollisionsnorm** anwendbar, nach der das Recht des Orts anzuwenden ist, an dem der Schaden eintritt (Art. 4 Abs. 1 Rom II-VO), sofern nicht eine engere Verbindung zu einem anderen Staat besteht (Art. 4 Abs. 2, 4 Rom II-VO).

253 Der **Meinungsstreit um die Rechtsnatur des Geheimnisschutzes** (→ Rn. 21 ff.) wirkt sich auch im Kollisionsrecht aus (OLG Düsseldorf GRUR-RS 2019, 33225 Rn. 3 ff. – Spritzgießwerkzeug für Spritzen, allerdings aus den in → Rn. 250a genannten Gründen offengelassen). Während nach früherem Recht die **lauterkeitsrechtliche Qualifikation** des Geheimnisschutzes und mithin die Anwendbarkeit des Art. 6 Rom II-VO nicht ernsthaft umstritten war, wird inzwischen auch eine **immaterialgüterrechtliche Qualifikation** (Art. 8 Rom II-VO, → Rn. 261 ff.) vertreten oder auf die allgemeine Kollisionsnorm des Art. 4 Rom II-VO abgestellt (→ Rn. 264 ff.) näher hierzu *Ohly,* FS Harte-Bavendamm, 2020, 385 (388 ff.) und in Sandeen/Rademacher/Ohly, S. 234 ff. Gegen die ebenfalls vertretene sachenrechtliche Qualifikation mit konsequenter Anwendung der **lex rei sitae** (Art. 43 EGBGB) (hierfür *Hoeren* in Hoeren/Münker GeschGehG Vorn. §§ 1–2 Rn. 26) spricht der kategoriale Unterschied zwischen Sachen (§ 90 BGB) und Immaterialgütern, zu denen auch Geschäftsgeheimnisse zählen (→ Rn. 22).

b) Meinungsspektrum. aa) Art. 6 Abs. 1 und 2 Rom II-VO. Art. 6 Rom II-VO regelt das auf **unlautere Wettbewerbshandlungen** (Abs. 1, 2) und Kartellrechtsverstöße (Abs. 3) anwendbare Recht. Als Grundregel ist im Lauterkeitsrecht an den **Marktort,** also an den Ort anzuknüpfen, in dessen Gebiet die Wettbewerbsbeziehungen oder die kollektiven Interessen der Verbraucher beeinträchtigt worden sind oder wahrscheinlich beeinträchtigt werden **(Art. 6 Abs. 1 Rom II-VO).** Für **rein bilaterale Wettbewerbsverstöße,** die nur die Interessen eines bestimmten Wettbewerbers beeinträchtigen, verweist Art. **6 Abs. 2 Rom II-VO** hingegen auf die allgemeine Regel des Art. 4 Rom II-VO, der zufolge grundsätzlich der Ort des Schadenseintritts maßgeblich ist. **254**

Eine Ansicht, die **zum früheren Recht herrschend** war, nach wie vor prominent vertreten wird (*Drexl* in MüKoBGB Art. 6 Rom II-VO Rn. 184; zum früheren Recht *Mankowski* in MüKo Lauterkeitsrecht Int. Wettb- u. VerfR Teil II Rn. 333; *Sack* Internationales Lauterkeitsrecht Kap. 5 Rn. 63 ff., 81 f.; referierend auch OLG Düsseldorf GRUR-RS 2019, 33225 Rn. 7 – Spritzgießwerkzeug für Spritzen) und, soweit ersichtlich, **im EU-Ausland ganz herrschend** ist (Court of Appeal of England and Wales, *Shenzhen Senior Technology Material v. Celgard* [2020] EWCA Civ. 1293 (noch auf der Grundlage der Rom II-VO); *van Eechoud/Dreyfuss* in Schovsbo/Minssen/Riis, S. 171 (180 ff.); *Wadlow,* [2008] EIPR 309 (313)), spricht sich für eine **lauterkeitsrechtliche Qualifikation** des Geheimnisschutzes aus, gelangt so zur Anwendung des **Art. 6 Rom II-VO** und **differenziert** gem. Abs. 1 und 2 der Vorschrift zwischen **marktbezogenen und bilateralen Verstößen. Marktbezogene Verstöße** sind Handlungen, die sich nicht nur gegen den Verletzten richten, sondern auch Dritte erreichen. Im Bereich des Geheimnisschutzes ist dies vor allem der Vertrieb verletzender Produkte (§ 4 Abs. 3 S. 1), möglicherweise auch bereits deren Herstellung. Auf derartige Handlungen ist nach dieser Ansicht das Marktortprinzip anwendbar. Es kommt also das Recht des Staates zur Anwendung, in dem die Produkte vertrieben werden. Als marktgerichtete Verstöße kommen zudem die Veröffentlichung von Geheimnissen gegenüber der Allgemeinheit oder die Nutzung geheimer Informationen für das Marketing in Betracht. Andere Handlungen betreffen hingegen **nur die Interessen des Verletzten,** insbesondere die unbefugte Erlangung (§ 4 Abs. 1) oder die Weitergabe an einen Konkurrenten (§ 4 Abs. 2 Nr. 2) (*Mankowski* in MüKo Lauterkeitsrecht Int. Wettb- u. VerfR Teil II Rn. 333). In diesen Fällen ist nach der hier dargestellten Ansicht kraft der Verweisung in Art. 6 Abs. 2 Rom II-VO die allgemeine Regel des Art. 4 Rom II-VO anwendbar, wobei allerdings umstritten ist, wo der Ort des Schadenseintritts zu lokalisieren ist (→ Rn. 258). **255**

Diese Ansicht erscheint vor allem für diejenigen attraktiv, die den Geheimnisschutz nach wie vor dem Lauterkeitsrecht zuordnen. Die **Differenzierung zwischen marktgerichteten und bilateralen Verstößen** führt **dort zu angemessenen Ergebnissen,** wo **Interessen Dritter** betroffen sind. Beispielsweise gelten für Drittempfänger die Sorgfaltsmaßstäbe des Rechts am Ort der Erlangung von Informationen (§ 4 Abs. 3 S. 1), die sich international durchaus unterscheiden können, auch sind die am Marktort geltenden, oft grundrechtlich motivierten Ausnahmen vom Geheimnisschutz anwendbar. Allerdings passt das Kriterium des Marktorts dann nicht, wenn Informationen zu nicht-kommerziellen Zwecken **256** offengelegt werden (für Anwendung des Art. 4 Rom II-VO in diesem Fall *Drexl* in MüKoBGB Art. 6 Rom II-VO Rn. 184). Auch werden im Gegensatz zum Regelfall marktbezogener unlauterer Handlungen die **Interessen der Abnehmer meist nicht berührt;** im Gegenteil profitieren sie möglicherweise vom Preiswettbewerb zwischen dem Geheimnisinhaber und dem Verletzer. Das Kriterium der Marktbezogenheit kann nicht alle Fälle identifizieren, in denen beachtliche Drittinteressen betroffen sind. So sollte das Reverse Engineering all denjenigen erlaubt sein, die im betreffenden Staat frei erhältliche Produkte erwerben. Die Rückwärtsanalyse selbst ist aber noch keine marktbezogene Handlung.

257 **bb) Art. 6 Abs. 2 Rom II-VO.** Qualifiziert man den Geheimnisschutz als Teil des Lauterkeitsrechts, so stellt sich die Frage, wann rein bilaterale Verstöße vorliegen, für die Art. 6 Abs. 2 Rom II-VO auf Art. 4 Rom II-VO verweist. Während mittlerweile wohl die Ansicht im Vordringen befindlich ist, dass **je nach Einzelfall zwischen Art. 6 Abs. 1 und 2 Rom II-VO zu differenzieren** ist (so mittlerweile mit ausführlicher Begründung *Drexl* in MüKoBGB Art. 6 Rom II-VO Rn. 184 ff.), unterfielen **nach verbreiteter Ansicht zum früheren Recht alle Geheimnisverletzungen unterschiedslos Art. 6 Abs. 2 Rom II-VO** (*Köhler* FS Coester-Waltjen, 2015, 501 (508); *Klinkert,* WRP 2018, 1043 ff., zum neuen Recht *Vollmöller* IPRax 2021, 417 (420)). Auch die Begründung zu Art. 6 Rom II-VO nennt die Verletzung von Geschäftsgeheimnissen als Beispiel bilateraler Verstöße (KOM(2003) 427 endg., 18). Demnach kommt in allen Fällen der Geheimnisverletzung kraft der **Verweisung in Art. 6 Abs. 2 Rom II-VO** die **allgemeine Kollisionsnorm des Art. 4 Rom II-VO** zur Anwendung. Grundsätzlich ist also das am Ort des Schadenseintritts geltende Recht anwendbar, wobei umstritten ist, ob damit auch Rechtswahlfreiheit besteht (Art. 14 Rom II-VO) (so *Mankowski* in MüKo Lauterkeitsrecht Int. Wettb- u. VerfR Teil II Rn. 254) oder ob auch in diesem Fall Art. 6 Abs. 4 Rom II-VO die Möglichkeit der Rechtswahl ausschließt (so *Sack* GRUR-Int 2012, 601 (603)).

258 Allerdings ist **umstritten,** wo der **Ort des Schadenseintritts** zu **lokalisieren** ist. Nach wohl h.M. tritt der Schaden dort ein, wo der Verletzte seinen Sitz oder seine (Zweig-)Niederlassung hat (ÖOGH GRUR-Int. 2012, 468 (472) – Rohrprodukte; *Mankowski* in MüKo Lauterkeitsrecht Int. Wettb- u. VerfR Teil II Rn. 253) bzw. wo sich der betroffene Betrieb oder Betriebsteil befindet (*Drexl* in MüKo BGB Art. 6 Rom II-VO Rn. 180; *Sack* Internationales Lauterkeitsrecht Kap. 3 Rn. 16). Gegen diese Auslegung wird eingewandt, dass Art. 4 Rom II-VO auf den Ort des unmittelbaren Schadenseintritts abstellt, nicht hingegen auf indirekte Schadensfolgen. Daher hält eine abweichende Ansicht das Recht des Ortes für anwendbar, an dem sich die Geheimnisverletzung auf den Markt auswirkt, etwa die Wettbewerbsfähigkeit des Inhabers beeinträchtigt (vgl. Erwgr. 14 Geschäftsgeheimnis-RL) (*Glöckner* in Harte/Henning UWG Einl. Rn. 620; *van Eechoud/Dreyfuss* in Schovsbo/Minssen/Riis 173 (186, 190 ff.); *Wadlow,* [2008] EIPR 309 (313)). Abgesehen von der damit verbundenen Rechtsunsicherheit würde damit aber der Unterschied zum Marktortprinzip des Art. 6 Abs. 1 Rom II-VO eingeebnet.

259 Die hier referierte Ansicht teilt mit der oben dargestellten Auffassung den Ausgangspunkt einer lauterkeitsrechtlichen Qualifikation des Geheimnisschutzes, **vermeidet** aber die unter § 4 **schwierige Aufspaltung in marktbezogene und bilaterale Handlungen.** Die Anwendbarkeit des am Sitz des Inhabers geltenden Rechts sorgt für **wirksamen Schutz der Geheimnisse** von in der EU ansässigen

Unternehmen (vgl. Art. 6 Abs. 2 lit. c Geschäftsgeheimnis-RL), gerade bei Angriffen aus Drittstaaten mit niedrigem Schutzniveau. Zugleich erlaubt Art. 4 Rom II-VO aber die flexible Beurteilung, die für das gesamte Recht des Geheimnisschutzes charakteristisch ist. So kommt vor allem gem. Art. 4 Abs. 3 Rom II-VO die Anwendung einer anderen Rechtsordnung in Betracht, wenn sie zum Sachverhalt eine engere Verbindung aufweist, etwa weil zwischen den Parteien zuvor bereits vertragliche Beziehungen bestanden.

Auch **gegen diese Ansicht** spricht aber zunächst, dass das Recht des Geheimnisschutzes **nicht nur gegen geschäftliche Handlungen** schützt. Außerdem führt die Anknüpfung am Sitz des Geschädigten in einigen Fällen zu einem **Export strenger EU-Regeln,** beispielsweise über den Vertrieb verletzender Produkte auf Märkten, in denen liberalere Regeln gelten (daher mittlerweile auch für Anwendbarkeit des Art. 6 Abs. 1 Rom II-VO *Drexl* in MüKo BGB Art. 6 Rom II-VO Rn. 186). So erlaubt es das TRIPS-Übereinkommen, Dritte, die geschützte Informationen erlangen, nur bei Vorsatz oder grober Fahrlässigkeit haften zu lassen. Umgekehrt kann es im Fall ausländischer Geheimnisinhaber zum Import strengerer ausländischer Regelungen kommen. Vor allem Art. 3 und 5 Geschäftsgeheimnis-RL = §§ 3, 5 GeschGehG nehmen aber eine stark verfassungsrechtlich geprägte Interessenabwägung vor, die zu vergleichsweise weitgehenden Erlaubnissen beispielsweise des Reverse Engineering und des Whistleblowing führen. Auf diese Gestattungen könnte sich der inländische Rechtsverkehr nicht verlassen, wenn er mit der Anwendung ausländischen Rechts auf Inlandshandlungen rechnen müsste (insoweit ebenso *McGuire* WRP 2023, 1 (6 f.), a. aber → Rn. 261). Im Extremfall könnte beispielsweise Journalisten die Berufung auf § 5 Nr. 1 abgeschnitten sein, wenn der Geheimnisinhaber in einem Land ansässig ist, das die Meinungsfreiheit missachtet. Selbst wenn sich dieser Fall über den Vorrang zwingenden Rechts (Art. 16 Rom II-VO) lösen lässt, bleibt es eine **Schwäche dieser Ansicht,** dass sie dem **marktverhaltensregelnden Charakter** des Geheimnisschutzes **nicht hinreichend Rechnung trägt.** 260

cc) Art. 8 Abs. 1 Rom II-VO. Unter Geltung des neuen Rechts mehren sich die Stimmen derer, die das Recht am Geheimnis als **Recht des geistigen Eigentums** ansehen (→ Rn. 26). Ausgehend von dieser Prämisse erscheint eine Anwendung des **Art. 8 Rom II-VO** konsequent (*McGuire* WRP 2023, 1 (6) und in Büscher GeschGehG Vor §§ 17–19 Rn. 90 ff.; *Rieländer* 119 ZVglRWiss 339 (344 ff.) (2020); referierend auch OLG Düsseldorf GRUR-RS 2019, 33225 Rn. 15 – Spritzgießwerkzeug für Spritzen). Anzuwenden ist damit das **Recht des Schutzlandes,** also des Landes, in dem die Verletzungshandlung erfolgt. Nicht geklärt ist allerdings, ob im Rahmen der Haftungskaskade des § 4 (→ Rn. 256) **Vortaten** gesondert nach deren Handlungsort anzuknüpfen oder auch nach dem Schutzlandrecht der Folgehandlung zu beurteilen sind. 261

Diese Ansicht vermeidet die Schwierigkeiten, die bei einer Anknüpfung an den Sitz oder die Niederlassung des Verletzten entstehen. **Innerhalb des Schutzlands** gelten **einheitliche Regeln für den Umgang mit Geheimnissen.** Dadurch wird vor allem garantiert, dass sich jedermann im Inland auf die dort geltenden Einschränkungen des Schutzbereichs berufen kann. Zugleich werden die rechtspolitischen Entscheidungen des Schutzlands insoweit respektiert. Hier zeigt sich die **Verwandtschaft des Geheimnisschutzes mit dem geistigen Eigentum,** denn gerade diese Erwägungen sprechen beispielsweise im Urheberrecht für die Anwendung des Schutzlandprinzips und gegen ein Universalitätsprinzip, das an 262 den Aufenthaltsort des Urhebers anknüpft (*Drexl* in MüKo BGB Art. 6 Rom II-VO Rn. 19). Zudem führt die Anwendung des Art. 8 Rom II-VO zu **vergleichsweise klaren und vorhersehbaren Ergebnissen.**

263 Allerdings sind die Stärken der Gegenansicht zugleich die Schwächen der immaterialgüterrechtlichen Anknüpfung. Art. 8 Rom II-VO **schließt** nicht die im Geheimnisschutz teilweise (ggf. in Verbindung mit einer Gerichtsstandsvereinbarung, s. *McGuire* WRP 2023, 1 (8)) durchaus sinnvolle (s. das Beispiel bei *Vollmöller* IPRax 2021, 417/418)) **Rechtswahl aus (Art. 8 Abs. 3 Rom II-VO),** sondern ist auch ansonsten **unflexibel.** In typischen **bilateralen Fällen,** in denen ein Arbeitnehmer oder ein Kooperationspartner Geheimnisse verletzt, spricht Vieles für einen **Gleichlauf der deliktischen und der vertraglichen Anknüpfung.** Allgemeiner trägt die immaterialgüterrechtliche Anknüpfung dem Interesse des Geschädigten nicht hinreichend Rechnung, seine Dispositionen zu angemessenem Geheimnisschutz (§ 2 Nr. 1 lit. b) an einer einzigen Rechtsordnung auszurichten und **bewertet die Interessen des Verletzers dort über,** wo er sich ohne weiteres auf die Rechtsordnung des Inhabers einstellen kann. Im Verhältnis zu Staaten mit geringerem Schutz führt paradoxerweise die vermeintlich starke eigentumsrechtliche Einordnung dazu, dass in der EU ansässige Unternehmen den Schutz des EU-Rechts verlieren. Schließlich ist ungeklärt, wie rechtswidrige Vortaten anzuknüpfen sind. Geschieht dies gesondert nach dem Recht des Handlungsortes, so wird die Gleichbehandlung aller Geheimnisse im Inland untergraben. Wird allerdings auch die Vortat nach dem Recht des späteren Schutzlands beurteilt, so wird möglicherweise eine am Handlungsort rechtmäßige Handlung in eine rechtswidrige umgewidmet.

264 **dd) Art. 4 Rom II-VO.** Wenn der Geheimnisschutz weder vollständig zum geistigen Eigentum gehört noch dem Lauterkeitsrecht zuzuordnen ist und ist eine **eindeutige Qualifikation** damit **unmöglich,** lautet die Konsequenz, dass die Spezialregeln der Art. 6 und 8 Rom II-VO nicht eingreifen und es bei der **allgemeinen Kollisionsnorm des Art. 4 Rom II-VO** bleibt (*Köhler* in Köhler/Bornkamm/Feddersen Einl. Rn. 5.33a.). Die Ergebnisse sind **weitgehend dieselben** wie bei einer **Anwendung des Art. 6 Abs. 2 Rom II-VO,** der ja ebenfalls auf Art. 4 Rom II-VO verweist, doch steht fest, dass eine Rechtswahl unter den Voraussetzungen des Art. 14 Rom II-VO möglich ist.

265 Vorzug dieser Ansicht ist, dass sie **erhebliche Flexibilität** erlaubt und damit die Vorgaben des materiellen Rechts kollisionsrechtlich abbildet. Grundsätzlich kommt zwar gem. Art. 4 Abs. 1 Rom II-VO das am **Ort des Sitzes oder der betroffenen Niederlassung des Verletzten geltende Recht** zur Anwendung. Wenn aber **beide Parteien im selben Staat** ihren Wohnsitz oder ihre Niederlassung haben, was gerade im Fall von Arbeitsverhältnissen die Regel ist, kommt deren gemeinsames Heimatrecht (Art. 4 Abs 2 Rom II-VO) zur Anwendung. Auch der **Gleichlauf mit dem Recht, das auf einen zuvor geschlossenen Vertrag anwendbar** ist (Art. 4 Abs. 3 S. 2 Rom II-VO), erscheint sinnvoll. Schließlich erlaubt die **Ausweichklausel des Art. 4 Abs. 3 S. 1 Rom II-VO** immer dann die Anwendbarkeit des Rechts am Handlungsort, wenn das **Interesse der Allgemeinheit an gleichen Regeln** für den Umgang mit Informationen betroffen ist. Auf die Handlungen des Whistleblowers, der in Deutschland Rechtsverletzungen eines ausländischen Unternehmens offenlegt, könnte gem. Art. 4 Abs. 3 S. 1 Rom II-VO wegen des Verfassungsbezugs der Art. 5 Geschäftsgeheimnis-RL, § 5 GeschGehG deutsches Recht angewandt werden, ohne dass es eines Rückgriffs auf Art. 16 Rom II-VO bedarf.

Gegen diese Ansicht spricht zunächst, dass es dogmatisch unbefriedigend ist, vor der kollisionsrechtlichen Qualifikation zu kapitulieren. Praktisch ist Kehrseite der Flexibilität eine gewisse **Rechtsunsicherheit.** Gerade die weitgehende Anwendung der Ausweichklausel des Art. 4 Abs. 3 Rom II-VO scheint auf den ersten Blick die Vorhersehbarkeit der kollisionsrechtlichen Entscheidung einzuschränken (krit. daher *Hoeren* in Hoeren/Münker GeschGehG Vorb §§ 1–2 Rn. 26; *McGuire* WRP 2023 1 (2)). Bei näherem Hinsehen lassen sich aber auch für die Anwendung des Art. 4 Rom II-VO **klare Leitlinien** formulieren (→ Rn. 268). 266

c) Stellungnahme. Der **Geheimnisschutz** ist ein **Hybrid,** der sich weder dem geistigen Eigentum noch dem Lauterkeitsrecht eindeutig zuordnen lässt (→ Rn. 29). Daher ist jede Schlussfolgerung aus der Rechtsnatur problematisch. Wenn der Geheimnisschutz ein Teil des Lauterkeitsrechts ist, dann handelt es sich wegen der immaterialgüterrechtlichen Elemente zumindest nicht um typisches reines Marktverhaltensrecht. Wenn der Geheimnisschutz aber als immaterialgüterrechtlich zu qualifizieren ist, so handelt es sich wegen der Abhängigkeit von der faktischen Geheimhaltung, der weitgehenden Ausgestaltung des Schutzbereichs durch Verträge (vgl. vor allem § 4 Abs. 2) und des weitgehenden Bezugs auf lauterkeitsrechtliche Verhaltensstandards um untypisches geistiges Eigentum. Es überzeugt daher nicht, in einem ersten Schritt den untypischen Grenzfall einem nur bedingt passenden Rechtsbegriff unterzuordnen und anschließend aus diesem Begriff Rechtsfolgen abzuleiten, die für typische Fälle vorgesehen sind. Eine Analyse der kollisionsrechtlichen Interessen bestätigt diesen Befund. Eine Anknüpfung an den Sitz oder die Niederlassung des Inhabers berücksichtigt nicht hinreichend, dass die Geheimnisschutz-RL und das GeschGehG verfassungsrechtlich geprägte Verhaltensregeln über den Umgang mit Informationen aufstellen. Das Schutzlandprinzip hingegen privilegiert in bilateralen, vertragsnahen Konstellationen den Verletzer unnötig. 267

Solange es kein eigenes Geheimnisschutzstatut gibt, trägt eine **direkte Anwendung des Art. 4 Rom II-VO** dem Umstand Rechnung, dass der Geheimnisschutz schon wegen der fehlenden Beschränkung auf geschäftliche Handlungen kein Teil des Lauterkeitsrechts, aber auch kein vollständiges geistiges Eigentum ist (näher *Ohly* FS Harte-Bavendamm, 2020, 385 (393 ff.) und in Sandeen/Rademacher/Ohly S. 234 ff.; ebenso *Schönknecht* in Keller/Schönknecht/Glinke Einl. C Rn. 183 ff.). Weil weder Art. 8 Rom II-VO noch Art. 6 Rom II-VO anwendbar ist, steht einer Anwendung des Art. 4 Rom II-VO nichts im Wege (aA *McGuire* WRP 2023, 1 (2) auf der Grundlage einer immaterialgüterrechtlichen Qualifikation). Demnach ist zwar **grundsätzlich das am Sitz oder der betroffenen Niederlassung des Inhabers geltende Recht** anwendbar. Von diesem Grundsatz bestehen aber **wesentliche Ausnahmen.** Erstens ist gem. Art. 4 Abs. 2 Rom II-VO das am gemeinsamen **gewöhnlichen Aufenthaltsort** von Verletzer und Verletztem geltende Recht anwendbar. Zweitens kommt es regelmäßig zu einer **vertragsakzessorischen Anknüpfung,** wenn zwischen den Parteien bereits vor der Verletzung ein Vertrag bestand, insbesondere ein solcher, der den Umgang mit dem betreffenden Geheimnis regelt (Art. 4 Abs. 3 S. 2 Rom II-VO; s.a. *Vollmöller* IPRax 2021, 417 (423) mit dem Vorschlag, die Grundregel des Art. 4 Abs. 1 Rom II-VO anzuwenden, wenn die Vertraulichkeitsklausel einem anderen Recht unterliegt als der Schwerpunkt der Vertragsbeziehungen). Drittens kommt der Ausweichklausel des Art. 4 Abs. 3 Rom II-VO erhebliche Bedeutung zu. Sie erlaubt die Anwendung des **Recht des Handlungsorts** (der 268 weitgehend dem Marktort entspricht, aber auch nicht-geschäftliche Handlungen umfasst) bzw. des **Schutzlands,** wenn **Drittinteressen** betroffen sind (Art. 4 Abs. 3 S. 1), insbesondere weil für Dritte nicht erkennbar ist, wo der Hersteller eines Produkts seinen Sitz hat, oder weil sich der Handelnde auf verfassungsrechtlich begründete Beschränkungen des Geheimnisschutzes berufen kann (ähnl. *Dreyfuss/Silberman* Misappropriation, S. 60). Der **Vertrieb rechtsverletzender Produkte** ist damit, vorbehaltlich etwaiger Vorfragen nach der Rechtswidrigkeit der Erlangung oder Offenlegung (→ Rn. 286b), nach dem **Recht des Vertriebslandes** zu beurteilen. Die in Geheimnisschutzsachen oft mögliche und sinnvolle **Rechtswahl** (hierzu *van Eechoud/Dreyfuss* in Schovsbo/Minssen/Riis, S. 173 (187 f.)) ist gem. Art. 14 Abs. 1 Rom II-VO möglich.

268a Damit lässt sich das **anwendbare Recht ex ante** und **mit hinreichender Sicherheit** bestimmen. Die **unerlaubte Kopie** von Unterlagen oder der **unerlaubte Zugang** zu Informationen im Arbeitsverhältnis richtet sich nach dem auf den Arbeitsvertrag anwendbaren Recht (Art. 4 Abs. 3 S. 2 Rom II-VO), das häufig mit dem am Sitz des Inhabers geltenden Recht zusammenfallen wird. Dasselbe gilt grundsätzlich für die **unerlaubte Nutzung oder Offenlegung** unter Verletzung vertraglicher Verpflichtungen, auch wenn sie im Ausland geschieht. Nach hier vertretener Ansicht kann sich insbesondere ein Arbeitgeber der auf sein Arbeitsverhältnis anwendbaren Rechtsordnung nicht dadurch entziehen, dass er das Territorium verlässt und sich ins Ausland begibt. Etwas anderes gilt ausnahmsweise dann, wenn sich ein Hinweisgeber auf Ausnahmeregelungen beruft, die im Land der Offenlegung gelten. Derartige Regelungen kommen nach hier vertretener Ansicht schon gem. Art. 4 Abs. 3 Rom II-VO zur Anwendung, so dass es des hilfsweise denkbaren Rückgriffs auf Art. 16 oder 17 Rom II-VO nicht mehr bedarf. Beim **Vertrieb verletzender Produkte** sind die Interessen der übrigen Marktteilnehmer betroffen, damit besteht eine offensichtlich engere Verbindung zum Ort des Vertriebs (Art. 4 Abs. 3 Rom II-VO). Bei der Beurteilung der **Ausfuhr** wird oft bereits die vorherige Herstellung rechtswidrig sein. Im Übrigen ist unter Art. 4 Abs. 3 Rom II-VO das im Zielland anwendbare Recht anwendbar (aA *Drexl* in MüKo BGB Art. 6 Rom II-VO Rn. 187), auch wenn diese Frage sicherlich noch weiterer Diskussion bedarf. Diese **Ergebnisse decken sich vielfach** mit denjenigen, die bei einer Anwendung des **Art. 6 Abs. 1 und 2 Rom II-VO** erzielt würden. Allerdings erfasst die hier vertretene Ansicht auch nicht marktgerichtete Handlungen, zudem erlaubt sie im Verhältnis zwischen dem Inhaber und dem Verletzer die Rechtswahl. Von der Anwendung der lex loci protectionis (Art. 8 Rom II-VO) unterscheidet sich die hier vertretene Ansicht vor allem darin, dass im Zweipersonenverhältnis zwischen Inhaber und Verletzer der Handlungsort nicht ausschlaggebend ist und dass insoweit regelmäßig ein Gleichlauf mit dem Statut des Arbeitsvertrags besteht.

268b Noch nicht abschließend geklärt ist, ob **die einzelnen Verletzungshandlungen** auch dann, ggf. als Vorfrage, **gesondert anzuknüpfen** sind, wenn ihre rechtliche Beurteilung zusammenhängt. Ein Beispiel bietet der vom Court of Appeal for England and Wales entschiedene Fall *Shenzhen Senior Technology Material v. Celgard* ([2020] EWCA Civ. 1293): Ein chinesischer Entwicklungsingenieur hatte sich während seiner Arbeitstätigkeit für ein in North Carolina ansässiges Unternehmen dort in unzulässiger Weise Informationen verschafft und sie in China einem dortigen Unternehmen verraten, das auf dieser Grundlage Produkte hergestellt und in das Vereinigte Königreich exportiert hatte. Dabei sei angenommen, dass der Vertrieb auch in Deutschland erfolgte. Nach der „Kaskade der

Verletzungshandlungen“ kann sich die Rechtswidrigkeit einer Nutzung oder Offenlegung aus der vorangegangenen rechtswidrigen Erlangung ergeben (→ § 4 Rn. 3). Auch für die Rechtswidrigkeit der Handlungen eines Drittempfängers ist entscheidend, ob die Informationen zuvor rechtswidrig erlangt, genutzt oder offengelegt wurden. Das Problem stellt sich für alle oben diskutierten Ansätze. Wenn sich im Beispielsfall der Vertrieb verletzender Produkte im Inland nach deutschem Recht (sei es gem. Art. 6 Abs. 1 Rom II-VO, gem. Art. 8 Abs. 1 Rom II-VO oder gem. Art. 4 Abs. 3 Rom II-VO) richtet, so muss gefragt werden, nach welchem Recht eine vorherige unerlaubte Erlangung im Ausland zu beurteilen ist, welcher Fahrlässigkeitsstandard für im Ausland ansässige dritte Empfänger der Information gilt und welche Rechtsordnung für die Frage der angemessenen Geheimhaltungsmaßnahmen maßgeblich ist. Auch wenn eine Gesamtbeurteilung nach einer Rechtsordnung prozessökonomischer wäre, könnte sie doch die Wertungen ausländischen Rechts unterlaufen und schutzwürdiges Vertrauen der Akteure auf die Anwendbarkeit einer von ihnen einkalkulierten Rechtsordnung verletzen. Auch würde ein Vertrieb in mehreren Ländern dazu führen, dass dieselben Vorhandlungen unterschiedlichen Rechtsordnungen unterfallen würden. Das **spricht für** eine **gesonderte Anknüpfung aller Teilakte.** Wird der **Vertrieb** verletzender Produkte nach dem im Vertriebsland anwendbaren Recht bestimmt, so ist die **Frage nach der rechtswidrigen Erlangung** eine **Vorfrage,** die nach dem auf die Erlangung anwendbaren Recht zu bestimmen ist (*Drexl* in MüKo BGB Art. 6 Rom II-VO Rn. 186). Auch die **Angemessenheit von Geheimhaltungsmaßnahmen** richtet sich demnach nach der Rechtsordnung des Landes, in dem die Maßnahmen vorgenommen wurden.

Die **Lösung de lege ferenda** wäre eine **eigene Kollisionsnorm für den Geheimnisschutz.** Zu erwägen wäre, für die Entstehung des Schutzes an den Sitz oder die Niederlassung des Inhabers anzuknüpfen. Die Zulässigkeit der Erlangung, Offenlegung und Nutzung bei Verletzung einer Vertrauensbeziehung oder gezielten bilateralen Eingriffen wäre parallel zu vorbestehenden Verträgen, ansonsten ebenfalls nach dem „Heimatrecht“ des Inhabers zu beurteilen. Auf Marktverhalten und Handlungen mit Auswirkungen gegenüber Dritten wäre das Recht des Handlungsorts für anwendbar zu erklären. Allerdings bedarf die genaue Ausgestaltung sicherlich noch weiterer Diskussion. Kommt es nicht zu einer Regelung in der Rom II-VO oder der Geschäftsgeheimnis-RL, so wäre zumindest eine Klärung durch den EuGH wünschenswert (ebenso *McGuire* in Büscher GeschGehG Einl. Rn. 32). 269

d) Reichweite des Geheimnisschutzstatuts. Das nach diesen Vorschriften bestimmte Recht ist anwendbar auf die **Entstehung des Geheimnisschutzes,** auf die **Inhaberschaft,** auf den **Schutzbereich** einschließlich aller Begrenzungen und **Ausnahmen,** auf die **Verjährung** und auf die **Rechtsfolgen** bei Verletzung (Art. 15 Rom II-VO). 270

Dagegen ist auf **Verträge über Geschäftsgeheimnisse,** insbesondere auf Verkauf und Übertragung, auf Lizenzverträge, auf Non-disclosure Agreements und auf Kooperationsverträge die **Rom I-Verordnung** anwendbar. Es gilt also der Grundsatz der freien Rechtswahl (Art. 3 Rom I-VO), im Übrigen die Kriterien des Art. 4 Rom I-VO. Für Individualarbeitsverträge gilt Art. 8 Rom I-VO. 271

VIII. Intertemporales Recht

Schrifttum: *Alexander,* Gegenstand, Inhalt und Umfang des Schutzes von Geschäftsgeheimnissen nach der Richtlinie (EU) 2016/943, WRP 2017, 1034; *Steinmann,* Die Geschäftsgeheimnisrichtlinie: Vorwirkung und unmittelbare Anwendbarkeit, WRP 2019, 703; *Hoppe/Oldekop*, Behandlung von Unterlassungsansprüchen für Altfälle nach dem Gesetz zum Schutz von Geschäftsgeheimnissen (GeschGehG), GRUR-Prax. 2019, 324.

1. Allgemeines

272 Das Gesetz zur Umsetzung der Richtlinie (EU) 2016/943 zum Schutz von Geschäftsgeheimnissen vor rechtswidrigem Erwerb sowie rechtswidriger Nutzung und Offenlegung (Geschäftsgeheimnisgesetz/GeschGehG) ist **am 26.4.2019 in Kraft getreten** (BGBl. I, S. 466); die §§ 17–19 UWG wurden im gleichen Zuge aufgehoben. Eine Übergangsregelung enthält das GeschGehG nicht. **Voraussetzungen und Grenzen des zivilrechtlichen Schutzes von Geschäftsgeheimnissen** (zur strafrechtlichen Seite → Rn. 283) richten sich **seither grundsätzlich nach neuem Recht,** wie es im Geschäftsgeheimnisgesetz niedergelegt wurde. Es gelten jedoch einige **wichtige Vorbehalte,** die sich auf den **Zeitpunkt oder Zeitraum der zu prüfenden Handlungen** und auf die Art der geltend gemachten Ansprüche beziehen. Verletzungshandlungen und deren Auswirkungen auf den Rechtsinhaber, die **vor Inkrafttreten des GeschGehG vollständig beendet** wurden, unterliegen ausschließlich den materiellrechtlichen Vorschriften des damals geltenden Rechts, also primär den **§§ 17–19 UWG a.F.** (*Alexander* in Köhler/Bornkamm/Feddersen, GeschGehG Vor § 1 Rn. 98; zum Verfahrensrecht → Rn. 282). Geht es demgegenüber um Handlungen und Vorgänge, die **sowohl vor als auch nach dem 26.4.2019** stattgefunden haben oder aus denen – obschon vor dem genannten Datum abgeschlossen – **Ansprüche** hergeleitet werden, welche **die Zeit nach Inkrafttreten des GeschGehG** betreffen, so werden die im deutschen Recht entwickelten Maßstäbe relevant, nach denen im Falle zwischenzeitlicher Gesetzesänderungen das auf die jeweiligen Handlungen, Auswirkungen und Rechtsfolgen anwendbare Recht zu bestimmen ist (→ Rn. 273–276). Darüber hinaus wirken sich die verschiedenen Stufen des (europäischen und deutschen) Gesetzgebungsverfahrens auf die Frage aus, ob und in welcher Weise das Unionsrecht auf die Rechtsanwendung in Deutschland durchschlägt (→ Rn. 277 ff.).

2. Unterlassungsanspruch

273 Ein auf Wiederholungsgefahr gestützter Unterlassungsanspruch als ein in die Zukunft gerichteter Anspruch besteht nur, wenn das beanstandete Verhalten **sowohl zur Zeit der Begehung** als auch **zum Zeitpunkt der gerichtlichen Entscheidung** (bei Durchführung eines Revisionsverfahrens also am Tag der Entscheidung in diesem Verfahren) **rechtswidrig** war (std. Rspr., vgl. nur BGHZ 141, 329 (336) = GRUR 1999, 923 – Tele-Info-CD; GRUR 2009, 79 Rn. 25 – Gebäckpresse; GRUR 2018, 1063 Rn. 9 – Zahlungsaufforderung; GRUR 2020, 843 Rn. 68 – Metall auf Metall IV). Hat sich das anwendbare Recht in der Zwischenzeit geändert, so ist über den Unterlassungsanspruch anhand der neuen Bestimmungen zu befinden, denn neue Gesetze erfassen auch schwebende Verfahren (OLG Düsseldorf WRP 2021,1080 Rn. 15 – CAD-Konstruktionszeichnung). Die **Wiederholungsgefahr** entfällt nicht allein deshalb, weil sich Fassung und Struktur der Verbotsnormen geändert haben (→ § 6 Rn. 37; *Hoppe/Oldekop* GRUR-Prax. 2019, 324 (325)). Dagegen kann eine Wiederholungsgefahr nicht aus Handlungen abgeleitet werden, die zwar zum Tatzeitpunkt verboten waren, nach dem zum Zeitpunkt der letzten mündlichen Verhandlung der Tatsacheninstanz (OLG Hamm GRUR-RS 2020, 34822 = WRP 2021, 223 Rn. 148 – Stopfaggregate) bzw. der Entscheidung in der Revisionsinstanz geltenden Recht aber nicht mehr rechtswidrig sind (zu den Folgen einer Änderung der Rechtsprechung → § 2 Rn. 37; *Schroeder/Drescher* in Brammsen/Apel Kap. 1 Rn. 309). So entfällt ein Unterlassungsanspruch beispielsweise dann, wenn der Zugriff auf fremde Informationen zwar nach § 17 UWG aF verboten war (weil diese die damals geltenden Anforderungen an die Qualifizierung als Betriebs- oder Geschäftsgeheimnisse erfüllten), die Informationen nach § 6 iVm § 2 Nr. 1 lit. b aber deshalb nicht mehr als Geschäftsgeheimnisse gelten, weil das Unternehmen sie nicht zum Gegenstand von „nach den Umständen angemessenen Geheimhaltungsmaßnahmen" (→ § 2 Rn. 40 ff.) gemacht hat. Zu der Frage, seit wann angemessene Geheimhaltungsmaßnahmen bestanden haben müssen, → § 2 Rn. 65a ff.).

Andere Beispiele betreffen das **Reverse Engineering** oder das **Whistleblowing,** deren Rechtmäßigkeit nach §§ 17 und 18 UWG aF zumindest zweifelhaft war (→ § 3 Rn. 9, 19 ff., und § 5 Rn. 30 ff.), die nach der Geschäftsgeheimnis-RL und dem GeschGehG aber unter den dort genannten Voraussetzungen eindeutig nicht rechtswidrig sind (ebenso *Keller* in Keller/Schönknecht/Glinke Einl. A Rn. 97; *Alexander* in Köhler/Bornkamm/Feddersen, GeschGehG Vor § 1 Rn. 99). Zu denken ist ferner an die **Öffnungsklausel des Art. 3 Abs. 2 lit b** Geschäftsgeheimnis-RL (nicht wortgleich umgesetzt in § 3 GeschGehG) und an den auf der Rechtsfolgenseite geregelten **Vorbehalt der Verhältnismäßigkeit** (§ 9 GeschGehG, entsprechend Art. 7 Geschäftsgeheimnis-RL). Nach Art. 3 Abs. 2 lit. b gilt – über bestimmte Einzeltatbestände hinaus – „jede andere Verhaltensweise, die unter den gegebenen Umständen mit einer seriösen Geschäftspraxis vereinbar ist", als rechtmäßig. Eine derart umfassende Einzelfallabwägung zugunsten desjenigen, der fremde Geschäftsgeheimnisse erworben, genutzt oder offengelegt hatte, war dem herkömmlichen deutschen Recht fremd. Sie kam nach höchstrichterlicher Rechtsprechung nur in Betracht, wenn ein möglicher Rechtsverstoß „unter ganz besonderen Umständen" (BGH GRUR 1983, 179 (181) – Stapel-Automat) nach Vorschriften des allgemeinen Deliktsrechts (insbesondere § 823 I BGB) in Verbindung mit der wettbewerbsrechtlichen Generalklausel beurteilt wurde (*Ohly* in Ohly/Sosnitza, 7. Aufl. 2016, § 17 Rn. 48); *Harte-Bavendamm* in Harte/Henning, 4. Aufl. 2016, § 17 Rn. 44 ff., 50, jeweils mwN). 274

Wenn demgegenüber die in Rede stehenden Handlungen noch und nur unter Geltung des früheren Rechts begangen wurden, seinerzeit rechtmäßig waren und **erst nach dem GeschGehG rechtswidrig** sind (Beispiel: § 4 Abs. 1 Nr. 2), können eine Wiederholungsgefahr oder eine Erstbegehungsgefahr nur auf Verhaltensweisen und Gegebenheiten gestützt werden, die in die Zeit nach Inkrafttreten des GeschGehG fallen (vgl. BGH GRUR 2020, 843 Rn. 71 – Metall auf Metall; *Keller* in Keller/Schönknecht/Glinke Einl. A Rn. 97). 275

3. Schadensersatz- und Auskunftsansprüche

Für Schadensersatz- und Auskunftsansprüche galt (und gilt auch weiterhin), dass diese allein nach dem zum **Tatzeitpunkt (einschließlich des Schadenseintritts)** geltenden Recht zu beurteilen sind (vgl. BGH GRUR 2008, 727 (728) Tz. 11 – Schweißmodulgenerator; GRUR 2012, 193 Rn. 14 – Sportwetten Internet II; GRUR 2016, 418 Rn. 13 – Feuchtigkeitsspendendes Gel-Reservoir; GRUR 2018, 832 Rn. 45 – Ballerinaschuh; OLG Düsseldorf BeckRS 2021, 17483 Rn. 79). Soweit Verletzungshandlungen **zuzeiten der Geltung von** 276

§§ 17–19 UWG aF begonnen haben, aber auch **nach Inkrafttreten des GeschGehG fortdauern,** sind sie **abschnittsweise** nach altem bzw. neuem Recht zu bewerten. So kann (erstmals) nach neuem Recht (§ 10 Abs. 3) der **Ersatz eines immateriellen Schadens** verlangt werden – allerdings nur insoweit, als dieser gerade nach dem Inkrafttreten des GeschGehG angefallen ist (hierzu auch *Alexander* in Köhler/Bornkamm/Feddersen, GeschGehG Vor § 1 Rn. 101) – oder das Verhalten des Schädigers von der **Generalklausel des § 4 Abs. 1 Nr. 2** erfasst wird.

4. Zeitliche Staffelung

277 Für die zivilrechtliche Beurteilung der jeweiligen Verhaltensweise ist mithin zu ermitteln, **welche Vorschriften hinsichtlich der maßgeblichen Zeitpunkte oder Zeiträume anwendbar** waren oder sind (zur strafrechtlichen Seite → Rn. 283). Hier sind vier Konstellationen denkbar.

278 **Bis zum Inkrafttreten der Geschäftsgeheimnis-RL** am 7.7.2016 (Art. 20) galt **allein deutsches Recht.** Zivilrechtlich ging es also primär um die §§ 17–19 UWG in Verbindung mit der lauterkeitsrechtlichen Generalklausel und § 823 II BGB, unter Umständen auch um eine direkte Anwendung der §§ 4 Nr. 4 oder 3a UWG 2015 oder – ganz ausnahmsweise – um §§ 823 I oder 826 BGB. Die verschiedenen Entwurfsstadien der Geschäftsgeheimnis-RL, deren Endfassung erhebliche Änderungen gegenüber dem ursprünglichen Vorschlag der Kommission aufweist (→ Rn. 74 ff.), haben noch keinerlei Bindungswirkung entfaltet (*Steinmann* WRP 2019, 703 (705)). Soweit noch über solche „Altfälle" aus der Zeit vor dem 5. Juli 2016 zu befinden ist, sind die Zivilgerichte allerdings nicht gehindert, der RL in „Grauzonen" wie etwa dem Rechtswidrigkeitsmerkmal „unbefugt" oder der Rückwärtsanalyse von rechtmäßig auf den Markt gelangten Produkten (Reverse Engineering) **Anregungen für die Auslegung** zu entnehmen.

279 **Nach Inkrafttreten der Geschäftsgeheimnis-RL und bis zum Ablauf der Umsetzungsfrist** am 9.6.2018 (Art. 19 Abs. 1) war die – nur das Zivilrecht, nicht das Strafrecht betreffende – RL noch **nicht unmittelbar anwendbar** (*Steinmann* WRP 2019, 703 (705); vgl. auch öOGH GRUR Int. 2017, 70 – Ticketsysteme). Dort, wo die herkömmlichen deutschen Bestimmungen Interpretationsspielraum ließen, konnte sich allerdings **schon vor formeller Umsetzung eine richtlinienbezogene Auslegung** anbieten; dies gilt entsprechend für die rückwirkende Beurteilung eines in diesen Zeitraum fallenden Verhaltens. Unabhängig davon, ob auch andere nationale Gerichte eine so „unionsfreundliche" Haltung einnehmen, hat der BGH diesen Ansatz im Zusammenhang mit früheren, seinerzeit ebenfalls noch der Umsetzung harrenden Richtlinien befürwortet (GRUR 1993, 825 – Dos; GRUR 1998, 824 – Testpreisangebot). Zumindest mussten und müssen es die Gerichte der Mitgliedstaaten für diesen Zeitraum unterlassen, das innerstaatliche Recht auf eine Weise auszulegen, die die Erreichung der mit der RL verfolgten Ziele nach Ablauf der Umsetzungsfrist ernsthaft gefährden würde (vgl. EuGH GRUR 2010, 244 – Plus Warenhandelsgesellschaft; *Alexander* WRP 2017, 1034 (1037); *Steinmann* WRP 2019, 703 (705)). Nicht in Betracht kommt die „vorauseilende" Berücksichtigung von Richtlinienbestimmungen allerdings für solche Regelungen, die dem nationalen Gesetzgeber einen Gestaltungsspielraum zuerkannt haben, dessen konkrete Ausschöpfung noch nicht feststeht.

280 Verhaltensweisen, die in die Zeit **zwischen dem Ablauf der Umsetzungsfrist** (hier: 9.6.2018) **und dem Inkrafttreten des zur Transformation in nati-**

onales Recht dienenden Gesetzes (hier: 26.4.2019) fallen, sind im Einklang mit dem Inhalt, der Systematik und den Zielen Richtlinie zu bewerten. Soweit Richtlinienbestimmungen inhaltlich zwingend und hinreichend bestimmt sind, aber fehlerhaft umgesetzt wurden, sind sie **von allen Trägern öffentlicher Gewalt von Amts wegen unmittelbar zu beachten.** Geht es dagegen um das „horizontale" Verhältnis der Marktbürger untereinander, so besteht lediglich eine **Pflicht zur richtlinienkonformen Auslegung** (*Alexander* WRP 2017, 1034 (1037); *Steinmann* WRP 2019, 703 (707 ff.); *McGuire* in Büscher, UWG, 2. Aufl. 2021, Einl. GeschGehG Rn. 26; *Alexander* in Köhler/Bornkamm/Alexander, GeschGehG Vor § 1 Rn. 102; zur richtlinienkonformen Auslegung im Allgemeinen näher *v. Danwitz* JZ 2007, 697 (701), und *Ahrens* in Harte/Henning Einl. G Rn. 9 ff., 27).

Für die Zeit seit Inkrafttreten des Umsetzungsgesetzes am 26.4.2019 **281** sind **allein dessen Regelungen anzuwenden,** soweit sie sich innerhalb des durch Art. 1 S. 2 Geschäftsgeheimnis-RL bestimmten Rahmens halten. Ist die Richtlinie in diesem Bereich **fehlerhaft umgesetzt,** so entfaltet sie unmittelbare Wirkung (vgl. EuGH GRUR 2016, 1307 Rn. 35 – Canal Digital Denmark; *Alexander* WRP 2017, 1034 (1037)). Ist sie gesetzlich zwar ordnungsgemäß transformiert, aber **nicht richtlinienkonform angewandt** worden, so kann sich der Betroffene auf die zwingenden Bestimmungen der Richtlinie berufen. In beiden Fällen ist eine verbindliche Auslegung durch den EuGH herbeizuführen, es sei denn, die relevanten Fragen seien unionsrechtlich im Sinne der acte-clair-Doktrin bereits hinreichend geklärt (zu den unionsrechtlichen Auslegungsmethoden und zur Vorlagepflicht der nationalen Gerichte *Ahrens* in Harte/Henning Einl. G Rn. 4–20 mwN).

5. Verfahrensrecht

Für das Prozessrecht ist stets das im Zeitpunkt der jeweiligen Verfahrenshand- **282** lung geltende Recht maßgeblich (*McGuire* in Büscher, GeschGehG Einl. Rn. 26). So sind seit Inkrafttreten des GeschGehG dessen neue Verfahrensregelungen in §§ 16 ff. unabhängig davon anwendbar, ob das Verfahren noch unter Geltung der §§ 17–19 UWG aF eingeleitet wurde und ob die nach deren Aufhebung weiterverfolgten Ansprüche auch oder allein auf das alte Recht gestützt werden (OLG Stuttgart GRUR-RS 2020, 35613 Rn. 81 – Schaumstoffsysteme; *Alexander* in Köhler/Bornkamm/Feddersen GeschGehG Vor § 1 Rn. 105).

6. Strafrecht

Die Harmonisierung durch die Geschäftsgeheimnis-RL bezieht sich aus- **283** schließlich auf die zivilrechtliche Seite des Geheimnisschutzes (zur mittelbaren Ausstrahlung des neu gestalteten zivilrechtlichen Schutzregimes auf das Strafrecht → Rn. 131). Die Neuregelung der **Straftatbestände des § 23** gilt erst für die **nach Inkrafttreten des GeschGehG** begangenen Taten). **Bis zum Inkrafttreten des GeschGehG** galten weiter die **§§ 17–19 UWG aF.** Da diese nach deutschem Recht bisher vom zivilrechtlichen Schutz unabhängig waren, historisch vielmehr dessen wichtigsten Ausgangspunkt bildeten (→ Rn. 35 ff.), können sie von einer rein zivilrechtlichen Rechtsangleichung **nicht unmittelbar berührt** sein. Es wäre allerdings ein eigenartiges Ergebnis, wenn die strafrechtliche Verfolgung früherer, vor Inkrafttreten des GeschGehG begangener Handlungen noch Verhaltensweisen einschlösse, die nach neuem Recht nicht mehr als rechtswidrig anzusehen sind. Die Notwendigkeit, die jeweils **mildeste Vorschrift anzuwenden,** wenn sich die Gesetzeslage zwischen der Tatbeendigung und der gerichtlichen Entscheidung ändert, ergibt sich generell schon aus **§ 2 Abs. 3 StGB.** Eine solche Gesetzesänderung liegt hier vor, soweit die zivilrechtlichen Verbote des § 4 GeschGehG – auch wegen ihres Zusammenhangs mit den §§ 3 und 5 GeschGehG – zugunsten des „Täters" großzügiger sind und damit der an diese anknüpfende **Sanktionenkatalog des § 23 enger ausfällt als derjenige der §§ 17–19 UWG aF** (vgl. OLG Oldenburg BeckRS 2019, 29965 Rn. 6, zum „Whistleblowing" gem. § 5 Abs. 2; *Hoppe* in Hoppe/Oldekop, Geschäftsgeheimnisse, Kap. 1 Rn. 27 ff.; *Schönknecht* in Keller/Schönknecht/Glinke § 23 Rn. 169 f.; BeckOK GeschGehG/*Hiéramente* § 23 Rn. 88; MüKoStGB/*Joecks/Miebach* GeschGehG § 23 Rn. 16; *Dann/Markgraf* NJW 2019, 1774 (1779). Als mildestes Gesetz gilt dasjenige, das bei einem **Gesamtvergleich des konkreten Einzelfalls** die dem Täter günstigste Beurteilung zulässt (stRspr, vgl. BGH NJW 2014. 3047 Rn. 13; *Schönknecht* in Keller/Schönknecht/Glinke § 23 Rn. 170).

B. Verträge über Geschäftsgeheimnisse

Schrifttum: s. allgemeines Literaturverzeichnis sowie *Alexander,* Zwingendes oder dispositives Recht: Welchen privatautonomen Gestaltungsspielraum belässt das GeschGehG?, WRP 2020, 1385; *Apel/Boom,* Zur (Un-)Abdingbarkeit des § 5 GeschGehG – Fallstrick für NDAs?, GRUR-Prax 2020, 225; *Apel/Stolz,* Vertragliche Geheimhaltungsmaßnahmen nach „PU-Schaum" – Was bleibt hängen?, GRUR-Prax 2021, 1; *v. Bar,* „Nachwirkende" Vertragspflichten, AcP 179 (1979), 452; *Becker/Kussnik,* Angemessene Geheimhaltungsmaßnahmen nach dem Gesetz zum Schutz von Geschäftsgeheimnissen, Auswirkungen auf die Unternehmens- und Vertragspraxis?, RAW 2018, 119; *Besen/Gronemeyer,* Kartellrechtliche Risiken bei Unternehmenskäufen, Informationsaustausch und Clean Team, CCZ 2009, 67; *dies.,* Informationsaustausch im Rahmen von Unternehmenskäufen – Kartellrechtliche Entwicklungen und Best Practice, CCZ 2013, 137; *Binder,* Nachsorgende Vertragspflichten? Begründung und Reichweite fortdauernder Schutzpflichten nach Leistungsaustausch in Schuldverhältnissen, AcP 211 (2011), 587; *Bodewig,* Vertragliche Pflichten „post contractum finitum", JURA 2005, 505; *v. Diringshofen,* Know-how-Schutz in der Praxis; GRUR-Prax 2013, 397; *Ensthaler/Bock,* Verhältnis zwischen Kartellrecht und Immaterialgüterrecht am Beispiel der Essential-facility-Rechtsprechung von EuGH und EuG, GRUR 2009,1; *Finger,* Die Offenkundigkeit des mitgeteilten Fachwissens bei Know-how-Verträgen, GRUR 1970, 3; *Forkel,* Zur Übertragbarkeit geheimer Kenntnisse, FS für Ludwig Schnorr von Carolsfeld, 1973, S. 105; *Freckmann/Schmoll,* Geheimnisschutzrichtlinie: Neuer Standard für Vertraulichkeitsvereinbarungen und arbeitsvertragliche Verschwiegenheitsklauseln, BB 2017, 1780; *Fuhlrott/Fischer,* Verschwiegenheitsklauseln im Lichte des Geschäftsgeheimnisschutzes, NZA 2022, 809; *Giesler,* Wieviel Know-how braucht Franchising?, ZIP 2003, 1025; *Grohmann,* AGB-Recht und IP-Verträge, GRUR-Prax 2019, 27; *Hille,* Sind bisherige Vertraulichkeitsvereinbarungen unwirksam? Anforderungen aus GeschGehG und § 307 BGB, WRP 2020, 824; *Hoeren/Münker,* Geheimhaltungsvereinbarung: Rechtsnatur und Vertragsprobleme im IT-Sektor, MMR 2021, 523; *Jansen/Hofmann,* Auswirkungen des Gesetzes zum Schutz von Geschäftsgeheimnissen auf Vertraulichkeitsvereinbarungen, BB 2020, 259; *Kiefer,* Das Geschäftsgeheimnis nach dem Referentenentwurf zum Geschäftsgeheimnisgesetz: Ein Immaterialgüterrecht, WRP 2018, 910; *Klein/Wegener,* Wem gehören Geschäftsgeheimnisse?, GRUR-Prax 2017, 394 = ArbRAktuell 2017, 531; *Köhler,* Vertragliche Unterlassungspflichten, AcP 190 (1990), 496; *Kraßer,* Grundlagen des zivilrechtlichen Schutzes von Geschäfts- und Betriebsgeheimnissen sowie Know-how,

GRUR 1977, 177; *Kurz,* Vertraulichkeitsvereinbarungen und andere Vorfeldverträge, 4. Aufl. 2019; *Linke/Fröhlich,* Gestaltungsoptionen für Vertraulichkeitsvereinbarungen bei Unternehmenstransaktionen, GWR 2014, 449; *Linker/Zinger,* Rechte und Pflichten der Organe einer Aktiengesellschaft bei der Weitergabe vertraulicher Unternehmensinformationen, NZG 2002, 497; *Loewenheim/Meessen/Riesenkampff/Kersting/Meyer-Lindemann,* Kartellrecht, 4. Aufl. 2020; *Maaßen,* „Angemessene Geheimhaltungsmaßnahmen" für Geschäftsgeheimnisse, GRUR 2019, 352; *Maierhöfer/Hosseini,* Vertraglicher Ausschluss von Reverse Engineering nach dem neuen GeschGehG: Ein Praxistipp, GRUR-Prax 2019, 542; *Mayer,* Geheimhaltungsvereinbarungen und Geheimnisschutz im vorvertraglichen Bereich, MDR 2018, 245; *McGuire,* Neue Anforderungen an Geheimhaltungsvereinbarungen?, WRP 2019, 679; *McGuire/Joachim/Künzel/Weber,* Der Schutz von Geschäftsgeheimnissen durch Rechte des Geistigen Eigentums und durch das Recht des unlauteren Wettbewerbs (Q215), GRUR Int. 2010, 829, 836; *Mertens,* Die Information des Erwerbers einer wesentlichen Unternehmensbeteiligung an einer Aktiengesellschaft durch deren Vorstand, AG 1997, 541; *Müller,* Gestattung der Due Diligence durch den Vorstand der Aktiengesellschaft, NJW 2000, 3452; *Mummenthey,* Vertraulichkeitsvereinbarungen, CR 1999, 651; *Oehlrich,* Know-how und Tacit Knowledge als vernachlässigte Vertragsbestandteile bei Lizenzverträgen, GRUR 2010, 33; *Ostendorf,* Vertragsstrafe und pauschalierter Schadensersatz als Instrumente der Vertragsgestaltung, JuS 2015, 977; *Pfaff,* Der Know-how-Vertrag im bürgerlichen Recht, Dogmatische Einordnung, Haftungsvoraussetzungen und Haftungsfolgen, BB 1974, 565; *Pfaff/Osterrieth,* Lizenzverträge, 4. Aufl. 2018; *Roschmann/Frey,* Geheimhaltungsverpflichtungen der Vorstandsmitglieder von Aktiengesellschaften bei Unternehmenskäufen, AG 1996, 449; *Roth,* Geheimhaltungsklauseln in IT-Verträgen, ITRB 2011, 115; *Schiffer/Bruß,* Due Diligence beim Unternehmenskauf und vertragliche Vertraulichkeitsvereinbarungen, BB 2012, 847; *Schmitz,* Vertraulichkeitsklauseln und Outsourcing, CR 2012, 557; *Schöwerling,* Die Geheimhaltungsvereinbarung: (K)ein Auslaufmodell?, GRUR-Prax 2015, 52; *Schumacher,* Missbrauch von nicht schutzfähigen Vorlagen, WRP 2006, 1072; *Schuster,* Sicherheit von Daten und Geheimnis im Vertrag, CR 2020, 726; *Söbbing,* Sind Non Disclosure Agreements wirklich notwendig?, GWR 2010, 237; *Steinmann/Schubmehl,* Vertraglicher Geheimnisschutz im Kunden-Lieferantenverhältnis – Auswirkungen der EU-Geheimnisschutz-RL am Beispiel der Automobilindustrie, CCZ 2017, 194; *Stoffels,* Grenzen der Informationsweitergabe durch den Vorstand einer Aktiengesellschaft im Rahmen einer „Due Diligence", ZHR 165 (2001), 362; *Stürner,* Der Anspruch auf Erfüllung von Treue- und Sorgfaltspflichten, JZ 1976, 384; *Vlantos,* Die Verwertung von technischem Know-how, 2014; *Werder/Kost,* Vertraulichkeitsvereinbarungen in der M&A-Praxis, BB 2010, 2903.

Übersicht

I. Allgemeines

Die Bedeutung des Vertragsrechts für die Zuordnung und den Schutz von Geschäftsgeheimnissen ist hoch. Traditionell bildet das Vertragsrecht eine wesentliche Säule des Geheimnisschutzes. Die produktive Nutzung von Geschäftsgeheimnissen macht es zwingend erforderlich, sie einem bestimmten Mitwisserkreis zugänglich zu machen, seien es Mitarbeiter eines Unternehmens, seien es externe Kooperationspartner. Mit einer solchen **Sonderverbindung** geht ein faktisches Näheverhältnis einher, das den Beteiligten die Möglichkeit gibt, auf die Geheimnisse als Rechtsgüter ihres Inhabers einzuwirken. Je langfristiger und intensiver diese Sonderverbindung angelegt ist, desto ausgeprägter sind die **Einwirkungsmöglichkeiten** typischerweise. Dies macht es erforderlich, vertragliche Vorkehrungen zum Schutz von Geschäftsgeheimnissen zu treffen. Das Vertragsrecht bildet also einen wesentlichen Kontrollmechanismus, um die Geheimnisqualität einer Information trotz Weitergabe an andere aufrechtzuerhalten. Meist knüpfen derartige Verträge nicht unmittelbar an den Begriff des Geschäftsgeheimnisses an, sondern definieren ihren Gegenstand kontextabhängig und präzisierend als **„vertrauliche Informationen“.** Der Sache nach handelt es sich bei den Schutzgegenständen aber regelmäßig um Geschäftsgeheimnisse (vgl. den amtlichen Titel der Geschäftsgeheimnis-RL und ErwGr. 1 a.E.: *„Solch wertvolles Know-how und solche wertvollen Geschäftsinformationen, die nicht offengelegt werden und vertraulich zu behandeln sind, werden als Geschäftsgeheimnis bezeichnet.“*). 1

Zugleich können Geschäftsgeheimnisse als **gewerblich nutzbares Produktivwissen** selbst Handelsware und somit Gegenstand von Austauschgeschäften im Geschäftsverkehr sein. Derartige auf Veräußerung oder Lizenzierung von Geschäftsgeheimnissen gerichtete Vertragswerke gehen funktional über bloße Schutz- und Kontrollmechanismen hinaus und regeln die Zuordnung von Informationen zwischen den beteiligten Parteien. Terminologisch wird in diesem Zusammenhang häufig von **„Know-how“** gesprochen. In der Sache geht es aber auch hier um Informationen, die Schutz als Geschäftsgeheimnisse genießen (vgl. wiederum den amtlichen Titel und ErwGr. 1 der Geschäftsgeheimnis-RL sowie zum Begriff des Know-how: *Kalbfus* Know-how-Schutz Rn. 8 ff.; gelegentlich werden die Begriffe „Know-how“ und Geschäftsgeheimnis sogar gleichgesetzt, vgl. *Westermann* Hdb Know-how-Schutz Kap. 1 Rn. 21 ff.; abweichend ließen sich unter den Begriff „Know-how“ grundsätzlich auch allgemein bekannte Informationen fassen. Offenkundiges Know-how ist aber als solches rechtlich nicht geschützt, vgl. *Kraßer* GRUR 1970, 587, 595 f.). 2

Das **GeschGehG** selbst enthält allerdings **kein „Geheimnisvertragsrecht“** (ebensowenig die Geschäftsgeheimnis-RL, vgl. ErwGr 39). Abgesehen von der eher rudimentären, interpretationsoffenen Regelung der Geheimnisinhaberschaft in § 2 Nr. 2 finden sich weder schuldrechtliche Vorschriften zu bestimmten, „geheimnisbezogenen“ Vertragstypen noch Regelungen zu Übertragung und Lizenzierung von Geschäftsgeheimnissen. § 3 Abs. 2 erkennt lediglich allgemein an, dass eine Erlangung, Nutzung oder Offenlegung durch Rechtsgeschäft gestattet werden kann. Zudem bestehen zwischen vertraglichen Vereinbarungen über Geschäftsgeheimnisse und dem gesetzlichen Geheimnisschutz vielfältige Wechselwirkungen (dazu unten, → Rn. 21). Schon die (amtliche) Fußnote 10 zu Art. 39 Abs. 2 TRIPS qualifiziert Handlungen wie Vertragsbruch, Vertrauensbruch und Verleitung dazu als Beispiele für Verhaltensweisen, die anständigen Gepflogenheiten in Gewerbe und Handel zuwiderlaufen. Der Gedanke hat auch Eingang gefun- 3 den in Art. 4 Abs. 3 lit. b/c der Geschäftsgeheimnis-RL sowie in die richtlinienumsetzende Vorschrift des § 4 Abs. 2 Nr. 2/3, die an eine Verletzung vertraglicher Geheimhaltungspflichten zugleich die gesetzlichen Rechtsfolgen der §§ 6 ff. knüpft.

4 Das folgende Kapitel gibt einen knappen Überblick über die vertragsrechtlichen Grundlagen des Geheimnisschutzes und Verträge in Zusammenhang mit Geschäftsgeheimnissen. Die Darstellung beginnt mit dem durch das Schuldrecht auch ohne ausdrückliche Vereinbarung vermittelten Schutz von Geschäftsgeheimnissen innerhalb vertraglicher oder vertragsähnlicher Sonderverbindungen. Anschließend werden die Grundlagen, Erscheinungsformen und Regelungstechniken von Vertraulichkeitsvereinbarungen zusammengefasst. In weiteren Abschnitten finden sich Grundzüge der Übertragung und Lizenzierung von Geschäftsgeheimnissen. Für Einzelfragen in Zusammenhang mit Technologietransfervereinbarungen und Forschungs- und Entwicklungsverträgen sei auf die einschlägige Spezialliteratur verwiesen.

II. Vertraglicher Schutz von Geschäftsgeheimnissen

1. Vertragsrechtlicher Geheimnisschutz ohne ausdrückliche Vereinbarung

5 **a) Rechtsgrundlage und Inhalt vertraglicher Schutzpflichten.** Vertragsrechtliche bzw. vertragsnahe Geheimhaltungspflichten können bereits ohne ausdrückliche Vertraulichkeitsvereinbarung als **nicht leistungsbezogene Nebenpflichten (§ 241 Abs. 2 BGB)** bestehen. Sie verpflichten zur Rücksichtnahme auf Rechte, Rechtsgüter und Vermögensinteressen des anderen Teils (*Schumacher* WRP 2006, 1072, 1073; *McGuire* WRP 2019, 679 Rn. 16).

6 **Inhalt und Reichweite** vertraglicher Schutzpflichten hängen von der konkreten Art und Ausgestaltung der Sonderverbindung ab. Sie können je nach Vertragszweck und Verkehrssitte variieren (OLG Karlsruhe GRUR-RS 2021, 23997 Rn. 8 – Kundenfeedback; *Grüneberg* in Grüneberg BGB § 241 Rn. 7; *Kraßer* GRUR 1977, 177, 191) und sind im Einzelfall durch Auslegung zu ermitteln. Maßgebliche Faktoren können zB sein: Dauer der Zusammenarbeit (BGH GRUR 1963, 367 (370) – Industrieböden), gesteigerte Einwirkungsmöglichkeiten auf die Geschäftsgeheimnisse des anderen Teils (*Sutschet* in BeckOK BGB § 241 Rn. 90), Bestehen eines besonderen Vertrauensverhältnisses, insbesondere wenn sich dies in einem vereinbarten Entgelt niederschlägt (BGH GRUR 1963, 367 (370) – Industrieböden), Bedeutung des betroffenen Geschäftsgeheimnisses für den Betrieb des Inhabers (BGH GRUR 1963, 367 (370) – Industrieböden).

7 Regelmäßig wird sich aus einem Vertragsverhältnis jedenfalls die Verpflichtung ergeben, Geschäftsgeheimnisse des anderen Teils Dritten gegenüber **nicht offenzulegen** (vgl. für lizenzartige Know-how-Verträge: *Bartenbach* Patentlizenz- und Know-how-Vertrag Rn. 2830). Ob, inwieweit und zu welchen Zwecken ein Vertragspartner die Geschäftsgeheimnisse des jeweils anderen Teils selbst **nutzen** darf, hängt maßgeblich von dem Inhalt der Vereinbarung ab. Während bei einer Überlassung von Geschäftsgeheimnissen allein zu Prüfzwecken regelmäßig keine oder allenfalls eine versuchsweise Nutzung gestattet wird, sehen andere Verträge sogar eine Pflicht zur Nutzung vor. Die Bandbreite reicht von einer streng zweckgebundenen fremdnützigen Verwertung (etwa bei Lohnfertigungsverträgen, vgl. BGH

GRUR 1958, 346 (348) – Spitzenmuster) bis hin zur Gestattung einer eigennützigen Verwertung, für die (zB im Falle lizenzartiger Know-how-Verträge) ausdrücklich ein Entgelt entrichtet wird (vgl. *Bartenbach* Patentlizenz- und Know-how-Vertrag Rn. 2800 ff.).

Anerkannt ist, dass **Arbeitnehmer** auch ohne besondere Vereinbarung nach Maßgabe von § 241 Abs. 2 BGB verpflichtet sind, Geschäftsgeheimnisse ihres Arbeitgebers zu wahren (BAG NZA 2009, 855 Rn. 23; BAG NJW 2004, 1547 (1548); OLG Stuttgart GRUR-RS 2020, 35613 Rn. 109 – Schaumstoffsysteme, vgl. ferner BGH GRUR 2018, 1161 Rn. 38 – Hohlfasermembranspinnanlage II; BGH GRUR 2012, 1048 Rn. 31 – MOVICOL-Zulassungsantrag; BGH GRUR 2003, 356 (358) – Präzisionsmessgeräte). Für Einzelheiten hierzu wird auf die Ausführungen zum Arbeitsrecht verwiesen (→ Einl. C Rn. 5 ff.). Für **Handelsvertreter** folgt die Pflicht zur Wahrung von Geschäftsgeheimnissen aus der allgemeinen Interessenwahrungspflicht gemäß § 86 Abs. 1 Hs. 2 HGB (*Hopt* in Baumbach/Hopt § 86 HGB Rn. 20). Die Vorschrift ist entsprechend anwendbar auf **Vertragshändler** und **Franchisenehmer** (*Busche* in Oetker HGB § 86 Rn. 49 mwN). Für ehemalige Handelsvertreter gilt § 90 HGB (→ Rn. 14). 8

Insbesondere im **Gesellschafts-** und **Arbeitsrecht** sind vertragliche bzw. vertragsähnliche Schutzpflichten positiviert. Einzelfälle: **Vorstandsmitglieder** einer AG (§ 93 Abs. 1 S. 3 AktG, entsprechend für **Aufsichtsratsmitglieder:** § 116 AktG), Vorstandsmitglieder einer eG (§ 34 Abs. 1 S. 2 GenG, entsprechend für Aufsichtsratsmitglieder: § 41 GenG), **Geschäftsführer** einer GmbH (§ 43 Abs. 1 GmbHG, vgl. *Kleindiek* in Lutter/Hommelhoff GmbHG § 43 Rn. 20; *Verse* in Scholz GmbHG § 43 Rn. 225. Für Aufsichtsratsmitglieder (falls vorhanden): § 52 GmbHG iVm §§ 116, 93 Abs. 1 S. 3 AktienG), Mitglieder betriebsverfassungsrechtlicher Gremien, insbesondere Mitglieder des **Betriebsrats** (§ 79 BetrVG, dazu *Wochner* BB 1975, 1541 und → Einl. C Rn. 124 ff.), **Auszubildende** (§ 13 Nr. 6 BBiG), **Arbeitnehmererfinder** und sonstige Personen, die aufgrund des ArbnErfG Kenntnis von Arbeitnehmererfindungen erlangen (§ 24 Abs. 2, Abs. 3 ArbnErfG). 9

b) Dauer vertraglicher Schutzpflichten. aa) Vorvertragliche Pflichten/Phase der Vertragsanbahnung. Schutzpflichten zur Wahrung von Geschäftsgeheimnissen werden nicht erst durch den Abschluss eines Vertrages begründet. Gemäß **§ 311 Abs. 2 BGB** entsteht ein Schuldverhältnis mit Pflichten iSv § 241 Abs. 2 BGB bereits mit der **Aufnahme von Vertragsverhandlungen** (Nr. 1), bei der **Anbahnung eines Vertrages,** wenn ein Beteiligter dem anderen Teil bereits die Möglichkeit zur Einwirkung auf seine Rechte, Rechtsgüter und Interessen gewährt oder ihm einen dieser Gegenstände anvertraut (Nr. 2) sowie bei **ähnlichen geschäftlichen Kontakten** (Nr. 3). Zu den von der Vorschrift erfassten Rechtsgütern und Interessen zählen auch vertrauliche Informationen, die der anderen Partei im Rahmen von Vertragsverhandlungen zur Verfügung gestellt werden und deren Offenlegung Dritten gegenüber den Informationsgeber schädigen würde (*Mayer* MDR 2018, 246). 10

Derartige Fälle einer ***culpa in contrahendo*** spielen insbesondere dann eine Rolle, wenn dem eigentlichen Vertragsschluss eine längere Verhandlungs- und Prüfphase vorausgeht. Dies wird etwa bei lizenzartigen Know-how-Verträgen, Forschungs- und Entwicklungsverträgen, aber auch bei etlichen Lohnfertigungs- oder Franchiseverträgen der Fall sein. Typische Gegenstände, die bereits im Vorfeld eines Vertragsschlusses zu Prüfzwecken überlassen werden, sind beispielsweise Muster und 11

Entwürfe (BGH GRUR 1983, 377 – Brombeer-Muster; OLG Hamm NJW-RR 1990, 1380 – Kostümentwürfe) oder technische Zeichnungen (BGH GRUR 1958, 297 – Petromax; BGH GRUR 1964, 31 – Petromax II; BGH GRUR 1956, 284 – Rheinmetall-Borsig II). Auch ohne ausdrückliche Vereinbarung ergibt sich im Wege der Auslegung regelmäßig, dass im Hinblick auf einen künftigen Vertragsschluss vorab zur Verfügung gestellte Geschäftsgeheimnisse des anderen Teils grundsätzlich nicht verwertet werden dürfen (*Schumacher* WRP 2006, 1072, 1073). Scheitert der geplante Vertragsschluss, so sind die Gegenstände zurückzugeben als wären sie nie überlassen worden (*Schumacher* WRP 2006, 1072, 1073; RG GRUR 1942, 352 (354, 357) – Quarzlampe). In den Kontext vorvertraglicher Prüfszenarien gehört auch die Due Diligence bei einem Unternehmenskauf. Allerdings ist es hier praktisch ausgeschlossen, dass eine so umfassende Prüfung ohne Abschluss einer expliziten Vertraulichkeitsvereinbarung durchgeführt wird.

12 **bb) Nachwirkende Vertragspflichten.** Spiegelbildlich können Schutzpflichten gemäß §§ 241 Abs. 2, 311 Abs. 2 BGB auch nach Beendigung eines Vertragsverhältnisses noch fortbestehen (BGH NZG 2012, 631 Rn. 14 ff.; BAGE 3, 139 (140 f.); OLG Karlsruhe GRUR-RS 2021, 23997 Rn. 7 – Kundenfeedback; *Bachmann* in MüKoBGB § 241 Rn. 145, 165; *Ohly* GRUR 2019, 441, 446; eingehend: *v. Bar* AcP 179 (1979), 452, 467 ff.; *Binder* AcP 211 (2011), 587).

13 **Inhalt und Reichweite** nachvertraglicher Schutzpflichten sind durch **Auslegung** und **Abwägung** der Interessen der (ehemaligen) Vertragspartner zu ermitteln. Zu berücksichtigen ist dabei, dass das Pflichtenprogramm aus einem beendeten Vertragsverhältnis grundsätzlich nicht ohne weiteres zeitlich ausgedehnt werden soll (*Bodewig* JURA 2005, 505, 510). Die Intensität nachwirkender Vertragspflichten kann daher wesentlich hinter den während der Vertragslaufzeit bestehenden Pflichten zurückbleiben. **Für die Annahme nachvertraglicher Schutzpflichten** spricht es aber, wenn **gesteigerte Einwirkungsmöglichkeiten** auf die Rechtsgüter und Interessen des anderen Teils über die Beendigung des Vertrages hinaus noch andauern (für eine wertende Zuweisung von Risikosphären: *Binder* AcP 211 (2011), 587, 617 ff.). Bei Verträgen mit klar abgrenzbarem Gegenstand wie zB **lizenzartigen Verträgen** wird anzunehmen sein, dass der Lizenznehmer nach Beendigung nicht mehr zur Offenlegung oder Nutzung des Vertragsgegenstandes berechtigt ist, solange dieser nicht allgemein bekannt geworden ist (*Kraßer* GRUR 1977, 177, 191). **Gegen eine Annahme nachwirkender Pflichten** spricht es, wenn die **wirtschaftliche Bewegungsfreiheit** der Parteien dadurch unangemessen beeinträchtigt würde. Besonders brisant ist die Frage nachwirkender Vertragspflichten im **Arbeitsverhältnis,** da hier das Geheimhaltungsinteresse des Arbeitgebers kollidiert mit dem Interesse des Arbeitnehmers an beruflichem Fortkommen. Der Problemkreis ist im Rahmen der Kommentierung zum Arbeitsrecht dargestellt (→ ArbR Rn. 37 ff.).

14 Für **Handelsvertreter** ist die Reichweite der Nachwirkung vertraglicher Geheimhaltungspflichten ausdrücklich in **§ 90 HGB** normiert (entsprechend anwendbar auf **Franchisenehmer** und **Vertragshändler,** vgl. *Bartenbach* Patentlizenz- und Know-how-Vertrag Rn. 2584). Gemäß § 90 HGB darf der Handelsvertreter Geschäftsgeheimnisse, die ihm anvertraut oder als solche durch seine Tätigkeit für den Unternehmer bekannt geworden sind, auch nach Beendigung des Vertragsverhältnisses nicht verwerten oder anderen mitteilen, soweit dies nach den gesamten Umständen der **Berufsauffassung eines ordentlichen Kaufmannes** widersprechen würde. Ein stets wiederkehrendes Problemfeld bildet hier die (Wei-

ter-)Nutzung von Kundendaten nach Vertragsende. Der BGH verfolgt in seiner Rechtsprechung zu § 90 HGB die gleiche Linie wie im Rahmen von § 17 Abs. 2 Nr. 2 UWG a.F. Danach ist es mit der Berufsauffassung eines ordentlichen Kaufmannes zu vereinbaren, wenn der ausgeschiedene Handelsvertreter Kundendaten, die ihm im Gedächtnis geblieben sind, für eigene Zwecke nutzt (BGH GRUR 1999, 934 (935) – Weinberater; *KG* GRUR-RR 2012, 16 (19) – Subunternehmer-Makler). Er darf dabei aber **nicht auf Aufzeichnungen zurückgreifen,** die er zurückbehalten hat (BGH GRUR 1999, 934 (935) – Weinberater; BGH NJW 1993, 1786 (1787); OLG Naumburg OLGR 2004, 445 – Weinhandelsvertreter). Für eine Abwägung mit dem Verwertungsinteresse des ehemaligen Handelsvertreters ist dabei kein Raum (BGH GRUR 2009, 603 Rn. 19 – Versicherungsuntervertreter; aA *Hopt* in Hopt HGB § 90 Rn. 7). Ohne Bedeutung ist es, ob der Handelsvertreter die Kunden selbst geworben hat (BGH GRUR 2009, 603 Rn. 17 – Versicherungsuntervertreter).

Von den durch § 90 HGB vorgegebenen Maßstäben kann vertraglich allenfalls in engen Grenzen abgewichen werden. Eine individualvertragliche Vereinbarung, die den ehemaligen Handelsvertreter weitergehend verpflichtet als § 90 HGB stellt regelmäßig ein nach **§ 90a HGB karenzentschädigungspflichtiges Wettbewerbsverbot** dar (KG GRUR-RR 2012, 16 (19) – Subunternehmer-Makler). Die formularmäßige Vereinbarung eines zeitlich unbegrenzten Verbotes jedweder Nutzung von Kundendaten, das sich auch auf eine Nutzung aus dem Gedächtnis erstreckt, ist eine unangemessene Benachteiligung, weil der ehemalige Handelsvertreter dadurch von jedem Wettbewerb um diese Kunden abgeschnitten wäre (BGH GRUR 1999, 934 (935) – Weinberater; BGH NJW 1993, 1786 (1786 f.); OLG Koblenz NJW-RR 1987, 95 (97)). Siehe zu den Voraussetzungen eines Wettbewerbsverbotes gemäß § 90a HGB: *Loschelder* in Ann/Loschelder/Grosch Kap. 3 Rn. 41. **15**

2. Vertraulichkeitsvereinbarungen: Überblick

a) Erscheinungsformen. Die Bandbreite von Vertraulichkeitsvereinbarungen (*Confidentiality Agreements,* auch *Non-Disclosure-Agreements, NDA*) ist groß. Die Erscheinungsformen reichen von **Vertraulichkeitsklauseln** innerhalb umfassenderer Vertragswerke bis hin zu **selbständigen Verträgen.** **16**

Vertraulichkeitsvereinbarungen werden überall dort abgeschlossen, wo die wirtschaftliche Verwertung von Geschäftsgeheimnissen es erfordert, einzelne Personen oder Unternehmen in den Kreis der Mitwisser aufzunehmen (Übersicht bei *Mummenthey* CR 1999, 651 f., vgl. ferner *Loschelder* in Ann/Loschelder/Grosch Kap. 3 Rn. 30 ff.). Dies beginnt bei den eigenen **Mitarbeitern** eines Unternehmens und Personen, die für das Unternehmen **freiberuflich** tätig sind, setzt sich fort bei **Subunternehmern** und **Outsourcing-Dienstleistern.** Ein Anwendungsfeld sind außerdem **Forschungs- und Entwicklungskooperationen** zwischen Unternehmen, **lizenzartige Verträge, Zuliefer-** und **Lohnfertigungsverträge, Vertriebs-** und **Franchising**-Verträge sowie **Ausschreibungen.** Eine wichtige Rolle spielen Vertraulichkeitsvereinbarungen auch dort, wo zB infolge von Qualitätssicherungsabreden oder Audit-Rechten Einblicke in Interna eines Unternehmens wie zB dessen Produktions-Know-how gewährt wird. **17**

Vertraulichkeitsvereinbarungen sind sehr häufig nicht erst Gegenstand des eigentlichen Vertragswerks, sondern werden immer dann, wenn dem eigentlichen Vertragsschluss eine Anbahnungsphase vorausgeht, bereits als **Vorvertrag** abge- **18** schlossen (*Kurz* Vertraulichkeitsvereinbarungen Rn. 620 ff.). Eine Erscheinungsform ist insoweit der **Letter of Intent** (**LoI,** dazu näher *Loschelder* in Ann/Loschelder/Grosch Kap. 3 Rn. 31 ff.). Typischerweise kommt es in einer solchen Phase zu einem Austausch oder einer Weitergabe von Informationen zu Prüfzwecken. Kommt der Vertrag im Nachgang zustande, verlieren derartige Abreden meist ihre eigenständige Bedeutung. Häufig werden sie durch entsprechende Klauseln im endgültigen Vertragswerk ersetzt. Scheitert der Vertragsschluss hingegen, kommt ihnen besonderer Stellenwert zu.

19 **b) Funktionen. aa) Allgemeine Funktionen von Vertraulichkeitsvereinbarungen.** Vertraulichkeitsvereinbarungen haben zunächst eine **Konkretisierungsfunktion.** Sie präzisieren die Regelungen des gesetzlichen Schutzes für den Einzelfall. Die zielgerichtete Definition des Schutzgegenstandes erleichtert die Subsumtion und grenzt den Anwendungsbereich der Vertraulichkeitspflichten trennscharf ein. Mittelbar wird so die Durchsetzung der Pflichten erleichtert, da Streit über deren Reichweite vermieden wird. Daneben werden zulässige und unzulässige Verhaltensweisen typischerweise näher bestimmt. Dies gilt auch für die zeitlichen Grenzen der Bindung. Eng mit der Konkretisierung geht auch eine **Hinweis- und Warnfunktion** einher, da dem Vertragspartner vor Augen geführt wird, dass Vertraulichkeitspflichten zu beachten sind (vgl. *Mayer* MDR 2018, 246, 247; *McGuire* WRP 2019, 679 Rn. 19, 24). Nicht selten haben Vertraulichkeitsvereinbarungen auch explizit konstitutive **Ergänzungs- und Erweiterungsfunktionen,** indem sie bereits kraft Gesetzes bestehende Geheimhaltungspflichten ausdehnen oder – etwa durch Ausräumung von Unklarheiten – abrunden. Einen typischen Anwendungsfall bilden zB nachvertragliche Ausdehnungen von Geheimhaltungspflichten, die anderenfalls mit Beendigung eines Vertragsverhältnisses entfallen wären. Schließlich tragen Vertraulichkeitsvereinbarungen dazu bei, ein einheitliches Schutzniveau im Falle eines Geheimnisaustauschs über **mehrere Jurisdiktionen** hinweg sicherzustellen.

20 **bb) Anwendungsspezifische Funktionen.** Daneben gibt es eine Vielzahl spezifischer Funktionen, die Vertraulichkeitsvereinbarungen erfüllen und die je nach rechtlichem Kontext variieren. Im **Patentrecht** erlangen Vertraulichkeitsvereinbarungen besondere Bedeutung, wenn Erfindungen vor ihrer Anmeldung zum Patent Dritten zugänglich gemacht werden. Hier dient die Vertraulichkeitsvereinbarung dazu, eine neuheitsschädliche Offenbarung zu verhindern (EPA T 830/90, GRUR Int. 1995, 154 – Geheimhaltungsvereinbarung/MACOR MARINE SYSTEMS; *Mummenthey* CR 1999, 651, 652; vgl. *Mes* PatG § 3 Rn. 20; *Melullis* in Benkard PatG § 3 Rn. 243 ff. *Pilger/Kurz* Mitt. 2023, 10; auch stillschweigend möglich: BGH GRUR 2001, 819 (823) – Schalungselement; BPatG GRUR-Prax 2016, 534 – Kopiercode). Im Rahmen von **Unternehmenstransaktionen** wird eine Vertraulichkeitsvereinbarung als Voraussetzung dafür gesehen, dass vertrauliche Interna der Zielgesellschaft, bei denen es sich häufig um deren wesentliche Vermögensgegenstände handelt, einem potenziellen Erwerber im Rahmen einer Due Diligence zur Prüfung zugänglich gemacht werden dürfen (*Linker/Zinger* NZG 2002, 497, 501; *Mertens* AG 1997, 541, 547; *Müller* NJW 2000, 3452, 3455; *Roschmann/Frey* AG 1996, 449, 454 f.; *Stoffels* ZHR 165 (2001), 362, 378). Aus **kartellrechtlicher** Sicht ermöglichen es Vertraulichkeitsvereinbarungen, insbesondere in Form von **Clean-Team-Agreements** und Black Box Agreements, einen Informationsaustausch auch zwischen im Wettbewerb stehenden Unternehmen so zu begrenzen und zu kanalisieren, dass das

Risiko eines Kartellverstoßes durch unzulässigen Informationsaustausch minimiert wird (*Besen/Gronemeyer* CCZ 2009, 67, 70; *Linke/Fröhlich* GWR 2014, 449, 451). Auch dies spielt im Rahmen von Unternehmenstransaktionen eine erhebliche Rolle.

c) Grenzen. Die praktisch wichtigste Einschränkung von Vertraulichkeitsvereinbarungen ergibt sich aus ihrer Natur als **Schuldverhältnis** (§§ 241 ff. BGB), das nur die vertragsschließenden Parteien **inter partes** binden kann (→ Rn. 22 ff.). **20a**

Vertraulichkeitsvereinbarungen unterliegen zudem den allgemeinen **Grenzen vertraglicher Wirksamkeit.** Diese können sich insbesondere aus einem Verstoß gegen **gesetzliche Verbote** (§ 134 BGB) oder die **guten Sitten** (§ 138 Abs. 1 BGB), aus dem Verbot einer **unangemessenen Benachteiligung** (§§ 307 ff. BGB) in formularmäßigen Verträgen oder aus den Vorschriften über **Wettbewerbsverbote** (§§ 74 ff. HGB) ergeben. Wegen der Nähe zum **gesetzlichen Schutz von Geschäftsgeheimnissen** (dazu eingehend unten → Rn. 21 f.) sind dessen Vorgaben und Wertungen besonders zu beachten. Die Geschäftsgeheimnis-RL lässt zwar gemäß ErwGr 39 die Anwendung von Rechtsvorschriften des Vertragsrechts unberührt und steht auch wegen ihres grundsätzlichen Mindestschutzcharakters (Art. 1 Abs. 1 UAbs. 2) vertraglichen Verschärfungen des Geheimnisschutzes nicht entgegen. Soweit die Richtlinie allerdings in bestimmten Bereichen (zB Art. 3 und 5) eine Vollharmonisierung vorsieht und den Schutz von Geschäftsgeheimnissen zugunsten gegenläufiger Allgemeininteressen verbindlich begrenzt, werden die Umsetzungsvorschriften des deutschen Rechts überwiegend als nicht dispositiv angesehen. Es ist daher grundsätzlich nicht zulässig, allgemein **erlaubte Handlungen (§ 3 Abs. 1)** vertraglich auszuschließen (vgl. *Alexander* WRP 2020, 1385 Rn. 43; *Hauck* in MünchKommUWG Vorbem. GeschGehG Rn. 21; zu den Grenzen von **Reverse-Engineering-Verboten** → Rn. 55 ff.). Auch die **ausnahmsweise gestatteten Verhaltensweisen (§ 5)** sind vertraglich nach hM nicht abdingbar, da sie Belange des Gemeinwohls schützen (vgl. *Alexander* WRP 2020, 1385 Rn. 49; *Hauck* in MünchKommUWG Vorbem. GeschGehG Rn. 21; *Brammsen* in Brammsen/Apel GeschGehG § 5 Rn. 24; gegen eine Abdingbarkeit in AGB, iÜ differenzierend: *Apel/Boom* GRUR-Prax 2020, 225; für einzelfallabhängige Betrachtung: *Glinke* in Keller/Schönknecht/Glinke GeschGehG § 5 Rn. 23 ff.). Zulässig kann aber eine deklaratorische Konkretisierung des nach § 5 zulässigen Verhaltens sein (*Alexander* WRP 2020, 1385 Rn. 48, vgl. auch *Hoeren/Münker* MMR 2021, 523 (526)). **20b**

Eine Unwirksamkeit von Vertraulichkeitsvereinbarungen kann sich darüber hinaus beispielsweise aus einem **überschießenden Anwendungsbereich** ergeben (→ Rn. 33 f.). Weitere typische Problemfelder bilden **Vertragsstraferegelungen** (→ Rn. 81 ff.) und Regelungen über **pauschalierten Schadensersatz** (→ Rn. 90). Im **Arbeitsrecht** als besonders problematisch erwiesen haben sich gegenständlich ausufernde sog. „Catch-All-Klauseln“ (→ Einl. C Rn. 63) und Regelungen, die über das Ende des Arbeitsverhältnisses hinausreichen (→ Einl. C Rn. 65 f.). **20c**

d) Wechselwirkungen mit gesetzlichem Geheimnisschutz. Zwischen dem gesetzlichen Geheimnisschutz und Vertraulichkeitsvereinbarungen bestehen intensive Wechselwirkungen. Zwar lässt die Geschäftsgeheimnis-RL das Vertragsrecht grundsätzlich unberührt (vgl. ErwGr 39). Dementsprechend regelt das GeschGehG den Bereich des vertraglichen Schutzes von Geschäftsgeheimnissen **21**

nicht explizit und hat deshalb auch nicht unmittelbar Leitbildcharakter für vertragliche Regelungen. Vertraulichkeitsvereinbarungen eröffnen aber den Anwendungsbereich des gesetzlichen Schutzes unter verschiedenen Gesichtspunkten. So kann es sich bei Vertraulichkeitsvereinbarungen um **angemessene Geheimhaltungsmaßnahmen** iSv § 2 Nr. 1 lit. b handeln, die das Bestehen eines definitionsgemäßen Geschäftsgeheimnisses erst konstituieren (BT-Drs. 19/4724, 24). Enthält die Vertraulichkeitsvereinbarung Offenlegungs- oder Nutzungsbeschränkungen, so eröffnet sie den Anwendungsbereich der **Handlungsverbote gemäß § 4 Abs. 2 Nr. 2, 3 GeschGehG.** Ferner können Vertraulichkeitsvereinbarungen als Geheimhaltungsmaßnahmen im Sinne des **§ 9 Nr. 2 GeschGehG** zu berücksichtigen sein, wenn es um die Frage geht, ob gesetzliche Ansprüche wegen einer Geheimnisverletzung im Einzelfall auf Gründen der **Verhältnismäßigkeit** ausgeschlossen sind.

21a Der Zusammenhang zwischen einer Vertraulichkeitsvereinbarung und **angemessenen Geheimhaltungsmaßnahmen** (§ 2 Nr. 1 lit. b) wird allerdings gelegentlich **in zweifacher Richtung überspannt:** Einerseits sind Tendenzen erkennbar, in einer vermeintlich nicht ausreichend strengen Vertraulichkeitsvereinbarung keine angemessene Geheimhaltungsmaßnahme und in der Folge den gesetzlichen Geheimnisschutz als nicht eröffnet zu sehen. Andererseits wird gerade besonders strengen und deshalb potentiell sogar unwirksamen Vertragsklauseln ebenfalls die Eignung abgesprochen, zu angemessenen Geheimhaltungsmaßnahmen beizutragen.

21b In der ersten Fallgruppe werden mitunter **abstrakte Mindeststandards** formuliert, etwa dahingehend, dass eine Vertraulichkeitsvereinbarung Vertragsstraferegelungen zu enthalten habe (*Apel* in Brammsen/Apel GeschGehG Einl. C Rn. 49; ähnlich bereits *Apel/Walling* DB 2019, 891 (895)). Eine solche **Sichtweise verkennt** allerdings, dass Vertraulichkeitsvereinbarungen keine einseitig zu treffenden Maßnahmen, sondern zwei- oder mehrseitige Rechtsgeschäfte sind, in denen sich ein Interessenausgleich als Ergebnis von Verhandlungen widerspiegelt. Forderungen nach bestimmten – nicht selten überzogenen – „Mindeststandards" vernachlässigen, dass der Geheimnisinhaber häufig nicht in der Lage sein wird, jede gewünschte Regelung durchzusetzen (→ Rn. 79, 117; *Jansen/Hofmann* BB 2020, 259 (264); *Hille* WRP 2020, 824 Rn. 53). In der Folge müsste ein produktiver Austausch von Know-how, der von der Geschäftsgeheimnis-RL ausdrücklich gewollt ist (vgl. ErwGr 3), insgesamt unterbleiben. Zudem würde eine solche Sichtweise gerade kleinere und verhandlungsschwächere Unternehmen benachteiligen und auch insoweit den Zielen der Geschäftsgeheimnis-RL zuwiderlaufen (vgl. ErwGr. 2). Besonders problematisch ist die Forderung bestimmter Mindeststandards mit Blick auf **Altverträge:** In bestimmten Bereichen – etwa im Arbeitsrecht – besteht eine Vielzahl von **Verträgen mit langer Laufzeit,** die sich naturgemäß **nicht jederzeit einseitig anpassen** lassen. Deshalb wird man bei Bestandsverträgen erst recht nicht jedes (vermeintliche) Defizit als Mangel bei den Geheimhaltungsmaßnahmen auslegen können.

21c Auf der anderen Seite wird gelegentlich argumentiert, eine zu weitgehende und damit zB nach § 138 oder §§ 307 ff. BGB unwirksame Regelung könne keine angemessene Geheimhaltungsmaßnahme sein (*Hauck* GRUR 2022, 530 (531); *Jonas* DB 2020, 1738 (1739); *Bissels/Schroeders/Ziegelmayer* DB 2016, 2295 (2296); *Freckmann/Schmoll* BB 2017, 1780 (1784)). Eine derartige schematische Verknüpfung zwischen Vertragsrecht und gesetzlichem Geheimnisschutz überzeugt nicht. Nach zutreffender Ansicht folgt aus der **Unwirksamkeit einer Verschwiegen-**

heitsklausel nicht zwingend, dass sie im Rahmen angemessener Geheimhaltungsmaßnahmen unbeachtlich ist (OLG Schleswig GRUR-RR 2022, 404 Rn. 73 ff. – Teil-Kostenabrechnung): Eine wesentliche Zwecksetzung des Erfordernisses angemessener Geheimhaltungsmaßnahmen (§ 2 Nr. 1 lit. b) besteht in ihrer **Warnfunktion** (→ Rn. 19). Dem Informationsempfänger soll vor Augen geführt werden, dass er geheime Informationen erhält, für die entsprechender Schutz veranlasst ist. Diese Warnfunktion kann aber auch eine unwirksame Vertragsklausel erfüllen (zutr. *Leistner* WRP 2021, 835 Rn. 58; aA *Hille* WRP 2020, 824 Rn. 52 f.). Dies gilt insbesondere, wenn der Geheimnisinhaber eine Klausel ex ante als wirksam erachtet hat und sich die Beteiligten daran gebunden fühlten (OLG Schleswig GRUR-RR 2022, 404 Rn. 76. – Teil-Kostenabrechnung). Hinzu kommt, dass die Inhaltskontrolle von Verträgen (§§ 134, 138, 307 ff. BGB) in einer Vielzahl von Fällen lediglich auf die Korrektur von Unbilligkeiten im **inter-partes-Verhältnis** abzielt und zugeschnitten ist. Zöge man diese Maßstäbe undifferenziert zur Beurteilung der Frage heran, ob eine Geheimhaltungsmaßnahme angemessen ist, würden vertragsrechtliche Wertungen auf ein Rechtsgut ausstrahlen, das zugunsten des Geheimnisinhabers **Schutz erga omnes** genießt. Beispielsweise könnte sich ein Dritter auf unwirksame Klauseln in einem Vertrag berufen, an dem er überhaupt nicht als Partei beteiligt ist, und die weder ihn noch die Allgemeinheit beeinträchtigen. Die Vertrags- oder Klauselunwirksamkeit hätte damit weit über die Vertragsbeziehung hinaus schwer absehbare Konsequenzen. **Besonders kritisch** wäre es, den Entfall der Geheimnisqualität iSv § 2 Nr. 1 bereits an einen Verstoß gegen die **strengen Maßstäbe des AGB-Rechts** knüpfen zu wollen. Der Schutzzweck des AGB-Rechts und insbesondere der Inhaltskontrolle (§§ 307 ff. BGB) besteht darin, die einseitige Ausnutzung der Vertragsgestaltungsfreiheit durch eine Vertragspartei zu verhindern (BGH NJW 2010, 1277 Rn. 13; BGH NJW 1995, 2034 (2035); BGH NJW 1994, 2825 (2826)). Dementsprechend beschränkt sich die Sanktion eines AGB-Verstoßes grundsätzlich auf punktuell korrigierende Eingriffe in das Vertragsgefüge, indem einzelnen Klauseln ihre Wirksamkeit entzogen wird und an ihre Stelle ersatzweise dispositives Gesetzesrecht tritt (§ 306 Abs. 1 u. 2 BGB). Der vollständige und ersatzlose Entfall des Schutzes auch wertvoller Geschäftsgeheimnisse wäre dagegen eine nicht vorgesehene und auch in aller Regel nicht angemessene Rechtsfolge.

3. Vertraulichkeitsvereinbarungen: Wesentliche Inhalte

a) Persönlicher Schutzbereich. aa) Einseitige, beidseitige oder mehrseitige Schutzrichtung. Der Rahmen des persönlichen Schutzbereichs einer Vertraulichkeitsvereinbarung wird in der Regel – aber nicht notwendig – vorgegeben durch die vertragsschließenden Parteien. Nach ihrer Schutzrichtung lassen sich einseitige und beid- bzw. mehrseitige Vertraulichkeitsvereinbarungen unterscheiden. Beide Varianten sind je nach Anwendungsfall geläufig. Eine **einseitige** Ausgestaltung ist interessengerecht, wenn nur Informationen einer Seite offenbart werden (zB bei lizenzartigen Verträgen). **Beidseitige** Ausgestaltungen werden insbesondere gewählt, wenn der Informationsaustausch mit Blick auf eine Kooperationstätigkeit erfolgt und Informationen beider Seiten eingebracht werden. 22

Regelungstechnisch werden meist **Informationsgeber** (*disclosing party*) und **Informationsempfänger** (*receiving party*) definiert. Der Begriff der vertraulichen Informationen (*confidential information*) knüpft dann entsprechend an solche Informationen an, die vom Informationsgeber offengelegt werden. 23

24 **bb) Erstreckung der Schutzwirkungen auf Dritte.** Nicht selten entspricht es den Parteiinteressen, Dritte in die Schutzwirkungen der Vertraulichkeitsvereinbarung einzubeziehen, etwa dann, wenn eine der Vertragsparteien Informationen auch an mit ihr **verbundene Unternehmen** (§ 15 AktG) oder externe **Subunternehmer** weitergeben will oder wenn auch Informationen, die von verbundenen Unternehmen einer Vertragspartei offenbart werden, unter den Schutz der Vertraulichkeitsvereinbarung fallen sollen. Systemimmanente Einschränkungen des vertraglichen Geheimnisschutzes ergeben sich insoweit jedoch aus der **Relativität vertraglicher Schuldverhältnisse.** Dies macht ggf. Hilfskonstruktionen erforderlich, wenn Dritte in die Regelung einbezogen werden sollen.

25 Soll lediglich der Schutzbereich **zugunsten eines Dritten** um solche Informationen erweitert werden, die er gegenüber der Vertragsgegenseite offenbart, so lässt sich dies regelungstechnisch erreichen, indem auch der Dritte – etwa Unternehmen im Konzernverbund einer Partei – als Informationsgeber definiert wird, so dass auch die von ihm offenbarten Informationen als vertrauliche Informationen im Sinne der Vereinbarung gelten. Die Vertraulichkeitsvereinbarung ist dann insoweit **(unechter) Vertrag zugunsten Dritter.** Möglich, aber sehr weitgehend und eher unüblich ist es auch, die Vereinbarung als **echten Vertrag zugunsten Dritter** auszugestalten, so dass der Dritte direkte Ansprüche daraus erwirbt (*Schöwerling* GRUR-Prax 2015, 52, 53).

26 Eine Weitergabe offenbarter Informationen an Dritte und ihre Einbeziehung als weitere Informationsempfänger **auf Seiten des Verpflichteten** der Vertraulichkeitsvereinbarung ist grundsätzlich nur durch Abschluss eines **mehrseitigen Vertrages** möglich, bei dem auch der Dritte Partei wird. Anderenfalls läge ein unzulässiger Vertrag zulasten Dritter vor. Ist die unmittelbare Einbeziehung Dritter nicht gewollt oder nicht möglich, so kann ein wirtschaftlich vergleichbares Ergebnis dadurch erzielt werden, dass den Vertragsparteien gestattet wird, die empfangenen Informationen an bestimmte Dritte – etwa verbundene Unternehmen – unter der Voraussetzung weiterzugeben, dass sich der **Dritte ebenfalls zur Geheimhaltung nach vergleichbaren Standards verpflichtet** (vgl. *Steinmann/Schubmehl* CCZ 2017, 194, 196; *Linke/Fröhlich* GWR 2014, 449, 451). Zusätzlich kann geregelt werden, dass eine Vertragspartei, die Informationen an Dritte weitergibt, für deren Verletzungen – ggf. sogar verschuldensunabhängig – haftet. Siehe näher zu beschränkten Offenlegungsbefugnissen unten → Rn. 41 .

27 **cc) Sonderfall: Clean-Team-Agreements.** Einen Sonderfall bilden Clean-Team-Agreements. Hier werden vertrauliche Informationen einer Vertragspartei der anderen Vertragspartei als solcher nicht zugänglich gemacht. Vielmehr bildet die empfangende Partei ein Team namentlich benannter Personen, auf die sich der Informationsaustausch beschränkt. Die **Mitglieder des Clean-Teams** werden zur Verschwiegenheit auch gegenüber sonstigen – insbesondere im operativen Bereich tätigen – Personen des gleichen Unternehmens verpflichtet und dürfen die erhaltenen Informationen der Vertragsgegenseite nur für eng begrenzte Zwecke (idR Prüfzwecke) verwenden. Hierüber fertigen sie Berichte, die zur Weitergabe an Außenstehende bestimmt sind, die jedoch nur Schlussfolgerungen bzw. abstrahierte/aggregierte Angaben, nicht aber die vertraulichen Informationen selbst erkennen lassen. Die Vertragspartei, auf deren Seite das Clean-Team gebildet wird, übernimmt in der Regel eine Haftung für unbefugte Offenbarungen von Clean-Team-Mitgliedern, erhält aber selbst keine vertraulichen Informationen. Anwendungsfälle für Clean-Teams sind Unternehmenstransaktionen unter Wett-

bewerbern, bei denen die Käuferseite wettbewerbssensitive Informationen der Zielgesellschaft zur Prüfung erhält. Hier dient der Clean-Team-Ansatz zur **Vermeidung von Verstößen gegen Art. 101 AEUV, § 1 GWB** durch Austausch vertraulicher Informationen (vgl. EuGH EuZW 2009, 505 – T-Mobile Netherlands). Ebenfalls durch ein Clean Team kann etwa bei der Anbahnung eines Lizenzvertrages die **Prüfung technischer Entwicklungen** erfolgen, wenn ausgeschlossen werden soll, dass die Entwicklungsabteilung durch Einblick in fremde Geschäftsgeheimnisse „kontaminiert" und an der Weiterentwicklung von Eigenentwicklungen gehindert wird. Schließlich dürfte die **Beteiligung an Geschäftsgeheimnisstreitsachen** (§ 16 Abs. 1 GeschGehG) künftig vermehrt eine Bildung von Clean Teams erforderlich machen, da das Gericht den Zugang einer Partei zu Geschäftsgeheimnissen der Gegenseite auf wenige – im Extremfall einen einzigen – Wissensträger begrenzen kann (§ 19 Abs. 1 GeschGehG).

b) Sachlicher Schutzbereich: Festlegung des Schutzgegenstandes. 28
aa) Definition der vertraulichen Information. Typischerweise enthalten Vertraulichkeitsvereinbarungen zunächst eine **Definition des Schutzgegenstandes.** Dabei wird gelegentlich eine Bezugnahme auf den allgemeinen, jetzt gesetzlich definierten **Begriff des Geschäftsgeheimnisses** vorgeschlagen (vgl. *McGuire* WRP 2019, 679, 687). Eine solche Gestaltung wäre allerdings ohne weitere Präzisierung des Schutzgegenstandes nur begrenzt geeignet, die Warn- und Konkretisierungsfunktion einer Vertraulichkeitsvereinbarung zu erfüllen, weil sie dem Vertragspartner nicht vor Augen führt, auf welche Gegenstände sich die Verpflichtungen beziehen sollen. Handelt es sich bei entsprechenden Klauseln um AGB, sehen einzelne Stimmen sogar das Transparenzgebot verletzt und nehmen eine unangemessene Benachteiligung gemäß § 307 Abs. 1 S. 2 BGB an (*Hoeren/Münker* MMR 2021, 523 (524)). Zu beachten ist insoweit aber, dass jedenfalls deklaratorische Klauseln gemäß § 307 Abs. 3 S. 1 BGB nicht nach §§ 307 ff. BGB kontrollfähig sind. Unabhängig davon könnte die bloße Bezugnahme auf die Legaldefinition des Geschäftsgeheimnisses vor dem Hintergrund des Erfordernisses **angemessener Geheimhaltungsmaßnahmen** (§ 2 Nr. 1 lit. b GeschGehG) zu einem Zirkelschluss führen, weil der Begriff des Geschäftsgeheimnisses in manchen Situationen erst durch eine Vertraulichkeitsvereinbarung (mit-)konstituiert wird. Es entstünde dann das Paradoxon, dass die vertragliche Vertraulichkeitspflicht zugleich Voraussetzung und Rechtsfolge der vertraglichen Regelung wäre. Bei einer Bezugnahme auf den gesetzlichen Geheimnisbegriff wird deshalb empfohlen, zumindest klarzustellen, dass der vertragliche Schutz unabhängig von der Implementierung angemessener Geheimhaltungsmaßnahmen gelten soll (*Jansen/Hofmann* BB 2020, 259, 263; *Hoeren/Münker* MMR 2021, 523 (524)).

Tatsächlich gehen die meisten Vertraulichkeitsvereinbarungen über einen Ver- 29
weis auf die allgemeine Definition des Geschäftsgeheimnisses hinaus und grenzen den Schutzgegenstand näher ein. Um Überschneidungen mit dem gesetzlich vorgeprägten Begriff des Geschäftsgeheimnisses zu vermeiden, entspricht es üblicher Praxis, den Schutzgegenstand als **„vertrauliche Informationen"** (*confidential information*) zu umschreiben. Je nach Schutzrichtung der Vertraulichkeitsvereinbarung werden ggf. von vorneherein nur solche Informationen als vertraulich definiert, die von dem **Informationsgeber** (*disclosing party*) gegenüber einem Informationsempfänger (*receiving party*) offengelegt werden.

Nicht sinnvoll sind zur Bestimmung des Schutzgegenstandes undifferenzierte 29a
„Catch-All"-Klauseln, die sich auf sämtliche Informationen, Angelegenheiten

oder Vorgänge beziehen, von denen der Vertragspartner Kenntnis erlangt hat. In der arbeitsgerichtlichen Rechtsprechung wurden derartige Klauseln wiederholt als unwirksam qualifiziert, insbesondere soweit sie keine Differenzierung zwischen vertraulichen und sonstigen Informationen erkennen ließen (→ Einl. C Rn. 63; *Hoeren/Münker* MMR 2021, 523 (524)). **Abzugrenzen** von reinen „Catch-All-Klauseln" sind Klauseln, die den Schutzgegenstand lediglich **weit definieren** und/oder **generisch umschreiben,** dabei aber noch eine gewisse Eingrenzung vornehmen, wobei das Verständnis vom Empfängerhorizont maßgeblich ist (§§ 133, 157 BGB). Dabei ist ein Bedürfnis nach **Abstraktion** schon deshalb anzuerkennen, weil gerade bei Entwurf von Vereinbarungen mit längerer Laufzeit nicht jedweder künftige Einzelfall antizipiert werden kann. Namentlich der angloamerikanischen Rechtstechnik entspricht es, eine Vielzahl in Betracht kommender Schutzgegenstände verallgemeinernd aufzuzählen, ohne dass dies in einem grundsätzlichen Spannungsverhältnis zu dem in den USA seit Jahrzehnten bekannten Erfordernis angemessener Geheimhaltungsmaßnahmen (vgl. nur Sec. 1(4)(ii) Uniform Trade Secrets Act with 1985 Amendments) stünde.

30 Mit Blick auf die Warn- und Konkretisierungsfunktion einer Vertraulichkeitsvereinbarung empfiehlt es sich ungeachtet vorstehender Erwägungen, den Schutzgegenstand **so präzise wie möglich** einzugrenzen. Gebräuchlich sind Eingrenzungen anhand **inhaltlicher Kriterien** der Informationen mittels einer kontextabhängigen Definition – zB durch Benennung eines Entwicklungsvorhabens oder einer Unternehmenstransaktion – oder die Bezeichnung bestimmter **Arten von Daten** (Entwicklungsergebnisse, Konstruktionszeichnungen, chemische Formeln, Marketing-Informationen etc.). Eine solche Eingrenzung gewährleistet, dass die wirtschaftliche Bewegungsfreiheit der vertragsschließenden Parteien in anderen Bereichen nicht unnötig beeinträchtigt wird. Indes handelt es sich dabei um ein statisches Konzept, durch das sich künftige, im Zeitpunkt des Vertragsschlusses noch unbekannte Gegenstände nicht immer hinreichend erfassen lassen (*McGuire* WRP 2019, 679 Rn. 23). Sachgerecht ist ein solcher Ansatz deshalb vor allem dann, wenn der Gegenstand der Geheimhaltungspflicht sich **eindeutig definieren** lässt (zB bei lizenzartigen Verträgen über geheimes Know-how), wenn ein Informationsaustausch eher punktuell bzw. in einem eng umgrenzten Kontext erfolgen soll (zB im Hinblick auf ein bestimmtes technisches Projekt) oder wenn auch bei längerer Zusammenarbeit nicht zu erwarten ist, dass sich die Art der auszutauschenden Informationen wesentlich ändert.

31 Möglich ist zur Identifikation vertraulicher Informationen auch ein Abstellen auf **formale Kriterien** wie zB die ausdrückliche **Kennzeichnung** der Informationen als „vertraulich" (zB durch Markierungen, Stempel oder andere Hinweise), häufig verbunden mit der Regelung, dass bei mündlicher Übermittlung eine entsprechende Protokollierung innerhalb eines bestimmten Zeitraums – zB 30 Tage – nachzufolgen hat (*Mummenthey* CR 1999, 651, 655; *Steinmann/Schubmehl* CCZ 2017, 194, 195; *Becker/Kussnik* RAW 2018, 119, 124 f.; *McGuire* WRP 2019, 679 Rn. 24). Dies erleichtert die Bestimmung von Informationen, die in den Anwendungsbereich der Vereinbarung fallen und steigert so die Rechtssicherheit. Wegen des damit verbundenen organisatorischen Mehraufwands stößt dieser Ansatz aber nicht selten an Praktikabilitätsgrenzen, insbesondere bei fortlaufender enger Zusammenarbeit. Meist wird dieser Ansatz deshalb mit einer Auffangklausel kombiniert, so dass jedenfalls formal gekennzeichnete Information als vertraulich gelten, aber auch Informationen ohne Kennzeichnung, wenn sich die Vertraulichkeit aus den Umständen ergibt oder bestimmte inhaltliche Kriterien erfüllt sind (*Becker/Kussnik* RAW 2018, 119, 125).

Denkbar und in bestimmten Fällen gebräuchlich sind auch **mehrstufige Definitionen** des Schutzgegenstandes, so dass das Vertragswerk zwischen einfach vertraulichen und besonders sensiblen Informationen unterscheidet und für beide Arten von Informationen unterschiedliche Rechte und Pflichten vorsieht (*Kurz* Vertraulichkeitsvereinbarungen Rn. 141; mit Blick auf kartellrechtlich sensible Informationen: *Linke/Fröhlich* GWR 2014, 449, 451). 32

bb) Ausnahmetatbestände. Soweit der Anwendungsbereich einer Vertraulichkeitsvereinbarung nicht von vorneherein entsprechend beschränkt ist, finden sich in Vertraulichkeitsvereinbarungen typischerweise eine Reihe von **Ausnahmeregelungen** (vgl. *Mummenthey* CR 1999, 651, 656; *Steinmann/Schubmehl* CCZ 2017, 194, 195), die insbesondere solche Informationen aus dem Schutzbereich ausnehmen, 33

- die ohne Verletzung der Vereinbarung **öffentlich bekannt** sind oder werden (zur Auslegung: OLG Düsseldorf GRUR-RS 2021, 14806 Rn. 21 – Schwimmbuchse),
- die die empfangende Partei bereits zuvor oder im Nachhinein rechtmäßig, insbesondere ohne Verletzung von Vertraulichkeitspflichten **von einem Dritten erlangt** hat,
- die der empfangenden Partei **bereits vor der Offenlegung durch die andere Partei bekannt** waren, oder
- die von der empfangenden Partei ohne Verwendung von Informationen der offenlegenden Partei **unabhängig entwickelt** wurden.

Die genannten Ausnahmetatbestände dienen der **Klarstellung,** dass die Vertraulichkeitsvereinbarung weder auf den Schutz offenkundiger Informationen zielt, noch legitime Wege der Informationserlangung beschränken will. Dies ist auch vor dem Hintergrund zu sehen, dass eine bewusst überschießende Vertraulichkeitsvereinbarung eine übermäßige und somit sittenwidrige Vertragsbindung (§ 138 Abs. 1 BGB) bzw. eine unangemessene Benachteiligung iSv § 307 Abs. 1 BGB darstellen kann (vgl. insbesondere die Rechtsprechung zu sog. Catch-All-Klauseln in Arbeitsverträgen siehe → Einl. C Rn. 63).

Häufig dürfte sich aber auch ohne ausdrückliche Klarstellung aus dem Zweck des Vertrages und/oder der Bezeichnung seines Gegenstandes als „vertrauliche Information" ergeben, dass Restriktionen hinsichtlich allgemein verfügbarer Informationen und vergleichbar übermäßige Bindungen nicht gewollt waren. Daher wird man auch dann, wenn im Vertragstext keine ausdrücklichen Grenzen der Vertraulichkeitspflicht genannt sind, eine Unwirksamkeit der Vereinbarung gemäß **§ 138 Abs. 1 BGB nur zurückhaltend** und auf Grundlage einer eingehenden Würdigung des Sachverhalts und des wirtschaftlichen Kontexts annehmen können. Zumindest muss feststehen, dass nach dem Parteiwillen (§§ 133, 157 BGB) tatsächlich entsprechend dem Wortlaut eine umfassende Vertragsbindung gewollt war (vgl. LAG Hamm BeckRS 1988, 6934 Rn. 2: „ganz ernsthaft"; unklar: ArbG Aachen BeckRS 2022, 1697 Rn. 80). Für **formularmäßige Vertraulichkeitsvereinbarungen** gelten die Auslegungsgrundsätze der §§ 305 ff. BGB. Auch insoweit ist die Klausel zunächst nach ihrem objektiven Inhalt und typischen Sinn einheitlich so auszulegen, wie sie von verständigen und redlichen Vertragspartnern unter Abwägung der Interessen der normalerweise beteiligten Kreise verstanden werden (BGH NJW 2018, 2117 Rn. 18; *Grüneberg* in Grüne- 33a berg BGB § 305c Rn. 16). Ein übereinstimmender Wille der Parteien geht jeder Auslegung vor (BGH, aaO, Rn. 19). Verbleiben nach Ausschöpfung aller in Betracht kommenden Auslegungsmöglichkeiten Zweifel, gilt gemäß § 305c Abs. 2 BGB das Prinzip der verwenderfeindlichen Auslegung. Ist danach von einer überschießenden Vereinbarung auszugehen, kann dies zu einer AGB-rechtlichen Unwirksamkeit der Vertraulichkeitsvereinbarung führen. Dies gilt jedenfalls für eine Vertraulichkeitsvereinbarung, die mit wesentlichen Grundgedanken der gesetzlichen Regelung nicht zu vereinbaren ist (§ 307 Abs. 2 Nr. 1 BGB), etwa weil sie dem Vertragspartner die Möglichkeit einer **eigenständigen Entdeckung oder Schöpfung** (§ 3 Abs. 1 Nr. 1 GeschGehG) abschneiden soll oder das **Prinzip der Nicht-Ausschließlichkeit** des Geheimnisschutzes missachtet. Auch eine Erstreckung der Pflichten auf öffentlich bekannte Informationen stünde in bedenklichem Widerspruch zu den Grundgedanken des Gesetzes, das Informationen nur dann als Geschäftsgeheimnisse schützt, wenn sie **nicht allgemein bekannt** oder **ohne weiteres zugänglich** sind (§ 2 Nr. 1 lit. a GeschGehG; vgl. zum fehlenden Schutz offenkundiger Informationen auch BGH GRUR 1960, 554 (555) – Handstrickverfahren; BGH GRUR 1958, 346 (349) – Spitzenmuster).

34 Für eine Aufnahme der Ausnahmetatbestände lassen sich außerdem **kartellrechtliche Gründe** anführen. Denn zwar sind nach Auffassung der Europäischen Kommission weder die in Vertraulichkeitsvereinbarungen üblichen Offenlegungsverbote (KOM GRUR Int 1989, 220 Rn. 32 – Delta Chemie/DDD-Spezialfleckenentferner) noch entsprechende Nutzungsverbote bzw. Zweckbindungen (KOM aaO Rn. 31) Wettbewerbsbeschränkungen im Sinne von Art. 101 Abs. 1 AEUV. Dies dürfte aber nur gelten, solange Informationen nicht der Öffentlichkeit zugänglich bzw. nicht verbreitet und gemeinfrei geworden sind (KOM aaO Rn. 31 f., ähnlich BGH GRUR 1963, 207 (210 f.) – Kieselsäure; vgl. auch *Mummenthey* CR 1999, 651, 654). Die Ausnahmetatbestände dienen daher dazu, spürbare Wettbewerbsbeschränkungen zu vermeiden und die kartellrechtliche Unbedenklichkeit der Vereinbarung sicherzustellen (vgl. auch die Freistellungsvoraussetzungen für Know-how nach der FuE- und der TT-GVO, Art. 1 Abs. 1 lit. i, j VO (EU) Nr. 1217/2010 u. Art. 1 Abs. 1 lit. i, Art. 2 Abs. 2 S. 1 VO (EU) Nr. 316/2014).

35 Gängiger Vertragspraxis entspricht es, die genannten Ausnahmetatbestände **negativ zu formulieren** („Als vertrauliche Informationen gelten nicht …"), so dass die **Darlegungs- und Beweislast** für das Vorliegen einer solchen Ausnahme bei dem Informationsempfänger liegt, der sich auf einen oder mehrere der Tatbestände beruft. Mitunter wird dies ausdrücklich klargestellt. Eine solche Gestaltung wurde bislang nahezu allgemein als zulässig erachtet (vgl. nur *Huber* in Ann/Loschelder/Grosch Kap. 10 Rn. 71; *Kurz* Vertraulichkeitsvereinbarungen Rn. 146 ff.; *Steinmann/Schubmehl* CCZ 2017, 194, 195 f.; *Mayer* MDR 2018, 246, 247). Einige Stimmen sehen in einer solchen Beweislastverteilung sogar eine zentrale Funktion von Vertraulichkeitsvereinbarungen (*Söbbing* GWR 2010, 237, 238). Vereinzelt wurden dagegen Bedenken geäußert, da einer formularmäßigen Verwendung negativ formulierter Ausnahmetatbestände die **Wertung des § 309 Nr. 12 BGB** entgegenstehen könne (*Grohmann* GRUR-Prax 2019, 27, 29). Diese Bedenken sind nicht begründet. Gegenüber Unternehmern findet das Klauselverbot des § 309 Nr. 12 BGB ohnehin keine unmittelbare Anwendung (§ 310 Abs. 1 S. 1 BGB). Aber auch, soweit man eine entsprechende Wertung im Rahmen des § 307 Abs. 1 BGB berücksichtigen will (vgl. § 310 Abs. 1 S. 2 BGB), ist zu bedenken, dass eine solche Regelung die Darlegungs- und Beweislast nicht unbedingt zum Nachteil des Informationsempfängers ändert. Denn abgesehen von dem Offenkundigkeitseinwand geht es durchweg um Umstände mit Ausnahmecharakter, die in der Sphäre des Informationsempfängers liegen. Es liegt daher schon nach allgemeinen Regeln nahe, die Darlegungs- und Beweislast hierfür beim Informationsempfänger zu sehen. Die Beispielstatbestände nach § 309 Nr. 12 lit. a oder b BGB sind ebenfalls nicht einschlägig. Im Ergebnis erscheint es daher möglich, die Darlegungslast für einen Ausnahmetatbestand beim Imformationsempfänger anzusiedeln.

c) Zuordnung von Geschäftsgeheimnissen. aa) Bestimmung des Inhabers. Denkbar ist die Aufnahme von Regelungen über eine **Zuordnung von Geschäftsgeheimnissen** zu einem bestimmten Inhaber. Eine solche Regelung definiert die **„rechtmäßige Kontrolle"** iSv § 2 Nr. 2 GeschGehG und präzisiert auf diese Weise den Inhaber des Geschäftsgeheimnisses (vgl. OLG Düsseldorf GRUR-RS 2019, 33225 Rn. 37 – Spritzwerkzeuge; OLG Düsseldorf BeckRS 2014, 8307 – Brogsitter; *McGuire* WRP 2019, 679 Rn. 28 ff.; iE ähnlich: *Alexander* WRP 2020, 1385 Rn. 34). Wird keine vertragliche Zuordnung vorgenommen, so hat die Weitergabe von Geschäftsgeheimnissen im Rahmen einer Vertraulichkeitsvereinbarung zur Folge, dass auch der Informationsempfänger die rechtmäßige Kontrolle hierüber erhält und somit zum Inhaber des Geschäftsgeheimnisses iSv § 2 Nr. 2 GeschGehG wird. Für den Lizenznehmer stellt die Gesetzesbegründung ausdrücklich klar, dass auch der **derivative Erwerb** von Informationen eine **Stellung als Inhaber des Geschäftsgeheimnisses** begründet (BT-Drs. 19/4724, 25, vgl. auch → § 2 Rn. 76 ff.). Entsprechendes galt schon nach früherer Rechtslage nach Maßgabe der §§ 17 ff. UWG a.F. (*Köhler* in Köhler/Bornkamm/Feddersen, 37. Aufl., Vor § 17 Rn. 13). Der Erwerb rechtmäßiger Kontrolle bedeutet freilich nicht, dass der Informationsempfänger zu jedweder Nutzung und Offenbarung berechtigt wäre. Entsprechende Grenzen ergeben sich gerade aus der vertraglichen Vereinbarung. 36

Häufig soll eine **reine Vertraulichkeitsvereinbarung** allerdings nur die Offenlegung von Informationen absichern und es ermöglichen, Informationen zu einem bestimmten Zweck (zB zu Prüfzwecken) zur Verfügung zu stellen. In diesem Fall erfolgt keine abweichende Zuordnung, vielmehr behält sich der Offenbarende regelmäßig sämtliche Rechte an den offenbarten Informationen vor. Üblich sind Klauseln, die klarstellen, dass der Informationsgeber Inhaber der von ihm offengelegten Informationen bleibt und dem Informationsempfänger weder ausdrücklich noch stillschweigend Rechte daran eingeräumt werden. Anders ist dies bei **Know-how-Übertragungs- oder Lizenzverträgen** oder bei **Forschungs- und Entwicklungsverträgen,** deren zentraler Gegenstand gerade in der Zuordnung von geheimem Know-how besteht (siehe dazu näher → Rn. 92 ff. und 104 ff.). 37

In **Arbeitsverträgen** findet sich mitunter der (eigentlich deklaratorische) Hinweis, dass sämtliche Arbeitsergebnisse dem Arbeitgeber zustehen sollen. Dies erfasst grundsätzlich auch Geschäftsgeheimnisse (vgl. zu pflichtwidrig nicht mitgeteilten Arbeitnehmererfindungen: BGH GRUR 1981, 128 (129) – Flaschengreifer; BGH GRUR 1977, 539 (540) – Prozessrechner; BGH GRUR 1955, 402 (403) – Anreißgerät. Allgemein zur Zuordnung von Geschäftsgeheimnissen im Arbeitsverhältnis: → Einl. C Rn. 33). 38

bb) Zuständigkeit zur Rechtsverfolgung. Der derivative Erwerb einer Stellung als **Inhaber des Geschäftsgeheimnisses** (§ 2 Nr. 2 GeschGehG, vgl. → § 2 39

Rn. 76) hat grundsätzlich zur Folge, dass der Informationsempfänger im Falle einer Geheimnisverletzung zur Geltendmachung der **Ansprüche gemäß §§ 6 ff. GeschGehG** berechtigt wäre. Dies kann aus Sicht des Informationsgebers unerwünscht sein, da jeder Rechtsstreit mit Risiken für den Bestand des Geheimnisses verbunden ist. Zu Recht wird daher vorgeschlagen, entsprechende Befugnisse des Informationsempfängers vertraglich auszuschließen (*McGuire* WRP 2019, 679 Rn. 32 ff.). Sinnvoll dürfte vielfach eine auch im Bereich der Immaterialgüterrechte verbreitete Regelung sein, wonach sich der **Informationsgeber** die alleinige Befugnis zur gerichtlichen und außergerichtlichen Geltendmachung der Ansprüche gemäß §§ 6 ff. GeschGehG vorbehält und sich der Informationsnehmer verpflichtet, den Informationsgeber bei der Rechtsverfolgung zu unterstützen.

40 **d) Pflichtenprogramm. aa) Offenlegungsverbote.** Kern der materiellen Regelungen einer Vertraulichkeitsvereinbarung sind typischerweise Verschwiegenheitspflichten, verstanden als **Verbot der Offenlegung** vertraulicher Informationen. Typische Klauseln untersagen der empfangenden Partei, die vertraulichen Informationen an Dritte weiterzugeben oder sie Dritten auf sonstige Weise zugänglich zu machen. Solche Offenlegungsverbote eröffnen zugleich den Anwendungsbereich des § 4 Abs. 2 Nr. 3 GeschGehG.

41 Da eine vertragszweckentsprechende Verwendung anvertrauter Geschäftsgeheimnisse innerhalb einer arbeitsteilig organisierten Unternehmensstruktur ohne Offenlegung gegenüber Personen, die nicht unmittelbar Vertragspartei sind, nicht denkbar ist, wäre ein striktes und ausnahmsloses Offenlegungsverbot nicht praktikabel. Notwendig ist in aller Regel die Einräumung **kontrollierter Offenlegungsbefugnisse,** insbesondere gegenüber eigenen Mitarbeitern des Informationsempfängers. Je nach Sachverhalt kann außerdem eine Offenlegung gegenüber verbundenen Unternehmen (vgl. § 15 AktG) und deren Mitarbeitern sowie gegenüber weiteren Geschäftspartnern (zB Dienstleister, Subunternehmer, Zulieferer, externe Berater) erforderlich sein (*Mummenthey* CR 1999, 651, 655). Dies lässt sich dadurch ermöglichen, dass eine Offenlegung nur unter der Voraussetzung gestattet wird, dass etwaige **Drittempfänger sich** in einer der Vertraulichkeitsvereinbarung **entsprechenden Weise zur Geheimhaltung verpflichten** (*Steinmann/Schubmehl* CCZ 2017, 194, 196; *Linke/Fröhlich* GWR 2014, 449, 451; zur Weitergabe im Rahmen des Outsourcings: *Schmitz* CR 2012, 557). Wenngleich derartige Erlaubnisse unvermeidlich sind, um praxisgerechte Arbeitsabläufe zu ermöglichen, führen sie dazu, dass der Informationsfluss sehr **schwer kontrollierbar** und **antizipierbar** wird (so auch *Kurz* Vertraulichkeitsvereinbarungen Rn. 204). Gelegentlich wird mit Blick auf § 2 Nr. 1 lit. b GeschGehG neuerdings die Frage aufgeworfen, ob Vertraulichkeitsvereinbarungen mit allzu freigiebigen Offenlegungserlaubnissen noch als angemessene Geheimhaltungsmaßnahme bezeichnet werden können (*Steinmann/Schubmehl* CCZ 2017, 194, 198). Es sollte daher versucht werden, den Kreis zulässiger Empfänger zumindest abstrakt zu bestimmen. Sinnvoll sind dabei Einschränkungen, wonach eine Offenlegung der vertraulichen Informationen nicht gegenüber Unternehmen erfolgen darf, die hinsichtlich des Gegenstandes der Information mit dem Informationsgeber **in Wettbewerb stehen.** Eine solche Absicherung kann auch bei einer Weitergabe innerhalb eines Konzerns, dem der Informationsempfänger angehören mag, sachgerecht sein, da nicht immer sofort erkennbar ist, ob einer weit verzweigten Unternehmensgruppe auch ein Wettbewerber angehört (*Steinmann/Schubmehl*

CCZ 2017, 194, 196). Sofern eine abstrakte Bestimmung des möglichen Empfängerkreises zu ausufernd wäre, können weitere **zulässige Empfänger** (zB bestimmte Konzernunternehmen) auch **namentlich** genannt werden (*Mummenthey* CR 1999, 651, 655), ggf. in Form einer fortwährend zu aktualisierenden Liste.

Geht es um die Weitergabe **besonders sensitiver Informationen,** kommen zusätzliche Sicherungen in Betracht. Insbesondere kann eine Offenlegung von Informationen an ein strenges **Need-to-know-Prinzip** gekoppelt werden, so dass eine Weitergabe nur statthaft ist, wenn sie im Zusammenhang mit dem Vertragszweck erforderlich bzw. unumgänglich ist (*Becker/Kussnik* RAW 2018, 119, 125; *Jansen/Hofmann* BB 2020, 259, 262). Eine andere Maßnahme, um eine unkontrollierte Verbreitung zu vermeiden, besteht in einer Vereinbarung, nach der die **Vertragspartei, die Informationen an Dritte weitergibt,** für deren Verletzungen einsteht und hierfür – ggf. sogar verschuldensunabhängig – **haftet.** **42**

Möglich ist es, die Offenlegungsbefugnis des Informationsempfängers durch **Benachrichtigungspflichten** an die offenlegende Partei zu verbinden. Wenig praktikabel dürfte dies bei einer Weitergabe innerhalb der Unternehmensorganisation sein. Sinnvoll kann aber eine Klausel sein, wonach der Informationsempfänger den Informationsgeber zu benachrichtigen hat, an welche externen Geschäftspartner er vertrauliche Informationen weitergereicht hat oder weiterreichen wird. Gelegentlich finden sich Benachrichtigungspflichten auch für den Fall, dass der Informationsempfänger Kenntnis von einer Verletzung bestehender Vertraulichkeitspflichten erhält. Dies gibt dem Informationsgeber die Möglichkeit, die Folgen eines solchen Verstoßes durch Gegenmaßnahmen zu begrenzen (vgl. *Kurz* Vertraulichkeitsvereinbarungen Rn. 240). **42a**

Geht es um **hochgradig sensitive Informationen,** kann über die Bildung eines geschlossenen **Clean-Team-ähnlichen Empfängerkreises** nachgedacht werden. Alle potenziellen Empfänger werden dabei eigens zur Vertraulichkeit verpflichtet, und zwar auch innerhalb des Unternehmens, dem sie angehören. Das Unternehmen übernimmt eine Haftung für Verstöße (siehe zu Gestaltungsmöglichkeiten: *Kurz* Vertraulichkeitsvereinbarungen Rn. 215 ff. sowie exemplarisch OLG Düsseldorf BeckRS 2017, 156523). Im Einzelfall kann ein solches Modell auch für einen Informationsaustausch im Rahmen einer außergerichtlichen Streitbeilegung angezeigt sein (vgl. OLG Düsseldorf GRUR-RR 2023, 110 Rn. 8 – Geheimnisschutz). **43**

Kartellrechtlich werden Offenlegungsverbote in der Regel jedenfalls dann als unbedenklich erachtet, wenn es tatsächlich um nicht offenkundige Informationen geht. In diesem Fall werden Geheimhaltungsabreden als unvermeidliche Voraussetzung dafür gesehen, dass vertrauliche Informationen überhaupt zur Nutzung an Dritte weitergegeben werden können. Aus diesem Grund werden sie regelmäßig nicht als spürbare Wettbewerbsbeschränkungen bewertet (KOM GRUR Int 1989, 220 Rn. 32 – Delta Chemie/DDD-Spezialfleckenentferner; KOM GRUR Int 1987, 418, 420 – Mitchell Cotts/Sofiltra; KOM GRUR Int 1978, 371, 374 – Campari; *Wuttke* in Ann/Loschelder/Grosch Kap. 5 Rn. 148 ff.; *Bartenbach* Patentlizenz- und Know-how-Vertrag Rn. 2836). **44**

Eine **Ausnahme** von dem vertraglichen Offenlegungsverbot wird häufig für den Fall vereinbart, dass der Informationsempfänger **aufgrund zwingender gesetzlicher Bestimmungen** oder **behördlicher bzw. gerichtlicher Anordnungen verpflichtet** ist, eine Information zu offenbaren. Diese Ausnahme spiegelt sich nun ausdrücklich im Gesetz wider. Nach § 3 Abs. 2 GeschGehG darf **45** ein Geschäftsgeheimnis erlangt, genutzt oder offengelegt werden, wenn dies ua durch Gesetz oder aufgrund eines Gesetzes gestattet ist. Noch deutlicher ist die dahinterstehende Bestimmung der Geschäftsgeheimnis-RL. Hier sieht Art. 3 Abs. 2 ausdrücklich vor, dass der Erwerb, die Nutzung oder Offenlegung eines Geschäftsgeheimnisses rechtmäßig ist, wenn dies durch Unionsrecht oder nationales Recht vorgeschrieben oder erlaubt ist. Die vertragliche Wiederholung dieser Rechtslage ist schon aus Transparenzgründen sinnvoll. Sie kann außerdem klarstellend ergänzt werden durch eine Regelung wonach die Offenlegung vertraulicher Informationen bei Bestehen einer gesetzlichen oder behördlichen Verpflichtung so gering wie möglich zu halten ist. Sachgerecht ist es ferner, eine Pflicht zur vorherigen Benachrichtigung der offenlegenden Partei innerhalb angemessener Frist vorzusehen, sofern dies nicht unzumutbar ist. Dies gibt dem Informationsgeber die Möglichkeit, zu prüfen, ob die gesetzlichen Voraussetzungen einer Offenlegungspflicht tatsächlich gegeben sind und erforderlichenfalls Gegenmaßnahmen zu ergreifen (*Steinmann/Schubmehl* CCZ 2017, 194, 196). Eine weitere Ausnahme von dem vertraglichen Offenlegungsverbot kann sinnvoll sein, wenn sich absehen lässt, dass die verpflichtete Partei Anlass zu einer Offenlegung von Informationen **innerhalb eines Rechtsstreits** aufgrund **prozessualer Obliegenheiten** haben kann (zB infolge prozessualer Darlegungslasten (vgl. OLG Düsseldorf GRUR-RS 2019, 6087 Rn. 126 – Improving Handovers).

46 **bb) Nutzungsverbote/Zweckbindungen.** Neben Offenlegungsverboten finden sich in Vertraulichkeitsvereinbarungen als zweite wesentliche Komponente typischerweise **Zweckbindungen** – oder umgekehrt gefasst – Verbote, vertrauliche Informationen zu anderen als den vertraglich vorgesehenen Zwecken zu nutzen. Ein Verstoß gegen entsprechende vertragliche Einschränkungen bildet zugleich einen Verstoß gegen § 4 Abs. 2 Nr. 2 GeschGehG.

47 Sachgerecht ist es in den meisten Fällen, den **Vertragsweck** möglichst eindeutig **zu definieren** und bei der Formulierung der Zweckbindung darauf zu verweisen (vgl. zu Gestaltungsmöglichkeiten *Kurz,* Vertraulichkeitsvereinbarungen, Rn. 243 ff.). Der Zweck kann bei FuE-Projekten in der Durchführung entsprechender Entwicklungsarbeiten bestehen, bei Lohnherstellungsverträgen in der Fertigung beauftragter Güter für den Informationsgeber oder bei Vertraulichkeitsvereinbarungen mit Vorfeldcharakter ausschließlich in einer Nutzung zu Prüf- und Bewertungszwecken.

48 Werden technische Informationen überlassen, die möglicherweise patent- oder gebrauchsmusterfähige Erfindungen enthalten, so kann ein **Patentierungsverbot** und ein Verbot der Gebrauchsmusteranmeldung als Spezialfall der Nutzungsverbote vorgesehen werden (*Kurz* Vertraulichkeitsvereinbarungen Rn. 313). Ein wichtiger Anwendungsfall ist beispielsweise **Background-Know-how,** das im Rahmen von FuE-Kooperationen zugänglich gemacht wird.

49 Auch das Verbot, überlassene Geschäftsgeheimnisse zu vertragsfremden Zwecken zu verwenden, wird regelmäßig **nicht als spürbare Wettbewerbsbeschränkung** im Sinne von Art. 101 Abs. 1 AEUV qualifiziert, solange es sich nicht um der Öffentlichkeit zugängliche Informationen handelt (KOM GRUR Int 1989, 220 Rn. 31 – Delta Chemie/DDD-Spezialfleckenentferner; *Wuttke* in Ann/Loschelder/Grosch Kap. 5 Rn. 154 ff.; zum Verbot der Nutzung von offenkundig gewordenem Know-how: *Bartenbach* Patentlizenz- und Know-how-Vertrag Rn. 2802 ff.).

50 **cc) Festlegung von Sicherheitsstandards.** Zahlreiche Vertraulichkeitsvereinbarungen beschränken sich auf Offenlegungs- und Nutzungsverbote. Gerade

bei sensiblen Informationen empfiehlt es sich aber, den Vertragspartner zusätzlich zur Einhaltung bestimmter **Sicherheitsstandards** zu verpflichten. Die am wenigsten einschneidende Variante solcher Klauseln sieht vor, dass der Informationsempfänger hinsichtlich der vertraulichen Informationen diejenigen Sicherheitsstandards einzuhalten hat, die er auch bei **eigenen vertraulichen Informationen vergleichbarer Art** anzuwenden pflegt. Dies ermöglicht es dem Informationsempfänger, auf schon vorhandene Sicherheitsvorkehrungen zurückzugreifen, ohne dass zusätzliche Maßnahmen getroffen werden müssen (*Kurz* Vertraulichkeitsvereinbarungen Rn. 199). Dabei sollte allerdings nicht allein auf den Sorgfaltsmaßstab des § 277 BGB Bezug genommen werden. Vielmehr empfiehlt es sich, die Anforderungen an die Sicherheitsvorkehrungen zu objektivieren und ausdrücklich klarzustellen, dass mindestens den Umständen **angemessene Geheimhaltungsmaßnahmen** im Sinne von § 2 Nr. 1 lit. b GeschGehG zu treffen sind (so auch *Jansen/Hofmann,* BB 2020, 259, 263). Würde dies nicht klargestellt, so entstünde das Risiko, dass die vertraulichen Informationen bei nachlässiger Geheimhaltung durch den Informationsempfänger ihren Status als Geschäftsgeheimnis verlören.

Zum Schutz hochsensitiver Informationen werden auch bestimmte **Verschlüsselungsstandards,** Wege zur **sicheren Informationsweitergabe** und gesonderte **Aufbewahrungspflichten,** ein **Verbot der Cloud-Speicherung** (*Steinmann/Schubmehl* CCZ 2017, 194, 196) oder der Bearbeitung außerhalb bestimmter Räumlichkeiten, die Beschränkung von Zugriffsrechten und die Protokollierung von Dateizugriffen, zB mittels sog. **Data Loss Prevention-Systeme** vereinbart (vgl. zu weiteren Maßnahmen *Kurz* Vertraulichkeitsvereinbarungen Rn. 574 ff.). 51

Je nach Sensitivität der Informationen können auch andere **objektive Sicherheitsstandards** vereinbart werden, zB eine Zertifizierung des IT-Sicherheitssystems nach der **DIN ISO/IEC 27001** (vgl. *McGuire* IPRB 2018, 202, 205; *Steinmann/Schubmehl* CCZ 2017, 194, 197). Im Bereich der Automobilindustrie hat sich der **TISAX**-Standard („Trusted Information Security Assessment Exchange") weithin durchgesetzt. Für Unternehmen, die im Rahmen öffentlicher Aufträge mit Verschlusssachen in Kontakt kommen, sind die Vorgaben des vom Bundesministerium für Wirtschaft und Technologie (BMWI) herausgegebenen **Geheimschutzhandbuchs** (abrufbar unter: https://bmwi-sicherheitsforum.de/media/handbuch/download/ghb.zip, Abruf: 24.9.2023) zu beachten. 52

dd) Verschaffungsverbote, insb. Ausschluss von Reverse-Engineering. 53
Während Offenbarungs- und Nutzungsverbote den typischen Gegenstand von Vertraulichkeitsvereinbarungen bilden, sind **Verschaffungsverbote selten.** Der Grund dürfte einerseits darin liegen, dass Vertraulichkeitsvereinbarung einen Austausch von Geschäftsgeheimnissen absichern, der Verpflichtete das maßgebliche Geheimnis also bereits von seinem Vertragspartner erhält und sich eine Verschaffung somit erübrigt. Bedeutung hätten Verschaffungsverbote lediglich in Bezug auf andere als die aufgrund der Vereinbarung ohnehin offengelegten Geheimnisse. Eine solche Abrede wäre jedenfalls dann problematisch, wenn sie eine unabhängige Erschließung von Geschäftsgeheimnissen (vgl. § 3 Abs. 1 Nr. 1 GeschGehG) untersagen würde, da dies den Grundprinzipien des **relativen, nicht-exklusiven Geheimnisschutzes** zuwiderliefe. Informationen, die durch unabhängige Eigenerschließung gewonnen wurden, sind daher meist sogar ausdrücklich von der Wirkung der Vertraulichkeitsvereinbarung ausgenommen (→ Rn. 33).

54 Gelegentlich anzutreffen sind allerdings **Reverse Engineering-Verbote** (vgl. dazu *Steinmann/Schubmehl* CCZ 2017, 194, 198; *Becker/Kussnik* RAW 2018, 119, 127). Die Zulässigkeit derartiger Klauseln war in der Literatur jedenfalls **vor Inkrafttreten des GeschGehG umstritten.** Mitunter wurden diese mit Blick auf den Grundsatz der Nachahmungsfreiheit als sittenwidrig iSv § 138 Abs. 1 BGB qualifiziert (*Schweyer* Reverse Engineering 574 f.; aA *Kochmann* Schutz des Know-how gegen ausspähende Produktanalysen 265 f.). Bei formularmäßiger Verwendung wurde jedenfalls in einem pauschalen Verbot von Reverse Engineering eine unangemessene Benachteiligung gem. § 307 Abs. 1, Abs. 2 Nr. 1, 2 BGB gesehen (*Kochmann* Schutz des Know-how gegen ausspähende Produktanalysen 264 f.).

55 Seit Inkrafttreten des GeschGehG geht das gesetzliche Leitbild von einer **grundsätzlichen Zulässigkeit des Reverse Engineering** aus (§ 3 Abs. 1 Nr. 2 GeschGehG). Die Vorschrift setzt die vollharmonisierende Bestimmung des Art. 3 Abs. 1 lit. b Geschäftsgeheimnis-RL in nationales Recht um und ist deshalb nicht dispositiv (→ § 3 Rn. 25; *Alexander* WRP 2020, 1385 Rn. 41 ff.). Allerdings folgt aus § 3 Abs. 2 Nr. 2 lit. b) GeschGehG a.E. im Umkehrschluss, dass für **Produkte oder Gegenstände,** die **nicht öffentlich verfügbar** gemacht wurden, vertragliche Beschränkungen vereinbart werden können. Ein vertragliches Verbot, Reverse Engineering zu betreiben, kann daher jedenfalls für nicht öffentlich verfügbare Produkte oder Gegenstände regelmäßig **weder als sittenwidrig** iSv § 138 Abs. 1 BGB **noch als unangemessene Benachteiligung** iSv § 307 Abs. 1, 2 BGB beurteilt werden (→ § 3 Rn. 27; *Strobel* in Hoeren/Münker GeschGehG § 3 Rn. 58 f.; *Maierhöfer/Hosseini* GRUR-Prax 2019, 542, 543 f., ähnlich: *Schönknecht* in Keller/Schönknecht/Glinke GeschGehG § 3 Rn. 54). In ähnlicher Weise geht auch **Art. 3 Abs. 1 lit. b) Geschäftsgeheimnis-RL** von einer vertraglichen Beschränkbarkeit des Reverse-Engineerings aus, wenngleich ErwGr. 16 klarstellt, dass die Vertragsfreiheit Grenzen unterliegt. Zulässig sein dürften insbesondere Reverse Engineering-Beschränkungen bei solchen nicht öffentlich verfügbaren Gegenständen, die nur temporär überlassen werden, etwa im Rahmen von Forschungs- oder Entwicklungskooperationen oder aufgrund eines Mietverhältnisses. Zuweilen kritisch wird lediglich ein formularmäßiger Ausschluss von Reverse Engineering zulasten des Erwerbers in Kauf- oder Leasingkonstellationen gesehen (*Schönknecht* in Keller/Schönknecht/Glinke GeschGehG § 3 Rn. 53). Wird eine Sache (§ 90 BGB) zu Eigentum erworben, ergeben sich Spannungen zwischen einem Reverse Engineering-Verbot und den Befugnissen gemäß § 903 BGB. Bei **öffentlich verfügbar gemachten Produkten oder Gegenständen** wird eine vertragliche Beschränkung des Reverse Engineering – die zudem regelmäßig nur durch AGB möglich wäre – überwiegend für unzulässig gehalten (vgl. → § 3 Rn. 25 mwN; *Schönknecht* in Keller/Schönknecht/Glinke GeschGehG § 3 Rn. 42). Abschließend geklärt ist diese Frage bisher allerdings nicht (näher dazu: *Strobel* Reverse Engineering 232 ff.).

56 Unabhängig davon unterliegen vertragliche Reverse Engineering-Verbote **immaterialgüterrechtlichen Grenzen:** Soweit es um Software-Reverse Engineering geht, ist das Beobachten, Untersuchen und Testen durch Laden, Anzeigen, Ablaufen, Übertragen oder Speichern von Computerprogrammen sowie dessen **Dekompilierung** zu bestimmten Zwecken zulässig **(§§ 69d Abs. 3, 69e UrhG).** Entgegenstehende Vertragsbestimmungen sind nichtig (§ 69g Abs. 2 UrhG). Auch zwingende patentrechtliche Schranken wie das **Versuchsprivileg (§ 11 Nr. 2 PatG)** dürfen nicht durch vertragliche Regelungen umgangen werden (*Schweyer*

Reverse Engineering 577; *Strobel* Reverse Engineering 240 ff.). Ein Reverse Engineering-Verbot sollte also jedenfalls derartige Handlungen ausnehmen.

Reverse Engineering-Verbote können darüber hinaus aus **kartellrechtlichen Gründen** unwirksam sein. Die grundsätzlich billigende Erwähnung von Reverse Engineering-Verboten in Art. 3 Abs. 1 lit. b a.E. GeschGeh-RL und § 3 Abs. 1 Nr. 2 lit. b a.E. GeschGehG) steht dem nicht entgegen. ErwGr. 38 der GeschGeh-RL stellt klar, dass die Art. 101 und 102 AEUV durch die Richtlinie unberührt bleiben. Reverse Engineering-Verbote – namentlich im **Horizontalverhältnis** – können deshalb **Wettbewerbsbeschränkungen** iSv **Art. 101 Abs. 1 AEUV/ § 1 GWB** begründen (*Schweyer* Reverse Engineering 545 f.; vgl. ferner *Kochmann* Schutz des Know-how gegen ausspähende Produktanalysen 258 ff.). Kritisch sind insbesondere Verbote, die sich (auch) auf öffentlich verfügbare Produkte beziehen (*Maierhöfer/Hosseini* GRUR-Prax 2019, 542, 542 f.). Einen Verstoß gegen **Art. 102 AEUV** hat das EuG darin gesehen, dass ein Softwarehersteller Schnittstelleninformationen, die für die Erstellung interoperabler Produkte notwendig waren, anderen Anbietern nicht zugänglich gemacht hat (EuG T-201/04, BeckRS 2007, 70806 Rn. 312 ff. – Microsoft/Kommission). Ähnliche Effekte sind auch durch ein Verbot von Reverse Engineering vorstellbar (*Surblytė* in Ullrich/Hilty/ Lamping/Drexl TRIPS plus 20 725, 753; vgl. zur Wettbewerbsrelevanz des Datenzugangs auch § 18 Abs. 3a Nr. 4 GWB und *Birnstiel/Ecke* WRP 2016, 1189; *Louven* NZKart 2018, 217). 57

e) Sanktionenprogramm. Vertraulichkeitsvereinbarungen bieten die Möglichkeit, die gesetzlich vorgesehenen Rechtsfolgen für eine Verletzung der Vertraulichkeitspflichten durch **Vertragsstrafen** oder **Pauschalierungen** des zu leistenden Schadensersatzes zu ergänzen. Diese Gestaltungsmöglichkeiten sind wegen des engen Sachzusammenhangs bei den Rechtsfolgen von Vertragsverletzungen kommentiert (→ Rn. 78 ff.). 58

f) Laufzeit. Wichtiger Bestandteil einer Vertraulichkeitsvereinbarung ist zudem die Regelung ihrer **Laufzeit** (*Mummenthey* CR 1999, 651, 656). Üblich und gebräuchlich ist entweder eine **unbegrenzte Laufzeit** (ggf. mit Kündigungsmöglichkeit) oder eine **Befristung,** die so gewählt ist, dass sie einerseits hinreichenden Schutz der offenlegenden Partei bietet, andererseits aber den Empfänger wirtschaftlich nicht unangemessen einschränkt und bindet. 59

Verbreitet sind Beendigungsregelungen, die eine Kündigungsmöglichkeit vorsehen, aber anordnen, dass die sich aus der Vertraulichkeitsvereinbarung ergebenden Pflichten auch nach Beendigung des Vertrages für einen **feste Nachlaufzeit** (zB zwei bis fünf Jahre) in Bezug auf zuvor offengelegte Informationen fortbestehen. Nicht selten sind derartige Vertragsbestimmungen allerdings unpräzise gefasst. Denn tatsächlich ist gerade nicht intendiert, dass die Vertragsgegenseite für einen solchen Zeitraum berechtigt bleibt, vertrauliche Informationen in dem durch die Vereinbarung vorgegebenen Rahmen offenzulegen und vertragszweckgemäß zu nutzen. Vielmehr soll nach Beendigung ein striktes Offenlegungs- und Nutzungsverbot bestehen. Dies ist in entsprechenden Klauseln klarzustellen. Regelungstechnisch können nachlaufende Fristen an den Vertragsbeginn, an den Zeitpunkt der Offenlegung einer vertraulichen Information oder an die Beendigung des Vertrages geknüpft werden, wobei letztere Variante am gängigsten ist. Zu Handhabungs- und Nachweisschwierigkeiten führt regelmäßig eine Anknüpfung an den Zeitpunkt der Offenlegung einer konkreten Information (*Mummenthey* CR 1999, 651, 656). 60

61 Grundsätzlich ist es auch möglich, für Geheimhaltungsverpflichtungen eine **unbegrenzte Nachlaufzeit** nach Beendigung der Geheimhaltungsvereinbarung zu vereinbaren, solange die jeweiligen Informationen nicht offenkundig geworden sind (vgl. aus kartellrechtlicher Sicht im Hinblick auf Art. 101 Abs. 1 AEUV: KOM GRUR Int 1989, 220 Rn. 32 – Delta Chemie/DDD-Spezialfleckenentferner; *Bartenbach* Patentlizenz- und Know-how-Vertrag Rn. 2836; krit. zur rechtlichen einer unbegrenzten Nachlaufzeit: *Becker/Kussnik* RAW 2018, 119, 126; *McGuire/Joachim/Künzel/Weber* GRUR Int 2010, 829, 836). Angesichts der absehbaren Obsoleszenz der meisten Gegenstände von Vertraulichkeitsvereinbarungen ist letzteres allerdings selten sachgerecht. Soll dennoch eine unbegrenzte Nachlaufzeit gewählt werden, ist nach teilweise vertretener Ansicht die Möglichkeit einer ordentlichen Kündigung auszuschließen (*Kurz* Vertraulichkeitsvereinbarungen Rn. 260; *Westermann* Hdb Know-how-Schutz Kap. 5 Rn. 47).

62 **g) Regelungen für den Zeitraum nach Beendigung.** Empfehlenswert ist es, für den Zeitraum nach Beendigung **Rückgabe-, Löschungs-** und **Vernichtungspflichten** bezüglich vertraulicher Informationen ausdrücklich zu regeln. Dabei entspricht es grundsätzlich dem Interesse des Informationsgebers, **Rück-** bzw. **Herausgabe** der anvertrauten Informationen zu verlangen, da auf diese Weise am ehesten kontrollierbar ist, dass die überlassenen Informationen nicht beim Empfänger zurückbleiben. Allerdings ist eine Rückgabe nicht immer möglich und scheidet insbesondere hinsichtlich in elektronischer Form vorliegender Daten regelmäßig aus. Herausgabepflichten sind auch deshalb oftmals nicht praktikabel, weil der Informationsempfänger mit den empfangenen Informationen gearbeitet, Kopien angefertigt und häufig sogar eigenständige Arbeitsprodukte auf Grundlage der vertraulichen Informationen erstellt hat (ähnlich: *Mummenthey* CR 1999, 651, 657). Derartige Arbeitsprodukte können wiederum auch Bestandteile enthalten, die dem Informationsgeber nicht zugänglich gemacht werden sollen. Üblich sind deshalb kombinierte Klauseln, wonach der Informationsempfänger ein **Wahlrecht** hat zwischen einer **Rückgabe** und einer **Vernichtung** der überlassenen vertraulichen Informationen. Die Vernichtung ist dem Informationsgeber unverzüglich zu bestätigen.

63 Praktikabilitätserwägungen geschuldet ist schließlich ein häufig anzutreffendes **Backup-Privileg,** das den Informationsempfänger von der Pflicht entbindet, automatisiert erstellte Backups, die vertrauliche Informationen enthalten, zu löschen, vorausgesetzt, dass die Backup-Kopien weiterhin den gleichen Sicherheitsvorkehrungen wie nach der Vereinbarung vorgesehen unterliegen und nicht mehr genutzt oder Dritten gegenüber offengelegt werden. Ähnliche Regelungen finden sich hinsichtlich solcher Unterlagen, die noch zu **Dokumentationszwecken** benötigt werden oder bzgl. derer **Aufbewahrungspflichten** bestehen (*Steinmann/Schubmehl* CCZ 2017, 194, 196). Vor allem im IT-Bereich werden vertrauliche Gegenstände (zB Software-Quellcode) zu Dokumentationszwecken mitunter bei einem spezialisierten gewerblichen Escrow-Anbieter oder einem Notar hinterlegt (*Roth* ITRB 2011, 115, 118 f.).

64 Gerade in Verträgen über den Austausch von Informationen zu technischen Entwicklungen kann es vorkommen, dass die Mitarbeiter eines Unternehmens durch anvertraute Informationen in einer Weise „kontaminiert" werden, die sie nach Beendigung des Vertrages daran hindern würde, vergleichbare Eigenentwicklungen des Informationsnehmers voranzutreiben. Um die damit einhergehende Blockadewirkung zu vermeiden, werden gelegentlich sog. ***Residual Information***

Clauses vereinbart (ausführlich dazu: *Kurz* Vertraulichkeitsvereinbarungen Rn. 319; s. auch *Mummenthey* CR 1999, 651, 657; *Roth* ITRB 2011, 115, 118; *Schöwerling* GRUR-Prax 2015, 52, 54). Dabei handelt es sich um Ausnahmen von dem nachvertraglichen Verwertungsverbot, die sich auf allgemeines berufliches Erfahrungswissen und solche Informationen beziehen, die die Mitarbeiter eines Unternehmens ohne Zuhilfenahme zurückbehaltener Aufzeichnungen im Gedächtnis behalten haben. Derartige Informationen werden auch – soweit sie vertraulicher Natur sind – zur weiteren Verwertung freigegeben. Die Folgen derartiger Klauseln sind für den Informationsgeber oft nicht eindeutig überschaubar. Dies macht entsprechende Vereinbarungen zumindest unwägbar. Auf der anderen Seite besteht regelmäßig ein hohes Interesse des Informationsempfängers, gerade im Falle eines vorzeitigen Scheiterns einer Kooperation, nicht in der Weiterentwicklung eigener Ansätze beschränkt zu werden. Es sind auch Kompromisslösungen solcher Klauseln denkbar, in denen sich der Informationsempfänger verpflichtet, derartige Informationen jedenfalls nicht Wettbewerbern des Informationsgebers offenzulegen.

Praktisch sehr bedeutsam und rechtspolitisch äußerst umstritten ist die Frage, 65
inwieweit die **Mitarbeiter** eines Unternehmens über die Dauer des Arbeitsverhältnisses hinaus zur Wahrung von Geschäftsgeheimnissen verpflichtet und Nutzungseinschränkungen unterworfen werden können. Einzelheiten sind im Rahmen der entsprechenden Kommentierung dargestellt (→ Einl. C Rn. 65).

h) Regelungen zur Rechtsdurchsetzung. aa) Rechtswahl. Bei grenzüber- 66
schreitenden Sachverhalten ist es üblich und sinnvoll, in Vertraulichkeitsvereinbarungen oder ähnlichen Vertragswerken eine Rechtswahlklausel vorzusehen. Insoweit gilt der **Grundsatz der Rechtswahlfreiheit** (Art. 3 Abs. 1 Rom I-VO). **Einschränkungen** ergeben sich im Hinblick auf **zwingende Vorschriften** des nationalen und des Unionsrechts (Art. 3 Abs. 3, 4 Rom I-VO), wenn es an einem grenzüberschreitenden Sachverhalt fehlt. Weitere Einschränkungen ergeben sich für **Eingriffsnormen** (Art. 9 Abs. 1 Rom I-VO) des Rechts des angerufenen Gerichts (*lex fori,* Art. 9 Abs. 2 Rom I-VO) und des Rechts am Erfüllungsort eines Vertrages (aus Art. 9 Abs. 3 Rom I-VO) sowie aus **vertragstypspezifischen Spezialregelungen.** Für Vertraulichkeitsvereinbarungen mit Arbeitnehmern ist insbesondere das Verbot der Umgehung zwingender Vorschriften des Arbeitnehmerschutzes gemäß Art. 8 Abs. 1 S. 2 Rom I-VO zu beachten.

Die Wahl des anwendbaren Rechts in einer Vertraulichkeitsvereinbarung kann 67
sich auch auf in Zusammenhang stehende **deliktische Ansprüche** auswirken: Soweit man mit der hM für Geheimnisverletzungen das Deliktsstatut des Art. 4 Rom II-VO als maßgeblich erachtet (entweder direkt oder über Art. 6 Abs. 2 Rom II-VO, siehe zum Meinungsstand → Einl. A Rn. 254 ff.), begründet gemäß Art. 4 Abs. 3 S. 2 insbesondere ein bestehender Vertrag zwischen den Parteien eine enge Verbindung mit dem Recht eines bestimmten Staates. Das Recht dieses Staates ist dann auch auf deliktische Ansprüche anzuwenden (Art. 4 Abs. 3 S. 1 Rom II-VO).

bb) Gerichtsstandsvereinbarungen. Gerichtsstandsvereinbarungen unter- 68
liegen nach nationalem Recht den **Grenzen der §§ 38, 40 ZPO.** Im Anwendungsbereich des europäischen Zuständigkeitsrechts ergibt sich die Zulässigkeit aus den **Art. 25 Brüssel Ia VO,** ggf. iVm Sondervorschriften. Nach **nationalem Recht** ist eine Gerichtsstandsvereinbarung vor Entstehen der maßgeblichen Streitigkeit (§ 38 Abs. 3 Nr. 1 ZPO) grundsätzlich unzulässig. Ausnahmsweise zulässig ist sie nur unter Kaufleuten (§ 38 Abs. 1 ZPO) oder wenn mindestens eine Partei

keinen allgemeinen Gerichtsstand im Inland hat (§ 38 Abs. 2 S. 1 ZPO). Stets unzulässig ist eine Vereinbarung bei Bestehen eines ausschließlichen Gerichtsstandes (§ 40 Abs. 2 Nr. 2 ZPO). Das **Unionsrecht** lässt Gerichtsstandsvereinbarungen unter weniger strengen Voraussetzungen auch für künftige Rechtsstreitigkeiten zu (Art. 25 Abs. 1 Brüssel Ia-VO). Sie unterliegen im Wesentlichen nur den in Art. 25 Abs. 1 S. 3 lit. a bis c, Abs. 2 Brüssel Ia-VO genannten Formerfordernissen (Schriftform oder mündliche Vereinbarung, zwischen den Parteien etablierte Übung, Handelsbrauch). Auch nach unionsrechtlichen Maßstäben kann aber nicht von bestehenden ausschließlichen Zuständigkeiten abgewichen werden (Art. 25 Abs. 4 Brüssel Ia-VO). Weitgehend ausgeschlossen sind Gerichtsstandsvereinbarungen mit Arbeitnehmern; diese sind nur nach Entstehung der Streitigkeit oder zugunsten des Arbeitnehmers zulässig (Art. 23 Brüssel Ia-VO).

69 Im **Bereich des Geheimnisschutzes** sind insbesondere folgende Grenzen von Gerichtsstandsvereinbarungen zu beachten: Eine Vereinbarung, die sich (auch) auf Geschäftsgeheimnisstreitsachen iSv § 16 Abs. 1 GeschGehG bezieht, wird jedenfalls bei Fehlen eines grenzüberschreitenden Sachverhalts regelmäßig an der **Ausschließlichkeit der Zuständigkeitsvorschriften gemäß § 15 Abs. 1, 2 GeschGehG** scheitern (§ 40 Abs. 2 S. 1 Nr. 2 ZPO) (→ § 15 Rn. 30). Eine Gerichtsstandsvereinbarung in einer **Vertraulichkeitsvereinbarung mit einem Arbeitnehmer** ist regelmäßig nach § 38 Abs. 1 ZPO bzw. Art. 23 Brüssel Ia-VO unwirksam. Möglich wäre eine solche nur nach Entstehung der Streitigkeit (§ 38 Abs. 3 Nr. 1 ZPO, Art. 23 Nr. 1 Brüssel Ia-VO).

70 **cc) Schiedsabreden.** Insbesondere in komplexen Vertragswerken wie zB Technologietransfervereinbarungen, Forschungs- und Entwicklungsverträgen, Globallizenzverträgen über Know-how oder bei Unternehmenskaufverträgen (bei denen geheimes Know-how nicht selten einen entscheidenden Gegenstand bildet) entspricht es gängiger Praxis, **Schiedsabreden** vorzusehen. Diese unterwerfen Streitigkeiten aus oder in Verbindung mit dem Vertrag sowie über dessen Zustandekommen und Wirksamkeit einer bestimmten Schiedsordnung unter Ausschluss des ordentlichen Rechtsweges. Entsprechende Formulierungen finden sich in den Musterklauseln, die von den jeweiligen Institutionen zur Verfügung gestellt werden. Die Aufnahme einer Schiedsklausel wird regelmäßig von zahlreichen Faktoren abhängen, die es abzuwägen gilt (zB Verfahrensdauer, Aufwand/Kosten, Expertise und Neutralität der Schiedsrichter insbesondere bei grenzüberschreitenden Sachverhalten). Auch der **Gesichtspunkt der Vertraulichkeit eines Rechtsstreits** wird häufig in die Überlegungen einbezogen. Ist abzusehen, dass aus einem Vertrag Streitigkeiten entstehen können, in denen Geschäftsgeheimnisse eine Rolle spielen, wird bereits die **Nichtöffentlichkeit des Schiedsverfahrens** als vorteilhaft bewertet (*Münch* in MüKoZPO Vorb § 1025 Rn. 122 ff.; krit, *McGuire* ZZPInt 24 (2019), 385, s. näher → Vor §§ 16 bis 20, Rn. 45 ff.).

4. Rechtsfolgen der Verletzung vertraglicher Pflichten

71 **a) Unterlassung.** Ein bereits erfolgter oder drohender Verstoß gegen vertraglich übernommene Vertraulichkeitspflichten kann Unterlassungsansprüche begründen. Sieht die Vereinbarung ausdrücklich ein Verbot der Offenlegung oder der Nutzung außerhalb des Vertragszwecks vor, besteht bereits eine auf Unterlassen gerichtete **Leistungspflicht** (vgl. **§ 241 Abs. 1 S. 2 BGB**), so dass der Vertrag selbst unmittelbar als Anspruchsgrundlage herangezogen werden kann (*Ohly*

GRUR 2014, 1, 8; *Köhler* AcP 190 (1990), 496, 503 f.; *Kalbfus* Know-how-Schutz Rn. 299).

Auch **ohne ausdrückliche Regelung** kann sich im Falle einer bereits erfolgten oder drohenden Verletzung von Vertragspflichten ein Unterlassungsanspruch gegen weitere Handlungen des Verletzers aus einer **entsprechenden Anwendung von § 280 Abs. 1 BGB** ergeben, die den Schaden des Verletzten verfestigen oder vergrößern (BGH GRUR 2009, 173 Rn. 17 – bundesligakarten.de; BGH NJW 1995, 1284 (1285) – Girokonto; OLG Hamm NJW-RR 1990, 1380 (1381) – Kostumentwürfe; *Schumacher* WRP 2006, 1072, 1073; *Kalbfus* Know-how-Schutz Rn. 299 ff., vgl. auch BGH GRUR 2019, 284 Rn. 71 f. – Museumsfotos: §§ 280 Abs. 1, 249 Abs. 1 BGB). **72**

Ein Unterlassungsanspruch kommt nach hM regelmäßig auch dann in Betracht, wenn es sich bei der verletzten Vertragspflicht um eine **nicht leistungsbezogene Schutz- oder Rücksichtnahmepflicht** iSv § 241 Abs. 2 BGB handelt. Zwar wurden Schutzpflichten – in Abgrenzung zu Leistungspflichten – bisweilen dadurch charakterisiert, dass ein klagbarer Anspruch auf Erfüllung gerade nicht bestehe (näher zum Streitstand: *Bachmann* in MüKoBGB § 241 BGB Rn. 181 f.; *Bodewig* JURA 2005, 505, 512). Überwiegend wird ein klagbarer Erfüllungsanspruch aber zumindest dann angenommen, wenn eine **unmittelbare Gefahr für ein geschütztes Rechtsgut** besteht (*Bachmann* in MüKoBGB § 241 BGB Rn. 182; *Bodewig* JURA 2005, 505, 512). Ein Unterlassungsanspruch wegen einer (drohenden) Schutzpflichtverletzung besteht daher allgemein unter folgenden **Voraussetzungen: (1)** Die Unterlassungspflicht muss erstens **hinreichend bestimmt** sein, um ihr einen Unterlassungsanspruch zuordnen zu können (*Köhler* AcP 190 (1990), 496, 509 f.; *Stürner* JZ 1976, 384, 386). **(2)** Es muss eine **Verletzungsgefahr** – entweder eine Wiederholungs- oder eine Erstbegehungsgefahr – gegeben sein (*Köhler* AcP 190 (1990), 496, 510; *Bodewig* JURA 2005, 505, 512). **(3)** Schließlich darf **keine einfachere und zumutbare Möglichkeit** des Geschützten bestehen, die Pflichtverletzung abzuwenden, etwa durch faktisches Ausweichen, Umgestaltung oder Lösung der Sonderverbindung (*Stürner* JZ 1976, 384, 386 f.; *Köhler* AcP 190 (1990), 496, 511). Im Falle einer erstmals oder erneut drohenden Verletzung von Geschäftsgeheimnissen werden diese Voraussetzungen regelmäßig gegeben sein. **73**

b) Schadensersatz. Aus der **Verletzung** einer **Geheimhaltungspflicht** kann sich unabhängig davon, ob die Pflicht ausdrücklich geregelt ist oder lediglich aus § 241 Abs. 2 BGB abgeleitet wird, ein Schadensersatzanspruch gemäß **§ 280 Abs. 1 BGB** ergeben. **74**

Der Schadensersatzanspruch setzt gemäß **§ 280 Abs. 1 S. 2 BGB** voraus, dass der Schuldner die **Pflichtverletzung zu vertreten** hat. Gemäß § 276 BGB hat er **Vorsatz** und **Fahrlässigkeit,** d.h. jede Form des Verschuldens zu vertreten. Im Unterschied zu deliktischen Ansprüchen besteht eine vertragliche Haftung nicht nur für eigenes Verschulden des Vertragspartners, vielmehr hat dieser auch für ein Verschulden seiner **gesetzlichen Vertreter** (§ 278 S. 1 Alt. 1 BGB) und seiner **Erfüllungsgehilfen** (§ 278 S. 1 Alt. 2 BGB) einzustehen. Aus der negativen Formulierung des § 280 Abs. 1 S. 2 BGB ergibt sich eine **Beweislastumkehr** hinsichtlich des Vertretenmüssens. Der Schuldner muss deshalb darlegen und ggf. beweisen, dass er die Pflichtverletzung nicht zu vertreten hat (*Grüneberg* in Grüneberg BGB § 280 Rn. 34). Verletzt ein **Arbeitnehmer** Geheimhaltungspflichten aus dem Arbeitsverhältnis, so trifft aber den Arbeitgeber gemäß **§ 619a BGB** die **75**

Beweislast auch für das Vertretenmüssen der Pflichtverletzung (siehe → Einl. C Rn. 97).

76 **Inhalt** und **Umfang** des Schadensersatzanspruchs bestimmen sich nach den **§§ 249 ff. BGB.** Die dreifache Schadensberechnung ist bei vertraglichen Schadensersatzansprüchen nicht anerkannt (BGH GRUR 2002, 795 (797) – Titelexklusivität; *Köhler* in Köhler/Bornkamm/Feddersen UWG § 9 Rn. 1.36a). Schadensnachweis und Bezifferung können nicht zuletzt deshalb mit erheblichen Schwierigkeiten verbunden sein (*Mayer* MDR 2018, 246, 247). Es besteht allerdings die Möglichkeit, **Schadenspauschalierungen** vertraglich vorzusehen (→ Rn. 89 ff.). In **Arbeitsverhältnissen** gelten die Grundsätze des **innerbetrieblichen Schadensausgleichs.** Dem Arbeitgeber wird in Anwendung des Rechtsgedankens des § 254 BGB das Betriebsrisiko angerechnet, so dass die Haftung eines lediglich leicht bis durchschnittlich fahrlässig handelnden Arbeitnehmers quotal begrenzt oder sogar ganz ausgeschlossen sein kann (siehe → Einl. C Rn. 99 ff.).

77 **c) Auskunft.** Zur Vorbereitung vertraglicher Schadensersatzansprüche bestehen gewohnheitsrechtlich anerkannte Auskunftsansprüche gemäß **§ 242 BGB** (siehe zu Einzelheiten → § 8 Rn. 41 ff.). Da die Möglichkeit der dreifachen Schadensberechnung nicht besteht, kann Rechnungslegung regelmäßig nicht verlangt werden. Etwas anderes gilt nur, wenn aufgrund der Art des Schuldverhältnisses Spezialvorschriften – etwa § 666 BGB – anwendbar sind.

78 **d) Vertragsstrafen und pauschalierter Schadensersatz. aa) Begriff und Abgrenzung.** Die gesetzlich vorgesehenen Rechtsfolgen für eine Verletzung von Vertraulichkeitspflichten können durch **Vertragsstrafen** oder **Schadenspauschalierungen** ergänzt werden. Beide Sanktionen verfolgen – mit unterschiedlicher Schwerpunktsetzung – einen doppelten Zweck: Sie dienen zum einen als (präventives) **Druckmittel,** um den Vertragspartner zu vertragskonformem Verhalten zu veranlassen. Zum anderen haben sie **Kompensationsfunktion** und sollen finanziellen Ausgleich gewähren, ohne dass der Gläubiger seinen Schaden im Einzelnen darlegen und beweisen muss (BGH NJW 2017, 3145 Rn. 15; BGH NJW 1983, 385 (387); OLG Naumburg OLGR 2004, 445 (447) – Weinhandelsvertreter; *Becker/Kussnik* RAW 2018, 119, 125). **Dogmatisch** unterscheiden sich die Institute dadurch, dass die Vertragsstrafe einen selbständigen, aufschiebend bedingten Anspruch (§ 158 Abs. 1 BGB) begründet, während man von pauschaliertem Schadensersatz spricht, wenn dieser an dem Grunde nach bestehende Schadensersatzansprüche anknüpft (vgl. *Ostendorf* JuS 2015, 977, 977 f.). Die **Abgrenzung** ist **in der Praxis** aber nicht immer trennscharf möglich. Deshalb werden die Institute meist danach abgegrenzt, ob nach dem **Parteiwillen** die Druckfunktion oder die Möglichkeit der Schadenspauschalierung im Vordergrund steht (BGH NJW-RR 1988, 39 (41); *Ostendorf* JuS 2015, 977, 978).

79 **bb) Vertragsstraferegelungen.** Bei einer Vertragsstrafe handelt es sich um eine bestimmte **Geldsumme,** die von vorneherein vertraglich beziffert oder durch den Gläubiger bei Verwirkung zu beziffern ist, und deren Zahlung der Schuldner dem Gläubiger **für den Fall einer Zuwiderhandlung** gegen eine bestimmte Leistungspflicht verspricht. Sie ist **akzessorisch zur Leistungspflicht,** d.h. sie setzt deren Bestehen voraus und sichert ihre Erfüllung ab (*Schaub* in Teplitzky Kap. 20 Rn. 4). Vertragsstraferegelungen finden insbesondere dann Verwendung, wenn es um eine abgrenzbare Verfügbarmachung von **hochsensiti-**

ven Informationen geht, deren Weitergabe verhindert werden soll (vgl. OLG Düsseldorf BeckRS 2016, 114213 Rn. 6 zu Lizenzbedingungen bei standardessentiellen Patenten). Weniger geeignet sind Vertragsstraferegelungen in Vertraulichkeitsvereinbarungen, die tägliche Arbeitsabläufe begleiten, weil hier ein Risiko zahlreicher Pflichtverletzungen mit potenziell hohem Haftungsrisiko besteht. Insgesamt wird **in der Praxis eher zurückhaltend** von Vertragsstraferegelungen Gebrauch gemacht. Im Geschäftsverkehr zwischen Kooperationspartnern werden sie häufig als unangemessen erachtet (für die Automobilindustrie: *Steinmann/Schubmehl* CCZ 2017, 194, 197). Vertragsstrafen widersprechen zudem US-amerikanischen Gepflogenheiten und Rechtstraditionen, was damit zusammenhängen mag, dass *penalties* im anglo-amerikanischen Rechtskreis regelmäßig nicht durchsetzbar sind (*Kurz* Vertraulichkeitsvereinbarungen Rn. 301, 310). Wegen ihrer Präventionsfunktion kann die Vertragsstrafe dazu beitragen, den Gesamtcharakter einer Vertraulichkeitsvereinbarung als **Geheimhaltungsmaßnahme** iSv § 2 Nr. 1 lit. b GeschGehG auch für Fälle besonders sensibler Informationen zu schärfen. Zu weit gehen dürfte es aber, Vertragsstrafen unter dem Blickwinkel der Angemessenheit einer Geheimhaltungsmaßnahme generell oder auch nur als Regelfall zu fordern (so aber *Apel* in Brammsen/Apel GeschGehG Einl. C Rn. 49; *Apel/Walling* DB 2019, 891, 895). Ein solcher Maßstab wäre praxisfremd, zumal Vertragsstrafeversprechen – wie ausgeführt – vielfach nicht akzeptiert werden. Das GeschGehG würde deshalb bei einer so strengen Auslegung den Informationsfluss insgesamt vereiteln (*Jansen/Hofmann* BB 2020, 259, 264). Dies liefe einer Förderung des Informationsaustausches als zentralem Anliegen der Geschäftsgeheimnis-RL (vgl. ErwGr. 3) zuwider (vgl. ergänzend → Rn. 21b und 117).

Der **rechtliche Rahmen** für die Vereinbarung von Vertragsstrafen ist durch **80**
die **§§ 339 ff. BGB** vorgegeben. Zu beachten sind ferner die Grenzen der Sittenwidrigkeit (§ 138 Abs. 1 BGB) und ggf. der AGB-rechtlichen Inhaltskontrolle §§ 307 ff. BGB.

Dabei wird eine **Sittenwidrigkeit nach § 138 Abs. 1 BGB** nur in besonders **81**
eklatanten Ausnahmefällen anzunehmen sein. In aller Regel genügt alleine die Höhe einer versprochenen Vertragsstrafe oder die finanzielle Überforderung des Schuldners nicht (*Mayer* MDR 2018, 246, 247).

Formularmäßige Vertragsstrafeversprechen sind zusätzlich am Maßstab **82**
der **§§ 305 ff. BGB** zu messen. Die Vereinbarung einer Vertragsstrafe ist allerdings grundsätzlich auch formularmäßig möglich. Das Klauselverbot des **§ 309 Nr. 6 BGB** hat in Zusammenhang mit Vertraulichkeitsvereinbarungen keine Bedeutung, zudem wird der Vorschrift keine Ausstrahlungswirkung im Verhältnis zu Unternehmern beigemessen (*Ostendorf* JuS 2015, 977, 979). Eine **unangemessene Benachteiligung gemäß § 307 Abs. 1 BGB** kann jedoch vorliegen, wenn die Vertragsstrafe **verschuldensunabhängig** versprochen werden soll (vgl. BGH NJW 1979, 105 (106), Unangemessenheit dort iE verneint). Gleiches gilt für eine **Kumulation von Vertragsstrafe und Schadensersatz ohne Anrechnung der Vertragsstrafe** auf den Schaden, da hierin eine Abweichung von dem in § 340 Abs. 2 BGB angelegten Leitbild läge (BGH NJW 1992, 1096 (1097)).

Eine unangemessene Benachteiligung formularmäßig vereinbarter Vertragsstra- **83**
fen kann sich auch aus der **Höhe einer Vertragsstrafe** ergeben. Eine Vertragsstrafe darf und soll allerdings gerade – auch empfindlichen – **Sanktionscharakter** haben (BGH NJW 2000, 2106 (2107)). Anderenfalls könnte sie ihre präventive Funktion nicht erfüllen (*Mayer* MDR 2018, 246, 248). Dennoch kann eine Vertragsstrafe unwirksam sein, wenn sie **unangemessen hoch** ist, insbesondere,

wenn sie außer Verhältnis zum Gewicht der Vertragsverletzung und zu deren Folgen für den Vertragspartner steht (BGH NJW 2013, 1362 Rn. 15; BGH NJW 2003, 1805 (1808); BGH NJW 1998, 2600 (2602) – Treuhand-BvS mwN). Eine am Maßstab des § 307 Abs. 1 S. 1 BGB unangemessene Höhe kann sich trotz der Möglichkeit einer Herabsetzung gemäß § 343 BGB ergeben, da im Rahmen des § 307 Abs. 1 S. 1 BGB eine generelle, typisierende Betrachtung stattfindet, während im Fall des § 343 BGB eine einzelfallbezogene Bewertung maßgeblich ist (*Wensing/Niemann* NJW 2007, 401, 403 f.). Zudem ist im Rahmen des § 307 Abs. 1 S. 1 BGB der Zeitpunkt des Vertragsschlusses, im Rahmen des § 343 BGB der Zeitpunkt der Geltendmachung der Vertragsstrafe zugrundezulegen (*Wensing/Niemann* aaO).

84 Unwirksam kann eine Vertragsstrafe auch dann sein, wenn sie nicht ausreichend nach **Art, Gewicht** und **Dauer der Vertragsverstöße** differenziert (OLG München BeckRS 2010, 20437). Ein bestimmter Betrag kann nur dann als pauschale Sanktion vorgesehen werden, wenn dieser Betrag auch angesichts des typischerweise geringsten Vertragsverstoßes noch angemessen wäre (BGH NJW 2016, 1230 Rn. 34). Als Abhilfe kommt insoweit die Vereinbarung einer Vertragsstrafe nach dem **Neuen Hamburger Brauch** in Betracht. Dabei wird vereinbart, dass der Gläubiger die Vertragsstrafe im Falle einer Pflichtverletzung nach billigem Ermessen festsetzt (vgl. § 315 BGB) und die Höhe im Streitfall gerichtlich überprüfbar ist (BGH GRUR 2014, 595 Rn. 18 – Vertragsstrafenklausel; BGH GRUR 2010, 355 Rn. 30 – Testfundstelle; OLG Hamburg GRUR 1980, 874 – Hamburger Brauch II; vgl. zur Bemessung: BGH GRUR 1994, 146 – Vertragsstrafebemessung).

85 Verwirkt ist eine Vertragsstrafe gemäß **§ 339 S. 2 BGB** mit der Zuwiderhandlung gegen ein Unterlassungsgebot. Die Vertragsstrafe ist allerdings akzessorisch zur Hauptverpflichtung (§§ 339, 344 BGB) und kann daher **nicht** geltend gemacht werden, wenn die **Hauptverpflichtung nicht wirksam entstanden, erloschen** oder **nicht mehr durchsetzbar** ist (*Ostendorf* JuS 2015, 977, 978). Die Verwirkung einer Vertragsstrafe setzt zudem stets eine **schuldhafte** Pflichtverletzung voraus (BGH NJW 1972, 1893).

86 Gemäß **§ 340 Abs. 1 S. 1 BGB** kann der Gläubiger die Vertragsstrafe bei Nichterfüllung seiner Pflichten **statt der Erfüllung** verlangen. Dies entbindet den Schuldner allerdings nicht von der künftigen Einhaltung der Vertraulichkeitspflichten, insbesondere **schließt § 340 Abs. 1 S. 2 BGB künftige Unterlassungspflichten nicht aus** (*Ostendorf* JuS 2015, 977, 978 Fn. 18). Aus Sicht des Geheimnisinhabers empfiehlt sich dennoch sicherheitshalber eine entsprechende Klarstellung, dass die Geltendmachung der Vertragsstrafe nicht von der künftigen Einhaltung der Vertraulichkeitspflichten entbindet und dass sich der Geheimnisinhaber den Ersatz von Schäden, die über die Vertragsstrafe hinausgehen, vorbehält.

87 Gemäß **§ 343 Abs. 1 BGB** kann eine **unverhältnismäßig hohe Vertragsstrafe** auf Antrag des Schuldners durch Urteil **herabgesetzt** werden. Die Regelung ist vertraglich **nicht abdingbar** (BGH NJW 1952, 623). Sie ist allerdings gemäß **§ 348 Abs. 1 HGB** nicht anwendbar, sofern der Schuldner der Vertragsstrafe **Kaufmann** ist und er das Vertragsstrafeversprechen im Rahmen seines Betriebes abgegeben hat. § 348 Abs. 1 HGB wird indessen seinerseits als abdingbar angesehen (*Ostendorf* JuS 2015, 977, 979). Auch wenn eine Herabsetzung nach § 348 Abs. 1 HGB ausgeschlossen wäre, hat der BGH im Falle einer **extrem überhöhten Vertragsstrafe** eine Geltendmachung auf Grundlage von **§ 242 BGB** eingeschränkt (BGH GRUR 2009, 181 (184) – Kinderwärmekissen).

Bei **mehreren Zuwiderhandlungen** wird die Vertragsstrafe für jede einzelne Vertragsverletzung fällig, sofern keine natürliche Handlungseinheit vorliegt. Dies ist durch Auslegung des Vertrages zu ermitteln (BGH GRUR 2009, 181 Rn. 38 – Kinderwärmekissen; BGH GRUR 2001, 758 – Trainingsvertrag; BGH GRUR 1961, 307 – Krankenwagen II; *Schaub* in Teplitzky Wettbewerbsrechtliche Ansprüche und Verfahren Kap. 20 Rn. 17b). Der formularmäßig erklärte uneingeschränkte **Verzicht auf die Einrede des Fortsetzungszusammenhangs** stellt eine unangemessene Benachteiligung gemäß § 307 Abs. 1 BGB dar (BGH NJW 1993, 721 – Fortsetzungszusammenhang). 88

cc) Schadenspauschalierungen. Im Falle einer Schadenspauschalierung muss zunächst ein **Schadensersatzanspruch dem Grunde nach** gegeben sein. Im Falle des § 280 Abs. 1 BGB setzt dies das Vorliegen einer Pflichtverletzung voraus, die der Schuldner zu vertreten hat. Umstritten ist, ob der Gläubiger durch die Schadenspauschalierung vom Nachweis jeglichen Schadens befreit wird oder ob er zumindest zeigen muss, dass irgendein Schaden entstanden ist (zum Streitstand: *Ostendorf* JuS 2015, 977, 980). Möglich und empfehlenswert ist es, dass sich der Geheimnisinhaber die Geltendmachung eines **über die Pauschale hinausgehenden Schadens** vorbehält. 89

Für die **formularmäßige Vereinbarung** einer Schadenspauschalierung sind die Klauselverbote des **§ 309 Nr. 5 BGB** zu beachten, die jeweils über § 307 Abs. 1 BGB auch Ausstrahlungswirkung auf den unternehmerischen Geschäftsverkehr haben (*Ostendorf* JuS 2015, 977, 981). Nach § 309 Nr. 5 lit. a ist eine Schadenspauschalierung unwirksam, wenn die Pauschale den in den geregelten Fällen nach dem gewöhnlichen Lauf der Dinge zu erwartenden Schaden übersteigt. Gemäß § 309 Nr. 5 lit. b führt es auch zur Unwirksamkeit, wenn dem anderen Vertragsteil nicht ausdrücklich der Nachweis gestattet wird, dass ein Schaden überhaupt nicht entstanden oder wesentlich niedriger als die Pauschale ist. Gegenüber einem Unternehmer muss dieser Einwand nicht ausdrücklich geregelt sein, er darf aber nicht ausgeschlossen sein (BGH NJW-RR 2003, 1056 (1059)). 90

Auch in allgemeinen Geschäftsbedingungen kann sich der Gläubiger ein **Recht zum Nachweis eines höheren Schadens** vorbehalten (BGH NJW 1982, 2316 (2317)). 91

III. Veräußerung von Geschäftsgeheimnissen

1. Allgemeines

Weder die Geschäftsgeheimnis-RL noch das GeschGehG enthalten nähere Regeln für den **Rechtsverkehr mit Geschäftsgeheimnissen.** Dass Geschäftsgeheimnisse **verkehrsfähig** sind, wird jedoch vorausgesetzt, klingt in verschiedenen Zusammenhängen an und ist nach der Zwecksetzung der genannten Rechtsakte **unerlässlich.** So werden die Erwägungsgründe zur Geschäftsgeheimnis-RL mit der Feststellung eingeleitet, Unternehmen und nicht kommerzielle Forschungseinrichtungen investierten in den Erwerb, die Entwicklung und die Anwendung von Know-how und Informationen – die **Währung der wissensbasierten Wirtschaft.** Diese Investition in die **Schaffung und Anwendung intellektuellen Kapitals** sei ein bestimmender Faktor für die Wettbewerbsfähigkeit und den Markterfolg der Unternehmen. Diese aus Sicht der europäischen Legislative offenkundig fundamentalen, an den Anfang der Begründung gerückten Begriffe stehen 91a für eine **weitreichende ökonomische Fungibilität,** die mit den Mitteln des Rechts – wenn auch nicht schrankenlos – zu gewährleisten ist. Nicht anders als im Falle der Rechte des geistigen Eigentums im engeren Sinne (zur Rechtsnatur der Geschäftsgeheimnisse als „unvollkommene Immaterialgüterrechte" → Einl. Rn. 22 ff., 30 mwN; *McGuire* FS Harte-Bavendamm (2020), 366, 377: Schutzrecht oder „sonstige Schutzposition"; *Glinke* in Keller/Schönknecht/Glinke Einl. B. Rn. 101 ff.: kein „echtes" Immaterialgüterrecht, sondern diesem nur angenähert; zur „Ambivalenz" der Einordnung *Kalbfus* FS Harte-Bavendamm, 2020, 341, 352 f.) erfordert es eine im individuellen wie im Allgemeininteresse liegende volle Ausschöpfung des im Schutzgegenstand verkörperten wirtschaftlichen Potenzials, dass der (ursprüngliche) Inhaber die Verwertung seiner Leistungsergebnisse insgesamt oder teilweise, endgültig oder vorübergehend Dritten überlassen kann. Dies liegt bei den in ErwGr 1 angesprochenen „nicht kommerziellen Forschungseinrichtungen" von vornherein auf der Hand, gilt jedoch ohne Abstriche auch für Unternehmen, die wirtschaftlich werthaltige Informationen technischer Art entwickelt haben und in Form des **Technologietransfers** (vgl. nur *Kalbfus* FS Harte-Bavendamm (2020), 341, 352 f., und die VO (EU) Nr. 316/2014 der Kommission vom 21.3.2014 zur Gruppenfreistellung von Technologietransfer-Vereinbarungen, ABl. L 93 S. 17). Geschäftsinformationen wiederum stellt die Geschäftsgeheimnis-RL dem technischen Wissen in jeder rechtlichen Hinsicht gleich (vgl. ErwGr. 1 und 2).

91b Im **RegE-GeschGehG** (BT-Drs. 19/4725, 25) wurde die **rechtsgeschäftliche Übertragung von Geschäftsgeheimnissen** insoweit angesprochen, als es in der Begründung zu § 3 hieß, anders als in der RL (EU) 2016/943 werde der Begriff der Erlangung anstatt des Erwerbs verwendet, da über den rechtsgeschäftlichen Erwerb hinaus jegliche Kenntnisnahme eines Geschäftsgeheimnisses in dem Sinne erfasst werden solle, dass faktisch darüber verfügt werden könne. Die **Verkehrsfähigkeit** von Geschäfts- und Betriebsgeheimnissen stand auch **vor Verabschiedung der Geschäftsgeheimnis-RL und Inkrafttreten des GeschGehG** außer Zweifel (vgl. BGH GRUR 1955, 388 (389) – Dücko; GRUR 2006, 1044 Rn. 19 – Kundendatenprogramm; *Ohly* in Ohly/Sosnitza, UWG, 7. Aufl. 2016, Vor §§ 17–19 Rn. 5; *Glinke* in Keller/Schönknecht/Glinke Einl. E. Rn. 200).

91c Das Recht am Geschäftsgeheimnis kann nicht nur veräußert (→ Rn. 94 ff.) oder durch Lizenzerteilung verwertet werden (→ Rn. 104 ff.), sondern auch auf Grundlage einer **Schenkung,** eines **Sicherungsvertrages** oder einer **Sacheinlagevereinbarung** in der Satzung einer GmbH und eines entsprechenden Verfügungsgeschäfts den Inhaber wechseln (*Glinke* in Keller/Schönknecht/Glinke Einl. E. Rn. 208).

2. Verfügungsberechtigter Inhaber

92 **Inhaber** eines Geschäftsgeheimnisses (§ 2 Nr. 2 GeschGehG) ist **von Hause aus** diejenige natürliche oder juristische Person, die das geheime, wirtschaftlich werthaltige Wissen selbst entwickelt oder von ihren Beschäftigten oder externen Beauftragten entwickeln lässt und fortan die **rechtmäßige Kontrolle** (→ § 2 Rn. 74) über diese Geschäftsgeheimnisse besitzt. Ausdruck dieser Kontrolle sind nicht zuletzt die **„den Umständen nach angemessenen Geheimhaltungsmaßnahmen"** (→ § 2 Rn. 40 ff.), zu denen unter anderem Geheimhaltungsvereinbarungen (→ Rn. 16 ff.) zählen können.

Die rechtmäßige Kontrolle über ein Geschäftsgeheimnis hat auch derjenige, der seine Inhaberschaft wirksam **von einem Dritten ableitet.** Neben dem originären Rechtserwerb stellt die abgeleitete Rechtsträgerschaft den zweiten Fall der **rechtmäßigen Erlangung und befugten Nutzung** dar. Die **Erleichterung des Rechtetransfers** durch Übertragung oder Lizenzierung des geheimen betrieblichen Wissens bildet einen der tragenden Gründe für die Erforderlichkeit und Rechtfertigung eines effektiven Geheimnisschutzes (→ Rn. 91a; *Ohly* GRUR 2014, 1, 3). Auch in Erwägungsgründen 3 und 4 der Geschäftsgeheimnis-RL wird die Notwendigkeit betont, den grenzüberschreitenden Wissensaustausch zu fördern. Die Weitergabe des erfolgreich erarbeiteten wissenschaftlichen und technischen Wissens, seltener auch der wettbewerbsrelevanten wirtschaftlichen Geheimnisse, erfolgt teils durch Verkauf und Übertragung, teils durch Überlassung zur ausschließlichen oder nicht ausschließlichen Nutzung, also durch Lizenzerteilung (→ Rn. 103 ff.). Der Lizenznehmer wird allerdings nur in eingeschränktem Sinn „Inhaber eines Geschäftsgeheimnisses" gemäß § 2 Nr. 2 (→ § 2 Rn. 81 ff.). 93

3. Gegenstand der Veräußerung

Der ursprüngliche Inhaber eines Geschäftsgeheimnisses oder ein späterer Erwerber, der zum neuen Inhaber geworden ist, kann das Geschäftsgeheimnis isoliert oder mit dem dazugehörigen Unternehmen veräußern (BGH GRUR 2006, 1044 Tz. 19 – Kundendatenprogramm; BGHZ 172, 175 = GRUR 1955, 388 – Dücko; *Maaßen* in Loschelder/Ann/Grosch Kap. 5 Rn. 6 ff.; *Köhler* in Köhler/Bornkamm/Feddersen, UWG, 37. Aufl. 2019, Vor §§ 17–19 Rn. 3; *Ohly* in Ohly/Sosnitza, UWG, 7. Aufl. 2016, Vor §§ 17–19 Rn. 5; zweifelnd *Kalbfus,* Know-how-Schutz, S. 242 f.). Dies gilt ungeachtet der Meinungsunterschiede zur Rechtsnatur des Geschäftsgeheimnisses (→ Einl. A.I. Rn. 21 ff.), insbesondere des meist mit „Know-how" bezeichneten technischen Wissens. Die folgenden Überlegungen konzentrieren sich auf den (isolierten) Verkauf bestimmter Geschäftsgeheimnisse. Sie gelten sinngemäß aber auch für den Fall, dass Verkauf und Übertragung dieser Vermögenswerte im Rahmen eines umfassenden Unternehmenskaufvertrages erfolgen (hierzu *Slawik* in Brammsen/Apel Einl. D Rn. 51 ff.). 94

Die Veräußerung von Geschäftsgeheimnissen betrifft auf der schuldrechtlichen Ebene nach überwiegender Ansicht einen „sonstigen Gegenstand" im Sinne des **§ 453 Abs. 1 BGB** (*Maaßen* in Ann/Loschelder/Grosch Kap. 5 Rn. 6; *Westermann* in MüKoBGB § 453 Rn. 6 und § 433 Rn. 12; MüKoUWG/*Hauck* Bd. 2, 3. Aufl. 2022, Vorbem. zum GeschGehG Rn. 16; offen gelassen von *Glinke* in Keller/Schönknecht/Glinke Einl. E. Rn. 207, weil auch hinsichtlich des Verkaufs von Immaterialgüterrechten im engeren Sinne auf §§ 433 ff. BGB verwiesen wird). Dies gilt unabhängig davon, ob – wie fast immer – auch **Unterlagen und Dateien analoger und digitaler Art,** in denen die relevanten Informationen enthalten sind, **mit verkauft und übereignet** werden, um dem Erwerber das veräußerte unkörperliche Wissen möglichst vollständig zur Verfügung zu stellen; diese Verkörperungen stellen nicht den eigentlichen Kaufgegenstand dar (*Westermann* in MüKoBGB § 453 Rn. 6; *Maaßen* in Ann/Loschelder/Grosch Kap. 5 Rn. 6). Unerheblich ist es, ob das an einen neuen Inhaber veräußerte Wissen in vollem Umfang als Geschäftsgeheimnis gemäß § 2 Nr. 1 einzuordnen ist. Auch ein Bündel von teils unbekannten und nicht ohne 95 weiteres zugänglichen Informationen, teils **nicht im strengen Sinne geheimen Tatsachen** kann **einen wesentlichen wirtschaftlichen Wert besitzen.** In der Vertragspraxis zeigt sich zunehmend, dass die Übertragung oder Überlassung von Know-how nicht mehr durchweg geheimes Wissen betrifft, sondern durchaus auch Kenntnisse, die schon in einem strengen Sinn offenkundig sein mögen, jedoch gerade in ihrer Zusammensetzung nicht bekannt oder ohne weiteres zugänglich sind. Selbst im Falle der Zugänglichkeit einer mehr oder weniger großen Zahl von Einzelinformationen wird jedoch häufig – mit steigender Tendenz – fremdes Know-how erworben, um etwa die Kosten der für die eigene Herstellung notwendiger Dokumentationen und begleitender Anleitungen zu sparen (*Pfaff/Nagel* in Pfaff/Osterrieth A.I. Rn. 27).

95a Das Abstraktionsprinzip, also die **Trennung von Verpflichtungs- und Verfügungsgeschäft,** gilt auch für die Veräußerung und Übertragung von Geschäftsgeheimnissen. Der **Übergang des Rechts** am Geschäftsgeheimnis folgt den für die **Abtretung** geltenden Regeln der §§ 413, 398 BGB. Von diesem Verfügungsgeschäft ist der **Realakt** zu unterscheiden, durch den der Erwerber die tatsächliche Sachherrschaft, die rechtmäßige **Kontrolle über das Geschäftsgeheimnis** erhält und dadurch zum Inhaber iSd § 2 Abs. 2 wird (näher *Glinke* in Keller/Schönknecht/Glinke Einl. E. Rn. 209 ff.; → § 2 Rn. 74 ff.)

4. Pflichten des Veräußerers

96 **Hauptpflicht des Veräußerers** ist es, dem Erwerber das in Rede stehende Wissen technischer und/oder kaufmännischer Art so **umfassend mitzuteilen,** dass es dem Erwerber vollständig zur Verfügung steht und dieser es in gleicher Weise wie der Veräußerer oder in einer nach seinem Gutdünken angepassten oder weiterentwickelten Form nutzen kann. Der **Vertragsgegenstand** ist schon im Kaufvertrag und dessen Anlagen **genau zu beschreiben.** Allerdings wird es nicht immer möglich sein, jedes für den Erwerber relevante Detail im Voraus schriftlich zu **beschreiben** (Beispiel für eine abstrakte, aber nach den Umständen hinreichend präzise Formulierung bei *Glinke* in Keller/Schönknecht/Glinke Einl. E. Rn. 213**:** *„das gesamte Verfahrens- und Produkt-Know-how im Hinblick auf die Herstellung des Stoffes X, bestehend aus der Auslegung der Anlage einschließlich ihrer einzelnen Bestandteile und Parameter, den Produktionsverfahren und den einzelnen Parametern dieser Verfahren, den Stoffdaten, Rezepturen und Ausgangsstoffen einschließlich ihrer Spezifikationen sowie den Entwicklungs- und Forschungsberichten du sonstigen Daten und Unterlagen, die sich auf die Herstellung und Lagerung des Stoffes X beziehen*"). Der Erwerber wird allerdings häufig erst im Rahmen der Übernahme des Wissens feststellen, dass er für ein volles Verständnis aller Anwendungsvoraussetzungen und -bedingungen ergänzende Informationen benötigt, deren Relevanz auch dem Veräußerer nicht in vollem Umfang bewusst gewesen sein mag. Meist wird es zur vollständigen Übertragung des Wissens auch nicht genügen, dem Erwerber schriftliche Unterlagen und digitale Dateien auszuhändigen. Ergänzende mündliche Erläuterungen werden bei oder nach Abschluss des Kaufvertrages oft unerlässlich sein. Je nach Art der relevanten Informationen wird schon im Vertrag vorzusehen sein, dass der Erwerber in bestimmtem Umfang und für einen bestimmten Zeitraum das Recht hat, zusätzliche **Einweisungs- und Schulungsmaßnahmen** anzufordern. Diese können dann je nach Vertragsgestaltung bereits mit dem Kaufpreis abgegolten sein oder einen gesonderten Vergütungsanspruch auslösen. Ob diese Hauptpflicht des Veräußerers rechtlich als Erfüllung in analoger Anwendung der §§ 929,

930 BGB erfolgt oder als Übertragung der Dispositionsbefugnis gemäß §§ 413, 398 BGB einzuordnen ist, wird unterschiedlich beurteilt (vgl. *Maaßen* in Ann/Loschelder/Grosch Kap. 5 Rn. 11; *Ohly* in Ohly/Sosnitza, UWG, Vor §§ 17–19 Rn. 5; *Köhler* in Köhler/Bornkamm/Feddersen, UWG, 37. Aufl. 2019, Vor §§ 17–19 Rn. 3) und soll hier nicht vertieft werden.

Ferner versteht sich im Falle der Veräußerung von Geschäftsgeheimnissen im Grunde von selbst, sollte dessen ungeachtet aber vertraglich bekräftigt werden, dass sich der Veräußerer künftig **jeder eigenen Nutzung zu enthalten hat** und das verkaufte Wissen auch nicht an Dritte weitergeben darf. Diese Unterlassungspflicht wird der Erwerber durch die Vereinbarung einer signifikanten Vertragsstrafe für jeden Fall einer Zuwiderhandlung zu sichern versuchen. Im Kaufvertrag lässt sich ferner regeln, dass der Veräußerer alle **Unterlagen und Dateien,** die das verkaufte Wissen enthalten, zu **vernichten bzw. zu löschen** hat, möglicherweise mit Ausnahme einer **Sicherungskopie,** die noch für einen begrenzten Zeitraum – jedenfalls bis zum Ablauf aller Gewährleistungspflichten des Veräußerers – verwahrt werden darf. Die Unterlassungspflicht des Veräußerers umfasst die Nutzung oder Weitergabe der verkauften Geheimnisse auch in abgewandelter Form, zumindest soweit die Eigenschaften oder Herstellungsverfahren der entsprechenden Produkte noch in erheblichem Umfang auf dem nun dem Erwerber gehörenden Know-how beruhen (vgl.§ 2 Nr. 4, → § 2 Rn. 113). Dieses **Verbot** kann **im Vertrag konkretisiert,** eingeschränkt oder in Maßen erweitert werden. Es kann **entfallen,** wenn das veräußerte Geschäftsgeheimnis später ohne Zutun des Veräußerers offenkundig (d.h. bekannt oder leicht zugänglich) wird. Die Darlegungs- und Beweislast hierfür wird beim Veräußerer liegen, die Hürde wird grundsätzlich hoch anzusetzen sein. Dies gilt insbesondere dann, wenn das veräußerte Geheimwissen aus einer Vielzahl von Informationen besteht, von denen schon bei Vertragsschluss nicht alle eindeutig als „geheim" (§ 2 Nr. 1 lit. a GeschGehG) gelten konnten (Rn. 94). **97**

Ein vertragliches Verbot, das den Veräußerer daran hindert, das verkaufte Know-how zu **Forschungszwecken** weiter zu verwenden, dürfte jedenfalls für eine Dauer von bis zu zehn Jahren zulässig sein (*Maaßen* in Ann/Loschelder/Grosch Kap. 5 Rn. 19 f., mit dem zutreffenden Hinweis, dass eine längere Dauer angesichts der immer kürzer gewordenen Entwicklungszyklen praktisch ohnehin nicht relevant sein dürfte), ist allerdings ohnehin nur schwer zu überwachen. Dagegen stoßen **Wettbewerbsverbote,** die den Veräußerer an einer Konkurrenztätigkeit auf dem betroffenen Wissens- und Marktsegment selbst dann hindern sollen, wenn das veräußerte Know-how nicht oder nur in unwesentlichem Umfang verwendet wird, schnell an kartellrechtliche Grenzen (→ Rn. 102). **98**

5. Gewährleistung

Den Veräußerer treffen hinsichtlich seiner **Gewährleistung** nach den einschlägigen gesetzlichen Bestimmungen **erhebliche Risiken.** Zwar gilt der Erwerb von Know-how in noch höherem Maße als der Kauf von Patenten seit jeher als **gewagtes Geschäft** (*Maaßen* in Ann/Loschelder/Grosch 274; *Ullmann* in Benkard § 15 Rn. 31 mwN; *Glinke* in Keller/Schönknecht/Glinke Einl. E. Rn. 234). Dennoch wird grundsätzlich angenommen, dass der Veräußerer nicht nur dafür haftet, dass er verfügungsberechtigter Inhaber ist und dass das verkaufte Geheimwissen frei von Rechten Dritter genutzt werden kann. Vielmehr trifft ihn – wenn nicht anderes vereinbart wurde – eine Haftung auch dafür, dass das in Rede **99** stehende Wissen (meist in Form von Know-how im Sinne technischer Kenntnisse) als Geschäftsgeheimnis geschützt ist und zu dem vertraglich vorgesehenen Zweck eingesetzt werden kann (zu diesen Risiken im Einzelnen *Maaßen* in Ann/Loschelder/Grosch Kap. 5 Rn. 28 ff. mwN).

100 Was die **Haftung für die Nichtoffenkundigkeit** der veräußerten Kenntnisse betrifft, ist zum einen zu berücksichtigen, dass in der Praxis auch der Erwerb von Know-how, das bei strenger Betrachtung bereits offenkundig ist, zunehmend an Bedeutung gewinnt (→ Rn. 94). Zum anderen kann es dem Veräußerer ohnehin schwerfallen, für jeden Bestandteil des verkauften Wissens mit letzter Sicherheit zu klären, ob alle § 2 Nr. 1 entsprechenden Voraussetzungen für den Schutz als Geschäftsgeheimnis (noch) vorliegen, insbesondere keine Offenkundigkeit eingetreten ist und der **Nachweis angemessener Geheimhaltungsmaßnahmen** gelingen wird. Jedenfalls empfiehlt sich dringend, die diesbezügliche Haftung den Umständen des Einzelfalls entsprechend **konkret** zu regeln. Hierbei sind ggf. die durch das AGB-Recht (§§ 305 ff. BGB) errichteten Schranken zu beachten. Der Veräußerer wird den Umfang der zu übernehmenden Gewährleistungspflichten auch deshalb (selbst-) kritisch zu prüfen haben, weil ausgeschiedene Arbeitnehmer ihr im Laufe des Beschäftigungsverhältnisses redlich erworbenes Wissen im Grundsatz weiterverwenden dürfen und eine trennscharfe Abgrenzung gegenüber dem Geheimhaltungsinteresse des früheren Arbeitgebers kaum möglich ist (→ Einl. C. Rn. 37 ff.; vgl. aber die noch zu § 17 UWG aF ergangene, dem ausgeschiedenen Geschäftsführer des Unternehmens enge Grenzen setzende Entscheidung BGH GRUR 2018, 1161 Rn. 46 – Hohlfasermembranspinnanlage II). Auch die Wirksamkeit und Reichweite ausdrücklich geregelter nachvertraglicher Geheimhaltungsgebote ist nicht immer verlässlich vorauszusagen (→ Einl. C. Rn. 67 ff.). Der **Erwerber** wiederum wird bestrebt sein, sich trotz der eben angesprochenen Schwierigkeiten weitgehende Gewährleistungsrechte bis hin zu einer **Garantie** einräumen zu lassen, dies zumindest hinsichtlich der Verfügungsberechtigung des Veräußerers und der Freiheit von Rechten Dritter. Eine Garantieerklärung dieser Art modifiziert den Haftungsmaßstab nach § 276 Abs. 1 S. 1 BGB und führt zu einer **verschuldensunabhängigen Einstandspflicht** (*Glinke* in Keller/Schönknecht/Glinke Einl. E. Rn. 215 mwN).

101 Vorbehaltlich anderweitiger vertraglicher Individualregelungen liegt ein **Rechtsmangel iSd § 435 BGB** vor, wenn das Vertrags-Know-how nicht ohne Verletzung von Rechten Dritter verwendet werden kann oder wenn es in einer dem Erwerber nicht mitgeteilten Weise bereits **mit einer Lizenz zugunsten eines Dritten belastet** ist (zum Sukzessionsschutz *Kiefer* WRP 2018, 910, 915; *Glinke* in Keller/Schönknecht/Glinke Einl. E. Rn. 223 ff.). Im letztgenannten Fall verdichtet sich die Haftung des Veräußerers zu einer **Garantiehaftung,** da er diese Art von Rechtsmängeln im Zweifel stets zu vertreten hat. Die **Freiheit von Rechten Dritter** wird nicht immer zuverlässig zu klären sein; der Veräußerer wird es oft nicht zu vertreten haben, wenn nachträglich ein Problem dieser Art bekannt wird. Auch in diesem Punkt ist eine an den Gegebenheiten des Einzelfalls ausgerichtete Individuallösung auszuhandeln und in den Kaufvertrag aufzunehmen. In der Regel wird der Veräußerer nur erklären können, dass ihm (bzw. im Falle einer juristischen Person deren Organmitgliedern und ggf. auch einzelnen herausgehobenen Wissensträgern des höheren Managements) bei Vertragsschluss keine der Nutzung durch den Erwerber entgegenstehenden Rechte Dritter bekannt sind. Erst recht vertraglich zu regeln ist die **Haftung für die technische Verwendbarkeit des Vertrags-Know-hows** im Betrieb **und für die vom**

Erwerber verfolgten Zwecke. Andernfalls kann den Veräußerer in Anwendung der Sachmangel-Vorschriften gemäß §§ 453, 434 Abs. 1 S. 2 Nr. 1 BGB eine weitreichende Haftung treffen (→ Rn. 98). Diese Haftung von Gesetzes wegen kann so weit gehen, dass der Veräußerer schadensersatzpflichtig wird, wenn sich aus dem Vertragszweck eine Tauglichkeit des Know-hows für die Massenproduktion ergibt, der Erwerber aber nur Einzelstücke herstellen kann (auch hierzu *Maaßen* in Ann/Loschelder/Grosch Kap. 5 Rn. 34 unter Hinweis auf BGH GRUR 1970, 547 (548) – Kleinfilter – und mwN.). Der Veräußerer wird deshalb eine sehr auf den Einzelfall zugeschnittene Vereinbarung anstreben, in der die Frage der technischen Eignung genau geregelt und eine **Haftung für bestimmte wirtschaftliche Erfolge** einer Anwendung des Geheimwissens im Betrieb des Erwerbers **vollständig ausgeschlossen** wird. Keine gesetzliche Haftung trifft den Veräußerer für den Fall, dass ein Dritter das veräußerte Know-how insgesamt oder teilweise ohne Zutun des Veräußerers eigenständig entwickelt (vgl. auch die Klarstellung in Art. 3 Abs. 1 lit. a Geschäftsgeheimnis-RL und in § 3 Abs. 2 Nr. 1 GeschGehG).

6. Kartellrechtliche Beurteilung

Kartellrechtlich fällt die **Veräußerung und Übertragung von Geschäftsgeheimnissen** technischer oder wirtschaftlicher Art – im Gegensatz zur Lizenzerteilung für die Nutzung technischen Wissens – **nicht in den Anwendungsbereich der Verordnung (EU) 316/2014** vom 21.3.2014 über die Anwendung von Art. 101 Abs. 3 AEUV auf Gruppen von Technologietransfer-Vereinbarungen (**TT-GVO;** ABl Nr. L 293 S. 17 vom 28.3.2014; hierzu *Leistner/Königs* WRP 2014, 268; *Lembach* in Bunte, Nach Art. 101 AEUV Rn. 1366 ff.). Etwas anderes gilt dann, wenn das **Risiko der erfolgreichen Verwertung technischen Wissens teilweise beim Veräußerer verbleibt** (Art. 1 Abs. 1 lit. c ii; Mitteilung der Kommission 2014/C89/03 – Leitlinien zur Anwendung von Artikel 101 des Vertrags über die Arbeitsweise der Europäischen Union auf Technologietransfer-Vereinbarungen, Rn. 52), etwa weil die vom Erwerber geschuldete Vergütung (Kaufpreis) insgesamt oder zu einem wesentlichen Teil aus einer Beteiligung an den vom Erwerber erzielten Verwertungserlösen besteht. Die **vollständige Veräußerung** ist **kartellrechtlich neutral** (*Schweda/Giesen* in Loewenheim/Meessen/Riesenkampff/Kersting/Meyer-Lindemann Art. 1 TT-GVO Rn. 62; MüKoWettbR/*Nagel,* TT-GVO Art. 1 Rn. 62; *Maaßen* in Ann/Loschelder/Grosch Kap. 5 Rn. 15; vgl. BGH NJW-RR 2009, 1635 Rn. 35 – Gaslieferungsverträge), soweit sie nicht ausnahmsweise Teil einer wettbewerbsbeschränkenden Gesamtvereinbarung ist (Art. 101 Abs. 1 AEUV § 1 GWB) oder einen der Fusionskontrolle unterliegenden Zusammenschlusstatbestand erfüllt. 102

Nur in begrenztem Umfang zulässig sind allerdings **Wettbewerbsverbote,** die dem Veräußerer auferlegen, auf dem sachlichen und räumlichen Markt, dem das veräußerte Wissen zuzuordnen ist, auch dann nicht in Konkurrenz zum Erwerber tätig zu bleiben oder zu werden, wenn dies ohne Verwendung des veräußerten Know-hows geschieht. Solche Verbote sind – ebenso wie die dem Veräußerer eines Unternehmens auferlegten Wettbewerbsbeschränkungen – im Einzelfall daraufhin zu prüfen, ob sie sich **gegenständlich, räumlich und zeitlich auf dasjenige beschränken, was objektiv erforderlich ist,** um dem Erwerber die vertragsgemäße Übernahme und Nutzung des betroffenen (meist technischen) Wissens zu ermöglichen. Wettbewerbsverbote dieser Art können **für bis zu zwei** 103

Jahre, äußerstenfalls für bis zu fünf Jahre zulässig sein (vgl. zu Wettbewerbsverboten im Rahmen einer Unternehmensveräußerung *Hengst* in Bunte, Art. 101 AEUV Rn. 371 mwN). Unzulässig wäre es, ein Wettbewerbsverbot auch für eine Zeit aufrecht zu erhalten, in der die betreffenden Geschäftsgeheimnisse zweifelsfrei (und auch hinsichtlich der genauen Anordnung und Zusammensetzung ihrer Bestandteile, vgl, § 2 Nr. 1 lit. a) ohne jedes Zutun des Veräußerers und seiner Erfüllungsgehilfen offenkundig geworden sind.

IV. Lizenzverträge über Geschäftsgeheimnisse

1. Allgemeines

104 In ErwGr. 1 der Geschäftsgeheimnis-RL wird das von Unternehmen und Forschungseinrichtungen entwickelte **Know-how als die „Währung der wissensbasierten Wirtschaft"** bezeichnet. Stärker noch als durch vollständige Veräußerung erfolgt die Weitergabe des erfolgreich erarbeiteten wissenschaftlichen und technischen Wissens, seltener auch der wettbewerbsrelevanten wirtschaftlichen Geheimnisse, durch die **Überlassung** der Geschäftsgeheimnisse zu einer in **sachlicher, zeitlicher** und bisweilen auch **räumlicher Hinsicht näher definierten Nutzung.** ErwGr. 3 hebt die wichtige Rolle hervor, die Geschäftsgeheimnisse für den **Schutz des Wissensaustausches zwischen Unternehmen und Forschungseinrichtungen** spielen, dies sowohl innerhalb des Binnenmarktes als auch über dessen Grenzen hinaus. Im gedanklichen Ausgangspunkt erfolgt die Einräumung bestimmter Nutzungsrechte zwar **einseitig** (vgl. § 15 Abs. 2 ParG, § 30 MarkenG), indem der Rechtsinhaber einem oder mehreren Lizenznehmern Nutzungsrechte einräumt, ohne ihnen diese endgültig zu übertragen. Nicht selten kommt es aber auch zu Forschungs- und Entwicklungsgemeinschaften oder anderen Formen der Zusammenarbeit, in deren Rahmen **wechselseitig** Lizenzen erteilt werden. Überdies geht die zeitlich begrenzte Überlassung von Know-how häufig mit der Lizenzerteilung an Patenten einher (→ Rn. 128; zur Technologietransfer-Verordnung → Rn. 119 ff.; zu gemischten Patent- und Know-how-Lizenzen → Rn. 106; *Osterrieth/Weinert* in Pfaff/Osterrieth, Formulare B.I. und B.II. mit Anmerkungen); bisweilen werden auch im Zusammenhang mit Markenlizenzverträgen geheime Informationen über Herstellungsprozesse oder Kundendaten zur Verfügung gestellt (vgl. *Harte-Bavendamm* in Pfaff/Osterrieth, Formular B.IV. mit Anm.).

104a Von der **Einigung auf einen Lizenzvertrag** über die Nutzung von Geschäftsgeheimnissen kann (wie im Falle einer Markenlizenz, vgl. BGH GRUR 2020, 57 Rn. 21 ff. – Valentins, GRUR 2016, 201 Rn. 33 – Ecosoil) grundsätzlich nur dann ausgegangen werden, wenn eine schriftliche Dokumentation über den Vertragsabschluss vorliegt. Diese Voraussetzung kann allerdings auch dann erfüllt sein, wenn eine **schriftliche Vereinbarung** zwar keine ausdrücklichen Regelungen über die Lizenzerteilung enthält, im Wege der ergänzenden Vertragsauslegung aber als Lizenzvertrag zu werten ist (BGH GRUR 2020, 57 Rn. 23 ff. – Valentins). Ebenso können die allgemeinen Regeln der **Vertragsauslegung** herangezogen werden, wenn der Vertragstext offengelassen hat, ob es sich um eine **einfache oder um eine ausschließliche Lizenz** handeln soll; so hat der BGH (GRUR 2022, 893 Rn. 81 ff. – Aminosäureproduktion) das dem (Patent-) Lizenznehmer eingeräumte Recht, das Schutzrecht betreffende Auseinandersetzungen mit Dritten in eigener Verantwortung beizulegen, als Anknüpfungspunkt für die Bejahung einer ausschließlichen Lizenz gewertet. **Know-how-Lizenzen** im engeren Sinn müssen als Lizenzverträge über Technologierechte schon aus kartellrechtlichen Gründen detailliert schriftlich niedergelegt werden (→ Rn. 108, 124). Aber auch unabhängig von Wirksamkeitserfordernissen sollten Lizenzverträge über sonstige Geschäftsgeheimnisse die wechselseitigen Rechte und Pflichten sehr genau erfassen; dies gilt in besonderem Maße für die **Beschreibung des Vertragsgegenstands** (→ Rn. 107), die vom Lizenznehmer zu treffenden Schutzmaßnahmen (→ Rn. 116) oder die Berechtigung des Lizenznehmers zur Erteilung von Unterlizenzen und zur Verfolgung von Rechtsverletzungen (→ Rn. 117a).

2. Rechtliche Einordnung

Die Lizenzierung von Geschäftsgeheimnissen wird häufig nur als Begründung eines **schuldrechtlichen Nutzungsrechts** des Lizenznehmers an dem ihm überlassenen Wissen betrachtet (*Ullmann* in Benkard § 15 Rn. 234 mwN.; *Pfaff* BB 1974, 565, 566; *Maaßen* in Ann/Loschelder/Grosch Kap. 5 Rn. 41; so wohl auch *Kalbfus,* Know-how-Schutz, S. 242 f.; *Hauck* in MüKoUWG Bd. 2, 3. Aufl. 2022, Vorbem. zum GeschGehG Rn. 16: Vertrag *sui generis* mit pachtähnlichem Charakter; *McGuire* in Büscher, UWG, 2. Aufl. 2021, § 2 GeschGehG Rn. 77 ff., verneint den dinglichen Charakter von Know-how-Lizenzen unter Hinweis auf den ihres Erachtens weder vorhandenen noch erforderlichen Sukzessionsschutz und betrachtet Nutzungsrechte an Geschäftsgeheimnissen als „unechte Lizenzen"; zum Markenrecht *Thiering* in Ströbele/Hacker/Thiering § 30 Rn. 24 ff.; eingehend zur Rechtsnatur von Lizenzverträgen im Allgemeinen *Pfaff/Nagel* in Pfaff/Osterrieth, Abschnitt A.I. Rn. 33 ff. mwN). Nach einer anderen Meinung wird zumindest **ausschließlichen Lizenzverträgen** der gleiche **dingliche Charakter** zuerkannt wie etwa patent- und urheberrechtlichen Lizenzverträgen (*Forkel* in FS Schnorr zu Carolsfeld, 1972, S. 105, 122 f.; *Ohly* in Ohly/Sosnitza, UWG, 7. Aufl. 2016, Vor §§ 17–29 Rn. 5; *Köhler* in Köhler/Bornkamm/Feddersen, UWG, 37. Aufl. 2019, Vor §§ 17–19 Rn. 4; zweifelnd *Glinke* in Keller/Schönknecht/Glinke Einl. E. Rn. 239; zur Terminologie betreffend „einfache" Lizenzverträge, ausschließliche Lizenzverträge und „Alleinlizenzen" *Pfaff/Nagel* in Pfaff/Osterrieth, Lizenzverträge, 4. Aufl. 2018, Abschnitt A.I. Rn. 41 f.; *Fuchs* in Immenga/Mestmäcker TT-GVO Art. 4 Rn. 26; *Ann,* Patentrecht, 7. Aufl. 2016, § 40 Rn. 26 ff.; BeckOK PatR/*Loth/Hauck* § 15 PatG Rn. 44 ff.; *Obergfell/Hauck,* Kap. Rn. 9 ff.; zur Rechtsnatur von Geschäftsgeheimnissen im System der Rechte des geistigen Eigentums → Einl. A Rn. 21 ff.). **105**

Die Anerkennung des dinglichen Charakters einer ausschließlichen Know-how-Lizenz würde den Umgang mit **gemischten ausschließlichen Patent- und Know-how-Lizenzen** vereinfachen. Dabei stehen bald die Patente im Vordergrund, während die Lizenzierung von Know-how nur ergänzende Funktion hat, nämlich den Lizenznehmer in der praktischen Anwendung der ihm zu Nutzung überlassenen Erfindung zu unterstützen. In anderen Fällen liegt der Schwerpunkt auf der Anwendung technischer Kenntnisse; die gleichzeitige Lizenzierung des einen oder anderen Patents hat hier eher die Bedeutung, gegenüber dem Lizenznehmer den Wert des Lizenzgegenstands zu unterstreichen und die ungestörte Verwertung des lizenzierten Know-hows mehr oder weniger effektiv zu flankieren (zu den verschiedenen Mischformen *Maaßen* in **106**

Ann/Loschelder/Grosch Kap. 5 Rn. 49 ff.; *Pfaff/Nagel* in Pfaff/Osterrieth, Abschnitt A.I. Rn. 21 ff., 33 ff.; *Osterrieth/Weinert* in Pfaff/Osterrieth, Abschnitt B.I. Rn. 45–63; vgl. auch Art. 1 Abs. 1 lit. b TT-GVO). Es wäre jedenfalls sowohl für die Vertragsparteien als auch für deren mögliche Anspruchsgegner mit erheblichen Unsicherheiten verbunden, wenn die Rechte des Inhabers im Einzelfall danach aufzuspalten wären, ob es bei der Rechtsdurchsetzung gegenüber dem Lizenzgeber oder Dritten nur um die patentrechtlichen Ansprüche, nur um einen Know-how-Missbrauch oder um beides geht. Die Bedeutung einer dogmatischen Einordnung als schuldrechtliche oder (quasi-) dingliche Lizenz wird allerdings dadurch abgeschwächt, dass die **Befugnisse des Lizenznehmers vertraglich konkret definiert** werden sollten. Soweit Unklarheiten verbleiben, wird sich eine **ergänzende Vertragsauslegung** daran orientieren, dass das **Recht am Geschäftsgeheimnis besonders verletzlich und volatil** ist, die Lizenzerteilung in noch höherem Maße als etwa im Patentbereich als **Wagnisgeschäft** angesehen werden muss und eine analoge Anwendung der im Urheberrecht entwickelten Übertragungszwecklehre zur Wahrung der Rechte des Lizenzgebers herangezogen werden kann (*Glinke* in Keller/Schönknecht/Glinke Einl. E. Rn. 240; für den Vorrang der Vertragsgestaltung und -auslegung gegenüber dogmatischen Einordnungsversuchen auch *McGuire* in Büscher, GeschGehG § 2 Rn. 79 ff., 84).

3. Wesentliche Vertragspflichten

107 **a) Vertragsgegenstand.** Im Lizenzvertrag oder den dort in Bezug genommenen Dokumenten und Dateien ist der **Vertragsgegenstand so genau wie möglich zu beschreiben.** Soweit das lizenzierte Know-how lediglich in praktischen Kenntnissen der Beschäftigten des Lizenzgebers besteht, kann es ausreichen, dieses Wissen in allgemeinerer Form zu beschreiben, möglicherweise unter Nennung der Personen, die an der Weitergabe und Erläuterung der zu lizenzierenden Informationen mitwirken sollen (vgl. Rn. 45 der Leitlinien zur Anwendung von Art. 101 AEUV auf Technologietransfer-Vereinbarungen, Mitteilung der Kommission 2014/C 89/03; *Lembach* in Bunte, Nach Art. 101 AEUV Rn. 1371). Ohne nähere Beschreibung der zur Nutzung zu überlassenden Geschäftsgeheimnisse lassen sich die Rechte und Pflichten der Vertragspartner nicht hinreichend deutlich bestimmen. Vor allem aber ist es für den Fall späterer Meinungsverschiedenheiten ungewiss, woran sich die Beteiligten wie auch die zur Streitentscheidung berufenen Gerichte oder Schiedsgerichte orientieren können. Hinsichtlich der Konkretisierung des Vertragsgegenstands gelten die gleichen Grundsätze wie für die Veräußerung (Rn. 96).

108 Für Lizenzverträge zur Nutzung von Know-how im Sinne technischen Wissens kommt hinzu, dass eine Freistellung nach der **TT-GVO** (→ Rn. 102) die **Identifizierbarkeit des Know-hows** voraussetzt (Art. 1 Abs. 1 lit. i Ziff. iii TT-GVO; hierzu *Lembach* in Bunte, Nach Art. 101 AEUV Rn. 1371), damit die Kartellbehörden ggf. überprüfen können, ob das Know-how „geheim“ und „wesentlich“ ist (→ Rn. 124). Mit der Beschreibung des Vertragsgegenstands einher geht das – im Lizenzvertrag am besten auch ausdrücklich hervorzuhebende – Verbot, die betreffenden Informationen jenseits des von der Lizenz abgedeckten „Field of Use“ zu verwenden.

109 **b) Pflichten des Lizenzgebers. Hauptpflicht des Lizenzgebers** ist es, dem Lizenznehmer das für die Nutzung relevante **Wissen** zu **verschaffen.** Dies

geschieht vor allem durch die schriftliche, bildliche oder digitale Konkretisierung und Fixierung der Informationen, aus denen sich das Geschäftsgeheimnis zusammensetzt. Häufig ist es unerlässlich und dementsprechend Bestandteil der Verschaffungspflicht des Lizenzgebers, dass der Lizenznehmer zusätzlich durch die verschiedensten **Einweisungs- und Schulungsmaßnahmen** darin unterstützt wird, die ihm zur Nutzung überlassenen Kenntnisse und Erfahrungen in seinem Betrieb möglichst effektiv einzusetzen. Auch hier ist die Situation in praktischer wie in rechtlicher Hinsicht die gleiche wie bei vollständiger Veräußerung und Übertragung von Geschäftsgeheimnissen (Rn. 96), insbesondere, wenn es (auch) um die Verwendung technischer Kenntnisse und Erfahrungen geht. Es empfiehlt sich, die Einzelheiten der vom Lizenzgeber geschuldeten Maßnahmen (einschließlich eventueller Mindest- und Höchstanforderungen und einer hierfür ggf. separat geschuldeten Vergütung) vertraglich genau zu regeln (vgl. etwa *Osterrieth/Weinert* in Pfaff/Osterrieth Formular B.I. § 12; *Maaßen/Wuttke* in Ann/Loschelder/Grosch Kap. 5 Rn. 54 ff.).

Erteilt der Lizenzgeber eine **ausschließliche Lizenz,** so hat er sich **jeder** 110
eigenen Verwendung des Vertragsgegenstands zu enthalten, es sei denn, er habe sich ausdrücklich die **Eigenverwertung vorbehalten** („**Alleinlizenz**", hierzu *Fuchs* in Immenga/Mestmäcker TT-GVO Art. 4 Rn. 26; *Obergfell/Hauck,* Kap. 1 Rn. 9 ff.; BeckOK PatR/*Loth/Hauck,* § 15 PatG Rn. 47). Ein die Erteilung als **einfache oder exklusive Lizenz offen lassender** (Patent-) Lizenzvertrag kann nach allgemeinen Auslegungsregeln (§§ 133, 157 BGB) als Ausschließlichkeitsvereinbarung zu werten sein, wenn dem Lizenznehmer das Recht eingeräumt wird, das Schutzrecht betreffende Auseinandersetzungen mit Dritten in eigener Verantwortung beizulegen (vgl. zum Patentrecht BGH GRUR 2022, 893 Rn. 81 ff. – Aminosäureproduktion)

Ein den Lizenzgeber einer ausschließlichen Lizenz treffendes **Nutzungsverbot** 111
erstreckt sich im Zweifel auch auf die **Verwendung der vom Lizenzvertrag erfassten Geschäftsgeheimnisse in abgewandelter Form.** Im Fall der nicht ausschließlichen (einfachen) Lizenz bleibt der Lizenzgeber befugt, das gleiche Wissen auch anderen Lizenznehmern zur Nutzung zu überlassen, wobei er ihnen entsprechende Geheimhaltungspflichten aufzuerlegen hat.

Ferner hat der Lizenzgeber das lizenzierte Wissen während der Vertragslaufzeit 112
geheimzuhalten, soweit ihm dies rechtlich und tatsächlich möglich ist (zur reziproken, aber nicht auf die Vertragslaufzeit begrenzten Geheimhaltungspflicht des Lizenznehmers → Rn. 115). Die (wechselseitigen) Geheimhaltungspflichten sollten im Lizenzvertrag – sei es auch nur im Sinne von „Warnhinweisen" – bestätigt und konkretisiert werden. Dies wird in der Regel die Pflicht des Lizenzgebers einschließen, **Geheimhaltungsmaßnahmen aufrecht zu erhalten,** die **nach den Umständen angemessen** sind (vgl. § 2 Nr. 1 lit. b GeschGehG), insbesondere den für ihn tätigen Personen (Mitarbeitern, Beauftragten, weiteren Vertragspartnern) im Rahmen des rechtlich Möglichen (→ Einl. C. Rn. 59 ff.; *Hauck* GRUR 2022, 530 ff.) ausdrückliche vertragliche Pflichten zur Geheimhaltung der in Rede stehenden Informationen aufzuerlegen. Der Lizenzgeber macht sich **schadensersatzpflichtig,** wenn das lizenzierte Geschäftsgeheimnis während der Vertragslaufzeit aus Gründen offenkundig wird, die er zu vertreten hat (ebenso *Maaßen/Wuttke* in Ann/Loschelder/Grosch Kap. 5 Rn. 61). Letzteres ist beispielsweise dann der Fall, wenn der Lizenzgeber keine Geheimhaltungsmaßnahmen mehr ergreift oder wenn er – sei es auch befugtermaßen – weitere (einfache) Lizenznehmer einsetzt, die dann ihrerseits die geheimen Informationen aufgrund

mangelnder Sorgfalt offenkundig werden lassen. Dagegen haftet der Lizenzgeber nicht, wenn Dritte das relevante Wissen selbst entwickeln und zu nutzen beginnen (vgl. § 3 Abs. Nr. 1 GeschGehG).

112a Zu differenzieren ist allerdings in den Fällen, in denen es nach Einschätzung beider Vertragspartner **von vornherein zweifelhaft** ist, ob die Lizenzerteilung **nur Informationen** erfassen soll, **die alle Voraussetzungen eines Geschäftsgeheimnisses iSd Definition in § 2 Nr. 1 erfüllen.** Wie im Zusammenhang mit der Veräußerung von Geschäftsgeheimnissen erwähnt (→ Rn. 95), kommt es in der wirtschaftlichen Praxis unter Umständen auch dem Empfänger der Informationen nicht stets darauf an, dass diese überhaupt im strengen Sinne als „Geschäftsgeheimnisse" durchgehen. Wenn der Lizenzgeber sich auf eine Sonderkonstellation dieser Art berufen will, wird er dies schon im Lizenzvertrag detailliert regeln müssen.

113 Wie weit die **Gewährleistungspflichten des Lizenzgebers** reichen, sollte im Lizenzvertrag in einer auf den Einzelfall zugeschnittenen Weise konkretisiert werden. Dies gilt unter anderem für die Fragen, welche Verpflichtungen der Lizenzgeber hinsichtlich der **Freiheit von Rechten Dritter** auf sich nimmt, oder ob ihn irgendeine Haftung für die technische oder **wirtschaftliche Brauchbarkeit** des Vertragsgegenstands für die vom Lizenznehmer verfolgten Zwecke treffen soll (vgl. auch hierzu *Osterrieth/Weinert* in Pfaff/Osterrieth Formular B. 1 § 13; *Maaßen/Wuttke* in Ann/Loschelder/Grosch Kap. 5 Rn. 57 ff.). Im Lizenzvertrag wird ein umsichtiger Lizenzgeber klarzustellen versuchen, dass der Lizenznehmer die **Beweislast** für eine bei Vertragsschluss vorhandene oder später eingetretene Offenkundigkeit trägt. Ohnehin bleibt im Einzelfall zu prüfen, ob die anfängliche oder spätere Offenkundigkeit einzelner dem Vertragsgegenstand zuzurechnender Informationen überhaupt die Grundlagen des Lizenzvertrages in Frage stellt (→ Rn. 112a, 95). Dies gilt nicht zuletzt dann, wenn die Know-how-Überlassung Teil eines **gemischten Technologie-Transfer-Vertrages** ist und das Know-how eher die Funktion hat, den praktischen Einsatz der durch bestandskräftige Patente geschützten Erfindungen zu erleichtern (→ Rn. 105). Eine differenzierte vertragliche Lösung findet sich bei *Osterrieth/Weinert* (in Pfaff/Osterrieth, Formular B.I. § 6).

114 **c) Pflichten des Lizenznehmers.** Die **Hauptpflichten des Lizenznehmers** liegen in der Zahlung der vereinbarten Vergütung und in der Geheimhaltung der ihm zur vorübergehenden Nutzung anvertrauten Geschäftsgeheimnisse.

115 Hinsichtlich der **Vergütung** kennt die Vertragspraxis verschiedene Modelle (zum Sonderfall des „Lizenzkaufs" BGH GRUR 2016, 201 – Ecosoil). Die Vergütung kann entweder in einer **Pauschalzahlung** bestehen, welche die Verwendung des lizenzierten Wissens während der gesamten oder zunächst eines Teils der vereinbarten Vertragslaufzeit abgelten soll. Häufiger wird der Lizenzgeber aber an den Verwertungsergebnissen beteiligt, indem er einen bestimmten **Prozentsatz des vom Lizenznehmer erzielten Nettoumsatzes** erhält; er nimmt damit an den Chancen und Risiken der Verwertung teil. Diese Vertragsgestaltung ist auch bei gemischten Patent- und Know-how-Lizenzverträgen weithin üblich (vgl. etwa *Osterrieth/Weinert* in Pfaff/Osterrieth, Formular B.I. § 15 mit Erläuterungen). Sie wird nicht selten – wie es oft auch bei Vertriebsverträgen und bei marken- oder urheberrechtlichen Lizenzverträgen geschieht (*Harte-Bavendamm* in Pfaff/Osterrieth, Formular B.III. Ziffer 5 und Anm. 22) – mit der Vereinbarung jährlicher **Mindestumsätze** verbunden, die der Lizenznehmer erreichen muss. Die konkre-

ten Folgen einer Unterschreitung solcher Mindestumsätze sind vertraglich festzulegen. Üblicherweise wird der Lizenznehmer – insbesondere bei wiederholter Nichterreichung der vereinbarten Schwellenwerte – die **Differenz zu den umsatzabhängigen Gebühren auszugleichen** haben; für den Fall mehrfacher Unterschreitung wird der Lizenzgeber erwägen, sich ein **außerordentliches Kündigungsrecht** einräumen lassen. Aufgrund der Besonderheiten der Know-how-Überlassung (Unumkehrbarkeit von Erkenntnisprozessen, sehr begrenzte Nachweisbarkeit von Verletzungshandlungen, Schwierigkeit der Rechtsverfolgung) bietet sich aus der Sicht des Lizenzgebers am ehesten eine **Kombination von Pauschalbeträgen mit Stück- (Absatz-) oder Umsatzlizenzgebühren** an (*Maaßen/Wuttke* in Ann/Loschelder/Grosch Kap. 5 Rn. 111).

Weitere Hauptpflicht des Lizenznehmers ist die **Geheimhaltung** der ihm zur **116** Nutzung überlassenen Kenntnisse. Dies schließt die Einführung und Aufrechterhaltung von **Geheimhaltungsmaßnahmen** ein, die **nach den Umständen des Falles angemessen** sind (→ § 2 Rn. 40 ff.). Der Lizenzgeber wird bestrebt sein, die geeigneten Maßnahmen im Lizenzvertrag zu konkretisieren, dies jedenfalls im Sinne eines nicht abschließenden Mindeststandards. Auch könnte er sich das Recht vorzubehalten, den Lizenznehmer von Zeit zu Zeit aufzufordern, Art und Umfang der ergriffenen Maßnahmen nachzuweisen. Während der Vertragslaufzeit werden sich wirtschaftlichen und rechtlichen Interessen der Vertragspartner, die in Rede stehenden Informationen vor dem Zugriff Unbefugter zu schützen, weitgehend decken, danach fallen sie auseinander. Die Pflicht des Lizenznehmers, die geheimen Informationen des Lizenzgebers auch nach dem Ende des Nutzungsrechts solange geheimzuhalten, bis sie ohne Zutun des Lizenznehmers offenkundig werden, ergibt sich im Grunde schon aus dem Vertragszweck. Dennoch empfiehlt es sich, diesen Aspekt auch ausdrücklich zu regeln (Beispiel bei *Osterrieth/Weinert* in Pfaff/Osterrieth Formular B.I. § 17 mit Erläuterungen). Berücksichtigt werden sollten folgende Punkte (vgl. *Maaßen/Wuttke* in Ann/Loschelder/Grosch Kap. 5 Rn. 68 ff.): Bestimmung der geheimzuhaltenden Informationen; Inhalt und Umfang der Geheimhaltungspflicht (Aufrechterhaltung angemessener Geheimhaltungsmaßnahmen, Umgang mit Unterlagen und Dateien, in denen die Informationen enthalten sind, Verhalten gegenüber Dritten); Dauer der Geheimhaltungspflicht (grundsätzlich bis zu einem vom Lizenzgeber nicht zu vertretenden Eintritt der Offenkundigkeit); Ausnahmen (wie sie in der heutigen Vertragspraxis weithin üblich sind): eigenständige Entwicklung, rechtmäßige Erlangung derselben Informationen von rechtmäßig handelnden Dritten, Aussagepflichten gegenüber Gerichten und Behörden); Beweislast des Lizenznehmers für das Eingreifen solcher Ausnahmen.

Aus der Sicht des Lizenzgebers ist es ferner wünschenswert, Verstöße gegen **117** die Geheimhaltungspflicht durch Vereinbarung einer angemessenen **Vertragsstrafe** zu sanktionieren, die auf den Schadensersatzanspruch angerechnet wird. Soweit es ihm in den Verhandlungen nicht gelingt, in den Lizenzvertrag eine entsprechende **Vertragsstrafenklausel** aufzunehmen, ist daraus allerdings nicht abzuleiten, dass er auf die vertrauliche Behandlung seines wertvollen geheimen Wissens keinen hinreichenden Wert legt und womöglich allein deshalb keine angemessenen Geheimhaltungsmaßnahmen ergriffen hat (zu den Wechselwirkungen zwischen gesetzlichem Geheimnisschutz und Vertraulichkeitsvereinbarungen → Rn. 21 ff.; ferner → Rn. 79 und § 2 Rn. 64a). Gerade Forschungseinrichtungen und kleine und mittlere Unternehmen, auf deren Schutz die Geschäftsgeheimnis-RL besonders abzielt (vgl. nur ErwGr 2 und 3), verfügen gegenüber größeren

Konzernen häufig über eine schwächere Verhandlungsposition und werden oft nicht in der Lage sein, eine „Ideallösung" auszuhandeln. Ein fehlendes Vertragsstrafeversprechen des Lizenznehmers kann schwerlich zur Folge haben, dass ihnen der Schutz ihres wertvollen Know-hows, der „Währung der wissensbasierten Wirtschaft" (ErwGr 1), verweigert wird (→ § 2 Rn. 64b).

117a Zur **Erteilung von Unterlizenzen an Dritte** und zur **Verfolgung von Rechtsverletzungen** (vgl. hierzu auch die patentrechtliche Entscheidung BGH GRUR 2022, 893 Rn. 81 ff. – Aminosäureproduktion; → oben Rn. 104a, 110) sollte auch der ausschließliche Lizenznehmer **nur mit ausdrücklicher Ermächtigung** durch den Lizenzgeber befugt sein (hierzu auch *McGuire* in Büscher, UWG, 2. Aufl. 2021, § 2 GeschGehG Rn. 84). Wegen der besonderen Verletzlichkeit des Vertragsgegenstands und der erhöhten Risiken, die mit einer vom Lizenzgeber womöglich nicht mehr zuverlässig zu kontrollierenden Unterlizenzerteilung verbunden sein können, ist dringend zu empfehlen, auch diesen Punkt im Lizenzvertrag festzuschreiben. Soweit dem Lizenznehmer ausnahmsweise doch das Recht zur Vergabe von Unterlizenzen eingeräumt werden sollte, ist vorsichtshalber vertraglich klarzustellen, dass der Unterlizenzvertrag eine Klausel enthalten muss, nach welcher der **Fortbestand der Unterlizenz von der Wirksamkeit und Aufrechterhaltung der Hautlizenz abhängig** bleibt (*Glinke* in Keller/Schönknecht/Glinke Einl. E. Rn. 254),

118 Je nach Einzelfall können Lizenzverträge **weitere Verpflichtungen einer oder beider Vertragspartner** enthalten. Zu nennen sind etwa die den Lizenznehmer treffende **Ausübungspflicht** (die bei ausschließlichen Lizenzverträgen aus dem Vertragszweck abzuleiten ist, dessen ungeachtet aber ausdrücklich geregelt oder mittelbar durch die Vereinbarung jährlicher Mindestumsätze oder Mindestlizenzgebühren zum Ausdruck gebracht werden kann), eine gemeinsame, wechselseitige oder einseitige **Fortentwicklungspflicht,** zumindest aber die Vereinbarung eines laufenden **Erfahrungsaustauschs,** die Zusammenarbeit und die wechselseitigen Rechte und Pflichten im Sinne einer **Angriffs- und Verteidigungsgemeinschaft** bei Know-how-Verletzungen, oder ein dem Lizenznehmer auferlegtes **Wettbewerbsverbot** (das aber engen kartellrechtlichen Grenzen unterliegt und für das es in der Praxis der Know-how-Lizenzverträge häufig auch kein dringendes Bedürfnis gibt, vgl. *Maaßen/Wuttke* in Ann/Loschelder/Grosch Kap. 5 Rn. 87 f.).

4. Kartellrechtliche Beurteilung

119 Kartellrechtlich beurteilt sich die Lizenzerteilung zur Nutzung von Geschäftsgeheimnissen nach **Art. 101 Abs. 1 und Abs. 3 AEUV bzw. § 1 GWB.** In ErwGr 38 der Geschäftsgeheimnis-RL wird ausdrücklich hervorgehoben, dass die Richtlinie die **Anwendung der Wettbewerbsvorschriften unberührt** lässt; die in der RL vorgesehenen Maßnahmen, Verfahren und Rechtsbehelfe sollten nicht dazu verwendet werden, den Wettbewerb entgegen den Vorschriften des AEUV in unzulässiger Weise einzuschränken. Soweit sie **technisches Wissen (Know-how)** betreffen, werden Lizenzverträge unter den Voraussetzungen der **TT-GVO** (Verordnung [EU] Nr. 316/2014 der Kommission vom 21.3.2014 über die Anwendung von Art. 101 Abs. 3 des Vertrages über die Arbeitsweise der Europäischen Union auf Gruppen von Technologietransfer-Vereinbarungen, ABl. Nr. 293/S. 17) vom Kartellverbot freigestellt (→ Rn. 123; zur Anwendung des Art. 101 AEUV auf Technologietransfer-Vereinbarungen, die – insbesondere

wegen Überschreitung der Marktanteilsschwellen – nicht die Freistellungsvoraussetzungen der TT-GVO erfüllen, *Lembach* in Bunte, Nach Art. 101 Rn. 1433 ff.).

Auf der anderen Seite ist im Rahmen **kartellrechtlicher Informationsansprüche und Zugangsrechte** der Schutz der hiervon betroffenen Geschäftsgeheimnisse in die Betrachtung einzubeziehen. So ist nach § 33g Abs. 3 S. 1 GBW die **Herausgabe von Beweismitteln** nach § 33g Abs. 1 und 2 GWB ausgeschlossen, wenn sie sich unter Berücksichtigung der berechtigten Interessen der Beteiligten als unverhältnismäßig darstellt (s. auch § 33g Abs. 3 S. 2 Nr. 6 GWB; *Alexander* in Köhler/Bornkamm/Feddersen GeschGehG Vor § 1 Rn. 86). Für das **Auskunftsverfahren** bestimmt § 89b Abs. VII GWB, dass das Gericht die erforderlichen Maßnahmen trifft, um den im Einzelfall gebotenen Schutz von Geschäftsgeheimnissen zu gewährleisten. 120

Die in der Praxis relativ seltenen Lizenzverträge, die keinen Technologietransfer, sondern ausschließlich **Geschäftsgeheimnisse wirtschaftlicher Art** betreffen, sind nach **Art. 101 Abs. 1 AEUV** – oder bei rein nationalen Auswirkungen – nach **§ 1 GWB** daraufhin zu überprüfen, ob sie insgesamt oder aufgrund einzelner Klauseln **Wettbewerbsbeschränkungen bezwecken oder bewirken** und – soweit es um die Anwendung des Unionsrechts geht – geeignet sind, den **Handel zwischen den Mitgliedstaaten spürbar zu beeinträchtigen** (eingehend zum Lizenzkartellrecht *J. B. Nordemann* in Loewenheim/Meessen/Riesenkampff/Kersting/Meyer-Lindemann GRUR Rn. 22 ff.; *Bechtold/Bosch* GBW § 1 Rn. 83 ff.; *Lembach* in Bunte, Nach Art. 101 Rn. 1325 ff.). Diese Beschränkungen greifen nicht ein, soweit die Vertragsbestimmungen **lediglich Ausdruck des spezifischen Gegenstands** des jeweiligen Schutzrechts oder – im Falle von Geschäftsgeheimnissen – der den Rechten des geistigen Eigentums angenäherten Rechtsposition des Geheimnisinhabers sind. Hiervon erfasst werden jedenfalls die **beiderseitigen Geheimhaltungspflichten,** die den Lizenznehmer treffenden **Verbote, die Lizenz weiter zu übertragen, Unterlizenzen zu erteilen** und das ihm zur vorübergehenden Nutzung anvertraute **Wissen nach Vertragsende weiter zu verwerten.** Gleiches gilt für die im Lizenzvertrag vorgesehenen Pflichten zur **Unterstützung des Lizenzgebers bei der Verfolgung von Rechtsverletzungen** oder zur **Nennung des Namens oder der Marke des Lizenzgebers** (vgl. *Lembach* in Bunte, Nach Art. 101 Rn. 1439; vgl. Rn. 183 der Leitlinien zur Anwendung von Art. 101 AEUV auf Technologietransfer-Vereinbarungen, 2014/C 89/03). Auch die im Rahmen des Üblichen (→ Rn. 19) vereinbarten **Vergütungsregelungen** (einschließlich Mindestumsätzen oder -absatzmengen) sind in aller Regel (*Axster/Osterrieth* in Pfaff/Osterrieth, Abschnitt A.III. Rn. 294) kartellrechtlich unbedenklich (*Wuttke* in Ann/Loschelder/Grosch Kap. 5 Rn. 116 f.). 121

Ob die **Ausschließlichkeit** einer Lizenz **als solche wettbewerbsbeschränkenden Charakter** haben kann, ist nicht endgültig geklärt, wird aber in der Regel eher zu **verneinen** sein (vgl. BGH WuW/E 3137 – Sole; OLG Hamburg WuW/E DE-R 4443 (4451) – St. Pauli II; zu ausschließlichen Markenlizenzen *Harte-Bavendamm* in Pfaff/Osterrieth, Lizenzverträge, 4. Aufl. 2018, Formular B.III. Anm. 397 ff. mwN), soweit die Bindungsdauer fünf Jahre nicht überschreitet und es sich nicht um Exklusivvereinbarungen – insbesondere wechselseitige Exklusivvereinbarungen – zwischen Wettbewerbern handelt (vgl. *Lembach* in Bunte, Nach Art. 101 AEUV Rn. 1441). Soweit der Lizenzvertrag weitergehende Bestimmungen enthält, die Wettbewerbsbeschränkungen bezwecken oder bewirken, greift das Kartellverbot des Art. 101 Abs. 1 bzw. § 1 GWB ein. In diesem 122

Fall haben die Beteiligten auf eigenes Risiko zu prüfen, ob unter den Voraussetzungen des **Art. 101 Abs. 3 AEUV** eine **individuelle Freistellung** in Betracht kommt. Dies ist jedenfalls dann nie der Fall, wenn der Lizenzvertrag Gebietsabschottungen, Preisbindungen oder andere **Kernbeschränkungen** enthält, wie sie etwa auch in **Art. 4 TT-GVO** aufgeführt sind.

123 **Lizenzverträge über Technologierechte** sind aufgrund einer durch die TT-GVO gewährten **Gruppenfreistellung** von der Anwendung des Kartellverbots nach Art. 101 Abs. 1 AEUV bzw. § 1 GWB ausgenommen, soweit sie die in der TT-GVO genannten Voraussetzungen erfüllen (eingehend *Lembach* in Bunte, Nach Art. 101 AEUV Rn. 1366 ff.; *Fuchs* in Immenga/Mestmäcker TT-GVO). Dies beruht vor allem auf der in ErwGr 4 der TT-GVO hervorgehobenen Wertung, dass solche Vereinbarungen in der Regel die **Effizienz in der Wirtschaft steigern** und den **Wettbewerb fördern,** da sie den parallelen Forschungs- und Entwicklungsaufwand reduzieren, den Anreiz zur Aufnahme von Forschungs- und Entwicklungsarbeiten stärken, Anschlussinnovationen fördern, die Verbreitung der Technologie erleichtern und den Wettbewerb auf den Produktmärkten beleben können. Der Begriff **„Technologierechte"** bezieht sich auf **Know-how, Patente, Gebrauchsmuster, Software-Urheberrechte** und einige weitere in Art. 1 Abs. 1 lit. b TT-GVO aufgelistete Rechte des geistigen Eigentums. Dabei spielt es keine Rolle, ob sich der betreffende Vertrag nur auf **eines oder auf mehrere dieser Rechte** bezieht. Auch ist es unschädlich, wenn zusätzlich auch Markenrechte oder (nicht auf Software bezogene) Urheberrechte mit lizenziert werden, soweit dies den Lizenznehmer in die Lage versetzt, die lizenzierten Technologierechte besser zu verwerten (so Rn. 47 der Leitlinien zur Anwendung von Art. 101 des Vertrages über die Arbeitsweise der Europäischen Union auf Technologietransfer-Vereinbarungen, Mitteilung der Kommission 2014/C 89/03).

124 Der Begriff **„Know-how"** wird **für die Zwecke dieser Gruppenfreistellungsverordnung** als eine **Gesamtheit praktischer Kenntnisse** definiert, die durch Erfahrungen und Versuche gewonnen werden und die **geheim** (d.h. nicht allgemein bekannt und nicht leicht zugänglich), **wesentlich** (d.h. für die Produktion der Vertragsprodukte von Bedeutung und nützlich) und **identifiziert** sind (d.h. so nachvollziehbar beschrieben sind, dass überprüft werden kann, ob sie die Merkmale „geheim" und „wesentlich" erfüllen; hierzu *Lembach* in Bunte, Nach Art. 101 AEUV Rn. 1371). Die Freistellung gilt, solange die lizenzierten Technologierechte nicht abgelaufen, erloschen oder für ungültig erklärt worden sind und das Know-how geheim bleibt. Den Besonderheiten der Know-how-Lizenzierung wird weiter dadurch Rechnung getragen, dass die Freistellung für die gesamte vereinbarte Vertragsdauer in Kraft bleibt, wenn der Lizenznehmer den Eintritt der Offenkundigkeit verursacht hat (Art. 2 abs. 2 TT-GVO). Die Freistellung entfällt gemäß Art. 3 TT-GVO, wenn der **Marktanteil** der Beteiligten bestimmte **Schwellen überschreitet** (20 % im Falle konkurrierender Unternehmen bzw. 30 %, wenn es sich bei den Vertragspartnern nicht um konkurrierende Unternehmen handelt). In diesem Fall – wie auch bei Nichterfüllung sonstiger Freistellungsvoraussetzungen – ist eine **Einzelfallprüfung der Voraussetzungen des Art. 101 Abs. 1** (Wettbewerbsbeschränkung) und **Abs. 3** (Freistellung im Wege der Legalausnahme) vorzunehmen (*Lembach* in Bunte, Nach Art. 101 AEUV Rn. 1433 ff.).

125 Die Freistellung greift nach Art. 4 TT-GVO auch dann nicht ein, wenn der Lizenzvertrag bestimmte **„schwarze Klauseln"** (Kernbeschränkungen) enthält, wobei wiederum danach differenziert wird, ob die Vertragsparteien aktuelle oder

potentielle Wettbewerber sind oder nicht. Art. 5 TT-GVO nennt bestimmte Klauseln, die zwar nicht die Freistellung insgesamt entfallen lassen, aber nicht mit freigestellt sind. Hierbei geht es vor allem um eine Vertragspflicht des Lizenznehmers, dem Lizenzgeber eine Lizenz an selbst entwickelten Verbesserungen der lizenzierten Technologie zu gewähren, sowie (mit Einschränkungen) um das Verbot, die Schutzrechte des Vertragspartners anzufechten.

Ausnahmsweise kann umgekehrt auch die Weigerung, anderen Unternehmen **126** im Wege eines Lizenzvertrages bestimmte geheime Informationen zur Verfügung zu stellen, als **Missbrauch einer marktbeherrschenden Stellung** einzuordnen sein (Art. 102 AEUV, §§ 19 und 20 GWB). Dies ist im Falle eines marktbeherrschenden Anbieters von Betriebssystemen bejaht worden, der sich geweigert hatte, vertrauliche Schnittstelleninformationen bereitzustellen, und damit die Herstellung kompatibler Anschlussprogramme durch andere Softwareunternehmen zu verhindern suchte (EuG Rs. T-201/04, BeckRS 2007, 70806 Rn. 312 ff. – Microsoft/Kommission; *Ensthaler/Bock* GRUR 2009, 1, 4 f.).

5. Weitere lizenzvertragliche Aspekte

Zum **anwendbaren Recht** *Pfaff/Nagel* in Pfaff/Osterrieth A.II. Rn. 55–116. **127** Zur **Streitentscheidung** *Pfaff/Nagel* in Pfaff/Osterrieth A.IV. Rn. 363–414. Zum **Steuerrecht** *Ann/Kuck* in Ann/Loschelder/Grosch Kap. 9. Zum Patent- und Know-How-Lizenzvertrag in der **Insolvenz** *Osterrieth* in Pfaff/Osterrieth Abschnitt A.VII. Rn. 712–752; *Ullmann/Deichfuß* in Benkard § 15 Rn. 231 ff.; *Ann,* Patentrecht, § 41 Rn. 6; MüKoUWG/*Hauck* Bd. 2 Vorbem. zum GeschGehG Rn. 17 ff.; BGH GRUR 2006, 435 Rn. 15 ff. – Softwarenutzungsrecht; GRUR 2016, 201 – Ecosoil (für den Sonderfall des „Lizenzkaufs").

Im Rahmen einer **Kooperation bei Forschung und Entwicklung** kommt **128** es häufig auch zu einer wechselseitigen Einräumung von Verwertungsrechten (generell zur Kooperation bei Forschungs- und Entwicklungsprojekten *Maume* in Ann/Loschelder/Grosch Kap. 4 Rn. 15 ff.; zur kartellrechtlichen Beurteilung von Forschungs- und Entwicklungsvorhaben *Schütze* in Loewenheim/Meessen/Riesenkampff/Kerstig/Meyer-Lindemann FuE-GVO, 981 ff.; *Braun* in Bunte, Nach Art. 101 AEUV Rn. 153 ff.; zum Vorrang der FuE-GVO vor der TT-GVO Art. 9 TT-GVO).

Zu (wechselseitigen) Lizenzerteilungen über Technologierechte kommt es auch **129** in **Technologiepools** und **Standardisierungsverfahren** (Übersicht bei *Lembach* in Bunte, Nach Art. 101 Rn. 1452 ff., 1457 ff.).

C. Geheimnisschutz im Arbeitsrecht

Schrifttum: *Arnold/Günther,* Arbeitsrecht 4.0, Praxishandbuch zum Arbeits-, IP- und Datenschutzrecht in einer digitalisierten Arbeitswelt, 2. Aufl. 2022; *Asendorf,* Wettbewerbs- und Patentstreitsachen vor Arbeitsgerichten?, Die sachliche Zuständigkeit bei der Verletzung von Betriebsgeheimnissen durch Arbeitnehmer, GRUR 1990, 229; *Aszmons/Wiehmann/Rieks,* Arbeitsrechtliche Risiken und strafrechtliche Folgen durch Compliance-Systeme vermeiden, DB 2018, 2635; *Baranowski/Glaßl,* Anforderungen an den Geheimnisschutz nach der neuen EU-Richtlinie, BB 2016, 2563–2569; *Bartenbach/Volz,* Arbeitnehmererfindungsgesetz, 6. Aufl. 2019; *Bauer/Diller,* Wettbewerbsverbote, 9. Aufl. 2022; *Bauer/Lingemann/Diller/Haußmann,* Anwaltsformularbuch Arbeitsrecht, 7. Aufl. 2021; *Bauer/von Medem,* Rechtliche und taktische Hinweise zu Wettbewerbsverboten mit Vorständen und Geschäftsführern, GWR 2011, 435–438; *dies.,* Wettbewerbsverbote mit vertretungsberechtigten Organmitgliedern, ArbRAktuell 2011, 473–476; *Bissels/Schroeders/Ziegelmayer,* Arbeitsrechtliche Auswirkungen der Geheimnisschutzrichtlinie, DB 2016, 2295; *Böning,* Gesetzesentwurf zum Schutz von Geschäftsgeheimnissen (GeschGehG) – Maulkorb zu Lasten der Beschäftigten und ihre Interessenvertretung, ArbuR 2018, 555; *Butzert,* Die Wirksamkeit von Abwerbeverboten in Vereinbarungen zwischen Unternehmen, NJOZ 2015, 1153; *Callmann,* Betriebsgeheimnis und Arbeitnehmer, MuW 1931, 310; *ders.,* Betriebsgeheimnis und Berufserfahrung, Mitt. 1931, 212; *Degen,* Fabrikspionage und Geheimnisverrat, MuW 1927/28, 431; *Depel/Raif,* Geheimhaltungspflicht des Betriebsrats, BuW 2004, 523; *Depenheuer,* Zulässigkeit und Grenzen der Verwertung von Unternehmensgeheimnissen durch Arbeitnehmer, 1995; *Diller,* BAG: Verjährungsfrist beim Verstoß gegen ein vertragliches Wettbewerbsverbot, Anm. zu BAG, Urteil vom 30.5.2018 – 10 AZR 780/16, ArbRAktuell 2018, 474; *Erfurter Kommentar zum Arbeitsrecht,* hrsg. v. Müller-Glöge/Preis/Schmidt, 23. Aufl. 2023 (zit. ErfK); *Fezer,* Der zivilrechtliche Geheimnisschutz im Wettbewerbsrecht, Zur wettbewerbsrechtlichen und arbeitsrechtlichen Dogmatik nachvertraglicher Verschwiegenheitspflichten eines ausgeschiedenen Arbeitnehmers in FS Traub, 1994, 81; *Fingerhut,* Datenmissbrauch und Geheimnisverrat durch Mitarbeiter – die Bedeutung des § 17 UWG, BB 2014, 389; *Fitting,* Betriebsverfassungsgesetz, 31. Aufl. 2022; *Freckmann,* Geheimnisschutzrichtlinie: Verschwiegenheitsverpflichtung auf dem Prüfstand, KSzW 2017, 101; *Freckmann/Schmoll,* Geheimnisschutzrichtlinie: Neuer Standard für Vertraulichkeitsvereinbarungen und arbeitsvertragliche Verschwiegenheitsklauseln, BB 2017, 1780–1785; *Fuhlrott,* Geschäftsgeheimnisschutz durch arbeitsrechtliche Sicherungsmaßnahmen, ArbR 2020, 79; *Fuhlrott/Fischer,* Verschwiegenheitsklauseln im Lichte des Geschäftsgeheimnisschutzes, NZA 2022, 809; *Fuhlrott/Hiéramente,* Arbeitsrechtlicher Handlungsbedarf durch das Geschäftsgeheimnisgesetz – Überblick zu den Eckpunkten des Gesetzes und mögliche arbeitsrechtliche Implikationen, DB 2019, 967; *Gaugenrieder,* Einheitliche Grundlage für den Schutz von Geschäftsgeheimnissen in Europa – Zukunftstraum oder Alptraum, BB 2014, 1987; *Gaugenrieder/Unger-Hellmich,* Know-how-Schutz – gehen mit dem Mitarbeiter auch die Unternehmensgeheimnisse?, WRP 2011, 1364; *Gaul,* Die nachvertragliche Geheimhaltungspflicht eines ausgeschiedenen Arbeitnehmers, NZA 1988, 225; *ders.,* Die Abgrenzung nachvertraglicher Geheimhaltungspflichten gegenüber nachvertraglichen Wettbewerbsbeschränkungen, ZIP 1988, 689; *Glöckner,* Vereinbarte Abwerbeverbote, „No poaching, please!“, JuS 2018, 1130; *Gödde,* Die nachvertragliche Verschwiegenheitspflicht des Arbeitnehmers, 1999; *Göpfert/Horstkotte/Rottmeier,* Integrations-Vorbereitungen in kartellrechtlichen „Clean Teams“ – arbeitsrechtliche Herausforderungen, ZIP 2015, 1269; *Greßlin/Römermann,* Arbeitsrechtliche Gestaltungsmöglichkeiten zum Schutz von betrieblichem Know-how, BB 2016, 1461; *Groß/Platzer,* Whistleblowing: Keine Klarheit beim Umgang mit Informationen und Daten, NZA 2017, 1097; *dies.,* Richtlinie der EU zur Stärkung des Schutzes von Hinweisgebern ante portas, NZA 2018, 913; *Günther/Nolde,* Vertragsstrafenklauseln bei Vertragsbruch – Angemessene und abschreckende Strafhöhe, NZA 2012, 62; *Hauck,* Schutz von Geschäftsgeheimnissen und Arbeitnehmerrechte, GRUR 2022, 530; *Heydt,* Das Geschäfts- und Betriebsgeheimnis im Entwurf eines Gesetzes über das Arbeitsverhältnis, GRUR 1939, 228; *Haas/Fuhlrott,* Ein Plädoyer für mehr Flexibilität bei Vertragsstrafen, NZA-RR 2010, 1; *Hollenberg,* Die Arbeitnehmererfindung als Geschäftsgeheimnis?, Mitt. 2021, 18; *Holthausen,* Die arbeitsvertragliche Verschwiegenheit, Vertragsgestaltung nach Inkrafttreten des GeschGehG, NZA 2019, 1377; *Hopt,* Handelsgesetzbuch, 42. Aufl. 2023; *Hromadka,* Ein Arbeitsvertragsgesetz – Der Diskussionsentwurf des Arbeitskreises „Deutsche Rechtseinheit im Arbeitsrecht“, NJW 1992, 1985; *Jonas,* Arbeitsvertragliche Verschwiegenheitsvereinbarungen nach der Einführung des Geschäftsgeheimnisgesetzes, DB 2020, 1738; *Karthaus,* Omertá in der Betriebsverfassung, NZA 2018, 1180; *Kittner,* Der „volatile“ Arbeitnehmer – Wettbewerb im und außerhalb des Arbeitsverhältnisses, BB 2011, 1013; *Klein/Wegener,* Wem gehören Geschäftsgeheimnisse?, GRUR-Prax 2017, 394=ArbRAktuell 2017, 531; *Kolasa,* Trade secrets and employee mobility, In search of an equilibrium, 2018; *Kort,*

Neuer Beschäftigtendatenschutz und Industrie 4.0, Grenzen der „Rundumüberwachung" angesichts der Rechtsprechung, der DSGVO und des BDSG nF, RdA 2018, 24; *Kunz,* Betriebs- und Geschäftsgeheimnisse und Wettbewerbsverbote während der Dauer und nach Beendigung des Anstellungsverhältnisses, DB 1993, 2482; *Lakies,* AGB-Kontrolle von Vertragsstrafenvereinbarungen, ArbRAktuell 2014, 313; *Lembke,* Nachvertragliches Wettbewerbsverbot von Organmitgliedern auf dem Prüfstand, NZA-RR 2019, 65; *Mautz/Löblich,* Nachvertraglicher Verrat von Betriebs- und Geschäftsgeheimnissen, MDR 2000, 67; *Linsmeier,* „Hände weg von meinen Mitarbeitern" – Absprachen im Personalbereich in der Praxis der Kartellbehörden, BB 2018, 515; *Linsmeier/Mächtle,* Abwerbeverbote und Kartellrecht, NZKart 2015, 258; *Mes,* Arbeitsplatzwechsel und Geheimnisschutz, GRUR 1979, 584; *Mävers,* Vertragsstrafenklauseln in Arbeitsverträgen – Ein Überblick über die Rechtslage und aktuelle Rechtsprechung, ArbRAktuell 2017, 37; *McGuire,* Neue Anforderungen an Geheimhaltungsvereinbarungen?, WRP 2019, 679; *Molkenbur,* Pflicht zur Geheimniswahrung nach Ende des Arbeitsverhältnisses?, BB 1990, 1196; *Moll* (Hrsg.), Münchener Anwaltshandbuch Arbeitsrecht, 5. Aufl. 2021 (zit. MAH ArbR); *Mückl,* Effektive Bindung von Leistungs- und Know-how-Trägern in Krise und Insolvenz, ZIP 2012, 1642; *Müller,* Die Geheimhaltungspflicht des Betriebsrats und seiner (Ersatz-)Mitglieder nach § 79 Abs. 1 BetrVG, BB 2013, 2293; Münchener Handbuch zum Arbeitsrecht, hrsg. v. Kiel/Lunk/Oetker, 5. Aufl. 2021 (zit. MünchArbR); *Naber/Peukert/Seeger,* Arbeitsrechtliche Aspekte des Geschäftsgeheimnisgesetzes, NZA 2019, 583; *Nastelski,* Der Schutz des Betriebsgeheimnisses, GRUR 1957, 1; *Oetker,* Neujustierung des arbeitsrechtlichen Schutzes von Geschäftsgeheimnissen vor Offenbarung durch das Unionsrecht, ZESAR 2017, 257; *Pauken,* Nachvertragliche Wettbewerbsverbote rechtssicher gestalten, ArbRAktuell 2017, 377; *Preis/Seiwerth* Geheimnisschutz im Arbeitsrecht nach dem Geschäftsgeheimnisgesetz, RdA 2019, 351; *Reinfeld,* Das neue Gesetz zum Schutz von Geschäftsgeheimnissen, 2019; *ders.,* Verschwiegenheitspflicht und Geheimnisschutz im Arbeitsrecht, 1989; *Reinhardt-Kasperek/Kaindl,* Whistleblowing und die EU-Geheimnisschutzrichtlinie – Ein Spannungsverhältnis zwischen Geheimnisschutz und Schutz der Hinweisgeber, BB 2018, 1332; *Reiserer,* Zwei Jahre Gesetz zum Schutz von Geschäftsgeheimnissen: Chancen, aber auch Risiken für alle Arbeitgeber, DStR 2021, 1053; *Reufels/Pier,* Vertraulichkeit im Arbeitsverhältnis, ArbRB 2016, 57; *Reuter,* Wettbewerbsrechtliche Ansprüche bei Konflikten zwischen Arbeitgebern und Arbeitnehmern – Terra incognita?, NJW 2008, 3538; *Richardi,* Betriebsverfassungsgesetz, Kommentar, 17. Aufl. 2022; *Richter,* Das Geschäftsgeheimnisgesetz und dessen Ausstrahlung in das Arbeitsrecht, ArbRAktuell 2019, 375; *Richters/Wodtke,* Schutz von Betriebsgeheimnissen aus Unternehmenssicht, Verhinderung von Know-how Abfluss durch eigene Mitarbeiter, NZA-RR 2003, 281; *Salger/Breitfeld,* Regelungen zum Schutz von betrieblichem Know-how – die Abwerbung von Mitarbeitern, BB 2004, 2574; *dies.,* Regelungen zum Schutz von betrieblichem Know-how – die Sicherung von Geschäfts- und Betriebsgeheimnissen, BB 2005, 154; *Sander,* Schutz nicht offenbarter betrieblicher Informationen nach der Beendigung des Arbeitsverhältnisses im deutschen und amerikanischen Recht, GRUR Int 2013, 217; *Schlötter,* Der Schutz von Betriebs- und Geschäftsgeheimnissen und die Abwerbung von Arbeitnehmern, Eine rechtsvergleichende Untersuchung des englischen, französischen und deutschen Rechts, 1997; *Schmeding,* Wettbewerbsrechtliche Grenzen der Abwerbung von Arbeitskräften, Zugleich ein Beitrag zum Stand des Schutzes von Unternehmensgeheimnissen beim Arbeitsplatzwechsel, 2006; *Schmidt,* Bedarf das Betriebsgeheimnis eines verstärkten Schutzes?, in Verhandlungen des 36. Deutschen Juristentages, Bd. 1, 1930, 101; *Schmitt,* Geheimnisschutz und Whistleblowing, Aktuelle Rechtslage und Überlegungen zur Umsetzung in Deutschland, NZA-Beil. 2020, 50; *dies.,* Whistleblowing revisited – Anpassungs- und Regelungsbedarf im deutschen Recht – Zugleich ein Beitrag zu den arbeitsrechtlichen Auswirkungen der Geheimnisschutzrichtlinie, RdA 2017, 365–373; *Steinmann,* Die Verletzung von Geschäftsgeheimnissen durch Arbeitnehmer, 2021; *Trebeck/Schulte-Wissermann,* Die Geheimnisschutzrichtlinie und deren Anwendbarkeit, NZA 2018, 1175; *Ulrici,* Das Recht am Arbeitsergebnis, RdA 2009, 92; *Urban,* Wettbewerbsverbote rechtssicher vereinbaren, ArbRAktuell 2012, 241; *Wassermann,* Der Verrat von

Betriebs- und Geschäftsgeheimnissen durch das Betriebspersonal, GRUR 1930, 254; *Weigert,* Angemessene Geheimhaltungsmaßnahmen im Sinne des Geheimnisschutzgesetzes – Geheimnisschutz ad absurdum?, NZA 2020, 209; *Wensing/Niemann,* Vertragsstrafen in Formulararbeitsverträgen: § 307 BGB neben § 343 BGB?, NJW 2007, 401; *Wertheimer,* Bezahlte Karenz oder entschädigungslose Wettbewerbsenthaltung des ausgeschiedenen Arbeitnehmers?, zugleich Anmerkung zu BAG, 19.5.1998, BB 1999, 212 (Kantenbänder), BB 1999, 1600; *Westermann,* Der BGH baut den Know-how-Schutz aus, Anmerkung zu BGH GRUR 2006, 1044 – Kundendatenprogramm, GRUR 2007, 116; *Wiese/Kreutz/Oetker* ua, Gemeinschaftskommentar zum Betriebsverfassungsgesetz, Bd. 2, 12. Aufl. 2022; *Wirlitsch,* Wann muss der Betriebsrat schweigen?, ArbRAktuell 2010, 415; *Wochner,* Die Geheimhaltungspflicht nach § 79 BetrVG und ihr Verhältnis zum Privatrecht, insbesondere Arbeitsvertragsrecht, BB 1975, 1541.

Übersicht

I. Allgemeines

Eine **ausgeprägte Wechselbeziehung** besteht zwischen dem Schutz von Geschäftsgeheimnissen und dem Arbeitsrecht. Der Grund hierfür mag darin liegen, dass die Mitarbeiter eines Unternehmens mit dessen Geschäftsgeheimnissen in sämtlichen denkbaren Aufgabenbereichen besonders intensiv in Berührung 1 kommen. Gerade im Fall von produktiv einsetzbarem Know-how ist es unumgänglich, auch hochsensible Informationen zumindest einem beschränkten Kreis von Mitarbeitern zugänglich zu machen, wenn dieses Wissen gewinnbringend genutzt und verwertet werden soll. Es verwundert deshalb nicht, dass die Mitarbeiter eines Unternehmens als Personengruppe statistisch in die **meisten Fälle von Geheimnisverletzungen** involviert sind. Einschlägigen Erhebungen zufolge bewegt sich die Zahl der sogenannten „Innentäter" bei Geheimnisverletzungen in der Größenordnung um 70% (vgl. *Sicherheitsforum Baden-Württemberg,* SiFo-Studie 2009/10, Know-how-Schutz in Baden-Württemberg, 2009, S. 66 f.). Dabei ist die Konfliktlage keineswegs neu: Bereits der Konzeption der §§ 9 und 10 UWG 1896 (später §§ 17 ff. UWG) lag primär das Problem eines möglichen Geheimnisverrats durch Arbeitnehmer zugrunde. Auch die weit überwiegende Zahl veröffentlichter Gerichtsentscheidungen zur Verletzung von Geschäftsgeheimnissen lässt eine Tatbeteiligung von Mitarbeitern in irgendeiner Form erkennen.

2 Eine Konfliktlage von besonderer Schärfe zeigt sich bei dem Schutz von Geschäftsgeheimnissen im Verhältnis zu **ausgeschiedenen Arbeitnehmern,** die im Rahmen ihrer früheren Tätigkeit mit sensiblen Informationen in Berührung gekommen sind. Nach Beendigung des Arbeitsverhältnisses haben sie ein erhebliches und legitimes Eigeninteresse daran, in ihrem beruflichen Fortkommen nicht unangemessen eingeschränkt zu werden. Dabei sind sie auf eine Nutzung ihres **beruflichen Erfahrungswissens** angewiesen, das sich nicht immer trennscharf von Geschäftsgeheimnissen des früheren Arbeitgebers abgrenzen lässt.

3 Die nachfolgende Darstellung befasst sich zunächst mit dem Schutz von Geschäftsgeheimnissen im **Individualarbeitsrecht,** und zwar aus vertragsrechtlicher Perspektive und aus der Perspektive des GeschGehG. Im Anschluss wird insbesondere die angesprochene Konfliktlage im Verhältnis zu **ausgeschiedenen Arbeitnehmern** beleuchtet. Ein weiterer Abschnitt befasst sich mit **vertraglichen Gestaltungsmöglichkeiten** und den für sie geltenden Rahmenbedingungen. Berücksichtigt wird auch der mittelbare Schutz von Geschäftsgeheimnissen durch Vereinbarung nachvertraglicher Wettbewerbsverbote. Den Abschluss des individualarbeitsrechtlichen Teils bilden Kapitel zu **Rechtsfolgen von Geheimnisverletzungen** im Arbeitsverhältnis und zur Durchsetzbarkeit der Ansprüche. Der zweite Teil der Darstellung behandelt die Implikationen des Geheimnisschutzes im **kollektiven Arbeitsrecht.**

II. Geheimnisschutz im Individualarbeitsrecht

1. Rechtsquellen des Geheimnisschutzes im Arbeitsverhältnis

4 Der Schutz von Geschäftsgeheimnissen im Arbeitsverhältnis wird zum einen auf vertragsrechtlicher Grundlage gewährleistet. Zentrale Bedeutung hat insoweit die **arbeitsvertragliche Verschwiegenheitspflicht,** die jedem Arbeitsverhältnis gemäß § 241 Abs. 2 BGB auch ohne besondere Vereinbarung immanent ist (→ Rn. 5 ff.). Eng damit verbunden ist das arbeitsrechtliche **Wettbewerbsverbot gemäß §§ 60, 61 HGB,** das zwar nicht unmittelbar den Schutz von Geschäftsgeheimnissen in den Blick nimmt, aber dennoch eine praktisch wichtige Handhabe gegen die unrechtmäßige Nutzung von Geschäftsgeheimnissen zu Wettbewerbszwecken gewährt (→ Rn. 15 ff.). Weitere Vorgaben können sich aus **Tarifverträ-**

gen ergeben (vgl. Art. 1 Abs. 2 lit. d Geschäftsgeheimnis-RL und § 1 Abs. 3 Nr. 3 GeschGehG, s. näher → Rn. 121). Schließlich wird die arbeitsvertragliche Verschwiegenheitspflicht **zivil-** und **strafrechtlich** durch das **GeschGehG** flankiert (→ Rn. 27 ff.).

2. Vertragsrechtlicher Geheimnisschutz im Arbeitsverhältnis

a) Verschwiegenheitspflicht im Arbeitsverhältnis. aa) Rechtsgrundlage 5
der Verschwiegenheitspflicht. Auch ohne besondere Vereinbarung ist jedem Arbeitsverhältnis eine Verschwiegensheitspflicht immanent, die als Bestandteil der allgemeinen **Schutz- und Rücksichtnahmepflicht in § 241 Abs. 2 BGB** verortet wird (st.Rspr., BAG NZA 2009, 855 Rn. 23; BAG NJW 2004, 1547 (1548); OLG Stuttgart GRUR-RS 2020, 35613 Rn. 109 – Schaumstoffsysteme; LAG Niedersachsen BeckRS 2011, 68811; *McGuire* WRP 2019, 679 Rn. 15; *Preis/Seiwerth* RdA 2019, 351 (352); *Holthausen* NZA 2019, 1377 (1379); *Jonas* DB 2020, 1738 (1739)). Die arbeitsrechtliche Verschwiegenheitspflicht wurde **bislang nicht in allgemeiner Form positiviert.** Eine ausdrückliche Regelung war allerdings schon in diversen Entwürfen für ein Arbeitsvertragsgesetz vorgesehen (vgl. § 80 ArbVG-E 1977; § 90 ArbVG-E 1992; § 90 ArbVG-E Sachsen 1995; § 90 ArbVG-E Brandenburg 1996; § 77 ArbVG-E 2007). Wenn auch keiner der Entwürfe letztlich umgesetzt wurde, besteht dennoch ein Grundkonsens über die Inhalte der Verschwiegenheitspflicht. Die Gesetzesvorschläge enthielten deshalb jeweils sehr ähnliche Regelungen. Gelegentlich werden diese von der Rechtsprechung sogar zur Auslegung des geltenden ungeschriebenen Pflichtenprogramms herangezogen (vgl. BAG NZA 1988, 502 (503) zu § 80 ArbVG-E 1977). Der bislang jüngste Diskussionsentwurf eines ArbVG von *Henssler/Preis* formuliert in § 77 (NZA-Beil. 2007, 6, 19):

§ 77. Verschwiegenheitspflicht. (1) [1]Der Arbeitnehmer ist verpflichtet, über Betriebs- und Geschäftsgeheimnisse und über bestimmte oder bestimmbare, vom Arbeitgeber aus berechtigtem Interesse als geheimhaltungsbedürftig bezeichnete Tatsachen Verschwiegenheit zu wahren. [2]Soweit sie seinen Arbeitsbereich betreffen, hat er dafür zu sorgen, dass Dritte von ihnen nicht unbefugt Kenntnis erhalten.

(2) Die Verpflichtung besteht über die Beendigung des Arbeitsverhältnisses hinaus, es sei denn, sie wirkt wie ein nachvertragliches Wettbewerbsverbot im Sinne des § 81, oder das berechtigte Interesse des Arbeitgebers ist nachträglich entfallen.

Für **Auszubildende** ergibt sich eine rudimentäre Positivierung aus **§ 13 Nr. 6** 6
BBiG. Für sachliche Teilbereiche, etwa nicht freigewordene Arbeitnehmererfindungen, bestehen zudem **spezialgesetzliche Regelungen** (vgl. **§ 24 Abs. 2, 3 ArbnErfG**).

bb) Gegenstand der Verschwiegenheitspflicht. Inhaltlich ist der Arbeit- 7
nehmer vor allem zur **Wahrung von Geschäftsgeheimnissen** verpflichtet (BAG NZA 2009, 855 Rn. 23; BAG NJW 2004, 1547 (1548); *Reinfeld* in MAH ArbR § 30 Rn. 5). Darüber hinaus kann sich die Verschwiegenheitspflicht auf **weitere vertrauliche Tatsachen,** d.h. Vorgänge und Informationen erstrecken, an deren Geheimhaltung ein berechtigtes Interesse des Arbeitgebers besteht (*Reinfeld* in MAH ArbR § 30 Rn. 16; *Reichold* in MünchArbR § 54 Rn. 38).

Vor dem Hintergrund der durch § 2 Nr. 1 GeschGehG neu eingeführten Defi- 8
nition des Geschäftsgeheimnisses, ist es insbesondere denkbar, dass die vertragliche

Verschwiegenheitspflicht in Fällen weiter reicht, in denen eine Information **keinen wirtschaftlichen Wert** (§ 2 Nr. 1 lit. a) aufweist, ihr Bekanntwerden den Arbeitgeber aber dennoch schädigen oder in sonstiger Weise beeinträchtigen könnte. Beispielsweise soll sich die Verschwiegenheitspflicht auch auf **persönliche Umstände** des Arbeitgebers oder anderer Arbeitnehmer erstrecken (*Reinfeld* in MAH ArbR § 30 Rn. 17; *Reichold* in MünchArbR § 54 Rn. 38). Ein vertragsrechtlicher Schutz kommt grundsätzlich auch dann in Betracht, wenn der Arbeitgeber **keine angemessenen Geheimhaltungsmaßnahmen** getroffen hat, die den Anforderungen des § 2 Nr. 1 lit. b genügen. Eine Erweiterung des Geheimnisschutzes gegenüber dem GeschGehG auf schuldrechtlicher Grundlage ist mit dem grundsätzlichen Mindestschutzcharakter der Geschäftsgeheimnis-RL zu vereinbaren (Art. 1 Abs. 1 UAbs. 2), solange die Vorgaben des Art. 5 Geschäftsgeheimnis-RL berücksichtigt werden. Etwas anderes ergibt sich – jedenfalls für Pflichten im bestehenden Arbeitsverhältnis – auch nicht aus Art. 1 Abs. 3 Geschäftsgeheimnis-RL, da diese Bestimmung die Mobilität der Arbeitnehmer im Blick hat und deshalb v.a. solchen Beschränkungen entgegensteuert, die sich nach Beendigung eines Arbeitsverhältnisses ergeben.

9 Keine Rolle spielt es, ob der Arbeitnehmer eine Information **auf redliche oder unredliche Weise erlangt** hat; die vertragliche Verschwiegenheitspflicht gilt in beiden Fällen (*Kraßer* GRUR 1977, 177, 192).

10 **cc) Pflichtenprogramm des Arbeitnehmers.** Die arbeitsvertragliche Verschwiegenheitspflicht beinhaltet nicht nur das **Verbot einer Offenlegung** von Geheimnissen und sonstigen vertraulichen Informationen gegenüber Dritten, sondern auch ein **Verbot der vertragszweckwidrigen Nutzung** (*Kraßer* GRUR 1977, 177, 192). Überschneidungen bestehen insoweit mit dem Wettbewerbsverbot gemäß §§ 60, 61 HGB. Darüber hinaus folgt aus der Verschwiegenheitspflicht ein **Verbot der unbefugten Erlangung** geheimer Informationen (BAG NZA 2014, 1258 Rn. 32; *Reichold* in MünchArbR § 54 Rn. 38; *Kraßer* GRUR 1977, 177, 192; vgl. LAG Schleswig-Holstein DB 1990, 635 zu § 9 BAT). Unzulässig ist es daher, wenn der Arbeitnehmer seine Stellung im Betrieb missbraucht, um Geschäftsgeheimnisse auszukundschaften, die er für seine Tätigkeit nicht benötigt.

11 Als Teil einer allgemeinen Pflicht, dem Arbeitgeber **drohende Schäden abzuwenden** (vgl. BAG NJW 2004, 1547 (1548); *Weidenkaff* in Grüneberg BGB § 611 Rn. 40), kann der Arbeitnehmer je nach Stellung und Aufgabenzuschnitt sogar verpflichtet sein, im Rahmen des Möglichen und Zumutbaren aktiv **angemessene Vorsorgemaßnahmen** zu treffen, um ein Bekanntwerden von Geschäftsgeheimnissen, die seinen Aufgabenbereich betreffen, zu verhindern (vgl. hierzu § 77 Abs. 1 S. 2 des Diskussionsentwurfs eines Arbeitsvertragsgesetzes (ArbVG) von *Henssler/Preis* NZA-Beil. 2007, 6, 19, → Rn. 5; identische Regelungen enthielten bereits frühere Entwürfe für ein Arbeitsvertragsgesetz). Bei Mitarbeitern in **leitender Funktion** bestehen die Pflichten in gesteigertem Maße (LAG Rheinland-Pfalz BeckRS 2016, 68762 Rn. 74 für Prokurist und Mitglied der Geschäftsleitung). Teil der Schadensabwendungspflicht ist es auch, den Arbeitgeber **über drohende Schäden zu informieren** (BAG NJW 2004, 1547 (1548)). Dies umfasst nicht nur die Anzeige potentieller Schäden, die dem Arbeitgeber von dritter Seite drohen, sondern auch möglicher Schäden infolge eigenen – ggf. gemeinschaftlich mit weiteren Beteiligten verwirklichten – Verhaltens (**Ingerenzgedanke,** vgl. LAG Rheinland-Pfalz BeckRS 2016, 68762 Rn. 71 ff.).

12 **Verletzt ist die Rücksichtnahmepflicht** gemäß § 241 Abs. 2 BGB bereits durch Speicherung unternehmensbezogener Daten auf einer **privaten Festplatte**

ohne Sicherung gegen unbefugten Zugriff (BAG NZA 2011, 1029 Rn. 23). Gleiches gilt für die Weiterleitung betrieblicher Daten durch den Arbeitnehmer auf sein **privates E-Mail-Konto,** da es dem Arbeitnehmer verwehrt ist, sich derartige Daten für betriebsfremde Zwecke anzueignen und sie ohne Zustimmung des Arbeitgebers zu vervielfältigen (LAG Rheinland-Pfalz BeckRS 2018, 17962 Rn. 24 f.; LAG Sachsen-Anhalt BeckRS 2015, 69746, vgl. auch LAG Berlin-Brandenburg NZA-RR 2017, 532 Rn. 28 ff.). Die **Weiterleitung einer E-Mail** mit betrieblichen Informationen an einen Mitbewerber verletzt unter dem Gesichtspunkt des Verstoßes gegen das Wettbewerbsverbot die Rücksichtnahmepflicht gemäß § 241 Abs. 2 BGB auch dann, wenn es sich dabei nicht um Geschäftsgeheimnisse handelt (LAG Rheinland-Pfalz DStR 2013, 159).

dd) Grenzen der Verschwiegenheitspflicht. Einschränkend sind die vertragsrechtlichen Nebenpflichten gemäß § 241 Abs. 2 BGB allerdings auszulegen, soweit sie mit den Ausnahmetatbeständen des **Art. 5 Geschäftsgeheimnis-RL** kollidieren und diese unterlaufen würden. Dies ergibt sich zwar nicht schon aus § 5 GeschGehG, da das GeschGehG gemäß § 1 Abs. 3 Nr. 4 die Rechte und Pflichten aus dem Arbeitsverhältnis unberührt lässt. Allerdings ist auch das nationale Schuldrecht unmittelbar im Lichte der Geschäftsgeheimnis-RL auszulegen, die ihrerseits keine Einschränkung entsprechend § 1 Abs. 3 Nr. 4 GeschGehG kennt. Nach Art. 5 Geschäftsgeheimnis-RL haben die Mitgliedsstaaten sicherzustellen, dass in den dort aufgezählten Situationen kein Rechtsschutz (iSd Art. 6 ff. Geschäftsgeheimnis-RL) gegen den Erwerb, die Offenlegung oder Nutzung eines Geheimnisses gewährt wird. Soweit also eine Ausnahme nach dieser Vorschrift gegeben ist, folgt daraus, dass keine Geheimhaltungspflicht auf schuldrechtlicher Grundlage angenommen werden kann. Im Zusammenhang mit Arbeitsverhältnissen sind insbesondere die Ausnahmetatbestände zugunsten von **Whistleblowern (Art. 5 lit. b)** und zur Offenlegung von Informationen gegenüber **Arbeitnehmervertretungen (Art. 5 lit. c)** von Bedeutung. Insoweit wird auf die entsprechende Kommentierung zu § 5 GeschGehG verwiesen (→ § 5 Rn. 30 ff. u. 49 f.). 13

ee) Vertragliche Modifikationen der Verschwiegenheitspflicht (Verweis). Der vertragsrechtliche Schutz von Geschäftsgeheimnissen kann durch Vertraulichkeitsvereinbarungen konkretisiert und – in gewissen Grenzen – erweitert werden. Vertraulichkeitsvereinbarungen haben zudem Bedeutung als angemessene Geheimhaltungsmaßnahme gemäß § 2 Nr. 1 lit. b GeschGehG. Auf die Kommentierung zu vertraglichen Gestaltungsmöglichkeiten wird verwiesen (→ Rn. 59 ff.). 14

b) Wettbewerbsverbot, §§ 60, 61 HGB. aa) Allgemeines. Wettbewerbsverbote und der Schutz von Geschäftsgeheimnissen stehen in sehr engem Zusammenhang. Da der Wert eines Geschäftsgeheimnisses (§ 2 Abs. 1 lit. a GeschGehG) in der Regel aus einer durch das Geheimnis vermittelten Vorzugsstellung im Wettbewerb resultiert, bilden **Wettbewerbshandlungen** – mögen sie lauter sein oder nicht – spiegelbildlich die praktisch bedeutsamste **„Gefahrenquelle" für ein Geschäftsgeheimnis.** Wettbewerbsverbote sind daher letztlich eine mittelbare Form des Geheimnisschutzes. 15

Für Arbeitnehmer („Handlungsgehilfen") ergibt sich aus den **§§ 60, 61 HGB** auch ohne besondere Vereinbarung ein weitreichendes Wettbewerbsverbot, das einen allgemeinen Rechtsgedanken konkretisiert und ebenso wie die Verschwiegenheitspflicht **Ausfluss der Interessenwahrungspflicht des Arbeitnehmers** gemäß § 241 Abs. 2 BGB ist (vgl. BAG NZA 2018, 1425 Rn. 33; BAG NZA 16

2017, 1179 Rn. 15). Der Arbeitgeber soll vor Wettbewerbshandlungen seines Arbeitnehmers geschützt werden (st. Rspr. BAG NZA-RR 2010, 461 Rn. 22; BAG NZA 2008, 1415 Rn. 15; BAG NZA 2007, 1436 Rn. 17; LAG Rheinland-Pfalz BeckRS 2015, 71669 Rn. 35).

17 Mit der **Verschwiegenheitspflicht** des Arbeitnehmers (→ Rn. 5 ff.) bestehen **Überschneidungen,** soweit es um eine Offenbarung oder Nutzung von Geschäftsgeheimnissen zu Wettbewerbszwecken geht. Das während der Dauer des Arbeitsverhältnisses bestehende *per-se*-Verbot von Wettbewerbstätigkeiten (§ 60 Abs. 1 HGB), wirkt auch einem Missbrauch von Geschäftsgeheimnissen für solche Zwecke entgegen. Für den Arbeitgeber hat dies den Vorteil, dass er gegen eine Wettbewerbstätigkeit, die mutmaßlich zu einer Verletzung von Geschäftsgeheimnissen führt, auch dann vorgehen kann, wenn er die Verletzung als solche nicht im Einzelnen nachweisen kann. Umgekehrt schützt das Wettbewerbsverbot allerdings nicht vor einer Offenbarung oder Nutzung zu anderen als Wettbewerbszwecken (etwa in reiner Schädigungsabsicht) oder in einem anderen Geschäftszweig als dem des Arbeitgebers.

18 **bb) Persönlicher Anwendungsbereich.** Obwohl dem Wortlaut nach nur auf Handlungsgehilfen – also kaufmännische Angestellte (vgl. § 59 S. 1 HGB) – anwendbar, gelten die §§ 60, 61 HGB für **sämtliche Arbeitnehmer** und damit analog auch für andere als kaufmännische Angestellte (st. Rspr. BAG NZA 2018, 1425 Rn. 33; BAG NZA 2007, 1436 Rn. 17). Dies ist etwa für die Voraussetzungen der Gewinnherausgabe gemäß § 61 Abs. 1 Hs. 2 HGB (*Roth* in Hopt HGB § 60 Rn. 1) und für die Verjährungsregelung des § 61 Abs. 2 HGB von Bedeutung.

19 **cc) Zeitlicher Anwendungsbereich.** Das Wettbewerbsverbot des § 60 Abs. 1 HGB gilt nur **während der Dauer des Arbeitsverhältnisses.** Nach Beendigung des Arbeitsverhältnisses kommt lediglich die Vereinbarung eines vertraglichen Wettbewerbsverbotes gemäß §§ 74 ff. HGB für die Dauer von höchstens zwei Jahren und gegen Gewährung einer Karenzentschädigung in Betracht (vgl. § 110 GewO), dazu → Rn. 67 ff.

20 Maßgeblich für die Geltung des Wettbewerbsverbotes nach § 60 Abs. 1 HGB ist die **rechtliche Dauer des Arbeitsverhältnisses** (BAG NZA-RR 2010, 461 Rn. 23). Erfolgt daher nach ordentlicher Kündigung des Arbeitsverhältnisses eine Freistellung, gilt das Wettbewerbsverbot bis zum Ablauf der Kündigungsfrist fort (BAG NJW 1979, 335). Nach Ausspruch einer gerichtlich angegriffenen außerordentlichen Kündigung darf der Arbeitnehmer keine Konkurrenztätigkeit ausgeübt haben, wenn die Kündigung sich später als unwirksam herausstellt; in der Regel besteht die Bindung auch während eines Kündigungsschutzprozesses fort (BAG NZA-RR 2010, 461 Rn. 23; BAG NZA 1992, 212 (214)). Hierfür bedarf es weder des Angebotes einer Karenzentschädigung noch einer vorläufigen Weiterbeschäftigung (BAG NZA-RR 2010, 461 Rn. 23). Offengelassen hat das BAG allerdings, ob das Wettbewerbsverbot im gekündigten Arbeitsverhältnis in jeder Hinsicht gleich weit reicht wie in einem ungekündigten Arbeitsverhältnis (BAG NZA-RR 2010, 461 Rn. 24).

21 **dd) Inhalt des Wettbewerbsverbotes.** § 60 Abs. 1 kennt zwei Tatbestandsalternativen, nämlich das für den Arbeitnehmer geltende Verbot, ohne Einwilligung des Arbeitgebers ein **Handelsgewerbe zu betreiben** (Alt. 1) und das Verbot, ohne Einwilligung des Arbeitgebers in dessen Handelszweig **für eigene oder**

fremde Rechnung Geschäfte zu machen (Alt. 2). Die erste Alternative ist mit Rücksicht auf die Berufsfreiheit des Arbeitnehmers (Art. 12 Abs. 1 GG) verfassungskonform so auszulegen, dass das Verbot nur für Handelsgewerbe im Handelszweig des Arbeitgebers – also für den Betrieb von Wettbewerbsunternehmen – gilt (BAG NJW 1970, 1941 (1942)). § 60 Abs. 1 HGB begründet daher **kein allgemeines Nebentätigkeitsverbot** (*Brock* in Ann/Loschelder/Grosch Kap. 2 Rn. 2). Für den Schutz von Geschäftsgeheimnissen hat das Wettbewerbsverbot gleichwohl hohe Bedeutung, weil gerade eine Wettbewerbstätigkeit typischerweise mit einer Gefährdung von Geschäftsgeheimnissen verbunden ist. Denn auch wenn der Arbeitnehmer nicht auf schriftlich oder elektronisch niedergelegte Informationen seines Arbeitgebers zurückgreift, hätte eine Wettbewerbstätigkeit – unvermeidlich – zur Folge, dass der Arbeitnehmer hierfür wenigstens auf geheime Informationen seines Arbeitgebers zurückgreift, die er aufgrund der Tätigkeit für diesen im Gedächtnis hat.

Während des rechtlichen Bestehens eines Arbeitsverhältnisses ist einem Arbeit- **22**
nehmer **grundsätzlich jede Konkurrenztätigkeit** zum Nachteil seines Arbeitgebers untersagt, auch wenn der Einzelarbeitsvertrag keine ausdrückliche Regelung enthält. (BAG NZA 2008, 1415 Rn. 15; LAG Rheinland-Pfalz BeckRS 2015, 71669 Rn. 35). Der Arbeitnehmer darf im Marktbereich seines Arbeitgebers Dienste und Leistungen nicht Dritten anbieten. Dem Arbeitgeber soll dieser Bereich uneingeschränkt und ohne die Gefahr einer nachteiligen Beeinflussung durch den Arbeitnehmer offenstehen (BAG NZA 2018, 1425 Rn. 36; BAG NZA-RR 2010, 461 Rn. 22). Ebensowenig darf der Arbeitnehmer Wettbewerber seines Arbeitgebers unterstützen (BAG NZA 2017, 1179 Rn. 15; BAG NZA-RR 2010, 461 Rn. 22; LAG Rheinland-Pfalz BeckRS 2015, 71669 Rn. 35). Insbesondere darf er seine Kundenkontakte nicht zugunsten eines Wettbewerbers einsetzen (BAG NZA 2018, 1425 Rn. 33). Der Arbeitgeber soll schon vor einer **bloßen Gefährdung seiner Geschäftsinteressen** durch den Arbeitnehmer geschützt werden (BAG NJW 1963, 1420 (1421)). Die Verhinderung einer **Verletzung von Geschäftsgeheimnissen** gehört zum Kernbereich des Wettbewerbsverbotes (BAG NZA 2018, 1425 Rn. 42).

Nicht unter das Wettbewerbsverbot fällt die bloße **Vorbereitung späterer** **23**
Wettbewerbstätigkeiten, die erst nach Beendigung des Arbeitsverhältnisses aufgenommen werden sollen, sofern ein nachvertragliches Wettbewerbsverbot nach §§ 74 ff. HGB nicht vereinbart ist (BAG NZA-RR 2010, 461 Rn. 22; BAG NZA 2008, 1415 Rn. 15; BAG NJW 1963, 1420). Dabei kann es um die Vorbereitung eines eigenen Unternehmens oder eines Wechsels zu einem Konkurrenzunternehmen gehen (BAG NZA 2018, 1425 Rn. 38). Vorbereitungshandlungen sind zB die Anmeldung eines Unternehmens zum Handelsregister (LAG Kiel BB 1956, 338), die Anmeldung einer Marke (RG JW 37, 2654) oder die Registrierung oder der Erwerb einer Domain (BAG NZA 2021, 1581 Rn. 100; LAG Köln NZA-RR 2005, 595), die Gestaltung einer Website, solange diese noch nicht öffentlich verfügbar gemacht wird (BAG NZA 2021, 1581 Rn. 100) sowie der Abschluss eines Franchise-Vertrages (BAG NJW 1979, 335). Zulässig ist ggf. auch bereits das Anwerben von Arbeitskräften, nicht aber das Abwerben bei dem bisherigen Arbeitgeber (BAG DB 1975, 1705; LAG Kiel BB 1956, 338; für Handelsvertreter: LAG Baden-Württemberg BB 1969, 759). Abzugrenzen sind bloße Vorbereitungshandlungen von einer **(unzulässigen) werbenden Wettbewerbstätigkeit.** Unzulässig sind alle Tätigkeiten, die geeignet sind, Geschäftsverbindungen des Arbeitgebers zu Kunden, Lieferanten o.ä. zu beeinträchtigen (BAG NZA 2018,

1425 Rn. 38), zB die Vermittlung von Konkurrenzgeschäften oder das aktive Abwerben von Kunden (BAG NZA-RR 2010, 461 Rn. 22; BAG NZA 2008, 1415 Rn. 15; BAG AP HGB § 60 Nr. 5; LAG Rheinland-Pfalz BeckRS 2015, 71669 Rn. 35), auch schon der Versuch des Abwerbens (BAG NZA 2018, 1425 Rn. 38) und die Kontaktaufnahme mit Kunden mit dem Ziel, diese zu einem späteren Zeitpunkt für sich zu gewinnen (BAG NZA 2021, 1581 Rn. 104). Eine unzulässige werbende Tätigkeit ist auch das Unterhalten einer öffentlich zugänglichen Internetpräsenz, auf der Leistungen im Geschäftssegment des Arbeitgebers beworben werden, und zwar unabhängig von einer tatsächlichen Lieferbereitschaft (BAG NZA 2021, 1581 Rn. 96 ff.).

24 **Unzulässig** ist es auch bei Handlungen mit vorbereitendem Charakter, **Geschäftsgeheimnisse** des Arbeitgebers zu nutzen. Eine solche Nutzung wäre vertragszweckwidrig und verstieße zwar möglicherweise nicht gegen § 60 HGB, wohl aber gegen § 241 Abs. 2 BGB und § 4 Abs. 2 Nr. 2 GeschGehG. Derartige Handlungen können zugleich als unlauter gemäß § 3 Abs. 1 UWG (ggf. iVm § 4 Nr. 4 UWG) sein. **Beispiele:** Mitarbeiter fertigt mit Blick auf eine künftige Konkurrenztätigkeit bereits den Prototypen einer Maschine und greift dabei auf technisches Spezialwissen seines Arbeitgebers sowie auf die Unterstützung weiterer Angestellter zurück (BGH GRUR 1983, 179 (181) – Stapel-Automat). Mitarbeiter informiert Kunden seines Arbeitgebers über bevorstehenden Wechsel zu Wettbewerbsunternehmen und greift dabei auf Adressmaterial des Arbeitgebers zurück (BGH GRUR 2004, 704 – Verabschiedungsschreiben).

25 **ee) Vertragliche Modifikationen.** Das Wettbewerbsverbot ist grundsätzlich dispositiv. Es kann vertraglich eingeschränkt oder erweitert werden (*Roth* in Hopt HGB § 60 Rn. 1), letzteres mit Rücksicht auf die Berufswahlfreiheit des Arbeitnehmers (Art. 12 Abs. 1 GG) allerdings nur in gewissen Grenzen. Möglich und sinnvoll können inhaltliche **Konkretisierungen** sein. Aus Sicht des Arbeitgebers kommt eine Erweiterung zugunsten von **Konzernunternehmen,** die im gleichen Wirtschaftszweig tätig sind, in Betracht (vgl. zu Gestaltungsmöglichkeiten *Brock* in Ann/Loschelder/Grosch Kap. 2 Rn. 31 ff.). Möglich ist ferner die Vereinbarung einer **Vertragsstrafe** zur Sanktionierung von Verstößen (*Diller* ArbRAktuell 2018, 474).

26 Der Arbeitgeber kann den Arbeitnehmer durch **Einwilligung** oder **Genehmigung** – auch konkludent – von dem Wettbewerbsverbot **befreien.** Eine erteilte Zustimmung zu einer Wettbewerbstätigkeit ist unwiderruflich (*Roth* in Hopt HGB § 60 Rn. 7), es sei denn, der Arbeitgeber hat sich den Widerruf vorbehalten (*Oetker* in ErfK § 60 HGB Rn. 9). Gemäß § 60 Abs. 2 HGB gilt die Einwilligung zum Betrieb eines Handelsgewerbes als erteilt, wenn dem Arbeitgeber bei der Anstellung des Arbeitnehmers (positiv) bekannt ist, dass dieser ein Handelsgewerbe betreibt, und die Aufgabe des Betriebes nicht ausdrücklich vereinbart wird. Die Fiktion bezieht sich nur auf das Betreiben eines Handelsgewerbes gemäß § 60 Abs. 1 Alt. 1 HGB, nicht auf einzelne Geschäfte iSd § 60 Abs. 1 Alt. 2 HGB (*Roth* in Hopt HGB § 60 Rn. 7).

3. Bedeutung des GeschGehG für das Arbeitsverhältnis

27 **a) Anwendbarkeit des GeschGehG im Arbeitsverhältnis (§ 1 Abs. 3 Nr. 4).** Nach **§ 1 Abs. 3 Nr. 4 GeschGehG** bleiben die Rechte und Pflichten aus dem Arbeitsverhältnis und die Rechte der Arbeitnehmervertretungen **durch das GeschGehG unberührt.** Der Gesetzgeber hat die Vorschrift in letzter

Minute auf Empfehlung des Rechtsausschusses des Bundestages in das Gesetz aufgenommen (→ § 1 Rn. 16). Ihre Formulierung ist allerdings insofern missverständlich, als sie den Eindruck erwecken könnte, das GeschGehG finde im Bereich des Arbeitsrechts keine Anwendung. Dies war jedoch keineswegs intendiert (vgl. *Preis/Seiwerth* RdA 2019, 351, 352). Der Gesetzgeber verfolgte vielmehr folgende – dreifache – Zielsetzung (BT-Drs. 19/8300, 13): **(1)** Es sollte klargestellt werden, dass individualvertragliche rechtsgeschäftliche **Abreden in Arbeitsverträgen Vorrang** genießen. **(2)** Anknüpfend an Art. 1 Abs. 3 Geschäftsgeheimnis-RL sollte sichergestellt werden, dass die **berufliche Mobilität der Arbeitnehmer** durch das GeschGehG nicht beeinträchtigt wird; insbesondere sollten die von der arbeitsgerichtlichen Rechtsprechung formulierten Anforderungen an „Karenzzeiten" (gemeint ist: karenzentschädigungspflichtige Wettbewerbsverbote) nicht unterlaufen werden. **(3)** Das GeschGehG soll die **Rechte von Arbeitnehmervertretungen** nicht verkürzen.

Entsprechend diesen spezifischen Zielsetzungen ist **§ 1 Abs. 3 Nr. 4 GeschGehG eng auszulegen.** Der Norm lässt sich daher insbesondere nicht entnehmen, dass das Arbeitsverhältnis sakrosankt wäre und das GeschGehG im Verhältnis zu Arbeitnehmern schlechthin keine Anwendung fände. Dass dies nicht gewollt war, geht insbesondere aus § 3 Abs. 1 Nr. 3, § 5 Nr. 2, 3, § 10 Abs. 1 S. 2 und § 23 Abs. 1 Nr. 3 GeschGehG hervor. Auch der Arbeitnehmer unterliegt daher den **Handlungsverboten des § 4 GeschGehG** und ist im Falle eines Verstoßes den **Sanktionen der §§ 6 ff. GeschGehG** unterworfen (→ Rn. 95). Der Straftatbestand des **§ 23 Abs. 1 Nr. 3 GeschGehG** ist eine strafrechtliche Verstärkung arbeitsvertraglicher Pflichten (vgl. zu § 17 Abs. 1 UWG a.F.: *Pfeiffer* in FS Nirk, 1992, 861, 869; *Többens* WRP 2005, 552, 555). **28**

Unabhängig davon ist zu berücksichtigen, dass die **Geschäftsgeheimnis-RL** keine Einschränkung gemäß § 1 Abs. 3 Nr. 4 GeschGehG kennt und somit unmittelbar in das Arbeitsvertragsrecht hineinwirkt. Die Rechte und Pflichten aus dem Arbeitsverhältnis sind daher auch im Lichte der Vorgaben durch die Geschäftsgeheimnis-RL auszulegen und zu bestimmen. **29**

b) Begriff des Geschäftsgeheimnisses (§ 2 Nr. 1). Damit der Schutz des GeschGehG ergänzend zu dem Regime des Vertragsrechts eingreift, müssen die Voraussetzungen des Geschäftsgeheimnisses (§ 2 Nr. 1 GeschGehG) erfüllt sein. Auf die entsprechende Kommentierung wird verwiesen (→ § 2 Rn. 3 ff.). **30**

Speziell im Kontext des Arbeitsrechts sei auf folgende Gesichtspunkte hingewiesen: Eine Weitergabe an Beschäftigte eines Betriebes, führt grundsätzlich nicht dazu, dass eine Information in Fachkreisen **allgemein bekannt** oder **ohne Weiteres** zugänglich (§ 2 Nr. 1 lit. a) wird. Der Geheimnischarakter wird dadurch nicht in Frage gestellt (→ § 2 Rn. 26 und BGH GRUR 2018, 1161 Rn. 38 – Hohlfasermembranspinnanlage II; BGH GRUR 2012, 1048 Rn. 31 – MOVICOL-Zulassungsantrag; BGH GRUR 2003, 356 (358) – Präzisionsmessgeräte), da Beschäftigte auch ohne ausdrückliche Regelung vertragsrechtlich zur Verschwiegenheit verpflichtet sind (→ Rn. 5). **31**

An das Erfordernis **angemessener Geheimhaltungsmaßnahmen (§ 2 Abs. 1 lit. b)** sind auch im Bereich der betriebsinternen Absicherung keine überzogenen Anforderungen zu stellen (s. näher zur betriebsinternen Absicherung: → § 2 Rn. 61 ff.). Im Verhältnis zu Mitarbeitern eines Unternehmens ist einerseits an **vertragliche Maßnahmen** zu denken, wie zB **Vertraulichkeitsvereinbarungen** (→ Rn. 59; OLG Düsseldorf GRUR-RS 2021, 17483 **32**

Rn. 42 – Konstruktionszeichnungen für Zentrifugentrommel), **Rückgabeklauseln** (LAG Düsseldorf GRUR-RS 2020, 23408 Rn. 80), **Wettbewerbsverbote** (→ Rn. 67 ff.), **IT-und Smartphone-Richtlinien** zum Umgang mit Daten (OLG Düsseldorf GRUR-RS 2021, 17483 Rn. 44 – Konstruktionszeichnungen für Zentrifugentrommel; LAG Baden-Württemberg BeckRS 2021, 26156 Rn. 33) oder ein **Verbot des Speicherns betrieblicher Daten** auf privaten Endgeräten (vgl. OLG Stuttgart GRUR-RS 2020, 35613 Rn. 170 – Schaumstoffsysteme). Andererseits kommen **technisch-organisatorische Maßnahmen** in Betracht, wie zB ein Zugangsschutz über **Passwörter,** gestufte Zugangsberechtigungen nach dem **Need-to-know-Prinzip** (OLG Stuttgart GRUR-RS 2020, 35613 Rn. 169 – Schaumstoffsysteme; OLG Düsseldorf GRUR-RS 2021, 17483 Rn. 45 – Konstruktionszeichnungen für Zentrifugentrommel; LAG Baden-Württemberg BeckRS 2021, 26156 Rn. 34), die Aufsplittung von Arbeitsprozessen, um eine umfassende Kenntnisvermittlung an Einzelpersonen zu verhindern, oder **Mitarbeiterschulungen** zur Sensibilisierung für den Schutz von und den Umgang mit Geschäftsgeheimnissen. Technische Geheimhaltungsmaßnahmen mit **Kontroll- oder Überwachungscharakter** sind als technische Einrichtungen, die dazu bestimmt sind, das Verhalten oder die Leistung der Arbeitnehmer zu überwachen, regelmäßig **mitbestimmungspflichtig** gemäß **§ 87 Abs. 1 Nr. 6 BetrVG** (*Maaßen* GRUR 2019, 352, 359). Sie können zudem weitere arbeits- und datenschutzrechtliche Fragestellungen aufwerfen, da sie in der Regel mit einer Verarbeitung personenbezogener Daten einhergehen (vgl. **§ 26 Abs. 1 S. 1, 2 BDSG** nF; vgl. den Überblick bei *Kort* RdA 2018, 24). Zu etlichen Überwachungsmaßnahmen hat die Rechtsprechung spezifische Anforderungen entwickelt, vgl. zur **verdeckten Videoüberwachung:** BAG NZA 2003, 1193; BAG NZA 2017, 112; BAG NZA 2017, 443; zur Auswertung einer **offenen Videoüberwachung** nach Diebstahlsverdacht: BAG NZA 2018, 1329; zur Auswertung von **Chatprotokollen** wg. unberechtigter Privatnutzung: EGMR CCZ 2016, 285 – Barbulescu/Rumänien; zur Auswertung von **Verlaufsdaten des Internetbrowsers** wg. unberechtigter Privatnutzung: LAG Berlin-Brandenburg CR 2016, 442; zum verdeckten, anlasslosen Einsatz von **Keyloggern:** BAG NZA 2017, 1327. Zu Zulässigkeit und Grenzen des **Pre-Employment-Screenings:** *Schwarz* ZD 2018, 353; *dies.* ArbRAktuell 2018, 492 u. 514; zum Einsatz von **Data-Loss-Prevention**-Systemen: *Schlegel* MMR 2020, 3.

33 **c) Inhaberschaft an Geschäftsgeheimnissen (§ 2 Nr. 2).** Geschäftsgeheimnisse (bzw. die ihnen zugrundeliegenden Informationen), die von einem Arbeitnehmer im Rahmen seines Anstellungsverhältnisses geschaffen werden, stehen als **Arbeitsergebnisse** grundsätzlich originär dem Arbeitgeber zu, wenn sie ohne das Arbeitsverhältnis nicht entstanden wären (vgl. BGH GRUR 1977, 539 (540) – Prozessrechner; BGH GRUR 1955, 402 (403) – Anreißgerät; BGH GRUR 1981, 128 (129) – Flaschengreifer; *Hollenberg* Mitt. 2021, 18 (21); *Köhler* in Köhler/Bornkamm/Feddersen, 37. Aufl., UWG § 17 Rn. 13; *Ulrici* RdA 2009, 92, 94; für technische Verbesserungsvorschläge: *Bartenbach/Volz* ArbnErfG § 3 Rn. 26; aA *Klein/Wegener* GRUR-Prax 2017, 394). **Inhaber des Geschäftsgeheimnisses (§ 2 Nr. 2)** ist daher grundsätzlich nur der **Arbeitgeber,** nicht der Arbeitnehmer (→ § 2 Rn. 74). Dies entspricht zugleich den Wertungen des § 855 BGB (*Ulrici* RdA 2009, 92, 94) sowie zahlreicher Normen des Immaterialgüterrechts (§§ 69b, 87a Abs. 2 UrhG, 7 Abs. 2 DesignG) und deckt sich mit dem Verständnis des

Herstellerbegriffs in § 950 BGB (*Herrler* in Grüneberg BGB § 950 Rn. 7). Auch „private" Aufzeichnungen des Mitarbeiters zu Kunden seines Arbeitgebers rechnen daher zu den Geschäftsgeheimnissen des Arbeitgebers (LAG Düsseldorf GRUR-RS 2020, 23408 Rn. 72 ff. – PU-Schaum). Die Zuordnung des Geschäftsgeheimnisses ist zu unterscheiden von der Zuordnung etwaiger Immaterialgüterrechte, die aufgrund besonderer gesetzlicher Anordnung gleichzeitig originär in der Person des Arbeitnehmers entstehen mögen, etwa das dem Schöpferprinzip unterliegende Urheberrecht (vgl. BGH GRUR 1952, 257 – Krankenhaus-Kartei) oder das dem Erfinderprinzip unterliegende Recht an der Erfindung (vgl. BGH GRUR 2010, 817 Rn. 28 – *Steuervorrichtung*; *Bartenbach/Volz* ArbnErfG § 6 nF Rn. 5). Eine solche gesetzliche Anordnung findet sich für Geschäftsgeheimnisse als solche gerade nicht. Schon aus praktischen Gründen besteht allerdings keine originäre Inhaberschaft des Arbeitgebers bei sog. **tacit knowledge,** d.h. personengebundenem, implizitem Wissen, das von vorneherein nicht isoliert kommunizierbar und deshalb auch nicht selbständig übertragbar ist (vgl. *Kalbfus* Know-how-Schutz Rn. 120 f.; *Oehlrich* GRUR 2010, 33, s. ferner *Hollenberg* Mitt. 2021, 18 (20)).

d) Zivilrechtlicher Schutz durch das GeschGehG (§§ 4, 5). Eine Offenbarung oder Nutzung von Geschäftsgeheimnissen entgegen bestehenden arbeitsvertraglichen Verpflichtungen kann zugleich einen Verstoß gegen **§ 4 Abs. 2 Nr. 2, 3 GeschGehG** darstellen (→ § 4 Rn. 36 ff.). Hat der Arbeitnehmer sein Arbeitsverhältnis nur ausgenutzt, um sich zu sachfremden Zwecken geheime Informationen anzueignen, kommt zudem ein Verstoß gegen **§ 4 Abs. 1 und Abs. 2 Nr. 1 GeschGehG** in Betracht. Liegt ein Verstoß gegen § 4 GeschGehG vor, finden die **§§ 6 ff. GeschGehG** neben den vertragsrechtlichen Rechtsfolgen Anwendung. 34

Zu beachten sind jeweils die Ausnahmen des § 5 GeschGehG. In Zusammenhang mit Arbeitsverhältnissen sind insbesondere die Tatbestände zugunsten von **Whistleblowern (§ 5 Nr. 2 geschGehG)** und zur Offenlegung von Informationen gegenüber **Arbeitnehmervertretungen (§ 5 Nr. 3 GeschGehG)** von Bedeutung. Auf die entsprechende Kommentierung zu § 5 GeschGehG wird verwiesen (→ § 5 Rn. 30 ff. u. 49 f.). 35

e) Strafrechtlicher Schutz (§ 23). Eine vorsätzliche Verletzung von Geschäftsgeheimnissen durch Arbeitnehmer und arbeitnehmerähnliche Personen **(„Beschäftigte eines Unternehmens")** kann zudem strafbar gemäß **§ 23 Abs. 1 Nr. 3 GeschGehG** sein. Wie schon die Vorläuferbestimmung des § 17 Abs. 1 UWG a.F. ist die Strafnorm des § 23 Abs. 1 Nr. 3 GeschGehG allerdings nur bei Handlungen während der Geltungsdauer des Beschäftigungsverhältnisses anwendbar. Strafbar ist zudem nur die **rechtswidrige Offenlegung,** nicht die missbräuchliche Nutzung des Geheimnisses (näher zu diesen Enschränkungen *Kalbfus* Know-how-Schutz Rn. 198 ff. und 203 ff.). Weitergehender strafrechtlicher Schutz besteht gemäß § 23 Abs. 1 Nr. 2 GeschGehG nur dann, wenn zusätzlich bereits die Erlangung des Geschäftsgeheimnisses rechtswidrig war. Im Einzelnen sei auf die Kommentierung zu § 23 GeschGehG verwiesen (→ § 23 Rn. 13 ff. und 19 ff.). 36

4. Geheimnisschutz im Verhältnis zu ehemaligen Arbeitnehmern

a) Konfliktlage. Erhebliche Brisanz und hohe praktische Bedeutung kommt der Frage zu, inwieweit Geschäftsgeheimnisse eines Unternehmens **im Verhältnis** 37

zu ausgeschiedenen Arbeitnehmern Schutz genießen. Wird die Verpflichtung des Arbeitnehmers, während der Dauer des Arbeitsverhältnisses Geschäftsgeheimnisse des Arbeitgebers zu wahren und diese nicht zweckwidrig zu verwerten, ohne weiteres aus arbeitsvertraglichen Nebenpflichten (§ 241 Abs. 2 BGB) abgeleitet, kann eine Fortdauer dieser Pflicht nach Beendigung des Arbeitsverhältnisses jedenfalls nicht in unbegrenztem Ausmaß angenommen werden (vgl. BAGE 3, 139). Dabei erschöpfen sich die Bedenken keineswegs in der rein dogmatischen Frage einer Nachwirkung vertraglicher Pflichten. Die eigentliche Schwierigkeit resultiert aus der Notwendigkeit rechtspolitischer Wertungen, die das Vertrags- und Deliktsrecht in gleicher Weise durchziehen und die das **Geheimhaltungsinteresse** des (ehemaligen) Arbeitgebers mit dem Interesse des früheren Arbeitnehmers an beruflichem Fortkommen (sog. **Arbeitnehmermobilität**) in Einklang bringen müssen. Eine Interessenkollision ergibt sich daraus, dass sich Geschäftsgeheimnisse des Arbeitsgebers nicht trennscharf von **beruflichem Erfahrungswissen** des Arbeitnehmers, das er für sein Fortkommen benötigt, abgrenzen lassen. Soweit sich beide Gegenstände überschneiden, ist daher entweder dem Geheimhaltungsinteresse oder der Arbeitnehmermobilität Vorrang zu gewähren.

38 In einem vielbeachteten Rechtsgutachten für den 36. Deutschen Juristentag 1931 hat *Eberhard Schmidt* diese Interessenkollision zwischen Geheimnisinhaber und Arbeitnehmer als **„Kardinalproblem"** des gesamten Geheimnisschutzes bezeichnet (*Schmidt* in 36. DJT 101, 140). Die Entwicklung von Lösungsansätzen hierfür hat nicht nur die Rechtsprechung intensiv beschäftigt (vgl. nur RGZ 65, 333 – Pomril; BGH GRUR 2002, 91 – Spritzgießwerkzeuge; BAGE 41, 21), sondern auch zu einer Fülle wissenschaftlicher Publikationen geführt (vgl. statt vieler: *Kolasa* Trade Secrets and Employee Mobility, 2018; *Schlötter* Der Schutz von Betriebs- und Geschäftsgeheimnissen und die Abwerbung von Arbeitnehmern, 1997; *Kalbfus* Know-how-Schutz Rn. 507 ff.; *Mes* GRUR 1979, 584; *Nastelski* GRUR 1957, 1; *Callmann* MuW 1931, 310 u. Mitt 1931, 212; *Wassermann* GRUR 1930, 254). Die **Geschäftsgeheimnis-RL,** die das Problem in ihrer ersten Entwurfsfassung noch nahezu ausgeblendet hatte, enthält in **Art. 1 Abs. 3** nun eine sehr allgemein gehaltene Regelung, die eher den Charakter eines programmatischen Leitsatzes aufweist und die ausgestaltende Handhabung der Rechtsprechung überlässt. Auch das **GeschGehG** nimmt keinen weitergehenden Interessenausgleich vor, sondern lässt gemäß **§ 1 Abs. 3 Nr. 4** die Rechte und Pflichten aus dem Arbeitsverhältnis ausdrücklich unberührt.

39 Nach Maßgabe der bestehenden Rechtsprechung in Deutschland ist wertungsmäßig jedenfalls zwischen **zwei grundlegenden Fallkonstellationen** zu unterscheiden: Zum einen geht es um Geschäftsgeheimnisse, von denen der Arbeitnehmer bei **pflichtgemäßer Ausübung** seiner Tätigkeit *redlich* Kenntnis erlangt hat (dazu → Rn. 40 ff.). Davon zu unterscheiden ist der Fall, dass er sich derartige Kenntnisse ***unredlich*** **verschafft** hat, ohne dass das Beschäftigungsverhältnis hierzu Anlass gegeben hätte (dazu → Rn. 54 ff.). Hierzu zählen auch und gerade Fälle, in denen der Arbeitnehmer sein Beschäftigungsverhältnis ausgenutzt hat, um zu vertragsfremden Zwecken Kenntnis von bestimmten Geschäftsgeheimnissen zu erlangen.

40 **b) Redlich erlangte Kenntnisse. aa) Rechtsprechung des Bundesgerichtshofs.** Der Bundesgerichtshof hat sich mit dem Schutz von Geschäftsgeheimnissen im Verhältnis zu ehemaligen Arbeitnehmern wiederholt aus **wettbewerbsrechtlicher Perspektive** befasst und dabei in ständiger Rechtsprechung

an dem **Grundsatz** festgehalten, dass ein Arbeitnehmer nach seinem Ausscheiden aus dem Beschäftigungsverhältnis in der Weitergabe und Verwertung der dort **redlich erlangten Geschäftsgeheimnisse in der Regel frei** ist (st. Rspr., BGH GRUR 2018, 1161 Rn. 46 – Hohlfasermembranspinnanlage II; BGH GRUR 2002, 91 (92) – Spritzgießwerkzeuge; BGH GRUR 1983, 179 (181) – Stapel-Automat; BGH GRUR 1964, 215 (216) – Milchfahrer; BGH GRUR 1955, 424 (425) – Möbelpaste; BGH GRUR 1955, 402 (404) – Anreißgerät). Dem gleichen Ansatz folgte bereits die Linie des Reichsgerichts (grundlegend: RGZ 65, 333 (337 ff.) – Pomril). Die Entscheidungspraxis entnimmt der bewussten gesetzgeberischen Entscheidung, die Strafnorm des **§ 17 Abs. 1 UWG a.F.** (jetzt: § 23 Abs. 1 Nr. 3 GeschGehG) zeitlich auf die Dauer des Beschäftigungsverhältnisses zu begrenzen, eine allgemeine, **auch zivilrechtlich verbindliche Wertung.** Danach soll der ausgeschiedene Arbeitnehmer in der Verwertung seines redlich erworbenen beruflichen Erfahrungswissens, das nur schwer von Geschäftsgeheimnissen des Arbeitgebers abgrenzbar sei, grundsätzlich nicht eingeschränkt werden (BGH GRUR 2002, 91 (92) – Spritzgießwerkzeuge). Dieser Grundsatz bezieht sich allerdings nur auf solche Informationen, die dem Arbeitnehmer **im Gedächtnis geblieben** sind und die er **ohne Hilfsmittel** aus dem Gedächtnis heraus reproduzieren kann (BGH GRUR 2018, 1161 Rn. 46 – Hohlfasermembranspinnanlage II; BGH GRUR 2006, 1044 Rn. 13 – Kundendatenprogramm; BGH GRUR 1999, 934 (935) – Weinberater). Greift der ausgeschiedene Arbeitnehmer hingegen auf ihm noch vorliegende Aufzeichnungen zurück, so liegt darin eine unredliche Erlangung (→ Rn. 57).

Ausnahmen von dem vorstehenden Grundsatz sind nur bei Vorliegen **besonderer Umstände** denkbar. Derartige Umstände sind durch eine einzelfallbezogene Gesamtabwägung der – jeweils mit Verfassungsrang ausgestatteten – Interessen der Arbeitnehmer an ihrem beruflichen Fortkommen einerseits und des Arbeitgebers an einer Geheimhaltung seines Know-how andererseits festzustellen (BGH GRUR 2002, 91 (93) – Spritzgießwerkzeuge). Maßgebliche Umstände können beispielsweise sein (vgl. BGH GRUR 1963, 367 (370) – Industrieböden; RG GRUR 1936, 573 (578) – Albertus Stehfix): 41

- besonderes, in der Vergütung zum Ausdruck kommendes **Vertrauensverhältnis** (zB Prokurist, BGH GRUR 1963, 367 (370) – Industrieböden; nicht: Vertriebsleiter ohne Prokura oder Handlungsvollmacht, BGH GRUR 1983, 179 (180) – Stapel-Automat),
- besondere wirtschaftliche **Bedeutung** eines Geheimnisses für den ehemaligen Arbeitgeber,
- keine oder nur **geringfügige Beeinträchtigung** des ausgeschiedenen Arbeitnehmers in seinem beruflichen Fortkommen,
- kein **eigener Beitrag** des Arbeitnehmers zur Entwicklung des Geheimnisses,
- kurze **Dauer des Arbeitsverhältnisses** (zB rund zwei Jahre, BGH GRUR 1963, 367 (370) – Industrieböden; nicht hinreichend kurz: acht Jahre, BGH GRUR 2001, 91 (94) – Spritzgießwerkzeuge),
- Auflösung des Arbeitsverhältnisses ausschließlich infolge eines **Verschuldens** des Arbeitnehmers.

Aufgrund des Erfordernisses einer Gesamtabwägung ist es regelmäßig nicht ausreichend, wenn einzelne dieser Faktoren isoliert vorliegen, vielmehr wird ein hinreichend gewichtiger Ausnahmefall nur bei **Zusammentreffen mehrerer Umstände** der genannten Art anzunehmen sein.

42 Eine **zeitlich begrenzte Fortdauer der zivilrechtlichen Geheimhaltungspflicht** hat der BGH zudem in Betracht gezogen, wenn der Arbeitnehmer eine außerordentliche Kündigung des Arbeitgebers gerade zu dem Zweck provoziert, dessen Geschäftsgeheimnisse schon frühzeitig frei nutzen zu können. In einem solchen Fall kann eine Fortdauer bis zum regulären Ende der Laufzeit des Arbeitsvertrages anzunehmen sein (BGH GRUR 1955, 402 (404 f.) – Anreißgerät; ebenso: BAGE 41, 21 (28)).

43 Ein **weitergehender Geheimnisschutz** gegenüber ehemaligen Arbeitnehmern ist in der Literatur wiederholt gefordert (vgl. insbesondere *Mes* GRUR 1979, 584; *Nastelski* GRUR 1957, 1), in der Rechtsprechung des Bundesgerichtshofs aber **nicht anerkannt** worden.

44 Zu Möglichkeiten einer **vertraglichen Konkretisierung** und **Erweiterung** des Pflichtenkreises ehemaliger Arbeitnehmer siehe → Rn. 59 ff.

45 **bb) Rechtsprechung des Bundesarbeitsgerichts.** Das Bundesarbeitsgericht hat sich mit dem Geheimnisschutz gegenüber ausgeschiedenen Arbeitnehmern primär unter dem Gesichtspunkt einer **Nachwirkung von Vertragspflichten** befasst und insoweit eine vom Bundesgerichtshof – jedenfalls im theoretischen Ansatz – geringfügig abweichende Bewertung vorgenommen. Die praktischen Unterschiede sind allerdings gering.

46 Anders als der Bundesgerichtshof sieht das Bundesarbeitsgericht den Arbeitnehmer **verpflichtet,** auch nach Beendigung des Arbeitsverhältnisses **Geschäftsgeheimnisse seines früheren Arbeitgebers weiterhin zu wahren** (BAGE 41, 21 (32 f.); BAG NZA 1988, 502 (503)). Dies gilt jedenfalls insoweit, wie der Arbeitnehmer durch die fortdauernde Verpflichtung lediglich anderen Arbeitnehmern gleichgestellt wird, die keine Kenntnis von dem maßgeblichen Geschäftsgeheimnis haben (vgl. BAGE 41, 21 (32); BAG NZA 1994, 502 (506)).

47 **Eingeschränkt** ist jedoch der **Inhalt einer solchen Verschwiegenheitspflicht:** Zwar darf der ehemalige Arbeitnehmer seine Kenntnisse nicht offenbaren bzw. veräußern und auf diese Weise für sich verwerten. **Nicht verboten** ist es ihm hingegen, derartige Kenntnisse selbst zu nutzen und auf diese Weise mit seinem ehemaligen Arbeitgeber in **Wettbewerb** zu treten (BAG NZA 1988, 502 (503); BAG NZA 1994, 502 (504)). Bezieht sich das maßgebliche Geschäftsgeheimnis auf Kundendaten, so hindert die Verschwiegenheitspflicht den ehemaligen Arbeitnehmer nicht daran, Kunden des früheren Arbeitgebers zu umwerben (BAG NZA 1994, 502 (504); BAG NZA 1999, 200 (201)). Soll dies verhindert werden, bedarf es einer **karenzentschädigungspflichtigen Wettbewerbsabrede** gemäß §§ 74 ff. HGB (BAG NZA 1988, 502 (503 f.)). Insoweit entnimmt das BAG den §§ 74 ff. HGB eine gesetzgeberische Wertung, wonach zwar ein berechtigtes Interesse des Arbeitgebers anzuerkennen ist, sich durch ein Wettbewerbsverbot vor Konkurrenztätigkeit des ehemaligen Arbeitnehmers zu schützen. Wurde kein Wettbewerbsverbot vereinbart, so sehe das Gesetz aber die Freiheit des Arbeitnehmers, über sein berufliches Fortkommen nach dem Ende des Arbeitsverhältnisses selbst zu bestimmen (einschließlich der freien Wahl des Arbeitsplatzes, Art. 12 Abs. 1 GG), als grundsätzlich übergeordnet an (BAG NZA 1994, 502 (504)).

48 Auch nach der Rechtsprechung des Bundesarbeitsgerichts unterliegt die Freiheit der Nutzung redlich erworbener Kenntnisse den **Grenzen** des **§ 826 BGB** und des **Wettbewerbsrechts** (BAG NZA 1994, 502 (504); BAG NZA 1999, 200 (201)). Es ist deshalb davon auszugehen, dass bei besonderen Fallgestaltungen wie

etwa derjenigen, die der Entscheidung BGH GRUR 1963, 367 – Industrieböden (→ Rn. 41) zugrundelag, auch nach Ansicht des Bundesarbeitsgerichts eine Nutzung von Geschäftsgeheimnissen des früheren Arbeitgebers – trotz redlichen Erwerbs – unzulässig sein kann.

cc) Einfluss des GeschGehG. Eine **Änderung** der dargestellten Rechtsprechungspraxis ist durch das GeschGehG bislang nicht zu verzeichnen und auch **nicht zu erwarten** (anders wohl *Hauck* GRUR 2022, 530 (534)). Das Gesetz verbietet es in **§ 4 Abs. 1 Nr. 2 und 3** jeweils lediglich, Geschäftsgeheimnisse entgegen einer bestehenden Verpflichtung zu nutzen bzw. offenzulegen. Ob und in welchem Umfang den Arbeitnehmer nach seinem Ausscheiden aus einem Beschäftigungsverhältnis weiterhin entsprechende Pflichten treffen, ist jedoch eine Wertungsfrage, in die sowohl die vom Bundesgerichtshof als auch die vom Bundearbeitsgericht formulierten Maßstäbe einfließen können. Es ist nicht Zielsetzung des GeschGehG, entsprechende Wertungen neu zu ordnen, vielmehr nimmt das Gesetz eine **neutrale Position** ein, die es ermöglicht, bestehende Wertungen zu rezipieren und fortzuentwickeln: Gemäß § 1 Abs. 3 Nr. 4 GeschGehG sollen die Rechte und Pflichten aus dem Arbeitsverhältnis ausdrücklich unberührt bleiben. Die Gesetzesbegründung ergänzt hierzu, dass insbesondere „*…die Anforderungen der bestehenden arbeitsgerichtlichen Rechtsprechung an die Vereinbarung von Karenzzeiten nicht unterlaufen werden*“ dürfen (BT-Drs. 19/8300, 13). **49**

Die Maßstäbe stehen auch im Einklang mit den Vorgaben des **Art. 1 Abs. 3 Geschäftsgeheimnis-RL.** Danach ist keine Richtinienbestimmung so auszulegen, dass sie eine Grundlage dafür bietet, die **„Mobilität der Arbeitnehmer“** zu beschränken (S. 1). Insbesondere soll die Richtlinie keine Grundlage dafür bilden, die Nutzung von redlich erworbenen Erfahrungen und Fähigkeiten der Arbeitnehmer zu beschränken (Art. 1 Abs. 3 S. 2 lit. b). Dem trägt die höchstrichterliche Spruchpraxis sowohl des Bundesgerichtshofs als auch des Bundesarbeitsgerichts Rechnung. **50**

dd) Spezielle gesetzliche Regelungen. Eine von den vorstehend dargestellten Grundsätzen abweichende Rechtslage kann sich vereinzelt aus abweichenden spezialgesetzlichen Regelungen ergeben. Hinzuweisen ist insbesondere auf die Geheimhaltungspflichten aus **§ 24 Abs. 2 und 3 ArbnErfG,** die sich auf nicht freigewordene (§ 8 ArbnErfG) Diensterfindungen im Sinne von § 2 ArbnErfG beziehen. Sie verfolgen den spezifischen Zweck, neuheitsschädliche Offenbarungen zu verhindern (*Bartenbach/Volz* ArbnErfG § 24 Rn. 1; *Gaul* NZA 1988, 225, 230) und überdauern gemäß § 26 ArbnErfG die Beendigung des Arbeitsverhältnisses. **51**

Ebenfalls über die Dauer des Arbeitsverhältnisses hinaus bestehen Geheimhaltungspflichten gemäß **§ 79 BetrVG,** die sich auf solche Geschäftsgeheimnisse beziehen, die Mitgliedern der dort genannten Organe der Arbeitnehmermitbestimmung in dieser Eigenschaft bekannt geworden sind (BAGE 41, 21, 33; siehe zu dieser Vorschrift näher → 124 ff.). **52**

Mit **Art. 1 Abs. 3 Geschäftsgeheimnis-RL** sind derartige Normen auch zu vereinbaren, soweit sie die Mobilität der Arbeitnehmer im Einzelfall zugunsten widerstreitender Interessen beschränken mögen. Da die Vorgaben des Art. 1 Abs. 3 Geschäftsgeheimnis-RL nicht in dem Katalog zwingender Schutzschranken gemäß Art. 1 Abs. 1 UAbs. 2 Geschäftsgeheimnis-RL genannt sind, ist der nationale Gesetzgeber nicht daran gehindert, in Teilbereichen intensiveren Geheimnisschutz zu gewähren. **53**

54 **c) Unredlich erlangte Kenntnisse. aa) Begriff und bisherige Rechtslage.** Übereinstimmung besteht in der Rechtsprechung von Bundesgerichtshof und Bundesarbeitsgericht, dass die vorstehend dargestellten Grundsätze, die dem Arbeitnehmer weitgehende Freiheit zubilligen, sein berufliches Erfahrungswissen zu nutzen, keine Anwendung bezüglich **unredlich erlangter Kenntnisse** finden (BGH GRUR 2006, 1044 Rn. 13 a.E. – Kundendatenprogramm; BGH GRUR 2003, 356 (358) – Präzisionsmessgeräte; BAG NZA 1988, 502 (504); BAGE 41, 21 (28 f.)). Dies wurde vor Inkrafttreten des GeschGehG auf **§ 17 Abs. 2 Nr. 2 UWG a.F.** gestützt. Seit Inkrafttreten des GeschGehG folgt ein inhaltsgleiches Verbot aus § 4 Abs. 2 Nr. 1 (iVm § 4 Abs. 1 Nr. 1, 2).

55 Als unbefugt hat die Rechtsprechung regelmäßig jede Erlangung von Kenntnissen qualifiziert, die nicht lediglich Nebenfolge einer pflichtgemäßen Berufsausübung war, insbesondere in Fällen, in denen das Dienstverhältnis nur genutzt wurde, um sich von einem Geheimnis für sachfremde Zwecke Kenntnis zu verschaffen (*Nastelski* GRUR 1957, 1, 5). Eine besonders wichtige Fallgruppe bildet das **Anfertigen oder Entwenden von Aufzeichnungen** (vgl. BGH GRUR 2006, 1044 Rn. 13 – Kundendatenprogramm; BGH GRUR 2003, 453 (454) – Verwertung von Kundenlisten; RG GRUR 1938, 137 (140) – Stuhlmodelle; RG GRUR 1936, 573 (577) – Albertus Stehfix), in jüngerer Zeit auch das pflichtwidrige **Weiterleiten betrieblicher Daten an einen privaten E-Mail-Account** (LAG Rheinland-Pfalz BeckRS 2018, 17962 Rn. 24 f.; LAG Sachsen-Anhalt BeckRS 2015, 69746; LAG Berlin-Brandenburg NZA-RR 2017, 532). Ebenfalls unredlich ist das **Ausforschen gutgläubiger Mitarbeiter** (RG JW 1929, 1227 (1228) – Optische Instrumente; RAG GRUR 1944, 46 (47); LG Münster ZD 2012, 476 – Provisionsabrechnungen).

56 Ungeachtet des Grundsatzes, dass der ehemalige Arbeitnehmer in einer Nutzung von Geschäftsgeheimnissen, von denen er **redlich** Kenntnis erlangt hat und die ihm im Gedächtnis geblieben sind, frei ist (→ Rn. 40), sind Informationen schon dann **unredlich** erlangt, wenn sie dem Arbeitnehmer lediglich als Folge eines intensiven **vertragszweckwidrigen Sammelns von Unterlagen** im Gedächtnis haften geblieben sind (BGHSt 13, 333 – Technischer Zeichner). Als unredliche Form der Kenntniserlangung wird es ferner gewertet, wenn der Mitarbeiter geheime Informationen **gezielt auswendig lernt bzw. sich einprägt,** ohne dass dies durch das Arbeitsverhältnis geboten ist (BGH GRUR 1983, 179 (180 f.) – Stapel-Automat; BGH GRUR 1963, 367 (368 f.) – Industrieböden; RG GRUR 1936, 573 (577) – Albertus Stehfix). Schließlich ist einer Berufung auf **herausragende Gedächtnisfähigkeiten** mit Skepsis zu begegnen (*Harte-Bavendamm* in Harte/Henning UWG, 4. Aufl. 2016, § 17 Rn. 33).

57 Die **neuere Rechtsprechung** nimmt eine unredliche Kenntniserlangung regelmäßig auch dann an, wenn ein Mitarbeiter ein Geheimnis seines Arbeitgebers zwar **zunächst redlich und befugt erlangt,** dann aber nach seinem Ausscheiden aus dem Dienstverhältnis **erneut auf eine ihm noch vorliegende Aufzeichnung zugreift, um das Geheimnis für eigene Zwecke zu verwenden** (BGH GRUR 2018, 1161 Rn. 46 – Hohlfasermembranspinnanlage II; BGH GRUR 2012, 1048 Rn. 17 – MOVICOL-Zulassungsantrag; BGH GRUR 2009, 603 Rn. 15 – Versicherungsuntervertreter; BGH GRUR 2006, 1044 Rn. 13 f. – Kundendatenprogramm; BGH GRUR 2003, 453 (454) – Verwertung von Kundenlisten; LAG Rheinland-Pfalz BeckRS 2016, 74588 Rn. 52; *Westermann* GRUR 2007, 116). Ohne Bedeutung ist es, ob der ehemalige Mitarbeiter aufgrund seiner Ausbildung und Erfahrung in der Lage gewesen wäre, das als Verletzung des

Geschäftsgeheimnisses beanstandete Verhalten auch ohne Nutzung dieser Unterlagen vorzunehmen (BGH GRUR 2018, 1161 Ls. 4 u. Rn. 46 – Hohlfasermembranspinnanlage II).

bb) Rechtslage seit Inkrafttreten des GeschGehG. Soweit ersichtlich, lassen sich die genannten Fälle einer unredlichen Erlangung seit **Inkrafttreten des GeschGehG** durchweg unter § 4 Abs. 1 Nr. 1 und/oder 2 fassen, so dass in der Folge ein Verbot der Nutzung und Offenlegung gemäß § 4 Abs. 2 Nr. 1 besteht. Im Einzelnen sei auf die entsprechende Kommentierung zu § 4 verwiesen (→ § 4 Rn. 25). 58

5. Vertragliche Gestaltungsmöglichkeiten

a) Vertraulichkeitsklauseln und -vereinbarungen. Die bereits kraft Gesetzes bestehende arbeitsrechtliche Verschwiegenheitspflicht (§ 241 Abs. 2 BGB, → Rn. 5 ff.) kann **im Arbeitsvertrag ausdrücklich geregelt** und konkretisiert sowie – in gewissen Grenzen – auch erweitert werden (entsprechende stillschweigende Vereinbarungen sind dagegen eher zurückhaltend anzunehmen, vgl. BAG NZA 1994, 502 (505)). Auch rein deklaratorischen Vertraulichkeitsvereinbarungen kommt außerdem eine nicht zu unterschätzende **Warn-** und **Hinweisfunktion** gegenüber dem Arbeitnehmer zu. Bedeutung können sie ferner im Hinblick auf den durch das GeschGehG vermittelten Schutz haben. Die Gesetzesbegründung zum GeschGehG nennt vertragliche Sicherungsmaßnahmen als Beispiel für **angemessene Geheimhaltungsmaßnahmen** iSv § 2 Nr. 1 lit. b GeschGehG; ferner wird dort ausgeführt, dass bestimme Schutzvorkehrungen in Arbeitsverträgen vorgegeben werden können und dass vereinbarte vertragliche Regelungen mit Arbeitnehmern ein Faktor bei der Bewertung der Angemessenheit getroffener Geheimhaltungsmaßnahmen sein können (BT-Drs. 19/4724, 24 f.; krit. *McGuire* WRP 2019, 679 Rn. 7). Vertraulichkeitsklauseln kommt daher seit Inkrafttreten des GeschGehG höheres Gewicht zu (*Bissels/Schroeders/Ziegelmayer* DB 2016, 2295, 2296). Dies bedeutet im Umkehrschluss allerdings nicht, dass ein Fehlen ausdrücklicher Vereinbarungen stets zum Entfall des gesetzlichen Geheimnisschutzes führen würde, vielmehr hat der Abschluss einer Vertraulichkeitsvereinbarung eher **indizielle Bedeutung** (*Maaßen* GRUR 2019, 352, 359). Auch soweit es um die Frage geht, inwieweit angemessene Geheimhaltungsmaßnahmen getroffen wurden, steht weniger die Umgestaltung der Rechtslage mit vertraglichen Mitteln im Vordergrund als die Warn- und Hinweisfunktion, die dem Mitarbeiter erkennbar macht, welche Informationen geheimhaltungsbedürftig sind. Ist dies bereits ohne ausdrückliche Vereinbarung hinreichend gewährleistet, bedarf es einer solchen nicht zwingend. Zu beachten ist ferner, dass auch eine unwirksame Vereinbarung durchaus entsprechende Hinweisfunktionen erfüllen kann, wenn sie dem Mitarbeiter vor Augen führt, bei welchen Gegenständen es sich um geheimhaltungsbedürftige Informationen handelt. Aus der Unwirksamkeit einer Vereinbarung – die zudem verschiedenste Gründe haben kann – lässt sich deshalb nicht *per se* schließen, dass es an angemessenen Geheimhaltungsmaßnahmen fehlt (OLG Schleswig GRUR-RR 2022, 404 Rn. 73 ff; aA *Hauck* GRUR 2022, 530 (531, 535); *Jonas* DB 2020, 1738 (1739); *Bissels/Schroeders/Ziegelmayer* DB 2016, 2295, 2296; *Freckmann/Schmoll* BB 2017, 1780, 1783; eingehend: → Einl. B Rn. 21c). 59

Zu **Inhalten** und **Gestaltungsmöglichkeiten** bei Vertraulichkeitsvereinbarungen wird auf die Darstellung zu Verträgen über Geschäftsgeheimnisse verwiesen (→ Einl. B Rn. 16 ff.). Ergänzend ist aus arbeitsrechtlicher Perspektive auf 60 folgende Aspekte hinzuweisen: Vertraulichkeitsklauseln finden sich regelmäßig in Arbeitsverträgen, aber auch in Aufhebungsverträgen (vgl. *Lingemann/Groneberg* NJW 2011, 2028, 2030) oder projektbezogenen NDAs. Derartige Vertraulichkeitsklauseln enthalten regelmäßig ein **Verbot der Offenlegung** und der **vertragszweckwidrigen Nutzung** und **Erlangung** vertraulicher Informationen. Möglich ist es auch, mit einem Arbeitnehmer **Sorgfaltsanforderungen** im Umgang mit Geschäftsgeheimnissen, etwa die Einhaltung bestimmter **Sicherheitsstandards** und Verhaltensregelungen für die Nutzung der IT-Infrastruktur zu vereinbaren oder die Einhaltung bestimmter, geheimnisschutzrelevanter **Arbeitsabläufe,** ggf. nach Weisung des Arbeitgebers. IT-Security Policies sind häufig auch schon Gegenstand von Betriebsvereinbarungen. Ebenfalls im Arbeitsvertrag vorgesehen werden können **Rückgabe-, Löschungs-** und entsprechende **Bestätigungspflichten** in Bezug auf vertrauliche Gegenstände bei Beendigung des Arbeitsverhältnisses.

61 Geregelt werden kann außerdem eine ausdrückliche **Zuordnung von Informationen,** die Schutz als Geschäftsgeheimnis genießen, zum Arbeitgeber. Auch wenn dies im Grundsatz bereits ohne vertragliche Regelung gilt (→ Einl. C Rn. 33), kommt einer solchen Vereinbarung klarstellende Funktion zu. Das gilt insbesondere, wenn die kraft Gesetzes bestehende Rechtslage bei Gemengelagen aus Immaterialgüterrechten und Geschäftsgeheimnissen unübersichtlich ist (vgl. *McGuire* WRP 2019, 679 Rn. 39).

62 Ein weiterer Regelungsgegenstand betrifft den Umgang mit **Geschäftsgeheimnissen Dritter.** Vertraulichkeitsvereinbarungen, die das Unternehmen im Außenverhältnis abschließt, beinhalten regelmäßig das Recht, vertrauliche Informationen den eigenen Mitarbeitern zugänglich zu machen und verpflichten im Gegenzug zur Einhaltung vergleichbarer Sicherheitsstandards. Eine Vertraulichkeitsvereinbarung mit Arbeitnehmern sollte daher klarstellen, dass die vom Arbeitnehmer übernommenen Verpflichtungen auch für den Umgang mit Geschäftsgeheimnissen Dritter gelten. Um das Risiko einer potentiellen **Fahrlässigkeitshaftung des Arbeitgebers** für mittelbare Geheimnisverletzungen (§ 4 Abs. 3 GeschGehG) zu reduzieren, werden Mitteilungs- und Meldepflichten für den Fall empfohlen, dass ein Mitarbeiter Hinweise auf möglicherweise rechtswidrig erlangte oder aus unsicherer Quelle stammende Informationen hat (vgl. *McGuire* WRP 2019, 679, 687, Punkt 5.2). Der Sache nach handelt es sich um eine Konkretisierung der schon aus § 241 Abs. 2 BGB folgenden Schadensabwendungspflicht des Arbeitnehmers.

62a Auch bei Vertraulichkeitsvereinbarungen mit Arbeitnehmern sind die Grenzen des **§ 138 Abs. 1 BGB** sowie des **AGB-Rechts (§§ 305 ff. BGB)** zu beachten. Das Recht der allgemeinen Geschäftsbedingungen (§§ 305 ff. BGB) findet gemäß **§ 310 Abs. 4 S. 2 BGB** auf Individualarbeitsverträge grundsätzlich Anwendung (anders bei Tarifverträgen, Betriebs- und Dienstvereinbarungen, § 310 Abs. 4 S. 1 BGB), allerdings sind die **im Arbeitsrecht geltenden Besonderheiten** angemessen zu berücksichtigen. Keine Anwendung finden die Vorschriften über die erleichterte Einbeziehungskontrolle (§ 305 Abs. 2, 3 BGB). Es gelten stattdessen die allgemeinen Vorschriften über das Zustandekommen von Verträgen gem. §§ 145 ff. BGB (BAG NZA 2013, 148 Rn. 24). Eine Inhaltskontrolle findet nicht statt, soweit arbeitsvertragliche Regelungen lediglich Regelungen aus Tarifverträgen, Betriebs- und Dienstvereinbarungen wiederholen (§ 310 Abs. 4 S. 4 BGB). Da der Arbeitnehmer nach der Rechtsprechung des BAG Verbraucher (§ 13 BGB) ist (BAG NZA 2005, 1111), sind zudem die Besonderheiten des § 310 Abs. 3 BGB zu beachten. Aus dem gleichen Grund finden im Rahmen der Inhaltskontrolle die §§ 308 und 309 unmittelbar Anwendung (vgl. § 310 Abs. 1 S. 1 BGB).

Im Hinblick auf die Maßstäbe der guten Sitten (§ 138 Abs. 1 BGB) und der §§ 307 ff. BGB bedenklich sind sog. **„Catch All"-Klauseln,** die den Arbeitnehmer umfassend verpflichten, Stillschweigen über sämtliche Umstände zu wahren, die ihm im Rahmen seiner Tätigkeit bekannt geworden sind (LAG Hamm DB 1989, 783; LAG Köln BeckRS 2019, 44850 Rn. 14; LAG Düsseldorf GRUR-RS 2020, 23408 Rn. 80; ArbG Aachen NZA-RR 2022, 178 Rn. 80; ArbG Hamburg BeckRS 2022, 4994 Rn. 64; *Reinfeld* in MAH ArbR § 30 Rn. 18; *Bissels/Schroeders/Ziegelmayer* DB 2016, 2295 (2296); *McGuire* WRP 2019, 679 Rn. 15; *Holthausen* NZA 2019, 1377 (1380); *Fuhlrott/Fischer* NZA-RR 2022, 809 (812)). Als Fall der übermäßigen Vertragsbindung unwirksam ist etwa eine Klausel bewertet worden, wonach sich der Arbeitnehmer verpflichtet, alle ihm während seiner Tätigkeit für den Arbeitgeber „*... bekannt werdenden Geschäftsvorfälle, betrieblichen und finanziellen Verhältnisse, technischen Neuerungen, Verbesserungen und Erfindungen streng geheim zu halten*" (LAG Hamm DB 1989, 783). Selbst wenn aber eine solche „Catch-All"-Klausel vorliegt, ist richtigerweise nicht schematisch von ihrer Nichtigkeit auszugehen. Insbesondere im Kontext des **§ 138 Abs. 1 BGB** ist vorrangig durch Auslegung zu ermitteln, ob die vom Wortlaut nahegelegte umfassende Bindung des Arbeitsnehmers tatsächlich dem Willen der Parteien entsprach oder ob ein einschränkendes Verständnis – etwa bezogen auf vertrauliche Informationen – gewollt war (§§ 133, 157 BGB). Beispielsweise in der genannten Entscheidung LAG Hamm DB 1989, 783 hatte die Klägerin in der mündlichen Verhandlung ausdrücklich unterstrichen, dass sie ein umfassendes Verständnis intendiert hatte. Deshalb mag es dort angemessen gewesen sein, von der Nichtigkeit der Regelung auszugehen. Diese Bewertung wird sich aber nicht ohne weiteres auf jede lediglich „unsauber" formulierte Klausel übertragen lassen. Soweit es um eine **Inhaltskontrolle** am Maßstab des **§ 307 BGB** geht, ist insbesondere zu beachten, dass der Arbeitnehmer bereits ohne ausdrückliche Regelung einer Vertraulichkeitspflicht gemäß § 241 Abs. 2 BGB unterliegt (→ Rn. 5). Eine Klausel, die diese Verpflichtung nur deklaratorisch wiederholt, ist nach § 307 Abs. 3 S. 1 BGB bereits nicht kontrollfähig. Soweit die Klausel überschießend formuliert ist, wird man regelmäßig über § 306 Abs. 1 BGB dazu kommen, dass die gesetzliche Vertraulichkeitspflicht (§ 241 Abs. 2 BGB) gilt. Zu den Auslegungsgrundsätzen bei § 307 BGB im Übrigen: → Einl. B Rn. 33. **63**

Mit „Catch All"-Klauseln der genannten Art **nicht ohne weiteres gleichzusetzen** sind Regelungen, die zwar einen **weiten Anwendungsbereich** haben, sich aber auf den Schutz vertraulicher bzw. nichtoffenkundiger Informationen beschränken. Da Arbeitsverträge regelmäßig auf eine lange Laufzeit angelegt sind und das Spektrum vertraulicher Informationen, mit denen ein Arbeitnehmer im Laufe seiner Tätigkeit in Berührung kommt, sehr breit sein kann, ist eine gewisse Abstraktion als zulässig und sogar unvermeidlich anzusehen (vgl. auch → Einl. B Rn. 29; ähnlich: *Fuhlrott/Fischer* NZA-RR 2022, 809 (812)). Zumindest missverständlich ist daher die Aussage, eine Vertraulichkeitsklausel müsse sich auf konkrete Daten und Sachverhalte beschränken (so aber LAG Köln BeckRS 2019, 44850 Rn. 14; ArbG Aachen NZA-RR 2022, 178 Rn. 80). Jedenfalls während des laufenden Arbeitsverhältnisses sind die Anforderungen an eine Konkretisierung nicht zu überspannen (zum beendeten Arbeitsverhältnis siehe → Rn. 65). **63a**

Zur Absicherung und Intensivierung von Geheimhaltungspflichten sind auch gegenüber Arbeitnehmern grds. **Vertragsstrafevereinbarungen** (eingehend **64** dazu: → Rn. 108 ff.) und **Schadenspauschalierungen** möglich. Das Klauselverbot des § 309 Nr. 6 BGB findet bei Vertragsstrafen wegen der Besonderheiten des Arbeitsrechts (§ 310 Abs. 4 S. 2 BGB) grundsätzlich keine Anwendung (BAG NZA 2004, 727). Bei Vertraulichkeitsvereinbarungen dürfte dieses Verbot ohnehin keine Rolle spielen (vgl. BAG NZA 2008, 170 Rn. 23). Im Falle einer **Schadenspauschalierung** ist das Klauselverbot des **§ 309 Nr. 5 BGB** zu beachten, wonach die Pauschale nicht den nach dem gewöhnlichen Lauf der Dinge zu erwartenden Schaden übersteigen darf und dem Verpflichteten, der Nachweis eines geringeren Schadens offengehalten werden muss.

65 Möglich ist eine Vereinbarung, nach der sich ein Arbeitnehmer **über das Ende des Arbeitsverhältnisses hinaus** verpflichtet, ein bestimmtes Geschäftsgeheimnis weiterhin zu wahren. Bei einer solchen Regelung handelt es sich nicht ohne weiteres um ein nachvertragliches Wettbewerbsverbot nach §§ 74 ff. HGB. Sie kann daher **auch ohne Karenzentschädigung** wirksam vereinbart werden. Durch eine solche Vereinbarung wird der Arbeitnehmer in seinem beruflichen Fortkommen grundsätzlich nicht behindert, sondern nur mit anderen Arbeitnehmern vergleichbarer Qualifikation gleichgestellt, die überhaupt keine Kenntnis von dem Geschäftsgeheimnis haben (BAGE 41, 21 (32)). Für die Zulässigkeit einer solchen Klausel spricht auch, dass der Arbeitnehmer sogar ohne besondere Vereinbarung verpflichtet sein kann, ein Geschäftsgeheimnis nach seinem Ausscheiden weiterhin zu wahren (BAGE 41, 21 (32 f.); BAGE 3, 139 (141)). Allerdings ist der **Übergang zu einem karenzentschädigungspflichtigen Wettbewerbsverbot** nach §§ 74 ff. HGB fließend. Abzugrenzen ist danach, ob der ehemalige Arbeitnehmer in seiner Berufsausübung in nicht unerheblicher Weise beschränkt wird (BAG NZA 1988, 502 (503); *Reinfeld* in MAH ArbR § 30 Rn. 44). Auf die Formulierung der Vereinbarung als ausdrückliches Wettbewerbsverbot oder Vertraulichkeitsbestimmung kommt es hingegen nicht entscheidend an. Die Rechtsprechung hat beispielsweise eine Vereinbarung, nach der es dem Arbeitnehmer untersagt war, auch über die Dauer des Arbeitsverhältnisses hinaus die Namen der Kunden, die er durch seine Tätigkeit für den Arbeitgeber erfahren hatte, für sich oder einen Dritten zu verwenden, als wettbewerbsbeschränkende Konkurrenzabrede gewertet und am Maßstab der §§ 74 ff. HGB gemessen (BAG NZA 1988, 502 (503)). Eine nachvertragliche Vertraulichkeitspflicht, die ohne Gewährung einer Karenzentschädigung möglich ist, ist umso eher anzunehmen, je konkreter und enger der Gegenstand der Verpflichtung umgrenzt ist, je deutlicher also ein **bestimmtes Geschäftsgeheimnis** in Bezug genommen wird, das anderen Arbeitnehmern in vergleichbarer Lage ohnehin nicht bekannt ist. Umgekehrt ist die Wahrscheinlichkeit, dass eine Vertraulichkeitsvereinbarung als karenzentschädigungsloses und damit nichtiges Wettbewerbsverbot qualifiziert wird, bei **Verwendungsverboten** höher als bei reinen Geheimhaltungsverpflichtungen i.S. eines **Offenlegungsverbotes** (vgl. BAG NZA 1988, 502 (504)).

66 Zunehmend wird in Rechtsprechung und Schrifttum außerdem gefordert, dass eine nachvertragliche Vertraulichkeitspflicht **zeitlich zu begrenzen** sei, zB auf zwei Jahre (so offenbar LAG Köln BeckRS 2019, 44850 Rn. 15; ArbG Aachen NZA-RR 2022, 178 Rn. 81; ferner *Kunz,* DB 1993, 2482, 2486; *Molkenbur* BB 1990, 1196, 1199 f.) bzw. max. fünf Jahre (*Gaul* NZA 1988, 225, 232; *ders.* ZIP 1988, 689, 691 f.). Dem ist jedenfalls für gegenständlich auf bestimmte nichtoffenkundige Informationen begrenzte Geheimhaltungsklauseln **entgegenzutreten:** Derartige Geheimhaltungsklauseln bilden eine wichtige Maßnahme zum Schutz von Geschäftsgeheimnissen und sind insbesondere vor dem Hintergrund dieser

Funktion zu sehen. Bekanntlich entspricht es aber dem Wesen eines Geschäftsgeheimnisses, dass sein rechtlicher Schutz – anders als bei den meisten Immaterialgüterrechten – zeitlich grundsätzlich unbegrenzt gewährleistet wird. Der Schutz endet stattdessen mit Offenkundigwerden der maßgeblichen Information. Er ist also nicht befristet, sondern gleichsam auflösend bedingt. Dementsprechend ist bei einer Geheimhaltungsklausel ebenfalls keine Befristung angezeigt, sondern eine sachliche Beschränkung auf nichtoffenkundige (vertrauliche) Informationen. Ein rechtlicher Zwang zur Befristung nachvertraglicher Vertraulichkeitsklauseln wäre nicht interessengerecht und in etlichen Situationen sogar äußerst folgenschwer: Denn zwar mögen zahlreiche Geschäftsgeheimnisse bzw. vertrauliche Informationen eher kurzlebig sein. Es gibt aber auch Geschäftsgeheimnisse, die eine zentrale Betriebsgrundlage eines Unternehmens bilden die und über Jahrzehnte Bestand haben können. Dieser Gesichtspunkt ist als legitimer Grund anerkannt, von einer Schutzrechtsanmeldung abgesehen (→ Einl. A Rn. 184). Damit wäre es nicht zu vereinbaren, wenn nachvertragliche Vertraulichkeitsverpflichtungen generell auf Zeiträume von wenigen Jahren begrenzt werden müssten, so dass der ehemalige Mitarbeiter über diese im Umkehrschluss anschließend frei verfügen könnte. Eine zeitliche Begrenzung hat der Gesetzgeber auch nur für Wettbewerbsverbote vorgesehen. In Bezug auf gegenständlich begrenzte Vertraulichkeitspflichten liegt weder eine planwidrige Regelungslücke noch eine damit vergleichbare Interessenlage vor.

Gelegentlich finden auch Klauseln Verwendung, wonach die Geheimhaltungspflicht nach Beendigung des Arbeitsverhältnisses fortgelten soll, der Arbeitnehmer aber von dem Arbeitgeber eine Befreiung verlangen kann, soweit er durch die Vereinbarung unangemessen in seinem beruflichen Fortkommen behindert werden sollte (vgl. *Report on Trade Secrets for the European Commission* MARKT/2010/20/D Appendix 3, S. 46). Die Wirksamkeit solcher Klauselmodelle ist bislang in der Rechtsprechung nicht abschließend geklärt. **66a**

b) Nachvertragliche Wettbewerbsverbote. aa) Allgemeines. Für Arbeitnehmer ergibt sich während eines bestehenden Arbeitsverhältnisses ein weitreichendes Wettbewerbsverbot unmittelbar aus den §§ 60, 61 HGB bzw. § 241 Abs. 2 BGB (→ Rn. 15 ff.). Im Interesse der Arbeitnehmermobilität endet dieses Wettbewerbsverbot allerdings mit dem Arbeitsverhältnis. Der **ausgeschiedene Arbeitnehmer** ist deshalb **grundsätzlich frei,** mit seinem ehemaligen Arbeitgeber in Wettbewerb zu treten oder für ein Konkurrenzunternehmen tätig zu werden. Das Gesetz trägt damit dem durch Art. 12 Abs. 1 GG geschützten Interesse des Arbeitnehmers Rechnung, über sein berufliches Fortkommen selbst zu bestimmen. Dieses Interesse genießt grundsätzlich Vorrang vor dem wirtschaftlichen Interesse des Arbeitgebers, sich vor Nachteilen einer Konkurrenztätigkeit zu schützen (BAG NZA 2017, 845 Rn. 19; BAG NZA 1994, 502 (503)). Ein nachvertragliches, d.h. zeitlich über das Ende des Arbeitsverhältnisses hinausreichendes **Wettbewerbsverbot** bedarf einer **vertraglichen Vereinbarung** und ist nur unter den besonderen, in den §§ 74 ff. HGB geregelten Voraussetzungen möglich. Zentral ist hierbei die Beschränkung auf **höchstens zwei Jahre** (§ 74a Abs. 1 S. 3 HGB) und die Gewährung einer **Karenzentschädigung** mindestens in Höhe der Hälfte der letzten Bezüge des Arbeitnehmers (§ 74 Abs. 2 HGB). **67**

Wegen der einschneidenden Nachteile für das berufliche Fortkommen des Arbeitnehmers läuft ein nachvertragliches Wettbewerbsverbot grundsätzlich auch der in **Art. 1 Abs. 3 Geschäftsgeheimnis-RL** anerkannten Zielsetzung der **68**

Arbeitnehmermobilität zuwider. Art. 1 Abs. 3 Geschäftsgeheimnis-RL besagt allerdings im Kern nur, dass die Geschäftsgeheimnis-RL nicht zur Begründung herangezogen werden darf, um die Mobilität der Arbeitnehmer zu beschränken. Bestehenden Beschränkungen aus anderen Gründen steht die Bestimmung aber nicht entgegen (vgl. insb. Art. 1 Abs. 3 lit. c). Auch soweit man in dem Umstand, dass das nationale Recht unter bestimmten Voraussetzungen vertraglich vereinbarte Wettbewerbsverbote für ausgeschiedene Arbeitnehmer anerkennt, eine Intensivierung des Schutzes von Geschäftsgeheimnissen gegenüber den Vorgaben der Richtlinie sehen will, wäre dies nach Art. 1 Abs. 1 UAbs. 2 zulässig. Ausdrücklich stellt dies **ErwGr. 13** klar. Danach soll die Geschäftsgeheimnis-RL die Möglichkeit des Abschlusses von Vereinbarungen über ein Wettbewerbsverbot zwischen Arbeitgebern und Arbeitnehmern gemäß dem geltenden Recht unberührt lassen.

69 Das **GeschGehG** verhält sich ebenfalls neutral gegenüber Wettbewerbsverboten, indem es die Rechte und Pflichten aus dem Arbeitsverhältnis unberührt lässt (§ 1 Abs. 3 Nr. 4). Die Gesetzesbegründung stellt hierzu klar, dass die Anforderungen der arbeitsgerichtlichen Rechtsprechung an die **„Vereinbarung von Karenzzeiten"** nicht unterlaufen werden sollen (BT-Drs. 19/8300, 13).

70 **bb) Begriff und Erscheinungsformen.** § 74 Abs. 1 HGB definiert (nachvertragliche) Wettbewerbsverbote allgemein als Vereinbarung zwischen dem Prinzipal und dem Handlungsgehilfen, die den Gehilfen **für die Zeit nach Beendigung des Dienstverhältnisses** in seiner **gewerblichen Tätigkeit beschränkt.** Eine ähnliche Definition findet sich in § 110 GewO, wenngleich dort allgemeiner von „beruflicher" anstelle von „gewerblicher" Tätigkeit die Rede ist. Die Rechtsprechung hat hierzu klargestellt, dass es nicht auf die Formulierung der Vereinbarung, sondern auf ihre Wirkung ankommt. Auch eine zu umfassende Vertraulichkeitsvereinbarung, die über das Arbeitsverhältnis hinausreicht, kann zumindest dann ein Wettbewerbsverbot begründen, wenn sie den Arbeitnehmer in seinem beruflichen Fortkommen mehr als nur unerheblich beeinträchtigt (s. näher → Rn. 65). Der Übergang zwischen Vertraulichkeitsvereinbarung und Wettbewerbsverbot ist daher fließend. Üblicherweise wird sich allerdings ein vereinbartes Wettbewerbsverbot nicht in einer Vertraulichkeitsvereinbarung erschöpfen. Gebräuchlich ist insoweit entweder die Vereinbarung eines **tätigkeitsbezogenen Wettbewerbsverbotes** oder eines **unternehmensbezogenen Wettbewerbsverbotes,** das jede Tätigkeit für namentlich genannte oder anhand der Branchenzugehörigkeit definierte Unternehmen untersagt (*Bauer/Diller* Wettbewerbsverbote Rn. 232 ff.). Ausreichend und im Hinblick auf § 307 Abs. 1 BGB hinreichend transparent ist auch ein allgemeines Verbot der Tätigkeit für Konkurrenzunternehmen (LAG Nürnberg NZA-RR 2002, 272 (273), vgl. auch LAG Hamm BeckRS 2010, 67131 zu „verbundenen Unternehmen"). Untersagt werden kann sowohl eine **selbständige,** als auch eine **nichtselbständige Tätigkeit** (*Bauer/Diller* Wettbewerbsverbote Rn. 231, 240 ff.). Grundsätzlich möglich ist auch die Vereinbarung eines nachvertraglichen Wettbewerbsverbotes mit Arbeitnehmern, das nicht nur zugunsten des Arbeitgebers wirkt, sondern auch zugunsten von dessen **Konzernunternehmen.** Im Einzelfall kann zwar ein berechtigtes geschäftliches Interesse des Arbeitgebers für ein solches Verbot fehlen (§ 74a Abs. 1 S. 1 HGB), dies führt aber nicht zu einer vollständigen Unwirksamkeit bzw. Unverbindlichkeit, sondern lediglich zu einer geltungserhaltenden Reduktion des Verbotes (*Bauer/Diller* Wettbewerbsverbote Rn. 260a).

cc) Persönlicher Anwendungsbereich, §§ 74 ff. HGB. Obwohl dem Wortlaut nach nur auf Handlungsgehilfen (also kaufmännische Angestellte, vgl. § 59 S. 1 HGB) anwendbar, gelten die §§ 74 ff. HGB einheitlich **für alle Gruppen von Arbeitnehmern** (vgl. §§ 6 Abs. 2, 110 S. 2 GewO und *Bauer/Diller* Wettbewerbsverbote Rn. 66). Sie sind gemäß **§ 75d HGB** zugunsten des Arbeitnehmers **einseitig zwingend.** 71

Nicht unmittelbar anwendbar sind die §§ 74 ff. HGB dagegen auf geschäftsführungs- und vertretungsbefugte **Organmitglieder** einer Gesellschaft. Diese stehen in aller Regel nicht in einem Arbeitsverhältnis, sondern in einem freien **Dienstverhältnis** zur Gesellschaft (BAG NZA 2019, 490 Rn. 24; BAG NZA 2010, 889 Rn. 7; BGH GRUR 1990, 193 (193 f.) – Auto-Kindersitz; BGH NJW 1984, 2366; BGH NJW 1981, 1270; BGH GRUR 1965, 302 (304) – Schellenreibungskupplung; BGH NJW 1953, 1465). Die Rechtsprechung lehnt auch eine entsprechende Anwendung der §§ 74 ff. HGB grundsätzlich ab, und zwar auch für Fremdorgane (vgl. BGH NJW 1984, 2366; BGH NJW 2002, 1875 (1876) zu § 74 Abs. 2 HGB; BGH NJW-RR 2008, 1421 zu § 74c HGB; eingehend: *Bauer/Diller* Wettbewerbsverbote Rn. 1035 ff.). Möglich ist es allerdings, eine Geltung der §§ 74 ff. HGB auch im Verhältnis zu Organmitgliedern vertraglich zu vereinbaren (*Bauer/Diller* Wettbewerbsverbote Rn. 1039). Wird eine solche Vereinbarung nicht getroffen, beurteilt sich ein Wettbewerbsverbot gegenüber Organmitgliedern nur am Maßstab des **§ 138 Abs. 1 BGB** iVm **Art. 12 Abs. 1 GG** (vgl. BGH NJW 1984, 2366 (2367); OLG München NZA-RR 2019, 82 Rn. 7) und ggf. der §§ 305 ff. BGB. Die Rechtsprechung orientiert sich allerdings bei der Beurteilung der Sittenwidrigkeit – jedenfalls teilweise – an den Maßstäben der §§ 74 ff. HGB. Die nachfolgende Kommentierung berücksichtigt Besonderheiten bei Wettbewerbsverboten mit Organmitgliedern. 72

Vereinbarungen über Wettbewerbsverbote mit **Auszubildenden** sind grundsätzlich nichtig, da sie den Auszubildenden entgegen **§ 12 Abs. 1 S. 1 BBiG** für die Zeit nach Beendigung des Ausbildungsverhältnisses in der Ausübung seiner beruflichen Tätigkeit beschränken (BAG NZA 2007, 977 Rn. 20). 73

Die §§ 74 ff. HGB finden wegen des mit Angestellten vergleichbaren Schutzbedürfnisses auch auf wirtschaftlich abhängige **freie Mitarbeiter** (**Subunternehmer**) Anwendung (BGH NJW 2003, 1864). Ebenfalls anwendbar sind die Vorschriften auf **unselbständige Handelsvertreter,** soweit diese gemäß § 84 Abs. 2 HGB als Angestellte gelten. Für **selbständige Handelsvertreter** gilt dagegen die Regelung des **§ 90a HGB.** Etliche der dort genannten Voraussetzungen sind parallel zu den §§ 74 ff. HGB. Ein wesentlicher Unterschied besteht allerdings darin, dass das Fehlen einer angemessenen Karenzentschädigungszusage nicht zur Unwirksamkeit des Wettbewerbsverbotes führt, sondern der ehemalige Handelsvertreter kraft Gesetzes (§ 90a Abs. 1 S. 3 HGB) einen Anspruch auf eine angemessene Entschädigung erwirbt (*Hopt* in Hopt HGB § 90a Rn. 18). 74

dd) Besondere Wirksamkeitsvoraussetzungen. (1) Überblick. Bei Vereinbarung eines nachvertraglichen Wettbewerbsverbotes mit Arbeitnehmern sind eine Reihe **besonderer Voraussetzungen** zu berücksichtigen, die sich aus den **§§ 74 ff. HGB** ergeben. Die §§ 74 ff. HGB formulieren nicht nur besondere Anforderungen an Wettbewerbsverbote, sondern enthalten auch Regelungen für den Fall der Nichteinhaltung dieser Voraussetzungen. Während die Nichteinhaltung einiger Voraussetzungen (§§ 74 Abs. 1, 74a Abs. 2, 3 HGB) allgemeinen Regelungen entsprechend die **Nichtigkeit** des Wettbewerbsverbotes zur Folge 75 hat, führt die Missachtung anderer Vorschriften (§§ 74 Abs. 2, 74a Abs. 1) zur **Unverbindlichkeit** des Wettbewerbsverbotes. In diesem Fall kann der Arbeitnehmer wählen, ob er sich an das Wettbewerbsverbot hält und im Gegenzug die versprochene Karenzentschädigung beansprucht, oder ob er einer Wettbewerbstätigkeit nachgeht, dafür aber auf die Karenzentschädigung verzichtet. Auf die Nichtigkeit der Vereinbarung können sich beide Vertragsparteien berufen. Auf die Rechtsfolge der Unverbindlichkeit, die typischerweise an einseitig arbeitnehmerschützende Vorschriften anknüpft, kann sich der Arbeitgeber hingegen nicht berufen.

76 **(2) Form.** § 74 Abs. 1 HGB ordnet für die Vereinbarung eines Wettbewerbsverbotes **Schriftform** an und sieht vor, dass es der Aushändigung einer vom Arbeitgeber unterzeichneten, die vereinbarten Bestimmungen enthaltenden Urkunde an den Arbeitnehmer bedarf. Dem Erfordernis der **Aushändigung einer Urkunde** ist bereits durch Überlassung einer vom Arbeitgeber unterzeichneten Ausfertigung des Arbeitsvertrages genügt, wenn dieser die Vereinbarung über das Wettbewerbsverbot enthält; der Aushändigung einer separaten Urkunde bedarf es nicht (*Bauer/Diller* Wettbewerbsverbote Rn. 186). Dennoch handelt es sich bei dem für die zugrundeliegende Abrede geltenden Schriftformerfordernis und der Urkundenaushändigung um zwei rechtlich getrennt zu beurteilende Elemente, die auseinanderfallen können und deren Nichtbeachtung unterschiedliche Rechtsfolgen hat. Die Nichteinhaltung des Schriftformerfordernisses führt nach allgemeinen Regeln (§ 125 S. 1 BGB) zur **Nichtigkeit** des Wettbewerbsverbotes (BAG NZA 2011, 413 Rn. 28; *Bauer/Diller* Wettbewerbsverbote Rn. 213). Bei der Urkundenaushändigung handelt es sich dagegen nach der Rechtsprechung des BAG nicht um eine Formvorschrift, sondern um eine reine Dokumentationsregelung. Unterbleibt sie, hat dies keine Nichtigkeit, sondern eine **Unverbindlichkeit** des Wettbewerbsverbotes zur Folge (BAG NZA 2005, 411 (412)).

77 Bei Wettbewerbsverboten ggü. **Organmitgliedern** ist weder die Einhaltung der Schriftform (OLG Koblenz BeckRS 1985, 31363444) noch eine Urkundenaushändigung erforderlich (*Bauer/Diller* Wettbewerbsverbote Rn. 1043), wenngleich eine schriftliche Fixierung auch hier aus Dokumentationsgründen dringend zu empfehlen ist.

78 **(3) Zusage einer Karenzentschädigung.** Zentrale Voraussetzung für die wirksame Vereinbarung eines Wettbewerbsverbotes ist die Zusage einer **Karenzentschädigung.** Nach § 74 Abs. 2 HGB muss diese für jedes Jahr des Verbots **mindestens die Hälfte** der von dem Arbeitnehmer **zuletzt bezogenen vertragsmäßigen Leistungen** erreichen. § 74b HGB konkretisiert die Vorschrift hinsichtlich Fälligkeit und Berechnung der Karenzentschädigung bei wechselnden Bezügen. Nach § 74c HGB muss der ehemalige Arbeitnehmer sich einen **anderweitigen Erwerb anrechnen** lassen, soweit die Summe aus Karenzentschädigung und anderweitigem Erwerb die letzten Bezüge um mehr als ein Zehntel (bei durch das Wettbewerbsverbot bedingtem Wohnsitzwechsel: ein Viertel) übersteigen würde. Zu Einzelheiten der Berechnung einer Karenzentschädigung s. *Bauer/Diller* Wettbewerbsverbote Rn. 401 ff., zur Anrechnung anderweitigen Erwerbs s. *Bauer/Diller* aaO Rn. 762 ff.

79 Bei den **Rechtsfolgen eines Verstoßes** gegen § 74 Abs. 2 HGB sind zwei Fälle zu unterscheiden (eingehend: *Naber* NZA 2017, 1170): **(1)** Wird eine **zu niedrige Karenzentschädigung** vereinbart oder weicht die Zusage sonst zu Ungunsten des Arbeitnehmers von den gesetzlichen Anforderungen ab, ist die

Vereinbarung – wie sich aus dem Wortlaut des § 74 Abs. 2 HGB ergibt – **unverbindlich** (BAG NZA 2017, 845 Rn. 24; BAG NZA 2014, 536 Rn. 23). Der Arbeitnehmer hat also ein Wahlrecht, ob er sich an das Wettbewerbsverbot hält und die zu geringe Karenzentschädigung bezieht oder ob er einer Wettbewerbstätigkeit nachgeht und keine Karenzentschädigung erhält (*Naber* NZA 2017, 1170, 1171). **(2) Fehlt eine Karenzentschädigungszusage** dagegen insgesamt, führt dies zur **Nichtigkeit** des Wettbewerbsverbotes (BAG NZA 2017, 845 Rn. 23; BAG NZA 2014, 536 Rn. 14; BAG NZA 2006, 1157 Rn. 11). In diesem Fall sind die Rechtsfolgen der Nichtigkeit und der Unverbindlichkeit des Wettbewerbsverbotes jedenfalls hinsichtlich der Gegenleistung identisch, weil der Arbeitnehmer auch dann keine Karenzentschädigung erhielte, wenn er das Wettbewerbsverbot beachten würde (BAG NZA 2014, 536 Rn. 14).

Um die Nichtigkeitsfolge zu vermeiden, verfolgt die Rechtsprechung grund- **80**
sätzlich einen großzügigen Ansatz hinsichtlich der **formalen Anforderungen** an eine **Karenzentschädigungszusage** und hat sogar einen pauschalen Verweis, wonach „im Übrigen die §§ 74 ff. HGB gelten" als ausreichend erachtet (BAG NZA 2006, 1157 Rn. 14). **Nicht ausreichend** ist aber eine bloße salvatorische Ersetzungsklausel, wonach bei Unwirksamkeit einer Regelung dasjenige gelten soll, was in rechtlich zulässiger Weise dem Parteiwillen am nächsten kommt. Darin kann keine ausreichende Vereinbarung einer Karenzentschädigung gesehen werden (BAG NZA 2017, 845 Rn. 29 ff.).

Bei Wettbewerbsverboten für **Organmitglieder** bestehen mangels Anwend- **81**
barkeit des § 74 Abs. 2 HGB (BGH NJW 1984, 2366) weniger strikte Vorgaben für die Karenzentschädigung (OLG München NZA-RR 2019, 82 Rn. 8). Reine Kundenschutzklauseln hat der BGH deshalb für eine Dauer von zwei Jahren sogar ohne Karenzentschädigung akzeptiert (BGH NJW 1984, 2366; BGH NJW 2002, 1875 (1876); anders wegen § 74 Abs. 2 HGB bei Arbeitnehmern: BGH NZA 1988, 502 (504) – Kundenschutzabrede). Bei umfassenderen Tätigkeitsverboten muss hingegen eine Karenzentschädigung gewährt werden; hinsichtlich deren Höhe bestehen aber weitergehende Gestaltungsspielräume als bei Arbeitnehmern, für die die strikte Vorgabe des § 74 Abs. 2 HGB gilt (*Bauer/Diller* Wettbewerbsverbote Rn. 1074 ff.; *Bauer/v. Medem* ArbRAktuell 2011, 473, 475). Die Vorschrift über die Anrechnung anderweitigen Erwerbs gilt im Verhältnis zu Organmitgliedern ebenfalls nicht (BGH NJW-RR 2008, 1421).

(4) Reichweite des Wettbewerbsverbotes, § 74a Abs. 1 S. 1, 2 HGB. **82**
Inhaltlich ist das Wettbewerbsverbot primär an den in § 74a Abs. 1 S. 1, 2 HGB geregelten Voraussetzungen zu messen. Danach ist das Wettbewerbsverbot insoweit unverbindlich, als es nicht zum Schutze eines **berechtigten geschäftlichen Interesses** des Arbeitgebers dient. Es ist ferner unverbindlich, soweit es unter Berücksichtigung der gewährten Entschädigung nach Ort, Zeit oder Gegenstand das **Fortkommen des Arbeitnehmers unbillig erschwert.** Die Anforderungen des § 74a Abs. 1 S. 1 und 2 sind in dieser Reihenfolge zweistufig zu prüfen: Primär maßgeblich ist mithin das berechtigte Arbeitgeberinteresse. Erst wenn dieses vorliegt, kommt es darauf an, ob eine unbillige Erschwerung des Fortkommens für den Arbeitnehmer vorliegt (BAG NZA 2010, 1175 Rn. 18). Als berechtigtes Arbeitgeberinteresse (§ 74a Abs. 1 S. 1 HGB) anerkannt ist vor allem der **Schutz von Geschäftsgeheimnissen** sowie der **Schutz des Kunden- und Lieferantenstammes** (*Bauer/Diller* Wettbewerbsverbote Rn. 305a; *Hauck* GRUR 2022, 530 (531); vgl. auch BAG NZA 1996, 310). Die umfangreiche Rechtsprechung

zu Kunden- und Lieferantenlisten als Geschäftsgeheimnissen (→ § 2 Rn. 71) verdeutlicht den engen Sachzusammenhang zwischen beiden Aspekten. Nicht ausreichend ist das bloße Arbeitgeberinteresse, Wettbewerb auszuschalten (BAG NZA 2010, 1175 Rn. 15). Neben der sachlichen Komponente muss das Wettbewerbsverbot auch in **geographischer** und **zeitlicher Hinsicht** von einem ausreichenden, schützenswerten Arbeitgeberinteresse gedeckt sein (*Bauer/Diller* Wettbewerbsverbote, Rn. 326 f.), wobei die zeitliche Komponente primär durch § 74a Abs. 1 S. 3 HGB konkretisiert wird. Wann sich trotz eines bestehenden berechtigten Arbeitgeberinteresses unbillige Auswirkungen auf das Fortkommen des Arbeitnehmers (§ 74a Abs. 1 S. 2 HGB) ergeben, ist eine Frage des Einzelfalls. In zeitlicher Hinsicht kann sich dies zB aus einem Zusammentreffen von langfristiger Freistellungsperiode und Wettbewerbsverbot ergeben, ferner sind unternehmensbezogene Wettbewerbsverbote bei Nicht-Führungskräften kritisch (*Bauer/Diller* Wettbewerbsverbote Rn. 345 f.). Ein inhaltlich zu weitgehendes Wettbewerbsverbot, das nicht von einem berechtigten Interesse des Arbeitgebers gedeckt ist oder das dem Arbeitnehmer sein berufliches Fortkommen unbillig erschwert, ist einer **geltungserhaltenden Reduktion** auf ein zulässiges Maß zugänglich und nur „insoweit" unverbindlich, wie es überschießt.

83 Auf Wettbewerbsverbote für **Organmitglieder** findet § 74a Abs. 1 HGB zwar keine unmittelbare Anwendung, jedoch werden entsprechende Kriterien im Rahmen einer Beurteilung der Sittenwidrigkeit gemäß § 138 Abs. 1 BGB angelegt (*Bauer/v. Medem* ArbRAktuell 2011, 473, 475). Ist das Wettbewerbsverbot inhaltlich zu weit gefasst, ist es allerdings nach § 138 Abs. 1 BGB insgesamt nichtig (BGH NJW 1986, 2944; OLG München NZA-RR 2019, 82 Rn. 7); eine geltungserhaltende Reduktion wie bei § 74a HGB kommt grundsätzlich nicht in Betracht (*Bauer/v. Medem* ArbRAktuell 2011, 473, 474 f.). Etwas anderes gilt nur, wenn allein eine zu weite Ausdehnung in zeitlicher Hinsicht zur Sittenwidrigkeit führt, ohne dass weitere Faktoren hinzutreten (BGH NJW 2000, 2584 (2585); BGH NJW 1997, 3089 (3089 f.)).

84 **(5) Befristung.** Nach § 74a Abs. 1 S. 3 kann das Wettbewerbsverbot nicht auf einen Zeitraum von mehr als **zwei Jahren** von der Beendigung des Dienstverhältnisses an erstreckt werden. Wird ein zeitlich weitergehendes Verbot vereinbart, ist dieses nicht nichtig, sondern unverbindlich. Ebenso wie bei § 74a Abs. 1 S. 1 und 2 ist zudem eine **geltungserhaltende Reduktion** möglich, d.h. die Unverbindlichkeit gilt nicht insgesamt, sondern nur insoweit, wie das Wettbewerbsverbot den zulässigen Zeitraum übersteigt.

85 Auch ein Wettbewerbsverbot gegenüber **Organmitgliedern,** für das § 74a Abs. 1 S. 3 HGB nicht unmittelbar gilt, ist im Regelfall – einzelne Ausnahmefälle mag es geben – auf zwei Jahre zu befristen (vgl. BGH WRP 2015, 457; BGH NJW 1984, 2366 (2367); vgl. ferner *Bauer/Diller* Wettbewerbsverbote Rn. 1057 f.).

86 **(6) Weitere Anforderungen.** Weitere – wenig praxisrelevante – Unwirksamkeitsgründe enthält **§ 74a Abs. 2 HGB.** Unberührt bleibt gemäß § 74 Abs. 3 HGB außerdem die Vorschrift des **§ 138 BGB,** die aber neben den Spezialregelungen der §§ 74 ff. HGB ebenfalls kaum eigenständige Bedeutung erlangt hat (*Bauer/Diller* Wettbewerbsverbote Rn. 365). Auf formularmäßig vereinbarte Wettbewerbsverbote finden zudem die §§ 305 ff. BGB Anwendung. Dies gilt insbesondere für das **Verbot überraschender bzw. mehrdeutiger Klauseln** (§ 305c BGB) und das **Transparenzgebot** (§ 307 Abs. 1 S. 2 BGB, vgl. *BAG* NZA 2015,

1253 Rn. 20). Einigkeit besteht hingegen, dass im Übrigen **Zurückhaltung bei einer Inhaltskontrolle (§§ 307 ff. BGB)** von Wettbewerbsverboten angezeigt ist. Die Begründungen variieren allerdings: Teils wird angenommen, dass § 307 Abs. 3 S. 1 BGB entgegenstehe, wonach nur „von Rechtsvorschriften abweichende“ Vereinbarungen kontrollfähig seien und somit keine Kontrolle von Hauptleistungspflichten bzw. Leistungsbeschreibungen stattfinde (LAG Rheinland-Pfalz NZA-RR 2013, 15 (16); LAG Baden-Württemberg NZA-RR 2008, 508; *Bauer/Diller* Wettbewerbsverbote Rn. 354). Daneben wird angeführt, dass die §§ 307 ff. BGB wegen der Besonderheiten des Arbeitsrechts (§ 310 Abs. 4 S. 2 BGB) nicht zur Anwendung kommen (*Bauer/Diller* Wettbewerbsverbote Rn. 355) bzw. dass die §§ 74 ff. HGB gegenüber den §§ 307 ff. BGB leges speciales seien (*Brock* in Ann/Loschelder/Grosch Kap. 2 Rn. 101 f.).

ee) Sanktionierung von Verstößen (Verweis). Als Mittel zur Durchsetzung nachvertraglicher Wettbewerbsverbote sind **Vertragsstrafen** sachgerecht und üblich (vgl. § 75c HGB). Für Einzelheiten wird auf die entsprechende Kommentierung (→ Rn. 108 ff.) verwiesen. **87**

ff) Fortfall des Wettbewerbsverbotes. Je nach Inhalt der Vereinbarung endet das Wettbewerbsverbot durch **Zeitablauf** spätestens nach zwei Jahren (§ 74a Abs. 1 S. 3 HGB). Möglich ist außerdem jederzeit eine **einvernehmliche Aufhebung** durch entsprechende Vereinbarung zwischen den Parteien (auch formfrei, vgl. BAG NZA 1989, 797). Darüber hinaus sehen die §§ 75 ff. HGB für bestimmte Fälle einseitige Lösungsmöglichkeiten vor: **(1)** Nach einer **außerordentlichen Eigenkündigung** des Arbeitnehmers oder einer **ordentlichen Kündigung des Arbeitgebers** kann sich der Arbeitnehmer einseitig von dem Wettbewerbsverbot lösen, wenn er innerhalb eines Monats nach Kündigung schriftlich erklärt, dass er sich an die Vereinbarung nicht gebunden erachte. Das Wettbewerbsverbot verliert dadurch seine Wirksamkeit (§ 75 Abs. 1, Abs. 2 S. 1 HGB). Kündigt allerdings der Arbeitgeber ordentlich, so kann er die Wirksamkeit des Wettbewerbsverbotes dadurch erhalten, dass er sich bei Kündigung bereiterklärt, für die Dauer des Verbotes die vollen zuletzt vom Arbeitnehmer bezogenen Leistungen zu gewähren (§ 75 Abs. 2 S. 1 Hs. 2 Alt. 1 HGB). Bei einer außerordentlichen Kündigung des Arbeitgebers bleibt das Wettbewerbsverbot ebenfalls wirksam (§ 75 Abs. 2 S. 1 Hs. 2 Alt. 2 HGB) **(2)** Der Arbeitgeber kann gemäß § 75a HGB vor Beendigung des Arbeitsverhältnisses auf das Wettbewerbsverbot **verzichten.** Er wird dadurch zwar nicht *ad-hoc,* aber ein Jahr nach der Erklärung von der Pflicht zur Zahlung der Karenzentschädigung frei. Der Arbeitnehmer wird dagegen bei erklärtem Verzicht des Arbeitgebers mit Beendigung des Arbeitsverhältnisses von dem Wettbewerbsverbot sofort frei (BAG NZA 1987, 453). **88**

c) Abwerbe- und Einstellungsverbote. Neben nachvertraglichen Wettbewerbsverboten bilden **Abwerbe-** oder **Einstellungsverbote** (sog. **Sperrabreden**) zwischen Mitbewerbern einen weiteren Mechanismus, um eine Gefährdung von Geschäftsgeheimnissen durch Beschäftigte, die ihren Arbeitsplatz wechseln, zu begrenzen. Typischerweise verpflichten sich die beteiligten Unternehmen, keine Mitarbeiter des jeweils anderen abzuwerben oder einzustellen. **89**

Derartige Abreden können **kartellrechtlich** problematisch sein, wenngleich dazu bislang kaum Rechtsprechung zum deutschen oder europäischen Kartellrecht vorliegt (dazu näher: *Glöckner* JuS 2018, 1130, 1133; auch mit Blick auf andere Jurisdiktionen: *Linsmeier/Mächtle* NZKart 2015, 258; *Linsmeier* BB 2018, 515). **90**

91 Die Rechtsprechung hat sich mit der Thematik der Sperrabreden primär aus der Perspektive des **§ 75f HGB** befasst. Nach dieser Vorschrift sind Vereinbarungen zwischen Arbeitgebern, durch die sich eine Partei verpflichtet, Mitarbeiter des anderen nicht oder nur unter bestimmten Voraussetzungen anzustellen, unverbindlich: Beiden Parteien steht der **Rücktritt** frei (§ 75f S. 1 HGB). Zudem lässt sich eine solche Vereinbarung **weder klageweise noch im Wege der Einrede durchsetzen** (§ 75f S. 2 HGB). Die Vorschrift steht systematisch in engem Zusammenhang mit den Vorschriften über nachvertragliche Wettbewerbsverbote (§§ 74 ff. HGB) und bildet zusammen mit diesen die sog. **Konkurrenzklauseln.** Sie soll verhindern, dass Arbeitgeber untereinander Sperrabreden zulasten der betroffenen Arbeitnehmer abschließen und auf diese Weise ähnliche Effekte erzielen wie durch ein nachvertragliches Wettbewerbsverbot, das den Arbeitnehmer direkt bindet. Insbesondere soll auf diese Weise eine **Umgehung der Karenzentschädigungspflicht** (§ 74 Abs. 2 HGB) vermieden werden (BGH GRUR 2014, 1122 Rn. 24 – *Abwerbeverbot*). Ebenso wie die Vorschriften über nachvertragliche Wettbewerbsverbote dient § 75f HGB also dem durch Art. 12 Abs. 1 GG geschützten Interesse des Arbeitnehmers an beruflichem Fortkommen (BGH GRUR 2014, 1122 Rn. 25 – Abwerbeverbot).

92 Die Rechtsprechung legt § 75f HGB in verschiedener Hinsicht weit aus: Der **persönliche Anwendungsbereich** beschränkt sich – ebenso wie bei den Vorschriften über Wettbewerbsverbote – nicht auf kaufmännische Angestellte, sondern erfasst **alle Arten von Arbeitnehmern** (BGH GRUR 2014, 1122 Rn. 14 – Abwerbeverbot, vgl. § 110 S. 2 GewO). Die Unverbindlichkeitsfolge erfasst nicht nur die Abrede als solche, sondern auch etwaige flankierende Vertragsstrafeversprechen (BGH GRUR 2014, 1122 Rn. 13 – Abwerbeverbot). In einer Grundsatzentscheidung hat der BGH außerdem klargestellt, dass die Vorschrift nicht nur – wie der Wortlaut nahelegt – auf **Einstellungsverbote** Anwendung findet, sondern auch für **Abwerbeverbote** gilt, selbst wenn diese eine Einstellung auf Initiativbewerbung des Arbeitnehmers hin nicht erfassen würden (BGH GRUR 2014, 1122 Rn. 20 ff. – Abwerbeverbot; vgl. dazu *Butzert* NJOZ 2015, 1153).

93 Auf der anderen Seite nimmt die Rechtsprechung **Einschränkungen** des Anwendungsbereichs von § 75f HGB vor und trägt damit den ebenfalls durch Art. 12 Abs. 1, 2 Abs. 1 GG geschützten Arbeitgeberinteressen an wirtschaftlicher Betätigungsfreiheit Rechnung. Nicht unter § 75f HGB fallen daher Abreden, die **unlautere geschäftliche Handlungen** betreffen. Anderenfalls käme es zu einem Wertungswiderspruch, wenn auch vertragsstrafegesicherte Unterlassungserklärungen gemäß § 75f HGB unwirksam wären, die abgeschlossen werden, um die durch einen Rechtsverstoß begründete Wiederholungsgefahr (zB iSv § 8 Abs. 1 S. 1 Alt. 2 UWG) auszuräumen (BGH GRUR 2014, 1122 Rn. 31 – Abwerbeverbot).

94 Einen zweiten Ausnahmefall, in dem § 75f HGB **keine Anwendung** findet, hat die Rechtsprechung anerkannt, wenn die Sperrabrede nicht den Hauptzweck, sondern nur eine **Nebenbestimmung** einer Vereinbarung bildet, die einem besonderen **Vertrauensverhältnis** zwischen den Parteien oder einer besonderen **Schutzbedürftigkeit** eines Beteiligten Rechnung trägt (BGH GRUR 2014, 1122 Rn. 32 – *Abwerbeverbot*). Hierbei spielen auch und insbesondere **Geheimhaltungsinteressen** eine wichtige Rolle. In einem solchen Fall ist die Sperrabrede zwar wirksam und durchsetzbar. Sie unterliegt jedoch einer zeitlichen Begrenzung von grundsätzlich **zwei Jahren** ab Beendigung der Zusammenarbeit. Die Rechtsprechung orientiert sich insoweit an den gesetzgeberischen Wertungen der §§ 74a Abs. 1 S. 3 und 90a Abs. 1 S. 2 HGB (BGH GRUR 2014, 1122 Rn. 39 – Abwer-

beverbot). Wird dennoch eine zeitlich weiterreichende Sperrabrede getroffen, ist diese nicht unwirksam. Vielmehr beschränkt sich ihre Durchsetzbarkeit im Wege geltungserhaltender Reduktion auf einen Zeitraum von zwei Jahren (BGH GRUR 2014, 1122 Rn. 37 – Abwerbeverbot). Ob in Ausnahmefällen ein schutzwürdiges Interesse eines Unternehmens an einem länger als zwei Jahre dauernden Abwerbeverbot bestehen kann, hat der BGH ausdrücklich offengelassen (BGH GRUR 2014, 1122 Rn. 40 – Abwerbeverbot).

6. Rechtsfolgen der Verletzung von Pflichten aus dem Arbeitsverhältnis

a) Grundsatz. Die Rechtsfolgen von Verstößen gegen **vertragsrechtliche Pflichten** richten sich grundsätzlich nach **allgemeinen Regeln,** d.h. in Betracht kommen insbesondere **Schadensersatzansprüche** (§§ 280 ff. BGB) und bei Wiederholungsgefahr **Unterlassungsansprüche,** wobei letztere auch im Wege der einstweiligen Verfügung durchsetzbar sind (*Oetker* in ErfK HGB § 61 Rn. 2). Verwiesen sei insoweit auf die Kommentierung zum vertraglichen Geheimnisschutz (→ Einl. B Rn. 71 ff.). Soweit die Verletzung vertragsrechtlicher Pflichten zugleich einen Verstoß gegen das GeschGehG bildet, kommen daneben Ansprüche gemäß **§§ 6 ff. GeschGehG** in Betracht. Diese stehen in Anspruchskonkurrenz zu vertraglichen Ansprüchen. 95

b) Kündigungsgrund. Verstöße gegen die Verschwiegenheitspflicht können zudem eine außerordentliche oder eine verhaltensbedingte ordentliche Kündigung des Arbeitsverhältnisses rechtfertigen (*Preis* in ErfK BGB § 611a Rn. 818; *Holthausen* NZA 2019, 1377, 1379). Insbesondere der Verstoß gegen das Wettbewerbsverbot gemäß § 60 HGB stellt in der Regel eine erhebliche Pflichtverletzung dar, die an sich geeignet ist, einen wichtigen Grund für eine außerordentliche Kündigung iSv § 626 Abs. 1 BGB zu bilden (BAG NZA 2017, 1179 Rn. 15; BAG NZA 2008, 1415 Rn. 15, vgl. allerdings BAG NZA 2008, 1415 Rn. 17 ff. zu vorrangigen Maßnahmen). Wie stets bedarf es aber zusätzlich einer umfassenden Interessenabwägung. 96

c) Schadensersatz. aa) Voraussetzungen. Bei Schadenersatzansprüchen gemäß § 280 Abs. 1 BGB sind im Arbeitsverhältnis gegenüber den allgemeinen Regeln Besonderheiten zu berücksichtigen. Während nach § 280 Abs. 1 S. 2 BGB das Vertretenmüssen einer Pflichtverletzung vermutet wird, so dass die **Darlegungs- und Beweislast** für dessen Fehlen beim Anspruchsgegner liegt (BGH NJW-RR 2016, 849 Rn. 17; *Grüneberg* in Grüneberg BGB § 280 Rn. 40), regelt **§ 619a BGB,** dass der Arbeitgeber das Vertretenmüssen des Arbeitnehmers darzulegen und zu beweisen hat (*Preis* in ErfK BGB § 619a Rn. 21). Die Beweislastumkehr des § 619a BGB ist allerdings grundsätzlich dispositiv, wenngleich sich eine formularmäßige Abweichung an den §§ 305 ff. BGB messen lassen muss (*Preis* in ErfK BGB § 619a Rn. 11 mwN, Einzelheiten str.). 97

Bei Vorliegen eines Verstoßes gegen das **GeschGehG** kommt ein Schadensersatzanspruch gemäß **§ 10** in Betracht. Dies kann für den Anspruchsteller etwa deshalb von Vorteil sein, weil im Rahmen des § 10 die dreifache Schadensberechnung zulässig ist (§ 10 Abs. 2). § 10 Abs. 1 S. 2 stellt klar, dass § 619a BGB unberührt bleibt. Die Regelung ist allerdings überflüssig und systemwidrig, da es im Rahmen des § 10 nicht auf ein Vertretenmüssen, sondern unmittelbar auf ein Verschulden des Verletzers ankommt. Im Rahmen des § 10 ist, anders als bei § 280 98

Abs. 1 S. 2 BGB, auch keine Beweislastumkehr vorgesehen, die durch § 619a BGB korrigiert werden müsste.

99 **bb) Grundsätze des innerbetrieblichen Schadensausgleichs.** Anwendung zugunsten des Arbeitnehmers finden zudem die von der Rechtsprechung entwickelten **Grundsätze über den innerbetrieblichen Schadensausgleich** (grundlegend: BAG GS NJW 1995, 210; BAG GS NJW 1958, 235). Abweichend von der Regel des § 276 Abs. 1 BGB kann die Haftung des Arbeitnehmers im Verhältnis zum Arbeitgeber deshalb – vor allem bei leichterem Verschulden – eingeschränkt oder ganz ausgeschlossen sein. Im Einzelnen gelten folgende Maßstäbe:

- Für **vorsätzliches Verhalten** haftet der Arbeitnehmer **stets voll.**
- **Grobe Fahrlässigkeit** hat der Arbeitnehmer **in aller Regel voll** zu vertreten (BAG GS NJW 1995, 210 (211); BAG NJW 1988, 2816 (2817)); im Einzelfall ist unter Abwägung aller Umstände eine quotale Haftungsverteilung möglich, zB wenn die Schadensersatzpflicht den Arbeitnehmer ruinieren würde oder der Arbeitgeber das Schadensrisiko durch eigenes Verhalten erhöht hat.
- Bei **normaler** bzw. **leichter bis mittlerer Fahrlässigkeit** erfolgt grundsätzlich eine **quotale Schadensaufteilung** zwischen Arbeitnehmer und Arbeitgeber (BAG NJW 1988, 2816 (2817); BAG GS NJW 1995, 210 (211)). Für diese sind Schadenshöhe, Verschuldensgrad, Vergütungshöhe usw. abzuwägen. Insoweit ist auch die Gefahrgeneigtheit der Tätigkeit zu beachten.
- Bei **leichtester Fahrlässigkeit** trifft den Arbeitnehmer keine Haftung (BAG GS NJW 1995, 210 (211)).

100 Die Grundsätze des innerbetrieblichen Schadensausgleichs sind allerdings nur bei **betrieblich veranlassten** Tätigkeiten anwendbar. Das haftungsbegründende Verhalten muss also in einem inneren Zusammenhang mit dem Betrieb gestanden haben. Daran fehlt es, wenn der Arbeitnehmer eigenmächtig oder im Eigeninteresse gehandelt hat. **Nicht erforderlich** ist hingegen, dass es sich um eine **gefahrgeneigte Tätigkeit** handelte. Dieses früher maßgebliche Kriterium ist von der arbeitsgerichtlichen Rechtsprechung aufgegeben worden und spielt nur noch eine Rolle bei der quotalen Haftungsverteilung im Bereich fahrlässigen Handelns (BAG GS NJW 1995, 210; BGH GmS NJW 1994, 856). Je gefahrgeneigter die Tätigkeit, desto höher wird der vom Arbeitgeber zu tragende Anteil am Schaden sein.

101 Dogmatisch wird die Beschränkung der Arbeitnehmerhaftung aus dem **Rechtsgedanken des § 254 BGB** hergeleitet (BAG GS NJW 1995, 210 (211 f.)). Es handelt sich also um eine Frage des Schadensersatzumfangs. In diesem Rahmen muss sich der Arbeitgeber das **Betriebsrisiko** zurechnen lassen, das nicht auf den Arbeitnehmer verlagert werden soll. Im Bereich des Schutzes von Geschäftsgeheimnissen ist dies schlüssig, da jeder Geheimhaltung ein gewisses Fehlerrisiko immanent ist und die durch Nachlässigkeit potentiell verursachten Schäden mitunter außer Verhältnis zur finanziellen Leistungsfähigkeit eines Arbeitnehmers stehen.

102 Die **Geschäftsgeheimnis-RL lässt eine Beschränkung der Arbeitnehmerhaftung explizit** zu. Zwar würde dies grundsätzlich eine unzulässige Unterschreitung der Mindestschutzvorgaben (Art. 1 Abs. 1 UAbs. 2) darstellen. Art. 14 Abs. 1 UAbs. 2 räumt den Mitgliedsstaaten aber ausdrücklich die Möglichkeit ein, die Haftung von Arbeitnehmern für Schäden zu begrenzen, die dem Arbeitgeber durch eine Verletzung von Geschäftsgeheimnissen entstehen, sofern der Arbeitnehmer nicht vorsätzlich handelt (vgl. auch ErwGr. 30 a.E.).

Die Grundsätze über den innerbetrieblichen Schadensausgleich sind zwingendes Arbeitnehmerschutzrecht und somit **nicht abdingbar** (BAG NZA 1999, 141 (144)). Die **Darlegungs- und Beweislast** für das Eingreifen der Grundsätze liegt jedoch bei dem Arbeitnehmer (*Preis* in ErfK BGB § 619a Rn. 21). **103**

cc) Schadensersatz und Eintrittsrecht bei Verstoß gegen Wettbewerbsverbot gemäß § 60 HGB. Für Verstöße gegen das Wettbewerbsverbot gemäß § 60 HGB sieht § 61 Abs. 1 Hs. 1 HGB ausdrücklich **Schadensersatzansprüche** vor, die nach allgemeinen Grundsätzen auch den entgangenen Gewinn (§ 252 BGB) umfassen, der ggf. gemäß § 287 ZPO geschätzt werden kann (BAG NZA 2013, 748 Rn. 24, 25). Alternativ regelt § 61 Abs. 1 Hs. 2 HGB ein **Eintrittsrecht des Arbeitgebers.** Anstelle von Schadensersatz kann er vom Arbeitnehmer die Herausgabe der Vergütung aus für fremde Rechnung gemachten Geschäften bzw. die Abtretung von Vergütungsansprüchen verlangen. Der Sache nach handelt es sich um eine pauschale Schadensersatzregelung, die dem Arbeitgeber die Durchsetzung des Schadensersatzanspruchs erleichtert, ohne dass er einen eigenen Schaden nachweisen muss (BAG NZA 2013, 207 Rn. 24). Das Eintrittsrecht des Arbeitgebers besteht aber nur dann, wenn es ohne wesentliche Umstellung des Inhalts der verbotswidrig vorgenommenen Geschäfte verwirklicht werden kann. Ein Eintritt des Arbeitgebers in ein verbotswidrig begründetes Arbeitsverhältnis scheidet deshalb aus (BAG NZA 2013, 207 Rn. 24). Übt der Arbeitgeber sein Eintrittsrecht aus, hat er im Gegenzug für die Vergütung dem Arbeitnehmer dessen Auslagen nach Maßgabe von § 670 BGB zu ersetzen (LAG Niedersachsen BeckRS 2016, 66178, Rn. 24). **104**

d) Auskunft. Zur Vorbereitung auch vertraglicher **Schadensersatzansprüche** besteht ein akzessorischer **Auskunftsanspruch** gemäß **§ 242 BGB** unter der Voraussetzung, dass der Berechtigte über Inhalt und Umfang seines Rechts entschuldbar im Unklaren ist und er sich die zur Verfolgung seines Rechts notwendigen Auskünfte auf zumutbare Weise nicht selbst beschaffen kann, während dem Verpflichteten die Erteilung der Auskunft unschwer möglich und zumutbar ist (BAG NZA 2022, 655 Rn. 71; BAG NZA 2021, 1581 Rn. 40; BGH GRUR 2001, 841 (842) – Entfernung der Herstellungsnummer II; BGH GRUR 1994, 630 (632) – Cartier-Armreif). Einzelheiten sind kommentiert bei § 8 GeschGehG (→ § 8 Rn. 41 ff.). **105**

Bei möglichen **Verstößen** gegen ein **Wettbewerbsverbot** besteht ebenfalls ein Auskunftsanspruch (BAG NZA 2013, 207 Rn. 25). Hier ist die Rechtsprechung vergleichsweise großzügig. Erforderlich ist kein Nachweis einer Vertragsverletzung, sondern nur die **Wahrscheinlichkeit eines Anspruchs** (BAG DB 1972, 1831). Es muss der **begründete Verdacht** einer Vertragspflichtverletzung und die Wahrscheinlichkeit eines daraus resultierenden Schadens bestehen (BGH NJW 2014, 155 Rn. 20). Das BAG hat im Einzelfall sogar eine geringe Wahrscheinlichkeit einer verbotswidrigen Tätigkeit ausreichen lassen (BAG BB 1967, 839, vgl. allgemein zum Meinungsstand hinsichtlich der zu stellenden Anforderungen: BAG NZA 2022, 655 Rn. 75 ff.; BAG NZA 2021, 1581 Rn. 44 ff.). **106**

Die Auskunftspflicht erstreckt sich grundsätzlich auf alle Angaben, die Voraussetzung einer etwaigen Schadensersatzforderung sein können (BAG DB 1972, 1831). Eine Pflicht zur **Rechnungslegung** besteht bei vertraglichen Schadensersatzansprüchen idR nicht (*Grüneberg* in Grüneberg BGB § 259 Rn. 6). Bei Verstößen gegen das Wettbewerbsverbot ist zu differenzieren: Während im Falle einer unselbständigen Beschäftigung Angaben zu dem Geschäftsherrn und der ausgeüb- **107** ten Tätigkeit zu machen sind, richtet sich der Anspruch im Falle einer verbotswidrigen selbständigen Tätigkeit auf die Angabe von Art und Umfang der getätigten Geschäfte (*Bauer/Diller* Wettbewerbsverbote Rn. 863). **Umsatzauskunft** kann in diesem Fall verlangt werden (BGH NJW 2014, 155 Rn. 20).

108 **e) Vertragsstrafen. aa) Allgemeines.** Vertragsstrafeversprechen sind auch gegenüber Mitarbeitern eines Unternehmens **möglich und zulässig.** Nichtig sind lediglich Vertragsstrafeversprechen Auszubildender (§ 12 Abs. 2 Nr. 2 BBiG). Im Übrigen handelt es sich um übliche und wichtige Maßnahmen insbesondere zur Durchsetzung von Wettbewerbsverboten, aber auch zur Absicherung von Vertraulichkeitspflichten. Auch in **Formulararbeitsverträgen** sind Vertragsstrafeversprechen jedenfalls **keine *per se* überraschenden Klauseln** iSv **§ 305c Abs. 1 BGB** (BAG NZA 2008, 170 Rn. 20 ff.). Anders kann dies lediglich im Einzelfall aufgrund eines unangemessenen äußeren Erscheinungsbildes (zB Platzierung an versteckter Stelle, Unleserlichkeit wegen winziger Schriftgröße) zu beurteilen sein (BAG NZA 2008, 170 Rn. 21 f.; *Lakies* ArbRAktuell 2014, 313). Das **Klauselverbot** des **§ 309 Nr. 6 BGB** ist bei Vertragsstraferegelungen in Zusammenhang mit Verstößen gegen die Vertraulichkeitspflicht und/oder gegen ein Wettbewerbsverbot bereits tatbestandlich nicht einschlägig (vgl. BAG NZA 2008, 170 Rn. 23).

109 **bb) Höhe der Vertragsstrafe.** Die Unwirksamkeit einer formularmäßigen Vertragsstrafevereinbarung kann sich gemäß § 307 Abs. 1 S. 1 BGB aus einer unangemessenen **Höhe** ergeben (→ Einl. B Rn. 83). Dem steht die Möglichkeit einer Herabsetzung gemäß § 343 BGB nicht entgegen, da im Rahmen des § 307 Abs. 1 S. 1 BGB eine generelle, typisierende Betrachtung stattfindet, während im Fall des § 343 BGB eine einzelfallbezogene Bewertung maßgeblich ist (*Wensing/Niemann* NJW 2007, 401, 403 f.; *Lakies* ArbRAktuell 2014, 313, 315 f.). Zudem ist im Rahmen des § 307 Abs. 1 S. 1 BGB der Zeitpunkt des Vertragsschlusses, im Rahmen des § 343 BGB der Zeitpunkt der Geltendmachung der Vetragsstrafe zugrundezulegen (*Wensing/Niemann* aaO).

110 Jedenfalls für den Fall eines Verstoßes gegen Vertraulichkeitspflichten und/oder ein Wettbewerbsverbot gibt es allerdings – auch für Formulararbeitsverträge – **keine generelle Höchstgrenze** etwa in Höhe eines Bruttomonatsgehalts oder in Höhe des während der Kündigungsfrist zu zahlenden Gehaltes (BAG NZA 2009, 370 Rn. 59; *Mävers* ArbRAktuell 2017, 37, 39). Ob eine unangemessene Benachteiligung iSd §§ 307 Abs. 1 S. 1, 310 Abs. 3 Nr. 3 BGB vorliegt, bestimmt sich vielmehr anhand einer **einzelfallbezogenen Interessenabwägung** (BAG NZA 2009, 370 Rn. 59). Zu berücksichtigen ist insoweit, dass die hier relevanten Verletzungen der Verschwiegenheitspflicht und Verstöße gegen das Wettbewerbsverbot für den Arbeitgeber extrem hohe, teils sogar existenzgefährdende Schäden auslösen können. Auf der anderen Seite hat sich eine Vertragsstrafe auch an Faktoren wie Verschuldensgrad und wirtschaftlichen Verhältnissen des Arbeitnehmers zu orientieren. Um das Risiko einer Unwirksamkeit kalkulierbar zu halten, wird in der Literatur empfohlen, dass eine Vertragsstrafe einen Betrag von **ein bis drei Bruttomonatsgehältern** je Verstoß nicht überschreiten sollte (*Bauer/Diller* Wettbewerbsverbote Rn. 941; *Mävers* ArbRAktuell 2017, 37, 39). Ferner sollte eine Begrenzung vorgenommen werden, wonach die Vertragsstrafe bei **mehreren Verstößen innerhalb eines Monats** nur einmal anfällt (*Mävers* ArbRAktuell 2017, 37, 39). Schließlich sollte der **Gesamtbetrag im Falle mehrerer Verstöße** auf das **sechsfache Bruttomonatsgehalt** beschränkt werden, um unangemessene

Kumulationseffekte zu vermeiden (*Bauer/Diller* Wettbewerbsverbote Rn. 944; *Mävers* ArbRAktuell 2017, 37, 39).

Vertragsstraferegelungen nach dem **Neuen Hamburger Brauch** sind im Arbeitsrecht wenig verbreitet und bergen daher eine gewisse Unsicherheit, als nicht hinreichend transparent (§ 307 Abs. 1 S. 2 BGB) beurteilt zu werden. Dennoch wird ein Leistungsbestimmungsrecht des Arbeitgebers (§ 315 BGB), eine dem Verletzungsfall angemessene Vertragsstrafe festzulegen, in der Literatur für möglich gehalten; empfohlen wird allerdings, die bei Festsetzung der Vertragsstrafe maßgeblichen Ermessenserwägungen (Schwere des Verstoßes, insb. Schadenshöhe, Verschuldensgrad, wirtschaftliche Lage und Einkommen des Arbeitnehmers, Zwecksetzung der Vertragsstrafe als Abschreckungs-, Druck- und Sicherungsmittel etc.) ausdrücklich im Vertragstext zu nennen (*Haas/Fuhlrott* NZA-RR 2010, 1, 6). Auch bei Vertragsstraferegelungen nach dem Muster des Neuen Hamburger Brauchs kann die Festlegung einer Untergrenze zu einer unangemessenen „Übersicherung" führen. Als solche hat das BAG eine Vereinbarung beurteilt, die für jeden einzelnen Verstoß gegen das Wettbewerbsverbot eine Vertragsstrafe in Höhe des ein- bis dreifachen Monatsgehalts vorsieht, wobei die genaue Höhe vom Arbeitgeber nach der Schwere des Verstoßes festgelegt wird (BAG NZA 2006, 34 Rn. 22 ff.). **111**

cc) Transparenzgebot. Soweit die Vertragsstraferegelung auf eine Sanktionierung von **Dauerverstößen** (etwa im Falle der Eingehung eines Dauerschuldverhältnisses mit einem Wettbewerbsunternehmen) zielt, stellt das BAG hohe Anforderungen an die Wahrung des **Transparenzgebotes** (§ 307 Abs. 1 S. 2 BGB). So soll eine Klausel, nach der im Falle einer dauerhaften Verletzung des Wettbewerbsverbotes jeder angebrochene Monat als erneute Verletzungshandlung gilt, unwirksam sein, weil sie nicht hinreichend klar erkennen lasse, wann ein einmaliger Verstoß und wann ein Dauerverstoß vorliege (BAG NZA 2008, 170 Rn. 28). Dies bedarf einer entsprechenden Definition in der Klausel (vgl. *Diller* NZA 2008, 574, 576; *Haas/Fuhlrott* NZA-RR 2010, 1, 6). **112**

Ein Verstoß gegen das **Transparenzgebot** (§ 307 Abs. 1 S. 2 BGB) liegt auch vor, wenn eine Vertragsstrafe ohne nähere Konkretisierung für den Fall eines „schuldhaft vertragswidrigen Verhaltens" versprochen wird (sog. **„globales" Strafversprechen**), da es hier an einer ausreichenden Warnfunktion fehlt und der Arbeitnehmer nicht deutlich genug erkennen kann, was „auf ihn zukommt" (BAG NZA 2005, 1053; *Lakies* ArbRAktuell 2014, 313, 314). Aus den gleichen Erwägungen ist auch eine Vertragsstrafe für jeden „gravierenden Vertragsverstoß" ohne nähere Konkretisierung bedenklich (BAG NZA 2006, 34 Rn. 20). **113**

7. Durchsetzbarkeit von Ansprüchen wegen arbeitsrechtlicher Pflichtverletzungen

a) Verjährung. aa) Pflichtverletzungen während des Arbeitsverhältnisses. Obgleich für Pflichtverletzungen im Arbeitsverhältnis grundsätzlich die **regelmäßige Verjährungsfrist** (§§ 195, 199 BGB) gilt, kommt bei Verletzungen der Verschwiegenheitspflicht zu Wettbewerbszwecken und oder sonstigen Verstößen gegen das Wettbewerbsverbot des § 60, 61 HGB der kurzen Verjährungsfrist nach **§ 61 Abs. 2 HGB** besondere Bedeutung zu. **114**

Gemäß **§ 61 Abs. 2 HGB** unterliegen die Ansprüche gemäß § 61 Abs. 1 HGB einer kurzen Verjährungsfrist von **drei Monaten** ab **Kenntniserlangung** von dem Verstoß gegen das Wettbewerbsverbot, wobei **Unkenntnis infolge grober** **115**

Fahrlässigkeit gleichgestellt ist (§ 61 Abs. 2 Hs. 1 HGB). Ausreichend soll bereits die Kenntnis bzw. grob fahrlässige Unkenntnis der Tatsache sein, dass der Arbeitnehmer ein konkurrierendes Handelsgewerbe betreibt; auf die Kenntnis konkreter Einzelgeschäfte kommt es nach der Rechtsprechung des BAG für den Verjährungsbeginn nicht an (BAG NZA 2021, 1581 Rn. 68 ff.). Ohne Rücksicht auf die Kenntnis ist eine Verjährungsfrist von **fünf Jahren** vorgesehen (§ 61 Abs. 2 Hs. 2 HGB). Zweck der kurzen Verjährung ist es, eine schnelle Klärung und Bereinigung der sich aus der verbotswidrigen Wettbewerbstätigkeit ergebenden Rechtsfolgen herbeizuführen. Der Berechtigte soll zu einer baldigen Entscheidung veranlasst werden, ob er Ansprüche aus der Vertragsverletzung ableiten will (BAG NZA 2018, 1425 Rn. 45).

116 Die arbeitsgerichtliche Rechtsprechung wendet die kurze Verjährung nicht nur auf Ansprüche aus §§ 60, 61 HGB an, sondern auch auf **konkurrierende deliktische** und **vertragliche** Ansprüche (BAG NJW 1986, 2527). Dies gilt auch für Ansprüche aus **§ 826 BGB** (BAG NZA 2001, 94 (95)) und **§ 823 Abs. 2 BGB** iVm **§ 17 UWG a.F.** (BAG NZA 2018, 1425 Rn. 45). Offengelassen wurde bislang die Anwendbarkeit auf konkurrierende Ansprüche aus § 823 Abs. 2 BGB iVm § 266 StGB (BAG NZA 2018, 1425 Rn. 48). In der Sache ist die Rechtsprechung **wenig überzeugend,** da sie dem oftmals erheblichen Unrechtsgehalt von Geheimnisverletzungen (die nicht selten strafrechtlich relevant sind) nicht hinreichend Rechnung trägt und die Schutzzwecke konkurrierender Anspruchsnormen demjenigen des § 61 Abs. 2 HGB pauschal unterordnet. Das für § 61 Abs. 2 HGB tragende Beschleunigungs- und Klärungsinteresse erscheint zudem eher schwach und rechtfertigt es kaum, auch den durch eine Straftat Geschädigten einem hohen Zeit- und Entscheidungsdruck auszusetzen. **Offen** ist, ob die Verjährungsfrist auch für konkurrierende **Ansprüche** aus dem **GeschGehG** gilt. Dagegen spricht, dass der Gesetzgeber bei Erlass des Gesetzes sehr wohl auch dessen arbeitsrechtliche Implikationen im Blick hatte. Dennoch ging er davon aus, dass die Ansprüche nach dem GeschGehG insgesamt der Regelverjährung des BGB unterliegen sollen (BT-Drs. 19/4724, 19, vgl. auch *Glinke* in Keller/Schönknecht/Glinke GeschGehG § 10 Rn. 15).

117 **bb) Pflichtverletzungen nach Beendigung des Arbeitsverhältnisses.** Für Verstöße gegen ein nachvertragliches Wettbewerbsverbot (§§ 74 ff. HGB) gilt die **kurze Verjährungsfrist** des § 61 Abs. 2 HGB **nicht** (*Bauer/Diller* Wettbewerbsverbote Rn. 912 u. 983). Gleiches dürfte für Ansprüche wegen Geheimnisverletzungen nach Beendigung des Arbeitsverhältnisses gelten.

118 **b) Vertragliche Ausschlussklauseln.** In Zusammenhang mit Geheimnisverletzungen durch Arbeitnehmer können **vertragliche Ausschlussklauseln** Bedeutung erlangen. Nicht selten werden in Arbeitsverträgen objektive, d.h. nicht an die Kenntniserlangung durch eine Partei anknüpfende Ausschlussklauseln vereinbart, wonach alle Ansprüche aus dem Arbeitsverhältnis und solche, die mit dem Arbeitsverhältnis in Verbindung stehen, innerhalb eines bestimmten Zeitraums (zB drei oder sechs Monate) nach Fälligkeit bzw. nach Beendigung des Arbeitsverhältnisses geltend gemacht werden müssen. Anderenfalls sind die Ansprüche ausgeschlossen.

119 Soweit derartige Klauseln auch vertragliche und/oder deliktische Ansprüche aufgrund einer vorsätzlichen Rechtsverletzung erfassen, sind sie problematisch im Hinblick auf § 276 Abs. 3 BGB, wonach die **Haftung wegen Vorsatzes nicht im Voraus erlassen** werden kann, sowie im Hinblick auf § 202 Abs. 1 BGB, wonach die **Verjährung bei Haftung wegen Vorsatzes nicht im Voraus durch Rechtsgeschäft erleichtert** werden kann. Die Rechtsprechung erachtet derartige Ausschlussklauseln inzwischen als nichtig gemäß § 134 BGB (BAG NZA 2022, 655 Rn. 63 ff.; BAG NZA 2021, 702 Rn. 66 ff.). Frühere Entscheidungen hatten dagegen noch versucht, die Wirksamkeit durch einschränkende Auslegung zu erhalten (BAG NJW 2013, 3741 Rn. 21 f.; vgl. *Lingemann/Chakrabarti* NJW 2019, 978). Während diese Rechtsprechung dazu führte, dass die Ausschlussklauseln lediglich bei vorsätzlichen Geheimnisverletzungen nicht zur Anwendung kamen, hat die von der neueren Rechtsprechung angenommene Nichtigkeit zur Folge, dass die Klauseln generell keine Wirkung entfalten.

III. Geheimnisschutz im kollektiven Arbeitsrecht

1. Allgemeines

Im Bereich des kollektiven Arbeitsrechts spielt der Schutz von Geschäftsgeheimnissen in verschiedenen Zusammenhängen eine Rolle. Auch die **Geschäftsgeheimnis-RL** strahlt – mit gewissen Einschränkungen – in diesen Bereich aus. Das bestätigen insbesondere die Art. 1 Abs. 2 lit. d, 3 Abs. 1 lit. c und 5 lit. c sowie das Fehlen einer umfassenden Bereichsausnahme (*Preis/Seiwerth* RdA 2019, 351, 352). Inhaltlich lassen sich vor allem zwei Themenkreise eingrenzen, in denen Berührungspunkte zwischen Geheimnisschutz und kollektivem Arbeitsrecht bestehen: Zum einen sind Regelungen zum Schutz von Geschäftsgeheimnissen durch **Kollektivverträge** denkbar (→ Rn. 121 ff.). Die Geschäftsgeheimnis-RL und das GeschGehG erkennen dies ausdrücklich an. Darüber hinaus führt die betriebliche Mitbestimmung der Arbeitnehmer, die notwendig mit zahlreichen **Informationsrechten** verbunden ist, zu einem **gesteigerten Bedürfnis** nach **Geheimnisschutz,** dem durch entsprechende **gesetzliche Sondervorschriften** Rechnung getragen wird (→ Rn. 124 ff.). 120

2. Geheimhaltungspflichten in Kollektivverträgen

Geheimhaltungspflichten können sich grundsätzlich nicht nur aus Gesetz oder Individualvertrag, sondern auch aus kollektivvertraglichen Regelungen, namentlich aus **Tarifvertrag,** ergeben (vgl. exemplarisch § 7 des Manteltarifvertrages für akademisch gebildete Angestellte in der chemischen Industrie v. 2.5.2000). Die Geschäftsgeheimnis-RL und das GeschGehG erkennen das Interesse der Sozialpartner an der Vereinbarung solcher Regelungen an. Nach **Art. 1 Abs. 2 lit. d** berührt die Geschäftsgeheimnis-RL nicht die **Autonomie der Sozialpartner** und ihr Recht, **Kollektivverträge** gemäß Unionsrecht sowie gemäß den Gepflogenheiten und den Rechtsvorschriften der Mitgliedsstaaten einzugehen. Auf nationaler Ebene findet die Vorschrift eine Entsprechung in **§ 1 Abs. 3 Nr. 3 GeschGehG.** 121

Nicht abschließend geklärt ist, ob Art. 1 Abs. 2 lit. d Geschäftsgeheimnis-RL und § 1 Abs. 3 Nr. 3 GeschGehG, die jeweils nur allgemein von „Kollektivverträgen" sprechen, sich nur auf **Tarifverträge** oder auch auf **Betriebsvereinbarungen** beziehen. Während zum Teil davon ausgegangen wird, dass alle Formen der Kollektivverträge erfasst sein sollen (→ § 1 Rn. 15; *Glinke* in Keller/Schönknecht/Glinke GeschGehG § 1 Rn. 42; *Trebeck/Schulte-Wissermann* NZA 2018, 1175, 1180; *Nabert/Peukert/Seeger* NZA 2019, 583, 588), werden mitunter Zweifel 122 an der Anwendbarkeit auf Betriebsvereinbarungen geäußert, da der Begriff „Sozialpartner" üblicherweise nur die Tarifvertragsparteien, nicht aber die Betriebsparteien bezeichne (*Richter* ArbRAktuell 2019, 375, 376; *Brammsen* in Brammsen/Apel GeschGehG § 1 Rn. 47; *Fuhlrott* in BeckOK GeschGehG § 1 Rn. 28; vgl. zum Begriff auch *Böning* in Hoeren/Münker GeschGehG § 1 Rn. 40, 43). Die Vertreter letztgenannter Ansicht entnehmen allerdings überwiegend § 1 Abs. 3 Nr. 4 einen entsprechenden Regelungsgehalt für Betriebsvereinbarungen (*Richter* ArbRAktuell 2019, 375, 376; *Brammsen* in Brammsen/Apel GeschGehG § 1 Rn. 47; *Fuhlrott* in BeckOK GeschGehG § 1 Rn. 28).

123 Der sehr weitreichende und unbestimmte Wortlaut sowohl des Art. 1 Abs. 2 lit. d Geschäftsgeheimnis-RL als auch des § 1 Abs. 3 Nr. 3 GeschGehG ist **einschränkend** im Lichte des **ErwGr. 12** der Richtlinie auszulegen. Daraus geht hervor, dass der Richtliniengeber zwar eine Öffnungsklausel beabsichtigte, die es den Sozialpartnern ermöglicht, Kollektivverträge einzugehen, in denen die Verpflichtung, Geschäftsgeheimnisse nicht offenzulegen und diese nicht zu nutzen näher geregelt werden kann, soweit dies nach geltendem Arbeitsrecht vorgesehen ist. Unberührt bleiben sollten auch etwaige durch Kollektivvertrag vorgesehenen Sanktionen. Dagegen stellt ErwGr. 12 klar, dass kein „Freibrief" erteilt werden sollte, die „Ausnahmen" im Sinne der Richtlinie einzuschränken. Gemeint sind damit in erster Linie die **Ausnahmen** des **Art. 5 Geschäftsgeheimnis-RL,** insbesondere zugunsten von Hinweisgebern (Art. 5 lit. b) und zugunsten der Offenlegung gegenüber Arbeitnehmervertretungen (Art. 5 lit. c), die im nationalen Recht in § 5 Nr. 2 und 3 GeschGehG umgesetzt sind (→ § 1 Rn. 15; *Glinke* in Keller/Schönknecht/Glinke GeschGehG § 1 Rn. 43; *Trebeck/Schulte-Wissermann* NZA 2018, 1175, 1180; *Nabert/Peukert/Seeger* NZA 2019, 583, 588). Im Ergebnis hat dies zur Folge, dass das Mindestschutzniveau der Geschäftsgeheimnis-RL (Art. 1 Abs. 1 UAbs. 2) durch kollektivvertragliche Regelungen sowohl unter- als auch überschritten werden kann. Im Bereich der vollharmonisierten Ausnahmen ist den Sozialpartnern aber eine Intensivierung des Schutzes verwehrt. Umstritten ist, ob die Autonomie der Sozialpartner in weiteren Bereichen eingeschränkt ist. Namentlich wird in der Literatur vertreten, dass auch der Begriff des „Geschäftsgeheimnisses" einer abweichenden Definition entzogen sei (*Trebeck/Schulte-Wissermann* NZA 2018, 1175, 1180; aA *Glinke* in Keller/Schönknecht/Glinke GeschGehG § 1 Rn. 46), während andere Stimmen die in ErwGr. 12 genannten Ausnahmen als abschließend bewerten (*Nabert/Peukert/Seeger* NZA 2019, 583, 588; *Richter* ArbRAktuell 2019, 375, 376).

3. Geheimnisschutz im Verhältnis zu den Arbeitnehmervertretungen

124 **a) Grundlagen.** Im Recht der Arbeitnehmermitbestimmung findet sich eine Reihe spezieller Normen zum Schutz von Geschäftsgeheimnissen. Die größte Bedeutung kommt dabei den **§§ 79 und 120 BetrVG** Bedeutung zu. **Außerhalb des BetrVG** finden sich vergleichbare Vorschriften in den §§ 29, 35 SprAUG für (Ersatz-)Mitglieder des Sprecherausschusses der leitenden Angestellten, in den §§ 39, 43 f. EBRG für (Ersatz-)Mitglieder des Europäischen Betriebsrates und in den §§ 41, 45 SEBG für (Ersatz-)Mitglieder des SE-Betriebsrates (vgl. ferner die Zusammenstellung bei *Karthaus* NZA 2018, 1180, 1185). Im Personalvertretungsrecht existiert mit § 10 BPersVG lediglich eine zivilrechtliche Verschwiegenheitspflicht. Die korrespondierenden Straftatbestände (§§ 110, 111 BPersVG a.F.) wurden durch Art. 287 Nr. 4 EGStGB aufgehoben und in § 203 Abs. 2 S. 1 Nr. 3 StGB verortet (vgl. *Oetker* in GK BetrVG § 120 Rn. 4).

§ 79 Abs. 1 BetrVG normiert für Mitglieder und Ersatzmitglieder des Betriebsrates eine **zivilrechtliche Pflicht,** Betriebs- und Geschäftsgeheimnisse nicht unbefugt zu offenbaren oder zu verwerten. § 79 Abs. 2 BetrVG erstreckt diese Pflicht auf (Ersatz-)Mitglieder sämtlicher durch das BetrVG vorgesehenen Institutionen. Ergänzend enthält **§ 120 BetrVG** eine **Strafandrohung** für den Fall einer vorsätzlichen Pflichtverletzung. Der strafrechtliche Geheimnisschutz entspricht einer langen betriebsverfassungsrechtlichen Tradition, eine Vorläuferbestimmung enthielt schon das 1920 in Kraft getretene Betriebsrätegesetz (*Oetker* in GK BetrVG § 120 Rn. 1). 125

Obwohl sich bereits aus § 241 Abs. 2 BGB und § 4 Abs. 2 Nr. 3 GeschGehG eine Pflicht jedes Arbeitnehmers ergibt, Stillschweigen über Geschäftsgeheimnisse seines Arbeitgebers zu bewahren, deren Verletzung nach § 23 Abs. 1 Nr. 3 GeschGehG zugleich strafbewehrt ist, bilden die §§ 79, 120 BetrVG eine zusätzliche Absicherung. Einer solchen bedarf es aufgrund **umfangreicher gesetzlicher Informationsrechte** des Betriebsrates (vgl. etwa §§ 80 Abs. 2, 90 Abs. 1 Nr. 1–4, 111 BetrVG; eine ausführliche Sammlung einschlägiger Normen findet sich bei *Brammsen* in Brammsen/Apel GeschGehG § 1 Rn. 63; vgl. ferner *Maier* Schutz von Betriebs- und Geschäftsgeheimnissen 365 (Fn. 543)). Infolge dieser Rechte erhalten Betriebsratsmitglieder im Vergleich zu anderen Arbeitnehmern in gesteigertem Umfang Einblick in Geschäftsgeheimnisse, zumal gemäß § 34 Abs. 3 BetrVG jedes Betriebsratsmitglied das Recht hat, die Unterlagen des Betriebsrates und seiner Ausschüsse einzusehen. Der Arbeitgeber kann sich den Informationsrechten des Betriebsrates auch nicht durch Verweis auf den Schutz von Geschäftsgeheimnissen entziehen (vgl. BAG NZA 1991, 644 (646); BAG NZA 1989, 932 (933); BAG NZA 2001, 402 (405) zum Wirtschaftsausschuss). Die §§ 79, 120 BetrVG sind mithin **Korrelat der Informationsrechte** des Betriebsrates (*Fitting* BetrVG § 79 Rn. 1) und **ergänzen die allgemeinen Regelungen des Geheimnisschutzes** (*Kania* in ErfK BetrVG § 79 Rn. 1; *Thüsing* in Richardi BetrVG § 79 Rn. 3; *Wochner* BB 1975, 1541, 1542 f.). Hinzu kommt, dass nicht alle der in § 79 BetrVG genannten Personen(gruppen) gleichzeitig durch ein zur Rücksichtnahme verpflichtendes Arbeitsverhältnis mit dem Geheimnisinhaber verbunden sind (vgl. *Wochner* BB 1975, 1541, 1543 ff.). 126

b) Verhältnis der §§ 79, 120 BetrVG zu Geschäftsgeheimnis-RL und GeschGehG. Die Geschäftsgeheimnis-RL intendiert ausdrücklich **keine Beschränkung** von **Informations-, Anhörungs- und Mitwirkungsrechten der Arbeitnehmervertretungen** (vgl. Art. 3 Abs. 1 lit. c Geschäftsgeheimnis-RL und ErwGr. 18). 127

Auch das GeschGehG stellt in **§ 1 Abs. 3 Nr. 4** klar, dass die **Rechte der Arbeitnehmervertretungen unberührt** bleiben sollen. Damit korrespondierend qualifiziert **§ 3 Abs. 1 Nr. 3 GeschGehG** insbesondere eine Erlangung von Geschäftsgeheimnissen als rechtmäßig, die in **Ausübung von Informations- und Anhörungsrechten** der Arbeitnehmer oder von Mitwirkungs- und Mitbestimmungsrechten der Arbeitnehmervertretung erfolgt. Wie die Gesetzesbegründung in Übereinstimmung mit der bestehenden Rechtsprechung (→ Rn. 126) erläutert, können die Beteiligungsrechte der Arbeitnehmervertretungen nicht mit dem Hinweis auf ein Vorliegen von Geschäftsgeheimnissen eingeschränkt werden. Der Gesetzgeber stufte § 3 Abs. 1 Nr. 3 GeschGehG 128 deshalb lediglich als deklaratorische Klarstellung ein (BT-Drs. 19/4724, 26). Ergänzt wird die Vorschrift durch **§ 5 Nr. 3 GeschGehG** (entsprechend Art. 5 lit. c Geschäftsgeheimnis-RL), wonach eine **Offenlegung eines Geschäftsgeheimnisses** durch einen Arbeitnehmer **gegenüber der Arbeitnehmervertretung** nicht unter das Handlungsverbot gemäß § 4 GeschGehG fällt, wenn sie erforderlich ist, damit die Arbeitnehmervertretung ihre Aufgaben erfüllen kann. Die Regelung dient laut Gesetzesbegründung einerseits dem Schutz von Arbeitnehmern, die von ihrem Recht Gebrauch machen, ihre Arbeitnehmervertretung zu kontaktieren und sich mit einem Geschäftsgeheimnis an diese wenden. Gleichzeitig dient sie dem Schutz der Arbeitnehmervertretung, die auf diesem Weg ein Geschäftsgeheimnis erlangt (BT-Drs. 19/4724, 29).

129 Erlangt die Arbeitnehmervertretung durch Mitteilung von Arbeitgeberseite in Ausübung von Informations- und Anhörungsrechten gemäß § 3 Abs. 1 Nr. 3 GeschGehG oder durch Offenlegung von Arbeitnehmerseite gemäß § 5 Nr. 3 GeschGehG Kenntnis von Geschäftsgeheimnissen, kann der weitere Umgang mit der Information nicht gegen das Handlungsverbot des § 4 Abs. 2 Nr. 1 GeschGehG verstoßen, da die Erlangung durch die Arbeitnehmervertretung rechtmäßig war. Geheimhaltungspflichten ergeben sich aber aus den §§ 79, 120 BetrVG, die zugleich den Anwendungsbereich des § 4 Abs. 2 Nr. 2 und 3 GeschGehG eröffnen. Wie sich aus **ErwGr. 18** der Geschäftsgeheimnis-RL ergibt, bleiben die **Geheimhaltungspflichten der Arbeitnehmervertretung** bzw. ihrer Mitglieder durch die Richtlinie **unberührt.**

130 **c) Regelungsgehalt der §§ 79, 120 BetrVG.** Gemäß **§ 79 Abs. 1 S. 1 BetrVG** sind die Mitglieder und Ersatzmitglieder des Betriebsrates verpflichtet, Betriebs- oder Geschäftsgeheimnisse, die ihnen wegen ihrer Zugehörigkeit zum Betriebsrat bekannt geworden sind und die vom Arbeitgeber ausdrücklich als geheimhaltungsbedürftig bezeichnet wurden, **nicht zu offenbaren** und **nicht zu verwerten.** Dies gilt gemäß S. 2 auch nach dem Ausscheiden aus dem Betriebsrat. § 79 Abs. 2 BetrVG erstreckt diese Pflicht auf (Ersatz-)Mitglieder weiterer durch das BetrVG vorgesehenen Institutionen.

131 **§ 120 BetrVG** ergänzt § 79 BetrVG und sanktioniert eine Verletzung der besonderen Geheimhaltungspflichten **strafrechtlich.** Nach dem Grundtatbestand § 120 Abs. 1 BetrVG ist das **unbefugte Offenbaren** eines Betriebs- oder Geschäftsgeheimnisses. strafbar, § 120 Abs. 3 S. 1 BetrVG bildet einen Qualifikationstatbestand, der den Strafrahmen bei Hinzutreten bestimmter, überwiegend subjektiver Merkmale (Handeln gegen Entgelt, in Bereicherungs- oder Schädigungsabsicht) von bis zu einem auf bis zu zwei Jahre Freiheitsstrafe (oder Geldstrafe) erhöht. § 120 Abs. 3 S. 2 BetrVG sanktioniert die **unbefugte Verwertung** von Betriebs- oder Geschäftsgeheimnissen und entspricht hinsichtlich des Strafrahmens dem in S. 1 geregelten Qualifikationstatbestand.

132 Einen Fremdkörper bildet die im Gesetzgebungsverfahren nachträglich auf Empfehlung des Bundesrates eingefügte Vorschrift des **§ 120 Abs. 2 BetrVG** (*Annuß* in Richardi BetrVG § 120 Rn. 1, 17): Wie bei Absatz 1 handelt es sich um eine Sanktion für unbefugtes Offenbaren von Geheimnissen. Tatobjekte sind aber keine Betriebs- oder Geschäftsgeheimnisse, sondern Geheimnisse der einzelnen Arbeitnehmer, insbesondere solche, die zu ihrem persönlichen Lebensbereich gehören. Die verfassungsrechtliche Grundlage der Vorschrift liegt nicht in Art. 12 oder 14 GG, sondern in dem allgemeinen Persönlichkeitsrecht des Arbeitnehmers und dem daraus abgeleiteten Recht auf informationelle Selbstbestimmung gemäß Art. 2 Abs. 1 iVm 1 Abs. 1 GG (*Oetker* in GK BetrVG § 120 Rn. 8).

d) Gegenstand der Geheimhaltungspflichten: Betriebs- oder Geschäftsgeheimnis. Gegenstand der Geheimhaltungspflicht des § 79 Abs. 1 BetrVG und zugleich Tatobjekt des § 120 Abs. 1, 3 BetrVG sind **Betriebs- und Geschäftsgeheimnisse.** Das Begriffsverständnis folgte hier jedenfalls bislang der vor Inkrafttreten des GeschGehG auch für das Wettbewerbsrecht (§ 17 UWG a.F.) geltenden traditionellen Definition und erfasste jede im Zusammenhang mit einem Betrieb stehende Tatsache, die nicht offenkundig, sondern nur einem eng begrenzten Personenkreis bekannt ist und nach dem Willen des Betriebsinhabers aufgrund eines berechtigten wirtschaftlichen Interesses geheimgehalten werden soll (BAG NZA 1988, 63; *Thüsing* in Richardi BetrVG § 79 Rn. 5; *Oetker* in GK BetrVG § 79 Rn. 11 u. § 120 Rn. 11). 133

Im Verhältnis zu dem in **Art. 2 Nr. 1 Geschäftsgeheimnis-RL** und **§ 2 Nr. 1 GeschGehG** definierten europäischen Begriff des Geschäftsgeheimnisses ergeben sich insoweit **einige sachliche Abweichungen** (siehe dazu → § 2 Rn. 9 ff. und *Kalbfus* GRUR 2016, 1009, 1010 ff.). Es stellt sich deshalb die Frage, ob die Definition der Geschäftsgeheimnis-RL und des GeschGehG künftig auf das BetrVG übertragen werden soll und muss. Dagegen scheint auf den ersten Blick zu sprechen, dass die Begriffsbestimmung des § 2 Nr. 1 GeschGehG ausweislich des Wortlautes nur Geltung für das GeschGehG selbst beansprucht („Im Sinne dieses Gesetzes ist…"). Weiter könnte dagegen sprechen, dass den Gremien der Arbeitnehmermitbestimmung eher solche vertraulichen Informationen zugänglich gemacht werden, die interne betriebsorganisatorische Fragen und weniger produktiv anwendbares Know-how (das die Geschäftsgeheimnis-RL primär im Blick hat) betreffen. Für eine Übertragung der europäischen Definition spricht allerdings, dass die Geschäftsgeheimnis-RL auch den Bereich des kollektiven Arbeitsrechts erfasst (→ Rn. 120). Wegen des grundsätzlichen Mindestschutzcharakters der Geschäftsgeheimnis-RL zwingt diese zwar nicht ohne weiteres zur Übernahme des dort enthaltenen Geheimnisbegriffs, solange das nationale Begriffsverständnis nicht hinter dem Schutzniveau zurückbleibt. Allerdings ist es Kernanliegen der Richtlinie, das Verständnis des Geheimnisbegriffs zu harmonisieren (vgl. ErwGr. 14 und *Harte-Bavendamm* in FS Köhler, 2014, 235, 241). Im Ergebnis spricht deshalb viel dafür, die **§§ 79, 120 BetrVG** als Bestandteil der nationalen Rechtsordnung künftig ebenfalls **richtlinienkonform auszulegen** und das Begriffsverständnis des Art. 2 Nr. 1 Geschäftsgeheimnis-RL zugrundezulegen (so auch *Thüsing* in Richardi BetrVG § 79 Rn. 5a; *Trebeck/Schulte-Wissermann* NZA 2018, 1175, 1180; *Preis/Seiwerth* RdA 2019, 351, 353; *Oetker* ZESAR 2017, 257, 262). Eine solche richtlinienkonforme Auslegung ist ohne weiteres möglich, da die §§ 79, 120 BetrVG keine sachlich abweichende Legaldefinition enthalten, die eine Anwendung des europäischen Geheimnisbegriffs hinderte. 134

Die §§ 79 und 120 BetrVG setzen jeweils eine **„amtskausale" Kenntniserlangung** des Unternehmensgeheimnisses voraus, d.h. der Verpflichtete muss das Geheimnis gerade infolge seiner Zugehörigkeit zu einer der in den Vorschriften genannten Personengruppen erfahren haben (*Müller* BB 2013, 2293, 2295; *Wochner* BB 1975, 1541). Dies folgt schon aus dem Wortlaut der Normen: „Betriebs- oder Geschäftsgeheimnisse, die ihnen *wegen ihrer Zugehörigkeit zum Betriebsrat* bekannt geworden … sind" (§ 79 Abs. 1 BetrVG, Hervorhebung hinzugefügt) sowie „Betriebs- oder Geschäftsgeheimnis, das ihm *in seiner Eigenschaft als* … bekannt geworden … ist" (§ 120 BetrVG, Hervorhebung hinzugefügt). 135

Eine Besonderheit der §§ 79, 120 BetrVG besteht in der Einschränkung, dass sich die Geheimhaltungspflicht nur auf solche Betriebs- und Geschäftsgeheimnisse 136 bezieht, die vom Arbeitgeber **ausdrücklich als geheimhaltungsbedürftig bezeichnet** worden sind. Hierbei handelt es sich um eine besondere Form der Manifestation eines Geheimhaltungswillens (*Westermann* Hdb Know-how-Schutz Kap. 1 Rn. 55 (Fn. 249 aE); *Arians* in Oehler Der strafrechtliche Schutz des Geschäfts- und Betriebsgeheimnisses 331; *Thüsing* in Richardi BetrVG § 79 Rn. 7 f.). Die jeweilige Information muss „ausdrücklich" als geheimhaltungsbedürftig bezeichnet werden. Bloße Erkennbarkeit genügt nicht. Wegen des Erfordernisses eines formellen Deklarationsaktes wird der Geheimnisbegriff der §§ 79, 120 BetrVG auch als **„formeller Geheimnisbegriff"** im Gegensatz zum sonst üblichen materiellen Geheimnisbegriff bezeichnet (*Fitting* BetrVG § 79 Rn. 5; *Thüsing* in Richardi BetrVG § 79 Rn. 7; *Kania* in ErfK BertVG § 79 Rn. 7; *Wochner* BB 1975, 1541). Eine bestimmte Form der Deklaration sieht das Gesetz nicht vor; ohne Bedeutung ist, ob der Hinweis mündlich oder schriftlich erfolgt (*Thüsing* in Richardi BetrVG § 79 Rn. 8; *Oetker* in GK BetrVG § 79 Rn. 33; *Kania* in ErfK BertVG § 79 Rn. 7; *Müller* BB 2013, 2293, 2294). Trotz der Einseitigkeit der Erklärung ist es dem Unternehmer allerdings nicht möglich, Informationen in ungerechtfertigtem Umfang oder gar willkürlich als Betriebs- oder Geschäftsgeheimnisse zu bezeichnen, da die materiellen Voraussetzungen des Geheimnisbegriffs (bislang insbesondere die Voraussetzung eines berechtigten Geheimhaltungsinteresses, künftig das Erfordernis eines wirtschaftlichen Wertes) von dem formellen Deklarationserfordernis unberührt bleiben. Fehlt es daran, so wird eine Information auch nicht durch ihre Bezeichnung als Betriebs- oder Geschäftsgeheimnis zu einem solchen (LAG Köln BeckRS 2008, 52737; *Kania* in ErfK BertVG § 79 Rn. 7; *Thüsing* in Richardi BetrVG § 79 Rn. 7; *Gaul* NZA 1988, 225, 231).

137 Legt man – wie hier vorgeschlagen – auch im Rahmen der §§ 79, 120 BetrVG den Geheimnisbegriff der Geschäftsgeheimnis-RL zugrunde, so wird man das Erfordernis eines formellen Deklarationsaktes als **Konkretisierung der den Umständen nach angemessenen Geheimhaltungsmaßnahmen** (Art. 2 Nr. 1 lit. c Geschäftsgeheimnis-RL) interpretieren können und müssen. Die Deklaration einer an eine Arbeitnehmervertretung weitergegebenen Information als Geschäftsgeheimnis ist daher eine erforderliche, aber auch ausreichende Geheimhaltungsmaßnahme. Der zusätzliche Abschluss einer Vertraulichkeitsvereinbarung mit dem Gremium bzw. seinen Mitgliedern ist daneben nicht notwendig (aA *Karthaus* NZA 2018, 1180, 1182 ff.), anderenfalls wären die Geheimhaltungspflichten der §§ 79, 120 BetrVG sinnentleert. Sie sollen zudem durch die Geschäftsgeheimnis-RL nicht berührt werden (vgl. ErwGr. 18).

138 **e) Adressatenkreis der Geheimhaltungspflichten gemäß §§ 79, 120 BetrVG.** Die **zivilrechtliche Geheimhaltungspflicht** des § 79 Abs. 1 S. 1 BetrVG gilt unmittelbar für die **Mitglieder und Ersatzmitglieder des Betriebsrates.** § 79 Abs. 2 BetrVG erstreckt die Pflicht auf (Ersatz-)Mitglieder **weiterer durch das BetrVG vorgesehenen Institutionen:** (Gesamt- und Konzernbetriebsrat, (Gesamt-/Konzern-) Jugend- und Auszubildendenvertretung, Wirtschaftsausschuss, Bordvertretung, Seebetriebsrat, gemäß § 3 Abs. 1 BetrVG gebildete Vertretungen der Arbeitnehmer, Einigungsstelle, tarifliche Schlichtungsstelle (§ 76 Abs. 8 BetrVG), betriebliche Beschwerdestelle (§ 86 BetrVG), Vertreter von Gewerkschaften oder Arbeitgebervereinigungen. Darüber hinaus existieren **speziell normierte Erweiterungen,** siehe §§ 80 Abs. 4 BetrVG, 107 Abs. 3 S. 4, 108 Abs. 2 S. 2, 109 S. 3 BetrVG (dazu: *Wochner* BB 1975, 1541). Mit den genannten Erweiterungen korrelierend, schränkt § 79 Abs. 1 S. 3, 4 BetrVG die Geheimhaltungspflicht im Verhältnis zu diesen Institutionen wieder ein (vgl. *Wochner* BB 1975, 1541, 1541 f.), so dass sichergestellt ist, dass sämtliche Institutionen und ihre Mitglieder besonderen Geheimhaltungspflichten unterliegen, im Verhältnis dieser Institutionen untereinander ein Informationsfluss jedoch möglich ist.

Die **möglichen Täter des § 120 BetrVG** sind in Abs. 1 Nr. 1–4 enumerativ **139** aufgezählt: § 120 Abs. 1 Nr. 1 BetrVG knüpft – vorbehaltlich gesetzgebungstechnischer Abstimmungsmängel (→ Rn. 140) – an die in § 79 Abs. 1 und 2 genannten Personenkreise an. Die § 120 I Nr. 2–4 qualifizieren weitere Funktionsträger als taugliche Täter, deren Verschwiegenheitspflicht zivilrechtlich außerhalb von § 79 BetrVG in Sondervorschriften geregelt ist. Bei § 120 Abs. 1 und 3 BetrVG handelt es sich jeweils um **echte Sonderdelikte,** die täterschaftlich nur von den genannten Personengruppen begangen werden können. (*Arians* in Oehler Der strafrechtliche Schutz des Geschäfts- und Betriebsgeheimnisses 392; *Oetker* in GK BetrVG § 120 Rn. 28; *Kania* in ErfK BetrVG § 120 Rn. 2).

Hinsichtlich des Täterkreises problematisch und umstritten ist das **Verhältnis** **140** **von § 120 Abs. 1 Nr. 1 BetrVG zu § 79 Abs. 2 BetrVG:** § 120 BetrVG sollte ursprünglich als bloße Verweisungsnorm auf § 79 BetrVG ausgestaltet werden. Die in Kraft befindliche, eigenständigere Formulierung der Strafnorm wurde im Verlaufe des Gesetzgebungsverfahrens ausschließlich um der besseren Verständlichkeit willen gewählt und nicht, um eine sachliche Entkopplung zu erzielen (*Oetker* in GK BetrVG § 120 Rn. 2). Zu Diskussionen Anlass gegeben hat allerdings die in § 120 Nr. 1 Var. 3 BetrVG Bezugnahme auf die in § 79 Abs. 2 BetrVG genannten **„Stellen".** Dies ist missverständlich, da § 79 Abs. 2 BetrVG einige Gremien aufzählt, die formal als „Stellen" bezeichnet sind (Einigungsstelle, Schlichtungsstelle und betriebliche Beschwerdestelle). Umstritten ist deshalb, ob nur diese „Stellen" im wörtlichen Sinn erfasst sein sollen (so *Oetker* in GK BetrVG § 120 Rn. 32) oder ob sich der Verweis auf sämtliche der in § 79 Abs. 2 BetrVG aufgezählten Gremien bezieht (so *Kania* in ErfK BertVG § 120 Rn. 2; *Annuß* in Richardi BetrVG § 120 Rn. 9; *Fitting* BetrVG § 120 Rn. 4; *Westermann* Hdb Know-how-Schutz Kap. 4 Rn. 60 Fn. 235). Für letztere Sichtweise sprechen *telos* und Gesetzgebungshistorie, für das einschränkende Verständnis hingegen der Wortlaut und folgender systematischer Gesichtspunkt: Bei weiter Auslegung des Verweises wären auch die in § 79 Abs. 2 BetrVG genannten Vertreter von Gewerkschaften und Arbeitgebervereinigungen erfasst, obwohl deren Strafbarkeit schon separat in § 120 Abs. 1 Nr. 2 BetrVG geregelt ist.

Ein weiterer Unterschied hinsichtlich der Adressatenkreise von § 79 und § 120 **141** BetrVG liegt darin, dass nach der Rechtsprechung des Bundesarbeitsgerichts nicht nur das **einzelne Mitglied** des Betriebsrates, sondern auch der Betriebsrat als **(Kollegial-)Organ der Betriebsverfassung** der Geheimhaltungspflicht des § 79 Abs. 1 BetrVG unterliegen soll (BAG NZA 1988, 63; *Kania* in ErfK BertVG § 79 Rn. 10). Demgegenüber kann sich die Strafnorm des § 120 Abs. 1 Nr. 1 BetrVG notwendig nur an natürliche Personen richten.

f) Inhalt der Verpflichtungen. § 79 Abs. 1 verbietet das Offenbaren und **142** Verwerten amtskausal erlangter Betriebs- und Geschäftsgeheimnisse durch die Verpflichteten. Korrespondierend stellt § 120 Abs. 1 BetrVG das unbefugte Offenbaren, § 120 Abs. 3 S. 2 BetrVG das unbefugte Verwerten unter Strafe. Unter einem **Offenbaren** wird dabei jede Form der Mitteilung oder sonstigen Zugänglichmachung verstanden (*Oetker* in GK BetrVG § 79 Rn. 54; *Annuß* in Richardi BetrVG § 120 Rn. 11) verstanden. **Verwertung** ist die wirtschaftliche Ausnutzung zum Zwecke der Gewinnerzielung auf andere Weise als durch Offenbaren (*Oetker* in GK BetrVG § 79 Rn. 55; *Annuß* in Richardi BetrVG § 120 Rn. 12).

143 Im Rahmen des § 120 BetrVG müssen die Tathandlungen ausweislich des Wortlautes **„unbefugt"** vorgenommen werden. Wie bei anderen Straftatbeständen zum Schutz von Geschäftsgeheimnissen wird dieses Merkmal von der herrschenden Ansicht lediglich als Hinweis auf das Erfordernis eines rechtswidrigen Handelns verstanden (*Kania* in ErfK BertVG § 120 Rn. 3; *Annuß* in Richardi BetrVG § 120 Rn. 13; *Oetker* in GK BetrVG § 120 Rn. 21).

144 Während die zivilrechtliche Geheimhaltungspflicht des **§ 79 BetrVG auch ohne Verschulden** verletzt werden kann, setzt **§ 120 BetrVG** gemäß § 15 StGB, Art. 1 EGStGB **Vorsatz** bzgl. aller objektiven Tatbestandsmerkmale voraus. Im Falle des § 120 Abs. 3 S. 1 Var. 2 und 3 müssen außerdem die subjektiven Beweggründe der Bereicherungs- oder Schädigungsabsicht hinzutreten.

145 **g) Zeitliche Reichweite der Geheimhaltungspflichten.** § 79 Abs. 1 S. 2 BetrVG stellt klar, dass die Geheimhaltungspflicht **auch nach dem Ausscheiden aus dem betriebsverfassungsrechtlichen Gremium** fortdauert. Da auch § 120 BetrVG insoweit keine Einschränkungen enthält, überdauert die Strafandrohung ebenfalls ein Ende der Gremienzugehörigkeit.

146 Soweit der Normadressat Arbeitnehmer ist, soll die Geheimhaltungspflicht ebenso wie die Strafandrohung **über das Ende des Arbeitsverhältnisses hinaus** bestehen bleiben (BAGE 41, 21 (33); *Thüsing* in Richardi BetrVG § 79 Rn. 17; *Oetker* in GK BetrVG § 79 Rn. 57; *Westermann* Hdb Know-how-Schutz Kap. 4 Rn. 60 Fn. 235; *Maier* Schutz von Betriebs- und Geschäftsgeheimnissen 366; *Kania* in ErfK BertVG § 79 Rn. 12). Die Fortdauer der speziellen Verpflichtungen über das Ende des Arbeitsverhältnisses hinaus wäre zwar grundsätzlich geeignet, die Betroffenen in ihrem beruflichen Fortkommen zu beeinträchtigen. Da sich die Pflichten jedoch typischerweise auf spezifische betriebsbezogene Informationen beziehen, besteht ein geringeres Risiko der Überschneidung mit allgemeinem beruflichen Erfahrungswissen.

Gesetz zum Schutz von Geschäftsgeheimnissen (GeschGehG)

Vom 18. April 2019 (BGBl. I S. 466)
FNA 427-1

§ 1 Anwendungsbereich

(1) **Dieses Gesetz dient dem Schutz von Geschäftsgeheimnissen vor unerlaubter Erlangung, Nutzung und Offenlegung.**

(2) **Öffentlich-rechtliche Vorschriften zur Geheimhaltung, Erlangung, Nutzung oder Offenlegung von Geschäftsgeheimnissen gehen vor.**

(3) **Es bleiben unberührt:**
1. **Der berufs- und strafrechtliche Schutz von Geschäftsgeheimnissen, deren unbefugte Offenbarung von § 203 des Strafgesetzbuches erfasst wird,**
2. **die Ausübung des Rechts der freien Meinungsäußerung und der Informationsfreiheit nach der Charta der Grundrechte der Europäischen Union (ABl C 202 vom 7.6.2016, S. 389), einschließlich der Achtung der Freiheit und der Pluralität der Medien,**
3. **die Autonomie der Sozialpartner und ihr Recht, Kollektivverträge nach den bestehenden europäischen und nationalen Vorschriften abzuschließen,**
4. **die Rechte und Pflichten aus dem Arbeitsverhältnis und die Rechte der Arbeitnehmervertretungen.**

Schrifttum: s. Allgemeines Literaturverzeichnis sowie: *Alexander,* Grundstrukturen des Schutzes von Geschäftsgeheimnissen durch das neue GeschGehG, WRP 2019, 673; *Alexander,* Geheimnisschutz nach dem GeschGehG und investigativer Journalismus, AfP 2019, 1; *Ann,* Geheimnisschutz – Kernaufgabe des Informationsmanagements im Unternehmen, GRUR 2014, 12; *Apel/Drescher,* Einheitlicher Geheimnisbegriff im öffentlichen Recht und dem GeschGehG?, BB 2020, 1171; *Freckmann/Schmoll,* Geheimnisschutzrichtlinie: Neuer Standard für Vertraulichkeitsvereinbarungen und arbeitsvertragliche Verschwiegenheitsklauseln, BB 2017, 1780; *Goldhammer,* Geschäftsgeheimnis-Richtlinie und Informationsfreiheit – Zur Neudefinition des Geschäftsgeheimnisses als Chance für das öffentliche Recht, NVwZ 2017, 1809; *Harte-Bavendamm,* Der Begriff des Geschäftsgeheimnisses nach neuem Recht, FS Büscher (2018), 311; *Hauck,* Grenzen des Geheimnisschutzes, WRP 2018, 1032; *Hauck,* Schutz von Geschäftsgeheimnissen und Arbeitnehmerrechte, GRUR 2022, 530; *Hiéramente/Wagner,* Strafrechtliche Grenzen der Informationsbeschaffung über (ehemalige) Mitarbeiter der Gegenpartei eines Zivilrechtsstreits, GRUR 2020, 709; *Holthausen,* Die arbeitsvertragliche Verschwiegenheit – Vertragsgestaltung nach Inkrafttreten des GeschGehG, NZA 2019, 1377; *Jansen/Hofmann,* Auswirkungen des Gesetzes zum Schutz von Geschäftsgeheimnissen auf Vertraulichkeitsvereinbarungen, BB 2020, 259; *Kalbfus,* Die EU-Geschäftsgeheimnis-Richtlinie – welcher Umsetzungsbedarf besteht in Deutschland?, GRUR 2016, 1009; *Kalbfus,* Zur Rechtsnatur von Geschäftsgeheimnissen: Bringt das Geschäftsgeheimnisgesetz mehr Klarheit?, FS Harte-Bavendamm, 2020, 341; *Leister,* Anwendbarkeit des Geschäftsgeheimnisbegriffs im Verwaltungs(prozess)recht, GRUR-Prax 2020, 598; *McGuire,* Know-how – Stiefkind, Störenfried oder Sorgenkind?, GRUR 2015, 424; *McGuire,* Neue Anforderungen an Geheimhaltungsvereinbarungen?, WRP 2019, 679; *McGuire,* Begriff und Rechtsnatur des Geschäftsgeheimnisses – Über ungeschriebene Unterschiede zwischen altem und neuem Recht, FS Harte-Bavendamm, 2020, 367; *Naber/Peukert/Seeger,* Arbeitsrechtliche Aspekte des Geschäftsgeheimnisgesetzes, NZA 2019, 583; *Ohly,* Der Geheimnisschutz im deutschen Recht: heutiger Stand und Perspektiven, GRUR 2014, 1; *Ohly,* Das neue Geschäftsgeheimnisgesetz im Überblick, GRUR 2019, 441; *Richter,* Das Geschäftsgeheimnisgesetz und dessen Ausstrahlung in das Arbeitsrecht, ArbRAktuell 2019, 375; *Sprenger,* Das Geschäftsgeheimnisgesetz und seine Auswirkungen auf das Arbeitsrecht des öffentlichen Dienstes, ZTR 2019, 414; *Trebeck/Schulte-Wissermann,* Die Geheimnisschutzrichtline und deren Anwendbarkeit – Auswirkungen auf Compliance und Whistleblowing im deutschen Arbeitsrecht, NZA 2918, 1175; *Werner,* Verrat von Geschäftsgeheimnissen durch ausgeschiedene Mitarbeiter, WRP 2019, 1428; *Wiebe,* Der Geschäftsgeheimnisschutz im Informationsfreiheitsrecht – Unter besonderer Berücksichtigung des Gesetzes zum Schutz von Geschäftsgeheimnissen, NVwZ 2019, 1705.

Übersicht

I. Allgemeines

1 Unter der allgemein gehaltenen amtlichen Überschrift „**Anwendungsbereich**“ fasst § 1 drei Grundsätze zusammen, die – teils in rudimentärer Form, teils in weder abschließender noch zwingend erscheinender Auswahl – Gegenstand, Zweck, Reichweite und Grenzen der in §§ 2 bis 23 getroffenen Regelungen beschreiben. In Abs. 1 werden der (in § 2 näher definierte) **Schutzgegenstand** und der **Gesetzeszweck** benannt. Abs. 2 spricht den **Vorrang öffentlich-rechtlicher Vorschriften** zum Schutz von Geschäftsgeheimnissen an. Abs. 3 enthält eine relativ beliebig anmutende **Auswahl anderer Vorschriften und Rechtsgrundsätze,** die das GeschGehG **unberührt** lässt. Der Referentenentwurf vom 18.4.2018 (RefE-GeschGehG; hierzu die GRUR-Stellungnahme vom 22.5.2018, GRUR 2018, 708, und die Stellungnahme von *Desaunettes/Hilty/Knaak/Kur* – Max-Planck-Institut für Innovation und Wettbewerb – vom 18.5.2018, abrufbar unter https://www.ip.mpg.de/fileadmin/ipmpg/content/stellungnahmen/Stellungnahme_zum_Referentenentwurf_eines_Gesetzes_zur_Umsetzung_der_Richtlinie__EU__2016_943.pdf; *Kiefer* WRP 2018, 910) enthielt solche Vorschriften noch nicht, sondern begann in § 1 sogleich mit den später nach § 2 verlagerten Definitionen zentraler Begriffe des Geheimnisschutzes (Geschäftsge-

heimnis, Inhaber eines Geschäftsgeheimnisses, Rechtsverletzer, rechtsverletzende Produkte; zur unionsrechtlichen Verbindlichkeit dieser Definitionen → § 2 Rn. 2). In seiner endgültigen, am 26.4.2019 in Kraft getretenen Fassung stimmt § 1 in seinem ersten Absatz sinngemäß mit Art. 1 der Richtlinie (EU) 2016/943 des Europäischen Parlaments und des Rates vom 8.6.2016 über den Schutz vertraulichen Know-hows und vertraulicher Geschäftsinformationen (Geschäftsgeheimnisse) vor rechtwidrigem Erwerb sowie rechtswidriger Nutzung und Offenlegung (ABl. Nr. L 157 v. 15. Juni 2016, S. 1; im Folgenden nur **„Geschäftsgeheimnis-RL"** oder **„RL";** → Anhang I) überein. Dagegen weisen § 1 Abs. 2 und Abs. 3 GeschGehG und Art. 1 Abs. 2 und 3 Geschäftsgeheimnis-RL einerseits **Überschneidungen** auf (so kehren Art. 1 Abs. 2 lit. a und lit. d fast wörtlich in § 1 Abs. 3 Nr. 2 und 3 GeschGehG wieder); anderseits sind verschiedene **Abweichungen** (einschließlich der vom deutschen Gesetzgeber nicht für erforderlich gehaltenen ausdrücklichen Übernahme des Art. 1 Abs. 3 Geschäftsgeheimnis-RL, → Rn. 19a) zu verzeichnen, die sich nicht in Änderungen des Wortlauts erschöpfen. Inwieweit eine **unterschiedliche Terminologie** auch mit **inhaltlichen Diskrepanzen** verbunden ist, lässt sich nur von Fall zu Fall beurteilen. So sollen laut Art. 1 Abs. 2 Geschäftsgeheimnis-RL die unter Buchstaben a) bis d) aufgeführten Vorschriften anderer Rechtsbereiche durchgehend (nur) **unberührt** bleiben. Dagegen differenziert § 1 zwischen den in Abs. 2 erwähnten öffentlich-rechtlichen Vorschriften – die den Regelungen des GeschGehG **vorgehen** sollen – und dem in Abs. 3 enthaltenen Katalog der vom GeschGehG „unberührten" Rechtsgebiete.

2 Die in § 1 Abs. 3 getroffene Auswahl der als unberührt deklarierten Rechtsbereiche dürfte teilweise damit zu erklären sein, dass die Bundesregierung hinsichtlich der Umsetzung der Geschäftsgeheimnis-RL unter erheblichem Zeitdruck stand; die Umsetzungsfrist lief am 9.6.2018 ab. Zwischen der Veröffentlichung des RefE-GeschGehG am 18.4.2018 und des Regierungsentwurfs (RegE GeschGehG, BT-Drs. 19/4724) vom 4.10.2018 lagen nur wenige Monate. In dieser Zeit gingen zahlreiche **Stellungnahmen verschiedenster Vereinigungen, Institute, Kammern, Verbände, Berufs- und Interessengruppen** ein (→ Einl. A.IV. Rn. 82 ff.), von denen nicht wenige von der – weitgehend unbegründeten – Sorge getrieben schienen, das GeschGehG werde im Vergleich zum bisherigen deutschen Recht unwillkommene oder unüberschaubare Auswirkungen auf ihre jeweiligen Tätigkeitsfelder nach sich ziehen. In dieser Situation dürfte die Aufzählung unberührt bleibender Vorschriften und Grundsätze zu einem guten Teil dazu gedient haben, einzelne Befürchtungen zu zerstreuen und damit die **rechtliche, wirtschaftliche und gesellschaftspolitische Akzeptanz des Gesetzesentwurfs zu steigern.** Das Gleiche lässt sich für den in der letzten Phase des Gesetzgebungsverfahrens zusätzlich aufgenommenen § 1 Abs. 3 Nr. 4 sagen. Er betrifft die Rechte und Pflichten aus dem Arbeitsverhältnis und die Rechte der Arbeitnehmervereinigungen (BT-Drs. 19/8300, 4, 13). Insgesamt erscheinen § 1 Abs. 2 und Abs. 3 wenig gelungen – die Auswahl bestimmter „vorrangiger" oder „unberührt bleibender" Grundsätze aus anderen Rechtsbereichen ist einerseits weitgehend überflüssig, anderseits insofern eher verwirrend, als sie **keinerlei Anspruch auf Vollständigkeit** erhebt und erheben kann (im Ergebnis ähnlich *Brammsen* in Brammsen/Apel § 1 Rn. 3, 24, 35, 39, 52). Ob sie einen wesentlichen Beitrag dazu leisten, den **Standort des GeschGehG im nationalen Rechtssystem** und das **Verhältnis dieses Gesetzes zu anderen Vorschriften** zu bestimmen, begegnet deshalb einer gewissen

Skepsis (optimistischer *Alexander* in Köhler/Bornkamm/Feddersen, UWG, 41. Aufl. 2023) GeschGehG § 1 Rn. 4).

II. Gesetzeszweck (Abs. 1)

3 Anlass für die seit geraumer Zeit geforderte gesetzliche Neuordnung des Schutzes von Geschäftsgeheimnissen (→ Einl. A.II.) war die unionsrechtliche Verpflichtung, die Vorgaben der Geschäftsgeheimnis-RL gemäß Art. 19 Abs. 1 bis zum 9.6.2018 in deutsches Recht umzusetzen (zur Struktur und Genese der Geschäftsgeheimnis-RL → Einl. A.III.). Als **Mittel** zur Erreichung des in § 1 Abs. 1 umschriebenen Zwecks hat der deutsche Gesetzgeber sinnvoller Weise ein neues **Stammgesetz** gewählt (wie unter anderem schon von *Kalbfus* Know-how-Schutz Rn. 584 ff., und GRUR 2016, 1009 (1016), *McGuire* GRUR 2016, 1000 (1008), und *Alexander* WRP 2017, 1034 (1044), vorgeschlagen; ähnlich die in ein umfassendes „Modellgesetz des geistigen Eigentums" integrierten Vorschläge von *Ahrens/McGuire,* 2012). Dadurch wird ein **in sich stimmiger Schutz** vor rechtswidriger Erlangung, rechtswidriger Nutzung und rechtswidriger Offenlegung **von Geschäftsgeheimnissen** erreicht (RegE GeschGehG, BT-Drs. 19/4724, 19).

4 Laut § 1 Abs. 1 dient das GeschGehG dem **Schutz von Geschäftsgeheimnissen vor unerlaubter Erlangung, Nutzung und Offenlegung.** Mit dieser Kernaussage wird zum einen der – in § 2 näher definierte – **Schutzgegenstand,** zum anderen die **Reichweite des Schutzes** angesprochen (*Alexander* in Köhler/Bornkamm/Feddersen, UWG, 41. Aufl. 2023, § 1 GeschGehG Rn. 7). Die Vorschrift ist „relativ substanzarm", stellt aber immerhin klar, dass es sich bei Geschäftsgeheimnissen nicht lediglich um ein „tatsächliches Faktum", sondern um eine schützenswerte und nach den Maßgaben des GeschGehG auch geschützte privatrechtliche Rechtsposition handelt (*Keller* in Keller/Schönknecht/Glinke § 1 Rn. 2). Das Gesetz dient vorrangig dem **Schutz des wirtschaftlichen Wertes von Geschäftsgeheimnissen** und damit dem Individualschutz (*Keller* in Keller/Schönknecht/Glinke § 1 Rn. 3; *McGuire* in Büscher, GeschGehG § 1 Rn. 11; *Brammsen* in Brammsen/Apel § 1 Rn. 16, 18). Den **Zweck** eines Gesetzes ausdrücklich festzulegen – und damit dessen künftige Auslegung möglicherweise ungewollt einzuengen – entspricht an sich nicht mehr den Usancen der jüngeren deutschen Normierungstechnik. Die vor die Klammer gezogene Feststellung, das Gesetz diene dem Schutz von Geschäftsgeheimnissen vor unerlaubter Erlangung, Nutzung und Offenlegung, will das Fundament für die Interpretation des in §§ 2 bis 23 ausformulierten Regelwerks legen. Obschon positiv formuliert, lässt § 1 Abs. 1 zugleich erkennen, dass **Geschäftsgeheimnisse iSd § 2 Nr. 1 nicht umfassend gegen jede von Dritten ausgehende Beeinträchtigung,** sondern nur gegen die in § 1 Abs. 1 erwähnten **„Angriffsformen" der Erlangung, Nutzung und Offenlegung geschützt werden.** Dieser eingeschränkte Schutzumfang unterscheidet Geschäftsgeheimnisse von solchen Immaterialgüterrechten, die dem Rechtsinhaber eine umfassende, allerdings in der Regel zeitlich begrenzte Schutzposition einräumen (vgl. *Alexander* in Köhler/Bornkamm/Feddersen, GeschGehG § 1 Rn. 7, 23; eingehend zum Zweck des Geheimnisschutzes und zu dessen Verhältnis zu den Rechten des geistigen Eigentums → Einl. A Rn. 3 ff., 26 ff. und 173 ff. mwN; *Keller* in Keller/Schönknecht/Glinke § 1 Rn. 4 ff.; *Kalbfus* in FS Harte-Bavendamm, 2020, 341 (347 ff.); *McGuire,* FS Harte-Bavendamm, 2020, 584 (591)). Hinsichtlich der Formulierung des Gesetzeszwecks befindet sich

der deutsche Gesetzgeber insoweit in guter Gesellschaft, als auch der **Geschäftsgeheimnis-RL der gleiche,** dort nur ein wenig sperriger formulierte **Programmsatz vorangestellt** wurde: „Diese Richtlinie legt Vorschriften für den Schutz von Geschäftsgeheimnissen vor rechtswidrigem Erwerb, rechtswidriger Nutzung und rechtswidriger Offenlegung fest" (Art. 1 S. 1).

Die in § 1 Abs. 1 niedergelegte Zwecksetzung deckt sich mithin mit derjenigen 5 der Geschäftsgeheimnis-RL. Zusätzlich hat der deutsche Gesetzgeber in bescheidenem Umfang den ihm verbliebenen **zivilrechtlichen Gestaltungsspielraum genutzt** (vgl. die von der Geschäftsgeheimnis-RL nicht geforderte Gewährung von Auskunftsansprüchen gemäß § 8, andererseits die Nichtberücksichtigung zivilrechtlicher Beweissicherungsmaßnahmen, wie sie aus Art. 6 und 7 der Durchsetzungs-RL bekannt sind und sich auch für den Bereich des Geheimnisschutzes geeignet und empfohlen hätten, so etwa die GRUR-Stellungnahme vom 22.5.2018, GRUR 2018, 708 (711); *Keller* in Keller/Schönknecht/Glinke Einl. A Rn. 74) sowie den Zivilrechtsschutz durch **strafrechtliche Sanktionen** ergänzt. In ihrem Kern weist die Zwecksetzung gemäß Art. 1 Abs. 1 aber auf die Ziele der Geschäftsgeheimnis-RL zurück, soweit es dieser (über den Harmonisierungsgedanken als solchen hinaus) um die **Schaffung eines angemessenen Schutzniveaus** geht. Für die Auslegung des GeschGehG bleiben damit auch die **Erwägungsgründe der Geschäftsgeheimnis-RL relevant.** Die einschlägigen Richtlinienbestimmungen selbst, also die Art. 1 bis 15, müssen ohnehin stets mit herangezogen werden. Der Gesetzeszweck ist **unionsrechtskonform** zu interpretieren, soweit es nicht um Bereiche geht, in denen die Mitgliedstaaten zugunsten des Geheimnisschutzes weitergehende Ansprüche und Rechtsbehelfe einführen oder beibehalten durften. Letzteres ist aber eher die Ausnahme als die Regel (vgl. die weitreichende Aufzählung der für die Mitgliedstaaten verbindlichen Vorgaben sowie das Verbot einer Unterschreitung des Schutzniveaus in Art. 1 S. 2 Geschäftsgeheimnis-RL → Einl. A Rn. 139 f.; *Alexander* WRP 2017, 1034 (1036)).

Allgemeiner zur **wirtschaftlichen Bedeutung** und zum **Zweck des** 6 **Schutzes** von Geschäftsgeheimnissen → Einl. A.I. Rn. 3 ff., (s. auch *Brammsen* in Apel/Brammsen Einl. A Rn. 7 ff.); zur **Entwicklung des Geheimnisschutzes in Deutschland** → Einl. A.II. Rn. 35 ff.; zu den **Grundzügen und der Entstehung der Geschäftsgeheimnis-RL** → Einl. A.III. Rn. 58 ff.; zur **Stellung des GeschGehG im Rechtssystem** → Einl. A.VI. Rn. 154 ff.; zu **internationalen Aspekten** → Einl. A.VII. Rn. 226 ff.; zum **intertemporalen Recht** → Einl. A.VIII. Rn. 272 ff.; zum **vertraglichen Schutz** von Geschäftsgeheimnissen → Einl. B.I. Rn. 5 ff.; zu **Geschäftsgeheimnissen im Rechtsverkehr** → Einl. B.III. und IV. Rn. 92 ff.; sowie § 2 Rn. 76 ff.); zum **Geheimnisschutz im Arbeitsrecht** → Einl. C.

III. Vorrang öffentlich-rechtlicher Vorschriften zum Schutz von Geschäftsgeheimnissen (Abs. 2)

Nach § 1 Abs. 2 gehen öffentlich-rechtliche Vorschriften zur Geheimhaltung, 7 Erlangung, Nutzung oder Offenlegung von Geschäftsgeheimnissen den Bestimmungen des GeschGehG vor. Der RegE GeschGehG (BT-Drs. 19/4724, 23) sprach insoweit von einem **„Anwendungsvorrang"** der entsprechenden öffentlich-rechtlichen Vorschriften (zum Verhältnis zwischen Geheimnisschutz und Verwaltungsrecht → Einl. A Rn. 223 ff.; zum verfassungsrechtlichen Rahmen → Einl. A Rn. 168 ff.). Allein in Deutschland soll sich der Begriff des Geschäftsgeheimnisses (und/oder Betriebsgeheimnisses) in mehreren hundert (zu einem guten Teil öffentlich-rechtlichen) Bundesnormen finden (*Kalbfus* GRUR 2016, 1009 (1011) Fn. 32). Im Grunde handelt es sich bei § 1 Abs. 2 lediglich um eine **Klarstellung.** Die Betonung der Dominanz öffentlich-rechtlicher hat **rein deklaratorischen Charakter** (*Brammsen* in Brammsen/Apel § 1 Rn. 24), denn das **GeschGehG bezieht sich** (abgesehen von den Strafandrohungen in § 23) ohnehin nur auf die zivilrechtlichen Schutzvoraussetzungen und -folgen oder, mit den Worten des RegE GeschGehG (BT-Drs. 19/4724, 23), auf die Rechtsfolgen der Erlangung, Nutzung und Offenlegung von Geschäftsgeheimnissen zwischen Privaten, **nicht auf das Verhältnis zwischen Privaten und öffentlichen Stellen** (hierzu mit Beispielen einschlägiger Vorschriften auch *Hauck* WRP 2018, 1032 (1036) und in MüKoUWG, 3. § 1 GeschGehG Rn. 6 ff.). Einen weitergehenden Anspruch erhebt auch die Geschäftsgeheimnis-RL nicht – sie klammert Eingriffe in das öffentliche Recht der Mitgliedstaaten ebenso aus wie die strafrechtliche Seite des Geheimnisschutzes. Allerdings sind die in **Art. 1 Abs. 2 lit. b und c Geschäftsgeheimnis-RL** vorgenommenen und in **Erwägungsgrund 11 erläuterten Klarstellungen zum öffentlichen Recht** um einiges konkreter als die sehr pauschale Formulierung in § 1 Abs. 2. So heißt es in Art. 1 Abs. 2 lit. c, die Anwendung der Richtlinie berühre nicht „die Anwendung von Vorschriften der Union oder der Mitgliedstaaten, nach denen es den Organen und Einrichtungen der Union oder der nationalen Behörden vorgeschrieben oder gestattet ist, von Unternehmen vorgelegte Informationen offenzulegen, die diese Organe, Einrichtungen oder Behörden in Einhaltung der Pflichten und gemäß den Rechten, die im Unionsrecht oder im nationalen Recht niedergelegt sind, besitzen". Unberührt bleiben sollen ferner „die Anwendung unionsweiter oder nationaler Rechtsvorschriften, nach denen Informationen, darunter Geschäftsgeheimnisse, gegenüber der Öffentlichkeit oder staatlichen Stellen offengelegt werden müssen…" (ErwGr. 11). Als Beispiele genannt werden die **Verordnung (EG) Nr. 1049/2001** über den Zugang der Öffentlichkeit zu Dokumenten des Europäischen Parlaments, des Rates und der Kommission (ABl. EG 2001 L 145, 43 – Transparenzverordnung), die **Verordnung (EG) Nr. 1367/2006** über die Anwendung der Bestimmungen des Übereinkommens von Aarhus über den Zugang zu Informationen, die Öffentlichkeitsbeteiligung an Entscheidungsverfahren und den Zugang zu Gerichten in Umweltangelegenheiten auf Organe und und Einrichtungen der Gemeinschaft (ABl. EG 2006 L 264, 13) und schließlich die **RL 2003/4 EG** über den Zugang der Öffentlichkeit zu Umweltinformationen (ABl. EG 2003 L 41, 26).

8 Das **öffentliche Recht** regelt das rechtliche **Verhältnis zwischen einem Privatrechtssubjekt und einem Träger öffentlicher Gewalt;** die Beteiligten stehen zueinander in einem hoheitlichen Verhältnis der Über- und Unterordnung (*Alexander* in Köhler/Bornkamm/Feddersen, UWG, 41. Aufl. 2023, § 1 GeschGehG Rn. 28). Im Rahmen der Umsetzung wäre zu erwägen gewesen, **nicht** von einem **„Anwendungsvorrang"** des öffentlichen Rechts zu sprechen, sondern schlicht darauf hinzuweisen, dass **öffentlich-rechtliche Vorschriften** über die Geheimhaltung oder Veröffentlichung einschlägiger Informationen **unberührt** bleiben, vgl. neben dem Wortlaut des Art. 1 Abs. 2 auch die Erwägungsgründe 11 und 18 der Geschäftsgeheimnis-RL, auf die die Gesetzesbegründung auch aus-

drücklich Bezug nimmt (ähnlich im Ergebnis *Alexander* in Köhler/Bornkamm/Feddersen GeschGehG § 1 Rn. 34). Der **Begriff „öffentlich-rechtliche Vorschriften“** ist sehr weit formuliert. Er erfasst jede von einer Behörde erlassene Regelung, die den behördlichen Umgang mit Informationen privater Rechtssubjekte betrifft (MüKoUWG/*Hauck* § 1 GeschGehG Rn. 6 ff.). Der RegE-GeschGehG (BT-Drs. 19/4724, 23) unterstreicht das **weite Verständnis,** indem er auf „öffentlich-rechtliche Stellen“ Bezug nimmt; dies sind gem. § 1 Abs. 4 VwVfG alle Stellen, die Aufgaben der öffentlichen Verwaltung wahrnehmen.

Zum Ausdruck bringen will § 1 Abs. 2, dass das GeschGehG **auf hoheitliches Handeln nicht anwendbar** ist, weil die öffentlich-rechtlichen Vorschriften den Geheimnisschutz in ihrem jeweiligen Anwendungsbereich abschließend regeln (*Schönknecht* in Keller/Schönknecht/Glinke § 1 Rn. 21; zum Begriff des Geschäftsgeheimnisses im öffentlichen Recht → Rn. 10). Dies gilt für drei verschiedene Aspekte: So geht es um das **Verhältnis des Geheimnisinhabers zu einer öffentlichen Stelle,** um Vorschriften, die das Verhältnis der öffentlichen Stelle zu **Dritten** betreffen (*Alexander* in Köhler/Bornkamm/Feddersen GeschGehG § 1 Rn. 29), und schließlich um Normen, die das **Verhältnis öffentlicher Stellen untereinander** regeln (*Schönknecht* in Keller/Schönknecht/Glinke § 1 Rn. 21 mwN; vgl. etwa im Bereich des Kartellrechts § 50c Abs. 1 GWB und Art. 12 Abs. 1 VO (EG) 1/2003; Energiewirtschaft: § 27 Abs. 6; Stromsteuer: § 10a StromStG; Mutterschutz: § 27 Abs. 6 MuSchG). Beispielhaft nennt der RegE GeschGehG **Informationsansprüche gegen staatliche Stellen** (→ Rn. 9; ferner beispielsweise § 99 Abs. 1 Satz 2 VwGO, § 6 IFG, § 28 Abs. 3 Nr. 4 GenTG), **öffentlich-rechtliche Vorschriften zur Geheimhaltung von Geschäftsgeheimnissen** oder **Verschwiegenheitspflichten für Angehörige des öffentlichen Dienstes** und für Notare als Träger eines öffentlichen Amtes (vgl. etwa § 30 VwVfG, § 9 KWG, § 21 WpHG und § 18 BnotO). Öffentlich-rechtliche Stellen und Institutionen unterliegen deshalb den im GeschGehG geregelten Rechten und Pflichten nur insoweit, als sie **am privatwirtschaftlichen Verkehr teilnehmen** (zur öffentlichen Hand als Unternehmer *Ahrens* in Harte/Henning Einl. G Rn. 47 ff.). Auf den durch das GeschGehG gewährten Schutz können sie sich ferner berufen, wenn sie (vornehmlich in Forschungsinstituten) Wissen entwickeln, das auch für eine kommerzielle Verwertung infrage kommt (→ § 2 Rn. 38; Erwägungsgründe 1 und 3 der Geschäftsgeheimnis-RL). 8a

Ausweislich des RegE GeschGehG (BT-Drs. 19/4724, 23) dient § 1 Abs. 2 auch der Umsetzung eines speziellen, aus Art. 1 Abs. 2 lit. c Geschäftsgeheimnis-RL abgeleiteten Gesichtspunkts: Klargestellt werde durch § 1 Abs. 2 auch, dass eine Anwendung des GeschGehG im Anwendungsbereich der in Deutschland geltenden Vorschriften über den **Zugang zu Umweltinformationen** ausgeschlossen sei. Die umweltinformationsrechtlichen Vorschriften regelten abschließend, wann staatliche und private informationspflichtige Stellen Umweltinformationen, die Geschäftsgeheimnisse enthielten, herauszugeben oder zu verweigern hätten. Diese Vorschriften beruhten auf der Umweltinformations-Richtlinie 2003/4/EG, die in Erwägungsgrund 11 der Geschäftsgeheimnis-RL auch ausdrücklich angesprochen wird. Darüber hinaus wird dort in allgemeinerer Form betont, dass die Geschäftsgeheimnis-RL Rechtsvorschriften nicht berührt, nach denen bestimmte Informationen (auch wenn es sich dabei um Geschäftsgeheimnisse handelt) **gegenüber der Öffentlichkeit oder staatlichen Stellen offengelegt** werden müssen oder **von staatlichen Stellen erhoben und an die Öffentlichkeit weitergegeben** werden dürfen oder müssen. 9

10 Auf den in **öffentlich-rechtlichen** Vorschriften verwendeten **Begriff des Geschäftsgeheimnisses** ist die Definition aus § 2 Nr. 1 GeschGehG nicht unmittelbar anwendbar. Mit der neuen Legaldefinition – insbesondere der Schutzvoraussetzung der „nach den Umständen angemessenen Geheimhaltungsmaßnahmen" – wollte der RegE nicht in den Anwendungsbereich öffentlich-rechtlicher Vorschriften eingreifen (vgl. BT-Drs. 19/4724, 23). Allerdings dient eine **Angleichung des Begriffsverständnisses** der Rechtsklarheit und Transparenz der nebeneinanderstehenden Systeme, der Einheit der Rechtsordnung, soweit nicht im Einzelfall besondere öffentlich-rechtliche Gründe gegen die Orientierung an der Definition der Geschäftsgeheimnis-RL sprechen sollten (*Alexander* in Köhler/Bornkamm/Feddersen, GeschGehG § 1 Rn. 31; ähnlich BeckOK GeschGehG/*Hiéramente* § 1 Rn. 9 mwN; *Schönknecht* in Keller/Schönknecht/Glinke § 1 Rn. 22; ausführlich *Goldhammer* NVwZ 2017, 1809 (1810 ff.); kritisch MüKoUWG/*Hauck* GeschGehG § 1 Rn. 8). Das BVerwG hat sich in mehreren nach Inkrafttreten des GeschGehG getroffenen Entscheidungen mit dem Begriff des Betriebs- oder Geschäftsgeheimnisses befasst. In einem Revisionsverfahren, das einen **Informationszugangsantrag** nach dem IFG betraf, hat das BVerwG (BeckRS 2020, 18641, = PharmR 2020, 699, Rn. 16) zwar betont, der **Begriff des Betriebs- oder Geschäftsgeheimnisses** nach **§ 6 Satz 2 IFG** sei **selbstständig auszulegen.** Die Auslegung habe sich aber nach ständiger Rechtsprechung des BVerwG am gewachsenen Begriffsverständnis des Wettbewerbsrechts zu orientieren; werde dieses nunmehr durch das GeschGehG geprägt, so könne dies auch auf den öffentlich-rechtlichen Begriff nicht ohne Einfluss bleiben. Der Umfang dessen, was als Betriebs- oder Geschäftsgeheimnis nach § 6 Satz 2 IFG geschützt sei, dürfe jedenfalls **nicht weniger weit reichen** als dasjenige, was als **Geschäftsgeheimnis** dem **GeschGehG** oder der **Know-how-Schutz-RL** unterfalle, denn deren Schutzregime dürfe **nicht durch eine Informationspflicht der Behörde unterlaufen** werden. In einer weiteren Entscheidung (NVwZ 2020, 715 Rn. 11; Anm. *Apel/Drescher* BB 2020, 1171) hat das BVerwG die gegenüber einem Informationszugangsantrag abgegebene **Sperrerklärung gem. § 99 Abs. 1 Satz 2 VwGO** als rechtmäßig betrachtet. Bei den in Rede stehenden Quellcode-Dateien handele es sich um Geschäftsgeheimnisse. Ohne dies infrage zu stellen, orientierte sich das BVerwG hierbei an § 2 Nr. 1 und hinsichtlich der verbotenen Handlungen an § 4 Abs. 1 Nr. 1 GeschGehG (vgl. ferner BVerwG BeckRS 2021, 7813 Rn. 19: „Auslegungshilfe"; offengelassen in BVerwG NVwZ 2020, 1368 Rn. 24, und OVG Lüneburg BeckRS 2020, 36829).

IV. Unberührt bleibende andere Rechtsvorschriften (Abs. 3)

1. Allgemeines

11 § 1 Abs. 3 enthält eine teils an die Geschäftsgeheimnis-RL angelehnte, teils eher zufällig wirkende, **nicht abschließende Zusammenstellung** verschiedener **aus anderen Rechtsgebieten stammender Rechtsvorschriften** und Grundsätze, deren Anwendungsbereich durch das GeschGehG weder eingeschränkt noch in sonstiger Weise beeinflusst werden soll (zum Verhältnis zwischen den Vorschriften des GeschGehG und den verschiedensten sonstigen Geheimhaltungsbestimmungen des deutschen Zivil- und Strafrechts → Einl. A.VI. Rn. 21 ff.). Zwei der vier in Abs. 3 herausgegriffenen Fälle, nämlich Nr. 2 (Meinungsäußerungs- und

Informationsfreiheit) und Nr. 3 (Autonomie der Sozialpartner), wurden aus Art. 1 Abs. 2 Nr. 1 und Nr. 4 Geschäftsgeheimnis-RL übernommen. Weshalb gerade diese (sowie zwei weitere) Fälle, aber keine sonstigen Beispiele Eingang in Art. 1 Abs. 2 Geschäftsgeheimnis-RL gefunden hatten, erschließt sich auch anhand der Erwägungsgründe nicht. Ebenso schwer erkennbar sind die Beweggründe des deutschen Gesetzgebers, den Vorschriften über den zivilrechtlichen Schutz von Geschäftsgeheimnissen eine Auswahl unberührt bleibender sonstiger Bestimmungen voranzustellen, die teils hinter der entsprechenden Aufzählung in Art. 1 Abs. 2 Geschäftsgeheimnis-RL zurückbleiben, teils über diese hinausgehen. Wie angedeutet (→ Rn. 1), könnten sich sowohl die in Art. 1 Abs. 2 Geschäftsgeheimnis-RL getroffene Auswahl als auch die Zusammenstellung in § 1 Abs. 3 GeschGehG zumindest teilweise durch den Verlauf der jeweiligen Konsultations- und Gesetzgebungsverfahren, durch politische und psychologische Rücksichtnahme erklären lassen. Eine innere Systematik ist jedenfalls nicht erkennbar (im Ergebnis ähnlich *Brammsen* in Brammsen/Apel § 1 Rn. 3). Letztlich enthält § 1 Abs. 3 Selbstverständlichkeiten, deren Erwähnung es an sich nicht bedurft hätte (*Hauck* WRP 2018, 1032 (1036): „Programmsätze"; *Alexander* WRP 2019, 673 (676): „interpretationsleitender Charakter"). Dass die vier in § 1 Abs. 3 angesprochenen Rechtsbereiche von den Vorschriften des GeschGehG **„unberührt"** bleiben sollen, ist nicht so zu verstehen, als gingen sie den Regelungen des GeschGehG generell vor. Vielmehr charakterisieren sie lediglich einige Felder, in denen es im Einzelfall zu Überschneidungen mit dem Regelungsbereich des GeschGehG kommen kann. In diesen Fällen schließt das GeschGehG die Anwendbarkeit von Vorschriften bzw. rechtsgeschäftlichen Vereinbarungen der Nr. 1 bis 4 nicht aus. Die **relative Gewichtung** der einander gegenüberstehenden Vorschriften, ein **Vorrang oder Zurücktreten** der einen oder anderen Seite, ein **Zusammenspiel** und **eventuelle Wechselwirkungen** sind erst **im jeweiligen Einzelkontext** zu bestimmen (ebenso *Alexander* in Köhler/Bornkamm/Feddersen, GeschGehG § 1 Rn. 34; *Glinke* in Keller/Schönknecht/Glinke § 1 Rn. 33). Dies wird besonders deutlich anhand des Vorbehalts zugunsten der Meinungs- und Informationsfreiheit – die Ausstrahlungswirkung dieser und anderer Grundrechte soll und kann durch das GeschGehG nicht infrage gestellt werden; umgekehrt setzt sich auch die Ausübung der Meinungs- und Informationsfreiheit nicht generell gegen die Geheimhaltungsbelange des Geheinisinhabers durch (ebenso *Hauck* WRP 2018, 1032 (1036) und in MüKoUWG § 1 GeschGehG Rn. 11). Konflikte zwischen den miteinander kollidierenden, auf beiden Seiten grundrechtlich geschützten Belangen sind nur im Wege einer **auf den Einzelfall bezogenen Abwägung** zu lösen (vgl. RegE BT-Drs. 14/4724, 28; *Ohly* GRUR 2019, 441, (448); → § 5 Rn. 17 ff. mwN; *Alexander* in Köhler/Bornkamm/Feddersen, GeschGehG § 5 Rn. 22; *Glinke* in Keller/Schönknecht/Glinke § 1 Rn. 40; BeckOK GeschGehG/*Hiéramente* § 5 Rn. 13; MüKoUWG/*Hauck,* GeschGehG § 1 Rn. 11, 15: praktische Konkordanz).

2. Nr. 1 (§ 203 StGB)

Von den Regelungen des GeschGehG unberührt bleiben soll gemäß Nr. 1 der **berufs- und strafrechtliche Schutz von Geschäftsgeheimnissen,** deren unbefugte Offenbarung von **§ 203 StGB** erfasst wird. § 203 StGB wird zwar in erster Linie mit der Verletzung von Privatgeheimnissen assoziiert, betrifft aber **nicht nur vertrauliche Informationen aus dem persönlichen Lebensbe-** 12

reich, sondern ebenso Betriebs- und Geschäftsgeheimnisse. Mit Freiheitsstrafe bis zu einem Jahr oder mit Geldstrafe werden staatlich überwachte, eingesetzte oder anerkannte **Vertrauenspersonen** (wie Angehörige von Heilberufen, Psychologen, Rechtsanwälte, Patentanwälte, Wirtschaftsprüfer, Steuerberater, Ehe- und Familienberater sowie Sozialarbeiter und Sozialpädagogen) bedroht, die ihnen anvertraute oder bekanntgewordene Geheimnisse dieser Art gegenüber Dritten offenbaren. Gleiches gilt für bestimmte **Amtsträger,** Mitglieder von Gesetzgebungsorganen, öffentlich bestellte Sachverständige und ähnliche Funktionsträger, deren beruflicher Verschwiegenheit im Allgemeininteresse besonderes Gewicht zukommt. § 1 Abs. 3 Nr. 1 stellt klar, dass solche beruflichen Verschwiegenheitspflichten sowie die berufs- und strafrechtlichen Folgen ihrer Verletzung in vollem Umfang bestehen bleiben. Sie bleiben (lediglich) **„unberührt“,** haben aber **keinen Vorrang** in dem Sinne, dass sie die gleichzeitige Anwendung einschlägiger Vorschriften des GeschGehG ausschlössen. *Hiéramente* (BeckOK GeschGehG § 1 Rn. 10.1) hält die Klarstellung in § 1 Abs. 3 Nr. 1 insofern für sinnvoll, als sie verdeutliche, dass sich Berufsgeheimnisträger nicht auf § 5 GeschGehG berufen könnten (ebenso *Glinke* in Keller/Schönknecht/Glinke § 1 Rn. 38; aA *Trebeck/Schulte-Wissermann* NZA 2018, 1175 (1179). Der oben (→ Rn. 1 und 11) angesprochene, zT erratische Charakter der in § 1 Abs. 3 aufgenommenen Fälle zeigt sich insoweit auch im Rahmen des § 1 Abs. 3 Nr. 1, als ein **Schutz von Geschäftsgeheimnissen** durch **andere strafrechtliche Vorschriften** (wie § 202a StGB oder § 353 StGB) **ebenfalls unberührt** bleibt (BeckOK GeschGehG/*Hiéramente* § 1 Rn. 22; *Glinke* in Keller/Schönknecht/Glinke § 1 Rn. 35; *Brammsen* BB 2018, 2446 (2448), und in Brammsen/Apel § 1 Rn. 34, der von einem arg misslungenen Erstreckungsansatz spricht und die alleinige Erwähnung des § 203 StGB zutreffend als irreführend bezeichnet).

3. Nr. 2 (Meinungsäußerungs- und Informationsfreiheit)

13 Indem in Nr. 2 klargestellt wird, dass die Ausübung des Rechts der **freien Meinungsäußerung** und der **Informationsfreiheit** nach der **Charta der Grundrechte** der Europäischen Union (ABl. C 202 vom 7.6.2016, S. 389) einschließlich der Achtung der **Freiheit und Pluralität der Medien** unberührt bleiben, wiederholt der deutsche Gesetzestext den Inhalt des **Art. 1 Abs. 2 lit. a** Geschäftsgeheimnis-RL. Diese Richtlinienbestimmung ist im Zusammenhang mit **Art. 5 lit. a** Geschäftsgeheimnis-RL zu lesen (dem § 5 Nr. 1 GeschGehG entspricht; → § 5 Rn. 17 ff.): Hiernach müssen Anträge auf die in der Richtlinie vorgesehenen Maßnahmen, Verfahren und Rechtsbehelfe abgelehnt werden, wenn die angebliche Geheimnisverletzung in Ausübung der eben genannten Grundrechte erfolgt ist. Aus Erwägungsgrund 19 ist ergänzend zu entnehmen, dass es im Rahmen der Medienfreiheit insbesondere um den **investigativen Journalismus** und den journalistischen **Schutz der Quellen** geht.

14 Diese kategorisch anmutenden Äußerungen bedeuten allerdings nicht, dass sich die erwähnten, **aus Art. 11 EUGRCh abzuleitenden Freiheitsrechte** schrankenlos gegen die ebenfalls grundrechtlich geschützten Interessen der Geheimnisinhaber durchsetzen. Vielmehr ist eine **Interessenabwägung** durchzuführen, welche die **beiderseitigen Grundrechtspositionen** in einen angemessenen Ausgleich bringt, eine **praktische Konkordanz** herbeiführt (ebenso *Ohly* GRUR 2019, 441 (448); MüKoUWG/*Hauck,* GeschGehG § 1 Rn. 11,

15; *Brammsen* in Brammsen/Apel § 1 Rn. 39). Dies ergibt sich auch unmittelbar aus Art. 10 Abs. 2 EMRK, dessen Wertungen gemäß Art. 52 Abs. 3 GRCh in die Interpretation der in Art. 11 EUGRCh angesprochenen Freiheitsrechte einzubeziehen sind (→ § 5 Rn. 18 ff.; *Alexander* in Köhler/Bornkamm/Feddersen, GeschGehG § 1 Rn. 37). In Art. 10 Abs. 2 EMRK wird betont, die Meinungs- und Pressefreiheit sei mit Pflichten und Verantwortung verbunden. Sie könne Bedingungen und Einschränkungen unterworfen werden, die gesetzlich vorgesehen und in einer demokratischen Gesellschaft notwendig seien, um bestimmte Belange der Allgemeinheit und die Rechte anderer zu schützen und die Verbreitung vertraulicher Informationen zu verhindern. Die Meinungs- und Pressefreiheit genießt also trotz ihrer erheblichen Bedeutung für die Demokratie keinen absoluten Vorrang gegenüber anderen Grundrechten (*Ohly* GRUR 2019, 441 (448)). Auch der Inhaber eines Geschäftsgeheimnisses kann sich auf grundrechtlichen Schutz berufen, sei es aus dem Eigentumsrecht gem. Art. 17 Abs. 2 GRCh, Art. 14 GG, sei es aus der unternehmerischen Freiheit, Art. 16 GRCh, Art. 12 GG (OLG Frankfurt BeckRS 2016, 136555 Rn. 39; *Jarras,* GRCh Art. 16 Rn. 10, und Art. 17 Rn. 10; vgl. auch RegE GeschGehG BT-Drs. 19/4724, 28). Im Rahmen des GeschGehG stellen sich diese Abwägungsfragen vor allem bei den beiden ersten der in **§ 5** aufgeführten **Ausnahmen** (→ § 5 Rn. 17 ff., 32 ff.). Nr. 2 schafft **keine Bereichsausnahme zugunsten jedweder Betätigung der Medien,** sondern hat lediglich Signalwirkung und interpretationsleitenden Charakter (*Alexander* AfP 2019, 1 (3 f.); *Ohly* GRUR 2019, 441 (448); MüKo/UWG/*Hauck,* GeschGehG § 1 Rn. 11). Die Gesetzestechnik der RL wie des GeschGehG ist auch insoweit **systematisch nicht überzeugend,** als die Meinungs- und die Informationsfreiheit einerseits als unberührt bezeichnet werden (Art. 1 Abs. 2 lit a; § 1 Abs. 3 Nr. 2), anderseits zum Gegenstand einer **Schrankenregelung** gemacht worden sind (**Art. 5 lit a; § 5 Nr. 1**).

4. Nr. 3 (Autonomie der Sozialpartner)

Ebenfalls unberührt bleiben die Autonomie der Sozialpartner und deren Recht, Kollektivverträge nach den bestehenden europäischen und nationalen Vorschriften abzuschließen. Der – in diesem Zusammenhang nicht definierte – Begriff der **Sozialpartner** erfasst jedenfalls **Arbeitgeberverbände** und **Gewerkschaften.** Ob er sich auch auf **betriebliche Arbeitnehmervertretungen** erstreckt, ist umstritten (dafür: *Naber/Peukert/Seeger* NZA 2019, 583, 587 f.; *Glinke* in Keller/Schönknecht/Glinke § 1 Rn. 42; dagegen: BeckOK GeschGehG/*Fuhlrott* § 1 Rn. 28, jedoch mit dem Hinweis, dass Betriebsvereinbarungen von § 1 Abs. 3 Nr. 4 erfasst werden – ebenso *Brammsen* in Brammsen/Apel § 1 Rn. 47 – und es sich insofern um eine eher dogmatische Frage handelt; *Richter* ArbR Aktuell 2019, 375 (376); *Sprenger* ZTR 2019, 414 Ziff. 2.1.1). Ob der **Begriff des Geschäftsgeheimnisses** in der Definition des Art. 2 Nr. 1 Geschäftsgeheimnis-RL und § 2 Nr. 1 GeschGehG auch für Kollektivverträge verbindlich ist, wird unterschiedlich beurteilt (dafür *Trebeck/Schulte-Wissermann* NZA 2018, 1175 (1180); dagegen *Richter* ArbR Aktuell 2019, 375 f.; *Glinke* in Keller/Schönknecht/Glinke § 1 Rn. 46: Befugnis der Sozialpartner, den Geheimnisbegriff in Kollektivverträgen enger oder weiter zu definieren; MüKoUWG/*Hauck,* GeschGehG § 1 Rn. 13). 15

15a Auf Unionsebene ist das Recht auf Kollektivvereinbarungen und -maßnahmen in Art. 28 GRCh verankert; nach deutschem Recht geht es insbesondere um **Tarifverträge** und **Betriebsvereinbarungen** (*Alexander* in Köhler/Bornkamm/Feddersen, GeschGehG § 1 Rn. 40; Betriebsvereinbarungen werden im Kontext des § 1 Abs. 3 Nr. 3 allerdings nur relevant, wenn man auch die betrieblichen Vertretungen als Sozialpartner einstuft, → Rn. 15; generell zum **Geheimnisschutz im kollektiven Arbeitsrecht** → Einl. C. Rn. 121 ff., 134 ff.). § 1 Abs. 3 Nr. 3 GeschGehG setzt in leicht abweichender Begriffswahl **Art. 1 Abs. 2 lit. d Geschäftsgeheimnis-RL** um (die neben dem Unionsrecht auf die „Gepflogenheiten und Rechtsvorschriften" der Mitgliedstaaten Bezug nimmt). Näheren Aufschluss über die hinter dieser „Unberührtheitsklausel" stehenden Überlegungen gibt Erwägungsgrund 12 (dessen englische Fassung leichter verständlich ist als die sehr umständlich formulierte deutsche Version). Es geht hiernach um die Befugnis der Sozialpartner, in **Kollektivverträgen** auch sonstige für Geschäftsgeheimnisse geltende **Geheimhaltungspflichten und Nutzungsbeschränkungen** zu vereinbaren, einschließlich der Folgen entsprechender Pflichtverletzungen (ebenso *Brammsen* in Brammsen/Apel § 1 Rn. 43). Allerdings dürfen in diesem Zuge die in der Geschäftsgeheimnis-RL statuierten **Ausnahmefälle nicht eingeschränkt** werden, in denen die an sich vorgesehenen Maßnahmen, Verfahren und Rechtsbehelfe nicht gewährt werden dürfen (ebenso *Alexander* in Köhler/Bornkamm/Feddersen, GeschGehG § 1 Rn. 41; *Glinke* in Keller/Schönknecht/Glinke § 1 Rn. 43 f.). Dies betrifft in erster Linie **Art. 5 lit. c Geschäftsgeheimnis-RL,** dem **§ 5 Nr. 3 GeschGehG** entspricht. Nicht ganz eindeutig erscheint, ob Kollektivverträge dieser Art die im GeschGehG nicht erwähnten **Auslegungsregeln des Art. 1 Abs. 3 Geschäftsgeheimnis-RL** modifizieren oder einzelne Handlungen verbieten dürfen, die nach **Art. 3 Geschäftsgeheimnis-RL (§ 3 GeschGehG)** als **rechtmäßig** gelten, etwa das Reverse Engineering (→ § 3 Rn. 19 ff.). Dafür könnte sprechen, dass die solchen Kollektivverträgen gesetzten Grenzen nach der in Erwägungsgrund 12 gewählten Formulierung (nur) an die in Art. 5 Geschäftsgeheimnis-RL gewählte Formulierung anknüpfen, nach der Anträge auf bestimmte Maßnahmen, Verfahren und Rechtsbehelfe zurückgewiesen werden müssen.

5. Nr. 4 (Rechte und Pflichten aus dem Arbeitsverhältnis, Arbeitnehmervertretungen)

16 **a) Ausgangspunkt.** Zu den „in letzter Minute" des Umsetzungsverfahrens (Beschlussempfehlung des Ausschusses für Recht und Verbraucherschutz vom 13.3.2019, BT-Drs. 19/8300, 4, 13) rund neun Monate nach Ablauf der Umsetzungsfrist vorgenommenen Änderungen gegenüber dem RegE-GeschGehG gehörte die Erweiterung der Liste des § 1 Abs. 3: In einer neuen Nr. 4 wurden zum einen die **Rechte und Pflichten aus dem Arbeitsverhältnis** und zum anderen die **Rechte der Arbeitnehmervertretungen** in den Kreis der nicht tangierten Rechtsbereiche einbezogen. Während der Wortlaut des § 1 Abs. 3 dahin geht, dass die in den Nr. 1 bis 4 aufgegriffenen Felder unberührt bleiben, ist in der Begründung der Beschlussempfehlung (S. 13) – unzutreffender Weise (MüKoUWG/*Hauck,* GeschGehG § 1 Rn. 14 mwN) – von einem speziellen **Vorrang** rechtsgeschäftlicher Vereinbarungen in Arbeitsverträgen sowie spezialgesetzlicher arbeitsrechtlicher Regelungen im Bereich der Mitbestimmung die Rede. Durch die Beschlussempfehlung und deren Umsetzung in der Endfassung

des GeschGehG konnte das aus Art. 1 Abs. 2 Geschäftsgeheimnis-RL ersichtliche Konzept jedoch nicht umgekrempelt werden; dort aber ist nur davon die Rede, dass diese RL die anschließend aufgezählten Rechtsbereiche **„nicht berührt“** (→ Rn. 12). Nr. 4 stellt deshalb im Ergebnis lediglich die „**arbeitsrechtliche Neutralität**“ des GeschGehG klar (*Reinfeld* § 1 Rn. 80 f.), beschränkt jedoch nicht dessen Geltung auch für Arbeitnehmer und Arbeitgeber (MüKoUWG/*Hauck,* GeschGehG § 1 Rn. 14).

Zu Unrecht (im Ergebnis ebenso *Brammsen* in Brammsen/Apel § 1 Rn. 52) **17** beruft sich die Beschlussempfehlung (BT-Drs. 19/8300, 13) zur Begründung ihres Standpunkts zu Nr. 4 auf einen vermeintlich in **§ 3 Abs. 2** angeordneten „generellen Vorrang“ von rechtsgeschäftlichen und spezialgesetzlichen Sonderregelungen zum Schutz von Geschäftsgeheimnissen. Der Terminus „genereller Vorrang“ ist erneut nur eingeschränkt richtig: § 3 Abs. 2 erklärt die Erlangung, Nutzung oder Offenlegung fremder Geschäftsgeheimnisse für rechtmäßig, wenn dies durch Gesetz, auf Grund eines Gesetzes oder durch Rechtsgeschäft gestattet ist, und bewegt sich damit auf dem Boden des – wenn auch leicht abweichend formulierten – Art. 3 Abs. 2 Geschäftsgeheimnis-RL. Weder Art. 3 Abs. 2 noch § 3 Abs. 2 sprechen überhaupt von einem „Vorrang“ rechtsgeschäftlicher Regelungen. In der Sache betreffen sie auch nur den Fall, dass Verhaltensweisen, die an sich unter die Handlungsverbote des § 4 fallen, dann als rechtmäßig gelten sollen, wenn sie durch Gesetz oder aufgrund eines Rechtsgeschäfts gestattet sind. Die umgekehrte Konstellation – durch Rechtsgeschäft soll eine laut GeschGehG erlaubte Handlung verboten werden – wird hier nicht tangiert, die Formulierung vom „generellen Vorrang“ geht schon deshalb zu weit.

b) Arbeitnehmervertretungen. Unter **„Arbeitnehmervertretungen**“ sind **17a** nach den deutschen Betriebsverfassungs- und Mitbestimmungsgesetzen der (Gesamt-, Konzern-, SE- und europäische) Betriebsrat, die Wirtschafts- und Betriebsratsausschüsse, die Jugend- und Auszubildendenvertretungen, die Sprecherausschüsse und die Schwerbehindertenvertretungen sowie die Aufsichtsräte der Kapitalgesellschaften zu verstehen (*Brammsen* in Brammsen/Apel § 1 Rn. 56 mwN).

Der Begriff **„Rechte der Arbeitnehmervertretungen“** ist **weit** zu verstehen **18** (zum Geheimnisschutz im Verhältnis zu den Arbeitnehmervertretungen → Einl. C. Rn. 125 ff.). Er umfasst sämtliche den Arbeitnehmervertretern zustehenden Rechte insbesondere auf Basis des Betriebsverfassungsgesetzes oder der Regelungen zur Mitbestimmung auf Unternehmensebene sowie – so ausdrücklich die Beschlussempfehlung des Ausschusses für Recht und Verbraucherschutz (BT-Drucksache 19/8300, S. 13) – der dazu ergangenen bisherigen und künftigen Rechtsprechung. Angeknüpft wird damit auch an Erwägungsgrund 18 der Geschäftsgeheimnis-RL, in dem unter den als rechtmäßig einzuordnenden Handlungen auch die Offenlegung von Geschäftsgeheimnissen im Rahmen der **Mitbestimmung** angesprochen wird. Als Pendant wird in Erwägungsgrund 18 im gleichen Zuge betont, dass die Freiheit der den genannten Zwecken dienenden Informationserteilung die **jeweiligen Informations*empfänger* nicht von ihren *eigenen* Geheimhaltungspflichten** entbindet. Dies gilt sinngemäß auch für die im Rahmen von § 1 Abs. 3 Nr. 3 und 4 oder § 3 Abs. 1 Nr. 3 erlaubterweise mitgeteilten Geschäftsgeheimnisse (vgl. etwa § 79 BetrVG, → Einl. C. Rn. 130 ff.). Der gleiche Gedanke schlägt sich schon in § 1 Abs. 3 Nr. 1 nieder (→ Rn. 12). Die wesentlichen materiell-rechtlichen Regelungen der im Rahmen des GeschGehG gewährleisteten Rechte der Arbeitnehmervertretungen finden sich in **§ 3 Nr. 3** und **§ 5 Nr. 3.** Neben diesen Vorschriften dürfte § 1 Abs. 3 Nr. 4 kaum eine eigenständige Bedeutunug erlangen (*Glinke* in Keller/Schönknecht/Glinke § 1 Rn. 70).

19 **c) Rechte und Pflichten aus dem Arbeitsverhältnis.** Unberührt bleiben sollen gemäß Klarstellung in § 1 Abs. 3 Nr. 4 ferner die **Rechte und Pflichten aus dem Arbeitsverhältnis.** Der bisherige arbeitsrechtliche Pflichtenkanon soll – auch in seinen von der höchstrichterlichen Rechtsprechung entwickelten Ausprägungen – durch das GeschGehG nicht verändert (BeckOK GeschGehG/*Fuhlrott* § 1 Rn. 33), die Privatautonomie von Arbeitgebern und Arbeitnehmern nicht eingeschränkt werden (*Glinke* in Keller/Schönknecht/Glinke § 1 Rn. 48). Die allgemeine Bezugnahme auf die Rechte und Pflichten aus dem Arbeitsverhältnis mag insofern etwas zu pauschal erscheinen, als jedem Arbeitsverhältnis eine Pflicht zur Geheimhaltung von Geschäftsgeheimnissen des Arbeitgebers innewohnt (→ Einl. C. Rn. 4 ff.) und diese erhöhte Pflichtenstellung einen ausdrücklichen Anknüpfungspunkt sogar für strafrechtliche Sanktionen darstellt (vgl. § 23 Abs. 1 Nr. 3; zuvor § 17 Abs. 1 UWG). Was wirklich gemeint ist, klingt in der Begründung zur Beschlussempfehlung des Ausschusses für Recht und Verbraucherschutz vom 13.3.2019 (BT-Drs. 19/8300, 13) an. Zum einen sollen **abweichende rechtsgeschäftliche Vereinbarungen** in Arbeitsverträgen möglich bleiben (was zumindest im Sinne einer Gestattung von ansonsten rechtswidrigen Handlungen richtig ist, → Rn. 17). Zum anderen soll wohl zum Ausdruck gebracht werden, dass die Bestimmungen des GeschGehG nicht so ausgelegt werden dürfen, dass die arbeitsrechtlich bedeutsame **Mobilität der Arbeitnehmer** entgegen dem **Programmsatz in Art. 1 Abs. 3 Geschäftsgeheimnis-RL** beschränkt wird (ähnlich *Alexander* in Köhler/Bornkamm/Feddersen, GeschGehG § 1 Rn. 43).

20 Als eines von drei Beispielen für die in Art. 1 Abs. 3 S. 1 Geschäftsgeheimnis-RL angesprochene Mobilität der Arbeitnehmer nennt Art. 1 Abs. 3 S. 2 lit. b die **„Nutzung von Erfahrungen und Fähigkeiten, die Arbeitnehmer im normalen Verlauf ihrer Tätigkeit ehrlich erworben haben".** Eine allgemeingültige, trennscharfe Differenzierung zwischen dem berechtigten Interesse des Unternehmens an der vertraulichen Behandlung seiner Geschäftsgeheimnisse und dem nicht minder gewichtigen Interesse der Arbeitnehmer, ihre – häufig unter dem Begriff „**Erfahrungswissen**" zusammengefassten – redlich erworbenen Kenntnisse und Fähigkeiten auch anderweitig für ihr berufliches Fortkommen zu nutzen, ist bisher nicht überzeugend gelungen und hat auch durch Art. 1 Abs. 3 S. 2 lit. b und ErwGr keine deutlicheren Konturen erhalten; allerdings haben die Begriffe „Geschäftsgeheimnis" und „Erfahrungswissen" jeweils einen eigenen Kernbereich (→ § 4 Rn. 42). Eine **Abgrenzung zwischen Geschäftsgeheimnissen und Erfahrungswissen** ist in erster Linie hinsichtlich der **Rechte ausgeschiedener Beschäftigter** relevant. Die von der deutschen Rechtsprechung zu § 17 UWG aF entwickelten Grundsätze zur Lösung dieses Konflikts (vgl. nur BGH GRUR 2018, Rn. 35 ff., 40 – Hohlfasermembranspinnanlage II; GRUR 2006, 1044 Rn. 13 – Kundendatenprogramm; BAG NJW 1988, 1686 f.; näher → Einl. C Rn. 36 ff., und § 4 Rn. 38; *Ohly* GRUR 2014, 1, 9 ff.; → Einl. C Rn. 41 ff.; *Glinke* in Keller/Schönknecht/Glinke § 1 Rn. 58 ff., 64) können vorbehaltlich anderer Vorgaben durch den EuGH aufrechterhalten werden; sie stehen auch mit den Vorgaben des Art. 1 Abs. 3 Geschäftsgeheimnis-RL im Einklang (→ Einl. C Rn. 49 f. und → § 4 Rn. 40 ff.; *Glinke* in Keller/Schönknecht/

Glinke § 1 Rn. 66; zur nachvertraglichen Treuepflicht im Lichte des Art. 1 Abs. 3 Geschäftsgeheimnis-RL auch *Wunner* WRP 2019, 710 (713 f.)).

21 Ob sich die Geheimhaltungsbelange des Unternehmens durchsetzen oder bestimmte Informationen dem frei verwertbaren Erfahrungswissen des (früheren) Beschäftigten zuzuordnen sind, ist durch eine **einzelfallbezogene Abwägung** zu ermitteln (→ § 4 Rn. 42; *Harte-Bavendamm* in Harte/Henning, 4. Aufl. 2016, § 17 Rn. 48; *Kalbfus,* Know-how-Schutz Rn. 521; *Hauck* GRUR 2022,530 (533)). Beide Seiten können sich auf **gleichrangige Grundrechtspositionen** berufen (*Ohly* GRUR 2014, 1, 9; *Brammsen* in Brammsen/Apel § 4 Rn. 92). Wie nach der Rechtsprechung zu § 17 UWG aF erfolgt eine grundlegende Weichenstellung danach, ob ausgeschiedene Arbeitnehmer die geheimen Informationen aus dem Betrieb ihres früheren Arbeitgebers **auf redliche Weise erlangt** (vgl. Art. 1 Abs. 3 S. 2 lit. b: „im normalen Verlauf ihrer Tätigkeit ehrlich erworben") haben, oder ob sie sich die Informationen **unredlich verschafft** haben. Nach der jüngeren Rechtsprechung zu § 17 UWG aF wird die Unredlichkeit auch dann bejaht, wenn die Kenntniserlangung zwar zunächst nicht zu beanstanden war, der frühere Mitarbeiter später aber auf ihm noch vorliegende Aufzeichnungen oder Dateien zurückgreift, um die geheimen Informationen für eigene Zwecke zu verwerten (→ Einl. C. Rn. 40 ff., 57 mwN; *Harte-Bavendamm* in Harte/Henning, 4. Aufl. 2016, § 17 Rn. 31 ff.). Eine auf die Umstände des Einzelfalls ausgerichtete Abwägung muss sich allerdings **nicht** stets **in einem Rückgriff auf das Begriffspaar „redlich/unredlich" erschöpfen.** So kann es eine Rolle spielen, ob der ausgeschiedene Beschäftigte die geheimen Informationen selbst oder in einem neuen Arbeitsverhältnis (also zur Förderung seines beruflichen Fortkommens) verwertet, oder ob er sie stattdessen an einen Wettbewerber seines früheren Arbeitgebers verkauft (vgl. BGH GRUR 2002, 91 (94) – Spritzgießwerkzeuge; *Harte-Bavendamm* in Harte/Henning, 4. Aufl. 2016, § 17 Rn. 54 mwN; → § 4 Rn. 42). Auch muss das Arbeitnehmerinteresse an einer so gut wie grenzenlosen Förderung des beruflichen Fortkommen unter Umständen zurücktreten, wenn es um zentrale Geschäftsgeheimnisse (Stichwort „Coca-Cola-Formel") des früheren Arbeitgebers geht (*Glinke* in Keller/Schönknecht/Glinke § 2 Rn. 62), zumal hier auch die **Belange der** bei diesem **verbliebenen Belegschaft** mit ins Spiel kommen können. Es sollte deshalb möglich bleiben, etwa dem Leiter der Forschungs- und Entwicklungsabteilung die Verwendung und Weitergabe der „Kronjuwelen" vertraglich unabhängig davon zu untersagen, ob er deren Merkmale nun vollständig in seinem Gedächtnis speichern kann oder nicht. Bei hinreichend konkreter, eng gefasster Beschreibung solcher für den Unternehmensbestand wesentlichen Geschäftsgeheimnisse dürfte die **Grenze zu einem Wettbewerbsverbot** auch nicht überschritten werden (zum fließenden Übergang zu einem karenzentschädigungspflichtigen Wettbewerbsverbot → Einl. C Rn. 65).

22 **Im Einzelnen wird zum Geheimnisschutz im Arbeitsrecht auf Einl. C. verwiesen.** Zur Verschwiegenheitspflicht dort Rn. 5 ff.; zu Wettbewerbsverboten gem. §§ 60, 61 Rn. 15 ff.; zur Bedeutung des GeschGehG für das Arbeitsverhältnis Rn. 27 ff.; zum Geheimnisschutz im Verhältnis zu ehemaligen Arbeitnehmern Rn. 37 ff.; zu vertraglichen Gestaltungsmöglichkeiten, insbesondere zu Vertraulichkeitsvereinbarungen und nachvertraglichen Wettbewerbsverboten, Rn. 59 ff.; zu den Rechtsfolgen einer Verletzung von Pflichten aus dem Arbeitsverhältnis Rn. 95 ff.; zum Geheimnisschutz im kollektiven Arbeitsrecht Rn. 120 ff.).

§ 2 Begriffsbestimmungen

Im Sinne dieses Gesetzes ist

1. **Geschäftsgeheimnis**
   eine Information,
   a) **die weder insgesamt noch in der genauen Anordnung und Zusammensetzung ihrer Bestandteile den Personen in den Kreisen, die üblicherweise mit dieser Art von Informationen umgehen, allgemein bekannt oder ohne weiteres zugänglich ist und daher von wirtschaftlichem Wert ist und**
   b) **die Gegenstand von den Umständen nach angemessenen Geheimhaltungsmaßnahmen durch ihren rechtmäßigen Inhaber ist und**
   c) **bei der ein berechtigtes Interesse an der Geheimhaltung besteht;**
2. **Inhaber eines Geschäftsgeheimnisses**
   jede natürliche oder juristische Person, die die rechtmäßige Kontrolle über ein Geschäftsgeheimnis besitzt;
3. **Rechtsverletzer**
   jede natürliche oder juristische Person, die entgegen § 4 ein Geschäftsgeheimnis rechtswidrig erlangt, nutzt oder offenlegt; Rechtsverletzer ist nicht, wer sich auf eine Ausnahme nach § 5 berufen kann;
4. **rechtsverletzendes Produkt**
   ein Produkt, dessen Konzeption, Merkmale, Funktionsweise, Herstellungsprozess oder
   Marketing in erheblichem Umfang auf einem rechtswidrig erlangten, genutzten oder offengelegten Geschäftsgeheimnis beruht.

Schrifttum: s. Allgemeines Literaturverzeichnis sowie: *Achtermann,* Geheimnisschutz nach dem GeschGehGE und investigativer Journalismus, AfP 2019, 1; *Achtermann,* Gegenstand, Inhalt und Umfang des Schutzes von Geschäftsgeheimnissen nach der Richtlinie (EU)2016/943, WRP 2017, 1034; *Alexander,* Gegenstand, Inhalt und Umfang des Schutzes von Geschäftsgeheimnissen nach der Richtlinie (EU) 2016/943, WRP 2017, 1034; *Alexander,* Grundstrukturen des Schutzes von Geschäftsgeheimnissen durch das neue GeschGehG, WRP 2019, 673; *Alexander,* Geschäftsgeheimnis und Ranking-Transparenz – Spannungsfeld zwischen Schutz von Geschäftsgeheimnissen und neuen Informationspflichten für Anbieter von Online-Suchdiensten, MMR 2021, 690; *Alexander,* Zwingendes oder dispositives Recht: Welchen privatautonomen Gestaltungsspielraum belässt das GeschGehG?, WRP 2020, 1385; *Amschewitz,* Selbständiger und akzessorischer Auskunftsanspruch nach Umsetzung der Durchsetzungsrichtlinie, WRP 2011, 301; *Ann,* Know-how – Stiefkind des geistigen Eigentums?, GRUR 2007, 39; *Ann,* Geheimnisschutz – Kernaufgabe des Informationsmanagements im Unternehmen, GRUR 2014, 12; *Ann,* EU-Richtlinie zum Schutz vertraulichen Know-hows – Wann kommt das neue deutsche Recht, wie sieht es aus, was ist noch offen?, GRUR-Prax 2017, 465; *Apel/Stolz,* Vertragliche Geheimhaltungsmaßnahmen nach „PU-Schaum" – was bleibt hängen?, GRUR-Prax 2021, 1; *Baranowski/Glaßl,* Anforderungen an den Geheimnisschutz nach der neuen EU-Richtlinie, BB 2016, 2563; *Bartenbach,* Patentlizenz- und Know-how-Vertrag, 7. Aufl. 2013; *Barth/Corzelius,* Geheimnisverrat im Zuge eines Arbeitnehmeraustritts – Eine Case Study nach der Reform des Datenschutz- und Geschäftsgeheimnisrechts, WRP 2020, 29; *Becker/Kussnik,* Angemessene Geheimhaltungsmaßnahmen nach dem Gesetz zum Schutz von Geschäftsgeheimnisses, RAW 2018, 119; *Bissels/Schroeders/Ziegelmeyer,* Arbeitsrechtliche Auswirkungen der Geheimnisschutzrichtlinie, DB 2016, 2295; *Bone,* Trade Secrets, Innovation and the Requirement of od Reasonable Secrecy Precautions, in Dreyfuss/Strandburg, The Law and Theory of Trade Secrecy, Cheltenham UK/Northampton Massachusetts USA, 2011;

Brammsen, Die EU-Know-how-Richtlinie 943/2016, §§ 17 ff. UWG und das geplante Geschäftsgeheimnisstrafrecht, wistra 2018, 449; *Brockhaus,* Das Geschäftsgeheimnisgesetz – Zur Frage der Strafbarkeit von Hinweisgebern unter Berücksichtigung der Whistleblowing-Richtlinie, ZIS 2020, 102; *Burghardt-Richter/Bode,* Geschäftsgeheimnisschutzgesetz: Überblick und Leitfaden für Unternehmen zur Wahrung ihrer Geschäftsgeheimnisse, BB 2019, 2697; *Deichfuß,* Rechtsdurchsetzung unter Wahrung der Vertraulichkeit von Geschäftsgeheimnissen, GRUR 2015, 436; *Desaunettes/Hilty/Knaak/Kur* s. u. „Max-Planck-Institut"; *Doepner,* Anmerkungen zum wettbewerbsrechtlichen Geheimnisschutz im Zivilprozess; FS Tilmann, 2003, 105; *Dorner,* Know-how-Schutz im Umbruch, 2013; *Drescher,* Industrie- und Wirtschaftsspionage in Deutschland, 2019; *Dreyfuss/Strandburg,* The Law and Theory of Trade Secrets, Cheltenham UK/Northampton Massachusetts USA, 2011; *Enders,* Geheimnisschutz durch Urheberrecht – Flankierender Schutz zu Geschäftsgeheimnisschutzgesetz?, WRP 2021, 872; *Engländer/Zimmermann,* Whistleblowing als strafbarer Verrat von Geschäfts- und Betriebsgeheimnissen? Zur Bedeutung des juristisch-ökonomischen Vermögensbegriffs für den Schutz illegaler Geheimnisse bei § 17 UWG, NZWiSt 2012, 328; *Ensthaler/Bock,* Verhältnis zwischen Kartellrecht und Immaterialgüterrecht am Beispiel der Essential-facility-Rechtsprechung von EuGH und EuG, GRUR 2009, 1; *EUIPO,* The Baseline of Trade Secret Litigation in the EU Member States, 2018, abrufbar über die Website des EUIPO; *Ess,* Wie weit reicht der Geheimnisschutz? Zum rechtsverletzenden Produkt iSd § 2 Nr. 4 GeschGehG, WRP 2020, 988; *Fleischer/Pendl,* Verschwiegenheitspflicht und Pflicht zum Geheimnismanagement von Geschäftsleitern, ZIP 2020, 1321; *Forkel,* Zur Übertragbarkeit geheimer Kenntnisse, FS Schnorr zu Carolsfeld, 1972, 105; *Freckmann/Schmoll,* Geheimnisschutzrichtlinie: Neuer Standarrd für Vertraulichkeitsvereinbarungen und arbeitsvertragliche Verschwiegenheitsklauseln, BB 2017, 1780; *Fuhlrott/Hiéramente,* Arbeitsrechtlicher Handlungsbedarf durch das Geschäftsgeheimnisgesetz, DB 2019, 967; GRUR-Stellungnahme (19.3.2014) zum Vorschlag für eine Richtlinie über den Schutz vertraulichen Know-hows und vertraulicher Geschäftsinformationen (Geschäftsgeheimnisse) vor rechtswidrigem Erwerb sowie rechtswidriger Nutzung und Offenlegung, COM(2013) 813 final, abrufbar unter http://www.grur.org/de/stellungnahmen.html; GRUR-Fachausschusssitzung (Protokoll) vom 25.4.2018 zum RefE-GeschGehG, GRUR 2018, 706; GRUR-Stellungnahme (22.5.2018) zum Referentenentwurf des Bundesministeriums für Justiz und Verbraucherschutz zur Umsetzung der Richtlinie (EU) 2016/943, GRUR 2018, 708, auch abrufbar unter http://www.grur.org/de/stellungnahmen.html; *Harte-Bavendamm,* Reform des Geheimnisschutzes: Naht Rettung aus Brüssel? Zum Richtlinienvorschlag zum Schutz von Geschäftsgeheimnissen, FS Köhler, 2014, 235; *Harte-Bavendamm,* Der Begriff des Geschäftsgeheimnisses nach harmonisiertem Recht, FS Büscher, 2018, 311; *Hauck,* Geheimnisschutz im Prozess – was bringt die neue EU-Richtlinie für das deutsche Recht? NJW 2016, 2218; *Hauck,* Grenzen des Geheimnisschutzes, WRP 2018, 1032; *Hauck,* Schutz von Geschäftsgeheimnissen und Handlungsspielräume für Medien, AfP 2021, 193; *Hauck,* Schutz von Geschäftsgeheimnissen und Arbeitnehmerrechte, GRUR 2022, 530; *Heinzke,* Richtlinie zum Schutz von Geschäftsgeheimnissen, CCZ 2016, 179; *Hiéramente/Golzio,* Die Reform des Geheimnisschutzes aus sicht der Compliance-Abteiung, CCZ 2018, 262; *Hille,* Sind bisherige Vertraulichkeitsvereinbarungen unwirksam?, WRP 2020, 824; *Hilty,* Lizenzvertragsrecht, Systematisierung und Typisierung aus schutz- und schuldrechtlicher Sicht, 2001; *Hoefer,* Regierungsentwurf zum Geschäftsgeheimnisgesetz (GeschGehG) aus Geschäftsführersicht: Pflicht zum „Geschäftsgeheimnis-Management", GmbHR 2018, 1195; *Hoeren/Münker,* Die EU-Richtlinie für den Schutz von Geschäftsgeheimnissen und ihre Umsetzung – unter besonderer Berücksichtigung der Produzentenhaftung, WRP 2018, 150; *Hofmann,* „Equity" im deutschen Lauterkeitsrecht? Der „Unterlassungsanspruch" nach der Geschäftsgeheimnis-RL, WRP 2018, 1; *Hoppe/Oldekop,* Die Rechtsprechung zum Geschäftsgeheimnisschutz seit dem 26.4.2019, WRP 2022, 547; *Jansen/Hofmann,* Auswirkungen des Gesetzes zum Schutz von Geschäftsgeheimnissen auf Vertraulichkeitsvereinbarungen, BB 2020, 259; *Jonas,* Arbeitsvertragliche Verschwiegenheitsvereinbarungen nach der Einführung des Geschäftsgeheimnisgesetzes, DB 2020, 1738; *Kalbfus,* Die EU-Geschäftsgeheimnis-Richtlinie – welcher Umsetzungsbedarf besteht in Deutschland? GRUR 2016, 1009; *Kalbfus,* Angemessene Geheimhaltungsmaßnahmen nach der Geschäftsgeheimnis-Richtlinie, GRUR-Prax 2017, 391; *Kalbfus,* Rechtsdurchsetzung bei Geheimnisverletzungen – Welchen prozessualen Schutz gewährt das Geschäftsgeheimnisgesetz dem Kläger?, WRP 2019, 692; *Kalbfus/Harte-Bavendamm,* Protokoll der Sitzung des GRUR-Fachausschusses für Wettbewerbs- und Markenrecht vom 14.2.2014, GRUR 2014, 453; *Kiefer,* Das Geschäftsgeheimnis nach dem Referentenentwurf zum Geschäftsgeheimnisgesetz: Ein Immaterialgüterrecht, WRP 2018, 910; *Kiethe/Groeschke,* Die Durchsetzung von Schadensersatzansprüchen in Fällen der Betriebs- und Wirtschaftsspionage, WRP 2005, 1358; *Kochmann,* Schutz des „Know-how" gegen ausspähende Produktanalysen („Reverse Engineering"), 2009; *Kohler,* Der unlautere Wettbewerb, 1914; *Kraßer,* Der Schutz des Know-how nach deutschem Recht, GRUR 1977, 177; *Krüger/Wiencke/Koch,* Der Datenpool als Geschäftsgeheimnis, GRUR 2020, 578; *Lauck,* Angemessene Geheimhaltungsmaßnahmen nach dem GeschGehG, GRUR 2019, 1132; *Leister,* „Angemessene Geheimhaltungsmaßnahmen" – Handlungsbedarf in der Praxis durch Neudefinition des Geschäftsgeheimnisbegriffs, GRUR-Prax 2019, 75; *Leister,* Haftungsgefahren beim neuen Geheimnisschutz, GRUR-Prax 2020, 579; *Leistner,* Angemessene Geheimhaltungsmaßnahmen iSd § 2 Nr. 1 b) GeschGehG, WRP 2021, 835; *Leistner/Königs,* Der Kommissionsentwurf neuer Regelungen für Technologietransfer-Vereinbarungen – eine kritische Analyse, WRP 2014, 268; *Lejeune,* Die neue EU-Richtlinie zum Schutz von Know-how und Geschäftsgeheimnissen: Wesentliche Inhalte und Anpassungsbedarf im deutschen Recht sowie ein Vergleich zur Rechtslage in den USA, CR 2016, 330; *Lemley,* The Suprising Virtues of Treating Trade Secrets as IP Rights, Stanford Law Review (2008) Vol. 61:311, 311; *Löffler,* Störerhaftung oder Beihilfe durch Unterlassen? Allgemeine strafrechtliche Haftungskategorien als Grundlage für die Konkretisierung der Schuldnerstellung im gewerblichen Rechtsschutz und im Lauterkeitsrecht, FS Bornkamm, 2008, 37; *Mayer,* Geschäfts- und Betriebsgeheimnis oder Geheimniskrämerei?, GRUR 2011, 884; *Maaßen,* „Angemessene Geheimhaltungsmaßnahmen" für Geschäftsgeheimnisse, GRUR 2019, 352; *Max-Planck-Institut für Innovation und Wettbewerb (Desaunettes/Hilty/Knaack/Kur),* Stellungnahme zum Referentenentwurf eines Gesetzes zur Umsetzung der Richtlinie (EU) 2016/943 zum Schutz von Geschäftsgeheimnissen vor rechtswidrigem Erwerb sowie rechtswidriger Nutzung vom 17.4.2018, abrufbar unter https://www.ip.mpg.de/fileadmin/ipmpg/content/stellungnahmen/Stellungnahme_zum_Referentenentwurf_eines_Gesetzes_zur_Umsetzung_der_Richtlinie__EU__2016_943.pdf; *McGuire,* Know-how: Stiefkind, Störenfried oder Sorgenkind?, GRUR 2015, 424; *McGuire,* Der Schutz von Know-how im System des Immaterialgüterrechts, GRUR 2016, 1000; *McGuire,* Neue Anforderungen an Geheimhaltungsvereinbarungen?, WRP 2019, 679; *McGuire,* Begriff und Rechtsnatur des Geschäftsgeheimnisses – Über ungeschriebene Unterschiede zwischen altem und neuem Recht, FS Harte-Bavendamm, 2020, 367; *McGuire/Joachim/Künzel/Weber,* Der Schutz von Geschäftsgeheimnissen durch Rechte des Geistigen Eigentums und durch das Recht des unlauteren Wettbewerbs (Q215), GRUR Int 2010, 829; *Mes,* Arbeitsplatzwechsel und Geheimnisschutz, GRUR 1979, 584 (587); *Müllmann,* Mehr als nur Whistleblowing: Gesetz zum Schutz von Geschäftsgeheimnissen, ZRP 2019, 25; *Nastelski,* Der Schutz des Betriebsgeheimnisses, GRUR 1957, 1; *Ohly,* Reverse Engineering: Unfair Competition or Catalyst for Innovation? FS Straus, 2008, 535; *Ohly.,* Der Geheimnisschutz im deutschen Recht: heutiger Stand und Perspektiven, GRUR 2014, 1; *Ohly,* Das neue Geschäftsgeheimnisgesetz im Überblick, GRUR 2019, 441; *Partsch/Rump,* Auslegung der „angemessenen Geheimhaltungsmaßnahme" im Geschäftsgeheimnis-Schutzgesetz, NJW 2020, 118; *Passarge,* Der Entwurf eines Gesetzes zum Schutz von Geschäftsgeheimnissen (GeschGehG) – Das Gegenteil von gut gemacht ist gut gemeint, CB 2018, 144; *Pfaff,* Der Know-how-Vertrag im bürgerlichen Recht, BB 1974, 565; *Preis/Seiwerth,* Geheimnisschutz im Arbeitsrecht nach dem Geschäftsgeheimnisgesetz, RdA 2019, 351; *Raue,* Reichweite des Unterlassungsanspruchs wegen Verbots der Fruchtziehung aus Verletzungen von Betriebsgeheimnissen, GRUR 2018, 539; *Redeker/Pres/Gittinger,* Einheitlicher Geheimnisschutz in Europa, WRP 2015, 681 und 812; *Reuling,* Der unlautere Wettbewerb nach dem Zweiten Entwurf eines Gesetzes zur Bekämpfung des unlauteren Wettbewerbs und über den Rechtsschutz von Fabrikations- und Geschäftsgeheimnissen, 1895; *Richter,* Looking at the Data Act and Beyond: How to Better Integrate Data Intermediaries in the Market Order for Data Sharing, GRUR Int 2023, 458; *Rojahn,* Das geheime Know-how: Wie geheim darf/muss das Zivilverfahren sein?, FS Loewenheim, 2009, 251; *Rützel,* Illegale Unternehmensgeheimnisse?, GRUR 1995, 557; *Schlingloff,* Geheimnisschutz im Zivilprozess auf Grund der „Know-how-Schutz-Richtlinie" – Was muss sich im deutschen Prozessrecht ändern?, WRP 2018, 666; *Eberhard Schmidt,* in Verhandlungen des 36. Deutschen Juristentages Bd. 1, 1931, 101; *Schweitzer/Metzger,* Data Access under the Draft Data Act, Competition Law and the DMA: Opening the Data Treasures for Competition and Innovation?, GRUR Int. 2023, 337; *F. Schweyer,* Die rechtliche Bewertung des Reverse Engineering in Deutschland und in den USA, 2012; *von Stechow,* Das Gesetz zur Bekämpfung des unlauteren Wettbewerbs vom 27.5.1896, 2002; *Steinmann/Schubmehl,* Vertraglicher Geheimnisschutz im Kunden-Lieferanten-Verhältnis – Auswirkungen der EU-Geheimnisschutz-RL am Beispiel der Automobilindustrie, CCZ 2017, 194; *Thiel,* Das neue Geschäftsgeheimnisgesetz (GeschGehG) – Risiken und Chancen für Geheimnisinhaber, WRP 2019, 700; *Ulrich,* Technologieschutz nach TRIPS: Prinzipien und Probleme, GRUR Int 1995, 623; *Vetter/Lehmann,* Geschäftsgeheimnisgesetz und Verantwortung des Geschäftsleitungs- und Überwachungsorgans, DB 2019, 2507; *Voigt/Herrmann/Grabenschröer,* Das neue Geschäftsgeheimnisgesetz – praktische Hinweise zu Umsetzungsmaßnahmen für Unternehmen, BB 2019, 142; *Weigert,* Angemessene Geheimhaltungsmaßnahmen im Sinne des § 2 Nr. 1 GeschGehG – Geheimnisschutz ad absurdum?, NZA 2020, 209; *Wiebe,* The Data Act Proposal – Access Rights at the Intersection with Database Rights and Trade Secret Rights, GRUR 2023, 227; *Wiese,* Die EU-Richtlinie über den Schutz vertraulichen Know-hows und vertraulicher Geschäftsinformationen, 2017; *Witz,* Know-how Schutz vs. Reverse Engineering, FS Harte-Bavendamm, 2020, 441; *Wunner,* Die zivilrechtliche Haftung für Geheimnisverwertungen durch Beschäftigte im Lichte der Geschäftsgeheimnis-RL, WRP 2019, 710, 714: *Ziegelmayer,* Geheimnisschutz ist eine große Nische – Zu den unterschätzten Auswirkungen des GeschGehG, CR 2018, 693.

Übersicht

I. Allgemeines

1 In § 2 werden **vier Begriffsbestimmungen** vorgenommen, die für den Schutz von Geschäftsgeheimnissen **von zentraler Bedeutung** sind. Sie entsprechen im Wortlaut weitgehend den **Definitionen aus Art. 2 Geschäftsgeheimnis-RL.** Es geht um das „Geschäftsgeheimnis“, den „Inhaber eines Geschäftsgeheimnisses“, den „Rechtsverletzer“ und um „rechtsverletzende Produkte“. Die Definition des Begriffs **„Geschäftsgeheimnis“** beruht ihrerseits auf **Art. 39 Abs. 2 TRIPS (**→ Rn. 3), wurde allerdings in § 2 Nr. 1 lit. c GeschGehG in der letzten Phase des Umsetzungsverfahrens um ein zusätzliches Merkmal (Bestehen eines berechtigten Interesses an der Geheimhaltung) ergänzt (→ Rn. 66 ff.). Auch hinsichtlich des Begriffs **„Inhaber eines Geschäftsgeheimnisses“** haben sich die Geschäftsgeheimnis-RL (Art. 2 Nr. 2) und das GeschGehG (§ 2 Nr. 2)

an Art. 39 Abs. 2 TRIPS orientiert. Auf allen drei Ebenen sollen diejenigen natürlichen und juristischen Personen erfasst werden, die die rechtmäßige Kontrolle über die in Rede stehenden Informationen ausüben. **Keine Entsprechung in Art. 39 Abs. 2 TRIPS** haben die beiden weiteren Begriffe, die in Art. 2 Geschäftsgeheimnis-RL und in § 2 GeschGehG definiert werden (**„Rechtsverletzer“** und **„rechtsverletzende Produkte“**). Sie sind aber aus der Durchsetzungs-RL bekannt, auch wenn diese keine ausdrücklichen Definitionen enthält. Eine Abweichung liegt allerdings darin, dass in der Durchsetzungs-RL nicht generell von „rechtsverletzenden Produkten“, sondern ganz überwiegend von „rechtsverletzenden Waren“ und nur beim Auskunftsanspruch auch von „rechtsverletzenden Dienstleistungen“ gesprochen wird.

Unionsrechtlich war die inhaltliche **Übernahme der in Art. 2 Geschäftsgeheimnis-RL aufgeführten Begriffsbestimmungen** in das GeschGehG in Bezug auf das **„Geschäftsgeheimnis“ zwingend** (vgl. Erwägungsgrund 14 und *Harte-Bavendamm* FS Büscher, 2018, 311, (312 f.); im Ergebnis ebenso *Heinzke CCZ 2016, 179; McGuire* WRP 2019, 679 (680); *McGuire,* FS Harte-Bavendamm, 2020, 367 (369 ff.); *Maaßen* WRP 2019, 352 (353); *Alexander* in Köhler/Bornkamm/Feddersen GeschGehG § 2 Rn. 5; offener *Brammsen* in Brammsen/Apel § 2 Rn. 14: „anharmonisierter vorgegebener Geschäftsgeheimnisbegriff“; aA *Baranowski/Glaßl* BB 2016, 2563 (2564); *Lejeune* CR 2016, 330 (333)). Fragwürdig ist allerdings die Ergänzung um das weder in Art. 39 Abs. 2 TRIPS noch in Art. 2 Geschäftsgeheimnis-RL erwähnte Merkmal des berechtigten Interesses an der Geheimhaltung, → Rn. 66 ff.). Aber auch **die drei weiteren Definitionen** aus § 2 (Inhaber, Rechtsverletzer, rechtsverletzende Produkte) sollten **als verbindlich betrachtet** werden (ebenso *Alexander* in Köhler/Bornkamm/Feddersen GeschGehG § 2 Rn. 5; *McGuire* in Büscher GeschGehG § 2 Rn. 3). Dies gilt schon deshalb, weil auch sie das Fundament des Harmonisierungsvorhabens bilden und dieses in wesentlicher Hinsicht unterhöhlt zu werden drohte, wollte jeder Mitgliedstaat diese Begriffe unterschiedlich interpretieren und umsetzen. Hinzu kommt, dass sich alle vier in Art. 2 Geschäftsgeheimnis-RL definierten Begriffe durch die gesamte Richtlinie ziehen, darunter auch durch die gemäß Art. 1 Satz 2 Geschäftsgeheimnis-RL vollharmonisierten Bestimmungen. Zumindest in diesen Vorschriften dürften sie im deutschen Umsetzungsgesetz nicht anders interpretiert werden als in der Richtlinie. Da definierte Begriffe innerhalb eines Gesetzes aber schwerlich unterschiedliche Bedeutungen haben können, je nachdem, ob sie in unionsrechtlich vorgegebenen oder in national gestaltbaren Vorschriften erscheinen, verdient eine **unionsweit einheitliche Interpretation** den Vorrang (ähnlich *McGuire* in Büscher, GeschGehG § 2 Rn. 3, und in FS Harte-Bavendamm, 2020, 367 (371 f.). 2

II. Geschäftsgeheimnis (§ 2 Nr. 1)

1. Definitorische Anknüpfung an Art. 39 Abs. 2 TRIPS

Eine enge Anlehnung an Art. 39 Abs. 2 TRIPS lag insofern nahe, als sowohl die **Mitgliedstaaten** als auch die **Europäische Union als Ganzes völkerrechtlich** seit 1994 an die durch dieses Abkommen errichteten gemeinsamen internationalen Standards **gebunden** sind, wie in Erwägungsgrund 5 der Geschäftsgeheimnis-RL auch ausdrücklich hervorgehoben wird (zu Art. 39 TRIPS näher 3

→ Einl. A Rn. 154 ff.; *McGuire,* FS Harte-Bavendamm, 2020, 367 (369 f.); *Peter/Wiebe* in Busche/Stoll/Wiebe Art. 39; → Rn. 6 ff.). Allerdings gewährt Art. 39 TRIPS den Geheimnisinhabern keinen individuellen, unmittelbaren Anspruch auf Schutz ihrer Geschäftsgeheimnisse (vgl. EuGH v. 14.12.2000 – C-300/98, GRUR 2001, 235 Rn. 44; *Strauch/Wiebe* in Busch/Stoll/Wiebe Art. 39 Rn. 49; *Apel* in Brammsen/Apel Einl. C Rn. 47). In sachlicher Übereinstimmung mit Art. 39 Abs. 2 TRIPS und Art. 2 Nr. 1 Geschäftsgeheimnis-RL bezeichnet der Begriff „Geschäftsgeheimnis" nach§ 2 Nr. 1 solche **Informationen, die kumulativ die folgenden Kriterien erfüllen:** Sie sind

a) weder insgesamt noch in der genauen Anordnung und Zusammensetzung ihrer Bestandteile den Personen in den Kreisen, die üblicherweise mit dieser Art von Informationen umgehen, allgemein bekannt oder ohne Weiteres zugänglich und daher von wirtschaftlichem Wert und
b) Gegenstand von den Umständen nach angemessenen Geheimhaltungsmaßnahmen durch die Person, die die rechtmäßige Kontrolle über die Informationen besitzt.

In § 2 Nr. 1 werden die ersten beiden Merkmale von Informationen, die als Geschäftsgeheimnisse gelten können (keine allgemeine Bekanntheit oder ohne Weiteres gegebene Zugänglichkeit; wirtschaftlicher Wert), in einem einzigen Unterabsatz zusammengefasst. Demgegenüber wurde das Erfordernis eines wirtschaftlichen („kommerziellen") Werts (der auf dem Geheimnischarakter der betreffenden Informationen beruht) in Art. 39 Abs. 2 TRIPS und in Art. 2 Nr. 1 Geschäftsgeheimnis-RL in einem eigenen Unterabsatz erfasst. Die strukturelle Abweichung von diesen höherrangigen Normen sollte keine inhaltliche Änderung herbeiführen, sondern zu einer Anpassung an die deutsche Gesetzessprache und -technik führen. Kehrseite dieses (vermeintlichen) Vorteils ist der Umstand, dass sich der sachliche Gleichlauf der Bestimmungen aus europäischer Perspektive – also insbesondere für den EuGH – wegen des strukturellen Unterschieds nicht auf den ersten Blick erschließt (vgl. die GRUR-Stellungnahme v. 22.5.2018, Abschnitt B.I.1. lit. c, GRUR 2018, 708; *Ohly* GRUR 2019, 441 (442); kritisch zur Abweichung von der Struktur des Art. 39 Abs. 2 TRIPS und des § 2 Nr. 1 Geschäftsgeheimnis-RL auch *Alexander* in Köhler/Bornkamm/Feddersen GeschGehG § 2 Rn. 14). Größeres Gewicht kommt diesem äußerlichen Unterschied allerdings nicht zu. Alle Begriffsmerkmale sind **richtlinienkonform auszulegen.** Zur unionsrechtlich fragwürdigen Einführung eines vierten Kriteriums für die Qualifizierung einer Information als Geschäftsgeheimnis (**berechtigtes Interesse an der Geheimhaltung**) in § 2 Nr. 1 lit. c GeschGehG → Rn. 66 ff.

4 Im Rahmen des **§ 17 UWG aF** gab es **keine gesetzliche Definition** des zentralen Begriffs „Geschäftsgeheimnis". Nach ständiger höchstrichterlicher Rechtsprechung war unter einem „Geschäfts- oder Betriebsgeheimnis" jede im Zusammenhang mit einem Geschäftsbetrieb stehende Tatsache zu verstehen, die nicht offenkundig, sondern nur einem begrenzten Personenkreis bekannt war und nach dem bekundeten Willen des Geschäftsinhabers aufgrund eines berechtigten wirtschaftlichen Interesses geheim gehalten werden sollte (vgl. nur BGH GRUR 2009, 603 Rn. 13 – Versicherungsuntervertreter; noch aufrechterhalten kurz vor Ablauf der Umsetzungsfrist in BGH GRUR 2018, 1161 Rn. 28 – Hohlfasermembranspinnanlage II; zu den Einzelheiten *Ohly* in Ohly/Sosnitza, 7. Aufl. 2016, Vor § 17 Rn. 1, und *Köhler* in Köhler/Bornkamm/Feddersen, 37. Aufl. 2019, § 17 Rn. 4 ff., jeweils mwN). Dabei spielte die genaue Unter-

scheidung zwischen den eher auf **kaufmännische Informationen** hindeutenden „Geschäftsgeheimnissen" und den in der Regel auf **technisches Wissen** gemünzten „Betriebsgeheimnissen" (zusammenfassend auch als „Unternehmensgeheimnisse" bezeichnet) rechtlich keine Rolle. Die Geschäftsgeheimnis-RL verwendet den Terminus **„Geschäftsgeheimnisse" als Oberbegriff** für beide Kategorien vertraulicher Unternehmensinformationen. Auch in den Erwägungsgründen 2, 9 und 14 kommt zum Ausdruck, dass kaufmännische und technische Informationen im Grundsatz als gleichermaßen wertvoll und schützenswert eingestuft werden. Die jeweilige Gewichtung hängt stark von Branche und Unternehmenszuschnitt ab.

Zu Recht hat sich der deutsche Gesetzgeber entschlossen, die vier in **Art. 2 Geschäftsgeheimnis-RL** verwendeten Merkmale (Information; keine allgemeine Bekanntheit oder ohne Weiteres gegebene Zugänglichkeit; wirtschaftlicher Wert, nach den Umständen angemessene Geheimhaltungsmaßnahmen) **so gut wie wortgetreu zu übernehmen** (zu dem zusätzlichen, in der Geschäftsgeheimnis-RL nicht enthaltenen Kriterium des berechtigten Interesses an der Geheimhaltung, → Rn. 66 ff.). Terminologisch weichen die vier ersten Voraussetzungen von den in Jahrzehnte langer **deutscher Rechtsprechung entwickelten Kriterien** teilweise ab; die neuen Begriffe sollten künftig auch in der Rechtsanwendung an deren Stelle treten (*Harte-Bavendamm* FS Köhler, 2014, 235, (241); *Kalbfus* GRUR 2016, 1000 (1011)). In der Sache gibt es allerdings erhebliche Überschneidungen (→ Rn. 10–13). Die **Abweichungen von der deutschen Begrifflichkeit** könnten sich auf die Anwendungsergebnisse deshalb in geringerem Umfang auswirken, als es dem ersten, vor allem dem durch das dritte und vierte Kriterium („wirtschaftlicher Wert" → Rn. 36 ff.; „angemessene Geheimhaltungsmaßnahmen" → Rn. 40 ff.) hervorgerufenen Anschein entsprechen mag. Allerdings ist die Entwicklung hinsichtlich dieser beiden Definitionsmerkmale noch stark im Fluss. Vor allem die Maßstäbe für die Beurteilung der Angemessenheit von – getroffenen oder noch zu treffenden – Geheimhaltungsmaßnahmen bedürfen trotz einer Reihe instanzgerichtlicher Entscheidungen weiterer Klärung (→ Rn. 43 ff.; OLG Schleswig WRP 2022, 906 Rn. 46). Der RegE GeschGehG ging davon aus, dass die in Art. 2 Nr. 1 Geschäftsgeheimnis-RL enthaltene, dem TRIPS-Abkommen entlehnte Definition des Geschäftsgeheimnisses im Wesentlichen dem von der deutschen Rechtsprechung zu § 17 UWG aF entwickelten Begriffsinhalt entspricht. Es ergibt sich eine „große Schnittmenge" (*McGuire* FS Harte-Bavendamm, 2020, 367 (377)), aber **kein völliger Gleichlauf.** Unabhängig von begrifflichen und (vielleicht nur vermeintlichen) inhaltlichen Übereinstimmungen bleibt stets zu berücksichtigen, dass die von der Geschäftsgeheimnis-RL vorgegebenen **Definitionen eigenständig und unabhängig vom nationalen Rechtsverständnis auszulegen** sind, ihr jeweiliger Bedeutungsgehalt also letztlich vom EuGH bestimmt werden wird (ebenso *Alexander* WRP 2019, 673 (674)); insofern ist trotz zahlreicher sachlicher Parallelen stets zu prüfen, inwieweit höchstrichterliche Entscheidungen zu §§ 17–19 UWG aF auf das neue Begriffsverständnis zu übertragen sind. 5

Hat sich der europäische – und ihm folgend der deutsche – Gesetzgeber mit der Definition des „Geschäftsgeheimnisses" also eng an die in **Art. 39 Abs. 2 TRIPS** erfolgte Begriffsbestimmung (→ Einl. A.VI Rn. 3 ff.) gehalten, so dürfte sich hierdurch die inhaltliche Ausstrahlung der TRIPS-Definition auf den Rechtszustand in der Europäischen Union wie auch in Deutschland nicht wesentlich geändert haben (vgl. schon *McGuire/Joachim/Künzel/Weber* GRUR Int 2010, 829 6

(830)). Zwar wurde durch das TRIPS-Abkommen nur ein internationaler **Mindeststandard** geschaffen. Es erscheint allerdings zweifelhaft, ob dies rechtlich und faktisch überhaupt noch nennenswerten Raum dafür ließ, geheimen Informationen auch unter erleichterten Voraussetzungen Schutz zu gewähren und damit den Kern, den eigentlichen Gegenstand der Standardisierungsbemühungen, im Ungewissen zu lassen (vgl. schon *Ulrich* GRUR Int 1995, 623 (630)). Wie dem auch sei: Durch die weitreichende Übernahme der TRIPS-Kriterien in die Geschäftsgeheimnis-RL (zu leichten Abweichungen *McGuire,* FS Harte-Bavendamm, 2020, 367 (370)) haben diese Kriterien **auch unionsrechtliche Qualität erhalten.** Sie sind damit für die Mitgliedstaaten **teilweise auch „nach oben hin" verbindlich** geworden (Art. 1 Abs. 1 S. 2 Geschäftsgeheimnis-RL). Dies betrifft laut Erwägungsgrund 14 auch die Definition des Begriffs „Geschäftsgeheimnis", sollte für die drei anderen in § 2 definierten Begriffe aber ebenfalls gelten (→ Rn. 2). Die auf das TRIPS-Übereinkommen zurückreichende Definition wurde mittlerweile von den meisten Mitgliedstaaten mehr oder weniger wörtlich aus der Geschäftsgeheimnis-RL übernommen (*Ohly* GRUR 2019, 441 (442)).

7 Sieht man einmal von der **Umwandlung des Mindeststandards in einen vollharmonisierten Begriff** ab, so ändert sich die seit 1994 (auch) für Deutschland maßgebliche, wenn auch nicht unmittelbar anwendbare (vgl. *McGuire,* FS Harte-Bavendamm, 2020, 367 (370)) Definition des „Geschäftsgeheimnisses" gemäß Art. 39 Abs. 2 TRIPS im Grunde genommen nicht. Ob die nationalen Gesetzgeber und Gerichte die TRIPS-Kriterien bisher bewusst berücksichtigt und „richtig" interpretiert hatten oder nicht, ist eine andere Frage. Der BGH hatte an der in Deutschland entwickelten Terminologie festgehalten, auch nachdem Deutschland dem TRIPS-Übereinkommen beigetreten war (vgl. etwa BGH GRUR 2006, 1044, 1046 Rn. 19 – Kundendatenprogramm). Es lässt sich nicht mit Sicherheit sagen, ob der BGH der unausgesprochenen Überzeugung war, dass sich inhaltlich ohnehin keine nennenswerten Abweichungen ergaben, oder ob er davon ausging, dass die herkömmlichen deutschen Begriffselemente etwas großzügiger waren und dies auch bleiben durften, weil TRIPS eben nur einen Mindeststand gesetzt hatte (ähnlich *Leistner* WRP 2021, 835 Rn. Rn. 18). Künftig ist es der **EuGH,** der eventuelle **Rechtsfragen hinsichtlich der Interpretation des Geheimnisbegriffs** wie auch der übrigen durch die Geheimnisschutz-RL harmonisierten Begriffe) **verbindlich beantworten** wird (dies ebenfalls hervorhebend *Apel* in Brammsen/Apel § 2 Rn. 68 ff.). Wenig Auslegungshilfe wird allerdings dort zu erwarten sein, wo die Definition ausdrücklich sehr stark auf die Besonderheiten des Einzelfalls abstellt, so vor allem bei den „den Umständen entsprechenden angemessenen Geheimhaltungsmaßnahmen" (Art. 2 Nr. 1 lit. c Geschäftsgeheimnis-RL).

8 Im Ergebnis kann davon ausgegangen werden, dass die ersten vier in § 2 Nr. 1 GeschGehG genannten **Elemente des Begriffs „Geschäftsgeheimnis"** heute in der Sache (wenn auch nicht in jeder Nuance des Wortlauts) die gleichen sind **wie in Art. 2 Nr. 1 Geschäftsgeheimnis-RL** – und es wegen der von der Geschäftsgeheimnis-RL insoweit herbeigeführten Vollharmonisierung auch sein müssen (→ Rn. 2). Das fünfte Kriterium (berechtigtes Interesse an der Geheimhaltung) entspricht fast wörtlich der bisherigen deutschen Terminologie („Geheimhaltungsinteresse"); seine ausdrückliche Aufnahme in die Definition des „Geschäftsgeheimnisses" war allerdings nicht sinnvoll (→ Rn. 66 ff.).

2. Inhaltliche Überschneidungen zwischen Art. 2 Nr. 1 Geschäftsgeheimnis-RL und dem herkömmlichen deutschen Begriffsverständnis (Überblick)

Bevor im Einzelnen auf die vier das „Geschäftsgeheimnis“ umschreibenden Begriffselemente gemäß Art. 39 Abs. 2 TRIPS, Art. 2 Nr. 1 Geschäftsgeheimnis-RL und§ 2 Nr. 1 GeschGehG näher eingegangen wird (→ Rn. 22 ff.), seien diese **überblickartig mit der Substanz derjenigen Merkmale verglichen,** die bislang im Rahmen von **§ 17 UWG aF** verwendet wurden (hierzu auch *Kalbfus* GRUR 2016, 1009 (1010 ff.); *McGuire* GRUR 2016, 1000; *Hoeren/Münker* WRP 2018, 150 (151 f.); *Harte-Bavendamm* FS Büscher, 2018, 311 (314 ff.); *Alexander* in Köhler/Bornkamm/Feddersen GeschGehG § 2 Rn. 16 ff.; *McGuire,* FS Harte-Bavendamm, 2020, 367 (373 ff.); *Keller* in Keller/Schönknecht/Glinke § 2 Rn. 10). Dies geschieht mit dem oben (→ Rn. 5) erwähnten **Vorbehalt der – erst sehr langfristig zu erwartenden – autonomen unionsrechtlichen Klärung** der aus der Geschäftsgeheimnis-RL stammenden Tatbestandsmerkmale. 9

Die für den Schutz als Geschäftsgeheimnis nach herkömmlicher deutscher Terminologie in Betracht kommenden **„Tatsachen“** entsprachen der Sache nach den in Art. 39 Abs. 2 TRIPS erwähnten **„Informationen“** (ebenso *Kalbfus* GRUR 2016, 1009 (1010)). In dieser Hinsicht gehen sowohl die Geschäftsgeheimnis-RL (wie schon Art. 39 Abs. 2 TRIPS, vgl. *Peter/Wiebe* in Busch/Stoll/Wiebe Art. 39 Rn. 7) als auch das traditionelle deutsche Recht von einem weiten Anwendungsbereich aus (→ Rn. 14 ff.). Auch die in Deutschland entwickelte Interpretation der **„Nichtoffenkundigkeit“** entspricht inhaltlich der in Art. 39 Abs. 2 lit. c TRIPS enthaltenen und in Art. 2 Nr. 1 Geschäftsgeheimnis-RL aufgegriffenen Umschreibung dessen, was als geheim gelten kann, nämlich solche Tatsachen, die in ihrer Gesamtheit oder hinsichtlich der genauen Anordnung und Zusammenstellung ihrer Bestandteile nicht allgemein bekannt oder für Dritte ohne Weiteres zugänglich sind (näher → Rn. 22 ff.; *Keller* in Keller/Schönknecht/Glinke § 2 Rn. 10; aA wohl *Hoeren/Münker* WRP 2018, 150 (151)). Hier wie dort kommt es auf den Kreis derjenigen an, die üblicherweise mit Informationen der fraglichen Art zu tun haben. Hierzu gehören sowohl aktuelle oder potentielle Wettbewerber als auch andere Kreise, in denen ein Interesse am wirtschaftlichen Wert der Information vorhanden ist (*Reger* S. 260; *Peter/Wiebe* in Busch/Stoll/Wiebe Art. 39 Rn. 19). 10

Nach ständiger deutscher Rechtsprechung zu § 17 UWG aF machte erst eine **Beziehung zu einem bestimmten Unternehmen** eine nicht offenkundige Tatsache zu dessen Geschäftsgeheimnis. Es ging nicht um den Schutz unbekannter (bzw. nach Art. 39 Abs. 2 TRIPS „nicht offenbarter“) Informationen als solcher, sondern um die Geheimhaltung bestimmter Tatsachen, die einen Unternehmensbezug aufwiesen (etwa die Entwicklung eines Herstellungsverfahrens oder die Anwendung individueller Konditionen für die Belieferung eines Vertragshändlers). Zu fragen war, ob das geheime Wissen eindeutig (noch) in die Sphäre eines konkreten Unternehmens fiel oder ob diese Beziehung von vornherein fehlte oder sich so gelockert hatte, dass die betreffenden Tatsachen den allgemeinen Marktgegebenheiten oder einem anderen Unternehmen zuzuordnen waren (beispielsweise die Störanfälligkeit bestimmter Geräte bei Verwendung in den Betrieben der Abnehmer, OLG Stuttgart GRUR 1982, 315 – Gerätewartung). Das im deutschen Recht entwickelte Begriffsmerkmal des Unternehmensbezugs findet sich in Art. 2 Nr. 1 Geschäftsgeheimnis-RL und in§ 2 Nr. 1 GeschGehG nicht 11 unmittelbar wieder. Mittelbar klingt das Erfordernis einer (noch) hinreichenden Verbindung der geheimen Tatsache mit einem bestimmten Unternehmen aber in Art. 2 Nr. 1 lit. c Geschäftsgeheimnis-RL (wie schon in Art. 39 Abs. 2 lit. c TRIPS) an, wenn dort von der **„Person, die die rechtmäßige Kontrolle über ein Geschäftsgeheimnis besitzt"**, die Rede ist (→ Rn. 65e ff.). Wenn hinsichtlich bestimmter Informationen keine eindeutige Zuordnung zu einem bestimmten Unternehmen (mehr) vorgenommen werden kann, wird sich auch nicht sagen lassen, dass dieses (noch) die Kontrolle über das betreffende kaufmännische oder technische Wissen besitzt. Um verbleibende Unschärfen zu vermeiden, war es richtig, in § 2 Nr. 2 auch in diesem Punkt auf die völker- und unionsrechtlich verwendete Terminologie überzugehen.

12 Weiteres Tatbestandsmerkmal in Deutschland war der erkennbare, auf wirtschaftlichen Interessen beruhende **Geheimhaltungswille** des Unternehmens bzw. seiner Organe (näher *Harte-Bavendamm* in Harte/Henning, 4. Aufl. 2016, § 17 Rn. 5). Relevant waren alle innerbetrieblichen Kenntnisse und Vorgänge, die der Außenwelt unbekannt waren, Einfluss auf die Wettbewerbsposition des Unternehmens hatten und nach dessen zu vermutendem Willen vertraulich zu behandeln waren. In der Verwendung dieses Begriffselements hat allenfalls deshalb, weil der Geheimhaltungswille (als innere Tatsache) im Ergebnis in der Regel ohnehin keine spürbare Rolle gespielt hat und – wenn überhaupt geprüft – aus objektiven Umständen abgeleitet wurde, kein Verstoß gegen Art. 39 Abs. 2 TRIPS gelegen (vgl. *Ohly* GRUR 2014, 1 (4); vgl. auch *Leistner* WRP 2021,835 Rn. 18). Mit guten Gründen war aber zunehmend schon im Rahmen des § 17 UWG aF vorgeschlagen worden, auf dieses Definitionselement ganz zu verzichten (vgl. ua *Kalbfus,* Know-how-Schutz, S 92 ff.; *Ohly* in Ohly/Sosnitza, 7. Aufl. 2016, § 17 Rn. 11). Jedenfalls war es sinnvoll, es nicht in § 2 GeschGehG zu übernehmen. Auch in Art 2 Nr. 1 Geschäftsgeheimnis-RL hatte es keine unmittelbare Entsprechung gefunden (vgl. schon *Ohly* in Ohly/Sosnitza, 7. Aufl. 2016, § 17 Rn. 11; *Köhler* in Köhler/Bornkamm/Feddersen, 37. Aufl. 2019, § 17 Rn. 10). Am ehesten ergab sich eine gewisse Nähe zu dem in Art. 39 Abs. 2 lit. c TRIPS und Art. 2 Nr. 1 lit. c Geschäftsgeheimnis-RL genannten, allerdings **objektivierten Erfordernis,** dass der Inhaber des Geheimnisses den Umständen nach **angemessene Geheimhaltungsmaßnahmen** getroffen haben muss (ebenso *Kalbfus* GRUR 2016, 1000 (1011); *Keller* in Keller/Schönknecht/Glinke § 2 Rn. 10). War Letzteres der Fall, so stand der Geheimhaltungswille nach deutschem Verständnis außer Frage; dieser wurde vielfach aber auch ohne konkrete Prüfung solcher Schutzvorkehrungen bejaht.

13 Ferner wurde ein berechtigtes wirtschaftliches Interesse des Unternehmens an der vertraulichen Behandlung der in Rede stehenden Informationen **(Geheimhaltungsinteresse)** verlangt. Dieses Merkmal hatte im Wesentlichen die Funktion eines **Willkürausschlusses,** eines Korrektivs zur **objektiven** Überprüfung des Geheimhaltungswillens. Immer dort, wo die Geheimhaltung einer Tatsache eine spürbare **Auswirkung auf die Wettbewerbsfähigkeit** des Unternehmens haben konnte, wurde das Geheimhaltungsinteresse bejaht (vgl. nur BGH GRUR 2006, 1044 Tz. 19 – Kundendatenprogramm; *Ohly* in Ohly/Sosnitza, 7. Aufl. 2016, § 17 Rn. 12; *Köhler* in Köhler/Bornkamm/Feddersen, 37. Aufl. 2019, § 17 Rn. 11; *Harte-Bavendamm* in Harte/Henning, 4. Aufl. 2016, § 17 Rn. 6 mwN). Ähnlich heißt es in Erwägungsgrund 14, es gehe um solche Informationen, bei denen sowohl ein **legitimes Interesse an ihrer Geheimhaltung** als auch die **legitime Erwartung** besteht, dass die **Vertrau-**

lichkeit gewahrt wird. Unter den Tatbestandsmerkmalen der Geschäftsgeheimnis-RL findet sich das Geheimhaltungsinteresse ebenso wenig wie in Art. 39 Abs. 2 TRIPS. In der Sache deckt sich seine Funktion aber weitgehend mit dem in Art. 2 Nr. 1 lit. b Geschäftsgeheimnis-RL und in § 2 Nr. 1 lit. a GeschGehG statuierten Erfordernis, dass die betreffenden Informationen aufgrund ihres nach lit. a zu beurteilenden Geheimnischarakters einen wirtschaftlichen Wert besitzen müssen (→ Rn. 36 ff.). Dieser kann bereits real vorhanden oder nur potentieller Art sein (vgl. Erwägungsgrund 14). Die faktischen Anknüpfungspunkte für die Bejahung dieses Kriteriums werden zu einem guten Teil die gleichen sein, wie sie die deutsche Rechtsprechung herausgearbeitet hatte. Es beruht auf einem Fehlverständnis der Geschäftsgeheimnis-RL, wenn der deutsche Gesetzgeber (BT-Drucks. 19/8300, S. 4, 13 f.) meinte, in § 2 Nr. 1 ein „berechtigtes Interesse an der Geheimhaltung" ausdrücklich als weitere Voraussetzung für den Schutz einer Information als Geschäftsgeheimnis aufnehmen zu müssen und damit gewissermaßen sorgfältiger zu sein als der europäische Gesetzgeber, der diesen Gesichtspunkt nur in Erwägungsgrund 14, aber nicht in Art. 2 Nr. 1 Geschäftsgeheimnis-RL erwähnt hatte (näher → Rn. 68).

3. Informationen

14 Wendet man sich den einzelnen Tatbestandsmerkmalen des § 2 Nr. 1 und damit zunächst dem einleitend genannten Terminus **„Information"** zu, so ist zunächst festzustellen, dass die Verwendung des **Singulars** sprachlich nicht ganz stimmig ist. Der sich anschließende Wortlaut des Buchstaben (a) zeigt zweifelsfrei, dass ein Geschäftsgeheimnis häufig (wenn nicht fast immer) aus einer **Mehrzahl von Einzelinformationen** besteht. Der Geheimnischarakter kann sich nach allgemeiner Meinung dann auch aus der genauen **Anordnung solcher Detailinformationen** und der Zusammensetzung der verschiedenen Bestandteile ergeben, selbst wenn jeder Stein des Mosaiks für sich genommen schon bekannt sein mag (→ Rn. 22). Es wäre deshalb treffender gewesen, wie in Art. 2 Nr. 1 Geschäftsgeheimnis-RL und Art. 39 Abs. 2 TRIPS den **Begriff „Informationen" (Plural)** zu verwenden. Eine inhaltliche Abweichung hat der deutsche Gesetzgeber allerdings nicht beabsichtigt. Die leichte Unebenheit im deutschen Gesetzestext dürfte durch eine Wortlautänderung beim Übergang vom Referentenentwurf zum Regierungsentwurf entstanden sein. Im Folgenden wird dieses erste Tatbestandsmerkmal in der Regel im Plural erscheinen.

15 Der Begriff „Informationen" deckt den gleichen, **sehr weiten Bereich** ab, auf den sich auch der in der deutschen Rechtsprechung verwendete Begriff „Tatsachen" bezog. So schützt die Geschäftsgeheimnis-RL ausweislich des Erwägungsgrunds 2 ein „breites Spektrum von Informationen, das über das technologische Wissen hinausgeht und auch Geschäftsdaten wie Informationen über Kunden und Lieferanten, Businesspläne sowie Marktforschung und -strategien einschließt" (ebenso zu Art. 39 Abs. 2 TRIPS *Peter/Wiebe* in Busch/Stoll/Wiebe Art. 39 Rn. 7). Die hinsichtlich der Schutzwürdigkeit betonte **Gleichstellung technischen und kommerziellen Wissens** ist auch insofern folgerichtig, als die Geschäftsgeheimnis-RL die Wettbewerbsfähigkeit der Unternehmen auf allen Ebenen stärken will. Dies wiederum wird als Instrument dafür gesehen, innerhalb des Binnenmarktes das Beschäftigungswachstum, die Entwicklung neuer Geschäftsmodelle, die Investitionen in innovative Prozesse, Dienstleistungen und Produkte sowie den grenzüberschreitenden Wissensaustausch zu fördern (vgl.

Erwägungsgründe 2 und 3; zur Zwecksetzung der Geschäftsgeheimnis-RL ferner → § 1 Abs. 1 und Einl. A Rn. 59).

15a Der Geschäftsgeheimnisschutz beschränkt sich **nicht** auf **komplexe Informationen** (*Alexander* in Köhler/Bornkamm/Feddersen, GeschGehG § 2 Rn. 25, entgegen ÖOGH BeckRS 2021, 4598 Rn. 36). Auch muss es sich bei den von § 2 erfassten Informationen nicht um **menschliche Gedankeninhalte** handeln. So können beispielsweise **Algorithmen** (vgl. OLG München WRP 2020, 653 (655) – Positive Bewertungen; *Hoppe* in Hoppe/Oldekop Kap. 1 Rn. 56) oder **von Maschinen generierte, gesammelte oder gespeicherte Daten** Schutzgegenstand sein (*Alexander* in Köhler/Bornkamm/Feddersen, GeschGehG § 2 Rn. 26), desgleichen **Trainingsdaten für künstliche Intelligenz** (*Keller* in Keller/Schönknecht/Glinke § 2 Rn. 16). Informationen, die laufend digital generiert und in **Datenpools** zusammengefasst werden – beispielsweise Verkehrsdaten von Personen- und Lastwagen oder teilautomatisiert eingesetzten landwirtschaftlichen Maschinen – kommen ebenso für den Schutz als Geschäftsgeheimnisse in Betracht wie die unmittelbar von „Menschenhand" zusammengestellten Informationen (näher zum Geheimnisschutz für Datenpools *Krüger/Wiencke/Koch* GRUR 2020, 578 (581)). Ob die in den Pool eingeflossenen Einzeldaten jeweils für sich genommen bekannt oder leicht zugänglich sind, spielt keine Rolle, soweit sie in ihrer konkreten Anordnung oder Zusammensetzung nicht ohne größeren Zeit- und Kostenaufwand entschlüsselt und analysiert werden können (→ Rn. 30, 32, 34 f.).

15b Eine schriftliche Erfassung, eine sonstige **physische Fixierung** oder **eine elektronische Speicherung** ist **nicht erforderlich** (Beispiel von *Keller* in Keller/Schönknecht/Glinke § 2 Rn. 15: mündlich beschlossene Marketingstrategie als geeigneter Schutzgegenstand). Die für einen Schutz als Geschäftsgeheimnis in Betracht kommenden Informationen müssen jedoch in einer Weise **Ausdruck** oder **Perpetuierung** gefunden haben, dass sie hinreichend bestimmbar sind und Gegenstand angemessener Geheimhaltungsmaßnahmen sein können; noch nicht niedergelegte oder gegenüber anderen geäußerte **Gedanken und Ideen** unterliegen nicht dem Schutz durch das GeschGehG (*Alexander* in Köhler/Bornkamm/Feddersen, GeschGehG § 2 Rn. 26; *Keller* in Keller/Schönknecht/Glinke § 2 Rn. 16).

15c Ebenso wie im Rahmen des § 17 UWG aF (vgl. nur *Harte-Bavendamm* in Harte/Henning, 4. Aufl. 2016, § 17 UWG Rn. 5 mwN; *Brammsen,* Lauterkeitsstrafrecht, § 17 Rn. 13) ist es für § 2 Nr. 1 GeschGehG **ohne Belang,** ob der **Unternehmer** bzw. **Organmitglieder des Unternehmens eigene Kenntnis** von den betreffenden Informationen besitzen (vgl. OLG Stuttgart GRUR-RS 2020, 35613 Rn. 114 – Schaumstoffsysteme). Es reicht aus, wenn die Information in einer bestimmten Abteilung oder gar **nur bei einem Beschäftigten vorhanden** ist (*Keller* in Keller/Schönknecht/Glinke § 2 Rn. 16).

16 Die Reichweite dieses Tatbestandsmerkmals wird also nicht aus sich heraus, sondern **erst durch die anschließend genannten weiteren Kriterien des Geheimnisbegriffs eingeschränkt.** So handelt es sich auch bei **belanglosen Tatsachen** um „Informationen"; ihr Schutz als Geschäftsgeheimnis scheitert jedoch daran, dass sie nicht das weitere Tatbestandsmerkmal des **wirtschaftlichen Wertes** erfüllen (ErwGr 14 und § 1 Nr. 1 lit. a GeschGehG; § 2 Nr. 1 GeschGehG; näher → Rn. 34 ff., 38). Aus dem gleichen Grund ausgeklammert bleiben **private Informationen,** die keinerlei geschäftliche Relevanz besitzen (*Peter/Wiebe* in Busche/Stoll/Wiebe Art. 39 TRIPS Rn. 7). Zum gleichen Ergebnis gelangt man, wenn man das Erfordernis eines geschäftlichen Bezugs schon aus dem Begriff des Geschäftsgeheimnisses ableitet (so *Keller* in Keller/Schönknecht/Glinke § 2 Rn. 11). Entsprechendes gilt für Informationen, die zwar einen Unternehmer, aber ausschließlich dessen Privatsphäre betreffen (vgl. zum bisherigen deutschen Recht *Köhler* in Köhler/Bornkamm/Feddersen, 37. Aufl. 2019, § 17 Rn. 5; zum neuen Recht *Alexander* AfP 2019, 1 (5); *Ohly* GRUR 2019, 441 (442); aA *Hauck* NJW 2016, 2218 (2221)). Hieran dürfte ungeachtet dessen festzuhalten sein, dass das Privatleben von „Prominenten" heute in vielen Facetten Gegenstand öffentlicher Berichterstattung ist und bisweilen auch als Anknüpfungspunkt für eine kommerzielle „Zweitnutzung" dient. Gleiches gilt für die nicht immer auszuschließende Möglichkeit, dass schwerwiegende Vorgänge um Person und Verhalten eines Unternehmensinhabers auch in irgendeiner mittelbaren Weise auf das Ansehen des Unternehmens selbst ausstrahlen. In beiden Fällen erscheint der Bezug zu einer geschäftlichen Sphäre zu schwach, eine hinreichende Verbindung zu Wortlaut und Schutzzweck der Geschäftsgeheimnis-RL anzunehmen. Dagegen können Informationen, welche an sich die Privatsphäre einer Person zu betreffen scheinen, aufgrund einer **Vermischung mit** deren **wirtschaftlichen Interessen** einen hinreichenden geschäftlichen Bezug erlangen; dies gilt etwa für sogenannte „**Influencer**", die ihr Privatleben in offener oder verdeckter Form geschäftlich vermarkten (*Keller* in Harte/Henning, 5. Aufl. 2022, § 2 Rn. 32a f., und in Keller/Schönknecht/Glinke § 2 Rn. 12).

Rein sprachlich mag das Tatbestandsmerkmal „Informationen" insofern etwas präziser als der Begriff „Tatsachen" sein, als es den (allerdings auch in der deutschen Praxis schon seit langem anerkannten) Umstand verdeutlicht, dass es stets um den Schutz von Informationen *über* Tatsachen geht, nicht um den Schutz der Tatsachen als solcher (*Kalbfus* GRUR 2016, 1000 (1010); einen Gewinn an Präzision bezweifelnd *Brammsen* in Brammsen/Apel § 2 Rn. 22 f.). In Art. 39 Abs. 2 TRIPS wurde von „nicht offenbarten Informationen" („undisclosed information") gesprochen, weil dieser Begriff neutraler, da weniger durch nationale Rechtsdefinitionen vorbelastet erschien (*Peter/Wiebe* in Busch/Stoll/Wiebe Art. 39 Rn. 7 mwN). **17**

Erfasst werden können auch Informationen darüber, dass bestimmte **interne Gegebenheiten *nicht* existieren,** beispielsweise ein von Wettbewerbern noch verwendeter Rohstoff nicht (mehr) eingesetzt wird, weil er sich als überflüssig herausgestellt hat oder durch eine gleichwertige andere Komponente ersetzt worden ist (hierzu auch *Keller* in Keller/Schönknecht/Glinke § 2 Rn. 18). **18**

Unerheblich ist es, ob die Informationen oder die Gegenstände, auf die sie sich beziehen, auch einem **Sonderrechtsschutz** unterliegen, unterlegen haben oder für einen solchen in Betracht kommen. Der Geheimnisbegriff ist anders als im Patentrecht nicht abstrakt, sondern konkret zu beurteilen. Eine im Patentrecht neuheitsschädliche Tatsache schließt den Geheimnisschutz nicht zwingend aus. Auch was im patentrechtlichen Sinne zum Stand der Technik gehört, kann uU Gegenstand eines Geschäftsgeheimnisses sein, wenn man diesen Terminus – mit der Geschäftsgeheimnis-RL – als Oberbegriff versteht, der auch technische Informationen (nach herkömmlicher deutscher Terminologie meist als „Betriebsgeheimnisse" bezeichnet) umfasst. Der BGH hat es in einer kurz vor Ablauf der Umsetzungsfrist ergangenen Entscheidung (GRUR 2018, 1161 Rn. 39 – Hohlfasermembranspinnanlage II) rundheraus als für die Beurteilung des Geheimnischarakters bedeutungslos bezeichnet, ob die in Rede stehenden Tatsachen dem Stand der Technik zuzuordnen seien. **19**

Qualitative Anforderungen, wie sie **für einzelne Schutzrechte** oder den wettbewerbsrechtlichen Nachahmungsschutz gelten, **spielen keine Rolle** (*Ale-* **20**

xander WRP 2017, 1034 (1037 f.); *Keller* in Keller/Schönknecht/Glinke § 2 Rn. 17; vgl. auch OLG Düsseldorf GRUR-RS 2021, 17483 Rn. 26), es sei denn, es handele sich um ganz belanglose Informationen (→ Rn. 16, 38). Unabhängig hiervon besteht eine rechtlich und wirtschaftlich sehr bedeutsame Funktion eines effektiven Geheimnisschutzes darin, den späteren **Erwerb eines Schutzrechts** (etwa der Patentierung einer Erfindung oder der Veröffentlichung eines Werkes) **vorzubereiten und zu sichern** (*Ohly* GRUR 2014, 1 (3), und oben → Einl. A Rn. 17 sowie → Einl. A Rn. 176 ff.; *Kalbfus,* Know-how-Schutz, S. 38 f.; *Ann* GRUR-Prax 2016, 465: Intelligente Verschränkung von Patentschutz und Geheimhaltung). Ohne effektiven Geheimnisschutz der in der **betrieblichen „Laborzone"** (*Ohly* FS Straus, 2008, 535 (547) und oben → Einl. A Rn. 17 f.) entstehenden und schließlich in die Form einer aussichtsreichen Patentanmeldung zu gießenden Erfindung bestünde die Gefahr, dass das vorzeitig bekanntwerdende Wissen bereits dem Stand der Technik zuzurechnen wäre.

21 § 2 Nr. 1 erfasst auch **Informationen über negative, womöglich rechtswidrige Vorgänge,** Verhaltensweisen und Gegebenheiten innerhalb eines Unternehmens (wie hier *Keller* in Keller/Schönknecht/Glinke § 2 Rn. 14). Ob solchen Informationen generell der Schutz als Geschäftsgeheimnisse abgesprochen werden kann oder muss, wird i.d.R. im Zusammenhang mit dem Kriterium des wirtschaftlichen Wertes (→ Rn. 39) oder der Frage nach einem **legitimen Interesse an der Geheimhaltung** (→ Rn. 69a) diskutiert. Nach vorzugswürdiger Auffassung sind die hier aufeinander treffenden Interessen des Unternehmens, seiner Beschäftigten und der Allgemeinheit anhand des von der Geschäftsgeheimnis-RL zur Verfügung gestellten – wenn nicht verbindlich vorgegebenen – flexiblen Instrumentariums (vgl. Art. 1 Abs. 2 und 3, Art. 3 Abs. 1 lit. d, Art. 5 lit. b und Art. 7 lit. a und c) auszutarieren. Die Gegenansicht, die Informationen dieser Art von vornherein die Eignung absprechen will, als Geschäftsgeheimnisse infrage zu kommen (so etwa *Kalbfus* GRUR 2016, 1009 (1011); *Alexander* WRP 2017, 1034 (1039), und WRP 2020, 1385 Rn. 46; *Hauck* WRP 2018, 1032 (1034 f.); *McGuire* WRP 2017, 679 (685), und in FS Harte-Bavendamm, 2020, 367, (377 ff.); *Schreiber* NZWiSt 2019, 332 (335)), erscheint schon deshalb als zu starr, weil sie die Tür zu einer auf den Einzelfall bezogenen Interessenabwägung von vornherein verschließt. Damit entfällt auch die Möglichkeit, dem sehr unterschiedlichen Gewicht der in Rede stehenden rechtswidrigen Vorgänge und damit auch dem jeweiligen Informationsinteresse der Öffentlichkeit angemessen Rechnung zu tragen (näher → Rn. 39, 69a).

4. Geheime Informationen

22 **a) Ausgangspunkt.** Unter den **drei Kriterien,** deren **kumulative Erfüllung** den in Rede stehenden „Informationen" erst die **Qualität eines Geschäftsgeheimnisses** verleiht, ist das erste das wichtigste (zum – wohl richtlinienwidrigen – vierten Kriterium, dem berechtigten Interesse an der Geheimhaltung, → Rn. 66 ff.). Nach Art. 2 Nr. 1 lit. a Geschäftsgeheimnis-RL und Art. 39 Abs. 2 TRIPS müssen die Informationen **in dem Sinne geheim** sein, dass sie **weder** in ihrer **Gesamtheit** („as a body") noch in der **genauen Anordnung und Zusammensetzung ihrer Bestandteile** („in the precise configuration and assembly of its components") den Personen in Kreisen, die üblicherweise mit dieser Art von Informationen umgehen („persons within the circles that normally deal with the kind of information in question"), **allgemein bekannt** („generally

known“) **oder ohne Weiteres zugänglich** („readily accessible“) sind. In nicht recht einleuchtender Abweichung vom Text der Geschäftsgeheimnis-RL wird das Wort „geheim“ in § 2 Nr. 1 lit. a nicht erwähnt, sondern nur umschrieben; auch insoweit war allerdings keine Änderung des sachlichen Gehalts beabsichtigt (sie wäre auch unbeachtlich, da richtlinienwidrig gewesen). Die traditionelle deutsche Terminologie hat beide Fälle – inhaltlich deckungsgleich – unter dem Begriff der **„Nichtoffenkundigkeit“** zusammengefasst (wie hier *Keller* in Keller/Schönknecht/Glinke § 2 Rn. 19; ähnlich *Brammsen* in Brammsen/Apel § 2 Rn. 31). Indem § 2 Nr. 1 lit. a (wie bereits Art. 39 Abs. 2 TRIPS und Art. 2 Nr 1 lit. a Geschäftsgeheimnis-RL) auf die **genaue Anordnung und Zusammensetzung der Bestandteile** Bezug nimmt, wird deutlich, dass auch ein **Bündel von Informationen,** die jeweils **für sich genommen offenkundig** sind, **als geheim einzustufen** sein kann („Mosaiktheorie“, vgl. *Kalbfus* WRP 2013, 584 (585); *Ohly* GRUR 2019, 441 (443); zustimmend *Keller* in Keller/Schönknecht/Glinke § 2 Rn. 40). So muss sich etwa im Rahmen von Konstruktionszeichnungen keineswegs jede einzelne in ihnen enthaltene Information als weder allgemein bekannt noch leicht zugänglich erweisen; vielmehr genügt es, wenn andere in den Zeichnungen verkörperte Informationen oder die Zeichnung als Ganzes Geheimnisqualität aufweisen (OLG Düsseldorf WRP 2021, 1080 Rn. 22 – CAD-Konstruktionszeichnung – mit anschaulicher tatrichterlicher Würdigung). Wenn die strukturierte Zusammenstellung einer Vielzahl von Informationen als Ganzes das Geschäftsgeheimnis darstellt, bedarf es keiner detaillierten Aufgliederung, welche Angaben geheim sind und welche nicht (OLG Schleswig WRP 2022, 906 [=GRUR-RR 2022, 404] Rn. 32 – Teil-Kostenrechnung). Voraussetzung ist, dass die Auffindung, Auswahl und Kombination der Einzelelemente mit erheblichem Kosten- und Zeitaufwand verbunden sind. Dies war nach der deutschen Rechtsprechung und Lehre zu § 17 UWG aF nicht anders (vgl. nur BGH GRUR 2012, 1048 Rn. 30 – MOVICOL-Zulassungsantrag; OLG Köln GRUR-RR 2010, 480 – Datei mit Adressen von Serienschreiben; *Ohly* in Ohly/Sosnitza, 7. Aufl. 2016, § 17 Rn. 9; *Köhler* in Köhler/Bornkamm/Feddersen, 37. Aufl. 2019, § 17 Rn. 8). Demgegenüber ist von allgemeiner Bekanntheit oder ohne Weiteres bestehender Zugänglichkeit auszugehen, wenn die **Zusammenstellung aus öffentlichen Quellen** jederzeit **ohne großen Aufwand** erfolgen kann (BGH GRUR 2006, 1044 Rn. 19 – Kundendatenprogramm; WRP 2009, 1377, Rn. 20 – Betriebsbeobachtung; stärker differenzierend zwischen Veröffentlichung und „allgemeiner Kenntnis“ *Witz,* FS Harte-Bavendamm, 2020, 441 (443)). Die genannten Kriterien für den „geheimen“ Charakter der Informationen machen deutlich, dass es – anders als nach dem absoluten Neuheitsbegriff des Patentrechts – um einen **relativen Geheimnisbegriff** geht: Entscheidend ist die **praktische Zugangsmöglichkeit für einen bestimmten Personenkreis** (*Ohly* GRUR 2019, 441 (443); zustimmend *Alexander* in Köhler/Bornkamm/Feddersen § 2 Rn. 31; *Keller* in Keller/Schönknecht/Glinke § 2 Rn. 37).

b) Allgemeine Bekanntheit. Allgemein bekannt ist eine Information, wenn sie zum **gängigen Kenntnis- und Wissensstand** der breiten Öffentlichkeit oder einer dem maßgeblichen Fachkreis angehörenden durchschnittlichen Person gehört (OLG Düsseldorf WRP 2021, 1080 Rn. 27 – CAD-Konstruktionszeichnung). Die Bekanntheit setzt voraus, dass ein aus mehreren Elementen bestehendes Geheimnis insgesamt bekannt ist; die **Bekanntheit einzelner Elemente genügt nicht** (vgl. OLG Schleswig WRP 2022, 906 [= GRUR-RR 2022, 404] **23**

Rn. 43 ff.; KG BeckRS 2020, 31170 Rn. 17; *Hoppe* in Hoppe/Oldekop Kap. 1 Rn. 85). Es kommt nicht darauf an, ob die Information **von Anfang an offenkundig** war, oder ob sie **später so weit offengelegt** worden ist, dass eine **Kenntnisnahme seitens interessierter Kreise erwartet werden kann** (*Köhler* in Köhler/Bornkamm/Feddersen, 37. Aufl. 2019, § 17 Rn. 7 mwN). Dabei ist nicht erforderlich, dass weite Teile der allgemeinen Öffentlichkeit bereits positiv Kenntnis erlangt haben. Auch in den einschlägigen Fachkreisen (vgl. *Ohly* GRUR 2019, 441 (443), der eine gewisse Verwandtschaft mit dem „Durchschnittsfachmann" des Patentrechts sieht; dem zustimmend *Keller* in Keller/Schönknecht/Glinke § 2 Rn. 38), müssen sich die betreffenden Informationen keineswegs schon in größerem Umfang herumgesprochen haben oder über bestimmte Medien tatsächlich zur Kenntnis genommen worden sein (zustimmend *Keller* in Keller/Schönknecht/Glinke § 2 Rn. 20). Vielmehr wird es unter Geltung des § 2 Nr. 1 lit. a (Art. 2 Nr. 1 lit. a Geschäftsgeheimnis-RL) auf die gleichen Maßstäbe ankommen, wie sie die deutsche Rechtsprechung zur **fehlenden Offenkundigkeit** herausgearbeitet und angewandt hat (wie hier *Keller* in Keller/Schönknecht/Glinke § 2 Rn. 19; *Brammsen* in Brammsen/Apel § 2 Rn. 26), Es reicht aus, dass ein nicht näher überschaubarer und nicht durch Verschwiegenheitspflichten gebundener Kreis von Personen, die aufgrund ihrer Fachkunde oder aus sonstigen Gründen interessiert sein könnten, in der Lage ist, die in Rede stehenden **Informationen unter Zuhilfenahme lauterer Mittel auf normalem Weg und ohne nennenswerte Mühen aufzufinden** (*Brammsen* in Brammsen/Apel § 2 Rn. 26). Die Informationen müssen **beliebigem Zugriff preisgegeben** sein (BGH GRUR 2002, 91 – Spritzgießwerkzeuge; → Rn. 30 ff.). Es kommt **nicht** auf den Nachweis an, dass dieser **Zugriff bereits stattgefunden** hat.

24 Von allgemeiner Bekanntheit ist stets bei einer **Veröffentlichung in allgemein zugänglichen Medien** auszugehen, unabhängig davon, ob sich diese in erster Linie an das allgemeine Publikum oder an mehr oder weniger große Fachkreise richten (OLG Düsseldorf WRP 2021, 1080 Rn. 27 – CAD-Konstruktionszeichnung; differenzierend *Witz,* FS Harte-Bavendamm, 2020, 441 (443)). Dass die **Publikation in einer Fachzeitschrift** oder in Fachbüchern zur Offenkundigkeit (allgemeinen Bekanntheit) führt, hat der BGH in Übereinstimmung mit der in der Literatur schon zuvor einhellig vertretenen Ansicht bestätigt (GRUR 2012, 1048 Rn. 14 – MOVICOL-Zulassungsantrag). Von allgemeiner Bekanntheit ist auch in Bezug auf diejenigen Informationen auszugehen, die sich in **offengelegten Patentanmeldungen** (BGH GRUR 1975, 206 (208) – Kunststoffschaum-Bahnen; GRUR 1976, 140 (142) – Polyurethan), in **veröffentlichten Gebrauchsmustern** oder **bekanntgemachten Designs** finden (*Köhler* in Köhler/Bornkamm/Feddersen, 37. Aufl. 2019, § 17 Rn. 7), auch wenn diese zunächst eher nur engere Fachkreise interessieren mögen. Gleiches gilt für die Ausstrahlung im **Hörfunk oder Fernsehen** und die Zugänglichkeit im **Internet** (dies zumindest im Falle einer leichten Auffindbarkeit, vgl. BGH GRUR 2012, 1048 Rn. 24 – MOVICOL-Zulassungsantrag; vgl. ferner OLG Frankfurt NJW 1996, 264 in Bezug auf Entschlüsselungsprogramme) oder in öffentlich zugänglichen **Datenbanken** (OLG Düsseldorf K&R 2002, 101). Nach einer Entscheidung des OLG Koblenz (Urteil vom 12.7.2021, 9 U 1382/13, n.v.) soll allerdings die mehrjährige Verfügbarkeit von Konstruktionszeichnungen in einer juristischen Datenbank und das Zugänglichmachen von technischen Details in Youtube-Videos noch nicht ohne Weiteres die Offenkundigkeit auslösen, solange der Anspruchsgegner nicht nachgewiesen hat, dass gerade die relevanten Fachkreise zu den Nutzern dieser Datenbank gehören oder auf YouTube zugreifen. Zur Offenkundigkeit führt ferner die Präsentation auf **Fach- oder Publikumsmessen** und auf **Werbeveranstaltungen,** desgleichen die Präsentation in Werbeprospekten oder auf Plakaten, soweit diese in nicht unerheblichem Umfang verbreitet wurden und von interessierten (Fach-) Kreisen wahrgenommen werden konnten. Teilt der Inhaber eines Geschäftsgeheimnisses die bisher geheim gehaltenen Informationen mündlich oder schriftlich einem oder mehreren interessierten Dritten mit, ohne ausdrücklich oder in einer anhand der konkreten Umstände erkennbaren Weise auf vertrauliche Behandlung Wert zu legen, tritt Offenkundigkeit ein (vgl. BGHZ 82, 369, 373 – Straßendecke II; *Keller* in Keller/Schönknecht/Glinke § 2 Rn. 24); hierzu auch das Beispiel von *Köhler* in Köhler/Bornkamm/Feddersen, 37. Aufl. 2019, § 17 Rn. 7: Auf Rechnungen für Original-Ersatzteile werden die vom Hersteller verwendeten Code-Nummern angegeben – diese gelten schon hierdurch als allgemein bekannt).

Die Erteilung von sonst nicht offenbarten Informationen an eine **Behörde** 25
wird in der Regel **keine allgemeine Bekanntheit auslösen,** soweit Dritte keine durchsetzbaren Einsichtsrechte haben und diese auch nutzen. Die eingereichten Unterlagen können nicht schon deshalb als offenkundig gelten, weil die Behörde die Befugnis haben mag, zur Erfüllung ihrer Aufgaben Teile der Unterlagen **amtsintern zu verwerten** (hierzu und zum Folgenden anlässlich der Entscheidung BGH GRUR 2012, Rn. 21 ff. – MOVICOL-Zulassungsantrag – und *Kalbfus* WRP 2013, 584 (585 f.)). Gegen die Offenkundigkeit von Informationen, die an eine Behörde weitergegeben wurden, spricht bereits der Umstand, dass das Akteneinsichtsrecht gemäß **§ 29 Abs. 2 VwVfG** einer **Schranke zugunsten berechtigter Geheimhaltungsinteressen** unterworfen ist. Nach **§ 6 S. 2 IFG** gilt, dass der Zugang zu Geschäfts- und Betriebsgeheimnissen **nur mit Einwilligung des Betroffenen** gewährt werden darf. Auch stellen **§ 203 Abs. 2 Nr. 1 und 204 StGB** die unbefugte Offenlegung und Verwertung von Betriebs- und Geschäftsgeheimnissen durch **Amtsträger** unter Strafe. In **§ 24a ff. AMG, § 12d ChemikalienG und Art 59 ff. VO(EG) 1107/2009 (Pflanzenschutz)** wird die **behördeninterne Verwertung speziell reglementiert.** *Kalbfus* (WRP 2013, 584 (586)) weist zutreffend auch darauf hin, dass nach **Art. 39 Abs. 3 TRIPS** die **völkerrechtliche Verpflichtung** zum Schutz aufwändig erstellter Testdaten für die Zulassung pharmazeutischer oder agrochemischer Erzeugnisse besteht. Anders ist es, wenn der Behörde die Informationen gerade zu dem Zweck erteilt werden, sie einem größeren Personenkreis oder der Allgemeinheit bekannt zu geben (Beispiel von *Alexander* in Köhler/Bornkamm/Feddersen, GeschGehG § 2 Rn. 35: Überlassung der Informationen für einen amtlichen Warnhinweis).

Die **Mitteilung vertraulicher Informationen** an einen **begrenzten Perso-** 26
nenkreis führt dann nicht zur allgemeinen Bekanntheit, wenn die Mitwisser der **rechtlichen oder faktischen Kontrolle durch den Inhaber des Geheimnisses** unterliegen (*Ohly* in Ohly/Sosnitza, GeschGehG § 2 Rn. 6 unter Hinweis auch auf BVerwG PharmR 2020, 699 (701); *Keller* in Keller/Schönknecht/Glinke § 2 Rn. 23; BeckOK GeschGehG/*Hiéramente* § 2 Rn. 10; zum früheren Recht schon *Kraßer* GRUR 1977, 177 (179); BGH GRUR 2018, 1161 Rn. 38 – Hohlfasermembranspinnanlage II) oder ihnen die eigene **Nutzung** sowie die **unkontrollierte Offenlegung** (wie in den eben behandelten Fällen → Rn. 24) **von Gesetzes wegen untersagt** ist. Eine generelle ziffernmäßige Festlegung ist dabei nicht möglich. Es mag sich durchaus auch um einen größeren Kreis handeln

(vgl. BGH GRUR 2018, 1161 Rn. 38 – Hohlfasermembranspinnanlage II; *Ohly* GRUR 2019, 441 (443)). Entscheidend ist, ob den Umständen nach mit einer Geheimhaltung durch die betreffenden Personen oder mit einer Weitergabe an beliebige Dritte, insbesondere Wettbewerber zu rechnen ist. Es muss feststehen oder in der konkreten Situation ohne Weiteres anzunehmen sein, dass die Mitteilung **unter dem Siegel der Verschwiegenheit** geschieht (vgl. BGH GRUR 1964, 31 – Petromax II: Überlassung technischer Zeichnungen im Rahmen des durch Anbahnung eines Vertrages geschaffenen Vertrauensverhältnisses; GRUR 1963, 367 (371) – Industrieböden: stillschweigende Vereinbarung, dass der Werkunternehmer nicht berechtigt ist, die von ihm im Auftrag des Geheimnisinhabers gebaute Anlage auch für Dritte zu bauen; GRUR 1985, 1041 (1044) – Inkasso-Programm: Geheimhaltungspflicht aus Softwarevertrag; *Kraßer* GRUR 1977, 177 (179): Weitergabe an Lizenznehmer oder Lohnhersteller; RG MuW XI, 473: Vorlage von Mustern gegenüber einem beschränkten Kreis künftiger Abnehmer; OLG Hamm WRP 1993, 36: Überlassung betriebsinterner Zeichnungen an einen Auftragnehmer, der weitere Werkzeuge für die unternehmensspezifische Produktion bestimmter Erzeugnisse herstellen soll). Zu **Verschwiegenheitsvereinbarungen** mit Beschäftigten und mit Dritten → Rn. 61a ff. bzw. 64 ff.).

26a Für die **eigenen Arbeitnehmer des Betriebsinhabers** ergibt sich für die Dauer des Beschäftigungsverhältnisses eine **generelle Schweigepflicht aus dem Arbeitsvertrag** (vgl. BAG AP Nr. 1 zu § 611 BGB – Schweigepflicht; *Richardi* in Staudinger § 611 BGB Rn. 492 unter Hinweis darauf, dass eine Offenlegung auch dann eine Pflichtverletzung darstellt, wenn sie nicht zu Zwecken des Wettbewerbs oder in Schädigungsabsicht erfolgt; → Einl. C Rn. 5 ff.). Der Geheimnischarakter einer vertraulich behandelten Information wird in der Regel nicht dadurch aufgehoben, dass Daten und Abläufe in einem Unternehmen den dort Beschäftigten bekannt werden (BGH GRUR 2018, 1161 Rn. 38 ff. – Hohlfasermembranspinnanlage II; GRUR 2003, 356 (358) – Präzisionsmessgeräte; *Keller* in Keller/Schönknecht/Glinke § 2 Rn. 25). Nach ständiger deutscher Rechtsprechung (noch zu § 17 UWG aF) darf ein **ausgeschiedener Mitarbeiter** die während der Beschäftigungszeit erworbenen Kenntnisse nur insoweit nutzen oder offenlegen, als er die betreffenden Informationen **im Gedächtnis bewahrt** hat (BGH GRUR 1999, 934 (935) – Weinberater; zuletzt BGH GRUR 2018, 1161 Rn. 46 – Hohlfasermembranspinnanlage II; *Wunner* WRP 2019, 710 (714)). Zieht er dagegen eine auf einem Notebook abgespeicherte Datei heran, so verschafft er sich die auf diese Weise fixierten, auf sein früheres Beschäftigungsverhältnis zurückgehenden Tatsachen **unredlich** (BGH GRUR 2006, 1044 Rn. 14 – Kundendatenprogramm; GRUR 2009, 603 Rn. 15 – Versicherungsuntervertreter; bestätigt in GRUR 2018, 1161 Rn. 46 – Hohlfasermembranspinnanlage II). Näher zur unredlichen Kenntniserlangung → Einl. C Rn. 54 ff. und zu den Rechten und Pflichten von Arbeitnehmern nach Ende des Beschäftigungsverhältnisses → Einl. C Rn. 37 ff.

27 **Allgemeine Bekanntheit** einer Information tritt entgegen einer missverständlichen Formulierung in Erwägungsgrund 14 der Geschäftsgeheimnis-RL, die auch in der Begründung zum GeschGehG wiederkehrt, **nicht schon dadurch** ein, **dass eine bestimmte Information den von einem Beschäftigten erworbenen Erfahrungen und Qualifikationen zuzurechnen** ist. Erwägungsgrund 14 zufolge soll die Definition des Geschäftsgeheimnisses auch solche Informationen ausschließen. Richtig ist daran nur, dass der betreffende Arbeitnehmer in der Regel (zu möglichen Ausnahmen → Einl. C Rn. 41) **Informationen frei ver-**

werten kann, die er während des früheren Beschäftigungsverhältnisses **auf redliche Weise erlangt** hat (→ Einl. C Rn. 40 ff.) – eine nicht abstrakt, sondern nur anhand einer Einzelfallprüfung vorzunehmende Abwägung. Dieser Arbeitnehmer handelt nicht rechtswidrig, wenn er sein Wissen anderweitig nutzt oder mit Dritten teilt. Weder ihm gegenüber noch im Verhältnis zu möglichen weiteren Nutzern, denen der ausgeschiedene Arbeitnehmer sein diesbezügliches Erfahrungswissen befugter Weise bekanntgegeben hat, kann das Unternehmen die gesetzlichen Ansprüche eines Geheimnisinhabers noch geltend machen.

Eine ganz andere – zu verneinende – Frage ist aber, ob Offenkundigkeit bereits dadurch ausgelöst wird, dass ein bestimmter Arbeitnehmer eine bestimmte Information auf redliche Weise im Rahmen seiner üblichen Tätigkeit für das Unternehmen kennengelernt hat und sie deshalb früher oder später auch in einem anderen Umfeld **nutzen und offenlegen dürfte** (vgl. auch BGH GRUR 2018, 1161 Rn. 40 – Hohlfasermembranspinnanlage II). Zunächst besteht in solchen Fällen **nur die theoretische Möglichkeit** einer den Interessen des (früheren) Arbeitgebers zuwiderlaufenden **Fremdverwertung.** In einer Vielzahl, vermutlich sogar der deutlichen Mehrzahl solcher Konstellationen ist aber keineswegs gesagt, dass es jemals zu einer Eigenverwertung oder Weitergabe der betreffenden Informationen kommt. Solange aber das betreffende Wissen nicht dem Zugriff der interessierten Fachkreise ausgesetzt ist, sondern nur im Kopf des ausgeschiedenen Arbeitnehmers schlummert und möglicherweise vor einer denkbaren Nutzung oder Offenlegung in Vergessenheit gerät, besteht keinerlei Grund, den Geheimnisinhaber daran zu hindern, die jeweiligen Informationen weiter geheim zu halten und allein für seine Zwecke zu nutzen und gegenüber anderen Arbeitnehmern oder Dritten zu schützen (ebenso *Hauck* GRUR 2022, 530 (533); *Hoppe* in Hoppe/Oldekop Kap. 1 Rn. 84). Andernfalls würde der Zweck der Geschäftsgeheimnis-RL und des GeschGehG in geradezu drastischer Weise unterlaufen. Um dies zu erkennen, genügt ein Blick auf die **Summenwirkung,** die sich dann ergeben würde, wenn man den unglücklichen Wortlaut der eben (→ Rn. 27 Satz 1) zitierten Anmerkung in Erwägungsgrund 14 für bare Münze nehmen wollte: Es ist ohne Weiteres vorstellbar, dass jede einzelne geheime Unternehmensinformation irgendeinem Mitarbeiter im Rahmen seiner betrieblichen Aufgaben bekannt geworden und damit seinem Erfahrungswissen, seinen redlich erworbenen Qualifikationen zuzurechnen ist. Damit wäre der gesamte Bestand an wirtschaftlichen und technischen Geschäftsgeheimnissen aufgrund einer rein abstrakten Überlegung infrage gestellt, obwohl völlig ungewiss ist, ob es in der realen Welt jemals zu einem Verlust des geheimen Charakters dieses wertvollen Wissens kommt, sei es hinsichtlich einzelner Mosaiksteine, sei es gar des Gesamtbildes. Eine teleologische Interpretation führt deshalb zu der Feststellung, dass die Richtlinien- und die Gesetzesbegründung in diesem Punkt nicht wörtlich zu nehmen sind. 28

Auch die in § 3 Abs. 1 Nr. 2 GeschGehG statuierte **Zulässigkeit des Reverse Engineering** nimmt den in Rede stehenden Informationen nicht etwa schon im Voraus den Geheimnischarakter, solange niemand von dieser Möglichkeit Gebrauch gemacht oder die hierdurch erlangten Informationen offengelegt hat (→ Rn. 33; wie hier *Alexander* in Köhler/Bornkamm/Feddersen GeschGehG § 2 Rn. 37; *McGuire,* FS Harte-Bavendamm, 2020, 367 (381 f.); *Ohly* GRUR 2019, 441 (443)). 28a

Wenn **Dritte ohne Zutun des Geheimnisinhabers Kenntnis erlangen,** führt dies nicht zwangsläufig zur Offenkundigkeit der relevanten Tatsachen (ebenso *Köhler* in Köhler/Bornkamm/Feddersen, 37. Aufl. 2019, § 17 Rn. 7). Es 29 kommt darauf an, ob die fragliche Person oder der zunächst noch begrenzte Personenkreis ihr **zufällig erlangtes Wissen** mit erheblicher Wahrscheinlichkeit so nutzen oder weitergeben werden, dass dieses nun auch einer Vielzahl anderer Personen, insbesondere konkret interessierten Fachkreisen, allgemein bekannt oder ohne weiteres zugänglich wird. Ob Letzteres anzunehmen ist, hängt von den Umständen des Einzelfalls ab (vgl. BayObLG GRUR 1991, 694 (696): Kenntnis mehrerer Personen von einem Programm zur Manipulation von Glückspielautomaten). Ein weiteres Beispiel (*Köhler* in Köhler/Bornkamm/Feddersen, 37. Aufl. 2019, § 17 Rn. 7): Ein Reisender findet in einem Zug zufällig Unterlagen, die fremde Betriebsgeheimnisse enthalten. Dies lässt sich noch um die nicht seltenen Fälle erweitern, dass in einem gut besetzten Zug oder in der Wartezone eines Flughafens ungehemmt Telefongespräche geführt und hierbei in einer auch für Dritte verständlichen Weise Geschäftsgeheimnisse erwähnt werden. Beides wird per se noch nicht die allgemeine Bekanntheit nach sich ziehen, es sei denn, unter den unfreiwilligen Mithörern befänden sich zufällig Angehörige höchst interessierter Fachkreise. Wenn die „Außenwelt" aufgrund **rechtwidriger Offenlegung** durch einen Beschäftigten des Geheimnisinhabers oder einen andere unbefugte Person Kenntnis erlangt hat, spricht einiges dafür, **noch keine allgemeine Bekanntheit** anzunehmen. Andernfalls würde der in § 4 Abs. 3 iVm § 6 vorgesehene Rechtsbehelf unterlaufen, Dritte an der Weiterverbreitung der bis dahin geheimen Informationen zu hindern, diese also wieder „einzufangen" (*Hoppe* in Hoppe/Oldekop Kap. 1 Rn. 83; zustimmend *Alexander* in Köhler/Bornkamm/Feddersen GeschGehG § 2 Rn. 35a; aA *McGuire* WRP 2019, 679 (681): *Keller* in Keller/Schönknecht/Glinke § 2 Rn. 29, jedoch mit dem Hinweis, dass sich der Verletzer sich nicht auf einen von ihm selbst bewirkten Wegfall des Geheimnisschutzes berufen kann).

30 **c) Leichte Zugänglichkeit.** Der allgemeinen Bekanntheit stellt § 2 Nr. 1 lit. a (entsprechend Art. 2 Nr. 1 lit. a Geschäftsgeheimnis-RL) die ohne weiteres bestehende Zugänglichkeit der in Rede stehenden Informationen gleich. Als **ohne weiteres zugänglich** („readily accessible") können in Übereinstimmung mit den in Deutschland entwickelten Kriterien zur **leichten Zugänglichkeit** solche Informationen gelten, die zwar nicht schon allgemein bekannt sind, von denen sich interessierte Personen aber **ohne größeren Zeit- und Kostenaufwand** und mit ansonsten lauteren Mitteln (also auch ohne Verstoß gegen sonstige Gesetze) **Kenntnis verschaffen** können (BGH GRUR 2018, 1161 Rn. 39 – Hohlfasermembranspinnanlage II; OLG Düsseldorf WRP 2021, 1080 Rn. 32 – CAD-Konstruktionszeichnung; vgl. auch OLG Stuttgart GRUR-RS 2020, 35613 Rn. 110; *Alexander* in Köhler/Bornkamm/Feddersen GeschGehG § 2 Rn. 36; noch zu § 17 UWG aF BGH GRUR 2012, 1048 Rn. 21 – MOVICOL-Zulassungsantrag; GRUR 2006, 1044 Rn. 19 – Kundendatenprogramm;). Hier besteht eine gewisse **Wechselwirkung** mit den in§ 2 Nr. 1 lit. b (wie in Art. 39 Abs. 2 lit. c TRIPS und Art. 2 Nr. 1 lit. c Geschäftsgeheimnis-RL) angesprochenen, **den Umständen nach angemessenen Geheimhaltungsmaßnahmen:** Wenn die Informationen Dritten – insbesondere Außenstehenden – ohne weiteres, so auch ohne die Begehung von Straftaten (wie Diebstahl, Betrug, Computerspionage oder Hausfriedensbruch) zugänglich sind, bestehen Zweifel an der Angemessenheit der vom Unternehmen getroffenen Schutzvorkehrungen. Umgekehrt ist fraglich, ob die existierenden Geheimhaltungsmaßnahmen nicht als angemessen zu betrachten sind, wenn sie zumindest ein relativ problemloses Eindringen in die

Geheimnissphäre ausschließen. Dies hängt entscheidend von der Frage ab, welche – eher strengen oder eher milden – Anforderungen an den Nachweis von Geheimhaltungsmaßnahmen zu stellen sind, die unter den Gegebenheiten des Einzelfalls als angemessen anerkannt werden können (→ Rn. 40 ff.).

Ungeachtet dieser Zusammenhänge handelt es sich bei der leichten Zugänglichkeit einerseits und der Ergreifung angemessener Geheimhaltungsmaßnahmen anderseits aber – wie schon die Normenstruktur nahelegt – um **zwei verschiedene, separat zu prüfende Kriterien.** Ihr Anwendungsbereich wird sich weitgehend, muss sich aber weder ausnahmslos noch vollständig wechselseitig ausschließen. Geheimhaltungsmaßnahmen können auch dann angemessen sein, wenn sie zwar den Zugriff durch Außenstehende erheblich erschweren, die Informationen intern aber einem relativ großen Kreis der im Unternehmen beschäftigten Mitarbeiter bekannt sind oder zur Kenntnis gelangen können. So mögen die im Betrieb beschäftigten Arbeitnehmer – im Gegensatz zu Außenstehenden – auch jenseits ihres eigentlichen Aufgabenbereichs Einblick in vertrauliche Unterlagen einer benachbarten Abteilung nehmen können; da sie ohnehin einer arbeitsvertraglichen Schweigepflicht unterliegen, werden an die ihnen gegenüber erforderlichen Geheimhaltungsmaßnahmen wesentlich geringere Anforderungen zu stellen sein. Maßgeblich ist eine Einzelfallbetrachtung unter Berücksichtigung des Personenkreises, um dessen – einfachen oder deutlich erschwerten – Zugang es geht (→ Rn. 52). 31

Wie schon nach der herkömmlichen deutschen Rechtsprechung sind kommerzielle oder technische Informationen dann einem **fast beliebigen Zugriff preisgegeben,** wenn ihre **Erschließung durch Außenstehende,** die keiner Verschwiegenheitspflicht unterliegen, **keinen erheblichen finanziellen, technischen oder zeitlichen Aufwand** und auch **keine Begehung von Straftaten** (→ Rn. 53) erfordern. Maßgeblich sind auch hier die bei **Fachleuten** vorhandenen Kenntnisse, Fähigkeiten, Methoden und Arbeitsmittel. Dies entspricht nach der Terminologie von Art. 39 Abs. 2 TRIPS, Art. 2 Nr. 1 lit. a Geschäftsgeheimnis-RL und § 2 Nr. 1 lit. a GeschGehG denjenigen Kreisen, „die üblicherweise mit dieser Art von Informationen umgehen". Beim Rückgriff auf ältere deutsche Entscheidungen ist in diesem Punkt insofern eine gewisse Zurückhaltung geboten, als aufgrund der immer weiter perfektionierten Analysemöglichkeiten der konkrete **Aufwand für die Aufdeckung** fremden Wissens und damit die Schwelle des „beliebigen Zugriffs", des ohne weiteres Zugänglichen, heute **um einiges niedriger** sein kann **als noch vor Jahren und Jahrzehnten** (*Mayer* GRUR 2011, 884 (886); *Köhler* in Köhler/Bornkamm/Feddersen, 37. Aufl. 2019, § 17 Rn. 8a; *Keller* in Keller/Schönknecht/Glinke § 2 Rn. 31; vgl. auch Erwägungsgrund 17 der Geschäftsgeheimnis-RL). Ob eine bestimmte Tatsache dem **Stand der Technik** zuzuordnen ist, spielt für die Beurteilung des Geheimnischarakters keine Rolle, solange sie nur mit großem Zeit- und/oder Kostenaufwand ausfindig, zugänglich und dem Interessenten damit nutzbar gemacht werden kann (noch zu § 17 UWG aF BGH GRUR 2008, 727 Rn. 19 – Schweißmodulgenerator; GRUR 2018, 1161 Rn. 39 – Hohlfasermembranspinnanlage II; OLG Düsseldorf WRP 2021, 1080 Rn. 26 – CAD-Konstruktionszeichnung). 32

Kann ein mit ausdrücklicher oder stillschweigender **Zustimmung des Geheimnisinhabers auf den Markt gelangtes Produkt** – etwa eine Maschine – hinsichtlich der genauen Maße und Konstruktionsmerkmale nur durch eine an sich nicht vorgesehene Zerlegung und ein genaues Nachmessen der Einzelteile analysiert werden, so führt der Vertrieb dieses Produktes jedenfalls 33 dann nicht zur Offenkundigkeit der in diesem verkörperten Konstruktionsgeheimnisse, wenn diese Rückerschließung mit erheblichem Aufwand verbunden ist (so schon RGZ 149, 329, 331 – Stiefeleisenpresse; *Ohly* in Ohly/Sosnitza, 7. Aufl. 2016, § 17 Rn. 10, 26a; *Harte-Bavendamm* in Harte/Henning, 4. Aufl. 2016, § 17 Rn. 3a; *Alexander* in Köhler/Bornkamm/Feddersen GeschGehG § 2 Rn. 37; *Keller* in Keller/Schönknecht/Glinke § 2 Rn. 32; OLG Karlsruhe CR 2016, 547 f.: aufwändige Überwindung eines „Unlock-Codes" zur Aufhebung eines „SIM-Lock-Codes", d.h. der Kartensperre eines Mobiltelefons; aA wohl OLG Düsseldorf OLGR 1999, 55). Eine ganz andere, aufgrund der Geschäftsgeheimnis-RL (Art. 3 Abs. I lit. b) nun eindeutig zu verneinende Frage ist es, ob die betreffenden Handlungen als rechtswidrig (unlauter) anzusehen sind (siehe hierzu die Kommentierung von § 3 Abs. 2 Nr. 2, der Art. 3 Abs. 1 lit. b Geschäftsgeheimnis-RL entspricht). Diese Unterscheidung ist deshalb folgenreich, weil alle anderen Personen (so auch die Beschäftigten oder Beauftragten des Geheimnisinhabers) nicht etwa allein deshalb zur beliebigen eigenen Verwertung und zur weiteren Preisgabe der vertraulichen Informationen berechtigt sind, weil die **Rückwärtsanalyse (Reverse Engineering)** eines Produkts in dem von § 3 Abs. 2 Nr. 2 gesteckten Rahmen rechtlich zugelassen wird (wie hier *Alexander* in Köhler/Bornkamm/Feddersen, GeschGehG § 2 Rn. 37; *McGuire* in Büscher GeschGehG § 2 Rn. 40). Vielmehr setzt die gesetzliche „Freischaltung" des Reverse Engineering durch § 3 Abs. 2 Nr. 2 den Geheimnischarakter der in den betreffenden Produkten enthaltenen Informationen logisch voraus (*Brammsen* in Brammsen/Apel § 2 Rn. 30). Selbst die tatsächliche Durchführung des Reverse Engineering beseitigt nicht automatisch den Geheimnischarakter; dies gilt etwa dann, wenn ein – nicht rechtswidrig handelnder – Forscher eine Rückwärtsanalyse (Reverse Engineering) vorgenommen, das hierdurch erlangte Wissen aber (einstweilen) für sich behalten hat (ebenso *McGuire* GRUR 2016, 1000 (1007); eingehend zum Zusammenhang zwischen der weitgehenden Freigabe des Reverse Engineering und der Beurteilung der Offenkundigkeit *Witz,* FS Harte-Bavendamm, 2020, 441 ff.). Anders ist es, wenn die Besonderheiten des vermarkteten Produkts, insbesondere dessen äußere Gestaltung und Bemaßung, unter Umständen aber auch seine Funktionsweise (*Keller* in Keller/Schönknecht/Glinke § 2 Rn. 32) ohne erheblichen Aufwand erkennbar sind. Hier bedarf es keines Rückgriffs auf § 3 Abs. 2 Nr. 2 GeschGehG; vielmehr fehlt es wegen der leichten Zugänglichkeit von vornherein an einem Geschäftsgeheimnis.

34 Die **Rezeptur eines Reagenzes** wurde als nicht offenkundig angesehen, wenn die quantitative Analyse für ausgebildete Chemiker einen mittleren Schwierigkeitsgrad bot und die sinnvolle Verwendung der Bestandteile nicht ohne Detailkenntnisse und erst nach entsprechenden Überlegungen und Untersuchungen möglich wurde (BAG NJW 1983, 134; vgl. auch OLG Frankfurt CR 1990, 589 f.: Rezeptur eines Dichtstoffs). Hieran hat sich nach neuem Recht nichts geändert. Dass von einer bekannten Rezeptur Hinweise ausgehen, die es dem Durchschnittsfachmann ermöglichen, ohne erfinderisches Bemühen ein ebenbürtiges Medikament zu entwickeln, nimmt allein weder dem Präparat noch dem Herstellungsverfahren den Geheimnischarakter (OLG Stuttgart GRUR-RS 2020, 35613 Rn. 164 – Schaumstoffsysteme). Erst dann, wenn der Fachmann nicht nur ohne erhebliche Schwierigkeiten ermitteln kann, aus welchen Stoffen das Medikament besteht, sondern wenn sich ihm auch erschließt, in welchen Mengen- und Gewichtsverhältnissen diese zu verwenden sind, welche Beschaffenheit im Einzelnen sie aufweisen müssen und wie das Herstellungsverfahren abläuft, kann von

der Offenkundigkeit dieses Know-hows ausgegangen werden (BGH GRUR 1980, 750 (751) – Pankreaplex II; BAG AP Nr. 1 zu § 611 BGB – Betriebsgeheimnis; vgl. ferner BGH GRUR 2018, 1161 Rn. 47 – Hohlfasermembranspinnanlage II; *Alexander* in Köhler/Bornkamm/Feddersen GeschGehG § 2 Rn. 38).

Der Charakter eines tabellarisch aufgebauten und sich wiederholenden **Computerprogramms zur Steuerung eines Geldspielautomaten** als Betriebsgeheimnis des Automatenherstellers wurde und wird nicht dadurch in Frage gestellt, dass das Programm durch Beobachtung des Spielablaufs mit einem Zeitaufwand von 70 Stunden und durch einen seinerzeit als erheblich anzusehenden Geldeinsatz entschlüsselt werden konnte; die genaue Kenntnis der Programmabläufe wurde unter den damaligen Gegebenheiten nicht „ohne größere Schwierigkeiten und Opfer“ erlangt (BayObLG GRUR 1991, 694 – Geldspielautomat). Andererseits ist eine **Zusammenstellung verstreut veröffentlichter Studien** und Informationen nicht schon deshalb als Geschäftsgeheimnis schützenswert, weil sie auf einer nicht auf dem freien Markt erhältlichen wissenschaftlichen Leistung beruht; für die Qualität als Geschäftsgeheimnis bleibt auch hier maßgeblich, ob die Zusammenstellung der veröffentlichten Unterlagen einen **erheblichen Zeit- oder Kostenaufwand** erfordert oder nicht (BGH 2012, 1048 Rn. 21 – MOVICOL-Zulassungsantrag; *Kalbfus* WRP 2013, 584 (585); OLG Celle WRP 2015, 1009 Rn. 32: ein erheblicher Zeit- oder Kostenaufwand ist zu verneinen, wenn die Kompilierung von Studiendaten nur eine vierstündige Recherche und Ausgaben von etwa 300 € erfordert). 34a

Der Geheimnischarakter und die damit verbundene faktische Vorzugsstellung im Wettbewerb bleiben erhalten, solange das Geheimnis gewahrt bleibt (BGH GRUR 1980, 750 (751) – Pankreaplex II) und sich **hinsichtlich der (zu verneinenden) leichten Zugänglichkeit nichts geändert** hat. Allein durch **Zeitablauf** entfällt der Geheimnischarakter in der Regel nicht (BGH GRUR 2002, 91 (94 f.) – Spritzgießwerkzeuge; Überlegungen zur zeitlichen Beschränkung des Unterlassungsanspruchs mit Blick auf die Möglichkeit der Reverse Engineering bei *Witz,* FS Harte-Bavedamm, 2020, 441 (447 ff.)). Hiervon zu unterscheiden ist die Frage, ob eine Befristung des Schutzes aus anderen Gründen in Betracht kommt. Nach herkömmlicher deutscher Judikatur war hieran nur in besonderen Konstellationen zu denken. Dies konnte etwa dann gelten, wenn bereits objektiv feststand, dass die betreffende Handlung ab einem bestimmten Zeitpunkt nicht mehr rechtswidrig sein würde, oder wenn eine – vom BGH auf Ausnahmefälle begrenzte – Interessenabwägung nach § 3 UWG und/oder § 823 Abs. 1 BGB für eine zeitliche Begrenzung sprach (*Harte-Bavendamm* in Gloy/Loschelder/Danckwerts, Kap. 77 Rn. 72). Nach Art. 13 Abs. 1 Geschäftsgeheimnis-RL (in § 9 GeschGehG nicht deckungsgleich umgesetzt) ist eine **zeitliche Einschränkung des Geheimnisschutzes** jedenfalls insoweit **nicht mehr rundheraus ausgeschlossen,** als die Gerichte bei **einzelfallbezogener Prüfung** der Verhältnismäßigkeit auch die Dauer der angeordneten Maßnahmen in die Gesamtabwägung einbeziehen (näher → § 9 Rn. 43 ff.). In solchen (Ausnahme-) Fällen wird zwar nicht der Geheimnischarakter verneint, wohl aber die **Rechtsdurchsetzung unter zeitlichen Gesichtspunkten eingeschränkt.** 35

d) Zeitpunkt der Beurteilung. Zu welchem **Zeitpunkt** oder in welchem **Zeitraum** eine Information (noch) geheim sein musste oder muss, um – die Erfüllung der übrigen Merkmale des Geschäftsgeheimnis-Begriffs vorausgesetzt – als Basis für die Verfolgung von Geheimnisverletzungen dienen zu können, hängt 35a von der **Art des geltend gemachten Anspruchs** ab. Entfällt eine der rechtlichen Schutzvoraussetzungen, so erlischt der rechtliche Schutz der in Rede stehenden Informationen als Geschäftsgeheimnisse (*Alexander* in Köhler/Bornkamm/Feddersen GeschGehG § 1 Rn. 17 f.; zu der Frage, ob dieser Status ein für alle Mal verloren geht oder wieder aufleben kann → Rn. 35d). Was die in die Zukunft gerichteten **Abwehransprüche** aus § 6 (Unterlassung, Beseitigung) betrifft, ist zu differenzieren: Soweit sie auf eine **Erstbegehungsgefahr** (→ § 6 Rn. 41 ff., 49) gestützt werden, ist die Klage nur begründet, wenn das drohende Verhalten zum Zeitpunkt der letzten mündlichen Verhandlung als rechtswidrig einzuordnen war, mithin auch sämtliche Merkmale eines Geschäftsgeheimnisses erfüllt waren. Werden die Abwehransprüche dagegen mit einer **Wiederholungsgefahr** (→ § 6 Rn. 29 ff.) begründet, so müssen sich die betreffenden Handlungen nach den Gegebenheiten in der letzten mündlichen Verhandlung als Rechtsverletzungen darstellen (vgl. hierzu auch → Einl. A. Rn. 273 f.). Die Wiederholungsgefahr entfällt nicht allein deshalb, weil sich die Fassung und Struktur der Verbotsnormen geändert haben mag (→ § 6 Rn. 37; *Hoppe/Oldekop* GRUR-Prax 2019, 324 (325)). Erlaubt das GeschGehG aber ein Verhalten, das zuvor verboten war (Beispiel: Reverse Engineering) oder wird eine neu eingeführte Voraussetzung für den Geheimnisschutz (wie die Ergreifung von Geheimhaltungsmaßnahmen, die nach den Umständen des Falles angemessen sind) nicht erfüllt, so besteht der in die Zukunft gerichtete Unterlassungsanspruch nicht mehr; auf einen Wegfall der Wiederholungsgefahr kommt es dann nicht mehr an (→ § 6 Rn. 15, 37). In der Entscheidung „Schaumstoffsysteme" des OLG Stuttgart (GRUR-RS 2020, 35613 Rn. 155, 172) heißt es, dass die Schutzvoraussetzungen seit Inkrafttreten des GeschGehG (26.4.2019) – und seither durchgehend – bestanden haben müssen (speziell zur Ergreifung und Aufrechterhaltung angemessener Geheimhaltungsmaßnahmen → Rn. 65a).

35b Demgegenüber ist hinsichtlich des **Schadensersatzanspruchs** (§ 10) und des **akzessorischen Auskunftsanspruchs** (→ § 8 Rn. 41 ff.) allein die Geheimnisqualität während des Tatzeitpunkts oder -zeitraums (einschließlich des Schadenseintritts) relevant (→ Einl. A. Rn. 276); für die Zeit nach einem nicht vom Rechtsverletzer verursachten Verlust des Geheimnischarakters gibt es für diese Ansprüche keine Grundlage mehr. Weniger eindeutig erscheint es, ob der **selbständige Auskunftsanspruch** aus § 8 noch durchsetzbar ist, wenn die Informationen ohne Zutun des Rechtsverletzers offenkundig geworden sind. Der Zweck dieses Anspruchs, Quellen und Vertriebskanäle rechtsverletzender Produkte aufzudecken (→ § 8 Rn. 5) und „trockenzulegen" (*Amschewitz* WRP 2011, 301 f.), kann nicht mehr in vollem Umfang erfüllt werden. Allerdings bleibt die Gewährung des Anspruchs insoweit von Bedeutung, als er dem (früheren) Inhaber eines Geschäftsgeheimnisses den Weg dafür eröffnet, gegen weitere Rechtsverletzer (insbesondere Hersteller und Lieferanten des Anspruchsgegners) vorzugehen – wenn auch nur noch in Bezug auf den Zeitraum vor dem Entfall der Geheimnisqualität. Es spricht deshalb einiges dafür, den Anspruch nach wie vor zu gewähren und eine dem Einzelfall angemessene Lösung über § 9 zu suchen.

35c Bei der Bestimmung des relevanten Zeitpunkts (→ Rn. 35a f.) bleibt zu berücksichtigen, dass die Geheimnisqualität keineswegs durch jede Mitteilung an oder Kenntnisnahme durch Dritte zu einer allgemeinen Bekanntheit der bislang geheimen Informationen verloren geht (→ Rn. 23–29).

35d Noch nicht geklärt ist die Frage, ob der **Schutzstatus** als Geschäftsgeheimnis **wieder aufleben** kann, nachdem die in Rede stehenden Informationen diesen (zunächst) verloren haben – sei es wegen eingetretener allgemeiner Bekanntheit oder leichter Zugänglichkeit, sei es wegen zeitweise nicht mehr als den Umständen nach angemessen erscheinenden Geheimhaltungsmaßnahmen. Nach Auffassung von *Alexander* (WRP 2017, 1034 (1038)) darf eine einmal gemeinfrei gewordene Information nicht wieder monopolisiert werden. Die gleiche Ansicht klingt in der Entscheidung „Schaumstoffsysteme“ (OLG Stuttgart GRUR-RS 2020, 35613 Rn. 156; hierauf Bezug nehmend OLG Düsseldorf WRP 2021, 1080 Rn. 35) an, wenn auch nicht im Zusammenhang mit dem Eintritt der Offenkundigkeit, sondern hinsichtlich der Existenz angemessener Geheimhaltungsmaßnahmen. Richtig ist zweifellos, dass eine „**Rück-Umwandlung**“ in eine als Geschäftsgeheimnis zu schützende Information ausscheidet, solange diese infolge ihrer früheren Offenlegung nach wie vor leicht zugänglich ist. Mit *Keller* (in Keller/Schönknecht/Glinke § 2 Rn. 30) lässt sich allerdings bezweifeln, ob die Wiedererlangung des Geheimnischarakters schon **aus Rechtsgründen ausgeschlossen** werden muss, oder ob es (auch) hier nicht eher auf eine **faktische Betrachtung** ankommt. Letzteres würde die Möglichkeit mit sich bringen, eine mittlerweile aus dem Gedächtnis aller Interessenten entfallene und nicht mehr ohne weiteres zugängliche Information wieder als schutzfähig anzusehen (*Keller* in Keller/Schönknecht/Glinke § 2 Rn. 30; insoweit zustimmend *Hoppe* in Hoppe/Oldekop Kap. 1 Rn. 83). Ob diese flexiblere Auffassung erhebliche praktische Bedeutung erlangen würde, mag insofern fraglich sein, als sie idR das Verstreichen eines erheblichen Zeitraums seit Eintritt der Offenkundigkeit und einen deutlich erhöhten Darlegungs- und Beweisaufwand aufseiten des Anspruchstellers erfordern dürfte. Zum Sonderfall des Nachweises, ob den Umständen nach angemessene Geheimhaltungsmaßnahmen spätestens bei Inkrafttreten des GeschGehG – und seither durchgehend – vorgelegen haben müssen → Rn. 65a.

5. Wirtschaftlicher Wert

Die zweite Voraussetzung dafür, bestimmte Informationen als Geschäftsgeheimnis anzuerkennen, ergibt sich ebenfalls aus § 2 Nr. 1 lit. a: Die Informationen müssen **wegen ihres geheimen Charakters** einen **wirtschaftlichen Wert haben.** Dieses in Art. 2 Nr. 1 lit. b Geschäftsgeheimnis-RL separat genannte, dort als „kommerzieller Wert“ bezeichnete Begriffselement wurde bei der Umsetzung in deutsches Recht – ohne einleuchtenden Grund, aber auch ohne inhaltliche Änderung – mit dem ersten Kriterium (demzufolge die Information geheim sein muss) zusammengefasst (kritisch zur Abweichung von der Struktur der Definition in Art. 2 Nr. 1 Geschäftsgeheimnis-RL *Ohly* GRUR 2019, 441 (442); *Alexander* in Köhler/Bornkamm/Feddersen GeschGehG § 2 GeschGehG Rn. 39). Näheren Aufschluss für die Interpretation dieser Vorschrift geben die folgenden Äußerungen aus **Erwägungsgrund 14:** Hiernach sollten die Informationen einen – **realen oder potentiellen** – **Handelswert** verkörpern. Dies soll beispielsweise dann der Fall sein, wenn der unbefugte Erwerb oder die unbefugte Nutzung und Offenlegung der betreffenden Informationen „die Interessen der Person, die rechtmäßig die Kontrolle über sie ausübt, aller Voraussicht nach dadurch schädigt, dass das wirtschaftliche oder technische Potenzial, die geschäftlichen oder finanziellen Interessen, die strategische Position oder die Wettbewerbsfähigkeit dieser Person untergraben werden“. Der in ErwGr 14 verwendete Begriff „Handelswert“ ist insofern etwas missverständlich, als er den unzutreffenden Eindruck vermitteln könnte, es würden nur solche Informationen erfasst, die Gegenstand von Handels- 36 geschäften sein können (so aber wohl *McGuire* in Büscher, GeschGehG § 2 Rn. 45; auch der dort vorgeschlagene Terminus „handelbarer Wert" erscheint zu eng). Dieses mögliche Missverständnis kann nach der englischen Fassung, in der vom „**commercial value**" die Rede ist, nicht auftreten. Ohnehin spricht ja die Richtlinienvorschrift selbst (Art. 2 Nr. 1 lit. b, s.o.) – anders als ErwGr 14 – auch im deutschen Text nicht von einem „Handelswert", sondern weit umfassender von einem „**kommerziellen Wert**". Es kann als gesichert angesehen werden, dass es um einen **allgemeineren wirtschaftlichen Wert** und **nicht um einen „Handelswert" im engeren Sinne** geht (ebenso ÖOGH WRP 2021, 503 Rn. 37 ff. – Flüsteraggregat; LAG Baden-Württemberg, 18.8.2021, 4 SaGa 1/21 – BeckRS 2021, 26156 Rn. 28 ff.; *Keller* in Keller/Schönknecht/Glinke § 2 Rn. 46 f.).

36a Die Geschäftsgeheimnis-RL und das GeschGehG gehen erkennbar von einem **großzügigen Verständnis der Werthaltigkeit** aus (ebenso *Ohly* GRUR 2019, 441 (443); *Alexander* in Köhler/Bornkamm/Alexander, GeschGehG § 2 Rn. 41; ÖOGH WRP 2021, 503 Rn. 37 ff. – Flüsteraggregat; OLG Schleswig WRP 2022, 906 Rn. 41; LAG Baden-Württemberg BeckRS 2021, 26156 Rn. 28 ff.; *Desaunettes/Hilty/Knaack/Kur* Stellungnahme des Max-Planck-Instituts, Rn. 6). Eine besondere **Wertschwelle muss nicht erreicht** oder überschritten werden (*Alexander* WRP 2017, 1034 (1038); *Heinzke* CCR 2016, 179 (182); *Baranowski/Glaßl* BB 2016, 2563 (2565); *Hofmarcher* Rn. 2.28; ähnlich *Keller* in Keller/Schönknecht/Glinke § 2 Rn. 52). Nach der Begründung zum RegE-GeschGehG (BT-Drs. 19/4724, 24) ist für den wirtschaftlichen Wert maßgeblich, dass eine Erlangung, Nutzung oder Offenlegung der Information, die ohne Zustimmung des Berechtigten erfolgt, dessen **wissenschaftliches oder technisches Potential, geschäftliche oder finanzielle Interessen, strategische Position oder Wettbewerbsfähigkeit** negativ beeinflussen würden. Erfasst werden nicht nur Informationen, die in Geschäften mit der Außenwelt unmittelbar verwertbar sind, sondern auch solche, die für den Inhaber von irgendeinem sonstigen **wirtschaftlichen, finanziellen oder strategischen Interesse** sind (ebenso LAG Baden-Württemberg BeckRS 2021, 26156 Rn. 28 ff.; ÖOGH WRP 2021, 503 Rn. 37 ff. – Flüsteraggregat; LG Frankfurt am Main GRUR-RS 2020, 45251 Rn. 13 ff., allerdings mit dem Hinweis, der Geheimnisinhaber habe konkret vorzutragen, welche wirtschaftlichen Nachteile zu befürchten seien). Einen wirtschaftlichen Wert verkörpert etwa eine **aus Unternehmensinterna zusammengestellte Marktanalyse,** weil sie Mitbewerbern in die Lage versetzen würde, gezielter an Kunden heranzutreten (LAG Hamm BeckRs 2021, 41734 Rn. 19–21). Gleiches gilt für eine Excel-Tabelle, die es Konkurrenten ermöglichen würde, die **Kalkulation des Unternehmens nachzuvollziehen** und dieses folglich „gezielt anzugreifen" (OLG Schleswig WRP 2022, 906 Rn. 42 f., ua mit dem Hinweis, dass „Kosteninformationen" im RegE-GeschGehG (BT-Drs. 19/4724, 24) als Beispiel für werthaltige Informationen aufgeführt werden).

37 Keine sehr wesentliche Bedeutung dürfte dem Umstand zukommen, dass § 2 Nr. 1 lit. a (wie Art. 2 Abs. 1 lit. b Geschäftsgeheimnis-RL) eine **Kausalität** zwischen der Nichtoffenkundigkeit der in Rede stehenden Information und deren wirtschaftlichem Wert anspricht („…und daher von wirtschaftlichem Wert ist"). In Erwägungsgrund 14 wird diese Verknüpfung nicht weiter erwähnt. Es reicht aus, wenn der wirtschaftliche **Wert zumindest auch aus der Geheimhaltung resultiert,** also aus dem Umstand folgt, dass die Information gerade nicht der Allgemeinheit oder den einschlägigen Fachkreisen bekannt oder für diese ohne

weiteres zugänglich ist (vgl. *Peter/Wiebe* in Busch/Stoll/Wiebe Art 39 Rn. 22; *Alexander* WRP 2017, 1034 (1039)). Es genügt, wenn das **Bekanntwerden** der Information für den Geheimnisinhaber **wirtschaftliche Nachteile mit sich bringen würde** (ebenso *Alexander* in Köhler/Bornkamm/Feddersen, UWG, 41. Aufl. 2023, § 2 GeschGehG Rn. 40; *Glinke* in Keller/Schönknecht/Glinke § 2 Rn. 49; BeckOK GeschGehG/*Hiéramente* § 2 Rn. 17: es reicht aus, wenn eine Information durch ihre Geheimhaltung einen (potentiellen) Wertzuwachs erfährt).

Ebenso wenig wie der BGH bei Prüfung des **Geheimhaltungswillens und** 37a
-interesses im Rahmen des **§ 17 UWG aF** den Nachweis eines bestimmten – wohl im Sinne eines objektiv bestimmbaren, gleichsam „vorzurechnenden" – Vermögenswertes verlangt hat, wird es nach § 2 Nr. 1 lit. a darauf ankommen, einen konkreten, gewissermaßen „positiven" Wert auch nur annähernd zu beziffern (*Baranowski/Glaßl* BB 2016, 2563 (2565); *Alexander* in Köhler/Bornkamm/Feddersen, GeschGehG § 2 Rn. 41 ff) oder weitreichende Darlegungen und Nachweise zur kausalen Beziehung zwischen dem geheimen Charakter der betreffenden Informationen und dem wirtschaftlichen Wert zu verlangen. Wie nach deutscher Rechtsprechung zu § 17 UWG aF (BGH NJW 1995, 2301 – Angebotsunterlagen; GRUR 2006, 1044 Rn. 19 – Kundendatenprogramm) wird es vielmehr ausreichen, dass die **wirtschaftlichen Interessen** des Geheimnisinhabers durch eine Offenbarung seines geheimen Wissens **spürbar beeinträchtigt werden können** (ebenso *Redeker/Pres/Gittinger* WRP 2015, 681 (683); *Alexander,* WRP 2017, 1034 (1039); *Glinke* in Keller/Schönknecht/Glinke § 2 Rn. 47; öOGH WRP 2021, 504 (509) – Flüsteraggregat; aA *Kalbfus,* GRUR 2016, 1009 (1011); *McGuire* in Büscher, GeschGehG § 2 Rn. 46). Der BGH hat in der Entscheidung Kundendatenprogramm (GRUR 2006, 1044, Tz. 19) formuliert, ein Geschäftsgeheimnis brauche **keinen bestimmten Vermögenswert** zu besitzen. Der Zusammenhang legt nahe, den inhaltlichen Schwerpunkt dieser Wendung auf dem Wort „bestimmten" zu sehen; es ging nur darum, dem Einwand des Beklagten entgegenzutreten, angesichts des für die fragliche Kundenliste gezahlten günstigen Kaufpreises sei deren Charakter als Geschäftsgeheimnis zu bezweifeln. In die gleiche Richtung wie die Rechtsprechung des BGH gehen die eben (→ Rn. 35) zitierten (etwas allgemeineren, d.h. die Kausalität nicht ausdrücklich ansprechenden) Formulierungen aus Erwägungsgrund 14 der Geschäftsgeheimnis-RL (**voraussichtliche Schädigung/Untergrabung des wirtschaftlichen oder technischen Potenzials, der geschäftlichen oder finanziellen Interessen,** der **strategischen Position** oder der **Wettbewerbsfähigkeit** des betroffenen Unternehmens).

Sie erinnern stark an die Erwägungen, die die deutsche Rechtsprechung bei der 37b
Beurteilung des (wirklichen oder mutmaßlichen) Geheimhaltungswillens und des objektiven Geheimhaltungsinteresses angestellt hat: Hiernach genügte es, wenn die **Offenlegung** der entsprechenden innerbetrieblichen Kenntnisse oder Vorgänge die **Stellung des Unternehmens im Wettbewerb** negativ beeinflussen oder **sonstige wirtschaftliche Nachteile** mit sich bringen könnte (vgl. nur BGH GRUR 1955, 402 – Anreißgerät; GRUR 1983, 179 (181) – Stapel-Automat; GRUR 2006, 1044 Rn. 19 – Kundendatenprogramm; KG WuW/E OLG 3539; *Harte-Bavendamm* in Gloy/Loschelder/Danckwerts Kap. 77 Rn. 12 ff.)). Auf der gleichen Linie liegt die Anmerkung in der Gesetzesbegründung, eine Information besitze wirtschaftlichen Wert, wenn sie Einfluss auf die Wettbewerbsposition habe und dem Inhaber bei Geheimhaltung einen Vorteil verspreche. Allerdings ist weder ein Wettbewerbsverhältnis iSd UWG noch überhaupt eine bereits aufgenommene Teilnahme am

geschäftlichen Verkehr erforderlich. Die **Beeinträchtigung der Wettbewerbsfähigkeit** des Unternehmens ist **nur eine der möglichen Erscheinungsformen** des wirtschaftlichen Wertes; sie steht gleichrangig neben den (sonstigen) finanziellen Interessen des Geheimnisinhabers (ÖOGH WRP 2021, 503 Rn. 38 f. – Flüsteraggregat; soweit es in dieser Entscheidung unter Rn. 38 heißt, in der 1. Aufl. dieses Kommentars sei die Auffassung vertreten worden, es komme stets auf eine Beeinträchtigung der Wettbewerbsfähigkeit an, handelt es sich um ein Missverständnis). Auch muss sich der wirtschaftliche Wert noch nicht in greifbarer Weise manifestiert haben; ausreichend ist vielmehr auch ein **zukünftiger, noch mit Unsicherheiten verbundener wirtschaftlicher Wert** (*Ohly* GRUR 2019, 441 (443); *Glinke* in Keller/Schönknecht/Glinke § 2 Rn. 51; *Alexander* in Köhler/Bornkamm/Feddersen, GeschGehG § 2 Rn. 43).36

38 Die **Hauptfunktion** des Tatbestandsmerkmals „wirtschaftlicher Wert“ liegt zum einen darin, rundheraus **belanglose Informationen** von einem Schutz als Geschäftsgeheimnisse **auszuschließen** (vgl. ErwGr 14 und ÖOGH WRP 2021, 503 Rn. 37 – Flüsteraggregat; Begr. RegE GeschGehG, BT-Drs. 19/4724, 24). Zum anderen wird die im ersten Schritt noch ganz allgemein auf jedes geheime Wissen gerichtete Definition in einem zweiten Schritt dahingehend verengt, dass es – dem Zweck des Gesetzes entsprechend – eben nur um **im weitesten Sinne geschäftliche Informationen** geht (öOGH WRP 2021, 503 Rn. 37 ff. – Flüsteraggregat). **Ausgeschlossen** werden damit **rein wissenschaftliche Erkenntnisse,** die für eine kommerzielle Verwertung weder bestimmt noch geeignet sind, ebenso wie **ideelle oder persönliche, nicht auf wirtschaftliche Verwertung gerichtete Informationen,** die zwar geheim sind und möglicherweise auch bewusst geheim gehalten werden, aber nicht einmal einen potentiellen wirtschaftlichen Wert verkörpern (→ Rn. 16; wie hier OLG Schleswig WRP 2022, 906 Rn. 41). Geschützt sind aber beispielsweise auch die **Forschungsergebnisse von Universitäten,** wenn diese – was vor allem im Wege der Lizenzerteilung zunehmend geschieht – am Wettbewerb teilnehmen oder teilnehmen könnten, sei dies nun aktuell schon beabsichtigt oder nicht (*Ohly* in Ohly/Sosnitza, § 2 Rn. 9; *Keller* in Keller/Schönknecht/Glinke § 2 Rn. 53).

39 Einen **Sonderaspekt** betrifft die Frage, ob der wirtschaftliche Wert – und damit zwangsläufig auch die Qualifikation als Geschäftsgeheimnis – immer dann zu verneinen ist, wenn **Informationen über Rechtsverstöße** des Unternehmens oder seiner Organe, Beschäftigten oder Beauftragten betroffen sind. Das in diesem Zusammenhang nicht selten verwendete Schlagwort von den **„illegalen“** oder **„rechtswidrigen“ Geheimnissen** (vgl. nur *Rützel* GRUR 1995, 557, (559 f.)) ist ungenau. Die geheime Information als solche ist neutral; das Verdikt der Rechtswidrigkeit kann nur die Handlungen, Ereignisse oder Zustände treffen, auf die sich die Information bezieht. Die für die Beurteilung des wirtschaftlichen Wertes gem. § 2 Nr. 1 lit. a relevante Frage kann deshalb nur dahin gehen, ob und unter welchen Voraussetzungen geheime Informationen über solche Rechtsverletzungen als Geschäftsgeheimnisse gelten können. Nach herkömmlichem deutschem Begriffsverständnis war ein (objektiv zu bestimmendes) Geheimhaltungsinteresse auch in Bezug auf Tatsachen zu bejahen, die zwar keinen positiven wirtschaftlichen Wert hatten, deren Bekanntwerden aber erheblichen Schaden verursachen konnte, beispielsweise in Form eines Imageschadens und Absatzrückgangs (vgl. BGH GRUR 2006, 1044 Rn. 19 – Kundendatenprogramm) oder in Gestalt kartellrechtlicher Bußgelder (vgl *Kalbfus* GRUR 2016, 1009 (1011)). Ob auch **Informationen über rechts- oder sittenwidrige Gegebenheiten** ein

Geschäftsgeheimnis darstellen konnten, war streitig (dafür *Köhler* in Köhler/Bornkamm/Feddersen, 37. Aufl. 2019, § 17 Rn. 9; *Ohly* in Ohly/Sosnitza, 7. Aufl. 2016, § 17 Rn. 12; *Harte-Bavendamm* in Harte/Henning, 4. Aufl. 2016, § 17 Rn. 6;; *Loschelder* in Ann/Loschelder/Grosch, Kap. 1 B Rn. 91; *Dann/Markgraf* NJW 2019, 1774 (1776); a.M. Beater § 18 Rn. 19; *Rützel* GRUR 1995, 557 (559 f.); *Engländer/Zimmermann* NZWiStR 2012, 328 (331 ff.); *Hauck* WRP 2018, 1032 (1033 ff.); zusammenfassender Überblick bei *Brockhaus* ZIS 2020, 102 (103 ff.), und *McGuire* FS Harte-Bavendamm, 2020, 367, (377 ff.)), zumindest soweit keine **gesetzlichen Mitteilungspflichten** wie etwa nach § 34 StGB (Kenntnis von drohenden schweren Straftaten) oder Art. 17 der VO (EU) Nr. 596/2014 (Pflicht zu Ad-Hoc-Meldungen kursrelevanter Negativentwicklungen) bestanden. Auch von Befürwortern eines weiten, die Kenntnis von rechtwidrigen Vorgängen einschließenden Begriffsverständnisses wurde erwogen, im Falle **höherrangiger Interessen der Allgemeinheit** die Bekanntgabe des Geheimnisses **nicht** als **„unbefugt"** zu behandeln (*Ohly* in Ohly/Sosnitza § 17 Rn. 12, *Köhler* in Köhler/Bornkamm/Feddersen, 37. Aufl. 2019, § 17 Rn. 9; *Harte-Bavendamm* in Harte/Henning, 4. Aufl. 2016, § 17 Rn. 11, 31); hier wurde also nicht a priori der Geheimnischarakter verneint, sondern in dem engen von § 17 UWG aF gesteckten Rahmen eine Güterabwägung vorgenommen.

Unter Geltung der Geschäftsgeheimnis-RL scheinen die Bedenken dagegen, **39a** auch Informationen über rechtswidrige Abläufe oder Zustände als Geschäftsgeheimnisse anzuerkennen, neue Nahrung erhalten zu haben. So wird vertreten, dass unternehmensinterne Informationen über rechtswidrige Vorgänge und Verhältnisse „**unproduktiv**" sind, **deshalb keinen kommerziellen Wert verkörpern** (*Alexander* WRP 2017, 1034 (1039); *Hauck* WRP 2018, 1032 (1034 f.); *McGuire* in Büscher, GeschGehG § 2 Rn. 39 f.) und/oder **nicht** von einem **legitimen Interesse** an der Geheimhaltung, **vom Schutzzweck der RL gedeckt** werden (*McGuire,* FS Harte-Bavendamm, 2020, 367 (377 ff.); MüKoUWG/*Hauck,* GeschGehG § 2 Rn. 61 ff.). Befürchtet wird ein **schwerer Wertungswiderspruch,** ein „Selbstwiderspruch der Rechtsordnung" (*Schnabel* CR 2016, 342 (345); *Brockhaus* ZIS 2020, 102 (105)), wenn diese einerseits die geheimen Informationen über einen Umstand schützen würde, den sie andererseits missbilligt (so *Alexander* in Köhler/Bornkamm/Feddersen, GeschGehG § 2 Rn. 79, der noch einen Schritt weitergeht, indem er auch Verstößen gegen die guten Sitten die Einordnung als Geschäftsgeheimnis generell absprechen will; *Hauck* AfP 2021, 193 (199); *Brockhaus* ZIS 2020, 102 (110 ff.)). Diese Auffassung würdigt jedoch nicht hinreichend, dass den Definitionsmerkmalen des § 2 Nr. 1 etliche Vorschriften gegenüberstehen, die eine angemessene Interessenabwägung ermöglichen und dem Grundsatz der Verhältnismäßigkeit unmittelbar Geltung verschaffen (→ Rn. 39c ff.). Nimmt man die erforderliche **Gesamtschau** vor, ist ein „Selbstwiderspruch der Rechtsordnung" nicht zu befürchten (→ Rn. 39e).

Im Lichte der Geschäftsgeheimnis-RL und des GeschGehG dürfte (noch) mehr **39b** als im Rahmen des § 17 UWG aF dafür sprechen, Informationen über rechtswidrige betriebsinterne Zustände oder Geschehnisse den **möglichen Schutz als Geschäftsgeheimnisse nicht a priori abzusprechen,** sei es wegen wirtschaftlicher Wertlosigkeit (§ 2 Nr. 1 lit. a), sei es mangels eines legitimen Interesses an der Geheimhaltung (§ 2 Nr. 1 lit. c; → Rn. 69a). Dass eine Veröffentlichung von Informationen über Rechtsverstöße die in ErwGr. 14 (wie auch im RegE GeschGehG BT-Drs. 19/4724, 24) angesprochenen geschäftlichen oder finanziellen Interessen (sei es auch nur die Vermeidung von Schadensersatzansprüchen, die

Wettbewerber geltend machen könnten), die strategische Position oder die Wettbewerbsfähigkeit des Unternehmens empfindlich beeinträchtigen kann, liegt auf der Hand (*Glinke* in Keller/Schönknecht/Glinke § 2 Rn. 96; ähnlich *Hoppe* in Hoppe/Oldekop Kap. 1 Rn. 101; *Apel* in Brammsen/Apel Einl. C Rn. 48, Fn. 222: Der Geschäftsgeheimnis-RL lasse sich gerade nicht entnehmen, dass rechtswidrige Informationen, solange sie einen kommerziellen Wert hätten, nicht geschützt sein sollten; *Sattler* in Sassenberg/Faber § 2 Rn. 64). Ob und unter welchen Umständen das **Geheimhaltungsinteresse des Unternehmens** dann auch **im Ergebnis Schutz verdient** oder ob den **Belangen** seiner Beschäftigten, **bestimmter** anderer **Personen** und/oder der **Allgemeinheit der Vorrang eingeräumt** werden sollte, dürfte sich anhand der Gegebenheiten des Einzelfalls sachgerechter bewerten lassen, als wenn die Akte generell schon im Rahmen der Defintion gem. § 2 Nr. 1 lit. a oder c zugeklappt wird. Der Geschäftsgeheimnis-RL ist ein **weit flexiblerer, durchaus sachgerechter Ansatz zur Lösung auftretender Konflikte** zu entnehmen, als dies nach herkömmlichem deutschem Recht der Fall war. Diesen Weg sollten sich Rechtslehre und -praxis nicht ohne Not verbauen.

39c Der in solchen Fällen auftretende **Konflikt zwischen Geheimhaltungsinteressen** des Unternehmens **und Informationsinteressen der Allgemeinheit** wurde vor Erlass der Geschäftsgeheimnis-RL intensiv diskutiert und schließlich in Form verschiedener Ausnahmen in Art. 5 gelöst. Schon dies deutet darauf hin, dass nicht von vornherein die Existenz eines Geschäftsgeheimnisses zu verneinen, sondern zu prüfen ist, ob der **Ausnahmetatbestand des Art. 5 lit. b (§ 5 Nr. 2 GeschGehG)** erfüllt ist (ebenso *Ohly* GRUR 2019, 441 (443); *Glinke* in Keller/Schönknecht/Glinke § 2 Rn. 97; BeckOK GeschGehG/*Hiéramente* § 2 Rn. 75; GroßKommUWG/*Waßmer* GeschGehG § 23 Rn. 87; *Dann/Markgraf* NJW 2019, 1774 (1776); aA *Hauck* WRP 2018, 1032 (1034 f.), und AfP 2021, 193 (199); *Schreiber* NZWiSt 2019, 332 (335); *Alexander* in Köhler/Bornkamm/Feddersen, GeschGehG § 2 Rn. 78 f.; *Brockhaus* ZIS 2020, 102 (110); *McGuire,* FS Harte-Bavendamm, 2020, 367 (377 ff.)) oder eine **andere Vorschrift** eingreift**, die eine auf den Einzelfall bezogene Interessenabwägung ermöglicht** (→ Rn. 39d, 39f). Die in § 5 Nr. 2 geschaffene Ausnahme mag zwar auch bei pauschaler Verneinung des Geheimnischarakters nicht vollständig funktionslos werden (wie *Alexander* in Köhler/Bornkamm/Feddersen, GeschGehG § 2 Rn. 79, *Hauck* AfP 2021, 193 (199), und *Brockhaus* ZIS 2020, 102 (110), hervorheben), würde jedoch auf einen bemerkenswert engen Anwendungsbereich zurückgeschnitten (ähnlich *Glinke* in Keller/Schönknecht/Glinke § 2 Rn. 97; *Hoppe* in Hoppe/Oldekop Kap. 1 Rn. 101).

39d Das von der Geschäftsgeheimnis-RL zur Verfügung gestellte, im Wesentlichen verbindlich vorgegebene bewegliche System von „checks and balances" erschöpft sich ohnehin nicht in der Ausnahme des Art. 5 lit. b. Weitere Einfallstore für eine dem **Grundsatz der Verhältnismäßigkeit** gerecht werdende **Interessenabwägung** öffnet die Geschäftsgeheimnis-RL in **Art. 3 Abs. 1 lit. d** (Rechtmäßigkeit jeder Vorgehensweise, die unter den gegebenen Umständen mit einer seriösen Geschäftspraxis vereinbar ist), **Art. 5 lit. a** (Schutz der Meinungs- und Informationsfreiheit), **Art. 5 lit. c** (Offenlegung gegenüber Arbeitnehmervertretungen), **Art. 5 lit. d** (Schutz eines durch das Unionsrecht oder das nationale Recht anerkannten legitimen Interesses), **Art. 7 Abs. 1 lit. a** (grundsätzliche Wahrung der Verhältnismäßigkeit bei Anwendung der in der RL vorgesehenen Maßnahmen, Verfahren und Rechtsbehelfe) sowie **Art. 11 Abs. 2 und Art. 13 Abs. 1** (Beurteilung der Verhältnismäßigkeit bei Anordnung vorläufiger oder endgültiger Maßnahmen). Gerade die in den beiden letztgenannten Vorschriften aufgeführten

Beispiele lassen deutlich erkennen, dass die Geheimhaltung rechtswidriger Handlungen und Zustände auch dann, wenn man diesbezüglichen Informationen einen wirtschaftlichen Wert nicht von vornherein abspricht, im Ergebnis keineswegs stets durchsetzbar ist. So spricht **Art. 11 Abs. 2 lit. a** ausdrücklich die **Berücksichtigung des Wertes** und anderer **spezifischer Merkmale des Geschäftsgeheimnisses** an, ermöglicht also eine auf den Einzelfall bezogene Gewichtung dieser Komponenten im Verhältnis zu eventuell gegenläufigen Belangen der Öffentlichkeit. **Art. 11 Abs. 2 lit. c** betrifft das **Verhalten des Antragsgegners bei der Offenlegung** des Geschäftsgeheimnisses; hierdurch kann beispielsweise in die Gesamtbewertung einfließen, ob der die rechtswidrigen Gegebenheiten offenlegende Beschäftigte zunächst auf internen oder behördlichen Informationskanälen Abhilfe gesucht oder sich sogleich an die Öffentlichkeit gewandt hat (zum Schutz von Hinweisgebern nach der Rechtsprechung des EGMR und aufgrund der „Whistleblower-RL" 2019/1937 → § 5 Rn. 32 ff. und *Glinke* in Keller/Schönknecht/Glinke § 2 Rn. 98). **Art. 11 Abs. 2 lit. d** verweist auf die **Folgen der rechtswidrigen Offenlegung** (soweit die Rechtswidrigkeit nicht bereits aufgrund von Art. 3 Abs. 1 oder eines der Tatbestände des Art. 5 zu verneinen ist); hiernach kann etwa überprüft werden, ob der dem Unternehmen drohende Schaden hinter dem Informationsinteresse der Öffentlichkeit zurücktreten muss. In **Art. 11 Abs. 2 lit. e** (**legitime Interessen der Parteien** und die **Auswirkungen,** welche die Gewährung oder Ablehnung der Maßnahmen für die Parteien haben könnte), **lit. f** (**legitime Interessen Dritter**) und **lit. g** (**öffentliches Interesse**) schließlich wird noch einmal in allgemeiner Weise hervorgehoben, dass die **legitimen Interessen aller unmittelbar und mittelbar betroffenen Personen und Kreise** zu berücksichtigen sind.

Die Geschäftsgeheimnis-RL ermöglicht – ja, gebietet – es mithin sowohl auf der **39e** Ebene der (vorrangig zu prüfenden) **Anspruchsvoraussetzungen** (Art. 3 Abs. 1 lit. d und Art. 5) als auch im Rahmen der vorgesehenen **Maßnahmen, Verfahren und Rechtsbehelfe** (Art. 7 Abs. 1 lit. a, Art. 11 Abs. 2 und Art. 13 Abs. 1; zum „Remedy-Denken" der Geschäftsgeheimnis-RL → § 9 Rn. 5 f.; *Hofmann* WRP 2018, 1 (2)) in einer Mehrzahl von Zusammenhängen, „**den besonderen Umständen des Falls**" (vgl. Art. 11 Abs. 2) **Rechnung zu tragen.** Dies geschieht anhand einer am Grundsatz der Verhältnismäßigkeit orientierten Interessenabwägung. Dass sich unternehmensinterne Informationen auf rechtswidrige Geschehnisse oder Gegebenheiten beziehen, dürfte in der Regel als „besonderer Umstand" anzusehen sein, der Anlass für eine umfassende Interessenabwägung geben kann. Das **Schutzkonzept** der Geschäftsgeheimnis-RL ist damit (entgegen den oben zitierten Stimmen → Rn. 39a) auch ohne Weiteres geeignet, die **Einheit der Rechtsordnung zu wahren** und **Wertungswidersprüche zu vermeiden.** Es ist dem allzu starr erscheinenden Ansatz, sämtlichen Informationen über rechtswidrige Vorgänge und Gegebenheiten von vornherein **jeden wirtschaftlichen Wert** und folglich die Qualifikation als Geschäftsgeheimnisse **ausnahmslos zu versagen,** um einiges überlegen. Das Gleiche gilt, wenn man den Ausschluss des Geheimnischarakters nicht (nur) am (vermeintlich) stets fehlenden wirtschaftlichen Wert, sondern an **§ 2 Nr. 1 lit. c** festmachen, also ein **berechtigtes Interesse an der Geheimhaltung** von Informationen, die die sonstigen Voraussetzungen des § 2 Nr. 1 erfüllen, durchgehend verneinen wollte (im Ergebnis ähnlich *Hiéramente* in BeckOK GeschGehG § 2 Rn. 73 ff.; *Glinke* in Keller/Schönknecht/Glinke § 2 Rn. 96 ff.; *Hoppe* in Hoppe/Oldekop Kap. 1 Rn. 101; *Brammsen* in Brammsen/Apel § 2 Rn. 139; Groß-

KommUWG/*Waßmer,* GeschGehG § 23 Rn. 87; *Rönnau,* FS Merkel, 2020, 909 (917 f.); *Ohly* GRUR 2019, 441 (443)).

39f Die hier vertretene Auffassung ermöglicht auch einen **differenzierten Umgang** mit der Tatsache, dass die innerhalb eines Betriebes oder Unternehmens zu verzeichnenden **rechtswidrigen Verhaltensweisen,** Abläufe und Geschehnisse ein **außerordentlich breites Spektrum** betreffen können (hierzu auch *Glinke* in Keller/Schönknecht/Glinke § 2 Rn. 98; *Hoppe* in Hoppe/Oldekop Kap. 1 Rn. 101). Dieses kann von bereits abgeschlossenen bis zu noch fortdauernden Rechtsverletzungen, von bloßen Ordnungswidrigkeiten bis zu schweren Straftaten, von leicht fahrlässigen oder aufgrund unzutreffender rechtlicher Einschätzungen begangenen Handlungen oder Unterlassungen bis zu vorsätzlichen Gesetzesverstößen reichen. Etliche Vorgänge, die sich eindeutig oder erst nach umfassender Prüfung als rechtswidrig erweisen, werden **primär einzelne Betriebsangehörige, Geschäftspartner oder Kunden** betreffen – soll auch jeder in einem bilateralen Verhältnis begangenen **Vertragsverletzung,** jeder fehlerhaften Anhörung eines Betriebsrates, jeder unwirksamen Kündigung eines Anstellungsvertrages, einer Bezugs-, Vertriebs- oder Lizenzvereinbarung dem Schutz als Geschäftsgeheimnis pauschal entzogen werden? Und wie ist die **Verletzung eines geistigen Eigentumsrechts** (vgl. *Alexander* in Köhler/Bornkamm/Feddersen, GeschGehG § 2 Rn. 80) einzuordnen, etwa im Falle einer im Grenzbereich der Verwechslungsgefahr angesiedelten Markenverletzung? Ein gewichtiges Informationsinteresse der Öffentlichkeit wird in solchen Fällen oft nicht bestehen; den im Einzelfall betroffenen Personen stehen in der Regel geeignete rechtliche Mittel zur Durchsetzung der eigenen Belange zur Verfügung. Auf der anderen Seite des Spektrums kann es um **gewerbsmäßig begangene** Gesetzesverstöße wie die systematische **Bestechung von Entscheidungsträgern** oder die Errichtung und Durchführung eines **breit angelegten Steuerhinterziehungsmodells** gehen.

39g Die **Bandbreite rechtswidriger Vorgänge,** Zustände und Verhaltensweisen erstreckt sich mithin von einem leichteren, singulären, weiter in der Vergangenheit liegenden und der Leitungsebene seinerzeit unbekannten Gesetzesverstoß eines einzelnen Beschäftigten (Beispiel: unbefugte Verwendung eines für einen Dritten geschützten Fotos in einer betriebsinternen Präsentation), bis zu schwerwiegenden, wiederholten, von der Leitungsebene initiierten, geförderten oder bewusst geduldeten, bis in die Gegenwart andauernden Vergehen (Beispiel: systematische Kartellverstöße, etwa Preisabsprachen unter Wettbewerbern). Wollte man sämtliche denkbaren Konstellationen über einen Kamm scheren, so würde man sich eines in der Geschäftsgeheimnis-RL angelegten **Steuerungsinstruments** begeben, das angemessene, dem Einzelfall gerecht werdende Lösungen liefern kann. Anders gewendet: Wohl niemand würde im Ergebnis ernsthaft annehmen, dass die Offenlegung von Informationen über die eben – nur beispielhaft – angesprochenen schwerwiegenden Vergehen (systematische Korruption, Steuerhinterziehung oder Kartellabsprachen) über die Hürden der Art. 3 Abs. 1 lit. a, 5 lit. a, c und d, 11 Abs. 2 und 13 Abs. 1 hinweg verhindert werden könnte oder sollte.

6. Den Umständen nach angemessene Geheimhaltungsmaßnahmen

40 **a) Rechtliche Maßstäbe. aa) Ausgangspunkt.** Gemäß § 2 Nr. 1 lit. b (inhaltlich, wenn auch nicht wörtlich übereinstimmend mit Art. 2 Abs. 2 lit. c Geschäftsgeheimnis-RL) setzt die Anerkennung als „Geschäftsgeheimnis" weiter voraus, dass die betreffenden Informationen **„Gegenstand von den Umständen nach angemessenen Geheimhaltungsmaßnahmen** durch ihren rechtmäßigen Inhaber“ sind. Rechtstechnisch handelt es sich um eine **Obliegenheit:** Wird ihr der Inhaber der geheimen Informationen nicht gerecht, so verliert er den Geheimnisschutz (*Ohly* GRUR 2019, 441 (443)). In dem Erfordernis solcher Geheimhaltungsmaßnahmen klingt an, dass der Schutz von Geschäftsgeheimnissen (jedenfalls auch) ein **Zugangsschutz** ist (*Hauck* WRP 2018, 1032 (1033)). Keine andere Komponente des Geheimnisbegriffs hat seit Erlass der Geschäftsgeheimnis-RL eine ähnlich lebhafte Diskussion ausgelöst. Die Geschäftsgeheimnis-RL hatte dieses Merkmal wortgleich aus Art. 39 Abs. 2 lit. c TRIPS übernommen. Es gehört mit Inkrafttreten des GeschGehG (und streng genommen schon seit Ablauf der Umsetzungsfrist) zu den **tatbestandsmäßigen Voraussetzungen,** unter denen eine bestimmte Information als „Geschäftsgeheimnis“ anzusehen ist (zum Spektrum von Geheimhaltungsmaßnahmen → Rn. 42 ff.; zu deren Angemessenheit → Rn. 43 ff.; zu praktischen Vorkehrungen → Rn. 55 ff.; zur Ergreifung der Maßnahmen durch den rechtmäßigen Inhaber der Informationen → Rn. 65e). Daraus allein ergibt sich allerdings noch nicht, welche **konkreten Anforderungen im Einzelfall** („den Umständen nach“) an die Erfüllung dieses Erfordernisses zu stellen sind (hierzu und zum Folgenden *Harte-Bavendamm* FS Büscher, 2018, 311 (316 ff.); *Kalbfus* GRUR-Prax 2017, 391; *Redeker/Pres/Gittinger* WRP 2015, 681 (683 ff.); *Maaßen* WRP 2019, 352 (355 ff.); *Leistner* WRP 2021, 835 (837 ff.); *Alexander* in Köhler/Bornkamm/Feddersen GeschGehG § 2 Rn. 49 ff.; *Schönknecht* in Keller/Schönknecht/Glinke § 2 Rn. 55 ff., 79 ff.; *Momtschilow* in Hoppe/Oldekop Kap. 1 Rn. 121 ff.;). Richtig ist, dass unter Geltung der Geschäftsgeheimnis-RL der klagende Inhaber einer geheimen und deshalb einen gewissen wirtschaftlichen Wert aufweisenden Information die **Darlegungs- und Beweislast** für die Erfüllung auch dieses dritten Merkmals trägt (*Alexander* in Köhler/Bornkamm/Feddersen GeschGehG § 2 Rn. 49; vgl. auch BGH MMR 2022, 773 Rn. 44 – Stopfaggregat), während ihn nach der früheren deutschen Rechtsprechung nur eine sekundäre Darlegungs- und Beweislast traf (*Redeker/Pres/Gititnger* WRP 2015, 681 (683); *McGuire* GRUR 2016, 1000 (1006)). Dies besagt allerdings nicht, dass die Gerichte bei der Betrachtung des Einzelfalls und unter Nutzung des ihnen nach **§ 286 ZPO** zugestandenen Wertungsspielraums nicht auch in Zukunft mit **Annahmen, Schlussfolgerungen und Vermutungen** arbeiten können, die an objektive Umstände anknüpfen und sich im Ergebnis vom herkömmlichen deutschen Konzept nicht unbedingt gravierend unterscheiden müssen.

Nach den Umständen angemessene Geheimhaltungsmaßnahmen sind im Schutzsystem der Geschäftsgeheimnis-RL und des GeschGehG **in doppelter Hinsicht relevant** (*Leistner* WRP 2021, 835 Rn. 26): Zum einen sind sie zu einem wesentlichen Definitionselement des Geschäftsgeheimnisses geworden (§ 2 Nr. 1 lit. b). Zum anderen können die zum Schutz der Geschäftsgeheimnisse getroffenen Maßnahmen in die von Art. 11 Abs. 2 lit. b und Art. 13 Abs. 1 lit. b Geschäftsgeheimnis-RL vorgesehene, in § 9 GeschGehG leicht abweichend (→ § 9 Rn. 3) umgesetzte **Prüfung der Verhältnismäßigkeit gerichtlicher Maßnahmen** und Anordnungen einfließen. So heißt es im RegE-GeschGehG (BT-Drs. 19/4724, 31) erläuternd, im Einzelfall könne es zur Unverhältnismäßigkeit einer an sich vorgesehenen gerichtlichen Anordnung führen, wenn der Inhaber des Geschäftsgeheimnisses **nur geringfügige Schutzmaßnahmen** ergriffen habe. Dieser Hinweis bestätigt im Umkehrschluss das Verständnis, dass eben auch **40a** ein durchaus **bescheidener Grad an Geheimhaltungsvorkehrungen ausreichen** kann, um die Voraussetzungen des § 2 Nr. 1 lit. b zu erfüllen. Wollte man Letzteres anders sehen, würde die Relevanz der Verhältnismäßigkeitskontrolle gemäß § 9 Nr. 2 ausgehöhlt und ohne Not auf die von **§ 9 Nr. 2** eröffnete flexiblere Berücksichtigung der Einzelfallumstände verzichtet (→ Rn. 51; vgl. LAG Düsseldorf GRUR-RS 2020, 23408 Rn. 83 – PU-Schaum; *Leistner* WRP 2021, 835 Rn. 26; *Momtschilow* in Hoppe/Oldekop Kap. 1 Rn. 119).

41 Das Tatbestandsmerkmal der „den Umständen nach angemessenen Geheimhaltungsmaßnahmen“ verdeutlicht, dass **geheime Informationen aktiv geschützt** werden müssen (LAG Düsseldorf GRUR-RS 2020, 23408 Rn. 80 – PU-Schaum; OLG Schleswig WRP 2022, 906 Rn. 45), um den Rang von Geschäftsgeheimnissen einnehmen zu können; damit liegt die Erlangung effektiven Schutzes zu einem guten Teil in der Hand des betreffenden Unternehmensinhabers (*Alexander* in Köhler/Bornkamm/Feddersen GeschGehG § 2 Rn. 49). Wer **keine Anstrengungen** unternimmt, geheime Informationen gegen unbefugten Zugriff zu schützen, oder lediglich darauf vertraut, die geheimen Informationen würden weder entdeckt noch in die falschen Hände gelangen, kann **keinen Rechtsschutz** nach den Vorschriften des GeschGehG in Anspruch nehmen (ebenso *Alexander* in Köhler/Bornkamm/Feddersen GeschGehG § 2 Rn. 49; *Momtschilow* in Hoppe/Oldekop Kap. 1 Rn. 120a). Die eigentlichen Schwierigkeiten liegen in der Bestimmung des als **angemessen** anzuerkennenden **Niveaus der Schutzvorkehrungen** (→ Rn. 43 ff.). Abgesehen von der Bezugnahme auf die Umstände des Einzelfalls liefert der Wortlaut des § 2 Nr. 1 lit. b GeschGehG ebenso wenig wie derjenige des Art. 39 Abs. 2 TRIPS und des Art. 2 Nr. 1 lit. c Geschäftsgeheimnis-RL nähere Anhaltspunkte für die Art der erforderlichen Geheimhaltungsmaßnahmen und für die Bewertung von deren Angemessenheit. In den Erwägungsgründen zur Geschäftsgeheimnis-RL wird diese Schutzvoraussetzung nicht einmal erwähnt. Der **RegE-GeschGehG** (BT-Drs. 19/4724, 21 f., 24 f.) lässt anklingen, dass **kein strenger Maßstab** angelegt werden sollte (näher → Rn. 43 ff.; *Leistner* WRP 2021, 835 Rn. 21 f., 24 f.): „Welche Arten von Geheimhaltungsmaßnahmen konkret erfolgen müssen, hängt von der Art des Geschäftsgeheimnisses im Einzelnen und den konkreten Umständen der Nutzung ab. In Betracht kommen sowohl physische Zugangsbeschränkungen und Vorkehrungen wie auch vertragliche Sicherungsmechanismen. Es ist nicht erforderlich, jede geheim zu haltende Information gesondert zu kennzeichnen, sondern es können grundsätzlich Maßnahmen für bestimmte Kategorien von Informationen ergriffen werden (zum Beispiel durch technische Zugangshürden) oder durch allgemeine interne Richtlinien und Anweisungen oder auch in Arbeitsverträgen vorgegeben werden. Bei der Wertung der Angemessenheit können insbesondere berücksichtigt werden: Der Wert des Geschäftsgeheimnisses und der Entwicklungskosten, die Natur der Informationen, die Bedeutung für das Unternehmen, die Größe des Unternehmens, die üblichen Geheimhaltungsmaßnahmen in dem Unternehmen, die Art der Kennzeichnung der Informationen und vereinbarte vertragliche Regelungen mit Arbeitnehmern und Geschäftspartnern.“

41a Dem Inhaber der geheimen, einen wirtschaftlichen Wert enthaltenden Informationen ist ein nicht unerheblicher **Ermessensspielraum** zuzugestehen, wenn es um die Auswahl der den Umständen nach angemessenen Geheimhaltungsmaßnahmen geht (ebenso *Momschilow* in Hoppe/Oldekop Kap. 1 Rn. 120c; *Schönknecht* in Keller/Schönknecht Glinke § 2 Rn. 77: „weiter Spielraum“; *Alexander* in Köhler/Bornkamm/Feddersen GeschGehG § 2 Rn. 66: „Beurteilungsspielraum, … wenn sich der Schutz auf unterschiedliche Weise verwirklichen lässt“). **Maßstab** ist letztlich, ob es für **redlich handelnde Personen,** die mit den geheimen Informationen in Berührung kommen, **erkennbar** ist, dass diese **objektiv geheimhaltungsbedürftig** sind (ähnlich *McGuire* in Büscher, GeschGehG § 2 Rn. 56; *Momtschilow* in Hoppe/Oldekop Kap. 1 Rn. 117; *Leistner* WWRP 2021, 835 Rn. 33). Etwas andere Perspektiven wählen *Alexander* (in Köhler/Bornkamm/Feddersen GeschGehG § 2 Rn. 66), der auf die **Sichtweise eines objektiven und verständigen Betrachters aus den** für die betroffenen Informationen relevanten **(Fach-) Kreisen** abstellt, und *Schönknecht* (in Keller/Schönknecht/Glinke § 2 Rn. 76). Dieser hält Geheimhaltungsmaßnahmen für angemessen, wenn ein **verständiger Geheimnisinhaber** objektiv davon ausgehen durfte, dass die **Schutzvorkehrungen nach dem normalen Lauf der Dinge ausreichend** sein würden. In ihren praktischen Auswirkungen dürften sich diese Ansatzpunkte nicht wesentlich unterscheiden. Alle drei Formulierungen zielen auf eine **objektivierte, wertende Betrachtung** ab, **die die Gerichte meist aus eigener Anschauung vornehmen können.**

bb) Geheimhaltungsmaßnahmen. Als Geheimhaltungsmaßnahmen kommen **alle technischen, organisatorischen und rechtlichen Mittel** in Betracht, die **geeignet** sind, die **unbefugte Erlangung, Nutzung und Offenlegung geheimer Informationen zu verhindern oder zu erschweren** (*Schönknecht* in Keller/Schönknecht/Glinke § 2 Rn. 59; *Alexander* in Köhler/Bornkamm/Feddersen GeschGehG § 2 Rn. 53). Angesichts der Vielgestaltigkeit von Geschäftsgeheimnissen, der rasanten technischen Entwicklungen und der Veränderlichkeit der Bedrohungslagen ist es **nicht möglich, einen auch nur annähernd erschöpfenden Maßnahmenkatalog zu benennen** (ebenso *Alexander* in Köhler/Bornkamm/Feddersen GeschGehG § 2 Rn. 52). So erhebt auch die eben (→ Rn. 41) zitierte Begründung zum RegE-GeschGehG einerseits keinerlei Anspruch auf Vollständigkeit, wenn sie nur physische und technische Zugangshürden, interne Weisungen und vertragliche Sicherungsmechanismen erwähnt. Andererseits ist sie wohl – im Einklang mit dem Telos der Geschäftsgeheimnis-RL – so zu verstehen, dass **keineswegs stets sämtliche in Betracht kommenden Schutzvorkehrungen nebeneinander getroffen** werden müssen (wie hier ua *Schönknecht* in Keller/Schönknecht/Glinke § 2 Rn. 71, 75; ähnlich *Alexander* in Köhler/Bornkamm/Feddersen GeschGehG § 2 Rn. 65 ff.). Dies gilt ungeachtet dessen, dass typischerweise mehrere Maßnahmen erforderlich sein dürften, die sinnvoll ineinandergreifen (*Alexander* in Köhler/Bornkamm/Feddersen GeschGehG § 2 Rn. 53 f.). 42

Beispiele für **technische, organisatorische und rechtliche Geheimhaltungsmaßnahmen** werden im Rahmen des Abschnitts über praktische Sicherheitsvorkehrungen (→ Rn. 55 ff.) angesprochen. Ausführliche Übersichten finden sich ua auch bei *Brammsen* (in Brammsen/Apel § 2 Rn. 83–101), *Momtschilow* (in Hoppe/Oldekop Kap. 1 Rn. 168 ff.), *Fuhlrott* (in BeckOK GeschGehG § 2 Rn. 35 ff.), *Schönknecht* (in Keller/Schönknecht/Glinke § 2 Rn. 59 ff.), *Alexander* (in Köhler/Bornkamm/Feddersen GeschGehG § 2 Rn. 53 ff.) und *Maaßen* (GRUR 2019, 352, 357 ff.). 42a

In verschiedenen seit Inkrafttreten des GeschGehG **veröffentlichten Gerichtsentscheidungen** sind unter anderem die folgenden Maßnahmen behandelt worden: 42b

- Sicherung des Zugangs zu Gebäuden durch Türschließungen mit Anmeldung per Sprechanlage (OLG Düsseldorf WRP 2021, 1080 = GRUR-RS 2021,

17483, Rn. 37 ff. – CAD-Konstruktionszeichnung; ArbG Aachen v. 13.1.2022, 8 Ca 1229/20, openJur 2022, 3320 Rn. 89).

- Sicherung gegen den Zutritt unbefugter Personen zu Räumen, in denen sensible Informationen verwahrt werden (OLG Stuttgart GRUR-RS 2020, 35613 Rn. 172 – Schaumstoffsysteme).
- Richtlinien zum Umgang mit firmeneigenen Smartphones: Software- und App-Installationen ohne Zustimmung des Administrators verboten, Einrichtung einer SIM-Kartensperre, Display-Passwort, Löschung von Daten via WIPE-Funktion bei Verlust des Smartphones (OLG Düsseldorf WRP 2021, 1080 Rn. 40 – CAD-Konstruktionszeichnung).
- EDV-Sicherheitsrichtlinien (OLG Hamm WRP 2021, 233 Rn. 159 – Stopfaggregat; LAG Baden-Württemberg BeckRS 2021, 26156 Rn. 32 ff.).
- Sicherung digitaler Daten mittels Firewall und gesicherter VPN-Leitung und Log-In-Funktion, Nutzung des IT-Systems nur nach Eingabe des individuellen Benutzernamens und eines Kennworts (OLG Düsseldorf WRP 2021, 1080 Rn. 41 – CAD-Konstruktionszeichnung; OLG Schleswig WRP 2022, 906 Rn. 75 ff. – Teil-Kostenrechnung).
- Sicherung mobiler Endgeräte mit einem Bitblocker, TLS-Verschlüsselung des E-Mail-Verkehrs (OLG Schleswig WRP 2022, 906 Rn. 78 ff. – Teil-Kostenrechnung).
- Beschränkung von Zugriffsrechten auf Mitarbeiter der Konstruktionsabteilung (OLG Düsseldorf WRP 2021, 1080 Rn. 41 – CAD-Konstruktionszeichnung) oder der Forschungs- und Entwicklungsabteilung (ArbG Aachen v. 13.1.2022, 8 Ca 1229/20, openJur 2022, 3320 Rn. 88).
- Beschränkung des Zugriffs auf Personen, welche die geheimen Informationen zur Durchführung ihrer Aufgaben (potentiell) benötigen und zur Verschwiegenheit verpflichtet sind (OLG Stuttgart GRUR-RS 2020, 35613 Rn. 170 – die Bezugnahme auf *Ohly* GRUR 2019, 441, 444, beruht allerdings insofern auf einem Missverständnis, als *Ohly* eine solche Beschränkung als eine der geeigneten Maßnahmen aufgeführt hat, diese aber im Gegensatz zum OLG Stuttgart gerade nicht als verbindlichen Mindeststandard festschreiben wollte; LAG Baden-Württemberg BeckRS 2021, 26156 Rn. 34: „need-to-know" Prinzip; OLG Schleswig WRP 2022, 906 Rn. 58 ff. – Teil-Kostenrechnung).
- Kennzeichnung von Konstruktionszeichnungen mit einem Vervielfältigungs- und Offenlegungsverbot (OLG Düsseldorf WRP 2021, 1080 Rn. 42 – CAD-Konstruktionszeichnung).
- Speicherung von Dateien mit Geschäftsgeheimnissen auf privaten Datenträgern; Zugänglichkeit solcher Dateien ohne Passwort (OLG Stuttgart GRUR-RS 2020, 35613 Rn. 171, 177 – Schaumstoffsysteme).
- (Unwirksame) Vereinbarungen, durch die ausgeschiedene Beschäftigte zur Geheimhaltung aller Angelegenheiten und Vorgänge verpflichtet werden, die ihnen im Rahmen ihrer Tätigkeit bekanntgeworden sind (LAG Düsseldorf GRUR-RS 2020, 23408 Rn. 80 – PU-Schaum; LAG Köln BeckRS 2019, 44850 Rn. 14).
- Vereinbarung einer Herausgabepflicht hinsichtlich aller betrieblichen Unterlagen, Datenträger und etwaigen Abschriften (OLG Düsseldorf WRP 2021, 1080 Rn. 38); Pflicht zur Herausgabe privater Aufzeichnungen mit geheimen Informationen des Arbeitgebers (LAG Düsseldorf GRUR-RS 2020, 23408 Rn. 82 – PU-Schaum).

- Geheimhaltungsvereinbarungen mit Geschäftspartnern (OLG Düsseldorf WRP 2021, 1080 Rn. 43 – CAD-Konstruktionszeichnung) einschließlich Lizenznehmern (OLG Hamm WRP 2021, 223 Rn. 159 – Stopfaggregate), Verbot der Weitergabe an Dritte.
- Einziehung von Erkundigungen, um die als lückenhaft erkannten Maßnahmen überprüfen und verbessern zu können (OLG Hamm WRP 2021, 223 Rn. 160 ff., 165 – Stopfaggregate: Aus Sicht der maßgeblichen Fachkreise ist es „zwingend erforderlich, in Anbetracht der Bedeutung des Geschäftsgeheimnisses jedem Hinweis auf eine Umgehung von (angeblichen) Geschäftsgeheimnissen [gemeint ist wohl: Maßnahmen zur Geheimhaltung angeblicher Geschäftsgeheimnisse] sorgfältig nachzugehen und das Sicherheitskonzept zeitnah anzupassen oder Sanktionen zu ergreifen").

Die Eignung und Realisierbarkeit solcher und weiterer Geheimhaltungsmaßnahmen (→ Rn. 42–42b; 55 ff.) darf allerdings nicht zu dem **Fehlschluss** verleiten, erst ihre **umfassende Bündelung** erlaube ihre Anerkennung als „den Umständen nach angemessen". Welche und wie viele dieser Schutzvorkehrungen als angemessen gelten können, bleibt vielmehr **Frage des Einzelfalls** (→ Rn. 43 ff.; wie hier OLG Schleswig GRUR-RR 2022, 404 = WRP 2022, 906, Rn. 57; ähnlich *Schönknecht* in Keller/Schönknecht/Glinke § 2 Rn. 58, 71, 75; *Momtschilow* in Hoppe/Oldekop Kap. 1 Rn. 120a ff.; wohl auch *Alexander* in Köhler/Bornkamm/Feddersen GeschGehG § 2 Rn. 65 ff.). Andernfalls drohte es zu einem dem Zweck und der Systematik **der Geschäftsgeheimnis-RL zuwiderlaufendes „race to the top"** (*Leistner* WRP 2021, 835 Rn. 29 ff.) zu kommen. Anders gewendet: Es bleibt deutlich zu unterscheiden zwischen einem nahezu idealen, auf weitreichende Lückenlosigkeit abzielenden Schutzsystem und derjenigen **Auswahl von Geheimhaltungsmaßnahmen,** deren Kombination dem Zuschnitt des betreffenden Unternehmens entspricht; hieran sind keine hohen Anforderungen zu stellen (*Leistner* WRP 2021, 835 Rn. 29 ff., 34; *Momtschilow* in Hoppe/Oldekop Kap. 1 Rn. 120a; näher → Rn. 43 ff.). **42c**

cc) Angemessenheit. Dass die Anforderungen an die Geheimhaltungsmaßnahmen **nicht überspannt** werden dürfen (so schon die über die Website grur.org abrufbare GRUR-Stellungnahme vom 19.3.2014 zum Richtlinienvorschlag der Europäischen Kommission) ergibt sich bereits daraus, dass die Geschäftsgeheimnis-RL – wie auch Art. 39 Abs. 2 lit. c TRIPS – eben **keinen bestmöglichen, der Perfektion nahekommenden Schutz** verlangt, sondern nur dasjenige, was **unter den gegebenen Umständen angemessen** erscheint (inzwischen wohl allg. Meinung, vgl. nur LAG Düsseldorf GRUR-RS 2020, 23408 Rn. 81 – PU-Schaum; OLG Stuttgart GRUR-RS 2020, 35613 Rn. 168 – Schaumstoffsysteme; OLG Hamm WRP 2021, 223 Rn. 153 – Stopfaggregat; OLG Düsseldorf WRP 2021, 1080 Rn. 34 – CAD-Konstruktionszeichnung; OLG Schleswig WRP 2022, 906 Rn. 51ebenso *Alexander* WRP 2017, 1034; *Kalbfus* GRUR-Prax 2017, 391 (392); *Ohly* GRUR 2019, 441 (443 f.); *Maaßen* GRUR 2019, 352 (355 f.); *Thiel* WRP 2019, 700 (701); *Partsch/Rump* NJW 2020, 118 (120); *Barth/Corzelius* WRP 2020, 2020, 29 Rn. 11; *Krüger/Wiencke/Koch* GRUR 2020, 578 (581); *Schönknecht* in Keller/Schönknecht/Glinke § 2 Rn. 75; zur Rechtslage in den USA *Lemley* Stanford Law Review, 2008, Vol. 61:311, S. 317: „The presence of the term ‚reasonable' ensures close cases and difficult line drawing for courts, and it is clear that only some precautions, not completely effective ones, are required."). **43**

In praktischer Hinsicht ist unübersehbar, dass selbst bei allergrößtem, vermeintlich bestmöglichem Aufwand eine **vollständige Abschottung geheimen** **43a**

Wissens unerreichbar ist. Alle Arten physischer Schranken lassen sich ebenso durchbrechen oder umgehen wie jede denkbare elektronische Sicherung. Es genügt, auf die in diesen Jahren bekannt gewordenen Fälle hinzuweisen, in denen es Hackern, ausländischen Wettbewerbern oder Geheimdiensten gelungen ist, scheinbar undurchdringliche Schutzsysteme verschiedenster Institutionen (darunter das Pentagon, die NSA und das Regierungsnetzwerk der Bundesrepublik, hierzu SZ v. 2.3.2018, S. 2) oder Unternehmen zu überwinden, die in weit überdurchschnittlichem Umfang auf Geheimhaltung ihres wettbewerbsrelevanten Know-hows bedacht waren. Es kann schon deshalb nur darum gehen, solche **Vorkehrungen** zu treffen, die in Anbetracht des Unternehmenszuschnitts, der Art der betroffenen Informationen und der Gefahren, die deren Geheimhaltung typischer Weise drohen, **wirtschaftlich vernünftig und verhältnismäßig,** insbesondere mit noch **überschaubarem organisatorischem, physischem, digitalem, personellem und rechtlichem Aufwand realisierbar** sind (ähnlich *Maaßen* GRUR 2019, 352 (355 f.); *Ohly* GRUR 2019, 441 (443 f.); *Thiel* WRP 2019, 700 f.; *Momtschilow* in Hoppe/Oldekop Kap. 1 Rn. 119, 120a; *Alexander* in Köhler/Bornkamm/Feddersen GeschGehG Rn. 51; *Schönknecht* in Keller/Schönknecht/Glinke § 2 Rn. 74 ff.: „situations- und geheimnisabhängige Angemessenheit").

44 Dass Perfektion nicht verlangt werden kann, folgt auch aus der schlichten Tatsache, dass sich das **Geheimnisschutzsystem** zu dem Zeitpunkt, zu dem rückblickend Ansprüche wegen mutmaßlicher Geheimnisverletzung geprüft werden, **bereits als nicht wasserdicht erwiesen** hat. Andernfalls hätte es keinen rechten Anlass gegeben, Abwehr- und Schadensersatzansprüche überhaupt in Erwägung zu ziehen und womöglich gerichtlich zu verfolgen. Es wäre paradox, wenn die nachträglich erkannte Lückenhaftigkeit als Indiz dafür gewertet würde, dass die Geheimhaltungsmaßnahmen nicht angemessen waren, und der Geheimnischarakter rückwirkend schon deshalb verneint würde. Zwar scheidet Letzteres bei nüchterner Betrachtung offenkundig aus. Eher könnte aber die Gefahr bestehen, dass der betroffene Geheimnisinhaber von vornherein – sei es auch nur unterschwellig – dem Verdacht ausgesetzt wird, seine Schutzmaßnahmen könnten angesichts des gelungenen Eingriffs wohl kaum „dem neuesten Stand der Technik" entsprochen haben, nicht „in adäquater technischer, physischer und vertraglicher Weise" (→ Rn. 41) nach innen und außen wirksam genug gewesen sein. Maßgeblich ist nicht die Betrachtung *ex post,* sondern die Frage, ob Aufwand und Effizienz aus der **Perspektive *ex ante*** im Hinblick auf wahrscheinliche Gefährdungen wirtschaftlich vernünftig waren (*McGuire* in Büscher, GeschGehG § 2 Rn. 61; *Alexander* in Köhler/Bornkamm/Feddersen GeschGehG § 2 Rn. 61d; *Momtschilow* in Hoppe/Oldekop Kap. 1 Rn. 120d; OLG Schleswig WRP 2022906 Rn. 70).

45 Es wäre (auch) nach **Art. 39 Abs. 2 TRIPS** unzulässig, eine undifferenziert aufwändige, unter kaufmännischen Gesichtspunkten nicht zu vertretende Absicherung der Geheimhaltung zu fordern, um erst dann gesetzlichen Schutz erlangen zu können (*Peter/Wiebe* in Busche/Stoll/Wiebe Art. 39 Rn. 24). Weder aus der Entstehungsgeschichte des TRIPS-Abkommens (*Gervais,* S. 420 ff.; *Harte-Bavendamm* FS Köhler, 2014, (311 (318)) noch aus den Erwägungsgründen der Geschäftsgeheimnis-RL oder den vorbereitenden Materialien ergeben sich Anhaltspunkte für die Ausfüllung dieses Tatbestandsmerkmals. In Erwägungsgrund 14 der Geschäftsgeheimnis-RL wird dieser Bestandteil des Geheimnisbegriffs nicht einmal erwähnt. Dies deutet nicht eben darauf hin, dass der europäische Gesetzgeber diesem Merkmal eine besondere Bedeutung zugemessen hat, welche

das bisherige Schutzniveau – gerade in wirtschaftlich so gewichtigen Mitgliedstaaten wie Deutschland – nachhaltig beeinträchtigen könnte (wie hier *Leistner* WRP 2021, 835 Rn. 19). Ein Versuch, trotz des starken Einzelfallbezugs **etwas allgemeinere Maßstäbe** für die Ermittlung dessen zu gewinnen, was „nach den Umständen angemessen" ist, muss – da der Wortlaut hier keinen näheren Aufschluss gibt – zuvorderst am erkennbaren Zweck, an der **Zielrichtung der Geschäftsgeheimnis-RL** ansetzen (ebenso *Momtschilow* in Hoppe/Oldekop Kap. 1 Rn. 119, 120b; *Leistner* WRP 2021, 835 Rn. 19 ff., 30 ff.). Dies führt zu zwei grundlegenden Gesichtspunkten.

Zum einen kommt in Erwägungsgrund 9 zum Ausdruck, dass eine **Kosten-Nutzen-Betrachtung** ein ganz **wesentlicher Gesichtspunkt für die Ausgestaltung eines angemessenen rechtlichen Schutzes** von Geschäftsgeheimnissen ist: Es wird hervorgehoben, dass ein unzureichendes Schutzsystem zu einer **ineffizienten Kapitalallokation** führt (oben → Einl. A Rn. 15 ff.). Verhindert werden soll die Fehlleitung finanzieller Ressourcen, die weit produktiver für Forschung, Entwicklung, Herstellung und Vermarktung innovativer Produkte eingesetzt werden könnten (*Ohly* GRUR 2014, 1 (3); *McGuire,* GRUR 2016, 1000 (1004); *Kalbfus* GRUR-Prax 2017, 391 (392), und schon in Know-how-Schutz, S. 47 ff.; *Harte-Bavendamm* FS Büscher, 2018 (S. 311, 317 ff.) mwN; *Leistner* WRP 2021, 835 Rn. 27, 29 f.). Zum anderen ist fundamentales Ziel der Geschäftsgeheimnis-RL, den Schutz von Geschäftsgeheimnissen **unionsweit auf ein insgesamt effektives Niveau anzuheben,** das die Mitgliedstaaten gemäß Art. 1 Abs. 1 S. 2 in Teilbereichen noch weiter stärken können (immer vorausgesetzt, dass legitime Interessen Dritter und der Allgemeinheit nicht beeinträchtigt werden und dass der Grundsatz der Verhältnismäßigkeit beachtet wird). Wollte man die „nach den Umständen angemessenen Geheimhaltungsmaßnahmen" allzu strengen Erwartungen aussetzen, so geriete man schnell in einem Teufelskreis: Je höher die Anforderungen an die Breite und Tiefe der betrieblichen Schutzvorrichtungen, desto größer der zusätzliche finanzielle und organisatorische Aufwand, um überhaupt die Existenz eines „Geschäftsgeheimnisses" nachweisen zu können. Je weiter die verlangte Perfektion und die damit verbundenen Investitionen gingen, desto stärker würde ein Kernanliegen der Geschäftsgeheimnis-RL verfehlt. Anders gewendet: Gäbe es einen nahezu perfekten (um den Preis außerordentlichen Aufwands erzielbaren) praktischen Schutz, so erwiese sich ein **rechtliches Schutzsystem,** das **fair und gerecht, wirksam und abschreckend und weder unnötig kompliziert noch kostspielig** sein soll (vgl. Art. 6 Abs. 2 Geschäftsgeheimnis-RL), als weitgehend überflüssig. 46

Allzu hochgeschraubte Anforderungen an den Nachweis angemessener Geheimhaltungsmaßnahmen würden (auch) in Deutschland die wirksame **gerichtliche Durchsetzung** von Unterlassungs- und Schadensersatzansprüchen **ganz wesentlich weiter erschweren,** denn für die Anerkennung vertraulicher Informationen als „Geschäftsgeheimnisse" wären im Ergebnis hohe zusätzliche Hürden errichtet. Dies würde – entgegen Art. 6 Abs. 2 und 10 Geschäftsgeheimnis-RL – in besonderem Maße für die Durchsetzung von Unterlassungsansprüchen im Verfügungsverfahren gelten. Die gerichtliche Verfolgung mutmaßlicher Geheimnisverletzungen gehört wegen der oft besonders schwierigen Beweislage, der Tücken der Antragsfassung und der Wahrung der Vertraulichkeit im Prozess ohnehin zu den dornenreichsten Wegen im gesamten Bereich der Immaterialgüterrechte und des Lauterkeitsrechts. In den USA hat sich die Rechtsprechung – bei erheblichen Schwankungen und etlichen kritischen Stimmen – zeitweise dahin 47 entwickelt, dass der prozessuale Zeit- und Kostenaufwand für den Nachweis der „reasonable secrecy precautions" ähnlich hoch wurde wie derjenige, der auf die Darlegung und den Beweis der Nichtoffenkundigkeit und der Verletzungshandlungen entfiel (hierzu *Harte-Bavendamm* FS Büscher, 2018, 311 (317 ff.), und *Kalbfus,* Know-how-Schutz, 11 ff., jeweils mwN auch zu der hieran geäußerten Kritik sowie zu gegenläufigen Tendenzen; *Redeker/Pres/Gittinger* WRP 2015, 681 (684). Allerdings verlangt auch das US-Recht nicht, dass der Geheimnisinhaber seinen Betrieb zu einer „uneinnehmbaren Festung" macht, geradezu „heroische Maßnahmen" ergreift (vgl. *Maaßen* WRP 2019, 352 (355) mwN); schon wegen der stark schwankenden Praxis der US-Gerichte, aber auch wegen der Umwandlung der Definition in einen autonomen Begriff des Unionsrechts lassen sich der amerikanischen Rechtsprechung keine konkreten Beiträge zur Lösung des Einzelfalls entnehmen (in der Tendenz wohl a.A. *Partsch/Rump* NJW 2020, 118 (119). Eine Fehlentwicklung in dieser Richtung würde unter dem Strich die mit der Geschäftsgeheimnis-RL **angestrebte Etablierung einer effektiven Rechtsdurchsetzung bei Vermeidung einer unproduktiven Allokation von Ressourcen** spürbar beeinträchtigen, so de facto auch das in Deutschland bisher erreichbare Schutzniveau deutlich senken.

48 Eine drohende signifikante **Erhöhung des prozessualen Zeit- und Kostenaufwands** zeigt sich auch unter dem oben (→ Rn. 44) schon angesprochenen Aspekt: Auf der einen Seite steht im (mutmaßlichen) Verletzungsfall fest, dass das Geheimnisschutzsystem des betroffenen Unternehmens nicht ausgereicht hat. Auf der anderen Seite muss das Gericht im Nachhinein feststellen, dass die getroffenen Schutzvorkehrungen zum möglicherweise bereits längere Zeit zurückliegenden Tatzeitpunkt dennoch „nach den Umständen angemessen" waren. Käme es nun etwa im Fall eines „erfolgreichen" Hacker-Angriffs darauf an, ob bei einer ex-post-Betrachtung die elektronischen „firewalls" dem seinerzeit neuesten Stand der Technik entsprachen (vgl. *Hoeren/Münker* WRP 2018, 150 (151); zurückhaltender *Hauck* NJW 2016, 2218 (2220), der aber erhebliche Anforderungen an den Einsatz von Verschlüsselungstechnologien befürwortet), so wäre kein Geheimnisschutzverfahren mehr ohne umfassende Erhebungen über die gesamte zu einem früheren Zeitpunkt gegebene technologische Marktsituation und ohne die **Einschaltung von Sachverständigen** denkbar. Dieses Problem stellt sich umso schärfer, je eher man gedanklich von einem so gut wie perfekten Schutzsystem ausgeht und dann gewissermaßen „von oben nach unten" zu ermitteln sucht, ob die ergriffenen Schutzmaßnahmen des Geheimnisinhabers gerade eben noch als damals „angemessen" durchgehen können, obwohl sie sich de facto ja als lückenhaft erwiesen haben.

49 Angesichts der von der Geschäftsgeheimnis-RL verfolgten Ziele und der andernfalls **sehr erheblichen Schwächung der Rechtsdurchsetzung** spricht insgesamt viel dafür, an die Durchführung angemessener Geheimhaltungsmaßnahmen **keine wesentlich höheren Anforderungen** zu stellen, als es den **objektiven Anknüpfungspunkten** entspricht, welche die deutsche Rechtsprechung an die **Existenz eines objektiv anzuerkennenden Geheimhaltungsinteresses** gestellt hat (ähnlich die GRUR-Stellungnahme vom 19.3.2014 (4 f.); *Kalbfus* GRUR 2016, 1009 (1011) Fn. 34; *Leistner* WRP 2021, 835 Rn. 38).

50 Zu beachten bleibt aber, dass die „den Umständen nach angemessenen Geheimhaltungsmaßnahmen" nunmehr eindeutig zu den **materiellen Anspruchsvoraussetzungen** gehören. **Subjektive Elemente,** wie sie in der herkömmlichen deutschen Definition des Geheimhaltungswillens anklangen, spielen **keine Rolle**

mehr. In vielleicht erhöhtem, aber nicht drastisch gesteigertem Maße wird zu prüfen sein, ob **kaufmännisch objektiv vernünftige Geheimhaltungsmaßnahmen** vorliegen. Wie erwähnt (→ Rn. 40), schließt dies nicht aus, im Rahmen des § 286 ZPO gewisse **Beweiserleichterungen** zu gewähren und **der Lebenserfahrung entsprechende Annahmen** zu treffen. Eine Bejahung des Geheimnischarakters setzt ja ohnehin voraus, dass die fraglichen Informationen weder allgemein bekannt noch Dritten leicht zugänglich sind und deshalb wirtschaftliche Bedeutung haben (vgl. hierzu den von *Kalbfus,* Know-how-Schutz, S. 112, zitierten Comment g zu § 39 des Restatement (Third) of Unfair Competition: „…if the value and secrecy of the information are clear, evidence of specific precautions taken by the trade secret owner may be unnecessary"; ähnlich *Bone,* in Dreyfuss/Strandburg S. 46 ff.). Schon dies mag ein gewisses Indiz dafür darstellen, dass die getroffenen Geheimhaltungsmaßnahmen bisher unter Berücksichtigung der betrieblichen und organisatorischen Gegebenheiten angemessen gewesen sind. Jedenfalls muss – und kann – eine praktische oder gar gedankliche Lückenlosigkeit weder gefordert noch nachgewiesen werden. **Einzelne schon einmal aufgetretene „Leckagen"**, insbesondere ein widerrechtlicher Zugriff auf vertrauliche Daten, der nicht zu einer allgemeinen Bekanntheit geführt hat, sprechen nicht per se gegen die Angemessenheit der Schutzvorkehrungen (wie hier *Schönknecht* in Keller/Schönknecht/Glinke § 2 Rn. 73 mit anschaulichen Beispielen; ähnlich *Alexander* in Köhler/Bornkamm/Feddersen GeschGehG § 2 Rn. 70; zustimmend OLG Hamm WRP 2021, 223 Rn. 156 – Stopfaggregat). **Kritisch** wird es demgegenüber, wenn der Inhaber der geheimen Informationen deutliche Anhaltspunkte dafür hatte, dass die getroffenen **Sicherheitsvorkehrungen wiederholt umgangen** wurden, und dies nicht zum Anlass für geeignete Gegenmaßnahmen genommen hat (OLG Hamm WRP 2021, 223 Rn. 159 – Stopfaggregat; *Schönknecht* in Keller/Schönknecht/Glinke § 2 Rn. 73).

Das LAG Düsseldorf (GRUR-RS 2020, 23408 Rn. 82 – PU-Schaum) hat es als **50a**
Anhaltspunkt für das Fehlen angemessener Schutzmaßnahmen angesehen, dass ein ausgeschiedener Außendienstmitarbeiter, der eine umfangreiche Kundenliste mit Namen, Absatzmengen und Umsätzen pflichtwidrig zurückbehalten hatte, **nicht** einmal außergerichtlich **zur Rückgabe aufgefordert** worden war (demgegenüber wurde dem früheren Beschäftigten verboten, privat angefertigte Notizen über Kunden, Ansprechpartner, Kontaktinformationen und Umsätze zu verwerten). Dieser Standpunkt überzeugt insofern nicht ganz, als die Geheimhaltungsmaßnahme in der ausdrücklichen schriftlichen Vereinbarung einer Rückgabepflicht bestand und damit zunächst einmal angemessen war. Zwar kann – wie eben im Zusammenhang mit der Entscheidung „Stopfaggregat" erwähnt – längere Untätigkeit nach Bekanntwerden einer signifikanten Schutzlücke dazu führen, dass die betreffenden Informationen ihren Geschäftsgeheimnischarakter verlieren. Hier war der Inhaber der Informationen aber gerade nicht untätig geblieben, sondern hatte im Eilverfahren einen Unterlassungsanspruch hinsichtlich der Nutzung der Kundenliste gerichtlich geltend gemacht. Dieser ging in der Sache wesentlich weiter als ein bloßes Rückgabeverlangen. Zuvor erst einmal die Rückgabe zu verlangen, hätte sich unter den gegebenen Umständen wohl als „unnütze Förmelei" dargestellt (vgl. *Apel/Stolz* GRUR-Prax 2021, 1 (3)), zumal es gerade der Antragsgegner war, dessen Verhalten den Geschäftsgeheimnischarakter der Informationen gefährdet hatte. Es erscheint sehr fraglich, ob der Antragsgegner angesichts der vereinbarten Rückgabepflicht **redlicherweise** davon ausgehen durfte, die Kundeninformationen würden von seinem früheren Arbeitgeber nicht als geheimes, wirtschaftlich werthaltiges Wissen (vgl. *Leistner*

WRP 2021, 835 Rn. 40) beurteilt und behandelt (→ Rn. 41a). Unter Umständen hatte der Arbeitgeber – ein Kleinunternehmen mit weniger als zehn Beschäftigten – zunächst schlicht vergessen, den Rückgabeanspruch geltend zu machen. Wie erwähnt, stellt eine einmalig aufgetretene (potentielle) Schutzlücke die Angemessenheit der (hier: vertraglichen) Geheimhaltungsmaßnahmen nicht unbedingt infrage.

50b Der Umstand, dass die Existenz von „den Umständen nach angemessenen Geheimhaltungsmaßnahmen" (Art. 2 Nr. 1 lit. c Geschäftsgeheimnis-RL) Teil des Geheimnisbegriffs ist, spricht im Übrigen seinerseits eher dafür, dass die an dieses Begriffselement zu stellenden **Anforderungen nicht besonders hochgeschraubt** werden sollten. Dies ergibt sich auch aus folgender **Kontrollüberlegung:** Würden die vom Unternehmen getroffenen Geheimhaltungsmaßnahmen wegen jeder nachträglich festgestellten Lücke als nicht angemessen beurteilt werden, wäre der Geheimnischarakter stets entfallen. Dies würde unabhängig davon gelten, ob der spätere Eingriff überhaupt dank dieser objektiv vorhandenen Lücke Erfolg hatte – von einer **Kausalität** zwischen einer (partiellen) Lückenhaftigkeit des Schutzsystems und dem „erfolgreichen" Zugriff eines Unbefugten ist jedenfalls nirgends die Rede. Ein nach bisherigem Verständnis rechtswidriger Akt der Betriebsspionage seitens eines Außenstehenden würde also womöglich keine Geheimnisverletzung mehr darstellen, wenn der Inhaber des Geheimnisses nicht nachweisen könnte, dass beispielsweise auch betriebsintern alle geeigneten Maßnahmen zur Verhinderung eines Zugriffs durch Mitarbeiter anderer Abteilungen durchgeführt worden waren.

51 Vor diesem Hintergrund sollte Art. 2 Nr. 1 lit. c Geschäftsgeheimnis-RL (und damit auch§ 2 Nr. 1 lit. b GeschGehG) nur die Funktion zugewiesen werden, ein wirtschaftlich (aktuell oder potenziell) werthaltiges Geheimnis anhand **objektiv greifbarer Geheimhaltungsakte von einer nur zufällig unbekannten Information abzugrenzen.** *Leistner* (WRP 2021, 835 Rn. 39) spricht insoweit von einem **erkennbar ernsthaften, objektiven Schutzinteresse.** Das bloße Vertrauen auf ein zufälliges Ausbleiben fremden Entdeckens oder auf natürliche Verborgenheit genügt hierfür nicht (*Peter/Wiebe* in Busche/Stoll/Wiebe Art. 39 Rn. 23; zustimmend *Alexander* in Köhler/Bornkamm/Feddersen GeschGehG § 2 Rn. 49). Die Bestimmung kann als Korrektiv vor allem in solchen Fällen dienen, in denen kaufmännisch und technisch naheliegende Schutzmaßnahmen entweder ganz fehlen oder so lückenhaft waren, dass die Gewährung rechtlichen Schutzes gegen den Zugriff, die Nutzung und die Weitergabe der Informationen durch Dritte nicht mehr adäquat erscheint (ähnlich *Kalbfus* GRUR-Prax 2017, 391 (392)). Ansätze in dieser Richtung sind **in der höchstrichterlichen Rechtsprechung schon angelegt** und müssen lediglich bis zu einem gewissen Grade **ausgebaut** und **auf objektive Anhaltspunkte beschränkt** werden. Geheimnisschutz ist zwar in wirtschaftlicher Hinsicht „Kernaufgabe des Informationsmanagements im Unternehmen" (*Ann* GRUR 2014, 12 ff.; zu einem strukturierten Geschäftsgeheimnis-Management auch *Höfer* GmbHR 2018, 1195 ff.). Daraus folgt aber nicht, dass die Gewährung rechtlichen Schutzes damit steht oder fällt, ob die betriebliche Organisation in dieser Hinsicht bereits einen hohen Grad der Vollkommenheit erreicht hat. Dass auch ein **bescheidenes Maß an Schutzvorkehrungen** die **Geheimnisqualität nicht unbedingt entfallen** lässt, bestätigt sich auch anhand dessen, dass nach **§ 9 Nr. 2** der Grad der getroffenen Geheimhaltungsmaßnahmen ein Kriterium dafür sein können, die **Anspruchsdurchsetzung** aufgrund einer dem Einzelfall gerecht werdenden Gesamtabwägung als **unverhältnismäßig** zu bewerten.

Über diese am Schutzzweck der Geschäftsgeheimnis-RL orientierten Leitlinien hinaus steht der auch in der Begründung zu§ 2 Nr. 1 GeschGehG (BT-Drs. 19/4724, 24) hervorgehobene **Einzelfallbezug des Tatbestandsmerkmals** („nach den Umständen" angemessene Maßnahmen) allgemeingültigen Maßstäben entgegen (vgl. *Hauck* NJW 2016, 2218 (2220); *Kalbfus* GRUR-Prax 2017, 391 (392); *Maaßen* WRP 2019, 352 (353 f.)). *Redeker/Pres/Gittinger* (WRP 2015, 681 (684)) sehen hier die „Büchse der Pandora" einer ausufernden und nur schlecht vorhersehbaren Kasuistik geöffnet. Es wird auf **Faktoren** wie **Größe, Zuschnitt, Branchenausrichtung und konkrete Geschäftstätigkeit** (wie Forschung, Entwicklung, Herstellung, Vertrieb in physischer oder digitaler Form) **des Unternehmens** ankommen, weiter auf die **betroffenen Erzeugnisse** (wie Hard- und/oder Software), die **Funktion und Qualifikation der mit den nicht offenbarten Informationen in Berührung kommenden Mitarbeiter** (wie die Verantwortung für die Forschung und Entwicklung komplexer chemischer oder technischer Produkte einerseits oder die reine Marketing- und Vertriebstätigkeit anderseits) und vor allem auf die **Natur und den Wert der zu schützenden geheimen, geschäftlich verwertbaren Informationen** (vgl. schon RegE GeschGehG BT-Drs. 19/4724, 24 f.). Diese lassen sich etwa in „Kronjuwelen" (im Sinne hoch sensibler Formeln und Herstellungsvorschriften oder Kundenlisten mit Einzelheiten über den speziellen Bedarf und das individuelle Bestellverhalten der Kunden), strategisch wichtige Informationen, deren Bekanntwerden einen dauerhaften wirtschaftlichen Nachteil verursachen könnte, und sonstige schützenswerte Informationen, deren Offenlegung kurzfristige wirtschaftliche Nachteile nach sich ziehen könnte, unterteilen (→ Rn. 59; *Maaßen* GRUR 2019, 352 (356); BeckOK GeschGehG/*Fuhlrott* § 2 Rn. 23; OLG Schleswig WRP 2022, 906 (= GRUR-RR 2022, 404) Rn. 51 ff.; vgl. auch OLG Stuttgart GRUR-RS 2020, 35613 Rn. 170 – Schaumstoffsysteme; OLG Hamm WRP 2021, 223 Rn. 155 ff. – Stopfaggregate; OLG Düsseldorf WRP 2021, 1080 Rn. 47 – CAD-Konstruktionszeichnung; weitere Beispiele im RegE-GeschGehG, BT-Drs. 19, 24 f., bei *Maaßen* WRP 2019, 352 (354), und bei *Schönknecht* in Keller/Schönknecht/Glinke § 2 Rn. 80 ff.). 52

Welches Gewicht solchen Gesichtspunkten im Einzelfall zukommt, bleibt offen. 52a Dass die verschiedensten **technischen (physischen und elektronischen) Sicherheitsvorkehrungen** sowie **vertragliche Regelungen** mit Mitarbeitern, Auftragnehmern, Kunden und Verhandlungspartnern, Anweisungen und Belehrungen beim Eintritt und Ausscheiden der Mitarbeiter sowie Vertraulichkeitshinweise **in Betracht kommen** (vgl. *Peter/Wiebe* in Busche/Stoll/Wiebe Art. 39 Rn. 23; *Redeker/Pres/Gittinger* WRP 2015, 681 (684) ff.; *Steinmann/Schubmehl* CCZ 2017, 194; *Hiéramente/Golzio* CCZ 2018, 262 (266 ff.); RegE-GeschGehG, BT-Drucks. 19/4724, S. 24), trifft zweifellos zu. Andererseits sagt dies aber noch nichts Entscheidendes darüber, **in welcher Kombination und Intensität solche Maßnahmen „den Umständen nach" ergriffen worden sein müssen,** um die Informationen überhaupt noch als Geschäftsgeheimnisse einordnen zu können. **Zwischen beiden Ebenen** ist **deutlich** zu **unterscheiden:** Die unternehmerisch sinnvolle Strategie, idealerweise ein „ganzheitliches Geheimhaltungsmanagement" (*Leistner* WRP 2021, 835 Rn. 50) einzuführen (*Ann* GRUR 2014, 12, „Informationsmanagement als Kernaufgabe"; *Alexander* in Köhler/Bornkamm/Feddersen GeschGehG § 2 Rn. 53: „strukturiertes Geschäftsgeheimnis-Management" mit Verweis auf *Höfer* GmbHR 2018, 1195 ff.), neuen Entwicklungen anzupassen und schrittweise zu optimieren, darf nicht – sei es bewusst oder unbewusst – dazu verleiten, diese Maßstäbe unbesehen auf die im konkreten Einzelfall gebotene Prüfung der Angemessenheit zu übertragen (*Leistner* WRP 2021, 835 Rn. 36 f., 50).

53 Lassen sich die gegenüber Außenstehenden, aber in begrenzterem Umfang auch betriebsintern errichteten Hindernisse nur mithilfe von **Straftaten** (wie etwa Hausfriedensbruch, Diebstahl, Betrug oder Computerspionage und ähnliche Taten gemäß § 202a – 202d StGB) überwinden, so werden die getroffenen Maßnahmen in der Regel als „den Umständen nach angemessen" zu betrachten sein. Aber auch unabhängig von der Erfüllung eines Straftatbestands lässt die Durchbrechung oder **Umgehung eines vorhandenen, aber unvollkommenen Schutzsystems** nicht per se auf dessen Unangemessenheit schließen. So hat der OGH (ÖBl 2017, 136 – Ticketsysteme – mit Anm. *Tonninger*) – schon unter Berücksichtigung der Geschäftsgeheimnis-RL – den fortbestehenden Geheimnischarakter bestimmter Kundendaten bejaht, die der Betreiber eines Ticketsystems auf seinem Server gespeichert hatte, und auf die die Kunden über das Internet zugreifen konnten. Sie benötigten hierfür einen Benutzernamen und ein Passwort. Dem Mitarbeiter eines Wettbewerbers war es gelungen, während des Besuchs bei einem Kunden der Klägerin den Bildschirm zu fotografieren und anhand dessen eine Sicherheitslücke zu erkennen. Diese ermöglichte es dem Konkurrenten, auch ohne Benutzernamen und Passwort auf die gespeicherten Kundendaten zuzugreifen (näher *Alexander* WRP 2017, 1038 (1040)). Der OGH befand, sowohl der Wettbewerber als auch dessen Mitarbeiter hätten redlicher Weise annehmen müssen, dass dem Unternehmer die **Mängel seines Sicherungssystems nicht bewusst** waren; aus diesen könne deshalb keinesfalls ein Wegfall des Geheimnischarakters abgeleitet werden.

54 Ausschlaggebend ist bei einer **Gesamtbetrachtung,** ob sich das begründete Geheimhaltungsinteresse des Berechtigten **in objektiven Schutzvorkehrungen so deutlich niedergeschlagen** hat, dass niemand redlicherweise davon ausgehen konnte, die betreffenden „nicht offenbarten Informationen" (Art. 39 Abs. 2 TRIPS) würden nicht als geheimes, wirtschaftlich werthaltiges Wissen des Unternehmens betrachtet und behandelt (ähnlich, wenn nicht weitergehend erklärt die GRUR-Stellungnahme vom 19.3.2014 auf S. 5 den Nachweis spezieller Maßnahmen dort nicht für erforderlich, wo der Geheimnischarakter und die Pflicht zur vertraulichen Behandlung unschwer erkennbar sind). Zweck des rechtlichen Schutzes ist es zwar, den Geheimnisinhaber von der Notwendigkeit unverhältnismäßiger technischer und organisatorischer Schutzvorkehrungen zu entbinden, nicht aber von jeglicher Vorsichtsmaßnahme (*Kalbfus,* Know-how-Schutz, S. 63). Das vertrauliche betriebsinterne Wissen **muss anhand greifbarer Geheimhaltungsakte von bedeutungslosen oder nur zufällig unbekannten technischen oder kaufmännischen Informationen unterscheidbar** sein (*Kalbfus* GRUR-Prax 2017, 391 (392 f.); *Leistner* WRP 2021, 835 Rn. 29). Jeder strengere Ansatz wäre mit der Gefahr verbunden, mittelbar die wesentlichen Ziele der Geschäftsgeheimnis-RL zu unterlaufen. Ein **allzu geringes Maß an Schutzvorkehrungen** kann im Einzelfall allerdings dazu beitragen, dass die Anspruchsdurchsetzung **nach § 9** für **unverhältnismäßig** befunden wird (→ Rn. 51).

54a Zur Bestimmung des **Zeitpunkts oder Zeitraums,** für den der rechtmäßige Inhaber geheimer, werthaltiger Informationen darlegen und beweisen muss, **nach den Umständen angemessene Geheimhaltungsmaßnahmen etabliert** zu haben, → Rn. 65a.

Fazit zum Abschnitt cc (Angemessenheit, Rn. 43 ff.): Bei dem Merkmal der **Angemessenheit** handelt es sich um ein **flexibles und offenes Tatbestandsmerkmal,** dem ein **relativer und dynamischer Maßstab** zugrunde liegt (OLG Hamm WRP 2021, 223 Rn. 153 – Stopfaggregate; *Ohly* GRUR 2019, 441 (444); *Alexander* in Köhler/Bornkamm/Feddersen GeschGehG § 2 Rn. 69 f.). Seine Anwendung erfordert eine **Abwägung aller Umstände des Einzelfalls** (*Schönknecht* in Keller/Schönknecht/Glinke § 2 Rn. 79) unter Berücksichtigung der **Zwecksetzung der Geschäftsgeheimnis-RL** (→ Rn. 40, 45 f., 49; *Harte-Bavendamm* in FS Büscher, 2018, 311, 316 ff.; *Leistner* WRP 2021, 835 Rn. 19, 30 ff.). Es gibt deshalb streng genommen **keinen ganz allgemein gültigen Mindeststandard** (so aber wohl OLG Stuttgart GRUR-RS 2020, 35613 Rn. 170 – Schaumstoffsysteme; die dortige Bezugnahme auf *Ohly,* GRUR 2019, 441 (444), beruht insofern auf einem Missverständnis, als *Ohly* das „need-to-know" Prinzip lediglich als eine geeignete, nicht aber als eine rechtlich stets erforderliche Maßnahme betrachtet). Der Inhaber der geheimen Information hat einen **weiten Beurteilungsspielraum** (→ Rn. 41a). Es müssen nicht alle denkbaren, sondern **nur kaufmännisch vernünftige, maßvolle und realistische Schutzvorkehrungen** getroffen werden (→ Rn. 41a, 42c: Vermeidung eines „race to the top", → Rn. 42f). Auch **geringfügige Sicherungsmaßnahmen** können im Einzelfall ausreichen (→ Rn. 40a); ein nur geringes Maß an Schutzvorkehrungen lässt sich dann auf der Rechtsfolgenseite (§ 9 Nr. 2) berücksichtigen. **Einzelne Schutzlücken** stehen der Angemessenheit der Geheimhaltungsmaßnahme nicht entgegen, solange der Informationsinhaber diese nicht wissentlich oder aufgrund grober Leichtfertigkeit hinnimmt (→ Rn. 50). Maßgeblich ist ein **erkennbar ernsthaftes, objektives Schutzinteresse** (→ Rn. 51); für **redlich** handelnde Personen muss hinreichend deutlich sein, dass die **Informationen objektiv geheimhaltungsbedürftig** sind (→ Rn. 41a, 50). Aus diesen Grundsätzen folgt, dass **keine** an sich geeignete (und unter wirtschaftlichen Erwägungen durchaus empfehlenswerte) **Geheimhaltungsmaßnahme absolute Geltung** beanspruchen kann. Dies betrifft beispielsweise auch das eben angesprochene „**need-to-know**" Prinzip und den Abschluss schriftlicher, womöglich **durch Vertragsstrafeklauseln gesicherter Geheimhaltungsvereinbarungen** (innerhalb des eigenen Unternehmens → Rn. 60 f.; im Verhältnis zu externen Vertragspartnern → Rn. 64a, 64b). **54b**

Die Zurückhaltung gegenüber allzu weitreichenden Anforderungen an das Maß der verlangten Schutzvorkehrungen ist allerdings **nicht** so zu verstehen, dass die Unternehmen **auf ein bewusstes, sorgfältig eingerichtetes,** dokumentiertes und hinsichtlich seiner Einhaltung angemessen **überwachtes** und von Zeit zu Zeit **an neuere Entwicklungen angepasstes Schutzsystem verzichten** könnten (→ Rn. 52a, 55 ff.). Das **„Manifestationsgebot"** (*Kalbfus* GRUR 2016, 1009 (1011)) wird durch ein permanentes, angesichts veränderter Umstände angemessenes **„Anpassungsgebot"** ergänzt (*Brammsen* wistra 2018, 449 (451); *Alexander* WRP 2017, 1034 (1039)). Die Erkennbarkeit gewisser Schutzvorkehrungen **illustriert die Ernsthaftigkeit des objektiven Schutzinteresses** und hat zugleich eine wichtige **Warnfunktion** (vgl. *McGuire* WRP 2019, 679 (682), zur Ableitung dieser Gesichtspunkte aus dem US-Recht; *Leistner* WRP 2021, 835 (841); *Alexander* in Köhler/Bornkamm/Feddersen GeschGehG § 2 Rn. 49a). Die Ratsamkeit, ein **effektives Schutzsystem** zu errichten, folgt **schon aus rein wirtschaftlichen Erwägungen,** wenn man etwa die von *Ann* (GRUR 2014, 12 ff.) anschaulich geschilderten Defizite bedenkt, die bei so manchem Unterneh- **54c** men zu beobachten sind. In **rechtlicher** Hinsicht ist angesichts des unionsrechtlich determinierten Tatbestandsmerkmals der „den Umständen nach angemessenen Geheimhaltungsmaßnahmen" eine durchdachte Vorsorge gegen den unbefugten Zugriff auf geheime Informationen jedenfalls zu empfehlen (*Kalbfus* GRUR-Prax 2017, 391 (392 f.); *McGuire* in Büscher GeschGehG § 2 Rn. 51 ff.; *Ohly* GRUR 2019, 441 (444)). Dies gilt umso mehr, als die in den wenigen Jahren nach Inkrafttreten des GeschGehG veröffentlichten Entscheidungen noch kein einheitliches Bild davon liefern, mit welcher Strenge oder Milde die Gerichte mit dieser zwar (wegen Art. 39 Abs. 2 TRIPS) gedanklich nicht neuen, durch die Geschäftsgeheimnis-RL aber auf die Ebene verbindlichen Unionsrechts gehobenen Schutzvoraussetzung umgehen werden. Die vorliegenden **Instanzurteile** stimmen zwar im grundsätzlichen Ausgangspunkt (→ Rn. 43), weniger aber hinsichtlich dessen praktischer, bald strengerer, bald großzügigerer Umsetzung überein (vgl. OLG Schleswig WRP 2022, 906 Rn. 46: „Was darunter [d.h. unter angemessenen Geheimhaltungsmaßnahmen] zu verstehen ist, ist auch drei Jahre nach Inkrafttreten des Gesetzes noch immer wenig geklärt"). Der **BGH** hat sich mit diesem Tatbestandsmerkmal bislang nur am Rande befassen können (MMR 2022, 773 Rn. 44 – Stopfaggregate: Hinweisbeschluss zur Zurückweisung der Revision gegen das Urteil OLG Hamm WRP 2021, 223, Rn. 152 ff.) Ob und wann konkrete Handreichungen des **EuGH** zu erwarten sind, ist auch deshalb ungewiss, weil die nach Art. 2 Nr. 1 lit. c Geschäftsgeheimnis-RL zu stellenden Anforderungen schon ihrem Wortlaut nach stark auf die Umstände des Einzelfalls abstellen.

55 **b) Praktische Vorkehrungen (Überblick). aa) Allgemeines.** Allein mit rechtlichen Mitteln ist ein effektiver Geheimnisschutz nicht zu erreichen. Wirksamer und sowohl praktisch als auch rechtlich empfehlenswert ist ein präventiver **„Vorkehrungsmix"** aus technisch-organisatorischen Ansätzen einerseits und juristischen anderseits (→ Rn. 42 ff.; *Ann* GRUR 2014, 12 (14); *Höfer* GmbHR 2018, 1195 ff.; *Ohly* GRUR 2019, 441 (444); *Voigt/Herrmann/Grabenschröer* BB 2019, 142 (144 ff.); *Hiéramente/Golzio* CCZ 2018, 262 (266 ff.); vgl. auch die instruktive Entscheidung OLG Düsseldorf WRP 2021, 1080 Rn. 34 ff. – CAD-Konstruktionszeichnung – in der ein als angemessen erachtetes Bündel der verschiedensten Maßnahmen behandelt wird). Der folgende Überblick über die in Betracht kommenden Maßnahmen und ein hinter ihnen stehendes **Geheimnisschutzkonzept** bedarf eines doppelten „Warnhinweises": Zum einen lassen sich wegen des starken Einzelfallbezugs, der schon in der Natur der Sache liegt, aber auch dem Wortlaut des Art. 2 Nr. 1 lit. c Geschäftsgeheimnis-RL und der Gesetzesbegründung zu § 2 Nr. 1 (BT-Drs. 19/4724, 24) eindeutig zu entnehmen ist, wie erwähnt (→ Rn. 52, 52a, 54b) **keine starren Regeln** aufstellen. Auch sind die technischen Möglichkeiten, physische und vor allem elektronische Schranken zu errichten, ebenso einem **laufenden Wandel** ausgesetzt wie umgekehrt die hierzu fast im Gleichschritt entwickelten Instrumente zur Umgehung und Durchbrechung eben solcher neuen Schutzsysteme. Zum anderen sind nach der hier vertretenen Auffassung (→ Rn. 40 ff.) an die Art und Reichweite der „nach den Umständen" als „angemessen" zu betrachtenden Maßnahmen aus einer Vielzahl rechtlicher und praktischer Gründe insgesamt **keine Anforderungen** zu stellen, **die erheblich über den bisherigen deutschen Schutzstatus hinausgehen,** soweit dieser auf **objektiven Anhaltspunkten** beruhte. Wenn also ein geschädigtes Unternehmen im Einzelfall **nicht nachweisen kann, sämtliche hier**

erwähnten Vorkehrungen getroffen zu haben, so kann allein hieraus **nicht der Schluss gezogen** werden, die in Rede stehenden Informationen besäßen **keinen Geheimnischarakter** (ebenso *Schönknecht* in Keller/Schönknecht/Glinke § 2 Rn. 77; *Leistner* WRP 2021. 835 Rn. 36f., 50; ähnlich im OLG Schleswig WRP 2022, 906 = GRUR-RR 2022, 404, Rn. 40ff., 70ff.; OLG Düsseldorf WRP 2021, 1080 Rn. 47 – CAD-Konstruktionszeichnung).

bb) Grenzüberschreitende Nutzung und Zusammenarbeit. Nicht übersehen werden darf auch die **Komplexität,** die aus der **internationalen Verflechtung des Wissensaustauschs wie auch des Geheimnismissbrauchs** folgt (vgl. hierzu Erwägungsgründe 3 und 4 der Geschäftsgeheimnis-RL). Die Forschung, Entwicklung und Nutzung wertvollster geheimer Kenntnisse erfolgt häufig in grenzüberschreitender Zusammenarbeit, dies sowohl unternehmens- bzw. konzernintern als auch in den verschiedensten Kooperationsformen mit anderen Unternehmen und Einrichtungen. Dabei geht es um ein sehr breites Spektrum der unterschiedlichsten technischen und wirtschaftlichen Informationen, um oft mehrere tausend, zehntausend oder hunderttausend Mitarbeiter und um eine Vielzahl von Jurisdiktionen, die jeweils unterschiedliche rechtliche Rahmenbedingungen und Durchsetzungsmöglichkeiten bieten. Auch kleinere und mittlere Unternehmen bewegen sich in ihren Spezialmärkten nicht selten auf internationalem Parkett. In diesem Geflecht ein System von Schutzvorkehrungen aufzubauen, durchzuhalten und den wechselnden technischen, wirtschaftlichen und rechtlichen (insbesondere arbeitsrechtlichen) Anforderungen anzupassen, ist ausgesprochen zeit- und kostenaufwändig und wird trotzdem kaum jemals zu wasserdichten Lösungen führen können. Daran ändert bei globaler Betrachtung die mit der Geschäftsgeheimnis-RL angestrebte unionsweite Harmonisierung des Geheimnisschutzes in der Praxis zunächst einmal nicht viel mehr als es die völkerrechtliche Rechtsangleichung durch TRIPS erreichen konnte. Überlegungen zur Realisierbarkeit und damit auch zur Angemessenheit bestimmter Schutzvorkehrungen dürfen deshalb meist nicht von dem eher idyllischen Bild eines nur in Deutschland und nur an einem Ort ansässigen oder allenfalls von wenigen, recht überschaubaren Betriebsstätten aus operierenden Unternehmen ausgehen. 56

cc) Schaffung eines konsistenten Schutzkonzepts. Am Anfang eines möglichst effektiven Systems angemessener Geheimhaltungsmaßnahmen steht die **Erarbeitung eines durchdachten Gesamtkonzepts,** das den typischen Risikofeldern für den Know-how-Abfluss Rechnung trägt (hierzu eingehend ua *Huber* in Ann/Loschelder/Grosch Kap. 10 Rn. 1–11; *Maaßen* WRP 2019, 352 (356ff.); *Höfer* GmbHR 2018, 1195ff.; *Momtschilow* in Hoppe/Oldekop Kap. 1 Rn. 154ff.; *Alexander* in Köhler/Bornkamm/Feddersen GeschGehG § 2 Rn. 54ff.) Rechnung trägt. Die wesentlichen Merkmale des Schutzkonzepts sollten im Falle rechtlicher Auseinandersetzungen plausibel dargelegt und bewiesen werden können. Hierbei ist es mit der einmaligen Schaffung und **Implementierung des Schutzsystems** nicht getan. Ebenso wichtig ist es, dessen **Einhaltung in gewissen Intervallen** zu **überwachen** und es im Laufe der Zeit den **veränderten technischen, wirtschaftlichen und rechtlichen Rahmenbedingungen anzupassen** (ebenso *Schönknecht* in Keller/Schönknecht/Glinke § 2 Rn. 78). Zutreffend haben *Redeker/Pres/Gittinger* (WRP 2015, 681 (684f.)) auf andere Rechtsbereiche hingewiesen, in denen schon bisher geeignete technische und organisatorische Konzepte und Durchführungsmaßnahmen zum Schutz bestimmter personenbezogener und weiterer Daten verlangt werden. Die dort erforderlichen Vorkehrungen 57 lassen sich im Hinblick auf die gänzlich unterschiedlichen Gesetzeszwecke rechtlich nicht unmittelbar auf die Beurteilung der „den Umständen nach angemessenen Geheimhaltungsmaßnahmen" des Geschäftsgeheimnisbegriffs übertragen; sie illustrieren aber, dass die Erstellung und Realisierung von Konzepten zur Abschirmung vertraulicher Informationen die Unternehmen nicht ganz unvorbereitet getroffen haben sollte.

58 Die Einführung und Aufrechterhaltung eines Schutzsystems lässt sich in **mehrere Schritte** unterteilen, die der Implementierung konkreter Vorbeugemaßnahmen vorausgehen (hierzu *Huber* in Ann/Loschelder/Grosch Kap. 10 Rn. 12 ff.; *Ann* GRUR 2014, 12 (14 f.); *Kalbfus* GRUR-Prax 2017, 391 (392); *Maaßen* WRP 2019, 352 (356 ff.); OLG Schleswig WRP 2022, 906 Rn. 51 ff. – Teil-Kostenrechnung). Zunächst sind die aktuell oder potenziell relevanten technischen und kaufmännischen Informationen zu **identifizieren,** deren vertrauliche Behandlung für den Geheimnisinhaber aus wirtschaftlichen Gründen essenziell oder zumindest wünschenswert ist (*Redeker/Pres/Gittinger* WRP 2015, 681 (684); *Huber* in Ann/Loschelder/Grosch Kap. 10 Rn. 23 ff. (S. 597); *Momtschilow* in Hoppe/Oldekop Kap. 1 Rn. 125 ff.). Wer nicht einmal weiß und erläutern kann, worin genau sein Geheimnis besteht und/oder gar keine Schutzmaßnahmen getroffen hat, hat nach harmonisiertem Recht schlechte Karten. Die Qualität und Quantität schützenswerter Informationen wird branchenbezogen und von Unternehmen zu Unternehmen stark schwanken. Dabei wird es immer auch um „managerial secrets" gehen, also vor allem um Kenntnisse und Erfahrungen in Bezug auf Kundendaten (einschließlich des Bedarfs und Bestellverhaltens, der jeweiligen Ansprechpartner und der ausgehandelten Konditionen), Bezugsquellen und -bedingungen, eigene Geschäftspläne oder nicht allgemein bekannte oder leicht zugängliche Marktdaten. Solche Geschäftsgeheimnisse haben in zahlreichen Sektoren eine mindestens so große Bedeutung wie das kumulierte technische Wissen. Auf anderen Geschäftsfeldern stehen dagegen die Entwicklung, Zusammensetzung, Herstellung und Anwendung der angebotenen Erzeugnisse im Vordergrund.

59 Der Bestandsaufnahme folgt eine **Bewertung, Gewichtung und Kategorisierung** der als schützenswert erkannten **Informationen** wie auch der **Risiken,** denen sie ausgesetzt sind (*Maaßen* WRP 2019, 352 (356 f.)). Schon angesichts begrenzter finanzieller und personeller Ressourcen ist die Bildung von **Prioritäten** kaum zu vermeiden. Die „**Kronjuwelen**" des Geheimwissens, etwa die exakte Zusammensetzung und Herstellungsweise eminent umsatzrelevanter Erzeugnisse, verlangen und verdienen besonders aufwändige Schutzmaßnahmen (wie hier OLG Schleswig WRP 2022, 906 = GRUR-RR 2022, 404, Rn. 51; ähnlich OLG Hamm WRP 2021, 223 Rn. 157 f. – Stopfaggregate: „Flaggschiff" des Sortiments; *Kalbfus* GRUR-Prax 2017, 391, 393; *Momtschilow* in Hoppe/Oldekop Kap. 1 Rn. 129 ff.). Ebenfalls nachdrücklich schützenswert sind **strategisch wesentliche Informationen,** deren Bekanntwerden erheblich spürbare Nachteile mit sich bringen könnte, beispielsweise zukünftige Technologiegenerationen, die sich noch im Vorstadium einer Schutzrechtsanmeldung befinden (*Kalbfus* GRUR-Prax 2017, 391 (393)) oder die Planung einer grundlegend neuen Unternehmensstrategie. Hinzu kommt **sonstiges wettbewerbsrelevantes Wissen,** für dessen Geheimhaltung ein **Kompromiss aus Wirksamkeit, Handhabbarkeit und Investitionsbedarf** näher liegt als auf den beiden ersten Ebenen. Diese letzte Gruppe macht meist den größten Anteil der schützenswerten Informationen aus; *Kalbfus* (GRUR-Prax 2017, 391 (393)) schätzt ihn auf mindestens 80 %. Dass die Bewertung konkreter Schutzmaßnahmen im Einzelfall erheblichen

Abwägungs- und Beurteilungsspielraum lässt, klang auch im RegE GeschGehG zu § 2 Nr. 1 an (BT-Drs. 19/4724, 24 f.). Hiernach können unter anderem der Wert der Informationen und die angefallenen Entwicklungskosten sowie die **im Unternehmen** (hinzuzufügen wäre: und in vergleichbaren Unternehmen, die in einem ähnlichen Marktsegment tätig sind) **sonst üblichen Geheimhaltungsmaßnahmen** berücksichtigt werden.

Weiter wird es unerlässlich sein, auch die **Abteilungen** bis hin zu einzelnen **Mitarbeiterfunktionen** zu ermitteln, die zu den verschiedenen Kategorien betriebsrelevanter Informationen Zugang haben müssen oder sollten. Ferner sind in diesem Zuge oder auch schon auf einer früheren Stufe des hier nur in seinen Grundzügen umrissenen Konzepts **klare Zuständigkeiten** für die Einhaltung und eine von Zeit zu Zeit zu erwägende **Anpassung** der Geheimhaltungsmaßnahmen **an neue technische, ökonomische und rechtliche Entwicklungen** festzulegen. Dass auch das „Informationsmanagement" (*Ann* GRUR 2014, 12) im Sinne des Geheimnisschutzes solche Strukturen erfordert, ist in Zeiten, in denen die **„Compliance"** in aller Munde ist, nichts Ungewöhnliches (hierzu auch *Höfer* GmbHR 2018, 1195 ff.; *Hiéramente/Golzio* CCZ 2018, 262 ff.). Die durch die Geschäftsgeheimnis-RL und das GeschGehG geschärfte Aufmerksamkeit für Geheimhaltungsmaßnahmen, die sich im Lichte der Einzelfallumstände als angemessen zu erweisen haben, befeuert diese Entwicklung lediglich unter einem zusätzlichen rechtlichen Blickwinkel. 60

dd) Betriebsinterne Absicherung. Erfahrungsgemäß geht die größte Gefahr für die rechtswidrige Nutzung und Weitergabe von Geschäftsgeheimnissen von den „eigenen Leuten"' des Geheimnisinhabers aus; diese stehen gewissermaßen „auf der falschen Seite" der Firewall, die mittels IT-Sicherung gegen Angriffe von außen errichtet worden ist (*Ann* GRUR 2014, 12 (15); *Redeker/Pres/Gittinger* WRP 2015, 681 (685): „Risikofaktor Mensch"; *Drescher* S. 124 f.: „Innentäter"). Insbesondere frustrierte Mitarbeiter stellen ein überdurchschnittliches Risiko für ungewollte Geheimnisverluste dar – insofern gehört die Mitarbeiterzufriedenheit auf längere Sicht zu den zwar nicht rechtlich, aber faktisch relevanten Aspekten der Geheimhaltungsvorsorge (*Ann* GRUR 2014, 12 (15)). Was die **eigenen Mitarbeiter des Unternehmens** betrifft, ist nach deutschem Arbeitsrecht nach wie vor davon auszugehen, dass diese **für die Dauer ihrer Arbeitsverhältnisse** ohnehin der **vertraglichen Nebenpflicht** unterliegen, vertrauliche Informationen technischer oder geschäftlicher Art jedenfalls während der Dauer des Arbeitsverhältnisses weder für eigene Zwecke zu verwerten noch gegenüber Dritten aufzudecken (→ Rn. 61a; Einl. C Rn. 5 ff.; BAG AP Nr. 1 zu § 611 BGB Schweigepflicht; BAG NZA 2004, 427 (429); NZA 2009, 855 Rn. 23; *Preis* in Erfurter Kommentar § 611 Rn. 710; OLG Schleswig WRP 2022, 906 Rn. 65 f. – Teil-Kostenrechnung; *Schönknecht* in Keller/Schönknecht/Glinke § 2 Rn. 65; *Lodemann/Tholuck* in Hoppe/Oldekop Kap. 1 Rn. 201; *Maaßen* GRUR 2019, 352 (359); eingehend zu Geheimhaltungsvereinbarungen im Lichte des GeschGehG *McGuire* WRP 2019, 679 (683 ff.), und *Hauck* GRUR 2022, 530, 535 f.). Dies gilt nicht nur für solche Unterlagen und Dateien, die als „vertraulich" gekennzeichnet sind oder deren Inhalt aufgrund konkreter Weisungen des Arbeitgebers entsprechend kategorisiert worden ist, sondern auch für jede mündlich, schriftlich oder elektronisch vermittelte Information, die als geheimhaltungsbedürftig erkennbar ist. Dazu gehören jedenfalls sämtliche Informationen, die für sich genommen oder in Kombination mit weiteren betriebsinternen Tatsachen dank 61 ihrer vertraulichen Behandlung die Wettbewerbsposition des Unternehmens fördern oder mögliche Nachteile für das Unternehmen vermeiden oder vermindern können.

61a Für Inhaber geheimer, werthaltiger Informationen empfiehlt es sich schon wegen der hiermit verbundenen **Bewusstseinsschärfung** seiner Beschäftigten, mit diesen ausdrückliche schriftliche **Vertraulichkeitsvereinbarungen** abzuschließen (s. im Einzelnen zur Verschwiegenheitspflicht im Arbeitsverhältnis → Einl. C Rn. 5 ff.; zu Vertraulichkeitsvereinbarungen, deren Reichweite und Grenzen → Einl. C Rn. 59 ff.; zu nachvertraglichen Wettbewerbsverboten → Einl. C Rn. 67 ff.; *Hauck* GRUR 2022, 530 (531 f.)), auch wenn solche Vereinbarungen auch **mündlich** oder **durch konkludentes Handeln zustande kommen** können. Soll die vertrauliche Behandlung wesentlicher Geschäftsgeheimnisse des früheren Arbeitgebers darüber hinaus auch für eine gewisse Zeit **nach Beendigung des Arbeitsverhältnisses** gesichert werden, so erfordert dies idR den Abschluss einer entsprechenden, hinreichend bestimmten und nicht über das Ziel hinausschießenden Vereinbarung. Andernfalls besteht ein Offenlegungs- und Verwertungsverbot nach gefestigter deutscher Rechtsprechung, die auch unter Geltung des GeschGehG ihre Bedeutung behält, idR nur in Bezug auf **unredlich erlangte** Geheiminformationen (→ Einl. C Rn. 37 ff., 54 ff.; vgl. zuletzt BGH GRUR 2012, 1048 Rn. 17 – MOVICOL-Zulassungsantrag; GRUR 2018, 1161 Rn. 46 – Hohlfasermembranspinnanlage; zu den Ausnahmen und generell zur Rechtsprechung zu § 17 UWG aF *Harte-Bavendamm* in Harte/Henning, 4. Aufl. 2016, § 17 Rn. 31ff, 45 ff.).).

61b **Geheimhaltungsvereinbarungen mit den Beschäftigten des Unternehmens** (→ Einl. C Rn. 59 ff.; *McGuire* WRP 2019, 679 683 ff.; zu entsprechenden Vereinbarungen mit externen Geschäfts- und Vertragspartnern → Rn. 64) gehören nach allgemeiner Meinung zu den **geeigneten Geheimhaltungsmaßnahmen iSd § 2 Nr. 1 lit. b.** Dies gilt jedenfalls für **wirksame** Vereinbarungen; die **Unwirksamkeit** kann sich insbesondere aus allzu **unbestimmten** Formulierungen, den sog. „**Catch-all-Klauseln**" ergeben, mit denen die Beschäftigten pauschal – meist auch für die Zeit nach Ende des Arbeitsverhältnisses – zur Geheimhaltung aller ihnen in dessen Rahmen bekanntgewordenen betriebsinternen Informationen verpflichtet werden sollen (LAG Köln BeckRS 2019, 44850; LAG Düsseldorf GRUR-RS 2020, 23408 Rn. 80 – PU-Schaum; *Schönknecht* in Keller/Schönknecht/Glinke § 2 Rn. 65; *Alexander* in Köhler/Bornkamm/Alexander GeschGehG § 2 Rn. 61c; s. auch *Apel/Stolz* GRUR-Prax 2021, 1; *Lodemann/Tholuck* in Hoppe/Oldekop Kap. 1 Rn. 205 ff.). Soweit sich solche Klauseln in **AGB** befinden, sind sie idR **nach § 307 Abs. 1 und 2 BGB unangemessen** (→ Einl. C Rn. 63 mwN; *McGuire* WRP 2019, 679 (681)), je nach konkreter Formulierung auch **intransparent** gemäß **§ 307 Abs. 3 S 2 und Abs. 1 S. 2 BGB** (*Alexander* in Köhler/Bornkamm/Feddersen GeschGehG § 2 Rn. 61 ff.; *Hauck* GRUR 2022, 530 (535)). Auf einzelvertraglicher Ebene wird eine weder inhaltlich noch zeitlich begrenzte Reichweite der „Catch-all-Klauseln" idR über **§ 138 Abs. 1 BGB** zur Unwirksamkeit führen (vgl. LAG Köln BeckRS 2019, 44850; *Hauck* GRUR 2022, 530 (535)). Solche Klauseln schränken die Handlungsfreiheit und das berufliche Fortkommen der Beschäftigten in unangemessener Weise ein (vgl. zur Mobilität der Arbeitnehmer auch Art. 1 Abs. 3 Geschäftsgeheimnis-RL).

61c Soweit eine mit Beschäftigten abgeschlossene Verschwiegenheitsvereinbarung aus solchen Gründen unwirksam ist und damit als solche keine geeignete Geheimhaltungsmaßnahme iSd § 2 Nr. 1 lit. b darstellt, ist damit (entgegen *Reinhard* in Brammsen/Apel Einl. E Rn. 7 unter Berufung auf *von Steinau-Steinrück* NJW-Spezial 2019, 489, 499) allerdings **keineswegs** gesagt, dass die vom Inhaber der Information getroffenen **Geheimhaltungsmaßnahmen allein deshalb unangemessen** sind und ein Schutz als Geschäftsgeheimnis generell ausscheidet (*Schönknecht* in Keller/Schönknecht/Glinke § 2 Rn. 65 Fn. 181: eine unwirksame Catch-all-Klausel führe „selbstverständlich" nicht per se zum Wegfall des Geschäftsgeheimnisschutzes; *Leistner* WRP 2021, 835 Rn. 50; *Apel/Stolz* GRUR-Prax 2021, 1 (3); etwas zurückhaltender *Alexander* in Köhler/Bornkamm/Feddersen GeschGehG § 2 Rn. 61d). So kann auch von unwirksamen Klauseln eine gewisse Warnfunktion ausgehen (→ Einl. C Rn. 59; *Leistner* WRP 2021, 835 Rn. 49; aA *Hauck* GRUR 2022, 530 (535)). Es besteht **kein Grund für einen Generalverdacht, dass vertragliche oder gesetzliche Verschwiegenheitspflichten nicht eingehalten** werden; es bedarf deshalb nicht stets einer zusätzlichen, vertragsstrafenbewehrten Verpflichtungserklärung (OLG Schleswig WRP 2022, 906 Rn. 73 – Teil-Kostenrechnung). Ferner gilt auch hier, dass eine **Gesamtbetrachtung** vorzunehmen ist, **keine absoluten, von den Umständen des Einzelfalls völlig unabhängigen Maßstäbe** bestehen und es nicht um den Nachweis der Lückenlosigkeit des Schutzsystems geht (→ Rn. 52a, 54, 54b; *Apel/Stolz* GRUR-Prax 2021, 1 f.): Im Rahmen eines Bündels von Geheimhaltungsmaßnahmen kann deshalb die Unwirksamkeit einer Vertraulichkeitsvereinbarung unter Umständen **durch geeignete andere Schutzvorkehrungen aufgewogen** werden (anschaulich OLG Schleswig WRP 2022, 906 Rn. 66 f.; *Leistner* WRP 2021, 835 Rn. 42 f., 50 f.; *Schönknecht* in Keller/Schönknecht/Glinke § 2 Rn. 65 und Fn. 181; vgl. auch *Apel/Stolz* GRUR-Prax 2021, 1 ff.). Hierbei könnte allerdings zu **differenzieren** sein (→ Rn. 61d und 61e):

Solange das **Arbeitsverhältnis andauert,** ist eine ausdrückliche schriftliche Verschwiegenheitsvereinbarung zwar sinnvoll, rechtlich aber streng genommen nicht notwendig (→ Rn. 61a). Soweit das **Bewusstsein der Geheimhaltungsbedürftigkeit vorhanden** ist, bedarf es **nicht unbedingt zusätzlicher** – womöglich durch Vertragsstrafenversprechen verstärkter – ausdrücklicher **Verschwiegenheitsvereinbarungen** (OLG Schleswig WRP 2022, 906 Rn. 74). In diesem Zusammenhang ist auch davon auszugehen, dass der „Durchschnittsbeschäftigte" nicht gewissermaßen über Nacht – nämlich mit Ablauf der Umsetzungsfrist oder spätestens mit Inkrafttreten des GeschGehG – in einen Zustand der vollständigen Arg- und Ahnungslosigkeit verfallen ist. Anders gewendet: Dass beispielsweise Informationen über laufende Forschungs- und Entwicklungsprojekte, geheime Rezepturen oder detaillierte Listen mit in der „Außenwelt" nirgends verfügbaren Kundendaten (wie spezifische Produktanforderungen, Bestellmengen und -rhythmen, individuell vereinbarte Preise, Mengenrabatte und andere Sonderkonditionen) jedenfalls während der Beschäftigungsdauer weder für eigene Zwecke verwertet noch Dritten gegenüber offengelegt werden dürfen, ist allen halbwegs vernünftigen Arbeitnehmern bekannt und bedarf diesen gegenüber keines überbordenden Maßes an Warnhinweisen und Klauselwerken. **61d**

Nach dem Ende der Beschäftigung bleibt es bei dem von der deutschen Rechtsprechung entwickelten Grundsatz, dass (in einem weiten Sinne) **unredlich** erlangte Geheiminformationen weder genutzt noch offengelegt werden dürfen (→ Rn. 61a). **Hierüber hinausgehende Beschränkungen** werden in der Regel nur im Wege **ausdrücklicher Vereinbarungen** und unter Berücksichtigung der **hierfür geltenden Grenzen** (→ Rn. 61a, Einl. C Rn. 59 ff.) herbeizu- **61e**

führen sein; dies schließt die Notwendigkeit einer hinreichenden **Bestimmtheit** ein (→ Rn. 61b). Schon wegen der nicht trennscharf möglichen Abgrenzung zwischen Geschäftsgeheimnissen und Erfahrungswissen (→ Einl. C Rn. 2, 37) wie auch zwischen bloßen Vertraulichkeitsabreden und Wettbewerbsverboten (→ Einl. C Rn. 65) ist es weder in theoretischer noch gar in praktischer Hinsicht realistisch, sämtliche im Laufe der Zeit ausscheidenden Beschäftigten gegenständlich und zeitlich unbeschränkt an der Nutzung und Offenlegung geheimer Informationen des früheren Arbeitgebers zu hindern. Dieser Umstand führt allerdings nicht etwa dazu, dass die in Rede stehenden Informationen allein aus diesem Grund ihre Geheimnisqualität verlieren. Selbst mit perfektesten, einerseits denkbar weit reichenden und anderseits noch rechtswirksamen Verschwiegenheitsvereinbarungen wäre kein annähernd verlässlicher Langfristschutz zu erreichen. Geheimhaltungsmaßnahmen können folglich nicht allein deshalb unangemessen sein, weil sie diese Lücke nicht schließen (können).

62 Was die Situation in Deutschland betrifft, spricht nichts dafür, die seit Langem und unabhängig von § 17 UWG geltenden arbeitsrechtlichen Regeln künftig allein deshalb infrage zu stellen, weil die Geschäftsgeheimnis-RL die Durchführung angemessener Geheimhaltungsmaßnahem – wie schon das seit 1994 geltende TRIPS-Abkommen – als Tatbestandselement des Geschäftsgeheimnisbegriffs behandelt. In ihrem eigenen Aufgabenbereich müssen alle Beschäftigten zwangsläufig Zugang zu sämtlichen für diesen Bereich relevanten Unternehmensinformationen haben. Mit Blick auf die weitreichende **unternehmensinterne Vernetzung der Aufgabenerfüllung und Kommunikation** gilt Gleiches für den offenen Wissensaustausch zwischen verschiedenen Mitarbeitern und Abteilungen. Im Arbeitsalltag ist es kaum realistisch, durch physische oder elektronische Vorkehrungen vollkommen sicherzustellen, dass kein Mitarbeiter einen Blick auf vertrauliche Informationen werfen kann, die allein oder in erster Linie einen anderen Arbeitsbereich betreffen. Angemessen sein dürften betriebsinterne Zugangsbeschränkungen in der Regel schon dann sein, wenn ein **Mindestmaß an Vorsichtsmaßnahmen** ergriffen wurde und nachgewiesen werden kann. Hier kann nach derzeitigem Stand etwa an **Zugangscodes** zu einzelnen, besonders kritischen Arbeitsplätzen, eine **automatische Abschaltung bei längerer Nichtbenutzung des jeweiligen Rechners** sowie eine **erhöhte Kontrolle des Zugriffs auf besonders sensitive Informationen** (wie beispielsweise das **Einschließen bestimmter Akten** nach Dienstende, die weitgehende **Abschottung wesentlicher Formeln und Herstellungsanweisungen** oder der laufenden Projekte der Forschungs- und Entwicklungsabteilungen) zu denken sein (OLG Düsseldorf WRP 2021, 1080 Rn. 41: „**firewall**"; zu weiteren Beispielen *Maaßen* WRP 2019, 352 (357 ff.); OLG Schleswig WRP 2022, 906 Rn. 75 ff.;). Die bloße Möglichkeit, dass einzelne Mitarbeiter auch einmal – sei es zufällig, sei es durch gezieltes „Herumschnüffeln" – Kenntnis von unternehmensinternen Informationen erlangen, die sie eigentlich nichts angehen, wird es kaum rechtfertigen, die betreffenden Tatsachen nunmehr nicht mehr als Geschäftsgeheimnisse zu betrachten, also automatisch der beliebigen Nutzung und Weitergabe durch sämtliche Arbeitnehmer und betriebsfremde Personen (einschließlich aller Wettbewerber) preiszugeben.

63 Ungeachtet dessen sind **explizite Verträge oder schriftliche Hinweise** über den sorgfältigen Umgang mit solchen Informationen sinnvoll. Dies gilt sowohl für den **Zeitpunkt der Einstellung** als auch für Schulungen oder andere **„Auffrischungsmaßnahmen"**, die routinemäßig in gewissen Intervallen durchgeführt werden. Ebenso sollten **ausscheidende Mitarbeiter** in nachweisbarer, also

am besten schriftlicher Form aufgefordert werden, alle ihnen für den **Zweck ihrer Aufgabenerfüllung überlassenen oder sonst zugänglich gewordenen Arbeitsmittel, Unterlagen und Dateien ausnahmslos herauszugeben** (vgl. hierzu LAG Düsseldorf GRUR-RS 2020, 23408 Rn. 82 – PU-Schaum) bzw. im Falle elektronischer Dateien zu löschen. Die Erfüllung dieser Pflicht sollten sie schriftlich bestätigen. Außerdem ist an **„Exit-Interviews"** zu denken, wie sie in den USA häufig durchgeführt werden (*Ann* GRUR 2014, 12 (15)). Bei all diesen Vereinbarungen, Bestätigungen und Hinweisen wird es aber primär um die **Schärfung des Bewusstseins** und um einen gewissen **zusätzlichen Abschreckungseffekt** gehen (ähnlich *Redeker/Pres/Gittinger* WRP 2015, 681 (685), die zu Recht auf die meist nur deklaratorische Natur solcher Maßnahmen hinweisen).

Besondere Umsicht ist hinsichtlich der Vereinbarung **nachvertraglicher Geheimhaltungspflichten** geboten (→ Rn. 61b, 61e; Einl. C Rn. 65 ff.), denn hier besteht die Gefahr, dass die Wirksamkeit zu weitreichender oder zu allgemein formulierter Klauseln schnell an ihre rechtlichen Grenzen stößt (*Redeker/Pres/Gittinger* WRP 2015, 681 (685); LAG Düsseldorf GRUR-RS 2020, 23408 – PU-Schaum; LAG Köln BeckRS 2019, 44850; *Schönknecht* in Keller/Schönknecht/Glinke § 2 Rn. 65), oder dass solche Bestimmungen – insbesondere wenn es um Geschäftsdaten über Kunden und Lieferanten geht – gar auf ein unzulässiges Wettbewerbsverbot hinauslaufen können (→ Einl. C Rn. 65). Sowohl für die schriftliche Bestätigung der während des Beschäftigungsverhältnisses geltenden Geheimhaltungspflichten als auch – erst recht – hinsichtlich der die Beschäftigung überdauernden Pflichten empfiehlt sich jedenfalls eine sehr konkrete Regelung, die einerseits die für das betroffene Unternehmen relevanten Kategorien technischer und geschäftlicher Geheimnisse und andererseits die Funktionen der jeweiligen Arbeitnehmer berücksichtigt. Mit allgemeinen Formulierungen wie der Bezugnahme auf „die Geschäftsgeheimnisse" des Unternehmens ist wenig erreicht (→ Rn. 61b; *Harte-Bavendamm* in Gloy/Loschelder/Danckwerts Kap. 77 Rn. 37; *Redeker/Pres/Gittinger* WRP 2015, 681 (686) mwN; *Schönknecht* in Keller/Schönknecht/Glinke § 2 Rn. 65; *Alexander* in Köhler/Bornkamm/Feddersen GeschGehG § 2 Rn. 61c). 63a

Was nach dem **Arbeitsrecht anderer Staaten** – insbesondere außerhalb der Europäischen Union – möglich und zulässig ist, ist noch nicht annähernd geklärt und kann in diesem Überblick auch nicht behandelt werden. Diese offene Flanke illustriert erneut die schon angesprochene Komplexität der auf international tätige Unternehmen zukommenden Aufgaben (→ Rn. 56). Selbst innerhalb der Europäischen Union ergibt sich kein einheitliches Bild, denn mit arbeitsrechtlichen Aspekten befasst sich die Geschäftsgeheimnis-RL nur insoweit, als sie zum einen bestimmte **nationale Regeln des kollektiven Arbeitsrechts als sakrosankt erklärt** (vgl. Art. 1 Abs. 2 lit. d, Art. 3 Abs. 1 lit. c und Art. 5 lit. c) und zum anderen den allseits anerkannten Grundsatz betont, die **Mobilität der Arbeitnehmer,** insbesondere die Verwertbarkeit redlich erworbener Kenntnisse und Fähigkeiten, solle (auch) durch die Richtlinie nicht eingeschränkt werden. In das Arbeitsrecht als solches wollte der europäische Gesetzgeber mit der Geschäftsgeheimnis-RL ebenso wenig eingreifen wie etwa in das öffentliche Recht oder das Strafrecht. 63b

ee) Zusammenarbeit mit externen Partnern oder Dienstleistern. Bei **Einweihung Außenstehender** sollten **ausdrückliche Geheimhaltungsvereinbarungen (Non-Disclosure Agreements)** abgeschlossen werden 64

(→ Einl. B. Rn. 16 ff.; *Freckmann/Schmoll* BB 2017, 1780 ff.; *McGuire* WRP 2019, 679 ff.; zu Verschwiegenheitsvereinbarungen mit Beschäftigten des Informationsinhabers → Rn. 61a). Entsprechende Geheimhaltungspflichten können auch mündlich oder durch konkludentes Handeln vereinbart werden; zur Erleichterung einer möglicherweise erforderlich werdenden Beweisführung sowie **zur gesteigerten Sensibilisierung** der Vertragspartner ist die **Schriftform** offenkundig **vorzugswürdig** (*Schönknecht* in Keller/Schönknecht/Glinke § 2 Rn. 65). **Vertraulichkeitsvereinbarungen** empfehlen sich nicht nur im Umgang mit **externen Partnern** (etwa gegenüber Kaufinteressenten, möglichen Lizenznehmern, Outsourcing-Anbietern, Beratungsunternehmen, Leiharbeitnehmern oder F&E-Kooperationspartnern), sondern – wie *Ann* (GRUR 2014. 12 (14 f.)) anschaulich hervorhebt – gerade auch im Verhältnis zu **mächtigen Kunden,** denen gegenüber es trotz asymmetrischer Machtverteilung auch im Geheimnisschutz standzuhalten gilt. Nicht gefolgt werden kann der – nach der hier vertretenen Auffassung (→ Rn. 52a, 54b, 55) richtlinienwidrigen – Ansicht (*Reinhard* in Brammsen/Apel Einl. E Rn. 7, dort zu Verschwiegenheitsvereinbarungen mit Beschäftigten, → Rn. 61a), wer keine ausreichend konkreten Verschwiegenheitsklauseln verwende, könne sich (gemeint ist offenbar: ganz generell) nicht auf die ihn schützenden Vorschriften des GeschGehG berufen. Zutreffend erscheint demgegenüber die vom OLG Schleswig vertretene Ansicht, dass auch eine (unterstellt) **unwirksame Vertraulichkeitsklausel** nicht zwangsläufig die Unangemessenheit der Geheimhaltungsmaßnahmen nach sich zieht, sondern **durch andere geeignete Schutzvorkehrungen aufgewogen** werden kann (WRP 2022, 906 Rn. 67 ff.; ArbG Aachen v. 13.1.2022 – 8 Ca 1229/20, Rn. 77, openJur 2022, 3320; ebenso *Leistner* WRP 2021, 835 Rn. 47).

64a Darüber hinaus sollten in solchen Fällen stets **nur diejenigen Kenntnisse aufgedeckt** werden, die für den jeweiligen Verhandlungs- oder Vertragszweck **wirklich erforderlich** sind (**„need-to-know"** Konzept, vgl. *Ann* GRUR 2014, 12 (14 f.); *Huber* in Ann/Loschelder/Grosch Kap. 10 Rn. 41 ff.; *Ohly* GRUR 2019, 441 (444); *Schönknecht* in Keller/Schönknecht/Glinke § 2 Rn. 64, 71; OLG Schleswig WRP 2022, 906 Rn. 58 ff. – Teil-Kostenrechnung). Einen Schritt weiter gehend liegt es nahe, **externe Vertragspartner** ausdrücklich zu verpflichten, die ihnen gegenüber offengelegten geheimen Informationen auch **für ihre eigene betriebliche Sphäre** nur solchen Beschäftigten zugänglich zu machen, die sie für die Entscheidungsfindung über den in Aussicht genommenen Vertragsabschluss oder für die vereinbarte Nutzung benötigen (hierzu auch *Jansen/Hofmann* BB 2020, 259 (263). Die **tatsächliche Einhaltung** dieser Vorgaben wird für den ursprünglichen Informationsinhaber (etwa einen Lizenzgeber) allerdings nur schwer zu überprüfen sein; im Streitfall wird den Informationsempfänger eine weitreichende **sekundäre Darlegungslast** treffen. Wie für andere geeignete und im Rahmen eines umfassenden „Informationsmanagements" anzustrebende Einzelmaßnahmen auch (→ Rn. 42c, 52a, 54b, 55), gehört die Vereinbarung und Durchsetzung des „need-to-know" Konzepts **nicht** zu einem **generell einzuhaltenden „Mindeststandard"** (ebenso *Schönknecht* in Keller/Schönknecht/Glinke § 2 Rn. 71; in diesem Punkt möglicherweise – falls nämlich diesem Begriff über den dort beurteilten Sachverhalt hinaus absolute Geltung beigemessen werden sollte – zu weitgehend OLG Stuttgart GRUR-RS 2020, 35613 Rn. 170 – Schaumstoffsysteme).

64b Aus der Sicht des Geheimnisinhabers ist es ferner wünschenswert, **Verstöße gegen die Geheimhaltungspflicht** oder gegen die **Einhaltung des „need-to-**

know"-Prinzips durch Vereinbarung einer angemessenen **Vertragsstrafe** zu sanktionieren, die auf einen möglichen Schadensersatzanspruch angerechnet wird (zur Vertragsstrafenklausel als angemessene Geheimhaltungsmaßnahme *Lodemann/Tholuck* in Hoppe/Oldekop Kap. 1 Rn. 218 ff.; Apel in Brammsen/Apel § 2 Rn. *Freckmann/Schmoll* BB 2017, 1780 (1782); kritisch *McGuire* WRP 2019, 679 (685)). Soweit es dem Geheimnisinhaber in den Verhandlungen nicht gelingt, in den Vertrag mit dem künftigen Nutzer seiner geheimen Informationen eine entsprechende Vertragsstrafenklausel aufzunehmen, ist allein daraus allerdings nicht abzuleiten, dass er auf die vertrauliche Behandlung seines wertvollen geheimen Wissens keinen hinreichenden Wert legt und womöglich allein wegen einer **fehlenden Konventionalstrafenregelung** keine angemessenen Geheimhaltungsmaßnahmen ergriffen hat (*Leistner* WRP 2021, 835 Rn. 45 ff.). Ob eine solche Vertragsbestimmung realisiert werden kann, ist nicht zuletzt eine **Frage der Verhandlungsposition der Parteien und der Gesamtbewertung** des vertraglichen Leistungsgefüges. Das Verlangen nach einem Vertragsstrafeversprechen ist in Verhandlungen nun einmal **nicht einseitig durchsetzbar.** Es würde der **Zwecksetzung der Geschäftsgeheimnis-RL** auch in frappierender Weise **zuwiderlaufen,** wollte man beispielsweise kleinen und mittleren Unternehmen (deren Schutzbedürftigkeit in ErwGr 2 und 3 ausdrücklich hervorgehoben worden ist) den Geheimnisschutz verweigern, weil es ihnen nicht gelungen ist, sich in allen Forschungs- und Entwicklungsverträgen oder bei der Lizenzierung ihres Knowhows an große internationale Konzerne eine Pönale zur Sicherung der üblichen Geheimhaltungsklausel oder der „need-to-know"-Pflichten versprechen zu lassen.

Vertragsstrafeklauseln sind deshalb rechtlich **nicht unerlässlich, um den Geheimnischarakter** der betreffenden Informationen **zu erhalten** (ähnlich *Schönknecht* in Keller/Schönknecht/Glinke § 2 Rn. 65; *Jansen/Hofmann* BB 2020, 259 (264); *Krüger/Wiencke/Koch* GRUR 2020, 578 (582); *Drescher* S. 295 f.; *Hille* WRP 2020, 824 – Rn. 52 ff.; *Leistner* WRP 2021, 835 Rn. 47 ff.;). Die Gegenansicht, regelmäßig stellten Geheimhaltungsvereinbarungen ohne Vertragsstrafeversprechen keine angemessene Schutzmaßnahme dar (so *Apel* in Brammsen/Apel Einl. C Rn. 49, allerdings mit dem Vorbehalt, dass dieses Defizit unter Umständen durch andere, vergleichbar wirksame Geheimnisschutzmaßnahmen wettgemacht werden kann), ist abzulehnen. Zum einen berücksichtigt sie (trotz des eben erwähnten Vorbehalts) nicht hinreichend, dass es bei der Beurteilung, ob die getroffenen Geheimhaltungsmaßnahmen unter den gegebenen Einzelfallumständen angemessen sind, von vornherein **kein** (hier auf die rechtlichen Schutzvorkehrungen bezogenes) „**absolutes Minimum**" gibt, sondern auf eine die **Gegebenheiten des Einzelfalls würdigende Gesamtbetrachtung** ankommt (→ Rn. 54b; vgl. OLG Hamm WRP 2021, 223 (236 f.) – Stopfaggregate: „flexibles und offenes Tatbestandsmerkmal, dem ein relativer und dynamischer Maßstab zugrunde liegt"). Überdies kann selbst eine rechtlich unwirksame (weil zu unbestimmte) Geheimhaltungsklausel eine gewisse Warnfunktion erfüllen (OLG Schleswig WRP 2022, 906 Rn. 66 f.; *Schönknecht* in Keller/Schönknecht/Glinke § 2 Rn. 65). Zum anderen geht diese Ansicht an der **Realität von Vertragsverhandlungen** vorbei. In der wirtschaftsrechtlichen Vertragspraxis – also keineswegs nur auf dem Feld der mit Lizenznehmern oder anderen externen Vertragspartnern vereinbarten Geheimhaltungsbestimmungen – stellt es keine Besonderheit dar, dass prospektive Vertragspartner es rundheraus ablehnen, die von ihnen übernommenen Pflichten zusätzlich durch Vertragsstrafeversprechen zu verstärken. Dies trifft erfahrungs- 64c gemäß gerade auch auf durch und durch seriöse Unternehmen zu – diese betrachten das Verlangen nach solchen Haftungsverschärfungen nicht selten als implizite Behauptung, sie würden andernfalls über zivil- und strafrechtliche Normen ohne Weiteres hinwegsetzen. Der Missbrauch anvertrauter Geheiminformationen gilt seit alters her – vgl. nur § 18 UWG aF – als unethisch. Es ist deshalb auch im Bereich der Vertraulichkeitsvereinbarungen weder in rechtlicher noch in wirtschaftlicher Hinsicht „per se bedenklich", wenn sich der prospektive Vertragspartner weigert, seine mit einer Missachtung einer Geheimhaltungsklausel verbundenen gravierenden (Schadensersatz-) Risken durch eine Vertragsstrafenklausel zu ergänzen (so aber *Apel* in Brammsen/Apel Einl. C Rn. 49). Zuzustimmen ist der Auffassung des OLG Schleswig (WRP 2022, 906 Rn. 73 – Teil-Kostenrechnung), nach der **kein Grund für den Generalverdacht** besteht, dass **vertraglich oder gesetzlich ausdrücklich geregelte Verschwiegenheitspflichten als unzulänglich zu bewerten** seien, sondern es zusätzlich vertragsstrafenbewehrter Verpflichtungserklärungen bedürfe.

65 **ff) Vorkehrungen gegen Betriebsspionage.** Schließlich ist in betriebswirtschaftlich vernünftigem Umfang sicherzustellen, dass **betriebsfremde Personen,** die es auf **Betriebsspionage** anlegen, eben hieran durch geeignete physische und elektronische Sicherungen gehindert werden (umfassend zu den Erscheinungsformen der Betriebsspionage *Drescher* S. 54 ff., 207 ff.). Das **„Besuchermanagement"** (*Maaßen* WRP 2019, 352 (358 f.)) reicht von **Zugangs- und Zufahrtskontrollen** bis zu **elektronischen „Firewalls"**, die das Eindringen in die digitalen Arbeits- und Informationssysteme der Unternehmen wesentlich erschweren (zu geeigneten Maßnahmen dieser Art *Huber* in Ann/Loschelder/Grosch Kap. 10; *Kalbfus* GRUR-Prax 2017, 391 (392 f.); *Redeker/Pres/Gittinger* WRP 2015, 681 (685 ff.); zu typischen Versäumnissen *Ann,* GRUR 2014, 12 ff.). Allerdings kann jeder Zaun durchschnitten, jedes Betriebsgelände von Hubschraubern (vgl. *McGuire* GRUR 2016, 1000 (1004), unter Bezugnahme auf einen in der amerikanischen Rechtsprechung behandelten Fall) oder Drohnen überflogen und fotografiert, jeder Pförtner getäuscht, jedes Schloss „geknackt", jede „Firewall" von Hackern durchbrochen werden.

65a **c) Zeitpunkt für die Bewertung der Geheimhaltungsmaßnahmen.** Noch nicht umfassend geklärt ist die Frage, für welchen **Zeitpunkt oder Zeitraum** der rechtmäßige Inhaber geheimer, werthaltiger Informationen das Bestehen von „den Umständen nach angemessenen Geheimhaltungsmaßnahmen" darlegen und beweisen muss.

65b Das OLG Hamm (GRUR-RS 2020, 34822 = WRP 2021, 233, Rn. 152 ff. – Stopfaggregate) hat aus Vorgängen aus der Zeit von 2012 bis 2018 – also deutlich **vor Inkrafttreten des GeschGehG** und teilweise sogar **vor Verabschiedung der Geschäftsgeheimnis-RL** – abgeleitet, ein Unterlassungsanspruch nach § 6 bestehe zum Zeitpunkt der letzten mündlichen Verhandlung im Jahr 2020 nicht, weil das klagende Unternehmen seinerzeit keine angemessenen Geheimhaltungsmaßnahmen ergriffen habe. Die Sicherheitsvorkehrungen des Unternehmens seien in der Vergangenheit verschiedentlich umgangen worden. Mehrfach seien Zeichnungen der Klägerin ohne Geheimhaltungsmaßnahmen frei zugänglich gewesen. Dass die Maßnahmen der Kl. im Zeitraum der angeblichen Rechtsverletzungen (also vor Inkrafttreten des GeschGehG) ausreichend gewesen seien, könne im Hinblick auf die mehrfache Umgehung der jeweiligen Maßnahmen und die unzureichende Reaktion der Klägerin nicht festgestellt werden. Der BGH (MMR

2022, 773 Rn. 44) hat die hiergegen eingelegte Revision für unbegründet erachtet. Zu den in Rede stehenden Geheimhaltungsmaßnahmen hat der BGH ausgeführt, unstreitig habe ein Prokurist einer Firma, die 2013 mit der Beklagten ein Konkurrenzprodukt entwickelt hatte, von einem Mitarbeiter der deutschen Konzerngesellschaft der Klägerin einige Jahre vor 2018 Zeichnungen betreffend das klägerische Stopfaggregat erhalten. Das OLG Hamm habe zwar offengelassen, aus welcher Quelle und wann genau der Prokurist die Zeichnungen der Kl. erlangt habe. Es habe daraus jedoch die aus Rechtsgründen nicht zu beanstandende Schlussfolgerung gezogen, dass Geheimhaltungsmaßnahmen der Kl. einige Jahre vor 2018 zu umgehen waren und dass dieser Umstand zulasten der darlegungs- und beweisbelasteten Klägerin gehe. Dass die Existenz von den Umständen nach angemessenen Geheimhaltungsmaßnahmen vor Inkrafttreten des GeschGehG und allemal vor Ablauf der Umsetzungsfrist am 9.6.2018 nicht erforderlich war, um geheime Unternehmensinformationen als Geschäftsgeheimnisse anzuerkennen, wurde weder im Berufungsurteil noch im Beschluss des BGH angesprochen.

Demgegenüber haben das OLG Stuttgart (GRUR-RS 2020, 35613 = WRP 2021, 242, Rn. 80, 155–157 – PU-Schaumsysteme) und das OLG Düsseldorf (WRP 2021, 1080 Rn. 35 – CAD-Konstruktionszeichnung) hervorgehoben, mit Blick auf den **Vertrauensschutz** und das **Verbot unzulässiger unechter Rückwirkung von Gesetzen** könne die Existenz angemessener Geheimhaltungsmaßnahmen erst ab dem Zeitpunkt des Inkrafttretens des GeschGehG (genauer müsste man wohl sagen: erst mit Ablauf der Umsetzungsfrist am 9.6.2018) verlangt werden. Das Vertrauen des Bürgers werde enttäuscht, wenn ein neues Gesetz einen entwertenden Eingriff vornehme, mit dem der Betroffene nicht habe rechnen müssen, den er also auch bei seinen Dispositionen nicht habe berücksichtigen können (BVerfG, Beschl. v. 28.11.1984, 1 BvR 1157/82, juris Rn. 58). In solchen Fällen sei eine Gesamtabwägung zwischen dem Gewicht des enttäuschten Vertrauens und dem Gewicht und der Dringlichkeit der die Rechtsänderung rechtfertigenden Gründe vorzunehmen (BVerfG, Beschl. v. 7.7.2010, 2 BvL 14/02, juris Rn. 58). Stelle das neue Recht **zusätzliche Voraussetzungen** für die Rechtswidrigkeit auf, so müssten diese spätestens **bei Inkrafttreten des Gesetzes – und seither durchgehend – vorgelegen** haben. Dies gelte auch für die zusätzlichen Anforderungen an die vom Inhaber eines Geschäftsgeheimnisses zu treffenden Geheimhaltungsmaßnahmen. Dieses Begriffsmerkmal stelle den wesentlichen Unterschied zur früheren Rechtslage (§ 17 UWG aF) dar, die lediglich einen erkennbaren subjektiven, sich in objektiven Umständen manifestierenden Geheimhaltungswillen vorausgesetzt habe. Dieser Ansatz trage insbesondere auch dem Umstand Rechnung, dass der Inhaber eines Geschäftsgeheimnisses durch rechtzeitiges Ergreifen angemessener Geheimhaltungsmaßnahmen seinen rechtlichen Schutz bewahren könne. Wäre ausschließlich der Zeitpunkt der begangenen Handlung maßgebend, zu dem er aber keine angemessenen Schutzmaßnahmen ergriffen habe, so hätte er den rechtlichen Schutz unwiederbringlich verloren. Er habe sich bis zum Inkrafttreten der Neuregelung aber nicht darauf einrichten müssen, aktive Schutzmaßnahmen zu ergreifen (OLG Stuttgart WRP 2021, 242 Rn. 156). **65c**

Der Standpunkt des OLG Stuttgart und des OLG Düsseldorf verdient den Vorzug (ebenso *Ohly* in Ohly/Sosnitza, GeschGehG § 1 Rn. 12). Dies folgt nicht nur aus dem Gesichtspunkt des **Vertrauensschutzes,** sondern entspricht auch eher der **Zwecksetzung der Geschäftsgeheimnis-RL.** Diese zielt darauf ab, den Schutz von Geschäftsgeheimnissen unionsweit zu harmonisieren und – unter **65d** flexibler Berücksichtigung gegenläufiger Interessen Dritter – auf ein effektives Niveau anzuheben (→ Rn. 46 f.; zum Harmonisierungsgrad → Einl. A Rn. 60, 139 ff.; *Harte-Bavendamm,* FS Büscher, 2018, 311 (312 ff.); *Alexander* in Köhler/Bornkamm/Feddersen GeschGehG Vor § 1 Rn. 19 ff.). Das Schutzsystem soll fair und gerecht, wirksam und abschreckend und weder unnötig kompliziert noch kostspielig sein (vgl. Art. 6 Abs. 2 Geschäftsgeheimnis-RL). Neben dem Abbau von Hemmnissen für den Binnenmarkt und der Funktionsfähigkeit des Wettbewerbs (im Sinne der Schaffung neuen Wissens, der Begünstigung des Wissensaustauschs und der Förderung neuer Geschäftsmodelle) geht es um den Schutz von – insbesondere kleinen und mittleren – Unternehmen, denen ein angemessener wirtschaftlicher Nutzen aus ihrer innovativen Tätigkeit zuzugestehen ist (vgl. ErwGr 1-8; *Alexander* in Köhler/Bornkamm/Feddersen GeschGehG Vor § 1 Rn. 16 ff.; zum Zweck und zur wirtschaftlichen Bedeutung des Geheimnisschutzes → Einl. A Rn. 1 ff., und *Keller* in Keller/Schönknecht/Glinke § 1 Rn. 1 ff.). Ein wirksamer rechtlicher Schutz von Geschäftsgeheimnissen wird gerade deshalb angestrebt, weil andernfalls eine Fehlleitung finanzieller Ressourcen droht, die sinnvoller für Forschung, Entwicklung, Herstellung und Vermarktung innovativer Produkte eingesetzt werden könnten und sollten (→ Rn. 46 mwN). Vor diesem Hintergrund wäre es ein eigenartiges Ergebnis, wenn mit Ablauf der Umsetzungsfrist **am 9.6.2018 quasi über Nacht** ein unermesslicher Bestand an geheimen technischen und geschäftlichen Informationen deshalb **schutzlos** gestellt wäre, weil diese nicht schon in der Vergangenheit die rechtlich erst ab dem 10.6.2018 geltenden zusätzlichen Anforderungen erfüllten – eben Gegenstand von den Umständen nach angemessenen Geheimhaltungsmaßnahmen waren (gegen ein Erfordernis, angemessene Geheimhaltungsmaßnahmen für die Zeit vor Inkrafttreten des GeschGehG nachweisen zu müssen, auch *Schönknecht* in Keller/Schönknecht/Glinke § 2 Rn. 78).

65e *Ohly* (in Ohly/Sosnitza GeschGehG § 1 Rn. 12) ist auch darin zuzustimmen, dass den Unternehmen ab Inkrafttreten des GeschGehG (besser: nach Ablauf der Umsetzungsfrist) eine gewisse **Zeitspanne zur Umstellung von Altverträgen** und zur **Verbesserung von Sicherheitsvorkehrungen** eingeräumt werden sollte. Dies mag nicht zugunsten von Unternehmen gelten, die in dieser Richtung noch so gut wie nichts unternommen hatten. Es kann sich aber empfehlen, in einer Übergangszeit von vielleicht ein bis drei Jahren einen **großzügigeren Maßstab** anzulegen. Innerhalb des von der Geschäftsgeheimnis-RL geschaffenen Schutzsystems lässt sich dieser Gesichtspunkt zwanglos anhand dessen berücksichtigen, dass die Bewertung der Geheimhaltungsmaßnahmen „**den Umständen nach**" zu erfolgen hat. Zu solchen Umständen kann es auch gehören, wie weit von Unternehmen eines bestimmten Zuschnitts erwartet werden konnte und musste, den europäischen und anschließend den deutschen Gesetzgebungsprozess laufend zu verfolgen und sich bereits im Voraus auf die sich anbahnenden Änderungen einzustellen. Vor allem in Bezug auf kleinere und mittlere Unternehmen, die nicht bereits in anderem Zusammenhang ein umfassendes Compliance-System eingerichtet hatten, erscheint es praxisfern anzunehmen oder zu erwarten, dass sie auf allen für sie möglicherweise relevant werdenden Rechtsgebieten eine Art kontinuierliches Screening von Gesetzgebungsprozessen betreiben. Ohne eine gewisse, in solchen Fällen an den Tag gelegte Großzügigkeit drohte der eben (→ Rn. 65c a.E.) angesprochene Effekt einzutreten, dass zahllose, insbesondere kleine und mittelständische Unternehmen mit Ablauf des 9.6.2018 einen massiven Verlust wertvoller Know-how-Portefeuilles erlitten hätten.

d) Ergreifung der Maßnahmen durch den rechtmäßigen Inhaber der Information. Die den Umständen nach angemessenen Geheimhaltungsmaßnahmen müssen von dem **rechtmäßigen Inhaber** der in Rede stehenden geheimen und werthaltigen Information getroffen, überwacht und ggf. neuen Entwicklungen angepasst werden. Dieses Merkmal bezieht sich auf den rechtmäßigen Inhaber des (möglichen) Geschäftsgeheimnisses gemäß § 2 Nr. 2 (RegE GeschGehG BT-Drs. 19/4724, 22). Dass in § 2 Nr. 1 lit. b nur von dem Inhaber einer Information und noch nicht – wie in Nr. 2 – vom Inhaber eines Geschäftsgeheimnisses die Rede ist, hat lediglich systematische Gründe – es würde auf einen Zirkelschluss hinauslaufen, wollte man innerhalb der Definition des Geschäftsgeheimnisses vom Vorliegen eines Geschäftsgeheimnisses ausgehen (*Schönknecht* in Keller/Schönknecht/Glinke § 2 Rn. 85). In der Sache aber ist die rechtmäßige Inhaberschaft im Rahmen der Nr. 1 lit. b nach den gleichen Maßstäben zu beurteilen wie die Inhaberschaft an einem Geschäftsgeheimnis. Es geht mithin um jede natürliche oder juristische Person, die infolge originären oder abgeleiteten Erwerbs die **rechtmäßige Kontrolle über die in Rede stehenden Informationen** besitzt (→ Rn. 72ff.; vgl. auch OLG Düsseldorf WRP 2021, 1080 Rn. 49f. – CAD-Konstruktionszeichnung; zu der umstrittenen Frage, inwieweit auch Lizenznehmer die Kontrolle über die ihnen zur Nutzung überlassenen Informationen bzw. Geschäftsgeheimnisse ausüben, → Rn. 81ff.). 65f

Entscheidend ist, dass die Geheimhaltungsmaßnahmen **von dem rechtmäßigen Inhaber veranlasst und verantwortet** werden; ob die Umsetzung und Überwachung der jeweiligen Sicherheitsvorkehrungen allein mithilfe der eigenen Beschäftigten und Betriebsmittel oder auch durch externe Dienstleister erfolgt, ist ohne Belang (*Alexander* in Köhler/Bornkamm/Feddersen GeschGehG § 2 Rn. 72; *Schönknecht* in Keller/Schönknecht/Glinke § 2 Rn. 86). Falls **mehrere Personen** die rechtmäßige Kontrolle über die fraglichen Informationen haben (etwa weil der originäre Inhaber die Informationen an zur Verschwiegenheit verpflichtete Vertragspartner weitergegeben hat), muss jede von ihnen angemessene Geheimhaltungsmaßnahmen ergreifen (RegE GeschGehG BT-Drs. 4724, 24), soweit nicht die Maßnahmen eines Inhabers einen Schutz für alle Inhaber bewirken (*Schönknecht* in Keller/Schönknecht/Glinke § 2 Rn. 86). 65g

7. Berechtigtes Interesse an der Geheimhaltung

Dass interne Informationen straf- und zivilrechtlichen Schutz als Geschäfts- oder Betriebsgeheimnisse nur dann verdienten, wenn dem Unternehmen ein berechtigtes Geheimhaltungsinteresse zuzuerkennen war, entsprach dem von der deutschen Rechtsprechung und -lehre entwickelten, allgemein anerkannten Verständnis. Dieses Merkmal diente als **objektives Korrektiv eines** unter besonderen Umständen des Einzelfalls **nicht schutzwürdig erscheinenden Geheimhaltungswillens des Unternehmens.** Es hatte allerdings geringe praktische Bedeutung; es galt in der Regel als erfüllt, wenn die Informationen geheim waren und ihre Offenlegung negative Auswirkungen auf die Wettbewerbsposition des Unternehmens gehabt hätte (→ Rn. 13; *Harte-Bavendamm* in Harte/Henning, 4. Aufl. 2016, § 17 Rn. 6). Das Unternehmen sollte allerdings nicht aufgrund willkürlicher subjektiver Erwägungen die Geheimhaltung verlangen können, wenn es hierfür schlechthin kein objektives Interesse gab (vgl. BGH GRUR 1955, 424 (426) – Möbelpaste; LAG Hamm, DB 1989, 783f.: Kein Unterlassungsanspruch des Arbeitgebers, wenn der Beschäftigte im Rahmen einer arbeitsrechtli- 66 chen Auseinandersetzung seinen Prozessbevollmächtigten über bestimmte betriebliche Verhältnisse einschließlich der Maschine an seinem Arbeitsplatz unterrichtet).

67 In **Erwägungsgrund 14** der Geschäftsgeheimnis-RL wird betont, die Definition des Begriffs „Geschäftsgeheimnis" sollte so beschaffen sein, dass sie Know-how, Geschäftsinformationen und technologische Informationen abdecke, bei denen sowohl ein **legitimes Interesse an ihrer Geheimhaltung** bestehe als auch die **legitime Erwartung,** dass diese **Vertraulichkeit gewahrt** werde („… information where there is both a legitimate interest in keeping them confidential and a legitimate expectation that such confidentiality will be preserved"). Der europäische Gesetzgeber hat aber gerade davon abgesehen, einen **entsprechenden Vorbehalt in die Definition gemäß Art. 2 Nr. 1** Geschäftsgeheimnis-RL **aufzunehmen,** wie er sich auch in **Art. 39 Abs. 2 TRIPS** nicht findet. Insofern dürften die Formulierungen in Erwägungsgrund 14 (auch wenn sie sprachlich nicht eindeutig sind) in der Sache eher so zu verstehen sein, dass im Falle der im ersten Satzteil erwähnten geschäftlichen und technologischen Informationen ein legitimes Geheimhaltungsinteresse grundsätzlich zu bejahen ist (ebenso *Ohly* GRUR 2019, 441 (444); *Glinke* in Keller/Schönknecht/Glinke § 2 Rn. 96 ff.). Die Frage nach einem legitimen Interesse an der Geheimhaltung bestimmter Informationen stellt sich letztlich aufgrund der Notwendigkeit, dem **Grundsatz der Verhältnismäßigkeit** hinreichenden Raum zu geben und dadurch in Sondersituationen die Durchsetzung der an sich zuerkannten Rechte einzugrenzen. Dieses Ziel führt die Geschäftsgeheimnis-RL nicht durch eine generelle Einschränkung des Geheimnisbegriffs, sondern auf andere – sachgerechtere – Weise herbei. **Gegenläufige Interessen Dritter oder der Allgemeinheit** lassen sich weit flexibler mittels der **Ausnahmetatbestände des Art. 3 Abs. 1 lit. d** und des **Art. 5** (insbesondere lit. b und lit. d) Geschäftsgeheimnis-RL erreichen. Hinzu kommt ein **weiteres Kontrollinstrument:** Auf der Ebene der Rechtsdurchsetzung verlangen Art. 11 Abs. 2 und Art. 13 Abs. 1 Geschäftsgeheimnis-RL eine **einzelfallbezogene Prüfung der Verhältnismäßigkeit,** bei der „gegebenenfalls" unter anderem die legitimen Interessen der Parteien, die legitimen Interessen Dritter, das öffentliche Interesse und der Schutz der Grundrechte zu berücksichtigen sind (vgl. *Keller* in Keller/Schönknecht/Glinke § 9 Rn. 1: neues Korrektiv der „Unverhältnismäßigkeit im Einzelfall"). Dieses **bewegliche System** von „checks and balances" ermöglicht es, die widerstreitenden Belange in einer an den Besonderheiten des Einzelfalls orientierten Weise auszutarieren. Dies gilt auch für den Sonderfall, dass die in Rede stehenden Informationen sich auf **rechtswidrige Vorgänge und Verhältnisse** innerhalb des Unternehmens beziehen (→ Rn. 39 ff., 69a).

68 Wenn der Ausschuss für Recht und Verbraucherschutz sich bemüßigt fühlte, in seiner Beschlussempfehlung vom 13.3.2019 (BT-Drs. 19/8300, 4, 13 f.) das Bestehen eines berechtigten Interesses an der Geheimhaltung als **vierte Voraussetzung für die Anerkennung unternehmensinterner Informationen als „Geschäftsgeheimnisse"** einzufügen, unterlag er einem **Fehlverständnis des** eben angesprochenen, **vom Richtliniengeber verfolgten Konzepts** (zweifelnd auch *Alexander* WRP 2019, 673 (674), und in Köhler/Bornkamm/Feddersen, GeschGehG § 2 Rn. 74; aM BeckOK GeschGehG/*Hiéramente* § 2 Rn. 70). Zur Begründung hieß es: „Die Änderung folgt der Vorgabe aus den Erwägungsgründen 14 der Richtlinie, wonach die mit § 2 des Umsetzungsgesetzes zu schaffende Definition so beschaffen sein sollte, dass sie Know-how, Geschäftsinformationen

und technologische Informationen abdeckt, bei denen auch ein ‚legitimes Interesse' an ihrer Geheimhaltung besteht." Aus der Debatte im Ausschuss wurde ergänzend berichtet, es solle „vor dem Hintergrund jüngerer Rechtsprechung und mit Blick auf die Erwägungsgründe der Richtlinie die **Definition von ‚Geschäftsgeheimnis' nachgeschärft"** werden, indem ausdrücklich ein berechtigtes Interesse an der Geheimhaltung verlangt werde" (BT-Drucks. 19/8300, S. 11). Diese Äußerungen implizieren die unzutreffende Auffassung, der europäische Gesetzgebung habe es versäumt, seine aus Erwägungsgrund 14 ersichtlichen Überlegungen sachgerecht in die in Art. 2 Nr. 1 enthaltene Definition des Begriffs „Geschäftsgeheimnis" zu übernehmen (während er sie doch allem Anschein nach auf andere Weise, nämlich in Art. 1 Abs. 1 lit. a, Art. 3 Abs. 1 lit. d, Art. 5, Art. 7 Abs. 1 lit. a, Art. 11 Abs. 2 und Art. 13 Abs. 1 umgesetzt hat). Sie haben damit den **Vorrang des Unionsrechts** ebenso verkannt wie den Umstand, dass Art. 2 Geschäftsgeheimnis-RL der Definition in Art. 39 Abs. 2 TRIPS (→ Rn. 3 ff. und Einl. A.VI.) entspricht und dieser seit 1994 völkerrechtlich verbindliche Schutzstandard nicht unterschritten werden darf. In der Erweiterung um eine zusätzliche, stets tatbestandsmäßig zu prüfende Schutzvoraussetzung aber läge zwangsläufig eine Senkung des Schutzniveaus, auch wenn deren inhaltliche Bedeutung schwer zu quantifizieren sein mag (ebenso *Ohly* GRUR 2019, 441 (444); *Glinke* in Keller/Schönknecht/Glinke § 2 Rn. 96 ff.).

Vor diesem Hintergrund sind zwei einander ausschließende Deutungen denkbar: Entweder geht es lediglich um eine **Klarstellung,** weil der deutsche Gesetzgeber meinte, auch nach der Geschäftsgeheimnis-RL (und damit nach Auffassung der europäischen Legislative) komme ein Schutz als Geschäftsgeheimnis im Ergebnis nur für solche Informationen infrage, an deren Geheimhaltung ein berechtigtes Interesse nachgewiesen werden könne. In diesem Fall wäre die ausdrückliche Erweiterung des § 2 Nr. 1 GeschGehG **überflüssig** (so auch MüKoUWG/*Waßmer,* 3. Aufl. 2022, § 23 Rn. 84). Oder die **„Nachschärfung" der Definition** des Begriffs „Geschäftsgeheimnis" hat eine **eigenständige sachliche Bedeutung.** Dann aber läge in ihr eine hinsichtlich ihres Umfangs ungewisse Einschränkung des aus Art. 39 Abs. 2 TRIPS zu entnehmenden und durch Art. 2 Nr. 1 Geschäftsgeheimnis-RL in das Unionsrecht inkorporierten Schutzstandards und wäre damit **völker- und unionsrechtlich unwirksam** (ebenso *Ohly,* GRUR 2019, 441 (444): § 2 Nr. 1 lit. d ist entweder überflüssig oder richtlinienwidrig; *Glinke* in Keller/Schönknecht/Glinke § 2 Rn. 98). Aus diesen Gründen erscheint **§ 2 Nr. 1 lit. c GeschGehG** im Ergebnis **unbeachtlich.** Im Hinblick auf das Gebot der **unionsrechtskonformen Auslegung** wird in Fällen, in denen die hier aufgeworfene Frage entscheidungsrelevant ist, eine **Vorlage an den EuGH** erforderlich sein (ebenso *Alexander* in Köhler/Bornkamm/Feddersen/Alexander, GeschGehG § 2 Rn. 76; *Glinke* in Keller/Schönknecht/Glinke § 2 Rn. 99). Dies gilt vor allem für den Fall, dass es um Informationen über rechtswidrige Verhaltensweisen oder Gegebenheiten innerhalb des Unternehmens geht. **69**

An der Interpretation und dogmatischen Einordnung des Begriffs „berechtigtes Interesse an der Geheimhaltung" entzündet sich in erster Linie der Meinungsstreit, ob auch **Informationen über rechtswidrige Geschehnisse oder Verhaltensweisen** innerhalb eines Unternehmens Gegenstand von Geschäftsgeheimnissen sein können. Einen anderen Anknüpfungspunkt mit sich weitgehend überschneidenden Argumentationslinien bildet das in § 2 Nr. 1 lit. a geregelte Merkmal des **wirtschaftlichen Wertes** einer geheimen Information (→ Rn. 36 ff.). Auf die dort (insbesondere Rn. 39 ff.) angeführten Überlegungen wird verwiesen. Im **69a**

Ergebnis ist – vorbehaltlich einer abweichenden künftigen Entscheidung des **EuGH** (→ Rn. 69) – davon auszugehen, dass der europäische Gesetzgeber durch den Zusammenklang verschiedener Richtlinienbestimmungen (→ Rn. 39d) ein **harmonisches, bewegliches System** geschaffen hat, das – als Ausprägung des **Verhältnismäßigkeitsgrundsatzes** – eine auf den Einzelfall bezogene **Abwägung der einander gegenüberstehenden Interessen** herbeiführen kann und soll. Es dürfte **richtlinienwidrig** sein, § 2 Nr. 1 lit. c so auszulegen, dass ein berechtigtes Interesse an der Geheimhaltung von Informationen, die einen Rechtsverstoß oder ein sonstiges Fehlverhalten betreffen, ausnahmslos verneint und damit der Schutz als Geschäftsgeheimnis a priori ausgeschlossen wird (ebenso *Glinke* in Keller/Schönknecht/Glinke § 2 Rn. 98).

8. Beispiele für Geschäftsgeheimnisse

70 Wegen erheblicher Übereinstimmung zwischen der herkömmlichen Definition der „Betriebs- und Geschäftsgeheimnisse" und der Begriffsbestimmung des § 2 Nr. 1 (wie auch des Art. 39 Abs. 2 TRIPS und des Art. 2 Nr. 1 der Geschäftsgeheimnis-RL) können die **von der deutschen Rechtsprechung als Betriebs- oder Geschäftsgeheimnisse eingeordneten vertraulichen Informationen** weiter als **Beispiele** dienen. **Einschränkungen** würden sich aus heutiger Sicht im Wesentlichen nur insoweit ergeben, als in Einzelfällen keine „nach den Umständen angemessenen Geheimhaltungsmaßnahmen" festgestellt werden könnten. Auch ist es wegen des auch in Bezug auf Analyseinstrumente und -methoden erzielten **technischen Fortschritts** denkbar, dass in der einen oder anderen Sachverhaltskonstellation heute eine **leichte Zugänglichkeit zu bejahen** sein könnte, die zum Zeitpunkt der jeweiligen Entscheidung noch nicht gegeben war.

71 **Rechtsprechung: Adress- und Agentenverzeichnisse** (OLG Köln GRUR-RR 2010, 480 – Werbeadressen als Geschäftsgeheimnis; OLG Frankfurt a.M GRUR 2005, 792 – Mitarbeiterdatei), **Anzeigenaufträge** (OLG München NJW-RR 1996, 1134; BayObLG ZIP 2000, 2177), **Ausschreibungsunterlagen** (BGH GRUR 1976, 367 – Ausschreibungsunterlagen; BGHSt 41, 140 = NJW 1995, 2300: durch eine öffentliche Ausschreibung erlangte Angebote sind für den ausschreibenden Unternehmer ein Geschäftsgeheimnis), **Bankkundendaten** (BVerfG NJW 2011, 2417 Rn. 48 ff. – Steuer-CD), **Bezugsquellen** (RG MuW XIV, 364 und GRUR 1936, 573), **Computerprogramme** (BayObLG GRUR 1991, 694 – Geldspielautomat), Dateinamen, Dateiendungen, Dateitypen, Dateigrößen und andere äußere Merkmale von **Dateien,** aus denen sich die in den Dateien gespeicherten Geschäftsgeheimnisse ableiten lassen (BVerwG v. 5.3.2020, 20 F3/19, WRP 2020, 799, Ls. – Umfang des Geheimnisschutzes, *Hoppe/Oldekop* WRP 2022, 547 (548)), **Entschlüsselungscodes** für SIM-Karten (OLG Karlsruhe WRP 2016, 751 – Kartensperre eines Mobiltelefons), **Entwicklungsunterlagen** für einen Computer (BGH GRUR 1977, 539 – Prozessrechner), **Gehaltslisten** (BAG AP Nr. 2 zu § 79 BetrVG 1972 m. Anm. *Teplitzky*), Geschäftsplanungen (RG JW 1906, 497 Nr. 51 und RGSt 48, 12), **Geschäftsbücher und -briefe** (OLG Hamm WRP 1993, 118 – Mitarbeiterbrief aus dem Müll), **Geschäftsplanungen** (BVerfG NvWZ 2006, 1041; OLG Stuttgart BeckRS 2006, 13593), **Herstellungsverfahren** (BGH GRUR 1955, 388 – Dücko; GRUR 1963, 367 – Industrieböden), **Kalkulationsunterlagen** und einzelne Umstände konkreter Geschäftsbeziehungen zu bestimmten Kunden (OLG Stuttgart GRUR 1982, 315 – Gerätewartung; OLG Hamm WRP

1959, 182; LAG Rheinland-Pfalz BeckRS 2011, 77905), **Konstruktionsgedanken** (BGH GRUR 1983, 179 – Stapel-Automat), Konstruktionsmerkmale einer Maschine, die erst durch Zerlegen und Nachmessen feststellbar sind (RGZ 149, 329; anders OLG Düsseldorf OLGR 1999, 55), **Konstruktionszeichnungen** (BGH GRUR 1964, 31 – Petromax II; GRUR 2008, 727 – Schweißmodulgenerator; WRP 2008, 938 – Entwendete Datensätze mit Konstruktionszeichnungen; OLG Hamm WRP 2021, 223 – Stopfaggregate; OLG Düsseldorf WRP 2021, 1080 – CAD-Konstruktionszeichnungen), **Kundenlisten,** soweit es sich nicht nur um Namen und Anschriften handelt, die jederzeit ohne großen Aufwand aus allgemein zugänglichen Quellen zusammengestellt werden können (BGH WRP 1999, 212 – Kundenlisten; NJW-RR 2003, 833 – Weinberater (Verwertung von Kundenlisten); GRUR 2006, 1044 (1046) – Kundendatenprogramm; GRUR 2009, 601 – Versicherungsuntervertreter; LAG Düsseldorf GRUR-RS 2020, 23408 – PU-Schaum; OLG Frankfurt a.M. GRUR-RR 2021, 229 – Vliesstoffe; OLG Schleswig WRP 2022, 906 – Teil-Kostenrechnung; eine Befristung des Geheimnisschutzes von Kundenlisten auf zwei Jahre kommt entgegen OLG Celle, WRP 1995, 114, in der Regel nicht in Betracht;), **Kunstgriffe bei der Anwendung eines an sich bekannten Verfahrens** (RG MuW XXXIV, 63), Maße und Anordnungen einzelner **Komponenten einer Spinnanlage** (BGH GRUR 2018, 1161 Rn. 31 ff. – Hohlfasermembranspinnanlage II), **Lohn- und Gehaltsdaten** (BGH NJW 1996, 2576; BAG NZA 1988, 63), **Modellskizzen** für die **Kollektionsplanung** (BGH GRUR 1980, 296 – Konfektions-Stylist), **Musterbücher** (RGSt 42, 394), **Preiskalkulationen** (LAG Baden-Württemberg v. 18.8.2021, BeckRS 2021, 26156); **Produktionsanlagen** (BGH GRUR 1985, 294 – Füllanlage; GRUR 1963, 367 – Industrieböden; GRUR 1961, 40 – Wurftaubenpresse), **Rabattvereinbarung zwischen Krankenkasse und Pharmaunternehmen** (BVerwG 17.6.2020, 10 C 22.19, BeckRS 2020, 18641, PharmR 2020, 699: Kein Informationszugangsanspruch); **Rezepturen** (BGH GRUR 1980, 750 – Pankreaplex II; BAG NJW 1983, 134; OLG Jena GRUR-RS 2013, 06046 – Minisalami; OLG Stuttgart v. 19.11.2020, 2 U 575/19, GRUR-RS 2020, 35613 – Schaumstoffsysteme), **Schaltpläne** (BGH WRP 2008, 1085 – Schweißmodulgenerator), **SIM-Code-Entsperrcodes** (OLG Karlsruhe CR 2016, 547 f.), **Skizzenheft mit Angaben über Maße, Gewichte, Wirkungsgrad und Kraftverbrauch einzelner Maschinen** (RG GRUR 1927, 131), **Umsatzzahlen** (BAG NZA 1999, 200; BVerwG NVwZ 2006, 700; LAG Hessen BeckRS 2013, 66278), **Verschlüsselungssysteme** (OLG Frankfurt a.M. NJW 1996, 264 – Pay-TV-Decoder), **XING-Kontakte** (ArbG Hamburg BeckRS 2013, 68150), **Zulassungsunterlagen für Arzneimittel** (BGH GRUR 2012, 1048 – MOVICOL-Zulassungsantrag – mit Anm. *Kalbfus* WRP 2013, 584). Weitere Beispiele bei *Reinfeld* § 1 Rn. 167 ff.: „Geschäftsgeheimnisse von A bis Z" und *Brammsen* in Brammsen/Apel § 2 Rn. 10).

III. Inhaber eines Geschäftsgeheimnisses (§ 2 Nr. 2)

1. Rechtsträger

„Inhaber eines Geschäftsgeheimnisses" ist nach§ 2 Nr. 2 **jede natürliche oder** 72
juristische Person, die die rechtmäßige Kontrolle über ein Geschäftsge-

heimnis hat („any natural or legal person lawfully controlling a trade secret"). Der Begriff erfüllt innerhalb des GeschGehG **verschiedene Funktionen:** Er kennzeichnet das Schutzsubjekt, ordnet das Geschäftsgeheimnis einem bestimmten Rechtsträger zu und bestimmt sowohl den Gläubiger der in §§ 6 ff. geregelten Ansprüche, mithin die **Aktivlegitimation,** als auch den **zur Stellung eines Strafantrags berechtigten Verletzten** (*Alexander* in Köhler/Bornkamm/Feddersen, GeschGehG § 2 Rn. 90). Auch ist nur der nach dieser Definition zu bestimmende Inhaber in der Lage, das Geschäftsgeheimnis durch Rechtsgeschäft zu übertragen (→ Einl. B Rn. 93 ff.) und damit einem Erwerber die rechtmäßige Kontrolle zu verschaffen (*Glinke* in Keller/Schönknecht/Glinke § 2 Rn. 109). Die Definition deckt sich – anders als noch im Referentenentwurf (→ GRUR-Stellungnahme v. 22.5.2018, GRUR 2018, 708, Abschnitt B.I.2.) – vollständig mit Art. 2 Nr. 2 Geschäftsgeheimnis-RL. Sie wird in Erwägungsgrund 14 (im Gegensatz zu einzelnen Aspekten des Begriffs „Geschäftsgeheimnis") nicht näher erläutert. Insbesondere gibt die Geschäftsgeheimnis-RL keinen Hinweis darauf, ob und unter welchen Voraussetzungen auch Lizenznehmer als „Inhaber eines Geschäftsgeheimnisses" angesehen werden können (→ Rn. 80 f.). Ob jemand die **Kontrolle** über das Geschäftsgeheimnis besitzt, richtet sich allein nach den **tatsächlichen Gegebenheiten;** erfasst wird jeder, der die betreffenden Informationen nutzen und weitergeben kann (*Reger,* S. 266; *Peter/Wiebe* in Busche/Stoll/Wiebe Art. 39 Rn. 17. Von dieser rein faktischen Dispositionsmöglichkeit zu unterscheiden bleibt deren **Rechtmäßigkeit** (vgl. zur Unterscheidung zwischen faktischer Dispositionsbefugnis und Rechtsmäßigkeit auch OLG Düsseldorf WRP 2021, 1080 (1085) – CAD-Konstruktionszeichnung als Geschäftsgeheimnis; *McGuire* in Büscher, GeschGehG § 2 Rn. 71). Diese ist immer dann zu verneinen, wenn die in Rede stehende Person die Kontrolle über das Geschäftsgeheimnis auf rechtswidrige Weise erlangt hat. In Betracht kommen insbesondere die nach § 4 verbotenen Handlungen (soweit nicht durch § 3 oder § 5 legitimiert), darüber hinaus aber auch alle sonstigen mit dem Erwerb der Dispositionsmöglichkeit verbundenen Rechtsverstöße der die Kontrolle ausübenden Person oder desjenigen, von dem diese Person ihre faktische Position unmittelbar oder mittelbar ableitet. Kein mittels einschränkender Auslegung des Inhaberbegriffs zu lösendes Problem dürfte der rechtliche Umgang mit Geschäftsgeheimnissen darstellen, die sich auf **rechtswidrige Vorgänge innerhalb des Unternehmens.** Solchen Geheimnissen ist auch nicht a priori jeder „wirtschaftliche Wert" abzusprechen; der Konflikt zwischen Geheimhaltungsinteressen des Unternehmens und Informationsinteressen der Allgemeinheit lässt sich flexibler und sachgerechter über § 5 Nr. 2 GeschGehG und weitere Vorschriften der Geschäftsgeheimnis-RL und des GeschGehG lösen, die eine dem **Grundsatz der Verhältnismäßigkeit** Rechnung tragende Interessenabwägung ermöglichen, ja, erforderlich machen (→ Rn. 39 ff., 69a).

73 Die **Weite des Personenbegriffs** („jede natürliche oder juristische Person") macht deutlich, dass es der Geschäftsgeheimnis-RL um **jede Art von Rechtssubjekt** geht, das nach der einschlägigen nationalen Rechtsordnung **Träger von Rechten und Pflichten** sein kann (*Alexander* in Köhler/Bornkamm/Feddersen GeschGehG § 2 Rn. 93; ähnlich *Glinke* in Keller/Schönknecht/Glinke § 2 Rn. 109). Der aus der Richtlinie übernommene Begriff „**juristische Person**" ist **autonom** auszulegen. Auch wenn sich ein einheitliches Rechtsverständnis auf Unionsebene noch nicht herausgebildet hat, wird davon auszugehen sein, dass der Begriff die **Personengesellschaften des deutschen Handelsrechts** (KG und oHG) einschließt (*Alexander* in Köhler/Bornkamm/Feddersen, GeschGehG § 2

Rn. 96), ferner auch die deutsche **Gesellschaft bürgerlichen Rechts** (*Glinke* in Keller/Schönknecht/Glinke § 2 Rn. 110) und **rechtsfähige Vereine** (*Hoppe* in Hoppe/Oldekop Kap. 1 Rn. 267). Erfasst werden ferner juristische Personen des **öffentlichen Rechts** ein, insbesondere wenn diese wie private Unternehmen erwerbswirtschaftlich tätig sind oder werden, also am Wettbewerb teilnehmen und damit als Inhaber von geheimen Kenntnissen wirtschaftlicher Art gelten können (*Alexander* WRP 2017, 1038 (1040); *Peter/Wiebe* in Busch/Stoll/Wiebe Art. 39 Rn. 16; BeckOK GeschGehG/*Hiéramente* § 2 Rn. 80; generell für die Einbeziehung juristischer Personen des öffentlichen Rechts *Schönknecht* in Keller/Schönknecht/Glinke § 2 Rn. 127). Selbst nichtkommerzielle **Forschungseinrichtungen,** wie sie in Erwägungsgrund 1 angesprochen werden, können als Inhaber von Geschäftsgeheimnissen verstanden werden, wenn ihre Forschungsprojekte und -ergebnisse für eine anschließende unternehmerische Verwertung infrage kommen und insofern auch einen „geschäftlichen Wert" aufweisen (ähnlich *Alexander* WRP 2017, 1034 (103)).

2. Rechtmäßige Kontrolle über ein Geschäftsgeheimnis

a) Originäre Inhaberschaft. Die **rechtmäßige Kontrolle** über ein 74
Geschäftsgeheimnis übt in erster Linie diejenige natürliche oder juristische Person aus, in deren Einflussbereich die geheimen Informationen technischer oder wirtschaftlicher Art **entstanden, entdeckt, entwickelt oder zusammengestellt** worden sind. Dies gilt gleichermaßen für das **vom Unternehmensinhaber persönlich** erlangte oder geschaffene Wissen wie für die Leistungsergebnisse, die seine **Beschäftigten im Rahmen ihrer Anstellung** erbracht haben (→ Einl. C Rn. 33; OLG Stuttgart GRUR-RS 2020, 35613 Rn. 159; vgl. auch ÖOGH MMR 2021, 549 = BeckRS 2020, 49084, Rn. 29, zur Inhaberschaft einer GmbH an einem von deren früherem Geschäftsführer geschaffenen Quellcode). Arbeitsrechtlich stehen diese Leistungsergebnisse dem Arbeitgeber unmittelbar zu, und zwar unabhängig davon, ob dieser bereits Kenntnis von den betreffenden Informationen erlangt hat (vgl. BGH GRUR 1955, 402 – Anreißgerät; GRUR 1977, 539 – Prozeßrechner; BeckOK GeschGehG/*Hiéramente* § 2 Rn. 81; *Alexander* in Köhler/Bornkamm/Feddersen, GeschGehG § 2 Rn. 100 mwN). Die Beschäftigten haben dem Unternehmen die betreffenden Informationen zugänglich zu machen und sich jeder Nutzung für eigene Zwecke ebenso zu enthalten wie einer Offenlegung gegenüber Außenstehenden. Die Beschäftigten sind verpflichtet, die von ihnen entwickelten Innovationen dem Unternehmen mitzuteilen und zugänglich zu machen. Eines **konkreten Übertragungsaktes bedarf es insoweit nicht.** Die Beschäftigten erwerben kein „Zwischenrecht"; die Geschäftsgeheimnisse sind mit ihrer Entstehung unmittelbar dem Unternehmen zuzuordnen (*Glinke* in Keller/Schönknecht/Glinke § 2 Rn. 119). Dies gilt jedenfalls so weit, wie es der nach dem Arbeitsvertrag anzunehmenden Aufgabenstellung des Arbeitnehmers entspricht (zu den Grenzen vgl. die urheberrechtliche Entscheidung BGH GRUR 2011, 59 Rn. 18–20 – Lärmschutzwand; *Glinke* in Keller/Schönknecht/Glinke § 2 Rn. 118). Soweit die Entwicklungstätigkeit in den Aufgabenbereich der Beschäftigten fällt, kommt es nicht darauf an, ob sie innerhalb oder außerhalb der üblichen Arbeitszeiten, innerhalb oder außerhalb des Betriebes (beispielsweise im Homeoffice) erfolgt (*Glinke* in Keller/Schönknecht/Glinke § 2 Rn. 118; *Alexander* in Köhler/Bornkamm/Alexander, GeschGehG § 2 Rn. 98a; *Hiéramente/Wagner* GRUR 2020, 709 (711).

74a Die rechtmäßige **Kontrolle** des Unternehmens **endet nicht notwendigerweise** dort, wo es um **Erfahrungen und Fähigkeiten früherer Beschäftigter** geht, die diese im normalen Verlauf ihrer Tätigkeit auf redliche Weise erworben haben (vgl. Art. 1 Abs. 3 lit. b Geschäftsgeheimnis-RL; zur nicht trennscharfen Abgrenzung zwischen solchen Kenntnissen und den beim Unternehmen verbleibenden Geschäftsgeheimnissen → Einl. C. Rn. 37 ff.; *Hoppe* in Hoppe/Oldekop Kap. 1 Rn. 59; *Hauck* GRUR 2022, 530 (533)). Soweit Informationen betroffen sind, die der frühere Beschäftigte redlich erworben hat und als Teil seines **Erfahrungswissens** nunmehr frei nutzen darf, kann das Unternehmer zwar eventuelle Verwertungshandlungen dieses Arbeitnehmers nicht mehr verhindern oder steuern. Gegenüber sonstigen Außenstehenden und den verbliebenen Mitarbeitern übt der Geheimnisinhaber aber weiterhin die rechtmäßige Kontrolle aus, solange die nun (auch) zum Erfahrungswissen des früheren Mitarbeiters gehörenden Informationen denjenigen Personen, die üblicherweise mit dieser Art von Informationen umgehen, nicht allgemein bekannt oder ohne weiteres zugänglich geworden sind. Ob der ausgeschiedene Mitarbeiter die in Rede stehenden Informationen überhaupt jemals anderweitig nutzt oder weitergibt, steht schließlich noch nicht fest (im Ergebnis ähnlich *Glinke* in Keller/Schönknecht/Glinke § 2 Rn. 120; *Hauck* GRUR 2022, 530 (533)).

74b Die rechtmäßige Kontrolle über ein Geschäftsgeheimnis kann einem Unternehmen auch dann zugeordnet werden, wenn die betreffenden Informationen nicht von eigenen Beschäftigten, sondern von **externen Auftragnehmern erarbeitet** werden. Maßgeblich sind die zwischen Auftraggeber und Auftragnehmer getroffenen vertraglichen Regelungen (vgl. OLG Düsseldorf GRUR-RS 2019, 33225 Rn. 37 ff.; *Alexander* WRP 2020, 1385 Rn. 26 ff., und in Köhler/Bornkamm/Feddersen, GeschGehG § 2 Rn. 101; *Glinke* in Keller/Schönknecht/Glinke § 2 Rn. 116). Solche Zuweisungen sollten – einschließlich einer Verschwiegenheitsverpflichtung zulasten des Auftragnehmers – ausdrücklich erfolgen. Dies schließt allerdings nicht aus, dass sie sich erst aus einer die Indizienlage berücksichtigenden Vertragsauslegung gem. §§ 133, 157 BGB ergeben (vgl. auch OLG Düsseldorf GRUR-RS 2019, 33225 Rn. 37 ff., 41).

74c Wer die rechtmäßige Kontrolle über ein Geschäftsgeheimnis innehat, beantwortet sich auch dann anhand der expliziten oder durch Auslegung zu ermittelnden vertraglichen Bestimmungen, wenn die in Rede stehenden Innovationen **von mehreren** natürlichen oder juristischen **Personen** (→ Rn. 73) **gemeinschaftlich entwickelt** werden. Anders als das PatentG und das UrhG enthält das GeschGehG hierzu keine Vorgaben. Soweit die Beteiligten keine nähere Regelung getroffen haben, dürfte die Interessenlage am ehesten derjenigen einer **Gemeinschaft nach §§ 741 ff. BGB** entsprechen (*Alexander* in Köhler/Bornkamm/Feddersen, GeschGehG § 2 Rn. 107; *Glinke* in Keller/Schönknecht/Glinke § 2 Rn. 114 f., jeweils mwN).

75 Schwierigkeiten wird die Bestimmung des Inhabers oder der Inhaber geheimer **Informationen** bereiten, die **von mehreren Beteiligten außerhalb physisch-betrieblicher Grenzen generiert** werden und deren Sammlung und Verwertung von hohem persönlichem oder unternehmerischem Interesse sein kann. Ein von *Ohly* (GRUR 2019, 441 (445)) gebildetes Beispiel betrifft Rohdaten, die beim Betrieb eines Fahrzeugs entstehen und gespeichert werden. Unter wessen rechtmäßiger Kontrolle solche Informationen stehen, wird von Fall zu Fall herauszuarbeiten sein. In Betracht kommt eine Mitinhaberschaft des Automobilherstellers, des Werkstattbetreibers und möglicherweise sogar des Fahrzeughalters, obwohl Letzterer oft gar nicht über die technischen Mittel verfügen wird, die Daten auszulesen. Die Europäische Kommission hat im Februar 2022 einen Vorschlag für eine Verordnung („**Data Act**") veröffentlicht, um eine „gerechte Verteilung der Wertschöpfung aus Daten auf die Akteure der Datenwirtschaft zu gewährleisten und den Datenzugang und die Datennutzung zu fördern (Verordnung des Europäischen Parlaments und des Rates über harmonisierte Vorschriften für einen fairen Datenzugang und eine faire Datennutzung, COM(2022) 68). Er betrifft unter anderem die Zuordnung und Verwertung von Rechten an **maschinengenerierten Daten,** auf die sich auch das eben zitierte Beispiel erstreckt (eingehend zu den mit dem Data Act verbundenen Rechtsfragen *Schweitzer/Metzger* GRUR Int 2023, 337: „Opening the Data Treasures for Competition and Innovation"; zur Rolle der „data intermediaries in the market order for data sharing" *Richter* GRUR Int 2023, 458). Auch wenn es in der Begründung des Vorschlags heißt, der Schutz von Geschäftsgeheimnissen werde nicht berührt, wirft er schwierige Fragen der Abgrenzung und Wahrung des Geheimnisschutzes auf (eingehend *Wiebe* GRUR 2023, 227, 232 ff. mwN). Am 28.6.2023 haben die Europäische Kommission, das Europäische Parlament und der Rat der EU eine politische Einigung über den Verordnungsvorschlag erzielt. Die formelle Billigung des Parlaments und des Rates stand bei Redaktionsschluss dieser Auflage noch aus. Anwendbar werden die Vorschriften des Datengesetzes voraussichtlich im Jahr 2025.

b) Abgeleitete Inhaberschaft. Die rechtmäßige Kontrolle über ein **76** Geschäftsgeheimnis besitzt auch derjenige, der seine diesbezügliche Position wirksam **von einem Dritten ableitet,** der **seinerseits die rechtmäßige Kontrolle innehatte** (hierzu OLG Düsseldorf WRP 2021, 1080 (1085) – CAD-Konstruktionszeichnung als Geschäftsgeheimnis; vgl. auch ÖOGH MMR 2021, 549 = BeckRS 2020, 49084, Rn. 25, 29; *Alexander* in Köhler/Bornkamm/Feddersen, GeschGehG § 2 Rn. 102, 109; BeckOK GeschGehG/*Hiéramente* § 2 Rn. 81; → Einl. B Rn. 92 ff.). Neben dem originären Rechtserwerb stellt die abgeleitete Rechtsträgerschaft den zweiten Fall der **rechtmäßigen Erlangung und befugten Nutzung** dar. Die **Erleichterung des Rechtetransfers** durch Übertragung oder Lizenzierung des geheimen betrieblichen Wissens bildet einen der tragenden Gründe für die Erforderlichkeit und Rechtfertigung eines effektiven Geheimnisschutzes (*Ohly* GRUR 2014, 1 (3)). Auch in Erwägungsgründen 3 und 4 der Geschäftsgeheimnis-RL wird die Notwendigkeit betont, den **grenzüberschreitenden Wissensaustausch zu fördern.** Erwägungsgrund 1 bezeichnet das von Unternehmen und Forschungseinrichtungen entwickelte Know-how als die **„Währung der wissensbasierten Wirtschaft".** Die Verwertung des erfolgreich erarbeiteten wissenschaftlichen und technischen Wissens, seltener auch der wettbewerbsrelevanten wirtschaftlichen Geheimnisse, erfolgt teils durch Verkauf und Übertragung, teils durch die Überlassung zur ausschließlichen oder nicht ausschließlichen Nutzung, also durch Lizenzerteilung. Im Rahmen einer Kooperation bei Forschung und Entwicklung kommt es häufig auch zu einer wechselseitigen Einräumung von Verwertungsrechten (generell zur Kooperation bei Forschungs- und Entwicklungsprojekten *Maume,* in Ann/Loschelder/Grosch Kap. 4 Rn. 15 ff.; zur kartellrechtlichen Beurteilung von Forschungs- und Entwicklungsvorhaben *Bechtold/Bosch,* GWB, § 2 Rn. 34 ff.; *Schütze* in Loewenheim/Meessen/Riesenkampff/Kerstig/Meyer-Lindemann, FuE-GVO, S. 981 ff.; *Braun* in Bunte, Nach Art. 101 AEUV Rn. 153 ff.; zum Vorrang der FuE-GVO vor der TT-GVO siehe Art. 9 siehe TT-GVO).

76a Ob eine bestimmte Transaktion – sei es allein, sei es neben anderen Dispositionen – die **Übertragung der rechtmäßigen Kontrolle** über ein Geschäftsgeheimnis einschließt, sollte in der betreffenden Vereinbarung **explizit geregelt** werden (vgl. OLG Düsseldorf WRP 2021, 1080 (1085) – CAD-Konstruktionszeichnung als Geschäftsgeheimnis: Nach dem Einbringungsvertrag bestand Einigkeit darüber, dass „alle Rechte an technischem Erfahrungsgut (Know-how) des Teilbetriebs Maschinenbau der A. Industrietechnik GmbH einschließlich Benutzungsrechten, Konzessionen und ähnlichen Rechten […] übergehen" sollten). Soweit dies nicht geschehen ist, muss eine an den Umständen des jeweiligen Falles orientierte **Auslegung gem. §§ 133, 157 BGB** ergeben, ob **Vertragszweck und Parteiwille** für eine solche Übertragung sprechen (→ Rn. 74b; vgl. auch OLG Düsseldorf GRUR-RS 2019, 33225 Rn. 37 ff., 41). Dies gilt auch hinsichtlich der Frage, ob die Übereignung eines Produkts, das bestimmte Geschäftsgeheimnisse verkörpert, sich auf die Übertragung der rechtmäßigen Kontrolle über diese Geschäftsgeheimnisse erstreckt (vgl. *McGuire* in Büscher, GeschGehG § 2 Rn. 74; OLG Düsseldorf GRUR-RS 2019, 33225 Rn. 35 ff.).

77 **aa) Erwerb.** Der ursprüngliche Inhaber eines Geschäftsgeheimnisses kann dieses mit dem dazugehörigen Unternehmen oder ohne dieses **veräußern** (BGH GRUR 2006, 1044 Rn. 19 – Kundendatenprogramm; BGHZ 172, 175 = GRUR 1955, 388 – Dücko; OLG Düsseldorf WRP 2022, 1080 (1085) – CAD-Konstruktionszeichnung als Geschäftsgeheimnis; *Maaßen* in Loschelder/Ann/Grosch Kap. 5 Rn. 6 ff.; *Köhler* in Köhler/Bornkamm/Feddersen, UWG, 37. Aufl. 2019, Vor §§ 17–19 Rn. 3; *Glinke* in Keller/Schönknecht/Glinke § 2 Rn. 200 ff.). Dies gilt ungeachtet der nach wie vor bestehenden Meinungsunterschiede zur Rechtsnatur des Geschäftsgeheimnisses, insbesondere des meist mit „Know-how" bezeichneten technischen Wissens. Zu den Begrifflichkeiten und zum Streitstand der rechtlichen Einordnung geheimer technischer und wirtschaftlicher Informationen wird auf Einl. A. Rn. 21 ff. und 173 ff. verwiesen. Weiterführend zur **Veräußerung und Übertragung von Geschäftsgeheimnissen** und von nicht im strengen Sinne geheimen Informationen → Einl. B Rn. 94 f.

78 **Hauptpflicht des Veräußerers** ist es, dem Erwerber das in Rede stehende Wissen technischer und/oder kaufmännischer Art so **umfassend mitzuteilen,** dass es dem Erwerber vollständig zur Verfügung steht und dieser es in gleicher Weise wie der Veräußerer oder in einer nach seinem Gutdünken angepassten oder weiterentwickelten Form nutzen kann. Der **Vertragsgegenstand** ist schon im Kaufvertrag und dessen Anlagen **genau zu beschreiben.** Ergänzend wird häufig vorgesehen, dass der Erwerber in bestimmtem Umfang und für einen bestimmten Zeitraum das Recht hat, zusätzliche **Einweisungs- und Schulungsmaßnahmen** anzufordern (→ Einl. B Rn. 96 ff.).

79 Im Falle der Veräußerung von Geschäftsgeheimnissen hat sich der Veräußerer künftig **jeder eigenen Nutzung zu enthalten;** er darf das veräußerte Wissen auch nicht an Dritte weitergeben. Im Vertrag kann darüber hinaus vorgesehen werden, dass der Veräußerer alle **Unterlagen und Dateien** (möglicherweise mit Ausnahme jeweils einer für begrenzte Zeit noch zu verwahrenden Sicherungskopie) **zu vernichten** hat, in denen die veräußerten Geschäftsgeheimnisse niedergelegt oder verkörpert sind (näher → Einl. B Rn. 97 f.).

80 Zur **Gewährleistung** (einschließlich der Haftung für den Geheimnischarakter der Informationen) und zu **weiteren vertraglichen Aspekten der Veräußerung** von Geschäftsgeheimnissen sowie zur **kartellrechtlichen Beurteilung** sol-

cher Verträge → Einl. B Rn. 96 ff. Wer bestimmte Geschäftsgeheimnisse von einem anderen Unternehmen – sei es von dem originären Inhaber, sei es von einem Zwischenerwerber – wirksam erwirbt, übt fortan die **rechtmäßige Kontrolle** über die betreffenden Geschäftsgeheimnisse aus (§ 2 Nr. 2 GeschGehG) und tritt als deren Inhaber an die Stelle des Veräußerers.

bb) Lizenzerteilung. Der originäre oder durch wirksamen Erwerb legitimierte Inhaber kann das Geschäftsgeheimnis **Dritten zur Nutzung überlassen.** Die Einräumung dieses Rechts kann in **ausschließlicher** Form erfolgen. Der Lizenzgeber ist dann in dem durch den Lizenzvertrag gegenständlich, räumlich und zeitlich abgesteckten Rahmen nicht mehr befugt, das Geschäftsgeheimnis selbst zu verwerten, sonstigen Personen Nutzungsrechte zu erteilen oder das Geschäftsgeheimnis offenzulegen (vgl. zum letztgenannten Gesichtspunkt ÖOGH MMR 2021, 549 = BeckRS 2020, 49084, Rn. 19 ff., 28). In anderen Fällen werden nur **nichtausschließliche („einfache") Lizenzen** vergeben; der Lizenzgeber bleibt dann frei, das Geschäftsgeheimnis auch selbst und/oder durch die Erteilung weiterer Lizenzen an Dritte zu verwerten. Eine Zwischenlösung liegt in der **„semi-exklusiven" Lizenz** (auch **„Alleinlizenz"**); hier behält sich der Lizenzgeber das Recht zur Eigennutzung vor, darf aber Dritten keine Nutzungsrechte mehr einräumen (zur meist als „Know-how-Lizenz" bezeichneten Erteilung von Nutzungsrechten an Geschäftsgeheimnissen im Allgemeinen Einl. B Rn. 104 ff.; zur Terminologie betreffend einfache Lizenzverträge, ausschließliche Lizenzverträge und Alleinlizenzen näher *Pfaff/Nagel,* in Pfaff/Osterrieth A.I. Rn. 41 f.; BeckOK PatR/*Loth/Hauck* § 15 Rn. 44). 81

Die Lizenzierung von Geschäftsgeheimnissen wird häufig nur als Begründung eines **schuldrechtlichen Nutzungsrechts** des Lizenznehmers an dem ihm überlassenen Wissen betrachtet (*Ullmann* in Benkard PatG § 15 Rn. 234 mwN.; *Pfaff* BB 1974, 565 (566); *Maaßen* in Ann/Loschelder/Grosch Kap. 5 Rn. 41; offen gelassen von *Glinke* in Keller/Schönknecht/Glinke § 2 Rn. 239 f.). Nach einer anderen Meinung wird zumindest **ausschließlichen Lizenzverträgen** der gleiche **dingliche Charakter** zuerkannt wie etwa patent- und urheberrechtlichen Lizenzverträgen (*Forkel* FS Schnorr zu Carolsfeld, 1972, 105 (122 f.); *Ohly* in Ohly/Sosnitza, 6. Aufl. 2016, Vor §§ 17–29 Rn. 5, und → § 2 Rn. 63 f.; *Köhler* in Köhler/Bornkamm/Feddersen, 37. Aufl. 2019, Vor §§ 17–19 Rn. 4). In praktischer Hinsicht hat diese Auffassung den Vorteil, dass Know-how-Lizenzverträge oft auch die **Nutzung von Patenten** des Lizenzgebers vorsehen (näher → Einl. B Rn. 105 f.). Es wäre jedenfalls sowohl für die Vertragsparteien als für deren mögliche Anspruchsgegner mit erheblichen Unsicherheiten verbunden, wenn die Rechte des Inhabers einer **gemischten ausschließlichen Patent- und Know-how-Lizenz** im Einzelfall danach aufzuspalten wären, ob es bei der Rechtsdurchsetzung gegenüber dem Lizenzgeber oder Dritten nur um die patentrechtlichen Ansprüche, nur um einen Know-how-Missbrauch oder um beides ginge. 82

Die **Geheimhaltung** der ihm zur Nutzung überlassenen Kenntnisse gehört zu den vertraglichen **Hauptpflichten des Lizenznehmers** (ebenso *Glinke* in Keller/Schönknecht/Glinke § 2 Rn. 113). Dieser ist **zum Schutz des Geschäftsgeheimnisses verpflichtet,** insbesondere indem er die Offenlegung des Geschäftsgeheimnisses gegenüber Dritten und jede Nutzung außerhalb des Vertragszwecks verhindert. Die Geheimhaltungspflicht **überdauert** in der Regel **die Laufzeit des Lizenzvertrages** und besteht fort, bis (ohne Zutun des Lizenz- 83 nehmers oder der von ihm zu kontrollierenden Beschäftigten und Auftragnehmer) Offenkundigkeit eintritt (vorsichtshalber sollte die Fortdauer der Geheimhaltungspflicht im Lizenzvertrag aber auch ausdrücklich niedergelegt werden, → Einl. B Rn. 114 ff.).

84 Weder die Anerkennung des dinglichen Charakters einer ausschließlichen Lizenz an einem Geschäftsgeheimnis noch das vertragliche, mit der Geheimhaltungspflicht verknüpfte Nutzungsrecht liefern allerdings eine zwingende Antwort auf die umstrittene Frage (vgl. *Glinke* in Keller/Schönknecht/Glinke § 2 Rn. 109, 111; *Hoppe* in Hoppe/Oldekop Kap. 1 Rn. 287; *McGuire* in Büscher, GeschGehG § 2 Rn. 77 ff.; BeckOK UWG/*Hohn-Hein/Barth* GeschGehG § 2 Rn. 34; BeckOK GeschGehG/*Hiéramente* § 2 Rn. 82), ob und in welchem Sinn jedenfalls **ausschließliche Lizenznehmer** im Rahmen der Defintion aus § 2 Nr. 2 dem Geheimnisinhaber gleichzustellen sind, indem auch ihnen die „rechtmäßige Kontrolle" über die von der Lizenzerteilung erfassten Geschäftsgeheimnisse zuerkannt wird. Die **vertragliche Schutz- und Kontrollpflicht** des Lizenznehmers (→ Rn. 83) **besagt nicht ohne Weiteres,** dass und in welchem Umfang ein ausschließlicher Lizenznehmer auch die „**rechtmäßige Kontrolle**" iSd § 2 Nr. 2 ausübt. Die Geschäftsgeheimnis-RL und das GeschGehG gehen zwar von der Lizenzierbarkeit von Geschäftsgeheimnissen aus (→ Rn. 76; Art. 3; § 3 Abs. 2 sowie die Begr. RegE GeschGehG, BT-Drs. 19/4724, 25), enthalten aber keine Vorschriften über das „Innenverhältnis" zwischen Lizenzgebern und Lizenznehmern (*Glinke* in Keller/Schönknecht/Glinke § 2 Rn. 113) oder über die Stellung des Lizenznehmers gegenüber Dritten (zu dem einem Lizenznehmer eingeräumten Recht, Auseinandersetzungen mit Dritten selbständig zu führen, als Indikator für die Vereinbarung einer ausschließlichen Lizenz vgl. BGH GRUR 2022, 893 Rn. 81 ff. – Aminosäureproduktion, → Einl. B Rn. 110). Ob eine natürliche oder juristische Person als „Inhaber eines Geschäftsgeheimnisses" gelten kann, ist nach Struktur, Wortlaut und Zweck des GeschGehG vornehmlich für die **Aktivlegitimation** zur **Durchsetzung der in §§ 6 ff. geregelten Ansprüche** von Bedeutung (näher zur Aktivlegitimation → § 6 Rn. 58 ff.; *Keller* in Keller/Schönknecht/Glinke § 6 Rn. 43 ff., 48;).

85 Klar ist nur, dass der Lizenznehmer die **rechtmäßige Kontrolle** jedenfalls **über sein *eigenes* Geschäftsgeheimnis** (nämlich die Tatsache, dass und in welcher Weise er das ihm zur Nutzung überlassene fremde Geschäftsgeheimnis in seinem eigenen Unternehmen einsetzt) ausübt. Was die **Geschäftsgeheimnisse des Lizenzgebers** betrifft, kommt in Betracht, zwischen der Stellung eines einfachen und derjenigen eines ausschließlichen Lizenznehmers zu **differenzieren.** Der **einfache Lizenznehmer** kann gegen Dritte im eigenen Namen nur im Wege der **Prozessstandschaft** vorgehen, bedarf mithin der ausdrücklichen Ermächtigung durch den Lizenzgeber (zum Patentrecht *Ullmann/Deichfuß* in Benkard PatG § 15 Rn. 101). Von dessen im Lizenzvertrag zum Ausdruck zu bringenden Willen hinge es auch ab, ob und in welchem – engen – Rahmen der Lizenznehmer überhaupt als weiterer Geheimnisinhaber gelten könnte. Dem Inhaber einer **ausschließlichen Lizenz** könnte dagegen für den ihm eingeräumten Verwertungsbereich eine **„rechtmäßige Kontrolle"** iSd § 2 Nr. 2 zugestanden werden, die **auch gegenüber dem Lizenzgeber** eingreifen würde (ebenso *Keller* in Keller/Schönknecht/Glinke § 2 Rn. 48 f. Der Inhaber einer Exklusivlizenz wäre gem. § 6 aktivlegitimiert und könnte den Lizenzgeber wie einen Dritten nicht nur vertrags-, sondern auch deliktsrechtlich an einer mit seinen Rechten kollidierenden Nutzung des Geschäftsgeheimnisses hindern.

Gegen diesen Ansatz, neben dem Lizenzgeber oder gar an dessen Stelle den ausschließlichen Lizenznehmer als das die rechtmäßige Kontrolle ausübende Rechtssubjekt und damit als (Mit-) Inhaber des Geschäftsgeheimnisses iSd § 2 Nr. 2 anzuerkennen, lassen sich allerdings zwei gewichtige Gesichtspunkte anführen: Zum einen **verwertet** auch der Inhaber einer Exklusivlizenz ***per definitionem* kein eigenes, sondern ein fremdes Recht** (*McGuire* in Büscher, GeschGehG § 2 Rn. 77; *Ohly* in Ohly/Sosnitza, GeschGehG Rn. 27; BeckOK UWG/*Hohn-Hein/Barth* GeschGehG § 2 Rn. 34; *Hoppe* in Hoppe/Oldekop Kap. 1 Rn. 286; *Brammsen* in Brammsen/Apel § 2 Rn. 149). Er leitet seine **Rechtsposition allein vom Lizenzgeber** ab; seine Befugnisse beruhen in gegenständlicher, räumlicher und zeitlicher Hinsicht ausschließlich auf der dem Lizenzvertrag zu entnehmenden Einräumung bestimmter Nutzungsrechte. Zum anderen sind die **Besonderheiten der Rechtsdurchsetzung gegenüber mutmaßlichen Rechtsverletzern** zu berücksichtigen. Geschäftsgeheimnisse sind weit verletzlicher als die durch Sondergesetze geschützten Rechte des geistigen Eigentums. Sie können ihren Geheimnischarakter und damit jeden rechtlichen Schutz jederzeit einbüßen, wenn sie auch nur durch einen einzigen unbedachten Schritt allgemein bekannt oder ohne weiteres zugänglich werden. Diese Gefahr besteht nicht zuletzt dann, wenn die geheimen Informationen im Verletzungsprozess aufgedeckt werden (müssen) – der mit Art. 9 Geschäftsgeheimnis-RL und §§ 16 bis 20 GeschGehG unternommene Versuch, die Vertraulichkeit von Geschäftsgeheimnissen im Verlauf von Gerichtsverfahren zu wahren, wird weithin als immer noch unbefriedigend bewertet (vgl. nur *Schlingloff* WRP 2018, 666 ff.; Überblick über den Geheimnisschutz in Geschäftsgeheimnisstreitsachen → Vor §§ 16–20). Der Geheimnisinhaber muss deshalb in erhöhtem Maße darauf bedacht sein, die Kontrolle darüber zu behalten, wie mit möglichen Verletzungsfällen zu verfahren ist. Insofern spricht viel dafür, die rechtmäßige Kontrolle über das Geschäftsgeheimnis und damit die Aktivlegitimation gem. § 6 auch im Falle ausschließlicher Lizenzen **im Grundsatz** weiter **dem Lizenzgeber zuzuordnen** (ebenso *Hoppe* in Hoppe/Oldekop Kap. 1 Rn. 287 ff.; *McGuire* WRP 2019, 679 (683), und in Büscher, GeschGehG § 2 Rn. 77 f.; *Brammsen* in Brammsen/Apel § 2 Rn. 149; BeckOK UWG/*Hohn-Hein/Barth* GeschGehG § 2 Rn. 34; zweifelnd *Keller* in Keller/Schönknecht/Glinke § 6 Rn. 48). Dieser würde die rechtmäßige Kontrolle dann (nur) **in dem im Lizenzvertrag gesteckten Rahmen durch den Lizenznehmer,** ansonsten weiterhin selbst **ausüben.** Der Lizenznehmer wäre hinsichtlich der ihm zur Nutzung überlassenen Geschäftsgeheimnisse des Lizenzgebers eher als **Geheimnisträger** denn als Geheimnisinhaber zu betrachten (*McGuire* in Büscher, GeschGehG § 2 Rn. 77 f., auch unter Hinweis auf die andernfalls drohende unüberschaubare Vervielfältigung der Aktivlegitimation und Prozessführungsbefugnis). Folgerichtig wäre **auch der ausschließliche Lizenznehmer** zur Ausübung der Kontrolle im Sinne einer Rechtsdurchsetzung nach den §§ 6 ff. nur im Wege der **Prozessstandschaft** befugt, also auf Grundlage einer ihm vom Lizenzgeber generell oder im Einzelfall zu erteilenden Zustimmung (ebenso *Brammsen* in Brammsen/Apel § 2 Rn. 149) **85a**

Insbesondere solange die Erstreckung des § 2 Nr. 2 auf Lizenznehmer nicht – spätestens durch den EuGH – gerichtlich eindeutig geklärt ist, tun die Parteien eines Lizenzvertrages über Geschäftsgeheimnisse jedenfalls gut daran, **vertraglich sehr genau festzulegen,** ob und in welcher konkreten Hinsicht der Lizenznehmer nicht nur **Geheimhaltungs- und Schutzpflichten,** sondern für den Fall einer seinen Nutzungsbereich betreffenden Verletzung auch **bestimmte Kont-** **85b**

rollrechte haben soll. Aus Sicht des Lizenzgebers liegt es nahe, sich die **Führung von Aktiv- und Passivprozessen über seine Geschäftsgeheimnisse** in möglichst weitem Umfang **vorzubehalten** und die Einleitung rechtlicher Schritte durch den Lizenznehmer von seiner ausdrücklichen Zustimmung abhängig zu machen (im Ergebnis ähnlich *Glinke* und *Keller* in Keller/Schönknecht/Glinke § 2 Rn. 113, bzw. § 6 Rn. 48, auch wenn beide davon ausgehen, dass grundsätzlich Lizenzgeber und ausschließliche Lizenznehmer nebeneinander rechtmäßige Inhaber der Geschäftsgeheimnisse sein können). In diesem Zusammenhang kann es ferner sinnvoll sein, dem Lizenznehmer eine Pflicht zur **unverzüglichen Unterrichtung des Lizenzgebers** aufzuerlegen, wenn er **Kenntnis von drohenden Schutzlücken oder Verletzungshandlungen** erlangt. Darüber hinaus kann dem Lizenznehmer auferlegt werden, den Lizenzgeber bei der Verteidigung oder Durchsetzung der Geheimnisschutzrechte in angemessenem Umfang zu unterstützen, sei es auf eigene Kosten, sei es gegen Kostenerstattung durch den Lizenzgeber. Umgekehrt lässt sich intern auch regeln, unter welchen Voraussetzungen möglicherweise erzielten Schadensersatzbeträge unter den Parteien zu teilen sind (zum Inhalt der Lizenzverträge auch → Einl. B. Rn. 104 ff. und *Glinke* in Keller/Schönknecht/Glinke § 2 Rn. 113).

IV. Rechtsverletzer (§ 2 Nr. 3)

1. Allgemeines

86 Der „Rechtsverletzer“ stellt den **„rechtstechnischen Komplementärbegriff“ zum Inhaber des Geschäftsgeheimnisses** dar (*Alexander* in Köhler/Bornkamm/Feddersen GeschGehG § 2 Rn. 111; ihm folgend *Schönknecht* in Keller/Schönknecht/Glinke § 2 Rn. 124; *Brammsen* in Brammsen/Apel § 2 Rn. 150 ff.). Er erfasst gemäß § 2 Nr. 3 **jede natürliche oder juristische Person, die entgegen § 4 ein Geschäftsgeheimnis rechtswidrig erlangt, nutzt oder offenlegt.** In Art. 2 Nr. 3 Geschäftsgeheimnis-RL heißt es in etwas abweichender Formulierung, dass es um jede natürliche oder juristische Person geht, die auf rechtswidrige Weise Geschäftsgeheimnisse erworben, genutzt oder offengelegt hat. Damit knüpft Art. 2 Nr. 3 an die in Art. 4 Geschäftsgeheimnis-RL beschriebenen unerlaubten Handlungen an. Inhaltlich besteht zwischen Art. 2 Nr. 3 und § 2 Nr. 3 keine Differenz (ebenso *Alexander* in Köhler/Bornkamm/Feddersen GeschGehG § 2; *Schönknecht* in Keller/Schönknecht/Glinke § 2 Rn. 126). Sinnvoll war es auch, in § 2 Nr. 3 und weiteren Vorschriften des GeschGehG von der **„Erlangung“** statt wie der deutsche Richtlinientext etwas missverständlich vom „Erwerb“ des Geschäftsgeheimnisses zu sprechen. Damit wird in Übereinstimmung mit dem englischen Text der Geschäftsgeheimnis-RL („acquisition“) der Eindruck vermieden, es würden womöglich nur rechtsgeschäftlich erworbene Informationen erfasst. Vielmehr geht es ausweislich der zutreffenden Hinweise in der Gesetzesbegründung zu § 2 auch um „jegliche Kenntnisnahme eines Geschäftsgeheimnisses in dem Sinne…, dass faktisch darüber verfügt werden kann. Dies beinhaltet eine aktive Kenntnisnahme des Geschäftsgeheimnisses oder – bei in Gegenständen verkörperten Geschäftsgeheimnissen – ein Ansichbringen des Gegenstands“. Dies dürfte dem Sinn des Art. 4 Geschäftsgeheimnis-RL entsprechen. Demjenigen, dem ein anderer ein fremdes Geschäftsgeheimnis ungefragt mitteilt, ist also noch kein rechtswidriger Erwerb vorzuwerfen.

Eine eigene Geheimnisverletzung begeht er erst dann, wenn er die betreffenden Informationen dann doch selbst zu nutzen beginnt oder gegenüber Dritten offenlegt.

Wenn in der letzten Phase des Umsetzungsverfahrens in die Definition des Begriffs „Rechtsverletzer" aufgenommen wurde, dass derjenige **nicht „Rechtsverletzer"** ist, der **unter den Voraussetzungen des § 5 GeschGehG gehandelt** hat, so ist dies in der Tat (wie in der Beschlussempfehlung gemäß BT-Drs. 19/8300, 4, 14, zum Ausdruck gebracht) nur als **Klarstellung** zu betrachten (wie hier *Schönknecht* in Keller/Schönknecht/Glinke § 2 Rn. 126; *Alexander* in Köhler/Bornkamm/Feddersen GeschGehG § 2 Rn. 120). Diese war an sich überflüssig, denn die in der Definition in Bezug genommenen Handlungen gemäß § 4 stehen **durchgehend** unter dem **Vorbehalt,** dass weder die **Generalklausel des § 3 Abs. 2** (die im Lichte der etwas offeneren Formulierung in Art. 3 Abs. 1 lit. d auszulegen sein wird), noch die **in § 5 geregelten Ausnahmen** eingreifen (→ Rn. 87 und die Kommentierungen zu § 4, § 3 Abs. 2 und § 5). **86a**

Neben dem Rechtsverletzer können auch **weitere natürliche oder juristische Personen** für eine von diesem begangene Geheimnisverletzung **haften,** etwa ein Teilnehmer (→ Rn. 96 ff.), der den Täter in seinem rechtswidrigen Handeln unterstützt, oder ein Unternehmensinhaber (→ § 12), bei dem der Rechtsverletzer beschäftigt ist (*Schönknecht* in Keller/Schönknecht/Glinke § 2 Rn. 124). Weder Teilnehmer noch Unternehmensinhaber sind selbst „Rechtsverletzer" iSd § 2 Nr. 3 (*Alexander* in Köhler/Bornkamm/Feddersen GeschGehG § 2 Rn. 119; *Schönknecht* in Keller/Schönknecht/Glinke § 2 Rn. 135, 140; anders noch die 1. Aufl. dieses Kommentars). Nach § 830 Abs. 2 BGB stehen Teilnehmer aber Mittätern gleich; dem Unternehmensinhaber wird gemäß § 12 fremdes Verschulden zugerechnet (→ § 6 Rn. 72). **86b**

Der Begriff des „Rechtsverletzers" ist nach der endgültigen Fassung der Geschäftsgeheimnis-RL **weitgehend,** aber immer noch nicht vollständig **davon unabhängig, ob die betreffende Person schuldhaft gehandelt** hat. Für die meisten von Art. 4 Geschäftsgeheimnis-RL und § 4 GeschGehG erfassten rechtswidrigen Handlungen kommt es auf ein Verschulden nicht mehr an. Nach deutschem Verständnis würde man auf dieser definitorischen Ebene („Rechtsverletzer" als Beschreibung desjenigen, der bestimmte rechtswidrige Handlungen begeht) ohnehin keine Einbeziehung von Verschuldenselementen erwarten. Durch die Bezugnahme auf den rechtswidrigen Erwerb und die rechtswidrige Nutzung oder Offenlegung (wie sie in Art. 4 Geschäftsgeheimnis-RL definiert werden) und die ausdrückliche Verknüpfung zwischen § 2 Nr. 3 und § 4 (wo die „Handlungsverbote" näher umschrieben werden) dringen in begrenztem Umfang (nämlich für bestimmte Fälle des über einen Dritten erlangten Geschäftsgeheimnisses) aber immer noch Verschuldensaspekte in die Bestimmung des Rechtsverletzer-Begriffs ein. Der ursprüngliche Richtlinienentwurf der Europäischen Kommission hatte die Definition der rechtswidrigen Handlungen – und damit mittelbar auch die des Rechtsverletzers – noch in deutlich größerem Umfang mit Verschuldenselementen vermischt. Diese Vermengung, die zu einer erheblichen Senkung des Schutzniveaus in Deutschland geführt hätte (ablehnend deshalb *Harte-Bavendamm* FS Köhler, 2014, 311, (235, 242 f.)) wurde im Laufe des europäischen Gesetzgebungsverfahrens auf Initiative des Rates (→ Einl. A Rn. 75 ff.) weitgehend beseitigt. Wegen der Bindung des Rechtsverletzer-Begriffs an die rechtswidrigen Handlungen ist weiter zu berücksichtigen, dass auch die **Vorbehalte des Art. 1 Abs. 2 und 3 und des Art. 3** sowie die **Ausnahmen des Art. 5 Geschäftsge-** **87**

heimnis-RL die Rechtswidrigkeit des Erwerbs, der Nutzung und der Offenlegung fremder Geschäftsgeheimnisse einschränken. Diese sind folglich auch **in die Definition des „Rechtsverletzers" hineinzulesen.** Den genannten Vorschriften der Geschäftsgeheimnis-RL entsprechen die Ausnahmen des § 5 GeschGehG sowie überwiegend, aber nicht vollständig, die Vorbehalte des § 3 GeschGehG. Im letztgenannten Fall liegt eine Abweichung von der Geschäftsgeheimnis-RL darin, dass deren Art. 3 Abs. 1 lit. c auch „jede andere Vorgehensweise, die unter den gegebenen Umständen mit einer seriösen Geschäftspraxis vereinbar ist", zu den stets als rechtmäßig geltenden Handlungen zählt. Ob diese Öffnungsklausel durch den Wortlaut von § 3 Abs. 2 vollständig und transparent genug umgesetzt ist, ist nicht ganz zweifelsfrei (→ § 3 Rn. 6).

88 Im Gegensatz zu den Verletzungstatbeständen werden die Rechtsfolgenbestimmungen nicht in den Begriff „Rechtsverletzer" einbezogen. Es sei hier deshalb nur der Vollständigkeit halber – nämlich um die Unterscheidung nach verschuldensunabhängigen und verschuldensabhängigen Vorschriften abzuschließen – erwähnt, dass erst aufseiten der **Rechtsfolgen** häufiger **danach differenziert wird, ob das Verschulden eine Rolle spielen soll** oder nicht. Dies betrifft erstens das vom Grundsatz der Verhältnismäßigkeit getragene Abwägungsgebot des § 9 (vgl. Art. 13 Abs. 1 Geschäftsgeheimnis-RL), auch wenn das Verschulden dort im Rahmen der beispielhaft genannten Kriterien nicht ausdrücklich erwähnt wird (zur möglichen Auswirkung auf die nach bisherigem deutschem Verständnis zweifelsfreie Verschuldensunabhängigkeit des Unterlassungsanspruchs → Rn. 94; *Hofmann* WRP 2018, 1 (6), der vom „Ende des Paradigmas des verschuldensunabhängigen Unterlassungsanspruchs" spricht). Zweitens ist die Ausnahmeregelung in § 11 (wie Art. 13 Abs. 3 lit. a Geschäftsgeheimnis-RL) zu berücksichtigen (Ersetzung der im Normalfall zu treffenden Maßnahmen durch eine finanzielle Abfindung). Drittens sieht § 10 (wie Art. 14 Geschäftsgeheimnis-RL) einen Schadensersatzanspruch nur bei Vorsatz oder Fahrlässigkeit des Rechtsverletzers vor. Viertens spielen Vorsatz oder grobe Fahrlässigkeit eine maßgebliche Rolle für die Haftung des Rechtsverletzers bei Erteilung einer falschen, unvollständigen oder verspäteten Auskunft gem. § 9 Abs. 2 (diesen Anspruch schreibt die Geschäftsgeheimnis-RL nicht vor, → § 8 Rn. 3). Die Existenz dieser Spezialregelungen bestätigt im Umkehrschluss, dass alle sonstigen Rechtsfolgen unabhängig davon eintreten, ob dem Schuldner Verschulden anzulasten ist.

89 Der Begriff des Rechtsverletzers, wie er in der Geschäftsgeheimnis-RL definiert wird, unterliegt dem **Unionsrecht.** Seine Voraussetzungen und Grenzen sind deshalb, soweit erforderlich, vom EuGH zu klären (→ Rn. 98 f.). Allerdings gehört Art. 2 Nr. 3 **nicht** zu den nach Art. 1 Abs. 1 UAbs. 2 Geschäftsgeheimnis-RL **vollharmonisierenden Vorschriften.** Das Gleiche gilt hinsichtlich der Art. 10 Abs. 1, Art. 12 und Artikel 14, welche die Haftung des Rechtsverletzers regeln (*Schönknecht* in Keller/Schönknecht/Glinke § 2 Rn. 136). In welchem Umfang es dem deutschen Gesetzgeber deshalb freisteht, einen weitergehenden Schutz von Geschäftsgeheimnissen auch in der Form zu gewähren, dass der Kreis der als Rechtsverletzer zu qualifizierenden Personen weiter gezogen wird als dies im Unionsrecht verankert sein mag (vgl. *Schönknecht* in Keller/Schönknecht/Glinke § 2 Rn. 136, 140, 142), erscheint allerdings nicht zweifelfrei (zu jüngeren Tendenzen der EuGH-Rechtsprechung → Rn. 98 f.; zur Störerhaftung → Rn. 101). Zur **Organ- und Repräsentantenhaftung** → § 6 Rn. 73 f. Zu der **aus der Verletzung von Verkehrspflichten abgeleiteten Täterschaft**

(→ Rn. 95; zur jenseits von Täterschaft und Teilnahme eingreifenden **Haftung von Intermediären** → Rn. 100.

2. Täter

„Rechtsverletzer" iSd Art. 2 Nr. 3 Geschäftsgeheimnis-RL und des § 2 Nr. 3 GeschGehG und damit primärer Schuldner der Ansprüche aus dem GeschGehG (namentlich derjenigen aus §§ 6, 7,8, 10, 11 und 13, *Schönknecht* in Keller/Schönknecht/Glinke § 2 Rn. 139) ist jede **natürliche oder juristische Person,** die ein fremdes Geschäftsgeheimnis rechtswidrig erwirbt, nutzt oder offenlegt. Der **Personenbegriff** ist in diesem Zusammenhang genauso **weit zu verstehen** wie im Rahmen des § 2 Nr. 2 („Inhaber des Geschäftsgeheimnisses", → Rn. 72 f.). Er beschränkt sich auch nicht auf gewerblich handelnde Personen. Eine **geschäftliche Handlung** iSd § 2 Abs. I Nr. 2 UWG **wird nicht zwingend vorausgesetzt** (*Alexander* in Köhler/Bornkamm/Feddersen GeschGehG § 2 Rn. 117 f.) 90

Täter ist zum einen derjenige, der einem der in § 4 (Art. 4 Geschäftsgeheimnis-RL) enthaltenen Verbote selbst zuwiderhandelt (Beispiele → § 6 Rn. 66), damit den objektiven Tatbestand adäquat kausal verwirklicht (oder, im Falle des vorbeugenden Unterlassungsanspruchs, zu verwirklichen droht) und die **Tatherrschaft** über das Geschehen hat (vgl. BGH GRUR 2015, 1223 Rn. 43 – Polsterlounge; GRUR 2011, 340 Rn. 27 – Irische Butter; *Jestaedt* in Ahrens Kap. 21 Rn. 5; *Goldmann* in Harte/Henning § 8 Rn. 358, 362 ff.; *Wagner* in MüKoBGB § 830 Rn. 16 f.). Das ist auch dann der Fall, wenn die Tat nicht dem Täter persönlich, sondern einem eigenen oder fremden Unternehmen zugutekommen soll (*Jestaedt* in Ahrens Kap. 21 Rn. 5; *Köhler/Feddersen* in Köhler/Bornkamm/Feddersen § 8 Rn. 2.5 f.). Dies gilt sowohl für den **unmittelbaren** Täter als auch für den **mittelbaren Täter;** dieser veranlasst die Zuwiderhandlung im eigenen Interesse und besitzt die Kontrolle über das Handeln des anderen (*Köhler/Feddersen* in Köhler/Bornkamm/Feddersen § 8 Rn. 2.4; zur Haftung für eine mittelbare Verursachung der Rechtsverletzung auch → § 6 Rn. 71). An der Tatherrschaft und damit an der mittelbaren Täterschaft des Hintermanns fehlt es, wenn der unmittelbar Handelnde seinerseits als Täter haftet (BGH GRUR 2012, 1279 – DAS GROSSE RÄTSELHEFT; *Ohly* in Ohly/Sosnitza § 8 Rn. 116). Da der Unterlassungsanspruch auch nach §§ 4 und 6 GeschGehG weitgehend (wenn auch wegen § 9 Nr. 3 nicht mehr absolut) verschuldensunabhängig ist und der unmittelbar Handelnde somit sehr schnell in die eigene Haftung gerät, bleibt für die mittelbare Täterschaft nur relativ wenig Raum (vgl. *Ohly* in Ohly/Sosnitza § 8 Rn. 116). Eine täterschaftliche Haftung kann sich auch aus dem Gesichtspunkt der **Haftung für Organisationsmängel** ergeben (→ § 6 Rn. 67; *Wagner* in MüKoBGB § 823 Rn. 97 f.). 90a

Täter und damit „Rechtsverletzer" sind ferner Mittäter und Nebentäter. Der **Mittäter** handelt gemeinschaftlich im Wege des bewussten und gewollten Zusammenwirkens mit einem anderen Mittäter, dessen Tatbeitrag er sich zurechnen lassen muss (vgl. BGH GRUR 2012, 304 Tz. 44 – Basler Haar-Kosmetik; *Goldmann* in Harte/Henning § 8 Rn. 370 ff. mwN). Jeder Mittäter muss Tatherrschaft besitzen und einen bestimmenden Einfluss auf das Tatgeschehen ausüben (OLG Frankfurt GRUR-RR 2015, 302 Rn. 15 – Spezialisiert für Arbeitsrecht). Diese Art der Verantwortlichkeit für eine unerlaubte Handlung lässt sich ohne weiteres auf die unionsrechtliche Interpretation des Begriffs „Rechtsverletzer" übertragen. Ein **Nebentäter** begeht eine Verletzungshandlung **unabhängig vom täter-** 91

schaftlichen Handeln eines Dritten; in diesem Fall sind beide Personen jeweils als Täter und „Rechtsverletzer“ anzusehen.

92 Nach allgemeinen delikts- und vertragsrechtlichen Grundsätzen deutschen Rechts setzt die Verantwortlichkeit als Täter nicht stets ein aktives Handeln voraus. Vielmehr kann sich die Passivlegitimation auch aus einem **Unterlassen** ergeben. Dies kommt nur dann infrage, wenn die betreffende Person einer **Rechtspflicht** unterlag, **der schadensstiftenden Handlung vorzubeugen.** Solche Rechtspflichten können sich aufgrund eines Gesetzes oder aus einer bestimmten **Garantenstellung ergeben.** Im Einzelnen hängen die konkreten Pflichten zur Abwendung oder Eindämmung von Rechtsverletzungen durch denjenigen, der der aufgrund seines Geschäftskonzepts die Gefahr von Rechtsverletzungen hervorruft oder steigert, von einer **auf den Einzelfall bezogenen Abwägung** ab, etwa von der Interessenlage und den konkreten Verantwortungsbereichen der Beteiligten und von der Möglichkeit und Zumutbarkeit entsprechender Kontroll- oder Sicherungsmaßnahmen (*Löffler* FS Bornkamm, 2009, 37 (47 f.); *Goldmann* in Harte/Henning § 8 Rn. 392 mwN).

93 Eine spezielle **Erfolgsabwendungspflicht** und damit eine Garantenstellung kann auch aus einer besonderen **vertraglichen Verpflichtung** oder aus der **Inanspruchnahme erhöhten Vertrauens** des Rechtsinhabers resultieren (*Köhler/Feddersen* in Köhler/Bornkamm/Feddersen § 8 Rn. 2.16; *Goldmann* in Harte/Henning § 8 Rn. 392 f.). Im Bereich des Geheimnisschutzes mag dies beispielsweise dann zu erwägen sein, wenn ein Angestellter (etwa der Leiter eines mit geheimer Forschungs- oder Entwicklungstätigkeit betrauten Labors) eine herausgehobene Vertrauensposition einnimmt und es unterlässt, die Einhaltung der angeordneten Zugangssperren zu überwachen, oder es gar geschehen lässt, dass Unbefugte – seien es Beschäftigte, die kein Zugriffsrecht auf die Vorgänge in der „Laborzone“ besitzen, seien es externe „Betriebsspione“ – geheime Forschungsdaten an sich bringen, vervielfältigen, mitnehmen oder nutzen (vgl. BeckOK GeschGehG/*Hiéramente* § 23 Rn. 37; Beispiel von *Schönknecht* in Keller/Schönknecht/Glinke § 2 Rn. 130: Gebäudesicherungspflicht eines Sicherungsdienstes). Ferner kann eine Erfolgsabwendungspflicht aus **eigenem pflichtwidrigen Vorverhalten** abzuleiten sein. Dies kann etwa infrage kommen, wenn Beschäftigte weisungswidrig geheime Unterlagen des Unternehmens mit nach Hause nehmen und es zulassen, dass dort unbefugte Dritte Einsicht nehmen (vgl. *Schönknecht* in Keller/Schönknecht/Glinke § 2 Rn. 130). In solchen und ähnlichen Sonderkonstellationen kann auch derjenige „Rechtsverletzer“ sein, der eine der in § 4 aufgeführten rechtswidrigen Handlungen geschehen lässt, obwohl er die Pflicht und die Möglichkeit hatte, eben diese Tatbestandserfüllung abzuwenden.

94 Zur **Organ- und Repräsentantenhaftung** und zur **persönlichen Haftung der gesetzlichen Vertreter** juristischer Personen wird auf die Kommentierung zu § 6 (→ Rn. 73 f.) verwiesen.

95 Nach deutschem Recht kann sich eine **Qualifikation als Täter** außerdem aus der **Verletzung von Verkehrspflichten** ergeben (zur Vereinbarkeit der Rechtsprechung zur Verletzung von Verkehrspflichten mit dem Unionsrecht BGH GRUR 2015, 1129 Rn. 31 – Hotelbewertungsportal; GRUR 2011, 1038 Rn. 22 – Stiftparfüm; GRUR 2013, 370 Rn. 19 – Alone in the Dark). Eine zunächst im Lauterkeitsrecht entwickelte täterschaftliche Haftung für die Verletzung von Verkehrspflichten (grundlegend BGHZ 173, 188 = GRUR 2007, 890 Tz. 38 – Jugendgefährdende Schriften bei eBay) trifft denjenigen, der der durch sein Handeln im geschäftlichen Verkehr die ernsthafte Gefahr begründet, dass

Dritte die geschützten Interessen anderer Marktteilnehmer verletzen, und diese Gefahr nicht im Rahmen des Möglichen und Zumutbaren begrenzt (näher *Ohly* in Ohly/Sosnitza § 8 Rn. 127 ff., und unten § 6 Rn. 71; *Goldmann* in Harte/Henning § 8 Rn. 387 ff.; *Jestaedt* in Ahrens Kap. 21 Rn. 8 ff.; jeweils mwN). Zur täterschaftlichen Haftung für die Verletzung von Verkehrspflichten im Anwendungsbereich des GeschGehG → § 6 Rn. 83 ff. (aA *Schönknecht* in Keller/Schönknecht/Glinke § 2 Rn. 143, der die Störerhaftung auch im Rahmen des GeschGehG bejaht und deshalb keine Notwendigkeit sieht, auf andere Haftungsmodelle wie die Verletzung von Verkehrspflichten zurückzugreifen).

3. Teilnehmer

Teilnehmer sind nach deutscher Tradition Anstifter und Gehilfen. Sie haben keine Tatherrschaft, sondern machen das Ob und Wie der Tat vom Willen eines anderen abhängig (*Goldmann* in Harte/Henning § 8 Rn. 357). Nach h.M. gelten auch im Deliktsrecht die Voraussetzungen der §§ 26 und 27 StGB. **Anstifter** ist hiernach derjenige, der vorsätzlich einen anderen zu dessen vorsätzlich begangener Tat bestimmt (§ 26 StGB), also dessen Tatentschluss weckt (*Wagner* in MüKoBGB § 830 Rn. 22 mwN). Hierfür genügt jeweils bedingter Vorsatz (BGH GRUR 2007, 708 Rn. 31 – Internetversteigerung II), der aufseiten des Anstifters das Bewusstsein der Rechtswidrigkeit der Haupttat einschließen muss (BGH GRUR 2007, 890 Rn. 21 – Jugendgefährdende Schriften bei eBay). Soweit – wie im Lauterkeitsrecht (§ 8 UWG) und im Falle des § 4 GeschGehG – auch die schuldlos begangene Haupttat rechtswidrig ist, genügt die (bedingt) vorsätzliche Bestimmung zu einer objektiven Verwirklichung des Tatbestands (*Köhler/Feddersen* in Köhler/Bornkamm/Feddersen § 8 Rn. 2.15; *Ohly* in Ohly/Sosnitza § 8 Rn. 119, und → § 6 Rn. 70 f.). Anstifter ist etwa der Geschäftsführer, der innerhalb der Betriebsorganisation eine rechtswidrige Handlung in Auftrag gibt (BGH GRUR 2014, 883 Rn. 14 – Geschäftsführerhaftung; *Goldmann* in Harte/Henning § 8 Rn. 402). **Beihilfe** leistet, wer einen anderen physisch oder psychisch darin unterstützt, einen Gesetzesverstoß zu begehen (§ 27 StGB). **Anstifter und Gehilfen stehen** nach deutschem Verständnis **Mittätern gleich** (§ 830 Abs. 2 BGB). 96

Die Haftung von Anstiftern und Gehilfen ist im Bereich des Geheimnisschutzes von nicht unerheblicher praktischer Bedeutung. Da das **Gros der Geheimnisverletzungen** im Zusammenhang mit dem **Ausscheiden von Arbeitnehmern** oder Gesellschaftern des Unternehmens (Geheimnisinhabers) stattfindet (→ Einl. A. Rn. 35), liegt es nahe, dass die an der unbefugten Mit- und Übernahme geheimen Wissens interessierten Personen nicht selten andere Arbeitnehmer dazu bewegen, sie bei der Aneignung und Entwendung entsprechender Unterlagen und Dateien zu unterstützen und damit ihrerseits gegen arbeitsrechtliche und gesetzliche Geheimhaltungspflichten zu verstoßen. Auch in Fällen der **Betriebsspionage** kommt es vor, dass Mitarbeiter des Geheimnisinhabers von Außenstehenden zur rechtswidrigen Offenlegung angestiftet oder zur Beihilfe verleitet werden. Als Beispiel kann ein realer Fall dienen, in dem ein früherer Alleininhaber sein Unternehmen verkauft, vertragswidrig aber Kopien einer großen Zahl geheimer Formeln und Herstellungsvorschriften für chemische Spezialprodukte angefertigt und für die spätere Wiederverwendung gesichert hatte. Nachdem sein Wettbewerbsverbot abgelaufen war, veranlasste er verschiedene, ihm aus früherer Zeit persönlich bekannte Mitarbeiter des verkauften Unternehmens, ihm weitere chemische Formeln für neu entwickelte Produkte 97 zuzuspielen und ihm außerdem die Anschriften und das Bestellverhalten zahlloser Kunden sowie die diesen gewährten Konditionen zuzuspielen. Einige dieser Mitarbeiter warb er dann für seinen neuen Konkurrenzbetrieb an, der sich im Wesentlichen als Klon des früheren Unternehmens einschließlich des inzwischen hinzugekommenen Geheimwissens darstellte.

98 Leichte Zweifel an der unverkürzten Übertragung der deutschen Lehre von Täterschaft, Teilnahme und Störerhaftung könnten angesichts jüngerer Entwicklungen im Unionsrecht aufkommen (→ § 6 Rn. 79; ähnlich zum Markenrecht *Thiering* in Ströbele/Hacker/Thiering § 14 Rn. 437). So hat der **EuGH** in markenrechtlichem Zusammenhang einen mit der deutschen Tatherrschaftslehre im Ergebnis vergleichbaren Standpunkt eingenommen. Hierbei hat er allerdings nicht auf nationale Verantwortungsregeln verwiesen, sondern den unionsrechtlichen Begriff „Benutzen" autonom ausgelegt. Der in Art. 5 Abs. 1 der MarkenRL 89/104/EWG verwendete Begriff beinhalte nach dem üblichen Sprachsinn ein **„aktives Verhalten und eine unmittelbare oder mittelbare Herrschaft über die Benutzungshandlung"** (EuGH GRUR 2016, 375 Rn. 39 – Daimler/Együd Garage). In einer anderen markenrechtlichen Entscheidung hat der EuGH (GRUR 2012, 268 Rn. 28 ff. – Frisdranken Winters BV/Red Bull GmbH) eine „Benutzung" der Marke durch einen Dienstleister verneint, der die mit einer verwechslungsfähigen Marke versehenen Getränkedosen für einen Getränkehersteller abgefüllt hatte; nach deutschem Verständnis wäre hier – wenn schon keine Mittäterschaft – eine Rechtsverletzung in Form der Beihilfe in Betracht gekommen (*Goldmann,*Unternehmenskennzeichen, Kap. 19 Rn. 82.3). Gegen eine generelle Abkehr von dem deutschen Verständnis der **Beihilfe** sprechen andererseits die Ausführungen des EuGH in einer urheberrechtlichen Entscheidung zur Verantwortlichkeit eines italienischen Spediteurs, der in Zusammenarbeit mit einem italienischen Hersteller Kopien von Möbelklassikern an deutsche Kunden ausgeliefert hatte, obwohl die Verbreitung in Deutschland eine Urheberrechtsverletzung darstellte (EuGH Rs. C-5/11 GRUR 2012 817 Rn. 36 f. – Titus Alexander Jochen Donner).

99 Dass unionsrechtlich etwas in Bewegung geraten ist, deutet sich auch in der zum urheberrechtlichen Begriff der „öffentlichen Wiedergabe" ergangenen EuGH-Entscheidung Stichting Brein/Wullems (GRUR 2017, 610, Rn. 31 ff.) an. Der Verkäufer eines Medienabspielgeräts hatte auf diesem Gerät eine Open-Source-Software installiert und mit Add-ons versehen, die es den Käufern ermöglichten, auf von Dritten betriebene Streaming-Plattformen zuzugreifen und dort Bild- und Tonmaterial abzuschöpfen. Dieses Material schloss solche Werke ein, die interessierten Personen über das Internet ohne Erlaubnis der Urheberrechtsinhaber zugänglich gemacht wurden. Der EuGH bewertete bereits den Verkauf dieser Abspielgeräte als rechtswidrige Handlung der öffentlichen Wiedergabe. Das LG Hamburg (GRUR-RR 2018, 97 Rn. 26 – Loulou) hat diese Entscheidung als Zeichen dafür angesehen, dass eine Beurteilung der Passivlegitimation allein nach den Grundsätzen des nationalen Rechts der Täterschaft und Teilnahme gemäß § 830 BGB einerseits und denen der Störerhaftung iSd § 823 Abs. 1, 1004 BGB andererseits nicht mehr in Betracht komme. Nach den vom EuGH entwickelten Grundsätzen handele es sich bei der Frage der urheberrechtlichen Verantwortlichkeit um ein **Tatbestandsmerkmal** der öffentlichen Wiedergabe und damit um einen **autonomen Begriff des Unionsrechts.** Letzteres trifft auch auf den Begriff **„Rechtsverletzer"** in § 2 Nr. 3 GeschGehG zu.

4. Intermediärshaftung

Für den Rechtsinhaber – so auch für den Inhaber eines Geschäftsgeheimnisses – kann es für die **Durchsetzung von Unterlassungs- und Beseitigungsansprüchen** von großer praktischer Bedeutung sein, gegen **Intermediäre** vorzugehen, also gegen Personen, die eine Verletzungshandlung erst ermöglichen, ohne sie selbst zu begehen. Hierzu gehören etwa **Plattformbetreiber** und **Zugangsvermittler** (*Goldmann* in Harte/Henning § 8 Rn. 418). Sie wirken in zurechenbarer Weise zwar vorsatzlos, aber dennoch willentlich und adäquat kausal an einer rechtswidrigen Beeinträchtigung eines anderen mit und hätten die rechtliche Möglichkeit, die Rechtsverletzung zu verhindern (BGH GRUR 1955, 97 (99) – Constanze II; GRUR 1996, 905 (907) – GmbH-Werbung für ambulante ärztliche Leistungen; *Goldmann* in Harte/Henning § 8 Rn. 419, 433 ff.; *Ohly* in Ohly/Sosnitza § 8 Rn. 121). Zur Haftung von Intermediären im Allgemeinen und im Bereich des Geheimnisschutzes im Besonderen wird auf die Kommentierung der **Passivlegitimation** im Rahmen des **§ 6** verwiesen (→ § 6 Rn. 75 ff., 81 ff.). 100

Der BGH hat die **Störerhaftung von Mittelspersonen** für den Bereich des Lauterkeitsrechts aufgegeben (GRUR 2011, 152 Rn. 48 – Kinderhochstühle im Internet; GRUR 2015, 672, Rn. 81 – Videospiel-Konsolen II; kritisch *Goldmann* in Harte/Henning § 8 Rn. 422 ff.), in Bezug auf die Rechte des geistigen Eigentums und des Persönlichkeitsrechts aber aufrechterhalten (BGH GRUR 2004, 860 (864) – Internet-Versteigerung I; GRUR 2013, 511 Rn. 41 – Morpheus; kritisch *Ohly* in Ohly/Sosnitza § 8 Rn. 123c; → § 6 Rn. 75 ff., 81 ff.). Dass die Störerhaftung für Verletzungen des geistigen Eigentums auch unter Geltung des Unionsrechts aufrechterhalten werden kann, ist vor allem damit begründet worden, dass Art. 11 S. 3 Durchsetzungs-RL eine Unterlassungshaftung von Mittelspersonen vorsieht (vgl. die Begründung zum Regierungsentwurf des DurchsetzungsG, BT-Drs. 16/5048, 30, 32). Ob Letzteres aus Sicht des EuGH die Anwendung der Störerhaftung auch im Bereich des **Geheimnisschutzes** rechtfertigt, ist noch nicht geklärt (offengelassen von OLG Stuttgart GRUR-RS 2020, 35613 Rn. 133 – Schaumstoffsysteme; für eine Anwendbarkeit der Grundsätze zur Störerhaftung auch im Bereich des Geheimnisschutzes *Keller* in Keller/Schönknecht/Glinke § 2 Rn. 142; dagegen → § 6 Rn. 83; *Alexander* in Köhler/Bornkamm/Feddersen § 6 Rn. 21; *Schroeder/Drescher* in Brammsen/Apel § 6 Rn. 46). 101

Ein Intermediär ist **kein Täter oder Teilnehmer,** solange ihm keine Verletzung von Verkehrspflichten vorgeworfen werden kann, er von der rechtswidrigen Vortat nichts weiß oder wissen müsste und er nicht konkret auf eine von ihm ermöglichte Rechtsverletzung hingewiesen wurde (*Goldmann* in Harte/Henning § 8 Rn. 433 ff.). Im Bereich des GeschGehG dürften **Mittelspersonen** wegen **§ 4 Abs. 3** in Verbindung mit der Definition in § 2 Nr. 3 nur dann als „Rechtsverletzer" in Betracht kommen, wenn und sobald ihnen **Vorsatz oder Fahrlässigkeit** vorgeworfen werden kann (→ § 6 Rn. 81 f.). 102

V. Rechtsverletzende Produkte (§ 2 Nr. 4)

1. Allgemeines

§ 2 Nr. 4 definiert wie Art. 2 Nr. 4 Geschäftsgeheimnis-RL die „rechtsverletzenden Produkte" als solche Erzeugnisse, deren Konzeption, Merkmale, Funktionsweise, Herstellungsprozess oder Marketing **in erheblichem Umfang** 103

(→ Rn. 113) **auf rechtswidrig erworbenen, genutzten oder offengelegten Geschäftsgeheimnissen basieren.** Eine ganz trennscharfe Abgrenzung zwischen diesen Begriffselementen ist dabei weder möglich noch erforderlich. Die Aufzählung ist erkennbar daran ausgerichtet, flächendeckend **alle denkbaren Stufen** der Planung, Herstellung, Funktion und Verwendung der Produkte zu erfassen. Dem Verletzer sollen jegliche Vorteile aus der Geheimnisverletzung genommen werden (*Ess* WRP 2020, 988 (990)). Dabei muss sich die Geheimnisverletzung nicht im Produkt selbst verkörpern (*Alexander* in Köhler/Bornkamm/Feddersen, § 2 GeschGehG Rn. 122). Das „rechtsverletzende Produkt" ist **vom Geschäftsgeheimnis selbst zu unterscheiden.** Es ist als eine auf dem Missbrauch eines fremden Geschäftsgeheimnisses beruhende, auf Dauer mit dem Makel des Rechtsbruches behaftete **Frucht der Geheimnisverletzung** anzusehen (*Keller* in Keller/Schönknecht/Glinke § 2 Rn. 148). Das „rechtsverletzende Produkt" stellt insofern einen **Zentralbegriff des GeschGehG** (*Keller* in Keller/Schönknecht/Glinke § 2 Rn. 148) dar, als die Herstellung, das Anbieten oder Inverkehrbringen, die Einfuhr, Ausfuhr oder Lagerung eines solchen Produkts zu den Hauptfällen der **mittelbaren Geheimnisverletzung gem. § 4 Abs. 3** (→ § 4 Rn. 49 ff.) gehören. Darüber hinaus kann die **Vermarktung** rechtsverletzender Produkte mittels der in **§ 7 Nr. 2–5** geregelten Rechtsbehelfe **unterbunden** werden. Der **selbständige Auskunftsanspruch** nach **§ 8 Abs. 1 Nr. 1 und 2** trägt dazu bei, die **Quellen und Vertriebskanäle** rechtsverletzender Produkte aufzudecken und „trockenzulegen" (→ § 4 Rn. 5 ff.; *Amschewitz* WRP 2011, 301 (302).

2. „Produkte"

104 **„Produkte"** sind jedenfalls **alle Erzeugnisse physischer Art.** Unter diesen Begriff fallen aber auch **nicht-physische Erzeugnisse,** die **in physischen Gegenständen ihren Niederschlag gefunden** haben, sei es in herkömmlichen „analogen" Verkörperungen, sei es in den verschiedensten elektronischen Speichermedien. Dies können etwa Werke oder künstlerische Darbietungen im Sinne des Urheberrechts, Computerprogramme, Marketingpläne oder Herstellungsanweisungen sein. Hat eine Verkörperung im weitesten Sinne stattgefunden, so handelt es sich bei dieser auch dann um ein „Produkt" im Sinne der Begriffsbestimmung in § 2 Nr. 4 (Art. 2 Nr. 4 Geschäftsgeheimnis-RL), wenn sich das eigentliche Geschäftsgeheimnis auf Dienstleistungen bezieht, beispielsweise auf Schulungs- oder Beratungskonzepte oder auf spezielle Verfahren zur Instandsetzung fremder Waren oder zur Weiterverarbeitung fremder Roh- oder Zwischenprodukte. Auf diese Weise dürfte ein erheblicher Teil der Fälle erfasst werden, in denen es (auch) um Dienstleistungen geht, denn in der Praxis werden sich auch solche Geschäftsgeheimnisse meist in irgendeiner Form physisch niederschlagen.

105 Allerdings ist es auch möglich, dass der Rechtsverletzer fremdes Geheimwissen über die Erbringung bestimmter Dienstleistungen missbraucht, ohne diese bereits seinerseits in körperlicher Form niedergelegt zu haben. Gleichzustellen ist der Fall, dass es solche Verkörperungen zwar gibt, der Geheimnisinhaber sie aber nicht aufspüren und benennen kann. Hier stellt sich die Frage, ob auch die **Dienstleistungen als solche,** losgelöst von irgendeiner physischen Fixierung des Wissens, unter den Produktbegriff fallen, ob dieser also als Oberbegriff für Waren und Dienstleistungen zu verstehen ist. Letzteres ist unabhängig davon denkbar, dass vorbeugende Maßnahmen wie die Beschlagnahme oder Herausgabe (Art. 10

Abs. lit. c) oder die gerichtliche Anordnung der Vernichtung oder des Rückrufs (Art. 12 II lit. a und lit. c) auf Erzeugnisse (als „Produkte“ im engeren Sinne) ausgerichtet sind und für Dienstleistungen kaum passen werden. Im Rahmen des Unterlassungsanspruchs (Art. 10 Abs. 1 lit. b und Art. 12 Abs. 1 lit. b) können aber auch Dienstleistungen Bedeutung erlangen. Auch deren Konzepte und Besonderheiten können, ohne mit der Erbringung solcher Leistungen zwangsläufig offenkundig zu werden, Gegenstand von Geschäftsgeheimnissen iSd Art. 2 Nr. 1 der RL sein.

Der **Schutzzweck der Geschäftsgeheimnis-RL** legt auch in diesem Punkt eine **weite Auslegung** des Produktbegriffs den § 2 Nr. 4 nahe (für einen generellen Verzicht auf jede gegenständliche Verkörperung von Leistungsergebnissen auch *Alexander* in Köhler/Bornkamm/Feddersen GeschGehG § 2 Rn. 127 f.). Dies würde dem Produktbegriff der UGP-RL (Art. 2 lit. c: „jede Ware oder Dienstleistung…“) entsprechen (*Brammsen* in Brammsen/Apel § 2 Rn. 163). Der von der RL angestrebte Schutz bezieht sich nach den Erläuterungen in den Erwägungsgründen 1 und 2 auf jedes wertvolle Know-how und auf sämtliche wertvollen Geschäftsinformationen, die von Unternehmen oder Forschungseinrichtungen als „Währung der wissensbasierten Wirtschaft“ erworben, entwickelt oder angewandt werden und mit Wettbewerbsvorteilen verbunden sind (Erwägungsgrund 1). Die Vertraulichkeit wird als „Managementinstrument für unternehmerische Wettbewerbsfähigkeit“ genutzt; dabei geht es um ein „breites Spektrum von Informationen, das über das technologische Wissen hinausgeht und auch Geschäftsdaten wie Informationen über Kunden und Lieferanten, Businesspläne sowie Marktforschung und -strategien einschließt“ (Erwägungsgrund 2). Diese Formulierungen betreffen sinngemäß **jede Art der Unternehmenstätigkeit** und des diesbezüglichen geheimen Wissens. Es hängt nur von der jeweiligen Branche und vom Unternehmenszuschnitt ab, ob es primär oder allein eher um Waren oder um Dienstleistungen geht. Auch ist allgemein bekannt, dass die Erbringung von Dienstleistungen immer stärker in den Vordergrund tritt und dass auch klassische Hersteller in wachsendem Umfang gleichzeitig Dienstleistungen anbieten. 106

In Erwägungsgrund 3 werden Dienstleistungen ausdrücklich mit angesprochen, indem darauf hingewiesen wird, dass **Investitionen in innovative Prozesse, Dienstleistungen und Produkte** gefördert werden sollten. Allerdings werden an dieser Stelle „Dienstleistungen“ und „Produkte“ nebeneinander erwähnt, mithin voneinander unterschieden. Auch spricht der englische Text der Geschäftsgeheimnis-RL gegen eine Ausdehnung des Produktbegriffs auf Dienstleistungen als solche. Dort ist nämlich in den einzelnen Bestimmungen, so im Falle des in Art. 2 Nr. 4 definierten Begriffs, durchgehend von „infringing goods“ die Rede. Dies entspricht der Begriffswahl in der Durchsetzungs-RL, wenn dort der Begriff „Dienstleistungen („services“) nur im Rahmen des (in der Geschäftsgeheimnis-RL nicht geregelten) Auskunftsanspruchs erscheint. Der **Wortlaut** der RL spricht danach zwar eher gegen eine Erstreckung des Produktbegriffs auf reine Dienstleistungen. Allerdings ergäbe sich dann zumindest dort eine Lücke, wo es um gerichtliche Verbote geht, die „rechtsverletzenden Produkte“ anzubieten, zu vermarkten oder zu nutzen (Art. 10 Abs. 1 lit. b und Art. 12 Abs. 1 lit. b Geschäftsgeheimnis-RL). Diese Verbotsmöglichkeiten müssen nach dem **unzweifelhaften Gesetzeszweck** aber auch dort bestehen, wo es um **Dienstleistungen als solche geht** (ebenso *Alexander* in Köhler/Bornkamm/Feddersen, GeschGehG § 2 Rn. 127a; *Hoppe* in Hoppe/Oldekop Kap. 1 Rn. 319; *Keller* in Keller/Schönknecht/Glinke § 2 Rn. 154; *Brammsen* in Brammsen/Apel § 2 Rn. 163). Selbst wenn man demge- 107 genüber stets eine Verkörperung in einem Trägermedium verlangen wollte, blieben die Abweichungen im Ergebnis recht überschaubar, da sich die auch Dienstleistungen meist in irgendwelchen analogen oder digitalen Medien niederschlagen dürften.

3. Konzeption

108 Dieser im deutschen Text der Geheimnisschutz-RL verwendete Begriff bezieht sich, wie ein Blick auf die englische Fassung („design") nahelegt, auf die Gestaltung des Produkts, dies allerdings wohl nicht nur im engeren Sinne dessen, was der äußeren Form- und Farbgebung zuzurechnen ist. Andernfalls würde der Bedeutungsgehalt dieses Begriffselements vollständig in dem weiter gefassten, zusätzlich genannten Begriff der „Merkmale" („characteristics") untergehen. Auch wenn es auf eine exakte Unterscheidung nicht ankommt, dürfte die wesentliche Bedeutung der „Konzeption" darin liegen, dass auch mehr oder weniger detaillierte **Pläne, Beschreibungen, Entwurfszeichnungen und sonstige Vorstufen** des erst noch zu verwirklichenden Produkts in den Schutz- und Verbotsbereich des GeschGehG fallen. Dass auch solche der Produktherstellung vorausgehenden Informationen, Unterlagen und Dateien als Geschäftsgeheimnisse gelten können, ist seit jeher anerkannt (vgl. nur die unter Rn. 60 aufgeführten Beispiele aus der deutschen Rechtsprechung zu § 17 UWG). Auch solche Vorstufen der eigentlichen Produktherstellung können demnach, da von der Begriffsbestimmung der „rechtsverletzenden Produkte" erfasst, Gegenstand gerichtlicher Abhilfemaßnahmen gemäß Art. 12 Abs. 1 Geschäftsgeheimnis-RL (siehe insbesondere lit. d) und § 7 Nr. 1 GeschGehG sein. Alles andere würde im Vergleich zum bisherigen deutschen Recht zu einer signifikanten Schutzlücke führen, was zweifellos nicht beabsichtigt ist.

4. Merkmale

109 Dieses ebenfalls sehr weite Begriffselement erfasst **sämtliche irgendwie gearteten Eigenschaften** („characteristics") eines Produkts, beispielsweise dessen Gebrauchs- und Einsatzmöglichkeiten, Ausgestaltung, Ausstattung, Ausführung, Konstruktion, Zusammensetzung und Verarbeitung (wie hier *Keller* in Keller/Schönknecht/Glinke § 2 Rn. 157; ähnlich *Brammsen* in Brammsen/Apel § 2 Rn. 172, allerdings mit einem möglicherweise etwas engerem Ansatz, wie die in der Kommentierung erwähnten Begriffe „Eigentümlichkeit" und „markant" andeuten könnten) – was wiederum die fließenden Übergänge zu den anderen Merkmalen des § 2 Nr. 4 illustriert. Wenn diese Charakteristika in erheblichem Umfang (→ Rn. 113) auf rechtswidrig erworbenen, genutzten oder offengelegten Geschäftsgeheimnissen anderer Personen oder Unternehmen beruhen, führt dies dazu, dass das **Produkt in seiner Gesamtheit als „rechtsverletzend" bewertet** wird. Damit unterliegt das Produkt als solches den Ansprüchen des Geheimnisinhabers und den zu dessen Gunsten vorgesehenen Rechtsfolgen.

5. Funktionsweise

110 Dieser Begriff bezieht sich auf sämtliche mechanischen, elektronischen, chemischen oder sonstigen **Abläufe innerhalb des Produkts** wie auch auf alle **nach außen hin** – insbesondere bei der bestimmungsgemäßen Anwendung des Produkts – **in Erscheinung tretenden Vorgänge und Auswirkungen** (ebenso

Alexander in Köhler/Bornkamm/Feddersen, GeschGehG § 2 Rn. 132). Eine genaue Abgrenzung gegenüber den anderen in Art. 2 Nr. 4 Geschäftsgeheimnis-RL erwähnten Begriffselementen ist auch hier nicht erforderlich. So werden die Konzeption und der Herstellungsprozess des Produkts gezielt oder unerwartet, unmittelbar oder mittelbar auch dessen Funktionsweise beeinflussen. Umgekehrt können die Anwendungsvoraussetzungen und -ergebnisse den „Merkmalen" des Produkts zugerechnet werden. Die Aufzählung der verschiedenen Produktelemente hat erkennbar den Zweck, sämtliche Produkteigenschaften zu erfassen, die Gegenstand rechtswidriger Erwerbs-, Nutzungs- oder Verratshandlungen sein können.

6. Herstellungsprozess

Letzteres gilt ebenso für sämtliche Kenntnisse bezüglich der **Herstellung** des Produkts, etwa Rezepturen, Beschaffenheit der eingesetzten Rohstoffe, Verfahrensweisen und Produktionsabläufe, Art und Einsatz von Maschinen, Geräten und Instrumenten oder die Mechanismen der Qualitätskontrolle (ähnlich *Alexander* in Köhler/Bornkamm/Feddersen, GeschGehG § 2 Rn. 133; *Brammsen* in Brammsen/Apel § 2 Rn. 172). Diese werden zwar in der Regel ebenfalls mehr oder weniger signifikante Auswirkungen auf die Merkmale und Funktionsweise des fertigen Erzeugnisses haben, sich aber Außenstehenden auch dann nicht immer erschließen, wenn diese das fertige, mit Zustimmung des Geheimnisinhabers auf den Markt gelangte Produkt durch eine – nach harmonisiertem Recht nun eindeutig erlaubte (→ § 3 Abs. 1 Nr. 2 lit. b) – „Rückwärtsanalyse" (Reverse Engineering) zu analysieren suchen. Solche Untersuchungen mögen dem Fachmann zwar Aufschluss über die Zusammensetzung und Funktionen des Produkts geben, nicht aber unbedingt jeden bei der Herstellung verwendeten „Kniff" entschlüsseln. Soweit es um **Dienstleistungen** geht (→ Rn. 104 f.), ist beispielsweise an Methoden zur Erhebung der relevanten Tatsachen, an die Vorgehensweise bei Marktanalysen und Prüfverfahren oder an die Aufbereitung und Präsentation der gewonnenen Erkenntnisse gegenüber dem Auftraggeber zu denken. 111

7. Marketing

Der Begriff **„Marketing"** dürfte im Ausgangspunkt alle den Produktabsatz (Preis- und Produktstrategie, Vertrieb, Werbung) betreffenden Konzepte und Maßnahmen einschließlich **aller** sonstigen **Formen der kommerziellen Kommunikation** erfassen (ebenso *Keller* in Keller/Schönknecht/Glinke § 2 Rn. 161, unter Hinweis auf die Definition dieses Begriffs in Art. 2 lit. f der Richtlinie über den elektronischen Geschäftsverkehr, RL (EU) 2000/31/EG; *Alexander* in Köhler/Bornkamm/Feddersen, GeschGehG § 2 Rn. 135 f.). Im Rahmen des § 2 Nr. 4 fällt der Begriff „Marketing" aus der Reihe der übrigen dort (wie schon in Art. 2 Nr. 4 Geschäftsgeheimnis-RL) erwähnten Merkmale sowohl durch seine noch einmal erhöhte **Unbestimmtheit** als auch dadurch heraus, dass er **nur noch eine mittelbare Verbindung zu den Produkteigenschaften** aufzuweisen scheint. Seine Erwähnung erhielte streng genommen erst dann eigenständige Bedeutung, wenn hierdurch ein von der Herstellungsweise und den eigentlichen Merkmalen des jeweiligen Produkts unabhängiger Unwertgehalt beschrieben werden sollte. Dies könnte bedeuten, dass auch dann von „rechtsverletzenden Produkten" die Rede sein könnte, wenn in diesen überhaupt **keine rechtswidrig erlangten, geheimen und wirtschaftlich werthaltigen Informationen anderer Unternehmen ver-** 112

körpert sein sollten. Es käme dann lediglich darauf an, dass die **Art und Weise der Vermarktung zu beanstanden** ist, etwa weil diese unter unbefugter Nutzung geheimer fremder Vermarktungskonzepte oder Kundendaten erfolgt. Es würde aber zu weit gehen, wollte man hier jede unlautere Form des Vertriebs, der Verkaufsförderung oder der Werbung ausreichen lassen, die in irgendeinem Zusammenhang mit einer Geheimnisverletzung steht (ähnlich die GRUR-Stellungnahme vom 19.3.2014 (S. 5)). So wäre es **problematisch,** von „rechtsverletzenden Produkten" schon deshalb zu sprechen, weil deren **Vertrieb unter unbefugter Verwertung einer vertraulichen Kundenliste** erfolgt (*Ohly* GRUR 2019, 441 (445)). Es erscheint zweifelhaft, ob abtrennbare Vermarktungsaktivitäten dieser Art es wirklich erlauben würden, allein ihretwegen von einem „rechtsverletzenden Produkt" auszugehen (ähnlich *Alexander* in Köhler/Bornkamm/Feddersen, GeschGehG § 2 Rn. 137, der einen inneren Zusammenhang zwischen dem Produktmarketing und dem verletzten Geschäftsgeheimnis fordert; *Keller* in Keller/Schönknecht/Glinke § 2 Rn. 1163 f.). Würde es nicht der in Art. 7 Geschäftsgeheimnis-RL hervorgehobenen Notwendigkeit, stets den Grundsatz der Verhältnismäßigkeit zu beachten, schon im Ansatz zuwiderlaufen, wenn die betreffenden Erzeugnisse beispielsweise schon deshalb vernichtet oder zurückgerufen werden könnten, weil sie unter unlauteren Begleitumständen in den Verkehr gebracht wurden? Sollen Folgehandlungen wie jede aus anderen Rechtsgründen zu beanstandende Marketingmaßnahme so betrachtet werden, dass sie auf die Bewertung des Produkts durchschlagen, obwohl dieses für sich genommen gar nicht auf einer Aneignung fremder Geschäftsgeheimnisse beruht? Eher dürfte es auch für dieses spezielle Element der Begriffsbestimmung darauf ankommen, ob der in Rede stehende Vermarktungsvorgang seinerseits in erheblichem Umfang auf einer der rechtswidrigen Handlungen des Geheimnismissbrauchs beruht. Dies könnte allenfalls dann zutreffen, wenn solche rechtswidrigen Handlungen **gerade für die Art und Weise der Vermarktung kausal** oder mit dieser verknüpft gewesen sein sollten. Hieran könnte zu denken sein, wenn hinter den nach außen erkennbaren Abläufen ein sehr spezielles Vermarktungskonzept stünde, das Teil der rechtswidrig erlangten Geschäftsgeheimnisse wäre. Nennenswerte praktische Relevanz dürfte diese Konstellation aber nicht besitzen, wenn man der hier vertretenen **engeren Interpretation des „Marketing"** folgt. Einen anderen Lösungsansatz vertritt *Ess* (WRP 2020, 988 (989)): Wenn es um legal hergestellte Produkte gehe, sollte der Unterlassungstenor unter dem Gesichtspunkt der Verhältnismäßigkeit (§ 9 GeschG) ausdrücklich auf den Fall beschränkt werden, dass die Vermarktung unter Rückgriff auf die (rechtswidrig erlangte) Kundenliste des Geheimnisinhabers erfolgt. Ob dieser Weg zu hinreichend bestimmten, abgrenzbaren Verboten führen würde, erscheint allerdings nicht zweifelsfrei.

112a In jedem Fall wird bei Prüfung des Tatbestandsmerkmals „Marketing" besonders kritisch zu beleuchten sein, ob die in Rede stehenden Handlungen wirklich „in erheblichem Umfang" (→ Rn. 113) auf dem fremden Geschäftsgeheimnis beruhen (ebenso *Ohly* GRUR 2019, 441 (445); *Alexander* in Köhler/Bornkamm/Feddersen, GeschGehG § 2 Rn. 137; Keller in *Keller*/Schönknecht/Glinke § 2 Rn. 164).

8. Erheblicher Umfang

113 Weiter ist der Nachweis erforderlich, dass die zuvor genannten Eigenschaften der in Rede stehenden Produkte, deren Herstellungsverfahren oder Vermarktung **in erheblichem Umfang auf rechtswidrig erworbenen, genutzten oder offengelegten Geschäftsgeheimnissen beruhen.** Dieses Tatbestandsmerkmal fungiert als Korrektiv und ist **Ausdruck des Grundsatzes der Verhältnismäßigkeit** (*Alexander* in Köhler/Bornkamm/Feddersen, GeschGehG § 2 Rn. 141; *Keller* in Keller/Schönknecht/Glinke § 2 Rn. 170). Ein „erheblicher Umfang soll laut Erwägungsgrund 28 dann vorliegen, wenn sich das Geheimnis erheblich „auf die Qualität, den Wert oder den Preis, der aus dieser rechtswidrigen Nutzung gewonnenen Endprodukte auswirkt oder die Kosten der Prozesse für die Herstellung oder Vermarktung senkt oder diese Prozesse erleichtert oder beschleunigt". Hierfür genügt es, wenn eine **Mitursächlichkeit** besteht, also das Geschäftsgeheimnis jedenfalls zur Entwicklung, Herstellung oder Vermarktung eines Produkts signifikant beigetragen hat. Ob dies bejaht werden kann, beurteilt sich auf der Grundlage einer **Äquivalenz- und Adäquanzbetrachtung** anhand der Umstände des Einzelfalls (*Alexander* in Köhler/Bornkamm/Feddersen, § 2 GeschGehG Rn. 142; ähnlich *Keller* in Keller/Schönknecht/Glinke § 2 Rn. 166: „wertende Betrachtung"; für eine Wertungsparallele zu äquivalenten Patentverletzungen *Ess* WRP 2020, 988 (993); Beispiele bei *Hoppe* in Hoppe/Oldekop § 2 Rn. 328 f.). Maßgeblich sind in erster Linie **qualitative Gesichtspunkte;** daneben können aber auch **quantitative Gesichtspunkte** einbezogen werden (*Alexander* in Köhler/Bornkamm/Feddersen, GeschGehG § 2 Rn. 142). In ähnlicher Weise war schon im Rahmen des § 17 UWG anerkannt, dass sich die Ansprüche des Geheimnisinhabers nicht nur gegen die **unmittelbare, unveränderte Verwertung** des fremden Betriebs- oder Geschäftsgeheimnisses richten. Erfasst wurden nach § 17 UWG und werden nach § 2 Nr. 4 GeschGehG **auch abgewandelte Produkt- und Verwertungsformen,** soweit diese in wesentlichem Umfang auf der rechtswidrig erlangten Kenntnis beruhten (BGH GRUR 1985, 294 (296) – Füllanlage; GRUR 2002, 91 (94 f.) – Spritzgießwerkzeuge; GRUR 2018, 424 Rn. 19 – Knochenzement I; *Ohly* in Ohly/Sosnitza, UWG, 7. Aufl. 2016, § 17 Rn. 52; *Köhler* in Köhler/Bornkamm/Feddersen, UWG, 37. Aufl. 2019, § 17 Rn. 41; *Harte-Bavendamm* in Gloy/Loschelder/Danckwerts Kap. 77 Rn. 72; *Ess* WRP 2020, 988 f.). Ein erheblicher Umfang wird jedenfalls dann anzunehmen sein, wenn das Produkt ohne das Geschäftsgeheimnis so nicht hätte entwickelt, gefertigt oder vertrieben werden können, wie es geschehen ist (OLG Stuttgart WRP 2021, 242 Rn. 136 – Schaumstoffsysteme; zustimmend *Hoppe/Oldekop* WRP 2022, 547 (550)). Gleiches gilt, wenn durch das Ausnutzen des Geschäftsgeheimnisses eine **bedeutende Zeitersparnis** erzielt werden konnte, weil das Unternehmen die Zeit für eine eigene Entwicklung nicht aufwenden musste (*Alexander* in Köhler/Bornkamm/Feddersen, GeschGehG § 2 Rn. 142; *Brammsen* in Brammsen/Apel § 2 Rn. 181).

Eine **quantitative Untergrenze** für die Schlussfolgerung, dass ein Produkt „in erheblichem Umfang" auf einem rechtswidrig erlangten, genutzten oder offengelegten Geschäftsgeheimnis beruht, lassen sich schon deshalb nicht festlegen, weil einer wertenden Betrachtung der Vorzug zu geben ist, in die sowohl quantitative als auch qualitative Gesichtspunkte einfließen (→ Rn. 113). Mit einiger Zurückhaltung lässt sich sagen, dass eine „Einflussquote" von 50% aufwärts (*Brammsen* in Brammsen/Apel § 2 Rn. 178) ausreichen dürfte, aber keineswegs stets erreicht werden muss, um einen „in erheblichem Umfang" erfolgten Rückgriff auf fremde Geschäftsgeheimnisse zu bejahen (*Alexander* WRP 2017, 1034 (1043); *Keller* in Keller/Schönknecht/Glinke § 2 Rn. 174; *Hoppe* in Hoppe/Oldekop, Kap. 1 Rn. 325 ff.; MüKoUWG/*Namyslowska,* 3. Aufl. 2020, Geschäftsgeheimnis-RL Art. 2 Nr. 4 Rn. 26: Die Anforderungen sind im Interesse eines effektiveren Schutzes „nicht sehr hoch" anzusetzen). *Brammsen* (in Brammsen/Apel § 2 Rn. 180) schlägt für 113a höherwertige Gebrauchsgüter (wie Smartphones, Autos oder Fernsehgeräte), aber auch für Verbrauchsgüter wie Pharmazeutika oder Kosmetika eine Erheblichkeitsschwelle von 10% vor, weil hier schon Einzelelemente mit quantitativ geringem Anteil wesentliche Bedeutung für die Produktbewertung erlangen könnten (Beispiel: Kameraqualität eines Smartphones). Diese Bewertung wird einer Gesamtbetrachtung des Einzelfalls vorzubehalten sein. Es erscheint zumindest nicht ausgeschlossen, die von *Brammsen* genannte Größenordnung ausreichen zu lassen, wenn es um Einzelkomponenten geht, die aus technischer oder Abnehmersicht die Qualität und Einsetzbarkeit des Produkts mit prägen.

113b Wenn **lediglich einzelne Merkmale** einer komplexen Vorrichtung oder Herstellungsvorschrift benutzt werden, liegt ein Geheimnismissbrauch allerdings nur dann vor, wenn gerade diese Merkmale – für sich genommen oder in enger Verknüpfung mit anderen Merkmalen – als Geschäftsgeheimnisse anzusehen sind (vgl. BGH GRUR 2002, 91 (94 f.) – Spritzgießwerkzeuge; *Ohly* in Ohly/Sosnitza, UWG, 7. Aufl. 2016, § 17 Rn. 52) und – je nach Produktkategorie – erhebliche Bedeutung für die Konzeption, Herstellung, Funktionsweise, Formgebung oder Vermarktung des Gesamterzeugnisses besitzen.

113c Um „rechtsverletzende Produkte“ handelte es sich nach der Rechtsprechung zu § 17 UWG aF nicht bei **Nachfolgeprodukten,** bei deren Herstellung und Eigenschaften die fremden Geschäftsgeheimnisse keinerlei Rolle mehr spielen, mochte der Anbieter auch noch von einem zeitlichen Vorsprung profitieren, den er zuvor durch den vorübergehenden (mittlerweile gerichtlich untersagten) Rückgriff auf die Geschäftsgeheimnisse seines Mitbewerbers erlangt hatte (BGH GRUR 2018, 424 Rn. 24 ff. – Knochenzement I). Die Werbung mit einer Marktführerschaft, die das (inzwischen anders konstruierte) Nachfolgeprodukt ursprünglich (auch) dank der Geheimnisverletzung erlangt hatte, konnte zwar nach § 5a Abs. 1 UWG unlauter sein, da sie geeignet war, unrichtige Vorstellungen über die Leistungsfähigkeit des Anbieters hervorzurufen (BGH GRUR 2018, 535 Rn. 39 ff. – Knochenzement II), enthielt aber keine erneute Geheimnisverletzung zulasten des betroffenen Mitbewerbers. Ob diese noch unter Geltung des § 17 UWG aF ergangenen Entscheidungen im Rahmen des § 2 Nr. 4 GeschGehG zu den gleichen Ergebnissen geführt hätten, lässt sich angesichts der Unschärfe des Begriffe „Marketing“ und „erheblicher Umfang“ nicht mit letzter Sicherheit beurteilen (für eine Übertragbarkeit der genannten BGH-Entscheidungen die 1. Aufl. § 2 Rn. 113; *Alexander* in Köhler/Bornkamm/Feddersen, GeschGehG § 2 Rn. 143; aA *Ess* WRP 2020, 988 (989 f.)). Wenn man Art. 2 Nr. 4 Geschäftsgeheimnis-RL so interpretiert, dass nur noch ein sehr **loser Zusammenhang mit der unmittelbaren Geheimnisverletzung** erforderlich ist (so *Kalbfus* GRUR 2016, 1009 (1014)), gelangt man in einen Grenzbereich, der nach neuem Recht auch abweichende Ergebnisse denkbar erscheinen ließe.

113d Ob es sich um ein Produkt handelt, dessen Konzeption, Merkmale, Funktionsweise, Herstellungsprozess oder Marketing in erheblichem Umfang auf einem rechtswidrig erlangten, genutzten oder offengelegten Geschäftsgeheimnis beruht, ist anhand der zum **Zeitpunkt der Verletzungshandlung gegebenen Umstände** zu beurteilen (*Alexander* in Köhler/Bornkamm/Feddersen, GeschGehG § 2 Rn. 144; *Keller* in Keller/Schönknecht/Glinke § 2 Rn. 167). Ein **rechtsverletzendes Produkt behält diese Eigenschaft,** diesen Makel auch dann, wenn das Geschäftsgeheimnis später vom Geheimnisinhaber oder einem Dritten offengelegt werden sollte (MüKoUWG/*Namyslowska,* Geschäftsgeheimnis-RL Art. 2 Rn. 27; *Keller* in Keller/Schönknecht/Glinke § 2 Rn. 167 f.).

§ 3 Erlaubte Handlungen

(1) **Ein Geschäftsgeheimnis darf insbesondere erlangt werden durch**
1. **eine eigenständige Entdeckung oder Schöpfung;**
2. **ein Beobachten, Untersuchen, Rückbauen oder Testen eines Produkts oder Gegenstands, das oder der**
   a) **öffentlich verfügbar gemacht wurde oder**
   b) **sich im rechtmäßigen Besitz des Beobachtenden, Untersuchenden, Rückbauenden oder Testenden befindet und dieser keiner Pflicht zur Beschränkung der Erlangung des Geschäftsgeheimnisses unterliegt;**
3. **ein Ausüben von Informations- und Anhörungsrechten der Arbeitnehmer oder Mitwirkungs- und Mitbestimmungsrechte der Arbeitnehmervertretung.**

(2) **Ein Geschäftsgeheimnis darf erlangt, genutzt oder offengelegt werden, wenn dies durch Gesetz, aufgrund eines Gesetzes oder durch Rechtsgeschäft gestattet ist.**

Literatur: *Harte-Bavendamm,* Wettbewerbsrechtliche Aspekte des Reverse Engineering von Computerprogrammen, GRUR 1990, 657; *Hauck,* Grenzen des Geheimnisschutzes, WRP 2018, 1032; *Hoeren/Pinelli,* Die Überprüfung von Software auf sicherheitsrelevante Fehler – Eine erste Analyse nach Urheberrecht, Geschäftsgeheimnisgesetz und Patentrecht, CR 2019, 410; *Karthaus,* Omertá in der Betriebsverfasssung, NZA 2018, 1180; *Leister,* Liberalisierung von Reverse Engineering durch Geschäftsgeheimnisgesetz: Wie können sich Unternehmen noch schützen?, GRUR-Prax 2019, 175; *McGuire,* Neue Anforderungen an Geheimhaltungsvereinbarungen?, WRP 2019, 679; *Ohly,* Reverse Engineering: Unfair Competition or Catalyst for Innovation?, FS Straus, 2008, 535; *Sagstetter,* Big Data und der Europäische Rechtsrahmen: Status quo und Reformbedarf im Lichte der Trade-Secrets-Richtlinie 2016/943/EU, in Maute/Mackenrodt (Hrsg.), Recht als Infrastruktur für Information, 2019, S. 285; *Samuelson/Scotchmer,* The Law and Economics of Reverse Engineering, 111 Yale Law Review 1575 (2001); *Schweyer,* Die rechtliche Bewertung des Reverse Engineering in Deutschland und den USA, 2012; *Strobel,* Reverse Engineering im Spannungsfeld der Sonderschutzrechte, 2022; *Surblyte,* Enhancing TRIPS: Trade Secrets and Reverse Engineering, in Ullrich/Hilty/Lamping/Drexl (Hrsg.), TRIPS plus 20 – From Trade Rules to Market Principles, 2016, S. 725–760; *Triebe,* Reverse Engineering im Lichte des Urheber- und Geschäftsgeheimnisschutzes, WRP 2018, 795; *Witz,* Know-how Schutz vs. Reverse Engineering, FS Harte-Bavendamm, 2020, 441.

Übersicht

I. Allgemeines

1. Normzweck und Systematik

1 Anders als das Patentrecht verschafft der **Geheimnisschutz** dem Inhaber des Geschäftsgeheimnisses **kein Ausschließlichkeitsrecht an der Information** (Erwgr. 16 Geschäftsgeheimnis-RL). Wie schon Art. 39 TRIPS (der freilich nur einen Mindeststandard setzt) verdeutlicht, kann der Inhaber die Erlangung, Offenlegung oder Nutzung des Geheimnisses nur dann verbieten, wenn sie den anständigen Gepflogenheiten im Wirtschaftsverkehr widerspricht. Besonders deutlich wird der Unterschied zwischen Patent- und Geheimnisschutz im Fall des § 3 Abs. 1 Nr. 1: Der Geheimnisschutz versagt gegenüber demjenigen, der die betreffenden Kenntnisse eigenständig erlangt. Auch die Analyse auf dem Markt frei verfügbarer Produkte (Reverse Engineering) ist als solche nicht zu beanstanden, wie nunmehr aus gutem Grund, wenn auch im Gegensatz zum früheren Recht (→ Rn. 9) § 3 Abs. 1 Nr. 2 klarstellt.

Ebenso wie die Richtlinie bedient sich das GeschGehG einer ungewöhnlichen Gesetzgebungstechnik, indem es **nicht nur in § 4 rechtswidrige Handlungen verbietet, sondern spiegelbildlich** in einer „Positivliste" (*Alexander* WRP 2019, 673 (676)) **erlaubte Handlungen normiert** und damit zugleich die Verbote des § 4 GeschGehG begrenzt. Handlungen, die § 3 konkret erlaubt, sind nicht „unbefugt" bzw. verstoßen nicht gegen die anständigen Marktgepflogenheiten iSd § 4 Abs. 1, ohne dass dort eine zusätzliche Interessenabwägung stattfinden dürfte. § 3 konkretisiert also die unbestimmten Rechtsbegriffe des § 4 Abs. 1 und ist **insoweit als lex specialis vorrangig** (*Alexander* in Köhler/Bornkamm/Feddersen GeschGehG § 3 Rn. 9; aA *Hoppe* in Hoppe/Oldekop 1. Kap. Rn. 336 ff.). Das gilt allerdings nur für die in § 3 Nrn. 1–3 konkret benannten Fälle der eigenständigen Erlangung, des Reverse Engineering und der Arbeitnehmerrechte (*McGuire* in Büscher GeschGehG § 3 Rn. 5). Zwar ist diese Aufzählung nicht abschließend, wie sich aus dem Begriff „insbesondere" und in richtlinienkonformer Auslegung aus Art. 3 Abs. 1 lit. d Geschäftsgeheimnis-RL (→ Rn. 6) ergibt, doch bestimmt sich außerhalb der konkret in § 3 Nrn. 1–3 genannten Fallgruppen die Zulässigkeit der Erlangung ausschließlich nach § 4 Abs. 1 (→ Rn. 46).

§ 3 Abs. 1 betrifft **nur die Erlangung des Geheimnisses:** Wer die betreffende Information durch eine der in § 3 Abs. 1 genannten Handlungen erlangt, handelt nicht unbefugt und verstößt daher nicht gegen § 4 Abs. 1. Mittelbar wirkt sich § 3 Abs. 1 aber auch auf die Nutzung und Offenbarung der Information aus: Sie ist nicht bereits gem. § 4 Abs. 2 Nr. 1 rechtswidrig, sondern nur dann, wenn sich unabhängig von der Erlangung des Geheimnisses eine Pflicht zur Vertraulichkeit oder ein Nutzungsverbot ergibt (§ 4 Abs. 2 Nr. 2, 3). 2

Die **Erlangung, Nutzung oder Offenbarung** eines Geheimnisses kann auch **durch gesetzliche Vorschriften außerhalb des GeschGehG** erlaubt werden. Das ergibt sich bereits aus den allgemeinen Regeln zur Lösung von Normenkonflikten und hätte nicht der ausdrücklichen Regelung in **§ 3 Abs. 2,** Var. 1 und 2 bedurft. Dasselbe gilt für die **rechtsgeschäftliche Gestattung:** Selbstverständlich kann der Inhaber des Geheimnisses anderen die Erlangung, Offenbarung oder Nutzung gestatten: volenti non fit iniuria. Das ist Konsequenz der Privatautonomie des Geheimnisinhabers und insoweit ebenfalls selbstverständlich. 3

2. Völker- und unionsrechtliche Vorgaben

Art. 39 Abs. 2 TRIPS verpflichtet die Vertragsstaaten nur dazu, eine Erlangung, Nutzung oder Offenbarung nicht offenbarter Information zu verbieten, die „den anständigen Gepflogenheiten in Gewerbe und Handel zuwiderläuft" („in a manner contrary to honest commercial practices"). Die Vorschrift enthält zwar keine „weiße Liste" „anständiger" und daher erlaubter Verhaltensweisen, erlaubt es den Vertragsstaaten aber, den Begriff der „honest practices" in dieser Weise zu konkretisieren. 4

§ 3 Abs. 1 beruht auf **Art. 3 Geschäftsgeheimnis-RL,** der den von Art. 39 Abs. 2 TRIPS eröffneten Spielraum (→ Rn. 4) nutzt und den Begriff der „honest practices" konkretisiert. Art. 3 Geschäftsgeheimnis-RL gehört zu den gem. Art. 1 Abs. 1 Geschäftsgeheimnis-RL **vollharmonisierenden Bestimmungen,** so dass dem nationalen Gesetzgeber strengere Regelungen verwehrt sind. Während Art. 3 Geschäftsgeheimnis-RL vom „Erwerb" des Geheimnisses spricht, hat der deutsche Gesetzgeber den Begriff „Erlangen" gewählt, um zu verdeutlichen, dass einige der in § 3 erlaubten Handlungen tatsächlicher Natur und damit nicht auf den rechtsgeschäftlichen Erwerb beschränkt sind (BT-Drs. 19/4724, 25). Im Übrigen sind § 3 Abs. 1 Nr. 1–3 und Art. 3 Abs. 1 lit. a–c Geschäftsgeheimnis-RL weitgehend wortgleich formuliert. 5

Nicht umgesetzt wurde **Art. 3 Abs. 1 lit. d Geschäftsgeheimnis-RL,** dem zufolge **„jede andere Vorgehensweise,** die unter den gegebenen Umständen mit einer seriösen Geschäftspraxis vereinbar ist", erlaubt ist. Diese Vorschrift formuliert zugleich den Grundgedanken des Art. 3 Geschäftsgeheimnis-RL (*Kalbfus* GRUR 2016, 1009 (1012)) und stellt eine Auffangbestimmung dar. Die deutsche Gesetzgebungstechnik lässt sich damit rechtfertigen, dass § 4 Abs. 1 nur unlautere Handlungen verbietet und damit seriöse Verhaltensweisen bei Erlangung des Geheimnisses zulässt. Allerdings bringt der deutsche Gesetzestext nur unvollkommen zum Ausdruck, dass der **Katalog der erlaubten Verhaltensweisen in § 3 Abs. 1 bei richtlinienkonformer Auslegung nicht abschließend** ist (aA *Alexander* in Köhler/Bornkamm/Feddersen GeschGehG § 3 Rn. 6). 6

7 Während Art. 3 Abs. 2 Geschäftsgeheimnis-RL auf eine Erlaubnis durch Unionsrecht oder nationales Recht abstellt, verwendet § 3 Abs. 2 allgemein den Begriff des „Gesetzes“, der auch unionsrechtliche Vorschriften umfasst (Begr. RegE, BT-Drs. 19/4724, 26), und erwähnt, anders als die Richtlinie, zudem ausdrücklich die Möglichkeit einer rechtsgeschäftlichen Gestattung. Unterschiede in der Sache bewirkt diese Abweichung nicht.

3. Entstehungsgeschichte

8 **a) Frühere Rechtslage.** Die **Freiheit der unabhängigen Entdeckung oder Schöpfung** war schon nach bisherigem Recht als Grundprinzip des Geheimnisschutzes anerkannt (*Harte-Bavendamm* FS Köhler, 2014, 235 (245)), auch wenn sie im Gesetzestext nicht deutlich genug zum Ausdruck kam (*Kalbfus* GRUR 2016, 1009 (1012)).

9 Die größte Änderung gegenüber dem bisherigen deutschen Recht bringt § 3 Abs. 1 Nr. 2 GeschGehG mit sich, der das **Reverse Engineering,** also die Analyse frei auf dem Markt verfügbarer Produkte, erlaubt. Nach einem Urteil des RG (RGZ 149, 329 (334) – Stiefeleisenpresse), dem die herrschende (*Harte-Bavendamm* GRUR 1990, 657 (660 f.)), aber keineswegs unbestrittene Meinung (*Ohly* FS Straus, 2008, S. 535 (550 ff.); einschränkend auch OLG Düsseldorf OLGR 99, 55) folgte, erfüllte diese Handlung den **Tatbestand der unbefugten Verschaffung durch Anwendung technischer Mittel** (§ 17 Abs. 2 Nr. 1a UWG aF; vgl. auch die Nachw. zur Rspr. bei *Reimann* GRUR 1998, 298 (299 ff.)). Immerhin neigte die neuere Rspr. dazu, die Offenkundigkeit bei Möglichkeit des Reverse Engineering im Einzelfall mit der Begründung zu verneinen, dass aufgrund von Fortschritten der technischen Entwicklung die Rückwärtsanalyse keine größeren Schwierigkeiten und Kosten verursachte (OLG Hamburg GRUR-RR 2001, 137). Dennoch unterschied sich das deutsche Recht im Grundsatz von den meisten anderen Rechtsordnungen weltweit, insbesondere vom US-Recht (→ Rn. 20). Auch in der Praxis waren wohl schon unter Geltung des bisherigen Rechts Rückwärtsanalysen marktgängiger Produkte gang und gäbe, sei es im Rahmen der eigenen Entwicklung, sei es zur Feststellung von Verletzungen des geistigen Eigentums.

9a Zur **intertemporalen Anwendbarkeit** des § 3 Abs. 1 Nr. 2 im Fall von Unterlassungsansprüchen → Einl. A Rn. 273 ff., → § 6 Rn. 37, im Fall von Schadensersatzansprüchen → Einl. A Rn. 276.

10 Eine allgemeine Ausnahme zugunsten der Rechte von Arbeitnehmervertretern sahen die früheren gesetzlichen Bestimmungen nicht vor. Doch war ein Verhalten, das durch spezielle arbeitsrechtliche Vorschriften erlaubt wurde, nicht „unbefugt“ iSd § 17 Abs. 1, 2, 18 UWG aF.

11 **b) Richtlinien- und Gesetzesentwürfe.** Im **Richtlinienvorschlag der Kommission** waren die heutigen Art. 3 und 5 Geschäftsgeheimnis-RL noch zu einer Vorschrift zusammengefasst. Art. 4 Abs. 1 des Entwurfs entsprach bereits weitgehend dem heutigen Art. 3 Abs. 1 Geschäftsgeheimnis-RL. Allerdings fehlte in der Regelung zum Reverse Engineering noch die Einschränkung, die dem rechtmäßigen Besitzer im Fall einer entgegenstehenden Pflicht die Rückwärtsanalyse verbietet.

12 § 3 entspricht § 2 des **Referentenentwurfs,** dessen Absätze allerdings in umgekehrter Reihenfolge angeordnet waren. § 2 Abs. 1 des Referentenentwurfs erwähnte nur die gesetzliche Erlaubnis, nicht hingegen diejenige durch Rechtsge-

schäft. Im Regierungsentwurf findet sich bereits, von unwesentlichen sprachlichen Abweichungen abgesehen, die endgültige Fassung.

II. Erlaubte Erlangung (Abs. 1)

1. Eigenständige Entdeckung oder Schöpfung

a) Bedeutung. Erlaubt ist erstens, wie schon im bisherigen Recht, die eigenständige Entdeckung oder Schöpfung (§ 3 Abs. 1 Nr. 1). Hier zeigt sich besonders deutlich, dass der Geheimnisschutz die Information ihrem Inhaber nicht absolut zuweist, sondern von einer unlauteren Handlung abhängt. Anders als das Patentrecht, aber ebenso wie das Urheberrecht und § 4 Nr. 3 UWG gewährt das GeschGehG also lediglich Nachahmungsschutz, hingegen **keinen Schutz gegen unabhängige Doppelschöpfungen** (*McGuire* in Büscher GeschGehG § 3 Rn. 13). Daher ist es denkbar, dass ein und dasselbe Geschäftsgeheimnis für zwei verschiedene Inhaber unabhängig voneinander geschützt ist (Begr RegE, BT-Drs. 19/4724, 25). In diesem Fall stehen ihnen in vollem Umfang Ansprüche gegen Dritte, aber keine Ansprüche gegeneinander zu (*Alexander* in Köhler/Bornkamm/Feddersen GeschGehG § 3 Rn. 22). 13

b) Voraussetzungen. Eine **Entdeckung** ist die Auffindung dessen, was schon vorhanden, aber noch nicht bekannt war. Beispiele sind die Entdeckung eines naturwissenschaftlich-technischen Kausalzusammenhangs oder besonderer Marktumstände. Hingegen ist die **Schöpfung** die Schaffung von Neuem, beispielsweise die Erstellung einer Konstruktionszeichnung oder die Entwicklung einer Werbestrategie (vgl. *Brammsen* in Brammsen/Apel GeschGehG § 3 Rn. 22 mit ausführlicher Begriffsanalyse). Die genaue Abgrenzung ist jedoch nicht von Bedeutung. Entscheidend ist, dass die Information nicht vom Inhaber des Geschäftsgeheimnisses stammt, sondern dass sie unabhängig von ihm generiert wurde. Die Begriffe sind entwicklungsoffen und weit zu verstehen (*Alexander* in Köhler/Bornkamm/Feddersen GeschGehG § 3 Rn. 15). 14

Eigenständig ist die Entdeckung oder Schöpfung dann, wenn die Information nicht unmittelbar oder mittelbar vom Inhaber des Geschäftsgeheimnisses stammt. An der Eigenständigkeit fehlt es daher auch dann, wenn sich der Empfänger die Information zwar selbst hätte erschließen können, aber aus Zeit- oder Kostengründen davon abgesehen und sie sich vom Geheimnisinhaber angeeignet hat (*McGuire* in Büscher GeschGehG § 3 Rn. 18). Ungeklärt ist bisher, ob ein Arbeitnehmer, der im Rahmen seiner Pflichten Tatsachen entdeckt oder Neues schafft, eigenständig tätig ist oder ob die Eigenständigkeit deswegen zu verneinen ist, weil die Entdeckung oder Schöpfung durch den Betrieb ermöglicht wurde, so dass es sich – in Anlehnung an die Terminologie des ArbNErfG – um ein „Dienstgeheimnis" handelt. Praktisch ist die Frage wenig relevant, weil der Arbeitnehmer in aller Regel ohnehin vertraglich zur Erlangung der Information befugt ist, sie aber aufgrund des Arbeitsvertrags nicht offenlegen oder nutzen darf. 15

Der Begriff **„eigenständig" weicht von der Richtlinie ab,** die von einer **„unabhängigen"** Entdeckung oder Schöpfung spricht. Dieser Unterschied wirkt sich aus, wenn die Information von einem Dritten stammt, der sie selbst hervorgebracht hat (GRUR-Stellungnahme GRUR 2018, 708 (719)). In diesem Fall hat sie der Empfänger nicht „eigenständig" generiert, wohl aber unabhängig von dem anderen Geheimnisinhaber erlangt. In richtlinienkonformer Auslegung ist in 16 diesem Fall „eigenständig" als „unabhängig" zu lesen (ebenso *Alexander* in Köhler/Bornkamm/Feddersen GeschGehG § 3 Rn. 19; *Schönknecht* in Keller/Schönknecht/Glinke GeschGehG § 3 Rn. 23).

17 **c) Rechtsfolge und Beweislast.** § 3 Abs. 1 Nr. 1 erklärt nur die **Erlangung** der Information für erlaubt. Ob die Information anschließend **genutzt** oder **offengelegt** werden darf, ist nach § 4 zu beurteilen. Demnach ist der unabhängige Entdecker oder Schöpfer dann im weiteren Umgang mit der Information frei, wenn ihn keine Verpflichtung zur Vertraulichkeit und kein Nutzungsverbot trifft (§ 4 Abs. 2 Nr. 2, 3).

18 Die **Darlegungs- und Beweislast** für eine Tatsache trifft nach allgemeinen Grundsätzen denjenigen, der sich darauf beruft. Daraus folgt aber nicht, dass in jedem Fall der Anspruchsgegner die Voraussetzungen des § 3 darzulegen und zu beweisen hätte (so aber *Alexander* in Köhler/Bornkamm/Feddersen § 3 Rn. 69). **§ 3 Abs. 1** stellt nämlich die **Kehrseite des Verbots in § 4 Abs. 1 dar,** für dessen Voraussetzungen wiederum der **Anspruchsteller darlegungs- und beweispflichtig** ist. Im Fall der selbständigen Entdeckung oder Schöpfung wird es ihm in der Regel schon nicht gelingen, substantiiert das Vorliegen einer gem. § 4 Abs. 1 Nr. 1 oder 2 unerlaubten Handlung vorzutragen. Der Anspruchsgegner kann sich in diesem Fall darauf beschränken, das Vorliegen der Voraussetzungen des § 4 Abs. 1 zu bestreiten. Erst wenn der Anspruchsteller insoweit substantiiert vorgetragen hat, trifft den Anspruchsgegner eine **sekundäre Darlegungslast.** Hat beispielsweise der Anspruchsteller dargelegt, dass der Anspruchsgegner Konstruktionszeichnungen entwendet hat, dann ist es an diesem, vorzutragen, wie die Entwicklung vonstattengegangen ist und dass die Zeichnungen bei der Entwicklung nicht verwendet wurden.

2. Rückwärtsanalyse (Reverse Engineering)

19 **a) Ökonomischer Hintergrund.** Während die **technische Konstruktion („Engineering")** darin besteht, dass naturwissenschaftlich-technische Grundsätze zur Entwicklung eines Produkts angewandt werden, nimmt die **Rückwärtsanalyse („Reverse Engineering")** das fertige Produkt als Ausgangspunkt, um durch dessen Untersuchen, Testen und Zerlegen die dort angewandten technischen Grundlagen in Erfahrung zu bringen.

20 Seit jeher haben Neugierige Gegenstände zerlegt, um ihre Funktionsweise zu ermitteln: „Reverse engineering is a process almost as old as man-made artefacts themselves" (High Court of England and Wales (Justice Jacob), *Mars UK v. Teknowledge* [2000] Fleet Street Reports 138 Rn. 29). Die Rückwärtsanalyse dient aber meist nicht zur Befriedigung reiner Neugier, sondern verfolgt vorwiegend **drei Zielsetzungen:** (1) das Lernen zur Vorbereitung eigener innovativer oder verbesserter Produkte, (2) die Vorbereitung einer Produktnachahmung, (3) die Beweisführung bei Verletzungen von Patenten oder anderen Rechten des geistigen Eigentums (*Ohly* FS Straus, 2008, 536 ff.). Im Fall von Software kommen weitere Motive hinzu, insbesondere die Suche nach Fehlern oder die Herstellung von Interoperabilität (*Harte-Bavendamm* GRUR 1990, 657 (659)). Sofern das Reverse Engineering nicht eine anderweitige Rechtsverletzung vorbereiten soll, dient es der **Innovation und der Förderung von Wettbewerb** (vgl. Erwgr. 16 Geschäftsgeheimnis-RL, grundlegend im US Recht US Supreme Court, *Bonito Boats v. Thunder Craft Boats,* 489 U.S. 141 (1989), *Samuelson/Scotchmer,* 111 Yale Law Review 1575 ff. (2001); zum Ganzen *Ohly* FS Straus, 2008, 536 ff.; *Strobel,*

Reverse Engineering im Spannungsfeld der Sonderschutzrechte, 2022, S. 60 ff., 68). Das liegt in Fallgruppe (1) auf der Hand, doch auch das Reverse Engineering zur Vorbereitung einer Produktnachahmung fördert den Preiswettbewerb und ist daher legitim, sofern das Produkt nicht immaterialgüterrechtlich geschützt ist oder das Angebot des Imitats gegen § 4 Nr. 3 UWG verstößt, auch wenn dadurch der Vorsprung des Innovators („first mover advantage") schrumpft (*Samuelson/Scotchmer,* 111 Yale Law Review 1575 ff. (2001); *McGuire* WRP 2019, 679 (684)). Es ist daher ökonomisch und rechtspolitisch sinnvoll, dass § 3 Abs. 1 Nr. 2 nunmehr, anders als das frühere deutsche Recht (→ Rn. 9), das Reverse Engineering ausdrücklich erlaubt. Diese Erlaubnis ist eine Ausprägung des Gedankens, dass das GeschGehG keine Exklusivrechte an Informationen schafft (Erwgr. 16 Geschäftsgeheimnis-RL, Begr. RegE, BT-Drs. 19/4724, 25): Wer die technischen Merkmale eines Produkts auch nach dessen Markteinführung noch geschützt wissen will, mag ein Patent oder Gebrauchsmuster anmelden. Ob Produkte gegen **identische Nachahmungen** geschützt werden sollten, ist eine andere Frage, die im deutschen Recht von § 4 Nr. 3 UWG beantwortet wird (→ Rn. 33 ff.). Erwgr. 17 Geschäftsgeheimnis-RL erteilt der Kommission den Auftrag zur **Prüfung,** ob in dieser Hinsicht **Harmonisierungsbedarf** besteht.

b) Beobachten, Untersuchen, Rückbauen oder Testen eines Produkts oder Gegenstands. Das Objekt der Analyse wird als **„Produkt oder Gegenstand"** definiert. Der Begriff ist **sehr weit.** Er umfasst körperliche Gegenstände wie Maschinen, Arzneimittel oder Materialien, aber auch unkörperliche Gegenstände wie Computerprogramme oder Datenbanken (*Surblyte* in TRIPS plus 20 725 (739 f.); *Sagstetter* in Recht als Infrastruktur für Information, 2019, S. 285 (307); *Triebe* WRP 2018, 795; *Alexander* in Köhler/Bornkamm/Feddersen GeschGehG § 3 Rn. 29), Verfahren oder Dienstleistungen (*Schönknecht* in Keller/Schönknecht/Glinke GeschGehG § 3 Rn. 32). 21

Erlaubt sind **alle Formen des Reverse Engineering.** Die Begriffe **„Beobachten, Untersuchen, Rückbauen oder Testen"** (hierzu ausführlich *Brammsen* in Brammsen/Apel GeschGehG § 3 Rn. 53 ff.) illustrieren nur die gängigsten Methoden, sind aber **nicht** als **abschließende Aufzählung** der erlaubten Handlungen zu verstehen (*McGuire* in Büscher GeschGehG § 3 Rn. 24; *Reinfeld* § 2 Rn. 31; *Strobel* in Hoeren/Münker GeschGehG § 3 Rn. 47). Eine genaue Definition erscheint verzichtbar. Für ein weites Verständnis spricht insbesondere die ins deutsche Recht nicht umgesetzte, im Rahmen der richtlinienkonformen Auslegung aber zu berücksichtigende Generalklausel des Art. 3 Abs. 1 lit. d Geschäftsgeheimnis-RL, der zufolge „jede andere Vorgehensweise, die unter den gegebenen Umständen mit einer seriösen Geschäftspraxis vereinbar ist" ebenfalls erlaubt ist, so dass es auf die genaue Handlungsform nicht ankommen kann. Unter die Handlungsvarianten fallen beispielsweise die Demontage einer Maschine (Rückbau), die chemische Analyse eines Arzneimittels (Untersuchen), dessen Verabreichung an Patienten im Rahmen klinischer Studien (Testen) oder die Erstellung eines Konstruktionsplans im Wege des 3D-Scanning (Untersuchen), aber auch die Dekompilierung eines Computerprogramms, selbst wenn es sich dabei nicht um ein Beobachten oder Untersuchen handeln sollte. 22

c) Öffentlich verfügbar oder rechtmäßiger Besitz. Die Rückwärtsanalyse ist **nur dann erlaubt,** wenn der Gegenstand **öffentlich verfügbar** ist **oder** sich im **rechtmäßigen Besitz** des Analysierenden befindet. Verschafft sich also ein Unternehmer rechtswidrig den Prototypen eines Konkurrenten, so ist das Reverse 23

Engineering unzulässig (*Leister* GRUR-Prax 2019, 175 (176)). Ist das Produkt hingegen öffentlich verfügbar, so ist unerheblich, ob es mit dem Willen des Geheimnisinhabers auf dem Markt gelangt ist (ebenso *Holtz* in Hoppe/Oldekop, Kap. 1 Rn. 376, für den Fall des rechtmäßigen Erwerbs und des Fehlens vertraglicher Verwendungsbeschränkungen *Witz,* FS Harte-Bavendamm, 2020, S. 441 (445); aA *Alexander* in Köhler/Bornkamm/Feddersen GeschGehG § 3 Rn. 33). Im Übrigen greift zum Schutz des gutgläubigen Analysten § 4 Abs. 3 in analoger Anwendung ein. Der Analogie bedarf es, weil in diesem Fall nicht die geheime Information, sondern nur der analysierte Gegenstand von einem Dritten erlangt wird (*Witz,* FS Harte-Bavendamm, 2020, S. 441 (445).

24 **Öffentlich verfügbar** sind jedenfalls frei auf dem Markt erhältliche Produkte (Begr. RegE, BT-Drs. 19/4724, 26). Auch digitale Gegenstände wie Computerprogramme oder Daten sind öffentlich verfügbar, wenn sie gegen Bezahlung oder kostenfrei von jedermann im Internet ohne Zugangsbeschränkung heruntergeladen werden können. **Öffentlichkeit** ist sicherlich dann gegeben, wenn jedermann den Gegenstand erwerben oder erlangen kann. Die Ankündigung des Vertriebs reicht aus, nicht jedoch die Präsentation auf einer Messe als solche, weil dort teilweise auch noch nicht marktreife Produkte gezeigt werden (*Alexander* in Köhler/Bornkamm/Feddersen GeschGehG § 3 Rn. 32). Umgekehrt scheidet Öffentlichkeit aus, wenn ein Produkt nur an einen einzelnen Unternehmer veräußert wird. Wann Gegenstände, die nur für einen **begrenzten Personenkreis** erhältlich sind, öffentlich verfügbar sind, hängt von den Marktumständen und davon ab, ob Personen in den Kreisen, die mit derartigen Informationen umgehen, den Gegenstand auf rechtmäßige Weise erlangen können. Bei Produkten mit begrenztem Abnehmerkreis muss das Produkt für durchschnittliche Mitglieder dieses Kreises, bei Massenprodukten für die Allgemeinheit erhältlich sein (*Leister* GRUR-Prax 2019, 175 (176); *Schönknecht* in Keller/Schönknecht/Glinke GeschGehG § 3 Rn. 37). Anders als unter § 2 Nr. 1a steht es der öffentlichen Verfügbarkeit nicht entgegen, wenn die Kosten sehr hoch sind oder erhebliche Mühen erforderlich sind.

25 Ob bei **öffentlich verfügbaren Produkten** die Rückwärtsanalyse **vertraglich beschränkt** werden kann, ergibt sich aus dem Wortlaut nicht eindeutig. Denkbar wäre eine solche Beschränkung vor allem bei digitalen Gegenständen in Endnutzer-Lizenzverträgen. Gem. Erwgr. 16 Geschäftsgeheimnis-RL steht das Reverse Engineering in jedem Fall unter dem Vorbehalt einer abweichenden vertraglichen Vereinbarung, wobei die Freiheit zum Abschluss derartiger Vereinbarungen beschränkt werden kann (*Holtz* in Hoppe/Oldekop Kap. 1 Rn. 360; *Strobel* in Hoeren/Münker GeschGehG § 3 Rn. 60). **Gegen die Möglichkeit,** das Recht zum Reverse Engineering **vertraglich auszuschließen,** spricht jedoch das bereits in Art. 3 Abs. 1 lit. b Geschäftsgeheimnis-RL angelegte argumentum e contrario aus § 3 Abs. 1 Nr. 2b, wo die Beschränkungsmöglichkeit ausdrücklich erwähnt wird (ebenso *Alexander* in Köhler/Bornkamm/Feddersen GeschGehG § 3 Rn. 33a; *Schönknecht* in Keller/Schönknecht/Glinke GeschGehG § 3 Rn. 42). Dieses Argument erscheint gewichtiger. Doch kommt der Frage keine erhebliche Bedeutung zu, weil bei öffentlich verfügbaren Produkten eine vertragliche Beschränkung wohl nur durch AGB denkbar ist. Eine derartige Klausel wäre aber, von der Frage der Einbeziehung ganz abgesehen, gem. **§ 307 Abs. 2 Nr. 1 BGB** unwirksam, weil sie gegen wesentliche Grundgedanken des § 3 Abs. 1 verstieße (*Leister* GRUR-Rrax 2019, 175 (176); *Reinfeld* § 2 Rn. 32; *Thiel* WRP 2019, 700 (702)).

26 Erlaubt ist außerdem das Reverse Engineering von **Produkten oder Gegenständen,** die sich im **rechtmäßigen Besitz des Handelnden** befinden. Entscheidend ist also der rechtmäßige Besitz an dem (in der Regel körperlichen) Produkt, nicht die rechtmäßige Kontrolle über die Information. Auch wenn der Begriff des **„rechtmäßigen Besitzes" autonom-unionsrechtlich auszulegen** ist, spricht nichts dagegen, bis zur Entwicklung möglicherweise abweichender Grundsätze durch den EuGH den Besitz als tatsächliche Sachherrschaft (§ 854 BGB) zu verstehen und die Berechtigung nach den Grundsätzen des BGB zu beurteilen (aA *Alexander* in Köhler/Bornkamm/Feddersen GeschGehG § 3 Rn. 35), wobei allerdings zu beachten ist, dass die feinsinnigen Abgrenzungen der deutschen Zivilrechtsdogmatik zwischen unmittelbarem und mittelbarem Besitz sowie zwischen Besitz und Besitzdienerschaft im EU-Ausland nicht unbedingt Entsprechungen finden. Zum Besitz berechtigt ist demnach insbesondere der Käufer, Mieter, Pächter oder Entleiher oder allgemeiner derjenige, dem der Gegenstand vom Geheimnisinhaber überlassen wurde. Als Einschränkung wird vorgeschlagen, dass nur der Besitz zu eigenen Zwecken zum Reverse Engineering berechtigen soll, so dass sich insbesondere Lagerhalter, Spediteure, Werkstattbetreiber im Fall einer Reparatur oder Hilfspersonen nicht auf § 3 Abs. 1 Nr. 2b berufen können (*Schönknecht* in Keller/Schönknecht/Glinke GeschGehG § 3 Rn. 47). Der Wortlaut der Vorschrift und des Art. 3 Abs. 1 lit. b Geschäftsgeheimnis-RL stellt aber eindeutig nur auf den berechtigten Besitz (lawfully in the possession, de façon licite en possession), nicht auf eine darüber hinaus eingeräumte Berechtigung des Besitzers zum Umgang mit dem Produkt ab, und die Abgrenzung zwischen eigenen und fremden Zwecken bereitet erhebliche Schwierigkeiten. Allerdings wird in diesen Fällen in der Regel eine ausdrückliche oder zumindest konkludente rechtsgeschäftliche Beschränkung (→ Rn. 27) vorliegen, zumal sich der Zweck der Überlassung meist nur anhand der vertraglichen Beziehungen zwischen den Parteien bestimmen lässt. Nicht abschließend geklärt ist ebenfalls, ob sich der zur Analyse berechtigte Besitzer der **Hilfe eines Dritten** bedienen darf. Solange der Berechtigte die Analyse kontrolliert, etwa indem er sie vertraglich in Auftrag gibt, ist sie ihm zurechenbar. Auch unter § 69e UrhG, der die Dekompilierung von Computerprogrammen unter bestimmten Umständen erlaubt, ist anerkannt, dass der Berechtigte Hilfspersonen einschalten darf, insbesondere Fachleute, die in der Lage sind, die betreffenden Handlungen vorzunehmen (*Dreier* in Dreier/Schulze UrhG § 69e Rn. 14; *Spindler* in Schricker/Loewenheim UrhG § 69e Rn. 14). Beides spricht dafür, dass das Recht zur Rückwärtsanalyse nicht entfällt, wenn der berechtigte Besitzer Dritte zur Vornahme der Analysehandlungen ermächtigt (ebenso *Schönknecht* in Keller/Schönknecht/Glinke GeschGehG § 3 Rn. 58; aA *McGuire* in Büscher GeschGehG § 3 Rn. 27).

27 Während die Freiheit zur Rückwärtsanalyse öffentlich verfügbarer Produkte internationalen Standards entspricht, geht die entsprechende **Berechtigung jedes rechtmäßigen** Besitzers in § 3 Abs. 1 Nr. 2b recht weit, insbesondere weil sie schon vor Markteintritt eines Produktes bestehen und weil zu diesem Zeitpunkt der Inhaber des Geheimnisses durchaus berechtigte Geheimhaltungsinteressen haben kann. Daher **erlaubt § 3 Abs. 1 Nr. 2b** aus gutem Grund **vertragliche Beschränkungen,** wie sie in Kooperations- oder Vertriebsverträgen sinnvoll sein können (*Hoeren/Münker* MMR 2021, 523 (525 mit Formulierungsvorschlag); *McGuire* WRP 2019, 679 (684, 687 mit Formulierungsvorschlag); *Leister* GRUR-Prax 2019, 175 (177); *Thiel* WRP 2019, 700 (701), s.a. Erwgr. 17 Geschäftsgeheimnis-RL). Diese Beschränkungen können ausdrücklich vereinbart werden,

sich aber auch aus ergänzender Vertragsauslegung ergeben, wobei allerdings die Erlaubnis des § 3 Abs. 1 Nr. 2b nicht durch eine Vermutung der Beschränkung in ihr Gegenteil verkehrt werden darf (*Witz,* FS Harte-Bavendamm, 2020, S. 441 (446)). Die Vereinbarung muss wirksam sein (Art. 3 Abs. 1 lit. b Geschäftsgeheimnis-RL, Begr. RegE, BT-Drs. 19/4724, 26). Es gelten die allgemeinen Unwirksamkeitsgründe der Rechtsgeschäftslehre, auch aus kartellrechtlichen Gesichtspunkten kann sich eine Unwirksamkeit ergeben. Sofern die Einschränkung in AGB vorgenommen wird, unterliegt die Klausel der **AGB-Kontrolle.** Da § 3 Abs. 1 Nr. 2b aber eine mögliche Pflicht zur Unterlassung der Rückwärtsanalyse ausdrücklich erwähnt und derartige Pflichten bei der Überlassung nicht marktgängiger Gegenstände eher die Regel als die Ausnahme sein dürfte, **scheitert** eine solche Klausel **regelmäßig nicht an § 307 Abs. 2 Nr. 2** (*McGuire* WRP 2019, 679 (684)). Etwas **anderes** gilt aber, wenn eine Norm außerhalb des GeschGehG das Reverse Engineering **ausdrücklich erlaubt** und abweichende vertragliche Vereinbarungen ausschließt. Ist das Reverse Engineering von Computerprogrammen gem. §§ 69d Abs. 2, 3, 69e UrhG erlaubt, so kann der Ausschluss entgegenstehender vertraglicher Vereinbarungen in § 69g Abs. 2 UrhG nicht mit Hilfe des GeschGehG unterlaufen werden. Das spricht für eine allgemeine Unwirksamkeit derartiger beschränkender Klauseln, jedenfalls aber für deren Unwirksamkeit in AGB gem. § 307 Abs. 2 Nr. 2 BGB.

28 **d) Rechtsfolge und Beweislast. § 3 Abs. 1 Nr. 2 legitimiert nur die Erlangung der Information.** Ihre **Nutzung oder Offenlegung** verstößt damit zwar nicht gem. § 4 Abs. 2 Nr. 1, aber sie kann **vertraglich verboten** werden. In Kooperationsverträgen übliche Geheimhaltungsvorschriften bewirken in aller Regel auch dann ein solches Verbot, wenn sie sich nicht spezifisch auf das Reverse Engineering beziehen (*Leister* GRUR-Prax 2019, 175 (177)).

29 Das rechtmäßige Reverse Engineering **führt nicht automatisch zur Offenkundigkeit** der Information, solange sie derjenige, der die Analyse durchgeführt hat, nicht offenlegt, beispielsweise im Rahmen einer Patentanmeldung (*McGuire* in Büscher GeschGehG § 3 Rn. 23). Das **Reverse Engineering muss stattgefunden** und die betreffenden Informationen ergeben haben. Maßgeblich ist nicht, wie die Kenntnisse zu erlangen gewesen wären, sondern allein, wie sie tatsächlich erlangt wurden (OLG Hamm WRP 2021, 223 Rn. 126 – Stopfaggregate; *Witz,* FS Harte-Bavendamm, 2020, S. 441 (448). Dabei muss die Analyse **zur Ermittlung der konkreten Information** geführt haben, deren Erlangung beanstandet wird. Wurde beispielsweise eine Maschine in Augenschein genommen und vermessen, so folgt daraus noch keine Berechtigung nur Nutzung unlauter erlangter, vom Geheimnisinhaber angefertigter Konstruktionszeichnungen (OLG Düsseldorf WRP 2021, 1080 Rn. 58 – CAD-Konstruktionszeichnung). Hätte der Anspruchsgegner aber die betreffende Information früher oder später im Wege des Reverse Engineering herausgefunden, so kommt eine Befristung des Unterlassungsgebots in Betracht (näher hierzu § 6 Rn. 50; *Witz,* FS Harte-Bavendamm, 2020, S. 441 (446 ff.)).

30 Für die **Darlegungs- und Beweislast** gilt dasselbe wie unter § 3 Abs. 1 Nr. 1 (→ Rn. 18). Zunächst muss der Anspruchsteller das Vorliegen einer gem. § 4 Abs. 1 unerlaubten Handlung darlegen und ggf. beweisen. Das wird ihm in den Fällen des Reverse Engineering jedenfalls bei marktgängigen Produkten (§ 3 Abs. 1 Nr. 2a) meist nicht gelingen. Erst wenn der Anspruchsteller substantiiert zu § 4 Abs. 1 vorgetragen hat, muss der Anspruchsgegner darlegen und gegebenenfalls beweisen, dass er die betreffende Information durch Reverse Engineering

erlangt hat. Für das **Vorliegen einer vertraglichen Beschränkung** iSd § 3 Abs. 1 Nr. 2b trägt der Anspruchsteller die Darlegungs- und Beweislast.

e) Verhältnis zu anderen Vorschriften. aa) Geistiges Eigentum. Die Vorschrift schließt nicht aus, dass das **Reverse Engineering** gegen **Vorschriften des Immaterialgüterrechts verstößt** (hierzu ausf. *Schweyer* Rechtliche Bewertung des Reverse Engineering 87 ff., 246 ff., 287 ff.; *Strobel,* Reverse Engineering im Spannungsfeld der Sonderschutzrechte, 2022, S. 149 ff. s.a. *Triebe* WRP 2018, 795 ff.), auch wenn zu überlegen sein wird, ob und inwieweit sich die Wertung des Art. 3 Abs. 1 lit. b Geschäftsgeheimnis-RL auf das unionsrechtlich in weitem Maße harmonisierte Immaterialgüterrecht auswirkt. **31**

Das **Dekompilieren von Computerprogrammen** (hierzu *Schweyer* Rechtliche Bewertung des Reverse Engineering 100 ff.; *Triebe* WRP 2018, 795 ff.) erfordert regelmäßig eine Vervielfältigung und Bearbeitung, die in das Urheberrecht am Programm eingreift. Zwar erlauben §§ 69d und e UrhG derartige Handlungen zu bestimmten Zwecken, insbesondere zur Herstellung von Interoperabilität (§ 69e UrhG) oder zur Fehlerberichtigung (§ 69d Abs. 1 UrhG). Auch das bloße Beobachten und Testen, allerdings ohne Dekompilierung, ist erlaubt (§ 69d Abs. 3 UrhG). Außerhalb dieser Erlaubnistatbestände kann aber eine Urheberrechtsverletzung vorliegen. Ist das Produkt durch ein Patent geschützt oder verkörpert es ein geschütztes Verfahren, so kann das Reverse Engineering unter Umständen auch eine Patentverletzung darstellen. **32**

bb) § 4 Nr. 3 UWG. Das **Angebot** eines mit Hilfe von Reverse Engineering **nachgeahmten Produkts** kann zudem **Rechte des geistigen Eigentums verletzen** oder **gegen das UWG verstoßen.** Letzteres erkennt Erwgr. 17 Geschäftsgeheimnis-RL ausdrücklich an und erteilt zugleich der Kommission einen Prüfungsauftrag im Hinblick auf die Notwendigkeit einer Rechtsangleichung. **33**

Ermöglicht das Reverse Engineering die Nachahmung eines Erzeugnisses, das über wettbewerbliche Eigenart verfügt, so ist das Angebot des nachgeahmten Produkts gem. **§ 4 Nr. 3 UWG** unlauter, wenn zusätzlich zur Nachahmung besondere unlauterkeitsbegründende Umstände vorliegen, die außerhalb der Tatbestände des Immaterialgüterrechts liegen (BGH GRUR 2012, 58 Rn. 41 – Seilzirkus). Das ist im Fall einer vermeidbaren Herkunftstäuschung (§ 4 Nr. 3a UWG) und einer unlauteren Rufausnutzung oder -schädigung (§ 4 Nr. 3b UWG) unproblematisch. **34**

Hingegen überschneidet sich der Tatbestand der **unredlichen Erlangung der für die Nachahmung erforderlichen Kenntnisse (§ 4 Nr. 3c UWG)** mit dem GeschGehG. Er wäre daher besser bei der Umsetzung der Geschäftsgeheimnis-RL gestrichen worden (GRUR-Stellungnahme GRUR 2018, 708 (713)), bedarf aber jedenfalls der **richtlinienkonformen Auslegung,** wenn die betreffenden Kenntnisse Geschäftsgeheimnisse darstellen, wenn es sich beispielsweise um geheime Konstruktionszeichnungen handelt. Die Erlaubnis des § 3 Abs. 1 Nr. 2 ist demnach auch im Rahmen des § 4 Nr. 3c UWG maßgeblich (OLG Köln WRP 2022, 359 Rn. 32 – Spinfinish-Lösungen; OLG Hamm WRP 2021, 223 Rn. 126 – Stopfaggregate; *Alexander* in Köhler/Bornkamm/Feddersen GeschGehG § 3 Rn. 39; *Strobel,* Reverse Engineering im Spannungsfeld der Sonderschutzrechte, 2022, S. 123 ff.). Wer die zur Nachahmung erforderlichen Kenntnisse durch Reverse Engineering erlangt, handelt nicht unlauter gem. § 4 Nr. 3c UWG, ausgelegt im Lichte des Art. 3 Abs. 1 lit. b Geschäftsgeheimnis-RL. **35**

36 Das Angebot nachgeahmter Produkte kann sich auch als **unlautere Behinderung (§ 4 Nr. 4 UWG)** darstellen. Das kommt nach Ansicht des BGH insbesondere beim **systematischen Nachbau** einer Vielzahl eigenartiger Erzeugnisse in Betracht (BGH GRUR 2019, 196 Rn. 32 – Industrienähmaschinen). Wird ein derartiger systematischer Nachbau durch eine Rückwärtsanalyse, insbesondere durch 3D-Scanning, vorbereitet, so ist die Erlangung der Information gem. § 3 Abs. 1 Nr. 2 rechtmäßig, während das Angebot der Produkte gegen § 4 Nr. 4 UWG verstoßen kann. Diese Rechtsprechung erscheint indes **zweifelhaft:** Warum sollte es verboten sein, eine grundsätzlich erlaubte Handlung systematisch und wiederholt vorzunehmen? Wenn der BGH darauf verweist, dass sich der Nachahmer Entwicklungskosten erspart und die Preise des Originalherstellers unterbieten kann (BGH GRUR 2019, 196 Rn. 32 – Industrienähmaschinen), so steht diese Begründung im Spannungsverhältnis zum Grundsatz der Nachahmungsfreiheit. Die Nachahmung als solche ist jenseits des geistigen Eigentums auch dann erlaubt, wenn der Nachahmer Kosten erspart, denn die Preissenkung kann Folge eines erwünschten Preiswettbewerbs sein (BGH GRUR 2017, 79 Rn. 82 – Segmentstruktur; *Ohly* GRUR 2017, 90 (91)).

3. Arbeitnehmerrechte

37 **a) Bedeutung und Verhältnis zu § 1 Abs. 3 Nr. 4.** Arbeitnehmer oder Arbeitnehmervertreter können zur Wahrnehmung ihrer arbeitsrechtlich garantierten Befugnisse darauf **angewiesen** sein, **betriebsinterne Informationen** zu erlangen, die einer Geheimhaltungspflicht unterliegen. Um sie in diesen Situationen vor einer Haftung gem. § 4 Abs. 1 zu schützen, erlaubt § 3 Abs. 1 Nr. 3 die Erlangung der Information. Die Erlaubnis hat jedoch nur klarstellende Funktion und wäre, strenggenommen, entbehrlich gewesen: Erstens fehlt es an einem gem. § 4 Abs. 1 „unbefugten" Zugang, zweitens fallen die speziellen arbeitsrechtlichen Befugnisse unter § 3 Abs. 2 (*McGuire* in Büscher GeschGehG § 3 Rn. 26).

38 Gem. **§ 1 Abs. 3 Nr. 4** bleiben die **Rechte und Pflichten aus dem Arbeitsverhältnis und die Rechte der Arbeitnehmervertretungen** durch das GeschGehG **unberührt.** Diese Vorschrift wurde erst im Rahmen der „punktuellen Nachjustierung" eingefügt, die der Rechtsausschuss zugunsten der Rechte von Journalisten, Hinweisgebern und Arbeitnehmervertretern empfahl (BT-Drs. 19/8300, 13, näher hierzu → § 1 Rn. 16, § 5 Rn. 4, 11). Sie soll nach der Beschlussempfehlung § 3 Abs. 2 flankieren (näher hierzu → § 1 Rn. 17), doch zum Verhältnis zu § 3 Abs. 1 Nr. 3 nimmt die Empfehlung nicht Stellung. Damit stellt sich ähnlich wie bei § 5 Nr. 1 (→ § 5 Rn. 12) die Frage, ob es des § 3 Abs. 1 Nr. 3 überhaupt noch bedarf oder ob die betreffenden Handlungen von vornherein dem Anwendungsbereich des GeschGehG entzogen sind. Systematisch zutreffend erscheint es, ähnlich wie in anderen Bereichen des § 1 Abs. 3, die Nr. 4 als bloßen Programmsatz zu verstehen, der seine normative Ausprägung durch §§ 3–5 erfährt. Allerdings ergibt sich aus § 1 Abs. 3 Nr. 4, dass **arbeitsrechtliche Vertraulichkeitspflichten, die sich aus anderen Vorschriften ergeben,** durch das **GeschGehG unberührt** bleiben (vgl. Erwgr. 18 Geschäftsgeheimnis-RL). Beispielsweise bleibt der Begriff des „Betriebs- und Geschäftsgeheimnisses" in § 79 BetrVG unverändert und bedarf nicht der Neuausrichtung anhand von § 2 Nr. 1 GeschGehG (*Fuhlrott* in BeckOK GeschGehG § 3 Rn. 26 f.; krit. insoweit *Karthaus* NZA 2018, 1180 (1182 ff.)).

b) Voraussetzungen. Der Begriff des **Arbeitnehmers** ist **autonom-unionsrechtlich** auszulegen (*Alexander* in Köhler/Bornkamm/Feddersen GeschGehG § 3 Rn. 46). Rechtsprechung und Literatur zu § 611a BGB sind daher nur insoweit von Bedeutung, als die Norm unionsrechtskonform interpretiert wird. Nach der Rechtsprechung des EuGH zu Art. 45 AEUV und verschiedenen arbeitsrechtlichen Rechtsakten ist **Arbeitnehmer,** wer während einer bestimmten Zeit für eine andere Person nach deren **Weisung** Leistungen erbringt, für die sie als **Gegenleistung eine Vergütung** erhält. Auch Personen, die aus steuerlichen, administrativen oder verwaltungstechnischen Gründen nach innerstaatlichem Recht als selbstständige Dienstleistungserbringer beschäftigt sind, gelten als Arbeitnehmer, sofern sie nach Weisung ihres Arbeitgebers handeln, insbesondere was ihre Freiheit bei der Wahl von Zeit, Ort und Inhalt ihrer Arbeit angeht, nicht an den geschäftlichen Risiken dieses Arbeitgebers beteiligt sind und während der Dauer des Arbeitsverhältnisses in dessen Unternehmen eingegliedert sind und daher mit ihm eine wirtschaftliche Einheit bilden (vgl. EuGH GRUR-Int 2015, 384 Rn. 34, 36 – FNV Kunsten Informatie en Media/Niederlande; *Maties* in BeckOGK § 611a Rn. 165; jew. mwN). 39

Die Formulierung **„Rechte der Arbeitnehmervertretungen",** die ebenfalls unionsrechtskonform auszulegen ist, ist weit zu verstehen (Begr. Beschlussempfehlung, BT-Drs. 19/8300, 13). Arbeitnehmervertretungen sind unabhängig von ihrer Organisationsform oder Rechtsgrundlage sämtliche Organisationen oder Stellen, die spezifische Arbeitnehmerinteressen wahrnehmen (*Alexander* in Köhler/Bornkamm/Feddersen GeschGehG § 3 Rn. 46). 40

Die in § 5 Abs. 1 Nr. 3 genannten Rechte ergeben sich vor allem aus dem **Betriebsverfassungsrecht** und verwandten Regelungen zur Mitbestimmung auf Unternehmensebene (Begr. Beschlussempfehlung, BT-Drs. 19/8300, 13). Informationsrechte des Betriebsrats ergeben sich aus §§ 80 Abs. 2, 87, 90 Abs. 1, 92 Abs. 1, 99 Abs. 1 S. 1, 100 Abs. 1 S. 2, 102 Abs. 1 S. 2, 111 S. 1 **BetrVG.** Außerhalb des Betriebsverfassungsrechts kommen §§ 5, 29, 39 EBRG (Europäischer Betriebsrat), §§ 178, 179 SGB IX, § 17 Abs. 3 KSchG und § 7 Abs. 4 TzBfG in Betracht (*Reinfeld* § 2 Rn. 37 f.). 41

Allerdings ist systematisch ebenso wie unter § 3 Abs. 2 (→ Rn. 49) fraglich, ob Auskunfts- und Informationsrechte überhaupt unter § 3 Abs. 1 Nr. 3 fallen. Erfüllt der Arbeitgeber seine Auskunftspflicht, so liegt schon der Gedanke an eine unerlaubte Handlung gem. § 4 Abs. 1 so fern, dass es einer gesetzlichen Klarstellung nicht bedarf. Allenfalls kann § 3 Abs. 1 Nr. 3 zum Ausdruck bringen, dass der Arbeitgeber nach Arbeitsrecht begründete Auskunftsansprüche nicht etwa nunmehr unter Hinweis auf den Schutz seiner Geschäftsgeheimnisse verweigern kann (Begr. RegE, BT-Drs. 19/4724, 26). Allerdings ist bei Licht betrachtet die Abwägung zwischen Informationsrechten und Geheimnisschutz im Rahmen der jeweiligen arbeitsrechtlichen Auskunftsansprüche vorzunehmen. Sie wird vom GeschGehG weder positiv noch negativ berührt (§ 1 Abs. 3 Nr. 4, s.a. → Rn. 49). 42

c) Rechtsfolge und Beweislast. Als Rechtsfolge gestattet § 3 Abs. 1 Nr. 3 **nur die Erlangung des Geheimnisses, nicht** hingegen seine **Offenlegung oder Nutzung.** Die Offenlegung kann arbeitsrechtliche Geheimhaltungspflichten verletzen (Begr. RegE, BT-Drs. 19/4724, 26) und damit gegen § 4 Abs. 2 Nr. 3 verstoßen. Insbesondere unterliegen **Mitglieder des Betriebsrats** einer **Vertraulichkeitspflicht** gem. **§ 79 Abs. 1 BetrVG,** der den Konflikt zwischen 43 dem Informationsinteresse der Belegschaft einerseits und dem Interesse des Arbeitgebers an der Geheimhaltung von sensiblen Daten andererseits löst (hierzu ausführlich *Fuhlrott* in BeckOK GeschGehG § 3 Rn. 20.1, 24 ff.; *Karthaus* NZA 2018, 1180 (1182 ff.); zu möglichen Auswirkungen des § 2 auf den Geheimnisbegriff des § 79 BetrVG → Rn. 38). Sofern arbeitsrechtliche Normen auch die Offenlegung oder Nutzung gestatten, ist § 3 Abs. 2 einschlägig.

44 Ebenso wie unter § 3 Abs. 1 Nr. 1 und 2 trägt zunächst der **Anspruchsteller** die **Darlegungs- und Beweislast für das Vorliegen einer gem. § 4 Abs. 1 unerlaubten Handlung.** Stärker als die anderen Tatbestände des § 3 Abs. 1 stellt Nr. 3 aber insofern eine Ausnahmeregelung dar, als er Handlungen betrifft, die Arbeitnehmern außerhalb besonderer Befugnisse untersagt sind. Wenn daher der Geheimnisinhaber substantiiert zu einer Handlung vorträgt, die ohne die besondere arbeitsrechtliche Befugnis unerlaubt wäre, trägt der Anspruchsgegner die Darlegungs- und Beweislast für die Voraussetzungen betriebsverfassungsrechtlicher oder verwandter Befugnisse.

4. Sonstige erlaubte Erlangung

45 Auch **außerhalb der in § 3 Abs. 1 Nr. 1–3 genannten Fälle** kann die **Erlangung** eines Geheimnisses **erlaubt** sein, da es sich **nur um eine beispielhafte Aufzählung handelt („insbesondere“).** Rechtssystematisch anders, aber im Ergebnis gleich erlaubt Art. 3 Abs. 1 lit. d Geschäftsgeheimnis-RL die Erlangung eines Geheimnisses durch jede andere Vorgehensweise, die unter den gegebenen Umständen mit einer seriösen Geschäftspraxis vereinbar ist.

46 Diese Auffangklausel mag als „kleine Generalklausel“ gemeint gewesen sein (so *Alexander* in Köhler/Bornkamm/Feddersen GeschGehG § 3 Rn. 51). Aber sie ist **überflüssig,** weil die Erlangung eines Geheimnisses nur dann unzulässig ist, wenn sie durch unbefugten Zugang, unbefugte Aneignung oder unbefugtes Kopieren (§ 4 Abs. 1 Nr. 1) oder durch sonstiges Verhalten erfolgt, das „nicht dem Grundsatz von Treu und Glauben unter Berücksichtigung der anständigen Marktgepflogenheit entspricht“ (§ 4 Abs. 1 Nr. 2). Während der Sinn der in § 3 Abs. 1 ausdrücklich geregelten Fälle darin besteht, dass sie die unbestimmten Rechtsbegriffe „unbefugt“ und „anständige Gepflogenheiten“ konkretisieren, ist die Feststellung, dass seriöse Praktiken nicht unzulässig oder unlauter sind, tautologisch und verschafft daher bei der Anwendung des § 4 Abs. 1 keinen Konkretisierungsgewinn. Es fällt schwer, einen Fall zu identifizieren, in dem eine Praxis gem. § 4 Abs. 1 als „unbefugt“ oder als nicht den „anständigen Marktgepflogenheiten“ entsprechend zu beurteilen, aber zugleich mit einer seriösen Geschäftspraxis vereinbar ist (ebenso i.E. *Alexander* in Köhler/Bornkamm/Feddersen GeschGehG § 3 Rn. 54: gleicher Beurteilungsmaßstab unter § 3 Abs. 1 und § 4 Abs. 1). Daher **erübrigt sich neben der Anwendung des § 4 Abs. 1** die **Prüfung der Auffangklausel** des § 3 Abs. 1.

III. Gesetzliche oder rechtsgeschäftliche Gestattung (Abs. 2)

1. Gestattung durch Gesetz oder aufgrund Gesetzes

47 Ein Geheimnis darf erlangt, genutzt und offengelegt werden, wenn dies durch Gesetz oder aufgrund Gesetzes gestattet ist. Mit diesem Grundsatz bekräftigt § 3 Abs. 2 eine **Selbstverständlichkeit,** die jedoch ungenau zum Ausdruck

gebracht wird. **Normenkollisionen** werden nach allgemeinen Grundsätzen der Methodenlehre wie beispielsweise der lex specials- oder der lex posterior-Regel gelöst (ähnl. *Brammsen* in Brammsen/Apel GeschGehG § 3 Rn. 16). Das GeschGehG macht davon keine Ausnahme und geht nicht der gesamten übrigen Rechtsordnung vor. Andererseits kann sich aus § 3 Abs. 2 **kein pauschaler Anwendungsvorrang anderer gesetzlicher Vorschriften** gegenüber dem GeschGehG ergeben. Jedenfalls sofern diese Bestimmungen Ermessensspielräume oder Interessenabwägungen vorsehen, ist bei deren Auslegung auch die Bedeutung von Geschäftsgeheimnissen zu berücksichtigen (so für medienrechtliche Auskunftsansprüche *Alexander,* AfP 2019, 1 (9)).

Gesetz ist jede in Deutschland geltende Rechtsnorm (vgl. Art. 2 EGBGB). 48 Dazu zählen das unmittelbar anwendbare Unionsrecht, formelle Bundes- und Landesgesetze, Rechtsverordnungen und Satzungen. Eine Gestattung **durch Gesetz** erfolgt durch die Norm selbst, eine Gestattung **aufgrund Gesetzes** ist anzunehmen, wenn ein behördlicher Vollzugsakt, in der Regel ein Verwaltungsakt, vorgenommen wird. Das Gesetz muss wirksam sein und darf insbesondere nicht gegen Unionsrecht verstoßen. Da zum Unionsrecht auch die Geschäftsgeheimnis-RL gehört, dürfen die Mitgliedstaaten keine Handlungen erlauben, die in den Anwendungsbereich der Geschäftsgeheimnis-RL fallen und nach dem Mindeststandard der Art. 2, 4 Geschäftsgeheimnis-RL von den Mitgliedstaaten zu untersagen sind (ähnl. *Alexander* in Köhler/Bornkamm/Alexander GeschGehG § 3 Rn. 64: einschränkende Auslegung des § 3 Abs. 2).

Ein praktisch wichtiger Anwendungsfall des § 3 Abs. 2 ist das **Hinweisgeber-** 49 **schutzgesetz** (HinSchG), das auf der Hinweisgeberschutz-RL beruht. Gem. Art. 21 Abs. 7 HinSch-RL gilt eine nach der Richtlinie privilegierte Meldung als rechtmäßige Offenlegung iSd Art. 3 Abs. 3 Geschäftsgeheimnis-RL. Dementsprechend darf ein Hinweisgeber eine Information gem. § 3 Abs. 2 offenlegen, wenn er Schutz gem. § 33 HinSchG genießt. Praktisch verdrängt das HinSchG damit § 5 Nr. 2 in wesentlichen Fällen (→ § 5 Rn. 51).

Welche gesetzlichen Gestattungen außerdem unter § 3 Abs. 2 relevant werden, 49a ist derzeit noch schwierig zu beurteilen. Die Begründung des Regierungsentwurfs verweist auf gesetzlich verankerte Rechte der Interessenvertretungen der Arbeitnehmer (BT-Drs. 19/4724, 26), die indes vollständig durch §§ 3 Abs. 1 Nr. 3 und 5 Nr. 3 erfasst sein dürften. **Öffentlich-rechtliche oder verfahrensrechtliche Auskunftspflichten** bleiben bereits gem. Art. 1 Abs. 2 lit. b Geschäftsgeheimnis-RL von der Richtlinie unberührt. Auch **Auskunftsansprüche,** wie sie beispielsweise das Bürgerliche Recht, das Gesellschaftsrecht und das Immaterialgüterrecht vorsehen, fallen streng genommen **nicht unter § 3 Abs. 2,** weil die Information erst erlangt wird, wenn der Auskunftsschuldner den Anspruch erfüllt (aA *Alexander* in Köhler/Bornkamm/Feddersen GeschGehG § 3 Rn. 62). In diesem Fall liegt aber schon kein unbefugtes oder unlauteres Verhalten des Auskunftsgläubigers vor; einer Klarstellung in § 3 Abs. 2 bedarf es insoweit nicht. Allenfalls mag die Vorschrift verdeutlichen, dass der Gläubiger eines nach anderen Gesetzen begründeten Anspruchs die geschuldete Auskunft nicht ohne Weiteres unter Hinweis auf seine Geschäftsgeheimnisse verweigern darf. Doch findet bei Licht betrachtet der rechtspolitisch oft schwierige Ausgleich zwischen Geheimhaltungsinteressen und Auskunftsinteressen nicht unter § 3 Abs. 2, sondern im Rahmen der Norm statt, aus der sich die Auskunftspflicht ergibt. Inwieweit der Auskunftsberechtigte die Information nach deren Erlangung offenbaren oder nutzen darf, ergibt sich nicht aus § 3 Abs. 2, sondern aus dem jeweiligen Gesetz.

2. Rechtsgeschäftliche Gestattung

50 Die Erlangung, Nutzung oder Offenlegung eines Geschäftsgeheimnisses kann auch rechtsgeschäftlich gestattet werden, wie sich e contrario aus den Verbotstatbeständen des § 4 ergibt. Hierfür steht die gesamte **Stufenleiter der Gestattungen** (dazu *Ohly* Volenti non fit iniuria – Die Einwilligung im Privatrecht, 2002, 143 ff.) zur Verfügung, also Übertragung, ausschließliche Lizenz, einfache Lizenz oder schlichte, widerrufliche Einwilligungen. Für Einzelheiten sei auf die Kommentierung zu Verträgen über Geschäftsgeheimnisse verwiesen (→ Einl. B Rn. 1 ff.).

3. Rechtsfolge und Beweislast

51 Während in den Fällen des **§ 3 Abs. 1 nur die Erlangung der Information** erlaubt ist, kann unter **§ 3 Abs. 2 auch die Offenlegung oder Nutzung des Geheimnisses** gestattet sein. Welche Voraussetzungen für die Erlaubnis bestehen und wie weit sie reicht, ergibt sich im Fall der gesetzlichen Erlaubnis nach der **betreffenden Norm,** im Fall rechtsgeschäftlichen Gestattung durch **Vertragsauslegung.** Soweit die Erlaubnis reicht, fehlt es schon an einer gem. § 4 GeschGehG unerlaubten Handlung. Auf ein Eingreifen der Ausnahmen des § 5 kommt es nicht mehr an.

52 Sofern eine gem. § 4 grundsätzlich verbotene Handlung durch eine gesetzliche Erlaubnis oder rechtsgeschäftliche Gestattung **ausnahmsweise erlaubt** ist, trägt der **Anspruchsgegner** nach allgemeinen Grundsätzen die Darlegungs- und Beweislast für die der Erlaubnis zugrunde liegenden Tatsachen.

§ 4 Handlungsverbote

(1) **Ein Geschäftsgeheimnis darf nicht erlangt werden durch**

1. **unbefugten Zugang zu, unbefugte Aneignung oder unbefugtes Kopieren von Dokumenten, Gegenständen, Materialien, Stoffen oder elektronischen Dateien, die der rechtmäßigen Kontrolle des Inhabers des Geschäftsgeheimnisses unterliegen und die das Geschäftsgeheimnis enthalten oder aus denen sich das Geschäftsgeheimnis ableiten lässt, oder**
2. **jedes sonstige Verhalten, das unter den jeweiligen Umständen nicht dem Grundsatz von Treu und Glauben unter Berücksichtigung der anständigen Marktgepflogenheit entspricht.**

(2) **Ein Geschäftsgeheimnis darf nicht nutzen oder offenlegen, wer**

1. **das Geschäftsgeheimnis durch eine eigene Handlung nach Absatz 1**
   a) **Nummer 1 oder**
   b) **Nummer 2**
   erlangt hat,
2. **gegen eine Verpflichtung zur Beschränkung der Nutzung des Geschäftsgeheimnisses verstößt oder**
3. **gegen eine Verpflichtung verstößt, das Geschäftsgeheimnis nicht offenzulegen.**

(3) [1]**Ein Geschäftsgeheimnis darf nicht erlangen, nutzen oder offenlegen, wer das Geschäftsgeheimnis über eine andere Person erlangt hat und zum Zeitpunkt der Erlangung, Nutzung oder Offenlegung weiß oder wissen müsste, dass diese das Geschäftsgeheimnis entgegen Absatz 2 genutzt oder offengelegt hat.** [2]**Das gilt insbesondere, wenn die Nutzung**

in der Herstellung, dem Anbieten, dem Inverkehrbringen oder der Einfuhr, der Ausfuhr oder der Lagerung für diese Zwecke von rechtsverletzenden Produkten besteht.

Literatur: *Alexander,* Gegenstand, Inhalt und Umfang des Schutzes von Geschäftsgeheimnissen nach der Richtlinie (EU) 2016/943, WRP 2017, 1034; *ders.,* Grundstrukturen des Schutzes von Geschäftsgeheimnissen durch das neue GeschGehG, WRP 2019, 673; *Apel/Drescher/Lindner,* Geschäftsgeheimnisse im Compliance-System des Unternehmens: Anforderungen an die Umsetzung eines ganzheitlichen Geheimnisschutzes, BB 2022, 1795; *Dittrich,* Geschäftsgeheimnisse im Visier von Cyberkriminellen – die Bedeutung der Cybersicherheit für den Geheimnisschutz in Unternehmen, NZWiSt 2023, 8; *Götting/Hetmank,* Unmittelbare Leistungsübernahme durch Mitarbeiterabwerbung, WRP 2013, 421; *Harte-Bavendamm,* Reform des Geheimnisschutzes: naht Rettung aus Brüssel? Zum Richtlinienvorschlag zum Schutz von Geschäftsgeheimnissen, FS Köhler, 2014, 235; *Hauck,* Schutz von Geschäftsgeheimnissen und Arbeitnehmerrechte, GRUR 2022, 530; *Hoeren/Münker,* Die EU-Richtlinie für den Schutz von Geschäftsgeheimnissen und ihre Umsetzung – unter besonderer Berücksichtigung der Produzentenhaftung, WRP 2018, 150; *dies.,* Die neue EU-Richtlinie zum Schutz von Betriebsgeheimnissen und die Haftung Dritter, CCZ 2018, 85; *Kalbfus,* Die EU-Geschäftsgeheimnis-Richtlinie – Welcher Umsetzungsbedarf besteht in Deutschland?, GRUR 2016, 1009; *Kiefer,* Das Geschäftsgeheimnis nach dem Referentenentwurf zum Geschäftsgeheimnisgesetz: Ein Immaterialgüterrecht, WRP 2018, 910; *Kolasa,* Trade Secrets and Employee Mobility – In Search of an Equilibrium, 2018; *Leister,* Unternehmen müssen ihre „Geheimnisschutz-Compliance“ sicherstellen, GRUR-Prax 2020, 145; *McGuire,* Neue Anforderungen an Geheimhaltungsvereinbarungen?, WRP 2019, 679; *Mes,* Arbeitsplatzwechsel und Geheimnisschutz, GRUR 1979, 584; *Steinmann,* Die Verletzung von Geschäftsgeheimnissen durch Arbeitnehmer, 2021; *Wunner,* Die zivilrechtliche Haftung für Geheimnisverwertungen durch Beschäftigte im Lichte der Geschäftsgeheimnis-RL, WRP 2019, 710. Zu allgemeinen Überblicken über das GeschGehG vgl. die Nachw. zu § 2.

Übersicht

I. Allgemeines

1. Normzweck und Systematik

1 Die Vorschrift bestimmt, unter welchen **Voraussetzungen die Erlangung, Nutzung oder Offenlegung eines Geheimnisses verboten** ist, und entspricht damit den **Verletzungstatbeständen** des Immaterialgüterrechts. Sie stellt gemeinsam mit § 2, der die Voraussetzungen für das Bestehen eines geschützten Geschäftsgeheimnisses regelt, den **Kern der materiell-rechtlichen Bestimmungen des GeschGehG** dar. Sind die Voraussetzungen des § 4 erfüllt und liegen keine Ausnahmen gem. § 5 vor, so können dem Inhaber des Geheimnisses die in **§§ 6–13 geregelten Ansprüche** zustehen. Auch der **Straftatbestand des § 23** knüpft akzessorisch an einige, aber nicht alle der in § 4 formulierten Handlungsverbote an. § 4 hängt eng mit § 3 zusammen, der bestimmte Handlungen ausdrücklich erlaubt und damit zugleich § 4 begrenzt.

2 § 4 verbietet die Nutzung des Geschäftsgeheimnisses nicht umfassend, sondern sieht **bestimmte Handlungsverbote** vor, auch wenn diese Handlungen so weit umschrieben sind, dass Lücken praktisch schwer vorstellbar sind (*McGuire* in Büscher GeschGehG § 4 Rn. 21). Damit unterstreicht das Gesetz, dass die **Information** dem Inhaber **nicht umfassend zugewiesen,** sondern nur gegen **unlautere Angriffsformen** geschützt ist (Begr RegE, BT-Drs. 19/4724, 26; aA *McGuire* in Büscher GeschGehG § 4 Rn. 6). Die Information wird nicht völlig der Gemeinfreiheit entzogen, sondern es wird lediglich ein bestehender Zustand abgesichert (Begr RegE, BT-Drs. 19/4724, 26; OLG Karlsruhe GRUR 2022, 1004 Rn. 11 – Vertragstexte; näher zur Hybridnatur des Geheimnisschutzes zwischen Lauterkeitsrecht und geistigem Eigentum → Einl. A Rn. 21 ff.). Ebenso wie die Richtlinie verwendet § 4 mehrere unbestimmte Rechtsbegriffe, was einerseits Flexibilität gewährleistet, andererseits die Gefahr von Rechtsunsicherheit mit sich bringt (*Alexander* in Köhler/Bornkamm/Feddersen GeschGehG § 4 Rn. 1). Insbesondere verbietet § 4 Abs. 1 nicht nur in Nr. 1 bestimmte Formen der Erlangung des Geheimnisses, sondern auch in Nr. 2 „jedes sonstige Verhalten, das unter den jeweiligen Umständen nicht dem Grundsatz von Treu und Glauben unter Berücksichtigung der anständigen Marktgepflogenheit entspricht", und enthält damit eine kleine Generalklausel (*McGuire* in Büscher GeschGehG § 4 Rn. 8).

3 Die **Systematik des § 4 orientiert sich an der zeitlichen Abfolge der Handlungen** und ähnelt damit den aufeinander folgenden Bildern eines Films: Erwerb – Offenlegung oder Nutzung – Erwerb, Offenlegung oder Nutzung durch Dritte – Vertrieb verletzender Produkte. Die Absätze des § 4 bauen aufeinander auf und bilden eine **Kaskade der Verletzungshandlungen.** Wurde das Geheimnis in unzulässiger Weise erlangt (§ 4 Abs. 1), so ist auch dessen Nutzung und Offenlegung verboten (§ 4 Abs. 2 Nr. 1). Eine Person kann also durch mehrere Handlungen gegen verschiedene Tatbestände des § 4 verstoßen. War die Erlangung hingegen zulässig, so können Nutzung oder Offenlegung nur dann beanstandet werden, wenn der Handelnde eine entgegenstehende Pflicht verletzt (§ 4 Abs. 2 Nr. 2, 3). Dritte, die das Geheimnis erlangt haben, haften, wenn sie das

Geheimnis von einer Person erlangen, die zuvor gegen § 4 Abs. 2 verstoßen hat (§ 4 Abs. 3 S. 1). Dasselbe gilt für Dritte, die Verwertungshandlungen mit rechtsverletzenden Produkten (§ 2 Nr. 4) vornehmen (§ 4 Abs. 3 S. 2). Während allerdings in § 4 Abs. 1 und 2 schon die objektive Handlung die Rechtsverletzung begründet, setzt die Haftung gem. § 4 Abs. 3 voraus, dass der Dritte von der rechtswidrigen Vortat wusste oder davon hätte wissen müssen.

2. Völker- und unionsrechtlicher Rahmen

Art. 39 TRIPS verpflichtet die Mitgliedstaaten dazu, rechtmäßige Inhaber nicht offenbarter Informationen gegen deren Erlangung, Nutzung und Offenlegung zu schützen, die „den anständigen Gepflogenheiten in Gewerbe und Handel zuwiderläuft" („contrary to honest commercial practices"). Das Übereinkommen sieht also kein Ausschließlichkeitsrecht an Geschäftsgeheimnissen, sondern lediglich einen **Schutz nach den flexiblen Grundsätzen des unlauteren Wettbewerbs** vor; Art. 39 I TRIPS verweist daher auf Art. 10bis PVÜ. Fußnote 10 zu Art. 39 Abs. 2 TRIPS gibt folgende Hinweise zur Konkretisierung der Generalklausel der „anständigen Gepflogenheiten": 4

"For the purpose of this provision, 'a manner contrary to honest commercial practices' shall mean at least practices such as breach of contract, breach of confidence and inducement to breach, and includes the acquisition of undisclosed information by third parties who knew, or were grossly negligent in failing to know, that such practices were involved in the acquisition."

Es handelt sich nur um eine beispielhafte Aufzählung und zudem nur um einen **Mindeststandard.** So dürfen die Mitgliedstaaten die Haftung Dritter schon von einfacher Fahrlässigkeit abhängig machen und damit über den Standard der „groben Fahrlässigkeit" („gross negligence") hinausgehen.

Art. 4 Geschäftsgeheimnis-RL setzt die **Verpflichtung des Art. 39 TRIPS ins Unionsrecht um.** Ebenso wie Art. 39 Abs. 2 TRIPS stellt Art. 4 Geschäftsgeheimnis-RL zentral auf die Verletzung vertraglicher Pflichten („breach of contract") sowie sonstiger Vertraulichkeitspflichten („breach of confidence") ab und sieht die Haftung dritter Informationsempfänger dann vor, wenn diese von der rechtswidrigen Erlangung wussten oder hätten wissen müssen. Art. 4 Geschäftsgeheimnis-RL setzt nur einen **Mindeststandard.** Allerdings sind die **Erlaubnistatbestände des Art. 3** und die **Ausnahmen des Art. 5 Geschäftsgeheimnis-RL vollharmonisierend** (Art. 1 Abs. 1 S. 2 Geschäftsgeheimnis-RL), so dass das deutsche Recht insoweit auch durch andere Gesetze wie beispielsweise § 4 Nr. 3 UWG (hierzu → § 3 Rn. 33 ff.) keinen stärkeren Schutz gewähren darf. 5

§ 4 entspricht weitgehend Art. 4 Geschäftsgeheimnis-RL, doch bestehen in Formulierung und Systematik kleinere Abweichungen: 6

- Die allgemeine Verpflichtung der Mitgliedstaaten zum Schutz vor rechtswidrigem Erwerb, rechtswidriger Offenlegung und Nutzung (Art. 4 Abs. 1 Geschäftsgeheimnis-RL) findet in § 4 keine Entsprechung.
- Statt von rechtswidrig „erworbenen" ist in § 4 von rechtswidrig „erlangten" Geschäftsgeheimnissen die Rede. Dies soll verdeutlichen, dass über den rechtswidrigen Erwerb hinaus jede Kenntnisnahme erfasst werden soll (Begr RegE, BT-Drs. 19/4724, 25).
- Der Formulierung „jedes sonstige Verhalten, das mit einer seriösen Geschäftspraxis nicht vereinbar ist" in Art. 4 Abs. 2 lit. b Geschäftsgeheimnis-RL ent-

spricht in § 4 Abs. 1 Nr. 2 die Umschreibung „jedes sonstige Verhalten, das unter den jeweiligen Umständen nicht dem Grundsatz von Treu und Glauben unter Berücksichtigung der anständigen Marktgepflogenheit entspricht".

- Während in § 4 die in Abs. 1 und 2 genannten Handlungen verboten sind („darf nicht"), wird in Art. 4 Abs. 2, 3 Geschäftsgeheimnis-RL die Formulierung „gilt als rechtswidrig" („shall be considered unlawful", „est considérée comme illicite") verwendet (hierzu mit der Überlegung, es könnte sich um eine möglicherweise widerlegbare Vermutung handeln, *Führmeyer/Klein* in Hoeren/Münker GeschGehG § 4 Rn. 16).
- In § 4 Abs. 1 und 2 fehlen die Worte „ohne Zustimmung" (hierzu *Brammsen* in Brammsen/Apel GeschGehG § 4 Rn. 2).
- Während die Richtlinie getrennte Tatbestände für Erwerb, Nutzung und Offenlegung durch Dritte einerseits und Handlungen in Bezug auf rechtsverletzende Produkte andererseits vorsieht (Art. 4 Abs. 4, 5 Geschäftsgeheimnis-RL), hat der deutsche Gesetzgeber beide Tatbestände in § 4 Abs. 3 zusammengefasst. Dafür spricht zwar, dass der subjektive Tatbestand derselbe ist; übersichtlicher wäre es aber gewesen, wenn sich der Gesetzgeber insoweit an der Systematik der Richtlinie orientiert hätte.

Die genannten Umformulierungen erhöhen teils die Lesbarkeit, teils hätte es ihrer nicht bedurft. Es ist nicht zu erwarten, dass sie sich praktisch auswirken. Jedenfalls ist § 4, wie sämtliche Bestimmungen des Gesetzes, richtlinienkonform auszulegen, so dass im Zweifel der Text der Richtlinie maßgeblich ist.

3. Entstehungsgeschichte

7 **a) Richtlinien- und Gesetzesentwürfe.** Art. 4 Geschäftsgeheimnis-RL entspricht in seinen Grundzügen dem **Art. 3 des Vorschlags der Kommission.** Allerdings sahen dort auch die Tatbestände der unbefugten Erlangung, Nutzung und Offenlegung das subjektive Erfordernis des Vorsatzes oder der groben Fahrlässigkeit vor. Auch verwendete der Entwurf bei den Beispielen des unerlaubten Erwerbs die strafrechtlichen Begriffe „Diebstahl", „Bestechung" und „Betrug". Beides wurde aus gutem Grund geändert. Im Einklang mit der Systematik des Immaterialgüter- und Lauterkeitsrechts kann nunmehr ein Unterlassungsanspruch schon bei einem objektiven Verstoß gegen Art. 4 Abs. 2, 3 Geschäftsgeheimnis-RL bestehen. Die Verwendung strafrechtlicher Begriffe barg angesichts der bisher fehlenden Harmonisierung des Strafrechts die Gefahr zwischen den Mitgliedstaaten divergierender Auslegungen.

8 § 4 entspricht nahezu vollständig § 3 des Referentenentwurfs. Allerdings wurde Abs. 3 ergänzt, insbesondere um den Hinweis, dass es für das Wissen oder Wissenmüssen um die rechtswidrige Vortat auf den Zeitpunkt der Erlangung, Nutzung oder Offenlegung ankommt.

9 **b) Früheres Recht.** §§ 17–19 UWG aF unterschieden nicht nach der Erlangung, Nutzung und Offenlegung des Geheimnisses, sondern nach der Person des Verletzers. **§ 17 Abs. 1 UWG aF** regelte den **Geheimnisverrat durch Beschäftigte, § 17 Abs. 2 Nr. 1 UWG aF die Betriebsspionage, § 17 Abs. 2 Nr. 2 aF UWG** die oft als **„Geheimnishehlerei"** bezeichnete Verwendung des Geheimnisses durch Dritte, die die Information von einem Täter einer der in § 17 Abs. 1, 2 Nr. 1 UWG aF bezeichneten Handlungen erlangt hatten. **§ 18 UWG aF,** dessen Bezeichnung als **„Vorlagenfreibeuterei"** noch seine historischen Wurzeln in Normen zur Bekämpfung des Missbrauchs von Mustern und

Schablonen im Textilgewerbe erkennen ließ, erfasste bestimmte Arten der Verletzung von Vertraulichkeitsverpflichtungen, blieb aber wegen seiner Lückenhaftigkeit hinter den Anforderungen des Art. 39 Abs. 2 TRIPS zurück (*Kalbfus* Know-how-Schutz Rn. 253). Als **Straftatbestände** setzten die §§ 17–19 UWG **vorsätzliches Verhalten** voraus, zudem waren sie im Einklang mit dem strafrechtlichen Bestimmtheitsgebot detailliert formuliert.

Im neuen Recht erfasst **§ 4 Abs. 1 die Fälle der früheren Betriebsspionage (§ 17 Abs. 2 Nr. 1 UWG aF),** § 4 Abs. 2 Nr. 1 entspricht § 17 Abs. 2 Nr. 2, 1. Alt. UWG aF, **§ 4 Abs. 2 Nr. 2, 3 verbieten umfassender als § 18 UWG aF die Verletzung von Vertraulichkeitspflichten** und **§ 4 Abs. 3 S. 1** entspricht der Geheimnishehlerei gem. **§ 17 Abs. 2 Nr. 2, 2. Alt. UWG aF.** Da § 4 **unionsrechtskonform** auszulegen ist und zudem nicht dem strafrechtlichen Bestimmtheitsgebot genügt, kann die Rechtsprechung zu den früheren Vorschriften nur noch eingeschränkt zur Auslegung des neuen Rechts beitragen. Anders als im früheren Recht fehlt in § 4 ein eigener Tatbestand des Geheimnisverrats durch Arbeitnehmer. Nach der Systematik des neuen Rechts handelt es sich um einen nicht speziell ausgestalteten Unterfall einer pflichtwidrigen Offenlegung oder Nutzung (§ 4 Abs. 2 Nr. 2, 3). 10

Zur **intertemporalen Anwendbarkeit** des § 4 im Fall von Unterlassungsansprüchen → Einl. A Rn. 273 ff., → § 6 Rn. 37, im Fall von Schadensersatzansprüchen → Einl. A Rn. 276. 10a

II. Unerlaubte Erlangung (Abs. 1)

1. Spezielle Handlungsverbote (§ 4 Abs. 1 Nr. 1)

a) Zugang, Aneignung, Kopieren. Die Vorschrift nennt als **Handlungsvarianten** den unbefugten Zugang, die unbefugte Aneignung und das unbefugte Kopieren und als Objekte dieser Handlungen Dokumente, Gegenstände, Materialien, Stoffe oder elektronische Dateien, die das Geheimnis enthalten oder aus denen es sich ableiten lässt. Damit erfasst § 4 Abs. 1 Nr. 1 die wesentlichen Fälle, in denen sich **der Verletzer die Information ohne Zutun Anderer verschafft.** Wirkt er hingegen auf Geheimnisträger ein, beispielsweise durch die Bestechung von Angestellten, greift § 4 Abs. 1 Nr. 2 ein. 11

Zugang ist jede Handlung, die dem Verletzer die Kenntnis des Geheimnisses verschafft. Der Zugang kann körperlich (Beispiele: Eindringen in Betriebsgebäude, Öffnen verschlossener Schränke) oder digital geschehen, indem sich der Verletzer durch das Umgehen von Schutzmaßnahmen Zugriff auf Daten und Computerprogramme verschafft. Bisher nicht abschließend geklärt ist, ob die bloße Möglichkeit der Kenntniserlangung ausreicht (hierfür *Alexander* in Köhler/Bornkamm/Feddersen GeschGehG § 4 Rn. 16; *Führmeyer/Klein* in Hoeren/Münker GeschGehG § 4 Rn. 13). Der Wortlaut, der lediglich auf den Zugang zu und die Aneignung von Verkörperungen des Geheimnisses abstellt, spricht dafür, zumal sich die tatsächliche Kenntnisnahme oft schwer nachweisen lässt. Etwas anderes mag gelten, wenn die Kenntniserlangung praktisch ausgeschlossen ist, etwa wegen einer unüberwindbaren Verschlüsselung der Information auf einem Datenträger (offen *Hiéramente* in BeckOK GeschGehG § 4 Rn. 13.2). Der Begriff der **Aneignung** ist zwar nicht nach den Grundsätzen des deutschen Strafrechts auszulegen, kann aber dennoch vorbehaltlich einer anderen Ausle- 12 gung in künftigen Entscheidungen des EuGH als „Begründung neuen Gewahrsams" definiert werden. **Kopieren** ist jede Herstellung einer **neuen Verkörperung,** sei es analog (Fotokopie, Abschrift) oder digital (Sicherung von Daten auf eigenem Datenträger, Scan oder Fotografie mit Smartphone). Wer befugten Zugang zur Information hat, kann gleichwohl gegen § 4 Abs. 1 Nr. 1 verstoßen, wenn er die Information nicht kopieren darf. So fertigt ein Arbeitnehmer eine unbefugte Kopie an, wenn er entgegen einer betrieblichen Weisung eine Datei mit geheimen Informationen auf seinem privaten Smartphone oder Laptop speichert (*McGuire* in Büscher § 4 GeschGehG Rn. 20), sei es auch nur vorübergehend im Arbeitsspeicher (*Alexander* in Köhler/Bornkamm/Feddersen GeschGehG § 4 Rn. 18; aA *Hoppe* in Hoppe/Oldekop Kap. 1 Rn. 475), oder eine E-Mail unerlaubterweise an einen externen **E-Mail-Account weiterleitet** (LAG Hamm BeckRS 2021, 41734 Rn. 32; LAG Baden-Württemberg BeckRS 2021, 26156 Rn. 39; *Hiéramente* in BeckOK GeschGehG § 4 Rn. 19). Die Kopie setzt ein aktives Verhalten voraus, an dem es beim bloßen Empfang einer E-Mail fehlt (OLG Frankfurt a.M. GRUR-RR 2021, 229 Rn. 32 – Vliesstoffe). Das **reine Memorieren** einer Information ist keine Kopie (*Hoeren/Münker* WRP 2018, 150 (152 f.); *Hiéramente* in BeckOK GeschGehG § 4 Rn. 36, ebenso zu § 17 Abs. 2 S. 1 UWG aF BGH GRUR 1999, 934 (935) – Weinberater; BGH GRUR 2009, 603 Rn. 25 – Versicherungsvertreter), doch kann die Verwendung einer memorierten Information unter Umständen gegen § 4 Abs. 2 Nr. 2 verstoßen, wobei es jedoch einer Abgrenzung zwischen Geschäftsgeheimnissen und Erfahrungswissen bedarf (→ Rn. 40 ff.). Die Handlungsvarianten sind in Nr. 1 zwar abschließend aufgezählt, doch erfasst Nr. 2 vergleichbare Verhaltensweisen. Eine analoge Anwendung ist daher nicht erforderlich, auch wenn sie unschädlich wäre (ähnl. *McGuire* in Büscher GeschGehG § 4 Rn. 21). Zur Frage, ob der Tatbestand auch durch **Unterlassen** verwirklicht werden kann, etwa wenn ein Arbeitnehmer nach Ende des Arbeitsverhältnisses ihm zuvor überlassene Unterlagen oder Datenträger nicht zurückgibt → Rn. 24a.

13 Anders als nach früherem Recht bestehen zwar **keine subjektiven Voraussetzungen,** dennoch lassen sich „Zugang", „Aneignung" und „Kopie" **praktisch** kaum anders als durch **zielgerichtetes Handeln** verwirklichen (*Kalbfus* GRUR 2016, 1009, 1013; krit. *Brammsen* in Brammsen/Apel GeschGehG § 4 Rn. 31). Das Kopieren von Daten auf ein Speichermedium, auf das ein Dritter Zugriff hat, wird nur vom Speichernden vorgenommen, während sich die Haftung des Dritten nach § 4 Abs. 3 bestimmt (aA *Führmeyer/Klein* in Hoeren/Münker GeschGehG § 4 Rn. 22). Nicht abschließend geklärt ist bisher, wie die zufällige Erlangung von Informationen zu beurteilen ist. Beispiele sind der Fund eines Dokuments im Zug, das der Berechtigte liegengelassen hat, oder die privat motivierte Fotografie einer Anlage, die Rückschlüsse auf Geheimnisse zulässt. In dieser Situation mag es bereits an einem Geschäftsgeheimnis fehlen, weil die Information offenkundig ist oder weil der Inhaber nur unzureichende Geheimhaltungsmaßnahmen getroffen hat. Sind aber die Voraussetzungen des § 2 Nr. 1 erfüllt, so begründet der Zufallsfund noch nicht den Vorwurf der unzulässigen Erlangung. Allerdings kann sich aus den Umständen eine Pflicht ergeben, die Information weder zu nutzen noch offenzulegen (→ Rn. 24).

14 Die **Angriffsobjekte** sind **denkbar weit** durch den Oberbegriff des **Gegenstands** überschrieben, der jede Verkörperung von Informationen, sei sie analog oder digital, erfasst und nicht auf Sachen (§ 90 BGB) begrenzt ist, sondern auch Daten umfasst. Der Begriff ist technik- und entwicklungsoffen, so dass auch neuar-

tige Gegenstände erfasst werden können (*Alexander* in Köhler/Bornkamm/Feddersen GeschGehG § 4 Rn. 13). Daher kommt es auf die genaue Definition und Abgrenzung der sich teilweise überschneidenden übrigen Begriffe nicht an. Umfasst sind sämtliche Objekte, die Geschäftsgeheimnisse entweder selbst verkörpern oder aus denen geheime Informationen abgeleitet werden können (*Reinfeld* § 2 Rn. 46), nicht jedoch die Information selbst, so dass beispielsweise das heimliche Mithören eines Gesprächs nicht unter § 4 Abs. 1 Nr. 1, sondern allenfalls unter Nr. 2 fällt (*Führmeyer/Klein* in Hoeren/Münker GeschGehG § 4 Rn. 49). **Dokumente** sind analoge oder digitale Schriftstücke oder Zeichnungen, beispielsweise Konstruktionszeichnungen (OLG Düsseldorf WRP 2021, 1080 Rn. 67 – CAD-Konstruktionszeichnungen), Kundenlisten (LAG Düsseldorf MMR 2021, 181) oder Abrechnungen. **Sonstige Gegenstände** sind beispielsweise Modelle und Prototypen. **Materialien** und **Stoffe** sind Sachen, die zur Herstellung anderer Gegenstände bestimmt sind. Beispiele sind ein keramischer Werkstoff oder der Duftstoff eines Parfüms. **Elektronische Dateien** können Daten jeder Art erfassen, unabhängig davon, ob sie einen gedanklichen Inhalt zum Ausdruck bringen (Textdatei, Zeichnung), Geräte steuern (Computerprogramme), Daten auflisten (wie im Fall einer Excel-Liste: OLG Schleswig GRUR-RR 2022, 404 Rn. 94 – Teil-Kostenrechnung), strukturieren (Datenbank, Blockchains) oder ungeordnete Rohdaten enthalten. Das Geschäftsgeheimnis muss in den Gegenständen **enthalten** sein (wie regelmäßig im Fall von Dokumenten oder Dateien) oder es muss sich aus ihnen **ableiten lassen** (wie regelmäßig im Fall von Materialien und Stoffen, durch deren Analyse sich das Geheimnis ergibt, vgl. aber § 3 Abs. 1 Nr. 2). Ob sich ein Geheimnis aus dem Gegenstand ableiten lässt, ist Tatfrage (vgl. BVerwG NVwZ 2020, 715 Rn. 16: Ableitbarkeit aus einer Liste nicht geöffneter Daten), abzustellen ist dabei ebenso wie unter § 2 Nr. 1a auf Personen in den Kreisen, die üblicherweise mit dieser Art von Informationen umgehen. Die Objekte müssen der **rechtmäßigen Kontrolle des Inhabers** unterliegen (vgl. auch die parallele Voraussetzung in § 2 Nr. 2 → § 2 Rn. 74 ff.). Er muss sie also selbst geschaffen oder rechtmäßig von einem anderen erworben haben. Das Eigentum oder der rechtmäßige Besitz am Datenträger sind wichtige Indizien (*Reinfeld* § 2 Rn. 48), doch können im Einzelfall die Berechtigung am Datenträger und die Verfügungsbefugnis über die Daten auch auseinanderfallen. Demjenigen, der sich Information unbefugt verschafft, stehen hingegen keine Ansprüche gegen Dritte wegen der Verletzung von Geschäftsgeheimnissen zu.

b) Unbefugt. Unbefugt handelt, wem eine **rechtsgeschäftliche oder gesetzliche Erlaubnis fehlt** (ebenso OLG Schleswig GRUR-RR 2022, 404 Rn. 98 – Teil-Kostenrechnung; *Alexander* in Köhler/Bornkamm/Feddersen GeschGehG § 4 Rn. 21; *McGuire* in Büscher GeschGehG § 4 Rn. 22). Vor allem Arbeitnehmer sind häufig befugt, auf bestimmte Informationen zuzugreifen. Dann ist die Erlangung nicht unbefugt, aber die Nutzung und Offenlegung sind regelmäßig arbeitsvertraglich verboten und daher über § 4 Abs. 2 sanktioniert (vgl. Begr. RegE, BT-Drs. 19/4724, 27). 15

Grund und Grenzen der Befugnis werden sich in aller Regel **aus Verträgen** ergeben. Daher kann es sich stärker als nach altem Recht anbieten, die Zugangsberechtigung von Arbeitnehmern oder Kooperationspartnern detailliert vertraglich zu regeln. Die faktische Zugriffsmöglichkeit begründet noch nicht die rechtliche Befugnis, das gilt beispielsweise, wenn die IT-Infrastruktur eines Unternehmens Mitarbeitern den Zugriff auf Daten ermöglicht, die sie nichts angehen (*Hiéramente* 16 in BeckOK GeschGehG § 4 Rn. 27.1). Wer als Arbeitnehmer auf Dokumente zugreift, auf die er arbeitsvertraglich nicht oder nicht mehr zugreifen oder die er nicht kopieren darf, handelt ebenso unbefugt wie ein ehemaliger Arbeitnehmer, dessen Zugriffsrechte erloschen sind, wie ein Besucher eines Unternehmens, dem ein Fotografierverbot auferlegt wurde, oder ein externer Hacker. Anders als das bisherige Recht trennt § 4 Abs. 1 GeschGehG also nicht zwischen Arbeitnehmern und Dritten, entscheidend ist, ob die Handlung von der jeweiligen Befugnis gedeckt ist.

17 Zustandekommen, Wirksamkeit, Inhalt und Erlöschen der Verträge sind nach dem **anwendbaren nationalen Recht** (zum Kollisionsrecht → Einl. A Rn. 271), also bei Inlandssachverhalten grundsätzlich **nach den Vorschriften des BGB** zu beurteilen, weil die Geschäftsgeheimnis-RL das Vertragsrecht unberührt lässt (Erwgrd. 39 Geschäftsgeheimnis-RL). **Wie weit** die jeweilige vertraglich eingeräumte Befugnis reicht, ist durch **Auslegung** (§§ 133, 157 BGB) zu bestimmen. Ausgangspunkt ist der Wortlaut des Vertrags. Hilft er nicht weiter, so ist vor allem der Vertragszweck von entscheidender Bedeutung: Die Befugnis erfasst jeden Zugang und jede Verarbeitung von Information, die erforderlich ist, um die jeweils vereinbarte Tätigkeit durchzuführen. Ist ein **ausdrückliches Verbot** des Erlangens oder Kopierens **unwirksam,** so folgt daraus nicht zwingend, dass die betreffende Handlung zulässig ist. Sie kann in diesem Fall je nach Vertragsauslegung einen Verstoß gegen eine Schutzpflicht (§ 241 Abs. 2 BGB) darstellen, s. auch → Rn. 34. Dasselbe gilt spiegelbildlich bei einer **unwirksamen Erlaubnis:** Wenn die betreffende Art des Umgangs mit der Information zur Erfüllung des Vertragszwecks erforderlich ist, ist sie auch ohne ausdrückliche Vereinbarung erlaubt. Die Unwirksamkeit eines Lizenzvertrags ist im Einzelfall darauf zu überprüfen, ob sie auch die Zustimmung zum Umgang mit der Information erfasst. Ist beispielsweise ein Know-how-Lizenzvertrag wegen eines Kartellrechtsverstoßes nichtig, so folgt daraus noch nicht, dass der Lizenznehmer Informationen, die ihm der Inhaber aufgrund des Vertrags zur Verfügung gestellt hat, unzulässig erlangt hat (*McGuire* in Büscher GeschGehG § 4 Rn. 24). Aus einem **Auskunftsanspruch** bzw. einem vertraglichen Anspruch auf Mitteilung einer Information folgt noch **nicht die Befugnis, sich die Information durch eigenmächtigen Zugriff zu verschaffen,** weil dem Geheimnisinhaber nicht die Möglichkeit genommen werden darf, selbst über die genauen Modalitäten der Auskunft zu entscheiden (aA zu § 17 UWG aF BayObLG GRUR 1988, 634 – Überlassungsanspruch). Doch kann einem Anspruch aus §§ 4 Abs. 1 Nr. 1, 6 ff. der dolo petit-Einwand (§ 242 BGB) entgegenstehen, wenn dem Verletzungsanspruch ein Anspruch auf Herausgabe gerade des Gegenstands entgegensteht, der die Information verkörpert (ebenso iE, aber unter Annahme eines befugten Zugriffs, *Hoppe* in Hoppe/Oldekop, Kap. 1, Rn. 490).

18 **Gesetzliche Befugnisse** können sich aus § 3 Abs. 1 oder aus § 3 Abs. 2 iVm Normen außerhalb des GeschGehG ergeben. Erlaubt sind demnach die selbständige Entdeckung oder Schöpfung (§ 3 Abs. 1 Nr. 1), das Reverse Engineering (§ 3 Abs. 1 Nr. 2), die Wahrnehmung von Arbeitnehmerrechten (§ 3 Abs. 1 Nr. 3) und die Erlangung von Information, soweit sie durch Normen außerhalb des GeschGehG, beispielsweise zivilprozessuale Befugnisse oder strafrechtliche Rechtfertigungsgründe, erlaubt wird. Allerdings ist die Liste des § 3 Abs. 1 nicht abschließend. Gem. Art. 3 I lit. d Geschäftsgeheimnis-RL ist „jede andere Vorgehensweise" erlaubt, „die unter den gegebenen Umständen mit einer seriösen Geschäftspraxis vereinbar ist" (→ § 3 Rn. 45 f.).

2. Kleine Generalklausel (§ 4 Abs. 1 Nr. 2)

§ 4 Abs. 1 Nr. 1 wird durch die **Generalklausel** der Nr. 2 ergänzt, die jedes sonstige Verhalten verbietet, „das unter den jeweiligen Umständen nicht dem Grundsatz von Treu und Glauben unter Berücksichtigung der anständigen Marktgepflogenheit entspricht". Die durch die Geschäftsgeheimnis-RL vorgegebene, sehr unbestimmte Formulierung wurde gewählt, um der völkerrechtlichen Verpflichtung aus dem ebenfalls generalklauselartig gefassten Art. 39 Abs. 2 TRIPS gerecht zu werden. Diese Regelungstechnik trägt dem Umstand Rechnung, dass der Gesetzgeber nicht alle Formen der Aneignung festlegen kann, und erlaubt eine Beurteilung anhand der Umstände des jeweiligen Einzelfalls (Begr RegE, BT-Drs. 19/4724, 27). 19

Damit stellt wie bei jeder Generalklausel das **Problem der Konkretisierung** (vgl. zu § 3 UWG *Sosnitza* in Ohly/Sosnitza UWG § 3 Rn. 14 ff.; zu § 23 MarkenG *Boddien* in Ingerl/Rohnke/Nordemann MarkenG § 23 Rn. 10 ff.; allgemein *Ohly* AcP 201 (2001) 1 ff.). Die faktisch bestehenden Gepflogenheiten bieten, ebenso wie unter § 3 UWG, allenfalls in Einzelfällen einen ersten Anhaltspunkt, zumal es sich um Unsitten handeln kann und daher die „Anständigkeit" einer eigenständigen normativen Überprüfung bedarf (stärker *Hauck/Kamlah* in MüKo UWG § 4 Rn. 19 f.: Ermittlung der Marktgepflogenheiten als Schritt 1, Prüfung der „Anständigkeit" als Schritt 2). Leitlinien bieten auch die Grundrechte und sonstige Wertungen der Rechtsordnung (→ Rn. 20 f.). Die Praxis wird sich in erster Linie an einschlägigen Vorentscheidungen des EuGH und der deutschen Gerichte orientieren, sobald sich einschlägiges Fallrecht herausgebildet hat. 19a

Da Art. 4 Abs. 2 Geschäftsgeheimnis-RL nur auf die „seriösen Geschäftspraktiken" abstellt, ist **jedes unlautere Verhalten** gemeint, wobei eine unionsrechtliche Perspektive maßgeblich ist. Von Bedeutung sind also die EU-Grundrechte, die Grundfreiheiten, die Wertungen angrenzender Rechtsgebiete, etwa des Markenrechts mit seinen verschiedenen Bezügen auf lauteres Verhalten und die Rechtsprechung des EuGH. Entgegen der vom deutschen Gesetzgeber gewählten missverständlichen Formulierung verweist § 4 Abs. 1 Nr. 2 **nicht** auf die Grundsätze von **Treu und Glauben gem. § 242 BGB** (*Alexander* in Köhler/Bornkamm/Feddersen GeschGehG § 4 Rn. 28, 31; *McGuire* in Büscher GeschGehG § 4 Rn. 26). Trotz seiner unionsrechtlichen Grundlage bietet sich der Maßstab der unternehmerischen Sorgfalt (§ 2 Abs. 1 Nr. 7 UWG) nur bedingt als Vorgabe an, weil er, anders als § 4, auf den Verbraucherschutz ausgerichtet ist (*Alexander* in Köhler/Bornkamm/Feddersen GeschGehG § 4 Rn. 34). 20

Einen Anhaltspunkt für die Konkretisierung der Generalklausel stellt die **Liste unlauterer Verhaltensweisen in Fußnote 10 zu Art. 39 Abs. 2 TRIPS** dar, dem zufolge der Inhaber des Geheimnisses zumindest Handlungen wie Vertragsbruch, Vertrauensbruch, Verleitung zum Vertragsbruch und den Erwerb nicht offenbarter Informationen durch Dritte unter bestimmten subjektiven Voraussetzungen verbieten kann (Begr RegE, BT-Drs. 19/4724, 27). Während die wesentlichen Fälle des Vertrags- und Vertrauensbruchs von § 4 Abs. 2 erfasst werden und § 4 Abs. 3 S. 1 die Erlangung, Nutzung und Offenlegung durch Drittempfänger regelt, erfasst § 4 Abs. 1 Nr. 2 die **Verleitung zum Vertragsbruch** (→ Rn. 23) und jede andere **unlautere Einwirkung auf Personen,** die das Geheimnis kennen. In diesen Fällen verstößt derjenige, der das Geheimnis rechtswidrig offenlegt, gegen § 4 Abs. 2 Nr. 3, während derjenige, der sich die Information verschafft, gem. § 4 Abs. 1 Nr. 2 haftet. 21

21a Nicht abschließend geklärt ist, ob die Fälle der **unlauteren Einwirkung auf Dritte** als unlautere Erlangung unter **§ 4 Abs. 1 Nr. 2** oder als Erlangung von Dritten unter **§ 4 Abs. 3** fallen. Beide Wege führen regelmäßig zum selben Ergebnis, weil derjenige, der die Information offenlegt, meist gegen § 4 Abs. 2 verstößt und der unter § 4 Abs. 3 erforderliche subjektive Tatbestand bei einer bewussten Einwirkung auf Dritte vorliegt. Da die Voraussetzungen des § 4 Abs. 1 Nr. 2 in diesen Fällen aber zwanglos erfüllt sind und zudem die Systematik des Art. 39 Abs. 2 TRIPS (mit Fn. 10) für eine Unterscheidung der Verleitung zum Vertragsbruch vom vorsätzlichen oder fahrlässigen Erlangen von Dritten spricht, wird die Information im Fall der gezielten Einwirkung auf den Informanten bereits unlauter iSd § 4 Abs. 1 erlangt, ohne dass es eines Rückgriffs auf § 4 Abs. 3 bedarf (aA *McGuire* in Büscher GeschGehG § 4 Rn. 28).

22 Verboten gem. § 4 Abs. 1 Nr. 2 ist demnach insbesondere die Erlangung der Information durch **Drohung, Bestechung oder Täuschung.**

23 Unlauter ist auch die **Verleitung** von Angestellten oder anderen Geheimnisträgern **zum Vertragsbruch.** Das ergibt sich aus Fußnote 10 zu Art. 39 Abs. 2 TRIPS, der in völkerrechtskonformer Auslegung des europäischen und deutschen Rechts zu berücksichtigen ist (→ Rn. 4). Der zu § 4 Nr. 4 UWG ausgetragene Streit, ob die Verleitung zum Vertragsbruch die Unlauterkeit begründet (hierzu *Ohly* in Ohly/Sosnitza UWG § 4 Rn. 4/28a mwN), spielt daher für § 4 Abs. 1 Nr. 2 keine Rolle. Als Vertrag kommt ein Arbeitsvertrag, aber auch jeder andere Vertrag in Betracht, aus dem sich für den Informanten eine Verpflichtung zur Vertraulichkeit ergibt. Der Vertragsbruch besteht in der Verletzung der Pflicht zur Vertraulichkeit, die für den Verpflichteten einen Geheimnisverrat gem. § 4 Abs. 2 Nr. 3, für den Verleitenden eine unlautere Erlangung von Informationen gem. § 4 Abs. 1 Nr. 2 darstellt. Verleiten ist jedes bewusste Hinwirken (so zum UWG BGH GRUR 1976, 372, 374 – Möbelentwürfe). Nach bisheriger deutscher Rechtsprechung zu § 4 Nr. 4 UWG ist die bloße Ausnutzung eines fremden Vertragsbruchs nicht unlauter (BGH GRUR 2007, 800 Rn. 15 f. – Außendienstmitarbeiter; BGH GRUR 2009, 173 Rn. 35 – bundesligakarten.de, jeweils zu § 4 Nr. 4 UWG). Solange der EuGH sich hierzu nicht äußert, erscheint diese Abgrenzung auf § 4 Abs. 1 Nr. 2 übertragbar, allerdings kann § 4 Abs. 3 eingreifen. Da aber in aller Regel die Initiative zum Geheimnisverrat vom Außenstehenden ausgehen wird, dürfte ein bloßes Ausnutzen praktisch selten sein.

24 Wer **zufällig Informationen erlangt,** beispielsweise ein verlorenes Dokument findet, verschafft sich weder gem. § 4 Abs. 1 Nr. 1 unbefugten Zugang noch handelt er nach § 4 Abs. 1 Nr. 2 unlauter. Ob etwas anderes gilt, wenn die Information deutlich als vertraulich gekennzeichnet ist, hängt von den Umständen des Einzelfalls ab. Jedenfalls dann, wenn der Empfänger die Erlangung der Information nicht mehr ungeschehen machen kann, fällt ihm keine unlautere Erlangung zur Last. Sobald es aber, etwa durch eine deutliche Kennzeichnung, offenkundig ist, dass es sich hier um ein Geheimnis handelt, kann er je nach den Umständen der Pflicht unterliegen, die Information weder zu nutzen noch offenzulegen. Dann ist aber § 4 Nr. 2, 3 einschlägig, nicht jedoch § 4 Abs. 1 Nr. 2.

24a Nicht abschließend geklärt ist, ob die Tatbestände des **§ 4 Abs. 1 Nr. 1 und 2** auch **durch Unterlassung** verwirklicht werden können. Dies käme in Betracht, wenn eine Befugnis erlischt und Datenträger, Aufzeichnungen oder sonstige das Geheimnis verkörpernde Gegenstände pflichtwidrig nicht zurückgegeben werden (für Anwendung des § 4 Abs. 1 Nr. 2 in diesem Fall LAG Düsseldorf WRP 2020, 1509 – PU-Schaum) oder wenn ein Gespräch zufällig mitgehört wird (s.a.

→ Rn. 24). Es erscheint indes zweifelhaft, ob das bloße Behalten (möglicherweise aufgrund reiner Unachtsamkeit, zum Fehlen subjektiver Tatbestandsmerkmale in § 4 Abs. 1 → 13) einen mit aktiven Handlungen vergleichbaren Unlauterkeitsgehalt aufweist. Das spricht dafür, unter § 4 Abs. 1 anders als unter § 4 Abs. 3 (→ Rn. 46) ein aktives Tun zu verlangen (OLG Frankfurt GRUR-RR 2021, 229 Rn. 32 – Vliesstoffe; OLG Dresden GRUR-RS 2021, 55389 Rn. 24; *Hiéramente/Wagner* GRUR 2020, 709 (713 f.); *Keller* in Keller/Schönknecht/Glinke GeschGehG § 4 Rn. 32; *Alexander* in Köhler/Bornkamm/Feddersen GeschGehG § 4 Rn. 16; aA *Keller* in Keller/Schönknecht/Glinke GeschGehG § 4 Rn. 25). Letztlich hält sich die praktische Bedeutung der Frage in Grenzen, weil in diesem Fall jedenfalls die anschließende Nutzung oder Offenlegung pflichtwidrig und damit verboten ist (§ 4 Abs. 2 Nr. 2, 3).

III. Unerlaubte Nutzung oder Offenlegung (§ 4 Abs. 2)

1. Nach unerlaubter Erlangung (§ 4 Abs. 2 Nr. 1)

Wer die Information unerlaubt erlangt hat, darf sie anschließend nicht nutzen oder offenbaren. Diesen Grundsatz formulierte bereits § 17 Abs. 2 Nr. 2 UWG aF. § 4 Abs. 2 Nr. 1 setzt voraus, dass der **Handelnde selbst** eine **Rechtsverletzung gem. § 4 Abs. 1 vollständig verwirklicht** hat, wobei eine Beteiligung an der Verletzung als Gehilfe der Täterschaft gleichsteht (vgl. § 830 Abs. 2 BGB, hierzu *Hoppe* in Hoppe/Oldekop Kap. 1 Rn. 501). Im Übrigen fällt die Erlangung eines Geheimnisses von einer anderen Person, die gegen § 4 Abs. 1 verstoßen hat, unter § 4 Abs. 3 (*Alexander* in Köhler/Bornkamm/Feddersen GeschGehG § 4 Rn. 42 f.). Wurde die Information vor Inkrafttreten des GeschGehG unter Verstoß gegen §§ 17, 18 UWG a.F. erlangt, ist § 4 Abs. 2 Nr. 1 analog anzuwenden, sofern das Verhalten auch nach dem GeschGehG als rechtswidrig anzusehen wäre (ebenso, aber ohne letztgenannte Einschränkung *Hoppe/Oldekop* GRUR-Prax 2019, 324 (325); *Keller* in Keller/Schönknecht/Glinke GeschGehG § 4 Rn. 109 (für § 4 Abs. 3)). 25

Vor allem Arbeitnehmern und Kooperationspartnern kann die Erlangung der Information vertraglich erlaubt sein, nicht jedoch deren Nutzung oder Offenlegung. In diesem Fall greifen § 4 Abs. 2 Nr. 2, 3 ein. Oft wird durch denselben Vertrag sowohl die Nutzung als auch die Offenlegung verboten. 26

2. Verstoß gegen Nutzungsverbote und Vertraulichkeitsverpflichtungen (§ 4 Abs. 2 Nr. 2, 3)

a) Nutzung und Offenlegung. Nutzung ist **jede Verwendung des Geheimnisses,** die zumindest auch **zu geschäftlichen oder beruflichen Zwecken** erfolgt (OLG Düsseldorf WRP 2021, 1080 Rn. 66 – CAD-Konstruktionszeichnung; *Alexander* in Köhler/Bornkamm/Feddersen GeschGehG § 4 Rn. 38; *Keller* in Keller/Schönknecht/Glinke GeschGehG § 4 Rn. 61). Beispiele sind die Herstellung von Produkten auf der Grundlage unredlich erlangter Vorlagen, das Ansprechen von Kunden auf der Grundlage einer vertraulichen Liste (sei es auch nur zum Zweck der Rückfrage nach negativen Kundenbewertungen, OLG Karlsruhe GRUR-RS 2021, 23997 Rn. 8 f.), die Vorbereitung eines Angebots oder einer Kostenkalkulation, die Ausrichtung der Werbung an einer vertraulichen Strategie oder auch nur die Schädigung eines Konkurrenten. Wem gegenüber das 27

Geschäftsgeheimnis verwendet wird, ist ohne Belang (OLG Düsseldorf WRP 2021, 1080 Rn. 66 – CAD-Konstruktionszeichnung). Aus dem Wortlaut ergibt sich nicht eindeutig, ob die Nutzung auch in der Weitergabe des Geheimnisses an Dritte bestehen kann, so dass in diesem Fall Nutzung und Offenlegung zusammentreffen. Die Begründung des Regierungsentwurfs definiert die Nutzung als **jede Verwendung, die keine Offenlegung ist** (BT-Drs. 19/4724, 27), geht also davon aus, dass sich beide Begriffe nicht überschneiden. Wenn aber ein ehemaliger Arbeitnehmer, der einem Nutzungsverbot unterliegt, seinem neuen Arbeitgeber vertrauliche Informationen aus seiner bisherigen Arbeitstätigkeit mitteilt (Offenlegung) und zugleich selbst damit weiterarbeitet (Nutzung), so lassen sich Offenlegung und Nutzung zwar gedanklich trennen, sie fallen wirtschaftlich aber zusammen. Da aber die Nutzung und die Offenlegung unter identischen Voraussetzungen verboten sind, ist die Abgrenzung nicht von praktischer Bedeutung. Die Drohung mit der Offenlegung durch Cyberkriminelle stellt bereits eine eigenständige Nutzung dar, weil der wirtschaftliche Wert des Geheimnisses zum Zweck der Erpressung nutzbar gemacht wird (*Dittrich* NZWiSt 2023, 8 (13)). Ob im Übrigen die Ankündigung einer künftigen Nutzung oder Offenlegung (vgl. OLG Schleswig GRUR-RR 404 Rn. 96 – Teil-Kostenrechnung: „We would bring the full package then with us for the next talk.") bereits den Beginn der Nutzungshandlung darstellt oder lediglich mit dem vorbeugenden Unterlassungsanspruch im Fall von Erstbegehungsgefahr (§ 6 S. 2, hierzu → § 6 Rn. 41 ff.) verhindert werden kann, ist Frage des Einzelfalls.

28 **Offenlegung** ist **jede Mitteilung des Geheimnisses an einen Dritten. Mitteilung** ist jede Handlung, die dem Dritten Kenntnis des Geheimnisses verschafft, sei es in schriftlicher (Brief, E-Mail, Bereitstellung im Internet, Presseveröffentlichung) oder mündlicher Form. Schon wer einem Dritten die Möglichkeit verschafft, selbständig auf das Geheimnis zuzugreifen (zB durch Übergabe eines Datenträgers, durch Speicherung auf einem Server, auf den der Dritte zugreifen kann oder durch Weitergabe eines Passworts, das den Zugriff ermöglicht), legt die Information offen (OLG Stuttgart WRP 2021, 242 Rn. 146 – Schaumstoffsysteme; *Alexander* in Köhler/Bornkamm/Feddersen GeschGehG § 4 Rn. 39; *Hoppe* in Hoppe/Oldekop, Kap. 1 Rn. 499; *McGuire* in Büscher GeschGehG § 4 Rn. 30). Das bloße **Unterlassen** steht der aktiven Mitteilung gleich, wenn den Täter eine Verkehrspflicht zur Verhinderung der Mitteilung trifft (ebenso *Keller* in Keller/Schönknecht/Glinke GeschGehG § 4 Rn. 64). Insofern gelten die Grundsätze fort, die unter § 17 UWG aF zur Garantenstellung entwickelt wurden. Die Rechtspflicht kann sich aus einer besonderen Vertrauensstellung im Unternehmen oder daraus ergeben, dass der Garant die Pflicht übernommen hat, Geheimnisse gegen den Zugriff Dritter zu schützen (vgl. *Rengier* in Fezer/Büscher/Obergfell UWG § 17 Rn. 36). **Dritter** ist jeder, dem das Geheimnis nicht zugänglich ist; insbesondere ein Konkurrent, aber auch ein Mitarbeiter des eigenen Unternehmens, der das Geheimnis nicht kennt. Die Eröffnung der Information gegenüber einem einzelnen Dritten ist ausreichend, eine Mitteilung an die Öffentlichkeit wird nicht vorausgesetzt (Begr RegE, BT-Drs. 19/4727, 27).

29 Unklar ist, ob § 4 Abs. 2 Nr. 2, 3 auch die Nutzung und Offenlegung zu **privaten oder ideellen Zwecken** erfassen, beispielsweise die Verwendung eines Geschäftsgeheimnisses zu Zwecken der **nicht-kommerziellen Grundlagenforschung** oder die **Veröffentlichung in einer wissenschaftlichen Fachzeitschrift.** Dagegen spricht die Wertung der übrigen Bereiche des gewerblichen Rechtsschutzes und Lauterkeitsrechts, in denen die Verletzung eine geschäftliche

Handlung darstellen muss (§§ 2 Abs. 1 Nr. 2 UWG, 14 Abs. 2 S. 1 MarkenG) oder in denen private Handlungen von der Verletzung ausgenommen sind (§ 11 Nr. 1 PatG). Dafür spricht allerdings, dass der Wortlaut des **§ 4 Abs. 2** anders als die genannten Normen **keine entsprechende Einschränkung** enthält und dass die genannten Handlungen das Potenzial haben, den Geheimnischarakter aufzuheben und den Inhaber so erheblich zu schädigen. Auch der Gegenschluss zu § 5 spricht für eine Einbeziehung. Gerade die Aufdeckung rechtswidriger Handlungen wird oft aus ideellen Gründen geschehen. Dennoch hat der Gesetzgeber eine ausdrückliche Ausnahme für erforderlich gehalten. Daher erfasst § 4 Abs. 2 auch Handlungen, die nicht zu geschäftlichen oder gewerblichen Zwecken vorgenommen werden (ebenso *Deck* in Hoeren/Münker GeschGehG § 4 Rn. 94; *Keller* in Keller/Schönknecht/Glinke § 4 Rn. 62).

b) Verstoß gegen Verpflichtung. aa) Allgemein. Die Verpflichtung, das Geheimnis nicht offenzulegen oder zu nutzen, kann auf Gesetz, auf einer gerichtlichen Anordnung oder auf Vertrag beruhen. **Gesetzliche Vertraulichkeitspflichten** ergeben sich beispielsweise aus **§ 79 BetrVG** (Betriebsrat, s. → § 3 Rn. 43), **§ 90 HGB** (Handelsvertreter), **§ 24 ArbnErfG** (Arbeitnehmererfinder) und aus Bestimmungen des Gesellschaftsrechts. Auch aus **gerichtlichen Anordnungen,** insb. solchen in Geheimnisschutzsachen gem. §§ 16, 18, kann sich eine Geheimhaltungspflicht ergeben. 30

Praktisch stehen **vertragliche Geheimhaltungspflichten** im Vordergrund. **Vertraulichkeitsvereinbarungen** (Non-Disclosure-Agreements, NDAs, oder Confidentiality Agreements) können isoliert abgeschlossen werden, sind aber häufig Teil größerer Vertragswerke, etwa von Entwicklungs- und Vertriebsvereinbarungen, von Franchising-Verträgen oder von Unternehmenstransaktionen. Ausführlich zu Vertraulichkeitsvereinbarungen → Einl. B Rn. 16 ff. **Nutzungsverbote** werden regelmäßig mit Vertraulichkeitspflichten verbunden (→ Einl. B Rn. 46 ff.). 31

Die Verpflichtung kann ausdrücklich vertraglich vereinbart werden, sie kann sich aber auch als Schutzpflicht (§ 241 Abs. 2 BGB) oder aufgrund ergänzender Vertragsauslegung ergeben (hierzu im Einzelnen → Einl. B Rn. 5 ff.; Einl. C Rn. 5 ff.; ebenso OLG Karlsruhe GRUR-RS 2021, 23997 Rn. 7; *Alexander* in Köhler/Bornkamm/Feddersen GeschGehG § 4 Rn. 48; *McGuire* WRP 2019, 679 (681)). 32

Schon **vor Vertragsschluss** können sich vorvertragliche Nutzungsverbote und Verschwiegenheitspflichten aus dem Gedanken der **culpa in contrahendo** (§ 311 Abs. 2 BGB) ergeben, insbesondere wenn dem Vertragsschluss eine Verhandlungs- und Prüfphase vorausgeht (→ Einl. B Rn. 10 f.). Auch können **nachwirkende Vertragspflichten (culpa post pactum perfectum)** bestehen (→ Einl. B Rn. 12 ff.; *Wunner* WRP 2019, 710 (713 ff.)). 33

Die vertragliche Verpflichtung muss **wirksam** sein und darf sich nicht, etwa wegen eines Verstoßes gegen das Kartellrecht, als nichtig erweisen (näher hierzu → Einl. B Rn. 20a ff.; ebenso *Keller* in Keller/Schönknecht/Glinke GeschGehG § 4 Rn. 93; *McGuire* in Büscher GeschGehG § 4 Rn. 35, so wohl auch Begr RegE, BT-Drs. 19/4724, 27: „Die vertragliche Verpflichtung muss rechtmäßig sein.“). Ansonsten würden die Wertungen der nichtigkeitsbegründenden Norm unterlaufen und es würde nichtigen Verträgen eine sogar über das Vertragsrecht hinausgehende Wirkung verliehen. Aus der Entstehungsgeschichte der Geschäftsgeheimnis-RL ergibt sich nichts anderes (aA *Hoeren/Münker* WRP 2018, 150 (153)). Allerdings folgt aus der Unwirksamkeit nicht bereits automatisch, dass die 34 betreffende Information frei genutzt oder offengelegt werden darf (ebenso *Hoeren/Münker* WRP 2018, 150 (153); *McGuire* in Büscher GeschGehG § 4 Rn. 40, zum parallelen Problem unter § 2 Nr. 1 lit. b → Einl. B Rn. 21c; *Leistner* WRP 2021, 835 (842 ff.)). Insbesondere kann sich auch bei Unwirksamkeit einer speziellen vertraglichen Vereinbarung eine Pflicht zur Vertraulichkeit oder eine Nutzungsbeschränkung aus Schutzpflichten (§ 241 Abs. 2 BGB) oder sonstigem dispositivem Gesetzesrecht ergeben.

35 Die **Reichweite der Beschränkung** ergibt sich in erster Linie **aus der vertraglichen Verpflichtung.** Darf beispielsweise ein ausgeschiedener Arbeitnehmer zwar bisherige Geschäftspartner, deren Namen er memoriert hat, ansprechen, aber keine Daten und Dokumente seines bisherigen Arbeitgebers mitnehmen (so die Rspr. des BGH zu § 17 Abs. 2 UWG aF → Rn. 12), so verstößt er gegen § 4 Abs. 2 Nr. 2, wenn er die Informationen aus einer unbefugt kopierten Kundenliste entnimmt (*McGuire* in Büscher GeschGehG § 4 Rn. 32).

36 **bb) Im Arbeitsverhältnis und nach dessen Beendigung.** Im **Arbeitsverhältnis** ergibt sich die Vertraulichkeitspflicht und ein Verbot zur Nutzung der Geheimnisse außerhalb des Betriebs auch ohne ausdrückliche Vereinbarung bereits aus der **arbeitsvertraglichen Loyalitätspflicht** (Begr RegE, BT-Drs. 19/4724, 27; OLG Düsseldorf WRP 2021, 1080 Rn. 66 ff. – CAD-Konstruktionszeichnungen; LAG Hamm BeckRS 2021, 41734 Rn. 34: „Deutlich überspitzt formuliert: Es gibt in Arbeitsverträgen auch kein ausformuliertes Verbot, Spesenabrechnungen falsch auszufüllen und trotzdem ist jedermann klar, dass es unerlaubt ist und von Arbeitgeberseite nicht toleriert werden wird."). Auf die Erläuterungen zum Geheimnisschutz im Arbeitsverhältnis wird verwiesen (→ Einl. C Rn. 5 ff.).

37 Erhebliche Schwierigkeiten bereitet die Bestimmung der Reichweite von Vertraulichkeitspflichten und Nutzungsverboten im Fall **ehemaliger Arbeitnehmer** (→ Einl. C Rn. 38 unter Verweis auf *Schmidt* in 36. DJT 101 (140): „Kardinalproblem"). Es gibt keine einfache Abgrenzungsformel (→ Rn. 41a). Fälle, in denen ehemalige Arbeitnehmer geheime Informationen zum neuen Arbeitgeber mitnehmen, sind häufig und für den bisherigen Arbeitgeber potenziell sehr gefährlich.

38 **Vor Inkrafttreten des GeschGehG** hielt das **BAG** einen ausgeschiedenen Arbeitnehmer auch ohne besondere Vereinbarung auf Grund nachwirkender Treuepflicht **arbeitsrechtlich zur Verschwiegenheit über Geschäfts- und Betriebsgeheimnisse verpflichtet.** Doch durfte er sein im Laufe der bisherigen Tätigkeit erworbenes berufliches Erfahrungswissen verwerten (→ Einl. C Rn. 45 ff.; BAG NJW 1983, 134 (135); BAG NJW 1988, 1686 (1687)). Hingegen ging der **BGH** in st. Rspr. zu §§ 17 und 3 Abs. 1 UWG davon aus, dass der Arbeitnehmer nach Ausscheiden aus einem Beschäftigungsverhältnis in der **Weitergabe und Verwertung der dort redlich erlangten Betriebsgeheimnisse grundsätzlich frei** ist (→ Einl. C Rn. 40 ff.; BGH GRUR 2002, 91 (92) – Spritzgießwerkzeuge; BGH GRUR 2018, 1165 Rn. 46 – Hohlfasermembranspinnanlage II; so bereits seit RGZ 65, 333 (337) – Pomril; aA Mes GRUR 1979, 584 (593)). Die praktischen Unterschiede zwischen der Rechtsprechung beider Bundesgerichte waren aber kleiner, als es diese Grundsätze vermuten ließen. Einerseits erkannte das BAG an, dass sich Geheimhaltungspflichten nicht auf Erfahrungswissen beziehen und dass sie dann nicht bestehen, wenn eine Geheimhaltung auf ein Wettbewerbsverbot hinauslaufen würde. Auch gestand das BAG ausgeschiedenen Arbeitnehmern das Recht zu, ehemalige Kunden zu umwerben.

Andererseits hielt der BGH den Arbeitnehmer grundsätzlich für nicht berechtigt, sein erlangtes Wissen **durch die Mitnahme von Dokumenten oder Daten zu sichern** (BGH GRUR 2003, 356 (258) – Präzisionsmessgeräte; BGH GRUR 2009, 603 Rn. 15 – Versicherungsvertreter; BGH GRUR 2018, 1161 Rn. 46 – Hohlfasermembranspinnanlage II). Auch fand im Rahmen des Merkmals „unbefugt" unter § 17 Abs. 2 Nr. 2 UWG aF bzw. bei Anwendung des § 3 Abs. 1 UWG eine Interessenabwägung statt, in deren Rahmen weitere besondere Umstände des Falls für eine Geheimhaltungspflicht sprechen konnten (→ Einl. C Rn. 41 mwN).

Nach neuem Recht muss der Arbeitnehmer über die Möglichkeit verfügen, auch beim Wechsel des Arbeitgebers sein Erfahrungswissen einzusetzen. Art. 1 Abs. 3 Geschäftsgeheimnis-RL hebt die Bedeutung der Arbeitnehmermobilität hervor, und **Art. 1 Abs. 3 lit. b Geheimnisschutz-RL** bestimmt, **dass Arbeitnehmer in der Nutzung von Erfahrungen und Fähigkeiten nicht beschränkt sind,** die sie im normalen Verlauf ihrer Tätigkeit ehrlich erworben haben. Diese Bestimmung wurde nicht ausdrücklich im GeschGehG umgesetzt. Gleichwohl ist sie im Rahmen der richtlinienkonformen Auslegung zu berücksichtigen (Begr RegE, BT-Drs. 19/4724, 17), zumal sie einem Grundsatz der bisherigen deutschen Rechtsprechung entspricht und auch im Ausland (rechtsvergleichend *Kolasa,* Trade Secrets and Employee Mobility, 2018) weitgehend anerkannt ist. **Andererseits** kann der Unternehmer ein berechtigtes Interesse an der **Wahrung seiner Geschäftsgeheimnisse auch nach Beendigung des Arbeitsverhältnisses** haben. Die Geschäftsgeheimnis-RL schließt es nicht aus, dass Arbeitnehmer auch nach Ende des Arbeitsverhältnisses Vertraulichkeitspflichten und Nutzungsverboten unterliegen, deren Verletzung zur Haftung gem. §§ 4 Abs. 2; 6 ff. führt. Weitere Anhaltspunkte für die Interessenabwägung enthält das Gesetz nicht. Vielmehr bleiben gem. § 1 Abs. 3 Nr. 4 die Rechte und Pflichten aus dem Arbeitsverhältnis ausdrücklich unberührt. 39

Hat der Arbeitnehmer die Informationen **gem. § 4 Abs. 1 Nr. 1 oder 2 unbefugt erlangt,** insbesondere sich Dokumente angeeignet, Dateien kopiert oder auf private Speichermedien weitergeleitet (→ Rn. 12 ff., 19 ff.), so ist ihm die Nutzung des Geheimnisses **bereits gem. § 4 Abs. 2 Nr. 1 verboten.** Die **frühere Rspr. des BGH,** der zufolge ein ehemaliger Arbeitnehmer Kenntnisse dann nicht nutzen darf, wenn er hierfür auf **schriftliche Unterlagen** aus dem bisherigen Arbeitsverhältnis zurückgreifen muss (→ Rn. 38), findet also unter Geltung des GeschGehG dann in § **4 Abs. 2 Nr. 1 eine gesetzliche Grundlage,** wenn die Informationen bereits unredlich erlangt oder kopiert wurden. Im Übrigen folgt aus einer Pflicht zur Rückgabe von Dokumenten oder Daten am Ende des Arbeitsverhältnisses bereits eine Nutzungsbeschränkung hinsichtlich der dort enthaltenen Informationen (§ 4 Abs. 2 Nr. 2), sofern man bei Verletzung der Rückgabepflicht nicht sogar ein unberechtigtes Erlangen durch Unterlassung bejahen will (→ Rn. 24a). Der neue Arbeitgeber haftet unter den Voraussetzungen des § 4 Abs. 3. 40

Die Verpflichtung zur nachvertraglichen Wahrung von Geschäftsgeheimnissen kann sich zudem **aus gesetzlichen Regelungen** ergeben. **Arbeitnehmererfindungen** sind dem Unternehmer zugeordnet und vom Arbeitnehmer auch nach seinem Ausscheiden vertraulich zu behandeln (§§ 5, 24, 26 ArbnErfG). Die Verpflichtung der Mitglieder des Betriebsrats gem. § 79 Abs. 1 BetrVG, Betriebs- oder Geschäftsgeheimnisse, die ihnen wegen ihrer Zugehörigkeit zum **Betriebsrat** bekannt geworden und vom Arbeitgeber ausdrücklich als geheimhaltungsbe- 40a dürftig bezeichnet worden sind, nicht zu offenbaren und nicht zu verwerten, überdauert das Arbeitsverhältnis (→ Einl. C Rn. 124 ff.)

40b Arbeitgeber und Arbeitnehmer können im Arbeitsvertrag für die Zeit nach Ende des Arbeitsverhältnisses **vertraglich Geheimhaltung vereinbaren.** Sofern eine solche Vereinbarung allerdings auf ein **Wettbewerbsverbot** zu Lasten des Arbeitnehmers hinausläuft, ist ihre Wirksamkeit an §§ 74, 74a HGB zu messen (für regelmäßige Annahme eines Wettbewerbsverbots bei der Beschränkung der Nutzung von Erfahrungswissen *Hauck* GRUR 2022, 530 (534)). Das ergibt sich auch aus § 1 Abs. 3 Nr. 4, dem zufolge die Rechte und Pflichten aus dem Arbeitsverhältnis unberührt bleiben. Nach der Begründung der Beschlussempfehlung dürfen insbesondere „die Anforderungen der bestehenden arbeitsgerichtlichen Rechtsprechung an die Vereinbarung von Karenzzeiten nicht unterlaufen werden" (BT-Drs. 19/8300, 13). Im Einzelnen werden die vertraglichen Gestaltungsmöglichkeiten und deren Grenzen im arbeitsrechtlichen Kapitel der Einleitung erläutert, auf das verwiesen wird (→ Einl. C Rn. 59 ff.; vgl. auch *Hauck* GRUR 2022, 530 (532); *Steinmann,* Die Verletzung von Geschäftsgeheimnissen durch Arbeitnehmer, 2021; *Wunner* WRP 2019, 710).

41 Doch **auch ohne gesonderte Vereinbarung** einer **nachvertraglichen Verpflichtung** bleibt ein Arbeitnehmer verpflichtet, Geschäftsgeheimnisse seines bisherigen Arbeitgebers vertraulich zu behandeln, und unterliegt einem entsprechenden Nutzungsverbot (OLG Karlsruhe GRUR-RS 2021, 23997 Rn. 7; OLG Stuttgart WRP 2021, 242 Rn. 163 – Schaumstoffsysteme; *Alexander* in Köhler/Bornkamm/Feddersen GeschGehG § 4 Rn. 48; aA *Hauck* GRUR 2022, 530 (536)). Sinnvoll erscheint es dabei, die nachvertraglichen Pflichten ausgeschiedener Arbeitnehmer im GeschGehG, im Arbeitsrecht und im Lauterkeitsrecht **nach gleichen Kriterien** zu bestimmen (ebenso *Keller* in Keller/Schönknecht/Glinke GeschGehG § 4 Rn. 81). Damit besteht freilich die Schwierigkeit, das freie Erfahrungswissen von geschützten Unternehmensgeheimnissen abzugrenzen.

41a Einen **ersten Anhaltspunkt** bietet die Abgrenzung zwischen **der erlaubten Nutzung memorierten Wissens** und der **unerlaubten Verwendung von schriftlichen Unterlagen,** die der BGH in seiner neueren Rspr. auch dann vorgenommen hat, wenn die Unterlagen befugt angefertigt wurden (→ Rn. 38; BGH GRUR 2006, 1044 Rn. 13 – Kundendatenprogramm; BGH GRUR 2018, 1161 Rn. 64 – Hohlfasermembranspinnanlage II). Für diese Unterscheidung spricht, dass Erfahrungswissen häufig durch Erlernen und Übung eingeprägt wird, während der Arbeitnehmer meist weder das Recht noch einen Anlass dazu hat, Unterlagen seines bisherigen Arbeitnehmers mitzunehmen (zur Unzulässigkeit der Nutzung bereits gem. § 4 Abs. 2 Nr. 1 bei unerlaubtem Erlangen oder unerlaubter Kopie → Rn. 40). Allerdings handelt es sich nicht um eine zwingende Abgrenzungsformel (so aber wohl *McGuire* in Büscher GeschGehG § 4 Rn. 42 und § 2 Rn. 14 ff.), sondern nur um ein widerlegliches Indiz (ähnl. *Hauck* GRUR 2022, 530 (533)). Auch Erfahrungswissen kann durchaus schriftlich dokumentiert sein: Gerade im Rahmen der beruflichen Ausbildung werden regelmäßig Notizen angefertigt, die der Arbeitnehmer mitnehmen und weiterhin nutzen darf. Umgekehrt ist es auch möglich, dass ein Arbeitnehmer ein Geschäftsgeheimnis, beispielsweise eine geheime Formel oder Rezeptur, memoriert. Weder der Umfang der Information noch die Gedächtniskapazität des Arbeitnehmers stellen Wertungsgesichtspunkte dar, die zwingend über die Abgrenzung zwischen erlaubter und unerlaubter Verwertung entscheiden können (→ Einl. C Rn. 56).

Erforderlich ist demnach **jeweils eine einzelfallbezogene Abwägung** zwischen den verfassungsrechtlich geschützten **Interessen des Arbeitgebers an der Wahrung seiner Unternehmensgeheimnisse** und des **Arbeitnehmers an seinem beruflichen Fortkommen** (Art. 1 Abs. 3 GeschGehRL) (BGH GRUR 1963, 367 – Industrieböden; BGH GRUR 2002, 91 (93) – Spritzgießwekzeuge; *Brammsen* in Brammsen/Apel GeschGehG § 4 Rn. 94 f.; *Mes* GRUR 1979, 584 (586 f.); *Kalbfus* Know-how-Schutz Rn. 519 ff. und Einl. C Rn. 40 ff.). Die bisherige Rspr. kann dabei eine gewisse Orientierung bieten, zumal die Freiheit des Erfahrungswissens schon bisher anerkannt war (→ Rn. 38, 41a; krit. *Hauck* GRUR 2022, 530 (534)). Mögliche Kriterien sind: 42

- der **Charakter der Information:** Auch wenn eine Information nicht bereits durch das ArbnErfG dem Arbeitgeber zugeordnet ist (→ Rn. 40a), können Rezepturen oder Konstruktionsdetails Geschäftsgeheimnisse darstellen, die dem Patentschutz mangels Neuheit oder erfinderischer Tätigkeit nicht zugänglich wären. Je stärker sich die Information von den üblichen Erfahrungen eines Arbeitnehmers in vergleichbarer Stellung unterscheiden lässt, desto eher ist sie dem bisherigen Unternehmen zuzuordnen.
- die Notwendigkeit, zur Nutzung der Information **auf schriftliche Unterlagen oder Dateien zurückzugreifen:** Hat der Arbeitnehmer die Information memoriert, so handelt es sich um einen (wenn auch nicht zwingenden, → Rn. 41a) Anhaltspunkt dafür, dass es sich um Erfahrungswissen handelt, während die Nutzung von Aufzeichnungen häufig gem. § 4 Abs. 2 Nr. 1 oder 2 unerlaubt sein wird.
- **die Bedeutung des Geheimnisses für das Unternehmen:** Das Interesse des Arbeitgebers fällt umso stärker ins Gewicht, je wichtiger das Geheimnis für seine Wettbewerbsposition ist. Allerdings ist nicht ausgeschlossen, dass ein ehemaliger Arbeitnehmer auch wertvolle Informationen verwerten darf, sofern sich andere der genannten Kriterien zu seinen Gunsten auswirken.
- die **Bedeutung der Information für das berufliche Fortkommen des Arbeitnehmers:** Je eher die Information Voraussetzung für eine weitere berufliche Tätigkeit in der betreffenden Branche ist, je eher sich der Arbeitnehmer im bisherigen Betrieb so spezialisiert hat, dass die Information Teil seiner Expertise ist, und je eher ein Verwertungsverbot auf ein Wettbewerbsverbot hinausliefe, desto eher darf der Arbeitnehmer sie verwerten (BGH GRUR 1963, 367 – Industrieböden; BGH GRUR 2002, 91 (94) – Spritzgießwerkzeuge). Das Interesse des Arbeitnehmers an einem Verkauf der Information an Dritte wiegt geringer als sein Interesse an der eigenen Verwertung (BGH GRUR 2002, 91 (94) – Spritzgießwerkzeuge).
- die **Stellung des Arbeitnehmers in seiner früheren Beschäftigung:** Informationen, die der Arbeitnehmer sich schon während der Beschäftigung unredlich verschafft hat, darf er auch nicht nutzen (§ 4 Abs. 2 Nr. 1, ebenso zum früheren Recht BGH GRUR 1983, 179 (180) – Stapel-Automat). Das Interesse des Arbeitnehmers wiegt umso schwerer, je stärker sein eigener Anteil am Ausarbeiten der Information war (BGH GRUR 1963, 367 – Industrieböden; BGH GRUR 2002, 91 (94) – Spritzgießwerkzeuge; krit. *Kalbfus* Know-how-Schutz Rn. 525). Eine Vertrauensstellung im bisherigen Betrieb wirkt sich zulasten des Arbeitnehmers aus (BGH GRUR 1963, 367– Industrieböden). Eine Geheimhaltungspflicht während der Dauer des Beschäftigungsverhältnisses wirkt zwar nicht ohne weiteres fort, hat aber für die Interessenabwägung vor allem dann Bedeutung, wenn der Arbeitnehmer auch im Hinblick auf das Unterlassen

künftiger Verwertungshandlungen eine Vergütung erhalten hat. Die Dauer des Beschäftigungsverhältnisses und die Umstände seiner Beendigung sind allenfalls schwache Kriterien (aA aufgrund der Umstände des Falls BGH GRUR 1963, 367 – Industrieböden; BGH GRUR 2002, 91 (94) – Spritzgießwerkzeuge).

IV. Von Dritten erlangte Information (Abs. 3)

1. Erlangung nach rechtswidriger Handlung (§ 4 Abs. 3 S. 1)

43 Auch diese Vorschrift beruht auf dem Grundsatz, dass an der geheimen Information **kein Ausschließlichkeitsrecht** besteht (Erwgr. 16 Geschäftsgeheimnis-RL), sondern dass der Inhaber nur gegen unlautere Handlungen in Bezug auf die Information vorgehen kann (→ Rn. 2). Redliche Dritte können die Information daher rechtmäßig nutzen und weitergeben (*Keller* in Keller/Schönknecht/Glinke GeschGehG § 4 Rn. 99 spricht von „neutralen Nutzern“, die nicht über eine positive Nutzungsbefugnis verfügen, sondern nur im Fall der Redlichkeit geschützt werden). Beschränkt sind Erlangung, Offenlegung und Nutzung nur dann, wenn der Informationsempfänger weiß oder wissen muss, dass der Informationsvermittler gegen § 4 Abs. 2 verstoßen hat. Dieser Gedanke findet sich schon in **Fußnote 10 zu Art. 39 Abs. 2 TRIPS** (freilich im Sinne eines Mindeststandards), der zufolge Dritte unlauter handeln, wenn Sie Informationen erhalten, obwohl sie wissen oder infolge grober Fahrlässigkeit nicht wissen, dass die Person das Geheimnis unlauter erlangt hat.

44 Der Empfänger muss das Geheimnis **von einer anderen Person erlangt haben,** ohne selbst zuvor in der Nutzung oder Offenlegung der Information beschränkt gewesen zu sein. **Beispiele** sind die Mitteilung von Geschäftsgeheimnissen an einen neuen Arbeitgeber nach Arbeitsplatzwechsel, die Mitteilung von Informationen durch einen Geschäftspartner des Geheimnisinhabers, die Verwertung von in einem gerichtlichen Verfahren erlangten und einer Vertraulichkeitspflicht und Nutzungsbeschränkung unterliegenden Informationen (s. §§ 16, 18) oder die Erlangung von Informationen durch Plattformbetreiber oder andere Intermediäre (→ Rn. 47) (*Keller* in Keller/Schönknecht/Glinke GeschGehG § 4 Rn. 127 ff.). Hat der Empfänger die Information unmittelbar, etwa durch unbefugten Zugriff auf Dokumente oder Daten, in Erfahrung gebracht oder hat er selbst in unlauterer Weise auf den Informationsträger eingewirkt (zB durch Bestechung oder Verleitung zum Vertragsbruch, s. → Rn. 22 f.), so ist § 4 Abs. 1 anwendbar, sind ihm selbst Offenlegung oder Nutzung vertraglich verboten, so greifen § 4 Abs. 2 Nr. 2, 3 ein (näher zur Abgrenzung → Rn. 21a).

44a Die andere Person muss genau die betreffende Information **entgegen Abs. 2 genutzt oder offengelegt** haben. § 4 Abs. 3 ist analog anwendbar, wenn die andere Person gegen §§ 17, 18 UWG aF verstoßen hat, sofern die Handlung auch nach dem GeschGehG verboten wäre (→ Rn. 25). Hingegen ist § 4 Abs. 3 nicht anwendbar, wenn dem Empfänger die Information vom Berechtigten freiwillig mitgeteilt wurde, wenn der Berechtigte mit der Weitergabe einverstanden war oder wenn die Information von einer Person mitgeteilt wird, die gem. § 3 erlaubt handelt oder sich (zB als Whistleblower) auf eine Ausnahme gem. § 5 berufen kann (*Keller* in Keller/Schönknecht/Glinke GeschGehG § 4 Rn. 110; de lege ferenda krit. zu dieser Auswirkung des § 5 *McGuire* in Büscher GeschGehG § 5 Rn. 4, 12). Die Pflichtenlage beim Zufallsfund ist gem. § 4 Abs. 1 Nr. 2 und

Abs 2 Nr. 2, 3 zu beurteilen (→ Rn. 24). § 4 Abs. 3 S. 1 greift auch in einer **Kette von Mitteilungshandlungen** ein. Ausreichend ist es, dass eine Person in der Kette durch die Offenlegung oder Nutzung gegen § 4 Abs. 2 verstößt (Begr RegE BT-Drs. 19/4724, 28; *Brammsen* in Brammsen/Apel GeschGehG § 4 Rn. 116; treffend *Hoeren/Münker* CCZ 2018, 85 f.: „Der Makel der rechtswidrigen Vortat infiziert die gesamte Kette.").

Der Empfänger der Information handelt bei deren Erlangung, Nutzung oder Offenlegung nur dann unerlaubt, wenn er **von der rechtswidrigen Vortat wusste oder hätte wissen müssen.** Das **Wissen** muss sich auf die zugrunde liegenden Tatsachen ebenso beziehen wie auf die Rechtswidrigkeit. **Wissen** bedeutet **positive Kenntnis. Wissenmüssen** bedeutet **fahrlässige Unkenntnis.** Zwar handelt es sich um einen unionsrechtlichen Begriff, so dass die Legaldefinition des § 122 Abs. 2 BGB nicht unmittelbar gilt. Dafür, dass auch einfach-fahrlässige Unkenntnis erfasst ist, spricht aber, dass Art. 4 Abs. 3 Geschäftsgeheimnis-RL die Beschränkung auf „grobe Fahrlässigkeit" aus Fußnote 10 zu § 39 Abs. 2 TRIPS, die lediglich eine beispielhafte Illustration und zudem nur einen Mindeststandard darstellt, nicht übernommen hat. **Fahrlässigkeit** ist, vorbehaltlich einer anderweitigen Auslegung dieses **unionsrechtlichen Begriffs** durch den EuGH, das **Außerachtlassen der verkehrsüblichen Sorgfalt** (§ 276 Abs. 2 BGB; LG Kempten MMR 2021, 581 Rn. 56; *Alexander* in Köhler/Bornkamm/Feddersen GeschGehG § 4 Rn. 69, 70). Insbesondere setzt § 4 Abs. 3, anders als der Mindeststandard des Art. 39 Abs. 2 TRIPS, keine grobe Fahrlässigkeit voraus (*Hoeren/Münker* CCZ 2018, 85 (86); *Deck* in Hoeren/Münker GeschGehG § 4 Rn. 128). Allerdings kann der strenge Fahrlässigkeitsmaßstab des Immaterialgüterrechts nicht unbesehen übernommen werden. Für die Frage, ob der Empfänger von der rechtswidrigen Vortat hätte wissen müssen, ist auf die Umstände des Einzelfalls abzustellen, wie Art. 4 Abs. 3 Geschäftsgeheimnis-RL deutlicher zum Ausdruck bringt als § 4 Abs. 3 S. 1. Den Informationsempfänger trifft keine generelle Nachforschungspflicht. Es müssen **konkrete Anhaltspunkte** dafür bestehen, dass die Information durch eine rechtswidrige Vortat genutzt oder offengelegt wurde (ebenso *Alexander* in Köhler/Bornkamm/Feddersen GeschGehG § 4 Rn. 71; *Apel/Drescher/Lindner* BB 2022, 1795, 1797). Der Fahrlässigkeitsvorwurf kann sich auch aus dem **Fehlen angemessener und zumutbarer Sicherungsmaßnahmen (Compliance)** oder aus dem Unterlassen einer nach den Umständen gebotenen Freedom-to-operate-Analyse ergeben (*Leister* GRUR-Prax 2020, 145; *Keller* in Keller/Schönknecht/Glinke GeschGehG § 4 Rn. 115). Bestehen solche Verdachtsmomente, so treffen den Empfänger **Nachforschungspflichten,** deren Umfang erneut von den Umständen abhängt (ebenso *Keller* in Keller/Schönknecht/Glinke GeschGehG § 4 Rn. 125 ff.; krit. *Brammsen* in Brammsen/Apel GeschGehG § 4 Rn. 126 ff.). Mögliche Kriterien sind der Wert des Geheimnisses, die Üblichkeit einer Weitergabe derartiger Informationen, die Marktüblichkeit der für die Information geforderten Gegenleistung und die Kenntnis, die angesichts der unternehmerischen und beruflichen Stellung des Empfängers von diesem erwartet werden kann. Kennt der Empfänger die Tatsachen, nicht jedoch die rechtliche Bewertung, so kann von ihm regelmäßig die Einholung von Rechtsrat erwartet werden. 45

Die Begriffe **„erlangen", „nutzen"** und **„offenlegen"** sind grundsätzlich wie in § 4 Abs. 1 und 2 auszulegen (→ Rn. 11, 27, 28). **Problematisch** ist allerdings der Fall, dass der **Empfänger die Information ohne eigenes Zutun erlangt,** beispielsweise weil ihm eine E-Mail mit der geheimen Information 46 zugeht. Ein Erlangen gem. § 4 Abs. 1 setzt nach wohl herrschender und zutreffender Ansicht ein aktives Tun voraus (→ Rn. 24a), an dem es in diesem Fall fehlt. Sicherlich darf der Empfänger die Information, sobald die subjektiven Tatbestandsvoraussetzungen vorliegen, nicht nutzen oder offenlegen. Fraglich ist aber, ob der Geheimnisinhaber bei Kenntnis oder fahrlässiger Unkenntnis des Empfängers Unterlassung (§ 6) und Entfernung (§ 7) verlangen kann oder ob der Anspruch am Fehlen einer aktiven Handlung des Erlangens scheitert (so OLG Frankfurt GRUR-RR 2021, 229 Rn. 32 – Vliesstoffe). Einiges spricht dafür, unter § 4 Abs. 3 eine Information bereits dann als „erlangt" anzusehen, wenn der Empfänger von ihr Kenntnis nehmen kann. Anders als unter § 4 Abs. 1 wird der redliche Empfänger, insbesondere derjenige, der vom Zugang der Information nichts weiß, durch den subjektiven Tatbestand geschützt.

47 Keine Regelung treffen die Geschäftsgeheimnis-RL und das GeschGehG zur **Haftung von Intermediären,** also von **Dienstleistern,** die **anderen Personen die unmittelbare Verletzung ermöglichen,** insbesondere indem sie fremde Informationen digital speichern oder bereitstellen. Beispiele sind der Betreiber eines Blogs, auf dem ein Geschäftsgeheimnis veröffentlicht wird, oder ein Anbieter von Speicherplatz in der Cloud, dessen Dienste für die Speicherung unzulässig erlangter Informationen verwendet werden. **Zwei Aspekte** sind zu unterscheiden. **Erstens** muss dem Intermediär die Erlangung, Nutzung oder Offenlegung als **eigene täterschaftliche Verletzungshandlung** zuzurechnen sein. Andernfalls kommt nur eine **Haftung als Anstifter oder als mittelbarer Verursacher** („Störer") wegen der Verletzung von **Verkehrspflichten** in Betracht (hierzu im Einzelnen → § 6 Rn. 75 ff.). Speichert der Intermediär lediglich eine Information für einen anderen oder verschafft er einem anderen die Möglichkeit eine Information im Internet (zB auf einer Plattform oder in einem sozialen Netzwerk) zu veröffentlichen, so nimmt er keine eigene Nutzungs- bzw. Offenlegungshandlung vor. Das ergibt sich aus den Wertungen des geistigen Eigentums, in dem ebenfalls zwischen Täter- und Störerhaftung zu unterscheiden ist, ebenso wie aus der Unterscheidung zwischen eigenen und fremden Informationen in § 7 Abs. 1, 2 TMG, Art. 6, 8 DSA (näher hierzu → § 6 Rn. 76, 78). Anders ist es nur, wenn sich der Intermediär die Information zu eigen macht, also beispielsweise in ein eigenes redaktionelles Angebot einbindet (vgl. BGH GRUR 2010, 616 Rn. 22 ff. – marions-kochbuch.de (zum Urheberrecht); BGH GRUR 2015, 1129 Rn. 25 – Hotelbewertungsportal (zum UWG); *Ohly* GRUR 2017, 441 (444 f.)). **Zweitens** setzt § 4 Abs. 3 S. 1 **Vorsatz oder Fahrlässigkeit** voraus. Internet-Intermediäre ermöglichen aber üblicherweise Nutzern die vollautomatische Speicherung von Daten. Der Dienstleister erlangt von diesen Daten keine Kenntnis, auch trifft ihn ohne Hinweis auf eine konkrete Verletzung keine allgemeine Nachforschungspflicht (→ § 6 Rn. 85).

48 Der **maßgebliche Zeitpunkt,** zu dem die Kenntnis oder das Kennenmüssen vorliegen müssen, ist derjenige der Erlangung, Nutzung oder Offenlegung. Es ist also möglich, dass der Empfänger die Information noch **gutgläubig erlangt, später** aber vom Inhaber des Geheimnisses über die rechtswidrige Vortat **in Kenntnis gesetzt** wird oder von Verdachtsmomenten erfährt, die Nachforschungspflichten auslösen (→ Rn. 45). Ab diesem Zeitpunkt ist die Offenlegung oder weitere Nutzung rechtswidrig (OLG Schleswig-Holstein, GRUR-RR 2022, 404 Rn. 100; *Alexander* in Köhler/Bornkamm/Feddersen GeschGehG § 4 Rn. 73; *McGuire* in Büscher GeschGehG § 4 Rn. 56, vgl. auch § 4 Rn. 16 mit Kritik am Begriff der „Gut- und Bösgläubigkeit", der indes den Bezugspunkt des

subjektiven Tatbestands präzise erfasst und sich sowohl auf Erwgrd. 29 Geschäftsgeheimnis-RL als auch auf die Parallele zum allgemeinen Zivilrecht stützen kann, vgl. § 990 Abs. 1 S. 2 BGB). Den berechtigten Interessen des Empfängers, der möglicherweise auf der Grundlage der Informationen gutgläubig Investitionen getätigt hat, kann durch eine flexible Ausgestaltung der Rechtsfolgen, insbesondere durch einen (ggf. befristeten) Ausschluss des Unterlassungsanspruchs (§ 9), verbunden mit einer Abfindung in Geld (§ 11) Rechnung getragen werden (Erwgrd. 29 Geschäftsgeheimnis-RL, näher hierzu → § 9 Rn. 29).

2. Handlungen in Bezug auf rechtsverletzende Produkte (§ 4 Abs. 3 S. 2)

Wenn der Handelnde die in § 4 Abs. 3 S. 1 bestimmten subjektiven Merkmale verwirklicht, also von der rechtswidrigen Vortat des Informationsmittlers **wusste oder hätte wissen müssen,** kann der Inhaber des Geheimnisses die **Herstellung rechtsverletzender Produkte, ihr Anbieten, ihr Inverkehrbringen, ihren Im- und Export oder ihre Lagerung für diese Zwecke** verbieten. Dieser Schutz ist **immaterialgüterrechtsähnlich.** Die verbotenen Handlungen entsprechen weitgehend denjenigen, die in § 9 S. 2 Nr. 1 PatG dem Inhaber eines Erzeugnispatents vorbehalten sind. Schon nach bisherigem Recht stellten die Herstellung und der Vertrieb von Produkten, deren Konstruktion durch eine Verletzung von Geschäftsgeheimnissen ermöglicht wurde, eine rechtswidrige Verwertung (§ 17 Abs. 2 Nr. 2 UWG aF) dar (BGH GRUR 1985, 294 (296) – Füllanlage; GRUR 2002, 91 (94 f.) – Spritzgießwerkzeuge), auch wenn die Neuregelung in ihrer Weite teilweise über das bisherige Recht hinausgeht (*Kalbfus* GRUR 2016, 1009 (1014); *Keller* in Keller/Schönknecht/Glinke GeschGehG § 4 Rn. 130: „fundamentale Stärkung"). Problematisch weit ist § 4 Abs. 3 Nr. 2 dann, wenn ein Produkt nur deswegen als verletzend iSd § 2 Nr. 4 beurteilt wird, weil sein Marketing auf einem Geschäftsgeheimnis beruht. In diesem Fall kann § 4 Abs. 3 Nr. 2 bei weiter Auslegung zu einem Vertriebsverbot für rechtmäßig hergestellte und in Verkehr gebrachte Produkte führen (zur möglichen Unverhältnismäßigkeit eines Unterlassungsanspruchs in diesem Fall → § 9 Rn. 35, s.a. Rn. 53). **49**

Während in Art. 4 Geschäftsgeheimnis-RL zwischen der Erlangung, Nutzung oder Offenlegung von Dritten erlangter Informationen einerseits (Abs. 4) und Handlungen in Bezug auf rechtsverletzende Produkte andererseits (Abs. 5) unterschieden wird, hat der deutsche Gesetzgeber **beide Verletzungsformen in einem Absatz zusammengefasst.** Ausschlaggebend dafür war die Überlegung, dass erstens die subjektiven Tatbestandsmerkmale identisch sind und dass zweitens die Herstellung und Vermarktung rechtsverletzender Produkte nichts anderes darstellt als eine Nutzung des Geschäftsgeheimnisses (*Keller* in Keller/Schönknecht/Glinke GeschGehG § 4 Rn. 103: „Fruchtziehung"). Die **unterschiedliche Regelungssystematik** wirkt sich, soweit ersichtlich, **auf die rechtliche Beurteilung nicht aus** (ebenso *Keller* in Keller/Schönknecht/Glinke GeschGehG § 4 Rn. 104 f.). Zwar bezieht sich der subjektive Tatbestand in Art. 4 Abs. 4 Geschäftsgeheimnis-RL darauf, dass eine andere Person in der „Informationskette" das Geheimnis rechtswidrig genutzt oder offengelegt hat, im Fall des Art. 4 Abs. 5 Geschäftsgeheimnis-RL aber auf die rechtswidrige Vortat im Sinne des Art. 4 Abs. 3 Geschäftsgeheimnis-RL, doch ist in beiden Fällen dasselbe gemeint (aA *McGuire* in Büscher GeschGehG § 4 Rn. 58). Erzeugt etwa ein Hersteller, der das Geheimnis von einem zur Vertraulichkeit verpflichteten Mitarbeiter des **50**

Geheimnisinhabers unter dessen Verstoß gegen § 4 Abs. 2 Nr. 3 erlangt hat, daraufhin Produkte, so haftet ein in der Vertriebskette nachgelagerter Händler genau dann, wenn er von diesem Verstoß weiß oder davon hätte wissen müssen. Sollten sich dennoch Unterschiede zeigen, so ist § 4 Abs. 3 richtlinienkonform so auszulegen, dass § 4 Abs. 3 S. 1 und S. 2 unterschiedliche Verletzungsvarianten regeln (ähnl. *Alexander* in Köhler/Bornkamm/Feddersen GeschGehG § 4 Rn. 62; *Deck* in Hoeren/Münker GeschGehG § 4 Rn. 135).

51 Zum Begriff der rechtsverletzenden Produkte → § 2 Rn. 103 ff., zum Wissen oder Wissenmüssen von der rechtswidrigen Vortat → Rn. 45.

51a § 4 Abs. 3 S. 2 regelt nur den Fall, dass der Handelnde die geheime Information oder die verletzenden Produkte von einem Dritten erlangt hat. Wer sich die Information selbst in unbefugter Weise verschafft oder sie entgegen einem Nutzungsverbot nutzt, haftet bereits gem. § 4 Abs. 1 bzw. 2 Nr. 1 oder 2, ohne dass es auf Wissen oder Wissenmüssen ankommt (das allerdings in diesen Fällen regelmäßig vorliegt).

52 Die Begriffe **Herstellen, Anbieten, Inverkehrbringen, Einfuhr, Ausfuhr und Lagerung sind grundsätzlich wie im Recht des geistigen Eigentums auszulegen.** Insbesondere erscheint die Auslegung des **§ 9 S. 2 Nr. 1 PatG jedenfalls dann übertragbar,** wenn **Konzeption, Merkmale, Funktionsweise oder Herstellungsprozess des Produkts** in erheblichem Umfang auf dem Geschäftsgeheimnis beruhen (vgl. *Scharen* in Benkard PatG § 9 Rn. 32 ff.; *Keukenschrijver* in Busse/Keukenschrijver § 9 Rn. 63 ff.). **Herstellen** ist demnach der gesamte Prozess der Schaffung eines Produkts. Abweichungen des Produkts von der geheimen Information sind unschädlich, solange das Produkt nach Maßgabe des § 2 Nr. 4 noch als rechtsverletzend angesehen werden kann. Der Begriff des **Anbietens** umfasst jede Handlung, die auf den Verkauf des Produkts oder eine anderweitige Änderung der Verfügungsgewalt (auch zur Miete, zum Leasing oder zur Schenkung) zielt. Gemeint ist nicht nur das Angebot iSd § 145 BGB, sondern auch die invitatio ad offerendum, also insbesondere jede Form der Werbung. **Inverkehrbringen** ist jede Änderung der Verfügungsgewalt, insbesondere durch Übereignung. Die **Einfuhr** ist jede Verbringung des Produkts ins Inland zum Zweck des Inverkehrbringens. Die **Durchfuhr** des Produkts im ungebrochenen Transit stellt nach den insoweit übertragbaren patentrechtlichen Grundsätzen keine Einfuhr dar (vgl. aber § 14a MarkenG). § 4 Abs. 3 S. 2 umfasst auch die **Lagerung** zu den genannten Zwecken.

53 Bisher ungeklärt ist hingegen, welche Handlungen der Geheimnisinhaber verbieten kann, wenn ein rechtmäßig hergestelltes und in Verkehr gebrachtes Produkt unter Nutzung **geschützter kaufmännischer Informationen,** etwa vertraulicher Kundenlisten, vertrieben wird. Zwar kann ein Produkt schon deshalb „verletzend" sein, weil sein Marketing auf dem Geheimnis beruht. Einiges spricht aber dafür, dass in diesem Fall nur die Handlungen rechtswidrig sind, die auf die Nutzung des Geheimnisses zurückgeführt werden können. Im Beispiel könnte also nur das Angebot an die gelisteten Kunden, nicht jedoch allgemeiner das Herstellen oder Inverkehrbringen verboten werden (vgl. auch *Ess* WRP 2020, 988 (989); *Hauck/Kamlah* in MüKo GeschGehG § 4 Rn. 33). Alternativ lässt sich dieses Ergebnis auf Rechtsfolgenseite durch eine Beschränkung des Unterlassungsanspruchs nach Verhältnismäßigkeitsgesichtspunkten erreichen (§§ 6, 9; dazu → § 9 Rn. 35).

54 Untersagt werden können nur Handlungen, die sich **unmittelbar auf das verletzende Produkt** beziehen. Erlangt ein Unternehmen durch den Vertrieb verletzender Produkte eine Marktstellung, die es anschließend zum Vertrieb legaler Produkte nutzt, so kann ihm Letztere nicht auf der Grundlage des § 4 Abs. 3 S. 2 untersagt werden (so noch zu §§ 17 UWG aF, 3, 3a UWG BGH GRUR 2018, 535 Rn. 18 ff. – Knochenzement I; *Brammsen* in Apel/Brammsen GeschGehG § 4 Rn. 141).

V. Rechtsfolgen und Beweislast

Sind die Voraussetzungen des § 4 erfüllt (auch in Abgrenzung zu den Erlaubnistatbeständen des § 3) und greift keine der in § 5 geregelten Ausnahmen ein, so bestehen vorbehaltlich der in den einzelnen Rechtsfolgenbestimmungen geregelten zusätzlichen Voraussetzungen die **Ansprüche nach §§ 6 ff.**, also insbesondere Ansprüche auf Unterlassung (§ 6), Beseitigung (§§ 6, 7) und Schadensersatz (§ 10). 55

Zudem sind Verstöße gegen § 4 Abs. 1 Nr. 1 (nicht jedoch Nr. 2), Abs. 2 und Abs. 3 **gem. § 23 strafbar.** Die Strafbarkeit ist **akzessorisch** zum Verstoß gegen § 4, hängt aber von zusätzlichen, insbesondere subjektiven Tatbestandsmerkmalen ab. Auf die Kommentierung des § 23 wird verwiesen. 56

Die **Darlegungs- und Beweislast** trägt nach allgemeinen Regeln jede Partei für die ihr günstigen Umstände. Demnach muss der **Anspruchsteller** nicht nur darlegen und ggf. beweisen, dass ein gem. § 2 geschütztes Geheimnis vorliegt und dass der Anspruchsgegner die Information erlangt hat, sondern auch, dass dieser eine der in § 4 umschriebenen **Verletzungshandlungen** begangen hat (vgl. Art. 11 Abs. 1 lit. c Geschäftsgeheimnis-RL, ebenso LG Kempten BeckRS 2020, 45020 Rn. 40; *Alexander* in Köhler/Bornkamm/Feddersen GeschGehG § 4 Rn. 83). Die Beweislast des Anspruchstellers erstreckt sich auch auf den subjektiven Tatbestand in § 4 Abs. 3. Zum Verhältnis zur Darlegungs- und Beweislast unter § 3 → § 3 Rn. 18, 30. 57

§ 5 Ausnahmen

Die Erlangung, die Nutzung oder die Offenlegung eines Geschäftsgeheimnisses fällt nicht unter die Verbote des § 4, wenn dies zum Schutz eines berechtigten Interesses erfolgt, insbesondere

1. **zur Ausübung des Rechts der freien Meinungsäußerung und der Informationsfreiheit, einschließlich der Achtung der Freiheit und der Pluralität der Medien;**
2. **zur Aufdeckung einer rechtswidrigen Handlung oder eines beruflichen oder sonstigen Fehlverhaltens, wenn die Erlangung, Nutzung oder Offenlegung geeignet ist, das allgemeine öffentliche Interesse zu schützen;**
3. **im Rahmen der Offenlegung durch Arbeitnehmer gegenüber der Arbeitnehmervertretung, wenn dies erforderlich ist, damit die Arbeitnehmervertretung ihre Aufgaben erfüllen kann.**

Literatur: *Alexander,* Das Spannungsfeld zwischen investigativem Journalismus und dem Schutz von Geschäftsgeheimnissen, AfP 2017, 469; *ders.,* Geheimnisschutz nach dem GeschGehGE und investigativer Journalismus – Risikobereiche und Handlungsfreiräume, AfP 2019, 1; *ders.,* Zwingendes oder dispositives Recht: Welchen privatautonomen Gestaltungsspielraum belässt das GeschGehG?, WRP 2020, 1385; *Apel/Boom,* Zur (Un-)Abdingbarkeit des § 5 GeschGehG – Fallstricke für NDAs?, GRURPrax 2020, 225; *Apel/Drescher/Lindner,*

Geschäftsgeheimnisse im Compliance-System des Unternehmens: Anforderungen an die Umsetzung eines ganzheitlichen Geheimnisschutzes, BB 2022, 1795; *Aszmons/Herse,* EU-Whistleblowing-Richtlinie: Der richtige Umgang mit den neuen Vorgaben und deren Umsetzung, DB 2019, 1849; *Brockhaus,* Das Geschäftsgeheimnisgesetz. Zur Frage der Strafbarkeit von Hinweisgebern unter Berücksichtigung der Whistleblowing-Richtlinie, ZIS 2020, 102; *Buckow,* Strafrechtliche Handlungsmöglichkeiten für Beratende in Verfahren mit Whistleblowing, PStR 2020, 206; *Bürkle,* Whistleblowerschutz bei „unethischem" Verhalten?, CCZ 2018, 193; *v. Busekist/Racky,* Hinweisgeber- und Geschäftsgeheimnisschutz – ein gelungener Referentenentwurf?, ZRP 2018, 135; *Dilling,* Der Schutz von Hinweisgebern und betroffenen Personen nach der EU-Whistleblower-Richtlinie, CCZ 2019, 214; *Enders,* Geheimnisschutz durch Urheberrecht – Flankierender Schutz zum Geschäftsgeheimnisschutzgesetz?, WRP 2021, 872; *Erlebach/Veljovic,* Strafrechtliche Einordnung des § 5 GeschGehG, wistra 2020, 190; *Eufinger,* EU-Geheimnisschutzrichtlinie und Schutz von Whistleblowern, ZRP 2016, 229; *Fuhlrott/Henckel,* Hinweisgeberschutzgesetz: Handlungsbedarf für Unternehmen und Personalabteilungen, ArbR 2022, 441; *Fuhlrott/Hiéramente,* Arbeitsrechtlicher Handlungsbedarf durch das Geschäftsgeheimnisgesetz – Überblick zu den Eckpunkten des Gesetzes und mögliche arbeitsrechtliche Implikationen, DB 2019, 967; *Garden/Hiéramente,* Die neue Whistleblowing-Richtlinie der EU – Handlungsbedarf für Unternehmen und Gesetzgeber, BB 2019, 963; *Gerdemann,* Revolution des Whistleblowing-Rechts oder Pfeifen im Walde? – Der Richtlinienvorschlag der Europäischen Kommission zum Schutz von Whistleblowern, RdA 2019, 16; *Gramlich/Lütke,* Schutz von Hinweisgebern und betroffenen Personen im GeschGehG und in der Hinweisgeber-Richtlinie, wistra 2020, 354; *Groß/Platzer,* Whistleblowing: Keine Klarheit beim Umgang mit Informationen und Daten, NZA 2017, 1097; *Klaas,* Unternehmensinterne Verstöße und „Whistleblowing": Zum Grundrechtsschutz der Beteiligten und den Anforderungen an eine einfachrechtliche Regelung, CCZ 2019, 163; *Kraetzig,* Das Urheberrecht als Zensurrecht, 2022; *Leistner/Antoine/Sagstetter,* Big Data, 2021, 177; *Letzel,* Bewertung ausgewählter Aspekte des neuen „Gesetzes zum Schutz von Geschäftsgeheimnissen" (GeschGehG), ZJS 2021, 1; *Müllmann,* Mehr als nur Whistleblowing: Gesetz zum Schutz von Geschäftsgeheimnissen, ZRP 2019, 25; *Nabert/Peukert/Seeger,* Arbeitsrechtliche Aspekte des Geschäftsgeheimnisgesetzes, NZA 2019, 583; *Reinhardt-Kasparek/Kaindl,* Whistleblowing und die EU-Geheimnisschutzrichtlinie – Ein Spannungsverhältnis zwischen Geheimnisschutz und Schutz der Hinweisgeber?, BB 2018, 1332; *Ohly,* Geheimnisschutz durch Urheberrecht?, FS Schack, 2022, S. 256; *Reinbacher,* Der neue Straftatbestand des § 23 GeschGehG und das Whistleblowing, KriPoZ 2019, 148; *Rennicke,* Der An- und Verkauf steuerrelevanter Daten. Betrachtung der materiellen und prozessualen Rechtslage nach Erlass des § 202d StGB und des GeschGehG, wistra 2020, 135; *Rönnau,* Die Haftungsfreistellung des „Whistleblowers" nach § 5 Nr. 2 GeschGehG – eine gelungene Regelung?, FS Merkel, 2020, 909; *Schmitt,* Whistleblowing revisited – Anpassungs- und Regelungsbedarf im deutschen Recht. Zugleich ein Beitrag zu den arbeitsrechtlichen Auswirkungen der Geheimnisschutzrichtlinie, RdA 2017, 365; *dies.,* Geheimnisschutz und Whistleblowing, Aktuelle Rechtslage und Überlegungen zur Umsetzung in Deutschland, NZA-Beilage 2020, 50; *Schreiber,* Das neue Gesetz zum Schutz von Geschäftsgeheimnissen – ein „Freifahrtschein" für Whistleblower, NZWiSt 2019, 332; *Schröder,* Integration des Whistleblowing in die nationale Rechtsordnung, ZRP 2020, 212; *Spindler,* Kronzeugenanträge versus Datenschutz und Geschäftsgeheimnisschutz Dritter, ZWeR 2020, 313; *Thüsing/Rombey,* Nachdenken über den Richtlinienvorschlag der EU-Kommission zum Schutz von Whistleblowern, NZG 2018, 1001; *Trebeck/Schulte-Wissermann,* Die Geheimnisschutzrichtlinie und deren Anwendbarkeit – Auswirkungen auf Compliance und Whistleblowing im deutschen Arbeitsrecht, NZA 2018, 1175; *Ullrich,* Der Schutz von Whistleblowern aus strafrechtlicher Perspektive – Rechtslage de lege lata und de lege ferenda, NZWiSt 2019, 65; *Wolf/Harrer-Kouliev,* Geschäftsgeheimnisgesetz: Eine neue Herausforderung für das Arbeitsrecht, FS Windbichler, 2020, 457.

Übersicht

I. Allgemeines

1. Normzweck und Systematik

1 **a) Normzweck.** Das Interesse am Schutz von Geschäftsgeheimnissen kann mit **schutzwürdigen gegenläufigen Interessen kollidieren,** insbesondere mit der **Meinungs- und Pressefreiheit, der Informationsfreiheit,** dem **öffentlichen Interesse an der Aufdeckung von Rechtsverstößen** oder den Rechten von **Arbeitnehmervertretern.** Oft besteht bei derartigen Interessenkonflikten eine **Grundrechtskollision,** beispielsweise zwischen dem Eigentumsrecht bzw. dem Recht auf unternehmerische Freiheit einerseits (Art. 17 Abs. 2, 16 EUGRCh, zum grundrechtlichen Schutz von Geschäftsgeheimnissen → Einl. A Rn. 168 ff., zur Anwendbarkeit der Unions-Grundrechte → Rn. 25) und der Meinungsäußerungsfreiheit (Art. 11 EUGRCh) andererseits, die nicht durch den absoluten Vorrang eines Grundrechts, sondern im Sinne einer **praktischen Konkordanz** zu lösen ist (ebenso *Alexander* in Köhler/Bornkamm/Feddersen GeschGehG § 5 Rn. 10; *McGuire* in Büscher GeschGehG § 5 Rn. 1; krit. *Brammsen* in Brammsen/Apel § 5 Rn. 10). Die Geschäftsgeheimnis-RL will ausdrücklich die in der EUGRCh gewährleisteten Grundrechte (s. die Aufzählung in Erwgr. 34), insbesondere die Kommunikationsfreiheiten, wahren (Art. 1 Abs. 2 lit. a, Erwgr. 19 Geschäftgeheimnis-RL). Auch gem. § 1 Abs. 3 Nr. 2 bleiben die Meinungsäußerungs-, Informations- und Medienfreiheit „unberührt" (zum Verhältnis von § 5 zu § 1 Abs. 3 Nr. 2 → Rn. 12). Dem Ziel eines Ausgleichs zwischen effektivem Geheimnisschutz und beachtlichen Interessen von Nutzern und Allgemeinheit dienen sämtliche Teilbereiche des Geheimnisschutzes. Es ist beim Geheimnisbegriff, bei der Bestimmung des Schutzbereichs und bei den Rechtsfolgen, die dem Verhältnismäßigkeitsprinzip unterliegen, zu berücksichtigen. Eine spezielle Ausprägung findet es in Art. 5 Geschäftsgeheimnis-RL und dem zu seiner Umsetzung erlassenen § 5, die **Ausnahmen** vom Geheimnisschutz **im Interesse schutzwürdiger gegenläufiger Interessen** vorsehen. Dabei kann es sich um wirtschaftliche oder ideelle Interessen, um Einzel- oder Gruppeninteressen handeln (Begr. RegE BT-Drs. 19/4724, 28).

2 Sowohl im Europäischen Parlament als auch im Bundestag standen Befürchtungen um Einschränkungen der Rechte von **Whistleblowern** und **investigativen Journalisten** im Mittelpunkt der politischen Diskussion. Art. 5 Geschäftsgeheimnis-RL und, darauf beruhend, § 5 stellen eine Reaktion des Gesetzgebers auf dieses Anliegen dar (zur Einführung eines zusätzlichen Tatbestandsmerkmals beim

Geheimnisbegriff in § 2 Nr. 1 lit. c → § 2 Rn. 66 ff.). § 5 Nr. 1 „soll insbesondere den Schutz von journalistischen Quellen gewährleisten und so eine Beeinträchtigung des investigativen Journalismus verhindern" (Begr. RegE, BT-Drs. 19/4724, 28). § 5 Nr. 2 dient dem Schutz von Whistleblowern, also von Personen, die ein Geschäftsgeheimnis offenlegen, um auf eine rechtswidrige Handlung oder ein sonstiges Fehlverhalten hinzuweisen. § 5 Nr. 3 gewährleistet das Recht der Arbeitnehmer, auch dann ihre Arbeitnehmervertretung zu kontaktieren, wenn dabei Geschäftsgeheimnisse offengelegt werden (BT-Drs. 19/4724, 29).

b) Systematik. Systematisch sieht § 5, wie die aus Art. 5 Geschäftsgeheimnis-RL übernommene Überschrift klarstellt, **Ausnahmen** vom Geheimnisschutz vor. Diese Regelungstechnik erinnert an das Recht des geistigen Eigentums, in dem zunächst ein **abstrakter Schutzbereich** bestimmt wird, der anschließend durch **Schranken** begrenzt wird, die Konflikten zwischen den Interessen des Rechtsinhabers und der Nutzer bzw. der Allgemeinheit Rechnung tragen (ebenso *Alexander* in Köhler/Bornkamm/Feddersen GeschGehG § 5 Rn. 2; *Brammsen* in Brammsen/Apel GeschGehG § 5 Rn. 15; *Enders* WRP 2021, 872 (878). Beispielsweise stellt das wörtliche Zitat eines urheberrechtlich geschützten Textes bei hinreichender Länge als Vervielfältigung (§ 16 UrhG) oder öffentliche Wiedergabe (§ 15 Abs. 2 UrhG) einen Eingriff in den Schutzbereich dar, wird aber durch die Schrankenregelung des § 51 UrhG freigestellt. Während die urheberrechtliche Rechtsprechung früher von einem Grundsatz der engen Schrankenauslegung ausging, ist mittlerweile anerkannt, dass bei der Auslegung die praktische Wirksamkeit der jeweiligen Schrankenbestimmung zu wahren und ihre Zielsetzung zu beachten ist (EuGH GRUR 2014, 927 Rn. 23 – Deckmyn; EuGH GRUR 2019, 940 Rn. 36 – Reformistischer Aufbruch; *Stieper* in Schricker/Loewenheim UrhG Vor §§ 44a ff. Rn. 37 mwN). Ebenso ist im Bereich der Geschäftsgeheimnisse zunächst der Verletzungstatbestand des § 4 zu prüfen, anschließend können die Ausnahmen des § 5 eingreifen. Dabei gilt auch unter § 5 **keine Regel der engen Auslegung** (*Alexander* in Köhler/Bornkamm/Alexander GeschGehG § 5 Rn. 10; aA *McGuire* in Büscher GeschGehG § 5 Rn. 17). Vielmehr stehen sich in der Regel gleichwertige Grundrechte gegenüber, die gegeneinander abzuwägen sind (Begr. RegE BT-Drs. 19/4724, 28 m. Hinw. auf Erwgr. 21 Geschäftsgeheimnis-RL). 3

Im Regierungsentwurf war § 5 noch mit **„Rechtfertigungsgründe"** überschrieben (BT-Drs. 19/4724, 28). Erst im **Rechtsausschuss** wurde dieser Begriff **durch „Ausnahmen" ersetzt.** Damit sollte im Rahmen einer „punktuellen Nachjustierung" zugunsten der berechtigten Interessen von Hinweisgebern, Journalisten und Arbeitnehmervertretern verdeutlicht werden, dass es sich nicht um einen Rechtfertigungsgrund, sondern um eine Tatbestandsausnahme handelt (BT-Drs. 19/8300, 13 f.; *Hiéramente* in BeckOK GeschGehG § 5 Rn. 6; *Letzel* ZJF 2021, 1 (8 f.); krit. *Brammsen* in Brammsen/Apel GeschGehG § 5 Rn. 100; *Erlebach/Veljovic* wistra 2020, 190 (191 f.); *Rönnau,* FS Merkel, 2018, 909 (920 f.)). Das steht im Einklang mit dem vorzugswürdigen dogmatischen Verständnis der immaterialgüterrechtlichen Schranken, die ebenfalls den Tatbestand beschränken (*Stieper* in Schricker/Loewenheim UrhG Vor §§ 44a ff. Rn. 34 mwN). Allerdings hat die Unterscheidung jedenfalls im Privatrecht vergleichsweise geringen Erkenntniswert, ähnlich wie die Frage, ob die §§ 904 ff. BGB Rechtfertigungsgründe normieren oder das Eigentumsrecht tatbestandlich begrenzen. Ebenso wie Rechtfertigungsgründe setzen die Fälle des § 5 voraus, dass zunächst eine Verletzungshandlung gem. § 4 vorliegt. Auch haben die Ausnahmetatbestände 4 mit Rechtfertigungsgründen gemeinsam, dass sie im Einzelfall dem Ausgleich zwischen dem Interesse des Rechtsinhabers und den Interessen Dritter dienen und insofern nach der groben ersten Prüfung des Verletzungstatbestands eine Feinabstimmung ermöglichen. Schließlich hängt die Beweislastverteilung nicht von der Unterscheidung ab (aA *Wolf/Harrer-Kouliev,* FS Windbichler, 2020, 457 (466)): Die Beweislast trägt nach allgemeinen Grundsätzen derjenige, der sich auf die betreffende Tatsache beruft, im Fall des § 5 also regelmäßig der als Verletzer in Anspruch Genommene (→ Rn. 57 f.). Der **Begriff „Ausnahme"** setzt einen **rechtspolitischen Akzent,** weil Journalisten und Whistleblowern der Vorwurf einer tatbestandsmäßigen Handlung erspart wird. Die **praktischen Konsequenzen** der Einordnung sind jedoch in Zivilrecht **gering,** denn sowohl im Fall einer Tatbestandsausnahme als auch bei Eingreifen eines Rechtfertigungsgrundes ist die Handlung nicht rechtswidrig (ebenso *Müllmann* ZRP 2019, 25 (26)); *Glinke* in Keller/Schönknecht/Glinke GeschGehG § 5 Rn. 5; *Hoppe* in Hoppe/Oldekop GeschGehG Kap. 1 Rn. 538), für die Strafbarkeit gem. § 23 durfte nichts anderes gelten (*Reinbacher* KriPoZ 2019, 148 (154, 158); *Rönnau,* FS Merkel, 2018, 909 (920 f.)).

2. Völker- und unionsrechtlicher Rahmen

5 **a) Art. 39 TRIPS. Art. 39 Abs. 2 TRIPS** verpflichtet die Vertragsstaaten dazu, nicht offenbarte Informationen gegen eine Erlangung, Offenlegung und Nutzung zu schützen, sofern diese Handlungen gegen die anständigen Gepflogenheiten verstoßen. Während die Fußnote zu Art. 39 Abs. 2 TRIPS beispielhaft einige unlautere Handlungen aufzählt, finden **Schrankenregelungen keine Erwähnung.** Das Völkerrecht macht für die Ausnahmen des Geheimnisschutzes also keine Vorgaben, zumal es sich bei Art. 39 TRIPS lediglich um einen Mindeststandard handelt. Allerdings sind Ausnahmen vom Geheimnisschutz zugunsten von Whistleblowern (zum Einfluss des US-Rechts auf die HinSch-RL *Gerdemann* RdA 2019, 16 (27)), Journalisten, und Arbeitnehmervertretern international durchaus üblich.

6 **b) Unionsrecht.** § 5 beruht auf **Art. 5 Geschäftsgeheimnis-RL,** der durch Erwgr. 19 und 20 ergänzt wird und der einen Ausgleich zwischen dem Geheimnisschutz und den europäischen Grundrechten, insb. der in Art. 11 EUGRCh geschützten Kommunikationsfreiheiten anstrebt (→ Rn. 23 ff.). Die Fälle des § 5 Nr. 1–3 finden ihre Entsprechung in Art. 5 lit. a–c der Richtlinie. Abweichungen im Wortlaut, die vor allem bei § 5 Nr. 2 über eine bloße stilistische Anpassung an die deutsche Rechtssprache hinausgehen, werden unten bei der Erläuterung der einzelnen Bestimmungen dargestellt. Während Art. 5 Geschäftsgeheimnis-RL in lit. d als vierten benannten Fall eine Ausnahme „zum Schutz eines durch das Unionsrecht oder das nationale Recht anerkannten legitimen Interesses" vorsieht, erstreckt § 5 die Ausnahmeregelung von vornherein in generalklauselartiger Weise auf den Schutz sämtlicher berechtigter Interessen und führt die Fälle des Art. 5 lit. a–c = § 5 Nr. 1–3 nur als Beispiele auf. Aus der Systematik der Richtlinie ergibt sich, dass das **Vorliegen eines berechtigten Interesses nicht zusätzlich zu den Voraussetzungen der § 5 Nr. 1–3 zu prüfen** ist, sondern dass ein solches zwingend gegeben ist, wenn die Voraussetzungen der einzelnen Ausnahmetatbestände vorliegen (*Alexander* AfP 2019, 1 (6 f.) und in Köhler/Bornkamm/Feddersen GeschGehG § 5 Rn. 5; *Brammsen* in Brammsen/Apel GeschGehG § 5 Rn. 22).

7 Neben Art. 5 Geheimnisschutz-RL kommt für die Beurteilung des in § 5 Nr. 2 geregelten Whistleblowings der **Richtlinie EU 2019/1937 zum Schutz von Personen, die Verstöße gegen das Unionsrecht melden (HinSch-RL),** Bedeutung zu. Näher hierzu → Rn. 46 ff. Zum Verhältnis zwischen Whistleblowing und dem Schutz personenbezogener Daten durch die **DS-GVO** *Groß/Platzer* NZA 2017, 1097 (1104).

3. Entstehungsgeschichte

8 **a) Frühere Rechtslage.** In **§§ 17–19 UWG aF fehlten Schranken oder Ausnahmebestimmungen.** Zwar war Voraussetzung eines Geheimnisverrats durch Beschäftigte (§ 17 Abs. 1 UWG aF), einer Betriebsspionage (§ 17 Abs. 2 Nr. 1 UWG aF), einer Geheimnishehlerei (§ 17 Abs. 2 Nr. 2 UWG aF) und der Vorlagenfreibeuterei (§ 18 UWG aF), dass die jeweilige Handlung „unbefugt" erfolgte. Doch hatte dieses Tatbestandsmerkmal nach h.M. keine selbständige Bedeutung, sondern verwies nur auf die allgemeinen im Strafrecht anerkannten Rechtfertigungsgründe. Eine Ausnahme bildete nur § 17 Abs. 2 Nr. 2 UWG aF, in dessen Rahmen eigenständig geprüft wurde, ob die Handlung „unbefugt" erfolgte (*Harte-Bavendamm* in Harte/Henning UWG, 4. Aufl., § 17 Rn. 11, 21, 31 mwN). Kritiker im Schrifttum sprachen sich schon nach altem Recht dafür aus, im Rahmen der „Befugtheit" eine Güter- und Interessenabwägung vorzunehmen (*Ohly* in Ohly/Sosnitza UWG, 7. Aufl. 2016, § 17 Rn. 26).

9 Die **frühere Rechtslage** hatte **zwei entscheidende Nachteile.** Erstens fehlten im Strafrecht teilweise die passenden Schrankenregelungen. Zwar kam der Tatbestand des rechtfertigenden Notstands (§ 34 StGB) in Betracht (*Glinke* in Keller/Schönknecht/Glinke GeschGehG § 5 Rn. 17 f.; *Schreiber* NZWiSt 2019, 332 (336); *Ullrich* NZWiSt 2019, 65 (67 f.)), doch erwiesen sich die für sämtliche Straftatbestände geltenden Voraussetzungen der Rechtfertigung teils als zu eng oder zu starr zur sachgerechten Lösung des Konflikts zwischen Geheimnisschutz und Kommunikationsfreiheit. Zweitens herrschte erhebliche Rechtsunsicherheit, insbesondere bei der Beurteilung journalistischer Handlungen und des Whistleblowings. Auch wenn § 5 unbestimmte Rechtsbegriffe aufweist und daher Auslegungsbedarf schafft, ist er doch präziser auf die Bedürfnisse des Geheimnisschutzes zugeschnitten und ermöglicht eine zielgerichtetere Interessenabwägung. Daher bringt die Neuregelung einen Gewinn an Klarheit und Rechtssicherheit (*Alexander* AfP 2019, 1 (11)) und führt dazu, dass die Tätigkeit von investigativen Journalisten und Whistleblowern wohl weitgehender als nach altem Recht erlaubt ist (vgl. OLG Oldenburg NZWiSt 2021, 30: Anwendung des § 5 GeschGehG auf Altfall gem. § 2 Abs. 2 StGB als milderes Gesetz, dazu *Veljovic* NZWiSt 2021, 31).

10 **b) Richtlinien- und Gesetzesentwürfe.** Im **Vorschlag der Kommission** waren die heutigen Art. 5 (Ausnahmen) und 3 (rechtmäßige Handlungen) noch zu einer Bestimmung (Art. 4 des Vorschlags, COM/2013/0813 final – 2013/0402 (COD)) zusammengefasst. Seinerzeit waren noch fünf Unterfälle vorgesehen: Die Ausnahme für den Fall der Erfüllung einer nichtvertraglichen Verpflichtung (Art. 4 Abs. 2 lit. d) wurde nicht in die Richtlinie übernommen, was angesichts der Unschärfe des Begriffs „nichtvertragliche Verpflichtung" und der Unklarheit darüber, ob und wann eine solche Verpflichtung gegenüber dem Geheimnisschutz Vorrang haben sollte, zu begrüßen ist. Die Ausnahme für Whistleblower war enger formuliert als in Art. 5 lit. b Geschäftsgeheimnis-RL: Sie erfasste nur die

Information über rechtswidriges Verhalten und setzte voraus, dass die Offenlegung für dessen Aufdeckung erforderlich war.

11 Im **Referenten- und Regierungsentwurf** hatte § 5 schon die heutige Struktur, war aber mit „Rechtfertigungsgründe" überschrieben. Auch setzte § 5 Nr. 2 noch, in engerer Anlehnung an die Geschäftsgeheimnis-RL, für die Rechtfertigung von Whistleblowern die Absicht voraus, das öffentliche Interesse zu schützen. Beides wurde im Rahmen einer „punktuellen Nachjustierung" zugunsten der berechtigten Interessen von Hinweisgebern, Journalisten und Arbeitnehmervertretern (BT-Drs. 19/8300, 13) geändert (näher hierzu → Rn. 4, 69).

4. Verhältnis zu anderen Vorschriften

12 **a) GeschGehG. aa) § 1 Abs. 3 Nr. 2.** Gem. **§ 1 Abs. 3 Nr. 2** bleibt die Ausübung der durch die EUGRCh garantierten Kommunikationsfreiheiten durch das GeschGehG unberührt. Damit stellt sich die Frage, ob es des § 5 Nr. 1 überhaupt noch bedarf oder ob Handlungen, die in den Schutzbereich des Art. 11 EUGRCh fallen von vornherein dem Anwendungsbereich des GeschGehG entzogen sind. Wäre aber Letzteres der Fall, so würde den Kommunikationsfreiheiten pauschal der Vorrang vor dem Schutz von Geschäftsgeheimnissen eingeräumt, obwohl eine Abwägung beider Rechte verfassungsrechtlich geboten und vom Gesetzgeber gewollt ist (→ Rn. 28 f.; → § 1 Rn. 14; *Alexander* in Köhler/Bornkamm/Feddersen GeschGehG § 1 Rn. 37; *Glinke* in Keller/Schönknecht/Glinke GeschGehG § 5 Rn. 44; *Hauck* AfP 2021, 193 (196 f.)). § 1 Abs. 3 Nr. 2 ist daher als bloßer Programmsatz zu verstehen, der zwar bei der Auslegung des GeschGehG zu berücksichtigen ist, seine normative Ausprägung aber durch § 5 Nr. 1 erfährt.

13 **bb) § 2 Nr. 1 lit. c.** Nach **lit. c** der **Definition des § 2 Nr. 1** werden Geschäftsgeheimnisse nur dann geschützt, wenn ein **„berechtigtes Interesse" an der Geheimhaltung** besteht. Bei einer weiten Auslegung der Vorschrift könnte § 5 weitgehend leerlaufen, weil dem Inhaber des Geheimnisses ein „berechtigtes Interesse" an der Geheimhaltung immer dann fehlen könnte, wenn der Handelnde seinerseits das in § 5 vorausgesetzte „berechtigte Interesse" an der Aufdeckung hat. Hier zeigt sich das entscheidende Problem des § 2 Nr. 1 lit. c: Zwar bezweckt auch die Geschäftsgeheimnis-RL nur den Schutz „legitimer Interessen" des Geheimnisinhabers (Erwgr. 14), sieht aber als Grundlage für die Abwägung mit gegenläufigen Interessen wie der Meinungsfreiheit oder dem öffentlichen Interesse an der Aufdeckung von Straftaten gerade mit Art. 5 Geschäftsgeheimnis-RL einen eigenen Tatbestand vor. Weil zudem die Geschäftsgeheimnis-RL einen Mindeststandard setzt und eine EU-weit einheitliche Begriffsdefinition anstrebt, bestehen an der Vereinbarkeit des § 2 Nr. 1 lit. c mit dem Unionsrecht erhebliche Zweifel (näher hierzu → § 2 Rn. 69). Jedenfalls dürfen **über § 2 Nr. 1 lit. c weder die speziellen Voraussetzungen für die Zulässigkeit des Whistleblowings** in § 5 Nr. 2 (hierzu → Rn. 35 ff.) **unterlaufen** noch die unter § 5 Nr. 1 erforderlichen **Abwägungen zwischen Geheimnisschutz und Kommunikationsfreiheiten** (hierzu → Rn. 26 ff.) **verkürzt** werden. Betrachtet man § 2 Nr. 1 lit. c nicht von vornherein als unbeachtlich (hierfür → § 2 Rn. 69), so muss jedenfalls dann in unionsrechtskonformer Auslegung das „berechtigte Interesse" in § 2 Nr. 1 lit. c bejaht und der Interessenkonflikt auf der Grundlage des § 5 gelöst werden, wenn die Notwendigkeit einer Interessenabwägung unter § 5 Nr. 1 nicht völlig auszuschließen ist oder nachvollziehbare Argumente gegen einen Schutz des Hinweisgebers gem. § 5 Nr. 2 sprechen (ebenso *Apel/Drescher/Lindner* BB 2022, 1795 (1796);

Glinke in Keller/Schönknecht/Glinke GeschGehG § 2 Nr. 1 Rn. 96 ff.; *McGuire* in Büscher GeschGehG § 2 Rn. 67 f.; *Rönnau,* FS Merkel, 2018, 909 (916); *Schröder* ZRP 2020, 212 (214); aus strafrechtlicher Sicht *Reinbacher* KriPoZ 2019, 148 (152); für eine weitergehende Anwendung des § 2 Nr. 1 lit. c aber *Alexander* in Köhler/Bornkamm/Feddersen GeschGehG § 5 Rn. 25; *Brammsen* in Brammsen/Apel GeschGehG § 5 Rn. 27; *Hauck* AfP 2021, 193 (198 f.); *Krell* ZStW 2021, 714; *Schmitt* NZA-Beil. 2020, 50 (52 f.); *Schreiber* NZWiSt 2019, 332 (335)).

cc) §§ 3, 4. Die Ausnahmen des § 5 greifen nur ein, wenn eine gem. **§§ 3, 4** prima facie unerlaubte Handlung vorliegt. Weil § 5 spezielle Vorgaben für die Abwägung zwischen Geheimnisschutz und Kommunikationsfreiheiten enthält, sollte nicht bereits bei den Tatbestandsmerkmalen „unbefugt" (§ 4 Abs. 1 Nr. 1) oder „Verstoß gegen eine Verpflichtung" (§ 4 Abs. 2 Nr. 2, 3) geprüft werden, ob der grundsätzlich verbotene Zugang zu einem Geheimnis, die Nutzung oder die Offenlegung im Ausnahmefall durch die Meinungsäußerungs-, Informations- oder Pressefreiheit gerechtfertigt ist. 14

b) Arbeitsrecht und Hinweisgeberschutzgesetz. Zwei der drei in § 5 genannten Fälle berühren das **Arbeitsrecht.** Vor allem die Beurteilung des **Whistleblowings,** Gegenstand der Ausnahme in § 5 Nr. 2, geschah bisher schwerpunktmäßig im Arbeitsrecht (zur arbeitsrechtlichen Verschwiegenheitspflicht → Einl. C Rn. 5 ff.). In der Regel wehrten sich Arbeitnehmer, die vertrauliche Informationen offengelegt hatten, gegen eine Kündigung oder sonstige arbeitsrechtliche Sanktionen (Beispiel: EGMR NJW 2011, 3501 Rn. 63 f. – Heinisch/Deutschland: Kündigung nach Offenlegung von Missständen in einem Pflegeheim). § 5 betrifft das Arbeitsrecht nicht unmittelbar, sondern schließt nur den Vorwurf einer Verletzung von Geschäftsgeheimnissen (§ 4) und damit die Ansprüche gem. §§ 6 ff. aus (*Hauck* AfP 2021, 193 (201 f.); *Leistner/Antoine/Sagstetter,* Big Data, 2021, S. 179; *Wolf/Harrer-Kouliev,* FS Windbichler, 2020, S. 457 (469)). Allerdings bilden die HinSch-RL und das zu ihrer Umsetzung dienende Hinweisgeberschutzgesetz (HinSchG) eine Klammer zwischen beiden Rechtsgebieten (→ Rn. 16, 46 ff.). § 5 Nr. 3 privilegiert die Offenlegung durch Arbeitnehmer gegenüber der Arbeitnehmervertretung, damit diese ihre Aufgaben erfüllen kann, die wiederum durch das Arbeitsrecht definiert werden. 15

Parlament und Rat haben im Oktober 2019 die **Richtlinie EU 2019/1937 zum Schutz von Personen, die Verstöße gegen das Unionsrecht melden,** (ABl. 2019 L 305, 17, im Folgenden **HinSch-RL**) verabschiedet, deren Umsetzung ins deutsche Recht durch das Hinweisgeberschutzgesetz (HinSchG) v. 31.3.2023 (BGBl. I Nr. 140). Gem. Art. 21 Abs. 2 HinSch-RL gilt eine Meldung oder Offenlegung, die den Vorgaben der Richtlinie genügt, als rechtmäßig iSd Art. 3 Abs. 2 Geschäftsgeheimnis-RL = § 3 Abs. 2 GeschGehG. § 5 Nr. 2 tritt daher in seinem Kernbereich hinter das HinSchG zurück. Näher zum Hinweisgeberschutz uns seinem Verhältnis zum Geheimnisschutz → Rn. 46 ff., insb. 48, 51). 16

c) Sacheigentum. § 5 rechtfertigt nicht den Eingriff in das Sacheigentum, beispielsweise den Diebstahl von Dokumenten (BGH WRP 2022, 1140 Rn. 48). Doch kann sich eine Rechtfertigung aus § 34 StGB und – je nach Auslegung des Merkmals der „sachimmanenten Gefahr" (hierzu *Rövekamp* in BeckOGK BGB § 228 Rn. 17 ff.) – möglicherweise auch aus § 228 S. 1 BGB ergeben. Bei 17 der Auslegung beider Bestimmungen sind die Wertungen des § 5 zu berücksichtigen.

18 **d) Urheberrecht.** Häufig sind Dokumente, die ein Geschäftsgeheimnis verkörpern, als Schriftwerk oder als Darstellung technischer Art (§ 2 Abs. 1 Nr. 1, 7, Abs. 2 UrhG) urheberrechtlich geschützt, und ihre Nutzung oder Offenlegung kann eine Vervielfältigung (§ 16 UrhG) oder öffentliche Wiedergabe (§§ 15 Abs. 2, 10a UrhG) darstellen (*Ohly,* FS Schack, 2022, S. 256 (257 ff.); *Enders* WRP 2021, 872 (874 ff.)). Die Schranken des Urheberrechts erlauben oft eine sachgerechte Lösung. Insbesondere haben EuGH und BGH **§ 50 UrhG,** der die Vervielfältigung, Verbreitung und öffentliche Wiedergabe zur **Berichterstattung über Tagesereignisse** erlaubt, weit im Licht der zugrunde liegenden Grundrechte ausgelegt und dabei als Tagesereignis jedes zur Zeit des Eingriffs in das Urheberrecht aktuelle Geschehen verstanden, das für die Öffentlichkeit von Interesse ist, wobei ein Geschehen so lange aktuell ist, wie ein Bericht darüber von der Öffentlichkeit noch als Gegenwartsberichterstattung empfunden wird (BGH GRUR 2020, 853 Rn. 40 – Afghanistan Papiere II; BGH GRUR 2020, 859 Rn. 36 – Reformistischer Aufbruch II; vgl. auch EuGH GRUR 2019, 934 – Funke Medien; GRUR 2019, 940 – Spiegel Online; näher *Ohly,* FS Schack, 2022, S. 256 (263 ff.)). Die Wertungen des § 5, insbesondere des § 5 Nr. 2, sind bei der Auslegung des § 50 UrhG, insb. im Rahmen der dort erforderlichen Verhältnismäßigkeitsprüfung zu berücksichtigen. Sofern keine der urheberrechtlichen Schrankenregelungen eingreift, das Urheberrecht aber nur als Instrument eingesetzt wird, um die Erlaubnistatbestände des § 5 zu umgehen, so kommt eine analoge Anwendung des § 5 im Urheberrecht oder eine Lösung über die Grundsätze des Rechtsmissbrauchs in Betracht (vgl. zu einer vergleichbaren Instrumentalisierung des Urheberrechts im Verhältnis zum Markenrecht EuGH GRUR Int. 1998, 140 – Dior/Evora; zudem *Ohly,* FS Schack, 2022, S. 256 (266); *Kraetzig,* Das Urheberrecht als Zensurrecht, 2022, S. 118 ff., 142 ff.).

19 **e) Strafrecht.** § 5 rechtfertigt nicht die Verletzung von Privatgeheimnissen gem. § 203 StGB (*Erlebach/Veljovic,* wistra 2020, 190 (192); *Glinke* in Keller/Schönknecht/Glinke GeschGehG § 5 Rn. 102). Das ergibt sich aus der ausdrücklichen Regelung in § 1 Abs. 3 Nr. 1. Daher kommt auch keine analoge Anwendung des § 5 (dies erwägend *Rennicke* wistra 2020, 135 (137)), sondern lediglich der Rückgriff auf § 34 StGB in Betracht, in dessen Rahmen die Wertungen des § 5 Nr. 2 berücksichtigt werden können (*Glinke* in Keller/Schönknecht/Glinke GeschGehG § 5 Rn. 102). Die Offenbarung von Dienstgeheimnissen kann gem. § 353b StGB strafbar sein. Auch hier kommt als Rechtfertigungsgrund, von den Spezialnormen der §§ 37 Abs. 2 S. 1 Nr. 3 BeamtStG, 67 Abs. 2 S. 1 Nr. 3 BBG, in erster Linie § 34 StGB in Betracht, der ebenfalls im Licht des § 5 und der HinSch-RL auszulegen ist (*Erlebach/Veljovic* wistra 2020, 190 (192)).

5. Abdingbarkeit

20 Die **Vorschriften zum Schutz hinweisgebender Personen** sind **vertraglich nicht abdingbar** (§ 39 HinSchG). Damit hat sich zumindest im Anwendungsbereich des HinSchG, der § 5 Nr. 2 in weiten Teilen verdrängt (→ Rn. 52), die frühere Diskussion um die Abdingbarkeit des § 5 Nr. 2 erledigt (für Ausschluss

der Abdingbarkeit insgesamt *Glinke* in Keller/Schönknecht/Glinke Rn. 28; *Alexander* WRP 2020, 1385 (1391); für individualvertragliche Abdingbarkeit des § 5 Nr. 2 Var. 2 und 3 *Apel/Boom* GRUR-Prax 2020, 225 (227)). Für die **verbleibenden Fälle des § 5 Nr. 2** kann **nichts anderes** gelten. Ein Ausschluss in AGB wäre wegen Unvereinbarkeit mit dem Leitbild des Schutzes von Whistleblowern unvereinbar und daher gem. § 307 Abs. 1, 2 Nr. 1 BGB nichtig. Auch individualvertraglich wäre eine Abbedingung gem. § 138 Abs. 1 BGB nichtig. **§ 5 Nr. 1** verweist auf die grundrechtliche Abwägung zwischen dem Geheimnisschutz und den Informationsfreiheiten, so dass eine vertragliche Abbedingung auf einen Grundrechtsverzicht hinausliefe und daher **ebenfalls gem. § 307 Abs. 1, 2 Nr. 1 BGB oder § 138 Abs. 1 BGB nichtig** wäre. Weil die Vorschrift in erster Linie Journalisten schützt, ist eine Abbedingung allerdings schon praktisch schwer vorstellbar. Auch eine Abbedingung des § 5 Nr. 3 würde grundlegenden Wertungen des Arbeitsrechts zuwiderlaufen.

Allerdings ist es **nicht erforderlich** (wenn auch möglicherweise aus Gründen der Klarstellung sinnvoll), **die Ausnahmen des § 5 ausdrücklich in den Vertrag aufzunehmen,** weil – im Gegensatz zum US-Recht – „Boilerplate-Klauseln", die den Gesetzestext wiederholen, nach deutscher Vertragspraxis weder üblich noch sinnvoll sind (*Lundmark* RIW 2001, 187 (189), vgl. zum ähnlichen Problem unter § 3 Nr. 1 → Einl. B Rn. 33). Enthält beispielsweise ein Arbeitsvertrag keine Regelung zum Whistleblowing, so werden § 5 Nr. 2 und das HinSchG nicht etwa abbedungen, sondern gelten uneingeschränkt. 21

Eine andere Frage ist, inwieweit die **unbestimmten Rechtsbegriffe** des § 5 der **vertraglichen Konkretisierung** zugänglich sind. § 5 Nr. 1 ist auf Konstellationen zugeschnitten, in denen üblicherweise vor der Offenlegung kein Kontakt zwischen dem Geheimnisinhaber und dem Publizierenden besteht, so dass eine vertragliche Konkretisierung praktisch kaum denkbar ist. Theoretisch wäre sie aber nicht ausgeschlossen, sofern sie die Kommunikationsfreiheiten in ihrer Auslegung durch den EGMR, den EuGH und das BVerfG nicht wesentlich beschränken. Die Rechte des Hinweisgebers nach dem HinSchG und § 5 Nr. 2 können vertraglich nicht eingeschränkt werden (§ 39 HinSchG). Hierzu gehört auch das Wahlrecht zwischen einer internen und einer externen Meldung (§ 7 HinSchG), so dass ein Vorrang interner Meldungen vertraglich nicht vereinbart werden kann (aA *Vorafl.*). Andererseits müssen Arbeitgeber aber interne Meldestellen einrichten (§ 12 HinSchG) und dabei auch das Verfahren bei internen Meldungen ausgestalten. Eine gewisse Konkretisierung der Vorgaben des HinSchG ist daher unvermeidlich und unbedenklich, sofern die Rechte des Hinweisgebers nicht eingeschränkt werden und, im Fall von AGB, das Transparenzgebot beachtet wird (*Alexander* WRP 2020, 1385 (1391); *McGuire* WRP 2019, 679 (685); *Glinke* in Keller/Schönknecht/Glinke § 5 Rn. 28 ff.; eingeschränkt auf individualvertragliche Regelung *Apel/Boom* GRUR-Prax 2020, 225 (227)). Welche Fälle unter die Generalklausel der sonstigen „berechtigten Interessen" zu subsumieren sind, ist derzeit noch völlig offen (→ Rn. 79 ff.). Vertragliche Regelungen sind daher nicht von vornherein ausgeschlossen. Leitet man aus § 5 beispielsweise ein Zugriffsrecht des Benutzers einer Maschine auf dort gespeicherte Daten her, so erscheint eine vertragliche Regelung dieses Zugriffs zwischen dem Hersteller und dem Nutzer zumindest nicht von vornherein als ausgeschlossen, sofern dadurch keine gesetzlich geregelten, unabdingbaren Zugriffsbefugnisse unterlaufen werden. 22

II. Fallgruppen des § 5 Nr. 1–3 und Generalklausel

1. Ausübung der Kommunikationsfreiheiten (§ 5 Nr. 1)

23 **a) Verfassungsrechtlicher Hintergrund. aa) Grundrechtskollision zwischen Geheimnisschutz und Kommunikationsfreiheit. Art. 11 EUGRCh** schützt ebenso wie Art. 10 EMRK die **Meinungsäußerungs-, Informations- und Medienfreiheit.** Dem entspricht im deutschen Recht die Garantie des Art. 5 Abs. 1 GG. Die Meinungs- und Pressefreiheit ist eine der wesentlichen Grundlagen einer demokratischen Gesellschaft (EuGH EuGRZ 2011, 607 Rn. 31 – Patricello; EGMR NJW 1999, 1319 Rn. 30 – Jankowski; *Jarass* EUGRCh Art. 11 Rn. 4; *Streinz* in Streinz EUGRCh Art. 11 Rn. 2, beide mwN). Gleichwohl unterliegt sie Schranken (Art. 52 Abs. 1 EUGRCh; 10 Abs. 2 EMRK; Art. 5 Abs. 2 GG). Insbesondere können die Kommunikationsfreiheiten mit anderen Grundrechten kollidieren, beispielsweise mit dem allgemeinen Persönlichkeitsrecht und dem Recht auf informationelle Selbstbestimmung. Da auch der Schutz von Geschäftsgeheimnissen grundrechtlich garantiert ist (→ Einl. A Rn. 168 ff.) und Art. 10 Abs. 2 EMRK Beschränkungen der Meinungsäußerungsfreiheit zum Schutz vertraulicher Informationen ausdrücklich zulässt, kann zwischen dem Geheimnisschutz und den Kommunikationsfreiheiten ein Konflikt bestehen, der nicht durch den Vorrang eines der beiden Rechte, sondern durch eine Abwägung zu lösen ist (→ Rn. 22, 26 ff.; *Alexander* in Köhler/Bornkamm/Feddersen § 5 GeschGehG Rn. 14, 20; *Hiéramente* in BeckOK GeschGehG § 5 Rn. 13; *McGuire* in Büscher GeschGehG § 5 Rn. 18; *Ohly* GRUR 2019, 441 (448)). § 5 bietet dafür die gesetzliche Grundlage.

24 § 5 Nr. 1 wird flankiert durch das **Journalistenprivileg des § 23 Abs. 6,** dem zufolge Beihilfehandlungen von „Personen, die bei der Vorbereitung, Herstellung oder Verbreitung von Druckwerken, Rundfunksendungen, Filmberichten oder der Unterrichtung oder Meinungsbildung dienenden Informations- und Kommunikationsdiensten berufsmäßig mitwirken oder mitgewirkt haben" (§ 53 Abs. 1 S. 1 Nr. 5 StPO) nicht strafbar sind, wenn sie sich auf die Entgegennahme, Auswertung oder Veröffentlichung des Geschäftsgeheimnisses beschränken (→ § 23 Rn. 70 ff.).

25 **bb) Vorrang der EUGRCh, Bedeutung der EMRK.** § 5 Nr. 1 nimmt, in Umsetzung von Art. 5 lit. a Geschäftsgeheimnis-RL, auf **Art. 11 EUGRCh** Bezug. Die Charta gilt gem. Art. 51 Abs. 1 EUGRCh nicht nur für die Organe der EU, sondern auch für die Mitgliedstaaten bei der Durchführung von Unionsrecht. Sofern eine Richtlinie den Mitgliedstaaten keinen Umsetzungsspielraum lässt, ist ausschließlich die EUGRCh maßgeblich. Das **Unionsrecht** hat insoweit **gegenüber den Grundrechten des GG Anwendungsvorrang** (BVerfG GRUR 2020, 88 Rn. 42 ff. – Recht auf Vergessenwerden II mwN). Art. 5 Geschäftsgeheimnis-RL gehört zu den Bestimmungen der Richtlinie, die nicht lediglich einen Mindeststandard setzen, sondern eine vollständige Harmonisierung vorsehen (Art. 1 S. 2 Geschäftsgeheimnis-RL). Daher verdrängt bei der Anwendung des § 5 der unionsrechtliche Schutz der Kommunikationsfreiheiten gem. Art. 11 EUGRCh denjenigen des Art. 5 GG (ebenso *Glinke* in Keller/Schönknecht/Glinke GeschGehG § 5 Rn. 39; aA *Brockhaus* ZIS 2020, 102 (112)). Damit stimmt überein, dass § 5 Nr. 1 die Terminologie des Art. 11 EUGRCh verwendet. Einer ausdrücklichen Erwähnung der Charta, wie sie sich in Art. 5 lit. a Geschäfts-

geheimnis-RL findet, bedurfte es daher nicht, und die Streichung dieses Hinweises, der in den deutschen Gesetzesentwürfen noch enthalten war, hat keine praktischen Auswirkungen (*Glinke* in Keller/Schönknecht/Glinke GeschGehG § 5 Rn. 38) Allerdings bieten Rechtsprechung und Literatur zu Art. 11 EUGRCh bisher nur wenig Orientierung, vor allem weil der EU die Kompetenz für die meisten Regelungsbereiche fehlt, die zu einer Einschränkung der Kommunikationsfreiheiten führen können (*Cornils* in BeckOK Informations- und Medienrecht EUGRCh Art. 11 Rn. 6).

Art. 11 EUGRCh entspricht weitgehend Art. 10 EMRK. Beide Bestimmungen haben daher gem. Art. 52 Abs. 3 EUGRCh die **gleiche Bedeutung und Tragweite.** Daher kann zur Auslegung des Art. 11 EUGRCh die umfangreichere und differenziertere Rspr. des EGMR zu Art. 10 EMRK herangezogen werden. Auch die gemeinsamen Verfassungsüberlieferungen der Mitgliedstaaten können im Rahmen der Auslegung berücksichtigt werden (Art. 52 Abs. 4 EUGRCh). 26

Zu diesen gemeinsamen Verfassungstraditionen gehört auch die Rspr. des BVerfG (*Glinke* in Keller/Schönknecht/Glinke, § 5 Rn. 40), zumal sich der Grundrechtsschutz der EUGRCh und des GG oft decken werden. Insofern bieten die Urteile des BVerfG zu Art. 5 GG auch eine gewisse Orientierung. Doch mahnt das BVerfG zur Vorsicht: Grundsätzlich muss die Auslegung von der EUGRCh und dem gemeinsamen Grundrechtsverständnis der Mitgliedstaaten ausgehen. Zweifelsfragen sind dem EuGH vorzulegen (BVerfG GRUR 2020, 88 Rn. 71 – Recht auf Vergessen II). 27

cc) Struktur der Norm und Prüfungsmethode. Die Ausnahme des § 5 Nr. 1 sieht keine speziellen Tatbestandsmerkmale, sondern nur die Ausübung der genannten Freiheiten vor. In Fällen des Whistleblowings richtet sich der Schutz des Hinweisgebers vorrangig nach dem HinSchG (→ Rn. 50 ff.) und, soweit darüber hinaus noch anwendbar, nach § 5 Nr. 2 als Spezialfall einer Ausübung der Meinungsäußerungsfreiheit. Die Tätigkeit von Journalisten, die von Whistleblowern erlangte Informationen publizieren, richtet sich dagegen nach § 5 Nr. 1 (→ Rn. 43). Aus § 5 S. 1, 1. Hs. ergibt sich, dass das Interesse an Meinungsäußerung oder Information „berechtigt" sein muss. Auch wenn die Meinungs- und Informationsfreiheit „eine der wesentlichen Grundlagen einer demokratischen Gesellschaft" ist (→ Rn. 17), haben die **Kommunikationsfreiheiten nicht pauschal Vorrang** vor dem Schutz von Geschäftsgeheimnissen. Vielmehr müssen **beide Interessen** zu einem **gerechten Ausgleich** gebracht werden. 28

Daher sind **neben dem Schutzbereich** der Kommunikationsfreiheiten auch die in der EUGRCh und der EMRK geregelten **Schranken anwendbar.** Die Ausnahme des § 5 Nr. 1 liegt also nur dann vor, wenn die Ausübung des Rechts in Übereinstimmung mit den Vorgaben der Charta erfolgt (Begr. RegE, BT-Drs. 19/4724, 28). Es bietet sich also eine Prüfung nach verfassungsrechtlichem Vorbild an. Demnach greift die Ausnahme genau dann ein, wenn die Gewährung von Ansprüchen gegen die Erlangung, Offenlegung oder Nutzung des Geschäftsgeheimnisses die Meinungsäußerungs-, Informations- oder Pressefreiheit des Anspruchsgegners verletzen würde (vgl. *Hoppe* in Hoppe/Oldekop GeschGehG Kap. 1 Rn. 539). Das ist dann der Fall, wenn der Schutzbereich der betreffenden Freiheit eröffnet ist, wenn Ansprüche einen Eingriff in die Freiheit darstellen würden und wenn der Eingriff verfassungsrechtlich nicht gerechtfertigt ist. Da die Gewährung von Ansprüchen gem. §§ 6 ff. in jedem Fall einen Eingriff darstellen 29 würde, kann die zweite Stufe der verfassungsrechtlichen Prüfung entfallen. Demnach besteht eine **Ausnahme vom Geheimnisschutz** gem. § 5 Nr. 1 dann, wenn der **Schutzbereich der Kommunikationsfreiheiten eröffnet** ist (→ Rn. 30 ff.) und wenn ein **Verbot der Handlung verfassungsrechtlich nicht gerechtfertigt** wäre (→ Rn. 33 ff.).

30 **b) Der Schutzbereich der Kommunikationsfreiheiten. aa) Meinungsfreiheit.** In den Schutzbereich der **Meinungsfreiheit** fällt sowohl die **innere Freiheit,** eine Meinung zu bilden, als auch die **Freiheit, sie zu äußern** (*Cornils* in BeckOK Informations- und Medienrecht Art. 10 EMRK Rn. 14). Art. 11 EUGRCh gilt ebenso wie Art. 10 EMRK auch für Äußerungen von Arbeitnehmern oder Beamten, allerdings ist im Rahmen der Abwägung (→ Rn. 26 ff.) die Loyalitäts- und Diskretionspflicht des Arbeitnehmers oder Beamten zu berücksichtigen (EGMR NJW 2011, 3501 Rn. 63 f. – Heinisch/Deutschland; EGMR NJW 2019, 1273 Rn. 47 – Guja/Moldau Nr. 2, näher → Rn. 45). Die Freiheit bezieht sich auf Meinungen, Informationen und Ideen. **Meinungen** sind Werturteile. Ihr Inhalt und ihre Qualität ist für den Schutz unerheblich (*Jarass* EUGRCh Art. 11 Rn. 10 f.). Reine Unterhaltung und Werbung fallen ebenfalls in den Schutzbereich, auch wenn ihr Gewicht im Rahmen der Abwägung gegen kollidierende Grundrechte geringer als dasjenige politischer Äußerungen ist (→ Rn. 37). Auch die Äußerung von **Tatsachen** ist von der Meinungsäußerungsfreiheit umfasst. Das gilt wohl selbst für unwahre Tatsachen, wobei in diesem Fall ein Verbot als rechtmäßige Beschränkung in Betracht kommt (*Daiber* in Meyer-Ladewig EMRK Art. 10 Rn. 14, s. a. → Rn. 37 f.). Auch ob die Tatsache rechtmäßig in Erfahrung gebracht wurde, wirkt sich erst auf der Stufe der verfassungsrechtlichen Rechtfertigung aus (→ Rn. 38).

31 **bb) Informationsfreiheit.** Die **Informationsfreiheit** schützt die Entgegennahme ebenso wie die aktive Beschaffung von Informationen. Allerdings müssen die Informationen **allgemein zugänglich** sein (*Cornils* in BeckOK Informations- und Medienrecht Art. 10 EMRK Rn. 20; *Jarass* EUGRCh Art. 11 Rn. 15). Das ist bei Geschäftsgeheimnissen schon definitionsgemäß nicht der Fall (→ § 2 Nr. 1 lit. a). Da die Informationsfreiheit als solche keine Auskunftsansprüche begründet (*Jarass* EUGRCh Art. 11 Rn. 24, s. aber zu Informationsansprüchen gegen staatliche Stellen EGMR 28.11.2013 – 39534/07 Rn. 35 f. – Österreichische Vereinigung/Österreich), ist schwer zu erkennen, wie durch ein Verbot der Erlangung, Offenlegung oder Nutzung von Geschäftsgeheimnissen die Informationsfreiheit betroffen sein könnte (ebenso *Brammsen* in Brammsen/Apel GeschGehG § 5 Rn. 45; *Glinke* in Keller/Schönknecht/Glinke GeschGehG § 5 Rn. 58; *McGuire* in Büscher GeschGehG § 5 Rn. 19).

32 **cc) Medienfreiheit.** In den personalen Schutzbereich der **Medienfreiheit** fallen die Presse einschließlich des Buchverlags, Rundfunk und Fernsehen, aber auch neue Medien wie das Internet, sofern es um medienspezifische Vermittlungsleistungen geht, also Inhalte für eine unbestimmte Personenmehrheit aufbereitet und präsentiert werden (*Hauck* AfP 2021, 193 (199); *Jarass* EUGRCh Art. 11 Rn. 17). Sachlich sind alle Tätigkeiten von der Beschaffung der Information über deren Aufbereitung bis zu deren Verbreitung geschützt. Vor allem fällt der **Quellenschutz,** also die Geheimhaltung der Herkunft von Informationen, in den Schutzbereich. Wenn die Abwägung zwischen der Medienfreiheit und dem Geheimnisschutz (→ Rn. 33 ff.) zugunsten des Journalisten ausfällt, besteht dem-

entsprechend kein Auskunftsanspruch auf Preisgabe der Quelle gem. § 8 Abs. 1 Nr. 4. Für die Eröffnung des Schutzbereichs ist unerheblich, ob die Information legal oder illegal erlangt wurde. Auch die Veröffentlichung rechtswidrig erlangter Information ist von der Pressefreiheit erfasst (BGH NJW 2018, 2877 Rn. 21, zu Art. 5 GG). Insbesondere kann § 5 Nr. 1 auch dann eingreifen, wenn sich der Informant nicht auf § 5 Nr. 2 berufen kann (Begr. RegE, BT-Drs. 19/4724, 28) und daher bei Kenntnis des Journalisten von der Rechtswidrigkeit ansonsten der Tatbestand des § 4 Abs. 3 erfüllt wäre (*Glinke* in Keller/Schönknecht/Glinke § 5 Rn. 36 f.; *McGuire* in Büscher GeschGehG § 5 Rn. 18). Allerdings kann es im Rahmen der erforderlichen Abwägung von Bedeutung sein, wenn die Information rechtswidrig erlangt wurde (ebenso *Brammsen* in Brammsen/Apel GeschGehG § 5 Rn. 47).

33 **c) Abwägung zwischen Äußerungsfreiheiten und Geheimnisschutz. aa) Grundsatz.** § 5 Nr. 1 greift nur dann ein, wenn ein Verbot der Erlangung, Offenlegung oder Nutzung des Geheimnisses nicht verfassungsrechtlich gerechtfertigt wäre. **Art. 11 EUGRCh** ist also **einschließlich seiner Schranken** zu prüfen (→ Rn. 29).

34 Einschränkungen der in der EUGRCh gewährten Grundrechte müssen **gesetzlich vorgesehen** sein, den **Wesensgehalt** des Rechts achten und dem **Verhältnismäßigkeitsgebot** genügen (Art. 52 Abs. 1 EUGRCh). Da § 5 nur Eingriffe aufgrund des GeschGehG betrifft, ist eine gesetzliche Grundlage mit §§ 4, 6 ff. unproblematisch gegeben. Zudem sind wegen Art. 52 Abs. 3 S. 1 EUGRCh die Vorgaben des Art. 10 EMRK zu beachten (EuGH EuZW 2009, 428 Rn. 26 – Damgaard; *Jarass* EUGRCh Art. 11 Rn. 26). **Art. 10 Abs. 2 EMRK** erwähnt ausdrücklich, dass die Freiheit der Meinungsäußerung zum **Schutz vertraulicher Informationen** eingeschränkt werden kann.

35 Anders als im Fall staatlicher Eingriffe stehen sich bei Geheimnisstreitsachen die grundrechtlich durch Art. 16 bzw. 17 Abs. 2 EUGRCh (→ Einl. A Rn. 33, 168 ff.) bzw. Art. 11 EUGRCh geschützten Interessen zweier Privatpersonen gegenüber. Ebenso wie die Grundrechte des GG gewähren die Grundrechte der EUGRCh auch Schutz in privatrechtlichen Streitigkeiten. Abweichend von der klassischen grundrechtlichen Eingriffsprüfung sind in diesem Fall die **Grundrechte gegeneinander abzuwägen.** (EuGH GRUR 2019, 940 Rn. 38, 42 – Spiegel Online; BVerfG GRUR 2020, 88 Rn. 96 – Recht auf Vergessen II). Das Verhältnismäßigkeitsgebot ist dabei nicht wie im Fall staatlicher Eingriffe schulmäßig nach den Stufen der Geeignetheit, Erforderlichkeit und Angemessenheit zu prüfen, sondern fließt in diese Abwägung mit ein (vgl. Begr. RegE, BT-Drs. 19/4724, 28). Erforderlich ist ein Interessenausgleich im Einzelfall, innerhalb dessen der Bedeutung der Meinungsfreiheit angemessen Rechnung zu tragen ist (*Alexander* in Köhler/Bornkamm/Feddersen GeschGehG § 5 Rn. 22; *Glinke* in Keller/Schönknecht/Glinke GeschGehG § 5 Rn. 42 f.; *Hoppe* in Hoppe/Oldekop Kap. 1 Rn. 545).

36 **bb) Abwägungskriterien.** Der EuGH hatte bisher kaum Gelegenheit, sich zu dieser Abwägung zu äußern, während der EGMR vor allem Grundsätze zur Rechtfertigung des Whistleblowings (→ Rn. 44 f.) aufgestellt hat. Dennoch lässt vor allem die Rechtsprechung des EGMR, unter dem Vorbehalt der unionsrechtskonformen Auslegung (→ Rn. 27) auch diejenige des BVerfG und des BGH die Formulierung der folgenden **Kriterien** zu (vgl. auch *Brammsen* in Brammsen/

Apel GeschGehG § 5 Rn. 48 ff. *Glinke* in Keller/Schönknecht/Glinke, § 5 Rn. 47 ff.).

37 Wesentlich ist erstens der **Zweck** der Veröffentlichung.

– Je größer das **öffentliche Interesse an der Veröffentlichung** ist und je stärker es sich um Informationen von **Bedeutung für die öffentliche Diskussion** handelt, desto stärker fällt die Meinungs- und Pressefreiheit ins Gewicht (EGMR NJOZ 2016, 1505 Rn. 59 – Haldiman/Schweiz; EGMR NJW 2019, 1273 Rn. 47 – Guja/Moldau Nr. 2; EGMR NJW 2021, 2343 Rn. 67 – Gawlik/Liechtenstein). Weniger Gewicht kommt der Meinungsfreiheit zu, wenn sich die Veröffentlichung gegen ein privates Rechtsgut richtet und im privaten Verkehr in Verfolgung eigennütziger Ziele erfolgt (BGH GRUR 2018, 648 Rn. 22 – Filmaufnahmen aus Bio-Hühnerställen). Dabei geht der Schutz politischer Äußerungen weiter als derjenige rein unterhaltender oder kommerzieller Äußerungen wie der Werbung.
– Wird **illegales Verhalten** aufgedeckt, so überwiegen die Kommunikationsfreiheiten eher als bei der Veröffentlichung von Informationen über legales und legitimes Verhalten (EGMR NJW 2021, 2343 Rn. 67 – Gawlik/Liechtenstein; BGH NJW 1984, 1741 (1743) – Springer/Walraff). Allerdings sind in diesem Fällen regelmäßig das HinSchG und § 5 Nr. 2 einschlägig, die in ihren Anwendungsbereichen gegenüber § 5 Nr. 1 leges speciales sind.

38 Zweitens kommt es auf die **Mittel** an, die zur Erlangung der Information eingesetzt wurden.

– Je eher die **Information authentisch** ist, sich die Betroffenen in gutem Glauben auf der Grundlage exakter Tatsachen äußern und die Information gründlich und in Übereinstimmung mit dem **journalistischen Berufsethos** recherchiert wurden, desto eher ist die Veröffentlichung schutzwürdig (EGMR NJW 2006, 1645 (1649) – Fressoz u. Roire/Frenkreich; EGMR NJW-RR 2008, 1141 Rn. 103 – Stoll/Schweiz; EGMR NJW 2019, 1273 Rn. 47 – Guja/Moldau Nr. 2).
– Auch die Veröffentlichung **rechtswidrig erlangter Informationen** ist von der Meinungsfreiheit umfasst, weil ansonsten die Funktion der Presse als „Wachhund der Öffentlichkeit" beeinträchtigt wäre (BGH GRUR 2018, 648 Rn. 21 – Filmaufnahmen aus Bio-Hühnerställen). Dabei reicht die Skala vom vorsätzlichen Rechtsbruch in der Absicht, die Information zu verkaufen, bis hin zum leichten Rechtsbruch, der möglicherweise auch bei Einhaltung der journalistischen Sorgfaltspflicht nicht erkennbar ist.
– Die Veröffentlichung einer durch **Täuschung** verschafften Information ist regelmäßig nicht schutzwürdig (BVerfG NJW 1984, 1741 (1743) – Springer/Walraff).
– Ins Gewicht fällt ebenfalls, ob sich der Publizierende die Information selbst rechtswidrig verschafft hat oder ob ihm die **Informationsbeschaffung selbst nicht anzulasten** ist (BGH GRUR 2018, 648 Rn. 21 – Filmaufnahmen aus Bio-Hühnerställen).

39 Drittens fallen die **Folgen für den Betroffenen** und das Verhältnis zwischen diesen Konsequenzen und dem öffentlichen Interesse ins Gewicht.

– Je größer der Schaden für den Betroffenen ist, desto stärker fallen seine Interessen ins Gewicht (EGMR NJW 2019, 1273 Rn. 47 – Guja/Moldau Nr. 2; EGMR NJW 2021, 2343 Rn. 69 – Gawlik/Liechtenstein). Je **bedeutender** also das Geheimnis **für seinen Inhaber** ist und je größer der Schaden ist, der durch seine Offenlegung entstehen kann, desto eher überwiegt der Geheimnisschutz.

– Vor allem im Zusammenhang mit dem Whistleblowing hat der EGMR das **Verhältnismäßigkeitsprinzip** betont (s. aber → Rn. 49): Die Weitergabe der Information muss das letzte Mittel zur Abhilfe sein. Die Mitteilung an einen Vorgesetzten oder interne Stellen hat Vorrang, sofern sie nicht sinnlos ist (EGMR NJW 2011, 3501 Rn. 62 ff. – Heinisch/Deutschland; BGH NJW 2021, 2343 Rn. 70 – Gawlik/Liechtenstein).

Ins Gewicht fallen schließlich die **Beweggründe** des Publizierenden. Je stärker er zur Erzielung finanzieller Vorteile, aus Schädigungsabsicht oder aus Motiven der Feindschaft und Rache handelt, desto weniger ist er schutzwürdig (EGMR NJW 2019, 1273 Rn. 47 – Guja/Moldau Nr. 2; EGMR NJW 2021, 2343 Rn. 69 – Gawlik/Liechtenstein; BGH GRUR 2018, 648 Rn. 21 f. – Filmaufnahmen aus Bio-Hühnerställen). 40

2. Die Aufdeckung von Fehlverhalten (Whistleblowing) (§ 5 Nr. 2)

a) Begriff und Interessenlage. Für Personen, die ein Geschäftsgeheimnis offenlegen, um auf eine rechtswidrige Handlung oder ein sonstiges Fehlverhalten hinzuweisen, hat sich zunächst in den USA, später weltweit in Anspielung auf den Pfiff des Polizisten oder Schiedsrichters der Begriff des **„Whistleblowers"** eingebürgert. Ein deutschsprachiges Synonym ist **„Hinweisgeber"**, während der Begriff des „Informanten" negativ besetzt ist und daher nicht als ergebnisoffener Abwägungsbegriff taugt. 41

Oft erfahren Arbeitnehmer oder Auftragnehmer am ehesten von Rechtsverstößen, die in einem Unternehmen begangen werden. Weil an der **Aufdeckung von Straftaten** ein erhebliches **öffentliches Interesse** bestehen kann, verdienen sie bei der Meldung derartigen Fehlverhaltens Schutz (Erwgr. 1 HinSch-RL, hierzu → Rn. 46 ff., vgl. auch *Granetzny/Krause* CCZ 2020, 29 (30 ff.) mit dem Vorschlag eines staatlichen Prämiensystems zur Förderung des Whistleblowings nach US-amerikanischem Vorbild). Andererseits unterliegen Arbeitnehmer und Vertragspartner einer **Pflicht zur Vertraulichkeit** (→ Einl. C Rn. 5 ff.), und der Inhaber des Geheimnisses kann ein beachtliches Interesse daran haben, dass die Offenlegung unterbleibt oder zumindest zunächst eine Abhilfe innerhalb des Unternehmens gesucht wird. Das gilt vor allem dann, wenn sich die Vorwürfe als unberechtigt erweisen (*Alexander* in Köhler/Bornkamm/Alexander GeschGehG § 5 Rn. 27). Im Zusammenspiel mit dem HinSchG (→ Rn. 51 ff.) dient § 5 Nr. 2 dem **Schutz des Hinweisgebers** und ist zugleich die Grundlage für die Lösung dieses **Interessenkonflikts.** 42

Die Vorschrift regelt einen **Spezialfall des § 5 Nr. 1,** weil auch die Rechte des Whistleblowers nach der Rspr. des EGMR Ausfluss der Meinungsäußerungsfreiheit sind (→ Rn. 30). Das Verhältnis zwischen beiden Fällen des § 5 ist noch nicht abschließend geklärt. Vorbehaltlich einer künftigen Bestimmung durch den EuGH gilt, dass jedenfalls das HinSchG insofern gegenüber § 5 vorrangig ist, als es die Rechtmäßigkeit der Offenlegung gem. § 3 Abs. 2 bewirkt (→ Rn. 51). Soweit § 5 Nr. 2 demnach überhaupt noch zur Anwendung kommt, sollte die Bestimmung als spezielle Regelung des § 5 Nr. 1 vorgehen (*Hauck* AfP 2021, 193 (199, 202)). Allerdings spricht Einiges dafür, den Anwendungsbereich des § 5 Nr. 2 auf die Tätigkeit des Hinweisgebers zu beschränken und diejenige eines 43

Journalisten, der die Information aufgrund des Hinweises veröffentlicht, unter § 5 Nr. 1 zu fassen (*Glinke* in Keller/Schönknecht/Glinke GeschGehG § 5 Rn. 72).

44 **b) Verfassungsrechtlicher Rahmen.** Nach der Rechtsprechung des EGMR kann sich auch ein **Arbeitnehmer** bei der Aufdeckung von Fehlverhalten des Arbeitgebers auf die Meinungsäußerungsfreiheit (Art. 11 EUGRCh, 10 EMRK) berufen (→ Rn. 44). Andererseits hat der EGMR auch der Pflicht des Arbeitnehmers zu **Loyalität** und Vertraulichkeit Gewicht beigemessen und daher eine **Interessenabwägung** für erforderlich gehalten.

45 Als **Kriterien** für die Abwägung nennt der EGMR das öffentliche Interesse an der Information, die Fundiertheit der Information und die Frage, ob der Arbeitnehmer deren Zuverlässigkeit geprüft hat, den Schaden, der dem Arbeitgeber möglicherweise durch die Veröffentlichung entsteht, die Gründe des Arbeitnehmers für die Offenlegung und das Gewicht der Sanktionen, die dem Arbeitnehmer drohen (→ Rn. 36 ff.). Vor allem hält der EGMR den Arbeitnehmer für verpflichtet, sich zunächst um eine Abhilfe innerhalb des Betriebs zu bemühen. Erst wenn der Versuch einer innerbetrieblichen Abhilfe unzumutbar, nicht erfolgversprechend oder fehlgeschlagen ist, darf der Arbeitnehmer an die Öffentlichkeit gehen (EGMR NJW 2011, 3501 Rn. 62 ff. – Heinisch/Deutschland; EGMR NJW 2019, 1273 Rn. 47 – Guja/Moldau Nr. 2; BGH NJW 2021, 2343 Rn. 70 – Gawlik/Liechtenstein). Die HinSch-RL weicht von dieser Rspr. ab (→ Rn. 49).

46 **c) Verhältnis zum Hinweisgeberschutz. aa) Die Hinweisgeberschutzrichtlinie (HinSch-RL).** Neben Art. 5 lit. b Geschäftsgeheimnis-RL, dessen Umsetzung § 5 Nr. 2 dient, ist auf EU-Ebene die **Richtlinie (EU) 2019/1937 zum Schutz von Personen, die Verstöße gegen das Unionsrecht melden,** (**HinSch-RL,** ABl. L 305 v. 26.11.2019, S. 17) getreten (Überblick bei *Dilling* CCZ 2019, 214; *Garden/Hiéramente* BB 2019, 963; zum Entwurf *Gerdemann* RdA 2019, 16; *Thüsing/Rombey* NZG 2018, 1001). Sie **schützt Hinweisgeber,** die im beruflichen Kontext **Verstöße gegen das Unionsrecht** in den in Art. 2 HinSch-RL genannten Bereichen melden.

47 Die HinSch-RL ist in ihrem Anwendungsbereich gegenüber der Geschäftsgeheimnis-RL insofern vorrangig, als eine nach der HinSch-RL privilegierte Meldung als **rechtmäßige Offenlegung iSd Art. 3 Abs. 2 Geschäftsgeheimnis-RL** gilt (Art. 21 Abs. 7 HinSch-RL). Zugleich **begrenzt die HinSch-RL die Privilegierung des Hinweisgebers** gem. Art. 5 lit. b Geschäftsgeheimnis-RL, weil er nach Erwgrd. 98 nur dann vor zivilrechtlicher Haftung geschützt werden soll, wenn er die Vorgaben der HinSch-RL erfüllt. Außerhalb des Anwendungsbereichs der HinSch-RL gilt Art. 5 lit. b Geschäftsgeheimnis-RL, und beide Richtlinien sollten insoweit als einander ergänzend betrachtet werden (Erwgrd. 98 HinSch-RL).

48 Der **sachliche Anwendungsbereich** umfasst nur Hinweise auf Verstöße gegen das Unionsrecht (Art. 2 Abs. 1 HinSch-RL), zu dem aber auch nationales Recht gehört, das zur Umsetzung von Richtlinien erlassen wurde. Die Mitgliedstaaten haben zudem die Möglichkeit, den Schutz des Hinweisgebers nach der Richtlinie auf Verstöße gegen nationales Recht auszudehnen (Art. 2 Abs. 2 HinSch-RL). Der **persönliche Anwendungsbereich** orientiert sich am weiten unionsrechtlichen Arbeitnehmerbegriff und umfasst auch Beamte und Organmitglieder (Art. 4 HinSch-RL). **Verstöße** sind rechtswidrige Handlungen oder Unterlassungen, aber auch solche, die dem „Ziel oder Zweck" der aufgelisteten Rechtsakte der EU zuwiderlaufen (Art. 5 Nr. 1 HinSch-RL).

Die Richtlinie differenziert zwischen Meldungen über **interne Meldekanäle,** also gegenüber einer gem. Art. 7 ff. HinSch-RL zu errichtenden Meldestelle innerhalb des Unternehmens, zu deren Einrichtung juristische Personen des öffentlichen Rechts und solche des Privatrechts mit 50 oder mehr Arbeitnehmern verpflichtet sind (Art. 8 Abs. 1 HinSch-RL), und über **externe Meldekanäle,** worunter staatliche Stellen zu verstehen sind, die befugt sind, derartige Meldungen entgegenzunehmen. Hinweisgeber haben Anspruch auf Schutz nach der Richtlinie, wenn sie hinreichenden Grund für die Annahme haben, dass die offengelegten Informationen wahr sind, und wenn sie zunächst intern oder extern Meldung erstattet haben, ohne dass geeignete Maßnahmen ergriffen wurden (Art. 15 Abs. 1 HinSch-RL). Damit schützt die Richtlinie gutgläubige Hinweisgeber auch dann, wenn die von ihnen erhobenen Vorwürfe objektiv unbegründet sind. Der Hinweisgeber hat – in Abweichung von der Heinisch-Rspr. des EGMR (→ Rn. 45) – **die Wahl zwischen internen und externen Meldekanälen** (krit. *Garden/Hiéramente* BB 2019, 963 (965)). Der Hinweisgeber kann sich also auch direkt an die zuständigen Behörden wenden. Immerhin „setzen sich" die Mitgliedstaaten „dafür ein", dass interne gegenüber externen Meldekanälen bevorzugt werden (Art. 7 Abs. 2 HinSch-RL). Von der internen oder externen Meldung wird die **Offenlegung gegenüber der Öffentlichkeit** unterschieden. Im Fall der Offenlegung wird der Hinweisgeber nur geschützt, wenn er den Weg über interne oder externe Meldekanäle erfolglos beschritten hat, der Verstoß zu einer unmittelbaren Gefährdung des öffentlichen Interesses führt oder auch im Fall einer externen Meldung Repressalien zu befürchten sind (Art. 15 HinSch-RL). 49

Als **Repressalien,** vor denen ein Hinweisgeber unter den genannten Voraussetzungen geschützt ist, nennt Art. 19 HinSch-RL arbeitsrechtliche Sanktionen wie die Kündigung oder Herabstufung, aber auch Handlungen im gesellschaftlichen Bereich wie die Rufschädigung in sozialen Medien. 50

bb) Das Hinweisgeberschutzgesetz (HinSchG). In Deutschland wurde die Richtlinie mittlerweile durch das **Gesetz für einen besseren Schutz hinweisgebender Personen** sowie zur Umsetzung der Richtlinie zum Schutz von Personen, die Verstöße gegen das Unionsrecht melden **(Hinweisgeberschutzgesetz – HinSchG** v. 31.3.2023, BGBl. I Nr. 140) verspätet umgesetzt (vgl. zum Entwurf *Bayreuther* NZA-Beil. 2022, 20; *Fuhlrott/Henckel* ArbR Aktuell 2022, 441; *Gerdemann* ZRP 2022, 98; *Quast/Ohrloff* CCZ 2022, 303). 51

Für das **Verhältnis zwischen dem GeschGehG und dem HinSchG** gilt dasselbe wie für das Verhältnis zwischen den zugrundeliegenden Richtlinien (→ Rn. 48). Wird ein Hinweisgeber gem. §§ 33, 35 ff. HinSchG geschützt, so ist die **Meldung oder Offenlegung erlaubt,** sofern die hinweisgebende Person hinreichenden Grund zu der Annahme hatte, dass die Weitergabe oder die Offenlegung des Inhalts dieser Informationen notwendig ist, um einen Verstoß aufzudecken **(§ 6 Abs. 1 HinSchG)**. Aus Sicht des GeschGehG ist die **Offenlegung damit erlaubt iSd § 3 Abs. 2** (so ausdr. Art. 21 Abs. 2 HinSch-RL; ebenso Formulierungshilfe BReg S. 66; *Lodemann/Tholuck* in Hoppe/Oldekop Kap. 1 Rn. 604 ff.; *McGuire* in Büscher GeschGehG § 5 Rn. 40). Damit werden dem Geheimnisinhaber Ansprüche gegen den Hinweisgeber gem. §§ 6 ff. auch für den Fall genommen, dass ein Verstoß objektiv nicht vorlag, der Hinweisgeber aber gutgläubig von einem solchen ausgegangen ist. Das lässt sich für Zahlungsansprüche (§§ 10, 11, 13) mit dem Gesichtspunkt des Hinweisgeberschutzes rechtfertigen, erscheint aber **problematisch,** soweit auch der **Unterlassungsanspruch** 52

(§ 6) ausgeschlossen ist, so dass der Geheimnisinhaber die objektiv ungerechtfertigte Offenlegung nicht verhindern kann (näher hierzu → Rn. 73). Scheidet ein Schutz des Hinweisgebers im Anwendungsbereich des HinSchG hingegen aus, weil sich der Hinweisgeber nicht an die Bedingungen des § 33 gehalten hat, beispielsweise die Information vor einer internen oder externen Meldung vorschnell offengelegt hat, so greift auch die Ausnahme des § 5 Nr. 2 nicht ein (s. Erwgrd. 98 HinSch-RL, → 47). **§ 5 Nr. 2** ist damit **nur noch** im Fall **nicht strafbewehrter und nicht in § 2 HinSchG genannter Rechtsverletzungen** und im Fall **beruflichen und sonstigen Fehlverhaltens** anwendbar. In diesem Bereich legt Erwgrd. 98 HinSch-RL eine Auslegung nahe, die sich an der HinSch-RL orientiert (*Fuhlrott/Henckel* ArbR Aktuell 2022, 441 (443); *McGuire* in Büscher GeschGehG § 5 Rn. 40; einschränkend *Brammsen* in Brammsen/Apel GeschGehG § 5 Rn. 29). De lege ferenda wird für eine Abschaffung des § 5 Nr. 2 oder dessen Ersetzung durch einen Verweis auf die Richtlinie plädiert (*Schröder* ZRP 2020, 212 (215); *Steinhauser/Kreis* EuZA 2021, 422 (434)), zumindest ein klarstellender Verweis auf den Vorrang des HinSchG in dessen Anwendungsbereich wäre der Rechtsklarheit dienlich.

53 Der **persönliche Anwendungsbereich** des HinSchG umfasst alle natürlichen Personen, die im Zusammenhang mit ihrer beruflichen Tätigkeit oder im Vorfeld einer beruflichen Tätigkeit Informationen über Verstöße erlangt haben und diese an die nach diesem Gesetz vorgesehenen Meldestellen melden oder offenlegen, zudem weitere Personen, die durch die Meldung oder Offenlegung (beispielsweise als Zeugen) betroffen sind (§ 1). Auch hier gilt grundsätzlich der weite unionsrechtliche Arbeitnehmerbegriff (→ Rn. 48), doch sind Beamte im Hinblick auf beamtenrechtliche Spezialregelungen ausgenommen (§ 1 Abs. 3 HinSchG).

54 Der **sachliche Anwendungsbereich** ist, anders als derjenige der HinSch-RL, nicht auf das Unionsrecht beschränkt, sondern umfasst **auch Verstöße gegen deutsche Rechtsvorschriften.** Art. 2 Abs. 2 HinSch-RL lässt diese Erweiterung ausdrücklich zu. Erfasst sind Informationen über Verstöße, die **strafbewehrt** sind, die bußgeldbewehrt sind, soweit die verletzte Vorschrift dem Schutz von **Leben, Leib oder Gesundheit** oder dem Schutz der Rechte von Beschäftigten oder ihrer Vertretungsorgane dient, und **sonstige Verstöße gegen einen Katalog** von Rechtsnormen (§ 2 HinSchG). Ebenso wie in der Richtlinie gelten als Verstöße nicht nur rechtswidrige Handlungen oder Unterlassungen, sondern auch solche, die dem Ziel oder dem Zweck der Regelungen in den Vorschriften oder Rechtsgebieten zuwiderlaufen, die in den sachlichen Anwendungsbereich nach § 2 fallen. Diese Erweiterung soll Umgehungspraktiken erfassen, die vom EuGH als missbräuchlich angesehen wurden, beispielsweise der missbräuchliche Vorsteuerabzug (EuGH IStR 2006, 276 – Halifax; EuGH DStRE 2018, 617 – Cussens).

55 Der HinSch-RL folgend gewährt § 7 HinSchG dem Hinweisgeber ein **Wahlrecht zwischen interner und externer Meldung** und weicht damit vom Eskalationsmodell des EGMR ab, nach dem eine mögliche und zumutbare interne Abhilfemöglichkeit vorrangig ist (→ Rn. 45). Beschäftigungsgeber mit in der Regel mehr als 50 Beschäftigten haben die Pflicht zur Einrichtung einer Stelle für interne Meldungen und zur Ausgestaltung eines entsprechenden Verfahrens (§§ 12, 17 HinSchG). Eine externe Meldestelle wird beim Bundesamt für Justiz eingerichtet, daneben können die Bundesländer Meldestellen einrichten (§§ 19, 20 HinSchG). Zudem sind die Bundesanstalt für Finanzdienstleistungsaufsicht und das Bundeskartellamt externe Meldestellen (§§ 21, 22 HinSchG). Im Fall einer **Offenlegung der Information** gegenüber der Öffentlichkeit genießt der Hin-

weisgeber nur dann Schutz, wenn die **interne oder externe Meldung fruchtlos** war, ein **Notfall** oder die Gefahr irreversibler Schäden vorliegen, im Fall einer externen Meldung Repressalien zu befürchten sind oder die Gefahr von Absprachen oder der Vernichtung von Beweismitteln besteht (§ 32 Abs. 1 HinSchG).

Der **Hinweisgeber ist geschützt,** wenn er sich an die Vorgaben für die Meldung oder die Offenlegung im Ausnahmefall gehalten hat und zum Zeitpunkt der Meldung oder Offenlegung hinreichenden Grund zu der Annahme hatte, dass die von ihm gemeldeten oder offengelegten Informationen der Wahrheit entsprechen (§ 33 Abs. 1 HinSchG). Auch weitere Personen, die den Hinweisgeber unterstützen, genießen Schutz (§ 34 HinSchG). In diesem Fall sind Repressalien verboten, und dem Hinweisgeber steht im Fall von Repressalien ein Schadensersatzanspruch zu (§§ 36, 37 HinSchG). Vor allem gilt der **Hinweis oder die Offenlegung** auch **für die Zwecke des GeschGehG als rechtmäßig** (§§ 6 Abs. 1 HinSchG, 3 Abs. 2 GeschGehG, → Rn. 52). 56

d) Zur Aufdeckung einer rechtswidrigen Handlung oder eines Fehlverhaltens. aa) Vorrang des HinSchG und weiterer Spezialnormen. Das HinSchG ist in seinem Anwendungsbereich gegenüber § 5 Nr. 2 vorrangig (→ Rn. 52). Ist der Hinweisgeber gem. § 33 HinSchG geschützt, so ist die Offenlegung der geheimen Information rechtmäßig (§§ 6 Abs. 1 HinSchG, 3 Abs. 2 GeschGehG). Hält sich der Hinweisgeber im Anwendungsbereich des Gesetzes nicht an dessen Vorgaben, so greift auch die Ausnahme des § 5 Nr. 2 nicht ein (→ Rn. 52). Für § 5 Nr. 2 verbleibt damit nur ein enger Anwendungsbereich, vorrangig im Bereich des „sonstigen Fehlverhaltens". 57

Spezialregeln in anderen Gesetzen, die dem Schutz von Hinweisgebern dienen, gehen bereits dem HinSchG vor (§ 4 HinSchG) und sind damit erst recht leges speciales zu § 5 Nr. 2 (*Brammsen* in Brammsen/Apel GeschGehG § 5 Rn. 64; aA noch Begr. RegE, BT-Drs. 19/4724, 29 und *Voraufl.*) Ist die Offenlegung nach diesen Normen rechtmäßig, so ist sie es gem. § 3 Abs. 2 auch für die Zwecke des Geheimnisschutzes. Beispiele sind § 4d Abs. 6 FinDSAG; § 3b BörsG und §§ 47, 53 Abs. 5 GwG. 58

Zum Verhältnis zur Schutzvoraussetzung des „berechtigten Interesses" (§ 2 Nr. 1 lit. c) → Rn. 13. 59

bb) Rechtswidrige Handlung. Rechtswidrige Handlung ist jeder **Verstoß** gegen eine in Deutschland geltende **Rechtsnorm** (vgl. Art. 2 EGBGB, zum **Vorrang des HinSchG** gegenüber § 5 Nr. 2 bei strafbaren Handlungen und zahlreichen weiteren Rechtsverletzungen → Rn. 52). Dazu zählen Verstöße gegen Unionsrecht, gegen formelle Bundes- und Landesgesetze, gegen Rechtsverordnungen und gegen Satzungen. Erfasst ist also keineswegs nur strafbares Verhalten (*Hiéramente* in BeckOK GeschGehG § 5 Rn. 19.1; *Hoppe* in Hoppe/Oldekop Kap. 1 Rn. 549), im Gegenteil ist in diesem Fall das HinSchG vorrangig. Die Vorschrift muss in Kraft getreten sein und noch gelten (zum Schutz gutgläubiger Hinweisgeber bei unberechtigten Meldungen → Rn. 72). Ebenso wie beispielsweise in § 2 Abs. 1 Nr. 1 UWG werden auch **Unterlassungen** erfasst, zumal in Art. 5 lit. b Geschäftsgeheimnis-RL von „Verhalten" die Rede ist (*Bürkle* CCZ 2018, 193; *Glinke* in Keller/Schönknecht/Glinke GeschGehG § 5 Rn. 74). Nach den für die verletzte Norm geltenden Grundsätzen muss in diesem Fall allerdings eine Rechtspflicht zum Handeln bestanden haben. 60

Nicht eindeutig ergibt sich aus dem Wortlaut, ob auch eine **Vertragsverletzung** eine rechtswidrige Handlung darstellt. Das ist jedenfalls im Fall eines **zwei-** 61

seitigen Vertrags zu verneinen, weil hier regelmäßig nur die Interessen der anderen Vertragspartei betroffen sind, während die erforderliche unmittelbare Relevanz für das öffentliche Interesse (hierzu → Rn. 72) fehlt und weil zudem der Vereinbarung inter partes die Allgemeinverbindlichkeit fehlt (*Brammsen* in Brammsen/Apel GeschGehG § 5 Rn. 71). Auch der Verstoß gegen einen **mehrseitigen Vertrag** wie beispielsweise einen **Verhaltenskodex (Corporate Responsibility Code),** auf den sich mehrere Unternehmen geeinigt haben, kann nicht per se als Rechtsverletzung angesehen werden, weil es sich auch in diesem Fall um eine privatautonome Vereinbarung handelt, die das öffentliche Interesse nicht notwendigerweise berührt. Dass eine Irreführung gem. § 5 Abs. 2 Nr. 6 UWG oder § 3 Abs. 3 UWG iVm Anh. Nr. 1, 3 vorliegen kann, wenn ein Unternehmen über die Einhaltung eines solchen Kodex täuscht, steht auf einem anderen Blatt. Hier löst nicht schon der Verstoß Ansprüche aus, sondern erst die Irreführung der angesprochenen Verkehrskreise, die weitere Voraussetzungen aufweist und ein zusätzliches Unrecht darstellt (aA *Alexander* in Köhler/Bornkamm/Feddersen GeschGehG § 5 Rn. 37; *McGuire* in Büscher GeschGehG § 5 Rn. 25). Schützt allerdings ein mehrseitiger Vertrag öffentliche Interessen, so kann es sich bei einem Verstoß im Einzelfall um ein „sonstiges Fehlverhalten" handeln (→ Rn. 69).

62 **cc) Berufliches Fehlverhalten.** § 5 Nr. 2 schützt den Hinweisgeber nicht nur bei der Aufdeckung rechtswidrigen Verhaltens, sondern auch bei Hinweisen auf berufliches oder sonstiges Fehlverhalten. Damit entspricht § 5 Nr. 2 der deutschen Fassung des Art. 5 lit. b Geschäftsgeheimnis-RL, während andere Sprachfassungen offener formuliert sind („misconduct, wrongdoing or illegal activity", „une faute, un acte répréhensible ou une activité illégale") und vor allem den speziellen Hinweis auf berufliches Fehlverhalten vermissen lassen. Die Abweichung ist aber wegen der Auffangbestimmung des „sonstigen Fehlverhaltens" unproblematisch (ebenso *Hiéramente* in BeckOK GeschGehG § 5 Rn. 22).

63 **Berufliches Fehlverhalten** ist ein Verstoß gegen eine berufsständische Norm (Begr. RegE BT-Drs. 19/4724, 29), beispielsweise gegen das ärztliche oder anwaltliche Standesrecht. Häufig wird es sich bereits um einen Rechtsverstoß handeln, so dass bereits § 5 Nr. 2, 1 Var. eingreift. Ein Verstoß gegen privatautonom vereinbarte Regelwerke fällt wegen deren fehlender Allgemeinverbindlichkeit nicht hierunter, er kann aber im Einzelfall als „sonstiges Fehlverhalten" anzusehen sein (ebenso *Lodemann/Tholuck* in Hoppe/Oldekop Kap. 1 Rn. 553; aA *Glinke* in Keller/Schönknecht/Glinke GeschGehG § 5 Rn. 78; s. auch → Rn. 60, 68).

64 **dd) Sonstiges Fehlverhalten.** § 5 Nr. 2 erlaubt auch die Aufdeckung von Informationen über **„sonstiges Fehlverhalten".** Diese Tatbestandsvariante soll **unethisches Verhalten** erfassen, das nicht notwendig gegen eine Rechtsvorschrift verstößt (Begr. RegE BT-Drs. 19/4724, 29). Fehlt allerdings ein gesetzliches Verbot, so lässt sich auch ein gesellschaftlicher Konsens über die ethische Missbilligung oft kaum feststellen. Daher ist die Erweiterung der Ausnahme über rechtswidriges Verhalten hinaus **höchst problematisch** (*Brammsen* in Brammsen/Apel GeschGehG § 5 Rn. 76; *Dann/Markgraf* NJW 2019, 1774 (1777); *Ernst* MDR 2019, 897 (900); *Hiéramente/Golzio* CCZ 2018, 262 (264); *McGuire* in Büscher GeschGehG § 5 Rn. 6; *Rönnau,* FS Merkel, 2018, 909 (922 ff.); *Ullrich* NZWiSt 2019, 65 (69); deutlich *Bürkle* CCZ 2018, 193: „verlässt den Boden seriöser Gesetzgebung"). Jedenfalls muss es sich „um ein regelwidriges Verhalten,

ein Fehlverhalten oder eine illegale Tätigkeit von einigem Ausmaß und Gewicht handeln, deren Offenlegung dem allgemeinen öffentlichen Interesse dient" (Beschlussempfehlung Rechtsausschuss, BT-Drs. 19/8300, 14). Der Umstand, dass ein bestimmtes Verhalten von Teilen der Bevölkerung als ökologisch oder sozial unvertretbar oder gar nur als politisch unkorrekt angesehen wird, kann nicht ausreichen (ebenso *Alexander* in Köhler/Bornkamm/Feddersen GeschGehG § 5 Rn. 39).

Der Begriff des **„sonstigen Fehlverhaltens"** ist **objektiv zu bestimmen** 65 (Beschlussempfehlung Rechtsausschuss BT-Drs. 19/8300, 14). Die ethische Beurteilung des Verhaltens durch den Hinweisgeber ist nicht ausschlaggebend. Er trägt daher bei Zweifeln darüber, ob ein bestimmtes Verhalten unethisch ist, grundsätzlich das **Risiko der Fehleinschätzung.** Zwar werden nach der HinSch-RL und gem. § 33 Abs. 1 HinSchG auch gutgläubige Hinweisgeber geschützt, doch muss sich der gute Glaube darauf beziehen, dass die Informationen der Wahrheit entsprechen. Die fehlerhafte ethische Bewertung eines Verhaltens als objektiv unvertretbar fällt nicht unter die Privilegierung. Doch kann es sich bei der Fehleinschätzung gerade angesichts des Fehlens trennscharfer rechtlicher Anhaltspunkte um einen unvermeidlichen Rechtsirrtum handeln, der den Schadensersatzanspruch und die Strafbarkeit ausschließt. Ein Ausschluss des Unterlassungsanspruchs nach dem Verhältnismäßigkeitsprinzip (§ 9) dürfte hingegen ausscheiden, weil dessen Erfüllung den Hinweisgeber kaum belastet, während der Inhaber durch die Offenlegung sein Geheimnis verliert.

Einen wesentlichen Anhaltspunkt bieten die **Wertungen der Grundrechte.** 66 Beispielsweise verbietet Art. 32 EUGRCh die Kinderarbeit. Daher stellt der Vertrieb von Produkten, die durch **Kinderarbeit** hergestellt wurden, auch dann ein „Fehlverhalten" iSd § 5 Nr. 2 dar, wenn sie im Herkunftsland gesetzlich nicht verboten ist (ebenso, wenn auch ohne nähere Begründung, Begr. RegE BT-Drs. 19/4724, 29). Aus dem Schutz der **Menschenwürde** (Art. 1 EUGRCh) ergibt sich dasselbe, wenn Produkte im Ausland unter menschenunwürdigen Bedingungen hergestellt wurden. Das OLG Oldenburg hält den Export von Giftstoffen in die USA, die dort zur Vollstreckung der **Todesstrafe** verwendet werden, für einen Fall des sonstigen Fehlverhaltens (OLG Oldenburg NZWiSt 2021, 30). Dieses Urteil ist zwar kontroverser als seine knappe Begründung vermuten lässt, zumal international über die Berechtigung der Todesstrafe kein Konsens herrscht (*Hauck* AfP 2021, 193 (202)), es lässt sich aber mit der immerhin im Inland kaum bestrittenen Wertung des Art. 102 GG rechtfertigen (ebenso *McGuire* in Büscher GeschGehG § 5 Rn. 27; *Veljovic* NZWiSt 2021, 31).

Damit erfasst die **erste Fallgruppe** des „sonstigen Fehlverhaltens" Handlun- 67 gen, die im **Ausland** vorgenommen werden und nach dem dort geltenden Recht legal sind, die aber nach deutschem Verständnis **grundrechtliche Garantien verletzen** (Beispiele → Rn. 66). Zwar fallen derartige Handlungen nicht in den Geltungsbereich des GG, aber die Wertungen der europäischen und deutschen Verfassung können gebieten, dass einem derartigen Geheimnis gleichwohl der Schutz versagt wird. Insoweit besteht eine wertungsmäßige Parallele zum Konzept des ordre public im internationalen Privatrecht (Art. 6 EGBGB).

Eine **zweite Fallgruppe** ergibt sich aus den **Wertungen der HinSch-RL** 68 **und des HinSchG.** Sie sind nicht nur bei Verletzung der von ihnen erfassten Normen anwendbar, sondern auch bei Verhalten, das dem Ziel oder dem Zweck der betreffenden Vorschriften zuwiderläuft (Art. 5 Nr. 1 HinSch-RL, § 3 Abs. 2

Nr. 2 HinSchG). Gemeint ist damit **rechtsmissbräuchliches Verhalten,** das der **Umgehung** der betreffenden Verbotsnormen dient (→ Rn. 54). Allerdings kann ein solcher Rechtsmissbrauch nur unter engen Voraussetzungen angenommen werden (s. die → Rn. 54 aufgeführte Rspr. des EuGH). Wenn etwa in der Begründung des RegE (BT-Drs. 19/4724, 29) das Beispiel der „systematischen und unredlichen Umgehung von Steuertatbeständen" genannt wird, ist darauf hinzuweisen, dass die Nutzung von „Schlupflöchern" im Steuerrecht grundsätzlich erlaubt ist. Es ist Aufgabe des Gesetzgebers und der finanzgerichtlichen Rechtsprechung, sie zu schließen. Fälle der rechtsmissbräuchlichen Umgehung mag es geben und wurden vom EuGH identifiziert (→ Rn. 54)

69 Die **dritte,** aber zugleich **problematischste Fallgruppe** erfasst Verhalten ohne Auslandsberührung, das gesetzeskonform ist. Es lässt sich allenfalls dann als Fehlverhalten einstufen, wenn es gegen **grundlegende Rechts- und Sozialkonventionen** verstößt (*Alexander* in Köhler/Bornkamm/Feddersen GeschGehG § 5 Rn. 39; *McGuire* in Büscher GeschGehG § 5 Rn. 26), wobei sich jenseits der Verfassung ein solcher Grundkonsens nur schwer mit der nötigen Sicherheit feststellen lässt. Zweifelhaft erscheint es daher, wenn die Gesetzesbegründung pauschal „gesundheits- und umweltschädliche Produktionsbedingungen" als Fall unethischen Verhaltens nennt (Begr. RegE BT-Drs. 19/4724, 29). Die Abwägung zwischen Umweltschutz und Wirtschaftlichkeit geschieht im Rahmen des Umweltrechts. Wird es eingehalten, so ist ein Verhalten nicht deshalb „unethisch", weil Teile der Bevölkerung strengere Umweltstandards befürworten. Denkbar erscheint eine Anwendung des § 5 Nr. 2, wenn die Information dazu dient, widersprüchliches Verhalten zu entlarven, etwa weil sich ein Unternehmen in öffentlichen Stellungnahmen zu einer überobligationsmäßig umweltfreundlichen Produktionsweise verpflichtet, möglicherweise auch Corporate Responsibility Codes unterschrieben hat, dann aber die eigenen Standards nicht einhält.

70 **e) Eignung, das öffentliche Interesse zu schützen. aa) Objektiver Maßstab.** Die Erlangung, Nutzung oder Offenlegung des Geheimnisses muss **objektiv geeignet** sein, das öffentliche Interesse zu schützen. An dieser Stelle **weicht § 5 Nr. 2 von Art. 5 lit. b Geschäftsgeheimnis-RL ab,** der die **„Absicht"** des Hinweisgebers voraussetzt, „das allgemeine öffentliche Interesse zu schützen". Während der Regierungsentwurf noch die Formulierung der Richtlinie übernommen hatte, stellt der Gesetzestext auf Vorschlag des Rechtsausschusses nicht auf das subjektive Kriterium der Absicht, sondern auf die objektive Voraussetzung der Eignung ab, um die Gefahr einer „Gesinnungsprüfung" zu bannen (BT-Drs. 19/8300, 14; *Brammsen* in Brammsen/Apel GeschGehG § 5 Rn. 78; *Lodemann/Tholuck* in Hoppe/Oldekop Kap. 1 Rn. 570; ebenso zuvor *Hauck* WRP 2018, 1032 (1037)). Der Rechtsausschuss rechtfertigt die Abweichung von der Richtlinie mit der englischen Sprachfassung („purpose" anstelle von „Absicht") und Erwgr. 20 GeschäftsgeheimnisRL, der immerhin verlangt, dass das Fehlverhalten tatsächlich vorliegt oder dass der Hinweisgeber in gutem Glauben gehandelt hat. Auch wenn der Hinweis auf die englische Sprachfassung nur bedingt überzeugt, handelt es sich vorbehaltlich einer künftigen Klärung durch den EuGH bei der „Verobjektivierung" in § 5 Nr. 2 um eine **vertretbare Ausgestaltung** des Art. 5 lit. b Geschäftsgeheimnis-RL (ähnl. mit jew. unterschiedlicher Begründung *Alexander* in Köhler/Bornkamm/Feddersen GeschGehG § 5 Rn. 32; *Apel/Drescher/Lindner* BB 2022, 1795 (1798, Fn. 58); *Brammsen* in Brammsen/Apel Gesch-

GehG § 5 Rn. 66; krit. *McGuire* in Büscher GeschGehG § 5 Rn. 21; *Rönnau,* FS Merkel, 2020, S. 909 (920)).

Die objektive Formulierung des § 5 Nr. 2 soll nach der Vorstellung des Rechtsausschusses eine „Gesinnungsprüfung" entbehrlich machen. Zudem sollen **auch „Mischmotivationen" erfasst** werden können (Beschlussempfehlung Rechtsausschuss, BT-Drs. 17/8300, 14; *Alexander* in Köhler/Bornkamm/Feddersen § 5 GeschGehG Rn. 42; *Brammsen* in Brammsen/Apel GeschGehG § 5 Rn. 66; *Glinke* in Keller/Schönknecht/Glinke § 5 GeschGehG Rn. 70; *Lodemann/Tholuck* in Hoppe/Oldekop Kap. 1 Rn. 570). Daher **schaden** dem Hinweisgeber auch **eigennützige Motive nicht** (krit. *Wolf/Harrer-Kouliev,* FS Windbichler, 2020, S. 457 (467)). Das deutsche Recht weicht damit von der Rechtsprechung des EGMR ab, der die Motivation des Hinweisgebers als Abwägungskriterium heranzieht: Sanktionen gegen den Whistleblower kommen demnach eher in Betracht, wenn er aus Gewinnstreben, Rachebedürfnis oder persönlichem Ärger handelt (→ Rn. 40). Die objektive Fassung des § 5 Nr. 2 spricht, vorbehaltlich einer künftigen anderen Auslegung des Art. 5 lit. b Geschäftsgeheimnis-RL durch den EuGH, dafür, dass sich ein Hinweisgeber auf § 5 Nr. 2 auch dann berufen kann, wenn er **für die Offenlegung der Information eine Gegenleistung** erhält, sofern ein öffentliches Interesse an der Information besteht (*Hiéramente* in BeckOK GeschGehG § 5 Rn. 28; *Schreiber* NZWiSt 2019, 332 (336 f.)). Dasselbe gilt, wenn der Hinweisgeber aus Abneigung, Ärger oder Rache handelt. Sollten sich in diesem Fall die behaupteten Tatsachen aber als unzutreffend erweisen, bedarf die Frage genauer Prüfung, ob der Hinweisgeber von der Wahrheit der Anschuldigungen ausgehen konnte (→ Rn. 73). 71

bb) Gewicht und Relevanz des Fehlverhaltens. Es muss sich um eine Rechtsverletzung oder ein Fehlverhalten von **einigem Ausmaß und Gewicht** (Beschlussempfehlung Rechtsausschuss BT-Drs. 19/8300, 14; *Alexander* in Köhler/Bornkamm/Feddersen GeschGehG § 5 Rn. 40) und von **unmittelbarer Relevanz für das öffentliche Interesse** (Erwgr. 20 Geschäftsgeheimnis-RL) handeln. Es fehlt also an der Eignung zum Schutz des öffentlichen Interesses, wenn es sich um Bagatellverstöße handelt (*Hiéramente* in BeckOK GeschGehG § 5 Rn. 20; zweifelnd *Hoeren/Münker* WRP 2018, 150 (154)). Zeitlich weit zurückliegende Verstöße berühren das öffentliche Interesse nur dann, wenn sie sehr gewichtig sind oder die aktuelle öffentliche Diskussion betreffen. 72

cc) Gutgläubige Hinweisgeber. Nach Art. 6 Abs. 1 HinSch-RL und §§ 6 Abs. 1, 33 Abs. 1 HinSchG sind Hinweisgeber nicht nur dann vor Repressalien geschützt, wenn der Verstoß objektiv vorliegt, sondern bereits dann, wenn sie **hinreichenden Grund** zu der Annahme hatte, dass die Weitergabe oder die Offenlegung des Inhalts dieser Informationen notwendig ist, um einen Verstoß aufzudecken. Auch wenn rechtspolitisch gute Gründe dafürgesprochen hätten, die Rechtmäßigkeit vom objektiven Vorliegen der Rechtsverletzung abhängig zu machen, ist diese **Vorgabe für das HinSchG,** das in seinem Anwendungsbereich Vorrang vor § 5 Nr. 2 hat, **zwingend.** Im verbleibenden Anwendungsbereich des **§ 5 Nr. 2** wäre eine **andere Beurteilung** zwar wohl möglich, zumal gerade im Bereich des „sonstigen Fehlverhaltens" das öffentliche Interesse geringer und das Risiko subjektiver Fehlvorstellungen des Hinweisgebers größer ist. Doch wäre eine Ungleichbehandlung der Fälle, die unter das HinSchG fallen, und den für § 5 Nr. 2 verbleibenden Fällen **kaum** mit dem in Erwgrd. 98 der HinSch-RL angestrebten Wertungsgleichlauf **zu vereinbaren.** Gerade im 73

Bereich von Rechtsverletzungen käme es zwischen den vom HinSchG erfassten und den nicht erfassten Normen zu einer schwer zu rechtfertigenden Ungleichbehandlung. Eine Lösung des Interessenkonflikts über den Verhältnismäßigkeitsvorbehalt des § 9 (*Alexander* in Köhler/Bornkamm/Feddersen GeschGehG § 5 Rn. 46; *McGuire* in Büscher GeschGehG § 5 Rn. 41; ebenso *Voraufl.*) scheidet meist aus, weil das Interesse des Geheimnisinhabers an der Verhinderung der Offenlegung bei objektiv nicht vorliegenden Rechtsverletzungen gegenüber den geringfügigen Konsequenzen der Unterlassungspflicht für den Hinweisgeber in aller Regel überwiegt. Daher ist der Hinweisgeber auch dann geschützt, wenn sich die Information zwar als unzutreffend erweist, er aber nach **angemessener Prüfung** davon ausgehen konnte, dass sie der Wahrheit entspricht (ebenso Begr. RegE BT-Drs., 19/8300, 14; vgl. auch § 4d Abs. 6 FinDokAG: Ansprüche nur bei vorsätzlicher oder grob fahrlässiger Unwahrheit; aA *Voraufl.* und *Alexander* in Köhler/Bornkamm/Feddersen GeschGehG § 5 Rn. 46; *Hiéramente* in BeckOK GeschGehG § 5 Rn. 34 f.).

74 Demnach greift § 5 Nr. 2 zugunsten des gutgläubigen Whistleblowers auch im Fall eines objektiv nicht vorliegenden Verstoßes unter denselben Voraussetzungen ein wie das HinSchG. Entscheidend ist demnach, ob ein **objektiver, vernünftiger Dritter zur Zeit der Meldung** (Erwgrd. 32 HinSch-RL) aufgrund der vorliegenden Anhaltspunkte **von einem Fehlverhalten ausgegangen wäre** (Formulierungshilfe BReg S. 94).

75 **dd) Verhältnismäßigkeit und Eskalationsstufen.** Während § 5 Nr. 2 die Eignung zum Schutz des öffentlichen Interesses verlangt, fehlt ein **Verhältnismäßigkeitsvorbehalt** im Übrigen. Insbesondere ergibt sich aus dem Wortlaut der Vorschrift nicht, ob der Hinweisgeber vor der Offenlegung der Information zunächst mildere Mittel zur Abstellung des Fehlverhaltens ergriffen haben muss. Allerdings ist § 5 Nr. 2 **im Lichte der HinSch-RL und des HinSchG** auszulegen. Ihnen zufolge hat der Hinweisgeber die **Wahl zwischen einer betriebsinternen Meldung,** bei der es regelmäßig schon an einer tatbestandsmäßigen Offenlegung des Geheimnisses fehlt (*Glinke* in Keller/Schönknecht/Glinke GeschGehG § 5 Rn. 91) und einer **Meldung an eine externe staatliche Stelle** (Art. 10 HinSch-RL, § 7 Abs. 1 HinSchG, s.a. → Rn. 49, 54). Der im Entwurf der HinSch-RL vorgesehene Vorrang interner Meldekanäle wurde ausdrücklich gestrichen (*Hiéramente* in BeckOK GeschGehG § 5 Rn. 45). Insofern weicht der EU-Hinweisgeberschutz bewusst vom Eskalationsmodell des EGMR (→ Rn. 45) ab, dem auch das BAG bisher gefolgt war (BAG NJW 2004, 1547 (1549 f.); *Gerdemann* RdA 2019, 16 (18); *Lodemann/Tholuck* in Hoppe/Oldekop Kap. 1 Rn. 590 ff.). Auch wenn man die Entscheidung des EU-Gesetzgebers kritisieren mag, kann man seinen klaren Willen nicht unter Hinweis auf die Rspr. des EGMR korrigieren. Das **Wahlrecht des Hinweisgebers** ist also für das weitgehend vorrangige (→ Rn. 52) HinSchG **zwingend,** und für eine abweichende Beurteilung der verbleibenden Fälle des § 5 Nr. 2 besteht aus den oben zur parallelen Problematik der gutgläubig offengelegten Fehlinformation (→ Rn. 72) keine hinreichende Rechtfertigung (*Kalbfus* GRUR 2016, 1009 (1015); *Eufinger* ZRP 2016, 223 (230)) aA *Voraufl.*; *Dann/Markgraf* NJW 2019, 1174 (1177)); *Alexander* in Köhler/Bornkamm/Feddersen GeschGehG § 5 Rn. 45; *Glinke* in Keller/Schönknecht/Glinke GeschGehG § 5 Rn. 92, s. aber Rn. 97; *Hiéramente* in BeckOK GeschGehG § 5 Rn. 45; *Rönnau,* FS Merkel, 2020, 909 (925 ff.); *Schmitt* NZA-Beilage 2020, 50 (54)). Die Offenlegung

gegenüber der Öffentlichkeit ist aber nur in den Ausnahmefällen des § 32 Abs. 1 HinSchG erlaubt (→ Rn. 55).

3. Offenlegung gegenüber der Arbeitnehmervertretung (Nr. 3)

a) Bedeutung. Zu den wesentlichen Zielsetzungen der Geschäftsgeheimnis-RL und des GeschGehG allgemein und der Ausnahmetatbestände im Besonderen gehört die Abwägung zwischen dem Geheimnisschutz und berechtigten gegenläufigen Interessen. Während § 5 Nr. 1, 2 die Kommunikationsfreiheiten und das öffentliche Informationsinteresse schützen, dient § 5 Nr. 3 dem **Schutz der Arbeitnehmerrechte.** Damit verleiht § 5 Nr. 3 gemeinsam mit § 3 Abs. 1 Nr. 3 den **Programmsätzen des § 1 Abs. 3 Nr. 3 und 4 normative Wirkung** (zum Charakter dieser Normen als Programmsätze → Rn. 12; § 1 Rn. 15, 19). Während § 3 Abs. 1 Nr. 3 die Erlangung der Information im Rahmen von Informations- und Anhörungsrechten erlaubt, schützt § 5 Nr. 3 in erster Linie den Arbeitnehmer, der die Information entgegen § 4 Abs. 2 Nr. 3 gegenüber der Arbeitnehmervertretung offenlegt. 76

b) Voraussetzungen. Sofern die Erlangung der Information schon durch arbeitsrechtliche Spezialnormen erlaubt wird (§ 3 Abs. 2, näher hierzu → § 3 Rn. 47 ff.), kommt § 5 Nr. 3 nicht zur Anwendung. Daher hält sich die praktische Bedeutung der Vorschrift in Grenzen (*Lodemann/Tholuck* in Hoppe/Oldekop Kap. 1 Rn. 609d; *McGuire* in Büscher GeschGehG § 5 Rn. 43) 77

Die Information muss **durch einen Arbeitnehmer der Arbeitnehmervertretung** (zum Begriff → § 3 Rn. 39 ff.) **mitgeteilt** werden. Der Arbeitnehmer darf die betreffende Information aber nicht nur offenlegen, sondern auch erlangen und nutzen, auch wenn die Handlungen prima facie gem. § 4 untersagt sind (*Alexander* in Köhler/Bornkamm/Feddersen GeschGehG § 5 Rn. 52; *Glinke* in Keller/Schönknecht/Glinke GeschGehG § 5 Rn. 105 f. aber mit dem Hinweis, dass die Norm nicht als Vorwand für gezielte Spionage dienen darf; einschränkend *Brammsen* in Brammsen/Apel GeschGehG § 5 Rn. 116, 120). Das gilt aber nur, sofern sie zur Mitteilung an die Arbeitnehmervertretung bestimmt und für deren Tätigkeit erforderlich sind. Nicht ausdrücklich von § 5 Nr. 3 gedeckt ist umgekehrt eine Information von der Arbeitnehmervertretung an die Arbeitnehmer. Insofern kommt aber eine analoge Anwendung des § 5 Nr. 3 im Lichte des § 1 Abs. 3 Nr. 4 in Betracht (ähnl. *Fuhlrott* in BeckOK GeschGehG § 5 Rn. 51). 78

Die Offenlegung muss **erforderlich** sein, damit die Arbeitnehmervertretung ihre Aufgaben erfüllen kann. Die **Wahrnehmung der Aufgabe** muss **rechtmäßig** sein, wie sich aus Art. 5 lit. c Geschäftsgeheimnis-RL ergibt (*Alexander* in Köhler/Bornkamm/Feddersen GeschGehG § 5 Rn. 56), auch darf die Arbeitnehmervertretung nur im Rahmen ihres gesetzlichen Aufgabenbereichs handeln (*Glinke* in Keller/Schönknecht/Glinke, § 5 Rn. 108). An der Erforderlichkeit fehlt es, wenn die Arbeitnehmervertretung ihre Tätigkeit ohne die Information ebenso wirksam wahrnehmen könnte. Hingegen greift § 5 Nr. 3 bereits dann ein, wenn eine Erfüllung der Aufgaben ohne die Information erschwert würde (*Alexander* in Köhler/Bornkamm/Feddersen GeschGehG § 5 Rn. 55; ähnl. *Brammsen* in Brammsen/Apel GeschGehG § 5 Rn. 122 f). **Irrt** sich der **Arbeitnehmer über die Erforderlichkeit,** so spricht der Gleichlauf mit § 5 Nr. 2 (→ Rn. 73) dafür, § 5 Nr. 3 bei Gutgläubigkeit des Arbeitnehmers eingreifen zu lassen (Begr. RegE BT-Drs. 19/4724, 29; *Glinke* in Keller/Schönknecht/Glinke, § 5 Rn. 110; aA *Voraufl.*; *Fuhlrott* in BeckOK GeschGehG § 5 Rn. 54). 79

4. Sonstige berechtigte Interessen (§ 5, 1. Hs)

80 Die **Aufzählung in § 5 Nr. 1–3** ist **nicht abschließend.** Das ergibt sich nicht nur aus dem Wort „insbesondere", sondern auch aus der **richtlinienkonformen Auslegung** des § 5: Art. 5 Geschäftsgeheimnis-RL sieht in lit. d als vierten Ausnahmefall den „Schutz eines durch das Unionsrecht oder das nationale Recht anerkannten legitimen Interesses" vor (ebenso *Brammsen* in Brammsen/Apel GeschGehG § 5 Rn. 135; *Glinke* in Keller/Schönknecht/Glinke GeschGehG § 5 Rn. 8). Insbesondere erlaubt die Generalklausel neben den in § 5 Nr. 1–3 stark akzentuierten öffentlichen und organisierten Interessen auch, eine Berücksichtigung des Interesses an einem freien und unverfälschten Wettbewerb (*Leistner/Antoine/Sagstetter,* Big Data, 2021, S. 181).

81 Das **Interesse** muss **berechtigt** sein. Es darf also nicht von der Rechtsordnung missbilligt werden. Zudem muss es ein **vergleichbares Gewicht wie** die in **Nr. 1–3** ausdrücklich genannten Interessen aufweisen (*Alexander* in Köhler/Bornkamm/Feddersen GeschGehG § 5 Rn. 61; *v. Busekist/Racky* ZRP 2018, 135 (138); a.A. *Brammsen* in Brammsen/Apel GeschGehG § 5 Rn. 41). Im Übrigen ist die generalklauselartige Ausnahme ausgesprochen unbestimmt (*Leistner/Antoine/Sagstetter,* Big Data, 2021, S. 181; *McGuire* in Büscher GeschGehG § 5 Rn. 6). Weder der Text der Geschäftsgeheimnis-RL noch die Erwägungsgründe geben einen Anhaltspunkt dafür, um welche Interessen es sich handeln könnte. Wie in den Fällen des § 5 Nr. 1–3 kommt den **Wertungen der Grundrechte** besondere Bedeutung zu.

82 Ebenso wie in § 5 Nr. 1–3 ist eine **Abwägung** zwischen dem geltend gemachten Interesse und dem Geheimnisschutz erforderlich, wie sich bereits aus der Beschränkung auf „berechtigte" Interessen ergibt (Begr. RegE, BT-Drs. 19/4724, 28, ebenso *Glinke* in Keller/Schönknecht/Glinke GeschGehG § 5 Rn. 116; aA *McGuire* in Büscher GeschGehG § 5 Rn. 6). Dabei lassen sich einige der oben für die Abwägung zwischen der Kommunikationsfreiheit und dem Schutz von Geschäftsgeheimnissen formulierten Kriterien (→ Rn. 36 ff.) verallgemeinern. Zu berücksichtigen sind einerseits das Gewicht des betreffenden Interesses, andererseits die Bedeutung des Geschäftsgeheimnisses für seinen Inhaber und der potentielle Schaden durch den Eingriff. Besteht ein öffentliches Interesse an der Erlangung, Offenlegung oder Nutzung des Geheimnisses, so kann es den Ausschlag für die Zulässigkeit der Handlung geben.

83 **Mögliche Anwendungsfälle** der Generalklausel sind die Nutzung rechtmäßig erlangter Geheimnisse zu Zwecken der **Rechtsdurchsetzung** (*Glinke* in Keller/Schönknecht/Glinke GeschGehG § 5 Rn. 120) oder der **Zugriff auf gem. § 2 Nr. 1 geschützte Daten,** soweit er über die spezialgesetzlichen Zugangsrechte (zB das Recht auf Zugang zu Reparatur- und Wartungsinformationen gem. Art. 61 der VO (EU) 2018/858 oder Art. 6 Abs. 8–11 des Gesetzes über digitale Märkte (VO (EU) 2022/1925)) hinaus zu Reparaturzwecken oder zum Angebot kompatibler Waren oder Dienstleistungen erforderlich ist (näher hierzu *Leistner/Antoine/Sagstetter,* Big Data, 2021, S. 181 f., 187 f.).

III. Rechtsfolge und Beweislast

1. Rechtsfolge

84 Liegt eine Ausnahme gem. § 5 vor, so ist die betreffende Handlung **in Abweichung von § 4 erlaubt,** wobei nach der Vorstellung des Gesetzgebers bereits der

Tatbestand der Geheimnisverletzung nicht erfüllt ist. **Ansprüche gem. §§ 6 ff. bestehen also nicht.** Auf den Verhältnismäßigkeitsvorbehalt in § 9 kommt es nicht mehr an. Auch ist das Verhalten **nicht gem. § 23 strafbar** (Begr. RegE BT-Drs. 19/4724, 28; OLG Oldenburg NZWiSt 2021, 30). Außerhalb des GeschGehG gilt § 5 nicht unmittelbar (*Alexander* in Köhler/Bornkamm/Feddersen GeschGehG § 5 Rn. 61), doch können die Wertungen des § 5 auch bei der Auslegung der Schranken anderer Rechte zu berücksichtigen sein (→ Rn. 17 ff.).

2. Darlegungs- und Beweislast

Nach allgemeinen Grundsätzen trägt **jede Prozesspartei für die ihr günstigen Tatsachen** die **Darlegungs- und Beweislast.** Weil es sich bei § 5 um Ausnahmen vom Tatbestand des § 4 handelt, obliegt die Darlegungs- und Beweislast demjenigen, der das Geheimnis erlangt, offenlegt, nutzt oder dies beabsichtigt (*Alexander* in Köhler/Bornkamm/Feddersen GeschGehG § 5 Rn. 63; *Brammsen* in Brammsen/Apel GeschGehG § 5 Rn. 137; *Glinke* in Keller/Schönknecht/Glinke GeschGehG § 5 Rn. 35; vgl. auch die Beweislastumkehr für den besonderen Fall von Repressalien in Art. 21 Abs. 5 HinSch-RL, § 36 Abs. 2 HinSchG). Das gilt grundsätzlich auch für die Frage, ob die vom Hinweisgeber erhobenen Vorwürfe berechtigt sind (vgl. *Hauck* AfP 2021, 193 (199); aA *Hoeren/Münker* WRP 2018, 150 (154)). 85

Soweit es sich jedoch um Tatsachen aus der **Sphäre des Geheimnisinhabers** handelt, so kann ihn eine **sekundäre Darlegungs- und Beweislast** treffen. Beispiele sind interne Umstände, die für oder gegen ein Fehlverhalten sprechen, das Bestehen interner Meldekanäle oder Anhaltspunkte für die Höhe des potentiellen Schadens, den der Inhaber im Fall einer Offenlegung erleiden würde. 86

§ 6 Beseitigung und Unterlassung

[1]Der Inhaber des Geschäftsgeheimnisses kann den Rechtsverletzer auf Beseitigung der Beeinträchtigung und bei Wiederholungsgefahr auch auf Unterlassung in Anspruch nehmen. [2]Der Anspruch auf Unterlassung besteht auch dann, wenn eine Rechtsverletzung erstmalig droht.

Literatur: *Deichfuß,* Die Entwendung von technischen Betriebsgeheimnissen, GRUR-Prax 2012, 449; *Doepner,* Anmerkungen zum wettbewerbsrechtlichen Geheimnisschutz im Zivilprozess, FS Tilmann, 2003, 105; *Ess,* Wie weit reicht der Geheimnisschutz? Zum rechtsverletzenden Produkt i. S. d. § 2 Nr. 4 GeschGehG, WRP 2020, 988; *Fritzsche,* Unterlassungsanspruch und Unterlassungsklage, 2000; *Hofmann,* Der Unterlassungsanspruch als Rechtsbehelf, 2017; *ders.,* „Equity" im deutschen Lauterkeitsrecht? Der „Unterlassungsanspruch" nach der Geschäftsgeheimnis-RL, WRP 2018, 1; *ders.,* Anspruchsdenken und „Remedydenken" im deutschen Privatrecht, JuS 2018, 833; *Hoppe/Oldekop,* Behandlung von Unterlassungsansprüchen für Altfälle nach dem Gesetz zum Schutz von Geschäftsgeheimnissen (GeschGehG), GRUR-Prax 2019, 324; *dies.,* Die Rechtsprechung zum Geschäftsgeheimnisschutz seit dem 26.4.2019, WRP 2022, 547; *Kalbfus,* Rechtsdurchsetzung bei Geheimnisverletzungen – Welchen prozessualen Schutz gewährt das Geschäftsgeheimnisgesetz dem Kläger?, WRP 2019, 692; *Laoutoumai/Baumfalk,* Probleme im vorprozessualen Verfahren bei der Rechtsverfolgung von Ansprüchen aus dem neuen GeschGehG, WRP 2018, 1300; *Leister,* Keine Dringlichkeitsvermutung bei Unterlassungsansprüchen nach dem GeschGehG, GRUR-Prax 2019, 449; *Ohly,* Die Verantwortlichkeit von Intermediären, ZUM 2015, 308; *ders.,* Die Haftung von Internet-Dienstleistern für die Verletzung lauterkeitsrechtlicher Verkehrspflichten, GRUR 2017, 441; *ders.*, Von der Störerhaftung zur Haftung für die Verletzung urheberrechtlicher Verkehrspflichten, NJW 2022, 2961; *Tochtermann*, Zur „Unverhältnismäßigkeit" einer Rechtsfolge nach dem neuen GeschGehG – Versuch einer Maßstabsbildung, WRP 2019, 688; *Wagner*, Haftung von Plattformen für Rechtsverletzungen (Teil 1), GRUR 2020, 329; *ders.*, Haftung von Plattformen für Rechtsverletzungen (Teil 2), GRUR 2020, 447. Zu allgemeinen Überblicken über das GeschGehG s. die Nachw. zu § 2.

Übersicht

I. Allgemeines

1. Normzweck und Systematik

Als erste Anspruchskategorie, die das GeschGehG für den Verletzungsfall zur Verfügung stellt, regelt § 6 die **Abwehransprüche.** Nach dem Vorbild des Lauterkeits- und Immaterialgüterrechts (→ Rn. 4) und des § 1004 Abs. 1 BGB unterscheidet die Vorschrift zwischen dem **Beseitigungs-** und dem **Unterlassungsanspruch** und, im Rahmen des Unterlassungsanspruchs, zwischen dem **Verletzungsunterlassungsanspruch (§ 6 S. 1)** und dem **vorbeugenden Unterlassungsanspruch (§ 6 S. 2).** Die Abwehransprüche sind, anders als der Schadensersatzanspruch (§ 10), **verschuldensunabhängig.** Doch setzt der Unterlassungsanspruch **Begehungsgefahr** in Form der Wiederholungs- oder Erstbegehungsgefahr, der Beseitigungsanspruch einen fortbestehenden Störungszustand voraus (→ Rn. 29, 41). 1

Mit dem **Unterlassungsanspruch** erreicht der Verletzte, dass die verbotene Erlangung, Offenlegung oder Nutzung in der Zukunft unterbleibt. Gerade im Geheimnisschutz ist dieser Anspruch von erheblicher praktischer Bedeutung. Wird eine Information offenbar, so geht ihr Geheimnischarakter verloren, unabhängig davon, ob die Offenlegung rechtmäßig oder rechtswidrig erfolgte. Mit Hilfe des Unterlassungsanspruchs, möglicherweise durchgesetzt mit Hilfe einer einstweiligen Verfügung, kann der Inhaber die Offenlegung verhindern und so sein Geheimnis bewahren. Wenn es dem Geheimnisinhaber darum geht, den Vertrieb verletzender Produkte zu unterbinden, so bestehen deutliche Parallelen zum immaterialgüterrechtlichen Unterlassungsanspruch. 2

Der **Beseitigungsanspruch** dient dazu, die Folgen der Verletzung aus der Welt zu schaffen. Seine **praktisch wichtigsten Ausprägungen** sind **speziell in § 7** geregelt: Vernichtung oder Herausgabe von Verkörperungen des Geheimnisses, Herausgabe, Rückruf, Entfernung und Rücknahme vom Markt verletzender Produkte. Auf die Kommentierung dieser Vorschrift wird verwiesen. Daneben hält sich die praktische Bedeutung des allgemeinen Beseitigungsanspruchs in Grenzen (→ Rn. 24). 3

Vorbilder des § 6 sind die entsprechenden Regelungen in **§ 8 Abs. 1 UWG** und in den Gesetzen des geistigen Eigentums **(§§ 97 Abs. 1 UrhG, 139 Abs. 1 PatG, 14 Abs. 5 MarkenG** und **42 Abs. 1 DesignG).** Zur Auslegung des § 6 kann ergänzend auf die Rechtsprechung und Literatur zu diesen Vorschriften 4 zurückgegriffen werden (Begr. RegE, BT-Drs. 19/4724, 30; vgl. zum UWG Teplitzky Kap. 1–27; *Goldmann* in Harte/Henning UWG § 8 Rn. 1–240; *Bornkamm* in Köhler/Bornkamm/Feddersen UWG § 8 Rn. 1.1–2.31; *Ohly* in Ohly/Sosnitza UWG § 8 Rn. 1–84, 114–187; zum Urheberrecht *Leistner* und *Wimmers* in Schricker/Loewenheim § 97 UrhG Rn. 41–242; *Specht* in Dreier/Schulze § 97 Rn. 16–74; zum Patentrecht *Keukenschrijver* in Busse/Keukenschrijver PatG § 139 Rn. 41–94; *Grabinski/Zülch/Tochtermann* in Benkard PatG § 139 Rn. 27–38; zum Markenrecht *Thiering* in Ströbele/Hacker/Thiering MarkenG § 14 Rn. 427–674). Allerdings weist der **Abwehranspruch im Recht des Geheimnisschutzes** eine wesentliche **Besonderheit** auf: Gem. § 9 stehen die Ansprüche aus §§ 6–8 ausdrücklich unter dem **Vorbehalt der Verhältnismäßigkeit.** Eine vergleichbare Regelung wurde mit § 139 Abs. 1 S. 3 durch das 2. Patentrechtsmodernisierungsgesetz von 2021 ins Patentrecht eingefügt (hierzu *Ohly/Stierle* GRUR 2021, 1229 (1230 ff.), zuvor auf der Grundlage des § 242 BGB BGH GRUR 2016, 1031 Rn. 43 ff. – Wärmetauscher). Im Übrigen werden die Abwehransprüche im Immaterialgüter- und Lauterkeitsrecht unbedingt gewährt und können allenfalls im Fall der missbräuchlichen Geltendmachung (§ 8c Abs. 1 UWG), bei schuldloser Verletzung (§§ 100 UrhG, 45 DesignG) oder auf der Grundlage allgemeiner Normen (§§ 242, 275 Abs. 2 BGB) wegen Rechtsmissbrauchs oder grober Unverhältnismäßigkeit ausgeschlossen sein oder zeitweise suspendiert werden (vgl. zum Rechtsmissbrauch im Markenrecht BGH GRUR 2020, 292 – Da Vinci; zur Aufbrauchfrist im UWG BGH GRUR 1982, 425 (431) – Brillen-Selbstabgabestellen).

4a Das **Verhältnis des § 6 zu den Unterlassungsansprüchen der benachbarten Rechtsgebiete** (→ Rn. 4) ergibt sich nicht aus § 6, sondern aus dem Verhältnis zwischen dem Geheimnisschutz und den betreffenden Gebieten allgemein, hierzu ausführlich → Einl. A Rn. 173 ff., 189 ff. Insbesondere kommt ein **Rückgriff auf § 3a UWG** wegen der abschließenden Regelung der Rechtsfolgen eines Verstoßes in den §§ 6 ff. **nicht mehr in Betracht** (→ Einl. A Rn. 190, *Ohly* in Ohly/Sosnitza UWG § 3a Rn. 10).

2. Völker- und unionsrechtlicher Rahmen

5 **a) Art. 44 TRIPS.** Unabhängig von der Streitfrage, ob der Geheimnisschutz zum Recht des geistigen Eigentums oder zum Lauterkeitsrecht gehört (hierzu → Einl. Rn. 23 ff., 26 ff.), sind die Vertragsstaaten des TRIPS-Übereinkommens verpflichtet, zum Schutz nicht offenbarter Information (Art. 39 TRIPS) die in **Teil III des Übereinkommens** vorgesehenen Ansprüche und Verfahren zur Rechtsdurchsetzung vorzusehen. Nach der Grundregel des Art. 41 TRIPS müssen diese Rechtsbehelfe effektiv, fair und gerecht sein (Art. 41 Abs. 1, 2). Sie dürfen weder unnötig kompliziert oder kostspielig sein noch unangemessene Fristen oder ungerechtfertigte Verzögerungen mit sich bringen (Art. 41 Abs. 2 TRIPS). Sie sind so anzuwenden, dass Schranken für den rechtmäßigen Handel vermieden werden und Gewähr gegen Missbrauch gegeben ist (Art. 41 Abs. 1 TRIPS).

6 Gem. **Art. 44 TRIPS** müssen die Gerichte die Befugnis haben, die Unterlassung von Rechtsverletzungen anzuordnen. Der Unterlassungsanspruch muss nicht zwingend in jedem Fall der Verletzung bestehen. Die Formulierung „die Gerichte sind befugt“ zeigt, dass die Mitgliedstaaten ihren Gerichten ein Ermessensspielraum bei der Anordnung von Unterlassungen einräumen dürfen (*Vander/Steigüber*

in Busche/Stoll/Wiebe TRIPS Art. 44 Rn. 1). Allerdings setzt Art. 44 TRIPS insoweit nur einen Mindeststandard.

b) Geschäftsgeheimnis-RL. Die Rechtsfolgen, die in der Geschäftsgeheimnis-RL für den Fall der Verletzung vorgesehen werden, orientieren sich stark an der **Richtlinie 2004/48/EG zur Durchsetzung der Rechte des geistigen Eigentums (ABl. 2004 L 195, 16, Enforcement-RL).** Allerdings fehlen in der Geschäftsgeheimnis-RL Vorschriften zur Sicherung von Beweisen und zum Recht auf Auskunft, wie sie Art. 6–8 Durchsetzungs-RL vorsehen (→ § 8 Rn. 3). Auch wird in der Geschäftsgeheimnis-RL das Verhältnismäßigkeitsprinzip, das nach ihrem Art. 3 Abs. 2 auch für die Durchsetzungsrichtlinie gilt, betont und ausdifferenziert. 7

Ebenso wie die Enforcement-RL, aber anders als das deutsche Recht, sieht die Geschäftsgeheimnis-RL für den Verletzungsfall **keine Ansprüche, sondern Rechtsbehelfe** vor, über deren Gewährung das Gericht entscheidet („Remedy-Denken", vgl. *Hofmann* JuS 2018, 833 und WRP 2018, 1 ff.; *Tochtermann* in Büscher GeschGehG § 6 Rn. 5). Dementsprechend sind die Abschnitte 2 und 3 mit **„Vorläufige und vorbeugende Maßnahmen" und „Maßnahmen aufgrund einer Sachentscheidung"** überschrieben, während Abschnitt 2 GeschGehG „Ansprüche bei Rechtsverletzungen" bereitstellt. So erklärt sich, dass dem deutschen § 6 zwei Vorschriften der Richtlinie entsprechen, die wiederum ihre Vorbilder in Art. 9, 10 Durchsetzungs-RL finden. **Art. 12** sieht gerichtliche Anordnungen im Hauptsacheverfahren vor, **Art. 10** verpflichtet die Mitgliedstaaten dazu, den Gerichten die Anordnung einstweiliger und vorläufiger Maßnahmen zu erlauben. Beide Bestimmungen enthalten einen Katalog von Maßnahmen. Im Fall einer Hauptsacheentscheidung (Art. 12 Abs. 1 Geschäftsgeheimnis-RL) umfasst er ein Verbot der Nutzung oder Offenlegung, ein Verbot des Umgangs mit und Abhilfemaßnahmen zu rechtsverletzenden Produkten sowie Vernichtung oder Herausgabe von Verkörperungen des Geheimnisses. Als vorbeugende Maßnahmen nennt Art. 10 Abs. 1 Geschäftsgeheimnis-RL das vorläufige Verbot der Offenlegung oder Nutzung, das vorläufige Verbot des Umgangs mit rechtsverletzenden Produkten und deren Beschlagnahme. 8

Sowohl die Maßnahmen in der Hauptsache (Art. 13 Abs. 1 Geschäftsgeheimnis-RL) als auch die vorläufigen Maßnahmen (Art. 11 Abs. 2 Geschäftsgeheimnis-RL) stehen ausdrücklich unter **Verhältnismäßigkeitsvorbehalt** (hierzu *Hofmann* WRP 2018, 1 (5)). Jeweils sieht die Richtlinie Kataloge von acht Kriterien vor, die von den Gerichten bei der Entscheidung über die Anordnung der Maßnahme gegebenenfalls zu berücksichtigen sind. 9

Der **deutsche Gesetzgeber** hat die Rechtsfolgen der Verletzung an die Systematik des deutschen Zivilrechts angepasst und **anstelle von Rechtsbehelfen Ansprüche** vorgesehen. Dabei konnte er die Art. 10 und 12 GeschGehG zusammenfassen, weil nach deutscher Systematik im Verfahren des einstweiligen Rechtsschutzes materielle Ansprüche durchgesetzt werden. Die Formulierung des § 6 entspricht weitgehend derjenigen des § 8 Abs. 1 UWG und der §§ 97 Abs. 1 UrhG, 139 Abs. 1 PatG, 14 Abs. 5 MarkenG und 42 Abs. 1 DesignG (→ Rn. 4). Dabei handelt es sich um eine unionsrechtlich unproblematische „Übersetzung" der Richtlinienbestimmungen in die Systematik des deutschen Rechts. Allerdings hat der deutsche Gesetzgeber zugleich den Verhältnismäßigkeitsvorbehalt in Art. 11, 13 Geschäftsgeheimnis-RL von einer Anspruchsvoraussetzung in eine Einwendung umgewandelt. Ob diese Umsetzungstechnik mit der Richtlinie vereinbar ist, steht nicht außer Zweifel (→ § 9 Rn. 6). 10

3. Entstehungsgeschichte

11 **a) Frühere Rechtslage.** Weil es sich bei §§ 17–19 UWG a.F. um strafrechtliche Vorschriften handelte, war der Unterlassungsanspruch wegen der Verletzung von Geschäftsgeheimnissen **nicht ausdrücklich geregelt.** Allerdings löste ein Verstoß gegen §§ 17–19 UWG a.F. unter dem Gesichtspunkt des **Rechtsbruchs (§§ 3a, 3 Abs. 1 UWG) lauterkeitsrechtliche Ansprüche** aus (BGH GRUR 2018, 1161 Rn. 27 – Hohlfasermembranspinnanlage II mwN), auch Unlauterkeit gem. § 4 Nr. 3c, 4 UWG kam in Betracht, so dass sich für Mitbewerber (§ 8 Abs. 3 Nr. 1 UWG) ein Unterlassungsanspruch aus § 8 Abs. 1 UWG ergab. Zudem war anerkannt, dass es sich bei §§ 17–19 UWG a.F. **um Schutzgesetze iSd § 823 Abs. 2 BGB** handelte (OLG Düsseldorf WRP 2021, 1080 (1081) – CAD-Konstruktionszeichnungen; BayObLG WRP 2023, 496 (497)), bei deren Verletzung nicht nur ein Schadensersatzanspruch, sondern auch ein Unterlassungsanspruch analog § 1004 Abs. 1 BGB bestand. Weil sich die Formulierung des § 6 an § 8 Abs. 1 UWG und an § 1004 Abs. 1 BGB anlehnt, gibt es zur früheren Rechtslage kaum Unterschiede, sieht man vom erstmals gesetzlich geregelten Einwand der Unverhältnismäßigkeit (§ 9) ab, der sich nach früherem Recht allenfalls aus allgemeinen Vorschriften (§§ 242, 275 Abs. 2 BGB) ergeben konnte (→ § 9 Rn. 1, 8). Daher kann zur Auslegung des § 6 auf das frühere Recht und auf die Rechtsprechung und Literatur zu § 8 UWG und den entsprechenden Vorschriften im Recht des geistigen Eigentums (→ Rn. 4) zurückgegriffen werden, sofern die unionsrechtskonforme Auslegung nichts Abweichendes gebietet (*Keller* in Keller/Schönknecht/Glinke GeschGehG § 6 Rn. 8).

12 **b) Geschäftsgeheimnis-RL und GeschGehG.** Art. 10–13 Geschäftsgeheimnis-RL entsprechen weitgehend den Art. 9–12 des Kommissionsvorschlags.

12a § 6 war in der endgültigen Fassung bereits als § 5 im Referentenentwurf enthalten. Die Umgestaltung der Verhältnismäßigkeitsprüfung in eine Einwendung wurde zwar im Gesetzgebungsverfahren kritisiert (GRUR-Stellungnahme GRUR 2018, 708 (711)), aber unverändert in das Gesetz übernommen. Während sich die politische Diskussion auf die Rechte von Journalisten und Whistleblowern konzentrierte, wurde die praktisch wesentlich wichtigere Ausgestaltung der Ansprüche im parlamentarischen Verfahren kaum diskutiert.

II. Gemeinsame Voraussetzungen und Einwendungen

1. Rechtsverletzung (§ 4)

13 Erste Voraussetzung des § 6 ebenso wie aller anderen in §§ 7 ff. geregelten Ansprüche ist eine **Verletzung des Rechts am Geschäftsgeheimnis.** Es muss also ein geschütztes Geheimnis vorliegen (§ 2 Nr. 1), es muss unerlaubt (vgl. § 3) erlangt, offengelegt oder genutzt worden sein (§ 4) und es darf keine der in § 5 geregelten Ausnahmen eingreifen.

14 Da der **Unterlassungsanspruch in die Zukunft** gerichtet ist, muss das betreffende Verhalten **sowohl zur Zeit der Begehung als auch zum Zeitpunkt der letzten mündlichen Verhandlung** (bzw. bis zur Entscheidung in der Revisionsinstanz) **rechtswidrig** gewesen sein (BGH GRUR 2018, 535 Rn. 15 – Knochenzement I; BGH GRUR 2018, 311 Rn. 11 – Handfugenpistole; zum GeschGehG

BGH GRUR-RS 2021, 54093 Rn. 22; OLG Düsseldorf WRP 2021, 1080 (1081) – CAD-Konstruktionszeichnungen; OLG Stuttgart WRP 2021, 242 (248) – Schaumstoffsysteme). Das GeschGehG ist am 26.4.2019 ohne Übergangsregeln in Kraft getreten. Im Fall von Handlungen, die zuvor erfolgt sind, besteht ein (Verletzungs-)Unterlassungsanspruch demnach nur, wenn sie auch nach altem Recht, insb. nach §§ 17–19 UWG aF, rechtswidrig waren. In diesem Fall besteht ein Unterlassungsanspruch, obwohl sich Fassung und Struktur der Verbotsnormen geändert haben (*Hoppe/Oldekop* GRUR-Prax 2019, 324 (325)). **Angemessene Geheimhaltungsmaßnahmen (§ 2 Nr. 1b)** wurden nach altem Recht noch nicht vorausgesetzt, können also für die Zeit vor Inkrafttreten des GeschGehG nicht verlangt werden (OLG Stuttgart WRP 2021, 242 (255) – Schaumstoffsysteme). Wurden sie nach der Verletzung, aber bis spätestens zum 26.4.2019 ergriffen, so kann ein auf Wiederholungsgefahr gestützter Unterlassungsanspruch bestehen. Ist der Anspruch aber nach dem Stichtag erloschen, so lebt er später nicht wieder auf (OLG Stuttgart WRP 2021, 242 (255) – Schaumstoffsysteme; krit. angesichts der besonderen Schwierigkeiten der Umstellung auf die Voraussetzungen des GeschGehG *Hoppe/Oldekop* WRP 2022, 547 (550)). Allerdings sollte bei der Prüfung der Angemessenheit die Notwendigkeit der Umstellung in Rechnung gestellt werden. **Näher zum intertemporalen Recht** → Einl. A Rn. 272 ff.

Hingegen **entfällt der Unterlassungsanspruch,** wenn das Verhalten **nur nach altem Recht verboten** war. Ein Beispiel ist das Reverse Engineering (→ § 3 Rn. 19 ff.). Wurde die Information unter Geltung des alten Rechts durch unerlaubte Rückwärtsanalyse erlangt, so kann nunmehr wegen § 3 Abs. 1 Nr. 2 nicht mehr Unterlassung wegen unerlaubten Erlangens (§ 4 Abs. 1) verlangt werden (ebenso *Keller* in Keller/Schönknecht/Glinke GeschGehG § 6 Rn. 18). Diese Wertung beeinflusst die gesamte „Kaskade der Nutzungshandlungen“ in § 4 (aA *Hoppe/Oldekop* GRUR-Prax 2019, 324 (326)). Die Nutzung und Offenlegung der durch Reverse Engineering erlangten Information ist nicht nach § 4 Abs. 2 Nr. 1 verboten, eine mögliche vertragliche Verpflichtung iSd § 4 Abs. 2 Nr. 2, 3 bleibt davon allerdings unberührt (→ § 3 Rn. 28). Auch ein Dritter verstößt nicht gegen § 4 Abs. 3, wenn er von einem Dritten Informationen erlangt, die dieser durch Reverse Engineering gewonnen hat. 15

2. Störungszustand oder Begehungsgefahr

Die **Abwehransprüche** sind **verschuldensunabhängig,** allerdings setzt der Verletzungstatbestand des § 4 Nr. 3 ein subjektives Element voraus (→ § 4 Rn. 45). Jedoch ist für das Bestehen des **Beseitigungsanspruchs** ein **fortdauernder Störungszustand** erforderlich (→ Rn. 25 f.). Der **Unterlassungsanspruch** setzt, als materiell-rechtliche Anspruchsvoraussetzung, die drohende Gefahr einer zukünftigen Rechtsverletzung **(Begehungsgefahr)** voraus. Ist bereits eine Verletzung vorgefallen, so wird vermutet, dass eine erneute Störung droht (Wiederholungsgefahr, § 6 S. 1, 2. Alt., dazu → Rn. 29 f.). Wurden die Interessen des Inhabers bisher noch nicht beeinträchtigt, so genügt es, wenn die Rechtsverletzung erstmalig droht (**Erstbegehungsgefahr,** § 6 S. 2, hierzu → Rn. 41). 16

3. Einwendungen und Einreden

a) Unverhältnismäßigkeit (§ 9) und Abfindung in Geld (§ 11). Der Anspruch ist im Fall der **Unverhältnismäßigkeit** ausgeschlossen. Die Systematik 17 des GeschGehG könnte zwar nahelegen, dass es sich insoweit um eine Einrede handelt. Aus Art. 13 Geschäftsgeheimnis-RL und, im Fall einstweiligen Rechtsschutzes, aus deren Art. 11 ergibt sich aber, dass die **Gerichte in jedem Fall die Verhältnismäßigkeit des Unterlassungsanspruchs zu prüfen** und dabei die besonderen Umstände des Einzelfalls zu berücksichtigen haben. Die richtlinienkonforme Auslegung des GeschGehG gebietet daher, § 9 als **von Amts wegen zu berücksichtigende Einwendung** zu verstehen (*Tochtermann* WRP 2019, 688 (690 f.)); näher hierzu (→ § 9 Rn. 3). Auf die Kommentierung des § 9 wird verwiesen.

18 In engem Zusammenhang mit § 9 steht § 11 (zum Verhältnis zwischen beiden Vorschriften → § 11 Rn. 7 ff.), der eine **Abfindung in Geld** anstelle des Unterlassungsanspruchs („compensation in lieu of injunction") ermöglicht, sofern dem Verletzer durch die Erfüllung der Ansprüche aus §§ 6 und 7 unverhältnismäßig große Nachteile entstehen würden. Auf die Kommentierung des § 11 wird verwiesen.

19 **b) Verjährung.** Weil im GeschGehG Spezialvorschriften zur Verjährung der Abwehransprüche fehlen (§ 13 betrifft nur den Sonderfall der Herausgabe nach Verjährungseintritt), gilt die **allgemeine Verjährungsfrist von drei Jahren (§ 195 BGB).** Die Hemmung, der Neubeginn und die Wirkung der Verjährung richten sich nach den allgemeinen Vorschriften (§§ 203 ff. BGB).

19a Die Verjährung des **Verletzungsunterlassungsanspruchs beginnt** gem. **§ 199 Abs. 1 BGB** mit dem Schluss des Jahres, in dem der Anspruch entstanden und in dem der Gläubiger von den anspruchsbegründenden Umständen Kenntnis erlangt hat oder ohne grobe Fahrlässigkeit hätte erlangen müssen. Bei **Einzelhandlungen** beginnt die Verjährung mit deren Abschluss. Dasselbe gilt für fortgesetzte, wiederholte Einzelhandlungen, etwa den andauernden Vertrieb verletzender Produkte. Hier setzt jeder einzelne Verkauf eine neue Verjährungsfrist in Gang (BGH GRUR 1999, 751 (754) – Güllepumpen). Bei **Dauerhandlungen,** die sich nicht in Einzelakte aufteilen lassen (Beispiel: Veröffentlichungen im Internet), beginnt die Verjährungsfrist erst mit Beendigung der Handlung (BGH GRUR 2003, 448 (450) – Gemeinnützige Wohnungsgesellschaft (zum UWG); *Sosnitza* in Ohly/Sosnitza UWG § 11 Rn. 18; zu § 6 *Keller* in Keller/Schönknecht/Glinke GeschGehG § 6 Rn. 80).

19b Fehlt es an Kenntnis oder grob fahrlässiger Unkenntnis, so bestimmt § 199 Abs. 4 eine Höchstfrist von zehn Jahren. Allerdings beträgt gem. **Art. 8 Abs. 2 Geschäftsgeheimnis-RL** die **Verjährungsfrist höchstens sechs Jahre.** Der deutsche Gesetzgeber hat diese Vorgabe für den „Restschadensersatzanspruch" in § 13 berücksichtigt, für die Abwehransprüche aber offenbar übersehen. In richtlinienkonformer Auslegung, genauer: in richtlinienkonformer teleologischer Reduktion des § 199 Abs. 4, verjähren Abwehransprüche gem. § 6 daher spätestens nach Ablauf von sechs Jahren ab dem Zeitpunkt ihrer Entstehung (*Keller* in Keller/Schönknecht/Glinke GeschGehG § 6 Rn. 77; für den Schadensersatzanspruch → § 10 Rn. 85).

19c Ob der **vorbeugende Unterlassungsanspruch** der Verjährung unterliegt, ist zu § 11 UWG umstritten (verneinend die ältere Rspr., s. BGH GRUR 1979, 121 (122) – Verjährungsunterbrechung). Zutreffend erscheint eine Differenzierung (OLG Stuttgart WRP 1993, 351 (353); *Köhler* in Köhler/Bornkamm/Feddersen UWG § 11 Rn. 1.3; *Ohly* in Ohly/Sosnitza UWG § 8 Rn. 26; *Sosnitza* in Ohly/Sosnitza UWG § 11 Rn. 21; *Schulz* in Harte/Henning UWG § 11

Rn. 14 ff.; ebenso zu § 6 UWG *Keller* in Keller/Schönknecht/Glinke GeschGehG § 6 Rn. 81): Wird die Erstbegehungsgefahr durch eine Handlung, insb. eine Berühmung, begründet, so beginnt die Verjährungsfrist ab diesem Zeitpunkt zu laufen. Ist der auslösende Umstand hingegen eine Dauerhandlung, so entsteht der Anspruch immer neu, und eine Verjährung kommt erst bei Beendigung der Handlung in Betracht.

c) Verwirkung. Neben der Verjährung kommt auch **Verwirkung** nach allgemeinen Grundsätzen in Betracht (hierzu im Einzelnen *Ohly* in Ohly/Sosnitza UWG § 8c Rn. 36 ff. mwN). Während sie im Lauterkeits- und Immaterialgüterrecht auf § 242 BGB gestützt wird, bietet es sich im Geheimnisschutz an, im Fall der Verwirkung Abwehransprüche als unverhältnismäßig (§ 9) auszuschließen (→ § 9 Rn. 26). 20

Die Verwirkung schließt als ein Fall der unzulässigen Rechtsausübung (§ 242 BGB) die illoyal verspätete Geltendmachung eines Rechts aus. Nach der ständigen Rspr. des BGH ist ein Recht verwirkt, wenn der Berechtigte es **längere Zeit hindurch nicht geltend gemacht hat (Zeitmoment)** und der Verpflichtete sich darauf eingerichtet hat und sich nach dem gesamten Verhalten des Berechtigten **darauf einrichten durfte,** dass dieser das Recht nicht mehr geltend machen werde **(Umstandsmoment)** (BGH GRUR 2014, 363 Rn. 38 – Peter Fechter; BGH GRUR 2015, 780 Rn. 42 – Motorradteile). Zudem setzt die Rspr. für die Verwirkung von Unterlassungsansprüchen voraus, dass der Verletzer im Vertrauen auf den Duldungsanschein einen **schutzwürdigen Besitzstand** geschaffen hat (BGH GRUR 1988, 776 (778) – PPC; BGH GRUR 1989, 449 (453) – Maritim). Seit die allgemeine Verjährungsfrist auf drei Jahre verkürzt wurde, kommt eine Verwirkung nur noch in Ausnahmefällen in Betracht (BGH GRUR 2014, 363 Rn. 50 – Peter Fechter; BGH GRUR 2015, 780 Rn. 43 – Motorradteile). Der wichtigste verbleibende Anwendungsbereich betrifft **Dauerhandlungen,** bei denen erst die Beendigung die Frist beginnen lässt, während die für die Verwirkung maßgebliche Frist bereits mit Aufnahme der Handlung beginnt (BGH GRUR 2013, 1161 Rn. 29 – Hard Rock Café). Allerdings gilt dies nicht für fortgesetzte, gleichartige Handlungen (zur Abgrenzung → Rn. 19a) wie insbesondere den Verkauf verletzender Produkte (§ 4 Abs. 3 S. 2). Hier entsteht mit jeder Einzelhandlung ein neuer Unterlassungsanspruch, der eine neue Verwirkungsfrist in Gang setzt (BGH GRUR 2012, 928 Rn. 22 f. – Honda-Grauimport; BGH GRUR 2013, 1161 Rn. 21 – Hard Rock Café; BGH GRUR 2016, 705 Rn. 50 – ConText; krit. *Goldmann* in Harte/Henning UWG Vor § 8 Rn. 189 ff.). 20a

d) Missbrauchsverbot (§§ 14 GeschGehG, 242 BGB). Die Geltendmachung des Anspruchs ist gem. **§ 14 unzulässig,** wenn sie **missbräuchlich** ist. Es handelt sich um einen prozessrechtlichen Ausschluss der Klagebefugnis, daneben aber auch um eine materiellrechtliche Regelung, die den Anspruch ausschließt (→ § 14 Rn. 21). Auf die Kommentierung der Vorschrift wird verwiesen. 21

Daneben kommt zwar auch die **allgemeine materiell-rechtliche Einwendung der Treuwidrigkeit (§ 242 BGB),** insbesondere des Rechtsmissbrauchs in Betracht. Allerdings werden sich die Umstände, die eine Treuwidrigkeit begründen, in aller Regel im Rahmen der Ausnahmen des berechtigten Interesses (§ 5), bei der Verhältnismäßigkeitsprüfung (§ 9) oder bei Prüfung der missbräuchlichen Geltendmachung (§ 14) berücksichtigen lassen. 22

III. Die Ansprüche im Einzelnen

1. Der Beseitigungsanspruch (§ 6 S. 1, 1. Alt.)

23 **a) Bedeutung.** Ebenso wie in § 1004 Abs. 1 S. 1 BGB, in § 8 Abs. 1 UWG und im Recht des geistigen Eigentums steht gem. § 6 GeschGehG dem Verletzten neben dem Unterlassungsanspruch auch ein Beseitigungsanspruch zu. Anders als der Unterlassungsanspruch ist der Beseitigungsanspruch nicht in die Zukunft gerichtet, sondern **bekämpft einen in der Vergangenheit geschaffenen Störungszustand.** Dementsprechend wird der Beseitigungsanspruch nicht durch bloßes Unterlassen, sondern **durch eine Handlung erfüllt.** Die **Vollstreckung** des Beseitigungsanspruchs richtet sich nach **§§ 887, 888 ZPO,** diejenige des Unterlassungsanspruchs nach § 890 ZPO. Trotz dieser Abgrenzung kann es Überschneidungen geben, etwa bei der Löschung einer verletzenden Datei im Internet oder im umstrittenen Fall des Rückrufs verletzender Produkte (→ Rn. 47).

24 Die **praktisch wichtigsten Anwendungsfälle** des Beseitigungsanspruchs sind in **§ 7** geregelt, der als **Spezialregelung dem § 6 vorgeht** (→ § 7 Rn. 3). Für § 6 verbleibt nur noch ein sehr beschränkter Anwendungsbereich (ebenso *Hoppe* in Hoppe/Oldekop Kap. 1 Rn. 707). Die Begründung des RegE nennt erstens den Rückruf einer Publikation, in der das Geschäftsgeheimnis offenbart wird, oder die Beseitigung einer entsprechenden Publikation auf einer Internetseite (BT-Drs. 19/4724, 30). In diesen Fällen besteht allerdings parallel ein Unterlassungsanspruch (→ § 7 Rn. 3). Auch soll die Beseitigung einzelner, die Rechtsverletzung begründender Komponenten aus einem rechtsverletzenden Produkt als mildere Abhilfemaßnahme im Vergleich zur Vernichtung einen Fall der Beseitigung darstellen (BT-Drs. 19/4724, 30; *Dorndorf* in Hoeren/Münker § 6 Rn. 20). Allerdings spricht Einiges dafür, dass § 7 Nr. 4 diesen Fall als Minus mit umfasst (→ § 7 Rn. 3).

25 **b) Voraussetzungen.** Voraussetzung des Beseitigungsanspruchs ist neben den allgemeinen Voraussetzungen aller Abwehransprüche (→ Rn. 13 ff.) das **Bestehen eines durch die Rechtsverletzung hervorgerufenen, noch andauernden Störungszustands** (Begr. RegE BT-Drs. 19/4724, 30; zu § 17 UWG a.F. *Harte-Bavendamm* in Harte/Henning GeschGehG Rn. 82; *Keller* in Keller/Schönknecht/Glinke GeschGehG § 6 Rn. 37; *Ohly* in Ohly/Sosnitza UWG § 8 Rn. 72 mwN). Beispiele sind die Veröffentlichung einer dem Geheimnisschutz unterfallenden Information oder die unerlaubte Speicherung von Daten oder der Vertrieb verletzender Produkte, wobei die Beseitigung in den letztgenannten Fällen durch § 7 als Spezialnorm erfasst wird.

26 Die **Störung** muss **bereits bestehen** und **durch den Verstoß** gegen § 4 **hervorgerufen** worden sein. Bloße Vorbereitungshandlungen, die für sich genommen noch keine Verletzung darstellen, können nicht mit dem Beseitigungsanspruch, sondern allenfalls mit dem vorbeugenden Unterlassungsanspruch (§ 6 S. 2) bekämpft werden. Der Störungszustand muss rechtswidrig sein, der Gläubiger darf also keiner Duldungspflicht unterliegen (*Alexander* in Köhler/Bornkamm/Feddersen GeschGehG § 6 Rn. 25). Die Störung muss zudem **noch bis zur letzten mündlichen Tatsachenverhandlung andauern** (BGH GRUR 1970, 254 (257) – Remington; KG GRUR-RR 2002, 337 (338 f.) – T-offline, jeweils zum UWG).

c) Inhalt und Umfang. Der Inhalt des Beseitigungsanspruchs **hängt von Art und Umfang der Beeinträchtigung ab.** Oft geht der Anspruch auf **Rückgängigmachung der verletzenden Handlung (actus contrarius),** etwa auf Löschung einer zu Unrecht auf einer Website bereitgestellten Datei. Nach altem Recht konnte der Beseitigungsanspruch auf Herausgabe oder Vernichtung von Aufzeichnungen oder von aufgrund der erlangten Geheimnisse hergestellten Produkten gerichtet werden (BGH GRUR 1958, 297 (299) – Petromax; BGH GRUR 2006, 1044 Rn. 17 – Kundendatenprogramm), doch werden diese Fälle mittlerweile von § 7 Nr. 1 und 4 erfasst. Als möglicher Fall des § 6 S. 1, 1. Alt. bleiben die Beseitigung einer verletzenden Komponente eines komplexen Produkts oder die Löschung von Teilen einer Datei (etwa einzelner Namen aus einem Kundenverzeichnis), die als Geschäftsgeheimnis geschützt werden (→ Rn. 24). 27

Die **Kosten** der Beseitigungsmaßnahmen **trägt der Verletzer.** Allerdings kann das Gericht von diesem Grundsatz eine Ausnahme zulassen, wenn hierfür besondere Gründe vorliegen (Art. 12 Abs. 4 S. 1 Geschäftsgeheimnis-RL). Das gilt unabhängig von einem möglicherweise parallel bestehenden Schadensersatzanspruch (Art. 12 Abs. 4 S. 1 Geschäftsgeheimnis-RL), denn die Beseitigung kann auch unter dem Gesichtspunkt der Naturalrestitution (§ 249 BGB) verlangt werden. Da allerdings der Beseitigungsanspruch verschuldensunabhängig ist, ist die praktische Bedeutung des Schadensersatzanspruchs gering, soweit der Beseitigungsanspruch reicht. 28

2. Der Verletzungsunterlassungsanspruch (§ 6 S. 1, 2. Alt.)

a) Wiederholungsgefahr. Der Verletzungsunterlassungsanspruch entsteht, wenn eine in der Vergangenheit begangene Verletzung die **Gefahr einer Wiederholung** oder einer im Wesentlichen gleichartigen Verletzungshandlung begründet. Diese Gefahr benennt § 6 S. 1 ausdrücklich als (materiell-rechtliche) Anspruchsvoraussetzung. Zur intertemporalen Anwendung bei Handlungen vor Inkrafttreten des GeschGehG → Rn. 14 und → Einl. A Rn. 273 ff. 29

Ebenso wie im Lauterkeits- und Immaterialgüterrecht **indiziert die Verletzung die Wiederholungsgefahr.** Für die Wiederholungsgefahr streitet also die **widerlegliche tatsächliche Vermutung,** dass eine schon einmal begangene Geheimnisverletzung deren Wiederholung befürchten lässt (Begr. RegE BT-Drs. 19/4724, 30; OLG Stuttgart WRP 2021, 242 (252) – Schaumstoffsysteme; *Alexander* in Köhler/Bornkamm/Feddersen GeschGehG § 6 Rn. 34; *Hoppe* in Hoppe/Oldekop Kap. 1 Rn. 655; *Schroeder/Drescher* in Brammsen/Apel GeschGehG § 6 Rn. 81; *Tochtermann* in Büscher GeschGehG § 6 Rn. 28; ebenso zu § 8 UWG BGH WRP 2020, 195 Rn. 27 – Versicherungsberatung mit Erfolgshonorar; BGH GRUR 2016, 946 Rn. 52 – Freunde finden; zu § 139 PatG BGH GRUR 2005, 848 (853) – Antriebsscheibenaufzug). Die Vermutung lässt sich regelmäßig nur durch Abgabe einer strafbewehrten Unterlassungserklärung widerlegen (→ Rn. 31 ff.). Allerdings wird die **Vermutung der Wiederholungsgefahr** in der **arbeitsgerichtlichen Rspr. teilweise relativiert** (*Hoppe/Oldekop* WRP 2022, 547 (550)) und soll nur bei typischen Geschehensabläufen eingreifen (LAG Baden-Württemberg MMR 2022, 79 (81), allerdings unter Vermengung mit der Frage, ob eine unlautere Erlangung Wiederholungsgefahr hinsichtlich der anschließenden Nutzung begründet). Dem ist nur dann zuzustimmen, wenn eine **Wiederholung faktisch ausgeschlossen** ist, vor allem, weil im Fall einer unlauteren Erlangung ein ehemaliger Arbeitnehmer auf weitere Daten oder Unterlagen 30 keinen Zugriff mehr hat (AG Hamburg BeckRS 2022, 4994 Rn. 97; LAG Hamm BeckRS 2021, 41734 Rn. 47).

30a Die Vermutung der Wiederholungsgefahr umfasst neben **identischen Handlungen („konkrete Verletzungsform")** alle Begehungsformen, die mit der Verletzungshandlung **im Kern wesensgleich** sind, in denen also das Charakteristische der Verletzung zum Ausdruck kommt **(„Kerntheorie")** (OLG Stuttgart WRP 2021, 242 (252) – Schaumstoffsysteme; *Hoppe* in Hoppe/Oldekop Kap. 1 Rn. 661 ff. mit ausführlicher Unterscheidung verschiedener Fallgruppen; *Bornkamm* in Köhler/Bornkamm/Feddersen UWG § 8 Rn. 1.44; *Goldmann* in Harte/Henning UWG § 8 Rn. 155 ff.; *Ohly* in Ohly/Sosnitza § 8 Rn. 8 alle mwN). Was daraus für das Recht des Geheimnisschutzes folgt, ist bisher nicht abschließend geklärt.

30b Fraglich ist erstens, inwieweit **eine Form der Erlangung, Nutzung oder Offenlegung** die Wiederholungsgefahr auch hinsichtlich **anderer Formen der jeweiligen Verletzungshandlung** begründet. Auch wenn jeweils die Umstände des Einzelfalls entscheidend sind, so sind die verschiedenen Formen der Erlangung zumindest dann als wesensgleich anzusehen, wenn sie sich in Angriffsrichtung und Angriffsintensität nicht wesentlich unterscheiden. So begründet das unbefugte Speichern von Dateien durch einen Arbeitnehmer auch die Wiederholungsgefahr hinsichtlich der Wegnahme von Dokumenten, während zwischen einer Handlung innerhalb des Betriebs und einem Angriff von außen zu unterscheiden sein kann (weiter *Hoppe* in Hoppe/Oldekop Kap. 1 Rn. 665: Wiederholungsgefahr grundsätzlich hinsichtlich aller Formen der Erlangung). Bei der unerlaubten Nutzung ist zu differenzieren: Eine Vertriebshandlung begründet regelmäßig die Wiederholungsgefahr hinsichtlich sämtlicher Vertriebshandlungen, nicht hingegen hinsichtlich der Herstellung. Hingegen kann es je nach den Umständen des Einzelfalls naheliegen, die Wiederholungsgefahr im Fall der unerlaubten Herstellung auf den anschließenden Vertrieb der Produkte zu erstrecken (*Hoppe* in Hoppe/Oldekop Kap. 1 Rn. 671).

30c Zweitens ist bisher nicht abschließend geklärt ist, ob und inwieweit eine **unzulässige Erlangung (§ 4 Abs. 1) die Wiederholungsgefahr hinsichtlich einer anschließenden Nutzung** (§ 4 Abs. 2 Nr. 1) begründet. Wurden die Geheimnisse einmal erlangt, so ist dem Geheimnisinhaber oft weniger an der Vermeidung weiterer Erlangungshandlungen als an der Verhinderung der vermutlich bevorstehenden Nutzung gelegen. Weil es sich nach der Systematik des § 4 (→ § 4 Rn. 3) aber um unterschiedliche Tatbestände handelt, die sich auch in ihren Angriffsrichtungen unterscheiden, begründet die unzulässige Erlangung nicht ohne weiteres die Wiederholungsgefahr hinsichtlich der Verwertung (LAG Baden-Württemberg MMR 2022, 79 (81); LAG Rheinland-Pfalz BeckRS 2021, 15024 Rn. 44; *Schroeder/Drescher* in Brammsen/Apel GeschGehG § 6 Rn. 67; zum früheren Recht BAG NZA 1999, 200 (202); aA LAG Hamm BeckRS 2021, 41734 Rn. 40, 42; *Dorndorf* in Hoeren/Münker § 6 Rn. 30; offen OLG Frankfurt a.M. GRUR-RR 2021, 229 Rn. 27 – Vliesstoffe). Allerdings sind auch hier die Umstände des Einzelfalls entscheidend. So ist es denkbar, dass Erlangung und Nutzung einen einheitlichen Geschehensablauf bilden bzw. dass sich die Erlangung als „erster Ausführungsakt eines Gesamttatplans" darstellt (*Hoppe* in Hoppe/Oldekop Kap. 1 Rn. 682), was für eine Erstreckung der Wiederholungsgefahr auf die Nutzungshandlung sprechen kann. Jedenfalls wird in diesen Fällen regelmäßig eine Erstbegehungsgefahr naheliegen (*Juretzek* GRUR-Prax 2022, 131; *Keller* in Keller/Schönknecht/Glinke GeschGehG § 6 Rn. 24).

Problematisch ist drittens, wann eine **Verletzungshandlung hinsichtlich einer Information oder eines Produkts** die Wiederholungsgefahr hinsichtlich **verwandter, ähnlicher Produkte oder Informationen** begründet. Jeweils sind gewisse Verallgemeinerungen zulässig (*Hoppe* in Hoppe/Oldekop Kap. 1 Rn. 685 unter Hinweis auf BGH GRUR 2006, 421 Rn. 42 – Markenparfümverkäufe). Beim Vertrieb unterschiedlicher Verletzungsprodukte ist entscheidend, ob es sich um gleichartige Verkörperungen desselben Geschäftsgeheimnisses bzw. eng miteinander verwandter Geschäftsgeheimnisse handelt (ähnlich, allerdings für Erstreckung auf sämtliche alternativen Verletzungsprodukte *Hoppe* in Hoppe/Oldekop Kap. 1 Rn. 676; *Schroeder/Drescher* in Brammsen/Apel GeschGehG § 6 Rn. 100). Das kann etwa beim Vertrieb eines Verletzungsprodukts mit Abwandlungen oder bei verschiedenen Typen eines Geräts der Fall sein, die auf demselben, unberechtigt genutzten Konstruktionsprinzip beruhen. Betrifft die Verletzungshandlung eine von mehreren gleichartigen oder zusammenhängenden Informationen, so kann sich die Wiederholungsgefahr auf weitere, verwandte Informationen erstrecken. Das kann der Fall sein, wenn die weiteren Geheimnisse sachlich-funktional eng mit dem verletzten Geheimnis zusammenhängen und dieselben charakteristischen Merkmale aufweisen (OLG Stuttgart WRP 2021, 242 (252, Rn. 121, 127) – Schaumstoffsysteme) oder wenn es sich um eine Information aus einer Sammlung verwandter Informationen (beispielsweise ähnlicher Rezepturen) handelt. Zur nur teilweisen Verwendung eines Geschäftsgeheimnisses → Rn. 45. 30d

b) Wegfall der Wiederholungsgefahr. aa) Unterlassungserklärung. Die **Vermutung der Wiederholungsgefahr kann** vom Verletzer **widerlegt** werden. Regelmäßig wird sie durch **Abgabe einer strafbewehrten Unterlassungserklärung** ausgeräumt (Begr. RegE BT-Drs. 19/4724, 30; ebenso zu § 8 UWG BGH GRUR 2016, 946 Rn. 53 – Freunde finden; zu § 139 PatG BGH GRUR 2005, 848 (853) – Antriebsscheibenaufzug; *Bornkamm* in Köhler/Bornkamm/Feddersen § 8 Rn. 1.48 ff.; *Goldmann* in Harte/Henning UWG § 8 Rn. 51 ff.; *Ohly* in Ohly/Sosnitza UWG § 8 Rn. 10 ff., alle mwN). Eine solche Erklärung muss **eindeutig und hinreichend bestimmt** sein, den ernsthaften Willen des Unterlassungsschuldners erkennen lassen, die betreffende Handlung nicht mehr zu begehen, und durch ein **angemessenes Vertragsstrafeversprechen** abgesichert sein. Zudem muss die Erklärung **unbedingt** und **unbefristet** sein. Möglich sind jedoch **Beschränkungen, die lediglich Einschränkungen des Unterlassungsanspruchs nach materiellem Recht** widerspiegeln (*Ohly* in Ohly/Sosnitza UWG § 8 Rn. 12 mwN), insbesondere eine Befristung, wenn der Unterlassungsanspruch einer zeitlichen Begrenzung unterliegt, eine räumliche Beschränkung, wenn die Wiederholungsgefahr räumlich begrenzt ist, oder Einschränkungen, die sich aus dem Verhältnismäßigkeitsprinzip ergeben, beispielsweise der Vorbehalt einer Aufbrauchfrist (→ § 9 Rn. 45). Auch Bedingungen und Befristungen im Übrigen begründen nicht ohne weiteres Zweifel an der Ernsthaftigkeit des Unterlassungsversprechens, sofern der Schuldner an der Beschränkung ein berechtigtes Interesse hat und keine schutzwürdigen Belange des Gläubigers oder der Allgemeinheit entgegenstehen. 31

Weil es sich bei der Unterlassungserklärung um ein **abstraktes Schuldanerkenntnis** handelt, bedarf sie grundsätzlich der **Schriftform (§ 781 BGB)** (*Bornkamm* in Köhler/Bornkamm/Feddersen § 13 Rn. 144 f.; *Ohly* in Ohly/Sosnitza UWG § 8 Rn. 12 beide mwN). Allerdings **entfällt** das Schriftformerfordernis, wenn der Schuldner, wie meist, **Kaufmann** ist (§ 350 HGB). Wird die Erklärung 32 telefonisch, per E-Mail oder Textnachricht abgegeben, kann der Gläubiger eine schriftliche Bestätigung verlangen.

33 Üblicherweise stellt die Unterlassungserklärung eine Reaktion auf eine zuvor durch den Gläubiger ausgesprochene **Abmahnung** (hierzu → Rn. 51) dar. Dann kommt mit der Abgabe der Erklärung ein **Vertrag** zustande. Aber auch eine **einseitige Unterwerfungserklärung** ist wirksam, sofern sie nach der versprochenen Vertragsstrafe und ihren sonstigen Umständen einen ernsthaften Unterlassungswillen des Schuldners erkennen lässt (BGH GRUR 2006, 878 Rn. 20 – Vertragsstrafevereinbarung).

34 Wie jede Willenserklärung ist die Unterlassungserklärung der **Auslegung** nach den allgemeinen Grundsätzen zugänglich. Wird nur die konkrete Verletzungsform erwähnt, kann die Auslegung ergeben, dass sich die Unterlassungserklärung auch auf im Kern wesensgleiche Verletzungshandlungen erstreckt (BGH GRUR 1998, 483 (485) – Der M-Markt packt aus; *Ohly* in Ohly/Sosnitza UWG § 8 Rn. 52 mwN). Die Unterlassungserklärung ist nur dann wirksam, wenn sie hinreichend bestimmt ist. Zur Schwierigkeit, eine Abmahnung bestimmt zu formulieren, ohne das Geheimnis preiszugeben → Rn. 52.

35 Das **Vertragsstrafeversprechen** ermöglicht es dem Gläubiger, bei einem erneuten Verstoß auf einfachem Wege seinen Schaden ersetzt zu erhalten, und setzt für den Schuldner einen Anreiz, seiner Unterlassungsverpflichtung nachzukommen. Es muss seiner **Höhe** nach **angemessen** sein und einerseits so bemessen sein, dass der Schuldner von der Verletzung in Zukunft absieht, andererseits aber nicht außer Verhältnis zu dem Schaden steht, den der Gläubiger im Fall einer erneuten Verletzung erleidet (*Kessen* in Teplitzky Kap. 8 Rn. 19). Dafür sind die **Umstände des Einzelfalls,** insbesondere Größe des Unternehmens, Umsatz und Schwere des Verstoßes und der Grad der Wiederholungsgefahr maßgeblich (BGH GRUR 1983, 127 (129) – Vertragsstrafeversprechen; BGH GRUR 1994, 146 (147) – Vertragsstrafebemessung). Auf die lauterkeitsrechtlichen Grundsätze zur Berechnung der Vertragsstrafe kann verwiesen werden (vgl. *Bornkamm* in Köhler/Bornkamm/Feddersen § 13a Rn. 8 ff.; *Brüning* in Harte/Henning UWG § 13a Rn. 6 ff.; *Kessen* in Teplitzky Kap. 8 Rn. 17–28b). Ein Vertragsstrafeversprechen an einen Dritten reicht regelmäßig nicht aus. Doch kann die Wiederholungsgefahr entfallen, wenn nur einer von mehreren Verletzern eine Unterlassungserklärung abgibt (*Ohly* in Ohly/Sosnitza UWG § 8 Rn. 17 f. mwN).

36 **bb) Änderung der tatsächlichen Umstände. Ohne** Abgabe einer strafbewehrten **Unterlassungserklärung** entfällt die Wiederholungsgefahr **nur in Ausnahmefällen.** Weder genügt ein formloses Versprechen künftigen Wohlverhaltens noch eine tatsächliche Änderung des beanstandeten Verhaltens (ebenso zu Art. 98 GMVO a.F. = Art. 130 UMVO EuGH GRUR 2007, 228 Rn. 36 – Nokia/Wärdell), etwa eine Einstellung des Vertriebs verletzender Produkte. Das gilt auch, wenn sich der Schuldner in einem Rechtsirrtum befunden hat (*Bornkamm* in Köhler/Bornkamm/Feddersen § 8 Rn. 1.53; *Ohly* in Ohly/Sosnitza UWG § 8 Rn. 19, s. aber BGH GRUR 1994, 443 (445) – Versicherungsvermittlung im öffentlichen Dienst). Auch räumt eine eidesstattliche Versicherung eines ehemaligen Arbeitnehmers, er habe die unberechtigt kopierten Daten mittlerweile gelöscht, die Vermutung der Wiederholungsgefahr nicht aus (LAG Hamm BeckRS 2021, 41734 Rn. 52; aA LAG Baden-Württemberg MMR 2022, 79 Rn. 48 f.). Allerdings kann im Einzelfall die Wiederholungsgefahr ohne Unterlassungserklärung entfallen, wenn eine Verletzung **tatsächlich nicht mehr möglich** ist (→ Rn. 30)

cc) Änderung der Rechtslage. Ein Unterlassungsanspruch besteht nur, wenn das beanstandete Verhalten **sowohl zur Zeit der Begehung** als auch **der gerichtlichen Entscheidung** rechtswidrig war (→ Rn. 14). In diesem Fall entfällt die Wiederholungsgefahr nicht schon deshalb, weil sich Fassung und Struktur der Verbotsnormen geändert haben (*Hoppe/Oldekop* GRUR-Prax 2019, 324 (325)). Erlaubt das GeschGehG aber ein Verhalten, das zuvor verboten war (Beispiel: Reverse Engineering), dann besteht der in die Zukunft gerichtete Unterlassungsanspruch nicht, ohne dass es auf einen Wegfall der Wiederholungsgefahr noch ankommt (→ Rn. 15, aA *Hoppe/Oldekop* GRUR-Prax 2019, 324 (325)). Ein Wegfall kommt aber in Betracht, wenn sich die **Rechtsprechung ändert,** insbesondere wenn sich der EuGH zu einer zuvor ungeklärten Auslegungsfrage geäußert hat. Ist demnach ein Verhalten nunmehr eindeutig als rechtswidrig zu beurteilen, während zuvor beachtliche Argumente für die Zulässigkeit sprachen, so entfällt die Wiederholungsgefahr, weil nicht angenommen werden kann, dass der Verletzer sein Verhalten trotz Klärung der Rechtslage noch als rechtmäßig verteidigen wird (BGH GRUR 2002, 717 (719) – Vertretung der Anwalts-GmbH mwN; *Bornkamm* in Köhler/Bornkamm/Feddersen UWG § 8 Rn. 1.54). 37

dd) Unterlassungsurteil. Ein im Hauptsacheverfahren ergangenes rechtskräftiges Unterlassungsurteil lässt die Wiederholungsgefahr entfallen. Das gilt nach h.M. auch im **Verhältnis zu dritten Gläubigern,** etwa im Verhältnis zu einem Lizenznehmer bei einem vom Geheimnisinhaber erwirkten Urteil. Etwas anderes gilt, wenn der Schuldner nicht bereit ist, dem Urteil im Verhältnis zum Dritten eine regelnde Bedeutung beizulegen, insbesondere, wenn er sich dem Dritten gegenüber in der Sache verteidigt (BGH GRUR 2003, 450 (452) – Begrenzte Preissenkung). 38

ee) Einstweilige Verfügung. Eine einstweilige Verfügung regelt den Streit hingegen nur vorläufig. Sie lässt daher die Wiederholungsgefahr nicht entfallen. Anders ist es, wenn der Schuldner durch Abgabe einer **Abschlusserklärung** (näher hierzu → Rn. 58) die in der einstweiligen Verfügung ergangene Entscheidung als endgültige Regelung anerkennt (*Goldmann* in Harte/Henning UWG § 8 Rn. 105; *Köhler* in Köhler/Bornkamm/Feddersen UWG § 12 Rn. 2.77; *Ohly* in Ohly/Sosnitza UWG § 8 Rn. 22, alle mwN). 39

ff) Folgen des Wegfalls. Wird die Vermutung der Wiederholungsgefahr ausgeräumt, so **erlischt** mangels Wiederholungsgefahr **der Unterlassungsanspruch.** An seine Stelle tritt ggf. der vertragliche Anspruch aus der Unterlassungsverpflichtung. Eine erneute Verletzung lässt den ursprünglichen Unterlassungsanspruch nicht wiederaufleben (OLG Stuttgart WRP 2021, 242 (255) – Schaumstoffsysteme, s. für den Sonderfall des Übergangs vom alten Recht zum GeschGehG auch → Rn. 14), sondern begründet einen neuen Unterlassungsanspruch mit neuer Wiederholungsvermutung. 40

3. Der vorbeugende Unterlassungsanspruch (§ 6 S. 2)

a) Erstbegehungsgefahr. Der Anspruch auf Unterlassung kann auch bestehen, wenn eine **Rechtsverletzung erstmalig droht** (§ 6 S. 2). In diesem Fall besteht **keine** Grundlage für eine **Vermutung.** Vielmehr müssen ernsthafte und greifbare Anhaltspunkte für eine bevorstehende Verletzung **(Erstbegehungsgefahr)** vorliegen (Begr. RegE, BT-Drs. 19/4724, 30). Diese Umstände sind vom Anspruchsteller darzulegen und ggf. zu beweisen. 41

42 Der wichtigste Fall der Erstbegehungsgefahr ist die **Berühmung,** also die Behauptung des Verletzers, zu dem beanstandeten Verhalten berechtigt zu sein (BGH GRUR 1987, 125 (126) – Berühmung; BGH GRUR 2010, 455 Rn. 26 – Stumme Verkäufer II; *Bornkamm* in Köhler/Bornkamm/Feddersen UWG § 8 Rn. 1.19; *Ohly* in Ohly/Sosnitza UWG § 8 Rn. 29, beide mwN). Von jemandem, der sich berühmt, eine bestimmte Handlung vornehmen zu dürfen, kann man erwarten, dass er sie auch vornehmen wird (*Kessen* in Teplitzky Kap. 10 Rn. 9 ff.). Maßgeblich sind allerdings immer die Umstände des Einzelfalls. Das gilt insbesondere für Erklärungen, die im Verlauf eines gerichtlichen Verfahrens abgegeben werden. Hier lässt nicht jede Verteidigung automatisch den Schluss auf die Absicht des Beklagten zu, die betreffende Handlung auch vornehmen zu wollen (BGH GRUR 2001, 1174 (1175) – Berühmungsaufgabe).

43 Aber auch **andere tatsächliche Umstände** können eine Erstbegehungsgefahr begründen. Beispiele sind **Vorbereitungshandlungen für den Vertrieb verletzender Produkte** (*Tochtermann* in Büscher GeschGehG § 6 Rn. 29 mit Hinweis auf die praktische Bedeutung angesichts des Umstands, dass der Weitervertrieb durch gutgläubige Dritte wegen des subjektiven Tatbestandsmerkmals in § 4 Abs. 3 nicht verhindert werden kann) oder der **Verlust vertraulicher Dokumente** bei Ausscheiden eines Arbeitnehmers. Auch falls die unlautere Erlangung der Information noch keine Wiederholungsgefahr hinsichtlich einer anschließenden Nutzung begründet (→ Rn. 30), wird im Fall des **unerlaubten Erlangens** von Unterlagen oder Dateien in der Regel eine Erstbegehungsgefahr der unerlaubten Nutzung naheliegen (*Juretzek* GRUR-Prax 2022, 131; *Keller* in Keller/Schönknecht/Glinke GeschGehG § 6 Rn. 24; vgl. aber LAG Baden-Württemberg MMR 2022, 79 (81). Das gilt jedenfalls, wenn der ehemalige Arbeitnehmer und sein neuer Arbeitgeber kollusiv zusammenwirken (OLG Frankfurt a.M. GRUR-RR 2021, 229 Rn. 22 – Vliesstoffe).

44 **b) Wegfall der Erstbegehungsgefahr.** Da für die Erstbegehungsgefahr keine Vermutung gilt, sind auch die **Anforderungen an deren Wegfall geringer.** Eine **strafbewehrte Unterlassungserklärung** ist **nicht erforderlich** (BGH GRUR 2001, 1174 (1176) – Berühmungsaufgabe; BGH GRUR 2010, 455 Rn. 26 – Stumme Verkäufer II). Ausreichend ist der **actus contrarius,** also insbesondere die Aufgabe der Berühmung oder die Aufgabe bzw. Einstellung der Vorbereitungshandlungen (OLG Frankfurt a.M. GRUR-RR 2021, 229 Rn. 24 – Vliesstoffe; BGH GRUR 2001, 1174 (1176) – Berühmungsaufgabe; BGH GRUR 2009, 841 Rn. 23 – Cybersky; *Keller* in Keller/Schönknecht/Glinke GeschGehG § 6 Rn. 25; *Schroeder/Drescher* in Brammsen/Apel GeschGehG § 6 Rn. 85). Ist allerdings bereits eine Abmahnung erfolgt, so muss zur Vermeidung von Wertungswidersprüchen auch in diesem Fall eine strafbewehrte Unterlassungserklärung abgegeben werden (*Köhler* GRUR 2011, 879 (881 ff.)).

4. Der Umfang des Unterlassungsanspruchs

45 **a) Sachlich.** In **sachlicher Hinsicht** bestimmt sich die Reichweite der gesetzlichen Unterlassungsansprüche (zum vertraglichen Unterlassungsanspruch s. *Bornkamm* in Köhler/Bornkamm UWG § 13 Rn. 166 ff.; *Brüning* in Harte/Henning UWG § 13 Rn. 120 ff.; *Ohly* in Ohly/Sosnitza UWG § 8 Rn. 48 ff.) **nach der begangenen bzw. drohenden Verletzungshandlung.** Er richtet sich also in der Regel gegen die Offenlegung oder Nutzung des Geheimnisses, ggf. auch gegen dessen Erlangung, sollte sie erst bevorstehen oder weiterhin drohen. Anders

als unter § 4 Nr. 3 UWG kann bereits die Herstellung eines verletzenden Produkts untersagt werden (so zu § 17 UWG a.F. BGH GRUR 2002, 91 (94 f.) – Spritzgießwerkzeuge). Liegt einem Produkt **nur teilweise ein Geschäftsgeheimnis zugrunde,** so wird unter § 2 Nr. 4 die Weiche gestellt: Wenn Konzeption, Merkmale, Funktionsweise, Herstellungsprozess oder Marketing in wesentlichem Umfang auf dem Geheimnis beruhen, so können die in § 4 genannten Handlungen mit dem Unterlassungsanspruch verhindert werden (ebenso *Keller* in Keller/Schönknecht/Glinke GeschGehG § 6 Rn. 30; *Schroeder/Drescher* in Brammsen/Apel GeschGehG § 6 Rn. 100; teils weiter zu § 17 UWG a.F. BGH GRUR 1985, 294 (296) – Füllanlage). Unbillige Ergebnisse lassen sich durch die Anwendung des Verhältnismäßigkeitsprinzips vermeiden (→ § 9 Rn. 35; Begr. RegE, BT-Drs. 19/4724, 32; *Ess/Philipp* WRP 2020, 988 (989)). Die Benutzung einzelner Merkmale einer komplexen Vorrichtung kann nur untersagt werden, wenn gerade diese Merkmale Geschäftsgeheimnisse darstellen und unbefugt verwendet wurden (so zu § 17 UWG a.F. BGH GRUR 2002, 91 (94 f.) – Spritzgießwerkzeuge, nach neuem Recht wäre ebenso zu entscheiden). Lassen sich die Komponenten nicht trennen, so bestimmt sich nach § 9, ob Unterlassung hinsichtlich des gesamten komplexen Produkts verlangt werden kann (→ § 9 Rn. 2).

Zu berücksichtigen ist, dass die Wiederholungs- bzw. Erstbegehungsgefahr sich nicht nur auf die konkrete Verletzungsform erstreckt, sondern auf alle dem fraglichen Wettbewerbsverstoß **im Kern gleichartigen Verletzungshandlungen** (hierzu auch → Rn. 30 ff.), wenn nicht der Gläubiger insoweit seinen Unterlassungsantrag – etwa auf die konkrete Verletzungsform – beschränkt. Im Fall eines gerichtlichen Unterlassungstitels ist entscheidend, ob die kerngleichen Verletzungshandlungen in das Erkenntnisverfahren und die Verurteilung einbezogen wurden (BGH GRUR 2014, 707 Rn. 12 – Reichweite des Unterlassungsgebots; *Goldmann* in Harte/Henning UWG § 8 Rn. 160). In diesem Fall kann das Unterlassungsgebot auch Abänderungen eines verletzenden Produkts erfassen (*Dorndorf* in Hoeren/Münker § 6 Rn. 42; *Schroeder/Drescher* in Brammsen/Apel GeschGehG § 6 Rn. 97). Wird beispielsweise ein Schaltplan als verletzend angegriffen, ohne dass der Kläger angibt, in welchen Schaltungen sich das Geschäftsgeheimnis verkörpert, so beschränkt sich das Unterlassungsgebot auf die konkrete Ausführungsform. Lassen sich dagegen dem Klagevorbringen und dementsprechend den Urteilsgründen konkrete Feststellungen dazu entnehmen, in welchen Elementen des Schaltplans das Betriebsgeheimnis zu sehen ist, so kann aufgrund des Unterlassungstitels auch die Verwendung eines abgeänderten Schaltplans verboten werden, sofern er die betreffenden Elemente enthält (BGH GRUR 2008, 727 Rn. 17 f. – Schweißmodulgenerator, zu § 17 UWG a.F.). 46

Zur **Unterlassung** der Rechtsverletzung reicht **reine Passivität** dann nicht aus, wenn die Verletzungshandlung ohne Eingreifen des Schuldners fortbesteht. Besteht die Verletzung beispielsweise darin, dass der Schuldner auf seiner Website Geheimnisse eines Dritten veröffentlicht, so muss er zur Erfüllung des Unterlassungsanspruchs diese Information aktiv löschen oder sperren (BGH GRUR 2015, 258 Rn. 63 – CT-Paradies). Insofern kommt es zu einer Überschneidung mit dem Beseitigungsanspruch (*Kessen* in Teplitzky Kap. 22 Rn. 4). Sehr umstritten ist jedoch im Lauterkeits- und Immaterialgüterrecht die Frage, ob der Schuldner aufgrund des Unterlassungsanspruchs auch den **Rückruf verletzender Produkte** oder, allgemeiner, die Einwirkung auf Dritte außerhalb des eigenen Herrschaftsbereichs schuldet. Der I. Zivilsenat hat diese Frage in seiner Rechtsprechung zum Lauterkeits- und Markenrecht bejaht (BGH GRUR 2017, 47

208 Rn. 21 ff. – Rückruf von RESCUE-Produkten; BGH GRUR 2018, 292 Rn. 16 ff. – Produkte zur Wundversorgung; ebenso *Ahrens* GRUR 2018, 374; *Feddersen* FS Büscher, 2018, 471). Die Literatur widerspricht dem fast einhellig (*Goldmann* GRUR 2016, 724 (725); *Lubberger* GRUR 2018, 378; *Sakowski* GRUR 2017, 355), auch in der patentrechtlichen Rechtsprechung zeigen sich Vorbehalte (OLG Düsseldorf GRUR 2018, 855 – Rasierklingeneinheiten). Die Problematik kann sich auch im Fall des Vertriebs verletzender Produkte (§ 4 Abs. 3) stellen. Folgt man der Rspr., so liegt eine Übertragung der genannten Grundsätze auf den Geheimnisschutz vorbehaltlich einer abweichenden Entscheidung des EuGH nahe, zumal der BGH sie vom UWG auf das Markenrecht erstreckt hat (BGH GRUR 2018, 292 Rn. 27 ff. – Produkte zur Wundversorgung; *Dorndorf* in Hoeren/Münker GeschGehG § 645; *Schroeder/Drescher* in Brammsen/Apel GeschGehG § 6 Rn. 119 f.). Doch sprechen die besseren Gründe für einen Vorrang des im Hinblick auf den Rückruf (nicht im Hinblick auf den Unterlassungsanspruch allgemein: *Schroeder/Drescher* GeschGehG § 6 Rn. 118) speziellen Anspruchs aus § 7 Nr. 2. Da aber der Unterlassungsanspruch, der Beseitigungsanspruch und der Rückrufanspruch gem. § 7 Nr. 2 unter denselben Voraussetzungen bestehen und da sämtliche Ansprüche dem Verhältnismäßigkeitsvorbehalt des § 9 unterliegen, ist die praktische Bedeutung der Streitfrage im Recht des Geheimnisschutzes begrenzt (*Hoppe* in Hoppe/Oldekop Kap. 1 Rn. 702).

48 **b) Räumlich.** In räumlicher Hinsicht gilt der Unterlassungsanspruch zumindest **für das gesamte Bundesgebiet.** Das versteht sich dann von selbst, wenn die Interessen des Geheimnisinhabers unabhängig vom Handlungsort betroffen werden, beispielsweise bei der Veröffentlichung einer Information im Internet oder beim räumlich nicht begrenzten Vertrieb verletzender Produkte. Aber selbst bei einer räumlich beschränkten Tätigkeit, etwa der Nutzung einer Information für den Vertrieb in einer bestimmten Region, sind die Interessen des Geheimnisinhabers potentiell auch außerhalb der Region betroffen.

48a Inwieweit sich der **Unterlassungsanspruch** auch auf **Handlungen im Ausland** erstrecken kann, hängt von der internationalen Zuständigkeit des angerufenen Gerichts und vom anwendbaren Recht ab (→ Einl. A Rn. 230 ff., 267 ff., gegen eine allgemeine Beschränkung auf das Bundesgebiet zu Recht *Hoppe* in Hoppe/Oldekop Kap. 1 Rn. 653b; *Schroeder/Drescher* in Brammsen/Apel GeschGehG § 6 Rn. 64). Es ist durchaus denkbar, dass sich die Kognitionsbefugnis des Gerichts auch auf Auslandshandlungen erstreckt, insbesondere am allgemeinen Gerichtsstand des Beklagten (**Art. 4 Abs. 1 EuGVVO,** § 15 Abs. 2 S. 1) ist das der Fall (→ Einl. A Rn. 229). Auch unterliegt nach hier vertretener Ansicht der Geheimnisschutz nicht strikt dem Territorialitätsprinzip (→ Einl. A Rn. 268 ff.). Verrät beispielsweise ein Arbeitnehmer entgegen seiner Verpflichtung aus einem deutschem Recht unterliegendem Arbeitsvertrag Geheimnisse im Ausland, so unterliegt der Unterlassungsanspruch nach hier vertretener Ansicht dem deutschen Recht, konkret also den §§ 6, 4 Abs. 2, so dass das Unterlassungsgebot sich auf im Ausland vorgenommene Handlungen erstreckt. Denkbar ist auch, dass ein international zuständiges deutsches Gericht die Auslandshandlung nach ausländischem Recht beurteilen muss und in diesem Fall den Unterlassungsanspruch auch nach ausländischem Recht zusprechen kann.

49 **c) Zeitlich.** In **zeitlicher Hinsicht** entsteht der Unterlassungsanspruch mit der die Begehungsgefahr auslösenden Handlung. Er besteht fort, solange die Bege-

hungsgefahr andauert. Hingegen erlischt der Unterlassungsanspruch, sobald die betreffende Information nach Maßgabe des § 2 Nr. 1a (→ § 2 Rn. 23 ff.) offenkundig wird (§ 2 Nr. 1a) oder die Geheimhaltungspflicht endet (so zu § 17 UWG a.F., aber unter §§ 2 Nr. 1; 6 nach wie vor zutreffend BGH GRUR 1960, 554 (555) – Handstrickverfahren). Der Unterlassungsanspruch erlischt in diesem Fall insgesamt, also auch gegenüber dem Verletzer, weil auch ihm gegenüber die Anspruchsvoraussetzungen nicht mehr vorliegen (aA unter Verweis auf § 26f Abs. 2 lit. f des österreichischen UWG und Erwgr. 27 Geschäftsgeheimnis-RL *Keller* in Keller/Schönknecht/Glinke GeschGehG § 6 Rn. 34). Der Schadensersatzanspruch wegen zuvor bereits erfolgter Verletzungen bleibt durch den Wegfall des Unterlassungsanspruchs unberührt.

Inwieweit eine **Aufbrauchfrist** gewährt werden kann, hängt davon ab, ob ein sofortiges Unterlassungsgebot **unverhältnismäßig** wäre, ist also nach § 9 zu beurteilen (→ § 9 Rn. 45). Anders als im UWG (BGH GRUR 1990, 522 (528) – HBV-Familien- und Wohnungsrechtsschutz; BGH GRUR 2007, 1079 Rn. 40 – Bundesdruckerei) und im gewerblichen Rechtsschutz (zum Markenrecht BGH GRUR 1969, 690 (693); zum Patentrecht BGH GRUR 2016, 1031 Rn. 40 ff. – Wärmetauscher, s. aber nunmehr § 139 Abs. 1 S. 3 PatG) bedarf es eines Rückgriffs auf § 242 BGB oder § 275 Abs. 2 BGB nicht. **49a**

Ausnahmsweise kann das **Unterlassungsgebot befristet** werden, wenn im Zeitpunkt der letzten mündlichen Verhandlung feststeht, dass das Handeln des Verletzers ab einem bestimmten zukünftigen Zeitpunkt nicht mehr rechtswidrig sein wird. Das kann der Fall sein, wenn ein Arbeitsverhältnis durch fristlose Kündigung beendet wurde und der Geheimnisschutz bis zum Ablauf der gewöhnlichen Kündigungsfrist fortdauert (*Harte-Bavendamm* in Gloy/Loschelder/Danckwerts Kap. 48 Rn. 72; *Schroeder/Drescher* in Brammsen/Apel GeschGehG § 6 Rn. 141). Kenntnisse, die gem. § 4 Abs. 1 unlauter erlangt wurden, dürfen in der Regel dauerhaft nicht verwertet werden. Ausnahmsweise kommt aber eine Befristung in Betracht, wenn sich in der letzten mündlichen Verhandlung mit hinreichender Klarheit feststellen lässt, dass der Anspruchsgegner die Information später selbst auf redliche Weise entwickelt oder erlangt hätte (KG WRP 1982, 153 (154); *Harte-Bavendamm* in Gloy/Loschelder/Danckwerts Kap. 48 Rn. 72; *Keller* in Keller/Schönknecht/Glinke GeschGehG § 6 Rn. 29). Die Möglichkeit der Befristung ergibt sich bereits aus allgemeinen Grundsätzen, sie kann aber zusätzlich mit dem Verhältnismäßigkeitsprinzip (§ 9) begründet werden. **50**

5. Durchsetzung des Unterlassungsanspruchs (Überblick)

a) Abmahnung. Ebenso wie im Lauterkeitsrecht (vgl. § 13 Abs. 1 UWG) und im Recht des geistigen Eigentums bietet es sich für den Inhaber des Geheimnisses in der Regel an, **den Verletzer abzumahnen.** Die Abmahnung eröffnet dem Verletzer einen Weg, den Anspruch auch ohne Gerichtsverfahren zu erfüllen. Der Anspruchsteller kann mit der Abmahnung die **Kostenfolge des § 93 ZPO vermeiden,** die bei sofortiger Klage und Anerkenntnis durch den Verletzer droht. Auch wenn im GeschGehG eine dem § 13 Abs. 1 UWG entsprechende Vorschrift fehlt, lässt doch der Anspruch des Verletzten auf Erstattung der Kosten für die Verteidigung gegen die unberechtigte Geltendmachung von Ansprüchen erkennen, dass der Gesetzgeber auch für den Geheimnisschutz von der Abmahnung als üblicher Einleitung der Rechtsdurchsetzung ausging (vgl. Begr. RegE, BT-Drs. 19/4724, 34). **51**

52 In der Abmahnung wird die **Verletzungshandlung konkret bezeichnet.** Zwar unterliegt sie nicht dem Bestimmtheitsgebot des § 253 Abs. 2 Nr. 2 ZPO, doch muss der Schuldner wissen, was er zu unterlassen hat. Das gilt insbesondere, wenn die Abmahnung, wie üblich, mit der Aufforderung zur Abgabe einer strafbewehrten Unterlassungserklärung verbunden wird und damit ein Angebot zum Abschluss eines Unterlassungsvertrags darstellt. Die **konkrete Bezeichnung** des behaupteten Verstoßes in der Abmahnung **kann Schwierigkeiten** bereiten. Die Problematik ist ähnlich wie im Prozess: Der Anspruchsteller muss die Verletzung hinreichend klar umschreiben, läuft damit aber Gefahr, sein Geheimnis zu verlieren (→ Rn. 59). Die Vorschriften des GeschGehG zur Geheimhaltung im Prozess (§§ 16 ff.) greifen erst ab Klageerhebung ein. Erhebt der Inhaber aber ohne vorherige Abmahnung Klage, so riskiert er, gem. § 93 ZPO die Kosten des Verfahrens tragen zu müssen. In geeigneten Fällen können die Gerichte immerhin bei der Kostenentscheidung gem. § 93 ZPO die besondere Interessenlage bei der Geltendmachung von Geheimnisverletzungen berücksichtigen (*Laoutoumai/Baumfalk* WRP 2018, 1300 (1304)).

53 Der Anspruchsteller kann vom Verletzer **Ersatz der Kosten einer berechtigten Abmahnung** verlangen. Mangels einer dem § 13 Abs. 3 UWG vergleichbaren Spezialnorm ergibt sich dieser Anspruch aus den Vorschriften über eine berechtigte **Geschäftsführung ohne Auftrag (§§ 677, 683 S. 1, 670 BGB)** (*Spieker* in BeckOK GeschGehG § 6 Rn. 40 und zum Markenrecht, in dem ebenfalls eine spezielle Anspruchsgrundlage fehlt, BGH GRUR 2016, 1300 Rn. 63, 66 – Kinderstube; BGH GRUR 2021, 1191 Rn. 19 – Hyundai-Grauimport). Ist bereits eine schuldhafte Verletzung erfolgt, so kann der Anspruchsteller die Kosten auch als Teil des Schadensersatzes (§ 10) verlangen. Ist die Abmahnung hingegen unberechtigt und erfüllt die Voraussetzungen einer missbräuchlichen Geltendmachung, so kann der Anspruchsgegner Ersatz für die Kosten der Rechtsverteidigung verlangen (§ 14 S. 2, dazu → § 14 Rn. 19).

54 Ergänzend sei auf das lauterkeits- und immaterialgüterrechtliche Schrifttum zur Abmahnung verwiesen, s. insb. *Bacher* in Teplitzky Kap. 41 und die Kommentierungen zu § 13 UWG.

55 **b) Einstweilige Verfügung.** Gerade die Durchsetzung von Unterlassungsansprüchen gem. § 6 kann äußerst eilbedürftig sein, vor allem wenn die Veröffentlichung des Geheimnisses und damit der Verlust des Rechtsschutzes drohen. Daher ist die **Möglichkeit einstweiligen Rechtsschutzes von erheblicher praktischer Bedeutung. Art. 10 Geschäftsgeheimnis-RL** verpflichtet die Mitgliedstaaten, den Gerichten den Erlass vorläufiger Maßnahmen zu erlauben, zu denen ein vorläufiges Verbot der Nutzung oder Offenlegung einer Information und ein vorläufiges Verbot der Herstellung oder Vermarktung verletzender Produkte gehören können. Allerdings stehen diese Maßnahmen ebenso wie Anordnungen im Hauptsacheverfahren unter Verhältnismäßigkeitsvorbehalt (Art. 11 Geschäftsgeheimnis-RL). Der deutsche Gesetzgeber hat von einer speziellen Ausgestaltung des Verfügungsverfahrens im GeschGehG abgesehen. Damit gelten die **allgemeinen Vorschriften der §§ 935, 940 ZPO.**

56 Der Erlass einer einstweiligen Verfügung setzt gem. §§ 935, 940 ZPO das Bestehen eines Verfügungsgrundes und eine Verfügungsanspruchs voraus. Ein **Verfügungsgrund** besteht im Fall der Dringlichkeit. Im **GeschGehG fehlt** eine **gesetzliche Dringlichkeitsvermutung.** Eine analoge Anwendung der §§ 12 Abs. 1 UWG, 140 Abs. 3 MarkenG kommt nicht in Betracht. Da sich der Gesetz-

geber bei der Formulierung der §§ 6, 12 und 14 am UWG orientiert, § 12 Abs. 1 UWG aber nicht übernommen hat, obwohl mehr oder weniger zeitgleich im Markenrecht mit § 140 Abs. 3 MarkenG eine Spezialregelung eingeführt wurde, kann nicht vom Bestehen einer planwidrigen Regelungslücke ausgegangen werden (OLG Nürnberg WRP 2023, 1135 (1136); OLG München GRUR-RR 2019, 443 (444) – Medizinisches Fachpersonal, wenn auch iE offen; *Keller* in Keller/Schönknecht/Glinke GeschGehG § 6 Rn. 122; aA *Leister* GRUR-Prax 2019, 449; *Spieker* in BeckOK GeschGehG § 6 Rn. 46). Dringlichkeit ist anzunehmen, wenn der Rechtsinhaber rechtzeitig nach Erlangen der Kenntnis von der bereits erfolgten oder drohenden Verletzung den Verfügungsantrag gestellt hat (vgl. OLG Frankfurt a.M. GRUR-RR 2021, 229 (230) – Vliesstoffe). Wenn das der Fall ist, dann wird sich die Dringlichkeit oft aus der Natur der Sache ergeben (OLG Nürnberg WRP 2023, 1135 (1136); *Leister* GRUR-Prax 2019, 449). Sie ist jedenfalls dann in der Regel zu bejahen, wenn die Veröffentlichung eines Geheimnisses droht. Für die Einzelheiten zur Bestimmung der Dringlichkeit und zur unterschiedlichen Praxis der OLGe bei der Handhabung der Dringlichkeitsfrist s. *Feddersen* in Teplitzky Kap. 54 Rn. 25 ff. **Verfügungsanspruch** ist der Unterlassungsanspruch aus §§ 6, 4. Er ist vom Antragsteller glaubhaft zu machen (§§ 936, 920 Abs. 2 ZPO).

Zur **Zuständigkeit** für den Erlass einstweiliger Verfügungen → § 15 Rn. 6. **57**

Hat der Rechtsinhaber eine einstweilige Verfügung erwirkt, so hat er zunächst **58**
nur eine vorläufige Regelung erreicht. Allerdings können beide Parteien sich darauf verständigen, die vorläufige Entscheidung als endgültige anzuerkennen. Das geschieht, indem der Antragsgegner eine **Abschlusserklärung** abgibt, häufig nach vorheriger Aufforderung durch den Antragsteller in einem **Abschlussschreiben.** Die Kosten des Abschlussschreibens kann der Antragsteller nach den Vorschriften über eine berechtigte Geschäftsführung ohne Auftrag ersetzt verlangen (§§ 677, 683, 670 BGB). Näher zur Abschlusserklärung *Bacher* in Teplitzky Kap. 43 Rn. 5 ff.

c) Antragsfassung und Tenorierung. Die **Antragsfassung** und **Tenorie-** **59**
rung können **Schwierigkeiten** bereiten. Einerseits gilt das **prozessuale Bestimmtheitserfordernis (§ 253 Abs. 2 Nr. 2 ZPO).** Der Streitgegenstand muss klar bestimmt sein, für die Vollstreckung muss die Reichweite des Unterlassungsgebots feststehen und der Beklagte muss wissen, wogegen er sich zu verteidigen hat (BGH GRUR 2018, 1161 Rn. 16 – Hohlfasermembranspinnanlage II; *Harte-Bavendamm* in Harte/Henning GeschGehG Rn. 91a). Unbestimmt ist ein Antrag, der allgemein auf „Geschäftsgeheimnisse" Bezug nimmt, ohne sie genauer zu bezeichnen (OLG Frankfurt a.M. GRUR-RR 2021, 229 Rn. 15; BAG NZA 1989, 860) oder der nicht näher präzisierte allgemeine Begriffe wie „systematische Beobachtung" oder „Kundenlisten" verwendet (BGH GRUR 2009, 1075 Rn. 11 – Betriebsbeobachtung; OLG Brandenburg BeckRS 2011, 5372; *Keller* in Keller/Schönknecht/Glinke GeschGehG § 6 Rn. 111 ff.). Andererseits besteht die Gefahr, dass der Kläger **bei zu detaillierter Formulierung sein Geheimnis preisgibt** (hierzu eingehend *Doepner* FS Tilmann, 2003, 105 (112 ff.); *Grosch* in Ann/Loschelder/Grosch Kap. 6 Rn. 2 ff.). Das Geheimnis braucht nur so eingehend beschrieben zu werden, wie es für die Zwangsvollstreckung unerlässlich ist; anzustreben ist ein **angemessener Ausgleich** zwischen Bestimmtheitsanforderungen und den Geheimhaltungsinteressen des Klägers (zu § 6: OLG Schleswig GRUR-RR 2022, 404 Rn. 27 – Teil-Kostenrechnung; *Harte-Bavendamm* in

Harte/Henning GeschGehG Rn. 91a; zu § 17 UWG a.F. BGH GRUR 1961, 40 (42) – Wurftaubenpresse; *Stadler* NJW 1989, 1202 (1203); ausführlich zu verschiedenen Möglichkeiten der Antragstellung *Deichfuß* GRUR-Prax 2012, 449; *Pichlmaier/Oldekop* in Hoppe/Oldekop Kap. 3 Rn. 104 ff.; zur Kasuistik *Keller* in Keller/Glinke/Schönknecht GeschGehG § 6 Rn. 98 ff.).

60 Hinreichende Bestimmtheit ist regelmäßig gegeben, wenn der Verbotsantrag sich nicht auf das Geschäftsgeheimnis als solches, sondern auf die **konkret angegriffene Ausführungsform,** insbesondere auf als rechtsverletzend angesehene Produkte, oder auf die **konkrete Verletzungshandlung** richtet (BGH GRUR 2008, 727 Rn. 9 – Schweißmodulgenerator; BGH GRUR 2018, 1161 Rn. 16, 19 – Hohlfasermembranspinnanlage II; OLG Schleswig GRUR-RR 2022, 404 Rn. 28 ff. – Teil-Kostenrechnung; OLG Stuttgart WRP 2021, 242 (248 f.) – Schaumstoffsysteme), sofern sich zumindest unter Heranziehung des Klagevortrags unzweideutig erkennen lässt, in welchen Merkmalen des angegriffenen Erzeugnisses die Grundlage und der Anknüpfungspunkt der Geheimnisverletzung und damit des Unterlassungsgebots liegen soll. Eine verbale Beschreibung der Umstände, aus denen der Kläger eine Rechtsverletzung herleitet, ist nicht erforderlich. Problem dieser Antragsfassung ist, dass der Schuldner das Verbot durch eine Abänderung der Verletzungsform vermeiden kann (*Pichlmaier/Oldekop* in Hoppe/Oldekop Kap. 3 Rn. 119; *Keller* in Keller/Glinke/Schönknecht GeschGehG § 6 Rn. 92).

60a Werden die **Elemente des Geschäftsgeheimnisses im Antrag spezifiziert,** so kann damit dem Bestimmtheitsgebot Rechnung getragen werden, aber es besteht die Gefahr, dass das Geheimnis offenkundig wird. Eine Möglichkeit, dies zu vermeiden, besteht darin, dass geheime Informationen **unter Verweis auf Anlagen** präzisiert werden, hinsichtlich derer Schwärzungen vorgenommen und/oder Schutzmaßnahmen gem. §§ 16 ff. beantragt werden (*Harte-Bavendamm* in Harte/Henning GeschGehG Rn. 91a; *Keller* in Keller/Schönknecht/Glinke GeschGehG § 6 Rn. 93 ff.). Eine zu enge Antragsfassung (→ Rn. 60) lässt sich durch Bezug auf die konkrete Ausführungsform in einem „Insbesondere-Zusatz" vermeiden, verbunden mit einer präzisen Beschreibung der geheimen Elemente in einer ggf. Geheimhaltungspflichten gem. §§ 16 ff. unterliegenden Anlage (*Pichlmaier/Oldekop* in Hoppe/Oldekop Kap. 3 Rn. 123). Beispiele einer Bezugnahme auf Anlagen sind die Vorlage von Konstruktionszeichnungen (OLG Düsseldorf WRP 2021, 1080 Rn. 20 – CAD-Konstruktionszeichnungen), die Individualisierung eines Computerprogramms durch Programmausdrucke oder Datenträger (*Pichlmaier/Oldekop* in Hoppe/Oldekop Kap. 3 Rn. 140) oder der Bezug auf eine Kostenrechnung in Form einer Excel-Tabelle, die durch eine in Anlage beigefügte Abbildung veranschaulicht wird (OLG Schleswig GRUR-RR 2022, 404 Rn. 28 ff. – Teil-Kostenrechnung). Auch im Urteilstenor kann auf Anlagen Bezug genommen werden, die in den Urteilstenor zu inkorporieren sind (*Feddersen* in Teplitzky Kap. 57 Rn. 8; *Keller* in Keller/Glinke/Schönknecht GeschGehG § 6 Rn. 95).

IV. Gläubiger des Anspruchs

1. Inhaber des Geheimnisses

61 **Aktivlegitimiert** ist der **Inhaber** des Geschäftsgeheimnisses (§ 6 S. 1). Inhaber ist jede natürliche oder juristische Person, die die rechtmäßige Kontrolle über ein Geschäftsgeheimnis hat (§ 2 Nr. 2). Insofern kann auf die Kommentierung des § 2 (→ § 2 Rn. 72 ff.) verwiesen werden.

Unproblematisch ist diese **Verweisung aber nur,** soweit es sich um den **verfügungsbefugten Inhaber** handelt, also denjenigen, der das Geheimnis auch veräußern oder Lizenzen daran erteilen dürfte. Das ist vorbehaltlich anderweitiger vertraglicher Regelungen der **Inhaber des Unternehmens,** in dem die Informationen entstanden, entdeckt, entwickelt oder zusammengetragen wurden (originärer Inhaber, s. → § 2 Rn. 74) oder derjenige, der sie zur alleinigen Verfügung rechtsgeschäftlich oder durch anderweitige Rechtsnachfolge erworben hat (→ § 2 Rn. 77). Hingegen lässt die Definition des § 2 Nr. 2 offen, ob auch der **Lizenznehmer** oder allgemeiner jeder, der aufgrund einer vertraglichen Gestattung die Information erlangen oder nutzen darf, „berechtigter Inhaber" ist. Wäre das der Fall und wäre dieser weite Begriff der Inhaberschaft für § 6 maßgeblich, so wäre auch jeder Inhaber einer einfachen und möglicherweise in ihrem Umfang stark beschränkten Lizenz für Unterlassungsansprüche aktivlegitimiert. Das stünde nicht nur im Widerspruch zu den Grundsätzen des geistigen Eigentums, nach denen allenfalls der Nehmer einer ausschließlichen Lizenz für Ansprüche gegen Verletzer aktivlegitimiert ist (→ Rn. 63), es würde auch die Interessen des Geheimnisinhabers gefährden. Trotz der Geheimhaltungsvorschriften der §§ 16 ff. besteht im Prozess das erhebliche Risiko, dass die geheime Information ganz oder teilweise dem Prozessgegner oder Dritten zur Kenntnis gelangt. In diesem Fall geht nicht nur faktisch das Geheimnis, sondern auch sein rechtlicher Schutz verloren. Geschäftsgeheimnisse sind insofern weit verletzlicher als die Rechte des geistigen Eigentums (→ § 2 Rn. 84). Nach hier vertretener Ansicht sind **Lizenznehmer** daher **nicht „Inhaber eines Geschäftsgeheimnisses"** iSd § 2 Nr. 2 (→ § 2 Rn. 85a mwN, ebenso *Brammsen* in Apel/Brammsen GeschGehG § 2 Rn. 149; *Dorndorf* in Hoeren/Münker GeschGehG § 6 Rn. 57; *Hoppe* in Hoppe/Oldekop Kap. 1 Rn. 286; *McGuire* in Büscher GeschGehG § 2 Rn. 77; aA *Keller* in Geller/Schönknecht/Glinke GeschGehG § 6 Rn. 48). Will man das mit der Begründung zum Regierungsentwurf (BT-Drs. 19/4724, 25) anders sehen, so bedarf § 6 S. 1 insofern der **teleologischen Reduktion.** 62

Das Geheimnis kann **mehrere Inhaber** haben, insbesondere wenn die betreffende Information von mehreren Personen gemeinsam entwickelt wurde. Im gewerblichen Rechtsschutz ist anerkannt, dass **jeder Mitinhaber** gem. § 744 Abs. 2 BGB **Abwehransprüche geltend machen kann** (BGH GRUR 2000, 1028 (1029) – Ballermann, zum Markenrecht, BGH GRUR 2019, 535 Rn. 58 – Das Omen, zum Werktitelrecht, vgl. auch die ausdrückliche Regelung in § 8 Abs. 2 S. 3 UrhG). Weil die Befugnis am Geschäftsgeheimnis unabhängig von der umstrittenen Frage nach seiner Rechtsnatur (→ Einl. A Rn. 21 ff.) jedenfalls als Recht angesehen werden kann (vgl. § 2 Nr. 3, 4), richtet sich auch die Aktivlegitimation der Mitinhaber eines Geheimnisses nach § 744 Abs. 2 BGB (→ § 2 Rn. 74c; *Hoppe* in Hoppe/Oldekop Kap. 1 Rn. 635; *Keller* in Keller/Schönknecht/Glinke GeschGehG § 6 Rn. 44), sofern das Geheimnis nicht in eine Gesellschaft eingebracht wurde oder anderweitige vertragliche Vereinbarungen zwischen den Mitinhabern bestehen. Weil die Leistung ihrer Natur nach nur einheitlich erbracht werden kann, bedarf es keines ausdrücklich auf Leistung an alle Inhaber gerichteten Antrags (*Hoppe* in Hoppe/Oldekop Kap. 1 Rn. 634). Haben jedoch mehrere Personen dieselbe Information unabhängig voneinander parallel hervorgebracht (zur Doppelschöpfung → § 3 Rn. 13), so ist nur der jeweilige Inhaber hinsichtlich seines Geheimnisses aktivlegitimiert (*Hoppe* in Hoppe/Oldekop Kap. 1 Rn. 635; *Schroeder/Drescher* in Brammsen/Apel GeschGehG § 6 Rn. 34). 62a

2. Lizenznehmer

63 Im **Patent- und Urheberrecht** stehen auch dem **Inhaber einer ausschließlichen Lizenz** bzw. eines ausschließlichen Nutzungsrechts **Ansprüche gegen Verletzer aus eigenem Recht zu,** jedenfalls soweit dieses Recht durch die Verletzung betroffen ist (zum Patentrecht BGH GRUR 1995, 338 (340) – Kleiderbügel; *Keukenschrijver* in Busse/Keukenschrijver PatG § 139 Rn. 25; *Ullmann/Deichfuß* in Benkard PatG § 15 Rn. 97; zum Urheberrecht BGH GRUR 1999, 984 (985) – Laras Tochter; *Leistner* in Schricker/Loewenheim UrhG § 97 Rn. 43). Die dogmatische Begründung liegt im **dinglichen Charakter** der ausschließlichen Lizenz, die einer teilweisen Rechtsübertragung vergleichbar ist (*Ahrens* GRUR 2006, 617 (623); *Ann* Patentrecht § 40 Rn. 33). So erlangt der ausschließliche Lizenznehmer die Befugnisse des Rechtsinhabers. Allerdings stehen dem Rechtsinhaber gleichwohl noch eigene Ansprüche zu, soweit durch die Verletzung seine Interessen betroffen werden (zum Patentrecht BGH GRUR 2008, 896 – Tintenpatrone I; BGH GRUR 2011, 711 – Cinch-Stecker; zum Urheberrecht BGH GRUR 2016, 487 Rn. 26 – Wagenfeld-Leuchte II). Ähnliches gilt in immaterialgüterrechtsnahen Bereichen des Lauterkeitsrechts: Ansprüche wegen unlauterer Produktnachahmung (§ 4 Nr. 3 UWG) können in Abweichung von § 8 Abs. 3 UWG nur der Hersteller des Originals und der ausschließliche Vertriebsberechtigte geltend machen (BGH GRUR 1994, 630 (634) – Cartier-Armreif; OLG Frankfurt GRUR-RR 2018, 473 (474) – Pferdebürste). Im Markenrecht kann auch der Nehmer einer ausschließlichen Lizenz Ansprüche gegen Verletzer nur mit Zustimmung des Markeninhabers erheben (§ 30 Abs. 3 S. 1 MarkenG). Dieses Modell wird in der Literatur teilweise auch für das Patent- und Urheberrecht befürwortet (*McGuire* Lizenz S. 591 ff.). Unstreitig stehen dem **Inhaber einer einfachen Lizenz** oder eines einfachen Nutzungsrechts **keine eigenen Ansprüche** gegen Verletzer zu. Er kann allenfalls Ansprüche des Rechtsinhabers im Wege der **gewillkürten Prozessstandschaft** geltend machen (zum Patentrecht *Ullmann/Deichfuß* in Benkard PatG § 15 Rn. 101; zum Urheberrecht *Ohly* in Schricker/Loewenheim UrhG § 31 Rn. 46, beide mwN).

64 Inwieweit diese Grundsätze auf den Geheimnisschutz übertragbar sind, ist bisher ungeklärt. Da auch das Recht am Geheimnis ein Rechtsobjekt einem Rechtssubjekt, wenn auch unvollkommen, zuordnet (→ Einl. A Rn. 26) und insoweit vollständig (translativ) gem. §§ 413, 398 ff. BGB übertragbar ist (→ Einl. B Rn. 94 f.; → § 2 Rn. 83; *Forkel,* FS Schnorr von Carolsfeld, 1072, 105 (122 f.); ebenso *McGuire* in Büscher GeschGehG § 3 Rn. 73) lässt sich auch die **ausschließliche Lizenz am Geschäftsgeheimnis dogmatisch bruchlos als dingliches Recht** verstehen, auch wenn der Unterlassungsanspruch selbst vom Recht am Geheimnis nicht abtrennbar ist (*Alexander* in Köhler/Bornkamm/Feddersen GeschGehG § 6 Rn. 13; aA *McGuire* in Büscher GeschGehG § 2 Rn. 77 ff.). Andererseits ist der Geheimnisschutz besonders verletzlich, so dass auch Lizenzen in diesem Bereich besondere Vertrauensbeziehungen darstellen (treffend ist in § 23 Abs. 3 vom „Anvertrauen“ einer Vorlage die Rede). Auch ist nach dem Wortlaut des § 6 S. 1 nur der Inhaber aktivlegitimiert, während nach der hier vertretenen Ansicht der Lizenznehmer nicht „Inhaber“ iSd § 2 Nr. 2 ist (→ Rn. 62). Da aber im Fall der ausschließlichen Lizenz der Lizenznehmer selbst ein ebenso starkes Interesse an der Wahrung des Geheimnisses hat wie dessen Inhaber, sollten nach dem Vorbild des Patent- und Urheberrechts auch dem **Nehmer einer ausschließlichen Lizenz** am Geheimnis **eigene Ansprüche gegen**

Verletzer zustehen (ebenso *Hauck* in MüKo GeschGehG § 2 Rn. 52; *Keller* in Keller/Schönknecht/Glinke GeschGehG § 6 Rn. 48 f., allerdings unter Annahme der Inhaberschaft gem. § 2 Nr. 2; aA *Dorndorf* in Hoeren/Münker GeschGehG § 6 Rn. 57; *Hoppe* in Hoppe/Oldekop 1. Kap. Rn. 630; *McGuire* in Büscher GeschGehG § 2 Rn. 84; *Tochtermann* in Büscher GeschGehG § 6 Rn. 14). Allerdings kann sich der Geheimnisinhaber vertraglich vorbehalten, dass Ansprüche gegen Dritte nur mit seiner Zustimmung geltend gemacht werden dürfen. Eine **vertragliche Regelung dieser Frage wird sich oft empfehlen,** gerade weil die Frage höchstrichterlich bisher nicht geklärt ist (→ § 2 Rn. 85b). Dem Nehmer einer **einfachen Lizenz** stehen keine eigenen Abwehransprüche zu, doch kann er den Anspruch mit Ermächtigung des Inhabers im Wege der **gewillkürten Prozessstandschaft** geltend machen (*Alexander* in Köhler/Bornkamm/Feddersen GeschGehG § 6 Rn. 13; *Hoppe* in Hoppe/Oldekop Kap. 1 Rn. 642; *Tochtermann* in Büscher GeschGehG § 6 Rn. 14; *Schroeder/Drescher* in Brammsen/Apel GeschGehG § 6 Rn. 35). Dasselbe gilt für den Nehmer einer ausschließlichen Lizenz, wenn man ihn, anders als hier vertreten, nicht schon per se als aktivlegitimiert ansieht.

V. Schuldner des Anspruchs

1. Verletzer

Schuldner des Unterlassungs- und Beseitigungsanspruchs ist zunächst, **wer die gem. § 4 verbotene Handlung vornimmt** (OLG Hamm WRP 2021, 223 (238) – Stopfaggregate). Da die Geschäftsgeheimnis-RL Fragen der Passivlegitimation nicht regelt, kann insoweit, ebenso wie im Lauterkeits- und Immaterialgüterrecht, auf die **Grundsätze des allgemeinen Deliktsrechts** zurückgegriffen werden (*Alexander* in Köhler/Bornkamm/Feddersen GeschGehG § 6 Rn. 15). Nach dem **Einheitstäterbegriff** ist Verletzer nicht nur der **Täter** oder **Mittäter** (§ 830 Abs. 1 S. 1 BGB, → Rn. 66 ff.), sondern auch der **Anstifter** und **Gehilfe** (§ 830 Abs. 2, → Rn. 70 f.). In § 1004 BGB, der „Mutter" aller Unterlassungsansprüche, wird der Schuldner als „Störer" bezeichnet. Dieser Begriff ist im Lauterkeits- und Immaterialgüterrecht mehrdeutig: Er kann sämtliche Schuldner der Abwehransprüche (also auch Täter) umfassen oder nur denjenigen bezeichnen, der unvorsätzlich die Verletzung durch einen anderen ermöglicht (so die Begrifflichkeit im Rahmen der urheber- und markenrechtlichen Störerhaftung). Wegen dieser Unschärfe sollte unter § 6 der Begriff des „Störers" vermieden werden (zur Haftung von Intermediären → Rn. 75 ff.). 65

Täter ist, wer selbst eine der in § 4 verbotenen Handlungen vornimmt. Verletzer ist beispielsweise der Spion, der sich unbefugt Zugang zu fremden Informationen verschafft (§ 4 Abs. 1), der Kooperationspartner, der das Geheimnis zur Durchführung nicht vom Inhaber genehmigter Projekte nutzt (§ 4 Abs. 2 Nr. 2), der Arbeitnehmer, der einem Konkurrenten seines Arbeitgebers vertrauliche Informationen mitteilt (§ 4 Abs. 2 Nr. 3) oder derjenige, der verletzende Produkte vertreibt (§ 4 Abs. 3 S. 2). 66

Eine täterschaftliche Haftung kann sich auch aus dem Gesichtspunkt der **Haftung für Organisationsmängel** ergeben (*Wagner* in MüKoBGB BGB § 823 Rn. 108 f.). Sie ist **täterschaftliche Verletzung,** keine Haftung für das Verhalten Dritter. Ein Organisationsmangel kann etwa vorliegen, wenn fremde Geheimnisse 67 aufgrund einer Kooperationsvereinbarung in einem Unternehmen nur einer abgegrenzten Gruppe von Mitarbeitern mitgeteilt werden, aber nicht hinreichend sichergestellt wird, dass keine anderen Mitarbeiter von der Information Kenntnis erlangen.

68 Anders als das UWG, das das Vorliegen einer geschäftlichen Handlung (§ 2 Abs. 1 Nr. 2 UWG) verlangt, setzt das GeschGehG **keine besondere Täterqualifikation** voraus. Auch Personen, die nicht unternehmerisch handeln, können gegen § 4 verstoßen. Beispielsweise kann ein Hacker, der aus privater Neugier eine Zugangssperre zu Daten umgeht, diese kopiert und veröffentlicht, gem. §§ 6, 4 Abs. 1 Nr. 1, Abs. 2 Nr. 1 lit. a auf Unterlassung der Veröffentlichung und auf Löschung der Daten in Anspruch genommen werden.

69 Begehen mehrere Personen die Verletzung **gemeinschaftlich** und wirken dabei **bewusst** und **gewollt** zusammen, so kann jeder von ihnen als Mittäter in Anspruch genommen werden (§ 830 Abs. 1 S. 1 BGB; zu den Voraussetzungen *Wagner* in MüKoBGB BGB § 830 Rn. 17). Hingegen ist zweifelhaft, ob es der strafrechtlichen Figur der mittelbaren Täterschaft unter §§ 6 ff. GeschGehG bedarf. Wer die Verletzung durch einen anderen vorsätzlich veranlasst, ist Anstifter, wer hingegen eine solche Verletzung nur fahrlässig ermöglicht, haftet wegen der Verletzung von Verkehrspflichten (→ Rn. 81 ff.).

2. Teilnehmer

70 **Anstifter** und **Gehilfen stehen Mittätern gleich** (§ 830 Abs. 2 BGB), sind also ebenfalls Verletzer. Nach h.M. gelten auch im Deliktsrecht die **Voraussetzungen der §§ 26, 27 StGB** (*Wagner* in MüKoBGB BGB § 830 Rn. 21, 39 ff. mwN). **Anstiftung** ist demnach die vorsätzliche Bestimmung zu einer vorsätzlich begangenen Tat (§ 26 StGB). Wer beispielsweise einen Angestellten durch Bestechung zur Mitteilung eines Geheimnisses veranlasst, verschafft sich die Information in unbefugter Weise (§ 4 Abs. 1 Nr. 2) und stiftet zugleich den Angestellten zu einer Verletzung gem. § 4 Abs. 2 Nr. 3 an. **Beihilfe** ist jede Unterstützungshandlung. Dabei muss der Gehilfe nach h.M. vorsätzlich sowohl im Hinblick auf den eigenen Tatbeitrag als auch auf die Haupttat handeln.

71 Das strafrechtsakzessorische Verständnis von Anstiftung und Beihilfe bedarf für das GeschGehG ebenso wie für das gesamte Lauterkeits- und Immaterialgüterrecht insoweit der Modifikation, als es auf die Vorsätzlichkeit der Haupttat nicht ankommen kann, weil Abwehransprüche keinen Vorsatz voraussetzen (*Alexander* in Köhler/Bornkamm/Feddersen GeschGehG § 6 Rn. 17). Aber auch im Übrigen entspricht es nicht mehr dem heutigen Stand der zivilrechtlichen Dogmatik. Unter § 823 Abs. 1 BGB ist die **Haftung für eine mittelbare Verursachung** anerkannt. Wer willentlich und in kausaler Weise zur Tatbegehung durch einen anderen vorsätzlich oder fahrlässig beiträgt, haftet täterschaftlich für die Verletzung, sofern ihm die Verletzung von Verkehrspflichten zur Last fällt. Beispielsweise haftet der Waffenbesitzer, der eine Pistole nicht ordnungsgemäß gegen fremden Zugriff sichert, täterschaftlich für die von einem Dritten mit der Pistole herbeigeführte Schussverletzung. Eine mittelbare Verursachung kann, wie das Beispiel zeigt, auch fahrlässig erfolgen, damit ist schon jetzt der Sache nach die Möglichkeit einer fahrlässigen Beihilfe anerkannt (*Ohly* GRUR 2017, 441 (445); ähnl. *Wagner* GRUR 2020, 329 (334 f.)). Diese Konstruktion gilt nicht nur für Erfolgsdelikte wie § 823 Abs. 1 BGB, sondern auch für Handlungsdelikte wie § 4 GeschGehG. Sie bietet sich als Grundlage der Intermediärshaftung nicht nur im Lauterkeitsrecht, sondern auch im Recht des Geheimnisschutzes an (→ Rn. 81).

3. Zurechnung fremden Verschuldens

Ist der unmittelbare Verletzer **Beschäftigter oder Beauftragter eines Unternehmens,** so ist auch der **Unternehmensinhaber** Schuldner des Unterlassungsanspruchs. Das ergibt sich aus → **§ 12,** auf dessen Kommentierung verwiesen wird. Auf die Haftung für Verrichtungsgehilfen (§ 831 BGB) kommt es für den Unterlassungsanspruch nicht an (zum Schadensersatzanspruch → § 10 Rn. 28). 72

Auch für das GeschGehG gelten die allgemeinen Grundsätze der **Organ- und Repräsentantenhaftung.** Gem. § 31 BGB haften Vereine für Schäden, die ihre verfassungsmäßig berufenen Vertreter in Ausübung ihrer Verrichtungen begehen. Dieser Grundsatz der Organhaftung gilt aufgrund analoger Anwendung des § 31 BGB für sämtliche juristischen Personen, für Personengesellschaften (OHG, KG), die BGB-Gesellschaft und den nicht rechtsfähigen Verein. Gehaftet wird nicht nur für Organe, sondern auch für alle Personen, denen durch die allgemeine Betriebsregelung und Handhabung bedeutsame, wesensmäßige Funktionen der juristischen Person zur selbständigen, eigenverantwortlichen Erfüllung zugewiesen sind (zB Filialleiter, Chefärzte) (Repräsentantenhaftung) (*Wagner* in MüKoBGB BGB § 823 Rn. 120 ff.). Eine Gesellschaft kann der strengen Haftungszurechnung gem. § 31 BGB nicht dadurch entgehen, dass sie für eine bestimmte, besonders heikle Aufgabe keinen Mitarbeiter mit Organstellung, sondern eine externe Person einsetzt (beispielsweise einen Rechtsanwalt, s. BGH NJW 1980, 2810 (2811)). In diesem Fall haftet die Gesellschaft (dasselbe gilt für Einzelunternehmer) wegen Organisationsverschuldens (→ Rn. 67). 73

Daneben haftet der **gesetzliche Vertreter einer juristischen Person** (Geschäftsführer einer GmbH, Vorstand einer AG) auch **persönlich,** wenn er selbst den Tatbestand des § 4 verwirklicht. Nicht abschließend geklärt ist aber, in welchem Maße den Geschäftsführer neben der Innenhaftung gegenüber der juristischen Person auch eine **persönliche Außenhaftung** trifft, wenn er die Rechtsverletzung eines anderen Mitarbeiters erkannt und pflichtwidrig nicht verhindert hat (näher hierzu *Dregelies* GRUR 2018, 8 ff.; *Werner* GRUR 2009, 820 ff.). Nach der Rechtsprechung des I. Zivilsenats des BGH zum UWG haftet der Geschäftsführer nur dann, wenn er eine **Verkehrspflicht zum Einschreiten** verletzt hat. Das ist vor allem dann der Fall, wenn die betreffende Handlung in seinen Zuständigkeitsbereich fällt. Allein die Organstellung begründet jedoch noch keine Verkehrspflicht (BGH GRUR 2014, 883 Rn. 17 – Geschäftsführerhaftung). Auch der X. Zivilsenat folgert eine persönliche Haftung des Geschäftsführers nicht schon aus der Organstellung, nimmt aber eine allgemeine Verpflichtung des Geschäftsführers zur Verhinderung von Patentverletzungen kraft seiner Verantwortung für die Organisation und Leitung des Geschäftsbetriebs an (BGH GRUR 2016, 257 Rn. 113, 116 f. – Glasfasern II; krit. *Müller* GRUR 2016, 570 (572)). Diese Rechtsprechung droht die gesellschaftliche Grenze zwischen Innen- und Außenhaftung zu verwischen. Jedenfalls für den Bereich des GeschGehG kommt eine persönliche Haftung der Organe nur bei Verletzung einer konkreten Verkehrspflicht in Betracht, die sich nicht schon allgemein aus der Leitungsverantwortung ergibt, sondern die darüber hinaus die Ressortzuständigkeit für den betreffenden Unternehmensbereich voraussetzt. 74

4. Intermediärshaftung

a) Bedeutung. Vor allem bei Rechtsverletzungen, die im Internet begangen werden, kann es für den Inhaber effektiv sein, Unterlassungs- und Beseitigungsan- 75 sprüche gegen Intermediäre geltend zu machen, also gegen Personen, die eine Verletzungshandlung technisch ermöglichen, ohne sie selbst zu begehen. **Plattformbetreiber** ermöglichen ihren Nutzern die Speicherung und Bereitstellung von Informationen. Beispiele sind die Betreiber von Blogs, sozialen Netzwerken, Verkaufsplattformen oder Video-Plattformen. Betreiber von **Suchmaschinen** ermöglichen das Auffinden von Informationen im Internet. **Zugangsvermittler** ermöglichen Nutzern den Zugang zum Netz. Beispiele sind Telekommunikationsunternehmen und die Betreiber von WLAN-Netzen. Die Haftung von Intermediären ist vor allem im Urheberrecht und im Persönlichkeitsrecht sowohl von erheblicher praktischer Bedeutung als auch Gegenstand rechtspolitischer Auseinandersetzungen. Aber auch im Geheimnisschutz kann sie eine wichtige Rolle spielen. Geheime Informationen können in Blogs veröffentlicht oder auf sozialen Netzwerken weitergegeben werden, unzulässig erlangte Informationen können bei Cloud-Speicheranbietern gesichert werden und verletzende Produkte können auf Internet-Verkaufsplattformen angeboten werden. Zwar ist es denkbar, dass Plattformbetreiber oder Anbieter von Cloud-Speicherplätzen, die für den Verletzer geheime Informationen speichern, diese selbst erlangen oder nutzen, doch sie haften gem. § 4 Abs. 3 S. 1 nur, wenn sie von der rechtswidrigen Vortat wissen oder wissen müssen, was angesichts der vollautomatischen Durchführung ihrer Tätigkeit regelmäßig nicht der Fall ist (*Alexander* in Köhler/Bornkamm/Feddersen § 6 Rn. 20). Sofern der unmittelbar Handelnde im Internet unter einem Pseudonym auftritt, versprechen nur Abwehransprüche gegen den Intermediär Erfolg. Außerdem ist er oft am ehesten in der Lage, die Rechtsverletzung effektiv und kostengünstig („cheapest cost avoider") abzustellen. Andererseits erbringen Internet-Provider sozial erwünschte Dienstleistungen. Ihnen dürfen keine übermäßigen Pflichten aufgebürdet werden, die ihr Geschäftsmodell unmöglich machen.

76 **b) Unionsrechtlicher Rahmen.** Das **Unionsrecht** regelt die Intermediärshaftung **bisher in erster Linie negativ. Art. 12–15** der Richtlinie 2000/31/EG über den elektronischen Geschäftsverkehr **(E-Commerce-RL),** umgesetzt in **§§ 7–10 TMG,** stellen Internet-Dienstleister unter bestimmten Voraussetzungen von der Haftung frei. Mittlerweile wurden Art. 12–15 E-Commerce-RL durch die weitgehend inhaltsgleichen **Art. 4–8 des Gesetzes über digitale Dienste (Digital Services Act, DSA,** VO (EU) 2022/2065, ABl. L 277 v. 27.10.2022, S. 1) ersetzt. Sie sind **ab dem 17.2.2024 anwendbar** und verdrängen dann als unmittelbar anwendbares Unionsrecht die §§ 7–10 TMG.

76a Weil diese **„safe harbour"-Bestimmungen** querschnittartig für alle Rechtsbereiche gelten, sind sie **auch im Bereich des Geheimnisschutzes** zu beachten. **Zugangsvermittler** haften für die Inhalte, die mit ihrer Hilfe bereitgestellt werden, grundsätzlich gar nicht (Art. 12 E-Commerce-RL, ab 17.2.2024 Art. 4 DSA), während **Plattformen (Hosts),** die fremde Inhalte speichern, verpflichtet sind, rechtswidrige Inhalte, von denen sie Kenntnis haben oder von denen sie durch einem Hinweis auf die Rechtsverletzung Kenntnis erlangen, unverzüglich zu löschen oder den Zugang zu sperren (Art. 14 E-Commerce-RL = § 10 TMG, ab 17.2.2024 Art. 6 DSA). Allgemeine Überwachungspflichten bestehen nicht (Art. 15 E-Commerce-RL = § 7 Abs. 2 TMG, ab 17.2.2024 Art. 8 DSA). Jeweils bleiben gerichtliche Anordnungen zur Sperrung von Inhalten im Einzelfall unberührt (Art. 12 Abs. 3, Art. 14 Abs. 3 E-Commerce-RL = § 7 Abs. 4 TMG, ab 17.2.2024 Art. 4 Abs. 3, 6 Abs. 3 DSA). Das bedeutet allerdings nicht, dass Unterlassungsansprüche allgemein von der Privilegierung ausgenommen wären. Auch für sie gilt das Verbot allgemeiner Überwachungspflichten (EuGH GRUR 2016, 1145 Rn. 87 – McFadden/Sony Music; BGH GRUR 2015, 1129 Rn. 31 – Hotelbewertungsportal). Die Haftungsprivilegien der Art. 12–15 E-Commerce-RL (ab 17.2.2024 Art. 4–8 DSA) gelten allerdings **nur für passive, neutrale und rein technische Dienstleister** (EuGH GRUR 2011, 1025 Rn. 113 – L'Oréal/Bellure; BGH GRUR 2018, 1132 Rn. 42 – YouTube). Das schränkt den Anwendungsbereich der Privilegierungen erheblich ein und schafft Rechtsunsicherheit, weil moderne Plattformen ihren Nutzern erhebliche Hilfestellungen bei der Präsentation ihrer Inhalte anbieten.

Bisher regelt das Unionsrecht jedoch **kaum positiv,** unter welchen Voraussetzungen Intermediäre haften. In der Geschäftsgeheimnis-RL fehlen einschlägige Vorschriften. Gem. **Art. 11 S. 3 Enforcement-RL** müssen die Mitgliedstaaten die Möglichkeit von Anordnungen gegen Intermediäre zur Verhinderung von Rechtsverstößen schaffen. Eine **analoge Anwendung** dieser Bestimmung auf den Schutz von Geheimnissen bietet sich an, da die Geheimnisschutz-RL insofern eine Lücke aufweist und die Interessenlage angesichts der besonderen Verletzlichkeit von Geheimnissen durchaus vergleichbar ist (ebenso *Alexander* in Köhler/Bornkamm/Feddersen GeschGehG § 6 Rn. 21, für die UGP-RL *Ohly* FS Ahrens, 2016, 135 (142 ff.)). Im Urheberrecht sieht der rechtspolitisch umstrittene Art. 17 der Richtlinie über das Urheberrecht im digitalen Binnenmarkt strenge Prüfungspflichten für Online-Plattformen vor, die das Teilen digitaler Inhalte erlauben. 77

c) Immaterialgüter- und lauterkeitsrechtliche Vorbilder. Im **Immaterialgüter- und Lauterkeitsrecht** haben sich **zwei verschiedene Modelle** der Intermediärshaftung herausgebildet (näher hierzu *Leistner* GRUR-Beil. 2010, 1 ff.; *Ohly* ZUM 2015, 308 ff. (zum Urheberrecht), GRUR 2017, 441 ff. (zum Lauterkeitsrecht)). Die Grundsätze der **Störerhaftung,** die der I. Zivilsenat des BGH im Urheber- und Markenrecht anwendet, beruhen ursprünglich auf einer analogen Anwendung des § 1004 BGB. Störer ist, wer ohne Täter oder Teilnehmer zu sein willentlich und adäquat-kausal zu einer Rechtsverletzung beiträgt. Um die Haftung aber nicht über Gebühr auf Dritte zu erstrecken, die selbst die Verletzung nicht vorgenommen haben, setzt die Haftung zusätzlich die Verletzung zumutbarer Prüfungs- und Überwachungspflichten voraus (zum Urheberrecht BGH GRUR 2018, 1132 Rn. 48 – YouTube, zum Markenrecht BGH GRUR 2015, 485 Rn. 49 – Kinderhochstühle im Internet III). Deren Umfang bestimmt sich nach einer Reihe von miteinander in Wechselwirkung stehenden Kriterien (→ Rn. 84). Demnach haben Plattformbetreiber keine allgemeine Überwachungspflicht (ebenso Art. 15 E-Commerce-RL und § 7 Abs. 2 TMG, ab 17.2.2024 Art. 8 DSA), sondern sind nur verpflichtet, auf einen **konkreten Hinweis** hin **rechtswidrige Inhalte zu löschen** bzw. den Zugriff zu sperren **(„notice and takedown“)** und **Vorsorge gegen gleichartige künftige Verletzungen** zu treffen („notice and staydown“ oder **„notice and action“**). Der Störer ist kein Täter. Er haftet **nur auf Unterlassung und Beseitigung,** nicht auf Schadensersatz. 78

Allerdings wird die **Störerhaftung im Urheberrecht zunehmend verdrängt:** Einerseits werden in der Rechtsprechung des EuGH und nach Art. 17 der Richtlinie über das Urheberrecht in der Informationsgesellschaft mittlerweile typische Tätigkeiten von Intermediären wie das Setzen von Links oder der Betrieb einer Plattform als täterschaftliche Handlungen eingeordnet (BGH GRUR 2022, 1308 Rn. 113 – YouTube II; *Ohly* NJW 2022, 2961 (2962 ff.)). Andererseits 79 haften Zugangsvermittler gem. §§ 8 Abs. 1, 7 Abs. 4 TMG nicht selbst, sondern sind nur auf Anforderung zur Sperre rechtswidrig bereitgestellter Informationen verpflichtet (dazu BGH GRUR 2018, 1044 – Dead Island, zur Bedeutung für die Störerhaftung *Ohly* JZ 2019, 251 (255)).

80 **Für das UWG** hat der I. Zivilsenat die **Störerhaftung aufgegeben** (BGH GRUR 2007, 890 Rn. 36 – Jugendgefährdende Medien bei eBay; BGH GRUR 2011, 152 Rn. 48 – Kinderhochstühle im Internet I). Intermediäre haften demnach täterschaftlich für die Verletzung lauterkeitsrechtlicher Verkehrspflichten. Diese Prüf- und Überwachungspflichten werden ebenso wie im Rahmen der Störerhaftung aufgrund eines beweglichen Systems von Kriterien bestimmt und führen im Regelfall dazu, dass der Intermediär erst tätig zu werden braucht, wenn er konkret auf eine Rechtsverletzung hingewiesen wird (BGH GRUR 2015, 1129 Rn. 29 ff. – Hotelbewertungsportal). Allerdings haftet der Intermediär bei Verletzung seiner Verkehrspflichten als Täter, also auch auf Schadensersatz. In vergleichbarer Weise sieht der X. Zivilsenat im Patentrecht einen Intermediär, der sorgfaltswidrig fremde Verletzungen ermöglicht oder fördert, als Nebentäter an (BGH GRUR 2009, 1142 Rn. 34 – MP3-Player-Import).

81 **d) Die Haftung von Intermediären im Bereich des GeschGehG.** Sofern Intermediäre ein Geschäftsgeheimnis von einem Dritten erlangen und selbst nutzen oder offenlegen, kommt eine **täterschaftliche Haftung gem. § 4 Abs. 3 S. 1** in Betracht, wenn sie von der rechtswidrigen Vortat **wissen oder wissen mussten.** Allerdings sollte insofern an die im Urheber- und Lauterkeitsrecht entwickelten Grundsätze zur Abgrenzung der unmittelbaren Täterschaft von der Intermediärshaftung angeknüpft werden. Wer lediglich Informationen, ohne sie selbst ausgewählt oder bearbeitet zu haben, **für Dritte speichert** oder **Dritten die Möglichkeit zur Veröffentlichung im Internet** eröffnet, **nutzt oder veröffentlicht diese Informationen nicht selbst.** Im Übrigen kennen Internet-Dienstleister angesichts ihrer im Regelfall vollautomatischen Tätigkeit die Herkunft der bei ihnen gespeicherten Informationen nicht und haben auch keine allgemeine Überwachungspflicht (§ 7 Abs. 2 TMG, ab 17.2.2024 Art. 8 DSA → Rn. 76). Daher fehlt es in aller Regel an dem für § 4 Abs. 3 erforderlichen Vorsatz bzw. der Fahrlässigkeit.

82 **Zugangsvermittler** wie Telekommunikationsunternehmen oder die Betreiber von WLAN-Netzen sind gem. **§ 8 Abs. 1 TMG** (ab 17.2.2024 Art. 6 Abs. 1 DSA), der auch im Bereich des GeschGehG gilt, für fremde Informationen nicht verantwortlich, sofern sie die Übermittlung nicht veranlasst, die Adressaten nicht ausgewählt und die Informationen nicht ausgewählt oder verändert haben. Gegen sie bestehen **keinerlei Abwehransprüche,** und sie können nicht auf die Erstattung von Abmahnkosten in Anspruch genommen werden. Bei Verletzungen der Rechte des geistigen Eigentums sind sie aber **verpflichtet, auf Anforderung des Rechtsinhabers den Zugriff auf die betreffenden Informationen zu sperren,** sofern keine andere Abhilfemöglichkeit besteht (§ 7 Abs. 4 TMG). Die Beschränkung auf das geistige Eigentum ist darauf zurückzuführen, dass der Gesetzgeber hier die Verpflichtung aus Art. 11 S. 3 Durchsetzungs-RL umsetzen wollte. Sie besagt nicht negativ, dass derartige Sperrverpflichtungen außerhalb des Immaterialgüterrechts ungerechtfertigt wären. Sieht man das Recht am Geschäftsgeheimnis ohnehin als Recht des geistigen Eigentums an (s. hierzu → Einl. Rn. 26, 29 ff.), so ist § 7 Abs. 4 TMG unmittelbar anwendbar. Ansonsten besteht eine Regelungslücke, und wegen der außeror-

dentlichen Verletzlichkeit der Geschäftsgeheimnisse erscheint die Interessenlage vergleichbar. Das spricht für eine **zumindest analoge Anwendung des § 7 Abs. 4 TMG.** Ab dem 17.2.2024 ist § 7 TMG wegen des Vorrangs des Gesetzes über digitale Dienstleistungen nicht mehr anwendbar (→ Rn. 76), doch dürfte sich aus Art. 4 Abs. 1, 3 DSA Entsprechendes ergeben.

Nach welchen Grundsätzen **Plattformbetreiber, Betreiber von Suchmaschinen oder Anbieter von Speicherplatz in der Cloud** im Anwendungsbereich des GeschGehG haften, ist bisher ungeklärt. Dogmatisch erscheint die Konstruktion einer **Haftung für mittelbare Verursachung** wegen der Verletzung von Verkehrspflichten überzeugender als eine Übernahme der Störerhaftung (ebenso *Alexander* in Köhler/Bornkamm/Feddersen GeschGehG § 6 Rn. 21). Letztere wird nicht nur in der wissenschaftlichen Literatur angegriffen, sondern gerät als eigentümliche Rechtsfigur des deutschen Rechts auch unionsrechtlich unter Druck (→ Rn. 79). Sollte der EuGH unter der Geschäftsgeheimnis-RL einen Fall der Intermediärshaftung zu beurteilen haben, so wird er sich eher am täterschaftlichen Modell des EU-Urheberrechts als an der Störerhaftung orientieren, die im europäischen Ausland unbekannt ist. Das spricht dafür, dass der **Intermediär bei Verletzung von Verkehrspflichten täterschaftlich haftet.** 83

Für den **Umfang der Pflichten von Plattformbetreibern** unter §§ 4, 6 kann die mittlerweile umfangreiche **urheber- und lauterkeitsrechtliche Rechtsprechung** Orientierung bieten. Auf die entsprechenden Kommentierungen sei verwiesen. Wesentliche Kriterien für die Bemessung der Pflichten, die zueinander in Wechselwirkung stehen und ein „bewegliches System" bilden (hierzu näher *Ohly* GRUR 2017, 441 (448) mwN), sind 84

- die Unterscheidung zwischen aktiven und passiven Dienstleistern
- die Bedeutung der Dienstleistung für das öffentliche Interesse
- der Umfang, in dem der Dienstleister mit der beanstandeten Tätigkeit Gewinn erzielt
- die Gefahrgeneigtheit der Tätigkeit
- das Gewicht der gefährdeten Interessen
- die Kosten und Möglichkeiten technischer Filter und anderer Abhilfemöglichkeiten
- die Möglichkeit, unmittelbar gegen den Verletzer vorzugehen oder sich selbst zu schützen.

Demnach haften die Betreiber von Blogs, Meinungsseiten, sozialen Netzwerken oder Verkaufsplattformen und die Anbieter von Speicherplatz in der Cloud **erst dann,** wenn sie in **hinreichend konkreter Form auf eine Verletzung des § 4 hingewiesen werden** (so für das UWG BGH GRUR 2015, 1129 Rn. 42 – Hotelbewertungsportal; für das Markenrecht BGH, GRUR 2011, 1138 Rn. 28 – Stiftparfüm; für Persönlichkeitsrechte BGH GRUR 2016, 855 Rn. 24 – www.jameda.de). Eine **Wiederholungsgefahr** besteht erst dann, wenn nach Begründung der Prüfungspflicht eine unmittelbare Verletzung erfolgt, auf die der Betreiber nicht angemessen reagiert. Eine **Erstbegehungsgefahr** besteht, wenn nach Verletzung der Prüfungspflicht die unmittelbare Gefahr besteht, dass es zu unmittelbaren Verletzungen kommt (BGH GRUR 2011, 1038 Rn. 39, 44 – Stiftparfüm, zum Markenrecht). Wird der Dienstleister auf die Rechtsverletzung hingewiesen, so muss er jedenfalls **bei offensichtlichen und unschwer erkennbaren Verletzungen** unverzüglich die betreffende Information **löschen oder den Zugang zu ihr sperren („notice and takedown").** Außerdem muss er **Vorkehrungen gegen gleichartige zukünftige Verletzungen** treffen, insbe- 85 sondere Verletzungen durch dieselbe Person oder bezogen auf dieselbe Information („notice and staydown" oder „notice and action") (so zum Markenrecht EuGH GRUR 2011, 1025 Rn. 141 – L'Oréal/eBay; BGH GRUR 2011, 1138 Rn. 22 ff. – Stiftparfüm; zum Urheberrecht BGH GRUR 2022, 1308 Rn. 119 – YouTube II). Im Bereich des Lauterkeits-, Marken- und Urheberrechts hält der BGH Plattformbetreiber dabei nur für verpflichtet, gegen klare Rechtsverletzungen einzuschreiten. Sie brauchen nicht tätig zu werden, wenn die Beurteilung der Rechtsverletzung tatsächliche Schwierigkeiten bereitet oder juristischen Sachverstand erfordert (BGH GRUR 2011, 152 Rn. 48 – Kinderhochstühle im Internet I; ähnl. für das Datenschutzrecht EuGH GRUR 2023, 184 Rn. 70 ff. – TU und RE/Google; anders allerdings, wegen der größeren Kontrollmöglichkeit im Einzelfall, für das Setzen von Hyperlinks: BGH GRUR 2016, 209 Rn. 27 – Haftung für Hyperlinks). Auch im Bereich des **Geheimnisschutzes** kann von Internet-Dienstleistern **nicht die Abwägung widerstreitender Interessen,** insbesondere im Fall des § 5, **verlangt werden.** Sie brauchen nur bei **eindeutigen Rechtsverletzungen** tätig zu werden. Allerdings besteht im Bereich des Geheimnisschutzes, der Persönlichkeitsrechte und des Lauterkeits- und Immaterialgüterrechts noch gesetzlicher Handlungsbedarf bei der Frage, wie sich Intermediäre zu verhalten haben, wenn die Beurteilung der Rechtswidrigkeit eine Interessenabwägung voraussetzt. Ein gesetzliches, auf schnelle Entscheidungen zugeschnittenes Schiedsverfahren wäre eine denkbare Lösung de lege ferenda (*Wagner* GRUR 2020, 447 (454 ff.)), auch für den Bereich des Geheimnisschutzes.

§ 7 Vernichtung; Herausgabe; Rückruf; Entfernung und Rücknahme vom Markt

Der Inhaber des Geschäftsgeheimnisses kann den Rechtsverletzer auch in Anspruch nehmen auf

1. **Vernichtung oder Herausgabe der im Besitz oder Eigentum des Rechtsverletzers stehenden Dokumente, Gegenstände, Materialien, Stoffe oder elektronischen Dateien, die das Geschäftsgeheimnis enthalten oder verkörpern,**
2. **Rückruf des rechtsverletzenden Produkts,**
3. **dauerhafte Entfernung der rechtsverletzenden Produkte aus den Vertriebswegen,**
4. **Vernichtung der rechtsverletzenden Produkte oder**
5. **Rücknahme der rechtsverletzenden Produkte vom Markt, wenn der Schutz des Geschäftsgeheimnisses hierdurch nicht beeinträchtigt wird.**

Schrifttum: *Amschewitz,* Die Durchsetzungsrichtlinie und ihre Umsetzung im deutschen Recht, 2008; *Dörre/Maaßen,* Das Gesetz zur Verbesserung der Durchsetzung von Rechten des geistigen Eigentums, Teil I: Änderungen im Patent-, Gebrauchsmuster-, Marken- und Geschmacksmusterrecht, GRUR-RR 2008, 217; *Heymann,* Das Gesetz zur Verbesserung der Durchsetzung von Rechten des geistigen Eigentums, CR 2008, 568; *Hoffmann,* Der immaterialgüterrechtliche Vernichtungsanspruch – Versuch einer Zivilisierung, ZGE 2014, 335; *Hofmann,* „Equity" im deutschen Lauterkeitsrecht? Der „Unterlassungsanspruch" nach der Geschäftsgeheimnis-RL, WRP 2018,1; *ders.* Unterlassungsanspruch und Verhältnismäßigkeit – Beseitigung, Löschung und Rückruf, NJW 2018, 1290; *Hollenberg,* Zur rechtswidrigen Nutzung eines Geschäftsgeheimnisses am Markt, Mitt. 2021, 156; *Hoppe-Jänisch,* Die straflose Vermeidung des patentrechtlichen Vernichtungsanspruchs, GRUR 2014, 1163; *Jänich,* Der Rückruf- und Entfernungsanspruch im Markenrecht nach Umsetzung der Enforcement-

Richtlinie 2004/48/EG, MarkenR 2008, 413; *Jestaedt,* Die Ansprüche auf Rückruf und Entfernen schutzrechtsverletzender Gegenstände aus den Vertriebswegen, GRUR 2009, 102; *Jung/Rohlfing,* Der neue Rückruf- und Entfernungsanspruch nach § 18 Abs. 2 MarkenG – Rechtliche oder tatsächliche Verfügungsgewalt?, Mitt. 2010, 50; *Partsch/Schindler,* Ansprüche bei Rechtsverletzungen des Geschäftsgeheimnisses, NJW 2020, 2364; *Tochtermann,* Zur „Unverhältnismäßigkeit" einer Rechtsfolge nach dem neuen GeschGehG – Versuch einer Maßstabsbildung, WRP 2019, 688; *Weber,* Rückruf markenrechtsverletzender Ware durch einstweilige Verfügung, GRUR-Prax 2016, 545; *Wreesmann,* Der Anspruch auf Rückruf patentverletzender Erzeugnisse nach § 140a III, IV PatG, Mitt. 2010, 276.

Übersicht

I. Allgemeines

1. Normzweck und Systematik

1 § 7 vereint Ansprüche auf Vernichtung, Herausgabe, Rückruf und Entfernung aus den Vertriebswegen bzw. Rücknahme vom Markt. Ihrer Natur nach lassen sich alle in § 7 geregelten Einzelansprüche als **Ausprägung eines allgemeinen Beseitigungsanspruchs** charakterisieren. Daneben haben zumindest die auf Beseitigung rechtsverletzender Produkte gerichteten Ansprüche (§ 7 Nr. 2 bis 5) **Sanktionscharakter** und verfolgen zugleich generalpräventive Zwecke (vgl. BGH GRUR 2019, 518 Rn. 21 – Curapor zu kennzeichenrechtlichen Parallelansprüchen). Die Ansprüche gemäß § 7 sind durchweg **verschuldensunabhängig,** stehen aber unter dem Vorbehalt der **Verhältnismäßigkeit (§ 9).**

2 **Vor Inkrafttreten des GeschGehG** wurden insbesondere Vernichtungsansprüche unmittelbar aus dem Beseitigungsanspruch gemäß § 8 Abs. 1 S. 1 UWG bzw. aus § 1004 Abs. 1 BGB analog abgeleitet. Verlangt werden konnte auch hier unter Berücksichtigung des Verhältnismäßigkeitsgrundsatzes eine Vernichtung von Produkten, die durch rechtswidrige Verwertung von Geschäftsgeheimnissen entstanden waren (*Harte-Bavendamm* in Harte/Henning UWG, 4. Aufl. 2016, § 17 Rn. 62; *Ohly* in Ohly/Sosnitza UWG, 7. Aufl. 2016, § 17 Rn. 54; *Westermann* Handbuch Know-how-Schutz Kap. 7 Rn. 14; *Kiethe/Groeschke* WRP 2005 1358 (1369)). Ebenso war ein Rückrufanspruch im Wettbewerbsrecht als Ausschnitt des allgemeinen Beseitigungsanspruchs denkbar (BGH GRUR 1963, 539 (542) – echt skai). Im Bereich des Geheimnisschutzes hat dies aber bislang keine Bedeutung erlangt.

3 Das GeschGehG normiert einen **allgemeinen Beseitigungsanspruch** nunmehr in **§ 6 Abs. 1 S. 1 Alt. 1** (siehe die Kommentierung → § 6 Rn. 23). Soweit der Anwendungsbereich des § 7 reicht, gehen dessen Regelungen dem allgemeinen Beseitigungsanspruch jedoch als speziellere Regelung vor. Verbleibende Anwendungsbereiche für den allgemeinen Beseitigungsanspruch können zB der Rückruf rechtsverletzender Publikationen oder die Entfernung einer rechtsverletzenden Offenlegung von einer Internetseite sein (BT-Drs. 19/4724, 30). Häufig dürfte dies allerdings schon durch den Unterlassungsanspruch abgedeckt sein. Die Gesetzesbegründung nennt als weiteren Anwendungsfall des § 6 Abs. 1 S. 1 Alt. 1 die Beseitigung der rechtsverletzenden Qualität rechtsverletzender Produkte (Art. 12 Abs. 2 lit. b Geschäftsgeheimnis-RL), etwa durch Entfernung einzelner, die Rechtsverletzung begründenden Komponenten in Fällen, in denen ein Vernichtungsanspruch hinsichtlich des Gesamtproduktes aus Gründen der Verhältnismäßigkeit ausscheidet (BT-Drs. 19/4724, 30). Letzteres gilt jedenfalls, soweit man die Beseitigung der rechtsverletzenden Qualität nicht schon als von § 7 Nr. 4 mitumfasstes Minus sieht.

4 Der Gesetzgeber hat sich bei der Ausgestaltung der Ansprüche gemäß § 7 an bestehenden **Vorschriften aus dem Bereich der Immaterialgüterrechte** (§ 140a Abs. 2 PatG, § 98 UrhG, § 18 MarkenG, § 43 DesignG) orientiert (BT-Drs. 19/4724, 30). Diese Vorschriften gehen ihrerseits zurück auf das Gesetz zur Stärkung des Schutzes des geistigen Eigentums und zur Bekämpfung der Produktpiraterie vom 7.3.1990 (ProduktpiraterieG, BGBl. I, S. 422). Den unionsrechtlichen Hintergrund bildet hier die Durchsetzungs-RL 2004/48/EG, die durch das Gesetz zur Verbesserung der Durchsetzung von Rechten des geistigen Eigentums vom 7.7.2008 (BGBl. I, S. 1191) umgesetzt wurde. Die zu den

Vorschriften im Bereich der Immaterialgüterrechte ergangene Rechtsprechung kann wegen der systematischen Verwandtschaft weitgehend zur Auslegung des § 7 herangezogen werden. Dabei sind aber die Besonderheiten des Geheimnisschutzes hinreichend zu berücksichtigen. Insbesondere betont die Geschäftsgeheimnis-RL den Grundsatz der Verhältnismäßigkeit stärker als die Durchsetzungs-RL.

2. Völker- und unionsrechtlicher Rahmen

a) Art. 46 TRIPS. Zum Schutz nicht offenbarter Informationen (Art. 39 TRIPS) sind von den Vertragsstaaten die in Abschnitt III des Übereinkommens vorgesehenen Rechtsbehelfe vorzusehen. Neben den allgemeinen Anforderungen des Art. 41 TRIPS (dazu näher → § 6 Rn. 5) sind va die Vorgaben des **Art. 46 TRIPS** zu beachten. Danach müssen die Gerichte aus Gründen der Abschreckung die Befugnis haben, anzuordnen, dass **rechtsverletzende Waren** ohne Entschädigung so aus den Vertriebswegen entfernt werden, dass dem Rechtsinhaber kein Schaden entstehen kann, oder dass sie vernichtet werden, sofern dies nicht bestehenden verfassungsrechtlichen Erfordernissen zuwiderlaufen würde (S. 1). Außerdem müssen die Gerichte die Befugnis haben, **Materialien** und **Werkzeuge,** die vorwiegend zur Herstellung rechtsverletzender Waren verwendet wurden, ohne Entschädigung so aus dem Verkehr zu ziehen, dass die Gefahr weiterer Rechtsverletzungen minimiert wird (S. 2). Zu berücksichtigen ist die Notwendigkeit eines angemessenen Verhältnisses zwischen der Schwere der Rechtsverletzung und den angeordneten Maßnahmen sowie die Interessen Dritter (S. 3). 5

Es bestehen Zweifel, ob die Geschäftsgeheimnis-RL und das GeschGehG diesen Vorgaben im Hinblick auf die **Herstellungsmittel** gemäß S. 2 vollständig genügen. Zu einer Anordnung der Vernichtung von Materialien sind die Gerichte grds. nur befugt, soweit es sich um Vergegenständlichungen von Geschäftsgeheimnissen handelt (vgl. Art. 12 Abs. 1 lit. d Geschäftsgeheimnis-RL und § 7 Nr. 1). Insbesondere hinsichtlich der vorwiegend zur Herstellung rechtsverletzender Waren genutzten Werkzeuge fehlt eine Umsetzung (vgl. hingegen die Vorschriften zu den Immaterialgüterrechten, zB § 140a Abs. 2 PatG, § 18 Abs. 1 S. 2 MarkenG). 6

b) Geschäftsgeheimnis-RL. Die in § 7 normierten Ansprüche sind durch Art. 12 Abs. 1 lit. c und d sowie Abs. 2 bis 4 Geschäftsgeheimnis-RL vorgezeichnet. Nach **Art. 12 Abs. 1 lit. c** Geschäftsgeheimnis-RL müssen die Gerichte der Mitgliedsstaaten im Falle einer aufgrund einer Sachentscheidung festgestellten Geheimnisverletzung geeignete **Abhilfemaßnahmen** hinsichtlich der **rechtsverletzenden Produkte** erlassen können. Die Vorschrift wird konkretisiert durch Art. 12 Abs. 2, wonach hierzu folgende Maßnahmen zählen: (a) der **Rückruf** der rechtsverletzenden Produkte vom Markt; (b) die **Beseitigung** der **rechtsverletzenden Qualität** der rechtsverletzenden Produkte; (c) die **Vernichtung** der rechtsverletzenden Produkte oder gegebenenfalls ihre **Marktrücknahme** unter der Voraussetzung, dass der Schutz des in Frage stehenden Geschäftsgeheimnisses durch diese Marktrücknahme nicht beeinträchtigt wird. Diese Vorgaben werden umgesetzt durch **§ 7 Nr. 2 bis 5.** 7

Nach **Art. 12 Abs. 1 lit. d** Geschäftsgeheimnis-RL müssen die Gerichte außerdem die **Vernichtung** der Gesamtheit oder eines Teils der Dokumente, Gegenstände, Materialien, Stoffe oder elektronischen Dateien, die das Geschäftsgeheimnis enthalten oder verkörpern, oder gegebenenfalls die **Herausgabe** sol- 8 cher Gegenstände an den Antragsteller anordnen können. Die Umsetzung dieser Vorgaben erfolgt durch **§ 7 Nr. 1.**

9 Nach **Art. 12 Abs. 4 S. 1** Geschäftsgeheimnis-RL ordnen die zuständigen Gerichte an, dass die genannten Maßnahmen **auf Kosten des Rechtsverletzers** durchgeführt werden, es sei denn, es liegen besondere Gründe dafür vor, hiervon abzusehen. Schadensersatzansprüche sollen davon unberührt bleiben (Art. 12 Abs. 4 S. 2).

10 Schließlich können die Mitgliedsstaaten nach **Art. 12 Abs. 3** Geschäftsgeheimnis-RL vorsehen, dass die zuständigen Gerichte – bei Anordnung einer Entfernung der rechtsverletzenden Produkte aus dem Markt – auf Antrag des Geheimnisinhabers die Möglichkeit haben, eine Übergabe der Produkte an den Geheimnisinhaber oder an wohltätige Organisationen anzuordnen. Von dieser Möglichkeit hat der deutsche Gesetzgeber keinen Gebrauch gemacht.

11 Soweit aus § 7 Nr. 4 im Rahmen eines einstweiligen Verfügungsverfahrens (§§ 935 ff. ZPO) ein auf Sequestration gerichteter Verfügungsanspruch hergeleitet wird (→ Rn. 65), dient die Norm auch der Umsetzung von **Art. 10 Abs. 1 lit. c Geschäftsgeheimnis-RL.** Danach müssen die zuständigen Gerichte die Möglichkeit haben, als vorläufige bzw. vorbeugende Maßnahme eine Beschlagnahme oder Herausgabe der mutmaßlich rechtsverletzenden Produkte anzuordnen, um deren Inverkehrbringen oder ihren Umlauf im Markt zu verhindern.

3. Entstehungsgeschichte

12 § 7 war bereits im **RefE** als § 6 enthalten und wurde dann textlich unverändert in den **RegE** übernommen. Die Fassung des RegE entspricht der letztlich in Kraft getretenen Fassung.

II. Gemeinsame Voraussetzungen und Einwendungen

1. Vorliegen einer Rechtsverletzung

13 Sämtliche Einzeltatbestände des § 7 Nr. 1–5 setzen das Vorliegen einer **Rechtsverletzung (§ 4)** voraus. Dies ergibt sich mittelbar aus der **Passivlegitimation des Rechtsverletzers,** bei dem es sich definitionsgemäß um eine Person handelt, die ein Geschäftsgeheimnis entgegen § 4 erlangt, nutzt oder offenlegt (§ 2 Nr. 3). Dies impliziert auch, dass die Person sich nicht auf eine Ausnahme gemäß § 5 berufen kann (OLG Frankfurt GRUR-RR 2021, 229 Rn. 29 – Vliesstoffe). Im Falle der § 7 Nr. 2 bis 5, die an ein **rechtsverletzendes Produkt** (§ 2 Nr. 4) anknüpfen, muss sachlogisch – zumindest auf vorgelagerter Wirtschaftsstufe – eine Verletzung in Form einer Nutzung stattgefunden haben, da nur auf diese Weise das zu vernichtende rechtsverletzende Produkt entstanden sein kann.

2. Kein Verschuldenserfordernis

14 **Keine Anspruchsvoraussetzung** ist ein **Verschulden** des Rechtsverletzers (OLG Frankfurt GRUR-RR 2021, 229 Rn. 29 – Vliesstoffe). Allerdings kann ein Verschulden sowie der konkrete Verschuldensgrad im Rahmen der Verhältnismäßigkeitsprüfung zu berücksichtigen sein (LG Düsseldorf GRUR-RS 2017, 104657 Rn. 146 – Herzklappen).

3. Verhältnismäßigkeit (§ 9)

Sämtliche Ansprüche gemäß § 7 stehen unter dem **Vorbehalt der Verhältnismäßigkeit (§ 9),** bei schuldlosen Verletzungshandlungen kommt zudem eine Abfindung nach § 11 in Betracht. Auf die **Kommentierung zu § 9 und § 11** wird verwiesen. 15

Auch die **immaterialgüterrechtlichen Entsprechungen** zu den in § 7 geregelten Ansprüchen sind ausgeschlossen, wenn eine Inanspruchnahme des Verletzers unverhältnismäßig wäre (vgl. nur § 140a Abs. 4 PatG, § 98 Abs. 4 UrhG, § 18 Abs. 3 MarkenG, § 43 Abs. 4 DesignG). Die zu diesen Bestimmungen ergangene Rechtsprechung kann als Orientierungshilfe dienen. Sie ist aber nicht unreflektiert auf das GeschGehG übertragbar, da die **Geschäftsgeheimnis-RL** den Gedanken der **Verhältnismäßigkeit stärker gewichtet** als die Durchsetzungs-RL, die den Bestimmungen des Immaterialgüterrechts zugrundeliegt (vgl. Art. 13, 7 Abs. 1, 11 Abs. 2 Geschäftsgeheimnis-RL; s. die Kommentierung zu → § 9 und *Hofmann* WRP 2018, 1 Rn. 26 ff.; *Tochtermann,* WRP 2019, 688 Rn. 2 ff.). Soweit in der Rechtsprechung zu den Immaterialgüterrechten daher der Ausnahmecharakter der Unverhältnismäßigkeit besonders hervorgehoben wird (BGH GRUR 1997, 899 (901 f.) – Vernichtungsanspruch; OLG Düsseldorf GRUR-RS 2015, 6710 Rn. 41 – Andockvorrichtung: „Ausnahmetatbestand, der eng auszulegen und insbesondere beim Rückrufanspruch auf extreme Ausnahmefälle beschränkt ist"), bestehen Bedenken gegen eine Übertragbarkeit auf Fälle des Geheimnisschutzes. Allerdings hat der BGH mehrfach betont, dass auch die immaterialgüterrechtlichen Ansprüche auf Anordnung der Vernichtung, des Rückrufs und des Entfernens aus den Vertriebswegen wegen des damit verbundenen Eingriffs in das durch Art. 14 GG geschützte Eigentum in besonderem Maße dem Verhältnismäßigkeitsgrundsatz unterworfen seien (BGH GRUR 2019, 518 Rn. 21 – Curapor; BGH GRUR 2006, 504 Rn. 52 – Parfümtestkäufe). Die Frage der (Un-)verhältnismäßigkeit sei deshalb unter umfassender Berücksichtigung aller Umstände des Einzelfalls zu beantworten; eine schematische Prüfung verbiete sich (BGH GRUR 2019, 518 Rn. 21 – Curapor; BGH GRUR 1997, 899 (901) – Vernichtungsanspruch). Dies dürfte für die Ansprüche gemäß § 7 in gleicher Weise gelten. 16

Ebenso wie in den immaterialgüterrechtlichen Gesetzen hat der Gesetzgeber auch den Tatbestand des § 9 als Ausschlusstatbestand und damit als Einwendung ausgestaltet (*Ohly* GRUR 2019, 441, 449; *Tochtermann* WRP 2019, 688 Rn. 12 ff.), für die der Rechtsverletzer die **Darlegungs- und Beweislast** trägt (so OLG Düsseldorf InstGE 7, 139 – Thermocycler zu § 140a PatG; siehe ergänzend → § 9 Rn. 47 ff.). 17

4. Anspruchsberechtigte, Anspruchsgegner

Anspruchsberechtigter ist in sämtlichen Fällen der **Inhaber des Geschäftsgeheimnisses (§ 2 Nr. 2).** Passivlegitimiert ist der **Rechtsverletzer (§ 2 Nr. 3).** Einzelheiten sind kommentiert bei → § 2 Rn. 72 ff. und 86 ff. sowie → § 6 Rn. 61 ff. u. 65 ff. Anwendbar ist zudem § 12 S. 1, wonach der Inhaber eines Unternehmens ebenfalls haftet, wenn der Rechtsverletzer Beschäftigter oder Beauftragter eines Unternehmens ist. Ähnlich wie im Patentrecht dürften Ansprüche auf Vernichtung und Rückruf (und wohl auch auf Entfernen aus den Vertriebswegen und Marktrücknahme) **nicht isoliert abtretbar** sein (vgl. OLG Düsseldorf GRUR-RS 2015, 3253 Rn. 24 – Schuheinlage; OLG Düsseldorf GRUR-RS 2019, 25285 Rn. 66 – Biegevorrichtung). 18

5. Einwendungen und Einreden

19 Zu den allgemeinen Einwendungen und Einreden (**Verjährung, Verwirkung, Missbrauchsverbot**) wird auf die Kommentierung zu § 6 verwiesen (→ § 6 Rn. 17 ff.). Es gilt die **regelmäßige Verjährungsfrist** von drei Jahren, beginnend mit dem Schluss des Jahres, in dem der Anspruch entstanden ist und der Gläubiger von den anspruchsbegründenden Umständen und der Person des Schuldners Kenntnis erlangt hat oder ohne grobe Fahrlässigkeit erlangen musste (§§ 195, 199 Abs. 1 BGB). Die kenntnisunabhängige **Höchstfrist** von zehn Jahren ab Anspruchsentstehung (§ 199 Abs. 4 BGB) dürfte bei richtlinienkonformer Auslegung wegen Art. 8 Abs. 2 Geschäftsgeheimnis-RL auf **sechs Jahre** begrenzt sein.

III. Die Ansprüche im Einzelnen

1. Vernichtung oder Herausgabe von Vergegenständlichungen des Geheimnisses (Nr. 1)

20 **a) Grundlagen. § 7 Abs. 1 Nr. 1** sieht einen Anspruch auf Vernichtung oder Herausgabe von Dokumenten, Gegenständen, Materialien, Stoffen oder elektronischen Dateien vor, die das Geschäftsgeheimnis selbst enthalten oder verkörpern. Die Vorschrift setzt **Art. 12 Abs. 1 lit. d Geschäftsgeheimnis-RL** um und übernimmt den dort genannten Katalog von Gegenständen unverändert. Anders als die übrigen Tatbestände des § 7 bezieht sich Nr. 1 also nicht auf rechtsverletzende Produkte (§ 2 Nr. 4) als „Früchte" des Geheimnisses, sondern auf Träger des Geheimnisses selbst, also auf vergegenständlichte Wiedergaben des Geheimnisses. Dies können einerseits Gegenstände sein, die das **Geschäftsgeheimnis enthalten** und/oder **beschreiben** wie zB Konstruktionszeichnungen, Rezepturen, Dateien mit Software-Quellcode, Kunden- und Lieferantenkarteien sowie Angebots- und Ausschreibungsunterlagen. Andererseits sind auch unveröffentlichte **Verkörperungen des Geheimnisses** wie zB Muster, Prototypen, Schablonen oder Produktionswerkzeuge (bei Herstellungsverfahren) erfasst. § 7 Nr. 1 zielt mithin auf die Vernichtung von Gegenständen, aus denen das **Geheimnis selbst unmittelbar ersichtlich** ist. Aus dem Erfordernis, dass die Gegenstände im „Eigentum" oder „Besitz" des Rechtsverletzers stehen, darf nicht gefolgert werden, dass es sich zwingend um körperliche Gegenstände handeln muss (*Alexander* in Köhler/Bornkamm/Feddersen GeschGehG § 7 Rn. 12). Dies wird insbesondere aus der Variante der „elektronischen Dateien" deutlich.

21 Die Vorschrift dient in erster Linie dazu, dem Rechtsverletzer die Möglichkeit einer weiteren rechtswidrigen Nutzung der Informationen zu nehmen. Daneben trägt sie dazu bei, das Geheimnis gegen weitere Offenbarungen und somit letztlich seinen Bestand zu schützen (*Tochtermann* in Büscher GeschGehG § 7 Rn. 14).

22 Ein Anspruch auf **Vernichtung rechtsverletzender Produkte** ergibt sich dagegen nicht aus § 7 Nr. 1 Alt. 1, sondern aus **§ 7 Nr. 4.** Überschneidungen sind denkbar, da auch rechtsverletzende Produkte gleichzeitig Vergegenständlichungen des Geheimnisses selbst sein können. Andererseits fällt nicht jedes rechtsverletzende Produkt zugleich unter Nr. 1, weil hierzu definitionsgemäß zB auch Produkte zählen, die zwar unter Rückgriff auf ein Geheimnis entstanden sind, dieses aber nicht unmittelbar enthalten oder entsprechende Rückschlüsse nur durch aufwändiges Reverse Engineering zulassen. Im Falle von Überschneidungen besteht **Anspruchskonkurrenz** zwischen § 7 Nr. 1 und 4. Wegen der abwei-

chenden Voraussetzungen stehen die Ansprüche nicht in einem Spezialitätsverhältnis. **Sachliche Unterschiede** zwischen § 7 Nr. 1 und Nr. 4 bestehen insofern, als bei § 7 Nr. 4 keine Entsprechung zu dem Herausgabeanspruch gemäß § 7 Nr. 1 Alt. 2 vorgesehen ist. Ferner kennt § 7 Nr. 4 kein Erfordernis, wonach die rechtsverletzenden Produkte im Eigentum oder Besitz des Rechtsverletzers stehen müssten.

b) Anspruchsvoraussetzungen und Einwendungen. Siehe zu den **allgemeinen Anspruchsvoraussetzungen und Einwendungen** (Aktiv-/Passivlegitimation, Rechtsverletzung, kein Verschuldenserfordernis, Verhältnismäßigkeit) zunächst oben → Rn. 13 ff. Der Anspruch besteht jedenfalls gegen denjenigen Rechtsverletzer (§ 2 Nr. 3), der das Geschäftsgeheimnis bereits **rechtswidrig erlangt** (§ 4 Abs. 1, Abs. 3 S. 1) hat. In diesem Fall entfaltet der Anspruch nach § 7 Nr. 1 seine originäre Funktion, die in der Beseitigung des Störungszustandes besteht. Streng genommen wäre dies anders, wenn der Rechtsverletzer das Geheimnis zwar (zB aufgrund eines Vertrages) rechtmäßig erlangt, dann aber entgegen § 4 Nr. 2, 3 **pflichtwidrig genutzt oder offenbart** hat. In einem solchen Fall ist der Besitz des Geheimnisträgers kein Störungszustand, der Folge einer Rechtsverletzung ist. Denkbar ist sogar, dass ein vertragliches Recht zum Besitz besteht. In der Literatur wird deshalb die Frage aufgeworfen, inwieweit der Anspruch nach § 7 Nr. 1 auch in solchen Konstellationen Anwendung finden kann (iE bejahend: *Hoppe* in Hoppe/Oldekop Kap. 1 Rn. 716 f.). Hierfür spricht zum einen die Zwecksetzung, dem Rechtsverletzer die Möglichkeit weiterer Verletzungshandlungen zu nehmen und das Geheimnis in seinem Bestand zu schützen (→ Rn. 21). Zum anderen lässt sich auch der hinter § 7 Nr. 1 stehenden Bestimmung des Art. 12 Abs. 1 lit. d Geschäftsgeheimnis-RL entnehmen, dass die zuständigen Gerichte entsprechende Vernichtungs- bzw. Herausgabemaßnahmen auch in Fällen anordnen können müssen, in denen lediglich eine rechtswidrige Nutzung oder Offenlegung festgestellt wurde. Ausreichend ist also irgendeine Rechtsverletzung iSv § 4 (*Alexander* in Köhler/Bornkamm/Feddersen GeschGehG § 7 Rn. 7). Um Reibungen mit einem möglichen vertraglichen Besitzrecht aufzulösen, sollte von einem etwaigen (außerordentlichen) Kündigungsrecht des zugrundeliegenden Vertrages rechtzeitig Gebrauch gemacht werden (*Hoppe* in Hoppe/Oldekop Kap. 1 Rn. 718). 23

c) Anspruchsinhalt. § 7 Nr. 1 gewährt einen Anspruch auf Vernichtung oder Herausgabe der dort genannten physischen oder elektronischen **Geheimnisträger** (Dokumente, Gegenstände, Materialien, Stoffe oder elektronischen Dateien). Nach dem Gesetzeswortlaut ist es erforderlich, dass der Geheimnisträger das Geheimnis **enthält** oder **verkörpert.** Dabei erfasst die Variante des Enthaltens solche Gegenstände, die das Geheimnis deskriptiv wiedergeben (also ausdrücklich beschreiben), während sich bei einer Verkörperung das Geheimnis aus der Beschaffenheit des Trägers ablesen lässt (vgl. zur Unterscheidung auch: *Keller* in Keller/Schönknecht/Glinke GeschGehG § 7 Rn. 29 f.; *Hoppe* in Hoppe/Oldekop Kap. 1 Rn. 724b f.). Letzteres kann zB aufgrund konstruktiver Merkmale der Fall sein, aber auch, wenn sich aus dem Träger die Art der Herstellung ersehen lässt (*Hoppe* in Hoppe/Oldekop Kap. 1 Rn. 724c; aA *Keller* in Keller/Schönknecht/Glinke GeschGehG § 7 Rn. 30). Die Varianten lassen sich aber weder stets trennscharf unterscheiden noch kommt der Unterscheidung rechtliche Bedeutung zu. Von dem Anspruch nach § 7 Nr. 1 erfasst sein können auch Vergegenständlichungen von Geschäftsgeheimnissen, die vom Rechtsverletzer vorgenommene **Abwandlungen** (etwa Weiterentwicklungen oder eine Zusammenführung mit 24 anderen Eigenleistungen) enthalten (aA *Keller* in Keller/Schönknecht/Glinke GeschGehG § 7 Rn. 32). Insoweit dürfte die zu § 17 UWG a.F. ergangene Rechtsprechung des BGH übertragbar sein, die darauf abstellt, dass Ergebnisse, die unter Verwendung fremder Geschäftsgeheimnisse erzielt wurden, grundsätzlich insgesamt mit dem „Makel der Wettbewerbswidrigkeit" behaftet seien (BGH WRP 2008, 938 Rn. 9 – Entwendete Datensätze; BGH GRUR 1985, 294 (296) – Füllanlage). Ausnahmen sind nach der genannten Rechtsprechung denkbar, wenn das rechtswidrig verwertete Geschäftsgeheimnis wirtschaftlich oder technisch als bedeutungslos für den in Rede stehenden Gegenstand angesehen werden kann. Im Übrigen sind etwaige Eigenleistungen des Rechtsverletzers im Rahmen des **Verhältnismäßigkeitskorrektivs** (§ 9) zu berücksichtigen, insbesondere dürften Gesichtspunkte der Verhältnismäßigkeit regelmäßig einer Herausgabe von Eigenleistungen des Verletzers entgegenstehen.

25 Lassen sich das verletzte Geschäftsgeheimnis und **sonstige Teile des betroffenen Gegenstandes** trennen, so kann sich die Vernichtungs- und Herausgabepflicht nach dem Rechtsgedanken des Art. 12 Abs. 2 lit. b der Geschäftsgeheimnis-RL auf das enthaltene Geheimnis beschränken. Die Geschäftsgeheimnis-RL bringt dies auch in Art. 12 Abs. 1 lit. d zum Ausdruck, indem sie formuliert, es könne Vernichtung **„… der Gesamtheit oder eines Teils …"** der betroffenen Gegenstände verlangt werden. Letztlich ist auch dies eine Frage der Verhältnismäßigkeitsprüfung (§ 9).

26 Die vergegenständlichte Wiedergabe des Geheimnisses muss nach dem Wortlaut des § 7 Nr. 1 im **Eigentum** oder **Besitz** des Rechtsverletzers stehen. Eine **weite Auslegung** dieses Tatbestandsmerkmals ist **unionsrechtlich geboten,** da Art. 12 Abs. 1 lit. d Geschäftsgeheimnis-RL kein solches Erfordernis kennt. Wie auch bei Art. 10 Abs. 1 S. 2 lit. c Durchsetzungs-RL kommt es nach der Konzeption der Geschäftsgeheimnis-RL nur auf eine **faktische Zugriffsmöglichkeit des Rechtsverletzers** an (vgl. zur Durchsetzungs-RL: *Amschewitz* Durchsetzungsrichtlinie 191 f.). Bestehenden Drittrechten ist im Rahmen der Verhältnismäßigkeitsprüfung Rechnung zu tragen (Art. 13 Abs. 1 lit. f Geschäftsgeheimnis-RL, vgl. *Tochtermann* in Büscher GeschGehG § 7 Rn. 19; zur entsprechenden Situation bei der Durchsetzungs-RL: *Amschewitz* Durchsetzungsrichtlinie 192). Angesichts dieses Rechtsrahmens erscheinen die vom nationalen Gesetzgeber eigenständig vorgesehenen Anforderungen des Eigentums oder Besitzes unglücklich. Sie dürften sich zwar noch im Bereich der zulässigen Ausgestaltung der Richtlinie bewegen (iE ähnlich: *Tochtermann* in Büscher GeschGehG § 7 Rn. 19 f.), allerdings gebietet das Unionsrecht eine Auslegung, die nicht strikt im nationalen Begriffsverständnis der §§ 854 ff., 903 ff. BGB verhaftet ist, sondern gewährleistet, dass das Schutzniveau nicht hinter die Geschäftsgeheimnis-RL zurückfällt. Maßgeblich ist daher auch nach nationalem Recht die faktische und zugleich zumutbare Zugriffsmöglichkeit (*Keller* in Keller/Schönknecht/Glinke GeschGehG § 7 Rn. 35; ähnlich: *Hollenberg* Mitt. 2021, 156 (160)). Auch mittelbarer Besitz oder ein bestehender Eigentumsvorbehalt kann genügen. Soweit es um den „Besitz" an elektronischen Daten geht, ist dies ebenfalls im Sinne einer faktischen Zugriffsmöglichkeit zu verstehen. Die Daten müssen sich im **Einflussbereich** des Verletzers befinden (OLG Schleswig GRUR-RR 2022, 404 Rn. 106 – Teil-Kostenrechnung). Dies kann auch bei Dateien gegeben sein, die in einer „Cloud" gespeichert sind (*Alexander* in Köhler/Bornkamm/Feddersen GeschGehG § 7 Rn. 12). Der Rechtsverletzer muss aber nicht auf seinen Prozessbevollmächtigten einwirken, auch sämtliche in dessen Handakten abgelegten

Kopien von Geschäftsgeheimnissen zu vernichten; insoweit steht die Verpflichtung des Prozessbevollmächtigten zur vollständigen Aufbewahrung der Handakte gemäß § 50 Abs. 1 BRAO entgegen (OLG Schleswig GRUR-RR 2022, 404 Rn. 106 – Teil-Kostenrechnung).

Handelt es sich bei der Vergegenständlichung eines Geheimnisses um eine Sache (§ 90 BGB), so können potentiell Konflikte mit der **dinglichen Rechtslage** auftreten. Der Gesetzgeber hat dies – wenn auch unzureichend (s.o., → Rn. 26) – durch das Abstellen auf die Eigentums- und Besitzverhältnisse aufzulösen versucht. Richtigerweise ist zu unterscheiden: **(1)** Steht die Vergegenständlichung des Geheimnisses zugleich im Sacheigentum des Geheimnisinhabers (§ 2 Nr. 2), so ist die Rechtslage idR unproblematisch. In diesem Fall ist **Anspruchskonkurrenz zwischen § 7 Nr. 1 Alt. 2** und **§ 985 BGB** möglich. **(2)** Steht die Vergegenständlichung des Geheimnisses im **Sacheigentum des Rechtsverletzers,** so wird dieses in der Regel durch den Anspruch gemäß § 7 Nr. 1 überlagert (vgl. § 903 BGB: „soweit nicht das Gesetz oder Rechte Dritter entgegenstehen"). Der Anspruch nach § 7 Nr. 1 kann aber im Einzelfall aus Gründen der Verhältnismäßigkeit (vgl. **§ 9 Nr. 5**) ausgeschlossen sein, etwa wenn der Wert des Trägermediums denjenigen des Geheimnisses signifikant übersteigt. Denkbar ist auch, dass eine der von § 7 Nr. 1 genannten Varianten (Herausgabe oder Vernichtung) ausgeschlossen ist (dazu sogleich → Rn. 28). **(3)** Bestehen an dem Geheimnisträger **Rechte Dritter,** so kommt – der Konzeption des Unionsrechts folgend (→ Rn. 26) – ein Ausschluss des Herausgabe- und Vernichtungsanspruchs gemäß **§ 9 Nr. 6** in Betracht. Auf vollstreckungsrechtlicher Ebene steht dem Rechtsinhaber die Möglichkeit einer Drittwiderspruchsklage (§ 771 ZPO) offen (*Hoppe* in Hoppe/Oldekop Kap. 1 Rn. 735). 27

Der Anspruch nach § 7 Nr. 1 ist gerichtet auf Vernichtung oder Herausgabe. **Vernichtung** bedeutet Unbrauchbarmachung oder Zerstörung (*Keller* in Keller/Schönknecht/Glinke GeschGehG § 7 Rn. 38). Nach der Gesetzesbegründung (BT-Drs. 19/4724, 29) fällt unter den Begriff der Vernichtung bei elektronischen Dateien die Vernichtung sämtlicher **eventuell vorhandener Kopien** (vgl. ArbG Hamburg BeckRS 2022, 4994 Rn. 50). Entsprechendes wird zumindest im Regelfall auch für physische Kopien gelten. **Herausgabe** bedeutet die Übertragung des Besitzes (und ggf. des Eigentums im Falle physischer Gegenstände) sowie gleichzeitig Aufgabe des Besitzes durch den Schuldner an sämtlichen Kopien (*Keller* in Keller/Schönknecht/Glinke GeschGehG § 7 Rn. 39). Sowohl nach dem Wortlaut der Vorschrift als auch nach der zugrundeliegenden Richtlinienbestimmung (Art. 12 Abs. 1 lit. d) bleibt unklar, in welchem **Verhältnis** die Ansprüche auf Vernichtung und Herausgabe stehen. Die Gesetzesformulierung („oder") könnte auf eine Wahlschuld (§ 262 BGB) hindeuten, so dass das Wahlrecht im Zweifel dem Schuldner zustehen würde. In diese Richtung deutet auch die bestehende Rechtsprechung zum wettbewerbsrechtlichen Beseitigungsanspruch, die dem Schuldner ein Wahlrecht zugestehen will, wie er seinen Verpflichtungen nachkommt (BGH NJW 1977, 146 – Beseitigung rechtswidriger Beeinträchtigungen; Einzelheiten str, vgl. *Bacher* in Ahrens Der Wettbewerbsprozess Kap. 75 Rn. 23). Allerdings enthält § 7 Nr. 1 zwei selbständige (wenngleich alternative) Tatbestände, die unmittelbar durch die Geschäftsgeheimnis-RL vorgegeben sind. Deren Verhältnis zueinander ist durch autonome Auslegung des Unionsrechts zu ermitteln und nicht durch Rückgriff auf die Vorschriften des BGB oder auf Grundsätze, die von der Rechtsprechung zum nationalen Recht entwickelt wurden. Im Hinblick auf unionsrechtliche Mindestschutzvorgaben dürfte die Norm 28 so auszulegen sein, dass das **Wahlrecht grundsätzlich dem Geheimnisinhaber** als Anspruchsgläubiger zusteht (so auch ArbG Hamburg BeckRS 2022, 4994 Rn. 49; *Alexander* in Köhler/Bornkamm/Feddersen GeschGehG § 7 Rn. 15; *Keller* in Keller/Schönknecht/Glinke GeschGehG § 7 Rn. 40; *Schroeder/Drescher* in Brammsen/Apel GeschGehG § 7 Rn. 31; offenlassend: *Hoppe* in Hoppe/Oldekop Kap. 1 Rn. 720 ff.). Denkbar ist allerdings, dass eine der Varianten aus Gründen der **Verhältnismäßigkeit** (§ 9) ausgeschlossen ist. Regelmäßig wird der Herausgabeanspruch einschneidender sein, da sich der für den Rechtsverletzer entstehende Nachteil hier nicht auf den Verlust des Materialwertes des Geheimnisträgers beschränkt. Vielmehr kann eine Herausgabe spiegelbildlich zu einer Bereicherung des Geheimnisinhabers führen, und zwar in Gestalt des herauszugebenden Materialwertes und/oder in Gestalt zusätzlicher Erkenntnisse, wenn der Rechtsverletzer eigenständige Abwandlungen des Geschäftsgeheimnisses vorgenommen hat. Allerdings sind die tendenziell einschneidenderen Wirkungen des Herausgabeanspruchs von dem Rechtsverletzer grundsätzlich hinzunehmen, da der Herausgabeanspruch anderenfalls regelmäßig ausgeschlossen wäre. Anzuerkennen ist insbesondere ein legitimes Interesse des Geheimnisinhabers an einer Herausgabe, wenn diese leichter überprüfbar ist als die Frage, ob ein Gegenstand vollständig und rückstandsfrei vernichtet wurde.

29 Weder § 7 noch die entsprechenden Bestimmungen des Art. 12 Abs. 1 lit. d und 12 Abs. 2 lit. c Geschäftsgeheimnis-RL verhalten sich zu **Materialien und Werkzeugen, die vorwiegend zur Herstellung von rechtsverletzenden Produkten gedient haben.** Geschäftsgeheimnis-RL und GeschGehG bleiben also hinter den verbindlichen Vorgaben des Art. 46 S. 2 TRIPS zurück (→ Rn. 5, 6). *Keller* befürwortet deshalb insoweit eine analoge Anwendung der Vernichtungsansprüche gemäß §§ 140a Abs. 2, 18 Abs. 1 S. 2 MarkenG, 98 Abs. 1 S. 2 UrhG, 43 Abs. 1 S. 2 DesignG (*Keller* in Keller/Schönknecht/Glinke GeschGehG § 7 Rn. 37). Dafür spricht, dass sowohl der europäische als auch der deutsche Gesetzgeber offenbar unbeabsichtigt hinter den Vorgaben des TRIPS zurückgeblieben sind: ErwGr 5 zur Geschäftsgeheimnis-RL betont die Bindung an das TRIPS-Übereinkommen, und die Gesetzgebungsmaterialien zum GeschGehG weisen ausdrücklich darauf hin, dass die Vorgaben des TRIPS-Übereinkommens (vermeintlich) erfüllt würden (BT-Drs. 19/4724, 20). Mithin liegt eine planwidrige Regelungslücke vor. Da die Vorgaben des Art. 46 TRIPS nicht von denjenigen für die Immaterialgüterrechte abweichen, besteht auch die für eine Analogiebildung erforderliche vergleichbare Interessenlage.

30 Die Vernichtung erfolgt gemäß Art. 12 Abs. 4 S. 1 Geschäftsgeheimnis-RL **auf Kosten des Rechtsverletzers.** Dies entspricht auch der bestehenden Rechtsprechung zu den Immaterialgüterrechten (BGH GRUR 1997, 899 (902) – Vernichtungsanspruch; OLG Köln GRUR-RR 2005, 342 – Lagerkosten nach Grenzbeschlagnahme; zum Beseitigungsanspruch: BGH GRUR 1958, 297 (299) – Petromax).

31 **d) Durchsetzung des Anspruchs.** Die **Zwangsvollstreckung** des Anspruchs richtet sich im Falle der **Vernichtung** nach **§ 887 ZPO** (OLG Frankfurt a.M. GRUR-RR 2007, 30 (31) – Fotomaterial). Die Zwangsvollstreckung des **Herausgabeanspruchs** richtet sich nach **§ 883 ZPO.**

32 Wegen des Verbotes der Vorwegnahme der Hauptsache kann der Vernichtungs- bzw. Herausgabeanspruch **nicht im Wege der einstweiligen Verfügung** durchgesetzt werden, zumal insbesondere die Vernichtung irreversibel ist. Im Wege der einstweiligen Verfügung kann aber **Herausgabe an den zuständigen Gerichtsvollzieher als Sequester** verlangt werden (OLG Hamm WRP 1993, 36 (37) – Tierohrmarken).

2. Rückruf (Nr. 2)

a) Grundlagen. § 7 Nr. 2 sieht einen **Anspruch auf Rückruf des rechtsverletzenden Produkts** (§ 2 Nr. 4) vor. Ein Rückrufanspruch war im Bereich des Schutzes von Geschäftsgeheimnissen **nach bisherigem Recht nicht ausdrücklich vorgesehen.** Allenfalls hätte er als Teil eines Beseitigungsanspruchs begründet werden können (vgl. BGH GRUR 1963, 539 (542) – echt skai; *Heymann* CR 2008, 568, 574 zu § 97 Abs. 1 S. 1 UrhG; BT-Drs. 16/5048, 32). Im Bereich des Geheimnisschutzes existierte dazu aber keine Rechtsprechung. Bekannt ist der Rückrufanspruch gleichwohl seit Umsetzung der Durchsetzungs-RL aus dem Bereich der Immaterialgüterrechte (vgl. ua §§ 140a Abs. 3 PatG, 98 Abs. 2 UrhG, 18 Abs. 2 MarkenG). 33

Im Bereich des Geheimnisschutzes kann sich eine besondere **Wechselwirkung** zwischen dem Rückruf und den Verletzungstatbeständen, namentlich dem Handlungsverbot gemäß § 4 Abs. 3 S. 2, ergeben: Da der Rückruf dazu verpflichtet, auf die Rechtsverletzung hinzuweisen (BGH GRUR 2018, 292 Rn. 32 – Produkte zur Wundversorgung) führt er dazu, dass der **Abnehmer positive Kenntnis** davon erhält, dass es sich bei der gelieferten Ware um ein rechtsverletzendes Produkt handelt. Fortan würde der Abnehmer bei einem weiteren Anbieten, in Verkehr bringen sowie bei einer Einfuhr, Ausfuhr oder Lagerung für diese Zwecke also selbst zum Rechtsverletzer. Der Abnehmer hat daher in vielen Fällen ein Eigeninteresse an einer Rückabwicklung des Geschäfts. Es ist zudem davon auszugehen, dass das rechtsverletzende Produkt rechtsmangelhaft (§ 435 BGB) ist, so dass entsprechende Gewährleistungsrechte des Erwerbers (§ 437 BGB) bestehen. 34

b) Verhältnis zu anderen Ansprüchen. Der Rückrufanspruch steht selbständig neben dem **Vernichtungsanspruch** (§ 7 Nr. 4) und dient nicht nur dessen Vorbereitung (BGH GRUR 2017, 785 Rn. 33 – Abdichtsystem zu § 140a Abs. 3 PatG; aA OLG Düsseldorf BeckRS 2013, 18747 Rn. 129). Der Anspruch bietet im Gegensatz zum **Unterlassungsanspruch** einen abstrakten Schutz, so dass der Gläubiger den Rückruf schlechthin aller rechtsverletzenden Gegenstände verlangen kann, selbst wenn dies nicht unmittelbar der Verhinderung konkret drohender weiterer Verletzungshandlungen dient (BGH GRUR 2018, 292 Rn. 30 – Produkte zur Wundversorgung). Schließlich steht der (handlungsbezogene) Anspruch auf Rückruf neben dem (erfolgsbezogenen) Anspruch auf endgültiges **Entfernen aus den Vertriebswegen** (§ 7 Nr. 3) und kann kumulativ mit diesem geltend gemacht werden (BGH GRUR 2017, 785 Rn. 11 ff. – Abdichtsystem zu § 140a Abs. 3 PatG). 35

c) Anspruchsvoraussetzungen und Einwendungen. Siehe zu den **allgemeinen Anspruchsvoraussetzungen und Einwendungen** (Aktiv-/Passivlegitimation, Geheimnisverletzung, kein Verschuldenserfordernis, Vorbehalt der Verhältnismäßigkeit) zunächst oben → Rn. 13 ff. 36

Ein Ausschluss infolge **Unverhältnismäßigkeit** (§ 9) kommt etwa dann in Betracht, wenn die Lieferung bereits lange zurückliegt, die Kosten für den Rücktransport – auch im Verhältnis zum Warenwert – außergewöhnlich hoch wären oder wenn das rechtsverletzende Produkt bereits verbaut bzw. weiterbearbeitet 37 worden ist, so dass ein Ausbau oder eine Trennung trotz grundsätzlicher Bereitschaft des Abnehmers mit sehr hohen vom Schuldner zu tragenden Kosten verbunden wäre. Gleiches kann gelten, wenn infolge eines Nutzungsausfalls bei dem Abnehmer des Rechtsverletzers unverhältnismäßige Kosten entstünden. Hohe Kosten machen den Rückruf aber nicht *per se* unverhältnismäßig (LG Düsseldorf GRUR-RS 2017, 104657 Rn. 146 – Herzklappen).

38 **d) Anspruchsinhalt.** Inhaltlich verpflichtet der Anspruch auf Rückruf den Schuldner dazu, seine Abnehmer zu einer Rückgabe der von ihm gelieferten rechtsverletzenden Erzeugnisse aufzufordern. Geschuldet ist lediglich die **Handlung, nicht der Erfolg.** Wendet sich der Schuldner also hinreichend ernsthaft an seine Abnehmer, so ist der Anspruch erfüllt, auch wenn die Abnehmer der Aufforderung nicht Folge leisten und der Schuldner keine weitere Handhabe gegen diese hat (BGH GRUR 2017, 785 Rn. 17 – Abdichtsystem zu § 140a Abs. 3 PatG). **Adressaten** des Rückrufs sind nicht nur die unmittelbaren Abnehmer und Vertragspartners des Rechtsverletzers, sondern jedenfalls auch sämtliche **nachgelagerten Vertriebsstufen** wie zB Groß- und Einzelhandel (*Keller* in Keller/Schönknecht/Glinke GeschGehG § 7 Rn. 43). Mit Verweis auf die Rechtslage im Patentrecht wird vertreten, dass private Endabnehmer keine Adressaten des Rückrufs seien, weil sich Produkte, die sich bereits in den Händen privater Endabnehmer befinden, nicht mehr im „Markt" seien (*Keller* in Keller/Schönknecht/Glinke GeschGehG § 7 Rn. 43; *Partsch/Schindler* NJW 2020, 2364 Rn. 21; vgl. dazu OLG Karlsruhe GRUR 2023, 1372 Rn. 19 f. – Aluminiumboden zu § 140a Abs. 3 PatG). Es erscheint indes zweifelhaft, ob sich dieser Gedanke auf den Bereich des Geheimnisschutzes übertragen lässt (so auch *Schroeder/Drescher* in Brammsen/Apel GeschGehG § 7 Rn. 51 und mit eingehender Begründung: *Hoppe* in Hoppe/Oldekop Kap. 1 Rn. 748 ff.). Das GeschGehG kennt keine Ausnahme entsprechend § 11 Nr. 1 PatG für den privaten Bereich. Es ist auch nicht ausgeschlossen, dass private Endabnehmer auf dem Gebrauchtwarensektor als Wiederverkäufer auftreten und somit wirtschaftlichen Nutzen aus rechtsverletzenden Produkten ziehen. Dieser Befund ist freilich zu unterscheiden von der Frage, ob ein Vorgehen gegen private Endabnehmer verhältnismäßig (§ 9) und rechtspolitisch wünschenswert ist.

39 Der konkrete **Inhalt der Rückrufaufforderung** ist einzelfallabhängig. Es obliegt dem Schuldner, geeignete Maßnahmen vorzusehen (*Jestaedt* GRUR 2009, 102, 103). Zu fordern ist aber mindestens, dass der Schuldner gegenüber seinen Abnehmern mit **Nachdruck** und **Ernsthaftigkeit** sowie unter **Hinweis auf den rechtsverletzenden Charakter** der Erzeugnisse versucht, diese zurückzuerlangen (BGH GRUR 2018, 292 Rn. 32 – Produkte zur Wundversorgung). Ein Hinweis auf den rechtsverletzenden Charakter ist bei einer Geheimnisverletzung insbesondere deshalb entscheidend, weil u.U. erst dadurch sichergestellt wird, dass auch bei den Abnehmern die subjektiven Elemente für einen künftigen Verstoß gegen § 4 Abs. 3 gegeben sind (→ Rn. 34). Grundsätzlich nicht erforderlich ist aber ein an den Rückrufadressaten gerichteter Hinweis auf die Rechtsfolgen einer künftigen Zuwiderhandlung gegen § 4 Abs. 3. Anders ist dies wenn das Rückrufschreiben einen ausdrücklichen oder konkludenten Hinweis auf die Freiwilligkeit der eingeforderten Rückgabe enthält (OLG Düsseldorf GRUR 2022, 79 Rn. 6 – Rückrufvollstreckung I). Der Schuldner muss seinen Abnehmern zudem die **Erstattung des Kaufpreises** anbieten und eine etwaige **Schadensersatzpflicht in Kauf nehmen** (*Jänich* MarkenR 2008, 413, 415 f.; *Jestaedt* GRUR 2009, 102,

103; *Dörre/Maaßen* GRUR-RR 2008, 217, 219; *Heymann* CR 2008, 568, 574). Der Anspruchsinhaber kann nur verlangen, dass der Anspruchsgegner von seinen Abnehmern Rückgabe an sich selbst verlangt, nicht aber an einen vom Anspruchsinhaber zu benennenden Gerichtsvollzieher (LG Düsseldorf BeckRS 2016, 20419 – LED-Anschlusselement). Die **Form des Rückrufs** richtet sich nach den Umständen des jeweiligen Vertriebs. Bei namentlich bekannten Abnehmern können und müssen diese angeschrieben werden, bei Massenartikeln kommt zB eine Zeitungsanzeige in Betracht (*Jestaedt* GRUR 2009, 102, 103). Soweit möglich, wird der Rückruf aber in Form individueller Kundenanschreiben zu erfolgen haben. Das OLG Düsseldorf hat zum Patentrecht – sehr weitgehend – entschieden, dass zu Kontrollzwecken ein inhärenter Anspruch des Rückrufgläubigers gegen den Rückrufschuldner auf Bereitstellung eines **Musteranschreibens** und einer **Adressliste** bestehe (OLG Düsseldorf GRUR 2022, 79 Rn. 7 – Rückrufvollstreckung I).

e) Durchsetzung des Anspruchs. Die **Kosten des Rückrufs** trägt in der Regel der Rechtsverletzer (Art. 12 Abs. 4 S. 1 Geschäftsgeheimnis-RL). 40

Die **Zwangsvollstreckung** richtet sich nach **§ 888 ZPO** (OLG Karlsruhe GRUR 2023, 1372 Rn. 8 ff. – Aluminiumboden; OLG Düsseldorf GRUR 2022, 79 Rn. 5 – Rückrufvollstreckung I; OLG Düsseldorf Mitt. 2022, 142 – Rückrufvollstreckung II; *Jänich* MarkenR 2008, 413, 416, aA *Jestaedt* GRUR 2009, 102, 104: § 887 ZPO). 41

Der Anspruch ist wegen des Verbotes der Vorwegnahme der Hauptsache **nicht im Wege einer einstweiligen Verfügung durchsetzbar.** Eine solche einstweilige Verfügung wäre eine Leistungsverfügung. Insbesondere die mit einem Rückruf verbundenen möglichen Reputationsbeeinträchtigungen sind unumkehrbar. Die Geschäftsgeheimnis-RL nennt den Rückrufanspruch auch nicht unter den vorläufigen und vorbeugenden Maßnahmen gemäß Art. 10 Abs. 1. Dies würde den nationalen Gesetzgeber wegen des Mindestschutzcharakters der Rechtsfolgenbestimmungen zwar nicht hindern, im nationalen Recht weitergehende Regelungen vorzusehen. Es liegen aber keine Anhaltspunkte dafür vor, dass der nationale Gesetzgeber insoweit über das Schutzniveau der Geschäftsgeheimnis-RL hinausgehen wollte. Zum **Unterlassungsrückruf** hat der BGH entschieden, dass der Unterlassungsschuldner aufgrund einer gegen ihn ergangenen einstweiligen Unterlassungsverfügung verpflichtet ist, seine Abnehmer aufzufordern, die erhaltenen rechtsverletzenden Waren im Hinblick auf die einstweilige Verfügung **vorläufig nicht weiterzuvertreiben** (BGH GRUR 2018, 292 Rn. 16 ff. – Produkte zur Wundversorgung). Es ist jedoch **zweifelhaft,** ob sich dies auf den selbständigen Rückrufanspruch übertragen lässt, da dieser unabhängig von der Gefahr weiterer, nachgelagerter Rechtsverletzungen besteht (→ Rn. 35). Auch in Fällen **offensichtlicher Rechtsverletzung** dürfte ein Rückrufanspruch nicht im Wege der einstweiligen Verfügung durchsetzbar sein. Insbesondere im Markenrecht wird dies gelegentlich in Analogie zu § 19 Abs. 7 MarkenG befürwortet (*Thiering* in Ströbele/Hacker/Thiering MarkenG § 18 Rn. 87; *Weber* GRUR-Prax 2016, 545). Der Gedanke dürfte aber nicht auf den Bereich des Geheimnisschutzes übertragbar sein: Das GeschGehG kennt keine Regelung entsprechend § 19 Abs. 3 MarkenG. Ob ein Produkt rechtsverletzend im Sinne von § 2 Nr. 4 ist, wird zudem meist nicht hinreichend offensichtlich sein, da Geschäftsgeheimnisse keinen feststehenden Schutzbereich kennen, der mit demjenigen von Registerrechten vergleichbar wäre. Vielmehr kommt es immer auf Herkunft sowie Art und Weise der Erlangung zugrundeliegender Informationen an. 42

3. Entfernen aus den Vertriebswegen (Nr. 3)

43 **a) Grundlagen.** § 7 Nr. 3 sieht einen Anspruch auf dauerhafte (nach im Immaterialgüterrecht gebräuchlicher Terminologie: endgültige) **Entfernung rechtsverletzender Produkte (§ 2 Nr. 4) aus den Vertriebswegen** vor. Ebenso wie der Rückrufanspruch war auch der Anspruch auf Entfernen aus den Vertriebswegen im Bereich des Schutzes von Geschäftsgeheimnissen nach bisherigem Recht nicht ausdrücklich vorgesehen. Er ist aber aus dem Bereich der Immaterialgüterrechte seit Umsetzung der Durchsetzungs-RL bekannt (vgl. insbesondere §§ 140a Abs. 3 PatentG, 98 Abs. 2 UrhG, 18 Abs. 2 MarkenG).

44 **b) Anspruchsvoraussetzungen und Einwendungen.** Siehe zu den **allgemeinen Anspruchsvoraussetzungen und Einwendungen** (Aktiv-/Passivlegitimation, Geheimnisverletzung, kein Verschuldenserfordernis, Vorbehalt der Verhältnismäßigkeit) zunächst oben → Rn. 13 ff.

45 **c) Anspruchsinhalt.** Der Anspruch verpflichtet den Schuldner dazu, alle ihm zur Verfügung stehenden und zumutbaren tatsächlichen und rechtlichen **Möglichkeiten auszuschöpfen,** um die weitere oder erneute Zirkulation rechtsverletzender Produkte **in den Vertriebswegen auszuschließen** (BGH GRUR 2017, 785 Rn. 18 – *Abdichtsystem* zu § 140a PatG). Anders als bei dem Anspruch auf Rückruf, ist nicht nur eine Handlung, sondern ein **Erfolg geschuldet** (*Jestaedt* GRUR 2009, 102, 105; *Heymann* CR 2008, 568, 574). Dem Schuldner bleibt allerdings die **Wahl der Mittel** vorbehalten. Erzielt er den notwendigen Erfolg, kann deshalb schon eine bloße Aufforderung seiner Abnehmer zur Rückgabe rechtsverletzender Produkte ausreichend sein. Anderenfalls muss der Schuldner weitergehen und ggf. alle ihm zur Verfügung stehenden rechtlichen Maßnahmen ergreifen (BGH GRUR 2017, 785 Rn. 18 – *Abdichtsystem*). Der **Anspruch ist erfüllt,** wenn dauerhaft sichergestellt ist, dass die rechtsverletzenden Produkte nicht mehr in den Vertriebswegen zirkulieren können, was **in der Regel eine Vernichtung** erfordert. Gleichgültig ist, ob die Produkte an den Rechtsverletzer zurückgegeben und dann von ihm selbst vernichtet werden oder ob eine Vernichtung direkt bei den Abnehmern erfolgt (BGH GRUR 2017, 785 Rn. 20 – Abdichtsystem). Ist die Herbeiführung des Erfolgseintritts dem Rechtsverletzter objektiv oder subjektiv unmöglich, so entfällt der Anspruch gemäß § 275 Abs. 1 BGB (*Jestaedt* GRUR 2009, 102, 105). Grundsätzlich denkbar wäre auch ein Anspruchsausschluss wegen wirtschaftlicher Unmöglichkeit gemäß § 275 Abs. 2 oder wegen Unzumutbarkeit gemäß § 275 Abs. 3 BGB, jedoch wird in diesen Fällen bereits das Verhältnismäßigkeitskorrektiv des § 9 eingreifen.

45a Nach teilweise vertretener Ansicht erstreckt sich der Anspruch nicht auf Produkte, die bereits in die Hände **privater Endabnehmer** gelangt sind, da sich diese nicht mehr in „in den Vertriebswegen" befänden (*Keller* in Keller/Schönknecht/Glinke GeschGehG § 7 Rn. 51; *Partsch/Schindler* NJW 2020, 2364 Rn. 25). Dies ist zweifelhaft, insbesondere kann die Rechtslage im Patentrecht (dazu: OLG Karlsruhe GRUR 2023, 1372 Rn. 19 f. – Aluminiumboden) nicht ohne weiteres übertragen werden, da im Bereich des Geheimnisschutzes keine Ausnahme entsprechend § 11 Nr. 1 PatG für den privaten Bereich existiert und es auch nicht ausgeschlossen ist, dass private Endabnehmer auf dem Gebrauchtwarensektor als Wiederverkäufer auftreten und somit wirtschaftlichen Nutzen aus rechtsverletzenden Produkten ziehen. Bei einem Vorgehen gegen private Endabnehmer dürfte indes das Verhältnismäßigkeitskorrektiv besondere Bedeutung erlangen.

Der Geheimnisinhaber kann **nicht** verlangen, dass die rechtsverletzenden Produkte an ihn oder an einen Dritten **herausgegeben** werden. Nach der fakultativen Bestimmung des **Art. 12 Abs. 3 Geschäftsgeheimnis-RL** steht es den Mitgliedstaaten frei, vorzusehen, dass die zuständigen Gerichte bei Anordnung einer Entfernung der rechtsverletzenden Produkte aus dem Markt auf Antrag des Inhabers des Geschäftsgeheimnisses vorsehen können, dass die Produkte dem Inhaber des Geschäftsgeheimnisses oder wohltätigen Organisationen übergeben werden. Der deutsche Gesetzgeber hat von dieser Möglichkeit aber keinen Gebrauch gemacht. 46

Der Anspruch auf Entfernen aus den Vertriebswegen steht selbständig **neben dem Anspruch auf Rückruf** der rechtsverletzenden Produkte (→ Rn. 35). Er kann kumulativ mit diesem geltend gemacht werden (BGH GRUR 2017, 785 Rn. 11 ff. – Abdichtsystem zu § 140a PatG). Da der Rückruf handlungsbezogen, der Anspruch auf Entfernen aus den Vertriebswegen hingegen erfolgsbezogen ist, haben die Ansprüche eine unterschiedliche Zielrichtung. Dennoch können sich die Ansprüche überschneiden. Soweit sie sich überschneiden, kann ein- und dieselbe Handlung des Schuldners zur Erfüllung beide Anspruche führen. Der Anspruch auf Entfernen aus den Vertriebswegen kann auch **neben einem Schadensersatzanspruch** geltend gemacht werden. Allerdings können sich diese Ansprüche ebenfalls wechselseitig beeinflussen. Kommt es zu einer erfolgreichen Entfernung der Produkte aus den Vertriebswegen, kann dadurch der Schaden ganz oder teilweise entfallen. Der erfolgreiche Rückruf und das erfolgreiche Entfernen aus den Vertriebswegen stellt grundsätzlich eine Wiederherstellung des früheren Zustands gemäß § 249 BGB dar (*Jestaedt* GRUR 2009, 102, 106). 47

d) Durchsetzung des Anspruchs. Die **Kosten** der Entfernung aus den Vertriebswegen trägt in der Regel der Rechtsverletzer (Art. 12 Abs. 4 S. 1 Geschäftsgeheimnis-RL). 48

Die **Zwangsvollstreckung** richtet sich nach **§ 888 ZPO** (*Jänich* MarkenR 2008, 413, 416 f.; aA: *Jestaedt* GRUR 2009, 102, 105: § 887 ZPO; offengelassen: OLG Karlsruhe GRUR 2023, 1372 Rn. 11 – Aluminiumboden). Für die Annahme einer unvertretbaren Handlung spricht beim Entfernen aus den Vertriebswegen insbesondere, dass dem Vollstreckungsschuldner die Wahl der Mittel zusteht. 49

Der Anspruch auf dauerhaftes Entfernen aus den Vertriebswegen ist – wie der Anspruch auf Rückruf – **nicht im Wege der einstweiligen Verfügung** durchsetzbar (siehe näher → Rn. 42). 50

4. Vernichtung rechtsverletzender Produkte (Nr. 4)

a) Grundlagen. § 7 Nr. 4 sieht einen Anspruch auf **Vernichtung der rechtsverletzenden Produkte** vor und setzt Art. 12 Abs. 2 lit. c Alt. 1 Geschäftsgeheimnis-RL um (vgl. BT-Drs. 19/4724, 31). Vergleichbare Ansprüche auf Vernichtung rechtsverletzender Produkte finden sich in § 140a Abs. 1 PatG, § 24a GebrMG, § 98 UrhG, § 37a SortG und § 14a DesignG. 51

Von dem Vernichtungsanspruch gemäß **§ 7 Nr. 1** unterscheidet sich der Anspruch nach § 7 Nr. 4 dadurch, dass er sich auf rechtsverletzende Produkte bezieht, also auf Gegenstände, die aus einer Geheimnisverletzung hervorgegangen 52 sind und auf ihr beruhen. Bei § 7 Nr. 1 geht es hingegen um die Vernichtung vergegenständlichter Geheimnisträger. Zur Abgrenzung siehe → Rn. 22.

53 **b) Anspruchsvoraussetzungen.** Siehe zu den **allgemeinen Anspruchsvoraussetzungen** (Aktiv-/Passivlegitimation, Geheimnisverletzung, kein Verschuldenserfordernis) zunächst oben → Rn. 13.

54 **c) Anspruchsinhalt.** Vernichtung ist die **zur Gebrauchsuntauglichkeit führende Zerstörung des rechtsverletzenden Produkts** (LG Düsseldorf BeckRS 2015, 15861 zu § 140a PatG). Diese ist grundsätzlich durch den Rechtsverletzer selbst zu bewirken. Die Rechtsprechung hat allerdings bei Zweifeln an hinreichender Zuverlässigkeit des Rechtsverletzers auch einen Anspruch auf Herausgabe an einen Sequester zum Zwecke der Vernichtung gewährt (BGH GRUR 2003, 228 (229 f.) – P-Vermerk; BGH GRUR 1997, 899 (901 f.) – Vernichtungsanspruch; OLG Frankfurt a.M. GRUR-RR 2007, 30 (31) – Fotomaterial). Ist die Vernichtung aus Gründen der Verhältnismäßigkeit ausgeschlossen (dazu → Rn. 56 ff.), so umfasst der Anspruch eine **mildere Beseitigungsmaßnahme** als Minus zur Vernichtung mit (vgl. zum Patentrecht: *Grabinski/Zülch/Tochtermann* in Benkard PatG § 140a Rn. 8d). Alternativ kann die Pflicht zur Vornahme milderer Beseitigungsmaßnahmen auch aus dem allgemeinen Beseitigungsanspruch gemäß § 6 abgeleitet werden.

55 Gegenstand der Vernichtung sind **rechtsverletzende Produkte (§ 2 Nr. 4).** Anders als der Anspruch gemäß § 7 Nr. 1 und die Parallelbestimmungen des Immaterialgüterrechts setzt § 7 Nr. 4 nicht voraus, dass die rechtsverletzenden Produkte sich im Besitz oder Eigentum des Rechtsverletzers befinden. Allerdings wird eine Vernichtung regelmäßig erfordern, dass der Rechtsverletzer die rechtsverletzenden Produkte in seiner **Verfügungsgewalt** oder zumindest **faktischen Zugriff** darauf hat. Anderenfalls dürfte der Anspruch nach § 275 BGB wegen subjektiver Unmöglichkeit ausgeschlossen sein. In Fällen, in denen sich der Rechtsverletzer nur auf rechtswidrige Weise den zur Vernichtung notwendigen Besitz verschaffen könnte, kann der Anspruch wegen Unverhältnismäßigkeit (§ 9) ausgeschlossen sein (so auch die Konzeption der Geschäftsgeheimnis-RL, vgl. hierzu → Rn. 26). Im praktischen Ergebnis muss der Geheimnisinhaber nicht zu Eigentum oder Besitz des Rechtsverletzers vortragen, dieser kann fehlendes Eigentum oder fehlenden Besitz aber als Einwendung geltend machen.

56 **d) Anspruchsausschluss bei Unverhältnismäßigkeit.** Auch der Anspruch auf Vernichtung rechtsverletzender Produkte steht unter dem Vorbehalt der Verhältnismäßigkeit gemäß § 9. Diese ist unter **Berücksichtigung aller Umstände des Einzelfalls** abwägend zu ermitteln (BGH GRUR 2019, 518 Rn. 21 – Curapor; BGH GRUR 2006, 504 Rn. 52 – Parfümtestkäufe; BGH GRUR 1997, 899 (901) – Vernichtungsanspruch). Verhältnismäßigkeitserwägungen haben bei einem Vernichtungsanspruch deshalb besondere Bedeutung, weil er notwendig mit dem größtmöglichen **Eingriff in die Sachsubstanz** verbunden ist (BGH GRUR 2019, 518 Rn. 21 – Curapor; BGH GRUR 2006, 504 Rn. 52 – Parfümtestkäufe).

57 Ergänzend zur **Kommentierung des § 9** sei im Zusammenhang mit dem Vernichtungsanspruch insbesondere auf folgende Aspekte hingewiesen: Unverhältnismäßig kann die Vernichtung insbesondere dann sein, wenn die **Rechtsverletzung auf andere, weniger einschneidende Weise beseitigt** werden kann. Art. 12 Abs. 2 lit. b Geschäftsgeheimnis-RL nennt etwa die Beseitigung der rechtsverletzenden Qualität der rechtsverletzenden Produkte ausdrücklich als

geeignete Abhilfemaßnahme. Auch die Rechtsprechung zu den Immaterialgüterrechten hat die Beseitigung der rechtsverletzenden Qualität (zB durch Teilvernichtung) als milderes Mittel im Vergleich zur vollständigen Vernichtung anerkannt (BGH GRUR 2019, 518 Rn. 21 – Curapor; BGH GRUR 1997, 899 (901) – Vernichtungsanspruch; OLG Düsseldorf InstGE 7, 139 Rn. 15 – Thermocycler; LG Düsseldorf GRUR-RS 2017, 104657 Rn. 147 – Herzklappen). Dabei sind allerdings Einschränkungen zu machen: Zu berücksichtigen ist einerseits, dass eine Teilvernichtung oder eine sonstige Beseitigung der rechtsverletzenden Qualität möglicherweise sehr **einfach wieder rückgängig** gemacht werden kann, so dass die rechtsverletzende Qualität wiederhergestellt wird (OLG Düsseldorf InstGE 7, 139 Rn. 16 – Thermocycler). In diesem Fall wäre die Beseitigung der rechtsverletzenden Qualität keine gleich wirksame Maßnahme. Im Bereich des Geheimnisschutzes kommt hinzu, dass etwaige Abwandlungen des rechtsverletzenden Produktes, die im Falle von Immaterialgüterrechten aus dem Schutzbereich hinausführen würden, die rechtsverletzende Qualität nicht entfallen lassen, soweit sie noch in nicht vernachlässigbarer Weise auf der Geheimnisverletzung beruhen (vgl. die Definition des § 2 Nr. 4 sowie BGH WRP 2008, 938 Rn. 9 – Entwendete Datensätze; BGH GRUR 1985, 294 (296) – Füllanlage).

Insbesondere in Fällen, in denen eine Beseitigung der rechtsverletzenden Qualität nicht möglich ist, wird sich eine Verhältnismäßigkeitsprüfung v.a. an den **in § 9 genannten Kriterien** orientieren, die allerdings interpretationsoffen und nicht abschließend sind. In Zusammenhang mit dem Vernichtungsanspruch können ua folgende Gesichtspunkte eine Rolle spielen: Grad des **Verschuldens** des Rechtsverletzers (BGH GRUR 2019, 518 Rn. 21 – Curapor; BGH GRUR 2006, 504 Rn. 52 – Parfümtestkäufe; LG Düsseldorf GRUR-RS 2017, 104657 Rn. 146 – Herzklappen), **Schwere des Eingriffs,** d.h. Rechtsverletzung im Kern- oder Randbereich (BGH GRUR 2019, 518 Rn. 21 – Curapor; BGH GRUR 1997, 899 (901) – Vernichtungsanspruch), generalpräventive Gesichtspunkte wie eine **Abschreckungswirkung** (BGH GRUR 2019, 518 Rn. 21 – Curapor; OLG Düsseldorf Mitt 2009, 400 (401) – Dachflächenfenster mit Montagewinkel, vgl. auch OLG Düsseldorf GRUR-RS 2015, 6710 Rn. 41 f. – Andockvorrichtung zum Rückruf) und Grad der **Wiederholungsgefahr**/Wahrscheinlichkeit erneuter Rechtsverletzungen bzw. Folgeverletzungen (vgl. OLG Düsseldorf GRUR-RS 2015, 6710 Rn. 42 – Andockvorrichtung zum Rückruf). Einzubeziehen sind außerdem die Höhe des durch die Vernichtung zu erwartenden **Schadens** für den Verletzer im Verhältnis zu dem durch die Verletzung für den Geheimnisinhaber eingetretenen Schaden (BGH GRUR 2019, 518 Rn. 21 – Curapor). **58**

Unverhältnismäßigkeit kann ggf. vorliegen bei Produkten mit sehr **hohem Materialwert** (vgl. *Thiering* in Ströbele/Hacker/Thiering MarkenG § 18 Rn. 45) oder bei Produkten, die zwar zu einem noch erheblichen (vgl. § 2 Nr. 4), aber letztlich eher geringen Teil auf der Verletzung eines Geschäftsgeheimnisses beruhen. Ebenso kann die Vernichtung der rechtsverletzenden Produkte unverhältnismäßig sein in Fällen, in denen zwar das **„Marketing"** (zB Kunden-/Lieferantendaten, Marketing-Konzepte) iSv § 2 Nr. 4 auf einer Geheimnisverletzung beruht, die Substanz des Produkts hiervon aber nicht betroffen ist (vgl. *Ohly* GRUR 2019, 441, 449 zum Fall eines Vertriebsverbotes). In Fällen, in denen der Herstellungsprozess des rechtsverletzenden Produktes auf einer Geheimnisverletzung beruht, bietet sich eine wertungsmäßige Parallele zum Patentrecht an: Gemäß § 140a Abs. 1 S. 2 PatG erstreckt sich der Vernichtungsanspruch auch auf Erzeugnisse, die durch ein patentgeschütztes Verfahren unmittelbar hergestellt worden sind. **59**

Dementsprechend wird man auch im Geheimnisschutz einen Vernichtungsanspruch hinsichtlich **unmittelbarer Verfahrenserzeugnisse** grundsätzlich zuerkennen können. Unverhältnismäßig kann dieser aber hinsichtlich einer Gesamtvorrichtung sein, wenn die unmittelbaren Verfahrenserzeugnisse lediglich einen Teil dieser Vorrichtung bilden.

60 Für die Zuerkennung eines Vernichtungsanspruchs sprechen **Drittinteressen** (vgl. § 9 Nr. 6) wie zB Produktsicherheitsaspekte bei qualitativ mangelhaften Plagiaten. Allerdings können Drittinteressen auch gegen die Zuerkennung des Vernichtungsanspruchs sprechen (zB bestehende Rechte an der zu vernichtenden Ware oder das Interesse an medizinischer Versorgung: LG Düsseldorf GRUR-RS 2017, 104657 Rn. 150 ff. – Herzklappen).

61 Die Rechtsprechung zum Patentrecht nimmt – v.a. gestützt auf generalpräventive Erwägungen und den Sanktionsgedanken – teilweise an, dass ein Vernichtungsanspruch hinsichtlich patentverletzender Erzeugnisse auch nach Ablauf des Schutzrechts nicht unverhältnismäßig ist (OLG Düsseldorf BeckRS 2011, 7499 – Fernsehempfänger; OLG Düsseldorf Mitt 2009, 400 (401) – Dachflächenfenster mit Montagewinkel; kritisch dagegen: OLG Frankfurt a.M. GRUR-RR 2017, 289 Rn. 52 – Legekopf). Übertragen auf den Bereich des Geheimnisschutzes würde dies bedeuten, dass eine Vernichtung rechtsverletzender Produkte auch nach **Offenkundigwerden des Geschäftsgeheimnisses** noch verlangt werden kann. In Betracht kommt dies aus Sanktionsgründen insbesondere in Fällen, in denen die Offenkundigkeit gerade durch den Rechtsverletzer herbeigeführt wurde (vgl. BGH Urteil v. 13.11.1970, I ZR 102/68, JurionRS 1970, 11282 Rn. 28 – Elektronische Längenmessgeräte; *Westermann* Hdb Know-how-Schutz Kap. 7 Rn. 12; *Körner* GRUR 1985, 909, 914 f.).

62 Der Rechtsverletzer trägt die **Darlegungs- und Beweislast** für eine abweichende Beseitigungsmöglichkeit und für die Tatsachen, die den Unverhältnismäßigkeitseinwand tragen (OLG Düsseldorf InstGE, 7, 139 Rn. 15 – Thermocycler).

63 **e) Durchsetzung des Anspruchs.** Die Vernichtung erfolgt gemäß Art. 12 Abs. 4 S. 1 Geschäftsgeheimnis-RL auf **Kosten** des Rechtsverletzers. Dies entspricht auch der bestehenden Rechtsprechung zu den Immaterialgüterrechten (BGH GRUR 1997, 899 (902) – Vernichtungsanspruch; OLG Köln GRUR-RR 2005, 342 – Lagerkosten nach Grenzbeschlagnahme; zum Beseitigungsanspruch: BGH GRUR 1958, 297 (299) – Petromax).

64 Die **Zwangsvollstreckung** des Vernichtungsanspruchs erfolgt nach **§ 887 ZPO** (OLG Frankfurt a.M. GRUR-RR 2007, 30 (31) – Fotomaterial).

65 Der Vernichtungsanspruch ist grundsätzlich irreversibel und daher **nur im Wege der Hauptsacheklage** durchsetzbar. Dementsprechend nennt auch Art. 10 Abs. 1 Geschäftsgeheimnis-RL die Vernichtung nicht als vorläufige oder vorbeugende Maßnahme. Im Wege der einstweiligen Verfügung kann der Anspruch lediglich gesichert werden, indem **Herausgabe an einen Gerichtsvollzieher als Sequester** beantragt wird (vgl. OLG Hamm WRP 1993, 36 (37) – Tierohrmarken). Diese Möglichkeit ist durch Art. 10 Abs. 1 lit. c Geschäftsgeheimnis-RL vorgegeben.

5. Rücknahme rechtsverletzender Produkte vom Markt (Nr. 5)

66 **a) Allgemeines.** Gemäß § 7 Nr. 5 kann der Inhaber des Geschäftsgeheimnisses den Rechtsverletzer in Anspruch nehmen auf **Rücknahme der rechtsverletzenden Produkte** vom Markt, wenn der Schutz des Geschäftsgeheimnisses hierdurch nicht beeinträchtigt wird.

Die Vorschrift setzt **Art. 12 Abs. 2 lit. c** der **Geschäftsgeheimnis-RL** um (BT-Drs. 19/4724, 31). Art. 12 Abs. 2 lit. c Alt. 2 nennt die Marktrücknahme als geeignete Abhilfemaßnahme hinsichtlich der rechtsverletzenden Produkte als mögliche, weniger einschneidende Alternative zur Vernichtung und nennt auch die im deutschen Gesetzestext angelegte Voraussetzung, dass der Schutz des in Frage stehenden Geschäftsgeheimnisses durch die Marktrücknahme nicht beeinträchtigt wird. 67

b) Bedeutung und Anwendungsbereich. Ein Anspruch auf Marktrücknahme ist – jedenfalls in dieser Terminologie – im Bereich der Immaterialgüterrechte und des Lauterkeitsrechts bislang unbekannt. Im Kontext des Schutzes von Geschäftsgeheimnissen ist insbesondere **unklar, welche eigenständige Bedeutung** dem Begriff der Marktrücknahme neben der dauerhaften Entfernung der rechtsverletzenden Produkte aus den Vertriebswegen und dem Unterlassungsanspruch zukommen soll (zweifelnd auch: *Keller* in Keller/Schönknecht/Glinke GeschGehG § 7 Rn. 73, 76; *Hoppe* in Hoppe/Oldekop Kap. 1 Rn. 766; *Schroeder/Drescher* in Brammsen/Apel GeschGehG § 7 Rn. 59). Die Gesetzesbegründung des GeschGehG entnimmt Art. 12 Abs. 3 der Geschäftsgeheimnis-RL, dass die dauerhafte Entfernung der rechtsverletzenden Produkte ein Unterfall der Marktrücknahme sei (BT-Drs. 19/4724, 30). In der Literatur wird die Abgrenzung danach vorgenommen, ob sich die **Verfügungsgewalt** des Rechtsverletzers (noch) auf die rechtsverletzenden Produkte erstreckt oder nicht. Im ersten Fall sei die Marktrücknahme einschlägig, bei fehlender Verfügungsgewalt der Rückruf (§ 7 Nr. 2) und das Entfernen aus den Vertriebswegen (§ 7 Nr. 3) (*Tochtermann* in Büscher GeschGehG § 7 Rn. 44, 46; *Alexander* in Köhler/Bornkamm/Feddersen GeschGehG § 7 Rn. 38). Ein solches Verständnis dürfte allerdings darauf hinauslaufen, dass eine Marktrücknahme den Rechtsverletzer (nur) verpflichtet, die rechtsverletzenden Produkte nicht länger auf dem Markt anzubieten oder zu bewerben. Dies dürfte weitgehend auch schon durch den **Unterlassungsanspruch (§ 6)** gewährleistet sein. Eine etwaige Bedeutung des § 7 Nr. 5 kann auch nicht darin gesehen werden, dass der Anspruch ein Vorgehen gegen gewerbliche und private Endabnehmer ermöglichen solle (aA *Tochtermann* in Büscher GeschGehG § 7 Rn. 47). Denn eine solche Möglichkeit besteht jedenfalls im Bereich des Geheimnisschutzes bereits durch die Ansprüche auf Rückruf und Entfernen aus den Vertriebswegen (→ Rn. 38, 45a). Selbst wenn man dies mit dem Argument anders sähe, dass Produkte in den Händen der Endabnehmer nicht mehr „im Markt" seien (vgl. Nachweise → Rn. 38), müsste man aus gleichem Grund auch einen Anspruch auf Marktrücknahme ablehnen. Es gibt auch keine Anhaltspunkte, dass der europäische oder der deutsche Gesetzgeber eine derartige Zielsetzung vor Augen hatte. 68

Ohnehin ist fraglich, ob die Geschäftsgeheimnis-RL es zwingend erfordert hätte, neben dem Unterlassungsanspruch und dem Anspruch auf Entfernen aus den Vertriebswegen einen Anspruch auf Marktrücknahme als eigenständige Kategorie vorzusehen. Offenbar hat der nationale Gesetzgeber aus dem Umstand, dass die deutsche Fassung der Geschäftsgeheimnis-RL in Art. 12 Abs. 2 lit. c von einer **„Marktrücknahme"** spricht, in Art. 12 Abs. 3 hingegen von einer **„Entfernung der rechtsverletzenden Produkte aus dem Markt"**, gefolgert, dass es sich um zwei nicht vollständig deckungsgleiche Maßnahmen handeln muss. Demgegenüber spricht die englische Fassung in beiden Vorschriften einheitlich von „withdrawal" (französische Fassung: retrait du marché bzw. retirer du marché). 69

Dies legt nahe, dass es sich möglicherweise um ein und dieselbe Rechtsfolge handeln soll, die nach bisheriger Terminologie als dauerhafte bzw. endgültige Entfernung aus den Vertriebswegen bezeichnet wird (auch wenn der in der englischen Richtlinienfassung verwendete Begriff „withdrawal" wiederum von der Durchsetzungsrichtlinie abweicht, vgl. Art. 10 Abs. 1 lit. b: „definitive removal from the channels of commerce"). Dies spricht ebenfalls dafür, dass die Variante der Marktrücknahme (Nr. 5) kaum eine über die Entfernung aus den Vertriebswegen (Nr. 3) und den Unterlassungsanspruch hinausgehende Bedeutung haben dürfte.

70 Nach dem Wortlaut des § 7 Nr. 5 kann der Inhaber des Geschäftsgeheimnisses den Rechtsverletzer auf Rücknahme der rechtsverletzenden Produkte vom Markt in Anspruch nehmen, wenn der **Schutz des Geschäftsgeheimnisses** hierdurch **nicht beeinträchtigt** wird. Nach der Gesetzesbegründung ist die zusätzliche Voraussetzung vor dem Hintergrund zu sehen, dass die Marktrücknahme das im Vergleich zur Vernichtung mildere Mittel darstelle (BT-Drs. 19/4724, 31). Gemeint war also offenbar, dass sich der Geheimnisinhaber nur dann auf die Marktrücknahme anstelle des Rückrufs verweisen lassen muss, wenn dies nicht zu einer Gefährdung des Geheimnisses führt (etwa indem Produkte in der Verfügungsgewalt des Verletzers verbleiben oder in diese zurückgelangen, denen sich das Geheimnis entnehmen lässt). Vor diesem Hintergrund erscheint die Umsetzung allerdings misslungen, da die fehlende Gefährdung des Geheimnisses dann keine zusätzliche Voraussetzung für den Anspruch auf Marktrücknahme bilden dürfte, sondern vielmehr eine Schranke des Vernichtungsanspruchs (ähnlich: *Hoppe* in Hoppe/Oldekop Kap. 1 Rn. 766). Ob der Geheimnisinhaber auch bei Gefährdung des Geschäftsgeheimnisses lediglich einen Anspruch auf Marktrücknahme geltend machen will, sollte hingegen ihm überlassen bleiben.

§ 8 Auskunft über rechtsverletzende Produkte; Schadensersatz bei Verletzung der Auskunftspflicht

(1) **Der Inhaber des Geschäftsgeheimnisses kann vom Rechtsverletzer Auskunft über Folgendes verlangen:**

1. **Name und Anschrift der Hersteller, Lieferanten und anderer Vorbesitzer der rechtsverletzenden Produkte sowie der gewerblichen Abnehmer und Verkaufsstellen, für die sie bestimmt waren,**
2. **die Menge der hergestellten, bestellten, ausgelieferten oder erhaltenen rechtsverletzenden Produkte sowie über die Kaufpreise,**
3. **diejenigen im Besitz oder Eigentum des Rechtsverletzers stehenden Dokumente, Gegenstände, Materialien, Stoffe oder elektronische Dateien, die das Geschäftsgeheimnis enthalten oder verkörpern, und**
4. **die Person, von der sie das Geschäftsgeheimnis erlangt haben und der gegenüber sie es offenbart haben.**

(2) **Erteilt der Rechtsverletzer vorsätzlich oder grob fahrlässig die Auskunft nicht, verspätet, falsch oder unvollständig, ist er dem Inhaber des Geschäftsgeheimnisses zum Ersatz des daraus entstehenden Schadens verpflichtet.**

Schrifttum: *Abel,* Der Gegenstand des Auskunftsanspruches im deutschen gewerblichen Rechtsschutz und Urheberrecht, FS Pagenberg, 2006, S. 221; *Amschewitz,* Die Durchsetzungsrichtlinie und ihre Umsetzung im deutschen Recht, 2008; *ders.*, Selbständiger und akzessorischer

Auskunftsanspruch nach Umsetzung der Durchsetzungsrichtlinie, WRP 2011, 301; *Ann/Hauck/Maute,* Auskunftsanspruch und Geheimnisschutz im Verletzungsprozess, 2011; *Bornkamm,* Der Schutz vertraulicher Informationen im Gesetz zur Durchsetzung von Rechten des geistigen Eigentums – In-camera-Verfahren im Zivilprozess?, FS Ullmann, 2006, 893; *Czychowski,* Das Gesetz zur Verbesserung der Durchsetzung von Rechten des Geistigen Eigentums, Teil II: Änderungen im Urheberrecht, GRUR-RR 2008, 265; *Czychowski/Dworschak,* Durchsetzung von technischem Know-how – Parallelen zu patentrechtlichen Verfahren und Besonderheiten am Beispiel der Düsseldorfer Besichtigungspraxis, GRUR Patent 2023, 20; *Deichfuß,* Rechtsdurchsetzung unter Wahrung der Vertraulichkeit von Geschäftsgeheimnissen, GRUR 2015, 436; *Dörre/Maaßen,* Das Gesetz zur Verbesserung der Durchsetzung von Rechten des geistigen Eigentums, Teil I: Änderungen im Patent-, Gebrauchsmuster-, Marken- und Geschmacksmusterrecht, GRUR-RR 2008, 217; *Druschel/Jauch,* Der Schutz von Know-how im deutschen Zivilprozess, Teil 2: Der derzeitige und zukünftige Geheimnisschutz im vorgelagerten Besichtigungsverfahren, BB 2018, 1794; *Eichmann,* Die Durchsetzung des Anspruchs auf Drittauskunft, GRUR 1990, 575; *v. Gamm,* Zur sog. Drittauskunft bei Wettbewerbsverletzungen, FS Traub, 1995, 261; *Grosch/Schilling,* Rechnungslegung und Schadensersatzfeststellung für die Zeit nach Schluss der mündlichen Verhandlung?, FS Eisenführ, 2003, 131; *Haag,* Umfang und Vollstreckung des Auskunftsanspruchs nach dem Vertrieb schutzrechtsverletzender und nicht-schutzrechtsverletzender Produkte, Mitt. 2011, 159; *Haedicke,* Zweckbindung und Geheimnisschutz bei Auskunfts- und Rechnungslegungsansprüchen, GRUR 2020, 785; *Hauck,* Besichtigungsanspruch und Geheimnisschutz im Patentrecht und (Software-)Urheberrecht nach Inkrafttreten des GeschGehG, GRUR 2020, 817; *Heymann,* Das Gesetz zur Verbesserung der Durchsetzung von Rechten des geistigen Eigentums, CR 2008, 568; *Ibbeken,* Das TRIPS-Übereinkommen und die vorgerichtliche Beweishilfe im gewerblichen Rechtsschutz, 2004; *Kehrer,* Der Auskunftsanspruch aus § 8 GeschGehG im Spannungsverhältnis mit dem nemo-tenetur-Grundsatz, GRUR 2021, 31; *Kühnen,* Die Besichtigung im Patentrecht – Eine Bestandsaufnahme zwei Jahre nach „Faxkarte", GRUR 2005, 185; *Müller-Stoy,* Durchsetzung des Besichtigungsanspruchs, GRUR-RR 2009, 161; *ders.,* Der Besichtigungsanspruch gemäß § 140c PatG in der Praxis, Teil 1, Mitt 2009, 361, Teil 2, Mitt 2010, 267; *Patnaik,* Enthält das deutsche Recht effektive Mittel zur Bekämpfung von Nachahmungen und Produktpiraterie?, GRUR 2004, 191; *Peters,* Auskunftsansprüche und Verjährung, JR 2013, 43; *Schreiber,* Das Recht auf Besichtigung von Sachen, JR 2008, 1; *Siebert,* Geheimnisschutz und Auskunftsansprüche im Recht des Geistigen Eigentums, 2011; *Stjerna,* Pflicht des Schuldners zur Vorlage von Belegen im Rahmen der Auskunft und Rechnungslegung, GRUR 2011, 789; *Tilmann,* Der Auskunftsanspruch, GRUR 1987, 251; *Tilmann/Schreibauer,* Die neueste BGH-Rechtsprechung zum Besichtigungsanspruch nach § 809 BGB – Anmerkungen zum Urteil des BGH „Faxkarte", GRUR 2002, 1015; *Ulrici,* Verjährung unterstützender Informationsansprüche, NJW 2018, 2001; *Zöllner,* Der Vorlage- und Besichtigungsanspruch im gewerblichen Rechtsschutz – Ausgewählte Probleme, insbesondere im Eilverfahren, GRUR-Prax 2010, 74.

Übersicht

I. Allgemeines

1. Normzweck und Systematik

§ 8 Abs. 1 regelt den **selbständigen Auskunftsanspruch** (auch Drittauskunftsanspruch). Zweck dieses Anspruchs ist es, dem Geheimnisinhaber die Möglichkeit zu geben, insbesondere Herkunfts- und Vertriebswege rechtsverletzender Produkte zu rekonstruieren (§ 8 Abs. 1 Nr. 1, 2). Daneben soll sich der Geheimnisinhaber ein Bild davon machen können, welche materialisierten Geheimnisträger sich im Besitz oder Eigentum des Verletzers befinden (§ 8 Nr. 3). Schließlich dienen selbständige Auskunftsansprüche dazu, Herkunft und Quelle des rechtswidrig weitergegebenen Geheimnisses sowie weitere Empfänger zu identifizieren (§ 8 Nr. 4). Für den Fall einer Nicht- oder Schlechterfüllung des Auskunftsanspruchs sieht **§ 8 Abs. 2** einen **Schadensersatzanspruch** vor (→ Rn. 33 ff.). Abzugrenzen ist der selbständige Auskunftsanspruch von dem **akzessorischen Auskunftsanspruch,** der zur Vorbereitung insbesondere des Schadensersatzanspruches dient. Der akzessorische Auskunftsanspruch folgt nicht aus § 8, sondern wird nach allgemeinen Regeln aus § 242 BGB abgeleitet. Er ist aufgrund sachlicher Überschneidungen dennoch im Anschluss kommentiert (→ Rn. 41 ff.). Ergänzend zur Erläuterung der Auskunftsansprüche finden sich Hinweise zu deren **Durchsetzung** (→ Rn. 60 ff.). Abschließend berücksichtigt die Darstellung **Vorlage- und Besichtigungsansprüche** gemäß **§§ 809, 810 BGB** einschließlich ihrer Durchsetzung im Wege des sog. Düsseldorfer Verfahrens (→ Rn. 64 ff.). Diese wurden im GeschGehG nicht spezialgesetzlich geregelt, bilden aber systematisch neben den Auskunftsansprüchen eine zweite Kategorie der Informationsansprüche und stehen somit in engem Sachzusammenhang. 1

2. Völker- und unionsrechtlicher Rahmen

a) Art. 47 TRIPS. Eine völkerrechtliche Grundlage findet der selbständige Auskunftsanspruch in **Art. 47 TRIPS.** Danach können die Vertragsstaaten die Befugnis der Gerichte vorsehen, anzuordnen, dass der Verletzer dem Rechtsinhaber Auskunft über die Identität Dritter, die an der Herstellung und am Vertrieb der rechtsverletzenden Waren oder Dienstleistungen beteiligt waren, und über ihre Vertriebswege erteilen muss, sofern dies nicht außer Verhältnis zur Schwere der Verletzung steht. Es handelt sich um eine fakultative Vorgabe (*Vander/Steigüber* in Busche/Stoll/Wiebe TRIPs Art. 47 Rn. 1). 2

b) Geschäftsgeheimnis-RL. In der **Geschäftsgeheimnis-RL** ist der selbständige Auskunftsanspruch **nicht angelegt.** Der nationale Gesetzgeber war dennoch zu entsprechenden Regelungen berechtigt, da die Geschäftsgeheimnis-RL hinsichtlich der Rechtsfolgen einer Geheimnisverletzung lediglich ein Mindestschutzniveau (Art. 1 Abs. 1 UAbs. 2 Geschäftsgeheimnis-RL) und keine abschließende Regelung vorsieht (*Ohly* GRUR 2019, 441, 449; *Alexander* in Köhler/Bornkamm/Feddersen GeschGehG § 8 Rn. 6; GRUR-Stellungnahme zum GeschGehG-RefE GRUR 2018, 708, 711). Bedeutung für die Auslegung des Auskunftsanspruchs können zudem die allgemeinen Bestimmungen der Geschäftsgeheimnis-RL über Rechtsbehelfe (insb. **Art. 6, 7 Geschäftsgeheimnis-RL**) erlangen. Sieht man den Auskunftsanspruch als erforderlich für die Gewährung effektiven zivilrechtlichen Rechtschutzes, lässt sich dessen Einführung insbesondere auf Art. 6 stützen. Art. 7 bezieht sich seinem Wortlaut nach zwar nur auf die 3

„in dieser Richtlinie vorgesehenen Maßnahmen, Verfahren und Rechtsbehelfe". Es ist aber davon auszugehen, dass jedenfalls die gemäß Art. 1 Abs. 1 UAbs. 2 unmittelbar einzuhaltenden Vorgaben auch für ergänzende Rechtsfolgenbestimmungen gelten, die eine originäre Grundlage im nationalen Recht haben. Im Falle des § 8 hat der Gesetzgeber dieser Anforderung Rechnung getragen, indem er auch den Auskunftsanspruch unter den **Vorbehalt der Verhältnismäßigkeit gemäß § 9** gestellt hat (vgl. Art. 7 Abs. 1 lit. a Geschäftsgeheimnis-RL).

3. Entstehungsgeschichte

4 Auskunftsansprüche waren bereits im **RefE** (dort noch als § 7) vorgesehen. Gegenüber dem RefE brachte der **RegE,** dem die letztlich in Kraft getretene Fassung entspricht, inhaltliche Erweiterungen sowie textliche Folgeänderungen. Während § 7 Abs. 1 RefE lediglich zwei Tatbestandsvarianten (Nr. 1 und 2) vorgesehen und sich auf Auskunftsansprüche hinsichtlich rechtsverletzender Produkte beschränkt hatte, wurden in § 8 Abs. 1 RegE die Tatbestände der Nr. 3 und 4 ergänzt. In der Normüberschrift des RegE erfolgte außerdem die Klarstellung, dass Abs. 2 eine Schadensersatzregelung speziell „bei Verletzung der Auskunftspflicht" regelt. Versäumt wurde allerdings eine Anpassung der Überschrift insoweit, als diese noch zurückgehend auf den RefE lediglich von einer Auskunft „über rechtsverletzende Produkte" spricht und somit die bewusst vorgenommene Erweiterung des Regelungsgehalts nicht widerspiegelt. Da es sich erkennbar um ein Redaktionsversehen handelt, kann die amtliche Überschrift nicht als Grundlage für eine einschränkende Auslegung o.ä. herangezogen werden (*Alexander* in Köhler/Bornkamm/Feddersen GeschGehG § 8 Rn. 9; *Henn* in Brammsen/Apel GeschGehG § 8 Rn. 12; *Tochtermann* in Büscher GeschGehG § 8 Rn. 11).

II. Selbständiger Auskunftsanspruch (Abs. 1)

1. Funktion und Überblick

5 Der selbständige Auskunftsanspruch ist jedenfalls teilweise entsprechenden Bestimmungen im Bereich der Immaterialgüterrechte nachgebildet (vgl. nur §§ 140b PatG, 24b GebrMG, 46 DesignG, 19 MarkenG, 101 UrhG). Anders als § 8 sind die immaterialgüterrechtlichen Bestimmungen bereits durch Art. 8 Durchsetzungs-RL unionsrechtlich vorgeprägt. Der Zweck des Anspruchs besteht darin, **Quellen und Vertriebskanäle rechtsverletzender Produkte aufzudecken,** um diese „trockenzulegen" (*Amschewitz* WRP 2011, 301 (302)). Der Rechtsinhaber soll in die Lage versetzt werden, bereits erfolgten Rechtsverletzungen auf die Spur zu kommen und weitere Verletzungen zu verhindern (*Haedicke* GRUR 2020, 785 (786)). Diese *ratio* greift bei einer Verletzung von Geschäftsgeheimnissen ebenso wie bei einer Verletzung von Immaterialgüterrechten. Vergleichbare Ansprüche hatte die Rechtsprechung **bereits vor Inkrafttreten des GeschGehG** gewährt. Zwar hatte der BGH eine analoge Anwendung der immaterialgüterrechtlichen Bestimmungen abgelehnt, die Ansprüche aber aus § 242 BGB abgeleitet (BGH GRUR 1994, 630 (632 f.) – Cartier-Armreif für einen Fall des wettbewerbsrechtlichen Nachahmungsschutzes, vgl. ferner BGH GRUR 2001, 841 – Entfernung der Herstellungsnummer II; BGH GRUR 2002, 709 (711) – Entfernung der Herstellungsnummer III).

6 Der Gesetzgeber hat den Auskunftsanspruch gemäß § 8 in einigen Aspekten abweichend von den immaterialgüterrechtlichen Bestimmungen ausgestaltet, um den Besonderheiten des Geheimnisschutzes Rechnung zu tragen. Insbesondere entschied er sich bewusst dagegen, **einen Auskunftsanspruch gegen Dritte,** die nicht selbst Rechtsverletzer sind, vorzusehen (BT-Drs. 19/4724, 31). Mangels entsprechender unionsrechtlicher Vorgaben war er dazu auch nicht verpflichtet. Anders als im Immaterialgüterrecht bezieht sich der Anspruch nicht nur auf Auskunft hinsichtlich **rechtsverletzender Produkte** (§ 8 Abs. 1 Nr. 1, 2), sondern auch auf Auskunft zu **vergegenständlichten Geheimnisträgern** (§ 8 Abs. 1 Nr. 3) sowie zu **Personen,** die an einer „Offenlegungskette" beteiligt waren (§ 8 Abs. 1 Nr. 4). Die Überschrift des § 8, die nur von einer Auskunft über rechtsverletzende Produkte spricht, ist insoweit irreführend und bildet nicht die gesamte Bandbreite des Auskunftsanspruchs ab. Eine einschränkende Auslegung kann daraus nicht abgeleitet werden (→ Rn. 4 zur Entstehungsgeschichte).

2. Anspruchsvoraussetzungen

7 Voraussetzung des Auskunftsanspruchs ist eine **Geheimnisverletzung.** Dies folgt mittelbar aus dem Begriff des Rechtsverletzers iSv § 2 Nr. 3, der an eine Erlangung, Nutzung oder Offenlegung des **Geschäftsgeheimnisses** (§ 2 Nr. 1) **entgegen § 4** anknüpft. Das impliziert auch die Rechtswidrigkeit der Handlung. Kann sich der Anspruchsgegner zB auf eine Ausnahme gemäß § 5 berufen, so scheidet ein Auskunftsanspruch aus. Eine **Geheimnisverletzung** muss **bereits erfolgt** sein. Der Anspruchsgegner kann nicht dazu verpflichtet werden, eine eigene Verletzungshandlung erst zu substantiieren (OLG Stuttgart WRP 2016, 767 Rn. 46). Vielmehr dient der Auskunftsanspruch dazu, bei feststehender Verletzungshandlung weitere Rechtsverletzungen (auch Dritter) in Erfahrung zu bringen. Es genügt nicht, wenn die bloße Gefahr einer erstmaligen Geheimnisverletzung durch den Anspruchsgegner besteht (vgl. BGH GRUR 2001, 849 (851) – Remailing-Angebot; BGH GRUR 1962, 91 (97) – Jenaer Glas). Die Erstbegehungsgefahr ist eine spezifische Kategorie des zukunftsgerichteten Unterlassungsanspruchs (§ 6 S. 2), die auf Verletzungsfolgeansprüche nicht übertragbar ist.

8 Die Tatbestände des **§ 8 Abs. 1 Nr. 1 und 2** beziehen sich ausdrücklich auf **rechtsverletzende Produkte** iSv § 2 Nr. 4. Das verletzte Geschäftsgeheimnis muss also im Sinne dieser Vorschrift in ein Produkt, dessen Herstellung oder Vermarktung eingeflossen sein. Das setzt regelmäßig eine Geheimnisverletzung in Form der Nutzung voraus, während eine rechtswidrige Erlangung oder Offenlegung nicht genügt. Die Tatbestände des **§ 8 Abs. 1 Nr. 3 und 4** erfassen dagegen auch und gerade die Fälle einer rechtswidrigen Erlangung oder Offenlegung, in denen es an einer Nutzung (noch) fehlt.

9 **Aktivlegitimiert** ist der **Inhaber des Geschäftsgeheimnisses** (§ 2 Nr. 2). **Passivlegitimiert** ist der **Rechtsverletzer** (§ 2 Nr. 3). Eine **Passivlegitimation Dritter** besteht **nicht,** sofern der Dritte weder selbst Rechtsverletzer noch an einer Rechtsverletzung beteiligt ist. Insoweit unterscheidet sich der Auskunftsanspruch gemäß § 8 von systematisch parallelen Ansprüchen im Bereich des Immaterialgüterrechts (§§ 140b Abs. 2 PatG, 24b Abs. 2 GebrMG, 46 Abs. 2 DesignG, 101 Abs. 2 UrhG, 19 Abs. 2 MarkenG). Der abweichenden Regelung im Bereich des Geheimnisschutzes liegt eine bewusste gesetzgeberische Entscheidung zugrunde (→ Rn. 6). Vorgesehen ist lediglich eine Haftung des Unternehmensinhabers bei Rechtsverletzungen Beschäftigter oder Beauftragter

(§ 12 S. 1). Weitere Einzelheiten zur Passivlegitimation sind in Zusammenhang mit § 2 (→ § 2 Rn. 86 ff.) sowie mit dem Unterlassungsanspruch kommentiert (→ § 6 Rn. 65 ff.).

3. Anspruchsinhalt

10 Der Inhalt des Auskunftsanspruchs ergibt sich aus § 8 Abs. 1 Nr. 1–4. Die Aufzählung ist **abschließend** (*Spieker* in BeckOK GeschGehG § 8 Rn. 6; *Henn* in Brammsen/Apel GeschGehG § 8 Rn. 13; *Tochtermann* in Büscher GeschGehG § 8 Rn. 20).

11 **a) Herkunft und Vertriebswege (Nr. 1).** Der Rechtsverletzer hat gemäß § 8 Abs. 1 Nr. 1 Auskunft zu erteilen über Name und Anschrift der **Hersteller, Lieferanten** und **anderer Vorbesitzer** der rechtsverletzenden Produkte (§ 2 Nr. 4). Offenzulegen ist grundsätzlich die **gesamte Lieferkette** vom Hersteller bis zum Rechtsverletzer (*Gregor* in Hoeren/Münker GeschGehG § 8 Rn. 17; *Henn* in Brammsen/Apel GeschGehG § 8 Rn. 15; *Kühnen* Hdb der Patentverletzung Teil D Rn. 834). Insbesondere beschränkt sich der Anspruch nicht auf den unmittelbaren Vorlieferanten. Hersteller kann auch der Auskunftspflichtige selbst sein. Anzugeben sind ferner Name und Anschrift der **gewerblichen Abnehmer und Verkaufsstellen,** für die die rechtsverletzenden Produkte bestimmt waren. **Verkaufsstellen** sind sämtliche Stellen, an denen Dritte die rechtsverletzenden Produkte käuflich erwerben können, also sowohl Ladengeschäfte, als auch Online-Shops und -plattformen (*Spieker* in BeckOK GeschGehG § 8 Rn. 7). Nicht erforderlich ist, dass die rechtsverletzenden Produkte bei den Verkaufsstellen bereits tatsächlich angeboten wurden. Ausreichend ist eine entsprechende Bestimmung (*Gregor* in Hoeren/Münker GeschGehG § 8 Rn. 17). Nach dem Gesetzeszweck soll es möglich sein, die Vertriebskanäle auch dann aufzudecken, wenn die Produkte noch nicht zu nachgelagerten Verkaufsstellen gelangt sind. **Keine Auskunft** ist über nichtgewerbliche Abnehmer (insbesondere Verbraucher) geschuldet. Dies ergibt sich schon aus dem Wortlaut der Vorschrift.

12 **Nicht entscheidend** ist, ob der Lieferant bzw. Vorbesitzer oder der Abnehmer seinerseits **rechtswidrig** gehandelt hat (so zum Patentrecht: BGH GRUR 2017, 1160 – Bretaris Genuair; OLG Karlsruhe BeckRS 2015, 06021 – Fahrradfelge). Eine Prüfung der Rechtswidrigkeit obliegt nicht dem Rechtsverletzer, sondern soll dem Geheimnisinhaber ermöglicht werden (*Alexander* in Köhler/Bornkamm/Feddersen GeschGehG § 8 Rn. 19). Für die Beurteilung der Rechtswidrigkeit werden im Bereich des Geheimnisschutzes im Rahmen von Lieferketten wegen § 4 Abs. 3 auch subjektive Elemente Bedeutung haben.

13 Mitzuteilen sind jeweils **Name und Anschrift** der genannten Personen. Der Begriff der Anschrift. bezeichnet die Postanschrift in einer Form, die dem Berechtigten die Zustellung rechtserheblicher Korrespondenz ermöglicht (*Alexander* in Köhler/Bornkamm/Feddersen GeschGehG § 8 Rn. 20; *Gregor* in Hoeren/Münker GeschGehG § 8 Rn. 18). Anzugeben sind Wohnsitz, Niederlassung oder Aufenthaltsort einer Person (*Schönknecht* in Keller/Schönknecht/Glinke GeschGehG § 8 Rn. 19), nicht aber E-Mail-Adresse, Telefonnummer oder IP-Adressen, die mit einer Rechtsverletzung in Zusammenhang stehen (zum Urheberrecht: EuGH GRUR 2020, 840 – Constantin Film Verleih GmbH; BGH GRUR 2021, 470 Rn. 16 – YouTube-Drittauskunft II; LG Frankfurt a.M. GRUR-RR 2017, 3. Wohl überholt: OLG Frankfurt a.M. GRUR 2017, 1116 – Anspruch auf Drittauskunft).

14 Im Rahmen des selbständigen Auskunftsanspruchs ist eine **Pflicht zur Vorlage von Einkaufs- oder Verkaufsbelegen** (Rechnungen, Lieferscheine) zu Kontrollzwecken durchgehend anerkannt (BGH GRUR 2002, 709 (712) – Entfernung der Herstellungsnummer III; BGH GRUR 2003, 433 (434) – Cartier-Ring; BGH GRUR 2006, 504 – Parfümtestkäufe; OLG Düsseldorf InstGE 5, 249 – Faltenbalg; OLG Karlsruhe InstGE 11, 15 – SMD-Widerstand). Enthalten die vorzulegenden Belege Angaben, auf die sich die Auskunftspflichtige nicht erstreckt, dürfen diese vom Auskunftspflichtigen zur Wahrung seiner Geheimhaltungsinteressen geschwärzt werden (BGH GRUR 2002, 709 (712) – Entfernung der Herstellungsnummer III). Ein entsprechender Vorbehalt kann in den Urteilstenor aufgenommen werden. Gleiches gilt aber auch, wenn ein solcher Zusatz nicht ausdrücklich tenoriert wurde (OLG Düsseldorf BeckRS 2017, 157426 Rn. 5).

15 **b) Mengen- und Preisangaben (Nr. 2).** Gemäß § 8 Abs. 1 Nr. 2 sind die **Menge** der hergestellten, bestellten, ausgelieferten oder erhaltenen rechtsverletzenden Produkte sowie die Kaufpreise anzugeben. Der Begriff der **Kaufpreise** umfasst sowohl Einkaufs- als auch Verkaufspreise, wobei jeweils die tatsächlich bezahlten Preise abzüglich aller Rabatte und Skonti maßgeblich sind (*Schönknecht* in Keller/Schönknecht/Glinke GeschGehG § 8 Rn. 24; *Hoppe* in Hoppe/Oldekop Kap. 1 Rn. 777; *Kühnen,* Hdb der Patentverletzung Teil D Rn. 846). Die Angaben von Mengen und Preisen haben letztlich die Funktion, eine **Kontrolle** von Konsistenz und Vollständigkeit der Angaben zu Herkunft und Vertriebswegen zu ermöglichen (*Amschewitz* WRP 2011, 301, 305). Zur Pflicht zur **Vorlage von Belegen** siehe → Rn. 14. Gelegentlich wird die hinter der Pflicht zur Angabe von Mengen und Preisen stehende *ratio* auch darin gesehen, dem Verletzten die Berechnung von Schadensersatzansprüchen gemäß § 10 zu ermöglichen (*Schönknecht* in Keller/Schönknecht/Glinke GeschGehG § 8 Rn. 22; *Gregor* in Hoeren/Münker GeschGehG § 8 Rn. 3; *Hoppe* in Hoppe/Oldekop Kap. 1 Rn. 776; zu Art. 8 RL 2004/48/EG auch EuGH GRUR 2017, 316 Rn. 25 – NEW WAVE/ALLTOYS). Zutreffend daran ist, dass die auf Grundlage von § 8 Abs. 1 Nr. 2 erlangten Angaben zu diesem Zweck herangezogen werden können und dürfen. Allerdings steht im deutschen Recht primär der auf Grundlage der §§ 242, 259 f. BGB anerkannte akzessorische Auskunfts- und Rechnungslegungsanspruch zur Berechnung des Schadensersatzes zur Verfügung (→ Rn. 41 ff.). Allein auf Grundlage der nach § 8 Abs. 1 Nr. 2 zu erteilenden Auskünfte wird eine vollständige Schadensersatzberechnung meist nicht möglich sein. Beispielsweise sind hier Angaben zu Gestehungskosten oder Gewinnen sind nicht geschuldet (*Kühnen* Hdb der Patentverletzung Teil D Rn. 847).

16 **c) Vorhandene Vergegenständlichungen des Geheimnisses (Nr. 3).** In § 8 Abs. 1 Nr. 3 hat der Gesetzgeber eine Auskunftspflicht vorgesehen, die sich auf sämtliche **Vergegenständlichungen** eines Geheimnisses erstreckt, die sich im Besitz oder Eigentum des Rechtsverletzers befinden. Auf diese Weise soll sich der Geheimnisinhaber ein Bild von dem Ausmaß der Verletzung machen können. Der Anspruch steht in engem Zusammenhang mit dem Vernichtungs- bzw. Herausgabeanspruch gemäß § 7 Nr. 1 und kann zu dessen Vorbereitung und Durchsetzung dienen (*Spieker* in BeckOK GeschGehG § 8 Rn. 8). Insoweit bewegt sich der Anspruch an der Schnittstelle zwischen selbständigem und vorbereitendem Auskunftsanspruch. Anders als in § 8 Abs. 1 Nr. 1 und 2 **nicht** maßgeblich ist die Kategorie des **rechtsverletzenden Produktes.**

17 § 8 Abs. 1 Nr. 3 bezieht sich seinem Wortlaut nach auf die im Besitz oder Eigentum des Rechtsverletzers stehenden Dokumente, Gegenstände, Materialien, Stoffe oder elektronischen Dateien, die das Geschäftsgeheimnis enthalten oder verkörpern. Die Begriffe entsprechen denjenigen des **§ 7 Nr. 1 GeschGehG.** Auf die entsprechende Kommentierung wird verwiesen (→ § 7 Rn. 20). Ein Unterschied zu § 7 Nr. 1 besteht allerdings insofern, als der Vernichtungs- bzw. Herausgabeanspruch die entsprechenden Vorgaben der Geschäftsgeheimnis-RL umsetzt und somit unionsrechtskonform auszulegen ist. Insbesondere sind die Voraussetzungen des **Besitzes** bzw. **Eigentums** weit zu verstehen und umfassen jede faktische Zugriffsmöglichkeit (→ § 7 Rn. 26). Eine solche Auslegung wäre im Rahmen des § 8 Abs. 1 Nr. 3 nicht von vorneherein zwingend, da diese Bestimmung nicht im Unionsrecht verwurzelt ist. Wegen des engen Sachzusammenhangs mit § 7 Nr. 1 erscheint es aber sinnvoll und geboten, einen Gleichlauf herzustellen (iE ebenso: *Schönknecht* in Keller/Schönknecht/Glinke GeschGehG § 8 Rn. 28; *Henn* in Brammsen/Apel GeschGehG § 8 Rn. 25).

18 **d) Quelle und Empfänger des Geheimnisses (Nr. 4).** § 8 Abs. 1 Nr. 4 sieht einen Anspruch auf Auskunft über die Person vor, von der ein Rechtsverletzer das Geschäftsgeheimnis erlangt hat **(Informationsquelle** bzw. **Informant)** und über die Person, der gegenüber er es offenbart hat **(weiterer Informationsempfänger).** Die Auskunftspflicht trägt Besonderheiten des Geheimnisschutzes Rechnung und hat im Bereich der Immaterialgüterrechte keine Entsprechung. Sie ermöglicht dem Geheimnisinhaber eine Ermittlung der Kanäle, über die das Geschäftsgeheimnis rechtswidrig weitergereicht wurde. Es geht also nicht um Auskunft über Herkunft und Vertriebswege rechtsverletzender Produkte, sondern um die Weitergabe des Geheimnisses als solchem, mag dies in verkörperter oder nichtverkörperter Form geschehen sein.

19 Ein Auskunftsanspruch über Quellen und Empfänger des Geheimnisses war zunächst in § 7 des RefE zum GeschGehG nicht vorgesehen. Erst **im Laufe des Gesetzgebungsverfahrens** fand er Eingang in den RegE (BT-Drs. 19/4724, 11) mit dem Ziel, die insoweit bestehende Rechtsprechung zu kodifizieren (vgl. GRUR-Stellungnahme zum GeschGehG-RefE GRUR 2018, 708, 711). Im weiteren Verlauf des Gesetzgebungsverfahrens blieb die Vorschrift umstritten, weil insbesondere befürchtet wurde, dass dadurch der Informanten- und Quellenschutz im Bereich des investigativen Journalismus unterlaufen werden könnte (BT-Plenarprotokoll 19/55, 6073). Diese Gefahr ist allerdings schon auf tatbestandlicher Ebene ausgeschlossen, da der Auskunftsanspruch nach § 8 Abs. 1 Nr. 4 nur gegen den Rechtsverletzer gegeben ist, der gegen § 4 verstößt und sich dabei nicht auf eine Ausnahmebestimmung des § 5 berufen kann. Als zusätzliches Korrektiv stünde schließlich der Unverhältnismäßigkeitseinwand des § 9 Nr. 6 zur Verfügung (*Alexander* in Köhler/Bornkamm/Feddersen GeschGehG § 8 Rn. 29).

20 Die erste Variante gibt dem Geheimnisinhaber einen Anspruch auf **Benennung des Informanten,** über die der Rechtsverletzer das Geschäftsgeheimnis erlangt hat. Dies ermöglicht dem Geheimnisinhaber beispielsweise das Auffinden einer **„undichten Stelle“** im eigenen Betrieb, um entsprechende **Gegenmaßnahmen** zu ergreifen. Vor Inkrafttreten des GeschGehG hatte der BGH derartige Ansprüche in einer älteren Entscheidung abgelehnt, weil der Geheimnisverletzer zur Erfüllung des Auskunftsanspruchs Dritte einer strafbaren Handlung bezichtigen müsste, was gemeinhin als anstößig empfunden werde (BGH GRUR 1976, 367 (369) – Ausschreibungsunterlagen). Die Entscheidung war in der Literatur

auf erhebliche Kritik gestoßen (*Fritze* GRUR 1976, 369; *Mes* GRUR 1979, 584, 590; *Kiethe/Groeschke* WRP 2005, 1358, 1370). Die neuere Rechtsprechung erkannte entsprechende Auskunftsansprüche auf Grundlage von § 242 BGB ausdrücklich zu (OLG Stuttgart WRP 2016, 767 Rn. 26; OLG Karlsruhe, Urteil v. 26.4.2023 – 6 U 175/20, S. 71 (unveröffentlicht)). Dies erscheint gerechtfertigt, zumal überwiegend angenommen wird, dass nicht einmal die Gefahr einer Selbstbezichtigung generell zum Ausschluss des Auskunftsanspruchs führt (→ Rn. 22). Im Vergleich zur Selbstbezichtigung ist die Drittbezichtigung aber umso eher zumutbar.

Die zweite Variante des § 8 Abs. 1 Nr. 4 gewährt dem Geheimnisinhaber einen Anspruch auf **Preisgabe weiterer Empfänger** des rechtswidrig erlangten Geheimnisses. Damit trägt das Gesetz dem Interesse des Geheimnisinhabers Rechnung, auch gegen die Empfänger als mögliche Rechtsverletzer vorzugehen und so eine weitere Verbreitung zu verhindern. Vor Inkrafttreten des GeschGehG waren derartige Ansprüche im Schrifttum überwiegend als Teil des Schadensersatzanspruchs in Form der Naturalrestitution (§ 249 Abs. 1 BGB) oder als Teil des Beseitigungsanspruchs (§§ 8 Abs. 1 S. 1 UWG, 1004 Abs. 1 S. 1 BGB analog) anerkannt (*Harte-Bavendamm* in Harte/Henning UWG, 4. Aufl. 2016, § 17 Rn. 62; *Ohly* in Ohly/Sosnitza UWG, 7. Aufl. 2016, § 17 Rn. 54; *Kiethe/Groeschke* WRP 2005, 1358, 1369). Der BGH hat dies der Sache nach in einer jüngeren Entscheidung bestätigt und zusätzlich das Recht der angemaßten Eigengeschäftsführung (§§ 687 Abs. 2 S. 1, 681, 666 BGB) als Anspruchsgrundlage in Erwägung gezogen (BGH GRUR 2012, 1048 Rn. 27 – MOVICOL-Zulassungsantrag; iE ebenso: OLG Karlsruhe, Urteil v. 26.4.2023 – 6 U 175/20, S. 71 (unveröffentlicht)). 21

Zu Recht kritisiert wird in beiden Varianten der Wortlaut des § 8 Abs. 1 Nr. 4, der einerseits von einer „Person" (Singular) spricht, dann aber wiederholt das hierzu nicht passende Personalpronomen „sie" im Plural verwendet. Dabei dürfte es sich um ein Redaktionsversehen handeln (*Hoppe* in Hoppe/Oldekop Kap. 1 Rn. 784). Insbesondere ist aus der Verwendung des Singulars („Person", „von der", „der gegenüber") nicht zu folgern, dass sich die Auskunftspflicht auf nur eine Person beschränkt. Soweit der Rechtsverletzer das Geheimnis bzw. Teile hiervon aus unterschiedlichen Quellen erlangt hat, sind alle Quellen anzugeben. Ebenso sind sämtliche Empfänger anzugeben, denen der Verletzer das Geheimnis offenbart hat (*Schönknecht* in Keller/Schönknecht/Glinke GeschGehG § 8 Rn. 30; *Alexander* in Köhler/Bornkamm/Feddersen GeschGehG § 8 Rn. 28). 21a

Insbesondere in der zweiten Variante (Auskunft über weitere Empfänger) kann die Erfüllung des Auskunftsanspruches gemäß § 8 Abs. 1 Nr. 4 dazu führen, dass der Anspruchsgegner verpflichtet ist, weitere Verletzungshandlungen einzuräumen. Angesichts der Strafbarkeit der Geheimnisoffenbarung gemäß § 23 Abs. 1 Nr. 2 und 3, Abs. 2, 3 ergibt sich ein gewisses Spannungsfeld zwischen dem Auskunftsanspruch und dem verfassungsrechtlich verankerten **Verbot des Zwangs zur Selbstbezichtigung** (*nemo tenetur se ipsum accusare,* vgl. *Kehrer* GRUR 2021, 31). Dies führt allerdings nicht generell zum Ausschluss von Auskunftsansprüchen. Vielmehr ist im Rahmen einer Abwägung den schutzwürdigen Belangen des Geheimnisinhabers Rechnung zu tragen. Das nemo tenetur-Prinzip soll nicht uneingeschränkt gelten, wenn es um einen Auskunftsanspruch eines Privaten und nicht um ein Informationsbegehren von staatlicher Seite geht. Verfassungsrechtlichen Bedenken gegen eine Selbstbezichtigung kann durch ein Verwertungsverbot in einem Strafverfahren Rechnung getragen werden (zum Ganzen: 22

OLG Stuttgart WRP 2016, 767 Rn. 54 ff.; ArbG Saarlouis ZIP 1984, 364 (365)). Im Bereich der Immaterialgüterrechte sind derartige Verwertungsverbote ausdrücklich geregelt (vgl. nur § 140b Abs. 8 PatG und entsprechende spezialgesetzliche Regelungen).

4. Form der Auskunftserteilung und Belegvorlage

22a Die Auskunft hat grundsätzlich in **schriftlich** verkörperter Form zu erfolgen (*Schönknecht* in Keller/Schönknecht/Glinke GeschGehG § 8 Rn. 37; *Voß* in Schulte PatG § 139 Rn. 175). Es besteht aber **kein strenges Schriftformerfordernis.** Sie muss deshalb nicht unterzeichnet sein (zu § 260 Abs. 1 BGB: BGH NJW 2008, 917 Rn. 18). Ob eine Auskunftserteilung auch in **elektronisch auswertbarer Form** geschuldet ist, wird primär im Zusammenhang mit dem akzessorischen Auskunfts- und Rechnungslegungsanspruch diskutiert und ist dort zunehmend anerkannt (→ Rn. 51). Dieses Ergebnis wird auch auf den selbständigen Auskunftsanspruch für übertragbar gehalten (*Schönknecht* in Keller/Schönknecht/Glinke GeschGehG § 8 Rn. 38, wohl auch LG Düsseldorf GRUR 2022, 1665 Rn. 64 – Sofosbuvir zu § 140b PatG), wenngleich es jedenfalls nicht in sämtlichen Varianten des Auskunftsanspruchs gemäß § 8 um Buchhaltungsdaten geht, die typischerweise in elektronischer Form vorliegen. Eine Pflicht zur **Belegvorlage** ist im Rahmen des selbständigen Auskunftsanspruchs grundsätzlich anerkannt (→ Rn. 14), allerdings dürfte dies lediglich in den Fällen des § 8 Abs. 1 Nr. 1 und 2 in Betracht kommen. Als genügend wird man insoweit eine Übermittlung von Scans schriftlicher Belege anzusehen haben (vgl. e contrario: OLG Düsseldorf GRUR-RS 2020, 44647 Rn. 105 – Zündkerze; LG Düsseldorf GRUR 2022, 1665 Rn. 64 – Sofosbuvir; LG Düsseldorf Mitt 2018, 73 – Heizkessel mit Brenner I).

5. Einwendungen und Einreden

23 **a) Erfüllung des Anspruchs.** Der Auskunftsanspruch wird erfüllt durch Abgabe einer **Wissenserklärung** (BGH GRUR 2006, 504 Rn. 40 – Markenparfümverkäufe). Die Abgabe führt grundsätzlich zum Fortfall des Anspruchs gemäß § 362 Abs. 1 BGB.

24 Die Erklärung kann auch in einer **Negativauskunft** bestehen (BGH GRUR 2001, 841 (844) – Entfernung der Herstellungsnummer II; OLG Düsseldorf GRUR-RR 2012, 406 – Nullauskunft), zB des Inhalts, dass es weitere Lieferanten oder Abnehmer nicht gebe (BGH GRUR 2001, 841 (844) – Entfernung der Herstellungsnummer II) oder dass diese dem zur Auskunft Verpflichteten nicht bekannt seien (BGH GRUR 2006, 504 Rn. 40 – Markenparfümverkäufe). Der Rechtsverletzer ist aber grundsätzlich verpflichtet, in zumutbarem Umfang alle ihm zur Verfügung stehenden **Möglichkeiten der Information auszuschöpfen** (BGH GRUR 2006, 504 Rn. 40 – Parfümtestkäufe). Er hat seine Geschäftsunterlagen durchzusehen und alle ihm sonst zugänglichen Informationen aus seinem Unternehmensbereich zur Auskunftserteilung heranzuziehen. Erforderlichenfalls muss er sich auch bei seinen Lieferanten durch Nachfrage um Aufklärung bemühen (BGH GRUR 2006, 504 Rn. 40 – Parfümtestkäufe; BGH GRUR 2003, 433 (434) – Cartier-Ring; OLG Frankfurt a.M. GRUR-RR 2022, 484 Rn. 11; OLG Frankfurt a.M. NJW-RR 2016, 960). Eine Verpflichtung, unbekannte Umstände bei Dritten (insbesondere unbekannte Vorlieferanten) erst zu ermitteln, besteht aber nicht (BGH GRUR 2006, 504 Rn. 40 – Parfümtestkäufe; BGH GRUR

2003, 433 (434) – Cartier-Ring; OLG Düsseldorf GRUR-RR 2012, 406 (408 f.) – Nullauskunft).

25 Bei **Mängeln der Auskunftserteilung** ist zu differenzieren: War die Auskunft **nicht ernst gemeint,** von vorneherein **unglaubhaft** oder **unvollständig,** kann weiterhin Erfüllung bzw. Ergänzung verlangt werden (BGH GRUR 1994, 630 (631 f.) – Cartier-Armreif; OLG Frankfurt a.M. NJW-RR 2016, 960; OLG Köln GRUR-RR 2006, 31 – Mitwirkung eines Dritten; OLG Hamburg NJW-RR 2002, 1292, vgl. ferner BVerfG NJOZ 2011, 1423 (1424)). Wurde dagegen die Auskunft formal vollständig erteilt und besteht lediglich der (auch konkrete) Verdacht, dass die Auskunft falsch ist oder jedenfalls nicht mit der erforderlichen Sorgfalt erteilt wurde, ändert dies nichts an der grundsätzlichen Erfüllungswirkung. Der Auskunftsanspruch ist deshalb ausgeschlossen. Der Verletzte hat stattdessen einen Anspruch auf Abgabe einer **eidesstattlichen Versicherung** über die Vollständigkeit der erteilten Auskünfte nach bestem Wissen gemäß §§ 259 Abs. 2, 260 Abs. 2 BGB. Der Anspruch ist in entsprechender Anwendung auch in Bezug auf den selbständigen Auskunftsanspruch gegeben (*Gregor* in Hoeren/Münker GeschGehG § 8 Rn. 35; *Grabinski/Zülch/Tochtermann* in Benkard PatG § 140b Rn. 18). Siehe ergänzend die Hinweise zur Durchsetzung → Rn. 61, 63.

26 **b) Anspruchsausschluss bei Unverhältnismäßigkeit.** Auch der Auskunftsanspruch steht unter dem **Verhältnismäßigkeitsvorbehalt gemäß § 9.** Da die Rechtsfolge typischerweise auf eine Preisgabe vertraulicher geschäftlicher Informationen gerichtet ist, können insoweit insbesondere **Geheimhaltungsinteressen des Anspruchsgegners** zu berücksichtigen sein, die mit dem Informationsinteresse des Anspruchsstellers kollidieren. Im Grundsatz hat der Anspruchsgegner die mit einer Offenbarung solcher Informationen verbundenen Nachteile allerdings hinzunehmen, da diese – mögen sie auch einschneidend sein – in der Natur des Auskunftsanspruchs liegen. Der Rechtsverletzer kann sich deshalb **in der Regel nicht** seinerseits auf einen Schutz von Geschäftsgeheimnissen berufen, da der Gesetzgeber eine Abwägungsentscheidung getroffen und die Geheimhaltungsinteressen des Rechtsverletzers als nachranging erachtet hat (vgl. OLG Düsseldorf BeckRS 2011, 2537 = GRUR-RR 2011, 81 (Ls.) – Gleitsattelscheibenbremse I; OLG Düsseldorf GRUR 1993, 818 – Mehrfachkleiderbügel).

27 Ausgeschlossen sein kann der Auskunftsanspruch aber bei einem **außergewöhnlich geringen Informationsinteresse** des Anspruchsstellers (OLG Düsseldorf BeckRS 2011, 2537 = GRUR-RR 2011, 81 (Ls.) – Gleitsattelscheibenbremse I, vgl. § 9 Nr. 5 Alt. 1). Die vorzunehmende Verhältnismäßigkeitsprüfung ist zweistufig und unterscheidet zwischen dem „Ob" oder Auskunftserteilung und dem Umfang, also dem „Wie" einer solchen (*Ann/Hack/Maute* Auskunftsanspruch und Geheimnisschutz Rn. 265 f.). Auf der ersten Stufe ist zu prüfen, ob der Anspruchsinhaber mit der Geltendmachung des Auskunftsanspruchs das **legitime Ziel,** nämlich die Rekonstruktion der Herkunfts- und Vertriebswege verfolgt, um weitere oder sich perpetuierende Geheimnisverletzungen zu verhindern. Handelt der Geheimnisinhaber erkennbar zu sachfremden Zwecken, etwa um seine Marktchancen zu verbessern, kann der Anspruch ausgeschlossen sein (*Ann/Hauck/Maute* Auskunftsanspruch und Geheimnisschutz Rn. 289). In diesem Fall kann die Geltendmachung des Auskunftsanspruchs zudem **missbräuchlich** und somit **gemäß § 14** unzulässig sein (*Schönknecht* in Keller/Schönknecht/Glinke GeschGehG § 8 Rn. 43; *Henn* in Brammsen/Apel GeschGehG § 8 Rn. 42). Unverhältnismäßig kann das Auskunftsbegehren auch dann sein, wenn das berechtigte Inte-

resse des Geheimnisinhabers deshalb gering ist, weil **weitere Verletzungen nicht mehr zu besorgen** und **Ersatzansprüche bereits ausgeglichen** sind (BT-Drs. 11/4792, 31 f.; BGH GRUR 1995, 338 (342) – Kleiderbügel; *Ann/Hauck/Maute* Auskunftsanspruch und Geheimnisschutz Rn. 290; OLG Düsseldorf GRUR 1993, 818 – Mehrfachkleiderbügel).

28 Ebenfalls ausgeschlossen sein kann der Auskunftsanspruch bei **außergewöhnlich einschneidenden Nachteilen für den Verletzer** (OLG Düsseldorf BeckRS 2011, 2537 = GRUR-RR 2011, 81 (Ls.) – Gleitsattelscheibenbremse I, vgl. § 9 Nr. 5 Alt. 2). Besonders sensibel ist die Erteilung von Auskünften insbesondere dann, wenn die Parteien **Wettbewerber** sind. Dieser Umstand reicht allerdings **für sich genommen nicht** aus, um eine Unverhältnismäßigkeit der Auskunftserteilung zu begründen, da die Offenbarung geheimer Geschäftsdaten auch an einen Wettbewerber eine typische Rechtsfolge des Auskunftsanspruchs ist (OLG Düsseldorf BeckRS 2011, 2537 = GRUR-RR 2011, 81 (Ls.) – Gleitsattelscheibenbremse I). Eine Unverhältnismäßigkeit der Auskunftserteilung kann auch nicht mit dem Argument begründet werden, die Offenbarung vertraulicher Informationen an einen Wettbewerber komme einem Kartellrechtsverstoß (Art. 101 AEUV, § 1 GWB) gleich. Denn bei einem Handeln allein zur Abwendung der Zwangsvollstreckung soll es schon an dem von den Normen des Kartellrechts vorausgesetzten unternehmerischen Handeln fehlen (OLG Düsseldorf BeckRS 2011, 2537 = GRUR-RR 2011, 81 (Ls.) – Gleitsattelscheibenbremse I; *Kühnen,* Hdb der Patentverletzung Teil D Rn. 819). In Betracht gezogen wird ein Ausschluss der Auskunftsverpflichtung oder zumindest eine Einschränkung, etwa hinsichtlich der Mengen und Preise, aber zumindest, wenn eine Offenlegung derartiger Informationen im Einzelfall – insbesondere auf oligopolartigen Märkten – geeignet wäre, den unverfälschten Wettbewerb zu gefährden (vgl. *Ann/Hauck/Maute* Auskunftsanspruch und Geheimnisschutz Rn. 286).

29 Ist der Anspruch aus Gründen der Verhältnismäßigkeit möglicherweise ausgeschlossen, so kommt im Bereich des selbständigen Auskunftsanspruchs **in der Regel kein Wirtschaftsprüfervorbehalt** in Betracht (BGH GRUR 1995, 338 – Kleiderbügel). In Bezug auf Namen und Anschriften der gewerblichen Lieferanten und Abnehmer wäre eine Offenbarung nur gegenüber einem Wirtschaftsprüfer sinnlos, da der Verletzte zur Verfolgung weiterer Ansprüche seine potenziellen Schuldner kennen muss (BGH GRUR 2002, 709 (713) – Entfernung der Herstellungsnummer III). Immerhin denkbar wäre ein Wirtschaftsprüfervorbehalt hinsichtlich der Mengen- und Preisangaben sowie hinsichtlich der Belegvorlage, da diese Angaben und Unterlagen letztlich Kontrollzwecken dienen (*Ann/Hauck/Maute* Auskunftsanspruch und Geheimnisschutz Rn. 298 ff.). Die Rechtsprechung zieht einen Wirtschaftsprüfervorbehalt bei selbständigen Auskunftsansprüchen dennoch nur in Ausnahmefällen in Betracht.

30 In den Fällen des **§ 8 Abs. 1 Nr. 1 und 4,** in denen es typischerweise um die Offenlegung von Informationen über Dritte geht, ist bei Vorliegen besonderer Umstände ein Anspruchsausschluss wegen **berechtigter Interessen Dritter (§ 9 Nr. 6)** denkbar. Im Regelfall wird dies aber nicht durchgreifen, denn der Drittauskunftsanspruch **dient gerade dazu,** dem Verletzten ein **Vorgehen gegen Dritte** zu ermöglichen (bei denen es sich zudem potentiell um weitere Verletzer handelt). Deshalb führt auch der Umstand, dass Dritte durch die Auskunft einer Straftat bezichtigt werden, nicht *per se* zum Anspruchsausschluss (→ Rn. 20). Regelmäßig können auch **keine datenschutzrechtlichen Belange** betroffener Lieferanten oder Abnehmer entgegengehalten werden (→ Rn. 55a).

c) Verjährung. Die Verjährung des selbständigen Auskunftsanspruchs beträgt nach den **allgemeinen Regeln** des BGB **drei Jahre** ab dem Ende des Jahres, in dem der Anspruch entstanden ist und der Gläubiger von den anspruchsbegründenden Umständen und der Person des Schuldners Kenntnis erlangt hat oder ohne grobe Fahrlässigkeit hätte erlangen müssen (§§ 195, 199 Abs. 1 BGB). Bislang nicht abschließend geklärt ist, ob die **kenntnisunabhängige Höchstfrist** von zehn Jahren gemäß **§ 199 Abs. 4 BGB** Anwendung findet oder ob diese wegen Art. 8 Abs. 2 Geschäftsgeheimnis-RL richtlinienkonform auf **sechs Jahre** zu begrenzen ist (dafür: *Schönknecht* in Keller/Schönknecht/Glinke GeschGehG § 8 Rn. 46). Gegen eine richtlinienkonforme Anwendung spricht, dass sich Art. 8 Geschäftsgeheimnis-RL ausdrücklich nur auf die „in dieser Richtlinie vorgesehenen Maßnahmen, Verfahren und Rechtsbehelfe" bezieht, zu denen der Auskunftsanspruch nicht unmittelbar zählt (→ Rn. 3). Auf der anderen Seite ist Art. 8 im Katalog der vollharmonisierenden Vorschriften (Art. 1 Abs. 1 UA 2 Geschäftsgeheimnis-RL) genannt und deshalb als Schranke auch zu beachten, soweit der nationale Gesetzgeber Rechtsschutz gewährt, der über den Mindestschutz der Richtlinie hinausgeht. In Umsetzung des Art. 7 Abs. 1 lit. a und 13 Geschäftsgeheimnis-RL hat der nationale Gesetzgeber den Auskunftsanspruch daher auch der Verhältnismäßigkeitsgrenze (§ 9) unterworfen. Die praktische Bedeutung dieser Frage nach der Verjährungshöchstfrist dürfte sich indes in Grenzen halten, da der Auskunftsanspruch ein vorbereitender Anspruch ist und die Ansprüche, zu deren Vorbereitung er dient, ihrerseits der Grenze des Art. 8 Abs. 2 Geschäftsgeheimnis-RL unterliegen. 31

6. Beweislast

Nach allgemeinen Regeln trägt der **Anspruchsteller** die Darlegungs- und Beweislast sämtlicher Anspruchsvoraussetzungen. Die Darlegungs- und Beweislast insbesondere für einen Ausschluss des Anspruchs bei Unverhältnismäßigkeit (§ 9) trägt der **Anspruchsgegner.** 32

7. Wahrung von Geheimhaltungsinteressen des Auskunftsverpflichteten

a) Zweckbindung für erteilte Auskünfte. Ein **Ausschluss des Auskunftsanspruchs** aufgrund von Geheimhaltungsinteressen des Anspruchsgegners kommt **in aller Regel nicht** in Betracht (→ Rn. 26 ff.). Soweit allerdings eine Pflicht zur Auskunftserteilung besteht, ergibt sich ein nachgelagerter Schutz des Auskunftsverpflichteten daraus, dass die **Nutzung der erteilten Auskünfte** einer **Zweckbindung** unterliegt (LG Mannheim GRUR-RR 2022, 301 Rn. 41 ff. – Geheimnisschutzanordnung; *Haedicke* GRUR 2020, 785 (786 ff.); *Hoppe* in Hoppe/Oldekop Kap. 1 Rn. 769a; *Tochtermann* in Benkard PatG § 145a Rn. 7). Der Inhaber des Auskunftsanspruchs ist verpflichtet, die ihm erteilten Auskünfte ausschließlich für die Zwecke zu verwenden, denen der jeweilige Auskunftsanspruch dient (näher → Rn. 5 zum selbständigen Auskunftsanspruch, → Rn. 41 zum akzessorischen Auskunftsanspruch). Er ist zudem gehalten, die Auskünfte seinen Mitarbeitern oder externen Beratern nur insoweit offenzulegen wie dies zur zweckentsprechenden Verwendung erforderlich ist (LG Mannheim GRUR-RR 2022, 301 Rn. 43 – Geheimnisschutzanordnung; *Haedicke* GRUR 2020, 785 (791)). Rechtsgrundlage ist das zwischen dem Inhaber des Auskunftsanspruchs 32a und dem Auskunftsverpflichteten bestehende **gesetzliche Schuldverhältnis,** das schon aus der zugrundeliegenden unerlaubten Handlung herrührt und Schutzpflichten nach § 241 Abs. 2 BGB zugunsten beider Parteien begründet, also auch zugunsten des Auskunftsverpflichteten (*Haedicke* GRUR 2020, 785 (787), vgl. auch BGH NJW 2017, 2755 Rn. 13; BGH GRUR 2002, 238 (242) – Nachbau-Auskunftspflicht; BGH GRUR 1986, 62 (64); aA OLG Düsseldorf GRUR-RS 2023, 873 Rn. 14 – Geheimnisschutz II). Zudem begründet der **Vollstreckungseingriff** zwischen Vollstreckungsgläubiger und Vollstreckungsschuldner eine **gesetzliche Sonderbeziehung privatrechtlicher Art,** aus der sich für den Vollstreckungsgläubiger Pflichten zur Wahrung der Interessen des Schuldners ergeben (st. Rspr., BGH NJW 1985, 3080 (3081) mwN; aA offenbar OLG Düsseldorf GRUR-RS 2023, 873 Rn. 14 aE – Geheimnisschutz II). Eine **zweckfremde Nutzung** erteilter Auskünfte vertraulichen Inhalts kann daher insbesondere **Unterlassungs- und Schadensersatzansprüche** nach §§ 4 Abs. 2 Nr. 2, 6, 10 GeschGehG sowie nach allgemeinem Schuldrecht (Einl. B Rn. 71 ff.) zur Folge haben (*Haedicke* GRUR 2020, 785 (787 f.)).

32b **b) Schutz vertraulicher Auskünfte im Zwangsmittelverfahren.** Besteht Streit zwischen den Parteien, ob eine zuerkannte Auskunftspflicht hinreichend erfüllt wurde und müssen daher Auskünfte vertraulichen Inhalts zum Gegenstand eines **Zwangsmittelverfahrens** (§ 888 ZPO) gemacht werden, so kommen prozessuale **Schutzmaßnahmen gemäß §§ 16 ff.** in Betracht. Die Einzelheiten derartiger Anordnungen sind aber äußerst umstritten (eingehend: → Rn. 63a ff.).

III. Schadensersatz bei Verletzung der Auskunftspflicht (Abs. 2)

1. Funktion der Vorschrift

33 § 8 Abs. 2 sieht eine Schadensersatzpflicht für den Fall einer unzureichenden Erfüllung des Auskunftsanspruchs vor, wenn diese zumindest auf grober Fahrlässigkeit beruht. Entsprechende **Vorbilder** finden sich wiederum durchgängig im **Immaterialgüterrecht** (vgl. nur §§ 140b Abs. 5 PatG, 24b Abs. 5 GebrMG, 46 Ab. 5 DesignG, 19 Abs. 5 MarkenG, 101 Abs. 5 UrhG). Der Gesetzgeber hat diese Vorschriften zwar im Zuge der Umsetzung der Durchsetzungs-RL eingeführt, eine unionsrechtliche Verpflichtung hierzu bestand aber nicht. Die Vorschriften sollten die bestehenden **Mechanismen zur Durchsetzung des Auskunftsanspruchs ergänzen** und den Auskunftsverpflichteten zu einer richtigen und vollständigen Auskunftserteilung anhalten (BT-Drs. 16/5048, 39).

34 Ebenso wenig wie die Durchsetzungs-RL enthält die **Geschäftsgeheimnis-RL** Vorgaben zu einer Schadensersatzhaftung für eine unzureichende Auskunftserteilung. Die **Interessenlage** ist aber **mit den Immaterialgüterrechten vergleichbar.** Deshalb erscheint die Vorschrift auch im Bereich des Geheimnisschutzes sinnvoll. Da bei Geheimnisverletzungen – anders als bei der Verletzung von Immaterialgüterrechten – keine Auskunftspflicht eines Dritten, der nicht Verletzer ist, vorgesehen ist, hätte man hier sogar erwägen können, die Beschränkung der Haftung auf grobe Fahrlässigkeit aufzugeben. Immerhin enthält § 8 Abs. 2 gegenüber den immaterialgüterrechtlichen Bestimmungen insofern eine zu begrüßende Fortentwicklung, als eine Haftung dem Wortlaut nach nicht nur für eine falsche

oder unvollständige Auskunftserteilung, sondern auch für eine unterbliebene oder verspätete Auskunftserteilung vorgesehen ist.

Geht man davon aus, dass die Geheimnisverletzung ein **gesetzliches Schuldverhältnis** aus unerlaubter Handlung begründet (vgl. BGH NJW 2017, 2755 Rn. 13; BGH GRUR 2002, 238 (242) – Nachbau-Auskunftspflicht; BGH GRUR 1986, 62 (64) – GEMA-Vermutung I; *Haedicke* GRUR 2020, 785 (787)), kommt als weitere Anspruchsgrundlage für Schadensersatz § 280 Abs. 1 BGB für den Fall der Schlechterfüllung (vgl. BGH GRUR 2016, 526 – Irreführende Lieferantenangabe für ein vertragliches Schuldverhältnis) und §§ 280 Abs. 1, Abs. 2, 286 BGB für den Fall einer Verzögerung der Leistung in Betracht. Die Ansprüche haben für den Gläubiger im Vergleich zu § 8 Abs. 2 den Vorteil, dass ein Vertretenmüssen des Schuldners vermutet wird (§ 280 Abs. 1 S. 2 BGB). § 8 Abs. 2 verdrängt die Ansprüche nach allgemeinem Schuldrecht nicht (aA *Gregor* in Hoeren/Münker GeschGehG § 8 Rn. 42, der § 8 Abs. 2 als lex specialis sieht). Eine andere Frage ist allerdings, ob der Auskunftsschuldner gemäß § 276 Abs. 1 S. 1 Hs. 1 BGB Vorsatz und jede Form der Fahrlässigkeit zu vertreten hat (so *Schönknecht* in Keller/Schönknecht/Glinke GeschGehG § 8 Rn. 66) oder ob man aus § 8 Abs. 2 folgern muss, dass eine mildere Form der Haftung (nämlich beschränkt auf Vorsatz oder grobe Fahrlässigkeit) bestimmt ist bzw. sich aus dem Inhalt des Schuldverhältnisses ergibt (§ 276 Abs. 1 S. 1 Hs. 2 BGB). Gegen eine derartige Haftungsbeschränkung spricht, dass der Gesetzgeber die Haftung für unrichtige und verspätete Auskünfte durch § 8 Abs. 2 grundsätzlich stärken wollte. Dass er eine Haftung aus anderen Rechtsgründen begrenzen wollte, ist nicht erkennbar. 35

2. Voraussetzungen

Voraussetzung der Haftung ist zunächst das **Bestehen eines durchsetzbaren Auskunftsanspruchs.** Erfasst sind jedenfalls Auskunftsansprüche gemäß § 8 Abs. 1, auch gegen den Unternehmensinhaber, der für Beschäftigte oder Beauftragte auf Auskunft haftet (vgl. § 12 S. 2). Ob eine entsprechende Anwendung des § 8 Abs. 2 bei unzureichender Erfüllung des akzessorischen Auskunftsanspruchs gemäß § 242 BGB in Betracht kommt, wurde bislang – soweit ersichtlich – nicht näher erörtert. 36

Weitere Voraussetzung ist eine Nicht- oder Schlechterfüllung der Auskunftspflicht, wobei § 8 Abs. 2 im einzelnen vier Kategorien unterscheidet, nämlich die **Nichterfüllung,** die **verspätete Erfüllung,** die **falsche Auskunftserteilung** und die **unvollständige Auskunftserteilung** (die auch als Unterfall der Nichterfüllung eingeordnet werden kann). Soweit die Pflichtverletzung in einer Nichterfüllung oder einer offenkundig unvollständigen Auskunftserteilung besteht, tritt der Schadensersatzanspruch neben einen fortbestehenden Erfüllungsanspruch. 37

Subjektiv muss die Verletzung der Auskunftspflicht **vorsätzlich** oder **grob fahrlässig** erfolgt sein. Grobe Fahrlässigkeit setzt voraus, dass der Auskunftsverpflichtete die erforderliche Sorgfalt in besonders schwerwiegender Weise verletzt und nicht beachtet hat, was in der gegebenen Situation jedem hätte einleuchten müssen (*Grabinski/Zülch/Tochtermann* in Benkard PatG § 140b Rn. 23). Der Verstoß gegen die Anforderungen an die im Verkehr erforderliche Sorgfalt muss objektiv schwerwiegend und darf subjektiv nicht entschuldbar sein (BGH NJW 2017, 2187 Rn. 8). 38

3. Inhalt und Umfang des Schadensersatzes

39 Inhalt und Umfang des Schadensersatzes richten sich gemäß allgemeinen Regeln nach den **§§ 249 ff. BGB.** Der Schaden muss **adäquat-kausal** auf der Pflichtverletzung beruhen. Ersatzfähige Schäden sind in erster Linie Vermögensnachteile, die auf einer unterbliebenen oder verzögerten Inanspruchnahme Dritter beruhen, aber auch die Kosten einer erfolglosen Inanspruchnahme zu Unrecht bezichtigter Dritter.

4. Beweislast

40 Der **Anspruchsteller** trägt die Darlegungs- und Beweislast für sämtliche Voraussetzungen einschließlich des Vorliegens eines adäquat-kausal verursachten Schadens.

IV. Akzessorischer Auskunfts- und Rechnungslegungsanspruch (§§ 242, 259 f. BGB)

1. Funktion und Rechtsgrundlage

41 Der akzessorische Auskunftsanspruch unterscheidet sich in Rechtsgrundlage und Zielsetzung von dem in § 8 geregelten selbständigen Auskunftsanspruch. Er dient der **Vorbereitung und Durchsetzung weiterer Ansprüche** nicht gegen Dritte, sondern **gegen den Auskunftspflichtigen** selbst, insbesondere der Vorbereitung von Schadensersatzansprüchen (§ 10). Er soll dem Gläubiger eine Berechnung oder zumindest Schätzung des Schadens sowie eine Überprüfung und Plausibilisierung ermöglichen (*Haedicke* GRUR 2020, 785 (786)). Zu dem jeweiligen Hauptanspruch steht der Auskunftsanspruch in einem Abhängigkeitsverhältnis (*Amschewitz* WRP 2011, 301).

42 Entsprechend der etablierten Regelungstechnik im Bereich der Immaterialgüterrechte ist der akzessorische Auskunftsanspruch nicht spezialgesetzlich positiviert, sondern findet seine Rechtsgrundlage – **gewohnheitsrechtlich verfestigt** – in **§ 242 BGB** (BGH GRUR 1994, 630 (632) – Cartier-Armreif; BGH GRUR 1976, 367 (368) – Ausschreibungsunterlagen; BGH GRUR 1972, 558 (560) – Teerspritzmaschinen; OLG Frankfurt InstGE 7, 152 Rn. 33 – PET-Spritzwerkzeug I; *Köhler* in Köhler/Bornkamm/Feddersen UWG § 9 Rn. 5.5; *Ohly* in Ohly/Sosnitza UWG § 9 Rn. 66; *Amschewitz* WRP 2011, 301, 303 f.). In einigen Fallgestaltungen kann er auf speziellere Anspruchsgrundlagen wie § 666 BGB (zB iVm §§ 687 Abs. 2 S. 1, 681 BGB) gestützt werden.

2. Anspruchsvoraussetzungen

43 Der akzessorische Auskunfts- und Rechnungslegungsanspruch setzt zunächst voraus, dass der **Hauptanspruch dem Grunde** nach besteht (BGH GRUR 1988, 307 (308) – Gaby) und durchsetzbar ist; ist der Hauptanspruch verjährt und beruft sich der Verpflichtete auf die Einrede der Verjährung, entfällt zugleich der akzessorische Auskunftsanspruch (BGH GRUR 2019, 496 Rn. 13 f. – Spannungsversorgungsvorrichtung; BGH GRUR 2008, 989 Rn. 42 – Sammlung Ahlers; siehe näher → Rn. 56). Zu den tatbestandlichen Voraussetzungen des Hauptanspruchs kann deshalb grundsätzlich keine Auskunft verlangt werden (vgl. aber

den Ausnahmefall: BGH GRUR 2002, 149 (153) – Wetterführungspläne II). Als Hauptanspruch kommt insbesondere der **Schadensersatzanspruch gemäß § 10** in Betracht, ebenso der **Restschadensersatzanspruch gemäß § 13** (vgl. BGH GRUR 2019, 496 Rn. 14 – Spannungsversorgungsvorrichtung zu § 852 BGB). Denkbar ist ein Auskunfts- und Rechnungslegungsanspruch außerdem zur Vorbereitung von **Bereicherungsansprüchen** (§ 812 Abs. 1 S. 1 Alt. 2 BGB) und **Gewinnherausgabeansprüchen aus angemaßter Eigengeschäftsführung** (§ 687 Abs. 2 S. 1, 681 S. 2, 667 BGB).

Der Anspruch setzt ferner voraus, dass **(1)** der Berechtigte über Inhalt und 44
Umfang seines Rechts **entschuldbar im Unklaren** ist und **(2)** er sich die zur Verfolgung seines Rechts notwendigen Auskünfte **auf zumutbare Weise nicht selbst beschaffen** kann, während **(3)** dem Verpflichteten die Erteilung der Auskunft **unschwer möglich und zumutbar** ist (BGH GRUR 2001, 841 (842) – Entfernung der Herstellungsnummer II; BGH GRUR 1994, 630 (632) – Cartier-Armreif; *Köhler* in Köhler/Bornkamm/Feddersen UWG § 9 Rn. 5.5; *Ohly* in Ohly/Sosnitza UWG § 9 Rn. 67).

3. Anspruchsinhalt

a) Geschuldete Angaben. Der Umfang des akzessorischen Auskunftsan- 45
spruchs erstreckt sich auf die **zur Durchsetzung** (Vorbereitung, Bezifferung) **des Hauptanspruchs erforderlichen Informationen,** die der Gläubiger selbst nicht anders erlangen kann und deren Erteilung dem Schuldner unschwer möglich und zumutbar ist (BGH GRUR 2019, 496 Rn. 12 – Spannungsversorgungsvorrichtung; *Amschewitz* WRP 2011, 301, 304).

Soweit der Auskunftsanspruch zur **Vorbereitung des Schadensersatzan-** 46
spruchs gemäß § 10 geltend gemacht wird, dient er dazu, dem Verletzten eine Schadensberechnung nach **jeder der drei anerkannten Berechnungsarten** (Berechnung gemäß §§ 249 ff. BGB, Lizenzanalogie oder Herausgabe des Verletzergewinns) zu ermöglichen. Zur Vorbereitung eines Anspruchs auf **Verletzergewinnherausgabe** besteht dabei ein **Rechnungslegungsanspruch** als qualifizierte Form des Auskunftsanspruchs (BGH GRUR 1980, 227 (232) – Monumenta Germaniae Historica; *Köhler* NJW 1992, 1477, 1482). Der Auskunftsanspruch soll den Verletzten auch in die Lage versetzen, die für ihn günstigste Berechnungsart zu wählen (BGH GRUR 1980, 227 (232) – Monumenta Germaniae Historica). Der Verletzte braucht sich daher zunächst noch nicht für eine der Berechnungarten zu entscheiden; er kann vielmehr alle Angaben verlangen, die notwendig sind, um seinen Schaden nach jeder der drei Berechnungsarten zu errechnen und darüber hinaus die Richtigkeit der Rechnung nachzuprüfen (BGH GRUR 1980, 227 (232) – Monumenta Germaniae Historica). Beispielsweise kann er deshalb auch Angaben zu Gestehungskosten und Gewinn verlangen, obgleich diese Angaben nur für den Anspruch auf Verletzergewinnherausgabe, nicht aber für einen nach der Lizenzanalogie berechneten Schadensersatzanspruch Bedeutung hätten (vgl. BGH GRUR 2010, 223 – Türinnenverstärkung).

Im Einzelnen kann der Verletzte folgende Angaben in Bezug auf **rechtsverlet-** 47
zende Produkte (§ 2 Nr. 4) verlangen (vgl. *Voß* in Schulte PatG § 139 Rn. 172; *Kühnen* Hdb der Patentverletzung Kap. D Rn. 927 ff.):

- bei eigener Herstellung rechtsverletzender Produkte: **Herstellungsmengen** und **-zeitpunkte** (vgl. § 4 Abs. 3 S. 2 Var. 1 „Herstellung“),

- einzelne **Angebote,** aufgeschlüsselt nach Angebotsmengen, -zeiten und -preisen (sowie ggf. Typenbezeichnungen bei unterschiedlichen rechtsverletzenden Produkten) sowie Namen und Anschriften der Angebotsempfänger (vgl. § 4 Abs. 3 S. 2 Var. 2 „Anbieten"),
- einzelne **Lieferungen,** aufgeschlüsselt nach Liefermengen, -zeiten und -preisen (sowie ggf. Typenbezeichnungen bei unterschiedlichen rechtsverletzenden Produkten) sowie Namen und Anschriften der Abnehmer (vgl. § 4 Abs. 3 S. 2 Var. 3 „Inverkehrbringen"),
- die betriebene **Werbung,** aufgeschlüsselt nach Werbeträgern, deren Auflagenhöhe, Verbreitungszeitraum und Verbreitungsgebiet,
- die nach den einzelnen Kostenfaktoren aufgeschlüsselten **Gestehungs-** und **Vertriebskosten** sowie den **erzielten Gewinn.**

48 Die **Umsätze** ergeben sich dabei aus Liefermengen und -preisen. Die **Namen** und **Anschriften** der Abnehmer bzw. Angebotsempfänger sollen dem Verletzten eine Nachprüfung der Auskunft und Rechnungslegung ermöglichen (BGH GRUR 2019, 496 Rn. 28 – Spannungsversorgungsvorrichtung; BGH GRUR 1980, 227 (232) – Monumenta Germaniae Historica mwN). Gleiches gilt für die Angaben zur **Werbung.** Auch sie sollen es dem Verletzten ermöglichen, die Angaben zu Umsätzen bzw. Stückzahlen zu plausibilisieren, da ein auffälliges Missverhältnis zu den angegebenen Umsatzgeschäften Hinweise auf eine mögliche Unrichtigkeit oder Unvollständigkeit der Rechnungslegung liefern kann (BGH GRUR 2019, 496 Rn. 29 – Spannungsversorgungsvorrichtung).

49 Die Auskunftspflicht erstreckt sich sowohl auf den Zeitraum **vor der ersten nachgewiesenen Verletzungshandlung** als auch – analog zur Schadensersatzfeststellung – auf Handlungen im Zeitraum **nach Schluss der mündlichen Verhandlung** (BGH GRUR 2004, 755 – Taxameter). Der I. Zivilsenat des BGH hatte nach früherer Rechtsprechung lediglich einen Auskunftsanspruch ab der ersten nachgewiesenen Verletzungshandlung zuerkannt (BGH GRUR 1988, 307 (308) – Gaby; aA X. Zivilsenat: BGH GRUR 2004, 755 – Taxameter). Seit Aufgabe dieser Rechtsprechung sind auch nach Ansicht des I. Zivilsenates weitere, vor diesem Zeitpunkt liegende Verletzungshandlungen von der Auskunftspflicht erfasst (BGH GRUR 2007, 877 – Windsor Estate).

50 **b) Form der Auskunftserteilung.** Die Auskunftserteilung bzw. Rechnungslegung hat in **klarer, übersichtlicher** und aus sich heraus **verständlicher Form** zu erfolgen (BGH NJW 1982, 573 (574); *Voß* in Schulte PatG § 139 Rn. 175). Es besteht aber **kein strenges Schriftformerfordernis.** Sie muss deshalb nicht unterzeichnet sein (BGH NJW 2008, 917 Rn. 18).

51 Zunehmend anerkannt ist, dass Auskunftserteilung und Rechnungslegung regelmäßig in **elektronisch auswertbarer Form** geschuldet ist (OLG Düsseldorf GRUR-RS 2020, 44647 Rn. 105 – Zündkerze; ebenso zB LG Düsseldorf GRUR 2022, 1665 Rn. 64 – Sofosbuvir; LG Düsseldorf Mitt 2018, 73 – Heizkessel mit Brenner I; aA noch OLG Karlsruhe BeckRS 2016, 14986 Rn. 57 – Anschlussberufung: schriftliche geordnete Darstellung ausreichend). Unter einer elektronisch auswertbaren Form sei dabei eine Form zu verstehen, die mittels gängiger Computerprogramme unmittelbar ausgewertet werden kann (zB Microsoft Excel-Tabelle). Nicht genügend sei eine Übermittlung von digitalisierten Fotos oder Scans schriftlicher Dokumente, außer im Rahmen der Belegvorlage (OLG Düsseldorf GRUR-RS 2020, 44647 Rn. 105 – Zündkerze; LG Düsseldorf GRUR 2022, 1665 Rn. 64 – Sofosbuvir; LG Düsseldorf Mitt 2018, 73 – Heizkessel mit

Brenner I). Nicht abschließend geklärt ist, ob die Auskunft/Rechnungslegung in elektronisch auswertbarer Form nur alternativ oder auch zusätzlich zu einer schriftlich erteilten Auskunft/Rechnungslegung verlangt werden kann (dafür: LG Düsseldorf GRUR 2022, 1665 Rn. 64 – Sofosbuvir; *Kühnen,* Hdb der Patentverletzung Teil D Rn. 941; anders: OLG Düsseldorf GRUR-RS 2020, 44647 Rn. 106 – Zündkerze, allerdings wohl aufgrund der prozessualen Besonderheiten des Einzelfalls).

c) Belegvorlage. Anders als beim selbständigen Auskunftsanspruch 52
(→ Rn. 14), besteht im Rahmen des akzessorischen Auskunfts- und Rechnungslegungsanspruchs eine Pflicht zur Vorlage von Belegen nur, „soweit Belege erteilt zu werden pflegen" (§ 259 Abs. 1 BGB), wenn also die **Belegvorlage der Üblichkeit entspricht.** Von Teilen der Rechtsprechung wird dies als Regelfall angenommen (OLG Karlsruhe InstGE 11, 15 (Ls. 4 u. Rn. 38) – *SMD-Widerstand;* OLG Karlsruhe, Urteil v. 26.4.2023 – 6 U 175/20, S. 71 (unveröffentlicht); OLG Köln BeckRS 2006, 5146 – Arbeitselement für Resektoskopie; OLG Hamburg GRUR-RR 2005, 265 (269 f.) – Belegvorlage). Die Gegenansicht geht grundsätzlich nicht von einer Belegvorlagepflicht aus, sondern verlangt, dass die Üblichkeit der Belegvorlage auf dem betroffenen Geschäftsfeld im Einzelnen dargelegt wird oder sonst ersichtlich ist (OLG Düsseldorf BeckRS 2017, 154820 Rn. 64 – Patentverletzungsansprüche; OLG Düsseldorf GRUR 2014, 1190 (1195) – Sektionaltorantrieb; OLG Köln GRUR-RR 2006, 159 (161) – Buchstabe als Reißverschlussanhänger; LG Düsseldorf BeckRS 2012, 07208 – Medizinische Zange).

4. Einwendungen und Einreden

a) Erfüllung des Anspruchs. Der Anspruch wird erfüllt durch Abgabe einer 53
Wissenserklärung (vgl. BGH GRUR 2006, 504 Rn. 40 – Markenparfümverkäufe), die auch in einer Negativauskunft (sog. „Nullauskunft") bestehen kann (OLG Düsseldorf GRUR-RR 2012, 406 – Nullauskunft). Der Rechtsverletzer ist aber grundsätzlich verpflichtet, in zumutbarem Umfang alle ihm zur Verfügung stehenden **Möglichkeiten der Information auszuschöpfen.** Er hat seine Geschäftsunterlagen durchzusehen und alle ihm sonst zugänglichen Informationen aus seinem Unternehmensbereich zur Auskunftserteilung heranzuziehen. Erforderlichenfalls muss er sich auch bei seinen Lieferanten durch Nachfrage um Aufklärung bemühen. Es gelten insoweit die gleichen Anforderungen wie beim selbständigen Auskunftsanspruch (OLG Frankfurt a.M. NJW-RR 2016, 960). Auf die Kommentierung zum selbständigen Auskunftsanspruch (→ Rn. 24) und die Hinweise zur Durchsetzung (→ Rn. 61 ff.) wird ergänzend verwiesen.

b) Unzumutbarkeit der Auskunftserteilung. Das Kriterium der **Unzu-** 54
mutbarkeit der Auskunftserteilung ist ein systematisch paralleles Kriterium zur Unverhältnismäßigkeit des selbständigen Auskunftsanspruchs gemäß § 9, wenngleich sich in Einzelheiten sachliche Diskrepanzen ergeben. Geltend zu machen ist der Einwand der Unzumutbarkeit in jedem Fall bereits im **Erkenntnisverfahren;** im Zwangsvollstreckungsverfahren wird der unbedingt zur Auskunftserteilung verurteilte Schuldner damit nicht mehr gehört (OLG Düsseldorf GRUR 2020, 734 Rn. 15 – Cholesterinsenker; OLG Karlsruhe GRUR-RS 2022, 28741 Rn. 33 – Auskunftspflicht). Zur Unzumutbarkeit können im Einzelfall entgegenstehende **Geheimhaltungsinteressen** führen. Allerdings haben diese – bei hinreichendem Auskunftsinteresse des Berechtigten – grundsätzlich zurückzutreten

(BGH GRUR 2001, 841 (843) – Entfernung der Herstellungsnummer II; vgl. aber → Rn. 59a). Im Bereich des akzessorischen Auskunftsanspruchs, insbesondere des Rechnungslegungsanspruchs, kommt zur Abmilderung des Eingriffs in berechtigte Geheimhaltungsbelange, insbesondere um die Ausforschung der Kundenbeziehungen des Verpflichteten zu verhindern, die Einräumung eines **Wirtschaftsprüfervorbehaltes** in Betracht (BGH GRUR 1980, 227 (233) – Monumenta Germaniae Historica; *Gregor* in Hoeren/Münker GeschGehG § 8 Rn. 64). Dadurch erhält der Auskunftsschuldner gegen Kostenübernahme die Möglichkeit, die Namen und Anschriften der nichtgewerblichen Abnehmer statt dem Auskunftsgläubiger nur einem Wirtschaftsprüfer mitzuteilen. Gleichzeitig wird der Wirtschaftsprüfer ermächtigt und verpflichtet, dem Auskunftsgläubiger auf konkrete Nachfrage mitzuteilen, ob ein bestimmter Abnehmer in der Aufstellung enthalten ist (BGH GRUR 1980, 227 (233) – Monumenta Germaniae Historica; *Bornkamm* in FS Ullmann 2006, 893, 898). Zur Antragsfassung vgl. BGH GRUR 1999, 1106 (1107) – Rollstuhlnachbau. Der Wirtschaftsprüfervorbehalt kann auch ohne formellen Antrag gewährt werden (BGH NJWE-WettbR 1999, 238; BGH GRUR 1981, 535 – Wirtschaftsprüfervorbehalt; BGH GRUR 1958, 346 – Spitzenmuster). Beschränkt sich der Klageantrag nicht ausdrücklich auf eine Auskunftsleistung unter Wirtschaftsprüfervorbehalt (dann Antragsbindung gemäß § 308 Abs. 1 S. 1 ZPO), darf ein solcher aber nur dann gewährt werden, wenn der Auskunftsanspruch ohne Wirtschaftsprüfervorbehalt aus Gründen der Zumutbarkeit nicht hätte zugesprochen werden können. Es handelt sich also nicht um eine Maßnahme zugunsten des Anspruchsgegners, sondern um eine „Rechtswohltat" zugunsten desjenigen, der Auskunft begehrt, da dessen Anspruch anderenfalls wegen überwiegender Geheimhaltungsinteressen des Gegners insgesamt ausgeschlossen wäre (*Bornkamm* in FS Ullmann 2006, 893, 898). Während der Auskunftsschuldner die Kosten des Wirtschaftsprüfers zu tragen hat (BGH GRUR 1957, 336 – Rechnungslegung), bleibt die Auswahl in entsprechender Anwendung von § 87c Abs. 4 HGB dem Auskunftsgläubiger überlassen (BGH GRUR 1980, 227 (233) – Monumenta Germaniae Historica).

55 Als ähnlich gelagerten Mechanismus zur **Wahrung berechtigter Geheimhaltungsinteressen** des Auskunftsverpflichteten hat der BGH im Zusammenhang mit Auskünften zur Berechnung einer Arbeitnehmererfindervergütung wiederholt anerkannt, dass der Anspruchssteller eine Vertraulichkeitsvereinbarung unterzeichnen muss, die eine **vertragsstrafebewehrte Pflicht** enthält, vertrauliche Unterlagen ggü. Dritten – mit Ausnahme berufsrechtlich zur Verschwiegenheit verpflichteter Berater – nicht offenzulegen (BGH GRUR 1998, 689 (693) – Copolyester II; BGH GRUR 1990, 515 (517) – Marder). Bei den dort in Rede stehenden Ansprüchen ging es allerdings um Vergütungsansprüche, die an eine rechtmäßige (und damit in der Tendenz schutzwürdigere) Handlung des Auskunftsverpflichteten anknüpfen. Bei entsprechend begründeter Interessenlage erscheint ein solches Modell aber als milderes Mittel zu einem vollständigen Anspruchsausschluss auch auf Verletzungssachverhalte übertragbar, bei denen es um die Berechnung von Schadensersatzansprüchen geht (vgl. OLG Karlsruhe GRUR-RS 2022, 28741 Rn. 33 – Auskunftspflicht). Allerdings muss auch eine solche Einschränkung bereits **im Erkenntnisverfahren** geltend gemacht (dazu *Krumm* GRUR-Prax 2023, 205) und getroffen werden. Ist der Schuldner bereits unbedingt zur Auskunftserteilung verurteilt worden, kann die Auskunftserteilung im Zwangsvollstreckungsverfahren nicht mehr vom Abschluss einer entsprechenden Geheimhaltungsvereinbarung abhängig machen (OLG Düsseldorf GRUR

2020, 734 Rn. 15 – Cholesterinsenker; OLG Düsseldorf GRUR-RS 2023, 873 Rn. 14 – Geheimnisschutz II m. Anm. *Krumm* GRUR-Prax 2023, 205; OLG Karlsruhe GRUR-RS 2022, 28741 Rn. 33 – Auskunftspflicht).

Der Auskunftsverpflichtung können regelmäßig **keine datenschutzrechtlichen Belange der betroffenen Abnehmer/Kunden** entgegengehalten werden. Die mit der Auskunftserteilung verbundene Datenverarbeitung wird grundsätzlich als rechtmäßig nach **Art. 6 Abs. 1 lit. f DSGVO** gesehen, da das Interesse des Verletzten, Auskunft zur Berechnung von Schadensersatzansprüchen zu erhalten, i.d.R. höher gewichtet wird als das Interesse der Abnehmer an einem Schutz ihrer personenbezogenen Daten, die zudem in aller Regel nicht dem höchstpersönlichen Bereich zuzuordnen sind (OLG Düsseldorf GRUR-RS 2020, 44647 Rn. 104 – Zündkerze; OLG München GRUR-RR 2019, 137 Rn. 29 f. – Vertragshändlervertrag). **55a**

c) Verjährung. Die für den akzessorischen Auskunftsanspruch maßgebliche Verjährungsfrist ist umstritten. Im Bereich des Wettbewerbsrechts hat sich die Ansicht als herrschend durchgesetzt, dass der Anspruch – ungeachtet seiner inhaltlichen Akzessorietät – **selbständig nach allgemeinen Vorschriften (§§ 199 Abs. 1, 195 BGB)** verjährt (BGH GRUR 2012, 1248 Rn. 22 – Fluch der Karibik, *Köhler* in Köhler/Bornkamm/Feddersen UWG § 9 Rn. 5.42; *Büch* in Teplitzky Wettbewerbsrechtliche Ansprüche und ihre Durchsetzung Kap. 38 Rn. 37; *Goldmann* in Harte/Henning UWG Vorbem § 8 Rn. 102; *Ulrici* NJW 2018, 2001, 2004). Allerdings wird mitunter die Einschränkung getroffen, der Auskunftsanspruch könne **nicht vor dem Hauptanspruch** verjähren (BGH NJW 2017, 2755 Rn. 8; *Alexander* in Köhler/Bornkamm/Feddersen GeschGehG § 8 Rn. 35; aA *Ulrici* NJW 2018, 2001, 2004). Umgekehrt wird angenommen, dass eine Verjährung des Hauptanspruchs das Informationsbedürfnis des Berechtigten und damit dessen Auskunftsanspruch entfallen lässt (BGH GRUR 2019, 496 Rn. 13 f. – Spannungsversorgungsvorrichtung; BGH GRUR 2008, 989 Rn. 42 – Sammlung Ahlers; *Peters* JR 2013, 43, 46). **56**

Die im Wettbewerbsrecht früher überwiegend vertretene **Gegenansicht** nimmt an, dass sich die Abhängigkeit des Anspruchs auch auf die Frage der Verjährung erstreckt, so dass die **Verjährung des Hauptanspruchs maßgeblich** ist (*BGH* GRUR 1972, 558 (560) – Teerspritzmaschinen; *Ohly,* in: Ohly/Sosnitza, UWG, § 9 Rn. 68; *Peters* JR 2013, 43, 46). **57**

5. Beweislast

Nach allgemeinen Regeln trägt der **Anspruchsteller** die Darlegungs- und Beweislast hinsichtlich sämtlicher Anspruchsvoraussetzungen. Macht der **Anspruchsgegner** geltend, der Anspruch sei ganz oder teilweise ausgeschlossen, weil ihm die Angaben nicht unschwer möglich und/oder nicht zumutbar seien, trägt er hierfür die Darlegungs- und Beweislast. **58**

Die **Vollständigkeit und Richtigkeit** einer einmal **erteilten Auskunft** wird vermutet, wenn sich der Verletzte die Angaben zu eigen macht (BGH GRUR 1993, 897 – Mogul-Anlage). Will der Auskunftsverpflichtete daher in einem nachfolgenden Höheverfahren seine **Angaben korrigieren,** weil sie eine Unrichtigkeit zu seinen Ungunsten aufweisen, trägt er die Darlegungs- und Beweislast hinsichtlich des für die Korrektur wesentlichen Sachverhaltes (BGH GRUR 1993, 897 – Mogul-Anlage; OLG Frankfurt a.M. InstGE 7, 162 Rn. 24 – PET-Spritzwerkzeug II). **59**

6. Wahrung von Geheimhaltungsinteressen des Auskunftsverpflichteten

59a Für die **Nutzung erteilter Auskünfte** besteht eine **Zweckbindung.** Der Inhaber des Auskunftsanspruchs ist verpflichtet, die ihm erteilten Auskünfte ausschließlich für die Zwecke zu verwenden, denen der jeweilige Auskunftsanspruch dient (näher → Rn. 41). Er ist zudem gehalten, die Auskünfte seinen Mitarbeitern oder externen Beratern nur insoweit offenzulegen wie dies zur zweckentsprechenden Verwendung erforderlich ist (**siehe zum Ganzen:** → Rn. 32a). Äußerst umstr. ist, inwieweit in einem **Zwangsmittelverfahren (§ 888 ZPO)** prozessuale **Schutzmaßnahmen gemäß §§ 16 ff.** getroffen werden können (eingehend: → Rn. 63a ff.).

V. Gemeinsame Hinweise zur Durchsetzung der Auskunftsansprüche

1. Erkenntnisverfahren

60 Im Regelfall wird die Geltendmachung des **akzessorischen Auskunftsanspruchs** mit einem **Schadensersatzfeststellungsantrag** verbunden. Die Durchsetzung eines bezifferten Schadensersatzanspruchs bleibt dann einem nachfolgenden Höheverfahren vorbehalten (s. näher → § 10 Rn. 88). Alternativ können Auskunftsansprüche den Ansprüchen, deren Durchsetzung sie ermöglichen sollen, im Wege einer **Stufenklage (§ 254 ZPO)** vorgeschaltet werden (*Alexander* in Köhler/Bornkamm/Feddersen GeschGehG § 8 Rn. 8). Dies ist im Bereich des gewerblichen Rechtsschutzes aber unüblich. Denkbar ist auch eine Verbindung selbständiger Auskunftsansprüche gemäß § 8 Abs. 1 Nr. 3 mit Vernichtungsansprüchen gemäß § 7 Nr. 1 im Wege der Stufenklage (*Spieker* in BeckOK GeschGehG § 8 Rn. 8).

61 Der Anspruch auf Abgabe einer **eidesstattlichen Versicherung** über die Vollständigkeit der erteilten Auskünfte nach bestem Wissen gemäß §§ 259 Abs. 2, 260 Abs. 2 BGB ist im Klageweg durchzusetzen und kann auch mit dem Auskunftsanspruch im Wege der **Stufenklage (§ 254 ZPO)** verbunden werden (*Voß* in Schulte PatG § 139 Rn. 186). Zur Zwangsvollstreckung: → Rn. 63.

62 Der Auskunftsanspruch ist wegen des Verbotes der Vorwegnahme der Hauptsache **grundsätzlich nicht im Wege der einstweiligen Verfügung durchsetzbar** (so auch *Gregor* in Hoeren/Münker GeschGehG § 8 Rn. 46). Während der Gesetzgeber diese Möglichkeit im Bereich der Immaterialgüterrechte für den Fall einer offensichtlichen Rechtsverletzung jeweils ausdrücklich geregelt hat (vgl. nur §§ 140b Abs. 7 PatG, 24b Abs. 7 GebrMG, 46 Abs. 7 DesignG, 19 Abs. 7 MarkenG, 101 Abs. 7 UrhG), ist eine entsprechende Bestimmung in § 8 GeschGehG gerade nicht vorgesehen. Dies erscheint gut nachvollziehbar: Die Frage, ob eine Person Rechtsverletzer im Sinne von § 2 Nr. 3 und/oder ob ein Produkt rechtsverletzend im Sinne von § 2 Nr. 4 ist, wird meist nicht hinreichend offensichtlich sein, zumal Geschäftsgeheimnisse keinen feststehenden Schutzbereich haben, der mit demjenigen von Registerrechten vergleichbar wäre. Vielmehr kommt es immer auf Herkunft und Art und Weise der Erlangung zugrundeliegender Informationen an. Ungeachtet dessen sind **Ausnahmefälle denkbar.** In der Literatur wird vorgeschlagen, jedenfalls in den Fällen des **§ 8 Abs. 1 Nr. 3 und 4** eine Durchsetzung im Wege der einstweiligen Verfügung zuzulassen, wenn eine **Scha-**

densabwendung noch möglich ist, etwa wenn durch die Auskunft eine erstmalige Offenlegung des Geheimnisses noch verhindert werden kann oder der Verletzte die Information dringend benötigt, um bestehende Sicherheitslücken zu schließen (*Schönknecht* in Keller/Schönknecht/Glinke GeschGehG § 8 Rn. 51). In derartigen eng begrenzten Fällen mag eine einstweilige Verfügung ausnahmsweise in Betracht kommen. Bei einer solchen Leistungsverfügung sind aber nach allgemeinen Grundsätzen besonders strenge Anforderungen an die Darlegung von Verfügungsanspruch und Verfügungsgrund zu stellen. Im praktischen Ergebnis bedeutet dies, dass es nicht nur einer offensichtlichen Rechtsverletzung bedarf, sondern auch substantiiert dazu vorgetragen werden muss, dass die Auskunft zur Abwendung wesentlicher Nachteile erforderlich ist.

2. Zwangsvollstreckungsverfahren

a) Verfahren. Die Auskunftserteilung ist eine nicht vertretbare Handlung, deren **Zwangsvollstreckung** sich nach **§ 888 ZPO** richtet (OLG Frankfurt a.M. NJW-RR 2016, 960; OLG Düsseldorf GRUR-RR 2012, 406 (409) – Nullauskunft; OLG Hamburg NJW-RR 2002, 1292). Die Erzwingung einer Auskunftsergänzung gemäß § 888 ZPO kann im Einzelfall unverhältnismäßig sein, insbesondere in Fällen, in denen die Auskunftserteilung mit der Selbstbezichtigung einer strafbaren Geheimnisverletzung verbunden ist und die Abgabe einer eidesstattlichen Versicherung als milderes Mittel in Betracht kommt (BVerfG NJOZ 2011, 1423). Daneben ist bei einer vorsätzlich oder grob fahrlässig nicht, verspätet, falsch oder unvollständig erteilten Auskunft nach § 8 Abs. 1 ein **Schadensersatzanspruch** gemäß § 8 Abs. 2 und/oder §§ 280 ff. BGB denkbar (dazu näher: → Rn. 33 ff.). 63

Eine **eidesstattliche Versicherung** gemäß §§ 259 Abs. 2, 260 Abs. 2 BGB (→ Rn. 61) ist gemäß **§ 889 Abs. 1 ZPO** vor dem Amtsgericht als Vollstreckungsgericht abzugeben (*Voß* in Schulte PatG § 139 Rn. 186). Erscheint der Schuldner nicht oder verweigert er die Abgabe der Versicherung, können Zwangsmittel verhängt werden (§§ 889 Abs. 2, 888 ZPO). 63a

b) Prozessualer Schutz von Auskünften gem. §§ 16 ff. In Rechtsprechung und Literatur umstritten ist, ob und inwieweit im Rahmen eines Zwangsmittelverfahrens zur Durchsetzung einer Auskunftsverpflichtung **prozessuale Maßnahmen nach §§ 16 ff.** zum Schutz von Geschäftsgeheimnissen des Auskunftsschuldners getroffen werden können. Die Debatte betrifft mehrere, voneinander zu trennende Einzelfragen, nämlich **(1)** ob Maßnahmen nach §§ 16 ff. überhaupt erstmals im Vollstreckungsverfahren angeordnet werden können und **(2)** ob es sich bei den geschuldeten Auskünften um Informationen handelt, die dem Schutz der §§ 16 ff. unterfallen können (→ Rn. 63c). Bejaht man diese beiden Fragen, ist weiter umstritten, **(3)** in welchem Verhältnis Geheimhaltungsmaßnahmen nach den §§ 16 ff. zu den materiellen Zweckbindungen der Auskunft stehen (→ Rn. 63d) und **(4)** ob der Auskunftsschuldner die Auskunftserteilung bis zum Erlass von Schutzmaßnahmen nach §§ 16 ff. verweigern kann (→ Rn. 63e). 63b

Nach hier vertretener Ansicht bestehen grundsätzlich keine Bedenken, dass **Maßnahmen nach §§ 16 ff. auch erstmals in einem Zwangsmittelverfahren getroffen** werden können (→ § 19 Rn. 55; für das Patentrecht ebenfalls bejahend: LG Mannheim GRUR-RR 2022, 301 Rn. 13 ff. – Geheimnisschutzanordnung; krit., aber offenlassend: OLG Düsseldorf GRUR-RS 2023, 873 Rn. 9 – 63c

Geheimnisschutz II). Ferner steht **beiden Parteien** und damit auch dem Auskunftsschuldner die Möglichkeit offen, Maßnahmen nach den §§ 16 ff. GeschGehG zu beantragen (LG Mannheim GRUR-RR 2022, 301 Rn. 29 ff. – Geheimnisschutzanordnung). Angesichts des vertraulichen Charakters der Auskunftsdaten werden auch zumindest die Voraussetzungen für eine Geheimhaltungsanordnung nach § 16 Abs. 1 vorliegen, wenn diese Daten in das Zwangsvollstreckungsverfahren eingeführt werden (LG Mannheim GRUR-RR 2022, 301 Rn. 33 ff. – Geheimnisschutzanordnung; *Kircher* in BeckOK GeschGehG § 145a Rn. 22; *Hoppe* GRUR-RR 2022, 307 (307 f.)). Die **Gegenansicht** will zu erteilende Auskünfte **nicht** als **nach §§ 16 ff. schutzfähige Informationen** anerkennen, weil diese bereits materiell-rechtlich geschuldet seien; ein Schutz des verurteilten Auskunftsschuldners sei nicht vom Zweck der §§ 16 ff. gedeckt (OLG Düsseldorf GRUR-RS 2023, 873 Rn. 9 ff. – Geheimnisschutz II). Nachvollziehbar sind insoweit zwar rechtspolitische Bedenken, dass ein vermeintlich (nur) über den Umweg eines Zwangsmittelverfahrens erreichbarer Schutz vertraulicher Auskunftsdaten den Auskunftsschuldner davon abhalten könnte, seine bestehenden Verpflichtungen freiwillig und außerhalb eines solchen Verfahrens zu erfüllen (vgl. OLG Düsseldorf, a.a.O. Rn. 16). Allerdings gibt es im Gesetz keine überzeugende Grundlage für entsprechende Einschränkungen. Führt der Vollstreckungsschuldner die Auskunftsdaten in das Zwangsmittelverfahren ein, so handelt es sich um streitgegenständliche Informationen iSv § 16 Abs. 1 GeschGehG und § 145a S. 2 PatG, die prozessualem Geheimnisschutz zugänglich sind, sofern die Qualität als Geschäftsgeheimnis glaubhaft gemacht wird (§ 20 Abs. 3). Allenfalls könnte das Gericht eine Geheimhaltungsanordnung im Rahmen seiner Ermessensausübung mit dem Argument ablehnen, dass die Auskunftserteilung an den Gläubiger ohnehin bereits materiell-rechtlich geschuldet sei. Dagegen spricht aber, dass in das Zwangsmittelverfahren eingeführte Auskünfte nicht nur dem Gläubiger, sondern auch Dritten (z.B. dem Vollstreckungsgericht) zugänglich gemacht werden. Im Ergebnis sind daher vertrauliche Auskunftsdaten im Rahmen eines Zwangsmittelverfahrens **regelmäßig als geheimhaltungsbedürftig einzustufen,** sofern diese tatsächlich in das Verfahren eingeführt werden.

63d Gewisse Reibungen zwischen der **materiellen Auskunftsverpflichtung** und **prozessualen Schutzmaßnahmen** bestehen allerdings insofern, als die Auskunft zwar materiell beschränkt durch den Auskunftszweck (→ Rn. 32a u. 59a), aber im Rahmen dieser Zwecksetzung auch außerhalb des Zwangsmittelverfahrens genutzt werden darf (vgl. *Haedicke* GRUR 2020, 785 (791); aA LG Mannheim GRUR-RR 2022, 301 Rn. 48 ff. – Geheimnisschutzanordnung). Eine Geheimhaltungsanordnung nach § 16 Abs. 1 würde demgegenüber die Verwendung auf Zwecke des Zwangsmittelverfahrens begrenzen, eine Zugangsbeschränkung nach § 19 Abs. 1 könnte den Auskunftsgläubiger entgegen der materiellen Rechtslage im Umgang mit den Daten sogar noch weitergehend einschränken. Um diese Konflikte aufzulösen ist es dem Auskunftsgläubiger in **analoger Anwendung von § 16 Abs. 2 aE** zu gestatten, Auskünfte, die er im Zwangsvollstreckungsverfahren erhalten hat, **auch außerprozessual** zu nutzen, solange dies dem Auskunftszweck entspricht. Zugangsbeschränkungen gemäß **§ 19 Abs. 1** stehen ohnehin unter dem Vorbehalt einer **Interessenabwägung** und sind jedenfalls abzulehnen, soweit sie den Auskunftsgläubiger in der auskunftszweckentsprechenden Nutzung der Auskünfte beschränken würden (vgl. LG Mannheim GRUR-RR 2022, 301 Rn. 59 – Geheimnisschutzanordnung).

Unabhängig davon hat der **unbedingt zur Auskunftsleistung verpflichtete Schuldner** die Auskunft materiellrechtlich bereits außerhalb eines Zwangsmittelverfahrens im tenorierten Umfang an den Auskunftsgläubiger zu erteilen. Er ist daher **nicht berechtigt,** die Auskunftserteilung hinauszuzögern, bis der Gläubiger ein Zwangsmittelverfahren einleitet und kann die Auskunftserteilung auch **nicht von der Anordnung entsprechender prozessualer Schutzmaßnahmen abhängig** machen (OLG Karlsruhe GRUR-RS 2022, 28741 Rn. 31 ff. – Auskunftspflicht m. Anm. *Cepl* GRUR-Prax 2022, 665; LG Mannheim GRUR-RR 2022, 301 Rn. 66 – Geheimnisschutzanordnung). 63e

VI. Anspruch auf Vorlage und Besichtigung (§§ 809, 810 BGB)

1. Allgemeines

Zur Vorbereitung insbesondere von Unterlassungs- und Schadensersatzansprüchen wegen einer Geheimnisverletzung kommen neben Auskunftsansprüchen auch **Ansprüche auf Vorlage und Besichtigung** gem. § 809 BGB in Betracht (BGH GRUR 2002, 1046 – Faxkarte zum Urheberrecht und wettbewerbsrechtlichem Nachahmungsschutz; OLG Hamm GRUR-RR 2013, 306 – Vorbereitender Besichtigungsanspruch zu § 17 UWG a.F.; OLG Düsseldorf BeckRS 2010, 781 – Schaumstoffherstellungsanlage). Die Ansprüche haben vorbereitenden Charakter und dienen der Gewinnung von **Informationen** und **Beweismitteln,** um die Hauptansprüche hinreichend substantiieren und bestimmte Klageanträge (§ 253 Abs. 2 Nr. 2 ZPO) abfassen zu können. Entsprechende Institute sind auch in anderen Rechtsordnungen bekannt, dort allerdings meist nicht in Form materiell-rechtlicher Ansprüche, sondern als prozessuale Befugnisse des Gerichts, so etwa die *Anton-Piller-Order* bzw. *Search order* in Großbritannien (vgl. sec. 7 Civil Procedure Act 1997; *Amschewitz* Durchsetzungsrichtlinie 121 ff.; *Patnaik* GRUR 2004, 191 (194); *Westermann,* Hdb Know-how-Schutz Kap. 8 Rn. 20 ff.) oder die *Saisie-contrefaçon* in Frankreich und Belgien (*Amschewitz* Durchsetzungsrichtlinie 125 ff.; *Patnaik* GRUR 2004, 191, 195). Ähnliche Zielsetzungen verfolgt im US-amerikanischen Recht auch die *Pretrial discovery* (*Stadler* Schutz des Unternehmensgeheimnisses im deutschen und U.S.-amerikanischen Zivilprozeß 63 ff.). 64

2. Völker- und unionsrechtliche Vorgaben

Im Bereich der Immaterialgüterrechte wurden in Umsetzung von **Art. 7 Durchsetzungs-RL** spezialgesetzliche Besichtigungsansprüche positiviert (vgl. nur §§ 140c PatG, 24c GebrMG, 46a DesignG, 19a MarkenG, 101a UrhG). Die Bestimmungen traten an die Stelle der §§ 809, 810 BGB, die zuvor die Grundlage entsprechender Besichtigungsansprüche gebildet hatten. Der Sache nach bleibt § 809 BGB vor allem insoweit hinter den spezialgesetzlichen Besichtigungsansprüchen zurück, als eine Vorlage von Urkunden nur unter den restriktiveren Voraussetzungen des § 810 BGB verlangt werden kann (*Müller-Stoy* Mitt 2009, 361, 364). 65

Die **Geschäftsgeheimnis-RL** enthält **keine Vorgaben** für Maßnahmen zur Beweissicherung entsprechend Art. 7 Durchsetzungs-RL. Infolge des Mindestschutzcharakters der Geschäftsgeheimnis-RL (Art. 1 Abs. 1 UAbs. 2) bleibt es dem nationalen Gesetzgeber gleichwohl unbenommen, entsprechende Rechte auf rein 66 nationaler Grundlage vorzusehen. Dies ist mit Blick auf die bindenden Vorgaben (1 Abs. 2 TRIPS) des TRIPS-Übereinkommens auch notwendig. Nach **Art. 43 Abs. 1 TRIPS** müssen die Gerichte dem Gegner einer in Beweisnot befindlichen Partei die Vorlage von Beweismitteln auferlegen können. Der Vorlage- und Besichtigungsanspruch der §§ 809, 810 BGB dient der Ausfüllung dieser völkerrechtlichen Vorgaben (BGH GRUR 2002, 1046 (1048) – Faxkarte). Art. 43 Abs. 1 TRIPS ist auch in Bezug auf Geschäftsgeheimnisse bzw. **nicht offenbarte Informationen** im Sinne von **Art. 39 Abs. 2 TRIPS** verbindlich (vgl. Art. 41 Abs. 1 S. 1). Die §§ 809, 810 BGB bleiben daher im Bereich des Geheimnisschutzes anwendbar. Eines Rückgriffs auf diese allgemeinen Vorschriften bedarf es, da der Gesetzgeber anders als im Bereich der Immaterialgüterrechte und entgegen entsprechender Anregungen (vgl. GRUR-Stellungnahme zum GeschGehG-RefE GRUR 2018, 708, 711) keine spezialgesetzlichen Bestimmungen in das GeschGehG aufgenommen hat.

3. Anspruchsvoraussetzungen

67 Der **Anspruchsberechtigte** ist in § 809 BGB nicht näher bezeichnet („Wer“). Im Kontext des Geheimnisschutzes wird es sich regelmäßig um den Geheimnisinhaber (§ 2 Nr. 2) handeln. **Anspruchsgegner** ist der Besitzer einer Sache, wobei mittelbarer Besitz (§ 868 BGB) genügt (LAG Baden-Württemberg BeckRS 2013, 70632; LG Nürnberg-Fürth InstGE 5, 153 – Betriebsspionage)

68 § 809 BGB setzt voraus, dass der Anspruchssteller sich Gewissheit verschaffen will, ob ihm ein **(Haupt-) Anspruch „in Ansehung einer Sache“** gegen deren Besitzer zusteht. Der Hauptanspruch muss sich allerdings nicht auf die Sache selbst beziehen. Es genügt, wenn sich aus einer Besichtigung der Sache Erkenntnisse ergeben, die einen Anspruch begründen können, wenn also die Existenz oder die Beschaffenheit einer Sache Vorfrage für das Bestehen eines Anspruchs ist (BGH GRUR 2002, 1046 (1048) – Faxkarte; BGH GRUR 1985, 512 (514) – Druckbalken mwN; LG Nürnberg-Fürth InstGE 5, 153 Rn. 6 – Betriebsspionage). Die Sache kann beispielsweise ein IT-System sein, auf der Software-Quellcode gespeichert ist, der einer Besichtigung unterzogen werden soll (BGH GRUR 2002, 1046 (1048) – Faxkarte; *Tilmann/Schreibauer* GRUR 2002, 1015). Nach der Rechtsprechung muss der Hauptanspruch mit einem **„gewissen“ Grad an Wahrscheinlichkeit** bestehen (BGH GRUR 2002, 1046 (1048) – Faxkarte). Ein „erheblicher“ Grad (so früher: BGH GRUR 1985, 512 (516) – *Druckbalken*) ist aber nicht mehr erforderlich. Die Anforderungen wurden bewusst liberalisiert, da Besichtigungsansprüche gemäß § 809 BGB gerade in Situationen ungewisser Rechtsverletzungen vorgesehen sind und die Voraussetzungen auch mit Blick auf die Vorgaben des Art. 43 Abs. 1 TRIPs nicht überspannt werden dürfen (BGH GRUR 2002, 1046 (1048 f.) – Faxkarte)

69 Das nach dem Wortlaut des § 809 BGB außerdem erforderliche **Interesse an einer Besichtigung** ergibt sich bereits aus der Möglichkeit eines bestehenden Anspruchs. Es entfällt aber, wenn sich der Anspruchssteller die benötigten Informationen unschwer auf andere Weise beschaffen kann (BGH GRUR 1985, 512 (519) – Druckbalken; *Schreiber* JR 2008, 1, 2).

4. Anspruchsinhalt

70 Rechtsfolge des § 809 BGB ist entweder das Recht, eine **Vorlage der Sache** zu verlangen oder die **Besichtigung der Sache vor Ort** (zu Einzelheiten des Anspruchsinhalts: *Bork* NJW 1997, 1665, 1669 ff.).

Nach früherer Rechtsprechung des BGH war der Anspruchsinhalt dadurch wesentlich begrenzt, dass jeder **Substanzeingriff** in zu besichtigende Sachen ausgeschlossen sein sollte. Insbesondere konnte ein **Ein- und Ausbau von Teilen** oder eine **Inbetriebnahme** nicht verlangt werden (BGH GRUR 1985, 512 (517) – Druckbalken). Nach jüngerer Rechtsprechung des BGH sind Substanzeingriffe nicht von vorneherein ausgeschlossen (BGH GRUR 2002, 1046 (1049) – Faxkarte). Zwar ist das Integritätsinteresse des Anspruchsgegners an einer Unversehrtheit der Sache zu beachten. Regelmäßig besteht aber schon keine ernsthafte Gefahr einer Beschädigung der Sache. Sollte dies doch der Fall sein, so kann der Anspruch von einer Sicherheitsleistung abhängig gemacht werden (§ 811 Abs. 2 BGB). Im Falle einer schuldhaften Beschädigung ist der Besichtigende ohnehin schadensersatzpflichtig. 71

Inhalt des Anspruchs ist nur eine **Besichtigung konkreter Sachen** oder **Sachgesamtheiten** im Besitz des Gegners. Hingegen gewährt § 809 BGB kein Recht, sich erst Gewissheit darüber zu verschaffen, ob der Gegner im Besitz einer bestimmten Sache ist. Insbesondere ist der Anspruch nicht darauf gerichtet, die Geschäftsräume des Anspruchsgegners mit diesem Ziel zu durchsuchen (BGH GRUR 2004, 420 (421) – Kontrollbesuch). Die zu besichtigenden Sachen sind **möglichst genau zu bezeichnen** (OLG Hamm GRUR-RR 2013, 306 (307) – Vorbereitender Besichtigungsanspruch). Zu unbestimmt ist ein Besichtigungsantrag, der sich undifferenziert auf Besichtigung sämtlicher in einem strafrechtlichen Ermittlungsverfahren sichergestellter Gegenstände bezieht (LAG Baden-Württemberg BeckRS 2013, 70632). 72

5. Verjährung

Ähnlich wie bei dem akzessorischen Auskunftsanspruch (dazu → Rn. 56 f.) besteht auch bei dem Besichtigungsanspruch Uneinigkeit hinsichtlich der Verjährung. Zum Teil wird eine **Verjährung nach allgemeinen Vorschriften** (§§ 195, 199 Abs. 1 BGB) befürwortet (*Habersack* in MüKoBGB § 809 Rn. 15). Nach aA unterliegt der Besichtigungsanspruch als solcher **keiner vom Hauptanspruch unabhängigen Verjährung** (OLG Karlsruhe NJW-RR 2002, 951). Richtig dürfte es sein, die Verjährung des akzessorischen Auskunftsanspruchs und des Besichtigungsanspruchs jedenfalls nach gleichen Kriterien zu beurteilen. Als herrschend hat sich jedenfalls zum Auskunftsanspruch die Ansicht durchgesetzt, die grundsätzlich von einer eigenständigen Verjährung ausgeht, allerdings wegen der akzessorischen Natur des Anspruchs keine Verjährung vor dem Hauptanspruch annimmt (→ Rn. 56). 73

6. Hinweise zur Durchsetzung des Anspruchs, insbesondere „Düsseldorfer Verfahren“

a) Allgemeines. Der Besichtigungsanspruch kann im Wege der **einstweiligen Verfügung** durchgesetzt werden (*Tilmann/Schreibauer* GRUR 2002, 1015, 1016). Eine Kombination mit einem **selbständigen Beweisverfahren gem. § 485 ZPO** ist möglich. 74

Auch im Bereich des Geheimnisschutzes kann nach den im Patentrecht entwickelten Grundsätzen des **„Düsseldorfer Verfahrens“** (BGH GRUR 2010, 318 – Lichtbogenschnürung; *Kühnen* GRUR 2005, 185, 187 ff.; *Deichfuß* GRUR 2015, 436) vorgegangen werden (*Czychowski/Dworschak* GRUR Patent 2023, 20). Dies 75 umfasst ein Bündel von Maßnahmen mit im wesentlichen drei Regelungskomplexen, nämlich **(1)** der Anordnung eines selbständigen Beweisverfahrens (§§ 485 ff. ZPO zur Einholung eines Sachverständigengutachtens), **(2)** einer einstweiligen Verfügung auf Duldung der Besichtigung durch einen Sachverständigen und Vertreter des Antragstellers und **(3)** Regelungen zur Geheimhaltung bzw. Freigabe des Sachverständigengutachtens (vgl. *Eck/Dombrowski* GRUR 2008, 387; siehe zur konkreten Antragsfassung: *Kühnen* GRUR 2005, 185, 187 sowie *ders.* Hdb der Patentverletzung Teil B. Rn. 111).

76 Zielsetzung des Düsseldorfer Verfahrens ist es, ein austariertes System zu schaffen, das auch und gerade den **Geheimhaltungsinteressen des Besichtigungsschuldners** Rechnung trägt. Ein Besichtigungsanspruch wäre aus Gründen der Verhältnismäßigkeit zu versagen, wenn dem Informationsinteresse des Anspruchstellers überwiegende Geheimhaltungsinteressen des Anspruchsgegners gegenüberstünden (*Deichfuß* GRUR 2015, 436, 438). Das Düsseldorfer Verfahren soll eine Besichtigung ermöglichen und trotzdem gleichzeitig die Geheimhaltungsinteressen des Gegners wahren. Es beinhaltet deshalb eine Vielzahl von Absicherungen, um den Interessengegensatz zu entschärfen, ua klar definierte, enge Voraussetzungen der Besichtigung (insbesondere eine gewisse Wahrscheinlichkeit der Rechtsverletzung) und eine strikte sachliche Begrenzung des Besichtigungsgegenstandes. Ein wesentliches Element ist der Verzicht des Anspruchsstellers auf eine persönliche Teilnahme an der Besichtigung. Diese erfolgt vielmehr durch einen Sachverständigen und einen zur Verschwiegenheit verpflichteten Vertreter des Anspruchsinhabers. Im Anschluss wird ein abgewogenes Verfahren zur Zugänglichmachung des Gutachtens, das die Ergebnisse der Besichtigung wiedergibt, durchgeführt (vgl. zu Einzelheiten *Deichfuß* GRUR 2015, 436 sowie → Vor §§ 16 bis 19 Rn. 30).

77 **b) Einzelne Regelungsinhalte des Düsseldorfer Verfahrens.** Zentraler prozessualer Bestandteil des Düsseldorfer Verfahrens ist zunächst die **Anordnung eines selbständigen Beweisverfahrens** gemäß §§ 485 ff. ZPO. Dies umfasst folgende Regelungen:

- Festlegung des Beweisthemas und des zu besichtigenden Gegenstandes sowie
- Bestellung des Sachverständigen und
- Verpflichtung des Sachverständigen zur Verschwiegenheit.

78 Zusätzlich ergeht eine **einstweilige Verfügung,** gerichtet auf Duldung der Besichtigung. Im Einzelnen wird auf diesem Weg Folgendes angeordnet:

- Verpflichtung des Gegners, die Anwesenheit des Sachverständigen und weiterer, zur Verschwiegenheit verpflichteter Personen (Vertreter des Antragstellers, zB Rechts- und Patentanwälte) zu gestatten
- Verpflichtung der anwesenheitsberechtigten Vertreter des Antragstellers zur Verschwiegenheit (auch gegenüber der dem Antragsteller selbst) gemäß §§ 172 Nr. 2, 174 Abs. 3 S. 1 GVG
- Verbot an den Gegner, während der Begutachtung eigenmächtig Veränderungen an dem zu besichtigenden Gegenstand vorzunehmen
- Verpflichtung des Gegners zur Duldung der Besichtigung des Gegenstandes durch den Sachverständigen, ggf. einschließlich der Anfertigung einer Foto- oder Filmdokumentation sowie von Notizen (auch mittels Diktiergerät)

79 Umstritten ist, inwieweit es für eine derartige Besichtigungsverfügung eines Verfügungsgrundes bedarf, der durch eine besondere **Dringlichkeit in zeitlicher Hinsicht** definiert wird. Insbesondere nach Ansicht der Düsseldorfer Gerichte

bedarf es für eine Besichtigungsverfügung im Patentrecht keiner Dringlichkeit in zeitlicher Hinsicht, weil das Beschlussverfügungsverfahren insoweit nicht nur die Funktion erfüllt, beschleunigten Rechtsschutz zu gewähren, sondern als einseitiges Verfahren wegen des notwendigen Überraschungsmomentes der einzig gangbare Weg einer Durchsetzung ist. Ausgeschlossen sein soll der Erlass einer einstweiligen Verfügung daher nicht schon durch Zuwarten mit der Antragstellung, sondern nur, wenn eine Beseitigung von Beweismitteln ausnahmsweise nicht zu befürchten ist (OLG Düsseldorf InstGE 12, 105 zu § 101a UrhG; OLG Düsseldorf InstGE 13, 125 zu § 140c PatG). Die Gegenansicht hält an einem Dringlichkeitserfordernis auch bei Besichtigungsverfügungen fest (jeweils zu § 101a UrhG: OLG Köln ZUM 2009, 427; OLG Hamm ZUM-RD 2010, 27; OLG Nürnberg GRUR-RR 2016, 108). Zum Teil wird eine vermittelnde Position eingenommen, wonach zwar grundsätzlich ein Dringlichkeitserfordernis auch für Besichtigungsverfügungen besteht, hier aber großzügigere Maßstäbe als bei Unterlassungsverfügungen anzulegen sind (OLG Karlsruhe BeckRS 2013, 19312 – Product-by-Process-Merkmale im Besichtigungsverfahren; LG München I InstGE 13, 181 – Arzneimittelherstellung). Sofern man ein Dringlichkeitserfordernis annimmt, ist bislang nicht abschließend geklärt, ob die Vermutung des § 12 Abs. 2 UWG auf Ansprüche nach dem GeschGehG entsprechende Anwendung findet (vgl. zum Unterlassungsanspruch: → § 6 Rn. 56).

Schließlich werden Regelungen zur **Geheimhaltung** bzw. **Freigabe des Sachverständigengutachtens** getroffen, insbesondere **80**

- Gelegenheit für Antragsgegner zu Geltendmachung von Geheimhaltungsinteressen
- Zuleitung des Sachverständigengutachtens nur an zur Verschwiegenheit verpflichtete Vertreter des Antragstellers, ggf. Aufhebung der Verschwiegenheitspflichten nach Prüfung und Abwägung der Geheimhaltungsinteressen

c) Einfluss des GeschGehG auf das Düsseldorfer Verfahren? Die für Geschäftsgeheimnisstreitsachen neu eingeführten **Regelungen über den prozessualen Geheimnisschutz** (§§ 16 ff.) erfordern grundsätzlich keine Anpassung oder Modifikation des Düsseldorfer Verfahrens (*Kühnen* GRUR 2020, 576, 578; *Hauck* in Hoeren/Münker GeschGehG § 16 Rn. 36; *Druschel/Jauch* BB 2018, 1794, 1795 f.). Dies gilt auch angesichts der Vorschrift des § 19 Abs. 1 S. 3 GeschGehG, wonach mindestens einer natürlichen Person jeder Partei und ihren Prozessvertretern oder sonstigen Vertretern Zugang auch zu geheimhaltungsbedürftigen Unterlagen zu gewähren ist. Die Vorschrift bildet (ebenso wie die zugrundeliegende Bestimmung des Art. 9 Abs. 2 UAbs. 3 Geschäftsgeheimnis-RL) lediglich eine Schranke für Zugangsbeschränkungen, die das Gericht aufgrund der ihm verliehenen Befugnisse zulasten einer Partei trifft. Verzichtet hingegen der Besichtigungsgläubiger wie im Düsseldorfer Verfahren auf den vollen Zugang zu allen streitgegenständlichen Informationen, bleibt dies möglich (ebenso: *Gregor* in BeckOK GeschGehG § 19 Rn. 38; *Steinbrück/Höll* in Brammsen/Apel GeschGehG § 19 Rn. 42). Auch wenn es keiner Modifikation des Düsseldorfer Verfahrens bedarf, ist es im Bereich der Geschäftsgeheimnisstreitsachen nicht generell ausgeschlossen, dass sich vor dem Hintergrund der §§ 16 ff. GeschGehG eine weitere Spielart dieses Verfahrens etabliert, welche die neuen prozessualen Instrumente einbezieht (dazu *Hauck* GRUR 2020, 817; *Gregor* in Hoeren/Münker GeschGehG § 8 Rn. 71). Im Bereich der **Patentstreitsachen,** in dem das Düsseldorfer Verfahren seinen Ursprung und hauptsächlichen Anwendungsbe- **81**

reich hat, steht allerdings **§ 145a S. 1 PatG** entgegen, wonach die §§ 16 ff. im Rahmen selbständiger Beweisverfahren ausdrücklich nicht entsprechend anzuwenden sind (eine Anwendung im Rahmen des parallelen Verfügungsverfahrens bliebe indes möglich, vgl. *Hoppe* in Hoppe/Oldekop Kap. 3 Rn. 243o). Auch der Begriff des **Geschäftsgeheimnisses iSv § 2 Nr. 1** soll **nicht maßgeblich** sein, soweit im Rahmen des Düsseldorfer Verfahrens Geheimhaltungsinteressen des Besichtigungsschuldners berücksichtigt werden (OLG Düsseldorf GRUR 2022, 75 Rn. 12 ff. – Gutachtenherausgabe; krit. dazu: *Leister* GRUR-Prax 2021, 690).

§ 9 Anspruchsausschluss bei Unverhältnismäßigkeit

Die Ansprüche nach den §§ 6 bis 8 Absatz 1 sind ausgeschlossen, wenn die Erfüllung im Einzelfall unverhältnismäßig wäre, unter Berücksichtigung insbesondere

1. **des Wertes oder eines anderen spezifischen Merkmals des Geschäftsgeheimnisses,**
2. **der getroffenen Geheimhaltungsmaßnahmen,**
3. **des Verhaltens des Rechtsverletzers bei Erlangung, Nutzung oder Offenlegung des Geschäftsgeheimnisses,**
4. **der Folgen der rechtswidrigen Nutzung oder Offenlegung des Geschäftsgeheimnisses,**
5. **der berechtigten Interessen des Inhabers des Geschäftsgeheimnisses und des Rechtsverletzers sowie der Auswirkungen, die die Erfüllung der Ansprüche für beide haben könnte,**
6. **der berechtigten Interessen Dritter oder**
7. **des öffentlichen Interesses.**

Literatur: *Grabinski,* Injunctive Relief and Proportionality in Case of a Public Interest in the Use of a Patent, GRUR 2021, 200; *Harmsen,* Zu den Voraussetzungen der Aufbrauchfrist im Patentrecht, GRUR 2021, 222; *Hofmann,* Unterlassungsanspruch und Verhältnismäßigkeit – Beseitigung, Löschung und Rückruf, NJW 2018, 1290; *ders.,* „Anspruchsdenken" und „Remedydenken" im deutschen Privatrecht – Ein Perspektivwechsel durch die Unterscheidung von Rechtszuweisungs- und Rechtsdurchsetzungsnormen, JuS 2018, 833; *ders.,* „Equity" im deutschen Lauterkeitsrecht? Der „Unterlassungsanspruch" nach der Geschäftsgeheimnis-RL, WRP 2018, 1; *McGuire,* Stellungnahme zum 2. PatModG: Ergänzung des § 139 I PatG durch einen Verhältnismäßigkeitsvorbehalt?, GRUR 2021, 775; *Ohly,* „Patenttrolle" oder: Der patentrechtliche Unterlassungsanspruch unter Verhältnismäßigkeitsvorbehalt?, GRUR-Int 2008, 787; *ders.,* Acht Thesen zur Verhältnismäßigkeit im Patentrecht, GRUR 2021, 304; *Ohly/Stierle,* Unverhältnismäßigkeit, Injunction Gap und Geheimnisschutz im Prozess – Das Zweite Patentrechtsmodernisierungsgesetz im Überblick, GRUR 2021, 1129; *Osterrieth,* Technischer Fortschritt – eine Herausforderung für das Patentrecht?, GRUR 2018, 985; *Schacht,* Unverhältnismäßigkeit und Verletzerverhalten, GRUR 2021, 440; *Schellhorn,* Der patentrechtliche Unterlassungsanspruch im Lichte des Verhältnismäßigkeitsgrundsatzes, 2020; *Schickedanz,* Patentverletzung durch Einsatz von geschützten Bauteilen in komplexen Vorrichtungen und die Rolle der Patent-Trolle; GRUR-Int 2009, 901; *Schroeder/Drescher,* Praktische Fragen bei der Anwendung von § 11 GeschGehG, WRP 2021, 6; *Stierle,* Der quasi-automatische Unterlassungsanspruch im deutschen Patentrecht – Ein Beitrag im Lichte der Reformdiskussion des § 139 I PatG, GRUR 2019, 873; *ders.,* Diskussionsentwurf eines Zweiten Gesetzes zur Vereinfachung und Modernisierung des Patentrechts – Ein erster Schritt in die richtige Richtung, GRUR 2020, 262; *Stierle/Hofmann,* The Latest Amendment to the German Law on Patent Injunctions: The New Statutory Disproportionality Exception and Third-Party Interests, GRUR-Int 2022, 1123; *Tilmann,*

Erwiderung: Zu einem Unverhältnismäßigkeitsverbot im deutschen Patentsystem, Mitt. 2020, 245; *Tochtermann,* Zur „Unverhältnismäßigkeit“ einer Rechtsfolge nach dem neuen GeschGehG – Versuch einer Maßstabsbildung, WRP 2019, 688.

Übersicht

I. Allgemeines

1. Normzweck und Systematik

1 Das **Verhältnismäßigkeitsprinzip** spielt im Recht des Geheimnisschutzes eine **tragende Rolle.** Nach dem Vorbild des Art. 3 Enforcement-RL bestimmt **Art. 7 Geschäftsgeheimnis-RL,** dass alle in der Richtlinie vorgesehenen Maßnahmen, Verfahren und Rechtsbehelfe verhältnismäßig sein müssen, zudem allerdings auch wirksam und abschreckend (Art. 6 Abs. 2 lit. c Geschäftsgeheimnis-RL). Dem liegt der allgemeine Verhältnismäßigkeitsgrundsatz zugrunde, der zu den Grundprinzipien des Unionsrechts zählt (*Alexander* in Köhler/Bornkamm/Feddersen GeschGehG § 9 Rn. 5). Art. 13 Abs. 1 Geschäftsgeheimnis-RL für endgültige und Art. 11 Abs. 1 Geschäftsgeheimnis-RL für vorläufige Maßnahmen, deren Umsetzung § 9 dient, stellen Ausprägungen des Verhältnismäßigkeitsprinzips dar. Soweit die Ansprüche auf **Vernichtung, Herausgabe, Rückruf und Entfernung vom Markt (§ 7) und auf Auskunft (§ 8)** betroffen sind, findet § 6 eine **Entsprechung** in §§ 140a Abs. 4, 140b Abs. 4, 140c Abs. 2 PatG,

§§ 98 Abs. 4, 101 Abs. 4, 101a Abs. 2 UrhG, §§ 18 Abs. 3, 19 Abs. 4, 19a Abs. 2 MarkenG, §§ 43 Abs. 1, 46 Abs. 4 DesignG (ungenau insoweit der Hinweis auf § 98 Abs. 4 UrhG in der Begr. RegE, BT-Drs. 19/4724, weil diese Vorschrift gerade nur die Vernichtung, den Rückruf und die Überlassung betrifft). Hingegen steht der **allgemeine Unterlassungs- und Beseitigungsanspruch** im deutschen Recht des geistigen Eigentums **bisher nicht unter einem ausdrücklichen Verhältnismäßigkeitsvorbehalt** (s. aber im Unionsmarken- und Designrecht Art. 130 Abs. 1 UMVO, Art. 89 Abs. 1 GGVO). Allerdings wurde durch das Zweite Patentrechtsmodernisierungsgesetz 2021 im Patentrecht mit **§ 139 Abs. 1 S. 3 PatG** eine vergleichbare Vorschrift geschaffen (dazu *Ohly/Stierle* GRUR 2021, 1229 (1230 ff.)). Zudem können im Einzelfall Abwehransprüche wegen Rechtsmissbrauchs oder grober Unverhältnismäßigkeit gem. §§ 275 Abs. 2 oder 242 BGB ausgeschlossen oder für die Dauer einer Aufbrauchfrist ausgesetzt sein (zum Patentrecht BGH GRUR 2016, 1031 – Wärmetauscher, zum Markenrecht BGH GRUR 2020, 292 – Da Vinci; s.a. zur Aufbrauchfrist → Rn. 45).

2 Auch wenn **in der Regel Abwehransprüche die angemessene Rechtsfolge** bei Geheimnisverletzungen darstellen, sind Fälle denkbar, in denen **ausnahmsweise Unterlassungs-, Beseitigungs- oder Auskunftsansprüche unverhältnismäßig** sind. Praktische Beispiele sind bisher hauptsächlich aus dem **Patentrecht** bekannt (vgl. *Ohly* GRUR 2021, 304 (306 f.); *Osterrieth* GRUR 2018, 985; *Schickendanz* GRUR-Int 2009, 901; *Stierle* GRUR 2019, 873; zum 2021 geschaffenen Einwand der Unverhältnismäßigkeit in § 139 Abs. 1 S. 3 PatG → Rn. 1). Hier kann sich der Unterlassungsanspruch als unverhältnismäßig erweisen, wenn er die Vermarktung eines komplexen Produkts betrifft, von dem nur eine kleine, aber nicht leicht austauschbare Komponente das Patent verletzt. Auch wird über eine Unverhältnismäßigkeit nachgedacht, wenn der Anspruchsteller selbst das Patent nicht produktiv nutzt, sondern aus der reinen Verwertung von Schutzrechten einen Erlös erzielt (plakativ, wenn auch unscharf ist hier gelegentlich von „Patent-Trollen" die Rede). Schließlich gibt es Fälle, in denen ein Unterlassungsgebot die Interessen Dritter verletzen würde. Das kann insbesondere der Fall sein, wenn durch den Unterlassungsanspruch Patienten ein lebenswichtiges Arznei- oder Heilmittel vorenthalten würde. Vergleichbare Fälle sind, vorbehaltlich der schwierigen Abgrenzung von § 11 (→ Rn. 10 ff.), auch unter § 9 denkbar (→ Rn. 33, 35, 38). Da es sich beim **Recht am Geschäftsgeheimnis** um **kein vollständiges Ausschließlichkeitsrecht** handelt, nehmen hier Verhältnismäßigkeitsüberlegungen sogar einen breiteren Raum ein (*Tochtermann* WRP 2019, 688 (691)). So kann beispielsweise ein Unterlassungsanspruch unverhältnismäßig sein, wenn ein Unternehmer ein Geheimnis erst gutgläubig von einem Dritten erlangt hat, daraufhin Investitionen getätigt hat, dann aber auf dessen rechtswidrige Vortat hingewiesen wurde und nunmehr gem. § 4 Abs. 3 haftet. Auch in diesem Fall stellt sich aber die Frage der Abgrenzung zu § 11.

3 § 9 stellt eine von **Amts wegen zu berücksichtigende Einwendung,** nicht lediglich eine vom Anspruchsgegner zu erhebende Einrede dar (*Tochtermann* WRP 2019, 688 (690 f.) und in Büscher GeschGehG § 9 Rn. 6; *Alexander* in Köhler/Bornkamm/Feddersen GeschGehG § 9 Rn. 13; *Henn* in Brammsen/Apel GeschGehG § 9 Rn. 8 f.; *Keller* in Keller/Schönknecht/Glinke GeschGehG § 9 Rn. 30 f.). Insofern entspricht § 9 dem § 242 BGB, unterscheidet sich aber von der verwandten Vorschrift des § 275 Abs. 2 BGB. Für ein Verständnis als Einwendung spricht bereits der Wortlaut der Vorschrift („sind ausgeschlossen"), vor allem aber die unionsrechtskonforme Auslegung (→ Rn. 6).

2. Unionsrechtliche Vorgaben

§ 9 dient in erster Linie der **Umsetzung des Art. 13 Abs. 1 Geschäftsgeheimnis-RL** (Begr. RegE, BT-Drs. 19/4724, 31), dem zufolge die Gerichte „bei der Prüfung eines Antrags auf Erlass gerichtlicher Anordnungen und von Abhilfemaßnahmen nach Artikel 12 und bei der Beurteilung von deren Verhältnismäßigkeit den besonderen Umständen des Falls Rechnung tragen müssen" (vgl. auch Erwgr. 21 Geschäftsgeheimnis-RL). Auch der Kriterienkatalog des § 9 entspricht demjenigen des Art. 13 Abs. 1 Geschäftsgeheimnis-RL. Allerdings wird dort als **achtes Kriterium** der **Schutz der Grundrechte** genannt. Da aber § 9 als Generalklausel ohnehin ein Einfallstor für grundrechtliche Wertungen darstellt, sind die Grundrechte weniger zusätzliche Abwägungskriterien als Leitlinien für die gesamte Interessenabwägung. Insofern ist die Berücksichtigung der Grundrechte bei der Verhältnismäßigkeitsprüfung selbstverständlich und bedurfte im deutschen Recht nicht der besonderen Erwähnung. § 9 setzt aber **zugleich Art. 11 Geschäftsgeheimnis-RL** um, der auch den Erlass einstweiliger Maßnahmen und Anordnungen unter Verhältnismäßigkeitsvorbehalt stellt. Da nach der Systematik des deutschen Rechts auch im Verfahren des einstweiligen Rechtsschutzes Ansprüche durchgesetzt werden, genügte es, die Abwehransprüche insgesamt dem Verhältnismäßigkeitsgebot zu unterstellen. 4

Die **Geschäftsgeheimnis-RL** gewährt keine Ansprüche, sondern beruht auf dem aus dem common law bekannten **„Remedy-Denken"**, das auch der Enforcement-RL zugrunde liegt: Wenn das Gericht eine Verletzung festgestellt hat, kann es gem. Art. 6 ff. Geschäftsgeheimnis-RL flexibel über die angemessenen Rechtsfolgen entscheiden (*Hofmann* WRP 2018, 1 (2) und JuS 2018, 833; *Alexander* in Köhler/Bornkamm/Feddersen GeschGehG § 9 Rn. 6; *Tochtermann* in Büscher GeschGehG § 6 Rn. 21). Zudem gehört Art. 13 Geschäftsgeheimnis-RL zu den Vorschriften der Richtlinie, die nicht nur einen Mindeststandard setzen, sondern eine **vollständige Harmonisierung** bewirken. Die von den deutschen Gerichten zu § 242 BGB entwickelten Grundsätze mögen also Orientierung bieten, sie dürfen aber nur herangezogen werden, soweit sie dem Unionsrecht entsprechen (weitergehend *Tochtermann* WRP 2019, 688 (690)). 5

Für den **deutschen Gesetzgeber** stellte die richtige Umsetzung ins deutsche Recht eine **Herausforderung** dar, weil nach deutschem Systemverständnis das Gericht das Bestehen von Ansprüchen prüft und bei deren Bestehen kein Ermessen bei der Anordnung der Rechtsfolgen hat. Dementsprechend sieht das GeschGehG zunächst in §§ 6–8 Anspruchsgrundlagen vor und lässt dann in § 9 den Einwand der Unverhältnismäßigkeit zu. Diese Umsetzung ist nicht unproblematisch, weil nach der Vorstellung des Richtliniengebers die Verhältnismäßigkeit in jedem Einzelfall vor Anordnung der Unterlassung oder von Beseitigungsmaßnahmen zu prüfen ist (ebenso die GRUR-Stellungnahme zum RefE, GRUR 2018, 708 (711)). Daher ist ein Verständnis des § 9 als **von Amts wegen zu berücksichtigende Einwendung** zwingend geboten (*Keller* in Keller/Schönknecht/Glinke GeschGehG § 9 Rn. 30 f.; *Tochtermann* WRP 2019, 688 (690 f.) und in Büscher GeschGehG § 9 Rn. 6). Wenn der Sachverhalt zu einer Prüfung der Verhältnismäßigkeit Anlass gibt, muss sie auch dann erfolgen, wenn der Anspruchsgegner sich nicht darauf berufen hat. Allerdings werden sich die Anhaltspunkte für eine mögliche Unverhältnismäßigkeit in der prozessualen Praxis meist erst dann herausstellen, wenn der Anspruchsgegner hierzu vorträgt (*Alexander* in Köhler/Bornkamm/Feddersen GeschGehG § 9 Rn. 14). Mit die- 6 sen Maßgaben stellt § 9 eine unionsrechtskonforme Übersetzung der Art. 11, 13 Geschäftsgeheimnis-RL in die Systematik des deutschen Rechts dar (ebenso *Keller* in Keller/Schönknecht/Glinke GeschGehG § 9 Rn. 12; *Pohl* in Hoeren/Münker GeschGehG § 9 Rn. 7; *Tochtermann* WRP 2019, 688 (689)). **An die Stelle des Rechtsfolgenermessens** tritt die **Interessenabwägung** (*Hofmann* WRP 2018, 1 (6)).

7 Da die **Geschäftsgeheimnis-RL keine Auskunftsansprüche** vorsieht, wird auch deren Ausschluss bei Unverhältnismäßigkeit nicht durch das Unionsrecht vorgegeben (Begr. RegE, BT-Drs. 19/4724, 31). Allerdings stehen gem. **Art. 8 Durchsetzungs-RL** immaterialgüterrechtliche Auskunftsansprüche unter Verhältnismäßigkeitsvorbehalt; dasselbe gilt für die im deutschen Recht zur Umsetzung des Art. 8 erlassenen Vorschriften (→ Rn. 1). Daher ist die Erstreckung des § 9 auf Auskunftsansprüche auch aus unionsrechtlicher Sicht systemkonform.

3. Entstehungsgeschichte

8 Art. 11 und 13 Geschäftsgeheimnis-RL waren bereits als Art. 10 und 12 im Vorschlag der Kommission enthalten. § 9 entspricht § 8 des Referentenentwurfs. Die Vorschrift blieb im Gesetzgebungsverfahren unverändert.

4. Verhältnis zu anderen Vorschriften

9 **a) §§ 3–5.** Auch in den §§ 3–5 finden sich Elemente einer Abwägung zwischen den Interessen des Inhabers und dessen, der Geheimnisse erlangt, nutzt oder offenlegt. Die **§§ 3–5** sind **gegenüber § 9** insofern **vorrangig,** als sämtliche Voraussetzungen der Ansprüche aus §§ 6, 7 oder 8 vorliegen müssen, bevor sich die Frage einer Anwendung des § 9 überhaupt stellt. Allerdings können die unter §§ 3–5 berücksichtigten Interessen sich gleichwohl auch im Rahmen des § 9 auswirken. Hat beispielsweise ein Dritter eine geheime Information zunächst gutgläubig erworben, wird aber später auf die rechtswidrige Vortat hingewiesen und handelt daher ab dem Hinweis rechtswidrig (§ 4 Abs. 3), so können seine schutzwürdigen Interessen (zB am Abverkauf rechtsverletzender Produkte oder an der zumindest vorübergehenden Verwertung von einem neuen Arbeitnehmer unrechtmäßig eingebrachter Informationen) in Verbindung mit seinen anfänglichen guten Glauben für die zumindest zeitweilige Aussetzung des Unterlassungsanspruchs sprechen (→ Rn. 29, → § 11 Rn. 7, 15).

10 **b) § 10.** Anders als § 5 stellt § 9 weder eine Ausnahme vom Geheimnisschutz noch einen Rechtfertigungsgrund dar, sondern führt gem. § 9 nur **zum Ausschluss** der „Rechtsfolge Unterlassen" (*Hofmann* WRP 2018, 1 (6 f.)), also sämtlicher oder einzelner (→ Rn. 20) **Ansprüche aus §§ 6–8.** Die betreffende **Verletzungshandlung bleibt rechtswidrig.** Der **Schadensersatzanspruch (§ 10) bleibt** also **unberührt** (so ausdrücklich § 139 Abs. 1 S. 5 PatG). Verletzungshandlungen gem. § 4 erfolgen in aller Regel schuldhaft, weil Verletzungen gem. § 4 Abs. 1, 2 meist vorsätzlich vorgenommen werden und § 4 Abs. 3 sogar Verschulden für die Entstehung des Anspruchs voraussetzt. Wenn § 9 eingreift, kommt es also meist zu einer Situation, die in common law-Rechtsordnungen als „damages in lieu of an injunction" bezeichnet wird: Der Geheimnisinhaber kann die Verletzung bei Ausschluss des Unterlassungsanspruchs nicht verhindern bzw. bei Ausschluss der Ansprüche aus §§ 7 oder 8 keine Beseitigung oder keine Auskunft verlangen, kann aber Schadensersatzansprüche geltend machen und so einen

finanziellen Ausgleich dafür erlangen, dass er die Verletzungshandlung dulden muss. Die kontroverse Diskussion um die Rechtsnatur des § 11 (→ Rn. 11 ff. und → § 11 Rn. 9 ff.) darf den Blick darauf nicht verstellen, dass im Regelfall der schuldhaften Verletzung das Gericht auf Antrag des Verletzten Schadensersatz zusprechen kann, ohne dass dieser die finanzielle Kompensation seinerseits anbieten müsste.

c) § 11. Erhebliche **Schwierigkeiten** bereitet das **Verhältnis zwischen § 9 und § 11.** Beide Vorschriften schließen Beseitigungsansprüche bei Unverhältnismäßigkeit aus, unterscheiden sich aber in dreierlei Hinsicht. Erstens greift § 11 nur bei schuldlosen Verletzungen ein, während unter § 9 der Grad des Verschuldens lediglich eines von mehreren bei der Abwägung zu berücksichtigenden Kriterien darstellt (s. § 9 Nr. 3). Zweitens sieht § 11 die Zahlung einer Abfindung vor, von der in § 9 keine Rede ist. Drittens legt die Formulierung des § 11 nahe, dass der Verletzer die Initiative ergreifen und eine Abfindung anbieten muss, während die Unverhältnismäßigkeit gem. § 9 von Amts wegen zu berücksichtigen ist (→ Rn. 3, 6). 11

Dem Gesetzgeber scheint bei der Verdopplung der Verhältnismäßigkeitsvorbehalte entgangen zu sein, dass die **Vorbilder für § 11** aus dem Bereich des **geistigen Eigentums** stammen (s. insb. Art. 12 Enforcement-RL und §§ 100 UrhG, 45 DesignG), dort aber die **einzige Möglichkeit** für den Verletzer darstellen, **Abwehransprüche wegen Unverhältnismäßigkeit abzuwenden.** Diese Privilegierung wird nur schuldlosen Verletzern gewährt und von der Zahlung einer Abfindung abhängig gemacht. Im GeschGehG sieht aber bereits § 9, der in vergleichbarer Form im Immaterialgüterrecht bis zur Einführung des § 139 Abs. 1 S. 3 PatG nicht bestand, bereits den Ausschluss der Abwehransprüche bei Unverhältnismäßigkeit sogar bei schuldhaftem Verhalten vor, so dass der Verletzer die vermeintliche Privilegierung des § 11 nicht benötigt. Gelungener ist die Systematik des 2021 ins Patentrecht eingefügten § 139 Abs. 1 S. 3–5: Ist der Anspruch wegen Unverhältnismäßigkeit ausgeschlossen, so hat der Rechtsinhaber einen Anspruch auf angemessenen Ausgleich in Geld. 11a

Richtig erscheint es daher, **§§ 9 und 11 als Einheit** anzusehen (näher hierzu und zur Gegenauffassung → § 11 Rn. 9 ff.). Diese Lösung legt Art. 13 Geschäftsgeheimnis-RL nahe, und sie entspricht der Systematik verwandter Vorschriften wie § 139 Abs. 1 S. 3, 4 PatG, §§ 906 Abs. 2 oder 912 Abs. 2 BGB. Demnach ist die **Verhältnismäßigkeit gem. § 9 umfassend zu prüfen.** Handelt es sich um eine vorsätzliche oder fahrlässige Verletzung, so lässt § 9 etwaige Schadensersatzansprüche unberührt. Geschah die Verletzung aber schuldlos, so ist **§ 11 Anspruchsgrundlage für einen Abfindungsanspruch** des Verletzten, sofern ein solcher angemessen erscheint. 12

d) § 14. In dem Bestreben, dem Verhältnismäßigkeitsprinzip zur Geltung zu verhelfen, hat der Richtliniengeber verschiedene Ausprägungen dieses Grundsatzes kumulativ vorgesehen. Zu diesen Ausprägungen gehört auch das Missbrauchsverbot des § 14. Während § 9 eine rein materiell-rechtliche Einwendung darstellt und die Zulässigkeit einer Klage unberührt lässt, ist **§ 14 bereits eine (negative) Prozessvoraussetzung** (→ § 14 Rn. 17 f.). Dementsprechend setzt § 14 voraus, dass schon die Geltendmachung des Anspruchs missbräuchlich ist, beispielsweise wegen offensichtlicher Unbegründetheit, wegen des Versuchs, den Handelnden zu schikanieren oder wegen unzulässiger Mehrfachabmahnungen. Derartige Evidenzfälle dürften praktisch selten sein (→ § 14 Rn. 7). Erscheint die Begründet- 13 heit des Anspruchs nicht von vornherein ausgeschlossen und stellt die Klageerhebung nicht aus besonderen Gründen eine Schikane dar, so sollte die Abwägung zwischen den Interessen des Inhabers und des Verletzers im Rahmen der Anspruchsvoraussetzungen und unter § 9 geprüft werden.

II. Voraussetzungen

1. Abwehr- und Auskunftsansprüche

14 § 9 betrifft **Unterlassungs- und Beseitigungsansprüche (§ 6),** die **speziellen in § 7 geregelten Fälle** der Beseitigung und **Auskunftsansprüche (§ 8 Abs. 1).** Für **Schadensersatzansprüche** wegen Verletzung von Geheimnissen (§ 10) oder von Auskunftspflichten (§ 8 Abs. 2) gilt § 9 **nicht.** Beim Schadensersatz ist das Verhältnismäßigkeitsprinzip bei der Feststellung des Verschuldens und im Rahmen der §§ 249 ff. BGB, insb. des Mitverschuldens und der Schadensminderungspflicht (§ 254 BGB) zu berücksichtigen. Sofern Auskunftsansprüche der Vorbereitung eines Schadensersatzanspruchs dienen, sprechen systematische Erwägungen gegen deren Ausschluss gem. § 9 (aA *Henn* in Brammsen/Apel GeschGehG § 9 Rn. 6). Auch **vertragliche Ansprüche** unterfallen **nicht** dem § 9. Hier können die Parteien selbst Verhältnismäßigkeitsüberlegungen bei der Vereinbarung der Pflichten berücksichtigen (*Alexander* in Köhler/Bornkamm/Feddersen GeschGehG § 9 Rn. 11; *Keller* in Keller/Schönknecht/Glinke GeschGehG § 9 Rn. 2). Im Übrigen ist die Unverhältnismäßigkeit der Erfüllung bei vertraglichen Ansprüchen nach Maßgabe der §§ 275 Abs. 2, 307, 138 BGB zu beurteilen.

15 § 9 kann erst dann eingreifen, wenn **alle anderen Tatbestandsvoraussetzungen der §§ 6, 7 oder 8 erfüllt** sind. Ist das nicht der Fall, so besteht kein Anspruch, und die Frage der Unverhältnismäßigkeit stellt sich nicht.

2. Unverhältnismäßigkeit

16 **a) Grundlagen.** Grundlage der Verhältnismäßigkeitsprüfung ist eine **umfassende Interessenabwägung** (vgl. auch Erwgr. 21 a.E.) unter Berücksichtigung aller Umstände des Einzelfalls. Ausgangspunkte sind dabei das **Interesse des Verletzten an Unterlassung, Beseitigung oder Auskunft** einerseits (vgl. § 9 Nr. 1, 4, 5) und die **Einbußen, die der Verletzer bei Erfüllung des Anspruchs** erleiden würde, andererseits (vgl. § 9 Nr. 5). Zu berücksichtigen ist auch das **Vorverhalten beider Parteien:** einerseits das Maß an Sorgfalt in eigenen Angelegenheiten, die der Inhaber hat walten lassen (vgl. § 9 Nr. 2), andererseits das Verhalten des Verletzers (§ 9 Nr. 3), insbesondere der Grad seines Verschuldens. Schließlich sind auch die **Interessen Dritter** und das **öffentliche Interesse** in Rechnung zu stellen (§ 9 Nr. 6, 7).

17 Der **Kriterienkatalog des § 9** ist **nicht abschließend** („unter Berücksichtigung *insbesondere*"), auch wenn es angesichts der generalklauselartigen Formulierung der Nr. 5 schwerfällt, Kriterien zu benennen, die dort nicht berücksichtigt sind. Die Kriterien stehen in **Wechselwirkung** zueinander **(„bewegliches System")** (ebenso *Keller* in Keller/Schönknecht/Glinke GeschGehG § 9 Rn. 37: „je-desto-Beurteilung"; *Henn* in Apel/Brammsen GeschGehG § 9 Rn. 20). Erforderlich ist eine **Gesamtbeurteilung anhand aller Umstände des Einzelfalls.** Vor allem besteht kein Automatismus in dem Sinne, dass die Erfüllung eines der Kriterien automatisch zum Anspruchsausschluss führt. Beispielsweise schließt ein

fahrlässiges Verhalten des Verletzers einen Ausschluss des Unterlassungsanspruchs nicht zwingend gem. § 9 Nr. 3 aus. Hat der Verletzer aber grob fahrlässig gehandelt, so können Abwehransprüche auch dann angemessen sein, wenn deren Kosten ungewöhnlich hoch sind. Allerdings haben **die Kriterien nicht dasselbe Gewicht.** Nr. 5 umschreibt den Kern der Interessenabwägung und stellt daher den wichtigsten Prüfungsschritt dar: zu identifizieren sind die berechtigten Interessen beider Seiten und die potenziellen Auswirkungen der Erfüllung. Nr. 4 formuliert die Kehrseite, nämlich die Folgen bei Ausschluss der Ansprüche. Beides wird sich oft nicht trennen lassen. Nr. 1 stellt ein Hilfskriterium zu Nr. 5 dar; Je größer der Wert des Geheimnisses, desto gewichtiger das Interesse des Inhabers an Abwehr- und Auskunftsansprüchen. Davon zu trennen ist die Frage nach dem Vorverhalten beider Seiten (Nr. 2 und 3).

Methodisch bietet es sich an, in einem **ersten Schritt** die **Interessen** beider Seiten und etwaige Dritt- und Allgemeininteressen zu **benennen.** Diese Interessen bemessen sich nach dem Unterschied zwischen der Situation bei Ausschluss des betreffenden Anspruchs einerseits und bei dessen Bestehen und Erfüllung andererseits. In einem **zweiten Schritt** werden sie **unter Berücksichtigung des Vorverhaltens** beider Seiten **beurteilt** und **gewichtet.** Schließlich findet in einem **dritten Schritt** die **eigentliche Gegenüberstellung und Abwägung** statt (ebenso *Alexander* in Köhler/Bornkamm/Feddersen GeschGehG § 9 Rn. 18; *Tochtermann* WRP 2019, 688 (690)). 18

Von besonderer Bedeutung für die Abwägung sind die **Wertungen der Grundrechte,** wobei wegen des vollharmonisierenden Charakters des Art. 13 Geschäftsgeheimnis-RL auf die EUGRCh abzustellen ist (→ § 5 Rn. 18). In Art. 13 Abs. 1 lit. h, der in § 9 nicht umgesetzt wurde (→ Rn. 4), werden sie ausdrücklich erwähnt. Es handelt sich aber weniger um ein gesondertes Kriterium als um eine allgemeine Leitlinie für die Abwägung. Vor allem bei der Gewichtung der betroffenen Interessen können die Grundrechte eine wichtige Rolle spielen. Das gilt gerade für Drittinteressen. So ist das bloße Interesse eines Verbrauchers, einen verletzenden Gegenstand weiter zur Verfügung zu haben, weniger schutzwürdig als das durch Art. 3, 35 EUGRCh geschützte Interesse des Patienten auf Zugang zu einer möglicherweise lebenswichtigen Heilbehandlung. 19

Die Unverhältnismäßigkeit ist **für jeden Anspruch gesondert** zu bestimmen. Wie der Vergleich mit dem Recht des geistigen Eigentums (→ Rn. 1) zeigt, ist es durchaus denkbar, dass der Unterlassungsanspruch (§ 6) fortbesteht, während beispielsweise die Ansprüche auf den Rückruf oder die Vernichtung verletzender Produkte (§ 7 Nr. 2, 4) wegen Unverhältnismäßigkeit ausgeschlossen sind. 20

Eine wesentliche Frage im Rahmen des Verhältnismäßigkeitsprinzips lautet, ob kein **milderes Mittel** zur Verfügung steht. Gerade die **Vernichtung** verletzender Produkte kann sich unter diesem Gesichtspunkt als unverhältnismäßig erweisen, wenn als mildere Mittel die Veränderung des Produkts oder eine Spende an wohltätige Organisationen in Betracht kommen (Erwgr. 28 Geschäftsgeheimnis-RL). 21

Der Verhältnismäßigkeitsvorbehalt des § 9 ändert nichts daran, dass im **Regelfall** der Verletzung **Abwehr- und Auskunftsansprüche bestehen.** Auch wenn die Verhältnismäßigkeit in jedem Einzelfall zu bedenken ist, stellt der **Ausschluss bei Unverhältnismäßigkeit** eine **Ausnahme** dar, die nur bei Vorliegen besonderer Umstände eingreift (ebenso *Tochtermann* WRP 2019, 688 (691) und in Büscher GeschGehG § 9 Rn. 10; *Spieker* in BeckOK GeschGehG § 9 Rn. 2; *Henn* in Brammsen/Apel § 9 Rn. 19, wenn auch mit unionsrechtlichen Bedenken). Da schon in §§ 2–5 wesentliche Gegeninteressen Berücksichtigung finden, liegt es in 22 der Regel nicht nur im Interesse des Verletzten, sondern auch im öffentlichen Interesse, dass die Rechtsverletzung unterbleibt und dass ihre Folgen beseitigt werden (vgl. Begr. RegE, BT-Drs. 19/4724, 32, zu Nr. 7). Hierfür spricht auch Art. 6 Abs. 1 und 2 Geschäftsgeheimnis-RL, denen zufolge ein wirksamer und abschreckender Schutz von Geschäftsgeheimnissen zu gewährleisten ist. Der Gesetzgeber hat bei der Normierung der Rechtsfolgen angenommen, dass der Verletzer die aus einem Nutzungsverbot folgenden Vermögenseinbußen in der Regel ebenso zu tragen hat wie die Kosten und Unannehmlichkeiten des Rückrufs und der übrigen in §§ 6, 7 vorgesehenen Beseitigungsmaßnahmen.

23 **b) Die Kriterien des § 9 Nr. 1–7. aa) Wert und andere spezifische Merkmale des Geschäftsgeheimnisses (Nr. 1). Je wertvoller** das Geheimnis, **desto stärker** fallen die **Interessen des Inhabers** ins Gewicht. Ist der Wert hingegen niedrig (aber immerhin noch oberhalb der Schwelle des § 2 Nr. 1 lit. a), so können sich vor allem aufwändige Maßnahmen des Verletzers, beispielsweise kostspielige Rückholmaßnahmen, als unverhältnismäßig erweisen (Begr. RegE, BT-Drs. 19/4724, 31). Das bedeutet allerdings keineswegs, dass geringwertige Geheimnisse nicht geschützt würden oder dass ihre Verletzung regelmäßig keine Abwehransprüche auslöste (→ Rn. 22; ebenso *Alexander* in Köhler/Bornkamm/Feddersen GeschGehG § 9 Rn. 21; *Henn* in Brammsen/Apel § 9 Rn. 23; *Keller* in Keller/Schönknecht/Glinke GeschGehG § 9 Rn. 41; *Tochtermann* in Büscher GeschGehG § 9 Rn. 22).

24 Der **Wert des Geheimnisses** kann sowohl **absolut** als auch **relativ** bestimmt werden. Ersteres ist denkbar, wenn das Geheimnis einen Marktwert hat oder wenn Anhaltspunkte für die Herstellungskosten bestehen. Der relative Wert ist die Bedeutung des Geheimnisses für das Unternehmen. Beispielsweise sind Rezepturen oder Herstellungsverfahren für wesentliche Produkte des Unternehmens wertvoller als Herstellungsinformationen für Waren, von deren Herstellung abgesehen wurde. Allerdings ist eine exakte Bestimmung, die eine aufwändige Beweisaufnahme erforderlich machen könnte, für die Zwecke der Abwägung nicht erforderlich (*Tochtermann* in Büscher GeschGehG § 9 Rn. 24).

25 Die Bedeutung des Geheimnisses für den Inhaber kann sich gem. § 9 Nr. 1 auch aus **anderen spezifischen Merkmalen** ergeben. Angesichts der weiten Auslegung des Begriffs „wirtschaftlicher Wert" in § 2 Nr. 1 lit. a, der alle für das wirtschaftliche und technische Potenzial oder die Wettbewerbsfähigkeit relevanten Aspekte umfasst (Erwgr. 14 Geschäftsgeheimnis-RL), ist allerdings nicht ohne weiteres ersichtlich, welche Merkmale in Betracht kommen. So haben „negative Geheimnisse", beispielsweise Informationen über Fertigungsprobleme, keinen Verkaufswert, dennoch kann ihre Offenlegung den Inhaber erheblich schädigen. Schon aus diesem Grund kommt ihnen unter § 2 Nr. 1 lit. a Wert zu (→ § 2 Rn. 36 ff.).

26 **bb) Getroffene Geheimhaltungsmaßnahmen (Nr. 2).** Zu berücksichtigen ist auch das **Verhalten beider Seiten vor der Verletzung.** Die Interessen des Inhabers fallen umso stärker ins Gewicht, je mehr **Sorgfalt in eigenen Angelegenheiten** er hat walten lassen. § 9 Nr. 2 ist daher wertungsmäßig mit § 254 Abs. 1 BGB verwandt. Zudem ist die Warnfunktion bei strengen Geheimhaltungsmaßnahmen höher als bei laxen (*Tochtermann* in Büscher GeschGehG § 9 Rn. 28). Aus diesen Gründen nennt Nr. 2 die vom Inhaber getroffenen Geheimhaltungsmaßnahmen als Kriterium. Hat er **ganz unzureichende Maßnahmen** getroffen, so scheidet gem. **§ 2 Nr. 1 lit. b** bereits der Geheimnisschutz

insgesamt aus. **Oberhalb dieser Schwelle** besteht ein **Spektrum,** das von gerade noch angemessenen Maßnahmen bis hin zu einem Selbstschutz nach höchsten Branchenstandards reicht. **Je höher** auf dieser Skala die Geheimhaltungsmaßnahmen anzuordnen sind, **desto eher erweisen sich Abwehr- und Unterlassungsansprüche als verhältnismäßig.** Vergleichbar mit dem Fall geringer Geheimhaltungsmaßnahmen ist eine **zögerliche Rechtsdurchsetzung.** Daher sollte die Verwirkung im GeschGehG nicht nach § 242 BGB beurteilt, sondern als unbenannter, aber § 9 Nr. 2 vergleichbarer Fall unter § 9 subsumiert werden.

Allerdings muss bei der Abwägung berücksichtigt werden, dass jede nach der 27 Definition des § 2 als Geschäftsgeheimnis anzusehende Information auch **grundsätzlich Schutz verdient.** Zudem lässt sich das Kriterium des § 9 Nr. 2 ebenso wie die Voraussetzung des § 2 Nr. 1 lit. b mit dem Argument kritisieren, dass der rechtliche Geheimnisschutz gerade dazu dient, die Kosten des faktischen Selbstschutzes zu reduzieren (→ Einl. A Rn. 16; § 2 Rn. 43).

cc) Verhalten des Verletzers (Nr. 3). Spiegelbildlich zur Sorgfalt, die der 28 Inhaber in seinen eigenen Angelegenheiten aufgewendet hat, ist auch das **Verhalten des Verletzers,** insbesondere der **Grad seines Verschuldens** zu berücksichtigen. Insofern besteht eine Parallele zwischen § 9 Nr. 3 und § 275 Abs. 2 BGB. Auch wenn es dabei bleibt, dass Abwehransprüche kein Verschulden voraussetzen (→ § 6 Rn. 16), erlaubt § 9 doch vor allem dann Korrekturen der strengen Rechtsfolgenanordnung, wenn bei schuldlosem und leicht fahrlässigem Verhalten die Abwehransprüche nicht durch bloße Passivität erfüllt werden können, sondern erhebliche Kosten verursachen (*Hofmann* WRP 2018, 1 (6); *Tochtermann* in Büscher GeschGehG § 9 Rn. 30). Anders als § 11 setzt **§ 9** kein schuldloses Verhalten voraus, sondern **kann auch im Fall einer fahrlässigen oder gar vorsätzlichen Verletzung eingreifen** (zum fehlenden Vorrang des § 11 bei schuldlosen Verletzungen → Rn. 12). Handelt der Verletzer aber vorsätzlich, z.B., durch Umgehung von Sicherheitsmaßnahmen, durch Bestechung von Mitarbeitern oder durch bewusste Inkaufnahme von Schäden, so spricht dies gegen die Unverhältnismäßigkeit (*Henn* in Brammsen/Apel GeschGehG § 9 Rn. 27; *Keller* in Keller/Schönknecht/Glinke GeschGehG § 9 Rn. 48). Handelt der Verletzer hingegen schuldlos, so kommt Unverhältnismäßigkeit eher in Betracht als bei einer fahrlässigen Verletzung. Im Bereich der Fahrlässigkeit kommt der Differenzierung zwischen leichter, mittlerer und grober Fahrlässigkeit Bedeutung zu (ebenso *Keller* in Keller/Schönknecht/Glinke GeschGehG § 9 Rn. 48). Eine vorsätzliche Verletzung wird in aller Regel Abwehr- und Auskunftsansprüche auslösen; Unverhältnismäßigkeit ist hier nur in Ausnahmefällen denkbar, insbesondere im Fall der gutgläubigen Erlangung des Geheimnisses (→ Rn. 29).

Eine wesentliche Rolle spielt § 9 Nr. 3, wenn der Anspruchsgegner die Infor- 29 mation **zunächst in gutem Glauben** erlangt hat, **später aber Kenntnis** von der rechtswidrigen Vortat erlangt, insbesondere durch einen entsprechenden Hinweis durch den Inhaber. Ab dem Moment der Kenntnis haftet der Anspruchsgegner gem. § 4 Abs. 3 (→ § 4 Rn. 48, s.a. → § 11 Rn. 15 mit Nachw. zur Gegenansicht, die unter § 4 Abs. 3 auf den Zeitpunkt der Erlangung der Information abstellt), hat aber zuvor möglicherweise Investitionen im Vertrauen auf die Nutzbarkeit der Information getätigt. In diesem Fall kann sich eine sofortige Verpflichtung zur Unterlassung als unverhältnismäßig erweisen. **Erwgr. 29 Geschäftsgeheimnis-RL** nennt diesen Fall im Zusammenhang mit einer **Abfindung,** also nach deutscher Systematik als Beispielsfall des § 11 (→ § 11 Rn. 7, 15). Allerdings zeigt dieses Beispiel sehr deutlich, warum nach hier vertretener Ansicht die §§ 9 und 11 eine Einheit bilden. Der gute Glaube des Verletzers bei Erlangung der Information und möglicherweise ebenfalls in gutem Glauben getätigte Investitionen in deren Verwertung sprechen gem. § 9 Nr. 3, 5 – vorbehaltlich anderer Abwägungskriterien – für eine zumindest vorübergehende Aussetzung des Unterlassungsanspruchs. Das kann auch unabhängig von einer Abfindung gelten, auch wenn eine finanzielle Kompensation durch Schadensersatz (§ 10) oder eine Abfindung (§ 11) in die Abwägung eingestellt werden können (→ § 11 Rn. 11 f., dort auch m. Nachw. zur Gegenansicht, die in diesem Fall zunächst eine Abwägung ohne Berücksichtigung einer Abfindung unter § 9 und dann eine zweite Abwägung unter § 11 durchführen würde). Zudem erscheint fraglich, ob § 11 in diesem Fall auf den Unterlassungsanspruch überhaupt anwendbar ist (→ § 11 Rn. 15): Solange der Informationsempfänger die Vortat nicht kennt, haftet er gem. § 4 Abs. 3 überhaupt nicht. Setzt er nach dem Hinweis auf die rechtswidrige Vortat aber sein Verhalten fort, so handelt er vorsätzlich. Schickt er sich nur an, das Verhalten fortzusetzen, so besteht Erstbegehungsgefahr, ebenfalls bezogen auf ein vorsätzliches Verhalten. § 11 greift aber nur im Fall einer schuldlosen Verletzung ein, während bei fahrlässiger oder vorsätzlicher Verletzung ein Schadensersatzanspruch besteht, der von § 9 nicht ausgeschlossen wird.

30 Auch **andere Verhaltensweisen** des Verletzers können sich auf die Verhältnismäßigkeitsprüfung auswirken. Hat der Verletzer **wiederholt** oder **regelmäßig** Rechtsverstöße begangen, so spricht dies gegen Unverhältnismäßigkeit (*Alexander* in Köhler/Bornkamm/Feddersen GeschGehG § 9 Rn. 25). Aus dem Bereich des Patentrechts sind **aggressive vorprozessuale Verhaltensweisen** von Patentverwertern bekannt geworden, die beispielsweise mit einer Abmahnung so lange warten, bis dem Verletzer eine leichte Umstellung nicht mehr möglich ist. Sofern sich derartige Praktiken auch im Geheimnisschutz zeigen, sprechen sie für die Unverhältnismäßigkeit.

31 **dd) Folgen der rechtswidrigen Nutzung oder Offenlegung (Nr. 4).** Die Interessenabwägung setzt voraus, dass **für beide Seiten** die **Folgen des für sie günstigen Ausgangs** mit dem **ungünstigen Ausgang verglichen** werden. Der Ausschluss der Abwehr- und Auskunftsansprüche, vor allem des Unterlassungsanspruchs, ist der für den Verletzten ungünstige Ausgang. Zu berücksichtigen ist daher für den Unterlassungsanspruch, wie stark seine Interessen beeinträchtigt würden, wenn der Verletzer in der Zukunft das Geheimnis offenlegt oder nutzt, für den Beseitigungsanspruch, wie gravierend die Folgen der bereits erfolgten Offenlegung oder Nutzung sind.

32 Die **Offenlegung** des Geheimnisses, die bei Ausschluss eines Unterlassungsanspruchs zu befürchten wäre, führt in der Regel dazu, dass der Inhaber sein Geheimnis und den damit verbundenen Schutz einbüßt. Bei wirtschaftlicher Betrachtung verliert er damit den gesamten Geschäftswert des Geheimnisses. Auch können ideelle Interessen hinzutreten, etwa wenn die Veröffentlichung den guten Ruf des Unternehmens schädigen könnte. Die Folgen sind also gravierend. Ist der Verletzer nicht schon gem. § 5 zur Offenlegung des Geheimnisses berechtigt, so ist schwer zu erkennen, welche überwiegenden Interessen des Verletzers in diesem Fall zum Ausschluss des Unterlassungsanspruchs führen könnten.

33 Demgegenüber lässt sich der Wert der **Nutzung** oft **quantifizieren.** Hier gilt Ähnliches wie im Bereich des geistigen Eigentums: Die Nutzung ist unter den

Voraussetzungen der §§ 2–5 dem Inhaber zugewiesen, und der Unterlassungsanspruch sichert ihm seine Marktstellung oder seine Verhandlungsposition bei Lizenzverhandlungen. Allerdings lässt sich der **Wert** einer unbefugten Nutzung eher als derjenige einer unbefugten Offenlegung oder Erlangung **in Geld bewerten,** so dass hier eher als in den anderen Verletzungsvarianten eine Kompensation durch Schadensersatz (§ 10) oder eine Abfindung (§ 11) anstelle des Unterlassungsanspruchs in Betracht kommt. Nach der hier vertretenen, aber bestrittenen Ansicht ist diese Möglichkeit schon unter § 9 Nr. 4 zu berücksichtigen (→ § 11 Rn. 12). Erscheint, wenn auch unter Berücksichtigung des öffentlichen Interesses an wirksamem Geheimnisschutz und dem Interesse des Verletzten am Erhalt seiner Verhandlungsposition, ein **finanzieller Ausgleich der Verluste als hinreichend** zum Schutz der Interessen des Verletzten, so **kommt ein Ausschluss des Anspruchs gem. § 9 in Betracht.** Hat der Geheimnisinhaber in ähnlichen Fällen anderen Unternehmen die Nutzung der Information gegen Entgelt gestattet, so spricht dies dafür, dass ihm auch im nunmehr zu beurteilenden Fall eine Duldung der Nutzung gegen Kompensation angesonnen werden kann (*Glinke* in Keller/Schönknecht/Glinke GeschGehG § 11 Rn. 18; *Tochtermann* in Büscher GeschGehG § 11 Rn. 12). Auch in diesem Fall liegt Unverhältnismäßigkeit aber nicht zwingend vor, weil der Geschäftsinhaber berechtigte Gründe dafür haben kann, die Nutzung bestimmten Lizenznehmern zu erlauben, dem Verletzer aber zu verbieten (*Hötte* in Hoeren/Münker GeschGehG § 11 Rn. 18). Eines Rückgriffs auf § 11 bedarf es in diesem Fall nur im Fall der schuldlosen Verletzung (→ Rn. 12).

ee) Berechtigte Interessen beider Seiten und Auswirkungen der Erfüllung (Nr. 5). Nr. 5 umschreibt den **zentralen Gedanken der Verhältnismäßigkeitsprüfung:** Die **Interessen** beider Seiten sind zu **ermitteln** und zu **gewichten.** Dabei sind **alle berechtigten Interessen** zu berücksichtigen. Sie werden zwar in der Regel wirtschaftlicher Natur sein, aber **auch ideelle** Interessen können geschützt sein (Begr. RegE, BT-Drs. 19/4724). Die Interessen beider Seiten lassen sich nur durch einen **Vergleich** zwischen dem jeweils günstigen und dem ungünstigen Ergebnis der Verhältnismäßigkeitsprüfung bestimmen. Er erfordert eine **Prognose** der Situation bei Fortsetzung der Verletzungshandlung (Nr. 4), der Situation bei Bestehen und Erfüllung des Anspruchs (Nr. 5) und eine Gegenüberstellung (OLG Karlsruhe GRUR-RS 2021, 23997 Rn. 11; *Spieker* in BeckOK § 9 Rn. 8). 34

Der **Inhaber** hat ein **Interesse an Geheimhaltung,** das durch eine unbefugte Erlangung oder Offenlegung verletzt wird, und ein **Interesse an ausschließlicher Verwertung,** das durch eine unbefugte Nutzung verletzt wird. Beide Interessen lassen sich nur vollständig erfassen, wenn auch die von Nr. 4 angesprochenen Folgen einer Offenlegung oder Nutzung berücksichtigt werden. Insofern lassen sich Nr. 4 und 5 oft kaum trennen. Während der Inhaber im Fall der Offenlegung sein Geheimnis komplett verliert, lässt sich sein Nutzungsinteresse finanziell durch ein hypothetisches Lizenzentgelt abbilden. Daher ist im Fall der unberechtigten Nutzung eher als im Fall der Offenbarung denkbar, dass der Verletzer in geeigneten Fällen den Verletzten durch eine Abfindung oder durch Schadensersatz entschädigt und so den Unterlassungsanspruch abwendet (→ Rn. 32 f.). Eine wesentliche Frage lautet, ob die Interessen des Inhabers einen umfassenden Unterlassungsanspruch rechtfertigen, oder ob es mildere Mittel gibt, um sie hinreichend zu schützen (→ Rn. 21). Ist ein Produkt nur deswegen als verletzend anzusehen, weil sein 35

Marketing durch eine Geheimnisverletzung ermöglicht wurde (§ 2 Nr. 4), so hat der Inhaber nur ein schutzwürdiges Interesse daran, dass die beanstandete Form des Marketings unterbleibt, nicht daran, dass das Produkt komplett vom Markt genommen wird. In diesem Fall kann ein uneingeschränkter Unterlassungsanspruch unverhältnismäßig sein (Begr. RegE, BT-Drs. 19/4724, 32).

36 Das **Interesse des Verletzers** entspricht der **Einbuße,** die er durch ein **Nutzungsverbot** erleidet, oder den **Aufwendungen,** die er **für die Beseitigung** der Verletzung hat. Erstere können beispielsweise durch den entgangenen Gewinn aus dem Verkauf von Produkten entstehen. Als Aufwendungen für die Beseitigung kommen die Kosten einer Umstellung der Produkte oder, im Fall des § 7 Nr. 2, 3, für den Rückruf und die Entfernung verletzender Produkte aus den Vertriebswegen, in Betracht. Als ideeller Nachteil ist die Beeinträchtigung des guten Rufs zu berücksichtigen, die beispielsweise mit einem Rückruf einhergehen kann. Allerdings ist zu berücksichtigen, dass der Gesetzgeber es grundsätzlich als angemessen angesehen hat, diese Einbußen dem Verletzer zuzumuten. Unverhältnismäßigkeit kommt also nur in Betracht, wenn die genannten Einbußen oder Kosten im Einzelfall ungewöhnlich hoch sind.

37 **ff) Berechtigte Interessen Dritter (Nr. 6).** Da Ansprüche im Zweipersonenverhältnis bestehen, kann fraglich sein, ob auch Interessen Dritter und Allgemeininteressen in die Verhältnismäßigkeitsprüfung einfließen. Ebenso wie (nach rechtspolitischem Streit, vgl. *Grabinski* GRUR 2021, 200; *Stierle* GRUR 2020, 262 (266)) mittlerweile § 139 Abs. 1 S. 3 PatG, ordnen für das **Recht des Geheimnisschutzes** § 9 Nr. 6 und 7 in Umsetzung des Art. 13 Abs. 1 lit. f, g Geschäftsgeheimnis-RL **eindeutig die Berücksichtigung von Dritt- und Allgemeininteressen** an.

38 Zu berücksichtigen sind insbesondere die Interessen von Personen, die **auf das Produkt angewiesen** sind (Begr. RegE, BT-Drs. 19/4724, 32). Aus dem Patentrecht bekannte Beispiele betreffen **Medikamente oder Medizinprodukte,** die Patienten zur Behandlung einer Krankheit benötigen, ohne unmittelbar auf andere, ebenso wirksame Produkte ausweichen zu können. Entsprechende Beispiele sind auch im Geheimnisschutz denkbar, etwa wenn das Geheimnis in der Rezeptur eines Wirkstoffs besteht. Die Erfüllung des Unterlassungsanspruchs wäre hier unverhältnismäßig, weil die Gesundheit von Patienten gefährdet wäre. In der patentrechtlichen Diskussion wurde in diesem Fall vor der Einfügung des § 139 Abs. 1 S. 3 eingewandt, dass öffentliche Interessen abschließend durch die Möglichkeit einer Zwangslizenz gewährleistet seien (daher gegen einen Ausschluss des Unterlassungsanspruchs LG Düsseldorf GRUR-RS 2017, 104657 – Herzklappen). Das Geheimnisschutzrecht kennt keine Zwangslizenz (*Hauck* GRUR-Prax 2021, 333 (335); aA *Gurgula/Hall* [2021] Journal of Intellectual Property Law and Practice 1242 ff.), aber ein Ausschluss des Unterlassungsanspruchs, verbunden mit der Anordnung einer Entschädigung oder mit einem Schadensersatzanspruch hat eine ähnliche Wirkung. Sind Dritte auf das Produkt angewiesen, so gebietet das Verhältnismäßigkeitsprinzip **oft keinen dauerhaften Ausschluss** des Unterlassungsanspruchs, sondern eine befristete Aussetzung für die Zeit, die Ärzte, Pflegepersonal und Patienten zur Umstellung auf legale Alternativprodukte benötigen (so zum englischen Recht *High Court of England and Wales Edwards Lifesciences v. Boston Scientific Scimed* [2018] EWHC 1256 (Pat), vgl. auch → Rn. 45).

38a **Dritter** kann auch der **Besitzer** eines verletzenden Produkts sein (Begr. RegE, BT-Drs. 19/4724, 32). Wenn er das Produkt gutgläubig erhalten hat, so kann es unverhältnismäßig sein, ihm den Besitz sofort zu entziehen. Allerdings wird der Dritte in dem Moment, in dem er von der rechtswidrigen Vortat erfährt, selbst zum Verletzer (→ Rn. 29).

gg) Öffentliche Interessen (Nr. 7). Schließlich können auch öffentliche Interessen betroffen sein, beispielsweise im Bereich der **öffentlichen Sicherheit** (Begr. RegE, BT-Drs. 19/4724, 32). In der patentrechtlichen Diskussion wird als Beispiel der Fall genannt, dass im Rahmen eines Systems zur Erfassung der Autobahnmaut eine Komponente der in jedem LKW eingebauten Geräte ein Patent verletzt (vgl. *Kurz/Magnus/Berger* GRUR-Int 2019, 658 (659)). Diese Konstellation ist auch vorstellbar, wenn der Hersteller die betreffende Komponente aufgrund einer Geheimnisverletzung verwendet hat. Ein sofortiger Rückruf würde zum Zusammenbruch des Mautsystems führen und wäre daher möglicherweise unverhältnismäßig. Allerdings ist zu berücksichtigen, dass **auch der Geheimnisschutz im öffentlichen Interesse** liegt (→ Rn. 22) und vor allem zugunsten von fiskalischen Interessen nicht leichtfertig beeinträchtigt werden darf (*Tochtermann* in Büscher GeschGehG § 9 Rn. 43). 39

III. Rechtsfolgen und Beweislast

1. Rechtsfolgen

Ist Unverhältnismäßigkeit gegeben, so ist **der betreffende Anspruch ausgeschlossen.** Der Verletzer braucht sich nicht auf die Unverhältnismäßigkeit zu berufen, auch wenn er in aller Regel die Umstände vortragen wird, aus denen sich Zweifel an der Verhältnismäßigkeit ergeben. Da die Unverhältnismäßigkeit **für jeden Anspruch gesondert** zu beurteilen ist (→ Rn. 20), sind, anders als es der Wortlaut des § 9 auf den ersten Blick nahezulegen scheint, nicht per se alle Ansprüche nach den §§ 6 bis 8 Abs. 1 insgesamt ausgeschlossen. 40

Nur Ansprüche nach §§ 6 bis 8 Abs. 1 sind ausgeschlossen. Der **Schadensersatz bleibt unberührt.** Der Umstand, dass eine Unterlassung oder Beseitigung unverhältnismäßige Einbußen oder Kosten verursachen würde, ändert nichts daran, dass es sich um eine Verletzung handelt und dass vom Verletzer ein Ausgleich der Vermögensnachteile erwartet werden kann, die der Verletzte durch die weitergehende Nutzung oder Offenlegung erleidet. 41

Nicht eindeutig geklärt ist, ob bei Ausschluss des **Unterlassungsanspruchs rechtsverletzende Produkte** (§ 2 Nr. 4), die der Verletzer weiterhin auf den Markt bringt, nunmehr als rechtmäßig anzusehen sind, so dass insbesondere **Erschöpfung** eintritt. Anders als § 100 S. 3 UrhG, der die Einwilligung des Urhebers bei Zahlung einer Entschädigung fingiert, enthalten weder § 9 noch § 11 eine ausdrückliche Regelung. Gegen eine Erschöpfungswirkung spricht, dass § 9 weder einen Rechtfertigungsgrund noch eine Zwangslizenz darstellt, sondern nur einzelne Ansprüche ausschließt (daher gegen eine Einwilligungsfiktion *Tochtermann* in Büscher GeschGehG § 11 Rn. 17). Die vom Verletzer in Verkehr gebrachten Produkte bleiben also rechtsverletzend. Unter den Voraussetzungen des § 4 Abs. 3 können also Abwehransprüche gegen Abnehmer des Rechtsverletzers bestehen. Sie können aber ihrerseits wegen (gesondert zu beurteilender) Unverhältnismäßigkeit gem. § 9 ausgeschlossen sein. Zahlt der Verletzer jedoch gem. § 11 eine **Abfindung** gerade auch für den Vertrieb des Produkts oder leistet er **Schadensersatz nach den Grundsätzen der Lizenzanalogie,** so kommt 42 eine **analoge Anwendung des § 100 S. 3 UrhG** in Betracht. Es besteht eine Regelungslücke, weil der Gesetzgeber zwar den Ausschluss des Unterlassungsanspruchs vorgesehen hat, durch die der Verletzer gezwungen ist, die weitere Nutzung des Geheimnisses zu dulden, die Konsequenzen für die Vertriebskette aber nicht geregelt hat. Die Interessenlage ist dann mit derjenigen im Urheberrecht vergleichbar, wenn der Rechtsinhaber eine Kompensation gem. § 10 oder § 11 erhält. Eine dem Verletzer gewährte Aufbrauch- oder Umstellungsfrist (zur Anwendbarkeit des § 9 in diesem Fall → Rn. 45) würde beispielsweise leerlaufen, wenn ihm der Vertrieb praktisch unmöglich wird, wenn Abnehmer mit Unterlassungs- und Schadensersatzansprüchen rechnen müssen. Zwar ist § 100 UrhG auf schuldlose Verletzungen beschränkt (daher für analoge Anwendung nur in diesem Fall *Keller* in Keller/Schönknecht/Glinke GeschGehG § 9 Rn. 70; *Glinke* in Keller/Schönknecht/Glinke GeschGehG § 11 Rn. 60), doch besteht im Urheberrecht kein Anlass für eine weitergehende Erschöpfungsfiktion, weil § 100 UrhG im Urheberrecht den einzigen Unverhältnismäßigkeitsvorbehalt darstellt. § 9 geht aber weiter und erlaubt einen Ausschluss des Unterlassungsanspruchs auch bei schuldhaftem Verhalten. Das regelungsbedürftige Problem der Entwertung dieses Ausschlusses durch faktische Unmöglichkeit der weiteren Verwertung, das § 100 S. 3 UrhG löst, besteht daher – im Gegensatz zum Urheberrecht – auch bei schuldhaftem Verhalten. Die Gefahr einer systemwidrigen Zwangslizenz (hiervor warnend *Apel/Walling* DB 2019, 891 (893, Fn. 27) besteht kaum, weil der Duldungszwang gegenüber dem Geheimnisinhaber Konsequenz der Entscheidung über die Unverhältnismäßigkeit ist.

43 Die Ansprüche können **anstelle eines völligen Ausschlusses** auch **sachlich beschränkt, befristet** oder **zeitlich** für eine bestimmte **Frist ausgesetzt** werden (ebenso *Alexander* in Köhler/Bornkamm/Feddersen GeschGehG § 9 Rn. 34; *Tochtermann* WRP 2019, 688 (690) und in Büscher GeschGehG § 9 Rn. 47; *Keller* in Keller/Schönknecht/Glinke § 9 Rn. 67). § 9 ist so zu lesen, dass die Ansprüche ausgeschlossen sind, ***soweit*** ihre Erfüllung im Einzelfall **unverhältnismäßig** wäre (so ausdrücklich § 139 Abs. 1 S. 3 PatG und § 275 Abs. 2 BGB). Das Verhältnismäßigkeitsprinzip erzwingt keine binären Entscheidungen zwischen Bestehen und Nichtbestehen eines Anspruchs, sondern ermöglicht Flexibilität bei der Anordnung der Rechtsfolgen. Demensprechend schließt Art. 13 Geschäftsgeheimnis-RL Ansprüche bei Unverhältnismäßigkeit nicht aus, sondern verpflichtet die Gerichte, der Verhältnismäßigkeit Rechnung zu tragen (*Alexander* in Köhler/Bornkamm/Feddersen GeschGehG § 9 Rn. 34).

44 Beispiele **sachlicher Beschränkungen** sind das Verbot bestimmter Formen des Marketings als Minus zu einem allgemeinen Vertriebsverbot (→ Rn. 35) oder Begrenzungen auf bestimmte Abhilfemaßnahmen. Beispielsweise kann ein Rückruf auf Abnehmer innerhalb eines Konzerns beschränkt werden, wenn die Verhältnismäßigkeit dies gebietet.

45 Die **befristete Aussetzung** wird im Gegensatz zum völligen Erlöschen des Anspruchs eher die Regel als die Ausnahme darstellen (aA *Alexander* in Köhler/Bornkamm/Feddersen GeschGehG § 9 Rn. 34). Meist kann dem Verletzer zugemutet werden, sein Verhalten innerhalb einer angemessenen Frist umzustellen. In diesem Fall erscheint eine **Aufbrauch- oder Umstellungsfrist** als verhältnismäßige Lösung. Während sie im Marken- und Lauterkeitsrecht auf § 242 BGB oder § 275 Abs. 2 gestützt wird (vgl. zum UWG BGH GRUR 1982, 425 (431) – Brillen-Selbstabgabestellen, zum Patentrecht BGH GRUR 2016, 1031 Rn. 43 ff. – Wärmetauscher, s. dort aber mittlerweile § 139 Abs. 1 S. 3 PatG),

kann sie im Recht des Geheimnisschutzes auf der Grundlage des § 9 gewährt werden. Die Aufbrauchfrist ist also **keine Alternative zum Ausschluss des Unterlassungsanspruchs** wegen Unverhältnismäßigkeit, **sondern einer der wichtigsten Anwendungsfälle des § 9.** Wenn beispielsweise ein Umbau verletzender Produkte nicht möglich ist, ihre Vernichtung aber unverhältnismäßig wäre, kann dem Verletzten, gegebenenfalls gegen Zahlung einer Abfindung (zum Verhältnis zu § 11 → Rn. 12), erlaubt werden, die betreffenden Produkte noch abzuverkaufen. Eine Umstellungsfrist kann gewährt werden, beispielsweise wenn Patienten auf ein bestimmtes Medikament oder Medizinprodukt angewiesen sind, eine Umstellung auf ein anderes Produkt möglich ist, aber eine Instruktion von Ärzten und Pflegepersonal erfordert (→ Rn. 38). Weil die weitere Nutzung des Geheimnisses während dieser Zeit rechtswidrig bleibt und vorsätzlich geschieht, ist § 11 nicht anwendbar. Dem Geheimnisinhaber steht ein Schadensersatzanspruch gem. § 10 zu (vgl. *Schroeder/Drescher* WRP 2021, 6 (10) mit dem Vorschlag einer Beschränkung des Schadensersatzanspruchs auf die Berechnung nach den Grundsätzen der Lizenzanalogie analog § 11 Abs. 2, allerdings wohl nur für den Fall der ursprünglich schuldlosen Rechtsverletzung).

Hat der Kläger vollständige Unterlassung beantragt, wird aber nur ein einge- **46**
schränkter Unterlassungsanspruch zugesprochen, so handelt es sich um eine Teilabweisung der Klage mit der Kostenfolge des § 92 ZPO. Beantragt der Kläger Unterlassung, so ist ungeklärt, ob das Gericht ohne Verstoß gegen den Antragsgrundsatz (§ 308 Abs. 1 ZPO) stattdessen eine Abfindung zusprechen kann, weil sie an die Stelle der Rechtsfolge Unterlassen tritt (so *Hofmann* WRP 2018, 1 (6 f.)). Die besseren Gründe sprechen jedoch dafür, insoweit den Anspruch auf eine Abfindung und den Anspruch auf Schadensersatz gleich zu behandeln und in beiden Fällen einen entsprechenden Antrag des Verletzten zu verlangen (→ § 11 Rn. 32). Hält man mit der Gegenansicht ein Angebot des Verletzten für eine Voraussetzung des Anspruchs auf Abfindung (→ § 11 Rn. 24), so kommt eine Umstellung des Unterlassungsantrags auf einen Zahlungsantrags im Wege der Klageänderung in der mündlichen Verhandlung in Betracht (→ § 11 Rn. 32; *Keller* in Keller/Schönknecht/Glinke GeschGehG § 9 Rn. 80).

2. Beweislast

Nach allgemeinen Grundsätzen trägt jede Partei die Darlegungs- und Beweislast **47**
für die ihr günstigen Umstände. Das spricht dafür, dass der **Verletzer Anhaltspunkte für die Unverhältnismäßigkeit vorzutragen und gegebenenfalls zu beweisen hat** (*Alexander* in Köhler/Bornkamm/Feddersen GeschGehG § 9 Rn. 36; *Tochtermann* in Büscher GeschGehG § 9 Rn. 46). Allerdings betreffen einige der gem. § 9 zu berücksichtigenden Kriterien die **Sphäre des Verletzten,** beispielsweise der Wert des Geheimnisses (§ 9 Nr. 1), die getroffenen Geheimhaltungsmaßnahmen (§ 9 Nr. 2) und die Folgen, die eine fortgesetzte Nutzung oder eine Offenlegung haben würden (§ 9 Nr. 4). Hinsichtlich dieser Umstände trifft den Verletzten eine **sekundäre Darlegungslast** (ebenso *Keller* in Keller/Schönknecht/Glinke GeschGehG § 9 Rn. 73). Sofern er damit gezwungen wird, weitere Geheimnisse offenzulegen, kann das Gericht auf Antrag des Verletzten Geheimhaltungsmaßnahmen gem. §§ 16 ff. anordnen.

Art. 13 Geschäftsgeheimnis-RL steht dem nicht entgegen. Zwar müssen **48**
nach dieser Bestimmung die Gerichte die Verhältnismäßigkeit vor Anordnung der jeweiligen Maßnahmen beurteilen. Das spricht dafür, die Verhältnismäßigkeit als

Anspruchsvoraussetzung anzusehen. Allerdings ändert Art. 13 Geschäftsgeheimnis-RL nichts am Beibringungsgrundsatz des deutschen Zivilprozessrechts, der eine Amtsermittlung durch das Gericht ausschließt (*Alexander* in Köhler/Bornkamm/Feddersen GeschGehG § 9 Rn. 14). Auch hat sich der **EuGH** in anderem Zusammenhang **gegen eine schematische Verteilung der Beweislast** ausgesprochen (EuGH GRUR 2003, 512 – Van Doren/Lifestyle sports). Dasselbe gilt für Art. 13 Geschäftsgeheimnis-RL. Das Verhältnismäßigkeitsprinzip erfordert nuancierte und flexible Lösungen. Das Vorliegen einer Verletzung indiziert die Verhältnismäßigkeit von Abwehransprüchen. Es kann vom Verletzer erwartet werden, besondere Umstände, die im Einzelfall für Unverhältnismäßigkeit sprechen, vorzutragen. Bei der Verteilung der Beweislast ist anschließend von entscheidender Bedeutung, welcher Sphäre der jeweilige Umstand entstammt.

49 Die Voraussetzungen für die Unverhältnismäßigkeit müssen im **Zeitpunkt der letzten mündlichen Verhandlung** vorliegen (*Tochtermann* WRP 2019, 688 (690); *Alexander* in Köhler/Bornkamm/Feddersen GeschGehG § 9 Rn. 33).

§ 10 Haftung des Rechtsverletzers

(1) [1]**Ein Rechtsverletzer, der vorsätzlich oder fahrlässig handelt, ist dem Inhaber des Geschäftsgeheimnisses zum Ersatz des daraus entstehenden Schadens verpflichtet.** [2]**§ 619a des Bürgerlichen Gesetzbuchs bleibt unberührt.**

(2) [1]**Bei der Bemessung des Schadensersatzes kann auch der Gewinn, den der Rechtsverletzer durch die Verletzung des Rechts erzielt hat, berücksichtigt werden.** [2]**Der Schadensersatzanspruch kann auch auf der Grundlage des Betrages bestimmt werden, den der Rechtsverletzer als angemessene Vergütung hätte entrichten müssen, wenn er die Zustimmung zur Erlangung, Nutzung oder Offenlegung des Geschäftsgeheimnisses eingeholt hätte.**

(3) **Der Inhaber des Geschäftsgeheimnisses kann auch wegen des Schadens, der nicht Vermögensschaden ist, von dem Rechtsverletzer eine Entschädigung in Geld verlangen, soweit dies der Billigkeit entspricht.**

Schrifttum: *Alexander,* Schadensersatz und Abschöpfung im Lauterkeits- und Kartellrecht, 2010; *Amschewitz,* Die Durchsetzungsrichtlinie und ihre Umsetzung im deutschen Recht, 2008; *Bodewig/Wandtke,* Die doppelte Lizenzgebühr als Berechnungsmethode im Lichte der Durchsetzungsrichtlinie, GRUR 2008, 220; *Böhm/Nestler,* EU-Richtlinie zum Know-how-Schutz: Quantifizierung des Schadensersatzes, GRUR-Prax 2018, 181; *Büsching,* Der Anwendungsbereich der Eingriffskondiktion im Wettbewerbsrecht, 1992; *v. Caemmerer,* Bereicherung und unerlaubte Handlung, FS Rabel, Bd. I, 1954, 333; *Czychowski,* Das Gesetz zur Verbesserung der Durchsetzung von Rechten des geistigen Eigentums, GRUR-RR 2008, 265; *Dörre/Maaßen,* Das Gesetz zur Verbesserung der Durchsetzung von Rechten des geistigen Eigentums, GRUR-RR 2008, 217; *Dreier,* Kompensation und Prävention, Rechtsfolgen unerlaubter Handlung im Bürgerlichen, Immaterialgüter- und Wettbewerbsrecht, 2002; *Ellger,* Bereicherung durch Eingriff, Das Konzept des Zuweisungsgehalts im Spannungsfeld von Ausschließlichkeitsrecht und Wettbewerbsfreiheit, 2002; *Ernicke,* Die dreifache Schadensberechnung, 2020; *dies.,* Die Entstehung der dreifachen Schadensberechnung im deutschen Immaterialgüterrecht, ZGE 8 (2016), 84; *Fournier,* Bereicherungsausgleich bei Verstößen gegen das UWG, Zugleich ein Beitrag zur Dogmatik des wettbewerbsrechtlichen Leistungsschutzes, 1999; *Goldmann,* Die Berechnung des Schadensersatzanspruchs vor und nach Umsetzung der Durchsetzungsrichtlinie, WRP 2011, 950; *Grabinski,* Gewinnherausgabe nach Patentverletzung, Zur gerichtlichen Praxis acht Jahre nach dem „Gemeinkostenanteil"-Urteil des BGH, GRUR 2009, 260; *Haedicke,* Die Gewinnhaftung des Patentverletzers, GRUR 2005, 529; *Hellebrand/Rabe,* Lizenzsätze für technische Erfindungen, 5. Aufl. 2017; *Hoffmann,* Die Haftung in der Verletzerkette, ZGE 9 (2017) 72; *Hofmann,* „Equity" im deutschen Lauterkeitsrecht? Der „Unterlassungsanspruch nach der Geschäftsgeheimnis-RL, WRP 2018, 1; *Kämper,* EuGH-Vorlagebeschluss: „Verletzerzuschlag" im Rahmen des Schadensersatzes nach der Lizenzanalogie?, GRUR-Prax 2015, 476; *Kiethe/Groeschke,* Die Durchsetzung von Schadensersatzansprüchen in Fällen der Betriebs- und Wirtschaftsspionage, WRP 2005, 1358; *Klein,* Immaterieller Schadensersatz nach der Durchsetzungsrichtlinie, GRUR-Prax 2017, 157; *Kleinheyer/Hartwig,* Kausalitätsabschlag und Kontrollüberlegung beim Verletzergewinn, GRUR 2013, 683; *Köhler.,* Der Schadensersatz-, Bereicherungs- und Auskunftsanspruch im Wettbewerbsrecht, NJW 1992, 1477; *Loewenheim,* Bereicherungsansprüche im Wettbewerbsrecht, WRP 1997, 913; *Loschelder,* Rechtsfortbildung der Schadensberechnungsmethode „Herausgabe des Verletzergewinns", NJW 2007, 1503; *Maume,* Know-how-Verletzungen und Herausgabe des Verletzergewinns, zugleich Anmerkung zu BGH I ZR 225/06, Mitt. 2009, 379; *Maute,* Dreifache Schadens(ersatz)berechnung, 2016; *dies.,* Doppelte Lizenzgebühr mit Durchsetzungsrichtlinie vereinbar, Anm. zu EuGH, Urt. v. 25.1.2017, Rs. C-367/15, GRUR-Prax 2017, 113; *Meier-Beck,* Herausgabe des Verletzergewinns – Strafschadensersatz nach deutschem Recht?, GRUR 2005, 617; *ders.,* Schadenskompensation bei der Verletzung gewerblicher Schutzrechte nach dem Durchsetzungsgesetz, WRP 2012, 503; *Ohly,* Schadensersatzansprüche wegen Rufschädigung und Verwässerung im Marken- und Lauterkeitsrecht, GRUR 2007, 926; *Peukert,* Güterzuordnung als Rechtsprinzip, 2008; *Raue,* Die dreifache Schadensberechnung, 2017; *Stoll,* Die dreifache Schadensberechnung im Wettbewerbs- und Markenrecht als Anwendungsfall des allgemeinen Schadensrechts, 2000; *Teplitzky,* Die Durchsetzung des Schadensersatzzahlungsanspruchs im Wettbewerbsrecht, GRUR 1987, 215; *Tetzner,* Der Verletzerzuschlag bei der Lizenzanalogie, GRUR 2009, 6; *Tilmann,* Gewinnherausgabe im gewerblichen Rechtsschutz und Urheberrecht, Folgerungen aus der Entscheidung „Gemeinkostenanteil", GRUR 2003, 647; *v. Ungern-Sternberg,* Einwirkung der Durchsetzungsrichtlinie auf das deutsche Schadensersatzrecht, GRUR 2009, 460.

Übersicht

I. Allgemeines

1. Normzweck und Systematik

1 § 10 regelt **Schadensersatzansprüche** des Geheimnisinhabers. Die Normüberschrift „Haftung“ ist unpräzise, da der Begriff der Haftung über Schadensersatzansprüche hinausreicht. Dies war im Gesetzgebungsverfahren bereits kritisiert worden (vgl. GRUR-Stellungnahme zum GeschGehG-RefE GRUR 2018, 708, 711), wurde aber vom Gesetzgeber nicht aufgegriffen. Zudem weicht die Bezeichnung ohne sachlichen Grund von der gebräuchlichen Terminologie amtlicher Bezeichnungen sachlich paralleler Normen ab (vgl. §§ 42 DesignG, 14 MarkenG, 97 UrhG, 37 SortSchG). Inhaltlich gliedert sich die Norm in drei Absätze. **§ 10 Abs. 1** regelt die **Haftungsvoraussetzungen,** die im Wesentlichen in einer schuldhaften Verletzung eines Geschäftsgeheimnisses bestehen (→ Rn. 8 ff.). **§ 10 Abs. 2** betrifft **Inhalt und Umfang** des Anspruchs und sieht insbesondere die Möglichkeit einer Schadensberechnung auf dreifache Weise vor. Diese kann nach den §§ 249 ff. BGB, nach dem Verletzergewinn oder auf Grundlage einer angemessenen Lizenzgebühr erfolgen (→ Rn. 33 ff.). Nach **§ 10 Abs. 3** kann außerdem der Ersatz **immaterieller Schäden** verlangt werden, soweit dies der Billigkeit entspricht (→ Rn. 79 ff.).

Die **Funktion des Schadensersatzanspruchs** besteht primär darin, dem Verletzten einen **Ausgleich** für den durch die Rechtsverletzung erlittenen Schaden zu gewähren (*Alexander* in Köhler/Bornkamm/Feddersen GeschGehG § 10 Rn. 8). Die Zulassung der **dreifachen Schadensberechnung** geht indes über diese Kompensationsfunktion hinaus und verfolgt mehrere Zwecke: Zugrunde liegt erstens die Überlegung, dass es sich bei Immaterialgütern und Immaterialgüterrechten um besonders verletzliche und damit **schutzbedürftige Güter** des Wirtschaftslebens handelt (BGH GRUR 2001, 329 (331) – Gemeinkostenanteil; BGH GRUR 1977, 539 (541) – Prozessrechner). Gleichzeitig gestaltet sich der **Schadensnachweis regelmäßig schwierig** (BGH GRUR 2001, 329 (331) – Gemeinkostenanteil; BGH GRUR 1977, 539 (541) – Prozessrechner). Die dreifache Schadensberechnung soll deshalb die Rechtsfolgen einer Verletzungshandlung effektivieren und verfolgt insoweit auch eine **Sanktionsfunktion** (BGH GRUR 2001, 329 (331) – Gemeinkostenanteil). Daneben weist insbesondere die Herausgabe des Verletzergewinns **präventive, verhaltenssteuernde Elemente** auf, indem sie dafür sorgt, dass sich die Verletzung des Immaterialgutes durch den Verletzer nicht lohnt und er daraus keinen Vorteil zieht (*Alexander* in Köhler/Bornkamm/Feddersen GeschGehG § 10 Rn. 8; vgl. auch BGH GRUR 2001, 329 (331) – Gemeinkostenanteil). Eine derartige Verhaltensteuerung wäre mit dem rein kompensatorisch ausgerichteten Schadensrecht der §§ 249 ff. BGB nicht zu erzielen (vgl. auch *Hofmann* WRP 2018, 1 Rn. 14, der allerdings bei einer Verletzergewinnherausgabe als Regelrechtsfolge die Gefahr einer Überprävention sieht). 2

2. Völker- und unionsrechtliche Vorgaben

a) Art. 45 TRIPS. Auf völkerrechtlicher Ebene verpflichtet **Art. 45 Abs. 1 TRIPS** die Vertragsstaaten, eine Befugnis der Gerichte vorzusehen, dem Rechtsinhaber einen angemessenen Schadensersatz zuzusprechen, wenn der Verletzer schuldhaft gehandelt hat. **Art. 45 Abs. 2 TRIPS** ergänzt zum einen, dass die Gerichte befugt sein müssen, den Ersatz angemessener Aufwendungen ggf. einschließlich Anwaltskosten anzuordnen. Zum anderen können die Gerichte auch ermächtigt werden, in geeigneten Fällen eine Verletzergewinnherausgabe oder die Zahlung eines festgelegten Schadensersatzbetrages vorzusehen, und zwar auch verschuldensunabhängig. 3

b) Geschäftsgeheimnis-RL. § 10 setzt **Art. 14 Geschäftsgeheimnis-RL** um. Nach Art. 14 Abs. 1 UAbs. 1 Geschäftsgeheimnis-RL stellen die Mitgliedsstaaten sicher, dass die zuständigen Gerichte auf Antrag des Geschädigten anordnen, dass ein Rechtsverletzer, der **wusste oder hätte wissen müssen,** dass er einen rechtswidrigen Erwerb oder eine rechtswidrige Nutzung oder Offenlegung eines Geschäftsgeheimnisses vornahm, dem Inhaber des Geschäftsgeheimnisses einen Schadensersatz leistet, der dem infolge des rechtswidrigen Erwerbs oder der rechtswidrigen Offenlegung oder Nutzung **tatsächlich erlittenen Schaden angemessen** ist. Der Wortlaut der Bestimmung lehnt sich eng an Art. 45 Abs. 1 TRIPS an. 4

Art. 14 Abs. 1 UAbs. 2 Geschäftsgeheimnis-RL sieht eine **Öffnungsklausel** vor, nach der die Mitgliedstaaten die Haftung von **Arbeitnehmern** für Schäden begrenzen können, die ihren Arbeitgebern durch den rechtswidrigen Erwerb oder die rechtswidrige Nutzung oder Offenlegung eines Geschäftsgeheimnisses entstanden sind, sofern sie nicht vorsätzlich handeln. Auf diese Weise erhalten 5 die Mitgliedsstaaten die Möglichkeit, Haftungsprivilegierungen für Arbeitnehmer vorzusehen, die in Deutschland unter dem Schlagwort des **innerbetrieblichen Schadensausgleichs** bekannt sind.

6 **Art. 14 Abs. 2 Geschäftsgeheimnis-RL** enthält Vorgaben für die **Schadensberechnung.** Nach UAbs. 1 berücksichtigen die zuständigen Gerichte bei der Festsetzung der Höhe des Schadensersatzes alle relevanten Faktoren, wie negative wirtschaftliche Folgen, einschließlich **entgangener Gewinne** des Geschädigten, etwaige durch den Rechtsverletzer erzielte **unlautere Gewinne** und gegebenenfalls andere als wirtschaftliche Faktoren wie den **immateriellen Schaden,** der dem Inhaber des Geschäftsgeheimnisses durch den rechtswidrigen Erwerb oder die rechtswidrige Nutzung oder Offenlegung des Geschäftsgeheimnisses entstanden ist. **Alternativ** können die zuständigen Gerichte gemäß UAbs. 2 in geeigneten Fällen den Schadensersatz als **Pauschalbetrag** festsetzen, und zwar auf der Grundlage von Faktoren wie mindestens dem Betrag der Lizenzgebühren, die der Rechtsverletzer hätte entrichten müssen, wenn er die Genehmigung zur Nutzung des betreffenden Geschäftsgeheimnisses eingeholt hätte.

3. Entstehungsgeschichte

7 § 10 war erstmals im **RefE** als **§ 9** enthalten. Die Vorschrift wurde inhaltlich und textlich **unverändert** in den **RegE** sowie in die endgültige Gesetzesfassung übernommen.

II. Anspruchsvoraussetzungen (Abs. 1)

1. Vorliegen einer Geheimnisverletzung

8 Anspruchsvoraussetzung ist zunächst das Vorliegen einer **Geheimnisverletzung.** Dies ergibt sich aus der in § 10 Abs. 1 S. 1 genannten Passivlegitimation des **Rechtsverletzers** (→ Rn. 27). Der in § 2 Nr. 3 legaldefinierte Begriff setzt seinerseits voraus, dass eine Erlangung, Nutzung oder Offenlegung eines **Geschäftsgeheimnisses** (§ 2 Nr. 1) entgegen § 4 erfolgt ist. Als haftungsbegründendes Ereignis kommt grundsätzlich **jeder Verstoß gegen § 4** in Betracht, wobei die Verletzungshandlung als solche adäquat kausal für die tatbestandliche Verletzung des Geschäftsgeheimnisses gewesen sein muss (**haftungsbegründende Kausalität,** s. zur haftungsausfüllenden Kausalität → Rn. 19 ff.).

9 Die **Rechtswidrigkeit** der Handlung ist bei einem Verstoß gegen § 4 indiziert. Sie kann aber entfallen, wenn sich der Handelnde im Einzelfall auf einen Rechtfertigungsgrund – etwa die Tatbestände des § 5 – berufen kann.

2. Verschulden

10 Der Schadensersatzanspruch setzt ferner ein schuldhaftes, d.h. **vorsätzliches** oder **fahrlässiges,** Handeln des Rechtsverletzers voraus (§ 10 Abs. 1 S. 1). Dabei ist insbesondere das kognitive Element durch Art. 14 Abs. 1 Geschäftsgeheimnis-RL vorgegeben („wusste oder hätte wissen müssen"). Das Verschuldenserfordernis ist damit grundsätzlich richtlinienkonform auszulegen. Da der EuGH allerdings, soweit erkennbar, keine von den nationalen Maßstäben abweichenden Vorgaben formuliert hat, können diese zur Auslegung herangezogen werden (vgl. *Ohly* GRUR 2019, 441, 447 zu § 4 Abs. 3).

a) Vorsatz. Im Bereich der Verletzung von Geschäftsgeheimnissen spielt vorsätzliches Handeln eine **besondere Rolle.** Zahlreiche Tatbestände erhalten ihr Gepräge gerade durch den Vorsatz des Handelnden. So ist zB eine fahrlässige Betriebsspionage schwer vorstellbar. In diesen Fällen gehört ein vorsätzliches Handeln bereits zum Tatbestand der Verletzungshandlung im Sinne von § 4. Im Übrigen nennt § 10 Abs. 1 S. 1 das Tatbestandsmerkmal des Vorsatzes ausdrücklich und alternativ zu fahrlässigem Handeln. 11

Vorsatz ist das Wissen und Wollen eines pflichtwidrigen Erfolgs (*Grüneberg* in Grüneberg BGB § 276 Rn. 10). Erforderlich ist also ein kognitives und ein voluntatives Element (BGH NJW-RR 2012, 404 Rn. 10), wobei je nach Ausprägung der beiden Elemente zwischen folgenden Vorsatzformen unterschieden werden kann: Im Falle **absichtlichen Handelns** (*dolus directus* ersten Grades) entspricht die Tatbestandsverwirklichung gerade der Zielsetzung des Handelnden, mithin ist das Willenselement besonders ausgeprägt. Bei **direktem Vorsatz** (*dolus directus* zweiten Grades) dominiert hingegen das Wissenselement, da der Täter sicher weiß, dass es zur Verwirklichung des Tatbestandes kommen wird. Im Falle des **bedingten Vorsatzes** (*dolus eventualis*) muss der Handelnde die Tatbestandsverwirklichung zumindest für möglich halten und billigend in Kauf nehmen (BGH NJW-RR 2012, 404 Rn. 10). 12

Der Vorsatz muss sich nicht nur auf die **tatsächlichen Umstände** erstrecken, vielmehr ist auch ein **Bewusstsein der Rechtswidrigkeit** erforderlich (BGH NJW 2002, 3255 (3256); *Hoppe* in Hoppe/Oldekop Kap. 1 Rn. 827; *Glinke* in Keller/Schönknecht/Glinke GeschGehG § 10 Rn. 82). Vorsätzliches Handeln scheidet demnach sowohl bei einem Irrtum über Tatumstände als auch bei einem Rechtsirrtum aus (*Ohly* in Ohly/Sosnitza UWG § 9 Rn. 10). Im Falle eines verschuldeten Irrtums kommt aber eine fahrlässige Schadensersatzhaftung in Betracht. **Nicht** vom Vorsatz umfasst sein muss der **Schaden** als solcher (BGH NJW 2002, 3255 (3256); *Glinke* in Keller/Schönknecht/Glinke GeschGehG § 10 Rn. 82). 13

b) Fahrlässigkeit. Ausreichend für eine Schadensersatzhaftung ist bereits jede Form des fahrlässigen Handelns. Dies ist durch Art. 14 Abs. 1 Geschäftsgeheimnis-RL vorgegeben („hätte wissen müssen"). Auch wenn der Haftungsmaßstab deshalb im Ausgangspunkt richtlinienkonform zu bestimmen ist, kann der Fahrlässigkeitsbegriff des BGB als Orientierung herangezogen werden (vgl. *Ohly* GRUR 2019, 441, 447 zu § 4 Abs. 3). Fahrlässigkeit ist demnach das **Außerachtlassen der im Verkehr erforderlichen Sorgfalt** (§ 276 Abs. 2 BGB). Denkbar ist fahrlässiges Handeln bei einem Irrtum über die tatsächlichen Tatumstände oder über die rechtliche Zulässigkeit eines Verhaltens. Die Rechtsprechung legt einen **strengen Sorgfaltsmaßstab** an. Wer sich erkennbar im Grenzbereich des Zulässigen bewegt und eine von der eigenen Einschätzung abweichende Beurteilung der rechtlichen Zulässigkeit seines Verhaltens in Betracht ziehen muss, handelt fahrlässig (BGH GRUR 2010, 623 Rn. 55 – Restwertbörse; BGH GRUR 1996, 271 (275) – Gefärbte Jeans; BGH GRUR 1995, 744 (749) – Feuer, Eis & Dynamit I; BGH GRUR 1998, 568 (569) – Beatles Doppel-CD). Für **Fachkreise** gelten erhöhte Sorgfaltsanforderungen (BGH GRUR 1999, 1106 (1109) – Rollstuhlnachbau). Von dem Vorwurf fahrlässigen Handelns entbindet in der Regel nur die Einholung sachkundigen Rechtsrates von einschlägig erfahrenen Rechtsanwälten vor Verwirklichung der beabsichtigten Handlung (BGH GRUR 1977, 250 (252 f.) – Kunststoffhohlprofil). 14

15 **c) Besonderheiten der Arbeitnehmerhaftung (Abs. 1 S. 2).** Gemäß § 10 Abs. 1 S. 2 bleibt **§ 619a BGB unberührt.** Die Regelung soll klarstellen, dass im Streitfall zwischen Arbeitgeber und Arbeitnehmer die Darlegungs- und Beweislast für das Verschulden beim Arbeitgeber liegt. Die Regelung ist **überflüssig,** da das gleiche Ergebnis im Falle des § 10 schon nach allgemeinen Regeln gilt (zust. *Apel/Dilbaz* in Brammsen/Apel GeschGehG § 10 Rn. 36). § 619a BGB ist ein spezifisch in Zusammenhang mit der Regelung des Vertretenmüssens in § 280 Abs. 1 S. 2 BGB stehendes Korrektiv. Bei einem Vertretenmüssen handelt es sich aber um eine andere, nicht mit dem Begriff des Verschuldens gleichzusetzende Kategorie. Die Beweislastumkehr des § 280 Abs. 1 S. 2 BGB gilt nur für diese, nicht aber für § 10. Des Korrektivs gemäß § 619a BGB bedarf es deshalb auch im Verhältnis zu Arbeitnehmern nicht.

16 Unabhängig davon sind bei Schadensersatzansprüchen gegen Arbeitnehmer die **Grundsätze des innerbetrieblichen Schadensausgleichs** zu beachten. Diese sind systematisch bei der Frage des Mitverschuldens (§ 254 BGB) zu verorten und dort kommentiert (→ Rn. 78 u. Einl. C Rn. 99 ff.).

3. Schaden

17 Eine weitere materielle Anspruchsvoraussetzung besteht darin, dass die **Wahrscheinlichkeit eines Schadenseintritts** gegeben ist (BGH GRUR 2001, 849 (850) – Remailing-Angebot; BGH GRUR 2001, 84 (85) – Neu in Bielefeld II; vgl. ferner BGH GRUR 2002, 709 (712) – Entfernung der Herstellernummer III; BGH GRUR 2006, 421 Rn. 47 – Markenparfumverkäufe). Die Wahrscheinlichkeit braucht aber nicht hoch zu sein (BGH GRUR 2013, 713, Rn. 21 – Fräsverfahren; BGH GRUR 2001, 78 (79) – Falsche Herstellerpreisempfehlung). Bei einer **Leistungsklage** auf Schadensersatz muss der Schaden oder zumindest die Grundlage für eine Schätzung nach § 287 ZPO ohnehin dargelegt werden. Aber auch bei einer **Schadensersatzfeststellungsklage** bedarf es einer hinreichenden Schadenswahrscheinlichkeit. Diese gehört nach herrschender Ansicht nicht zum Vorliegen eines Feststellungsinteresses (§ 256 ZPO), sondern bildet eine Frage der Begründetheit (BGH GRUR 2001, 1177 (1178) – Feststellungsinteresse II; BGH GRUR 1972, 180 (183) – Cherie; BGH GRUR 1992, 559 – Mikrofilmanlage; *Zigann/Werner* in Cepl/Voß ZPO § 256 Rn. 8). Demgegenüber differenzieren BGH NJW 2000, 725 (728) und BGHZ 166, 84, Rn. 27 – Kirch wie folgt: Geht es um Verletzung absoluter Rechte/Rechtsgüter soll die Schadenswahrscheinlichkeit eine Frage der Begründetheit sein, geht es dagegen um primäre (reine) Vermögensschäden, ist die Frage der Wahrscheinlichkeit des Schadenseintritts schon eine Frage des Feststellungsinteresses und damit der Zulässigkeit.

18 Zu berücksichtigen ist ferner, dass es nach der Rechtsprechung einem allgemeinen **Erfahrungssatz** des Wettbewerbsrechts entspricht, dass dem von einem Wettbewerbsverstoß unmittelbar Betroffenen **regelmäßig ein Schaden** entsteht (BGH GRUR 2016, 860 Rn. 21 – Deltamethrin II; BGH GRUR 2008, 933 Rn. 19 – Schmiermittel; BGH GRUR 1993, 55 (57) – Tchibo/Rolex II). Entsprechendes dürfte auch bei Verstößen gegen das GeschGehG gelten.

4. Kausalität und Zurechenbarkeit des Schadens

19 Gemäß § 10 Abs. 1 ist der Rechtsverletzer zum Ersatz des aus der Verletzungshandlung („daraus") entstehenden Schadens verpflichtet. Die im Sinne von § 4 tatbestandliche Verletzung des Geschäftsgeheimnisses muss also zu einem Schaden

geführt haben **(haftungsausfüllende Kausalität).** Regelmäßig wird ein Schaden nicht schon durch eine rechtswidrige Erlangung gemäß § 4 Abs. 1, sondern erst durch eine rechtswidrige Nutzung oder Offenlegung des Geheimnisses gemäß § 4 Abs. 2 oder Abs. 3 verursacht (vgl. LAG Rheinland-Pfalz BeckRS 2018, 17962 Rn. 26 f.), wenngleich schon die bloße Kenntnis eines Dritten von einem Geschäftsgeheimnis dessen wirtschaftlichen Wert beeinträchtigen kann (*Apel/Dilbaz* in Brammsen/Apel GeschGehG § 10 Rn. 40). Die haftungsausfüllende Kausalität ist grundsätzlich **vom Anspruchsteller darzulegen und zu beweisen** (BGH NJW 2012, 850 Rn. 14; LAG Rheinland-Pfalz BeckRS 2018, 17962 Rn. 39). Wird der Schaden nach dem entgangenen Gewinn berechnet, ist dieser Nachweis aber gemäß §§ 252 S. 2 BGB, 287 ZPO erleichtert (→ Rn. 46 f.). Bei einer Schadensberechnung nach dem **Verletzergewinn** oder der **Lizenzanalogie** muss ohnehin **keine strenge Kausalität** im Hinblick auf die genaue Höhe des Schadens nachgewiesen werden (EuGH GRUR 2017, 264 Rn. 32 – OTK/SFP). Die Zulassung dieser Schadensberechnungsmethoden ist gerade von der Erwägung getragen, den Schadensnachweis für den Verletzten zu erleichern (→ Rn. 2).

Im Ausgangspunkt erforderlich ist ein **adäquat-kausaler Ursachenzusammenhang** zwischen Verletzungshandlung und Schadenseintritt. Dies setzt zunächst eine Kausalität zwischen dem Verstoß gegen § 4 und dem eigetretenen Schaden im Sinne der **Äquivalenzformel** voraus, d.h. der Normverstoß muss eine Bedingung für den Schadenseintritt darstellen, die nicht hinweggedacht werden kann, ohne dass der Schaden entfiele (***conditio-sine-qua-non*-Formel,** LAG Rheinland-Pfalz BeckRS 2018, 17962 Rn. 39 f., vgl. allgemein: BGH NJW 2011, 1442 Rn. 20; *Grüneberg* in Grüneberg BGB Vorb § 249 Rn. 25). Ist diese Voraussetzung erfüllt, kann eine ausreichende Kausalität nach der **Adäquanzlehre** dennoch aus Wertungsgründen abzulehnen sein, wenn der Zusammenhang zwischen Normverstoß und Schadenseintritt auf einem besonders eigenartigen, unwahrscheinlichen Verlauf der Dinge beruht, so dass der Schaden dem Verletzer billigerweise nicht mehr zugerechnet werden kann (BGH NJW 2005, 1420 (1421); BGH NJW 1995, 126 (127); *Grüneberg* in Grüneberg BGB Vorb § 249 Rn. 26). 20

Ausreichend ist grundsätzlich eine **Mitursächlichkeit (kumulative Kausalität)** der Rechtsverletzung für den eingetretenen Schaden (BGH NJW 2002, 2708 (2709); BGH NJW 2002, 504 (505); BGH NJW 2000, 3423 (3424); *Grüneberg* in: Grüneberg BGB Vorb § 249 Rn. 34). Die Rechtsverletzung muss also lediglich eine von mehreren Ursachen für den eingetretenen Schaden bilden. Deshalb lassen Eigenleistungen, die der Rechtsverletzer mit rechtswidrig erlangten Informationen verbindet, den Kausalzusammenhang grundsätzlich nicht entfallen (vgl. BGH WRP 2008, 938 Rn. 9 – Entwendete Datensätze; BGH GRUR 1985, 294 (296) – Füllanlage; anders, wenn die Rechtsverletzung völlig bedeutungslos ist). Liegt ein Fall sog. **Doppelkausalität** (auch: **alternative Kausalität**) vor, d.h. ist ein bestimmter Schaden durch mehrere gleichzeitig wirkende Umstände verursacht worden und hätte jede dieser Ursachen für sich allein ausgereicht, um den gesamten Schaden herbeizuführen, dann sind – in Abweichung von der *conditio sine qua non*-Formel – **sämtliche Umstände** als **rechtlich ursächlich** zu behandeln; anderenfalls könnte der eingetretene Schadenserfolg auf keine der tatsächlich wirksam gewordenen Ursachen zurückgeführt werden (BGH NJW 2011, 1442 Rn. 20; BGH NJW 2004, 2526 (2528)). Wäre der durch die rechtswidrige Handlung bewirkte Schaden zu einem späteren Zeitpunkt durch einen anderen Umstand ebenfalls herbeigeführt worden **(hypothetische Kausalität),** 21 ist es eine Wertungsfrage, ob dies zur Entlastung des Schädigers führen soll. Grundsätzlich ist eine solche **Reserveursache** aber **unbeachtlich** (BGH WRP 2008, 938 Rn. 11 – Entwendete Datensätze; OLG Frankfurt a.M. InstGE 7, 162 Rn. 6 – PET-Spritzwerkzeug II; LAG Rheinland-Pfalz BeckRS 2016, 68762 Rn. 79).

22 Beruht der Schaden auf einem **Willensentschluss des Verletzten,** ist der Kausalzusammenhang nicht unterbrochen, wenn der Verletzte durch die rechtswidrige Handlung zu dem Verhalten **herausgefordert** wurde und es sich bei dem Verhalten des Verletzten um eine nicht ungewöhnliche Reaktion handelt (OLG Celle NJW-RR 2011, 1047 (1048); *Grüneberg* in Grüneberg BGB Vorb § 249 Rn. 41). Dies kann etwa der Fall sein, wenn der Verletzte eine computerforensische Analyse zur Aufklärung des Sachverhalts beauftragt hat (OLG Celle NJW-RR 2011, 1047).

23 Der Schaden muss innerhalb des **Schutzzwecks der verletzten Norm** liegen. Daran soll es bei Kosten fehlen, die dem Geschädigten dadurch entstanden sind, dass er eine strafrechtliche Verfolgung der Geheimnisverletzung betrieben hat (OLG Celle MMR 2011, 208 (209), s. näher → Rn. 74).

24 Der Verletzer kann sich darauf berufen, dass der Erfolg auch durch **rechtmäßiges Alternativverhalten** eingetreten wäre. Allerdings trägt er hierfür die volle Beweislast (BGH NJW 2012, 850 Rn. 14; BGH NJW 2005, 1718 (1719); *Köhler* in Köhler/Bornkamm/Feddersen UWG § 9 Rn. 1.15g; *Ohly* in Ohly/Sosnitza UWG § 9 Rn. 9; vgl. auch BGH GRUR 2018, 1161 Rn. 46 – Hohlfasermembranspinnanlage II).

5. Anspruchsberechtigte, Anspruchsgegner

25 Siehe zu Aktiv- und Passivlegitimation zunächst die Kommentierung bei → § 6 Rn. 61 ff. und 65 ff. In Zusammenhang mit dem Schadensersatzanspruch sind v.a. folgende Aspekte von Bedeutung:

26 **a) Aktivlegitimation.** Anspruchsberechtigt ist der **Inhaber des Geschäftsgeheimnisses** (§ 2 Nr. 2). Dies schließt auch **Lizenznehmer** ein (BT-Drs. 19/4724, 25). Aufgrund der Relativität des Geheimnisschutzes ist es denkbar, dass mehrere Personen unabhängig voneinander Inhaber des gleichen Geschäftsgeheimnisses sind. In diesem Fall sind sämtliche Inhaber im Hinblick auf ihre individuellen Schäden anspruchsberechtigt, sofern eine hinreichende Kausalität zwischen Verletzungshandlung und Schaden gegeben ist.

27 **b) Passivlegitimation.** Anspruchsverpflichtet ist der **Rechtsverletzer** (§ 2 Nr. 3), also derjenige, der entgegen § 4 ein Geschäftsgeheimnis rechtswidrig erlangt, nutzt oder offenlegt. Juristischen Personen ist gemäß **§ 31 BGB** das **Handeln ihrer Organe zuzurechnen,** ohne dass eine Exkulpationsmöglichkeit besteht. § 31 BGB ist weit auszulegen und erfasst in entsprechender Anwendung nicht nur gesetzliche Vertreter im strengen Sinn, sondern sämtliche **Repräsentanten** einer Gesellschaft, also Personen, denen durch die allgemeine Betriebsregelung und Handhabung bedeutsame, wesensmäßige Funktionen der juristischen Person zur selbständigen, eigenverantwortlichen Erfüllung zugewiesen sind, so dass sie die juristische Person im Rechtsverkehr repräsentieren (BGH NJW 2020, 1962 Rn. 33; BGH NJW 2007, 2490 Rn. 16; BGH NJW 1998, 1854 (1856) mwN; *Glinke* in Keller/Schönknecht/Glinke GeschGehG § 10 Rn. 66). Dies trifft in der Regel auf **leitende Angestellte** zu (*Köhler/Feddersen* in Köhler/Bornkamm/Feddersen UWG § 8 Rn. 2.19; *Ellenberger* in Grüneberg BGB § 31 Rn. 6).

Der gesetzliche Vertreter oder sonstige Repräsentant muss zwar gemäß § 31 BGB „in Ausführung der ihm zustehenden Verrichtungen“ gehandelt haben. Die vorstehenden Grundsätze gelten aber auch im Falle einer Aufgabenüberschreitung und auch für vorsätzliches deliktisches Handeln (*Köhler/Feddersen* in Köhler/Bornkamm/Feddersen UWG, § 8 Rn. 2.19). Eine täterschaftliche Haftung kann sich außerdem unter dem Gesichtspunkt eines **Organisationsverschuldens** ergeben (→ § 2 Rn. 90; → § 6 Rn. 67). Eine Haftung gemäß § 10 kann sich außerdem aus dem Gesichtspunkt der **Verletzung deliktsrechtlicher Verkehrspflichten** ergeben (→ § 2 Rn. 95, vgl. ferner OLG Karlsruhe, Urteil v. 26.4.2023 – 6 U 175/20, S. 64 (unveröffentlicht)). Insoweit gilt der Grundsatz, dass jeder, der in seinem Verantwortungsbereich eine Gefahrenquelle schafft oder andauern lässt, die ihm zumutbaren Maßnahmen und Vorkehrungen treffen muss, die zur Abwendung der daraus Dritten drohenden Gefahren notwendig sind. Verstößt er gegen diese Pflicht, ist er Täter einer deliktischen Handlung. Die zum Wettbewerbsrecht ergangene Rechtsprechung (grundlegend: BGH GRUR 2007, 890 Rn. 36 f. – Jugendgefährdende Medien bei eBay) ist anknüpfend an die Tatbestände des § 4 übertragbar. Insoweit kann sich etwa eine Schadensersatzpflicht für das Handeln von Mitarbeitern oder Geschäftspartnern ergeben, wenn die Gefahr von Geheimnisverletzungen durch diese pflichtwidrig nicht abgewendet wurde.

Daneben kommt eine Haftung für **Verrichtungsgehilfen** gemäß **§ 831 Abs. 1** 28
BGB in Betracht, wobei – anders als bei Repräsentanten – hier die Möglichkeit des dezentralisierten Entlastungsbeweises besteht (§ 831 Abs. 1 S. 2 BGB). Bei § 831 BGB handelt es sich um eine eigenständige Anspruchsgrundlage, die aber neben § 10 anwendbar bleibt (*Glinke* in Keller/Schönknecht/Glinke GeschGehG § 10 Rn. 77).

Eine Zurechnung auch fremden Verhaltens kann sich im Falle der **Mittäter-** 29
schaft (§ 830 Abs. 1 BGB) oder der zivilrechtlich gemäß **§ 830 Abs. 2 BGB** gleichgestellten **Teilnahme** (Anstiftung, Beihilfe) ergeben (→ § 2 Rn. 91 u. 96 ff.). Dies erfordert jeweils vorsätzliches Handeln. Dabei ist insbesondere der Bereich der Gehilfenhaftung weit gezogen. Gehilfe ist, wer vorsätzlich einem anderen zu dessen vorsätzlich begangener unerlaubter Handlung Hilfe leistet (BGH NJW 2005, 3137 (3139); BGH NJW 1998, 377 (381 f.); *BGH* NJW 1975, 49 (50); *Wagner* in MüKoBGB § 830 Rn. 24). Einer physischen Mitwirkung bei der Tatausführung bedarf es nicht (BGH NJW 1998, 377 (382); BGH NJW 1975, 49 (51); *Wagner* in MüKoBGB § 830 Rn. 24). Haftungsbegründend ist auch schon eine Hilfeleistung im Vorbereitungsstadium (BGH NJW 1975, 49 (52); *Wagner* in MüKoBGB § 830 Rn. 24). Es ist nicht erforderlich, dass der Tatbeitrag des Gehilfen sich auf den Verletzungserfolg ausgewirkt hat und damit für den Eintritt des Verletzungserfolges kausal geworden ist; vielmehr genügt jede Förderung der Haupttat durch Hilfeleistung (BGH NJW 2012, 3439 (3441) mwN).

Die Vorschrift des **§ 12** über die Haftung des Unternehmensinhabers für 30
Beschäftigte und Beauftragte ist auf den Schadensersatzanspruch **nicht anwendbar.** § 12 S. 1 bezieht sich nach dem klaren Wortlaut nur auf die Ansprüche nach den §§ 6 bis 8 und nicht auf Ansprüche nach § 10. Der Gesetzgeber folgte insoweit dem Vorbild des § 8 Abs. 2 UWG, während etwa das weitergehende Haftungskonzept des § 14 Abs. 7 MarkenG nicht übernommen wurde. Ebenfalls **nicht anwendbar** ist die Vorschrift des **§ 278 BGB,** da diese Zurechnungsnorm nicht für Ansprüche gilt, die erst durch deliktisches Verhalten begründet werden (*Alexander* in Köhler/Bornkamm/Feddersen GeschGehG § 10 Rn. 15; aA *Spieker* in BeckOK GeschGehG § 10 Rn. 3).

31 Neben einer juristischen Person kommt auch eine eigene Haftung der handelnden bzw. verantwortlichen Person in Betracht. Für eine **persönliche Haftung** des **geschäftsführenden Organs,** insbesondere des Geschäftsführers einer GmbH, kann auf die Rechtsgrundsätze zurückgegriffen werden, die die Rechtsprechung zum Wettbewerbsrecht entwickelt hat. Danach gilt folgendes (siehe auch → § 6 Rn. 74): Der Geschäftsführer haftet für unlautere Wettbewerbshandlungen der Gesellschaft persönlich, wenn er daran entweder durch positives Tun beteiligt war oder wenn er die Wettbewerbsverstöße auf Grund einer nach allgemeinen Grundsätzen des Deliktsrechts begründeten **Garantenstellung** hätte verhindern müssen (BGH GRUR 2014, 883 Rn. 17 – Geschäftsführerhaftung). Eine derartige Pflicht, Wettbewerbsverstöße der Gesellschaft zu verhindern, begründet gegenüber außenstehenden Dritten **nicht allein die Organstellung** und die allgemeine Verantwortlichkeit des Geschäftsführers für den Geschäftsbetrieb (BGH GRUR 2014, 883 Rn. 23 – Geschäftsführerhaftung; insoweit strenger der X. Zivilsenat zur Haftung für Patentverletzungen: BGH GRUR 2016, 257 Rn. 113 ff. – Glasfasern II). Der Geschäftsführer haftet allerdings persönlich aufgrund einer eigenen **wettbewerbsrechtlichen Verkehrspflicht,** wenn er ein auf Rechtsverletzungen angelegtes **Geschäftsmodell selbst ins Werk gesetzt** hat (BGH GRUR 2014, 883 Rn. 31– Geschäftsführerhaftung).

32 Sind **mehrere Personen** für einen aus einer unerlaubten Handlung entstehenden einheitlichen Schaden nebeneinander verantwortlich, so haften sie gemäß **§ 840 Abs. 1 BGB** als **Gesamtschuldner.** Dies gilt grundsätzlich auch im Verhältnis zu einem **Geschäftsführer,** der nach vorstehend genannten Grundsätzen neben der Gesellschaft persönlich haftet (BGH GRUR 1959, 379 (382 f.) – Gasparone; OLG Düsseldorf InstGE 5, 17 Rn. 8 – Ananasschneider). Besonderheiten können hier allerdings bestehen, wenn der Schadensersatz nach dem Verletzergewinn oder der Lizenzanalogie berechnet wird (vgl. *Holzapfel* GRUR 2012, 242, 244). Eine Gesamtschuld soll **nicht** bestehen, wenn mehrere Rechtsverletzer im Rahmen einer **Lieferkette** verantwortlich sind. Hier soll jeder Verletzer individuell und gesondert auf den von ihm verursachten Schaden haften. Ausdrücklich entschieden hat der BGH dies bislang für den Fall der **Verletzergewinnherausgabe** (BGH GRUR 2009, 856 Rn. 67 ff. – Tripp-Trapp-Stuhl), bei dem aufgrund der abweichenden Verletzergewinne gerade kein einheitlicher Schaden vorliegt. Ein Konnex zwischen den Stufen der Lieferkette besteht allerdings insofern, als der Rechtsverletzer Ersatzzahlungen, die er seinen Vertragspartnern wegen deren Inanspruchnahme durch den Verletzten erbringt, bei Berechnung seines Verletzergewinns ggü. dem Geheimnisinhaber in Abzug bringen kann (näher → Rn. 66). Für die Schadensberechnung auf Grundlage des **entgangenen Gewinns** und der **Lizenzanalogie** fehlt höchstrichterliche Rechtsprechung (*Voß* in Schulte PatG § 139 Rn. 161). Zum Teil werden die vom BGH zur Verletzergewinnherausgabe entwickelten Grundsätze als übertragbar erachtet (*Goldmann* in Harte/Henning UWG § 9 Rn. 305, wohl auch *Glinke* in Keller/Schönknecht/Glinke GeschGehG § 10 Rn. 150). Die Gegenansicht geht bei einer Schadensberechnung nach dem entgangenen Gewinn und der Lizenzanalogie angesichts der Einheitlichkeit des Schadens und um eine ungerechtfertigte Kumulation von Schadensersatzleistungen zu vermeiden von einer Gesamtschuld aus (so *Holzapfel* GRUR 2012, 242, 245 ff.; *Hoffmann* ZGE 9 (2017) 72 (79 ff., 81 ff)); vgl. ferner OLG Hamburg OLGR 1996, 33 (34); LG München I Mitt 2009, 40 (43) – Carrybag). Für den Fall der Schadensberechnung nach der Lizenzanalogie hat der BGH entschieden, dass Ersatzzahlungen, die der Verletzer seinen Vertragspartnern wegen deren Inan-

spruchnahme durch den Verletzten erbringt – anders als bei der Verletzergewinngerausgabe – nicht abzuziehen sind (BGH GRUR 2009, 660 Rn. 39 – Resellervertrag).

III. Inhalt und Umfang des Schadensersatzes (Abs. 2)

1. Überblick: Methoden der Schadensberechnung

a) Möglichkeit der dreifachen Schadensberechnung. Die Schadensberechnung kann auf dreifache Weise erfolgen: **(1)** Ersatzfähig ist der nach Maßgabe der §§ 249 ff. BGB zu bestimmende **konkrete Schaden. (2)** Alternativ kann nach § 10 Abs. 2 S. 1 der Gewinn, den der Rechtsverletzer erzielt hat, berücksichtigt werden **(Herausgabe des Verletzergewinns). (3)** Schließlich kann der Schaden gemäß § 10 Abs. 2 S. 2 auf Grundlage des Betrages bestimmt werden, den der Rechtsverletzer als angemessene Vergütung hätte entrichten müssen, wenn er die Zustimmung zur Erlangung, Nutzung oder Offenlegung des Geschäftsgeheimnisses eingeholt hätte (sog. **Lizenzanalogie**). 33

§ 10 Abs. 2 dient der Umsetzung von Art. **14 Abs. 2 Geschäftsgeheimnis-RL** (BT-Drs. 19/4724, 32). Gemäß Art. 14 Abs. 2 UAbs. 1 sind bei Festsetzung der Höhe des Schadensersatzes unter anderem entgangene Gewinne des Geschädigten und etwaige unlautere Gewinne des Rechtsverletzers zu berücksichtigen. Art. 14 Abs. 2 UAbs. 2 sieht alternativ vor, dass in geeigneten Fällen Schadensersatz als Pauschalbetrag festgesetzt werden kann, und zwar auf Grundlage von Faktoren wie mindestens dem Betrag der Lizenzgebühren, die der Rechtsverletzer hätte entrichten müssen, wenn er die Zustimmung („Genehmigung") zur Nutzung des betreffenden Geschäftsgeheimnisses eingeholt hätte. Ähnlich wie schon die Parallelregelung des Art. 13 Abs. 1 Durchsetzungs-RL legt die Formulierung nahe, dass Art. 14 Abs. 2 nur zwischen **zwei Berechnungsarten** unterscheidet (*Hofmann* WRP 2018, 1 Rn. 14, vgl. auch ErwGr. 30), was insbesondere zu der Folgefrage führt, ob das Vermengungsverbot (→ Rn. 38) auch im Verhältnis von entgangenem Gewinn und Verletzergewinnherausgabe gilt oder ob es insoweit zu Kumulationseffekten kommen kann (vgl. *v. Mühlendahl* bei Kalbfus/Harte-Bavendamm GRUR 2014, 453, 457; *Schaub* in Teplitzky Kap. 34 Rn. 24a). Wie schon im Bereich der Immaterialgüterrechte werden die überkommenen Grundsätze der **dreifachen Schadensberechnung** (einschließlich des Vermengungsverbotes) jedoch als **mit den Vorgaben des Art. 14 Abs. 2 Geschäftsgeheimnis-RL vereinbar** angesehen (*Ann* GRUR-Prax 2016, 465, 467; *Apel/Dilbaz* in Brammsen/Apel GeschGehG § 10 Rn. 50). Auch der Gesetzgeber ging davon aus, dass die Umsetzung des Art. 14 Abs. 2 Geschäftsgeheimnis-RL durch § 10 Abs. 2 inhaltlich der im Bereich der Immaterialgüterrechte üblichen dreifachen Schadensberechnung entspreche (BT-Drs. 19/4724, 32). 34

Im deutschen Recht wurde die Möglichkeit der dreifachen Schadensberechnung von der Rechtsprechung für den Bereich der **Immaterialgüterrechte** zunächst *praeter legem* anerkannt und erstarkte dort infolge allgemeiner Übung zu **Gewohnheitsrecht.** Eine Positivierung erfolgte zunächst nur in einzelnen immaterialgüterrechtlichen Bestimmungen (vgl. BT-Drs. 16/5048, 33, s. zur Entwicklung: *Ernicke* ZGE 8 (2016), 84). Seit **Umsetzung der Durchsetzungsrichtlinie** durch das Gesetz zur Verbesserung der Durchsetzung von Rechten des geistigen Eigentums vom 7.7.2008 (BGBl. I, S. 1191) findet sich in den einschlägi- 35 gen Gesetzen durchgängig eine ausdrückliche Grundlage (§§ 139 Abs. 2 S. 2, 3 PatG, 24 Abs. 2 S. 2, 3 GebrMG, 97 Abs. 2 S. 2, 3 UrhG, 42 Abs. 2 S. 2, 3 DesignG; 14 Abs. 6 S. 2, 3 MarkenG, 9 Abs. 1 S. 3 HalblSchG, 37 Abs. 2 S. 2, 3 SortSchG). **§ 10 Abs. 2** übernimmt den Wortlaut dieser Bestimmungen nahezu identisch.

36 **b) Verhältnis der Berechnungsarten zueinander.** Die drei Arten der Schadensberechnung (Schadensberechnung nach §§ 249 ff. BGB, Lizenzanalogie, Herausgabe des Verletzergewinns) bestimmen Inhalt und Umfang eines einheitlichen Schadensersatzanspruchs jeweils in unterschiedlicher Form (BGH GRUR 2012, 1226 Rn. 16 – Flaschenträger; BGH GRUR 1993, 55 (57) – Tchibo/Rolex II). Sie bilden einen **einheitlichen Streitgegenstand** (BGH GRUR 1993, 55 (57) – Tchibo/Rolex II; *Ohly* in Ohly/Sosnitza UWG § 9 Rn. 29). Es besteht ein **Wahlrecht des Geschädigten.** Er kann sich für die aus seiner Sicht günstigste Berechnungsmethode entscheiden und von einer Berechnungsmethode auf die andere übergehen (BGH GRUR 2019, 496 Rn. 13 – Spannungsversorgungsvorrichtung; BGH GRUR 2012, 1226 Rn. 16 – Flaschenträger; BGH GRUR 2006, 419 Rn. 14 – Noblesse; BGH GRUR 1993, 757 (758) – Kollektion Holiday), und zwar ohne dass dies eine Klageänderung darstellen soll (BGH GRUR 1993, 55 (57) – Tchibo/Rolex II). Das Wahlrecht erlischt grundsätzlich erst durch rechtskräftige Zuerkennung oder Erfüllung des Anspruchs (BGH GRUR 1993, 55 (57) – Tchibo/Rolex II). Allerdings verliert der Verletzte das Wahlrecht auch dann, wenn eine gerichtliche Entscheidung für ihn selbst nicht mehr mit Rechtsmitteln angreifbar ist (BGH GRUR 2008, 93 Rn. 14 – Zerkleinerungsvorrichtung). Bei **mehreren Rechtsverletzern** braucht das Wahlrecht nicht einheitlich ausgeübt zu werden; der Schaden kann im Verhältnis zu den einzelnen Verletzern grundsätzlich auf unterschiedliche Weise berechnet werden (*Ohly* in Ohly/Sosnitza UWG § 9 Rn. 29). Möglich ist es auch, die Berechnung des Schadens in einem Eventualverhältnis auf unterschiedliche Methoden zu stützen (BGH GRUR 1993, 757 (758) – Kollektion Holiday; BGH GRUR 1993, 55 (58) – Tchibo/Rolex II).

37 Die Berechnung kann nach den einzelnen Methoden **unterschiedlich ausfallen;** eine vergleichende Berechnung nach einer anderen Methode kann aber **Kontrollüberlegung** sein, um ein erzieltes Rechenergebnis zu verifizieren, da die verschiedenen Berechnungsmethoden dem Ersatz desselben Schadens dienen und somit zumindest ähnliche Ergebnisse zu erwarten sind (BGH GRUR 2012, 1226 Rn. 39 – Flaschenträger; LG Mannheim InstGE 6, 260 – Abschirmdichtung; krit. *Kleinheyer/Hartwig* GRUR 2013, 683, 687). Andererseits kann gegen den nach einer Methode berechneten Anspruch nicht ohne weiteres eingewendet werden, er übersteige den nach anderer Methode berechneten Anspruch beträchtlich (OLG Düsseldorf GRUR 2004, 53 (54) – Gewinnherausgabeanspruch).

38 Die Grenze des Wahlrechts bildet das **Vermengungsverbot,** wonach die Elemente der jeweiligen Berechnungsart nicht untereinander kombinierbar sind (s. nur BGH GRUR 1993, 55 (58) – Tchibo/Rolex II; *Glinke* in Keller/Schönknecht/Glinke GeschGehG § 10 Rn. 100; *Apel/Dilbaz* in Brammsen/Apel GeschGehG § 10 Rn. 98; *Tochtermann* in Büscher GeschGehG § 10 Rn. 27). Anders ist dies nur, wenn es um verschiedene Schadenspositionen geht, die nicht auf Ersatz des gleichen Gläubigerinteresses gerichtet sind. Der Geschädigte kann daher insbesondere Rechtsverfolgungskosten (→ Rn. 73 ff.) unabhängig davon geltend machen, auf welche Weise er seinen Schaden im Übrigen berechnet (*Ohly*

in Ohly/Sosnitza UWG § 9 Rn. 30; *Apel/Dilbaz* in Brammsen/Apel GeschGehG § 10 Rn. 99).

c) Die dreifache Schadensberechnung bei Geheimnisverletzungen. Obwohl der Schutz von Geschäftsgeheimnissen nicht ohne weiteres mit einem immaterialgüterrechtlichen Schutz gleichzusetzen ist, war auch hier die Möglichkeit einer **dreifachen Schadensberechnung** schon **vor Inkrafttreten des GeschGehG** anerkannt. Zunächst hatte die Rechtsprechung allerdings – allgemeinen Grundsätzen des Wettbewerbsrechts folgend – die Verletzung von Geschäftsgeheimnissen als reines Handlungsunrecht qualifiziert und nicht für vergleichbar mit einem Eingriff in Ausschließlichkeitsrechte gehalten. Konsequent hatte deshalb die ältere Rechtsprechung in Fällen der Vorlagenfreibeuterei (§ 18 UWG a.F., heute § 23 Abs. 3) insbesondere eine Herausgabe des Verletzergewinns abgelehnt (BGH GRUR 1960, 554 (557) – Handstrickverfahren; RG GRUR 1942, 352 (358) – Quarzlampe). Erst später wurde die dreifache Schadensberechnung in eng umgrenzten Teilbereichen des Wettbewerbsrechts zugelassen, und zwar zunächst im Bereich des **wettbewerbsrechtlichen Nachahmungsschutzes** (heute: § 4 Nr. 3 UWG, vgl. zu § 1 UWG a.F.: BGH GRUR 1972, 189 (191) – Wandsteckdose II; BGH GRUR 1973, 478 (480) – Modeneuheit). Eine **Anerkennung für den Bereich des Geheimnisschutzes** erfolgte durch die Entscheidung BGH GRUR 1977, 539 (542) – Prozessrechner. Zur Begründung führte der BGH an, dass sich die Position des Geheimnisinhabers derjenigen des Inhabers eines Immaterialgüterrechts in besonders starkem Maße annähere (BGH GRUR 1977, 539 (542) – Prozessrechner; vgl. auch OLG München OLGR 2000, 227). Gerade bei technischen Geheimnissen bestehe eine besondere Nähe zum Patent- und Gebrauchsmusterrecht, was sich darin zeige, dass das Vorliegen einer erfinderischen Tätigkeit bzw. eines erfinderischen Schritts zuweilen schwierig zu beurteilen sei (BGH GRUR 1977, 539 (542) – Prozessrechner; BAG NZA 1986, 781). 39

Anerkannt war bereits auf Grundlage des UWG sowohl die Berechnungsmethode der **Lizenzanalogie** (BGH GRUR 1977, 539 (542) – Prozessrechner; BAG NZA 1986, 781) als auch diejenige der **Herausgabe des Verletzergewinns** (BGH WRP 2008, 938 Rn. 6 – Entwendete Datensätze; OLG Frankfurt InstGE 7, 152 Rn. 33, 42 – PET-Spritzwerkzeug I; OLG Frankfurt InstGE 7, 162 Rn. 4 f. – PET-Spritzwerkzeuge II). Die Zulassung der dreifachen Schadensberechnung erstreckte sich ferner auf Fälle des § 18 UWG a.F. (KG GRUR 1988, 702 (703) – Corporate Identity; OLG Frankfurt InstGE 7, 152 Rn. 33 – PET-Spritzwerkzeug I). Grundsätzlich in Betracht kam die dreifache Schadensberechnung nicht nur bei **technischen,** sondern auch bei **kaufmännischen Geheimnissen** (OLG Hamm NJOZ 2010, 530 (533)). 40

Zu Einzelheiten der dreifachen Schadensberechnung existiert im Bereich des Geheimnisschutzes wenig Rechtsprechung. Grundsätzlich ist aber ein **Rückgriff auf die umfangreiche Kasuistik aus dem Bereich der Immaterialgüterrechte** möglich (vgl. etwa OLG Frankfurt InstGE 7, 162 Rn. 8 f. – PET-Spritzwerkzeug II), soweit den Besonderheiten des Geheimnisschutzes im Einzelfall Rechtsprechung getragen wird. 41

2. Konkrete Schadensberechnung, §§ 249 ff. BGB

a) Naturalrestitution, § 249 Abs. 1 BGB. Die Berechnung des konkreten Schadens richtet sich nach den §§ 249 ff. BGB. Hierbei ist vom **Grundsatz der** 42

Naturalrestitution gemäß § 249 Abs. 1 BGB auszugehen. Wer zum Schadensersatz verpflichtet ist, hat danach den Zustand herzustellen, der bestehen würde, wenn der zum Ersatz verpflichtende Umstand nicht eingetreten wäre. Anspruchsinhalt ist also die **Beseitigung der Folgen einer Geheimnisverletzung** (BGH GRUR 2018, 541 Rn. 30 – Knochenzement II; BGH GRUR 2012, 1048 Rn. 27 – MOVICOL-Zulassungsantrag). Die praktische Bedeutung dieser Form des Schadensersatzes ist allerdings eher gering, da die gleiche Rechtsfolge auch auf Grundlage anderer, verschuldensunabhängiger Ansprüche erreicht werden kann. Vielfach werden **Überschneidungen** mit den **Unterlassungs-** und **Beseitigungsansprüchen** nach § 6 sowie den Ansprüchen nach § 7 bestehen. Denkbar ist ferner, dass aus § 249 Abs. 1 BGB eine Herausgabepflicht bezüglich eines verkörperten Geheimnisses (zB eines Prototyps oder Datenträgers) folgt. Abhängig von der Eigentumslage kann insoweit Anspruchskonkurrenz zu § 985 BGB bestehen.

43 Unter dem Aspekt der Folgenbeseitigung gemäß § 249 Abs. 1 BGB hat der BGH etwa einen **Anspruch auf Auskunft** gewährt, an welche Empfänger ein Geschäftsgeheimnis weitergegeben wurde, damit der Geheimnisinhaber in die Lage versetzt wird, den Empfängern mitzuteilen, dass der Rechtsverletzer hierzu nicht berechtigt war (BGH GRUR 2012, 1048 Rn. 27 – MOVICOL-Zulassungsantrag). Nach Inkrafttreten des GeschGehG ergibt sich ein solcher Anspruch verschuldensunabhängig bereits aus § 8 Abs. 1 Nr. 4.

44 Nach der älteren Rechtsprechung des BGH kann ein auf Naturalrestitution gerichteter Schadensersatzanspruch in Ausnahmefällen darauf gerichtet sein, dass dem Verletzer verboten wird, für eine gewisse Zeit Vorteile aus der begangenen Rechtsverletzung zu ziehen, um einen unlauter erlangten Wettbewerbsvorteil wieder auszugleichen. Als Mittel hierzu wurden etwa (ggf. befristete und sachlich begrenzte) **Beschäftigungsverbote** (BGH GRUR 1976, 306 (307) – Baumaschinen; BGH GRUR 1971, 358 (359) – Textilspitzen; BGH GRUR 1967, 428 (429) – Anwaltsberatung I; BGH GRUR 1961, 482 (483) – Spritzgußmaschine) oder **Belieferungsverbote** (BGH GRUR 1970, 182 (184) – Bierfahrer; BGH GRUR 1964, 215 (216 f.) – Milchfahrer) gesehen. Die genannte Rechtsprechung erging allerdings nicht unmittelbar zu Fällen einer Geheimnisverletzung ieS (vgl. → Einl. A Rn. 196, 200). In der jüngeren Literatur wird sie zudem kritisch beurteilt, da sie in sehr weitgehendem Maße in Drittinteressen eingreife und so für eine „Quasi-Verdinglichung" von Vertragsverhältnissen sorge (*Alexander* in Köhler/Bornkamm/Feddersen GeschGehG § 10 Rn. 28). Der BGH selbst hat zuletzt ausdrücklich **offengelassen,** ob die **ältere Rechtsprechung weiterhin Bestand** hat und ob sie **auf Fälle einer Geheimnisverletzung übertragbar** ist (BGH GRUR 2018, 535 Rn. 41 – Knochenzement I). Unabhängig davon ist jedoch ein Verbot des gezielten In-Verbindung-Tretens mit Kunden aufgrund einer rechtswidrig erlangten Kundenliste denkbar, wenngleich ein solches meist schon auf Grundlage des Unterlassungsanspruches erreicht werden kann (vgl. BGH GRUR 2003, 453 – Verwertung von Kundenlisten).

45 **b) Differenzhypothese und entgangener Gewinn, §§ 251 Abs. 1, 252 BGB.** In den meisten Fällen wird eine konkrete Schadensberechnung in einer Kompensation durch **Geldentschädigung** gemäß **§ 251 Abs. 1 BGB** bestehen. Auszugehen ist dabei von der **Differenzhypothese** (*Maume* Mitt 2009, 379, 379 f.). Zu ersetzen ist also die Differenz zwischen dem hypothetischen Vermögen, wie es sich ohne das schädigende Ereignis darstellen würde (sog. kontrafaktisches

Szenario), und dem tatsächlichen, durch das schädigende Ereignis verminderten Vermögen (*Grüneberg* in Grüneberg BGB § 251 Rn. 10; *Böhm/Nestler* GRUR-Prax 2018, 181, 182).

Im Vordergrund steht dabei der **entgangene Gewinn,** der gemäß **§ 252 S. 1** 46 **BGB** von der Ersatzpflicht mitumfasst ist. Eine solche Schadensberechnung wäre allerdings mit erheblichen Schwierigkeiten behaftet, da vom Anspruchsteller die Darlegung eines hypothetischen Vergleichsszenarios ohne schädigendes Ereignis verlangt würde. Aus diesem Grund sieht **§ 252 S. 2 BGB** eine **Darlegungs- und Beweiserleichterung** vor (BGH GRUR 1993, 757 (758) – Kollektion Holiday; BGH NJW 1959, 1079), wonach als entgangen der Gewinn gilt, welcher nach dem gewöhnlichen Lauf der Dinge oder nach den besonderen Umständen, insbesondere nach den getroffenen Anstalten und Vorkehrungen, mit Wahrscheinlichkeit erwartet werden konnte. Der Verletzte hat insoweit ein Wahlrecht, ob er den gewöhnlichen Lauf der Dinge **(abstrakte Schadensberechnung)** oder die konkret getroffenen Anstalten und Vorkehrungen und somit bestimmte entgangene Geschäfte **(konkrete Schadensberechnung)** darlegt (*Prütting* in Baumgärtel/Laumen/Prütting Hdb d. Beweislast Kap. 14 Rn. 7; *Voß* in Schulte PatG § 139 Rn. 122 f.). Er muss aber jeweils nur darlegen, dass ein bestimmter Gewinn ohne das schadensstiftende Ereignis mit **Wahrscheinlichkeit** erzielt worden wäre (BGH GRUR 1993, 757 (758) – Kollektion Holiday). § 252 S. 2 BGB begründet dann eine **Vermutung,** dass der nach dem gewöhnlichen Lauf der Dinge oder nach den getroffenen Anstalten und Vorkehrungen zu erwartende Gewinn tatsächlich auch erzielt worden wäre. Die Vermutung kann gemäß § 292 S. 1 ZPO durch den Beweis des Gegenteils widerlegt werden (*Prütting* in Baumgärtel/Laumen/Prütting Hdb d. Beweislast Kap. 14 Rn. 5). Hat der Anspruchsteller also die Voraussetzungen für das Eingreifen der Vermutung dargetan, ist es am Anspruchsgegner, seinerseits darzulegen und zu beweisen, dass der Gewinn im konkreten Fall aus anderen Gründen nicht erzielt worden wäre (BGH Urteil v. 28.4.1967, Ib ZR 26/65, JurionRS 1967, 12009 Rn. 41 – Gummivulkanisations-Beschleuniger; BGH NJW 1959, 1079).

Prozessual wird § 252 S. 2 BGB durch die Möglichkeit der **Schätzung gemäß** 47 **§ 287 ZPO** ergänzt. Die Privilegierungen der §§ 252 S. 2 BGB und 287 ZPO sind nebeneinander anwendbar (*Grüneberg* in Grüneberg BGB § 252 BGB Rn. 4; vgl. BGH GRUR 1993, 757 (758) – Kollektion Holiday). § 287 Abs. 1 ZPO gewährt dem Geschädigten Beweiserleichterungen sowohl in Bezug auf **Entstehung und Höhe des Schadens,** als auch hinsichtlich der **haftungsausfüllenden Kausalität,** also hinsichtlich der Frage, ob der Schaden auf dem zur Haftung verpflichtenden Verhalten beruht (BGH NJW 2019, 2092 Rn. 12 *Foerste* in Musielak/Voit ZPO § 287 Rn. 3; *Teplitzky* GRUR 1987, 215, 216). Durch die Vorschrift erhält das Gericht eine Handhabe, die genannten Fragen in möglichst freier Beweiswürdigung zu beantworten (BGH Urteil v. 28.4.1967, Ib ZR 26/65, JurionRS 1967, 12009 Rn. 41 – Gummivulkanisations-Beschleuniger; BGH GRUR 1960, 554 (556) – Handstrickverfahren). Darin liegt insbesondere eine **Herabsetzung des Beweismaßes,** so dass anstelle einer an Sicherheit grenzenden Wahrscheinlichkeit bereits eine überwiegende Wahrscheinlichkeit ausreichend ist (BGH GRUR 2016, 860 Rn. 21 – Deltamethrin II; *Prütting* in Baumgärtel/Laumen/Prütting Hdb d. Beweislast Kap. 13 Rn. 22 f.). Der Anspruchsteller hat aber so weit wie möglich **konkrete Anknüpfungstatsachen** darzulegen, aus denen sich die Wahrscheinlichkeit des Eintritts eines Gewinns ergibt (BGH GRUR 2016, 860 Rn. 21 – Deltamethrin II; BGH NJW 2011, 1145 Rn. 17;

Grüneberg in Grüneberg BGB § 252 BGB Rn. 4). Ein solcher Vortrag kann auch nicht ohne weiteres unter Verweis auf Geschäftsgeheimnisse unterbleiben (OLG Köln WRP 2014, 742 Rn. 26 = GRUR-RR 2014, 329 – Converse AllStar). Andererseits dürfen insoweit **keine zu hohen Anforderungen** gestellt werden (BGH GRUR 2016, 860 Rn. 21 – Deltamethrin II; BGH NJW 2011, 1145 Rn. 17 mwN; BGH GRUR 2008, 933 Rn. 19 – Schmiermittel). Ausreichend kann hinsichtlich der Anknüpfungstatsachen auch ein *prima-facie*-Beweis sein (*Oetker* in MüKoBGB § 252 BGB Rn. 37).

3. Grundsätze der Lizenzanalogie

48 **a) Allgemeine Grundsätze.** Nach § 10 Abs. 2 Alt. 2 kann der Schaden auf Grundlage des Betrages bestimmt werden, den der Rechtsverletzer als **angemessene Vergütung** hätte entrichten müssen, wenn er die Zustimmung zur Erlangung, Nutzung oder Offenlegung des Geschäftsgeheimnisses eingeholt hätte. Dem liegt die Überlegung zugrunde, dass der Verletzer nicht besser (nach hM aber grds auch nicht schlechter) stehen soll als ein vertraglicher Lizenznehmer (BGH GRUR 2006, 143 (145) – Catwalk; BGH GRUR 1993, 55 (58) – Tchibo/Rolex II). Der Rechtsverletzer erhält allerdings durch die Schadensberechnung im Wege der Lizenzanalogie keinerlei Berechtigung (BGH GRUR 2002, 248 (252) – SPIEGEL-CD-ROM). Es wird lediglich ein fiktiver Vertrag als Berechnungsgrundlage herangezogen (vgl. BGH GRUR 1990, 1008 (1009) – Lizenzanalogie; BGH GRUR 1966, 375 (376) – Meßmer-Tee II). **Ohne Bedeutung** ist die Frage, ob es **im konkreten Fall** tatsächlich zum **Abschluss eines Lizenzvertrages** gekommen wäre und ob sich der Verletzte hierzu bereitgefunden hätte (BGH GRUR 2019, 292 Rn. 18 – Foto eines Sportwagens; BGH GRUR 2006, 143 (145) – Catwalk; BGH GRUR 1993, 55 (58) – Tchibo/Rolex II; BGH GRUR 1966, 375 (377) – Meßmer-Tee II). Entscheidend ist nur, dass der Verletzte die Nutzung nicht ohne Gegenleistung gestattet hätte (BGH GRUR 2006, 143 (145) – Catwalk). Zulässig ist die Schadensberechnung auf Grundlage einer angemessenen Lizenzgebühr deshalb überall dort, wo die Überlassung eines Gegenstandes gegen eine Lizenzgebühr **rechtlich möglich** und **verkehrsüblich** ist (BGH GRUR 2006, 143 (145) – Catwalk; BGH GRUR 1966, 375 (376) – Meßmer-Tee II). Typischerweise ist dies eher bei technischen als bei kaufmännischen Geheimnissen der Fall. Während technische Geheimnisse regelmäßig Gegenstand lizenzartiger Know-how-Verträge sind (→ Einl. B Rn. 104), scheidet dies bei zahlreichen kaufmännischen Informationen aus. Beispielsweise können Preiskalkulationen zwar Schutz als Geschäftsgeheimnisse genießen. Eine „Lizenzierung" solcher Geheimnisse wäre aber nicht verkehrsüblich (zust. *Apel/Dilbaz* in Brammsen/Apel GeschGehG § 10 Rn. 86).

49 Der Sache nach entspricht der nach der Lizenzanalogie berechnete Schadensersatz einem auf Wertersatz gerichteten **Bereicherungsanspruch** gemäß **§§ 812 Abs. 1 S. 1 Alt. 2, 818 Abs. 2 BGB** (BGH GRUR 2006, 143 (145) – Catwalk). Er umfasst auch eine Pflicht zur Zahlung von **Zinsen,** wenn auch bei freien Lizenzverhandlungen üblicherweise eine Fälligkeitsabrede (mit der Folge der §§ 286 Abs. 1, 2 Nr. 1, 288 BGB) getroffen worden wäre (BGH GRUR 2010, 239 Rn. 55 – BTK; BGH GRUR 1982, 301 (304) – Kunststoffhohlprofil II; BGH GRUR 1982, 286 (288 f.) – Fersenabstützvorrichtung).

50 **b) Schadensbestimmung im Wege der Lizenzanalogie.** Die Lizenzgebühr ist vom Tatrichter gemäß **§ 287 Abs. 1 ZPO** aufgrund einer wertenden Entschei-

dung unter Würdigung aller Umstände **nach freier Überzeugung zu bemessen.** Der Umfang einer Beweisaufnahme – etwa hinsichtlich üblicher Lizenzsätze – steht im Ermessen des Gerichts. Allerdings darf der Tatrichter nicht willkürlich schätzen, sondern muss für die Überzeugung, die er sich bildet, gesicherte Grundlagen haben (BGH GRUR 1995, 578 (579) – Steuereinrichtung II).

Ausgangspunkt für die Schadensberechnung ist die Bestimmung der **angemessenen, marktüblichen Vergütung,** die ein Lizenzsucher hätte entrichten müssen. Hierbei kommen **verschiedene Lizenzmodelle** in Betracht, namentlich umsatzabhängige Lizenzen oder Stücklizenzen. Beide Modelle sind im Wirtschaftsleben gleichermaßen üblich (vgl. LG Düsseldorf InstGE 10, 66 Rn. 132 – Videosignal-Codierung III zu den jeweiligen Vor- und Nachteilen der beiden Modelle). Nach Lage des Falles ist auch eine Einmallizenz („Flat fee") denkbar. **51**

Bei der Ermittlung einer umsatzabhängigen Lizenzgebühr oder einer Stücklizenz ist zunächst die **Bezugsgröße** zu ermitteln. Dies wird in der Regel das **rechtsverletzende Produkt (§ 2 Nr. 4)** sein. Insbesondere bei zusammengesetzten Produkten, von denen nur ein Teil auf der Verletzung von Geschäftsgeheimnissen beruht, stellt sich allerdings die Frage, ob das Gesamtprodukt oder nur das betroffene Bauteil die zutreffende Bezugsgröße bildet. Wenig aussagekräftig ist der Rückgriff auf die Definition des § 2 Nr. 4, da regelmäßig beide Einheiten die Definitionsmerkmale des rechtsverletzenden Produkts erfüllen werden. Maßgeblich für die Ermittlung der Bezugsgröße ist nach der Rechtsprechung die **Verkehrsanschauung,** die wertend unter Berücksichtigung sämtlicher Umstände des Einzelfalls zu ermitteln ist (BGH GRUR 1995, 578 (579) – Steuereinrichtung II zum Patentrecht). Maßgebliche Faktoren können nach Lage des Falles zB sein, ob die Gesamtvorrichtung üblicherweise als Ganzes geliefert wird und ob sie insgesamt eine Wertsteigerung durch den Teil erfährt, der unmittelbar Gegenstand des Geschäftsgeheimnisses ist (vgl. zum Patentrecht: BGH GRUR 1995, 578 (579) – Steuereinrichtung II sowie zu weiteren Abgrenzungskriterien: BGH GRUR 1962, 401 (404) – Kreuzbodenventilsäcke III). Denkbar ist es auch, auf ein komplexes Gesamterzeugnis als rechtsverletzendes Produkt abzustellen, dann aber einen abgesenkten Lizenzsatz anzusetzen (*Hoppe* in Hoppe/Oldekop Kap. 1 Rn. 835). **52**

Bei der Ermittlung des **anzuwendenden Lizenzsatzes** kommt einer etwaigen am Markt durchgesetzten Lizenzierungspraxis des Berechtigten maßgebliche Bedeutung zu; fehlt es daran, sind branchenübliche Lizenzsätze heranzuziehen (BGH GRUR 2019, 292 Rn. 19 – Foto eines Sportwagens). Diese hängen v.a. von branchenspezifischen Lizenzierungskonditionen, Technikgebiet und Komplexität des betroffenen Gegenstandes ab. Im Vergleich zu den Immaterialgüterrechten ist die Ermittlung eines angemessenen Lizenzsatzes bei geheimem Know-how dadurch erschwert, dass Informationen zu vergleichbaren Lizenzen in noch geringerem Umfang öffentlich verfügbar sind (*Böhm/Nestler* GRUR-Prax 2018, 181, 183; *Hoppe* in Hoppe/Oldekop Kap. 1 Rn. 834). Bei technischem Know-how kann gleichwohl zur Orientierung auf Lizenzsätze aus dem Bereich des Patentrechts und insbesondere des Arbeitnehmererfinderrechts zurückgegriffen werden. Überblicke finden sich etwa bei *Hellebrand/Rabe* Lizenzsätze für technische Erfindungen, 6. Aufl. 2021; *Trimborn* Mitt 2009, 257; *ders.* Mitt 2019, 325; *Groß* K&R 2013, 92; *ders.* K&R 2015, 94; *ders.* K&R 2017, 236; *ders.* K&R 2019, 468; *ders.* K&R 2021, 153. Innerhalb des so bestimmten Rahmens können die Besonderheiten des Einzelfalls berücksichtigt werden. Zu berücksichtigen sind **sämtliche wertbestimmenden Faktoren,** die auch bei freien Lizenzverhandlungen **53**

Einfluss auf die Höhe der zu entrichtenden Gebühr genommen hätten (BGH GRUR 2019, 292 Rn. 19 – Foto eines Sportwagens; BGH GRUR 1993, 897 (898) – Mogul-Anlage). Für den Bereich technischer Geheimnisse können insbesondere die im Patentrecht entwickelten Kriterien einen Orientierungspunkt bilden, zB: Verfügbarkeit technischer Alternativen/Umgehungslösungen, technische Fortschrittlichkeit der maßgeblichen Lösung, durch die technische Lösung begründete Vorzugs- oder Monopolstellung auf dem Produktmarkt, wirtschaftliche Bedeutung der Lösung, Netzwerkeffekte wie zB absatzfördernde Wirkung der Lösung auf angrenzenden Produktmärkten, siehe dazu BGH GRUR 1993, 897, 898 – Mogul-Anlage; BGH GRUR 1995, 578 (580) – Steuereinrichtung II; BGH GRUR 2017, 1017 Rn. 28 – Raltegravir; BPatG GRUR 2018, 803 Rn. 42 ff. – Isentress II).

54 Eine Berechnung „auf Grundlage" der angemessenen Vergütung iSv § 10 Abs. 2 S. 2 impliziert nicht, dass exakt die angemessene Lizenzgebühr zugrundezulegen ist. Auch ein **Verletzerzuschlag** ist grundsätzlich denkbar und wäre mit Art. 14 Abs. 2 UAbs. 2 der Geschäftsgeheimnis-RL zu vereinbaren (vgl. Wortlaut „mindestens dem Betrag der Lizenzgebühren" und die übertragbare Rechtsprechung des EuGH zur Durchsetzungs-RL: EuGH GRUR 2017, 264 – OTK/SFP). ErwGr. 30 der Geschäftsgeheimnis-RL, wonach die Lizenzanalogie keinen Strafschadensersatz bezweckt, steht nicht entgegen. Denn zum einen liegt auch dann nicht notwendig ein Strafschadensersatz vor, wenn dieser zB das Doppelte einer angemessenen Lizenzgebühr beträgt. Zum anderen mag zwar nach der Geschäftsgeheimnis-RL kein Strafschadensersatz bezweckt sein; das heißt aber nicht, dass sie im Umkehrschluss einem Strafschadensersatz entgegenstünde (vgl. jeweils zur parallelen Durchsetzungs-RL: EuGH GRUR 2017, 264 Rn. 28 f. – OTK/SFP u. Anm. *Maute* GRUR-Prax 2017, 113). Gleichwohl ist ein **genereller Verletzerzuschlag** namentlich im Sinne einer Verdopplung der Lizenzgebühr zwar verschiedentlich gefordert (dafür: *Bodewig/Wandtke* GRUR 2008; 220; *Meier-Beck* WRP 2012, 503, 507; für eine angemessene Erhöhung um einen Pauschalbetrag: *Hoppe* in Hoppe/Oldekop Kap. 1 Rn. 836), bislang von der Rechtsprechung aber **nicht anerkannt** worden (BGH GRUR 1980, 841 (844) – Tolbutamid; OLG München GRUR-RR 2003, 194 (195) – Blauer Engel).

55 Ungeachtet dessen kommen Verletzerzuschläge in Betracht, wenn die **Umstände des Einzelfalls** hierzu Anlass geben (BGH GRUR 1982, 286 (287) – Fersenabstützvorrichtung; OLG Düsseldorf BeckRS 2017, 109822 Rn. 109 – Folientransfermaschine; *Apel/Dilbaz* in Brammsen/Apel GeschGehG § 10 Rn. 95; *Glinke* in Keller/Schönknecht/Glinke GeschGehG § 10 Rn. 148; vgl. iwS auch die Fälle unterlassener Namensnennung/Quellenangaben im Urheberrecht: BGH GRUR 2019, 292 Rn. 28 – Foto eines Sportwagens; BGH GRUR 2015, 780 Rn. 39 – Motorradteile; KG WRP 2012, 1001 Rn. 41 – Schadensersatz für unterlassene Quellenangabe). Erwogen werden Verletzerzuschläge insbesondere bei **vorsätzlichem Verletzerverhalten** (*Ohly* in Ohly/Sosnitza UWG § 9 Rn. 25; *Köhler* in Köhler/Bornkamm/Feddersen UWG § 9 Rn. 1.44). Denkbar sind sie ferner zum Ausgleich immaterieller Schäden iSv § 10 Abs. 3. Innerhalb der Bandbreite angemessener Lizenzgebühren kann ein eher **überdurchschnittlicher Betrag** auch dann anzusetzen sein, wenn der Rechtsverletzer beispielsweise Konkurrent des Geheimnisinhabers und somit eher ein Lizenznehmer ist, dem typischerweise ungünstige Konditionen eingeräumt worden wären (vgl. BPatG GRUR 2018, 803 Rn. 59 – Isentress II). In Verletzungsfällen rechtfertigt sich der Ansatz eines überdurchschnittlichen Lizenzsatzes auch aus der mangelnden

Zuverlässigkeit des Rechtsverletzers, der häufig geringen Vertrauenswürdigkeit etwaiger Auskünfte und dem regelmäßig erheblichen Kosten- und Zeitaufwand einer gerichtlichen Durchsetzung (vgl. BPatG GRUR 2018, 803 Rn. 58 – Isentress II; LG München I NJOZ 2011, 1318 (1320) – Gülleausbringungsvorrichtung).

4. Grundsätze der Verletzergewinnherausgabe

a) Allgemeine Grundsätze. Berechnet der Anspruchsinhaber seinen Schadensersatzanspruch nach den Grundsätzen der Herausgabe des Verletzergewinns, so entspricht dies im Ergebnis weitgehend der Herausgabe des Verletzergewinns gemäß **§§ 687 Abs. 2, 667 BGB** (vgl. BGH GRUR 1962, 509 (511) – Dia-Rähmchen II). Allerdings bietet der Schadensersatzanspruch den Vorteil, dass diese Rechtsfolge schon gegen den fahrlässig und nicht nur gegen den vorsätzlich handelnden Verletzer geltend gemacht werden kann (vgl. BGH GRUR 2001, 329 (331) – Gemeinkostenanteil). 56

Bei der Berechnung des Verletzergewinns wird **fingiert,** dass der Verletzte ohne die Rechtsverletzung **den gleichen Gewinn** bzw. **in gleicher Weise Gewinn erzielt** hätte wie der Rechtsverletzer (BGH GRUR 2001, 329 (331) – Gemeinkostenanteil; BGH GRUR 2007, 431 Rn. 21 – Steckverbindergehäuse). Es wird davon ausgegangen, dass der Verletzte einen **entsprechenden Betrieb** wie der Verletzer unterhält. Dem Verletzer ist insbesondere der Einwand abgeschnitten, der Verletzte hätte den gleichen Gewinn selbst nicht erwirtschaften können (BGH GRUR 2007, 431 Rn. 40 – Steckverbindergehäuse; BGH GRUR 2001, 329 (332) – Gemeinkostenanteil). Eine Bestimmung des Anspruchsumfangs auf Grundlage des Verletzergewinns lässt grundsätzlich **unberücksichtigt,** ob damit auf Seiten des Geschädigten **ein Schaden korreliert.** Fehlt es aber vollkommen an einem Schaden des Verletzten, etwa weil der Gewinn des Verletzers gleichzeitig zu einem Gewinn bei ihm geführt hat, ist eine Schadensberechnung anhand des Verletzergewinns ausgeschlossen (BGH GRUR 1995, 349 (351) – Objektive Schadensberechnung). 57

Die Berechnung des herauszugebenden Verletzergewinns erfolgt im Wesentlichen in **drei Schritten: (1)** Bestimmung des berücksichtigungsfähigen Umsatzes des Verletzers, **(2)** Bestimmung und Abzug der berücksichtigungsfähigen Aufwendungen des Verletzers und **(3)** ggf. Bestimmung des Kausalanteils, zu dem die erzielten Gewinne auf der Geheimnisverletzung beruhen. Der auf diese Weise berechnete Schadensersatz ist zu **verzinsen** (BGH GRUR 2007, 431 Rn. 44 – Steckverbindergehäuse). Dies wird mit einer entsprechenden Anwendung von § 668 BGB begründet (OLG Düsseldorf Mitt. 2006, 553 (565) – Lifter; LG Düsseldorf GRUR-RS 2018, 16617 Rn. 67 – Laserschneideanlagen) 58

b) Berücksichtigungsfähige Verletzerumsätze. Auszugehen ist von den **Umsätzen,** die mit dem **rechtsverletzenden Produkt** (§ 2 Nr. 4) als solchem erzielt wurden. Das rechtsverletzende Produkt kann auch in einer Gesamtvorrichtung bestehen, obwohl nur ein abgrenzbarer Teil auf der Geheimnisverletzung beruht (vgl. die Definition in § 2 Nr. 4 und zum Patentrecht: BGH GRUR 2012, 1226 Rn. 18 – Flaschenträger). Zu beurteilen ist dies nach der **Verkehrsanschauung,** wobei es insbesondere eine Rolle spielt, ob der abgrenzbare Teil für sich genommen Gegenstand des Handelsverkehrs ist oder nicht (OLG Düsseldorf NJOZ 2007, 4297 (4302 ff.) – Schwerlastregal II). In die Betrachtung einzubeziehen sein können auch korrelierende Umsätze mit Erzeugnissen wie Peripherige- 59 räten (LG Düsseldorf InstGE 6, 136 – Magnetspule) bzw. mit komplementären Produkten, die üblicherweise zusammen mit den rechtsverletzenden Produkten veräußert werden und mit denen der Rechtsverletzer nur infolge des Vertriebs der rechtsverletzenden Produkte Umsätze erzielt hat. Ähnliche Erwägungen gelten auch für Verbrauchsmaterialien (OLG Düsseldorf BeckRS 2010, 22910). Kommt es infolge der Inanspruchnahme des Rechtsverletzers zu einer Rückabwicklung von Umsatzgeschäften (zB als Konsequenz eines Rückrufs), so sind die zurückgezahlten Kaufpreise umsatzmindernd zu berücksichtigen (*Kühnen* Hdb der Patentverletzung Kap. I Rn. 215; *Voß* in Schulte PatG § 139 Rn. 112).

60 **c) Abzugsfähige Aufwendungen.** Abzugsfähig sind Aufwendungen des Verletzers grundsätzlich, soweit es sich um **variable, d.h. vom Beschäftigungsgrad abhängige, Kosten** für Herstellung und Vertrieb rechtsverletzender Produkte handelt (BGH GRUR 2001, 329 (331) – Gemeinkostenanteil). Fixkosten, die unabhängig von der konkreten Handlung ohnehin angefallen wären, sind nur dann ausnahmsweise abzugsfähig, wenn sie unmittelbar und ausschließlich den rechtsverletzenden Produkten zugeordnet werden können (BGH GRUR 2007, 431 Rn. 31 – Steckverbindergehäuse). **Nicht abzugsfähig,** und zwar auch nicht anteilig, sind hingegen **Gemeinkosten** (BGH GRUR 2001, 329 (331) – Gemeinkostenanteil), d.h. insbesondere alle sonstigen **Fixkosten.** Anderenfalls würde der Verletzergewinn nicht vollständig abgeschöpft; dem Verletzer verbliebe ein Deckungsbeitrag zu seinen Fixkosten (BGH GRUR 2001, 329 (331) – Gemeinkostenanteil).

61 Typischerweise abzugsfähige Posten sind demnach **Material- und Fertigungskosten,** soweit diese der Fertigung des rechtsverletzenden Produkts unmittelbar zugerechnet werden können (BGH GRUR 2007, 431 Rn. 31 – Steckverbindergehäuse; OLG Düsseldorf NJOZ 2007, 4297 (4306 f.) – Schwerlastregal II). Zu den Materialkosten zählt grundsätzlich auch Materialausschuss (vgl. BGH GRUR 2007, 431 Rn. 35 – Steckverbindergehäuse e contrario), nicht aber erhöhter Materialausschuss infolge Anlaufschwierigkeiten beim Verletzer (→ Rn. 65).

62 **Kosten von Produktionsmitteln** (zB Maschinen, Produktionsstätten) sind anteilig im Verhältnis zur mutmaßlichen Lebensdauer abzugsfähig, soweit derartige Produktionsmittel ausschließlich zur Herstellung der rechtsverletzenden Produkte dienten, nicht aber bei gemischter Nutzung (BGH GRUR 2007, 431 Rn. 31 – Steckverbindergehäuse). Soweit eine ausschließliche Zuordnung zu den rechtsverletzenden Produkten möglich ist, sind auch Energiekosten vollständig abzugsfähig (BGH GRUR 2007, 431 Rn. 31 – Steckverbindergehäuse). **Mieten für Betriebsstätten und Lagerhallen** sind ausnahmsweise abzugsfähig, soweit diese Betriebsstätten nur zur Herstellung rechtsverletzender Produkte und nicht gemischt genutzt wurden (BGH GRUR 2007, 431 Rn. 31 – Steckverbindergehäuse). Die gleichen Grundsätze gelten für **Personal- und Lohnkosten:** Hier kommt es darauf an, ob die Beschäftigten ausschließlich mit Blick auf Herstellung oder Vertrieb des rechtsverletzenden Produkts eingestellt wurden und damit befasst sind (BGH GRUR 2007, 431 Rn. 31 – Steckverbindergehäuse), was ggf. im Rahmen einer wertenden Gesamtbetrachtung zu ermitteln ist (OLG Köln GRUR-RR 2013, 398 (400) – Bigfoot II).

63 Gleiches gilt für **Vertriebskosten** wie **Verpackungskosten** (BGH GRUR 2007, 431 Rn. 31 – Steckverbindergehäuse), produktbezogene **Provisionen** oder **Fracht- und Logistikkosten** (zB Auftragserfassung, Auslieferung, Retouren). Sie sind abzugsfähig, soweit sie ausschließlich rechtsverletzende Produkte betrafen

(OLG Köln GRUR-RR 2013, 398 (401) – Bigfoot II; OLG Düsseldorf NJOZ 2007, 4297 (4307) – Schwerlastregal II). Anders ist es, wenn sie für den gemischten Versand rechtsverletzender und anderer Produkte angefallen sind. Maßgeblich ist dabei nicht, ob der Versand äußerlich gesammelt erfolgte, sondern ob in der Abrechnung der Kosten unterschieden wird, so dass die in Rede stehenden Kosten konkret mit den rechtsverletzenden Produkten korrelieren (OLG Düsseldorf GRUR-RS 2015, 13605 Rn. 105 f. – Funkarmbanduhr). Gewährte **Skonti** sind keine separaten Abzugsposten. Sie mindern in der Regel bereits die erzielten Umsätze (OLG Köln GRUR-RR 2013, 398 (401) – Bigfoot II).

Nicht abzugsfähig sind Kosten, die unabhängig vom Umfang der Produktion und des Vertriebs entstanden sind, zB allgemeine Marketingkosten, Geschäftsführergehälter oder Verwaltungsausgaben (BGH GRUR 2007, 431 Rn. 32 – Steckverbindergehäuse). 64

Da der Verletzergewinn Ersatzgröße für den Schaden des Verletzten ist, nimmt die Rechtsprechung ein weiteres Korrektiv dahingehend vor, dass auch solche Kosten des Rechtsverletzers **nicht abzugsfähig** sind, die sich zwar ausschließlich den rechtsverletzenden Produkten zuordnen lassen, die aber **beim Verletzten nicht in gleicher Weise angefallen** wären. Denn solche Verluste sind nicht Folge der Rechtsverletzung als solcher, sondern resultieren aus betriebsbedingten Nachteilen des Verletzers. Insoweit wird die fiktive Gleichsetzung von Schaden des Verletzten und Verletzergewinn normativ korrigiert. Nicht abzugsfähig sind deshalb zB **Entwicklungskosten** (BGH GRUR 2007, 431 Rn. 34 – Steckverbindergehäuse) oder **erhöhter Materialausschuss** infolge Anlaufschwierigkeiten beim Verletzer (BGH GRUR 2007, 431 Rn. 35 – Steckverbindergehäuse), soweit diese Posten beim Geheimnisinhaber nicht in gleicher Weise angefallen wären. Nicht abzugsfähig sind ferner **Rechtsverteidigungskosten,** die dem Rechtsverletzer durch die Abwehr der Verletzungsklage entstanden sind (OLG Düsseldorf NJOZ 2007, 4297 (4307) – Schwerlastregal II; OLG Düsseldorf Mitt 2006, 553 (560) – Lifter), ebenso Kosten bereits hergestellter Produkte, die aufgrund der **Unterlassungsverpflichtung** nicht mehr veräußert werden dürfen (BGH GRUR 2007, 431 Rn. 32 – Steckverbindergehäuse) sowie die **Kosten eines Rückrufs** oder **einer Vernichtung** rechtsverletzender Produkte (*Kühnen* Hdb. der Patentverletzung Kap. I Rn. 215). 65

Hat der Rechtsverletzer **Schadensersatzleistungen an seine Abnehmer** erbracht, so ist zu unterscheiden: Erbringt der Rechtsverletzer die Schadensersatzleistungen deshalb, weil seine Abnehmer an einem Produktvertrieb gehindert sind, so sind sie nicht abzugsfähig (BGH GRUR 2009, 856 Rn. 74 – Tripp-Trapp-Stuhl; BGH GRUR 2002, 532 (535) – Unikatrahmen). Anders aber bei Schadensersatzleistungen, die der Verletzer gegenüber seinen Abnehmern erbringen muss, weil diese ihrerseits wegen der Rechtsverletzung in Anspruch genommen worden sind; derartige Schadensersatzleistungen mindern den Gewinn des Verletzers (BGH GRUR 2009, 856 Rn. 73 – Tripp-Trapp-Stuhl, → Rn. 32 zum Schadensersatz in der Verletzerkette). 66

Die **Darlegungs- und Beweislast** dafür, dass abzugsfähige Kosten entstanden sind, liegt beim Verletzer. Dies umfasst auch die Darlegungs- und Beweislast dafür, dass entstandene Kosten ausschließlich für Herstellung und Vertrieb rechtsverletzender Produkte angefallen sind (BGH GRUR 2007, 431 Rn. 24 – Steckverbindergehäuse; OLG Düsseldorf GRUR-RS 2015, 13605 Rn. 103 – Funkarmbanduhr). 67

68 **d) Bestimmung eines Kausalanteils?** Im Bereich der Immaterialgüterrechte und des ergänzenden wettbewerblichen Leistungsschutzes (§ 4 Nr. 3 UWG) wird in einem dritten Schritt berücksichtigt, dass der **Verletzergewinn** in der Regel **nicht vollständig auf der Rechtsverletzung beruht,** weil Produkte zB nicht nur aufgrund ihrer patentverletzenden Technik (BGH GRUR 2012, 1226 Rn. 18 – Flaschenträger), aufgrund ihrer rechtsverletzenden ästhetischen Formgebung und Gestaltung (BGH GRUR 2007, 431 Rn. 37 – Steckverbindergehäuse) oder aufgrund ihrer rechtswidrigen Kennzeichnung (BGH GRUR 2006, 419 Rn. 15 – Noblesse) erworben werden, sondern auch aufgrund anderer Eigenschaften. Deshalb kann nur eine Quote des Verletzergewinns beansprucht werden, die sich bei **wertender Betrachtung** spezifisch der Rechtsverletzung zuordnen lässt (sog. **Kausalanteil,** BGH GRUR 2012, 1226 Rn. 20 – Flaschenträger; BGH GRUR 2007, 431 Rn. 37 f. – Steckverbindergehäuse).

69 Nach der Rechtsprechung des BGH fanden diese Grundsätze jedoch **bei Verstößen gegen § 17 UWG a.F. keine Anwendung.** Da unter Verstoß gegen § 17 UWG erlangte Kenntnisse von Betriebsgeheimnissen vom Verletzer in keiner Weise verwendet werden durften, bewertete der BGH Arbeitsergebnisse, die der Verletzer mittels solcher Kenntnisse erzielte, als von Anfang an und in der Regel dauerhaft mit dem **„Makel der Wettbewerbswidrigkeit"** behaftet (BGH WRP 2008, 938 Rn. 9 – Entwendete Datensätze; BGH GRUR 1985, 294 (296) – Füllanlage). Aus diesem Grund war bei einer Verletzung von Betriebsgeheimnissen grundsätzlich der **gesamte unter Einsatz des geheimen Know-hows erzielte Gewinn herauszugeben** (BGH WRP 2008, 938 Rn. 11 – Entwendete Datensätze; s. näher zu dieser Rechtsprechung: *Maume* Mitt 2009, 379; mit kritischer Tendenz: *Grosch* in Ann/Loschelder/Grosch Kap. 6 Rn. 114 ff.). Dies sollte auch für Entwicklungen gelten, die zwar nicht vollständig auf den unlauter erlangten Kenntnissen beruhten, bei denen diese aber für eigenständige Entwicklungsgedanken des Verletzers oder neben diesen in einer Weise mitursächlich geworden sind, die wirtschaftlich oder technisch nicht als bedeutungslos angesehen werden kann (BGH WRP 2008, 938 Rn. 9 – Entwendete Datensätze; BGH GRUR 1985, 294 (296) – Füllanlage).

70 **Nach Inkrafttreten des GeschGehG** stellt sich die Frage, inwieweit diese Grundsätze weiter Bestand haben. Insoweit wird im Kern zu differenzieren sein zwischen strafrechtlich relevanten Verstößen gegen § 23 GeschGehG und sonstigen Geheimnisverletzungen iSv § 4: Für **Verstöße gegen § 23 GeschGehG** wird man weiter von den genannten Grundsätzen ausgehen können, da die Strafvorschrift des § 23 GeschGehG nach der Vorstellung des Gesetzgebers im Wesentlichen den §§ 17 ff. UWG a.F. entsprechen und primär regelungstechnisch sowie terminologisch modernisiert werden sollte (BT-Drs. 19/4724, 40). Dies spricht für eine Kontinuität der Normauslegung. Auch mit der Geschäftsgeheimnis-RL dürfte die Rechtsprechung im Einklang stehen. Der ihr zugrundeliegende **Sanktions- und Präventionsgedanke** (vgl. *Maume* Mitt 2009, 379, 380) findet durchaus eine Stütze in **Art. 6 Abs. 2 lit. c Geschäftsgeheimnis-RL.** Darüber hinaus ordnet Art. 14 Abs. 2 UAbs. 1 eine Berücksichtigung erzielter unlauterer Gewinne ausdrücklich an, wobei wegen des Mindestschutzcharakters nach Art. 1 Abs. 1 UAbs. 2 Geschäftsgeheimnis-RL eine vollständige Abschöpfung des Verletzergewinns auch dann richtlinienkonform wäre, wenn der Richtliniengeber eine solche nicht in gleicher Konsequenz vor Augen gehabt hätte. Bei **Verletzungsfällen außerhalb des § 23 GeschGehG,** die nicht notwendig vorsätzlich begangen worden sein müssen, spricht vieles dafür, dass in Abweichung zu den genannten

Grundsätzen und entsprechend der Praxis im Bereich der Immaterialgüterrechte nur eine anhand des Kausalanteils zu bestimmende **Quote des Verletzergewinns** herauszugeben ist. Bereits aus den maßgeblichen Entscheidungen des BGH geht hervor, dass die dort aufgestellten Grundsätze spezifisch für Fälle des § 17 UWG a.F. formuliert wurden. Hingegen deutete der BGH an, dass bloße Verstöße gegen die lauterkeitsrechtliche Generalklausel möglicherweise anders zu bewerten seien (BGH WRP 2008, 938 Rn. 10 – Entwendete Datensätze). Eine vollständige Verletzergewinnherausgabe in Fällen außerhalb des Bereichs strafbarer bzw. vorsätzlicher Geheimnisverletzungen würde auch zu Wertungswidersprüchen führen, und zwar sowohl im Verhältnis zu den Immaterialgüterrechten als auch im Verhältnis zum ergänzenden wettbewerbsrechtlichen Leistungsschutz. Schließlich könnte eine solche Sanktion im Einzelfall **unverhältnismäßig** und somit bedenklich im Hinblick auf **Art. 7 Abs. 1 lit. a Geschäftsgeheimnis-RL** sein. Im Ergebnis ist die weitere Entwicklung der Rechsprechung zur Verletzergewinnherausgabe bei Geheimnisverletzungen abzuwarten. In der Literatur zeichnet sich indes eine Tendenz ab, im Falle von Geheimnisverletzung ebenso wie bei der Verletzung von Immaterialgüterrechten grundsätzlich einen Kausalanteil zu bestimmen (*Apel/Dilbaz* in Brammsen/Apel GeschGehG § 10 Rn. 83; *Glinke* in Keller/Schönknecht/Glinke GeschGehG § 10 Rn. 127).

Geht man nach dem vorstehend Gesagten mit der hier vertretenen Ansicht **71** davon aus, dass jedenfalls bei Geheimnisverletzungen außerhalb des § 23 GeschGehG grundsätzlich nur eine anhand des Kausalanteils zu bestimmende Quote des Verletzergewinns herauszugeben ist, so ist der **Kausalanteil** durch **Schätzung** gemäß **§ 287 ZPO** zu ermitteln (BGH GRUR 2007, 431 Rn. 37 f. – Steckverbindergehäuse). In einem ersten Schritt sind die **Anknüpfungstatsachen** für eine solche Betrachtung so weit wie möglich tatrichterlich festzustellen. In einem zweiten Schritt erfolgt dann eine wertende **Abwägung** und **Gewichtung** (BGH GRUR 2012, 1226 Rn. 20 – Flaschenträger). Bei der Ermittlung des Kausalanteils ist beispielsweise zu berücksichtigen, inwieweit gerade die rechtsverletzende Ausgestaltung von Produkten und der damit verbundene Nutzen für die Abnehmer erkennbar und ihnen gegenüber werblich herausgestellt wurden (BGH GRUR 2013, 1212 – Kabelschloss). Der Kausalanteil der Rechtsverletzung kann andererseits dadurch gemindert werden, dass die rechtsverletzenden Erzeugnisse keine identischen Nachahmungen einer geschützten Gestaltung sind oder besondere eigenständige Eigenschaften aufweisen (BGH GRUR 2001, 329 (332) – Gemeinkostenanteil). Nicht zur Minderung des Kausalanteils führt aber der Einwand, der Verletzergewinn sei durch Eigenleistungen des Verletzers wie besondere Vertriebskenntnisse oder umfangreiche Geschäftsbeziehungen erwirtschaftet worden (BGH GRUR 2001, 329 (332) – Gemeinkostenanteil). Derartige Faktoren bleiben unberücksichtigt, weil der Verletzer nicht einwenden kann, der Verletzte hätte nicht den gleichen Gewinn erwirtschaftet (→ Rn. 57).

Beispiele für Kausalanteile: Fälle des **wettbewerbsrechtlichen Nachahmungsschutzes:** **72** 40% bei rechtsverletzender äußerlicher Gestaltung technischer Gegenstände (BGH GRUR 2007, 431 Rn. 39 f. – Steckverbindergehäuse), 60% bei Modeplagiaten (OLG Hamburg GRUR-RR 2009, 136 (139) – Gipürespitze II), 80–90% bei rechtswidriger Nachahmung der Gestaltung eines Tisches (OLG Köln GRUR-RR 2013, 398 (402) – Bigfoot II). **Patentverletzungsfälle:** 15% bei Funkarmbanduhr, wenn das verletzte Patent lediglich technische Detailverbesserungen betrifft und mehrere im wesentlichen gleichwertige Lösungen erhältlich sind (OLG Düsseldorf GRUR-RS 2015, 13605 Rn. 287 – Funkarmbanduhr),

20%, wenn sich das verletzte Patent nur auf einen Teil einer komplexen technischen Vorrichtung bezieht, Alternativlösungen verfügbar sind und die technischen Vorteile der patentgemäßen Lösung durch spezifische Nachteile erkauft werden (OLG Düsseldorf Mitt 2006, 553 (564) – Lifter), 20% bei erheblichen Detailverbesserungen einer Maschine (OLG Düsseldorf BeckRS 2019, 7923 – Laserschneideanlage), 40%, wenn die patentgemäße Lösung von besonderem wirtschaftlichem Interesse für die Abnehmer ist (LG Düsseldorf BeckRS 2012, 05445 – Spundfass), 50%, wenn das verletzte Patent zwar lediglich technische Detailverbesserungen umfasst, andererseits aber für die Kaufentscheidung der Abnehmer durchaus wesentlich ist und das Produkt mitprägt (BGH GRUR 2012, 1226 Rn. 37 – Flaschenträger), 50%, wenn das verletzte Patent sich auf die Gesamtvorrichtung (Getränketräger) bezieht, aber lediglich eine technische Detailverbesserung betrifft (OLG Frankfurt GRUR-RR 2011, 201 (202) – Getränketräger); 60% bei Schwerlastregal, wenn der rechtsverletzenden technischen Ausgestaltung ein hoher Stellenwert zukommt (OLG Düsseldorf NJOZ 2007, 4297 (4310 ff.) – Schwerlastregal), 100% denkbar in Ausnahmefällen, wenn eine Erfindung einen völlig neuen Gebrauchsgegenstand hervorgebracht hat, für den es keine nicht rechtsverletzende Ausweichmöglichkeit gibt (OLG Frankfurt GRUR-RR 2011, 201 (202) – Getränketräger).

5. Rechtsverfolgungskosten

73 Ersatzfähig können auch tatsächlich angefallene Rechtsverfolgungskosten sein. Diese Schadensposten unterliegen **nicht dem Vermengungsverbot.** Sie können daher unabhängig davon geltend gemacht werden, nach welcher Methode der Schaden im Übrigen berechnet wird (*Ohly* in Ohly/Sosnitza UWG § 9 Rn. 30).

Ersatzfähig können etwa die Kosten eines **mitwirkenden Patentanwalts** sein, wenn schwierige technische Streitfragen zu klären sind (OLG Hamburg BeckRS 2008, 2308 Rn. 9; OLG Köln GRUR 2001, 184; vgl. zur Zweckmäßigkeit der Mitwirkung eines Patentanwalts bei Streitigkeiten wegen Verletzung technischer Geheimnisse: *Deichfuß* GRUR-Prax 2012, 449, 454). Im Bereich des Geheimnisschutzes können außerdem Kosten der **Sachverhaltsermittlung** eine Rolle spielen. Diese sind ersatzfähig, soweit sie **aufgrund eines konkreten Tatverdachtes erforderlich und zweckmäßig** waren, etwa **Detektivkosten** (BAG NZA-RR 2011, 231; BAG NZA 2009, 1300; BAG NZA 1998, 1334; OLG München WRP 2012, 579 Rn. 69 – Meisterpräsenz im Ladengeschäft; OLG Karlsruhe NJOZ 2010, 1421) oder die Kosten einer **computerforensischen Analyse** (OLG Celle NJW-RR 2011, 1047). Die notwendigen Kosten von Ermittlungen durch eine **spezialisierte Anwaltskanzlei** sind jedenfalls ersatzfähig bei einem begründeten konkreten Verdacht einer erheblichen Verfehlung, d.h. einer strafbaren Handlung oder einer schwerwiegenden Vertragsverletzung (BAG NJW 2021, 3483 Rn. 30 ff.; ArbG Hamburg BeckRS 2022, 4994 Rn. 105 ff.).

74 **Abzugrenzen** sind Rechtsverfolgungskosten, die durch einen konkreten Tatverdacht verursacht wurden, jedoch stets von nicht ersatzfähigen **Kosten allgemeiner Vorsorge- und Überwachungsmaßnahmen** (OLG München WRP 2012, 579 Rn. 69 – Meisterpräsenz im Ladengeschäft; OLG Karlsruhe NJOZ 2010, 1421). Grundsätzlich kann daher ein Ersatz von Kosten angemessener Geheimhaltungsmaßnahmen (§ 2 Nr. 1 lit. b) nicht vom Rechtsverletzer verlangt werden (vgl. dazu BGH NJW 1980, 119 (121) – Fangprämie; BGH GRUR 1966, 570 (572) – Eisrevue III). Etwas anderes kann aber gelten für Aufwendungen, die

auf Verhinderung eines konkreten Verletzungsfalls ausgerichtet sind und die erst durch diesen anfallen (BGH NJW 1980, 119 (121) – Fangprämie). **Nicht ersatzfähig** sind nach allgemeiner Ansicht **Kosten der Strafverfolgung,** also Kosten, die dem Verletzten durch Einleitung eines strafrechtlichen Ermittlungsverfahrens oder durch Betreiben einer Nebenklage entstanden sind. Derartige Kosten sind nicht vom Schutzzweck privatrechtlicher Haftungsnormen umfasst (BGH NJW 2011, 2966; LAG Baden-Württemberg BeckRS 2013, 70632; OLG Celle NJW-RR 2011, 1047 (1048)).

Dienen die Rechtsverfolgungskosten der unmittelbaren Vorbereitung eines Rechtsstreits, so handelt es sich um Kosten des Rechtsstreits iSv § 91 Abs. 1 S. 1 ZPO, so dass ein **Ersatz über den prozessualen Kostenerstattungsanspruch** gemäß § 103 ff. ZPO in Betracht kommt (BGH NJW 2011, 2966 Rn. 16; BAG NZA 2009, 1300 Rn. 18). Soweit sich prozessualer und materieller Kostenerstattungsanspruch überschneiden, kann es einer Leistungsklage auf Ersatz der Rechtsverfolgungskosten an einem Rechtsschutzbedürfnis fehlen, weil die Kostenfestsetzung gemäß §§ 103 ff. ZPO einen einfacheren Weg der Rechtsdurchsetzung darstellt (BGH NJW 2011, 2966 Rn. 16; BGH NJW 1990, 2060 (2061); BGH NJW 1980, 119 (120) – Fangprämie). Werden Kosten der Mitwirkung eines Patentanwalts im Wege eines prozessualen Kostenerstattungsanspruchs geltend gemacht, ist die Erforderlichkeit der Tätigkeit darzulegen (OLG Köln GRUR 2001, 184). Eine Anzeige der Mitwirkung genügt nicht, da das GeschGehG keine Vorschrift entsprechend § 143 Abs. 3 PatG kennt. 75

6. Mitverschulden, § 254 BGB

Zu einer Kürzung des Schadensersatzanspruchs kann gemäß § 254 Abs. 1 BGB ein **Mitverschulden** des Geheimnisinhabers führen (*Alexander* in Köhler/Bornkamm/Feddersen GeschGehG § 10 Rn. 43; *Glinke* in Keller/Schönknecht/Glinke GeschGehG § 10 Rn. 155 f.; *Apel/Dilbaz* in Brammsen/Apel GeschGehG § 10 Rn. 114 ff.). Denkbar wäre ein Mitverschulden, wenn sich der Geheimnisinhaber **Nachlässigkeiten bei der Geheimhaltung** entgegenhalten lassen muss. Allerdings besteht hier ein gewisses Spannungsfeld zu den **angemessenen Geheimhaltungsmaßnahmen** iSv § 2 Nr. 1 lit. b: Fehlt es an angemessenen Maßnahmen in Bezug auf eine Information, so genießt sie schon keinen Schutz als Geschäftsgeheimnis, so dass keine Verletzung denkbar ist, die zum Schadensersatz verpflichten kann. Hat der Geheimnisinhaber dagegen angemessene Geheimhaltungsmaßnahmen getroffen, spricht dies zumindest auf organisatorischer Ebene gegen ein Mitverschulden an einer Geheimnisverletzung. Ein Anwendungsbereich des § 254 Abs. 1 BGB verbleibt dennoch in Konstellationen, in denen der Geheimnisinhaber zwar grundsätzlich angemessene Geheimhaltungsmaßnahmen getroffen hat, diese aber im Einzelfall infolge eines fahrlässigen Verhaltens von Personen in seinem Lager versagt haben (zB Fehlbedienung des Sicherheitssystems). 76

Gemäß § 254 Abs. 1 BGB setzt eine Anspruchskürzung wegen Mitverschuldens zudem eine (abwägende) Berücksichtigung der Umstände des Einzelfalls voraus. Anerkannt ist insoweit, dass bei einem **vorsätzlichen Handeln des Schädigers** – das im Falle einer Geheimnisverletzung häufig gegeben sein wird – ein fahrlässiges Mitverschulden des Geschädigten in der Regel zurücktritt (BGH NJOZ 2017 Rn. 42; BGH NJW 2002, 1643 (1646); BGH NJW 1992, 310 (311); BGH NJW 1986, 2941 (2943); *Grüneberg* in Grüneberg BGB § 254 Rn. 65). Diese Abwä- 77 gungsregel gilt zwar nicht uneingeschränkt, da der Vorsatz des Schädigers nicht schlechthin zum Freibrief für jeden Leichtsinn des Geschädigten werden soll (BGH NJW 2002, 1643 (1646)). Ein relevantes Mitverschulden des Geschädigten wird sich aber allenfalls in Fällen grob fahrlässigen Verhaltens begründen lassen. Bei sittenwidriger Schädigung mit direktem Schädigungsvorsatz kommt eine anspruchsmindernde Berücksichtigung eines fahrlässigen Verhaltens des Geschädigten nicht in Betracht (BGH NJOZ 2017 Rn. 42).

78 Die Gesetzesbegründung stellt unter Hinweis auf die Entscheidung BAG, Beschluss v. 27.9.1994 – GS 1/89 (A) ausdrücklich klar, dass im Rahmen des § 10 die arbeitsrechtlichen Grundsätze über den **innerbetrieblichen Schadensausgleich** Anwendung finden sollen (BT-Drs. 19/4724, 32). Ist der Anspruchsgegner Arbeitnehmer, kann die Haftung im Verhaltnis zum Arbeitgeber daher – abhängig vom Grad des Verschuldens und sonstigen Umständen des Einzelfalls – eingeschränkt oder sogar ganz ausgeschlossen sein. Die Geschäftsgeheimnis-RL lässt eine solche Haftungsprivilegierung ausdrücklich zu: Nach Art. 14 Abs. 1 UAbs. 2 können die Mitgliedstaaten die Haftung von Arbeitnehmern für Schäden begrenzen, die dem Arbeitgeber durch eine Geheimnisverletzung entstanden sind, sofern die Arbeitnehmer nicht vorsätzlich gehandelt haben. Einzelheiten zum innerbetrieblichen Schadensausgleich und den von der Rechtsprechung der Arbeitsgerichte hierzu entwickelten Grundsätzen sind im Abschnitt über den Geheimnisschutz im Arbeitsverhältnis kommentiert (→ Einl. C Rn. 99 ff.).

IV. Haftung für Nichtvermögensschäden (Abs. 3)

79 Nach Absatz 3 kann der Inhaber des Geschäftsgeheimnisses auch wegen eines Schadens, der nicht Vermögensschaden ist, von dem Rechtsverletzer eine Entschädigung in Geld verlangen, soweit dies der Billigkeit entspricht. Systematisch handelt es sich um eine gesetzliche **Ausnahmebestimmung** iSv **§ 253 Abs. 1 BGB,** die in Abweichung von der Differenzhypothese Ersatz für **immaterielle Schäden** zulässt. Ein Nichtvermögensschaden kann neben einem Vermögensschaden oder separat geltend gemacht werden (BT-Drs. 19/4724, 33).

80 Die Möglichkeit eines Schadensersatzes für immaterielle Schäden ist bereits in **Art. 14 Abs. 2 UAbs. 1 Geschäftsgeheimnis-RL** angelegt. Danach berücksichtigen die Gerichte bei der Festsetzung des Schadens alle relevanten Faktoren, wozu „gegebenenfalls" andere als wirtschaftliche Faktoren wie ein **immaterieller Schaden** zählen sollen. Weder aus der Formulierung der Richtlinienbestimmung noch aus den Erwägungsgründen (vgl. ErwGr. 30) wird klar, ob es sich um eine für den nationalen Gesetzgeber verbindliche (Mindest-)vorgabe oder um eine fakultative Regelung handelt. In Bezug auf die ähnliche Regelung in Art. 13 Abs. 1 lit. a der Durchsetzungs-RL hat der EuGH erläutert, dass es Ziel der Bestimmung sei, dem Rechtsinhaber einen vollständigen Ausgleich des tatsächlich erlittenen Schadens, einschließlich immaterieller Schäden, zu gewährleisten (EuGH GRUR 2016, 485 Rn. 25 – *Liffers/Mandarina* u.a.). Die nationalen Vorschriften im Bereich der Immaterialgüterrechte sehen eine Ersatzfähigkeit immaterieller Schäden jedoch grundsätzlich nicht unmittelbar vor. Lediglich im Urheberrecht findet sich eine entsprechende Bestimmung (§ 97 Abs. 2 S. 4 UrhG), die sich aus der persönlichkeitsrechtlichen Komponente des Urheberrechts erklärt (*Ewert* EuZW 2016, 461 (462)). Bei den **gewerblichen Schutzrechten** hatte sich der deutsche Gesetzgeber hingegen im Zuge der Umsetzung der Durchsetzungs-RL auf den Standpunkt gestellt, dass eine entsprechende Bestimmung nicht erforderlich sei, da die in Rede stehenden Schäden teilweise – etwa im Falle von Imageschäden – **bereits als materielle Schäden ersatzfähig** seien (BT-Drs. 16/5048, 33; vgl. ferner *Ohly* GRUR 2007, 926, 934). Zudem komme eine Ersatzfähigkeit immaterieller Schäden in Betracht, wenn eine Verletzung eines gewerblichen Schutzrechts zugleich das allgemeine Persönlichkeitsrecht verletze (BT-Drs. 16/5048, 33 unter Bezugnahme auf BGH NJW 2000, 2195 = GRUR 2000, 709 – Marlene Dietrich).

Bei Umsetzung der Geschäftsgeheimnis-RL hat der nationale Gesetzgeber nun einen anderen Ansatz gewählt und eine dem Urheberrecht entsprechende Regelung für erforderlich gehalten; die Gesetzesbegründung verweist ausdrücklich auf das **Vorbild** des **§ 97 Abs. 2 S. 4 UrhG** (BT-Drs. 19/4724, 32). Indes ist die gezogene Parallele systematisch fragwürdig, da Geschäftsgeheimnisse im Gegensatz zum Urheberrecht grundsätzlich gerade keinen persönlichkeitsrechtlichen Gehalt aufweisen (→ Einl. A Rn. 170; zust. *Tochtermann* in Büscher GeschGehG § 10 Rn. 32; vgl. auch *Timm-Wagner* bei Kalbfus/Harte-Bavendamm GRUR 2014, 453, 457). Überzeugender und konsistenter wäre es demnach gewesen, den Lösungsansatz aus dem Bereich der gewerblichen Schutzrechte zu übernehmen und von einer eigenständigen Normierung der Ersatzfähigkeit immaterieller Schäden abzusehen. Für eine hinreichende Umsetzung der Geschäftsgeheimnis-RL hätte dies aus den gleichen Gründen wie bei der Durchsetzungs-RL ausgereicht. 81

Unabhängig davon stellt sich die Frage, in welchen Einzelfällen § 10 Abs. 3 Anwendung findet. Nach dem Wortlaut der Vorschrift ist Anspruchsvoraussetzung, dass der Ersatz eines immateriellen Schadens der **Billigkeit** entspricht (vgl. auch BT-Drs. 19/4724, 33). Da aber ein Geschäftsgeheimnis definitionsgemäß einen wirtschaftlichen Wert als Folge der Geheimnisqualität voraussetzt (§ 2 Abs. 1 lit. a GeschGehG), dürften sich Anwendungsfälle in Grenzen halten, in denen nicht zugleich ein Vermögensschaden vorliegt. Zumindest denkbar erscheint dies, wenn die Veröffentlichung eines Geschäftsgeheimnisses zu einer **Rufschädigung** geführt hat (*Ohly* GRUR 2019, 441, 449), etwa weil bei Geschäftspartnern des Geheimnisinhabers der Eindruck entsteht, vertrauliche Informationen seien bei ihm nicht „sicher" (*Alexander* in Köhler/Bornkamm/Feddersen GeschGehG § 10 Rn. 40; *Glinke* in Keller/Schönknecht/Glinke GeschGehG § 10 Rn. 159). Darüber hinaus werden als mögliche Anwendungsfälle der **Verlust einer Vorreiterrolle** im Markt (*First-Mover-Advantage*) und der **Verlust zukünftiger Kunden** (*Böhm/Nestler* GRUR-Prax 2018, 181, 182) sowie **Marktverwirrungsschäden** (*Ahrens* bei Kalbfus/Harte-Bavendamm GRUR 2014, 453, 457) genannt. Ganz überwiegend dürften diese Beispiele jedoch vermögensrelevante Folgen haben und ließen sich deshalb **bereits als Vermögensschäden** einordnen, auch wenn sie teils schwer quantifizierbar sein mögen (ähnlich: *Hoppe* in Hoppe/Oldekop Kap. 1 Rn. 841). 82

Will man die genannten Kategorien dennoch unter § 10 Abs. 3 fassen, bestimmt sich auch die Anspruchshöhe nach Billigkeitsgesichtspunkten (BT-Drs. 19/4724, 33). Sie ist ggf. nach **§ 287 ZPO zu schätzen** (*Reinfeld* GeschGehG § 4 Rn. 153). Abzuwarten bleibt, ob sich infolge der ausdrücklichen Regelung des § 10 Abs. 3 zB eine großzügigere Schätzungspraxis herausbilden wird als dies bei Verletzung gewerblicher Schutzrechte der Fall ist. Prozessual kann eine Leistungsklage mit **unbeziffertem Klageantrag** geltend gemacht werden (→ Rn. 90). Denkbar ist es außerdem, bei einer Berechnung des Schadens im 83

Wege der Lizenzanalogie einen **Verletzerzuschlag** zu gewähren (→ Rn. 54 f.; vgl. auch *Ohly* GRUR 2007, 926, 934).

V. Verjährung

84 Die Verjährung des Schadensersatzanspruchs richtet sich nach den **allgemeinen Regeln des BGB** (BT-Drs. 19/4724, 19). Sie beträgt also regelmäßig **drei Jahre** ab Ende des Jahres, in dem der Anspruch entstanden ist und der Gläubiger von den anspruchsbegründenden Umständen und der Person des Schuldners Kenntnis erlangt hat oder ohne grobe Fahrlässigkeit hätte erlangen müssen (§§ 195, 199 Abs. 1 BGB). Im Falle des Schadensersatzanspruchs zählt zu den anspruchsbegründenden Umständen auch die **Entstehung eines Schadens** (*Schulz* in Harte/Henning UWG § 11 Rn. 80). Es gilt aber der Grundsatz der **Schadenseinheit** (*Ohly* in Ohly/Sosnitza UWG § 11 Rn. 22; *Apel/Dilbaz* in Brammsen/Apel GeschGehG § 10 Rn. 127). Eine spätere Vergrößerung oder Vertiefung des Schadens setzt keine neue Verjährungsfrist in Gang (BGH GRUR 1990, 221 (223) – Forschungskosten).

85 In Bezug auf Schadensersatzansprüche wären grundsätzlich außerdem die objektiven Verjährungsfristen des **§ 199 Abs. 3 BGB** (S. 1 Nr. 1: zehn Jahre ab Anspruchsentstehung bzw. S. 1 Nr. 2: 30 Jahre ab dem schadensauslösenden Ereignis) zu beachten. Allerdings sieht **Art. 8 Abs. 2 Geschäftsgeheimnis-RL** eine Verjährungsfrist von höchstens **sechs Jahren** vor (vgl. auch Art. 1 Abs. 1 UAbs. 2 Geschäftsgeheimnis-RL). Will man die Vorschrift des § 199 Abs. 3 BGB anwenden, wäre daher die objektive Verjährungsfrist entsprechend zu verkürzen (ebenso: *Apel/Dilbaz* in Brammsen/Apel GeschGehG § 10 Rn. 126; unklar: *Glinke* in Keller/Schönknecht/Glinke GeschGehG § 10 Rn. 37 ff.).

86 **Nach Eintritt der Verjährung** besteht noch ein **Herausgabeanspruch gemäß § 13,** welcher der Sache nach dem aus dem Immaterialgüterrecht bekannten Restschadensersatzanspruch entspricht. Bedeutung kann dies aber nur erlangen, wenn die Verjährung des Schadensersatzanspruchs schon vor Ablauf von sechs Jahren eingetreten ist (etwa gemäß §§ 195, 199 Abs. 1 BGB), da der Anspruch gemäß § 13 wegen Art. 8 Abs. 2 Geschäftsgeheimnis-RL seinerseits einer Verjährung von sechs Jahren unterliegt (§ 13 S. 2). Wegen der Einzelheiten wird auf die entsprechende Kommentierung zu § 13 verwiesen.

87 Möglich bleibt ferner die **Aufrechnung** mit verjährten Ansprüchen, wenn die Aufrechnungslage erstmals vor Eintritt der Verjährung bestand **(§ 215 BGB).**

VI. Hinweise zur Anspruchsdurchsetzung

1. Möglichkeit einer Feststellungsklage

88 Wie in allen **Bereichen** des **gewerblichen Rechtsschutzes** und im Urheberrecht entspricht es allgemeiner Auffassung, dass ein Feststellungsinteresse (§ 256 Abs. 1 ZPO) großzügig angenommen wird und **kein grundsätzlicher Vorrang der Leistungsklage** gilt. Auch dann, wenn Auskunfts- und Schadenersatzansprüche im Wege der Stufenklage (§ 254 ZPO) geltend gemacht werden könnten, ist es hier möglich und üblich, neben dem Auskunftsbegehren zunächst eine **Schadensersatzfeststellungsklage** zu erheben (grundlegend: BGH GRUR 1960, 193 (196) – Frachtenrückvergütung; BGH GRUR 2003, 900 (901) – Fest-

stellungsinteresse III; BGH GRUR 2001, 1177 (1178) – Feststellungsinteresse II; anders im allgemeinen Zivilrecht: BGH NJW 1996, 2097 (2098) – Verbotswidrige Konkurrenztätigkeit). Eine Zahlungsklage erfolgt dann erforderlichenfalls nach Auskunftserteilung in einem Folgeprozess. Hierfür sprechen vor allem **prozessökonomische Erwägungen:** In vielen Fällen kommt es nach erfolgter Auskunftserteilung zu einer außergerichtlichen Einigung, so dass sich ein gerichtlicher Streit über die – schwer zu bestimmende – Anspruchshöhe erübrigt (BGH GRUR 2003, 900 (901) – Feststellungsinteresse III). Aber selbst wenn dies nicht möglich ist, besteht ein berechtigtes Feststellungsinteresse des Gläubigers, weil sich die Schadensberechnung auch nach Auskunftserteilung häufig als komplex erweist, die Parteien regelmäßig über die Richtigkeit der erteilten Auskunft streiten und in einer solchen Situation die Feststellungsklage wesentlich umfassenderen Schutz vor **Verjährung** bietet (BGH GRUR 2003, 900 (901) – Feststellungsinteresse III; BGH GRUR 2001, 1177 (1178) – Feststellungsinteresse II).

Bereits nach allgemeinen Regeln besteht ein Feststellungsinteresse (§ 256 89
Abs. 1 ZPO), wenn der Kläger seinen gesamten Schaden noch **nicht** oder noch **nicht vollständig beziffern** kann (BGH NJW 2018, 2479 Rn. 16 – Grauzementkartell II; BGH NJW-RR 2008, 1520 Tz. 6 – Hauswasserversorgung; BGH NJW-RR 1988, 445 – Milchkontrollverein). Dies ist insbesondere der Fall, wenn die **Schadensentwicklung noch nicht abgeschlossen** ist (BGH NJW 1996, 2097 (2098 f.) – Verbotswidrige Konkurrenztätigkeit; BGH GRUR 2003, 900 (901) – Feststellungsinteresse III; BGH GRUR 2001, 1177 (1177 f.) – Feststellungsinteresse II; BGH NJW-RR 1988, 445 – Milchkontrollverein; BGH NJW 1984, 1552 (1554) – Nicht abgeschlossene Schadensentwicklung). Ebenso ausreichend ist es, wenn die Schadensentwicklung zwar abgeschlossen ist, aber die **Schadensermittlung noch andauert** (vgl. BGH NJW-RR 2008, 1520 Tz. 6 – Hauswasserversorgung; zur Notwendigkeit eines ökonomischen Gutachtens zur Bezifferung: BGH NJW 2018, 2479 Rn. 17 ff. – Grauzementkartell II). Eine Feststellungsklage hinsichtlich des gesamten Schadens soll auch dann zulässig sein, wenn sich der Anspruch bereits **teilweise beziffern** ließe (BGH NJW 1996, 2097 (2098); BGH NJW-RR 2003, 1569 (1571); BGH NJW-RR 2008, 1520 Tz. 6 – Hauswasserversorgung). War der Schaden bei Klageerhebung noch nicht bezifferbar, wird er aber **während des Prozesses bezifferbar,** muss der Kläger grundsätzlich nicht von seinem Feststellungsantrag auf den Leistungsantrag übergehen (BGH GRUR 2008, 258 Tz. 18 – INTERCONNECT/T-Inter-Connect; BGH GRUR 1987, 524 (525) – Chanel No. 5 II; BGH GRUR 1978, 187 (188) – Alkoholtest). Eine Ausnahme gilt allerdings für die erste Instanz, wenn der Beklagte nach Abschluss der Schadensentwicklung den Übergang zur Leistungsklage anregt und die Umstellung auf eine Leistungsklage die Entscheidung nicht verzögert bzw. die Schadensentwicklung lange vor Beendigung der Instanz voll abgeschlossen ist (BGH NJW-RR 2003, 1569 (1571); BGH NJW 1952, 546). Letztgenannte Konstellation ist aber ein Ausnahmefall, der besonderer Feststellungen bedarf.

2. Leistungsklage mit unbeziffertem Klageantrag

Soweit Schadensersatzansprüche in Form einer Leistungsklage geltend gemacht 90
werden, ist nach allgemeinen Regeln grundsätzlich ein **bestimmter Antrag** zu stellen (§ 253 Abs. 2 Nr. 2 ZPO), wozu bei einem Zahlungsanspruch auch die Angabe eines bestimmten Betrages gehört (BGH NJW 1994, 586 (587)). **Abwei-**

chend hiervon lässt die Rechtsprechung einen unbezifferten Klageantrag dort zu, wo es dem Kläger nicht zumutbar ist, eine abschließende Bezifferung vorzunehmen. Dies ist insbesondere der Fall, wenn das Gericht gemäß **§ 287 ZPO** eine **Schadensschätzung** vornimmt, etwa wenn der Ersatz eines entgangenen Gewinns (§ 252 BGB) oder von Nichtvermögensschäden (§§ 10 Abs. 3, 253 Abs. 1 BGB) geltend gemacht wird. Ausreichend ist es hier, wenn der Kläger die **tatsächlichen Grundlagen** vorträgt, die dem Gericht eine entsprechende Ermessensausübung und die Feststellung der Höhe der Klageforderung ermöglichen (BGH NJW 1967, 1420 (1421)). Der Kläger muss allerdings eine **ungefähre Betragsvorstellung** zumindest der Größenordnung nach nennen (BGH NJW 1992, 311 (312); BGH NJW 1996, 2425 (2427)). Fehlt eine solche Angabe, so ist die Klage gemäß § 253 Abs. 2 Nr. 2 ZPO unzulässig (BGH NJW 1982, 340; BGH NJW 1984, 1807 (1809)). Die Angabe muss nicht notwendig im Klageantrag enthalten sein, sondern kann auch an anderer Stelle erfolgen. Gebräuchlich ist die Angabe eines Mindestbetrags im Klageantrag selbst. Dies befreit das Gericht von der Bindung des § 308 Abs. 1 ZPO und gibt die Möglichkeit, über die angegebene Summe hinauszugehen (BGH NJW 1996, 2425 (2427)).

91 Als **problematisch** erweisen sich unbezifferte Klageanträge, wenn es im Rahmen einer Berufung um die Frage der **Beschwer** geht. Hat der Kläger den Ersatz immaterieller Schäden unter Angabe seiner Betragsvorstellung verlangt und vom Gericht in dieser Höhe zugesprochen erhalten, so ist er durch das Urteil nicht beschwert und kann es nicht mit dem Ziel eines höheren Betrages anfechten (BGH NJW 1999, 1339). Will er sich die Möglichkeit eines Rechtsmittels offenhalten, so muss er einen Mindestbetrag angeben, so dass erkennbar wird, dass er einen geringeren Betrag nicht für angemessen hält. Unterschreitet das Gericht diesen Mindestbetrag, so besteht eine entsprechende Beschwer (BGH NJW 1999, 1339; BGH NJW 1992, 311).

VII. Konkurrierende Ansprüche

1. Vertragliche Schadensersatzansprüche, § 280 Abs. 1 BGB

92 Siehe zu vertraglichen Schadensersatzansprüchen → Einl. B Rn. 73 ff.

2. Schadensersatzansprüche nach allgemeinem Deliktsrecht

93 Siehe zur Anwendbarkeit des allgemeinen Deliktsrechts neben dem GeschGehG → Einl. A.VI Rn. 54 ff.

3. Bereicherungsansprüche, § 812 Abs. 1 S. 1 Alt. 2 BGB

94 Nicht abschließend geklärt ist die Frage, inwieweit bei einer Verletzung von Geschäftsgeheimnissen Ansprüche aus ungerechtfertigter Bereicherung, insbesondere in Form der **Eingriffskondiktion** (§ 812 Abs. 1 S. 1 Alt. 2 BGB) in Betracht kommen (ablehnend: BGH GRUR 1990, 221 – Forschungskosten zu Verwendung von Forschungsberichten durch Behörde zugunsten eines Dritten; OLG Köln NJW-RR 1986, 1117 (1118) – Pflanzenbehandlungsmittel; offenlassend: BGH GRUR 1960, 554 (557) – Handstrickverfahren zu § 18 UWG a.F.). Hinsichtlich der **Rechtsfolge** würden diese Ansprüche allerdings nicht über einen im Wege der Lizenzanalogie berechneten Schadensersatz hinausgehen (*Köhler* in

Köhler/Bornkamm/Feddersen UWG § 9 Rn. 1.42; *Ohly* in Ohly/Sosnitza UWG § 9 Rn. 64). Sie würden dem Geheimnisinhaber jedoch insofern eine günstigere Position verschaffen, als sie **verschuldensunabhängig** sind.

Tatbestandlich setzt die Eingriffskondiktion voraus, dass der Rechtsverletzer etwas auf andere Weise als durch Leistung des Geheimnisinhabers auf dessen Kosten ohne rechtlichen Grund erlangt hat. Geschäftsgeheimnisse weisen definitionsgemäß infolge ihrer Geheimnisqualität zumindest einen potentiellen Vermögenswert auf (§ 2 Nr. 1 lit. a GeschGehG) und kommen deshalb als rechtsgrundlos erlangte vermögenswerte Position **(„etwas")** in Betracht (vgl. BGH NJW 1995, 53 (54) – Stellplatzbaulast). Umstritten ist allerdings, ob eine Geheimnisverletzung dazu führt, dass der Rechtsverletzer den Bereicherungsgegenstand **„auf Kosten"** des Geheimnisinhabers erlangt. Nach der heute herrschenden Lehre vom Zuweisungsgehalt wurde der Bereicherungsgegenstand „auf Kosten" eines anderen erlangt, wenn ein Eingriff in eine Rechtsposition erfolgte, die einem anderen Rechtssubjekt zur ausschließlichen Nutzung positiv zugewiesen ist (BGH GRUR 1990, 221 (222) – Forschungskosten; BGH GRUR 1982, 301 (303) – Kunststoffhohlprofil II; OLG Köln NJW-RR 1986, 1117 – Pflanzenbehandlungsmittel; *Loewenheim* WRP 1997, 913, 915). **95**

Die hM nimmt einen **Zuweisungsgehalt** einer Position an, wenn eine dem Bereicherungsgläubiger vorbehaltene **kommerzielle Verwertungsmöglichkeit** besteht, wenn also der Bereicherungsgläubiger die Möglichkeit hatte, die Position einem sonst ausgeschlossenen Dritten zur wirtschaftlichen Verwertung zu überlassen BGH GRUR 1990, 221 (222) – Forschungskosten; *Loewenheim* WRP 1997, 913, 915). Bereits **vor Inkrafttreten des GeschGehG** wurde Geschäftsgeheimnissen davon ausgehend von Teilen des Schrifttums ein Zuweisungsgehalt zuerkannt (*Loewenheim* WRP 1997, 913, 916; *Fournier* Bereicherungsausgleich 175). Andere Stimmen hoben hervor, dass nicht jede faktische Möglichkeit einer kommerziellen Verwertung ausreichend sein könne, sondern dass diese Möglichkeit rechtlich begründet sein müsse (*Ellger* Bereicherung durch Eingriff 402; *Büsching* Eingriffskondition im Wettbewerbsrecht 129 f.; *Peukert* Güterzuordnung 464 ff.; *Kalbfus* Know-how-Schutz Rn. 485 ff.). Gerade dies war zumindest vor Inkrafttreten des GeschGehG **zweifelhaft** (*Ellger* Bereicherung durch Eingriff 401; *Büsching* Eingriffskondition im Wettbewerbsrecht 121 ff.; *Peukert* Güterzuordnung 821; *Kalbfus* Know-how-Schutz Rn. 402 u. 485 ff.; *Dorner* Know-how-Schutz im Umbruch 227). **96**

Nicht abschließend geklärt ist, inwieweit die **Neuregelung des Geheimnisschutzes** durch die Geschäftsgeheimnis-RL und das GeschGehG an dieser Situation etwas ändert (*Kalbfus* FS Harte-Bavendamm, 2020, 341, 351). Anders als im Bereich des Sacheigentums (vgl. § 903 S. 1 Alt. 1 BGB) und der Immaterialgüterrechte (vgl. nur §§ 9 S. 1 PatG, 11 Abs. 1 GebrMG, 15 UrhG, 38 Abs. 1 S. 1 Alt. 1 DesignG, 14 Abs. 1, 15 Abs. 1 MarkenG) findet sich für Geschäftsgeheimnisse jedenfalls nach wie vor keine eindeutige Zuweisungsnorm. **§ 2 Nr. 2 GeschGehG** definiert zwar den Inhaber eines Geschäftsgeheimnisses und spricht damit terminologisch für eine gesetzgeberische Zuweisungsentscheidung. Letztlich bleibt dennoch zumindest unklar, ob es sich bei § 2 Nr. 2 GeschGehG um eine über die bloße Regelung der Aktivlegitimation von Abwehransprüchen hinausgehende positive Zuweisung (in diesem Sinne *McGuire* GRUR 2016, 1000, 1006) handelt. Dafür könnte sprechen, dass die Geschäftsgeheimnis-RL ausweislich ihrer Erwägungsgründe das Konzept einer Innovationsförderung durch Investitionsschutz (vgl. ErwGr. 1 und 2) in den Vordergrund stellt. Darüber hinaus **97**

betont sie den Charakter von Informationen als handelbares Wirtschaftsgut (vgl. ErwGr. 3), was eine gewisse Zuordnung logisch voraussetzt. Dagegen steht allerdings, dass sich weder im Richtlinien- noch im deutschen Gesetzestext klare Regelungen über eine originäre Zuordnung (vgl. *Klein/Wegener* GRUR-Prax 2017, 394) sowie zu Übertragbarkeit und derivativem Rechtserwerb finden. Gleichwohl wird ein Zuweisungsgehalt von Geschäftsgeheimnissen im Schrifttum überwiegend angenommen (→ Einl. A Rn. 26 *Alexander* in Köhler/Bornkamm/Feddersen GeschGehG § 10 Rn. 51; *Glinke* in Keller/Schönknecht/Glinke GeschGehG § 10 Rn. 22; *Apel/Dilbaz* in Brammsen/Apel GeschGehG § 10 Rn. 137).

98 Selbst wenn man allerdings dem GeschGehG eine Zuweisung an den Geheimnisinhaber entnehmen will, muss sich der **Umfang dieser Rechtszuordnung** eng an den **Wertungen der §§ 3 bis 5 GeschGehG** orientieren, was im Ergebnis dazu führen kann, dass die Lehre vom Zuweisungsgehalt durch eine Rechtswidrigkeitsprüfung überlagert wird (vgl. zum früheren Recht: *Kalbfus* Know-how-Schutz Rn. 490). Aufzulösen sind zudem mögliche Konflikte bei der **Aktivlegitimation** im Falle mehrerer Geheimnisinhaber, und zwar sowohl im Falle einer Lizenzierung, durch die auch der Lizenznehmer Geheimnisinhaber iSv § 2 Nr. 2 GeschGehG wird (BT-Drs. 19/4724, 25), als auch im Falle mehrerer unabhängiger Geheimnisinhaber.

4. Angemaßte Eigengeschäftsführung, § 687 Abs. 2 BGB

99 Bereits vor Inkrafttreten des GeschGehG wurden im Falle einer Verletzung von Geschäftsgeheimnissen Ansprüche aus **angemaßter Eigengeschäftsführung** gemäß § 687 Abs. 2 BGB in Betracht gezogen (BGH GRUR 2012, 1048 Rn. 27 – MOVICOL-Zulassungsantrag, OLG Frankfurt a.M. InstGE 7, 162 Rn. 6 – PET-Spritzwerkzeug II; *Ohly* in Ohly/Sosnitza UWG, 7. Aufl. 2016, § 17 Rn. 50; *Harte-Bavendamm* in Harte/Henning UWG, 4. Aufl. 2016, § 17 Rn. 63a; *Westermann* Hdb Know-how-Schutz, Kap. 7 Rn. 5; *Kiethe/Groeschke* WRP 2005, 1358, 1363; offenlassend für den Fall des § 18 UWG a.F. noch: BGH GRUR 1960, 554 (557) – Handstrickverfahren). Dies eröffnet insbesondere den Weg zu **Gewinnherausgabeansprüchen** gemäß §§ 687 Abs. 2 S. 1, 681 S. 2, 667 BGB sowie flankierend zu **Auskunfts- und Rechnungslegungsansprüchen** gemäß §§ 687 Abs. 2 S. 1, 681 S. 2, 666 BGB (BGH GRUR 2012, 1048 Rn. 27 – MOVICOL-Zulassungsantrag), setzt aber eine **wissentlich** unberechtigte Geheimnisnutzung voraus. Inhaltlich wirft das Tatbestandsmerkmal des „fremden Geschäfts" ähnliche Abgrenzungsfragen auf wie die Auslegung des Merkmals der Erlangung „auf Kosten" eines anderen im Rahmen des Bereicherungsrechts (s. näher *Kalbfus* Know-how-Schutz Rn. 493; *Dorner* Know-how-Schutz im Umbruch 215 f.; vgl. BGH GRUR 1990, 221 (223) – Forschungskosten). Auch insoweit bringt das GeschGehG keine abschließende gesetzgeberische Klärung. Immerhin sind **inhaltsgleiche Ansprüche** nunmehr in **§ 10** speziell geregelt. Die Voraussetzungen sind sogar großzügiger, da im Unterschied zu § 687 Abs. 2 BGB keine wissentliche Rechtsverletzung erforderlich ist. Es steht deshalb zu erwarten, dass § 687 Abs. 2 BGB im Zusammenhang mit einer Verletzung von Geschäftsgeheimnissen künftig kaum mehr praktische Bedeutung haben wird (zust. *Glinke* in Keller/Schönknecht/Glinke GeschGehG § 10 Rn. 25; *Apel/Dilbaz* in Brammsen/Apel GeschGehG § 10 Rn. 135).

§ 11 Abfindung in Geld

(1) **Ein Rechtsverletzer, der weder vorsätzlich noch fahrlässig gehandelt hat, kann zur Abwendung der Ansprüche nach den §§ 6 oder 7 den Inhaber des Geschäftsgeheimnisses in Geld abfinden, wenn dem Rechtsverletzer durch die Erfüllung der Ansprüche ein unverhältnismäßig großer Nachteil entstehen würde und wenn die Abfindung in Geld als angemessen erscheint.**

(2) **[1]Die Höhe der Abfindung in Geld bemisst sich nach der Vergütung, die im Falle einer vertraglichen Einräumung des Nutzungsrechts angemessen wäre. [2]Sie darf den Betrag nicht übersteigen, der einer Vergütung im Sinne von Satz 1 für die Länge des Zeitraums entspricht, in dem dem Inhaber des Geschäftsgeheimnisses ein Unterlassungsanspruch zusteht.**

Literatur: *Hoffmann,* Der Ausgleichsanspruch im Patentrecht, GRUR 2022, 286; *Ohly,* der Ausgleichsanspruch gem. § 139 I 4 PatG als Rechtsfortwirkungsanspruch, GRUR 2022, 303; *Osterrieth,* Kriterien der Angemessenheit des Ausgleichs nach § 139 I 4 PatG, GRUR 2022, 299; *Schroeder/Drescher,* Praktische Fragen bei der Anwendung von § 11 GeschGehG, WRP 2021, 6; *Wagner,* Die Aufopferung des patentrechtlichen Unterlassungsanspruchs, GRUR 2022, 294. S. im Übrigen die Literaturhinweise zu §§ 6 und 9

Übersicht

I. Allgemeines

1. Normzweck und Systematik

Die Vorschrift ist eine **Ausprägung des Verhältnismäßigkeitsprinzips,** das die Geschäftsgeheimnis-RL in allgemeiner Form hervorhebt (Art. 7 Abs. 1 Geschäftsgeheimnis-RL) und in mehreren Vorschriften konkretisiert (Art. 7 Abs. 2, 11, 13 Geschäftsgeheimnis-RL). Die Erfüllung von Unterlassungs- und Beseitigungsansprüchen kann sich im Einzelfall als unverhältnismäßig erweisen. Das bedeutet aber nicht zwingend, dass der Verletzer das Geheimnis kostenlos nutzen darf, ohne den Inhaber zu entschädigen. Vielmehr kann es dem **Gebot der Verhältnismäßigkeit** entsprechen, dass zwar der besonders einschneidende **Abwehranspruch nicht gewährt** wird, der Verletzer aber **gleichwohl eine** 1

Zahlung schuldet. Dieser Gedanke, der im common law mit dem Stichwort **„compensation in lieu of an injunction"** bezeichnet wird (vgl. High Court of England and Wales *HTC v. Nokia,* [2013] EWHC 3778 Pat), liegt Art. 12 Enforcement-RL und seinem Vorbild im deutschen Recht, § 100 UrhG (s.a. § 45 DesignG), ebenso zugrunde wie Art. 13 Abs. 3 Geschäftsgeheimnis-RL, dessen Umsetzung § 11 dient. Durch das 2. Patentrechtsmodernisierungsgesetz wurde mit § **139 Abs. 1 S. 4 PatG** eine vergleichbare Vorschrift im Patentrecht geschaffen, die allerdings keine schuldlose Verletzung und keine Ersetzungsbefugnis des Verletzers vorsieht, sondern einen Ausgleich immer dann anordnet, wenn der Unterlassungsanspruch wegen Unverhältnismäßigkeit nicht besteht. Auch im allgemeinen Zivilrecht finden sich vergleichbare Vorschriften, s. §§ 906 Abs. 2, 912 Abs. 2, 251 Abs. 2 S. 1 BGB.

2 Nach der Begründung des RegE privilegiert § 11 den Rechtsverletzer, der nicht schuldhaft gehandelt hat, indem er ihm die Möglichkeit eröffnet, anstelle der Unterlassung eine Abfindung in Geld zu leisten (Begr. RegE, BT-Drs. 19/4724, 33; ebenso *Alexander* in Köhler/Bornkamm/Feddersen § 11 Rn. 1; *Glinke* in Keller/Schönknecht/Glinke GeschGehG § 11 Rn. 3; *Tochtermann* in Büscher GeschGehG § 11 Rn. 2). Diese Überlegung trifft für Art. 12 Enforcement-RL und §§ 100 UrhG, 45 DesignG uneingeschränkt zu, die im Interesse des Verletzers eine enge Ausnahme vom Unterlassungsanspruch vorsehen. Im GeschGehG schließt aber bereits § 9, der im Immaterialgüterrecht insoweit mit Ausnahme des § 139 Abs. 1 S. 3 PatG keine Parallele hat (→ § 9 Rn. 1), den Unterlassungsanspruch aus. Da **§ 9 sämtliche Fälle erfasst,** in denen die Erfüllung der Abwehransprüche **unverhältnismäßig** wäre, gibt es keinen Fall, in dem § 11 zusätzlich zugunsten des Verletzers Ansprüche ausschließen würde (näher hierzu → Rn. 11). § 11 ist also **kein Ausschlusstatbestand zugunsten des schuldlosen Verletzers** und begründet auch **keine Ersetzungsbefugnis** des Verletzers (sehr str., näher hierzu → Rn. 11, 25). Im Gegenteil sieht § 11 bei Ausschluss der Unterlassungsansprüche eine Kompensation für den Fall vor, dass wegen fehlenden Verschuldens keine Schadensersatzansprüche bestehen. So verstanden **schützt § 11 die finanziellen Interessen des Verletzten** und stellt für diesen eine **Anspruchsgrundlage** für den Fall dar, dass Ansprüche aus §§ 6 oder 7 gem. § 9 ausgeschlossen sind und Schadensersatzansprüche wegen fehlenden Verschuldens nicht bestehen (zur Gegenansicht → Rn. 9 ff.).

3 Auch abgesehen von dieser Problematik sind **Anwendungsfälle des § 11** auf den ersten Blick **nicht leicht zu erkennen** (ebenso *Schroeder/Drescher* in Brammsen/Apel GeschGehG § 11 Rn. 17). Die Vorschrift setzt eine schuldlose Verletzung voraus (→ Rn. 14), die in den Fällen unzulässiger unmittelbarer Erlangung, Nutzung oder Offenlegung gem. § 4 Abs. 1 und 2 von vornherein nur schwer vorstellbar ist. Hat der Verletzer die Information aber von Dritten erlangt, so setzt schon der Tatbestand des § 4 Abs. 3 S. 1 schuldhaftes Verhalten voraus. Dem Richtliniengeber stand offenbar der Fall vor Augen, dass ein Geschäftsgeheimnis **zunächst in gutem Glauben erworben** wurde, der Erwerber **später** aber **auf die vorangegangene Rechtsverletzung hingewiesen** wird (Erwgrd. 29 Geschäftsgeheimnis-RL, s.a. → Rn. 7). In der Tat hat in diesem Fall der Erwerber möglicherweise gutgläubig Investitionen getätigt, beispielsweise als Händler in der Vertriebskette Produkte erworben, die sich später als verletzend erweisen, oder als Arbeitgeber mit der Verwertung einer von einem Arbeitnehmer eingebrachten Information begonnen, von der sich herausstellt, dass sie der Arbeitnehmer unter Verstoß gegen § 4 Abs. 1 oder 2 von seinem bisherigen Arbeitgeber mitgebracht

hat (*Glinke* in Keller/Schönknecht/Glinke GeschGehG § 11 Rn. 15). Hier kann dem Erwerber unverhältnismäßiger Schaden entstehen. Die konstruktive Schwierigkeit besteht in diesen Fällen aber darin, dass der Erwerber nach dem Hinweis auf die rechtswidrige Vortat nicht mehr gutgläubig ist und künftige Nutzungshandlungen, beispielsweise den Weitervertrieb verletzender Produkte, nunmehr vorsätzlich vornimmt. Weil gem. Art. 13 Abs. 3 lit. a Geschäftsgeheimnis-RL für das Verschulden auf den Zeitpunkt der Verletzungshandlung abzustellen ist, greift streng genommen nicht einmal in diesem Fall § 11 ein (→ Rn. 15). Immerhin kann die Vorschrift anwendbar sein, wenn sich der **Inhaber eines Unternehmens schuldhaftes Verhalten seiner Beschäftigten gem. § 12 zurechnen** lassen muss (→ Rn. 16).

Angesichts der im Schrifttum entbrannten kontroversen Diskussion um die Rechtsnatur des § 11 muss deutlich darauf hingewiesen werden, dass sich die **Rechtsfolgen der Unverhältnismäßigkeit** im **Regelfall** der schuldhaften Verletzung **aus dem Zusammenspiel der §§ 9 und 10 ergeben.** Der Ausschluss der Abwehransprüche erfolgt gem. § 9. Da die Verletzungshandlung aber im Fall des § 9 rechtswidrig bleibt, stehen dem Geheimnisinhaber bei schuldhafter Verletzung Schadensersatzansprüche gem. § 10 zu. Das deutsche Gegenstück der „damages in lieu of an injunction" (→ Rn. 1) ist in diesem Fall, dass der Geheimnisinhaber die Verletzungshandlung zwar zu dulden hat, dass sein Schaden aber gem. § 10 kompensiert wird. In diesem Fall steht außer Streit, dass Schadensersatz auf Antrag des Verletzten zugesprochen werden kann, ohne dass der Verletzer ihn zunächst anbieten muss (zum Streit unter § 11 → Rn. 25, 32). 4

2. Unionsrechtliche Vorgaben

Anders als nach klassischer deutscher Rechtsauffassung bestehen Abwehransprüche nach der Geschäftsgeheimnis-RL nicht automatisch schon dann, wenn eine Rechtsverletzung und Begehungsgefahr bzw. ein andauernder Störungszustand vorliegen. Vielmehr muss das Gericht vor dem Erlass von Anordnungen deren **Verhältnismäßigkeit im Einzelfall prüfen (Art. 13 Abs. 1 Geschäftsgeheimnis-RL).** In diesem Zusammenhang ordnet **Art. 13 Abs. 3 Geschäftsgeheimnis-RL** an, dass die Gerichte die Möglichkeit haben müssen, im Fall der Unverhältnismäßigkeit eine **Abfindung in Geld anstelle der Unterlassung oder der sonstigen Abhilfe anzuordnen.** Als Beispiel nennt **Erwgr. 29** den Fall, dass eine Person zunächst gutgläubig ein Geheimnis erwirbt, später aber von der rechtswidrigen Vortat erfährt und ab diesem Zeitpunkt haftet. Hier könne eine Unterlassungsanordnung unverhältnismäßig sein, daher sollten die Mitgliedstaaten als Alternative die Möglichkeit einer finanziellen Entschädigung vorsehen. 5

Ebenso wie Art. 12 Enforcement-RL, der wiederum auf dem Vorbild des deutschen § 100 UrhG beruht (Kommissionsvorschlag Enforcement-RL, KOM(2003) 46 endg., 25), beschränkt Art. 13 Abs. 3 lit. a Geschäftsgeheimnis-RL diese Möglichkeit aber auf Fälle, in denen der Verletzer **weder vorsätzlich noch fahrlässig** handelt. Während diese Einschränkung im Immaterialgüterrecht dazu dient, die Ausnahme vom Grundsatz des Unterlassungsgebots eng zu beschränken, ist in der Geschäftsgeheimnis-RL der Unterlassungsanspruch aber bereits gem. Art. 13 Abs. 1 durch das Verhältnismäßigkeitsgebot beschränkt. Dadurch wandelt sich im Vergleich zu Art. 12 Enforcement-RL der Zweck der Vorschrift von einer engen Ausnahme im Interesse des Verletzers zu einer Entschädigung des Verletzten für 6 den Fall, dass der Unterlassungsanspruch ausgeschlossen ist und wegen fehlenden Verschuldens kein Schadensersatzanspruch besteht (näher hierzu → Rn. 12). Systematisch richtig regelt die Richtlinie die Abfindung in Geld dementsprechend in Art. 13 Abs. 3, während Art. 13 Abs. 1 den Ausschluss der Abwehransprüche bei Unverhältnismäßigkeit vorsieht.

7 **§ 11 beruht auf Art. 13 Geschäftsgeheimnis-RL, verallgemeinert** ihn aber. § 11 gilt nicht nur für die Offenlegung und Nutzung, sondern auch für die Erlangung. Außerdem legt der Wortlaut des Art. 13 Abs. 3 lit. a Geschäftsgeheimnis-RL nahe, dass sich die Vorschrift nur auf die Nutzung oder Offenlegung eines von einem Dritten erlangten Geheimnisses bezieht (hierzu auch Erwgr. 29, noch deutlicher der Kommissionsvorschlag → Rn. 8). Diese Form der Verletzung setzt gem. Art. 4 Abs. 4 Geschäftsgeheimnis-RL aber Vorsatz oder Fahrlässigkeit voraus, so dass der in Art. 13 Abs. 3 lit. a Geschäftsgeheimnis-RL geregelte Fall allenfalls dann (s. aber → Rn. 16) vorkommen kann, wenn der Verletzer das Geheimnis zunächst schuldlos erlangt hat und später über die rechtswidrige Vortat in Kenntnis gesetzt wurde (*Alexander* in Köhler/Bornkamm/Feddersen GeschGehG § 11 Rn. 6), doch selbst das erscheint zweifelhaft, s. → Rn. 15. Diese Erweiterung ist unionsrechtskonform (zweifelnd *Alexander* in Köhler/Bornkamm/Feddersen GeschGehG § 11 Rn. 6a; *Tochtermann* in Büscher GeschGehG § 11 Rn. 6). Zwar gehört Art. 13 Geschäftsgeheimnis-RL nach ihrem Art. 1 Abs. 1 S. 2 zu den Vorschriften, die nicht nur einen Mindeststandard setzen. Damit ist aber gemeint, dass die Mitgliedstaaten die in Art. 13 Geschäftsgeheimnis-RL vorgesehenen Ausprägungen des Verhältnismäßigkeitsprinzips umzusetzen haben. Da aber die Anordnung einer Abfindung anstelle der Unterlassung gerade ein dem Verhältnismäßigkeitsgebot entsprechendes Ergebnis im Einzelfall ermöglichen kann, verbleibt den Mitgliedstaaten bei der genauen Ausgestaltung der Abfindungsregelung Spielraum (ebenso *Alexander* in Köhler/Bornkamm/Feddersen GeschGehG § 11 Rn. 6a: Art. 13 Abs. 3 „nicht negativ abschließend"; *Glinke* in Keller/Schönknecht/Glinke GeschGehG § 11 Rn. 13; *Schroeder/Drescher* in Brammsen/Apel GeschGehG § 11 Rn. 16). Auch § 11 Abs. 2, der eine Berechnung der Abfindung auf der Grundlage eines fiktiven Lizenzentgelts anordnet, stellt eine Verallgemeinerung dar. In Art. 13 Abs. 3 S. 2 Geschäftsgeheimnis-RL ist diese Berechnungsart nur für eine Abfindung anstelle der Maßnahmen gem. Art. 12 Abs. 1 lit. a, b Geschäftsgeheimnis-RL vorgesehen, die allerdings auch die wesentlichen für eine Abfindung in Frage kommenden Fälle umfassen dürften.

3. Entstehungsgeschichte

8 Art. 13 Abs. 3 Geschäftsgeheimnis-RL war bereits als Art. 12 Abs. 3 im Vorschlag der Kommission vorgesehen, allerdings noch klarer als in der endgültigen Fassung auf den Fall des Geheimniserwerbs von Dritten (Art. 4 Abs. 4 Geschäftsgeheimnis-RL) beschränkt (→ Rn. 7). § 11 war bereits als § 10 im Referentenentwurf enthalten und wurde im Gesetzgebungsverfahren nicht mehr verändert.

4. Verhältnis zu § 9

9 Das **Verhältnis zwischen § 9 und § 11 bereitet Schwierigkeiten. § 9** erfasst **alle Fälle der Unverhältnismäßigkeit,** also auch die in § 11 geregelten. Während aber § 9 als Einwendung von Amts wegen zu berücksichtigen ist (→ § 9 Rn. 3, 6), nicht auf schuldlose Verletzungen beschränkt ist und keine Entschädigung des Verletzten vorsieht, scheint § 11 ein Angebot des Verletzers zu erfordern,

setzt eine schuldlose Verletzung voraus und ordnet eine Abfindung in Geld an. Damit **scheint § 11 auf den ersten Blick leerzulaufen:** Wenn das Gericht ohnehin unter § 9 die Verhältnismäßigkeit von Amts wegen umfassend zu beurteilen hat, bleiben für § 11 keine Anwendungsfälle mehr, zumal der Verletzer freiwillig keine Abfindung anbieten wird, wenn er ohnehin gem. § 9 von Abwehransprüchen befreit ist. Dieser Konflikt ist darauf zurückzuführen, dass der deutsche Gesetzgeber das Modell der §§ 100 UrhG, 45 DesignG unreflektiert auf das GeschGehG übertragen hat, ohne den Umstand hinreichend zu würdigen, dass im Urheber- und Designrecht das Angebot einer Entschädigung gem. §§ 100 UrhG, 45 DesignG die einzige Möglichkeit des Verletzers darstellt, den Unterlassungsanspruch abzuwenden, während im GeschGehG schon § 9 diese Funktion erfüllt. Als sachgerecht erscheint demgegenüber die in **§ 139 Abs. 1 S. 4 PatG** getroffene Regelung (näher hierzu *Hoffmann* GRUR 2022, 286; *Ohly* GRUR 2022, 303; *Wagner,* GRUR 2022, 294): Ist der patentrechtliche Unterlassungsanspruch wegen Unverhältnismäßigkeit ausgeschlossen, so ist dem Verletzer ein angemessener Ausgleich in Geld zu gewähren, wobei der Ausgleichsanspruch im Ausnahmefall auch auf Null reduziert sein kann (*Osterrieth* GRUR 2022, 299 (302), deutlicher der RegE, der nach dem Vorbild des § 11 die Worte „soweit dies angemessen erscheint" enthielt).

Teilweise wird die **Ansicht** vertreten, § 9 und § 11 stünden nebeneinander, **10**
und **§ 11 komme nicht zur Anwendung, wenn gem. § 9 der Unterlassungsanspruch ausgeschlossen sei** (*Tochtermann* in Büscher GeschGehG § 11 Rn. 21 f.; *Alexander* in Köhler/Bornkamm/Feddersen GeschGehG § 11 Rn. 28; *Hötte* in Hoeren/Münker GeschGehG § 11 Rn. 32). Damit würde aber § 11 weitgehend leerlaufen (→ Rn. 9). Das wäre nicht sachgerecht, denn in den Fällen der Unverhältnismäßigkeit ist eine Abfindung in aller Regel angemessen (vgl. § 139 Abs. 1 S. 4 PatG, der sie sogar zwingend anordnet, → Rn. 9) und darf nicht vom Willen des Verletzers abhängen. Wenn beispielsweise die Verletzung eine kleine, begrenzte Komponente eines komplexen Produkts betrifft, die nicht ohne weiteres ausgetauscht werden kann, und wenn die Kosten der Umstellung erheblich höher wären als ein fiktives Lizenzentgelt, so liegt bereits Unverhältnismäßigkeit gem. § 9 vor, auch wenn die Begründung zum RegE diesen Fall als Beispiel für § 11 nennt (BT-Drs. 19/4724, 33). Das Eingreifen des § 9 ändert nichts daran, dass dem Verletzer die Zahlung einer Abfindung in Höhe einer angemessenen Lizenzgebühr durchaus zuzumuten ist und im Sinne der Verhältnismäßigkeit sogar angebracht erscheint.

Als Möglichkeit, auch bei wortlautgetreuem Verständnis praktikable Lösungen **11**
zu erzielen, wird eine **konsekutive Durchführung zweier Verhältnismäßigkeitsprüfungen** vorgeschlagen (*Glinke* in Keller/Schönknecht/Glinke § 11 Rn. 9; *Schroeder/Drescher* WRP 2021, 6 (9)). Demnach ist in einem **ersten Schritt** zu prüfen, ob die Erfüllung des Unterlassungsanspruchs auch bei Fehlen eines finanziellen Ausgleichs gem. § 9 unverhältnismäßig wäre. Ist das nicht der Fall, so findet im **zweiten Schritt** eine erneute Verhältnismäßigkeitsprüfung, diesmal unter Einberechnung eines Ausgleichs statt. Ergibt sich nunmehr die Unverhältnismäßigkeit, so ist sie auch unter § 9 nur zu berücksichtigen, wenn der Verletzer die Abfindung gem. § 11 anbietet. Dieser Vorschlag wird häufig zu sehr ähnlichen Ergebnissen führen wie die hier vertretene Lösung (→ Rn. 12). Auch ist die praktische Bedeutung der Streitfrage beschränkt, weil § 11 nur den Ausnahmefall der schuldlosen Verletzung betrifft. Im Regelfall des § 9 wird zumindest eine fahrlässige Verletzung vorliegen, in deren Fall der Geheimnisinhaber finanzielle

Kompensation (nur) in Form des von ihm einzuklagenden Schadensanspruchs oder Bereicherungsausgleichs erlangen kann. Dennoch bestehen gegen die „Konsekutivtheorie“ vier Einwände. Erstens erscheint die Teilung der Verhältnismäßigkeitsprüfung unnötig kompliziert und wenig praktikabel, zumal im Regelfall der schuldhaften Verletzung das Gericht im Rahmen einer einheitlichen Verhältnismäßigkeitsprüfung im Rahmen des § 9 die Kompensation durch Schadensersatz berücksichtigen muss und lediglich für den seltenen Ausnahmefall der schuldlosen Verletzung eine andere, komplexe Prüfungsmethode wählen müsste. Zweitens führt dieser Ansatz dann zu unbefriedigenden Ergebnissen, wenn sich die Unverhältnismäßigkeit schon im ersten Schritt ergibt, was vor allem bei der Beeinträchtigung gewichtiger Drittinteressen der Fall sein kann. Würde beispielsweise das Unterlassungsgebot dazu führen, dass Patienten lebenswichtige Medikamente vorenthalten würden, so ist der Anspruch gem. § 9 ausgeschlossen, gleichwohl erscheint ein finanzieller Ausgleich angemessen und darf nicht vom Willen des Verletzers abhängen. Drittens würde der unionsrechtlich zwingend von Amts wegen zu berücksichtigende Einwand der Unverhältnismäßigkeit (→ § 9 Rn. 6) im Regelfall zu einer Einrede, wenn sie sich der Verletzer durch ein Angebot gem. § 11 „erkaufen“ müsste. Viertens kommt es zu Schwierigkeiten, wenn der Verletzer zwar einen Ausgleich anbietet, sich der Betrag aber als zu niedrig erweist (→ Rn. 32).

12 Daher sind **§§ 9 und 11 als Einheit** zu verstehen. Dies legt auch die Systematik des Art. 13 Geschäftsgeheimnis-RL nahe. Demnach ist zunächst unter § 9 die Unverhältnismäßigkeit umfassend zu beurteilen, wobei auch ein möglicher Ausgleich der finanziellen Nachteile des Geschädigten (durch Schadensersatz bzw. Bereicherungsausgleich bei schuldhafter, durch Bereicherungsausgleich bzw. die Abfindung gem. § 11 bei schuldloser Verletzung) zu berücksichtigen ist. In einem zweiten Schritt entscheidet das Gericht über eine finanzielle Kompensation. Bei schuldhaften Verletzungen erfolgt sie durch den Schadensersatz (§ 10), während ein Rückgriff auf § 11 überflüssig und schon tatbestandlich ausgeschlossen ist (→ Rn. 14). Bei schuldlosen Verletzungen kommt neben einem Bereicherungsanspruch eine Abfindung gem. § 11 in Betracht. Ebenso wie in §§ 906 Abs. 2 S. 1 und 2, 912 Abs. 1 und 2 BGB **schließt** also **§ 9 die Abwehransprüche aus,** während **§ 11** als **Anspruchsgrundlage für eine Abfindung** den Schadensersatzanspruch des § 10 für den Fall der schuldlosen Verletzung ergänzt. Dieses Verhältnis ist systematisch stimmig. Es entspricht der Figur der „compensation in lieu of an injunction“ des common law und trägt der rechtsökonomischen Erkenntnis Rechnung, dass in geeigneten Fällen das Ausschließlichkeitsrecht („property rule“) durch eine Nutzungsbefugnis gegen Entschädigung („liability rule“) ersetzt werden kann, ohne den Rechtsinhaber völlig rechtlos zu stellen. Die hier vorgeschlagene Auslegung verträgt sich mit der Geschäftsgeheimnis-RL, nicht jedoch mit der Vorstellung des deutschen Gesetzgebers. Diese beruht allerdings auf der fälschlichen Annahme einer Funktionsgleichheit von § 11 und § 100 UrhG.

II. Voraussetzungen (§ 11 Abs. 1)

1. Bestehen von Ansprüchen nach § 6 oder § 7

13 § 11 setzt das **Bestehen von Ansprüchen nach § 6 oder § 7** voraus. Sämtliche Anspruchsvoraussetzungen müssen also vorliegen, abgesehen von der Verhältnismäßigkeit (zur Qualifikation der Verhältnismäßigkeit als Einwendung → § 9 Rn. 6).

2. Schuldlose Verletzung

Die Abfindungsmöglichkeit nach § 11 besteht nur, wenn der Verletzer **weder vorsätzlich noch fahrlässig** (→ § 10 Rn. 10ff.) gehandelt hat. Liegt hingegen eine **zumindest fahrlässige Verletzung** vor, so kann der Verletzte einen **Schadensersatzanspruch gem. § 10** geltend machen. Die Ansprüche auf Abfindung und auf Schadensersatz schließen sich also gegenseitig aus. Das schränkt die praktische Bedeutung des § 11 erheblich ein (ebenso zu § 100 UrhG *Wimmers* in Schricker/Loewenheim UrhG § 100 Rn. 4), zumal eine schuldlose Verletzung gem. § 4 Abs. 1 und 2 kaum denkbar ist und § 4 Abs. 3 schon tatbestandlich vorsätzliches oder fahrlässiges Verhalten voraussetzt, so dass ein gutgläubiger Empfänger einer geheimen Information schon keinen Ansprüchen gem. §§ 6 oder 7 ausgesetzt ist. 14

Nicht abschließend geklärt ist, auf welchen **Zeitpunkt** für das Verschulden abzustellen ist (*Schroeder/Drescher* in Brammsen/Apel GeschGehG § 11 Rn. 24). Gem. Art. 13 Abs. 3 lit. a Geschäftsgeheimnis-RL müssen die Gerichte die Möglichkeit haben, eine Abfindung anzuordnen, wenn die betreffende Person *zum Zeitpunkt der Nutzung oder Offenlegung* (nicht hingegen der Erlangung) von der rechtswidrigen Vortat weder wusste noch hätte wissen müssen. Konsequenz ist, dass der Verletzer **jede Nutzungshandlung,** die **nach Erlangung der Kenntnis** erfolgt, in der Regel **vorsätzlich** vornimmt. Etwas anderes könnte für Dauerhandlungen gelten, die jedoch, zumindest im Bereich der Verjährung, von fortgesetzt wiederholten Einzelhandlungen, beispielsweise beim fortlaufenden Verkauf verletzender Gegenstände, zu unterscheiden sind (→ § 6 Rn. 19a). Der vorsätzliche Verletzer ist einem Schadensersatzanspruch (§ 10) ausgesetzt und § 11 kommt nicht zur Anwendung. Damit würde allerdings § 11 weitgehend leerlaufen und vor allem nicht den Fall erfassen, der dem Richtliniengeber bei Art. 13 Abs. 3 Geschäftsgeheimnis-RL ausweislich des Erwägungsgrunds 29 vor Augen stand: Ein Dritter erwirbt die geheime Information zunächst gutgläubig, wird dann aber auf die vorangegangene Rechtsverletzung hingewiesen (→ Rn. 7). Es besteht also das Dilemma, dass eine am Wortlaut der Richtlinie orientierte Auslegung dem erklärten Zweck der Vorschrift zuwiderläuft. Diese Überlegung müsste aus Sicht der h.M. dafürsprechen, auf den Zeitpunkt der Erlangung oder zumindest der erstmaligen Nutzung oder Offenlegung abzustellen (für Letzteres *Hötte* in Hoeren/Münker GeschGehG § 11 Rn. 12). Nach der hier vertretenen Ansicht stellt sich das Problem nicht, weil der Unterlassungsanspruch gem. § 9 gesperrt ist, wenn das Interesse des Verletzers an der weiteren Nutzung wegen dessen guten Glaubens bei Erwerb der Information schutzwürdig ist. Dass der Verletzer nach Hinweis auf die Rechtswidrigkeit auf Schadensersatz haftet und nicht durch die Haftungsbegrenzung des § 11 Abs. 2 privilegiert wird, ist dabei sachgerecht. Daher ist nach der hier vorgeschlagenen Konstellation im Einklang mit den allgemeinen Grundsätzen für das Vorliegen des Verschuldens **auf den Zeitpunkt der Verletzungshandlung** abzustellen. Unstreitig gilt dasselbe, wenn gem. § 9 bei schon ursprünglich schuldhaftem Verhalten des Verletzers der Unterlassungsanspruch nicht völlig ausgeschlossen, sondern durch Gewährung einer **Aufbrauchfrist** nur befristet ausgesetzt wird. Auch hier erfolgt die weitere Nutzung in der Regel vorsätzlich, und der Geheimnisinhaber hat Anspruch auf Schadensersatz (*Schroeder/Drescher* WRP 2021, 6 (10)). 15

Denkbar ist eine schuldlose Verletzung damit im Wesentlichen nur, wenn der gutgläubige Inhaber eines Unternehmens für eine **Handlung eines seiner** 16

Beschäftigten oder Beauftragten gem. **§ 12** haftet. Jedenfalls unter § 100 UrhG, der vergleichbar aufgebaut ist, wird in diesem Fall das Verschulden der Hilfsperson dem Verletzer nicht zugerechnet (*Wimmers* in Schricker/Loewenheim UrhG § 100 Rn. 4).

17 De lege ferenda spricht Vieles dafür, nach dem Vorbild des § 139 Abs. 1 S. 4 PatG die Beschränkung auf schuldlose Verletzungen zu streichen und damit dem Geheimnisinhaber die Möglichkeit einzuräumen, auch bei schuldhafter Verletzung eine (auf den Schadensersatz anzurechnende) angemessene Abfindung zu verlangen. Da nach hier vertretener Ansicht Art. 13 Abs. 3 Geschäftsgeheimnis-RL nur eine spezielle Ausprägung der Abfindung regelt, aber insoweit nicht abschließend ist (→ Rn. 7), wäre dies auch unionsrechtskonform. Damit würde dem Gericht die Möglichkeit eingeräumt, die Abfindung ex ante zuzusprechen und eine regelmäßige Zahlung für die Zeit anzuordnen, in der kein Unterlassungsanspruch besteht (zu den nach US-Patentrecht in diesem Fall möglichen „ongoing royalties" *Ohly* GRUR 2022, 303 (304)). Ob diese Möglichkeit de lege lata auf der Grundlage des § 10 besteht, ist noch ungeklärt.

18 Hat der Verletzer schuldhaft gehandelt, so ist er einem Schadensersatzanspruch gem. § 10 ausgesetzt. Dieser geht weiter als die Abfindung, weil der Geschädigte anstelle der Schadensberechnung nach der Lizenzanalogie, die der gem. § 11 geschuldeten Abfindung in Geld entspricht (→ Rn. 27), die möglicherweise weitergehende Gewinnabschöpfung wählen kann. § 11 schränkt also die Rechte des Verletzten nicht in dem Sinne ein, dass er „nur" bei schuldloser Verletzung eine Abfindung verlangen kann, sondern ermöglicht eine finanzielle Kompensation für den Fall, dass wegen fehlenden Verschuldens kein Schadensersatzanspruch besteht.

3. Unverhältnismäßigkeit

19 Dem Rechtsverletzer müsste durch die Erfüllung der Ansprüche ein unverhältnismäßig großer Nachteil entstehen. Nach hier vertretener Ansicht ist das genau unter den Voraussetzungen des § 9 der Fall. § 11 hat für den Ausschluss von Abwehransprüchen gegenüber § 9 keine selbständige Bedeutung, sondern ordnet nur für die Fälle des § 9 einen Anspruch des Verletzten auf Abfindung an, wenn dies angemessen ist (→ Rn. 12, dort auch Nachw. zur Gegenansicht). Daher setzt § 11 voraus, dass der Tatbestand des § 9 vollständig erfüllt ist. Die **Unverhältnismäßigkeit ist nach den Kriterien des § 9 zu beurteilen.** Insbesondere ist auch die Frage nach § 9 zu beurteilen, ob dem Geheimnisinhaber die Duldung des weiteren Vertriebs verletzender Produkte zuzumuten ist, wenn er einen Ausgleich in Höhe eines angemessenen Lizenzentgelts erhält. Auf die Kommentierung der Vorschrift kann verwiesen werden.

20 Beschränkt man hingegen, anders als hier vertreten, die Verhältnismäßigkeitsprüfung unter § 9 auf einen Vergleich zwischen der Lage bei Bestehen eines vollständigen Verbotsrechts und derjenigen bei entschädigungslosem Verlust des Unterlassungsanspruchs (→ Rn. 10), so ist unter § 11 zu prüfen, ob die Erfüllung der Ansprüche aus §§ 6, 7 gerade dann unverhältnismäßig ist, wenn der Geheimnisinhaber eine Abfindung erhält. Im Fall einer drohenden Offenlegung des Geheimnisses werden die Interessen des Inhabers in aller Regel überwiegen. Hingegen ist im Fall einer Nutzung, vor allem durch den Verkauf verletzender Produkte, denkbar, dass das Interesse des Inhabers durch eine Zahlung abgegolten wird, insbesondere wenn er in vergleichbaren Fällen anderen Unternehmern die

Nutzung der Information gegen Entgelt gestattet hat. Die Abwägung ist nach hier vertretener Ansicht dieselbe wie unter § 9, zumal sie sich bei schuldhafter Verletzung in gleicher Weise ergibt, s. daher → § 9 Rn. 33.

Ein Unterschied zur Verhältnismäßigkeitsprüfung unter § 9 könnte darin bestehen, dass § 11 nur auf die Unverhältnismäßigkeit im Zweipersonenverhältnis zwischen Verletzer und Verletztem abstellt, während gem. § 9 Nr. 6 und 7 auch die **Interessen Dritter und das öffentliche Interesse** zu berücksichtigen sind. Allerdings spricht die Systematik des Art. 13 Geschäftsgeheimnis-RL gegen einen zweigeteilten Verhältnismäßigkeitsbegriff, dem zufolge bei § 9 die Verhältnismäßigkeit umfassend und gem. § 11 nur eingeschränkt zu beurteilen wäre. Sofern die Erfüllung des Abwehranspruchs wegen der Interessen Dritter oder des öffentlichen Interesses unverhältnismäßig wäre, ist der Anspruch ohnehin gem. § 9 ausgeschlossen. Wenn aber die Interessen des Verletzers allein einen Anspruchsausschluss nicht gerechtfertigt hätten, so spricht umso mehr dafür, dass er dem Verletzten zumindest eine Abfindung schuldet. Das ist allerdings eine Frage der Angemessenheit, die zusätzlich zur Unverhältnismäßigkeit zu beurteilen ist. 21

4. Angemessenheit

Eine Abfindung in Geld muss **angemessen** erscheinen. Das ist der Fall, wenn dem **Verletzer zwar bei Erfüllung des Abwehranspruchs unverhältnismäßige Nachteile entstünden,** wenn ihm aber die **Nutzung oder Offenlegung des Geheimnisses einen Vorteil auf Kosten des Geheimnisinhabers** verschafft. Die Begründung zum RegE nennt ein typisches Beispiel (BT-Drs. 19/4724, 33): Wenn lediglich ein geringer rechtsverletzender Teil in einem Produkt enthalten ist und dieser nur über eine sehr kostspielige Änderung entfernt werden könnte, dann würde der Unterlassungsanspruch den Verletzer dazu zwingen, entweder das gesamte Produkt aufzugeben oder Kosten in Kauf zu nehmen, die weit über der üblicherweise für die Nutzung des Geschäftsgeheimnisses zu zahlenden Lizenzgebühr liegen würden. Diese Überlegung spricht für einen Ausschluss der Abwehransprüche (nach hier vertretener Ansicht bereits gem. § 9), sie rechtfertigt es aber nicht, dem Verletzer die Nutzung kostenlos zu gestatten. Eine Abfindung in Höhe der üblichen Lizenzgebühr erscheint angemessen. 22

Wann eine Abfindung als angemessen erscheint, ist eine **Frage des Einzelfalls,** die aufgrund einer **Interessenabwägung** zu beurteilen ist (Begr. RegE, BT-Drs. 19/4724, 33). Entgegen der missverständlichen Formulierung in der Begründung zum RegE ist dabei nicht die subjektive Einschätzung des Geheimnisinhabers, sondern eine **objektive Beurteilung** maßgeblich (*Alexander* in Köhler/Bornkamm/Feddersen GeschGehG § 11 Rn. 19; *Schroeder/Drescher* in Brammsen/Apel GeschGehG § 11 Rn. 28). Ins Gewicht fallen dabei einerseits die **Vorteile,** die der **Verletzer** durch die Nutzung, Erlangung oder Offenlegung des Geheimnisses erzielt, die **Üblichkeit einer Vergütung** für diese Vorteile und andererseits mögliche **Vermögenseinbußen auf Seiten des Verletzten.** Gestattet der Verletzte die Nutzung nur gegen Bezahlung oder ist eine Vergütung marktüblich, so ist eine Abfindung im Zweifel angemessen. 23

5. Angebot des Verletzers?

Nach dem Wortlaut des § 11 kann der Rechtsverletzer den Inhaber zur Abwendung der Ansprüche gem. §§ 6, 7 in Geld abfinden. Ein wörtliches Ver- 24 ständnis legt nahe, dass es sich um eine **Ersetzungsbefugnis** des Schuldners (ähnlich wie in § 251 Abs. 2 BGB) handelt. Eine Abfindung kommt daher **nach** inzwischen wohl **h.M. nur in Betracht, wenn der Verletzer sie anbietet** (*Alexander* in Köhler/Bornkamm/Feddersen GeschGehG § 11 Rn. 22; *Glinke* in Keller/Schönknecht/Glinke § 11 Rn. 21; *Hofmann* WRP 2018, 1 (4); *Hötte* in Hoeren/Münker GeschGehG § 11 Rn. 24; *Schroeder/Drescher* WRP 2021, 6 (8) und in Brammsen/Apel GeschGehG § 11 Rn. 33; *Spieker* in BeckOK GeschGehG § 11 Rn. 4; *Tochtermann* in Büscher GeschGehG § 11 Rn. 14). Folgt man dieser Auslegung, so handelt es sich (nach dem Vorbild vergleichbarer Bestimmungen, vgl. zu § 249 Abs. 2 S. 1 BGB BGH NJW 2019, 1669 Rn. 21) um eine rechtsgestaltende, einseitige und bedingungsfeindliche Willenserklärung, durch die der Unterlassungsanspruch in einen Zahlungsanspruch umgewandelt wird (*Alexander* in Köhler/Bornkamm/Feddersen GeschGehG § 11 Rn. 25; *Hötte* in Hoeren/Münker GeschGehG § 11 Rn. 25; *Schroeder/Drescher* WRP 2021, 6 (8)). Vertreten wird auch, dass erst die tatsächliche Leistung der Abfindung den Unterlassungsanspruch entfallen lässt (*Glinke* in Keller/Schönknecht/Glinke § 11 Rn. 23; *Schroeder/Drescher* WRP 2021, 6 (8); dagegen *Alexander* in Köhler/Bornkamm/Feddersen GeschGehG § 11 Rn. 25). Die Abfindung kann im Prozess nach allgemeinen Grundsätzen, die beispielsweise für eine Eventualaufrechnung oder -anfechtung gelten, hilfsweise angeboten werden, weil sie in diesem Fall nicht von einem ungewissen Ereignis abhängig gemacht wird (*Glinke* in Keller/Schönknecht/Glinke GeschGehG § 11 Rn. 22). Ein im Prozess unterbreitetes Angebot kann bis zur letzten mündlichen Verhandlung widerrufen werden (*Glinke* in Keller/Schönknecht/Glinke GeschGehG § 11 Rn. 28 f.).

25 Auch wenn für diese Ansicht der Wortlaut der Vorschrift streitet und sie sich auch auf Art. 13 Abs. 3 GeschGehRL stützen lässt, führt sie doch zu dem **Dilemma,** dass eine Abfindung bei Ausschluss des Unterlassungsanspruchs gem. § 9 zumindest bei unerlaubter Nutzung im Regelfall angemessen sein wird (vgl. § 139 Abs. 1 S. 4 PatG, der die Abfindung sogar unbedingt anordnet) und ihre **Anordnung daher nicht vom Willen des Verletzers abhängen darf.** §§ 9, 11 weichen vom Vorbild der §§ 100 UrhG, 45 DesignG (und auch des § 251 Abs. 2 BGB) dahingehend ab, dass das Angebot einer Abfindung nicht die einzige Möglichkeit des Verletzers ist, den Unterlassungsanspruch abzuwenden, weil sich diese Rechtsfolge bereits aus § 9 ergibt. Daher sind nach hier vertretener Ansicht §§ 9 und 11 als Einheit zu betrachten (→ Rn. 12). Das Gericht kann **bei Ausschluss des Unterlassungsanspruchs** gem. **§ 9 eine Abfindung unabhängig davon anordnen, ob sie der Verletzer anbietet.** Methodisch lässt sich dieses Ergebnis mit der Überlegung rechtfertigen, dass § 11 ausdrücklich nur einen engen Sonderfall der Abfindung regelt, damit aber die Anordnung einer Abfindung in anderen Fällen des § 9 nicht ausschließt. Allerdings ist der Unterschied zur h.M. praktisch gering. Neigt das Gericht zum Ausschluss des Unterlassungsanspruchs gem. § 9, hält einen solchen aber nur gegen finanzielle Abfindung für angemessen, so wird es angehalten sein, einen entsprechenden Hinweis (§ 139 ZPO) zu erteilen (*Pohl* in Hoeren/Münker GeschGehG § 9 Rn. 43). In diesem Fall wird der Verletzer die Abfindung in aller Regel zumindest hilfsweise anbieten (zur Zulässigkeit eines Eventualangebots → Rn. 24), zumal eine Ersetzungsbefugnis auch konkludent ausgeübt werden kann (so zu § 249 Abs. 2 S. 1 BGB BGH NJW 2019, 1669 Rn. 21).

III. Rechtsfolgen (§ 11 Abs. 2)

26 Sind die **Voraussetzungen des § 11 Abs. 1** erfüllt, so steht dem Verletzten ein **Anspruch** auf Zahlung der Abfindung zu. Zugleich sind Abwehransprüche gem. §§ 6 und 7 ausgeschlossen, was sich nach hier vertretener Ansicht aber nicht erst aus § 11, sondern bereits aus § 9 ergibt (→ Rn. 12). Die Abfindung gem. § 11 tritt also an die Stelle der wegen Unverhältnismäßigkeit ausgeschlossenen Abwehransprüche (ebenso, wenn auch aufgrund anderen dogmatischen Verständnisses des § 11, *Alexander* in Köhler/Bornkamm/Feddersen GeschGehG § 11 Rn. 26). Ebenso wie unter § 9 (→ § 9 Rn. 20) sind die Voraussetzungen des § 11 für jeden Anspruch gesondert zu bestimmen (ebenso *Alexander* in Köhler/Bornkamm/Feddersen GeschGehG § 11 Rn. 24; aA *Hötte* in Hoeren/Münker GeschGehG Rn. 26). Wie der Vergleich mit dem Recht des geistigen Eigentums zeigt, ist es durchaus denkbar, dass der Unterlassungsanspruch (§ 6) fortbesteht, während beispielsweise die Ansprüche auf den Rückruf oder die Vernichtung verletzender Produkte (§ 7 Nr. 2, 4) wegen Unverhältnismäßigkeit ausgeschlossen sind.

27 Die **Höhe der Abfindung** in Geld bemisst sich nach der **Vergütung,** die im Falle einer vertraglichen Einräumung des Nutzungsrechts angemessen wäre (§ 11 Abs. 2). Damit hat für § 11 der Gesetzgeber die Frage der Anspruchshöhe eindeutig entschieden, während sie für den vergleichbaren Fall des § 139 Abs. 1 S. 4 PatG sehr umstritten ist (für einen Aufschlag auf das angemessene Lizenzentgelt aus Abschreckungsgesichtspunkten *Hoffmann* GRUR 2022, 286; für einen Aufschlag wegen Verlust des Unterlassungsanspruchs *Wagner* GRUR 2022, 294; für eine Berechnung wie unter § 11 Abs. 2 *Ohly* GRUR 2022, 303; vgl. auch *Osterrieth* GRUR 2022, 299). Die **Höhe eines fiktiven Lizenzentgelts** ist nicht nur Ausgangspunkt der Berechnung, sondern stellt auch die **Obergrenze des geschuldeten Betrags** dar. Insbesondere schließt der klare Wortlaut des § 11 Abs. 2 einen Verletzerzuschlag, also einen Aufschlag auf die angemessene Lizenzgebühr zu Abschreckungszwecken aus. Zwar sieht Art. 13 Abs. 3 S. 2 Geschäftsgeheimnis-RL diese Obergrenze nur für die Nutzung und Offenlegung des Geheimnisses sowie die Herstellung und den Vertrieb verletzender Produkte vor, nicht jedoch hinsichtlich der Maßnahmen, die im deutschen Recht in § 7 geregelt sind. Der deutsche Gesetzgeber musste zwar für die in der Richtlinie geregelten Fälle die dort gesetzte Obergrenze respektieren, war aber nicht daran gehindert, sie auf sämtliche Fälle des § 11 auszudehnen, zumal eine andere Berechnungsmethode auch in den Fällen des § 7 kaum ersichtlich ist (*Glinke* in Keller/Schönknecht/Glinke GeschGehG § 11 Rn. 56, allerdings mit dem Hinweis, dass die Frage ggf. dem EuGH vorzulegen ist).

28 Die Abfindung ist also ebenso zu berechnen wie der Schadensersatz nach der **Lizenzanalogie** (hierzu im Einzelnen → § 10 Rn. 48 ff.; ebenso *Alexander* in Köhler/Bornkamm/Feddersen GeschGehG § 11 Rn. 20). Ein Anspruch auf weitergehenden Schadensersatz, insbesondere auf Ersatz in Höhe des Verletzergewinns, wird nur unter den Voraussetzungen des § 10, also bei Verschulden, gewährt. Das Gericht kann den Betrag gem. § 287 Abs. 2 ZPO bestimmen (*Tochtermann* in Büscher GeschGehG § 11 Rn. 17). Zur Frage der Anordnung künftiger Abfindungszahlungen ex ante („ongoing royalties") durch das Gericht im Fall von bevorstehenden Verletzungshandlungen, die gem. § 9 nicht verhindert werden können, s. → Rn. 17.

29 Die Unverhältnismäßigkeit kann sich ganz oder teilweise daraus ergeben, dass der **Verletzte** seine Geheimnisse gegen die spezifische Form der Verletzung **unzureichend gesichert** hat (§ 9 Nr. 2). Wenn das nicht bereits zum Wegfall des Geheimnisschutzes gem. § 2 Nr. 1b führt, so kommt eine **Kürzung der Abfindung analog § 254 Abs. 1 BGB** in Betracht (→ § 10 Rn. 72 ff.). Auch die **Schadensminderungspflicht** (§ 254 Abs. 2 BGB) gilt **analog,** beispielsweise wenn der Schaden durch unangemessen langes Zuwarten des Geschädigten vor Geltendmachung des Unterlassungsanspruchs vergrößert wurde.

30 Der **Unterlassungsanspruch** kann **zeitlich begrenzt** sein, beispielsweise durch den Zeitpunkt, zu dem das Geheimnis offenkundig wird, ab dem eine vertragliche Nutzungserlaubnis besteht oder ab dem der Verletzer die betreffende Information selbständig generiert hätte (→ § 6 Rn. 49 f., s. a. § 9 Rn. 45). Weil der Anspruch auf Abfindung an die Stelle des Unterlassungsanspruchs tritt, **schlägt diese Befristung auf die Abfindung durch.** Bei ihrer Berechnung darf gem. **§ 11 Abs. 2 S. 2** nur der Zeitraum zugrunde gelegt werden, für den der Verletzte Unterlassung hätte verlangen können.

31 Anders als § 100 S. 3 UrhG enthält § 11 **keine ausdrückliche Einwilligungsfiktion.** Damit ist unklar, ob eine weitere Verwertung, insbesondere der Weiterverkauf verletzender Produkte entlang der weiteren Vertriebskette, möglich ist. Das Problem stellt sich in gleicher Weise bei § 9 und wird dort behandelt (→ § 9 Rn. 42).

IV. Prozessuales und Beweislast

32 **Prozessual** hat der Verletzte die Möglichkeit, seinen Klageantrag auf **Unterlassung** und **hilfsweise auf Zahlung** einer nach den Grundsätzen der Lizenzanalogie (→ Rn. 27) berechneten Abfindung zu richten. Das gilt jedenfalls nach der hier vertretenen Einordnung des § 11 als selbständige Anspruchsgrundlage. Ungeklärt ist aber, ob das Antragsprinzip (§ 308 ZPO) dem Gericht auch erlaubt, dem Verletzten eine Abfindung zuzusprechen, wenn er nur Unterlassung beantragt hat. Dafür spricht, dass die Abfindung an die Stelle des Unterlassungsanspruchs tritt (*Hofmann* WRP 2018, 1 (6 f.); *Schroeder/Drescher* WRP 2021, 6 (11)). Dagegen spricht jedoch die Parallele zum Schadensersatzanspruch: Im Fall einer schuldhaften Verletzung wird der Vermögensnachteil des Verletzten nicht durch eine Abfindung, sondern durch Schadensersatz ausgeglichen, wobei das Ergebnis bei Schadensberechnung nach der Lizenzanalogie dasselbe ist. Schadensersatz kann das Gericht aber nur auf Antrag des Klägers zusprechen. Daher erscheint es **überzeugender, auch für die Abfindung einen entsprechenden (Hilfs-)Antrag des Verletzten** zu verlangen (ebenso für das parallele Problem unter § 139 Abs. 1 S. 4 *Kühnen* in Hdb der Patentverletzung Rn. D 613, 624; *Ohly/Stierle* GRUR 2021, 1229 (1228)). Um den Kläger, der bei Anwendung des § 11 den Unterlassungsanspruch verliert, für den Fall zu schützen, dass die Abfindung nicht geleistet wird, wird eine **Tenorierung entsprechend den Vorschriften zur Abwendung der Vollstreckung durch Sicherheitsleistung (§§ 708 ff., insb. § 711 ZPO)** vorgeschlagen (*Glinke* in Keller/Schönknecht/Glinke GeschGehG § 11 Rn. 43; *Schroeder/Drescher* WRP 2021, 6 (10 f.); vgl. auch, zu § 139 Abs. 1 S. 4, *Kühnen* in Hdb der Patentverletzung Rn. D 585).

33 Die Verteilung der Darlegungs- und Beweislast hängt mit dem dogmatischen Verständnis des § 11 zusammen. Wer die Vorschrift als Möglichkeit des Verletzers

ansieht, den ansonsten bestehenden Abwehranspruch durch das Angebot einer Abfindung abzuwenden, wird dem Verletzer die Darlegungs- und Beweislast für sämtliche Voraussetzungen der Norm aufbürden, wobei die Beweislast des Inhabers für die Voraussetzungen der Verletzung gem. § 4 unberührt bleibt (so *Alexander* in Köhler/Bornkamm/Feddersen GeschGehG § 11 Rn. 29; *Schroeder/Drescher* WRP 2021, 6 (10)) *Tochtermann* in Büscher GeschGehG § 11 Rn. 14). Nach hier vertretener Ansicht ergibt sich die Unverhältnismäßigkeit jedoch aus § 9, so dass für die Darlegungs- und Beweislast dieselben Grundsätze gelten wie dort (→ § 9 Rn. 47 f.). Unter **§ 11** ist nur noch über die **Angemessenheit** einer Abfindung und über ihre **Höhe** zu entscheiden. Die hier angenommene Rechtsnatur des § 11 als Anspruchsgrundlage und die Parallele zum Schadensersatzanspruch sprechen dafür, dass **der Verletzte** insoweit die Darlegungs- und Beweislast trägt.

§ 12 Haftung des Inhabers eines Unternehmens

[1]Ist der Rechtsverletzer Beschäftigter oder Beauftragter eines Unternehmens, so hat der Inhaber des Geschäftsgeheimnisses die Ansprüche nach den §§ 6 bis 8 auch gegen den Inhaber des Unternehmens. [2]Für den Anspruch nach § 8 Absatz 2 gilt dies nur, wenn der Inhaber des Unternehmens vorsätzlich oder grob fahrlässig die Auskunft nicht, verspätet, falsch oder unvollständig erteilt hat.

Literatur: S. die Literaturhinweise zu § 6.

Übersicht

I. Allgemeines

1. Normzweck, Systematik und Anwendungsbereich

1 **a) Normzweck: Risiken arbeitsteiliger Organisation.** Wird die Verletzung von einem Beschäftigten oder Beauftragten begangen, so bestehen gem. § 12 S. 1 **Abwehr- und Auskunftsansprüche (§§ 6–8) auch gegen den**

Unternehmer, ohne dass sich dieser **entlasten** kann. **Entsprechende Regelungen** finden sich in §§ 8 Abs. 2 UWG, 2 Abs. 1 S. 2 UKlaG, 14 Abs. 7 MarkenG, 99 UrhG und 44 DesignG. Rechtsprechung und Schrifttum zu diesen Vorschriften können zur Auslegung des § 12 herangezogen werden.

2 Die Anordnung einer **strengen Erfolgshaftung für fremdes Verhalten** (vgl. BGH GRUR 2011, 543 Rn. 13 – Änderung der Voreinstellung III) beruht auf der Überlegung, dass die **arbeitsteilige Organisation** eines Unternehmens die Verantwortung des Inhabers für in seinem Unternehmen begangenen Geheimnisverletzungen nicht beseitigen soll. Der Inhaber, dem die Handlungen seiner Angestellten oder Beauftragten zugutekommen, soll nicht die Möglichkeit haben, sich im Verletzungsfall hinter den von ihm kontrollierten Dritten zu verstecken. Da der Unternehmer durch den Einsatz von Leuten seinen Geschäftskreis erweitert, muss er auch für das dadurch **erhöhte Risiko** von Rechtsverletzungen **einstehen** (so zu § 8 UWG BGH GRUR 2007, 994 Rn. 19 – Gefälligkeit; BGH GRUR 2008, 186 Rn. 22 – Telefonaktion; BGH GRUR 2009, 1167 Rn. 21 – Partnerprogramm; BGH GRUR 2012, 1279 Rn. 62 – DAS GROSSE RÄTSELHEFT; *Köhler* in Köhler/Bornkamm/Feddersen UWG § 8 Rn. 2.33; zur Verfassungsmäßigkeit BVerfG NJW 1996, 2567). Gäbe es § 12 nicht, so würde der Unternehmensinhaber bei Verletzungen durch seine Leute nur gem. § 4 Abs. 3 bei Verschulden (Begr. RegE, BT-Drs. 19/4724, 33) oder gem. § 831 BGB iVm § 1004 BGB mit Exkulpationsmöglichkeit haften.

3 **b) Systematik: Zurechnungsnorm.** Der Unternehmensinhaber wird daher durch § 12 **so gestellt,** als **hätte er die Zuwiderhandlung selbst begangen** (so zu § 8 Abs. 2 UWG BGH GRUR 2000, 907 (909) – Filialleiterfehler; BGH GRUR 2003, 453 (454) – Verwertung von Kundenlisten). § 12 ist **keine eigene Anspruchsgrundlage,** sondern eine **Zurechnungsnorm,** die zu einer **Haftung des Unternehmers ohne Exkulpationsmöglichkeit** führt (Begr. RegE, BT-Drs. 19/4724, 33; *Alexander* in Köhler/Bornkamm/Feddersen GeschGehG § 12 Rn. 7; *Glinke* in Keller/Schönknecht/Glinke GeschGehG § 12 Rn. 3; *Stolz* in Büscher/Apel GeschGehG § 12 Rn. 15; *Tochtermann* in Büscher GeschGehG § 12 Rn. 5). Damit unterscheidet sich die Vorschrift systematisch von § 831 BGB, der eine Haftung für eigenes vermutetes Verschulden vorsieht. Dafür spricht schon der Wortlaut, der auf einen anderweitig bestehenden Unterlassungs- oder Beseitigungsanspruch Bezug nimmt. Außerdem statuiert die Vorschrift (anders als § 831 BGB) keine Haftung für eigenes, von der Verletzung des Mitarbeiters unterscheidbares Verhalten. Dass es sich dabei nach h.M. um einen eigenständigen Unterlassungsanspruch handelt, der neben den Anspruch gegen den Handelnden tritt (*Köhler* in Köhler/Bornkamm/Feddersen UWG § 8 Rn. 2.32; *Büch* in Teplitzky Kap. 14 Rn. 34 f.), steht diesem systematischen Verständnis nicht entgegen.

4 **c) Anwendungsbereich: Abwehr- und Auskunftsansprüche.** Die Vorschrift gilt für die in **§§ 6 bis 8 geregelten Abwehr- und Auskunftsansprüche, nicht** jedoch **für Schadensersatzansprüche** (Begr. RegE, BT-Drs. 19/4724; anders im Markenrecht § 14 Abs. 7; krit. de lege ferenda *Alexander* in Köhler/Bornkamm/Feddersen GeschGehG § 12 Rn. 13). Dementsprechend ist gem. § 12 S. 2 der Schadensersatzanspruch für Verletzungen der Auskunftspflicht (§ 8 Abs. 2) vom Anwendungsbereich der strengen Haftung ausgeschlossen. Auch auf vertragliche Ansprüche ist § 12 nicht anwendbar, auch wenn hier wegen § 278 BGB ebenfalls eine Haftung für das Verschulden von Mitarbeitern und Beauftragten ohne Entlastungsmöglichkeit besteht. Unanwendbar ist § 12 auch in der Zwangs-

vollstreckung, weil § 890 ZPO ein eigenes Verschulden des Unternehmensinhabers, bei juristischen Personen des gesetzlichen Vertreters, voraussetzt (vgl BVerfG GRUR 1967, 213 (215 f.); *Büch* in Teplitzky Kap. 14 Rn. 37 mwN).

2. Unionsrechtlicher Rahmen

§ 12 hat **kein Vorbild in der Geschäftsgeheimnis-RL.** Ihr Art. 12 überlässt den Mitgliedstaaten die Ausgestaltung der gerichtlichen Anordnungen und Abhilfemaßnahmen, dasselbe gilt für einstweilige Verfügungen (Art. 10 Geschäftsgeheimnis-RL). Da § 12 der wirksamen Durchsetzung des Geheimnisschutzes dient, setzt er das Effektivitätsgebot des Art. 6 Abs. 2 lit. c Geschäftsgeheimnis-RL und die Vorgaben der Art. 10, 12 Geschäftsgeheimnis-RL um (*Alexander* in Köhler/Bornkamm/Feddersen GeschGehG § 12 Rn. 4). 5

3. Entstehungsgeschichte

Schon nach altem Recht war anerkannt, dass der nahezu gleichlautende § 8 Abs. 2 UWG zwar nicht auf die strafrechtliche Haftung gem. §§ 17, 18 UWG, wohl aber auf lauterkeitsrechtliche Abwehransprüche wegen der Verletzung von Geschäftsgeheimnissen anwendbar war (*Köhler/Feddersen* in Köhler/Bornkamm/Feddersen UWG § 8 Rn. 2.36; *Ohly* in Ohly/Sosnitza UWG § 8 Rn. 144). Die Vorschrift war bereits als § 11 im Referentenentwurf enthalten und blieb während des Gesetzgebungsverfahrens unverändert. 6

II. Voraussetzungen

1. Rechtsverletzung

Der Beschäftigte oder Beauftragte muss eine **Verletzungshandlung (§ 4)** vorgenommen haben. Es muss also ein Geschäftsgeheimnis vorliegen, die Handlung muss gem. §§ 3, 4 verboten sein und darf nicht in den Anwendungsbereich einer Tatbestandsausnahme fallen (§ 5). § 12 ist **auch auf den vorbeugenden Unterlassungsanspruch** (§ 6 S. 2) anwendbar (*Köhler/Feddersen* in Köhler/Bornkamm/Feddersen UWG § 8 Rn. 2.38; *Goldmann* in Harte/Henning UWG § 8 Rn. 691). In diesem Fall muss eine Verletzungshandlung drohen. Verschulden ist weder beim Beschäftigten oder Beauftragten, sofern es nicht vom speziellen Verletzungstatbestand vorausgesetzt wird (so § 4 Abs. 3), noch beim Unternehmer erforderlich (so zu § 99 UrhG BGH GRUR 2019, 813 Rn. 79 – Cordoba II). 7

2. Unternehmensbezug

Die Handlung muss einen **inneren Zusammenhang zum Unternehmen** aufweisen (Begr. RegE, BT-Drs. 19/4724, 33, ebenso zu § 8 Abs. 2 UWG BGH GRUR 2008, 186 Rn. 23 – Telefonaktion; zu § 12 *Alexander* in Köhler/Bornkamm/Feddersen GeschGehG § 12 Rn. 19; *Stolz* in Brammsen/Apel GeschGehG § 12 Rn. 37). Entscheidend ist der sachliche, nicht der räumliche Zusammenhang, daher können Verletzungen auch außerhalb des Unternehmensgeländes oder außerhalb der Arbeitszeit vorgenommen werden. Der Verletzer muss **zur Erfüllung seiner Aufgaben handeln,** die ihm im Arbeitsverhältnis oder durch die Beauftragung übertragen wurden. Der Unternehmer kann sich nicht mit der Behauptung entlasten, er habe von der Handlung nichts gewusst oder habe sie 8 missbilligt (so zu § 8 Abs. UWG BGH GRUR 2009, 1167 Rn. 21 – Partnerprogramm). Auch wenn der Beauftragte dadurch zu einer Verletzung veranlasst wird, dass ihn ein Subunternehmer täuscht, entlastet das den Unternehmer nicht (so zu § 8 Abs. UWG BGH GRUR 2012, 82 Rn. 13 – Auftragsbestätigung).

9 Wenn es im RegE heißt, dass ein **Handeln für einen Dritten** oder **im eigenen Interesse** nicht ausreicht (BT-Drs. 19/4724, 33), so ist das missverständlich. Die **Motivation** des Verletzers ist **unerheblich.** Entscheidend ist, dass sich gerade das Risiko arbeitsteiliger Tätigkeit realisiert (*Alexander* in Köhler/Bornkamm/Feddersen GeschGehG § 12 Rn. 10; *Glinke* in Keller/Schönknecht/Glinke GeschGehG § 11 Rn. 12). Wird beispielsweise der Mitarbeiter eines Know-How-Lizenznehmers von einem Dritten bestochen und droht, diesem im eigenen finanziellen Interesse geheime Informationen des Lizenzgebers, zu denen er im Rahmen seiner Arbeitstätigkeit Zugang hat, zu verschaffen, so kann der Unterlassungsanspruch auch gegen den Unternehmensinhaber gerichtet werden. Hier realisiert sich die mit dem Einsatz von Dritten im Unternehmen verbundene Gefahr. Erst wenn der Mitarbeiter oder Beauftragte **private Tätigkeiten** vornimmt oder außerhalb seiner arbeitsvertraglichen Pflichten für Dritte arbeitet, scheidet eine Haftung des Unternehmers aus. Beispielsweise haftet ein Lohnsteuerhilfeverein nicht für Indiskretionen, die einer Mitarbeiterin unterlaufen, während sie aus Gefälligkeit Steuererklärungen für Dritte, die nicht Auftraggeber des Vereins sind, erledigt (so zu § 8 Abs. 2 UWG BGH GRUR 2007, 994 Rn. 19 – Gefälligkeit).

10 **Nutzt** ein Arbeitnehmer oder Beauftragter **im Rahmen seiner neuen Arbeitstätigkeit Informationen,** die er **zuvor in seinem früheren Arbeits- oder Geschäftsverhältnis unbefugt erlangt** hat oder zu deren Weiternutzung er nicht befugt ist, so **liegt der Bezug zum neuen Unternehmen vor** und sein Inhaber kann auch dann gem. §§ 6 ff., 12 in Anspruch genommen werden, wenn er von der Vortat keine Kenntnis hat, sie auch nicht kennen musste und daher selbst nicht gem. § 4 Abs. 3 haftet. Kopiert beispielsweise ein Handelsvertreter bei seinem bisherigen Auftraggeber unter Verstoß gegen § 4 Abs. 1 Nr. 1 Kundenlisten und schreibt die Kunden anschließend im Rahmen der Tätigkeit für den neuen Auftraggeber an, so besteht gegen den Unternehmensinhaber ein Unterlassungsanspruch gem. §§ 6, 4 Abs. 2 Nr. 1, 12. Der **BGH** hatte **indes** in einem solchen Fall unter Geltung des § 17 Abs. 2 UWG a.F. angenommen, ein Verstoß im Rahmen einer früheren Tätigkeit könne **dem neuen Arbeitgeber nicht angelastet werden,** weil sich die Haftung nicht mit der arbeitsteiligen Organisation des Betriebs begründen lasse (BGH GRUR 2003, 453 (454) – Verwertung von Kundenlisten). Nach neuem Recht ist schärfer zwischen dem Erlangen der Information im früheren Betrieb und ihrer Nutzung für den neuen Betrieb zu differenzieren. Bei Letzterer realisiert sich durchaus das Risiko der arbeitsteiligen Organisation (so bereits zum alten Recht *Köhler/Feddersen* in Köhler/Bornkamm/Feddersen UWG § 8 Rn. 2.47; inzwischen auch *Ohly* in Ohly/Sosnitza UWG § 8 Rn. 147; ebenso *Hoppe* in Hoppe/Oldekop Kap. 1 Rn. 856 f.; *Glinke* in Keller/Schönknecht/Glinke GeschGehG § 12 Rn. 15): Der Unternehmensinhaber kennt nur deshalb die Herkunft der Information nicht, weil er sich der Mitarbeit von Hilfspersonen bedient. Für die rechtswidrige Erlangung der Information haftet der Inhaber des neuen Unternehmens zwar nicht, wohl aber für deren Nutzung, mag sie auch lediglich wegen der Vortat (§ 4 Abs. 2 Nr. 1) unerlaubt sein.

3. Beschäftigter oder Beauftragter

Beschäftigter ist, wer auf Grund eines Beschäftigungsverhältnisses verpflichtet ist, für den Unternehmensinhaber weisungsabhängig tätig zu sein, und in seine Betriebsorganisation eingebunden ist. Dazu gehören in erster Linie Arbeitnehmer (§ 611a BGB, auf dessen Definition wegen der fehlenden unionsrechtlichen Vorgaben zu § 12 zurückgegriffen werden darf) wie Angestellte, Auszubildende oder Praktikanten, aber auch Beamte und Angestellte des öffentlichen Dienstes (BGH GRUR 2019, 813 Rn. 81 – Cordoba II). Freie Mitarbeiter sind bei Eingliederung in die Betriebsorganisation Beschäftigte, ansonsten Beauftragte (*Goldmann* in Harte/Henning UWG § 8 Rn. 710). Entgeltlichkeit der Beschäftigung ist keine Voraussetzung. 11

Beauftragter ist, wer, ohne Beschäftigter zu sein, für den Unternehmensinhaber aufgrund eines Rechtsverhältnisses tätig wird (*Köhler/Feddersen* in Köhler/Bornkamm/Feddersen UWG § 8 Rn. 2.41). Der Begriff ist **weit auszulegen** (so zu § 8 Abs. 2 UWG BGH GRUR 1995, 605 (607) – Franchise-Nehmer; BGH GRUR 2009, 1167 Rn. 21 – Partnerprogramm). Der Beauftragte muss in die betriebliche Organisation des Betriebsinhabers in der Weise eingegliedert sein, dass einerseits der Betriebsinhaber auf das beauftragte Unternehmen einen bestimmenden, durchsetzbaren Einfluss hat und dass andererseits der Erfolg der Geschäftstätigkeit des beauftragten Unternehmens dem Betriebsinhaber zugutekommt (BGH GRUR 2012, 1279 Rn. 62 – DAS GROSSE RÄTSELHEFT; BGH GRUR 2023 343 Rn. 23 – Haftung für Affiliates). Allerdings ist das in der Rechtsprechung zu § 8 Abs. 2 UWG verwendete Kriterium der „Eingliederung" missverständlich, weil auch selbständige Unternehmer Beauftragte sein können (BGH GRUR 1995, 605 (607) – Franchise-Nehmer). Entscheidend ist, dass der Auftraggeber den Risikobereich beherrscht. Seine Einflussmöglichkeiten müssen sich gerade auf die beanstandete Tätigkeit erstrecken (BGH GRUR 2011, 543 Rn. 13 – Änderung der Voreinstellung III). 12

Als **Beauftragte** in der Rechtsprechung zu § 8 Abs. 2 UWG und zu § 99 UrhG wurden **beispielsweise** angesehen: **abhängige Unternehmen** (BGH GRUR 2005, 1248 (1249 f.) – Meißner Dekor II); **Franchisenehmer** (BGH GRUR 1995, 605 (607) – Franchise-Nehmer); **Handelsvertreter** (BGH GRUR 1971, 119 (120) – Branchenverzeichnis; s.a. BGH GRUR 2003, 453 (454) – Verwertung von Kundenlisten: Haftung für Geheimnisverletzung durch Handelsvertreter aus anderen Gründen verneint) oder **Hersteller bei Auftragsproduktion** für einen anderen Unternehmer (*Köhler/Feddersen* in Köhler/Bornkamm/Feddersen UWG § 8 Rn. 2.45). Bei **Vertragshändlern** kommt es darauf an, ob die Einflussmöglichkeiten des Unternehmers auf alle das Vertriebssystem des Vertragspartners kennzeichnenden wesentlichen Vorgänge erstrecken oder ob es sich um eine reine Lieferbeziehung handelt (BGH GRUR 2011, 543 Rn. 13 f. – Änderung der Voreinstellung III; *Glinke* in Keller/Schönknecht/Glinke GeschGehG § 12 Rn. 9). Vgl. auch die Beispiele zu § 8 UWG bei *Köhler/Feddersen* in Köhler/Bornkamm/Feddersen UWG § 8 Rn. 2.45 f.; *Goldmann* in Harte/Henning UWG § 8 Rn. 719 ff. 13

Keine Beauftragten sind **selbständige Groß- oder Einzelhändler** im Verhältnis zum Hersteller oder Importeur (BGH GRUR 2011, 543 Rn. 13 – Änderung der Voreinstellung III), **selbständige, nicht weisungsgebundene Lieferanten** (RGZ 83, 424 (426)) oder **Amazon-Affiliate-Partner** (BGH GRUR 2023, 343 – Haftung für Affiliates). 14

4. Inhaber des Unternehmens

15 Inhaber des Unternehmens ist derjenige, in dessen **Namen und Verantwortung das Unternehmen geführt** wird (*Köhler/Feddersen* in Köhler/Bornkamm/Feddersen UWG § 8 Rn. 2.48). Das ist die juristische Person, die rechtsfähige Personengesellschaft (§ 14 Abs. 2 BGB) oder der Einzelkaufmann, nicht jedoch das Organ einer Gesellschaft (zur persönlichen Haftung von Organen → § 6 Rn. 74).

5. Verhältnismäßigkeit (§ 9)

16 Die Erfüllung der Ansprüche darf nicht unverhältnismäßig sein (§ 9). Unstrittig ist, dass der **Anspruch ausgeschlossen** ist, wenn die **Erfüllung für den Verletzer unverhältnismäßig** wäre.

17 Nicht eindeutig geklärt ist aber, ob **im Verhältnis zum Unternehmensinhaber** eine **eigene Verhältnismäßigkeitsprüfung** stattfinden muss. Da einige der im Rahmen des § 9 zu berücksichtigenden Kriterien unternehmensbezogen sind und in der Person des Verletzers nicht vorliegen können oder vorliegen werden, kann diese Frage durchaus erheblich sein. Gegen eine eigene Verhältnismäßigkeitsprüfung spricht, dass der Anspruch gegen den Unternehmensinhaber akzessorisch mit dem Anspruch gegen den Verletzer verknüpft ist. Auch verweist § 9 nicht auf § 12; und seine systematische Stellung vor § 12 spricht dafür, dass die scharfe Haftung gem. § 12 nicht unter Verhältnismäßigkeitsvorbehalt steht. Dennoch **gebietet** die **richtlinienkonforme Auslegung des § 12** eine **eigene Verhältnismäßigkeitsprüfung.** Beim Anspruch gegen den Unternehmensinhaber handelt es sich um eine „gerichtliche Anordnung" iSd Art. 12 Geschäftsgeheimnis-RL. Das Verhältnismäßigkeitsgebot des Art. 13 Geschäftsgeheimnis-RL gilt aber ausnahmslos für alle Anordnungen. Daher kann keinem Anspruchsgegner die Berufung auf eine mögliche Unverhältnismäßigkeit von vornherein versagt werden (ebenso *Glinke* in Keller/Schönknecht/Glinke GeschGehG § 12 Rn. 22; *Stolz* in Brammsen/Apel GeschGehG § 12 Rn. 43; mittlerweile auch *Tochtermann* in Büscher RegE GeschGehG § 12 Rn. 11, 14). Insofern gilt nichts anderes als unter § 11, wo ebenfalls der Unternehmensinhaber ein eigenes Recht hat, den Unterlassungsanspruch durch eine Abfindung abzuwenden (→ Rn. 22). Der Umstand, dass § 9 nicht auf § 12 verweist, fällt nicht ins Gewicht, weil § 12 keine eigene Anspruchsgrundlage ist und weil die geltend gemachten Ansprüche aus §§ 6–8 in § 9 erwähnt sind. Allerdings steht die Grundentscheidung für eine strikte Haftung des Unternehmensinhabers in § 12 mit der Richtlinie in Einklang. Der Unternehmer kann die Unverhältnismäßigkeit also nicht damit begründen, er habe von dem Verstoß nichts gewusst oder ein striktes Einstehen für alle Mitarbeiter treffe ihn zu hart.

6. Ausnahme für Schadensersatzansprüche wegen Verletzung der Auskunftspflicht (§ 12 S. 2)

18 § 12 gilt nur im Rahmen verschuldensunabhängiger Ansprüche, während die im GeschGehG vorgesehenen Schadensersatzansprüche Verschulden voraussetzen. Daher ist es konsequent, dass Ansprüche wegen der schuldhaften Verletzung von Auskunftspflichten (§ 8 Abs. 2) durch § 12 S. 2 vom Anwendungsbereich der strengen Haftung ausgenommen werden.

III. Rechtsfolgen und Beweislast

Sind die Voraussetzungen des § 12 erfüllt, so bestehen **Unterlassungsansprüche (§ 6), Beseitigungsansprüche (§§ 6 Abs. 1, 1. Alt., 7) und Auskunftsansprüche (§ 8 Abs. 1) auch gegen den Unternehmensinhaber.** Die Haftung des Unternehmers ist **akzessorisch** an diejenige des Verletzers geknüpft (Begr. RegE, BT-Drs. 19/4724, 33). Eine **Entlastungsmöglichkeit** besteht **nicht.** Allerdings kann der Unternehmensinhaber einwenden, dass die Erfüllung des Unterlassungsanspruchs aus Gründen unverhältnismäßig ist, die in der Person des Verletzers nicht vorliegen (→ Rn. 17). Da es sich bei § 12 um eine Zurechnungsnorm handelt, ist die **Anspruchsgrundlage §§ 6, 7 oder 8 iVm § 4.** 19

Die **Ansprüche gegen den eigentlichen Verletzer** bleiben von der Haftung des Unternehmensinhabers **unberührt.** Der Verletzte ist in seiner Entscheidung frei, ob er sämtliche Ansprüche nur gegen den Verletzer, nur gegen den Unternehmensinhaber oder gegen beide erhebt. Es bleibt ihm auch unbenommen, gegen den Beschäftigten einen Unterlassungsanspruch (§ 6) und gegen das Unternehmen einen Auskunftsanspruch geltend zu machen (ebenso *Tochtermann* in Büscher GeschGehG § 12 Rn. 19) auch wenn das praktisch oft nicht sinnvoll sein wird. Eines Rückgriffs auf § 12 bedarf es nicht, wenn der Unternehmensinhaber selbst als Täter oder Teilnehmer haftet (→ § 6 Rn. 65 ff.) oder dem Unternehmen Verhalten von Organen und Repräsentanten analog §§ 31, 89 BGB zugerechnet wird (→ § 6 Rn. 73). 20

Für **Schadensersatzansprüche** gilt § 12 nicht (→ Rn. 18). Insoweit haftet der Unternehmensinhaber nur aufgrund eigener Täterschaft oder Teilnahme, aufgrund einer Zurechnung analog §§ 31, 89 BGB oder wegen eigenen vermuteten Verschuldens gem. § 831 BGB. 21

Dem Unternehmensinhaber stehen **alle Verteidigungsmöglichkeiten des Rechtsverletzers** zu. Insbesondere kann sich auch der Unternehmensinhaber auf Unverhältnismäßigkeit im Verhältnis zwischen Geheimnisinhaber und Verletzer (§ 9) berufen und zudem den Einwand der Unverhältnismäßigkeit auf Gründe stützen, die nur im Verhältnis zum Unternehmen vorliegen (→ Rn. 17). Erfüllt der Rechtsverletzer die Voraussetzungen des § 11, so kann auch der Unternehmer den Unterlassungsanspruch durch Zahlung einer Abfindung abwenden. Hat der Rechtsverletzer eine solche Zahlung bereits erbracht und liegen die Voraussetzungen des § 11 vor, so besteht kein Unterlassungsanspruch gegen den Unternehmensinhaber (Begr. RegE, BT-Drs. 19/4724, 33; krit. *Glinke* in Keller/Schönknecht/Glinke § 12 Rn. 25). Zudem hat der Unternehmensinhaber eine eigene Abwendungsbefugnis aus § 11, wenn ihm selbst ein unverhältnismäßig großer Nachteil entstehen würde (→ § 11 Rn. 12 f.). 22

Die **Darlegungs- und Beweislast** für das Vorliegen der Voraussetzungen des § 12 trägt nach allgemeinen Grundsätzen der **Anspruchsteller.** Allerdings kann den Anspruchsgegner eine **sekundäre Darlegungslast** im Hinblick auf Umstände innerhalb seines Unternehmens treffen, beispielsweise hinsichtlich der Frage, ob der Verletzer bei Erfüllung seiner Aufgaben oder rein privat gehandelt hat (*Köhler/Feddersen* in Köhler/Bornkamm/Feddersen UWG § 8 Rn. 2.51; *Goldmann* in Harte/Henning UWG § 8 Rn. 732). 23

§ 13 Herausgabeanspruch nach Eintritt der Verjährung

Hat der Rechtsverletzer ein Geschäftsgeheimnis vorsätzlich oder fahrlässig erlangt, offengelegt oder genutzt und durch diese Verletzung eines

Geschäftsgeheimnisses auf Kosten des Inhabers des Geschäftsgeheimnisses etwas erlangt, so ist er auch nach Eintritt der Verjährung des Schadensersatzanspruchs nach § 10 zur Herausgabe nach den Vorschriften des Bürgerlichen Gesetzbuchs über die Herausgabe einer ungerechtfertigten Bereicherung verpflichtet. Der Anspruch verjährt sechs Jahre nach seiner Entstehung.

Schrifttum: *Ebert,* Der deliktische „Rest-Schadensersatzanspruch" nach der Schuldrechtsreform, NJW 2003, 3035; *Hülsewig,* Der Restschadensersatzanspruch im Patentrecht – beschränkt auf die angemessene Lizenzgebühr?, GRUR 2011, 673; *Hülsewig,* Erweiterung des Restschadensersatzes auf die Herausgabe des Verletzergewinns – Nach der BGH-Entscheidung „Spannungsversorgungsvorrichtung", GRUR-Prax 2019, 369; *Ullmann,* Die Verschuldenshaftung und die Bereicherungshaftung des Verletzers im gewerblichen Rechtsschutz und Urheberrecht, GRUR 1978, 615; *Werner,* Verrat von Geschäftsgeheimnissen durch ausgeschiedene Mitarbeiter, WRP 2019, 1428; *Zurth,* Bereicherungsrechtliche Implikationen im Immaterialgüterrecht, GRUR 2019, 143.

I. Allgemeines

1 Diese Vorschrift ist – wie auch im RegE GeschGehG (BT-Drs. 19/4724, 34) hervorgehoben wurde – nur vor dem Hintergrund des **Art. 8 Geschäftsgeheimnis-RL** verständlich. Art. 8 gehört gemäß Art. 1 S. 2 Geschäftsgeheimnis-RL zu denjenigen Richtlinienbestimmungen, die den Mitgliedstaaten keinen eigenen Regelungsspielraum lassen. Dieser Umstand wirkt sich allerdings nur in Bezug auf **Art. 8 Abs. 2** vollständig aus, wenn es dort kategorisch heißt, die Verjährungsfrist betrage höchstens sechs Jahre. Demgegenüber ist **Art. 8 Abs. 1** zwar im Grundsatz ebenfalls zwingend, in sich aber insofern flexibel formuliert, als es den Mitgliedstaaten überlassen bleibt festzulegen, wann die Verjährungsfrist beginnt, wie lange sie (bis zur Höchstgrenze von sechs Jahren) dauert und unter welchen Umständen sie unterbrochen oder ausgesetzt wird. Gemäß Art. 8 Abs. 1 S. 1 Geschäftsgeheimnis-RL geht es um die Verjährungsfristen für Ansprüche und Klagen im Sinne der in dieser Richtlinie vorgesehenen Maßnahmen, Verfahren und Rechtsbehelfe. Ob dies einen Anspruch der in § 13 geregelten Art überhaupt einschließt, erscheint nur dann zweifelsfrei, wenn man ihn als Sonderform des Schadensersatzes (Art. 14 Geschäftsgeheimnis-RL, § 10 GeschGehG) betrachtet. Dies kann im Rahmen des § 13 aber dahinstehen. Jedenfalls war der deutsche Gesetzgeber befugt, dem geschädigten Inhaber des Geschäftsgeheimnisses **unabhängig von der Verjährung des Schadensersatzanspruchs gemäß § 10** (→ Rn. 2, dort auch zur analogen Anwendung des § 13 S. 2) den hier geregelten Anspruch zuzuerkennen und einer sechsjährigen Verjährungsfrist zu unterwerfen. Der Anspruch hat den **Charakter einer Rechtsverteidigung gegen die Einrede der Verjährung,** die bezüglich der Schadensersatzansprüche aus § 10 Abs. 1 Satz 1, Abs. 3 GeschGehG nach Ablauf der regelmäßigen Verjährungsfrist erhoben werden kann (vgl. zum Patentrecht BGH GRUR 2019, 496 Rn. 19 – Spannungsversorgungsvorrichtung; *Hülsewig* GRUR 2011, 673, 674; *Krbetschek* in MüKoUWG, 3. Aufl. 2022, § 13 GeschGehG Rn. 3.

2 Laut Gesetzesbegründung ist § 13 als **lex specialis zu § 852 BGB** anzusehen, der bei der Verletzung von geistigen Eigentumsrechten oder UWG-Verstößen neben den spezialgesetzlichen Schadensersatzvorschriften anwendbar ist (vgl. zum UWG BGH 1999, 751 (754) – Güllepumpen; *Werner* WRP 2019, 1428 Rn. 25;

Glinke in Keller/Schönknecht/Glinke § 13 Rn. 5; *Krbetschek* in MüKoUWG, 3. Aufl. 2022, § 13 GeschGehG Rn. 2; *Tochtermann* in Büscher, UWG, 2. Aufl. 2021, § 13 GeschGehG Rn. 1; *Stolz* in Brammsen/Apel § 13 Rn. 12). (Nur) aufgrund des eben (→ Rn. 1) angesprochenen verbindlichen Charakters der Verjährungsregelung in Art. 8 Abs. 2 Geschäftsgeheimnis-RL sah sich der deutsche Gesetzgeber überhaupt veranlasst, den Anspruch des § 13 in das GeschGehG aufzunehmen. Wegen dieser „verjährungsrechtlichen Besonderheit" sei eine analoge Anwendung von § 852 BGB nicht möglich. Nach § 852 BGB verjährt der dort geregelte Anspruch in zehn Jahren von seiner Entstehung an; ohne Rücksicht auf die Entstehung verjährt er in 30 Jahren von der Begehung der Verletzungshandlung oder dem sonstigen, den Schaden auslösenden Ereignis an. Stattdessen gilt nun generell eine sechsjährige Verjährungsfrist, beginnend mit der Entstehung (→ Rn. 10 f.) des Anspruchs. Auf den ersten Blick unberührt von dieser Regelung bleibt die **Verjährung des eigentlichen Schadensersatzanspruchs** nach **§ 10 GeschGehG.** Da im GeschGehG nichts Gegenteiliges bestimmt wird, würdefür ihn die **Regelverjährung der §§ 195, 199 BGB** gelten (S. 1 Nr. 1: zehn Jahre ab Anspruchsentstehung bzw. S. 1 Nr. 2: 30 Jahre ab dem schadensauslösenden Ereignis). Allerdings dürfte die **Verjährungshöchstfrist des § 199 Abs. 3 BGB** in richtlinienkonformer Auslegung oder in analoger Anwendung des Art. 8 Abs. 2 Geschäftsgeheimnis-RL **auf sechs Jahre zu begrenzen** sein (dafür *Kalbfus* → § 10 Rn. 85; *Krebtschek* in MüKoUWG, 3. Aufl. 2022, § 13 GeschGehG Rn. 13 und § 10 GeschGehG Rn. 19; *Stolz* in Brammsen/Apel § 13 Rn. 11; zum sperrigen Verhältnis zwischen den Verjährungsregeln des Art. 8 Abs. 2 Geschäftsgeheimnis-RL und § 13 GeschGehG einerseits und der Regelverjährung des bürgerlichen Rechts anderseits *Glinke* in Keller/Schönknecht/Glinke § 10 Rn. 37 ff., 44, die eine Klärung durch den EuGH für erforderlich hält). **Hemmung, Ablaufhemmung und Neubeginn** der Verjährung richten sich nach den allgemeinen Regeln der **§§ 203 ff. BGB** (*Stolz* in Brammsen/Apel § 13 Rn. 6).

II. Funktion des Herausgabeanspruchs

In seinem **materiell-rechtlichen** Gehalt stimmt der Anspruch aus § 13 mit dem sog. **Restschadensersatzanspruch** (BGHZ 71, 86 (99) = GRUR 1978, 492 – Fahrradgepäckträger II; GRUR 2015, 780 Rn. 29; zum Patentrecht BGH GRUR 2019, 496 Rn. 9 f. – Spannungsversorgungsvorrichtung; hierzu auch *Hülsewig* GRUR Prax 2019, 369; LG Düsseldorf v. 16.11.2021, 4a O 68/20, GRUR-RS 2021, 35000 Rn. 121; *Ebert* NJW 2003, 3035) des **§ 852 BGB** überein (ähnlich *Alexander* in Köhler/Bornkamm/Feddersen, GeschGehG § 13 Rn. 8; *Stolz* in Brammsen/Apel § 13 Rn. 15). Nach Ablauf der Regelverjährungsfrist der §§ 195, 199 BGB wird der Schädiger durch § 852 BGB zwar davor geschützt, sein eigenes Vermögen für den Ausgleich des Schadens einzusetzen, nicht aber davor, wenigstens die durch die unerlaubte Handlung erlangten Vorteile herausgeben zu müssen (vgl. BGH NJW 1965,1914 (1915); *Wagner* in MüKoBGB § 852 Rn. 2). Der verjährte Anspruch bleibt seiner Natur nach ein Schadensersatzanspruch; er wird nur in seinem Umfang auf das durch die unerlaubte Handlung auf Kosten des Geschädigten Erlangte beschränkt (vgl. BGHZ 71, = GRUR 1978, 492 (496); GRUR 2019, 496 Rn. 19 – Spannungsversorgungsvorrichtung; *Alexander* in Köhler/Bornkamm/Feddersen GeschGehG § 13 Rn. 6; zur Einbeziehung des Verletzergewinns → Rn. 9a). Die **praktische Funktion** des Rest- 3 schadensersatzanspruchs aus § 13 GeschGehG besteht darin, es dem Geschädigten (hier also dem Inhaber eines Geschäftsgeheimnisses iSd § 2 Nr. 2) zu ermöglichen, trotz Kenntnis von den haftungsbegründenden Umständen und der Person des Schädigers (also des Rechtsverletzers iSd § 2 Nr. 3) **länger als drei Jahre (§ 195 BGB) zuzuwarten** und von der alsbaldigen gerichtlichen Geltendmachung des Deliktsanspruchs abzusehen, etwa weil das Vorliegen der Haftungsvoraussetzungen oder die Rechts- oder Beweislage noch zweifelhaft ist (*Wagner* in MüKoBGB § 852 Rn. 3). Dem Gläubiger steht es gemäß § 13 in dieser Situation frei, binnen sechs Jahren auf den Anspruch zurückzukommen.

4 Ein **wichtiges Anwendungsfeld des § 852 BGB** liegt aus Sicht des Gesetzgebers, wie sie im Rahmen der Schuldrechtsmodernisierung zum Ausdruck kam (BT-Drs. 14/6040, 270 (282); kritisch *Ebert* NJW 2003, 3035 (3036)), im **Recht des geistigen Eigentums.** Gerade hier könne der Betroffene trotz Kenntnis des Schadens und des mutmaßlichen Schädigers gute Gründe dafür haben, mit der gerichtlichen Verfolgung von Ersatzansprüchen noch geraume Zeit zu warten, denn die Rechtslage sei in der Regel kompliziert, der Streitwert hoch und das Prozessrisiko oft erheblich (so wird in § 102 S. 2 UrhG und entsprechend in den weiteren Gesetzen zum Schutz des geistigen Eigentums denn auch ausdrücklich auf § 852 BGB verweisen; zur Anwendung des § 852 BGB im Lauterkeitsrecht vgl. BGHZ 71, 86 (98) = GRUR 1978, 492 – Fahrradgepäckträger II; GRUR 1999, 751 (754) – Güllepumpen). All dies gilt auch – und in eher noch höherem Maße – für den Bereich des **Geheimnisschutzes.** Hier fällt vor allem die **oft überdurchschnittlich schwierige Tatsachenaufklärung** und Beweislage ins Gewicht (wie hier *Stolz* in Brammsen/Apel § 13 Rn. 19). Nicht selten kann der Inhaber eines Geschäftsgeheimnisses seinen gegenüber bestimmten Personen und Unternehmen bestehenden Verdacht der Geheimnisverletzung erst nach Einleitung eines **Strafverfahrens,** nach Durchsuchungen und der Beschlagnahme von Unterlagen, Dateien und Produktmustern und schließlich durch **Einsicht in die Ermittlungsakten** so weit erhärten, dass er mit hinreichender Erfolgsaussicht Klage erheben kann (eingehend zur Beweissicherung durch Durchsuchungsmaßnahmen und Beschlagnahme *Altenburg* in Hoppe/Oldekop Kap. 4 Rn. 1 ff., und zur Akteneinsicht im Strafverfahren *Schneiderhan* in Hoppe/Oldenkop Kap. 2 Rn. 161 ff.). Bis solche Maßnahmen tatsächlich durchgeführt worden sind und der Geschädigte Akteneinsicht erhalten hat, kann erfahrungsgemäß ohne weiteres ein Zeitraum verstreichen, der die **Regelverjährungsfrist der §§ 195, 199 BGB überschreitet.** Allerdings wird in solchen Fällen oft fraglich sein, ob die Verjährungsfrist überhaupt schon in Gang gesetzt worden war, bevor der Gläubiger die weiteren, erst aus den Ermittlungsakten ersichtlichen Informationen erlangt hatte.

III. Voraussetzungen

5 Der Anspruch aus § 13 steht dem **Inhaber des Geschäftsgeheimnisses** (§ 2 Nr. 2) gegen den oder die **Rechtsverletzer** (§ 2 Nr. 3) zu. Zu prüfen ist die **rechtswidrige Erlangung, Offenlegung oder Nutzung** eines fremden Geschäftsgeheimnisses, also ein **Verstoß** gegen eines der **Handlungsverbote des § 4.** Nicht rechtswidrig ist eine Zuwiderhandlung gegen § 4, soweit einer der in § 3 aufgeführten Fälle **ausdrücklich erlaubter Handlungen** eingreift oder sich der Zuwiderhandelnde auf eine **Ausnahme nach § 5** oder einen Rechtfertigungsgrund des allgemeinen Deliktsrechts berufen kann. Dass es bei § 13 nicht

um einen Anspruch wegen ungerechtfertigter Bereicherung, sondern um die Sonderform eines gewissermaßen verkürzten Schadensersatzanspruchs geht, klingt auch darin an, dass § 13 eine **vorsätzliche oder fahrlässige** Rechtsverletzung (→ § 10 Rn. 10ff.) voraussetzt; dagegen kommt es im Bereicherungsrecht auf ein Verschulden ebenso wenig an wie auf das Entstehen eines konkreten Schadens aufseiten des Verletzten (vgl. BGHZ 81, 75 (81) – Carrera).

Weiter ist erforderlich, dass der Rechtsverletzer aufgrund der Rechtsverletzung **etwas auf Kosten des Inhabers des Geschäftsgeheimnisses erlangt** hat (→ Rn. 8). Die **Verjährung des ursprünglichen Schadensersatzanspruchs** ist dagegen **keine Tatbestandsvoraussetzung** für Ansprüche aus § 852 BGB oder 13 GeschGehG (*Alexander* in Köhler/Bornkamm/Feddersen GeschGehG § 13 Rn. 14; *Glinke* in Keller/Schönknecht/Glinke § 13 Rn. 11). Die Ansprüche stehen selbstständig nebeneinander. Weil der Anspruch aus § 10 inhaltlich über § 13 hinausreicht, tritt letzterer „gewissermaßen (erst dann) aus dem Schatten hervor" (*Alexander* in Köhler/Bornkamm/Feddersen GeschGehG § 13 Rn. 14), wenn der Schadensersatzanspruch des § 10 verjährt ist (zur analogen Anwendung von § 13 S. 2 auf die Verjährung des Schadensersatzanspruchs → Rn. 2). 6

IV. Rechtsfolgen

§ 852 BGB und der ihm nachgebildete § 13 sehen hinsichtlich dessen, was der Schädiger durch die Verletzungshandlungen erlangt hat, eine **Herausgabe** nach den Vorschriften über die **ungerechtfertigte Bereicherung** vor. Nach allgemeiner Meinung zu § 852 BGB handelt es sich hierbei um eine **Rechtsfolgenverweisung auf §§ 818 ff. BGB,** nicht um eine Rechtsgrundverweisung (BGHZ 86 (99) = GRUR 1978, 492 – Fahrradgepäckträger II; *Köhler* in Köhler/Bornkamm/Feddersen § 11 Rn. 1.49; *Wagner* in MüKoBGB § 852 Rn. 5 mwN; *Tochtermann* in Büscher § 13 GeschGehG Rn. 8). 7

Herauszugeben ist dasjenige, was der Rechtsverletzer (→ § 2 Rn. 86ff.) durch die Verletzungshandlung **auf Kosten des Inhabers des Geschäftsgeheimnisses erlangt** hat. In dieser Regelung klingt an, dass Geschäftsgeheimnisse nach Vorstellung des Gesetzgebers einen **wirtschaftlichen Zuweisungsgehalt** besitzen, wie er nach allgemeiner Ansicht den **Immaterialgüterrechten** zuerkannt wird (*Alexander* in Köhler/Bornkamm/Feddersen GeschGehG § 13 Rn. 7; *Krbetschek* in MüKoUWG, 3. Aufl. 2022, § 13 Rn. 11; *Glinke* in Keller/Schönknecht/Glinke § 13 Rn. 4; *Stolz* in Brammsen/Apel § 13 Rn. 32f.; ausführlich zum Meinungsstand zu Bereicherungsansprüchen nach § 812 Abs. 1 S. 1 Alt. 2 BGB vor und nach Inkrafttreten des GeschGehG → § 10 Rn. 94ff.). 8

Die Herausgabepflicht erfasst zum einen **Gegenstände, in denen das Geschäftsgeheimnis verkörpert** ist (*Glinke* in Keller/Schönknecht/Glinke § 13 Rn. 18), etwa auf Konstruktionszeichnungen, Datenblätter mit Herstellungsvorschriften oder Kundendaten und digitale Datenträger. 9

Zum anderen besteht das mittels der Verletzungshandlung Erlangte in der **tatsächlichen Nutzung des Immaterialguts,** dem jedenfalls im Kontext des § 13 das Geschäftsgeheimnis gleichzustellen ist. Dieser Gebrauchsvorteil kann wegen seiner Beschaffenheit nicht herausgegeben werden (vgl. BGH GRUR 1982, 301 (303) – Kunststoffhohlprofil). Der Rechtsverletzer schuldet deshalb **Wertersatz** nach § 818 Abs. 2 BGB. Der Wert des unbefugten Gebrauchs des fremden Geschäftsgeheimnisses ist objektiv zu bestimmen. Erforderlich ist ein adäquat-kausa- 9a ler Zusammenhang zwischen Verletzung und Vermögenszuwachs (*Grabinski/Zülch* in Benkard § 141 Rn. 9). In erster Linie kommt derjenige Wert in Betracht, der einer ersparten Lizenzgebühr entspricht. Der Rechtsverletzer schuldet also eine für die Nutzung übliche oder **angemessene Lizenzgebühr** zuzüglich ersparter Zinsen (BGH GRUR 1982, 286 (289) – Fersenabstützungsvorrichtung; GRUR 2015, 780 Rn. 32 – Motorradteile – zum Urheberrecht; GRUR 2019, 496 Rn. 18 ff. – Spannungsversorgungsvorrichtung – zum Patentrecht; zur Höhe der Lizenzgebühr → § 10 Rn. 135 ff.; *Köhler* in Köhler/Bornkamm/Feddersen § 9 UWG Rn. 3.5, und *Goldmann* in Harte/Henning Vorb. Zu § 8 UWG Rn. 29, jeweils mwN).

9b Ob der Restschadensersatzanspruch auch auf die Herausgabe des Verletzergewinns ausgedehnt werden kann, ist streitig. Für den Bereich des Patentrechts hat sich der BGH (GRUR 2019, 496 Rn. 18 ff. – Spannungsversorgungsvorrichtung; ihm folgend LG Düsseldorf v. 16.11.2021, GRUR-RS 2021, 35000 Rn. 121; hierzu auch *Hülsewig* GRUR 2011, 673, 678, und GRUR-Prax. 2019, 369) dafür ausgesprochen, auch den Gewinn, welchen der Anspruchsgegner gerade durch die Verletzung dieses Immaterialgüterrechts erzielt hat, als auf Kosten des Schutzrechtsinhabers erlangt anzusehen. Insoweit sei zwischen dem Begriff des „Erlangten“ iSv § 812 Abs. 1 S. 1 Alt. 2 BGB und dem entsprechenden Begriff zu differenzieren, wie er in § 141 S. 2 PatG iVm § 852 BGB verwendet werde. Es spricht viel dafür, diesen Ansatz auch im Rahmen des § 13 heranzuziehen (eingehend und überzeugend hierzu *Glinke* in Keller/Schönknecht/Glinke § 13 Rn. 15 ff.; *Stolz* in Brammsen/Apel § 13 Rn. 32 f.). Dagegen erfasst der Anspruch aus § 13 S. 1 keine immateriellen Schäden oder entgangenen Marktchancen, keinen dem Geschädigten entgangenen Gewinn und keine frustrierten Aufwendungen, da ihnen kein abschöpfbarer wirtschaftlicher Vorteil des Rechtsverletzers entspricht (*Stolz* in Brammsen/Apel § 13 Rn. 30).

10 Umstritten ist im Immaterialgüterrecht wie auch im Lauterkeitsrecht die Frage, ob und inwieweit der Schuldner einen **Wegfall der Bereicherung nach § 818 Abs. 3 BGB** einwenden kann. Nach einer im Schrifttum vertretenen Auffassung soll eine Entreicherung vor allem dann infrage kommen, wenn der gutgläubige, unverklagte Rechtsverletzer nachweist, keinen Gewinn erzielt und nicht einmal Kostendeckungsbeiträge für eine Lizenzgebühr erwirtschaftet zu haben (so etwa *Ullmann* GRUR 1978, 615 (620), und *Köhler* in Köhler/Bornkamm/Feddersen § 9 Rn. 3.6). Überzeugender erscheint es, diesen Umstand als unbeachtlich zu behandeln, da er nichts daran ändert, dass der Rechtsverletzer jedenfalls tatsächlich die Lizenzgebühren erspart hat und der Entreicherungseinwand insofern faktisch ausscheidet (so etwa *Fritzsche* in MüKoUWG § 9 Rn. 34, und *Goldmann* in Harte/Henning Vorb. Zu § 8 Rn. 30 mwN). Dies sollte auch im Rahmen des § 13 gelten (zustimmend *Glinke* in Keller/Schönknecht/Glinke § 13 Rn. 20; *Stolz* in Brammsen/Apel § 13 Rn. 42).

V. Verjährung

11 Gemäß § 13 S. 2 verjährt der Anspruch aus S. 1 **sechs Jahre nach seiner Entstehung,** also früher als der Anspruch aus § 852 S. 2 BGB. Auch entsteht er nicht erst mit Ablauf der Verjährungsfrist für den Schadensersatzanspruch, sondern zu dem Zeitpunkt, zu dem der Schuldner aufgrund einer vorsätzlichen oder fahrlässigen Verletzungshandlung auf Kosten des Geheimnisinhabers (→ Rn. 8) etwas erlangt hat. Das **Erlangte** besteht in der **lizenzfreien Nutzung** des fremden Geschäftsgeheimnisses (→ Rn. 9). Soweit sich die Nutzung und damit auch die Erlangung entsprechender Vorteile über einen gewissen Zeitraum fortsetzt, beginnt die Verjährungsfrist nicht erst mit dessen Ende zu laufen. Vielmehr wird die **Dauerhandlung** wie im Falle des eigentlichen Schadensersatzes (vgl. BGHZ 71, 86 (94) = GRUR 1978, 492 (495) – Fahrradgepäckträger II; BGH GRUR 2015, 780 Rn. 23 – Motorradteile; *Sosnitza* in Ohly/Sosnitza § 11 Rn. 23 mwN.) in (tägliche) Teilakte **aufzuspalten** sein, so dass die vergangenheitsbezogenen Einzelansprüche aus den jeweiligen Teilakten gesondert verjähren (ebenso *Tochtermann* in Büscher, § 13 GeschGehG Rn. 17).

Nach dem eindeutigen Wortlaut des S. 2 kommt es allein auf den **Entstehungszeitpunkt des Anspruchs** aus Abs. 1 an. Anders als in §§ 199 Abs. 1 und 3 sowie in § 852 S. 2 BGB wird also **nicht** danach differenziert, ob und wann der Gläubiger **Kenntnis** von den anspruchsbegründenden Tatsachen und von der Person des Schuldners erlangt oder solche Kenntnis nur aufgrund grober Fahrlässigkeit nicht erhalten hat. Dies könnte zu dem etwas überraschenden Ergebnis führen, dass der Anspruch aus § 13 S. 1 unter besonderen Umständen früher verjähren würde als der Schadensersatzanspruch aus § 10, für den grundsätzlich die allgemeinen Regeln der §§ 195, 199 BGB gelten sollen. Man wird jedoch Art. 8 Abs. 2 Geschäftsgeheimnis-RL auch als Begrenzung einer nach § 199 Abs. 3 BGB anwendbaren objektiven Verjährungsregelung für Schadensersatzansprüche verstehen können (zweifelnd *Glinke* in Keller/Schönknecht/Glinke § 13 Rn. 12), so dass Verjährung stets schon nach sechs Jahren und damit unter Umständen vor Ablauf der in § 199 Abs. 3 BGB genannten Fristen eintritt (→ § 10 Rn. 81 f.). 12

Alle übrigen Ansprüche aus dem GeschGehG unterliegen den **allgemeinen Verjährungsvorschriften** der **§§ 194 ff. BGB.** Die regelmäßige Verjährungsfrist beläuft sich also auf **drei Jahre,** beginnend mit dem Ende desjenigen Kalenderjahres, in dem der Anspruch entstanden ist und und der Gläubiger von den anspruchsbegründenden Umständen Kenntnis erlangt hat oder hätte erlangen müssen, wäre ihm keine grobe Fahrlässigkeit anzulasten (§§ 195, 199 BGB; zur Verjährung des Schadensersatzanspruchs → § 10 Rn. 84 ff.). 13

§ 14 Missbrauchsverbot

Die Geltendmachung der Ansprüche nach diesem Gesetz ist unzulässig, wenn sie unter Berücksichtigung der gesamten Umstände missbräuchlich ist. Bei missbräuchlicher Geltendmachung kann der Anspruchsgegner Ersatz der für seine Rechtsverteidigung erforderlichen Aufwendungen verlangen. Weiter gehende Ersatzansprüche bleiben unberührt.

Schrifttum: *Fritzsche,* Endlich: Das Gesetz zur Stärkung des fairen Wettbewerbs, WRP 2020, 1367; *Guski,* Die unzulässige Verfolgung von Lauterkeitsverstößen, ZIP 2019, 1649; *Hofmann,* „Equity" im deutschen Lauterkeitsrecht? Der „Unterlassungsanspruch" nach der GeschäftsgeheimnisRL, WRP 2018, 1; *Kochendörfer,* Die Neufassung des Rechtsmissbrauchs – Was ändert sich?, WRP 2020, 1513; *Krbetschek/Schlingloff,* Bekämpfung von Rechtsmissbrauch durch Streitwertbegrenzung?, WRP 2014, 1; *Möller,* Das Gesetz zur Stärkung des fairen Wettbewerbs, NJW 2021, 1.

Übersicht

I. Allgemeines

1 § 14 GeschGehG formuliert das **Verbot, Ansprüche in missbräuchlicher Weise geltend zu machen,** in so allgemeiner Weise, dass die Vorschrift lediglich als Wiedergabe eines entsprechenden, im gesamten deutschen Zivil- und Zivilverfahrensrecht ohnehin anerkannten Prinzips erscheint. So wurde im RegE GeschGehG (BT-Drs. 19/4724, 34) denn auch die Notwendigkeit betont, über die Missbräuchlichkeit einer Klage oder Abmahnung nach dem – auch für das Verfahrensrecht geltenden (BGH GRUR 2014,709 Rn. 6 – Festsetzung von Mehrkosten; GRUR 2018, 1166 Rn. 37 – Prozessfinanzierer I) Grundsatz von **Treu und Glauben** unter Berücksichtigung der gesamten Umstände zu entscheiden (§ 242 BGB). § 14 ist ein **Instrument der Einzelfallgerechtigkeit** (*Krbetschek* in MüKoUWG, 3. Aufl. 2022, § 13 GeschGehG Rn. 1). Auch das **Unionsrecht** kennt den allgemeinen Grundsatz von Treu und Glauben und verbietet die rechtsmissbräuchliche Anspruchsverfolgung (vgl. EuGH Slg. 2007, I-5795 Rn. 37 f. – Kofoed; *Goldmann* in Harte/Henning § § 8c Rn. 14 ff.; *Schubert* in MüKoBGB § 242 Rn. 159 ff.; *Krbetschek* in MüKoUWG, 3. Aufl. 2022, § 14 GeschGehG Rn. 4; zum Missbrauchsverbot in der GeschäftsgeheimnisRL → Rn. 4 f.). Wenn im RegE GeschGehG ausdrücklich auf das Missbrauchsverbot des (inzwischen durch § 8c UWG 2020 ersetzten, → Rn. 3) § 8 Abs. 4 UWG 2015 Bezug genommen wurde, so ist dies aus verschiedenen Gründen nur von begrenztem Erkenntniswert (→ Rn. 2 f., 6 f.).

2 Die **generalklauselartige Formulierung** des Missbrauchsverbots **in § 14 Satz 1 GeschGehG** lehnt sich eng an den Wortlaut des (später durch § 8c UWG 2020 ersetzten) **§ 8 Abs. 4 UWG aF (2015)** an (ähnlich § 2b UKlG). Sieht man einmal davon ab, dass § 8 Abs. 4 UWG aF nur für die Abwehransprüche galt, während § 14 sämtliche im GeschGehG geregelten Ansprüche erfasst (→ Rn. 8), so besteht der einzige greifbare Unterschied im Wortlaut darin, dass § 8 Abs. 4 UWG 2015 über die Generalklausel hinaus zusätzlich einen konkreten Beispielsfall möglichen Missbrauchs nannte, nämlich die Verfolgung des vorwiegenden Ziels, gegen den Zuwiderhandelnden einen Anspruch auf Ersatz von Aufwendungen oder Kosten der Rechtsverfolgung entstehen zu lassen. Die Hervorhebung dieses Beweggrundes ist aus der Entstehungsgeschichte des § 8 Abs. 4 UWG 2015 zu erklären. Maßgeblich war die vom Gesetzgeber erkannte Notwendigkeit, das „**Abmahnunwesen**" zu bekämpfen (zur Rechtsentwicklung und zum Normzweck des § 8 Abs. 4 UWG *Fritzsche* in MüKoUWG, 3. Aufl.

2020, § 8, Rn. 446 f.; *Goldmann* in Harte/Henning, 4. Aufl. 2016, § 8, Rn. 628 ff., und 5. Aufl. 2021, § 8c, Rn. 1 ff.; *Köhler/Feddersen* in Köhler/Bornkamm/Feddersen, 38. Aufl. 2020, § 8 Rn. 4.1 f., und 40. Aufl. 2022 § 8c Rn. 1 f.). § 8 Abs. 4 galt über § 3 UWG theoretisch auch für die Verfolgung von Verstößen gegen § 17 UWG, also für den Schutz von Geschäfts- und Betriebsgeheimnissen, hat dort aber keine praktische Bedeutung erlangt.

Mit dem **Gesetz zur Stärkung des fairen Wettbewerbs** vom 26.11.2020 3
(BGBl. I 2020, 2568) wurde das Verbot der missbräuchlichen Geltendmachung von Ansprüchen in den neuen **§ 8c UWG** verlagert und durch weitere Beispielsfälle ergänzt. Nach § 8c Abs. 2 UWG ist eine missbräuchliche Geltendmachung im Zweifel anzunehmen, wenn

1. die Geltendmachung der Ansprüche vorwiegend dazu dient, gegen den Zuwiderhandelnden einen Anspruch auf Ersatz von Aufwendungen oder von Kosten der Rechtsverfolgung oder die Zahlung einer Vertragsstrafe entstehen zu lassen,
2. ein Mitbewerber eine erhebliche Anzahl von Verstößen gegen die gleiche Rechtsvorschrift durch Abmahnungen geltend macht, wenn die Anzahl der geltend gemachten Verstöße außer Verhältnis zum Umfang der eigenen Geschäftstätigkeit steht oder wenn anzunehmen ist, dass der Mitbewerber das wirtschaftliche Risiko seines außergerichtlichen oder gerichtlichen Vorgehens nicht selbst trägt,
3. ein Mitbewerber den Gegenstandswert für eine Abmahnung unangemessen hoch ansetzt,
4. offensichtlich überhöhte Vertragsstrafen vereinbart oder gefordert werden,
5. eine vorgeschlagene Unterlassungsverpflichtung offensichtlich über die abgemahnte Rechtsverletzung hinausgeht,
6. mehrere Zuwiderhandlungen, die zusammen hätten abgemahnt werden können, einzeln abgemahnt werden oder
7. wegen einer Zuwiderhandlung, für die mehrere Zuwiderhandelnde verantwortlich sind, die Ansprüche gegen die Zuwiderhandelnden ohne sachlichen Grund nicht zusammen geltend gemacht werden

In Gestalt dieses **nicht abschließenden Beispielskatalogs** sollten die von der Rechtsprechung zu § 8 Abs. 4 UWG 2015 entwickelten Grundsätze in Gesetzesform gegossen werden. Die eine oder andere dieser Fallgruppen (zu ihnen im Einzelnen *Kochendörfer* WRP 2020, 1513 (1514 ff.); *Goldmann* in Harte/Henning § 8c Rn. 54 ff.) mag zwar auch im Rahmen des Schutzes von Geschäftsgeheimnissen relevant werden. Inwieweit sie auf die Geltendmachung von Ansprüchen wegen Geheimnisverletzungen wirklich **übertragbar** sind (einschränkend hierzu auch → Rn. 6), hängt aber von einer **auf den Einzelfall bezogenen Prüfung aller faktischen und rechtlichen Gegebenheiten** ab. So ist zu berücksichtigen, dass das GeschGehG mit **§§ 9 und 11** bereits gewisse **Korrektive** liefert, um unbillige Härten zulasten des Rechtsverletzers zu vermeiden (*Alexander* in Köhler/Bornkamm/Feddersen, GeschGehG § 13 Rn. 20). Sollten die Einzelfallumstände sowohl den Vorwurf missbräuchlicher Anspruchsverfolgung als auch eine Unverhältnismäßigkeit gem. § 9 begründen können, so kann das Gericht die Zulässigkeitsfrage, ob das Vorgehen des Anspruchstellers missbräuchlich ist, offenlassen und den Anspruch als unbegründet abweisen (*Glinke* in Keller/Schönknecht/Glinke § 14 Rn. 27 unter Hinweis auf BGH GRUR 1999, 509 (510) – Vorratslücken).

Die Begründung zu § 14 GeschGehG stützt sich auf Art. 7 Abs. 2 Geschäftsge- 4
heimnis-RL und auf Erwägungsgrund 22 (wobei nur Abs. 1, nicht aber Abs. 2

des Art. 7 zu den nach Art. 1 Abs. 1 UAbs. 2 vollharmonisierten Bestimmungen der Richtlinie gehört). Allerdings erweist sich **Art. 7 Abs. 2 Geschäftsgeheimnis-RL** bei näherer Betrachtung als inhaltsarm und **im Ergebnis so gut wie bedeutungslos** (ähnlich *Krbetschek* in MüKoUWG, 3. Aufl. 2022, § 14 GeschGehG Rn. 2). Nach Art. 7 Abs. 2 haben die Mitgliedstaaten sicherzustellen, dass die zuständigen Gerichte – auf Antrag des Antragsgegners – im nationalen Recht vorgesehene angemessene Maßnahmen anwenden können, falls eine Klage wegen rechtswidrigen Erwerbs oder rechtswidriger Nutzung oder Offenlegung eines Geschäftsgeheimnisses **offensichtlich unbegründet** ist **und** das Gerichtsverfahren **missbräuchlich oder in unredlicher Absicht eingeleitet** wurde (application is … manifestly unfounded and the applicant is found to have initiated the legal proceedings abusively or in bad faith). Nach dem (deutschen wie englischen) Wortlaut der Vorschrift und dessen Erläuterung in Erwägungsgrund 22 ist es eindeutig, dass beide Voraussetzungen **kumulativ** vorliegen müssen. Diese Richtlinienbestimmung läuft damit weitestgehend leer, denn wenn die „offensichtliche Unbegründetheit" eine separate Anwendungsvoraussetzung ist und unter den Umständen des Einzelfalls bejaht wird, bedarf es der meist diffizileren Auseinandersetzung mit der Missbräuchlichkeit des Vorgehens oder der vom Antragsteller verfolgten Absicht ohnehin nicht mehr (die dogmatische Frage nach der Rechtsnatur des Missbrauchseinwands – Prozessvoraussetzung oder materiellrechtliche Einwendung, → Rn. 19, einmal ausgeklammert). Überdies sieht Art. 7 Abs. 2 vor, dass ein entsprechender **Antrag** des missbräuchlich in Anspruch genommenen Gegners vorliegen muss und dass nur Maßnahmen in Betracht kommen, die das nationale Recht bereits vorsieht.

5 Der deutsche Gesetzgeber konnte sich zur Begründung des in § 14 GeschGehG gewählten, im Vergleich zu Art. 7 Abs. 2 wesentlich allgemeineren Wortlauts deshalb – entgegen der Bezugnahme in der Begründung zu § 14 – kaum auf Art. 7 Abs. 2 Geschäftsgeheimnis-RL stützen. § 14 GeschGehG befindet sich aber **in Einklang mit Art. 7 Abs. 1 Geschäftsgeheimnis-RL.** Dieser (wie auch die übrigen Beispiele des § 8c UWG 2020) bestimmt, dass die in der Geschäftsgeheimnis-RL vorgesehenen Maßnahmen, Verfahren und Rechtsbehelfe in einer Art und Weise anzuwenden sind, die verhältnismäßig ist, die Errichtung von Schranken für den rechtmäßigen Handel im Binnenmarkt vermeidet und (gemäß lit. c) **Gewähr gegen ihren Missbrauch** bietet („provides for safeguards against their abuse"). Hier wird also ebenfalls (d.h. wie in § 14 GeschGehG) ganz generell auf das Verbot missbräuchlicher Erhebung von Ansprüchen Bezug genommen

6 Die in der Begründung enthaltene Bezugnahme auf § 8 Abs. 4 UWG 2015 kann leicht den unzutreffenden Eindruck vermitteln, hinsichtlich des Gesetzeszwecks und Anwendungsbereichs bestehe weitgehende Übereinstimmung zwischen dem durch Art. 7 Geschäftsgeheimnis-RL veranlassten Missbrauchsverbot des **§ 14 GeschGehG** und der rechtspolitischen und praktischen Ratio des **§ 8 Abs. 4 UWG 2015.** Angesichts der speziellen Entstehungsgeschichte und der Zielrichtung dieser Vorschrift und ihrer Vorläufer, einer verbreiteten Fehlentwicklung zu massenhaften, primär der Gebührenerzielung oder Kostenbelastung dienenden Abmahnungen entgegenzutreten (→ Rn. 1), gibt es jedoch **kaum Parallelen.** Diese oder die weiteren in den Beispielskatalog des § 8c UWG 2020 aufgenommenen Erscheinungsformen rechtsmissbräuchlichen Verhaltens werden im Bereich des Geheimnisschutzes nur selten zu verzeichnen sein. Hier geht es vielmehr um die **Wahrnehmung individueller Rechtspositionen,** die den Rechten des geistigen Eigentums zumindest nahestehen (zum Verhältnis des

Geheimnisschutzes zu den Immaterialgüterrechten im engeren Sinne → *Ohly* GRUR 2014, 1 (3); *Kalbfus,* Know-how-Schutz, S. 22, 32; *Alexander* in Köhler/Bornkamm/Feddersen GeschGehG § 1 Rn. 9 ff.; *Glinke* in Keller/Schönknecht/Glinke Einl. B. Rn. 103 ff.). Nach wohl allgemeiner Meinung war § 8 Abs. 4 UWG 2015 – und ist auch § 8c UWG 2020 – auf die Geltendmachung von Sonderschutzrechten nicht anwendbar (→ Rn. 10), denn die Verteidigung eines absoluten Rechts ist per se auch dann, wenn sie sich gegen eine Vielzahl von Gegnern richten sollte, nicht zu beanstanden (*Goldmann* in Harte/Henning, 4. Aufl. 2016, § 8 Rn. 638, und 5. Aufl. 2021, § 8c Rn. 29 mwN). Mangels einer planwidrigen Regelungslücke kommt auch eine entsprechende Anwendung nicht in Betracht (vgl. BGH GRUR 2020, 1087 Rn. 15 – Al Di Meola II; vgl. auch BGH GRUR 2013, 176 Rn. 18 – Ferienluxuswohnung; *Goldmann* in Harte/Henning § 8c UWG Rn. 29). Ungeachtet der im RegE GeschGehG enthaltenen Bezugnahme auf § 8 Abs. 4 UWG 2015 wird im Zusammenhang mit dem Schutz von Geschäftsgeheimnissen in der Regel auf die (dem allgemeinen Missbrauchsverbot des § 242 BGB entsprechende) Generalklausel des § 14 S. 1 zurückzugreifen sein. Wesentlich Konkreteres geben letztlich auch die in **Erwägungsgrund 22** der GeschäftsgeheimnisRL aufgeführten Beispiele nicht her. Genannt werden dort „missbräuchliches oder unredliches Handeln und Stellung offensichtlich unbegründeter Anträge", etwa zu dem Zweck, den **Marktzugang des Antragsgegners in unbilliger Weise zu verzögern oder zu beschränken** oder den Antragsgegner auf andere Weise **einzuschüchtern** oder ihm **Schwierigkeiten zu bereiten** (zu einem theoretischen Beispielsfall → Rn. 25). Die letztgenannten Formulierungen sind insofern mit Zurückhaltung zu betrachten, als es von Hause aus gerade die Funktion und der Zweck der Immaterialgüterrechte wie auch der Geheimnisschutzbestimmungen ist, dem Marktzugang des mutmaßlichen Verletzers entgegenzutreten und diesem im Falle unbefugter Nutzung (sowie im Geschäftsgeheimnisschutz auch in den Fällen unbefugter Erlangung oder Offenlegung) „Schwierigkeiten zu bereiten". Letztlich bleibt auch im Lichte dieser Wendungen aus Erwägungsgrund 22 nur, Begriffe wie „missbräuchlich", „unredlich" und „unbillig" **anhand einer sorgfältigen Gesamtanalyse der gegebenen Umstände auszufüllen,** (vgl. zu einer missbräuchlichen urheberrechtlichen Abmahnung BGH GRUR 2020, 1087 Rn. 15 ff. – Al Di Meola II).wobei die **Durchsetzung der Ansprüche die Regel** und die **Bejahung des Rechtsmissbrauchs die – seltene – Ausnahme** darstellt (für eine enge Auslegung des Ausnahmetatbestsands auch *Tochtermann* in Büscher, § 14 GeschGehG Rn. 14; *Krbetschek* in MüKoUWG, 3. Aufl. 2022, § 14 GeschGehG Rn. 11; *Stolz* in Brammsen/Apel § 14 Rn. 12).

Angesichts der ganz unterschiedlichen Ausgangspositionen dürfte das Missbrauchsverbot des § 14 GeschGehG **weit weniger Bedeutung** erlangen als unter **§ 8 Abs. 4 UWG 2015** oder **§ 8b Abs. 2 UWG 2020** (→ Rn. 3, 16). Ohnehin besteht der Eindruck, dass schon die Aufnahme der gegen einen Missbrauch gerichteten „Warnhinweise" in Art. 7 Abs. 1 lit. c und in den praktisch leerlaufenden Art. 7 Abs. 2 Geschäftsgeheimnis-RL weniger auf besondere, handfeste Gefahren im Bereich des Schutzes von Geschäftsgeheimnissen abzielte, als vielmehr die politische Akzeptanz des Harmonisierungsvorhabens erleichtern sollte. Dass jede der Rechtsdurchsetzung dienende Maßnahme am **Gebot der Verhältnismäßigkeit** zu messen ist und **nicht missbräuchlich** sein (d.h. unter den besonderen Umständen des Einzelfalls dem Grundsatz von Treu und Glauben 7 widersprechen) darf, ist nach nationalem und Unionsrecht an sich eine **Selbstverständlichkeit.**

II. Geltendmachung von Ansprüchen

1. Nach diesem Gesetz geltend gemachte Ansprüche

8 § 14 findet auf (aber auch nur, → Rn. 10) **sämtliche** nach dem GeschGehG geltend gemachten Ansprüche Anwendung, also auf die Ansprüche auf **Unterlassung und Beseitigung** (§ 6), **Vernichtung, Herausgabe, Rückruf, Entfernung und Rücknahme vom Markt** (§ 7), **Auskunft über rechtsverletzende Produkte** (§ 8), **Schadensersatz** (§ 10) und den **Herausgabeanspruch nach Eintritt der Verjährung** (§ 13). Seine Reichweite überschreitet insoweit diejenige des § 8 Abs. 4 UWG 2015 wie auch des § 8c UWG 2020 (→ Rn. 3, 7), die nur den lauterkeitsrechtlichen Unterlassungs- und Beseitigungsanspruch betreffen.

9 Das Missbrauchsverbot richtet sich sowohl gegen die **gerichtliche** als auch gegen die **außergerichtliche** Berufung auf einen der im GeschGehG geregelten Ansprüche. Dies ergibt sich zweifelsfrei aus dem Wortlaut, entspricht dem Zweck der Vorschrift, wird durch § 14 S. 2 (Ersatz der für die Rechtsverteidigung erforderlichen Aufwendungen) gestützt und in der Gesetzesbegründung (BT-Drucks. 19/4724, 34) ausdrücklich hervorgehoben, wenn es dort heißt, ob eine **Abmahnung oder Klage** missbräuchlich sei, sei nach den Grundsätzen von Treu und Glauben aus § 242 BGB unter Berücksichtigung der gesamten Umstände zu entscheiden. Die auf eine missbräuchliche Abmahnung folgende gerichtliche Geltendmachung von lauterkeitsrechtlichen Abwehransprüchen zog im Rahmen des § 8 Abs. 4 UWG 2015 bei unveränderter Sachlage die Unzulässigkeit der Klage ohne weiteres nach sich (vgl. nur BGH GRUR 2002, 357 (359 f.) – Missbräuchliche Mehrfachabmahnung – und GRUR 2012, 730 Tz. 47 – Bauheizgerät; dazu *Ohly* in Ohly/Sosnitza § 8 Rn. 157, und *Goldmann* in Harte/Henning § 8 Rn. 734, mit berechtigter Kritik an der weitergehenden Auffassung des BGH, nach der die Klage auch dann unzulässig sein soll, wenn zwar die Abmahnung missbräuchlich war, die Voraussetzungen des Missbrauchs bei der klageweisen Geltendmachung aber nicht mehr vorliegen). Auf die missbräuchliche Geltendmachung von Ansprüchen wegen Geheimnisverletzung lassen sich diese Maßstäbe nicht pauschal übertragen. Insbesondere **folgt** hier **aus der Missbräuchlichkeit einer Abmahnung nicht** ohne Weiteres **die Missbräuchlichkeit einer anschließend erhobenen Klage,** denn andernfalls müsste der Inhaber eines Geschäftsgeheimnisses den Eingriff in seine individuelle Rechtsposition endgültig hinnehmen; für eine so weitgehende Einschränkung seiner Rechte gibt es keinen sachlichen Grund (überzeugend *Alexander* in Köhler/Bornkamm/Feddersen GeschGehG § 14 Rn. 22, unter Hinweis auf die entsprechende, zum Urheberrecht ergangene Entscheidung BGH GRUR 2013, 176 Rn. 18 – Ferienluxuswohnung; ebenso *Glinke* in Keller/Schönknecht/Glinke § 14 Rn. 10 ff.; *Tochtermann* in Büscher GeschGehG § 14 Rn. 11; aA *Reinfeld,* Neues GeschGehG, § 5 Rn. 50).

2. Sonstige Ansprüche

10 Eine **analoge Anwendung** des § 14 auf **lauterkeitsrechtliche,** immaterialgüterrechtliche, sonstige **deliktsrechtliche** oder auf **vertragliche** Ansprüche **kommt nicht in Betracht.** Auf das **Ergebnis** wirkt sich dies allerdings kaum aus

(ebenso *Alexander* in Köhler/Bornkamm/Feddersen GeschGehG § 14 Rn. 13). So kennt zwar das **Immaterialgüterrecht** kein ausdrückliches Missbrauchsverbot dieser Art (zur Begründung *Goldmann* in Harte/Henning, 5. Aufl. 2021, § 8c Rn. 29 f. mwN; → Rn. 6). Der Rückgriff auf den für das gesamte materielle wie auch das Verfahrensrecht gültigen **Grundsatz von Treu und Glauben** bleibt jedoch stets möglich und ist bei entsprechender Sachverhaltslage auch geboten (→ Rn. 1). Auch in Bezug auf § 8 Abs. 4 UWG 2015 war anerkannt, dass die Anwendung des generellen Missbrauchverbots aus § 242 BGB unberührt blieb (vgl. BGH GRUR 2012, 949 Rn. 20 – Missbräuchliche Vertragsstrafe; *Ohly* in Ohly/Sosnitza § 8 Rn. 157; *Köhler/Feddersen* in Köhler/Bornkamm/Feddersen § 8 Rn. 4.8). Die abstrakte Formulierung des Missbrauchsverbots gem. § 14 knüpft ausweislich der Begründung des RegE ungeachtet der leicht fehlzudeutenden (→ Rn. 6 f.) Bezugnahme auf § 8 Abs. 4 UWG 2015 ohnehin – in sachlicher Übereinstimmung mit Art. 7 Abs. 1 Geschäftsgeheimnis-RL (→ Rn. 1) – auch und wohl in erster Linie an den allgemeineren Gedanken des § 242 BGB an. Dieser aber gilt im Geheimnisschutz ebenso wie bei der Durchsetzung von Immaterialgüterrechten im engeren Sinn (zur Differenzierung zwischen lauterkeitsrechtlichen und immaterialgüterrechtlichen Folgen einer missbräuchlichen Abmahnung aber → Rn. 9; einen Fall missbräuchlicher Anspruchsverfolgung im UrhR betrifft BGH GRUR 2020 Rn. 13 ff. – Al Di Meola II).

III. Missbrauch

Ob eine Abmahnung oder Klage missbräuchlich ist, ist – wie in der Begründung 11
des RegE GeschGehG (BT-Drs. 19/4724 34) zutreffend in den Vordergrund gestellt wurde – nach den Grundsätzen von Treu und Glauben aus § 242 BGB unter Berücksichtigung der gesamten Umstände zu entscheiden. Es geht also um Ausnahmesituationen, die anhand einer **umfassenden, von den besonderen Gegebenheiten des Einzelfalls ausgehenden Interessenabwägung** zu bewerten sind. Hierbei ist zu berücksichtigen, dass – anders als im UWG und den Schutzgesetzen des geistigen Eigentums – **bereits die Zuerkennung der betreffenden Ansprüche** von einer **Prüfung der Verhältnismäßigkeit** abhängt (vgl. §§ 9, 11, → Rn. 3;). Die in Art. 7 Abs. 2 Geschäftsgeheimnis-RL (→ Rn. 2 f.) „im nationalen Recht vorgesehenen angemessenen Maßnahmen" sind eben diejenigen, die § 242 BGB hergibt (zum Verbot des Rechtsmissbrauchs nach Unionsrecht EuGH Slg. 2007, I-5795 Rn. 37 f. -Kofoed; *Goldmann* in Harte/Henning § 8c Rn. 14 ff.). Die Geltendmachung gesetzlicher Ansprüche kann sich vor allem dann als missbräuchlich erweisen, wenn sich der Anspruchsteller allein oder überwiegend von **sachfremden Motiven** leiten lässt (vgl. BGH GRUR 2009, 1180 Rn. 20 – 0,00 Grundgebühr; GRUR 2012, 730 Rn. 14 – Bauheizgerät; OLG Düsseldorf GRUR-RR 2014, 164 (165) – Karnevals-Wurftaube; *Ohly* in Ohly/Sosnitza § 8 Rn. 158). Dies ist nur dann zu bejahen, wenn diese **die eigentliche Triebfeder** und das vorherrschende Motiv des Handelns ausmachen (st. Rspr., vgl. BGH GRUR 2000, 1089 (1090) – Missbräuchliche Mehrfachverfolgung; GRUR 2019, 199 Rn. 21 – Abmahnaktion II; *Goldmann* in Harte/Henning § 8c Rn. 42 ff. mwN). Ist nicht zu widerlegen, dass es dem Gläubiger in erster Linie um die Unterbindung rechtswidrigen Verhaltens und den Schutz seiner von Gesetzes wegen begründeten Ansprüche geht, so spielt es keine Rolle, ob daneben auch sachfremde Erwägungen mitschwingen (vgl. OLG Hamm MMR 2009, 865).

Im Rahmen einer **wertenden Gesamtbetrachtung** des Geschehens ist zu prüfen, ob der Anspruchsberechtigte aufgrund besonderer Umstände im konkreten Fall trotz des tatsächlich gegebenen Rechtsverstoßes weniger schutzbedürftig und schutzwürdig ist als der Rechtsverletzer (*Alexander* in Köhler/Bornkamm/Feddersen GeschGehG § 14 Rn. 21). Um sich ein Bild von den Motiven des Anspruchsstellers zu machen, kann nur **von wahrnehmbaren Tatsachen ausgegangen** werden, die den **Schluss auf die Motivation** als innere Tatsache zulassen (*Goldmann* in Harte/Henning § 8c Rn. 47 ff. mwN).

12 Sowohl in **Erwägungsgrund 22** Geschäftsgeheimnis-RL als auch in der Begründung zu § 14 GeschGehG wird versucht, das Missbrauchsverbot durch **konkrete Beispiele** mit Leben zu erfüllen. Dieser Versuch bleibt allerdings weitgehend unergiebig. So wird in Erwägungsgrund 22 zur Charakterisierung missbräuchlichen Verhaltens ganz allgemein auf die Nutzung der vorgesehenen Rechtsbehelfe und Verfahren Bezug genommen, mit denen „nicht legitime, mit den Zielen der Richtlinie unvereinbare Absichten" verfolgt werden. Gemeint sind damit aber, wie der Anschlusssatz zeigt, in erster Linie, wenn nicht ausschließlich, diejenigen Fälle, in denen Antragsteller „missbräuchlich oder unredlich handeln und **offensichtlich unbegründete Anträge** stellen, beispielsweise zu dem Zweck, den Marktzugang des Antragsgegners in unbilliger Weise zu verzögern oder zu beschränken oder ihn auf andere Weise einzuschüchtern oder ihm Schwierigkeiten zu bereiten" (Fettdruck hinzugefügt). Wenn es aber im Grunde nur oder so gut wie ausschließlich darum geht, die Durchsetzung von ohnehin „offensichtlich unbegründeten Anträgen" zu vermeiden, bewegt sich die praktische Relevanz dieses Missbrauchsverbots gegen Null (→ Rn. 4 f.).

13 In der **Begründung zu § 14 GeschGehG** (BT-Drs. 19/4724, 34) wird neben einem Verweis auf Erwägungsgrund 22 das in § 8 Abs. 4 UWG 2015 erwähnte vorwiegende Ziel angesprochen, gegen den Zuwiderhandelnden einen Anspruch auf **Ersatz von Aufwendungen oder Kosten der Rechtsverfolgung** entstehen zu lassen. Es ist aber schwer erkennbar, dass die Verfolgung solcher Ziele auf dem Feld des Geheimnisschutzes irgendeine praktische Rolle gespielt hat oder spielen könnte, die mit dem im Wettbewerbsrecht zeitweise aufgeflackerten „Abmahnungswesen" (→ Rn. 1) auch nur entfernt vergleichbar wäre. Dort ging es um die **massenhafte Durchsetzung leicht feststellbarer, so gut wie zweifelsfreier Gesetzesverstöße** (etwa im Bereich der irreführenden Werbung oder der Unterlassung bestimmter Pflichtangaben aus außerwettbewerbsrechtlichen Normen, die über § 4 Nr. 11 UWG 2004 bzw. § 3a UWG 2015 in das Lauterkeitsrecht „transportiert" wurden; zur umfangreichen Kasuistik *Goldmann* in Harte/Henning § 8, 4. Aufl. 2016, Rn. 645 ff.; *Köhler/Feddersen* in Köhler/Bornkamm/Feddersen, 37. Aufl. 2019, § 8 Rn. 4.10 ff., jeweils mit umfangreichen Nachweisen). Nur so konnten bestimmte Verbände, Unternehmen oder die für sie tätigen Anwälte die systematische Verfolgung lauterkeitsrechtlicher Gesetzesverstöße zu einem eigenen Geschäftszweig entwickeln (*Goldmann* in Harte/Henning, 4. Aufl. 2016, § 8 Rn. 646). Eine Fehlentwicklung dieser Art ist schon unter Geltung der §§ 17 ff. UWG nie bekannt geworden und dürfte auch in Zukunft fernliegen.

14 Dies erklärt sich zum einen daraus, dass die **Klagebefugnis nicht** in einer mit § 8 Abs. 3 UWG 2015 vergleichbaren Weise **erweitert** wurde; so konnten Verstöße gegen die Vorschriften über den Geheimnisschutz nicht von jedem, sondern nur von demjenigen Unternehmer verfolgt werden, dessen Geheimnisse verletzt worden waren (*Goldmann* in Harte/Henning § 8 Rn. 285; zum Erfordernis der unmittelbaren Betroffenheit auch *Ottofülling* in MüKoUWG, 3. Aufl. 2022, § 8

Rn. 421 mwN). Zum anderen gehört die Aufklärung und Verfolgung mutmaßlicher Verstöße gegen die Vorschriften zum Schutz von Geschäftsgeheimnissen zu den **anspruchsvollsten materiell- und verfahrensrechtlichen Aufgaben** überhaupt. Ein schnelles Geschäft lässt sich hiermit nicht machen.

Hinzu kommen zwei speziell den Geheimnisschutz betreffende Gesichtspunkte: 15
So steht der Geheimnisschutz den **Immaterialgüterrechten** zumindest nahe (→ Einl. A Rn. 26 ff. mwN); für diese aber ist anerkannt, dass ein legitimes Interesse an der Durchsetzung gesetzlicher Ansprüche kaum jemals zu verneinen ist (→ Rn. 6). Darüber hinaus fällt ins Gewicht, dass jede unbefugte Nutzung oder Offenlegung fremder Geschäftsgeheimnisse für den Inhaber des betreffenden geheimen Wissens die **greifbare Gefahr** mit sich bringt, dass der **Geheimnischarakter ganz entfällt,** die Schutzposition also generell zerstört wird (→ *Harte-Bavendamm* in Harte/Henning, 4. Aufl. 2016, §§ 17–19 Rn. 2; *Ann* in Ann/Loschelder/Grosch Kap. 1 Rn. 27 ff.; *Josef Kohler,* Der unlautere Wettbewerb, 1914, 259 f.: „Hört das Geheimnis auf, so hört auch der Geheimnisschutz auf"). Unter solchen Umständen die Verfolgung rechtswidriger Eingriffe als missbräuchlich anzusehen, ist nur schwer vorstellbar.

Insgesamt zeigt sich, dass die Verfolgung von Ansprüchen aus § 4 **allenfalls in ganz extremen Sonderfällen missbräuchlich** sein kann, für die sich allgemeine Regeln nicht aufstellen lassen (zu wenigen, sehr theoretischen Ausnahmefällen → Rn. 25). Der in der Gesetzesbegründung enthaltene Verweis auf § 8 Abs. 4 UWG 2015 erweist sich insofern als recht trügerisch. 16

IV. Rechtsfolgen

1. Unzulässigkeit

Erste und wichtigste Rechtsfolge der missbräuchlichen Geltendmachung von Ansprüchen ist nach **§ 14 S. 1 GeschGehG** – wie nach § 8 Abs. 4 UWG 2015 und bei einem Verstoß gegen den Grundsatz von Treu und Glauben (§ 242 BGB) – ganz allgemein die **Unzulässigkeit dieses Vorgehens** (zur Zulässigkeit als Prozessvoraussetzung → Rn. 21). In **Satz 2** wird sodann eine spezielle Folge dieser Unzulässigkeit behandelt, nämlich die Pflicht zum **Ersatz der für die Rechtsverteidigung erforderlichen Aufwendungen** des missbräuchlich in Anspruch genommenen Gegners (→ Rn. 19). In **Satz 3** wird klargestellt, dass **andere Ersatzansprüche,** die durch die Missbräuchlichkeit des Angreiferverhaltens ausgelöst werden, **unberührt bleiben.** Hierbei kann es sich etwa um lauterkeitsrechtliche Ansprüche wegen **gezielter Behinderung** (§ 4 Nr. 4 iVm § 3 Abs. 1 und § 9 Abs. 1 UWG) oder um Ansprüche aus **allgemeinem Deliktsrecht** (§§ 823 ff. BGB) handeln (*Alexander* in Keller/Bornkamm/Feddersen GeschGehG § 14 Rn. 24). Es spricht viel dafür, auch die Rechtsprechung zur **unberechtigten Schutzrechtsverwarnung** auf den Bereich des Geheimnisschutzes zu übertragen (hierzu überzeugend *Glinke* in Keller/Schönknecht/Glinke § 14 Rn. 39 f.; *Stolz* in Brammsen/Apel § 14 Rn. 43; zur ungerechtfertigten Schutzrechtsverwarnung im Allgemeinen s. nur *Köhler* in Köhler/Bornkamm/Feddersen § 4 Rn. 4.172 ff., und *Omsels* in Harte/Henning § 4 Rn. 487 ff., jeweils mwN). Auch wenn der durch die RL (EU) 2016/943 weitgehend harmonisierte Schutz von Geschäftsgeheimnissen in mancher Hinsicht hinter demjenigen der Immaterialgüterrechte zurückbleibt (→ Einl. A. Rn. 21 ff., 30 f.: „Hybridnatur 17 des Geheimnisschutzes", „unvollkommenes Immaterialgüterrecht"), dürften die Annäherung an deren Schutzstandard und -zweck sowie die Übereinstimmung der rechtlichen und wirtschaftlichen Interessenlage weit genug gehen, um der **ungerechtfertigten Verwarnung aus einem Geschäftsgeheimnis** einen **Schadensersatzanspruch des zu Unrecht Abgemahnten** gegenüberzustellen.

18 Ob die Verwendung des auf einen **verfahrensrechtlichen** Aspekt (nämlich den Wegfall der Prozessführungsbefugnis) hindeutenden **Begriffs der Unzulässigkeit** bedeutet, dass lediglich die Prozessführungsbefugnis entfällt, oder ob die missbräuchliche Vorgehensweise **gleichzeitig eine materiellrechtliche Einwendung** gegen den konkret geltend gemachten Anspruch begründet, wird unterschiedlich beurteilt (für ein Verständnis als rein prozessuale Norm *Tochtermann* in Büscher § 14 GeschGehG Rn. 19; *Stolz* in Brammsen/Apel § 14 Rn. 33 mwN). Die praktischen Auswirkungen dieser Einordnung bleiben allerdings insofern begrenzt, als auch die Befürworter einer **Doppelfunktion** (*Alexander* in Köhler/Bornkamm/Feddersen § 14 Rn. 22; *Glinke* in Keller/Schönknecht/Glinke § 14 Rn. 33) der Ansicht zustimmen, dass – wie im Immaterialgüterrecht – **eine gem. § 14 missbräuchliche Abmahnung** (→ Rn. 7, 9), **nicht ohne weiteres die später erhobene Klage infiziert** (*Glinke* in Keller/Schönknecht/Glinke § 14 Rn. 12 f.; *Alexander* in Köhler/Bornkamm/Feddersen GeschGehG § 14 Rn. 22). Liegen bei Durchführung des Klageverfahrens keine den Missbrauchsvorwurf tragenden Umstände (mehr) vor, so entfällt auch die Anwendbarkeit des § 14.

2. Ersatz der für die Rechtsverteidigung erforderlichen Aufwendungen

19 **§ 14 S. 2 GeschGehG** gewährt dem missbräuchlich abgemahnten oder verklagten Anspruchsgegner einen **von einem Verschulden** und sonstigen Voraussetzungen **unabhängigen** Gegenanspruch auf Ersatz der für seine Rechtsverteidigung erforderlichen Aufwendungen. Dies betrifft in erster Linie, aber nicht ausschließlich die Anwaltskosten. Zu der wortlautgleichen Regelung in § 8 Abs. 4 S. 2 UWG 2015 hieß es in der Gesetzesbegründung (BT-Drs. 17/13057 14), die Vorschrift solle das Kostenrisiko des **Abgemahnten** senken; dieser solle dazu **ermuntert** werden, **anwaltliche Hilfe in Anspruch zu nehmen.**

19a Da ein erheblicher Teil der Auseinandersetzungen über die unbefugte Erlangung, Nutzung und Offenlegung von Geschäftsgeheimnissen in die ausschließliche **Zuständigkeit der Arbeitsgerichte** fällt (§ 2 Abs. 1 Nr. 3 ArbGG; → § 15 Rn. 9 ff.), gem. **§ 12a Abs. 1 S. 1 ArbGG** aber erstinstanzlich keine Kostenerstattung erfolgt, stellt sich die Frage, ob § 14 S. 2 GeschGehG im Falle missbräuchlicher Anspruchsverfolgung dennoch zum Zuge kommen kann (verneinend *Reinfeld* § 5 Rn. 46 f.). Nach der Rechtsprechung des BArbG genießt § 12 Abs. 1 S. 1 ArbGG **Anwendungsvorrang** gegenüber gleichrangigen anderen Gesetzen, die einen Kostenerstattungsanspruch des Gegners vorsehen; auch ist § 12 Abs. 1 S. 1 ArbGG nicht rein prozessualer Natur, sondern schließt einen Kostenerstattungsanspruch auch in der Sache aus (vgl. nur BAG NZA 2010, 121 Rn. 25; 30, zu § 288 Abs. 5 S. 1 BGB). Eine Ausnahme macht das BArbG jedoch dort, wo der Ausschluss der Kostenerstattung dem Zweck der Vorschrift zuwiderlaufen würde (BAG NZA 2019, 121 Rn. 37 ff.). Wenn es wie im Fall des **§ 826 BGB** primär nicht um die Durchsetzung des sachlichen Anspruchsgehalts, sondern um die **vorsätzliche sittenwidrige Schädigung des Gegners** geht, tritt § 12 Abs. 1

S. 1 ArbGG zurück (Erfurter Kommentar/*Koch* ArbGG, 21. Aufl. 2021, § 12a Rn. 1 f. mwN). Dem ist jedenfalls eine der typischen Fallgruppen des Rechtsmissbrauchs – die angestrebte Kostenbelastung des Schuldners als das eigentliche Ziel des Angreifers – gleichzustellen (*Glinke* in Keller/Schönknecht/Glinke § 14 Rn. 34 f. mwN). Vorbehaltlich einer umfassenden Würdigung der Gesamtumstände könnte sich diese Bewertung aber auch auf andere Fälle des Rechtsmissbrauchs gem. § 14 GeschGehG (wie auch des § 8c UWG) übertragen lassen (aA *Stolz* in Brammsen/Apel § 14 Rn. 39).

Zu den für die Abwehr missbräuchlicher Angriffe erforderlichen Aufwendun- **19b**
gen können neben den Anwaltsgebühren **weitere Kostenfaktoren** gehören, etwa ein Sachverständigengutachten. Zu prüfen ist, ob solche Aufwendungen zur Abwehr der geltend gemachten Ansprüche geeignet sind und ob sie ein **adäquates und verhältnismäßiges Mittel** zur Verteidigung der eigenen Position darstellen (*Glinke* in Keller/Schönknecht/Glinke § 14 Rn. 36), Wie im Rahmen des §§ 8c UWG kann auch der Gesichtspunkt der **Waffengleichheit** als Maßstab dienen (vgl. *Goldmann* in Harte/Henning § 8c UWG unter Hinweis auf die Begr. zum RegE BT-Drs. 17/13057, 12, 14, 25): Der angegriffene Anspruchsgegener soll dem Anspruchsteller auf Augenhöhe begegnen, d.h. sich gleichwertiger Verteidigungsinstrumente bedienen können.

3. Weitergehende Ersatzansprüche

Die in § 14 S. 2 GeschGehG enthaltene Spezialregelung über den Kostenersatz **20**
steht der Durchsetzung weitergehender Ersatzansprüche nicht entgegen (S. 3). Damit sind vor allem **Schadensersatzansprüche aus den §§ 823 ff. BGB** gemeint (vgl. zu § 8 Abs. 4 BGB 2015 *Köhler/Feddersen* in Köhler/Bornkamm/Feddersen § 8 Rn. 4.6). Auch ein auf §§ 9, 3 Abs. 1 und 4 Nr. 4 UWG gestützter Schadensersatzanspruch wegen **gezielter Behinderung** kann infrage kommen. Als weiterer, wenn auch nicht dem unmittelbaren Kostenersatz dienender Gegenanspruch kommt darüber hinaus die **Bekanntmachung des Urteils** nach § 21 GeschGehG in Betracht (vgl. Art. 7 Abs. 2 Geschäftsgeheimnis-RL).

V. Prozessuales

1. Prozessvoraussetzung

Wie in § 8 Abs. 4 UWG 2015 wird die missbräuchliche Anspruchserhebung **21**
in § 14 GeschGehG als **unzulässig** bezeichnet. Es geht also bereits um eine **von Amts wegen zu prüfende Prozessvoraussetzung,** nicht erst um eine Frage der Begründetheit (so auch die ganz hM zur Rechtsnatur des Missbrauchseinwands gemäß § 242 BGB im Allgemeinen und § 8 Abs. 4 UWG 2015 im Besonderen, vgl. BGH GRUR 1966, 623 (625) – Kupferberg; GRUR 2002, 357 (359) – Missbräuchliche Mehrfachabmahnung; *Scharen* in Ahrens Kap. 50 Rn. 11; *Büch* in Teplitzky Kap. 13 Rn. 51 ff.); *Köhler/Feddersen* in Köhler/Bornkamm/Feddersen, 38. Aufl. 2020; § 8 Rn. 4.3 f.). Auch wenn man den Missbrauchseinwand nach § 14 S. 1 zugleich als **materiell-rechtliche Einwendung** ansehen will (→ Rn. 9, 18), so betrifft dies – anders als nach der zu § 8c UWG vorherrschenden Ansicht (*Feddersen* in Köhler/Bornkamm/Feddersen § 8c Rn. 4 mwN; kritisch *Büch* in Teplitzky Kap. 13 Rn. 50, und *Goldmann* in Harte/Henning § 8c Rn. 230 ff. mwN) – **nur die zum Zeitpunkt der missbräuchlichen Geltend-**

machung vorherrschenden Umstände und bedeutet nicht, dass der Anspruch generell erlischt und eine Rechtsverfolgung auch später schlechthin nicht mehr möglich wäre (→ Rn. 9, 18; vgl. zum Urheberrecht BGH GRUR 2013, 176 Rn. 17 f. – Ferienluxuswohnung).

2. Darlegungs- und Beweislast

22 Im gerichtlichen Verfahren ist das Vorliegen eines Rechtsmissbrauchs nach hM, da eine **Prozessvoraussetzung** betreffend (→ Rn. 19), **von Amts wegen** auch noch in der Revisionsinstanz (BGH GRUR 2002, 715 (716) – Scanner-Werbung) im Wege des **Freibeweises** zu prüfen (*Krbetschek* in MüKoUWG, 3. Aufl. 2022, § 14 GeschGehG Rn. 19; vgl. zu § 8 Abs. 4 UWG aF bzw. § 8c UWG 2020 OLG München WRP 1992, 270 (2273); OLG Jena GRUR-RR 2011, 327; *Feddersen* in Köhler/Bornkamm/Feddersen § 8c Rn. 42 mwN). Der **Beklagte** braucht zwar den Missbrauch nicht ausdrücklich zu rügen (*Goldmann* in Harte/Henning § 8c Rn. 220). Da grundsätzlich von der Vermutung auszugehen ist, dass die im GeschGehG geregelten Ansprüche zulässigerweise geltend gemacht werden, muss er jedoch die **Umstände darlegen und beweisen,** die **für ein rechtsmissbräuchliches Verhalten des Klägers sprechen** (vgl. BGH GRUR 2007, 164 Rn. 13 – Telefaxwerbung II; *Goldmann* in Harte/Henning § 8c Rn. 222 f. mwN; *Alexander* in Köhler/Bornkamm/Feddersen GeschGehG § 14 Rn. 25). Gelingt dies dem Beklagten nicht, geht ein non liquet zu seinen Lasten. Ist allerdings durch den Tatsachenvortrag des Beklagten die für die Anspruchsberechtigung und Prozessführungsbefugnis streitende **Vermutung erschüttert,** so obliegt es dem Kläger im Sinne einer **sekundären Darlegungslast,** diese Umstände zu widerlegen (vgl. zu § 8c UWG *Goldmann* in Harte/Henning Rn. 223 mwN); *Ohly* in Ohly/Sosnitza § 8c Rn. 9; *Feddersen* in Köhler/Bornkamm/Feddersen § 8c Rn. 42 mwN; *Krbetschek* in MüKoUWG, 3. Aufl. 2022, § 14 GeschGehG Rn. 18).

23 In einem vom Anspruchsgegner betriebenen Verfahren zur **Durchsetzung von Ersatzansprüchen nach § 14 S. 2 GeschGehG** oder auf anderer Grundlage ist es ohnehin Sache des ursprünglichen Anspruchsgegners und jetzigen Anspruchstellers, den Missbrauch darzulegen und zu beweisen. Allerdings muss der Geheimnisinhaber, dem die missbräuchliche Geltendmachung von Rechtsfolgen der Verletzung vorgeworfen wird, zur Klärung solcher Tatsachen beitragen, die in seiner Sphäre liegen und der anderen Seite nicht bekannt sind (*Feddersen* in Köhler/Bornkamm/Feddersen § 8c UWG Rn. 42).

3. Sonstige verfahrensrechtliche Aspekte

24 Weitere prozessuale Gesichtspunkte, die auch für die Durchsetzung von Ansprüchen aus § 14 gelten, ergeben sich hinsichtlich der **örtlichen und sachlichen Zuständigkeit** sowie der möglichen **Verfahrenskonzentration aus § 15.** Die auf § 14 S. 2 gestützten Ersatzansprüche gehören selbstverständlich zu den „Ansprüche(n) nach diesem Gesetz". Auseinandersetzungen über die Voraussetzungen und Rechtsfolgen des § 14 sind ferner als Geschäftsgeheimnisstreitsachen im Sinne der **§§ 15 bis 20 (Wahrung der Vertraulichkeit im Verlauf von Gerichtsverfahren)** anzusehen.

25 Des Weiteren gelten auch die Regeln zur **Streitwertbegünstigung (§ 22).** Sie mögen etwa in dem – vermutlich sehr seltenen – Fall heranzuziehen sein, dass ein Unternehmen frühere Mitarbeiter primär deshalb mit Ansprüchen überzieht,

weil sie eingeschüchtert werden sollen und deshalb in der Grauzone zwischen erlaubter und verbotener Verwertung ihrer während der Beschäftigung erlangten Kenntnisse davon Abstand nehmen, redlich erworbene Fähigkeiten und Erfahrungen in ihre neuen Arbeitsverhältnisse einzubringen. Eine andere nicht völlig auszuschließende Konstellation könnte darin liegen, dass Mitarbeiter willkürlich des rechtswidrigen „Whistleblowing" beschuldigt werden. In solchen Ausnahmefällen könnte ein starkes Missverhältnis zwischen den finanziellen Möglichkeiten der Prozessparteien entstehen, abgemildert allerdings durch das in arbeitsgerichtlichen Verfahren niedrigere Kostenrisiko. Eine Schieflage könnte sich möglicherweise auch dann ergeben, wenn ein großer Konzern systematisch gegen kleine Mitbewerber vorgehen sollte, um diese unter Nutzung seiner geballten, ungleich größeren Ressourcen zu verunsichern und zu behindern. Diese Anmerkungen zu recht theoretischen Fallgestaltungen beziehen sich allein auf Konstellationen, in denen dem angeblichen Rechtsverletzer eine **angemessene Verteidigung** nur **bei Gewährung der Streitwertbegünstigung** nach § 22 möglich wäre. Sie implizieren dagegen nicht, dass die Anspruchsverfolgung hier ohne Weiteres auch als missbräuchlich einzuordnen wäre (→ Rn. 8, 17).

§ 15 Sachliche und örtliche Zuständigkeit; Verordnungsermächtigung

(1) **Für Klagen vor den ordentlichen Gerichten, durch die Ansprüche nach diesem Gesetz geltend gemacht werden, sind die Landgerichte ohne Rücksicht auf den Streitwert ausschließlich zuständig.**

(2) [1]**Für Klagen nach Absatz 1 ist das Gericht ausschließlich zuständig, in dessen Bezirk der Beklagte seinen allgemeinen Gerichtsstand hat.** [2]**Hat der Beklagte im Inland keinen allgemeinen Gerichtsstand, ist nur das Gericht zuständig, in dessen Bezirk die Handlung begangen worden ist.**

(3) [1]**Die Landesregierungen werden ermächtigt, durch Rechtsverordnung einem Landgericht die Klagen nach Absatz 1 der Bezirke mehrerer Landgerichte zuzuweisen.** [2]**Die Landesregierungen können diese Ermächtigung durch Rechtsverordnung auf die Landesjustizverwaltungen übertragen.** [3]**Die Länder können außerdem durch Vereinbarung die den Gerichten eines Landes obliegenden Klagen nach Absatz 1 insgesamt oder teilweise dem zuständigen Gericht eines anderen Landes übertragen.**

Schrifttum: *Asendorf,* Wettbewerbs- und Patentstreitsachen vor Arbeitsgerichten?, Die sachliche Zuständigkeit bei der Verletzung von Betriebsgeheimnissen durch Arbeitnehmer, GRUR 1990, 229; *Fischer,* Der Rechtsweg zu den Arbeitgerichten in UWG-Sachen, DB 1998, 1182; *Francken,* Das Geschäftsgeheimnisgesetz und der Rechtsweg zu den Gerichten für Arbeitssachen, NZA 2019, 1665; *Mautz/Löblich,* Nachvertraglicher Verrat von Betriebs- und Geschäftsgeheimnissen, MDR 2000, 67; *Reuter,* Wettbewerbsrechtliche Ansprüche bei Konflikten zwischen Arbeitgebern und Arbeitnehmern – Terra Incognita?, NJW 2008, 3538; *Thomas/Putzo,* Zivilprozessordnung, Kommentar, 44. Aufl. 2023; *Zöller* Zivilprozessordnung, Kommentar, 34. Aufl. 2022.

Übersicht

I. Allgemeines

1. Regelungsgehalt

1 § 15 enthält Regelungen über die **sachliche** und **örtliche Gerichtszuständigkeit** in Geschäftsgeheimnisstreitsachen vor den **ordentlichen Gerichten.** In Fällen, in denen sich der Wohn- oder Geschäftssitz des Beklagten außerhalb der EU und der EFTA befindet, hat § 15 Abs. 2 zudem doppelfunktionalen Charakter und regelt neben der örtlichen auch die **internationale Zuständigkeit** (→ Einl. A Rn. 228). **Nicht** geregelt wird der **Rechtsweg.** Unberührt bleibt daher insbesondere der Rechtsweg zu den Arbeitsgerichten (BT-Drs. 19/4724, 34). Im Übrigen finden, soweit § 15 keine Sonderregelungen enthält, die allgemeinen verfahrensrechtlichen Bestimmungen der ZPO und des GVG Anwendung (*McGuire* in Büscher GeschGehG § 15 Rn. 9; BT-Drs. 19/4724, 34).

2. Völker- und unionsrechtlicher Rahmen

2 Unmittelbare völker- und unionsrechtliche Vorgaben für die Zuständigkeitsregelungen existieren nicht. **Art. 42 TRIPS** regelt lediglich, dass die Vertragsstaaten zivilprozessuale Verfahren für die Durchsetzung der Rechte des geistigen Eigentums iSd Übereinkommens vorsehen müssen. Der Regelungsgehalt der **Geschäftsgeheimnis-RL** umfasst gemäß **ErwGr. 37** keine Fragen der gerichtlichen Zuständigkeit.

3. Entstehungsgeschichte

§ 15 war im **RefE** als § 14 enthalten. Inhaltlich wurde die Vorschrift im **RegE** nur geringfügig abgeändert. Ergänzt wurde in Abs. 1 die Klarstellung, dass sich die Vorschrift nur auf Klagen vor den **ordentlichen Gerichten** bezieht. Während der RefE in Anlehnung an § 143 Abs. 1 PatG noch ausdrücklich eine sachliche Zuständigkeit der „Zivilkammern der Landgerichte" vorsah (krit. dazu: *Schlingloff* WPR 2018, 666 Rn. 25), sprach der RegE allgemeiner nur noch von einer Zuständigkeit der **Landgerichte,** allerdings ohne dass in § 95 GVG eine entsprechende Zuständigkeit der Kammern für Handelssachen aufgenommen worden wäre. Lediglich redaktionelle Bedeutung dürfte die im Laufe des Gesetzgebungsverfahren vorgenommene Neuverortung der Legaldefinition der „**Geschäftsgeheimnisstreitsachen**" haben. War diese ursprünglich in § 14 RefE enthalten, wurde sie mit dem RegE in § 16 aufgenommen. 3

II. Anwendungsbereich des § 15

1. Geschäftsgeheimnisstreitsache

Die Zuständigkeitsvorschrift des § 15 bezieht sich ausweislich ihres Wortlautes auf Klagen, durch die Ansprüche nach dem GeschGehG geltend gemacht werden, also auf **Geschäftsgeheimnisstreitsachen** iSd **Legaldefinition** gemäß **§ 16 Abs. 1.** Einzelheiten sind in Zusammenhang mit § 16 kommentiert (→ § 16 Rn. 8 ff.). Obwohl § 15 nicht ausdrücklich auf den Begriff der Geschäftsgeheimnisstreitsache Bezug nimmt, ist davon auszugehen, dass der Anwendungsbereich im Wesentlichen kongruent ist. Ein Unterschied besteht lediglich insoweit, als § 15 zusätzlich zu den Merkmalen des § 16 Abs. 1 die Rechtswegzuständigkeit der ordentlichen Gerichte voraussetzt (dazu → Rn. 8 ff.). 4

Ist Gegenstand des Rechtsstreits eine Geschäftsgeheimnisstreitsache, so erstreckt sich die Kognitionsbefugnis des Gerichts nach hM auch auf **konkurrierende Anspruchsgrundlagen** (BGH NJW 2003, 828 zu § 32 ZPO; *Hüßtege* in Thomas/Putzo ZPO Vorb § 12 Rn. 8; *Schultzky* in Zöller ZPO § 12 Rn. 20; *Gregor* in BeckOK GeschGehG § 15 Rn. 2), so dass „kraft Sachzusammenhangs" zB auch über vertragliche Ansprüche mitentschieden werden kann, die für sich genommen keine Ansprüche nach dem GeschGehG darstellen (→ § 16 Rn. 12). Hierfür sprechen prozessökonomische Erwägungen, die auch in § 17 Abs. 2 GVG für die Rechtswegzuständigkeit Ausdruck gefunden haben. Zudem knüpft der zweigliedrige Streitgegenstandsbegriff lediglich an Antrag und Lebenssachverhalt an. 5

Stützt sich eine Klage auf gesetzliche Ansprüche, deren **Anspruchsgrundlage** zwar **formal außerhalb des GeschGehG** verortet ist, die aber der Sache nach auf eine Geheimnisverletzung gemäß § 4 zurückzuführen sind, handelt es sich nach dem hier vertretenen Verständnis dennoch um eine Geschäftsgeheimnisstreitsache (→ § 16 Rn. 9). Das gilt insbesondere für Altfälle, die noch nach den §§ 17, 18 UWG a.F. i.V.m. § 823 Abs. 2 oder §§ 3, 3a UWG zu entscheiden sind (OLG Düsseldorf BeckRS 2021, 38391 Rn. 52; BayObLG BeckRS 2023, 2586 Rn. 23; → § 16 Rn. 10). In diesen Fällen richtet sich die Zuständigkeit des Gerichts jedenfalls dann nach § 15, wenn die Verletzungshandlungen bereits vor dem Inkrafttreten des GeschGehG begonnen haben, aber zu diesem Zeitpunkt noch nicht beendet waren (BayObLG BeckRS 2023, 2586 Rn. 32). Da auch abgeschlossene Altfälle, die ausschließlich nach den §§ 17 ff. UWG a.F. zu entscheiden 6 sind, Geschäftsgeheimnisstreitsachen darstellen, kommt § 15 auch in solchen Fällen zur Anwendung (OLG Düsseldorf BeckRS 2021, 38391 Rn. 52).

7 Für den Erlass **einstweiliger Verfügungen** ist gemäß § 937 Abs. 1 ZPO das **Gericht der Hauptsache** zuständig. Zu differenzieren sind hier zwei Fälle: **(1)** Ist die Hauptsache bei Einreichung des Verfügungsantrages noch nicht anhängig, bestimmt sich die Zuständigkeit nach allgemeinen Vorschriften. Zuständig ist also jedes Gericht, das auch für einen entsprechenden Hauptsacherechtsstreit zuständig wäre (OLG Karlsruhe WRP 2010, 793 (794) – Größter Komplettthersteller der Branche). Für Geschäftsgeheimnisstreitsachen vor den ordentlichen Gerichten bestimmt sich dies nach § 15 GeschGehG. **(2)** Ist ein Hauptsacherechtsstreit bereits bei einem Gericht anhängig, so ist (nur) dieses konkrete Gericht als Gericht der Hauptsache für den Erlass einer einstweiligen Verfügung zuständig. Gemäß § 943 Abs. 1 ZPO liegt die Zuständigkeit insoweit grundsätzlich bei dem Gericht des ersten Rechtszuges. Das Berufungsgericht ist zuständig, während die Hauptsache in der Berufungsinstanz anhängig ist (vgl. OLG Düsseldorf BeckRS 2017, 120339 Rn. 4 – Kommunikationsvorrichtung: nicht mehr bei Erreichen der Revisionsinstanz). Die Zuständigkeit für das einstweilige Verfügungsverfahren ist eine ausschließliche Zuständigkeit (§ 802 ZPO).

2. Rechtswegzuständigkeit der ordentlichen Gerichte

8 Gegenüber der Legaldefinition der Geschäftsgeheimnisstreitsache enthält die Zuständigkeitsnorm des § 15 die Einschränkung, dass sie nur für Klagen „vor den ordentlichen Gerichten" Geltung beansprucht. Die **ordentlichen Gerichte** sind regelmäßig für Streitigkeiten wegen einer Verletzung von Geschäftsgeheimnissen aus Vertragsrecht, Wettbewerbsrecht oder bürgerlichem Deliktsrecht zuständig **(§ 13 GVG).**

9 Eine praktisch bedeutsame Ausnahme hiervon bilden Rechtsstreitigkeiten zwischen **Arbeitgebern** und **Arbeitnehmern** (§ 5 ArbGG) oder **ehemaligen Arbeitnehmern.** Diese Streitigkeiten fallen in der Regel gemäß **§ 2 Abs. 1 Nr. 3 ArbGG** als Streitigkeiten „aus dem Arbeitsverhältnis" (lit. a), „aus dessen Nachwirkungen" (lit. c) bzw. „aus unerlaubten Handlungen, soweit diese mit dem Arbeitsverhältnis in Zusammenhang stehen" (lit. d) in die ausschließliche Zuständigkeit der **Arbeitsgerichtsbarkeit** (*Köhler/Feddersen* in Köhler/Bornkamm/Feddersen § 12 Rn. 1.4; *Reuter* NJW 2008, 3538, 3542; *Francken* NZA 2019, 1665). Nach der Gesetzesbegründung bleibt der Rechtsweg zu den Arbeitsgerichten durch § 15 ausdrücklich unberührt (BT-Drs. 19/4724, 34; aA *Schulte* ArbRB 2019, 320, 323: Verdrängung des § 2 Abs. 1 Nr. 3 ArbGG durch § 15 GeschGehG in Anlehnung an § 39 ArbEG und § 143 PatG).

10 Zu den **unerlaubten Handlungen** iSd § 2 Abs. 1 lit. d ArbGG zählen auch Verstöße gegen das GeschGehG (*Schönknecht* in Keller/Schönknecht/Glinke GeschGehG § 15 Rn. 7; *Kuta* in Hoeren/Münker GeschGehG § 15 Rn. 12). Erfasst werden alle Ansprüche aus Anlass der Geheimnisverletzung, d.h. insbesondere solche auf Unterlassung, Beseitigung, Geldersatz und Auskunft (OLG Düsseldorf BeckRS 2021, 38391 Rn. 24 zu Art. 7 Nr. 2 Brüssel Ia-VO). Ein **Zusammenhang mit dem Arbeitsverhältnis** besteht, wenn die unerlaubte Handlung zu dem Arbeitsverhältnis in einer inneren Beziehung steht, sie in der besonderen Eigenart des Arbeitsverhältnisses und den ihm eigentümlichen Reibungen und Berührungspunkten wurzelt (BGH BeckRS 1958, 31200939; BAG NZA 1996, 951 (952); *Schönknecht* in Keller/Schönknecht/Glinke GeschGehG § 15 Rn. 8).

Abgrenzungsfragen können sich insbesondere im Falle **ehemaliger Arbeitnehmer** ergeben, wenn nicht hinreichend klar ist, ob noch ein innerer Zusammenhang mit dem Arbeitsverhältnis iSd § 2 Abs. 1 lit. d ArbGG besteht (dazu *Asendorf* GRUR 1990, 229; *Fischer* DB 1998, 1182; *Mautz/Löblich* MDR 2000, 67, 70 f.). Ein solcher Zusammenhang wird in der Rechtsprechung regelmäßig angenommen, wenn Gegenstand des Rechtsstreits die Offenbarung oder Nutzung eines Geschäftsgeheimnisses ist, das der – auch ehemalige – Arbeitnehmer in Ausnutzung seines Arbeitsverhältnisses erlangt hat, unabhängig davon, ob die Erlangung redlich oder unredlich erfolgte (OLG Frankfurt GRUR 2005, 792 – Mitarbeiterdatei; KG NZA-RR 1998, 563 – Lasergeräte; OLG Zweibrücken NZA-RR 1998, 225 – Entwendung von Geschäftsunterlagen; OLG Stuttgart NZA-RR 1997, 267 – Mitgenommene Unterlagen; LAG Frankfurt DB 1970, 885 – Zusammenhang mit Arbeitsverhältnis). **Kein hinreichender Zusammenhang** mit dem Arbeitsverhältnis besteht aber bei einem Rechtsstreit gegen einen ehemaligen Arbeitnehmer, der in seinem Betrieb Unterlagen des Klägers verwertet, die er nicht infolge seines eigenen früheren Arbeitsverhältnisses, sondern über einen anderen Arbeitnehmer des Klägers erlangt hat (OLG Nürnberg WRP 2008, 1475 – Industrielle Reinigungsmaschinen; OLG Frankfurt a.M. GRUR 1992, 209 – Know-how-Verletzung).

Besonderheiten gelten, soweit Geschäftsgeheimnisstreitsachen mit Rechts- **11**
streitigkeiten über **gewerbliche Schutzrechte** oder **Urheberrechte** zusammentreffen. Für solche Rechtsstreitigkeiten sind die Arbeitsgerichte aufgrund spezialgesetzlicher Sonderzuweisungen regelmäßig **nicht** zuständig. Dies trifft etwa auf **Arbeitnehmererfindungen** zu, die gemäß **§§ 39 Abs. 1 ArbnErfG, 143 PatG** den für Patentstreitsachen zuständigen Landgerichten zugewiesen sind (vgl. BAG NZA 1997, 1181; anders aber bei technischen Verbesserungsvorschlägen gemäß § 20 ArbnErfG, vgl. BAG GRUR 1966, 88 – Abdampfverwertung). Im Falle einer **betriebsgeheimen Diensterfindung** (§§ 17, 24 ff. ArbnErfG), die zugleich Schutz als Geschäftsgeheimnis genießt, kann es insoweit zu einer Rechtswegspaltung und schwierigen Abgrenzungsfragen kommen (vgl. BAGE 41, 21 (26); *Asendorf* GRUR 1990, 229, 235 ff.). Soweit allerdings ein einheitlicher Streitgegenstand vorliegt, entscheidet das zuständige **ordentliche Gericht** den Rechtsstreit gemäß **§ 17 Abs. 2 S. 1 GVG** unter allen in Betracht kommenden rechtlichen Gesichtspunkten (vgl. BGH GRUR 2020, 755 Rn. 22 – WarnWetter-App), also auch hinsichtlich der Verletzung von Geschäftsgeheimnissen. Dies gilt ebenso bei Zusammentreffen von Ansprüchen nach dem GeschGehG und **urheberrechtlichen Ansprüchen,** für die der Rechtsweg zu den ordentlichen Gerichten nach § 104 UrhG eröffnet ist (LAG Köln ZUM-RD 2022, 450 Rn. 21 ff.).

Ist der Rechtsweg zu den Arbeitsgerichten eröffnet, können dort auch andere **12**
Ansprüche anhängig gemacht werden, die mit einer bei einem Arbeitsgericht anhängigen oder gleichzeitig anhängig werdenden bürgerlichen Rechtsstreitigkeit in rechtlichem oder unmittelbar wirtschaftlichem Zusammenhang stehen, wenn keine ausschließliche Zuständigkeit eines anderen Gerichts gegeben ist (sog. **Zusammenhangstreitigkeiten, § 2 Abs. 3 ArbGG**). Eine **wettbewerbsrechtliche Streitigkeit gegen Nicht-Arbeitnehmer** kann aber nicht gemäß § 2 Abs. 3 ArbGG vor die Arbeitsgerichte gebracht werden, weil insoweit aus § 13 Abs. 1 UWG eine ausschließliche Zuständigkeit der ordentlichen Gerichte abgeleitet wird (BAG GRUR-RR 2010, 447 – Rechtsweg für Wettbewerbsstreitigkeiten; aA OLG München OLGR 2009, 109 – Wettbewerbsverstoß einer GmbH:

Annahme eines Wahlrechts). Die gleiche Situation ergibt sich im Verhältnis zwischen § 15 GeschGehG und § 2 Abs. 3 ArbGG (ebenso: *Pichlmaier/Oldekop* in Hoppe/Oldekop Kap. 3 Rn. 59). Soll eine Klage wegen Geheimnisverletzung daher zB gegen einen ehemaligen Arbeitnehmer und seinen neuen Arbeitgeber erhoben werden, so ist § 2 Abs. 3 ArbGG nicht anwendbar. Die bestehende **Rechtswegspaltung** ist hinzunehmen. Gleiches gilt für weitere Tatbeteiligte (z.B. Anstifter oder Gehilfen), die keine Arbeitnehmer sind (*Schönknecht* in Keller/Schönknecht/Glinke GeschGehG § 15 Rn. 10).

13 Für Rechtsstreitigkeiten zwischen juristischen Personen oder Personengesellschaften und ihren **gesetzlichen Vertretern** ist der Rechtsweg zu den Arbeitsgerichten regelmäßig nicht eröffnet. Gemäß **§ 5 Abs. 1 S. 3 ArbGG** gelten Personen, die kraft Gesetzes, Satzung oder Gesellschaftsvertrags allein oder als Mitglieder eines Vertretungsorgans zur Vertretung der juristischen Person oder der Personengesamtheit berufen sind, **nicht als Arbeitnehmer.** Erfasst sind insbesondere Vorstandsmitglieder einer Aktiengesellschaft (§ 78 AktG) oder einer eingetragenen Genossenschaft (§ 24 GenG), Geschäftsführer einer GmbH (§ 35 GmbHG) oder einer Vor-GmbH (BAG NJW 1996, 2678) sowie der Director einer Limited nach englischem Recht (LAG Düsseldorf ArbRB 2015, 7; 9 LAG Baden-Württemberg BeckRS 2010, 66840). Die Fiktion des § 5 Abs. 1 S. 3 ArbGG erstreckt sich ferner auf die persönlich haftenden Gesellschafter einer OHG oder KG, die gemäß §§ 125, 161 HGB geschäftsführungsbefugt sind (BAG NZA 2006, 453), sowie auf den Geschäftsführer der Komplementär-GmbH bei der GmbH & Co. KG (BAG NJW 2003, 2390; LAG Düsseldorf ArbRB 2015, 79 für Limited & Co. KG). Soweit die Fiktion des § 5 Abs. 1 S. 3 ArbGG eingreift, kommt es nicht darauf an, ob das der Organstellung zugrundeliegende Rechtsverhältnis materiell-rechtlich als Dienstverhältnis oder Arbeitsverhältnis zu qualifizieren ist (BAG NZA 2015, 1342 Rn. 14; BAG NZA 2011, 874). Die Fiktion des § 5 Abs. 1 S. 3 ArbGG greift allerdings nur während des Bestehens des Organverhältnisses ein, d.h. sie beginnt mit Begründung der Organstellung und endet mit wirksamer Abberufung bzw. Amtsniederlegung (BAG NJW 2015, 718 Rn. 20; BAG NJW 2015, 570 Rn. 25). **Außerhalb des Eingreifens der Fiktion** des § 5 Abs. 1 S. 3 ArbGG ist nach allgemeinen Grundsätzen zu prüfen, ob das Organmitglied Arbeitnehmer oder Dienstverpflichteter ist (BAG NZA 2013, 54 Rn. 20; LAG Hessen ZIP 2013, 1594 Rn. 27). Auszugehen ist im Rahmen der Rechtswegzuständigkeit nicht von einem unionsrechtlichen (s. dazu: BGH NJW 2019, 2086), sondern von dem allgemeinen nationalen **Arbeitnehmerbegriff,** da das ArbGG nicht auf Unionsrecht basiert und durch die Bestimmung des Rechtsweges ein etwaiger unionsrechtlich vermittelter Schutz nicht verkürzt wird (BAG NZA 2019, 490 Rn. 14). Danach wird durch einen Anstellungsvertrag zum Zweck der Tätigkeit als Organ **in aller Regel ein freies Dienstverhältnis** und kein Arbeitsverhältnis begründet (BAG NZA 2019, 490 Rn. 24; BAG NZA 2010, 889 Rn. 7; BGH GRUR 1990, 193 (193 f.) – Auto-Kindersitz; BGH NJW 1984, 2366; BGH NJW 1981, 1270; BGH GRUR 1965, 302 (304) – Schellenreibungskupplung; BGH NJW 1953, 1465), im Einzelfall kann es sich aber auch um ein Arbeitsverhältnis handeln (BAG NZA 1999, 987).

14 Aufgrund einer **Vereinbarung** können Rechtsstreitigkeiten mit Organvertretern gemäß **§ 2 Abs. 4 ArbGG** vor die Arbeitsgerichte gebracht werden.

15 Zur **sachlichen** und **örtlichen Zuständigkeit** bei Eröffnung des Rechtsweges zu den Arbeitsgerichten siehe → Rn. 18 und → Rn. 31.

III. Sachliche Zuständigkeit (Absatz 1)

1. Ausschließliche Zuständigkeit der Landgerichte

§ 15 Abs. 1 regelt die sachliche Zuständigkeit für Geschäftsgeheimnisstreitsachen vor den ordentlichen Gerichten. Diese werden **ausschließlich** den **Landgerichten** zugewiesen. Nach der Gesetzesbegründung orientiert sich die Regelung an § 13 Abs. 1 S. 1 UWG und § 143 Abs. 1 PatG. Dem Gesetzgeber erschien es angesichts der Nähe des Schutzes von Geschäftsgeheimnissen zu wettbewerbsrechtlichen Streitigkeiten angemessen, die wettbewerbsrechtliche Erfahrung und Sachkunde der Landgerichte zu nutzen (BT-Drs. 19/4724, 35). Die sachliche Zuständigkeit der Landgerichte ist **streitwertunabhängig.** Ausgeschlossen ist insbesondere eine Zuständigkeit der Amtsgerichte. § 15 Abs. 1 ist im Verhältnis zu § 23 GVG die speziellere Regelung; § 23 Nr. 1 GVG findet ausdrücklich nur vorbehaltlich streitwertunabhängiger Zuständigkeitsregelungen zugunsten des Landgerichts Anwendung. 16

2. Funktionale Zuständigkeit

In Abweichung von den §§ 13 Abs. 1 S. 2 UWG, 95 Abs. 1 Nr. 5 GVG sind Geschäftsgeheimnisstreitsachen **keine Handelssachen,** für die eine funktionale Zuständigkeit der Kammern für Handelssachen (**KfH**) vorgesehen wäre. Allenfalls kann sich die Zuständigkeit der KfH für rechtsgeschäftliche Streitigkeiten (zB aus Vertraulichkeitsvereinbarungen), die für beide Seiten ein **Handelsgeschäft** sind, aus den §§ 95 Abs. 1 Nr. 1 GVG, 343 HGB ergeben. Die fehlende funktionale Zuständigkeit der KfH für Geschäftsgeheimnisstreitsachen stellt eine Änderung gegenüber der Rechtslage vor Inkrafttreten des GeschGehG dar, die angesichts der in wettbewerbsrechtlichen Streitigkeiten bestehenden Sachkunde der KfH rechtspolitisch kritisch zu sehen ist (ebenso: *Schlingloff* WRP 2018, 666 Rn. 25; *Schönknecht* in Keller/Schönknecht/Glinke GeschGehG § 15 Rn. 33 aE; *Alexander* in Köhler/Bornkamm/Feddersen GeschGehG § 15 Rn. 20). Unklar ist, ob es sich hierbei um ein Redaktionsversehen des Gesetzgebers handelt oder ob die Änderung des Rechtszustandes intendiert war. Die Entstehungsgeschichte des § 15 Abs. 1 lässt unterschiedliche Deutungen zu. Einerseits hatte der Gesetzgeber in der ersten Entwurfsfassung (§ 14 RefE, vgl. Rn. →3) noch entsprechend dem Wortlaut von § 143 Abs. 1 PatG eine Zuständigkeit der „Zivilkammern der Landgerichte" vorgesehen, die Formulierung dann aber (wohl angesichts kritischer Stimmen, vgl. *Schlingloff* WRP 2018, 666 Rn. 25) allgemeiner gefasst und in „Landgerichte" geändert. Dies hätte die Norm für eine Zuständigkeit auch der KfH „geöffnet". Eine solche wurde in § 95 GVG aber gerade nicht ergänzt, obwohl gleichzeitig in § 74c Abs. 1 S. 1 GVG eine Spezialzuständigkeit für Wirtschaftsstrafkammern vorgesehen wurde. Insgesamt spricht der Umstand, dass eine mögliche Zuständigkeit der KfH im Gesetzgebungsverfahren thematisiert, aber letztlich nicht (vollständig) umgesetzt wurde, eher gegen ein gesetzgeberisches Versehen (*Schönknecht* in Keller/Schönknecht/Glinke GeschGehG § 15 Rn. 33; *Kuta* in Hoeren/Münker GeschGehG § 15 Rn. 22; *Alexander* in Köhler/Bornkamm/Feddersen GeschGehG § 15 Rn. 20). Als mögliche Rechtfertigung lässt sich immerhin anführen, dass die Landgerichte nunmehr durch entsprechende Gestaltung der Geschäftsverteilung einen weitgehenden Gleichlauf der Zuständigkeiten für Patent- und Geschäftsgeheimnisstreitsachen herstellen können. Mit 17

Blick auf technische Geheimnisse mag dies sinnvoll sein (*McGuire* in Büscher GeschGehG § 15 Rn. 15; *Kuta* in Hoeren/Münker GeschGehG § 15 Rn. 22). Ein Überblick über bestehende Regelungen in den Geschäftsverteilungsplänen der Gerichte findet sich bei *Schönknecht* in Keller/Schönknecht/Glinke GeschGehG § 15 Rn. 37.

3. Arbeitsgerichtsbarkeit

18 Ist der Rechtsweg zu den Arbeitsgerichten eröffnet (→ Rn. 9 ff.), so richtet sich die sachliche Zuständigkeit nicht nach § 15 Abs. 1, sondern nach dem ArbGG. Als Eingangsinstanz ist hier das **Arbeitsgericht** sachlich zuständig (§ 8 Abs. 1 ArbGG). Dieses entscheidet gemäß § 2 Abs. 5 ArbGG im **Urteilsverfahren.**

IV. Örtliche Zuständigkeit (Absatz 2)

1. Regelungsgehalt

19 § 15 Abs. 2 regelt die **örtliche Zuständigkeit.** Primär maßgeblich ist der **allgemeine Gerichtsstand** des Beklagten. Nur wenn im Inland kein allgemeiner Gerichtsstand gegeben ist, besteht hilfsweise eine Zuständigkeit am **Begehungsort.** Wegen des ausschließlichen Charakters der Regelungen gemäß § 15 sind abweichende Vereinbarungen oder eine Zuständigkeitsbegründung durch rügelose Einlassung ausgeschlossen (→ Rn. 30). Soweit nach § 15 Abs. 1 S. 1 ausschließlich der allgemeine Gerichtsstand gegeben ist, ist auch ein Rückgriff auf andere Gerichtsstände der ZPO (etwa § 32 ZPO) unzulässig (OLG Düsseldorf BeckRS 2021, 38391 Rn. 45; *McGuire* in Büscher GeschGehG § 15 Rn. 17).

2. Allgemeiner Gerichtsstand (Abs. 2 S. 1)

20 Für natürliche Personen bestimmt sich der allgemeine Gerichtsstand nach den §§ 13–16 ZPO, für juristische Personen gilt § 17 ZPO. Der allgemeine Gerichtsstand des Staates (Fiskus) ergibt sich aus den §§ 18 und 19 ZPO.

21 **a) Allgemeiner Gerichtsstand natürlicher Personen.** Gemäß **§ 13 ZPO** wird der allgemeine Gerichtsstand einer Person durch ihren **Wohnsitz** bestimmt. Der Begriff des Wohnsitzes richtet sich nach den §§ 7 ff. BGB. Nach § 7 Abs. 1 BGB ist der Wohnsitz der **Ort der ständigen Niederlassung.** Dies können gemäß § 7 Abs. 2 BGB gleichzeitig auch mehrere Orte sein. Bei mehreren Wohnsitzen sind mehrere Gerichtsstände begründet, zwischen denen ein Wahlrecht gemäß § 35 ZPO besteht.

22 Maßgeblich für die Zuständigkeit nach §§ 15 Abs. 2 S. 1 GeschGehG, 13 ZPO können nur **inländische Wohnsitze** sein, da § 13 ZPO anderenfalls die Zuständigkeit eines ausländischen Gerichts begründen würde (vgl. *Hüßtege* in Thomas/Putzo ZPO § 13 Rn. 1). Für die Frage des Wohnsitzes spielt die Staatsangehörigkeit der Person keine Rolle (BGH NJW-RR 1994, 646). Ein Gerichtsstand nach den §§ 15 Abs. 2 S. 1 GeschGehG, 13 ZPO ist deshalb auch für Ausländer mit Wohnsitz im Inland eröffnet. Für exterritoriale Deutsche gilt gemäß § 15 ZPO der Gerichtsstand des letzten inländischen Wohnsitzes, hilfsweise der Gerichtsstand beim Amtsgericht Berlin-Schöneberg.

Hat eine Person keinen Wohnsitz, bestimmt sich ihr allgemeiner Gerichtsstand gemäß **§ 16 ZPO** nach dem **Aufenthaltsort im Inland** und, wenn ein solcher nicht bekannt ist, durch den letzten Wohnsitz. Die Vorschrift ist anzuwenden, wenn eine Person entweder keinen Wohnsitz hat oder dieser nicht bekannt ist (OLG Düsseldorf OLGZ 1966, 303 (304)), und zwar weder im Inland noch im Ausland (OLG Köln IPrax 2003, 59). Ändert sich der Aufenthaltsort nach Eintritt der Rechtshängigkeit der Klage, bleibt es gemäß § 261 Abs. 3 Nr. 2 ZPO bei der einmal begründeten örtlichen Zuständigkeit. 23

b) Allgemeiner Gerichtsstand von juristischen Personen und Personengesellschaften. Der allgemeine Gerichtsstand von juristischen Personen bestimmt sich gemäß § 17 Abs. 1 S. 1 ZPO primär nach dem **Satzungssitz,** gemäß § 17 Abs. 1 S. 2 ZPO **hilfsweise** nach dem **Verwaltungssitz** (vgl. OLG Düsseldorf BeckRS 2021, 38391 Rn. 47; *Gregor* in BeckOK GeschGehG § 15 Rn. 9). Anwendbar ist die Vorschrift auf alle **passiv rechts- und parteifähigen Gesellschaften,** namentlich auf juristische Personen des Privatrechts (Aktiengesellschaft, GmbH, Genossenschaften, Stiftungen) und des öffentlichen Rechts (Körperschaften, Anstalten und Stiftungen) sowie auf Personenhandelsgesellschaften (OHG, KG, PartG), ferner auf die Außen-GbR (OLG Köln NJW 2004, 862, zur Rechts- und Parteifähigkeit der Außen-GbR: BGH NJW 2001, 56). Anwendbar ist § 17 ZPO auch schon auf die Vor-GmbH (OLG Brandenburg NZG 2004, 100). 24

3. Begehungsort (Abs. 2 S. 2)

a) Anwendungsbereich: Fehlen eines allgemeinen Gerichtsstandes. Gemäß § 15 Abs. 2 S. 2 besteht ein Gerichtsstand am Begehungsort der Handlung nur dann, wenn der Beklagte **im Inland keinen allgemeinen Gerichtsstand,** also weder einen Wohnsitz noch einen Aufenthaltsort hat. Hat der Beklagte seinen Wohnsitz im EU-Ausland, findet nicht § 15 Abs. 2 S. 2, sondern Art. 7 Nr. 2 Brüssel Ia-VO Anwendung (OLG Düsseldorf, BeckRS 2021, 38391 Rn. 54; zu Einzelheiten → Rn. 27). Denn § 15 Abs. 2 S. 2 greift nur dann ein, wenn nicht durch höherrangiges Recht bereits eine andere örtliche Zuständigkeit begründet wird (OLG Düsseldorf, BeckRS 2021, 38391 Rn. 54; *Alexander* in Köhler/Bornkamm/Feddersen GeschGehG § 15 Rn. 25). Die Vorschrift erlangt also nur Bedeutung, wenn der Beklagte seinen Wohnsitz in einem Drittstaat hat. 25

Der Anwendungsbereich des **„fliegenden" Gerichtsstandes** ist bei Geschäftsgeheimnisstreitsachen insbesondere im Vergleich zur bisherigen Rechtslage (§ 14 Abs. 2 S. 1 UWG und § 32 ZPO) stark **eingeschränkt.** Gemäß § 15 Abs. 2 S. 2 ist der Gerichtsstand des Begehungsortes nur hilfsweise gegeben, wenn der Beklagte keinen allgemeinen Gerichtsstand im Inland hat. Diese bewusste Entscheidung des Gesetzgebers ist **rechtspolitisch fragwürdig,** weil sie die Möglichkeit der Herausbildung besonderer Sachkunde und Erfahrung bei bestimmten Gerichten einschränkt und dem Kläger die Möglichkeit nimmt, Rechtsschutz bei derartig spezialisierten Gerichten zu suchen. Überdies führt die Einengung des fliegenden Gerichtsstandes zu Verwerfungen in Fällen, in denen sich eine objektive Klagehäufung zB mit immaterialgüterrechtlichen Ansprüchen anböte (vgl. zur Kritik: *Ohly* GRUR 2019, 441, 450; GRUR-Stellungnahme zum GeschGehG-RefE GRUR 2018, 708, 712; *McGuire* in Büscher GeschGehG § 15 Rn. 18; *Gregor* in BeckOK GeschGehG § 15 Rn. 11 f.; differenzierend: 26

Schlingloff WRP 2018, 666 Rn. 25). Inkonsequent ist im Bereich der Geschäftsgeheimnisstreitsachen zudem, dass der fliegende Gerichtsstand ohne Einschränkungen gemäß §§ 46 Abs. 2 ArbGG, 495, 32 ZPO fortbesteht, soweit der Rechtsweg zu den Arbeitsgerichten eröffnet ist.

27 **b) Grenzüberschreitende Sachverhalte innerhalb der EU.** Hat der Beklagte seinen Wohnsitz in einem anderen Mitgliedsstaat der EU (vgl. Art. 5 Abs. 1 Brüssel Ia-VO), ist der Gerichtsstand des Begehungsortes nach **Art. 7 Nr. 2 Brüssel Ia-VO** zu bestimmen. Die Vorschrift regelt nicht nur die internationale, sondern auch die **örtliche Zuständigkeit** und verdrängt nationale Zuständigkeitsregelungen (OLG Düsseldorf BeckRS 2021, 38391 Rn. 54; OLG München WRP 2019, 1067 Rn. 29 – Dash-Button; LG München I GRUR-RS 2018, 2468 Rn. 80 ff. – Dash-Button; *McGuire* in Büscher GeschGehG § 15 Rn. 21; *Alexander* in Köhler/Bornkamm/Feddersen GeschGehG § 15 Rn. 25). Entsprechendes soll im Verhältnis zu Norwegen, Island und der Schweiz nach **Art. 5 Nr. 3 LugÜ** gelten (*McGuire* in Büscher GeschGehG § 15 Rn. 21; *Alexander* in Köhler/Bornkamm/Feddersen GeschGehG § 15 Rn. 25).

28 **c) Bestimmung des Begehungsortes.** Der deliktische Gerichtsstand ist am Begehungsort der Geheimnisverletzung eröffnet. Hierzu zählen jeweils der **Handlungs- und der Erfolgsort** (OLG Karlsruhe GRUR 2022, 1004 Rn. 9 – Vertragstexte. Zu Art. 5 Nr. 3 Brüssel I VO = Art. 7 Nr. 2 Brüssel Ia-VO: EuGH NJW 2013, 2099 Rn. 25 – Melzer; EuGH GRUR 2012, 654 Rn. 19 – Wintersteiger; EuGH NJW 1995, 1881 Rn. 20 – Shevill; OLG Düsseldorf BeckRS 2021, 38391 Rn. 25. Zu § 32 ZPO: BGH GRUR 2016, 1048 Rn. 17 – An Evening with Marlene Dietrich; BGH NJW 1994, 1413 (1414). Zu § 14 Abs. 2 S. 1 UWG: OLG Hamm BeckRS 2013, 14563). Bei der vorbeugenden Unterlassungsklage nach § 6 S. 2 GeschGehG ist der Ort maßgeblich, an dem sich die Geheimnisverletzung zu verwirklichen droht (*Pichlmaier/Oldekop* in Hoppe/Oldekop Kap. 3 Rn. 78).

29 Dabei bezeichnet der **Handlungsort** den Ort des ursächlichen Geschehens und entspricht bei einem beklagten Unternehmen regelmäßig dem Ort, an dem dieses Unternehmen niedergelassen ist (OLG Düsseldorf BeckRS 2021, 38391 Rn. 27; vgl. ergänzend → Einl. A Rn. 243). Gleiches gilt für den Fall einer Inanspruchnahme des Geschäftsführers dieses Unternehmens (OLG Düsseldorf, a.a.O.). Der **Erfolgsort** ist der Ort, an dem sich der Schadenserfolg verwirklicht hat (OLG Düsseldorf, a.a.O.). Die genauen Anforderungen sind im Falle einer Geheimnisverletzung bislang noch nicht höchstrichterlich geklärt (→ Einl. A Rn. 245 ff.). Im Bereich der Immaterialgüterrechte wird insoweit das Schutzland für maßgeblich gehalten (EuGH GRUR 2012, 654 Rn. 27 – Wintersteiger; EuGH GRUR 2014, 806 Rn. 55 – Coty/First Note), bei marktbezogenen unlauteren Handlungen dar Marktort (EuGH GRUR 2014, 806 Rn. 56 ff. – Coty/First Note). Für den Bereich des Geheimnisschutzes lässt sich eine eindeutige Zuordnung nicht ohne weiteres treffen, da die Verletzungshandlungen hier vielgestaltig sein können. Ein Erfolgsort wird jedenfalls dort anzunehmen sein, wo sich die geltend gemachte Form der Geheimnisverletzung vollzogen hat, also dort, wo das Geschäftsgeheimnis erlangt, genutzt oder offengelegt wurde (OLG Karlsruhe GRUR 2022, 1004 Rn. 10 f. – Vertragstexte). Im Falle unrechtmäßigen Erlangung, die im Betrieb des Geheimnisinhabers erfolgt (etwa in Form der Spionage/Konkurrenzausspähung), kann dies am Sitz oder einer Niederlassung des Inhabers sein. Vollzieht sich die unlautere Nutzung im

Betrieb des Verletzers, wird dort ein Erfolgsort begründet sein. Ein Erfolgsort ist schließlich dort anzunehmen, wo ein rechtsverletzendes Produkt (§ 2 Nr. 4) hergestellt, angeboten, in Verkehr gebracht etc. wird (vgl. OLG Düsseldorf BeckRS 2021, 38391 Rn. 32). Richtet sich das Angebot rechtsverletzender Produkte im Internet an Abnehmer in ganz Deutschland, besteht eine örtliche Zuständigkeit in allen Gerichtsbezirken (*Schönknecht* in Keller/Schönknecht/Glinke GeschGehG § 15 Rn. 23). Bei Offenlegung von Geschäftsgeheimnissen per Fax oder E-Mail sind sowohl Sende- als auch Empfangsort Begehungsort, nicht hingegen der Standort des Servers (→ Einl. A Rn. 243; *Schönknecht* in Keller/Schönknecht/Glinke GeschGehG § 15 Rn. 23). Der **Ort des Primärschadens** ist grundsätzlich nicht relevant (EuGH BeckRS 2016, 81291 Rn. 38 – Universal Music; EuGH JZ 1995, 1107 – Marinari/Lloyds Bank; BGH NJW 1987, 592). Er begründet nur dann eine Gerichtszuständigkeit, wenn der Schadenseintritt selbst zum Tatbestand der Rechtsverletzung gehört (OLG Karlsruhe GRUR 2022, 1004 Rn. 10 – Vertragstexte). Dies ist in einem Fall, um den es um Ansprüche aus §§ 823 Abs. 2 BGB, 17 a.F. UWG sowie §§ 823 Abs. 1, 826 BGB ging, angenommen worden (LG Frankfurt BeckRS 2010, 17136). Der Standpunkt überzeugt allerdings nur dann, wenn man Geschäftsgeheimnisse nicht als verselbständigte Teile des Vermögens sieht und eine Verletzung deshalb nur als primären Vermögensschaden einordnet. Inwieweit dies mit der Konzeption des GeschGehG noch zu vereinbaren ist, erscheint zweifelhaft (vgl. OLG Karlsruhe GRUR 2022, 1004 Rn. 12 – Vertragstexte).

4. Abweichende Vereinbarungen

Die in § 15 Abs. 2 vorgesehenen Zuständigkeiten sind **ausschließliche Zuständigkeiten** („ausschließlich", „nur"). Eine abweichende Gerichtsstandsvereinbarung ist daher unzulässig (§ 40 Abs. 2 S. 1 Nr. 2 ZPO). Ebenfalls nicht möglich ist eine abweichende Zuständigkeitsbegründung infolge rügeloser Einlassung (§ 40 Abs. 2 S. 2 ZPO). Etwas anderes gilt, soweit sich die örtliche Zuständigkeit nach der Brüssel Ia-VO richtet. Da eine ausschließliche Zuständigkeit für Geschäftsgeheimnisstreitsachen im Katalog des Art. 24 Brüssel Ia-VO nicht genannt ist, bleiben abweichende Vereinbarungen nach Maßgabe von Art. 25 Brüssel Ia-VO zulässig (*McGuire* in Büscher GeschGehG § 15 Rn. 22). Entsprechendes gilt nach Art. 26 Brüssel Ia-VO für die rügelose Einlassung. **30**

5. Gerichtliche Zuständigkeitsbestimmung

Die Ausschließlichkeit der Zuständigkeiten gemäß § 15 Abs. 2 schließt eine Gerichtsstandsbestimmung nach **§ 36 Abs. 1 Nr. 3 ZPO** nicht aus (OLG Düsseldorf, BeckRS 2021, 38391 Rn. 60; BayObLG BeckRS 2023, 2586; *Gregor* in BeckOK GeschGehG § 15 Rn. 14). **30a**

6. Arbeitsgerichtsbarkeit

Ist der Rechtsweg zu den Arbeitsgerichten eröffnet (→ Rn. 9 ff.), so richtet sich die örtliche Zuständigkeit nicht nach § 15 Abs. 2, sondern nach den **§§ 46 Abs. 2 ArbGG, 495, 12 ff. ZPO,** da keine „Klage nach Absatz 1" vorliegt. Bedeutsam sind insbesondere der **allgemeine Gerichtsstand** gemäß **§§ 12 ff. ZPO,** der Gerichtsstand des **Erfüllungsortes (§ 29 ZPO)** sowie der Gerichtsstand des **Begehungsortes** gemäß **§ 32 ZPO.** Anders als bei Zuständigkeit der **31** ordentlichen Gerichte besteht also im Bereich der Arbeitsgerichtsbarkeit auch für Geschäftsgeheimnisstreitsachen nach wie vor ein fliegender Gerichtsstand. Nach **§ 48 Abs. 1a ArbGG** ist für Streitigkeiten nach § 2 Abs. 1 Nr. 3 ArbGG außerdem dort ein Gerichtsstand gegeben, wo der Arbeitnehmer **gewöhnlich seine Arbeit verrichtet** oder zuletzt gewöhnlich verrichtet hat.

V. Konzentrationsermächtigung (Absatz 3)

32 Abs. 3 enthält eine **Ermächtigung** zugunsten der Landesregierungen, die Zuständigkeit im Bereich der Geschäftsgeheimnisstreitsachen für die Bezirke mehrerer Landgerichte bei einem Landgericht zu **konzentrieren** (Satz 1). Ebenfalls durch Rechtsverordnung kann diese Ermächtigung auf die Landesjustizverwaltungen übertragen werden (Satz 2). Schließlich besteht gemäß Satz 3 die Möglichkeit, eine entsprechende Zuständigkeitskonzentration durch Staatsvertrag (BT-Drs. 19/4724, 35) auch länderübergreifend vorzusehen. Die Vorschrift soll den Ländern die Möglichkeit geben, richterliche **Sachkunde** zum Schutz von Geschäftsgeheimnissen, insbesondere unter Berücksichtigung der besonderen prozessualen Regeln, zu zentralisieren (BT-Drs. 19/4724, 35).

33 Systematisch handelt es sich um eine Regelung der **sachlichen Zuständigkeit** (vgl. zu § 143 PatG: *Grabinski/Zülch/Tochtermann* in Benkard, PatG, § 143 Rn. 7). Vergleichbare Ermächtigungsnormen finden sich im Bereich der Immaterialgüterrechte (§ 143 Abs. 2 PatG, 27 Abs. 2 GebrMG, 52 Abs. 2, 63 Abs. 2 DesignG, 140 Abs. 2, 125e Abs. 3 MarkenG, 105 UrhG) und im Lauterkeitsrecht (§ 13 Abs. 2 UWG). Während im Bereich der Immaterialgüterrechte flächendeckend Gebrauch hiervon gemacht wurde, übten sich die Länder im Lauterkeitsrecht ganz überwiegend in Zurückhaltung.

34 Für den Bereich der **Geschäftsgeheimnisstreitsachen** bestehen derzeit folgende landesrechtliche Zuständigkeitskonzentrationen:

Bayern	§ 45a Nr. 1, 2 GZVJu (seit 1.10.2021)	• LG München I für OLG-Bezirk München • LG Nürnberg-Fürth für OLG-Bezirke Nürnberg und Bamberg
Hessen	§ 42a JuZuV Hessen (seit 19.9.2019)	• LG Frankfurt a.M. für alle LG-Bezirke
Nordrhein-Westfalen	§ 1 Nr. 1–3 Konzentrations-VO Geschäftsgeheimnisstreitsachen v. 1.10.2021 (seit 1.1.2022)	• LG Düsseldorf für OLG-Bezirk Düsseldorf • LG Bochum für OLG-Bezirk Hamm • LG Köln für OLG-Bezirk Köln
Sachsen	§ 13a Nr. 1, 2 SächsJOrgVO (seit 16.11.2022)	• LG Leipzig für die LG-Bezirke Leipzig, Chemnitzm, Zwickau • LG Dresden für die LG-Bezirke Dresden, Görlitz

In einigen weiteren Ländern haben die Landesregierungen die Ermächtigung bisher lediglich gem. § 15 Abs. 3 S. 2 auf das jeweils zuständige Ministerium übertragen (Baden-Württemberg: § 55a SubVOJu; Rheinland-Pfalz: § 1 Nr. 66 RpflErmV; Sachsen: § 1 Nr. 59 ZustÜVOJu; Sachsen-Anhalt: § 1 Nr. 49a JuVErmÜV; Schleswig-Holstein: § 1 Nr. 11b JErmUVO). Gebrauch gemacht wurde hiervon aber noch nicht. **34a**

De lege ferenda wäre es **dringend zu wünschen,** dass weitere Bundesländer von der Möglichkeit einer Zuständigkeitskonzentration Gebrauch machen. Obgleich Geschäftsgeheimnisstreitsachen zu den komplexesten Rechtsstreitigkeiten im Bereich des gewerblichen Rechtsschutzes zählen, hat der Bundesgesetzgeber einen Mechanismus zur Herausbildung gerichtlicher Spezialisierungen begrenzt, indem er grundsätzlich keinen fliegenden Gerichtsstand vorgesehen hat (→ Rn. 26). Umso wichtiger wäre es, dass die Länder die Herausbildung spezialisierter Spruchkörper durch Zuständigkeitskonzentrationen fördern. Dabei sollten sie sich idealerweise mit Blick auf die besonderen Herausforderungen, die mit Streitigkeiten über technische Geheimnisse verbunden sind, an den für Patent- und Gebrauchsmusterstreitsachen gegebenen Zuständigkeiten orientieren. **35**

VI. Internationale Zuständigkeit (Verweis)

Zur internationalen Zuständigkeit wird auf die entsprechende Kommentierung in der Einleitung verwiesen (→ Einl. A Rn. 226 ff.). **36**

Vor §§ 16–20

Schrifttum: *Ahrens,* Der Beweis im Zivilprozess, 2015; *ders.,* Der Wettbewerbsprozess, 8. Aufl. 2017; *Blome/Fritzsche,* Der Schutz von Geschäftsgeheimnissen im Kartellschadensersatzprozess, NZKart 2019, 247; *Bornkamm,* Der Schutz vertraulicher Informationen im Gesetz zur Durchsetzung von Rechten des geistigen Eigentums – In-camera-Verfahren im Zivilprozess?, FS Ullmann 2006, 893; *Deichfuß,* Die Entwendung von technischen Betriebsgeheimnissen, GRUR-Prax 2012, 449; *ders.,* Rechtsdurchsetzung unter Wahrung der Vertraulichkeit von Geschäftsgeheimnissen, GRUR 2015, 436; *Doepner,* Anmerkungen zum wettbewerbsrechtlichen Geheimnisschutz im Zivilprozess, FS Tilmann, 2003, 105; *Druschel/Jauch,* Der Schutz von Know-how im deutschen Zivilprozess: Der Status quo und die zu erwartenden Änderungen, BB 2018, 1218 u. 1794; *Farkas/Koch,* The disclosure-fair trial dilemma when enforcing trade secrets in civil court proceedings, 11 JIPLP 2016, 901; *Gottwald,* Zur Wahrung von Geschäftsgeheimnissen im Zivilprozeß, BB 1979, 1780; *Götz,* Der Schutz von Betriebs- und Geschäftsgeheimnissen im Zivilverfahren, 2014; *Haedicke,* Vorlagepflichten und Schutz vertraulicher Informationen im Patentverletzungsprozess, Mitt. 2018, 249; *Haller,* Protection of business secrets by way of protective orders, SchiedsVZ 2013, 135; *Hauck,* Geheimnisschutz im Zivilprozess – was bringt die neue EU-Richtlinie für das deutsche Recht?, NJW 2016, 2218; *ders.,* Schutz von Unternehmensgeheimnissen bei der Bestimmung FRAND-konformer Lizenzbedingungen, GRUR-Prax 2017, 118; *Hoppe,* Prozessuale Geheimhaltungsmaßnahmen im Patentverletzungsstreit, zugl. Besprechung von OLG Düsseldorf, 3.11.2022 – 2 U 102/22; WRP 2023, 546; *Hoppe/Oldekop,* Ausgewählte Probleme prozessualer Geheimhaltungsmaßnahmen nach den §§ 145a PatG, 16 ff. GeschGehG, Mitt. 2022, 473; *Hornkohl/Melzer,* Prozessualer Geheimnisschutz im Kartelschadensersatzrecht nach der 10. GWB-Novelle – eine Novelle ohne Novellierung, NZKart 2021, 214; *Kalbfus,* Rechtsdurchsetzung bei Geheimnisverletzungen – Welchen prozessualen Schutz gewährt das Geschäftsgeheimnisgesetz dem Kläger?, WRP 2019, 692; *Kürschner,* Parteiöffentlichkeit vor Geheimnisschutz im Zivilprozeß, NJW 1992, 1804; *Kühnen,* Zivilprozessualer Geheimnisschutz in Patentstreitverfahren, GRUR 2020, 576; *Lachmann,* Unternehmensgeheimnisse im Zivilrechtsstreit, dargestellt am Beispiel des EDV-Prozesses, NJW 1987, 2206; *Laoutoumai/Baumfalk,* Probleme im vorprozessualen Verfahren bei der Rechtsverfolgung von Ansprüchen aus dem neuen GeschGehG, WRP 2018, 1300; *Maaßen/Perino-Stiller,* Die Geheimhaltungsanordnung nach §§ 16, 19 GeschGehG in der Praxis, WRP 2022, 1208; *Malmström,* Schutz von Betriebs- und Geschäftsgeheimnissen im Zivilprozess, 2013; *McGuire,* Der Schutz von Geschäftsgeheimnissen im Verfahren: Nicht-Öffentlichkeit, Vertraulichkeit und Geheimhaltung vor Schiedsgerichten und staatlichen Gerichten im Vergleich, ZZPInt 24 (2019), 385; *dies.,* Know-how: Stiefkind, Störenfried oder Sorgenkind?, GRUR 2015, 424; *Michalopoulou,* Zivilprozessualer Geheimnisschutz nach dem GeschGehG im Spannungsfeld zwischen effektivem Rechtsschutz und rechtlichem Gehör, GVRZ 2021, 11; *Müller/Aldick,* Der Geheimnisschutz im Zivilprozess – Vom Gesetzgeber aus den Augen verloren?, ZIP 2020, 9; *Münch,* Vertraulichkeit im Schiedsverfahren, ZZPInt 20 (2015), 431; Münchener Kommentar zur Zivilprozessordnung, hrsg. v. *Rauscher/Krüger,* 6. Aufl. 2020–2022; *Musielak/Voit,* Zivilprozessordnung, Kommentar, 19. Aufl. 2022; *Ohly/Stierle,* Unverhältnismäßigkeit, Injunction Gap und Geheimnisschutz im Prozess, Das Zweite Patentrechtsmodernisierungsgesetz im Überblick, GRUR 2021, 1229; *Picht,* Geheimnisschutz in SEP/FRAND-Verfahren, das GeschGehG und die Patentrechtsreform, ZGE 13 (2021), 133; *Prütting/Weth,* Geheimnisschutz im Prozeßrecht, NJW 1993, 576; *Redeker/Pres/Gittinger,* Einheitlicher Geheimnisschutz in Europa (Teil 2), WRP 2015, 811; *Rojahn,* Das geheime Know-how: Wie geheim darf/muss das Zivilverfahren sein?, FS Loewenheim 2009, 251; *Sawang,* Geheimhaltung und rechtliches Gehör im Schiedsverfahren nach deutschem Recht, 2010; *Schilling,* Der Schutz von Geschäfts- und Betriebsgeheimnissen – Prozessuale Schwierigkeiten und Reformbedarf, in: FS Büscher 2018, S. 383; *Schlingloff,* Geheimnisschutz im Zivilprozess aufgrund der „Know-how-Schutz"-Richtlinie – Was muss sich im deutschen Prozessrecht ändern?, WRP 2018, 666; *Schregle,* Geschäftsgeheimnisse, Im Schiedsverfahren besser geschützt als im Zivilprozess?, 2022; *dies.,* Neue Maßnahmen zum Geheimnisschutz in Geschäftsgeheimnisstreitsachen, Wegbereiter für den effektiven Rechtsschutz?, GRUR 2019, 912; *Schulte,* Die effektive Wahrung von Geschäftsgeheimnissen im Prozess, ArbRB 2019, 320; *Sebulke,* Zivilprozessualer Geheimnisschutz im Anschluss an das Gesetz zum Schutz von Geschäftsgeheimnissen, 2021; *Stadler,* Der Schutz von Unternehmensgeheimnissen im Zivilprozeß, NJW 1989, 1202; *dies.,* Der Schutz des Unternehmensgeheimnisses im deutschen und U.S.-amerikanischen Zivilprozeß und im Rechtshilfeverfahren, 1989; *dies.,* Geheimnisschutz im Zivilprozess aus deutscher Sicht, ZZP 123 (2010), 261; *dies.,* Gerichtliche Verschwiegenheitsanordnungen zum Schutz von Unternehmensgeheimnissen, FS Prütting, 2018, 559; *Stürner,* Die gewerbliche Geheimsphäre im Zivilprozeß, JZ 1985, 453; *Thomas/Putzo,* Zivilprozessordnung, Kommentar, 44. Aufl. 2023; *Ulrich/Zielbauer,* Tatsachenfeststellungen durch den gerichtlichen Sachverständigen – Ortstermin des Sachverständigen – Substanzeingriffe, DS 2008, 12; *Winzer,* Der Schutz von Geschäftsgeheimnissen im Zivilprozess, 2018; *Völzmann-Stickelbrock,* Geheimnisschutz ohne Geheimverfahren?, Überlegungen zur Umsetzung der Richtlinie EU 2016/943 über den Schutz vertraulichen Know-hows und vertraulicher Geschäftsinformationen vom 8. Juni 2016, FS Prütting, 2018, 585; Zhu/Popp, Zivilprozessualer Geheimnisschutz in Patentstreitverfahren, GRUR 2020, 338; *Zöller* Zivilprozessordnung, Kommentar, 34. Aufl. 2022.

Übersicht

I. Allgemeines

1. Regelungsgehalt der §§ 16 bis 20

1 Die §§ 16 bis 20 enthalten Vorschriften zum **Schutz von Geschäftsgeheimnissen im Prozess.** Sie setzen **Art. 9 Geschäftsgeheimnis-RL** in nationales Recht um. Die Richtlinie sieht einen prozessualen Geheimnisschutz nur für Gerichtsverfahren vor, die den rechtswidrigen Erwerb, die rechtswidrige Nutzung oder Offenlegung eines Geschäftsgeheimnisses zum Gegenstand haben (Art. 9 Abs. 1 Geschäftsgeheimnis-RL). Wie sich aus ErwGr. 24 ergibt, war es nicht Intention des europäischen Gesetzgebers, das Zivilprozessrecht der Mitgliedsstaaten mit Blick auf Geschäftsgeheimnisse insgesamt nachzujustieren. Beabsichtigt war lediglich eine prozessuale Flankierung speziell des durch die Geschäftsgeheimnis-RL vorgesehenen materiellen Schutzes. Der nationale Gesetzgeber hat sich insoweit eng an den Vorgaben der Geschäftsgeheimnis-RL orientiert. Wegen des Mindestschutzcharakters der Richtlinienbestimmungen (Art. 1 Abs. 1 UAbs. 2 Hs. 1) hätte er zwar darüber hinausgehen und entsprechende Geheimnisschutzmechanismen auch für **andere Gerichtsverfahren** oder sogar für als allgemeine Regelung für sämtliche Gerichtsverfahren vorsehen können. Hiervon hat er aber

bei Inkrafttreten des GeschGehG zunächst keinen Gebrauch gemacht, sondern den Anwendungsbereich der entsprechenden Bestimmungen im Sinne einer „**kleinen Lösung**" bewusst auf **Geschäftsgeheimnisstreitsachen** beschränkt (vgl. § 16 Abs. 1 und BT-Drs. 19/4724, 34. Kritisch dazu: *McGuire* in Büscher GeschGehG § 16 Rn. 7 ff.; *Semrau-Brandt* GRUR-Prax 2019, 127, 128 f.; *Müller/Aldick* ZIP 2020, 9, 10). Durch das **2. PatMoG** v. 10.8.2021 erweiterte der Gesetzgeber den Anwendungsbereich dann auf **Patent-, Gebrauchsmuster- und Halbleiterschutzstreitsachen** sowie entsprechende Zwangslizenzverfahren (→ Rn. 12 ff.). Er ging damit über den Anwendungsbereich der Geschäftsgeheimnis-RL hinaus, ließ die darauf beruhenden Vorschriften der §§ 16 bis 20 aber inhaltlich unangetastet. In entsprechender Weise sieht das seit 25.4.2023 als **RefE** vorliegende **Justizstandort-Stärkungsgesetz** vor, den Anwendungsberich der §§ 16 bis 20 auf **sämtliche Zivilprozesse** zu erweitern (→ Rn. 16). Ein Inkrafttreten dieser Regelung würde einen vollständigen Wechsel zur bereits häufig geforderten „**großen Lösung**" bedeuten.

2. Wesentliche Charakteristika des prozessualen Geheimnisschutzes gemäß §§ 16 bis 20

2 **a) Instrumente zum Schutz von Geschäftsgeheimnissen.** In Umsetzung von Art. 9 Abs. 1 und 2 Geschäftsgeheimnis-RL eröffnen die Vorschriften des dritten Abschnitts dem Gericht im Wesentlichen folgende Befugnisse:

- Nach **§ 16** hat das Gericht die Möglichkeit, eine Information **als geheimhaltungsbedürftig einzustufen.** Eine solche **„protective order"** verpflichtet alle Verfahrensbeteiligten zur Vertraulichkeit und belegt sie mit Offenlegungsverboten und Nutzungsbeschränkungen. Die Pflichten wirken grundsätzlich auch nach Abschluss des Verfahrens fort (§ 18); ein Verstoß kann durch Ordnungsmittel sanktioniert werden (§ 17) und außerdem straf- und zivilrechtliche Folgen haben.
- Nach **§ 19** kann das Gericht weitere Maßnahmen treffen, insbesondere **Zugangsbeschränkungen** zu Dokumenten und zur mündlichen Verhandlung vorsehen (§ 19).

Die Maßnahmen stehen untereinander in einem **Stufenverhältnis** (→ § 19 Rn. 18), d.h. eine Einstufung von Informationen als geheimhaltungsbedürftig (§ 16 Abs. 1) bildet die Grundlage der Absicherung. Diese kann – insbesondere bei besonders sensiblen Informationen – durch eine Zugangsbeschränkung nach § 19 ergänzt werden. Zugangsbeschränkungen setzen eine Einstufung als geheimhaltungsbedürftig voraus und sind ohne diese nicht möglich. Während die Grundstufe bei Vorliegen eines Geschäftsgeheimnisses nach pflichtgemäßem Ermessen in aller Regel zu gewähren ist (→ § 16 Rn. 26), setzen Zugangsbeschränkungen eine umfassende Interessenabwägung voraus (§ 19 Abs. 1 S. 2).

3 Der Ansatz des § 16, dem Prozessgegner zwar Zugang zu sämtlichen Informationen zu gewähren, ihn aber zum Schutz von Geheimhaltungsinteressen mit **Verschwiegenheitspflichten** zu belegen und ihm die Nutzung und Offenlegung geheimer Informationen außerhalb des Rechtsstreits zu untersagen, wird gelegentlich als **„relativer Geheimnisschutz"** (*Stürner* JZ 1985, 453, 457) bezeichnet. Eine solche Maßnahme ist in Bezug auf die prozessualen Teilhaberechte des Gegners vergleichsweise unkritisch, kann aber seine wirtschaftliche Bewegungsfreiheit einengen und auf diese Weise in grundrechtlich geschützte Positionen (Art. 12, 14 GG) eingreifen.

Demgegenüber stellen **Zugangsbeschränkungen** wie in § 19 vorgesehen die effektivste Möglichkeit dar, ein in den Rechtsstreit eingeführtes Geheimnis gegen Verrat oder missbräuchliche Nutzung durch den Prozessgegner abzusichern (sog. **„absoluter Geheimnisschutz"**, vgl. *Stürner* JZ 1985, 453, 457). Sie verhindern, dass der Gegner oder Dritte überhaupt Kenntnis von dem Geheimnis erhalten, und schützen auf diese Weise zuverlässig vor einer Verbreitung geheimer Informationen sowohl durch vorsätzliches als auch durch fahrlässiges Verhalten. Wird dem Gegner der Zugang zu einem Teil des Streitstoffs aufgrund überwiegender Geheimhaltungsinteressen verwehrt, so stellt dies allerdings eine Verkürzung seiner verfassungsrechtlich verbürgten prozessualen Teilhaberechte (→ Rn. 18) dar. Eine solche Verkürzung ist nicht generell ausgeschlossen (*Bornkamm* in FS Ullmann, 2006, 893, 904 ff.; *Müller/Aldick* ZIP 2020, 9, 14), bedarf aber einer gesetzlichen Grundlage und hinreichend gewichtiger Sachgründe (BVerfG MMR 2006, 375 (379) – Geschäftsgeheimnis). 4

b) Insbesondere: Kein in-camera-Verfahren. Ein besonders im Laufe des europäischen Gesetzgebungsverfahrens zur Geschäftsgeheimnis-RL intensiv diskutiertes Instrument des prozessualen Geheimnisschutzes ist das sog. in-camera-Verfahren. Ein solches Verfahren zeichnet sich – ungeachtet einiger Detailunschärfen des Begriffs – im Kern dadurch aus, dass das **Geschäftsgeheimnis nur dem Gericht gegenüber offengelegt** wird, nicht aber dem Gegner (*McGuire* GRUR 2015, 424, 431). Neben dieser Reinform sind Varianten geläufig, in denen das Geschäftsgeheimnis zwar nicht unmittelbar dem Gegner offengelegt wird, immerhin aber dessen Anwälten, die auch zur Verschwiegenheit gegenüber der eigenen Partei verpflichtet sind (sog. *Counsel's eyes only*-Ansatz, vgl. BGH GRUR 2010, 318 Rn. 19 ff. – Lichtbogenschnürung). 5

Aus der Perspektive des **deutschen (Verfassungs-)Rechts** wäre ein in-camera-Verfahren bei Vorliegen einer entsprechenden gesetzlichen Grundlage und eines hinreichenden sachlichen Grundes verfassungsrechtlich nicht schlechthin ausgeschlossen. Anders als das Verwaltungsgerichtsverfahren (vgl. § 99 Abs. 2 VwGO) sieht das Zivilprozessrecht eine ausdrückliche gesetzliche Grundlage allerdings bislang nicht vor (vgl. *Müller/Aldick* ZIP 2020, 9 (14)). Ein in-camera-Verfahren wird deshalb jedenfalls überwiegend für unzulässig gehalten (vgl. BVerfG NJW 1995, 40; BGH GRUR 1996, 217 (218) – Anonymisierte Mitgliederliste; *McGuire* GRUR 2015, 424 (430 ff.); *Winzer* Der Schutz von Geschäftsgeheimnissen im Zivilprozess Rn. 623; *Kürschner* NJW 1992, 1804 (1805); aA *Stadler* NJW 1989, 1202 (1203); *Stürner* JZ 1985, 453 (459); *Bornkamm* in FS Ullmann, 2006, 893 (909)). Dies gilt auch für *Counsel's eyes-only*-Lösungen, sofern die Gegenseite nicht zumindest teilweise auf ihre prozessualen Beteiligungsrechte verzichtet (OLG Düsseldorf BeckRs 2016, 114380 Rn. 1). 6

Der **Kommissionsvorschlag** für eine Geschäftsgeheimnis-RL hätte in seiner Erstfassung vom 28.11.2013 (COM (2013) 813 final) in Art. 8 Abs. 2 UAbs. 2 die Möglichkeit eines in-camera-Verfahrens, ggf. in Form einer *Counsel's eyes only*-Lösung, eingeführt und die Mitgliedsstaaten wegen des ausdrücklich angeordneten vollharmonisierenden Charakters der Bestimmung sogar zu einer prozessrechtlichen Umsetzung verpflichtet. Hiervon ist der europäische Gesetzgeber indes bald abgerückt (siehe → Einl. A Rn. 74 f. und *Redeker/Pres/Gittinger* WRP 2015, 811 Rn. 4 ff.), nachdem nicht zuletzt von deutscher Seite Bedenken gegen eine solche Regelung geäußert worden waren (vgl. den Beschluss des Bundesrates gemäß §§ 3, 5 EUZBLG vom 14.2.2014, BR-Drs. 786/13 (B)). In ihrer endgültigen 7

Fassung verpflichtet die **Geschäftsgeheimnis-RL** den nationalen Gesetzgeber zwar noch immer, eine Möglichkeit zu schaffen, um den Kreis Zugangsberechtigter zu Geschäftsgeheimnissen innerhalb eines Rechtsstreits zu begrenzen (Art. 9 Abs. 2 UAbs. 2 lit. a und b Geschäftsgeheimnis-RL). Andererseits bestimmt Art. 9 Abs. 2 UAbs. 3 Geschäftsgeheimnis-RL explizit, dass der Kreis der Zugangsberechtigten **mindestens eine natürliche Person jeder Partei** und ihre jeweiligen Rechtsanwälte oder sonstigen Vertreter umfassen muss. Damit ist das Schutzkonzept eines in-camera-Verfahrens im engeren Sinne zugunsten eines confidentiality clubs im weiteren Sinne durchbrochen (*Lejeune* CR 2016, 330, 342; *Kalbfus* GRUR 2016, 1009, 1015 f.; *Hauck* NJW 2016, 2218, 2223).

8 Da die Bestimmung des Art. 9 Abs. 2 UAbs. 3 Geschäftsgeheimnis-RL nicht zu den in Art. 1 Abs. 1 UAbs. 2 Geschäftsgeheimnis-RL genannten zwingenden Bestimmungen gehört, mag sich die Frage stellen, ob der nationale Gesetzgeber nach Sinn und Zweck dennoch daran gebunden ist oder ob er zugunsten eines noch intensiveren Geheimnisschutzes ein in-camera-Verfahren hätte schaffen können. Im Ergebnis hat er jedenfalls nicht davon Gebrauch gemacht, sondern das GeschGehG an den Richtlinienbestimmungen orientiert (§ 19 Abs. 1 S. 3). Die §§ 16 bis 20 sehen also – im Einklang mit Art. 9 Abs. 2 UAbs. 3 Geschäftsgeheimnis-RL – **kein in-camera-Verfahren im engeren Sinne** vor (*Stadler* in: Musielak/Voit ZPO § 142 Rn. 7a).

9 **c) Wirkung zugunsten beider Parteien.** Entsprechend den Vorgaben der Geschäftsgeheimnis-RL sehen die §§ 16 bis 20 vor, dass prozessuale Schutzmaßnahmen **auf Antrag einer (also: jeder) Partei** angeordnet werden können (→ § 16 Rn. 17). Art. 9 Abs. 1 Geschäftsgeheimnis-RL betont dies eigens durch die Formulierung „aufgrund eines … Antrags einer *interessierten Partei*". Die prozessualen Schutzvorkehrungen können also nicht nur zugunsten des klagenden Geheimnisinhabers eingreifen, sondern aus Gründen der prozessualen Waffengleichheit auch zugunsten des Gegners, der ebenfalls ein Interesse daran haben kann, zur Rechtsverteidigung geheime Informationen in den Rechtsstreit einzuführen (etwa im Fall einer Beweislastumkehr oder einer sekundären Darlegungslast, vgl. → Rn. 22).

II. Anwendungsbereich der §§ 16 bis 20

1. Geschäftsgeheimnisstreitsachen, § 16 Abs. 1

10 Den originären Anwendungsbereich des Geheimnisschutzes gemäß §§ 16–20 bilden **Geschäftsgeheimnisstreitsachen,** d.h. Gerichtsverfahren wegen einer Verletzung von Geschäftsgeheimnissen (→ § 16 Rn. 8 ff.). Eine Besonderheit derartiger Rechtsstreitigkeiten besteht darin, dass die betroffenen Geschäftsgeheimnisse als Streitstoff zur Begründung der Klage in das Verfahren eingeführt werden müssen. Dieser Schritt hat allerdings zur Folge, dass sich der Mitwisserkreis vergrößert und das Geschäftsgeheimnis gerade **durch den Rechtsstreit einer zusätzlichen Gefährdung** ausgesetzt wird. Das kann zu einem Kontrollverlust seitens des Geheimnisinhabers und schlimmstenfalls in letzter Konsequenz sogar zu einem Entfall der Geheimnisqualität führen. Der Geheimnisinhaber befindet sich daher in dem **Dilemma,** entweder seine Klage nicht hinreichend begründen zu können oder das streitgegenständliche Geschäftsgeheimnis zu gefährden. Überspitzt wurde formuliert, der Kläger habe die Wahl, entweder den Prozess oder sein Geheimnis

zu verlieren (vgl. nur *Stürner* JZ 1985, 453, 457; *Stadler* NJW 1989, 1202; *Ann* GRUR-Prax 2016, 465, 467: Wahl zwischen „*Pest […] und Cholera*").

Dieses Dilemma veranlasste den Inhaber eines verletzten Geschäftsgeheimnisses nicht selten dazu, von der Durchsetzung bestehender Ansprüche Abstand zu nehmen und stellte damit zugleich den Nutzen des materiell-rechtlichen Schutzes in Frage. Unbefriedigend war diese Situation insbesondere vor dem Hintergrund des allgemeinen Justizgewährungsanspruches (Art. 2 Abs. 1 GG iVm Rechtsstaatsprinzip; Art. 47 Abs. 1 EUGRCh), der auch ein **Gebot effektiven Rechtsschutzes** umfasst (BVerfG NJW 2004, 3320; BVerfG NJW 1993, 1635) und es verbietet, materielle Schutzpositionen durch eine ineffektive Gestaltung des Rechtsschutzes oder eine übermäßig strenge Handhabung verfahrensrechtlicher Schranken zu verkürzen bzw. leerlaufen zu lassen (vgl. allgemein: *Zuck* NJW 2013, 1132; in Zusammenhang mit dem Geheimnisschutz: *Götz* Schutz von Betriebs- und Geschäftsgeheimnissen im Zivilverfahren 22 f.; *Lejeune* CR 2016, 330, 336; zu Art. 19 Abs. 4 GG: BVerfG BeckRS 2012, 56106 Rn. 14). Während allerdings auf nationaler Ebene jahrzehntelang gleichwohl keine wirkliche Abhilfe geschaffen worden war, erkannte der europäische Gesetzgeber, dass zu den notwendigen Vorbedingungen eines wirksamen **Schutzes von Geschäftsgeheimnissen** auch eine **prozessrechtliche Komponente** gehört, um die Inhaber von Geschäftsgeheimnissen **nicht vor der Durchsetzung ihrer Rechte zurückschrecken** zu lassen (Geschäftsgeheimnis-RL, ErwGr. 24). Dieser Zielsetzung trägt Art. 9 Geschäftsgeheimnis-RL Rechnung und nimmt zugleich eine Abwägung mit gegenläufigen Belangen vor, die sich ebenfalls auf das Gebot eines fairen Verfahrens stützen lassen. **11**

2. Patent-, Gebrauchsmuster- und Halbleiterschutzstreitsachen, §§ 145a PatG, 26a GebrMG, 11 Abs. 3 HalblSchG

Wesentlich erweitert wurde der Anwendungsbereich des prozessualen Geheimnisschutzes durch das am 18.8.2021 in Kraft getretene Zweite Gesetz zur Vereinfachung und Modernisierung des Patentrechts (**2. PatMoG** vom 10.8.2021, BGBl. I, S. 3490, hierzu: *Ohly/Stierle* GRUR 2021, 1229, 1239 f.). Die neu eingeführte Bestimmung des **§ 145a S. 1 PatG** sieht eine entsprechende Anwendung der §§ 16 bis 20 in **Patentstreitsachen** (§ 143 Abs. 1 PatG) sowie in **Zwangslizenzverfahren** gemäß § 81 Abs. 1 S. 1 PatG vor. Entsprechendes gilt gemäß **§§ 26a GebrMG, 11 Abs. 3 HalblSchG** für Gebrauchsmusterstreitsachen und -zwangslizenzverfahren und Halbleiterschutzstreitsachen (zu Einzelheiten des Anwendungsbereichs: → § 16 Rn. 15a). Der Gesetzgeber erkannte damit einen auch in diesen Bereichen bestehenden besonderen Bedarf für einen prozessualen Schutz von Geschäftsgeheimnissen an (BT-Drs. 19258/21, 57) und reagierte auf Kritik an dem begrenzten Anwendungsbereich des prozessualen Geheimnisschutzes, die insbesondere im Bereich des Patentrechts laut geworden war (vgl. *Semrau-Brandt* GRUR-Prax 2019, 127). Damit sind nun Kunstgriffe obsolet, die durch entsprechende Antragstellung auf eine Anwendung der §§ 16 bis 20 auch in Patentstreitsachen abzielten (vgl. *Zhu/Popp* GRUR 2020, 338: „Türöffner"-Antrag). Anders als in Geschäftsgeheimnisstreitsachen folgt in Patentstreitsachen zwar die Notwendigkeit eines prozessualen Schutzbedürfnisses nicht schon per se aus einem besonderen Schutzbedürfnis des streitgegenständlichen Klagerechts (*Ohly/Stierle* GRUR 2021, 1229, 1239). Auch greift die Intention des europäischen Richtliniengebers, den materiellen Schutz von Geschäftsgeheimnissen **12** durch Bereitstellung effektiver Mechanismen zu seiner Durchsetzung zu stärken (→ Rn. 11), in Patentstreitsachen nicht. Dennoch gibt es zahlreiche wiederkehrende Konfliktfelder, in denen sich der Bedarf nach Geheimnisschutz auch hier besonders deutlich abgezeichnet hatte (→ § 16 Rn. 15d). **Ausdrücklich ausgenommen** von der entsprechenden Anwendung der §§ 16 bis 20 ist gemäß §§ 145a S. 1 PatG, 26a S. 1 GebrMG, 11 Abs. 3 HalblSchG wegen – vermeintlicher – Reibungspunkte mit dem Düsseldorfer Besichtigungsverfahren das **selbständige Beweisverfahren gem. § 485 ZPO** (BT-Drs. 19258/21, 57, dazu näher → § 16 Rn. 15c).

13 Eine potentielle Diskrepanz in der Anwendung der §§ 16 bis 20 GeschGehG kann sich zwischen Geschäftsgeheimnis- und Patentstreitsachen aus dem Umstand ergeben, dass sich **patentrechtliche Streitigkeiten außerhalb des Anwendungsbereichs der Geschäftsgeheimnis-RL** und insbesondere des **Art. 9 Geschäftsgeheimnis-RL** bewegen. Anders als im originären Anwendungsbereich der §§ 16 bis 20 ist deshalb in patentrechtlichen Streitigkeiten an zahlreichen Stellen **nicht zwingend eine richtlinienkonforme Auslegung** geboten (ebenso: LG Mannheim GRUR-RS 2023, 9890 Rn. 14; *Kircher* in BeckOK PatG § 145a Rn. 3; *Tochtermann* in Benkard PatG § 145a Rn. 24). Allerdings wird man – soweit es keine besonderen Sachgründe hierfür gibt – im Interesse einheitlicher und vorhersehbarer Rechtsanwendung bestrebt sein, eine allzu stark divergierende Auslegung zu vermeiden.

14 **Keine entsprechende Anwendung** finden die §§ 16 bis 20 GeschGehG vor dem **Einheitlichen Patentgericht.** Hier bestehen eigene Vorschriften. **Art. 58 EPGÜ** sieht vor, dass das Gericht u.a. zum Schutz von Geschäftsgeheimnissen oder sonstigen vertraulichen Informationen einer Verfahrenspartei oder eines Dritten die Erhebung und Verwendung von Beweisen einschränken oder für unzulässig erklären oder den Zugang zu Beweismitteln auf bestimmte Personen beschränken kann. Ausgestaltet wird dies nunmehr durch **Regel 262A VerfO.** Die recht allgemein gehaltene Vorschrift macht in der Sache ebenfalls Anleihen bei der Geschäftsgeheimnis-RL. Maßnahmen des prozessualen Geheimnisschutzes setzen auch hier einen begründeten Antrag voraus (R 262A Abs. 2). Das Gericht kann dann – nach Anhörung der Gegenseite (R 262A Abs. 4) und Abwägung der sich gegenüberstehenden Interessen (R 262A Abs. 5) – eine Geheimhaltungsanordnung erlassen oder den Zugang zu Informationen/Beweismitteln auf bestimmte Personen beschränken. Ähnlich den Vorgaben der Geschäftsgeheimnis-RL soll die Zahl der zugangsberechtigten Personen in letzterem Fall nicht größer als notwendig für eine zweckentsprechende Rechtsverfolgung sein; dabei ist aber mindestens einer natürlichen Person jeder Partei und ihren Rechtsanwälten und anderen Vertretern Zugang zu gewähren (R 262A Abs. 6). Daneben durchzieht der Aspekt des Geheimnisschutzes weitere Vorschriften des EPGÜ und der VerfO, vgl. Art. 45, 55 Abs. 3, 59 Abs. 1, 60 Abs. 1 sowie Regel 262 VerfO.

3. Weitere Anwendungsbereiche?

15 Wie erläutert, hat der Gesetzgeber die prozessualen Geheimnisschutzbestimmungen zunächst nur als „**kleine Lösung**" für den Bereich der Geschäftsgeheimnisstreitsachen eingeführt (→ Rn. 1) und den Anwendungsbereich dann zwar wesentlich, regelungstechnisch aber doch punktuell auf Patent-, Gebrauchsmuster- und Halbleiterschutzstreitsachen sowie entsprechende Zwangslizenzverfahren erweitert (→ Rn. 12). Mangels planwidriger Regelungslücke kommt daher **keine**

analoge Anwendung der §§ 16 ff. GeschGehG auf andere als die genannten Gebiete in Betracht (OLG Düsseldorf MMR 2021, Rn. 12 ff. – Kundendatenbank; *Müller/Aldick* ZIP 2020, 9, 10). Eine analoge Anwendung wäre zudem hinsichtlich § 17 problematisch, da den dort vorgesehenen Ordnungsmitteln auch Strafcharakter zukommt (→ § 17 Rn. 2), so dass ein Analogieverbot nach Art. 103 Abs. 2 GG besteht (OLG Düsseldorf MMR 2021, 742 Rn. 14 – Kundendatenbank). Nicht möglich ist daher etwa eine Anwendung der §§ 16 ff. auf urheberrechtliche Streitigkeiten, die einen Schutz von Datenbanken gemäß §§ 87a ff. zum Gegenstand haben, soweit nicht zugleich Ansprüche nach dem GeschGehG geltend gemacht werden (OLG Düsseldorf MMR 2021, 742 Rn. 11 – Kundendatenbank). Nicht ausgeschlossen ist es aber, dass sich die Gerichte bei der Auslegung anderer Vorschriften an einzelnen Rechtsgedanken der §§ 16 ff. orientieren (vgl. LG München I BeckRS 2019, 18148 – Redundanz-Strategie-Auswahlschema; *Maaßen/Perino-Stiller* WRP 2022, 1208 Rn. 9).

4. Ausblick: Künftiger Anwendungsbereich der §§ 16–20

Zu erwarten steht, dass sich der **Anwendungsbereich** der §§ 16 ff. in naher 16
Zukunft durch entsprechende Gesetzesänderungen – ähnlich dem 2. PatMoG – **weiter ausweiten** wird (vgl. *Kalbfus* WRP 2019, 692 Rn. 53; GRUR-Stellungnahme zum GeschGehG-RefE GRUR 2018, 708, 712). Dies zeichnete sich bereits in mehreren letztlich nicht umgesetzten Gesetzgebungsvorhaben ab (vgl. etwa den Entwurf eines Gesetzes zur Stärkung der Gerichte in Wirtschaftsstreitigkeiten, BT-Drs. 20/1549, dazu schon *Ruks* jurisPR-IWR 3/2021 Anm. 1). Seit **25.4.2023** liegt nunmehr der RefE eines **Justizstandort-Stärkungsgesetzes** vor, dessen Ziel es u.a. ist, einer Abwanderung wirtschaftsrechtlicher Streitigkeiten in die private Schiedsgerichtsbarkeit entgegenzuwirken. Der Entwurf sieht die Einfügung eines **§ 273a ZPO** vor, wonach die §§ 16 bis 20 GeschG im Zivilprozess generell anwendbar sein sollen. Der prozessuale Geheimnisschutz würde somit im Sinne einer „**großen Lösung**" auf den **gesamten Zivilprozess** erstreckt. Gefordert worden war dies bereits bei Einführung des GeschGehG. Zum damaligen Zeitpunkt ließ sich die Beschränkung auf Geschäftsgeheimnisstreitsachen immerhin noch mit einer bewussten Orientierung an den Vorgaben der Geschäftsgeheimnis-RL begründen. Bereits die Ausweitung auf Patent-, Gebrauchsmuster- und Halbleiterschutzstreitsachen hat indes die Frage aufgeworfen, weshalb gerade Streitigkeiten auf diesen Gebieten ggü. sonstigen Gerichtsverfahren privilegiert werden sollen. Im Ergebnis ist daher die beabsichtigte Ausdehnung konsequent und zu begrüßen. Allerdings böte es sich systematisch an, die §§ 16 ff. GeschGehG künftig direkt in der ZPO zu verorten, um die Verweistechnik auf das GeschGehG überflüssig zu machen (so auch *McGuire* in Büscher GeschGehG § 16 Rn. 12).

III. Anwendungsfälle der §§ 16 bis 20 im Einzelnen

Im Vorgriff auf die Kommentierung der einzelnen Vorschriften gibt der fol- 17
gende Abschnitt einen Überblick über den bestehenden Rahmen des Geheimnisschutzes im Zivilprozess und erläutert die Einbettung der §§ 16 bis 20 sowie ihre Bedeutung aus verschiedenen Blickwinkeln. Die Darstellung ist systematisch unterteilt nach drei Personengruppen, im Verhältnis zu denen Schutz erzielt werden soll. Die erste Gruppe bilden die **gegnerische Partei** und der sie ggf. unterstützende Streithelfer. Die zweite Gruppe bilden **sonstige Prozessbeteiligte** in

einem weiten Sinn, d.h. insbesondere das Gericht selbst (einschließlich seines Verwaltungsapparates), Zeugen und Sachverständige. Die dritte Gruppe bildet schließlich die **Öffentlichkeit** (*quivis ex populo*), die infolge des Grundsatzes öffentlicher Verhandlung (§ 169 Abs. 1 S. 1 GVG) sowie über Akteneinsichtsrechte (§ 299 Abs. 2 ZPO) zumindest potentiell Kenntnis von einem streitbefangenen Geschäftsgeheimnis erlangen kann.

1. Geheimnisschutz gegenüber dem Prozessgegner

18 **a) Allgemeines.** Den zentralen Brennpunkt des prozessualen Geheimnisschutzes bildet der Schutz im Verhältnis zum Prozessgegner. Der ohnehin bestehende Interessenkonflikt zwischen dem durch Art. 12 Abs. 1 GG geschützten Geheimhaltungsinteresse und gegnerischen Interessen, die ihrerseits Verfassungsrang haben können (→ Einl. A Rn. 169 ff.), wird innerhalb eines Rechtsstreits dadurch verschärft, dass der Geheimnisschutz auch mit prozessualen Teilhaberechten des Gegners in Widerstreit stehen kann, namentlich mit dem **Grundsatz der Parteiöffentlichkeit** (§ 357 ZPO). Aus dem dahinterstehenden **Anspruch auf rechtliches Gehör** (Art. 103 Abs. 1 GG, 47 Abs. 2 EUGRCh) und dem **Rechtsstaatsprinzip** folgt, dass der Prozessgegner grundsätzlich Kenntnis von sämtlichen entscheidungserheblichen Tatsachen erhalten muss (BGH NJW 1961, 363; BGH GRUR 1996, 217 (218) – Anonymisierte Mitgliederliste mwN). Insoweit umfasst der Anspruch auf rechtliches Gehör einen Informationsanspruch (*Remmert* in Dürig/Herzog/Scholz GG Art. 103 Abs. 1 Rn. 78).

19 Zu differenzieren sind im Ausgangspunkt zwei Konstellationen, nämlich ob es um den Schutz von Geheimnissen der **darlegungsbelasteten** oder der **nicht darlegungsbelasteten** Partei geht. In den beiden Fallgruppen bestehen jeweils unterschiedliche Interessenlagen, die abweichender Lösungsansätze bedürfen. Wie die bestehende Rechtsprechung zeigt, erweist sich der Schutz von Geheimhaltungsinteressen der darlegungsbelasteten Partei als besonders problematisch. In diesem Bereich entfalten die §§ 16 bis 20 GeschGehG ihre primäre Bedeutung.

20 **b) Geschäftsgeheimnisse der darlegungsbelasteten Partei. aa) Problemfelder in Geschäftsgeheimnisstreitsachen.** In Rechtsstreitigkeiten wegen der Verletzung von Geschäftsgeheimnissen kommt es aus der Perspektive des Klägers häufig bereits bei der Formulierung von **Klageanträgen,** die dem **Bestimmtheitsgebot** des **§ 253 Abs. 2 Nr. 2 ZPO** genügen müssen, zu einem Konflikt zwischen prozessrechtlichen Anforderungen und Geheimhaltungsinteressen (OLG Schleswig GRUR-RS 2022, 9007 Rn. 27 – Teil-Kostenrechnung; *Doepner* in FS Tilmann, 2003, 105, 112 ff.; siehe dazu → § 6 Rn. 59 ff.; zu den denkbaren Varianten der Antragsfassung bei Entwendung technischer Geheimnisse: *Deichfuß* GRUR-Prax 2012, 449, 450 ff.). Zwar gibt es Konstellationen, in denen sich ein Klageantrag ohne Umschreibung des Geschäftsgeheimnisses fassen lässt (insbesondere durch Bezugnahme auf die konkrete Verletzungsform, vgl. BGH GRUR 2018, 1161 Rn. 19 – Hohlfasermembranspinnanlage II; BGH GRUR 2008, 727 Rn. 9 – Schweißmodulgenerator; *Grosch* in Ann/Loschelder/Grosch Kap. 6 Rn. 18 ff.). Häufig bedarf es aber zur Antragskonkretisierung einer **Bezugnahme auf das betroffene Geheimnis** (OLG Stuttgart GRUR-RS 2020, 35613 Rn. 75 f. – Schaumstoffsysteme; OLG Frankfurt a.M. GRUR-RR 2021, 229 Rn. 15 ff. – Vliesstoffe; OLG Düsseldorf BeckRS 2011, 07387; OLG Brandenburg GRUR-Prax 2011, 154; LAG Köln BeckRS 2012, 68079; LAG Sachsen-Anhalt Urteil v. 10.7.2009 – 9 Sa 167/08, juris; BAG NJW 1989, 3237;

Schlingloff WRP 2018, 666 Rn. 7; *Redeker/Pres/Gittinger* WRP 2015, 811 Rn. 9). Die **Schutzmaßnahmen gemäß §§ 16 ff.** ermöglichen es dem Kläger insoweit, geheimhaltungsbedürftige Tatsachen, die er für eine hinreichend bestimmte Fassung des Klageantrags angeben muss, in das Verfahren einzuführen, ohne hierdurch seine Geheimhaltungsinteressen zu gefährden (OLG Stuttgart GRUR-RS 2020, 35613 Rn. 77 – Schaumstoffsysteme). Bedarf es also zur Konkretisierung von Klageanträgen einer Bezugnahme auf geheime Informationen, so kann der Kläger zu deren Schutz entsprechende prozessuale Maßnahmen beantragen und die Konkretisierung der Anträge bis zum Erlass dieser Maßnahmen zurückstellen. Bevor über die Schutzmaßnahmen gerichtlich entschieden wurde, kann die Klage nicht wegen mangelnder Bestimmtheit der Anträge als unzulässig abgewiesen werden (OLG Stuttgart GRUR-RS 2020, 35613 Rn. 74 – Schaumstoffsysteme).

Darüber hinaus kann es zu dem eingangs (→ Rn. 10) beschriebenen **Dilemma** kommen, wenn eine Partei ihrer **Darlegungs- und Beweislast** nur nachkommen kann, indem sie ein Geschäftsgeheimnis im dem Rechtsstreit offenlegt. Typischerweise ist diesem Konflikt der **Kläger** ausgesetzt, da es ihm obliegt, sämtliche anspruchsbegründenden Tatsachen vorzutragen und zu substantiieren (*Stürner* JZ 1985, 453, 457, vgl. auch OLG Köln WRP 2014, 742 Rn. 26 = GRUR-RR 2014, 329 – Converse AllStar; OLG Düsseldorf BeckRS 2014, 5453). Insbesondere führt dies zu einer Preisgabe auch gegenüber dem Prozessgegner, bei dem es sich um einen direkten Wettbewerber handeln kann. Will die darlegungsbelastete Partei dies nicht in Kauf nehmen, läuft sie Gefahr, ihren **prozessualen Obliegenheiten** nicht hinreichend nachzukommen und dadurch Nachteile bis hin zum Prozessverlust zu erleiden. Gelegentlich ist die Rechtsprechung dem Geheimnisinhaber insoweit durch eine **Reduzierung der Substantiierungslast** entgegengekommen. Ein solcher Lösungsansatz steht freilich potentiell in Widerspruch zum zivilprozessualen Beibringungsgrundsatz (vgl. dazu *McGuire* GRUR 2015, 424, 429). Er wird deshalb zu Recht kritisch gesehen (*Lachmann* NJW 1987, 2206, 2208). Dementsprechend hat die Rechtsprechung eine Reduzierung der Substantiierungslast nur in Ausnahmefällen angenommen und insoweit hohe Anforderungen an die **Darlegung des Geheimhaltungsinteresses** gestellt. Vorausgesetzt wurde, dass der Geheimnisinhaber nicht nur die vertrauliche Information identifiziert, sondern auch konkret darlegt, dass und warum die betreffende Information ein zu schützendes Geschäftsgeheimnis darstellt. Im Ergebnis wurden diese Anforderungen meist als nicht erfüllt angesehen (BGH NVwZ-RR 2011, 58 Rn. 35; BGH NJW 2009, 502 Rn. 46; OLG Düsseldorf BeckRS 2018, 7036 Rn. 18; OLG Düsseldorf BeckRS 2014, 5453;). Die **zentrale Funktion der §§ 16 ff.** liegt darin, diesen Konflikt abzumildern und es der darlegungsbelasteten Partei zu ermöglichen, ihren prozessualen Obliegenheiten in vollem Umfang nachzukommen, ohne das betroffene Geschäftsgeheimnis schutzlos preisgeben zu müssen (OLG Stuttgart GRUR-RS 2020, 35613 Rn. 77 – Schaumstoffsysteme). 21

In eine vergleichbare Situation wie die primär darlegungsbelastete Partei kann auch derjenige Geheimnisinhaber geraten, den eine **sekundäre Darlegungslast** trifft, etwa wenn er substantiiert zu Abweichungen eigener technischer Lösungen von den Geschäftsgeheimnissen des Klägers oder zu einer eigenständigen Erschließung (§ 3 Abs. 1 Nr. 1) vortragen muss (*Schlingloff* WRP 2018, 666 Rn. 7; *Deichfuß* GRUR-Prax 2012, 449, 453; *Ann* in Ann/Loschelder/Grosch Kap. 7 Rn. 43). Ein gewisses Korrektiv ergibt sich hier allerdings schon im Vorfeld, da eine sekundäre Darlegungslast überhaupt nur mit großer Zurückhaltung anzunehmen ist, 22 wenn die gewerbliche Geheimsphäre der nicht beweisbelasteten Partei betroffen ist (*Ann* in Ann/Loschelder/Grosch Kap. 7 Rn. 43). Sie setzt neben einer Substantiierungsnot der primär darlegungs- und beweisbelasteten Partei voraus, dass dem Prozessgegner entsprechender Tatsachenvortrag unschwer möglich und zumutbar ist (BGH NJW-RR 2019, 467 Rn. 17; BGH NJW-RR 2019, 17 Rn. 33; BGH GRUR 2016, 855 Rn. 47 f. – www.jameda.de; BGH NJW-RR 2015, 1279 Rn. 11; BGH GRUR 2012, 630 Rn. 38 – Converse II). Dabei dient das Kriterium der **Zumutbarkeit** der Abwägung der Parteiinteressen; in diesem Rahmen ist ein berechtigtes Geheimhaltungsinteresse der nicht beweisbelasteten Partei zu berücksichtigen (*Laumen* MDR 2019, 193, 196, vgl. auch BGH NJW 2009, 502 Rn. 47). Der Annahme einer sekundären Darlegungslast kann daher entgegenstehen, dass eine solche zur Offenlegung von Geschäftsgeheimnissen führen müsste (BGH GRUR 2012, 626 Rn. 28 – Converse I; OLG Frankfurt a.M. ZIP 2008, 774 (776)). Der Geheimnisinhaber muss allerdings darlegen, bei Offenlegung welcher Geheimnisse er welche Nachteile zu befürchten hätte (BGH NVwZ-RR 2011, 58 Rn. 35; BGH NJW 2009, 502 Rn. 46). Bedeutung hat das Kriterium der Zumutbarkeit insbesondere in Rechtsstreitigkeiten unter Wettbewerbern: Hätte eine sekundäre Darlegungslast zur Folge, dass Geschäftsgeheimnisse gerade gegenüber einem Wettbewerber offengelegt werden müssten, so ist entsprechender Tatsachenvortrag regelmäßig unzumutbar (BGH GRUR 1992, 191 (193 f.) – Amtsanzeiger; *Greger* in Zöller ZPO Vor § 284 Rn. 34b; *Laumen* MDR 2019, 193, 196). Unabhängig davon folgt aus einer sekundären Darlegungslast **keine prozessuale Obliegenheit** zur Vorlage bestimmter **Urkunden** (BGH BeckRS 2022, 9437 Rn. 13; BGH NJW 2007, 2989 Rn. 16). Soweit trotz der vorstehend genannten Einschränkungen eine sekundäre Darlegungslast eines Geheimnisinhabers anzunehmen ist, befindet er sich in einer ähnlichen prozessualen Situation wie der primär darlegungs- und beweisbelastete Geheimnisinhaber. Die **§§ 16 ff.** greifen dementsprechend **auch zugunsten der sekundär darlegungsbelasteten Partei** (vgl. OLG Stuttgart GRUR-RS 2020, 35613 Rn. 91 f. – Schaumstoffsysteme).

23 Ein weiteres Anwendungsfeld für Maßnahmen gemäß § 16 ff. bildet die **Schadensberechnung nach dem entgangenen Gewinn** (§ 252 ZPO), da der verletzte Geheimnisinhaber insoweit zumindest konkrete Anknüpfungstatsachen für eine Schadensschätzung (§ 287 ZPO) vortragen muss (→ § 10 Rn. 47). Dabei handelt es sich freilich um eine Konstellation, die nicht nur in Geschäftsgeheimnisstreitsachen zum Tragen kommt (zu Patentstreitsachen: → Rn. 24, zu Kennzeichenstreitsachen: OLG Köln WRP 2014, 742 Rn. 26 = GRUR-RR 2014, 329 – Converse AllStar).

24 **bb) Problemfelder in Patentstreitsachen.** In **Patentstreitsachen** besteht eine Gefährdung von Geschäftsgeheimnissen der darlegungs- und beweisbelasteten Partei typischerweise weder auf Ebene der Klageanträge noch bedarf es Vortrag zu geheimen Informationen zur Substantiierung des Schutzrechts und der Verletzungshandlung. Auch hier gibt es aber zahlreiche wiederkehrende Konfliktfelder, in denen sich der Bedarf nach Geheimnisschutz besonders deutlich abgezeichnet hatte (vgl. ua den Überblick bei *Haedicke* Mitt. 2018, 249). Nach der Gesetzesbegründung zählen dazu etwa **(1)** in Streitigkeiten über die Verletzung standardessenzieller Patente die Darlegung, dass ein Lizenzangebot diskriminierungsfrei und somit **FRAND-konform** ist, **(2)** die Widerlegung der **Vermutung des § 139 Abs. 3 S. 1 PatG** durch Vortrag zu einem eigenen, nicht patentverletzenden

Geheimverfahren oder **(3)** die **Schadensberechnung nach dem entgangenen Gewinn** (BT-Drs. 19258/21, 57; *Kühnen* Hdb der Patentverletzung, Teil D Rn. 115 ff.). Weitere denkbare Anwendungsfälle bilden beispielsweise die Darlegung eines **Vorbenutzungsrechts nach § 12 PatG** (*Kircher* in BeckOK PatG § 145a Rn. 24) und **Patentvindikationsklagen** (**§ 8 PatG**), insbesondere soweit es um Fragen des Erfindungsbesitzes und der widerrechtlichen Entnahme geht (vgl. BGH GRUR 2022, 1302 Rn. 108 – Brustimplantat).

Die §§ 16 ff. treten in patentrechtlichen Streitigkeiten als **zusätzliche Maßnahme** neben die im PatG selbst angelegten prozessualen und materiellrechtlichen Vorschriften zum Schutz von Geschäftsgeheimnissen und vertraulichen Informationen (§§ 139 Abs. 3 S. 2, 140c Abs. 1 S. 3, Abs. 3 S. 2, 140d Abs. 1 S. 2, Abs. 3 S. 2) und ergänzen diese (*Kircher* in BeckOK PatG § 145a Rn. 59). Dagegen dürften einzelne von der Rechtsprechung entwickelte Grundsätze zum Schutz von Geschäftsgeheimnissen nur noch eingeschränkt gelten. Beispielsweise hatte die Rechtsprechung in **Streitigkeiten aus standardessenziellen Patenten** vor Inkrafttreten des 2. PatMoG eine Kombination aus prozessualen und vertraglichen Maßnahmen zum Schutz vertraulicher Lizenzbedingungen entwickelt. Ging es um die Frage der **FRAND-Konformität** eines Lizenzangebotes, war eine Reduzierung der Darlegungslast des Lizenzgebers angenommen worden, wenn dieser sich um eine Vertraulichkeitsvereinbarung zur Absicherung seiner Geschäftsgeheimnisse bemüht, der Gegner den Abschluss einer solchen Vereinbarung aber verweigert hatte. In diesem Fall war der Lizenzgeber zwar nicht gänzlich von seiner Darlegungslast befreit, genügte jedoch den Anforderungen durch weniger detaillierten Vortrag ohne Offenbarung von Geschäftsgeheimnissen (OLG Düsseldorf BeckRS 2018, 7036 Rn. 9; vgl. ergänzend OLG Düsseldorf BeckRS 2017, 156523). Da seit Einführung des § 145a PatG prozessuale Schutzmechanismen zur Verfügung stehen, bei denen es anders als bei vertraglichen Maßnahmen auf die Mitwirkung des Gegners nicht mehr ankommt und die auch Schutz gegenüber Dritten gewährleisten, dürfte diese Rechtsprechung an Bedeutung verloren haben (*Kühnen* Hdb der Patentverletzung, Teil D Rn. 130); Bedeutung kommt entsprechenden Vertraulichkeitsvereinbarungen aber noch im vorgerichtlichen Raum zu (*Kühnen* Hdb der Patentverletzung, Teil D Rn. 127, 131). Besteht bereits eine Vertraulichkeitsvereinbarung zwischen den Parteien, lässt diese das **Rechtsschutzbedürfnis für Maßnahmen nach §§ 16 ff.** grundsätzlich auch dann **nicht entfallen,** wenn die vertragliche Geheimhaltungspflicht vertragsstrafegesichert ist (aA LG Mannheim GRUR-RS 2023, 9890 Rn. 6 ff.). Denn eine Vertraulichkeitsvereinbarung bindet ausschließlich die Vertragsparteien und nicht sonstige am Prozess beteiligte Personen wie zB das Gericht, Sachverständige oder Prozessbevollmächtigte. Zweck insbesondere von Geheimhaltungsanordnungen nach § 16 ist es hingegen, eine Geheimhaltung auch durch diese Personen zu gewährleisten (→ Rn. 33 ff.). 25

c) Geschäftsgeheimnisse der nicht darlegungsbelasteten Partei. aa) Interessenlage. Geht es um Geschäftsgeheimnisse der nicht darlegungsbelasteten Partei, so weicht die Interessenlage ab. Für die nicht darlegungsbelastete Partei besteht grundsätzlich kein Anlass, ihre Geschäftsgeheimnisse in den Rechtsstreit einzuführen (*Stadler* ZZP 123 (2010), 261, 276; *Schlingloff* WRP 2018, 666 Rn. 17; *Kalbfus* WRP 2019, 692 Rn. 11). Insbesondere trifft sie – im Grundsatz – **keine Mitwirkungspflicht an der Sachverhaltsaufklärung** (*Ann* in Ann/Loschelder/Grosch Kap. 7 Rn. 43). Sie muss dem Gegner nicht zum Prozesssieg 26 verhelfen und hat **keine allgemeine prozessuale Aufklärungspflicht** (BGH NJW 2007, 155 (156); BGH GRUR 1992, 191 (193 f.) – Amtsanzeiger; BGH NJW 1990, 3151; krit. *Stadler* ZZP 123 (2010), 261 (266)). Ein Schutz von Geschäftsgeheimnissen der nicht darlegungsbelasteten Partei wird auch durch das **Verbot des Ausforschungsbeweises** sichergestellt. Danach braucht einem Beweisangebot nicht nachgegangen zu werden, wenn **(1)** die unter Beweis gestellte Tatsache so ungenau bezeichnet ist, dass ihre Entscheidungserheblichkeit nicht beurteilt werden kann, **(2)** die Bezeichnung der Tatsache zwar als bestimmte Behauptung formuliert, aber „ins Blaue hinein" aufgestellt ist und das Beweisangebot sich deshalb als rechtsmissbräuchlich darstellt, oder **(3)** Beweis angeboten wird, um bei Gelegenheit der Beweisaufnahme Tatsachen in Erfahrung zu bringen, die genaueres Vorbringen oder die Benennung weiterer Beweismittel erst ermöglichen (BGH GRUR 2014, 791 Rn. 30 – Teil-Berufsausübungsgemeinschaft).

27 Es gibt allerdings – in Ausnahme zu der vorstehend genannten Regel – eine Reihe von Situationen, in denen auch Geschäftsgeheimnisse der nicht darlegungs- und beweisbelasteten Partei zum Gegenstand des Rechtsstreits werden können. Erforderlich werden kann eine Preisgabe etwa aufgrund prozessualer Vorlagepflichten gemäß **§§ 422, 423 ZPO** (→ Rn. 28) oder gerichtlicher Vorlageanordnungen gemäß **§ 142 ZPO** (→ Rn. 29). Ein Recht des Geheimnisinhabers, die Mitwirkung zu verweigern, besteht insoweit nicht. Insbesondere sind die Zeugnisverweigerungsrechte der §§ 383 Abs. 1 Nr. 6, 384 Nr. 3 ZPO auf Prozessparteien nicht – auch nicht entsprechend – anwendbar (*Ann* in Ann/Loschelder/Grosch Kap. 7 Rn. 37; *Stürner* JZ 1985, 453 (457)). Geheimhaltungsinteressen können ferner im Rahmen von **Ortsterminen eines Sachverständigen** (→ Rn. 30 f.) und durch **Zeugenvernehmungen** (→ Rn. 32) gefährdet sein. Die Konstellation eines Schutzes von Geschäftsgeheimnissen der nicht darlegungsbelasteten Partei stand zwar nicht primär im Fokus des europäischen Gesetzgebers, der sich vor allem auf den Schutz von Geheimnissen des Klägers in Geschäftsgeheimnisstreitsachen konzentrierte (ErwGr. 24). Gleichwohl sind Art. 9 Geschäftsgeheimnis-RL und die **§§ 16 bis 20** auch hier **grundsätzlich anwendbar.** Die Vorschriften greifen zugunsten beider Parteien (→ Rn. 9) und lassen auch keine an eine Darlegungs- und/oder Beweislast anknüpfende Einschränkung erkennen.

28 **bb) Prozessuale Vorlagepflichten. Prozessuale Vorlagepflichten** können sich im Rahmen des Urkunds- und des Augenscheinsbeweises aus den **§§ 422, 423 ZPO** (ggf. iVm § 371 Abs. 2 S. 2 ZPO) ergeben (vgl. näher *Ahrens* Der Beweis im Zivilprozess Kap. 29 Rn. 28 ff.). Dabei erfasst **§ 422 ZPO** Fälle, in denen **materiell-rechtliche Auskunfts-, Vorlage- und Besichtigungsansprüche** bestehen. Insoweit hat die Rechtsprechung – in Ansätzen bereits auf materiell-rechtlicher Ebene Korrektive zugunsten berechtigter Geheimhaltungsinteressen entwickelt, etwa den (teilweisen) Anspruchsausschluss bei Unverhältnismäßigkeit, den Wirtschaftsprüfervorbehalt sowie eine Obliegenheit des Anspruchsberechtigten zum Abschluss einer Vertraulichkeitsvereinbarung. Im Einzelnen sei hier auf die Kommentierung zum materiellen Recht verwiesen (→ § 8 Rn. 29, 54 u. 55). **§ 423 ZPO** begründet eine Vorlagepflicht, wenn auf eine **Urkunde Bezug genommen** wurde. Der Geheimnisinhaber kann sich davor insbesondere schützen, indem er die Bezugnahme auf Urkunden mit geheimhaltungsbedürftigem Inhalt vermeidet (*Müller/Aldick* ZIP 2020, 9, 12). Soweit eine Vorlage geheimer Urkunden gemäß §§ 422, 423 ZPO dennoch angeordnet wird, kann der Geheimnisinhaber **Schutzmaßnahmen nach den §§ 16 ff.** beantragen.

Ein weiteres Instrument, das dazu führen kann, dass Geschäftsgeheimnisse der nicht-beweisbelasteten Partei (auch gegen ihren Willen) in den Prozess eingeführt werden, ist die **Anordnung der Urkundenvorlegung gemäß § 142 Abs. 1 ZPO.** Eine solche Anordnung steht allerdings im Ermessen des Gerichts. Bei Ausübung dieses Ermessens sind auch berechtigte Geheimhaltungsinteressen zu berücksichtigen (BGH GRUR 2022, 1302 Rn. 107 – Brustimplantat; *Stadler* ZZP 123 (2010), 261, 266 mwN; *Müller/Aldick* ZIP 2020, 9, 12). Wird dennoch eine Urkundenvorlegung angeordnet und weigert sich der Geheimnisinhaber unter Bezugnahme auf seine Geheimhaltungsinteressen, dem nachzukommen, so sind diese Interessen bei der rechtlichen Würdigung der Weigerung zu beachten (*Stadler* in Musielak/Voit ZPO § 142 Rn. 7). **Aufgrund der §§ 16 ff.** können sich bei der Ermessensausübung nach § 142 ZPO Besonderheiten ergeben: In Fällen, in denen ein überwiegendes Geheimhaltungsinteresse einer Vorlageanordnung eigentlich entgegenstünde, ist zu fragen, ob dem Geheimhaltungsinteresse auch bei Anordnung durch Anträge nach § 16 und/oder § 19 hinreichend Rechnung getragen werden kann (BGH GRUR 2022, 1302 Rn. 108 – Brustimplantat). **Dritte** können sich gegenüber einer Vorlageanordnung gemäß § 142 ZPO auf ihre Zeugnisverweigerungsrechte nach §§ 383 Abs. 1 Nr. 6, 384 Nr. 3 ZPO berufen (§ 144 Abs. 2 S. 1 ZPO, vgl. OLG Stuttgart BeckRS 2019, 3952 Rn. 16 ff. zu § 384 Nr. 1 ZPO). 29

cc) Ortstermine und Besichtigung. Zu einer Gefährdung von Geschäftsgeheimnissen kann außerdem eine Beweiserhebung führen, wenn diese im Rahmen eines **Ortstermins** Einblick in Interna der nicht darlegungsbelasteten Partei gibt. Dient die Beweiserhebung der Substantiierung einer Schutzrechtsverletzung oder eines sonstigen Rechtsverstoßes, kann die nicht darlegungsbelastete Partei aufgrund **materieller Besichtigungsansprüche** zur Duldung verpflichtet sein. Vor allem in Patentstreitsachen hat das richterrechtlich entwickelte **Düsseldorfer Verfahren** insoweit herausgehobene Bedeutung erlangt. Dabei handelt es sich um eine Kombination aus einem den eigentlichen Verletzungsprozess vorbereitenden selbständigen Beweisverfahren (§ 485 ZPO) und einer auf Duldung einer Besichtigung gerichteten einstweiligen Verfügung (siehe dazu → § 8 Rn. 74 ff.). Da ein solches Vorgehen weitreichende Übergriffe in die gegnerische Sphäre gestatten kann, die typischerweise ein Risiko für dessen Geschäftsgeheimnisse bilden, hat die Rechtsprechung ein Bündel von Maßnahmen entwickelt, um den Geheimhaltungsinteressen des Gegners Rechnung zu tragen. Ein Element hierbei ist, dass der Rechtsinhaber eine hinreichende Wahrscheinlichkeit für das Vorliegen seines Anspruchs glaubhaft machen muss und dass Ausmaß und Umfang der Besichtigung an Erforderlichkeitsgesichtspunkten auszurichten sind (*Deichfuß* GRUR 2015, 436, 437 f.). Die wesentlichste Vorkehrung besteht allerdings darin, dass es dem Anspruchsteller selbst nicht gestattet wird, an der Besichtigung teilzunehmen, sondern dass diese von einem zur Verschwiegenheit verpflichteten Sachverständigen vorgenommen wird, dessen Gutachten nur nach Prüfung von Geheimhaltungsinteressen des Gegners und ggf. mit Schwärzungen an den Anspruchsteller herausgeben wird (*Deichfuß* GRUR 2015, 436, 438). Eine Herausgabe kann auch nach dem *Counsel's eyes only*-Prinzip nur an bestimmte, namentlich benannte anwaltliche Vertreter des Anspruchstellers erfolgen, die auch zu Verschwiegenheit gegenüber ihrem eigenen Mandanten verpflichtet sind (BGH GRUR 2010, 318 Rn. 23 ff. – Lichtbogenschnürung). Zuvor ist dem Anspruchsgegner Gelegen- 30 heit zu geben, seine Geheimhaltungsinteressen geltend zu machen (BGH GRUR 2010, 318 Rn. 35 – Lichtbogenschnürung). Entscheidende Vorbedingung dieser Verfahrensweise ist, dass der **Anspruchsteller auf seine prozessualen Teilhaberechte partiell verzichtet** (OLG Düsseldorf BeckRS 2016, 114380 Rn. 1). Aus diesem Grund ist es in einem solchen Verfahren nur möglich, die Einsichtnahme des Anspruchstellers, nicht aber die des Anspruchsgegners in das Gutachten zu beschränken (OLG Köln WRP 2017, 728 – Einsicht in Akten mit Quellcode der Gegenseite). Infolge dieser Konzeption kommt das Düsseldorfer Verfahren **ohne Anwendung der §§ 16 ff.** aus. Für den Bereich der **Patent-, Gebrauchsmuster- und Halbleiterschutzstreitsachen** hat der Gesetzgeber eine entsprechende Anwendbarkeit der §§ 16 ff. auf selbständige Beweisverfahren sogar ausdrücklich ausgeschlossen, weil er vermeintlich bestehende Reibungen mit dem Düsseldorfer verfahren vermeiden wollte. Im Bereich der **Geschäftsgeheimnisstreitsachen** wären dagegen Varianten des Düsseldorfer Verfahrens unter Einbeziehung der prozessualen Möglichkeit gemäß §§ 16 ff. GeschGehG möglich. Ob sich derartige Spielarten künftig etablieren, bleibt abzuwarten (→ § 8 Rn. 81).

31 Auch über die Konstellation des Düsseldorfer Verfahrens hinaus sind **Ortstermine eines Sachverständigen,** die im Betrieb einer Partei stattfinden, regelmäßig mit Risiken für Geschäftsgeheimnisse dieser Partei verbunden. Da derartige Ortstermine parteiöffentlich sind (§ 357 Abs. 1 ZPO), hat auch der Prozessgegner ein Teilnahmerecht (*Ulrich/Zielbauer* DS 2008, 12, 15; *Seidel* DS 2017, 188, 191; *Kürschner* NJW 1992, 1804). Es besteht deshalb die Möglichkeit, dass er im Ortstermin Kenntnis von vertraulichen Informationen erhält (etwa von einer Herstellungstechnik oder der Konstruktion einer Maschine). Stützt der Sachverständige sein Gutachten auf vertrauliche Informationen, so müssen diese dem Gericht und dem Prozessgegner grundsätzlich offengelegt werden. Anderenfalls ist das Gutachten nicht verwertbar (BGH GRUR1992, 191 (194) – Amtsanzeiger; *Ulrich/Zielbauer* DS 2008, 12, 13). Die Rechtsprechung hat insoweit folgende Möglichkeit des Interessenausgleichs entwickelt, wenn der **Ortstermin** bei der **nicht beweisbelasteten Partei** stattfindet: **(1)** Die nicht beweisbelastete Partei erhält die Möglichkeit, der Beweisaufnahme zum Schutz ihrer Geschäftsgeheimnisse zu widersprechen. **(2)** Macht sie hiervon Gebrauch, so kann sich die beweisführende Partei im Termin durch einen öffentlich bestellten und vereidigten Sachverständigen vertreten lassen, der vom Gericht zur Verschwiegenheit auch gegenüber der eigenen Partei verpflichtet wird (BGH GRUR 2014, 578 Ls. 2 – Umweltengel für Tragetasche). **(3)** Beharrt die beweisführende Partei auf ihrem höchstpersönlichen Zugangs- und Anwesenheitsrecht, so geht es zu ihren Lasten, wenn die Beweisaufnahme nicht erfolgen kann, weil die Gegenseite Einblick in ihre Geschäftsgeheimnisse verweigert. Es gilt dann der allgemeine Grundsatz, dass die Gegenseite keine Aufklärungspflicht zugunsten der darlegungs- und beweispflichtigen Partei trifft. **(4)** Lässt sich die beweisführende Partei dagegen vertreten, geht es nach den Grundsätzen der Beweisvereitelung zulasten des Gegners, wenn er die Einsichtnahme in seine Geschäftsgeheimnisse dennoch verweigert und die Beweisaufnahme so verhindert (BGH GRUR 2014, 578 Rn. 27 – Umweltengel für Tragetasche). Auch diese Fallkonstellation hat sich unabhängig von prozessualen Geheimnisschutzmaßnahmen entwickelt. Es bleibt **abzuwarten, inwieweit die §§ 16 ff. Bedeutung erlangen.**

32 **dd) Zeugenvernehmungen.** Ebenfalls zu einer Gefährdung von Geschäftsgeheimnissen des Gegners kann es im Rahmen einer **Zeugenvernehmung** kom-

men. Denkbar ist etwa der Versuch einer Ausforschung des Geheimnisses durch die beweisführende Partei mittels gezielter Befragung. Dem wirken in erster Linie die dargestellten Grundsätze über das **Verbot des Ausforschungsbeweises** (→ Rn. 26) entgegen, die dazu führen, dass entsprechenden Beweisangeboten nicht nachzugehen ist. Greifen diese Grundsätze nicht ein, besteht lediglich ein begrenzter Schutz. **Zeugnisverweigerungsrechte** ergeben sich zwar aus den §§ 383 Abs. 1 Nr. 6, 384 Nr. 3 ZPO. Insbesondere § 384 Nr. 3 ZPO dient jedoch nur dem Schutz von eigenen Geschäftsgeheimnissen des Zeugen oder eines Dritten, der nicht Prozesspartei ist (*Greger* in Zöller ZPO § 384 Rn. 7; *Müller/Aldick* ZIP 2020, 9, 11). Potentiell ergibt sich hier ebenfalls ein **Anwendungsbereich für die §§ 16 ff.** Denn die Partei, die einen Geheimhaltungsantrag stellt, muss nicht identisch mit der Person sein, die das Geschäftsgeheimnis in den Prozess einführt (→ § 16 Rn. 17). Es erscheint daher zumindest möglich, einen Antrag in Bezug auf Informationen zu stellen, die ein Zeuge preisgibt.

2. Geheimnisschutz gegenüber anderen Beteiligten als den Parteien

a) Geheimhaltungsanordnungen gemäß § 16. Der prozessuale Schutz von Geschäftsgeheimnissen gegenüber anderen Beteiligten als den Parteien wurde bislang vom Gesetz nicht eigens geregelt, ist aber für **Geschäftsgeheimnisstreitsachen** durch die §§ 16 bis 20 nun grundsätzlich miterfasst. Nach **§ 16 Abs. 2** zählen nicht nur die Parteien zum Kreis der durch Geheimhaltungsanordnungen Verpflichteten, sondern ausdrücklich auch die **Prozessvertreter** der Parteien, **Zeugen, Sachverständige, sonstige Vertreter** und alle **sonstigen Personen,** die an Geschäftsgeheimnisstreitsachen beteiligt sind oder die Zugang zu Dokumenten eines solchen Verfahrens haben. Art. 9 Abs. 1 Geschäftsgeheimnis-RL nennt zudem explizit **„Gerichtsbedienstete"** als Teil des verpflichteten Personenkreises. Besonderheiten ergeben sich bei anderen Beteiligten als den Parteien im Hinblick auf die Sanktionen für einen Verstoß gegen § 16 Abs. 2. Da es sich bei den weiteren Beteiligten typischerweise um Amtsträger bzw. amtsnahe Personen (zB Gerichtsangehörige, öffentliche bestellte Sachverständige) oder Berufsgeheimnisträger (zB Rechts- oder Patentanwälte) handelt, greifen hier zusätzlich die strafrechtlichen Sanktionen der §§ 203, 204 StGB. Sie treten neben die Ordnungsmittel nach § 17 und die auch für die Parteien geltenden straf- und zivilrechtlichen Sanktionen (→ § 17 Rn. 30). 33

Im Vergleich zu dem Geheimnisschutz gegenüber dem Prozessgegner kommt dem Schutz gegenüber anderen Beteiligten, insbesondere angehörigen des Gerichts regelmäßig geringere Bedeutung zu. Dennoch kann angesichts der klaren und ausdrücklichen Regelung in § 16 Abs. 2 **nicht** von einem **lediglich „reflexhaften" Schutz** gegenüber den sonstigen Beteiligten gesprochen werden (so aber LG Mannheim GRUR-RS 2023, 9890 Rn. 13). Der durch § 16 Abs. 2 vermittelte Schutz auch gegenüber Angehörigen des Gerichts und Prozessbevollmächtigten entfaltet seine **Bedeutung vor allem bei fahrlässigen Geheimnisverletzungen.** Denkbar ist es beispielsweise, dass im Bereich der Gerichtsorganisation keine hinreichenden Schutzvorkehrungen getroffen werden oder ein Geheimnis versehentlich an falsche Adressaten weitergeleitet wird. In einem solchen Fall greifen die (Vorsatz-)Delikte der §§ 203 f. StGB nicht. Sanktionen nach § 17 oder Amtshaftungsansprüche wegen Verletzung besonderer Verpflichtungen nach § 16 Abs. 2 kommen indes durchaus in Betracht (→ § 17 Rn. 27). 33a

33b Nicht übersehen werden darf allerdings, dass die Einbeziehung von anderen Prozessbeteiligten als den Parteien durchaus **problematische Aspekte** mit sich bringt. Beispielsweise sieht das Gesetz insoweit **keine Anhörung** der Beteiligten vor (→ § 20 Rn. 11), obwohl ihnen Geheimhaltungspflichten auferlegt werden. Auch der **Rechtsschutz** gegen Geheimhaltungsanordnungen ist im Vergleich zu den Parteien zumindest **stark eingeschränkt** (→ § 20 Rn. 41). Entscheidet das erkennende Gericht über Geheimhaltungsanordnungen, die Mitglieder des eigenen Spruchkörpers binden, wird es zudem strenggenommen als „**Richter in eigener Sache**" tätig.

34 **b) Zugangsbeschränkungen gemäß § 19 Abs. 1. Zugangsbeschränkungen nach § 19 Abs. 1** greifen **nicht bei gerichtsangehörigen Personen** (BT-Drs. 19/4724, 37). Dies folgt einerseits daraus, dass die Geschäftsgeheimnis-RL nicht in die Gerichtsorganisation eingreifen will (vgl. ErwGr. 25). Andererseits kann und soll gerade der erkennende Spruchkörper als Folge des Unmittelbarkeitsgrundsatzes nur über ein Geschäftsgeheimnis entscheiden, das ihm bekannt ist. Die Schaffung eines „**Black-box**"-Verfahrens, bei dem die Subsumtion auf eine außerhalb des Spruchkörpers stehende Person ausgelagert wird (vgl. dazu *McGuire* GRUR 2015, 424, 430) ist weder durch die Geschäftsgeheimnis-RL noch durch das GeschGehG intendiert und auch sonst dem deutschen Zivilprozess fremd (vgl. BVerfG NJW 1995, 40; *Lachmann* NJW 1987, 2206; in diese Richtung gehend aber OLG Nürnberg GRUR 1984, 736 – Glasverschnittprogramm).

35 Ebenfalls Besonderheiten ergeben sich in Bezug auf **Prozessvertreter** und **sonstige Vertreter** einer Partei. Diesen ist gemäß § 19 Abs. 1 S. 3 ausdrücklich Zugang zu dem betreffenden Geschäftsgeheimnis zu gewähren. Der Zugang ist auch grundsätzlich – anders als bei der Partei selbst – nicht auf eine einzelne natürliche Person beschränkbar. Eine solche Regelung enthielt § 18 Abs. 1 S. 3 des RefE für ein Geschäftsgeheimnisgesetz (kritisch dazu: GRUR-Stellungnahme zum GeschGehG-RefE GRUR 2018, 708, 712). Im weiteren Verlauf des Gesetzgebungsverfahrens wurde der Wortlaut dann an die Geschäftsgeheimnis-RL angeglichen (*Kalbfus* WRP 2019, 692 Rn. 40).

3. Geheimnisschutz gegenüber der Öffentlichkeit

36 Die Einführung von Geschäftsgeheimnissen in den Zivil- oder Arbeitsgerichtsprozess hat potentiell zur Folge, dass auch die Öffentlichkeit Kenntnis von dem Geheimnis erlangen kann. Ein Risiko besteht insbesondere, soweit Geschäftsgeheimnisse in der **mündlichen Verhandlung** erörtert werden oder soweit ein Urteilstenor verkündet wird, der Geschäftsgeheimnisse umschreibt, da die Verhandlung vor dem erkennenden Gericht einschließlich der Urteilsverkündung öffentlich erfolgt (§ 169 Abs. 1 S. 1 GVG und § 52 Abs. 1 S. 1 ArbGG). Denkbar ist eine Kenntnisnahme Dritter außerdem infolge des **Akteneinsichtsrechts** gemäß § 299 Abs. 2 ZPO (im Arbeitsgerichtsprozess gemäß § 46 Abs. 2 S. 1 ArbGG entsprechend anwendbar, vgl. VG Frankfurt a.M. BeckRS 2011, 45715), das jedenfalls bei Bestehen eines berechtigten Interesses auch Außenstehenden Zugang zu den Gerichtsakten gewährt.

37 **a) Grundsatz der Öffentlichkeit der Verhandlung.** Der **Grundsatz der Öffentlichkeit** der mündlichen Verhandlung ist nach allgemeiner Ansicht verfassungsrechtlich verankert, allerdings besteht Einigkeit, dass eine Einschränkung zugunsten von Geschäftsgeheimnissen, bei denen es sich ebenfalls um Rechtsgüter von Verfassungsrang handelt, möglich ist. Das Grundgesetz nennt den Öffentlichkeitsgrundsatz nicht explizit. Nach der Rechtsprechung des Bundesverfassungsgerichts ist er auch nicht Bestandteil des Anspruchs auf rechtliches Gehör gemäß Art. 103 Abs. 1 GG, sondern lediglich Prozessrechtsmaxime, die bestimmte Verfahrensarten beherrscht (BVerfGE 15, 303 (307)). Dennoch wird der Öffentlichkeitsgrundsatz teilweise aus dem Demokratieprinzip (Art. 20 Abs. 1 GG) bzw. dem Rechtsstaatsprinzip (Art. 20 Abs. 3 GG) als Kontrollmechanismus abgeleitet, der die Unabhängigkeit des Richters und die Bindung an Recht und Gesetz sichern soll (*Pabst* in MüKoZPO GVG § 169 Rn. 3 mwN). Das Bundesverfassungsgericht verortet den Öffentlichkeitsgrundsatz in seiner jüngeren Rechtsprechung bei der Informationsfreiheit gemäß Art. 5 Abs. 1 S. 1 GG, betont aber, der Gesetzgeber entscheide über den Zugang zu Gerichtsverhandlungen als Informationsquelle im Rahmen seiner Befugnis zur Ausgestaltung des Gerichtsverfahrens (BVerfG NJW 2001, 1633). Explizit genannt ist der Öffentlichkeitsgrundsatz dagegen in Art. 6 Abs. 1 S. 1 EMRK und Art. 47 Abs. 2 EUGRCh als Bestandteil des Rechts auf ein faires Verfahren.

b) Ausschluss der Öffentlichkeit von der mündlichen Verhandlung. 38
Zum Schutz der ebenfalls verfassungsrechtlich geschützten Geschäftsgeheimnisse (→ Einl. A Rn. 168 ff.) ist der einfachgesetzlich in **§ 169 Abs. 1 S. 1 GVG** und **§ 52 Abs. 1 S. 1 ArbGG** normierte Zugang der Öffentlichkeit zu Gerichtsverhandlungen nach allgemeinen Vorschriften **einschränkbar** gemäß § 172 Nr. 2 GVG und § 52 S. 2 ArbGG. Nach **§ 172 Nr. 2 GVG** kann das Gericht für die Verhandlung oder für einen Teil davon die Öffentlichkeit ausschließen, wenn ein wichtiges Geschäfts-, Betriebs-, Erfindungs- oder Steuergeheimnis zur Sprache kommt, durch dessen öffentliche Erörterung überwiegende schutzwürdige Interessen verletzt würden (dazu ergänzend → § 19 Rn. 43 f.). **§ 52 S. 2 ArbGG** weicht hiervon insofern geringfügig ab, als die Vorschrift explizit ein Antragserfordernis nennt, andererseits aber weder voraussetzt, dass das Geheimnis ein „wichtiges“ sein muss, noch, dass die Interessen des Geheimnisinhabers überwiegend schutzwürdig sein müssen. Zudem erlaubt § 53 S. 3 ArbGG im Güteverfahren einen Ausschluss der Öffentlichkeit schon aus Zweckmäßigkeitsgründen.

Flankiert werden die §§ 172 Nr. 2 GVG, 52 S. 2 ArbGG durch die Vorschrift 39
des **§ 174 Abs. 3 GVG** (im arbeitsgerichtlichen Verfahren entsprechend anwendbar, § 52 S. 4 ArbGG). Danach kann das Gericht bei Ausschluss der Öffentlichkeit aus Gründen des Geheimnisschutzes die in nichtöffentlicher Verhandlung anwesenden Personen zur Geheimhaltung von Tatsachen verpflichten, die durch die Verhandlung oder durch ein die Sache betreffendes amtliches Schriftstück zu ihrer Kenntnis gelangen (zu Einzelheiten: → § 19 Rn. 45). Im Falle einer Verletzung der Geheimhaltungspflicht kommt eine Strafbarkeit gemäß **§ 353d Nr. 2 StGB** in Betracht. Die Pflicht zur Geheimhaltung beinhaltet allerdings kein Verbot der Nutzung (*Schlingloff* WRP 2018, 666 Rn. 10). Sie kann auch nicht auf Personen erstreckt werden, die in der mündlichen Verhandlung nicht anwesend sind (OLG Dresden BeckRS 2021, 3459 Rn. 8; OLG Karlsruhe BeckRS 2020, 15497 Rn. 16 f.).

In Geschäftsgeheimnisstreitsachen werden die genannten Vorschriften – sowohl 40
im Verfahren vor den ordentlichen Gerichten, als auch vor den Arbeitsgerichten – durch **§ 19 Abs. 2 Nr. 1** ergänzt. Danach kann das Gericht, wenn es Zugangsbeschränkungen nach § 19 Abs. 1 getroffen hat, die Öffentlichkeit von der mündlichen Verhandlung ausschließen. Nicht Voraussetzung ist, dass dies zum Schutz eines „wichtigen“ Geschäftsgeheimnisses geschieht (BT-Drs. 19/4724, 35).

41 c) **Beschränkung von Akteneinsichtsrechten Dritter.** Einen weiteren potentiellen „Risikoherd" für Geschäftsgeheimnisse bilden Akteneinsichtsrechte Dritter. Im Zivilprozessrecht sieht insbesondere **§ 299 Abs. 2 ZPO** vor, dass der Vorstand des Gerichts Dritten auch ohne Einwilligung der Parteien Einsicht in die Gerichtsakten gestatten kann, wenn ein rechtliches Interesse glaubhaft gemacht wird. Eine gewisse Absicherung der Geheimhaltungsinteressen wird allerdings dadurch gewährleistet, dass es sich um eine Ermessensentscheidung („kann") handelt, in deren Rahmen das rechtliche Interesse des Akteneinsicht suchenden Dritten mit den Interessen der Parteien abzuwägen ist (BGH BeckRS 1998, 31360470; BayObLG BeckRS 2022, 15898 Rn. 24; OLG Frankfurt a.M. BeckRS 2016, 11761 Rn. 47; *Zuck* NJW 2010, 2913, 2914; *Greger* in Zöller ZPO § 299 Rn. 6b). Eine fehlerfreie Ermessensausübung setzt voraus, dass den betroffenen Prozessparteien zuvor rechtliches Gehör gewährt und ihnen Gelegenheit gegeben wurde, etwaige Geheimhaltungsinteressen geltend zu machen (BGH BeckRS 1998, 31360470).

42 Das GeschGehG steht einer Anwendbarkeit des § 299 Abs. 2 ZPO nicht grundsätzlich entgegen (BayObLG BeckRS 2022, 15898 Rn. 24). **§ 16 Abs. 3** ergänzt aber § 299 Abs. 2 ZPO und verdichtet die vom Gericht zu treffende Ermessensentscheidung dahingehend, dass die als geheimhaltungsbedürftig eingestuften Informationen von vorneherein von der Akteneinsicht ausgenommen werden müssen. Stattdessen darf nur ein Akteninhalt zur Verfügung gestellt werden, in dem die Geschäftsgeheimnisse enthaltenden Ausführungen unkenntlich gemacht wurden. § 16 Abs. 3 lässt das Geheimhaltungsinteresse also gleichsam „abwägungsfest" werden.

43 Nicht abschließend geklärt ist die Rechtslage hinsichtlich einer Akteneinsicht Dritter über die Ansprüche der **Informationsfreiheitsgesetze** des Bundes und der Länder. Die Gewährung von Akteneinsicht würde als Aufgabe der Justizverwaltung grundsätzlich in den Anwendungsbereich der Informationsfreiheitsgesetze fallen. Allerdings wird insoweit § 299 Abs. 2 ZPO als abschließende Spezialregelung gesehen, die nicht durch Anwendung der Informationsfreiheitsgesetze unterlaufen werden darf (*Schoch* IFG § 1 Rn. 354 f.; *Longrée/Maiwurm* MDR 2015, 805, 806). Hinsichtlich der Informationsgesetze der Länder, die bei Einsicht in die Akten der Landesgerichte einschlägig wären, kommt hinzu, dass diese in der Normenhierarchie unter der Zivilprozessordnung stehen (Art. 31 GG). Selbst wenn man aber den Informationsfreiheitsanspruch gemäß § 1 Bundes-IFG und entsprechende Rechte auf Grundlage der Landes-IFGe neben § 299 Abs. 2 ZPO für anwendbar hielte, dürfte dies zu keinem wesentlich abweichenden Ergebnis führen. Zwar ist unsicher, ob § 16 Abs. 3 GeschGehG einem solchen Informationsbegehren entgegengehalten werden könnte (dafür: *Steinbrück/Höll* in Brammsen/Apel GeschGehG § 16 Rn. 51), da öffentlich-rechtliche Vorschriften über die Erlangung von Geschäftsgeheimnissen dem GeschGehG nach § 1 Abs. 2 vorgehen und auch die Geschäftsgeheimnis-RL nach Art. 1 Abs. 2 lit. c den Anwendungsbereich der Informationsfreiheitsgesetze unberührt lässt. Allerdings enthalten die Informationsfreiheitsgesetze ihrerseits durchweg Bestimmungen zum Schutz von Geschäftsgeheimnissen (siehe näher → Einl. A Rn. 225).

IV. Geheimnisschutz in Schiedsverfahren

44 Insbesondere in **komplexen Vertragswerken** wie zB Technologietransfervereinbarungen, Forschungs- und Entwicklungsverträgen, Globallizenzverträgen

über Know-how oder bei Unternehmenskaufverträgen (bei denen geheimes Know-how nicht selten einen entscheidenden Gegenstand bildet), finden sich regelmäßig Schiedsklauseln (→ Einl. B Rn. 70 und *Bartenbach* Patentlizenz- und Know-how-Vertrag Rn. 3039 ff.). Diese unterwerfen Streitigkeiten aus oder in Verbindung mit dem Vertrag sowie über dessen Zustandekommen und Wirksamkeit einer bestimmten Schiedsordnung unter Ausschluss des ordentlichen Rechtsweges. Entsprechende Formulierungen finden sich in den Musterklauseln, die von den jeweiligen Institutionen zur Verfügung gestellt werden.

Neben zahlreichen weiteren Abwägungsfaktoren (zB Verfahrensdauer, Aufwand/Kosten, Expertise und Neutralität der Schiedsrichter insbesondere bei grenzüberschreitenden Sachverhalten, s. näher: *Bartenbach* Patentlizenz- und Know-how-Vertrag Rn. 3013 ff.), ist auch der Gesichtspunkt der Vertraulichkeit häufig ausschlaggebend für den Abschluss einer Schiedsvereinbarung. Ist abzusehen, dass aus einem Vertrag Streitigkeiten entstehen können, in denen Geschäftsgeheimnisse eine Rolle spielen, wird bereits die **Nichtöffentlichkeit des Schiedsverfahrens** als vorteilhaft bewertet (*Münch* in MüKoZPO Vorb § 1025 Rn. 122; *Becker/Kussnik* RAW 2018, 119 (126); *McGuire* ZZPInt 24 (2019), 385 (393)). Insoweit geht es allerdings primär um einen Schutz von Geschäftsgeheimnissen gegenüber der Öffentlichkeit, die auch in staatlichen Gerichtsverfahren grundsätzlich gewährleistet werden kann (vgl. §§ 172 Nr. 2, 174 Abs. 3 GVG, dazu → Rn. 36 ff.). **45**

Ein davon zu trennender Problemkreis ist der **Geheimnisschutz im Verhältnis zur gegnerischen Partei** und **sonstigen Verfahrensbeteiligten.** Wie gravierend dieser Aspekt ins Gewicht fällt, mag im Einzelfall variieren. Grundsätzlich handelt es sich bei Schiedsverfahren aber um vertragsrechtliche Streitigkeiten, die häufig zwischen Geschäftspartnern geführt werden, denen es nicht grundsätzlich an Vertrauenswürdigkeit fehlt. Im Unterschied zu rein deliktischen Auseinandersetzungen geht es meist auch nicht um eine rechtswidrige Erlangung von Geschäftsgeheimnissen, sondern um Fälle, in denen vertrauliche Informationen dem Gegner ohnehin bereits zuvor vertragsgemäß offengelegt wurden. **46**

Da ein Schiedsverfahren auf Grundlage einer vertraglichen Übereinkunft zwischen den Beteiligten durchgeführt wird, kann einfacher gewährleistet werden, dass die Parteien sich zur Geheimhaltung vertraulicher Informationen verpflichten, die ihnen im Rahmen eines Schiedsverfahrens zugänglich gemacht werden. Die **Schiedsgerichtsordnungen** sehen hierzu zwar keine einheitlichen Regelungen vor. In einigen Fällen bestehen aber besondere Mechanismen, die eine **vertrauliche Behandlung auch im Verhältnis zu Verfahrensbeteiligten** ermöglichen (vgl. Art. 44 DIS Schiedsgerichtsordnung 2018, Art. 75–78 WIPO Arbitration Rules v. 1.6.2014, Art. 22 Abs. 3 ICC-Schiedsgerichtsordnung v. 1.3.2017 sowie Anh. I, Art. 6, Anh. II, Art. 1; s. näher: *McGuire* ZZPInt 24 (2019), 385 (394 ff.); *Haller* SchiedsVZ 2013, 135). Ein potentieller Nachteil ist, dass die Vertraulichkeitspflichten aller Beteiligten allein auf vertragsrechtlicher Grundlage sichergestellt werden können, während es an strafrechtlichen Sanktionen wie zB § 353d StGB fehlt (*Münch* in MüKoZPO Vorb § 1025 Rn. 123). **47**

Soweit es erforderlich ist, Geschäftsgeheimnisse in das Verfahren einzuführen, die **der gegnerischen Partei nicht offengelegt** werden sollen, sehen einzelne Schiedsgerichtsordnungen die Möglichkeit weitergehender Maßnahmen zum Schutz der Geheimnisse vor (vgl. *McGuire* ZZPInt 24 (2019), 385 (397 ff.)). Nach Art. 22 Abs. 3 der ICC Arbitration Rules 2021 kann das Schiedsgericht Maßnahmen zum Schutz von Geschäftsgeheimnissen und vertraulichen Informationen **48** ergreifen. Besonders detailliert regelt Art. 54 der WIPO Arbitration Rules Maßnahmen zum Schutz von Geschäftsgeheimnissen. Danach kann eine Partei, die gehalten ist, vertrauliche Informationen (Art. 54 lit. a) in das Schiedsverfahren einzuführen, einen begründeten Antrag auf Einstufung als vertraulich stellen (Art. 54 lit. b). Das Schiedsgericht kann dann entsprechende Anordnungen zum Schutz solcher Informationen treffen (Art. 54 lit. c–e), die ua Zugangsbeschränkungen oder eine Verpflichtung Beteiligter zur Unterzeichnung einer Vertraulichkeitsvereinbarung umfassen können. Grundsätzlich denkbar ist hier also (weitergehend als im staatlichen Gerichtsverfahren nach § 19 GeschGehG) ein **in-camera-Verfahren** (*Sawang* Geheimhaltung im Schiedsverfahren 292). Allerdings ist zu bedenken, dass mit Blick auf den Anspruch auf rechtliches Gehör (Art. 103 Abs. 1 GG) auch im Schiedsverfahren jedenfalls Mindeststandards gewährleistet sein müssen (§ 1042 Abs. 1 S. 2 ZPO, *Sawang* Geheimhaltung im Schiedsverfahren 253 ff.).

§ 16 Geheimhaltung

(1) **Bei Klagen, durch die Ansprüche nach diesem Gesetz geltend gemacht werden (Geschäftsgeheimnisstreitsachen) kann das Gericht der Hauptsache auf Antrag einer Partei streitgegenständliche Informationen ganz oder teilweise als geheimhaltungsbedürftig einstufen, wenn diese ein Geschäftsgeheimnis sein können.**

(2) **Die Parteien, ihre Prozessvertreter, Zeugen, Sachverständige, sonstige Vertreter und alle sonstigen Personen, die an Geschäftsgeheimnisstreitsachen beteiligt sind oder die Zugang zu Dokumenten eines solchen Verfahrens haben, müssen als geheimhaltungsbedürftig eingestufte Informationen vertraulich behandeln und dürfen diese außerhalb eines gerichtlichen Verfahrens nicht nutzen oder offenlegen, es sei denn, dass sie von diesen außerhalb des Verfahrens Kenntnis erlangt haben.**

(3) **Wenn das Gericht eine Entscheidung nach Absatz 1 trifft, darf Dritten, die ein Recht auf Akteneinsicht haben, nur ein Akteninhalt zur Verfügung gestellt werden, in dem die Geschäftsgeheimnisse enthaltenden Ausführungen unkenntlich gemacht wurden.**

Übersicht

I. Allgemeines

1. Normzweck und Strukur

1 § 16 gibt dem Gericht die Möglichkeit, durch Einstufung einer Information als geheimhaltungsbedürftig ein **Verbot** der **Offenbarung** und/oder der **Nutzung** zu begründen. Die Verbote gelten für sämtliche Personen, die durch den Rechtsstreit Kenntnis von der Information erhalten. Eine solche Maßnahme verhindert zwar nicht die Ausdehnung des Mitwisserkreises infolge des Rechtsstreits. Die zum Erhalt des Geheimnischarakters einer Information erforderliche Kontrolle wird aber durch Schaffung einer Rechtspflicht zur Geheimhaltung gewährleistet. Verglichen mit Zugangsbeschränkungen für Prozessbeteiligte (wie sie etwa § 19 Abs. 1 ermöglicht), sind derartige Rechtspflichten weniger wirksam, da sie lediglich das rechtliche Dürfen beschränken und nicht bereits auf der Ebene des faktischen Könnens ansetzen. Es besteht daher sowohl das Risiko einer vorsätzlichen Missachtung, als auch eines fahrlässigen Zuwiderhandels des Verpflichteten. Andererseits sind prozessuale Geheimhaltungspflichten im Vergleich zu Zugangsbeschränkungen mildere Mittel, die weniger intensiv in prozessuale Beteiligungsrechte eingreifen.

2 Die Norm gliedert sich wie folgt: **§ 16 Abs. 1** regelt die Möglichkeit des Gerichts, in Geschäftsgeheimnisstreitsachen streitgegenständliche Informationen auf Antrag einer Partei als geheimhaltungsbedürftig einzustufen, wenn diese ein Geschäftsgeheimnis sein können. Ist dies erfolgt, so ergeben sich aus **§ 16 Abs. 2** die Rechtsfolgen für die Prozessbeteiligten. Diese sind namentlich verpflichtet, die Informationen außergerichtlich nicht zu nutzen oder offenzulegen. **§ 16**

Abs. 3 regelt die Rechtsfolgen im Verhältnis zu Dritten, deren Akteneinsichtsrechte beschränkt werden.

3 Terminologisch spricht § 16 Abs. 1 und 2 von einer Einstufung von Informationen als geheimhaltungsbedürftig. Vereinfachend lässt sich dies als **Geheimhaltungsanordnung *(„protective order")*** bezeichnen. Auch das Gesetz selbst spricht zB in § 20 Abs. 2, 4 und 5 – wenngleich nicht immer ganz konsistent – von einer „Anordnung".

2. Unionsrechtlicher Rahmen

4 § 16 setzt **Art. 9 Abs. 1 UAbs. 1 Geschäftsgeheimnis-RL** um. Nach S. 1 sind die Mitgliedsstaaten verpflichtet, sicherzustellen, dass die Parteien, ihre Rechtsanwälte oder sonstigen Vertreter, Gerichtsbedienstete, Zeugen, Sachverständige und alle sonstigen **Personen, die an einem Gerichtsverfahren beteiligt sind,** das den rechtswidrigen Erwerb oder die rechtswidrige Nutzung oder Offenlegung eines Geschäftsgeheimnisses zum Gegenstand hat, oder die Zugang zu Dokumenten haben, die Teil eines solchen Gerichtsverfahrens sind, **nicht befugt sind,** ein Geschäftsgeheimnis oder ein angebliches Geschäftsgeheimnis zu **nutzen** oder **offenzulegen,** das von den zuständigen Gerichten aufgrund eines ordnungsgemäß begründeten Antrags einer interessierten Partei **als vertraulich eingestuft** worden ist und von dem sie aufgrund der Teilnahme an dem Verfahren oder des Zugangs zu den Dokumenten Kenntnis erlangt haben. Nach S. 2 können die Mitgliedstaaten die zuständigen Gerichte ermächtigen, solche Maßnahmen von Amts wegen zu ergreifen.

5 Art. 9 Abs. 1 UAbs. 1 Geschäftsgeheimnis-RL gibt einen **Mindeststandard** für den prozessualen Geheimnisschutz vor, der durch Art. 9 Abs. 1 UAbs. 2 S. 1 auf den Zeitraum nach Abschluss des Rechtsstreits ausgedehnt wird. Im deutschen Recht wird Art. 9 Abs. 1 UAbs. 1 Geschäftsgeheimnis-RL **durch § 16 Abs. 1 und 2 umgesetzt.** Eine Umsetzung des Art. 9 Abs. 1 UAbs. 2 Geschäftsgeheimnis-RL erfolgt separat durch § 18. **§ 16 Abs. 3** ergänzt § 16 Abs. 1 und 2, hat aber keine unmittelbare Entsprechung in der Geschäftsgeheimnis-RL. Lediglich soweit § 16 Abs. 3 gerichtliche Entscheidungen erfasst, die Aktenbestandteil sind, lässt sich die Vorschrift als Umsetzung von Art. 9 Abs. 2 UAbs. 2 lit. c verstehen.

3. Entstehungsgeschichte

6 § 16 Abs. 1 und 2 war als **§ 15 Abs. 1 und 2** bereits im **RefE** enthalten. Inhaltliche Unterschiede bestanden nicht. Lediglich die Legaldefinition der **Geschäftsgeheimnisstreitsache** wurde erstmals durch den **RegE** in § 16 Abs. 1 neu verortet. Zuvor war die Definition in der Zuständigkeitsvorschrift des § 14 RefE (=§ 15 RegE) enthalten. Darüber hinaus wurde die Vorschrift des **§ 16 Abs. 3** erstmals im RegE ergänzt.

4. Verhältnis zu Justizgrundrechten und prozessualen Grundsätzen

7 Die Anordnungen gemäß § 16 stehen (anders als die Maßnahmen nach § 19) nicht in einem besonderen Spannungsverhältnis zu den Prozessmaximen der Zivilprozessordnung oder zu den Justizgrundrechten. Namentlich der **Anspruch auf rechtliches Gehör** (Art. 103 Abs. 1 GG) sowie die daraus folgenden Teilrechte (Informationsrecht, Recht zur Äußerung, Recht auf Berücksichtigung der Äuße-

rung, vgl. *Remmert* in Dürig/Herzog/Scholz GG Art. 103 Abs. 1 Rn. 62 ff.) werden dadurch in der Regel **weniger einschneidend verkürzt.** Allerdings kann die Verpflichtung, ein Geschäftsgeheimnis nicht zu nutzen und nicht offenzulegen, in die **Freiheitsgrundrechte** des Verpflichteten, insbesondere in dessen Berufsfreiheit (Art. 12 Abs. 1 GG) oder in dessen allgemeine Handlungsfreiheit (Art. 2 Abs. 1 GG) eingreifen. Gerade der zur Geheimhaltung verpflichtete Prozessgegner kann ein erhebliches wirtschaftliches Interesse daran haben, die maßgeblichen Informationen weiter zu nutzen. Ist er Wettbewerber des Geheimnisinhabers, besteht das Risiko, dass seine wirtschaftliche Bewegungsfreiheit durch Anordnungen nach § 16 bereits lange vor der endgültigen Klärung des Rechtsstreits (und womöglich zu Unrecht) beeinträchtigt wird. Im Extremfall kann das prozessuale Verbot der Offenbarung und Nutzung das in der Hauptsache durchzusetzende materiell-rechtliche Verbot bereits faktisch vorwegnehmen. Dem trägt das Gesetz Rechnung, indem es dem Verpflichteten die Möglichkeit des Nachweises offenhält, dass er von dem Geheimnis auf andere Weise als durch den Prozess erfahren hat, oder dass die betroffene Information inzwischen ihre Geheimnisqualität verloren hat. Dies geschieht durch § 16 Abs. 2 Hs. 2 sowie durch § 18.

II. Einstufung von Informationen als geheimhaltungsbedürftig (§ 16 Abs. 1)

1. Anwendungsbereich

a) Geschäftsgeheimnisstreitsachen. Der unmittelbare Anwendungsbereich von Maßnahmen nach § 16 (und mittelbar des § 19) beschränkt sich auf **Geschäftsgeheimnisstreitsachen.** Der Begriff der Geschäftsgeheimnisstreitsache ist legaldefiniert in § 16 Abs. 1 und bezeichnet Klagen, durch die **Ansprüche nach dem GeschGehG** („diesem Gesetz“) geltend gemacht werden. Gemeint sind namentlich Ansprüche nach dem zweiten Abschnitt (BT-Drs. 19/4724, 34). **Beispiele:** Beseitigung und Unterlassung (§ 6), Vernichtung, Herausgabe, Rückruf, Entfernen aus den Vertriebswegen (§ 7), Auskunft (§ 8), Schadensersatz (§ 10), Abfindung in Geld (§ 11), Herausgabe nach Eintritt der Verjährung (§ 13). Unerheblich ist die Verteilung der Parteirollen. Geschäftsgeheimnisstreitsachen können daher auch Widerklagen und negative Feststellungsklagen sein (*Schönknecht* in Keller/Schönknecht/Glinke GeschGehG § 16 Rn. 11; *Steinbrück/Höll* in Brammsen/Apel GeschGehG § 16 Rn. 12, 24). 8

Geschäftsgeheimnisstreitsachen sind **lediglich privatrechtliche Rechtsstreitigkeiten.** Dies folgt bereits aus der zivilrechtlichen Ausrichtung der Geschäftsgeheimnis-RL und insbesondere ihres Kapitels III (vgl. Art. 6 Abs. 1). Liegt eine privatrechtliche Streitigkeit vor, ist es aber unerheblich, vor welcher Gerichtsbarkeit diese anhängig ist, insbesondere kennt § 16 Abs. 1 anders als § 15 Abs. 1 keine Beschränkung auf die ordentliche Gerichtsbarkeit, sondern erfasst auch Streitigkeiten vor den Arbeitsgerichten (*Hauck* in Hoeren/Münker GeschGehG § 16 Rn. 22). **Keine** Geschäftsgeheimnisstreitsachen sind aber **Verwaltungsstreitverfahren** und **Strafverfahren** (BT-Drs. 19/4724, 34), letztere auch dann nicht, wenn sie eine Strafbarkeit gemäß § 23 GeschGehG betreffen (*Schönknecht* in Keller/Schönknecht/Glinke GeschGehG § 16 Rn. 19). Erst recht **nicht** zu den Geschäftsgeheimnisstreitsachen zählen außergerichtliche **Verwaltungsverfahren** (*Gregor* in BeckOK GeschGehG § 16 Rn. 5). Dies ergibt sich sowohl aus dem 8a

Wortlaut des § 16 Abs. 1 („Klagen", „Gericht") als auch aus dem Anwendungsbereich des Art. 9 Abs. 1 Geschäftsgeheimnis-RL („Gerichtsverfahren").

9 Entscheidend für das Vorliegen einer Geschäftsgeheimnisstreitsache ist zunächst der Gegenstand des Rechtsstreits. Die Formulierung des Gesetzestextes, die auf einen Anspruch **„nach diesem Gesetz"** Bezug nimmt, ist im Vergleich zu ähnlichen Regelungen des Immaterialgüterrechts etwas enger. So sprechen etwa die §§ 143 Abs. 1 PatG (Patentstreitsachen), 140 Abs. 1 MarkenG (Kennzeichenstreitsachen) und 52 DesignG (Designstreitsachen) von einem Anspruch **„aus einem der in diesem Gesetz geregelten Rechtsverhältnisse".** Die scheinbar engere Fassung des Gesetzeswortlauts in § 16 Abs. 1 suggeriert, dass es auf die formale Verortung der Anspruchsgrundlage im GeschGehG ankommt. Dies wird gestützt durch die Gesetzesbegründung, wonach die Vorschriften des dritten Abschnitts nicht für Ansprüche gelten sollen, die auf anderen Gesetzen als dem GeschGehG beruhen (BT-Drs. 19/4724, 34). Ein solches Verständnis wäre allerdings nicht richtlinienkonform: **Art. 9 Abs. 1 Geschäftsgeheimnis-RL** spricht ganz allgemein von einem **Gerichtsverfahren, das den rechtswidrigen Erwerb oder die rechtswidrige Nutzung oder Offenlegung eines Geschäftsgeheimnisses zum Gegenstand hat,** und verpflichtet die Mitgliedsstaaten zur Bereitstellung prozessualer Schutzmechanismen in derartigen Verfahren. Zu fragen ist daher nach dem Gegenstand des Rechtsstreits, nicht nach der formalen Verortung der Anspruchsgrundlage (*Kalbfus* WRP 2009, 692 Rn. 5). Bei gebotener **richtlinienkonformer Auslegung** sind Geschäftsgeheimnisstreitsachen daher alle Klagen wegen Verletzung von Geschäftsgeheimnissen, auch soweit sie sich auf Anspruchsgrundlagen in einem anderen Gesetz stützen (zust. *Schönknecht* in Keller/Schönknecht/Glinke GeschGehG § 16 Rn. 7 f.; *Gregor* in BeckOK GeschGehG § 16 Rn. 11; *Hauck* in Hoeren/Münker GeschGehG § 16 Rn. 25; *Alexander* in Köhler/Bornkamm/Feddersen GeschGehG § 16 Rn. 13). **Beispiele:** Bereicherungsausgleich wegen rechtswidriger Eingriffe in fremde Geschäftsgeheimnisse (§ 812 Abs. 1 S. 1 BGB, S. 1 Alt. 2 BGB), angemaßte Eigengeschäftsführung (§ 687 Abs. 2 BGB), vorsätzliche sittenwidrige Schädigung (§ 826 BGB), Besichtigung (§§ 809, 810 BGB), soweit der durchzusetzende Hauptanspruch eine Geheimnisverletzung zum Gegenstand hat, sowie unselbständige Auskunfts- und Rechnungslegungsansprüche gemäß § 242 BGB. Dem steht nicht entgegen, dass die Gesetzesbegründung erwähnt, Ansprüche, die auf anderen Gesetzen beruhen, seien keine Geschäftsgeheimnisstreitsachen. Es ist davon auszugehen, dass der Gesetzgeber die genannten Fälle von Geheimnisverletzungen nicht vor Augen hatte und sich daher nur der Mangel des Gesetzeswortlautes in den Materialien fortsetzt (aA *Maaßen/Perino-Stiller* WRP 2022, 1208 Rn. 8). Tatsächlich war der Gesetzgeber auf vollständige Umsetzung der Geschäftsgeheimnis-RL bedacht (vgl. nur BT-Drs. 19/4724, 2) und wollte nur gesetzliche Ansprüche ausschließen, bei denen es nicht um die Verletzung von Geschäftsgeheimnissen geht.

10 Ebenfalls erfasst sind **Altfälle,** die noch nach § 823 Abs. 2 BGB oder §§ 3, 3a UWG iVm §§ 17, 18 UWG a.F. zu entscheiden sind (OLG Stuttgart GRUR-RS 2020, 35613 Rn. 79 – Schaumstoffsysteme). Seit Ablauf der Umsetzungsfrist der Geschäftsgeheimnis-Richtlinie am 9.6.2018 folgt dies schon aus dem Gebot richtlinienkonformer Auslegung, da die Vorgaben des Art. 9 Geschäftsgeheimnis-RL seit diesem Zeitpunkt auch für entsprechende Altfälle verbindlich gelten. Insoweit zählen zu den Geschäftsgeheimnisstreitsachen auch Rechtsstreitigkeiten, die vor Inkrafttreten des GeschGehG bereits anhängig waren, da neue Gesetze im Prozessrecht grundsätzlich auch für schwebende Verfahren gelten, sofern es – wie

hier – keine abweichenden Überleitungsvorschriften gibt (OLG Stuttgart GRUR-RS 2020, 35613 Rn. 79 – Schaumstoffsysteme; → Einl. A Rn. 282).

Jedenfalls grundsätzlich vorstellbar ist, dass auch Streitigkeiten wegen einer Verletzung von Geschäftsgeheimnissen, die nach Maßgabe **ausländischen Rechts** (→ Einl. A Rn. 250 ff.) aufgrund eines entsprechenden Gerichtsstandes vor einem deutschen Gericht zu entscheiden sind, als Geschäftsgeheimnisstreitsachen eingeordnet werden können (*McGuire* in Büscher GeschGehG § 16 Rn. 16; *Schönknecht* in Keller/Schönknecht/Glinke GeschGehG § 16 Rn. 9; *Steinbrück/Höll* in Brammsen/Apel GeschGehG § 16 Rn. 13). Dies dürfte insbesondere gelten, soweit der Streit nach dem materiellen Recht eines anderen EU-Mitgliedsstaates, das ebenfalls durch die Geschäftsgeheimnis-RL harmonisiert wurde, zu entscheiden ist. 11

Bei **vertraglichen Ansprüchen** ist ebenfalls danach zu fragen, ob es um eine Verletzung von Geschäftsgeheimnissen oder um sonstige Pflichtverletzungen geht (*Kalbfus* WRP 2009, 692 Rn. 6). Vertragsrechtliche Streitigkeiten aus Vertraulichkeitsvereinbarungen werden regelmäßig Berührungspunkte zum gesetzlichen Schutz von Geschäftsgeheimnissen aufweisen, allerdings kann der Vertragsgegenstand („vertrauliche Information") nach Parteiwillen definiert werden und erheblich von dem gesetzlichen Verständnis eines Geschäftsgeheimnisses abweichen. Kommen allerdings gleichzeitig konkurrierende Ansprüche nach dem GeschGehG in Betracht, wird bereits unter diesem Gesichtspunkt eine Geschäftsgeheimnisstreitsache anzunehmen sein (→ Rn. 13). Einen Sonderfall bildet die Klage auf **Zahlung einer Vertragsstrafe** zur Sicherung von Unterlassungsansprüchen: Die Rechtsprechung zum UWG (BGH WRP 2017, 179 Rn. 22) und zum Patentrecht (OLG Düsseldorf GRUR 1984, 650; LG Mannheim InstGE 12, 240 (243) – Vertragsstrafenklage) ordnet Klagen auf Zahlung einer Vertragsstrafe wegen Verletzung wettbewerbs- bzw. patentrechtlicher Unterlassungserklärungen ebenfalls als Wettbewerbs- bzw. Patentstreitsache ein. Entsprechendes dürfte bei Geschäftsgeheimnisstreitsachen gelten. Hierfür spricht insbesondere, dass auch im Rahmen einer Vertragsstrafenklage regelmäßig die betroffenen Geschäftsgeheimnisse offenbart werden müssen, um eine Vertragsverletzung und somit die Verwirkung der Vertragsstrafe darzulegen. 12

Eine Geschäftsgeheimnisstreitsache setzt nicht voraus, dass ausschließlich Ansprüche wegen einer Verletzung von Geschäftsgeheimnissen geltend gemacht werden. Unschädlich ist daher eine **objektive Klagehäufung** mit weiteren Ansprüchen. (ebenso: *Gregor* in BeckOK GeschGehG § 16 Rn. 12a; *Hauck* in Hoeren/Münker GeschGehG § 16 Rn. 20) Auch soweit es sich bei einem Anspruch isoliert betrachtet nicht um eine Geschäftsgeheimnisstreitsache handelt, kann sich also aus **konkurrierenden Ansprüchen** nach dem GeschGehG ergeben, dass insgesamt eine Geschäftsgeheimnisstreitsache vorliegt. **Beispiel:** Unterlassungsklage nach § 6 GeschGehG und aus Vertrag. 13

Auf die **Verfahrensart** kommt es für den Begriff der Geschäftsgeheimnisstreitsache nicht an. Die zugrundeliegende Bestimmung des Art. 9 Abs. 1 Geschäftsgeheimnis-RL spricht allgemein von **„Gerichtsverfahren"**, wozu auch Verfahren über vorläufige und vorbeugende Maßnahmen (Art. 10 Geschäftsgeheimnis-RL) zählen. Aus dem scheinbar engeren Wortlaut des § 16 Abs. 1 **„Klage"** (krit. dazu: *Druschel/Jauch* BB 2018, 1218, 1221; *Maaßen/Perino-Stiller* WRP 2022, 1208 Rn. 2) ergibt sich keine Einschränkung. Ohne weiteres finden die Regelungen auch auf Verfahren des **einstweiligen Rechtsschutzes** Anwendung (ebenso: *Schönknecht* in Keller/Schönknecht/Glinke GeschGehG § 16 Rn. 12; *Steinbrück/Höll* in Bramm- 14 sen/Apel GeschGehG § 16 Rn. 20; *Alexander* in Köhler/Bornkamm/Feddersen GeschGehG § 16 Rn. 12a). Dies folgt schon aus dem prozessrechtlichen Grundsatz, dass sämtliche Vorschriften des Erkenntnisverfahrens zugleich für einstweilige Verfügungsverfahren gelten, soweit keine Spezialregelungen bestehen und die Anwendung der jeweiligen Vorschrift mit dem Eilcharakter des Verfügungsverfahrens zu vereinbaren ist (*Vollkommer* in Zöller ZPO Vor § 916 Rn. 3). Einer eigenständigen Regelung des Verfügungsverfahrens bedurfte es daher in § 16 Abs. 1 nicht. Auch die immaterialgüterrechtlichen Vorschriften etwa der §§ 143 Abs. 1 PatG, 140 Abs. 1 MarkenG und 52 Abs. 1 DesignG folgen dieser Regelungstechnik und sprechen durchweg nur von „Klage". Tatsächlich erlangt der einstweilige Rechtsschutz im Bereich der Geschäftsgeheimnisstreitsachen **erhebliche Bedeutung,** wenn es darum geht, die (weitere) Verbreitung eines Geheimnisses schnell zu verhindern und damit eine Bestandsgefährdung abzuwenden.

14a Nach Sinn und Zweck ebenfalls erfasst sind **selbständige Beweisverfahren** gemäß § 485 ZPO (*Schönknecht* in Keller/Schönknecht/Glinke GeschGehG § 16 Rn. 13; *Alexander* in Köhler/Bornkamm/Feddersen GeschGehG § 16 Rn. 13a; für analoge Anwendung: *Gregor* in BeckOK GeschGehG § 16 Rn. 16; *Steinbrück/Höll* in Brammsen/Apel GeschGehG § 16 Rn. 22; *Maaßen/Perino-Stiller* WRP 2022, 1208 Rn. 4), zumal sich hier gemäß § 486 Abs. 2 S. 1 ZPO die Zuständigkeit nach § 15 Abs. 1 GeschGehG richtet („Gericht, das […] zur Entscheidung in der Hauptsache berufen wäre"). Der Umstand, dass § 145a S. 1 PatG selbständige Beweisverfahren für Patentstreitsachen vom Anwendungsbereich der §§ 16–20 ausdrücklich ausnimmt (→ Rn. 15d), spricht nicht gegen eine Anwendbarkeit im Bereich der Geschäftsgeheimnisstreitsachen. Im Gegenteil: Die Regelung für das Patentrecht zeigt, dass der Gesetzgeber selbständige Beweisverfahren grundsätzlich als Patentstreitsachen einordnete und deshalb eine Ausnahme als notwendig erachtete, um selbständige Beweisverfahren im Patentrecht vom Anwendungsbereich der §§ 16–20 auszunehmen. Für Geschäftsgeheimnisstreitsachen ist eine solche Ausnahme gerade nicht vorgesehen. Zudem erscheint eine Anwendung der prozessualen Schutzbestimmungen hier umso notwendiger. Denn der Geheimnisinhaber wird – anders als der Patentinhaber – regelmäßig Anlass haben, Geschäftsgeheimnisse bereits in ein selbständiges Beweisverfahren einzubringen, um darzulegen, dass Verletzungsansprüche in Betracht kommen, die vom Ergebnis der Besichtigung abhängen.

15 Eine (entsprechende) Geltung der §§ 16 bis 19 Abs. 1, 2 ist im Verfahren der **Zwangsvollstreckung** gemäß § 19 Abs. 3 ausdrücklich vorgesehen, im Erkenntnisverfahren getroffene Geheimnisschutzmaßnahmen gelten fort. Unabhängig davon ist das Zwangsvollstreckungsverfahren auch ohne ausdrückliche Regelung Geschäftsgeheimnisstreitsache (vgl. jew. zum Patentrecht: OLG München GRUR-RR 2006, 68 (69) – Fortgesetzte Verletzungshandlung; LG Mannheim GRUR-RR 2022, 301 Rn. 17 – Geheimnisschutzanordnung). Deshalb besteht nach hier vertretener Ansicht auch die Möglichkeit, Geheimnisschutzmaßnahmen im Rahmen des Zwangsvollstreckungsverfahrens erstmals anzuordnen, → § 19 Rn. 55). Richtigerweise ist auch eine **Vollstreckungsabwehrklage** gegen ein Verletzungsurteil wegen Verletzung von Geschäftsgeheimnissen ihrerseits Geschäftsgeheimnisstreitsache (OLG Düsseldorf GRUR 1985, 220 zum Patentrecht).

15a **b) Anwendungsbereiche im Patent-, Gebrauchsmuster- und Halbleiterschutzrecht.** Mit der durch das 2. PatMoG vom 10.8.2021 (BGBl. I, S. 3490) eingeführten Vorschrift des **§ 145a S. 1 PatG** hat der Gesetzgeber eine entsprechende Anwendung der §§ 16 bis 20 in **Patentstreitsachen** (mit Ausnahme von selbständigen Beweisverfahren) sowie in **Zwangslizenzverfahren** gemäß § 81 Abs. 1 S. 1 PatG angeordnet (dazu schon oben, → Vor §§ 16–20 Rn. 12). Erstreckt wurde der Anwendungsbereich der §§ 16 ff. über **§ 26a S. 1 GebrMG** auch auf **Gebrauchsmusterstreitsachen** und entsprechende Zwangslizenzverfahren (§ 20 GebrMG iVm § 81 Abs. 1 S. 1 PatG), ferner auf **Halbleiterschutzstreitsachen (§ 11 Abs. 3 HalblSchG)**. Mangels Überleitungsvorschrift sind die §§ 145a PatG, 26 GebrMG, 11 Abs. 3 HalblSchG seit dem Zeitpunkt ihres Inkrafttretens (18.8.2021) anwendbar, und zwar auch in Verfahren, die bereits zuvor anhängig waren (*Kircher* in BeckOK PatG § 145a Rn. 2).

Patentstreitsachen sind nach § 143 Abs. 1 alle Klagen, durch die ein Anspruch aus einem der im PatG geregelten Rechtsverhältnisse geltend gemacht wird. Der Begriff ist weit zu verstehen und umfasst nach der Rspr. sämtliche Klagen, die einen Anspruch auf eine Erfindung oder aus einer Erfindung zum Gegenstand haben oder sonst wie mit einer Erfindung eng verknüpft sind (BGH GRUR 2011, 662 – Patentstreitsache, zu Einzelheiten: *Rinken* in Schulte, PatG, § 143 Rn. 7 ff.; *Hoppe* in Hoppe/Oldekop Kap. 3 Rn. 243g ff.). Hierzu zählen gemäß § 39 Abs. 1 S. 2 ArbEG auch Streitigkeiten über Arbeitnehmererfindungen (*Kircher* in BeckOK PatG § 145a Rn. 4). Für die Anwendbarkeit des § 145a S. 1 PatG kommt es allein darauf an, ob die Voraussetzungen einer Patentstreitsache begrifflich vorliegen und **nicht darauf, welcher Spruchkörper** zur Entscheidung berufen ist. Die Vorschriften zum Schutz von Geschäftsgeheimnissen kommen daher unabhängig davon zur Anwendung, ob die Patentstreitkammer (§ 143 Abs. 1 PatG) oder wegen kartellrechtlicher Vorfragen (§ 87 S. 2 GWB) – etwa bei Streitigkeiten über standardessenzielle Patente – das Kartellgericht zuständig ist (*Kühnen* GRUR 2020, 576 (577); *Ohly/Stierle* GRUR 2021, 1229 (1240); *Picht* ZGE 13 (2021), 133 (157)). 15b

Ausdrücklich ausgenommen vom Anwendungsbereich des § 145a PatG und entsprechender Verweisungsnormen im Gebrauchsmuster- und Halbleiterschutzrecht sind **selbständige Beweisverfahren (§§ 485 ff. ZPO).** Der Gesetzgeber befürchtete insoweit offenbar Reibungen mit dem Düsseldorfer Besichtigungsverfahren (dazu: → § 8 Rn. 75 ff.) und wollte sicherstellen, dass das Düsseldorfer Verfahren unberührt bleibt (BT-Drs. 19/25821, 57). Derartige Bedenken sind indessen unbegründet (ebenso: *Hoppe* in Hoppe/Oldekop Kap. 3 Rn. 243j ff.). Insbesondere hat die Vorschrift des § 19 Abs. 1 S. 3 GeschGehG, wonach mindestens einer natürlichen Person jeder Partei und ihren Prozessvertretern oder sonstigen Vertretern Zugang auch zu geheimhaltungsbedürftigen Unterlagen zu gewähren ist, keine Auswirkungen auf das Düsseldorfer Verfahren. Denn dieses basiert auf einem Verzicht des Antragstellers, seine prozessualen Beteiligungsrechte in vollem Umfang wahrzunehmen. Das bleibt aber auch im Anwendungsbereich der §§ 16 ff. möglich (→ § 8 Rn. 81). Wenig sachgerecht ist die Ausnahme für selbständige Beweisverfahren ferner deshalb, weil die Zielrichtung der §§ 16 ff. nicht deckungsgleich ist mir der des Düsseldorfer Verfahrens. Geht es bei den §§ 16 ff. in erster Linie darum, Geschäftsgeheimnisse des Klägers bzw. Antragstellers zu schützen, kommt das Düsseldorfer Verfahren allein für einen Schutz vertraulicher Informationen des Beklagten bzw. Antragsgegners in Betracht (→ Vor §§ 16–20 Rn. 30, vgl. auch *Maaßen/Perino-Stiller* WRP 2022, 1208 Rn. 3). 15c

2. Formelle Einstufungsvoraussetzungen

a) Antrag einer Partei. Erforderlich für die Einstufung einer Information als geheimhaltungsbedürftig nach § 16 Abs. 1 ist der **Antrag** einer Partei. Der deut- 16 sche Gesetzgeber hat keinen Gebrauch von der Möglichkeit des Art. 9 Abs. 1 UAbs. 1 S. 2 Geschäftsgeheimnis-RL gemacht, wonach die Gerichte Geheimhaltungsmaßnahmen auch von Amts wegen treffen können. Der Antrag ist eine **prozessuale Erwirkungshandlung,** d.h. bei dem Antragsteller müssen die allgemeinen Prozesshandlungsvoraussetzungen gegeben sein, der Antrag ist auslegungsfähig und umdeutbar, im Hinblick auf außerprozessuale Ereignisse ist er bedingungsfeindlich (vgl. *Musielak* in Musielak/Voit ZPO Einl. Rn. 62).

17 Als **möglichen Antragsteller** nennt § 16 Abs. 1 die Partei. Art. 9 Abs. 1 Geschäftsgeheimnis-RL konkretisiert dies und spricht von dem Antrag „**einer interessierten Partei**". Antragsberechtigt ist also nicht nur der Kläger, sondern **jede Partei,** also auch der Beklagte (OLG Stuttgart GRUR-RS 2020, 35613 Rn. 91 f. – Schaumstoffsysteme; LG Mannheim GRUR-RR 2022, 301 Rn. 31 – Geheimnisschutzanordnung; LAG Baden-Württemberg BeckRS 2023, 26430 Rn. 8; *Steinbrück/Höll* in Brammsen/Apel GeschGehG § 16 Rn. 11, 19) sowie gemäß § 67 ZPO jeder **Streithelfer** (*Hoppe/Oldekop* Mitt. 2022, 473 (475); aA *Kühnen* Hdb der Patentverletzung Teil D Rn. 136; *Alexander* in Köhler/Bornkamm/Feddersen GeschGehG § 16 Rn. 19). Der beid- bzw. mehrseitige Schutzmechanismus rechtfertigt sich aus dem Gesichtspunkt der prozessualen Waffengleichheit. In Geschäftsgeheimnisstreitsachen kommt dabei besonders zum Tragen, dass der Beklagte seinerseits zur effektiven Rechtsverteidigung darauf angewiesen sein kann, Geschäftsgeheimnisse offenzulegen, etwa als Folge einer sekundären Darlegungslast oder wenn sich aus prozessualen oder materiell-rechtlichen Vorschriften Vorlage- oder Offenbarungspflichten ergeben (vgl. dazu → Vor §§ 16–20 Rn. 22, 28 ff.). Die Partei, die den Geheimhaltungsantrag stellt, **muss nicht identisch mit derjenigen sein, die das Geschäftsgeheimnis in den Prozess einführt.** Denkbar ist es auch, dass eine Partei den Antrag nach § 16 Abs. 1 zu ihren eigenen Lasten (also in Bezug auf vom Gegner einzuführende Geschäftsgeheimnisse) stellt, zB weil ihr anderenfalls die Kenntnisnahme bestimmter Informationen vollständig verwehrt bliebe. So kann etwa ein auf Vorlage vertraulicher Dokumente gerichteter Antrag gemäß § 142 Abs. 1 ZPO für den Fall, dass die Gegenseite entgegenstehende Geheimhaltungsinteressen geltend macht, mit einem Antrag nach § 16 Abs. 1 kombiniert werden (BGH GRUR 2022, 1302 Rn. 108 – Brustimplantat). **Dritte** haben (abgesehen von den bereits genannten Fällen der Nebenintervention) mangels Parteistellung grds. **kein eigenes Antragsrecht.** Zu den für Dritte dennoch bestehenden Möglichkeiten, zum Schutz ihrer Geschäftsgeheimnisse Einfluss auf einen Rechtsstreit zu nehmen, vgl. *Hoppe/Oldekop* Mitt. 2022, 473 (476).

17a Der Antrag nach § 16 Abs. 1 kann bereits in der **Klageschrift** gestellt werden und richtet sich auf **Einstufung** bestimmter Informationen **als geheimhaltungsbedürftig.** Der notwendige **Inhalt des Antrags** ergibt sich im Übrigen aus § 20 Abs. 3 und 4: Der Antragsteller muss die geheimhaltungsbedürftigen Informationen in eingereichten Schriftstücken oder sonstigen Unterlagen **kennzeichnen** (§ 20 Abs. 4 S. 1) und **glaubhaft** machen, dass es sich bei den Informationen um **Geschäftsgeheimnisse** handelt (§ 20 Abs. 3). Weitere Anforderungen bestehen im Falle des § 16 Abs. 1 nicht. Insbesondere bedarf es keiner Darlegung einer besonderen Schutzbedürftigkeit des Geheimnisses o.ä., da eine solche nicht Voraussetzung der Anordnung nach § 16 Abs. 1 ist (→ Rn. 25).

18 **b) Zuständigkeit, Verfahren, Form.** Zuständigkeits-, Verfahren und Formvorschriften für eine Anordnung nach§ 16 Abs. 1 ergeben sich aus § 20: Zuständig

zur Einstufung der Information als geheimhaltungsbedürftig ist das **Gericht der Hauptsache** gemäß der Legaldefinition des § 20 Abs. 6. Das Gericht kann eine Entscheidung nach § 16 Abs. 1 bereits ab Anhängigkeit des Rechtsstreits treffen (§ 20 Abs. 1). Das **Verfahren** richtet sich nach § 20 Abs. 2 und 5. Die Entscheidung ergeht durch **Beschluss** (§ 20 Abs. 5 S. 1), der nach Maßgabe von § 20 Abs. 5 S. 4, 5 **anfechtbar** ist. Für Einzelheiten wird auf die Kommentierung zu § 20 verwiesen.

3. Materielle Einstufungsvoraussetzungen

Neben dem Vorliegen einer **Geschäftsgeheimnisstreitsache** (→ Rn. 8 ff.) 19
hat eine Einstufung einer Information als geheimhaltungsbedürftig zwei weitere materielle Voraussetzungen: Erstens muss eine Information **streitgegenständlich** sein, zweitens muss die streitgegenständliche Information ein **Geschäftsgeheimnis** sein können.

a) Streitgegenständliche Information. Der Begriff der **streitgegenständlichen Information** ist weit zu verstehen und umfasst alle **Tatsachen, die in den Rechtsstreit als Streitstoff eingeführt werden** oder mit diesem **sonst in engem Zusammenhang** stehen (ebenso: *Schönknecht* in Keller/Schönknecht/Glinke GeschGehG § 16 Rn. 27; *Gregor* in BeckOK GeschGehG § 16 Rn. 21; *Hauck* in Hoeren/Münker GeschGehG § 16 Rn. 45 f.). Erfasst sind neben unmittelbar anspruchsbegründenden Tatsachen zB auch Beweismittel (Dokumente, Sachverständigengutachten), Anknüpfungs- und Befundtatsachen für Sachverständigengutachten sowie Begleitumstände wie vertrauliche Informationen, die dem Prozessgegner bei einem Ortstermin zugänglich werden können. 20

Der Begriff ist damit **weiter als** der im Zivilprozessrecht gebräuchliche zweigliedrige **Streitgegenstandsbegriff** (s. dazu nur *Vollkommer* in Zöller ZPO Einl. Rn. 82 ff.). Eine Bezugnahme auf den Streitgegenstandsbegriff der ZPO würde bedeuten, dass eine Information nur dann streitgegenständlich sein kann, wenn sie entweder Teil des Klageantrags oder des zugrundeliegenden Lebenssachverhalts und damit Teil des klägerischen Sachvortrags ist. Ein solches Verständnis griffe indes zu kurz und wäre mit **unionsrechtlichen Vorgaben** nicht zu vereinbaren. Art. 9 Abs. 1 Geschäftsgeheimnis-RL sieht die Möglichkeit von Geheimhaltungsanordnungen gegenüber einer Person schon allein aufgrund ihrer Beteiligung an einer Geschäftsgeheimnisstreitsache vor. Alternativ soll es ausreichen, dass eine Person Zugang zu Dokumenten hat, die „Teil" eines solchen Verfahrens sind. Die Richtlinie bezieht sich also zwar auf Gerichtsverfahren, die den rechtswidrigen Erwerb bzw. eine rechtswidrige Nutzung oder Offenlegung zum Gegenstand haben, **setzt aber nicht voraus,** dass es sich bei der prozessual zu schützenden **Information** um den unmittelbaren **Streitgegenstand dieses Verfahrens** im Sinne der ZPO handelt. Insbesondere kennt die Richtlinie keine allzu enge Orientierung an dem nach nationalem Prozessrecht geläufigen Streitgegenstandsbegriff. **Gegen ein zu enges Verständnis** des Begriffs „streitgegenständlich" spricht auch, dass der Schutz dann von vorneherein einseitig zugunsten des Klägers, der den Streitgegenstand bestimmt, verengt würde. Das Konzept von Geheimhaltungsanordnungen nach § 16 Abs. 1 wirkt aber zugunsten beider Parteien (vgl. Art. 9 Abs. 1 Geschäftsgeheimnis-RL: „interessierte Partei" und oben, → Rn. 17). Das **Antragsrecht** 21

des Beklagten darf nicht durch zu hohe Anforderungen an den Streitgegenstandsbegriff unterlaufen werden.

22 Soweit die §§ 16 ff. über § 145a PatG entsprechend zur Anwendung kommen, gelten gemäß **§ 145a S. 2 PatG** sämtliche **von Kläger und Beklagtem in das Verfahren eingeführten Informationen** als streitgegenständliche Informationen iSv § 16 Abs. 1 (parallel: § 26a S. 2 GebrMG; das Fehlen einer entsprechenden Regelung in § 11 Abs. 3 HalblSchG dürfte ein Redaktionsversehen sein, *Kircher* in BeckOK PatG § 145a Rn. 4). Auch hinter dieser Vorschrift steht der erläuterte Gedanke, dass in den Rechtsstreit eingeführte Geschäftsgeheimnisse häufig nicht streitgegenständlich im engen Sinne der ZPO sein werden. Dies trifft für Patentstreitsachen erst recht zu. Dementsprechend enthielt bereits die Begründung des RefE und des RegE zum 2. PatMoG eine Erläuterung, dass der Begriff der „streitgegenständlichen Information" nicht streng im Sinne des zivilprozessualen Streitgegenstandsbegriffs zu verstehen sei, sondern grds. alle vom Kläger und vom Beklagten im Rahmen seiner Verteidigung in das Verfahren eingeführten Informationen umfasse (BT-Drs. 19/25821, 57). Im weiteren Gesetzgebungsverfahren wurde dies aus Gründen der Rechtsklarheit ausdrücklich im Gesetzestext verankert (vgl. Beschlussempfehlung des Ausschusses für Recht und Verbraucherschutz vom 9.6.2021, BT-Drucks. 19/30498, S. 13 sowie zuvor bereits die GRUR-Stellungnahme zum RefE des 2. PatMoG, GRUR 2020, 1278 (1282)). Legt man das hier vertretene, weite Verständnis zur Auslegung von § 16 Abs. 1 GeschGehG zugrunde, ergeben sich aus § 145a S. 2 PatG keine gravierenden Abweichungen zum Bereich der Geschäftsgeheimnisstreitsachen. Die Vorschrift hat also – der Intention des Gesetzgebers entsprechend – **weitgehend deklaratorischen Charakter.** Die gesetzgeberische Klarstellung ist gleichwohl sinnvoll: Denn während das weite Verständnis des Begriffs der „streitgegenständlichen Informationen" im Bereich der Geschäftsgeheimnisstreitsachen vor allem aus den Vorgaben der Geschäftsgeheimnis-RL folgt (→ Rn. 21), findet die Geschäftsgeheimnis-RL im Patentrecht keine Anwendung. § 145a S. 2 verdeutlicht jedoch, dass hier nichts anderes gilt. Eine gewisse Diskrepanz in der Formulierung besteht allerdings im Verhältnis zu § 19 Abs. 1 S. 1 Nr. 1, wonach Zugangsbeschränkungen ausdrücklich auch in Bezug auf „von Dritten" eingereichte Dokumente getroffen werden können. Nach § 145a S. 2 wären darin enthaltene Informationen allerdings nicht streitgegenständlich iSv § 16.

22a Gelegentlich wird darüber hinaus formuliert, als „streitgegenständlich" seien jedenfalls Informationen erfasst, die aus Sicht einer vernünftigen Partei Bezug zum Streitstoff haben (LG Mannheim GRUR-RR 2022, 301 Rn. 32 – Geheimnisschutzanordnung). Soweit damit eine sachliche Einschränkung verbunden sein soll, erscheint diese nicht notwendig. Denn in Fällen, in denen eine Partei Geheimhaltung für eingeführte Informationen beansprucht, die ersichtlich keinen Bezug zum Streitstoff haben, kann der Erlass einer Geheimhaltungsanordnung ohnehin im Rahmen pflichtgemäßer Ermessensausübung abgelehnt werden (→ Rn. 26).

22b Auf die **Form** der Information kommt es nicht an. Sie kann daher im Schriftsatz oder in Anlagen enthalten sein, in physischer oder elektronischer Form oder auch in Form sonstiger Gegenstände (Muster, Probe) vorliegen (*Schönknecht* in Keller/Schönknecht/Glinke GeschGehG § 16 Rn. 27).

23 **b) Mögliches Geschäftsgeheimnis.** § 16 Abs. 1 setzt ferner die Möglichkeit voraus, dass die streitgegenständlichen Informationen Geschäftsgeheimnisse sein

können („…wenn diese ein Geschäftsgeheimnis sein können"). Die Geschäftsgeheimnis-RL spricht von einem „Geschäftsgeheimnis" bzw. einem „angeblichen Geschäftsgeheimnis". Auszugehen ist dabei grundsätzlich von dem **Begriff des Geschäftsgeheimnisses iSv § 2 Nr. 1,** dessen Voraussetzungen darzulegen sind. Für Einzelheiten wird auf die Kommentierung zu § 2 verwiesen (→ § 2 Rn. 14). Die Formulierung **„sein können"** wird gelegentlich so verstanden, dass der Prüfungsmaßstab abgesenkt sein soll (*McGuire* in Büscher GeschGehG § 16 Rn. 21; *Pichlmaier/Oldekop* in Hoppe/Oldekop Kap. 3 Rn. 161). Die Formulierung gibt dem Gericht zumindest die Möglichkeit, den Rechtsstreit in Grenzfällen nicht schon im Rahmen des Einstufungsverfahrens vorentscheiden zu müssen. Maßgeblich ist die Sach- und Rechtslage im **Zeitpunkt der Einstufungsentscheidung** (*Schönknecht* in Keller/Schönknecht/Glinke GeschGehG § 16 Rn. 35; *Hauck* in Hoeren/Münker GeschGehG § 16 Rn. 43). Die Geheimnisqualität muss daher im Zeitpunkt der Einstufungsentscheidung vorliegen. Daran kann es zB fehlen, wenn Schadensersatzansprüche wegen einer rechtswidrigen Veröffentlichung geltend gemacht werden. Zugleich bedeutet das Abstellen auf den Einstufungszeitpunkt, dass sich die Geheimnisqualität im weiteren Verlauf des Rechtsstreits bis zur Entscheidung in der Hauptsache noch ändern kann.

§ 20 Abs. 3 sieht eine **Glaubhaftmachung** der Voraussetzungen vor (s. näher **24** → § 20 Rn. 20 ff.). Insoweit sind die Voraussetzungen auch in prozessualer Hinsicht abgesenkt. Insbesondere muss der Antragsteller nicht den Vollbeweis zum Vorliegen der Voraussetzungen eines Geschäftsgeheimnisses führen, vielmehr genügt es, dass ein Geschäftsgeheimnis mit **überwiegender Wahrscheinlichkeit** vorliegt bzw. vorliegen kann (→ § 20 Rn. 25).

Der Antragsteller hat keine Tatsachen darzulegen und glaubhaft zu machen, **25** die über die Begriffsmerkmale des Geschäftsgeheimnisses hinausgehen. **Nicht erforderlich** ist daher eine besondere Schutzbedürftigkeit des Geheimnisses (BT-Drs. 19/4724, 35), ein besonderer Wert oder das Drohen schwerwiegender Nachteile bei Bekanntwerden (*Gregor* in BeckOK GeschGehG § 16 Rn. 29). Abweichend von § 172 Nr. 2 GVG, muss es sich auch nicht um ein „wichtiges" Geschäftsgeheimnis handeln.

Da der prozessuale Geheimnisschutz zugunsten beider Parteien gewährleistet **25a** wird (→ Vor §§ 16–20 Rn. 9), kommen sowohl **Informationen** sowohl **des Klägers** als auch **des Beklagten** als mögliche Geschäftsgeheimnisse in Betracht (*Schönknecht* in Keller/Schönknecht/Glinke GeschGehG § 16 Rn. 28 f.). Nicht erforderlich ist, dass das mögliche Geschäftsgeheimnis ein solches der antragstellenden Partei ist (wenngleich dies aufgrund der weiten Inhaberdefinition gemäß § 2 Nr. 2 regelmäßig der Fall sein wird). Weder § 16 Abs. 1 GeschGehG noch die Geschäftsgeheimnis-RL grenzen das Antragsrecht insoweit ein (*Hoppe/Oldekop* Mitt. 2022, 473 (474)). In Betracht kommen daher auch Informationen bzw. **Geschäftsgeheimnisse Dritter** (*Schönknecht* in Keller/Schönknecht/Glinke GeschGehG § 16 Rn. 30; *Kühnen* Hdb der Patentverletzung Teil D Rn. 136; *Hoppe/Oldekop* Mitt. 2022, 473 (474 f.)). Beispielsweise kann ein wegen einer Geheimnis- oder Patentverletzung beklagter Händler ein Interesse daran haben, technische Informationen des Herstellers des von ihm vertriebenen Produkts in den Rechtsstreit einzuführen (vgl. Hoppe/Oldekop Mitt. 2022, 473 (474)). **Ebenfalls keine Einschränkungen** bestehen im Bereich **patentrechtlicher Streitigkeiten,** da auch § 145a S. 2 PatG lediglich auf die prozessuale Einführung von Informationen abstellt, nicht aber auf die materielle Inhaberschaft.

25b Gelegentlich werden bei „fremden" Geheimnissen gewisse Einschränkungen formuliert, wonach die Partei, die das Geheimnis in den Rechtsstreit einführt, ein eigenes Interesse an der Geheimhaltung haben müsse, etwa aus haftungsrechtlichen Gründen, aufgrund einer Stellung als Lizenznehmer oder einer sonstigen Mitverantwortlichkeit für das Geheimnis (*Hoppe/Oldekop* Mitt. 2022, 473 (475); *Kühnen* Hdb der Patentverletzung Teil D Rn. 136). Dies erscheint unnötig: Fehlt es erkennbar an jeglichem Interesse der Partei, das Geschäftsgeheimnis eines Dritten in den Rechtsstreit einzuführen, wäre dies ein Aspekt, der im Rahmen der Ermessensausübung (→ Rn. 26) berücksichtigt werden und gegen eine Einstufung als geheimhaltungsbedürftig sprechen kann. Dies ist im Übrigen kein Spezifikum bei Geschäftsgeheimnissen Dritter. Auch bei originär eigenen Geschäftsgeheimnissen einer Partei kann es vorkommen, dass die Einführung im Prozess nicht von einem berechtigten Interesse getragen, sondern sogar missbräuchlich motiviert ist (→ Rn. 26).

4. Rechtsfolge Ermessen

26 Bei Vorliegen der Einstufungsvoraussetzungen besteht ein Anspruch des Geheimnisinhabers auf eine Entscheidung über die Einstufung der Information als geheimhaltungsbedürftig nach pflichtgemäßem **Ermessen** („kann"; aA *Steinbrück/Höll* in Brammsen/Apel GeschGehG § 16 Rn. 29). Das gerichtliche Ermessen besteht allerdings grundsätzlich nur hinsichtlich des „Ob" der Einstufung und hinsichtlich des Gegenstandes bzw. Umfangs („ganz oder teilweise"), nicht aber hinsichtlich konkreter Rechtsfolgen. Diese ergeben sich unmittelbar aus dem Gesetz (§ 16 Abs. 2 und 3). Das Einstufungsermessen wird regelmäßig **auf Null reduziert** sein, da anderenfalls eine Einführung der Geschäftsgeheimnisse in den Prozess unterbleiben müsste (ebenso: LAG Baden-Württemberg BeckRS 2023, 26430 Rn. 23; *Picht* ZGE 13 (2021), 133 (151)). Anders als § 19 Abs. 1 S. 2 sieht § 16 Abs. 1 gerade **keine umfassende Interessenabwägung** vor. Zudem dürfen über den Umweg der Ermessensentscheidung keine Gesichtspunkte berücksichtigt werden, die der Gesetzgeber tatbestandlich bewusst nicht vorgesehen hat (zB besondere Schutzbedürftigkeit des Geheimnisses, vgl. *Gregor* in BeckOK GeschGehG § 16 Rn. 30). Raum für eine Ermessensausübung zulasten des Antragstellers mag beispielsweise bestehen, wenn offensichtlich ist, dass der Antrag nach § 16 Abs. 1 **missbräuchlich** gestellt wurde (*Alexander* in Köhler/Bornkamm/Feddersen GeschGehG § 16 Rn. 27; *Schönknecht* in Keller/Schönknecht/Glinke GeschGehG § 16 Rn. 37; *Hauck* in Hoeren/Münker GeschGehG § 16 Rn. 50), zB um den Gegner in seiner wirtschaftlichen Bewegungsfreiheit einzuschränken oder ihn von der Weiterentwicklung einer Technologie abzuschneiden. Zumindest vorstellbar ist die Versagung der Einstufung auch dann, wenn die in den Rechtsstreit eingeführte Information ersichtlich in keinem inhaltlichen Zusammenhang mit dem Gegenstand des Rechtsstreits steht (*Kircher* in BeckOK PatG § 145a Rn. 38). Bei der Annahme solcher Ausnahmefälle dürfte jedoch große Zurückhaltung geboten sein, um den Parteien keine Möglichkeit der Rechtsverfolgung oder -verteidigung abzuschneiden. **Kein** im Rahmen der Ermessensentscheidung zu berücksichtigender Faktor ist eine mögliche Präklusion (§§ 296, 531 ZPO) des Vortrags (*Kircher* in BeckOK PatG § 145a Rn. 38). Über diese Frage ist nachgeordnet und unabhängig von der Einstufung einer Information als geheimhaltungsbedürftig zu entscheiden.

III. Rechtsfolgen der Einstufung (§ 16 Abs. 2)

1. Verpflichtungen kraft Gesetzes

27 Stuft das Gericht eine Information als geheimhaltungsbedürftig ein, so ergeben sich die **Rechtsfolgen unmittelbar kraft Gesetzes** aus § 16 Abs. 2. Danach müssen sämtliche Beteiligten die als geheimhaltungsbedürftig eingestufte Information **vertraulich behandeln** und dürfen diese außerhalb eines gerichtlichen Verfahrens **nicht nutzen oder offenlegen,** es sei denn, dass sie von diesen außerhalb des Verfahrens Kenntnis erlangt haben. Es handelt sich der Sache nach um besondere Vertraulichkeitspflichten für die Prozessbeteiligten und das Gericht (*Alexander* WRP 2019, 673 Rn. 58). Das Gericht kann die kraft Gesetzes vorgegebenen Rechtsfolgen nicht modifizieren (zutreffend: *Alexander* in Köhler/Bornkamm/Feddersen GeschGehG § 16 Rn. 28). Gemäß § 20 Abs. 5 S. 2 hat das Gericht die Beteiligten auf die Wirkung der Anordnung nach § 16 Absatz 2 und § 18 und die Folgen einer Zuwiderhandlung nach § 17 **hinzuweisen.** Unabhängig von dem Hinweis treten die Verpflichtungen unmittelbar mit Wirksamwerden des Einstufungsbeschlusses (§ 20 Abs. 5 S. 1) ein (→ § 20 Rn. 37a). Da der stattgebende Beschluss erst gemeinsam mit dem Rechtsmittel in der Hauptsache angefochten werden kann (§ 20 Abs. 5 S. 4), steht hiergegen unmittelbar auch kein Rechtsmittel mit aufschiebender Wirkung zur Verfügung.

2. Gegenstand der Verpflichtungen

27a Die Verpflichtungen gemäß § 16 Abs. 2 beziehen sich nicht auf bestimmte Dokumente oder Unterlagen, sondern auf **Informationen als solche.** Sie erfassen die Informationen auch, soweit diese in nachfolgenden Schriftsätzen oder Anlagen **erneut in den Prozess eingeführt** werden (LG Mannheim GRUR-RS 2023, 9890 unter Ziff. I, vgl. auch OLG Koblenz BeckRS 2021, 60928 Rn. 3). Manche Gerichte geben dem Geheimnisinhaber zwar auf, geheimhaltungsbedürftige Informationen bei erneutem Vortrag farblich zu kennzeichnen. Dies dient aber nur der Fehlervermeidung und ist nicht Voraussetzung für das Eingreifen des § 16 Abs. 2 (→ § 20 Rn. 29a).

3. Adressatenkreis/Verpflichtete

28 **a) Allgemeines.** Als Adressatenkreis nennt § 16 Abs. 2 die Parteien, ihre Prozessvertreter, Zeugen, Sachverständige, sonstige Vertreter und alle sonstigen Personen, die an Geschäftsgeheimnisstreitsachen beteiligt sind oder die Zugang zu Dokumenten eines solchen Verfahrens haben. Dabei ergeht die **Geheimhaltungsanordnung nicht personenbezogen,** sondern **sachbezogen** in Bezug auf die jeweiligen Informationen. Es ist deshalb weder erforderlich noch möglich, die einzelnen Adressaten in einer Geheimhaltungsanordnung jeweils zu individualisieren. Vielmehr entfaltet eine bestehende Geheimhaltungsanordnung Wirkung gegenüber sämtlichen Personen, die sich in der von § 16 Abs. 2 abstrakt beschriebenen Beteiligtenstellung befinden oder in diese gelangen.

29 Für diesen Ansatz sprechen auch **Praktikabilitätserwägungen,** da der Personenkreis der Verpflichteten, der im Falle des § 16 auch die Gerichtsorganisation selbst umfasst, häufigen Änderungen unterworfen ist und ständige Anpassungen der Geheimhaltungsanordnung erfordern würde, wenn die Verpflichteten individualisiert werden müssten. Erginge die Entscheidung personenbezogen, müsste

sie zB bei jeder Zwischenentscheidung mit Devolutiveffekt angepasst und auf das Rechtsmittelgericht erstreckt werden.

30 Zu beachten ist allerdings die **Hinweispflicht** gegenüber den betroffenen Personen auf die Wirkung der Geheimhaltungsanordnung gemäß § 20 Abs. 5 S. 2.

31 **b) Einzelne Adressaten.** Adressaten der Maßnahme sind gemäß § 16 Abs. 2 zunächst die **„Parteien".** Dies umfasst laut Gesetzesbegründung nicht den Geheimnisinhaber (BT-Drs. 19/4724, 35), was sich schon aus dem letzten Halbsatz des § 16 Abs. 2 („…es sei denn, dass sie von diesen außerhalb des Verfahrens Kenntnis erlangt haben") ergeben dürfte. Wirkung entfaltet die Geheimhaltungsanordnung insbesondere für den **Prozessgegner,** grundsätzlich aber auch für jeden **Streitgenossen** des Geheimnisinhabers. Kommen etwa infolge eines Parteiwechsels oder Parteibeitrittes **neue Beteiligte** hinzu, rücken auch sie in den Adressatenkreis auf. Es wird allerdings geboten sein, später hinzukommende Verpflichtete auf die Wirkungen der Geheimhaltungsanordnung und die Folgen einer Zuwiderhandlung hinzuweisen (§ 20 Abs. 5 S. 1). Zudem wird ihnen entsprechend § 20 Abs. 2 S. 1 Gelegenheit zur Äußerung zu geben und die Einstufung der Information ggf. anschließend neu zu bewerten sein (*Kalbfus* WRP 2019, 692 Rn. 17).

32 Adressaten der Geheimhaltungsanordnung sind ferner die **Prozessvertreter** der Parteien, wobei in erster Linie die von der Geschäftsgeheimnis-RL explizit genannten Rechtsanwälte gemeint sein dürften. **„Sonstige Vertreter"** sind zB mitwirkende Patentanwälte.

33 Zur Geheimhaltung verpflichtet sind ferner **Zeugen** und **Sachverständige.**

34 **Sonstige Personen,** die an Geschäftsgeheimnisstreitsachen beteiligt sind oder die Zugang zu Dokumenten eines solchen Verfahrens haben, sind **Streithelfer** und ihre Prozessvertreter (sofern man diese nicht schon den Parteien und ihren Prozessvertretern gleichstellt) sowie Privatsachverständige und externe Berater (OLG Koblenz BeckRS 2021, 60928 Rn. 6; *Gregor* in BeckOK GeschGehG § 16 Rn. 38). Ebenfalls erfasst sind Personen, die der Gerichtsorganisation zuzurechnen sind. Die Geschäftsgeheimnis-RL spricht in Art. 9 Abs. 1 von **„Gerichtsbediensteten".** Die Gesetzesbegründung nennt insbesondere **Richter** und **Rechtspfleger** (BT-Drs. 19/4724, 35). Erfasst sind außerdem zB **Protokollführer** und **Geschäftsstellenbeamte und -angestellte.** Da die Geheimhaltungsanordnung nach § 16 Abs. 1 sachbezogen ergeht (→ Rn. 28), verpflichtet sie auch Personen, die im Falle einer Beschwerde oder Berufung dem Rechtsmittelgericht angehören. Zu gewissen Friktionen führt der Ansatz des § 16 Abs. 2, soweit dadurch die Richter als Mitglieder des zuständigen Spruchkörpers selbst verpflichtet werden, da § 16 Abs. 1 sie zu einer Entscheidung in eigener Sache zwingt.

35 **Keine sonstigen Personen,** die Zugang zu Dokumenten eines Gerichtsverfahrens haben, sind Dritte, die grundsätzlich akteneinsichtsberechtigt wären. Für sie gilt § 16 Abs. 3 mit der Wirkung, dass ein entsprechender Zugang gerade ausgeschlossen ist.

4. Inhalt der Verpflichtungen

36 Die gemäß § 16 Abs. 2 Verpflichteten müssen als geheimhaltungsbedürftig eingestufte Informationen **vertraulich behandeln** und dürfen diese außerhalb eines gerichtlichen Verfahrens nicht nutzen oder offenlegen. Die Begriffe des **Nutzens** und des **Offenlegens** sind in gleichem Sinne zu verstehen wie in § 3 Abs. 2

und § 4 Abs. 2. Auf die entsprechende Kommentierung wird verwiesen (→ § 4 Rn. 27 f.).

37 **a) Offenlegung und Nutzung nur innerhalb des Verfahrens.** § 16 Abs. 2 enthält ein **Verbot,** als geheimhaltungsbedürftig eingestufte **Informationen außerhalb eines gerichtlichen Verfahrens zu nutzen oder offenzulegen.** Die geheimhaltungsbedürftigen Informationen unterliegen also einer strengen Zweckbindung. Gestattet ist im Umkehrschluss nur eine Nutzung innerhalb, also **zu Zwecken des gerichtlichen Verfahrens.** Streng genommen bleibt § 16 Abs. 2 damit bereits hinter dem Wortlaut des Art. 9 Abs. 1 Geschäftsgeheimnis-RL zurück, der jegliche Offenlegung und Nutzung kategorisch untersagt, ohne zwischen einer inner- und außerprozessualen Nutzung zu unterscheiden. Allerdings dürfte der Wortlaut der Richtlinie einschränkend auszulegen sein, da die vorbehaltlich § 19 Abs. 1 gewährleistete Parteiöffentlichkeit des Prozessstoffs auch eine innerprozessuale Nutzung beinhalten muss. Angesichts der auf Unionsebene bestehender Verfahrensgrundrechte (Art. 47 Abs. 2 GrCh, Art. 6 EMRK) ist davon auszugehen, dass Art. 9 Abs. 1 Geschäftsgeheimnis-RL nicht darauf abzielt, die Parteien durch innerprozessuale Offenlegungsverbote an einer effektiven Rechtswahrnehmung zu hindern und ihnen in weitem Umfang Verteidigungsrechte abzuschneiden (*Steinbrück/Höll* in Brammsen/Apel GeschGehG § 16 Rn. 43).

38 Beispielhaft erläutert die Gesetzesbegründung für den **Bereich der Gerichtsorganisation,** dass Richter und Rechtspfleger die geheimhaltungsbedürftigen Informationen im Bereich ihrer Aufgaben verwenden und sie zB zur Grundlage eines Beweisbeschlusses machen sowie im Urteil hierauf eingehen können (BT-Drs. 19/4724, 35 f.). Sowohl für den Bereich der Gerichtsorganisation, als auch für den Bereich von Berufsgeheimnisträgern wie **Rechts- oder Patentanwälten** ist ferner davon auszugehen, dass zu Zwecken des Rechtsstreits auch eine Offenlegung in begrenztem Umfang zulässig ist. Orientierung hinsichtlich des Personenkreises bietet insoweit die Neufassung des § 203 Abs. 3 StGB, die unter bestimmten Voraussetzungen eine Einbindung **berufsmäßig tätiger Gehilfen,** berufsvorbereitend tätiger und sonstiger Personen zulässt. Da § 16 Abs. 2 allerdings neben den Nutzungs- und Offenbarungsbeschränkungen ein Gebot der vertraulichen Behandlung enthält (→ Rn. 43), ist zu fordern, dass der Mitwisserkreis gleichwohl so klein wie möglich gehalten wird. Eine Weitergabe der Informationen durch Prozessvertreter **an die vertretene Partei** ist zulässig (*Pichlmaier/Oldekop* in Hoppe/Oldekop Kap. 3 Rn. 179) und mit Blick auf § 11 BORA grds. auch geboten. Bestehen Zugangsbeschränkungen nach § 19 Abs. 1, so ist allerdings darauf zu achten, dass die Weitergabe an zugelassene Personen aus der Sphäre der Partei (vgl. § 19 Abs. 1 S. 3) erfolgt.

39 Für die **Sphäre der Parteien** ist unter einer Offenlegung oder Nutzung innerhalb des gerichtlichen Verfahrens jedenfalls das zur **zweckentsprechenden Rechtsverfolgung oder -verteidung** Erforderliche zu verstehen, wobei dem Verpflichteten ein Beurteilungsspielraum zuzugestehen ist, da er in seiner Rechtswahrnehmung nicht unangemessen eingeschränkt werden darf. Eine noch **strengere Begrenzung** des Mitwisserkreises kann durch eine **Maßnahme nach § 19** erreicht werden.

40 Handelt es sich bei einer Partei um ein arbeitsteilig organisiertes Unternehmen, etwa eine juristische Person, stellt sich die Frage, inwieweit es ihr gestattet ist, die Informationen für Zwecke des Rechsstreits **innerhalb der Organisation**

weiterzugeben. Wenig sachgerecht wäre es, den Mitwisserkreis hier auf gesetzliche Vertreter, also formale Organmitglieder zu beschränken, da Aufgaben der Prozessführung regelmäßig intern delegiert sind (ebenso: *Kühnen* Hdb der Patentverletzung Teil D Rn. 233). Andererseits kann für die unternehmensinterne Kommunikation auch kein Generaldispens von dem Offenlegungsverbot bestehen. Im Ergebnis wird man sich an einem **Need-to-know-Prinzip** orientieren müssen, um einen angemessenen Ausgleich zwischen Wahrung der Geheimnisqualität und Flexibilität bei der Prozessführung zu ermöglichen. Angesichts der bestehenden Zweckbindung geheimhaltungsbedürftiger Informationen und angesichts des Gebotes der vertraulichen Behandlung erscheint es zur zweckentsprechenden Rechtsverfolgung oder -verteidigung erforderlich, dass auch geheimhaltungsbedürftige Informationen intern auf vertraulicher Grundlage zumindest solchen natürlichen Personen zugänglich gemacht werden dürfen, die nach der betrieblichen Organisation aufgrund ihrer Stellung für die Führung des Rechtsstreits zuständig sind. Dies können insbesondere Vertreter der **Rechts- oder Patentabteilung** sowie ggf. einzelne Personen aus einer betroffenen **Fachabteilung** sein. Bei operativ tätigen Personen ist allerdings Vorsicht geboten, da diese dann ebenfalls zum Kreis der Verpflichteten nach § 16 Abs. 2 zählen und durch die „Kontamination" mit geheimhaltungsbedürftigen Informationen an einer weiteren Ausübung ihrer Tätigkeit gehindert sein können.

41 Eine Offenlegung oder Nutzung „innerhalb" des Rechtsstreits beschränkt sich nicht notwendig auf eine unternehmensinterne Weitergabe (ebenso: OLG Koblenz BeckRS 2021, 60928 Rn. 6; *Schönknecht* in Keller/Schönknecht/Glinke GeschGehG § 16 Rn. 50; *Steinbrück/Höll* in Brammsen/Apel GeschGehG § 16 Rn. 43; *Gregor* in BeckOK GeschGehG § 16 Rn. 41b). Nach Wortlaut sowie Sinn und Zweck des § 16 Abs. 2 verlaufen die Grenzen der Offenlegung entlang des Rechtsstreits und nicht entlang der Unternehmensorganisation einer Partei. Immer orientiert an den Erfordernissen einer zweckentsprechenden Rechtsverfolgung oder -verteidigung kann deshalb zB auch eine Weitergabe **innerhalb eines Konzerns** zulässig sein, wenn zB eine Konzernrechtsabteilung besteht oder eine Abstimmung mit fachlich versierten Mitarbeitern erfolgen muss, die einer anderen Konzerngesellschaft angehören (ebenso: *Schönknecht* in Keller/Schönknecht/Glinke GeschGehG § 16 Rn. 50). Eine Offenlegung kann – insbesondere in technisch komplexen Rechtsstreitigkeiten – auch gegenüber einem **Privatgutachter** zweckentsprechend und somit zulässig sein (OLG Koblenz BeckRS 2021, 60928 Rn. 6; *Schönknecht* in Keller/Schönknecht/Glinke GeschGehG § 16 Rn. 50; *Gregor* in BeckOK GeschGehG § 16 Rn. 41b; *Steinbrück/Höll* in Brammsen/Apel GeschGehG § 16 Rn. 43; *Pichlmaier/Oldekop* in Hoppe/Oldekop Kap. 3 Rn. 179; *Maaßen/Perino-Stiller* WRP 2022, 1208 Rn. 33). Bei der Weitergabe an externe Personen bzw. Dritte wird allerdings besonders streng auf entsprechende Geheimhaltungsmaßnahmen (→ Rn. 43) zu achten sein.

41a Eine unzulässige Offenlegung oder Nutzung „außerhalb" des Rechtsstreits liegt umgekehrt vor, wenn diese nicht durch die zweckentsprechenden Rechtsverfolgung oder -verteidigung veranlasst ist. Das ist insbesondere der Fall, wenn eine als geheimhaltungsbedürftig eingestufte Information geschäftlich operativ genutzt wird. Hierbei spielt es keine Rolle, ob die Offenlegung oder Nutzung innerhalb oder außerhalb des eigenen Unternehmens erfolgt. Verboten ist deshalb auch eine zweckfremde Offenlegung innerhalb der Organisation einer Prozesspartei, also gegenüber anderen Mitarbeitern (*Gregor* in BeckOK GeschGehG § 16 Rn. 41;

Hauck in Hoeren/Münker GeschGehG § 16 Rn. 52; *Schlingloff* in MüKoUWG § 16 GeschGehG Rn. 11).

Wird eine **Zugangsbeschränkung nach § 19 Abs. 1** angeordnet, **konkretisiert diese das Verbot der Offenlegung gem. § 16 Abs. 2** (und zugleich auch das Gebot der vertraulichen Behandlung, → Rn. 43). Eine Offenlegung von Informationen, die der Zugangsbeschränkung unterliegen, über den Kreis der zugelassenen Personen hinaus ist dann in jedem Fall unzulässig. Zwar ordnet § 19 Abs. 2 Nr. 2 für den Fall einer Zugangsbeschränkung nach § 19 Abs. 1 nur eine Beschränkung der Akteneinsicht gemäß § 16 Abs. 3 an. Im Wege der Auslegung ergibt sich aber, dass auch die Offenlegung nach § 16 Abs. 2 entsprechend begrenzt ist. Wer die Zugangsbeschränkung missachtet, verstößt daher zugleich gegen § 16 Abs. 2 (*Kühnen* Hdb der Patentverletzung Teil D Rn. 234; *Schönknecht* in Keller/Schönknecht/Glinke GeschGehG § 19 Rn. 76; aA OLG Koblenz BeckRS 2021, 60928 Rn. 2; *Maaßen/Perino-Stiller* WRP 2022, 1208 Rn. 33). 42

b) Gebot der vertraulichen Behandlung. Nach dem Wortlaut des § 16 Abs. 2 besteht – unabhängig von Offenlegungs- und Nutzungseinschränkungen – ein **Gebot der vertraulichen Behandlung.** Zu fordern ist daher, dass jeder Prozessbeteiligte mindestens den Umständen nach **angemessene Geheimhaltungsmaßnahmen iSv § 2 Nr. 1 lit. b** trifft (zust. *Gregor* in BeckOK GeschGehG § 16 Rn. 39a). Anderenfalls wäre der Status der betroffenen Information als Geschäftsgeheimnis infolge des Rechtsstreits gefährdet. Regelmäßig wird dies bedeuten, dass sich eine Offenlegung an dem vorstehend erläuterten Need-to-know-Prinzip zu orientieren hat (oben, → Rn. 40), und zwar sowohl innerhalb, als auch außerhalb einer Unternehmensorganisation. Nach dem Wortlaut des § 16 Abs. 2 bestehen die dort geregelten Verpflichtungen auch für *„alle sonstigen Personen, […] die Zugang zu Dokumenten eines solchen Verfahrens haben“.* Dies erfasst grundsätzlich auch alle Personen, die als berechtigte Empfänger Informationen von einem Prozessbeteiligten erhalten. Von demjenigen, der eine geheimhaltungsbedürftige Information offenlegt, ist allerdings zumindest zu fordern, den Empfänger von der Einstufung der Information als geheimhaltungsbedürftig in Kenntnis zu setzen und den gerichtlichen **Hinweis gemäß § 20 Abs. 5 S. 2 weiterzugeben.** Dies sollte entsprechend dokumentiert werden. Erfolgt seitens einer **Partei** eine Offenlegung innerhalb der Unternehmensorganisation, besteht idR ein zusätzlicher Schutz aufgrund **arbeitsvertraglicher Vertraulichkeitspflichten (§ 241 Abs. 2 BGB),** zumal es auch im Interesse der Partei als Arbeitgeber liegt, dass die Information nicht weiterverbreitet oder missbräuchlich genutzt wird. Zweckmäßigerweise ist darauf gegenüber dem Empfänger hinzuweisen. Im Falle externer Informationsempfänger (zB Privatgutachter) kann es geboten sein, zusätzlich eine **Geheimhaltungsvereinbarung** abzuschließen, die das Pflichtenprogramm und die Zweckbindung eingehend regelt. Angesichts der auch für rechtmäßig eingebundene externe Informationsempfänger geltenden Wirkungen des § 16 Abs. 2 ist fraglich, ob es stets einer zusätzlichen Geheimhaltungsvereinbarung bedarf. Jedenfalls eine strafbewehrte Geheimhaltungsvereinbarung ist grundsätzlich nicht zu fordern (OLG Koblenz BeckRS 2021, 60928 Rn. 6). Auch das **Gericht** bzw. die gerichtsangehörigen Personen als Adressaten der Pflichten gemäß § 16 Abs. 2 haben angemessene Geheimhaltungsmaßnahmen zu treffen. In Betracht kommt etwa die Kennzeichnung entsprechender Aktenteile als vertraulich sowie die Verwahrung als geheim eingestufter Unterlagen in einem von der Hauptakte getrennten Sonderband (*Schönknecht* in Keller/Schönknecht/ 43

Glinke GeschGehG § 16 Rn. 52). Aktenteile, die als geheim eingestufte Informationen enthalten, müssen hinreichend gegen den Zugriff unbefugter Personen gesichert und grds. in verschlossenen Räumlichkeiten verwahrt werden (vgl. OLG Stuttgart GRUR-RS 2020, 35613 Rn. 171 – Schaumstoffsysteme).

44 **Versäumnisse bei den Geheimhaltungsmaßnahmen** gehen in jedem Fall zulasten des Verpflichteten und können neben den Ordnungsmitteln nach § 17 weitere straf- und zivilrechtliche Sanktionen zur Folge haben.

45 **c) Reichweite des Verfahrens.** Zumindest missverständlich ist die Formulierung des § 16 Abs. 2, wonach ein Verbot der Nutzung und Offenlegung geheimhaltungsbedürftiger Informationen außerhalb „eines" (nicht: „des") Gerichtsverfahrens besteht. Dies könnte zu der Annahme verleiten, dass die Verpflichtungen des § 16 Abs. 2 generell nicht innerhalb von Gerichtsverfahren bestehen, also eine gerichtliche Nutzung und Offenlegung der Informationen stets privilegiert wäre (in diesem Sinne: *Kühnen* Hdb der Patentverletzung Teil D Rn. 156). Ein solches Verständnis wäre indes nicht sachgerecht. Vielmehr ist im Grundsatz davon auszugehen, dass eine **Offenlegung und Nutzung nur innerhalb des konkreten Gerichtsverfahrens** gestattet ist. Anderenfalls wäre der durch die Geschäftsgeheimnis-RL vorgegebene Mindeststandard – insbesondere seinem Zweck nach (vgl. ErwGr. 24) unterlaufen (so auch: *Hoppe/Oldekop* Mitt. 2022, 473 (477)). Die Offenlegung geheimhaltungsbedürftiger Informationen in beliebigen anderen Gerichtsverfahren würde schon deshalb zu einer Gefährdung der betroffenen Geheimnisse führen, weil nicht ohne weiteres feststeht, dass die Information in dem anderen Gerichtsverfahren ebenfalls als geheimhaltungsbedürftig eingestuft werden kann. Dies wäre von vorneherein nur möglich, wenn es sich bei dem anderen Gerichtsverfahren um eine Geschäftsgeheimnis- oder Patentstreitsache handelt. Denkbar und sachgerecht dürfte es allerdings sein, den **Begriff des Gerichtsverfahrens weit auszulegen** und jedenfalls Widerklagen, ggf. auch weitere Einzelrechtsstreitigkeiten, die zwischen den **gleichen Parteien** mit **ähnlichem bzw. sachlich zusammenhängendem Streitgegenstand** geführt werden, als Einheit zu verstehen (zB präparatorische Verfahren/Hauptsacheverfahren, Erkenntnis- und Zwangsvollstreckungsverfahren, Hauptsache- und einstweiliges Verfügungsverfahren, Schadensersatzfeststellungsverfahren und Schadenshöheverfahren, Wiederaufnahmeverfahren, vgl. *Hoppe/Oldekop* Mitt. 2022, 473 (477) mit weiteren Beispielen). Welche Anforderungen an den Zusammenhang zwischen den Verfahren im Einzelnen zu stellen sind und ob ein solcher Zusammenhang auch dann noch gegeben ist, wenn die einzelnen Verfahren (zB einstweiliges Verfügungsverfahren und Hauptsacheverfahren) vor verschiedenen Gerichten geführt werden, ist bislang nicht geklärt. Zu fordern ist jedenfalls, dass eine Partei bei Einführung geheimer Informationen in ein weiteres Verfahren auch dort auf entsprechende prozessuale Schutzvorkehrungen hinwirkt (insbesondere durch Anträge nach §§ 16 ff.).

5. Einwand außerprozessualer Kenntniserlangung (§ 16 Abs. 2 a.E.)

46 **a) Regelungsgehalt.** Gemäß § 16 Abs. 2 a.E. bestehen keine Geheimhaltungsverpflichtungen für Personen, die schon **außerhalb des Gerichtsverfahrens** Kenntnis von den geheimhaltungsbedürftigen Informationen erlangt haben („…es sei denn, dass sie von diesen außerhalb des Verfahrens Kenntnis erlangt haben"). Ohne Bedeutung ist, ob die anderweitige Kenntniserlangung bereits vor

der gerichtlichen Entscheidung gemäß § 16 Abs. 1 erfolgte oder erst im Nachhinein. Ebenso spielt es keine Rolle, ob die Kenntniserlangung vorprozessual oder während des laufenden Gerichtsverfahrens, aber ohne Zusammenhang mit diesem erfolgte (*Steinbrück/Höll* in Brammsen/Apel GeschGehG § 16 Rn. 44). Die **Geschäftsgeheimnis-RL** sieht keine Ausnahme für außerprozessual erlangte Kenntnisse vor, sondern beschränkt sich in Art. 9 Abs. 1 UAbs. 1 von vorneherein auf einen Schutz von Informationen, von denen die Verfahrensbeteiligten „[…] aufgrund der Teilnahme an dem Verfahren oder des Zugangs zu den Dokumenten Kenntnis erlangt haben". Dass die Regelung im deutschen Gesetz negativ formuliert und als Ausnahmetatbestand („es sei, denn dass") implementiert wurde, ist unschädlich, da die zugrundeliegende Richtlinienbestimmung Mindestschutzcharakter aufweist und die Umsetzung im deutschen Recht allenfalls zugunsten des Geheimnisinhabers abweicht. **Zweck des Ausnahmetatbestandes** ist es, sicherzustellen, dass eine anderweitig erworbene Nutzungs- oder Offenlegungsbefugnis an dem Geheimnis durch die gerichtliche Geheimhaltungsanordnung nicht verkürzt wird. Der mit der Geheimhaltungsanordnung verbundene Grundrechtseingriff (→ § 7) soll so wenig einschneidend wie möglich gehalten werden.

Auf die **Entscheidung des Gerichts,** eine Information gemäß § 16 Abs. 1 als geheimhaltungsbedürftig einzustufen, hat es grundsätzlich **keinen Einfluss,** wenn eine zum Kreis der Verpflichteten gehörende Person von dieser Information anderweitig Kenntnis erlangt hat. Der Einwand der anderweitigen Kenntniserlangung wird **bei der Einstufungsentscheidung nicht geprüft.** Es ist auch weder erforderlich noch statthaft, die Person, die anderweitig Kenntnis erlangt hat, namentlich von der Geheimhaltungsanordnung ausnehmen, da die Anordnung nicht personen-, sondern sachbezogen ergeht. Für denjenigen, der außerhalb des Verfahrens Kenntnis erlangt hat, entfaltet die Geheimhaltungsanordnung aber keine Wirkung; die Person ist **kraft Gesetzes von den Verpflichtungen des § 16 Abs. 2 befreit.** 47

Derjenige, der außerprozessual Kenntnis erlangt hat, kann die Einstufung einer Information als geheimhaltungsbedürftig auch nicht gemäß § 20 Abs. 5 S. 4 mit dem Argument anfechten, außerhalb des Verfahrens Kenntnis erlangt zu haben. Selbst wenn man die zum abstrakten Kreis der Verpflichteten gehörende Person als (faktisch) beschwert ansähe, würde dies nichts an der Rechtmäßigkeit der Einstufungsentscheidung ändern, solange die Voraussetzungen des § 16 Abs. 1 gegeben sind. 48

Zu berücksichtigen ist der Einwand anderweitiger Kenntniserlangung hingegen, wenn es im Rahmen der Verhängung von Sanktionen (zB Ordnungsmittel gemäß § 17) oder im Rahmen der Durchsetzung zivilrechtlicher Ansprüche (zB gemäß §§ 6 ff., 4 Abs. 2 Nr. 2, 3, 16 Abs. 2) um die Frage geht, ob eine Offenlegungs- oder Nutzungsberechtigung außerhalb des Gerichtsverfahrens bestand. Wie sich schon aus der negativen Formulierung ergibt, ist der Einwand anderweitiger Kenntniserlangung ein Ausnahmetatbestand. Die **Darlegungs- und Beweislast** liegt daher bei demjenigen, der sich auf Kenntniserlangung außerhalb des Verfahrens beruft (OLG Koblenz BeckRS 2021, 60928 Rn. 4; *Gregor* in BeckOK GeschGehG § 16 Rn. 42; *Steinbrück/Höll* in Brammsen/Apel GeschGehG § 16 Rn. 47). Die zu seinen Lasten bestehende Rechtsunsicherheit kann der Betroffene durch Erhebung einer entsprechenden Feststellungsklage ausräumen; das Bestehen oder Nichtbestehen einer Verpflichtung gemäß § 16 Abs. 2 ist ein feststellungsfähiges Rechtsverhältnis (§ 256 Abs. 1 ZPO). 49

50 **b) Einschränkende Auslegung in Geschäftsgeheimnisstreitsachen.** Ein **grundsätzlicher Mangel,** der bereits in Art. 9 Abs. 1 UAbs. 1 Geschäftsgeheimnis-RL angelegt ist, besteht darin, dass der Einwand anderweitiger Kenntniserlangung nach seinem Wortlaut unabhängig davon eingreift, ob die **außerprozessuale Kenntniserlangung rechtmäßig** erfolgte und ob sie eine **Offenlegungs- und Nutzungsberechtigung** vermittelt. Diese fehlende Differenzierung setzt sich im Wortlaut des deutschen Gesetzes fort und wird scheinbar auch durch die Gesetzesbegründung gestützt, die formuliert, die Offenlegungs- und Nutzungsverbote gemäß § 16 Abs. 2 bestünden nur, wenn die genannten Personen Kenntnis von den streitgegenständlichen Informationen über das Verfahren erhalten hätten. Entsprechend bestünden die Verpflichtungen nicht, wenn die genannten Personen anderweitig von dem Inhalt eines Geschäftsgeheimnisses erfahren hätten. In diesem Fall würden lediglich die Vorschriften des Abschnittes 1 (also insbesondere die Beschränkungen der §§ 3 bis 5) gelten (BT-Drs. 19/4724, 36). Nähme man dies wörtlich, **liefen die §§ 16 ff. in der Mehrzahl der Geschäftsgeheimnisstreitsachen** ausgerechnet gegenüber dem in Anspruch genommenen Rechtsverletzer **leer.** Denn in Geschäftsgeheimnisstreitsachen ist es in aller Regel bereits kennzeichnend für den Verletzungssachverhalt, dass der Beklagte in irgendeiner (meist rechtswidrigen) Form vorprozessual Kenntnis von den streitgegenständlichen Geschäftsgeheimnissen erlangt hat. Der Kläger wird dementsprechend regelmäßig einen vorprozessualen Kenntniserwerb durch den Beklagten selbst behaupten (vgl. exemplarisch: OLG Koblenz BeckRS 2021, 60928 Rn. 4). Im Ergebnis wäre der **prozessuale Geheimnisschutz** damit wegen § 16 Abs. 2 a.E. **weitgehend entwertet.** Gleichwohl möglich wären zwar Zugangsbeschränkungen nach § 19; diese sind aber wenig sinnvoll, wenn sich der Beklagte bereits vorprozessual rechtswidrig Kenntnis verschafft hat. Die Entwertung des prozessualen Geheimnisschutzes wäre von solcher Tragweite, dass ihr eigentlicher Zweck, einer zögerlichen Rechtsdurchsetzung entgegenzuwirken und so letztlich den materiellen Schutz zu stärken (→ Vor §§ 16–20 Rn. 11), nicht mehr erreicht werden könnte.

50a Es spricht aber vieles dafür, dass sowohl der europäische als auch der deutsche Gesetzgeber dies nicht bedacht und es versäumt hat, eine entsprechende Einschränkung im Gesetzeswortlaut vorzusehen. Der Ausnahmetatbestand des § 16 Abs. 2 a.E ist deshalb jedenfalls in Geschäftsgeheimnisstreitsachen richtigerweise **einschränkend auszulegen** bzw. **teleologisch zu reduzieren.** Nach hier vertretener Auffassung greift er nur bei anderweitig erlangter Kenntnis, soweit diese eine **Offenlegungs- oder Nutzungsberechtigung** verleiht. Da dies insbesondere **bei einer Geheimnisverletzung nicht der Fall** ist, bleibt eine solche unberücksichtigt (*Kalbfus* WRP 2019, 692 Rn. 20; *McGuire* in Büscher GeschGehG § 16 Rn. 27; *Alexander* in Köhler/Bornkamm/Feddersen GeschGehG § 16 Rn. 34; *Hauck* in Hoeren/Münker GeschGehG § 16 Rn. 53; *Steinbrück/Höll* in Brammsen/Apel GeschGehG § 16 Rn. 45; *Sebulke* S. 251 f.; *Kühnen* Hdb der Patentverletzung, Teil D Rn. 161). Insbesondere kann der Klägervortrag zur streitgegenständlichen Verletzungshandlung nicht dazu führen, dass die Wirkungen des § 16 Abs. 2 gegenüber dem Beklagten nicht greifen. Konsequenz der hier vertretenen Ansicht ist es also, dass es dem Verletzer gemäß § 16 Abs. 2 iVm § 4 Abs. 2 Nr. 2, 3 verwehrt bleibt, ein vom Anspruchssteller in den Rechtsstreit eingeführtes Geschäftsgeheimnis außerhalb des Rechtsstreits zu nutzen oder offenzulegen, es sei denn er legt dar, dass er das Geschäftsgeheimnis bereits anderweitig rechtmäßig erworben hat.

Nach der **Gegenansicht** (OLG Koblenz BeckRS 2021, 60928 Rn. 5; *Schönknecht* in Keller/Schönknecht/Glinke GeschGehG § 16 Rn. 60 f.; *Hoppe/Oldekop* Mitt. 2022, 473 (477 f); *Maaßen/Perino-Stiller* WRP 2022, 1208 Rn. 29) soll es für die Anwendung des Ausnahmetatbestandes gemäß § 16 Abs. 2 a.E. keine Rolle spielen, ob eine außerprozessuale Kenntniserlangung rechtmäßig erfolgte oder nicht. Sinn und Zweck des § 16 sei lediglich der Schutz von Geschäftsgeheimnissen mit Blick auf die spezifische Gefährdungslage im Prozess. Die Wirkung des § 16 Abs. 2 erstrecke sich daher generell nicht auf außerprozessual erlangte Informationen. Der Schutz gegenüber dem Geheimnisverletzer werde insoweit allein durch § 4, nicht durch § 16 Abs. 2 gewährleistet (BT-Drs. 19/4724, 36). Eine einschränkende Auslegung des Einwandes anderweitiger Kenntniserlangung sei weder erforderlich noch geboten. Die Geheimhaltungsanordnung dürfe eine gerichtliche Entscheidung in der Hauptsache auch nicht vorwegnehmen, überdies bestehe die Gefahr, dass die Geheimhaltungsanordnung einer einstweiligen Verfügung gleichkomme. Schließlich sei es im formalisierten Einstufungsverfahren für das Gericht „nicht leistbar", eine komplexe Prüfung vornehmen zu müssen, ob die außerprozessuale Erlangung rechtswidrig war (*Hoppe/Oldekop* Mitt. 2022, 473 (478)). 50b

Die Gegenansicht **übersieht** allerdings, dass die Einführung eines Geschäftsgeheimnisses in den Prozess auch materiellrechtliche Konsequenzen hat: Durch die Offenlegung seitens des Geheimnisinhabers erlangt der am Rechtsstreit beteiligte Verletzter die geheime Information innerprozessual nochmals, diesmal aber rechtmäßig und ohne dass eine unter § 4 Abs. 1 fallende Verletzungshandlung zugrundeliegt (*Schönknecht* in Keller/Schönknecht/Glinke GeschGehG § 16 Rn. 60: „auf dem Silbertablett"). An einer künftigen Nutzung oder Offenbarung wäre er folglich weder durch § 4 noch durch § 16 Abs. 2 gehindert, der von der Gegenseite bemühte Verweis auf diese Vorschriften verfängt daher nicht (insbesondere bestünde keine Beschränkung nach § 16 Abs. 2 iVm § 4 Abs. 2 Nr. 2, 3). Dementsprechend hätten sich zukunftsgerichtete Ansprüche gegen den Beklagten (zB Unterlassungsanspruch, § 6) zumindest erledigt (in diesem Sinne zum vorbeugenden Unterlassungsanspruch: BAG NZA 1999, 200, 203), Schadensersatz könnte für Nutzungshandlungen ab dem Zeitpunkt der innerprozessualen Kenntniserlangung mangels Rechtswidrigkeit nicht mehr verlangt werden. Ein solches Ergebnis wäre aber verfehlt (vgl. *Gregor* in BeckOK GeschGehG § 16 Rn. 43) und soll durch Art. 9 Abs. 1 Geschäftsgeheimnis-RL bzw § 16 gerade verhindert werden. Nur eine Anwendung der Offenlegungs- und Nutzungsbeschränkung gemäß § 16 Abs. 2 stellt sicher, dass es bei der intendierten innerprozessualen Verwendung des Geheimnisses bleibt. Damit ist auch keine „Vorwegnahme der Hauptsache" (*Schönknecht* in Keller/Schönknecht/Glinke GeschGehG § 16 Rn. 61) verbunden. Denn die Wirkungen des § 16 Abs. 2 sind regelmäßig schon nicht deckungsgleich mit dem Klageziel in der Sache. Die Geheimhaltungsanordnung beeinträchtigt den Prozessgegner nur bei rechtswidrigem vorprozessualem Erwerb. Sie kann zudem bei Bedarf jederzeit gemäß § 20 Abs. 2 S. 2 korrigiert werden und unterliegt den Beendigungstatbeständen des § 18 Abs. 2. Schließlich überzeugt es auch nicht, dass die Prüfung, ob eine vorgerichtliche Erlangung des Geheimnisses rechtswidrig war, zu komplex für die Einstufungsentscheidung sei. Denn diese Frage wird vom Gericht im Rahmen der Einstufungsentscheidung überhaupt nicht geprüft (→ Rn. 47). 50c

Für **Geschäftsgeheimnisstreitsachen** (zu patentrechtlichen Streitigkeiten sogleich, → Rn. 51a) dürfte die Streitfrage **abschließend nur durch den** 50d

EuGH zu beantworten sein, da sie wesentlich von der Auslegung der zugrundeliegenden Richtlinienbestimmung (Art. 9 Abs. 1 UAbs. 1 Geschäftsgeheimnis-RL) abhängt.

51 Ähnlich zu bewerten wie die vorstehend dargestellten Fälle, in denen das Geschäftsgeheimnis außerprozessual rechtswidrig erlangt wurde, sind Konstellationen, in denen der Prozessgegner zwar außerhalb des Gerichtsverfahrens berechtigt Kenntnis erlangt hat, sein **Offenlegungs- und Nutzungsrecht** aber **Beschränkungen** aus Vertrag oder Gesetz unterliegt (ebenfalls str., aA *Hoppe/Oldekop* Mitt. 2022, 473 (479)). Eine solche anderweitige Kenntniserlangung kann – jedenfalls in Geschäftsgeheimnisstreitsachen – nicht dazu führen, dass die Geheimhaltungsanordnung im Zivilprozess wegen § 16 Abs. 2 a.E. insgesamt leerläuft und der Prozessgegner womöglich zur freien Verwendung des ihm zugänglich gemachten Geheimnisses berechtigt wäre. Vielmehr befreit die anderweitige Kenntniserlangung nur insoweit von den Verpflichtungen des § 16 Abs. 2, wie sie zu einer Offenlegung und Nutzung außerhalb des Zivilprozesses berechtigt. **Beispiel:** Hat der Beklagte einer Geschäftsgeheimnisstreitsache Kenntnis von dem streitgegenständlichen Geheimnis im Wege der Akteneinsicht in einem Strafverfahren erlangt (§ 147 Abs. 1 StPO), unterliegen diese Informationen einer Zweckbindung und dürfen nur zur Rechtsverteidigung im Strafverfahren verwendet werden (vgl. § 32f Abs. 5 S. 1 StPO). Wird das Geheimnis dem Beklagten zugleich in einem parallelen Zivilprozess zugänglich gemacht und dort durch eine Geheimhaltungsanordnung gemäß § 16 Abs. 1 abgesichert, so hat dies zur Folge, dass der Beklagte die fragliche Information zusätzlich innerhalb des Zivilprozesses nutzen darf. Anderweitige Nutzungen als im Straf- und Zivilprozess bleiben ihm aber versagt.

51a **c) Auslegung in patentrechtlichen Streitigkeiten.** Soweit § 16 über § 145a PatG in **patentrechtlichen Streitigkeiten** zur Anwendung kommt, dürfte die vorstehend dargestellte einschränkende Auslegung weitgehend verzichtbar sein. Hier **weicht die Interessenlage in mehrfacher Hinsicht ab.** In Patentstreitigkeiten berührt der prozessuale Geheimnisschutz den eigentlichen Streitgegenstand nicht, insbesondere gehört die außerprozessuale Kenntniserlangung von dem Geheimnis durch den Prozessgegner **nicht zum streitgegenständlichen Verletzungstatbestand.** Die in Patentstreitigkeiten relevanten Geheimnisse sind typischerweise solche, von denen der Prozessgegner tatsächlich erstmals im Rahmen des Rechtsstreits Kenntnis erlangt (vgl. zu den typischen Problemfeldern im Patentrecht → Vor §§ 16–20 Rn. 24). Der prozessuale Geheimnisschutz mag dementsprechend zwar auch in Patentstreitigkeiten wirtschaftlich erhebliche Bedeutung haben. Systematisch kommt ihm aber nur „dienende“ Funktion zu. Aufgrund dieses in systematischer und praktischer Hinsicht abweichenden Rahmens führt der Ausnahmetatbestand des § 16 Abs. 2 a.E. in Patentstreitigkeiten nicht in vergleichbarem Maße zu einer Entwertung der prozessualen Schutzmechanismen. Bei Patentstreitigkeiten weicht die Interessenlage zudem in anderer Hinsicht entscheidend ab: In Geschäftsgeheimnisstreitsachen verfolgen die durch Art. 9 Geschäftsgeheimnis-RL vorgegebenen prozessualen Schutzmechanismen das rechtspolitische Anliegen des Richtliniengebers, den materiellen Geheimnisschutz durch prozessuale Flankierung zu fördern (→ Vor §§ 16–20 Rn. 11). Dies kommt im Bereich der Patentstreitsachen nicht zum Tragen. Hier ist schon Art. 9 Geschäftsgeheimnis-RL nicht anwendbar (→ Vor §§ 16–20 Rn. 13). Im Bereich der patentrechtlichen Streitigkeiten **stellt sich das Problem** der **einschränkenden Auslegung** von § 16 Abs. 2 a.E. daher regelmäßig **nicht.**

6. Dauer der Geheimhaltungspflicht

52 Die Einstufung einer Information als geheimhaltungsbedürftig gilt innerhalb eines Rechtsstreits grundsätzlich für **alle Instanzen.** Nach § 20 Abs. 2 S. 2 besteht allerdings die Möglichkeit für das Gericht, die Anordnung aufzuheben oder zu ändern, etwa, wenn eine Neubewertung der Information infolge veränderter Umstände oder infolge besserer Kenntnis vorzunehmen ist.

53 Die Geheimhaltungsanordnung gilt gemäß § 19 Abs. 3 auch für das **Zwangsvollstreckungsverfahren** (→ § 19 Rn. 49 ff.) sowic **nach Beendigung des Rechtsstreits** (§ 18 GeschGehG)

7. Sanktionierung von Verstößen

54 Verstöße gegen die Verpflichtungen gemäß § 16 Abs. 2 sind gemäß **§ 17** sanktioniert. Sie können außerdem **zivil- und strafrechtliche Konsequenzen** haben (siehe zu Einzelheiten → § 17 Rn. 26 ff.).

8. Rechtsbehelfe

54a Das System der Rechtsbehelfe gegen Entscheidungen nach § 16 Abs. 1 ist zweigeteilt: Soweit streitgegenständliche Informationen antragsgemäß **als geheimhaltungsbedürftig eingestuft** werden, kann die Entscheidung nur **gemeinsam mit dem Rechtsmittel in der Hauptsache** angefochten werden (§ 20 Abs. 5 S. 4). Soweit dagegen die Einstufung als geheimhaltungsbedürftig **abgelehnt** wird, ist die **sofortige Beschwerde** statthaft (§ 20 Abs. 5 S. 5). Hinsichtlich weiterer Einzelheiten wird auf die Kommentierung zu § 20 verwiesen (→ § 20 Rn. 40 ff.).

IV. Beschränkung des Akteneinsichtsrechts (§ 16 Abs. 3)

55 Ist eine Information nach § 16 Abs. 1 als geheimhaltungsbedürftig eingestuft, darf Dritten, die ein Recht auf Akteneinsicht haben, gemäß § 16 Abs. 3 nur ein Akteninhalt zur Verfügung gestellt werden, in dem die Geschäftsgeheimnisse enthaltenden Ausführungen unkenntlich gemacht wurden. Hierbei handelt es sich im Ausgangspunkt nicht um einen Schutzmechanismus im Verhältnis zu Prozessbeteiligten, sondern um einen **Schutzmechanismus gegenüber Dritten** (→ Rn. 56). Anders ist dies, soweit § 16 Abs. 3 über § 19 Abs. 2 Nr. 2 auch gegenüber Verfahrensbeteiligten zur Anwendung kommt (→ Rn. 57). Zum **Streithelfer** siehe → Rn. 57a.

56 § 16 Abs. 3 beschränkt insbesondere auf das **Akteneinsichtsrecht Dritter** gemäß **§ 299 Abs. 2 ZPO** (vgl. dazu auch BayObLG BeckRS 2022, 15898 Rn. 24 ff.; zum Informationszugang auf der Grundlage der IFGe: → Vor §§ 16–20 Rn. 43). Nach § 16 Abs. 3 kann Dritten zwar bei Vorliegen der sonstigen Voraussetzungen, insbesondere bei Glaubhaftmachung eines rechtlichen Interesses, Akteneinsicht gewährt werden. Hierbei sind aber die Geschäftsgeheimnisse enthaltenden Ausführungen unkenntlich zu machen, etwa durch **Schwärzung** oder durch **Entnahme einzelner Aktenbestandteile** (*Hauck* in Hoeren/Münker GeschGehG § 16 Rn. 58). Soweit dies nicht möglich ist, ist das Akteneinsichtsrecht Dritter ausgeschlossen. Dabei findet entgegen dem missverständlichen Wortlaut des § 16 Abs. 3 keine inhaltliche Prüfung statt, ob die fraglichen Ausführungen Geschäftsgeheimnisse enthalten. Vielmehr kommt es richtigerweise darauf an,

welche Ausführungen formell **nach § 16 Abs. 1 als geheimhaltungsbedürftig eingestuft** worden sind (*Schönknecht* in Keller/Schönknecht/Glinke GeschGehG § 16 Rn. 70). Anhaltspunkte kann die nach § 20 Abs. 4 S. 1 vorgesehene Kennzeichnung der Geschäftsgeheimnisse bieten. Letztlich hat sich die Unkenntlichmachung aber an der Einstufungsentscheidung des Gerichts selbst und nicht am zugrundeliegenden Antrag zu orientieren. **Zuständig** und verantwortlich für die Unkenntlichmachung der Informationen ist das **Gericht** (*Schönknecht* in Keller/Schönknecht/Glinke GeschGehG § 16 Rn. 72). Organisatorisch wird das Gericht geheimhaltungsbedürftige Schriftstücke idealerweise von vorneherein in einem vertraulichen Sonderband ablegen (*Kircher* in BeckOK PatG § 145a Rn. 29). In der Regel wird vor Gewährung der Akteneinsicht eine **Anhörung des Geheimnisinhabers** bzw. der betroffenen Partei zum Umfang der Unkenntlichmachung geboten sein. Bestehen Zugangsbeschränkungen nach § 19 Abs. 1 S. 1 Nr. 1, so sieht **§ 20 Abs. 4 S. 2** eine Obliegenheit des Geheimnisinhabers vor, selbst eine um Geschäftsgeheimnisse bereinigte Fassung zur Akte zu reichen. Diese kann aber bei der Vorbereitung einer Akteneinsicht Dritter allenfalls als Orientierung dienen. Sie darf hingegen **nicht ohne weiteres zugrundegelegt** werden, weil der Umfang der für die Akteneinsicht allein maßgeblichen Geheimhaltungsanordnung (§ 16 Abs. 1) sachlich weiter reichen kann als die Zugangsbeschränkungen nach § 19 Abs. 1. Es kann daher erforderlich sein, bei Gewährung von Akteneinsicht an Dritte zusätzliche Informationen unkenntlich zu machen. Erst recht findet die Zustimmungsvermutung des **§ 20 Abs. 4 S. 3** keine Anwendung. Sie gilt nur für die Einsichtnahme verfahrensbeteiligter Personen, **nicht für eine Akteneinsicht Dritter** (*Schönknecht* in Keller/Schönknecht/Glinke GeschGehG § 16 Rn. 73; *Gregor* in BeckOK GeschGehG § 16 Rn. 50; aA *Alexander* in Köhler/Bornkamm/Feddersen GeschGehG § 16 Rn. 37; *Pichlmaier/Oldekop* in Hoppe/Oldekop Kap. 3 Rn. 184)

56a Nach § 299 Abs. 2 ZPO kann Dritten entweder mit Einwilligung der Parteien oder bei Glaubhaftmachung eines rechtlichen Interesses Akteneinsicht gewährt werden. Aus einem Antrag einer Partei auf Einstufung von Informationen als geheimhaltungsbedürftig (§ 16 Abs. 1) oder aus einer Mitwirkung an der Unkenntlichmachung gemäß § 16 Abs. 3 kann **nicht** auf eine **Einwilligung** in die Akteneinsicht im Übrigen geschlossen werden. Sofern sich diese nicht aus sonstigen Erklärungen der Parteien ergibt, bleibt es insbesondere bei der Voraussetzung eines rechtlichen Interesses des antragstellenden Dritten.

57 Werden zusätzlich Zugangsbeschränkungen nach § 19 getroffen, so erstreckt **§ 19 Abs. 2 Nr. 2** die Regelung des § 16 Abs. 3 auch auf **verfahrensbeteiligte Personen,** deren Zugang zu dem Geheimnis beschränkt wurde. In diesem Fall beschränkt § 16 Abs. 3 auch das **Akteneinsichtsrecht** des **§ 299 Abs. 1 ZPO.** Insoweit sieht **§ 20 Abs. 4 S. 2** eine Obliegenheit der antragstellenden Partei vor, eine um Geschäftsgeheimnisse bereinigte Fassung von Dokumenten vorzulegen, die im Wege der Akteneinsicht zugänglich gemacht werden kann. Einzelheiten sind im Zusammenhang mit § 19 Abs. 2 Nr. 2 kommentiert (→ § 19 Rn. 46).

57a **Streitverkündungsempfänger** sind vor ihrem Beitritt als Streithelfer wie Dritte zu behandeln. Wurden streitgegenständliche Informationen als geheimhaltungsbedürftig eingestuft, gilt die Beschränkung der Akteneinsicht gemäß § 16 Abs. 3 ihnen gegenüber (*Hauck* in Hoeren/Münker GeschGehG § 16 Rn. 7). Ab ihrem Beitritt (§ 70 ZPO) sind **Streithelfer** hingegen der Partei gleichgestellt und haben grds. ein uneingeschränktes Akteneinsichtsrecht nach § 299 Abs. 1 ZPO (OLG Düsseldorf GRUR-RS 2018, 7036 Rn. 6 – Akteneinsicht des Streithelfers; OLG Karlsruhe BeckRS 2020, 30799 Rn. 16; *Gregor* in BeckOK GeschGehG § 16 Rn. 49; *Steinbrück/Höll* in Brammsen/Apel GeschGehG § 16 Rn. 50; *Kircher* in BeckOK PatG § 145a Rn. 30). Ihnen gegenüber gilt § 16 Abs. 3 außer in dem Fall des § 19 Abs. 2 Nr. 2 (→ Rn. 57) nicht. Die Rechtsprechung zum Patentrecht hatte zum Schutz vertraulicher Informationen vor Anwendbarkeit der §§ 16 ff. das Akteneinsichtsrecht des Streithelfers ausnahmsweise und unter engen Voraussetzungen eingeschränkt (OLG Düsseldorf GRUR-RS 2018, 7036 Rn. 11 ff. – Akteneinsicht des Streithelfers; LG München I BeckRS 2019, 18148 Rn. 6 – Redundanz-Strategie-Auswahlschema). Die Rechtsprechung betraf Situationen, in denen die Parteien im Hinblick auf eine zwischen ihnen abgeschlossene Geheimhaltungsvereinbarung vertrauliche Informationen in den Rechtsstreit eingeführt hatten und anschließend ein Streithelfer hinzutrat, der an die Geheimhaltungsvereinbarung nicht gebunden war und den Abschluss einer solchen auch verweigerte. Im Anwendungsbereich der §§ 16 ff. wird man diese Rechtsprechung als überholt betrachten müssen, da eine Geheimhaltungsanordnung nach § 16 Abs. 1 auch den Streithelfer bindet und eine Situation der geschilderten Art nicht mehr auftreten kann.

§ 16 Abs. 3 ist eine rein nationale Vorschrift, die nicht auf eine Bestimmung der Geschäftsgeheimnis-RL zurückgeht, was wegen deren Mindestschutzcharakter möglich ist. Ein Verstoß gegen § 16 Abs. 3 ist **nicht eigens** durch ein **Ordnungsmittel nach § 17 sanktioniert.** Allerdings zählt auch die Gerichtsverwaltung zum Kreis der Verpflichteten gemäß § 16 Abs. 2, so dass die Gewährung von Akteneinsicht entgegen § 16 Abs. 3 zugleich gegen Abs. 2 verstößt (vgl. BT-Drs 19/4724, 35) und deshalb mittelbar über § 17 sanktioniert ist. Daneben kommen Schadensersatzansprüche, ggf. auch beamten- oder berufsrechtliche Sanktionen in Betracht (BT-Drs. 19/4724, 35). Die eigentliche Funktion des § 16 Abs. 3 dürfte in einer Klarstellung liegen, dass der prozessuale Geheimnisschutz im Kollisionsfall Akteneinsichtsrechten Dritter vorgeht und sich derartigen Akteneinsichtsrechten keine Rechtsgrundlage für die Offenlegung von Geschäftsgeheimnissen entnehmen lässt. § 16 Abs. 3 lässt das Geheimhaltungsinteresse also „abwägungsfest“ werden (so auch *Hauck* in Hoeren/Münker GeschGehG § 16 Rn. 57). 58

Da es sich bei der Entscheidung über die Akteneinsicht eines Dritten gemäß § 299 Abs. 2 ZPO um einen **Justizverwaltungsakt** handelt, für den der Vorstand des Gerichts zuständig ist, kann sowohl der von einer Ablehnung der Akteneinsicht betroffene Dritte als auch die von einer Gewährung der Akteinsicht betroffene Partei jeweils eine **gerichtliche Entscheidung** hiergegen nach Maßgabe der **§§ 23 ff. EGGVG** beantragen (BVerfG NJW 2015, 610 Rn. 26; KG NJW 1988, 1738; *Prütting* in MüKoZPO § 299 Rn. 28). In diesem Rahmen ist ggf. § 16 Abs. 3 zu berücksichtigen. **Anders** ist es hingegen, wenn in den **Fällen des § 19 Abs. 2 Nr. 2** über ein Akteneinsichtsgesuch eines Verfahrensbeteiligten entschieden wird, weil hier das Akteneinsichtsrecht nach § 299 Abs. 1 ZPO betroffen ist (siehe zu den Rechtsschutzmöglichkeiten in diesem Fall → § 19 Rn. 48a). 59

§ 17 Ordnungsmittel

[1]Das Gericht der Hauptsache kann auf Antrag einer Partei bei Zuwiderhandlungen gegen die Verpflichtungen nach § 16 Absatz 2 ein Ordnungsgeld bis zu 100 000 Euro oder Ordnungshaft bis zu sechs Monaten

festsetzen und sofort vollstrecken. [2]Bei der Festsetzung von Ordnungsgeld ist zugleich für den Fall, dass dieses nicht beigetrieben werden kann, zu bestimmen, in welchem Maße Ordnungshaft an seine Stelle tritt. [3]Die Beschwerde gegen ein nach Satz 1 verhängtes Ordnungsmittel entfaltet aufschiebende Wirkung.

Übersicht

I. Allgemeines

1. Unionsrechtlicher Rahmen und Normzweck

1 § 17 setzt **Art. 16 Geschäftsgeheimnis-RL** um, wonach die Möglichkeit zur Auferlegung von Sanktionen bei Verstößen gegen Art. 9 Geschäftsgeheimnis-RL bestehen muss (BT-Drs. 19/4724, 36). Diese müssen gemäß Art. 16 Abs. 3 Geschäftsgeheimnis-RL **wirksam, verhältnismäßig** und **abschreckend** sein.

2 Im Hinblick auf diese Zielvorgaben der Richtlinie entfaltet das vom deutschen Gesetzgeber vorgesehene Instrument des Ordnungsmittels eine Doppelfunktion: Soweit es den Gegner zu künftigem rechtmäßigem Verhalten anhält, kommt ihm (präventiver) **Beugecharakter** zu. Zugleich weist es (repressive) **strafrechtliche Elemente** als Sanktion für die Nichtbefolgung bestehender Rechtspflichten auf (BVerfG GRUR 2007, 618 Rn. 11 – Organisationsverschulden; BGH GRUR 2022, 1379 Rn. 35 – Außerstrafrechtliches Doppelahndungsverbot). Durch die Beugefunktion kann der unionsrechtlichen Vorgabe nach einer wirksamen und abschreckenden Sanktion Rechnung getragen werden. Das Prinzip der Verhältnismäßigkeit spiegelt sich vorrangig in den strafrechtlichen Elementen wider, die tat- und schuldangemessen sein müssen.

2. Entstehungsgeschichte

3 § 17 war bereits im **RefE** als § 16 enthalten. Die wesentlichste Änderung des **RegE** bestand darin, dass der **Rahmen** für das Ordnungsgeld von EUR 1.000,- auf EUR 100.000,- sowie für die Ordnungshaft von höchstens einer Woche auf

höchstens sechs Monate angehoben wurde. Der Gesetzgeber reagierte damit auf die an der Bestimmung des RefE laut gewordene Kritik (→ Rn. 12). Im Übrigen beschränkten sich die Änderungen des RegE auf die Klarstellung, dass das Gericht der Hauptsache für die Verhängung von Ordnungsmitteln zuständig ist und dass die Ordnungsmittel auf Antrag einer Partei festgesetzt werden können. Auf Empfehlung des Rechtsausschusses wurde in die endgültige Fassung schließlich die **Klarstellung des S. 3** aufgenommen, dass eine Beschwerde gegen die Verhängung aufschiebende Wirkung entfaltet (BT-Drs. 19/8300, 15, siehe dazu → Rn. 24). Der Bundesrat hatte dies schon zuvor angeregt (BT-Drs. 19/4724, 47).

II. Voraussetzungen eines Ordnungsmittels

1. Verstoß gegen Verpflichtung nach § 16 Abs. 2

Die Verhängung eines Ordnungsmittels setzt eine **Zuwiderhandlung gegen Verpflichtungen gemäß § 16 Abs. 2** voraus, d.h. der Schuldner muss als geheimhaltungsbedürftig eingestufte Informationen nicht hinreichend vertraulich behandelt oder außerhalb des Rechtsstreits offengelegt oder genutzt haben. Eine vorherige Androhung von Ordnungsmitteln ist abweichend von § 890 Abs. 2 ZPO gesetzlich nicht vorgesehen (*Pichlmaier/Oldekop* in Hoppe/Oldekop Kap. 3 Rn. 199). Nicht eigens sanktioniert werden Zuwiderhandlungen gegen § 16 Abs. 3. Allerdings hat die Verpflichtung gemäß § 16 Abs. 3 ohnehin in erster Linie klarstellenden Charakter. Denn die Gerichtsverwaltung, die über eine solche Akteneinsicht entscheidet, gehört auch zu dem gemäß § 16 Abs. 2 verpflichteten Personenkreis. **Verstöße gegen § 16 Abs. 3** sind daher **zugleich Verstöße gegen § 16 Abs. 2** (→ § 16 Rn. 58). Die Verhängung eines Ordnungsmittels kommt nur in Betracht, wenn der Beschluss des Gerichts nach § 16 Abs. 1 die geheimhaltungsbedürftigen Informationen **hinreichend bestimmt** bezeichnet (→ § 20 Rn. 37). Die Verpflichtungen nach § 16 Abs. 2 müssen **im Zeitpunkt der zu sanktionierenden Handlung** bestehen, nicht notwendig aber im Zeitpunkt der Verhängung des Ordnungsmittels. Ist die als geheimhaltungsbedürftig eingestufte Information zeitlich nach dem oder gerade infolge des Verstoßes offenkundig geworden, bleibt die Verhängung von Ordnungsmitteln daher möglich; die Wirkung des § 18 S. 2 Alt. 2 greift erst im Nachgang (*Schönknecht* in Keller/Schönknecht/Glinke GeschGehG § 17 Rn. 6). Dem steht nicht entgegen, dass das Ordnungsmittel seinen Beugecharakter nicht mehr entfalten kann, da das Ordnungsmittel zugleich eine strafähnliche Sanktion darstellt (zu § 890 ZPO: BGH GRUR 2022, 1379 Rn. 35 – Außerstrafrechtliches Doppelahndungsverbot; OLG Frankfurt NJW 1977, 1204 (1205)). Wird dagegen gemäß § 18 S. 2 Alt. 1 das Vorliegen eines Geschäftsgeheimnisses von Anfang an verneint, so ist eine Verhängung von Ordnungsmitteln nicht möglich (*Schönknecht* in Keller/Schönknecht/Glinke GeschGehG § 17 Rn. 6). Eine **mehrfache Verhängung** von Ordnungsmitteln ist möglich (*Bühling* in Hoeren/Münker GeschGehG § 17 Rn. 45), hierbei ist allerdings das aus dem Rechtsstaatsprinzip (Art. 20 Abs. 3 GG) folgende außerstrafrechtliche Doppelahndungsverbot zu berücksichtigen (BGH GRUR 2022, 1379 Rn. 16 – Außerstrafrechtliches Doppelahndungsverbot). 4

Die **Beweislast** für das Vorliegen des objektiven Verstoßes gegen eine Geheimhaltungsverpflichtung nach § 16 Abs. 2 trägt grundsätzlich der Geheimnisinhaber 5

(OLG Zweibrücken GRUR 1986, 839 (839 f.) – Beweislast bei Zwangsvollstreckung zu § 890 ZPO). Wenn sich das Vorliegen eines Verstoßes aufgrund von Indizien aufdrängt und es nur dem Geheimhaltungsverpflichteten möglich und zumutbar ist, darzulegen, dass kein Verstoß vorliegt, kommen allerdings **Beweiserleichterungen** zugunsten des Geheimnisinhabers in Betracht (Zu § 890 ZPO: OLG Frankfurt a.M. GRUR-RR 2018, 389 Rn. 23 – Bettwaren „Made in Germany"; OLG Frankfurt a.M. GRUR 1999, 371 – Beweislastumkehr; OLG Nürnberg GRUR 2022, 1700 Rn. 34 – Lesezirkel-Exemplare). Die Voraussetzungen für die Verhängung eines Ordnungsmittels unterliegen grundsätzlich dem **Vollbeweis.** Eine Beschränkung auf ein bloßes Erfordernis der Glaubhaftmachung lässt sich nicht aus § 20 Abs. 3 begründen, da sich die Vorschrift nicht auf das Ordnungsmittelverfahren bezieht. Handelt es sich bei der zugrundeliegenden Geschäftsgeheimnisstreitsache um ein Verfahren des einstweiligen Rechtsschutzes, schlägt das dort auf eine Glaubhaftmachung herabgesetzte Beweismaß ebenfalls nicht auf das Ordnungsmittelverfahren durch; es bleibt auch hier dabei, dass die Voraussetzungen für die Verhängung von Ordnungsmitteln im Wege des Vollbeweises zu führen sind (OLG München WRP 2015, 778 zu § 890 ZPO).

2. Verschulden

6 Wegen der strafrechtlichen Elemente, die das Ordnungsmittel mitprägen, setzt dessen Verhängung stets voraus, dass der Verstoß gegen Verpflichtungen gemäß § 16 Abs. 2 **schuldhaft** erfolgte (BVerfG GRUR 2007, 618 Rn. 11 – Organisationsverschulden). Erforderlich ist ein **eigenes Verschulden** des Verpflichteten. Das setzt jedenfalls voraus, dass der Verpflichtete **Kenntnis** von der Geheimhaltungsanordnung des Gerichtes hatte oder diese schuldhaft nicht kannte. Bei Unkenntnis des Hinweises gemäß § 20 Abs. 5 S. 2 entfällt ein Verschulden nicht, wenn der Verpflichtete die Rechtsfolgen kannte oder schuldhaft nicht kannte (*Gregor* in BeckOK GeschGehG § 17 Rn. 6; *Schönknecht* in Keller/Schönknecht/Glinke GeschGehG § 17 Rn. 14, vgl. auch → § 20 Rn. 37a). Bei **juristischen Personen** ist das Verschulden der für sie verantwortlich handelnden Personen im Sinne von § 31 BGB maßgebend (BVerfG GRUR 2007, 618 Rn. 11 – Organisationsverschulden). Ausreichend ist jede Form fahrlässigen Handelns iSv § 276 Abs. 2 BGB (vgl. BVerfG GRUR 2007, 618 Rn. 22 – Organisationsverschulden). Ein Verschulden Dritter muss sich der Geheimhaltungsverpflichtete grundsätzlich nicht zurechnen lassen. Insbesondere ist die Vorschrift des § 278 BGB nicht anwendbar (vgl. OLG Hamm WRP 1978, 386). Eigenes Verschulden kann auch in einem **Organisationsverschulden,** namentlich in Fehlern bei der Auswahl und Überwachung Dritter, liegen (BVerfG GRUR 2007, 618 Rn. 13 – Organisationsverschulden). Der zur Geheimhaltung Verpflichtete muss alle ihm nur irgend zumutbaren Maßnahmen ergreifen, um sicherzustellen, dass Zuwiderhandlungen gegen die Verpflichtungen nach § 16 Abs. 2 unterbleiben (vgl. OLG Köln NJW-RR 1986, 1191 zu § 890 ZPO). Dazu gehört in der Regel, dass der Mitwisserkreis so gering wie möglich gehalten und die geheimhaltungsbedürftige Information intern nur nach dem Need-to-know-Prinzip weitergegeben wird, soweit dies zur zweckentsprechenden Rechtsverfolgung notwendig ist (→ § 16 Rn. 40). Außerdem müssen mindestens angemessene Geheimhaltungsmaßnahmen getroffen werden (→ § 16 Rn. 43). Der Verpflichtete muss insbesondere alle erforderlichen und zumutbaren Maßnahmen treffen, um Zuwiderhandlungen durch Angestellte oder Beauftragte zu verhindern (OLG Hamburg NJW-RR 1993, 1392 zu § 890

ZPO). Dazu gehören nicht nur Belehrungen der Mitarbeiter unter Hinweis auf die ihnen im Falle eines Verstoßes aus ihren Dienstverträgen drohenden Nachteile, sondern auch Hinweise auf die dem Unternehmen drohenden Sanktionen. Beides hat in schriftlicher Form zu geschehen. Die Einhaltung des Verbotes ist zu überwachen (OLG Hamburg NJW-RR 1993, 1392 zu § 890 ZPO).

Hinsichtlich des Verschuldens kommt bei einem objektiv vorliegenden Verstoß 7 gegen die Verpflichtungen eine **Beweislastumkehr** zulasten des Verpflichteten in Betracht (OLG Frankfurt a.M. GRUR-RR 2018, 389 Rn. 23 – Bettwaren „Made in Germany"; OLG Zweibrücken GRUR 1986, 839 (839 f.) – Beweislast bei Zwangsvollstreckung; OLG Köln WRP 1981, 546; OLG Zweibrücken OLGZ 1978, 372, jew. zu § 890 ZPO). Zumindest begründet das objektive Vorliegen eines Verstoßes gegen die Geheimhaltungsverpflichtung die Annahme einen **Anscheinsbeweis** (vgl. BVerfG NJW 1991, 3139; OLG Köln BeckRS 2000, 30114096).

3. Sanktionierung nach Abschluss des Gerichtsverfahrens

Grundsätzlich bestehen die prozessualen Geheimhaltungspflichten gemäß § 16 8 Abs. 2 **nach Abschluss des Gerichtsverfahrens** fort (§ 18 S. 1). Unklar ist allerdings, ob ein Verstoß nach Abschluss des Gerichtsverfahrens noch mit **Ordnungsmitteln nach § 17** geahndet werden kann. Diese Frage warf der Bundesrat im Verlauf des Gesetzgebungsverfahrens in seiner Stellungnahme auf und bat insoweit um Klarstellung. Der Wortlaut des § 17 spreche für eine Anwendbarkeit auch nach Abschluss des Gerichtsverfahrens, die systematische Stellung eher dagegen (BT-Drs. 19/4724, 47). Die Bundesregierung erläuterte dazu in einer Gegenäußerung, aus ihrer Sicht solle die Fortgeltung der Geheimhaltungsverpflichtung gemäß § 18 nicht zur Folge haben, dass das Gericht nach Abschluss des Verfahrens noch Ordnungsmittel verhängen könne. Anderenfalls würde dies die Gerichte stark belasten, wenn die Zuständigkeit zur Überprüfung der Geheimhaltungsverpflichtung bei ihnen verbliebe. Insbesondere längere Zeit nach Abschluss des Verfahrens sei die Einarbeitung des Spruchkörpers in die Prozessakte mit hohem Aufwand verbunden. Rechtsschutz könne zudem unproblematisch im Wege des einstweiligen Rechtsschutzes erlangt werden (BT-Drs. 19/4724, 50).

Der **Standpunkt der Bundesregierung überzeugt** indes **in mehrfacher** 9 **Hinsicht nicht** und steht auch nicht im Einklang mit der Geschäftsgeheimnis-RL. Nach deren Art. 9 Abs. 2 S. 1 müssen die prozessualen Geheimhaltungspflichten auch nach Abschluss des Verfahrens fortbestehen. Art. 16 Abs. 1 verpflichtet die Mitgliedsstaaten dazu, vorzusehen, dass die Gerichte allen Personen, die Maßnahmen nach Art. 9 nicht nachkommen, Sanktionen auferlegen können. Die Richtlinie lässt gerade nicht erkennen, dass der Gleichlauf zwischen Verpflichtungen und Sanktionen mit Abschluss des Gerichtsverfahrens enden sollte. Der Verweis auf die Möglichkeit, nach Abschluss des Verfahrens eine einstweilige Verfügung zu beantragen, hilft nicht weiter: Die einstweilige Verfügung bildet häufig keine wirksame Sanktion gegen einen Erstverstoß, da durch sie wiederum nur eine Unterlassungspflicht ausgesprochen wird, so dass im Falle künftiger Verstöße Ordnungsmittel nach § 890 ZPO verhängt werden können (anders mag dies sein in den eher seltenen Fällen, in denen sich eine Erstbegehungsgefahr glaubhaft machen lässt). Nicht überzeugend ist auch der Verweis auf eine angebliche Arbeitsbelastung der Gerichte. Abgesehen davon, dass eine Entlastung der Gerichte nicht Zwecksetzung der Geschäftsgeheimnis-RL ist, würde es nicht weniger, sondern mehr Aufwand verursachen, wenn die Sanktionsmechanismen des § 17 nach Abschluss des Gerichtsverfahrens nicht mehr anwendbar wären und der Geheimnisinhaber eine erneute einstweilige Verfügung beantragen müsste. Denn systematisch entspricht die Sanktionsmöglichkeit nach § 17 dem Ordnungsmittelverfahren nach § 890 ZPO als Teil der Zwangsvollstreckung. Durch das Erfordernis eines neuen Verfügungsverfahrens würde zusätzlich ein weiteres Erkenntnisverfahren eingeschoben, das in aller Regel mit einer – erheblichen – Mehrbelastung für die Gerichte und den Geheimnisinhaber verbunden wäre: Ein neues Verfügungsverfahren würde neuen Tatsachenvortrag erfordern, ohne dass auf die bestehende Prozessakte zurückgegriffen werden könnte. Je nach Verlauf könnte es sich über zwei Instanzen mit mündlichen Verhandlungen ziehen und zB über § 926 ZPO sogar Auftakt zu einem weiteren Hauptsacheverfahren sein. Der Aufwand würde gleichsam potenziert. Zusätzlich entstünde die Gefahr widersprüchlicher Entscheidungen, da der Geheimnisinhaber nochmals neu darlegen und beweisen müsste, dass eine Information Schutz als Geschäftsgeheimnis genießt. In einem Ordnungsmittelverfahren nach §§ 17, 18 hätte demgegenüber der Schuldner darzulegen und zu beweisen, dass der Schutz mittlerweile entfallen ist.

10 Im Ergebnis ist daher in **richtlinienkonformer Auslegung** des § 17 davon auszugehen, dass – auch gegen den erklärten Standpunkt der Bundesregierung – Sanktionen noch im Anwendungsbereich des § 18, also **auch nach Abschluss des Gerichtsverfahrens,** verhängt werden können (ebenso: *Gregor* in BeckOK GeschGehG § 17 Rn. 9b; *Schönknecht* in Keller/Schönknecht/Glinke GeschGehG § 17 Rn. 16 ff.; *Bühling* in Hoeren/Münker GeschGehG § 17 Rn. 25; *McGuire* in Büscher GeschGehG § 17 Rn. 5; *Maaßen/Perino-Stiller* WRP 2022, 1208 Rn. 24). Zuständiges Gericht ist das Gericht des ersten Rechtszuges (§ 20 Abs. 6 Nr. 1) auch dann, wenn die Sache zwischenzeitlich in der Berufungsinstanz anhängig war.

III. Auswahl und Bemessung des Ordnungsmittels

1. Sanktionsrahmen

11 Das Gericht hat in den Grenzen des gestellten Antrags und des gesetzlichen Rahmens ein Auswahlermessen bzgl. Art und Maß des Ordnungsmittels. Als Sanktionsrahmen gibt § 17 S. 1 ein **Ordnungsgeld bis zu EUR 100.000,–** oder **Ordnungshaft bis zu sechs Monaten** vor. Die Untergrenze eines Ordnungsgeldes beträgt fünf EUR (Art. 6 Abs. 1 S. 1 EGStGB), die der Ordnungshaft einen Tag (Art. 6 Abs. 2 S. 1 EGStGB).

12 Die Obergrenze wurde im Laufe des Gesetzgebungsverfahrens **erheblich verschärft.** In dem zunächst veröffentlichten Referentenentwurf des BMJV war noch ein Ordnungsgeld von bis zu EUR 1.000,- bzw. Ordnungshaft bis zu einer Woche vorgesehen (§ 16 RefE-GeschGehG). Dieses ursprüngliche Höchstmaß war freilich viel zu niedrig (GRUR-Stellungnahme zum GeschGehG-RefE GRUR 2018, 708, 712; *Druschel/Jauch* BB 2018, 1218, 1222; *Schlingloff* WRP 2018, 666 Rn. 30) und wäre nicht nur unsachgemäß gewesen, sondern hätte den Anforderungen der Geschäftsgeheimnis-RL mit hoher Wahrscheinlichkeit auch nicht genügt, da die von Art. 16 Abs. 3 Geschäftsgeheimnis-RL formulierte Vorgabe wirksamer und abschreckender Sanktionen auf diese Weise kaum erreicht worden wäre. Der jetzt vorgesehene Sanktionsrahmen dürfte die Mindestvorgaben erfüllen, stellt sich aber **noch immer** als **vergleichsweise moderat** dar. Wünschens-

wert gewesen wäre zumindest eine Orientierung an § 890 ZPO (Ordnungsgeld bis zu EUR 250.000,-) oder eine Öffnungsklausel entsprechend § 17 Abs. 4 S. 2 OWiG (GRUR-Stellungnahme zum GeschGehG-RefE GRUR 2018, 708, 712). Die Rechtsprechung hat in Patentverletzungsverfahren, zum Schutz vertraulicher Lizenzverträge sogar Vertragsstrafen von EUR 1 Mio. für jeden schuldhaften Fall der Geheimnisverletzung als angemessen und erforderlich erachtet (OLG Düsseldorf BeckRS 2017, 156523 Ziff. 4).

2. Bemessungskriterien

Die Bemessung des konkret festzusetzenden Ordnungsmittels innerhalb des vorgegebenen Rahmens hat sich insbesondere an den Vorgaben des **Art. 16 Abs. 3 Geschäftsgeheimnis-RL** zu orientieren. Es muss folglich **wirksam** sein und **Abschreckungscharakter** haben, aber auch **verhältnismäßig** bleiben. 13

Eine herausgehobene Bedeutung kommt dabei dem **Präventionsgedanken** zu (vgl. BGH GRUR 2004, 264 (268) – Euro-Einführungsrabatt; BGH GRUR 1994, 146 (147) – Vertragsstrafebemessung), weil bereits ein einmaliger Verstoß ein Geschäftsgeheimnis in seinem Bestand gefährden und sogar vernichten kann. Das Ordnungsmittel ist daher schon im Falle eines Erstverstoßes so zu bemessen, dass weitere Verstöße – ob hinsichtlich des konkreten oder weiterer streitgegenständlicher Geheimnisse – sich für den Antragsgegner nicht lohnen. Der Umstand, dass es sich um einen Erstverstoß handelt, sollte aus diesem Grund – anders als üblicherweise bei einer Unterlassungsvollstreckung – nicht zu einer wesentlichen Privilegierung des Schuldners führen. Dabei ist auch zu berücksichtigen, dass der durch den nationalen Gesetzgeber vorgegebene Sanktionsrahmen sich im Verhältnis zu den Vorgaben der Geschäftsgeheimnis-RL eher im gemäßigten Bereich bewegt. Im Sinne einer unionsrechtskonformen Rechtsanwendung sollte der Sanktionsrahmen daher konsequent ausgeschöpft werden. 14

Innerhalb dieser Eckpunkte steht dem Tatrichter Ermessen bei der Wahl und Bemessung des Ordnungsmittels zu (BGH GRUR 2004, 264 (267 f.) – Euro-Einführungsrabatt). Insoweit können etwa folgende **Kriterien** eine Rolle spielen: Potentieller Wert des betroffenen Geschäftsgeheimnisses und Bedeutung für den Betrieb des Geheimnisinhabers, Intensität und Gefährlichkeit der Verratshandlung (einfache Offenlegung oder Bestandsgefährdung/Vernichtung des Geheimnisses durch Veröffentlichung), Verschuldensgrad, Verdeckungs- und Verschleierungsabsicht des Schuldners, planmäßiges bzw. systematisches Handeln des Schuldners, Eigeninteresse des Schuldners an dem zu sanktionierenden Verstoß und künftigen Verstößen (typischerweise gesteigert bei Bestehen eines Wettbewerbsverhältnisses) sowie Vorteile aus der Verletzungshandlung, Bestehen einer Schädigungsabsicht, Verletzung besonderer Rücksichtnahmepflichten zB aus einem bestehendem Vertragsverhältnis mit dem Geheimnisinhaber. 15

IV. Zuständigkeit, Verfahren und Form

Für die Festsetzung des Ordnungsmittels ist das **Gericht der Hauptsache** (§ 20 Abs. 6) zuständig. 16

Die Sanktionierung von Verstößen gegen § 16 Abs. 2 setzt einen entsprechenden **Antrag einer Partei** voraus. Der Antrag muss kein bestimmtes Ordnungsmittel und auch kein Sanktionsmaß (Betrag eines Ordnungsgeldes oder Dauer der Ordnungshaft) angeben. Ist der Antrag dennoch auf ein bestimmtes Sanktionsmaß 17 gerichtet, darf dieses gemäß § 308 Abs. 1 ZPO nicht überschritten werden. Bringt er andererseits das Begehren eines bestimmten (Mindest-)Sanktionsmaßes zum Ausdruck, führt es zu einem Teilunterliegen, wenn das verhängte Ordnungsmittel dahinter zurückbleibt (BGH GRUR 2015, 511 – Kostenquote bei beziffertem Ordnungsmittelantrag). Gehören zum Personenkreis der Verpflichteten nach § 16 Abs. 2 sowohl eine juristische Person als auch ihr gesetzlicher Vertreter, wäre das Ordnungsmittel nach den zu § 890 ZPO entwickelten Grundsätzen nur gegen die juristische Person festzusetzen, wenn der gesetzliche Vertreter im Rahmen seiner geschäftlichen Tätigkeit für die juristische Person gegen die Pflichten aus § 16 Abs. 2 verstößt (BGH GRUR 2012, 541 – Titelschuldner im Zwangsvollstreckungsverfahren zu § 890 ZPO). Abweichend hiervon wird für den Fall eines Verstoßes gegen die Verpflichtungen nach § 16 Abs. 2 vertreten, dass es sich bei den Geheimhaltungspflichten um höchstpersönliche Pflichten handle, so dass sich die Sanktionierung aus Gründen der Abschreckung in erster Linie gegen die involvierten natürlichen Personen richten müsse (*Schönknecht* in Keller/Schönknecht/Glinke GeschGehG § 17 Rn. 11).

18 Vor Verhängung des Ordnungsmittels ist eine **Anhörung des Antragsgegners** entsprechend § 891 ZPO, Art. 103 Abs. 1 GG erforderlich.

19 Die Entscheidung über das Ordnungsmittel ergeht durch (rechtsmittelfähigen, → Rn. 21) **Beschluss.** Die Begründung muss zumindest eine Überprüfung der Ermessensausübung ermöglichen (*Schönknecht* in Keller/Schönknecht/Glinke GeschGehG § 17 Rn. 32). Der Beschluss ist zuzustellen (§ 329 Abs. 3 ZPO).

V. Vollstreckung der Ordnungsmittel

20 Festgesetzte Ordnungsgelder werden **von Amts wegen** vollstreckt nach den §§ 1 Abs. 1 Nr. 3, 1 Abs. 2 JBeitrG. Zuständig ist das Gericht der Hauptsache iSv § 20 Abs. 6 (§ 2 Abs. 1 S. 1 JBeitrG iVm § 17 S. 1 a.E.). Wegen des Territorialitätsprinzips beschränkt sich die Vollstreckung durch das Gericht der Hauptsache jedoch auf das Inland (BGH GRUR 2010, 662 Rn. 9 – Ordnungsmittelbeschluss). Im **EU-Ausland** dürften Ordnungsgelder nach § 17 – ähnlich wie Ordnungsgelder nach § 890 ZPO – durch den Geheimnisinhaber auf Grundlage der Brüssel Ia-VO zu vollstrecken sein (vgl. EuGH GRUR 2012, 848 – Realchemie Nederland/Bayer CropScience AG; BGH GRUR 2010, 662 Rn. 8 ff. – Ordnungsmittelbeschluss; *McGuire* in Büscher GeschGehG § 17 Rn. 11).

VI. Rechtsbehelfe

21 Gegen die Verhängung eines Ordnungsmittels sowie gegen seine Ablehnung ist jeweils die **sofortige Beschwerde** statthaft. Für den Fall einer ablehnenden Entscheidung folgt dies schon aus § 567 Abs. 1 Nr. 2 ZPO. Aus dem Charakter als Vollstreckungsmaßnahme ergibt sich jedoch eine generelle Zulässigkeit der sofortigen Beschwerde gemäß §§ 567 Abs. 1 Nr. 1, 793 ZPO (ebenso: *Gregor* in BeckOK GeschGehG § 17 Rn. 18). Von der Statthaftigkeit der Beschwerde auch gegen eine stattgebende Entscheidung geht – wie § 17 S. 3 erkennen lässt – das Gesetz selbst aus.

22 Im Vergleich zu einem allgemeinen Zwangsvollstreckungsverfahren besteht allerdings die Besonderheit, dass Ordnungsmittel bei Verstößen gegen § 16 Abs. 2 nicht durch das Prozessgericht des ersten Rechtszuges (§ 890 Abs. 1 ZPO) ver-

hängt werden, sondern durch das Gericht der Hauptsache iSv § 20 Abs. 6. Dabei kann es sich auch um ein **Gericht des höheren Rechtszuges** handeln, wenn die Streitsache in der Berufung anhängig ist (§ 20 Abs. 6 Nr. 2). Gegen dessen Entscheidungen ist die **sofortige Beschwerde nicht möglich** (arg. e § 567 Abs. 1 ZPO).

Im Verfahren vor den **Arbeitsgerichten** verweist § 78 S. 1 ArbGG auf die §§ 567 ff. ZPO. Über die Beschwerde entscheidet das Landesarbeitsgericht ohne Hinzuziehung der ehrenamtlichen Richter (§ 78 S. 3 ArbGG). Ist die Hauptsache bereits in der Berufungsinstanz beim Landesarbeitsgericht anhängig, ist die sofortige Beschwerde nicht statthaft (§§ 78 S. 1 ArbGG, 567 Abs. 1 ZPO). **23**

Gemäß § 17 S. 3 entfaltet die Beschwerde gegen ein nach Satz 1 verhängtes Ordnungsmittel **aufschiebende Wirkung.** Die Vorschrift hat lediglich klarstellende Funktion, da die gegen eine Verhängung von Ordnungsmitteln gerichtete Beschwerde nach § 570 Abs. 1 ZPO ohnehin aufschiebende Wirkung hätte. Gleichwohl hatte der Bundesrat in seiner Stellungnahme zum Regierungsentwurf eine solche Klarstellung angeregt, da der Hinweis auf die sofortige Vollstreckbarkeit gemäß § 17 S. 1 a.E. den (unzutreffenden) Schluss nahelege, dass die Beschwerde keine aufschiebende Wirkung habe (BT-Drs. 19/4724, 47). Die Bundesregierung hatte dem in ihrer Gegenäußerung zugestimmt (BT-Drs. 19/4724, 49). Auf Empfehlung des Rechtsausschusses wurde § 17 S. 3 deshalb nachträglich in den Gesetzestext aufgenommen (BT-Drs. 19/8300, 15). **24**

Im Übrigen sind die bei § 20 kommentierten **Einzelheiten** zum Beschwerdeverfahren (→ § 20 Rn. 42 ff.) auf sofortige Beschwerden in Zusammenhang mit Ordnungsmitteln gemäß § 17 übertragbar. **25**

VII. Sanktionen außerhalb des § 17

1. Zivilrechtliche Sanktionen

Nach der Gesetzesbegründung ist die Sanktion nach § 17 nicht abschließend. Der Inhaber eines Geschäftsgeheimnisses soll bei einem Verstoß aus § 16 Absatz 2 ein weiteres Verfahren wegen der Verletzung von Geschäftsgeheimnissen einleiten können (BT-Drs. 19/4724, 36). Da eine Geheimhaltungsanordnung Verpflichtungen iSv § 4 Abs. 2 Nr. 2, 3 GeschGehG begründet, löst ein Verstoß grundsätzlich die Sanktionen der **§§ 6 ff. GeschGehG** aus. Fraglich ist allerdings, ob für einen entsprechenden Unterlassungsantrag ein Rechtsschutzbedürfnis besteht, wenn das Gericht bei jeder Zuwiderhandlung bereits Ordnungsmittel nach § 17 erlassen kann. Im Ergebnis ist dies anzunehmen, da der Ordnungsmittelrahmen des § 890 ZPO weiter reicht als derjenige des § 17, eine Unterlassungsklage das flexiblere Instrument ist, mit dem zB auch abgewandelte Ausführungsformen angegriffen werden können, und die Rechtskraftwirkung des Unterlassungstitels eine andere ist. Eine erneute Klage kann zudem andere und zusätzliche Rechtsschutzziele wie zB den Ersatz des durch den Geheimnisverrat entstandenen Schadens verfolgen. **26**

Wird ein Geschäftsgeheimnis entgegen einer Geheimhaltungsverpflichtung nach § 16 Abs. 2 durch einen Amtsträger verraten, kann dies eine Amtspflichtverletzung darstellen und **Amtshaftungsansprüche** (§ 839 BGB, Art. 34 S. 1 GG) auslösen. Das Spruchrichterprivileg gemäß § 839 Abs. 2 S. 1 BGB findet keine Anwendung, soweit die Geheimnisverletzung nicht durch ein Urteil bzw. eine urteilsersetzende Erkenntnis erfolgte. **27**

2. Strafrechtliche Sanktionen

28 Die Gesetzesbegründung erläutert außerdem, dass Ordnungsmittel nach § 17 strafrechtliche **Sanktionen nach § 23** nicht ausschließen (BT-Drs. 19/4724, 36). Obwohl Ordnungsmittel ihrer Natur nach jedenfalls auch Strafcharakter haben, erachten Rechtsprechung und Literatur die Verhängung einer Kriminalstrafe daneben als zulässig und mit dem Doppelbestrafungsverbot (*ne bis in idem*) vereinbar. Allerdings ist die jeweils andere Strafmaßnahme im Rahmen der Sanktionszumessung zu berücksichtigen (OLG Schleswig NJW 2006, 3578; *Seibel* in Zöller ZPO § 890 Rn. 8).

29 Die **Strafvorschriften gemäß § 23** sind aber nicht bei jeder Verletzung eines Geschäftsgeheimnisses unter Verstoß gegen § 16 Abs. 2 einschlägig. Wurde das Geschäftsgeheimnis vom Täter auf rechtmäßige Weise durch das Gerichtsverfahren erlangt, scheidet eine Bestrafung nach § 23 Abs. 1 Nr. 2 grundsätzlich aus. Bei § 23 Abs. 1 Nr. 3 handelt es sich um ein Sonderdelikt für Beschäftigte eines Unternehmens. Eine Strafbarkeit setzt insbesondere voraus, dass der Täter im Tatzeitpunkt noch in dem Beschäftigungsverhältnis steht. Als Tathandlung ist zudem nur die unbefugte Offenlegung, nicht aber die zweckwidrige Nutzung des Geheimnisses erfasst. Die Strafvorschrift des § 23 Abs. 3 ist ebenso wie § 18 UWG a. F. sachlich beschränkt auf Vorlagen und Vorschriften technischer Art und setzt zudem voraus, dass dem Täter das Tatobjekt im geschäftlichen Verkehr anvertraut wurde, was bei der Erlangung innerhalb eines Rechtsstreits zweifelhaft erscheint.

30 Außerhalb des GeschGehG ist eine Geheimnisverletzung strafrechtlich sanktioniert für Angehörige der in **§ 203 Abs. 1 StGB** genannten Berufsgruppen (insb. gemäß § 203 Abs. 1 Nr. 3 StGB: Rechtsanwälte, Patentanwälte) sowie für die in **§ 203 Abs. 2 StGB** genannten Amtsträger und amtsnahen Personen. Die Strafandrohung erstreckt sich seit Inkrafttreten des Gesetzes zur Neuregelung des Schutzes von Geheimnissen bei der Mitwirkung Dritter an der Berufsausübung schweigepflichtiger Personen v. 30.10.2017 (BGBl. I, 3618) gemäß **§ 203 Abs. 4 StGB** auch auf Gehilfen, berufsvorbereitend tätige und sonstige mitwirkende Personen (vgl. *Cornelius* NJW 2017, 3751; *Härting/Dimov* MDR 2018, 1; *Hoeren* MMR 2018, 12). Strafbar ist neben dem unbefugten Offenbaren von Geheimnissen (§ 203 StGB) auch das unbefugte Verwerten (§ 204 StGB).

31 Inwieweit eine Verletzung von Geheimhaltungspflichten nach § 16 Abs. 2 eine Strafbarkeit gemäß **§ 353d StGB** begründen kann, ist **nicht abschließend geklärt.** Die Norm sichert insbesondere Geheimhaltungsverpflichtungen nach § 174 Abs. 2 und 3 GVG ab (vgl. § 353 Nr. 1, 2 GVG). Obwohl sich dies systematisch aufgedrängt hätte, hat der Gesetzgeber mit Verabschiedung des GeschGehG keine klarstellenden Anpassungen mit Blick auf die §§ 16 bis 19 vorgenommen.

32 Eine Strafbarkeit gemäß **§ 353d Nr. 2 StGB** ist bei einem Verstoß gegen § 16 Abs. 2 fraglich, weil der Straftatbestand eine unbefugte Offenbarung von Tatsachen entgegen einer vom Gericht aufgrund eines Gesetzes auferlegten Schweigepflicht voraussetzt. Im Falle des § 16 Abs. 2 ist die Schweigepflicht aber nicht vom Gericht auferlegt, sondern ergibt sich unmittelbar aus dem Gesetz. Der Anwendungsbereich der Norm kann aber eröffnet sein, wenn Verschwiegenheitsanordnungen durch das Gericht gemäß § 19 Abs. 1 S. 4 oder § 174 Abs. 3 GVG ergangen sind.

§ 18 Geheimhaltung nach Abschluss des Verfahrens

[1]Die Verpflichtungen nach § 16 Absatz 2 bestehen auch nach Abschluss des gerichtlichen Verfahrens fort. [2]Dies gilt nicht, wenn das Gericht der

Hauptsache das Vorliegen des streitgegenständlichen Geschäftsgeheimnisses durch rechtskräftiges Urteil verneint hat oder sobald die streitgegenständlichen Informationen für Personen in den Kreisen, die üblicherweise mit solchen Informationen umgehen, bekannt oder ohne weiteres zugänglich werden.

Übersicht

I. Allgemeines

1. Normstruktur/Verhältnis zu § 16 Abs. 2

§ 18 ergänzt § 16 Abs. 2. Dabei formuliert Satz 1 die **Grundregel,** dass die Verpflichtungen nach § 16 Abs. 2 auch **nach Abschluss des gerichtlichen Verfahrens fortbestehen.** 1

Satz 2 enthält zwei **Ausnahmetatbestände:** Die Verpflichtungen bestehen nicht fort, wenn das Gericht der Hauptsache das Vorliegen des streitgegenständlichen Geschäftsgeheimnisses **durch rechtskräftiges Urteil verneint** hat (§ 18 S. 2 Alt. 1). Dies erfasst Fälle, in denen schon im Zeitpunkt der letzten mündlichen Verhandlung die Geheimnisqualität nicht oder nicht mehr bestand. Ebensowenig bestehen die Verpflichtungen nach § 16 Abs. 2 fort, sobald die streitgegenständlichen Informationen für Personen in den Kreisen, die üblicherweise mit solchen Informationen umgehen, bekannt oder ohne weiteres zugänglich werden (§ 18 S. 2 Alt 2). Diese Alternative erfasst auch Fälle, in denen die **Geheimnisqualität** während des Rechtsstreits oder nach dessen Abschluss **entfällt.** 2

In beiden Fällen des § 18 S. 2 entfallen die Verpflichtungen nach § 16 Abs. 2 kraft Gesetzes, ohne dass es eines gesonderten Aufhebungsaktes bedarf (*McGuire* in Büscher GeschGehG § 18 Rn. 14). 3

2. Unionsrechtlicher Rahmen

§ 18 setzt Art. **9 Abs. 1 UAbs. 2 Geschäftsgeheimnis-RL** um und orientiert sich unmittelbar an der Struktur der Richtlinienbestimmung. Diese ergänzt Art. 9 Abs. 1 UAbs. 1 Geschäftsgeheimnis-RL und ordnet in Satz 1 an, dass Verpflichtung Verfahrensbeteiligter zur Geheimhaltung auch **nach Abschluss des Gerichtsverfahrens fortbestehen** muss. 4

Nach Satz 2 **endet die Verpflichtung** jedoch, wenn eine der folgenden Situationen eintritt: (a) Im Rahmen einer rechtskräftigen Entscheidung wird festgestellt, dass das angebliche Geschäftsgeheimnis **nicht** die in **Artikel 2 Nummer 1** 5 genannten Kriterien erfüllt, oder (b) im Laufe der Zeit werden die in Frage stehenden Informationen für Personen in den Kreisen, die üblicherweise mit der betreffenden Art von Informationen umgehen, **allgemein bekannt** oder **ohne weiteres zugänglich.**

6 Art. 9 Abs. 1 UAbs. 2 Geschäftsgeheimnis-RL gehört zum Kanon der **vollharmonisierenden** Bestimmungen, die vom nationalen Gesetzgeber zwingend zu beachten sind (Art. 1 Abs. 1 UAbs. 2 Geschäftsgeheimnis-RL). Dies gilt insbesondere für die Einschränkungen des prozessualen Geheimnisschutzes im **Interesse des Prozessgegners.**

3. Entstehungsgeschichte

7 Die Bestimmung des § 18 war bereits als § 17 im **RefE** enthalten und blieb im **RegE** sowie in der endgültig in Kraft getretenen Fassung textlich und inhaltlich unverändert.

II. Grundsatz: Fortdauer des prozessualen Geheimnisschutzes, § 18 S. 1

8 Der in § 18 S. 1 formulierte Grundsatz der Fortdauer des prozessualen Geheimnisschutzes gilt ohne zeitliche Beschränkung und folgt damit dem materiell-rechtlichen Prinzip, dass **Geheimnisschutz grundsätzlich unbefristet** gewährt wird (der Schutz steht stattdessen unter der auflösenden Bedingung, dass die Geheimnisvoraussetzungen entfallen, vgl. *Kalbfus* Know-how-Schutz Rn. 102 f.). Zu Recht hat die Bundesregierung im Gesetzgebungsverfahren eine Anregung des Bundesrates, die Einführung einer zeitlichen Höchstgrenze zu prüfen, nicht aufgegriffen (vgl. BT-Drs. 19/4724, 47 u. 50).

9 Die Fortdauer der Geheimhaltungsanordnung auch über das Prozessende hinaus ist **wesentliches Element** der Sicherungsmechanismen. Denn gemäß ErwGr. 24 ist es erklärtes Ziel der Geschäftsgeheimnis-RL, das Risiko eines Offenkundigwerdens von Geschäftsgeheimnissen als Folge eines Gerichtsverfahrens zu begrenzen und so der zögerlichen Rechtsdurchsetzung durch die Geheimnisinhaber entgegenzuwirken. Dies bedeutet notwendig, dass eine Absicherung gegen die Risiken für den Bestand des Geheimnisses nicht nur für die Dauer des Gerichtsverfahrens, sondern **während der gesamten „Lebensdauer" des Geschäftsgeheimnisses** gewährleistet werden muss. Musterfall des Fortbestandes der Verpflichtungen gemäß § 16 Abs. 2 ist das zugunsten des Geheimnisinhabers klagestattgebende Urteil, allerdings ist das **Ergebnis des Rechtsstreits** für sich genommen **unerheblich** (vgl. *Schönknecht* in Keller/Schönknecht/Glinke GeschGehG § 18 Rn. 4), ebenso auf welche Art und Weise das Verfahren abgeschlossen wurde (*Gregor* in BeckOK GeschGehG § 18 Rn. 8; *Alexander* in Köhler/Bornkamm/Feddersen GeschGehG § 18 Rn. 9; *Hauck* in Hoeren/Münker GeschGehG § 18 Rn. 5). Der Grundsatz des § 18 S. 1 kommt immer dann zur Anwendung, wenn keine Ausnahme gemäß § 18 S. 2 greift. Beispielsweise führt auch eine Abweisung der Verletzungsklage nicht zum Entfall des prozessualen Geheimnisschutzes, wenn sie aus Gründen erfolgte, die nicht gegen das Vorliegen eines Geschäftsgeheimnisses sprechen (zB fehlender Nachweis der Verletzungshandlung, Verjährung, → Rn. 15). Ein Fortbestand des prozessualen Schutzes ist auch dann anzunehmen, wenn die Klage zurückge-

nommen (vgl. auch → Rn. 18) oder das Gerichtsverfahren durch Vergleich beendet wurde und der Vergleich keine abweichende Regelung enthält (vgl. BT-Drs. 19/4724, 36, näher → Rn. 16).

§ 19 Abs. 3 ergänzt § 18 S. 1 für den Fall eines **Zwangsvollstreckungsverfahrens.** Bereits gemäß § 18 S. 1 hat eine Geheimhaltungsanordnung über das Ende des Erkenntnisverfahrens hinaus Bestand und gilt auch während des Zwangsvollstreckungsverfahrens fort. § 19 Abs. 3 erweitert den Kreis der Verpflichteten zusätzlich auf Personen, die erstmals im Rahmen des Zwangsvollstreckungsverfahrens Kenntnis von dem streitgegenständlichen Geschäftsgeheimnis erhalten (BT-Drs. 19/4724, 37). 10

III. Ausnahmen

1. Rechtskräftiges Urteil, § 18 S. 2 Alt. 1

§ 18 S. 2 Alt. 1 sieht von der Fortdauer des prozessualen Geheimnisschutzes eine Ausnahme vor, wenn das Gericht der Hauptsache das Vorliegen des streitgegenständlichen Geschäftsgeheimnisses durch rechtskräftiges Urteil verneint hat. Das Gericht der Hauptsache bestimmt sich nach § 20 Abs. 6. Mit dem Begriff „rechtskräftig" ist zumindest gemeint, dass das Urteil nicht mehr mit ordentlichen Rechtsmitteln anfechtbar und somit **formell rechtskräftig** (§ 705 ZPO) ist. 11

Fraglich ist allerdings, inwieweit gerade die Feststellungen zur Geheimnisqualität an der **materiellen Rechtskraft** der Entscheidung iSv § 322 ZPO teilnehmen müssen. Der Sinn und Zweck der Regelung würde dies insofern nahelegen, als § 18 S. 2 Alt. 1 ein Ende des prozessualen Geheimnisschutzes nur dann bewirken will, wenn über das Nichtvorliegen eines Geheimnisses abschließend und verbindlich entschieden ist. Allerdings wird die Frage des Vorliegens oder Nichtvorliegens eines Geschäftsgeheimnisses nach dem Maßstab des § 322 Abs. 1 ZPO regelmäßig nicht an der Rechtskraft eines Urteils teilnehmen. Denn auch wenn die §§ 16 Abs. 1, 18 und 20 Abs. 3 von „streitgegenständlichen" Informationen bzw. Geschäftsgeheimnissen sprechen, bildet das Vorliegen eines Geschäftsgeheimnisses typischerweise gerade nicht den unmittelbaren Streitgegenstand einer Geschäftsgeheimnisstreitsache, sondern ist lediglich als **Vorfrage** bzw. **präjudizielles Rechtsverhältnis** zu behandeln. Da sich die Rechtskraft eines Urteils aber nicht auf Vorfragen und präjudizielle Rechtsverhältnisse erstreckt (vgl. BGH NJW 2017, 893 Rn. 17 – Schimmelpilzbelastung; BGH NJW 2010, 2210 Rn. 9 f. – Restschuldbefreiung; *Vollkommer* in Zöller ZPO Vor § 322 Rn. 33; *Seiler* in Thomas/Putzo ZPO § 322 Rn. 28), dürfte das (Nicht-)Vorliegen eines Geschäftsgeheimnisses regelmäßig nicht rechtskräftig festgestellt werden, sofern diese Frage nicht zum Gegenstand einer Zwischenfeststellungsklage (§ 256 Abs. 2 ZPO) gemacht wird. 12

Gleichwohl wird man die Anforderungen an ein Urteil iSv § 18 S. 2 Alt. 1 nicht überspannen dürfen: Der Wortlaut des § 18 S. 2 Alt. 1 besagt lediglich, dass das Gericht das Vorliegen des streitgegenständlichen Geschäftsgeheimnisses durch rechtskräftiges Urteil „verneint", nicht aber, dass es dessen Nichtvorliegen rechtskräftig festgestellt haben muss. Als ausreichend erachten wird man daher ein rechtskräftiges klageabweisendes Urteil, bei dem das Vorliegen eines Geschäftsgeheimnisses zumindest **als Vorfrage in den Entscheidungsgründen abgelehnt** wurde. Genügen mag sogar ein **obiter dictum,** wenn das Vor- 13 liegen eines Geschäftsgeheimnisses darin hinreichend klar „verneint" wird iSv § 18 S. 2 Alt. 1 (zust. *Schönknecht* in Keller/Schönknecht/Glinke GeschGehG § 18 Rn. 7; *Steinbrück/Höll* in Brammsen/Apel GeschGehG § 18 Rn. 12). Maßgeblich dürfte hierbei sein, ob sich dem Urteil durch Auslegung eine Aussage zum Vorliegen der **Geheimnisqualität** gerade **im Entscheidungszeitpunkt** entnehmen lässt. Gibt ein Urteil zB einer Schadensersatzklage wegen einer Geheimnisverletzung statt, lässt sich dem Urteil aber entnehmen, dass das ursprünglich bestehende Geheimnis durch die Verletzungshandlung oder aus anderen Gründen im weiteren Verlauf offenkundig geworden ist, kann auch ein solches Urteil die Wirkung des § 18 S. 2 Alt. 1 herbeiführen.

14 Das dargestellte Verständnis wird auch gestützt durch **Art. 9 Abs. 1 UAbs. 2 lit. a Geschäftsgeheimnis-RL,** wonach das Gericht lediglich **„im Rahmen" einer rechtkräftigen Entscheidung** festgestellt haben muss, dass kein Geschäftsgeheimnis vorlag (unklarer der englische Wortlaut „…is found, by a final decision, …"). Zudem geht der EuGH von einem autonomen **unionsrechtlichen Begriff der Rechtskraft** aus und betont, dass dieser nicht nur den Tenor, sondern auch die Entscheidungsgründe mitumfasse (EuGH EuZW 2013, 60 Rn. 40 – Gothaer Allgemeine Versicherung mwN; *Bach* EuZW 2013, 56, 57). Angesichts dessen erschiene es nicht richtig, diese Vorgabe der Geschäftsgeheimnis-RL, die im Übrigen nach Art. 1 Abs. 1 UAbs. 2 zu den vollharmonisierenden Bestimmungen zählt, allzu strikt im Sinne der Dogmatik des deutschen Zivilprozessrechts auszulegen.

15 Andererseits genügt **nicht jedes klageabweisende Urteil** in einer Geschäftsgeheimnisstreitsache, um die Wirkung des § 18 S. 2 Alt. 1 auszulösen. Ausreichend ist weder ein klageabweisendes Prozessurteil noch ein klageabweisendes Sachurteil, wenn darin die Geheimnisqualität offenbleibt, etwa weil jedenfalls eine Verletzungshandlung nicht nachgewiesen wurde oder der geltend gemachte Anspruch verjährt war. Noch seltener als bei Geschäftsgeheimnissen des Klägers wird sich in einem Urteil eine Aussage zur Geheimnisqualität von Informationen finden, die der Beklagte zu seiner Verteidigung in den Prozess eingeführt hat. Erst recht wird § 18 S. 2 Alt. 1 kaum einen Anwendungsbereich im Bereich der **Patentstreitsachen** haben, da ein solches Urteil sich regelmäßig nicht zur Geheimniseigenschaft verfahrensrelevanter Informationen verhält (*Hoppe/Oldekop* Mitt. 2022, 473 (479); *Kircher* in BeckOK PatG § 145a Rn. 27).

16 Ebensowenig findet § 18 S. 2 Alt. 1 Anwendung, wenn das Gerichtsverfahren auf andere Weise als durch Urteil beendet wurde, zB durch **Vergleich.** In einem Vergleich können die Parteien allerdings die Verpflichtungen nach § 16 Abs. 2 aufheben (BT-Drs. 19/4724, 36). Soweit dadurch auch Dritte von entsprechenden Verpflichtungen entbunden werden, handelt es sich bei dem Vergleich um einen (unechten) Vertrag zugunsten Dritter.

17 Wird das streitgegenständliche Geschäftsgeheimnis im Laufe des Rechtsstreits offenkundig und erklärt der Kläger diesen deshalb für erledigt, ist zu unterscheiden: Schließt sich der Beklagte der Erledigterklärung an, und liegt somit eine **übereinstimmende Erledigterklärung** vor, so entscheidet das Gericht gemäß § 91a ZPO lediglich über die Kosten durch Beschluss. Die Wirkung des § 18 S. 2 Alt. 1 dürfte durch einen solchen Beschluss grundsätzlich nicht eintreten. Ein Entfall des prozessualen Geheimnisschutzes kommt nur nach Maßgabe von § 18 S. 2 Alt. 2 in Betracht. Im Falle einer **einseitigen Erledigterklärung** entscheidet das Gericht dagegen durch streitiges Feststellungsurteil (hM: *Althammer* in Zöller

ZPO § 91a Rn. 45). Ein derartiges Urteil kann ausreichend sein, um die Wirkung des § 18 S. 2 Alt. 1 auszulösen.

18 Im Falle einer **Klagerücknahme** treten die Wirkungen des § 18 S. 2 Alt. 1 nicht ein, und zwar auch dann nicht, wenn das Gericht über die Rechtsfolgen durch Beschluss gemäß § 269 Abs. 4 ZPO entscheidet. Allerdings wird gelegentlich vertreten, dass die getroffene Geheimhaltungsanordnung entsprechend § 269 Abs. 3 S. 1 Hs. 2 ZPO wie ein vor Klagerücknahme ergangenes Urteil wirkungslos werde (*Pichlmaier/Oldekop* in Hoppe/Oldekop Kap. 3 Rn. 193). Es ist indes zweifelhaft, ob sich diese Sichtweise mit den Vorgaben der Geschäftsgeheimnis-RL vereinbaren lässt. Nach Art. 9 Abs. 1 UAbs. 2 S. 1 Geschäftsgeheimnis-RL bestehen die Geheimhaltungsverpflichtungen auch nach Abschluss des Gerichtsverfahrens fort, sofern keiner der abschließend normierten (und im Falle der Klagerücknahme nicht gegebenen) Ausnahmetatbestände (Nach Art. 9 Abs. 1 UAbs. 2 S. 2 lit. a und b) einschlägig ist. Da der Gesetzgeber erkennbar darauf bedacht war, diese Vorgabe vollständig umzusetzen, fehlt es schon an einer planwidrigen Regelungslücke für eine entsprechende Anwendung von § 269 Abs. 3 Hs. 2 ZPO. Eine solche würde überdies in manchen Konstellationen zu schwer tragbaren Ergebnissen führen: Hat zB der Beklagte Geschäftsgeheimnisse in den Prozess eingeführt und nimmt der Kläger daraufhin vor Beginn der mündlichen Verhandlung die Klage zurück, ginge der prozessuale Schutz verloren, ohne dass der der Beklagte der Klagerücknahme zustimmen müsste (§ 269 Abs. 1 ZPO).

19 Ist die Geheimnisqualität im Laufe eines Rechtsstreits entfallen, ohne dass das Gericht dies durch rechtskräftiges Urteil feststellt, kommt dennoch ein Entfall des prozessualen Geheimnisschutzes nach Maßgabe von § 18 S. 2 Alt. 2 in Betracht.

2. Entfall der Geheimnisqualität, § 18 S. 2 Alt. 2

20 § 18 S. 2 Alt. 2 sieht vor, dass die Verpflichtungen nach § 16 Abs. 2 enden, sobald die streitgegenständlichen Informationen für Personen in den Kreisen, die üblicherweise mit solchen Informationen umgehen, bekannt oder ohne weiteres zugänglich werden. Damit endet der prozessuale Geheimnisschutz, wenn das **Geschäftsgeheimnis materiell entfällt,** weil das Definitionsmerkmal der **Nichtoffenkundigkeit** (§ 2 Nr. 1 lit. a) nicht oder nicht mehr gegeben ist. Dagegen greift der Beendigungstatbestand nicht ein, wenn das Geschäftsgeheimnis entfällt, weil es keinen wirtschaftlichen Wert mehr aufweist (§ 2 Nr. 1 lit. a aE) oder keine angemessenen Geheimhaltungsmaßnahmen (§ 2 Nr. 1 lit. b) mehr getroffen werden (*Schönknecht* in Keller/Schönknecht/Glinke GeschGehG § 18 Rn. 16; *Hoppe/Oldekop* Mitt. 2022, 473 (480)). Darin mag man eine Inkonsistenz zwischen dem Geheimnisbegriff und § 18 S. 2 Alt. 2 sehen, allerdings ist die Abweichung bereits in Art. 9 Abs. 1 UAbs. 2 lit. b Geschäftsgeheimnis-RL und ErwGr 24 angelegt und wird durch die nationale Bestimmung lediglich konsequent umgesetzt. Praktisch dürfte das allgemeine Bekanntwerden einer Information ohnehin der wichtigste Grund für den Fortfall des Geheimnisses sein.

21 § 18 S. 2 Alt. 2 deckt im Wesentlichen zwei Situationen ab: **(1) Entfall der Geheimnisqualität nach Abschluss des Rechtsstreits.** In diesem Fall enden die Verpflichtungen des § 16 Abs. 2 unmittelbar mit Eintritt der Offenkundigkeit. **(2) Entfall der Geheimnisqualität während des Rechtsstreits.** Streng nach dem Wortlaut der Vorschrift enden in diesem Fall die Verpflichtungen des § 16 Abs. 2 nicht unmittelbar, sondern erst mit Abschluss des Rechtsstreits (sofern dies nicht ohnehin durch ein rechtskräftiges Urteil iSv § 18 S. 2 Alt. 1 festgestellt wird). Denn

§ 18 S. 2 Alt. 2 bildet nach der deutschen Gesetzesfassung nur eine Ausnahme von dem Grundsatz des S. 1, wonach der prozessuale Geheimnisschutz über den Abschluss des Rechtsstreits hinaus fortbesteht, besagt aber nicht, dass dieser bereits zuvor ad-hoc entfällt. Während ein Teil des Schrifttums dementsprechend erst von einem nachprozessualen Entfall der Verpflichtungen gemäß § 16 Abs. 2 ausgeht (Voraufl.; *Steinbrück/Höll* in Brammsen/Apel GeschGehG § 18 Rn. 14), scheinen andere Stimmen von einem sofortigen Entfall noch während des anhängigen Verfahrens auszugehen (*Schönknecht* in Keller/Schönknecht/Glinke GeschGehG § 18 Rn. 5 u. 17; *Hauck* in Hoeren/Münker GeschGehG § 18 Rn. 8). Die zugrundeliegende (vollharmonisierende) Bestimmung des Art. 9 Abs. 1 UAbs. 2 Geschäftsgeheimnis-RL hilft nicht weiter, da sie beide Lesarten zulässt. Für letztere Auffassung spricht, dass sie die prozessualen Schutzmaßnahmen besser mit der materiellen Rechtslage in Einklang bringt. Für erstgenannte Ansicht sprechen der Wortlaut jedenfalls des § 18 und die systematische Erwägung, dass sich die Vorschrift ebenso wie Art. 9 Abs. 1 UAbs. 2 Geschäftsgeheimnis-RL insgesamt auf die nachprozessualen Wirkungen des Geheimnisschutzes konzentriert (vgl. auch ErwGr 24). Letztlich wird man die Frage aber als ungeklärt bezeichnen müssen. Eine praktische Abhilfe kann darin bestehen, dass das Gericht bereits während des Rechtsstreits die getroffenen Schutzmaßnahmen aufheben oder abändern kann (§ 20 Abs. 2 S. 2).

22 Richtigerweise spielt es für die Anwendung von § 18 Abs. 2 Alt. 2 **keine Rolle,** ob der zur Geheimhaltung Verpflichtete den Entfall der Geheimnisqualität **zu vertreten** hat (aA jeweils unter Bezugnahme auf ErwGr. 27 Geschäftsgeheimnis-RL: *Alexander* in Köhler/Bornkamm/Feddersen GeschGehG § 18 Rn. 13; *Schönknecht* in Keller/Schönknecht/Glinke GeschGehG § 18 Rn. 15; *Gregor* in BeckOK GeschGehG § 18 Rn. 8; *Hauck* in Hoeren/Münker GeschGehG § 18 Rn. 8; wie hier: *McGuire* in Büscher GeschGehG § 17 Rn. 13; *Steinbrück/Höll* in Brammsen/Apel GeschGehG § 18 Rn. 17; *Sebulke,* S. 244). Wenn eine Information allgemein bekannt geworden ist und somit ihre Geheimnisqualität insgesamt verloren hat, bedarf es keiner besonderen prozessualen Schutzmaßnahmen mehr. Etwas anderes ergibt sich auch nicht aus ErwGr. 27, der sich weder auf den prozessualen Geheimnisschutz bezieht noch den ihm beigelegten Rechtsgedanken enthält: ErwGr. 27 spricht sich zutreffend für eine Begrenzung dauerhafter materieller Abhilfemaßnahmen für den Fall des vom Verletzer nicht zu vertretenden Offenkundigwerdens aus. Der Gegenschluss, dass Geheimnisschutz bei Vertretenmüssen durch den Verletzer ihm gegenüber dauerhaft gewährt werden müsse, lässt sich daraus nicht ziehen. Selbst wenn aber der materielle Geheimnisschutz gegenüber dem Verletzer weiterbestehen würde (quod non), kann dies nicht für den prozessualen Schutz gelten. Ein solches Ergebnis wäre **mit der Geschäftsgeheimnis-RL nicht zu vereinbaren,** weil weder Art. 9 Abs. 1 UAbs. 2 lit. b noch einschlägige ErwGr. 24 eine solche Ausnahme vorsehen (zutr. *Sebulke,* S. 244). Es erschiene auch wenig sinnvoll, dem Verletzer weiterhin und „für immer" bei Androhung von Ordnungsmitteln u.a. die außerprozessuale Offenbarung einer ohnehin allgemeinkundigen Information zu verbieten und ihn dauerhaft zur „Geheimhaltung" zu verpflichten.

23 Liegen die Voraussetzungen des § 18 S. 2 Alt. 2 vor, so entfallen die Wirkungen des § 16 Abs. 2 unmittelbar kraft Gesetzes gegenüber allen Verpflichteten, ohne dass es einer gerichtlichen Entscheidung bedarf (*Schönknecht* in Keller/Schönknecht/Glinke GeschGehG § 18 Rn. 17; *Steinbrück/Höll* in Brammsen/Apel GeschGehG § 18 Rn. 10). Anders als im Fall des § 18 S. 2 Alt. 1 existiert deshalb grundsätzlich bei Eingreifen der zweiten Alternative **keine formelle Entscheidung,** auf die sich der Prozessgegner berufen kann, um die Beendigung der Verpflichtungen gemäß

§ 16 Abs. 2 rechtssicher zu belegen. Angesichts dieses unsicheren Zustandes wird in der Literatur zu Recht die Möglichkeit einer deklaratorischen Feststellung der Wirkungen des § 18 S. 2 gefordert (*Hoppe/Oldekop* Mitt 2022, 473 (480)). Nach derzeitiger Rechtslage kann der Prozessgegner lediglich gemäß **§ 20 Abs. 2 S. 2** eine klarstellende Aufhebung der Geheimhaltungsanordnung beantragen bzw. anzuregen (→ § 20 Rn. 17). Daneben besteht die (vergleichsweise aufwendige) Möglichkeit, bis zum Schluss der mündlichen Verhandlung eine negative **Zwischenfeststellungs(wider)klage** (§ 256 Abs. 2 ZPO) erheben, wenn das (Nicht-)Bestehen des Geschäftsgeheimnisses ein präjudizielles Rechtsverhältnis bildet. Entgegen dem Wortlaut des § 256 Abs. 2 ZPO ist es nicht erforderlich, dass der Schutz als Geschäftsgeheimnis erst während des Rechtsstreits streitig geworden ist. Eine Zwischenfeststellungsklage ist auch dann möglich, wenn dieses Rechtsverhältnis von Anfang an streitig war (OLG Hamm NJW-RR 1998, 424). Treten die Voraussetzungen des § 18 S. 2 Alt. 2 erst nach Schluss der mündlichen Verhandlung ein, so wird eine allgemeine **negative Feststellungsklage** (§ 256 Abs. 1 ZPO) in Betracht kommen, da in aller Regel ein ausreichendes Feststellungsinteresse gegeben sein wird, dass die Verpflichtungen gemäß § 16 Abs. 2 entfallen sind.

3. Nicht von § 18 S. 2 erfasste Fälle

Nicht unter § 18 S. 2 fällt die Konstellation, dass zwar die **Geheimnisqualität** 24
einer Information **(fort-)besteht,** die Information aber von einem anderen Prozessbeteiligten als dem Geheimnisinhaber außerhalb bzw. nach Abschluss des Rechtsstreits **rechtmäßig erworben** wird (zB durch eigenständige Entdeckung oder Schöpfung gemäß § 3 Abs. 1 Nr. 1 oder durch Reverse Engineering gemäß § 3 Abs. 1 Nr. 2). In einem derartigen Fall entfällt die prozessuale Geheimhaltungsverpflichtung gemäß § 16 Abs. 2 letzter Hs.

§ 19 Weitere gerichtliche Beschränkungen

(1) [1]**Zusätzlich zu § 16 Absatz 1 beschränkt das Gericht der Hauptsache zur Wahrung von Geschäftsgeheimnissen auf Antrag einer Partei den Zugang ganz oder teilweise auf eine bestimmte Anzahl von zuverlässigen Personen**

1. **zu von den Parteien oder Dritten eingereichten oder vorgelegten Dokumenten, die Geschäftsgeheimnisse enthalten können, oder**
2. **zur mündlichen Verhandlung, bei der Geschäftsgeheimnisse offengelegt werden könnten, und zu der Aufzeichnung oder dem Protokoll der mündlichen Verhandlung.**

[2]**Dies gilt nur, soweit nach Abwägung aller Umstände das Geheimhaltungsinteresse das Recht der Beteiligten auf rechtliches Gehör auch unter Beachtung ihres Rechts auf effektiven Rechtsschutz und ein faires Verfahren übersteigt.** [3]**Es ist jeweils mindestens einer natürlichen Person jeder Partei und ihren Prozessvertretern oder sonstigen Vertretern Zugang zu gewähren.** [4]**Im Übrigen bestimmt das Gericht nach freiem Ermessen, welche Anordnungen zur Erreichung des Zwecks erforderlich sind.**

(2) **Wenn das Gericht Beschränkungen nach Absatz 1 Satz 1 trifft,**

1. **kann die Öffentlichkeit auf Antrag von der mündlichen Verhandlung ausgeschlossen werden und**
2. **gilt § 16 Absatz 3 für nicht zugelassene Personen.**

(3) **Die §§ 16 bis 19 Absatz 1 und 2 gelten entsprechend im Verfahren der Zwangsvollstreckung, wenn das Gericht der Hauptsache Informationen nach § 16 Absatz 1 als geheimhaltungsbedürftig eingestuft oder zusätzliche Beschränkungen nach Absatz 1 Satz 1 getroffen hat.**

Übersicht

I. Allgemeines

1. Regelungsgehalt und Normzweck

1 **§ 19 Abs. 1** sieht in Ergänzung zu § 16 die Möglichkeit weiterer gerichtlicher Maßnahmen zum Schutz von Geschäftsgeheimnissen vor. Im Vordergrund stehen dabei **Zugangsbeschränkungen,** also Einschränkungen der Möglichkeit des Gegners, Kenntnis von streitbefangenen Geschäftsgeheimnissen zu erhalten: § 19 Abs. 1 S. 1 ermächtigt das Gericht, den **Zugang zu Dokumenten,** die

Geschäftsgeheimnisse enthalten können (Nr. 1), und zu einer **mündlichen Verhandlung,** in der Geschäftsgeheimnisse offengelegt werden können (Nr. 2), auf eine **bestimmte Anzahl zuverlässiger Personen** zu beschränken. Derartige Zugangsbeschränkungen sind faktisch wirkende Maßnahmen. Regelmäßig handelt es sich um die wirksamste Variante der Geheimhaltung, die aus Sicht des Geheimnisinhabers zu bevorzugen wäre. Die Zugangsbeschränkungen des § 19 Abs. 1 führen allerdings im Interesse eines effektiven Geheimnisschutzes einschließlich eines effektiven Rechtsschutzes (Art. 19 Abs. 4 GG) zu Einschränkungen des gegnerischen **Anspruchs auf rechtliches Gehör** (Art. 103 Abs. 1 GG, Art. 47 Abs. 2 EUGRCh) sowie – auf einfachgesetzlicher Ebene – zu **Einschränkungen des Grundsatzes der Parteiöffentlichkeit** (zu Einzelheiten siehe → Vor §§ 16–20 Rn. 18). Einen vollständigen Ausschluss der Parteiöffentlichkeit sieht § 19 Abs. 1 aber nicht vor (vgl. Satz 3). Der europäische und der deutsche Gesetzgeber haben sich bewusst gegen ein konsequent umgesetztes in-camera-Verfahren entschieden (→ Vor §§ 16–20 Rn. 5 ff.), so dass von jeder Partei mindestens eine natürliche Person Zugang zu den streitbefangenen Geschäftsgeheimnissen haben muss. **Im Verhältnis zum Gericht** wird der Zugang durch Maßnahmen nach § 19 Abs. 1 grundsätzlich nicht beschränkt (→ Rn. 33). Jedenfalls eine Zugangsbeschränkung zulasten des zuständigen Spruchkörpers wäre mit grundlegenden Prinzipien des Zivilprozesses auch unvereinbar. Das zur Entscheidung berufene erkennende Gericht (§ 309 ZPO), vor dem auch die mündliche Verhandlung und die Beweisaufnahme stattfindet (vgl. §§ 128 Abs. 1, 355 Abs. 1 ZPO), muss nach dem **Unmittelbarkeitsgrundsatz** zwingend Kenntnis von dem streitgegenständlichen Geschäftsgeheimnis erhalten. Konstruktionen, wonach das Geheimnis lediglich Beweismittlern offenbart wird und keinen Eingang in die Prozessakte findet (sog. Black-Box-Verfahren), stünden zu diesen Prinzipien im Widerspruch (*McGuire* GRUR 2015, 424, 430).

§ 19 Abs. 2 sieht für den Fall, dass Zugangsbeschränkungen nach Absatz 1 2
getroffen wurden, flankierende Wirkungen vor: Zum einen kann die **Öffentlichkeit** auf Antrag von der mündlichen Verhandlung ausgeschlossen werden (Nr. 1). Zum anderen wird die **Beschränkung der Akteneinsicht** gemäß § 16 Abs. 3, die grundsätzlich nur im Verhältnis zu Dritten gilt, auch auf Verfahrensbeteiligte, die nicht zum Kreis der zugelassenen Personen gehören, ausgedehnt.

§ 19 Abs. 3 ordnet eine entsprechende Geltung des prozessualen Geheimnis- 3
schutzes gemäß § 16–18 und § 19 Abs. 1 und 2 im **Zwangsvollstreckungsverfahren** an. Die Vorschrift ist **systematisch ein Fremdkörper** in § 19, weil sie sich ausweislich ihres Wortlautes auch auf die Schutzvorkehrungen nach § 16 bezieht. Es wäre daher vorzugswürdig gewesen, die Regelung entweder in einer separaten Norm zu treffen oder bei § 20 zu verorten.

2. Unionsrechtlicher Rahmen

a) Vorgaben der Geschäftsgeheimnis-RL. § 19 Abs. 1 dient der Umset- 4
zung von **Art. 9 Abs. 2 und 3 Geschäftsgeheimnis-RL.**

Die Richtlinienbestimmungen weisen folgende Struktur auf: **Art. 9 Abs. 2** 5
UAbs. 1 Geschäftsgeheimnis-RL stellt zunächst eine allgemeine, **generalklauselartige Bestimmung** voran, wonach die zuständigen Gerichte Maßnahmen treffen können, die erforderlich sind, um die Vertraulichkeit eines Geschäftsgeheimnisses zu wahren. Gemäß S. 1 müssen die Gerichte solche Maßnahmen auf

ordnungsgemäß begründeten Antrag hin treffen können, nach S. 2 können die Mitgliedsstaaten auch vorsehen, dass dies von Amts wegen geschehen kann. Die Generalklausel bezieht sich nicht nur auf Zugangsbeschränkungen, sondern gibt dem nationalen Gesetzgeber erheblichen Freiraum hinsichtlich des Maßnahmenspektrums, zu dem die Gerichte ermächtigt werden können.

6 **Art. 9 Abs. 2 UAbs. 2** Geschäftsgeheimnis-RL gestaltet die Generalklausel dann konkretisierend aus und sieht die Möglichkeit von **Zugangsbeschränkungen** zu von den Parteien vorgelegten Dokumenten (lit. a) und zu Anhörungen (lit. b) als zwingendes Instrumentarium für die nationalen Gerichte vor. Im Gegenzug für solche Begrenzungen müssen ausgeschlossene Beteiligte nach lit. c die Möglichkeit haben, Zugang zu **geschwärzten Fassungen** geheimer Unterlagen zu erhalten.

7 **Art. 9 Abs. 2 UAbs. 3** Geschäftsgeheimnis-RL **konkretisiert den Personenkreis,** der Zugang zu dem Geschäftsgeheimnis erhält, unter zwei Gesichtspunkten: Einerseits darf die Anzahl der Personen nicht größer sein, als zur Wahrung des Rechts der Verfahrensparteien auf einen wirksamen Rechtsbehelf und ein faires Verfahren erforderlich **(Obergrenze).** Andererseits muss er mindestens eine natürliche Person jeder Partei und ihre jeweiligen Rechtsanwälte oder sonstigen Vertreter umfassen **(Untergrenze).**

8 **Art. 9 Abs. 3** Geschäftsgeheimnis-RL sieht ein umfassendes **Abwägungserfordernis** vor. Danach berücksichtigen die zuständigen Gerichte bei der Entscheidung über die Maßnahmen gemäß Abs. 2 und der Beurteilung ihrer Verhältnismäßigkeit die Notwendigkeit, das Recht auf einen wirksamen Rechtsbehelf und ein faires Verfahren zu gewährleisten, die legitimen Interessen der Parteien und gegebenenfalls etwaiger Dritter sowie den möglichen Schaden, der einer der Parteien und gegebenenfalls etwaigen Dritten durch die Gewährung oder Ablehnung dieser Maßnahmen entstehen kann.

9 Die Vorschriften weisen einen unterschiedlichen **Harmonisierungsgrad** auf: Wie sich Art. 1 Abs. 1 UAbs. 2 Geschäftsgeheimnis-RL entnehmen lässt, handelt es sich bei den Bestimmungen des Art. 9 Abs. 2 Geschäftsgeheimnis-RL lediglich um Mindestschutzvorgaben. Art. 9 Abs. 3 Geschäftsgeheimnis-RL ist hingegen eine vollharmonisierende und damit insgesamt verbindliche Vorschrift.

10 **b) Umsetzung in nationales Recht.** Die **Umsetzung in § 19** invertiert das Verhältnis von Generalklausel und Einzelmaßnahmen. Die Norm greift primär die Zugangsbeschränkungen gemäß Art. 9 Abs. 2 UAbs. 2 lit. a und b Geschäftsgeheimnis-RL auf, während die Generalklausel des Art. 9 Abs. 2 UAbs. 1 lediglich etwas versteckt in § 19 Abs. 1 S. 4 abgebildet wird. Die Vorgabe des Art. 9 Abs. 2 UAbs. 2 lit. c wird separat durch § 19 Abs. 2 Nr. 2 umgesetzt (BT-Drs. 19/4924, 37) und durch die Verfahrensvorschrift des § 20 Abs. 4 ergänzt.

11 Die Richtlinienvorgaben für den Kreis Zugangsberechtigter gemäß **Art. 9 Abs. 2 UAbs. 3** sind nicht ganz vollständig umgesetzt: Während die Untergrenze der Zugangsberechtigten in § 19 Abs. 1 S. 3 abgebildet ist, fehlt es an einer expliziten Regelung der Obergrenze (→ Rn. 7). Sie ist in die Abwägung nach § 19 Abs. 1 S. 2 und ggf. in die Ermessensnorm des § 19 Abs. 1 S. 4 hineinzulesen.

12 Das **Abwägungserfordernis** des Art. 9 Abs. 3 ist in § 19 Abs. 1 S. 2 umgesetzt.

3. Entstehungsgeschichte

13 § 19 geht auf **§ 18 RefE** zurück. Die Fassung des **RegE** brachte demgegenüber eine Reihe von Änderungen: Der Wortlaut des § 18 Abs. 1 S. 3 RefE besagte,

dass jeweils mindestens einer natürlichen Person jeder Partei und „einem ihrer Prozessvertreter" oder sonstigen Vertretern Zugang zu vertraulichem Prozessstoff zu gewähren ist. Dabei suggerierte die Formulierung „einem ihrer Prozessvertreter", dass auch insoweit eine Beschränkung auf eine einzige natürliche Person möglich ist. Der RegE näherte den Wortlaut der Geschäftsgeheimnis-RL an. Seitdem spricht der Normtext von einer natürlichen Person jeder Partei und **„ihren Prozessvertretern"** (siehe näher → Rn. 32). Gegenüber dem RefE neu gefasst wurde außerdem § 19 Abs. 2 RegE. Die Vorläuferbestimmung des § 18 Abs. 2 RefE besagte, dass Dritten und nicht zugelassenen Personen nur eine Fassung des Urteils, von Beschlüssen oder Verfügungen zur Verfügung gestellt werden darf, in der die Geschäftsgeheimnisse enthaltenen Ausführungen gelöscht oder geschwärzt wurden, wenn das Gericht Zugangsbeschränkungen nach § 19 Abs. 1 trifft. Durch die Einführung von **§ 16 Abs. 3** im RegE (→ § 16 Rn. 6) konnte insoweit auf diese Bestimmung **verwiesen** werden (vgl. § 19 Abs. 2 Nr. 2). Ergänzt wurde schließlich **§ 19 Abs. 2 Nr. 1,** wonach die Öffentlichkeit auf Antrag von der mündlichen Verhandlung ausgeschlossen werden kann, wenn das Gericht Zugangsbeschränkungen nach § 19 Abs. 1 trifft.

Auf Empfehlung des **Rechtsausschusses** wurde in der Endfassung außerdem das Wort **„zuverlässig"** in § 19 Abs. 1 S. 1 ergänzt (BT-Drs. 19/8300, 15), so dass in der Endfassung des Gesetzestextes Zugangsbeschränkungen auf eine bestimmte Anzahl zuverlässiger Personen vorgesehen sind (zum Hintergrund dieser Ergänzung siehe → Rn. 29). Das Kriterium der Zuverlässigkeit ist in der Geschäftsgeheimnis-RL nicht unmittelbar angelegt, aber mit ihr vereinbar, da es sich allenfalls um eine zulässige Verschärfung des Geheimnisschutzes gegenüber den Mindestvorgaben des Art. 9 Abs. 2 Geschäftsgeheimnis-RL handelt (*Alexander* in Köhler/Bornkamm/Feddersen § 19 GeschGehG Rn. 12; *Kuta* in Hoeren/Münker GeschGehG § 19 Rn. 30). Überdies spricht ErwGr. 25 davon, dass durch ausreichende gerichtliche Kontrolle verhindert werden müsse, dass das Ziel der Zugangsbeschränkungen unterlaufen wird. Funktional ist das Zuverlässigkeitskriterium Teil dieser gerichtlichen Kontrolle. 14

II. Zugangsbeschränkungen und weitere Maßnahmen (Absatz 1)

1. Formelle Voraussetzungen

a) Antrag einer Partei. Auch die Maßnahmen gemäß § 19 Abs. 1 sind **antragsgebunden.** Wie bei § 16 hat der Gesetzgeber keinen Gebrauch von der Möglichkeit gemäß Art. 9 Abs. 2 UAbs. 1 S. 2 gemacht, dass das Gericht Zugangsbeschränkungen von Amts wegen erlassen kann. Der Antrag ist eine **prozessuale Erwirkungshandlung** (→ § 16 Rn. 16). Hinsichtlich des möglichen **Antragstellers** spricht § 19 Abs. 1 ebenso wie § 16 Abs. 1 von dem „Antrag einer Partei". Obwohl die jeweils zugrundeliegenden Bestimmungen der Geschäftsgeheimnis-RL untereinander geringfügig abweichen (Art. 9 Abs. 1 UAbs. 1: „Antrag […] einer interessierten Partei"; Art. 9 Abs. 2 UAbs. 1: „Antrag einer Partei"), ist davon auszugehen, dass sachlich keine Unterschiede bestehen. Hinsichtlich des Antragstellers gilt daher das zu § 16 Gesagte (→ § 16 Rn. 17). 15

Der Antrag nach § 19 Abs. 1 kann bereits in der **Klageschrift** gestellt werden und **richtet sich darauf,** dass der Zugang zu bestimmten (konkret zu bezeichnen- 16 den) Dokumenten und/oder zur mündlichen Verhandlung auf Seiten des Prozessgegners auf bestimmte Personen sowie auf seine Prozessbevollmächtigten zu beschränken sei. Da § 19 Abs. 1 S. 1 dem Gericht mehrere unterschiedliche Maßnahmen (Nr. 1, 2) ermöglicht, steht es der Partei offen, konkrete Maßnahmen zu beantragen. Denkbar ist es, den Antrag alternativ auf Zugangsbeschränkungen zu **Dokumenten** (Nr. 1) oder zur **mündlichen Verhandlung** (Nr. 2) zu begrenzen. Ebenso möglich ist es aber, beide Kategorien von Maßnahmen kumulativ zu beantragen. Zusammen mit diesen Maßnahmen können auch ergänzende Anordnungen nach § 19 Abs. 1 S. 4 beantragt werden. Teilweise wird gefordert, der Geheimnisinhaber müsse die **Anzahl der Personen** im Antrag benennen (*Kuta* in Hoeren/Münker GeschGehG § 19 Rn. 26; *McGuire* in Büscher GeschGehG § 19 Rn. 21). Auch eine **namentliche Benennung** der auf Seiten des Prozessgegners **zuzulassenden Personen** ist denkbar (*Schönknecht* in Keller/Schönknecht/Glinke GeschGehG § 19 Rn. 18; *Oldekop* in Hoppe/Oldekop Kap. 5 Rn. 46; *Kuta* in Hoeren/Münker GeschGehG § 19 Rn. 31), aber **nicht erforderlich.** Oftmals wird eine Benennung dem Geheimnisinhaber mangels Einblicks in die gegnerische Sphäre ohnehin nicht möglich sein. Selbst wenn er aber zuzulassende Personen benennt, ist dies lediglich als Anregung zu verstehen und bindet weder Gericht noch Gegner. Denn nach der Konzeption der Geschäftsgeheimnis-RL hat der Gegner ein entsprechendes Vorschlagsrecht, nicht der Geheimnisinhaber (→ Rn. 28 ff.). Der Geheimnisinhaber kann allerdings von vorneherein bestehende Bedenken hinsichtlich der Zuverlässigkeit bestimmter Personen äußern. Der **notwendige Inhalt des Antrags** ergibt sich im Übrigen aus § 20 Abs. 3 und 4 (→ § 20 Rn. 20 ff.): Der Antragsteller muss die geheimhaltungsbedürftigen Informationen in eingereichten Schriftstücken oder sonstigen Unterlagen **kennzeichnen** (§ 20 Abs. 4 S. 1) und **glaubhaft** machen, dass es sich bei den Informationen um **Geschäftsgeheimnisse** handelt (§ 20 Abs. 3). Da diese Voraussetzungen in gleicher Weise bereits bei einem Antrag nach § 16 Abs. 1 bestehen, kommt ihnen mit Blick auf § 19 keine eigenständige Bedeutung zu. Die Anordnung von Zugangsbeschränkungen gemäß § 19 Abs. 1 S. 2 setzt allerdings eine umfassende Interessenabwägung voraus. Deshalb bedarf es hier zusätzlich der **Glaubhaftmachung abwägungsrelevanter Gesichtspunkte.** Darüber hinaus sieht § 20 Abs. 4 S. 2, 3 vor, dass eine **um die Geschäftsgeheimnisse reduzierte Fassung** von Unterlagen eingereicht werden muss, die auch von dem ausgeschlossenen Personenkreis eingesehen werden kann (s. näher → § 20 Rn. 30).

17 **b) Zuständigkeit, Verfahren, Form.** Zu Zuständigkeit, Verfahren und Form der gerichtlichen Maßnahmen siehe bereits → § 16 Rn. 18. Eine wesentliche Abweichung zu Anträgen nach § 16 besteht darin, dass bei einer Anordnung von Zugangsbeschränkungen eine **Auswahl zuverlässiger Personen** erforderlich ist. Dies **verkompliziert das Verfahren** nicht unerheblich (ähnlich *Kuta* in Hoeren/Münker GeschGehG § 19 Rn. 27). Während über die bloße Einstufung einer Information als geheimhaltungsbedürftig nach § 16 Abs. 1 regelmäßig ex-parte entschieden und die Anhörung gemäß § 20 Abs. 2 S. 1 nachgeholt werden kann, bedarf es bei Entscheidungen nach § 19 Abs. 1 einer stärkeren Mitwirkung der Parteien.

17a Bei einem Antrag nach § 19 Abs. 1 sollte daher **grundsätzlich** eine **vorherige Anhörung des Prozessgegners** unter angemessener Fristsetzung erfolgen, um diesem eine **Ausübung seines Vorschlagsrechts** (→ Rn. 28) zu ermöglichen (vgl. BT-Drs. 19/4724, 38; zu diesem Zweck dürfte eine Übersendung der bereinigten Fassung gemäß § 20 Abs. 4 S. 2 regelmäßig erforderlich, aber auch ausreichend sein). Übt der Prozessgegner das Vorschlagsrecht nicht fristgerecht aus, sollte das Gericht den Zugang auf mindestens einen gesetzlichen Vertreter beschränken, sofern es die Voraussetzungen der Zugangsbeschränkungen im Übrigen als gegeben ansieht (ähnlich: *Schönknecht* in Keller/Schönknecht/Glinke GeschGehG § 19 Rn. 51). Auf diese Folge ist sinnvollerweise bereits im Rahmen der Anhörung hinzuweisen. Benennt der Prozessgegner zuzulassende Personen, so ist dem **Geheimnisinhaber** ebenfalls innerhalb angemessener Frist **Gelegenheit zu geben,** sich im Hinblick auf die **Zuverlässigkeit** (→ Rn. 29) zu äußern. Auf dieser Grundlage kann dann die Entscheidung getroffen werden.

In besonders gelagerten Fällen mag es abweichend hiervon in Betracht 17b kommen, auch eine Zugangsbeschränkung nach § 19 Abs. 1 bereits **ex-parte** zu treffen und die Anhörung des Prozessgegners nach § 20 Abs. 2 S. 1 nachzuholen. Allerdings wird man dann als zugangsberechtigte Person regelmäßig einen gesetzlichen Vertreter des Prozessgegners benennen müssen. **Mit Vorsicht zu genießen** sind dagegen etwaige Anregungen, die der antragstellende Geheimnisinhaber hinsichtlich des auf gegnerischer Seite zuzulassenden Personenkreises äußert. Zwar ist es dem Geheimnisinhaber unbenommen, solche Anregungen auszusprechen (→ Rn. 16a). Ihm fehlt aber zum einen regelmäßig der Einblick, welche Personen in der gegnerischen Sphäre geeignet sind (*Schönknecht* in Keller/Schönknecht/Glinke GeschGehG § 19 Rn. 49). Zum anderen ist es ein elementares prozessuales Recht des Gegners, innerhalb der gesetzlichen Grenzen selbst zu entscheiden, wie er seine Rechtswahrnehmung oder -verteidigung zweckentsprechend organisiert. Er mag beispielsweise gute Gründe haben, bestimmte Personen außen vor zu lassen und sie gerade nicht zum Kreis der Zugangsberechtigten zuzulassen, zB um eine Kontamination mit fremden Geschäftsgeheimnissen zu vermeiden (hierzu *Schönknecht* in Keller/Schönknecht/Glinke GeschGehG § 19 Rn. 52). Deshalb sieht ErwGr. 25 der Geschäftsgeheimnis-RL ein Vorschlagsrecht des Prozessgegners und nicht des Geheimnisinhabers vor. Die Hinweise zum **Münchner Verfahren in Patentstreitsachen** (Stand: März 2022; Stichwort „Geheimhaltungsanträge", Ziff. 4., S. 5) schlagen zur Vermeidung von Verzögerungen vor, bereits mit dem Antrag eine zuvor auf Anwaltsebene selbständig eingeholte Stellungnahme des Prozessgegners zu vertrauenswürdigen Personen vorzulegen. Bei Streit über das Geheimhaltungsbedürfnis oder die Zuverlässigkeit seien die zur Begründung vorgetragenen Angaben glaubhaft zu machen. Der betroffenen Partei soll es dann freistehen, im Anschluss an den Beschluss weitere zuverlässige Personen nachzubenennen.

2. Materielle Voraussetzungen

a) Einstufung nach § 16 Abs. 1. Aus dem Wortlaut des § 19 Abs. 1 („Zusätz- 18 lich") folgt ein **Stufenverhältnis,** wonach die dort vorgesehenen Maßnahmen nur getroffen werden können, wenn gleichzeitig eine **Einstufung von Informationen als geheimhaltungsbedürftig** nach § 16 Abs. 1 erfolgt ist (BT-Drs. 19/4724, 36). Dieses Stufenverhältnis ergibt sich nicht unmittelbar aus der Geschäftsgeheimnis-RL (Wortlaut: „des Weiteren", engl. Fassung „also"), ist aber schlüssig, da es keinen Sinn ergibt, den Zugang von Personen zu Dokumenten und Verhandlungen zum Schutz geheimer Informationen zu beschränken, es den zugelassenen Personen dann aber freizustellen, die Informationen weiterzugeben. Maßnahmen nach § 19 Abs. 1 sind folglich nur sinnvoll denkbar, wenn Maßnahmen nach

§ 16 getroffen wurden. In diesem Fall wird die geheime Information nur einem bestimmten, eng umgrenzten Personenkreis zugänglich gemacht, der seinerseits den Offenbarungs- und Nutzungsbeschränkungen des § 16 Abs. 2 unterliegt. Der Antrag nach § 19 Abs. 1 kann entweder sogleich **zusammen mit dem Antrag nach § 16 Abs. 1** oder **zu einem späteren Zeitpunkt** gestellt werden. In aller Regel ist die erstgenannte Variante vorzugswürdig, weil Maßnahmen nach § 19 Abs. 1 nicht mehr sinnvoll sind, wenn entsprechende Dokumente bereits in den Rechtsstreit eingeführt worden sind und innerhalb der Verfahrensöffentlichkeit Verbreitung gefunden haben, die nicht mehr rückgängig gemacht werden kann (*Schönknecht* in Keller/Schönknecht/Glinke GeschGehG § 19 Rn. 17).

19 Mittelbar folgt aus dem Erfordernis einer Einstufung nach § 16 Abs. 1, dass auch der Anwendungsbereich von Maßnahmen nach § 19 Abs. 1 auf **Geschäftsgeheimnisstreitsachen** (→ § 16 Rn. 8) beschränkt ist.

20 Die Einstufung nach § 16 Abs. 1 muss sich gerade (auch) auf die Information beziehen, die in von den Parteien oder Dritten eingereichten Dokumenten enthalten ist (§ 19 Abs. 1 S. 1 Nr. 1) oder im Rahmen der mündlichen Verhandlung offengelegt wird (§ 19 Abs. 1 S. 1 Nr. 2). Dass es sich hierbei um ein **mögliches Geschäftsgeheimnis** handelt (siehe näher → § 16 Rn. 23), ist bereits als Voraussetzung für die Einstufung nach § 16 Abs. 1 jeweils glaubhaft zu machen (§ 20 Abs. 3). Der Umstand, dass das Gesetz in § 20 Abs. 3 auch bei einem Antrag nach § 19 Abs. 1 ein entsprechendes Glaubhaftmachungserfordernis nennt, hat demgegenüber keine eigenständige Bedeutung (*Schönknecht* in Keller/Schönknecht/Glinke GeschGehG § 19 Rn. 20).

20a **b) Überwiegendes Geheimhaltungsinteresse, § 19 Abs. 1 S. 2.** Gemäß § 19 Abs. 1 S. 1 kommen Zugangsbeschränkungen nur **zur Wahrung von Geschäftsgeheimnissen** in Betracht. Die Formulierung bringt zum Ausdruck, dass die Maßnahmen auf Grundlage der Vorschrift **nicht mit anderer Zielrichtung** als zum Schutz von Geheimhaltungsinteressen getroffen werden dürfen.

21 Zugangsbeschränkungen sind gemäß § 19 Abs. 1 S. 2 nur möglich, soweit das Geheimhaltungsinteresse nach **Abwägung aller Umstände** das Recht der **Beteiligten** auf rechtliches Gehör auch unter Beachtung ihres Rechts auf effektiven Rechtsschutz und ein faires Verfahren übersteigt. Wie in der Formulierung „der Beteiligten" zum Ausdruck kommt, sind dabei nicht nur die prozessualen Teilhaberechte der jeweiligen Gegenpartei, sondern auch etwaiger weiterer Streitgenossen oder Streithelfer zu berücksichtigen. Das Erfordernis geht auf **Art. 9 Abs. 3 Geschäftsgeheimnis-RL** zurück. Danach berücksichtigen die zuständigen Gerichte bei der Entscheidung über die Zugangsbeschränkungen und der Beurteilung ihrer Verhältnismäßigkeit **(1)** die Notwendigkeit, das Recht auf einen wirksamen Rechtsbehelf und ein faires Verfahren zu gewährleisten, **(2)** die legitimen Interessen der Parteien und gegebenenfalls etwaiger Dritter sowie **(3)** den möglichen Schaden, der einer der Parteien und gegebenenfalls etwaigen Dritten durch die Gewährung oder Ablehnung dieser Maßnahmen entstehen kann. Diese – **nicht abschließend** aufgezählten – Faktoren sind im Rahmen der Abwägungsentscheidung gemäß § 19 Abs. 1 S. 2 zu berücksichtigen. Insoweit fällt auf, dass § 19 Abs. 1 S. 2 nicht ganz deckungsgleich mit Art. 9 Abs. 3 Geschäftsgeheimnis-RL formuliert ist. Insbesondere kommt im nationalen Gesetzestext, der sich lediglich auf die Rechte „der Beteiligten" bezieht, nur unzureichend zum Ausdruck, dass **ggf. auch Drittinteressen** zu berücksichtigen sind. Dies mag sich beispielsweise auf die Interessen weiterer, nicht am Rechtsstreit beteiligter Geheimnisinha-

ber (zB Lizenznehmer) beziehen, die es wegen der Nicht-Exklusivität des Schutzes von Geschäftsgeheimnissen durchaus geben kann. Wegen Art. 1 Abs. 1 UAbs. 2 Geschäftsgeheimnis-RL sind die Vorgaben des Art. 9 Abs. 3 zwingend in § 19 Abs. 1 S. 2 mit hineinzulesen. Ebenfalls zu berücksichtigen ist die im deutschen Recht nicht ausdrücklich umgesetzte Vorgabe des Art. 9 Abs. 2 UAbs. 3 Geschäftsgeheimnis-RL, wonach die **Anzahl der zugelassenen Personen** nicht größer sein darf als zur effektiven Rechtsdurchsetzung und für ein faires Verfahren erforderlich (→ Rn. 7 u. 11), da es sich hierbei um die verbindliche Vorgabe von Mindestschutzstandards handelt.

Für die Anordnung von Zugangsbeschränkungen kann es insbesondere sprechen, wenn die Parteien unmittelbare Wettbewerber sind, so dass der Gegner aus den in Rede stehenden Geschäftsgeheimnissen direkten wirtschaftlichen Nutzen ziehen könnte. Gleiches gilt, wenn der in Rede stehende Klagevorwurf besonders unredliches, insbesondere vorsätzliches Verhalten betrifft, wenn der Gegner einschlägig vorbestraft oder bereits rechtskräftig wegen ähnlicher Verstöße verurteilt wurde, wenn Geschäftsgeheimnisse von herausragendem Wert oder hervorgehobener Bedeutung – etwa bestimmte Schlüsseltechnologien – in Rede stehen oder wenn das Geheimnis seiner Art nach besonders einprägsam ist, so dass eine einmal erlangte Kenntnis nicht wieder rückgängig gemacht werden kann (vgl. *Schönknecht* in Keller/Schönknecht/Glinke GeschGehG § 19 Rn. 23). Ebenfalls für eine Zugangsbeschränkung kann es sprechen, wenn die Sanktionen für Verstöße gegen Geheimhaltungsverpflichtungen aus § 16 nicht oder nur erschwert vollstreckbar sind, etwa bei im Ausland ansässigen Parteien. 22

Gegen Zugangsbeschränkungen spricht es beispielsweise, wenn sich der Gegner anderenfalls unzureichend verteidigen könnte, weil hierzu besonderes Fachwissen notwendig ist. Ebenfalls gegen Zugangsbeschränkungen kann es sprechen, wenn zB aufgrund strafrechtlicher Ermittlungen bekannt ist, dass der Prozessgegner – auch infolge rechtswidriger Aneignung – bereits Kenntnis von den fraglichen Informationen hat. Hier liegen Offenlegungs- und Nutzungsbeschränkungen nach § 16 ohnehin eher im Interesse des Geheimnisinhabers. Gegen Zugangsbeschränkungen soll auch eine zwischen den Parteien bereits bestehende Absicherung durch eine **vorgerichtlich abgeschlossene Vertraulichkeitsvereinbarung** sprechen, insbesondere wenn die Parteien in einer solchen Vereinbarung gerade keine Zugangsbeschränkungen vorgesehen oder die Vereinbarung bewusst auf einen bestimmten Geltungszeitraum beschränkt haben (OLG Düsseldorf GRUR-RR 2023, 110 Rn. 7 ff. – Geheimnisschutz I m. Anm. *Kalbfus*; krit. dazu: *Hoppe* WRP 2023, 546; vgl. ferner LG Mannheim GRUR-RS 2023, 9890 Rn. 6 ff.). Dabei darf einem Geheimnisinhaber der Schutz des § 19 Abs. 1 aber nicht schematisch unter Verweis auf bestehende vertragliche Vereinbarungen versagt werden. Vielmehr sind die Umstände des Einzelfalls zu würdigen. Beispielsweise ist durch Auslegung zu ermitteln, ob eine bestehende Vertraulichkeitsvereinbarung von den Parteien im Zeitpunkt ihres Abschlusses als umfassende Regelung auch im Hinblick auf das Szenario eines möglichen Rechtsstreits gewollt war, ob die berechtigten Interessen des Geheimnisinhabers darin ausreichend Niederschlag gefunden haben (was zB infolge fehlender Verhandlungsmacht nicht stets der Fall sein wird), ob der Gegenstand deckungsgleich mit den streitgegenständlichen Informationen ist und ob diese auf vertraglicher Grundlage bereits einem weiteren Personenkreis zugänglich gemacht wurden (vgl. näher: *Kalbfus* GRUR-RR 2023, 112 (113)). Je nach Ergebnis der Einzelfallwürdigung kann eine Zugangsbeschrän- 23 kung gemäß § 19 Abs. 1 auch neben eine Vertraulichkeitsvereinbarung treten und diese ergänzen. Der Schutz nach § 19 Abs. 1 ist insoweit nicht subsidiär.

23a **Neutrale Faktoren:** Entgegen teilweise vertretener Ansicht (*Gregor* in BeckOK GeschGehG § 16 Rn. 15; *Schönknecht* in Keller/Schönknecht/Glinke GeschGehG § 19 Rn. 24; *Kuta* in Hoeren/Münker GeschGehG § 19 Rn. 54) sind die **Erfolgsaussichten der Klage** nicht oder nur ausnahmsweise zu berücksichtigen. Denn für die prozessualen Schutzmaßnahmen ist das Ergebnis des Rechtsstreits grundsätzlich unerheblich; eine Klage kann auch bei Vorliegen eines wichtigen Geschäftsgeheimnisses im Ergebnis erfolglos bleiben (zB mangels Nachweises der Verletzungshandlung oder Verjährung der Ansprüche). Die prozessualen Schutzmaßnahmen zielen bei **Geschäftsgeheimnisstreitsachen** darauf ab, den Geheimnisinhaber nicht vor der Durchsetzung seiner Rechte zurückschrecken zu lassen (→ Vor §§ 16–20 Rn. 11), und zwar auch dann nicht, wenn dies mit Unwägbarkeiten verbunden ist. Denkbar ist die Berücksichtigung der Erfolgsaussichten allenfalls in besonders gelagerten Fällen, wenn zB der Beklagte durch eine erkennbar auf Ausforschung abzielende Klage veranlasst werden soll, Geschäftsgeheimnisse zu seiner Verteidigung offenzulegen. Hier könnte eine geringe Erfolgswahrscheinlichkeit für Maßnahmen nach § 19 zulasten des Klägers sprechen. In **Patentstreitsachen** (§ 145a PatG) sind die Erfolgsaussichten des Rechtsstreits ohnehin nicht aussagekräftig für die Frage des Geheimnisschutzes.

23b Der Antragsteller hat die im Rahmen der Interessenabwägung gemäß § 19 Abs. 1 S. 2 zu seinen Gunsten zu berücksichtigenden Gesichtspunkte **darzulegen** und erforderlichenfalls entsprechend § 20 Abs. 3 **glaubhaft** zu machen (→ § 20 Rn. 33).

24 **c) Art der Entscheidung.** Dem Wortlaut des § 19 Abs. 1 nach handelt es sich bei den Zugangsbeschränkungen um eine **gebundene Entscheidung** des Gerichts („beschränkt das Gericht" im Gegensatz zu § 16 Abs. 1 „kann das Gericht … als geheimhaltungsbedürftig einstufen"). Die Gesetzesbegründung stützt dieses Verständnis, indem sie Maßnahmen nach § 19 Abs. 1 S. 1 Nr. 2 kontrastiert mit der Ermessensentscheidung nach § 172 Nr. 2 GVG (BT-Drs. 19/4724, 37). Allerdings wird dieser Charakter dadurch relativiert, dass bereits das **„Ob"** entsprechender Maßnahmen tatbestandlich von einer **umfassenden Abwägungsentscheidung** des Gerichts abhängt (§ 19 Abs. 1 S. 2). Zudem hat das Gericht ein weitreichendes **Ermessen hinsichtlich des „Wie"** der Anordnung (vgl. § 19 Abs. 1 S. 1: „ganz oder teilweise" sowie § 19 Abs. 1 S. 4). Etliche Stimmen gehen deshalb im Ergebnis insgesamt von einer Ermessensentscheidung aus (OLG Düsseldorf GRUR-RR 2023, 110 Rn. 6 – Geheimnisschutz I; *Schönknecht* in Keller/Schönknecht/Glinke GeschGehG § 19 Rn. 30; *Kircher* in BeckOK PatG § 145a Rn. 39).

3. Rechtsfolge

25 **a) Zugangsberechtigter Personenkreis, § 19 Abs. 1 S. 1 u. 3.** Gemäß § 19 Abs. 1 S. 1 beschränkt das Gericht den Zugang zu Geschäftsgeheimnissen auf eine **bestimme Anzahl** von **zuverlässigen Personen.** Damit stellt sich zum einen die Frage nach der Größe des Personenkreises. Zum anderen ist eine Entscheidung darüber zu treffen, welche Personen zugangsberechtigt sein sollen. Grundsätzlich bestimmt das Gericht die persönliche Reichweite der Schutzmaßnahmen nach seinem **Ermessen.** Es kann insbesondere den Zugang auf bestimmte Personenkreise beschränken. Auch insoweit gilt aber das **Antragsprinzip:** Benennt die

antragstellende Partei zumindest abstrakt Personenkreise, die als Zugangsberechtigte in Betracht kommen oder die von einem Zugang ausgeschlossen sein sollen, hat das Gericht dies seiner Ermessensentscheidung zugrundelegen. Nach dem Gedanken des § 308 Abs. 1 ZPO kann es hinter dem Antrag zurückbleiben, darf aber keine strengeren Schutzmaßnahmen treffen (vgl. *McGuire* in Büscher GeschGehG § 19 Rn. 21).

aa) Größe des Personenkreises. Der **Kreis der zugangsberechtigten Personen** ist **möglichst klein** zu halten. Dies folgt unmittelbar aus einer richtlinienkonformen Auslegung des § 19. Nach Art. 9 Abs. 2 UAbs. 3 darf die Anzahl der Personen, die Zugang zu dem Geschäftsgeheimnis erhält, nicht größer sein als zur Wahrung des Rechts der Verfahrensparteien auf einen wirksamen Rechtsbehelf und ein faires Verfahren erforderlich ist. Diese in § 19 nicht explizit abgebildete Richtlinienbestimmung wirkt also ermessensbegrenzend. 26

Andererseits ist nach **§ 19 Abs. 1 S. 3** eine Untergrenze von **mindestens einer natürlichen Person jeder Partei** einzuhalten, so dass ein vollständiger Ausschluss von Angehörigen einer Prozesspartei nicht möglich ist. Diese Ermessensgrenze ist unmittelbar durch Art. 9 Abs. 2 UAbs. 3 Geschäftsgeheimnis-RL vorgegeben. Zwar zählt Art. 9 Abs. 2 UAbs. 3 Geschäftsgeheimnis-RL nicht zu den in Art. 1 Abs. 1 UAbs. 2 genannten zwingenden Bestimmungen, so dass eine Abweichung im nationalen Recht zugunsten des Geheimnisschutzes ggf. möglich gewesen wäre. Hiervon hat der deutsche Gesetzgeber aber jedenfalls keinen Gebrauch gemacht. Anders als noch der erste Richtlinienentwurf der Kommission sieht damit weder die Geschäftsgeheimnis-RL noch das GeschGehG ein „echtes“ **in-camera-Verfahren** vor (*Hauck* NJW 2016, 2218, 2223; *Kalbfus* GRUR 2016, 1009, 1015; *Lejeune* CR 2016, 330, 342). Da § 19 Abs. 1 S. 3 allerdings eine Bestimmung zum Schutz von Individualinteressen ist und insbesondere den Anspruch des Gegners auf rechtliches Gehör absichert, erscheint ein **Verzicht** der begünstigten Person auf diesen Schutz möglich. Erklärt also der Prozessgegner – wofür es verschiedene Gründe geben mag – sein Einverständnis, dass zB nur seine Prozessbevollmächtigten Zugang zu einem Geschäftsgeheimnis erhalten, steht § 19 Abs. 1 S. 3 einer entsprechenden gerichtlichen Anordnung nicht entgegen (zust. *Gregor* in BeckOK GeschGehG § 19 Rn. 29a). Denkbar ist es auch, dass das in § 19 Abs. 1 S. 3 verbürgte Zugangsrecht zugunsten mindestens einer natürlichen Person jeder Partei **delegiert** wird. So kann sich die Prozesspartei zB auch durch einen externen Privatsachverständigen vertreten lassen (vgl. BGH GRUR 2014, 578 – Umweltengel für Tragetasche) und diesen im Rahmen ihres Vorschlagsrechts als zugangsberechtigte Person benennen. 27

Nach der Gesetzesbegründung ist § 19 Abs. 1 (gemeint ist wohl: S. 3) entsprechend auf **Streitgenossen** (vgl. Wortlaut: „jeder Partei“) anzuwenden, nicht jedoch auf **Nebenintervenienten,** da die mit dem Ansatz des Geheimnisschutzes kollidiere. Der Anspruch auf rechtliches Gehör auch des Nebenintervenienten sei durch geeignete Maßnahmen zu wahren (BT-Drs. 19/4724, 36). Dem wird teilweise entnommen, dass dem Nebenintervenienten der Zugang zu Geschäftsgeheimnissen vollständig versagt werden könne (so *Schönknecht* in Keller/Schönknecht/Glinke GeschGehG § 19 Rn. 33, 93). Andere Stimmen widersprechen dem zu Recht und führen an, dass dem Streithelfer schon mit Blick auf die Interventionswirkung (§ 68 ZPO) grundsätzlich rechtliches Gehör in gleichem Maße wie der unterstützen Partei zu gewähren sei (*Kircher* in BeckOK PatG § 145a Rn. 31; *Steinbrück/Höll* in Brammsen/Apel GeschGehG § 19 Rn. 18f.). 27a

27b Ausgehend von der genannten Untergrenze und der Vorgabe, den Kreis der Zugangsberechtigten möglichst klein zu halten, ist im konkreten Fall eine **geeignete Anzahl von Personen** zu bestimmen. In **Patentstreitsachen** entsprach es bereits vor Anwendbarkeit des § 19 gängiger Praxis, über Konstrukte von Vertraulichkeitsvereinbarungen maximal **vier Personen** zuzulassen (vgl. OLG Düsseldorf BeckRS 2017, 156523). Entsprechende Anregungen kann der Geheimnisinhaber bereits in seinem **Antrag** unterbreiten (→ Rn. 17a). Für eine Überschreitung der gesetzlichen Mindestzahl von einer natürlichen Person je Partei spricht es beispielsweise, wenn der Umfang der Informationen so groß ist, dass eine sinnvolle Auswertung des Prozessstoffs die Arbeitskapazitäten einer Person vollständig binden oder gar überschreiten würde. Häufig wird es aus Praktikabilitätsgründen erforderlich sein, neben einem Mitarbeiter aus der Rechtsabteilung auch einen Mitarbeiter aus der Fachabteilung zuzulassen. Betreffen die in Rede stehenden Informationen verschiedene Fachgebiete (z.B. F&E einerseits und Vertrieb andererseits), wird es angezeigt sein, jeweils verschiedene sachkundige Personen zuzulassen. Sofern eine sinnvolle Auswertung des Prozessstoffs allerdings nicht voraussetzt, dass Sachkunde auf beiden Gebieten *zugleich* besteht, kommt eine Aufspaltung der Zugangsberechtigung in verschiedene Personenkreise je nach Art der Information in Betracht (*Schönknecht* in Keller/Schönknecht/Glinke GeschGehG § 19 Rn. 40).

27c Soweit im Schrifttum unter Bezugnahme auf den Wortlaut des § 19 Abs. 1 S. 3 („jeder Partei") vereinzelt vertreten wird, aus Gründen der prozessualen Waffengleichheit sei auch eine **Zugangsbeschränkung auf Seiten des Geheimnisinhabers** denkbar (*Pichlmaier/Oldekop* in Hoppe/Oldekop Kap. 3 Rn. 205 f.), ist dem **zu widersprechen:** Es wäre verfehlt, den Inhaber selbst in der Weitergabe oder Nutzung seines Geheimnisses einzuschränken und ihn insoweit seiner Dispositionsbefugnis zu berauben, zumal der Geheimnisinhaber die relevante Information regelmäßig produktiv nutzt und hierzu weiter uneingeschränkt in der Lage sein muss. Zugangsbeschränkungen auf Seiten des Geheimnisinhabers wären zudem regelmäßig sinnlos, weil dort meist ohnehin bereits ein anderer Kreis als die mit dem Rechtsstreit befassten Personen Zugang haben wird. Zugangsbeschränkungen zulasten des Geheimnisinhabers selbst lassen sich auch nicht aus dem Wortlaut des § 19 Abs. 1 S. 3 ableiten: Die Formulierung „jeder Partei" ist vor dem Hintergrund zu sehen, dass es im Fall einer Streitgenossenschaft auf Kläger- oder Beklagtenseite mehr als zwei Parteien geben kann. Zu Recht formulieren daher die Hinweise zum Münchner Verfahren in Patentstreitsachen (Stand: März 2022, Stichwort „Geheimhaltungsanträge", Ziff. 5., S. 6), dass eine gerichtliche **Beschränkung des Zugangs zu eigenen Geheimnissen niemals sachgerecht** sei.

28 **bb) Auswahl der zuzulassenden Personen.** Ist die Partei, der beschränkt Zugang gewährt werden soll, eine **natürliche Person,** so erübrigt sich eine weitere Auswahl; in diesem Fall ist stets der Person selbst Zugang zu gewähren (*Schönknecht* in Keller/Schönknecht/Glinke GeschGehG § 19 Rn. 42), falls sie nicht ihrerseits eine andere Person an ihrer Stelle vorschlägt. Dies ist u.a. von Bedeutung in Fällen, in denen der Geschäftsführer einer GmbH neben der Gesellschaft persönlich mitverklagt wird (*Pichlmaier/Oldekop* in Hoppe/Oldekop Kap. 3 Rn. 203a, vgl. dazu BGH GRUR 2014, 883 – Geschäftsführerhaftung).

29 Handelt es sich bei der Partei um eine **juristische Person,** so liegt der Geschäftsgeheimnis-RL (vgl. **ErwGr. 25**) die Vorstellung zugrunde, dass diese

ein **Vorschlagsrecht** hinsichtlich der an ihrer Stelle zugangsberechtigten Personen haben soll, damit eine angemessene Vertretung sichergestellt ist. Der **betroffenen Partei** kann also aufgegeben werden, eine bestimmte Anzahl geeigneter Mitarbeiter, die Zugang zu Geschäftsgeheimnissen erhalten, **namentlich zu benennen.** Allerdings lässt sich ErwGr. 25 auch entnehmen, dass das Vorschlagsrecht einer **gerichtlichen Kontrolle** unterliegen soll, um Missbrauch zu verhindern und sicherzustellen, dass die Geheimhaltungsmaßnahmen nicht unterlaufen werden. Dieses Korrektiv bildet im deutschen Recht das Kriterium der **„Zuverlässigkeit"** iSv § 19 Abs. 1 S. 1. Der Gesetzgeber hat dieses Kriterium im letzten Stadium des Gesetzgebungsverfahrens noch auf Empfehlung des Rechtsausschusses des Bundestags in den Gesetzestext aufgenommen. Die Empfehlung ging auch auf Bedenken im Rahmen der Anhörung von Verbänden zurück, wonach Geschäftsgeheimnisse durch eine Beteiligung unzuverlässiger Personen gefährdet werden könnten (BT-Drs. 19/8300, 15). Zweckmäßigerweise wird das Gericht daher den Geheimnisinhaber zunächst zum Kreis der vorgeschlagenen Personen anhören. Wenn danach hinreichende Anhaltspunkte dafür bestehen, dass eine vorgeschlagene Person keine Gewähr für vertrauliche Behandlung von Informationen bietet, kann das Gericht ihr den Zugang verweigern und ggf. den Gegner zur Unterbreitung eines Ersatzvorschlages auffordern. Nicht ausreichend dafür ist aber die bloße Annahme, dass eine andere Person lediglich besser geeignet sei. Bei Rechtsstreitigkeiten zwischen Wettbewerbern kann es sachgerecht sein, den Zugang zu Geheimnissen des Gegners auf Mitarbeiter einer Partei zu beschränken, die **nicht im operativen Bereich tätig** sind (zB Rechtsabteilung; ähnlich *Schlingloff* WRP 2018, 666 Rn. 29; für einen Zugang nur fachfremder Personen iSe Independent Agent: *Schregle* GRUR 2019, 912, 915; *Hauck* NJW 2016, 2218, 2223). Allerdings ist auch zu beachten, dass zur zweckentsprechenden Rechtsverfolgung oder -verteidigung häufig Spezialkenntnisse von Mitarbeitern der Fachabteilungen notwendig sind. Jedenfalls bei technisch komplexen Geschäftsgeheimnissen wird es regelmäßig geboten sein, neben Repräsentanten der Partei selbst auch einen von ihr beauftragten externen **Privatgutachter** zuzulassen (OLG Koblenz BeckRS 2021, 60928 Rn. 8).

Beschränkt das Gericht den Zugang einer Partei auf bestimmte Personen, so hat die Partei durch ausreichende organisatorische Vorkehrungen (insbesondere Kommunikationsbarrieren, sog. **„Chinese Walls"**) sicherzustellen, dass der Zugang auch intern auf diesen Personenkreis beschränkt bleibt. Dies kann durch Einrichtung eines **Clean Teams** in ähnlicher Weise erreicht werden, wobei sich die dazu erforderlichen Prozesse an der auch bei Unternehmenstransaktionen üblichen Praxis orientieren können (vgl. dazu *Linke/Fröhlich* GWR 2014, 449, 451; *Schumacher* NZKart 2017, 11; *Horstkotte/Rottmeier/Göpfert* ZIP 2015, 1269). **30**

cc) Zugangsberechtigung von Prozessvertretern/sonstigen Vertretern. **31** Zugang zu Geschäftsgeheimnissen ist gemäß § 19 Abs. 1 S. 3 den **Prozessvertretern** oder **sonstigen Vertretern** einer Partei zu gewähren. Prozessvertreter sind insbesondere die prozessbevollmächtigten Rechtsanwälte einer Partei. Sonstige Vertreter sind nach ErwGr. 25 der Geschäftsgeheimnis-RL sonstige Personen, die nach dem nationalen Recht ausreichend qualifiziert sind, um eine Partei in einem unter die Richtlinie fallenden Gerichtsverfahren zu verteidigen, zu vertreten oder ihre Interessen wahrzunehmen. Dies können zB mitwirkende Patentanwälte sein. Nicht gemeint sind insbesondere organschaftliche oder gar sonstige rechtsgeschäftliche Vertreter einer Partei (*Schönknecht* in Keller/Schönknecht/Glinke GeschGehG § 19 Rn. 55 f.).

32 Der Zugang von Rechtsanwälten, Patentanwälten und anderen Berufsgeheimnisträgern zu einem Geschäftsgeheimnis ist regelmäßig deshalb weniger kritisch, weil hier üblicherweise **kein Eigeninteresse** an der Nutzung eines Geschäftsgeheimnisses außerhalb des Gerichtsverfahrens besteht. Außerdem sind Rechts- und Patentanwälte unabhängige **Organe der Rechtspflege** (§§ 1 BRAO, 1 PAO) mit besonderen Verschwiegenheitspflichten, die ua über dic Strafvorschriften zum Schutz des **Berufsgeheimnisses** gemäß §§ 203, 204 StGB abgesichert sind. In der Regel ist es deshalb nicht erforderlich, den Zugang auf einen geringeren Kreis als die prozessbevollmächtigte Sozietät zu beschränken. Der im Plural abgefasste Gesetzeswortlaut („…Partei und ihren Prozessvertretern oder sonstigen Vertretern") trägt dem Rechnung. Anders gefasst war noch der Referentenentwurf (§ 18 Abs. 1 S. 3 RefE: „Partei und einem ihrer Prozessvertreter oder sonstigen Vertreter"). Durch die Anpassung des Gesetzeswortlauts in seiner Endfassung reagierte der Gesetzgeber auf die daran geäußerte Kritik (vgl. GRUR-Stellungnahme zum GeschGehG-RefE GRUR 2018, 708, 712) und passte den Wortlaut an die Geschäftsgeheimnis-RL an. Bei Prozessvertretern und sonstigen Vertretern kommt eine Zugangsbeschränkung auf einzelne natürliche Personen daher grundsätzlich nicht in Betracht (*Kalbfus* WRP 2019, 692 Rn. 40). Anders als bei Personen aus der Sphäre der Parteien selbst, bedarf es deshalb **keiner namentlichen Benennung** der zugelassenen Vertreter (vgl. die Antragsfassung bei *Oldekop* in Hoppe/Oldekop Kap. 5 Rn. 43: „den/die jeweiligen Prozessvertreter"; ebenso die Hinweise zum Münchner Verfahren in Patentstreitsachen, Stand: März 2022, Stichwort „Geheimhaltungsanträge", Ziff. 5., S. 5 f.; aA *Schönknecht* in Keller/Schönknecht/Glinke GeschGehG § 19 Rn. 73; *Kircher* in BeckOK PatG § 145a Rn. 42). Das Gesetz sieht auch **keinen Ausschluss** einzelner Vertreter zB aufgrund von **Zuverlässigkeitsbedenken** vor (OLG Koblenz BeckRS 2021, 60928 Rn. 7). Die Vertreter dürfen bei der Bearbeitung zugangsbeschränkter Unterlagen **Hilfspersonen** iSv § 203 Abs. 3 StGB einsetzen (*Schönknecht* in Keller/Schönknecht/Glinke GeschGehG § 19 Rn. 63), haben dabei aber insbesondere die Geheimhaltungsvorschriften nach §§ 16 Abs. 2, 203 Abs. 4 Nr. 1 StGB zu beachten.

33 **dd) Zugangsberechtigung gerichtsangehöriger Personen.** Der Zugang **gerichtsangehöriger Personen** wird durch Maßnahmen nach § 19 Abs. 1 grundsätzlich nicht beschränkt (BT-Drs. 19/4724, 37). ErwGr. 25 der Geschäftsgeheimnis-RL stellt klar, dass ein Eingriff in die Gerichtsorganisation nicht beabsichtigt ist (siehe näher → Vor §§ 16–20 Rn. 34).

34 **b) Arten von Zugangsbeschränkungen, § 19 Abs. 1 S. 1.** Gemäß § 19 Abs. 1 S. 1 kann das Gericht folgende **Arten von Zugangsbeschränkungen** treffen:

- Es kann den Zugang Verfahrensbeteiligter zu von den Parteien oder Dritten eingereichten oder vorgelegten **Dokumenten,** die Geschäftsgeheimnisse enthalten können, beschränken (Nr. 1).
- Es kann den Zugang Verfahrensbeteiligter zur **mündlichen Verhandlung,** bei der Geschäftsgeheimnisse offengelegt werden könnten, und zu der Aufzeichnung oder dem Protokoll der mündlichen Verhandlung beschränken (Nr. 2).

Der Gesetzeswortlaut „oder" ist im Sinne eines erweiternden „oder" **(und/oder),** nicht im Sinne eines exklusiven „entweder-oder" zu verstehen. Die Maßnahmen können also kumulativ getroffen werden. Bei der Entscheidung über das „Ob" der Maßnahmen hat das Gericht das Geheimhaltungsinteresse mit widerstreitenden Interessen der Gegenseite schon tatbestandlich umfassend abzuwägen

(→ Rn. 21 ff.). Hinsichtlich des **Inhalts** („Wie") der Beschränkungen ist dem Gericht ein **Auswahlermessen** eingeräumt. Gemäß § 19 Abs. 1 S. 4 entscheidet das Gericht zudem nach freiem Ermessen, welche Anordnungen erforderlich sind, damit der angestrebte Zweck der Geheimniswahrung erreicht wird. Dies gilt insbesondere für den sachlichen Umfang der Zugangsbeschränkungen (vgl. § 19 Abs. 1 S. 1, Wortlaut „ganz oder teilweise").

Nr. 1 regelt eine **Zugangsbeschränkung** mit Blick auf **Dokumente,** die von den Parteien oder Dritten eingereicht wurden. Darin liegt eine gewisse Abweichung von § 16. Während § 16 von streitgegenständlichen „Informationen" spricht, die Geschäftsgeheimnisse sein können, knüpfen die Maßnahmen nach § 19 an „Dokumente" an, die Geschäftsgeheimnisse enthalten (OLG Koblenz BeckRS 2021, 60928 Rn. 3). Die Geheimhaltungsanordnung nach § 16 Abs. 1 bezieht sich also unmittelbar auf Inhalte und schützt diese unabhängig von der Verkörperung, während der Zugangsschutz nach § 19 Abs. 1 auf konkrete Verkörperungen beschränkt ist. Die Unterscheidung kommt bereits in der Geschäftsgeheimnis-RL zum Ausdruck (vgl. einerseits Art. 9 Abs. 1 UAbs. 1: „Geschäftsgeheimnis oder […] angebliches Geschäftsgeheimnis", andererseits: Art. 9 Abs. 2 UAbs. 2 lit. a: „Dokumente […], die Geschäftsgeheimnisse oder angebliche Geschäftsgeheimnisse enthalten". Sie wird in der Systematik des deutschen Gesetzes allerdings nicht ganz konsequent durchgehalten, zB sieht § 20 Abs. 3 vor, dass die antragstellende Partei auch bei einem Antrag nach § 19 Abs. 1 die Geheimnisqualität der „streitgegenständlichen Information" (sic!) glaubhaft machen muss. Der Begriff der **„Dokumente"** ist nach seinem Sinngehalt weit auszulegen und umfasst neben Schriftsätzen und den zugehörigen (Papier-)anlagen auch Fotos, Datenträger, Muster etc. Unerheblich ist, ob die Dokumente physisch eingereicht werden oder elektronisch (etwa über das besondere elektronische Anwaltspostfach). Obwohl die Zugangsbeschränkungen sich auf eine bestimmte Verkörperung beziehen, wird man sie so zu verstehen haben, dass sie grds. auch für **Teile dieser Dokumente** und **Auszüge** aus diesen gelten, jedenfalls soweit darin geheimhaltungsbedürftige Informationen enthalten sind. Entsprechende Kennzeichnungen hat der Geheimnisinhaber in einem Antrag vorzunehmen (§ 20 Abs. 4). Die Zugangsbeschränkungen können sich ausweislich des Gesetzeswortlauts auf Dokumente beziehen, die von den **Parteien oder Dritten** eingereicht wurden. Die Bezeichnung **„Dritte"** kann sich zB auf Nebenintervenienten beziehen, die ebenfalls ein Interesse haben mögen, geheime Dokumente einzureichen, weil dies die sachgerechte Unterstützung der Hauptpartei erfordert. Nicht von Nr. 1 erfasst sind Dokumente, die das Gericht selbst erstellt hat. Namentlich das Protokoll einer mündlichen Verhandlung kann aber unter Nr. 2 fallen (vgl. BT-Drs. 19/4724, 37). 35

Nr. 2 regelt Zugangsbeschränkungen in Bezug auf **mündliche Verhandlungen,** in denen Geschäftsgeheimnisse offengelegt werden könnten, und Aufzeichnungen und Protokolle über solche Verhandlungen. Die Vorschrift geht über § 172 Nr. 2 GVG insbesondere deshalb hinaus, weil sie es erlaubt, auch den Kreis der am Rechtsstreit **Beteiligten** (und nicht nur der Öffentlichkeit) in seinem Teilnahmerecht an der mündlichen Verhandlung zu beschränken. Es handelt sich also um eine Beschränkung der Parteiöffentlichkeit. Der Begriff des **„Protokolls"** meint das Protokoll der mündlichen Verhandlung gemäß § 159 ff. ZPO. Der Begriff der **„Aufzeichnungen"** erfasst vorläufige Aufzeichnungen gemäß § 160a Abs. 1 ZPO, auch auf Ton- oder Datenträger. 36

Wurde eine Zugangsbeschränkung zu einer mündlichen Verhandlung angeordnet, so spricht dies regelmäßig **dagegen,** eine Verhandlung im Wege der **Bild-** 36a

und Tonübertragung gemäß **§ 128a ZPO** zu gestatten, da die Einhaltung der Zugangsbeschränkung im Rahmen einer Videokonferenz nicht zuverlässig überwacht werden kann (ähnlich: *Kircher* in BeckOK PatG § 145a Rn. 31). Beispielsweise lässt sich nicht ersehen, ob auf Teilnehmerseite weitere Personen außerhalb des Erfassungsbereichs der Kamera anwesend sind, ob die Verhandlung aufgezeichnet wird oder ob Screenshots angefertigt werden.

37 § 19 Abs. 1 Nr. 2 lässt offen, ob und inwieweit ein Ausschluss der nicht zugelassenen Personen auch von der **Urteilsverkündung** möglich ist (*Gregor* in BeckOK GeschGehG § 19 Rn. 24). Die allgemeine Vorschrift des § 173 GVG ist nicht unmittelbar anwendbar, da die Norm nicht den Ausschluss parteiangehöriger Personen, sondern der Öffentlichkeit regelt. Allerdings kann der Ausschluss parteiangehöriger Personen nicht weitergehen als der Ausschluss der Öffentlichkeit. Deshalb ist in entsprechender Anwendung des § 173 Abs. 1 GVG davon auszugehen, dass nach § 19 Abs. 1 Nr. 2 ausgeschlossene Personen bei der Urteilsverkündung grundsätzlich zuzulassen sind, dass sie aber analog § 173 Abs. 2 GVG durch besonderen Beschluss von der Verkündung der Urteilsgründe ganz oder teilweise ausgeschlossen werden können (näher: → Rn. 44a).

38 **c) Wirkungen der Zugangsbeschränkungen.** § 19 Abs. 1 S. 1 gestattet die Beschränkung des Zugangs zu Dokumenten und zur mündlichen Verhandlung. Die Norm bildet insoweit eine **gesetzliche Grundlage** für die **Einschränkung des Anspruchs auf rechtliches Gehör (Art. 103 Abs. 1 GG)** und verdrängt einfachgesetzliche Regelungen wie z.B. die Mitteilungspflicht gemäß § 270 ZPO. Ergänzend sieht **§ 19 Abs. 2** vor, dass bei Vorliegen von Zugangsbeschränkungen die Öffentlichkeit von der mündlichen Verhandlung ausgeschlossen werden kann (Nr. 1) und das Akteneinsichtsrecht auf den zugelassenen Personenkreis beschränkt wird (vgl. Nr. 2, → Rn. 46). Andererseits sieht § 19 keine unmittelbaren **Sanktionen** für den Fall vor, dass die Zugangsbeschränkungen missachtet werden. Daraus kann aber nicht der Schluss gezogen werden, dass ein Verstoß gegen Zugangsbeschränkungen nicht sanktionsbewehrt wäre (so aber offenbar OLG Koblenz BeckRS 2021, 60928 Rn. 2). Soweit unter Verstoß gegen eine Zugangsbeschränkung Geschäftsgeheimisse an nicht zugelassene Personen weitergegeben werden – sei es durch Weitergabe zugangsbeschränkter Dokumente, sei es durch Erörterung in einer mündlichen Verhandlung, in der nicht zugelassene Personen anwesend sind – handelt es sich um eine **unzulässige Offenbarung** nach **§ 4 Abs. 2 Nr. 2,** die den Sanktionen der §§ 6 ff. unterliegt. Soweit als geheimhaltungsbedürftig eingestufte Informationen betroffen sind, liegt in einer Weitergabe solcher Informationen eine **nach § 16 Abs. 2 unzulässige Offenlegung „außerhalb des Rechtsstreits“,** die nach Maßgabe von § 17 ordnungsmittelbewehrt ist (→ § 16 Rn. 42). Zulässig und nach Maßgabe allgemeiner Vorschriften geboten bleibt aber die Weitergabe von bereinigten Fassungen zugangsbeschränkter Dokumente iSv § 20 Abs. 4 S. 2

4. Ergänzende Anordnungen, § 19 Abs. 1 S. 4

39 Nach § 19 Abs. 1 S. 4 bestimmt das Gericht im Übrigen nach freiem Ermessen, welche Anordnungen zur Erreichung des Zwecks erforderlich sind. Dies ermöglicht jedenfalls Anordnungen zur **verfahrensmäßigen Durchführung und Ausgestaltung** der Zugangsbeschränkungen gemäß § 19 Abs. 1 S. 1 (*McGuire* in Büscher GeschGehG § 19 Rn. 24). Umstritten ist, ob das Gericht an den **Antrag der Partei** gebunden ist (bejahend: *Alexander* in Köhler/Bornkamm/Feddersen GeschGehG § 19 Rn. 30; verneinend: *Schönknecht* in Keller/Schönknecht/Glinke

GeschGehG § 19 Rn. 85). Für letztere Ansicht spricht, dass der Wortlaut des § 19 Abs. 1 S. 4 abweichend von § 16 Abs. 1 und § 19 Abs. 1 S. 1 kein Antragserfordernis vorsieht. Man wird deshalb davon ausgehen können, dass bereits der Antrag nach § 19 Abs. 1 S. 1 ausreicht, damit das Gericht auf Grundlage von S. 4 auch ergänzenden Maßnahmen treffen kann. Dies schließt umgekehrt eine gezielte Anregung bestimmter Maßnahmen durch die Partei nicht aus.

Ungeachtet einer möglichen Antragsgebundenheit spricht Art. 9 Abs. 2 Geschäftsgeheimnis-RL für eine **weite Auslegung der Befugnisse** nach § 19 Abs. 1 S. 4: So nennt die Geschäftsgeheimnis-RL die Zugangsbeschränkungen gemäß Art. 9 Abs. 2 UAbs. 2 lit. a und b (entsprechend § 19 Abs. 1 S. 1 Nr. 1 und 2) lediglich als Spezialfälle erforderlicher Maßnahmen iSv Art. 9 Abs. 2 UAbs. 1. Vorstellbar ist etwa die Anordnung **besonderer Verschwiegenheitspflichten** der Zugangsberechtigten, die gegenüber § 16 Abs. 2 **konkretisiert** oder **verschärft** sind (und deren Verletzung nach § 353d Nr. 2 StGB strafbewehrt wäre). Ebenfalls in Betracht kommen **organisatorische Vorkehrungen** wie beispielsweise Regelungen zur Durchführung einer Einsichtnahme in Dokumente, konkrete Anforderungen an zu treffende Geheimhaltungsmaßnahmen, Kopierverbote, Dokumentationspflichten oder spezifische Vorgaben zur Bildung eines Clean Teams (*Kalbfus* WRP 2019, 692 Rn. 33, eingehend: *Schönknecht* in Keller/Schönknecht/Glinke GeschGehG § 19 Rn. 87 ff.). Ein illustratives Beispiel für ein Maßnahmenpaket findet sich in der Rechtsprechung zu Streitigkeiten über standardessenzielle Patente (OLG Düsseldorf BeckRS 2016, 114213 Rn. 2 ff.). Im Bereich des GeschGehG fehlt eine Rechtsprechungspraxis allerdings bislang. 40

5. Rechtsbehelfe

Das System der Rechtsbehelfe gegen Entscheidungen nach § 19 Abs. 1 ist zweigeteilt: Soweit eine Zugangsbeschränkung antragsgemäß angeordnet wurde, kann die Entscheidung nur **gemeinsam mit dem Rechtsmittel in der Hauptsache** angefochten werden (§ 20 Abs. 5 S. 4). Soweit dagegen eine Maßnahme nach § 19 Abs. 1 **abgelehnt** wird, ist die **sofortige Beschwerde** statthaft (§ 20 Abs. 5 S. 5). Hinsichtlich weiterer Einzelheiten wird auf die Kommentierung zu § 20 verwiesen (→ § 20 Rn. 40 ff.). 40a

III. Ausschluss der Öffentlichkeit, Beschränkung der Akteneinsicht (Absatz 2)

§ 19 Abs. 2 regelt flankierende Maßnahmen, die Zugangsbeschränkungen nach § 19 Abs. 1 absichern sollen. Die flankierenden Maßnahmen des § 19 Abs. 2 finden ihre Grundlage nur zum Teil in der Geschäftsgeheimnis-RL. Im Übrigen sind sie originär nationales Recht, das sich gleichwohl in einigen Fragen mit den Vorgaben der Geschäftsgeheimnis-RL überschneidet. 41

1. Ausschluss der Öffentlichkeit (Nr. 1)

a) Voraussetzungen. Gemäß § 19 Abs. 2 Nr. 1 kann die **Öffentlichkeit** auf Antrag von der mündlichen Verhandlung ausgeschlossen werden, wenn das Gericht Beschränkungen nach Abs. 1 S. 1 trifft (krit. zur Ausgestaltung dieser Vorschrift: *Schregle* GRUR 2019, 912, 916 f.). Die Bestimmung tritt systematisch **neben § 172 Nr. 2 GVG** bzw. **§ 52 S. 2 ArbGG,** verdrängt diese Vorschriften 42 aber nicht; sie bleiben auch in Geschäftsgeheimnisstreitsachen anwendbar. Ein Ausschluss der Öffentlichkeit ist nach § 19 Abs. 2 Nr. 1 anders als bei § 172 Nr. 2 GVG nicht nur zum Schutz eines „wichtigen" Geschäftsgeheimnisses möglich, sondern zum Schutz jedes Geschäftsgeheimnisses (BT-Drs. 19/4724, 37). Der Ausschluss der Öffentlichkeit steht nach dem Wortlaut („kann") im **Ermessen** des Gerichts. Er ist also selbst dann nicht zwingend, wenn Maßnahmen nach § 19 Abs. 1 getroffen worden sind. Dass insoweit (auch abweichend von Nr. 2) **kein Automatismus** besteht, erklärt sich daraus, dass der Öffentlichkeitsgrundsatz (§ 169 Abs. 1 S. 1 GVG) auf diese Weise zurückhaltender und schonender eingeschränkt wird. Ein Verzicht auf den Ausschluss der Öffentlichkeit kommt etwa in Betracht, wenn nur Zugangsbeschränkungen zu Dokumenten (§ 19 Abs. 1 S. 1 Nr. 1) getroffen wurden oder das zu schützende Geschäftsgeheimnis in einer mündlichen Verhandlung nicht erörtert wird. Geboten ist ein Ausschluss der Öffentlichkeit allerdings regelmäßig, sobald das Geschäftsgeheimnis zur Sprache kommt, zumal auch das Gericht zur Geheimhaltung nach § 16 Abs. 2 verpflichtet ist. Jedenfalls dann, wenn der Zugang zur mündlichen Verhandlung gemäß § 19 Abs. 1 S. 1 Nr. 2 auf bestimmte Personen beschränkt wird, dürfte das **Ermessen** in aller Regel **auf Null reduziert** sein, da es sinnwidrig wäre, einerseits den Zugang der Parteien zu einer mündlichen Verhandlung zu beschränken, andererseits aber die Öffentlichkeit zuzulassen (ebenso: *Picht* ZGE 13 (2021), 133 (155); ähnlich: *Gregor* in BeckOK GeschGehG § 19 Rn. 41).

42a Im Schrifttum wird es gelegentlich als sachwidrig erachtet, dass ein Ausschluss der Öffentlichkeit nach § 19 Abs. 2 Nr. 1 nur dann möglich ist, wenn gleichzeitig die Parteiöffentlichkeit gemäß § 19 Abs. 1 beschränkt wurde. Durchaus vorstellbar seien Fälle, in denen ein Ausschluss der Öffentlichkeit, nicht aber des Prozessgegners angezeigt sei (*Schregle* GRUR 2019, 912, 916). Hieran anknüpfend wird vorgeschlagen, **§ 19 Abs. 2 Nr. 1 analog** anzuwenden, auch wenn **keine Zugangsbeschränkung** nach Abs. 1 verfügt wurde (*Gregor* in BeckOK GeschGehG § 19 Rn. 42; *Schönknecht* in Keller/Schönknecht/Glinke GeschGehG § 19 Rn. 99; *Steinbrück/Höll* in Brammsen/Apel GeschGehG § 19 Rn. 52; für einen Ausschluss der Öffentlichkeit auf Grundlage von § 19 Abs. 1 S. 4: *Kuta* in Hoeren/Münker GeschGehG § 19 Rn. 72). Im Ergebnis erscheinen diese Überlegungen valide. Allerdings dürfte einer analogen Anwendung des § 19 Abs. 2 Nr. 1 praktisch eher geringe Bedeutung zukommen, da ein Ausschluss der Öffentlichkeit auch in Geschäftsgeheimnisstreitsachen nach allgemeinen Vorschriften (§§ 172 Nr. 2 GVG, 52 S. 2 ArbGG) unter geringfügig strengeren Voraussetzungen ohnehin möglich ist (→ Rn. 42).

43 **b) Verfahren und Rechtsbehelfe.** Nach § 19 Abs. 2 Nr. 1 setzt der Ausschluss der Öffentlichkeit einen **Antrag** voraus, der von dem Antrag auf Zugangsbeschränkungen nach § 19 Abs. 1 zu unterscheiden ist (*Steinbrück/Höll* in Brammsen/Apel GeschGehG § 19 Rn. 48). Das **Verfahren** im übrigen richtet sich nach **allgemeinen Vorschriften des GVG** (im arbeitsgerichtlichen Verfahren: § 52 ArbGG), da sich die Sondervorschrift des § 20 nach ihrem Wortlaut nur auf Beschränkungen gemäß § 19 Abs. 1 und nicht auf Maßnahmen nach § 19 Abs. 2 bezieht (so auch LAG Baden-Württemberg BeckRS 2023, 26430 Rn. 3; *Schönknecht* in Keller/Schönknecht/Glinke GeschGehG § 19 Rn. 104; aA offenbar *Gregor* in BeckOK GeschGehG § 19 Rn. 46). Die Öffentlichkeit kann deshalb nicht gemäß § 20 Abs. 1 von vorneherein ab Anhängigkeit des Rechtsstreits von etwaigen mündlichen Verhandlungen ausgeschlossen werden, sondern erst in Zusammenhang mit der konkreten Verhandlung. Dies gewährleistet eine hinreichende Beteiligung der Öffentlichkeit an der Entscheidung über ihren Ausschluss: Nach § 174 Abs. 1 S. 1 GVG wird über den Ausschluss der Öffentlichkeit grundsätzlich **öffentlich verhandelt;** in nichtöffentlicher Sitzung ist zu verhandeln, wenn ein Beteiligter es beantragt oder das Gericht dies für angemessen erachtet. Der Beschluss, der die Öffentlichkeit ausschließt, muss grundsätzlich **öffentlich verkündet** werden; er kann in nicht öffentlicher Sitzung verkündet werden, wenn zu befürchten ist, dass seine öffentliche Verkündung eine erhebliche Störung der Ordnung in der Sitzung zur Folge haben würde (§ 174 Abs. 1 S. 2 GVG). Der Grundsatz der öffentlichen Verkündung trägt dem Anliegen Rechnung, dass die Öffentlichkeit zumindest erfahren soll, dass etwas nicht öffentlich verhandelt werden soll (OLG München BeckRS 2010, 16771). Gemäß § 174 Abs. 1 S. 2 GVG ergeht die Entscheidung durch **Beschluss.** Die Angabe, dass die Öffentlichkeit ausgeschlossen worden ist, gehört zum notwendigen Inhalt des Sitzungsprotokolls (§ 160 Abs. 1 Nr. 5 ZPO), ebenso der zugrundeliegende Beschluss (§ 160 Abs. 3 Nr. 7 ZPO).

Der Beschluss, durch den die Öffentlichkeit ausgeschlossen oder der Ausschluss abgelehnt wird, ist nach hM mit der sofortigen Beschwerde **nicht selbständig anfechtbar** (vgl. OLG München BeckRS 2010, 16771; *Lückemann* in Zöller GVG § 172 Rn. 14; *Pabst* in MüKoZPO GVG § 172 Rn. 15). Anders als etwa im Fall des gesonderten Beschlusses nach § 174 Abs. 3 GVG ist die Anfechtbarkeit gesetzlich nicht vorgesehen (§ 567 Abs. 1 Nr. 1 ZPO, vgl. OLG München BeckRS 2010, 16771). Die Statthaftigkeit ergibt sich auch nicht aus § 567 Abs. 1 Nr. 2 ZPO, da der Ausschluss der Öffentlichkeit eine mündliche Verhandlung erfordert (§ 174 Abs. 1 S. 1 GVG). Die Verletzung der Vorschriften über die Öffentlichkeit des Verfahrens bildet allerdings einen absoluten **Revisionsgrund** gemäß **§ 547 Nr. 5 ZPO.** 44

c) Reichweite des Ausschlusses. Auch bei Ausschluss der Öffentlichkeit aus Gründen des Geheimnisschutzes ist die **Urteilsverkündung** nach § 173 Abs. 1 GVG (im Arbeitsgerichtsverfahren entsprechend anwendbar gemäß § 52 S. 4 ArbGG) in jedem Fall öffentlich (ebenso: *Gregor* in BeckOK GeschGehG § 19 Rn. 48; *Steinbrück/Höll* in Brammsen/Apel GeschGehG § 19 Rn. 50). Die Verkündung der Entscheidungsgründe kann zum Schutz eines wichtigen Geschäftsgeheimnisses aber wiederum durch besonderen Beschluss ganz oder teilweise nichtöffentlich erfolgen (§ 173 Abs. 2 GVG). Dass durch Verlesung der Urteilsformel Geschäftsgeheimnisse offenbart werden, lässt sich in manchen Fällen praktisch bereits durch eine Formulierung der Klageanträge verhindern, wenn diese auf eine in Anlagen wiedergegebene konkrete Verletzungsform Bezug nehmen. Eine verbale Beschreibung der Umstände, aus denen sich die Rechtsverletzung ergibt (insbesondere des Geheimnisses), ist dann nicht erforderlich (BGH GRUR 2018, 1161 Rn. 19 – Hohlfasermembranspinnanlage II, vgl. zu möglichen Antragsfassungen näher → § 6 Rn. 59 ff.). 44a

d) Ergänzende Maßnahmen. Ergänzend zum Ausschluss der Öffentlichkeit kann das Gericht die anwesenden Personen gemäß **§ 174 Abs. 3 GVG** durch gesonderten Beschluss **zur Geheimhaltung verpflichten.** § 174 Abs. 3 GVG findet seinem Wortlaut nach Anwendung, wenn die Öffentlichkeit aus den in § 172 Nr. 2 GVG bezeichneten Gründen ausgeschlossen ist. Die Vorschrift dürfte aber auch bei einem Ausschluss der Öffentlichkeit nach Maßgabe von § 19 Abs. 2 Nr. 1 zumindest entsprechend anwendbar sein, da die „Gründe“ des Ausschlusses die gleichen sind wie bei § 172 Nr. 2 GVG. Eine Anordnung gemäß **§ 174 Abs. 3** 45

GVG ergeht von Amts wegen, entsprechende „Anträge“ einer Partei sind weder Voraussetzung noch binden sie das Gericht (BGH NJW-RR 2020, 1386 Rn. 13; OLG Karlsruhe BeckRS 2020, 15497 Rn. 23). Sie kann grundsätzlich erst in der mündlichen Verhandlung getroffen werden (OLG München BeckRS 2010, 16771). Der Beschluss ist in das Sitzungsprotokoll aufzunehmen (§ 174 Abs. 3 S. 2 GVG) und mit der sofortigen Beschwerde **anfechtbar,** soweit er die Geheimhaltung **anordnet** (§§ 174 Abs. 3 S. 3 GVG, 567 Abs. 1 Nr. 1 ZPO). Die sofortige Beschwerde hat aber keine aufschiebende Wirkung (§ 174 Abs. 3 S. 4 GVG). Gegen einen Beschluss, der die Anordnung der Geheimhaltung **ablehnt,** ist **kein Rechtsmittel** eröffnet, da für diesen Fall weder § 174 Abs. 3 S. 3 GVG eine ausdrückliche Bestimmung enthält (§ 567 Abs 1 Nr. 1 ZPO) noch durch die von Amts wegen ergehende Entscheidung ein „Gesuch“ zurückgewiesen worden ist (§ 567 Abs. 1 Nr. 2 ZPO) (BGH NJW-RR 2020, 1386 Rn. 9 ff.; BGH GRUR 2023, 1403 Rn. 31 – Ästhetische Behandlung; OLG Dresden BeckRS 2021, 3459 Rn. 7; OLG Karlsruhe BeckRS 2023, 25045 Rn. 13). Eine Verschwiegenheitsanordnung gemäß § 174 Abs. 3 GVG steht im Ermessen des Gerichts (BGH NJW-RR 2020, 1386 Rn. 13) und kann gegenüber allen oder einzelnen in der Verhandlung anwesenden Personen ergehen (BGH NJW-RR 2020, 1389 Rn. 28 ff.). Sie ist in den Fällen des § 19 Abs. 2 Nr. 1 in der Regel auch dann sinnvoll und geboten, wenn die anwesenden Personen bereits nach § 16 Abs. 2 zur Verschwiegenheit verpflichtet sind, da ein Verstoß gegen eine Anordnung gemäß § 174 Abs. 3 GVG nach **§ 353d Nr. 2 StGB** strafbewehrt ist. Im Falle einer Anordnung nach § 16 Abs. 1 ist dies hingegen zweifelhaft (→ § 17 Rn. 32). Auf Personen, die in der mündlichen Verhandlung nicht anwesend sind, kann sich eine Geheimhaltungsanordnung nach § 174 Abs. 3 GVG aber nicht erstrecken (OLG Dresden BeckRS 2021, 3459 Rn. 8; OLG Karlsruhe BeckRS 2020, 15497 Rn. 16 f.). Insoweit bleibt es ggf. bei der Absicherung gemäß § 16 Abs. 2.

2. Beschränkung des Akteneinsichtsrechts (Nr. 2)

46 Nach § 19 Abs. 2 Nr. 2 gilt § 16 Abs. 3 für nicht zugelassene Personen. Die Bedeutung des Verweises liegt darin, dass im Falle des § 19 Abs. 2 Nr. 2 auch das **Akteneinsichtsrecht der Prozessbeteiligten** (Parteien, Streithelfer) gemäß **§ 299 Abs. 1 ZPO** eingeschränkt wird, während § 16 Abs. 3 grds. nur das Akteneinsichtsrecht Dritter gemäß § 299 Abs. 2 ZPO betrifft (→ § 16 Rn. 55). Trifft das Gericht also Zugangsbeschränkungen nach § 19 Abs. 1 in Bezug auf eingereichte oder vorgelegte Dokumente oder in Bezug auf die mündliche Verhandlung (einschließlich des Protokolls), so darf nicht zugelassenen Personen auch dann, wenn es sich um Prozessbeteiligte handelt, nur ein Akteninhalt zur Verfügung gestellt werden, in dem die Geschäftsgeheimnisse enthaltenden Ausführungen unkenntlich gemacht wurden. Die Rechtsfolge tritt bei Vorliegen von Zugangsbeschränkungen nach § 19 Absatz 1 (anders als bei § 19 Abs. 2 Nr. 1) unmittelbar **kraft Gesetzes** ein und bedarf keiner weiteren gerichtlichen Entscheidung.

47 § 19 Abs. 2 Nr. 2 flankiert also die Zugangsbeschränkungen nach Absatz 1, die anderenfalls durch Einsichtnahme in die Gerichtsakten unterlaufen werden könnten. Es handelt sich um eine **Durchbrechung** des grundsätzlich uneingeschränkt gewährten **Akteinsichtsrechts** der **Parteien** und somit um eine Einschränkung des Anspruchs auf rechtliches Gehör (Art. 103 Abs. 1 GG). Nach allgemeinen Regeln müsste der Geheimnisinhaber damit rechnen, dass dem Prozessgegner auch Unterlagen, die Geschäftsgeheimnisse enthalten, im Wege der Akteneinsicht zur

Verfügung gestellt werden (BGH GRUR-RS 2020, 437 Rn. 19 – Akteneinsicht XXIV). Der Geheimnisinhaber hätte zwar auch ohne die Vorschrift des § 19 Abs. 2 Nr. 2 grundsätzlich die Möglichkeit, zu erklären, dass eine Weitergabe bestimmter Dokumente an den Gegner nur unter bestimmten Voraussetzungen erfolgen soll. Dadurch werden diese Unterlagen zunächst nicht Aktenbestandteil; sie dürfen dann aber auch nicht zum Nachteil des Gegners berücksichtigt werden (BGH GRUR-RS 2020, 437 Rn. 18, 20 – Akteneinsicht XXIV)

Umgekehrt stellt § 19 Abs. 2 Nr. 2 (jedenfalls in Verbindung mit § 299 Abs. 1 **48**
ZPO) auch klar, dass nicht zugelassenen Personen ein Akteninhalt zur Verfügung gestellt werden kann (und muss), der um Geschäftsgeheimnisse bereinigt wurde. Dies dient der Umsetzung von Art. 9 Abs. 2 UAbs. 2 lit. c Geschäftsgeheimnis-RL (BT-Drs. 19/4724, 37). Die Unkenntlichmachung kann durch **Schwärzung,** ggf. durch **Entnahme von Aktenteilen** erfolgen. **Verfahrensmäßig** flankiert wird die Vorschrift durch **§ 20 Abs. 4 S. 2 und 3.** Dadurch wird sichergestellt, dass bereinigte Fassungen geheimhaltungsbedürftiger Dokumente bereits von dem Geheimnisinhaber zu den Akten gereicht werden (Satz 2). Wird keine solche um die Geschäftsgeheimnisse reduzierte Fassung vorgelegt, kann das Gericht von der Zustimmung der Partei zur Einsichtnahme ausgehen, es sei denn, ihm sind besondere Umstände bekannt, die eine solche Vermutung nicht rechtfertigen (Satz 3). Eine vorherige **Anhörung** des Geheimnisinhabers, ggf. unter Hinweis auf die Vermutung gemäß Satz 3, dürfte gleichwohl regelmäßig geboten sein.

Hinsichtlich möglicher **Rechtsbehelfe** ist zu differenzieren: **(1)** Die Beschrän- **48a**
kung des Akteneinsichtsrechts gemäß § 299 Abs. 1 ZPO für nicht zugelassene (verfahrensbeteiligte) Personen *als solche* ist kraft Gesetzes unmittelbare Folge der Zugangsbeschränkungen gemäß § 19 Abs. 1 (→ Rn. 46) und kann **nicht isoliert,** sondern nur zusammen mit der Maßnahme nach § 19 Abs. 1 nach Maßgabe von § 20 Abs. 5 S. 4, 5 angefochten werden (→ Rn. 40a). **(2)** Anders ist das System der Rechtsbehelfe, wenn über ein konkretes **Akteneinsichtsgesuch eines Verfahrensbeteiligten** (sei es eine nach § 19 Abs. 1 zugelassene oder nicht zugelassenen Person) entschieden wird. Gegen den Beschluss, der ein Akteneinsichtsgesuch eines Verfahrensbeteiligten (Partei, Streithelfer) **zurückweist,** ist nach allgemeinen Vorschriften (§ 567 Abs. 1 Nr. 2 ZPO) die **sofortige Beschwerde** statthaft (hM, vgl. OLG Düsseldorf GRUR-RS 2018, 7036 Rn. 3 f. – Akteneinsicht des Streithelfers mwN). Wird dagegen einem Verfahrensbeteiligten **Akteneinsicht gewährt,** ist diese Entscheidung grds. **nicht mit der sofortigen Beschwerde anfechtbar,** weil es insoweit an einer gesetzlichen Bestimmung (§ 567 Abs. 1 Nr. 1 ZPO) fehlt und auch kein das Verfahren betreffendes Gesuch iSv § 567 Abs. 1 Nr. 2 ZPO zurückgewiesen worden ist; die Zurückweisung eines Gesuchs liegt auch dann nicht vor, wenn ein anderer Verfahrensbeteiligter dem Akteneinsichtsantrag entgegengetreten ist (OLG Karlsruhe BeckRS 2020, 30799). Auch die Bestimmung des **§ 20 Abs. 5 S. 5** ist nicht unmittelbar anwendbar, da sie lediglich die Grundentscheidung über die Zugangsbeschränkung betrifft. Bislang in der Rechtsprechung nicht entschieden ist, ob eine **analoge Anwendung** in Betracht kommt. Dafür spricht, dass § 20 Abs. 5 S. 5 die sofortige Beschwerde zum Schutz von Geheimhaltungsinteressen zulässt (→ § 20 Rn. 40). Diese können aber durch eine möglicherweise unberechtigte Akteneinsicht ebenso gefährdet werden wie durch eine möglicherweise unberechtigte Ablehnung prozessualer Zugangsbeschränkungen iSv § 19 Abs. 1. Dagegen spricht, dass die in Rede stehenden Geheimhaltungsinteressen regelmäßig bereits im Rahmen der Grundentscheidung nach § 19 Abs. 1 geprüft worden sein dürften.

IV. Zwangsvollstreckungsverfahren (Absatz 3)

49 Nach § 19 Abs. 3 gelten die §§ 16 bis 19 Abs. 1 und 2 entsprechend im Verfahren der Zwangsvollstreckung, wenn das Gericht der Hauptsache Informationen nach § 16 Abs. 1 als geheimhaltungsbedürftig eingestuft oder zusätzliche Beschränkungen nach § 19 Abs. 1 S. 1 getroffen hat. Der Regelungsgehalt der Vorschrift liegt darin, dass **bereits im Erkenntnisverfahren** getroffene Geheimnisschutzanordnungen im Rahmen des Zwangsvollstreckungsverfahrens **fortgelten,** es also keiner erneuten Schutzanordnung bedarf (aA *Kühnen* Hdb der Patentverletzung Teil D Rn. 122 u. 181). Gemeint ist die Zwangsvollstreckung aus dem in der Geschäftsgeheimnisstreitsache erlassenen vollstreckbaren Titel (BT-Drs. 19/4724, 37). Wie sich aus dem Wortlaut (und der *ratio*) ergibt, gilt die Vorschrift des § 19 Abs. 3 sowohl für **Geheimhaltungsanordnungen nach § 16 Abs. 1,** als auch für **Maßnahmen nach § 19 Abs. 1 und 2.** Ihre systematische Stellung, die eine Anwendbarkeit nur auf Maßnahmen nach § 19 nahelegt, ist daher unglücklich.

50 Die Fortgeltung von Maßnahmen des prozessualen Geheimnisschutzes ist insbesondere im Verhältnis zu den Verfahrensbeteiligten erforderlich, weil die **Zustellung des Vollstreckungstitels** Teil der allgemeinen Zwangsvollstreckungsvoraussetzungen ist (§ 750 Abs. 1 S. 1 ZPO). Zuzustellen ist in jedem Fall der **Urteilstenor** (arg. e § 750 Abs. 1 S. 2 ZPO, vgl. auch BT-Drs. 19/4724, 37), und zwar grundsätzlich einschließlich etwaiger Anlagen, auf die der Verbotstenor Bezug nimmt (vgl. OLG Frankfurt a.M. GRUR-RR 2011, 340; OLG Köln WRP 2004, 914 (915)). Sind darin Geschäftsgeheimnisse des Klägers enthalten, setzt das Betreiben der Zwangsvollstreckung also eine erneute Zugänglichmachung an den Beklagten voraus. Sind Geschäftsgeheimnisse nicht im Urteilstenor, sondern nur in Tatbestand oder Entscheidungsgründen enthalten, soll es nach der Gesetzesbegründung möglich sein, die Zwangsvollstreckung auf Grundlage einer hinsichtlich der Geschäftsgeheimmisse **geschwärzten vollstreckbaren Ausfertigung** zu betreiben (arg. e § 750 Abs. 1 S. 2 Hs. 2 ZPO); ungeschwärzt muss aber stets die Urteilsformel bleiben (BT-Drs. 19/4724, 37).

51 Ungeachtet dessen ist die Fortgeltung prozessualer Geheimhaltungsmaßnahmen auch deshalb notwendig, weil die **Feststellung eines Titelverstoßes** in Geschäftsgeheimnisstreitsachen häufig mit einigem Aufwand verbunden ist, insbesondere wenn eine verbotswidrige Nutzung eines Geschäftsgeheimnisses in abgewandelter Form im Raum steht (vgl. OLG Frankfurt a.M. InstGE 7, 152 Rn. 37 – PET-Spritzwerkzeug I; *Deichfuß* GRUR-Prax 2012, 449, 453). Auch in diesem Zusammenhang wird es regelmäßig erforderlich sein, Geschäftsgeheimnisse gegenüber Gericht und Gegner (erneut) offenzulegen.

52 Im Verhältnis zur **Öffentlichkeit** wird der Geheimnisschutz im Rahmen der Zwangsvollstreckung geringere Bedeutung haben. Im Zwangsvollstreckungsverfahren gilt insbesondere der Grundsatz der Öffentlichkeit nicht. Nach § 169 S. 1 GVG ist lediglich die Verhandlung vor dem erkennenden Gericht öffentlich. Hierzu zählt die Zwangsvollstreckung nicht (*Götz* Schutz von Betriebs- und Geschäftsgeheimnissen im Zivilverfahren 509).

53 Fraglich ist, ob die nach § 19 Abs. 3 angeordnete Wirkung sich auch auf **verfahrensmäßig verselbständigte Rechtsbehelfe** im Rahmen der Zwangsvollstreckung bezieht, wobei dies im Kontext des Geheimnisschutzes insbesondere Bedeutung für die Vollstreckungsabwehrklage (§ 767 ZPO) haben dürfte (vgl. BGH GRUR 1983, 179 (181) – Stapel-Automat; *Gaul* WRP 1988, 215, 225). Jedenfalls aber ist die Vollstreckungsabwehrklage, die sich gegen die Vollstreckung

aus einem Titel in einer Geschäftsgeheimnisstreitsache richtet, ihrerseits Geschäftsgeheimnisstreitsache (→ § 16 Rn. 15). Aus diesem Grund können dort entsprechende Maßnahmen nach § 16 Abs. 1 und § 19 Abs. 1 und 2 beantragt werden. Das Ermessen des Gerichts hinsichtlich der Anordnung entsprechender Geheimhaltungsmaßnahmen wie in der ursprünglichen Geschäftsgeheimnisstreitsache dürfte regelmäßig auf Null reduziert sein. Da ausschließlich das Prozessgericht des ersten Rechtszuges als Gericht der Hauptsache (§ 20 Abs. 6 Nr. 1 iVm §§ 767 Abs. 1, 802 ZPO) über entsprechende Maßnahmen zu entscheiden hat, ist auch in dieser Hinsicht ein Gleichlauf gewahrt.

In Bezug auf Geheimhaltungsanordnungen gemäß § 16 Abs. 1 ist § 19 Abs. 3 **54**
in Zusammenhang zu sehen mit § 18 S. 1: Schon gemäß § 18 S. 1 hat eine Geheimhaltungsanordnung nach § 16 Abs. 1 über das Ende des Erkenntnisverfahrens hinaus Bestand und gilt auch während des Zwangsvollstreckungsverfahrens fort. **§ 19 Abs. 3 erweitert** aber den **Kreis der Verpflichteten** zusätzlich um Personen, die erstmals im Rahmen des Zwangsvollstreckungsverfahrens Kenntnis von dem streitgegenständlichen Geschäftsgeheimnis erhalten (BT-Drs. 19/4724, 37). In Fällen von Maßnahmen nach § 19 Abs. 1 und 2 ergibt sich die Fortgeltung während des Zwangsvollstreckungsverfahrens originär aus § 19 Abs. 3, da § 18 S. 1 hier nicht gilt.

Die Fortgeltung von Geheimnisschutzmaßnahmen aus dem Erkenntnisverfah- **55**
ren schließt die Möglichkeit einer **erstmaligen Anordnung von Geheimnisschutzmaßnahmen im Zwangsvollstreckungsverfahren** nicht aus, zumal auch das Zwangsvollstreckungsverfahren selbst noch Teil der Geschäftsgeheimnisstreitsache iSv § 16 Abs. 1 ist (→ § 16 Rn. 15). Nach der **Gesetzesbegründung** soll allerdings ein Antrag auf Erlass von Geheimhaltungsmaßnahmen nach den §§ 16 und 19 allerdings **nicht erstmals** im Verfahren der Zwangsvollstreckung gestellt werden können. Ein Organ der Zwangsvollstreckung soll auch nicht befugt sein, entsprechende Maßnahmen zu erlassen (BT-Drs. 19/4724, 37). Eine solche Entscheidung könne nur in einem kontradiktorischen Verfahren durch das Gericht der Hauptsache (§ 20 Abs. 6) erlassen werden. In dem streng formalisierten Verfahren der Zwangsvollstreckung sei die hierfür notwendige umfassende Interessenabwägung nicht möglich. Es bestehe auch kein Bedürfnis für eine erstmalige Anordnung im Rahmen der Zwangsvollstreckung, da die Schutzbedürftigkeit von Geschäftsgeheimnissen, die möglicherweise Gegenstand des Rechtsstreits werden können, regelmäßig bereits im Erkenntnisverfahren zutage treten werde (BT-Drs. 19/4724, 37 f.). Dieser **Ansatz überzeugt nicht.** Gerade bei den im gewerblichen Rechtsschutz praktisch bedeutsamen Zwangs- und Ordnungsmittelverfahren (§§ 888, 890 ZPO) handelt es sich um Verfahren mit **kontradiktorischem Charakter** (vgl. *Tochtermann* in Benkard PatG § 145a Rn. 7). Hier kann insbesondere der Beklagte und Vollstreckungsschuldner ein Interesse daran haben, einem behaupteten Titelverstoß entgegenzutreten und sich durch Offenbarung eigener Geschäftsgeheimnisse zu entlasten (zB im Falle sekundärer Darlegungslasten, vgl. OLG Nürnberg GRUR 2022, 1700 Rn. 34 – Lesezirkel-Exemplare). Jedenfalls, soweit es sich bei dem Vollstreckungsorgan um das Prozessgericht des ersten Rechtszuges handelt (vgl. nur §§ 890 Abs. 1, 888 Abs. 1 ZPO), ist auch nicht ersichtlich, weshalb es zu einer Entscheidung über eine Geheimhaltungsmaßnahme nicht in der Lage sein sollte, zumal die Zuständigkeit der Regelung des § 20 Abs. 6 Nr. 1 entspricht. Ein Zwangsvollstreckungsverfahren kann zudem mehrere Jahre nach dem Erkenntnisverfahren stattfinden. In diesem Fall kann es notwendig sein, bestehende Geheimhaltungsmaßnahmen anzupassen und abzuän-

dern (§ 20 Abs. 2 S. 2). Schließlich unterscheidet auch **Art. 9 Geschäftsgeheimnis-RL** nicht zwischen Erkenntnis- und Zwangsvollstreckungsverfahren (*Hoppe* GRUR-RR 2022, 307). Die Möglichkeit einer erstmaligen Anordnung von Schutzmaßnahmen ist daher nicht nur praktikabel und zweckmäßig, sondern mit Blick auf die Vorgaben des Unionsrechts auch geboten. **Die besseren Argumente** sprechen deshalb dafür, dass Maßnahmen nach den §§ 16 und 19 **auch erstmals im Rahmen des Zwangsvollstreckungsverfahrens** angeordnet und abgeändert werden können (LG Mannheim GRUR 2022, 301 Rn. 16 – Geheimnisschutzanordnung für Patentstreitsachen; *Hoppe* GRUR-RR 2022, 307 (307 f.); wohl auch *Schönknecht* in Keller/Schönknecht/Glinke GeschGehG § 19 Rn. 122; *Tochtermann* in Benkard PatG § 145a Rn. 7; aA *Gregor* in BeckOK GeschGehG § 16 Rn. 17 u. § 19 Rn. 52; *Steinbrück/Höll* in Brammsen/Apel GeschGehG § 16 Rn. 26 u. § 19 Rn. 59; *Hauck* in Hoeren/Münker GeschGehG § 16 Rn. 22; *Maaßen/Perino-Stiller* WRP 2022, 1208 Rn. 5).

§ 20 Verfahren bei Maßnahmen nach den §§ 16 bis 19

(1) **Das Gericht der Hauptsache kann eine Beschränkung nach § 16 Absatz 1 und § 19 Absatz 1 ab Anhängigkeit des Rechtsstreits anordnen.**

(2) [1]**Die andere Partei ist spätestens nach Anordnung der Maßnahme vom Gericht zu hören.** [2]**Das Gericht kann die Maßnahmen nach Anhörung der Parteien aufheben oder abändern.**

(3) **Die den Antrag nach § 16 Absatz 1 oder § 19 Absatz 1 stellende Partei muss glaubhaft machen, dass es sich bei der streitgegenständlichen Information um ein Geschäftsgeheimnis handelt.**

(4) [1]**Werden mit dem Antrag oder nach einer Anordnung nach § 16 Absatz 1 oder einer Anordnung nach § 19 Absatz 1 Nummer 1 Schriftstücke und sonstige Unterlagen eingereicht oder vorgelegt, muss die den Antrag stellende Partei diejenigen Ausführungen kennzeichnen, die nach ihrem Vorbringen Geschäftsgeheimnisse enthalten.** [2]**Im Fall des § 19 Absatz 1 Nummer 1 muss sie zusätzlich eine Fassung ohne Preisgabe von Geschäftsgeheimnissen vorlegen, die eingesehen werden kann.** [3]**Wird keine solche um die Geschäftsgeheimnisse reduzierte Fassung vorgelegt, kann das Gericht von der Zustimmung zur Einsichtnahme ausgehen, es sei denn, ihm sind besondere Umstände bekannt, die eine solche Vermutung nicht rechtfertigen.**

(5) [1]**Das Gericht entscheidet über den Antrag durch Beschluss.** [2]**Gibt es dem Antrag statt, hat es die Beteiligten auf die Wirkung der Anordnung nach § 16 Absatz 2 und § 18 und Folgen der Zuwiderhandlung nach § 17 hinzuweisen.** [3]**Beabsichtigt das Gericht die Zurückweisung des Antrags, hat es die den Antrag stellende Partei darauf und auf die Gründe hierfür hinzuweisen und ihr binnen einer zu bestimmenden Frist Gelegenheit zur Stellungnahme zu geben.** [4]**Die Einstufung als geheimhaltungsbedürftig nach § 16 Absatz 1 und die Anordnung der Beschränkung nach § 19 Absatz 1 kann nur gemeinsam mit dem Rechtsmittel in der Hauptsache angefochten werden.** [5]**Im Übrigen findet die sofortige Beschwerde statt.**

(6) **Gericht der Hauptsache im Sinne dieses Abschnitts ist**

1. **das Gericht des ersten Rechtszuges oder**

2. das Berufungsgericht, wenn die Hauptsache in der Berufungsinstanz anhängig ist.

Übersicht

I. Allgemeines

1. Normstruktur und Systematik

1 § 20 enthält verfahrensrechtliche Bestimmungen, die sowohl bei **Maßnahmen nach § 16 Abs. 1** als auch bei **Maßnahmen nach § 19 Abs. 1** Anwendung finden. **Keine Anwendung** findet § 20 dagegen auf den Ausschluss der Öffentlichkeit nach § 19 Abs. 2 Nr. 1. Hier richtet sich das Verfahren nach den allgemeinen Bestimmungen des GVG (→ § 19 Rn. 43). Das Anordnungsverfahren nach § 20 hat den Charakter eines **Vorschaltverfahrens** (*Schlingloff* WRP 2018, 666

Rn. 27), das prozessuale Maßnahmen zum Schutz von Geschäftsgeheimnissen bereits in einem frühen Verfahrensstadium zulässt und die Anordnung solcher Maßnahmen schon **vor Klagezustellung** und **vor Anhörung des Gegners** ermöglicht. Die in § 20 enthaltenen Bestimmungen lassen sich in folgende **wesentliche Bereiche** untergliedern:

2 **a) Zuständigkeit.** Gemäß Abs. 1 liegt die Zuständigkeit für die Anordnung der Maßnahmen bei dem in Abs. 6 näher definierten **Gericht der Hauptsache** (→ Rn. 48).

3 **b) Verfahren.** Schon aus Art. 16 Abs. 1 und Art. 19 Abs. 1 ergibt sich jeweils ein **Antragserfordernis.** Die Anforderungen an den Antrag richten sich nach Abs. 3 und Abs. 4: Danach hat die antragstellende Partei das Vorliegen eines Geschäftsgeheimnisses **glaubhaft zu machen** und dieses in eingereichten Unterlagen zu **kennzeichnen** (→ Rn. 20 ff. und 27 ff.). Im Falle eines Antrags gemäß Art. 19 Abs. 1 ist zusätzlich eine um das Geschäftsgeheimnis bereinigte Fassung der Unterlagen einzureichen (→ Rn. 30).

4 **Abs. 2** regelt ein **Anhörungserfordernis** zugunsten des **Antragsgegners** (→ Rn. 12). Für den Fall, dass das Gericht beabsichtigt, einen Antrag nach § 16 Abs. 1 oder § 19 Abs. 1 zurückzuweisen, ergibt sich aus **Abs. 5 S. 3** eine Anhörungspflicht zugunsten des **Antragstellers** (→ Rn. 35).

5 **c) Form der Entscheidung.** Gemäß Abs. 5 S. 1 ergeht die Entscheidung über prozessuale Geheimhaltungsmaßnahmen durch **Beschluss** (→ Rn. 36). Das Gesetz sieht in Abs. 5 S. 2 **ergänzende Hinweispflichten** vor. Der Beschluss kann gemäß Abs. 1 bereits ab Anhängigkeit des Rechtsstreits ergehen.

6 **d) Anfechtungsmöglichkeiten.** Die Anfechtungsmöglichkeiten hinsichtlich prozessualer Geheimnisschutzmaßnahmen ergeben sich aus Abs. 5 S. 4 und 5. Danach kann eine stattgebende Entscheidung nur gemeinsam mit der Hauptsache angefochten werden. Gegen zurückweisende Entscheidungen findet die sofortige Beschwerde statt (→ Rn. 40 ff.).

2. Entstehungsgeschichte

7 § 20 war im **RefE** als § 19 enthalten. Gegenüber der ursprünglichen Fassung brachte der **RegE,** welcher der letztlich in Kraft getretenen Fassung entspricht, nur wenige Änderungen. § 20 Abs. 1 spricht von einer „Beschränkung“ statt einer „Maßnahme“ nach § 16 Abs. 1 und § 19 Abs. 1. In § 20 Abs. 5 S. 2 wurde eine Pflicht des Gerichts aufgenommen, die Beteiligten auf die Wirkung prozessualer Geheimhaltungsmaßnahmen nach § 16 Abs. 2 und § 18 sowie auf die Folgen der Zuwiderhandlung nach § 17 hinzuweisen.

II. Antragsprinzip; Zeitpunkt der Anordnung von Geheimhaltungsmaßnahmen (Abs. 1)

8 Nach Absatz 1 kann das **Gericht der Hauptsache** (§ 20 Abs. 6) Maßnahmen nach § 16 Absatz 1 und § 19 Absatz 1 **ab Anhängigkeit des Rechtsstreits** anordnen, also schon vor Zustellung der Klage (*Schlingloff* WRP 2018, 666 Rn. 27). Dabei folgt das Antragsprinzip unmittelbar aus § 16 Abs. 1 und § 19 Abs. 1 (→ § 16 Rn. 16 u. § 19 Rn. 15, zum Kreis der **Antragsberechtigten** siehe → § 16

Rn. 17). Wird ein entsprechender Antrag bereits in der **Klageschrift** gestellt, so wird das Gericht jedenfalls die Einstufung nach § 16 Abs. 1 in aller Regel vor Zustellung zu treffen und die Anhörung des Gegners gemäß § 20 Abs. 2 S. 1 nachzuholen haben. Nur auf diese Weise lässt sich vermeiden, dass das Geschäftsgeheimnis dem Gegner zunächst ungesichert zur Kenntnis gelangt. Das Gericht entscheidet in diesem Fall in einem einseitigen Vorschaltverfahren durch Beschluss (§ 20 Abs. 5 S. 1) und wird zweckmäßigerweise dem Gegner bei Durchführung eines schriftlichen Vorverfahrens mit der Frist zur Verteidigungsanzeige und zur Klageerwiderung eine Frist zur Stellungnahme zur Geheimhaltungsanordnung setzen. Bei Anträgen nach § 19 Abs. 1 bedarf es dagegen regelmäßig einer Mitwirkung des Antragsgegners wegen seines Vorschlagsrechtes hinsichtlich der zuzulassenden Personen. Soll er zunächst angehört werden, ist mit der Klage lediglich die bereinigte Fassung der geheimen Dokumente (Abs. 4 S. 2) zuzustellen (vgl. zu möglichen Verfahrensweisen: → § 19 Rn. 17). Die Anordnung von Geheimhaltungsmaßnahmen ist im Übrigen grundsätzlich in jeder Lage des Rechtsstreits, also **auch zu einem späteren Zeitpunkt** noch möglich. Aus Abs. 6 Nr. 2 folgt, dass noch in der **Berufungsinstanz** entsprechende Anordnungen ergehen können. Dies kommt insbesondere zum Tragen, wenn eine Vorlage geheimer Informationen oder Unterlagen erst in einem späteren Verfahrensstadium erforderlich wird.

Für Verfahren des **einstweiligen Rechtsschutzes** ergeben sich grundsätzlich keine Besonderheiten, wenn die Entscheidung über den Erlass der einstweiligen Verfügung aufgrund einer mündlichen Verhandlung ergehen soll. Soll eine einstweilige Verfügung im Beschlusswege ergehen, kann die Einstufung von Tatsachen als geheimhaltungsbedürftig mit dem Beschluss verbunden werden, durch den die einstweilige Verfügung erlassen wird. Die Anhörung erfolgt dann im Rahmen des Widerspruchsverfahrens. **9**

Im **Zwangsvollstreckungsverfahren** sieht § 19 Abs. 3 eine Fortwirkung bereits getroffener Anordnungen vor. Grundsätzlich denkbar ist es auch, dass hier eine Geheimhaltungsanordnung erstmals getroffen wird, etwa wenn die Zuwiderhandlung gegen ein Unterlassungsgebot streitig ist und der Vollstreckungsschuldner sich nur durch Einführung eines Geschäftsgeheimnisses entlasten kann. Der Standpunkt der Gesetzesbegründung, wonach dies nicht möglich sein soll (BT-Drs. 19/4724, 37), ist abzulehnen (s. dazu näher → § 19 Rn. 55). **10**

III. Anhörung; Abänderungskompetenz (Abs. 2)

§ 20 Abs. 2 S. 1 sieht vor, dass der **Gegner** („andere Partei") spätestens nach Anordnung der prozessualen Geheimhaltungsmaßnahme anzuhören ist. Dies gilt auch bei jedem **Streitgenossen** sowie bei **Streithelfern.** Nach Anhörung der Parteien kann das Gericht gemäß § 20 Abs. 2 S. 2 die getroffene Maßnahme aufheben oder abändern. Obwohl auch **Dritte** von prozessualen Geheimnisschutzvorkehrungen betroffen sein können, sieht das Gesetz insoweit kein Anhörungserfordernis vor (LG Mannheim GRUR-RS 2023, 9890 Rn. 12; kritisch hierzu: *Maaßen/Perino-Stiller* WRP 2022, 1208 Rn. 35 ff.). **11**

1. Anhörung des Prozessgegners

Das Erfordernis einer Anhörung des Prozessgegners ergibt sich nicht erst aus § 20 Abs. 2 S. 1, sondern folgt bereits aus dessen **Anspruch auf rechtliches Gehör** (Art. 103 Abs. 1 GG). Die Bedeutung des § 20 Abs. 2 S. 1 liegt vielmehr **12** in der im Umkehrschluss enthaltenen Aussage, dass eine Anhörung der Gegenseite vor Anordnung der Maßnahme gerade nicht zwingend ist. Dies stellt eine Ausnahme von dem Grundsatz dar, dass der von einer gerichtlichen Maßnahme Betroffene bereits vor der Entscheidung gehört werden muss (*Remmert* in Dürig/Herzog/Scholz GG Art. 103 Abs. 1 Rn. 81 mwN). Der **Verzicht auf eine vorherige Anhörung** ist nur ausnahmsweise zulässig, wenn dies unabweisbar ist, um den Zweck der Maßnahme nicht zu gefährden (BVerfG GRUR 2022, 429 Rn. 26 – Mann über Bord; BVerfG GRUR 2018, 1291 Rn. 28 – Steuersparmodell eines Fernsehmoderators; BVerfGE 9, 89 (98) – Gehör bei Haftbefehl). Eine solche Maßnahme ist im Kontext des prozessualen Geheimnisschutzes deshalb unumgänglich, weil eine ordnungsgemäße und vollständige Erfüllung des Anspruchs auf rechtliches Gehör voraussetzen würde, dass der Betroffene vom Gegenstand der Anhörung hinreichend in Kenntnis gesetzt wird (*Remmert* in Dürig/Herzog/Scholz GG Art. 103 Abs. 1 Rn. 78). Dies würde eine Offenlegung des Geschäftsgeheimnisses einschließen. Würde man das Geheimnis aber schon vor seiner Einstufung als geheimhaltungsbedürftig zugänglich machen, wäre der prozessuale Geheimnisschutz insgesamt entwertet (*Kalbfus* WRP 2019, 692 Rn. 49). Um dies zu verhindern, lässt § 20 Abs. 2 S. 1 eine **nachgeholte Anhörung** ausreichen. Die verfassungsmäßig gebotene (BVerfG GRUR 2022, 429 Rn. 26 – Mann über Bord; BVerfG GRUR 2018, 1291 Rn. 28 – Steuersparmodell eines Fernsehmoderators; BVerfGE 9, 89 (98) – Gehör bei Haftbefehl) Nachholung des rechtlichen Gehörs einschließlich einer Entscheidung über die Rechtmäßigkeit der Maßnahme stellt § 20 Abs. 2 sicher. Die nachgeholte Anhörung wird angesichts des Gesagten jedenfalls bei Einstufungsentscheidungen nach § 16 Abs. 1 die **im Regelfall praktizierte Verfahrensweise** bilden (vgl. BT-Drs. 19/4724, 38; *McGuire* in Büscher GeschGehG § 20 Rn. 6). Anders mag dies bei Zugangsbeschränkungen nach § 19 Abs. 1 sein (→ § 19 Rn. 17 ff., ähnlich: *Bühling* in Hoeren/Münker GeschGehG § 20 Rn. 17).

13 Die nicht ganz präzise formulierte Vorschrift des § 20 Abs. 2 S. 1 besagt allerdings nicht, zu welchem Zeitpunkt nach Anordnung der Maßnahme die Gegenseite anzuhören ist. Unmittelbar aus Art. 103 Abs. 1 GG folgt allerdings, dass die Nachholung **so bald wie möglich** zu erfolgen hat (*Remmert* in Dürig/Herzog/Scholz GG Art. 103 Abs. 1 Rn. 74 mwN; *McGuire* in Büscher GeschGehG § 20 Rn. 6)

2. Abänderungskompetenz

14 Gemäß **§ 20 Abs. 2 S. 2** kann das Gericht die **Maßnahmen gemäß § 16 Abs. 1 und § 19 Abs. 1** nach Anhörung der Parteien **aufheben** oder **abändern.** Eine Abänderung ist entweder in Form einer Teilaufhebung oder inhaltlichen Anpassung möglich. Denkbar wäre grundsätzlich auch eine Verschärfung bestehender Maßnahmen, allerdings wegen § 308 Abs. 1 ZPO nur insoweit wie die Verschärfung von einem bereits gestellten Antrag gedeckt ist (iE ähnlich: *Bühling* in Hoeren/Münker GeschGehG § 20 Rn. 26).

15 Die Abänderungskompetenz erstreckt sich insbesondere auf **Fälle einer nachgeholten Anhörung** nach § 20 Abs. 2 S. 1 (BT-Drs. 19/4724, 38). In diesen Fällen ist eine Abänderungskompetenz verfassungsrechtlich geboten (BVerfGE 9, 89 (98) – Gehör bei Haftbefehl). Trotz der missverständlichen systematischen Stellung der Norm im Gesetz ist eine Abänderung aber nicht nur als Korrektiv zu einer Anordnung ex-parte möglich. Vielmehr eröffnet § 20 Abs. 2 S. 2 dem

Gericht eine **jederzeitige Abänderungskompetenz,** d.h. es hat die Möglichkeit, Beschlüsse nach § 16 Abs. 1 und § 19 Abs. 1 auch in anderen Fällen jederzeit **von Amts wegen** oder **auf Antrag** bzw. Anregung einer Partei aufzuheben oder abzuändern (BGH GRUR 2022, 591 Rn. 20 – Geschäftsgeheimnis bei Hohlfasermembranspinnanlagen; *Alexander* in Köhler/Bornkamm/Feddersen GeschGehG § 20 Rn. 12; *Schönknecht* in Keller/Schönknecht/Glinke GeschGehG § 20 Rn. 11 ff.; *McGuire* in Büscher GeschGehG § 20 Rn. 6; *Pichlmaier/Oldekop* in Hoppe/Oldekop Kap. 3 Rn. 167; *Bühling* in Hoeren/Münker GeschGehG § 20 Rn. 21). Bislang nicht abschließend geklärt ist, ob eine Abänderung nach § 20 Abs. 2 S. 2 auch nach Beendigung des Rechtsstreits noch möglich ist (bejahend: *Schönknecht* in Keller/Schönknecht/Glinke GeschGehG § 20 Rn. 14; *Alexander* in Köhler/Bornkamm/Feddersen GeschGehG § 20 Rn. 12a; *Pichlmaier/Oldekop* in Hoppe/Oldekop Kap. 3 Rn. 167. *Hoppe/Oldekop* Mitt. 2022, 473 (478) bezeichnen dies zumindest als „dringend geboten").

Denkbar ist eine Abänderung oder Aufhebung von Geheimhaltungsmaßnahmen etwa infolge **besserer Kenntnis** des Gerichts oder **nach Offenkundigwerden** des streitgegenständlichen Geschäftsgeheimnisses. Insbesondere bei Anordnungen nach § 19 Abs. 1 ist eine Vielzahl von Gründen denkbar, die eine **Anpassung der getroffenen Maßnahmen** erfordern, etwa bei einem Stellenwechsel namentlich benannter Zugangsberechtigter, bei einem Wechsel des Prozessbevollmächtigten oder wenn sich im Verlauf des Verfahrens abzeichnet, dass ein Zeuge oder Sachverständiger Zugang zu dem Geheimnis benötigt. Je nach Anlass der Entscheidung kann die Abänderung mit Wirkung **ex-nunc** oder **ex-tunc** bzw. zu einem bestimmten Datum erfolgen. Aus Gründen der Rechtssicherheit, sollte dies möglichst klargestellt werden, sofern der maßgebliche Zeitpunkt nicht aus den Umständen klar ersichtlich ist. 16

Die Abänderungskompetenz nach § 20 Abs. 2 S. 2 **ergänzt** systematisch die **Beendigungstatbestände des § 18 S. 2.** Dies ist sachgerecht, weil § 18 S. 2 nur einen engen Anwendungsbereich hat und nur auf Geheimhaltungsanordnungen nach § 16 Abs. 1 anwendbar ist, nicht aber auf Maßnahmen nach § 19 Abs. 1. Zudem ist unklar, ob die Wirkungen des § 18 S. 2 bereits vor Beendigung des Rechtsstreits greifen (→ § 18 Rn. 21). Der Prozessgegner kann aber bereits vorher ein berechtigtes Interesse daran haben, nicht länger durch eine Geheimhaltungsanordnung gemäß § 16 Abs. 1 gebunden zu sein, wenn das Geschäftsgeheimnis im Laufe des Rechtsstreits offenkundig geworden ist oder sich herausstellt, dass die Schutzvoraussetzungen von Anfang an nicht gegeben waren. Bedarf für eine ausdrückliche Abänderung oder Aufhebung von Geheimhaltungsmaßnahmen kann auch aus Gründen der Rechtssicherheit bestehen (*Hoppe/Oldekop* Mitt. 2022, 473 (480)). Häufig wird es nicht ganz eindeutig sein, ob der Prozessgegner sich gemäß § 18 S. 2 auf den Fortfall einer Geheimhaltungsanordnung berufen kann. In diesem Fall bliebe ihm nur die vergleichsweise aufwendige Möglichkeit, dies im Wege der Feststellungsklage klären zu lassen. Ein einfacherer Weg ist es, die Aufhebung der Geheimhaltungsanordnung bereits im laufenden Verfahren zu beantragen bzw. anzuregen (→ § 18 Rn. 23). 17

Im **Verhältnis zu den Anfechtungsmöglichkeiten des § 20 Abs. 5 S. 4 und 5** stellt die Abänderung gemäß § 20 Abs. 2 S. 2 regelmäßig das einfachere Mittel dar. Angesichts der restriktiven Voraussetzungen insbesondere des § 20 Abs. 5 S. 4 (Anfechtung nur gemeinsam mit dem Rechtsmittel in der Hauptsache), handelt es sich oftmals sogar um die einzige Möglichkeit, eine gerichtliche Korrektur getroffener Maßnahmen herbeizuführen. Dies gilt insbesondere für Personen, die durch 18

Geheimhaltungsmaßnahmen beschwert sind, aber mangels Rechtsmittelbefugnis in der Hauptsache ohne Mitwirkung der Parteien keine Anfechtungsmöglichkeit haben (zB Prozessbevollmächtigte aus eigenem Recht, vgl. BGH GRUR 2022, 591 Rn. 20 – Geschäftsgeheimnis bei Hohlfasermembranspinnanlagen).

19 **Prozessual** hat derjenige, der eine Aufhebung bzw. Abänderung der Geheimhaltungsmaßnahmen begehrt, die tatsächlichen Voraussetzungen etwaiger Einwendungen **darzulegen** und zu **beweisen.** Vor einer Abänderung sind nach § 20 Abs. 2 S. 2 die Parteien **anzuhören** (zum Kreis der anzuhörenden Personen: → Rn. 11). Die abändernde Entscheidung ergeht entsprechend § 20 Abs. 5 S. 1 wie die Entscheidung über einen Antrag nach nach § 16 Abs. 1 oder § 19 Abs. 1 durch **Beschluss.** Soweit es sich der Sache nach um eine (teilweise) Aufhebung von Geheimhaltungsmaßnahmen handelt, liegt darin eine Zurückweisung des entsprechenden Antrags. Die Abänderungsentscheidung unterliegt dann der **sofortigen Beschwerde** gemäß § 20 Abs. 5 S. 5 (*Pichlmaier/Oldekop* in Hoppe/Oldekop Kap. 3 Rn. 168). Dies gilt jedenfalls, soweit der Antrag inzwischen nicht zurückgenommen oder für erledigt erklärt wurde. Ändert das Gericht die bestehende Anordnung hingegen nicht und erhält es die Geheimhaltungsmaßnahmen aufrecht, so bedarf es keines Beschlusses, da eine Anfechtung nur gemeinsam mit dem Rechtsmittel in der Hauptsache möglich ist (*Pichlmaier/Oldekop* in Hoppe/Oldekop Kap. 3 Rn. 169). Gegenstand der Anfechtung ist dann der ursprüngliche Beschluss.

IV. Glaubhaftmachung des Geschäftsgeheimnisses (Abs. 3)

20 Gemäß § 20 Abs. 3 muss die den Antrag nach § 16 Absatz 1 oder § 19 Absatz 1 stellende Partei glaubhaft machen, dass es sich bei der streitgegenständlichen Information um ein Geschäftsgeheimnis handelt. Glaubhaft zu machen sind also dessen tatsächliche Voraussetzungen (→ Rn. 23a).

1. Verhältnis des Glaubhaftmachungserfordernisses zum Unionsrecht

21 Das Erfordernis der Glaubhaftmachung ist in der **Geschäftsgeheimnis-RL** jedenfalls nicht unmittelbar angelegt (*Schlingloff* WRP 2018 Rn. 27). Diese lässt in Art. 9 ein **„angebliches" Geschäftsgeheimnis** (engl. Fassung „alleged trade secret") ausreichen. Die gewählte Formulierung legt nahe, dass die Geheimnisqualität zunächst nur **schlüssig behauptet** werden muss und das tatsächliche Vorliegen erst im Rahmen der Begründetheit der Klage geprüft wird. Ähnlich handhabt die Rechtsprechung sog. doppelrelevante Tatsachen, also Tatsachen, die für Zulässigkeit und Begründetheit der Klage maßgeblich sind (vgl. BGH NJW-RR 2010, 1554 Rn. 8; BGH NJW-RR 2008, 516 Rn. 14).

22 Der **deutsche Gesetzgeber** hat sich gleichwohl dafür entschieden, dass das Vorliegen eines Geschäftsgeheimnisses bereits im Hinblick auf die prozessualen Schutzmaßnahmen zwar nicht voll zu beweisen, aber immerhin **glaubhaft zu machen** ist. Dafür spricht, dass zur Konstellation der doppelrelevanten Tatsache ieS durchaus erhebliche Unterschiede bestehen: Denn zum einen wird in der Hauptsache nicht notwendig über das Vorliegen eines Geschäftsgeheimnisses entschieden, weil es dort im Rahmen der Begründetheitsprüfung nicht immer auf das in den Prozess eingeführte angebliche Geschäftsgeheimnis ankommt (→ § 18 Rn. 15 ff.). Dann fehlt es gerade an einer „doppelten" Relevanz. Zudem wird

über das Vorliegen eines Geschäftsgeheimnisses – anders als in den klassischen Fällen einer doppelrelevanten Tatsache – nicht erst im Rahmen einer einheitlichen Sachentscheidung befunden, sondern bereits im Rahmen eines separaten, zeitlich notwendig vorgelagerten Beschlusses, der bereits unmittelbare und für den Prozessgegner u.U. einschneidende Wirkungen entfaltet. Dies legt es nahe, eine vorgezogene Klärung der Tatsachengrundlage bei entsprechendem Streit herbeizuführen.

Das vom deutschen Gesetzgeber aus diesen Gründen gewählte Erfordernis der Glaubhaftmachung dürfte auch **mit der Geschäftsgeheimnis-RL zu vereinbaren** sein (so auch: *Steinbrück/Höll* in Brammsen/Apel GeschGehG § 20 Rn. 19; *Maaßen/Perino-Stiller* WRP 2022, 1208 Rn. 14), da die Richtlinie sowohl in Art. 9 Abs. 1 als auch in Art. 9 Abs. 2 jeweils von einem **„ordnungsgemäß begründeten Antrag"** (engl. Fassung „duly reasoned application") spricht. Nur bei Vorliegen eines solchen Antrags müssen die prozessualen Geheimnisschutzmaßnahmen verfügbar sein. Insoweit wird man das Glaubhaftmachungserfordernis – vorbehaltlich einer letztverbindlichen Klärung durch den EuGH – als zulässige Ausgestaltung der Anforderungen an die „ordnungsgemäße Begründung" des Antrags sehen können. **23**

2. Gegenstand der Glaubhaftmachung

Nach dem Wortlaut des § 20 Abs. 3 ist glaubhaft zu machen, dass es sich bei der streitgegenständlichen Information um ein **Geschäftsgeheimnis** handelt. Glaubhaft zu machen sind dessen **tatsächliche Voraussetzungen** (§ 2 Nr. 1 GeschGehG). Während dies die einzige Voraussetzung für eine Geheimhaltungsanordnung nach § 16 Abs. 1 ist, setzen Zugangsbeschränkungen nach **§ 19 Abs. 1** außerdem eine Interessenabwägung voraus (vgl. § 19 Abs. 1 S. 2), der regelmäßig Vortrag zu **abwägungsrelevanten Gesichtspunkten** erforderlich macht (→ Rn. 33). Insoweit ist in entsprechender Anwendung von § 20 Abs. 3 eine Glaubhaftmachung ausreichend (*Bühling* in Hoeren/Münker GeschGehG § 20 Rn. 23). **23a**

3. Erforderlichkeit der Glaubhaftmachung

Eine Glaubhaftmachung ist nur erforderlich, soweit die maßgeblichen Tatsachen überhaupt bestritten wurden (*Kircher* in BeckOK PatG § 145a Rn. 35). Ist daher das Vorliegen der Geheimnisvoraussetzungen zwar nicht glaubhaft gemacht, wohl aber schlüssig dargelegt, so kann der Antrag auf Anordnung von Maßnahmen nach § 16 Abs. 1 oder § 19 Abs. 1 grundsätzlich nicht ohne Anhörung des Gegners zurückgewiesen werden, (vgl. KG WRP 2011, 611 zu fehlender Glaubhaftmachung im lauterkeitsrechtlichen Eilverfahren). Im Falle einer gemäß § 20 Abs. 2 S. 1 **vor Anhörung des Gegners** zu treffenden Entscheidung, kann eine Zurückweisung des Antrags in der Regel **nicht auf fehlende Glaubhaftmachung** gestützt werden, sondern nur darauf, dass das Vorliegen eines Geschäftsgeheimnisses schon nicht schlüssig dargelegt ist. **24**

4. Beweismaß

Das Erfordernis der Glaubhaftmachung führt dazu, dass das Beweismaß gegenüber dem Vollbeweis reduziert ist. Nicht erforderlich ist es, dass das Vorliegen eines Geschäftsgeheimnisses zur Überzeugung des Gerichts feststeht, vielmehr **25** genügt eine **überwiegende Wahrscheinlichkeit** (BPatG GRUR 1978, 358 (359) – Druckbehälter; *Ahrens* Der Beweis im Zivilprozess Kap. 17 Rn. 89). Dabei sind jedenfalls keine im Vergleich zu anderen Fällen der Glaubhaftmachung erhöhten Anforderungen zu stellen (aA wohl *Schlingloff* WRP 2018, 666 Rn. 28; wie hier: *Gregor* in BeckOK GeschGehG § 16 Rn. 26 f.). Denn bei den prozessualen Geheimnisschutzmaßnahmen handelt es sich um Mindestvorgaben der Geschäftsgeheimnis-RL, die unter realistischen Umständen auch erreichbar sein müssen. Ein Überspannen der Anforderungen würde die ordnungsgemäße Umsetzung der Richtlinie – zu der nicht nur der Gesetzgeber, sondern auch die Judikative beizutragen hat – in Frage stellen. Die Formulierung der Richtlinie („angebliches" Geschäftsgeheimnis) legt sogar die Anwendung eher großzügiger Maßstäbe nahe (*McGuire* in Büscher GeschGehG § 20 Rn. 7).

5. Mittel der Glaubhaftmachung

26 Als Glaubhaftmachungsmittel kommen grundsätzlich **alle Beweismittel** in Betracht (§ 294 Abs. 1 ZPO). Gemeint sind nicht nur die Beweismittel des Strengbeweises, sondern sämtliche Beweismittel, die für einen **Freibeweis** ausreichen würden (*Ahrens* Der Beweis im Zivilprozess Kap. 17 Rn. 91). Das Gesetz nennt insbesondere die Versicherung an Eides statt (dazu: *Wehlau/Kalbfus* Mitt 2011, 165). Denkbar ist aber auch eine Glaubhaftmachung durch schriftliche Zeugenaussagen (BGH GRUR 2002, 915 (916) – Wettbewerbsverbot in Realteilungsvertrag; OLG Bremen NJW-RR 2011, 1511 (1512)), Gerichtsprotokolle über Zeugenaussagen in anderen Verfahren (OLG Brandenburg WRP 2012, 747 Rn. 20; vgl. auch BGH NJW 2004, 1324 1325), Fotokopien, Ausdrucke von E-Mails und Internetseiten (OLG Köln GRUR-RR 2006, 205 – Bluerate Tarif-Wunder; vgl. zu Screenshots OLG Jena GRUR-RR 2019, 238) oder Privatgutachten. Die Glaubhaftmachungsmittel sind vom Gericht zu würdigen.

V. Formelle Anforderungen an Anträge (Abs. 4)

1. Allgemeine Anforderungen

27 Für Anträge auf Einstufung einer Information als geheimhaltungsbedürftig (§ 16 Abs. 1) und Anträge nach § 19 Abs. 1 Nr. 1 besteht nach § 20 Abs. 4 S. 1 das Erfordernis, diejenigen Ausführungen zu **kennzeichnen,** die nach dem Vorbringen der Antragsteller Geschäftsgeheimnisse enthalten. Der Zweck dieses formalen Erfordernisses liegt darin, die betroffenen Geschäftsgeheimnisse einzugrenzen, um sachlich zu weitgehende oder unbestimmte Geheimhaltungsanordnungen zu vermeiden. Auswahl und Identifikation der Geschäftsgeheimnisse dürfen nicht dem Gericht überlassen bleiben, sondern obliegen dem Antragsteller, in dessen Interesse die Geheimhaltungsanordnung ergehen soll. Die geheimhaltungsbedürftigen Informationen sind deshalb **so genau zu bezeichnen,** dass sie **eindeutig identifizierbar** sind, die Voraussetzungen des § 16 Abs. 1 geprüft werden können und eine (auch mit Blick auf die spätere Verhängung von Ordnungsmitteln, § 17) hinreichend bestimmte Geheimhaltungsanordnung formuliert werden kann.

28 Solange die genannten Anforderungen erfüllt sind, verlangt der Zweck des Gesetzes aber **keine besondere Formstrenge;** eine solche kann auch Art. 9 Abs. 1 Geschäftsgeheimnis-RL nicht entnommen werden. Die Kennzeichnung nach § 20 Abs. 4 S. 1 kann deshalb durch **schriftsätzliche Hinweise, Erläute-**

rungen und **Verweise,** aber auch durch Anbringung eines **Vertraulichkeitshinweises** oder durch **Hervorhebung** in dem jeweiligen Dokument selbst erfolgen. Wird ein Dokument, das geheimhaltungsbedürftige Informationen enthält, per beA eingereicht, so empfiehlt sich außerdem, einen Vertraulichkeitshinweis in den Dateinamen aufzunehmen. Zweckmäßig ist es, die Kennzeichnung so vorzunehmen, dass das Gericht sie möglichst einfach weiterverarbeiten und zum Gegenstand eines Beschlusses machen kann. Wird der Antrag gemäß § 16 Abs. 1 oder § 19 Abs. 1 Nr. 1 in der Klageschrift gestellt, so kann sich die Kennzeichnung bereits aus dem Klagevorbringen ergeben. Bildet eine **Anlage zum Schriftsatz** insgesamt ein Geschäftsgeheimnis (zB eine Konstruktionszeichnung, eine Rezeptur oder eine Kundenliste, Abbildungen eines Prototyps), genügt der Hinweis auf die Anlage als solches. Eine **genauere Spezifizierung** ist nur dann erforderlich, wenn lediglich bestimmte Passagen oder Ausschnitte eines umfassenderen Dokumentes das Geschäftsgeheimnis bilden, da eine umfassende Einstufung eines solchen Dokumentes als geheimhaltungsbedürftig dem Prozessgegner die Möglichkeit einer Nutzung auch allgemein verfügbarer Informationen abschneiden würde. Beispielhaft sehen die Hinweise zum **Münchner Verfahren in Patentstreitsachen** (Stand: März 2022; Stichwort „Geheimhaltungsanträge", Ziff. 1., S. 5) vor, dass die geheimhaltungsbedürftigen Informationen im Schriftsatz oder der Anlage – soweit möglich – grafisch hervorgehoben (vorzugsweise grau hinterlegt) werden. Außerdem soll auf der ersten Seite des Schriftsatzes oder der Anlage unmittelbar und eindeutig aufgrund der grafischen Gestaltung erkennbar sein, dass das Dokument einen „geheimhaltungsbedürftigen Inhalt" aufweist. Wird ein **Datenträger** eingereicht, so genügt grundsätzlich der Verweis auf den Datenträger und ggf. dessen Kennzeichnung als vertraulich. Enthält dieser nicht ausschließlich Geschäftsgeheimnisse, so kann weiter auf Dateien oder Ordner mit vertraulichem Inhalt verwiesen werden. Je nach Art der Dateien ist auch hier eine teilweise Schwärzung der Inhalte denkbar (zB Scans teilweise geschwärzter Unterlagen).

Zu berücksichtigen ist insoweit bereits nach materiellem Recht, dass ein **29**
Geschäftsgeheimnis auch in einer Zusammenstellung für sich genommen frei verfügbarer Informationen bestehen kann (sog. **Mosaiktheorie,** → § 2 Rn. 22). In diesem Fall kann und muss die Geheimhaltungsanordnung bezüglich des **Gesamtdokumentes** ergehen. Zweckmäßigerweise ist dies von der antragstellenden Partei kurz zu erläutern.

Soweit nach § 16 Abs. 1 als geheimhaltungsbedürftig eingestufte **Informatio- 29a**
nen in später eingereichten Dokumenten (etwa nachfolgenden Schriftsätzen) **erneut genannt** werden, ist eine erneute Kennzeichnung jedenfalls empfehlenswert. Die Hinweise zum Münchner Verfahren in Patentstreitsachen (Stand: März 2022; Stichwort „Geheimhaltungsanträge", Ziff. 3., S. 5) sehen vor, dass eine erneute Kennzeichnung (vorzugsweise grau hinterlegt) erfolgen und auf der ersten Seite des Schriftsatzes auf den Schutz und den zugrundeliegenden Beschluss in eindeutiger grafischer Gestaltung hingewiesen werden soll. Manche Gerichte geben den Parteien eine besondere Kenntlichmachung zB durch farbige Hinterlegung im Rahmen der Geheimhaltungsanordnung ausdrücklich auf (vgl. LG Mannheim GRUR-RS 2023, 9890 unter Ziff. VII). Die erneute Kennzeichnung dient allerdings nur der Vermeidung von Fehlern bei der Geheimhaltung. Unterbleibt sie oder ist sie unvollständig, sieht das Gesetz keine unmittelbaren Sanktionen vor (*Schönknecht* in Keller/Schönknecht/Glinke GeschGehG § 20 Rn. 28).

2. Besondere Anforderungen bei Anträgen nach § 19 Abs. 1 Nr. 1

30 Bei einem Antrag nach § 19 Abs. 1 Nr. 1 gilt die Kennzeichnungspflicht nach § 20 Abs. 4 S. 1 ebenfalls. Darüber hinaus sieht § 20 Abs. 4 S. 2 hier eine Obliegenheit vor, nach der das geheimhaltungsbedürftige Dokument zusätzlich in einer Fassung vorgelegt werden muss, durch die keine Geschäftsgeheimnisse preisgegeben werden und die von allen Prozessbeteiligten eingesehen werden kann **(„bereinigte Fassung“).** Das Erfordernis knüpft an **Art. 9 Abs. 2 UAbs. 2 lit. c Geschäftsgeheimnis-RL** an. Danach müssen die Gerichte die Möglichkeit haben, Prozessbeteiligten, deren Zugang zu den Geschäftsgeheimnissen beschränkt wird, eine nicht vertrauliche Fassung einer gerichtlichen Entscheidung bereitzustellen, in der die Geschäftsgeheimnisse enthaltenden Passagen gelöscht oder geschwärzt wurden. § 20 Abs. 4 S. 2 dient der Vorbereitung einer solchen **„bereinigten“ Entscheidungsfassung.** Darüber hinaus flankiert die Vorschrift die Beschränkungen des **Akteneinsichtsrechts** gemäß §§ 16 Abs. 3, 19 Abs. 2 Nr. 2, indem sie sicherstellt, dass sich eine um Geschäftsgeheimnisse bereinigte Fassung von Dokumenten bei der Akte befindet, in die Einsicht gewährt werden kann. Schließlich wird man § 20 Abs. 4 S. 2 den Zweck beileigen können, den Grundsatz der **Parteiöffentlichkeit** nicht weiter als erforderlich einzuschränken. Deshalb hat die Partei, in deren Interesse die Einschränkung erfolgt, dafür zu sorgen, dass sämtliche Prozessbeteiligten von den nicht geheimhaltungsbedürftigen Teilen des Prozessstoffs so vollständig wie möglich Kenntnis erhalten.

31 Eine nach § 20 Abs. 4 S. 2 einsehbare Fassung kann durch Schwärzung entsprechender Passagen im Dokument oder durch Entfernung von Seiten bzw. von Dateien auf einem Datenträger erstellt werden. Zur Vermeidung von Konfusion ist es dringend empfehlenswert, die vorgenommenen Änderungen ausdrücklich offenzulegen und zu erläutern, damit zB fehlende Seiten eines Dokumentes nicht als versehentliche Unvollständigkeit missdeutet werden. Die Hinweise zum **Münchner Verfahren in Patentstreitsachen** (Stand: März 2022; Stichwort „Geheimhaltungsanträge“, Ziff. 6., S. 6) sehen vor, dass die bereinigte Fassung der Unterlagen auf der ersten Seite grafisch hervorgehoben als „geschwärzte Fassung von…“ gekennzeichnet werden. Vorstellbar sind allerdings auch Fälle, in denen die Erstellung einer bereinigten Fassung **praktisch nicht möglich** ist, etwa weil ein Dokument insgesamt ein Geschäftsgeheimnis bildet. In diesem Fall wäre es wenig sinnvoll, an dem Erfordernis des § 20 Abs. 4 S. 2 festzuhalten und die Einreichung einer leeren Mappe oder eines leeren Datenträgers zu fordern. Allerdings sollte der Antragsteller in diesem Fall ausdrücklich erläutern, warum er aufgrund besonderer Umstände von einer Einreichung absieht, um der Sanktion des § 20 Abs. 4 S. 3 zu entgehen.

31a Die bereinigte Fassung der Unterlagen sollte grundsätzlich bereits **mit Stellung des Antrags** nach § 19 Abs. 1 bzw. **zusammen mit den ungeschwärzten Unterlagen** eingereicht werden, da sie auf diese Weise einer Anhörung des Gegners zugrundegelegt werden kann. Sofern dem Antrag nach § 19 Abs. 1 allerdings nicht in vollem Umfang stattgegeben wird, ist im Anschluss eine dem Beschluss angepasste bereinigte Fassung nachzureichen.

31b Nach § 20 Abs. 4 S. 3 führt das **Fehlen** einer um Geschäftsgeheimnisse reduzierten Fassung dazu, dass das Gericht von einer Zustimmung zur Einsichtnahme durch alle Prozessbeteiligten ausgehen kann, es sei denn, ihm sind besondere Umstände bekannt, die eine solche Vermutung nicht rechtfertigen. Um unverhältnismäßig einschneidende Nachteile für den Geheimnisinhaber zu vermeiden, sollte das Gericht bei etwaigen Versäumnissen der antragstellenden Partei allerdings entsprechende Hinweise erteilen (ebenso: *Bühling* in Hoeren/Münker GeschGehG § 20 Rn. 42; *Steinbrück/Höll* in Brammsen/Apel GeschGehG § 20 Rn. 23; *Schönknecht* in Keller/Schönknecht/Glinke GeschGehG § 20 Rn. 31) und Fristen zur Nachreichung setzen. An die besonderen Umstände, welche die Vermutung nach § 20 Abs. 4 S. 3 widerlegen, sind zudem geringe Anforderungen zu stellen. Regelmäßig dürfte es bereits genügen, wenn der Einreichende einer Einsichtnahme in die ungeschwärzte Fassung durch andere Prozessbeteiligte oder einer Weiterleitung an diese ausdrücklich widerspricht.

3. Weitergehende Begründungserfordernisse

Formale Begründungserfordernisse sieht das GeschGehG nicht vor. Die Geschäftsgeheimnis-RL spricht in Art. 9 Abs. 1 und 3 Geschäftsgeheimnis-RL zwar jeweils von einem „ordnungsgemäß begründeten Antrag". Gemeint sind damit allerdings keine besonderen formalen Anforderungen, sondern nur Ausführungen, die eine Prüfung der materiellen Schutzvoraussetzungen ermöglichen. Das GeschGehG sieht in Ausgestaltung des Erfordernisses einer „ordnungsgemäßen Begründung" die **Glaubhaftmachung** des **Geschäftsgeheimnisses** vor (§ 20 Abs. 3, siehe dazu → Rn. 20 ff.). Dies ist mithin für einen **Antrag nach § 16 Abs. 1** erforderlich, aber auch ausreichend. 32

Bei einem **Antrag gemäß § 19 Abs. 1** können allerdings mittelbar weitergehende Darlegungsanforderungen bestehen, da § 19 Abs. 1 S. 2 anknüpfend an Art. 9 Abs. 3 Geschäftsgeheimnis-RL eine umfassende Interessenabwägung voraussetzt. Bei einem Antrag auf Zugangsbeschränkungen ist deshalb idR **Vortrag zu abwägungsrelevanten Gesichtspunkten** erforderlich, der über das bloße Vorliegen eines Geschäftsgeheimnisses hinausgeht (vgl. OLG Düsseldorf GRUR-RR 2023, 110 Rn. 7, 12, 15 – Geheimnisschutz I). 33

4. Zeitliches Verhältnis zwischen Einreichung von Geschäftsgeheimnis und Antragstellung

Beabsichtigt eine Partei, Geschäftsgeheimnisse in den Rechtsstreit einzuführen, so besteht die Möglichkeit, Anträge nach den §§ 16 Abs. 1, 19 Abs. 1 **zusammen mit der Einreichung der geheimen Unterlagen** zu stellen. Wie sich aus § 20 Abs. 4 ergibt, ist es ebenso möglich, die **Unterlagen erst im Nachgang einzureichen,** wenn bereits eine entsprechende Geheimhaltungsanordnung getroffen wurde („mit dem Antrag oder nach einer Anordnung nach § 16 Absatz 1 oder einer Anordnung nach § 19 Absatz 1 Satz 1 Nummer 1…", vgl. dazu auch BGH GRUR 2022, 1306 Rn. 108 – Brustimplantant; OLG Karlsruhe GRUR-RS 2022, 28741 Rn. 30 – Auskunftspflicht). Für die zweite Variante spricht, dass auch dann, wenn das Gericht einen entsprechenden Antrag zurückweisen sollte, keine Gefährdung etwaiger Geschäftsgeheimnisse eintreten kann. Insbesondere verhindert das Nachreichen der Unterlagen, dass das Gericht den Geheimhaltungsantrag übersieht und die Unterlagen dem Gegner bereits ohne Schutzvorkehrung übermittelt. Es stellt sich auch nicht die Frage, inwieweit der antragstellenden Partei bei beabsichtigter Zurückweisung des Antrags eine Frist zur Rücknahme der Unterlagen zuzubilligen ist (vgl. → Rn. 38). Andererseits kann es Schwierigkeiten bereiten, die Geheimnisqualität der Unterlagen glaubhaft zu machen (§ 20 34

Abs. 3) und geheime Bestandteile zu kennzeichnen (§ 20 Abs. 4), wenn entsprechende Unterlagen erst nach Erlass einer gerichtlichen Anordnung eingereicht werden sollen. Problematisch ist insbesondere, dass dem Gericht auf diese Weise die Möglichkeit genommen wird, den Inhalt der Unterlagen vor Erlass der Anordnung zu prüfen. Sieht sich das Gericht zu einer hinreichenden Prüfung außerstande, kann es der Partei aufgeben, die geheimen Unterlagen vorzulegen. Denkbar ist eine **Kompromisslösung,** wonach die geheimen Unterlagen zunächst auf einem passwortgeschützten Datenträger eingereicht werden. Das Passwort kann erforderlichenfalls zunächst dem Gericht und nach Erlass der Geheimhaltungsanordnung auch dem Prozessgegner bekanntgegeben werden (vgl. OLG Stuttgart GRUR-RS 2020, 35613 Rn. 76 – Schaumstoffsysteme).

VI. Entscheidung des Gerichts und Anfechtungsmöglichkeiten (Abs. 5)

1. Anhörungserfordernis bei beabsichtigter Zurückweisung (Abs. 5 S. 3)

35 § 20 Abs. 5 S. 3 sieht ein Anhörungserfordernis für den Fall vor, dass das Gericht den Antrag auf Erlass von Geheimhaltungsmaßnahmen zurückweisen will. Ist dies beabsichtigt, hat es die antragstellende Partei darauf und auf die **Gründe** hierfür hinzuweisen und ihr Gelegenheit zur **Stellungnahme** binnen einer zu bestimmenden Frist zu geben. Das Anhörungserfordernis trägt dem Umstand Rechnung, dass die Zurückweisung des Antrags für den Geheimnisinhaber schwerwiegende Folgen haben und das Geschäftsgeheimnis gefährden kann. Der Geheimnisinhaber soll deshalb vor **Überraschungsentscheidungen besonders geschützt** werden. Zugleich ist das Anhörungserfordernis des § 20 Abs. 5 S. 3 das verfahrensrechtliche Gegenstück zur Anhörung des Gegners nach § 20 Abs. 2 S. 1.

2. Entscheidung durch Beschluss (Abs. 5 S. 1, 2)

36 Das Gericht entscheidet gemäß § 20 Abs. 5 S. 1 über den Antrag durch **förmlichen Beschluss,** der nach Maßgabe von § 20 Abs. 5 S. 4, 5 rechtsmittelfähig ist. Aus diesen Verfahrensbestimmungen folgt, dass das Gericht so zeitig **vor der letzten mündlichen Verhandlung** durch separate Entscheidung über einen Antrag auf prozessuale Geheimhaltungsmaßnahmen entscheiden muss, dass dem unterlegenen Antragsteller die Möglichkeit einer sofortigen Beschwerde offensteht (OLG Stuttgart GRUR-RS 2020, 35613 Rn. 93 – Schaumstoffsysteme; LAG Baden-Württemberg BeckRS 2023, 26430 Rn. 3). Dies schließt insbesondere eine Ablehnung prozessualer Geheimhaltungsmaßnahmen erst in den Urteilsgründen aus (OLG Stuttgart GRUR-RS 2020, 35613 Rn. 92 – Schaumstoffsysteme). **Unterlässt das Gericht** eine separate Entscheidung im Beschlusswege, so stellt dies einen **wesentlichen Verfahrensfehler** dar, weil es der antragstellenden Partei verwehrt bleibt, sich durch Offenlegung geheimhaltungsbedürftiger Tatsachen rechtliches Gehör zu verschaffen (OLG Stuttgart GRUR-RS 2020, 35613 Rn. 81, 93 – Schaumstoffsysteme). **Übersieht das Gericht** den Geheimhaltungsantrag und leitet es vertrauliche Unterlagen, die zusammen mit diesem eingereicht wurden, ohne prozessuale Schutzvorkehrungen an den Prozessgegner weiter, so kommen **Amtshaftungsansprüche** (§ 839 BGB, Art. 34 S. 1 GG) in Betracht (*Maaßen/Perino-Stiller* WRP 2022, 1208 Rn. 16).

Der Beschluss, der eine **Geheimhaltungsanordnung** gemäß § 16 Abs. 1 trifft, muss **hinreichend bestimmt** sein, da er in Verbindung mit § 16 Abs. 2 als Grundlage für eine Verhängung von Ordnungsmittel nach § 17 bildet. Es ist daher genau zu bezeichnen, welche Informationen der Geheimhaltung unterliegen (vgl. *Hauck* in Hoeren/Münker GeschGehG § 16 Rn. 50; *Maaßen/Perino-Stiller* WRP 2022, 1208 Rn. 17; zum Antrag bereits → Rn. 27 f.). **37**

Gibt der Beschluss dem Geheimhaltungsantrag **in vollem Umfang statt,** so ist er den von der Geheimhaltungsverpflichtung Betroffenen **bekanntzugeben,** wobei eine formlose Mitteilung grds. genügt (§ 329 Abs. 2 S. 1 ZPO). Eine förmliche Zustellung ist nur dann erforderlich, wenn der Beschluss eine Frist in Lauf setzt (§ 329 Abs. 2 S. 2 ZPO), was insbesondere bei einer nachgeholten Anhörung gemäß § 20 Abs. 2 S. 1 der Fall sein wird (*Schönknecht* in Keller/Schönknecht/Glinke GeschGehG § 20 Rn. 40). Empfohlen wird die förmliche Zustellung aber mit Blick auf den Nachweis der Kenntnisnahme in einem nachgelagerten Ordnungsmittelverfahren nach § 17 (*Kircher* in BeckOK PatG § 145a Rn. 43). Soweit der Beschluss Informationen **als geheimhaltungsbedürftig einstuft** (§ 16 Abs. 1), folgt zudem aus **§ 20 Abs. 5 S. 2** eine **Hinweispflicht** auf die Wirkungen der §§ 16 Abs. 2 und 18 sowie auf die Folgen einer Zuwiderhandlung nach § 17. Der Gesetzgeber hielt eine solche Hinweispflicht angesichts der Tragweite der Rechtsfolgen für geboten (BT-Drs. 19/4724, 38). Der Hinweis kann in den Beschluss selbst aufgenommen werden (LAG Baden-Württemberg BeckRS 2023, 26430 Rn. 31). Das Gesetz sieht aber keine besondere Form vor. Er kann daher zB ggü. Zeugen im Gerichtstermin auch mündlich erteilt werden, wobei aber eine Protokollierung erfolgen sollte (*Pichlmaier/Oldekop* in Hoppe/Oldekop Kap. 3 Rn. 170). Eine Sanktion für den Fall eines unterbliebenen oder unvollständigen Hinweises lässt sich dem Gesetz aber nicht unmittelbar entnehmen. Es spricht vieles dafür, § 20 Abs. 5 S. 2 als **reine Ordnungsvorschrift** anzusehen, insbesondere treten die Wirkungen des §§ 16 Abs. 2, 18 unabhängig von dem Hinweis ein (wie hier: *Schönknecht* in Keller/Schönknecht/Glinke GeschGehG § 20 Rn. 38 u. § 17 Rn. 12; *Steinbrück/Höll* in Brammsen/Apel GeschGehG § 16 Rn. 38; *Kühnen* Hdb der Patentverletzung Teil D Rn. 238; *Pichlmaier/Oldekop* in Hoppe/Oldekop Kap. 3 Rn. 180; aA *Gregor* in BeckOK GeschGehG § 16 Rn. 44, einschränkend aber: § 17 Rn. 4). Dies ist auch nach dem Gesetzeswortlaut naheliegend, wonach das Gericht auf die (offensichtlich bestehende) Wirkung lediglich „hinweist". Hierfür spricht weiter, dass der potentielle Adressatenkreis einer Geheimhaltungsanordnung nach § 16 nicht von vorneherein vollständig feststeht, so dass in aller Regel nicht gewährleistet werden kann, dass jeder einzelne Verpflichtete Kenntnis von einem entsprechenden Hinweis erhält. Bei Verhängung eines Ordnungsmittels nach § 17 mag es im Rahmen der Verschuldensprüfung eine Rolle spielen, ob der Zuwiderhandelnde ausdrücklich auf die Folgen von Verstößen hingewiesen wurde oder nicht. Ausweislich des Wortlautes des § 20 Abs. 5 S. 2 muss auf weitergehende (zB strafrechtliche) Folgen eines Verstoßes gegen prozessuale Geheimhaltungspflichten nicht hingewiesen werden. Ein solcher Hinweis kann aber auf fakultativer Grundlage erfolgen. **37a**

Bei vollständiger oder teilweiser **Zurückweisung des Antrags** auf Erlass von Geheimhaltungsmaßnahmen ist der Beschluss dem Antragsteller gemäß § 329 Abs. 3 ZPO **förmlich zuzustellen,** da die Entscheidung der **sofortigen Beschwerde** unterliegt (*Schönknecht* in Keller/Schönknecht/Glinke GeschGehG § 20 Rn. 47). Trotz zurückweisender Entscheidung wird es in aller Regel untunlich sein, dem Prozessgegner die Informationen, zu deren Schutz die prozessuale **38**

Geheimhaltungsmaßnahmen beantragt waren, gemäß § 270 ZPO sogleich zu übermitteln. Dies gilt jedenfalls dann, wenn der Geheimnisinhaber klargestellt hat, dass die eingereichten Unterlagen dem Gegner nicht ohne weiteres zugänglich gemacht werden dürfen (BGH GRUR-RS 2020, 437 Rn. 20 – Akteneinsicht XXIV), was bei einem Antrag auf Einstufung als geheimhaltungsbedürftig stets der Fall sein dürfte. Eine sofortige Übermittlung an den Gegner würde zudem die **Beschwerdemöglichkeit des Geheimnisinhabers** gemäß § 20 Abs. 5 S. 5 unterlaufen. Sachgerecht ist es vielmehr, der antragstellenden Partei unter Fristsetzung ein **Wahlrecht** zuzubilligen, ob sie eingereichte Geschäftsgeheimnisse in dem Verfahren belassen und ihre Geheimhaltungsbelange zurückstellen will, oder ob sie entsprechende Unterlagen zurücknimmt und ggf. gegen geschwärzte Exemplare austauscht (vgl. OLG Düsseldorf BeckRS 2016, 114380 Rn. 3 f.). Bereits mit Rücksicht auf die zweiwöchige Beschwerdefrist (§ 569 Abs. 1 S. 1 ZPO) sollte die Überlegungsfrist mindestens zwei Wochen ab Zustellung des zurückweisenden Beschlusses betragen.

39 Nimmt man wie hier eine **Aufhebungs- und Abänderungskompetenz** des Gerichts der Hauptsache nach § 20 Abs. 2 S. 2 an, so erfolgt auch ein derartiger actus contrarius nach Anhörung der Parteien durch Beschluss (siehe zur Aufhebung und Abänderung → Rn. 14 ff.).

3. Anfechtungsmöglichkeiten

40 **a) Systematik der Rechtsbehelfe.** Die gerichtliche Entscheidung über prozessuale Geheimhaltungsmaßnahmen kann nach Maßgabe von § 20 Abs. 5 S. 4 und 5 angefochten werden. Dabei sieht das Gesetz ein System der **gespaltenen Anfechtungsmöglichkeiten** vor: Hat das Gericht prozessuale Geheimhaltungsmaßnahmen getroffen, so ist die Entscheidung gemäß § 20 Abs. 5 S. 4 nur **gemeinsam mit dem Rechtsmittel in der Hauptsache** anfechtbar. Hat das Gericht hingegen einen Antrag auf Erlass solcher Maßnahmen zurückgewiesen, findet gegen die Entscheidung die **sofortige Beschwerde** statt (§ 20 Abs. 5 S. 5, entspr. bei Teilzurückweisung: *Pichlmaier/Oldekop* in Hoppe/Oldekop Kap. 3 Rn. 164). Dahinter steht die Überlegung, dass es dem Gegner zuzumuten ist, die aus einer möglicherweise zu Unrecht erlassenen Geheimhaltungsmaßnahme folgenden **Beschränkungen für die Dauer der Instanz hinzunehmen;** ihm entstehen dadurch meist keine unumkehrbaren Schäden. Zudem scheint diese Lösung prozessökonomisch, soweit materiell-rechtlich ohnehin über das Vorliegen eines Geschäftsgeheimnisses zu entscheiden ist. Die Regelung des § 20 Abs. 5 S. 4 trägt überdies dem Beschleunigungsinteresse das Klägers Rechnung, der in der überwiegen Zahl der Fälle zugleich Geheimnisinhaber sein wird: Müsste sich zunächst eine weitere Instanz noch vor Entscheidung in der Hauptsache in die Prozessakten einarbeiten, so könnte dies zu einer beträchtlichen Verzögerung des Rechtsstreits führen (BGH GRUR 2022, 591 Rn. 15 – Geschäftsgeheimnis bei Hohlfasermembranspinnanlagen). Dem Prozessgegner wird insbesondere die Möglichkeit abgeschnitten, den Rechtsstreit durch taktisch motivierte Angriffe auf die prozessualen Geheimhaltungsmaßnahmen zu verzögern. Anders bewertet der Gesetzgeber die Interessenlage im Falle einer **zurückweisenden Entscheidung** zu prozessualen Geheimhaltungsmaßnahmen. In diesem Fall kann der Bestand des Geschäftsgeheimnisses gefährdet sein (BT-Drs. 19/4724, 38), wenn der Rechtsstreit ohne die prozessuale Absicherung fortgesetzt würde. Wegen der potentiell irreversiblen Folgen kann der Geheimnisinhaber nicht auf das Rechts-

mittel in der Hauptsache verwiesen werden (BGH GRUR 2022, 591 Rn. 16 – Geschäftsgeheimnis bei Hohlfasermembranspinnanlagen; BGH GRUR 2023, 1403 Rn. 28 – Ästhetische Behandlung).

Prozessuale Geheimhaltungsmaßnahmen, insbesondere Geheimhaltungsanordnungen nach § 16 Abs. 1 und ergänzende Maßnahmen nach § 19 Abs. 1 S. 4 können nicht nur die Parteien, sondern auch die **Rechtsposition Dritter** (zB Zeugen, Sachverständiger, Gerichtspersonal) beeinträchtigen und so zu einer materiellen Beschwer dieser Personen führen. Gleichwohl ist die Entscheidung, die eine solche Beschwer auslöst, nach § 20 Abs. 5 S. 4 nur gemeinsam mit dem Rechtsmittel in der Hauptsache anfechtbar. Da Dritten ein Rechtsmittel in der Hauptsache aber nicht offensteht, läge der Schluss nahe, dass für sie keine Anfechtungsmöglichkeit gegeben ist. Der BGH sieht jedoch eine **Rechtsmittelbefugnis auch Drittbetroffener grds. gegeben** (BGH GRUR 2022, 591 Rn. 10 f. – Geschäftsgeheimnis bei Hohlfasermembranspinnanlagen). Entsprechendes gilt für Parteien, die in der Hauptsache nicht rechtsmittelbefugt sind, zB weil sie in erster Instanz obsiegt haben (OLG Düsseldorf GRUR-RR 2023, 110 Rn. 3 – Geheimnisschutz I). Dem steht § 20 Abs. 5 S. 4 nicht von vorneherein entgegen (BGH GRUR 2022, 591 Rn. 11 – Geschäftsgeheimnis bei Hohlfasermembranspinnanlagen). Allerdings sei das Rechtsmittel des Drittbetroffenen **unstatthaft, wenn ein Rechtsmittel in der Hauptsache (noch) nicht eingelegt** wurde (BGH GRUR 2022, 591 Rn. 13– Geschäftsgeheimnis bei Hohlfasermembranspinnanlagen; ebenso für Rechtsmittel des Gegners: OLG Düsseldorf GRUR-RS 2023, 832 Rn. 5 ff. – Geheimnisschutz III). Im Ergebnis bleibt es daher bei einer „abhängigen" Rechtsmittelbefugnis. Offen bleibt zudem, welches Rechtsmittel durch Dritte oder in der Hauptsache nicht beschwerte Parteien einzulegen ist. Der BGH spricht nur allgemein von „Rechtsmittel" bzw. „als Beschwerde bezeichnete[m] Rechtsmittel" (BGH GRUR 2022, 591 Rn. 5 – Geschäftsgeheimnis bei Hohlfasermembranspinnanlagen). Die Frist für eine sofortigen Beschwerde (→ Rn. 45) dürfte jedenfalls meist abgelaufen sein, wenn der Rechtsstreit in der Hauptsache in die nächsthöhere Instanz gelangt, allenfalls könnte man insoweit von einem hinausgeschobenen Fristbeginn ausgehen. Das OLG Düsseldorf geht indes davon aus, dass das Gesetz eine Rechtsmittelfrist nicht vorsehe und es deshalb ausreiche, dass der Rechtsmittelführer die Geheimhaltungsmaßnahme zu irgendeinem Zeitpunkt während des in der Hauptsache laufenden Rechtsmittelverfahrens zur Überprüfung stellt (OLG Düsseldorf GRUR-RR 2023, 110 Rn. 4 – Geheimnisschutz I). **41**

Soweit nach den vorstehenden Grundsätzen kein Rechtsmittel gegeben ist, verbleibt lediglich die Möglichkeit, nach Maßgabe von **§ 20 Abs. 2 S. 2** auf eine **Abänderung durch das Hauptsachegericht** selbst hinzuwirken (BGH GRUR 2022, 591 Rn. 20 – Geschäftsgeheimnis bei Hohlfasermembranspinnanlagen, dazu näher → Rn. 14 ff.). Durch diese Möglichkeit wird nach Auffassung des BGH dem Justizgewährungsanspruch und den Erfordernissen des Art. 47 GRCh genügt (BGH GRUR 2022, 591 Rn. 20 – Geschäftsgeheimnis bei Hohlfasermembranspinnanlagen; zust. OLG Düsseldorf GRUR-RS 2023, 832 Rn. 11 – Geheimnisschutz III; aA *Maaßen/Perino-Stiller* WRP 2022, 1208 Rn. 22 u. 39). **41a**

b) Sofortige Beschwerde gemäß Abs. 5 S. 5. Gemäß § 20 Abs. 5 S. 5 iVm § 567 Abs. 1 Nr. 1 ZPO ist die sofortige Beschwerde **statthaft** gegen Entscheidungen des **Landgerichts,** die die Einstufung einer Information als geheimhaltungsbedürftig ablehnen. Gleiches gilt gemäß § 20 Abs. 5 S. 5 iVm §§ 78 ArbGG, 567 Abs. 1 Nr. 1 ZPO für Entscheidungen der **Arbeitsgerichte.** Gegen ableh- **42**

nende Entscheidungen des **Oberlandesgerichts** oder des **Landesarbeitsgerichts** gemäß § 20 Abs. 6 Nr. 2 ist die sofortige Beschwerde dagegen **nicht statthaft** (BT-Drs. 19/4724, 38, vgl. § 567 Abs. 1 ZPO: „gegen die im ersten Rechtszug ergangenen Entscheidungen der […] Landgerichte"). Ebenfalls nicht statthaft ist die sofortige Beschwerde gegen erstinstanzliche Entscheidungen des **Bundespatentgerichts** in Zwangslizenzverfahren gemäß §§ 145a PatG, 26a GebrMG. Dies folgt bereits aus dem Wortlaut des § 567 Abs. 1 ZPO und im Übrigen aus § 110 Abs. 7 PatG (*Kircher* in BeckOK PatG § 145a Rn. 50).

43 **Beschwerdebefugt** ist diejenige Partei, die den Antrag auf Erlass prozessualer Geheimhaltungsmaßnahmen gestellt hat. Erforderlich ist insoweit eine **formelle Beschwer,** d.h. die Entscheidung muss hinter dem Antrag der Partei zurückgeblieben sein (vgl. BGH NJW-RR 2015, 1203 Rn. 8).

44 Die Beschwerde kann nach Wahl des Beschwerdeführers entweder beim **Ausgangsgericht** („iudex a quo") oder beim **Beschwerdegericht** („iudex ad quem") eingelegt werden (§ 569 Abs. 1 S. 1 ZPO). In jedem Fall erhält das Ausgangsgericht zunächst Gelegenheit zur Abhilfe. Zuständig zur Entscheidung über die sofortige Beschwerde gegen Entscheidungen des Landgerichts ist das Oberlandesgericht (§ 119 Abs. 1 Nr. 2 GVG, zur Besetzung s. § 568 ZPO). Über die sofortige Beschwerde gegen Entscheidungen des Arbeitsgerichts entscheidet das Landesarbeitsgericht ohne Hinzuziehung der ehrenamtlichen Richter (§ 78 S. 3 ArbGG).

45 Die (Not-)**Frist** zur Einlegung der sofortigen Beschwerde beträgt zwei Wochen ab Zustellung der ablehnenden Entscheidung (§ 569 Abs. 1 S. 1 ZPO). Fehlt es an einer Zustellung, so endet sie spätestens fünf Monate nach Verkündung der Entscheidung (§ 569 Abs. 1 S. 2 ZPO).

46 Die Beschwerdeschrift muss die **angefochtene Entscheidung bezeichnen** und die Erklärung enthalten, dass gegen die Entscheidung **Beschwerde** eingelegt wird (§ 569 Abs. 2 S. 2 ZPO). Eine Begründung ist dagegen nicht zwingend, sondern lediglich Soll-Inhalt (§ 571 Abs. 1 ZPO). Ein bestimmter Antrag ist ebenfalls nicht erforderlich. Die Beschwerde kann auf neue Angriffs- und Verteidigungsmittel gestützt werden (§ 571 Abs. 2 S. 1 ZPO), allerdings kann das Beschwerdegericht insoweit eine Frist setzen, deren Versäumung zur Präklusion führt, wenn es dadurch zu einer Verzögerung des Verfahrens kommt (§ 571 Abs. 3 S. 1, 2 ZPO).

47 Die Beschwerde hat gemäß § 570 Abs. 1 ZPO **keine aufschiebende Wirkung.** Nach § 570 Abs. 2 ZPO kann aber das Ausgangsgericht die Vollziehung der Entscheidung aussetzen. Dies kommt insbesondere in Betracht, wenn eine zunächst getroffene Geheimhaltungsanordnung wieder aufgehoben wird (*Tochtermann* in Benkard PatG § 145a Rn. 21). Das Beschwerdegericht kann gemäß § 570 Abs. 3 einstweilige Anordnungen erlassen. Denkbar ist bspw. zur Sicherung des Status quo die Anordnung, dass die Unterlagen, die das Geschäftsgeheimnis enthalten, der Gegenseite bis zur Entscheidung über die Beschwerde nicht zugänglich gemacht werden dürfen.

VII. Zuständiges Gericht (Abs. 6)

48 Zuständig für Maßnahmen nach den §§ 16 Abs. 1 und 19 Abs. 1 ist das **Gericht der Hauptsache.** Der Begriff ist definiert in § 20 Abs. 6 und bezeichnet in Anlehnung an § 943 Abs. 1 ZPO das **Gericht des ersten Rechtszuges** (§ 20 Abs. 6 Nr. 1) oder das **Berufungsgericht,** wenn die Hauptsache in der Berufungsinstanz

anhängig ist (§ 20 Abs. 6 Nr. 2). Die Regelung soll sicherstellen, dass das jeweils mit der Sache befasste Gericht über die Maßnahmen nach § 16 oder § 19 entscheiden kann (BT-Drs. 19/4724, 39). Für Klagen vor den ordentlichen Gerichten ist das Gericht des ersten Rechtszuges das örtlich zuständige Landgericht (§ 15). Berufungsgericht ist gemäß § 119 Abs. 1 Nr. 2 GVG das Oberlandesgericht. Bei Zuständigkeit der Arbeitsgerichte ist die Eingangsinstanz das Arbeitsgericht (§ 8 Abs. 1 ArbGG). In der Berufungsinstanz sind die Landesarbeitsgerichte zuständig (§ 64 Abs. 1 ArbGG). In **Verfahren des einstweiligen Rechtsschutzes** ist das Gericht der Hauptsache das mit dem Verfügungs- oder Arrestverfahren befasste Gericht, nicht das Gericht der Hauptsacheklage (*Schönknecht* in Keller/Schönknecht/Glinke GeschGehG § 20 Rn. 51; *Kircher* in BeckOK PatG § 145a Rn. 36).

Da das Vorschaltverfahren nach § 20 erst ab Anhängigkeit eines Rechtsstreits denkbar ist (§ 20 Abs. 1), bezeichnet § 20 Abs. 6 stets das **Gericht, das tatsächlich mit der Sache befasst ist,** und kein anderes Gericht, auch wenn dieses zur Entscheidung über die Hauptsache zuständig wäre. Dies entspricht der *ratio* der Vorschrift und dem Regelungsgehalt der §§ 943, 937 Abs. 1 ZPO, die insoweit als Vorbild für § 20 Abs. 6 gedient haben dürften (vgl. OLG Karlsruhe WRP 2010, 793 (794) – Größter Kompletthersteller der Branche; OLG Düsseldorf BeckRS 2017, 120339 Rn. 4 – Kommunikationsvorrichtung). 49

Hinsichtlich des Streitstoffs, der bereits Gegenstand einer Geheimhaltungsmaßnahme in erster Instanz war, ist grundsätzlich **keine erneute Anordnung in der Berufungsinstanz erforderlich.** Insbesondere die Wirkungen des § 16 Abs. 2 sind nicht personengebunden und erstrecken sich auch auf das in der Berufungsinstanz mit der Sache befasste Gericht einschließlich der Gerichtsverwaltung (→ § 16 Rn. 28 f.). Dies folgt auch aus einem Umkehrschluss aus § 20 Abs. 5 S. 3: Hätte das Berufungsgericht für seine Instanz ohnehin eine eigene Entscheidung über die Geheimhaltungsbedürftigkeit zu treffen, wäre die gesetzlich vorgesehene Anfechtungsmöglichkeit der erstinstanzlichen Entscheidung zusammen mit dem Rechtsmittel in der Hauptsache sinnentleert. Nach hier vertretener Ansicht geht allerdings auch die Abänderungskompetenz gemäß § 20 Abs. 2 S. 2 auf das Berufungsgericht über, während die Sache dort anhängig ist. Insbesondere bei Maßnahmen nach § 19 Abs. 1 ZPO kann es schon aus praktischen Erwägungen erforderlich sein, in erster Instanz getroffene Anordnungen den veränderten Gegebenheiten in der Berufungsinstanz anzupassen. Bedeutung hat die Zuständigkeit des Berufungsgerichts darüber hinaus für zweitinstanzlich eingebrachte Noven. 50

Erkennt man mit der hier vertretenen Ansicht an, dass eine Anordnung von Geheimhaltungsmaßnahmen grundsätzlich auch im **Zwangsvollstreckungsverfahren** möglich ist (→ § 19 Rn. 55), dann ist hierfür in Zwangs- und Ordnungsmittelverfahren (§§ 888, 890 ZPO) das Prozessgericht des ersten Rechtszuges zuständig, und zwar auch dann, wenn das Erkenntnisverfahren beim Berufungsgericht anhängig ist (LG Mannheim GRUR-RR 2022, 301 Rn. 11 f. – Geheimnisschutzanordnung; *Kircher* in BeckOK PatG § 145a Rn. 36). 51

§ 21 Bekanntmachung des Urteils

(1) **Der obsiegenden Partei einer Geschäftsgeheimnisstreitsache kann auf Antrag in der Urteilsformel die Befugnis zugesprochen werden, das Urteil oder Informationen über das Urteil auf Kosten der unterliegenden Partei öffentlich bekannt zu machen, wenn die obsiegende Partei hierfür**

ein berechtigtes Interesse darlegt. Form und Umfang der öffentlichen Bekanntmachung werden unter Berücksichtigung der berechtigten Interessen der im Urteil genannten Personen in der Urteilsformel bestimmt.

(2) **Bei den Entscheidungen über die öffentliche Bekanntmachung nach Absatz 1 Satz 1 ist insbesondere zu berücksichtigen:**
1. **der Wert des Geschäftsgeheimnisses,**
2. **das Verhalten des Rechtsverletzers bei Erlangung, Nutzung oder Offenlegung des Geschäftsgeheimnisses,**
3. **die Folgen der rechtswidrigen Nutzung oder Offenlegung des Geschäftsgeheimnisses und**
4. **die Wahrscheinlichkeit einer weiteren rechtswidrigen Nutzung oder Offenlegung des Geschäftsgeheimnisses durch den Rechtsverletzer.**

(3) **Das Urteil darf erst nach Rechtskraft bekannt gemacht werden, es sei denn, das Gericht bestimmt etwas anderes.**

Schrifttum: *Maaßen,* Urteilsveröffentlichung in Kennzeichensachen, MarkenR 2008, 417; *Steigüber,* Der „neue" Anspruch auf Urteilsbekanntmachung im Immaterialgüterrecht, GRUR 2011, 295; *Kolb,* Der Anspruch auf Urteilsbekanntmachung im Markenrecht, GRUR 2014, 513.

Übersicht

I. Allgemeines

1 § 21 dient der **Umsetzung von Art. 15 Geschäftsgeheimnis-RL.** Nur **Art. 15 Abs. 3** (Bewertung der Verhältnismäßigkeit) gehört gem. Art. 1 Abs. 1 S. 2 zu den **vollharmonisierten** Vorschriften. Art. 15 Abs. 1 und 2 schaffen demgegenüber nur einen Mindeststandard (→ Rn. 1a f.). Unabhängig hiervon verdient Hervorhebung, dass § 21 den Bekanntmachungsanspruch nicht nur – wie Art. 15 – dem in seinen Rechten verletzten Inhaber eines Geschäftsgeheimnisses gewährt, sondern generell **„der obsiegenden Partei".** Dieser soll die Möglichkeit eingeräumt werden, ihren Ruf wieder herzustellen (vgl. BT-Drs. 19/4724, 39). Diese **Erweiterung der Anspruchsberechtigung** ist unionsrechtlich unbedenklich, denn das von der RL vorgegebene Schutzniveau wird nicht verwässert, wenn die Entscheidung auch bei rechtskräftiger **Verneinung einer Geheimnis-**

verletzung öffentlich bekanntgemacht wird (ebenso *Apel* in Brammsen/Apel § 21 Rn. 6). Anders wäre es nur, wenn man annehmen müsste, dass sich die Geheimnisinhaber in spürbarem Umfang von der Verfolgung ihrer (vermeintlichen) Ansprüche wegen der theoretischen Möglichkeit abhalten lassen werden, dass bei negativem Prozessausgang eine Bekanntmachung des Urteils erfolgen könnte (was *Schönknecht* in Keller/Schönknecht/Glinke § 21 Rn. 3 wohl zu Recht verneint). Allerdings sind die aus der RL übernommenen Abwägungskriterien des Abs. 2 wie in der RL ersichtlich nur auf den Fall zugeschnitten, dass der Geheimnisinhaber obsiegt (→ Rn. 23).

Nach Art. 1 Abs. 1 S. 2 Geschäftsgeheimnis-RL ist die in **Art. 15 Abs. 3** enthaltene Regelung zur **Wahrung der Verhältnismäßigkeit,** zu den in diesem Zusammenhang „gegebenenfalls" relevanten **Abwägungskriterien** und zur Berücksichtigung der **Belange natürlicher Personen** für die Mitgliedstaaten **zwingend.** Das Schutzniveau des **Art. 15 Abs. 1** (Anordnungsbefugnis der zuständigen Gerichte) und **Abs. 2** Geschäftsgeheimnis-RL (Wahrung der Vertraulichkeit in Gerichtsverfahren) darf nach dem Wortlaut des Art. 1 Abs. 1 S. 2 **nicht gesenkt, zugunsten des Geheimnisinhabers aber weiter angehoben** werden. Diese theoretische Flexibilität dürfte jedoch im Ergebnis insofern geringe praktische Bedeutung erlangen, als Art. 15 Abs. 1 im Lichte des Abs. 3 stets die Berücksichtigung der beiderseitigen Interessen verlangt und auch die in Abs. 2 vorgeschriebene Wahrung der Vertraulichkeit gemäß Art. 9 auf einem angemessenen **Interessenausgleich zwischen den Beteiligten** beruht. 1a

Die **Vorgaben der Geschäftsgeheimnis-RL** wurden in § 21 **mit einigen Abweichungen umgesetzt,** die nicht in jeder Hinsicht gelungen erscheinen (*Alexander* in Köhler/Bornkamm/Feddersen GeschGehG § 21 Rn. 7; *McGuire* in Büscher § 21 GeschGehG Rn. 7). Ob damit – abgesehen von der zulässigen Ausdehnung des Bekanntmachungsanspruchs auf den obsiegenden (vermeintlichen) Verletzer (→ Rn. 1) – wesentliche inhaltliche Änderungen verbunden sind, mag man angesichts des Gebots richtlinienkonformer Auslegung bezweifeln (noch dezidierter *Apel* in Brammsen/Apel § 21 Rn. 6 f., der die Umsetzung des Art. 15 durch § 21 als unionsrechtskonform bezeichnet); schon unter dem Aspekt der Transparenz wäre eine engere Anlehnung an den Wortlaut der Geschäftsgeheimnis-RL aber wünschenswert gewesen.). So hat der deutsche Gesetzgeber davon abgesehen, auch den Inhalt des **Art. Art. 15 Abs. 2** ausdrücklich zu übernehmen. Unausgesprochen war er allem Anschein nach der nicht ganz fernliegenden Auffassung, dass es sich bei Art. 15 Abs. 2 lediglich um eine (an sich überflüssige) Klarstellung handelt, die verfahrensbezogenen Vertraulichkeitsvorschriften also ohnehin auch für die gerichtliche Durchsetzung des Anspruchs auf Bekanntmachung des Urteils gelten (wie hier *Apel* in Brammsen/Apel § 21 Rn. 6). Weiter geht § 21 Abs. 2 davon aus, dass die Aufzählung der „insbesondere" zu berücksichtigenden **Kriterien nicht abschließend** ist. **Art. 15 Abs. 3** enthält das Wort „insbesondere" demgegenüber nicht, sondern nennt nur bestimmte (in § 21 Abs. 2 wiederkehrende) Gesichtspunkte, welche die Gerichte „gegebenenfalls" berücksichtigen sollen. Dass diese Formulierung als starrer Ausschluss sonstiger Erwägungen zu interpretieren ist (so wohl *Alexander* in Köhler/Bornkamm/Feddersen, GeschGehG § 21 Rn. 7), überzeugt allerdings nicht (→ Rn. 22; wie hier *Apel* in Brammsen/Apel § 21 Rn. 6, mit zutreffendem Hinweis darauf, dass – wie auch in ErwGr 31 verdeutlicht – Art. 15 vom Verhältnismäßigkeitsgrundsatz geprägt ist und sich dessen Anwendung nicht mit einem starren, abschließenden Kriterienkatalog verträgt). Nicht ganz glücklich ist aber, dass in § 21 Abs. 2 nicht 2 das in **Art. 15 Abs. 3 S 2** Geschäftsgeheimnis-RL angesprochene weitere Abwägungskriterium aufgenommen wurde: Zu berücksichtigen ist hiernach, ob die Informationen über den Rechtsverletzer die **Identifizierung einer natürlichen Person** ermöglichen würden und ob Letzteres im Hinblick auf die **Privatsphäre** und den **Ruf des Verletzers** gerechtfertigt wäre (→ Rn. 15, 24). Hören lässt sich allerdings das Argument von *Apel* (in Brammsen/Apel § 2 Rn. 6), diesem „Datenschutzvorbehalt" werde in der Sache durch § 21 Abs. 1 S. 2 Rechnung getragen, wonach den berechtigten Interessen der im Urteil genannten Personen zu berücksichtigen seien; diese Interessenabwägung erstrecke sich auch auf nicht namentlich genannte, aber identifizierbare Personen. Dennoch empfiehlt es sich, wegen der zu verzeichnenden Abweichungen von einigen Formulierungen und Entscheidungselementen des **Art. 15,** dessen Inhalt stets **in § 21 mit „hineinzulesen"** und im Zweifelsfall eine Klärung durch den EuGH herbeizuführen.

3 **Ähnliche,** allerdings **nicht deckungsgleiche Vorschriften über die Veröffentlichung von Urteilen** fanden sich schon vorher unter anderem in **Art. 15 Durchsetzungs-RL** (Richtlinie 2004/48/EG des Europäischen Parlaments und des Rates vom 29.4.2004 über die Durchsetzung von Rechten des geistigen Eigentums, ABl EG 2004 Nr. L 195 S. 24) und in **Art. 11 Abs. 2 UAbs. 3 UGP-RL** (Richtlinie 2005/29/EG des Europäischen Parlaments und des Rates vom 11.5.2005 über unlautere Geschäftspraktiken im binnenmarktinternen Geschäftsverkehr zwischen Unternehmen und Verbrauchern…, ABl EG 2005 Nr. L 149 S. 22, ber. ABl EG 2009 Nr. L 253 S. 18). Beide Richtlinien sahen die Veröffentlichungsbefugnis **nur zulasten des Verletzers** vor. Dem folgt auch Art. 15 Geschäftsgeheimnis-RL. Demgegenüber ermöglichen sowohl die der Umsetzung der Durchsetzungs-RL dienenden deutschen Bestimmungen – wie **§§ 103 UrhG, 140e PatG, 19c MarkenG oder 47 DesignG** – als auch **§ 12 Abs. 2 UWG** die Urteilsbekanntmachung generell **zugunsten der obsiegenden Partei** (→ Rn. 7; zu weiteren Vorschriften zur Veröffentlichung von zivil- und strafrechtlichen Urteilen *Retzer/Tolkmitt* in Harte/Henning § 12 Rn. 520 ff.; zur Entwicklung und zum Anwendungsbereich von § 12 Abs. 2 UWG *Schlingloff* in MüKoUWG § 12 Rn. 275 ff.). Diese Regelung hat der deutsche Gesetzgeber auch in das GeschGehG übernommen, um dem sich im Verletzungsprozess durchsetzenden **Beklagten** die Möglichkeit zu geben, seinen **Ruf wiederherzustellen** (BT-Drs. 19/4724, 39). Anders als im Rahmen des § 12 Abs. 2 UWG (§ 12 Abs. 3 UWG aF) und damit auch der früheren Geheimnisschutzvorschriften der §§ 17–19 UWG aF bezieht sich die Bekanntmachung des Urteils **nicht nur auf den Unterlassungsanspruch,** sondern auf **sämtliche Ansprüche,** die in einer **Geschäftsgeheimnisstreitsache** geltend gemacht werden können (→ Rn. 6).

4 **Neben** der **individuellen Schutzfunktion** (*Alexander* in Köhler/Bornkamm/Feddersen GeschGehG § 21 Rn. 8; *Apel* in Brammsen/Apel § 21 Rn. 8 f., der im Abschreckungsgedanken nur eine Nebenfolge der individuellen Rechtsdurchsetzung sieht) verfolgt § 21 den **Zweck,** potentielle Rechtsverletzer **abzuschrecken** und der Öffentlichkeit mitzuteilen, dass gegen die für die Verletzung fremder Geschäftsgeheimnisse verantwortlichen Personen und Unternehmen zivilrechtliche Sanktionen verhängt wurden. Aus ErwGr 31 Geschäftsgeheimnis-RL ergibt sich – ähnlich wie schon aus ErwGr. 27 der Durchsetzungs-RL 2004/48/EG (ABl. 2004 L 195,16) – der Eindruck, dass für den europäischen Gesetzgeber die **Generalprävention** sogar im Vordergrund steht, zumindest aber gegenüber der individuellen Schutzfunktion keineswegs zurücktritt. In ErwGr 31 heißt es, zur zusätzlichen (d.h. die zuvor angesprochenen Sanktionen ergänzenden) Abschre-

ckung für potenzielle Rechtsverletzer und **zur Sensibilisierung der breiten Öffentlichkeit** sei es zweckmäßig, Entscheidungen in Fällen, bei denen es um den rechtswidrigen Erwerb oder die rechtswidrige Nutzung oder Offenlegung von Geschäftsgeheimnissen gehe, ggf. durch öffentlichkeitswirksame Anzeigen zu veröffentlichen, sofern die Veröffentlichung weder mit einer Offenlegung des Geschäftsgeheimnisses verbunden sei noch der Privatsphäre und der Reputation natürlicher personen auf unverhältnismäßige Weise abträglich sei. Diese Gewichtung wird bei der im Einzelfall zu treffenden Entscheidung über Ob und Wie, Art und Umfang geeigneter Maßnahmen zur Bekanntmachung des Urteils zu berücksichtigen sein (→ Rn. 14, 16). Die Bedeutung der Vorschrift liegt für den obsiegenden Geheimnisinhaber zum einen darin, dass sie die **Kosten der Veröffentlichung** dem Verletzer aufbürdet (vgl. zum Patentrecht *Grabinski/Zülch* in Benkard § 140e Rn. 1) oder im umgekehrten Fall – bei Obsiegen des angeblichen Verletzers – den grundlos klagenden, wirklichen oder vermeintlichen Rechtsinhaber mit den Kosten der Bekanntmachung belastet. Zum anderen hat die gerichtliche Gewährung der Veröffentlichungsbefugnis **legitimierende Wirkung.** Sie bewahrt die obsiegende Partei vor dem erheblichen Risiko, dass sie mit einer auf eigene Faust herbeigeführten Veröffentlichung gegen andere Vorschriften (etwa §§ 3, 4 Nr. 1 und Nr. 2 UWG oder § 824 BGB) verstößt und damit über das Ziel hinausschießt (vgl. zum Markenrecht *Thiering* in Ströbele/Hacker/Thiering § 19c Rn. 2). Vorbehaltlich solcher Risiken kann die **Veröffentlichung auch auf privater Basis** erfolgen (→ Rn. 5; vgl. *Retzer/Tolkmitt* in Harte/Henning § 12 Rn. 537: „eigenmächtige Maßnahmen"; *Schlingloff* in MüKoUWG § 12 Rn. 277: „Eigenmaßnahmen"). In diesem Fall muss die veröffentlichende Partei die oft sehr erheblichen Kosten aber selbst tragen, es sei denn, ihr ist ausnahmsweise ein Erstattungsanspruch nach §§ 683, 670 BGB, §§ 823 ff., 1004 BGB oder ein diesen Aspekt mit erfassender Schadensersatzanspruch nach §§ 249 Abs. 2 bzw. 250 BGB oder unter dem Gesichtspunkt des Folgeschadens (vgl. BGH GRUR 1979, 804 (805) – Falschmeldung) zuzuerkennen (vgl. zum Lauterkeitsrecht *Köhler/Feddersen* in Köhler/Bornkamm/Feddersen § 12 Rn. 3.20; zum Markenrecht *Thiering* in Ströbele/Hacker/Thiering § 19c Rn. 28). Vor allem aber fehlt der privaten Veröffentlichung das besondere **Gewicht,** welches die Öffentlichkeit einer **unabhängigen und objektiven Gerichtsentscheidung** zumisst (vgl. zu § 12 UWG *Schlingloff* in MüKoUWG § 12 Rn. 275).

Sowohl von der Urteilsbekanntmachung gemäß § 21 als auch von der auf eigenes Risiko veranlassten Veröffentlichung zu unterscheiden ist die Durchsetzung eines **materiellrechtlichen Veröffentlichungsanspruchs** (*Schlingloff* in MüKoUWG § 12 Rn. 281 ff.; *Tolkmitt* in Harte/Henning § 12 Rn. 584; *Sosnitza* in Ohly/Sosnitza § 12 Rn. 224; *Bähr* in Ahrens, Wettbewerbsprozess, Kap. 37). Die Vorschriften über die Bekanntmachung von Urteilen sind Ausdruck eines **allgemeinen Rechtsgedankens,** nach dem die Veröffentlichung ein geeignetes und angemessenes Mittel zur Beseitigung noch andauernder Störungen sein kann (zum hinzutretenden Gesichtspunkt der Generalprävention → Rn. 4); sie stehen der Anerkennung eines materiellrechtlichen Anspruchs **negatorischer oder deliktischer Art** nicht entgegen (*Köhler/Feddersen* in Köhler/Bornkamm/Feddersen § 12 Rn. 3. 17; BGH GRUR 1987, 189 f. – Veröffentlichungsbefugnis beim Ehrenschutz; GRUR 1992, 527 (529) – Plagiatsvorwurf II). Bedeutung hat dieser Anspruch vor allem dort, wo die Veröffentlichung eines Unterlassungsurteils nicht mehr möglich ist, weil der Verletzer eine **Unterlassungserklärung** abgegeben hat (BGH GRUR 1967, 326 (366) – Spezialsalz I; GRUR 1987, 189 ff. – 5

Veröffentlichungsbefugnis beim Ehrenschutz), sei es außergerichtlich, im Verfügungsverfahren oder im Lauf des Hauptsacheverfahrens. Voraussetzung ist, dass die eingetretene Störung noch fortwirkt; hier ist besonders sorgfältig zu prüfen, ob und in welcher Weise die Bekanntmachung einer (zumal strafbewehrten) Unterlassungserklärung noch geeignet und erforderlich ist, um eine fortdauernde Störung aus der Welt zu schaffen (näher *Köhler/Feddersen* in Köhler/Bornkamm/Feddersen § 12 Rn. 18). Ist Letzteres zu bejahen, so kann der Gläubiger eine der Unterlassungserklärung angepasste Form der Veröffentlichung fordern (vgl. BGH GRUR 1972, 550 – Spezialsalz II; *Retzer/Tolkmitt* in Harte/Henning § 12 Rn. 542). Berührungspunkte bestehen auch zwischen der Bekanntmachung von Urteilen und dem Anspruch auf **Widerruf** und dem **Gegendarstellungsanspruch** (hierzu *Retzer/Tolkmitt* in Harte/Henning § 12 Rn. 533 ff.).

5a Der Anspruch auf Urteilsbekanntmachung hat im Bereich des Lauterkeitsrechts nur noch sehr geringe Bedeutung (*Tolkmitt* in Harte/Henning § 12 Rn. 519). Auch die auf der Durchsetzungs-RL 2004/48/EG beruhenden Bekanntmachungsvorschriften der Sonderschutzrechte des geistigen Eigentums im engeren Sinne (→ Rn. 3) werden nur zurückhaltend angewandt, obwohl ihre Durchsetzung wegen des hier wie auch im Bereich des Geheimnisschutzes (vgl. ErwGr 31 der RL (EU) 2016/943) stark betonten Gesichtspunkts der Generalprävention **auch im Interesse der Allgemeinheit** liegt. Die Zurückhaltung der Gerichte wie auch der großen Mehrzahl der Kläger dürfte vor allem auf die lange Verfahrensdauer, die das Interesse an einer Veröffentlichung des Urteils abnehmen lässt, sowie darauf zurückzuführen sein, dass eine Bekanntmachung **in der Regel** (und im Lauterkeitsrecht ausschließlich, vgl. *Tolkmitt* in Harte/Henning § 12 Rn. 519), so auch nach § 21 Abs. 3 GeschGehG, **erst nach Rechtskraft des Urteils** in Betracht kommt (→ Rn. 30 ff.; *McGuire* in Büscher § 21 GeschGehG Rn. 6). Was speziell den Schutz von Geschäftsgeheimnissen betrifft, kommt Folgendes hinzu: Die Verbreitung der Tatsache, dass ein Unternehmen Opfer von Industriespionage geworden ist oder dass (frühere) Beschäftigte oder Beauftragte wichtige Geheimnisse verraten oder zweckentfremdet haben, kann sich unter Umständen als zweischneidiges Schwert erweisen. So könnte Industriespionage als Indiz für Sicherheitslücken, die Geheimnisverletzung durch (ehemalige) Mitarbeiter als Zeichen geringer Loyalität, unzureichender Kontrolle oder wirtschaftlicher Schwäche (fehl-) gedeutet werden (*McGuire* in Büscher § 21 GeschGehG Rn. 6). Vor diesem Hintergrund erscheint die Prognose nicht sehr gewagt, dass Anträge auf Bekanntmachung des Urteils (auch) auf dem Sektor des Geheimnisschutzes **relativ selten gestellt** werden dürften. Die mit solchen Anträgen befassten Gerichte werden allerdings **jenseits der persönlichen Belange** des in seinen Rechten verletzten Geheimnisinhabers einerseits und des Schuldners anderseits das (oben erwähnte) Gewicht berücksichtigen, welches die Geschäftsgeheimnis-RL **der Generalprävention** zumisst (→ Rn. 4).

II. § 21 Abs. 1

1. Geschäftsgeheimnisstreitsache

6 Dieser Begriff erfasst **sämtliche Klageverfahren,** die **auf der Grundlage des GeschGehG geführt** werden (§ 16 Abs. 1; Kommentierung → § 16 Rn. 8 ff.; zur Nichtanwendbarkeit des § 21 auf Verfahren des einstweiligen Rechtsschutzes

→ Rn. 7). Dies sind **in erster Linie Beseitigungs- und Unterlassungsklagen nach § 6,** gilt jedoch ebenso für Verfahren zur **Durchsetzung sonstiger Ansprüche,** die das **GeschGehG dem Inhaber eines Geschäftsgeheimnisses** (→ § 2 Abs. 1 Nr. 2, Kommentierung § 2 Rn. 68 ff.) gem. §§ 6, 7, 8, 10, 12 und 13 **zuerkennt.** In der Sache deckt sich diese Regelung in etwa mit der in § 140e PatG, § 103 UrhG oder § 19c MarkenG enthaltenen Bezugnahme auf „Klage(n) aufgrund dieses Gesetzes" (zu der aufgrund richtlinienkonformer Auslegung gebotenen Erweiterung des Anspruchskatalogs → § 16 Rn. 9 ff.). Der gleiche Wortlaut wie dort findet sich auch in § 12 Abs. 2 UWG, wird hier allerdings auf Unterlassungsklagen beschränkt (eine analoge Anwendung des § 12 Abs. 2 UWG auf Beseitigungs- oder andere durch einen Wettbewerbsverstoß ausgelöste Ansprüche findet nicht statt, *Retzer/Tolkmitt* in Harte/Henning § 12 Rn. 540). Auch eine **negative Feststellungsklage,** mit der das Nichtbestehen von Unterlassungs-, Beseitigungs-, Schadensersatz-, Auskunfts- oder Vernichtungsansprüchen geklärt werden soll, wird **als Geschäftsgeheimnisstreitsache** anzusehen sein (ebenso *Schönknecht* in Keller/Schönknecht/Glinke § 16 Rn. 11; *McGuire* in Büscher § 16 GeschGehG Rn. 14). Sie entspricht spiegelbildlich der „positiven" Klage des wirklichen oder vermeintlichen Rechtsinhabers; ihre Begründetheit ist anhand der gleichen Vorschriften des GeschGehG zu prüfen wie diese. Ob die Klage daneben **auch auf andere Gesetze gestützt** wird, ist grundsätzlich unerheblich. Anders mag es theoretisch sein, wenn der Verstoß gegen Geheimnisschutzbestimmungen eine ganz untergeordnete Rolle spielt.

Nach dem Wortlaut des § 21 Abs. 1 ist es nicht ganz so klar wie in den eben 7
erwähnten Bestimmungen des UWG und der Schutzgesetze des geistigen Eigentums im engeren Sinne, dass die **Veröffentlichung** des Urteils **nur im Klageverfahren angeordnet** werden kann. Im Gegensatz zu diesen Bestimmungen wird der Begriff „Klage" in § 21 Abs. 1 nicht verwendet; vielmehr wird nur auf ein „Urteil" (in einer Geschäftsgeheimnisstreitsache) Bezug genommen. Urteile können aber auch im Verfügungsverfahren ergehen. Obwohl auch Verfahren des einstweiligen Rechtsschutzes „Geschäftsgeheimnisstreitsachen" sein können (→ § 16 Rn. 14), ist **nicht anzunehmen,** dass diese sprachliche Abweichung darauf abzielt, die **Durchsetzungsmöglichkeit auch auf das Verfügungsverfahren zu** erstrecken (aA *Apel* in Brammsen/Apel § 21 Rn. 19 ff., der unter anderem den Gesichtspunkt der Prozessökonomie anführt). Die Vorschrift hätte sonst einen weiteren Anwendungsbereich als etwa § 19c MarkenG, § 140e PatG oder § 12 Abs. 2 UWG, in deren Rahmen die Bekanntmachung aufgrund eines im Verfügungsverfahren ergangenen Urteils überwiegend abgelehnt wird (*Grabinski/Zülch* in Benkard § 140e Rn. 2; *Thiering* in Ströbele/Hacker/Thiering § 19c Rn. 5; zum Lauterkeitsrecht → § 12 Abs. 2 S. 4 UWG und Teplitzky/*Kessen* Kap. 26, Rn. 26; *Köhler/Feddersen* in Köhler/Bornkamm/Feddersen § 12 Rn. 3.9; *Tolkmitt* in Harte/Henning § 12 Rn. 543 f.; offener MüKoUWG/*Schlingloff* § 12 Rn. 299). Für die Beschränkung auf das Klageverfahren sprechen auch die in § 21 Abs. 3 enthaltene **Bezugnahme auf die Rechtskraft des Urteils** und die Selbstverständlichkeit, mit der die Gesetzesbegründung lediglich vom Kläger und vom Beklagten spricht und nicht etwa auch die Begriffe „Antragsteller" und „Antragsgegner" verwendet. Ebenso wenig ist der Geschäftsgeheimnis-RL irgendein Anhaltspunkt dafür zu entnehmen, dass der Anspruch auf Bekanntmachung des Urteils schon als „vorläufige und vorbeugende Maßnahme" durchgesetzt werden kann. Geregelt ist er erst bei den „Maßnahmen aufgrund einer Sachentscheidung". Einem im Einzelfall überdurchschnittlich dringlich erscheinenden Bedarf

an einer baldigen Veröffentlichung kann deshalb nur in den engen Grenzen des **§ 21 Abs. 3 (Bekanntmachung schon vor Rechtskraft des Urteils)** Rechnung getragen werden. Auch lassen die Grenzen des § 21 einen eventuell bestehenden **materiell-rechtlichen Veröffentlichungsanspruch** (→ Rn. 5) **unberührt** (vgl. zu § 12 Abs. 2 UWG *Tolkmitt* in Harte/Henning § 12 Rn. 545; *Köhler/Feddersen* in Köhler/Bornkamm/Feddersen § 12 Rn. 3.17).

2. Obsiegende Partei

8 Im Gegensatz zu Art. 15 Durchsetzungs-RL, Art. 11 Abs. 2 UAbs. 3 UGP-RL und Art. 15 Geschäftsgeheimnis-RL, aber in Übereinstimmung mit §§ 12 Abs. 2 UWG, § 19c MarkenG, § 140c PatG und § 103 UrhG gewährt § 21 den Bekanntmachungsanspruch **nicht nur dem klagenden Inhaber des Geschäftsgeheimnisses,** sondern allgemeiner der obsiegenden Partei. Die Bekanntmachung des Urteils kann also auch **auf Antrag des angeblichen Verletzers** erfolgen, der sich laut gerichtlicher Entscheidung gegen die Klagepartei durchgesetzt hat. § 21 bleibt damit im Interesse der **Waffengleichheit** auf dem schon zuvor beschrittenen „deutschen Weg" eines zugunsten und zulasten beider Parteien wirkenden Rechtsbehelfs. Ein Verstoß gegen die Vorgaben der jeweiligen Richtlinie liegt darin nicht, denn das Gerichtsverfahren hat in diesen Fällen zu der Erkenntnis geführt, dass der beklagten Partei keine Rechtsverletzung vorzuwerfen ist. Das zugunsten des Rechtsinhabers garantierte **Schutzniveau der Richtlinien** wird demgemäß auch **nicht beeinträchtigt** (→ Rn. 1).

9 Der **obsiegende Beklagte** kann seinen Anspruch im Wege der **Widerklage** geltend machen, muss diesen Weg aber nicht allein wegen seines Bekanntmachungsbegehrens beschreiten. Vielmehr kann der erforderliche Antrag auch **neben dem Antrag auf Klageabweisung** gestellt werden (*Schönknecht* in Keller/Schönknecht/Glinke § 12 Rn. 26), was auch unter **prozessökonomischen Gesichtspunkten** sinnvoll sein kann (*Apel* in Brammsen/Apel § 21 Rn. 15), die Geltendmachung in ein einem separaten Verfahren aber nicht einschränkt. Häufiger als auf Klägerseite dürfte der Anspruch des obsiegenden Beklagten allerdings am Erfordernis eines **berechtigten Interesses** scheitern (ebenso *Schönknecht* in Keller/Schönknecht/Glinke § 12 Rn. 11), es sei denn, der im Rechtsstreit unterlegene Kläger hatte die angebliche Geheimnisverletzung in besonderer Weise an die Öffentlichkeit getragen (vgl. zum Patentrecht *Grabinski/Zülch* in Benkard § 140e Rn. 3). Wenn jede Seite **teilweise obsiegt,** steht grundsätzlich beiden Beteiligten ein Anspruch auf Bekanntmachung des Urteils zu (Begründung zu § 21, BT-Drs. 19/4724, 39), eine entsprechende Antragstellung (→ Rn. 20) vorausgesetzt. Zweckmäßiger Weise wird hier im Rahmen der erforderlichen Interessenabwägung konkret zu bestimmen sein, ob die Parteien sich jeweils auf die Veröffentlichung des für sie günstigen Teils der Entscheidung beschränken können oder ob das Gesamtergebnis wiedergegeben werden muss, um eine Irreführung der Öffentlichkeit zu vermeiden. Fraglich erscheint, ob die Bekanntmachungsbefugnis auch derjenigen Partei zuerkannt werden kann, die sich nur in sehr geringem Umfang durchgesetzt hat. Hier wird ein berechtigtes Interesse meist zu verneinen sein (vgl. *Thiering* in Ströbele/Hacker/Thiering § 19c Rn. 8).

3. Urteil oder Informationen über das Urteil

10 Gegenstand der Bekanntmachung sind entweder das Urteil oder Informationen über das Urteil. Diese Formulierung mag aus deutscher Sicht insofern unge-

wöhnlich sein, als die bisher bekannten Bestimmungen über die Bekanntmachungsbefugnis (→ Rn. 2) lediglich **das Urteil selbst** erwähnen. Da im Rahmen einer Interessenabwägung auch nach diesen Vorschriften der „Umfang" der Veröffentlichung (→ Rn. 18) zu bestimmen ist, war es allerdings schon in der Vergangenheit erforderlich zu bestimmen, ob nur der **verfügende Teil** der Entscheidung oder – im Interesse einer besseren Verständlichkeit – auch **Teile des Sachverhalts und der Begründung** mit veröffentlicht werden durften oder mussten (*Retzer/Tolkmitt* in Harte/Henning, 4. Aufl. 2016, § 12 Rn. 761 f.; *Sosnitza* in Ohly/Sosnitza § 12 Rn. 222; *Köhler/Feddersen* in Köhler/Bornkamm/Feddersen § 12 Rn. 3.12 f.). Eine Beschränkung der Bekanntmachung auf einen Teil der Entscheidung oder gar auf die Urteilsformel kann im Einzelfall ausreichen, um die Interessen des Gläubigers zu wahren (vgl. BGH GRUR 1992, 527 (529) – Plagiatsvorwurf II). Die „Informationen über das Urteil" können sich im Einzelfall sogar auf Erläuterungen beschränken, die insgesamt oder teilweise ohne wörtliche Zitate einzelner Passagen des Tenors oder der Entscheidungsgründe auskommen (→ Rn. 18). Auch war schon im Rahmen des § 12 Abs. 2 UWG (§ 12 Abs. 3 UWG aF) anerkannt, dass auch die Interessen der Öffentlichkeit in die Betrachtung einbezogen werden müssen (vgl. *Schlingloff* in MüKoUWG § 12 Rn. 304; *Köhler/Feddersen* in Köhler/Bornkamm/Feddersen § 12 Rn. 3.13). Wenn es um Entscheidungen über die Verletzung von Geschäftsgeheimnissen geht, ist sicherzustellen, dass **nicht** ausgerechnet die Unterrichtung der Öffentlichkeit dazu führt oder beiträgt, den Geheimnischarakter der betreffenden Informationen zu beseitigen; **Art. 15 Abs. 2** Geschäftsgeheimnis-RL ordnet ausdrücklich an, dass die **Veröffentlichung das Geheimnis nicht gefährden** darf (vgl. auch ErwGr. 31). Die Notwendigkeit, die streitbefangenen Geschäftsgeheimnisse zu wahren, gilt im Grundsatz – wenn nämlich die betreffenden Informationen ohnehin nicht geheim waren oder schon im Laufe des Verfahrens offenkundig geworden sind – auch dann, wenn es der (vermeintliche) Rechtsverletzer ist, der den Antrag nach § 12 Abs. 1 gestellt hat.

Zwar kann das Informationsinteresse der Allgemeinheit seit jeher mit berück- 11
sichtigt werden (vgl. BGH GRUR 1955, 37 – Cupresa; GRUR 1972, 550 (552) – Spezialsalz I; OLG Frankfurt GRUR 2014, 297 – Sportreisen) und auch in die Interessenabwägung nach § 12 Abs. 2 UWG (§ 12 Abs. 3 UWG aF) einfließen (*Köhler/Feddersen* in Köhler/Bornkamm/Feddersen § 12 Rn. 3.7 mwN; *Schlingloff* in MüKoUWG § 12 Rn. 313; vgl. auch ErwGr 22 der UGP-RL 2005/29/EG, der die abschreckende Wirkung der zu bestimmenden Sanktionen betont). Weit stärker wird aber die **wesentliche, wenn nicht vorrangige Bedeutung des Allgemeininteresses** in den Erwägungsgründen zur Durchsetzungs-RL (Nr. 27) und zur Geschäftsgeheimnis-RL (Nr. 31) betont. Die Abschreckung für potentielle Rechtsverletzer und die Sensibilisierung der breiten Öffentlichkeit werden nachhaltig hervorgehoben, wenn nicht in den Vordergrund gestellt (→ Rn. 4). Es ist also genau zu prüfen, wie die Bekanntmachung zu formulieren ist, um **für die interessierten Kreise wirklich aussagekräftig** zu sein. Dies wird nur selten durch eine Beschränkung auf den Tenor des Urteils zu erreichen sein, sondern begleitende Erläuterungen erforderlich machen. Diese mögen mit bestimmten Passagen aus dem Sachverhaltsteil und der Begründung wörtlich übereinstimmen. Die Gerichte können den entscheidenden Inhalt der Bekanntmachung aber auch freier formulieren, wenn dies der besseren Verständlichkeit dient. Die in § 21 GeschGehG ausdrücklich erwähnte Möglichkeit, **„Informationen über das**

Urteil" bekanntzumachen, war bereits in Art. 15 Durchsetzungs-RL angelegt und wurde in Art. 15 Geschäftsgeheimnis-RL übernommen. Sie verdeutlicht die den Gerichten eingeräumte **Flexibilität** zusätzlich. Dies ist unter den besonderen Gegebenheiten des Geheimnisschutzes auch insofern zu begrüßen, als die Bekanntmachung des Urteils keinen so detaillierten **Einblick in den konkreten Gegenstand der Entscheidung** erlauben darf, dass (erst) hierdurch das zu schützende Geschäftsgeheimnis offengelegt wird (→ Rn. 10). Auch wenn im Bereich des Geheimnisschutzes die Anforderungen an die Bestimmtheit der Klageanträge und der Urteilsformeln aus ähnlichen Erwägungen etwas großzügiger gehandhabt werden (vgl. nur BGH GRUR 2018, 1161 Rn. 16 – Hohlfasermembranspinnanlage II; → § 6 Rn. 56 f.; *Harte-Bavendamm* in Harte/Henning, UWG, 4. Aufl. 2016, § 17 Rn. 60; *Keller* in Keller/Schönknecht/Glinke § 6 Rn. 90 ff.), ist nicht auszuschließen, dass ein Urteil doch noch Einzelheiten erwähnt, die zumindest Fachleuten unerwünschte Rückschlüsse auf die gerade zu schützenden geheimen Informationen ermöglichen könnte. Die Unterrichtung der interessierten Öffentlichkeit aber ist **keine Frage der Bestimmtheit,** sondern der **Verständlichkeit.**

4. Berechtigtes Interesse

12 Die obsiegende Partei muss die Gründe darlegen und ggf. beweisen, aus denen sie meint, sich auf ein berechtigtes Interesse an der Bekanntmachung des Urteils oder geeigneter Informationen über das Urteil berufen zu können. **Maßgeblicher Zeitpunkt** für die Beurteilung des berechtigten Interesses ist die **letzte mündliche Tatsachenverhandlung** (vgl. BGH GRUR 1968, 437 (439) – Westfalen-Blatt III; GRUR 2002, 799 (801) – Stadtbahnfahrzeug). Erforderlich war schon nach bisherigem Recht eine **umfassende Interessenabwägung,** die sich an den Umständen des Einzelfalls orientiert und dem Grundsatz der **Verhältnismäßigkeit** Rechnung getragen hat. Dies ändert allerdings nichts daran, dass an das berechtigte **Veröffentlichungsinteresse des verletzten Geheimnisinhabers keine hohen Anforderungen** zu stellen sind (vgl. OLG Frankfurt GRUR 2014, 296 (297) – Sportreisen; *Thiering* in Ströbele/Hacker/Thiering § 19c Rn. 10). Eher als dieses Interesse rundheraus zu verneinen, wird daran zu denken sein, bei der Bestimmung von Art und Umfang der Bekanntmachung (→ Rn. 16 f.) relativ zurückhaltend zu bleiben, wenn eine gewisse Abmilderung im Einzelfall angemessen erscheint. Im Gegensatz zu den bislang getroffenen gesetzlichen Regelungen nennt § 21 Abs. 2 GeschGehG – entsprechend Art. 15 Abs. 3 Geschäftsgeheimnis-RL – eine Reihe typischer Gesichtspunkte, die in diese Abwägung einbezogen werden können (→ Rn. 24 ff.). Diese ähneln in mancher Hinsicht den **Abwägungskriterien,** wie sie schon zuvor herangezogen wurden (vgl. zum Markenrecht *Thiering* in Ströbele/Hacker/Thiering § 19c Rn. 10; zum Patentrecht *Grabinski/Zülch* in Benkard § 140e, Rn. 4; zum UWG *Tolkmitt* in Harte/Henning § 12 Rn. 546 ff.; jeweils mNw.). Schon in der Vergangenheit konnte auch ein Aufklärungsinteresse der Allgemeinheit eine Rolle spielen (vgl. BGH GRUR 1955, 37 – Cupresa; GRUR 1972, 550 (552) – Spezialsalz I; OLG Frankfurt GRUR 2014, 297 – Sportreisen; *Büscher* in Büscher/Dittmer/Schiwy MarkenG § 19c Rn. 4; *Thiering* in Ströbele/Hacker/Thiering § 19c Rn. 10). Aufgrund der in Erwägungsgrund 27 der Geschäftsgeheimnis-RL und im RegE GeschGehG hervorgehobenen Bedeutung der Generalprävention und der Sensibilisierung der Öffentlichkeit haben diese Gesichtspunkte jedoch erhöhte Bedeutung erlangt (→ Rn. 5a, 11; vgl. auch § 9 Nr. 7).

Nach wie vor gibt es **keinen Automatismus** zwischen dem Prozesserfolg und der Veröffentlichung. Auch soll ein Anspruch aus § 21 nicht entstehen, wenn die öffentliche Bekanntmachung unter den Gegebenheiten des Einzelfalls allem Anschein nach primär dazu dient, den **Prozessgegner an den Pranger** zu stellen (vgl. OLG Hamburg WRP 1994, 122 (124)). Der Anspruch hat auch nicht den Zweck, die Gegenpartei **für uneinsichtiges Verhalten** während des Rechtsstreits **zu maßregeln** (vgl. BGH GRUR 1961, 189 (1192) – Rippenstreckmetall II). Entfallen sein kann das berechtigte Interesse an der Bekanntmachung, wenn Gegenstand und Ergebnis der Auseinandersetzung in der „Außenwelt" schon auf erhebliche Aufmerksamkeit gestoßen waren und **in den Medien** bereits ausführlich und **im Wesentlichen zutreffend dargestellt** wurden. Auch in diesem Fall bleibt es allerdings erforderlich, die Umstände des Einzelfalls zu prüfen. So trifft die Darstellung in den Medien häufig in tatsächlicher oder rechtlicher Hinsicht nicht ganz zu (erfahrungsgemäß wissen selbst gehobene überregionale Zeitungen bisweilen nicht einmal zwischen Patenten, Urheberrechten und Marken zu unterscheiden). Eine sowohl richtige als auch hinreichend verständliche Schilderung des Gegenstands und Ergebnisses von Geschäftsgeheimnisstreitsachen durch nicht spezialisierte Journalisten könnte sich eher als die Ausnahme denn die Regel erweisen. Außerdem macht es aus der Perspektive der Öffentlichkeit durchaus einen erheblichen Unterschied, ob über das Ergebnis eines Rechtsstreits „nur" in mehr oder weniger zuverlässigen Medien berichtet wird oder ob die Bekanntgabe mit dem offiziellen „Segen" des Gerichts erfolgt (vgl. *Schlingloff* in MüKoUWG § 12 Rn. 275). An einem Veröffentlichungsinteresse fehlt es in aller Regel, wenn noch keine Rechtsverletzung eingetreten war und die erfolgreiche Klage nur auf den Gesichtspunkt der **Erstbegehungsgefahr** gestützt werden konnte. Diese Grundsätze, die im Rahmen der schon in der Vergangenheit geregelten Fälle der Urteilsbekanntmachung (→ Rn. 2) entwickelt wurden (vgl. nur *Grabinski/Zülch* in Benkard § 140e Rn. 4; *Tolkmitt* in Harte/Henning § 12, Rn. 546 ff., jeweils mwN), lassen sich im Grundsatz – wenn auch mit etwas unterschiedlicher Gewichtung (→ Rn. 5a, 11,12) – auf die Anwendung des § 21 übertragen. 13

Zurückhaltung gegenüber der Übertragbarkeit älterer deutscher Entscheidungen ist jedoch insoweit angebracht, als diese bisweilen dazu neigten, allein wegen **längeren Zeitablaufs seit der letzten Verletzungshandlung** ein noch bestehendes Bekanntmachungsinteresse zu verneinen (vgl. etwa BGH GRUR 1962, 315 (319) – Deutsche Miederwoche; KG GRUR 1999, 152: zwei Jahre; Gegenbeispiel; BGH GRUR 1967, 362 (366) – Spezialsalz I). Diese Entscheidungspraxis beruhte mit auf der seinerzeit vorherrschenden Ansicht, dass der Veröffentlichungsanspruch in erster Linie der Beseitigung eines fortdauernden Störungszustands diente. Wenn Rechtsstreitigkeiten über den unbefugten Zugriff auf fremde Geschäftsgeheimnisse nicht im Laufe des Verfahrens durch Vergleich beendet werden können, sind sie üblicherweise schon wegen der oft sehr umfangreichen Beweiserhebung **äußerst zeitaufwändig.** Nicht selten muss vor Einleitung des Zivilprozesses noch ein **strafrechtliches Ermittlungsverfahren vorgeschaltet** werden (hierzu ausführlich *Altenburg* in Hoppe/Oldekop Kap. 4 Rn. 1–25), um im Wege der Akteneinsicht Zugang zu Dokumenten und Dateien zu erhalten, die beim Tatverdächtigen beschlagnahmt werden konnten. Etliche Jahre nach Begehung der Verletzungshandlungen wird die Öffentlichkeit meist kaum noch ein aktives Interesse an solchen Altfällen haben. Ein noch andauernder Störungszustandwird oft nicht mehr festzustellen sein. Wenn aber spätestens seit Erlass der Durchsetzungs-RL und der Geheimnisschutz-RL unionsrechtlich feststeht, dass 14 die Generalprävention und die Sensibilisierung der Öffentlichkeit wichtige, wohl sogar vorrangige Zwecke der Urteilsbekanntmachung sind (→ Rn. 11), wird man dem **Zeitablauf weit weniger Bedeutung** zumessen können als in der Vergangenheit. Im praktischen Ergebnis wäre angesichts der typischerweise sehr langwierigen Prozessführung andernfalls zu befürchten, dass der Anspruch auf Bekanntmachung des Urteils weitgehend leerliefe und die eben genannte Zielrichtung der Richtlinie verfehlt würde.

15 Von diesen grundsätzlichen Überlegungen abgesehen, unterliegt die Prüfung eines berechtigten Interesses einer **Einzelfallabwägung,** die von der Entscheidung über Form und Umfang der in Betracht zu ziehenden Bekanntmachung schwer abzugrenzen ist – was auch nicht erforderlich erscheint. In diese **Gesamtbetrachtung** fließen je nach Sachverhalt die in § 21 Abs. 2 aufgeführten Kriterien ein (→ Rn. 2, 22 ff.). Gemäß **Art. 15 Abs. 3 S. 2** Geschäftsgeheimnis-RL (nicht ausdrücklich umgesetzt in § 21) muss besonders geprüft werden, ob in der Bekanntmachung des Urteils auch Informationen mitgeteilt werden dürfen, die die **Identifizierung einer natürlichen Person** ermöglichen würden (→ Rn. 24; *Apel* in Brammsen/Apel § 21 Rn. 36). Liegt ein berechtigtes Interesse der obsiegenden Partei vor, so hat das Gericht die Bekanntmachungsbefugnis auszusprechen. Das Wort „kann" in § 21 Abs. 1 S. 1 GeschGehG deutet nur auf die Notwendigkeit der Interessenabwägung hin, nicht aber auf einen womöglich noch zusätzlich bestehenden Ermessensspielraum (so zum Patentrecht *Grabinski/Zülch* in Benkard § 140e Rn. 5).

5. Form und Umfang der öffentlichen Bekanntmachung

16 Auch die Frage, in welcher Art (§ 140e PatG; § 19c MarkenG; § 12 Abs. 3 UWG aF) bzw. Form (§ 21 GeschGehG) und in welchem Umfang das Urteil bekanntgemacht werden darf, beantwortet das Gericht **nach pflichtgemäßem Ermessen,** mithin im Rahmen einer **Interessenabwägung** (vgl. zum Patentrecht *Grabinski/Zülch* in Benkard § 140e Rn. 5; zum Markenrecht *Thiering* in Ströbele/Hacker/Thiering § 19c Rn. 16). Diese muss sich ausweislich der laut § 21 Abs. 2 auf Abs. 1 S. 1 beschränkten Bezugnahme nicht erneut an den Beispielsfällen des Abs. 2 orientieren. In Art. 15 Abs. 1 und Abs. 3 Geschäftsgeheimnis-RL wird diese Differenzierung nicht vorgenommen; dort kommt es auf beiden Stufen auf die Ergreifung „geeigneter" Maßnahmen an. Diese Abweichung kann letztlich dahinstehen, denn die Feststellung eines berechtigten Interesses an der Bekanntmachung und die Bestimmung der im Einzelfall angemessenen Veröffentlichungsmaßnahmen sind schwer voneinander zu trennen. Beide Bewertungen richten sich an den Interessen der Parteien und vor allem auch am **Gesetzeszweck der Generalprävention** und der **Sensibilisierung der Öffentlichkeit** aus. Hierbei ist durchgehend der Grundsatz der **Verhältnismäßigkeit** zu beachten; der nicht abschließende Kriterienkatalog des § 21 Abs. 2 (→ Rn. 20 f.) stellt nichts anderes als eine Konkretisierung derjenigen Gesichtspunkte dar, an denen sich die auf den Einzelfall bezogene Prüfung der Verhältnismäßigkeit orientieren kann.

17 Eine genaue Grenzziehung zwischen den Begriffen „Art" und „Umfang" ist im Ergebnis nicht erforderlich. Üblicherweise wird der **„Art"** (gleichbedeutend mit dem in § 21 GeschGehG verwendeten Begriff **„Form"**) der Veröffentlichung vor allem die Bestimmung der **Medien** zugerechnet, in denen die Bekanntmachung publik gemacht werden darf. Maßgeblich ist, wie derjenige **Verkehrskreis**

am besten zu erreichen ist, der von der beanstandeten Verhaltensweise Kenntnis genommen hat oder Kenntnis nehmen konnte (*Schlingloff* in MüKoUWG § 12 Rn. 319; *Tolkmitt* in Harte/Henning § 12 Rn. 572 mwN). Wenn es um die rechtswidrige Nutzung oder Offenlegung von Geschäftsgeheimnissen geht, wird es meist auch auf die potentiellen Abnehmer der „rechtsverletzenden Produkte" (→ § 2 Rn. 103 ff.) ankommen, in denen sich die rechtswidrigen Handlungen niederschlagen. Von der Art der Zielgruppe(n) hängt folglich auch ab, ob deren Aufklärung und Sensibilisierung nur über die auf das allgemeine Publikum ausgerichteten Medien (wie Publikumszeitschriften, Rundfunk und Fernsehen, Internet) erfolgen kann oder ob eine Bekanntmachung über Fachmedien ausreicht und möglicherweise sogar effektiver ist. So wurde in der Entscheidung „*Les-Paul-Gitarren*" (BGH GRUR 1998, 830 (835)), die sich auf die unlautere Nachahmung und Rufausbeutung einer charakteristischen Gitarrenform bezog, (antragsgemäß) die Veröffentlichung in bestimmten Musikzeitschriften befürwortet (ähnliche Beispiele BGH GRUR 1992, 527 (529) – Plagiatsvorwurf II; GRUR 2002, 799 (801) – Stadtbahnfahrzeug). Eine Bekanntmachung in **Fachmedien** wird auch bei Verletzung technischer Geschäftsgeheimnisse naheliegen. Ferner sind **Größe und Häufigkeit** der aufklärenden Mitteilungen zu bestimmen (ob man diese Frage ebenfalls der „Art", der„Form" oder dem „Umfang" der Bekanntgabe zurechnet, spielt keine Rolle). Auch hierfür ist von Bedeutung, wie häufig und über welchen Zeitraum die „rechtsverletzenden Produkte" beworben und in den Verkehr gebracht worden sind oder auf welche mediale Weise die relevanten Verkehrskreise sonst noch tangiert gewesen sein mögen. Beispielsweise hat das Landgericht Hamburg im Fall einer langfristig und überregional betriebenen, besonders aggressiven Werbung für urheberrechtswidrig nachgeahmte Möbelklassiker befunden, dass der Rechtsinhaber befugt war, die Öffentlichkeit über den Ausgang des Verletzungsprozesses in ganzseitigen Anzeigen zu unterrichten, die auf Kosten des Rechtsverletzers in jeweils drei Ausgaben der *Süddeutschen Zeitung,* des *Hamburger Abendblatts* und der Zeitschrift *Schöner Wohnen* publiziert werden durften. Soweit zu befürchten ist, dass die im Urteil genannten Medienunternehmen (etwa Sendeanstalten) die Veröffentlichung ablehnen könnten, ist zu erwägen, schon im Antrag (→ Rn. 20 f.) auch **Alternativen** vorzusehen (*Tolkmitt* in Harte/Henning § 12 Rn. 572; *Feddersen* in GroßKommUWG § 12 E Rn. 33; zur Zulässigkeit von Alternativanträgen Teplitzky/*Kessen* Kap. 26, Rn. 35). Die Befugnis zur Bekanntmachung des Urteils beschränkt sich auf einen **unbestimmten Personenkreis** in **allgemein zugänglichen Medien** (*Schlingloff* in MüKoUWG § 12 Rn. 319); so wird es in der Regel beispielsweise nicht in Betracht kommen, die obsiegende Partei zur individuellen Verbreitung an Interessenten oder Kunden zu ermächtigen.

Der **Umfang** der Bekanntmachung betrifft jedenfalls die Frage, ob **nur der Urteilstenor** – in der Regel unter Weglassung oder Vereinfachung der Ordnungsmittelandrohung (hierzu *Tolkmitt* in Harte/Henning § 12 Rn. 569; *Schlingloff* in MüKoUWG § 12 Rn. 317) und Verzicht auf die Nebenentscheidungen – das **gesamte Urteil** oder „nur" **bestimmte Informationen über das Urteil** veröffentlicht werden dürfen. Hier besteht nach dem Wortlaut des § 21 Abs. 1 **erhebliche Flexibilität.** So ist ohne weiteres denkbar, bestimmte Auszüge aus dem Urteil (beispielsweise in Form des insgesamt oder teilweise wörtlich zitierten Tenors) durch erläuternde Informationen zu ergänzen oder den Kern und die Bedeutung der Entscheidung nur in der Art eines „Abstracts" zu beschreiben (vgl. hierzu auch die sehr allgemeine Formulierung in Art. 15 Abs. 1 Geschäftsgeheim- 18 nis-RL: „…geeignete Maßnahmen zur Verbreitung von Informationen über die betreffende Entscheidung“). Freiere Erläuterungen werden oft sinnvoller sein als die bloße Wiedergabe juristischer Wendungen, die aus der Perspektive der angesprochenen Verkehrskreise, oft also des allgemeinen Publikums, den eigentlichen sachlichen Kern der Entscheidung nicht mit hinreichender Deutlichkeit vermitteln mögen. Die linguistische und inhaltliche **Verständlichkeit der Bekanntmachung für die relevanten Zielgruppen** aber ist die **wesentliche Richtschnur** für die Wahl des geeigneten Umfangs, in dem das Urteil wiederzugeben und/ oder zu erklären ist. Die Bekanntmachung in Geschäftsgeheimnisstreitsachen verlangt von Antragstellern und Gerichten eine **besonders sorgfältige Prüfung,** wie dem Interesse an der Unterrichtung interessierter Kreise Rechnung getragen werden kann, **ohne die betroffenen Geschäftsgeheimnisse offenzulegen** (→ Rn. 10 f.); es liegt nahe, diese unter Umständen schwierige Abgrenzung mit den Parteien zu erörtern. Einer besonderen Prüfung bedarf die Frage, ob die Bekanntmachung auf Informationen erstreckt werden kann, die die **Identifizierung einer natürlichen Person** erlauben (→ Rn. 15, 29).

18a Das Gericht kann den Umfang der Bekanntmachung auch insoweit bestimmen, als es eine **Frist für die Umsetzung der Bekanntmachungsbefugnis** durch die obsiegende Partei festsetzt (*Alexander* in Köhler/Bornkamm/Feddersen GeschGehG § 21 Rn. 33; *Schönknecht* in Keller/Schönknecht/Glinke § 21 Rn. 89 (→ Rn. 32). Da die in § 12 Abs. 2 S. 3 und in den Schutzgesetzen des geistigen Eigentums im engeren Sinne (etwa § 19c S. 3 MarkenG) enthaltene Ausschlussfrist von drei Monaten – wohl bewusst – nicht in § 21 übernommen wurde, spricht viel dafür, im Rahmen dieser Vorschrift eher großzügiger zu verfahren.

6. Kostentragungspflicht der unterliegenden Partei

19 § 21 Abs. 1 sieht vor, dass die unterliegende Partei die Kosten der Veröffentlichung zu tragen hat. Diese Kostentragungspflicht ist im Urteil auszusprechen. Siegt und unterliegt jede Partei teilweise, so wird im Urteil bestimmt, dass jede Seite die bei der anderen entstehenden Veröffentlichungskosten trägt. Die Veröffentlichung hat die obsiegende Partei selbst zu veranlassen, ohne dass die Gegenseite zur Zahlung eines Vorschusses verpflichtet ist. Der Obsiegende muss also wegen der Kosten in Vorlage treten und die **Kosten** dann **vom Unterliegenden ersetzt** verlangen (*Grabinski/Zülch* in Benkard § 140e Rn. 5). Er kann sie als **Kosten der Zwangsvollstreckung** nach § 788 ZPO beitreiben (vgl. *Thiering* in Ströbele/Hacker/Thiering § 19c Rn. 26; *Tolkmitt* in Harte/Henning § 12 Rn. 577). Wie das oben (→ Rn. 17) genannte Beispiel zeigt, kann es sich um sehr erhebliche Beträge handeln. Dies ist allerdings deshalb nicht unverhältnismäßig, weil das Gericht die Art der Veröffentlichung und deren qualitativen und quantitativen Umfang in Relation zum Verhalten des Rechtsverletzers und anderen Abwägungskriterien festlegt (→ Rn. 22 ff.).

7. Antrag

20 Die Urteilsbekanntmachung kann **nicht von Amts wegen** zugesprochen werden, sondern setzt einen entsprechenden Antrag voraus. Dies gilt auch für den Beklagten als den (angeblichen) Verletzer. Will dieser für den Fall des (teilweisen) Obsiegens das Urteil oder Informationen über das Urteil auf Kosten des Klägers als des (vermeintlichen) Anspruchsinhabers bekanntmachen dürfen, so kann er den entsprechenden Antrag bereits **im Rahmen der Klagebeantwortung** oder (unter Beachtung der §§ 296, 520 und 530 f. ZPO) in einem späteren Stadium des Verfahrens stellen. Ebenso kann er sein Begehren im Wege der **Widerklage** verfolgen (→ Rn. 9). Soweit **beide Parteien teils obsiegen, teils unterliegen,** kann jede von ihnen die Bekanntmachung des Urteils verlangen (*Bühling* in Hoeren/Münker § 21 Rn. 8); diese Konstellation dürfte allerdings schon deshalb wenig praktische Bedeutung erlangen, weil das Gericht im Rahmen seiner Ermessensentscheidung kaum jemals bereit sein wird, die Bekanntmachung auf den für den Antragsteller günstigen Teil der Entscheidung zu beschränken. **Antragsberechtigt** sind nur die an der Geschäftsgeheimnisstreitsache **beteiligten Parteien, keine Dritten** (so aber *Namyslowska* in MüKoUWG Geheimnisschutz-RL Rn. 4). Auch **Streithelfern** dürfte **keine Antragsbefugnis** zustehen (*Schönknecht* in Keller/Schönknecht/Glinke § 12 Rn. 17; *Bühling* in Hoeren/Münker § 21 Rn. 6).

Da die Bestimmung von Art und Umfang der Veröffentlichung im Ermessen 21 des Gerichts liegt, ist grundsätzlich ein **allgemein formulierter Antrag** zulässig, das Gericht möge dem Antragsteller die Befugnis zusprechen, das Urteil auf Kosten der unterliegenden Partei öffentlich bekannt zu machen (vgl. zum Markenrecht *Maaßen* MarkenR 2008, 417 (421)). Das Bestimmtheitsgebot des § 253 Abs. 2 Nr. 2 ZPO gilt hier nur sehr eingeschränkt (*Schlingloff* in MüKoUWG § 12 Rn. 302; *Tolkmitt* in Harte/Henning § 12 Rn. 541; aA *Schönknecht* in Keller/Schönknecht/Glinke § 12 Rn. 19 unter Hinweis auf *Grabinski/Zülch* in Benkard § 140c Rn. 5; *Pichlmaier* in Hoppe/Oldekop Kap. 3 Rn. 149: konkrete Antragsfassung „ratsam"). Dennoch kann im Einzelfall eine gewisse **Konkretisierung des Bekanntmachungsbegehrens** sinnvoll sein (für eine Einzelfallbetrachtung auch *Alexander* in Köhler/Bornkamm/Feddersen GeschGehG § 21 Rn. 15a), insbesondere wenn es um das Spannungsverhältnis zwischen der Wahrung des betroffenen Geschäftsgeheimnisses einerseits und einer sachgerechten, für die Adressaten verständlichen Aufklärung über die Rechtsverletzung andererseits geht. Gleichzeitig sollte der Antragsteller die Gefahr vermeiden, sich durch allzu kategorische Formulierung des Antrags selbst zu binden, denn wenn das Gericht eine andere Art der Bekanntmachung für angemessen halten sollte, könnte es hieran nach § 308 ZPO gehindert sein (vgl. *Thiering* in Ströbele/Hacker/Thiering § 19c Rn. 21). **Empfehlenswert** und prozessual unbedenklich ist es, dem Gericht **begründete Anregungen für Art und Umfang der Veröffentlichung** zu geben, wobei die Grenze zwischen solchen Anregungen und der Formulierung eines bestimmten Antrags fließend sein kann. Das Gericht ist an solche Anregungen nicht gebunden, ohne diese aber oft kaum in der Lage, sowohl die entscheidende Zielgruppe und die relevanten Medien als auch die quantitativ angemessene Art der Bekanntmachung verlässlich zu bestimmen. Unerlässlich ist es, in der Antragsbegründung zu den in § 21 Abs. 2 beispielhaft aufgeführten und ggf. zu weiteren **Abwägungskriterien** (→ Rn. 22 ff.) **substantiiert vorzutragen.**

III. § 21 Abs. 2

1. Bedeutung der Abwägungskriterien

Die in § 21 Abs. 2 aufgeführten Kriterien entsprechen wortgetreu den **Beispielen in Art. 15 Abs. 3 S. 1 Geschäftsgeheimnis-RL.** Etwas strenger als diese 22 Richtlinienvorschrift, nach der die betreffenden Merkmale „gegebenenfalls" zu berücksichtigen sind, statuiert § 21 Abs. 2 eine **Pflicht** der Gerichte, diese Gesichtspunkte zu berücksichtigen. Hinsichtlich der Umsetzung des Art. 15 Abs. 3 haben die Mitgliedstaaten keinen Gestaltungsspielraum (Art. 1 Abs. 1 S. 2). Insofern ist § 21 Abs. 2 richtlinienkonform so auszulegen, dass der Beispielskatalog des § 21 Abs. 2 zwar eine Art „Checkliste" darstellt, die die Gerichte gedanklich und in Würdigung des Parteivortrags durchgehen werden. Diese Liste besagt aber nichts darüber, dass diese Kriterien im Einzelfall ausnahmslos abwägungs- und entscheidungsrelevant sind. Ferner ist die **Aufzählung** in § 21 Abs. 2 GeschGehG, wie das Wort „insbesondere" verdeutlicht, **nicht abschließend** (→ Rn. 2; *Apel* in Brammsen § 21 Rn. 6). Art. 15 Abs. 3 S 1 enthält dieses Wort zwar nicht; hieraus abzuleiten, dass der deutsche Gesetzgeber seine Umsetzungskompetenz überschritten habe (so *Alexander* in Köhler/Bornkamm/Feddersen GeschGehG § 21 Rn. 7, 23; *McGuire* in Büscher § 21 GeschGehG Rn. 11), erscheint jedoch fraglich. Auch Art. 15 Abs. 3 S 1 öffnet den Tatbestand („berücksichtigen…gegebenenfalls") und fordert ausdrücklich eine **Bewertung der Verhältnismäßigkeit** einer in Erwägung gezogenen Veröffentlichungsmaßnahme. Mit dem starken Einzelfallbezug solcher Abwägungen wäre es schwer vereinbar, wenn zwar „gegebenenfalls" bestimmte Merkmale zu berücksichtigen wären, jeder andere den konkreten Fall charakterisierende Gesichtspunkt aber ausgeklammert werden müsste (ebenso *Schönknecht* in Keller/Schönknecht/Glinke § 21 Rn. 59 ff., und – etwas zurückhaltender – *Schlingloff* in MüKoUWG, Bd.1, § 21 GeschGehG Rn. 7). Es gibt eine Vielzahl anderer Merkmale, die für eine adäquate Bemessung von Art und Umfang der Bekanntmachung nach den Gegebenheiten des individuellen Sachverhalts von Bedeutung sein können (→ Rn. 29). Der Normzweck des Art. 15 Abs. 3 S 1 legt deshalb einen flexibleren Umgang mit den „gegebenenfalls" zu berücksichtigenden Aspekten nahe.

23 Bei Erweiterung des Anwendungsbereichs auf den Fall, dass der **(zu Unrecht) in Anspruch Genommene obsiegt,** hat der Gesetzgeber – bewusst oder unbewusst – davon abgesehen, in den Gesetzestext auch insoweit einige nicht abschließende Kriterien mit aufzunehmen. Die aus der RL übernommenen Beispiele Nr. 2 bis 4 betreffen eindeutig nur den Fall, dass eine Rechtsverletzung bejaht worden ist. In diesem Zusammenhang will aber auch das erste Kriterium (Wert des Geschäftsgeheimnisses) nicht recht für die Situation passen, in der sich der Beklagte durchgesetzt hat, eine Geheimnisverletzung also nicht festgestellt werden konnte. In diesen Fällen kann deshalb nur eine **freie Abwägung** vorgenommen werden, wie sie auch im Rahmen der entsprechenden Vorschriften der Schutzgesetze des geistigen Eigentums und des § 12 Abs. 2 UWG erfolgt (→ Rn. 3).

24 Nicht ganz glücklich ist es, dass der deutsche Gesetzgeber nicht auch die Vorgabe aus **Art. 15 Abs. 3 S. 2** Geschäftsgeheimnis-RL ausdrücklich mit umgesetzt hat, denn (der gesamte) Art. 15 Abs. 3 ist gemäß Art. 1 Abs. 1 S. 2 Geschäftsgeheimnis-RL unantastbar (→ Rn. 2). Die Gerichte müssen danach auch berücksichtigen, ob die Informationen über den Rechtsverletzer die **Identifizierung einer natürlichen Person** ermöglichen würden. Letzteres setzt nicht zwangsläufig eine Namensnennung voraus. In besonderen Fällen können auch andere in die Bekanntmachung eingeflossene Angaben Rückschlüsse auf die Identität der verantwortlichen Personen erlauben (*Schönknecht* in Keller/Schönknecht/Glinke § 12 Rn. 17). Nach verfassungsrechtlichen Entscheidungen, in denen es um eine Abwägung zwischen dem Persönlichkeitsrecht und anderen Grundrechtspositionen geht, genügt es, wenn das betroffene Individuum **zumindest für einen Teil des Leser- oder Adressatenkreises** auf Grund der mitgeteilten Umstände

hinreichend erkennbar wird (vgl. nur BVerfGE 119, 1 Rn. 75 = GRUR 2007, 1085 (mwN): „Erkennbarkeit durch einen mehr oder weniger großen Bekanntenkreis“, ebenso Vorinstanz BGH GRUR 2005, 788 (789) – Esra).

Wenn von einer **unmittelbaren oder mittelbaren Identifizierung** ausgegangen werden kann, ist in einem zweiten Schritt zu prüfen, ob die Veröffentlichung dieser Informationen gerechtfertigt ist, insbesondere im Lichte des etwaigen Schadens, den eine solche Maßnahme der **Privatsphäre und dem Ruf des Rechtsverletzers** zufügen kann. Aus der Erkennbarkeit als solcher folgt noch nicht, dass tatsächlich eine Verletzung des Persönlichkeitsrechts vorliegt (vgl. BVerfGE 119, 1 Rn. 74). So verdeutlicht auch ErwGr 31 Geschäftsgeheimnis-RL, dass die Bekanntmachung der Privatsphäre und Reputation natürlicher Personen **„nicht auf unverhältnismäßige Weise abträglich“** sein darf. In der Sache geht es bei diesen von den Gerichten stets mit zu bedenkenden Auswirkungen auf die Privatsphäre und den Ruf des Betroffenen um **gewichtige Elemente der insgesamt vorzunehmenden Verhältnismäßigkeitsprüfung** (*Schönknecht* in Keller/Schönknecht/Glinke § 12 Rn. 65). Von einer möglichen Beeinträchtigung persönlichkeitsrechtlicher Belange geht **keine Sperrwirkung** aus. Vielmehr sind die aufeinandertreffenden (Grund-) Rechtspositionen anhand der Umstände des Einzelfalls gegeneinander **abzuwägen.** Hierbei ist grundsätzlich auch zu berücksichtigen, dass das Persönlichkeitsrecht vor allem vor verfälschenden oder entstellenden Darstellungen zu schützen ist (BVerfGE 119, 1, Rn. 71). Um solche Eingriffe geht es bei der Bekanntmachung eines Urteils aber gerade nicht. Wer nach gerichtlicher Prüfung und Erkenntnis fremde Geschäftsgeheimnisse verletzt hat, wird in seinem Persönlichkeitsrecht von einer öffentlichen Bekanntmachung dieser Tatsache weniger beeinträchtigt als im Falle wahrheitswidriger oder herabsetzender, eigenmächtiger Äußerungen eines Dritten. Bei schwerwiegendem Missbrauch fremder Geschäftsgeheimnisse, etwa bei (bedingt) vorsätzlichem Handeln, bei besonders zu missbilligenden Handlungsmotiven (vgl. § 17 Abs. 2 UWG aF: unter anderem Eigennutz, Begünstigung eines Dritten oder die Absicht, dem Inhaber des Unternehmens Schaden zuzufügen), bei Anstiftung anderer Personen zur Tatbeteiligung, bei Verursachung eines besonders hohen Schadens, bei Begehung (weiterer) Straftaten zur Durchführung der Betriebsspionage oder bei systematischem, gewerbsmäßigem Vorgehen wird auch die Rücksichtnahme auf persönliche Interessen des Rechtsverletzers die Bekanntmachung des Urteils kaum verhindern können. 24a

2. Abwägungskriterien im Einzelnen

Das erste der ausdrücklich genannten Beispielskriterien betrifft den **Wert des Geschäftsgeheimnisses.** Es liegt auf der Hand, dass ein den Inhaber des Geheimnisses besonders hart treffender unbefugter Zugriff auf sein wertvolles, geheimes Wissen sowohl aus verständlicher Sicht des Geschädigten selbst als auch zur Sensibilisierung der Öffentlichkeit eine nach Art und Umfang besonders aussagekräftige Bekanntmachung rechtfertigen, wenn nicht erforderlich machen wird. Der Wert der geheimen technischen oder kaufmännischen Informationen wird vor allem objektiv abzuschätzen sein. Schon wegen der Flexibilität der beispielhaft genannten Abwägungskriterien kann aber auch das relative Gewicht der betreffenden Kenntnisse für das geschädigte Unternehmen zu berücksichtigen sein. Da ein Geschäftsgeheimnis schon definitionsgemäß nur vorliegt, wenn die betreffende Information überhaupt einen wirtschaftlichen Wert besitzt (→ § 2 Rn. 36 ff.), 25 wird im Rahmen der Abwägung nach § 21 Abs. 2 tendenziell ein um einiges **gesteigerter Wert** zu verlangen sein. Dies schließt es jedoch nicht aus, eine Bekanntmachung auch bei nur durchschnittlichem wirtschaftlichem Wert der geheimen Informationen anzuordnen. Hier wird man allerdings umso höhere Anforderungen an das im Einzelfall festzustellende Gewicht der übrigen Abwägungsfaktoren stellen müssen (ebenso *Bühling* in Hoeren/Münker § 21 Rn. 19).

Ausdrücklich erwähnt die Begründung zum RegE GeschGehG (BT-Drs. 19/4724, 39), dass auch der **immaterielle Wert** berücksichtigt werden kann. Ein Schaden, der kein Vermögensschaden ist (→ § 10 Abs. 3), könnte am ehesten in einer Rufschädigung oder Marktverwirrung liegen. Größere Bedeutung dürfte die Berücksichtigung solcher Aspekte aber schon deshalb nicht erlangen, weil auch diese eine vermögensrechtliche Komponente haben (→ § 10 Rn. 80 ff.).

26 Ebenso naheliegend ist es, auf das **Verhalten des Rechtsverletzers** bei Erwerb, Nutzung oder Offenlegung des fremden Geschäftsgeheimnisses zu blicken. Grobe Fahrlässigkeit, (bedingter) Vorsatz, Eigennutz, Schädigungsabsicht oder eine langfristig angelegte Vorbereitung oder Begehung der rechtswidrigen Handlungen werden in aller Regel dazu führen, dass die Interessen des Täters oder der Täter, ihren Geheimnismissbrauch gewissermaßen ihrerseits geheim zu halten, deutlich zurückstehen müssen. Gleiches kann dann gelten, wenn der Täter andere Personen zur Mitwirkung überredet oder besonderes Vertrauen des Geheimnisinhabers in Anspruch genommen hat. Auch begleitende Täuschungshandlungen, falsche Behauptungen gegenüber Dritten (*Alexander* in Köhler/Bornkamm/Feddersen GeschGehG § 21 Rn. 25), gewerbsmäßiges Handeln, die Verwertung im Ausland oder die Begehung zusätzlicher Straftaten werden zu einem ähnlichen Ergebnis führen (vgl. auch → Rn. 24 a.E. und § 23 Abs. 4).

27 Die **Folgen der rechtswidrigen Nutzung oder Offenlegung** lassen sich wiederum aus zwei Blickrichtungen betrachten. Auf der einen Seite geht es um die wirtschaftlichen **Nachteile für die Marktposition des Geheimnisinhabers,** für den Wert des Unternehmens und mittelbar auch für dessen Belegschaft. Vor allem im Falle der Offenlegung, die unabänderlich zum Verlust des Geheimnischarakters geführt hat, kann die Schädigung des Berechtigten ein sehr erhebliches Ausmaß annehmen. Hier bestehen enge Berührungspunkte zum Wert des Geheimnisses (→ Rn. 25). Auf der anderen Seite kann die rechtswidrige Nutzung der fremden Geheimnisse in manchen Fällen auch die **Interessen der Allgemeinheit** überdurchschnittlich beeinträchtigen. Dies kann beispielsweise dann gelten, wenn die angesprochenen Verkehrskreise irregeführt werden oder wenn die rechtsverletzenden Produkte (→ § 2 Rn. 109 ff.) von minderer Qualität sind, weil der Täter trotz Aneignung fremden Know-hows nicht willens oder in der Lage war, dieses auch in vergleichbarer Qualität anzuwenden. Wenn die Geheimnisverletzung schon recht lange zurückliegt und keine erneuten Übergriffe erfolgt sind, mögen die Folgen der rechtswidrigen Nutzung oder Offenlegung zwar nach und nach verblasst und eine Bekanntmachung nicht mehr in jedem Falle erforderlich und angemessen sein (vgl. zum Patentrecht *Grabinski/Zülch* in Benkard § 140e Rn. 4). Im Bereich des Geheimnisschutzes erscheint wegen der oft überdurchschnittlichen Verfahrensdauer und der besonders nachdrücklichen Betonung des Abschreckungsgedankens einige Zurückhaltung geboten, was die Ablehnung einer Bekanntmachung wegen **Zeitablaufs** betrifft (→ Rn. 14; ebenso *Schönknecht* in Keller/Schönknecht/Glinke § 21 Rn. 56).

28 Die **Wahrscheinlichkeit weiterer Rechtsverletzungen** zu einem zusätzlichen Abwägungskriterium zu machen, impliziert zum einen den Sanktionscharakter der Maßnahme und deren Eignung zur **individuellen Prävention.** Einen hartnäckigen Rechtsverletzer eher als einen Einmaltäter den negativen Effekten einer Urteilsveröffentlichung auszusetzen, kann zum anderen aber auch den **Interessen anderer Marktteilnehmer** dienen, etwa **Händlern,** die mittelbar vor der Gefahr künftiger Wiederholungstaten gewarnt werden, oder **Endabnehmern,** die darüber aufgeklärt werden, dass die ihnen angebotenen Produkte auf rechtswidrig erlangten, genutzten oder offengelegten Geschäftsgeheinissen des Klägers beruhen (*Schönknecht* in Keller/Schönknecht/Glinke § 12 Rn. 57), also „rechtsverletzende Produkte" iSd § 2 Nr. 4 sind. Erwägungsgrund 31 der Geschäftsgeheimnis-RL betont den Normzweck, potentielle Rechtsverletzer zusätzlich abzuschrecken und die breite Öffentlichkeit zu sensibilisieren, indem gegebenenfalls „öffentlichkeitswirksame Anzeigen" verbreitet werden. Hiernach spielt also auch die **Generalprävention** eine erhebliche Rolle (→ Rn. 4). Gerade dieses Merkmal verdeutlicht, dass die Beispielsfälle des Art. 15 Abs. 3 S 1 keine starren Kriterien sein dürften (→ Rn. 22). So kann eine fehlende Wahrscheinlichkeit individueller Wiederholungstaten als solche in keiner Weise ausschließen, dass dem Geschädigten ein berechtigtes Interesse an der Bekanntmachung des Urteils zugebilligt wird.

In die Prüfung des berechtigten Interesses der obsiegenden Partei und die Ermessensentscheidung über Form (Art) und Umfang der Bekanntmachung kann eine **Vielzahl sonstiger Gesichtspunkte** einfließen (ebenso *Bühling* in Hoeren/Münker § 21 Rn. 23). Hierzu gehört jedenfalls die schon angesprochene Konstellation, die in Art. 15 Abs. 3 S 2 Geschäftsgeheimnis-RL geregelt, aber trotz ihres verbindlichen Charakters in § 21 Abs. 2 GeschGehG nicht mit umgesetzt wurde. Sie betrifft die Frage, ob die Informationen die **Identifizierung einer natürlichen Person** ermöglichen würden und auch dies **gerechtfertigt** erscheint (→ Rn. 24). Auch der Beitrag, den eine – wie auch immer formulierte – Urteilsbekanntmachung zur **Generalprävention** und zur **Sensibilisierung der Öffentlichkeit** für die Bedeutsamkeit des Schutzes von Geschäftsgeheimnissen und die Folgen einer Rechtsverletzung leisten kann, wird oft erhebliches Gewicht haben. Diese Belange gehören zu den wesentlichen Zwecken der Geschäftsgeheimnis-RL (→ Rn. 4). Hinzu kommen weitere Aspekte, die das Gericht unter den Umständen des Einzelfalls für relevant hält. Dies kann beispielsweise für **Umfang** (Umsatz- und Absatzzahlen rechtsverletzender Produkte, Werbeaufwendungen) und **Dauer der Verletzungshandlungen** gelten, ebenso für die Frage, ob eine erhebliche **Marktverwirrung** verursacht wurde oder ob zur Vorbereitung und Durchführung des unerlaubten Zugriffs auf fremde Geschäftsgeheimnisse **Schutzrechtsverletzungen** oder **Straftaten** begangen wurden. 29

IV. § 21 Abs. 3

§ 21 Abs. 3 regelt den **Zeitpunkt der Bekanntmachung.** Die Geschäftsgeheimnis-RL macht hierzu keine Vorgaben. Auch die Durchsetzungs-RL hatte sich zu dieser Frage nicht geäußert. Bei deren Umsetzung in den Gesetzen des geistigen Eigentums (so etwa in § 140e PatentG und in § 19c MarkenG) entschied sich der deutsche Gesetzgeber in den meisten Fällen (aufgrund einer nicht einleuchtenden Differenzierung aber nicht in § 103 Abs. 3 S. 3 UrhG, vgl. *Maaßen* MarkenR 2008, 417 (422)), die vorläufige Vollstreckbarkeit auszuschließen, die Veröffentlichung also erst nach **Rechtskraft** des Urteils zu ermöglichen (ebenso – 30 im Unterschied zum früheren Recht – § 12 Abs. 2 S. 4 UWG, hierzu *Tolkmitt* in Harte/Henning § 12 Rn. 573 f.). Der Grund lag in der Überlegung, dass die Veröffentlichung weitgehend vollendete Tatsachen schaffe, die nicht wieder rückgängig gemacht werden könnten (BT-Drs. 16/5048, 42); in dieser Absolutheit trifft dies allerdings nicht zu, denn es ist immerhin denkbar, dass die Gegenpartei nach Eintritt der Rechtskraft eine umso umfassendere **„Gegenveröffentlichung"** vornehmen könnte.

31 Mit Umsetzung des Art. 15 Geschäftsgeheimnis-RL hat sich der Gesetzgeber entschlossen, in § 21 Abs. 3 GeschGehG, wie schon in § 103 Abs. 3 S. 3 UrhG, eine **gewisse Flexibilität** zuzulassen. Die **Vollstreckung erst nach Rechtskraft** bleibt der **Regelfall.** Das Urteil kann dann nur im Übrigen (vornehmlich also hinsichtlich eines Verbotstenors), nicht in Bezug auf den Veröffentlichungsausspruch für vorläufig vollstreckbar erklärt werden (vgl. *Tolkmitt* in Harte/Henning § 12 Rn. 573 f.). Ausnahmsweise kann das Gericht hiervon jedoch abweichen, wenn ein **dringendes Bedürfnis für die Veröffentlichung vor Rechtskraft** besteht (BT-Drucks. 19/4724, 39). Die Zulassung einer vorläufigen Vollstreckung bedarf einer ausdrücklichen Tenorierung; auch dies bestätigt den **Ausnahmecharakter** dieser Regelung (sehr zurückhaltend auch *Bühling* in Hoeren/Münker § 21 Rn. 46 f.). Im Hinblick auf die gemäß § 717 Abs. 2 S. 1 ZPO eingreifende Schadensersatzpflicht für den Fall vorläufiger Vollstreckung eines später abgeänderten Urteils und in Anbetracht der eben (→ Rn. 30) erwähnten Möglichkeit einer Gegenveröffentlichung durch die später obsiegende Gegenpartei ist die Flexibilisierung im Grundsatz sinnvoll. Im Ergebnis wird die vorläufige Vollstreckbarkeit allerdings nur in den seltensten Fällen infrage kommen: Im Wege der einstweiligen Verfügung kann dem Anspruchsgläubiger eine Urteilsveröffentlichung ohnehin nicht zugesprochen werden (→ Rn. 7). Klageverfahren sind im Geheimnisschutz in aller Regel aber dermaßen langwierig, dass am Ende ein dringendes Bedürfnis für einen begrenzten Zeitgewinn oft nicht erkennbar sein wird. Eine Ausnahme mag etwa dann gelten, wenn die unterlegene Partei vor Ergehen des Urteils **in massiver Weise an die Öffentlichkeit getreten** ist und das Gericht so gut wie keinen Zweifel daran hat, dass das die Verurteilung Bestand haben wird (vgl. etwa die Offensichtlichkeit der Rechtsverletzung, wie sie unter anderem nach § 140b Abs. 2 PatG für die Durchsetzbarkeit des Auskunftsanspruchs im Wege der einstweiligen Verfügung vorausgesetzt wird).

32 In § 21 Abs. 3 nicht übernommen wurde die in § 12 Abs. 3 S. 3 UWG wie auch in den Gesetzen des geistigen Eigentums getroffene Regelung, dass die Bekanntmachungsbefugnis erlischt, wenn von ihr nicht innerhalb von drei Monaten nach Eintritt der Rechtskraft Gebrauch gemacht worden ist. Eine solche Beschränkung wird auch weder in der Durchsetzungs-RL noch in der Geschäftsgeheimnis-RL erwähnt. Die Begründung zum GeschGehG lässt nicht erkennen, ob der Gesetzgeber konkrete Gründe dafür gesehen hat, (auch) in diesem Punkt von den bisherigen gesetzlichen Regelungen abzuweichen. Angesichts der Eindeutigkeit der Abweichung erscheint es fraglich, ob hier Raum für eine analoge Anwendung des § 140e S. 3 PatG etc. bleibt. Eher ist davon auszugehen, dass **keine starre zeitliche Begrenzung auf drei Monate** ab Rechtskraft besteht. Das Gericht kann jedoch im Rahmen der **Festlegung von Form und Umfang der Bekanntmachung gem. § 12 Abs. 1 S. 2** eine (auch großzügiger als drei Monate bemessene) **Frist für die Umsetzung der Bekanntmachungsbefugnis** setzen (*Schönknecht* in Keller/Schönknecht/Glinke § 12 Rn. 89; *Bühling* in Hoeren/Münker § 21 Rn. 48; *Alexander* in Köhler/Bornkamm/Feddersen Gesch-

GehG § 21 Rn. 32). Ansonsten wird die Befugnis zur Veröffentlichung des Urteils oder der Informationen über das Urteil erst **verwirkt** sein, wenn aufgrund der mittlerweile verstrichenen Zeit jedes objektive Interesse des Gläubigers wie auch der Öffentlichkeit so weit entfallen ist, dass die Bekanntmachung des Urteils sich als unverhältnismäßig darstellen würde.

§ 22 Streitwertbegünstigung

(1) **Macht bei Geschäftsgeheimnisstreitsachen eine Partei glaubhaft, dass die Belastung mit den Prozesskosten nach dem vollen Streitwert ihre wirtschaftliche Lage erheblich gefährden würde, so kann das Gericht auf ihren Antrag anordnen, dass die Verpflichtung dieser Partei zur Zahlung von Gerichtskosten sich nach dem ihrer Wirtschaftslage angepassten Teil des Streitwerts bemisst.**

(2) **Die Anordnung nach Absatz 1 bewirkt auch, dass**
1. **die begünstigte Partei die Gebühren ihres Rechtsanwalts ebenfalls nur nach diesem Teil des Streitwerts zu entrichten hat,**
2. **die begünstigte Partei, soweit ihr Kosten des Rechtsstreits auferlegt werden oder soweit sie diese übernimmt, die vom Gegner entrichteten Gerichtsgebühren und die Gebühren seines Rechtsanwalts nur nach diesem Teil des Rechtsstreits zu erstatten hat und**
3. **der Rechtsanwalt der begünstigten Partei seine Gebühren von dem Gegner nach dem für diesen geltenden Streitwert beitreiben kann, soweit die außergerichtlichen Kosten dem Gegner auferlegt oder von ihm übernommen werden.**

(3) **Der Antrag nach Absatz 1 ist vor der Verhandlung zur Hauptsache zu stellen. Danach ist er nur zulässig, wenn der angenommene oder festgesetzte Streitwert durch das Gericht heraufgesetzt wird. Der Antrag kann vor der Geschäftsstelle des Gerichts zur Niederschrift erklärt werden. Vor der Entscheidung über den Antrag ist der Gegner zu hören.**

I. Allgemeines

1 Die in § 22 getroffenen Regelungen zur Minderung des Streitwerts entsprechen in der Sache vollständig denen des **§ 12 Abs. 4 UWG aF (jetzt § 12 Abs. 3 UWG)**, der gemäß § 3 iVm §§ 17 und 18 UWG auch für Rechtsstreitigkeiten über Geschäftsgeheimnisse galt. Auch der Wortlaut stimmt überein – mit Ausnahme dessen, dass sich die Streitwertbegünstigung nach § 12 Abs. 4 S. 1 UWG aF nur auf die im Klageweg erfolgende Anspruchsdurchsetzung zu beziehen schien, während § 22 die Klage nicht erwähnt. Es entsprach aber auch schon in Bezug auf § 12 Abs. 4 UWG aF allgemeiner Meinung, dass die Vorschrift sinngemäß auch im **Verfügungsverfahren** herangezogen werden konnte (vgl. nur *Sosnitza* in Ohly/Sosnitza, 6. Aufl. 2016, § 12 Rn. 239; MüKoUWG/*Schlingloff,* 2. Aufl. 2014 § 12 Rn. 642; *Köhler/Feddersen* in Köhler/Bornkamm/Feddersen, 37. Aufl. 2019, § 12 Rn. 5.19). Insofern hat sich gegenüber der vor dem Inkrafttreten des GeschGehG bestehenden Rechtslage nichts geändert. Vergleichbare Vorschriften finden sich unter anderem in § 144 PatG, § 142 MarkenG und § 54 DesignG (hierzu MüKoUWG/*Schlingloff* § 12 Rn. 333). Zweck der Regelung ist es zu

verhindern, dass die Bereitschaft einer **wirtschaftlich schwachen Partei** – also des **Klägers** oder des **Beklagten,** einer **natürlichen oder juristischen Person** – nicht durch die meist hohen Streitwerte beeinträchtigt wird, die bei Rechtsstreitigkeiten über die Verletzung von Geschäftsgeheimnissen angesetzt werden (→ Rn. 4 a.E.). Im Sinne einer **Härtefallregelung** ist in diesem Fall die einseitige Streitwertbegünstigung der wirtschaftlich unterlegenen Partei möglich (vgl. RegE GeschGehG, BT-Drs. 19/4724, 39; zum UWG vgl. BGH GRUR 2019, 850 Rn. 36 – Prozessfinanzierer II) und verfassungsrechtlich unbedenklich (vgl. zum Lauterkeitsrecht BVerfG NJW-RR 1991, 1134 f.; MüKoUWG/*Schlingloff* § 12 Rn. 333; *Keller* in Keller/Schönknecht/Glinke § 22 Rn. 1, 7 f.; *Alexander* in Köhler/Bornkamm/Alexander, GeschGehG § 21 Rn. 2; *Stolz* in Brammsen/Apel § 22 Rn. 87 ff.; *zweifelnd* Gruber GRUR 2018, 585, und *Reinfeld,* Neues GeschGehG § 6 Rn. 120). Die vergleichbare Bestimmung des **§ 12 Abs. 4 UWG aF** wurde in der Praxis **auf seltenste Ausnahmen beschränkt** (*Retzer/Tolkmitt* in Harte/Henning, 4. Aufl. 2016, § 12 Rn. 907; Beispiele erfolgreicher Streitwertherabsetzung im Bereich des geistigen Eigentums und des Lauterkeitsrechts bei *Stolz* in Brammsen/Apel § 22 Rn. 21 Fn. 52). Bei Streitigkeiten über die Verletzung von Geschäftsgeheimnissen wird dies im Ergebnis nicht wesentlich anders sein (BeckOK GeschGehG/*Gregor* § 22 Rn. 16). Am ehesten mag an eine **Streitwertminderung zugunsten von** (auch früheren) **Arbeitskräften** zu denken sein, denen der Geheimnisinhaber eine unbefugte Aneignung, Nutzung oder Offenlegung vertraulicher Informationen vorwirft. Wegen der in solchen Fällen gegebenen **Zuständigkeit der Arbeitsgerichte** und der abweichenden Kosten- und Erstattungsregelungen des Arbeitsgerichtsverfahrens wiegt die der schwächeren Partei drohende Kostenlast dort aber weniger schwer als im Zivilprozess. Nach **§ 12a Abs. 1 ArbGG** hat die obsiegende Partei im **Urteilsverfahren des ersten Rechtszuges keinen Anspruch auf die Erstattung der Kosten** für die Hinzuziehung eines Prozessbevollmächtigten oder Beistands. § 22 GeschGehG lässt diese Vorschrift unberührt (RegE GeschGehG, BT-Drs. 19/4724, 39; *Stolz* in Brammsen/Apel § 22 Rn. 16). Auch in den vor den Arbeitsgerichten geführten Geschäftsgeheimnisstreitsachen **bleibt § 22 relevant** (*Keller* in Keller/Schönknecht/Glinke § 22 Rn. 39): Für die **zweite Instanz** gilt dies ohnehin; für die **erste Instanz** wirkt sich gemäß **§ 22 Abs. 2 Nr. 1** eine Streitwertminderung auf die Höhe der Gebühren des von der begünstigten Partei eingeschalteten Rechtsanwalts aus.

2 § 22 geht nicht unmittelbar auf konkrete Vorgaben der Geschäftsgeheimnis-RL zurück. Die Vorschrift liegt aber auf der Linie des sehr viel allgemeineren Postulats in **Art. 6 Abs. 2 lit. b,** demzufolge die von den Mitgliedstaaten vorzusehenden Maßnahmen, Verfahren und Rechtsbehelfe **nicht unnötig** kompliziert und **kostspielig** sein dürfen (*Alexander* in Köhler/Bornkamm/Feddersen, GeschGehG § 22 Rn. 6; *Keller* in Keller/Schönknecht/Glinke § 22 Rn. 4).

3 Die Streitwertbegünstigung **betrifft nur den Gebührenstreitwert** (RegE GeschGehG BT.-Drs. 19/4724 S. 39), nicht den Zuständigkeitsstreitwert als den für die sachliche Zuständigkeit des Gerichts nach §§ 23 Nr. 1, 71 GVG maßgeblichen Wert oder den Rechtsmittelstreitwert, der sich auf den für die Zulässigkeit eines Rechtsmittels relevanten Beschwerdegegenstand nach § 567 Abs. 2 ZPO bezieht. Zu den **verschiedenen Bedeutungen des Begriffs „Streitwert"** und zum **Streitwertfestsetzungsverfahren** wird auf *Tolkmitt* (in Harte/Henning § 12 Rn. 590 ff., 601 ff.) und *Köhler/Feddersen* (in Köhler/Bornkamm/Feddersen, 37. Aufl. 2019, § 12 Rn. Rn. 4.2) verwiesen. **Nicht anwendbar** ist § 22 (wie

auch die entsprechenden Vorschriften des UWG und verschiedener Sonderschutzgesetze) auf außergerichtliche Handlungen und **außergerichtlich ausgetragene Rechtsstreitigkeiten,** ebenso wenig auf **Schadensersatzklagen nach § 945 ZPO,** auf das **Vollstreckungsverfahren** und auf Verfahren zur Durchsetzung einer **Vertragsstrafe** (vgl. zum Lauterkeitsrecht *Tolkmitt* in Harte/Henning § 12 Rn. 680). Die Gewährung von **Prozesskostenhilfe** (§ 114 ff. ZPO) ist unabhängig von der Streitwertbegünstigung möglich (vgl. BGH GRUR 1953, 123; *Tolkmitt* in Harte/Henning § 12 Rn. 681). Meist wird aber die Gewährung von Prozesskostenhilfe eine **Streitwertbegünstigung ausschließen,** weil eine Gefährdung der wirtschaftlichen Lage nicht mehr glaubhaft gemacht werden kann (zu § 12 Abs. 3 UWG MüKoUWG/*Schlingloff* § 12 Rn. 336).

Der Streitwert wird in Verfahren über Ansprüche nach dem GeschGehG – wie 4
zuvor im Rahmen der §§ 17 bis 19 UWG aF – grundsätzlich nach der Bedeutung bestimmt, welche die Anspruchsdurchsetzung für den Kläger hat („**Prinzip des Angreiferinteresses**", *Tolkmitt* in Harte/Henning § 12 Rn. 626 ff.). **§ 51 Abs. 2 GKG** wurde deshalb um eine entsprechende Bezugnahme auf das GeschGehG ergänzt. Gem**. § 51 Abs. 3 S. 1 GKG** wird die Anknüpfung an das Angreiferinteresse allerdings insoweit beschränkt, als der Streitwert angemessen zu mindern ist, wenn die **Bedeutung der Sache für den Beklagten erheblich geringer** ist. In **§ 51 Abs. 5 GKG** wurde klargestellt, dass auch die Streitwertbegünstigung nach § 22 bei der Bestimmung des Streitwerts zu berücksichtigen ist (RegE GeschGehG, BT-Drs. 19/4724, 41). Zur **Streitwertbestimmung nach Ermessen des Gerichts** (§ 51 Abs. 2 GKG) wird auf die Kommentierung zu § 12 UWG verwiesen (*Tolkmi*tt in Harte/Henning § 12 Rn. 623 ff. mwN). Für die Bemessung des Angreiferinteresses gelten keine anderen Kriterien als etwa im Patentrecht oder im Lauterkeitsrecht. Maßgeblich sind die Umstände des Einzelfalls (Beispiele zur Streitwertffestsetzung bei Verletzungen von Geschäftsgeheimnissen bei *Stolz* in Brammsen/Apel § 22 Rn. 5 Fn. 11 mit einer Bandbreite von 50.000 € bis 6 Mio. €).

II. § 22 Abs. 1 (Voraussetzungen und Umfang)

1. Geschäftsgeheimnisstreitsache

Dieser Begriff erfasst **sämtliche Verfahren,** die **auf der Grundlage des** 5
GeschGehG geführt werden (§ 16 Abs. 1; Kommentierung → § 16 Rn. 8 ff.). Dies sind **in erster Linie Beseitigungs- und Unterlassungsklagen** nach § 6, gilt jedoch ebenso für **Verfahren zur Durchsetzung sonstiger Ansprüche,** die das **GeschGehG dem Inhaber eines Geschäftsgeheimnisses** (→ § 2 Abs. 1 Nr. 2, Kommentierung → § 16 Rn. 68 ff.) **zuerkennt.** In der Sache deckt sich diese Regelung mit der etwa in § 140e PatG, § 103 UrhG oder § 19c MarkenG enthaltenen Bezugnahme auf „Klage(n) aufgrund dieses Gesetzes". In § 12 Abs. 3 UWG ist in etwas abweichender, aber gleichbedeutender Formulierung von „Rechtsstreitigkeiten, in denen durch Klage ein Anspruch aus einem der in diesem Gesetz geregelten Rechtsverhältnisse geltend gemacht wird" die Rede. Auch eine **negative Feststellungsklage,** mit der das Nichtbestehen von Unterlassungs-, Beseitigungs-, Schadensersatz-, Auskunfts- oder Vernichtungsansprüchen geklärt werden soll, wird als Geschäftsgeheimnisstreitsache anzusehen sein. Sie entspricht spiegelbildlich der „positiven" Klage des wirklichen oder vermeintlichen Rechtsinhabers; ihre Begründetheit ist anhand der gleichen Vorschriften

des GeschGehG zu prüfen wie diese. Weiter ist § 21 **auch auf Verfügungsverfahren anwendbar** (→ Rn. 1; BeckOK GeschGehG/*Gregor* § 22 Rn. 18; *Keller* in Keller/Schönknecht/Glinke § 22 Rn. 9). Ob die Klage oder der Verfügungsantrag daneben **auch auf andere Gesetze gestützt** wird, ist grundsätzlich unerheblich (ähnlich zu § 12 Abs. 3 UWG MüKoUWG/*Schlingloff* § 12 Rn. 338 mwN). Anders mag es theoretisch sein, wenn der Verstoß gegen Geheimnisschutzbestimmungen eine ganz untergeordnete Rolle spielt.

2. Erhebliche Gefährdung der wirtschaftlichen Lage

6 In § 22 Abs. 1 wird zunächst nur die Zahlung niedrigerer **Gerichtskosten** angesprochen – zu denen hier nur die **streitwertabhängigen Gebühren,** nicht auch Aufwendungen wie Zeugenentschädigungen oder die Vergütung von Sachverständigen gehören. Die mögliche Gefährdung der wirtschaftlich schwachen Partei ist aber anhand der **Gesamtheit der zu erwartenden Prozesskosten** zu beurteilen. Insofern kommt es auf die **Summe der Gerichtskosten und der weiteren, erst in Abs. 2 angesprochenen Kostenpositionen** an. Maßgeblich sind dabei nur die **in der jeweiligen Instanz** zu erwartenden Kosten (*Keller* in Keller/Schönknecht/Glinke § 22 Rn. 12). Das Gericht hat zunächst den **vollen Streitwert** nach **§ 3 ZPO iVm § 51 Abs. 2 und 3 GKG** zu bestimmen und den hieraus folgenden Gesamtbetrag zu veranschlagen. Dieser bildet den **Ausgangspunkt** der Prüfung, ob es gerechtfertigt ist, den Streitwert zugunsten einer Partei einseitig herabzusetzen (vgl. zum UWG MüKoUWG/*Schlingloff* § 12 UWG Rn. 343). Im Rahmen der Parallelvorschriften wie etwa § 12 Abs. 3 UWG oder § 142 MarkenG hat sich die Auffassung durchgesetzt, dass an eine erhebliche Gefährdung **strenge Maßstäbe** anzulegen sind (vgl. die Übersichten bei *Schwippert,* in Teplitzky, Kap. 50, Rn. 7, und MüKoUWG/*Schlingloff* § 12 Rn. 343 mwN.; etwas zurückhaltender *Stolz* in Brammsen/Apel § 22 Rn. 39; zum Patentrecht *Grabinski/Zülch* in Benkard, § 144 Rn. 6). Es gibt keinen Anhaltspunkt dafür, dass diese Voraussetzungen nicht auch auf die Anwendung des § 22 zu übertragen sind (für grundsätzlich einheitliche Maßstäbe für die Streitwertbegünstigung gemäß § 12 Abs. 3 UWG einerseits und gemäß § 22 GeschGehG anderseits auch *Alexander* in Köhler/Bornkamm/Feddersen, GeschGehG § 22 Rn. 14, und *Keller* in Keller/Schönknecht/Glinke § 22 Rn. 14; a.A. *McGuire* in Büscher, GeschGehG § 22 Rn. 8 ff.). Die **Gefährdung** muss eine besondere Qualität aufweisen, hinreichend konkret und **gerade durch die Kostenbelastung des betreffenden Verfahrens hervorgerufen** sein; eine nur abstrakte Gefahr oder allgemeine wirtschaftliche Schwierigkeiten genügen dazu nicht (vgl. zum UWG *Tolkmitt* in Harte/Henning § 12 Rn. 682; MüKoUWG/*Schlingloff,* § 12 UWG Rn. 343 ff.). Der betroffenen Partei ist durchaus ein gewisses **Prozessrisiko zuzumuten,** das in einem angemessenen Verhältnis zu dem normalerweise üblichen Kostenrisiko, der Erhöhung des Kostenrisikos der Gegenpartei und den Vermögensverhältnissen des Antragstellers stehen (*Keller* in Keller/Schönknecht/Glinke § 22 Rn. 15 unter Hinweis auf die stRspr zu § 144 PatG, vgl. BGH BeckRS 2009, 25824). Bei relativ niedrigen Streitwerten wird eine Herabsetzung weit seltener in Betracht kommen als bei hohen Streitwerten, die dem wirtschaftlichen Interesse des Klägers an der Durchsetzung seiner (wirklichen oder vermeintlichen) Ansprüche entsprechen (vgl. *Köhler/Feddersen* in Köhler/Bornkamm/Feddersen § 12 Rn. 4.22; OLG Stuttgart WRP 2016, 766: bei Streitwerten von bis zu 10.000 € scheidet die Streitwertbegünstigung praktisch aus; ebenso MüKoUWG/

Schlingloff § 12 UWG Rn. 346; *Stolz* in Brammsen/Apel § 22 Rn. 54: Streitwertherabsetzung als „absolute Ausnahme"). Deutliche Einschränkungen, **größere Opfer und Einbußen** müssen in Kauf genommen werden, desgleichen eine dem Betroffenen mögliche **Kreditaufnahme.** In einer frühen, allerdings aus heutiger Sicht in diesem Punkt fragwürdigen Entscheidung (GRUR 1953, 284 – Kostenbegünstigung I – zum PatentG) ging der BGH so weit, einer vermögenslosen (im damaligen Fall juristischen) Person eine Streitwertbegünstigung mit dem Argument zu verweigern, ihre wirtschaftliche Lage könne sich ohnehin nicht weiter verschlechtern.

3. Glaubhaftmachung

Die Gefährdung der wirtschaftlichen Lage muss **glaubhaft gemacht** werden 7
(§ 294 ZPO). Für die richterliche Überzeugungsbildung genügt eine **überwiegende Wahrscheinlichkeit.** Die Partei muss ihre Vermögensverhältnisse substantiiert darlegen und durch geeignete Beweismittel (hier beispielsweise in Form von Steuerbescheiden, Kontoauszügen und Jahresabschlüssen) untermauern. Die Glaubhaftmachung kann auch durch **eidesstattliche Versicherung** erfolgen. Auch diese muss aber hinreichend konkret und nachvollziehbar sein; sie wird deshalb Unterlagen der eben genannten Art eher ergänzen als ersetzen können. Abhängig von den Umständen des Einzelfalls muss sie sich auf Verlangen des Gerichts auch darauf erstrecken, dass die Kosten aus dem vollen Streitwert nicht von einem Dritten übernommen werden können und dass auch eine **Kreditaufnahme** zu zumutbaren Bedingungen nicht möglich ist (MüKoUWG/*Schlingloff* § 12 UWG Rn. 350 mwN).

4. Ermessensentscheidung

Die Entscheidung über den Antrag (→ Rn. 14) auf Herabsetzung des vollen 8
Streitwerts trifft das zuständige Prozessgericht nach Anhörung des Gegners nach **pflichtgemäßem Ermessen.** Auf die Erfolgsaussichten der wirtschaftlich schwachen Partei kommt es in diesem Zusammenhang (anders als bei der Entscheidung über einen Antrag auf Prozesskostenhilfe) nicht an (vgl. BGH GRUR 1990, 1052 (1053) – Streitwertbemessung). Für die Ermessensentscheidung kann unter anderem **das prozessuale und vorprozessuale Verhalten** von Bedeutung sein (RegE GeschGehG, BT-Drs. 19/4724, 39). So kann es eine Rolle spielen, wenn die Partei bei eindeutiger Rechtslage auf eine Abmahnung nicht reagiert und dadurch den Prozess auslöst (vgl. OLG Frankfurt GRUR-RR 2005, 296; *Köhler/Feddersen* in Köhler/Bornkamm/Feddersen § 12 Rn. 4.22; *Tolkmitt* in Harte/Henning § 12 Rn. 686), denn Zweck der Vorschrift ist es nicht, einer Partei das leichtfertige Prozessieren zu ermöglichen (RegE GeschGehG, BT-Drs. 19/4724, 39). Auch sonstige Anhaltspunkte für ein **rechtsmissbräuchliches** Verhalten können zur Verweigerung der beantragten Streitwertbegünstigung führen. Dies kann naheliegen, wenn – ähnlich dem Begriff des Mutwillens in § 114 Abs. 1 ZPO – eine verständige, wirtschaftlich denkende Person ihre Rechte nicht in gleicher Weise verfolgen würde (*Tolkmitt* in Harte/Henning § 12 Rn. 686; weitere Beispiele bei MüKoUWG/Schlingloff § 12 UWG Rn. 351 ff.; *Stolz* in Brammsen/Apel Rn. 51 f: offensichtliche völlige Aussichtslosigkeit.). Die Ausübung pflichtgemäßen Ermessens betrifft auch den **Umfang** der Streitwertbegünstigung. Bezugspunkt für den vorzunehmenden Abschlag ist die für die wirtschaftlich gefährdete Partei **gerade noch tragbare Kostenlast** (*Tolkmitt* in Harte/Henning

§ 12 Rn. 687; *Schwippert* in Teplizky Kap. 50 Rn. 21). Der aus dem vollen Streitwert folgenden Gebührensumme ist ein Betrag gegenüberzustellen, der den Gebührenfolgen eines bestimmten niedrigeren Streitwerts entspricht und unter Berücksichtigung der glaubhaft gemachten Vermögensverhältnisse des Begünstigten noch vertretbar erscheint (eingehend zur Berechnungsmethode MüKoUWG/*Schlingloff* § 12 Rn. 355 f. mwN ff.). Letztlich bringt es aber der starke Einzelfallbezug der Ermessensentscheidung mit sich, dass sich eine allzu schematische Betrachtung verbietet (zum UWG *Tolkmitt* in Harte/Henning § 12 Rn. 687).

III. § 22 Abs. 2 (Weitere Rechtsfolgen)

9 Als Rechtsfolge einer erheblichen wirtschaftlichen Gefährdung, die aus einer Zugrundelegung des vollen Streitwerts resultieren würde, regelt § 22 Abs. 1 nur die Zahlung verminderter Gerichtskosten (→ Rn. 6). **Weitere Rechtsfolgen** der Streitwertherabsetzungergeben sich aus Abs. 2 (eingehend hierzu MüKoUWG/*Schlingloff* § 12 UWG Rn. 357 ff.). Sie betreffen in erster Linie die Berechnung und Erstattung von **Rechtsanwaltsgebühren** und stimmen mit den schon bekannten Vorschriften über die Streitwertbegünstigung (etwa § 142 Abs. 2 MarkenG, § 144 Abs. 1 PatG und § 12 Abs. 4 UWG) vollständig überein.

10 Nach **Abs. 2 Nr. 1** hat die begünstigte Partei die Gebühren ihres Rechtsanwalts **nur nach dem ihrer Wirtschaftslage angepassten Teil** des vollen Streitwerts zu entrichten. Diese Rechtsfolge tritt ein, wenn und soweit ihr die außergerichtlichen Kosten auferlegt wurden oder sie diese übernommen hat.

11 Gemäß **Abs. 2 Nr. 2** gilt die Streitwertbegünstigung zugunsten der wirtschaftlich schwachen Partei auch insoweit, als sie die **gegnerischen Rechtsanwaltsgebühren** und die vom Gegner entrichteten **Gerichtsgebühren** ebenfalls **nur auf Grundlage des herabgesetzten Streitwerts erstatten** muss, wenn und soweit ihr die Kosten des Rechtsstreits auferlegt wurden oder wenn sie diese übernommen hat. Hiervon nicht berührt wird die Höhe der Gebühren, die der Gegner seinem eigenen Rechtsanwalt schuldet. Dies kann dazu führen, dass der Gegner auch bei vollständigem Obsiegen einen Teil der eigenen Anwaltskosten selbst zu tragen hat (*Stolz* in Brammsen/Apel § 22 Rn. 67)

12 **Abs. 2 Nr. 3** schließlich sieht vor, dass der **Rechtsanwalt der begünstigten Partei** seine gesetzlichen Gebühren von der **Gegenpartei,** der die außergerichtlichen Kosten auferlegt wurden oder die diese übernommen hat, im eigenen Namen nach demjenigen Streitwert beitreiben kann, der für die Gegenpartei gilt. Dies ist der volle Streitwert, es sei denn, auch der Gegenpartei habe das Gericht eine Streitwertbegünstigung zuerkannt (vgl. MüKoUWG/*Schlingloff,* § 12 UWG, Rn. 360.

13 **Unterliegt** die begünstigte Partei **teilweise,** sind die Kosten nach § 92 Abs. 1 ZPO zu quoteln. Der Kostenausgleich gemäß § 106 ZPO erfolgt nach dem Teilstreitwert.

IV. § 22 Abs. 3 (Verfahren, Rechtsmittel)

14 Der Antrag auf Streitwertbegünstigung ist – für jede Instanz gesondert – **vor der Verhandlung zur Hauptsache,** d.h. vor Stellung der Sachanträge nach 137 Abs. 1 ZPO zu stellen. Dies gilt sinngemäß auch für das **Verfügungsverfahren** Hier braucht der Antrag erst vor der mündlichen Verhandlung über den Wider-

spruch gestellt zu werden. Der Antragsgegner soll den Antrag jedoch auch ohne Einlegung eines Widerspruchs stellen können, dann aber unverzüglich oder zumindest innerhalb einer angemessenen Frist (MüKoUWG/*Schlingloff,* § 12 UWG Rn. 349 mwN). Falls das Verfahren ohne mündliche Verhandlung endet, ist der Antrag innerhalb angemessener Frist nach der Streitwertfestsetzung zu stellen (OLG Koblenz GRUR 1996, 139 (140)). Nach diesen Zeitpunkten ist der Antrag nur noch zulässig, wenn das Gericht den vorläufig angenommenen oder den festgesetzten **Streitwert nachträglich heraufsetzt** (§ 22 Abs. 3 S. 2). In diesem Fall muss der Antrag innerhalb angemessener Frist nach Heraufsetzung des Streitwerts gestellt werden. Unzulässig ist der Antrag jedenfalls dann, wenn die Instanz bereits abgeschlossen oder – im Verfügungsverfahren – eine Abschlusserklärung abgegeben worden ist, es sei denn, die Heraufsetzung erfolgt erst nach diesen Zeitpunkten (auch hierzuMüKoUWG/*Schlingloff,* § 12 Rn. 348; *Alexander* in Köhler/Bornkamm/Feddersen, GeschGehG § 22 Rn. 21). Falls sich die wirtschaftliche Lage einer Partei nach der ersten mündlichen Verhandlung, aber noch während des gleichen Rechtszuge**s entscheidend verschlechtert,** kommt eine **nachträgliche,** unverzüglich vorzunehmende Antragstellung in Betracht (*Keller* in Keller/Schönknecht/Glinke § 22 Rn. 30). Ist der nachträglich gestellte Antrag zulässig und begründet, so gilt die Verpflichtung zur Tragung der Kosten rückwirkend für die gesamte Instanz. Dies gilt umgekehrt genauso für den Wegfall des Privilegs bei einer abändernden Aufhebung der Streitwertbegünstigung wegen **nachhaltiger Verbesserung der wirtschaftlichen Verhältnisse** (MüKoUWG/*Schlingloff* § 12 UWG Rn. 348; *Alexander* in Köhler/Bornkamm/Feddersen, GeschGehG § 22 Rn. 21). Gestellt werden kann der Antrag **schriftsätzlich** oder – dann ohne Anwaltszwang – **vor der Geschäftsstelle** des Gerichts (§ 22 Abs. 3 S. 3). Ein Antrag ist **für jede Instanz gesondert** erforderlich; die Folgeinstanz ist an die Beurteilung der Vorinstanz nicht gebunden (MüKoUWG/*Schlingloff* § 12 Rn. 355)

Die Entscheidung über den Antrag ergeht nach **Anhörung des Gegners** durch 15
Beschluss (§§ 63, 51 GKG). Dieser kann durch **Streitwertbeschwerde** (§ 68 GKG) angefochten werden, wenn es sich um eine landgerichtliche Entscheidung handelt. Entscheidungen eines Oberlandesgerichts oder des Bundesgerichtshofs kann nur mit der Gegenvorstellung begegnet werden (§§ 68 Abs. 1 S. 4, 66 Abs. 3 S. 3 GKG; § 33 Abs. 4 S. 3 RVG; MüKoUWG/Schlingloff § 12 UWG Rn. 354). Beschwerde kann nicht nur von den Parteien, sondern auch von deren Rechtsanwälten eingelegt werden, gleich, ob sie die Antragstellerin oder deren Prozessgegner vertreten (§ 32 Abs. 2 RVG).

§ 23 Strafvorschriften

(1) Mit Freiheitsstrafe bis zu drei Jahren oder mit Geldstrafe wird bestraft, wer zur Förderung des eigenen oder fremden Wettbewerbs, aus Eigennutz, zugunsten eines Dritten oder in der Absicht, dem Inhaber eines Unternehmens Schaden zuzufügen,

1. **entgegen § 4 Absatz 1 Nummer 1 ein Geschäftsgeheimnis erlangt,**
2. **entgegen § 4 Absatz 2 Nummer 1 Buchstabe a ein Geschäftsgeheimnis nutzt oder offenlegt,**
3. **entgegen § 4 Absatz 2 Nummer 3 als eine bei einem Unternehmen beschäftigte Person ein Geschäftsgeheimnis, das ihr im Rahmen des Beschäftigungsverhältnisses anvertraut worden oder zugänglich**

geworden ist, während der Geltungsdauer des Beschäftigungsverhältnisses offenlegt.

(2) **Ebenso wird bestraft, wer zur Förderung des eigenen oder fremden Wettbewerbs, aus Eigennutz, zugunsten eines Dritten oder in der Absicht, dem Inhaber eines Unternehmens Schaden zuzufügen, ein Geschäftsgeheimnis nutzt oder offenlegt, das er durch eine fremde Handlung nach Absatz 1 Nummer 2 oder Nummer 3 erlangt hat.**

(3) **Mit Freiheitsstrafe bis zu zwei Jahren oder mit Geldstrafe wird bestraft, wer zur Förderung des eigenen oder fremden Wettbewerbs oder aus Eigennutz entgegen § 4 Absatz 2 Nummer 2 oder Nummer 3 ein Geschäftsgeheimnis, das eine ihm im geschäftlichen Verkehr anvertraute geheime Vorlage oder Vorschrift technischer Art ist, nutzt oder offenlegt.**

(4) **Mit Freiheitsstrafe bis zu fünf Jahren oder mit Geldstrafe wird bestraft, wer**

1. **in den Fällen des Absatzes 1 oder des Absatzes 2 gewerbsmäßig handelt,**
2. **in den Fällen des Absatzes 1 Nummer 2 oder Nummer 3 oder des Ansatzes 2 bei der Offenlegung weiß, dass das Geheimnis im Ausland genutzt werden soll, oder**
3. **in den Fällen des Absatzes 1 Nummer 2 oder des Absatzes 2 das Geschäftsgeheimnis im Ausland nutzt.**

(5) **Der Versuch ist strafbar.**

(6) **Beihilfehandlungen einer in § 53 Abs. 1 Satz 1 Nummer 5 der Strafprozessordnung genannten Person sind nicht rechtswidrig, wenn sie sich auf die Entgegennahme, Auswertung oder Veröffentlichung des Geschäftsgeheimnisses beschränken.**

(7) **§ 5 Nr. 7 des Strafgesetzbuches gilt entsprechend. Die §§ 30 und 31 des Strafgesetzbuches gelten entsprechend, wenn der Täter zur Förderung des eigenen oder fremden Wettbewerbs oder aus Eigennutz handelt.**

(8) **Die Tat wird nur auf Antrag verfolgt, es sei denn, dass die Strafverfolgungsbehörde wegen des besonderen öffentlichen Interesses an der Strafverfolgung ein Einschreiten von Amts wegen für geboten hält.**

Schrifttum: Allgemeines Literaturverzeichnis sowie: *Aksungur,* Europäische Strafrechtssetzungskompetenz, 2014; *Aldoney,* Der strafrechtliche Schutz von Geschäfts- und Betriebsgeheimnissen, 2009; *Ann,* Know-how-Schutz vor Gerichten und Verwaltungsbehörden – Schutz im Zivil-, und Strafprozess sowie in Verwaltungsverfahren und -prozess, in Ann/Loschelder/Grosch, Kap. 7; *Arians,* Der strafrechtliche Schutz des Geschäfts- und Betriebsgeheimnisses in der Bundesrepublik Deutschland, in: Oehler, Der strafrechtliche Schutz des Geschäfts- und Betriebsgeheimnisses in den Ländern der Europäischen Gemeinschaft sowie in Österreich und der Schweiz, 1978 (S. 307); *Barth/Corzelius,* Geheimnisverrat im Zuge eines Arbeitnehmeraustritts – eine Case Study nach der Reform des Datenschutz- und Geschäftsgeheimnisrechts, WRP 2020, 29; *Blume,* Innentäterspionage in innovationsgetriebenen Großunternehmen, 2018; *Bott,* „Grenzenloser" Geheimnisverrat: Der Ausandsbezug bei § 17 UWG, wistra 2015, 342; *Brammsen,* Die EU-Know-how-Richtlinie 943/2016, §§ 17 ff. UWG und das geplante Geschäftsgeheimnisstrafrecht (§ 23 GeschGehG-RegE), wistra 2018, 449; *Brammsen,* Lauterkeitsstrafrecht, Sonderband zum Münchener Kommentar zum Lauterkeitsrecht (§§ 16–20 UWG) (zit. *Brammsen* Lauterkeitsstrafrecht); *Dann/Markgraf,* Das neue Gesetz zum Schutz von Geschäftsgeheimnissen, NJW 2019, 1774; *Deichfuß,* Die

Entwendung von technischen Betriebsgeheimnissen, GRUR-Prax 2012, 449; *Dittrich,* Geheimnisverletzungen, in: Müller-Gugenberger/Bieneck, Wirtschaftsstrafrecht, 5. Aufl. 2011; *Drescher,* Industrie- und Wirtschaftsspionage in Deutschland, 2019;; *Ebert-Weidenfeller,* Straftatbestände des UWG, in: Achenbach/Ransiek, Handbuch Wirtschaftsstrafrecht, 5. Aufl. 2019; *Engländer/Zimmermann,* Whistleblowing als strafbarer Verrat von geschäfts- und Betriebsgeheimnissen? Zur Bedeutung des juristisch-ökonomischen Vermögensbegriffs für den Schutz illegaler Geheimnisse bei § 17 UWG, NZWiSt 2012, 328; *Erbs/Kohlhaas,* Strafrechtliche Nebengesetze, 219. Aufl. 2018; *Erlebach/Veljovic,* Strafrechtliche Einordnung des § 5 GeschGehG, wistra 2020, 190; *Föbus,* Die Insuffizienz des strafrechtlichen Schutzes von Geschäfts- und Betriebsgeheimnissen, 2011; *Graf/Jäger/Wittig,* Wirtschafts- und Steuerstrafrecht, 2. Aufl. 2017; *Hauck,* Grenzen des Geheimnisschutzes, WRP 2018, 1032; *Heine,* Der staatliche Ankauf von strafbar erlangten Steuer-Daten deutscher Steuerhinterzieher, FS Roxin, 2011, 1087; *Hiéramente/Wagner,* Strafrechtliche Grenzen der Informationsbeschaffung über (ehemalige) Mitarbeiter der Gegenpartei eines Zivilrechtsstreits, GRUR 2020, 709; *Hohmann/Schreiner,* Das neue (Geschäfts-)Geheimnisschutzstrafrecht: ein Überblick, StraFo 2019, 441; *Leite,* Whistleblowing und das System der Rechtsfertigungsgründe, GA 2021, 190; *Kalbfus,* Die EU-Geschäftsgeheimnis-Richtlinie – Welcher Umsetzungsbedarf besteht in Deutschland?, GRUR 2016, 1009; *Kiethe/Homann,* Der strafrechtliche Schutz von Geschäfts- und Betriebsgeheimnissen, NStZ 2006, 185; *Klinger,* Die Nebenklage bei strafbaren Wettbewerbsverstößen – strategisches Rüstzeug oder „stumpfes Schwert"?, NZWiSt 2013, 412; *Kollrus,* Vergütungspflichten für Vorabeiten, Präsentationen und Pitches von Werbeagenturen?, MDR 2015, 1105; *Mitsch,* Wertungswidersprüche bei § 18 UWG n.F., GRUR 2004, 824; *Möhrenschlager,* Schutz von Geschäfts- und Betriebsgeheimnissen, in: Wabnitz/Janovsky, Handbuch des Wirtschafts- und Steuerstrafrechts, 5. Aufl. 2020; *Rahimi Azar,* Strafrechtliche Implikationen des Whistleblowing unter besonderer Berücksichtigung des § 17 UWG, JuS 2017, 930; *Reinbacher,* Der neue Straftatbestand des § 23 GeschGehG und das Whistleblowing, KriPoZ 2019, 148; *Rennicke,* Der An- und Verkauf steuerrelevanter Daten, wistra 2020, 135; *Richters/Wodtke,* Schutz von Betriebsgeheimnissen aus Unternehmenssicht – „Verhinderung von Know-how Abfluss durch eigene Mitarbeiter", NZA-RR 2003, 281; *Rützel,* Illegale Unternehmensgeheimnisse, GRUR 1995, 557; *Schenkel,* Whistleblowing und die Strafbarkeit wegen Geheimnisverrats, 2019; *Scherb/Rauhe,* Datenklau!? Entwurf eines Gesetzes zum Schutz von Geschäftsgeheimnissen, Teil 1 CB 2019, 20, Teil 2 CB 2019, 50; *Soppa,* Die Strafbarkeit des Whistleblowers, 2018; *Stadler,* Der Schutz des Unternehmensgeheimnisses im deutschen und US-amerikanischen Zivilprozess und Rechtshilfeverfahren, 1989; *Stage,* Die Modifizierung der Starftatbestände gegen Wirtschaftsspionage im Gesetz zum Schutz von Geschäftsgeheimnissen (GeschGehG), jurisPR-StrafR 12/2019 Anm. 1; *Stöhr,* Offenlegung von Rechtsverstößen im Aktienrecht, BB 2019, 1286; *Stürner,* Die gewerbliche Geheimsphäre im Zivilprozess, JZ 1985, 453; *Többens,* Wirtschaftsspionage und Konkurrenzausspähung in Deutschland, NStZ 2000, 505; *Többens,* Die Straftaten nach dem Gesetz gegen den unlauteren Wettbewerb (§§ 16–19 UWG), WRP 2005, 552; *Trebeck/Schulte-Wissermann,* Die Geheimnisschutzrichtlinie und deren Anwendbarkeit, NZA 2018, 1175; *Ullrich,* Der Schutz von Whistleblowern aus strafrechtlicher Perspektive – Rechtslage de lege lata und de lege ferenda, NZWiSt 2019, 65; *Werner,* Verrat von Geschäftsgeheimnissen durch ausgeschiedene Mitarbeiter, WRP 2019, 1428; *Zentek,* Von der Vorlagenfreibeuterei bis zu Individualvereinbarungen gegen eigenmächtige Verwertungen ungeschützter Entwürfe, WRP 2007, 507.

Übersicht

I. Allgemeines

1 Mit der Geschäftsgeheimnis-RL wurde der Schutz von Geschäftsgeheimnissen von seinen historisch gewachsenen strafrechtlichen Fesseln befreit (zur strafrechtlich geprägten Entwicklung des Schutzes von Betriebs- und Geschäftsgeheimnissen in Deutschland → Einl. A Rn. 35 ff.). Der zivilrechtliche Schutz muss nicht länger in mehr oder weniger lückenhafter Weise an bestimmte Normen des Nebenstrafrechts (§§ 17–19 UWG aF) anknüpfen, sondern steht nun ganz im Vordergrund (wie schon im ModellG zum Schutz des geistigen Eigentums von *Ahrens/McGuire* oder nach dem Vorschlag von *Kalbfus,* Know-how-Schutz,

S. 344 ff.). Das Schutzregime wurde vom Kopf auf die Füße gestellt. Mit Strafe bedroht wird nur noch ein **Ausschnitt von Handlungen,** die in Umsetzung der Geschäftsgeheimnis-RL **als zivilrechtswidrig definiert** werden. Die Strafbarkeit ist davon abhängig, dass die Handlungen auf bestimmten, schon aus § 17 UWG bekannten **Absichtmerkmalen** oder Tatzielen beruhen: So setzen die Abs. 1 und 2 des § 23 GeschGehG voraus, dass der Täter zur Förderung eigenen oder fremden Wettbewerbs (nach § 17 UWG aF: „zu Zwecken des Wettbewerbs"), aus Eigennutz, zugunsten eines Dritten oder in der Absicht handelt, dem Inhaber eines Unternehmens Schaden zuzufügen. Auch Abs. 3 (der im Wesentlichen dem früheren § 18 UWG aF entspricht) verlangt ein Vorgehen aufgrund besonderer Beweggründe, nennt allerdings nur die Förderung eigenen oder fremden Wettbewerbs und das Handeln aus Eigennutz. Nur **fahrlässig** oder mit **einfachem Vorsatz** begangene Verletzungshandlungen werden – wie schon nach §§ 17–19 UWG aF – **nicht erfasst** (*Brammsen/Drescher* in Brammsen/Apel § 23 Rn. 1). Gegenüber dem einfachen Vorsatz ergibt sich hieraus im Ergebnis allerdings **keine besonders erhebliche Einschränkung,** denn vorsätzlich begangene Geheimnisverletzungen dürften ganz überwiegend auf mindestens einem der erwähnten Beweggründe beruhen.

§ 23 enthält in seinen **Abs. 1–3** die **strafrechtlichen Grundvorschriften** 1a zum Schutz von Geschäftsgeheimnissen. Die Straftatbestände wurden – in Abweichung von § 17 UWG aF – in eine **systematisch sinnvolle Reihenfolge** gebracht, die der gedachten chronologischen Abfolge der Tathandlungen folgt (*Schönknecht* in Keller/Schönknecht/Glinke § 23 Rn. 8). Demgegenüber beklagen *Brammsen/Drescher* (in Brammsen/Apel § 23 Rn. 2) den Verlust der anschaulichen Lesbarkeit und Verständlichkeit der Vorgängerfassungen zugunsten **sanktionszentriert geprägter Ex-post-Verfolgungsansätze** und Regelungskonzepte. Im Anschluss an das strafbare **Erlangen** von Geschäftsgeheimnissen (§ 23 Abs. 1 Nr. 1 – Betriebsspionage) wird die **Nutzung** oder **Offenlegung** eines auf strafbare Weise erlangten Geschäftsgeheimnisses **durch den Täter der Betriebsspionage** geregelt (§ 23 Abs. 1 Nr. 2 – Geheimnisverwertung bei eigener Vortat). Sodann geht es um die strafbare **Offenlegung** eines Geschäftsgeheimnisses **durch einen Beschäftigten** des Geheimnisinhabers (§ 23 Abs. 1 Nr. 3 – Geheimnisverrat). § 23 Abs. 2 sanktioniert die strafbare **Nutzung oder Offenlegung** eines Geschäftsgeheimnisses durch einen Täter, der dieses **Geheimnis von einem anderen erlangt** hat (Geheimnisverwertung bei fremder Vortat). § 23 Abs. 3 schließlich betrifft die strafbare **Nutzung oder Offenlegung** von Geschäftsgeheimnissen, die **in bestimmter Weise verkörpert** sind und dem Täter **anvertraut** wurden (*Schönknecht* in Keller/Schönknecht/Glinke § 23 Rn. 8; *Altenburg* in Hoppe/Oldekop § 23 Rn. 871).

Strafverschärfend wirken sich wie bisher die **gewerbsmäßig begangene** 1b **Geheimnisverletzung** und bestimmte Fälle des **Auslandsbezugs** aus **(Abs. 4).** Ebenfalls unverändert bleiben die **Strafbarkeit des Versuchs (Abs. 5),** die Geltung der deutschen Straftatbestände für **im Ausland begangene Geheimnisverletzungen** zulasten deutscher Unternehmen **(Abs. 7 S. 1),** die Strafbarkeit der **versuchten Beteiligung** (soweit Eigennutz oder Wettbewerbsförderungsabsicht vorliegen, **Abs. 7 S. 2**) und das **Antragserfordernis** (soweit nicht ein **besonderes öffentliches Interesse an der Strafverfolgung** bejaht wird, **Abs. 8**). Neu ist ein **Strafbarkeitsausschluss für bestimmte Formen journalistischen Handelns,** das andernfalls als Beihilfe zur Geheimnisverletzung gewertet werden könnte **(Abs. 6).**

2 Die **Geschäftsgeheimnis-RL** lässt die **strafrechtlichen Vorschriften der Mitgliedstaaten unberührt.** Nach gegenwärtigem Stand besitzt die EU – jedenfalls für den Bereich der Immaterialgüterrechte und des Lauterkeitsrechts – auch **keine Strafrechtsetzungskompetenz** (*Brammsen* wistra 2018, 449 (450 f.), der allerdings eine „schleichende Strafrechtsangleichung" rügt, und *Brammsen/Drescher* in Brammsen/Apel § 23 Rn. 9 ff.; *Aksungur* S. 127 ff., 295 ff.). Schon deshalb (wie auch wegen des zivilrechtlichen Gestaltungsspielraums, der den Mitgliedstaaten nach Art. 1 Abs. 1 Geschäftsgeheimnis-RL verbleibt) ist ein unionsweit einheitlich geltender (auch strafrechtlicher) Schutz von Geschäftsgeheimnissen nicht zu erreichen (*Brammsen* wistra 2018, 449 (450); GroßKommUWG/*Waßmer,* GeschGehG § 23 Rn. 19). Aufgrund der naheliegenden gesetzgeberischen Entscheidung, mit den Mitteln des Strafrechts keine Geheimnisverletzungen zu sanktionieren, die zivilrechtlich erlaubt sind, **strahlt das unionsweit harmonisierte Zivilrecht** dennoch **stark auf das Strafrechtsregime aus** (ebenso *Alexander* WRP 2019, 673 (674); gegen eine richtliniengeleitete Ausrichtung des § 23 *Brammsen/Drescher* in Brammsen/Apel § 23 Rn. 9). Dies ist in aller Deutlichkeit schon dem Wortlaut des § 23 zu entnehmen, demzufolge konkret benannte Verstöße gegen § 4 den Ausgangspunkt aller Strafandrohungen bilden. Ausdrücklich hebt darüber hinaus der RegE GeschGehG (BT-Drs. 19/4724, 40) hervor, durch die Bezugnahme auf die einzelnen Handlungsverbote in § 4 werde deutlich, dass **nur eine auch zivilrechtlich rechtswidrige Handlung strafbar** sein könne. Dabei ist zu berücksichtigen, dass **die in § 5 geregelten Ausnahmen** nicht unter die Verbote des § 4 fallen und folglich auch **der Strafbarkeit entgegenstehen** (vgl. OLG Oldenburg BeckRS 2019, 29965 Rn. 6). Demgegenüber sind die Auswirkungen der „kleinen Generalklausel" des **Art. 3 Abs. 1 lit. d** Geschäftsgeheimnis-RL (in abweichender Systematik und Formulierung umgesetzt in § 3 Abs. 1, hierzu *Alexander* in Köhler/Bornkamm/Feddersen, GeschGehG § 23 Rn. 51 ff.) zivilrechtlich (→ § 3 Rn. 45 f.) und damit auch strafrechtlich zu vernachlässigen. **Begrenzt** wird die **Zivilrechtsakzessorietät** auch insoweit, als § 23 **ausnahmslos vorsätzliches Handeln** sowie bestimmte **Absichtsmerkmale** voraussetzt, Letzteres ebenfalls in weiterem Umfang als die zivilrechtlichen Handlungsverbote (*Alexander* in Köhler/Bornkamm/Feddersen GeschGehG § 23 Rn. 20).

3 Die Grundentscheidung, die Strafbarkeit von Geheimnisverletzungen auf Taten zu beschränken, die auch zivilrechtswidrig sind, ist höchst sinnvoll. Sie hat allerdings ihre Tücken. Es ist fraglich, ob mit der gewählten Regelungstechnik die erhoffte Akzessorietät wirklich zu erreichen ist (zweifelnd *Brammsen* wistra 2018, 449 (454, 457)). So hat die strikte **Anknüpfung** an bestimmte zivilrechtliche **Verbote aus § 4** zur Folge, dass die **Strafvorschriften von** verschiedenen **zivilrechtlich recht offen formulierten Anwendungsvoraussetzungen „infiziert"** werden und dadurch an Bestimmtheit verlieren. (Auch) der strafrechtliche Geheimnisschutz wird mit dem unbestimmten, stark einzelfallbezogenen Kriterium der nach den Umständen angemessenen Geheimhaltungsmaßnahmen befrachtet. Erst recht problematisch ist die Verengung des Geheimnisbegriffs durch das in § 2 Nr. 1 lit. c aufgenommene Zusatzkriterium des berechtigten Interesses an der Geheimhaltung – soll dieses trotz seiner zivilrechtlichen Fragwürdigkeit (→ § 2 Rn. 66 ff.) für die strafrechtliche Beurteilung relevant werden (→ Rn. 8). Ferner sind im Rahmen der strafrechtlichen Prüfung konsequenter Weise stets auch die **Klarstellungen des § 3** (erlaubte Handlungen; zur allerdings geringen Bedeutung des § 3 Abs. 1 lit. d → Rn. 2) und die **Ausnahmen des § 5** in die Betrachtung **einzubeziehen** (ebenso *Schönknecht* in Keller/Schönknecht/Glinke

§ 23 Rn. 17; *Brammsen* in Brammsen/Apel § 23 Rn. 49; BeckOK GeschGehG/*Hiéramente* Rn. 55.1). Dies gilt über den auf § 4 bezogenen Hinweis im RegE GeschGehG (→ Rn. 2) hinaus schon deshalb, weil § 4 nach dem Konzept der Geschäftsgeheimnis-RL in einem nicht auflösbaren Zusammenhang mit den Eingrenzungen der §§ 3 und 5 steht.

Unter **verfassungs- und strafrechtlichen Gesichtspunkten** wurden schon unter Geltung der §§ 17 bis 19 UWG aF gegen die **sehr offene Formulierung einzelner Begriffe** Bedenken geäußert, die allerdings keine praktische Bedeutung erlangt haben. Dies galt etwa in Bezug auf das Wort „unbefugt", soweit es nicht als allgemeines Deliktsmerkmal, sondern – wie in § 17 Abs. 2 Nr. 2 UWG – als echtes Tatbestandsmerkmal fungierte, das die Vortat einer späteren Verwertung oder Weitergabe eines Geschäftsgeheimnisses charakterisierte (vgl. *Köhler* in Köhler/Bornkamm/Feddersen, UWG, 37. Aufl. 2019, § 17 Rn. 47; *Ohly* in Ohly/Sosnitza, UWG, 6. Aufl. 2016, § 17 Rn. 21; *Brammsen,* Lauterkeitsstrafrecht, § 17 Rn. 100; *Rengier* in Fezer/Büscher/Obergfell § 17 Rn. 68; *Kalbfus,* Know-how-Schutz, S. 136 ff.). Das bewusste Streben des RefE und des RegE und – diesen Entwürfen folgend – des Gesetzgebers nach **angemessener Berücksichtigung des Bestimmtheitsgebots** (Art. 103 Abs. 2 GG; Art. 49 Abs. 1 GrCh; § 1 StGB) lässt sich im Rahmen des § 23 etwa daraus ableiten, dass in dessen Abs. 1 Nr. 2 nur auf § 4 Abs. 2 Nr. 1 lit. a, aber **nicht auf § 4 Abs. 1 Nr. 1 lit. b Bezug genommen** wird. Hierdurch werden auf strafrechtlicher Seite bestimmte **zivilrechtlich verbotene Handlungen ausgeklammert,** die **nur generalklauselartig beschrieben** sind, nämlich „jedes sonstige Verhalten, das unter den jeweiligen Umständen nicht dem Grundsatz von Treu und Glauben unter Berücksichtigung der anständigen Marktgepflogenheit entspricht". Gleiches gilt für die auf § 4 Abs. 1 Nr. 1 beschränkte Bezugnahme in § 23 Abs. 1 Nr. 1. Überwiegend wird die **Neuregelung** als **mit dem Bestimmtheitsgebot vereinbar** angesehen (*Reinfeld,* Neues GeschGehG § 7 Rn. 22; *Alexander* in Köhler/Bornkamm/Feddersen, GeschGehG § 23 Rn. 21; GroßKommUWG/*Waßmer* § 23 Rn. 30; BeckOK GeschGehG/*Hiéramente* § 23 Rn. 15; *Altenburg* in Hoppe/Oldekop Kap. 1 Rn. 865; zweifelnd *Schönknecht* in Keller/Schönknecht/Glinke § 23 Rn. 11, MüKoStGB/*Joecks/Miebach* § 23 GeschGehG Rn. 31, und *Brammsen/Drescher* in Brammsen/Apel § 23 Rn. 27 f.). Kritisiert – wenn auch nicht für sich genommen als mit dem Bestimmtheitsgrundsatz unvereinbar bezeichnet – wird die vom Gesetzgeber gewählte **Verweisungstechnik** mit ihren „schachtelartigen Verknüpfungen" (*Alexander* in Köhler/Bornkamm/Feddersen, GeschGehG § 23 Rn. 21; *Brammsen/Drescher* in Brammsen/Apel § 23 Rn. 27: „keinesfalls gänzlich unbedenklich"; *Schönknecht* in Keller/Schönknecht/Glinke § 23 Rn. 5). 3a

Ferner ist dort, wo es um mögliche Geheimnisverletzungen durch (insbesondere ehemalige) **Beschäftigte des Geheimnisinhabers** geht, zumindest im Sinne einer Kontrollüberlegung darauf zu achten, dass die in das GeschGehG nicht ausdrücklich übernommene **Auslegungsregel des Art. 1 Abs. 3** (insbesondere lit. b) Geschäftsgeheimnis-RL) eingehalten wird (wobei die frühere deutsche Rechtsprechung zu dem durch das GeschGehG aufgehobenen § 17 UWG mit Art. 1 Abs. 3 lit. b Geschäftsgeheimnis-RL durchaus in Einklang stünde). 4

Ungeachtet der neuen gesetzlichen Struktur (Strafvorschriften als Annex des Zivilrechtsregimes) und der konkreten Anknüpfung an die auf der Geschäftsgeheimnis-RL beruhenden Handlungsverbote des § 4 (mit den Ausnahmen des § 5) gibt es auf der strafrechtlichen Seite erhebliche (und im Falle des § 18 UWG aF/ 5

§ 23 Abs. 3 eher zu weitgehende) Übereinstimmungen mit dem Gehalt der §§ 17 bis 19 UWG aF (Synopse bei *Brammsen/Drescher* in Brammsen/Apel § 23 Rn. 15). So hebt die Begründung (BT-Drs. 19/4724, 40) denn schon in der Einleitung zu § 23 hervor, dieser entspreche im Wesentlichen den früheren **§§ 17 bis 19 UWG.** Diese seien **anhand der geänderten Anforderungen an das Nebenstrafrecht modernisiert** und **an die Begriffe des GeschGehG angepasst** worden. Überdies habe man die in §§ 17 und 18 UWG aF enthaltene Spezifizierung, dass die Tathandlungen unbefugt erfolgen müssen, aufgrund der Bezugnahme auf § 4 GeschGehG streichen können. **Übereinstimmungen zwischen den früheren und den neuen Strafvorschriften** ergeben sich ohne große Abstriche für eine Vielzahl einzelner Tatbestandsmerkmale, etwa die oben (→ Rn. 1) erwähnten subjektiven Beweggründe der Täter (kritisch gegenüber der Beibehaltung dieser kaum noch konturierten Begriffe die GRUR-Stellungnahme zum RefE, GRUR 2018, 708), aber zu einem guten Teil auch für verschiedene Einzeltatbestände des § 23 in ihrer Gesamtheit. Solche Parallelen werden in der Gesetzesbegründung detailliert benannt und in dieser Kommentierung im jeweiligen Zusammenhang aufgegriffen.

5a Nicht ganz frei von Zweifeln ist allerdings, ob der Gesetzgeber sich aller **mittelbaren Auswirkungen** bewusst war, die aus zwingenden Vorgaben der Geschäftsgeheimnis-RL resultieren und aus dem Wortlaut des GeschGehG nicht immer mit letzter Klarheit ersichtlich sind (→ Rn. 2 f.). Es empfiehlt sich, im Rahmen **jeder einzelnen Vorschrift genau zu prüfen,** ob diese **von abweichenden Ansätzen der §§ 3 bis 5 GeschGehG betroffen** sind oder ob die Anwendungsgrundsätze der §§ 17 bis 19 UWG aF übernommen werden können (zur Vorsicht mahnend auch *Alexander* in Köhler/Bornkamm/Feddersen, GeschGehG § 23 Rn. 12, und *Schönknecht* in Keller/Schönknecht/Glinke § 23 Rn. 5 ff.). Mit diesem **wichtigen Vorbehalt** ist jedoch die Tendenz des deutschen Gesetzgebers, den **herkömmlichen Bereich der Strafbarkeit weitgehend zu erhalten,** unionsrechtlich unbedenklich. Die durch die Geschäftsgeheimnis-RL herbeigeführte Harmonisierung erstreckt sich nicht unmittelbar auf das Strafrecht der Mitgliedstaaten (zu den mittelbaren Auswirkungen → Rn. 2).

II. Strafbare Erlangung, Nutzung oder Offenlegung fremder Geschäftsgeheimnisse (§ 23 Abs. 1)

1. Allgemeines

6 Mit Freiheitsstrafe bis zu drei Jahren oder mit Geldstrafe bedroht **§ 23 Abs. 1 drei verschiedene Arten der Geheimnisverletzung.** Diese erfassen jeweils **mehrere Handlungsvarianten,** teils unmittelbar (vgl. Nr. 2: „nutzt oder offenlegt“), teils mittelbar (nämlich durch Anknüpfung an einzelne Tatbestände des § 4). So geht es in § 23 Abs. 1 **Nr. 1** um die gemäß § 4 Abs. 1 Nr. 1 unbefugte **Erlangung** eines fremden Geschäftsgeheimnisses. § 23 Abs. 1 **Nr. 2** betrifft die **Nutzung oder Offenlegung** eines Geschäftsgeheimnisses, welches der Täter durch eine eigene, nach § 4 Abs. 1 Nr. 1 verbotene Handlung erlangt hat (während die Nutzung oder Offenlegung von Geschäftsgeheimnissen, die der Täter aufgrund fremder Handlungen erlangt hat, in § 23 Abs. 2 separat, aber sachlich übereinstimmend geregelt wird). § 23 Abs. 1 **Nr. 3** schließlich bezieht sich auf den Geheimnisverrat, den eine **bei einem Unternehmen beschäftigte Person** während der Geltungsdauer des Beschäftigungsverhältnisses begeht.

Ausweislich der Begründung zum RegE GeschGehG (BT-Drs. 19/4724, 40) soll § 23 Abs. 1 den Straftatbeständen aus § 17 Abs. 1 und Abs. 2 Nr. 2 UWG aF entsprechen, allerdings mit der ausdrücklich hervorgehobenen Maßgabe, dass auch die **Ausnahmetatbestände des § 5 zu berücksichtigen** sind (→ Rn. 3 und 23). Als Beispiel hierfür wird die aus § 5 Nr. 2 abzuleitende Zulässigkeit des „**Whistleblowing**“ genannt, die zudem das subjektive Tatbestandsmerkmal des Handelns zugunsten eines Dritten beeinflusse (zum „Whistleblowing“ im Lichte des Art. 5 lit. b Geschäftsgeheimnis-RL und der neuen Hinweisgeber-RL 2019/1937 → § 5 Rn. 15, 33 f.; *Engländer/Zimmermann* ZWiSt 2012, 328; *Hauck* WRP 2018, 1032 (1036); *Reinbacher* KriPoZ 2019, 148; *Ullrich* NZWiSt 2019, 65). Ob eine der Ausnahmen des § 5 eingreift, ist bereits auf der **Tatbestandsebene** zu prüfen, nicht erst im Rahmen der Rechtswidrigkeit (BeckOK GeschGehG/*Hiéramente* § 23 Rn. 55.1; *Altenburg* in Hoppe/Oldekop Kap. 1 Rn. 944; *Brammsen* in Brammsen/Drescher § 23 Rn. 49 mwN). Der auf § 5 Abs. 2 beschränkte Hinweis des RegE GeschGehG greift allerdings insoweit zu kurz, als wie erwähnt (→ Rn. 2 f.), unmittelbar auch die **Klarstellungen aus § 3** sowie die auf zivilrechtlicher Seite verbindlichen Regelungen zu berücksichtigen bleiben, die die Geschäftsgeheimnis-RL in Art. 3 Abs. 1 lit. d („Handlungen, die unter den gegebenen Umständen mit einer seriösen Geschäftspraxis vereinbar sind“) und Art. 1 Abs. 3 (Auslegungsregeln) getroffen hat (ebenso *Alexander* in Köhler/Bornkamm/Feddersen, GeschGehG § 23 Rn. 19). Auf das in § 17 Abs. 1 und Abs. 2 Nr. 2 UWG aF enthaltene Merkmal „unbefugt“ wurde aus dem schon erwähnten Grund verzichtet (→ Rn. 5). 7

Schwierigkeiten bereitet der Umstand, dass die **Definition des „Geschäftsgeheimnisses“** im letzten Stadium des Gesetzgebungsverfahrens (BT-Drs. 19/8300, 4, 13 f.) in zivilrechtlich unbeachtlicher Weise (→ § 2 Rn. 68) um ein weder in Art. 39 Abs. 2 TRIPS noch in Art. 2 Nr. 1 Geschäftsgeheimnis-RL vorgesehenes Kriterium, das **berechtigte Interesse an der Geheimhaltung,** erweitert wurde. Der Begriff des Geschäftsgeheimnisses wird hierdurch zumindest theoretisch eingeengt (soweit man nicht annehmen will, dass es sich lediglich um eine redundante Klarstellung handelt); die praktischen Auswirkungen werden allerdings relativ gering sein, da ein berechtigtes Interesse an der Geheimhaltung kaum jemals zu verneinen sein dürfte, wenn die übrigen Kriterien des Geheimnisbegriffs (Geheimnischarakter, darauf beruhender wirtschaftlicher Wert, den Umständen nach angemessene Geheimhaltungsmaßnahmen) erfüllt sind. Strafrechtlich ist der nationale Gesetzgeber frei, das Sanktionensystem enger zu gestalten als im Zivilrecht (→ Rn. 2). Die Begründung für die Änderung der Definition (BT-Drs. 19/8300, 13 f.) liefert keinen Anhaltspunkt dafür, dass sich der Gesetzgeber dessen bewusst gewesen sein könnte, hierdurch eine mögliche Diskrepanz zwischen dem zivilrechtlichen und dem strafrechtlichen Bedeutungsgehalt des „Geschäftsgeheimnisses“ zu schaffen. Im Gegenteil dürfte stark anzunehmen sein, dass es nach der Vorstellung des Gesetzgebers bei einem **einheitlichen Begriff** bleiben sollte. Dies führt zu einem denkbaren Widerspruch zwischen dem (mutmaßlichen) Willen des Gesetzgebers und dem **strafrechtlichen Bestimmtheitsgrundsatz** (→ Rn. 3a). Dieser denkbare Konflikt ist kaum zweifelsfrei zu lösen. Räumt man der Beachtung des Bestimmtheitsgrundsatzes wegen dessen verfassungsrechtlicher Verankerung den Vorrang ein, so wird es auf der strafrechtlichen Seite darauf ankommen, das Kriterium des berechtigten Interesses an der Geheimhaltung als durch das Vorliegen der übrigen Begriffsmerkmale 8 weitestgehend indiziert zu behandeln, statt es als Einfallstor für eine umfassende, von allen anderen Betrachtungen losgelöste Einzelfallprüfung zu (miss-)deuten.

2. Objektiver Tatbestand

9 **a) Erlangung entgegen § 4 Abs. 1 Nr. 1 (§ 23 Abs. 1 Nr. 1).** aa) *Allgemeines.* § 23 Abs. 1 Nr. 1 entspricht laut RegE GeschGehG (BT-Drs. 19/4724, 40) im Wesentlichen § 17 Abs. 2 Nr. 1 UWG aF, wobei der Begriff der Erlangung eines fremden Geschäftsgeheimnisses die Fälle abdecken soll, in denen sich jemand das Geschäftsgeheimnis im Sinne des herkömmlichen Rechts unbefugt verschafft oder gesichert hat. Eine inhaltliche Änderung soll hiermit nicht verbunden sein (kritisch zu den strafrechtlichen Konsequenzen dieser Regelungstechnik *Brammsen,* wistra 2018, 449 (454 f.)). § 17 Abs. 2 Nr. 1 UWG aF wurde üblicherweise mit dem Schlagwort **„Betriebsspionage"** charakterisiert (vgl. nur *Ohly* in Ohly/Sosnitza, 7. Aufl. 2016, § 17 Rn. 17; *Harte-Bavendamm* in Harte/Henning, 4. Aufl. 2016, § 17 Rn. 18; *Brammsen,* Lauterkeitsstrafrecht, § 17 Rn. 80; *Möhrenschlager* in Wabnitz/Janovsky, Kap. 15 Rn. 19; die bloße Beobachtung betrieblicher Aktivitäten von der rechtswidrigen Betriebsspionage abgrenzend BGH GRUR 2009, 1075 Rn. 19 ff. – Betriebsbeobachtung). Diese Bezeichnung trifft auch den wesentlichen Gehalt des § 4 Abs. 1 Nr. 1. Die künftige Rechtsanwendung sollte sich ungeachtet solcher Schlagwörter und Rückblicke aber in erster Linie am Wortlaut und Zweck des § 4 Abs. 1 Nr. 1 und damit mittelbar auch an den auf diese Vorschrift ausstrahlenden Richtlinienbestimmungen orientieren (→ Rn. 2). Zu Recht hat der deutsche Gesetzgeber mit Blick auf den strafrechtlichen Bestimmtheitsgrundsatz darauf **verzichtet, in § 23 Abs. 1 Nr. 1** über § 4 Abs. 1 Nr. 1 hinaus **auch an § 4 Abs. 1 Nr. 2 anzuknüpfen.** Die Vorschrift ist als zivilrechtliche Generalklausel und Auffangvorschrift unbedenklich; sie trägt der völkerrechtlichen Verpflichtung aus dem ebenfalls generalklauselartig formulierten Art. 39 Abs. 2 TRIPS Rechnung (→ § 4 Rn. 20), wäre strafrechtlich aber nicht vertretbar gewesen (→ Rn. 3; ebenso GroßKommUWG/*Waßmer,* GeschGehG § 23 Rn. 100).

10 Die **Vorverlagerung der Strafbarkeit** auf einzelne **als typisch und besonders gefährlich angesehene Erscheinungsformen der Wirtschaftsspionage** greift unabhängig davon ein, ob es anschließend tatsächlich noch zu einer Nutzung oder Offenlegung der unbefugt erlangten Geschäftsgeheimnisse kommt (GroßKommUWG/*Waßmer,* GeschGehG § 23 Rn. 95). Sie geht auf das 2. WiKG (1986) zurück und ist nach Ablösung des § 17 Abs. 2 Nr. 1 UWG aF durch § 23 Abs. 1 Nr. 1 aufrechterhalten worden (zu gewissen Abweichungen jedenfalls hinsichtlich der Mittel des rechtswidrigen Zugriffs → Rn. 12).

11 bb) *Täter.* Als Täter kommen **betriebsfremde Personen** ebenso in Betracht wie die im Unternehmen des Geheimnisinhabers beschäftigten **Arbeitnehmer** oder andere Personen, die in rechtlichen Sonderbeziehungen zum Unternehmen stehen und deshalb erleichterten Zugang zu dessen Geschäftsgeheimnissen haben (MüKoUWG/*Waßmer,* GeschGehG § 23 Rn. 96: Allgemeindelikt; *Brammsen* in Brammsen/Apel § 23 Rn. 41: Jedermanndelikt). Dies kann etwa auf Kunden, Auftragnehmer, Berater oder Gesellschafter zutreffen. Ungeachtet dessen, dass § 23 Abs. 1 Nr. 3 wie § 17 Abs. 1 UWG aF den Geheimnisverrat durch Beschäftigte speziell sanktioniert, kommt dem in § 23 Abs. 1 Nr. 1 iVm § 4 Abs. 1 Nr. 1 geregelten Verbot auch im Hinblick auf die Arbeitnehmer des Geheimnisinhabers insofern eigenständige Bedeutung zu, als sich zuweilen (nur) eine unbefugte

Aneignungs- oder Sicherungshandlung, nicht aber eine darauf folgende Mitteilung an Dritte nachweisen lässt (*Kiethe/Hohmann* NStZ 2006, 185 (189); *Kalbfus,* Know-how-Schutz, S. 131).

cc) *Tathandlungen.* Hinsichtlich der unerlaubten Handlungen, an deren Bege- 12
hung § 23 Abs. 1 Nr. 1 strafrechtlich anknüpft, wird auf die Kommentierung zu **§ 4 Abs. 1 Nr. 1** und, was die Ausnahmetatbestände betrifft, zu § 5 Bezug genommen. § 4 Abs. 1 Nr. 1 erfasst die wesentlichen Fälle, in denen sich der **Verletzer die Informationen ohne Zutun anderer Personen verschafft** (→ § 4 Rn. 11). Ein Geschäftsgeheimnis erlangt, wer die betreffenden Informationen derart unter seine Kontrolle bringt, dass er sie faktisch nach eigenem Belieben nutzen oder offenlegen kann (*Keller* in Keller/Schönknecht/Glinke § 4 Rn. 23). Es muss sich um eine **qualifizierte** Form der **Erlangung** handeln (BeckOK GeschGehG/*Hiéramente* § 23 Rn. 17; *Schönknecht* in Keller/Schönknecht/Glinke § 23 Rn. 16), nämlich um eine der **in § 4 Abs. 1 Nr. 1 aufgeführten Handlungsvarianten** (→ § 4 Rn. 11 ff.; GroßKommUWG/*Waßmer,* GeschGehG § 23 Rn. 103 ff.). Wenn in der Gesetzesbegründung betont wird, die neuen Vorschriften entsprächen inhaltlich dem **Anwendungsbereich des § 17 Abs. 2 Nr. 1 UWG aF,** bleibt eine gewisse **Vorsicht** geboten (kritisch auch *Brammsen* wistra 2018, 449 (454 f.)). Zwar mag die „Erlangung" der fremden Geschäftsgeheimnisse im Wesentlichen die gleiche Bedeutung haben wie die mit dem 2. WiKG von 1986 eingeführten Tatbestandsvoraussetzungen, nach denen sich der Täter das betreffende Wissen unbefugt verschafft oder gesichert haben musste (→ Rn. 9 f.; mit umfangreichen Nachweisen zu diesen Merkmalen: *Ohly* in Ohly/Sosnitza, 7. Aufl. 2016, § 17 Rn. 18 f.; *Harte-Bavendamm* in Harte/Henning, 4. Aufl. 2016, § 17 Rn. 22 ff.; *Brammsen* in MüKoUWG, 3. Aufl. 2020, § 17 Rn. 84 ff.). Die vom Täter unternommenen Schritte, insbesondere die von ihm eingesetzten **Mittel des unerlaubten Zugriffs** werden in § 4 Abs. 1 Nr. 1 aber in einer Weise definiert, die sich **mit der bisherigen Terminologie** (Anwendung technischer Mittel, Herstellung einer verkörperten Wiedergabe, Wegnahme einer Sache, in der das Geheimnis verkörpert ist) **nicht vollständig deckt.** Insbesondere spielt der in § 4 Abs. 1 Nr. 1 nicht aufgenommene Begriff der „**Anwendung technischer Mittel**" nur noch insofern eine mittelbare Rolle, als einige der Handlungsvarianten typischerweise den Einsatz von Geräten, Instrumenten oder Programmen erfordern, die im weitesten Sinne der Technik zuzurechnen sind. Die nach § 4 Abs. 1 Nr. 1 verbotenen Handlungen (Zugang, Aneignung, Kopieren) sind zwar abschließend formuliert, sollen jedoch ersichtlich denkbar weit verstanden werden und sind „**technik- und ergebnisoffen**" (*Alexander* in Köhler/Bornkamm/Feddersen, GeschGehG § 23 Rn. 13; → § 4 Rn. 14; zur Ersetzung der – meist technischen – Hilfsmittel durch die genannten Handlungsattribute *Brammsen* in Brammsen/Apel § 23 Rn. 45). Die herkömmliche, auf das 2. WiKG (1986) zurückgehende (Über-) Betonung technischer Angriffsvarianten hatte *Kalbfus* (Know-how-Schutz, S. 134 ff.) unter zwei Aspekten zu Recht kritisiert: Zum einen habe sich in der gesamten Industrie und Geschäftswelt der Stellenwert technischer (einschließlich digitaler) Hilfsmittel derart ausgeweitet, dass deren Einsatz keine per se unrechtsindizierende Funktion mehr zukomme. Zum anderen seien auf dem Sektor der Betriebsspionage die unterschiedlichsten Handlungsmodalitäten bekannt, die mindestens in gleichem Maße unerwünscht erschienen (etwa das Aushorchen von Mitarbeitern, Täuschung oder Drohung). Zivilrechtlich lassen sich solche durch andere als technische Mittel gekennzeichneten Vorgehensweisen heute mittels der Generalklausel des § 4 Abs. 1 Nr. 2 (ent-

sprechend Art. 4 Abs. 2 Geschäftsgeheimnis-RL) ohne weiteres erfassen. Zuwiderhandlungen gegen diese Generalklausel auch strafrechtlich zu sanktionieren, verbot sich wegen deren mangelnder Bestimmtheit (→ Rn. 3, 9). Zur **zufälligen Erlangung geheimer Informationen** → § 4 Rn. 13, 24 (ferner *Köhler* in Köhler/Bornkamm/Feddersen, 37. Aufl. 2019, § 17 UWG aF Rn. 7; *Schönknecht* in Keller/Schönknecht/Glinke § 23 Rn. 17). Zur **Rechtswidrigkeit** → Rn. 24 ff., **zum subjektiven Tatbestand** → Rn. 38 ff.; zum **Irrtum** → Rn. 40).

13 b) **Nutzung oder Offenlegung entgegen § 4 Abs. 2 Nr. 1 lit. a (§ 23 Abs. 1 Nr. 2).** aa) *Allgemeines.* Ein fremdes Geschäftsgeheimnis darf nach § 4 Abs. 2 Nr. 1 lit. a weder nutzen noch offenlegen, wer dieses durch eine **eigene Handlung** nach § 4 Abs. 1 Nr. 1 erlangt hat. Es handelt sich um ein **zweiaktiges Delikt:** Der Nutzung oder Offenlegung nach § 4 Abs. 2 Nr. 1 lit. a muss eine vom Täter selbst begangene „Betriebsspionage" vorausgegangen sein (GroßKommUWG/*Waßmer,* GeschGehG § 23 Rn. 121; → Rn. 14; *Drescher* in Brammsen/Apel § 23 Rn. 73). Laut RegE GeschGehG (BT-Drs. 19/4724, 40) entspricht § 23 Abs. 1 Nr. 2 einem **Teil** der herkömmlichen Regelung in **§ 17 Abs. 2 Nr. 2 UWG** aF (nämlich soweit sich diese auf die Verwertung oder Mitteilung von Geschäftsgeheimnissen bezieht, die der Täter durch einen eigenen Gesetzesverstoß erlangt hat, → Rn. 14). Nutzung und Offenlegung auf Grundlage einer **fremden Vortat** fallen unter **§ 23 Abs. 2** (→ Rn. 47 ff.). Die in § 17 Abs. 2 Nr. 2 UWG aF verwendeten Begriffe des **Verwertens** und **Mitteilens** wurden durch die auf die Geschäftsgeheimnis-RL zurückgehenden Begriffe des Nutzens und Offenlegens ersetzt. Inhaltliche Änderungen sollen mit dieser Begriffsanpassung nicht verbunden sein (zweifelnd *Brammsen* wistra 2018, 449 (455)).

14 bb) *Eigene Vortat gemäß § 4 Abs. 1 Nr. 1.* Die Strafbarkeit der Nutzung oder Offenlegung knüpft in § 4 Abs. 2 Nr. 1 lit. a an eine **eigene rechtswidrige Vortat** des Handelnden an. Die rechtswidrige Nutzung oder Offenlegung ist ein **Anschlussdelikt:** es wird bisweilen als „**eigeneröffnete Geheimnishehlerei**" bezeichnet (vgl. GroßKommUWG/*Waßmer,* GeschGehG § 23 Rn. 119, und MüKoStGB/*Joecks/Miebach,* GeschGehG § 23 Rn. 59; *Drescher* in Brammsen/Apel § 23 Rn. 73: „eigeneröffnete (besser unechte) Geheimnishehlerei"). Eine hinreichende Parallele zur Hehlerei gem. § 259 StGB besteht hier – im Gegensatz zum Tatbestand des § 23 Abs. 2 – allerdings nicht (→ Rn. 47; *Drescher* S. 217; *Drescher* in Brammsen/Apel § 23 Rn. 73; *Altenburg* in Hoppe/Oldekop Kap. 1 Rn. 881). Der Täter muss den Tatbestand der rechtswidrigen Geheimniserlangung nach **§ 4 Abs. 1 Nr. 1 vollständig erfüllt** haben, sei es **allein,** sei es unterstützt durch Gehilfen oder verleitet durch Anstifter, oder sei es in **Mittäterschaft** mit anderen Personen, deren Tatbeiträge ihm infolge bewussten und gewollten Zusammenwirkens zuzurechnen sind (§ 25 Abs. 2 StGB). Die Vortat, eben die Erlangung des Geheimnisses durch eine der in § 4 Abs. 1 Nr. 1 geregelten Arten unbefugten Zugriffs, stellt sich retrospektiv als Vorbereitung der eigentlichen Verwertungs- und Verratshandlungen dar. Sie ist aber wegen ihres **Gefährdungspotentials unabhängig davon strafbar,** ob es zu diesen **Folgetaten** kommt oder ob eine bestimmte Eigennutzung oder Weitergabe von Beginn an konkret geplant war (→ Rn. 10). Die eigene Vortat muss **rechtswidrig,** wenn auch nicht notwendiger Weise strafbar gewesen sein (RegE-GeschGehG BT-Drs. 19/4724, 40; *Alexander* in Köhler/Bornkamm/Feddersen, GeschGehG § 23 Rn. 27). Ob sie auch **vorsätzlich** begangen worden sein muss, wird unterschiedlich beurteilt (bejahend GroßKommUWG/Waßmer, 3. Aufl. 2022, GeschGehG § 23 Rn. 122;

Drescher in Brammsen/Apel § 23 Rn. 79; dagegen *Schönknecht* in Keller/Schönknecht/Glinke § 23 Rn. 34), dürfte aber schon deshalb zu bejahen sein, weil ausweislich des RegE (BT-Drs. 19/4724, 40) die Strafbarkeit gem §§ 17–19 UWG aF in das neue Recht übernommen werden sollte (so im Ergebnis wohl auch BeckOK GeschGehG/*Hiéramente* § 23 Rn. 26 und 30, sowie *Hiéramente* GRUR 2020,709 (712); zum alten Recht *Harte-Bavendamm* in Harte/Henning, 4. Aufl. 2016, § 17 Rn. 29 f.).

cc) *Täter.* Aufgrund der in § 4 Abs. 2 Nr. 1 lit. a enthaltenen Verweisung auf § 4 Abs. 1 Nr. 1 kann **Täter** eines Vergehens nach § 23 Abs. 1 Nr. 2 **jedermann** sein (→ Rn. 1), auch ein Beschäftigter des Geheimnisinhabers. Der rechtswidrige Zugriff durch **Außenstehende** kann in den verschiedensten Formen der **Betriebsspionage** erfolgt sein. Zu denken ist etwa an das **planmäßige Ausforschen** von (auch früheren) Mitarbeitern eines Konkurrenten, um bestimmten Geschäftsgeheimnissen auf die Spur zu kommen und dieses Wissen dann für eigene Zwecke auszubeuten. Das gleiche gilt, wenn sich jemand **unter dem Vorwand, Kunde zu sein, Zugang** zu einer vom Mitbewerber ausgestellten (aber noch nicht auf den Markt gebrachten) Maschine **verschafft** (vgl. SächsOLG MuW XXVI, 57) oder andere zum **Bruch von Geheimhaltungspflichten** verleitet, vor allem, wenn dies im Wege systematischen Ausforschens geschieht (OLG Düsseldorf WRP 1959, 182 (184)). Als rechtswidrige Nutzer kommen gerade auch **frühere Arbeitnehmer des Geheimnisinhabers** in Betracht, die sich die Geschäftsgeheimnisse noch während des Beschäftigungsverhältnisses auf unredliche Weise verschafft haben (→ § 4 Rn. 35 ff.; *Reinfeld* § 7 Rn. 56; *Drescher* in Brammsen/Apel § 23 Rn. 77). Haben sie die Geschäftsgeheimnisse während der Beschäftigungsdauer **in nicht zu beanstandender Weise erlangt,** so dürfte der spätere Rückgriff auf entsprechende Unterlagen von § 23 Abs. 1 Nr. 2 nicht mehr erfasst sein (*Drescher* S. 319 ff., und in Brammsen/Apel § 23 Rn. 77; *Hiéramente/Wagner* GRUR 2020, 709, 711 f.). 15

dd) *Tathandlungen.* Eine unerlaubte **Nutzung** liegt in jeder Handlung, durch die der Täter sich oder anderen den im Geschäftsgeheimnis verkörperten Wert ganz der teilweise zunutze macht (→ § 4 Rn. 28; zu gewissen Divergenzen zwischen den Begriffen „Nutzung" uns „Verwertung" *Brammsen* wistra 2018, 449 (455); MüKoStGB/*Hohmann* § 23 GeschGehGRn. 143 f.). In der Regel wird es sich um eine **Verwendung zu wirtschaftlichen Zwecken** handeln. Begriffsnotwendig ist dies aber nicht; auch eine **wissenschaftliche, ideelle oder sonstige Nutzung** fällt unter das Verbot (im Ergebnis ebenso *Ohly* → § 4 Rn. 29; *Keller* in Keller/Schönknecht/Glinke § 4 Rn. 62; GroßKommUWG/*Waßmer,* GeschGehG § 23 Rn. 126; *Drescher* in Brammsen/Apel § 23 Rn. 84; zum Begriff der Verwertung nach § 17 Abs. 2 Nr. 2 UWG aF *Brammsen* Lauterkeitsstrafrecht § 17 Rn. 128; → § 4 Rn. 30; aA BGH NJW 2006, 830 Rn. 80 – Kirch/Breuer; *Köhler* in Köhler/Bornkamm/Feddersen, 37. Aufl. 2019, § 17 Rn. 41). Eine vom Handlungszweck abhängige **Eingrenzung** lässt sich **anhand der vier subjektiven Tatbestandsmerkmale** (→ Rn. 41 ff.) erreichen; einer restriktiven Auslegung des objektiven Begriffs der Nutzung bedarf es nicht (*Harte-Bavendamm* in Harte/Henning, UWG, 4. Aufl. 2016, § 17 Rn. 35). Jede aus Eigennutz oder in Schädigungsabsicht erfolgende Verwendung des Geschäftsgeheimnisses, etwa die **wissenschaftliche Publikation** oder die rein **schikanöse Streuung des bislang geheimen Wissens in der Fachwelt,** dürfte als verbotene Nutzung anzusehen sein. Auch diese Annahme steht allerdings unter dem Vorbehalt, dass der Nutzungsbegriff jetzt unionsrechtlich zu definieren ist und sich – ungeachtet der 16

Anmerkungen in der Gesetzesbegründung (→ Rn. 13) – nicht in jeder Hinsicht mit den zu § 17 Abs. 2 Nr. 2 UWG aF entwickelten Auffassungen decken muss. Eine rechtswidrige Nutzung setzt **keine identische Umsetzung des fremden Geschäftsgeheimnisses** voraus. Dies war schon im Rahmen des § 17 Abs. 2 Nr. 2 UWG aF anerkannt; nach Auffassung des BGH genügte es, wenn die unbefugt erlangten Kenntnisse die Eigenschaften der neuen Erzeugnisse in einer Weise mitbestimmten, die nicht als bedeutungslos angesehen werden konnte (BGH GRUR 1985, 294 (296) – Füllanlage; WRP 2008, 938 f. – Entwendete Datensätze mit Konstruktionszeichnungen). Die gleiche Bewertung schlägt sich im GeschGehG in ähnlicher – möglicherweise leicht abgeschwächter – Form in der Definition der „rechtsverletzenden Produkte" (§ 2 Nr. 4) nieder (→ § 2 Rn. 102 ff.). Eine Nutzung liegt schon in der Herstellung eines das Geheimnis verkörpernden Satzes von Produktionszeichnungen, nicht erst in Herstellung und Verkauf der betreffenden Erzeugnisse (vgl. schon RGSt 40, 406, 408).

17 Eine **Offenlegung** ist in **jeder beliebigen Bekanntgabe** zu sehen, die irgendeine Nutzung oder Weitergabe der Geschäftsgeheimnisse durch den unmittelbaren Empfänger oder einen Dritten nach sich ziehen könnte (vgl. OLG Hamm WRP 1959, 182: Verwahrung vertraulicher Unterlagen in einer Weise, die einen Mitwisser in die Lage versetzte, von diesen Gebrauch zu machen). Die tatsächliche Nutzung der offengelegten Geheiminformationen ist zur Erfüllung des Tatbestands nicht mehr erforderlich. Die Offenlegung ist **nicht mit der Herbeiführung der Offenkundigkeit gleichzusetzen.** Während Offenkundigkeit nicht unbedingt schon mit der Kenntniserlangung seitens eines begrenzten Personenkreises eintritt (→ § 2 Rn. 26 ff.), soll die Offenlegung ausweislich der Gesetzesbegründung zu § 4 Abs. 2 (auf den § 23 Abs. 1 Nr. 2 und Nr. 3 Bezug nimmt) schon in jeder „**Eröffnung des Geschäftsgeheimnisses gegenüber Dritten, nicht notwendigerweise der Öffentlichkeit**" liegen. Auf der gleichen Linie liegt die Äußerung zu § 23 Abs. 1 Nr. 2, in der hervorgehoben wird, dass der Begriff „Offenlegung" den in § 17 UWG aF verwendeten Begriff „Mitteilen" ohne sachliche Änderung ersetzen soll (gegen eine vollständige begriffliche Übereinstimmung *Brammsen* wistra 2018, 449 (455)). Die Offenlegung kann auch durch **Unterlassen** begangen werden, wenn – wie es zumindest für höhere Angestellte die Regel ist – eine vertragliche Pflicht besteht, die Kenntniserlangung durch unbefugte Dritte zu verhindern (→ § 4 Rn. 28).

18 Im Einzelnen wird auch hinsichtlich der Begriffe Nutzung und Offenlegung auf die **Kommentierung zu § 4** verwiesen (Nutzung: § 4 Rn. 27, Offenlegung § 4 Rn. 28). Zur **Rechtswidrigkeit** → Rn. 24 ff., **zum subjektiven Tatbestand** → Rn. 38; zum **Irrtum** → Rn. 40).

19 **c) Offenlegung durch Beschäftigte entgegen § 4 Abs. 2 Nr. 3 (§ 23 Abs. 1 Nr. 3).** aa) *Allgemeines.* Strafrechtlich **nicht aufgegriffen** wird der in **§ 4 Abs. 2 Nr. 2** geregelte Fall des Verstoßes gegen eine **Verpflichtung zur Beschränkung der Geheimnisnutzung.** Dagegen wird in § 23 Abs. 1 Nr. 3 an das in § 4 Abs. 2 Nr. 3 ausgesprochene **Verbot** angeknüpft, **das Geschäftsgeheimnis offenzulegen** (zur Offenlegung → Rn. 17 und § 4 Rn. 29). Dies gilt jedoch nur für den **beschränkten Personenkreis** der **Beschäftigten** des Geheimnisinhabers. Weiter begnügt sich das GeschGehG wie zuvor § 17 Abs. 1 UWG aF strafrechtlich mit der Sanktionierung des **während der Dauer des Beschäftigungsverhältnisses** begangenen Geheimnisverrats (zum „Missdeutungspotential" der begrifflichen Umstellung vom „Dienstverhältnis" auf das

sozial- und arbeitsrechtlich geprägte „Beschäftigungsverhältnis" *Brammsen* wistra 2018, 449 (455)). Die Weitergabe von Geschäftsgeheimnissen nach Beschäftigungsende kann deshalb weiterhin nur zivilrechtlich verfolgt werden, und zwar unter den Voraussetzungen des § 4 Abs. 2 Nr. 1 bis Nr. 3; dabei sind die Auslegungsregel des Art. 1 Abs. 3, die Öffnungsklausel des Art. 3 Abs. 1 lit. d (zu deren Umsetzung → § 3 Rn. 6) Geschäftsgeheimnis-RL sowie die Ausnahmen des § 5 GeschGehG zu beachten. Die Abgrenzung zwischen Geheimnisverletzungen und der erlaubten Verwertung oder Offenlegung von Erfahrungen und Kenntnissen, die während der Dauer des Beschäftigungsverhältnisses auf redliche Weise erworben wurden, bleibt auch im Lichte der Geschäftsgeheimnis-RL schwierig und ist kaum trennscharf möglich (→ Einl. C. Rn. 38 ff., und § 4 Rn. 37 ff.; vgl. auch *Pichlmaier* in Hoppe/Oldekop Kap. 3 Rn. 253 ff.). Diese Grauzone auch auf die strafrechtliche Ebene auszudehnen, wurde in § 23 Abs. 1 richtigerweise vermieden.

bb) *Täter.* Die Strafandrohung des § 23 Abs. 1 Nr. 3 richtet sich gegen **jede bei einem Unternehmen beschäftigte Person.** Es handelt sich insoweit um ein **echtes Sonderdelikt** (BeckOK GeschGehG/*Hiéramente* § 23 Rn. 32; *Schönknecht* in Keller/Schönknecht/Glinke § 23 Rn. 41; *Brammsen* in Brammsen/Apel § 23 Rn. 102: Sonderpflichtdelikt). **Außenstehende** können sich nur **als Teilnehmer strafbar** machen; ihre Strafe ist wegen des Fehlens der Beschäftigungsstellung und damit eines strafbegründenden besonderen Merkmals iSd § 14 Abs. 1 StGB nach §§ 28 Abs. 1, 49 Abs. 1 StGB zu mildern (GroßKommUWG/*Waßmer,* 3. Aufl. 2022, GeschGehG § 23 Rn. 134; eingehend zum personell unbegrenzten Teilnehmerkreis und den verschiedenen Formen der Teilnahme *Brammsen* in Brammsen/Apel § 23 Rn. 132 ff.). Als **Täter** (sei es in Alleintäterschaft, Mittäterschaft oder mittelbarer Täterschaft, § 25 StGB) kommt jeder in Betracht, der seine Arbeitskraft ganz oder teilweise dem Unternehmen eines anderen widmet. Es spielt keine Rolle, ob es sich um hoch qualifizierte Tätigkeiten oder um Verrichtungen einfachster Art handelt, ob die Bezahlung hoch oder niedrig ist oder die Beschäftigung gar unentgeltlich erfolgt (ebenso GroßKommUWG/*Waßmer,* 3. Aufl. 2022, GeschGehG § 23 Rn. 137 f.; *O. Hohmann/Schreiner* StraFo 2019, 441, 445; *Schönknecht* in Keller/Schönknecht/Glinke § 23 Rn. 42). Schon im Rahmen der in § 17 Abs. 1 UWG aF gewählten Formulierung war der **Kreis der Normadressaten weit zu ziehen** (BGH GRUR 2009, 603 Rn. 10 – Versicherungsuntervertreter; *Ohly* in Ohly/Sosnitza, 7. Aufl. 2016, § 17 Rn. 13). Praktikanten, Boten oder Reinigungskräfte gehörten und gehören ebenso zu den Normadressaten wie die Mitglieder der Geschäftsleitung, des Vorstands oder des Aufsichtsrats (BeckOK GeschGehG/*Hiéramente* § 23 Rn. 32; *Köhler* in Köhler/Bornkamm/Feddersen, UWG, 37. Aufl. 2019, § 17 Rn. 14). Ebenso wenig wie eine Arbeitnehmereigenschaft im arbeitsrechtlichen Sinn setzt § 23 Abs. 1 Nr. 3 die **Weisungsgebundenheit** des Täters voraus (*Alexander* in Köhler/Bornkamm/Feddersen GeschGehG § 23 Rn. 32; GroßKommUWG/*Waßmer,* GeschGehG § 23 Rn. 137). Handelsvertreter können Täter sein, wenn sie nach § 84 Abs. 2 HGB als Angestellte gelten (BGH GRUR 2009, 603 Rn. 10 – Versicherungsuntervertreter). Nicht zu dem von § 23 Abs. 1 Nr. 3 erfassten Täterkreis gehören dagegen der Inhaber oder die **Gesellschafter** (es sei denn, sie seien gleichzeitig Beschäftigte) des Unternehmens, ebenso wenig **Freiberufler** wie Wirtschaftsprüfer oder Steuerberater, die selbständig Angelegenheiten des Geheimnisinhabers betreuen; Der Begriff des **Unternehmens** ist – wie schon im Rahmen des § 17 Abs. 1 UWG aF – weit auszulegen. Er schließt beispielsweise die Praxen von Freiberuflern ein, desgleichen Gesell- 20 schaften, die mit dem Unternehmen konzernmäßig verbunden sind (*Köhler* in Köhler/Bornkamm/Feddersen, UWG, 37. Aufl. 2019, § 17 Rn. 14); GroßKommUWG/*Waßmer,* GeschGehG § 23 Rn. 141), sowie Einzelkaufleute, die ein Unternehmen betreiben (*Schönknecht* in Keller/Schönknecht/Glinke § 23 Rn. 44). Ob das den Täter beschäftigende Unternehmen selbst **Inhaber des Geschäftsgeheimnisses** (§ 2 Nr. 2) ist oder als **Lizenznehmer** seine Nutzungsbefugnis vom eigentlichen Geheimnisinhaber ableitet, spielt keine Rolle (zu der umstrittenen Frage, ob und in welchem Sinne ein Lizenznehmer „die rechtmäßige Kontrolle" hat und ebenfalls als Inhaber des Geschäftsgeheimnisses gelten kann, → § 2 Rn. 83 f.). Auch die Beschäftigten einer Anwaltskanzlei können Täter zulasten der Geschäftsgeheimnisse der Mandanten sein (*Schönknecht* in Keller/Schönknecht/Glinke § 23 Rn. 46).

21 cc) *Tatobjekt.* Der Verstoß gegen § 23 Abs. 1 Nr. 3 betrifft ein **Geschäftsgeheimnis,** das dem Beschäftigten **im Rahmen des Beschäftigungsverhältnisses** anvertraut worden oder zugänglich geworden ist. Maßgeblich ist danach, ob der Beschäftigte das Geheimnis ohne das Beschäftigungsverhältnis nicht erlangt hätte, etwa weil er es schon vorher kannte oder es unabhängig vom Beschäftigungsverhältnis erfahren hat (*Köhler* in Köhler/Bornkamm/Feddersen, 37. Aufl. 2019, § 17 Rn. 15 aF; *Ohly* in Ohly/Sosnitza, 7. Aufl. 2016, § 17 Rn. 14 UWG; *Schönknecht* in Keller/Schönknecht/Glinke § 23 Rn. 48; BeckOK GeschGehG/*Hiéramente* § 23 Rn. 33; GroßkommUWG/*Waßmer* GeschGehG § 23 Rn. 143). Auch **Diensterfindungen,** die der Beschäftigte selbst getätigt hat, sind ihm im Zusammenhang mit seiner Beschäftigung bekannt und unterliegen daher der Geheimhaltungspflicht (vgl. BGH GRUR 1955, 402 (403) – Anreißgerät; GRUR 1977, 539 (540) – Prozessrechner); andernfalls würde auch die Erlangung patentrechtlichen Schutzes unterlaufen. **Anvertraut** wird eine geheim zu haltende Tatsache der vom Unternehmen beschäftigten Person dadurch, dass sie dieser vom Unternehmen, das Inhaber des Geschäftsgeheimnisses (→ § 2 Nr. 2 GeschGehG) ist, oder von einem für das Unternehmen handelnden Organ, Beschäftigten oder Beauftragten mit der ausdrücklichen oder aus den Umständen abzuleitenden **Auflage der Geheimhaltung** überlassen wird. Streitig ist, ob Tatobjekt auch soche Geschäftsgeheimnisse sein können, die der **Beschäftigte selbst in das Unternehmen eingebracht** hat, dies zumindest dann, wenn er sich ausdrücklich oder konkludent zur Geheimhaltung verpflichtet hat (dafür u.a. die Voraufl. und *Köhler* in Köhler/Bornkamm/Feddersen, UWG, 37. Aufl. 2019, § 17 Rn. 16 UWG aF). Dagegen spricht im strafrechtlichen Zusammenhang, dass durch diese weite Interpretation der Wortlaut der Norm überschritten werden dürfte. Ein „Anvertrauen" erfordert einen Überlassungsakt, eine Kenntnisverschaffung; ein dem Beschäftigten bekanntes Geschäftsgeheimnis kann diesem schwerlich „anvertraut" worden sein (überzeugend *Schönknecht* in Keller/Schönknecht/Glinke § 23 Rn. 49). **Zugänglich** kann das Geheimnis dem Beschäftigten durch **jede eigene oder fremde Handlung** oder (bei Bestehen einer Garantenpflicht, wie sie in der Regel zumindest höhere Angestellte trifft) jede **Unterlassung** geworden sein, die **in Beziehung zum Beschäftigungsverhältnis** steht. Unerheblich ist, ob die Unternehmensleitung von der geheimhaltungsbedürftigen Tatsache überhaupt Kenntnis hat (vgl. schon BGH GRUR 1977, 539 (541) – Prozessrechner). Keine Rolle spielt es auch, ob dem Beschäftigten das Geheimnis im Rahmen seiner üblichen Aufgaben oder erst dadurch verfügbar geworden ist, dass er heimlich und jenseits seines Tätigkeitskreises im Betrieb Ermittlungen angestellt oder andere Beschäftigte zur Mitteilung veranlasst hat (vgl. RGSt 33, 356, und BGH GRUR

1983, 179 (181) – Stapelautomat; *Schönknecht* in Keller/Schönknecht/Glinke § 23 Rn. 50; BeckOK GeschGehG/*Hiéramente* § 23 Rn. 80; MüKoStGB/*Hohmann* GeschGehG § 23 Rn. 80).

22 dd) *Tathandlung.* § 23 Abs. 1 Nr. 3 betrifft (wie zuvor beim „Mitteilen" gem. § 17 Abs. 1 UWG aF) nur die **Offenlegung** (→ Rn. 17). Diese muss **entgegen § 4 Abs. 2 Nr. 3** erfolgen, indem die vom Unternehmen beschäftigte Person „gegen eine Verpflichtung verstößt, das Geschäftsgeheimnis nicht offenzulegen" (→ § 4 Rn. 28 ff.). Diese Verpflichtung kann aus gesetzlichen Vorschriften oder aus einer ausdrücklichen oder konkludenten Vereinbarung resultieren; sie ergibt sich in aller Regel zumindest als Nebenpflicht aus dem Beschäftigungsverhältnis (→ Einl. C. Rn. 5 ff.; BT-Drs. 19/4724, 28; *Maaßen* GRUR 2019, 352 (359); MüKoStGB/*Joecks/Miebach,* GeschGehG § 23 Rn. 85; *Schönknecht* in Keller/Schönknecht/Glinke § 23 Rn. 52; GroßKommUWG/*Waßmer,* GeschGehG § 23 Rn. 146). Die Strafbarkeit einer eigenen Nutzung des dem Arbeitgeber zuzuordnenden Geschäftsgeheimnisses richtet sich demgegenüber nach § 23 Abs. 1 Nr. 2 iVm § 4 Abs. 2 Nr. 1 lit. a und § 4 Abs. 1 Nr. 1 (→ Rn. 9 ff.). Zu prüfen ist auch hier, ob die Handlung nach § 3 erlaubt ist oder einer der Ausnahmetatbestände des § 5 eingreift.

23 ee) *Während der Geltungsdauer des Beschäftigungsverhältnisses.* Ob die unbefugte Mitteilung **während der Geltungsdauer des Beschäftigungsverhältnisses** erfolgt, hängt vom **rechtlichen Bestand des Dienstvertrages** ab, nicht dagegen davon, ob der Beschäftigte seine Tätigkeit beispielsweise wegen Krankheit oder ohne nachvollziehbare Gründe eingestellt, seine Stelle pflichtwidrig nicht angetreten hat oder freigestellt worden ist (GroßKommUWG/*Waßmer,* GeschGehG § 23 Rn. 153; *Schönknecht* in Keller/Schönknecht/Glinke § 23 Rn. 56; *Hiéramente/Wagner* GRUR 2020, 709 (710)). Rechtlichen Bestand hat allerdings auch ein **faktisches Beschäftigungsverhältnis;** für den Zeitraum, in dem das Beschäftigungsverhältnis trotz der ihm anhaftenden Mängel (etwa gem. §§ 105, 134, 138 oder 142 Abs. 1 BGB) durchgeführt wird, bestehen die gleichen Pflichten wie in einem fehlerfrei zustande gekommenen Beschäftigungsverhältnis (*Schönknecht* in Keller/Schönknecht/Glinke § 23 Rn. 58; GroßKommUWG/*Waßmer,* GeschGehG § 23 Rn. 153; *Alexander* in Köhler/Bornkamm/Feddersen, GeschGehG § 23 Rn. 40). Im Falle einer **fristlosen Kündigung** ist grundsätzlich deren Wirksamkeit auch für die Fortdauer des strafrechtlichen Geheimnisschutzes ausschlaggebend. Allerdings kann sich der Beschäftigte seiner Geheimhaltungspflicht nicht durch eine unbegründete fristlose Kündigung entziehen. Auf der anderen Seite läuft der Geheimnisinhaber, der dem Beschäftigten fristlos kündigt, Gefahr, zumindest in strafrechtlicher Hinsicht den Geheimnisschutz selbst zu beseitigen (ebenso GroßKommUWG/*Waßmer,* GeschGehG § 23 Rn. 154; aA wohl *Brammsen* in Brammsen/Apel § 23 Rn. 110 für den Fall einer vom Beschäftigten vorsätzlich provozierten fristlosen Kündigung durch den Arbeitgeber). Zivilrechtlich können jedoch weitergehende Mitteilungs- und Verwertungsverbote bestehen bleiben, wenn der Beschäftigte die Lösung des Beschäftigungsverhältnisses provoziert hat, um die Geheimnisse zu Wettbewerbszwecken auszunutzen (vgl. BGH GRUR 1955, 402 (404 ff.) – Anreißgerät). Eine dienstvertragliche Verlängerung der Geheimhaltungspflicht und des Nutzungsverbots über das Ende der Beschäftigung hinaus (zu den Möglichkeiten und Grenzen solcher Abreden → Einl. C. Rn. 59 f.) verlängert nicht die „Geltungsdauer des Beschäftigungsverhältnisses", sondern tritt überhaupt erst mit dessen Beendigung in Kraft; eine strafrechtliche Sanktion gegen die Verletzung einer Abrede über die nachvertragliche Geheimhal-

tung besteht also nicht. Entsprechendes gilt, wenn ein Mitarbeiter während des Beschäftigungsverhältnisses zulässigerweise Aufzeichnungen über vertrauliche Informationen seines Arbeitgebers angefertigt hat. Falls er das betreffende Geschäftsgeheimnis nach Beendigung des Beschäftigungsverhältnisses dank eines Rückgriffs auf solche Aufzeichnungen einem Dritten mitteilt, handelt er zwar unbefugt (vgl. zu § 17 Abs. 2 Nr. 2 UWG aF für den Fall nachvertraglicher Verwertung BGH GRUR 2006, 1044 (1046) – Kundendatenprogramm; BGH GRUR 2009, 603 Rn. 13 – Versicherungsuntervertreter), setzt sich aber keiner Strafbarkeit nach § 23 Abs. 1 Nr. 3 GeschGehG aus (BeckOK GeschGehG/*Hiéramente* § 23 Rn. 36; *Reinfeld* § 7 Rn. 81; *Brammsen* in Brammsen/Apel § 23 Rn. 109). Zur **Rechtswidrigkeit** → Rn. 24 ff., **zum subjektiven Tatbestand** → Rn. 38 ff.; zum **Irrtum** → Rn. 40).

3. Rechtswidrigkeit

24 **a) Allgemeines.** Die **Erfüllung** eines aus § 23 Abs. 1 ersichtlichen **Tatbestands indiziert die Rechtswidrigkeit** des Eingriffs. Nicht erfüllt ist der in Rede stehende Tatbestand allerdings dann, wenn eine der in der „Positivliste" (*Alexander* WRP 2019, 673 (676); → § 3 Rn. 1) des **Art. 3 Geschäftsgeheimnis-RL** beschriebenen Konstellationen vorliegt; dies gilt auch für den in **§ 3 GeschGehG** nicht transparent genug umgesetzten Fall des **Art. 3 Abs. 1 lit. d** Geschäftsgeheimnis-RL („jede andere Vorgehensweise, die unter den gegebenen Umständen mit einer seriösen Geschäftspraxis vereinbar ist" (→ Rn. 28; § 3 Rn. 6;). Ebenso beschränken die **Ausnahmen des § 5** (entsprechend Art. 5) den jeweiligen Tatbestand des § 4 (→ § 3 Rn. 3 f.) und damit auch des § 23 Abs. 1, soweit dieser auf einzelne Fälle des § 4 Bezug nimmt. Während die in Art. 5 Geschäftsgeheimnis-RL geregelten Fälle nach der ursprünglichen Auffassung der Bundesregierung als Rechtfertigungsgründe verstanden werden sollten (RegE GeschGehG BT-Drs. 19/4724, 10, 28 f.), wurden sie vom Gesetzgeber (vgl. BT-Drs. 19/8300, 4, 14) als Tatbestandsausnahmen gestaltet (→ Rn. 27). Da dies auch auf der strafrechtlichen Seite zu beachten ist (→ Rn. 2; RegE GeschGehG BT-Drs. 19/4724, 40), ist die Rechtswidrigkeit nur anhand der auch sonst anerkannten **allgemeinen Rechtfertigungsgründe** zu beurteilen (→ Rn. 29 ff.).

25 **b) Ausnahmen des § 5.** In Art. 5 Geschäftsgeheimnis-RL werden in einer für die Mitgliedstaaten unantastbaren Weise (vgl. Art. 1 Abs. 1 Satz 2 Geschäftsgeheimnis-RL) verschiedene Ausnahmefälle definiert, in denen Erwerb, Nutzung oder Offenlegung fremder Geschäftsgeheimnisse stets erlaubt sind. Dies schließt neben drei konkreteren Fällen ganz allgemein jedes Verhalten ein, für das sich der Handelnde auf ein durch das Unionsrecht oder das nationale Recht anerkanntes **legitimes Interesse** berufen kann (→ § 3 Rn. 6). In Erwägungsgrund 18 heißt es erläuternd, die Erlangung, Nutzung und Offenlegung sollten als rechtmäßig gelten, wenn sie **rechtlich vorgeschrieben oder zulässig** seien. Gleichzeitig wird aber klargestellt, dass ein (insbesondere behördliches) Recht zur Erlangung vertraulicher Informationen die Empfänger nicht von Nutzungsverboten und Geheimhaltungspflichten entbindet, die ihnen durch Rechtsvorschriften der Union oder der Mitgliedstaaten auferlegt werden.

26 Die **Generalklausel** des Art. 5 Geschäftsgeheimnis-RL wurde in **§ 5 RegE GeschGehG** in leicht abweichender Struktur, aufgegriffen: Die Erlangung, Nutzung oder Offenlegung eines Geschäftsgeheimnisses sollte **gerechtfertigt** gelten, wenn diese Handlungen **zum Schutz eines berechtigten Interesses** erfolgten.

Die drei in Art. 5 lit. a bis c Geschäftsgeheimnis-RL geregelten Fälle schlossen sich an diese einleitende Formulierung des § 5 GeschGehG als Beispiele („insbesondere…“) an. Im RegE GeschGehG (BT-Drs. 19/4724, 28 f.) hieß es erläuternd, § 5 GeschGehG setze Art. 5 Geschäftsgeheimnis-RL um und berücksichtige, dass der Schutz von Geschäftsgeheimnissen nicht absolut sein könne und im Einzelfall hinter **Belangen des Allgemeinwohls** zurücktreten müsse. Umfasst würden auch Interessen wirtschaftlicher oder ideeller Art, wenn diese von der Rechtsordnung gebilligt würden. In Betracht kämen sowohl **eigene Interessen** wie die Durchsetzung von Ansprüchen oder die Abwehr von Beeinträchtigungen wie auch die **Verfolgung legitimer Gruppeninteressen.** Eine **Abwägung** mit den Interessen des Geheimnisinhabers sei in Art. 5 Geschäftsgeheimnis-RL nicht ausdrücklich vorgesehen, könne aber über den Begriff des berechtigten Interesses im Einzelfall zur Sicherung der Verhältnismäßigkeit erfolgen. Dies entspreche dem Erwägungsgrund 21 der Geschäftsgeheimnis-RL und den allgemeinen Grundsätzen des Unionsrechts.

Im letzten Stadium des Gesetzgebungsverfahrens wurde beschlossen, die Fälle des Art. 5 Geschäftsgeheimnis-RL **nicht als Rechtfertigungsgründe** zu bezeichnen, sondern (entsprechend der Überschrift von Art. 5 Geschäftsgeheimnis-RL) als **Tatbestandsausnahmen** zu gestalten (BT-Drs. 19/8300, 14). In den Fällen der §§ 3 und 5 wird bereits der jeweilige Tatbestand des § 4 entsprechend begrenzt, was sich auch auf die strafrechtliche Einordnung auswirkt (BeckOK GeschGehG/*Hiéramente* § 23 Rn. 55.1; *Brammsen* in Brammsen/Apel § 23 Rn. 114 f.). 27

Von den Ausnahmen des § 5 zu unterscheiden sind die Bestimmungen des Art. 3 Geschäftsgeheimnis-RL **(§ 3 GeschGehG: erlaubte Handlungen**) und die **Auslegungsregeln** des Art. 1 Abs. 3 Geschäftsgeheimnis-RL (→ Rn. 4, 7). Soweit sie eingreifen, führen auch diese Fälle bereits zum **Ausschluss des Tatbestands** einer Geheimnisverletzung (zu §§ 3 und 5 ebenso *Schönknecht* in Keller/Schönknecht/Glinke § 23 Rn. 119 f.). Dies betrifft auch die strafrechtliche Beurteilung, obwohl § 23 unmittelbar nur auf § 4 Bezug nimmt (→ Rn. 3 f.). 28

c) Rechtfertigungsgründe. In § 23 wurde auf das in den herkömmlichen Strafvorschriften der §§ 17 und 18 UWG aF verwendete Merkmal **„unbefugt“** verzichtet, weil – so der RegE GeschGehG (BT-Drs. 19/4724, 40) – durch die Bezugnahme auf die einzelnen Handlungsverbote in § 4 deutlich wird, dass **nur eine auch zivilrechtlich rechtswidrige Handlung** nach dem GeschGehG unter die **Strafvorschriften** fallen kann. In der Tat erscheint der Begriff „unbefugt“ in allen Fallvarianten des § 4, auf die § 23 Bezug nimmt. Nicht hierzu gehören die Varianten des § 4 Abs. 1 Nr. 2, des § 4 Abs. 2 Nr. 1 lit b und des § 4 Abs. 2 Nr. 2 (→ Rn. 18). Indem § 23 Abs. 1 Handlungen gemäß § 4 Abs. 2 Nr. 1 lit. b (Nutzung oder Offenlegung eines Geschäftsgeheimnisses, das sich der der Handelnde durch irgendein „sonstige(s) Verhalten, das unter den jeweiligen Umständen nicht dem Grundsatz von Treu und Glauben unter Berücksichtigung der anständigen Marktgepflogenheit entspricht“) aus guten Gründen (→ Rn. 3, 9) nicht in den Bereich der Strafwürdigkeit einbezieht, entfallen die zuvor gegenüber § 17 Abs. 2 Nr. 2 UWG aF („sich sonst unbefugt verschafft oder gesichert hat“) geäußerten verfassungs- und strafrechtlichen Bedenken (hierzu *Rengier* in Fezer/Büscher/Obergfell § 17 Rn. 68; *Ohly* in Ohly/Sosnitza, 7. Aufl. 2016, § 17 Rn. 21; *Köhler* in Köhler/Bornkamm/Feddersen, 37. Aufl. 2019, § 17 Rn. 47; *Kalbfus,* Know-how-Schutz, S. 137 f.). Auch die im Rahmen des § 17 Abs. 2 Nr. 2 29

UWG aF aufgeworfene Frage, ob der Begriff „unbefugt" dort als allgemeines Verbrechens- oder als Tatbestandsmerkmal zu verstehen war (*Kalbfus,* Know-how-Schutz, S. 137; *Brammsen* Lauterkeitsstrafrecht § 17 Rn. 116), dürfte sich nicht mehr stellen (→ § 4 Rn. 16 ff. zur Funktion des Merkmals „unbefugt").

30 Die hM zu **§ 17 UWG aF** ging dahin, dass jede Handlung, die einen der Verletzungstatbestände erfüllte, als **unbefugt** einzuordnen war, soweit sie **nicht durch einen allgemeinen Rechtfertigungsgrund gedeckt** war (OLG Karlsruhe WRP 2016, 751 Rn. 45; *Baumbach/Hefermehl* 22. Aufl. 2001 § 17 Rn. 33; *Köhler* in Köhler/Bornkamm/Feddersen, 37. Aufl. 2019, § 17 Rn. 21; *Möhrenschlager* in Wabnitz/Janowsky 15. Kap. Rn. 13; kritisch zur sehr weitläufigen Interpretation des Merkmals „unbefugt" *Kalbfus,* Know-how-Schutz, S. 137 ff.). Allerdings wurde schon unter Geltung des § 17 UWG aF vorgeschlagen, das Merkmal „unbefugt" als Einfallstor für eine am Schutzzweck des § 17 UWG aF orientierte **Interessenabwägung** zu nutzen (*Ohly* GRUR 2014, 1 (6), und in Ohly/Sosnitza, 7. Aufl. 2016, § 17 Rn. 26 ff.; ihm folgend *Harte-Bavendamm* in Harte/Henning 4. Aufl. 2016, § 17 Rn. 11; ablehnend *Kalbfus,* Know-how-Schutz, S. 336). Dieser Ansatz ist im neuen Recht dadurch obsolet geworden, dass wesentliche Belange, zu deren interessengerechter Berücksichtigung er dienen sollte, zivilrechtlich durch Art. 3 und Art. 5 Geschäftsgeheimnis-RL und §§ 3 und 5 GeschGehG geschützt werden. Dies betrifft etwa das Reverse Engineering und das Whistleblowing, allgemeiner aber schon jedes dem Geheimnisschutz entgegenstehende legitime Interesse, das durch Unions- oder nationales Recht anerkannt ist (Art. 5 lit. d Geschäftsgeheimnis-RL; → Rn. 25).

31 **Allgemein anerkannte Rechtfertigungsgründe** wie die Einwilligung des Geheimnisinhabers, Anzeige- und Aussagepflichten oder rechtfertigender Notstand werden von § 5 nicht infrage gestellt. Auf sie braucht allerdings nicht mehr im gleichen Umfang wie zuvor zurückgegriffen zu werden, denn die in § 5 aufgenommene Generalklausel zum Schutz jedes berechtigten Interesses (oder, nach der Diktion des Art. 5 Geschäftsgeheimnis-RL, jedes durch das Unionsrecht oder das nationale Recht anerkannten legitimen Interesses, → Rn. 25) lässt sich zwanglos auch auf die Mehrzahl der bislang behandelten Fälle der Rechtfertigung anwenden, dies jedoch aufgrund der Änderung des RegE GeschGehG durch den Gesetzgeber (→ Rn. 27 f.) nicht erst auf der Ebene der Rechtswidrigkeit, sondern schon im Sinne von Tatbestandsausnahmen. Soweit letztere **Güterabwägungen** erfordern oder zulassen, dürfte sich dies im Rahmen des § 5 nicht ändern, denn die Begriffe des „legitimen" bzw. „berechtigten Interesses" erscheinen hierfür im Zusammenspiel mit dem gerade in der Geschäftsgeheimnis-RL verschiedentlich betonten Grundsatz der Verhältnismäßigkeit (vgl. Art. 7 Abs. 1 lit. a, Art. 11 Abs. 2, Art. 13 Abs. 1) offen genug (→ Rn. 25). Zum **besonderen Rechtfertigungsgrund des § 23 Abs. 6** → Rn. 72.

32 Zu den unabhängig von § 5 und dessen Änderung im Gesetzgebungsverfahren zu beachtenden Rechtfertigungsgründen gehört zuvorderst die **Einwilligung** des Berechtigten, d.h. des Geheimnisinhabers oder hierzu eines vom Geheimnisinhaber autorisierten Lizenznehmers (→ § 2 Rn. 83 f.). Die Wirksamkeit der Einwilligung setzt voraus, dass derjenige, der sie erteilt, **über das Rechtsgut** tatsächlich und normativ **verfügen kann.** Soweit es sich bei dem Berechtigten – wie meist – um ein Unternehmen mit mehreren Hierarchiestufen handelt, ist deshalb weiter zu klären, ob der für das Unternehmen handelnde Beschäftigte seinerseits von dem Unternehmensinhaber oder einem vertretungsberechtigten Organmitglied ermächtigt war, eine das Unternehmen als Geheimnisinhaber bindende Einwilli-

gungserklärung abzugeben. Dies wird sich häufig nur anhand indizieller äußerer Umstände wie Hierarchieebene, Funktionsbezeichnung und Aufgabenbereich beurteilen lassen. Weitere Voraussetzung ist, dass der Handelnde, der sich auf eine Einwilligung berufen will, diese nicht durch Täuschung oder Drohung herbeigeführt haben darf (*Köhler* in Köhler/Bornkamm/Feddersen, 37. Aufl. 2019, § 17 Rn. 21a). Der Einwilligende muss **in seiner Entschließung frei** sein (vgl. BGHSt 4, 113). Von der Einwilligung lässt sich dogmatisch – in allerdings umstrittener Weise (*Fischer* Vor § 32 Rn. 3b; zum strafrechtlichen Streitstand auch *Lenkner/Sternberg-Lieben* in Schönke/Schröder Vor § 32 Rn. 31 ff.; MüKoUWG/*Brammsen* § 17 Rn. 28, 56) – das **Einverständnis** unterscheiden. Das Einverständnis führt dort, wo der Tatbestand gerade die Überwindung des Willens einer anderen Person voraussetzt, bereits zum Ausschluss des Tatbestands. Im Bereich des Geheimnisschutzes wäre dies der Fall, wenn die Erklärung eindeutig so zu verstehen sein sollte, dass der Dispositionsberechtigte die Geheimhaltung der betreffenden Informationen ein für alle Mal aufzugeben gedenkt (ein „Geheimhaltungswille" nach dem herkömmlichen deutschen Begriffsverständnis, → § 2 Rn. 12, also schlechthin entfallen wäre). Demgegenüber hat die Einwilligung als „singuläre Exemtion" rechtfertigenden Charakter (*Brammsen* Lauterkeitsstrafrecht § 17 Rn. 56 mwN), ordnungsgemäße Erteilung der Einwilligung vorausgesetzt.

Nicht rechtswidrig ist die Offenbarung eines Geschäftsgeheimnisses in einer **Strafanzeige,** deren Unterlassung nach **§ 138 StGB** strafbar wäre, oder der aufgrund besonderer Verhältnisse und einer **sorgfältigen Güterabwägung im Einzelfall,** insbesondere gemäß **§ 34 StGB (rechtfertigender Notstand),** Vorrang vor dem Geheimhaltungsinteresse des Unternehmens einzuräumen ist (hierzu *Ohly* in Ohly/Sosnitza, UWG, 7. Aufl. 2016, § 17 Rn. 30; *Brammsen* Lauterkeitsstrafrecht § 17 Rn. 59 ff., und in Brammsen/Apel § 23 Rn. 118, 121; *Schönknecht* in Keller/Schönknecht/Glinke § 23 Rn. 115, 117). Die Relevanz der allgemeinen Rechtfertigungsgründe wird für den Geheimnisschutz sowohl durch die **Ausnahmen des § 5** als auch durch die in **§ 3** enthaltene Liste von Handlungen eingeschränkt, die **stets als erlaubt gelten** und deshalb gar nicht erst die Prüfungsstufe der Rechtfertigungsgründe erreichen. Hier sind speziell die unter den Voraussetzungen des § 3 Abs. 1 Nr. 2 zulässigen Rückwärtsanalysen frei verfügbarer Produkte (Reverse Engineering), ganz allgemein aber auch jede gesetzlich oder rechtsgeschäftlich gestattete Erlangung, Nutzung oder Offenlegung eines Geschäftsgeheimnisses zu nennen (§ 3 Abs. 2). § 3 (und damit mittelbar auch § 23) ist ferner auch im Lichte des Art. 3 Abs. 1 lit. d Geschäftsgeheimnis-RL auszulegen, demzufolge auch „jede andere Vorgehensweise, die unter den gegebenen Umständen **mit einer seriösen Geschäftspraxis vereinbar** ist", aus den Tatbeständen der Geheimnisverletzung ausgeklammert wird (→ § 3 Rn. 6). 33

Nicht um Offenbarungsrechte (seien sie nun tatbestandsausschließender oder rechtfertigender Art), sondern um **Offenbarungspflichten** geht es – wie schon bei § 138 StGB – in verschiedenen Spezialgesetzen, die eine Übermittlung bestimmter Informationen unabhängig davon verlangen, ob diese ansonsten als Geschäftsgeheimnisse geschützt sind oder nicht (Beispiel: Ad-hoc-Mitteilungen über unternehmensinterne Entwicklungen oder Kenntnisse, die geeignet sind, den Börsenkurs zu beeinflussen, Art. 17 MarktmissbrauchsVO). Auch in solchen Fällen wird eine geheimnisschutzrechtliche Problemlage heute durch § 3 Abs. 2 von vornherein ausgeräumt; Rechtfertigungsgründe kommen hier nicht mehr ins Spiel. Auch dort, wo die **Mitteilung bestimmter interner Tatsachen an Behörden** gesetzlich vorgeschrieben ist, bleibt aber auf der Folgestufe zu beach- 34 ten, ob und unter welchen Voraussetzungen die betreffende Behörde berechtigt ist, solche Informationen ihrerseits weiterzugeben, insbesondere öffentlich bekannt oder zugänglich zu machen (→ Rn. 25).

35 Gerechtfertigt ist die Aufdeckung fremder Geschäftsgeheimnisse im **Strafprozess,** soweit die **Aussagepflichten für Zeugen und Sachverständige** reichen (§§ 48 Abs. 1, 72 StPO) und kein Zeugnis- oder Auskunftsverweigerungsrecht besteht (s. §§ 53, 53a, 55, 76 StPO). Hier überwiegt das öffentliche Interesse an der Wahrheitsfindung. Der Zeuge oder Sachverständige ist nicht zu einer Güterabwägung verpflichtet. Dagegen kann und sollte das **Gericht** dem Schutzbedürfnis des betroffenen Geheimnisinhabers soweit Rechnung tragen, wie dies mit seinen Aufklärungspflichten und dem Anspruch des Angeklagten auf bestmögliche Verteidigung vereinbar ist. **Art. 9 Geschäftsgeheimnis-RL** und **§§ 16 ff. GeschGehG** sind zwar auf den Strafprozess weder anwendbar noch unverkürzt übertragbar. Immerhin unterstreichen sie aber die weithin anerkannte (wenn auch in ihren konkreten Voraussetzungen und Grenzen nach wie vor kontroverse) Notwendigkeit, Geschäftsgeheimnisse im Prozess gegen unangemessene Weiterverbreitung zu schützen. In Betracht kommen insbesondere der **Ausschluss der Öffentlichkeit** nach § 172 Nr. 2 GVG und die Verhängung von **Schweigegeboten** nach § 174 Abs. 3 GVG. Auch sollten Fragen, die für die Wahrheitsfindung entbehrlich sind, den Angeklagten aber zur Offenbarung fremder Geschäftsgeheimnisse zwingen würden, nicht zugelassen und die **Geheimhaltungsbelange gegen das Strafverfolgungsinteresse abgewogen** werden. Hierbei fällt nicht zuletzt die Schwere der in Rede stehenden Tat ins Gewicht (*Rengier* in Fezer/Büscher/Obergfell § 17 Rn. 47; *Ohly* in Ohly/Sosnitza, 7. Aufl. 2016, § 17 Rn. 30).

36 Im **Zivilprozess** werden sich Zeugen und Sachverständige zum Schutz der ihnen anvertrauten oder im Rahmen eines Dienstverhältnisses bekanntgewordenen Geschäftsgeheimnisse auf ihr **Zeugnisverweigerungsrecht** (§§ 383 Abs. 1 Nr. 6, 384 Nr. 3, 408 Abs. 1 ZPO; hierzu näher *Ahrens,* Beweiserhebung, Kap. 35 Rn. 64 f.) berufen können (*Brammsen* Lauterkeitsstrafrecht § 17 Rn. 58; *Ohly* in Ohly/Sosnitza, 7. Aufl. 2016, § 17 Rn. 28; *Diemer* in Erbs/Kohlhaas, 219. Aufl. 2018, § 17 UWG Rn. 24). Dass sie hierzu nicht nur berechtigt, sondern **verpflichtet** sind (so zum alten Recht *Harte-Bavendamm* in Harte/Henning, 4. Aufl. 2016, § 17 Rn. 11a mwN; *Ohly* in Ohly/Sosnitza, 7. Aufl. 2016, § 17 Rn. 28; *Stephan* in Zöller, 34. Aufl. 2022, § 384 Rn. 7), kann wohl auch unter Geltung des Art. 3 Abs. 2 Geschäftsgeheimnis-RL (Offenlegung rechtmäßig, wenn durch nationales Recht erlaubt) und des § 3 Abs. 2 GeschGehG (durch Gesetz gestattet) bejaht werden, da genügend Raum für eine Interessenabwägung vorhanden sein dürfte (→ Rn. 26, 28). Es erschiene im Grundsatz – Ausnahmen mag es geben – nach wie vor schwer nachvollziehbar, wenn der als Zeuge benannte Beschäftigte in einer zivilrechtlichen Auseinandersetzung zwischen Dritten die Geheimhaltungsbelange des eigenen Arbeitgebers nachrangig behandeln dürfte (*Stadler* S. 112; *Stürner* JZ 1985, 453 f.; eingehend und überzeugend zum Know-how-Schutz im Zivil-, Straf- und Verwaltungsverfahren *Ann* in Ann/Loschelder/Grosch Kap. 7 Rn. 5–94; zweifelnd *Brammsen* in Brammsen/Apel § 23 Rn. 118). Die Problemlage wird über den **Ausschluss der Öffentlichkeit** (§ 172 Nr. 2 GVG) hinaus bis zu einem gewissen Grad durch die neuen Vorschriften zum **Geheimnisschutz in Geschäftsgeheimnisstreitsachen** entschärft (vgl. insbesondere § 16 Abs. 2), auch wenn diese nicht unmittelbar die Frage betreffen, ob und unter welchen Voraussetzungen ein Zeuge Geschäftsgeheimnisse des ihn

beschäftigenden Unternehmens in einem Prozess zwischen Dritten überhaupt aufdecken darf.

Wer einen **schuldrechtlichen Anspruch auf Überlassung** eines fremden Geschäftsgeheimnisses hat, soll nach Auffassung des BayObLG (GRUR 1988, 634 – Überlassungsanspruch; ähnlich öOGH WRP 1973, 374; aA *Köhler* in Köhler/Bornkamm/Feddersen, 39. Aufl. 2019, § 17 Rn. 36, soweit nicht die Voraussetzungen für eine zulässige Selbsthilfe nach § 229 BGB erfüllt sind) nicht rechtswidrig handeln, wenn er sich dieses verschafft. Ob diese ohnehin zweifelhafte Interpretation des § 17 Abs. 2 Nr. 1 UWG aF unter Geltung der Geschäftsgeheimnis-RL (Art. 3 Abs. 1 lit. d, Art. 4) aufrechtzuerhalten ist, erscheint nicht gesichert. Die Rechtfertigung erstreckt sich jedenfalls nicht auf Beschäftigte, die das Geheimnis dem Anspruchsteller gegen den Willen des Unternehmens zur Verfügung stellen, denn sie selbst sind weder Gläubiger noch Schuldner des Informationsanspruchs (*Ohly* in Ohly/Sosnitza, 7. Aufl. 2016, § 17 Rn. 29; *Brammsen* in Brammsen/Apel § 23 Rn. 123). **37**

Zur Rechtfertigung durch **Hinweisgeberrechte („Whistleblowing")** gem. Artt. 6 und 15 RL EU 2019/1937 und **§ 6 Abs. 1 Hinweisgeberschutzgesetz** → § 5 Rn. 15 f., 46 ff. **37a**

Einen **speziellen Rechtfertigungsgrund** in Bezug auf bestimmte **Beihilfehandlungen von Medienschaffenden** (vgl. § 53 Abs. 1 Nr. 1 StPO) enthält **§ 23 Abs. 6** (→ Rn. 70 ff.). **37b**

4. Subjektiver Tatbestand

Alle drei von § 23 Abs. 1 erfassten Fälle der unerlaubten Erlangung, Nutzung oder Offenlegung von Geschäftsgeheimnissen setzen eine **vorsätzliche Tat** voraus. **Zusätzlich** muss (mindestens) **eines von vier subjektiven Absichtsmerkmalen** vorliegen, die der Gesetzgeber aus § 17 UWG aF unverändert in die Strafvorschriften des GeschGehG übernommen hat (vgl. schon BGH GRUR 1977, 539 (541) – Prozessrechner), obwohl sie eine eingrenzende Funktion weitgehend verloren hatten und es ohnehin fraglich erschien, welche strafbegründende Bedeutung gerade diesen Merkmalen zukommen sollte (→ Rn. 1). **38**

a) Vorsatz. Bestraft wird nur der vorsätzliche Geheimnisverrat. Erforderlich ist also die **Kenntnis aller Merkmale des objektiven Tatbestands.** Insbesondere muss der Täter wissen, dass die von ihm rechtswidrig erlangten, genutzten oder offengelegten Informationen Geschäftsgeheimnisse darstellen (zur möglichen – praktisch wohl wenig bedeutsamen – Verengung des strafrechtlichen Geschäftsgeheimnisbegriff gegenüber den zivilrechtlichen Vorgaben → Rn. 8). Unerheblich ist dabei, ob er deren Gehalt und die konkreten Verwertungsmöglichkeiten inhaltlich durchdrungen hat. **Bedingter Vorsatz** ist ausreichend; dies kann etwa dann Bedeutung erlangen, wenn der Täter gewisse Zweifel hinsichtlich der Erfüllung einzelner Begriffsmerkmale des Geschäftsgeheimnisses (§ 2 Nr. 1), einer Ausnahme nach § 5 oder der faktischen Voraussetzungen einer nach § 3 Abs. 1 Nr. 2 erlaubten Produktanalyse (Reverse Engineering) hat, diese aber beiseiteschiebt und die Tat ausführt. Es genügt, wenn der Täter es **ernsthaft für möglich hält und billigend in Kauf nimmt,** durch den unbefugten Zugang, die unbefugte Aneignung oder das unbefugte Kopieren (vgl. § 4 Abs. 1) ein Geschäftsgeheimnis zu erlangen; er muss erkannt haben, dass die betreffenden Informationen vor solchen Eingriffen geschützt sind (GroßKommUWG/*Waßmer,* GeschGehG § 23 Rn. 110). **39**

40 Ein **Irrtum** des Handelnden über den Geheimnischarakter oder andere Merkmale des **Tatbestands** lässt den **Vorsatz entfallen** (§ 16 Abs. 1 StGB). Gleiches gilt für den sog. **Erlaubnistatbestandsirrtum** (hierzu *Brammsen* Lauterkeitsstrafrecht § 17 Rn. 64 mwN; *Diemer* in Erbs/Kohlhaas, 219. Aufl. 2018, § 17 UWG Rn. 28a), nämlich Fehlvorstellungen über die tatsächlichen Voraussetzungen einer Befugnisnorm – wie etwa die irrtümliche Annahme des Handelnden, die von ihm publik gemachten Interna beträfen ein berufliches oder sonstiges Fehlverhalten (§ 5 Nr. 2 GeschGehG). Um einen **Verbotsirrtum** gem. **§ 17 StGB** handelt es sich dagegen, wenn der Täter zwar die für die Tatbestandsverwirklichung relevanten Fakten erkennt, jedoch rechtmäßig zu handeln meint. In Betracht kommen etwa die unzutreffende Interpretation seiner (unter den gegebenen Umständen vermeintlich nicht bestehenden) Schweigepflicht oder die Überdehnung einer Befugnisnorm (*Brammsen,* Lauterkeitsstrafrecht § 17 Rn. 65), beispielsweise die Verkennung der Grenzen, innerhalb derer sich die Informationsfreiheit oder die Aufdeckung innerbetrieblicher Verhältnisse nach § 5 gegen die Geheimhaltungsbelange des Unternehmens durchsetzen können. Wenn der Verbotsirrtum unvermeidbar ist, führt er zur Straflosigkeit; andernfalls kann zumindest das Strafmaß gemildert werden (§ 17 StGB). Gerade im Bereich des Wirtschaftsstrafrechts ist die Abgrenzung zwischen Tatbestands- und Verbotsirrtum vielfach schwierig, wird in der Praxis bisweilen eher intuitiv gehandhabt uns ist auch dogmatisch umstritten (*Fischer* § 17 StGB Rn. 18 mwN).

41 **b) Zusätzliche subjektive Merkmale.** *aa) Allgemeines.* Strafbar macht sich auch der (bedingt) vorsätzlich handelnde Täter nach § 23 Abs. 1 nur, wenn er eines oder mehrere von **vier Tatzielen** verfolgt (vgl. BGH GRUR 1977, 539 (541) – Prozeßrechner; GroßKommUWG/*Waßmer,* GeschGehG § 23 Rn. 111), nämlich die Förderung des eigenen oder fremden Wettbewerbs, Eigennutz, die Begünstigung eines Dritten oder die Schädigung des Unternehmens. Diese wurden häufig auch als Beweggründe bezeichnet (etwa *Köhler* in Köhler/Bornkamm/Feddersen, UWG, 37. Aufl. 2019, § 17 Rn. 23; *Ohly* in Ohly/Sosnitza, 7. Aufl. 2016, § 17 Rn. 25). Da dieser Begriff im Strafrecht eher im Zusammenhang mit der Strafbemessung verwendet wird (vgl. § 46 Abs. 2 StGB), wird auf ihn im Folgenden verzichtet. Angesichts ihrer einhellig weiten Interpretation im Rahmen der Rechtsprechung und -lehre zu § 17 UWG aF schränken die vier genannten Absichtsmerkmale in ihrer Summenwirkung die Strafbarkeit vorsätzlicher Geheimnisverletzungen kaum noch ein (→ Rn. 38). Es ist allenfalls mit Mühe vorstellbar, dass ein vorsätzlich vorgehender Täter in verbotener Weise auf fremde Geschäftsgeheimnisse zugreift und hierbei weder aus Eigennutz noch zugunsten eines Dritten, weder zu irgendwelchen wettbewerbsrelevanten Zwecken noch in der Absicht handelt, den Geheimnisinhaber zu schädigen. Da die unveränderte Übernahme dieser vier Handlungszwecke in der Gesetzesbegründung nicht weiter erläutert wird, kann aber davon ausgegangen werden, dass der Gesetzgeber in deren bisherigen Anwendungsbereich nicht eingreifen wollte. Nicht selten dürften einige der **Handlungszwecke kumulativ verfolgt** werden (GroßKommUWG/*Waßmer,* GeschGehG § 23 Rn. 113: „Motivbündel"; BeckOK GeschGehG/*Hiéramente* § 23 Rn. 9 f.). So kann die Begünstigung eines Dritten gleichzeitig der Förderung des von diesem zu erwartenden Wettbewerbs dienen wie auch aus Eigennutz erfolgen, indem der Täter auf irgendeine künftige Gegenleistung hofft. Ebenso kann sich die Absicht, den eigenen Arbeitgeber aus Enttäuschung oder Rache zu schädigen, mit der Begünstigung eines Dritten überlagern.

bb) Förderung eigenen oder fremden Wettbewerbs. Das **Handeln zu Zwecken des Wettbewerbs** war ein bis zur UWG-Novelle von 2004 verwendeter Schlüsselbegriff des deutschen Lauterkeitsrechts. Er hatte – wie heute der Begriff der geschäftlichen Handlung (§ 2 Abs. 1 Nr. 1 UWG) – die Funktion, den Geltungsbereich der sonderdeliktsrechtlichen Normen des UWG von denen des allgemeinen Deliktsrechts abzugrenzen (*Sosnitza* in Ohly/Sosnitza, 7. Aufl.2016, § 2 Rn. 4 f.). Der Begriff erfasst jede Handlung, die von der Absicht getragen ist, den **eigenen oder fremden Wettbewerb** zum Nachteil eines anderen Unternehmens – hier des Inhabers des Geschäftsgeheimnisses (§ 2 Nr. 2) – zu **fördern.** Ob sie auch **objektiv geeignet** sein muss, den Wettbewerb zu beeinflussen, ist streitig (dafür *Diemer* in Erbs/Kohlhaas, 219. Aufl. 2018, § 17 UWG Rn. 29; *Harte-Bavendamm* in Harte/Henning, UWG, 4. Aufl. 2016, § 17 Rn. 14; dagegen GroßKomm-UWG/*Waßmer,* GeschGehG § 23 Rn. 112), aber praktisch kaum relevant. Unerheblich ist, ob der Täter bereits klare Vorstellungen von Zeitpunkt und Art der Konkurrenztätigkeit und von den hierfür in Betracht kommenden Personen (Täter, Mitteilungsempfänger, Wettbewerber), besitzt (*Brammsen* Lauterkeitsstrafrecht § 17 Rn. 50). Das Mitschwingen sonstiger Motive oder Tatziele ist irrelevant, soweit der Wettbewerbszweck hinter diese nicht deutlich zurücktritt (vgl. BGHZ 3, 270 – Constanze I; BeckOK GeschGehG/*Hiéramente* § 23 Rn. 10, 11, 13; *Schönknecht* in Keller/Schönknecht/Glinke § 23 Rn. 23; *Brammsen* in Brammsen/Apel § 23 Rn. 30). Ein Handeln zu Zwecken des Wettbewerbs ist auch dann zu bejahen, wenn die Auswirkungen der Tat erst nach Beendigung des Beschäftigungsverhältnisses eintreten sollen (GroßKommUWG/*Waßmer,* § 23 Rn. 112 mwN; *Alexander* in Köhler/Bornkamm/Feddersen GeschGehG § 23 Rn. 43). **Kein Handeln zur Förderung des Wettbewerbs** liegt vor, wenn rein private, wissenschaftliche oder technischeAusbildungszwecke eindeutig im Vordergrund stehen (*Brammsen* in Brammsen/Apel § 23 Rn. 32). 42

cc) Eigennutz. Aus **Eigennutz** handelt, wer – möglicherweise neben sonstigen Erwägungen (→ Rn. 41 f.) – **irgendeinen persönlichen Vorteil** anstrebt, sei es direkt oder indirekt, sei es in **materieller** oder **immaterieller Hinsicht.** Der immaterielle muss allerdings einem materiellen Vorteil noch in gewisser Weise gleich- oder nahekommen (*Reinfeld* § 7 Rn. 28; *Rengier* in Fezer/Büscher/Obergfell, UWG, 3. Aufl. 2016, § 17 Rn. 42; *Ohly* in Ohly/Sosnitza, UWG, 7. Aufl. 2016, § 17 Rn. 25; *Schönknecht* in Keller/Schönknecht/Glinke § 23 Rn. 25), wenn dieses Tatbestandsmerkmal nicht noch die letzten Konturen verlieren soll. Ausreichen dürfte es aber beispielsweise, wenn ein Wissenschaftler sich geheimes Know-how zwar zunächst nur zur Vorbereitung eigener Forschungsarbeiten verschafft, dabei aber auch die karrierefördernden Effekte diesbezüglicher Publikationen im Auge hat. Ein rein wissenschaftliches Interesse oder bloße Neugier sollen nicht ausreichen (GroßKommUWG/*Waßmer,* GeschGehG § 23 Rn. 116 mwN); diese Abgrenzung bleibt allerdings schwierig, es geht um Nuancen. 43

dd) Begünstigung eines Dritten. **Zugunsten eines Dritten** handelt, wer sich mit dem Ziel, andere Personen, Unternehmen, Institutionen (etwa Nichtregierungsorganisationen wie Greenpeace oder WikiLeaks, MüKoStGB/*Joecks/Miebach,* GeschGehG 23 Rn. 57; *Schönknecht* in Keller/Schönknecht/Glinke § 23 Rn. 26) oder Staaten zu fördern, fremde Geschäftsgeheimnisse verschafft oder diese nutzt oder weiterreicht. Durch diese Variante des subjektiven Tatbestands sollte vor allem der Tatsache Rechnung getragen werden, dass der deutschen Wirtschaft durch **Betriebsspionage seitens ausländischer Nachrichtendienste und Unternehmen** beträchtlicher Schaden zugefügt wird (vgl. BT- 44

Drucks. 10/5058, 40); eingehend zur Industriespionage durch Nachrichtendienste *Drescher* S. 167 ff.).

45 *ee) Schädigungsabsicht.* Die **Absicht, dem Inhaber des Unternehmens Schaden zuzufügen,** verfolgt jeder, dem es – ggf. neben anderen Zielen (→ Rn. 38, 41 f.) – gerade auf die Schädigung ankommt (*Ohly* in Ohly/Sosnitza, 7. Aufl. 2016, § 17 Rn. 25; BeckOK GeschGehG/*Hiéramente* § 23 Rn. 13). Gleich zu behandeln ist die angestrebte **Schädigung des Unternehmens selbst;** es bedarf nicht etwa einer speziell gegen dessen „Inhaber" (etwa einen Einzelkaufmann oder den Gesellschafterkreis einer juristischen Person) gerichteten Schädigungsabsicht (ebenso *Schönknecht* in Keller/Schönknecht/Glinke § 23 Rn. 30). Das Unternehmen, das geschädigt werden soll, muss Inhaber des Geschäftsgeheimnisses iSd § 2 Nr. 2 sein (*Schönknecht* in Keller/Schönknecht/Glinke § 23 Rn. 29; zu der Frage, unter welchen Voraussetzungen ein Lizenznehmer als „Inhaber eines Geschäftsgeheimnisses" gelten kann, → § 2 Rn. 83 f.). Der **Schadensbegriff** ist **weit zu verstehen.** Erfasst wird nicht nur jede nachteilige Einwirkung auf die Vermögenssituation, sondern auch die Beeinträchtigung anderer rechtlich anerkannter Interessen, etwa des guten Rufs (ebenso *Brammsen* Lauterkeitsstrafrecht § 17 Rn. 54; BeckOK GeschGehG/*Hiéramente* § 23 Rn. 13; *Reinfeld* § 7 Rn. 31). Auf den **tatsächlichen Eintritt des Schadens** kommt es **nicht** an (ebenso GroßKommUWG/*Waßmer,* GeschGehG § 23 Rn. 118).

5. Strafandrohung

46 § 23 Abs. 1 sieht eine **Freiheitsstrafe von drei Jahren** oder eine **Geldstrafe** vor. Die **Strafbemessung** richtet sich nach §§ 46 ff. StGB. Verschärfte Strafandrohungen enthält § 23 Abs. 4 (→ Rn. 64 ff.).

III. Geheimnisverwertung nach fremder Vortat (§ 23 Abs. 2)

1. Allgemeines

47 § 23 Abs. 2 sieht die gleiche Strafandrohung wie § 23 Abs. 1 für denjenigen vor, der mit einem der dort genannten Handlungsziele ein **Geschäftsgeheimnis nutzt oder offenlegt,** das er **durch eine fremde Handlung** nach § 23 Abs. 1 Nr. 2 oder Nr. 3 **erlangt** hat, also durch Betriebsspionage oder Geheimnisverrat des Vortäters (*Brammsen* in Brammsen/Apel § 23 Rn. 146 ff.) Während in **§ 17 Abs. 2 Nr. 2 UWG aF** noch die Geheimniserlangung durch eigene und durch fremde Vortaten als Grundlage strafbarer Verwertungs- oder Mitteilungshandlungen zusammengefasst waren, werden diese Fälle in § 23 getrennt behandelt (eigene Vortat: § 23 Abs. 1 Nr. 2, → Rn. 13 ff.; fremde Vortat: § 23 Abs. 2), allerdings ohne dass dies zu unterschiedlichen Ergebnissen führt. Angesichts der Beschränkung des § 23 Abs. 2 auf vorangegangene fremde Aneignungshandlungen passt der in Bezug auf § 17 Abs. 2 Nr. 2 UWG aF häufig verwendete Begriff der **„Geheimnishehlerei"** (*Brammsen* in Brammsen/Apel § 23 Rn." 142 ff.: „fremderöffnete Geheimnishehlerei"; *Ohly* in Ohly/Sosnitza § 17 Rn. 20) hier eher als im Rahmen des § 23 Abs. 1 Nr. 2 iVm § 4 Abs. 2 Nr. 1 lit. a (→ Rn. 13 ff.), weist er doch anders als im Fall einer eigenen Vortat, den § 17 Abs. 2 Nr. 2 UWG aF mit einschloss, eine gewisse Parallele zum Tatbestand der Hehlerei nach § 259 StGB auf (vgl. *Harte-Bavendamm* in Harte/Henning, 4. Aufl. 2016, § 17 Rn. 26). Laut RegE GeschGehG (BT-Drs. 19/4724, 40) soll der terminologische Wechsel

von den Tatbestandsmerkmalen „Verwertung" und „Mitteilung" (§ 17 Abs. 2 Nr. 2 UWG) zu den Begriffen „Nutzen" und „Erlangung" (im Sinne des Erhalts einer Mitteilung) bzw. „Offenlegung" (als einer Mitteilung an einen anderen) keine inhaltlichen Änderungen mit sich bringen (zu den Zweifeln an der vollständigen Kongruenz der betreffenden Merkmale → Rn. 16 f.; *Brammsen* wistra 2018, 449 (455 f.)).

2. Objektiver Tatbestand

§ 23 Abs. 2 richtet sich gegen die **Nutzung** (→ Rn. 16; § 4 Rn. 28) oder **Offenlegung** (→ Rn. 16; § 4 Rn. 29) von **Geschäftsgeheimnissen** (→ § 2 Nr. 1; zur denkbaren, praktisch voraussichtlich wenig bedeutsamen Verengung des strafrechtlichen Geschäftsgeheimnisbegriffs gegenüber der zivilrechtlichen Definition nach Art. 2 Nr. 1 Geschäftsgeheimnis-RL → Rn. 8), die der Täter durch eine von **irgendeiner anderen Person** begangene Tat nach **§ 23 Abs. 1 Nr. 2 iVm § 4 Abs. 2 Nr. 1 lit. a (verbotene Aneignung)** (→ Rn. 13 ff.) oder durch den von einem **Beschäftigten** des Geheimnisinhabers begangenen **Verrat nach § 23 Abs. 1 Nr. 3** (→ Rn. 19 ff.) erlangt hat. Hinsichtlich der stets mit zu prüfenden **„Positivliste" des § 3** und der **Ausnahmetatbestände des § 5** und der **Rechtswidrigkeit** solcher Verletzungshandlungen wird auf Rn. 24 ff. verwiesen (zum Presseprivileg des § 23 Abs. 6 → Rn. 72). 48

3. Subjektiver Tatbestand

Der Täter muss (bedingt) **vorsätzlich** (→ Rn. 39 ff.) und **zur Förderung des eigenen oder fremden Wettbewerbs** (→ Rn. 42), aus **Eigennutz** (→ Rn. 43), **zugunsten eines Dritten** (→ Rn. 44) oder in der Absicht handeln, dem Inhaber eines Unternehmens bzw. dem Unternehmen selbst **Schaden zuzufügen.** (→ Rn. 45). Zu **Irrtumsfragen** → Rn. 37. 49

IV. Missbrauch anvertrauter Vorlagen und Vorschriften technischer Art (§ 23 Abs. 3)

1. Allgemeines

§ 23 Abs. 3 soll laut RegE GeschGehG (BT-Drs. 19/4724, 41) dem Regelungsbereich des **§ 18 UWG aF,** einer in ihren historischen Wurzeln weit zurückreichenden (→ Einl. A Rn. 37; *Brammsen* Lauterkeitsstrafrecht § 18 Rn. 1 ff.; *Zentek* WRP 2007, 507 (511)) Strafvorschrift entsprechen. Es soll lediglich – im Einklang mit der schon zu § 18 UWG aF vorherrschenden Meinung (*Ohly* in Ohly/Sosnitza, 7. Aufl. 2016, § 18 UWG Rn. 6; *Harte-Bavendamm* in Harte/Henning, 4. Aufl. 2016, 18 Rn. 5 mwN) – klargestellt werden, dass die nach § 23 Abs. 3 zu schützenden Vorlagen oder Vorschriften technischer Art **geheim** sein müssen. In den Gesetzestext selbst wurde zusätzlich der weitergehende Begriff „Geschäftsgeheimnis" aufgenommen („ein Geschäftsgeheimnis, das eine … im geschäftlichen Verkehr anvertraute geheime Vorlage oder Vorschrift technischer Art ist"). Verzichtet wurde sinnvoller Weise auf die Nennung der nach heutigen Verhältnissen allzu zufällig erscheinenden Beispiele solcher Schutzgegenstände (Zeichnungen, Modelle, Schablonen, Schnitte und Rezepte). 50

51 Wie im RegE GeschGehG (BT-Drs. 19/4724, 41) ausdrücklich bestätigt wird, **beschränkt** sich der strafrechtliche Schutz nach § 23 Abs. 3 GeschGehG mit seiner Anknüpfung an die in Vorlagen oder Vorschriften technischer Art (→ Rn. 54 f.) verkörperten Geschäftsgeheimnisse nach wie vor **auf eine bestimmte Kategorie vertraulicher** Informationen, nämlich solcher, die **technischer Art** sind. Dies wurde bereits in Bezug auf § 18 UWG aF zu Recht kritisiert, und zwar schon wegen der völkerrechtlichen (wenn auch nur zivilrechtlich ausgerichteten) Verpflichtung aus **Art. 39 Abs. 2 Fn. 10 TRIPS** (→ Einl. A Rn. 154; § 4 Rn. 10), nach der die einem anderen anvertrauten, nicht offenbarten Informationen allgemein statt nur in technischen Zusammenhängen oder – wie im Falle der „Vorlagen" – nur nach körperlicher Fixierung (→ Rn. 54) gegen Vertrauensbruch zu schützen sind (*Kalbfus,* Know-how-Schutz, S. S. 154 f.; *Ohly* in Ohly/Sosnitza, 7. Aufl. 2016, § 18 Rn. 1). Angesichts der heute allgemein anerkannten Tatsache, dass kaufmännische Geheimnisse den gleichen Schutz verdienen wie technisches Know-how und in vielen Branchen sogar eine größere Bedeutung besitzen (*Ann* GRUR 14, 12 f.), ist die **schlichte Fortschreibung des herkömmlichen Rechts nicht überzeugend.** Dies gilt umso mehr im Lichte der Geschäftsgeheimnis-RL, in der die Gleichrangigkeit beider Arten von Geschäftsgeheimnissen nachhaltig betont wird (→ Erwägungsgründe 1, 2 und 14) und die den eher auf wirtschaftliche Informationen bezogenen Terminus „Geschäftsgeheimnis" sogar als Oberbegriff für das zu schützende geheime Wissen verwendet (vgl. ua Erwägungsgrund 1: „Wertvolles Know-how und … wertvolle Geschäftsinformationen, die nicht offengelegt werden und vertraulich zu behandeln sind, werden als Geschäftsgeheimnis bezeichnet"). Es leuchtet nicht ein, dass beispielsweise ein Geschäftsentwicklungsplan, der einem interessierten Investor zugänglich gemacht wird, oder die einem möglichen neuen Vertriebspartner während der Vertragsverhandlungen übergebene Liste mit umfassenden Kundendaten weniger schutzwürdig sein sollen als die zeichnerische Darstellung eines für die Vermarktung vorgesehenen Produkts (→ Rn. 54 f.).

2. Objektiver Tatbestand

52 **a) Täter.** Da sich der Wortlaut des § 23 Abs. 3 wie schon derjenige des § 18 UWG aF ausschließlich auf Vorlagen oder Vorschriften technischer Art bezieht, die dem Empfänger **im geschäftlichen Verkehr anvertraut** wurden, kommen **nur Außenstehende** als Täter in Betracht, nicht dagegen die eigenen Beschäftigten des Geheimnisinhabers. Es handelt sich um ein **echtes Sonderdelikt;** dass die Vorlagen oder Vorschriften dem Täter anvertraut worden sein müssen, ist ein **besonderes persönliches Merkmal iSd § 28 Abs. 1 StGB** (GroßKommUWG/*Waßmer,* GeschGehG § 23 Rn. 172 mwN; *Alexander* in Köhler/Bornkamm/Feddersen GeschGehG § 23 Rn. 69; BeckOK GeschGehG/*Hiéramente* § 23 Rn. 58). Zum geschäftlichen Verkehr gehören nicht nur die Beziehungen zu **gewerblichen Unternehmen** (wie Lizenznehmern, vgl. BGHZ 17, 41 = NJW 1955, 829 Lohnherstellern, Lieferanten oder Vertriebshändlern, IT-Dienstleistern etwa im Rahmen des Outsourcing) und **Freiberuflern** einschließlich der für diese tätigen Mitarbeiter. Inwieweit auch **private Kunden, Abnehmer und Auftraggeber** zum Täterkreis zählen, ist umstritten (dafür *Köhler* in Köhler/Bornkamm/Feddersen, UWG, 37. Aufl. 2019, § 18 Rn. 12; *Harte-Bavendamm* in Harte/Henning, UWG, 4. Aufl. 2016, § 18 Rn. 6; BeckOK GeschGehG/*Hiéramente* § 23 Rn. 48; *Schönknecht* in Keller/Schönknecht/Glinke § 23 Rn. 80),

etwa ein privater Bauherr, der sich von einem erkennbar auch an der Bauausführung interessierten Architekten Baupläne entwerfen lässt, die er dann anderen Architekten übergibt (vgl. *Ohly* in Ohly/Sosnitza, 7. Aufl. 2016, § 18 Rn. 7; *Möhrenschlager* in Wabnitz/Janowsky, 15. Kap. Rn. 32; *Drescher* S. 322; BeckOK GeschGehG/*Hiéramente* § 23 Rn. 48; vgl. auch OLG Köln GRUR 1958, 300 zu Entwürfen für eine Leuchtröhrenanlage; OLG Hamm NJW-RR 1990, 1380 zu Modellkostümen eines Modeschöpfers; **aA** OLG Karlsruhe WRP 1986, 623; *Zentek* WRP 2007, 507 (515); *Alexander* in Köhler/Bornkamm/Feddersen, GeschGehG § 23 Rn. 74: geschäftliches Handeln muss auf beiden Seiten vorliegen). Täter können ferner die Mitarbeiter kommunaler Kurverwaltungen, Energie- oder Verkehrsbetriebe, Sparkassen und anderer **erwerbswirtschaftlicher Zweige der öffentlichen Hand** sein (*Brammsen* Lauterkeitsstrafrecht § 18 Rn. 12; *Möhrenschlager* in Wabnitz/Janowsky 15. Kap. Rn. 32).

b) Tatobjekt. Der sehr spezielle Anlass für die Einführung des § 18 UWG 53 (→ Rn. 50 und Einl. A Rn. 37) brachte es mit sich, dass Formulierung und Regelungsbereich nicht auf § 17 UWG abgestimmt waren. Dies änderte sich auch durch die UWG-Novellen von 2004 und 2008 nicht und setzt sich in der so gut wie unveränderten Übernahme des § 18 UWG in § 23 Abs. 3 fort. Dieser erfasst nach wie vor **nicht alle vertraulichen Informationen,** sondern betrifft nur den Missbrauch von Geschäftsgeheimnissen, die in geheimen (→ Rn. 50, 56) Vorlagen und Vorschriften technischer Art enthalten sind (zur Kritik → Rn. 51). Der Zusatz „technischer Art" bezieht sich nur auf den Begriff „Vorschriften", nicht auch auf die Art der „Vorlage".

Vorlagen sind beispielsweise die in § 18 UWG aF erwähnten Zeichnungen, 54 Modelle, Schablonen und Schnitte sowie alle sonstigen als **Grundlage oder Vorbild für die Herstellung von Produkten (einschließlich Dienstleistungen)** geeigneten Muster, Darstellungen und Beschreibungen (RGSt 45, 385 f.: Möbelentwurfszeichnungen; BGH GRUR 1960, 554 – Handstrickverfahren: Zeichnungen in einer Patentanmeldung; BGH GRUR 1958, 346 – Spitzenmuster: Originalspitze zur Musterherstellung; KG GRUR 1988, 702 f. – Corporate Identity: Firmensignet; OLG Karlsruhe WRP 1986, 623: Baupläne; OLG Hamm NJW-RR 1990, 1380: Kostümmodelle; OLG München GRUR 1990, 674 (676) – Forsthaus Falkenau: Exposé für eine Fernsehserie; OLG Düsseldorf BeckRS 2014, 08307: Prototyp einer Uhr; *Brammsen/Apel* WRP 2016, 18 (21); zu Werbekonzepten *Krell* in Graf/Jäger/Wittig § 18 UWG Rn. 11, und *Wüterich/Breucker* GRUR 2004, 389). Die Vorlage kann sich als **konkrete Verkörperung** (Muster, Modell) oder als **abstrakte Darstellung** (Abbildung, Beschreibung) präsentieren (*Köhler* in Köhler/Bornkamm/Feddersen, 37. Aufl. 2019, § 18 Rn. 9). Sie muss in irgendeiner Weise niedergelegt worden sein, wobei die Art der Fixierung (schriftlich oder bildlich, analog oder elektronisch) keine Rolle spielt. Eine **rein mündliche Beschreibung reicht nicht aus;** ihr Missbrauch kann zwar durchaus den gleichen Unrechtsgehalt haben wie die eigennützige Zweckentfremdung einer physisch niedergelegten Darstellung. Sie lässt sich aber nicht in einer mit dem strafrechtlichen Analogieverbot zu vereinbarenden Weise noch als „Vorlage" einstufen (*Köhler* in Köhler/Bornkamm/Feddersen, UWG, 37. Aufl. 2019, § 18 Rn. 9). Eine neue technische Erkenntnis braucht die Vorlage nicht zu enthalten. Der Verletze kann sich auch nicht darauf berufen, er hätte durch eigene Arbeit ähnliche Vorlagen herstellen können (*Köhler* in Köhler/Bornkamm/Feddersen, 37. Aufl. 2019, § 18 Rn. 9; *Harte-Bavendamm* in Harte/Henning, 4. Aufl. 2016, § 18 Rn. 4).

55 **Vorschriften technischer Art** sind **mündliche** oder **schriftliche Anweisungen** oder Erläuterungen über technische Vorgänge – im Gegensatz insbesondere zu Vorschriften und Informationen im rein kaufmännischen Bereich. Hierbei genügt es, wenn der technische Aspekt einer unter mehreren ist. Der Technikbegriff ist hier weiter als im Patentrecht. Ob und inwieweit er wissenschaftliche oder künstlerische Arbeiten einschließt, ist streitig (dafür *Rosenthal* Wettbewerbsgesetz § 18 Note 12; *Harte-Bavendamm* in Harte/Henning, 4. Aufl. 2016, § 18 Rn. 10; *Köhler* in Köhler/Bornkamm/Feddersen, 37. Aufl. 2019, § 18 Rn. 10; *Zentek* WRP 2007, 507 (512); *Reinfeld* § 7 Rn. 103; GroßKommUWG/*Waßmann,* GeschGehG § 23 Rn. 181). Künstlerische Anweisungen oder wissenschaftliche Lehren dürften nur noch dann als Vorschriften technischer Art gelten können, wenn wenn sie einen **unmittelbaren oder mittelbaren Technikbezug** aufweisen (*Alexander* in Köhler/Bornkamm/Feddersen, GeschGehG § 23 Rn. 66; *Schönknecht* in Keller/Schönknecht/Glinke § 23 Rn. 74). Eine **Verkörperung oder schriftliche Niederlegung** ist bei Vorschriften technischer Art – im Gegensatz zu Vorlagen – **nicht erforderlich.** Unerheblich ist auch, ob sich die Anleitung, Anweisung oder Lehre auf eine **automatisiert-maschinelle Wirkung,** etwa den Programmlauf einer Maschine, oder auf **technikbezogenes menschliches Entscheidungsverhalten** bezieht (*Alexander* in Köhler/Bornkamm/Feddersen, GeschGehG § 23 Rn. 65). Allgemeine Ideen und vage Einfälle ohne konkrete Ausformulierung werden dagegen nicht erfasst (vgl. OLG München GRUR 1990, 674 (676) – Forsthaus Falkenau – zum Format/Konzept einer Fernsehsendung; GroßKommUWG/*Waßmer,* GeschGehG § 23 Rn. 181).

56 Die konkreten Vorlagen und die Vorschriften technischer Art, um deren vertrauliche Überlassung es geht, müssen nach dem von § 18 UWG aF abweichenden Wortlaut des § 23 Abs. 3 nicht (nur) **„geheim"** sein, sondern auch **Geschäftsgeheimnisse** darstellen (GroßKommUWG/*Waßmer,* GeschGehG § 23 Rn. 186; *Alexander* in Köhler/Bornkamm/Feddersen, GeschGehG § 23 Rn. 67; *Schönknecht* in Keller/Schönknecht/Glinke § 23 Rn. 70 f.; *Brammsen* in Brammsen/Apel § 23 Rn. 170; BeckOK GeschGehG/*Hiéramente* § 23 Rn. 49). Hier besteht zwar ein gewisser Widerspruch zwischen Gesetzestext und -begründung, denn ausweislich des REgE-GeschGehG sollte durch die Abwandlung des Wortlauts lediglich klargestellt werden, dass § 23 Abs. 3 gegen die unbefugte Nutzung oder Offenlegung anvertrauter Vorlagen oder Vorschriften technischer Art nur dann schützt, wenn diese geheim sind (BT-Drs. 19/4724, 41). Dies entspricht der zu § 18 UWG aF vertretenen Meinung, nach der das Anvertrauen die Nichtoffenkundigkeit des in Rede stehenden Wissens voraussetzte (BGH GRUR 1958, 346 (349) – Spitzenmuster; GRUR 1982, 225 f. – Handstrickverfahren; OLG München NJWE-WbR 1997, 38 f.; *Harte-Bavendamm* in Harte/Henning, 4. Aufl. 2016, § 18 Rn. 5; *Köhler* in Köhler/Bornkamm/Feddersen, 37. Aufl. 2019, § 18 Rn. 11). Im Gesetzestext des § 23 Abs. 3 wird aber nicht nur der Begriff „geheim" verwendet, sondern das „**Geschäftsgeheimnis**" zum **Tatgegenstand** erklärt. Ob ein Geschäftsgeheimnis vorliegt, ist über den geheimen Charakter der fraglichen Informationen hinaus von weiteren Voraussetzungen abhängig (wirtschaftlicher Wert, angemessene Geheimhaltungsmaßnahmen, → § 2 Nr. 2). Der Gesetzgeber hat damit – möglicherweise aufgrund eines Versehens – den **Anwendungsbereich** dieser Vorschrift im Vergleich zu § 18 UWG **reduziert** (kritisch hierzu auch *Brammsen* in Brammsen/Apel § 23 Rn. 171) Dies ergibt sich mittelbar auch daraus, dass in § 23 Abs. 3 wiederum auf die zivilrechtliche Regelung (hier § 4 Abs. 2 Nr. 2

und 3) Bezug genommen wird, in der als Tatobjekt stets ein Geschäftsgeheimnis vorausgesetzt wird (im Ergebnis ebenso *Alexander* in Köhler/Bornkamm/Feddersen GeschGehG § 23 Rn. 61, 67; BeckOK GeschGehG/*Hiéramente* § 23 Rn. 49; *Tochtermann* in Büscher, GeschGehG § 23 Rn. 17). In der Sache lässt sich für die Verengung des Anwendungsbereichs anführen, dass die Strafwürdigkeit um einiges geringer erscheint, wenn die einem anderen anvertrauten Informationen keinen wirtschaftlichen Wert haben oder nicht Gegenstand angemessener Schutzmaßnahmen seitens des Geheimnisinhabers sind.

Die Anwendbarkeit des § 23 Abs. 3 entfällt von vornherein – wie schon bei § 18 UWG aF – auch dann, wenn der fragliche Gegenstand zwar nicht allgemein, wohl aber **dem Empfänger bekannt** ist. Diese Konstellation ist so zu werten, dass der Empfänger nicht das Anvertraute, sondern die bei ihm schon vorhandenen Kenntnisse nutzt. Sie kann in der Praxis schwierige Abgrenzungs- und Beweisfragen nach sich ziehen. **57**

Der Wortlaut des § 23 Abs. 3 lässt ebenso wenig wie zuvor § 18 UWG aF zweifelsfrei erkennen, ob die Vorlagen oder Vorschriften technischer Art nicht nur im Moment der vertraulichen Überlassung ein Geschäftsgeheimnis darstellen (oder zumindest noch geheim sein) müssen, sondern die **Strafbarkeit auch dann entfällt,** wenn die zunächst geheimen Informationen später **ohne Zutun des Empfängers allgemein bekannt oder leicht zugänglich werden** und dieser erst danach die Nutzung aufnimmt oder die Informationen weitergibt. Zu § 18 UWG aF wurde vertreten, die betreffenden Vorlagen und Vorschriften könnten von diesem Zeitpunkt an nicht mehr als anvertraut (so etwa *Ulmer/Reimer* Nr. 336; vgl. auch BGH GRUR 1958, 346 (349) – Spitzenmuster), die Verwertung oder Mitteilung jedenfalls nicht mehr als tatbestandsmäßig gelten (so ua *Diemer* in Erbs/Kohlhaas § 18 GeschGehG Rn. 10; *Brammsen* Lauterkeitsrecht § 18 Rn. 23 mwN) oder zumindest nicht mehr als unbefugt anzusehen sein (*Harte-Bavendamm* in Harte/Henning, UWG, 4. Aufl. 2016, § 18 Rn. 5). Im Rahmen des § 23 Abs. 3 ist der Auslegung der Vorzug zu geben, dass die zunächst geltenden Geheimhaltungspflichten und **Verwertungsverbote außer Kraft treten,** sobald die in Rede stehenden Informationen **aus Gründen offenkundig werden,** die der **Empfänger nicht verursacht** hat, denn dann liegt kein Geschäftsgeheimnis mehr vor (im Ergebnis ebenso GroßKommUWG/*Waßmer,* GeschGehG § 23 Rn. 190; *Schönknecht* in Keller/Schönknecht/Glinke § 23 Rn. 77). In Geheimhaltungsvereinbarungen wird häufig dem Empfänger vertraulicher Informationen, der sich auf den Wegfall der Vertraulichkeit oder gar auf eine von Beginn an bestehende Offenkundigkeit berufen will, die Beweislast auferlegt. Für den strafrechtlichen Bereich kommt dies nicht infrage. **58**

Anvertraut sind dem Täter solche Gegenstände, die er mit der vertraglichen oder außervertraglichen Auflage erhalten hat, sie vertraulich zu behandeln und **nur im Interesse des Anvertrauenden,** nur für die von diesem verfolgten oder gebilligten Zwecke zu **verwerten.** Diese Auflage kann sich auch aus einem einseitigen Hinweis (OLG Karlsruhe WRP 1986, 624 f.; *Köhler* in Köhler/Bornkamm/Feddersen, UWG, 37. Aufl. 2019, § 18 Rn. 11) oder aus den Umständen der Überlassung (OLG Hamm NJW-RR 1992, 552 (553) – Vorlage für Computer-Arbeitsplatz) ergeben. Insbesondere im **Vorfeld eines angestrebten Vertragsabschlusses** werden dem möglichen künftigen Geschäftspartner häufig mündliche und schriftliche Unterlagen ausgehändigt, die dessen Meinungsbildung fördern sollen. Zwar sind ausdrückliche, möglichst konkrete schriftliche **Geheimhaltungsvereinbarungen** (Non-Disclosure Agreements, → Einl. B. Rn. 6 ff.) **59**

und eindeutige Hinweise auf die Vertraulichkeit bestimmter Unterlagen dringend zu empfehlen. Auch ohne solche beweiskräftigen Abreden ist in solchen Situationen aber in aller Regel von der berechtigten Erwartung und Auflage des Geheimnisinhabers auszugehen, dass die betreffenden Kenntnisse nur für die Entscheidungsfindung verwendet und bei Scheitern der Verhandlungen sämtliche Dokumente und Dateien zurückgegeben oder vernichtet werden (MüKoStGB/*Joecks/Miebach,* GeschGehG § 23 Rn. 114). Dagegen fehlt es bei der Überlassung von **Angebotsunterlagen im Rahmen alltäglicher Austauschgeschäfte** in der Regel an einem Vertrauensverhältnis (BGH GRUR 2009, 416 Rn. 18 – Küchentiefstpreis-Garantie; *Ohly* in Ohly/Sosnitza, 7. Aufl. 2016, § 18 Rn. 6). Zum Anvertrauen von Vorlagen und Vorschriften technischer Art „im geschäftlichen Verkehr" → Rn. 49.

60 **c) Tathandlungen.** § 23 Abs. 3 richtet sich gegen die **Nutzung** oder **Offenlegung** (→ Rn. 16 f. und § 4 Rn. 28 f.) von Geschäftsgeheimnissen, die in einer Vorlage oder Vorschrift technischer Art verkörpert sind. Die **Verweisung auf § 4 Abs. 2 Nr. 2** (Verstoß gegen eine Verpflichtung zur Beschränkung der Nutzung eines Geschäftsgeheimnisses) **und Nr. 3** (Verstoß gegen eine Verpflichtung, das Geschäftsgeheimnis nicht offenzulegen) ist gesetzestechnisch folgerichtig. Sie trägt allerdings insoweit zur Verengung des Anwendungsbereichs im Vergleich zu § 18 UWG bei, als nun stets der Nachweis erforderlich ist, dass die Vorlagen oder Vorschriften ein Geschäftsgeheimnis enthalten, das alle Voraussetzungen des § 2 Nr. 1 enthält (→ Rn. 56). Ebenfalls auf der Tatbestandsebene ist zu prüfen, ob ein Fall der oder einer der in **§ 5** aufgeführten Fälle eingreift, die in letzter Minute als **Tatbestandsausnahmen** formuliert wurden (BT-Drs. 19/8300, 14). Der RegE GeschGehG hatte sie noch als Rechtfertigungsgründe verstanden (→ Rn. 8).

60a **d) Tatzeitraum.** Der für die Strafbarkeit relevante Tatzeitraum ist **grundsätzlich unbegrenzt;** die Begehung bleibt auch nach Beendigung eines eventuellen Vertragsverhältnisses oder nach Abbruch von Vertragsverhandlungen möglich (*Schönknecht* in Keller/Schönknecht/Glinke § 23 Rn. 85; *Köhler* in Köhler/Bornkamm/Feddersen, 37. Aufl. 2019, § 18 Rn. 13). Beruht das durch das Anvertrauen einer geheimen Vorlage oder Vorschrift technischer Art auf einem **Vertrag,** so ist für dessen Existenz nicht allein die rechtliche Wirksamkeit maßgebend. Mit der Aufnahme von Vertragsverhandlungen kann wie erwähnt (→ Rn. 59) ein **vorvertragliches,** nach Beendigung des Vertrages ein **nachvertragliches Vertrauensverhältnis** bestehen (*Alexander* in Köhler/Bornkamm/Feddersen, GeschGehG § 23 Rn. 75; *Reinfeld* § 7 Rn. 107; GroßKommUWG/*Waßmer,* GeschGehG § 23 Rn. 189), solange die Vorschriften technischer Art nicht (ohne Zutun des Empfängers der ihm anvertrauten Informationen) offenkundig geworden sind (→ Rn. 58).

3. Rechtswidrigkeit

61 Es gelten die **allgemeinen Rechtfertigungsgründe** (→ Rn. 31). Das für § 23 Abs. 1 aufgrund der Verweisung auf § 4 Abs. Nr. 1 und Abs. 2 Nr. 1 maßgebliche Merkmal **„unbefugt"** (→ Rn. 29 f.) erscheint in § 4 Abs. 2 Nr. 2 und 3, auf die § 23 Abs. 3 verweist, nicht ausdrücklich. In der Sache wird die Rechtswidrigkeit aber durch die in § 4 Abs. 2 Nr. 2 und 3 beschriebenen Pflichtverletzungen indiziert. Zur Einordnung der Ausnahmen nach § 5 → Rn. 25 ff. Zum besonderen Rechtfertigungsgrund des **§ 23 Abs. 6 (Presseprivileg)** → Rn. 72).

4. Subjektiver Tatbestand

Der Täter muss (bedingt) **vorsätzlich** (→ Rn. 39 ff.) und **zur Förderung des eigenen oder fremden Wettbewerbs** (→ Rn. 42) oder aus **Eigennutz** (→ Rn. 43) handeln. Zum **Tatbestands- und Verbotsirrtum** → Rn. 40). 62

5. Strafandrohung

Für Geheimnisverletzungen nach § 23 Abs. 3 ist ein Strafrahmen von **Freiheitsstrafe** bis zu **zwei Jahren** oder **Geldstrafe** angedroht. Dass die Freiheitsstrafe auf zwei Drittel der für Taten nach § 23 Abs. 1 und 2 vorgesehenen Obergrenze beschränkt bleibt, dürfte ebenfalls mit der nach der Vorstellung des Gesetzgebers inhaltlich unveränderten Übernahme des § 18 UWG aF zu erklären sein. Einleuchtend ist dies nicht (ähnlich *Brammsen,* wistra 2018, 449 (456)). Weshalb sollte es weniger schwerwiegend sein, wenn jemand ein ihm vom Geheimnisinhaber direkt anvertrautes Geschäftsgeheimnis missbraucht (Abs. 3), als wenn sich die unerlaubte Nutzung oder Offenlegung auf ein Geschäftsgeheimnis bezieht, das der Geheimnisinhaber einem Beschäftigten anvertraut hat und das erst von diesem an den außenstehenden Täter weitergegeben wird (Abs. 2)? Mindestens so unverständlich ist es, dass die **Strafverschärfung gemäß § 23 Abs. 4** für die von § 23 Abs. 3 erfassten Taten **nicht gilt.** Auch diese Diskrepanz existierte zwar schon im Verhältnis zwischen § 17 und § 18 UWG aF, wäre aber anlässlich der grundlegenden Neuregelung des Geschäftsgeheimnisschutzes einer Überprüfung wert gewesen: Wenn es etwa um den Verrat eines Geschäftsgeheimnisses geht und der Täter weiß, dass dieses im Ausland verwertet werden soll (vgl. § 23 Abs. 4 Nr. 2, → Rn. 66), ist nicht erkennbar, aus welchen Gründen die Freiheitsstrafe in den meisten Fällen (§ 23 Abs. 1 und 2) bis zu fünf Jahre, bei einem Verstoß gegen § 23 Abs. 3 aber höchstens zwei Jahre betragen kann (ebenso *Brammsen,* wistra 2018, 449 (456), und in Brammsen/Apel § 23 Rn. 199 f.). 63

V. Erweiterter Strafrahmen (§ 23 Abs. 4)

1. Allgemeines

§ 23 Abs. 4 regelt drei verschiedene Fälle, in denen der Strafrahmen von drei Jahren (§ 23 Abs. 1 und 2) auf eine **Freiheitsstrafe von fünf Jahren** erweitert wird (zur Kritik an der Nichteinbeziehung von § 23 Abs. 3 → Rn. 63). Anders als noch nach § 17 Abs. 4 UWG aF gilt diese Verschärfung **nicht mehr generell „in besonders schweren Fällen"**, sondern **nur** noch für **drei bestimmte Konstellationen.** Diese waren in teilweise leicht abweichenden Formulierungen schon in § 17 Abs. 4 UWG aF enthalten, hatten dort aber den Charakter von Regelbeispielen, welche die Generalklausel der „besonders schweren Fälle" ergänzten. Dies bot eine gewisse Flexibilität in beiden Richtungen: Einerseits führte die Erfüllung einer der drei Begehungsvarianten eben nur „in der Regel", aber nicht zwingend zur Anwendung des erweiterten Strafrahmens. Andererseits konnten auch andere Verhaltensweisen als besonders schwere Fälle eingestuft werden (*Ohly* in Ohly/Sosnitza, 7. Aufl. 2016, § 17 Rn. 32; zur Funktion von Regelbeispielen BGH NJW 1987, 2450; *Brammsen* in Brammsen/Apel § 23 Rn. 201, Fn. 458). Die **Neuregelung** ist demgegenüber **starr:** Die verschärfte Strafandrohung gilt nur, aber auch immer, wenn eine der drei aufgeführten Fallkonstellatio- 64 nen vorliegt. Die **individuelle Strafzumessung** richtet sich nach § 46 ff. StGB. Die Erweiterung des Strafrahmens besagt also noch nichts über die Höhe der im Einzelfall zu verhängenden Strafe.

2. Gewerbsmäßiges Handeln (§ 23 Abs. 4 Nr. 1)

65 § 23 Abs. 4 Nr. 1 gilt für **alle Geheimnisverletzungen der Abs. 1 und 2,** erfasst also je nach Zusammenhang die rechtswidrige **Erlangung, Nutzung oder Offenlegung** eines fremden Geschäftsgeheimnisses. Das gewerbsmäßige Handeln wurde im Zuge der UWG-Reform von 2004 als neues Regelbeispiel für einen der besonders schweren Fälle des § 17 Abs. 4 UWG aF aufgenommen. Hierin lag eine weitere Angleichung an die strafrechtlichen Sanktionen bei Verletzung gewerblicher Schutzrechte und des Urheberrechts (vgl. ua § 142 Abs. 2 PatG, §§ 143, 143a MarkenG, § 108a UrhG). **Gewerbsmäßig** handelt, wer sich durch **wiederholte Tatbegehung** eine nicht nur vorübergehende **Einnahmequelle von einigem Umfang** verschaffen will; in diesem Fall ist schon die erste der ins Auge gefassten Tathandlungen als gewerbsmäßig anzusehen (BGH NJW 1998, 2913 f.; NJW 2012, 325 (328); *Többens* WRP 2005, 552 (558)). Nicht erforderlich ist, dass der Täter vorhat, aus seinem Tun ein „kriminelles Gewerbe" zu machen (OLG Stuttgart NStZ 2003, 40 f.; *Ohly* in Ohly/Sosnitza, 7. Aufl. 2016, § 17 Rn. 32). Es genügt, wenn er sich eine (von mehreren Neben-) Einnahmequellen verschaffen will (*Brammsen* Lauterkeitsstrafrecht § 17 Rn. 146). Auch hängt die Wertung als gewerbsmäßiges Handeln nicht davon ab, ob der Täter die Einnahmen aus der eigenen Verwertung des Geschäftsgeheimnisses oder durch dessen Weitergabe zu erzielen gedenkt (*Brammsen* Lauterkeitsstrafrecht § 17 Rn. 146). Das **absichtsgebundene gewerbsmäßige Täterhandeln** muss alle weiteren Deliktsvoraussetzungen eines rechtswidrigen und schuldhaften Erlangens, Offenlegens oder Nutzens eines Geschäftsgeheimnisses verwirklichen; es darf insbesondere nicht einem Tatbestandsausschluss gem. § 5 oder einem Irrtum unterliegen, von einem Rechtfertigungsgrund gedeckt oder schuldmäßig begrenzt sein (*Brammsen* in Brammsen/Apel § 23 Rn. 204).

3. Fremdnutzung im Ausland (§ 23 Abs. 4 Nr. 2)

66 Der erweiterte Strafrahmen gilt auch dann, wenn der Täter bei **rechtswidriger Offenlegung** eines Geschäftsgeheimnisses weiß, dass dieses **im Ausland genutzt werden soll.** Es geht hierbei nur um die in **§ 23 Abs. 1 Nr. 2** (Geheimnisverwertung nach eigener Vortat) **und Nr. 3** (Geheimnisverrat) und die in **§ 23 Abs. 2** (Geheimnisverwertung nach fremder Vortat) geregelten Fälle der Geheimnisverletzung, nicht um die Offenlegung eines fremden Geschäftsgeheimnisses, das dem Handelnden im Sinne des § 23 Abs. 3 anvertraut wurde (eine schwer nachvollziehbare Differenzierung, → Rn. 63). Der Täter muss im Moment der unbefugten Offenlegung wissen oder – im Sinne bedingten Vorsatzes – mit der ernsthaften Möglichkeit rechnen, dass der unmittelbare oder ein mittelbarer Empfänger das Geheimnis im Ausland nutzen wird, wann, wo und wie im Einzelnen auch immer (wie hier BeckOK GeschGehG/*Hiéramente* § 23 Rn. 70; *Altenburg* in Hoppe/Oldekop Kap. 1 Rn. 924; MüKoStGB/*Hohmann,* GeschGehG § 23 Rn. 132, 134). Ob es nach der Offenlegung dann tatsächlich zur Geheimnisverwertung im Ausland kommt, spielt keine Rolle. Nach der zu § 17 UWG aF vorherrschenden Ansicht (OLG Düsseldorf BeckRS 2008, 05432; *Harte-Bavendamm* in Harte/Henning, 4. Aufl. 2016, § 17 Rn. 38; *Ohly* in Ohly/Sosnitza, 7. Aufl. 2016 § 17

Rn. 32; *Brammsen* Lauterkeitsstrafrecht § 17 Rn. 148; *Köhler* in Köhler/Bornkamm/Feddersen, 37. Aufl. 2019, § 17 Rn. 66; *Möhrenschlager* in Wabnitz/Janowsky 15. Kap. Rn. 30; aA *Ernst* in juris PK-UWG § 17 Rn. 43; *Többens* WRP 2005, 552 (558)), sind in diesem Zusammenhang auch die übrigen **EU-Mitgliedstaaten als Ausland** einzuordnen (wie hier *Brammsen* in Brammsen/Apel § 23 Rn. 211). Dies mag angesichts der Harmonisierung des Geheimnisschutzes durch die Geschäftsgeheimnis-RL und verschiedener Äußerungen in den Erwägungsgründen (siehe etwa Erwägungsgrund Nr. 3), in denen die Bedeutung eines ungehinderten grenzüberschreitenden Wissensaustausches betont wird, fraglicher erscheinen als zuvor. Dennoch ist zu bezweifeln, ob sich wirklich etwas Entscheidendes geändert hat. So betrifft die Geschäftsgeheimnis-RL nun einmal nur die zivilrechtliche Seite. Auch hat der Verrat fremder Geschäftsgeheimnisse mit dem zweifellos förderungswürdigen Know-how-Transfer innerhalb des Binnenmarkes streng genommen nichts zu tun; vielmehr bildet er dessen unerwünschtes Gegenteil. Außerdem dürfte die Strafverfolgung in anderen EU-Mitgliedstaaten trotz hier und da verstärkter Zusammenarbeit nach wie vor um einiges schwieriger sein als im Falle rein innerdeutscher Vorgänge (vgl. *Brammsen* Lauterkeitsstrafrecht § 17 Rn. 148; *Bott* wistra 2015, 342 (343 f.).

4. Eigennutzung im Ausland (§ 23 Abs. 4 Nr. 3)

Der dritte der qualifizierten Straftatbestände des § 23 Abs. 4 betrifft wie der 67
zweite die **Nutzung** (→ § 4 Rn. 28) **im Ausland** (→ Rn. 66), in diesem Fall die Verwertung durch denjenigen, der das fremde Geschäftsgeheimnis durch eine **gegen § 4 Abs. 1 Nr. 1 verstoßende eigene oder fremde Handlung** oder dank des **Geheimnisverrats durch einen Beschäftigten** des Geheimnisinhabers gemäß § 23 Abs. 3 **erlangt** hat. Die Nutzung im Ausland muss tatsächlich erfolgt sein (*Brammsen* Lauterkeitsstrafrecht § 17 Rn. 149). Hierfür genügt es, dass sie **begonnen** hat (*Bott* wistra 2015, 342 (344); MüKoStGB/*O. Hohmann,* GeschGehG § 23 Rn. 133); ob sie zu Ende geführt worden ist und zu einem verwertbaren oder gar erfolgreich verwerteten Ergebnis geführt hat, ist nicht von Belang.

VI. Versuch (§ 23 Abs. 5)

In allen von **§ 23 Abs. 1 bis Abs. 4** erfassten Fällen ist der **Versuch strafbar.** 68
Gleiches galt schon nach § 17 Abs. 3 UWG und § 18 Abs. 2 UWG aF. Im RegE GeschGehG (BT-Drs. 19/4724, 41) wurde (weiter) hervorgehoben, die Strafbarkeit der **versuchten Anstiftung** entspreche, wenn der Täter zur Förderung des eigenen oder fremden Wettbewerbs oder aus Eigennutz handele, § 19 UWG aF und trage dem Gefährdungspotential von derartigen Vorbereitungshandlungen für die geschützten Rechtsgüter Rechnung, da der rechtliche Schutz von Geschäftsgeheimnissen allein von der Geheimhaltung der Information abhänge. Allerdings liegt in der Anstiftung zum Versuch genau genommen keine Vorbereitungshandlung, sondern eine (gelungene) Teilnahme an einem bereits ausgeführten Deliktsversuch (*Brammsen* wistra 2018, 499 (456)).

Gemäß **§ 22 StGB** versucht eine Straftat, wer nach seiner Vorstellung von der 69
Tat **zur Verwirklichung des Tatbestandes unmittelbar ansetzt.** Letzteres gilt für Handlungen, die bei ungestörtem Fortgang in die Tatbestandsverwirklichung einmünden sollen oder die in einem so engen räumlichen und zeitlichen Zusammenhang mit ihr stehen (vgl. BGHSt 30, 363 f.), dass das **Geheimnis** als geschütz-

tes Rechtsgut **bereits konkret gefährdet** wird. Strafbar ist auch der **untaugliche Versuch,** also etwa der Offenlegung eines Geheimnisses gegenüber jemandem, der die betreffende Kenntnis bereits besitzt, oder die heimliche Sicherung von Datenträgern, Unterlagen oder sonstigen Gegenständen, in denen das dort vermutete Geheimnis überhaupt nicht gespeichert, verkörpert oder niedergelegt ist. Ab wann von einer hinreichend konkreten Gefährdung der betreffenden Geschäftsgeheimnisse gesprochen werden kann, hängt vom jeweiligen Verletzungstatbestand ab (hierzu im Einzelnen auch BeckOK GeschGehG/*Hiéramente* § 23 Rn. 63 ff.; MüKoStGB/*Hohmann* § 23 GeschGehG Rn. 149 f.; GroßKommUWG/*Waßmer,* GeschGehG § 23 Rn. 253 ff.).

69a Im Fall des **§ 23 Abs. 1 Nr. 1 („Betriebsspionage"** → Rn. 9 ff.**)** beginnt der Versuch, wenn der Täter unmittelbar dazu ansetzt, sich Zugang zu den Dokumenten, Dateien oder sonstigen Gegenständen zu verschaffen, in denen das fremde Geschäftsgeheimnis verkörpert ist oder aus denen es abgeleitet werden kann (§ 4 Abs. 1 Nr. 1). Zu denken ist beispielsweise an die konkrete Einleitung des Unterfangens, **physische oder elektronische Schutzeinrichtungen und -maßnahmen zu überwinden,** etwa auf das durch Zäune und Wachpersonal gesicherte Betriebsgelände vorzudringen, Schlösser zu „knacken", Schränke und Schubladen zu durchsuchen oder Passwörter zu erproben. Soweit der Täter bereits Zugang hat, setzt die Strafbarkeit ein, sobald er im Begriff ist, sich die genannten Gegenstände **anzueignen** oder diese zu **kopieren,** indem er beispielsweise Laptops mitnimmt, Dateien auf Speichermedien überspielt, Dokumente fotografiert oder ein Kopiergerät einschaltet.

69b Verstöße gegen **§ 23 Abs. 1 Nr. 2 oder Abs. 2 („Geheimnishehlerei"** → Rn. 13, 47**)** erreichen das Versuchsstadium, wenn der Täter dazu ansetzt, das durch eine Vortat erlangte Geschäftsgeheimnis zu nutzen oder offenzulegen und damit den erfolgten Eingriff mindestens zu perpetuieren, wenn nicht zu verschärfen. Der Versuch der **Nutzung** beginnt mit jeder Maßnahme, die die Verwendung des fremden Geschäftsgeheimnisses für die Projektplanung oder -durchführung durch den Täter oder die mit ihm zusammenarbeitenden Personen einleitet. Vom Versuch der **Offenlegung** ist auszugehen, wenn die rechtswidrig erlangten Dateien, Unterlagen oder sonstigen Gegenstände, in denen das Geschäftsgeheimnis verkörpert ist oder aus denen es abgeleitet werden kann, die Sphäre des Täters verlassen haben, um in den Einflussbereich des Empfängers zu gelangen. Vom Versuch einer mündlichen Offenlegung ist dann auszugehen, wenn der Täter damit beginnt, das Geschäftsgeheimnis oder die Art und Weise, in der er dieses erlangt hat, zu erläutern.

69c Ein versuchter Verstoß gegen **§ 23 Abs. 1 Nr. 3 (Geheimnisverrat durch Beschäftigte,** → Rn. 19 ff.) liegt vor, wenn der Beschäftigte unmittelbar zur **Offenlegung** → Rn. 69b) gegenüber einer Person oder einer Mehrzahl von Personen **außerhalb des vom Inhaber des Geschäftsgeheimnisses autorisierten Empfängerkreises** ansetzt. Von einem (untauglichen) Versuch ist etwa dann auszugehen, wenn der Beschäftigte nicht weiß, dass der Empfänger die geheimen Informationen schon kannte oder nach dem Willen des Geheimnisinhabers erfahren darf.

69d Der Versuch einer Straftat gemäß **§ 23 Abs. 3 (Missbrauch anvertrauter Vorlagen oder Vorschriften technischer Art,** → Rn. 50 ff.) setzt voraus, dass der Täter unmittelbar zur **Nutzung** (→ Rn. 69b) oder **Offenlegung** (→ Rn. 69b und 69c) ansetzt.

Der **Versuch einer Beteiligung** und der **Rücktritt** von einem solchen Versuch werden in § 23 Abs. 7 S. 2 durch Bezugnahme auf §§ 30 und 31 StGB geregelt (→ Rn. 73 ff.). 69e

VII. Beihilfehandlungen von Medienschaffenden (§ 23 Abs. 6)

Nach der in der letzten Phase des Gesetzgebungsverfahrens neu aufgenommenen Vorschrift des § 23 Abs. 6 sind **Beihilfehandlungen einer in § 53 Abs. 1 S. 1 Nr. 5 StPO genannten Person** unter bestimmten Voraussetzungen (→ Rn. 72) **nicht rechtswidrig**. Die genannte Vorschrift des Strafverfahrensrechts sieht ein Zeugnisverweigerungsrecht für Personen vor, die bei der Vorbereitung, Herstellung oder Verbreitung von Druckwerken, Rundfunksendungen, Filmberichten oder der Unterrichtung oder Meinungsbildung dienenden Informations- und Kommunikationsdiensten berufsmäßig mitwirken oder mitgewirkt haben. § 23 Abs. 6 soll **unabhängig von den in § 5 normierten Abwägungselementen** Anwendung finden und damit die in § 5 Nr. 1 geregelte **Ausnahme für journalistisches Handeln** flankieren (hierzu und zum Folgenden BT-Drucks. 19/8300, 15). Als Vorbild diente **§ 353b Abs. 3a StGB,** der die Verletzung des Dienstgeheimnisses durch Beamte und andere Geheimnisträger betrifft und ein Presseprivileg vorsieht (eingeführt durch das Gesetz zur Stärkung der Pressefreiheit im Straf- und Strafprozessrecht vom 25.6.2012, BGBl. I 1374). Die dortige Situation weist nach Ansicht des Gesetzgebers deutliche Parallelen zur rechtsverletzenden Offenlegung von Geschäftsgeheimnissen auf. Mit der Übernahme dieses Regelungsansatzes in § 23 solle klargestellt werden, dass „normales journalistisches Handeln" keine Strafbarkeit wegen Beihilfe begründet. Auf diesem Wege würden Wertungen des Kernstrafrechts auf das Nebenstrafrecht übertragen und so die Widerspruchsfreiheit der Gesamtrechtsordnung sichergestellt. 70

Auslöser dieser Neuregelung war die Befürchtung, wegen des strafrechtlichen Schutzes von Geschäftsgeheimnissen könnten sich „mögliche Abschreckungseffekte auf Journalisten" ergeben. Diese Erwägung zielt darauf ab, Medienschaffende nicht von vornherein von einer **aktiven Unterstützung von geheimhaltungspflichtigen Informanten** abzuhalten, die bereit sind oder sein könnten, fremde Geschäftsgeheimnisse preiszugeben. Allem Anschein nach diente diese Änderung primär dazu, die noch in der letzten Gesetzgebungsphase vehement vorgebrachten Bedenken aus der Medienbranche einzudämmen (zur Entstehungsgeschichte auch *Brammsen* in Brammsen/Apel § 23 Rn. 230. Wesentliche praktische Bedeutung dürfte die Vorschrift kaum erlangen, denn die der Informations- und Medienfreiheit sowie der Erleichterung des Whistleblowing dienenden Ausnahmen des § 5 Nr. 1 und 2 sind ohnehin in die Anwendungsvoraussetzungen des § 23 Abs. 1 bis Abs. 3 mit hineinzulesen (→ Rn. 2 f., 24 ff., 60; ähnlich *Brammsen* in Brammsen/Apel § 23 Rn. 233). Überdies hat der Gesetzgeber im Zusammenhang mit der gleichzeitig erfolgten Änderung des § 5 RegE GeschGehG betont, dass die Strafbarkeit von Journalisten wegen Teilnahmehandlungen auch dann ausscheidet, wenn der betreffende Ausschlusstatbestand des § 5 nur aufseiten des Journalisten, nicht aber bei dem das Geschäftsgeheimnis offenlegenden Täter erfüllt ist (BT-Drs. 19/8300, 14). 71

Das **Presseprivileg** des § 23 Abs. 6 stellt einen **besonderen Rechtfertigungsgrund dar** (vgl. BT-Drs. 17/3355, 8, zu § 353b Abs. 3a; *Alexander* in Köh- 72 ler/Bornkamm/Feddersen GeschGehG § 23 Rn. 89; *Altenburg* in Hoppe/Oldekop Kap. 945). Es stellt Medienangehörige iS von § 53 Abs. 1 S. 1 Nr. 5 StPO von einer Strafbarkeit wegen **Beihilfe** unter der Voraussetzung frei, dass sich diese **auf Entgegennahme, Auswertung oder Veröffentlichung des Geschäftsgeheimnisses beschränkt.** Insofern schließt § 23 Abs. 6 die Strafbarkeit nicht für jede denkbare Form der Beihilfe aus (BeckOK GeschGehG/*Hiéramente* § 23 Rn. 60; GroßKommUWG/*Waßmer,* GeschGehG § 23 Rn. 262). Überschritten wird der privilegierte Bereich etwa dann, wenn dem Informanten ein Honorar gezahlt wird, oder wenn sich die dem Täter gewährte Unterstützung schon auf die **Beschaffung** der in Rede stehenden Informationen bezieht (vgl. zu § 353b Abs. 3a *Fischer* StGB § 353b Rn. 30; *Brammsen* in Brammsen/Apel § 23 Rn. 238), etwa indem der Journalist auf ein Angebot des Informanten eingeht und ein Treffen organisiert, bei dem das Geschäftsgeheimnis offengelegt bzw. ein entsprechender Datenträger übergeben wird (*Schönknecht* in Keller/Schönknecht/Glinke § 23 Rn. 111 unter Hinweis auf OLG Celle NStZ-RR 2017, 81 (82)). Nicht erstreckt wurde der Rechtfertigungsgrund auf die von Medienangehörigen ausgehende **Anstiftung** zur Offenlegung von Geschäftsgeheimnissen. Dasselbe soll für **Beihilfehandlungen** gelten, **die der Vollendung der Haupttat vorausgehen** (vgl. zu § 353b Abs. 3a BT-Drucks. 17/3355, 8; *Fischer* StGB § 353b Rn. 30; BeckOK GeschGehG/*Hiéramente* § 23 Rn. 60). Soweit § 23 Abs. 3 eingreift, strahlt dies auch auf die **strafprozessualen Ermittlungs- und Durchsuchungsmaßnahmen** aus. Diese sollen unterbleiben, wenn und soweit sie sich allein auf den Verdacht einer Beihilfe zum Geheimnisverrat durch Veröffentlichung stützen können (vgl. zu § 353b Abs. 3a BT-Drs. 17/3355, 1, 8).

72a Die **Strafbarkeit des Informanten** wird durch § 23 Abs. 6 **in keiner Weise eingeschränkt.** Es entlastet den Haupttäter nicht, dass er das fremde Geschäftsgeheimnis gegenüber einer nach Abs. 6 privilegierten Person offengelegt hat (*Schönknecht* in Keller/Schönknecht/Glinke § 23 Rn. 112).

VIII. Auslandstaten, Versuch der Beteiligung (§ 23 Abs. 7)

73 § 23 Abs. 7 befasst sich mit **zwei miteinander sachlich nicht zusammenhängenden Konstellationen. Satz 1** betrifft **Geheimnisverletzungen, die im Ausland zulasten deutscher Unternehmen begangen** werden, und bündelt die früheren Regelungen aus § 17 Abs. 6, § 18 Abs. 4 und § 19 Abs. 5 UWG aF (RegE GeschGehG, BT-Drs. 19/4724, 41), ohne deren sachlichen Gehalt zu verändern (*Brammsen* wistra 2018, 449 (457); *Alexander* in Köhler/Bornkamm/Feddersen, GeschGehG § 23 Rn. 93). **Satz 2** überführt im Gefolge der früheren Regelungen des § 19 Abs. 1–3 UWG aF den tradierten deutschen Strafrechtsschutz von Geschäftsgeheimnissen gegen **„Vorfeldtaten"** in das GeschGehG (*Brammsen* in Brammsen/Apel § 23 Rn. 242), indem er auf die §§ 30 und 31 StGB Bezug nimmt. Hierbei geht es um **Beteiligungsversuche** und um den **Rücktritt von solchen Handlungen.**

1. Auslandstaten (§ 23 Abs. 7 S. 1)

73a Wie § 17 Abs. 6, § 18 Abs. 4 und § 19 Abs. 5 UWG aF verweist § 23 Abs. 6 auf **§ 5 Nr. 7 StGB.** Nach dem in **§ 3 StGB** normierten **Territorialitätsprinzip** ist das deutsche Strafrecht auf Taten anwendbar, die **innerhalb der Bundesrepublik Deutschland begangen** werden; hieraus folgt, dass § 23 GeschGehG auch dann eingreift, wenn von Deutschland aus Geheimnisverletzungen zulasten ausländischer Unternehmen stattfinden (GroßKommUWG/*Waßmer*, GeschGehG § 23 Rn. 265). Auf der anderen Seite macht § 5 StGB für bestimmte Handlungen eine **Ausnahme** von dem weiteren **Grundsatz, dass Auslandstaten nicht dem deutschen Strafrecht unterliegen.** Nach § 23 Abs. 7 iVm § 5 Nr. 7 StGB gelten Abs. 1 bis Abs. 4 des § 23 auch für die **im Ausland begangenen Verletzungen von Geschäftsgeheimnissen inländischer Unternehmen.** Das Gleiche gilt für Geschäftsgeheimnisse solcher Unternehmen, die ihren **Sitz im Ausland** haben, jedoch **von einem inländischen Unternehmen abhängig** sind und mit diesem einen **Konzern** bilden (§ 18 Abs. 1 AktG). Nicht erfasst werden demgegenüber sonstige ausländische Unternehmen, die deutschen Inhabern gehören (*Bukow* in Ann/Loschelder/Grosch Kap. 6 Rn. 231), und Gleichordnungskonzerne gemäß § 18 Abs. 2 AktG. § 23 Abs. 7 S. 1 verwirklicht den Gedanken eines besonderen Schutzes inländischer Unternehmen vor einem im Ausland erfolgenden Zugriff auf deren Geschäftsgeheimnisse; dies soll gewährleisten, dass im Ausland begangene strafbare Verletzungshandlungen **unabhängig vom Recht des Tatorts** und der **Verfolgungsbereitschaft ausländischer Behörden** und Gerichte sanktioniert werden können (*Alexander* in Köhler/Bornkamm/Feddersen, GeschGehG § 23 Rn. 94).

2. Versuch der Beteiligung (§ 23 Abs. 7 S. 2)

Der Regelungsgegenstand von § 23 Abs. 7 S. 2 erschließt sich erst durch den Inhalt der **§§ 30 und 31 StGB,** auf die S. 2 verweist. Diese Vorschriften des allgemeinen Strafrechts gelten an sich nur für Verbrechen; aufgrund der Bezugnahme in S. 2 finden sie aber auf die Beteiligung an Vergehen gem. § 23 Abs. 1–4 entsprechende Anwendung (*Alexander* in Köhler/Bornkamm/Feddersen, GeschGehG § 23 Rn. 95). Sie erfassen **Vorstadien des Versuchs,** sich **an einer Geheimnisverletzung** in bestimmten Formen **zu beteiligen,** vorausgesetzt, dass der Beteiligte nicht nur vorsätzlich, sondern zur **Förderung des eigenen oder fremden Wettbewerbs** oder aus **Eigennutz** (→ Rn. 41 ff.) handelt (zur Entstehungsgeschichte GroßKommUWG/*Waßmer,* GeschGehG § 23 Rn. 266, 274; *Brammsen* in Brammsen/Apel § 23 Rn. 243). **73b**

Anhand der beiden Absätze des § 30 StGB lassen sich vier strafbare **Modalitäten des Versuchs der Beteiligung** an einer Geheimnisverletzung unterscheiden (hierzu eingehend *Brammsen* in Brammsen/Apel § 23 Rn. 242 ff.; GroßKommUWG/*Waßmer,* GeschGehG § 23 Rn. 273): Die versuchte Anstiftung (§ 30 Abs. 1 StGB), das Sichbereiterklären (§ 30 Abs. 2 Mod. 1 StGB), die Annahme des Erbietens eines anderen (§ 30 Abs. 2 Mod. 2 StGB) und die Verabredung mit einem anderen (§ 30 Abs. 2 Mod. 3 StGB). § 31 StGB regelt den Rücktritt vom Versuch der Beteiligung (hierzu näher GroßKommUWG/*Waßmer,* GeschGehG § 23 Rn. 284 ff., und *Brammsen* in Brammsen/Apel § 23 Rn. 242 ff.). **73c**

§ 30 Abs. 1 StGB betrifft den Versuch, einen anderen zu bestimmen, eine **Straftat nach §§ 23 Abs. 1–4 GeschGehG zu begehen** oder zu ihr **anzustiften;** aufseiten des Adressaten muss ein Tatentschluss geweckt oder bestärkt werden. Das **Bestimmen** ist im Sinne einer **Anstiftung (§ 26 StGB)** zu verstehen (*Alexander* in Köhler/Bornkamm/Feddersen, GeschGehG § 23 Rn. 97). Erfasst wird ein mündliches oder schriftliches, ausdrückliches oder konkludentes, unmittelbar beeinflussendes Einwirken auf den Willen einer Person, in der der Entschluss zur Begehung der angesonnenen Tat hervorgerufen werden soll; dies kann etwa durch Auffordern, Bestechen, Beraten, Beauftragen, Fragen, Täuschen oder Versprechen **73d**

geschehen (*Brammsen* in Brammsen/Apel § 23 Rn. 252). Tatobjekt und Tathandlung müssen zumindest in groben Zügen beschrieben oder angedeutet werden (vgl. *Fischer* § 26 StGB Rn. 8). Ein **Versuch,** eine andere Person zu einer Geheimnisverletzung zu bestimmen, liegt vor, sobald der Täter unmittelbar dazu ansetzt, die betreffende Person zur Tat zu verleiten (vgl. § 22 StGB). Strafbar ist auch der **untaugliche Versuch,** etwa wenn die anvisierten Informationen gar nicht als Geschäftsgeheimnis zu qualifizieren sind. Gelingt der Versuch, so erfolgt die Bestrafung nicht gem. § 23 Abs. 7, sondern wegen Teilnahme an der vom Adressaten begangenen Tat (vgl. §§ 26 und 27 StGB). Zum subjektiven Tatbestand → Rn. 73b.

73e Die **erste** der drei in **§ 30 Abs. 2 StGB** aufgeführten Varianten behandelt den Fall, dass sich jemand **bereit erklärt,** eine Geheimnisverletzung nach § 23 Abs. 1–4 GeschGehG zu begehen oder (einen Dritten) zu einem dieser Vergehen anzustiften. Hierunter ist die **ernstgemeinte,** mit Bindungswillen abgegebene **Kundgabe der eigenen Bereitschaft zur täterschaftlichen Verwirklichung des tatbestandsmäßigen Verhaltens** zu verstehen (vgl. BGH NJW 2017, 2134 Rn. 11; NJW 2015, 1032 Rn. 13; *Alexander* in Köhler/Bornkamm/Feddersen, GeschGehG § 23 Rn. 102).

73f In der **zweiten** Variante des § 30 Abs. 2 StGB geht es darum, dass jemand das **Erbieten eines anderen annimmt,** ein Vergehen gem. § 23 Abs. 1–4 GeschGehG zu begehen oder (einen Dritten) zu ihm anzustiften. Der Täter stimmt dem „Deliktsprojekt" (*Brammsen* in Brammsen/Apel § 23 Rn. 272) einer anderen Person zu und fördert dadurch seiner Vorstellung nach die Ausführung der Geheimnisverletzung durch denjenigen, von dem der Vorschlag stammt. Für den Vorsatz genügt es, wenn der Annehmende damit rechnet, der präsumptive Täter werde seine Erklärung ernstnehmen und entsprechend handeln, und die billigt (vgl. BGH NJW 2017, 2134 RYn.!23; *Alexander* in Köhler/Bornkamm/Feddersen § 23 GeschGehG Rn. 103).

73g Die **dritte** Variante des § 30 Abs. 2 StGB betrifft eine zwischen (mindestens) zwei Personen getroffene **Verabredung,** ein Geschäftsgeheimnisdelikt gem. § 23 Abs. 1–4 zu begehen. Die Beteiligten müssen sich darauf einigen, an einem bestimmten tatbestandsmäßigen Verhalten mittäterschaftlich mitzuwirken (vgl. BGH NJW 2017, 2134 Rn. 9) oder zu diesem anzustiften (*Alexander* in Köhler/Bornkamm/Feddersen, GeschGehG § 23 mwN). Die in Aussicht genommene Tat muss in ihren wesentlichen Grundzügen konkretisiert sein, auch wenn Ort, Zeit uund Modalitäten noch nicht in allen Einzelheiten feststehen mögen (vgl. BGH NStZ 2012, 514 Rn. 11; *Alexander* in Köhler/Bornkamm/Feddersen, GeschGehG § 23 Rn. 104; eingehend *Brammsen* in Brammsen/Apel § 23 Rn. 279 ff.).

73h Anderes als noch § 19 UWG aF enthält § 23 Abs. 7 keine konkrete **Strafandrohung** mehr, sondern will auch insoweit auf die §§ 30 und 31 StGB verweisen. Sinngemäß ist die in § 30 Abs. 1 StGB enthaltene Bezugnahme auf die Strafbarkeit nach den Vorschriften über den „Versuch des Verbrechens" durch die Wendung „**Versuch des Vergehens**" umzudeuten. Im Gegensatz zu § 23 Abs. 2 StGB (fakultative Strafminderung) ordnet § 30 Abs. 1 S. 2 eine **Strafmilderung nach § 49 Abs. 1 StGB verbindlich** an.

73i Der strafbefreiende **Rücktritt vom Versuch der Beteiligung** richtet sich nach den für § 31 StGB geltenden Grundsätzen (eingehend *Brammsen* in Brammsen/Apel § 23 Rn. 287 ff.).

73j Nennenswerte praktische Bedeutung dürften die vier Fälle des § 30 StGB – wie schon die der Vorgängervorschrift des § 19 UWG aF – kaum erlangen

(*Brammsen* in Brammsen/Apel § 23 Rn. 244). Ohnehin wird die Erstreckung der Strafbarkeit schon auf Vorbereitungshandlungen für ein Vergehen als systemwidrig und fragwürdig kritisiert (*Schönknecht* in Keller/Schönknecht/Glinke § 23 Rn. 143; *MüKoStGB/Joecks/Miebach,* GeschGehG § 23 Rn. 136 mwN;

IX. Strafantrag (§ 23 Abs. 8)

74 Vergehen nach § 23 Abs. 1 bis Abs. 7 werden von den Strafverfolgungsbehörden grundsätzlich nur aufgrund eines Strafantrags verfolgt, es sei denn, dass diese wegen eines besonderen öffentlichen Interesses das Einschreiten von Amts wegen für geboten halten (**relatives Antragsdelikt,** GroßKommUWG/ *Waßmer,* GeschGehG § 23 Rn. 287). Das **Strafantragserfordernis** entspricht der früheren Regelung (§§ 17 Abs. 5, 18 Abs. 3 und 19 Abs. 4 UWG aF). Der Strafantrag (§§ 77 ff. StPO) ist **Prozessvoraussetzung;** wenn er fehlt, ist das Strafverfahren einzustellen (§§ 260a, 260 Abs. 3 StPO). Die Verletzung von Geschäftsgeheimnissen nach § 23 stellt ein **Privatklagedelikt** dar. Dies bedeutet einerseits, dass sie vom Geschädigten **ohne vorherige Anrufung der Staatsanwaltschaft** verfolgt werden kann (§ 374 Abs. 1 Nr. 7 StPO). Andererseits erhebt die Staatsanwaltschaft gemäß (§ 376 StPO) bei Privatklagedelikten **nur Anklage,** wenn dies **im öffentlichen Interesse** liegt (*Schönknecht* in Keller/Schönknecht/Glinke § 23 Rn. 159 f.).

75 **Antragsberechtigt** ist nach § 77 Abs. 1 StGB der **unmittelbar Verletzte** bzw. dessen gesetzlicher Vertreter (§ 77 Abs. 3 StGB). In Betracht kommt damit jede natürliche oder juristische Person, die zur wirtschaftlichen Nutzung des Geschäftsgeheimnisses berechtigt ist (GroßKomm/UWG/ *Waßmer,* GeschGehG § 23 Rn. 289). Dies gilt in erster Linie für den **Inhaber des Geschäftsgeheimnisses** (§ 2 Nr. 2 GeschGehG). Bei Handels- und Kapitalgesellschaften sind dies die Organwalter der juristischen Personen (Vorstände, Geschäftsführer), aber auch Generalbevollmächtigte, Prokuristen und besondere Vertreter (§§ 30 BGB, 85 Abs. 3 GmbHG), bei Partnerschaftsgesellschaften und Sozietäten die vertretungsberechtigten Gesellschafter (*Brammsen* in Brammsen/Apel § 23 Rn. 296 mwN). Geheimnisinhaber kann nicht nur der **ursprüngliche Rechtsträger** sein, sondern auch ein **Erwerber** oder **Insolvenzverwalter.** Zum Kreis der Antragsberechtigten gehören ferner **Lizenznehmer** (→ § 2 Rn. 70 ff.; *Schönknecht* in Keller/Schönknecht/Glinke § 23 Rn. 163; *Brammsen* in Brammsen/Apel § 23 Rn. 295; zweifelnd *Schneiderhan* in Hoppe/Oldekop Kap. 2 Rn. 118). Wenn mehrere Personen (etwa der Inhaber des Geschäftsgeheimnisses und dessen Lizenznehmer) antragsberechtigt sind, kann jede von ihnen den Antrag selbstständig stellen (§ 77 Abs. 4 StPO).

76 Die **Form** der Antragstellung richtet sich nach § 158 Abs. 2 StPO: Der Antrag muss bei einem zuständigen Gericht oder der zuständigen Staatsanwaltschaft **schriftlich oder zu Protokoll,** bei anderen Behörden (insbsondere bei der örtlich zuständigen Polizeidienststelle) schriftlich gestellt werden. Auch die Anzeigeerstattung per E-Mail soll ausreichen (*Fischer* § 77 StGB Rn. 23). Eine Anzeige bei der **Staatsanwaltschaft** stellt in der Regel den zügigsten Weg dar, um ein Ermittlungsverfahren in Gang zu bringen (*Schneiderhan* in Hoppe/Oldekop Kap. 2 Rn. 70 ff., auch zu den taktischen Erwägungen hinsichtlich der Auswahl unter mehreren örtlich zuständigen Staatsanwaltschaften). **Inhaltlich** muss der Wille des Antragsberechtigten zum Ausdruck kommen, dass eine bestimmte Straftat iSd §§ 155, 264 StPO verfolgt werden soll (BGH WRP 1991, 690). Der relevante

Sachverhalt und die strafbare Rechtsgutverletzung müssen **hinreichend deutlich beschrieben** werden; eine Bezugnahme auf andere Schriftstücke ist zulässig (*Köhler* in Köhler/Bornkamm/Feddersen, UWG, 37. Aufl. 2019, § 17 Rn. 70). Insbesondere sollten sich schon aus der Strafanzeige **gravierende Anhaltspunkte für ein öffentliches Interesse** an der Strafverfolgung ergeben (→ Rn. 74, 80; *Schneiderhan* in Hoppe/Oldekop Kap. 2 Rn. 71).

77 Besondere Beachtung verdient die **dreimonatige Antragsfrist** nach **§ 77b StGB.** Sie beginnt zu laufen, wenn der Antragsberechtigte **hinreichende Kenntnis von den Tatsachen** erlangt hat, die einen Schluss auf die wesentlichen Tatumstände und die Person des Täters oder der Täter zulassen. Die Frist wird in der Regel schon in Gang gesetzt, wenn der Geschädigte **Kenntnis des Unternehmens** hat, aus dem heraus der Täter (sei es der Inhaber oder ein Beschäftigter) gehandelt hat (*Schneiderhan* in Hoppe/Oldekop Kap. 2 Rn. 116). Die erlangte Kenntnis muss so deutlich sein, dass der Antragsberechtigte sich bei Abwägung aller Umstände zur Antragstellung entschließen kann und dies einer besonnenen Person zumutbar ist (*Brammsen* Lauterkeitsstrafrecht § 17 Rn. 138; *Bukow* in Ann/Loschelder/Grosch Kap. 6 Rn. 248). Bloße Vermutungen oder ein noch nicht weiter gefestigter Verdacht genügen nicht. Schon angesichts der Kürze der Frist darf der Antragsberechtigte aber **nicht** warten, bis er meint, **letzte Gewissheit über die Begründetheit der Strafanzeige** gewonnen zu haben. Im Zusammenhang mit vermuteten Geheimnisverletzungen, die nach § 23 Abs. 1 bis Abs. 6 geahndet werden könnten, erweist es sich als überdurchschnittlich schwierig, den „richtigen" Zeitpunkt für die Stellung des Strafantrags zu bestimmen. Selten wird in diesem Bereich jemand auf frischer Tat ertappt. Eher stellen sich die Anhaltpunkte für eine strafbare Erlangung, Verwertung oder Weitergabe von Geschäftsgeheimnissen (beispielsweise in Form der Betriebsspionage oder des Geheimnisverrats durch Mitarbeiter des Geheimnisinhabers) erst nach und nach ein, etwa wenn funktionell erstaunlich ähnliche (mit einer gewissen Wahrscheinlichkeit „rechtsverletzende") Produkte auf den Markt kommen, die ursprüngliche Aneignungs- oder Verratshandlung also schon geraume Zeit zurückliegt. Zur Vermeidung der Gefahr, dass der Strafantrag wegen Ablaufs der Dreimonatsfrist als verspätet zurückgewiesen wird, ist sicherheitshalber zunächst an eine **Strafanzeige „gegen Unbekannt"** zu denken. Ein Verstreichen der Dreimonatsfrist beschränkt die Strafverfolgungsbehörden nicht darin, dem möglichen Geheimnisbruch von Amts wegen nachzugehen (→ Rn. 76 f.).

78 Eine **Strafverfolgung ohne Antrag** des unmittelbar Verletzten setzt voraus, dass der Strafverfolgungsbehörde wegen des besonderen öffentlichen Interesses an der Strafverfolgung ein **Einschreiten von Amts wegen geboten** erscheint. Dies schließt den Fall ein, dass ein Strafantrag erst nach Ablauf der Dreimonatsfrist eingegangen ist (deren Beginn für den Antragsberechtigten oft nicht leicht zu beurteilen ist, → Rn. 75). Die Strafverfolgung von Amts wegen wurde durch das 2. WiKG (1986) eröffnet, da sich das Bewusstsein dafür geschärft hatte, dass der Schutz geheimen Know-hows und die Bekämpfung der Betriebsspionage auch im Allgemeininteresse liegen und die betroffenen Unternehmen sich nicht selten scheuen, Strafantrag zu stellen (vgl. BT-Drs. 10/5058, 41; zur hohen Dunkelziffer und zum restriktiven Anzeigeverhalten der geschädigten Unternehmen *Kiethe/Hohmann* NStZ 2006, 185).

79 Das **„besondere" öffentliche Interesse** setzt mehr voraus als das „öffentliche Interesse" iSd § 376 StPO (*Harte-Bavendamm* in Harte/Henning, 4. Aufl. 2016, § 17 Rn. 39; zu restriktiv *Köhler* in Köhler/Bornkamm/Feddersen, 37. Aufl. 2019,

§ 17 Rn. 71: ein besonderes öffentliches Interesse sei nur dort anzunehmen, wo zugleich wichtige Allgemeininteressen – wie etwa in Rüstungsfragen – verletzt würden). Angesichts des großen wirtschaftlichen Gewichts, das der europäische Gesetzgeber ausweislich der Geschäftsgeheimnis-RL den immer gravierenderen Erscheinungsformen unbefugten Eindringens in sensibelste unternehmerische (wie auch staatliche und institutionelle) „Schutzzonen" beimisst, sollte die Schwelle für die Bejahung eines „besonderen" öffentlichen Interesses nicht zu hoch angesetzt werden. Schon zu Zeiten des Geheimnisschutzes nach den §§ 17 bis 19 UWG aF war nach Nr. 260a der **Richtlinien für das Strafverfahren und das Bußgeldverfahren (RiStBV)** vom 1.1.1977 (zuletzt geändert durch Bekanntmachung vom 15.8.2016, BAnz AT 24.8.2016 B1) anerkannt, dass ein besonderes öffentliches Interesse an der Strafverfolgung insbesondere dann anzunehmen ist, wenn der Täter **wirtschaftsstrafrechtlich vorbelastet** ist, ein **erheblicher Schaden droht oder eingetreten** ist, die Tat Teil eines gegen mehrere Unternehmen gerichteten **Plans zur Ausspähung** von Geschäftsgeheimnissen ist oder **den Verletzten in seiner wirtschaftlichen Existenz bedroht.** Ebenso heißt es dort, das besondere öffentliche Interesse könne **nur ausnahmsweise verneint** werden, wenn ein **besonders schwerer Fall** der Geheimnisverletzung (seinerzeit § 17 Abs. 4 UWG aF, jetzt § 23 Abs. 4 GeschGehG; zustimmend *Schönknecht* in Keller/Schönknecht/Glinke § 23 Rn. 165) in Betracht komme. Diese Richtlinien können einstweilen auch im Rahmen des § 23 StGB weiter herangezogen werden (ebenso BeckOK-GeschGehG/*Hiéramente* § 23 Rn. 79; *Brammsen* in Brammsen/Apel § 23 Rn. 309 f.; *Schönknecht* in Keller/Schönknecht/Glinke § 23 Rn. 165). Insbesondere die Voraussetzungen einer **gewerbsmäßigen Geheimnisverletzung** werden nicht selten erfüllt sein, etwa indem der Täter sich eine nicht nur vorübergehende Einnahmequelle von einigem Umfang verschaffen will (→ Rn. 65).

Die von § 23 erfassten Straftaten sind **Privatklagedelikte** (§ 374 Abs. 1 Nr. 7 80 StPO). Der geschädigte Inhaber des Geschäftsgeheimnisses, Lizenznehmer oder Insolvenzverwalter (→ Rn. 75) kann sein Anliegen im Wege der Privatklage (§§ 374 ff. StPO) **ohne vorherige Anrufung der Staatsanwaltschaft** verfolgen (→ Rn. 74), ebenso dann, wenn die Staatsanwaltschaft ein **öffentliches Interesse an der Strafverfolgung verneint** (§ 376 StPO). Diese Entscheidung trifft die Staatsanwaltschaft nach **pflichtgemäßem Ermessen.** Sie wird das öffentliche Interesse bejahen, wenn eine nicht nur geringfügige Verletzung vorliegt und der Rechtsfrieden über den Lebenskreis des Verletzten hinaus gestört wurde, Nr. 86 Abs. 2 RiStBV (*Schneiderhan* in Hoppe/Oldekop § 23 Rn. 136). Angesichts des in den Erwägungsgründen der **Geschäftsgeheimnis-RL stark betonten Allgemeininteresses** an der Unterbindung und Ahndung von Geschäftsgeheimnissen (→ Rn. 79; → Einl. A. Rn. 59) wird die Schwelle zur Bejahung des öffentlichen Interesses eher niedriger als unter Geltung der §§ 17–19 UWG aF anzusetzen sein.

Im Bereich der Geheimnisverletzung ist der Geschädigte in überdurchschnittli- 80a chem Umfang auf die **Aufklärungsarbeit der Staatsanwaltschaft** angewiesen. Diese ist nach **Nr. 87 Abs. 2 RiStBV** in solchen Fällen auch dann gehalten, die erforderlichen **Ermittlungen anzustellen,** wenn sie beabsichtigt, den Verletzten auf den Privatklageweg zu verweisen. Der Privatkläger hat das Recht, bei Beweiserhebungen und in der Hauptverhandlung anwesend zu sein, **Beweisanträge** zu stellen und – durch einen Rechtsanwalt – **Akteneinsicht** zu nehmen (§ 385 StPO; zur Akteneinsicht im Allgemeinen ausführlich *Schneiderhan* in Hoppe/

Oldekop Kap. 2 Rn. 161 ff.).). Bis zur Rechtskraft des Urteils kann die Staatsanwaltschaft das Verfahren an sich ziehen und damit das Privatklageverfahren in ein Offizialverfahren überführen (§ 377 Abs. 2 StPO).

81 Falls die Staatsanwaltschaft einem Antrag auf Erhebung der öffentlichen Klage nicht stattgibt oder ein Ermittlungsverfahren einstellt, kann der Verletzte zunächst eine Beschwerde an den vorgesetzten Beamten der Staatsanwaltschaft richten (§ 171 Abs. 1 StPO). Bleibt diese erfolglos, so kann mittels eines **Klageerzwingungsverfahrens** eine gerichtliche Entscheidung über die Erhebung der öffentlichen Klage herbeigeführt werden (§ 172 Abs. 2 StPO). Ein Klageerzwingungsverfahren kommt allerdings nur dann in Betracht, wenn außer der Geheimnisverletzung auch ein **Offizialdelikt** (wie Diebstahl oder Betrug) vorliegt. In diesem Fall scheidet eine Privatklage aus (§ 172 Abs. 2 S. 3 StPO).

82 Einer von der Staatsanwaltschaft erhobenen **öffentlichen Klage** kann der geschädigte Geheimnisinhaber als **Nebenkläger** beitreten (§§ 395 ff. StPO), falls er fristgerecht (→ Rn. 75) Strafanzeige erstattet hat. Dies verschafft ihm weitreichende **Mitwirkungsrechte nach § 397 StPO,** die im Interesse einer umfassenden Aufklärung der vermuteten Geheimnisverletzungen eingesetzt werden und damit auch einer späteren Verfolgung zivilrechtlicher Ansprüche diesen können (*Bukow* in Ann/Loschelder/Grosch Kap. 6 Rn. 285 ff.).

Anhang

1. Richtlinie (EU) 2016/943 des Europäischen Parlaments und des Rates vom 8. Juni 2016 über den Schutz vertraulichen Know-hows und vertraulicher Geschäftsinformationen (Geschäftsgeheimnisse) vor rechtswidrigem Erwerb sowie rechtswidriger Nutzung und Offenlegung (Text von Bedeutung für den EWR)

(ABl. L 157 S. 1)[1]
Celex-Nr. 3 2016 L 0943

DAS EUROPÄISCHE PARLAMENT UND DER RAT DER EUROPÄISCHEN UNION –
gestützt auf den Vertrag über die Arbeitsweise der Europäischen Union, insbesondere auf Artikel 114,
auf Vorschlag der Europäischen Kommission,
nach Zuleitung des Entwurfs des Gesetzgebungsakts an die nationalen Parlamente,
nach Stellungnahme des Europäischen Wirtschafts- und Sozialausschusses,[2]
gemäß dem ordentlichen Gesetzgebungsverfahren,[3]
in Erwägung nachstehender Gründe:

(1) Unternehmen und nicht kommerzielle Forschungseinrichtungen investieren in den Erwerb, die Entwicklung und die Anwendung von Know-how und Informationen – die Währung der wissensbasierten Wirtschaft, die einen Wettbewerbsvorteil schafft. Diese Investition in die Schaffung und Anwendung intellektuellen Kapitals ist ein bestimmender Faktor für die Wettbewerbsfähigkeit und den Markterfolg der Unternehmen durch Innovation und damit ihre Rendite, die letztlich die Motivation für ihre Forschungs- und Entwicklungstätigkeiten darstellt. Unternehmen wenden unterschiedliche Mittel an, um sich die Ergebnisse ihrer Tätigkeiten im Innovationsbereich anzueignen, wenn eine freie Zugänglichkeit nicht die volle Nutzung ihrer Investitionen in Forschung und Innovation erlaubt. Eines dieser Mittel ist die Nutzung von Rechten des geistigen Eigentums in Form von Patenten, Geschmacksmusterrechten oder Urheberrechten. Ein weiteres Mittel, um sich die Ergebnisse der Innovation anzueignen, ist der Schutz des Zugangs zu Wissen und die Verwertung von Wissen, das für das betreffende Unternehmen von Wert und nicht allgemein bekannt ist. Solch wertvolles Know-how und solche wertvollen Geschäftsinformationen, die nicht offengelegt werden und vertraulich zu behandeln sind, werden als Geschäftsgeheimnis bezeichnet.

(2) Unternehmen schätzen – unabhängig von ihrer Größe – Geschäftsgeheimnisse als genauso wichtig wie Patente und andere Formen von Rechten des geisti-

[1] Veröffentlicht am 15.6.2016.

[2] **Amtl. Anm.:** ABl. C 226 vom 16.7.2014, S. 48.

[3] **Amtl. Anm.:** Standpunkt des Europäischen Parlaments vom 14. April 2016 (noch nicht im Amtsblatt veröffentlicht) und Beschluss des Rates vom 27. Mai 2016.

gen Eigentums ein. Sie nutzen Vertraulichkeit als Managementinstrument für unternehmerische Wettbewerbsfähigkeit und Forschungsinnovationen; dabei geht es um ein breites Spektrum von Informationen, das über das technologische Wissen hinausgeht und auch Geschäftsdaten wie Informationen über Kunden und Lieferanten, Businesspläne sowie Marktforschung und -strategien einschließt. Kleine und mittlere Unternehmen (KMU) schätzen Geschäftsgeheimnisse in besonderem Maße und sind stärker auf sie angewiesen. Durch den Schutz eines derart breiten Spektrums von Know-how und Geschäftsinformationen, die eine Ergänzung von oder auch eine Alternative zu Rechten des geistigen Eigentums darstellen können, ermöglichen Geschäftsgeheimnisse den Urhebern und Innovatoren, einen Nutzen aus ihrer schöpferischen Tätigkeit oder ihren Innovationen zu ziehen; sie sind daher von außerordentlicher Bedeutung für die Wettbewerbsfähigkeit der Unternehmen sowie für Forschung und Entwicklung und für die Leistung durch Innovation.

(3) Offene Innovation ist ein Katalysator für neue Ideen, mit denen die Verbraucherbedürfnisse befriedigt und gesellschaftliche Herausforderungen bewältigt werden, der dafür sorgt, dass diese Ideen auf den Markt gelangen. Eine solche Innovation ist ein wichtiger Hebel für die Schaffung neuen Wissens und fördert die Entstehung neuer und innovativer Geschäftsmodelle, die sich auf die Nutzung gemeinsam geschaffenen Wissens stützen. Kooperative Forschung, einschließlich einer grenzüberschreitenden Zusammenarbeit, ist insbesondere wichtig, um den Umfang von Forschung und Entwicklung der Unternehmen im Binnenmarkt zu erhöhen. Die Weitergabe von Wissen und Informationen sollte als grundlegend für die Sicherstellung von dynamischen, positiven und gleichen Geschäftsentwicklungsmöglichkeiten, insbesondere für KMU, angesehen werden. In einem Binnenmarkt, in dem Hindernisse für eine grenzüberschreitende Zusammenarbeit auf ein Minimum reduziert werden und in dem die Zusammenarbeit nicht beeinträchtigt wird, sollten geistige Schöpfungen und Innovationen, Investitionen in innovative Prozesse, Dienstleistungen und Produkte fördern. Ein derartiges Umfeld, das geistige Schöpfungen und Innovationen begünstigt, und in dem die Mobilität der Arbeitnehmer nicht beeinträchtigt wird, ist auch für das Beschäftigungswachstum und für die Steigerung der Wettbewerbsfähigkeit der Wirtschaft in der Union wichtig. Geschäftsgeheimnisse spielen eine wichtige Rolle für den Schutz des Wissensaustauschs zwischen Unternehmen – insbesondere KMU – und Forschungseinrichtungen sowohl innerhalb des Binnenmarkts als auch über dessen Grenzen hinaus im Forschungs- und Entwicklungskontext und in der Innovation. Geschäftsgeheimnisse sind eine der gebräuchlichsten Formen des Schutzes geistiger Schöpfungen und innovativen Know-hows durch Unternehmen, doch werden sie gleichzeitig durch den bestehenden Rechtsrahmen der Union am wenigsten vor rechtswidrigem Erwerb oder rechtswidriger Nutzung oder Offenlegung durch andere Parteien geschützt.

(4) Innovative Unternehmen sind zunehmend unlauteren Praktiken ausgesetzt, die auf eine rechtswidrige Aneignung von Geschäftsgeheimnissen abzielen, wie Diebstahl, unbefugtes Kopieren, Wirtschaftsspionage oder Verletzung von Geheimhaltungspflichten, und ihren Ursprung innerhalb oder außerhalb der Union haben können. Neuere Entwicklungen, wie die Globalisierung, das zunehmende Outsourcing, längere Lieferketten und der verstärkte Einsatz von Informations- und Kommunikationstechnologien, tragen zu einer Erhöhung des von derartigen Praktiken ausgehenden Risikos bei. Der rechtswidrige Erwerb und die rechtswidrige Nutzung oder Offenlegung eines Geschäftsgeheimnisses beeinträchtigen die Fähigkeit der rechtmäßigen Inhaber von Geschäftsgeheimnissen, Vorreiterrenditen aus ihren Innovationsanstrengungen zu erzielen. Ohne wirksame und vergleichbare rechtliche Mittel zum unionsweiten Schutz von

Geschäftsgeheimnissen werden Anreize zur Aufnahme grenzüberschreitender Innovationstätigkeiten im Binnenmarkt zunichtegemacht und kann das Potenzial von Geschäftsgeheimnissen als Triebkräfte für Wirtschaftswachstum und Beschäftigung nicht ausgeschöpft werden. Auf diese Weise werden Innovation und Kreativität behindert und gehen die Investitionen zurück, wobei der Binnenmarkt nicht mehr reibungslos funktioniert und sein wachstumsförderndes Potenzial ausgehöhlt wird.

(5) Die auf internationaler Ebene im Rahmen der Welthandelsorganisation unternommenen Anstrengungen zur Lösung dieses Problems haben zum Abschluss des Übereinkommens über handelsbezogene Aspekte des geistigen Eigentums (im Folgenden „TRIPS-Abkommen") geführt. Das TRIPS-Abkommen enthält unter anderem Bestimmungen zum Schutz von Geschäftsgeheimnissen vor rechtswidrigem Erwerb und rechtswidriger Nutzung oder Offenlegung durch Dritte; dabei handelt es sich um gemeinsame internationale Standards. Alle Mitgliedstaaten wie auch die Union als Ganzes sind an dieses durch den Beschluss 94/800/EG des Rates[1] gebilligte Übereinkommen gebunden.

(6) Ungeachtet des TRIPS-Abkommens bestehen zwischen den Rechtsvorschriften der Mitgliedstaaten erhebliche Unterschiede hinsichtlich des Schutzes von Geschäftsgeheimnissen vor rechtswidrigem Erwerb und rechtswidriger Nutzung oder Offenlegung durch andere Personen. Beispielsweise haben nicht alle Mitgliedstaaten nationale Definitionen der Begriffe „Geschäftsgeheimnis" oder „rechtswidriger Erwerb", „rechtswidrige Nutzung" oder „rechtswidrige Offenlegung eines Geschäftsgeheimnisses" eingeführt, so dass sich der Umfang des Schutzes nicht ohne weiteres erschließt und von einem Mitgliedstaat zum anderen variiert. Außerdem fehlt es an Kohärenz hinsichtlich der zivilrechtlichen Rechtsbehelfe, die im Falle eines rechtswidrigen Erwerbs oder der rechtswidrigen Nutzung oder Offenlegung von Geschäftsgeheimnissen zur Verfügung stehen, da nicht in allen Mitgliedstaaten die Möglichkeit einer Unterlassungsverfügung gegen Dritte besteht, die nicht Wettbewerber des rechtmäßigen Inhabers des Geschäftsgeheimnisses sind. Unterschiede zwischen den Mitgliedstaaten existieren auch bei der Behandlung von Dritten, die das Geschäftsgeheimnis in gutem Glauben erworben haben, aber später – bei der erstmaligen Nutzung – erfahren, dass das betreffende Geschäftsgeheimnis zuvor von einer anderen Partei unrechtmäßig erworben wurde.

(7) Zudem unterscheiden sich die nationalen Vorschriften auch danach, ob die rechtmäßigen Inhaber von Geschäftsgeheimnissen die Vernichtung von Produkten, die von Dritten unter rechtswidriger Nutzung von Geschäftsgeheimnissen hergestellt wurden, oder die Rückgabe oder Vernichtung aller Dokumente, Dateien oder Materialien verlangen können, die das rechtswidrig erworbene oder genutzte Geschäftsgeheimnis enthalten oder verkörpern. Darüber hinaus tragen die anwendbaren nationalen Vorschriften zur Schadensersatzberechnung nicht immer dem immateriellen Charakter von Geschäftsgeheimnissen Rechnung, was es schwierig macht, den tatsächlich entgangenen Gewinn oder die unlautere Bereicherung des Rechtsverletzers zu belegen, wenn kein Marktwert für die fraglichen Informationen bestimmt werden kann. Nur wenige Mitgliedstaaten gestatten die Anwendung abstrakter Regeln zur Schadensberechnung auf der Grundlage einer angemessenen Lizenzgebühr, die im Falle einer Lizenzerteilung für die Nutzung des Geschäftsgeheimnisses zu entrichten gewesen wäre. Hinzu kommt, dass viele nationale Vorschriften keinen angemessenen Schutz der Vertraulichkeit eines

---

[1] **Amtl. Anm.:** Beschluss 94/800/EG des Rates vom 22. Dezember 1994 über den Abschluss der Übereinkünfte im Rahmen der multilateralen Verhandlungen der Uruguay-Runde (1986–1994) im Namen der Europäischen Gemeinschaft in Bezug auf die in ihre Zuständigkeiten fallenden Bereiche (ABl. L 336 vom 23.12.1994, S. 1).

Geschäftsgeheimnisses für den Fall vorsehen, dass der Inhaber des Geschäftsgeheimnisses eine Klage wegen angeblichen rechtswidrigen Erwerbs oder angeblicher rechtswidriger Nutzung oder Offenlegung des Geschäftsgeheimnisses durch einen Dritten erhebt, wodurch die Attraktivität der bestehenden Maßnahmen und Rechtsbehelfe gemindert und der gebotene Schutz geschwächt wird.

(8) Die Unterschiede bei dem von den Mitgliedstaaten vorgesehenen rechtlichen Schutz von Geschäftsgeheimnissen zeigen, dass Geschäftsgeheimnisse nicht überall in der Union gleichermaßen geschützt sind, was eine Fragmentierung des Binnenmarkts in diesem Bereich und eine Schwächung des allgemeinen Abschreckungseffekts der einschlägigen Vorschriften zur Folge hat. Der Binnenmarkt wird insofern in Mitleidenschaft gezogen, als durch solche Unterschiede die Anreize für Unternehmen reduziert werden, innovationsbezogenen grenzüberschreitenden wirtschaftlichen Tätigkeiten, einschließlich Forschungs- oder Herstellungskooperationen mit Partnern, Outsourcing oder Investitionen in anderen Mitgliedstaaten, nachzugehen, bei denen man auf die Nutzung der als Geschäftsgeheimnis geschützten Informationen angewiesen ist. Grenzüberschreitende, vernetzte Forschung und Entwicklung sowie innovationsbezogene Tätigkeiten, einschließlich des damit zusammenhängenden Herstellungsprozesses und des sich anschließenden grenzüberschreitenden Handels, verlieren in der Union an Attraktivität und werden erschwert, was auch unionsweit zu Innovationsineffizienzen führt.

(9) Darüber hinaus besteht in Mitgliedstaaten mit einem vergleichsweise geringen Schutzniveau ein höheres Geschäftsrisiko, da es leichter ist, Geschäftsgeheimnisse zu stehlen oder auf andere unrechtmäßige Weise zu erwerben. Das führt zu einer ineffizienten Kapitalallokation für wachstumsfördernde Innovationen im Binnenmarkt aufgrund der höheren Ausgaben für Schutzmaßnahmen zur Kompensation des unzureichenden rechtlichen Schutzes in einigen Mitgliedstaaten. Auch leistet es Aktivitäten unfairer Wettbewerber Vorschub, die nach dem rechtswidrigen Erwerb von Geschäftsgeheimnissen die aus diesem Erwerb gewonnenen Produkte im gesamten Binnenmarkt verbreiten könnten. Die Unterschiede zwischen den gesetzlichen Regelungen erleichtern auch die Einfuhr von Produkten aus Drittländern in die Union über Einfuhrstellen mit geringerem Schutzniveau in Fällen, in denen Konzeption, Herstellung oder Vermarktung der Produkte auf gestohlenen oder anderen unrechtmäßig erworbenen Geschäftsgeheimnissen beruhen. Insgesamt sind derartige Unterschiede dem ordnungsgemäßen Funktionieren des Binnenmarkts abträglich.

(10) Es ist angezeigt, auf Unionsebene Vorschriften zur Annäherung der Rechtsvorschriften der Mitgliedstaaten vorzusehen, damit im gesamten Binnenmarkt ein ausreichender und kohärenter zivilrechtlicher Schutz für den Fall des rechtswidrigen Erwerbs oder der rechtswidrigen Nutzung oder Offenlegung eines Geschäftsgeheimnisses besteht. Diese Regeln sollten die Mitgliedstaaten nicht daran hindern, einen weitergehenden Schutz vor rechtswidrigem Erwerb oder vor rechtswidriger Nutzung oder Offenlegung von Geschäftsgeheimnissen vorzuschreiben, sofern die in dieser Richtlinie ausdrücklich festgelegten Regelungen zum Schutz der Interessen anderer Parteien eingehalten werden.

(11) Diese Richtlinie sollte die Anwendung unionsweiter oder nationaler Rechtsvorschriften, nach denen Informationen, darunter Geschäftsgeheimnisse, gegenüber der Öffentlichkeit oder staatlichen Stellen offengelegt werden müssen, unberührt lassen. Ebenso sollte sie die Anwendung der Rechtsvorschriften unberührt lassen, nach denen es staatlichen Stellen gestattet ist, zur Erledigung ihrer Aufgaben Informationen zu erheben, oder der Rechtsvorschriften, nach denen diese staatlichen Stellen einschlägige Informationen an die Öffentlichkeit weitergeben dürfen oder müssen. Dazu gehören insbesondere Rechtsvorschrif-

ten über die Offenlegung geschäftsbezogener Informationen durch Organe und Einrichtungen der Union oder nationale Behörden, über die diese gemäß der Verordnung (EG) Nr. 1049/2001 des Europäischen Parlaments und des Rates,[1] der Verordnung (EG) Nr. 1367/2006 des Europäischen Parlaments und des Rates[2] sowie der Richtlinie 2003/4/EG des Europäischen Parlaments und des Rates[3] oder gemäß anderen Bestimmungen über den Zugang der Öffentlichkeit zu Dokumenten oder über Transparenzverpflichtungen der nationalen Behörden verfügen.

(12) Diese Richtlinie sollte das Recht der Sozialpartner, – falls nach dem Arbeitsrecht vorgesehen – Kollektivverträge einzugehen, hinsichtlich der Verpflichtung zur Nichtoffenlegung von Geschäftsgeheimnissen oder zur Beschränkung ihrer Nutzung und hinsichtlich der Konsequenzen eines Verstoßes gegen diese Verpflichtung durch die Partei, die ihnen unterworfen ist, nicht berühren. Dies sollte an die Bedingung geknüpft sein, dass ein derartiger Kollektivvertrag nicht die in dieser Richtlinie enthaltenen Ausnahmen einschränkt, wenn ein Antrag auf in dieser Richtlinie vorgesehene Maßnahmen, Verfahren oder Rechtsbehelfe wegen des angeblichen Erwerbs oder der angeblichen Nutzung und Offenlegung von Geschäftsgeheimnissen zurückzuweisen ist.

(13) Diese Richtlinie sollte nicht als Einschränkung der Niederlassungsfreiheit, der Freizügigkeit der Arbeitnehmer oder der Mobilität der Arbeitnehmer, wie sie im Unionsrecht niedergelegt sind, verstanden werden. Außerdem soll sie die Möglichkeit des Abschlusses von Vereinbarungen über ein Wettbewerbsverbot zwischen Arbeitgebern und Arbeitnehmern gemäß dem geltenden Recht unberührt lassen.

(14) Es ist wichtig, eine homogene Definition des Begriffs „Geschäftsgeheimnis" festzulegen, ohne den vor widerrechtlicher Aneignung zu schützenden Bereich einzuengen. Eine solche Definition sollte daher so beschaffen sein, dass sie Know-how, Geschäftsinformationen und technologische Informationen abdeckt, bei denen sowohl ein legitimes Interesse an ihrer Geheimhaltung besteht als auch die legitime Erwartung, dass diese Vertraulichkeit gewahrt wird. Darüber hinaus sollten solches Know-how oder solche Informationen einen – realen oder potenziellen – Handelswert verkörpern. Solches Know-how oder solche Informationen sollten so verstanden werden, dass sie einen Handelswert verkörpern, zum Beispiel wenn ihr unbefugter Erwerb oder ihre unbefugte Nutzung oder Offenlegung die Interessen der Person, die rechtmäßig die Kontrolle über sie ausübt, aller Voraussicht nach dadurch schädigt, dass das wissenschaftliche oder technische Potenzial, die geschäftlichen oder finanziellen Interessen, die strategische Position oder die Wettbewerbsfähigkeit dieser Person untergraben werden. Die Definition eines Geschäftsgeheimnisses schließt belanglose Informationen und die Erfahrungen und Qualifikationen, die Beschäftigte im Zuge der Ausübung ihrer üblichen Tätigkeiten erwerben, sowie Informationen aus, die den Personenkreisen, die

---

[1] **Amtl. Anm.:** Verordnung (EG) Nr. 1049/2001 des Europäischen Parlaments und des Rates vom 30. Mai 2001 über den Zugang der Öffentlichkeit zu Dokumenten des Europäischen Parlaments, des Rates und der Kommission (ABl. L 145 vom 31.5.2001, S. 43).

[2] **Amtl. Anm.:** Verordnung (EG) Nr. 1367/2006 des Europäischen Parlaments und des Rates vom 6. September 2006 über die Anwendung der Bestimmungen des Übereinkommens von Århus über den Zugang zu Informationen, die Öffentlichkeitsbeteiligung an Entscheidungsverfahren und den Zugang zu Gerichten in Umweltangelegenheiten auf Organe und Einrichtungen der Gemeinschaft (ABl. L 264 vom 25.9.2006, S. 13).

[3] **Amtl. Anm.:** Richtlinie 2003/4/EG des Europäischen Parlaments und des Rates vom 28. Januar 2003 über den Zugang der Öffentlichkeit zu Umweltinformationen und zur Aufhebung der Richtlinie 90/313/EWG des Rates (ABl. L 41 vom 14.2.2003, S. 26).

üblicherweise mit derartigen Informationen umgehen, generell bekannt sind bzw. für sie leicht zugänglich sind.

(15) Auch ist es wichtig, die Umstände festzulegen, unter denen ein rechtlicher Schutz von Geschäftsgeheimnissen gerechtfertigt ist. Aus diesem Grund muss definiert werden, welches Verhalten und welche Praktiken als rechtswidriger Erwerb oder rechtswidrige Nutzung oder Offenlegung eines Geschäftsgeheimnisses zu betrachten sind.

(16) Im Interesse von Innovation und Wettbewerbsförderung sollten die Bestimmungen dieser Richtlinie keine Exklusivrechte an als Geschäftsgeheimnis geschütztem Know-how oder als solchem geschützten Informationen begründen. Auf diese Weise sollte die unabhängige Entdeckung desselben Know-hows oder derselben Informationen möglich bleiben. Das „Reverse Engineering" bei einem rechtmäßig erworbenen Produkt sollte als ein rechtlich zulässiges Mittel zum Erwerb von Informationen angesehen werden, es sei denn, dass vertraglich etwas anderes vereinbart wurde. Die Freiheit zum Abschluss derartiger vertraglicher Vereinbarungen kann jedoch rechtlich beschränkt werden.

(17) In einigen Industriezweigen, in denen Urheber und Innovatoren keine Exklusivrechte genießen und in denen sich Innovationen traditionell auf Geschäftsgeheimnisse stützen, ist es mittlerweile ein Leichtes, in Verkehr gebrachte Erzeugnisse mithilfe von „Reverse Engineering" nachzukonstruieren. In diesen Fällen können die genannten Urheber und Innovatoren von Praktiken wie Produktpiraterie oder sklavischen Nachahmungen betroffen sein, die von ihrem Ansehen und ihre Innovationsanstrengungen profitieren. In einigen nationalen Rechtsvorschriften über unlauteren Wettbewerb wird auf diese Praktiken eingegangen. Diese Richtlinie hat zwar nicht zum Ziel, das Recht des unlauteren Wettbewerbs insgesamt zu reformieren oder zu harmonisieren, jedoch sollte die Kommission sorgfältig prüfen, ob in diesem Bereich auf Unionsebene Handlungsbedarf besteht.

(18) Ferner sollten Erwerb, Nutzung oder Offenlegung von Geschäftsgeheimnissen immer dann, wenn sie rechtlich vorgeschrieben oder zulässig sind, als rechtmäßig im Sinne dieser Richtlinie gelten. Das betrifft insbesondere den Erwerb und die Offenlegung von Geschäftsgeheimnissen im Rahmen der Inanspruchnahme des Rechts der Arbeitnehmervertreter auf Information, Anhörung und Mitwirkung gemäß dem Unionsrecht und dem Recht oder den Gepflogenheiten der Mitgliedstaaten sowie im Rahmen der kollektiven Vertretung der Interessen der Arbeitnehmer und der Arbeitgeber einschließlich der Mitbestimmung und den Erwerb oder die Offenlegung von Geschäftsgeheimnissen im Rahmen von Pflichtprüfungen, die gemäß dem Unionsrecht oder dem nationalen Recht durchgeführt werden. Allerdings sollte diese Einstufung des Erwerbs eines Geschäftsgeheimnisses als rechtmäßig die Geheimhaltungspflicht in Bezug auf das Geschäftsgeheimnis oder jegliche Beschränkung der Nutzung des Geschäftsgeheimnisses, die Rechtsvorschriften der Union oder der Mitgliedstaaten dem Empfänger der Information auferlegen, unberührt lassen. Insbesondere sollte diese Richtlinie die Behörden nicht von ihrer Pflicht zur Geheimhaltung von Informationen, die ihnen von Inhabern von Geschäftsgeheimnissen übermittelt werden, entbinden, und zwar unabhängig davon, ob diese Pflichten in Rechtsvorschriften der Union oder der Mitgliedstaaten festgelegt sind. Diese Geheimhaltungspflicht umfasst unter anderem die Pflichten im Zusammenhang mit Informationen, die öffentlichen Auftraggebern im Rahmen der Vergabe öffentlicher Aufträge übermittelt werden, wie sie beispielsweise in der Richtlinie 2014/23/EU des Europäischen Parlaments und des Rates,[1] der Richtlinie 2014/24/EU des Europäischen Parla-

[1] **Amtl. Anm.:** Richtlinie 2014/23/EU des Europäischen Parlaments und des Rates vom 26. Februar 2014 über die Konzessionsvergabe (ABl. L 94 vom 28.3.2014, S. 1).

ments und des Rates[1] und der Richtlinie 2014/25/EU des Europäischen Parlaments und des Rates[2] festgelegt sind.

(19) Diese Richtlinie sieht zwar Maßnahmen und Rechtsbehelfe vor, die darin bestehen können, dass die Offenlegung von Informationen verhindert wird, um Geschäftsgeheimnisse zu schützen, doch darf die Ausübung des Rechts auf Freiheit der Meinungsäußerung und Informationsfreiheit, das sich gemäß Artikel 11 der Charta der Grundrechte der Europäischen Union (im Folgenden „Charta") auch auf die Freiheit der Medien und ihre Pluralität erstreckt, keinesfalls eingeschränkt werden, insbesondere was den investigativen Journalismus und den Schutz der journalistischen Quellen anbelangt.

(20) Die in dieser Richtlinie vorgesehenen Maßnahmen, Verfahren und Rechtsbehelfe sollten nicht dazu dienen, Whistleblowing-Aktivitäten einzuschränken. Daher sollte sich der Schutz von Geschäftsgeheimnissen nicht auf Fälle erstrecken, in denen die Offenlegung eines Geschäftsgeheimnisses insoweit dem öffentlichen Interesse dient, als ein regelwidriges Verhalten, ein Fehlverhalten oder eine illegale Tätigkeit von unmittelbarer Relevanz aufgedeckt wird. Das sollte nicht so verstanden werden, dass die zuständigen Gerichte daran gehindert seien, Ausnahmen von der Anwendung der Maßnahmen, Verfahren und Rechtsbehelfe in den Fällen zuzulassen, in denen der Antragsgegner allen Grund hatte, in gutem Glauben davon auszugehen, dass sein Verhalten den in dieser Richtlinie festgelegten angemessenen Kriterien entspricht.

(21) Im Einklang mit dem Grundsatz der Verhältnismäßigkeit sollten die Maßnahmen, Verfahren und Rechtsbehelfe zum Schutz von Geschäftsgeheimnissen darauf zugeschnitten sein, das Ziel eines reibungslos funktionierenden Binnenmarkts für Forschung und Innovation zu erreichen, indem sie insbesondere vor dem rechtswidrigen Erwerb und der rechtswidrigen Nutzung und Offenlegung eines Geschäftsgeheimnisses abschrecken. Eine solche Zuschneidung dieser Maßnahmen, Verfahren und Rechtsbehelfe sollte die Grundrechte und Grundfreiheiten oder das Gemeinwohl, etwa die öffentliche Sicherheit, den Verbraucherschutz, die öffentliche Gesundheit und den Umweltschutz, nicht gefährden oder untergraben und die Mobilität der Arbeitnehmer nicht beeinträchtigen. Deshalb bezwecken die in dieser Richtlinie festgelegten Maßnahmen, Verfahren und Rechtsbehelfe zu gewährleisten, dass die zuständigen Gerichte Faktoren wie dem Wert eines Geschäftsgeheimnisses, der Schwere des Verhaltens, das zum rechtswidrigen Erwerb oder zur rechtswidrigen Nutzung oder Offenlegung geführt hat, sowie den Auswirkungen dieses Verhaltens Rechnung tragen. Auch sollte sichergestellt sein, dass die zuständigen Gerichte über das Ermessen verfügen, die Interessen der an einem Rechtsstreit beteiligten Parteien und die Interessen Dritter, gegebenenfalls auch der Verbraucher, gegeneinander abzuwägen.

(22) Das reibungslose Funktionieren des Binnenmarkts würde unterminiert, wenn die vorgesehenen Maßnahmen, Verfahren und Rechtsbehelfe dazu genutzt würden, nicht legitime, mit den Zielen dieser Richtlinie unvereinbare Absichten zu verfolgen. Daher ist es wichtig, dass den Gerichten die Befugnis erteilt wird, angemessene Maßnahmen gegenüber Antragstellern zu treffen, die missbräuchlich oder unredlich handeln und offensichtlich unbegründete Anträge stellen, beispiels-

---

[1] **Amtl. Anm.:** Richtlinie 2014/24/EU des Europäischen Parlaments und des Rates vom 26. Februar 2014 zur öffentlichen Auftragsvergabe und zur Aufhebung der Richtlinie 2004/18/EG (ABl. L 94 vom 28.3.2014, S. 65).

[2] **Amtl. Anm.:** Richtlinie 2014/25/EU des Europäischen Parlaments und des Rates vom 26. Februar 2014 über die Vergabe von Aufträgen durch Auftraggeber im Bereich der Wasser-, Energie- und Verkehrsversorgung sowie der Postdienste und zur Aufhebung der Richtlinie 2004/17/EG (ABl. L 94 vom 28.3.2014, S. 243).

weise zu dem Zweck, den Marktzugang des Antragsgegners in unbilliger Weise zu verzögern oder zu beschränken oder ihn auf andere Weise einzuschüchtern oder ihm Schwierigkeiten zu bereiten.

(23) Im Interesse der Rechtssicherheit und angesichts der Tatsache, dass von rechtmäßigen Inhabern von Geschäftsgeheimnissen erwartet wird, dass sie in Bezug auf die Wahrung der Vertraulichkeit ihrer wertvollen Geschäftsgeheimnisse und auf die Überwachung von deren Nutzung eine Sorgfaltspflicht wahrnehmen, ist es angemessen, materielle Ansprüche oder die Möglichkeit einer Klageerhebung zum Schutz von Geschäftsgeheimnissen auf einen bestimmten Zeitraum zu beschränken. In den nationalen Rechtsvorschriften sollte zudem klar und unmissverständlich festgelegt werden, wann dieser Zeitraum beginnen und unter welchen Umständen er unterbrochen oder ausgesetzt werden soll.

(24) Angesichts der Möglichkeit, dass die Vertraulichkeit eines Geschäftsgeheimnisses im Verlauf von Gerichtsverfahren nicht gewahrt bleibt, schrecken die rechtmäßigen Inhaber von Geschäftsgeheimnissen häufig davor zurück, zum Schutz ihrer Geschäftsgeheimnisse ein Gerichtsverfahren einzuleiten; dies stellt die Wirksamkeit der vorgesehenen Maßnahmen, Verfahren und Rechtsbehelfe infrage. Daher bedarf es – vorbehaltlich geeigneter Schutzmaßnahmen, die das Recht auf einen wirksamen Rechtsbehelf und ein faires Verfahren garantieren – spezifischer Anforderungen, die darauf abstellen, die Vertraulichkeit eines Geschäftsgeheimnisses, das Gegenstand eines Gerichtsverfahrens ist, im Verlauf des Verfahrens zu wahren. Der entsprechende Schutz sollte auch nach Abschluss des Gerichtsverfahrens und so lange weiterbestehen, wie die Informationen, die Gegenstand des Geschäftsgeheimnisses sind, nicht öffentlich verfügbar sind.

(25) Diese Anforderungen sollten zumindest die Möglichkeit vorsehen, den zum Zugang zu Beweismitteln oder Anhörungen berechtigten Personenkreis zu beschränken – wobei zu bedenken ist, dass alle diese Personen den Geheimhaltungsvorschriften dieser Richtlinie unterliegen sollten – und ausschließlich die nicht vertraulichen Teile von Gerichtsentscheidungen zu veröffentlichen. In Anbetracht der Tatsache, dass Gerichtsverfahren unter anderem hauptsächlich dazu dienen, die Art der Informationen zu bewerten, die Gegenstand eines Rechtsstreits sind, muss dabei sichergestellt werden, dass die Geschäftsgeheimnisse wirksam geschützt werden und gleichzeitig das Recht der Verfahrensparteien auf einen wirksamen Rechtsbehelf und ein faires Verfahren gewahrt bleibt. Der beschränkte Personenkreis sollte daher aus mindestens einer natürlichen Person jeder Partei sowie den jeweiligen Rechtsanwälten der Parteien und gegebenenfalls sonstigen Vertretern bestehen, die nach dem nationalen Recht ausreichend qualifiziert sind, um eine Partei in einem unter diese Richtlinie fallenden Gerichtsverfahren zu verteidigen, zu vertreten oder ihre Interessen wahrzunehmen; all diese Personen sollten Zugang zu den betreffenden Beweismitteln oder Anhörungen haben. Ist eine der Parteien eine juristische Person, so sollte sie eine oder mehrere natürliche Personen, die diesem Personenkreis angehören sollen, vorschlagen können, damit sichergestellt ist, dass sie angemessen vertreten wird, wobei allerdings durch eine ausreichende gerichtliche Kontrolle verhindert werden muss, dass das Ziel, den Zugang zu Beweismitteln und Anhörungen zu beschränken, unterlaufen wird. Diese Schutzklauseln sollten nicht so verstanden werden, dass sich die Parteien im Verlauf des Gerichtsverfahrens von einem Rechtsanwalt oder einem anderen Vertreter vertreten lassen müssen, wenn das nach nationalem Recht nicht erforderlich ist. Auch sollten sie nicht so verstanden werden, dass die Zuständigkeit der Gerichte, gemäß den geltenden Vorschriften und Gepflogenheiten des betreffenden Mitgliedstaats zu entscheiden, ob und in welchem Umfang die zuständigen Gerichtsbediensteten zur Erfüllung ihrer

Aufgaben ebenfalls uneingeschränkt Zugang zu den Beweismitteln und Anhörungen erhalten, beschnitten wird.

(26) Der rechtswidrige Erwerb, die rechtswidrige Nutzung oder die rechtswidrige Offenlegung eines Geschäftsgeheimnisses durch einen Dritten könnte verheerende Folgen für den rechtmäßigen Inhaber des Geschäftsgeheimnisses haben, da dieser nach der Offenlegung den Zustand vor dem Verlust des Geschäftsgeheimnisses nicht wiederherstellen kann. Folglich kommt es entscheidend darauf an, rasche, wirksame und zugängliche vorläufige Maßnahmen zur unverzüglichen Beendigung des rechtswidrigen Erwerbs oder der rechtswidrigen Nutzung oder Offenlegung eines Geschäftsgeheimnisses zu treffen, auch in dem Fall, dass es zur Erbringung von Dienstleistungen genutzt wird. Es kommt entscheidend darauf an, dass eine solche Abhilfe zur Verfügung steht, ohne dass eine Sachentscheidung abgewartet werden muss, wobei das Recht auf Verteidigung und der Grundsatz der Verhältnismäßigkeit gewahrt werden müssen und die Umstände des Einzelfalls zu berücksichtigen sind. In bestimmten Fällen sollte es zulässig sein, es dem mutmaßlichen Rechtsverletzer vorbehaltlich der Hinterlegung einer oder mehrerer Sicherheiten zu gestatten, das Geschäftsgeheimnis insbesondere dann weiterhin zu nutzen, wenn nur geringe Gefahr besteht, dass es in die Öffentlichkeit gelangt. Es sollte außerdem möglich sein, Sicherheiten in ausreichender Höhe zu verlangen, um die dem Antragsgegner durch einen unbegründeten Antrag entstehenden Kosten und Schäden zu decken, insbesondere dann, wenn dem rechtmäßigen Inhaber eines Geschäftsgeheimnisses durch eine zeitliche Verzögerung ein nicht wiedergutzumachender Schaden entstünde.

(27) Aus dem gleichen Grund ist es wichtig, endgültige Maßnahmen vorzusehen, die eine rechtswidrige Nutzung oder Offenlegung eines Geschäftsgeheimnisses auch in dem Fall verhindern, dass das Geschäftsgeheimnis zur Erbringung von Dienstleistungen genutzt wird. Damit solche Maßnahmen wirksam und verhältnismäßig sind, sollten sie – sofern die Umstände eine Befristung erforderlich machen – lange genug gelten, um etwaige geschäftliche Vorteile zu beseitigen, die der betreffende Dritte möglicherweise aus dem rechtswidrigen Erwerb oder der rechtswidrigen Nutzung oder Offenlegung des Geschäftsgeheimnisses gezogen hat. Maßnahmen dieser Art sollten in keinem Fall vollstreckbar werden, wenn die ursprünglich dem Geschäftsgeheimnis unterliegenden Informationen aus Gründen, die nicht der Antragsgegner zu vertreten hat, allgemein zugänglich geworden sind.

(28) Es besteht die Möglichkeit, dass ein Geschäftsgeheimnis auf rechtswidrige Weise für die Entwicklung, Herstellung oder Vermarktung von Produkten oder deren Bestandteilen genutzt werden könnte, die dann im Binnenmarkt Verbreitung finden könnten; dadurch würde den geschäftlichen Interessen des Inhabers des Geschäftsgeheimnisses und dem Funktionieren des Binnenmarkts geschadet. In diesen Fällen ebenso wie in Fällen, in denen das Geschäftsgeheimnis sich erheblich auf die Qualität, den Wert oder den Preis der aus dieser rechtswidrigen Nutzung gewonnenen Endprodukte auswirkt oder die Kosten der Prozesse für ihre Herstellung oder Vermarktung senkt oder diese Prozesse erleichtert oder beschleunigt, ist es wichtig, die Gerichte zu ermächtigen, effektive und geeignete Maßnahmen anzuordnen, um sicherzustellen, dass die betreffenden Produkte nicht auf den Markt gebracht bzw. vom Markt genommen werden. In Anbetracht der globalen Natur des Handels ist es auch erforderlich, dass diese Maßnahmen ein Verbot der Einfuhr dieser Produkte in die Union oder ihrer Lagerung zum Zwecke einer Vermarktung beinhalten. Entsprechend dem Grundsatz der Verhältnismäßigkeit sollten Abhilfemaßnahmen nicht unbedingt die Vernichtung der Produkte zur Folge haben, wenn andere gangbare Möglichkeiten bestehen, wie etwa die Beseitigung der rechtsverletzenden Eigenschaft des Produkts oder eine Verwertung

der Produkte außerhalb des Marktes, beispielsweise in Form von Spenden an wohltätige Organisationen.

(29) Eine Person könnte ein Geschäftsgeheimnis ursprünglich in gutem Glauben erworben haben, aber erst zu einem späteren Zeitpunkt – zum Beispiel aufgrund einer entsprechenden Mitteilung des ursprünglichen Inhabers des Geschäftsgeheimnisses – erfahren, dass ihre Kenntnis des betreffenden Geschäftsgeheimnisses auf Quellen zurückgeht, die dieses Geschäftsgeheimnis auf unrechtmäßige Weise genutzt oder offengelegt haben. Damit in solchen Fällen die vorgesehenen gerichtlichen Abhilfemaßnahmen oder Anordnungen der betreffenden Person keinen unverhältnismäßig großen Schaden zufügen, sollten die Mitgliedstaaten für entsprechende Fälle als alternative Maßnahme die Möglichkeit einer finanziellen Entschädigung für die geschädigte Partei vorsehen. Diese Entschädigung sollte jedoch nicht den Betrag der Lizenzgebühren übersteigen, die bei einer genehmigten Nutzung des betreffenden Geschäftsgeheimnisses für den Zeitraum angefallen wären, für den der ursprüngliche Inhaber des Geschäftsgeheimnisses dessen Nutzung hätte verhindern können. Würde die rechtswidrige Nutzung des Geschäftsgeheimnisses jedoch einen Verstoß gegen andere Rechtsvorschriften als die in dieser Richtlinie enthaltenen darstellen oder zu einer Gefahr für die Verbraucher werden, sollte eine solche rechtswidrige Nutzung nicht gestattet werden.

(30) Damit eine Person, die wusste oder begründeterweise hätte wissen müssen, dass sie ein Geschäftsgeheimnis auf unrechtmäßige Weise erwirbt, nutzt oder offenlegt, aus einem solchen Verhalten keinen Vorteil ziehen kann und gewährleistet ist, dass für den geschädigten Inhaber des Geschäftsgeheimnisses so weit wie möglich die Situation wiederhergestellt wird, in der er sich befunden hätte, wenn es nicht zu einem solchen Verhalten gekommen wäre, ist eine angemessene Entschädigung für den infolge des rechtswidrigen Verhaltens erlittenen Schaden vorzusehen. Die Höhe des dem geschädigten Inhaber des Geschäftsgeheimnisses zuerkannten Schadensersatzes sollte allen relevanten Faktoren Rechnung tragen, so einem Einkommensverlust des Inhabers des Geschäftsgeheimnisses oder einem unlauteren Gewinn des Rechtsverletzers und gegebenenfalls etwaigen dem Inhaber des Geschäftsgeheimnisses entstandenen immateriellen Schäden. In Fällen, in denen es beispielsweise angesichts des immateriellen Charakters von Geschäftsgeheimnissen schwierig wäre, die Höhe des tatsächlich erlittenen Schadens zu bestimmen, käme als Alternative in Betracht, die Schadenshöhe aus Größen herzuleiten wie etwa den Lizenzgebühren, die angefallen wären, wenn der Rechtsverletzter um eine Genehmigung zur Nutzung des betreffenden Geschäftsgeheimnisses ersucht hätte. Bezweckt wird mit dieser alternativen Methode nicht die Einführung einer Verpflichtung zu einem als Strafe angelegten Schadensersatz, sondern die Gewährleistung einer Entschädigung für den Inhaber des Geschäftsgeheimnisses auf objektiver Grundlage unter Berücksichtigung der ihm entstandenen Kosten, zB im Zusammenhang mit der Feststellung der Rechtsverletzung und den Nachforschungen. Diese Richtlinie sollte die Mitgliedstaaten jedoch nicht daran hindern, in ihrem nationalen Recht vorzusehen, dass die Schadenshaftung von Arbeitnehmern bei nicht vorsätzlichem Handeln beschränkt wird.

(31) Zur zusätzlichen Abschreckung für potenzielle Rechtsverletzer und zur Sensibilisierung der breiten Öffentlichkeit ist es zweckmäßig, Entscheidungen in Fällen, bei denen es um den rechtswidrigen Erwerb oder die rechtswidrige Nutzung oder Offenlegung von Geschäftsgeheimnissen geht, gegebenenfalls durch öffentlichkeitswirksame Anzeigen zu veröffentlichen, sofern die Veröffentlichung weder mit einer Offenlegung des Geschäftsgeheimnisses verbunden ist noch der

Privatsphäre und der Reputation natürlicher Personen auf unverhältnismäßige Weise abträglich ist.

(32) Die Wirksamkeit der Maßnahmen, Verfahren und Rechtsbehelfe, die den Inhabern von Geschäftsgeheimnissen zur Verfügung stehen, könnte im Falle einer Nichtbefolgung der von den zuständigen Gerichten getroffenen Entscheidungen unterminiert werden. Daher ist sicherzustellen, dass die betreffenden Behörden über geeignete Sanktionsbefugnisse verfügen.

(33) Zur Erleichterung der einheitlichen Anwendung der in dieser Richtlinie vorgesehenen Maßnahmen, Verfahren und Rechtsbehelfe ist es angezeigt, Mechanismen für eine Zusammenarbeit und einen Informationsaustausch zwischen den Mitgliedstaaten einerseits und zwischen den Mitgliedstaaten und der Kommission andererseits vorzusehen, insbesondere durch die Schaffung eines Netzes von Korrespondenzstellen, die von den Mitgliedstaaten benannt werden. Um zu prüfen, ob die Maßnahmen ihren Zweck erfüllen, sollte die Kommission darüber hinaus – gegebenenfalls mit Unterstützung des Amts der Europäischen Union für geistiges Eigentum – die Anwendung dieser Richtlinie und die Wirksamkeit der nationalen Maßnahmen überprüfen.

(34) Diese Richtlinie wahrt die Grundrechte und die Grundsätze, die insbesondere in der Charta anerkannt wurden, namentlich das Recht auf Achtung des Privat- und Familienlebens, das Recht auf Schutz personenbezogener Daten, das Recht auf Freiheit der Meinungsäußerung und Informationsfreiheit, die Berufsfreiheit und das Recht zu arbeiten, die unternehmerische Freiheit, das Eigentumsrecht, das Recht auf eine gute Verwaltung, und insbesondere das Recht auf Zugang zu Dokumenten bei gleichzeitiger Wahrung des Geschäftsgeheimnisses, das Recht auf einen wirksamen Rechtsbehelf und ein faires Verfahren und die Verteidigungsrechte.

(35) Wichtig ist, dass das Recht auf Achtung des Privat- und Familienlebens und den Schutz der personenbezogenen Daten aller Personen gewahrt bleibt, deren personenbezogene Daten vom Inhaber des Geschäftsgeheimnisses bei Maßnahmen zum Schutz eines Geschäftsgeheimnisses eventuell verarbeitet werden oder die an einem Rechtsstreit über den rechtswidrigen Erwerb bzw. die rechtswidrige Nutzung oder Offenlegung von Geschäftsgeheimnissen gemäß dieser Richtlinie beteiligt sind und deren personenbezogene Daten verarbeitet werden. Für die im Rahmen dieser Richtlinie unter Aufsicht der zuständigen Behörden der Mitgliedstaaten und insbesondere der von ihnen bezeichneten unabhängigen öffentlichen Stellen durchgeführte Verarbeitung personenbezogener Daten gilt die Richtlinie 95/46/EG des Europäischen Parlaments und des Rates.[1] Daher sollte diese Richtlinie die in der Richtlinie 95/46/EG niedergelegten Rechte und Pflichten – insbesondere das Recht der betroffenen Person auf Zugang zu ihren personenbezogenen Daten, die verarbeitet werden, sowie auf Berichtigung, Löschung oder Sperrung unvollständiger oder unrichtiger Daten sowie gegebenenfalls die Pflicht zur Verarbeitung sensibler Daten gemäß Artikel 8 Absatz 5 der Richtlinie 95/46/EG – nicht berühren.

(36) Da das Ziel dieser Richtlinie, nämlich ein reibungsloses Funktionieren des Binnenmarkts durch die Schaffung eines ausreichenden und vergleichbaren Rechtsschutzes im Binnenmarkt in Fällen des rechtswidrigen Erwerbs oder der rechtswidrigen Nutzung oder Offenlegung eines Geschäftsgeheimnisses, von den Mitgliedstaaten nicht ausreichend verwirklicht werden kann, sondern vielmehr wegen seines Umfangs und seiner Wirkungen auf Unionsebene besser zu verwirk-

---

[1] **Amtl. Anm.:** Richtlinie 95/46/EG des Europäischen Parlaments und des Rates vom 24. Oktober 1995 zum Schutz natürlicher Personen bei der Verarbeitung personenbezogener Daten und zum freien Datenverkehr (ABl. L 281 vom 23.11.1995, S. 31).

lichen ist, kann die Union im Einklang mit dem in Artikel 5 des Vertrags über die Europäische Union verankerten Subsidiaritätsprinzip tätig werden. Entsprechend dem in demselben Artikel genannten Grundsatz der Verhältnismäßigkeit geht diese Richtlinie nicht über das für die Verwirklichung dieses Ziels erforderliche Maß hinaus.

(37) Diese Richtlinie zielt nicht darauf ab, die Vorschriften im Bereich der justiziellen Zusammenarbeit, der gerichtlichen Zuständigkeit oder der Anerkennung und Vollstreckung von Urteilen in Zivil- und Handelssachen zu harmonisieren oder darauf, Fragen des anwendbaren Rechts zu behandeln. Andere Unionsinstrumente, durch die derartige Angelegenheiten ganz allgemein geregelt werden, sollten grundsätzlich weiterhin für den von dieser Richtlinie abgedeckten Bereich gelten.

(38) Diese Richtlinie sollte die Anwendung der Wettbewerbsvorschriften, insbesondere der Artikel 101 und 102 des Vertrags über die Arbeitsweise der Europäischen Union (AEUV), unberührt lassen. Die in dieser Richtlinie vorgesehenen Maßnahmen, Verfahren und Rechtsbehelfe sollten nicht dazu verwendet werden, den Wettbewerb entgegen den Vorschriften des AEUV in unzulässiger Weise einzuschränken.

(39) Diese Richtlinie sollte die Anwendung etwaiger sonstiger relevanter Rechtsvorschriften in anderen Bereichen, einschließlich der Rechte des geistigen Eigentums und des Vertragsrechts, unberührt lassen. Im Falle einer Überschneidung des Anwendungsbereichs der Richtlinie 2004/48/EG des Europäischen Parlament und des Rates[1] mit dem Anwendungsbereich dieser Richtlinie geht diese Richtlinie als Lex specialis der anderen Richtlinie vor.

(40) Der Europäische Datenschutzbeauftragte wurde gemäß Artikel 28 Absatz 2 der Verordnung (EG) Nr. 45/2001 des Europäischen Parlaments und des Rates[2] angehört und hat seine Stellungnahme am 12. März 2014 abgegeben –

HABEN FOLGENDE RICHTLINIE ERLASSEN:

Kapitel I. Gegenstand und Anwendungsbereich

Art. 1 Gegenstand und Anwendungsbereich

(1) Diese Richtlinie legt Vorschriften für den Schutz von Geschäftsgeheimnissen vor rechtswidrigem Erwerb, rechtswidriger Nutzung und rechtswidriger Offenlegung fest.

[2] Die Mitgliedstaaten können unter Beachtung der Bestimmungen des AEUV einen weitergehenden als den durch diese Richtlinie vorgeschriebenen Schutz von Geschäftsgeheimnissen vor rechtswidrigem Erwerb, rechtswidriger Nutzung und rechtswidriger Offenlegung vorsehen, sofern gewährleistet ist, dass Artikel 3, Artikel 5, Artikel 6, Artikel 7 Absatz 1, Artikel 8, Artikel 9 Absatz 1 Absatz 2, Artikel 9 Absätze 3 und 4, Artikel 10 Absatz 2, Artikel 11, Artikel 13 und Artikel 15 Absatz 3 eingehalten werden.

---

[1] **Amtl. Anm.:** Richtlinie 2004/48/EG des Europäischen Parlaments und des Rates vom 29. April 2004 zur Durchsetzung der Rechte des geistigen Eigentums (ABl. L 157 vom 30.4.2004, S. 45).

[2] **Amtl. Anm.:** Verordnung (EG) Nr. 45/2001 des Europäischen Parlaments und des Rates vom 18. Dezember 2000 zum Schutz natürlicher Personen bei der Verarbeitung personenbezogener Daten durch die Organe und Einrichtungen der Gemeinschaft und zum freien Datenverkehr (ABl. L 8 vom 12.1.2001, S. 1).

(2) Diese Richtlinie berührt nicht

a) die Ausübung des Rechts der freien Meinungsäußerung und der Informationsfreiheit gemäß der Charta, einschließlich der Achtung der Freiheit und der Pluralität der Medien,
b) die Anwendung von Vorschriften der Union oder der Mitgliedstaaten, nach denen die Inhaber von Geschäftsgeheimnissen verpflichtet sind, aus Gründen des öffentlichen Interesses Informationen, auch Geschäftsgeheimnisse, gegenüber der Öffentlichkeit oder den Verwaltungsbehörden oder den Gerichten offenzulegen, damit diese ihre Aufgaben wahrnehmen können,
c) die Anwendung von Vorschriften der Union oder der Mitgliedstaaten, nach denen es den Organen und Einrichtungen der Union oder den nationalen Behörden vorgeschrieben oder gestattet ist, von Unternehmen vorgelegte Informationen offenzulegen, die diese Organe, Einrichtungen oder Behörden in Einhaltung der Pflichten und gemäß den Rechten, die im Unionsrecht oder im nationalen Recht niedergelegt sind, besitzen,
d) die Autonomie der Sozialpartner und ihr Recht, Kollektivverträge gemäß dem Unionsrecht sowie gemäß den Gepflogenheiten und den Rechtsvorschriften der Mitgliedstaaten einzugehen.

(3) [1]Keine Bestimmung dieser Richtlinie darf so ausgelegt werden, dass sie eine Grundlage dafür bietet, die Mobilität der Arbeitnehmer zu beschränken. [2]Was die Ausübung dieser Mobilität anbelangt, so bietet diese Richtlinie insbesondere keinerlei Grund für

a) die Beschränkung der Nutzung von Informationen, die kein Geschäftsgeheimnis im Sinne des Artikels 2 Nummer 1 darstellen, durch die Arbeitnehmer;
b) die Beschränkung der Nutzung von Erfahrungen und Fähigkeiten, die Arbeitnehmer im normalen Verlauf ihrer Tätigkeit ehrlich erworben haben;
c) die Auferlegung zusätzlicher Beschränkungen für Arbeitnehmer in ihren Arbeitsverträgen, die nicht gemäß dem Unionsrecht oder dem nationalen Recht auferlegt werden.

Art. 2 Begriffsbestimmungen

Für die Zwecke dieser Richtlinie bezeichnet der Ausdruck

1. „Geschäftsgeheimnis" Informationen, die alle nachstehenden Kriterien erfüllen:
   a) Sie sind in dem Sinne geheim, dass sie weder in ihrer Gesamtheit noch in der genauen Anordnung und Zusammensetzung ihrer Bestandteile den Personen in den Kreisen, die üblicherweise mit dieser Art von Informationen umgehen, allgemein bekannt oder ohne weiteres zugänglich sind;
   b) sie sind von kommerziellem Wert, weil sie geheim sind;
   c) sie sind Gegenstand von den Umständen entsprechenden angemessenen Geheimhaltungsmaßnahmen durch die Person, die die rechtmäßige Kontrolle über die Informationen besitzt;
2. „Inhaber eines Geschäftsgeheimnisses" jede natürliche oder juristische Person, die die rechtmäßige Kontrolle über ein Geschäftsgeheimnis besitzt;
3. „Rechtsverletzer" jede natürliche oder juristische Person, die auf rechtswidrige Weise Geschäftsgeheimnisse erworben, genutzt oder offengelegt hat;
4. „rechtsverletzende Produkte" Produkte, deren Konzeption, Merkmale, Funktionsweise, Herstellungsprozess oder Marketing in erheblichem Umfang auf

rechtswidrig erworbenen, genutzten oder offengelegten Geschäftsgeheimnissen beruhen.

Kapitel II. Erwerb, Nutzung und Offenlegung von Geschäftsgeheimnissen

Art. 3 Rechtmäßiger Erwerb, rechtmäßige Nutzung und rechtmäßige Offenlegung von Geschäftsgeheimnissen

(1) Der Erwerb eines Geschäftsgeheimnisses gilt als rechtmäßig, wenn das Geschäftsgeheimnis auf eine der folgenden Weisen erlangt wird:
a) unabhängige Entdeckung oder Schöpfung;
b) Beobachtung, Untersuchung, Rückbau oder Testen eines Produkts oder Gegenstands, das bzw. der öffentlich verfügbar gemacht wurde oder sich im rechtmäßigen Besitz des Erwerbers der Information befindet, der keiner rechtsgültigen Pflicht zur Beschränkung des Erwerbs des Geschäftsgeheimnisses unterliegt;
c) Inanspruchnahme des Rechts der Arbeitnehmer oder Arbeitnehmervertreter auf Information und Anhörung gemäß dem Unionsrecht sowie gemäß den Rechtsvorschriften und den Gepflogenheiten der Mitgliedstaaten,
d) jede andere Vorgehensweise, die unter den gegebenen Umständen mit einer seriösen Geschäftspraxis vereinbar ist.

(2) Der Erwerb, die Nutzung oder die Offenlegung eines Geschäftsgeheimnisses gilt insofern als rechtmäßig, als der Erwerb, die Nutzung oder die Offenlegung durch Unionsrecht oder nationales Recht vorgeschrieben oder erlaubt ist.

Art. 4 Rechtswidriger Erwerb, rechtswidrige Nutzung und rechtswidrige Offenlegung von Geschäftsgeheimnissen

(1) Die Mitgliedstaaten stellen sicher, dass die Inhaber von Geschäftsgeheimnissen berechtigt sind, die in dieser Richtlinie vorgesehenen Maßnahmen, Verfahren und Rechtsbehelfe zu beantragen, um einen rechtswidrigen Erwerb, eine rechtswidrige Nutzung oder eine rechtswidrige Offenlegung ihres Geschäftsgeheimnisses zu verhindern oder eine Entschädigung zu erlangen.

(2) Der Erwerb eines Geschäftsgeheimnisses ohne Zustimmung des Inhabers des Geschäftsgeheimnisses gilt als rechtswidrig, wenn er erfolgt durch
a) unbefugten Zugang zu, unbefugte Aneignung oder unbefugtes Kopieren von Dokumenten, Gegenständen, Materialien, Stoffen oder elektronischen Dateien, die der rechtmäßigen Kontrolle durch den Inhaber des Geschäftsgeheimnisses unterliegen und die das Geschäftsgeheimnis enthalten oder aus denen sich das Geschäftsgeheimnis ableiten lässt;
b) jedes sonstige Verhalten, das unter den jeweiligen Umständen als mit einer seriösen Geschäftspraxis nicht vereinbar gilt.

(3) Die Nutzung oder Offenlegung eines Geschäftsgeheimnisses gilt als rechtswidrig, wenn sie ohne Zustimmung des Inhabers des Geschäftsgeheimnisses durch eine Person erfolgt, von der sich erweist, dass auf sie eine der folgenden Bedingungen zutrifft:

a) Sie hat das Geschäftsgeheimnis auf rechtswidrige Weise erworben.
b) Sie verstößt gegen eine Vertraulichkeitsvereinbarung oder eine sonstige Verpflichtung, das Geschäftsgeheimnis nicht offenzulegen.
c) Sie verstößt gegen eine vertragliche oder sonstige Verpflichtung zur Beschränkung der Nutzung des Geschäftsgeheimnisses.

(4) Ebenfalls als rechtswidrig gilt der Erwerb, die Nutzung oder die Offenlegung eines Geschäftsgeheimnisses, wenn eine Person zum Zeitpunkt des Erwerbs, der Nutzung oder der Offenlegung wusste oder unter den gegebenen Umständen hätte wissen müssen, dass sie unmittelbar oder mittelbar über eine andere Person in den Besitz des Geschäftsgeheimnisses gelangt war, die dieses rechtswidrig im Sinne des Absatzes 3 genutzt oder offengelegt hat.

(5) Das Herstellen, Anbieten oder Inverkehrbringen von rechtsverletzenden Produkten oder die Einfuhr, Ausfuhr oder Lagerung von rechtsverletzenden Produkten für diese Zwecke stellt ebenfalls eine rechtswidrige Nutzung eines Geschäftsgeheimnisses dar, wenn die Person, die diese Tätigkeiten durchführt, wusste oder unter den gegebenen Umständen hätte wissen müssen, dass das Geschäftsgeheimnis rechtswidrig im Sinne des Absatzes 3 genutzt wurde.

Art. 5 Ausnahmen

Die Mitgliedstaaten stellen sicher, dass ein Antrag auf die in dieser Richtlinie vorgesehenen Maßnahmen, Verfahren und Rechtsbehelfe abgelehnt wird, wenn der angebliche Erwerb oder die angebliche Nutzung oder Offenlegung des Geschäftsgeheimnisses in einem der folgenden Fälle erfolgt ist:
a) zur Ausübung des Rechts der freien Meinungsäußerung und der Informationsfreiheit gemäß der Charta, einschließlich der Achtung der Freiheit und der Pluralität der Medien;
b) zur Aufdeckung eines beruflichen oder sonstigen Fehlverhaltens oder einer illegalen Tätigkeit, sofern der Antragsgegner in der Absicht gehandelt hat, das allgemeine öffentliche Interesse zu schützen;
c) Offenlegung durch Arbeitnehmer gegenüber ihren Vertretern im Rahmen der rechtmäßigen Erfüllung der Aufgaben dieser Vertreter gemäß dem Unionsrecht oder dem nationalen Recht, sofern die Offenlegung zur Erfüllung dieser Aufgaben erforderlich war;
d) zum Schutz eines durch das Unionsrecht oder das nationale Recht anerkannten legitimen Interesses.

Kapitel III. Maßnahmen, Verfahren und Rechtsbehelfe

Abschnitt 1. Allgemeine Bestimmungen

Art. 6 Allgemeine Verpflichtung

(1) Die Mitgliedstaaten sehen die Maßnahmen, Verfahren und Rechtsbehelfe vor, die erforderlich sind, um einen zivilrechtlichen Schutz vor rechtswidrigem Erwerb sowie rechtswidriger Nutzung und Offenlegung von Geschäftsgeheimnissen zu gewährleisten.

(2) Die in Absatz 1 genannten Maßnahmen, Verfahren und Rechtsbehelfe:

a) müssen fair und gerecht sein;
b) dürfen nicht unnötig kompliziert oder kostspielig sein und keine unangemessenen Fristen oder ungerechtfertigten Verzögerungen mit sich bringen und
c) sie müssen wirksam und abschreckend sein.

Art. 7 Verhältnismäßigkeit und missbräuchliche Klagen

(1) Die in dieser Richtlinie vorgesehenen Maßnahmen, Verfahren und Rechtsbehelfe sind in einer Art und Weise anzuwenden, die

a) verhältnismäßig ist,
b) die Errichtung von Schranken für den rechtmäßigen Handel im Binnenmarkt vermeidet und
c) Gewähr gegen ihren Missbrauch bietet.

(2) *[1]* [1]Die Mitgliedstaaten stellen sicher, dass die zuständigen Gerichte – auf Antrag des Antragsgegners – im nationalen Recht vorgesehene angemessene Maßnahmen anwenden können, falls eine Klage wegen rechtswidrigen Erwerbs oder rechtswidriger Nutzung oder Offenlegung eines Geschäftsgeheimnisses offensichtlich unbegründet ist und der Antragsteller das Gerichtsverfahren missbräuchlich oder in unredlicher Absicht eingeleitet hat. [2]Diese Maßnahmen können soweit erforderlich die Gewährung von Schadensersatz für den Antragsgegner, die Verhängung von Sanktionen gegen den Antragsteller oder die Anordnung der Veröffentlichung von Informationen über die getroffene Entscheidung nach Artikel 15 umfassen.

[2] Die Mitgliedstaaten können vorsehen, dass die in Absatz 1 genannten Maßnahmen Gegenstand getrennter Gerichtsverfahren sind.

Art. 8 Verjährungsfristen

(1) [1] Die Mitgliedstaaten legen gemäß diesem Artikel Vorschriften über die Verjährungsfristen für materielle Ansprüche und Klagen auf Anwendung der in dieser Richtlinie vorgesehenen Maßnahmen, Verfahren und Rechtsbehelfe fest.

[2] Die in Absatz 1 genannten Vorschriften legen fest, wann die Verjährungsfrist beginnt, wie lang sie dauert und unter welchen Umständen sie unterbrochen oder ausgesetzt wird.

(2) Die Verjährungsfrist beträgt höchstens sechs Jahre.

Art. 9 Wahrung der Vertraulichkeit von Geschäftsgeheimnissen im Verlauf von Gerichtsverfahren

(1) *[1]* [1]Die Mitgliedstaaten stellen sicher, dass die Parteien, ihre Rechtsanwälte oder sonstigen Vertreter, Gerichtsbedienstete, Zeugen, Sachverständige und alle sonstigen Personen, die an einem Gerichtsverfahren beteiligt sind, das den rechtswidrigen Erwerb oder die rechtswidrige Nutzung oder Offenlegung eines Geschäftsgeheimnisses zum Gegenstand hat, oder die Zugang zu Dokumenten haben, die Teil eines solchen Gerichtsverfahrens sind, nicht befugt sind, ein Geschäftsgeheimnis oder ein angebliches Geschäftsgeheimnis zu nutzen oder offenzulegen, das von den zuständigen Gerichten aufgrund eines ordnungsgemäß begründeten Antrags einer interessierten Partei als vertraulich eingestuft worden

ist und von dem sie aufgrund der Teilnahme an dem Verfahren oder des Zugangs zu den Dokumenten Kenntnis erlangt haben. [2]Die Mitgliedstaaten können ferner die zuständigen Gerichte ermächtigen, solche Maßnahmen von Amts wegen zu ergreifen.

[2] [1]Die in Absatz 1 genannte Verpflichtung besteht auch nach Abschluss des Gerichtsverfahrens weiter fort. [2]Die Verpflichtung endet jedoch, wenn eine der folgenden Situationen eintritt:

a) Im Rahmen einer rechtskräftigen Entscheidung wird festgestellt, dass das angebliche Geschäftsgeheimnis nicht die in Artikel 2 Nummer 1 genannten Kriterien erfüllt, oder
b) im Laufe der Zeit werden die in Frage stehenden Informationen für Personen in den Kreisen, die üblicherweise mit der betreffenden Art von Informationen umgehen, allgemein bekannt oder ohne weiteres zugänglich.

(2) *[1]* [1]Die Mitgliedstaaten stellen des Weiteren sicher, dass die zuständigen Gerichte auf ordnungsgemäß begründeten Antrag einer Partei spezifische Maßnahmen treffen können, die erforderlich sind, um die Vertraulichkeit eines Geschäftsgeheimnisses oder eines angeblichen Geschäftsgeheimnisses zu wahren, das im Laufe eines Gerichtsverfahrens im Zusammenhang mit dem rechtswidrigen Erwerb oder der rechtswidrigen Nutzung oder Offenlegung eines Geschäftsgeheimnisses genutzt oder auf das in diesem Rahmen Bezug genommen wird. [2]Die Mitgliedstaaten können ferner die zuständigen Gerichte ermächtigen, solche Maßnahmen von Amts wegen zu ergreifen.

[2] Die in Absatz 1 genannten Maßnahmen sehen mindestens die Möglichkeit vor,

a) den Zugang zu von den Parteien oder Dritten vorgelegten Dokumenten, die Geschäftsgeheimnisse oder angebliche Geschäftsgeheimnisse enthalten, ganz oder teilweise auf eine begrenzte Anzahl von Personen zu beschränken;
b) den Zugang zu Anhörungen, bei denen unter Umständen Geschäftsgeheimnisse oder angebliche Geschäftsgeheimnisse offengelegt werden, und zu der entsprechenden Aufzeichnung oder Mitschrift dieser Anhörungen auf eine begrenzte Anzahl von Personen zu beschränken;
c) Personen, die nicht der begrenzten Anzahl von Personen nach den Buchstaben a und b angehören, eine nicht vertrauliche Fassung einer gerichtlichen Entscheidung bereitzustellen, in der die Geschäftsgeheimnisse enthaltenden Passagen gelöscht oder geschwärzt wurden.

[3] Die Anzahl der Personen nach Absatz 2 Buchstaben a und b darf nicht größer sein, als zur Wahrung des Rechts der Verfahrensparteien auf einen wirksamen Rechtsbehelf und ein faires Verfahren erforderlich ist, und muss mindestens eine natürliche Person jeder Partei und ihre jeweiligen Rechtsanwälte oder sonstigen Vertreter dieser Gerichtsverfahrensparteien umfassen.

(3) Bei der Entscheidung über die Maßnahmen gemäß Absatz 2 und der Beurteilung ihrer Verhältnismäßigkeit berücksichtigen die zuständigen Gerichte die Notwendigkeit, das Recht auf einen wirksamen Rechtsbehelf und ein faires Verfahren zu gewährleisten, die legitimen Interessen der Parteien und gegebenenfalls etwaiger Dritter sowie den möglichen Schaden, der einer der Parteien und gegebenenfalls etwaigen Dritten durch die Gewährung oder Ablehnung dieser Maßnahmen entstehen kann.

(4) Jede Verarbeitung personenbezogener Daten gemäß den Absätzen 1, 2 oder 3 erfolgt gemäß der Richtlinie 95/46/EG.

Abschnitt 2. Vorläufige und vorbeugende Maßnahmen

Art. 10 Vorläufige und vorbeugende Maßnahmen

(1) Die Mitgliedstaaten stellen sicher, dass die zuständigen Gerichte auf Antrag des Inhabers des Geschäftsgeheimnisses eine der folgenden vorläufigen und vorbeugenden Maßnahmen gegen den angeblichen Rechtsverletzer anordnen können:

a) vorläufige Einstellung oder gegebenenfalls vorläufiges Verbot der Nutzung oder Offenlegung des Geschäftsgeheimnisses;
b) Verbot des Herstellens, Anbietens, Vermarktens oder der Nutzung rechtsverletzender Produkte oder der Einfuhr, Ausfuhr oder Lagerung rechtsverletzender Produkte für diese Zwecke;
c) Beschlagnahme oder Herausgabe der mutmaßlich rechtsverletzenden Produkte, einschließlich eingeführter Produkte, um deren Inverkehrbringen oder ihren Umlauf im Markt zu verhindern.

(2) [1]Die Mitgliedstaaten stellen sicher, dass die Gerichte als Alternative zu den in Absatz 1 genannten Maßnahmen die Fortsetzung der angeblich rechtswidrigen Nutzung eines Geschäftsgeheimnisses an die Stellung einer oder mehrerer Sicherheiten knüpfen können, die die Entschädigung des Inhabers des Geschäftsgeheimnisses sicherstellen sollen. [2]Die Offenlegung eines Geschäftsgeheimnisses gegen die Stellung von Sicherheiten darf nicht erlaubt werden.

[Artikel 10: Text gilt seit 5.7.2016]

Art. 11 Anwendungsbedingungen und Schutzmaßnahmen

(1) Die Mitgliedstaaten stellen sicher, dass die zuständigen Gerichte im Zusammenhang mit den in Artikel 10 genannten Maßnahmen befugt sind, dem Antragsteller aufzuerlegen, alle vernünftigerweise verfügbaren Beweise vorzulegen, um sich mit ausreichender Sicherheit davon überzeugen zu können, dass

a) tatsächlich ein Geschäftsgeheimnis vorliegt,
b) der Antragsteller der Inhaber dieses Geschäftsgeheimnisses ist und
c) das Geschäftsgeheimnis auf rechtswidrige Weise erworben wurde, auf rechtswidrige Weise genutzt oder offengelegt wird oder ein rechtswidriger Erwerb oder eine rechtswidrige Nutzung oder Offenlegung des Geschäftsgeheimnisses droht.

(2) Die Mitgliedstaaten stellen sicher, dass die zuständigen Gerichte bei der Entscheidung über die Gewährung oder Ablehnung eines Antrags und der Beurteilung der Verhältnismäßigkeit den besonderen Umständen des Falls Rechnung tragen müssen, gegebenenfalls einschließlich:

a) des Wertes und anderer spezifischer Merkmale des Geschäftsgeheimnisses,
b) zum Schutz des Geschäftsgeheimnisses getroffene Maßnahmen,
c) des Verhaltens des Antragsgegners bei Erwerb, Nutzung oder Offenlegung des Geschäftsgeheimnisses,
d) der Folgen der rechtswidrigen Nutzung oder Offenlegung des Geschäftsgeheimnisses,
e) der legitimen Interessen der Parteien und Auswirkungen, die die Gewährung oder Ablehnung der Maßnahmen für die Parteien haben könnte,

f) der legitimen Interessen Dritter,
g) des öffentlichen Interesses und
h) des Schutzes der Grundrechte.

(3) Die Mitgliedstaaten stellen sicher, dass die in Artikel 10 genannten Maßnahmen auf Antrag des Antragsgegners aufgehoben oder auf andere Weise außer Kraft gesetzt werden, wenn

a) der Antragsteller nicht innerhalb einer angemessenen Frist, die entweder von dem die Maßnahmen anordnenden Gericht festgelegt wird, sofern dies nach dem Recht des Mitgliedstaats zulässig ist, oder, wenn es nicht zu einer solchen Festlegung kommt, 20 Arbeitstage oder 31 Kalendertage, wobei der längere der beiden Zeiträume gilt, nicht überschreitet, bei dem zuständigen Gericht das Verfahren einleitet, das zu einer Sachentscheidung führt oder
b) die in Frage stehenden Informationen aus Gründen, die dem Antragsgegner nicht zuzurechnen sind, nicht mehr die in Artikel 2 Nummer 1 genannten Kriterien erfüllen.

(4) Die Mitgliedstaaten stellen sicher, dass die zuständigen Gerichte die in Artikel 10 genannten Maßnahmen an die Stellung einer angemessenen Kaution oder die Leistung einer entsprechenden Sicherheit durch den Antragsteller knüpfen können, um eine etwaige Entschädigung des Antragsgegners oder einer etwaigen anderen von den Maßnahmen betroffenen Person sicherzustellen.

(5) [1] Werden die in Artikel 10 genannten Maßnahmen auf der Grundlage von Absatz 3 Buchstabe a des vorliegenden Artikels aufgehoben oder werden sie aufgrund einer Handlung oder Unterlassung des Antragstellers hinfällig, oder wird in der Folge festgestellt, dass kein rechtswidriger Erwerb oder keine rechtswidrige Nutzung oder Offenlegung des Geschäftsgeheimnisses vorlag und auch nicht drohte, so sind die zuständigen Gerichte befugt, auf Antrag des Antragsgegners oder eines geschädigten Dritten anzuordnen, dass der Antragsteller dem Antragsgegner oder dem geschädigten Dritten angemessenen Ersatz für den durch diese Maßnahmen entstandenen Schaden zu leisten hat.

[2] Die Mitgliedstaaten können vorsehen, dass der in Absatz 1 genannte Antrag auf Schadensersatz Gegenstand eines getrennten Gerichtsverfahrens ist.

Abschnitt 3. Maßnahmen aufgrund einer Sachentscheidung

Art. 12 Gerichtliche Anordnungen und Abhilfemaßnahmen

(1) Die Mitgliedstaaten stellen sicher, dass die zuständigen Gerichte in dem Fall, dass in einer gerichtlichen Sachentscheidung ein rechtswidriger Erwerb, eine rechtswidrige Nutzung oder eine rechtswidrige Offenlegung festgestellt wird, auf Antrag des Antragstellers eine oder mehrere der folgenden Maßnahmen gegen den Rechtsverletzer erlassen können:

a) Einstellung oder gegebenenfalls Verbot der Nutzung oder Offenlegung des Geschäftsgeheimnisses;
b) Verbot des Herstellens, Anbietens, Vermarktens oder der Nutzung rechtsverletzender Produkte oder der Einfuhr, Ausfuhr oder Lagerung rechtsverletzender Produkte für diese Zwecke;
geeignete Abhilfemaßnahmen hinsichtlich der rechtsverletzenden Produkte;

c) die Vernichtung der Gesamtheit oder eines Teils der Dokumente, Gegenstände, Materialien, Stoffe oder elektronischen Dateien, die das Geschäftsgeheimnis enthalten oder verkörpern oder gegebenenfalls die Herausgabe der Gesamtheit oder eines Teils dieser Dokumente, Gegenstände, Materialien, Stoffe oder elektronischen Dateien an den Antragsteller.

(2) Zu den in Absatz 1 Buchstabe c genannten Abhilfemaßnahmen zählen
a) der Rückruf der rechtsverletzenden Produkte vom Markt;
b) die Beseitigung der rechtsverletzenden Qualität der rechtsverletzenden Produkte;
c) die Vernichtung der rechtsverletzenden Produkte oder gegebenenfalls ihre Marktrücknahme unter der Voraussetzung, dass der Schutz des in Frage stehenden Geschäftsgeheimnisses durch diese Marktrücknahme nicht beeinträchtigt wird.

(3) Die Mitgliedstaaten können vorsehen, dass ihre zuständigen Gerichte – bei Anordnung einer Entfernung der rechtsverletzenden Produkte aus dem Markt – auf Antrag des Inhabers des Geschäftsgeheimnisses anordnen können, dass die Produkte dem Inhaber des Geschäftsgeheimnisses oder wohltätigen Organisationen übergeben werden.

(4) [1]Die zuständigen Gerichte ordnen an, dass die in Absatz 1 Buchstaben c und d genannten Maßnahmen auf Kosten des Rechtsverletzers durchgeführt werden, es sei denn, es liegen besondere Gründe dafür vor, hiervon abzusehen. [2]Diese Maßnahmen ergehen unbeschadet des etwaigen Schadensersatzes, der dem Inhaber des Geschäftsgeheimnisses möglicherweise aufgrund des rechtswidrigen Erwerbs oder der rechtswidrigen Nutzung oder Offenlegung des Geschäftsgeheimnisses zu zahlen ist.

Art. 13 Anwendungsbedingungen, Schutzvorschriften und alternative Maßnahmen

(1) [1] Die Mitgliedstaaten stellen sicher, dass die zuständigen Gerichte bei der Prüfung eines Antrags auf Erlass gerichtlicher Anordnungen und von Abhilfemaßnahmen nach Artikel 12 und bei der Beurteilung von deren Verhältnismäßigkeit den besonderen Umständen des Falls Rechnung tragen müssen, einschließlich gegebenenfalls:
a) des Wertes oder anderer spezifischer Merkmale des Geschäftsgeheimnisses,
b) Maßnahmen, die zum Schutz des Geschäftsgeheimnisses getroffen werden,
c) des Verhaltens des Antragsgegners bei Erwerb, Nutzung oder Offenlegung des Geschäftsgeheimnisses,
d) der Folgen der rechtswidrigen Nutzung oder Offenlegung des Geschäftsgeheimnisses,
e) der legitimen Interessen der Parteien und Auswirkungen, die die Genehmigung oder Ablehnung der Maßnahmen für die Parteien haben könnte,
f) der legitimen Interessen Dritter,
g) des öffentlichen Interesses und
h) des Schutzes der Grundrechte.

[2] Falls die zuständigen Gerichte die Dauer der in Artikel 12 Absatz 1 Buchstaben a und b genannten Maßnahmen begrenzen, muss die Dauer ausreichen, um sämtliche kommerziellen oder wirtschaftlichen Vorteile zu beseitigen, die der

Rechtsverletzer aus dem rechtswidrigen Erwerb oder der rechtswidrigen Nutzung oder Offenlegung des Geschäftsgeheimnisses gezogen haben könnte.

(2) Die Mitgliedstaaten stellen sicher, dass die in Artikel 12 Absatz 1 Buchstaben a und b genannten Maßnahmen auf Antrag des Antragsgegners zurückgenommen oder ihre Wirkung auf andere Weise entfällt, wenn die fraglichen Informationen aus Gründen, die der Antragsgegner weder unmittelbar noch mittelbar zu vertreten hat, nicht mehr die in Artikel 2 Nummer 1 genannten Voraussetzungen erfüllen.

(3) [1] Die Mitgliedstaaten sorgen dafür, dass die zuständigen Gerichte auf Antrag der Person, der die in Artikel 12 vorgesehenen Maßnahmen auferlegt werden können, anordnen können, dass anstelle der Anwendung dieser Maßnahmen eine Abfindung an den Geschädigten zu zahlen ist, sofern alle folgenden Bedingungen erfüllt sind:

a) Zum Zeitpunkt der Nutzung oder Offenlegung wusste die betreffende Person nicht und hätte unter den gegebenen Umständen nicht wissen müssen, dass sie über eine andere Person in den Besitz des Geschäftsgeheimnisses gelangt ist, die dieses Geschäftsgeheimnis rechtswidrig genutzt oder offengelegt hat;
b) bei Durchführung der betreffenden Maßnahmen würde der betreffenden Person ein unverhältnismäßig großer Schaden entstehen und
c) die Zahlung einer Abfindung an die geschädigte Partei erscheint als angemessene Entschädigung.

[2] Wird anstelle einer Maßnahme gemäß Artikel 12 Absatz 1 Buchstaben a und b ein finanzieller Ausgleich angeordnet, so darf dieser nicht die Höhe der Lizenzgebühren übersteigen, die zu zahlen gewesen wären, wenn die betreffende Person um die Genehmigung ersucht hätte, das in Frage stehende Geschäftsgeheimnis für den Zeitraum zu nutzen, für den die Nutzung des Geschäftsgeheimnisses hätte untersagt werden können.

Art. 14 Schadensersatz

(1) *[1]* Die Mitgliedstaaten stellen sicher, dass die zuständigen Gerichte auf Antrag des Geschädigten anordnen, dass ein Rechtsverletzer, der wusste oder hätte wissen müssen, dass er einen rechtswidrigen Erwerb oder eine rechtswidrige Nutzung oder Offenlegung eines Geschäftsgeheimnisses vornahm, dem Inhaber des Geschäftsgeheimnisses einen Schadensersatz leistet, der dem infolge des rechtswidrigen Erwerbs oder der rechtswidrigen Offenlegung oder Nutzung tatsächlich erlittenen Schaden angemessen ist.

[2] Die Mitgliedstaaten können die Haftung von Arbeitnehmern für Schäden begrenzen, die ihren Arbeitgebern durch den rechtswidrigen Erwerb oder die rechtswidrige Nutzung oder Offenlegung eines Geschäftsgeheimnisses entstanden sind, sofern sie nicht vorsätzlich handeln.

(2) [1] Bei der Festsetzung der Höhe des Schadensersatzes gemäß Absatz 1 berücksichtigen die zuständigen Gerichte alle relevanten Faktoren, wie negative wirtschaftliche Folgen, einschließlich entgangener Gewinne des Geschädigten, etwaige durch den Rechtsverletzer erzielte unlautere Gewinne und gegebenenfalls andere als wirtschaftliche Faktoren wie den immateriellen Schaden, der dem Inhaber des Geschäftsgeheimnisses durch den rechtswidrigen Erwerb oder die rechtswidrige Nutzung oder Offenlegung des Geschäftsgeheimnisses entstanden ist.

[2] Alternativ können die zuständigen Gerichte in geeigneten Fällen den Schadensersatz jedoch als Pauschalbetrag festsetzen, und zwar auf der Grundlage von Faktoren wie mindestens dem Betrag der Lizenzgebühren, die der Rechtsverletzer hätte entrichten müssen, wenn er die Genehmigung zur Nutzung des betreffenden Geschäftsgeheimnisses eingeholt hätte.

Art. 15 Veröffentlichung von Gerichtsentscheidungen

(1) Die Mitgliedstaaten stellen sicher, dass die zuständigen Gerichte bei Verfahren wegen des rechtswidrigen Erwerbs oder der rechtswidrigen Nutzung oder Offenlegung von Geschäftsgeheimnissen auf Antrag des Antragstellers und auf Kosten des Rechtsverletzers geeignete Maßnahmen zur Verbreitung von Informationen über die betreffende Entscheidung, einschließlich der vollständigen oder teilweisen Veröffentlichung, anordnen können.

(2) Bei jeder Maßnahme gemäß Absatz 1 des vorliegenden Artikels wird die Vertraulichkeit von Geschäftsgeheimnissen gemäß Artikel 9 gewährleistet.

(3) [1] Bei der Entscheidung darüber, ob eine Maßnahme gemäß Absatz 1 angeordnet wird, und bei der Bewertung ihrer Verhältnismäßigkeit berücksichtigen die zuständigen Gerichte gegebenenfalls den Wert des Geschäftsgeheimnisses, das Verhalten des Rechtsverletzers bei Erwerb, Nutzung oder Offenlegung des Geschäftsgeheimnisses, die Folgen der rechtswidrigen Nutzung oder Offenlegung des Geschäftsgeheimnisses und die Wahrscheinlichkeit einer weiteren rechtwidrigen Nutzung oder Offenlegung des Geschäftsgeheimnisses durch den Rechtsverletzer.

[2] Die zuständigen Gerichte berücksichtigen auch, ob die Informationen über den Rechtsverletzer die Identifizierung einer natürlichen Person ermöglichen würden und, falls ja, ob die Veröffentlichung dieser Informationen gerechtfertigt wäre, insbesondere im Lichte des etwaigen Schadens, den eine solche Maßnahme der Privatsphäre und dem Ruf des Rechtsverletzers zufügen kann.

Kapitel IV. Sanktionen, Berichterstattung und Schlussbestimmungen

Art. 16 Sanktionen bei Nichteinhaltung dieser Richtlinie

[1] Die Mitgliedstaaten stellen sicher, dass die zuständigen Gerichte allen Personen, die es versäumen oder ablehnen, einer der gemäß den Artikeln 9, 10 und 12 erlassenen Maßnahme nachzukommen, Sanktionen auferlegen können.

[2] Im Rahmen der Sanktionen wird unter anderem die Möglichkeit vorgesehen, im Falle einer Nichtbefolgung einer der gemäß den Artikeln 10 und 12 erlassenen Maßnahme wiederholt zu zahlende Zwangsgelder zu verhängen.

[3] Die Sanktionen müssen wirksam, verhältnismäßig und abschreckend sein.

Art. 17 Informationsaustausch und Korrespondenzstellen

[1]Zur Förderung der Zusammenarbeit, einschließlich des Informationsaustauschs, der Mitgliedstaaten untereinander sowie zwischen den Mitgliedstaaten

und der Kommission benennt jeder Mitgliedstaat eine oder mehrere nationale Korrespondenzstellen für alle Fragen nach der Durchführung der in dieser Richtlinie vorgesehenen Maßnahmen. [2]Jeder Mitgliedstaat teilt die Kontaktadressen seiner Korrespondenzstelle(n) den anderen Mitgliedstaaten und der Kommission mit.

Art. 18 Berichte

(1) Bis zum 9. Juni 2021 erstellt das Amt der Europäischen Union für geistiges Eigentum im Rahmen der Tätigkeiten der Europäischen Beobachtungsstelle für Verletzungen von Rechten des geistigen Eigentums einen ersten Bericht über die Entwicklungen bei dem rechtswidrigen Erwerb, der rechtswidrigen Nutzung und der rechtswidrigen Offenlegung von Geschäftsgeheimnissen im Zuge der Anwendung dieser Richtlinie.

(2) *[1]* [1]Bis zum 9. Juni 2022 erstellt die Kommission einen Zwischenbericht über die Anwendung dieser Richtlinie und legt diesen dem Europäischen Parlament und dem Rat vor. [2]Dieser Bericht trägt dem in Absatz 1 genannten Bericht in angemessener Weise Rechnung.

[2] In dem Zwischenbericht werden insbesondere die etwaigen Auswirkungen der Anwendung dieser Richtlinie auf Forschung und Entwicklung, die Mobilität der Arbeitnehmer und die Ausübung des Rechts auf freie Meinungsäußerung und auf Informationsfreiheit untersucht.

(3) Bis zum 9. Juni 2026 bewertet die Kommission die Auswirkungen dieser Richtlinie und legt dem Europäischen Parlament und dem Rat einen Bericht vor.

Art. 19 Umsetzung

(1) *[1]* [1]Die Mitgliedstaaten setzen die Rechts- und Verwaltungsvorschriften in Kraft, die erforderlich sind, um dieser Richtlinie bis zum 9. Juni 2018 nachzukommen. [2]Sie teilen der Kommission unverzüglich den Wortlaut dieser Rechtsvorschriften mit.

[2] [1]Bei Erlass dieser Vorschriften nehmen die Mitgliedstaaten in den Vorschriften selbst oder durch einen Hinweis bei der amtlichen Veröffentlichung auf diese Richtlinie Bezug. [2]Die Mitgliedstaaten regeln die Einzelheiten dieser Bezugnahme.

(2) Die Mitgliedstaaten teilen der Kommission den Wortlaut der wichtigsten innerstaatlichen Rechtsvorschriften mit, die sie auf dem unter diese Richtlinie fallenden Gebiet erlassen.

Art. 20 Inkrafttreten

Diese Richtlinie tritt am zwanzigsten Tag nach ihrer Veröffentlichung im *Amtsblatt der Europäischen Union* in Kraft.

Art. 21 Adressaten

Diese Richtlinie ist an die Mitgliedstaaten gerichtet.
Geschehen zu Straßburg am 8. Juni 2016.

2. Gesetz gegen den unlauteren Wettbewerb (UWG)

idF der Bek. vom 3. März 2010 (BGBl. I S. 254)
in der bis 25.4.2019 geltenden Fassung

(Auszug)

§ 17 Verrat von Geschäfts- und Betriebsgeheimnissen

(1) Wer als eine bei einem Unternehmen beschäftigte Person ein Geschäfts- oder Betriebsgeheimnis, das ihr im Rahmen des Dienstverhältnisses anvertraut worden oder zugänglich geworden ist, während der Geltungsdauer des Dienstverhältnisses unbefugt an jemand zu Zwecken des Wettbewerbs, aus Eigennutz, zugunsten eines Dritten oder in der Absicht, dem Inhaber des Unternehmens Schaden zuzufügen, mitteilt, wird mit Freiheitsstrafe bis zu drei Jahren oder mit Geldstrafe bestraft.

(2) Ebenso wird bestraft, wer zu Zwecken des Wettbewerbs, aus Eigennutz, zugunsten eines Dritten oder in der Absicht, dem Inhaber des Unternehmens Schaden zuzufügen,

1. sich ein Geschäfts- oder Betriebsgeheimnis durch
   a) Anwendung technischer Mittel,
   b) Herstellung einer verkörperten Wiedergabe des Geheimnisses oder
   c) Wegnahme einer Sache, in der das Geheimnis verkörpert ist,

   unbefugt verschafft oder sichert oder
2. ein Geschäfts- oder Betriebsgeheimnis, das er durch eine der in Absatz 1 bezeichneten Mitteilungen oder durch eine eigene oder fremde Handlung nach Nummer 1 erlangt oder sich sonst unbefugt verschafft oder gesichert hat, unbefugt verwertet oder jemandem mitteilt.

(3) Der Versuch ist strafbar.

(4) [1]In besonders schweren Fällen ist die Strafe Freiheitsstrafe bis zu fünf Jahren oder Geldstrafe. [2]Ein besonders schwerer Fall liegt in der Regel vor, wenn der Täter

1. gewerbsmäßig handelt,
2. bei der Mitteilung weiß, dass das Geheimnis im Ausland verwertet werden soll, oder
3. eine Verwertung nach Absatz 2 Nummer 2 im Ausland selbst vornimmt.

(5) Die Tat wird nur auf Antrag verfolgt, es sei denn, dass die Strafverfolgungsbehörde wegen des besonderen öffentlichen Interesses an der Strafverfolgung ein Einschreiten von Amts wegen für geboten hält.

(6) § 5 Nummer 7 des Strafgesetzbuches gilt entsprechend.

§ 18 Verwertung von Vorlagen

(1) Wer die ihm im geschäftlichen Verkehr anvertrauten Vorlagen oder Vorschriften technischer Art, insbesondere Zeichnungen, Modelle, Schablonen,

Schnitte, Rezepte, zu Zwecken des Wettbewerbs oder aus Eigennutz unbefugt verwertet oder jemandem mitteilt, wird mit Freiheitsstrafe bis zu zwei Jahren oder mit Geldstrafe bestraft.

(2) Der Versuch ist strafbar.

(3) Die Tat wird nur auf Antrag verfolgt, es sei denn, dass die Strafverfolgungsbehörde wegen des besonderen öffentlichen Interesses an der Strafverfolgung ein Einschreiten von Amts wegen für geboten hält.

(4) § 5 Nummer 7 des Strafgesetzbuches gilt entsprechend.

§ 19 Verleiten und Erbieten zum Verrat

(1) Wer zu Zwecken des Wettbewerbs oder aus Eigennutz jemanden zu bestimmen versucht, eine Straftat nach § 17 oder § 18 zu begehen oder zu einer solchen Straftat anzustiften, wird mit Freiheitsstrafe bis zu zwei Jahren oder mit Geldstrafe bestraft.

(2) Ebenso wird bestraft, wer zu Zwecken des Wettbewerbs oder aus Eigennutz sich bereit erklärt oder das Erbieten eines anderen annimmt oder mit einem anderen verabredet, eine Straftat nach § 17 oder § 18 zu begehen oder zu ihr anzustiften.

(3) § 31 des Strafgesetzbuches gilt entsprechend.

(4) Die Tat wird nur auf Antrag verfolgt, es sei denn, dass die Strafverfolgungsbehörde wegen des besonderen öffentlichen Interesses an der Strafverfolgung ein Einschreiten von Amts wegen für geboten hält.

(5) § 5 Nummer 7 des Strafgesetzbuches gilt entsprechend.

Sachverzeichnis

Die fetten Zahlen bezeichnen die Paragraphen, die mageren Zahlen die Randnummern.